CÓDIGO DE LEGISLACIÓN SOBRE CONTRATACIÓN PÚBLICA EN IBEROAMÉRICA

COLECCIÓN DERECHO PÚBLICO IBEROAMERICANO

Títulos publicados

1. *La jurisdicción contencioso administrativa en Iberoamérica,* Jaime Rodríguez-Arana y Marta García Pérez (Coordinadores), 1ra Edición, 2014, 540 pp.
2. *Código de Legislación sobre contratación pública en Iberoamérica,* Jaime Rodríguez Arana y José Antonio Moreno Molina (Directores), 1ra Edición, 2015, 1152 pp.

CÓDIGO DE LEGISLACIÓN SOBRE CONTRATACIÓN PÚBLICA EN IBEROAMÉRICA

DIRECCIÓN:

JAIME RODRIGUEZ-ARANA

Catedrático de Derecho Administrativo de la Universidad de La Coruña.

Presidente del Foro Iberoamericano de Derecho Administrativo

JOSÉ ANTONIO MORENO MOLINA

Catedrático de Derecho Administrativo de la Universidad de Castilla-la Mancha.

Director de la Revista Contratación Administrativa Práctica

COMPILADORES:

JESÚS PUNZÓN MORALEDA

FRANCISCO SÁNCHEZ RODRÍGUEZ

FRANCISCO PUERTA SEGUIDO

DAVID MUÑOZ ZAPATA

Profesores de Derecho Administrativo de la Universidad de Castilla-la Mancha

Colección Derecho Público Iberoamericano N° 2

Editorial Jurídica Venezolana International

Caracas – New York

2015

José Antonio Moreno Molina (Directores)
Emails: rajaime@gmail.com, JoseAntonio.Moreno@uclm.es

Hecho el Depósito de Ley
ISBN: 978-980-365-285-2
Depósito Legal: lf5402015340302

Editado por: Editorial Jurídica Venezolana
Avda. Francisco Solano López, Torre Oasis, P.B., Local 4, Sabana Grande,
Apartado 17.598 – Caracas, 1015, Venezuela
Teléfono 762.25.53, 762.38.42. Fax. 763.5239
http://www.editorialjuridicavenezolana.com.ve
Email fejv@cantv.net

Impreso por: Lightning Source, an INGRAM Content company
para Editorial Jurídica Venezolana International Inc.
Panamá, República de Panamá.
Email: editorialjuridicainternational@gmail.com
Diagramación, composición y montaje
por: Francis Gil, en letra Times New Roman, 9
Interlineado 10,5, Mancha 19 x 12.5 cm.

SUMARIO

INTRODUCCIÓN

La presente publicación recoge las leyes sobre contratos públicos vigentes en todos los países de América Latina, incluyendo Brasil y Portugal. Se trata por ello de una obra de Derecho comparado que, además de novedosa y de plena actualidad, ofrece a los operadores jurídico-económicos de la contratación pública de todos los países de América Latina una excelente herramienta de trabajo, análisis, estudio y aplicación práctica.

Los directores de la obra queremos agradecer muy especialmente la generosa colaboración para la realización del Código a los queridos compañeros los Profesores Doctores Jorge Fernández Ruíz, de México; Héctor Martín Cerrato, de Honduras; José Mario Serrate, de Bolivia; Karlos Navarro, de Nicaragua; Carlos E. Delpiazzo, de Uruguay; Ismael Farrando, de Argentina; Libardo Rodríguez, de Colombia; Allan R. Brewer-Carias, de Venezuela; Jorge Danós, del Perú; Andry Matilla, de Cuba; Olivo Rodríguez, de la República Dominicana; Henry Mejía, de El Salvador y Ernesto Jinesta, de Costa Rica. Se trata sin duda de los mejores especialistas sobre la materia en los distintos países hispanoamericanos y ha sido por ello un orgullo colaborar con ellos.

Sobre la base de la numerosa y compleja normativa existente sobre contratos públicos, han realizado un excelente trabajo de organización, sistematización y selección los profesores de la Universidad de Castilla-la Mancha David Muñoz, Jesús Punzón, Francisco Puerta y Francisco Sánchez.

Las compras de bienes y servicios y el encargo de la realización de obras públicas al sector privado por parte de las Administraciones públicas y las entidades y organismos dependientes de ellas significan en nuestros días una importantísima parte del Producto Interior Bruto de los países de Iberoamérica.

Pero a esa importancia económica hay que añadir la enorme trascendencia que los contratos públicos tienen en la actualidad en los ordenamientos jurídicos nacionales al ser un ámbito medular de la actuación pública y un sector clave para la lucha contra la corrupción o el funcionamiento eficaz y eficiente de las Administraciones públicas centrales, estatales, regionales y locales.

Además, es importante tener en cuenta la actual tendencia internacional hacia la elaboración de un Derecho común que discipline las fases de preparación y adjudicación de los contratos públicos, que no sólo se aprecia claramente en el Derecho de la Unión Europea, sino que también se manifiesta con fuerza en importantes normas internacionales cuyo principal objetivo consiste en asegurar el respeto de los principios de objetividad, transparencia y no discriminación en la contratación pública: principalmente las disposiciones aprobadas por la Organización Mundial del Comercio (Acuerdo Mundial sobre Contratación Pública) y por la Comisión de las Naciones Unidas para el Derecho Mercantil Internacional (Ley Modelo sobre Compras Públicas). También se podrían señalar las disposiciones sobre contratación pública de muchos tratados de libre comercio firmados por países del continente americano.

Pues bien, frente a la tradición española y de muchas legislaciones de América latina, que resaltaba como objetivo fundamental de la normativa en la materia la garantía de los intereses públicos dentro del contrato, con una legislación basada en la figura del contrato administrativo y defensora de las prerrogativas públicas en los mismos, el nuevo Derecho europeo y global de la contratación pública antepone a todos los demás objetivos asegurar la no discriminación en la adjudicación de los contratos, para garantizar el establecimiento del mercado interior y evitar que la competencia resulte falseada.

De acuerdo con el artículo 1 de la actual Ley española de Contratos del Sector Público, la norma de cabecera de todo el nuevo Derecho español de la contratación pública, que se aplica además a todas las Administraciones y organismos y entidades públicas, junto a la garantía de la igualdad, publicidad y transparencia fija como novedosos objetivos de la norma *"asegurar, en conexión con el objetivo de estabilidad presupuestaria y control del gasto, una eficiente utilización de los fondos destinados a la realización de obras, la adquisición de bienes y la contratación de servicios mediante la exigencia de la definición previa de las necesidades a satisfacer, la salvaguarda de la libre competencia y la selección de la oferta económicamente más ventajosa"*.

Se entiende por ello que cuando la propia Ley española señala en el párrafo 2 del citado artículo 1 que *"es igualmente objeto de esta Ley la regulación del régimen jurídico aplicable a los efectos, cumplimiento y extinción de los contratos administrativos, en atención a los fines institucionales de carácter público que a través de los mismos se tratan de realizar"*, reconoce el papel secundario y parcial de esta normativa con respecto a sus objetivos principales sentados en el párrafo anterior. De esta forma, las prerrogativas o cláusulas exorbitantes resultan sólo aplicables a algunos de los contratos públicos celebrados por las Administraciones públicas, los contratos administrativos típicos o especiales, no así a los contratos celebrados por los restantes poderes adjudicadores y entidades del sector público, que, por el contrario, sí están sujetos en todo caso a los principios generales de la contratación pública y por tanto al respeto de las reglas derivadas de la libre competencia .

En definitiva, los principios de objetividad, transparencia, publicidad y no discriminación, basados en reglas nacionales y europeas de naturaleza constitucional, prevalecen hoy de forma incuestionable sobre cualquier otra función de la normativa sobre contratación. Estos principios son en nuestros días el fundamento de todas las reglas públicas sobre contratos públicos y se caracterizan por su transversalidad, ya que alcanzan y se manifiestan en todas las fases contractuales, preparatorias y ejecutorias.

Jaime Rodríguez Arana y José Antonio Moreno Molina,
Madrid (España), Septiembre 2014

ARGENTINA

I.- DECRETO DELEGADO N° 1023/2001, DE 13 DE AGOSTO, RÉGIMEN DE CONTRATACIONES DE LA ADMINISTRACIÓN PÚBLICA NACIONAL.

TITULO I.
DISPOSICIONES COMUNES
CAPITULO I.
REGIMEN GENERAL

Artículo 1° — OBJETO. El Régimen de Contrataciones de la Administración Nacional, tendrá por objeto que las obras, bienes y servicios sean obtenidos con la mejor tecnología proporcionada a las necesidades, en el momento oportuno y al menor costo posible, como así también la venta de bienes al mejor postor, coadyuvando al desempeño eficiente de la Administración y al logro de los resultados requeridos por la sociedad. Toda contratación de la Administración Nacional se presumirá de índole administrativa, salvo que de ella o de sus antecedentes surja que está sometida a un régimen jurídico de derecho privado.

Artículo 2° — AMBITO DE APLICACION.[1] El presente régimen será de aplicación obligatoria a los procedimientos de contratación en los que sean parte las jurisdicciones y entidades comprendidas en el inciso a) del artículo 8° de la Ley N° 24.156 y sus modificaciones.[2]

Artículo 3° — PRINCIPIOS GENERALES. Los principios generales a los que deberá ajustarse la gestión de las contrataciones, teniendo en cuenta las particularidades de cada una de ellas, serán:

a) Razonabilidad del proyecto y eficiencia de la contratación para cumplir con el interés público comprometido y el resultado esperado.

b) Promoción de la concurrencia de interesados y de la competencia entre oferentes.

c) Transparencia en los procedimientos.

d) Publicidad y difusión de las actuaciones.

e) Responsabilidad de los agentes y funcionarios públicos que autoricen, aprueben o gestionen las contrataciones.

f) Igualdad de tratamiento para interesados y para oferentes

Desde el inicio de las actuaciones hasta la finalización de la ejecución del contrato, toda cuestión vinculada con la contratación deberá interpretarse sobre la base de una rigurosa observancia de los principios que anteceden.

---

1 Artículo sustituido por Artículo 1° del Decreto N° 666/2003 B.O. 25/3/2003. Vigente desde el día siguiente al de su publicación en el Boletín Oficial, y será de aplicación a las contrataciones que, aunque autorizadas con anterioridad, tengan pendiente la convocatoria.

2 Por Artículo 26 del Decreto N°486/2002 B.O. 13/03/2002, se exceptúa al INSTITUTO NACIONAL DE SERVICIOS SOCIALES PARA JUBILADOS Y PENSIONADOS, del cumplimiento de las disposiciones del presente Decreto.

Artículo 4° — CONTRATOS COMPRENDIDOS. Este régimen se aplicará a los siguientes contratos:

a) Compraventa, suministros, servicios, locaciones, consultoría, alquileres con opción a compra, permutas, concesiones de uso de los bienes del dominio público y privado del Estado Nacional, que celebren las jurisdicciones y entidades comprendidas en su ámbito de aplicación y a todos aquellos contratos no excluidos expresamente.

b) Obras públicas, concesiones de obras públicas, concesiones de servicios públicos y licencias.

Artículo 5° — CONTRATOS EXCLUIDOS. Quedarán excluidos los siguientes contratos:

a) Los de empleo público.

b) Las compras por caja chica.

c) Los que se celebren con estados extranjeros, con entidades de derecho público internacional, con instituciones multilaterales de crédito, los que se financien total o parcialmente con recursos provenientes de esos organismos, sin perjuicio de la aplicación de las disposiciones del presente Régimen cuando ello así se establezca de común acuerdo por las partes en el respectivo instrumentó que acredite la relación contractual, y las facultades de fiscalización sobre ese tipo contratos que la Ley N° 24.156 y sus modificaciones confiere a los Organismos de Control.[3]

d) Los comprendidos en operaciones de crédito público.

Artículo 6° — PROGRAMACION DE LAS CONTRATACIONES.[4] Cada jurisdicción o entidad formulará su programa de contrataciones ajustado a la naturaleza sus actividades y a los créditos asignados en Ley de Presupuesto de la Administración Nacional.

Artículo 7° — NORMATIVA APLICABLE. Las contrataciones se regirán por las disposiciones de este régimen, por su reglamentación, por las normas que se dicten en su consecuencia, por los Pliegos de Bases y Condiciones y por el contrato o la orden de compra según corresponda.

Artículo 8° — OBSERVACIONES AL PROYECTO DE PLIEGO. Cuando la complejidad o el monto de la contratación lo justifique, a juicio de la autoridad competente, el llamado deberá prever un plazo previo a la publicación de la convocatoria, para que los interesados formulen observaciones al proyecto de pliego de bases y condiciones particulares, conforme lo determine la reglamentación.

Artículo 9° — TRANSPARENCIA. La contratación pública se desarrollará en todas sus etapas en un contexto de transparencia que se basará en la publicidad y difusión de las actuaciones emergentes de la aplicación de este régimen, la utilización de las tecnologías informáticas que permitan aumentar la eficiencia de los procesos y facilitar el acceso de la sociedad a la información relativa a la gestión del Estado en materia de contrataciones y en la participación real y efectiva de la comunidad, lo cual posibilitará el control social sobre las contrataciones públicas.

Asimismo, teniendo como base el principio de transparencia, la apertura de las ofertas siempre realizará en acto público, siendo ello también aplicable a las contrataciones públicas electrónicas.[5]

Artículo 10. — ANTICORRUPCION. Será causal determinante del rechazo sin más trámite de la propuesta u oferta en cualquier estado de la licitación o de la rescisión de pleno derecho del contrato dar u ofrecer dinero o cualquier dádiva a fin de que:

---

3 Inciso c) sustituido por Artículo 2° del Decreto N° 666/2003 B.O. 25/3/2003. Vigente desde el día siguiente al de su publicación en el Boletín Oficial, y será de aplicación a las contrataciones que, aunque autorizadas con anterioridad, tengan pendiente la convocatoria.

4 Artículo sustituido por Artículo 3° del Decreto N° 666/2003 B.O. 25/3/2003. Vigente desde el día siguiente al de su publicación en el Boletín Oficial, y será de aplicación a las contrataciones que, aunque autorizadas con anterioridad, tengan pendiente la convocatoria.

5 Párrafo incorporado por Artículo 4° del Decreto N° 666/2003 B.O. 25/3/2003 Vigente desde el día siguiente al de su publicación en el Boletín Oficial, y será de aplicación a las contrataciones que, aunque autorizadas con anterioridad, tengan pendiente la convocatoria.

a) Funcionarios o empleados públicos con competencia referida a una licitación o contrato hagan o dejen de hacer algo relativo a sus funciones.

b) O para que hagan valer la influencia de su cargo ante otro funcionario o empleado público con la competencia descripta, a fin de que éstos hagan o dejen de hacer algo relativo a sus funciones.

c) Cualquier persona haga valer su relación o influencia sobre un funcionario o empleado público con la competencia descripta, a fin de que éstos hagan o dejen de hacer algo relativo a sus funciones.

Serán considerados sujetos activos de esta conducta quienes hayan cometido tales actos en interés del contratista directa o indirectamente, ya sea como representantes administradores, socios, mandatarios, gerentes, factores, empleados, contratados, gestores de negocios, síndicos, o cualquier otra persona física o jurídica.

Las consecuencias de estas conductas ilícitas se producirán aun cuando se hubiesen consumado en grado de tentativa.

Artículo 11. — FORMALIDADES DE LAS ACTUACIONES. Deberán realizarse mediante el dictado del acto administrativo respectivo, con los requisitos establecidos en el artículo 7° de la Ley N° 19.549 y sus modificatorias, como mínimo las siguientes actuaciones, sin perjuicio de otras que por su importancia así lo hicieren necesario:

a) La convocatoria y la elección del procedimiento de selección.
b) La aprobación de los Pliegos de Bases y Condiciones Particulares.
c) La declaración de que el llamado hubiere resultado desierto o fracasado.
d) La preselección de los oferentes en la licitación con etapa múltiple.
e) La aplicación de penalidades y sanciones a los oferentes o cocontratantes.
f) La aprobación del procedimiento de selección y la adjudicación
g) La determinación de dejar sin efecto el procedimiento.
h) La revocación de los actos administrativos del procedimiento de contratación.
i) La suspensión, resolución, rescisión, rescate o declaración de caducidad del contrato

Artículo 12. — FACULTADES Y OBLIGACIONES DE LA AUTORIDAD ADMINISTRATIVA.[6] La autoridad administrativa tendrá las facultades y obligaciones establecidas en este régimen, sin perjuicio de las que estuvieren previstas en la legislación específica, en sus reglamentos, en los pliegos de bases condiciones, o en la restante documentación contractual.

Especialmente tendrá:

a) La prerrogativa de interpretar los contratos, resolver, las dudas que ofrezca su cumplimiento, modificarlos por razones de interés público, decretar su caducidad, rescisión o resolución y determinar los efectos de éstas. Los actos administrativos que se dicten en consecuencia tendrán caracteres y cualidades otorgados por el artículo 12 de la Ley N° 19.549 y sus modificatorias.

b) La facultad de aumentar o disminuir hasta un VEINTE POR CIENTO (20%) el monto total del contrato, en las condiciones y precios pactados y con la adecuación de los plazos respectivos.

La revocación, modificación o sustitución de los contratos por razones de oportunidad, mérito o conveniencia, no generará derecho a indemnización en concepto de lucro cesante.

c) El poder de control, inspección y dirección de la respectiva contratación.

d) La facultad de imponer penalidades de las previstas en el presente Régimen a los oferentes y a los cocontratantes, cuando éstos incumplieren sus obligaciones.

---

6 Artículo sustituido por Artículo 5° del Decreto N° 666/2003 B.O. 25/3/2003. Vigente desde el día siguiente al de su publicación en el Boletín Oficial, y será de aplicación a las contrataciones que, aunque autorizadas con anterioridad, tengan pendiente la convocatoria.

e) La prerrogativa de proceder a la ejecución directa del objeto del contrato, cuando el cocontratante no lo hiciere dentro de plazos razonables, pudiendo disponer para ello de los bienes y medios del cocontratante incumplidor.

f) La facultad de inspeccionar las oficinas y los libros que estén obligados a llevar los cocontratantes.

g) La facultad de prorrogar, cuando así se hubiere previsto en el Pliego de Bases y Condiciones Particulares, los contratos de suministros de cumplimiento sucesivo o de prestación de servicios. La misma no procederá si se ha hecho uso de la prerrogativa establecida en el inciso b) del presente artículo.

Se podrá hacer uso de esta opción por única vez y por un plazo igual o menor al del contrato inicial.

Cuando éste fuere plurianual, no podrá prorrogarse más allá de UN (1) año adicional, en las condiciones que se determinen en las normas complementarias.

Artículo 13. — FACULTADES Y OBLIGACIONES DE LOS COCONTRATANTES.

Sin perjuicio de las facultades y obligaciones previstas en la legislación específica, en sus reglamentos, en los pliegos de bases y condiciones, o en la restante documentación contractual, el cocontratante tendrá:

a) El derecho a la recomposición del contrato, cuando acontecimientos extraordinarios o impre visibles de origen natural, tornen excesivamente onerosas las prestaciones a su cargo.

b) La obligación de ejecutar el contrato por sí, quedando prohibida la cesión o subcontratación, salvo consentimiento expreso de la autoridad administrativa, en cuyo caso el cocontratante cedente continuará obligado solidariamente con el cesionario por los compromisos emergentes del contrato.

Para ello se deberá verificar que el cesionario cumpla con todos los requisitos de la convocatoria al momento de la cesión.

c) La obligación de cumplir las prestaciones por sí en todas las circunstancias, salvo caso fortuito o fuerza mayor, ambos de carácter natural, o actos o incumplimientos de autoridades públicas nacionales o de la contraparte pública, de tal gravedad que tornen imposible la ejecución del contrato.

Artículo 14. — RESPONSABILIDAD. Los funcionarios que autoricen, aprueben o gestionen las contrataciones serán responsables por los daños que por su dolo, culpa o negligencia causaren al Estado Nacional con motivo de las mismas.

Artículo 15. — CRITERIO DE SELECCION. La adjudicación deberá realizarse en favor de la oferta más conveniente para el organismo contratante, teniendo en cuenta el precio, la calidad, la idoneidad del oferente y demás condiciones de la oferta.

Cuando se trate de la compra de un bien o de la contratación de un servicio estandarizado o de uso común cuyas características técnicas puedan ser inequívocamente especificadas e identificadas, se entenderá, en principio, como oferta más conveniente, la de menor precio.

En materia de preferencias se estará a lo que disponga la normativa vigente en cada caso.

Artículo 16. — ELEGIBILIDAD. La información obrante en bases de datos de organismos públicos sobre antecedentes de las personas físicas o jurídicas que presenten ofertas será considerada a fin de determinar la elegibilidad de las mismas. Se desestimarán, con causa, las presentaciones u ofertas de aquellas que exhiban reiterados incumplimientos de sus obligaciones, en las condiciones que establezca la reglamentación.

Artículo 17. — SUBSANACION DE DEFICIENCIAS. El principio de concurrencia de ofertas no deberá ser restringido por medio de recaudos excesivos, severidad en la admisión de ofertas o exclusión de éstas por omisiones intranscendentes, debiéndose requerir a los oferentes incursos en falta las aclaraciones que sean necesarias, dándoseles la oportunidad de subsanar deficiencias insustanciales, no pudiendo alterar los principios de igualdad y transparencia establecidos en el artículo 3° de este régimen, de acuerdo a lo que establezca la reglamentación.

Artículo 18. — REVOCACION DE LOS ACTOS ADMINISTRATIVOS DEL PROCEDIMIENTO DE CONTRATACION. La comprobación de que en un llamado a contratación se hubieran omitido los requisitos de publicidad y difusión previa, en los casos en que la norma lo exija, o formulado especificaciones o incluido cláusulas cuyo cumplimiento sólo fuera factible por determinado interesado u oferente, de manera que el mismo esté dirigido a favorecer situaciones particulares, dará lugar a la revocación inmediata del procedimiento, cualquiera fuere el estado de trámite en que se encuentre, y a la iniciación de las actuaciones sumariales pertinentes.

Artículo 19. — CONTROL DEL PROCEDIMIENTO CONTRACTUAL. Toda persona que acredite fehacientemente algún interés, podrá en cualquier momento tomar vista de las actuaciones referidas a la contratación, con excepción de la información que se encuentre amparada bajo normas de confidencialidad, desde la iniciación de las actuaciones hasta la extinción del contrato, exceptuando la etapa de evaluación de las ofertas. La negativa infundada a dar vista de las actuaciones se considerará falta grave por parte del funcionario o agente al que corresponda otorgarla. La vista del expediente no interrumpirá los plazos.

Artículo 20. — PERFECCIONAMIENTO DEL CONTRATO. Los contratos quedarán perfeccionados en el momento de notificarse la orden de compra o de suscribirse el instrumento respectivo, en los plazos y con las modalidades que determine la reglamentación.

Las jurisdicciones o entidades podrán dejar sin efecto el procedimiento de contratación en cualquier momento anterior al perfeccionamiento del contrato, sin lugar a indemnización alguna en favor de los interesados u oferentes.

CAPITULO II.
CONTRATACIONES PÚBLICAS ELECTRONICAS

Artículo 21. — CONTRATACIONES EN FORMATO DIGITAL. Las contrataciones comprendidas en este régimen podrán realizarse en formato digital firmado digitalmente, utilizando los procedimientos de selección y las modalidades que correspondan. También podrán realizarse en formato digital firmado digitalmente los contratos previstos en el artículo 5° del presente.

Las jurisdicciones y entidades comprendidas en el artículo 2° estarán obligadas a aceptar el envío de ofertas, la presentación de informes, documentos, comunicaciones, impugnaciones y recursos relativos a los procedimientos de contratación establecidos en este régimen, en formato digital firmado digitalmente, conforme lo establezca la reglamentación.

Se considerarán válidas las notificaciones en formato digital firmado digitalmente, en los procedimientos regulados por el presente.

Deberá considerarse que los actos realizados en formato digital firmados digitalmente cumplen con los requisitos del artículo 8° de la Ley N° 19.549, su modificatoria y normas reglamentarias, en los términos establecidos en las disposiciones referentes al empleo de la firma digital en el Sector Público Nacional, las que se aplicarán, en el caso de las contrataciones incluidas en los artículos 4° y 5° de este régimen, aun a aquellos actos que produzcan efectos individuales en forma directa.

Los documentos digitales firmados digitalmente tendrán el mismo valor legal que los documentos en soporte papel con firma manuscrita, y serán considerados como medio de prueba de la información contenida en ellos.

Artículo 22. — REGULACION. La reglamentación establecerá la regulación integral de las contrataciones públicas electrónicas, en particular el régimen de publicidad y difusión, lo referente al proceso electrónico de gestión de las contrataciones, los procedimientos de pago por medios electrónicos, las notificaciones por vía electrónica, la automatización de los procedimientos, la digitalización de la documentación y el expediente digital.

CAPITULO III.
ORGANIZACION DEL SISTEMA DE SELECCIÓN DEL COCONTRATANTE[7]

Artículo 23. — ORGANOS DEL SISTEMA.[8] El sistema de contrataciones se organizará en función del criterio de centralización de las políticas y de las normas y de descentralización de la gestión operativa.

Los órganos del sistema y sus respectivas funciones serán:

a) El Órgano Rector será la Oficina Nacional de Contrataciones o el organismo que en el futuro la reemplace, el que tendrá por función proponer políticas de contrataciones y de organización del sistema, proyectar normas legales y reglamentarias, dictar normas aclaratorias, interpretativas y complementarias, elaborar el pliego único de bases y condiciones generales, diseñar e implementar un sistema de información, ejercer la supervisión y la evaluación del diseño y operatividad del sistema de contrataciones y aplicar las sanciones previstas en el artículo 29, inciso b) del presente régimen; y

b) Las unidades operativas de contrataciones funcionarán en las jurisdicciones y entidades aludidas en el artículo 2° del presente y tendrán a su cargo la gestión de las contrataciones.

Artículo 24. — SELECCION DEL COCONTRATANTE.[9] La selección del cocontratante para la ejecución de los contratos contemplados en el artículo 4° de este régimen se hará por regla general mediante licitación pública o concurso público, según corresponda, por aplicación del inciso a) apartados 1° y 2° del artículo 25.

La selección del cocontratante mediante subasta pública, licitación o concursos privados, o contratación directa sólo será procedente en los casos expresamente previstos en los incisos b), c) y d) del artículo 25, respectivamente.

Las contrataciones podrán realizarse con modalidades, conforme con su naturaleza y objeto, las que serán establecidas en la reglamentación.

En todos los casos deberán cumplirse, en lo pertinente, las formalidades establecidas por el artículo 11 del presente régimen, bajo pena de nulidad.

Artículo 25. — PROCEDIMIENTOS DE SELECCION. Los procedimientos de selección serán:

a) LICITACION O CONCURSO PUBLICOS. La licitación o el concurso serán públicos cuando el llamado a participar esté dirigido a una cantidad indeterminada de posibles oferentes con capacidad para obligarse y será aplicable cuando el monto estimado de la contratación supere el mínimo que a tal efecto determine la reglamentación, sin perjuicio del cumplimiento de los demás requisitos que exijan los pliegos.

1. El procedimiento de licitación pública se realizará de acuerdo con el monto que fije la reglamentación y cuando el criterio de selección del cocontratante recaiga primordialmente en factores económicos.

2. El procedimiento de concurso público se realizará de acuerdo con el monto que fije la reglamentación y cuando el criterio de selección del cocontratante recaiga primordialmente en factores no económicos, tales como la capacidad técnico-científica, artística u otras, según corresponda.

---

7 Por Decreto N° 666/2003 B.O. 25/3/2003 se incorpora el Capítulo III al Título I del cual forman parte los arts. 23 a 28 que anteriormente pertenecían al Capitulo I del Título II. Vigente desde el día siguiente al de su publicación en el Boletín Oficial, y será de aplicación a las contrataciones que, aunque autorizadas con anterioridad, tengan pendiente la convocatoria.

8 Denominación del artículo modificada por del Decreto N° 666/2003 B.O. 25/3/2003. Vigente desde el día siguiente al de su publicación en el Boletín Oficial, y será de aplicación a las contrataciones que, aunque autorizadas con anterioridad, tengan pendiente la convocatoria.

9 Expresión "licitación o concursos abreviados" sustituida por "licitación o concursos privados" por Decreto N° 666/2003.

b) SUBASTA PUBLICA. Este procedimiento podrá ser aplicado en los siguientes casos:

1. Compra de bienes muebles, inmuebles, semovientes, incluyendo dentro de los primeros los objetos de arte o de interés histórico, tanto en el país como en el exterior.

Este procedimiento será aplicado preferentemente al de contratación directa previsto por el apartado 2 del inciso d) de este artículo, en los casos en que la subasta fuere viable, en las condiciones que fije la reglamentación.

2. Venta de bienes de propiedad del Estado Nacional.

c) LICITACION O CONCURSO ABREVIADOS. La licitación o el concurso serán abreviados cuando el llamado a participar esté dirigido exclusivamente a proveedores que se hallaren inscriptos en la base de datos que diseñará, implementará y administrará el Organo Rector, conforme lo determine la reglamentación, y serán aplicables cuando el monto estimado de la contratación no supere al que aquélla fije al efecto. También serán consideradas las ofertas de quienes no hubiesen sido invitados a participar.

d) CONTRATACION DIRECTA. La selección por contratación directa se utilizará en los siguientes casos:

1. Cuando de acuerdo con la reglamentación no fuere posible aplicar otro procedimiento de selección y el monto presunto del contrato no supere el máximo que fije la reglamentación.

2. La realización o adquisición de obras científicas, técnicas o artísticas cuya ejecución deba confiarse a empresas, artistas o especialistas que sean los únicos que puedan llevarlas a cabo. Se deberá fundar la necesidad de requerir específicamente los servicios de la persona física o jurídica respectiva. Estas contrataciones deberán establecer la responsabilidad propia y exclusiva del cocontratante, quien actuará inexcusablemente sin relación de dependencia con el Estado Nacional.

3. La contratación de bienes o servicios cuya venta fuere exclusiva de quienes tengan privilegio para ello o que sólo posea una determinada persona física o jurídica, siempre y cuando no hubieren sustitutos convenientes. Cuando la contratación se fundamente en esta disposición deberá quedar documentada en las actuaciones la constancia de tal exclusividad mediante el informe técnico correspondiente que así lo acredite. Para el caso de bienes, el fabricante exclusivo deberá presentar la documentación que compruebe el privilegio de la venta del bien que elabora.

La marca no constituye de por sí causal de exclusividad, salvo que técnicamente se demuestre la inexistencia de sustitutos convenientes.

4. Cuando una licitación o concurso hayan resultado desiertos o fracasaren se deberá efectuar un segundo llamado, modificándose los Pliegos de Bases y Condiciones Particulares. Si éste también resultare desierto o fracasare, podrá utilizarse el procedimiento de contratación directa previsto en este inciso.[10]

5. Cuando probadas razones de urgencia o emergencia que respondan a circunstancias objetivas impidan la realización de otro procedimiento de selección en tiempo oportuno, lo cual deberá ser debidamente acreditado en las respectivas actuaciones, y deberá ser aprobado por la máxima autoridad de cada jurisdicción o entidad.

6. Cuando el PODER EJECUTIVO NACIONAL haya declarado secreta la operación contractual por razones de seguridad o defensa nacional, facultad ésta excepcional e indelegable.

7. Cuando se trate de reparaciones de maquinarias, vehículos, equipos o motores cuyo desarme, traslado o examen previo sea imprescindible para determinar la reparación necesaria y resultare más oneroso en caso de adoptarse otro procedimiento de contratación. No podrá utilizarse la contratación directa para las reparaciones comunes de mantenimiento de tales elementos.

8. Los contratos que celebren las jurisdicciones y entidades del ESTADO NACIONAL entre sí o con organismos provinciales, municipales o del Gobierno de la Ciudad Autónoma de Buenos

10 Apartado sustituido por Decreto N° 666/2003 B.O. 25/3/2003. Vigente desde el día siguiente al de su publicación en el Boletín Oficial, y será de aplicación a las contrataciones que, aunque autorizadas con anterioridad, tengan pendiente la convocatoria.

Aires, como así también con las empresas y sociedades en las que tenga participación mayoritaria el Estado, siempre que tengan por objeto la prestación de servicios de seguridad, logística o de salud. En estos casos, estará expresamente prohibida la subcontratación del objeto del contrato.[11]

9. Los contratos que celebren las jurisdicciones y entidades del ESTADO NACIONAL con las Universidades Nacionales. Vigente a partir del día siguiente al de su publicación en el Boletín Oficial, para las contrataciones que se autoricen a partir de esa fecha.[12]

10. Los contratos que previo informe al MINISTERIO DE DESARROLLO SOCIAL, se celebren con personas físicas o jurídicas que se hallaren inscriptas en el Registro Nacional de Efectores de Desarrollo Local y Economía Social, reciban o no financiamiento estatal. Vigente a partir del día siguiente al de su publicación en el Boletín Oficial, para las contrataciones que se autoricen a partir de esa fecha.[13]

Artículo 26. — CLASES DE LICITACIONES Y CONCURSOS PUBLICOS PRIVADOS.[14] Podrán efectuarse licitaciones y concursos públicos y privados de las siguientes clases:

a) DE ETAPA UNICA O MULTIPLE.

1. La licitación o el concurso públicos o privados serán de etapa única cuando la comparación de las ofertas y de las calidades de los oferentes se realice en un mismo acto.

2. Cuando las características específicas de la prestación, tales como el alto grado de complejidad del objeto o la extensión del término del contrato lo justifiquen, la licitación o el concurso público o privado deberán instrumentarse bajo la modalidad de etapa múltiple. La licitación o el concurso público o privado serán de etapa múltiple cuando se realicen en DOS (2) o más fases la evaluación y comparación de las calidades de los oferentes, los antecedentes empresariales y técnicos, la capacidad económico-financiera, las garantías, las características de la prestación y el análisis de los componentes económicos de las ofertas, mediante preselecciones sucesivas.

b) NACIONALES O INTERNACIONALES.

1. La licitación o el concurso serán nacionales cuando la convocatoria esté dirigida a interesados y oferentes cuyo domicilio o sede principal de sus negocios se encuentre en el país, o tengan sucursal en el país, debidamente registrada en los organismos habilitados a tal efecto.

2. La licitación o el concurso serán internacionales cuando, por las características del objeto o la complejidad de la prestación, la convocatoria se extienda a interesados y oferentes del exterior; revistiendo tal carácter aquéllos cuya sede principal principal de sus negocios se encuentre en el extranjero, y no tengan sucursal debidamente registrada en el país.

Artículo 27. — PERSONAS HABILITADAS PARA CONTRATAR. Podrán contratar con la Administración Nacional las personas físicas o jurídicas con capacidad para obligarse que no se encuentren comprendidas en las previsiones del artículo 28 y que se encuentren incorporadas a la base de datos que diseñará, implementará y administrará el órgano Rector, en oportunidad del comienzo del período de evaluación de las ofertas, en las condiciones que fije la reglamentación.

La inscripción previa no constituirá requisito exigible para presentar ofertas.

Artículo 28. — PERSONAS NO HABILITADAS. No podrán contratar con la Administración Nacional:

a) Las personas físicas o jurídicas que se encontraren sancionadas en virtud de las disposiciones previstas en los apartados 2. y 3. del inciso b) del artículo 29 del presente.

---

11 Apartado incorporado por Decreto N° 204/2004 B.O. 23/2/2004. Vigente a partir del día siguiente al de su publicación en el Boletín Oficial, para las contrataciones que se autoricen a partir de esa fecha.

12 Apartado incorporado por Decreto N° 204/2004 B.O. 23/2/2004. Vigente a partir del día siguiente al de su publicación en el Boletín Oficial, para las contrataciones que se autoricen a partir de esa fecha.

13 Apartado incorporado por Decreto N° 204/2004 B.O. 23/2/2004. Vigente a partir del día siguiente al de su publicación en el Boletín Oficial, para las contrataciones que se autoricen a partir de esa fecha.

14 Artículo sustituido por Decreto N° 666/2003 B.O. 25/3/2003. Vigente desde el día siguiente al de su publicación en el Boletín Oficial, y será de aplicación a las contrataciones que, aunque autorizadas con anterioridad, tengan pendiente la convocatoria.

b) Los agentes y funcionarios del Sector Público Nacional y las empresas en las cuales aquéllos tuvieren una participación suficiente para formar la voluntad social, de conformidad con lo establecido en la Ley de Ética Pública, N° 25.188.

c) ...[15]

d) Los condenados por delitos dolosos, por un lapso igual al doble de la condena.

e) Las personas que se encontraren procesadas por delitos contra la propiedad, o contra la Administración Pública Nacional, o contra la fe pública o por delitos comprendidos en la Convención Interamericana contra la Corrupción.

f) Las personas físicas o jurídicas que no hubieran cumplido con sus obligaciones tributarias y previsionales, de acuerdo con lo que establezca la reglamentación.

g) Las personas físicas o jurídicas que no hubieren cumplido en tiempo oportuno con las exigencias establecidas por el último párrafo del artículo 8° de la Ley N° 24.156.

TITULO II.

DISPOSICIONES ESPECIALES

CAPITULO I.

DISPOSICIONES APLICABLES A BIENES Y SEVICIOS[16]

Artículo 29. — PENALIDADES Y SANCIONES. Los oferentes o cocontratantes podrán ser pasibles de las siguientes penalidades y sanciones:

a) PENALIDADES.

1. Pérdida de la garantía de mantenimiento de la oferta o de cumplimiento del contrato.
2. Multa por mora en el cumplimiento de sus obligaciones.
3. Rescisión por su culpa.

b) SANCIONES. Sin perjuicio de las correspondientes penalidades los oferentes o cocontratantes podrán ser pasibles de las siguientes sanciones, en los supuestos de incumplimiento de sus obligaciones:

1. Apercibimiento
2. Suspensión.
3. Inhabilitación.

A los efectos de la aplicación de las sanciones antes mencionadas, los organismos deberán remitir al Órgano Rector copia fiel de los actos administrativos firmes mediante los cuales hubieren aplicado penalidades a los oferentes o cocontratantes.

Artículo 30. — OBSERVACIONES E IMPUGNACIONES. La reglamentación deberá prever cuáles actuaciones podrán ser susceptibles de observaciones o impugnaciones, el trámite que se dará a ellas y los requisitos para su procedencia formal. Toda observación, impugnación, reclamo o presentación similar que se efectúe fuera de lo previsto en la reglamentación no tendrá efectos suspensivos y se tramitará de acuerdo a lo que determine dicha reglamentación.

Artículo 31. — GARANTIAS. Para garantizar el cumplimiento de sus obligaciones los oferentes y adjudicatarios deberán constituir garantías o contra-garantías por anticipos otorgados por la Administración Nacional, en las formas y por los montos que establezca la reglamentación o los pliegos, con las excepciones que aquélla determine.

Artículo 32. — PUBLICIDAD Y DIFUSION. La convocatoria a presentar ofertas en las licitaciones y concursos públicos que no se realicen en formato digital, deberá efectuarse mediante la publicación de avisos en el órgano oficial de publicación de los actos de gobierno por el término

---

15 Inciso c) derogado por la Ley N° 25.563 B.O. 15/2/2002. Vigente a partir de su promulgación.

16 Denominación del Capítulo sustituida por Decreto N° 666/2003 B.O. 25/3/2003. Vigente desde el día siguiente al de su publicación en el Boletín Oficial, y será de aplicación a las contrataciones que, aunque autorizadas con anterioridad, tengan pendiente la convocatoria.

de DOS (2) días, con un mínimo de VEINTE (20) días corridos de antelación a la fecha fijada para la apertura, computados a partir del día siguiente a la última publicación.

En los casos de contrataciones que por su importancia, complejidad u otras características lo hicieran necesario, deberán ampliarse los plazos de antelación fijados, en las condiciones que determine la reglamentación.

Cuando se trate de licitaciones o concursos internacionales, deberán disponerse las publicaciones pertinentes en países extranjeros, con una antelación que no será menor a CUARENTA (40) días corridos, en la forma y con las modalidades que establezca la reglamentación.

La invitación a presentar ofertas en las licitaciones y concursos abreviados deberá efectuarse con un mínimo de SIETE (7) días corridos de antelación a la fecha fijada para la apertura, en las condiciones que fije la reglamentación, y complementarse mediante la exhibición de la convocatoria, el pliego de bases y condiciones particulares y las especificaciones técnicas en carteleras o carpetas ubicadas en lugares visibles del organismo contratante, cuyo ingreso sea irrestricto para los interesados en consultarlos.

Todas las convocatorias, cualquiera sea el procedimiento de selección que se utilice, se difundirán por INTERNET u otro medio electrónico de igual alcance que lo reemplace, en el sitio del Organo Rector, en forma simultánea, desde el día en que se les comience a dar publicidad por el medio específico que se establezca en el presente o en la reglamentación, o desde que se cursen invitaciones, hasta el día de la apertura, con el fin de garantizar el cumplimiento de los principios generales establecidos en el artículo 3° de este régimen.

Con el fin de cumplir el principio de transparencia, se difundirán por INTERNET, en el sitio del Órgano Rector, las convocatorias, los proyectos de pliegos correspondientes a contrataciones que la autoridad competente someta a consideración pública, los pliegos de bases y condiciones, el acta de apertura, las adjudicaciones, las órdenes de compra y toda otra información que la reglamentación determine.

Quedan exceptuadas de la obligación de difusión en todas las etapas del procedimiento, las contrataciones directas encuadradas en el apartado 6 del inciso d) del artículo 25 y de difusión de la convocatoria las de los apartados 5, para los casos de emergencia, y 8.

CAPITULO II.
OBRAS PÚBLICAS

Artículo 33. — MODIFICACION DEL Artículo 9° DE LA LEY 13.064. Modifícase el artículo 9° de la Ley Nacional de Obras Públicas N° 13.064, el que quedará redactado de la siguiente manera:

"Sólo podrán adjudicarse las obras públicas nacionales en licitación pública. Quedan exceptuadas de la solemnidad de la licitación pública y podrán ser licitadas privadamente o contratadas en forma directa, las obras comprendidas en los siguientes casos:

a) Cuando el costo de la obra no exceda del monto que establezca el Poder Ejecutivo Nacional.

b) Cuando los trabajos que resulten indispensables en una obra en curso de ejecución, no hubiesen sido previstos en el proyecto ni pudieran incluirse en el contrato respectivo. El importe de los trabajos complementarios antedichos no excederá de los límites que fije el Poder Ejecutivo Nacional.

c) Cuando los trabajos de urgencia reconocida o circunstancias imprevistas demandaren una pronta ejecución que no dé lugar a los trámites de la licitación pública, o para la satisfacción de servicios de orden social de carácter impostergable;

d) Cuando la seguridad del Estado exija garantía especial o gran reserva;

e) Cuando para la adjudicación resulte determinante la capacidad artística o técnico científica, la destreza o habilidad o la experiencia particular del ejecutor del trabajo o cuando éste se halle amparado por patente o privilegios o los conocimientos para la ejecución sean poseídos por una sola persona o entidad;

f) Cuando realizada una licitación pública, no haya habido proponente o no se hubiera hecho oferta admisible;

g) Los demás casos previstos en el Capítulo I del Título II del régimen de contrataciones de la Administración Nacional, en tanto no se opongan a las disposiciones del presente.

Artículo 34. — MODIFICACION DE LOS ARTICULOS 4, 11 Y 17 DE LA LEY N° 13.064. Dispónese el reemplazo de los términos "remate" y "subasta" por la expresión "licitación pública" en los artículos 4, 11 y 17 de la Ley N° 13.064.

Artículo 35. — APLICACION DEL TITULO I. Las disposiciones del Título I del presente régimen serán aplicables a los contratos de Obras Públicas regulados por la Ley N° 13.064, en tanto no se opongan a sus prescripciones.

TITULO III.

DISPOSICIONES FINALES Y TRANSITORIAS

Artículo 36. — MODIFICACION DEL ARTICULO 7° DE LA LEY N° 19.549 Y SUS MODIFICATORIAS. Modifícase el último párrafo del artículo 7° de la Ley Nacional de Procedimientos Administrativos, el que quedará redactado de la siguiente forma:

"Los contratos que celebren las jurisdicciones y entidades comprendidas en el Sector Público Nacional se regirán por sus respectivas leyes especiales, sin perjuicio de la aplicación directa de las normas del presente título, en cuanto fuere pertinente."

Artículo 37. — VIGENCIA. Este régimen entrará en vigencia a partir de los SESENTA (60) días corridos contados desde su publicación en el Boletín Oficial, para las contrataciones que se autoricen a partir de esa fecha.

Artículo 38. — DEROGACIONES.[17] Deróganse los artículos 55 al 63 del Decreto Ley N° 23.354 de fecha 31 de diciembre de 1956, ratificado por la Ley N° 14.467, la Ley N° 19.900, la Ley N° 20.124 en lo que respecta a los contratos comprendidos en este régimen, el artículo 12 de la Ley N° 22.460 y todos aquellos regímenes de contrataciones que se opongan al presente, con excepción de la Ley de Obras Públicas N° 13.064 y sus modificatorias.

Artículo 39. — REGLAMENTACION. Los Poderes Legislativo y Judicial y el Ministerio Público reglamentarán el presente Régimen para su aplicación en sus respectivas jurisdicciones y establecerán los funcionarios que autorizarán y aprobarán las contrataciones. El Poder Ejecutivo Nacional lo hará en un plazo máximo de SESENTA (60) días corridos[18] contados desde su publicación en el Boletín Oficial. Invítase a los otros poderes y al Ministerio Público a efectuarla en un plazo similar. Hasta entonces regirán las reglamentaciones vigentes.

Artículo 40. Comuníquese, publíquese, dése a la Dirección Nacional del Registro Oficial y archívese. — DE LA RUA. — Chrystian G. Colombo. — Carlos M. Bastos. — José H. Jaunarena. — Jorge E. De La Rúa. — Andrés G. Delich.

---

17 Artículo sustituido por Decreto N° 666/2003 B.O. 25/3/2003. Vigente desde el día siguiente al de su publicación en el Boletín Oficial, y será de aplicación a las contrataciones que, aunque autorizadas con anterioridad, tengan pendiente la convocatoria.

18 Plazo prorrogado por TRESCIENTOS SESENTA (360) días hábiles, contados a partir del 15 de octubre de 2001, por Decreto N° 666/2003 B.O. 25/3/2003. Vigente desde el día siguiente al de su publicación en el Boletín Oficial, y será de aplicación a las contrataciones que, aunque autorizadas con anterioridad, tengan pendiente la convocatoria.

II.- DECRETO N° 893/2012, QUE REGLAMENTA EL DECRETO DELEGADO Nº 1023 Y SUS MODIFICACIONES.

Artículo 1°. Apruébase la reglamentación del Decreto Delegado N° 1023 de fecha 13 de agosto de 2001 y sus modificaciones, para los contratos comprendidos en el inciso a) del artículo 4° de la norma legal aludida, conformada por el cuerpo de disposiciones que, como Anexo, forma parte integrante del presente Decreto y constituye el "Reglamento del Régimen de Contrataciones de la Administración Nacional".

Artículo 2°. Todas las jurisdicciones y entidades del PODER EJECUTIVO NACIONAL comprendidas en el inciso a) del artículo 8° de la Ley N° 24.156 y sus modificaciones, para las contrataciones de bienes y servicios que se realicen en sus respectivos ámbitos, se regirán por las disposiciones del Decreto Delegado N° 1023/2001 y sus modificaciones, por las del Reglamento que por el presente se aprueba, y por las normas que se dicten en su consecuencia.

Artículo 3°. Fíjase para todas las jurisdicciones y entidades comprendidas en el inciso a) del artículo 8° de la Ley N° 24.156 y sus modificaciones, la obligación de proveerse del software y hardware adecuado a los fines de implementar los sistemas o medios informáticos diseñados y administrados por la OFICINA NACIONAL DE CONTRATACIONES dependiente de la SUBSECRETARIA DE TECNOLOGIAS DE GESTION de la SECRETARIA DE GABINETE Y COORDINACION ADMINISTRATIVA de la JEFATURA DE GABINETE DE MINISTROS, necesarios para el cumplimiento de las disposiciones contenidas en el Decreto Delegado N° 1023/2001, en el presente reglamento y en las normas que se dicten en su consecuencia.

Artículo 4°. Deléganse en la OFICINA NACIONAL DE CONTRATACIONES dependiente de la SUBSECRETARIA DE TECNOLOGIAS DE GESTION de la SECRETARIA DE GABINETE Y COORDINACION ADMINISTRATIVA de la JEFATURA DE GABINETE DE MINISTROS, las facultades de interpretación y aclaración del Reglamento que por este acto se aprueba, que se instrumentarán a través de disposiciones que serán publicadas en el Boletín Oficial y difundidas en la página web del aludido Organo Rector.

Artículo 5°. A las ofertas de aquellos proveedores que realicen exportaciones y cumplan con los requisitos que fije la JEFATURA DE GABINETE DE MINISTROS, se les otorgará alguna de las siguientes preferencias para su adjudicación de acuerdo con lo que disponga el citado organismo:

a) Se los adjudicará cuando su precio sea igual o inferior al de las ofertas que no cumplan con tales condiciones, incrementados en un SIETE POR CIENTO (7%).

b) Se les dará la posibilidad de igualar la mejor oferta, siendo ésta de sujetos que no cumplan con tales requisitos, cuando coticen precios con una diferencia que no supere en más de un SIETE POR CIENTO (7%) la mejor oferta.

La JEFATURA DE GABINETE DE MINISTROS será el organismo con competencia para verificar la aplicación efectiva de las aludidas preferencias, así como la de otros regímenes que otorguen preferencias en materia de contrataciones públicas.

Artículo 6°. Deróganse los Decretos Nros. 436 de fecha 30 de mayo de 2000 y sus modificatorios, 1818 del 6 de diciembre de 2006, la Decisión Administrativa N° 56 de fecha 21 de mayo de 2003, las Resoluciones del ex Ministerio de Economía Nros. 834 de fecha 12 de octubre de 2000 y 966 de fecha 17 de noviembre de 2000, las Resoluciones de la Secretaría de Hacienda Nros. 576 de fecha 11 de noviembre de 1999, 292 de fecha 28 de julio de 2000, 368 de fecha 21 de septiembre de 2000 y 515 de fecha 14 de diciembre de 2000, las Resoluciones de la ex Subsecretaría de la Gestión Pública Nros. 24 de fecha 29 de marzo de 2004, 39 de fecha 3 de junio de 2005 y 16 de fecha 18 de mayo de 2007, las Circulares de la Oficina Nacional de Contrataciones Nros. 33 de fecha 21 de julio de 2009, 32 de fecha 14 de julio de 2009, 31 de fecha 7 de julio de 2009, 30 de fecha 7 de julio de 2009, 29 de fecha 7 de julio de 2009, 28 de fecha 18 de noviembre de 2008, 27 de fecha 6 de agosto de 2007, 26 de fecha 18 de julio de 2007, 25 de fecha 20 de marzo de 2007, 24 del 21 de diciembre de 2006, 23 de fecha 31 de agosto de 2006, 22 de fecha 31 de agosto de

2006, 21 de fecha 21 de abril de 2006, 20 de fecha 21 de febrero de 2006, 19 de fecha 7 de febrero de 2005, 18 de fecha 4 de febrero de 2005, 17 de fecha 15 de diciembre de 2004, 16 de fecha 29 de julio de 2004, 15 de fecha 23 de julio de 2004, 14 del 10 de mayo de 2004, 13 de fecha 24 de febrero de 2004, 12 de fecha 9 de febrero de 2004, 11 de fecha 24 de septiembre de 2003, 10 de fecha 21 de julio de 2003, 9 bis del 2 de junio de 2003, 9 de fecha 18 de noviembre de 2002, 8 de fecha 20 de septiembre de 2002, 7 de fecha 5 de junio de 2002, 6 de fecha 31 de octubre de 2001, 5 de fecha 29 de septiembre de 2001, 4 de fecha 30 de agosto de 2001, 3 de fecha 21 de agosto de 2001, 2 de fecha 3 de agosto de 2001, 1 de fecha 2 de mayo de 2001, las Disposiciones de la Oficina Nacional de Contrataciones Nros. 32 de fecha 24 de noviembre de 2011 y 6 de fecha 30 de marzo de 2010; y toda aquella disposición legal que se oponga a la presente.

Artículo 7°. El presente decreto comenzará a regir a los SESENTA (60) días corridos de su publicación en el Boletín Oficial, y será de aplicación a los procedimientos de selección que a partir de esa fecha se autoricen.

Artículo 8°. Comuníquese, publíquese, dése a la DIRECCION NACIONAL DEL REGISTRO OFICIAL y archívese. — FERNANDEZ DE KIRCHNER. — Juan M. Abal Medina.

III.- LEY 13064 Y MODIFICACIONES, DE OBRAS PÚBLICAS

CAPITULO I.

DE LAS OBRAS PÚBLICAS EN GENERAL

Artículo 1°. Considérase obra pública nacional toda construcción o trabajo o servicio de industria que se ejecute con fondos del Tesoro de la Nación, a excepción de los efectuados con subsidios, que se regirán por ley especial, y las construcciones militares, que se regirán por la ley 12.737 y su reglamentación y supletoriamente por las disposiciones de la presente.

Artículo 2°. Las facultades y obligaciones que establece la presente ley, podrán ser delegadas por el Poder Ejecutivo en autoridad, organismo o funcionario legalmente autorizado.

Artículo 3°. En caso de que el Estado resuelva realizar obras públicas por intermedio de personas o entidad no oficial, procederá conforme con lo establecido en la presente ley.

Artículo 4°.[19] Antes de sacar una obra pública a licitación pública o de contratar directamente su realización, se requerirá la aprobación del proyecto y presupuesto respectivo, por los organismos legalmente autorizados, que deberá ser acompañado del pliego de condiciones de la ejecución, así como de las bases del llamado a licitación a que deban ajustarse los proponentes y el adjudicatario, y del proyecto de contrato en caso de contratación directa. La responsabilidad del proyecto y de los estudios que le han servido de base, caen sobre el organismo que los realizó.

El proyecto de obra pública deberá prever, en los casos de obra que implique el acceso de público, para su aprobación por los organismos legalmente autorizados, la supresión de las barreras arquitectónicas limitativas de la accesibilidad de las personas con discapacidad.

En casos excepcionales y cuando las circunstancias especiales lo requieran, el Poder Ejecutivo podrá autorizar la adjudicación, sobre la base de anteproyectos y presupuestos globales, los que tendrán el carácter de provisional por el tiempo necesario para que se preparen y aprueben los documentos definitivos.

Se podrá llamar a concurso para la elaboración de proyectos y acordar premios que se consideren justos y estimulantes, así como contratar los proyectos directamente en casos especiales.

Cuando conviniera acelerar la terminación de la obra, podrán establecerse bonificaciones o primas, las que se consignarán en las bases de la licitación.

Artículo 5°. La licitación y/o contratación de obras públicas se hará sobre la base de uno de los siguientes sistemas:

---

19 Artículo sustituido por la Ley N° 26.619 B.O. 7/9/2010

a) Por unidad de medida;

b) Por ajuste alzado;

c) Por coste y costas, en caso de urgencia justificada o de conveniencia comprobada;

d) Por otros sistemas de excepción que se establezcan.

En todos los casos la contratación podrá hacerse con o sin provisión de materiales por parte del Estado.

Artículo 6º. Podrá ser realizado con licitación o sin ella el arrendamiento de inmuebles y de máquinas (implementos, equipos, transportes, embarcaciones, dragas, grúas flotantes, etcétera) destinados a obras públicas nacionales.

Artículo 7º. No podrá llamarse a licitación ni adjudicarse obra alguna, ni efectuarse inversiones que no tengan crédito legal.

Exceptúanse de este requisito las construcciones nuevas o reparaciones que fueron declaradas de reconocida urgencia, con cargo de solicitar el otorgamiento del crédito correspondiente al Honorable Congreso. En caso de que el mismo no se hubiera pronunciado dentro del período ordinario correspondiente, se tendrá por acordado el crédito solicitado, así como la autorización para financiarlo. (Ley de contabilidad, artículo 19.)

Artículo 8º. Los créditos acordados para obras públicas podrán afectarse por los importes que demande la adquisición del terreno necesario para su ejecución.

Artículo 9º.[20] Sólo podrán adjudicarse las obras públicas nacionales en licitación pública. Quedan exceptuadas de la solemnidad de la licitación pública y podrán ser licitadas privadamente o contratadas en forma directa, las obras comprendidas en los siguientes casos:

a) Cuando el costo de la obra no exceda del monto que establezca el Poder Ejecutivo Nacional.

b) Cuando los trabajos que resulten indispensables en una obra en curso de ejecución, no hubiesen sido previstos en el proyecto ni pudieran incluirse en el contrato respectivo. El importe de los trabajos complementarios antedichos no excederá de los límites que fije el Poder Ejecutivo Nacional.

c) Cuando los trabajos de urgencia reconocida o circunstancias imprevistas demandaren una pronta ejecución que no dé lugar a los trámites de la licitación pública, o para la satisfacción de servicios de orden social de carácter impostergable;

d) Cuando la seguridad del Estado exija garantía especial o gran reserva;

e) Cuando para la adjudicación resulte determinante la capacidad artística o técnico científica, la destreza o habilidad o la experiencia particular del ejecutor del trabajo o cuando éste se halle amparado por patente o privilegios o los conocimientos para la ejecución sean poseídos por una sola persona o entidad;

f) Cuando realizada una licitación pública, no haya habido proponente o no se hubiera hecho oferta admisible;

g) Los demás casos previstos en el Capítulo I del Título II del régimen de contrataciones de la Administración Nacional, en tanto no se opongan a las disposiciones del presente.

CAPITULO II.

DE LA LICITACIÓN Y ADJUDICACIÓN.

Artículo 10. La licitación pública se anunciará en el Boletín Oficial de la Nación y en el órgano análogo del gobierno provincial o del territorio donde la obra haya de construirse, sin perjuicio de anunciarla en órganos privados de publicidad o en cualquier otra forma, en el país o en el extranjero, si así se estimare oportuno.

---

20 Artículo sustituido por Decreto N° 1023/2001 B.O. 16/8/2001.

Los anuncios obligatorios deberán publicarse con la anticipación y durante el tiempo que se señalan a continuación:

Montos del Presupuesto
- Días de Anticipación
- Días de Publicación

Hasta $ 110.000
- 5
- 5

De hasta $ 110.001 a 260.000
- 15
- 10

Más de $ 260.000
- 20
- 15

Cuando para el éxito de la licitación sea conveniente, se podrán ampliar los plazos establecidos, así como reducirlos en casos de urgencia.

Artículo 11. El aviso de licitación deberá expresar: la obra que se licita, el sitio de ejecución, el organismo que realiza la licitación, el lugar donde pueden consultarse o retirarse las bases de la licitación pública, las condiciones a que debe ajustarse la propuesta, el funcionario a que deben dirigirse o entregarse las propuestas, el lugar, día y hora en que haya, que celebrarse la licitación pública y el importe de la garantía que el proponerte deberá constituir para intervenir en ella.[21]

Artículo 12. Los planos y presupuestos, la memoria y demás documentación necesaria para información de los proponentes estarán a disposición de los que deseen consultarlos, durante el término del llamado, en la sede de la autoridad licitante.

Copias de la documentación arriba expresada se remitirán a la provincia o territorio donde se hará la obra, con anterioridad a la publicación del aviso, manteniéndose para el mismo fin y por igual tiempo, en oficinas de 1a autoridad licitante o en el juzgado federal correspondiente.

Artículo 13. Créase el Registro Nacional de Constructores de Obras Públicas, a los efectos de la calificación y capacitación de las empresas, el que se regirá por el reglamento que deberá dictar el Poder Ejecutivo.

Artículo 14. Antes de presentar una propuesta, el que, la hiciese deberá depositar, en efectivo o en títulos o en bonos nacionales, en el Banco de la Nación Argentina, a la orden de la autoridad competente respectiva, una suma equivalente al 1 % del valor del presupuesto oficial de la obra que se licita.

La cantidad depositada no será devuelta al proponente a quien se hiciera la adjudicación hasta después de celebrado el contrato.

Para las licitaciones o contrataciones directas que no excedan de $69.000 no será necesario constituir previamente el depósito de garantía, pero el solo hecho de cotizar determina la obligación de hacerlo efectivo a simple requerimiento del organismo licitante.[22]

La falta de cumplimiento en el plazo que se fije para la constitución del depósito será causal para desestimar la oferta.

Artículo 15. Las propuestas cerradas se presentarán hasta la fecha y hora señaladas para el acto de la licitación y serán hechas en pliegos firmados por el proponerte y acompañadas por el documento en que conste haberse efectuado el depósito previo, exigido por el artículo anterior.

Artículo 16. En el lugar, día y hora señalados en los avisos, se dará comienzo al acto de la licitación. Vencido el plazo para la admisión de las propuestas y antes de abrirse algunos de los plie-

21 Términos "remate" y "subasta" sustituidos por la expresión "licitación pública" por Decreto N° 1023/2001 B.O. 16/8/2001.

22 Párrafo agregado por ley 16.798 y elevado el límite posteriormente por Artículo 1 de la Resolución N° 814/96 del Ministerio de Economía y Obras y Servicios Públicos B.O. 03/07/96.

gos presentados, podrán los interesados pedir explicaciones o formular aclaraciones relacionadas con el acto, pero iniciada la apertura de pliegos, no se admitirá observación o explicación alguna.

Se abrirán las cubiertas de los pliegos conteniendo las propuestas y éstas se leerán por el actuario ante los funcionarios y personas que presencien el acto; terminada la lectura se extenderá acta que será firmada por los funcionarios autorizantes y los asistentes en el momento de labrarse aquélla. Los proponentes podrán dejar constancia en dicha acta de las observaciones que les merezca el acto o cualquiera de las propuestas presentadas.

Artículo 17. Las ofertas complementarias o propuestas de modificaciones que fueran entregadas con posterioridad al acto de la licitación pública deben ser desechadas. Sin embargo, podrán considerarse aclaraciones que no alteren substancialmente la propuesta original, ni modifiquen las bases de la licitación pública ni el principio de igualdad entre todas las propuestas.[23]

Artículo 18. La circunstancia de no haberse presentado más de una propuesta no impide la adjudicación. Esta caerá siempre sobre la más conveniente, siendo conforme con las condiciones establecidas para la licitación.

La presentación de propuestas no da derecho alguno a los proponentes para la aceptación de aquéllas.

Artículo 19. Presentada una propuesta o hecha la adjudicación en la forma que determine la ley de contabilidad, el proponerte o adjudicatario no podrá traspasar los derechos, en todo o en parte, sin consentimiento de la autoridad competente.

Este consentimiento podrá acordarse, como excepción, si el que recibiera los derechos ofrece, por lo menos, iguales garantías.

Artículo 20. Los proponentes deben mantener las ofertas durante el plazo fijado en las bases de la licitación.

Si antes de resolverse la adjudicación dentro del plazo de mantenimiento de la propuesta, esta fuera retirada, o invitado a firmar el contrato no se presentara en forma y tiempo o se negara a cumplir el contrato hecho en término, perderá el depósito de garantía en beneficio de la administración pública, sin perjuicio de la suspensión por tiempo determinado del Registro de Constructores de Obras Públicas.

CAPITULO III.
DE LA FORMALIZACIÓN DEL CONTRATO.

Artículo 21. Entre la administración pública y el adjudicatario se firmará el contrato administrativo de obra pública y éste afianzará el cumplimiento de su compromiso mediante un depósito en el Banco de la Nación Argentina por un 5% del monto del convenio, en dinero o en títulos o en bonos nacionales, al valor corriente en plaza, o bien mediante una fianza bancaria equivalente, a satisfacción de la autoridad competente. Dicha fianza será afectada en la proporción y forma que se establece en los artículos 26, 27 y 35.

Se podrá contratar la obra con el proponente que siga en orden de conveniencia, cuando los primeros retiraran las propuestas o no concurriesen a firmar el contrato.

Formarán parte del contrato que se subscriba, las bases de licitación, el pliego de condiciones, las especificaciones técnicas y demás documentos de la licitación.

Para las contrataciones que no excedan de $ 69.000 la garantía podrá ser constituida por pagaré, el que deberá ser avalado o afianzado a satisfacción del organismo licitante, cuando supere el monto de $ 100.000.[24]

---

23 Términos "remate" y "subasta" sustituidos por la expresión "licitación pública" por Decreto N° 1023/2001 B.O. 16/8/2001.

24 Párrafo agregado por Ley N° 16.798 B.O. 25/11/1965 y elevado posteriormente el límite por Resolución N° 814/96 del Ministerio de Economía y Obras y Servicios Públicos B.O. 03/07/96.

Artículo 22. Después de firmado el contrato, se entregará al contratista, sin costo, una copia autorizada de los planos y presupuestos, y se le facilitarán los demás documentos del proyecto para que pueda examinarlos o copiarlos, si lo creyese necesario.

Artículo 23. Firmado el contrato, el contratista no podrá transferirlo ni cederlo, en todo o en parte, a otra persona o entidad, ni asociarse para su cumplimiento, sin autorización y aprobación de autoridad competente.

Artículo 24. Los contratos quedarán perfeccionados con el cumplimiento de los preceptos enunciados en los precedentes artículos, sin necesidad de otros trámites.

CAPITULO IV.

DE LA EJECUCIÓN DE LAS OBRAS.

Artículo 25. Una vez firmado el contrato, la iniciación y realización del trabajo se sujetará a lo establecido en los pliegos de condiciones generales y especiales que sirvieron de base para la licitación o adjudicación directa de las obras.

Artículo 26. El contratista es responsable de la correcta interpretación de los planos para la realización de la obra y responderá de los defectos que puedan producirse durante la ejecución y conservación de la misma hasta la recepción final. Cualquier deficiencia o error que constatara en el proyecto o en los planos, deberá comunicarlo al funcionario competente antes de iniciar el trabajo.

Artículo 27. El contratista es responsable de cualquier reclamo o demanda que pudiera originar la provisión o el uso indebido de materiales, sistema de construcción o implementos patentados.

Artículo 28. El contratista no podrá recusar al técnico que la autoridad competente haya designado para la dirección, inspección o tasación de las obras; pero si tuviese causas justificadas, las expondrá para que dicha autoridad las resuelva, sin que esto sea motivo para que se suspendan los trabajos.

Artículo 29. El contratista se conformará con las modificaciones en los trabajos, que le fuesen ordenados por funcionario autorizado, siempre que esas órdenes le sean dadas por escrito y no alteren las bases del contrato.

Artículo 30. Las alteraciones del proyecto que produzcan aumentos o reducciones de costos o trabajos contratados, serán obligatorias para el contratista, abonándose, en el primer caso, el importe del aumento, sin que tenga derecho en el segundo a reclamar ninguna indemnización por los beneficios que hubiera dejado de percibir por la parte reducida, suprimida o modificada. Si el contratista justificase haber acopiado o contratado materiales o equipos para las obras reducidas o suprimidas, se hará un justiprecio del perjuicio que haya sufrido por dicha causa, el que le será certificado y abonado.

La obligación por parte del contratista, de aceptar las modificaciones a que se refiere el presente artículo, queda limitada de acuerdo con lo que establece el artículo 53.

Artículo 31. No podrá el contratista por si, bajo ningún pretexto, hacer trabajo alguno sino con estricta sujeción al contrato, y si lo hiciere no le será abonado, a menos de que presente orden escrita que para ello le hubiere sido dada por funcionario autorizado, en cuyo caso el pago deberá disponerse por autoridad competente.

Artículo 32. Cuando el contrato establezca que el contratista debe aportar los materiales, éstos deberán ajustarse estrictamente a las especificaciones que de los mismos haga el pliego de condiciones.

Artículo 33. Cuando sin hallarse estipulado en las condiciones del contrato, fuese conveniente emplear materiales pertenecientes al Estado, se descontará al contratista el importe que resulte del estudio equitativo de valores, cuidando que la provisión no represente una carga extracontractual para el contratista, y se reconocerá a éste el derecho de indemnización por los materiales acopiados y los contratados, en viaje o en construcción, si probare fehacientemente la existencia de los mismos.

Artículo 34. Si para llevar a cabo las modificaciones a que se refiere el artículo 30, o por cualquier otra causa, se juzgase necesario suspender el todo o parte de las obras contratadas, será requisito indispensable para la validez de la resolución, comunicar al contratista la orden correspondiente por escrito, procediéndose a la medición de la obra ejecutada, en la parte que alcance la suspensión, y a extender acta del resultado.

En dicha acta se fijará el detalle y valor del plantel, del material acopiado y del contratado, en viaje o construcción, y se hará una nómina del personal que deba quedar a cargo de la obra. El contratista tendrá derecho, en ese caso, a que se le indemnice por todos los gastos y perjuicios que la suspensión le ocasione, los que deberán serle certificados y abonados.

Artículo 35. Las demoras en la terminación de los trabajos con respecto a los plazos estipulados, darán lugar a la aplicación de multas o sanciones que serán graduadas por el Poder Ejecutivo de acuerdo con la importancia del atraso, siempre que el contratista no pruebe que se debieron a causas justificadas y éstas sean aceptadas por autoridad competente.

El contratista quedará constituido en mora por el solo hecho del transcurso del o de los plazos estipulados en el contrato y obligado al pago de la multa aplicada, pudiéndosele descontar de los certificados a su favor, de las retenciones para reparo o bien afectar la fianza rendida.

Artículo 36. El contratista deberá mantener al día el pago del personal que emplee en la obra y no podrá deducirle suma alguna que no responda al cumplimiento de leyes o de resoluciones del Poder Ejecutivo o del Poder Judicial y dará estricto cumplimiento a las disposiciones sobre legislación del trabajo y a las que en adelante se impusieran. Sin perjuicio de lo establecido en artículo 39, toda infracción al cumplimiento de estas obligaciones podrá considerarse negligencia grave a los efectos de la rescisión del contrato por culpa del contratista y en todos los casos impedirá el trámite y el pago de los certificados de obras.

CAPITULO V.
DE LAS ALTERACIONES DE LAS CONDICIONES DEL CONTRATO.

Artículo 37. El contratista no podrá, bajo pretexto de error u omisión de su parte, reclamar aumento de los precios fijados en el contrato.

Las equivocaciones del presupuesto, en cuanto a extensión o valor de las obras, se corregirán en cualquier tiempo hasta la terminación del contrato.

En estos casos el contratista tendrá el derecho que le acuerdan los artículos 38 y 53.

Artículo 38. Si en el contrato de obras públicas celebrado, la administración hubiera fijado precios unitarios y las modificaciones o errores a que se refieren los artículos 30 y 37 importasen en algún ítem un aumento o disminución superiores a un 20 % del importe del mismo, la administración o el contratista tendrá derecho que se fije un nuevo precio unitario de común acuerdo. En caso de disminución, el nuevo precio se aplicará a la totalidad del trabajo a realizar en el ítem, pero si se trata de aumentos, sólo se aplicará a la cantidad de trabajo que exceda de la que para este ítem figura en el presupuesto oficial de la obra. Si no se lograra acuerdo entre los contratantes la administración podrá disponer que los trabajos del ítem disminuido o los excedentes del que se ha aumentado, se lleven a cabo directamente o por nuevo contrato, sin derecho a reclamación alguna por parte del contratista.

La supresión total de un ítem, sólo dará al contratista el derecho que le confiere el artículo 53.

Artículo 39. El contratista no tendrá derecho a indemnización por causas de pérdidas, averías o perjuicios ocasionados por su propia culpa, falta de medios o errores en las operaciones que le sean imputables. Cuando esas pérdidas, averías o perjuicios provengan de culpa de los empleados de la administración, o de fuerza mayor o caso fortuito, serán soportados por la administración pública.

Para los efectos de la aplicación del párrafo anterior se considerarán casos fortuitos o de fuerza mayor:

a) Los que tengan causa directa en actos de la administración pública, no previstos en los pliegos de licitación;

b) Los acontecimientos de origen natural extraordinarios y de características tales que impidan al contratista la adopción de las medidas necesarias para prevenir sus efectos.

Para tener derecho a las indemnizaciones a que se refiere este artículo, el contratista deberá hacer la reclamación correspondiente dentro de los plazos y en las condiciones que determinen los pliegos especiales de cada obra.

En caso de que proceda la indemnización, se pagará el perjuicio de acuerdo, en cuanto ello sea posible, con los precios del contrato.

CAPITULO VI.
DE LA RECEPCIÓN DE LAS OBRAS.

Artículo 40. Las obras podrán recibirse parcial o totalmente, conforme con lo establecido en el contrato; pero la recepción parcial también podrá hacerse cuando se considere conveniente, por autoridad competente.

La recepción total o parcial tendrá carácter provisional hasta tanto se haya cumplido el plazo de garantía que se hubiese fijado.

Artículo 41. La recepción definitiva se llevará a efecto tan pronto expire el plazo de la garantía que se hubiese fijado en el contrato, siendo durante este plazo el contratista responsable de la conservación y reparación de las obras salvo los efectos resultantes del uso indebido de las mismas.

Artículo42. En los casos de recepciones parciales definitivas, el contratista tendrá derecho a que se le devuelva o libere la parte proporcional de la fianza y de la garantía para reparo, con arreglo a lo dispuesto en los artículos 20, 44 y 46.

Artículo 43. Si las obras no estuviesen ejecutadas con arreglo a las condiciones del contrato, se podrá suspender la recepción provisional hasta que se halle en ese estado, sin perjuicio de la aplicación de los artículos 35 y 50 si correspondiera.

Artículo 44. No se cancelará la fianza al contratista hasta que no se apruebe la recepción definitiva y justifique haber satisfecho la indemnización de los daños y perjuicios que corran por su cuenta.

CAPITULO VII.
DE LOS PAGOS DE LAS OBRAS.

Artículo 45. Las condiciones de pago se establecerán también en los pliegos de condiciones generales y en los particulares para cada obra

Artículo 46. Los pliegos de condiciones graduarán la imposición y liberación de garantías correspondientes a las liquidaciones parciales de los trabajos.

Artículo 47. Las sumas que deban entregarse al contratista en pago de la obra, quedan exentas de embargo judicial, salvo el caso en que los acreedores sean obreros empleados en la construcción o personas a quienes se deban servicios, trabajos o materiales por ella.

Sólo se admitirá el embargo por los acreedores particulares del contratista, sobre la suma liquidada que quedase a entregársele después de la recepción definitiva de la obra.

Artículo 48. Si los pagos al contratista se retardasen de la fecha en que, según contrato, deban hacerse, éste tendrá derecho a reclamar intereses a la tasa fijada por el Banco de la Nación Argentina, para los descuentos sobre certificados de obra Si el retraso fuere causado por el contratista, debido a reclamaciones sobre mediciones u otras causas con motivo de la ejecución de la obra, y ellas resultasen infundadas, o se interrumpiese la emisión o el trámite de los certificados u otros documentos por actos del mismo, no tendrá derecho al pago de intereses.[25]

Si el retraso fuere causado por el contratista, debido a reclamaciones sobre mediciones u otras causas con motivo de la ejecución de la obra, y ellas resultasen infundadas, o se interrumpiese la emisión o el trámite de los certificados u otros documentos por actos del mismo, no tendrá derecho al pago de intereses.

CAPITULO VIII.
DE LA RESCISIÓN DEL CONTRATO.

Artículo 49. En caso de muerte, quiebra o concurso civil del contratista, quedará rescindido el contrato, a no ser que los herederos, o síndico de la quiebra o concurso, ofrezcan llevar a cabo la obra bajo las condiciones estipuladas en aquél. La administración nacional fijará los plazos de presentación de los ofrecimientos y podrá admitirlos o desecharlos, sin que, en el último caso, tengan dichos sucesores derecho a indemnización alguna.

Artículo 50 La administración nacional tendrá derecho a la rescisión del contrato, en los casos siguientes.

a) Cuando el contratista se haga culpable de fraude o grave negligencia o contravenga las obligaciones y condiciones estipuladas en el contrato;

b) Cuando el contratista proceda a la ejecución de las obras con lentitud, de modo que la parte ejecutada no corresponda al tiempo previsto en los planos de trabajo y a juicio de la administración no puedan terminarse en los plazos estipulados;

c) Cuando el contratista se exceda del plazo fijado en las bases de licitación para la iniciación de las obras;

d) Si el contratista transfiere en todo o en parte su contrato, se asocia con otros para la construcción o subcontrata, sin previa autorización de la administración;

e) Cuando el contratista abandone las obras o interrumpa los trabajos por plazo mayor de ocho días en tres ocasiones, o cuando el abandono o interrupción sean continuados por el término de un mes.

En el caso del inciso b), deberá exigirse al contratista que ponga los medios necesarios para acelerar los trabajos hasta alcanzar el nivel contractual de ejecución en el plazo que se le fije y procederá a la rescisión del contrato si éste no adopta las medidas exigidas con ese objeto.

En el caso del inciso c), se podrá prorrogar el plazo si el contratista demostrase que la demora en la iniciación de las obras se ha producido por causas inevitables y ofrezca cumplir su compromiso. En caso de que no proceda el otorgamiento de esa prórroga, o que concedida ésta el contratista tampoco diera comienzo a los trabajos en el nuevo plazo fijado, el contrato quedará rescindido con pérdida de la fianza.

Artículo 51. Resuelta la rescisión del contrato, salvo el caso previsto en el inciso c) del artículo anterior, ella tendrá las siguientes consecuencias:

a) El contratista responderá por los perjuicios que sufra la administración a causa del nuevo contrato que celebre para la continuación de las obras, o por la ejecución de estas directamente;

b) La administración tomará, si lo cree conveniente y previa valuación convencional, sin aumento de ninguna especie, los equipos y materiales necesarios para la continuación de la obra;

c) Los créditos que resulten por los materiales que la administración reciba, en el caso del inciso anterior, por la liquidación de partes de obras terminadas u obras inconclusas que sean de recibo, y por fondos de reparos, quedarán retenidos a la resulta de la liquidación final de las trabajos;

25 Párrafo sustituido por Ley N° 21.392 B.O. 26/08/1976 y se exime de lo dispuesto en el primer párrafo del Artículo 48 a los saldos actualizados de deuda que gozarán de un interés de hasta 5%.

d) En ningún caso el contratista tendrá derecho al beneficio que se obtuviese en la continuación de las obras con respecto a los precios del contrato rescindido;

e) Sin perjuicio de las sanciones dispuestas en esta ley, el contratista que se encuentre comprendido en el caso del inciso a) del artículo anterior perderá además la fianza rendida.

Artículo 52. En caso de que rescindido el contrato por culpa del contratista la administración resolviera variar el proyecto que sirvió de base a la contratación, la rescisión sólo determinará la pérdida de la fianza, debiendo liquidarse los trabajos efectuados hasta la fecha de la cesación de los mismos.

Artículo 53. El contratista tendrá derecho a rescindir el contrato, en los siguientes casos:

a) Cuando las modificaciones mencionadas en el artículo 30 o los errores a que se refiere el artículo 37 alteren el valor total de las obras contratadas, en un 20 % en más o en menos;

b) Cuando la administración pública suspenda por más de tres meses la ejecución de las obras;

c) Cuando el contratista se vea obligado a suspender las obras por más de tres meses, o a reducir el ritmo previsto en más de un 50% durante el mismo período, como consecuencia de la falta de cumplimiento en término, por parte de la administración, de la entrega de elementos o materiales a que se hubiera comprometido;

d) Por caso fortuito y/o fuerza mayor que imposibilite el cumplimiento de las obligaciones emergentes del contrato;

e) Cuando la administración no efectúe la entrega de los terrenos ni realice el replanteo de la obra dentro del plazo fijado en los pliegos especiales más una tolerancia de treinta días.

Artículo 54. Producida la rescisión del contrato en virtud de las causales previstas en el artículo anterior, ella tendrá las siguientes consecuencias:

a) Liquidación a favor del contratista, previa valuación practicada de común acuerdo con él sobre la base de los precios, costos y valores contractuales, del importe de los equipos, herramientas, instalaciones, útiles y demás enseres necesarios para las obras que éste no quiera retener;

b) Liquidación a favor del contratista del importe de los materiales acopiados y los contratados, en viaje o en elaboración, que sean de recibo;

c) Transferencia, sin pérdida para el contratista, de los contratos celebrados por el mismo para la ejecución de las obras;

d) Si hubiera trabajos ejecutados, el contratista deberá requerir la inmediata recepción provisional de los mismos, debiendo realizarse su recepción definitiva una vez vencido el plazo de garantía;

e) Liquidación a favor del contratista de los gastos improductivos que probare haber tenido como consecuencia de la rescisión del contrato;

f) No se liquidará a favor del contratista suma alguna por concepto de indemnización o de beneficio que hubiera podido obtener sobre las obras no ejecutadas.

En el caso del inciso d) del artículo 53, no será de aplicación el inciso e) del presente artículo.

CAPITULO IX.
JURISDICCIÓN CONTENCIOSO ADMINISTRATIVA.

Artículo 55. Todas las cuestiones a que dé lugar la aplicación e interpretación de los contratos de obras públicas, derivadas de los mismos, deberán debatirse ante la jurisdicción contencioso administrativa, renunciando expresamente los contratistas a toda otra juris-dicción.

La exigencia de este artículo será voluntaria para el contratista hasta tanto no se dicte la ley que rija el trámite en lo contencioso administrativo. En caso de someterse el contratista al actual trámite podrá convenir con la autoridad administrativa un tribunal arbitral que decida en única instancia.

Artículo 56. Exceptúase de la substanciación dispuesta por el artículo 49 de la ley de contabilidad la contratación de cualquier provisión destinada a las obras públicas nacionales.

Artículo 57. Derógase la ley 775 y toda otra disposición legal que se oponga a la presente ley, con excepción de la ley 12.737 para construcciones militares.

Artículo 58. Comuníquese al Poder Ejecutivo.

BOLIVIA

NORMAS BÁSICAS DEL SISTEMA DE ADMINISTRACIÓN DE BIENES Y SERVICIOS

DECRETO SUPREMO Nº 0181, DE 28 DE JUNIO DE 2009, [1]

TÍTULO PRELIMINAR.

DISPOSICIONES GENERALES

CAPÍTULO I.

ASPECTOS GENERALES

Artículo 1.- (SISTEMA DE ADMINISTRACIÓN DE BIENES Y SERVICIOS). I. El Sistema de Administración de Bienes y Servicios es el conjunto de normas de carácter jurídico, técnico y administrativo que regula la contratación de bienes y servicios, el manejo y la disposición de bienes de las entidades públicas, en forma interrelacionada con los sistemas establecidos en la Ley N° 1178, de 20 de julio de 1990, de Administración y Control Gubernamentales.

Está compuesto por los siguientes subsistemas:

a) Subsistema de Contratación de Bienes y Servicios, que comprende el conjunto de funciones, actividades y procedimientos administrativos para adquirir bienes, contratar obras, servicios generales y servicios de consultoría;

b) Subsistema de Manejo de Bienes, que comprende las funciones, actividades y procedimientos relativos al manejo de bienes;

c) Subsistema de Disposición de Bienes, que comprende el conjunto de funciones, actividades y procedimientos relativos a la toma de decisiones sobre el destino de los bienes de uso, de propiedad de la entidad, cuando éstos no son ni serán utilizados por la entidad pública.

II. A efectos de las presentes Normas Básicas del Sistema de Administración de Bienes y Servicios, se entiende por "bienes y servicios" a "bienes, obras, servicios generales y servicios de consultoría", salvo que se los identifique de forma expresa.

Artículo 2.- (OBJETIVOS DE LAS NORMAS BÁSICAS DEL SISTEMA DE ADMINISTRACIÓN DE BIENES Y SERVICIOS). Las Normas Básicas del Sistema de Administración de Bienes y Servicios, tienen como objetivos:

a) Establecer los principios, normas y condiciones que regulan los procesos de administración de bienes y servicios y las obligaciones y derechos que derivan de éstos, en el marco de la Constitución Política del Estado y la Ley N° 1178;

b) Establecer los elementos esenciales de organización, funcionamiento y de control interno, relativos a la administración de bienes y servicios.

Artículo 3.- (PRINCIPIOS). La aplicación de las presentes Normas Básicas está orientada bajo los siguientes principios:

---

1 Modificado por el Decreto Supremo 843, de 13 de abril de 2011 y el Decreto Supremo 956, de 10 de agosto de 2011

a) Solidaridad. Los recursos públicos deben favorecer a todas las bolivianas y bolivianos;

b) Participación. Las bolivianas y bolivianos tienen el derecho de participar en los procesos de contratación de bienes y servicios;

c) Control Social. Las bolivianas y bolivianos tienen el derecho de velar por la correcta ejecución de los recursos públicos, resultados, impactos y la calidad de bienes y servicios públicos;

d) Buena Fe. Se presume el correcto y ético actuar de los servidores públicos y proponentes;

e) Economía. Los procesos de contratación de bienes y servicios, manejo y disposición de bienes, se desarrollarán con celeridad y ahorro de recursos;

f) Eficacia. Los procesos de contratación de bienes y servicios, manejo y disposición de bienes, deben permitir alcanzar los objetivos y resultados programados;

g) Eficiencia. Los procesos de contratación de bienes y servicios, manejo y disposición de bienes, deben ser realizados oportunamente, en tiempos óptimos y con los menores costos posibles;

h) Equidad. Los proponentes pueden participar en igualdad de condiciones, sin restricciones y de acuerdo a su capacidad de producir bienes y ofertar servicios;

i) Libre Participación. Las contrataciones estatales deben permitir la libre participación y la más amplia concurrencia de proponentes, a través de mecanismos de publicidad, con el objeto de obtener las mejores condiciones en cuanto a precio y calidad;

j) Responsabilidad. Los servidores públicos en lo relativo a la contratación, manejo y disposición de bienes y servicios, deben cumplir con toda la normativa vigente y asumir las consecuencias de sus actos y omisiones en el desempeño de las funciones públicas;

k) Transparencia. Los actos, documentos y la información de los procesos de contratación, manejo y disposición de bienes y servicios, son públicos.

Artículo 4.- (ABREVIATURAS). Para efectos de las presentes Normas Básicas, se establecen las siguientes abreviaturas:

a) ANPE. Apoyo Nacional a la Producción y Empleo;

b) CUCE. Código Único de Contrataciones Estatales;

c) DBC. Documento Base de Contratación;

d) DBC-ANPE. Documento Base de Contratación de Apoyo Nacional a la Producción y Empleo;

e) EPNE. Empresa Pública Nacional Estratégica;

f) LP. Licitación Pública;

g) MAE. Máxima Autoridad Ejecutiva;

h) NB-SABS. Normas Básicas del Sistema de Administración de Bienes y Servicios;

i) PAC. Programa Anual de Contrataciones;

j) POA. Programa de Operaciones Anual;

k) RE-SABS. Reglamento Específico del Sistema de Administración de Bienes y Servicios;

l) RE-SABS-EPNE. Reglamento Específico del Sistema de Administración de Bienes y Servicios de Empresas Públicas Nacionales Estratégicas;

m) RPA. Responsable del Proceso de Contratación de Apoyo Nacional a la Producción y Empleo;

n) RPC. Responsable del Proceso de Contratación de Licitación Pública;

o) SABS. Sistema de Administración de Bienes y Servicios;

p) SICOES. Sistema de Contrataciones Estatales.

Artículo 5.- (DEFINICIONES). Para efecto de las presentes NB-SABS y su reglamentación, se establecen las siguientes definiciones:

a) Alimentos Frescos y Perecederos: Son aquellos que por sus características naturales, conservan sus cualidades aptas para la comercialización y el consumo durante un plazo igual o inferior a treinta (30) días calendario o que precisan condiciones de temperatura regulada para su comercialización y transporte;

b) Bienes: Son bienes las cosas materiales e inmateriales que pueden ser objeto de derecho, sean muebles, inmuebles, incluyendo de manera enunciativa y no limitativa, bienes de consumo, fungibles y no fungibles, corpóreos o incorpóreos, bienes de cambio, materias primas, productos terminados o semiterminados, maquinarias, herramientas, equipos, otros en estado sólido, líquido o gaseoso, así como los servicios accesorios al suministro de éstos, siempre que el valor de los servicios no exceda al de los propios bienes;

c) Caso Fortuito: Obstáculo interno atribuible al hombre, imprevisto o inevitable, relativas a las condiciones mismas en que la obligación debía ser cumplida (conmociones civiles, huelgas, bloqueos, revoluciones, etc.);

d) Código Único de Contrataciones Estatales – CUCE: Es el código asignado de forma automática a través del SICOES a cada proceso de contratación, para identificarlo de manera única, desde la publicación de la convocatoria hasta la finalización del proceso;

e) Concesión Administrativa: Es una forma de contratación entre una entidad pública y una persona natural o jurídica, para el uso de un bien de dominio público o la prestación de un servicio público por un tiempo limitado a cambio de una contraprestación; excluyendo los bienes y servicios que no sean susceptibles de concesionamiento por disposición de la Constitución Política del Estado o la Ley;

f) Contenido Mínimo para el Reglamento Específico del Sistema de Administración de Bienes y Servicios para Empresas Públicas Nacionales Estratégicas: Documento elaborado y aprobado por el Órgano Rector, de uso obligatorio, que establece el contenido mínimo para la elaboración del RE-SABSEPNE;

g) Concertación de mejores condiciones: Etapa posterior a la notificación de adjudicación, en procesos de contratación bajo la modalidad de Licitación Pública, donde de manera justificada la MAE, el RPC, la Comisión de Calificación y el proponente adjudicado, acordarán las mejores condiciones de contratación cuando la magnitud y complejidad de la misma así lo amerite;

h) Contratación con Financiamiento del Proponente: Es la contratación por la cual la entidad contratante establece en el DBC, que el proponente oferte la provisión de bienes o ejecución de obras con una propuesta de financiamiento parcial o total, para cubrir la inversión por sí mismo o mediante compromiso de terceros;

i) Contratación Llave en Mano: Es la contratación mediante la cual un proponente oferta una obra terminada, que contempla el diseño, ejecución de la obra y la puesta en marcha, referida a instalaciones, equipamiento, capacitación, transferencia intelectual y tecnológica;

j) Contrato: Instrumento legal de naturaleza administrativa que regula la relación contractual entre la entidad contratante y el proveedor o contratista, estableciendo derechos, obligaciones y condiciones para la provisión de bienes, construcción de obras, prestación de servicios generales o servicios de consultoría;

k) Documento Base de Contratación – DBC: Documento elaborado por la entidad contratante para cada contratación, con base en el Modelo de DBC emitido por el Órgano Rector; que contiene las especificaciones técnicas o términos de referencia, metodología de evaluación, procedimientos y condiciones para el proceso de contratación;

l) Error subsanable: Es aquel que incide sobre aspectos no sustanciales, sean accidentales, accesorios o de forma; sin afectar la legalidad ni la solvencia de la propuesta;

m) Especificaciones Técnicas: Parte integrante del DBC, elaborada por la entidad contratante, donde se establecen las características técnicas de los bienes, obras o servicios generales a contratar;

n) Feria de Contratación Estatal: Medio de difusión de las convocatorias donde las entidades públicas dan a conocer públicamente su demanda de bienes y servicios;

o) Fraccionamiento: Es apartarse de la modalidad de contratación inicialmente programada en el PAC, y ejecutar la contratación en una modalidad de menor cuantía. No se considera fraccionamiento a las contrataciones y adquisiciones por ítems, lotes, tramos o paquetes;

p) Fuerza Mayor: Obstáculo externo, imprevisto o inevitable que origina una fuerza extraña al hombre que impide el cumplimiento de la obligación (incendios, inundaciones y otros desastres naturales);

q) Inspección Previa: Actividad previa a la presentación de propuestas que consiste en la verificación del lugar y el entorno que se relacionan con el objeto de la contratación;

r) Leasing: El contrato de leasing es aquel mediante el cual, el arrendador traspasa el derecho a usar un bien a cambio del pago de rentas de arrendamiento durante un plazo determinado al término del cual el arrendatario tiene la opción de comprar el bien arrendado pagando un precio determinado, devolverlo o renovar el contrato;

s) Máxima Autoridad Ejecutiva – MAE. Titular o personero de más alta jerarquía de cada entidad del sector público, sea este el máximo ejecutivo o la dirección colegiada, según lo establecido en su disposición legal o norma de creación;

t) Mesa de Partes: Es el espacio ubicado en el ingreso principal de la entidad pública, con el rótulo visible que señale: “MESA DE PARTES”, en el cual se publican el PAC, las convocatorias vigentes y las Resoluciones Impugnables;

u) Método de Selección de Calidad: Método de evaluación que permite seleccionar la propuesta que presente la mejor calificación técnica, sin sobrepasar el Precio Referencial establecido por la entidad contratante;

v) Método de Selección de Calidad, Propuesta Técnica y Costo: Método de evaluación que permite seleccionar la propuesta que presente la mejor calificación combinada en términos de calidad, propuesta técnica y costo;

w) Método de Selección de Menor Costo: Método de evaluación que permite seleccionar la propuesta con el menor precio entre aquellas que hubieran obtenido la calificación técnica mínima requerida;

x) Método de Selección de Presupuesto Fijo: Método de evaluación que permite seleccionar la propuesta que presente la mejor calificación técnica, de acuerdo al presupuesto fijo establecido por la entidad contratante;

y) Modelo de Contrato: Documento estándar, elaborado y aprobado por el Órgano Rector, que contiene cláusulas de relación contractual entre las entidades públicas y los proveedores o contratistas y que forma parte del Modelo de DBC;

z) Modelo de Reglamento Específico del Sistema de Administración de Bienes y Servicios – RE-SABS: Documento estándar, elaborado y aprobado por el Órgano Rector, de utilización obligatoria para la elaboración del RE-SABS por las entidades públicas;

aa) Modelo de Documento Base de Contratación – DBC: Documento estándar, elaborado y aprobado por el Órgano Rector, que forma parte de la reglamentación de las presentes NB-SABS y es de utilización obligatoria por las entidades públicas;

bb) Obras: Son aquellos trabajos relacionados con la construcción, reconstrucción, demolición, reparación, instalación, ampliación, remodelación, adecuación, restauración, conservación, mantenimiento, modificación o renovación de edificios, estructuras, carreteras, puentes o instalaciones, tendido de gasoductos, oleoductos, instalaciones eléctricas, montaje en general, perforación de pozos de agua, así como la preparación y limpieza del terreno, la excavación, la edificación y otros;

cc) Orden de Compra u Orden de Servicio: Es una solicitud escrita que formaliza un proceso de contratación, que será aplicable sólo en casos de adquisición de bienes o servicios generales de entrega o prestación, en un plazo no mayor a quince (15) días calendario.[2]

dd) Órgano Rector: El Ministerio de Economía y Finanzas Públicas es el Órgano Rector del SABS con las atribuciones que le confiere la Ley N° 1178 y las establecidas en las presentes NB-SABS;

---

2 Inciso cc) modificado por Decreto Supremo 956, de 10 de agosto de 2011.

ee) Precio Referencial: Es el precio estimado por la entidad contratante para un proceso de contratación;

ff) Precio Evaluado más Bajo: Es la oferta que cumple con los aspectos técnicos, administrativos y legales, que una vez evaluados, presenta el menor costo;

gg) Programa Anual de Contrataciones – PAC: Instrumento de planificación donde la entidad pública programa las contrataciones de una gestión, en función de su POA y presupuesto;

hh) Proponente: Persona natural o jurídica que participa en un proceso de contratación mediante la presentación de su propuesta o cotización;

ii) Proveedor o Contratista: Persona natural o jurídica, con quien se hubiera suscrito un contrato o emitido una orden de compra, según las modalidades y tipo de contratación establecidas;

jj) Reglamento Específico del Sistema de Administración de Bienes y Servicios – RE-SABS: Documento elaborado por la entidad pública, que tiene por objeto establecer los aspectos específicos que no estén contemplados en las presentes NB-SABS. El mismo debe ser compatibilizado por el Órgano Rector y aprobado de manera expresa por la entidad;

kk) Reglamento Específico del Sistema de Administración de Bienes y Servicios de Empresas Públicas Nacionales Estratégicas – RE-SABS-EPNE:

Documento elaborado por las EPNE, en base al contenido mínimo establecido por el Órgano Rector, que tiene por objeto establecer los procedimientos necesarios para la contratación de bienes y servicios. El mismo debe ser compatibilizado por el Órgano Rector y aprobado de manera expresa por la EPNE;

ll) Responsable del Proceso de Contratación de Licitación Pública - RPC: Servidor Público que por delegación de la MAE o RAA, es responsable por la ejecución del proceso de contratación y sus resultados, en la modalidad de Licitación Pública;[3]

mm) Responsable del Proceso de Contratación de Apoyo Nacional a la Producción y Empleo - RPA: Servidor Público que por delegación de la MAE o RAA, es responsable por la ejecución del proceso de contratación y sus resultados, en las modalidades de Contratación Menor y ANPE;[4]

nn) Reunión de Aclaración: Actividad previa a la presentación de propuestas donde los potenciales proponentes pueden expresar sus consultas sobre el proceso de contratación;

oo) Servicios Generales Recurrentes: Son servicios que la entidad requiere de manera ininterrumpida para su funcionamiento;

pp) Servicios de Consultoría: Son los servicios de carácter intelectual tales como diseño de proyectos, asesoramiento, auditoria, desarrollo de sistemas, estudios e investigaciones, supervisión técnica y otros servicios profesionales, que podrán ser prestados por consultores individuales o por empresas consultoras;

qq) Servicios de Consultoría Individual de Línea: Son los servicios prestados por un consultor individual para realizar actividades o trabajos recurrentes, que deben ser desarrollados con dedicación exclusiva en la entidad contratante, de acuerdo con los términos de referencia y las condiciones establecidas en el contrato;

rr) Servicios de Consultoría por Producto: Son los servicios prestados por un consultor individual o por una empresa consultora, por un tiempo determinado, cuyo resultado es la obtención de un producto conforme los términos de referencia y las condiciones establecidas en el contrato;

ss) Servicios Generales: Son los servicios que requieren las entidades públicas para desarrollar actividades relacionadas al funcionamiento o la administración de la misma, los que a su vez se clasifican en: Servicios de Provisión Continua, tales como: seguros, limpieza, vigilancia y otros; y Discontinuos tales como: servicios de courrier, servicios de fotocopias, publicidad, provisión de pasajes aéreos, transporte, publicaciones, impresión y otros similares;

---

3 Inciso ll) modificado por Decreto Supremo 843, de 13 de abril de 2011.

4 Inciso mm) modificado por Decreto Supremo 843, de 13 de abril de 2011.

tt) Sistema de Contrataciones Estatales – SICOES: Es el sistema oficial de publicación y difusión de información de los procesos de contratación de las entidades públicas del Estado Plurinacional de Bolivia, establecido y administrado por el Órgano Rector;

uu) Términos de Referencia: Parte integrante del DBC elaborada por la entidad contratante, donde se establecen las características técnicas de los servicios de consultoría a contratar;

vv) Unidad Administrativa: Es la unidad o instancia organizacional de la entidad contratante, encargada de la ejecución de las actividades administrativas de los subsistemas de contratación, manejo y disposición de bienes y servicios;

ww) Unidad Jurídica: Es la unidad o instancia organizacional de la entidad contratante, encargada de proporcionar asesoramiento legal y atender los asuntos jurídicos en los subsistemas de contratación, manejo y disposición de bienes y servicios;

xx) Unidad Solicitante: Es la unidad o instancia organizacional de la entidad contratante, donde se origina la demanda de la contratación de bienes y servicios;

yy) Valor Actual – VA: El Valor Actual describe el proceso de flujos de dinero futuro que a un descuento y periodos dados representa valores actuales.

zz) Responsable Administrativo de la Asamblea - RAA: Servidora o Servidor Público de más alta jerarquía de la Unidad Administrativa de cada Asamblea Departamental o Regional.[5]

ARTÍCULO 6.- (ÁMBITO DE APLICACIÓN).[6] I. Las presentes NB-SABS y los instrumentos elaborados por el Órgano Rector, son de uso y aplicación obligatoria por todas las entidades públicas señaladas en los Artículos 3 y 4 de la Ley N° 1178 y toda entidad pública con personería jurídica de derecho público, bajo la responsabilidad de la MAE y de los servidores públicos responsables de los procesos de contratación, manejo y disposición de bienes y servicios.

II. Las presentes NB-SABS y los instrumentos elaborados por el Órgano Rector, son de uso y aplicación obligatoria en todas las Asambleas Departamentales y Regionales bajo la responsabilidad del RAA y de los servidores públicos responsables de los procesos de contratación, manejo y disposición de bienes y servicios.

Artículo 7.- (INCUMPLIMIENTO DE LAS NORMAS BÁSICAS DEL SISTEMA DE ADMINISTRACIÓN DE BIENES Y SERVICIOS). El incumplimiento de las presentes NB-SABS generará responsabilidades de acuerdo a lo establecido en el Capítulo V de Responsabilidad por la Función Pública, determinada en la Ley N° 1178 y Decretos Supremos Reglamentarios.

CAPÍTULO II.
NIVELES Y ATRIBUCIONES

Artículo 8.- (NIVELES DE ORGANIZACIÓN DEL SISTEMA). El SABS tiene dos niveles de organización:

a) Nivel Normativo, a cargo del Órgano Rector;

b) Nivel Ejecutivo y Operativo, a cargo de las entidades públicas.

Artículo 9.- (ATRIBUCIONES DEL ÓRGANO RECTOR). El Ministerio de Economía y Finanzas Públicas, como Órgano Rector tiene las siguientes atribuciones:

a) Revisar, actualizar y emitir las NB-SABS y su reglamentación;

b) Difundir las NB-SABS y su reglamentación a las entidades públicas y privadas;

c) Prestar asistencia técnica a las entidades públicas y privadas sobre la aplicación de las NB-SABS;

d) Compatibilizar los RE-SABS y RE-SABS-EPNE, elaborados por las entidades públicas y EPNE, en el marco de las presentes NB-SABS;

e) Vigilar la adecuada aplicación de las NB-SABS e integrar la información generada;

f) Administrar el SICOES.

---

5 Inciso zz) incluido por Decreto Supremo 843, de 13 de abril de 2011.

6 Art. 6 modificado por Decreto Supremo 843, de 13 de abril de 2011.

Artículo 10.- (FUNCIONES Y RESPONSABILIDADES DE LAS ENTIDADES PÚBLICAS). Las entidades públicas tienen las siguientes funciones y responsabilidades:

a) Cumplir y hacer cumplir las presentes NB-SABS y su reglamentación;

b) Implantar el SABS;

c) Generar y proporcionar información de la aplicación del SABS para seguimiento y evaluación de la gestión pública;

d) Registrar obligatoriamente en el SICOES, la información establecida en las presentes NB-SABS, utilizando los programas o formularios definidos por el Órgano Rector para el efecto;

e) Elaborar su Reglamento Específico.

Artículo 11.- (ELABORACIÓN DE REGLAMENTOS ESPECÍFICOS). I. Las entidades públicas sometidas al ámbito de aplicación de las presentes NB-SABS conforme al Artículo 27 de la Ley N° 1178, deberán elaborar su RE-SABS tomando como base el modelo elaborado por el Órgano Rector.

El RE-SABS deberá ser remitido al Órgano Rector adjuntando el Organigrama actualizado y aprobado hasta el último nivel de desconcentración para su compatibilización; una vez declarado compatible, será aprobado por la entidad pública mediante Resolución expresa.

II. Las EPNE deberán elaborar su RE-SABS-EPNE tomando como base el contenido mínimo elaborado por el Órgano Rector.

El RE-SABS-EPNE deberá ser remitido al Órgano Rector adjuntando el Organigrama actualizado y aprobado hasta el último nivel de desconcentración para su compatibilización; una vez declarado compatible, será aprobado por el Directorio mediante Resolución expresa.

III. Los RAA de las Asambleas Departamentales y Regionales deberán elaborar su RE-SABS, tomando como base el contenido mínimo elaborado por el Órgano Rector.

El RE-SABS deberá ser remitido al Órgano Rector adjuntando el Organigrama actualizado y aprobado; una vez declarado compatible, será aprobado por el RAA mediante Resolución expresa.[7]

TÍTULO I.
SUBSISTEMA DE CONTRATACIÓN DE BIENES Y SERVICIOS

CAPÍTULO I.
ASPECTOS GENERALES

SECCIÓN I.
GENERALIDADES

Artículo 12.- (CONCEPTO). El Subsistema de Contratación de Bienes y Servicios es el conjunto interrelacionado de principios, elementos jurídicos, técnicos y administrativos, que regulan el proceso de contratación de bienes, obras, servicios generales y servicios de consultoría.

Artículo 13.- (MODALIDADES DE CONTRATACIÓN Y CUANTÍAS). Se establecen las siguientes modalidades y cuantías:

7 Parágrafo III incluido por Decreto Supremo 843, de 13 de abril de 2011.

Modalidad	Cuantía
Contratación Menor	De Bs1.- (UN 00/100 BOLIVIANO) a Bs20.000.- (VEINTE MIL 00/100 BOLIVIANOS)
Apoyo Nacional a la Producción y Empleo	De Bs.20.001.- (VEINTE MIL UN 00/100 BOLIVIANOS) a Bs1.000.000.- (UN MILLÓN 00/100 BOLIVIANOS)
Licitación Pública	Sin límite de monto
Contratación por Emergencia	Sin límite de monto
Contratación Directa de Bienes y Servicios	Sin límite de monto

Artículo 14.- (MODALIDADES Y CUANTÍAS PARA MUNICIPIOS SEGÚN INDICES DE POBREZA). Se establecen las siguientes modalidades y cuantías para los municipios con elevados índices de pobreza:

Modalidad	Cuantía
Contratación Menor	De Bs1.- (UN 00/100 BOLIVIANO) a Bs20.000.- (VEINTE MIL 00/100 BOLIVIANOS)
Apoyo Nacional a la Producción y Empleo	De Bs20.001.- (VEINTE MIL UN 00/100 BOLIVIANOS) adelante
Contratación por Excepción	Sin límite de monto
Contratación por Emergencia	Sin límite de monto
Contratación Directa de Bienes y Servicios	Sin límite de monto

Artículo 15.- (PLAZOS, TÉRMINOS Y HORARIOS). I. Todos los plazos establecidos en las presentes NB-SABS se consideran como días hábiles administrativos, excepto aquellos que estén señalados expresamente como días calendario.

II. Son considerados días hábiles administrativos los comprendidos entre lunes y viernes. No son días hábiles administrativos los sábados, domingos y feriados.

III. Todos los actos administrativos cuyo término coincida con días sábados, domingos o feriados, deberán ser trasladados al siguiente día hábil administrativo.

IV. Son consideradas horas hábiles administrativas las que rigen en la entidad convocante como horario de trabajo.

Artículo 16.- (PRECIO REFERENCIAL). I. La Unidad Solicitante calculará el Precio Referencial incluyendo todos los tributos, transporte, costos de instalación, inspecciones y cualquier otro concepto que incida en el costo total de los bienes y servicios. Este Precio Referencial deberá contar con la información respaldatoria correspondiente.

II. Para todas las modalidades de contratación, el Precio Referencial tendrá carácter público, debiendo estar señalado en el DBC.

III. En servicios discontinuos, el Precio Referencial será el precio unitario del servicio determinado por la entidad.

IV. Para convocar un proceso de contratación de obras, el Precio Referencial no deberá tener una antigüedad mayor a cuatro (4) meses.

Artículo 17.- (CONVENIOS DE FINANCIAMIENTO EXTERNO). Cuando las contrataciones públicas sean realizadas en el marco de convenios de financiamiento externo refrendados mediante Ley, se regularán por la normativa y procedimientos establecidos en las presentes NB-SABS, salvo lo expresamente previsto en dichos convenios.

Cuando el convenio de financiamiento externo haya sido firmado por el Órgano Ejecutivo y remitido al Órgano Legislativo, de manera excepcional y mediante Resolución expresa la MAE podrá autorizar el inicio del proceso de contratación con cláusula de condición suspensiva, hasta el

Informe de Recomendación y Evaluación, sin compromiso y señalando en el DBC la sujeción del proceso a la firma de la Ley que aprueba el financiamiento.

Artículo 18.- (CONTRATACIÓN DE BIENES Y SERVICIOS GENERALES RECURRENTES). En forma excepcional y bajo exclusiva responsabilidad de la MAE, se podrá iniciar un proceso de contratación de bienes y servicios generales de carácter recurrente para la próxima gestión, en el último cuatrimestre del año llegando hasta la adjudicación, sin compromiso y señalando en el DBC la sujeción del proceso a la aprobación del presupuesto de la siguiente gestión.

Artículo 19.- (ANTICIPO). Para cubrir los gastos iniciales, correspondientes únicamente al objeto del contrato, la entidad pública podrá otorgar un anticipo, que no deberá exceder al veinte por ciento (20%) del monto total del contrato.

Este anticipo será otorgado previa solicitud del proveedor o contratista y aceptación del contratante.

SECCIÓN II.
GARANTÍAS

Artículo 20.- (TIPOS DE GARANTÍA). I. Se establecen los siguientes tipos de garantía que deberán expresar su carácter de renovable, irrevocable y de ejecución inmediata:

a) Boleta de Garantía. Emitida por cualquier entidad de intermediación financiera bancaria o no bancaria, regulada y autorizada por la instancia competente;

b) Boleta de Garantía a Primer Requerimiento. Emitida por una entidad de intermediación financiera bancaria o no bancaria, regulada y autorizada por la instancia competente;

c) Póliza de Seguro de Caución a Primer Requerimiento. Emitida por una empresa aseguradora, regulada y autorizada por la instancia competente.

II. Hasta Bs1.000.000.- (UN MILLÓN 00/100 BOLIVIANOS), el proponente decidirá el tipo de garantía a presentar. Para montos mayores, la entidad convocante definirá en el DBC el tipo de garantía a ser presentada.

III. Los proponentes extranjeros que participen en procesos de contratación y ofrezcan en calidad de garantía la póliza de seguro de caución a primer requerimiento, están obligados a contratar esta garantía con entidades aseguradoras que tengan su domicilio constituido en Bolivia y que se encuentren autorizadas para operar por la autoridad financiera. Los proponentes extranjeros que participen en procesos de contratación y ofrezcan la boleta de garantía a primer requerimiento, en el caso de no utilizar directamente una entidad financiera bancaria de Bolivia, deberán presentar garantías emitidas por entidades financieras bancarias que cuenten con corresponsalía legalmente establecida en Bolivia. En casos excepcionales y debidamente justificados, la entidad convocante permitirá que la entidad financiera bancaria actué como avisador de una garantía emitida por una entidad financiera extranjera.

Artículo 21.- (GARANTÍAS SEGÚN EL OBJETO). I. Las garantías según el objeto son:

a) Garantía de Seriedad de Propuesta. Tiene por objeto garantizar que los proponentes participan de buena fe y con la intención de culminar el proceso.

Será por un monto equivalente al uno por ciento (1%) de la propuesta económica del proponente. Para servicios de consultoría, corresponderá al cero punto cinco por ciento (0.5%).

La vigencia de esta garantía deberá exceder en treinta (30) días calendario, al plazo de validez de la propuesta establecida en el DBC.

La Garantía de Seriedad de Propuesta será devuelta al proponente adjudicado contra entrega de la Garantía de Cumplimiento de Contrato, y a los proponentes no adjudicados con anterioridad a su vencimiento, siempre que no haya sido objeto de ejecución por parte de la entidad convocante.

En el caso de la modalidad ANPE, cuando la entidad lo requiera podrá solicitar la presentación de la Garantía de Seriedad de Propuesta, sólo para contrataciones con Precio Referencial mayor a Bs200.000.- (DOSCIENTOS MIL 00/100 BOLIVIANOS).

En el caso de servicios generales discontinuos, no se requerirá la presentación de la Garantía de Seriedad de Propuesta.

Para la Contratación Directa de Bienes y Servicios prestados por Empresas Públicas, Empresas Públicas Nacionales Estratégicas, Empresas con Participación Estatal Mayoritaria y la Contratación por Excepción de entidades públicas establecidas en los incisos g) y h) del Artículo 65 de las presentes NB-SABS, no se requerirá la presentación de la Garantía de Seriedad de Propuesta;

b) Garantía de Cumplimiento de Contrato. Tiene por objeto garantizar la conclusión y entrega del objeto del contrato.

Será equivalente al siete por ciento (7%) del monto del contrato.

En la modalidad ANPE, cuando se tengan programados pagos parciales, en sustitución de la Garantía de Cumplimiento de Contrato, se podrá prever una retención del siete por ciento (7%) de cada pago.

En contrataciones hasta Bs1.000.000.- (UN MILLÓN 00/100 BOLIVIANOS), las Micro y Pequeñas Empresas, Asociaciones de Pequeños Productores Urbanos y Rurales y Organizaciones Económicas Campesinas presentarán una Garantía de Cumplimiento de Contrato por un monto equivalente al tres y medio por ciento (3.5%) del valor del contrato o se hará una retención del tres y medio por ciento (3.5%) correspondiente a cada pago cuando se tengan previstos pagos parciales.

Para la Contratación Directa de Bienes y Servicios prestados por Empresas Públicas, Empresas Públicas Nacionales Estratégicas, Empresas con Participación Estatal Mayoritaria y la Contratación por Excepción de Entidades Públicas, establecida en los incisos g) y h) del Artículo 65 de las presentes NB-SABS, en reemplazo de la garantía de cumplimiento de contrato, la entidad contratante deberá efectuar una retención del siete por ciento (7%) de cada pago.

En contrataciones de servicios generales discontinuos, no se requerirá la Garan-tía de Cumplimiento de Contrato.

La vigencia de la garantía será computable a partir de la firma del contrato hasta la recepción definitiva del bien, obra, servicio general o servicio de consultoría.

Esta garantía o la retención, será devuelta al contratista una vez que se cuente con la conformidad de la recepción definitiva;

c) Garantía Adicional a la Garantía de Cumplimiento de Contrato de Obras. El proponente adjudicado, cuya propuesta económica esté por debajo del ochenta y cinco por ciento (85%) del Precio Referencial, deberá presentar una Garantía Adicional a la de Cumplimiento de Contrato, equivalente a la diferencia entre el ochenta y cinco por ciento (85%) del Precio Referencial y el valor de su propuesta económica;

d) Garantía de Funcionamiento de Maquinaria y/o Equipo. Tiene por objeto garantizar el buen funcionamiento y/o mantenimiento de la maquinaria y/o equipo objeto del contrato. Será solicitada cuando la entidad lo considere necesario, de acuerdo con las condiciones establecidas en el DBC.

El monto de esta garantía será hasta un máximo del uno punto cinco por ciento (1.5%) del monto del contrato.

A solicitud del proveedor, en sustitución de esta garantía, el contratante podrá efectuar una retención del monto equivalente a la garantía solicitada.

Esta garantía o la retención, será devuelta al proveedor una vez concluido el plazo estipulado en el contrato, siempre y cuando éste hubiese cumplido con todas sus obligaciones contractuales;

e) Garantía de Correcta Inversión de Anticipo. Tiene por objeto garantizar la devolución del monto entregado al proponente por concepto de anticipo inicial.

Será por un monto equivalente al cien por ciento (100%) del anticipo otorgado y deberá tener una vigencia mínima de noventa (90) días calendario, computables a partir de la entrega del anticipo, debiendo ser renovada mientras no se deduzca el monto total.

Conforme el contratista reponga el monto del anticipo otorgado, se podrá reajustar la garantía en la misma proporción.

II. La entidad deberá solicitar, cuando corresponda, la renovación de las garantías.

SECCIÓN III.
ASPECTOS DEL PROCESO DE CONTRATACIÓN

Artículo 22.- (CARÁCTER PÚBLICO DEL INFORME DE EVALUACIÓN Y RECOMENDACIÓN). I. Realizada la adjudicación o declaratoria desierta, el Informe de Evaluación y Recomendación será de carácter público.

II. Las propuestas no adjudicadas no tendrán carácter público, quedando prohibida su utilización posterior para otros fines, salvo autorización escrita del proponente.

III. En la modalidad de Licitación Pública se procederá a la devolución de las propuestas a petición de los proponentes no adjudicados, debiendo la entidad convocante conservar una copia de las propuestas no adjudicadas.

IV. En la modalidad ANPE no se devolverán las propuestas no adjudicadas.

Artículo 23.- (METODOS DE SELECCIÓN Y ADJUDICACIÓN).

Se considerarán los siguientes métodos de selección y adjudicación para bienes y servicios: Calidad, Propuesta Técnica y Costo; Calidad; Presupuesto Fijo; Menor Costo; y Precio Evaluado Más Bajo, de acuerdo con lo establecido el DBC.

Artículo 24.- (ADJUDICACIÓN POR ÍTEMS, LOTES, TRAMOS O PAQUETES). I. En casos de ventaja técnica o económica, la contratación de bienes y servicios podrá ser adjudicada por ítems, lotes, tramos o paquetes, mediante una sola convocatoria.

II. Se deberá señalar en el DBC el Precio Referencial de cada ítem, lote, tramo o paquete.

III. Esta contratación comprenderá ítems, lotes, tramos o paquetes a ser evaluados y adjudicados separadamente a uno o varios proponentes; el DBC determinará el número o naturaleza de los ítems, lotes, tramos o paquetes, las condiciones para presentar las propuestas y los métodos de selección y adjudicación.

IV. Si uno o más ítems, lotes, tramos o paquetes no se adjudicaran, la entidad declarará desierta la contratación de este ítem, lote, tramo o paquete y procederá a realizar un nuevo proceso de contratación según la modalidad que corresponda.

V. Cuando un proponente presente su propuesta para más de un ítem, lote, tramo o paquete, deberá presentar una sola vez la documentación legal y administrativa; y una propuesta técnica y económica para cada ítem, lote, tramo o paquete.

VI. En caso que se requiera contratar dos o más consultorías individuales con términos de referencia iguales, la entidad podrá realizar un sólo proceso de contratación seleccionando a las propuestas mejor evaluadas.

Artículo 25.- (RECHAZO Y DESCALIFICACIÓN DE PROPUESTAS). La Comisión de Calificación o el Responsable de Evaluación procederá al rechazo o descalificación de propuestas, cuando las mismas no cumplan con las condiciones establecidas en las presentes NB-SABS y en el DBC.

Artículo 26.- (ERRORES SUBSANABLES Y NO SUBSANABLES). I. Todo error considerado subsanable por la Comisión de Calificación o el Responsable de Evaluación, no será causal de descalificación de la propuesta y será consignado en el Informe de Calificación y Recomendación, con la justificación respectiva.

II. Los errores no subsanables estarán establecidos en el Modelo de DBC elaborado por el Órgano Rector, siendo causales de descalificación de la propuesta.

Artículo 27.- (DECLARATORIA DESIERTA). I. Procederá la declaratoria desierta cuando:

a) No se hubiera recibido ninguna propuesta;

b) Todas las propuestas económicas hubieran superado al Precio Referencial;

c) Ninguna propuesta hubiese cumplido lo especificado en el DBC;

d) Cuando el proponente adjudicado incumpla la presentación de documentos o desista de formalizar la contratación y no existan otras propuestas calificadas.

II. En forma previa a la publicación de la siguiente convocatoria, las Unidades Solicitante y Administrativa, analizarán las causas por las que se hubiera declarado desierta la convocatoria, a fin de ajustar las especificaciones técnicas o términos de referencia, los plazos de ejecución del contrato, el Precio Referencial u otros aspectos que permitan viabilizar la contratación.

III. La declaratoria desierta deberá ser publicada en el SICOES.

Artículo 28.- (CANCELACIÓN, SUSPENSIÓN Y ANULACIÓN DEL PROCESO DE CONTRATACIÓN). I. El proceso de contratación podrá ser cancelado, anulado o suspendido hasta antes de la suscripción del contrato o emisión de la orden de compra, mediante Resolución expresa, técnica y legalmente motivada. La entidad convocante no asumirá responsabilidad alguna respecto a los proponentes afectados por esta decisión.

II. La cancelación procederá:

a) Cuando exista un hecho de fuerza mayor y/o caso fortuito irreversible que no permita la continuidad del proceso;

b) Se hubiera extinguido la necesidad de contratación;

c) Cuando la ejecución y resultados dejen de ser oportunos o surjan cambios sustanciales en la estructura y objetivos de la entidad.

Cuando sea necesario cancelar uno o varios ítems, lotes, tramos o paquetes, se procederá a la cancelación parcial de los mismos, debiendo continuar el proceso para el resto de los ítems, lotes, tramos o paquetes.

Cuando la cancelación se realice antes de la fecha establecida para la presentación de propuestas, la entidad procederá a la devolución de las propuestas recibidas.

Cuando la cancelación sea posterior a la apertura de propuestas, la entidad convocante procederá a la devolución de las mismas a solicitud del proponente, debiendo conservar una copia para el expediente del proceso, excepto en procesos de contratación en la modalidad ANPE.

III. La suspensión procederá cuando a pesar de existir la necesidad de la contratación, se presente un hecho de fuerza mayor y/o caso fortuito que no permita la continuidad del proceso. El proceso de contratación podrá reanudarse únicamente en la gestión fiscal.

Los plazos y actos administrativos se reanudarán mediante Resolución expresa, desde el momento en que el impedimento se hubiera subsanado, reprogramando el cronograma y notificando en el SICOES y en la Mesa de Partes la reanudación del proceso de contratación.

Si la suspensión se hubiera producido antes del cierre de presentación de propuestas, se aceptará en la reanudación del proceso, la participación de nuevos proponentes.

IV. La anulación hasta el vicio más antiguo, en el caso de que desvirtúen la legalidad y validez del proceso, procederá cuando se determine:

a) Incumplimiento o inobservancia a la normativa de contrataciones vigente;

b) Error en el DBC publicado.

Se podrá anular uno o varios ítems, lotes, tramos o paquetes, debiendo continuar el proceso con el resto de los ítems, lotes, tramos o paquetes. Cuando la anulación parcial se efectúe hasta antes de la publicación de la convocatoria, el o los ítems, lotes, tramos o paquetes anulados, deberán ser convocados como un nuevo proceso de contratación según la modalidad que corresponda.

Cuando la anulación sea por error en el DBC publicado, la entidad convocante deberá publicar nuevamente la convocatoria en el SICOES.

SECCIÓN IV.

CONTRATACIÓN DE BIENES PRODUCIDOS EN BOLIVIA Y MÁRGENES DE PREFERENCIA

Artículo 29.- (CONTRATACIÓN DE BIENES PRODUCIDOS EN BOLIVIA). I. Las contrataciones de bienes deberán ser dirigidas a la producción nacional.

II. Para bienes que no se produzcan en el país, la entidad podrá realizar la contratación de bienes importados.

III. Las entidades públicas están prohibidas de incorporar en el DBC, requisitos técnicos que sólo afectan a la apariencia del bien, debiendo limitarse a garantizar la función y utilidad del mismo.

Artículo 30.- (MARGEN DE PREFERENCIA Y FACTORES DE AJUSTES). I. Para bienes se aplicarán los siguientes Márgenes de Preferencia y Factores de Ajuste:

a) En la modalidad ANPE se aplicará uno de los siguientes márgenes de preferencia:

i. Diez por ciento (10%) al precio ofertado en aquellos bienes producidos en el país, independientemente del origen de los insumos. El factor numérico de ajuste será de noventa centésimos (0.90);

ii. Veinte por ciento (20%) al precio ofertado, cuando el porcentaje de componentes de origen nacional (materia prima y mano de obra) del costo bruto de producción sea igual o mayor al cincuenta por ciento (50%). El factor numérico de ajuste será de ochenta centésimos (0.80);

b) En la modalidad de Licitación Pública se aplicarán uno de los siguientes márgenes de preferencia:

i. Diez por ciento (10%) al precio ofertado en aquellos bienes producidos en el país, independientemente del origen de los insumos. El factor numérico de ajuste será de noventa centésimos (0.90);

ii. Veinte por ciento (20%) al precio ofertado, cuando el porcentaje de componentes de origen nacional (materia prima y mano de obra) del costo bruto de producción se encuentren entre el treinta por ciento (30%) y el cincuenta por ciento (50%). El factor numérico de ajuste será de ochenta centésimos (0.80).

Veinticinco por ciento (25%) al precio ofertado, cuando el porcentaje de componentes de origen nacional (materia prima y mano de obra) del costo bruto de producción sea mayor al cincuenta por ciento (50%). El factor numérico de ajuste será de setenta y cinco centésimos (0.75).

II. Para obras en las modalidades ANPE y Licitación Pública, se aplicará un margen de preferencia del cinco por ciento (5%), en los siguientes casos:

a) A las propuestas de empresas constructoras, donde los socios bolivianos tengan una participación de acciones igual o mayor al cincuenta y uno por ciento (51%);

b) A las propuestas de asociaciones accidentales de empresas constructoras, donde los asociados bolivianos tengan una participación en la asociación igual o mayor al cincuenta y uno por ciento (51%).

El factor numérico de ajuste será de noventa y cinco centésimos (0.95).

III. En la modalidad de Licitación Pública, cuando se establezca un plazo referencial no obligatorio para la entrega de los bienes, se aplicará un factor de ajuste al precio de la propuesta cuando el plazo de entrega sea mayor al referencial. El factor numérico de ajuste será de cinco por mil (0.005) por día adicional.

Al precio de las propuestas con plazos iguales o inferiores al plazo referencial, no se les aplicará el factor de ajuste.

Artículo 31.- (MARGEN DE PREFERENCIA PARA MICRO Y PEQUEÑAS EMPRESAS, ASOCIACIONES DE PEQUEÑOS PRODUCTORES URBANOS Y RURALES Y ORGANIZACIONES ECONÓMICAS CAMPESINAS). En la contratación de bienes y servicios bajo las modalidades de Licitación Pública y ANPE, se aplicará un margen de preferencia del veinte por ciento (20%) al precio ofertado, para las Micro y Pequeñas Empresas, Asociaciones de Pequeños Productores Urbanos y Rurales y Organizaciones Económicas Campesinas. El factor numérico de ajuste será de ochenta centésimos (0.80).

Adicionalmente podrán acceder a los Márgenes de Preferencia establecidos en los Parágrafos I y II del Artículo 30 de las presentes NB-SABS.

CAPÍTULO II.

PARTICIPANTES DEL PROCESO DE CONTRATACIÓN

Artículo 32.- (MÁXIMA AUTORIDAD EJECUTIVA). La MAE de cada entidad pública es responsable de todos los procesos de contratación desde su inicio hasta su conclusión, y sus principales funciones son:

a) Disponer que los procesos de contratación de bienes y servicios, se enmarquen en los principios y disposiciones establecidas en las presentes NB-SABS;

b) Disponer que el PAC sea difundido y esté elaborado en base al POA y el presupuesto de la entidad;

c) Designar o delegar mediante Resolución expresa, para uno o varios procesos de contratación, al RPC y al RPA en las modalidades que correspondan; en entidades que de acuerdo con su estructura organizacional no sea posible la designación de RPC o RPA, la MAE deberá asumir las funciones de estos responsables;

d) Designar al Responsable de Recepción para la modalidad ANPE o a la Comisión de Recepción para Licitación Pública, para uno o varios procesos, pudiendo delegar esta función al RPC, al RPA o a la Autoridad Responsable de la Unidad Solicitante;

e) Aprobar el inicio de las contrataciones por excepción y/o emergencias;

f) Suscribir los contratos, pudiendo delegar esta función mediante Resolución expresa, en el marco del Artículo 7 de la Ley N° 2341, de 23 de abril de 2002, de Procedimiento Administrativo;

g) Resolver los Recursos Administrativos de Impugnación, mediante Resolución expresa, siempre y cuando no asuma las funciones de RPC o RPA;

h) Cancelar, Suspender o Anular el proceso de contratación en base a justificación técnica y legal.

Artículo 32 bis.- (RESPONSABLE ADMINISTRATIVO DE LA ASAMBLEA). [8] El Responsable Administrativo de la Asamblea - RAA es responsable de todos los procesos de contratación desde su inicio hasta su conclusión, asumiendo funciones equivalentes a las de una MAE en los procesos de contratación que lleve adelante la Asamblea Departamental o Regional.

Artículo 33.- (RESPONSABLE DEL PROCESO DE CONTRATACIÓN DE LICITACIÓN PÚBLICA). I. El Responsable del Proceso de Contratación de Licitación Pública – RPC, es el servidor público designado por Resolución expresa de la MAE, como Responsable del Proceso de Contratación en la modalidad de Licitación Pública, y sus principales funciones son:

a) Verificar que la solicitud de la contratación se encuentre inscrita en el POA y en el PAC, y verificar la certificación presupuestaria correspondiente;

b) Autorizar el inicio del proceso de contratación y aprobar el DBC para su publicación;

c) Aprobar el DBC mediante Resolución expresa, después de la Reunión de Aclaración, con las enmiendas, si existieran;

d) Designar a los integrantes de la Comisión de Calificación y rechazar o aceptar las excusas presentadas;

e) Aprobar el Informe de la Comisión de Calificación y sus recomendaciones o solicitar su complementación o sustentación;

f) Cancelar, suspender o anular el proceso de contratación en base a justificación técnica y legal;

g) Adjudicar o Declarar Desierta la contratación de bienes y servicios mediante Resolución expresa;

h) Autorizar, cuando corresponda, la ampliación de plazo de presentación de propuestas o la ampliación de plazo de presentación de documentos para la suscripción del contrato;

---

8 Art. 32 bis incluido por Decreto Supremo 843, de 13 de abril de 2011.

i) Requerir la ampliación del plazo de validez de las propuestas y la extensión de la vigencia de las garantías, cuando corresponda.

II. El RPC también será responsable de los procesos de contratación bajo la modalidad de Contratación Directa de Bienes y Servicios, cuando el Precio Referencial sea mayor a Bs1.000.000.- (UN MILLÓN 00/100 BOLIVIANOS).

III. Si el RPC, recibida la complementación o sustentación del Informe de Evaluación y Recomendación, decidiera bajo su exclusiva responsabilidad, apartarse de la recomendación, deberá elaborar un informe fundamentado dirigido a la MAE y a la Contraloría General del Estado.

Artículo 34.- (RESPONSABLE DEL PROCESO DE CONTRATACIÓN DE APOYO NACIONAL A LA PRODUCCIÓN Y EMPLEO). I. El Responsable del Proceso de Contratación de Apoyo Nacional a la Producción y Empleo – RPA, es el servidor público designado con Resolución expresa por la MAE, como Responsable del Proceso de Contratación en la modalidad ANPE, y sus principales funciones son:

a) Verificar que la solicitud de la contratación se encuentre inscrita en el POA y en el PAC, y verificar la certificación presupuestaria correspondiente;

b) Aprobar el DBC y autorizar el inicio del proceso de contratación;

c) Designar al Responsable de Evaluación o a los integrantes de la Comisión de Calificación, y rechazar o aceptar las excusas presentadas;

d) Aprobar el Informe del Responsable de Evaluación o de la Comisión de Calificación y sus recomendaciones, o solicitar su complementación o sustentación;

e) Cancelar, anular o suspender el proceso de contratación en base a justificación técnica y legal;

f) Adjudicar o Declarar Desierta la contratación de bienes y servicios mediante Resolución expresa cuando la contratación sea mayor a Bs200.000.- (DOSCIENTOS MIL 00/100 BOLIVIANOS). Para montos menores el documento de adjudicación o declaratoria desierta será determinado por la entidad.

g) Requerir la ampliación del plazo de validez de las propuestas.

II. El RPA también será responsable de los procesos de contratación bajo las siguientes modalidades:

a) Contratación Menor;

b) Contratación Directa de Bienes y Servicios, cuando el Precio Referencial sea menor o igual a Bs1.000.000.- (UN MILLÓN 00/100 BOLIVIANOS).

III. Si el RPA, recibida la complementación o sustentación del Informe de Evaluación y Recomendación, decidiera bajo su exclusiva responsabilidad, apartarse de la recomendación, deberá elaborar un informe fundamentado dirigido a la MAE y a la Contraloría General del Estado.

Artículo 35.- (UNIDAD SOLICITANTE). La Unidad Solicitante en cada proceso de contratación, tiene como principales funciones:

a) Elaborar las especificaciones técnicas y definir el Método de Selección y

Adjudicación a ser utilizado, para la contratación de bienes, obras y servicios generales, velando por la eficacia de la contratación;

b) Elaborar los términos de referencia y definir el Método de Selección y Adjudicación a ser utilizado para la contratación de servicios de consultoría, velando por la eficacia de la contratación;

c) Solicitar el asesoramiento de otras unidades o la contratación de especialistas cuando la unidad solicitante no cuente con personal técnico calificado para la elaboración de las especificaciones técnicas o términos de referencia;

d) Estimar el Precio Referencial de cada contratación. La estimación del Precio Referencial de forma errónea conllevará responsabilidades;

e) Solicitar la contratación de bienes y servicios, en la fecha programada y establecida en el PAC;

f) Verificar que se tiene saldo presupuestario y consignar este hecho en la solicitud de contratación;

g) Preparar, cuando corresponda, notas de aclaración a las especificaciones técnicas o términos de referencia;

h) Preparar en la modalidad de Licitación Pública, cuando corresponda, enmiendas a las especificaciones técnicas o términos de referencia;

i) Integrar las Comisiones de Calificación y Recepción o ser Responsable de Evaluación o Responsable de Recepción de bienes y servicios;

j) Elaborar el informe de justificación técnica para la cancelación, suspensión o anulación de un proceso de contratación y otros informes que se requieran;

k) Efectuar el seguimiento sobre el avance y cumplimiento de los contratos en los aspectos de su competencia.

Artículo 36.- (UNIDAD ADMINISTRATIVA). La Unidad Administrativa tiene como principales funciones:

a) Elaborar el RE-SABS y remitirlo al Órgano Rector para su compatibilización;

b) Elaborar el PAC en coordinación con las Unidades Solicitantes y efectuar el seguimiento sobre la ejecución de las contrataciones programadas en este documento, remitiendo un informe trimestral a la MAE;

c) Realizar con carácter obligatorio, todos los actos administrativos de los procesos de contratación y velar por el cumplimiento de las condiciones y plazos establecidos en los procesos de contratación;

d) Emitir la certificación presupuestaria;

e) Elaborar el DBC incorporando las especificaciones técnicas o términos de referencia elaborados por la Unidad Solicitante;

f) Organizar y llevar a efecto el taller de elaboración del PAC, y cuando corresponda, la Reunión de Aclaración y la Inspección Previa en coordinación con la Unidad Solicitante;

g) Atender las consultas escritas;

h) Incorporar en el DBC, cuando corresponda, las enmiendas a las especificaciones técnicas o términos de referencia en la modalidad de Licitación Pública, siempre que estas enmiendas no modifiquen la estructura y el contenido del Modelo de DBC elaborado por el Órgano Rector;

i) Designar a los responsables de la recepción de propuestas;

j) Llevar un registro o libro de actas de las propuestas recibidas;

k) Administrar y custodiar las garantías;

l) Ejecutar las garantías, previo informe legal, que deberá ser solicitado oportunamente;

m) Conformar y archivar el expediente de cada uno de los procesos de contratación;

n) Remitir al SICOES toda la información de los procesos de contratación de acuerdo con lo establecido en el Artículo 49 de las presentes NB-SABS.

Artículo 37.- (UNIDAD JURÍDICA). La Unidad Jurídica en cada proceso de contratación, tiene como principales funciones:

a) Atender y asesorar en la revisión de documentos y asuntos legales que sean sometidos a su consideración durante el proceso de contratación;

b) Elaborar todos los informes legales requeridos en el proceso de contratación;

c) Elaborar los contratos para los procesos de contratación;

d) Firmar o visar el contrato de forma previa a su suscripción, como responsable de su elaboración;

e) Revisar la legalidad de la documentación presentada por el proponente adjudicado para la suscripción del contrato;

f) Atender y asesorar en procedimientos, plazos y resolución de Recursos Administrativos de Impugnación;

g) Elaborar y visar todas las Resoluciones establecidas en las presentes NB-SABS;

h) Elaborar el informe legal para la cancelación, suspensión o anulación de un proceso de contratación.

Artículo 38.- (RESPONSABLE DE EVALUACIÓN Y COMISIÓN DE CALIFICACIÓN). I. El Responsable de Evaluación y los integrantes de la Comisión de Calificación deberán ser servidores públicos de la entidad técnicamente calificados. Excepcionalmente, cuando la entidad no cuente con servidores públicos y en su lugar tenga consultores individuales de línea, éstos podrán ser designados como Responsable de Evaluación o cómo integrantes de la Comisión de Calificación.

El número de integrantes de la Comisión de Calificación, guardará relación con el objeto y magnitud de la contratación y la estructura organizacional de la entidad pública.

La Comisión de Calificación estará conformada por representantes de la Unidad Administrativa y la Unidad Solicitante.

No podrá ser Responsable de Evaluación ni formar parte de la Comisión de Calificación, la MAE, el RPC, el RPA, ni el representante de la Unidad Jurídica que asesora el proceso de contratación.

II. Todos los integrantes de la Comisión de Calificación son responsables del proceso de evaluación. Las recomendaciones de la Comisión de Calificación serán adoptadas por consenso de sus integrantes.

III. El Responsable de Evaluación y la Comisión de Calificación tienen como principales funciones:

a) Realizar la apertura de propuestas y lectura de precios ofertados en acto público;

b) Efectuar el análisis y evaluación de los documentos técnicos y administrativos;

c) Evaluar y calificar las propuestas técnicas y económicas;

d) Convocar a todos los proponentes para la aclaración sobre el contenido de una o más propuestas, cuando se considere pertinente, sin que ello modifique la propuesta técnica o la económica;

e) Elaborar el Informe de Evaluación y Recomendación de Adjudicación o Declaratoria Desierta para su remisión al RPC o RPA;

f) Efectuar la verificación técnica de los documentos presentados por el proponente adjudicado;

g) Elaborar cuando corresponda, el informe técnico para la cancelación, suspensión o anulación de un proceso de contratación.

IV. El Responsable de Evaluación y los integrantes de la Comisión de Calificación, deberán cumplir las funciones y responsabilidades determinadas en el presente Artículo, con dedicación exclusiva; no podrán delegar sus funciones ni excusarse de participar, salvo en casos de conflicto de intereses, impedimento físico o por las causales de excusa establecidas en las presentes NB-SABS.

Artículo 39.- (RESPONSABLE DE RECEPCIÓN Y COMISIÓN DE RECEPCIÓN). I. El Responsable de Recepción y los integrantes de la Comisión de Recepción, deberán ser servidores públicos de la entidad técnicamente calificados. Excepcionalmente, cuando la entidad no cuente con servidores públicos y en su lugar tenga consultores individuales de línea, éstos podrán ser designados como Responsable de Recepción o como integrantes de la Comisión de Recepción.

La Comisión de Recepción estará conformada por representantes de la Unidad Administrativa y la Unidad Solicitante.

No podrá ser Responsable de Recepción ni formar parte de la Comisión de Recepción, la MAE, el RPC, el RPA, ni el representante de la Unidad Jurídica que asesora el proceso de contratación.

II. El Responsable de Recepción y la Comisión de Recepción, tienen como principales funciones:

a) Efectuar la recepción de los bienes y servicios y dar su conformidad verificando el cumplimiento de las especificaciones técnicas y/o términos de referencia;

b) Elaborar y firmar el Acta de Recepción o emitir el Informe de Conformidad, según corresponda, aspecto que no exime las responsabilidades del proveedor ni del supervisor respecto de la entrega del bien o servicio;

c) Elaborar el Informe de Disconformidad, cuando corresponda.

III. La recepción de bienes podrá estar sujeta a verificación, de acuerdo con sus características; la recepción de obras se realizará en dos etapas: provisional y definitiva, emitiéndose las actas respectivas; en servicios, se requerirá el o los Informes de Conformidad parciales y final.

Artículo 40.- (PROHIBICIONES A LOS PARTICIPANTES DEL PROCESO). En el marco de la Responsabilidad por la Función Pública establecida en la Ley Nº 1178 y sus reglamentos, los servidores públicos que intervienen en el proceso de contratación, quedan prohibidos de realizar los siguientes actos:

a) Exigir mayores requisitos a los establecidos en el DBC;

b) Contratar agencias o entidades para que lleven adelante los procesos de contratación por cuenta de la entidad pública;

c) Iniciar los procesos de contratación sin contar con el presupuesto suficiente o necesario, salvo la contratación de bienes y servicios generales recurrentes;

d) Iniciar procesos de contratación de obras, con planos o diseños no actualizados;

e) Fraccionar las contrataciones;

f) Realizar procesos de contratación en proyectos de inversión mayores a un (1) año, que no cuenten con financiamiento para el total de la inversión;

g) Proporcionar información que afecte la legalidad y transparencia de los procesos de contratación;

h) Establecer relaciones que no sean en forma escrita con los proponentes que intervienen en el proceso de contratación, salvo en los actos de carácter público y exceptuando las consultas efectuadas, de manera previa a la presentación de propuestas, al Encargado de Atender Consultas señalado en el DBC. Cuando se demuestre su incumplimiento ante el RPC o RPA, procederá la separación del servidor público del proceso de contratación;

i) Aceptar o solicitar beneficios o regalos del proponente, sus representantes legales o de terceros relacionados con éste;

j) Negarse a recepcionar propuestas dentro del plazo establecido para la presentación de propuestas en el DBC;

k) Realizar la apertura y/o lectura de las propuestas en horario y lugar diferentes a los establecidos en el DBC;

l) Vender el DBC o cobrar alguna retribución para que un proponente esté habilitado a participar en un proceso de contratación;

m) Direccionar el contenido del DBC, tomando como criterios de evaluación la marca comercial y/o características exclusivas de un proveedor. Cuando fuere absolutamente necesario citarlas, deberán agregarse las palabras "o su equivalente" a continuación de dicha referencia, a fin de aclarar una especificación que de otro modo sería incompleta;

n) Realizar todo acto o actividad contrarios a las disposiciones establecidas en las presentes NB-SABS.

Artículo 41.- (CAUSALES DE EXCUSA). I. El RPC, el RPA, el Responsable de Evaluación, los integrantes de la Comisión de Calificación, el Responsable de Recepción, los integrantes de la Comisión de Recepción y los servidores públicos de las Unidades Jurídica y Administrativa que intervienen en el proceso de contratación, se excusarán de participar en un determinado proceso de contratación, mediante informe fundamentado, por las siguientes causales:

a) Tener relación de interés personal o económico de cualquier tipo, con los proponentes;

b) Tener vinculación matrimonial o grado de parentesco hasta el tercer grado de consanguinidad, segundo de afinidad o el derivado de vínculos de adopción, conforme con lo establecido por el Código de Familia así como con los representantes legales, accionistas o socios controladores de los proponentes;

c) Tener litigio pendiente con el proponente o sus representantes legales, accionistas o socios controladores;

d) Tener relación de servicio con el proponente o haberle prestado servicios profesionales de cualquier naturaleza, durante el último año previo al inicio del proceso de contratación.

II. Después de realizada la apertura de propuestas y luego de conocer la nómina de participantes, el RPC o el RPA que estén comprendidos en las causales señaladas en el Parágrafo I del presente Artículo, deberán excusarse de oficio para conducir el proceso, remitiendo los antecedentes a la MAE o RAA según corresponda, justificando de manera motivada su decisión. En el término de un (1) día, la MAE o RAA ratificará al RPC, al RPA o designará a otro servidor público en su reemplazo.

En caso de que la MAE asuma las funciones de RPC y/o RPA, ésta deberá excusarse ante la MAE de la entidad que ejerce tuición; en el caso de Gobiernos Autónomos Municipales, ante el Concejo Municipal.

En caso de que el RAA asuma las funciones de RPC y/o RPA deberá excusarse ante el Presidente de la Asamblea Departamental o Regional.[9]

III. El Responsable de Evaluación o los integrantes de la Comisión de Calificación que estén comprendidos en una o más de las causales señaladas en el Parágrafo I del presente Artículo, deberán excusarse ante el RPC o RPA, una vez conocida la nómina de participantes. La designación del o los servidores públicos reemplazantes será de forma inmediata, salvo que el RPC o RPA decida su ratificación.

IV. El Responsable de Recepción o los integrantes de la Comisión de Recepción que estén comprendidos en una o más de las causales señaladas en el Parágrafo I del presente Artículo, deberán excusarse ante la MAE o la autoridad que los designó, para que elija un reemplazante o decida su ratificación.

V. Los servidores públicos de la Unidad Jurídica y Administrativa que intervienen en el proceso de contratación, que estén comprendidos en una o más de las causales señaladas en el Parágrafo I del presente Artículo, deberán excusarse ante el RPC o el RPA después de conocida la nómina de participantes, para su reemplazo o ratificación.

VI. La omisión de excusa no dará lugar a su recusación; sin embargo, será considerada como causal de Responsabilidad por la Función Pública.

Artículo 42.- (PROPONENTES). Son sujetos proponentes en procesos de contratación, los siguientes:

a) Personas naturales en la modalidad ANPE; en Licitación Pública sólo cuando se trate de adquisición o arrendamiento de bienes inmuebles;

b) Personas jurídicas;

c) Micro y Pequeñas Empresas;

d) Asociaciones de Pequeños Productores Urbanos y Rurales;

e) Organizaciones Económicas Campesinas – OECAS;

f) Cooperativas;

g) Asociaciones Civiles sin Fines de Lucro, legalmente constituidas;

h) Empresas Públicas, Empresas Públicas Nacionales Estratégicas y Empresas con

Participación Estatal Mayoritaria, de acuerdo con lo establecido en el Parágrafo II del Artículo 72 de las presentes NB-SABS;

i) Entidades públicas que tengan la capacidad para prestar servicios y ejecutar obras, de acuerdo con lo establecido en el Artículo 65 de las presentes NB-SABS. Las Universidades Públicas podrán participar en procesos de contratación de servicios de consultoría, únicamente en los campos tecnológico - científico, de educación, investigación y capacitación.

---

9 Parágrafo II modificado por Decreto Supremo 843, de 13 de abril de 2011.

Artículo 43.- (IMPEDIDOS PARA PARTICIPAR EN LOS PROCESOS DE CONTRATACIÓN). Están impedidos para participar, directa o indirectamente, en los procesos de contratación, las personas naturales o jurídicas comprendidas en los siguientes incisos:

a) Que tengan deudas pendientes con el Estado, establecidas mediante pliegos de cargo ejecutoriados y no pagados.[10]

b) Que tengan sentencia ejecutoriada, con impedimento para ejercer el comercio;

c) Que se encuentren cumpliendo sanción penal establecida mediante sentencia ejecutoriada por delitos comprendidos en la Ley N° 1743, de 15 de enero de 1997, que aprueba y ratifica la Convención Interamericana contra la Corrupción o sus equivalentes previstos en el Código Penal;

d) Que se encuentren asociadas con consultores que hayan asesorado en la elaboración del contenido del DBC;

e) Que hubiesen declarado su disolución o quiebra;

f) Cuyos representantes legales, accionistas o socios controladores tengan vinculación matrimonial o de parentesco con la MAE, hasta el tercer grado de consanguinidad y segundo de afinidad, conforme con lo establecido por el Código de Familia;

g) Los ex servidores públicos que ejercieron funciones en la entidad convocante, hasta un (1) año antes de la publicación de la convocatoria, así como las empresas controladas por éstos;

h) Los servidores públicos que ejercen funciones en la entidad convocante, así como las empresas controladas por éstos;

i) Los proponentes adjudicados que hayan desistido de formalizar la contratación mediante un contrato, orden de compra u orden de servicio, no podrán participar hasta un (1) año después de la fecha del desistimiento, salvo causas de fuerza mayor, caso fortuito u otras causas debidamente justificadas y aceptadas por la entidad, debiendo registrar la información en el SICOES, según condiciones y plazos establecidos en el Manual de Operaciones.[11]

j) Los proveedores, contratistas y consultores con los que se hubiese resuelto el contrato, por causales atribuibles a éstos, no podrán participar durante tres (3) años después de la fecha de la resolución. Asimismo, aquellos proveedores que hubieran incumplido la orden de compra u orden de servicio, no podrán participar durante un (1) año después de la fecha de incumplimiento.

En ambos casos, la entidad deberá registrar la información en el SICOES, según condiciones y plazos establecidos en el Manual de Operaciones.[12]

Artículo 44.- (CONFLICTO DE INTERESES). I. Las personas naturales o jurídicas, en forma asociada o no, que asesoren a una entidad pública en un proceso de contratación, no podrán participar en el mismo proceso bajo ninguna razón o circunstancia.

II. La persona natural o jurídica o sus filiales, contratada por la entidad convocante para proveer bienes, ejecutar obras o prestar servicios generales, no podrá prestar servicios de consultoría respecto a los mismos o a la inversa.

CAPÍTULO III.
DOCUMENTOS, PUBLICACIONES Y NOTIFICACIONES

SECCIÓN I. \
DOCUMENTOS

Artículo 45.- (PROGRAMA ANUAL DE CONTRATACIONES). I. El PAC será elaborado al inicio de cada gestión en un taller organizado por la Unidad Administrativa de la entidad pública en el que participarán, de manera obligatoria, también las unidades solicitantes.

La realización de este taller no deberá implicar gastos adicionales a la entidad.

---

10 Inciso a) modificado por Decreto Supremo 956, de 10 de agosto de 2011.
11 Inciso i) modificado por Decreto Supremo 956, de 10 de agosto de 2011.
12 Inciso j) modificado por Decreto Supremo 956, de 10 de agosto de 2011.

II. En el PAC se incluirán las contrataciones mayores a Bs20.000.- (VEINTE MIL 00/100 BOLIVIANOS), independientemente de la Fuente de Financiamiento, debiendo ser publicado con carácter obligatorio en el SICOES y en la Mesa de Partes como requisito indispensable para el inicio del proceso de contratación.

III. El PAC podrá ser ajustado cuando:

a) El POA sea reformulado;

b) El Presupuesto sea reformulado;

c) La entidad, excepcionalmente, de manera justificada requiera reprogramar sus contrataciones.

El PAC ajustado deberá ser publicado en el SICOES y en la Mesa de Partes.

Artículo 46.- (DOCUMENTO BASE DE CONTRATACIÓN). I. El DBC debe ser elaborado por las entidades públicas, utilizando de manera obligatoria los Modelos de DBC elaborados y aprobados por el Órgano Rector.

Cuando no exista un modelo de DBC, la entidad elaborará y aprobará de manera expresa el documento bajo su exclusiva responsabilidad, debiendo publicar la aprobación en el SICOES.

En la modalidad de Contratación Menor, no se requiere elaborar DBC.

II. Cuando por las características específicas de un proceso de contratación, la entidad pública requiera incorporar aspectos que modifiquen el Modelo de DBC aprobado por el Órgano Rector, de manera previa a la publicación de la convocatoria deberá solicitar en forma escrita a éste la autorización de estas modificaciones, adjuntando informe técnico y legal que justifique cada una de las modificaciones solicitadas. El Órgano Rector previo análisis, podrá autorizar o denegar la solicitud de manera expresa.

En caso de que la modificación sea autorizada, la entidad deberá publicar en el SICOES, la autorización del Órgano Rector junto con el DBC modificado.

III. Los Modelos de DBC para la modalidad ANPE, establecerán aspectos de carácter obligatorio y referencial. Los aspectos de carácter referencial podrán ser modificados por la entidad, sin que sea necesaria la autorización del Órgano Rector.

En esta modalidad, cuando se solicite propuestas la entidad deberá elaborar el DBC utilizando obligatoriamente el Modelo de DBC emitido por el Órgano Rector. En caso de que se solicite cotizaciones, no será necesario utilizar el Modelo de DBC, debiendo la entidad crear un DBC de acuerdo con la naturaleza y características de la contratación.

Artículo 47.- (CRONOGRAMA DE PLAZOS). Es el instrumento de planificación de plazos de cada proceso de contratación, que formará parte del DBC.

El cronograma de plazos será elaborado por la entidad pública de acuerdo a las características y naturaleza de la contratación. Los plazos establecidos en el mismo son de cumplimiento obligatorio.

SECCIÓN II.
PUBLICACIONES Y NOTIFICACIONES

Artículo 48.- (PUBLICACIÓN EN LA MESA DE PARTES). La siguiente información deberá publicarse obligatoriamente en la Mesa de Partes:

a) Programa Anual de Contrataciones;

b) Convocatorias de contrataciones vigentes mayores a Bs20.000.- (VEINTE MIL 00/100 BOLIVIANOS);

c) Resoluciones Impugnables, en el plazo máximo de dos (2) días a partir de la fecha de emisión de las mismas.

La Mesa de Partes deberá ser actualizada permanentemente.

Artículo 49.- (PUBLICACIÓN EN EL SISTEMA DE CONTRATACIONES ESTATALES). I. Para contrataciones mayores a Bs 20.000.- (VEINTE MIL 00/100 BOLIVIANOS), independientemente de la fuente de financiamiento, las entidades públicas deberán registrar obligatoriamente en el SICOES la siguiente información:

a) El PAC, los DBC y sus enmiendas, ampliación de plazos, adjudicación, declaratoria desierta, contrato y sus modificaciones;

b) Contrataciones por Emergencia, Contrataciones Directas de Bienes y Servicios, Contrataciones con Objetos Específicos, Contrataciones Directas para Empresas Públicas Nacionales Estratégicas – EPNE y Contrataciones por Excepción exceptuando las comprendidas en los incisos i) y l) del Artículo 65 de las presentes NB-SABS;

c) Proponentes que desistieron de formalizar la contratación mediante contrato, orden de compra u orden de servicio;[13]

d) Contratos resueltos, órdenes de compra u órdenes de servicio incumplidas, especificando las causales;[14]

e) Informes periódicos de avance de contratos en bienes, obras y servicios de consultoría para el caso de estudios a diseño final y supervisión técnica;

f) Toda otra información requerida por el Órgano Rector.

El contenido de la información registrada en el SICOES, es de exclusiva responsabilidad de la entidad pública.

II. Las condiciones y plazos para la publicación de información, serán establecidas en el Manual de Operaciones del SICOES.

III. Toda publicación que se realice en el SICOES se constituye en la documentación oficial del proceso de contratación.

El DBC publicado en el SICOES es el documento oficial que rige el proceso de contratación.

IV. El proponente que desee participar en un proceso de contratación, accederá directamente al DBC del sitio Web del SICOES (www.sicoes.gov.bo), sin tener la obligación de recabar ninguna documentación adicional de la entidad convocante.

V. Opcionalmente, para mayor transparencia, además de la publicación en el SICOES, la entidad podrá publicar la convocatoria en medios de comunicación alternativos de carácter público, tales como Ferias de Contrataciones Estatales, radioemisoras, canales de televisión, medios de prensa escritos y otros.

Artículo 50.- (CÓMPUTO DE PLAZOS). Para contrataciones mayores a Bs20.000.- (VEINTE MIL 00/100 BOLIVIANOS), los plazos se computarán a partir de la publicación del proceso de contratación en el SICOES.

Artículo 51.- (NOTIFICACIONES). I. Para efecto de las presentes NB-SABS, las notificaciones serán realizadas vía correo electrónico y/o fax y a través del SICOES, en el plazo máximo de dos (2) días a partir de la fecha de emisión de la Resolución Impugnable.

II. El proponente y/o recurrente deberá señalar expresamente la dirección de correo electrónico y/o fax para su notificación.

El comprobante de envío incorporado al expediente del proceso de contratación, acreditará la notificación y se tendrá por realizada en la fecha de su envío.

III. En caso de que la notificación vía correo electrónico y/o fax, no hubiera podido ser efectuada, la notificación se dará por realizada en la fecha de publicación de la Resolución en el SICOES.

13 Inciso c) modificado por Decreto Supremo 956, de 10 de agosto de 2011.

14 Inciso d) modificado por Decreto Supremo 956, de 10 de agosto de 2011.

CAPÍTULO IV.
RÉGIMEN DE CONTRATACIONES

SECCIÓN I.
MODALIDAD DE CONTRATACIÓN MENOR

Artículo 52.- (DEFINICIÓN DE MODALIDAD DE CONTRATACIÓN MENOR). Modalidad para la contratación de bienes y servicios, que se aplicará cuando el monto sea igual o menor a Bs.20.000.- (VEINTE MIL 00/100 BOLIVIANOS).

Artículo 53.- (RESPONSABLE DE EJECUTAR LA CONTRATACIÓN MENOR). De acuerdo al inciso a) del Parágrafo II del Artículo 34, el responsable de ejecutar las contrataciones menores es el RPA.

Artículo 54.- (CONDICIONES PARA LA CONTRATACIÓN MENOR). Las condiciones para la Contratación Menor deberán ser reglamentadas por cada entidad pública en su RE-SABS y deberán considerar los siguientes aspectos:

a) No requiere cotizaciones ni propuestas;

b) No se sujetarán a plazos;

c) Los bienes y servicios contratados deben reunir condiciones de calidad para cumplir con efectividad los fines para los que son requeridos;

d) Deben efectuarse considerando criterios de economía para la obtención de los mejores precios de mercado;

e) Deben efectuarse a través de acciones inmediatas, ágiles y oportunas.

SECCIÓN II.
MODALIDAD DE APOYO NACIONAL A LA PRODUCCIÓN Y EMPLEO

Artículo 55.- (DEFINICIÓN DE LA MODALIDAD DE APOYO NACIONAL A LA PRODUCCIÓN Y EMPLEO). Modalidad para la contratación de bienes y servicios que permite la libre participación de un número indeterminado de proponentes, apoyando la producción y empleo a nivel nacional. Se aplicará cuando el monto sea mayor a Bs20.000.- (VEINTE MIL 00/100 BOLIVIANOS) hasta Bs1.000.000.- (UN MILLÓN 00/100 BOLIVIANOS).

Artículo 56.- (CONDICIONES PARA LA CONTRATACIÓN EN LA MODALIDAD DE APOYO NACIONAL A LA PRODUCCIÓN Y EMPLEO). La contratación para la modalidad ANPE, se realizará mediante solicitud de cotizaciones o propuestas, publicando el DBC en el SICOES y en la Mesa de Partes.

Se procederá a la evaluación aún cuando se hubiese recibido una sola cotización o propuesta.

Artículo 57.- (PLAZOS PARA LA MODALIDAD DE APOYO NACIONAL A LA PRODUCCIÓN Y EMPLEO). I. Para la presentación de cotizaciones o propuestas, se establecen los siguientes plazos obligatorios:

a) Para contrataciones mayores a Bs20.000.- (VEINTE MIL 00/100 BOLIVIANOS) hasta Bs200.000.- (DOSCIENTOS MIL 00/100 BOLIVIANOS), mínimo cuatro (4) días;

b) Para contrataciones mayores a Bs200.000.- (DOSCIENTOS MIL 00/100 BOLIVIANOS) hasta Bs1.000.000.- (UN MILLÓN 00/100 BOLIVIANOS), mínimo ocho (8) días.

II. Los plazos de otras actividades del proceso de contratación deberán ser establecidos por la entidad convocante, en el cronograma de plazos que formará parte del DBC.

Artículo 58.- (PROCESO DE CONTRATACIÓN POR COTIZACIONES O PROPUESTAS). Considerando las siguientes actividades:

a) Actividades previas a la publicación: Elaboración de especificaciones técnicas o términos de referencia, solicitud de contratación, elaboración del DBC, autorización del inicio del proceso, entre otras;

b) Inicio de proceso con la publicación de la convocatoria;

c) Actividades administrativas opcionales, previas a la presentación de propuestas: Consultas Escritas, Inspección Previa, Reunión Informativa de Aclaración, entre otras;

d) Apertura pública y lectura de precios ofertados;

e) Evaluación en acto continuo, de cotizaciones o propuestas presentadas y elaboración de Informe de Evaluación y Recomendación de Adjudicación o Declaratoria Desierta;

f) Convocatoria a todos los proponentes que presentaron propuestas, cuando se requiera la aclaración de una o más propuestas;

g) Elaboración de la Resolución de Adjudicación o Declaratoria Desierta, cuando corresponda;

h) Notificación;

i) Suscripción de contrato o emisión de orden de compra u orden de servicio.[15]

j) Recepción.

El control social será ejercido a través de los representantes de la sociedad que participen en los actos públicos de esta modalidad de contratación. Para tal efecto las publicaciones en la Mesa de Partes y en el SICOES se constituirán en los medios de información de las fechas de realización de los actos públicos.

SECCIÓN III.
MODALIDAD DE LICITACIÓN PÚBLICA

Artículo 59.- (DEFINICIÓN DE LA MODALIDAD DE LICITACIÓN PÚBLICA). Modalidad para la contratación de bienes y servicios que se aplicará cuando el monto sea mayor a Bs1.000.000.- (UN MILLÓN 00/100 BOLIVIANOS) permitiendo la participación de un número indeterminado de proponentes.

Artículo 60.- (TIPOS DE CONVOCATORIA). Se podrán aplicar los siguientes tipos de convocatoria:

a) Convocatoria Pública Nacional, para contrataciones mayores a Bs1.000.000.- (UN MILLÓN 00/100 BOLIVIANOS) hasta Bs40.000.000.- (CUARENTA MILLONES 00/100 BOLIVIANOS);

b) Convocatoria Pública Internacional, para contrataciones mayores a Bs40.000.000.- (CUARENTA MILLONES 00/100 BOLIVIANOS).

Si por el objeto de la contratación se requiere dar difusión internacional a la convocatoria, en contrataciones menores a Bs40.000.000.- (CUARENTA MILLONES 00/100 BOLIVIANOS), se podrá realizar convocatorias publicas internacionales, ajustando su procedimiento a este tipo de convocatoria.

Artículo 61.- (PLAZOS PARA LA MODALIDAD DE LICITACIÓN PÚBLICA). I. Para la presentación de propuestas, se establecen los siguientes plazos obligatorios:

a) Licitación Pública Nacional, mínimo quince (15) días;

b) Licitación Pública Internacional, mínimo veinte (20) días.

II. Los plazos de otras actividades del proceso de contratación, deberán ser establecidos por la entidad convocante, en el cronograma de plazos que formará parte del DBC.

III. El plazo de presentación de propuestas podrá ser ampliado de forma excepcional por única vez mediante Resolución expresa, por un tiempo máximo de diez (10) días adicionales, por causas de fuerza mayor, caso fortuito o por enmiendas al DBC, debiéndose efectuar los ajustes al cronograma de plazos y realizar su publicación en el SICOES.

Artículo 62.- (PROCESO DE CONTRATACIÓN PARA LICITACIÓN PÚBLICA). Considerando las siguientes actividades:

---

15 Inciso i) modificado por Decreto Supremo 956, de 10 de agosto de 2011.

a) Actividades previas a la publicación: Elaboración de especificaciones técnicas o términos de referencia, solicitud de contratación, elaboración del DBC, autorización de inicio del proceso de contratación, entre otras;

b) Inicio de proceso con la publicación de la convocatoria;

c) Actividades administrativas previas a la presentación de propuestas:

i. Consultas Escritas;

ii. Reunión de Aclaración;

iii. Inspección Previa, cuando corresponda;

d) Aprobación del DBC con las enmiendas, si existieran;

e) Notificación;

f) Apertura pública y lectura de precios ofertados;

g) Evaluación en acto continuo de propuestas y elaboración del Informe de Evaluación y Recomendación de Adjudicación o Declaratoria Desierta;

h) Convocatoria a todos los proponentes que presentaron propuestas, cuando se requiera la aclaración de una o más propuestas;

i) Elaboración de la Resolución de Adjudicación o Declaratoria Desierta, que deberá contener mínimamente:

i. Nómina de los participantes y precios ofertados;

ii. Los resultados de la calificación;

iii. Causales de rechazo y/o descalificación, si existieran;

j) Notificación;

k) Concertación de mejores condiciones técnicas, cuando corresponda;

l) Suscripción de contrato;

m) Recepción.

El control social será ejercido a través de los representantes de la sociedad que participen en los actos públicos de esta modalidad de contratación. Para tal efecto las publicaciones en la Mesa de Partes y en el SICOES se constituirán en los medios de información de las fechas de realización de los actos públicos.

SECCIÓN IV.
MODALIDAD DE CONTRATACIÓN POR EXCEPCIÓN

Artículo 63.- (DEFINICIÓN DE LA MODALIDAD DE CONTRATACIÓN POR EXCEPCIÓN). Modalidad que permite la contratación de bienes y servicios, única y exclusivamente por las causales de excepción señaladas en el Artículo 65 de las presentes NB-SABS.

Esta modalidad no será aplicable cuando la misma sea por falta de previsión de la entidad o inoportuna convocatoria del bien o servicio.

Artículo 64.- (RESPONSABLE DE CONTRATACIONES POR EXCEPCIÓN). La MAE de la entidad es responsable de las contrataciones por excepción.

La autorización de las contrataciones por excepción será mediante Resolución expresa, motivada técnica y legalmente, e instruirá se realice la contratación conforme dicte la Resolución.

Artículo 65.- (CAUSALES PARA LA CONTRATACIÓN POR EXCEPCIÓN). La Contratación por Excepción, procederá única y exclusivamente en los siguientes casos:

a) Cuando exista un único proveedor para la contratación de bienes, obras y servicios generales y siempre que éstos no puedan ser sustituidos por bienes o servicios similares o de marcas genéricas. La marca de fábrica no constituye por sí misma causal de exclusividad;

b) Cuando los servicios de consultoría requieran de una experiencia o especialización que sólo pueda ser realizada por un único Consultor, sea persona natural o jurídica;

c) Ante la resolución de contrato por las causales establecidas en el mismo; la interposición de recurso o proceso no impedirá la contratación;

d) Compra de semovientes por selección, cuando se trate de ejemplares que aportan beneficios adicionales respecto a otros y con justificación documentada;

e) Compra de alimentos frescos y perecederos;

f) Adquisición de obras de arte;

g) Cuando no existan empresas legalmente constituidas que puedan ofrecer servicios de consultoría especializados, se podrá contratar entidades públicas que estén capacitadas para prestar los servicios requeridos;

h) Contratación del Comando de Ingeniería del Ejército, del Instituto Geográfico Militar, del Servicio de Geología y Técnico de Minas – SERGEOTECMIN y del Registro Único para la Administración Tributaria Municipal – RUAT, de acuerdo a su misión institucional;

i) Contratación de armamento, pertrechos, equipamiento antimotín, sistemas de comando, control y comunicaciones por el Ministerio de Defensa para las Fuerzas Armadas, por razones de seguridad y defensa del Estado;

j) El Ministerio de Defensa para las Fuerzas Armadas y el Comando de Ingeniería del Ejercito, podrán efectuar la contratación de maquinaria y equipo reacondicionado, siempre y cuando los mismos tengan la garantía emitida por el fabricante o representante autorizado y que garantice el óptimo funcionamiento por el tiempo mínimo establecido en la contratación;

k) Adquisición de harina, fideo, azúcar y aceite para la tropa de las Fuerzas Armadas, cuando la primera convocatoria para la adquisición de estos bienes hubiera sido declarada desierta, en cualquier modalidad de contratación. Para la aplicación de esta excepción, el Ministerio de Defensa convocará públicamente a empresas nacionales productoras establecidas en el país, otorgando prioridad al pequeño productor siempre y cuando estos bienes sean producidos en el país;

l) Contratación de armamento, pertrechos, equipamiento antimotín, sistemas de control y comunicaciones por la Policía Boliviana y el Ministerio de Gobierno, por razones de seguridad pública del Estado;

m) Adquisición de harina, fideo, azúcar y aceite para la tropa policial, por la Policía Boliviana, cuando la primera convocatoria para la adquisición de estos bienes hubiera sido declarada desierta, en cualquier modalidad de contratación. Para la aplicación de esta excepción, la Policía Boliviana convocará públicamente a empresas nacionales productoras establecidas en el país, otorgando prioridad al pequeño productor siempre y cuando estos bienes sean producidos en el país;

n) Las Empresas Publicas y las Municipalidades con Elevados Índices de Pobreza podrán efectuar la contratación de maquinaria y equipo reacondicionado, siempre y cuando los mismos tengan la garantía emitida por el fabricante o representante legalmente autorizado, que garantice el óptimo funcionamiento por el tiempo mínimo establecido en la contratación;

o) Contratación de profesionales abogados, en función de criterios que beneficien intereses estatales, previa justificación de que el proceso no pueda ser atendido por la Dirección General de Asuntos Jurídicos de la entidad;

p) Cuando una convocatoria internacional, hubiese sido declarada desierta por segunda vez;

q) Cuando una convocatoria nacional hubiese sido declarada desierta por segunda vez.[16]

r) Contratación de artistas;[17]

s) Adquisición de alimentos de producción primaria por el Ministerio de Defensa o la Policía Boliviana para la dotación a las Fuerzas Armadas y Policía Boliviana respectivamente, que deberán ser provistos por asociaciones de pequeños productores debidamente acreditados por el Ministerio de Desarrollo Rural y Tierras.

t) Adquisición de bienes inmuebles para el funcionamiento de oficinas de las entidades públicas del nivel central del Estado que cuenten con avalúo técnico y legal del inmueble a ser adquirido, previo cumplimiento de lo establecido en el Artículo 21 del Decreto Supremo N° 27327,

---

16 Inciso q) modificado por Decreto Supremo 956, de 10 de agosto de 2011.

17 Inciso r) derogado por Decreto Supremo 956, de 10 de agosto de 2011.

de 31 de enero de 2004, modificado por el Decreto Supremo Nº 29364, de 5 de diciembre de 2007, y el Decreto Supremo Nº 0283, de 2 de septiembre de 2009.[18]

Artículo 66.- (CONDICIONES PARA LA CONTRATACIÓN POR EXCEPCIÓN). I. Cada entidad deberá desarrollar procedimientos para efectuar estas contrataciones a través de acciones inmediatas, ágiles y oportunas.

II. Una vez suscrito el contrato, la entidad contratante deberá:

a) Presentar la información de la contratación a la Contraloría General del Estado;

b) Registrar la Contratación por Excepción en el SICOES, cuando el monto sea mayor a Bs20.000.- (VEINTE MIL 00/100 BOLIVIANOS).

SECCIÓN V.
MODALIDAD DE CONTRATACIÓN POR DESASTRES Y/O EMERGENCIAS

Artículo 67.- (DEFINICIÓN DE LA MODALIDAD DE CONTRATACIÓN POR DESASTRES Y/O EMERGENCIAS). Modalidad que permite a las entidades públicas contratar bienes y servicios, única y exclusivamente para enfrentar los desastres y/o emergencias nacionales, departamentales y municipales, declaradas conforme a la Ley N° 2140, de 25 de octubre de 2000, para la Reducción de Riesgos y Atención de Desastres.

Artículo 68.- (RESPONSABLE DE LA CONTRATACIÓN POR DESASTRES Y/O EMERGENCIAS). La MAE de la entidad es responsable de las contrataciones por desastres y/o emergencias.

Artículo 69.- (CONDICIONES PARA LA CONTRATACIÓN POR DESASTRES Y/O EMERGENCIAS). Los procesos y condiciones de la contratación por desastres y/o emergencias deberán ser reglamentadas por la MAE de cada entidad.

SECCIÓN VI.
MODALIDAD DE CONTRATACIÓN DIRECTA DE BIENES Y SERVICIOS

Artículo 70.- (DEFINICIÓN DE LA MODALIDAD DE CONTRATACIÓN DIRECTA DE BIENES Y SERVICIOS). Modalidad que permite la contratación directa de bienes y servicios sin límite de cuantía, única y exclusivamente por las causales señaladas en el Artículo 72 de las presentes NB-SABS.

Artículo 71.- (RESPONSABLES). El RPA o el RPC de acuerdo con el monto de la contratación, será responsable de las contrataciones directas de bienes y servicios. Sus funciones estarán determinadas en el RE-SABS de cada entidad pública.

Artículo 72.- (CAUSALES PARA LA CONTRATACIÓN DIRECTA DE BIENES Y SERVICIOS). I. La Contratación Directa de Bienes y Servicios, procederá en los siguientes casos:

a) Bienes con tarifas únicas y reguladas por el Estado: gasolina, diesel, gas licuado y otros;

b) Servicios públicos: energía eléctrica, agua y otros de naturaleza análoga;

c) Medios de comunicación: televisiva, radial, escrita u otros medios de difusión. No se aplica a la contratación de agencias de publicidad;

d) Arrendamiento de inmuebles para funcionamiento de centros educativos o de salud: cuando por razones de fuerza mayor o caso fortuito, el funcionamiento de centros educativos o de salud se vea afectado, la entidad podrá arrendar bienes inmuebles que permitan la continuidad del funcionamiento de estos centros;

---

18 Inciso t) incluido por Decreto Supremo 956, de 10 de agosto de 2011.

e) Arrendamiento de inmuebles para funcionamiento de oficinas de entidades públicas: cuando la entidad no cuente con infraestructura propia y en casos de extrema necesidad, previo certificado de inexistencia emitido por el SENAPE;

f) Adquisición de pasajes aéreos de aerolíneas en rutas nacionales: siempre y cuando el costo de los pasajes se sujete a tarifas únicas y reguladas por la instancia competente. No se aplica a la contratación de agencias de viaje;

g) Suscripción a medios de comunicación escrita o electrónica: diarios, revistas y publicaciones especializadas;

h) Adquisición de repuestos del proveedor: cuando se requiera preservar la garantía y consiguiente calidad del equipo y/o maquinaria;

i) Transporte para la tropa de la Policía Boliviana y de las Fuerzas Armadas: cuando se requiera enfrentar las emergencias de seguridad pública del Estado;

j) Bienes y Servicios locales para Municipalidades con Elevados Índices de Pobreza: siempre y cuando los bienes y servicios sean provistos por proponentes con establecimiento de su actividad productiva o servicio en el Municipio y cumplan con las condiciones establecidas por la Municipalidad.

k) Contratación de artistas, locales y otros servicios relacionados con eventos de promoción cultural, efemérides y actos conmemorativos.[19]

l) Contratación de bienes y servicios por el Ministerio de Gobierno o Ministerio de Defensa para la Policía Boliviana y Fuerzas Armadas, respectivamente, destinados a: i) la seguridad pública del Estado; ii) el orden público y la paz social; iii) seguridad y defensa del Estado; iv) la preservación de la independencia, seguridad, soberanía e integridad territorial del Estado; según sus competencias y misión institucional. Para la aplicación del presente inciso, la Ministra o el Ministro respectivo deberá dictar Resolución Ministerial expresa y justificada, autorizando la contratación directa de los bienes y servicios requeridos.[20]

II. Las entidades públicas podrán efectuar la Contratación Directa de Bienes y Servicios provistos por Empresas Públicas, Empresas Públicas Nacionales Estratégicas o Empresas con Participación Estatal Mayoritaria, siempre y cuando:

a) Su misión institucional determine la capacidad de ofertar bienes y servicios;

b) Dispongan de capacidad suficiente para cumplir con las condiciones establecidas por la entidad convocante;

c) Los precios de su propuesta económica fueran iguales o menores a los precios del mercado;

d) Los bienes o servicios ofertados cuenten con la calidad requerida.

Artículo 73.- (CONDICIONES PARA LA CONTRATACIÓN DIRECTA DE BIENES Y SERVICIOS). I. Las condiciones para la Contratación Directa de Bienes y Servicios deberán ser reglamentadas por cada entidad pública en su RE-SABS.

II. Una vez suscrito el contrato, la entidad contratante deberá:

a) Presentar la información de la contratación a la Contraloría General del Estado;

b) Registrar la Contratación Directa de Bienes y Servicios en el SICOES, cuando el monto sea mayor a Bs20.000.- (VEINTE MIL 00/100 BOLIVIANOS).

CAPÍTULO V.
CONTRATACIONES CON OBJETOS ESPECÍFICOS

Artículo 74.- (CONTRATACIÓN DE AUDITORIAS PARA CONTROL GUBERNAMENTAL). En el ámbito de las facultades conferidas a la Contraloría General del Estado por el Artículo 42 inciso a) de la Ley N° 1178 y el inciso i) del Artículo 3 del Decreto Supremo N°

19 Inciso k) incluido por Decreto Supremo 956, de 10 de agosto de 2011.
20 Inciso l) incluido por Decreto Supremo 956, de 10 de agosto de 2011.

23215, de 22 de julio de 1992, la contratación de firmas o servicios profesionales de auditoría, deberá sujetarse al reglamento de la Contraloría General del Estado.

Artículo 75.- (CONTRATACIONES CON FINANCIAMIENTO DEL PROPONENTE). I. Las contrataciones con financiamiento del proponente, deberán cumplir con las políticas y normativas emanadas por los Órganos Rectores de los Sistemas Nacionales de Inversión Pública, Presupuesto, Tesorería y Crédito Público, siendo responsabilidad de la MAE cumplir con la normativa de crédito público, para la obtención de financiamiento.

II. Las contrataciones con financiamiento del proponente, deberán realizarse según las modalidades establecidas en las presentes NB-SABS.

III. Durante el proceso de Contratación con Financiamiento del Proponente, a efecto de comparabilidad entre varias propuestas donde se consideren todas las condiciones financieras que hacen al financiamiento ofertado, se utilizará el cálculo del Valor Actual del flujo proyectado de pagos y servicio de deuda, a una determinada fecha de corte.

IV. En las contrataciones con financiamiento del proponente, la entidad debe especificar en el contrato, el momento a partir del cual se crea la obligación de reembolso del financiamiento recibido, determinando el documento de respaldo que lo sustenta. El contrato deberá señalar con precisión el monto financiado y la fecha a partir de la cual se devengarán los intereses y aplicarán las condiciones financieras de la propuesta adjudicada.

V. El o los anticipos otorgados por la entidad pública al proveedor o contratista, no se consideran parte del financiamiento del proponente.

Artículo 76.- (CONTRATACIONES LLAVE EN MANO). I. Las contrataciones llave en mano podrán realizarse en proyectos donde sea racionalmente más económico otorgar a un mismo contratante el diseño, la ejecución de la obra y la puesta en marcha referida a instalaciones, equipamiento, capacitación, transferencia intelectual y tecnológica.

II. Esta forma de contratación no exime ni libera del cumplimiento de las normas establecidas en el Sistema Nacional de Inversión Pública – SNIP y las reglamentaciones correspondientes para la ejecución de proyectos de inversión pública.

III. Las contrataciones llave en mano con financiamiento del proponente, están sujetas a lo establecido en el Artículo 75 de las presentes NB-SABS.

Artículo 77.- (CONTRATACIONES REALIZADAS EN PAÍSES EXTRANJEROS). I. Las contrataciones de bienes y servicios especializados que las entidades públicas realicen en el extranjero, se sujetarán a lo dispuesto en el Decreto Supremo N° 26688, de 5 de julio de 2002 y a los principios establecidos en las presentes NB-SABS.

II. Las contrataciones que realicen las Representaciones del Gobierno del Estado Plurinacional de Bolivia en países extranjeros, deberán ser establecidas en sus Reglamentos Específicos, en base a los principios establecidos en las presentes NBSABS y acorde con las prácticas aceptables en el país de residencia.

III. El Ministerio de Defensa para las Fuerzas Armadas, el Servicio Nacional de Aerofotogrametría, el Servicio Geodésico de Mapas, la Empresa de Transporte Aéreo Boliviano, Ministerio de la Presidencia y Dirección General de Aeronáutica Civil, podrán contratar servicios de mantenimiento de aeronaves de su propiedad a empresas extranjeras en su país de origen desde el territorio boliviano, incluyendo la compra de repuestos emergentes de este mantenimiento. Estas contrataciones podrán adherirse a los contratos elaborados por los proveedores y contratistas en lo que corresponda.

IV. La Administración de Servicios Auxiliares a la Navegación Aérea – AASANA, podrá efectuar contrataciones para la adquisición de equipos y sistemas de aeronavegación directamente de fábricas del extranjero, considerando marcas genéricas, con la finalidad de prestar servicios de seguridad de aeronavegación en aire y tierra.

Artículo 78.- (CONCESIÓN ADMINISTRATIVA). La Concesión Administrativa de bienes y servicios, según la cuantía, deberá realizarse conforme a las modalidades establecidas en las presentes NB-SABS.

Artículo 79.- (CONTRATACIÓN DE SEGUROS). I. Para la Contratación de Seguros se aplicará lo establecido en las presentes NBSABS, Ley de Seguros y Código de Comercio.

II. Las contrataciones de seguros deberán efectuarse con entidades aseguradoras constituidas y autorizadas para operar en el territorio boliviano, de acuerdo con lo establecido en el Artículo 3 de la Ley N° 1883, de 25 de junio de 1998, de Seguros.

III. La Contratación de Seguros será realizada considerando el valor de la prima estimada para obtener el seguro como monto total del contrato y no del monto a asegurar. La póliza constituye la base de la contratación y es parte indivisible del contrato.

IV. La Contratación de Seguros, deberá efectuarse conforme a las siguientes cuantías:

a) ANPE para contrataciones mayores a Bs20.000.- (VEINTE MIL 00/100 BOLIVIANOS) hasta Bs60.000.- (SESENTA MIL 00/100 BOLIVIANOS), con un plazo para la presentación de propuestas mínimo de ocho (8) días;

b) Licitación Pública para contrataciones mayores a Bs60.000.- (SESENTA MIL 00/100 BOLIVIANOS), con un plazo para la presentación de propuestas mínimo de quince (15) días.

V. Deberán tenerse en cuenta las siguientes previsiones para la Contratación de Seguros:

a) Para la contratación de asesores en los procesos de Contratación de Seguros, la entidad convocante deberá regirse estrictamente a lo establecido en los siguientes Artículos de la Ley N° 1883:

i. Artículo 22, los corredores de seguros podrán ser también asesores en seguros, pero no podrán detentar ambas calidades en una misma operación;

ii. Artículo 25, los asesores en seguros no podrán ser corredores en seguros;

b) Los asesores en seguros deberán estar autorizados y registrados en la instancia correspondiente;

c) Los asesores en seguros deberán ser contratados según lo establecido en las NB- SABS, no pudiendo ser nombrados o asignados "ad honorem";

d) Los asesores en seguros, no deberán tener ninguna relación ni contacto con las compañías aseguradoras respecto al proceso de contratación, ni las compañías con los asesores;

e) Las compañías aseguradoras no podrán participar en los procesos de contratación a través de: intermediarios, brokers, corredores de seguro y otros, con relación a los procesos de contratación estatales;

f) Los asesores en seguros que presten sus servicios a las entidades públicas, no deberán tener ninguna relación de dependencia laboral, societaria, ni de otra naturaleza con las compañías aseguradoras.

Artículo 80.- (CONTRATACIÓN DE ALIMENTOS PARA DESAYUNO ESCOLAR Y PROGRAMAS DE NUTRICIÓN). I. Para la contratación de alimentos destinados al desayuno escolar y programas de nutrición, independientemente del monto de la contratación, se deberá prever que los productos sean elaborados con materias primas de producción nacional, prohibiéndose la compra de alimentos de origen genéticamente modificado (transgénicos).

II. Según lo establecido en la Ley N° 2687, de 13 de mayo de 2004, que eleva a rango de Ley el Decreto Supremo N° 25963, de 21 de octubre de 2000, se deberá incorporar en el desayuno escolar, cereales producidos en el país como: soya, maíz, amaranto, cañahua, quinua, tarwi y otros.

III. En el marco de la política de la Soberanía Alimentaría, la MAE deberá promover la amplia participación de los productores locales, incentivando la producción de los alimentos según regiones productivas mediante la adjudicación por ítems o lotes.

Artículo 81.- (CONTRATACIÓN DE PRODUCTOS FARMACÉUTICOS - MEDICAMENTOS, DISPOSITIVOS MÉDICOS Y REACTIVOS DE LABORATORIO). I. La contratación para la provisión de productos farmacéuticos - medicamentos considerará lo dispuesto en la Ley N° 1737, de 17 de diciembre de 1996, del Medicamento, que establece que el Estado aplicará una política prioritaria para la adquisición y suministro de medicamentos de producción nacional, genéricos, esenciales, de calidad garantizada y a precios bajos, sobre la base de principios de equidad e igualdad. Asimismo, como marco normativo de la provisión y accesibilidad a medicamentos, insumos médicos, dispositivos médicos y reactivos, se considerará el Decreto Supremo N° 25235, de 30 de noviembre de 1998, que reglamenta la Ley del Medicamento y el Decreto Supremo N° 26873, de 21 de diciembre de 2002, Sistema Nacional Único de Suministros – SNUS.

II. La contratación de productos farmacéuticos, medicamentos, dispositivos médicos y reactivos de laboratorio deberá considerar los siguientes criterios:

a) Todos los procesos de contratación deberán realizarse únicamente por ítems;

b) La adquisición y suministro de medicamentos, deberá ser de producción nacional.

Cuando para cada ítem, no exista un mínimo de dos propuestas de productos de origen nacional, que cumplan con estándares de calidad internacional y no excedan el precio referencial, se considerarán las propuestas de productos importados;

c) Las entidades públicas podrán realizar adjudicaciones parciales de un mismo ítem cuando las propuestas presentadas no puedan satisfacer el total del ítem requerido, siempre y cuando se establezca en el DBC;

d) Las entidades públicas podrán realizar contrataciones anuales de proveedor, por ítem, sobre la base de proyecciones estimadas según normas establecidas en el Sistema de Información de la Administración Logística – SIAL del Sistema Nacional Único de Suministros – SNUS, con el propósito de lograr mayor eficiencia administrativa y económica;

e) Para los Laboratorios Industriales Farmacéuticos Nacionales, que cumplan con la certificación de procesos de Buenas Prácticas de Manufactura – BPM, se establece un factor de ajuste del diez por ciento (10%) sobre el precio de la oferta. El factor numérico de ajuste es de noventa centésimos (0.90);

f) Para las Empresas Importadoras de Medicamentos, que cumplan con la certificación de Buenas Prácticas de Almacenamiento – BPA, se establece un factor de ajuste del siete por ciento (7%) sobre el precio de la oferta. El factor numérico de ajuste es de noventa y tres centésimos (0.93);

g) La descalificación de propuestas no podrá realizarse por criterios subjetivos. En caso de presentarse una situación no detallada en las especificaciones técnicas, deberá obtenerse el reporte de falla terapéutica verificada o falla de dispositivo médico certificada por la Unidad de Medicamentos y Tecnología en Salud, para proceder a la descalificación;

h) La Central de Abastecimiento y Suministros – CEASS y las Organizaciones no Gubernamentales – ONG podrán participar en los procesos de contratación, únicamente cuando no exista representación legal en el país y no se cuente con un proveedor del ítem requerido, o cuando el ítem se hubiese declarado desierto, en cuyo caso la CEASS y las ONG podrán participar en la siguiente convocatoria, cumpliendo con todos los requisitos del DBC;

i) Las contrataciones bajo la modalidad ANPE deberán ser dirigidas necesariamente a empresas que cuenten con el Registro Sanitario del ítem requerido;

j) Deberán incluirse en las especificaciones técnicas, el Número de Registro Sanitario y Código establecidos en la Lista Nacional de Medicamentos Esenciales, para cada ítem; tomando en cuenta los requisitos establecidos por normas sanitarias.

Artículo 82.- (ADQUISICIÓN DE MATERIALES DE CONSTRUCCIÓN DE OBRAS). I. La entidad contratante podrá realizar la adquisición de materiales de construcción de obras, para ser proporcionados al contratista, cuando tenga programado convocar el servicio de construcción con la provisión total o parcial de estos materiales.

II. Cuando la adquisición de materiales de construcción de obras se realice bajo la modalidad de Licitación Pública con convocatoria Nacional o Internacional, el plazo de presentación de propuestas será mínimo de quince (15) días.

Artículo 83.- (EMPRESAS PÚBLICAS NACIONALES ESTRATÉGICAS). I. Las EPNE de acuerdo a su naturaleza jurídica, en base a su función de producción y generación de excedentes, podrán:

a) Realizar todos sus procesos de contratación de bienes y servicios de manera directa;

b) Importar bienes para su acopio y comercialización en el mercado interno, cuando su oferta sea insuficiente o no se produzcan en el país;

c) Efectuar de acuerdo a sus procesos productivos y disponibilidad de recursos, la contratación directa de maquinaria y equipo reacondicionado, siempre y cuando los mismos tengan la garantía emitida por el fabricante o representante legal, que permitan un óptimo funcionamiento por un tiempo racional establecido en la garantía;

d) Realizar la ejecución directa de obras de infraestructura productiva.

Los procedimientos, garantías, porcentajes de anticipo y demás condiciones para estas contrataciones deberán ser reglamentados por cada EPNE en su RE-SABS-EPNE y compatibilizados por el Órgano Rector.

II. El carácter de EPNE, se determina en base a la generación de excedentes económicos y se establece mediante Decreto Supremo de acuerdo al Plan Nacional de Desarrollo.

III. Las EPNE deberán registrar en el SICOES, las contrataciones por montos mayores a Bs20.000.- (VEINTE MIL 00/100 BOLIVIANOS), conforme lo establecido en el Manual de Operaciones del SICOES.

Artículo 84.- (LEASING). Las entidades públicas de acuerdo a la naturaleza de sus actividades y para el logro de sus objetivos específicos, podrán contratar, mediante leasing financiero u operativo, el arrendamiento y/o adquisición de bienes. La contratación de leasing se sujetará a reglamento interno aprobado por la MAE. La decisión deberá respaldarse en informes técnicos y legales que acrediten la conveniencia de la operación.

CAPÍTULO VI.
CONTRATOS

Artículo 85.- (NATURALEZA). Los contratos que suscriben las entidades públicas para la provisión de bienes y servicios, son de naturaleza administrativa.

Artículo 86.- (DOCUMENTOS INTEGRANTES). Formarán parte del contrato los siguientes documentos:

a) DBC;
b) Propuesta adjudicada;
c) Resolución de Adjudicación, cuando corresponda;
d) Poder Legal de Representación, cuando corresponda;
e) Garantías, cuando corresponda;
f) En contratación de seguros, la Póliza de Seguro correspondiente;
g) Contrato de Asociación Accidental, cuando corresponda;
h) Otros documentos específicos de acuerdo al tipo de contratación.

A diferencia del contrato, los documentos señalados no requerirán ser protocolizados.

Artículo 87.- (CONTENIDO). El contrato incorporará como mínimo las siguientes cláusulas:

a) Antecedentes;
b) Partes contratantes;
c) Legislación aplicable;
d) Documentos integrantes;
e) Objeto y causa;
f) Garantías, cuando corresponda;
g) Precio del contrato, moneda y forma de pago;
h) Vigencia;
i) Obligaciones de las partes;
j) Multas y penalidades por incumplimiento de las partes;
k) Condiciones para la entrega y recepción de los bienes y servicios, según corresponda;
l) Terminación;

m) Solución de controversias;

n) Consentimiento de las partes.

Artículo 88.- (SUSCRIPCIÓN Y PROTOCOLIZACIÓN). I. La suscripción del contrato deberá ser efectuada por la MAE o por quien hubiese sido delegado por ésta, de acuerdo con las normas de constitución y funcionamiento de cada entidad pública.

II. El contrato que por su naturaleza o mandato expreso de Ley, requiera ser otorgado en escritura pública, y aquel cuyo monto sea igual o superior a Bs1.000.000.- (UN MILLÓN 00/100 BOLIVIANOS) deberá ser protocolizado por la entidad pública contratante ante la Notaria de Gobierno, el costo del trámite será asumido por el contratista o proveedor. Para el efecto se deberá entregar toda la documentación a la Notaria de Gobierno en un plazo no mayor a diez (10) días después de la suscripción del contrato. Los contratos por debajo del monto señalado no requieren ser protocolizados, salvo que la entidad considere necesaria la misma, que podrá ser realizada por Notarias de Fe Pública o Notarias de Gobierno.

Los contratos relativos a la compra de bienes destinados a la seguridad y defensa del Estado, no requerirán ser protocolizados.

La falta de protocolización del contrato o la demora en concluir este procedimiento, no afecta la validez de las obligaciones contractuales o la procedencia del pago acordado.

Los contratos suscritos con entidades públicas, Empresas Públicas y Empresas con Participación Estatal Mayoritaria, no requieren ser protocolizados.

Artículo 89.- (MODIFICACIONES AL CONTRATO). I. Las modificaciones al contrato deberán estar destinadas al cumplimiento del objeto de la contratación y ser sustentadas por informe técnico y legal que establezca la viabilidad técnica y de financiamiento. En el caso de proyectos de inversión, deberá contemplar las normativas del Sistema Nacional de Inversión Pública – SNIP.

II. Las modificaciones al contrato podrán efectuarse mediante:

a) Contrato Modificatorio. Es aplicable cuando la modificación a ser introducida afecte el alcance, monto y/o plazo del contrato, sin dar lugar al incremento de los precios unitarios.

El Contrato Modificatorio será suscrito por la MAE o por la autoridad que suscribió el contrato principal.

Se podrán realizar uno o varios contratos modificatorios, que sumados no deberán exceder el diez por ciento (10%) del monto del contrato principal.

Si para el cumplimiento del objeto del Contrato, fuese necesaria la creación de nuevos ítems (volúmenes o cantidades no previstas), los precios unitarios de estos ítems deberán ser negociados.

b) Contrato Modificatorio para Consultores Individuales de Línea. Es aplicable cuando la Unidad Solicitante requiere ampliar el plazo del servicio de consultoría individual de línea, para lo cual, de manera previa a la conclusión del contrato, realizará una evaluación del cumplimiento de los términos de referencia. En base a esta evaluación, la MAE o la autoridad que suscribió el contrato principal, podrá tomar la decisión de modificar o no el contrato del Consultor.

Esta modificación podrá realizarse hasta un máximo de dos (2) veces, no debiendo exceder el plazo de cada modificación al establecido en el contrato principal.

c) Contrato Modificatorio para Servicios Generales Recurrentes. Es aplicable cuando la entidad requiere ampliar el plazo del servicio general recurrente, para lo cual la instancia correspondiente, de manera previa a la conclusión del contrato, realizará una evaluación del cumplimiento del contrato, en base a la cual la MAE o la autoridad que suscribió el contrato principal, podrá tomar la decisión de modificar o no el contrato del servicio.

Esta modificación podrá realizarse por una (1) sola vez, no debiendo exceder el plazo establecido en el contrato principal.

d) Órdenes de Cambio. Se utilizará únicamente para la contratación de obras. Es aplicable cuando la modificación a ser introducida implique una modificación del precio del contrato o plazo del mismo, sin dar lugar al incremento de los precios unitarios ni creación de nuevos ítems.

La Orden de Cambio deberá ser aprobada por la instancia responsable del seguimiento de la obra en la entidad y no podrá exceder el cinco por ciento (5%) del monto del contrato principal.

En la modalidad de Licitación Pública, cuando además de realizarse Órdenes de Cambio se realicen Contratos Modificatorios, sumados no deberán exceder el quince por ciento (15%) del monto del contrato principal.

En la modalidad ANPE, cuando además de realizarse Órdenes de Cambio se realicen Contratos Modificatorios, sumados no deberán exceder el diez por ciento (10%) del monto del contrato principal.

III. Procederá la cesión o la subrogación de contratos por causa de fuerza mayor, caso fortuito o necesidad pública, previa aprobación de la MAE de la entidad contratante.

CAPÍTULO VII.
RÉGIMEN DEL RECURSO ADMINISTRATIVO DE IMPUGNACIÓN

Artículo 90.- (PROCEDENCIA DEL RECURSO ADMINISTRATIVO DE IMPUGNACIÓN). I. Procederá el Recurso Administrativo de Impugnación, contra las resoluciones emitidas y notificadas en los procesos de contratación en:

a) Licitación Pública, contra las siguientes Resoluciones:
   i. Resolución que aprueba el DBC;
   ii. Resolución de Adjudicación;
   iii. Resolución de Declaratoria Desierta.

b) ANPE para montos mayores a Bs200.000.- (DOSCIENTOS MIL 00/100 BOLIVIANOS), contra las siguientes Resoluciones:
   i. Resolución de Adjudicación;
   ii. Resolución de Declaratoria Desierta.

II. Los proponentes podrán impugnar las Resoluciones emitidas, siempre que las mismas afecten, lesionen o puedan causar perjuicio a sus legítimos intereses.

III. No procederá Recurso Administrativo de Impugnación alguno, contra actos de carácter preparatorio, mero trámite, incluyendo informes, dictámenes o inspecciones, ni contra ningún otro acto o Resolución que no sean los expresamente señalados en el presente Ar-tículo.

Artículo 91.- (PLAZOS). Los plazos determinados en el presente Capítulo, se entenderán por plazos máximos y comenzarán a computarse a partir del día hábil siguiente a aquél en que tenga lugar la notificación con el acto impugnable o providencias dictadas; su vencimiento será efectivo en la última hora administrativa del último día hábil del plazo determinado.

Artículo 92.- (AUTORIDAD COMPETENTE PARA RESOLVER LOS RECURSOS ADMINISTRATIVOS DE IMPUGNACIÓN).[21] I. La autoridad competente para conocer y resolver los Recursos Administrativos de Impugnación es la MAE de la entidad convocante.

Cuando por la estructura de la entidad, la MAE asuma las funciones de RPC y/o RPA, los Recursos Administrativos de Impugnación interpuestos serán resueltos por la MAE de la entidad que ejerce tuición sobre ésta; en el caso de Gobiernos Autónomos Municipales, los Recursos Administrativos de Impugnación interpuestos serán resueltos por el Concejo Municipal.

En las Asambleas Departamentales y Regionales, los Recursos Administrativos de Impugnación interpuestos serán resueltos por el RAA. Cuando por la estructura de las Asambleas Departamentales o Regionales, el RAA asuma las funciones de RPC y/o RPA, los Recursos Administrativos de Impugnación interpuestos serán resueltos por la Directiva de la Asamblea Departamental o Regional.

---

21 Art. 92 modificado por Decreto Supremo 843, de 13 de abril de 2011.

II. Los Recursos Administrativos de Impugnación, deberán presentarse ante el RPC o RPA que emitió la Resolución objeto de la impugnación, quien deberá remitir en el plazo de dos (2) días ante la MAE o RAA según corresponda, todos los Recursos Administrativos interpuestos y los antecedentes del proceso de contratación.

Artículo 93.- (FORMALIDADES PARA LA PRESENTACIÓN). El Recurso Administrativo de Impugnación será presentado por escrito, señalando como mínimo:

a) Identificación del recurrente o en su caso, el Poder de Representación;

b) Documentación adjunta que estime conveniente en calidad de prueba, especificando si es original, fotocopia legalizada o fotocopia simple y/o se señale documentación que cursa en el expediente de la contratación que a su criterio sirva como fundamento del recurso;

c) Asimismo, podrá presentar las consideraciones, argumentaciones u observaciones que estime conveniente.

Artículo 94.- (REGLAS SOBRE NOTIFICACIONES Y COMUNICACIONES). I. Las notificaciones serán realizadas vía correo electrónico y/o fax y a través del SICOES, debiendo publicar una copia de las mismas en la Mesa de Partes.

II. Las comunicaciones serán realizadas vía correo electrónico y/o fax, debiendo publicar una copia de las mismas en la Mesa de Partes.

III. El proponente y/o recurrente deberá señalar expresamente la dirección de correo electrónico y/o fax para su notificación y/o comunicación.

El comprobante de envío incorporado al expediente del proceso de contratación, acreditará la notificación y/o comunicación y se tendrá por realizada en la fecha de su envío.

IV. En caso de que la notificación vía correo electrónico y/o fax, no hubiera podido ser efectuada, la notificación se dará por realizada en la fecha de publicación de la Resolución en el SICOES.

Artículo 95.- (REQUISITOS PARA LA PRESENTACIÓN DEL RECURSO ADMINISTRATIVO DE IMPUGNACIÓN). I. El Recurso Administrativo de Impugnación será interpuesto ante el RPC o RPA que emitió la Resolución objeto de la impugnación, en el plazo perentorio, fatal e improrrogable de tres (3) días computables a partir de la fecha de publicación de la Resolución Impugnable en el SICOES.

Si el Recurso Administrativo de Impugnación es interpuesto fuera del plazo, no será considerado para el trámite del Recurso Administrativo de Impugnación y será devuelto por el RPC o RPA al proponente.

II. El recurrente adjuntará una garantía que deberá expresar su carácter de renovable, irrevocable y de ejecución inmediata, que de acuerdo con su elección, podrá ser:

Boleta de Garantía y Boleta de Garantía a Primer Requerimiento, emitida a favor de la entidad convocante, en la moneda establecida para la contratación y con vigencia de treinta (30) días calendario desde la fecha de la interposición del Recurso Administrativo de Impugnación.

III. De acuerdo con el tipo de Resolución impugnada, el monto de la garantía será:

a) Contra la Resolución de Aprobación del DBC: Equivalente a uno por ciento (1%) del Precio Referencial calculado de la siguiente forma:

i. Cuando la adjudicación sea por el total, el cálculo se lo realizará considerando el total del precio referencial;

ii. Cuando la adjudicación sea por ítems, lotes, tramos o paquetes, el cálculo se lo realizará sumando los precios referenciales de los ítems, lotes, tramos o paquetes impugnados.

b) Contra la Resolución de Adjudicación o contra la Resolución Administrativa de Declaratoria Desierta: Equivalente a uno por ciento (1%) del monto de la propuesta calculado de la siguiente forma:

i. Cuando la adjudicación sea por el total, el cálculo se lo realizará por el monto total de la propuesta;

ii. Cuando la adjudicación sea por ítems, lotes, tramos o paquetes, el cálculo se lo realizará sumando los montos ofertados para los ítems, lotes, tramos o paquetes impugnados.

Artículo 96.- (SUSPENSIÓN DEL PROCESO DE CONTRATACIÓN Y REMISIÓN DE INFORMACIÓN). I. La interposición del recurso suspenderá el proceso de contratación, reiniciándose el mismo una vez agotada la vía administrativa.

II. Cuando el Recurso Administrativo de Impugnación se presente en procesos de contratación por ítems, lotes, tramos o paquetes, se suspenderá el proceso únicamente para los ítems, lotes, tramos o paquetes impugnados, debiendo continuar normalmente el proceso de contratación para los demás ítems, lotes, tramos o paquetes.

III. Las entidades públicas registrarán en línea en el SICOES, la información requerida sobre Recursos Administrativos de Impugnación interpuestos y resueltos.

IV. Los proponentes que interpongan Recursos Administrativos de Impugnación, podrán remitir al SICOES para su difusión, una copia del mismo con sello de recepción de la entidad.

Artículo 97.- (TRÁMITE DEL RECURSO ADMINISTRATIVO DE IMPUGNACIÓN). Los recursos administrativos de impugnación serán tramitados como sigue:

I. Una vez recibido el recurso y los antecedentes del proceso, la MAE instruirá la comunicación del mismo en el plazo de dos (2) días, de la siguiente forma:

a) Contra la Resolución que aprueba el DBC. Por fax y/o correo electrónico a los interesados que hubieran registrado esta información en la Reunión de Aclaración.

Los interesados podrán presentar los argumentos, consideraciones u observaciones debidamente justificados y fundamentados;

b) Contra la Resolución Administrativa de Adjudicación o de Declaratoria Desierta. Por fax y/o correo electrónico a los proponentes, quienes podrán presentar los argumentos, consideraciones u observaciones debidamente justificados y fundamentados.

II. La MAE deberá pronunciarse en forma expresa en un plazo máximo de cinco (5) días, computables a partir de la recepción del Recurso Administrativo de Impugnación.

III. La Resolución que resuelve el Recurso Administrativo de Impugnación emitida por la MAE no admite Recurso Administrativo ulterior, abriéndose la vía judicial correspondiente.

Artículo 98.- (CARACTERISITICAS DE LA RESOLUCIÓN QUE RESUELVE EL RECURSO ADMINISTRATIVO DE IMPUGNACIÓN). La Resolución que resuelva el Recurso Administrativo de Impugnación cumplirá las siguientes características:

a) Expresa: Deberá estar referida únicamente a los aspectos mencionados en el o los Recursos Administrativos de Impugnación;

b) Motivada y fundamentada: Exponiendo aspectos de hecho y de derecho en los que se basa la decisión y los informes técnico y legal emitidos;

c) Única: En caso de presentarse varios Recursos Administrativos de Impugnación contra una misma Resolución, la MAE los resolverá en forma simultánea y conjunta, mediante la emisión de la Resolución correspondiente.

Artículo 99.- (FORMAS DE RESOLUCIÓN Y SUS EFECTOS). La MAE de la entidad resolverá el Recurso Administrativo de Impugnación, en las siguientes formas y surtirá los siguientes efectos:

a) Confirmando la Resolución Impugnada: La Resolución que confirme la Resolución de Aprobación del DBC o la Resolución de Adjudicación, tendrá como efecto la continuación del proceso de contratación. En caso de confirmarse la Resolución de Declaratoria Desierta, determinará el llamamiento a la siguiente Convocatoria;

b) Revocando la Resolución Impugnada: Invalidará la Resolución Impugnada, resolviendo según los siguientes casos:

i. Revocatoria de la Resolución que aprueba el DBC: Deberá ser pronunciada previo análisis del DBC por los responsables de su elaboración, anulando obrados hasta el vicio más antiguo; señalará expresamente el o los vicios por los cuales se procede a la anulación de obrados e instruirá a la autoridad que emitió la Resolución, reanudar el proceso de contratación;

ii. Revocatoria de la Resolución de Adjudicación o de Declaratoria Desierta: Deberá ser pronunciada previo análisis de las propuestas y del Informe de Evaluación y Recomendación, anulando obrados hasta el vicio más antiguo; señalará expresamente el o los vicios por los cuales se procede a la anulación de obrados e instruirá a la autoridad que emitió la Resolución, reanudar el proceso de contratación.

Cuando el Recurso Administrativo de Impugnación sea interpuesto contra la Resolución de Adjudicación o de Declaratoria Desierta de un ítem, lote, tramo o paquete específico, la Resolución revocará únicamente la Adjudicación o Declaratoria Desierta del ítem, lote, tramo o paquete impugnado, debiendo continuar el proceso para el resto de los ítems, lotes, tramos o paquetes.

c) Desestimando el Recurso: Señalará expresamente los requisitos omitidos por el recurrente, como ser no haber cumplido con las formalidades, requisitos o garantías establecidos en el presente Capítulo de las NB-SABS, disponiendo la prosecución del proceso de contratación.

Artículo 100.- (SILENCIO ADMINISTRATIVO POSITIVO). I. La ausencia de Resolución que resuelva el Recurso Administrativo de Impugnación, en los plazos establecidos para el efecto, implicará la aceptación del recurso interpuesto y en consecuencia la revocación de la Resolución recurrida, en aplicación del silencio administrativo positivo.

II. Una vez vencido el plazo, el recurrente solicitará mediante nota escrita, el pronunciamiento expreso de la MAE sobre la reanudación del proceso y el establecimiento de nuevos plazos.

III. La ausencia de Resolución en los plazos establecidos, será causal de responsabilidad para la MAE, de acuerdo con la Ley N° 1178 y disposiciones reglamentarias.

Artículo 101.- (NOTIFICACIÓN DE LA RESOLUCIÓN QUE RESUELVE EL O LOS RECURSOS ADMINISTRATIVOS DE IMPUGNACIÓN). Las notificaciones a los recurrentes y comunicaciones a los proponentes con la Resolución que resuelva el o los Recursos Administrativos de Impugnación, se realizará en el plazo de dos (2) días a partir de la fecha en la cual la Resolución fue dictada, conforme a lo establecido en el Artículo 94 de las presentes NB-SABS.

Artículo 102.- (AGOTAMIENTO DE LA VÍA ADMINISTRATIVA). La vía administrativa quedará agotada en los siguientes casos:

a) Resuelto el Recurso Administrativo de Impugnación;

b) Vencido el plazo para la emisión de la correspondiente Resolución, sin que se resuelva el recurso presentado.

Artículo 103.- (EJECUCIÓN DE GARANTÍAS). Una vez agotada la vía administrativa y en la eventualidad de haberse confirmado las resoluciones dictadas por el RPC o RPA, o haberse desestimado el recurso presentado, la MAE instruirá, en cada caso y cuando así corresponda, la ejecución de las garantías presentadas a favor de la entidad convocante.

Artículo 104.- (DEVOLUCIÓN DE GARANTÍAS). La devolución de la Garantía sin ser ejecutada, procederá en el plazo máximo de diez (10) días calendario computables a partir de:

a) La fecha de la emisión de la Resolución que resuelve el Recurso Administrativo de Impugnación, cuando la MAE hubiese revocado la Resolución impugnada;

b) La fecha de vencimiento para dictar la Resolución, cuando la MAE no hubiese resuelto el Recurso Administrativo de Impugnación en el plazo previsto.

CAPÍTULO VIII.
SISTEMA DE CONTRATACIONES ESTATALES

SECCIÓN I.
ASPECTOS GENERALES

Artículo 105.- (INFORMACIÓN REGISTRADA EN EL SISTEMA DE CONTRATACIONES ESTATALES). I. La información registrada en el SICOES tiene carácter de declaración jurada y se constituye en la información oficial que regirá los procesos de contratación.

II. El contenido y la veracidad de la información y los documentos registrados en el SICOES, son de completa responsabilidad de la entidad convocante, que deberá disponer los mecanismos administrativos de control interno, para verificar que la información que se publique corresponda al contenido de los documentos originales autorizados por el RPC o el RPA.

Artículo 106.- (INALTERABILIDAD DE LA INFORMACIÓN REMITIDA). I. Una vez publicada la información en el SICOES la misma no podrá ser modificada.

II. En caso de que la entidad pública advirtiese errores en la información publicada en el SICOES, el RPC, el RPA o el Máximo Ejecutivo de la Unidad Administrativa, según corresponda, podrá solicitar la publicación de información aclaratoria y/o rectificatoria conforme las condiciones establecidas en el Manual de Operaciones del SICOES.

Artículo 107.- (ASIGNACIÓN DEL CÓDIGO ÚNICO DE CONTRATACIONES ESTATALES). I. Se asignará el Código Único de Contrataciones Estatales – CUCE a todas las contrataciones mayores a Bs20.000.- (VEINTE MIL 00/100 BOLIVIANOS), conforme a lo siguiente:

a) Al inicio del proceso de contratación con la publicación de la convocatoria:

Se asignará el CUCE en la modalidad ANPE, Licitación Pública, Contratación por Excepción con convocatoria pública, Contrataciones con Objetos Específicos, contrataciones con norma específica de excepción y otras modalidades definidas por el Organismo Financiador que requieran publicación de Convocatoria.

b) Para el registro de contrataciones efectuadas sin convocatoria: Se asignará el CUCE para el registro de información para Contrataciones por Excepción, Contrataciones por Desastre y/o Emergencia, Contrataciones Directas de Bienes y Servicios, Contrataciones con Objetos Específicos, contrataciones con norma específica de excepción y otras modalidades definidas por el Organismo Financiador que no requieran publicación de convocatoria. El registro y asignación del CUCE para estas contrataciones se efectuará una vez suscrito el contrato o emitida la Orden de Compra.

II. El SICOES no asignará CUCE en las siguientes situaciones:

a) Si no se hubiesen remitido los requisitos para publicación;

b) Si la información no hubiera sido remitida dentro de los plazos establecidos;

c) Si se verificasen errores u omisiones en la información de la solicitud de publicación;

d) Si la entidad no cuenta con su PAC publicado en el SICOES;

e) Si se solicita la publicación de una segunda o siguientes convocatorias sin haber registrado la declaratoria desierta de la anterior convocatoria;

f) Si la entidad incumple con el registro de información en el SICOES.

SECCIÓN II.
MEDIOS DE REGISTRO DE INFORMACIÓN Y HABILITACIÓN DE USUARIOS

Artículo 108.- (MEDIOS DE REGISTRO DE INFORMACIÓN). El registro de información en el SICOES se deberá efectuar por los siguientes medios:

a) En línea: Las entidades públicas con acceso a Internet registrarán la información detallada en las presentes NB-SABS y en el Manual de Operaciones del SICOES, mediante los usuarios habilitados para este efecto, utilizando los programas informáticos disponibles en el sitio Web del SICOES (www.sicoes.gov.bo);

b) Documental: Las entidades que no tengan acceso a Internet solicitarán autorización al Órgano Rector para envío de información a través de formularios impresos.

Artículo 109.- (HABILITACIÓN DE USUARIOS PARA EL REGISTRO EN LÍNEA Y AUTORIZACIÓN PARA REGISTRO DOCUMENTAL). I. Para efectuar el registro de información en línea, la MAE o Máximo Ejecutivo de la Unidad Administrativa, deberá solicitar la habilitación de un Usuario Administrador, quien a su vez podrá solicitar la habilitación de Usuarios de Registro. El Usuario Administrador y los Usuarios de Registro habilitados, son responsables por la veracidad y oportunidad de la información que registran.

II. Para efectuar el registro documental de información, la MAE o el Máximo Ejecutivo de la Unidad Administrativa, deberá solicitar autorización al Órgano Rector justificando que la entidad no cuenta con acceso a internet. Esta autorización deberá ser renovada anualmente.

Artículo 110.- (INSCRIPCIÓN DE UNIDADES EJECUTORAS DESCONCENTRADAS, PROGRAMAS Y/O PROYECTOS). La MAE podrá solicitar el registro de unidades ejecutoras desconcentradas, programas y/o proyectos que ejecuten sus procesos de contratación de manera independiente. Esta solicitud deberá estar acompañada por la documentación respaldatoria pertinente.

Artículo 111.- (MANUAL DE OPERACIONES DEL SICOES). Las entidades públicas deberán utilizar con carácter obligatorio el Manual de Operaciones del SICOES, aplicando los procedimientos, plazos y condiciones para el registro de información de los procesos de contratación.

El Manual de Operaciones del SICOES forma parte de la reglamentación de las presentes NB-SABS.

TÍTULO II.
SUBSISTEMA DE MANEJO DE BIENES

[omissis]

CAPÍTULO I.
ASPECTOS GENERALES

Artículo 112.- (CONCEPTO). El Subsistema de Manejo de Bienes, es el conjunto interrelacionado de principios, elementos jurídicos, técnicos y administrativos que regulan el manejo de bienes de propiedad de la entidad y los que se encuentran bajo su cuidado o custodia.

Tiene por objetivo optimizar la disponibilidad, el uso y el control de los bienes y la minimización de los costos de sus operaciones.

Artículo 113.- (ALCANCE). Las presentes NB-SABS se aplicarán para el manejo de bienes de uso y consumo, de propiedad de la entidad y los que estén a su cargo o custodia.

El manejo de bienes de los productos que sean resultado de servicios de consultorías, software y otros similares, serán regulados en el RE-SABS de cada entidad.

Artículo 114.- (EXCEPCIONES). Se encuentran fuera del alcance de este subsistema a:

a) Los bienes de dominio público;
b) El material bélico de las Fuerzas Armadas;
c) Los bienes declarados patrimonio histórico y cultural;
d) Los bienes de Empresas Públicas Nacionales Estratégicas.

El manejo de estos bienes estará sujeto a reglamentación especial, que podrá tomar como referencia el contenido de las presentes NB-SABS en las partes afines a su operación y control.

Artículo 115.- (COMPONENTES). Los componentes del Subsistema de Manejo de Bienes, son los siguientes:

a) Administración de almacenes;
b) Administración de activos fijos muebles;
c) Administración de activos fijos inmuebles.

Artículo 116.- (RESPONSABILIDAD POR EL MANEJO DE BIENES). I. El Máximo Ejecutivo de la Unidad Administrativa, es el responsable principal ante la MAE:

a) Por el manejo de bienes en lo referente a la organización, funcionamiento y control de las unidades operativas especializadas en la materia, por el cumplimiento de la normativa vigente, por el desarrollo y cumplimiento de reglamentos, procedimientos, instructivos y por la aplicación del régimen de penalizaciones por daño, pérdida o utilización indebida;

b) Por la adecuada conservación, mantenimiento y salvaguarda de los bienes que están a cargo de la entidad;

c) Porque la entidad cuente con la documentación legal de los bienes que son de su propiedad o estén a su cargo, así como de la custodia y registro de esta documentación en las instancias correspondientes. En caso necesario, solicitará a la Unidad Jurídica de la entidad el saneamiento de la documentación legal pertinente;

d) Por el envío de la información sobre los bienes de la entidad al Servicio Nacional de Patrimonio del Estado – SENAPE.

II. Los responsables de almacenes, activos fijos, mantenimiento y salvaguarda de bienes, deben responder ante el Máximo Ejecutivo de la Unidad Administrativa por el cumplimiento de las normas, reglamentos, procedimientos y/o instructivos establecidos para el desarrollo de sus funciones, así como por el control, demanda de servicios de mantenimiento y salvaguarda de estos bienes.

III. Todos los servidores públicos son responsables por el debido uso, custodia, preservación y solicitud de servicios de mantenimiento de los bienes que les fueren asignados, de acuerdo al régimen de Responsabilidad por la Función Pública establecido en la Ley N° 1178 y sus reglamentos.

Artículo 117.- (INCLUSIÓN EN EL PROGRAMA DE PERACIONES ANUAL). Las actividades y tareas inherentes al manejo de bienes deben estar incluidas en el POA, para asegurar que su desarrollo se efectúe en función de los objetivos de gestión de la entidad.

Artículo 118.- (CONTROLES ADMINISTRATIVOS). I. El control es el proceso que comprende funciones y actividades para evaluar el manejo de bienes, desde su ingreso a la entidad hasta su baja o devolución, utilizando los registros correspondientes como fuente de información. Para efectuar este control, la Unidad Administrativa debe:

a) Realizar inventarios y recuentos periódicos, planificados o sorpresivos;
b) Verificar la correspondencia entre los registros y las existencias;
c) Verificar las labores de mantenimiento y salvaguarda;
d) Verificar la existencia de la documentación legal y registro de los bienes.

II. Para la elaboración de la información relacionada con el manejo de bienes, se utilizarán registros e informes que deberán contar con las siguientes características:

a) Los registros deberán estar permanentemente actualizados y debidamente documentados y permitirán:

i. Verificar fácil y rápidamente la disponibilidad de los bienes.
ii. Evaluar el curso y costo históricos de los bienes.
iii. Conocer su identificación, clasificación, codificación y ubicación.
iv. Conocer las condiciones de conservación, deterioro, remodelaciones, etc., así como las de tecnología y obsolescencia en que se encuentran los bienes.
v. Verificar la documentación legal sobre la propiedad y registro de los bienes de la entidad, así como de los asignados, alquilados, prestados, etc., a cargo de la entidad.
vi. Establecer responsabilidad sobre el empleo de los bienes y la administración de las existencias.

b) Los informes permitirán describir y evaluar la situación de los bienes en un momento dado.

Artículo 119.- (TOMA DE INVENTARIOS). I. La toma de inventarios es el recuento físico de los bienes de uso y consumo institucional, que será realizado en las entidades para actualizar la existencia de los bienes por cualquiera de los métodos generalmente aceptados.

II. Las entidades desarrollarán reglamentos, procedimientos y/o instructivos para el recuento físico de los bienes de consumo, activos fijos muebles y activos fijos inmuebles, en los que considerarán inventarios periódicos, planificados y sorpresivos, con los objetivos de:

a) Establecer con exactitud la existencia de bienes en operación, tránsito, arrendamiento, depósito, mantenimiento, desuso, inservibles, sustraídos, siniestrados y en poder de terceros. Identificando además fallas, faltantes y sobrantes;
b) Proporcionar información sobre la condición y estado físico de los bienes;
c) Ser fuente principal para realizar correcciones y ajustes, establecer responsabilidades por mal uso, negligencia y descuido o sustracción;
d) Verificar las incorporaciones y retiros de bienes que por razones técnicas o de otra naturaleza no hubieran sido controlados;
e) Considerar decisiones que mejoren y modifiquen oportunamente deficiencias en el uso, mantenimiento y salvaguarda de los bienes;
f) Comprobar el grado de eficiencia del manejo de bienes de uso;
g) Generar información básica para la disposición de bienes;
h) Programar adquisiciones futuras.

Artículo 120.- (BIENES ADQUIRIDOS CON FINANCIAMIENTO EXTERNO). Para el manejo de bienes adquiridos con financiamiento externo, se utilizarán las presentes NB-SABS, salvo que el convenio de financiamiento disponga lo contrario.

Artículo 121.- (BIENES DONADOS O TRANSFERIDOS). I. Los bienes de uso o consumo que perciba una entidad por concepto de donación y/o transferencia, deberán ser recibidos por la Comisión de Recepción, conformada por servidores públicos de la entidad, técnicamente calificados y que deberán ser designados por la MAE o el servidor público delegado por ésta, debiendo levantar un acta detallando el tipo de bien, cantidad y especificaciones técnicas de los mismos.

II. El Responsable de Almacenes o el Responsable de Activos Fijos debe adjuntar copia del Convenio de Donación o documento legal de respaldo, Acta de Recepción y la documentación que corresponda al documento de ingreso a almacenes o activos fijos, según corresponda, continuando con los procedimientos regulados en las presentes NB-SABS.

CAPÍTULO II.
ADMINISTRACIÓN DE ALMACENES

Artículo 122.- (CONCEPTO). La administración de almacenes, es la función administrativa que comprende actividades y procedimientos relativos al ingreso, registro, almacenamiento, distribución, medidas de salvaguarda y control de los bienes de consumo en la entidad pública.

Artículo 123.- (OBJETIVO). La administración de almacenes tiene por objetivo optimizar la disponibilidad de bienes de consumo, el control de sus operaciones y la minimización de los costos de almacenamiento.

Artículo 124.- (ALCANCE). Las disposiciones contenidas en este Capítulo se aplicarán a los almacenes de bienes de consumo, adquiridos con recursos propios o financiamiento externo, donados o transferidos por otras instituciones.

Artículo 125.- (ORGANIZACIÓN). I. Un almacén es un área operativa de la Unidad Administrativa, que debe tener un sólo responsable de su administración.

II. Cada entidad organizará el número necesario de almacenes, en función de las características técnicas y cualidades de los bienes.

III. La entidad creará subalmacenes cuando exista un proceso de desconcentración, separación física de sus unidades y alta rotación de bienes susceptibles de almacenamiento si fuera necesario, debiendo contar con un responsable de su administración y funcionamiento, quién responderá ante el jefe del almacén.

IV. Los almacenes y subalmacenes deberán estar especialmente diseñados y habilitados para facilitar el ingreso y recepción de bienes, procurar condiciones de seguridad, armonizar la asignación de espacios según las características de los bienes, simplificar sus operaciones, facilitar la manipulación y el transporte.

V. En función del volumen, complejidad y características técnicas de los bienes que administra, un almacén deberá contar con personal operativo calificado.

VI. En cada entidad la Unidad Administrativa desarrollará procedimientos y/o instructivos para la administración de almacenes.

Artículo 126.- (RECEPCIÓN). I. La primera fase del ingreso de bienes a la entidad es la recepción. Toda recepción de bienes estará basada en documentos que autoricen su ingreso, emitidos por autoridad competente o respaldada por la solicitud de su adquisición.

II. La recepción comprende las siguientes tareas:

a) El cotejamiento de la documentación pertinente con lo efectivamente solicitado por la entidad;

b) La verificación de la cantidad y de los atributos técnicos, físicos, funcionales o de volumen de los bienes.

III. Algunos bienes podrán ser recibidos en almacenes para ser sujetos de verificación, únicamente cuando:

a) Su inspección demande un tiempo prolongado;

b) Su verificación exija criterio técnico especializado;

c) Cuando las condiciones contractuales así lo determinen.

Procedimiento que permitirá comprobar que lo recibido es lo efectivamente demandado en términos de cantidad y calidad.

IV. La Unidad Administrativa debe establecer el tiempo que demandará la verificación, haciendo conocer este plazo al proveedor.

Artículo 127.- (RESPONSABLES DE LA RECEPCIÓN). I. La recepción de bienes de consumo será realizada por:

a) El Responsable de Recepción o la Comisión de Recepción conformada de acuerdo a lo establecido en el Artículo 39 de las presentes NB-SABS;

b) El Responsable de Almacenes, cuando se trate de Contratación Menor, salvo que la compra necesite verificación técnica.

II. Cuando el Responsable de Almacenes, el Responsable de Recepción o la Comisión de Recepción expresen su conformidad con los bienes entregados por el proveedor, elaborarán el documento de recepción oficial de bienes.

III. Si los bienes de consumo deben ser recibidos en lugar distinto al del almacén, estos podrán ser entregados en el lugar de destino a la unidad solicitante, con la participación del Responsable de Almacenes, el Responsable de Recepción o la Comisión de Recepción, debiendo cumplir con el procedimiento de recepción, ingreso y entrega de bienes.

Artículo 128.- (INGRESO). I. Una vez recibidos los bienes, el Responsable de Almacenes realizará el registro de ingreso a almacenes, adjuntando la siguiente documentación:

a) Documento de recepción oficial del bien emitido por la entidad;

b) Documento de compra que podrá ser orden de compra o contrato; documento de convenio de donación o transferencia;

c) Nota de remisión.

Asimismo, enviará copia del documento de recepción oficial de bienes al área contable de la entidad.

II. Todo ingreso de bienes al almacén debe estar debidamente registrado.

Artículo 129.- (IDENTIFICACIÓN). La identificación consiste en la denominación básica asignada a cada bien y su descripción de acuerdo a sus características propias, físicas y/o químicas, de dimensión y funcionamiento y otras que permitan su discriminación respecto a otros similares o de otras marcas.

Artículo 130.- (CODIFICACIÓN). I. La codificación de los bienes consiste en asignar un símbolo a cada rubro de bienes o materiales, para permitir:

a) Su clasificación;
b) Su ubicación y verificación;
c) Su manipulación.

II. La codificación de los bienes de consumo existentes en almacenes se basará en normas nacionales vigentes y en su ausencia, en normas internacionales.

Artículo 131.- (CLASIFICACIÓN). I. Para facilitar su identificación y su ubicación, los bienes se clasificarán en grupos de características afines. Estas características pueden ser: volumen, peso, aspecto, composición química, frecuencia de rotación, grado de peligrosidad, etc.

II. La clasificación servirá para organizar su almacenamiento, según compartan características iguales, similares o complementarias.

Artículo 132.- (CATALOGACIÓN). La catalogación consiste en la elaboración de listas de bienes codificados y clasificados según un orden lógico. Las entidades públicas deberán mantener catálogos actualizados de sus bienes de consumo, que faciliten la consulta y control de los materiales y sus existencias.

Artículo 133.- (ALMACENAMIENTO). El almacenamiento tiene por objetivo facilitar la conservación, manipulación, salvaguarda y entrega de los bienes que ingresan al almacén. Estas operaciones se realizarán tomando en cuenta lo siguiente:

a) Clasificación de bienes;
b) Asignación de espacios;
c) Disponibilidad de instalaciones y medios auxiliares;
d) Uso de medios de transporte: equipo motorizado, no motorizado;
e) Conservación;
f) Seguridad.

Artículo 134.- (ASIGNACIÓN DE ESPACIOS). Con el propósito de facilitar la recepción y la entrega del bien se asignarán espacios de acuerdo a uno o más de los siguientes criterios:

a) Según la clase del bien;
b) Según la velocidad de su rotación;
c) Según su peso y volumen.

Cualquiera sea el criterio adoptado, la asignación de espacios debe facilitar la recepción y la entrega del bien.

Artículo 135.- (SALIDA DE ALMACENES). I. Es la distribución o entrega física de los bienes, que implica:

a) Atender las solicitudes de bienes;
b) Comprobar que la calidad, cantidad y características de los bienes a entregar, correspondan a lo solicitado;
c) Utilizar técnicas estándar para empacar y rotular los bienes, en función de sus características y su destino;
d) Registrar la salida de bienes de almacén.

II. La salida de un bien necesariamente debe estar respaldada por un documento con autorización escrita por autoridad competente o que la Unidad Administrativa establezca previamente como suficiente, el mismo que permita establecer la cantidad y condiciones del bien entregado, identificar a su receptor, constatar la conformidad de la entrega y conocer su destino.

Artículo 136.- (REGISTRO DE ALMACENES). I. El registro tiene por objeto facilitar el control de las existencias y el movimiento de bienes en almacén, permitiendo tomar decisiones sobre adquisiciones, disposición de bienes, bajas y otros.

II. Los almacenes deberán contar con registros de entrada, de almacenamiento y de salida, de todos y cada uno de los bienes existentes en el almacén, utilizando los documentos necesarios, los mismos que deberán generar inventarios.

Artículo 137.- (GESTIÓN DE EXISTENCIAS). La gestión de existencias tiene por objeto prever la continuidad del suministro de bienes a los usuarios de la entidad y evitar la interrupción de las tareas, para lo cual cada entidad deberá:

a) Adoptar políticas y técnicas, para determinar la cantidad económica de existencias y de reposición;
b) Utilizar la técnica de inventarios más apropiada al tipo de bien o grupo de ellos.

Artículo 138.- (MEDIDAS DE HIGIENE Y SEGURIDAD INDUSTRIAL). El Máximo Ejecutivo de la Unidad Administrativa, debe considerar las normas y reglamentos existentes y desarrollar los procedimientos y/o instructivos específicos de higiene y seguridad industrial para la prevención de probables accidentes originados por el grado de peligrosidad de los bienes y las condiciones de su almacenamiento. Para el efecto, se debe considerar los siguientes aspectos mínimos:

a) Facilidad para el movimiento de los bienes en el almacén;
b) Señalización para el tránsito y transporte;
c) Condiciones ambientales de ventilación, luz, humedad y temperatura;
d) Asignación de espacios protegidos para substancias peligrosas;
e) Utilización de ropa y equipo de seguridad industrial;
f) Adopción de programas de adiestramiento en seguridad industrial;
g) Determinación de medidas de emergencia en casos de accidentes;
h) Adopción de medidas contra incendios, inundaciones, etc;
i) Adopción de medidas de primeros auxilios.

Artículo 139.- (MEDIDAS DE SALVAGUARDA). I. La salvaguarda comprende actividades de conservación y protección para evitar daños, mermas, pérdidas y deterioro de las existencias, así como para lograr la identificación fácil, segura y la manipulación ágil de los bienes.

II. Las medidas de salvaguarda tienen los propósitos de:

a) Implantar procedimientos para la custodia, guarda de las existencias y uso de instalaciones auxiliares y medios físicos;
b) Implantar medidas de seguridad física y fortalecer las medidas de control, para que los bienes no sean ingresados, movidos internamente, ni retirados sin la autorización correspondiente;
c) Establecer criterios para la contratación de seguros que fortalezcan las medidas de seguridad física e industrial;
d) Definir criterios para establecer fianzas y pólizas de fidelidad para el responsable de almacenes;
e) Establecer y difundir procedimientos y/o instructivos específicos de seguridad industrial, en función de las normas establecidas.

II. Para contribuir a estos propósitos se deberá:

a) Solicitar la contratación de seguros contra robos, incendios, pérdidas, siniestros y otros;
b) Realizar la inspección periódica a instalaciones;
c) Realizar la toma de inventarios físicos periódicos.

Artículo 140.- (PROHIBICIONES). El Responsable de Almacenes, está prohibido de:

a) Mantener bienes en almacenes sin haber regularizado su ingreso;
b) Entregar bienes sin documento de autorización emitido por la instancia competente;
c) Entregar bienes en calidad de préstamo;
d) Usar o consumir los bienes para beneficio particular o privado.

CAPÍTULO III.
ADMINISTRACIÓN DE ACTIVOS FIJOS MUEBLES

Artículo 141.- (CONCEPTO). La administración de activos fijos muebles, es la función administrativa que comprende actividades y procedimientos relativos al ingreso, asignación, mantenimiento, salvaguarda, registro y control de bienes de uso de las entidades públicas.

Artículo 142.- (OBJETIVO). Tiene por objetivo lograr la racionalidad en la distribución, uso y conservación de los activos fijos muebles de las entidades públicas.

Artículo 143.- (ALCANCE). Las disposiciones contenidas en este Capítulo, se aplicarán a todos los activos fijos muebles de propiedad de la entidad y los que estén a su cargo o custodia.

Artículo 144.- (ORGANIZACIÓN PARA LA ADMINISTRACIÓN DE ACTIVOS FIJOS MUEBLES). I. Las entidades crearán una unidad especializada en la administración de activos fijos, si la magnitud de éstos lo amerita. En caso de no existir una unidad especializada, se debe asignar la función a un servidor público determinado.

II. La organización de las actividades de activos fijos muebles estará basada en las características de las operaciones de distribución, salvaguarda, mantenimiento y control.

III. En caso necesario, se utilizarán depósitos y bodegas, bajo responsabilidad de la unidad o el servidor público responsable de activos fijos.

IV. Las bodegas y depósitos deberán tener las condiciones indispensables que faciliten el movimiento de los bienes y garanticen su seguridad.

V. En cada entidad, la Unidad Administrativa desarrollará procedimientos y/o instructivos relativos a la administración de activos fijos muebles.

Artículo 145.- (RECEPCIÓN). I. La recepción de estos bienes para su incorporación al activo fijo de la entidad, será realizada por la Unidad o Responsable de Activos Fijos, aplicándose de manera similar las normas sobre recepción de bienes a almacenes, reguladas en los Artículos 126 y 127 de las presentes NB-SABS.

II. La recepción de bienes a cargo de la entidad o bajo su custodia, debe estar respaldada por los documentos de asignación, préstamo de uso, alquiler o arrendamiento u otros.

Artículo 146.- (ASIGNACIÓN DE ACTIVOS FIJOS MUEBLES). I. La asignación de activos fijos muebles es el acto administrativo mediante el cual se entrega a un servidor público un activo o conjunto de éstos, generando la consiguiente responsabilidad sobre su debido uso y custodia.

II. La entrega de activos fijos muebles a los servidores públicos sólo podrá ser realizada por la Unidad o Responsable de Activos Fijos, la misma que procederá cuando exista orden documentada y autorizada por instancia competente establecida en el RE-SABS.

Artículo 147.- (DOCUMENTO DE ENTREGA). I. La constancia de entrega de un bien se realizará en forma escrita, en la que el servidor público receptor exprese su conformidad mediante firma.

II. La Unidad o Responsable de Activos Fijos, debe mantener registros actualizados de los documentos de entrega y devolución de activos.

Artículo 148.- (LIBERACIÓN DE LA RESPONSABILIDAD). I. Para ser liberado de la responsabilidad, el servidor público deberá devolver a la Unidad o Responsable de Activos Fijos, el o los bienes que estaban a su cargo, debiendo recabar la conformidad escrita de esta Unidad o Responsable. Mientras no lo haga, estará sujeto al régimen de Responsabilidad por la Función Pública establecida en la Ley N° 1178 y sus reglamentos.

II. El servidor público mientras se encuentre en instalaciones de la entidad pública prestando servicios, será responsable por el debido uso y custodia de los bienes a su cargo.

III. La Unidad Administrativa es responsable de ejecutar las acciones necesarias para proporcionar los mecanismos idóneos para asegurar la custodia de los bienes asignados a los servidores públicos.

Artículo 149.- (CODIFICACIÓN). I. Para controlar la distribución de los bienes la Unidad o Responsable de Activos Fijos adoptará sistemas de identificación interna, mediante códigos, claves o símbolos que:

a) Permitan la identificación, ubicación y el destino del bien;
b) Discriminen claramente un bien de otro;
c) Diferencien una unidad de las partes que la componen;
d) Sea compatible con el sistema contable vigente en la entidad;
e) Faciliten el recuento físico.

II. La codificación de activos fijos muebles, debe basarse en normas nacionales y en ausencia de éstas en normas internacionales.

Artículo 150.- (INCORPORACIONES AL REGISTRO DE ACTIVOS FIJOS MUEBLES). La incorporación de bienes muebles al activo fijo de la entidad, consiste en su registro físico y contable. Se producirá después de haber sido recepcionados por el Responsable de Activos Fijos, por el Responsable de Recepción o por la Comisión de Recepción.

Artículo 151.- (REGISTRO DE ACTIVOS FIJOS MUEBLES). La Unidad o Responsable de Activos Fijos, debe crear y mantener actualizado un registro de todos y cada uno de los activos fijos muebles de propiedad, a cargo o en custodia de la entidad. Este registro debe considerar como mínimo:

a) La existencia física debidamente identificada, codificada y clasificada;
b) La documentación que respalda su propiedad o tenencia;
c) La identificación del servidor público y la unidad de la entidad a los que está asignado;
d) El valor del bien, depreciaciones y revalorizaciones;
e) Reparaciones, mantenimientos, seguros y otros;
f) La disposición temporal;
g) La disposición definitiva y baja de acuerdo al Subsistema de Disposición de Bienes.

Artículo 152.- (REGISTRO DEL DERECHO PROPIETARIO). I. Los activos fijos muebles como los vehículos y otros motorizados deben registrar su derecho propietario a nombre de la entidad en las instancias correspondientes, labor que estará a cargo de la Unidad Administrativa de cada entidad en coordinación con la Unidad Jurídica o el Asesor Legal.

II. La Unidad o Responsable de Activos Fijos, deberá efectuar seguimiento y control sobre el saneamiento de la documentación legal de los vehículos y motorizados de la entidad informando al Máximo Ejecutivo de la Unidad Administrativa.

Artículo 153.- (MANTENIMIENTO DE ACTIVOS FIJOS MUEBLES). I. El mantenimiento es la función especializada de conservación que se efectúa a los activos para que permanezcan en condiciones de uso.

II. El Máximo Ejecutivo de la Unidad Administrativa debe establecer políticas y procedimientos de mantenimiento para promover el rendimiento efectivo de los bienes en servicio, evitando su deterioro incontrolado, averías u otros resultados indeseables que pongan en riesgo la conservación del bien.

Artículo 154.- (DEMANDA DE SERVICIOS DE MANTENIMIENTO). Los servidores públicos que tienen asignado un bien serán responsables de demandar con la debida anticipación, servicios de mantenimiento preventivo para que éstos sean previstos en el POA de cada entidad.

Artículo 155.- (SALVAGUARDA DE ACTIVOS FIJOS MUEBLES). I. La salvaguarda es la protección de los bienes contra pérdidas, robos, daños y accidentes.

II. El Máximo Ejecutivo de la Unidad Administrativa desarrollará procedimientos y/o instructivos para salvaguardar los activos fijos muebles de la entidad, delegando a la Unidad o Responsable de Activos Fijos la implantación de las medidas de salvaguarda.

III. La Unidad o Responsable de Activos Fijos, en función del valor e importancia de los bienes de la entidad, tiene la obligación de:

a) Solicitar la contratación de seguros para prevenir riesgos de pérdida económica;
b) Fortalecer permanentemente los controles de seguridad física e industrial, para el uso, ingreso o salida de los bienes, dentro o fuera de la entidad, velando además porque éstos no sean movidos internamente, ni retirados sin la autorización y el control correspondiente;
c) Formular y aplicar los reglamentos e instructivos específicos de seguridad física e industrial.

IV. Las actividades y tareas de salvaguarda deben ser incorporadas por la Unidad Administrativa en el POA de cada entidad.

Artículo 156.- (PROHIBICIONES SOBRE EL MANEJO DE ACTIVOS FIJOS MUEBLES). La Unidad o Responsable de Activos Fijos, está prohibido de:

a) Entregar o distribuir bienes sin documento de autorización, emitido por autoridad competente;
b) Aceptar documentos con alteraciones, sin firma, incompletos o sin datos inherentes al bien solicitado;
c) Permitir el uso de bienes para fines distintos a los de la entidad.

Artículo 157.- (PROHIBICIÓN PARA LOS SERVIDORES PUBLICOS SOBRE EL USO DE ACTIVOS FIJOS MUEBLES). I. Los servidores públicos quedan prohibidos de:

a) Usar los bienes para beneficio particular o privado;
b) Permitir el uso para beneficio particular o privado;
c) Prestar o transferir el bien a otro empleado público;
d) Enajenar el bien por cuenta propia;
e) Dañar o alterar sus características físicas o técnicas;
f) Poner en riesgo el bien;
g) Ingresar bienes particulares sin autorización de la Unidad o Responsable de Activos Fijos;
h) Sacar bienes de la entidad sin autorización de la Unidad o Responsable de Activos Fijos;

II. La no observancia a estas prohibiciones generará responsabilidades establecidas en la Ley N° 1178 y sus reglamentos.

CAPÍTULO IV.

ADMINISTRACIÓN DE ACTIVOS FIJOS INMUEBLES

Artículo 158.- (CONCEPTO). La administración de activos fijos inmuebles es la función administrativa que comprende actividades y procedimientos inherentes al uso, conservación, salvaguarda, registro y control de edificaciones, instalaciones y terrenos.

Artículo 159.- (OBJETIVO). La administración de activos fijos inmuebles tiene por objetivo lograr la racionalidad en el uso y conservación de las edificaciones, instalaciones y terrenos de las entidades públicas, preservando su integridad, seguridad y derecho propietario.

Artículo 160.- (ALCANCE). Las disposiciones de este Capítulo se aplicarán a todos los bienes inmuebles de propiedad de la entidad pública y los que están a su cargo o custodia.

Artículo 161.- (ORGANIZACIÓN PARA LA ADMINISTRACIÓN DE ACTIVOS FIJOS INMUEBLES). I. El Máximo Ejecutivo de la Unidad Administrativa, delegará la administración de bienes inmuebles a la Unidad de Activos Fijos. En caso de no existir ésta, la función será asignada a un servidor público determinado.

II. La Unidad o Responsable de Activos Fijos, debe cumplir y hacer cumplir las disposiciones establecidas para el efecto.

III. La organización de las actividades de activos fijos inmuebles estará basada en las características de las operaciones de mantenimiento, salvaguarda y control de estos bienes.

IV. Las entidades públicas desarrollarán procedimientos y/o instructivos para la administración de activos fijos inmuebles.

Artículo 162.- (RECEPCIÓN DE INMUEBLES). I. La recepción de inmuebles para su incorporación al activo fijo será realizada por la Comisión de Recepción, que deberá estar conformada por servidores públicos de la entidad técnicamente calificados, que deberán ser designados por la MAE o el servidor público delegado por ésta.

II. Se realizará la recepción provisional en forma obligatoria, en la misma que deberá verificarse e inventariar las instalaciones y ambientes que formen parte del inmueble, además de exigir toda la documentación técnica y legal del mismo.

III. Desde la recepción provisional hasta la recepción definitiva, se evaluarán las condiciones técnicas del inmueble, debiendo además ejercitarse las garantías de evicción y vicios, de acuerdo a Ley.

IV. La recepción de un inmueble será definitiva cuando la Comisión de Recepción levante un acta en el que exprese su conformidad y sirva de recibo a quién entregó el bien.

Artículo 163.- (INCORPORACIÓN AL REGISTRO DE ACTIVOS FIJOS INMUEBLES). La incorporación de bienes inmuebles al activo fijo de la entidad consiste en su registro físico y contable, acompañado de la documentación técnico - legal de los mismos. Se producirá después de haber sido recibido en forma definitiva por la Comisión de Recepción.

Artículo 164.- (REGISTRO DEL DERECHO PROPIETARIO). I. Todos los inmuebles que forman parte del patrimonio de la entidad deben estar registrados a su nombre en Derechos Reales y en el Catastro Municipal que corresponda, actividad que estará a cargo de la Unidad Administrativa de cada entidad en coordinación con la Unidad Jurídica o el Asesor Legal.

II. Permanentemente, la Unidad o Responsable de Activos Fijos de la entidad, deberá efectuar seguimiento y control sobre el saneamiento de la documentación técnico legal de los bienes inmuebles, informando al Máximo Ejecutivo de la Unidad Administrativa.

Artículo 165.- (REGISTRO DE ACTIVOS FIJOS INMUEBLES). La Unidad o Responsable de Activos Fijos debe crear y mantener actualizado un registro de todos y cada uno de los bienes inmuebles de propiedad, a cargo o en custodia de la entidad pública.

El registro debe considerar, según corresponda:

a) Características del bien inmueble, consignando superficie, edificaciones, instalaciones, así como la historia de modificaciones, ampliaciones o reducciones que hubiera experimentado;
b) Documentación legal del derecho propietario;
c) Documentación técnica que acredite la situación del terreno, diseños, planos de construcción, planos de instalaciones sanitarias y eléctricas y otros que considere la entidad;
d) Valor del inmueble, depreciaciones y revalorizaciones;
e) Refacciones, mantenimientos, seguros y otros;
f) Disposición temporal;
g) Disposición definitiva y baja, de acuerdo al Subsistema de Disposición de Bienes.

Artículo 166.- (ASIGNACIÓN DE INSTALACIONES Y AMBIENTES). I. Es función de la Unidad Administrativa, la asignación de instalaciones y ambientes a cada unidad de la entidad, así como su acondicionamiento para el cumplimiento de los objetivos de dichas unidades.

II. La asignación estará en función de las demandas y características de la actividad que realiza cada unidad y de la disponibilidad de la entidad, evitando la subutilización del espacio, el hacinamiento, los riesgos por deterioro y los riesgos de accidentes.

III. El Jefe de la Unidad a quien se le asignó el ambiente es el responsable principal por el debido uso de las instalaciones y la preservación de su funcionalidad.

Artículo 167.- (MANTENIMIENTO DE INMUEBLES). El mantenimiento es la función de conservación técnica especializada que se efectúa a los bienes inmuebles para conservar su funcionalidad y preservar su valor, para lo cual:

a) La Unidad Administrativa de cada entidad establecerá medidas para evitar el deterioro de los inmuebles y alteraciones que puedan afectar su funcionalidad, realizando inspecciones periódicas sobre el estado y conservación de los inmuebles;
b) El Máximo Ejecutivo de la Unidad Administrativa en coordinación con los jefes de las unidades que tengan asignadas edificaciones o instalaciones, deben prever en el POA las actividades y tareas necesarias para llevar a cabo el mantenimiento destinado a conservar los bienes en condición de funcionalidad.

Artículo 168.- (SALVAGUARDA). I. La salvaguarda es la protección de los bienes inmuebles contra daños, deterioro y riesgos por la pérdida del derecho propietario, tareas que deben ser previstas por la Unidad Administrativa en el POA de cada entidad.

II. El Máximo Ejecutivo de la Unidad Administrativa tiene la obligación de implantar medidas de salvaguarda, debiendo:
a) Solicitar la contratación de seguros contra incendios, inundaciones, desastres naturales y los que la entidad considere pertinentes;
b) Establecer medidas de vigilancia y seguridad física;
c) Establecer medidas de seguridad industrial;
d) Mantener saneada y resguardada la documentación técnico legal de los bienes inmuebles de la entidad.

Artículo 169.- (INSPECCIONES Y CONTROL FÍSICO DE INMUEBLES). I. Es obligación de la Unidad de Activos Fijos realizar inspecciones periódicas sobre el estado y conservación de los inmuebles.

II. Estas inspecciones deben permitir controlar y precisar la situación real de los inmuebles en un momento dado, y prever las decisiones que se deben tomar en el corto, mediano y largo plazo.

Artículo 170.- (PROHIBICIONES SOBRE EL MANEJO DE ACTIVOS FIJOS INMUEBLES). La Unidad o Responsable de Activos Fijos está prohibido de:
a) Entregar un inmueble a otra entidad sin un documento de arrendamiento u otra forma de disposición señalada en las presentes NB-SABS;
b) Usar los inmuebles para beneficio particular o privado;
c) Permitir el uso del inmueble por terceros;
d) Mantener inmuebles sin darle uso por dos (2) años o más.

TITULO III.

SUBSISTEMA DE DISPOSICIÓN DE BIENES

CAPÍTULO I.

ASPECTOS GENERALES

Artículo 171.- (CONCEPTO). El Subsistema de Disposición de Bienes, es el conjunto interrelacionado de principios, elementos jurídicos, técnicos y administrativos, relativos a la toma de decisiones sobre el destino de los bienes de uso de propiedad de la entidad, cuando éstos no son ni serán utilizados por la entidad pública.

Artículo 172.- (OBJETIVOS). El Subsistema de Disposición de Bienes tiene los siguientes objetivos:
a) Recuperar total o parcialmente la inversión;
b) Evitar gastos innecesarios de almacenamiento, custodia o salvaguarda;
c) Evitar la acumulación de bienes sin uso por tiempo indefinido;
d) Evitar la contaminación ambiental.

Artículo 173.- (RESPONSABILIDAD POR LA DISPOSICIÓN DE BIENES). I. La MAE de la entidad es responsable, en el marco de lo establecido en la Ley N° 1178, sus reglamentos y las presentes NB-SABS, por la disposición de bienes y sus resultados.

II. El Máximo Ejecutivo de la Unidad Administrativa y los servidores públicos involucrados o designados, son responsables por el cumplimiento de la normativa que regula el proceso de disposición de bienes y sus resultados; por el desempeño de las obligaciones, deberes y funciones que les sean asignados, como por los informes que elaboren y actos en los que participen, conforme a la Ley N° 1178 y sus reglamentos.

III. La Unidad Jurídica o el Asesor Legal de la entidad pública o asesores legales externos contratados que intervengan en el proceso de disposición de bienes, serán responsables por el asesoramiento legal en la materia y por los resultados de sus actos conforme a la Ley N° 1178 y sus reglamentos.

IV. Los consultores individuales o empresas privadas contratadas para realizar servicios de análisis de factibilidad y/o avalúos, serán responsables de acuerdo con lo dispuesto en la Ley N° 1178 y sus reglamentos.

Artículo 174.- (ALCANCE). I. Las presentes NBSABS se aplicarán para la disposición de bienes de uso de propiedad de las entidades públicas.

II. La disposición de bienes de uso de propiedad de las entidades públicas que se transfieran al Tesoro General de la Nación y se encuentren bajo responsabilidad del SENAPE, deberá regirse por las presentes NB-SABS siempre y cuando la disposición legal que dispone la transferencia no establezca destino específico.

Artículo 175.- (EXCEPCIONES). Se encuentran fuera del alcance de las presentes NB-SABS:

a) Los bienes de dominio público;
b) Los bienes de dominio público y patrimonio institucional, regulados en el Artículo 86 de la Ley N° 2028, de 28 de octubre de 1999, de Municipalidades;
c) Los bienes destinados a la prestación de un servicio público;
d) El material bélico de las Fuerzas Armadas;
e) Los bienes declarados patrimonio histórico y cultural;
f) Los bienes adquiridos por el Estado para cumplir actividades específicas de inversión financiera y estratégica a cargo del Fondo de Desarrollo del Sistema Financiero y de Apoyo al Sector Productivo – FONDESIF, cuya disposición estará sujeta a reglamentación especial, aprobada por el Órgano Rector, en función de los objetivos institucionales.

Artículo 176.- (INCLUSIÓN EN EL PROGRAMA DE OPERACIONES). I. La disposición de bienes de uso de propiedad de las entidades públicas, así como las actividades y tareas inherentes a su cumplimiento, deben estar incluidas en el POA y en el presupuesto de la entidad.

II. La disposición de bienes que no esté incluida en el POA y deba ser ejecutada durante esa gestión, requerirá de una reprogramación del mismo.

Artículo 177.- (TIPOS Y MODALIDADES DE DISPOSICIÓN). La disposición de bienes es de dos tipos: temporal y definitiva, contando cada una con diferentes modalidades.

Los tipos de disposición son procesos de carácter técnico y legal que comprenden procedimientos con características propias, según la naturaleza de cada una de ellas y son las siguientes:

a) Disposición Temporal. Cuando la entidad determine la existencia de bienes que no serán utilizados de manera inmediata o directa, podrá disponer del uso temporal de estos bienes por terceros, sean públicos o privados, sin afectar su derecho propietario y por tiempo definido.

Dentro de este tipo de disposición se tienen las siguientes modalidades:

i. Arrendamiento;
ii. Préstamo de Uso o Comodato.

b) Disposición Definitiva. Cuando la entidad determine la existencia de bienes que no son ni serán útiles y necesarios para sus fines, dispondrá de éstos afectando su derecho propietario.

Dentro de este tipo de disposición se tienen las siguientes modalidades:

i. Enajenación;
ii. Permuta.

Artículo 178.- (FUNCIONES DEL MÁXIMO EJECUTIVO DE LA UNIDAD ADMINISTRATIVA). Son funciones del Máximo Ejecutivo de la Unidad Administrativa las siguientes:

a) Identificar los bienes a ser dispuestos, verificando la información sobre los mismos, contenida en los registros que lleva la entidad;

b) Realizar el análisis de factibilidad legal y conveniencia administrativa, tomando en cuenta la situación legal y condición actual de los bienes;

c) Determinar la modalidad de disposición a utilizarse de todos y cada uno de los bienes;

d) Determinar el precio base de los bienes a disponer en función al Artículo 182 de las presentes NB-SABS;

e) Elaborar el Informe de Recomendación.

Artículo 179.- (IDENTIFICACIÓN DE BIENES A SER DISPUESTOS). I. Para la identificación de los bienes a ser dispuestos, anualmente el Máximo Ejecutivo de la Unidad Administrativa realizará una consulta interna a todos los Jefes de Unidad con el propósito de identificar los bienes que no son ni serán utilizados en la entidad.

Las entidades que prevean su reducción o división, deberán identificar los bienes a disponer.

Para la disposición de los bienes que sean producto de donaciones de otras entidades o instituciones, se deberán utilizar las presentes NB-SABS, si el Convenio no dispone lo contrario.

Los bienes identificados para disponer estarán bajo responsabilidad de la Unidad Administrativa.

II. Para la identificación de bienes a disponer se considerará la existencia de:

a) Bienes en desuso, que permitirá identificar aquellos bienes en funcionamiento, que ya no son usados por la entidad;

b) Bienes que no están siendo usados, por ser inservibles;

c) Partes, componentes y accesorios correspondientes a bienes que ya fueron dados de baja, que permitirá establecer si estos bienes son o no aprovechables para los fines de la entidad.

III. Se conformarán lotes de bienes, para evitar duplicar esfuerzos orientados a la disposición de los bienes.

Artículo 180.- (CONVENIENCIA ADMINISTRATIVA Y FACTIBILIDAD LEGAL). I. El análisis de conveniencia administrativa deberá considerar:

a) La no utilización del bien;

b) Las condiciones actuales de los mismos;

c) Las posibilidades de utilización del bien en un corto, mediano o largo plazo;

d) Vida útil, que identifica a los bienes que hayan cumplido el período de vida útil estimada y su sustitución sea recomendable.

II. El análisis de factibilidad legal deberá contener como mínimo:

a) Identificación y ubicación del bien;

b) Condición actual;

c) Antecedentes de su adquisición;

d) Documentos que acrediten la propiedad del o los bienes sujetos a registro;

e) Gravámenes y obligaciones financieras pendientes.

Artículo 181.- (DETERMINACIÓN DE LA MODALIDAD DE DISPOSICIÓN). Realizados los análisis de conveniencia administrativa y de factibilidad legal, el Máximo Ejecutivo de la Unidad Administrativa procederá a determinar la modalidad de disposición de los bienes, en función de las modalidades establecidas para el efecto.

Artículo 182.- (PRECIO BASE DE LOS BIENES A DISPONER). La determinación del precio base de los bienes a disponer, estará en función de las características del bien, estado actual, ubicación, valor actualizado en libros, precios vigentes en el mercado y otros, previa valoración pericial, considerando lo siguiente:

a) En la disposición temporal, para la modalidad de arrendamiento, se determinará el precio base de arrendamiento de los bienes, actualizados a precio de mercado;

b) En la disposición definitiva, se determinará el precio base para su enajenación o permuta, debiendo proceder al avalúo actualizado de los bienes a los precios de mercado.

Artículo 183.- (INFORME DE RECOMENDACIÓN DE DISPOSICIÓN). El informe de recomendación de disposición será elaborado por el Máximo Ejecutivo de la Unidad Administrativa, conteniendo como mínimo, lo siguiente:

a) Relación y tipo de bienes;
b) Análisis de conveniencia administrativa y factibilidad legal;
c) Recomendación de la modalidad a utilizarse;
d) Precio base de los bienes a disponer;
e) Documentación de respaldo de los bienes a ser dispuestos.

Artículo 184.- (PARTICIPACIÓN DE SERVIDORES PÚBLICOS Y/O CONSULTORES). I. Para el análisis de conveniencia administrativa, factibilidad legal y/o determinación del precio base de los bienes a disponer, el Máximo Ejecutivo de la Unidad Administrativa podrá requerir a la MAE el concurso de los servidores públicos que considere necesarios.

II. Si la entidad no cuenta con personal capacitado para el análisis de factibilidad legal y/o avalúos, la entidad podrá contratar, de acuerdo a las modalidades previstas en el Subsistema de Contratación, los servicios de consultores individuales o empresas privadas.

Artículo 185.- (APROBACIÓN SOBRE LA DISPOSICIÓN DE BIENES). I. La MAE, previa revisión y análisis del Informe de Recomendación para la Disposición de Bienes lo aprobará, instruyendo se incluya la disposición en el POA de la entidad, salvo cuando la disposición se deba realizar bajo la Modalidad de Préstamo de Uso o Comodato que será excepcional.

II. En caso de objeción al informe de recomendación, la MAE podrá instruir la contratación de los servicios de un consultor externo que realice una revisión general del informe y emita una opinión que le permita confirmar, modificar o rechazar el mismo.

La divergencia puede darse sobre uno, varios o la totalidad de los bienes a ser dispuestos.

III. Si la MAE aprueba la disposición de bienes bajo modalidades distintas a las recomendadas por el Máximo Ejecutivo de la Unidad Administrativa, deberá justificar su decisión.

Artículo 186.- (RESOLUCIÓN SOBRE DISPOSICIÓN DE BIENES). I. Una vez aprobado el POA, la MAE emitirá la Resolución sobre Disposición de Bienes, instruyendo se continúe con los procedimientos regulados en las presentes NB-SABS.

II. La Resolución sobre Disposición de Bienes debe contener el máximo detalle sobre los antecedentes, los propósitos y las condiciones relativas al bien o bienes a ser dispuestos, debiendo adjuntarse a ésta los informes y toda la documentación relacionada al proceso.

Artículo 187.- (REGISTROS E INFORMES). I. Para los bienes dispuestos en forma temporal, el Máximo Ejecutivo de la Unidad Administrativa instruirá se adicione la información y documentación necesaria a los registros de activos fijos de la entidad, que permitan efectuar el control y seguimiento sobre los mismos.

En los casos de disposición definitiva, los registros de bienes de la entidad deberán consignar la información y documentación que respalda la modalidad utilizada.

II. En un plazo no mayor a diez (10) días hábiles después de haber concluido el proceso de disposición definitiva de bienes, la entidad debe enviar:

a) Un ejemplar de toda la documentación al área contable de la entidad, para la baja correspondiente;

b) Nota al SENAPE, informando sobre la disposición de inmuebles, vehículos, maquinaria y equipo;

c) Informe a la Contraloría General del Estado, sobre la disposición de bienes ejecutada.

Artículo 188.- (DISPOSICIÓN DE BIENES DE ENTIDADES EN DISOLUCIÓN). Cuando se disponga mediante norma expresa la disolución de una entidad, la misma deberá previo a su cierre, transferir sus activos al Tesoro General de la Nación, salvo lo que disponga la norma de disolución, debiendo contar para el efecto con toda la documentación legal debidamente saneada.

CAPÍTULO II.
DISPOSICIÓN TEMPORAL DE BIENES

SECCIÓN I.
ARRENDAMIENTO

Artículo 189.- (CONCEPTO). El arrendamiento o alquiler es la modalidad por la cual la entidad pública concede el uso y goce temporal de un bien o grupo de bienes a una persona natural o jurídica a cambio de una contraprestación económica, con la obligación de restituirlos a la entidad pública en el mismo estado.

Artículo 190.- (ALCANCE). El arrendamiento podrá aplicarse únicamente a los bienes de uso de propiedad de la entidad. No deberán arrendarse inmuebles para ser utilizados como vivienda.

Artículo 191.- (CAUSALES). Los bienes de uso se arrendarán cuando se prevea que el bien no será utilizado por la entidad en un período de tiempo determinado.

Artículo 192.- (CONDICIONES DE ARRENDAMIENTO). I. El arrendamiento tiene las siguientes condiciones:

a) El arrendatario asumirá la responsabilidad por el buen uso, salvaguarda, mantenimiento, preservación y devolución del bien;

b) En caso de evidenciarse daño en el bien arrendado, el arrendatario debe resarcir el mismo, devolviendo el bien en las mismas condiciones en que le fuera entregado;

c) El arrendatario está prohibido de conceder a un tercero el uso de ese bien;

d) De manera previa a la publicación de la convocatoria, la entidad elaborará el documento de Condiciones de Arrendamiento, que incluirá mínimamente:

i. Objeto;
ii. Plazo;
iii. Obligaciones del arrendatario;
iv. Garantías;
v. Precio base, determinado de acuerdo al Artículo 182 de las presentes NB-SABS;
vi. Condiciones de pago;
vii. Estado actual del bien;
viii. Condiciones de conservación y salvaguarda.

e) En todos los casos se deberá firmar un contrato de arrendamiento.

II. Publicada la convocatoria, una copia de las condiciones de arrendamiento será entregada a todos los interesados en arrendar el o los bienes.

Artículo 193.- (CONVOCATORIA). I. La convocatoria debe contener como mínimo la siguiente información:

a) Descripción del bien a arrendar;

b) Dirección, fecha y horario donde puedan verse los bienes;

c) Dirección, fecha y horario donde se pueden recabar las Condiciones de Arrendamiento;

d) Monto y plazo de garantía de seriedad de propuesta, determinada por la entidad;

e) Fecha, hora y lugar de presentación de propuestas y apertura de las mismas.

II. Para el arrendamiento de bienes muebles e inmuebles, la entidad publicará una convocatoria en el SICOES y la Mesa de Partes, con una anticipación de por lo menos diez (10) días hábiles antes de la fecha de cierre de presentación de propuestas.

Opcionalmente, para mayor transparencia, la entidad podrá publicar la convocatoria en un medio de circulación nacional, diarios locales u otro tipo de medios de comunicación que permitan la difusión de la convocatoria.

Artículo 194.- (PRESENTACIÓN DE PROPUESTAS). Los interesados en arrendar bienes deberán presentar sus propuestas en sobre cerrado, hasta la fecha y hora indicadas en la convocatoria, conteniendo:

a) Personas naturales o jurídicas privadas:

i. Identificación del proponente;

ii. Fotocopia de cedula de identidad o fotocopia del registro de matrícula vigente otorgada por FUNDEMPRESA, según corresponda;

iii. Garantía de seriedad de propuesta;

iv. Identificación del bien o bienes que desea arrendar;

v. Propuesta económica.

b) Entidades públicas:

i. Identificación de la entidad;

ii. Certificación presupuestaria que comprenda la partida presupuestaria y existencia de fondos;

iii. Identificación del bien o bienes que desea arrendar;

iv. Propuesta económica.

Artículo 195.- (APERTURA Y ADJUDICACIÓN DE PROPUESTAS). I. El Máximo Ejecutivo de la Unidad Administrativa y el Asesor Legal de la entidad o uno contratado por ésta, realizarán la apertura de propuestas en acto público, en la fecha y hora señaladas en la convocatoria, con el número de ofertas que se presenten.

II. Al tratarse de un contrato de adhesión, el bien será dado en arrendamiento a la mejor propuesta económica, siempre que sea mayor o por lo menos igual al precio base fijado por la entidad.

Si se presenta coincidencia entre dos o más interesados cuya oferta sea igual o mayor al precio base, se procederá a la puja abierta, adjudicándose al mejor postor. Si uno de estos oferentes fuese una entidad pública, su propuesta será aceptada con prioridad a otros proponentes.

III. Si las propuestas presentadas no alcanzan al precio base, se revisará el mismo, procediendo a realizar una nueva convocatoria.

IV. En todos los casos se levantará un acta de la sesión, la misma que será suscrita por los interesados, proporcionándoles una copia al finalizar el acto público.

Artículo 196.- (SUSCRIPCIÓN DEL CONTRATO Y ENTREGA DEL BIEN). I. El arrendamiento se perfeccionará con la firma del contrato por la MAE de la entidad y el arrendatario.

II. El contrato de arrendamiento seguirá las formalidades de ley, considerando mínimamente las siguientes cláusulas:

a) Partes;

b) Objeto y causa;

c) Obligaciones de las partes;

d) Plazo;

e) Garantías;

f) Precio base, determinado de acuerdo al Artículo 182 de las presentes NB-SABS;

g) Condiciones de pago;

h) Reajuste de alquileres;

i) Estado actual del bien;

j) Condiciones de mantenimiento, conservación y salvaguarda;

k) Causales de resolución;

l) Consentimiento de las partes.

III. Para la suscripción del contrato, el proponente adjudicado deberá presentar fotocopia legalizada de cedula de identidad o del registro de matrícula vigente otorgada por FUNDEMPRESA, según corresponda.

IV. La entrega de los bienes se realizará mediante acta que certifique su descripción física, cantidad, estado y valor, la misma que será firmada por el Máximo Ejecutivo de la Unidad Administrativa de la entidad y el arrendatario.

Artículo 197.- (NOTA FISCAL O RECIBO DE ALQUILER). Las entidades públicas que arrienden bienes deben extender nota fiscal o recibo de alquiler, de acuerdo a la normativa vigente que rige la materia.

SECCIÓN II.
PRESTAMO DE USO O COMODATO

Artículo 198.- (CONCEPTO). El préstamo de uso o comodato es la modalidad mediante la cual una entidad pública concede el derecho de uso de un bien o grupo de bienes, en forma gratuita a requerimiento de otra entidad pública, con la obligación de restituirlos en las mismas condiciones, cumplidos el término y plazo establecidos.

Artículo 199.- (ALCANCE). El préstamo de uso podrá aplicarse únicamente a los bienes de uso de propiedad de la entidad.

Artículo 200.- (CAUSALES). El préstamo de uso procederá excepcionalmente, cuando exista requerimiento justificado de otra entidad pública y se establezca que la entidad propietaria del bien:

a) No tenga necesidad de hacer uso del bien por un período determinado de tiempo;

b) Evite gastos innecesarios de almacenamiento, mantenimiento, custodia o salvaguarda.

Artículo 201.- (CONDICIONES). El préstamo de uso tiene las siguientes condiciones:

a) Se efectuará por tiempo definido, que no podrá ser mayor a tres (3) años;

b) La entidad pública prestataria o beneficiaria asumirá la responsabilidad por el buen uso, salvaguarda, mantenimiento, preservación y devolución del bien;

c) En caso de evidenciarse daño en el bien dado en préstamo, la entidad beneficiaria debe resarcir el mismo, devolviendo el bien en las mismas condiciones en que le fuera entregado;

d) La entidad pública que se beneficie de un bien bajo la Modalidad de Préstamo de Uso, está prohibida de conceder a un tercero el uso de ese bien;

e) En todos los casos se deberá firmar un contrato de préstamo de uso.

Artículo 202. (CONTRATO). I. La entidad elaborará el contrato siguiendo las formalidades de ley, conforme a la naturaleza del o los bienes, debiendo básicamente insertar las siguientes cláusulas contractuales:

a) Partes;
b) Objeto y causa;
c) Obligaciones de las partes;
d) Gastos;
e) Uso, mejoras, mantenimiento, deterioros y custodia;
f) Seguros y/o indemnización por daños y perjuicios en caso de robo, pérdida, y otros daños;
g) Plazo de devolución del bien;
h) Causales de resolución del contrato;
i) Consentimiento de las partes.

II. El préstamo de uso se perfeccionará con la firma del contrato por las Máximas Autoridades Ejecutivas de ambas entidades públicas.

Artículo 203.- (ENTREGA DEL BIEN). La entrega será realizada mediante acta que certifique la descripción física de los bienes, la cantidad y estado. Este documento será firmado por los Máximos Ejecutivos de las Unidades Administrativas de la entidad que los entrega y de la que los recibe.

CAPÍTULO III.
DISPOSICIÓN DEFINITIVA DE BIENES

SECCIÓN I.
ENAJENACIÓN

Artículo 204.- (CONCEPTO). La enajenación es la transferencia definitiva del derecho propietario de un bien a otra persona natural o jurídica.

Artículo 205.- (ALCANCE). Podrán enajenarse los bienes de uso de propiedad de la entidad pública.

La enajenación de bienes inmuebles de entidades públicas deberá sujetarse a lo establecido en la Constitución Política del Estado.

Artículo 206.- (CAUSAL). La enajenación procederá cuando el bien es innecesario para el cumplimiento de las funciones de la entidad y no esté previsto su uso en el futuro.

Artículo 207.- (FORMAS DE ENAJENACIÓN). La enajenación podrá ser:

a) A título gratuito, mediante:
   i. Transferencia gratuita entre entidades públicas;
   ii. Donación.
b) A título oneroso, mediante:
   i. Transferencia onerosa entre entidades públicas;
   ii. Remate.

SECCIÓN II.
ENAJENACIÓN A TÍTULO GRATUITO

Artículo 208.- (CONCEPTO). La enajenación a título gratuito es la cesión definitiva del derecho propietario de un bien, sin recibir una contraprestación económica a cambio del mismo.

La enajenación a título gratuito podrá darse mediante transferencia gratuita entre entidades públicas o donación.

Artículo 209.- (CAUSAL). Cuando los bienes no sean utilizados por la entidad y su venta no sea factible. La imposibilidad de la venta será determinada mediante informe técnico y legal.

Artículo 210.- (TRANSFERENCIA GRATUITA ENTRE ENTIDADES PÚBLICAS). La transferencia a título gratuito podrá darse solamente entre entidades públicas, consistiendo en el traspaso del derecho propietario de bienes, de una entidad a otra. La transferencia gratuita entre entidades públicas se realizará preferentemente a Municipalidades con Elevados Índices de Pobreza.

Los costos de traslado y transferencia de dichos bienes serán cubiertos por la entidad beneficiaria.

Artículo 211.- (DONACIÓN). La donación es la cesión, sin cargo, del derecho propietario de un bien de uso, que podrá realizar una entidad pública a instituciones o asociaciones privadas sin fines de lucro, que estén legalmente constituidas en el país, siempre que brinden servicios de bienestar social, salud o educación.

Artículo 212.- (CONTRATO). I. La transferencia gratuita entre entidades públicas o donación, se perfeccionará con la firma del contrato entre la MAE y la entidad o institución beneficiaria. Previo a la suscripción del contrato, la entidad o institución beneficiaria deberá efectuar una verificación de las condiciones y el estado de los bienes objeto de la transferencia o donación.

II. El contrato de donación establecerá una cláusula mediante la cual el bien será restituido al donante, si la entidad o institución beneficiaria de la donación no la utiliza en los fines previstos, o cuando se disolviera.

Artículo 213.- (ENTREGA DEL BIEN). La entrega será realizada mediante acta que certifique la relación física de los bienes y la cantidad. Este documento será firmado por el Máximo Ejecutivo de la Unidad Administrativa de la entidad que los entrega y la entidad o institución beneficiaria.

SECCIÓN III.
ENAJENACIÓN A TÍTULO ONEROSO

Artículo 214.- (CONCEPTO). La enajenación a título oneroso es la transferencia definitiva del derecho propietario de un bien de uso de propiedad de la entidad, recibiendo a cambio una contraprestación económica. Podrá darse mediante Transferencia Onerosa entre Entidades Públicas o Remate.

Artículo 215.- (CAUSAL). Cuando se determina que el bien es innecesario en la entidad y es posible recuperar total o parcialmente la inversión efectuada.

Artículo 216.- (TRANSFERENCIA ONEROSA ENTRE ENTIDADES PÚBLICAS). La Transferencia Onerosa procederá cuando el interesado en los bienes sea otra entidad del sector público.

Artículo 217.- (REMATE). I. Remate es la venta de bienes a terceros en acto público, previa publicación de la convocatoria y a favor de la mejor oferta.

II. El remate se realizará a través de:

a) Puja Abierta. Es el acto mediante el cual el interesado ofrece, puja y se compromete públicamente a pagar el precio que ha ofrecido por el bien;

b) Concurso de propuestas. Es el acto mediante el cual el interesado presenta en sobre cerrado su propuesta para adjudicarse el bien.

Artículo 218.- (CONVOCATORIA). I. Decidida la forma del remate, la entidad elaborará una convocatoria que debe contener mínimamente la siguiente información:

a) Nombre de la entidad;
b) Forma del remate;
c) Descripción y precio base de los bienes a ser rematados;
d) Dirección y horario en el que se puede ver el o los bienes;
e) Monto del depósito de seriedad de propuesta;
f) Dirección y horario de consultas;
g) Fecha y hora límite de presentación de propuestas.

II. La entidad publicará la convocatoria en el SICOES y la Mesa de Partes, con una anticipación de por lo menos diez (10) días hábiles antes de la fecha fijada para el acto de remate o para el cierre de presentación de propuestas.

Opcionalmente, para mayor transparencia, la entidad podrá publicar la convocatoria en un medio de circulación nacional, diarios locales u otro tipo de medios de comunicación que permitan la difusión de la convocatoria.

Artículo 219.- (PRECIO BASE DEL BIEN A REMATAR). I. El precio base del bien a rematar es el determinado por el Máximo Ejecutivo de la Unidad Administrativa de acuerdo al Artículo 182 de las presentes NBSABS, y aprobado por la MAE en la Resolución de Disposición de Bienes.

II. Cuando el primer remate de un bien ha sido declarado desierto y se convoque por segunda vez, el nuevo precio base tendrá una rebaja de hasta el diez por ciento (10%).

III. Si en el segundo remate no se presentan proponentes que oferten por lo menos el nuevo precio base, la MAE decidirá:

a) Enajenar los bienes mediante transferencia gratuita entre entidades públicas;

b) Proceder al tercer remate mediante concurso de propuestas sin precio base y al mejor postor, siempre que sea económicamente conveniente para la entidad, guardando el siguiente orden de preferencia cuando exista coincidencia de ofertas:

i. Entidades y organismos del sector público;
ii. Asociaciones sin fines de lucro, que brinden servicios de bienestar social, salud o educación;
iii. Asociaciones o cooperativas de trabajadores legalmente constituidas;
iv. Personas naturales y jurídicas privadas.

Artículo 220.- (DEPÓSITO DE SERIEDAD DE PROPUESTA). I. Los interesados en participar en un remate, necesariamente efectuarán un depósito de seriedad de propuesta, hasta dos (2) horas antes de la hora y fecha establecidas para el remate, el mismo que será fijado por la MAE, pudiendo oscilar entre el cinco por ciento (5%) y diez por ciento (10%) del precio base.

II. Las entidades públicas estarán exentas del depósito de seriedad de propuesta.

III. El depósito de seriedad de propuesta será devuelto a los proponentes no adjudicados, dentro los cinco (5) días hábiles siguientes a la adjudicación del bien.

IV. Para el proponente adjudicado, el depósito de seriedad de propuesta se tomará como adelanto de pago.

Artículo 221.- (ADJUDICACIÓN DEL BIEN REMATADO). Un participante se adjudicará un bien rematado cuando su propuesta haya sido la más alta, o si fuera igual al precio base cuando no existan más interesados.

Tendrá preferencia en la adjudicación la entidad pública dispuesta a pagar el precio base.

Artículo 222.- (ACTA DE REMATE). I. Concluido el remate, el Notario de Fe Pública suscribirá el acta respectiva dando fe de los resultados, con la nómina de los participantes y adjudicatarios si corresponde.

II. En centros urbanos alejados donde no exista Notario de Fe Pública, actuará como éste el Subprefecto o un Corregidor de la Sección Municipal.

Artículo 223.- (CERTIFICACIÓN DE LA ADJUDICACIÓN Y PAGO). I. La entidad entregará al adjudicado, un certificado de su derecho de adjudicación instruyendo la cancelación total del bien en tres (3) días hábiles a partir de la entrega de este documento.

II. Si el adjudicatario no cumple con el pago en el plazo establecido, perderá el derecho de adjudicación, ejecutándose su depósito de seriedad de propuesta a favor de la entidad.

III. La entidad podrá invitar al segundo proponente que hubiera ofertado por lo menos el precio base determinado, a ratificar su oferta para proceder a su adjudicación.

IV. Si existiese negativa del segundo proponente, se declarará desierto el remate, procediéndose con lo establecido en los Parágrafos II y III del Artículo 219 de las presentes NB-SABS.

Artículo 224.- (CONTRATO DE TRANSFERENCIA). I. Cancelado el monto total del bien se formalizará el contrato de transferencia, con la firma de la MAE y el adjudicatario.

II. La entidad entregará a la firma del contrato la totalidad de la documentación de respaldo del bien.

III. La entidad únicamente ofrecerá garantías de evicción.

Artículo 225.- (ENTREGA DEL BIEN). La entrega será realizada mediante acta que certifique la relación física de los bienes, la cantidad y valor. Este documento será firmado por el Máximo Ejecutivo de la Unidad Administrativa de la entidad que los entrega y el adjudicatario.

Artículo 226.- (DECLARACIÓN DE REMATE DESIERTO). Un remate será declarado desierto cuando:

a) No hubiese por lo menos un interesado en el bien subastado;
b) Las ofertas no alcancen al menos el precio base, salvo en el remate sin precio base.

Artículo 227.- (NUEVO REMATE). I. Declarado desierto el primer remate, la MAE señalará nuevo día y hora para el segundo o tercer remate, si es el caso, en un plazo máximo de quince (15) días calendario respectivamente.

II. Las nuevas convocatorias se publicarán en el SICOES, la Mesa de Partes y opcionalmente en un medio de prensa escrita de circulación nacional, con cinco (5) días de anticipación a la fecha fijada para el remate.

SECCIÓN IV.
PERMUTA

Artículo 228.- (CONCEPTO). Permuta es una modalidad de disposición, mediante la cual dos entidades públicas se transfieren recíprocamente el derecho propietario de bienes de mutuo interés.

Artículo 229.- (ALCANCE). La permuta podrá realizarse únicamente entre bienes de uso de propiedad de las entidades.

Artículo 230.- (CONDICIONES). En la permuta debe buscarse la proporcionalidad en el valor de los bienes a ser permutados. Si ésta no fuese posible, podrá aceptarse la cancelación en efectivo de la diferencia del valor permutado.

Los gastos de la permuta estarán a cargo de los contratantes por partes iguales.

Artículo 231.- (PROCEDIMIENTO). I. La entidad publicará la convocatoria en el SICOES y la Mesa de Partes. Adicionalmente, la entidad podrá publicar la convocatoria en un medio de prensa escrita de circulación nacional o invitar directamente a entidades públicas a presentar manifestaciones de interés, detallando la relación de bienes a permutar que ofrece y demanda, e indicando el horario de consultas.

II. Una vez recibidas las manifestaciones de interés, la MAE y el Máximo Ejecutivo de la Unidad Administrativa evaluarán las ofertas, decidiendo por la más conveniente.

Artículo 232.- (CONTRATO). I. Las entidades que permuten bienes, firmarán un contrato en el cual se estipule básicamente:

a) Partes;
b) Objeto y causa;
c) Obligaciones de las partes;
d) Especificaciones de los bienes a permutar;
e) Forma y condiciones de entrega;
f) Gastos;
g) Consentimiento de las partes.

II. El contrato será firmado por las Máximas Autoridades Ejecutivas de las entidades públicas que permutan los bienes.

Artículo 233.- (ENTREGA DE BIENES).

Los bienes permutados se entregarán mediante acta que certifique la relación física, la cantidad, estado y valor, la misma que deberá ser firmada por los Máximos Ejecutivos de las Unidades Administrativas de cada entidad.

CAPÍTULO IV.
BAJA DE BIENES

Artículo 234.- (CONCEPTO). La baja de bienes consiste en la exclusión de un bien en forma física y de los registros contables de la entidad; no es una modalidad de disposición.

Artículo 235.- (CAUSALES). La baja de bienes procederá conforme las siguientes causales:

a) Disposición definitiva de bienes;
b) Hurto, robo o pérdida fortuita;
c) Mermas;
d) Vencimientos, descomposiciones, alteraciones o deterioros;
e) Inutilización;
f) Obsolescencia;

g) Desmantelamiento total o parcial de edificaciones, excepto el terreno que no será dado de baja;

h) Siniestros.

Artículo 236.- (PROCEDIMIENTO). I. Las entidades desarrollarán procedimientos e instructivos para la baja de bienes.

II. La baja por disposición definitiva de bienes procederá concluido el proceso de disposición, de acuerdo a lo establecido en el inciso a) del Parágrafo II del Artículo 187 de las presentes NB-SABS.

III. La baja por las causales descritas en los incisos b), c), g) y h) del Artículo 235 de las presentes NB-SABS procederá en base a los informes de los responsables del bien y las actas de verificación respectivas que se levantarán consignando el bien, cantidad, valor y otra información que se considere importante.

IV. Los bienes dados de baja por las causales descritas en los incisos e) y f) del Artículo 235 de las presentes NB-SABS, deberá considerar la recuperación de las partes, accesorios y componentes que sean útiles para la entidad y/o que signifique retorno económico.

V. Cuando se produzca la baja de bienes de características especiales como los alimentos, medicamentos y/o reactivos de laboratorio por las causales descritas en el inciso d) del Artículo 235 de las presentes NB-SABS, el Máximo Ejecutivo de la Unidad Administrativa deberá instruir y verificar la destrucción y/o incineración de los mismos.

DISPOSICIONES ADICIONALES

DISPOSICIÓN ADICIONAL PRIMERA.- La reglamentación de las presentes NBSABS será establecida por el Ministerio de Economía y Finanzas Publicas en su calidad de Órgano Rector, que será de cumplimiento obligatorio.

DISPOSICIÓN ADICIONAL SEGUNDA.- La nómina de Municipios con Elevados Índices de Pobreza será publicada por el Órgano Rector en el SICOES, en el plazo máximo de treinta (30) días calendario, computables a partir de la publicación de las presentes NB-SABS.

DISPOSICIÓN ADICIONAL TERCERA.- El Órgano Rector efectuará la compatibilización de Reglamentos Específicos elaborados únicamente en el marco de las presentes NB-SABS.

DISPOSICIÓN ADICIONAL CUARTA.- El Órgano Rector en coordinación, con la instancia correspondiente, establecerá la utilización de textos únicos y uniformes de pólizas de garantía para las contrataciones estatales.

DISPOSICIÓN ADICIONAL QUINTA.- Las entidades públicas quedan prohibidas de llevar adelante procesos de contratación para la adquisición de bienes muebles a medio uso, exceptuando lo dispuesto en las presentes NB-SABS.

DISPOSICIÓN ADICIONAL SEXTA.- Las Prefecturas Departamentales en el marco de la modernización del Estado y la política de austeridad, deberá generar los mecanismos necesarios para que los requisitos, plazos, procedimientos y aranceles para la protocolización de los contratos administrativos en las Notarías de Gobierno sean simplificados, ajustados y estandarizados.

DISPOSICIÓN ADICIONAL SÉPTIMA.- El Ministerio de Desarrollo Productivo y Economía Plural, en el plazo de ciento veinte (120) días calendario, computables a partir de la publicación de las presentes NB-SABS, implementará los mecanismos necesarios de registro y acreditación de las Micro y Pequeñas Empresas, Asociaciones de Pequeños Productores Urbanos y Rurales, Organizaciones Económicas Campesinas – OECAS y otras de características similares, que permita su participación en los procesos de contratación establecidos en las presentes NB-SABS.

DISPOSICIÓN ADICIONAL OCTAVA.- El Ministerio de Desarrollo Productivo y Economía Plural, en el plazo de ciento veinte (120) días calendario, computables a partir de la publicación de las presentes NB-SABS, implementará los mecanismos necesarios para la Certificación del Costo Bruto de Producción y Certificación de Bienes Producidos en el País Independientemente del Origen de los Insumos. Esto no implicará recursos adicionales para el Tesoro General de la Nación.

DISPOSICIÓN ADICIONAL NOVENA.- Los imperativos para la conducta ética del servidor público que interviene en la contratación de Bienes y Servicios del Estado, constituye un Código de Ética de carácter transversal en los procesos de contratación, para su aplicación en todas las entidades públicas según el texto que se incluye en el Anexo I de las presentes NB-SABS.

DISPOSICIÓN ADICIONAL DÉCIMA.- Las entidades que se encuentran conectadas al Sistema Integrado de Gestión y Modernización Administrativa (SIGMA) deberán registrar el comprobante de preventivo, compromiso y devengado en el módulo de Ejecución Presupuestaria del Gasto (EGA).

DISPOSICIONES TRANSITORIAS

DISPOSICIÓN TRANSITORIA PRIMERA.- Las convocatorias públicas de contratación y los recursos administrativos de impugnación iniciados con anterioridad a la vigencia de las presentes NB-SABS, deberán concluir conforme a las normas vigentes al momento de su inicio.

Todas las convocatorias publicadas a partir de la vigencia de las presentes NB-SABS, incluyendo segundas o siguientes convocatorias de procesos declarados desiertos y nuevas convocatorias de procesos de contratación anulados, se realizarán en el marco de las presentes NB-SABS.

DISPOSICIÓN TRANSITORIA SEGUNDA.- En tanto el RE-SABS de cada institución sea elaborado, compatibilizado y aprobado, las entidades públicas aplicaran las presentes NB-SABS como marco para realizar sus procesos de contratación.

DISPOSICIÓN TRANSITORIA TERCERA.- En tanto el Órgano Rector elabore los Modelos de DBC para Llave en Mano, Financiamiento del Proponente y Concesiones Administrativas, las entidades públicas deberán elaborar sus propios DBC, en el marco de las presentes NB-SABS; estos documentos no requerirán la autorización del Órgano Rector.

DISPOSICIÓN TRANSITORIA CUARTA.- Las EPNE deberán elaborar su reglamento específico de los subsistemas de Manejo y Disposición de Bienes, el cual deberá ser compatibilizado por el Órgano Rector.

DISPOSICIONES FINALES

DISPOSICIÓN FINAL PRIMERA.- Se autoriza al Ministerio de Defensa Legal del Estado la contratación de profesionales abogados individuales o consorcios nacionales o extranjeros en función de criterios que beneficien la soberanía e intereses estatales de conformidad al Decreto Supremo Nº 0075, de 15 abril 2009.

DISPOSICIÓN FINAL SEGUNDA.- Se autoriza a Yacimientos Petrolíferos Fiscales Bolivianos – YPFB la contratación de Abogados Externos, Asesores Externos, Bufetes de Abogados, Peritos Nacionales e Internacionales, Árbitros Nacionales e Internacionales y cualquier otro género de profesionales especializados en el marco de lo establecido en el Decreto Supremo Nº 0070, de 8 de Abril de 2009.

Para aquellos servicios que hacen al desarrollo de las actividades de la cadena hidrocarburífera, establecidos en los Artículos 14 y 31 de la Ley Nº 3058 de 17 de mayo de 2005, de Hidrocarburos, las contrataciones serán realizadas en el marco de lo establecido en el Decreto Supremo Nº 29506 de 9 de abril de 2008 y su reglamento.

La contratación de bienes y servicios para el desarrollo de las actividades administrativas propias y servicios recurrentes administrativos, serán contratados de acuerdo con lo establecido en las presentes NB-SABS.

DISPOSICIÓN FINAL TERCERA.- Las presentes NB-SABS entrarán en vigencia el 15 de julio de 2009, conjuntamente la reglamentación que será elaborada y aprobada por el Órgano Rector, mediante Resolución Ministerial, con excepción de Yacimientos Petrolíferos Fiscales Bolivianos – YPFB que aplicara la presente disposición a partir de su publicación.

DISPOSICIONES ABROGATORIAS Y DEROGATORIAS

DISPOSICIONES ABROGATORIAS.- A partir de la vigencia de las presentes NBSABS, quedan abrogadas las siguientes disposiciones:

- Decreto Supremo Nº 29190 de 11 de julio de 2007.
- Decreto Supremo Nº 29576 de 21 de mayo de 2008.
- Decreto Supremo Nº 29603 de 11 de junio de 2008.
- Decreto Supremo Nº 29661 de 30 de julio de 2008.
- Decreto Supremo Nº 29834 de 3 de diciembre de 2008.
- Decreto Supremo Nº 0101 de 29 de abril de 2009.

Y otras disposiciones contrarias al presente Decreto Supremo.

DISPOSICIONES DEROGATORIAS.- Se derogan todas las disposiciones contrarias al presente Decreto Supremo.

El señor Ministro de Estado, en el Despacho de Economía y Finanzas Públicas, queda encargado de la ejecución y cumplimiento del presente Decreto Supremo.

Es dado en el Palacio de Gobierno en la ciudad de La Paz, a los veintiocho días del mes de junio del año dos mil nueve.

ANEXO 1. IMPERATIVOS PARA LA CONDUCTA ÉTICA DEL SERVIDOR PÚBLICO QUE INTERVIENE EN LA CONTRATACIÓN DE BIENES Y SERVICIOS DEL ESTADO

CAPÍTULO I.
ASPECTOS GENERALES

Artículo 1.- (DEFINICIÓN). El presente cuerpo de Imperativos representa un conjunto de definiciones que se constituyen en un compromiso sobre la conducta profesional que los servidores públicos están obligados a observar en el desarrollo de sus actividades relacionadas con los procesos de contratación de bienes y servicios del Estado.

Artículo 2.- (OBJETIVO). Los Imperativos para la conducta Ética del Servidor Público Responsable de la Contratación de Bienes y Servicios del Estado (a partir de ahora Imperativos), tienen como objetivo promover y regular la conducta ética de los servidores públicos.

Artículo 3.- (ÁMBITO Y SERVIDORES PÚBLICOS CONSIDERADOS EN SU APLICACIÓN). Los presentes Imperativos son de aplicación obligatoria para todos los servidores públicos, que en forma directa o indirecta intervienen en las contrataciones de las entidades públicas comprendidas en los Artículos 3 y 4 de la Ley N° 1178, de 20 de julio de 1990, de Administración y Control Gubernamentales y toda entidad pública con personería jurídica de derecho público.

Artículo 4.- (CONSIDERACIÓN DE OTRAS INSTANCIAS). De forma expresa se establece que las faltas relacionadas con los Imperativos, serán tratadas en las instancias administrativas y legales que correspondan; por tal razón, las denuncias correspondientes serán derivadas por las instancias encargadas de su recepción a los responsables de la interpretación y análisis en cada entidad pública, quiénes establecerán el tratamiento que recibirá cada caso, según corresponda.

Artículo 5.- (DEFINICIONES). Para los fines de los presentes Imperativos, se establecen las siguientes definiciones:

a) Valor ético: Cualidad humana aceptada y apreciada como algo objetivo, de carácter positivo, que siempre debe ser respetada. Los valores éticos son permanentes, su validez no depende de circunstancias cambiantes.

b) Principio ético: Una manera de ser y actuar conforme con las exigencias de determinados valores éticos.

c) Norma ética: Regla de conducta con respecto al comportamiento necesario o conveniente para asegurar el respeto por determinados valores y principios.

d) Sanción moral: La desaprobación por parte de los pares, superiores, inferiores y ciudadanos con relación a determinadas conductas, acción que termina afectando de manera negativa la reputación personal.

e) Labor directa: Comprende las funciones de todos aquellos servidores públicos que tienen a su cargo de forma permanente y directa, en condición de ocupación única o principal, la contratación de bienes y servicios del Estado.

f) Labor indirecta: Las funciones de todos aquellos servidores públicos que asumen de forma temporal o puntual, actividades y/o responsabilidades relacionadas con la contratación de bienes y servicios del Estado, establecidas en las leyes, normas o procedimientos.

g) Reserva: Deseo de una persona de mantener confidencial su nombre o cualquier otra seña que le pueda identificar.

h) Promoción de la Ética Institucional: La Dirección General de Normas de Gestión Pública del Ministerio de Economía y Finanzas Públicas, se constituye en la unidad responsable de la introducción de los Imperativos, de la implementación de sus instrumentos, de velar por su aplicación y de su continua actualización.

CAPÍTULO II.
DECLARACIÓN DE VALORES

Artículo 6.- (DECLARACIÓN FUNDAMENTAL). Los servidores públicos responsables de la contratación de bienes y servicios del Estado, deben manifestar los presentes Imperativos como propuesta de un modo de vivir, ejercer y conducir su profesión y sus funciones con una entrega de servicio que viene de manera implícita con el ejercicio de la función, guiando sus conductas en función a los valores y principios contenidos en los mismos.

Artículo 7.- (VALORES). Los valores fundamentales de los Imperativos, son los siguientes:

a) Responsabilidad. Es la disposición de actuar conforme a lo establecido en las normas y funciones que hacen al cargo, representar aquellas que se consideran inadecuadas, y responder directamente por la naturaleza y consecuencias de los propios actos y decisiones.

b) Transparencia. Es la disposición de actuar con claridad, sin esconder lo que debe ser conocido.

c) Integridad. Es la constante disposición de no vulnerar, por ningún motivo, los valores y principios éticos.

d) Justicia. Es la constante voluntad de dar a cada cual lo que le es debido.

e) Verdad. Es la conformidad de lo que uno piensa o comunica, con la realidad de los hechos.

f) Respeto a las personas. Es la actitud de reconocimiento de la dignidad de los demás y de aceptación de sus derechos.

CAPÍTULO III.
DECLARACIÓN DE PRINCIPIOS

Artículo 8.- (DECLARACIÓN GENERAL). Cada uno de los valores está sustentado por principios. Los principios son los parámetros en función de los cuales los servidores públicos guiarán sus decisiones y actuaciones.

Artículo 9.- (PRINCIPIOS DEL VALOR RESPONSABILIDAD). Para coadyuvar al cumplimiento del valor responsabilidad, los principios promovidos son los que se detallan a continuación.

Los Servidores Públicos:

a) Velarán por la estricta aplicación de las leyes y normas en vigencia en todas sus actuaciones, en base a su buen criterio.

b) Cuando deban tomar decisiones o acciones que no se hallan claramente normadas, obrarán buscando promover aquello que es correcto para todas las partes y que de forma natural y lógica promueve el bien común.

c) En situaciones de duda con referencia a las acciones a tomar, consultarán con quién corresponda antes de tomar alguna decisión.

d) Darán cuenta a sus superiores y ante la sociedad de las decisiones que tomen, en cuanto así se les exija, según las normas vigentes.

e) Responderán ante sus superiores y la sociedad por los resultados de las acciones que lleven a cabo y que involucren el desempeño de sus dependientes.

f) Reconocerán su deber de responder por las acciones de los dependientes en la medida en que éstas hayan sido ejecutadas por instrucción suya o con su conocimiento.

g) Darán cuenta a sus superiores, o cuando legalmente se les exija, sobre los procedimientos aplicados en la contratación de bienes y servicios.

h) Responderán por el contenido de la información producida y difundida como resultado del cumplimiento de sus funciones.

i) Informarán a cualquier interesado que tenga el derecho a conocer información de su interés respecto a la naturaleza y consecuencias de sus decisiones y acciones.

j) Buscarán en todo momento, la obtención del máximo beneficio en favor del bien común en el uso y el destino que se dé a los bienes y servicios adquiridos por el Estado.

Artículo 10.- (PRINCIPIOS DEL VALOR TRANSPARENCIA). Para coadyuvar de manera efectiva al cumplimiento del valor transparencia, los principios promovidos son los que se detallan a continuación.

Los Servidores Públicos:

a) Emplearán la información disponible únicamente con el fin específico para el cual fue desarrollada u obtenida. Bajo ninguna circunstancia podrán dar a documentos, informes, cartas u otra información de tipo oral o escrita un destino diferente al establecido por la entidad.

b) Se comprometerán a velar por el uso correcto de la información de acuerdo a los fines y objetivos trazados en su trabajo, y en las disposiciones normativas de contratación de bienes y servicios.

c) Asumirán el compromiso de garantizar que toda la información relacionada con los procesos de contratación de bienes y servicios, sea de conocimiento de las partes interesadas cuando corresponda.

d) Aceptarán su responsabilidad para que toda la información que deba ser de conocimiento público, se comunique oportunamente por los medios establecidos.

En ningún caso retendrán u ocultarán información que por derecho debe ser conocida por las partes que tengan legítimo interés en esta.

e) En cuanto a los procesos de toma de decisiones que los involucre como servidor público, estos serán llevados a cabo con conocimiento de todas las partes, tanto en lo referente al proceso en si como en relación a sus conclusiones.

f) Transmitirán la información relacionada a todas las instancias involucradas cuando corresponda, respecto a las decisiones que atañen exclusivamente a la entidad a la que sirve.

g) Cuando en el ejercicio de sus funciones deban emitir un juicio que afecte a dos o más partes, garantizarán que, tanto el proceso como las conclusiones y las consecuencias del mismo, sean de conocimiento de todas las partes y las instancias involucradas.

h) Garantizarán, en todos los asuntos que afecten el interés de terceros y en los cuales tienen potestad de decisión –en su condición de responsables de los mismos– que estos sean oportunamente comunicados a los beneficiados o afectados.

Artículo 11.- (PRINCIPIOS DEL VALOR INTEGRIDAD). Para coadyuvar al cumplimiento del valor integridad, los principios promovidos son los que se detallan a continuación.

Los servidores públicos:

a) Asumirán el compromiso de mantener una actuación en la vida pública y privada que garantice en todo momento su total independencia de criterio.

b) Reconocerán su obligación de evitar situaciones o relaciones, sean personales o sociales, que puedan implicar un riesgo de colaboración en actos inmorales o afecten la independencia que requieren para el desarrollo de su trabajo.

c) Solicitarán su excusa en las decisiones relacionadas si se presentasen situaciones de conflicto de intereses que puedan afectar su juicio o suscitar dudas con respecto a su actuación.

d) Mantendrán una conducta intachable en sus decisiones al contratar los bienes y servicios del Estado, con total entrega al desempeño de sus tareas, en el marco de las disposiciones normativas vigentes.

e) Cuidarán en todo momento que sus actitudes reflejen una conducta consecuente, evitando que los proveedores, contratistas o servidores públicos interpreten las mismas como intentos de generar beneficios que no les corresponden.

f) Rechazarán, con cortesía y firmeza, cualquier intento de influir sobre sus decisiones, sin importar la fuente de los intereses que representan estas intenciones; deberán reportar por escrito este tipo de hechos ante su superior.

g) Reconocerán su obligación de cooperar mediante la denuncia por los canales correspondientes, cuando conozcan de situaciones contrarias al espíritu de este texto, sea entre servidores públicos o por parte de los ciudadanos.

h) Aceptarán, en su calidad de servidores públicos, la necesidad de resguardar su vida social para reducir su exposición al riesgo de soborno y evitar rumores que puedan perjudicar su reputación.

i) En su calidad de servidores públicos, promoverán en todo momento entre sus pares y los ciudadanos, la aplicación de las más altas normas de conducta ética en todos los procesos a los cuales concurran y de los cuales formen parte.

j) Reconocerán la necesidad de ser consecuentes tanto en su vida profesional como en su vida privada, con la finalidad de mantener en todo momento una línea de conducta ética que eleve las consideraciones con relación a su calidad de servidores públicos.

Artículo 12.- (PRINCIPIOS DEL VALOR JUSTICIA). Para coadyuvar al cumplimiento del valor justicia, los principios promovidos son los que se detallan a continuación.

Los servidores públicos:

a) Velarán por la aplicación imparcial de las disposiciones normativas en la contratación de bienes y servicios, evitando beneficiar directa o indirectamente a terceros por medio de su interpretación.

b) Velarán por los legítimos intereses del Estado y todas las partes interesadas en cada proceso de contratación.

c) Evaluarán con objetividad toda la información pertinente, las circunstancias y la situación de todas las partes.

d) Velarán con equidad por los intereses de todas las partes.

e) Obrarán con imparcialidad, evitando favorecer a las partes y resguardando los intereses del Estado.

f) Velarán por otorgar el mismo trato a todos los concurrentes a los procesos de contratación; de igual forma, buscarán en todo momento dar un trato equitativo a todas las instancias que de una u otra forma pongan en su consideración la necesidad de tomar decisiones.

Artículo 13.- (PRINCIPIOS DEL VALOR VERDAD). Para coadyuvar al cumplimiento del valor verdad, los principios promovidos son los que se detallan a continuación.

Los servidores públicos:

a) Reconocerán que es necesario realizar todos los esfuerzos que sean requeridos con la finalidad de comunicar y transmitir información fidedigna, en forma oportuna, a toda persona que tenga el derecho de conocer la misma.

b) Evitarán que el lenguaje u otras formas de comunicación deformen el mensaje que debe transmitirse, siendo claros en cuanto a la transmisión de la información que este propone.

c) Son responsables de verificar que sus interlocutores entiendan lo que quieren decir en su real sentido, evitando esconderse en el sentido literal de las palabras.

d) En la elaboración de pliegos, reglamentos, convocatorias, informes u otros documentos, establecerán cláusulas claras, expresando lo que se desea comunicar de forma tal que pueda ser comprendido por todos los interesados.

e) Tienen la responsabilidad de proteger la información confidencial y evitar que sus conocimientos o los datos en su poder puedan beneficiar de forma directa o indirecta a terceros.

f) Son responsables por la información obtenida en el desarrollo de sus funciones, cuidando que la misma no llegue a personas no autorizadas.

Artículo 14.- (PRINCIPIO DEL VALOR RESPETO A LAS PERSONAS). Para coadyuvar al cumplimiento del valor respeto a las personas, los principios promovidos son los que se detallan a continuación.

Los servidores públicos:

a) Tienen la obligación de dar un trato equitativo e igualitario a todas las personas con las que se relacionan en el cumplimiento de su trabajo, sin ejercer discriminación alguna por razones de raza, sexo, religión, origen social u opinión política.

b) Velarán porque el trato brindado por ellos y sus subordinados a las personas, sea respetuoso y promueva la igualdad de su condición.

c) Considerarán con igual valor a todas las personas, evitando que sus relaciones o amistades afecten de alguna manera el trato que están obligados a brindar a todos los ciudadanos y servidores públicos.

d) Conscientes del derecho de cada persona a preservar su buen nombre, evitarán participar en rumores que puedan dañar imágenes de personas.

e) Respetarán el derecho a la libertad de opinión que tienen todas las personas en su entidad.

f) Aceptarán, escucharán y tomarán en cuenta aquellas opiniones que se hallan en contra de lo que consideren como correcto.

g) Se comprometerán a evitar cualquier forma de acoso en el ejercicio de sus funciones.

h) Cuando observen situaciones de trato discriminatorio por cualquier razón, deberán intervenir de forma directa o mediante denuncia, con la finalidad de evitar el daño o su prolongación.

CAPÍTULO IV.

RESPONSABILIDAD DE LA APLICACIÓN DE LOS IMPERATIVOS

Artículo 15.- (IMPLANTACIÓN, DIFUSIÓN Y CAPACITACIÓN). La Dirección General de Normas de Gestión Pública – DGNGP es responsable de la implantación, promoción, difusión y capacitación de los Imperativos de la Ética Institucional.

Artículo 16.- (PROMOCIÓN DE LA ÉTICA INSTITUCIONAL). Para las actividades de implantación, difusión y capacitación y la consolidación de responsabilidades relacionadas con la aplicación y promoción de la ética institucional de forma transversal y para dar continuidad al proceso, la DGNGP del Ministerio de Economía y Finanzas Públicas promocionará la Ética Institucional, siendo responsable de la implantación, aplicación y continua actualización de los Imperativos.

Artículo 17.- (FUNCIONES PARA LA PROMOCIÓN DE LA ÉTICA INSTITUCIONAL). Se establecen como funciones las siguientes:

a) Coordinación de la capacitación, difusión y mantenimiento de la formación continua.
b) Coordinación de la comunicación y mantenimiento de los procesos.
c) Actualización continua de los contenidos, reglamentos y anexos.
d) Atención de consultas de servidores públicos.
e) Premiación anual.
f) Promoción de la conducta moral.
g) Recepción y derivación de denuncias a las instancias correspondientes.
h) Otras funciones que sean requeridas para garantizar la exitosa aplicación de los presentes Imperativos.

BRASIL

LEY Nº 8.666, DE 21 DE JUNIO DE 1993, QUE REGLAMENTA EL ART. 37, INCISO XXI, DE LA CONSTITUCIÓN FEDERAL, INSTITUYE NORMAS PARA LAS LICITACIONES Y LOS CONTRATOS DE LA ADMINISTRACIÓN PÚBLICA Y DICTA OTRAS PROVIDENCIAS.

CAPÍTULO I.

DAS DISPOSIÇÕES GERAIS.

Seção I.
Dos Princípios

Artículo 1º. Esta Lei estabelece normas gerais sobre licitações e contratos administrativos pertinentes a obras, serviços, inclusive de publicidade, compras, alienações e locações no âmbito dos Poderes da União, dos Estados, do Distrito Federal e dos Municípios.

Parágrafo único. Subordinam-se ao regime desta Lei, além dos órgãos da Administração direta, os fundos especiais, as autarquias, as fundações públicas, as empresas públicas, as sociedades de economia mista e demais entidades controladas direta ou indiretamente pela União, Estados, Distrito Federal e Municípios.

Artículo 2º. As obras, serviços, inclusive de publicidade, compras, alienações, concessões, permissões e locações da Administração Pública, quando contratadas com terceiros, serão necessariamente precedidas de licitação, ressalvadas as hipóteses previstas nesta Lei.

Parágrafo único. Para os fins desta Lei, considera-se contrato todo e qualquer ajuste entre órgãos ou entidades da Administração Pública e particulares, em que haja um acordo de vontade para a formação de vínculo e a estipulação de obrigações recíprocas, seja qual for a denominação utilizada.

Artículo 3º. A licitação destina-se a garantir a observância do princípio constitucional da isonomia, a seleção da proposta mais vantajosa para a administração e a promoção do desenvolvimento nacional sustentável e será processada e julgada em estrita conformidade com os princípios básicos da legalidade, da impessoalidade, da moralidade, da igualdade, da publicidade, da probidade administrativa, da vinculação ao instrumento convocatório, do julgamento objetivo e dos que lhes são correlatos.[1]

§ 1º É vedado aos agentes públicos:

I.- admitir, prever, incluir ou tolerar, nos atos de convocação, cláusulas ou condições que comprometam, restrinjam ou frustrem o seu caráter competitivo, inclusive nos casos de sociedades cooperativas, e estabeleçam preferências ou distinções em razão da naturalidade, da sede ou domicílio dos licitantes ou de qualquer outra circunstância impertinente ou irrelevante para o específico objeto do contrato, ressalvado o disposto nos §§ 5º a 12 deste artigo e no art. 3º da Lei nº 8.248, de 23 de outubro de 1991;[2]

---

1 Redacción dada por la Ley nº 12.349, de 15/12/2010.

2 Inciso modificado por la Ley nº 12.349, de 15/12/2010

II.- estabelecer tratamento diferenciado de natureza comercial, legal, trabalhista, previdenciária ou qualquer outra, entre empresas brasileiras e estrangeiras, inclusive no que se refere a moeda, modalidade e local de pagamentos, mesmo quando envolvidos financiamentos de agências internacionais, ressalvado o disposto no parágrafo seguinte e no art. 3° da Lei n° 8.248, de 23 de outubro de 1991.

§ 2º Em igualdade de condições, como critério de desempate, será assegurada preferência, sucessivamente, aos bens e serviços:

I. ...[3]

II. produzidos no País;

III. produzidos ou prestados por empresas brasileiras;

IV. produzidos ou prestados por empresas que invistam em pesquisa e no desenvolvimento de tecnologia no País.[4]

§ 3º A licitação não será sigilosa, sendo públicos e acessíveis ao público os atos de seu procedimento, salvo quanto ao conteúdo das propostas, até a respectiva abertura.

§ 4º...[5]

§ 5° Nos processos de licitação previstos no caput, poderá ser estabelecido margem de preferência para produtos manufaturados e para serviços nacionais que atendam a normas técnicas brasileiras.[6]

§ 6° A margem de preferência de que trata o § 5° será estabelecida com base em estudos revistos periodicamente, em prazo não superior a 5 (cinco) anos, que levem em consideração:[7]

I. geração de emprego e renda;

II. efeito na arrecadação de tributos federais, estaduais e municipais;

III. desenvolvimento e inovação tecnológica realizados no País;

IV. custo adicional dos produtos e serviços; e

IV. em suas revisões, análise retrospectiva de resultados.

§ 7º Para os produtos manufaturados e serviços nacionais resultantes de desenvolvimento e inovação tecnológica realizados no País, poderá ser estabelecido margem de preferência adicional àquela prevista no § 5º:[8]

I. geração de emprego e renda;

II. efeito na arrecadação de tributos federais, estaduais e municipais; e

III. desenvolvimento e inovação tecnológica realizados no País.

§ 8 As margens de preferência por produto, serviço, grupo de produtos ou grupo de serviços, a que se referem os §§ 5º e 7º, serão definidas pelo Poder Executivo federal, não podendo a soma delas ultrapassar o montante de 25% (vinte e cinco por cento) sobre o preço dos produtos manufaturados e serviços estrangeiros.[9]

§ 9º As disposições contidas nos §§ 5º e 7º deste artigo não se aplicam aos bens e aos serviços cuja capacidade de produção ou prestação no País seja inferior:[10]

I. à quantidade a ser adquirida ou contratada; ou

II. ao quantitativo fixado com fundamento no § 7º do art. 23 desta Lei, quando for o caso

---

3 Inciso derrogado por la Ley nº 12.349, de 15/12/2010.

4 Inciso modificado por la Ley nº 11.196, de 21/11/2005.

5 Apartado derogado por la Ley nº 8.883, de 8/6/1994.

6 Párrafo modificado por la Ley nº 12.349, de 15/12/2010.

7 Párrafo modificado por la Ley nº 12.349, de 15/12/2010.

8 Párrafo modificado por la Ley nº 12.349, de 15/12/2010.

9 Párrafo modificado por la Ley nº 12.349, de 15/12/2010.

10 Párrafo modificado por la Ley nº 12.349, de 15/12/2010.

§ 10. A margem de preferência a que se refere o § 5° poderá ser estendida, total ou parcialmente, aos bens e serviços originários dos Estados Partes do Mercado Comum do Sul - Mercosul.[11]

§ 11. Os editais de licitação para a contratação de bens, serviços e obras poderão, mediante prévia justificativa da autoridade competente, exigir que o contratado promova, em favor de órgão ou entidade integrante da administração pública ou daqueles por ela indicados a partir de processo isonômico, medidas de compensação comercial, industrial, tecnológica ou acesso a condições vantajosas de financiamento, cumulativamente ou não, na forma estabelecida pelo Poder Executivo federal.[12]

§ 12. Nas contratações destinadas à implantação, manutenção e ao aperfeiçoamento dos sistemas de tecnologia de informação e comunicação, considerados estratégicos em ato do Poder Executivo federal, a licitação poderá ser restrita a bens e serviços com tecnologia desenvolvida no País e produzidos de acordo com o processo produtivo básico de que trata a Lei nº 10.176, de 11 de janeiro de 2001.[13]

§ 13. Será divulgada na internet, a cada exercício financeiro, a relação de empresas favorecidas em decorrência do disposto nos §§ 5°, 7°, 10, 11 e 12 deste artigo, com indicação do volume de recursos destinados a cada uma delas.[14]

Artículo 4º. Todos quantos participem de licitação promovida pelos órgãos ou entidades a que se refere o art. 1° têm direito público subjetivo à fiel observância do pertinente procedimento estabelecido nesta Lei, podendo qualquer cidadão acompanhar o seu desenvolvimento, desde que não interfira de modo a perturbar ou impedir a realização dos trabalhos.

Parágrafo único. O procedimento licitatório previsto nesta Lei caracteriza ato administrativo formal, seja ele praticado em qualquer esfera da Administração Pública.

Artículo 5º. Todos os valores, preços e custos utilizados nas licitações terão como expressão monetária a moeda corrente nacional, ressalvado o disposto no art. 42 desta Lei, devendo cada unidade da Administração, no pagamento das obrigações relativas ao fornecimento de bens, locações, realização de obras e prestação de serviços, obedecer, para cada fonte diferenciada de recursos, a estrita ordem cronológica das datas de suas exigibilidades, salvo quando presentes relevantes razões de interesse público e mediante prévia justificativa da autoridade competente, devidamente publicada.

§ 1° Os créditos a que se referem este artigo terão seus valores corrigidos por critérios previstos no ato convocatório e que lhes preservem o valor.

§ 2° A correção de que trata o parágrafo anterior, cujo pagamento será feito junto com o principal, correrá à conta das mesmas dotações orçamentárias que atenderam aos créditos a que se referem.

§ 3° Observado o disposto no *caput*, os pagamentos decorrentes de despesas cujos valores não ultrapassem o limite de que trata o inciso II do art. 24, sem prejuízo do que dispõe seu parágrafo único, deverão ser efetuados no prazo de até 5 (cinco) dias úteis, contados da apresentação da fatura.[15]

Seção II.

Das Definições

Artículo 6º. Para os fins desta Lei, considera-se:

I. Obra - toda construção, reforma, fabricação, recuperação ou ampliação, realizada por execução direta ou indireta;

---

11 Párrafo modificado por la Ley nº 12.349, de 15/12/2010.
12 Párrafo modificado por la Ley nº 12.349, de 15/12/2010.
13 Párrafo modificado por la Ley nº 12.349, de 15/12/2010.
14 Párrafo modificado por la Ley nº 12.349, de 15/12/2010.
15 Párrafo modificado por la Ley nº 9.648, de 27/5/1998.

II. Serviço - toda atividade destinada a obter determinada utilidade de interesse para a Administração, tais como: demolição, conserto, instalação, montagem, operação, conservação, reparação, adaptação, manutenção, transporte, locação de bens, publicidade, seguro ou trabalhos técnico-profissionais;

III. Compra - toda aquisição remunerada de bens para fornecimento de uma só vez ou parceladamente;

IV. Alienação - toda transferência de domínio de bens a terceiros;

V. Obras, serviços e compras de grande vulto - aquelas cujo valor estimado seja superior a 25 (vinte e cinco) vezes o limite estabelecido na alínea c do inciso I do art. 23 desta Lei;

VI. Seguro-Garantia - o seguro que garante o fiel cumprimento das obrigações assumidas por empresas em licitações e contratos;

VII. Execução direta - a que é feita pelos órgãos e entidades da Administração, pelos próprios meios;

VIII. Execução indireta - a que o órgão ou entidade contrata com terceiros, sob qualquer dos seguintes regimes:

a) empreitada por preço global - quando se contrata a execução da obra ou do serviço por preço certo e total;

b) empreitada por preço unitário - quando se contrata a execução da obra ou do serviço por preço certo de unidades determinadas;

c) (VETADO)

d) tarefa - quando se ajusta mão-de-obra para pequenos trabalhos por preço certo, com ou sem fornecimento de materiais;

e) empreitada integral - quando se contrata um empreendimento em sua integralidade, compreendendo todas as etapas das obras, serviços e instalações necessárias, sob inteira responsabilidade da contratada até a sua entrega ao contratante em condições de entrada em operação, atendidos os requisitos técnicos e legais para sua utilização em condições de segurança estrutural e operacional e com as características adequadas às finalidades para que foi contratada;

IX. Projeto Básico - conjunto de elementos necessários e suficientes, com nível de precisão adequado, para caracterizar a obra ou serviço, ou complexo de obras ou serviços objeto da licitação, elaborado com base nas indicações dos estudos técnicos preliminares, que assegurem a viabilidade técnica e o adequado tratamento do impacto ambiental do empreendimento, e que possibilite a avaliação do custo da obra e a definição dos métodos e do prazo de execução, devendo conter os seguintes elementos:

a) desenvolvimento da solução escolhida de forma a fornecer visão global da obra e identificar todos os seus elementos constitutivos com clareza;

b) soluções técnicas globais e localizadas, suficientemente detalhadas, de forma a minimizar a necessidade de reformulação ou de variantes durante as fases de elaboração do projeto executivo e de realização das obras e montagem;

c) identificação dos tipos de serviços a executar e de materiais e equipamentos a incorporar à obra, bem como suas especificações que assegurem os melhores resultados para o empreendimento, sem frustrar o caráter competitivo para a sua execução;

d) informações que possibilitem o estudo e a dedução de métodos construtivos, instalações provisórias e condições organizacionais para a obra, sem frustrar o caráter competitivo para a sua execução;

e) subsídios para montagem do plano de licitação e gestão da obra, compreendendo a sua programação, a estratégia de suprimentos, as normas de fiscalização e outros dados necessários em cada caso;

f) orçamento detalhado do custo global da obra, fundamentado em quantitativos de serviços e fornecimentos propriamente avaliados;

X. Projeto Executivo - o conjunto dos elementos necessários e suficientes à execução completa da obra, de acordo com as normas pertinentes da Associação Brasileira de Normas Técnicas - ABNT;

XI. Administração Pública - a Administração direta e indireta da União, dos Estados, do Distrito Federal e dos Municípios, abrangendo inclusive as entidades com personalidade jurídica de direito privado sob controle do poder público e das fundações por ele instituídas ou mantidas;

XII. Administração - órgão, entidade ou unidade administrativa pela qual a Administração Pública opera e atua concretamente;

XIII. Imprensa oficial - veículo oficial de divulgação da Administração Pública, sendo para a União o *Diário Oficial da União*, e, para os Estados, o Distrito Federal e os Municípios, o que for definido nas respectivas leis;

XIV. Contratante - é o órgão ou entidade signatária do instrumento contratual;

XV. Contratado - a pessoa física ou jurídica signatária de contrato com a Administração Pública;

XVI. Comissão - comissão, permanente ou especial, criada pela Administração com a função de receber, examinar e julgar todos os documentos e procedimentos relativos às licitações e ao cadastramento de licitantes.

XVII. produtos manufaturados nacionais - produtos manufaturados, produzidos no território nacional de acordo com o processo produtivo básico ou com as regras de origem estabelecidas pelo Poder Executivo federal;[16]

XVIII serviços nacionais - serviços prestados no País, nas condições estabelecidas pelo Poder Executivo federal;[17]

XIX. sistemas de tecnologia de informação e comunicação estratégicos - bens e serviços de tecnologia da informação e comunicação cuja descontinuidade provoque dano significativo à administração pública e que envolvam pelo menos um dos seguintes requisitos relacionados às informações críticas: disponibilidade, confiabilidade, segurança e confidencialidade.[18]

Seção III.

Das Obras e Serviços.

Artículo 7º. As licitações para a execução de obras e para a prestação de serviços obedecerão ao disposto neste artigo e, em particular, à seguinte seqüência:

I. projeto básico;

II. projeto executivo;

III. execução das obras e serviços.

§ 1º A execução de cada etapa será obrigatoriamente precedida da conclusão e aprovação, pela autoridade competente, dos trabalhos relativos às etapas anteriores, à exceção do projeto executivo, o qual poderá ser desenvolvido concomitantemente com a execução das obras e serviços, desde que também autorizado pela Administração.

§ 2º As obras e os serviços somente poderão ser licitados quando:

I. houver projeto básico aprovado pela autoridade competente e disponível para exame dos interessados em participar do processo licitatório;

II. existir orçamento detalhado em planilhas que expressem a composição de todos os seus custos unitários;

---

16 Inciso modificado por la Ley nº 12.349, de 15/12/2010.

17 Inciso modificado por la Ley nº 12.349, de 15/12/2010.

18 Inciso modificado por la Ley nº 12.349, de 15/12/2010.

III. houver previsão de recursos orçamentários que assegurem o pagamento das obrigações decorrentes de obras ou serviços a serem executados no exercício financeiro em curso, de acordo com o respectivo cronograma;

IV. o produto dela esperado estiver contemplado nas metas estabelecidas no Plano Plurianual de que trata o art. 165 da Constituição Federal, quando for o caso.

§ 3° É vedado incluir no objeto da licitação a obtenção de recursos financeiros para sua execução, qualquer que seja a sua origem, exceto nos casos de empreendimentos executados e explorados sob o regime de concessão, nos termos da legislação específica.

§ 4° É vedada, ainda, a inclusão, no objeto da licitação, de fornecimento de materiais e serviços sem previsão de quantidades ou cujos quantitativos não correspondam às previsões reais do projeto básico ou executivo.

§ 5° É vedada a realização de licitação cujo objeto inclua bens e serviços sem similaridade ou de marcas, características e especificações exclusivas, salvo nos casos em que for tecnicamente justificável ou ainda quando o fornecimento de tais materiais e serviços for feito sob o regime de Administração contratada, previsto e discriminado no ato convocatório.

§ 6° A infringência do disposto neste artigo implica a nulidade dos atos ou contratos realizados e a responsabilidade de quem lhes tenha dado causa.

§ 7° Não será ainda computado como valor da obra ou serviço, para fins de julgamento das propostas de preços, a atualização monetária das obrigações de pagamento, desde a data final de cada período de aferição até a do respectivo pagamento, que será calculada pelos mesmos critérios estabelecidos obrigatoriamente no ato convocatório.

§ 8° Qualquer cidadão poderá requerer à Administração Pública os quantitativos das obras e preços unitários de determinada obra executada.

§ 9° O disposto neste artigo aplica-se também, no que couber, aos casos de dispensa e de inexigibilidade de licitação.

Artículo 8°. A execução das obras e dos serviços deve programar-se, sempre, em sua totalidade, previstos seus custos atual e final e considerados os prazos de sua execução.

Parágrafo único. É proibido o retardamento imotivado da execução de obra ou serviço, ou de suas parcelas, se existente previsão orçamentária para sua execução total, salvo insuficiência financeira ou comprovado motivo de ordem técnica, justificados em despacho circunstanciado da autoridade a que se refere o art. 26 desta Lei.

Artículo 9°. Não poderá participar, direta ou indiretamente, da licitação ou da execução de obra ou serviço e do fornecimento de bens a eles necessários:

I. o autor do projeto, básico ou executivo, pessoa física ou jurídica;

II. empresa, isoladamente ou em consórcio, responsável pela elaboração do projeto básico ou executivo ou da qual o autor do projeto seja dirigente, gerente, acionista ou detentor de mais de 5% (cinco por cento) do capital com direito a voto ou controlador, responsável técnico ou subcontratado;

III. servidor ou dirigente de órgão ou entidade contratante ou responsável pela licitação.

§1° É permitida a participação do autor do projeto ou da empresa a que se refere o inciso II deste artigo, na licitação de obra ou serviço, ou na execução, como consultor ou técnico, nas funções de fiscalização, supervisão ou gerenciamento, exclusivamente a serviço da Administração interessada.

§ 2° O disposto neste artigo não impede a licitação ou contratação de obra ou serviço que inclua a elaboração de projeto executivo como encargo do contratado ou pelo preço previamente fixado pela Administração.

§ 3° Considera-se participação indireta, para fins do disposto neste artigo, a existência de qualquer vínculo de natureza técnica, comercial, econômica, financeira ou trabalhista entre o autor do projeto, pessoa física ou jurídica, e o licitante ou responsável pelos serviços, fornecimentos e obras, incluindo-se os fornecimentos de bens e serviços a estes necessários.

§ 4° O disposto no parágrafo anterior aplica-se aos membros da comissão de licitação.

Artículo 10. As obras e serviços poderão ser executados nas seguintes formas:

I. execução direta;

II. execução indireta, nos seguintes regimes:

a) empreitada por preço global;

b) empreitada por preço unitário;

c) (VETADO)

d) tarefa;

e) empreitada integral.

Parágrafo único. (VETADO)

Artículo 11. As obras e serviços destinados aos mesmos fins terão projetos padronizados por tipos, categorias ou classes, exceto quando o projeto-padrão não atender às condições peculiares do local ou às exigências específicas do empreendimento.

Artículo 12. Nos projetos básicos e projetos executivos de obras e serviços serão considerados principalmente os seguintes requisitos:

I. segurança;

II. funcionalidade e adequação ao interesse público;

III. economia na execução, conservação e operação;

IV. possibilidade de emprego de mão-de-obra, materiais, tecnologia e matérias-primas existentes no local para execução, conservação e operação;

V. facilidade na execução, conservação e operação, sem prejuízo da durabilidade da obra ou do serviço;

VI. adoção das normas técnicas, de saúde e de segurança do trabalho adequadas;

VII. impacto ambiental.

Seção IV.

Dos Serviços Técnicos Profissionais Especializados.

Artículo 13. Para os fins desta Lei, consideram-se serviços técnicos profissionais especializados os trabalhos relativos a:

I. estudos técnicos, planejamentos e projetos básicos ou executivos;

II. pareceres, perícias e avaliações em geral;

III. assessorias ou consultorias técnicas e auditorias financeiras ou tributárias;

IV. fiscalização, supervisão ou gerenciamento de obras ou serviços;

V. patrocínio ou defesa de causas judiciais ou administrativas;

VI. treinamento e aperfeiçoamento de pessoal;

VII. restauração de obras de arte e bens de valor histórico;

VIII. (VETADO)

§ 1° Ressalvados os casos de inexigibilidade de licitação, os contratos para a prestação de serviços técnicos profissionais especializados deverão, preferencialmente, ser celebrados mediante a realização de concurso, com estipulação prévia de prêmio ou remuneração.

§ 2° Aos serviços técnicos previstos neste artigo aplica-se, no que couber, o disposto no art. 111 desta Lei.

§ 3° A empresa de prestação de serviços técnicos especializados que apresente relação de integrantes de seu corpo técnico em procedimento licitatório ou como elemento de justificação de dispensa ou inexigibilidade de licitação, ficará obrigada a garantir que os referidos integrantes realizem pessoal e diretamente os serviços objeto do contrato.

Seção V.

Das Compras

Artículo 14. Nenhuma compra será feita sem a adequada caracterização de seu objeto e indicação dos recursos orçamentários para seu pagamento, sob pena de nulidade do ato e responsabilidade de quem lhe tiver dado causa.

Artículo 15. As compras, sempre que possível deverão:

I. atender ao princípio da padronização, que imponha compatibilidade de especificações técnicas e de desempenho, observadas, quando for o caso, as condições de manutenção, assistência técnica e garantia oferecidas;

II. ser processadas através de sistema de registro de preços;

III. submeter-se às condições de aquisição e pagamento semelhantes às do setor privado;

IV. ser subdivididas em tantas parcelas quantas necessárias para aproveitar as peculiaridades do mercado, visando economicidade;

V. balizar-se pelos preços praticados no âmbito dos órgãos e entidades da Administração Pública.

§ 1° O registro de preços será precedido de ampla pesquisa de mercado.

§ 2° Os preços registrados serão publicados trimestralmente para orientação da Administração, na imprensa oficial.

§ 3° O sistema de registro de preços será regulamentado por decreto, atendidas as peculiaridades regionais, observadas as seguintes condições;

I. seleção feita mediante concorrência;

II. estipulação prévia do sistema de controle e atualização dos preços registrados;

III. validade do registro não superior a um ano.

§ 4° A existência de preços registrados não obriga a Administração a firmar as contratações que deles poderão advir, ficando-lhe facultada a utilização de outros meios, respeitada a legislação relativa às licitações, sendo assegurado ao beneficiário do registro preferência em igualdade de condições.

§ 5° O sistema de controle originado no quadro geral de preços, quando possível, deverá ser informatizado.

§ 6° Qualquer cidadão é parte legítima para impugnar preço constante do quadro geral em razão de incompatibilidade desse com o preço vigente no mercado.

§ 7° Nas compras deverão ser observadas, ainda:

I. a especificação completa do bem a ser adquirido sem indicação de marca;

II. a definição das unidades e das quantidades a serem adquiridas em função do consumo e utilização prováveis, cuja estimativa será obtida, sempre que possível, mediante adequadas técnicas quantitativas de estimação;

III. as condições de guarda e armazenamento que não permitam a deterioração do material.

§ 8° O recebimento de material de valor superior ao limite estabelecido no art. 23 desta Lei, para a modalidade de convite, deverá ser confiado a uma comissão de, no mínimo, 3 (três) membros.

Artículo 16. Será dada publicidade, mensalmente, em órgão de divulgação oficial ou em quadro de avisos de amplo acesso público, à relação de todas as compras feitas pela Administração direta ou indireta, de maneira a clarificar a identificação do bem comprado, seu preço unitário, a quantidade adquirida, o nome do vendedor e o valor total da operação, podendo ser aglutinadas por itens as compras feitas com dispensa e inexigibilidade de licitação.

Parágrafo único. O disposto neste artigo não se aplica aos casos de dispensa de licitação previstos no inciso IX do art. 24.

Seção VI.

Das Alienações

Artículo 17. A alienação de bens da Administração Pública, subordinada à existência de interesse público devidamente justificado, será precedida de avaliação e obedecerá às seguintes normas:

I. quando imóveis, dependerá de autorização legislativa para órgãos da Administração direta e entidades autárquicas e fundacionais, e, para todos, inclusive as entidades paraestatais, dependerá de avaliação prévia e de licitação na modalidade de concorrência, dispensada esta nos seguintes casos:

a) dação em pagamento;

b) doação, permitida exclusivamente para outro órgão ou entidade da administração pública, de qualquer esfera de governo, ressalvado o disposto nas alíneas *f*, *h* e *i*;[19]

c) permuta, por outro imóvel que atenda aos requisitos constantes do inciso X do art. 24 desta Lei;

d) investidura;

e) venda a outro órgão ou entidade da Administração pública, de qualquer esfera de governo;

f) alienação gratuita ou onerosa, aforamento, concessão de direito real de uso, locação ou permissão de uso de bens imóveis residenciais construídos, destinados ou efetivamente utilizados no âmbito de programas habitacionais ou de regularização fundiária de interesse social desenvolvidos por órgãos ou entidades da administração pública;[20]

g) procedimentos de legitimação de posse de que trata o art. 29 da Lei nº 6.383, de 7 de dezembro de 1976, mediante iniciativa e deliberação dos órgãos da Administração Pública em cuja competência legal inclua-se tal atribuição;[21]

h) alienação gratuita ou onerosa, aforamento, concessão de direito real de uso, locação ou permissão de uso de bens imóveis de uso comercial de âmbito local com área de até 250 m² (duzentos e cinqüenta metros quadrados) e inseridos no âmbito de programas de regularização fundiária de interesse social desenvolvidos por órgãos ou entidades da administração pública;[22]

i) alienação e concessão de direito real de uso, gratuita ou onerosa, de terras públicas rurais da União na Amazônia Legal onde incidam ocupações até o limite de 15 (quinze) módulos fiscais ou 1.500ha (mil e quinhentos hectares), para fins de regularização fundiária, atendidos os requisitos legais;[23]

II. quando móveis dependerá de avaliação prévia e de licitação, dispensada esta nos seguintes casos;

a) doação, permitida exclusivamente para fins e uso de interesse social, após avaliação de sua oportunidade e conveniência sócio-econômica, relativamente à escolha de outra forma de alienação;

b) permuta, permitida exclusivamente entre órgãos ou entidades da Administração Pública;

c) venda de ações, que poderão ser negociadas em bolsa, observada a legislação específica;

d) venda de títulos, na forma da legislação pertinente;

e) venda de bens produzidos ou comercializados por órgãos ou entidades da Administração Pública, em virtude de suas finalidades;

f) venda de materiais e equipamentos para outros órgãos ou entidades da Administração Pública, sem utilização previsível por quem deles dispõe.

---

19 Letra modificada por la Ley nº 11.952, de 25/6/2009.
20 Letra modificada por la Ley nº 11.481, de 31/5/2007.
21 Letra modificada por la Ley nº 11.196, de 21/11/2005.
22 Letra modificada por la Ley nº 11.481, de 31/05/2007.
23 Letra modificada por la Ley nº 11.952, de 25/6/2009.

§ 1° Os imóveis doados com base na alínea *b* do inciso I deste artigo, cessadas as razões que justificaram a sua doação, reverterão ao patrimônio da pessoa jurídica doadora, vedada a sua alienação pelo beneficiário.

§ 2° A Administração também poderá conceder título de propriedade ou de direito real de uso de imóveis, dispensada licitação, quando o uso destinar-se:

I. a outro órgão ou entidade da Administração Pública, qualquer que seja a localização do imóvel;

II. a pessoa natural que, nos termos da lei, regulamento ou ato normativo do órgão competente, haja implementado os requisitos mínimos de cultura, ocupação mansa e pacífica e exploração direta sobre área rural situada na Amazônia Legal, superior a 1 (um) módulo fiscal e limitada a 15 (quinze) módulos fiscais, desde que não exceda 1.500ha (mil e quinhentos hectares);[24]

§ 2°-A. As hipóteses do inciso II do § 2° ficam dispensadas de autorização legislativa, porém submetem-se aos seguintes condicionamentos:[25]

I. aplicação exclusivamente às áreas em que a detenção por particular seja comprovadamente anterior a 1° de dezembro de 2004;

II. submissão aos demais requisitos e impedimentos do regime legal e administrativo da destinação e da regularização fundiária de terras públicas;

III. vedação de concessões para hipóteses de exploração não-contempladas na lei agrária, nas leis de destinação de terras públicas, ou nas normas legais ou administrativas de zoneamento ecológico-econômico; e

IV. previsão de rescisão automática da concessão, dispensada notificação, em caso de declaração de utilidade, ou necessidade pública ou interesse social.

§ 2° B. A hipótese do inciso II do § 2° deste artigo:[26]

I. só se aplica a imóvel situado em zona rural, não sujeito a vedação, impedimento ou inconveniente a sua exploração mediante atividades agropecuárias;

II. fica limitada a áreas de até quinze módulos fiscais, desde que não exceda mil e quinhentos hectares, vedada a dispensa de licitação para áreas superiores a esse limite; *e*

III. pode ser cumulada com o quantitativo de área decorrente da figura prevista na alínea g do inciso I do *caput* deste artigo, até o limite previsto no inciso II deste parágrafo.

IV. ...[27]

§ 3° Entende-se por investidura, para os fins desta Lei:

I. a alienação aos proprietários de imóveis lindeiros de área remanescente ou resultante de obra pública, área esta que se tornar inaproveitável isoladamente, por preço nunca inferior ao da avaliação e desde que esse não ultrapasse a 50% (cinqüenta por cento) do valor constante da alínea a do inciso II do art. 23 desta Lei;

II. a alienação, aos legítimos possuidores diretos ou, na falta destes, ao Poder Público, de imóveis para fins residenciais construídos em núcleos urbanos anexos a usinas hidrelétricas, desde que considerados dispensáveis na fase de operação dessas unidades e não integrem a categoria de bens reversíveis ao final da concessão.[28]

§ 4° A doação com encargo será licitada e de seu instrumento constarão obrigatoriamente os encargos, o prazo de seu cumprimento e cláusula de reversão, sob pena de nulidade do ato, sendo dispensada a licitação no caso de interesse público devidamente justificado.

§ 5° Na hipótese do parágrafo anterior, caso o donatário necessite oferecer o imóvel em garantia de financiamento, a cláusula de reversão e demais obrigações serão garantidas por hipoteca em 2° grau em favor do doador.

---

24 Inciso modificado por la Ley n° 11.952, de 25/6/2009.
25 Apartado modificado por la Ley n° 11.952, de 25/6/2009.
26 Apartado modificado por la Ley n° 11.196, de 21/11/2005.
27 Inciso derogado por la Ley n° 11.763, de 1/8/2008.
28 Inciso modificado por la Ley n° 9.648, de 27/5/1998.

§ 6° Para a venda de bens móveis avaliados, isolada ou globalmente, em quantia não superior ao limite previsto no art. 23, inciso II, alínea "b " , desta Lei, a Administração poderá permitir o leilão.

§ 7°...[29]

Artículo 18. Na concorrência para a venda de bens imóveis, a fase de habilitação limitar-se-á à comprovação do recolhimento de quantia correspondente a 5% (cinco por cento) da avaliação.

Artículo 19. Os bens imóveis da Administração Pública, cuja aquisição haja derivado de procedimentos judiciais ou de dação em pagamento, poderão ser alienados por ato da autoridade competente, observadas as seguintes regras:

I. avaliação dos bens alienáveis;

II. comprovação da necessidade ou utilidade da alienação;

III. adoção do procedimento licitatório, sob a modalidade de concorrência ou leilão.

CAPÍTULO II.

DA LICITAÇÃO

Seção I.

Das Modalidades, Limites e Dispensa

Artículo 20. As licitações serão efetuadas no local onde se situar a repartição interessada, salvo por motivo de interesse público, devidamente justificado.

Parágrafo único. O disposto neste artigo não impedirá a habilitação de interessados residentes ou sediados em outros locais.

Artículo 21. Os avisos contendo os resumos dos editais das concorrências e das tomadas de preços, dos concursos e dos leilões, embora realizadas no local da repartição interessada, deverão ser publicados com antecedência, no mínimo, por uma vez;

I. no *Diário Oficial da União*, quando se tratar de licitação feita por órgão ou entidade da Administração Pública Federal e, ainda, quando se tratar de obras financiadas parcial ou totalmente com recursos federais ou garantidas por instituições federais;

II. no Diário Oficial do Estado, ou do Distrito Federal, quando se tratar respectivamente, de licitação feita por órgão ou entidade da Administração Pública Estadual ou Municipal, ou do Distrito Federal;

III. em jornal diário de grande circulação no Estado e também, se houver, em jornal de circulação no Município ou na região onde será realizada a obra, prestado o serviço, fornecido, alienado ou alugado o bem, podendo, ainda, a Administração, conforme o vulto da licitação, utilizar-se de outros meios de divulgação para ampliar a área de competição.

§ 1° O aviso publicado conterá a indicação do local em que os interessados poderão ler e obter o texto integral do edital e todas as informações sobre a licitação.

§ 2° O prazo mínimo até o recebimento das propostas ou da realização do evento será:

I. quarenta e cinco dias para:

a) concurso;

b) concorrência, quando o contrato a ser celebrado contemplar o regime de empreitada integral ou quando a licitação for do tipo "melhor técnica" ou "técnica e preço";

II. trinta dias para:

a) concorrência, nos casos não especificados na alínea *b* do inciso anterior;

b) tomada de preços, quando a licitação for do tipo "melhor técnica" ou "técnica e preço".

III. quinze dias para tomada de preços, nos casos não especificados na alínea *b* do inciso anterior, ou leilão;

IV. cinco dias úteis para convite.

---

29 Apartado derogado por la Ley n° 11.481, de 31/5/2007.

§ 3° Os prazos estabelecidos no parágrafo anterior serão contados a partir da última publicação do edital resumido ou da expedição do convite, ou ainda da efetiva disponibilidade do edital ou do convite e respectivos anexos, prevalecendo a data que ocorrer mais tarde.

§ 4° Qualquer modificação no edital exige divulgação pela mesma forma que se deu o texto original, reabrindo-se o prazo inicialmente estabelecido, exceto quando, inquestionavelmente, a alteração não afetar a formulação das propostas.

Artículo 22. São modalidades de licitação:

I. concorrência;
II. tomada de preços;
III. convite;
IV. concurso;
V. leilão;

§ 1° Concorrência é a modalidade de licitação entre quaisquer interessados que, na fase inicial de habilitação preliminar, comprovem possuir os requisitos mínimos de qualificação exigidos no edital para execução de seu objeto.

§ 2° Tomada de preços é a modalidade de licitação entre interessados devidamente cadastrados ou que atenderem a todas as condições exigidas para cadastramento até o terceiro dia anterior à data do recebimento das propostas, observada a necessária qualificação.

§ 3° Convite é a modalidade de licitação entre interessados do ramo pertinente ao seu objeto, cadastrados ou não, escolhidos e convidados em número mínimo e 3 (três), pela unidade administrativa, a qual afixará, em local apropriado, cópia do instrumento convocatório e o estenderá aos demais cadastrados na correspondente especialidade que manifestarem seu interesse com antecedência de até 24 (vinte e quatro) horas da apresentação das propostas.

§ 4° Concurso é a modalidade de licitação entre quaisquer interessados para escolha de trabalho técnico, científico ou artístico, mediante a instituição de prêmios ou remuneração aos vencedores, conforme critérios constantes de edital publicado na imprensa oficial com antecedência mínima de 45 (quarenta e cinco) dias.

§ 5° Leilão é a modalidade de licitação entre quaisquer interessados para a venda de bens móveis inservíveis para a Administração ou de produtos legalmente apreendidos ou penhorados, ou para a alienação de bens imóveis prevista no art. 19, a quem oferecer o maior lance, igual ou superior ao valor da avaliação.

§ 6° Na hipótese do § 3° deste artigo, existindo na praça mais de três possíveis interessados, a cada novo convite, realizado para objeto idêntico ou assemelhado, é obrigatório o convite a, no mínimo, mais um interessado, enquanto existirem cadastrados não convidados nas últimas licitações.

§ 7° Quando, por limitações do mercado ou manifesto desinteresse dos convidados, for impossível a obtenção do número mínimo de licitantes exigidos no § 3° deste artigo, essas circunstâncias deverão ser devidamente justificadas no processo, sob pena de repetição do convite.

§ 8° É vedada a criação de outras modalidades de licitação ou a combinação das referidas neste artigo.

§ 9° Na hipótese do § 2° deste artigo, a Administração somente poderá exigir do licitante não cadastrado os documentos previstos nos arts. 27 a 31, que comprovem habilitação compatível com o objeto da licitação, nos termos do edital.

Artículo 23. As modalidades de licitação a que se referem os incisos I a III do artigo anterior serão determinadas em função dos seguintes limites, tendo em vista o valor estimado da contratação:

I. para obras e serviços de engenharia:
a) convite: até R$ 150.000,00 (cento e cinqüenta mil reais);
b) tomada de preços: até R$ 1.500.000,00 (um milhão e quinhentos mil reais);

c) concorrência: acima de R$ 1.500.000,00 (um milhão e quinhentos mil reais);[30]

II. para compras e serviços não referidos no inciso anterior:

a) convite: até R$ 80.000,00 (oitenta mil reais);

b) tomada de preços: até R$ 650.000,00 (seiscentos e cinqüenta mil reais);

c) concorrência: acima de R$ 650.000,00 (seiscentos e cinqüenta mil reais).[31]

§ 1° As obras, serviços e compras efetuadas pela Administração serão divididas em tantas parcelas quantas se comprovarem técnica e economicamente viáveis, procedendo-se à licitação com vistas ao melhor aproveitamento dos recursos disponíveis no mercado e à ampliação da competitividade sem perda da economia de escala.

§ 2° Na execução de obras e serviços e nas compras de bens, parceladas nos termos do parágrafo anterior, a cada etapa ou conjunto de etapas da obra, serviço ou compra há de corresponder licitação distinta, preservada a modalidade pertinente para a execução do objeto em licitação.

§ 3° A concorrência é a modalidade de licitação cabível, qualquer que seja o valor de seu objeto, tanto na compra ou alienação de bens imóveis, ressalvado o disposto no art. 19, como nas concessões de direito real de uso e nas licitações internacionais, admitindo-se neste último caso, observados os limites deste artigo, a tomada de preços, quando o órgão ou entidade dispuser de cadastro internacional de fornecedores ou o convite, quando não houver fornecedor do bem ou serviço no País.

§ 4° Nos casos em que couber convite, a Administração poderá utilizar a tomada de preços e, em qualquer caso, a concorrência.

§ 5° É vedada a utilização da modalidade convite ou tomada de preços, conforme o caso, para parcelas de uma mesma obra ou serviço, ou ainda para obras e serviços da mesma natureza e no mesmo local que possam ser realizadas conjunta e concomitantemente, sempre que o somatório de seus valores caracterizar o caso de tomada de preços ou concorrência, respectivamente, nos termos deste artigo, exceto para as parcelas de natureza específica que possam ser executadas por pessoas ou empresas de especialidade diversa daquele do executor da obra ou serviço.

§ 6° As organizações industriais da Administração Federal direta, em face de suas peculiaridades, obedecerão aos limites estabelecidos no inciso I deste artigo também para suas compras e serviços em geral, desde que para a aquisição de materiais aplicados exclusivamente na manutenção, reparo ou fabricação de meios operacionais bélicos pertencentes à União.

§ 7° Na compra de bens de natureza divisível e desde que não haja prejuízo para o conjunto ou complexo, é permitida a cotação de quantidade inferior à demandada na licitação, com vistas a ampliação da competitividade, podendo o edital fixar quantitativo mínimo para preservar a economia de escala.[32]

§ 8° No caso de consórcios públicos, aplicar-se-á o dobro dos valores mencionados no *caput* deste artigo quando formado por até 3 (três) entes da Federação, e o triplo, quando formado por maior número.[33]

Artículo 24. É dispensável a licitação:

I. para obras e serviços de engenharia de valor até 10% (dez por cento) do limite previsto na alínea a do inciso I do artigo anterior, desde que não se refiram a parcelas de uma mesma obra ou serviço ou ainda para obras e serviços da mesma natureza e no mesmo local que possam ser realizadas conjunta e concomitantemente;[34]

II. para outros serviços e compras de valor até 10% (dez por cento) do limite previsto na alínea a do inciso II do artigo anterior e para alienações, nos casos previstos nesta Lei, desde que não

---

30 Letra modificada por la Ley n° 9.648, de 27/5/1998.

31 Letra modificada por la Ley n° 9.648, de 27/5/1998.

32 Apartado modificado por la Ley n° 9.648, de 27/5/1998.

33 Apartado modificado por la Ley n° 11.107, de 6/4/2005.

34 Inciso modificado por la Ley n° 9.648, de 27/5/1998.

se refiram a parcelas de um mesmo serviço, compra ou alienação de maior vulto que possa ser realizada de uma só vez;[35]

III. nos casos de guerra ou grave perturbação da ordem;

IV. nos casos de emergência ou de calamidade pública, quando caracterizada urgência de atendimento de situação que possa ocasionar prejuízo ou comprometer a segurança de pessoas, obras, serviços, equipamentos e outros bens, públicos ou particulares, e somente para os bens necessários ao atendimento da situação emergencial ou calamitosa e para as parcelas de obras e serviços que possam ser concluídas no prazo máximo de 180 (cento e oitenta) dias consecutivos e ininterruptos, contados da ocorrência da emergência ou calamidade, vedada a prorrogação dos respectivos contratos;

V. quando não acudirem interessados à licitação anterior e esta, justificadamente, não puder ser repetida sem prejuízo para a Administração, mantidas, neste caso, todas as condições preestabelecidas;

VI. quando a União tiver que intervir no domínio econômico para regular preços ou normalizar o abastecimento;

VII. quando as propostas apresentadas consignarem preços manifestamente superiores aos praticados no mercado nacional, ou forem incompatíveis com os fixados pelos órgãos oficiais competentes, casos em que, observado o parágrafo único do art. 48 desta Lei e, persistindo a situação, será admitida a adjudicação direta dos bens ou serviços, por valor não superior ao constante do registro de preços, ou dos serviços;

VIII. para a aquisição, por pessoa jurídica de direito público interno, de bens produzidos ou serviços prestados por órgão ou entidade que integre a Administração Pública e que tenha sido criado para esse fim específico em data anterior à vigência desta Lei, desde que o preço contratado seja compatível com o praticado no mercado;

IX. quando houver possibilidade de comprometimento da segurança nacional, nos casos estabelecidos em decreto do Presidente da República, ouvido o Conselho de Defesa Nacional;

X. para compra ou locação de imóvel destinado ao atendimento das finalidades precípuas da Administração, cujas necessidades de instalação e localização condicionem a sua escolha, desde que o preço seja compatível com o valor de mercado, segundo avaliação prévia.

XI. na contratação de remanescente de obra, serviço ou fornecimento, em conseqüência de rescisão contratual, desde que atendida a ordem de classificação da licitação anterior e aceitas as mesmas condições oferecidas pelo licitante vencedor, inclusive quanto ao preço, devidamente corrigido;

XII. nas compras de hortifrutigranjeiros, pão e outros gêneros perecíveis, no tempo necessário para a realização dos processos licitatórios correspondentes, realizadas diretamente com base no preço do dia;

XIII. na contratação de instituição brasileira incumbida regimental ou estatutariamente da pesquisa, do ensino ou do desenvolvimento institucional, ou de instituição dedicada à recuperação social do preso, desde que a contratada detenha inquestionável reputação ético-profissional e não tenha fins lucrativos;

XIV.para a aquisição de bens ou serviços nos termos de acordo internacional específico aprovado pelo Congresso Nacional, quando as condições ofertadas forem manifestamente vantajosas para o Poder Público;

XV.para a aquisição ou restauração de obras de arte e objetos históricos, de autenticidade certificada, desde que compatíveis ou inerentes às finalidades do órgão ou entidade;

XVI. para a impressão dos diários oficiais, de formulários padronizados de uso da Administração, e de edições técnicas oficiais, bem como para a prestação de serviços de informática a pes-

---

35 Inciso modificado por la Ley nº 9.648, de 27/5/1998.

soa jurídica de direito público interno, por órgãos ou entidades que integrem a Administração Pública, criados para esse fim específico;

XVII. para a aquisição de componentes ou peças de origem nacional ou estrangeira, necessários à manutenção de equipamentos durante o período de garantia técnica, junto ao fornecedor original desses equipamentos, quando tal condição de exclusividade for indispensável para a vigência da garantia;

XVIII. nas compras ou contratações de serviços para o abastecimento de navios, embarcações, unidades aéreas ou tropas e seus meios de deslocamento, quando em estada eventual de curta duração em portos, aeroportos ou localidades diferentes de suas sedes, por motivo de movimentação operacional ou de adestramento, quando a exigüidade dos prazos legais puder comprometer a normalidade e os propósitos das operações e desde que seu valor não exceda ao limite previsto na alínea a do inciso II do art. 23 desta Lei;

XIX. para as compras de materiais de uso pelas Forças Armadas, com exceção de materiais de uso pessoal e administrativo, quando houver necessidade de manter a padronização requerida pela estrutura de apoio logístico dos meios navais, aéreos e terrestres, mediante parecer de comissão instituída por decreto;

XX. na contratação de associação de portadores de deficiência física, sem fins lucrativos e de comprovada idoneidade, por órgãos ou entidades da Administração Pública, para a prestação de serviços ou fornecimento de mão-de-obra, desde que o preço contratado seja compatível com o praticado no mercado.

XXI. para a aquisição de bens e insumos destinados exclusivamente à pesquisa científica e tecnológica com recursos concedidos pela Capes, pela Finep, pelo CNPq ou por outras instituições de fomento a pesquisa credenciadas pelo CNPq para esse fim específico;[36]

XXII. na contratação do fornecimento ou suprimento de energia elétrica e gás natural com concessionário, permissionário ou autorizado, segundo as normas da legislação específica;[37]

XXIII. na contratação realizada por empresa pública ou sociedade de economia mista com suas subsidiárias e controladas, para a aquisição ou alienação de bens, prestação ou obtenção de serviços, desde que o preço contratado seja compatível com o praticado no mercado;[38]

XXIV. para a celebração de contratos de prestação de serviços com as organizações sociais, qualificadas no âmbito das respectivas esferas de governo, para atividades contempladas no contrato de gestão.[39]

XXV. na contratação realizada por Instituição Científica e Tecnológica - ICT ou por agência de fomento para a transferência de tecnologia e para o licenciamento de direito de uso ou de exploração de criação protegida.[40]

XXVI. na celebração de contrato de programa com ente da Federação ou com entidade de sua Administração indireta, para a prestação de serviços públicos de forma associada nos termos do autorizado em contrato de consórcio público ou em convênio de cooperação.[41]

XXVII. na contratação da coleta, processamento e comercialização de resíduos sólidos urbanos recicláveis ou reutilizáveis, em áreas com sistema de coleta seletiva de lixo, efetuados por associações ou cooperativas formadas exclusivamente por pessoas físicas de baixa renda reconhecidas pelo poder público como catadores de materiais recicláveis, com o uso de equipamentos compatíveis com as normas técnicas, ambientais e de saúde pública.[42]

---

36 Inciso modificado por la Ley nº 12.349, de 15/10/2010.
37 Inciso modificado por la Ley nº 10.438, de 26/4/2002.
38 Inciso modificado por la Ley nº 9.648, de 27/5/1998.
39 Inciso modificado por la Ley nº 9.648, de 27/5/1998.
40 Inciso modificado por la Ley nº 10.973, de 2/12/2004.
41 Inciso modificado por la Ley nº 11.107, de 6/4/2005.
42 Inciso modificado por la Ley nº 11.445, de 5/1/2007.

XXVIII. para o fornecimento de bens e serviços, produzidos ou prestados no País, que envolvam, cumulativamente, alta complexidade tecnológica e defesa nacional, mediante parecer de comissão especialmente designada pela autoridade máxima do órgão.[43]

XXIX. na aquisição de bens e contratação de serviços para atender aos contingentes militares das Forças Singulares brasileiras empregadas em operações de paz no exterior, necessariamente justificadas quanto ao preço e à escolha do fornecedor ou executante e ratificadas pelo Comandante da Força.[44]

Parágrafo único. Os percentuais referidos nos incisos I e II do *caput* deste artigo serão 20% (vinte por cento) para compras, obras e serviços contratados por consórcios públicos, sociedade de economia mista, empresa pública e por autarquia ou fundação qualificadas, na forma da lei, como Agências Executivas.

XXX. na contratação de instituição ou organização, pública ou privada, com ou sem fins lucrativos, para a prestação de serviços de assistência técnica e extensão rural no âmbito do Programa Nacional de Assistência Técnica e Extensão Rural na Agricultura Familiar e na Reforma Agrária, instituído por lei federal.[45]

XXXI. nas contratações visando ao cumprimento do disposto nos arts. 3°, 4°, 5° e 20 da Lei n° 10.973, de 2 de dezembro de 2004, observados os princípios gerais de contratação dela constantes.[46]

Artículo 25. É inexigível a licitação quando houver inviabilidade de competição, em especial:

I. para aquisição de materiais, equipamentos, ou gêneros que só possam ser fornecidos por produtor, empresa ou representante comercial exclusivo, vedada a preferência de marca, devendo a comprovação de exclusividade ser feita através de atestado fornecido pelo órgão de registro do comércio do local em que se realizaria a licitação ou a obra ou o serviço, pelo Sindicato, Federação ou Confederação Patronal, ou, ainda, pelas entidades equivalentes.

II. para a contratação de serviços técnicos enumerados no art. 13 desta Lei, de natureza singular, com profissionais ou empresas de notória especialização, vedada a inexigibilidade para serviços de publicidade e divulgação;

III. para contratação de profissional de qualquer setor artístico, diretamente ou através de empresário exclusivo, desde que consagrado pela crítica especializada ou pela opinião pública.

§ 1° Considera-se de notória especialização o profissional ou empresa, cujo conceito no campo de sua especialidade, decorrente de desempenho anterior, estudos, experiências, publicações, organização, aparelhamento, equipe técnica, ou de outros requisitos relacionados com suas atividades, permita inferir que o seu trabalho é essencial e indiscutivelmente o mais adequado à plena satisfação do objeto do contrato.

§ 2° Na hipótese deste artigo e em qualquer dos casos de dispensa, se comprovado superfaturamento, respondem solidariamente pelo dano causado à Fazenda Pública o fornecedor ou o prestador de serviços e o agente público responsável, sem prejuízo de outras sanções legais cabíveis.

Artículo 26.[47] As dispensas previstas nos §§ 2° e 4° do art. 17 e no inciso III e seguintes do art. 24, as situações de inexigibilidade referidas no art. 25, necessariamente justificadas, e o retardamento previsto no final do parágrafo único do art. 8° desta Lei deverão ser comunicados, dentro de 3 (três) dias, à autoridade superior, para ratificação e publicação na imprensa oficial, no prazo de 5 (cinco) dias, como condição para a eficácia dos atos.

Parágrafo único. O processo de dispensa, de inexigibilidade ou de retardamento, previsto neste artigo, será instruído, no que couber, com os seguintes elementos:

---

43 Inciso modificado por la Ley n° 11.484, de 31/5/2007.
44 Inciso modificado por la Ley n° 11.783, de 17/9/2008.
45 Inciso modificado por la Ley n° 12.188, de 11/1/2010.
46 Inciso modificado por la Ley n° 12.349, de 15/12/2010.
47 Artículo modificado por la Ley n° 11.107, de 6/4/2005.

I. caracterização da situação emergencial ou calamitosa que justifique a dispensa, quando for o caso;

II. razão da escolha do fornecedor ou executante;

III. justificativa do preço.

IV. documento de aprovação dos projetos de pesquisa aos quais os bens serão alocados.

Seção II.

Da Habilitação

Artículo 27. Para a habilitação nas licitações exigir-se-á dos interessados, exclusivamente, documentação relativa a:

I. habilitação jurídica;

II. qualificação técnica;

III. qualificação econômico-financeira;

IV. regularidade fiscal e trabalhista;[48]

V. cumprimento do disposto no inciso XXXIII do art. 7° da Constituição Federal.[49]

Artículo 28. A documentação relativa à habilitação jurídica, conforme o caso, consistirá em:

I. cédula de identidade;

II. registro comercial, no caso de empresa individual;

III. ato constitutivo, estatuto ou contrato social em vigor, devidamente registrado, em se tratando de sociedades comerciais, e, no caso de sociedades por ações, acompanhado de documentos de eleição de seus administradores;

IV. inscrição do ato constitutivo, no caso de sociedades civis, acompanhada de prova de diretoria em exercício;

V. decreto de autorização, em se tratando de empresa ou sociedade estrangeira em funcionamento no País, e ato de registro ou autorização para funcionamento expedido pelo órgão competente, quando a atividade assim o exigir.

Artículo 29.[50] A documentação relativa à regularidade fiscal e trabalhista, conforme o caso, consistirá em:

I. prova de inscrição no Cadastro de Pessoas Físicas (CPF) ou no Cadastro Geral de Contribuintes (CGC);

II. prova de inscrição no cadastro de contribuintes estadual ou municipal, se houver, relativo ao domicílio ou sede do licitante, pertinente ao seu ramo de atividade e compatível com o objeto contratual;

III. prova de regularidade para a Fazenda Federal, Estadual e Municipal do domicílio ou sede do licitante, ou outra equivalente, na forma da lei;

IV. prova de regularidade relativa à Seguridade Social e ao Fundo de Garantia por Tempo de Serviço (FGTS), demonstrando situação regular no cumprimento dos encargos sociais instituídos por Lei.

V. prova de inexistência de débitos inadimplidos perante a Justiça do Trabalho, mediante a apresentação de certidão negativa, nos termos do Título VII-A da Consolidação das Leis do Trabalho, aprovada pelo Decreto-Lei n° 5.452, de 1° de maio de 1943.

Artículo 30. A documentação relativa à qualificação técnica limitar-se-á a:

I. registro ou inscrição na entidade profissional competente;

II. comprovação de aptidão para desempenho de atividade pertinente e compatível em características, quantidades e prazos com o objeto da licitação, e indicação das instalações e do aparelhamento e do pessoal técnico adequados e disponíveis para a realização do objeto da licitação,

---

48 Inciso modificado por la Ley n° 12.440, de 7/7/2011.

49 Inciso modificado por la Ley n° 9.854, de 27/10/1999.

50 Artículo modificado por la n° 12.440, de 7/7/2011.

bem como da qualificação de cada um dos membros da equipe técnica que se responsabilizará pelos trabalhos;

III. comprovação, fornecida pelo órgão licitante, de que recebeu os documentos, e, quando exigido, de que tomou conhecimento de todas as informações e das condições locais para o cumprimento das obrigações objeto da licitação;

IV. prova de atendimento de requisitos previstos em lei especial, quando for o caso.

§ 1° A comprovação de aptidão referida no inciso II do caput deste artigo, no caso das licitações pertinentes a obras e serviços, será feita por atestados fornecidos por pessoas jurídicas de direito público ou privado, devidamente registrados nas entidades profissionais competentes, limitadas as exigências a:

I. capacitação técnico-profissional: comprovação do licitante de possuir em seu quadro permanente, na data prevista para entrega da proposta, profissional de nível superior ou outro devidamente reconhecido pela entidade competente, detentor de atestado de responsabilidade técnica por execução de obra ou serviço de características semelhantes, limitadas estas exclusivamente às parcelas de maior relevância e valor significativo do objeto da licitação, vedadas as exigências de quantidades mínimas ou prazo máximos;

II. (VETADO)

a) (VETADO)

b) (VETADO)

§ 2° As parcelas de maior relevância técnica e de valor significativo, mencionadas no parágrafo anterior, serão definidas no instrumento convocatório.

§ 3° Será sempre admitida a comprovação de aptidão através de certidões ou atestados de obras ou serviços similares de complexidade tecnológica e operacional equivalente ou superior.

§ 4° Nas licitações para fornecimento de bens, a comprovação de aptidão, quando for o caso, será feita através de atestados fornecidos por pessoa jurídica de direito público ou privado.

§ 5° É vedada a exigência de comprovação de atividade ou de aptidão com limitações de tempo ou de época ou ainda em locais específicos, ou quaisquer outras não previstas nesta Lei, que inibam a participação na licitação.

§ 6° As exigências mínimas relativas a instalações de canteiros, máquinas, equipamentos e pessoal técnico especializado, considerados essenciais para o cumprimento do objeto da licitação, serão atendidas mediante a apresentação de relação explícita e da declaração formal da sua disponibilidade, sob as penas cabíveis, vedada as exigências de propriedade e de localização prévia.

§ 7° (VETADO)

I. (VETADO)

II. (VETADO)

§ 8° No caso de obras, serviços e compras de grande vulto, de alta complexidade técnica, poderá a Administração exigir dos licitantes a metodologia de execução, cuja avaliação, para efeito de sua aceitação ou não, antecederá sempre à análise dos preços e será efetuada exclusivamente por critérios objetivos.

§ 9° Entende-se por licitação de alta complexidade técnica aquela que envolva alta especialização, como fator de extrema relevância para garantir a execução do objeto a ser contratado, ou que possa comprometer a continuidade da prestação de serviços públicos essenciais.

§ 10. Os profissionais indicados pelo licitante para fins de comprovação da capacitação técnico-operacional de que trata o inciso I do § 1° deste artigo deverão participar da obra ou serviço objeto da licitação, admitindo-se a substituição por profissionais de experiência equivalente ou superior, desde que aprovada pela Administração.

§ 11. (VETADO)

§ 12. (VETADO)

Artículo 31. A documentação relativa à qualificação econômico-financeira limitar-se-á a:

I. balanço patrimonial e demonstrações contábeis do último exercício social, já exigíveis e apresentados na forma da lei, que comprovem a boa situação financeira da empresa, vedada a sua substituição por balancetes ou balanços provisórios, podendo ser atualizados por índices oficiais quando encerrado há mais de 3 (três) meses da data de apresentação da proposta;

II. certidão negativa de falência ou concordata expedida pelo distribuidor da sede da pessoa jurídica, ou de execução patrimonial, expedida no domicílio da pessoa física;

III. garantia, nas mesmas modalidades e critérios previstos no caput e § 1° do art. 56 desta Lei, limitada a 1% (um por cento) do valor estimado do objeto da contratação.

§ 1° A exigência de índices limitar-se-á à demonstração da capacidade financeira do licitante com vistas aos compromissos que terá que assumir caso lhe seja adjudicado o contrato, vedada a exigência de valores mínimos de faturamento anterior, índices de rentabilidade ou lucratividade.

§ 2° Administração, nas compras para entrega futura e na execução de obras e serviços, poderá estabelecer, no instrumento convocatório da licitação, a exigência de capital mínimo ou de patrimônio líquido mínimo, ou ainda as garantias previstas no § 1° do art. 56 desta Lei, como dado objetivo de comprovação da qualificação econômico-financeira dos licitantes e para efeito de garantia ao adimplemento do contrato a ser ulteriormente celebrado.

§ 3° O capital mínimo ou o valor do patrimônio líquido a que se refere o parágrafo anterior, não poderá exceder a 10% (dez por cento) do valor estimado da contratação, devendo a comprovação ser feita relativamente à data da apresentação da proposta, na forma da lei, admitida a atualização para esta data através de índices oficiais.

§ 4° Poderá ser exigida, ainda, a relação dos compromissos assumidos pelo licitante que importem diminuição da capacidade operativa ou absorção de disponibilidade financeira, calculada esta em função do patrimônio líquido atualizado e sua capacidade de rotação.

§ 5° A comprovação da boa situação financeira da empresa será feita de forma objetiva, através do cálculo de índices contábeis previstos no edital e devidamente justificados no processo administrativo da licitação que tenha dado início ao certame licitatório, vedada a exigência de índices e valores não usualmente adotados para a correta avaliação de situação financeira suficiente ao cumprimento das obrigações decorrentes da licitação.

§ 6° (VETADO)

Artículo 32. Os documentos necessários à habilitação poderão ser apresentados em original, por qualquer processo de cópia autenticada por cartório competente ou por servidor da Administração ou publicação em órgão da imprensa oficial.

§ 1° A documentação de que tratam os arts. 28 a 31 desta Lei poderá ser dispensada, no todo ou em parte, nos casos de convite, concurso, fornecimento de bens para pronta entrega e leilão.

§ 2° O certificado de registro cadastral a que se refere o § 1° do art. 36, substitui os documentos enumerados nos arts. 28 a 31, quanto às informações disponibilizadas em sistema informatizado de consulta direta indicado no edital, obrigando-se a parte a declarar, sob as penalidades legais, a superveniência de fato impeditivo da habilitação.[51]

§ 3° A documentação referida neste artigo poderá ser substituída por registro cadastral emitido por órgão ou entidade pública, desde que previsto no edital e o registro tenha sido feito em obediência ao disposto nesta Lei.

§ 4° As empresas estrangeiras que não funcionem no País, tanto quanto possível, atenderão, nas licitações internacionais, às exigências dos parágrafos anteriores mediante documentos equivalentes, autenticados pelos respectivos consulados e traduzidos por tradutor juramentado, devendo ter representação legal no Brasil com poderes expressos para receber citação e responder administrativa ou judicialmente.

§ 5° Não se exigirá, para a habilitação de que trata este artigo, prévio recolhimento de taxas ou emolumentos, salvo os referentes a fornecimento do edital, quando solicitado, com os seus elementos constitutivos, limitados ao valor do custo efetivo de reprodução gráfica da documentação fornecida.

---

51 Apartado modificado por la Ley nº 9.648, de 27/5/1998.

§ 6° O disposto no § 4° deste artigo, no § 1° do art. 33 e no § 2° do art. 55 não se aplica às licitações internacionais para a aquisição de bens e serviços cujo pagamento seja feito com o produto de financiamento concedido por organismo financeiro internacional de que o Brasil faça parte, ou por agência estrangeira de cooperação, nem nos casos de contratação com empresa estrangeira, para a compra de equipamentos fabricados e entregues no exterior, desde que para este caso tenha havido prévia autorização do Chefe do Poder Executivo, nem nos casos de aquisição de bens e serviços realizada por unidades administrativas com sede no exterior.

Artículo 33. Quando permitida na licitação a participação de empresas em consórcio, observar-se-ão as seguintes normas:

I. comprovação do compromisso público ou particular de constituição de consórcio, subscrito pelos consorciados;

II. indicação da empresa responsável pelo consórcio que deverá atender às condições de liderança, obrigatoriamente fixadas no edital;

III. apresentação dos documentos exigidos nos arts. 28 a 31 desta Lei por parte de cada consorciado, admitindo-se, para efeito de qualificação técnica, o somatório dos quantitativos de cada consorciado, e, para efeito de qualificação econômico-financeira, o somatório dos valores de cada consorciado, na proporção de sua respectiva participação, podendo a Administração estabelecer, para o consórcio, um acréscimo de até 30% (trinta por cento) dos valores exigidos para licitante individual, inexigível este acréscimo para os consórcios compostos, em sua totalidade, por micro e pequenas empresas assim definidas em Lei;

IV. impedimento de participação de empresa consorciada, na mesma licitação, através de mais de um consórcio ou isoladamente;

V. responsabilidade dos integrantes pelos atos praticados em consórcio, tanto na fase de licitação quanto na de execução do contrato.

§ 1° No consórcio de empresas brasileiras e estrangeiras a liderança caberá, obrigatoriamente, à empresa brasileira, observado o disposto no inciso II deste artigo.

§ 2° O licitante vencedor fica obrigado a promover, antes da celebração do contrato, a constituição e o registro do consórcio, nos termos do compromisso referido no inciso I deste artigo.

Seção III.

Dos Registros Cadastrais

Artículo 34. Para os fins desta lei, os órgãos e entidades da Administração Pública que realizem freqüentemente licitações manterão registros cadastrais para efeito de habilitação, na forma regulamentar, válidos por, no máximo, um ano.

§ 1° O registro cadastral deverá ser amplamente divulgado e deverá estar permanentemente aberto aos interessados, obrigando-se a unidade por ele responsável a proceder, no mínimo anualmente, através da imprensa oficial e de jornal diário, a chamamento público para a atualização dos registros existentes e para o ingresso de novos interessados.

§ 2° É facultado às unidades administrativas utilizarem-se de registros cadastrais de outros órgãos ou entidades da Administração Pública.

Artículo 35. Ao requerer inscrição no cadastro, ou atualização deste, a qualquer tempo, o interessado fornecerá os elementos necessários à satisfação das exigências do art. 27 desta Lei.

Artículo 36. Os inscritos serão classificados por categorias, tendo-se em vista sua especialização, subdivididas em grupos, segundo a qualificação técnica e econômica avaliada pelos elementos constantes da documentação relacionada nos arts. 30 e 31 desta Lei.

§ 1° Aos inscritos será fornecido certificado, renovável sempre que atualizarem o registro.

§ 2° A atuação do licitante no cumprimento de obrigações assumidas será anotada no respectivo registro cadastral.

Artículo 37. A qualquer tempo poderá ser alterado, suspenso ou cancelado o registro do inscrito que deixar de satisfazer as exigências do art. 27 desta lei, ou as estabelecidas para classificação cadastral.

Seção IV.
Do Procedimento e Julgamento

Artículo 38. O procedimento da licitação será iniciado com a abertura de processo administrativo, devidamente autuado, protocolado e numerado, contendo a autorização respectiva, a indicação sucinta de seu objeto e do recurso próprio para a despesa, e ao qual serão juntados oportunamente:

I. edital ou convite e respectivos anexos, quando for o caso;

II. comprovante das publicações do edital resumido, na forma do art. 21 desta Lei, ou da entrega do convite;

III. ato de designação da comissão de licitação, do leiloeiro administrativo ou oficial, ou do responsável pelo convite;

IV. original das propostas e dos documentos que as instruírem;

V. atas, relatórios e deliberações da Comissão Julgadora;

VI. pareceres técnicos ou jurídicos emitidos sobre a licitação, dispensa ou inexigibilidade;

VII. atos de adjudicação do objeto da licitação e da sua homologação;

VIII. recursos eventualmente apresentados pelos licitantes e respectivas manifestações e decisões;

IX. despacho de anulação ou de revogação da licitação, quando for o caso, fundamentado cicunstanciadamente;

X. termo de contrato ou instrumento equivalente, conforme o caso;

XI. outros comprovantes de publicações;

XII. demais documentos relativos à licitação.

Parágrafo único. As minutas de editais de licitação, bem como as dos contratos, acordos, convênios ou ajustes devem ser previamente examinadas e aprovadas por assessoria jurídica da Administração.

Artículo 39. Sempre que o valor estimado para uma licitação ou para um conjunto de licitações simultâneas ou sucessivas for superior a 100 (cem) vezes o limite previsto no art. 23, inciso I, alínea "c" desta Lei, o processo licitatório será iniciado, obrigatoriamente, com uma audiência pública concedida pela autoridade responsável com antecedência mínima de 15 (quinze) dias úteis da data prevista para a publicação do edital, e divulgada, com a antecedência mínima de 10 (dez) dias úteis de sua realização, pelos mesmos meios previstos para a publicidade da licitação, à qual terão acesso e direito a todas as informações pertinentes e a se manifestar todos os interessados.

Parágrafo único. Para os fins deste artigo, consideram-se licitações simultâneas aquelas com objetos similares e com realização prevista para intervalos são superiores a trinta dias, e licitações sucessivas aquelas em que, também com objetos similares, o edital subseqüente tenha uma data anterior a cento e vinte dias após o término do contrato resultante da licitação antecedente.

Artículo 40. O edital conterá no preâmbulo o número de ordem em série anual, o nome da repartição interessada e de seu setor, a modalidade, o regime de execução e o tipo da licitação, a menção de que será regida por esta Lei, o local, dia e hora para recebimento da documentação e proposta, bem como para início da abertura dos envelopes, e indicará, obrigatoriamente, o seguinte:

I. objeto da licitação, em descrição sucinta e clara;

II. prazo e condições para assinatura do contrato ou retirada dos instrumentos, como previsto no art. 64 desta Lei, para execução do contrato e para entrega do objeto da licitação;

III. sanções para o caso de inadimplemento;

IV. local onde poderá ser examinado e adquirido o projeto básico;

V. se há projeto executivo disponível na data da publicação do edital de licitação e o local onde possa ser examinado e adquirido;

VI. condições para participação na licitação, em conformidade com os arts. 27 a 31 desta lei, e forma de apresentação das propostas;

VII. critério para julgamento, com disposições claras e parâmetros objetivos;

VIII. locais, horários e códigos de acesso dos meios de comunicação à distância em que serão fornecidos elementos, informações e esclarecimentos relativos à licitação e às condições para atendimento das obrigações necessárias ao cumprimento de seu objeto;

IX. condições equivalentes de pagamento entre empresas brasileiras e estrangeiras, no caso de licitações internacionais;

X. o critério de aceitabilidade dos preços unitário e global, conforme o caso, permitida a fixação de preços máximos e vedados a fixação de preços mínimos, critérios estatísticos ou faixas de variação em relação a preços de referência, ressalvado o disposto nos parágrafos 1° e 2° do art. 48.[52]

XI. critério de reajuste, que deverá retratar a variação efetiva do custo de produção, admitida a adoção de índices específicos ou setoriais, desde a data prevista para apresentação da proposta, ou do orçamento a que essa proposta se referir, até a data do adimplemento de cada parcela;

XII. (VETADO)

XIII. limites, para pagamento de instalação e mobilização para execução de obras ou serviços que serão obrigatoriamente previstos em separado das demais parcelas, etapas ou tarefas;

XIV. condições de pagamento, prevendo:

a) prazo de pagamento não superior a trinta dias, contado a partir da data final do período de adimplemento de cada parcela;

b) cronograma de desembolso máximo por período, em conformidade com a disponibilidade de recursos financeiros;

c) critério de atualização financeira dos valores a serem pagos, desde a data final do período de adimplemento de cada parcela até a data do efetivo pagamento;

d) compensações financeiras e penalizações, por eventuais atrasos, e descontos, por eventuais antecipações de pagamentos;

e) exigência de seguros, quando for o caso;

XV. instruções e normas para os recursos previstos nesta Lei;

XVI. condições de recebimento do objeto da licitação;

XVII. outras indicações específicas ou peculiares da licitação.

§ 1° O original do edital deverá ser datado, rubricado em todas as folhas e assinado pela autoridade que o expedir, permanecendo no processo de licitação, e dele extraindo-se cópias integrais ou resumidas, para sua divulgação e fornecimento aos interessados.

§ 2° Constituem anexos do edital, dele fazendo parte integrante:

I. o projeto básico e/ou executivo, com todas as suas partes, desenhos, especificações e outros complementos;

II. orçamento estimado em planilhas de quantitativos e preços unitários;

III. a minuta do contrato a ser firmado entre a Administração e o licitante vencedor;

IV. as especificações complementares e as normas de execução pertinentes à licitação.

§ 3° Para efeito do disposto nesta Lei, considera-se como adimplemento da obrigação contratual a prestação do serviço, a realização da obra, a entrega do bem ou de parcela destes, bem como qualquer outro evento contratual a cuja ocorrência esteja vinculada a emissão de documento de cobrança.

§ 4° Nas compras para entrega imediata, assim entendidas aquelas com prazo de entrega até trinta dias da data prevista para apresentação da proposta, poderão ser dispensados:

---

52 Inciso modificado por la Ley n° 9.648, de 27/5/1998.

I. o disposto no inciso XI deste artigo;

II. a atualização financeira a que se refere a alínea "c" do inciso XIV deste artigo, correspondente ao período compreendido entre as datas do adimplemento e a prevista para o pagamento, desde que não superior a quinze dias.

Artículo 41. A Administração não pode descumprir as normas e condições do edital, ao qual se acha estritamente vinculada.

§ 1° Qualquer cidadão é parte legítima para impugnar edital de licitação por irregularidade na aplicação desta Lei, devendo protocolar o pedido até 5 (cinco) dias úteis antes da data fixada para a abertura dos envelopes de habilitação, devendo a Administração julgar e responder à impugnação em até 3 (três) dias úteis, sem prejuízo da faculdade prevista no § 1° do art. 113.

§ 2° Decairá do direito de impugnar os termos do edital de licitação perante a Administração o licitante que não o fizer até o segundo dia útil que anteceder a abertura dos envelopes de habilitação em concorrência, a abertura dos envelopes com as propostas em convite, tomada de preços ou concurso, ou a realização de leilão, as falhas ou irregularidades que viciariam esse edital, hipótese em que tal comunicação não terá efeito de recurso.

§ 3° A impugnação feita tempestivamente pelo licitante não o impedirá de participar do processo licitatório até o trânsito em julgado da decisão a ela pertinente.

§ 4° A inabilitação do licitante importa preclusão do seu direito de participar das fases subseqüentes.

Artículo 42. Nas concorrências de âmbito internacional o edital deverá ajustar-se às diretrizes da política monetária e do comércio exterior e atender às exigências dos órgãos competentes.

§ 1° Quando for permitido ao licitante estrangeiro cotar preço em moeda estrangeira, igualmente o poderá fazer o licitante brasileiro.

§ 2° O pagamento feito ao licitante brasileiro eventualmente contratado em virtude da licitação de que trata o parágrafo anterior será efetuado em moeda brasileira, à taxa de câmbio vigente no dia útil imediatamente anterior à data do efetivo pagamento.

§ 3° As garantias de pagamento ao licitante brasileiro serão equivalentes àquelas oferecidas ao licitante estrangeiro.

§ 4° Para fins de julgamento da licitação, as propostas apresentadas por licitantes estrangeiros serão acrescidas dos gravames conseqüentes dos mesmos tributos que oneram exclusivamente os licitantes brasileiros quanto à operação final de venda.

§ 5° Para a realização de obras, prestação de serviços ou aquisição de bens com recursos provenientes de financiamento ou doação oriundos de agência oficial de cooperação estrangeira ou organismo financeiro multilateral de que o Brasil seja parte, poderão ser admitidas, na respectiva licitação, as condições decorrentes de acordos, protocolos, convenções ou tratados internacionais, aprovados pelo Congresso Nacional, bem como as normas e procedimentos daquelas entidades, inclusive quanto ao critério de seleção da proposta mais vantajosa para a Administração, o qual poderá contemplar, além do preço, outros fatores de avaliação desde que por elas exigidos para a obtenção do financiamento ou da doação, e que também não conflitem com o princípio do julgamento objetivo e sejam objeto de despacho motivado do órgão executor do contrato, despacho esse ratificado pela autoridade imediatamente superior.

§ 6° As cotações de todos os licitantes serão para entrega no mesmo local de destino.

Artículo 43. A licitação será processada e julgada com observância dos seguintes procedimentos:

I. abertura dos envelopes contendo a documentação relativa à habilitação dos concorrentes, e sua apreciação;

II. devolução dos envelopes fechados aos concorrentes inabilitados, contendo as respectivas propostas, desde que não tenha havido recurso ou após sua denegação;

III. abertura dos envelopes contendo as propostas dos concorrentes habilitados, desde que transcorrido o prazo sem interposição de recurso, ou tenha havido desistência expressa, ou após o julgamento dos recursos interpostos;

IV. verificação da conformidade de cada proposta com os requisitos do edital e, conforme o caso, com os preços correntes no mercado ou fixados por órgão oficial competente, ou ainda com os constantes do sistema de registro de preços, os quais deverão ser devidamente registrados na ata de julgamento, promovendo-se a desclassificação das propostas desconformes ou incompatíveis;

V. julgamento e classificação das propostas de acordo com os critérios de avaliação constantes do edital;

VI. deliberação da autoridade competente quanto à homologação e adjudicação do objeto da licitação.

§ 1° A abertura dos envelopes contendo a documentação para habilitação e as propostas será realizada sempre em ato público previamente designado, do qual se lavrará ata circunstanciada, assinada pelos licitantes presentes e pela Comissão.

§ 2° Todos os documentos e propostas serão rubricados pelos licitantes presentes e pela Comissão.

§ 3° É facultada à comissão ou autoridade superior, em qualquer fase da licitação, a promoção de diligência destinada a esclarecer ou a complementar a instrução do processo, vedada a inclusão posterior de documento ou informação que deveria constar originariamente da proposta.

§ 4° O disposto neste artigo aplica-se à concorrência e, no que couber, ao concurso, ao leilão, à tomada de preços e ao convite.

§ 5° Ultrapassada a fase de habilitação dos concorrentes (incisos I e II) e abertas as propostas (inciso III), não cabe desclassificá-los por motivo relacionado com a habilitação, salvo em razão de fatos supervenientes ou só conhecidos após o julgamento.

§ 6° Após a fase de habilitação, não cabe desistência de proposta, salvo por motivo justo decorrente de fato superveniente e aceito pela Comissão.

Artículo 44. No julgamento das propostas, a comissão levará em consideração os critérios objetivos definidos no edital ou convite, os quais não devem contrariar as normas e princípios estabelecidos por esta Lei.

§ 1° É vedada a utilização de qualquer elemento, critério ou fator sigiloso, secreto, subjetivo ou reservado que possa ainda que indiretamente elidir o princípio da igualdade entre os licitantes.

§ 2° Não se considerará qualquer oferta de vantagem não prevista no edital ou no convite, inclusive financiamentos subsidiados ou a fundo perdido, nem preço ou vantagem baseada nas ofertas dos demais licitantes.

§ 3° Não se admitirá proposta que apresente preços global ou unitários simbólicos, irrisórios ou de valor zero, incompatíveis com os preços dos insumos e salários de mercado, acrescidos dos respectivos encargos, ainda que o ato convocatório da licitação não tenha estabelecido limites mínimos, exceto quando se referirem a materiais e instalações de propriedade do próprio licitante, para os quais ele renuncie a parcela ou à totalidade da remuneração.

§ 4° O disposto no parágrafo anterior se aplica também às propostas que incluam mão-de-obra estrangeira ou importações de qualquer natureza.

Artículo 45. O julgamento das propostas será objetivo, devendo a Comissão de licitação ou o responsável pelo convite realizá-lo em conformidade com os tipos de licitação, os critérios previamente estabelecidos no ato convocatório e de acordo com os fatores exclusivamente nele referidos, de maneira a possibilitar sua aferição pelos licitantes e pelos órgãos de controle.

§ 1° Para os efeitos deste artigo, constituem tipos de licitação, exceto na modalidade concurso.

I. a de menor preço - quando o critério de seleção da proposta mais vantajosa para a Administração determinar que será vencedor o licitante que apresentar a proposta de acordo com as especificações do edital ou convite e ofertar o menor preço;

II. a de melhor técnica;

III. a de técnica e preço;

IV. a de maior lance ou oferta - nos casos de alienação de bens ou concessão de direito real de uso.

§ 2° No caso de empate entre duas ou mais propostas, e após obedecido o disposto no § 2° do art. 3° desta Lei, a classificação se fará, obrigatoriamente, por sorteio, em ato público, para o qual todos os licitantes serão convocados, vedado qualquer outro processo.

§ 3° No caso da licitação do tipo menor preço, entre os licitantes considerados qualificados a classificação se dará pela ordem crescente dos preços propostos, prevalecendo, no caso de empate, exclusivamente o critério previsto no parágrafo anterior.

§ 4° Para a contratação de bens e serviços de informática, a Administração observará o disposto no art. 3° da Lei n° 8.248, de 23 de outubro de 1991, levando em conta os fatores especificados em seu § 2° e adotando obrigatoriamente o tipo de licitação "técnica e preço", permitido o emprego de outro tipo de licitação nos casos indicados em decreto do Poder Executivo.

§ 5° É vedada a utilização de outros tipos de licitação não previstos neste artigo.

§ 6° Na hipótese prevista no art. 23, § 7°, serão selecionadas tantas propostas quantas necessárias até que se atinja a quantidade demandada na licitação.[53]

Artículo 46. Os tipos de licitação "melhor técnica" ou "técnica e preço" serão utilizados exclusivamente para serviços de natureza predominantemente intelectual, em especial na elaboração de projetos, cálculos, fiscalização, supervisão e gerenciamento e de engenharia consultiva em geral, e, em particular, para a elaboração de estudos técnicos preliminares e projetos básicos e executivos, ressalvado o disposto no § 4° do artigo anterior.

§ 1° Nas licitações do tipo "melhor técnica" será adotado o seguinte procedimento claramente explicitado no instrumento convocatório, o qual fixará o preço máximo que a Administração se propõe a pagar:

I. serão abertos os envelopes contendo as propostas técnicas exclusivamente dos licitantes previamente qualificados e feita então a avaliação e classificação destas propostas de acordo com os critérios pertinentes e adequados a objeto licitado, definidos com clareza e objetividade no instrumento convocatório e que considerem a capacitação e a experiência do proponente, a qualidade técnica da proposta, compreendendo metodologia, organização, tecnologias e recursos materiais a serem utilizados nos trabalhos, e a qualificação das equipes técnicas a serem mobilizadas para a sua execução;

II. uma vez classificadas as propostas técnicas, proceder-se-á à abertura das propostas de preço dos licitantes que tenham atingido a valorização mínima estabelecida no instrumento convocatório e à negociação das condições propostas, com a proponente melhor classificada, com base nos orçamentos detalhados apresentados e respectivos preços unitários e tendo como referência o limite representado pela proposta de menor preço entre os licitantes que obtiveram a valorização mínima;

III. no caso de impasse na negociação anterior, procedimento idêntico será adotado, sucessivamente, com os demais proponentes, pela ordem de classificação, até a consecução de acordo para a contratação;

IV. as propostas de preços serão devolvidas intactas aos licitantes que não forem preliminarmente habilitados ou que não obtiverem a valorização mínima estabelecida para a proposta técnica.

§ 2° Nas licitações do tipo "técnica e preço" será adotado, adicionalmente ao inciso I do parágrafo anterior, o seguinte procedimento claramente explicitado no instrumento convocatório:

I. será feita a avaliação e a valorização das propostas de preços, de acordo com critérios objetivos preestabelecidos no instrumento convocatório;

II. a classificação dos proponentes far-se-á de acordo com a média ponderada das valorizações das propostas técnicas e de preço, de acordo com os pesos preestabelecidos no instrumento convocatório.

---

53 Apartado modificado por la Ley n° 9.648, de 27/5/1998.

§ 3° Excepcionalmente, os tipos de licitação previstos neste artigo poderão ser adotados, por autorização expressa e mediante justificativa circunstanciada da maior autoridade da Administração promotora constante do ato convocatório, para fornecimento de bens e execução de obras ou prestação de serviços de grande vulto majoritariamente dependentes de tecnologia nitidamente sofisticada e de domínio restrito, atestado por autoridades técnicas de reconhecida qualificação, nos casos em que o objeto pretendido admitir soluções alternativas e variações de execução, com repercussões significativas sobre sua qualidade, produtividade, rendimento e durabilidade concretamente mensuráveis, e estas puderem ser adotadas à livre escolha dos licitantes, na conformidade dos critérios objetivamente fixados no ato convocatório.

§ 4° (VETADO)

Artículo 47. Nas licitações para a execução de obras e serviços, quando for adotada a modalidade de execução de empreitada por preço global, a Administração deverá fornecer obrigatoriamente, junto com o edital, todos os elementos e informações necessárias para que os licitantes possam elaborar suas propostas de preços com total e completo conhecimento do objeto da licitação.

Artículo 48. Serão desclassificadas:

I. as propostas que não atendam às exigências do ato convocatório da licitação;

II. propostas com valor global superior ao limite estabelecido ou com preços manifestamente inexeqüíveis, assim considerados aqueles que não venham a ter demonstrada sua viabilidade através de documentação que comprove que os custos dos insumos são coerentes com os de mercado e que os coeficientes de produtividade são compatíveis com a execução do objeto do contrato, condições estas necessariamente especificadas no ato convocatório da licitação.

§ 1° Para os efeitos do disposto no inciso II deste artigo, consideram-se manifestamente inexequíveis, no caso de licitações de menor preço para obras e serviços de engenharia, as propostas cujos valores sejam inferiores a 70% (setenta por cento) do menor dos seguintes valores:

a) média aritmética dos valores das propostas superiores a 50% (cinqüenta por cento) do valor orçado pela Administração, ou

b) valor orçado pela Administração.[54]

§ 2° Dos licitantes classificados na forma do parágrafo anterior cujo valor global da proposta for inferior a 80% (oitenta por cento) do menor valor a que se referem as alíneas a e b, será exigida, para a assinatura do contrato, prestação de garantia adicional, dentre as modalidades previstas no § 1° do art. 56, igual a diferença entre o valor resultante do parágrafo anterior e o valor da correspondente proposta.[55]

§ 3° Quando todos os licitantes forem inabilitados ou todas as propostas forem desclassificadas, a Administração poderá fixar aos licitantes o prazo de oito dias úteis para a apresentação de nova documentação ou de outras propostas escoimadas das causas referidas neste artigo, facultada, no caso de convite, a redução deste prazo para três dias úteis.[56]

Artículo 49. A autoridade competente para a aprovação do procedimento somente poderá revogar a licitação por razões de interesse público decorrente de fato superveniente devidamente comprovado, pertinente e suficiente para justificar tal conduta, devendo anulá-la por ilegalidade, de ofício ou por provocação de terceiros, mediante parecer escrito e devidamente fundamentado.

§ 1° A anulação do procedimento licitatório por motivo de ilegalidade não gera obrigação de indenizar, ressalvado o disposto no parágrafo único do art. 59 desta Lei.

§ 2° A nulidade do procedimento licitatório induz à do contrato, ressalvado o disposto no parágrafo único do art. 59 desta Lei.

---

54 Apartado modificado por la Ley n° 9.648, de 27/5/1998.

55 Apartado modificado por la Ley n° 9.648, de 27/5/1998.

56 Apartado modificado por la Ley n° 9.648, de 27/5/1998.

§ 3° No caso de desfazimento do processo licitatório, fica assegurado o contraditório e a ampla defesa.

§ 4° O disposto neste artigo e seus parágrafos aplicam-se aos atos do procedimento de dispensa e de inexigibilidade de licitação.

Artículo 50. A Administração não poderá celebrar o contrato com preterição da ordem de classificação das propostas ou com terceiros estranhos ao procedimento licitatório, sob pena de nulidade.

Artículo 51. A habilitação preliminar, a inscrição em registro cadastral, a sua alteração ou cancelamento, e as propostas serão processadas e julgadas por comissão permanente ou especial de, no mínimo, 3 (três) membros, sendo pelo menos 2 (dois) deles servidores qualificados pertencentes aos quadros permanentes dos órgãos da Administração responsáveis pela licitação.

§ 1° No caso de convite, a comissão de licitação, excepcionalmente, nas pequenas unidades administrativas e em face da exigüidade de pessoal disponível, poderá ser substituída por servidor formalmente designado pela autoridade competente.

§ 2° A comissão para julgamento dos pedidos de inscrição em registro cadastral, sua alteração ou cancelamento, será integrada por profissionais legalmente habilitados no caso de obras, serviços ou aquisição de equipamentos.

§ 3° Os membros das comissões de licitação responderão solidariamente por todos os atos praticados pela comissão, salvo se posição individual divergente estiver devidamente fundamentada e registrada em ata lavrada na reunião em que tiver sido tomada a decisão.

§ 4° A investidura dos membros das Comissões permanentes não excederá a 1 (um) ano, vedada a recondução da totalidade de seus membros para a mesma comissão no período subseqüente.

§ 5° No caso de concurso, o julgamento será feito por uma comissão especial integrada por pessoas de reputação ilibada e reconhecido conhecimento da matéria em exame, servidores públicos ou não.

Artículo 52. O concurso a que se refere o § 4° do art. 22 desta Lei deve ser precedido de regulamento próprio, a ser obtido pelos interessados no local indicado no edital.

§ 1° O regulamento deverá indicar:

I. a qualificação exigida dos participantes;

II. as diretrizes e a forma de apresentação do trabalho;

III. as condições de realização do concurso e os prêmios a serem concedidos.

§ 2° Em se tratando de projeto, o vencedor deverá autorizar a Administração a executá-lo quando julgar conveniente.

Artículo 53. O leilão pode ser cometido a leiloeiro oficial ou a servidor designado pela Administração, procedendo-se na forma da legislação pertinente.

§ 1° Todo bem a ser leiloado será previamente avaliado pela Administração para fixação do preço mínimo de arrematação.

§ 2° Os bens arrematados serão pagos à vista ou no percentual estabelecido no edital, não inferior a 5% (cinco por cento), e, após a assinatura da respectiva ata lavrada no local do leilão, imediatamente entregues ao arrematante, o qual se obrigará ao pagamento do restante no prazo estipulado no edital de convocação, sob pena de perder em favor da Administração o valor já recolhido.

§ 3° Nos leilões internacionais, o pagamento da parcela à vista poderá ser feito em até vinte e quatro horas.

§ 4° O edital de leilão deve ser amplamente divulgado principalmente no município em que se realizará.

CAPÍTULO III. DOS CONTRATOS

Seção I. Disposições Preliminares

Artículo 54. Os contratos administrativos de que trata esta Lei regulam-se pelas suas cláusulas e pelos preceitos de direito público, aplicando-se-lhes, supletivamente, os princípios da teoria geral dos contratos e as disposições de direito privado.

§ 1° Os contratos devem estabelecer com clareza e precisão as condições para sua execução, expressas em cláusulas que definam os direitos, obrigações e responsabilidades das partes, em conformidade com os termos da licitação e da proposta a que se vinculam.

§ 2° Os contratos decorrentes de dispensa ou de inexigibilidade de licitação devem atender aos termos do ato que os autorizou e da respectiva proposta.

Artículo 55. São cláusulas necessárias em todo contrato as que estabeleçam:

I. o objeto e seus elementos característicos;

II. o regime de execução ou a forma de fornecimento;

III. o preço e as condições de pagamento, os critérios, data-base e periodicidade do reajustamento de preços, os critérios de atualização monetária entre a data do adimplemento das obrigações e a do efetivo pagamento;

IV. os prazos de início de etapas de execução, de conclusão, de entrega, de observação e de recebimento definitivo, conforme o caso;

V. o crédito pelo qual correrá a despesa, com a indicação da classificação funcional programática e da categoria econômica;

VI. as garantias oferecidas para assegurar sua plena execução, quando exigidas;

VII. os direitos e as responsabilidades das partes, as penalidades cabíveis e os valores das multas;

VIII. os casos de rescisão;

IX. o reconhecimento dos direitos da Administração, em caso de rescisão administrativa prevista no art. 77 desta Lei;

X. as condições de importação, a data e a taxa de câmbio para conversão, quando for o caso;

XI. a vinculação ao edital de licitação ou ao termo que a dispensou ou a inexigiu, ao convite e à proposta do licitante vencedor;

XII. a legislação aplicável à execução do contrato e especialmente aos casos omissos;

XIII. a obrigação do contratado de manter, durante toda a execução do contrato, em compatibilidade com as obrigações por ele assumidas, todas as condições de habilitação e qualificação exigidas na licitação.

§ 1° (VETADO)

§ 2° Nos contratos celebrados pela Administração Pública com pessoas físicas ou jurídicas, inclusive aquelas domiciliadas no estrangeiro, deverá constar necessariamente cláusula que declare competente o foro da sede da Administração para dirimir qualquer questão contratual, salvo o disposto no § 6° do art. 32 desta Lei.

§ 3° No ato da liquidação da despesa, os serviços de contabilidade comunicarão, aos órgãos incumbidos da arrecadação e fiscalização de tributos da União, Estado ou Município, as características e os valores pagos, segundo o disposto no art. 63 da Lei n° 4.320, de 17 de março de 1964.

Artículo 56. A critério da autoridade competente, em cada caso, e desde que prevista no instrumento convocatório, poderá ser exigida prestação de garantia nas contratações de obras, serviços e compras.

§ 1° Caberá ao contratado optar por uma das seguintes modalidades de garantia:

I. caução em dinheiro ou em títulos da dívida pública, devendo estes ter sido emitidos sob a forma escritural, mediante registro em sistema centralizado de liquidação e de custódia autorizado pelo Banco Central do Brasil e avaliados pelos seus valores econômicos, conforme definido pelo Ministério da Fazenda;[57]

II. seguro-garantia;

III. fiança bancária.

§ 2° A garantia a que se refere o *caput* deste artigo não excederá a cinco por cento do valor do contrato e terá seu valor atualizado nas mesmas condições daquele, ressalvado o previsto no § 3° deste artigo.

§ 3° Para obras, serviços e fornecimentos de grande vulto envolvendo alta complexidade técnica e riscos financeiros consideráveis, demonstrados através de parecer tecnicamente aprovado pela autoridade competente, o limite de garantia previsto no parágrafo anterior poderá ser elevado para até dez por cento do valor do contrato.

§ 4° A garantia prestada pelo contratado será liberada ou restituída após a execução do contrato, e, quando em dinheiro, atualizada monetariamente.

§ 5° Nos casos de contratos que importem na entrega de bens pela Administração, dos quais o contratado ficará depositário, ao valor da garantia deverá ser acrescido o valor desses bens.

Artículo 57. A duração dos contratos regidos por esta Lei ficará adstrita à vigência dos respectivos créditos orçamentários, exceto quanto aos relativos:

I. aos projetos cujos produtos estejam contemplados nas metas estabelecidas no Plano Plurianual, os quais poderão ser prorrogados se houver interesse da Administração e desde que isso tenha sido previsto no ato convocatório;

II. a prestação de serviços a serem executados de forma contínua, que poderão ter a sua duração prorrogada por iguais e sucessivos períodos com vistas a obtenção de preços e condições mais vantajosas para a Administração, limitada a sessenta meses.[58]

III. (VETADO)

IV. ao aluguel de equipamentos à utilização de programas de informática, podendo a duração estender-se pelo prazo de até 48 (quarenta e oito) meses após o início da vigência do contrato.

V. às hipóteses previstas nos incisos IX, XIX, XXVIII e XXXI do art. 24, cujos contratos poderão ter vigência por até 120 (cento e vinte) meses, caso haja interesse da administração.[59]

§ 1° Os prazos de início de etapas de execução, de conclusão e de entrega admitem prorrogação, mantidas as demais cláusulas do contrato e assegurada a manutenção de seu equilíbrio econômico-financeiro, desde que ocorra algum dos seguintes motivos, devidamente autuados em processo:

I. alteração do projeto ou especificações, pela Administração;

II. superveniência de fato excepcional ou imprevisível, estranho à vontade das partes, que altere fundamentalmente as condições de execução do contrato;

III. interrupção da execução do contrato ou diminuição do ritmo de trabalho por ordem e no interesse da Administração;

IV. aumento das quantidades inicialmente previstas no contrato, nos limites permitidos por esta lei;

V. impedimento de execução por fato ou ato de terceiro reconhecido pela Administração em documento contemporâneo à sua ocorrência;

---

57 Inciso modificado por la Ley n° 11.079, de 30/12/2004.

58 Inciso modificado por la Ley n° 9.648, de 27/5/1998.

59 Inciso modificado por la Ley n° 12.349, de 15/12/2010.

VI. omissão ou atraso de providências a cargo da Administração, inclusive quanto aos pagamentos previstos de que resulte, diretamente, impedimento ou retardamento na execução do contrato, sem prejuízo das sanções legais aplicáveis aos responsáveis.

§ 2º Toda prorrogação de prazo deverá ser justificada por escrito e previamente, autorizada pela autoridade competente para celebrar o contrato.

§ 3º É vedado o contrato com prazo de vigência indeterminado.

§ 4º Em caráter excepcional, devidamente justificado e mediante autorização da autoridade superior, o prazo de que trata o inciso II do *caput* deste artigo poderá ser prorrogado em até doze meses.[60]

Artículo 58. O regime jurídico dos contratos administrativos instituído por esta Lei confere à Administração, em relação a eles, a prerrogativa de:

I. modificá-los, unilateralmente, para melhor adequação às finalidades de interesse público, respeitados os direitos do contratado;

II. rescindi-los, unilateralmente, nos casos especificados no inciso I do art. 79 desta Lei;

III. fiscalizar-lhes a execução;

IV. aplicar sanções motivadas pela inexecução total ou parcial do ajuste;

V. nos casos de serviços essenciais, ocupar provisoriamente bens móveis, imóveis, pessoal e serviços vinculados ao objeto do contrato, na hipótese da necessidade de acautelar apuração administrativa de faltas contratuais pelo contratado, bem como na hipótese de rescisão do contrato administrativo.

§ 1º As cláusulas econômico-financeiras e monetárias dos contratos administrativos não poderão ser alteradas sem prévia concordância do contratado.

§ 2º Na hipótese do inciso I deste artigo, as cláusulas econômico-financeiras do contrato deverão ser revistas para que se mantenha o equilíbrio contratual.

Artículo 59. A declaração de nulidade do contrato administrativo opera retroativamente impedindo os efeitos jurídicos que ele, ordinariamente, deveria produzir, além de desconstituir os já produzidos.

Parágrafo único. A nulidade não exonera a Administração do dever de indenizar o contratado pelo que este houver executado até a data em que ela for declarada e por outros prejuízos regularmente comprovados, contanto que não lhe seja imputável, promovendo-se a responsabilidade de quem lhe deu causa.

Seção II.
Da Formalização dos Contratos

Artículo 60. Os contratos e seus aditamentos serão lavrados nas repartições interessadas, as quais manterão arquivo cronológico dos seus autógrafos e registro sistemático do seu extrato, salvo os relativos a direitos reais sobre imóveis, que se formalizam por instrumento lavrado em cartório de notas, de tudo juntando-se cópia no processo que lhe deu origem.

Parágrafo único. É nulo e de nenhum efeito o contrato verbal com a Administração, salvo o de pequenas compras de pronto pagamento, assim entendidas aquelas de valor não superior a 5% (cinco por cento) do limite estabelecido no art. 23, inciso II, alínea a desta lei, feitas em regime de adiantamento.

Artículo 61. Todo contrato deve mencionar os nomes das partes e os de seus representantes, a finalidade, o ato que autorizou a sua lavratura, o número do processo da licitação, da dispensa ou da inexigibilidade, a sujeição dos contratantes às normas desta Lei e às cláusulas contratuais.

Parágrafo único. A publicação resumida do instrumento de contrato ou de seus aditamentos na imprensa oficial, que é condição indispensável para sua eficácia, será providenciada pela Administração até o quinto dia útil do mês seguinte ao de sua assinatura, para ocorrer no prazo de vinte

---

60 Apartado modificado por la Ley nº 9.648, de 27/5/1998.

dias daquela data, qualquer que seja o seu valor, ainda que sem ônus, ressalvado o disposto no art. 26 desta Lei.

Artículo 62. O instrumento de contrato é obrigatório nos casos de concorrência e de tomada de preços, bem como nas dispensas e inexigibilidades cujos preços estejam compreendidos nos limites destas duas modalidades de licitação, e facultativo nos demais em que a Administração puder substituí-lo por outros instrumentos hábeis, tais como carta-contrato, nota de empenho de despesa, autorização de compra ou ordem de execução de serviço.

§ 1° A minuta do futuro contrato integrará sempre o edital ou ato convocatório da licitação.

§ 2° Em carta contrato, nota de empenho de despesa, autorização de compra, ordem de execução de serviço ou outros instrumentos hábeis aplica-se, no que couber, o disposto no art. 55 desta lei.

§ 3° Aplica-se o disposto nos arts. 55 e 58 a 61 desta Lei e demais normas gerais, no que couber:

I. aos contratos de seguro, de financiamento, de locação em que o Poder Público seja locatário, e aos demais cujo conteúdo seja regido, predominantemente, por norma de direito privado.

II. aos contratos em que a Administração for parte como usuária de serviço público.

§ 4° É dispensável o "termo de contrato" e facultada a substituição prevista neste artigo a critério da Administração e independentemente de seu valor, nos casos de compra com entrega imediata e integral dos bens adquiridos, dos quais não resultem obrigações futuras, inclusive assistência técnica.

Artículo 63. É permitido a qualquer licitante o conhecimento dos termos do contrato e do respectivo processo licitatório e, a qualquer interessado, a obtenção de cópia autenticada, mediante o pagamento dos emolumentos devidos.

Artículo 64. A Administração convocará regularmente o interessado para assinar o termo de contrato, aceitar ou retirar o instrumento equivalente, dentro do prazo e condições estabelecidos, sob pena de decair o direito à contratação, sem prejuízo das sanções previstas no art. 81 desta Lei.

§ 1° O prazo de convocação poderá ser prorrogado uma vez, por igual período, quando solicitado pela parte durante o seu transcurso e desde que ocorra motivo justificado aceito pela Administração.

§ 2° É facultado à Administração, quando o convocado não assinar o termo de contrato ou não aceitar ou retirar o instrumento equivalente no prazo e condições estabelecidos, convocar os licitantes remanescentes, na ordem de classificação, para fazê-lo em igual prazo e nas mesmas condições propostas pelo primeiro classificado, inclusive quanto aos preços atualizados de conformidade com o ato convocatório, ou revogar a licitação independentemente da cominação prevista no art. 81 desta Lei.

§ 3° Decorridos 60 (sessenta) dias da data da entrega das propostas, sem convocação para a contratação, ficam os licitantes liberados dos compromissos assumidos.

Seção III.

Da Alteração dos Contratos

Artículo 65. Os contratos regidos por esta Lei poderão ser alterados, com as devidas justificativas, nos seguintes casos:

I. unilateralmente pela Administração:

a) quando houver modificação do projeto ou das especificações, para melhor adequação técnica aos seus objetivos;

b) quando necessária a modificação do valor contratual em decorrência de acréscimo ou diminuição quantitativa de seu objeto, nos limites permitidos por esta Lei;

II. por acordo das partes:

a) quando conveniente a substituição da garantia de execução;

b) quando necessária a modificação do regime de execução da obra ou serviço, bem como do modo de fornecimento, em face de verificação técnica da inaplicabilidade dos termos contratuais originários;

c) quando necessária a modificação da forma de pagamento, por imposição de circunstâncias supervenientes, mantido o valor inicial atualizado, vedada a antecipação do pagamento com relação ao cronograma financeiro fixado, sem a correspondente contraprestação de fornecimento de bens ou execução de obra ou serviço;

d) para restabelecer a relação que as partes pactuaram inicialmente entre os encargos do contratado e a retribuição da Administração para a justa remuneração da obra, serviço ou fornecimento, objetivando a manutenção do equilíbrio econômico-financeiro inicial do contrato, na hipótese de sobrevirem fatos imprevisíveis, ou previsíveis porém de conseqüências incalculáveis, retardadores ou impeditivos da execução do ajustado, ou ainda, em caso de força maior, caso fortuito ou fato do príncipe, configurando álea econômica extraordinária e extracontratual.

§ 1° O contratado fica obrigado a aceitar, nas mesmas condições contratuais, os acréscimos ou supressões que se fizerem nas obras, serviços ou compras, até 25% (vinte e cinco por cento) do valor inicial atualizado do contrato, e, no caso particular de reforma de edifício ou de equipamento, até o limite de 50% (cinqüenta por cento) para os seus acréscimos.

§ 2° Nenhum acréscimo ou supressão poderá exceder os limites estabelecidos no parágrafo anterior, salvo:[61]

I. ...

II. as supressões resultantes de acordo celebrado entre os contratantes.

§ 3° Se no contrato não houverem sido contemplados preços unitários para obras ou serviços, esses serão fixados mediante acordo entre as partes, respeitados os limites estabelecidos no § 1° deste artigo.

§ 4° No caso de supressão de obras, bens ou serviços, se o contratado já houver adquirido os materiais e posto no local dos trabalhos, estes deverão ser pagos pela Administração pelos custos de aquisição regularmente comprovados e monetariamente corrigidos, podendo caber indenização por outros danos eventualmente decorrentes da supressão, desde que regularmente comprovados.

§ 5° Quaisquer tributos ou encargos legais criados, alterados ou extintos, bem como a superveniência de disposições legais, quando ocorridas após a data da apresentação da proposta, de comprovada repercussão nos preços contratados, implicarão a revisão destes para mais ou para menos, conforme o caso.

§ 6° Em havendo alteração unilateral do contrato que aumente os encargos do contratado, a Administração deverá restabelecer, por aditamento, o equilíbrio econômico-financeiro inicial.

§ 7° (VETADO).

§ 8° A variação do valor contratual para fazer face ao reajuste de preços previsto no próprio contrato, as atualizações, compensações ou penalizações financeiras decorrentes das condições de pagamento nele previstas, bem como o empenho de dotações orçamentárias suplementares até o limite do seu valor corrigido, não caracterizam alteração do mesmo, podendo ser registrados por simples apostila, dispensando a celebração de aditamento.

Seção IV.
Da Execução dos Contratos

Artículo 66. O contrato deverá ser executado fielmente pelas partes, de acordo com as cláusulas avençadas e as normas desta Lei, respondendo cada uma pelas conseqüências de sua inexecução total ou parcial.

---

61 Apartado modificado por la Ley n° 9.648, de 27/5/1998.

Artículo 67. A execução do contrato deverá ser acompanhada e fiscalizada por um representante da Administração especialmente designado, permitida a contratação de terceiros para assisti-lo e subsidiá-lo de informações pertinentes a esta atribuição.

§ 1° O representante da Administração anotará em registro próprio todas as ocorrências relacionadas com a execução do contrato, determinando o que for necessário à regularização das faltas ou defeitos observados.

§ 2° As decisões e providências que ultrapassarem a competência do representante deverão ser solicitadas a seus superiores em tempo hábil para a adoção das medidas convenientes.

Artículo 68. O contrato deverá manter preposto, aceito pela Administração, no local da obra ou serviço, para representá-lo na execução do contrato.

Artículo 69. O contratado é obrigado a reparar, corrigir, remover, reconstruir ou substituir, as suas expensas, no total ou em parte, o objeto do contrato em que se verificarem vícios, defeitos ou incorreções resultantes da execução ou de materiais empregados.

Artículo 70. O contratado é responsável pelos danos causados diretamente à Administração ou a terceiros, decorrentes de sua culpa ou dolo na execução do contrato, não excluindo ou reduzindo essa responsabilidade a fiscalização ou o acompanhamento pelo órgão interessado.

Artículo 71. O contratado é responsável pelos encargos trabalhistas, previdenciários, fiscais e comerciais resultantes da execução do contrato.

§ 1° A inadimplência do contratado com referência aos encargos trabalhistas, fiscais e comerciais não transfere à Administração Pública a responsabilidade por seu pagamento, nem poderá onerar o objeto do contrato ou restringir a regularização e o uso das obras e edificações, inclusive perante o Registro de Imóveis.[62]

§ 2° A Administração Pública responde solidariamente com o contratado pelos encargos previdenciários resultantes da execução do contrato, nos termos do art. 31 da Lei n° 8.212, de 24 de julho de 1991.[63]

§ 3°...

Artículo 72. O contratado, na execução do contrato, sem prejuízo das responsabilidades contratuais e legais, poderá subcontratar partes da obra, serviço ou fornecimento, até o limite admitido, em cada caso, pela Administração.

Artículo 73. Executado o contrato, o seu objeto será recebido:

I. em se tratando de obras e serviços:

a) provisoriamente, pelo responsável por seu acompanhamento e fiscalização, mediante termo circunstanciado, assinado pelas partes em até 15 (quinze) dias da comunicação escrita do contratado;

b) definitivamente, por servidor ou comissão designada pela autoridade competente, mediante termo circunstanciado, assinado pelas partes, após o decurso do prazo de observação, ou vistoria que comprove a adequação do objeto aos termos contratuais, observado o disposto no art. 69 desta Lei;

II. em se tratando de compras ou de locação de equipamentos:

a) provisoriamente, para efeito de posterior verificação da conformidade do material com a especificação;

b) definitivamente, após a verificação da qualidade e quantidade do material e conseqüente aceitação.

§ 1° Nos casos de aquisição de equipamentos de grande vulto, o recebimento far-se-á mediante termo circunstanciado e, nos demais, mediante recibo.

---

62 Apartado modificado por la Ley n° 9.032, de 28/4/1995.

63 Apartado modificado por la Ley n° 9.032, de 28/4/1995.

§ 2° O recebimento provisório ou definitivo não exclui a responsabilidade civil pela solidez e segurança da obra ou do serviço, nem ético-profissional pela perfeita execução do contrato, dentro dos limites estabelecidos pela lei ou pelo contrato.

§ 3° O prazo a que se refere a alínea b do inciso I deste artigo não poderá ser superior a 90 (noventa) dias, salvo em casos excepcionais, devidamente justificados e previstos no edital.

§ 4° Na hipótese de o termo circunstanciado ou a verificação a que se refere este artigo não serem, respectivamente, lavrado ou procedida dentro dos prazos fixados, reputar-se-ão como realizados, desde que comunicados à Administração nos 15 (quinze) dias anterior à exaustão dos mesmos.

Artículo 74. Poderá ser dispensado o recebimento provisório nos seguintes casos:

I. gêneros perecíveis e alimentação preparada;

II. serviços profissionais;

III. obras e serviços de valor até o previsto no art. 23, inciso II, alínea a , desta Lei, desde que não se componham de aparelhos, equipamentos e instalações sujeitos à verificação de funcionamento e produtividade.

Parágrafo único. Nos casos deste artigo, o recebimento será feito mediante recibo.

Artículo 75. Salvo disposições em contrário constantes do edital, do convite ou de ato normativo, os ensaios, testes e demais provas exigidos por normas técnicas oficiais para a boa execução do objeto do contrato correm por conta do contratado.

Artículo 76. A Administração rejeitará, no todo ou em parte, obra, serviço ou fornecimento executado em desacordo com o contrato.

Seção V.

Da Inexecução e da Rescisão dos Contratos.

Artículo 77. A inexecução total ou parcial do contrato enseja a sua rescisão, com as conseqüências contratuais e as previstas em lei ou regulamento.

Artículo 78. Constituem motivo para rescisão do contrato:

I. o não cumprimento de cláusulas contratuais, especificações, projetos ou prazos;

II. o cumprimento irregular de cláusulas contratuais, especificações, projetos e prazos.

III. a lentidão do seu cumprimento, levando a Administração a comprovar a impossibilidade da conclusão da obra, do serviço ou do fornecimento, nos prazos estipulados.

IV. o atraso injustificado no início da obra, serviço ou fornecimento;

V. a paralisação da obra, do serviço ou do fornecimento, sem justa causa e prévia comunicação à Administração;

VI. a subcontratação total ou parcial do seu objeto, a associação do contratado com outrem, a cessão ou transferência, total ou parcial, bem como a fusão, cisão ou incorporação, não admitidas no edital e no contrato;

VII. o desatendimento das determinações regulares da autoridade designada para acompanhar e fiscalizar a sua execução, assim como as de seus superiores;

VIII. o cometimento reiterado de faltas na sua execução, anotadas na forma do 1° do art. 67 desta Lei;

IX. a decretação de falência ou a instauração de insolvência civil;

X. a dissolução da sociedade ou o falecimento do contratado;

XI. a alteração social ou a modificação da finalidade ou da estrutura da empresa, que prejudique a execução do contrato;

XII. razões de interesse público, de alta relevância e amplo conhecimento, justificadas e determinadas pela máxima autoridade da esfera administrativa a que está subordinado o contratante e exaradas no processo administrativo a que se refere o contrato;

XIII. a supressão, por parte da Administração, de obras, serviços ou compras, acarretando modificação do valor inicial do contrato além do limite permitido no § 1° do art. 65 desta Lei;

XIV. a suspensão de sua execução, por ordem escrita da Administração, por prazo superior a 120 (cento e vinte) dias, salvo em caso de calamidade pública, grave perturbação da ordem interna ou guerra, ou ainda por repetidas suspensões que totalizem o mesmo prazo, independentemente do pagamento obrigatório de indenizações pelas sucessivas e contratualmente imprevistas desmobilizações e mobilizações e outras previstas, assegurado ao contratado, nesses casos, o direito de optar pela suspensão do cumprimento das obrigações assumidas até que seja normalizada a situação;

XV. o atraso superior a 90 (noventa) dias dos pagamentos devidos pela Administração decorrentes de obras, serviços ou fornecimento, ou parcelas destes, já recebidos ou executados, salvo em caso de calamidade pública, grave perturbação da ordem interna ou guerra, assegurado ao contratado o direito de optar pela suspensão do cumprimento de suas obrigações até que seja normalizada a situação;

XVI. a não liberação, por parte da Administração, de área, local ou objeto para execução de obra, serviço ou fornecimento, nos prazos contratuais, bem como das fontes de materiais naturais especificadas no projeto;

XVII. a ocorrência de caso fortuito ou de força maior, regularmente comprovada, impeditiva da execução do contrato.

XVIII. descumprimento do disposto no inciso V do art. 27, sem prejuízo das sanções penais cabíveis.[64]

Parágrafo único. Os casos de rescisão contratual serão formalmente motivados nos autos do processo, assegurado o contraditório e a ampla defesa.

Artículo 79. A rescisão do contrato poderá ser:

I. determinada por ato unilateral e escrito da Administração, nos casos enumerados nos incisos I a XII e XVII do artigo anterior;

II. amigável, por acordo entre as partes, reduzida a termo no processo da licitação, desde que haja conveniência para a Administração;

III. judicial, nos termos da legislação;

IV. ...

§ 1° A rescisão administrativa ou amigável deverá ser precedida de autorização escrita e fundamentada da autoridade competente.

§ 2° Quando a rescisão ocorrer com base nos incisos XII a XVII do artigo anterior, sem que haja culpa do contratado, será este ressarcido dos prejuízos regularmente comprovados que houver sofrido, tendo ainda direito a:

I. devolução de garantia;

II. - pagamento devidos pela execução do contrato até a data da rescisão;

III - pagamento do custo da desmobilização.

§ 3° ...

§ 4° ...

§ 5° Ocorrendo impedimento, paralisação ou sustação do contrato, o cronograma de execução será prorrogado automaticamente por igual tempo.

Artículo 80. A rescisão de que trata o inciso I do artigo anterior acarreta as seguintes conseqüências, sem prejuízo das sanções previstas nesta Lei.

I - assunção imediata do objeto do contrato, no estado e local em que se encontrar, por ato próprio da Administração;

II - ocupação e utilização do local, instalações, equipamentos, material e pessoal empregados na execução do contrato, necessários à sua continuidade, na forma do inciso V do art. 58 desta Lei;

III - execução da garantia contratual, para ressarcimento da Administração, e dos valores das multas e indenizações a ela devidos;

64 Inciso modificado por la Ley n° 9.854, de 27/10/1999).

IV - retenção dos créditos decorrentes do contrato até o limite dos prejuízos causados à Administração.

§ 1° A aplicação das medidas previstas nos incisos I e II deste artigo fica a critério da Administração, que poderá dar continuidade à obra ou ao serviço por execução direta ou indireta.

§ 2° É permitido à Administração, no caso de concordata do contratado, manter o contrato, podendo assumir o controle de determinadas atividades de serviços essenciais.

§ 3° Na hipótese do inciso II deste artigo, o ato deverá ser precedido de autorização expressa do Ministro de Estado competente, ou Secretário Estadual ou Municipal, conforme o caso.

§ 4° A rescisão de que trata o inciso IV do artigo anterior permite à Administração, a seu critério, aplicar a medida prevista no inciso I deste artigo.

CAPÍTULO IV.
DAS SANÇÕES ADMINISTRATIVAS E DA TUTELA JUDICIAL

Seção I.
Das Disposições Gerais

Artículo 81. A recusa injustificada do adjudicatário em assinar o contrato, aceitar ou retirar o instrumento equivalente, dentro do prazo estabelecido pela Administração, caracteriza o descumprimento total da obrigação assumida, sujeitando-o às penalidades legalmente estabelecidas.

Parágrafo único. O disposto neste artigo não se aplica aos licitantes convocados nos termos do art. 64, § 2°, desta Lei, que não aceitarem a contratação, nas mesmas condições propostas pelo primeiro adjudicatário, inclusive quanto ao prazo e preço.

Artículo 82. Os agentes administrativos que praticarem atos em desacordo com os preceitos desta Lei ou visando a frustrar os objetivos da licitação sujeitam-se às sanções previstas nesta Lei e nos regulamentos próprios, sem prejuízo das responsabilidades civil e criminal que seu ato ensejar.

Artículo 83. Os crimes definidos nesta Lei, ainda que simplesmente tentados, sujeitam os seus autores, quando servidores públicos, além das sanções penais, à perda do cargo, emprego, função ou mandato eletivo.

Artículo 84. Considera-se servidor público, para os fins desta Lei, aquele que exerce, mesmo que transitoriamente ou sem remuneração, cargo, função ou emprego público.

§ 1° Equipara-se a servidor público, para os fins desta Lei, quem exerce cargo, emprego ou função em entidade paraestatal, assim consideradas, além das fundações, empresas públicas e sociedades de economia mista, as demais entidades sob controle, direto ou indireto, do Poder Público.

§ 2° A pena imposta será acrescida da terça parte, quando os autores dos crimes previstos nesta Lei forem ocupantes de cargo em comissão ou de função de confiança em órgão da Administração direta, autarquia, empresa pública, sociedade de economia mista, fundação pública, ou outra entidade controlada direta ou indiretamente pelo Poder Público.

Artículo 85. As infrações penais previstas nesta Lei pertinem às licitações e aos contratos celebrados pela União, Estados, Distrito Federal, Municípios, e respectivas autarquias, empresas públicas, sociedades de economia mista, fundações públicas, e quaisquer outras entidades sob seu controle direto ou indireto.

Seção II.
Das Sanções Administrativas

Artículo 86. O atraso injustificado na execução do contrato sujeitará o contratado à multa de mora, na forma prevista no instrumento convocatório ou no contrato.

§ 1º A multa a que alude neste artigo não impede que a Administração rescinda unilateralmente o contrato e aplique as outras sanções previstas nesta Lei.

§ 2º A multa, aplicada após regular processo administrativo, será descontada da garantia do respectivo contratado.

§ 3º Se a multa for de valor superior ao valor da garantia prestada, além da perda desta responderá o contratado pela sua diferença, a qual será descontada dos pagamentos eventualmente devidos pela Administração ou ainda, quando for o caso, cobrada judicialmente.

Artículo 87. Pela inexecução total ou parcial do contrato a Administração poderá, garantida a prévia defesa, aplicar ao contratado as seguintes sanções:

I - advertência;

II - multa, na forma prevista no instrumento convocatório ou no contrato;

III - suspensão temporária de participação em licitação e impedimento de contratar com a Administração, por prazo não superior a 2 (dois) anos;

IV - declaração de inidoneidade para licitar ou contratar com a Administração Pública enquanto perdurarem os motivos determinantes da punição ou até que seja promovida a reabilitação perante a própria autoridade que aplicou a penalidade, que será concedida sempre que o contratado ressarcir a Administração pelos prejuízos resultantes e após decorrido o prazo da sanção aplicada com base no inciso anterior.

§ 1º Se a multa aplicada for superior ao valor da garantia prestada, além da perda desta responderá o contratado pela sua diferença, que será descontada dos pagamentos eventualmente devidos pela Administração ou cobrada judicialmente.

§ 2º As sanções previstas nos incisos I, III e IV deste artigo poderão ser aplicadas juntamente com a do inciso II, facultada a defesa prévia do interessado, no respectivo processo, no prazo de 5 (cinco) dias úteis.

§ 3º A sanção estabelecida no inciso IV deste artigo é de competência exclusiva do Ministro de Estado, do Secretário Estadual ou Municipal, conforme o caso, facultada a defesa do interessado no respectivo processo, no prazo de 10 (dez) dias da abertura de vista, podendo a reabilitação ser requerida após 2 (dois) anos de sua aplicação.

Artículo 88. As sanções previstas nos incisos III e IV do artigo anterior poderão também ser aplicadas às empresas ou aos profissionais que, em razão dos contratos regidos por esta Lei:

I - tenham sofrido condenação definitiva por praticarem, por meios dolosos, fraude fiscal no recolhimento de quaisquer tributos;

II - tenham praticado atos ilícitos visando a frustrar os objetivos da licitação;

III - demonstrem não possuir idoneidade para contratar com a Administração em virtude de atos ilícitos praticados.

Seção III.

Dos Crimes e das Penas.

Artículo 89. Dispensar ou inexigir licitação fora das hipóteses previstas em lei, ou deixar de observar as formalidades pertinentes à dispensa ou à inexigibilidade:

Pena - detenção, de 3 (três) a 5 (cinco) anos, e multa.

Parágrafo único. Na mesma pena incorre aquele que, tendo comprovadamente concorrido para a consumação da ilegalidade, beneficiou-se da dispensa ou inexigibilidade ilegal, para celebrar contrato com o Poder Público.

Artículo 90. Frustrar ou fraudar, mediante ajuste, combinação ou qualquer outro expediente, o caráter competitivo do procedimento licitatório, com o intuito de obter, para si ou para outrem, vantagem decorrente da adjudicação do objeto da licitação:

Pena - detenção, de 2 (dois) a 4 (quatro) anos, e multa.

Artículo 91. Patrocinar, direta ou indiretamente, interesse privado perante a Administração, dando causa à instauração de licitação ou à celebração de contrato, cuja invalidação vier a ser decretada pelo Poder Judiciário:

Pena - detenção, de 6 (seis) meses a 2 (dois) anos, e multa.

Artículo 92. Admitir, possibilitar ou dar causa a qualquer modificação ou vantagem, inclusive prorrogação contratual, em favor do adjudicatário, durante a execução dos contratos celebrados com o Poder Público, sem autorização em lei, no ato convocatório da licitação ou nos respectivos instrumentos contratuais, ou, ainda, pagar fatura com preterição da ordem cronológica de sua exigibilidade, observado o disposto no art. 121 desta Lei:

Pena - detenção, de dois a quatro anos, e multa.

Parágrafo único. Incide na mesma pena o contratado que, tendo comprovadamente concorrido para a consumação da ilegalidade, obtém vantagem indevida ou se beneficia, injustamente, das modificações ou prorrogações contratuais.

Artículo 93. Impedir, perturbar ou fraudar a realização de qualquer ato de procedimento licitatório:

Pena - detenção, de 6 (seis) meses a 2 (dois) anos, e multa.

Artículo 94. Devassar o sigilo de proposta apresentada em procedimento licitatório, ou proporcionar a terceiro o ensejo de devassá-lo:

Pena - detenção, de 2 (dois) a 3 (três) anos, e multa.

Artículo 95. Afastar ou procurar afastar licitante, por meio de violência, grave ameaça, fraude ou oferecimento de vantagem de qualquer tipo:

Pena - detenção, de 2 (dois) a 4 (quatro) anos, e multa, além da pena correspondente à violência.

Parágrafo único. Incorre na mesma pena quem se abstém ou desiste de licitar, em razão da vantagem oferecida.

Artículo 96. Fraudar, em prejuízo da Fazenda Pública, licitação instaurada para aquisição ou venda de bens ou mercadorias, ou contrato dela decorrente:

I - elevando arbitrariamente os preços;

II - vendendo, como verdadeira ou perfeita, mercadoria falsificada ou deteriorada;

III - entregando uma mercadoria por outra;

IV - alterando substância, qualidade ou quantidade da mercadoria fornecida;

V - tornando, por qualquer modo, injustamente, mais onerosa a proposta ou a execução do contrato:

Pena - detenção, de 3 (três) a 6 (seis) anos, e multa.

Artículo 97. Admitir à licitação ou celebrar contrato com empresa ou profissional declarado inidôneo:

Pena - detenção, de 6 (seis) meses a 2 (dois) anos, e multa.

Parágrafo único. Incide na mesma pena aquele que, declarado inidôneo, venha a licitar ou a contratar com a Administração.

Artículo 98. Obstar, impedir ou dificultar, injustamente, a inscrição de qualquer interessado nos registros cadastrais ou promover indevidamente a alteração, suspensão ou cancelamento de registro do inscrito:

Pena - detenção, de 6 (seis) meses a 2 (dois) anos, e multa.

Artículo 99. A pena de multa cominada nos arts. 89 a 98 desta Lei consiste no pagamento de quantia fixada na sentença e calculada em índices percentuais, cuja base corresponderá ao valor da vantagem efetivamente obtida ou potencialmente auferível pelo agente.

§ 1° Os índices a que se refere este artigo não poderão ser inferiores a 2% (dois por cento), nem superiores a 5% (cinco por cento) do valor do contrato licitado ou celebrado com dispensa ou inexigibilidade de licitação.

§ 2° O produto da arrecadação da multa reverterá, conforme o caso, à Fazenda Federal, Distrital, Estadual ou Municipal.

Seção IV.

Do Processo e do Procedimento Judicial.

Artículo 100. Os crimes definidos nesta Lei são de ação penal pública incondicionada, cabendo ao Ministério Público promovê-la.

Artículo 101. Qualquer pessoa poderá provocar, para os efeitos desta Lei, a iniciativa do Ministério Público, fornecendo-lhe, por escrito, informações sobre o fato e sua autoria, bem como as circunstâncias em que se deu a ocorrência.

Parágrafo único. Quando a comunicação for verbal, mandará a autoridade reduzi-la a termo, assinado pelo apresentante e por duas testemunhas.

Artículo 102. Quando em autos ou documentos de que conhecerem, os magistrados, os membros dos Tribunais ou Conselhos de Contas ou os titulares dos órgãos integrantes do sistema de controle interno de qualquer dos Poderes, verificarem a existência dos crimes definidos pela Lei remeterão ao Ministério Público as cópias e os documentos necessários ao oferecimento da denúncia.

Artículo 103. Será admitida ação penal privada subsidiária da pública, se esta não for ajuizada no prazo legal, aplicando-se, no que couber, o disposto nos arts. 29 e 30 do Código de Processo Penal.

Artículo 104. Recebida a denúncia e citado o réu, terá este o prazo de 10 (dez) dias para apresentação de defesa escrita, contado da data do seu interrogatório, podendo juntar documentos, arrolar as testemunhas que tiver, em número não superior a 5 (cinco), e indicar as demais provas que pretenda produzir.

Artículo 105. Ouvidas as testemunhas da acusação e da defesa e praticadas as diligências instrutórias deferidas ou ordenadas pelo juiz, abrir-se-á, sucessivamente, o prazo de 5 (cinco) dias a cada parte para alegações finais.

Artículo 106. Decorrido esse prazo, e conclusos os autos dentro de 24 (vinte e quatro) horas, terá o juiz 10 (dez) dias para proferir a sentença.

Artículo 107. Da sentença cabe apelação, interponível no prazo de 5 (cinco) dias.

Artículo 108. No processamento e julgamento das infrações penais definidas nesta Lei, assim como nos recursos e nas execuções que lhes digam respeito, aplicar-se-ão, subsidiariamente, o Código de Processo Penal e a Lei de Execução Penal.

CAPÍTULO V.

DOS RECURSOS ADMINISTRATIVOS

Artículo 109. Dos atos da Administração decorrentes da aplicação desta Lei cabem:

I - recurso, no prazo de 5 (cinco) dias úteis a contar da intimação do ato ou da lavratura da ata, nos casos de:

a) habilitação ou inabilitação do licitante;

b) julgamento das propostas;

c) anulação ou revogação da licitação;

d) indeferimento do pedido de inscrição em registro cadastral, sua alteração ou cancelamento;

e) rescisão do contrato, a que se refere o inciso I do art. 79 desta Lei;

f) aplicação das penas de advertência, suspensão temporária ou de multa.

II - representação, no prazo de 5 (cinco) dias úteis da intimação da decisão relacionada com o objeto da licitação ou do contrato, de que não caiba recurso hierárquico;

III - pedido de reconsideração, de decisão de Ministro de Estado, ou Secretário Estadual ou Municipal, conforme o caso, na hipótese do § 4° do art. 87 desta Lei, no prazo de 10 (dez) dias úteis da intimação do ato.

§ 1° A intimação dos atos referidos no inciso I alíneas "a" , "b" , "c" e "e" deste artigo, excluídos os relativos a advertência e multa de mora, e no inciso III, será feita mediante publicação na imprensa oficial, salvo, para os casos previstos nas alíneas "a" e "b" , se presentes os prepostos dos licitantes no ato em que foi adotada a decisão, quando poderá ser feita por comunicação direta aos interessados e lavrada em ata.

§ 2º O recurso previsto nas alíneas "a" e "b" do inciso I deste artigo terá efeito suspensivo, podendo a autoridade competente, motivadamente e presentes razões de interesse público, atribuir ao recurso interposto eficácia suspensiva aos demais recursos.

§ 3º Interposto, o recurso será comunicado aos demais licitantes que poderão impugná-lo no prazo de 5 (cinco) dias úteis.

§ 4º O recurso será dirigido à autoridade superior, por intermédio da que praticou o ato recorrido, a qual poderá reconsiderar sua decisão, no prazo de 5 (cinco) dias úteis, ou, nesse mesmo prazo, fazê-lo subir, devidamente informado, devendo, neste caso, a decisão ser proferida dentro do prazo de 5 (cinco) dias úteis, contado do recebimento do recurso, sob pena de responsabilidade.

§ 5º Nenhum prazo de recurso, representação ou pedido de reconsideração se inicia ou corre sem que os autos do processo estejam com vista franqueada ao interessado.

§ 6º Em se tratando de licitações efetuadas na modalidade de carta convite os prazos estabelecidos nos incisos I e II e no § 3° deste artigo serão de dois dias úteis.

CAPÍTULO VI.
DAS DISPOSIÇÕES FINAIS E TRANSITÓRIAS

Artículo 110. Na contagem dos prazos estabelecidos nesta lei, excluir-se-á o dia do início e incluir-se-á o do vencimento, e considerar-se-ão os dias consecutivos, exceto quando for explicitamente disposto em contrário.

Parágrafo único. Só se iniciam e vencem os prazos referidos neste artigo em dia de expediente no órgão ou na entidade.

Artículo 111. A Administração só poderá contratar, pagar, premiar ou receber projeto ou serviço técnico especializado desde que o autor ceda os direitos patrimoniais a ele relativos e a Administração possa utilizá-lo de acordo com o previsto no regulamento de concurso ou no ajuste para sua elaboração.

Parágrafo único. Quando o projeto referir-se à obra imaterial de caráter tecnológico, insuscetível de privilégio, a cessão dos direitos incluirá o fornecimento de todos os dados, documentos e elementos de informação pertinentes à tecnologia de concepção, desenvolvimento, fixação em suporte físico de qualquer natureza e aplicação da obra.

Artículo 112. Quando o objeto do contrato interessar a mais de uma entidade pública, caberá ao órgão contratante, perante a entidade interessada, responder pela sua boa execução, fiscalização e pagamento.

§ 1º Os consórcios públicos poderão realizar licitação da qual, nos termos do edital, decorram contratos administrativos celebrados por órgãos ou entidades dos entes da Federação consorciados.[65]

§ 2º É facultado à entidade interessada o acompanhamento da licitação e da execução do contrato.[66]

Artículo 113. O controle das despesas decorrentes dos contratos e demais instrumentos regidos por esta Lei será feito pelo Tribunal de Contas competente, na forma da legislação pertinente, ficando os órgãos interessados da Administração responsáveis pela demonstração da legalidade e regularidade da despesa e execução, nos termos da Constituição e sem prejuízo do sistema de controle interno nela previsto.

---

65 Apartado modificado por la Ley nº 11.107, de 6/4/2005.

66 Apartado modificado por la Ley nº 11.107, de 6/4/2005.

§ 1° Qualquer licitante, contratado ou pessoa física ou jurídica poderá representar ao Tribunal de Contas ou aos órgãos integrantes do sistema de controle interno contra irregularidades na aplicação desta Lei, para os fins do disposto neste artigo.

§ 2° Os Tribunais de Contas e os órgãos integrantes do sistema de controle interno poderão solicitar para exame, até o dia útil imediatamente anterior à data de recebimento das propostas, cópia do edital de licitação já publicado, obrigando-se os órgãos ou entidades da Administração interessada à adoção de medidas corretivas pertinentes que, em função desse exame, lhes forem determinadas.

Artículo 114. O sistema instituído nesta Lei não impede a pré-qualificação de licitantes nas concorrências, a ser procedida sempre que o objeto da licitação recomende análise mais detida da qualificação técnica dos interessados.

§ 1° A adoção do procedimento de pré-qualificação será feita mediante proposta da autoridade competente, aprovada pela imediatamente superior.

§ 2° Na pré-qualificação serão observadas as exigências desta Lei relativas à concorrência, à convocação dos interessados, ao procedimento e à análise da documentação.

Artículo 115. Os órgãos da Administração poderão expedir normas relativas aos procedimentos operacionais a serem observados na execução das licitações, no âmbito de sua competência, observadas as disposições desta Lei.

Parágrafo único. As normas a que se refere este artigo, após aprovação da autoridade competente, deverão ser publicadas na imprensa oficial.

Artículo 116. Aplicam-se as disposições desta Lei, no que couber, aos convênios, acordos, ajustes e outros instrumentos congêneres celebrados por órgãos e entidades da Administração.

§ 1° A celebração de convênio, acordo ou ajuste pelos órgãos ou entidades da Administração Pública depende de prévia aprovação de competente plano de trabalho proposto pela organização interessada, o qual deverá conter, no mínimo, as seguintes informações:

I - identificação do objeto a ser executado;

II - metas a serem atingidas;

III - etapas ou fases de execução;

IV - plano de aplicação dos recursos financeiros;

V - cronograma de desembolso;

VI - previsão de início e fim da execução do objeto, bem assim da conclusão das etapas ou fases programadas;

VII - se o ajuste compreender obra ou serviço de engenharia, comprovação de que os recursos próprios para complementar a execução do objeto estão devidamente assegurados, salvo se o custo total do empreendimento recair sobre a entidade ou órgão descentralizador.

§ 2° Assinado o convênio, a entidade ou órgão repassador dará ciência do mesmo à Assembléia Legislativa ou à Câmara Municipal respectiva.

§ 3° As parcelas do convênio serão liberadas em estrita conformidade com o plano de aplicação aprovado, exceto nos casos a seguir, em que as mesmas ficarão retidas até o saneamento das impropriedades ocorrentes:

I - quando não tiver havido comprovação da boa e regular aplicação da parcela anteriormente recebida, na forma da legislação aplicável, inclusive mediante procedimentos de fiscalização local, realizados periodicamente pela entidade ou órgão descentralizador dos recursos ou pelo órgão competente do sistema de controle interno da Administração Pública;

II - quando verificado desvio de finalidade na aplicação dos recursos, atrasos não justificados no cumprimento das etapas ou fases programadas, práticas atentatórias aos princípios fundamentais de Administração Pública nas contratações e demais atos praticados na execução do convênio, ou o inadimplemento do executor com relação a outras cláusulas conveniais básicas;

III - quando o executor deixar de adotar as medidas saneadoras apontadas pelo partícipe repassador dos recursos ou por integrantes do respectivo sistema de controle interno.

§ 4° Os saldos de convênio, enquanto não utilizados, serão obrigatoriamente aplicados em cadernetas de poupança de instituição financeira oficial se a previsão de seu uso for igual ou superior a um mês, ou em fundo de aplicação financeira de curto prazo ou operação de mercado aberto lastreada em títulos da dívida pública, quando a utilização dos mesmos verificar-se em prazos menores que um mês.

§ 5° As receitas financeiras auferidas na forma do parágrafo anterior serão obrigatoriamente computadas a crédito do convênio e aplicadas, exclusivamente, no objeto de sua finalidade, devendo constar de demonstrativo específico que integrará as prestações de contas do ajuste.

§ 6° Quando da conclusão, denúncia, rescisão ou extinção do convênio, acordo ou ajuste, os saldos financeiros remanescentes, inclusive os provenientes das receitas obtidas das aplicações financeiras realizadas, serão devolvidos à entidade ou órgão repassador dos recursos, no prazo improrrogável de 30 (trinta) dias do evento, sob pena da imediata instauração de tomada de contas especial do responsável, providenciada pela autoridade competente do órgão ou entidade titular dos recursos.

Artículo 117. As obras, serviços, compras e alienações realizadas pelos órgãos dos Poderes Legislativos e Judiciário e do Tribunal de Contas regem-se pelas normas desta lei, no que couber, nas três esferas administrativas.

Artículo 118. Os Estados, o Distrito Federal, os Municípios e as entidades da Administração indireta deverão adaptar suas normas sobre licitações e contratos ao disposto nesta Lei.

Artículo 119. As sociedades de economia mista, empresas e fundações públicas e demais entidades controladas direta ou indiretamente pela União e pelas entidades referidas no artigo anterior editarão regulamentos próprios devidamente publicados, ficando sujeitas às disposições desta Lei.

Parágrafo único. Os regulamentos a que se refere este artigo, no âmbito da Administração Pública, após aprovados pela autoridade de nível superior a que estiverem vinculados os respectivos órgãos, sociedades e entidades, deverão ser publicados na imprensa oficial.

Artículo 120. Os valores fixados por esta Lei poderão ser anualmente revistos pelo Poder Executivo Federal, que os fará publicar no *Diário Oficial da União*, observando como limite superior a variação geral dos preços do mercado, no período.[67]

Artículo 121. O disposto nesta lei não se aplica às licitações instauradas e aos contratos assinados anteriormente à sua vigência, ressalvado o disposto no art. 57, nos §§ 1°, 2° e 8° do art. 65, no inciso XV do art. 78, bem assim o disposto no *caput* do art. 5°, com relação ao pagamento das obrigações na ordem cronológica, podendo esta ser observada, no prazo de noventa dias contados da vigência desta Lei, separadamente para as obrigações relativas aos contratos regidos por legislação anterior à Lei n° 8.666, de 21 de junho de 1993.

Parágrafo único. Os contratos relativos a imóveis do patrimônio da União continuam a reger-se pelas disposições do Decreto-Lei n° 9.760, de 5 de setembro de 1946, com suas alterações, e os relativos a operações de crédito interno ou externo celebrados pela União ou a concessão de garantia do Tesouro Nacional continuam regidos pela legislação pertinente, aplicando-se esta Lei, no que couber.

Artículo 122. Nas concessões de linhas aéreas, observar-se-á procedimento licitatório específico, a ser estabelecido no Código Brasileiro de Aeronáutica.

Artículo 123. Em suas licitações e contratações administrativas, as repartições sediadas no exterior observarão as peculiaridades locais e os princípios básicos desta lei, na forma de regulamentação específica.

---

67 Artículo modificado por la Ley n° 9.648, de 27/5/1998.

Artículo 124. Aplicam-se às licitações e aos contratos para permissão ou concessão de serviços públicos os dispositivos desta lei que não conflitem com a legislação específica sobre o assunto.

Parágrafo único. As exigências contidas nos incisos II a IV do § 2° do art. 7° serão dispensadas nas licitações para concessão de serviços com execução prévia de obras em que não foram previstos desembolso por parte da Administração Pública concedente.

Artículo 125. Esta Lei entra em vigor na data de sua publicação.

Artículo 126. Revogam-se as disposições em contrário, especialmente os Decretos-Leis n°s 2.300, de 21 de novembro de 1986, 2.348, de 24 de julho de 1987, 2.360, de 16 de setembro de 1987, a Lei n° 8.220, de 4 de setembro de 1991, e o art. 83 da Lei n° 5.194, de 24 de dezembro de 1966.

CHILE

LEY 19886, DE 30 DE JULIO DE 2003, DE BASES SOBRE CONTRATOS ADMINISTRATIVOS DE SUMINISTRO Y PRESTACIÓN DE SERVICIOS.

CAPITULO I.

Disposiciones Generales.

Artículo 1º. Los contratos que celebre la Administración del Estado, a título oneroso, para el suministro de bienes muebles, y de los servicios que se requieran para el desarrollo de sus funciones, se ajustarán a las normas y principios del presente cuerpo legal y de su reglamentación. Supletoriamente, se les aplicarán las normas de Derecho Público y, en defecto de aquéllas, las normas del Derecho Privado.

Para los efectos de esta ley, se entenderán por Administración del Estado los órganos y servicios indicados en el artículo 1° de la ley N°18.575, salvo las empresas públicas creadas por ley y demás casos que señale la ley.

Artículo 2º. Para los efectos de esta ley se entenderá por contrato de suministro el que tiene por objeto la compra o el arrendamiento, incluso con opción de compra, de productos o bienes muebles.

Se comprenderán dentro del concepto de contrato de suministro, entre otros, los siguientes contratos:

a) La adquisición y arrendamiento de equipos y sistemas para el tratamiento de la información, sus dispositivos y programas y la cesión de derecho de uso de estos últimos.

No obstante lo expresado, la adquisición de programas de computación a medida se considerará contratos de servicios;

b) Los de mantenimiento de equipos y sistemas para el tratamiento de la información, sus dispositivos y programas cuando se contrate conjuntamente con la adquisición o arrendamiento, y

c) Los de fabricación, por lo que las cosas que hayan de ser entregadas por el contratista deben ser elaboradas con arreglo a las características fijadas previamente por la Administración, aun cuando ésta se obligue a aportar, total o parcialmente, los materiales.

Artículo 3º. Quedan excluidos de la aplicación de la presente ley:

a) Las contrataciones de personal de la Administración del Estado reguladas por estatutos especiales y los contratos a honorarios que se celebren con personas naturales para que presten servicios a los organismos públicos, cualquiera que sea la fuente legal en que se sustenten;

b) Los convenios que celebren entre sí los organismos públicos enumerados en el artículo 2°, inciso primero, del decreto ley N° 1.263, de 1975, Ley Orgánica de Administración Financiera del Estado, y sus modificaciones;

c) Los contratos efectuados de acuerdo con el procedimiento específico de un organismo internacional, asociados a créditos o aportes que éste otorgue;

d) Los contratos relacionados con la compraventa y la transferencia de valores negociables o de otros instrumentos financieros;

e) Los contratos relacionados con la ejecución y concesión de obras públicas.

Asimismo, quedan excluidos de la aplicación de esta ley, los contratos de obra que celebren los Servicios de Vivienda y Urbanización para el cumplimiento de sus fines, como asimismo los contratos destinados a la ejecución, operación y mantención de obras urbanas, con participación de terceros, que suscriban de conformidad a la ley N° 19.865 que aprueba el Sistema de Financiamiento Urbano Compartido.

No obstante las exclusiones de que se da cuenta en esta letra, a las contrataciones a que ellos se refieren se les aplicará la normativa contenida en el Capítulo V de esta ley, como, asimismo, el resto de sus disposiciones en forma supletoria, y

f) Los contratos que versen sobre material de guerra; los celebrados en virtud de las leyes números 7.144, 13.196 y sus modificaciones; y, los que se celebren para la adquisición de las siguientes especies por parte de las Fuerzas Armadas o por las Fuerzas de Orden y Seguridad

Pública: vehículos de uso militar o policial, excluidas las camionetas, automóviles y buses; equipos y sistemas de información de tecnología avanzada y emergente, utilizados exclusivamente para sistemas de comando, de control, de comunicaciones, computacionales y de inteligencia; elementos o partes para la fabricación, integración, mantenimiento, reparación, mejoramiento o armaduría de armamentos, sus repuestos, combustibles y lubricantes.

Asimismo, se exceptuarán las contrataciones sobre bienes y servicios necesarios para prevenir riesgos excepcionales a la seguridad nacional o a la seguridad pública, calificados por decreto supremo expedido por intermedio del Ministerio de Defensa Nacional a proposición del Comandante en Jefe que corresponda o, en su caso, del General Director de Carabineros o del Director de Investigaciones.

Los contratos indicados en este artículo se regirán por sus propias normas especiales, sin perjuicio de lo establecido en el inciso final del artículo 20 de la presente ley.

CAPITULO II.

De los requisitos para contratar con la Administración del Estado

Artículo 4°.[1] Podrán contratar con la Administración las personas naturales o jurídicas, chilenas o extranjeras, que acrediten su situación financiera e idoneidad técnica conforme lo disponga el reglamento, cumpliendo con los demás requisitos que éste señale y con los que exige el derecho común.

Quedarán excluidos quienes, al momento de la presentación de la oferta, de la formulación de la propuesta o de la suscripción de la convención, según se trate de licitaciones públicas, privadas o contratación directa, hayan sido condenados por prácticas antisindicales o infracción a los derechos fundamentales del trabajador, dentro de los anteriores dos años.

En caso de que la empresa que obtiene la licitación o celebre convenio registre saldos insolutos Art. único N° 1 b) de remuneraciones o cotizaciones de seguridad social con sus actuales trabajadores o con trabajadores contratados en los últimos dos años, los primeros estados de pago producto del contrato licitado deberán ser destinados al pago de dichas obligaciones, debiendo la empresa acreditar que la totalidad de las obligaciones se encuentran liquidadas al cumplirse la mitad del período de ejecución del contrato, con un máximo de seis meses.

El respectivo servicio deberá exigir que la empresa contratada proceda a dichos pagos y le presente los comprobantes y planillas que demuestren el total cumplimiento de la obligación. El incumplimiento de estas obligaciones por parte de la empresa contratada, dará derecho a dar por terminado el respectivo contrato, pudiendo llamarse a una nueva licitación en la que la empresa referida no podrá participar.

Si la empresa prestadora del servicio, subcontratare parcialmente algunas labores del mismo, la empresa subcontratista deberá igualmente cumplir con los requisitos señalados en este artículo.

---

1 Artículo modificado por la Ley 20238, D.O. 19.01.2008, y Ley 20088, D.O. 05.01.2006.

Cada entidad licitante podrá establecer, respecto del adjudicatario, en las respectivas bases de licitación, la obligación de otorgar y constituir, al momento de la adjudicación, mandato con poder suficiente o la constitución de sociedad de nacionalidad chilena o agencia de la extranjera, según corresponda, con la cual se celebrará el contrato y cuyo objeto deberá comprender la ejecución de dicho contrato en los términos establecidos en esta ley.

El inciso anterior sólo se aplicará respecto de contratos cuyo objeto sea la adquisición de bienes o la prestación de servicios que el adjudicatario se obligue a entregar o prestar de manera sucesiva en el tiempo.

Ningún órgano de la Administración del Estado y de las empresas y corporaciones del Estado o en que éste tenga participación, podrá suscribir contratos administrativos de provisión de bienes o prestación de servicios con los funcionarios directivos del mismo órgano o empresa, ni con personas unidas a ellos por los vínculos de parentesco descritos en la letra b) del artículo 54 de la ley N° 18.575, ley Orgánica Constitucional de Bases Generales de la Administración del Estado, ni con sociedades de personas de las que aquéllos o éstas formen parte, ni con sociedades comanditas por acciones o anónimas cerradas en que aquéllos o éstas sean accionistas, ni con sociedades anónimas abiertas en que aquéllos o éstas sean dueños de acciones que representen el 10% o más del capital, ni con los gerentes, administradores, representantes o directores de cualquiera de las sociedades antedichas.

Las mismas prohibiciones del inciso anterior se aplicarán a ambas Cámaras del Congreso Nacional, a la Corporación Administrativa del Poder Judicial y a las Municipalidades y sus Corporaciones, respecto de los Parlamentarios, los integrantes del Escalafón Primario del Poder Judicial y los Alcaldes y Concejales, según sea el caso.

Los contratos celebrados con infracción a lo dispuesto en el inciso anterior serán nulos y los funcionarios que hayan participado en su celebración incurrirán en la contravención al principio de probidad administrativa descrito en el numeral 6 del inciso segundo del artículo 62 de la ley N° 18.575, Orgánica Constitucional de Bases Generales de la Administración del Estado, sin perjuicio de la responsabilidad civil y penal que les corresponda.

Sin embargo, cuando circunstancias excepcionales lo hagan necesario, los órganos y empresas referidos en el inciso cuarto podrán celebrar dichos contratos, siempre que se ajusten a condiciones de equidad similares a las que habitualmente prevalecen en el mercado. La aprobación del contrato deberá hacerse por resolución fundada, que se comunicará al superior jerárquico del suscriptor, a la Contraloría General de la República y a la Cámara de Diputados. En el caso del Congreso Nacional la comunicación se dirigirá a la Comisión de Ética del Senado o a la Comisión de Conducta de la Cámara de Diputados, según corresponda y, en el caso del Poder Judicial, a su Comisión de Ética.

CAPITULO III.

De las actuaciones relativas a la contratación

PARRAFO 1.

De los procedimientos de contratación

Artículo 5º.[2] La Administración adjudicará los contratos que celebre mediante licitación pública, licitación privada o contratación directa.

La licitación pública será obligatoria cuando las contrataciones superen las 1.000 unidades tributarias mensuales, salvo lo dispuesto en el artículo 8° de esta ley.

Artículo 6º. Las bases de licitación deberán establecer las condiciones que permitan alcanzar la combinación más ventajosa entre todos los beneficios del bien o servicio por adquirir y todos sus costos asociados, presentes y futuros. En el caso de la prestación de servicios habituales, que

---

2 Artículo modificado por la Ley 20238, D.O. 19.01.2008.

deban proveerse a través de licitaciones o contrataciones periódicas, se otorgará mayor puntaje o calificación a aquellos postulantes que exhibieren mejores condiciones de empleo y remuneraciones. Estas condiciones no podrán establecer diferencias arbitrarias entre los proponentes, ni sólo atender al precio de la oferta.

Asimismo, en los contratos de prestación de servicios para establecimientos escolares y preescolares, los contratos de trabajo de las manipuladoras de alimentos deberán contemplar el pago de las remuneraciones de los meses de enero y febrero.

En todo caso, la Administración deberá propender a la eficacia, eficiencia y ahorro en sus contrataciones.

Artículo 7º. Para efectos de esta ley se entenderá por:

a) Licitación o propuesta pública: el procedimiento administrativo de carácter concursal mediante el cual la Administración realiza un llamado público, convocando a los interesados para que, sujetándose a las bases fijadas, formulen propuestas, de entre las cuales seleccionará y aceptará la más conveniente.

En las licitaciones públicas cualquier persona podrá presentar ofertas, debiendo hacerse el llamado a través de los medios o sistemas de acceso público que mantenga disponible la Dirección de Compras y Contratación Pública, en la forma que establezca el reglamento. Además, con el objeto de aumentar la difusión del llamado, la entidad licitante podrá publicarlo por medio de uno o más avisos, en la forma que lo establezca el reglamento.

b) Licitación o propuesta privada: el procedimiento administrativo de carácter concursal, previa resolución fundada que lo disponga, mediante el cual la Administración invita a determinadas personas para que, sujetándose a las bases fijadas, formulen propuestas, de entre las cuales seleccionará y aceptará la más conveniente.

c) Trato o contratación directa: el procedimiento de contratación que, por la naturaleza de la negociación que conlleva, deba efectuarse sin la concurrencia de los requisitos señalados para la licitación o propuesta pública y para la privada. Tal circunstancia deberá, en todo caso, ser acreditada según lo determine el reglamento.

La Administración no podrá fragmentar sus contrataciones con el propósito de variar el procedimiento de contratación.

Artículo 8º. Procederá la licitación privada o el trato o contratación directa en los casos fundados que a continuación se señalan:

a) Si en las licitaciones públicas respectivas no se hubieren presentado interesados. En tal situación procederá primero la licitación o propuesta privada y, en caso de no encontrar nuevamente interesados, será procedente el trato o contratación directa.

Las bases que se fijaron para la licitación pública deberán ser las mismas que se utilicen para contratar directamente o adjudicar en licitación privada. Si las bases son modificadas, deberá procederse nuevamente como dispone la regla general;

b) Si se tratara de contratos que correspondieran a la realización o terminación de un contrato que haya debido resolverse o terminarse anticipadamente por falta de cumplimiento del contratante u otras causales y cuyo remanente no supere las 1.000 unidades tributarias mensuales;

c) En casos de emergencia, urgencia o imprevisto, calificados mediante resolución fundada del jefe superior de la entidad contratante, sin perjuicio de las disposiciones especiales para casos de sismos y catástrofes contenidas en la legislación pertinente.

Sin perjuicio de la validez o invalidez del contrato, el jefe superior del servicio que haya calificado indebidamente una situación como de emergencia, urgencia o imprevisto, será sancionado con una multa a beneficio fiscal de diez a cincuenta unidades tributarias mensuales, dependiendo de la cuantía de la contratación involucrada.

Esta multa será compatible con las demás sanciones administrativas que, de acuerdo a la legislación vigente, pudiera corresponderle, y su cumplimiento se efectuará de conformidad a lo dispuesto en el artículo 35 del decreto ley Nº 1.263, de 1975;

d) Si sólo existe un proveedor del bien o servicio;

e) Si se tratara de convenios de prestación de servicios a celebrar con personas jurídicas extranjeras que deban ejecutarse fuera del territorio nacional;

f) Si se trata de servicios de naturaleza confidencial o cuya difusión pudiere afectar la seguridad o el interés nacional, los que serán determinados por decreto supremo;

g) Cuando, por la naturaleza de la negociación, existan circunstancias o características del contrato que hagan del todo indispensable acudir al trato o contratación directa, según los criterios o casos que señale el reglamento de esta ley, y

h) Cuando el monto de la adquisición sea inferior al límite que fije el reglamento.

En todos los casos señalados anteriormente, deberá acreditarse la concurrencia de tal circunstancia, la que contará con las cotizaciones en los casos que señale el reglamento.

En los casos previstos en las letras señaladas anteriormente, salvo lo dispuesto en la letra f), las resoluciones fundadas que autoricen la procedencia del trato o contratación directa, deberán publicarse en el Sistema de Información de Compras y Contratación Pública, a más tardar dentro de las 24 horas de dictadas. En igual forma y plazo deberán publicarse las resoluciones o acuerdos emanados de los organismos públicos regidos por esta ley, que autoricen la procedencia de la licitación privada.

Siempre que se contrate por trato o contratación directa se requerirá un mínimo de tres cotizaciones previas, salvo que concurran las causales de las letras c), d), f) y g) de este ar-tículo.

Artículo 9º. El órgano contratante declarará inadmisibles las ofertas cuando éstas no cumplieren los requisitos establecidos en las bases. Declarará desierta una licitación cuando no se presenten ofertas, o bien, cuando éstas no resulten convenientes a sus intereses.

En ambos casos la declaración deberá ser por resolución fundada.

Artículo 10. El contrato se adjudicará mediante resolución fundada de la autoridad competente, comunicada al proponente.

El adjudicatario será aquel que, en su conjunto, haga la propuesta más ventajosa, teniendo en cuenta las condiciones que se hayan establecido en las bases respectivas y los criterios de evaluación que señale el reglamento.

Los procedimientos de licitación se realizarán con estricta sujeción, de los participantes y de la entidad licitante, a las bases administrativas y técnicas que la regulen. Las bases serán siempre aprobadas previamente por la autoridad competente.

El reglamento determinará las características que deberán reunir las bases de las licitaciones.

PARRAFO 2.

De las garantías exigidas para contratar

Artículo 11.[3] La respectiva entidad licitante requerirá, en conformidad al reglamento, la constitución de las garantías que estime necesarias para asegurar la seriedad de las ofertas presentadas y el fiel y oportuno cumplimiento del contrato definitivo, en la forma y por los medios que lo establezcan las respectivas bases de la licitación. Tratándose de la prestación de servicios, dichas garantías deberán asegurar, además, el pago de las obligaciones laborales y sociales con los trabajadores de los contratantes, sin perjuicio de lo dispuesto en el artículo 20 de la ley N° 17.322, y permanecerán vigentes hasta 60 días hábiles después de recepcionadas las obras o culminados los contratos. Los jefes de servicio serán directamente responsables de la custodia, mantención y vigencia de las garantías solicitadas.

Las garantías que se estimen necesarias para asegurar la seriedad de las ofertas, el cumplimiento de las obligaciones laborales y sociales de los trabajadores y el fiel y oportuno cumplimiento del contrato definitivo, deberán ser fijadas en un monto tal que sin desmedrar su finalidad no desincentiven la participación de oferentes al llamado de licitación o propuesta.

---

3 Artículo modificado por la Ley 20238, D.O. 19.01.2008.

Con cargo a estas cauciones podrán hacerse efectivas las multas y demás sanciones que afecten a los contratistas.

Sólo podrán entregarse anticipos a un contratante, si se cauciona debida e íntegramente su valor.

PARRAFO 3.

De las facultades de la Administración

Artículo 12. Cada institución deberá elaborar y evaluar periódicamente un plan anual de compras y contrataciones, cuyos contenidos mínimos serán definidos en el reglamento.

Cada institución establecerá una metodología para evaluar anualmente los resultados de los contratos celebrados, así como el rendimiento de los bienes y servicios que adquiere. Toda esta información deberá ser reflejada en el Sistema de Información de las Compras Públicas y en el Registro Nacional de Proveedores, según lo establezca la Dirección de Compras y Contratación Pública.

Artículo 13. Los contratos administrativos regulados por esta ley podrán modificarse o terminarse anticipadamente por las siguientes causas:

a) La resciliación o mutuo acuerdo entre los contratantes.

b) El incumplimiento grave de las obligaciones contraídas por el contratante.

c) El estado de notoria insolvencia del contratante, a menos que se mejoren las cauciones entregadas o las existentes sean suficientes para garantizar el cumplimiento del contrato.

d) Por exigirlo el interés público o la seguridad nacional.

e) Las demás que se establezcan en las respectivas bases de la licitación o en el contrato. Dichas bases podrán establecer mecanismos de compensación y de indemnización a los contratantes.

Las resoluciones o decretos que dispongan tales medidas deberán ser fundadas.

PARRAFO 4.

De la cesión y subcontratación

Artículo 14. Los derechos y obligaciones que nacen con ocasión del desarrollo de una licitación serán intransferibles.

Lo anterior se entiende sin perjuicio que una norma legal especial permita expresamente la cesión de derechos y obligaciones.

Los documentos justificativos de los créditos que de ellos emanen serán transferibles de acuerdo con las reglas del derecho común.

Artículo 15. El contratante podrá concertar con terceros la ejecución parcial del contrato, sin perjuicio que la responsabilidad y la obligación de su cumplimiento permanecerá en el contratista adjudicado.

Con todo, no procederá la subcontratación en los casos especialmente previstos en el reglamento o ante una disposición expresa contenida en las respectivas bases de la licitación.

PARRAFO 5.

Del registro de contratistas

Artículo 16. Existirá un registro electrónico oficial de contratistas de la Administración, a cargo de la Dirección de Compras y Contratación Pública.

En dicho registro se inscribirán todas las personas naturales y jurídicas, chilenas y extranjeras que no tengan causal de inhabilidad para contratar con los organismos del Estado. La Dirección de Compras y Contratación Pública podrá fijar las tarifas semestrales o anuales de incorporación que deberán pagar los contratistas, con el objeto de poder financiar el costo directo de la operación del registro, velando por que las mismas no impidan o limiten el libre e igualitario acceso de los contratistas al registro.

Este registro será público y se regirá por las normas de esta ley y de su reglamento.

Los organismos públicos contratantes podrán exigir a los proveedores su inscripción en el registro de contratistas y proveedores a cargo de la Dirección de Compras y Contratación Pública, para poder suscribir los contratos definitivos.

La evaluación económica, financiera y legal de los contratistas podrá ser encomendada por la Dirección de Compras y Contratación Pública a profesionales y técnicos, personas naturales o jurídicas, previa licitación pública.

No obstante lo anterior, la decisión consistente en el rechazo o aprobación de las inscripciones corresponderá a la Dirección de Compras y Contratación Pública y podrá ser reclamable en los términos establecidos en el capítulo V.

Podrán, asimismo, existir otros registros oficiales de contratistas para órganos o servicios determinados, o para categorías de contratación que así lo requieran, los que serán exigibles para celebrar tales contratos.

Dichos registros serán regulados por decreto supremo expedido por el Ministerio respectivo. Estos registros, podrán o no ser electrónicos. Cuando fueren electrónicos, deberán ser compatibles con el formato y las características del Registro a que se refiere el inciso primero. Los registros serán siempre públicos.

No obstante, las Fuerzas Armadas y las de Orden y Seguridad Pública, podrán mantener registros reservados o secretos, respecto de los bienes y servicios que se exceptúan de esta ley, en conformidad con su legislación.

Artículo 17. El Reglamento establecerá el régimen y criterios de clasificación de los contratistas, los requisitos de inscripción en cada categoría y las causales de inhabilidad, incompatibilidad, suspensión y eliminación del registro por incumplimiento de obligaciones u otras causales. El Reglamento deberá cautelar el libre acceso de los contratistas al registro y su evaluación objetiva y fundada.

CAPITULO IV.

De las compras y contrataciones por medios electrónicos y del sistema de información de las compras y contrataciones de los organismos públicos

Artículo 18. Los organismos públicos regidos por esta ley deberán cotizar, licitar, contratar, adjudicar, solicitar el despacho y, en general, desarrollar todos sus procesos de adquisición y contratación de bienes, servicios y obras a que alude la presente ley, utilizando solamente los sistemas electrónicos o digitales que establezca al efecto la Dirección de Compras y Contratación Pública. Dicha utilización podrá ser directa o intermediada a través de redes abiertas o cerradas, operando en plataformas de comercio electrónico o mercados digitales de transacciones, sea individualmente o acogiéndose a los beneficios de los contratos marco que celebre la señalada Dirección. Dicha actividad deberá ajustarse a lo dispuesto en sus respectivas leyes orgánicas, en la ley de firma electrónica y en las normas establecidas por la presente ley y su reglamento.

Los organismos públicos regidos por esta ley no podrán adjudicar contratos cuyas ofertas no hayan sido recibidas a través de los sistemas electrónicos o digitales establecidos por la Dirección de Compras y Contratación Pública. No obstante, el reglamento determinará los casos en los cuales es posible desarrollar procesos de adquisición y contratación sin utilizar los referidos sistemas.

Artículo 19. Créase un Sistema de Información de Compras y Contrataciones de la Administración, a cargo de la Dirección de Compras y Contratación Pública, que se aplicará a los organismos señalados en el artículo 1° de la presente ley, y que deberá estar disponible a todo el público, en la forma que regule el reglamento.

El Sistema de Información será de acceso público y gratuito.

Artículo 20. Los órganos de la Administración deberán publicar en el o los sistemas de información que establezca la Dirección de Compras y Contratación Pública, la información básica relativa a sus contrataciones y aquella que establezca el reglamento. Dicha información deberá ser completa y oportuna refiriéndose a los llamados a presentar ofertas, recepción de las mismas; aclaraciones, respuestas y modificaciones a las bases de licitación, así como los resultados de las adjudicaciones relativas a las adquisiciones y contrataciones de bienes, servicios, construcciones y obras, todo según lo señale el reglamento.

Los organismos públicos regidos por esta ley, estarán exceptuados de publicar en el sistema de información señalado precedentemente, aquella información sobre adquisiciones y contrataciones calificada como de carácter secreto, reservado o confidencial en conformidad a la ley.

Las Fuerzas Armadas y las de Orden y Seguridad cumplirán con esta obligación, en conformidad a su legislación vigente sobre manejo, uso y tramitación de documentación.

Artículo 21. Los órganos del sector público no regidos por esta ley, con excepción de las empresas públicas creadas por ley, deberán someterse a las normas de los artículos 18, 19 y 20 de esta ley para suministrar la información básica sobre contratación de bienes, servicios y obras y aquella que determine el reglamento.

CAPITULO V.

Del Tribunal de Contratación Pública

Artículo 22. Créase un tribunal, denominado "Tribunal de Contratación Pública", que tendrá su asiento en Santiago.

El Tribunal estará integrado por tres abogados designados por el Presidente de la República, con sus respectivos suplentes, previas propuestas en terna hechas por la Corte Suprema.

Las ternas serán formadas sucesivamente, tomando los nombres de una lista, confeccionada especialmente para tal efecto por la Corte de Apelaciones de Santiago, a través de concurso público. En la señalada lista sólo podrán figurar abogados que sean chilenos; se hayan destacado en la actividad profesional o universitaria; acrediten experiencia en la materia, y tengan no menos de diez años de ejercicio profesional o hayan pertenecido al Escalafón Primario del Poder Judicial, siempre y cuando hubieran figurado durante los últimos cinco años en Lista Sobresaliente. En ningún caso, podrán figurar en las ternas aquellos profesionales que hayan sido separados de sus cargos como funcionarios judiciales, sea en la calificación anual o en cualquier otra oportunidad.

Los integrantes del Tribunal elegirán a uno de sus miembros para que lo presida, por un período de dos años, pudiendo ser reelegido.

Los integrantes designados en calidad de suplentes ejercerán el cargo que les haya sido asignado en aquellos casos en que, por cualquier circunstancia, no sea desempeñado por el titular. Dicha suplencia no podrá extenderse por más de seis meses continuos, al término de los cuales deberá, necesariamente, proveerse el cargo con un titular, de la manera ya señalada, por el período que reste para el ejercicio del mismo.

Los integrantes del Tribunal tendrán derecho a que se les pague la suma equivalente a un treintavo de la renta del Grado IV, correspondiente a Ministros de Corte de Apelaciones, por cada sesión a la que asistan, con un máximo de doce sesiones mensuales.

Los integrantes del Tribunal permanecerán en el ejercicio de sus cargos por un plazo de cinco años, pudiendo ser nuevamente designados, de la misma forma antes establecida.

Este Tribunal fallará conforme a derecho y estará sometido a la superintendencia directiva, correccional y económica de la Corte Suprema, de conformidad con lo que establece el artículo 79 de la Constitución Política de la República.

Un auto acordado, dictado por la Corte Suprema, regulará las materias relativas a su funcionamiento administrativo interno, velando por la eficaz expedición de los asuntos que conozca el Tribunal.

Artículo 23. El Tribunal designará mediante concurso público, un abogado, a contrata, de su exclusiva confianza y subordinación, quien tendrá el carácter de ministro de fe del Tribunal y desempeñará las demás funciones que éste le encomiende.

La Dirección de Compras y Contratación Pública deberá proveer la infraestructura, el apoyo técnico y los recursos humanos y materiales necesarios para el adecuado funcionamiento del Tribunal.

Artículo 24. El Tribunal será competente para conocer de la acción de impugnación contra actos u omisiones, ilegales o arbitrarios, ocurridos en los procedimientos administrativos de contratación con organismos públicos regidos por esta ley.

La acción de impugnación procederá contra cualquier acto u omisión ilegal o arbitrario que tenga lugar entre la aprobación de las bases de la respectiva licitación y su adjudicación, ambos inclusive.

La demanda mediante la cual se ejerza la acción de impugnación podrá ser interpuesta por toda persona natural o jurídica, que tenga un interés actualmente comprometido en el respectivo procedimiento administrativo de contratación.

La demanda deberá deducirse dentro del plazo fatal de diez días hábiles, contado desde el momento en que el afectado haya conocido el acto u omisión que se impugna o desde la publicación de aquél. Se presentará directamente ante el Tribunal de Contratación Pública, pero cuando el domicilio del interesado se encontrara ubicado fuera de la ciudad de asiento del Tribunal, podrá presentarse por medio de las Intendencias Regionales o Gobernaciones Provinciales respectivas. En este caso, el Intendente o Gobernador, según corresponda, deberá remitirla al Tribunal el mismo día, o a más tardar el día hábil siguiente, contado desde su recepción.

La demanda deberá contener la mención de los hechos que constituyen el acto u omisión ilegal o arbitraria, la identificación de las normas legales o reglamentarias que le sirven de fundamento, y las peticiones concretas que se someten al conocimiento del Tribunal.

El Tribunal podrá declarar inadmisible la impugnación que no cumpla con los requisitos exigidos en los incisos precedentes, teniendo el demandante cinco días contados desde la notificación de la inadmisibilidad para corregir la impugnación.

Artículo 25. Acogida a tramitación la impugnación, el Tribunal oficiará al organismo público respectivo, acompañando el texto íntegro de la demanda interpuesta, para que, en el plazo fatal de diez días hábiles, contado desde la recepción del oficio, informe sobre la materia objeto de impugnación y las demás sobre las que le consulte el Tribunal.

El Tribunal podrá decretar, por resolución fundada, la suspensión del procedimiento administrativo en el que recae la acción de impugnación.

Recibido el informe o transcurrido el plazo fatal de diez días hábiles indicado en el inciso primero, sin que el organismo público haya informado, el Tribunal examinará los autos y, si estima que hay o puede haber controversia sobre algún hecho substancial y pertinente, recibirá la causa a prueba y fijará, en la misma resolución, los hechos sustanciales controvertidos sobre los cuales deba recaer.

Desde que esta resolución haya sido notificada a todas las partes, se abrirá un término probatorio común de diez días hábiles, dentro del cual deberán rendirse todas las probanzas que se soliciten. Si se ofreciera prueba testimonial, se acompañará la lista de testigos dentro de los dos primeros días hábiles del término probatorio. El Tribunal designará a uno de sus integrantes para la recepción de esta prueba.

Vencido el término probatorio, el Tribunal citará a las partes a oír sentencia. Efectuada esta citación, no se admitirán escritos ni pruebas de ningún género.

A partir de la recepción de la causa a prueba, el Tribunal podrá decretar de oficio, para mejor resolver, cualquiera de las medidas a que se refiere el artículo 159 del Código de Procedimiento Civil u otras diligencias encaminadas a comprobar los hechos controvertidos. Estas medidas deberán cumplirse en el plazo de diez días hábiles, contado desde la fecha de la resolución que las decreta. En todo caso, serán decretadas y cumplidas con anterioridad al vencimiento del término para dictar sentencia.

Los incidentes que se promuevan en el juicio no suspenderán el curso de éste y se substanciarán en ramo separado.

La sentencia definitiva deberá dictarse en el plazo de diez días hábiles, contado desde la fecha de la resolución que cita a las partes a oír sentencia.

Artículo 26. En la sentencia definitiva, el Tribunal se pronunciará sobre la legalidad o arbitrariedad del acto u omisión impugnado y ordenará, en su caso, las medidas que sean necesarias para restablecer el imperio del derecho.

La sentencia definitiva se notificará por cédula. La parte agraviada con esta resolución podrá, dentro del plazo de cinco días hábiles, contado desde su notificación, deducir ante el Tribunal recurso de reclamación, el que será conocido por la Corte de Apelaciones de Santiago. La reclamación se concederá en el solo efecto devolutivo.

La reclamación se verá en cuenta, sin oír alegatos, salvo que la Corte así lo acuerde, a solicitud de cualquiera de las partes. En este caso, la causa será agregada en forma extraordinaria a la tabla. No procederá la suspensión de la vista de la causa por el motivo establecido en el Nº 5º del artículo 165 del Código de Procedimiento Civil. En todo caso, el Tribunal de Alzada podrá decretar, fundadamente, orden de no innovar por un plazo de hasta treinta días, renovable.

La resolución que falle el recurso de reclamación deberá pronunciarse, a más tardar, dentro de los diez días hábiles siguientes a aquél en que la causa se haya visto en cuenta o haya quedado en acuerdo. En su contra no procederá recurso alguno.

Artículo 27. La acción de impugnación se tramitará de acuerdo con las normas contenidas en este Capítulo.

Supletoriamente, se aplicarán las disposiciones comunes a todo procedimiento establecidas en el Libro I del Código de Procedimiento Civil y las del juicio ordinario civil de mayor cuantía que resulten conformes a la naturaleza breve y sumaria de este procedimiento.

CAPITULO VI.

De la Dirección de Compras y Contratación Pública

Artículo 28. Créase, como servicio público descentralizado, la Dirección de Compras y Contratación Pública, sometido a la supervigilancia del Presidente de la República a través del Ministerio de Hacienda y cuyo domicilio será la ciudad de Santiago.

Artículo 29. La dirección superior, la organización y la administración de la Dirección de Compras y

Contratación Pública corresponderán a un Director de exclusiva confianza del Presidente de la República, quien será el Jefe Superior del Servicio.

Artículo 30. Son funciones del Servicio las siguientes:

a) Asesorar a los organismos públicos en la planificación y gestión de sus procesos de compras y contrataciones. Para ello podrá celebrar convenios de asesoría para el diseño de programas de capacitación y de calificación y evaluación contractual.

b) Licitar la operación del sistema de información y de otros medios para la compra y contratación electrónica de los organismos públicos, velar por su correcto funcionamiento y actuar como contraparte del operador de estos sistemas.

Sin embargo, en aquellos casos que señale el reglamento, la Dirección de Compras y Contratación Pública estará facultada para operar directamente el sistema.

c) Suscribir convenios con las entidades públicas y privadas que correspondan para los efectos de recabar información para complementar antecedentes del registro de contratistas y proveedores a que se refiere el artículo 16.

d) De oficio o a petición de uno o más organismos públicos, licitar bienes y servicios a través de la suscripción de convenios marco, los que estarán regulados en el reglamento de la presente ley. Respecto de los bienes y servicios objeto de dicho convenio marco, los organismos públicos afectos a las normas de esta ley estarán obligados a comprar bajo ese convenio, relacionándose directamente con el contratista adjudicado por la Dirección, salvo que, por su propia cuenta obtengan directamente condiciones más ventajosas. En este caso deberán mantener los respectivos antecedentes para su revisión y control posterior por parte de la correspondiente entidad fiscalizadora.

Los organismos públicos que obtuvieren por su propia cuenta condiciones más ventajosas sobre bienes o servicios respecto de los cuales la Dirección de Compras y Contratación Pública mantiene convenios marco vigentes, deberán informar de tal circunstancia a la Dirección. Con esta información, la Dirección deberá adoptar las medidas necesarias para lograr la celebración de un convenio marco que permita extender tales condiciones al resto de los organismos públicos.

La suscripción de convenios marco no será obligatoria para las municipalidades, sin perjuicio de que éstas, individual o colectivamente, puedan adherir voluntariamente a los mismos.

La suscripción de convenios marco no será obligatoria para las Fuerzas Armadas y para las de Orden y Seguridad Pública, respecto de los bienes y servicios que respectivamente determinen el Director de Logística del Ejército, el Director General de los Servicios de la Armada, el Comandante del Comando Logístico de la Fuerza Aérea, el Director de Logística de Carabineros y el Jefe de la Jefatura de Logística de la Policía de Investigaciones, de acuerdo a los criterios que al respecto defina el reglamento.

e) Representar o actuar como mandatario de uno o más organismos públicos a que se refiere esta ley, en la licitación de bienes o servicios en la forma que establezca el reglamento.

f) Administrar, mantener actualizado y licitar la operación del Registro de Contratistas y Proveedores a que se refiere el artículo 16, otorgando los certificados técnicos y financieros, según lo establezca el reglamento.

g) Promover la máxima competencia posible en los actos de contratación de la Administración, desarrollando iniciativas para incorporar la mayor cantidad de oferentes.

Además, deberá ejercer una labor de difusión hacia los proveedores actuales y potenciales de la Administración, de las normativas, procedimientos y tecnologías utilizadas por ésta.

h) Establecer las políticas y condiciones de uso de los sistemas de información y contratación electrónicos o digitales que se mantengan disponibles.

La Dirección de Compras y Contratación Pública podrá cobrar por la operación de los sistemas de información y de otros medios para la compra y contratación electrónica que debe licitar, de acuerdo a lo establecido en la letra b) de este artículo.

Las tarifas señaladas precedentemente se fijarán por resolución fundada de la Dirección de Compras y Contratación Pública.

Las funciones señaladas precedentemente, no podrán en caso alguno limitar o restringir las facultades consagradas por leyes especiales, a los Comandantes en Jefe de las Fuerzas Armadas, al General Director de Carabineros y al Director General de la Policía de Investigaciones.

Artículo 31. El patrimonio del Servicio estará constituido por:

a) Los aportes que se consulten anualmente en la Ley de Presupuestos;

b) Los bienes que adquiera y los frutos que ellos produzcan;

c) Los aportes de otras entidades públicas o privadas, sean nacionales, extranjeras o internacionales, y

d) Los demás ingresos que generen sus propias operaciones y aquellos que legalmente le correspondan.

Artículo 32. El personal del Servicio estará afecto a las disposiciones de la ley N° 18.834, Estatuto

Administrativo de los funcionarios públicos. Los jefes de los departamentos del Servicio serán de la exclusiva confianza del Director.

El sistema de remuneraciones del personal de planta y a contrata del Servicio corresponderá al de las instituciones fiscalizadoras, en los términos del Título I del decreto ley N° 3.551, de 1981, y las normas que lo han modificado, incluyendo la asignación dispuesta en el artículo 17 de la ley N° 18.091, sustituido por el artículo 11 de la ley N° 19.301, que se determinará en la forma que se señala en dicha disposición, informando el Director anualmente al Ministerio de Hacienda sobre esta materia. Se le aplicará, asimismo, la bonificación establecida en el artículo 5° de la ley N° 19.528.

Artículo 33. Fíjanse las siguientes plantas del personal de la Dirección de Compras y Contratación Pública:

Plantas / Cargo	Grado (Escala de Fiscalizadores)	Nº de Cargos
Planta Directivos		
Director Nacional	1	1
Jefes de Departamento	3	4
Planta Profesionales		
Profesionales	4	3
Profesionales	6	3
Profesionales	9	1
Planta Técnicos		
Técnico Informático	14	1
Planta Administrativos		
Administrativo	16	1
Administrativos	18	2
Administrativo	19	1
Planta Auxiliares		
Auxiliar	20	1
TOTAL PLANTA	18	

Además de los requisitos generales exigidos por la ley Nº 18.834 para ingresar a la Administración del Estado, para estos cargos se exigirán los siguientes:

Planta Directivos y Profesionales

a. Título profesional o grado académico de licenciado, otorgado por una universidad del Estado o reconocida por éste, y

b. Experiencia en tecnologías de la información, gestión de adquisiciones o derecho administrativo.

NOTA

El artículo 1° del Decreto con Fuerza de Ley 11, Hacienda, publicado el 01.03.2010, crea en la planta de personal de la Dirección de Compras y Contratación Pública, contenida en el presente artículo, el cargo que se indica a continuación:

Plantas/cargos	Grados E.S.F.	Número
Directivo de Carrera afecto al artículo 8º del Estatuto Administrativo		
Directivo	10	1
Total planta	1	

Artículo 34. Las modalidades a que deban sujetarse los convenios con personas jurídicas referidos en el artículo 16 del decreto ley Nº 1.608, de 1976, y su reglamento, se contendrán en el reglamento de esta ley. En tanto este reglamento no se dicte, continuará en vigor el decreto supremo Nº 98, de 1991, del Ministerio de Hacienda.

La contratación de acciones de apoyo a que se refiere la ley Nº 18.803, deberá efectuarse en conformidad a lo dispuesto en el inciso tercero del artículo 8º bis de la ley Nº 18.575, en aquellos casos en que se llame a propuesta privada para la adjudicación de tales contratos.

Artículo 35. El sistema de información de compras y contrataciones de la Administración será el continuador legal, para todos los efectos legales, del establecido por el decreto supremo Nº 1.312, de 1999, del Ministerio de Hacienda.

Artículo 36. Modifícase el inciso segundo del artículo 3°, letra b), del decreto supremo N° 104, de 1977, del Ministerio del Interior, que fijó el texto refundido, coordinado y sistematizado de la ley N° 16.282, que contiene disposiciones permanentes para casos de sismo o catástrofe, intercalando entre la palabra "pública" y la frase "a las reparticiones", la expresión "o privada".

Artículo 37. Deróganse el artículo 28 del decreto ley N° 3.529, de 1980; el artículo 16 del decreto ley N° 2.879; el artículo 84 de la ley N° 18.482; y el decreto supremo N° 404, de 1978, del Ministerio de Hacienda, que fijó el texto refundido, coordinado y sistematizado del decreto con fuerza de ley N° 353, de 1960.

Sustitúyese el artículo 66 de la Ley Orgánica Constitucional de Municipalidades, por el siguiente:

"Artículo 66.- La regulación de los procedimientos administrativos de contratación que realicen las municipalidades se ajustará a la Ley de Bases sobre Contratos Administrativos de Suministro y Prestación de Servicios y sus reglamentos.

Sin perjuicio de lo señalado en el inciso anterior, tratándose de la suscripción de convenios marco, deberá estarse a lo establecido en el inciso tercero de la letra d), del artículo 30 de dicha ley.".

Artículo 38. Efectúanse las siguientes modificaciones y derogaciones en la ley N° 18.928 que fija normas sobre adquisiciones y enajenaciones de bienes corporales e incorporales muebles y servicios de las Fuerzas Armadas:

a.- Sustitúyese el inciso primero del artículo 1° por el siguiente:

"Artículo 1°.- Facúltase al Director de Logística del Ejército, al Director General de los Servicios de la Armada y al Comandante del Comando Logístico de la Fuerza Aérea para efectuar, en representación del Fisco, adquisiciones de bienes corporales e incorporales muebles y contratar o convenir servicios, a título gratuito u oneroso, en la forma establecida por la Ley de Bases sobre Contratos Administrativos de Suministro y Prestación de Servicios. Asimismo, podrán enajenar bienes corporales e incorporales muebles ya sea a título gratuito u oneroso y celebrar contratos de arrendamiento, comodatos u otros que permitan el uso o goce de dichos bienes por la Institución correspondiente.".

b.- Derógase el inciso primero del artículo 3°.

c.- Sustitúyese el inciso primero del artículo 4° por el siguiente:

"Artículo 4°.- Los procedimientos a que se sujetarán las adquisiciones serán establecidos en el reglamento especial que al efecto se dictará conjuntamente por los Ministerios de Hacienda y Defensa Nacional. Respecto de las enajenaciones se estará a lo previsto en el reglamento contenido en el decreto N° 42, del Ministerio de Defensa Nacional, de 1995.".

d.- Sustitúyese la letra c) del artículo 4° por la siguiente:

"c) Autorizar en el último cuatrimestre la adquisición de elementos destinados a la alimentación, vestuario, equipo, forraje, combustible y lubricantes, con cargo a los fondos que se consultan en la Ley de Presupuestos del año siguiente, bajo la condición de que estos bienes sean consumidos durante la vigencia de la correspondiente Ley de Presupuestos y de acuerdo con lo que determine el reglamento que se dicte al efecto, de manera conjunta por los Ministerios de Hacienda y Defensa Nacional.

En caso que dichas adquisiciones requieran de anticipos de fondos, deberá darse cumplimiento a lo que se dispone en la letra b) precedente."

e) Derógase el artículo 6°.

f) Sustitúyese el artículo 11 por el siguiente:

"Artículo 11.- Las normas de la presente ley y la Ley de Bases sobre Contratos Administrativos de Suministro y Prestación de Servicios serán aplicables, en lo que fueren pertinentes, a las Fuerzas de Orden y Seguridad Pública y las facultades otorgadas a los Comandantes en Jefe de las Fuerzas Armadas y al Director de Logística del Ejército, al Director General de los Servicios de la Armada y al Comandante del Comando Logístico de la Fuerza Aérea, se entenderán conferidas al

General Director de Carabineros, al Director General de la Policía de Investigaciones, al Director de Logística de Carabineros y al Jefe de Logística de la Policía de Investigaciones.".

g) Sustitúyese el artículo transitorio por el siguiente artículo final:

"Artículo final.- Las normas sobre adquisiciones de bienes corporales e incorporales muebles y servicios de las Fuerzas Armadas serán complementadas por medio de un reglamento dictado en conjunto por los Ministerios de Hacienda y de Defensa Nacional dentro del plazo de un año contado desde la entrada en vigencia de la Ley de Bases sobre Contratos Administrativos de Suministros y Prestación de Servicios.".

Artículo 39. La presente ley entrará en vigencia 30 días después de la fecha de su publicación.

En el caso de las municipalidades, la presente ley entrará en vigencia a partir del día 1° de enero de 2004.

No obstante, éstas podrán optar voluntariamente por sujetarse a las disposiciones de esta ley con anterioridad a dicha fecha, por acuerdo adoptado por la mayoría de los miembros del Concejo.

En el caso de las Fuerzas Armadas y de las de Orden y Seguridad Pública, la presente ley entrará en vigencia a partir del 1 de enero de 2005, sin perjuicio de que por decreto supremo expedido por el Ministerio de Defensa Nacional se establezca la incorporación anticipada de tales entidades a esta ley.

Artículos Transitorios

Artículo 1º. El Presidente de la República, dentro del plazo de un año contado desde la fecha de publicación de esta ley, mediante uno o más decretos expedidos a través del Ministerio de Hacienda, dictará la reglamentación que sea necesaria para la aplicación de la misma.

Las municipalidades que tuvieren vigentes reglamentaciones sobre sus procesos de contratación de bienes y servicios, deberán ajustarlos a la normativa señalada anteriormente a más tardar al día 1 de enero de 2004.

Artículo 2º. Los derechos y obligaciones establecidos en el decreto supremo N° 1.312, de 1999, del

Ministerio de Hacienda, para el operador de los procedimientos de apoyo computacional del sistema de información de compras y contrataciones de la Administración, subsistirán de acuerdo a los términos del respectivo contrato.

Artículo 3º. Los contratos administrativos que se regulan en esta ley, cuyas bases hayan sido aprobadas antes de su entrada en vigencia, se regularán por la normativa legal vigente a la fecha de aprobación de dichas bases de licitación.

Artículo 4º. La primera provisión de los empleos de la Dirección de Compras y Contratación Pública se hará por concurso público, que se efectuará dentro de los 60 días contados desde la fecha de vigencia de la presente ley. En este concurso, el comité de selección estará conformado por los jefes de departamento de dicha Dirección, aplicándose en lo demás lo dispuesto por la ley N° 18.834.

Artículo 5º. Los funcionarios titulares de la

Dirección de Aprovisionamiento del Estado que pasen a formar parte de la Dirección de Compras y Contratación Pública conservarán el número de bienios que estuvieren percibiendo, como también el tiempo computable para el caso de uno nuevo, mantendrán el derecho a jubilar en los términos previstos en el artículo 132 del decreto con fuerza de ley N° 338, de 1960, en relación con lo establecido en los artículos 14 y 15 transitorios de la ley N° 18.834, y no se verán afectados en el derecho conferido por el artículo 2° transitorio de la ley N° 18.972, en caso de corresponderles.

Artículo 6º. Los funcionarios titulares de la Dirección de Aprovisionamiento del Estado que no pasen a formar parte de la Dirección de Compras y Contratación Pública u otro servicio público y dejen, en consecuencia, de ser funcionarios públicos, tendrán derecho a percibir la indemnización establecida en el artículo 148 de la ley N° 18.834, sin perjuicio de la jubilación, pensión o renta vitalicia a que puedan optar en el régimen previsional a que se acojan o estén acogidos. Esta indemnización será compatible con el desahucio que pudiere corresponderles.

Los funcionarios que reciban el beneficio indicado en el inciso anterior no podrán ser nombrados ni contratados, ya sea a contrata o sobre la base de honorarios, en la Dirección de Compras y Contratación Pública, durante los cinco años siguientes al término de su relación laboral, a menos que previamente devuelvan la indemnización percibida, expresada en unidades de fomento más el interés corriente para operaciones reajustables.

Artículo 7º. Las obligaciones y derechos derivados de los procedimientos de adquisición efectuados por la

Dirección de Aprovisionamiento del Estado, que se encontraren pendientes al entrar en vigencia la presente ley, se entenderán corresponder a la nueva Dirección de Compras y Contratación Pública, la que se entenderá como su continuadora legal para todos los efectos legales, hasta el momento en que finalicen los señalados procedimientos.

Asimismo, los derechos y obligaciones relativos al sistema de información y demás servicios para la contratación electrónica que licite el Ministerio de Hacienda por intermedio de su Subsecretaría, en virtud de lo previsto en el decreto supremo Nº 1.312, de 1999, modificado por el decreto supremo Nº 826, de 2002, ambos del Ministerio de Hacienda, se entenderá que corresponden a la Dirección de Compras y Contratación Pública.

Artículo 8º. El patrimonio de la Dirección de Compras y Contratación Pública estará, además, formado por todos los bienes muebles o inmuebles fiscales que estuvieren destinados exclusivamente al funcionamiento de la Dirección de Aprovisionamiento del Estado, los que se le entenderán transferidos en dominio por el solo ministerio de la ley.

Con el objeto de practicar las inscripciones y anotaciones que procedieren en los respectivos Registros Conservadores de Bienes Raíces o en el Registro Nacional de Vehículos Motorizados, el Director de Compras y Contratación Pública dictará una resolución en que individualizará los inmuebles y vehículos que en virtud de esta disposición se transfieren, la que se reducirá a escritura pública.

Artículo 9º. A contar de la fecha de vigencia de la planta establecida en el artículo 33, fíjase en 22 la dotación máxima de personal autorizada a la Dirección de Compras y Contratación Pública por la Ley de Presupuestos del Sector Público vigente. No regirá la limitación señalada en el inciso segundo del artículo 9º de la ley Nº 18.834, respecto de los empleos a contrata incluidos en esta dotación.

Artículo 10. El gasto que represente la aplicación de esta ley para el presente año se financiará con los recursos del presupuesto vigente destinados a la Dirección de Aprovisionamiento del Estado. No obstante lo anterior, el Ministerio de Hacienda, con cargo al ítem 50-01-03-25-33.104 de la partida presupuestaria Tesoro Público, podrá suplementar este presupuesto en la parte que no sea posible financiar con sus recursos.

Artículo 11 . El Ministerio de Hacienda establecerá, mediante decreto supremo, la gradualidad de incorporación de los organismos públicos regidos por la presente ley a los sistemas a que se refieren los artículos 18, 19 y 20 de este cuerpo legal.

COLOMBIA

I. LEY 80 DE 1993, DE 28 DE OCTUBRE, POR LA CUAL SE EXPIDE EL ESTATUTO GENERAL DE CONTRATACIÓN DE LA ADMINISTRACIÓN PÚBLICA

Nota: Todas las referencias a "concurso" y a "términos de referencia" que aparecen tachadas fueron derogadas por el art. 32 de la Ley 1150 de 2007.

I.
DE LAS DISPOSICIONES GENERALES

Artículo 1º.- Del objeto. La presente Ley tiene por objeto disponer las reglas y principios que rigen los contratos de las entidades estatales.

Artículo 2º.- De la Definición de Entidades, Servidores y Servicios Públicos. Para los solos efectos de esta Ley:

1º. Se denominan entidades estatales:

a) La Nación, las regiones, los departamentos, las provincias, el Distrito Capital y los distritos especiales, las áreas metropolitanas, las asociaciones de municipios, los territorios indígenas y los municipios; los establecimientos públicos, las empresas industriales y comerciales del Estado, las sociedades de economía mixta en las que el Estado tenga participación superior al cincuenta por ciento (50%), así como las entidades descentralizadas indirectas y las demás personas jurídicas en las que exista dicha participación pública mayoritaria, cualquiera sea la denominación que ellas adopten, en todos los órdenes y niveles.

b) El Senado de la República, la Cámara de Representantes, el Consejo Superior de la Judicatura, la Fiscalía General de la Nación, la Contraloría General de la República, las contralorías departamentales, distritales y municipales, la Procuraduría General de la Nación, la Registraduría Nacional del Estado Civil, los ministerios, los departamentos administrativos, las superintendencias, las unidades administrativas especiales y, en general, los organismos o dependencias del Estado a los que la ley otorgue capacidad para celebrar contratos.[1]

2º. Se denominan servidores públicos:

a) Las personas naturales que prestan sus servicios dependientes a los organismos y entidades de que trata este artículo, con excepción de las asociaciones y fundaciones de participación mixta en las cuales dicha denominación se predicará exclusivamente de sus representantes legales y de los funcionarios de los niveles directivo, asesor o ejecutivo o sus equivalentes en quienes se delegue la celebración de contratos en representación de aquéllas.[2]

b) Los miembros de las corporaciones públicas que tengan capacidad para celebrar contratos en representación de éstas.[3]

3º. Se denominan servicios públicos:

---

1 Letra b) declarada exequible por la Corte Constitucional mediante Sentencia C-374 de 1994.
2 Letra a) declarada exequible por la Corte Constitucional mediante Sentencia C-230 de 1995.
3 Letra b) declarada exequible por la Corte Constitucional mediante Sentencia C-374 de 1994.

Los que están destinados a satisfacer necesidades colectivas en forma general, permanente y continua, bajo la dirección, regulación y control del Estado, así como aquéllos mediante los cuales el Estado busca preservar el orden y asegurar el cumplimiento de sus fines.

Para los solos efectos de esta Ley, también se denominan entidades estatales las cooperativas y asociaciones conformadas por entidades territoriales, las cuales estarán sujetas a las disposiciones del presente estatuto, especialmente cuando en desarrollo de convenios interadministrativos celebren contratos por cuenta de dichas entidades.[4]

Artículo 3º.- De los Fines de la Contratación Estatal. Los servidores públicos tendrán en consideración que al celebrar contratos y con la ejecución de los mismos, las entidades buscan el cumplimiento de los fines estatales, la continua y eficiente prestación de los servicios públicos y la efectividad de los derechos e intereses de los administrados que colaboran con ellas en la consecución de dichos fines.

Los particulares, por su parte, tendrán en cuenta al celebrar y ejecutar contratos con las entidades estatales que, ~~además de la obtención de utilidades cuya protección garantiza el Estado~~[5], colaboran con ellas en el logro de sus fines y cumplen una función social que, como tal, implica obligaciones.

Artículo 4º.- De los Derechos y Deberes de las Entidades Estatales. Para la consecución de los fines de que trata el artículo anterior, las entidades estatales:

1°. Exigirán del contratista la ejecución idónea y oportuna del objeto contratado. Igual exigencia podrán hacer al garante.

2°. Adelantarán las gestiones necesarias para el reconocimiento y cobro de las sanciones pecuniarias y garantías a que hubiere lugar.

3°. Solicitarán las actualización o la revista de los precios cuando se produzcan fenómenos que alteren en su contra el equilibrio económico o financiero del contrato.

4°. Adelantarán revisiones periódicas de las obras ejecutadas, servicios prestados o bienes suministrados, para verificar que ellos cumplan con las condiciones de calidad ofrecidas por los contratistas, y promoverán las acciones de responsabilidad contra éstos y sus garantes cuando dichas condiciones no se cumplan.

Las revisiones periódicas a que se refiere el presente numeral deberán llevarse a cabo por lo menos una vez cada seis (6) meses durante el término de vigencia de las garantías.

5°. Exigirán que la calidad de los bienes y servicios adquiridos por las entidades estatales se ajuste a los requisitos mínimos previstos en las normas técnicas obligatorias, sin perjuicio de la facultad de exigir que tales bienes o servicios cumplan con las normas técnicas colombianas o, en su defecto, con normas internacionales elaboradas por organismos reconocidos a nivel mundial o con normas extranjeras aceptadas en los acuerdos internacionales suscrito por Colombia.

6°. Adelantarán las acciones conducentes a obtener la indemnización de los daños que sufran en desarrollo o con ocasión del contrato celebrado.

7°. Sin perjuicio del llamamiento en garantía, repetirán contra los servidores públicos, contra el contratista o los terceros responsables, según el caso, por las indemnizaciones que deban pagar como consecuencia de la actividad contractual.

8°. Adoptarán las medidas necesarias para mantener durante el desarrollo y ejecución del contrato las condiciones técnicas, económicas y financieras existentes al momento de proponer en los casos en que se hubiere realizado licitación o ~~concurso~~, o de contratar en los casos de contratación directa. Para ello utilizarán los mecanismos de ajuste y revisión de precios, acudirán a los procedimientos de revisión y corrección de tales mecanismos si fracasan los supuestos o hipótesis para la ejecución y pactarán intereses moratorios.

---

4 Parágrafo derogado por el art. 32, Ley 1150 de 2007.

5 Texto derogado por el art. 32 de la Ley 1150 de 2007.

Sin perjuicio de la actualización o revisión de precios, en caso de no haberse pactado intereses moratorios, se aplicará la tasa equivalente al doble del interés legal civil sobre el valor histórico actualizado.

9°. Actuarán de tal modo que por causas a ellas imputables, no sobrevenga una mayor onerosidad en el cumplimiento de las obligaciones a cargo del contratista. Con este fin, en el menor tiempo posible, corregirán los desajustes que pudieren presentarse y acordarán los mecanismos y procedimientos pertinentes para precaver o solucionar rápida y eficazmente las diferencias o situaciones litigiosas que llegaren a presentarse.

10. Respetarán el orden de presentación de los pagos por parte de los contratistas. Sólo por razones de interés público, el jefe de la entidad podrá modificar dicho orden dejando constancia de tal actuación.

Para el efecto, las entidades deben llevar un registro de presentación por parte de los contratistas, de los documentos requeridos para hacer efectivos los pagos derivados de los contratos, de tal manera que estos puedan verificar el estricto respeto al derecho de turno. Dicho registro será público.

Lo dispuesto en este numeral no se aplicará respecto de aquellos pagos cuyos soportes hayan sido presentados en forma incompleta o se encuentren pendientes del cumplimiento de requisitos previstos en el contrato del cual se derivan[6].

Artículo 5°.- De los Derechos y Deberes de los Contratistas. Para la realización de los fines de que trata el artículo 3° de esta Ley, los contratistas:

1°. Tendrán derecho a recibir oportunamente la remuneración pactada y a que el valor intrínseco de la misma no se altere o modifique durante la vigencia del contrato.

En consecuencia tendrán derecho, previa solicitud, a que la administración les restablezca el equilibrio de la ecuación económica del contrato a un punto de no pérdida por la ocurrencia de situaciones imprevistas que no sean imputables a los contratistas. Si dicho equilibrio se rompe por incumplimiento de la entidad estatal contratante, tendrá que restablecerse la ecuación surgida al momento del nacimiento del contrato.

2°. Colaborarán con las entidades contratantes en lo que sea necesario para que el objeto contratado se cumpla y que éste sea de la mejor calidad; acatarán las órdenes que durante el desarrollo del contrato ellas les impartan y, de manera general, obrarán con lealtad y buena fe en las distintas etapas contractuales, evitando las dilaciones y entrabamiento que pudieran presentarse.

3°. Podrán acudir a las autoridades con el fin de obtener la protección de los derechos derivados del contrato y la sanción para quienes los desconozcan o vulneren.

Las autoridades no podrán condicionar la participación en licitaciones o ~~concursos~~[7] ni la adjudicación, adición o modificación de contratos, como tampoco la cancelación de las sumas adeudadas al contratista, a la renuncia, desistimiento o abandono de peticiones, acciones, demandas y reclamaciones por parte de éste.

4°. Garantizarán la calidad de los bienes y servicios contratados y responderán por ello.

5°. No accederán a peticiones o amenazas de quienes actúen por fuera de la ley con el fin de obligarlos a hacer u omitir algún acto o hecho.

Cuando se presenten tales peticiones o amenazas, los contratistas deberán informar inmediatamente de su ocurrencia a la entidad contratante y a las demás autoridades competentes para que ellas adopten las medidas y correctivos que fueren necesarios. El incumplimiento de esta obligación y la celebración de los pactos o acuerdos prohibidos, dará lugar a la declaratoria de caducidad del contrato.

---

6 Numeral adicionado por el art. 19 de la Ley 1150 de 2007.

7 Derogada por el art. 32 de la Ley 1150 de 2007.

Artículo 6º.- De la Capacidad para Contratar. Pueden celebrar contratos con las entidades estatales las personas consideradas legalmente capaces en las disposiciones vigentes. También podrán celebrar contratos con las entidades estatales, los consorcios y uniones temporales.

Las personas jurídicas nacionales y extranjeras deberán acreditar que su duración no será inferior a la del plazo del contrato y un año más.

Artículo 7º.- De los Consorcios y Uniones Temporales. Para los efectos de esta Ley se entiende por:

1. Consorcio: cuando dos o más personas en forma conjunta presentan una misma propuesta para la adjudicación, celebración y ejecución de un contrato, respondiendo solidariamente de todas y cada una de las obligaciones derivadas de la propuesta y del contrato. En consecuencia, las actuaciones, hechos y omisiones que se presenten en desarrollo de la propuesta y del contrato, afectarán a todos los miembros que lo conforman.

2. Unión Temporal: cuando dos o más personas en forma conjunta presentan una misma propuesta para la adjudicación, celebración y ejecución de un contrato, respondiendo solidariamente por el cumplimiento total de la propuesta y del objeto contratado, pero las sanciones por el incumplimiento de las obligaciones derivadas de la propuesta y del contrato se impondrán de acuerdo con la participación en la ejecución de cada uno de los miembros de la unión temporal.

Parágrafo 1º.- Los proponentes indicarán si su participación es a título de consorcio o unión temporal y, en este último caso, señalarán los términos y extensión de la participación en la propuesta y en su ejecución, los cuales no podrán ser modificados sin el consentimiento previo de la entidad estatal contratante.

Los miembros del consorcio y de la unión temporal deberán designar la persona que, para todos los efectos, representará al consorcio o unión temporal y señalarán las reglas básicas que regulen las relaciones entre ellos y su responsabilidad.

Parágrafo 2º.- Para efectos impositivos, a los consorcios y uniones temporales se les aplicará el régimen previsto en el Estatuto Tributario para las sociedades pero, en ningún caso, estarán sujetos a doble tributación.[8]

Parágrafo 3º.- En los casos en que se conformen sociedades bajo cualquiera de las modalidades previstas en la ley con el único objeto de presentar una propuesta, celebrar y ejecutar un contrato estatal, la responsabilidad y sus efectos se regirán por las disposiciones previstas en esta ley para los consorcios.

Artículo 8º.- De las Inhabilidades e Incompatibilidades para Contratar: 1o. Son inhábiles para participar en licitaciones o ~~concursos~~ y para celebrar contratos con las entidades estatales:

a) Las personas que se hallen inhabilitadas para contratar por la Constitución y las leyes

b) Quienes participaron en las licitaciones o ~~concursos~~ o celebraron los contratos de que trata el literal anterior estando inhabilitados.

c) Quienes dieron lugar a la declaratoria de caducidad

d) Quienes en sentencia judicial hayan sido condenados a la pena accesoria de interdicción de derechos y funciones públicas[9] y quienes hayan sido sancionados disciplinariamente con destitución[10].

e) Quienes sin justa causa se abstengan de suscribir el contrato estatal adjudicado.

f) Los servidores públicos.

g) Quienes sean cónyuges o (compañeros permanentes) y quienes se encuentren dentro del segundo grado de consanguinidad o segundo de afinidad con cualquier otra persona que formalmente haya presentado propuesta para una misma licitación o ~~concurso~~.[11]

---

8 Derogado por el art. 285, Ley 223 de 1995.

9 Declarado exequible por la Corte Constitucional mediante Sentencia 489 de 1996.

10 Declarado exequible por la Corte Constitucional mediante Sentencia C-178 de 1996.

11 Letra g) declarada exequible por la Corte Constitucional mediante Sentencias C-415 de 1994 y C-029 de 2009.

h) Las sociedades distintas de las anónimas abiertas, en las cuales el representante legal o cualquiera de sus socios tenga parentesco en segundo grado de consanguinidad o segundo de afinidad con el representante legal o con cualquiera de los socios de una sociedad que formalmente haya presentado propuesta, para una misma licitación o ~~concurso~~.[12]

i) Los socios de sociedades de personas a las cuales se haya declarado la caducidad, así como las sociedades de personas de las que aquéllos formen parte con posterioridad a dicha declaratoria.

Las inhabilidades a que se refieren los literales c), d), e i) se extenderán por un término de cinco (5) años contados a partir de la fecha de ejecutoria del acto que declaró la caducidad, o de la sentencia que impuso la pena, o del acto que dispuso la destitución; las previstas en los literales b) y e), se extenderán por un término de cinco (5) años contados a partir de la fecha de ocurrencia del hecho de la participación en la licitación o ~~concurso~~, o de la celebración del contrato, o de la de expiración del plazo para su firma.

j) Las personas naturales que hayan sido declaradas responsables judicialmente por la comisión de delitos de peculado, concusión, cohecho, prevaricato en todas sus modalidades y soborno transnacional, así como sus equivalentes en otras jurisdicciones. Esta inhabilidad se extenderá a las sociedades de que sean socias tales personas, con excepción de las sociedades anónimas abiertas.[13]

2°. Tampoco podrán participar en licitaciones o ~~concursos~~ ni celebrar contratos estatales con la entidad respectiva:

a) Quienes fueron miembros de la junta o consejo directivo o servidores públicos de la entidad contratante. Esta incompatibilidad sólo comprende a quienes desempeñaron funciones en los niveles directivo, asesor o ejecutivo y se extiende por el término de un (1) año, contado a partir de la fecha del retiro.

b) Las personas que tengan vínculos de parentesco, hasta el segundo grado de consanguinidad, segundo de afinidad o primero civil con los servidores públicos de los niveles directivo, asesor ejecutivo o con los miembros de la junta o consejo directivo, o con las personas que ejerzan el control interno o fiscal de la entidad contratante.[14]

c) El cónyuge compañero o compañera permanente del servidor público en los niveles directivo, asesor, ejecutivo, o de un miembro de la junta o consejo directivo, o de quien ejerza funciones de control interno o de control fiscal.[15]

d) Las corporaciones, asociaciones, fundaciones y las sociedades anónimas que no tengan el carácter de abiertas, así como las sociedades de responsabilidad limitada y las demás sociedades de personas en las que el servidor público en los niveles directivo, asesor o ejecutivo, o el miembro de la junta o consejo directivo, o el cónyuge, compañero o compañera permanente o los parientes hasta el segundo grado de consanguinidad, afinidad o civil de cualquiera de ello, tenga participación o desempeñe cargos de dirección o manejo.[16]

e) Los miembros de las juntas o consejos directivos. Esta incompatibilidad sólo se predica respecto de la entidad a la cual prestan sus servicios y de las del sector administrativo al que la misma esté adscrita o vinculada.

f)[17]

Parágrafo 1°.- La inhabilidad prevista en el literal d) del ordinal 2o. de este artículo no se aplicará en relación con las corporaciones, asociaciones, fundaciones y sociedades allí mencionadas, cuando por disposición legal o estatutaria el servidor público en los niveles referidos debe desempeñar en ellas cargos de dirección o manejo.

---

12 Letra h) declarada exequible por la Corte Constitucional mediante Sentencia C-415 de 1994.

13 Letra j) adicionada por el art. 18, Ley 1150 de 2007 y modificada por el art. 1, Ley 1474 de 2011.

14 Letra b) declarada exequible por la Corte Constitucional mediante Sentencia 429 de 1997.

15 Letra c) declarada exequible por la Corte Constitucional mediante Sentencia C-029 de 2009.

16 Letra d) declarada exequible por la Corte Constitucional mediante Sentencia C-029 de 2009.

17 Letra f) adicionada por el art. 4, Ley 1474 de 2011

En las causales de inhabilidad por parentesco o por matrimonio, los vínculos desaparecen por muerte o por disolución del matrimonio[18].

Parágrafo 2°.- Para los efectos previstos en este artículo, el Gobierno Nacional determinará qué debe entenderse por sociedades anónimas abiertas.

Artículo 9º.- De las Inhabilidades e Incompatibilidades Sobrevinientes.[19] Si llegare a sobrevenir inhabilidad o incompatibilidad en el contratista, éste cederá el contrato previa autorización escrita de la entidad contratante o, si ello no fuere posible, renunciará a su ejecución.

Cuando la inhabilidad o incompatibilidad sobrevenga en un proponente dentro de una licitación o ~~concurso~~[20], se entenderá que renuncia a la participación en el proceso de selección y a los derechos surgidos del mismo.

Si la inhabilidad o incompatibilidad sobreviene en uno de los miembros de un consorcio o unión temporal, éste cederá su participación a un tercero previa autorización escrita de la entidad contratante. En ningún caso podrá haber cesión del contrato entre quienes integran el consorcio o unión temporal.

Artículo 10º.- De las Excepciones a las Inhabilidades e Incompatibilidades. No quedan cobijadas por las inhabilidades e incompatibilidades de que tratan los artículos anteriores, las personas que contraten por obligación legal o lo hagan para usar los bienes o servicios que las entidades a que se refiere el presente estatuto ofrezcan al público en condiciones comunes a quienes los soliciten, ni las personas jurídicas sin ánimo de lucro cuyos representantes legales hagan parte de las juntas o consejos directivos en virtud de su cargo o por mandato legal o estatutario, ni quienes celebren contratos en desarrollo de lo previsto en el artículo 60 de la Constitución Política.

Artículo 11º.- De la competencia para dirigir licitaciones o ~~concursos~~ y para celebrar contratos estatales.[21] En las entidades estatales a que se refiere el artículo 2.

1°. La competencia para ordenar y dirigir la celebración de licitaciones o ~~concursos~~ y para escoger contratistas será del jefe o representante de la entidad, según el caso.

2°. Tiene competencia para celebrar contratos a nombre de la Nación, el Presidente de la República.

3°. Tiene competencia para celebrar contratos a nombre de la Entidad respectiva

a) Los ministros del despacho, los directores de departamentos administrativos, los superintendentes, los jefes de unidades administrativas especiales, el Presidente del Senado de la República, el Presidente de la Cámara de Representantes, los presidentes de la Sala Administrativa del Consejo Superior de la Judicatura y de sus Consejos Seccionales, el Fiscal General de la Nación, el Contralor General de la República, el Procurador General de la Nación, y el Registrador Nacional del Estado Civil.

b) A nivel territorial, los gobernadores de los departamentos, los alcaldes municipales y de los distritos capitales y especiales, los contralores departamentales, distritales y municipales, y los representantes legales de las regiones, las provincias, las áreas metropolitanas, los territorios indígenas y las asociaciones de municipios, en los términos y condiciones de las normas legales que regulen la organización y el funcionamiento de dichas entidades.

c) Los representantes legales de las entidades descentralizadas en todos los órdenes y niveles.

Artículo 12°.- De la Delegación para Contratar.[22] Los jefes y los representantes legales de las entidades estatales podrán delegar total o parcialmente la competencia para celebrar contratos y

---

18 Inciso adicionado por el art. 18 de la Ley 1150 de 2007.

19 Artículo declarado exequible por la Corte Constitucional mediante Sentencia C-221 de 1996.

20 Derogada por el art.32 de la Ley 1150 de 2007.

21 Artículo declarado exequible por la Corte Constitucional mediante Sentencias C-374 de 1994 y C-178 de 1996.

22 Artículo declarado exequible por la Corte Constitucional mediante Sentencias C-374 de 1994 y C-693 de 2008.

desconcentrar la realización de licitaciones o ~~concursos~~ en los servidores públicos que desempeñen cargos del nivel directivo o ejecutivo o en sus equivalentes

En ningún caso, los jefes y representantes legales de las entidades estatales quedarán exonerados por virtud de la delegación de sus deberes de control y vigilancia de la actividad precontractual y contractual.

Parágrafo.- Para los efectos de esta ley, se entiende por desconcentración la distribución adecuada del trabajo que realiza el jefe o representante legal de la entidad, sin que ello implique autonomía administrativa en su ejercicio. En consecuencia, contra las actividades cumplidas en virtud de la desconcentración administrativa no procederá ningún recurso[23].

Artículo 13º.- De la Normatividad Aplicable a los Contratos Estatales. [24] Los contratos que celebren las entidades a que se refiere el artículo 2 del presente estatuto se regirán por las disposiciones comerciales y civiles pertinentes, salvo en las materias particularmente reguladas en esta Ley.

Los contratos celebrados en el exterior se podrán regir en su ejecución por las reglas del país en donde se hayan suscrito, a menos que deban cumplirse en Colombia.

Los contratos que se celebren en Colombia y deban ejecutarse o cumplirse en el extranjero podrán someterse a la ley extranjera.

Los contratos financiados con fondos de los organismos multilaterales de crédito o celebrados con personas extranjeras de derecho público u organismos de cooperación, asistencia o ayuda internacionales, podrán someterse a los reglamentos de tales entidades en todo lo relacionado con procedimientos de formación y adjudicación y cláusulas especiales de ejecución, cumplimiento, pagos y ajustes.[25]

Artículo 14º.- De los Medios que pueden utilizar las Entidades Estatales para el Cumplimiento del Objeto Contractual. Para el cumplimiento de los fines de la contratación, las entidades estatales al celebrar un contrato:

1º. Tendrán la dirección general y la responsabilidad de ejercer el control y vigilancia de la ejecución del contrato. En consecuencia, con el exclusivo objeto de evitar la paralización o la afectación grave de los servicios públicos a su cargo y asegurar la inmediata, continua y adecuada prestación, podrán en los casos previstos en el numeral 2 de este artículo, interpretar los documentos contractuales y las estipulaciones en ellos convenidas, introducir modificaciones a lo contratado y, cuando las condiciones particulares de la prestación así lo exijan, terminar unilateralmente el contrato celebrado.

En los actos en que se ejerciten algunas de estas potestades excepcionales deberá procederse al reconocimiento y orden de pago de las compensaciones e indemnizaciones a que tengan derecho las personas objeto de tales medidas y se aplicarán los mecanismos de ajuste de las condiciones y términos contractuales a que haya lugar, todo ello con el fin de mantener la ecuación o equilibrio inicial.

Contra los actos administrativos que ordenen la interpretación, modificación y terminación unilaterales, procederá el recurso de reposición, sin perjuicio de la acción contractual que puede intentar el contratista, según lo previsto en el artículo 77 de esta Ley.

2º. Pactarán las cláusulas excepcionales al derecho común de terminación, interpretación y modificación unilaterales, de sometimiento a las leyes nacionales y de caducidad en los contratos que tengan por objeto el ejercicio de una actividad que constituya monopolio estatal, la prestación de servicios públicos o la explotación y concesión de bienes del Estado, así como en los contratos de obra. En los contratos de explotación y concesión de bienes del Estado se incluirá la cláusula de reversión.

---

23 Parágrafo adicionado por art. 21 de la Ley 1150 de 2007.

24 Artículo declarado exequible por la Corte Constitucional mediante Sentencia C-249 de 2004.

25 Inciso derogado por el art. 32 de la Ley 1150 de 2007.

Las entidades estatales podrán pactar estas cláusulas en los contratos de suministro y de prestación de servicios.

En los casos previstos en este numeral, las cláusulas excepcionales se entienden pactadas aun cuando no se consignen expresamente.

Parágrafo.- En los contratos que se celebren con personas públicas internacionales, o de cooperación, ayuda o asistencia; en los interadministrativos; en los de empréstito, donación y arrendamiento y en los contratos que tengan por objeto actividades comerciales o industriales de las entidades estatales que no correspondan a las señaladas en el numeral 2o. de este artículo, o que tengan por objeto el desarrollo directo de actividades científicas o tecnológicas, así como en los contratos de seguro tomados por las entidades estatales, se prescindirá de la utilización de las cláusulas o estipulaciones excepcionales.

Artículo 15º.- De la Interpretación Unilateral. Si durante la ejecución del contrato surgen discrepancias entre las partes sobre la interpretación de algunas de sus estipulaciones que puedan conducir a la paralización o a la afectación grave del servicio público que se pretende satisfacer con el objeto contratado, la entidad estatal, si no se logra acuerdo, interpretará en acto administrativo debidamente motivado, las estipulaciones o cláusulas objeto de la diferencia.

Artículo 16º.- De la Modificación Unilateral. Si durante la ejecución del contrato y para evitar la paralización o la afectación grave del servicio público que se deba satisfacer con él, fuere necesario introducir variaciones en el contrato y previamente las partes no llegan al acuerdo respectivo, la entidad en acto administrativo debidamente motivado, lo modificará mediante la supresión o adición de obras, trabajos, suministros o servicios.

Si las modificaciones alteran el valor del contrato en veinte por ciento (20%) o más del valor inicial, el contratista podrá renunciar a la continuación de la ejecución. En este evento, se ordenará la liquidación del contrato y la entidad adoptará de manera inmediata las medidas que fueren necesarias para garantizar la terminación del objeto del mismo.

Artículo 17º.- De la Terminación Unilateral. La entidad en acto administrativo debidamente motivado dispondrá la terminación anticipada del contrato en los siguientes eventos:

1º. Cuando las exigencias del servicio público lo requieran o la situación de orden público lo imponga.

2º. Por muerte o incapacidad física permanente del contratista, si es persona natural, o por disolución de la persona jurídica del contratista.[26]

3º. Por interdicción judicial de declaración de quiebra del contratista.

4º. Por cesación de pagos, concurso de acreedores o embargos judiciales del contratista que afecten de manera grave el cumplimiento del contrato.

Sin embargo, en los casos a que se refieren los numerales 2o. y 3o. de este artículo podrá continuarse la ejecución con el garante de la obligación.

La iniciación de trámite concordatario no dará lugar a la declaratoria de terminación unilateral. En tal evento la ejecución se hará con sujeción a las normas sobre administración de negocios del deudor en concordato. La entidad dispondrá las medidas de inspección, control y vigilancia necesarias para asegurar el cumplimiento del objeto contractual e impedir la paralización del servicio.

Artículo 18º.- De la Caducidad y sus Efectos. La caducidad es la estipulación en virtud de la cual si se presenta alguno de los hechos constitutivos de incumplimiento de las obligaciones a cargo del contratista, que afecte de manera grave y directa la ejecución del contrato y evidencia que puede conducir a su paralización, la entidad por medio de acto administrativo debidamente motivado lo dará por terminado y ordenará su liquidación en el estado en que se encuentre.

En caso de que la entidad decida abstenerse de declarar la caducidad, adoptará las medidas de control e intervención necesarias, que garanticen la ejecución del objeto contratado. La declaratoria de caducidad no impedirá que la entidad contratante tome posesión de la obra o continúe inme-

---

26 Declarado exequible por la Corte Constitucional mediante Sentencia C-454 de 1994.

diatamente la ejecución del objeto contratado, bien sea a través del garante o de otro contratista, a quien a su vez se le podrá declarar la caducidad, cuando a ello hubiere lugar.

Si se declara la caducidad no habrá lugar a indemnización para el contratista, quien se hará acreedor a las sanciones e inhabilidades previstas en esta ley.

La declaratoria de caducidad será constitutiva del siniestro de incumplimiento.

Artículo 19º.- De la Reversión.[27] En los contratos de explotación o concesión de bienes estatales se pactará que, al finalizar el término de la explotación o concesión, los elementos y bienes directamente afectados a la misma pasen a ser propiedad de la entidad contratante, sin que por ello ésta deba efectuar compensación alguna.

Artículo 20º.- De la Reciprocidad. En los procesos de contratación estatal se concederá al proponente de bienes y servicios de origen extranjero, el mismo tratamiento y en las mismas condiciones, requisitos procedimientos y criterios de adjudicación que el tratamiento concedido al nacional, exclusivamente bajo el principio de reciprocidad.

Se entiende por principio de reciprocidad, el compromiso adquirido por otro país, mediante acuerdo, tratado o convenio celebrado con Colombia, en el sentido de que a las ofertas de bienes y servicios colombianos se les concederá en ese país el mismo tratamiento otorgado a sus nacionales en cuanto a las condiciones, requisitos, procedimientos y criterios para la adjudicación de los contratos celebrados con el sector público.

Parágrafo 1°.- El Gobierno Nacional, en los acuerdos, tratados o convenios, que celebren para estos efectos, deberá establecer todos los mecanismos necesarios para hacer cumplir el tratamiento igualitario entre el nacional y el extranjero tanto en Colombia como en el territorio del país con quien se celebre el mencionado acuerdo, convenio o tratado.

Parágrafo 2°.- Cuando para los efectos previstos en este artículo no se hubiese celebrado acuerdo, tratado, o convenio, los proponentes de bienes y servicios de origen extranjero podrán participar en los procesos de contratación en las mismas condiciones y con los mismos requisitos exigidos a los nacionales colombianos, siempre y cuando en sus respectivos países los proponentes de bienes y servicios de origen colombiano gocen de iguales oportunidades. El Gobierno Nacional establecerá los mecanismos para asegurar el cumplimiento de la reciprocidad prevista en este parágrafo.

Artículo 21º.- Del Tratamiento y Preferencia de las Ofertas Nacionales. Las entidades estatales garantizarán la participación de los oferentes de bienes y servicios de origen nacional, en condiciones competitivas de calidad, oportunidad y precio, sin perjuicio del procedimiento de selección objetiva que se utilice y siempre y cuando exista oferta de origen nacional.

Cuando se trate de la ejecución de proyectos de inversión se dispondrá la desagregación tecnológica.

En los contratos de empréstito y demás formas de financiamiento, distintos de los créditos de proveedores, se buscará que no se exija el empleo o la adquisición de bienes o la prestación de servicios de procedencia extranjera específica, o que a ello se condicione el otorgamiento. Así mismo, se buscará incorporar condiciones que garanticen la participación de oferentes de bienes y servicios de origen nacional.

En igualdad de condiciones para contratar, se preferirá la oferta de bienes y servicios de origen nacional.

Para los oferentes extranjeros que se encuentren en igualdad de condiciones, se preferirá aquel que contenga mayor incorporación de recursos humanos nacionales, mayor componente nacional y mejores condiciones para la transferencia tecnológica.

El Consejo Superior de Comercio Exterior determinará el régimen vigente para las importaciones de las entidades estatales.

27 Artículo declarado exequible por la Corte Constitucional mediante Sentencia C-250 de 1996.

Parágrafo 1°.- El Gobierno Nacional determinará que debe entenderse por bienes y servicios de origen Nacional y de origen Extranjero y por desagregación tecnológica. Corresponde también al Gobierno Nacional diseñar mecanismos que faciliten el conocimiento oportuno tanto de la oferta de bienes y servicios de origen nacional, como de la demanda de las entidades estatales.

Parágrafo 2°.- El Gobierno Nacional reglamentará el componente nacional al que deben someterse las entidades estatales, para garantizar la participación de las ofertas de bienes y servicios de origen nacional.

Artículo 22°.- De los Registros de Proponentes. ~~Todas las personas naturales o jurídicas que aspiren a celebrar con las entidades estatales, contratos de obra, consultoría, suministro y compraventa de bienes muebles, se inscribirán en la Cámara de Comercio de su jurisdicción y deberán estar clasificadas y calificadas de conformidad con lo previsto en este artículo.~~

~~El Gobierno Nacional adoptará un formulario único y determinará los documentos estrictamente indispensables que las Cámaras de Comercio podrán exigir para realizar la inscripción. Así mismo, adoptará el formato de certificación que deberán utilizar las Cámaras de Comercio.~~

~~Con base en los formularios y en los documentos presentados, las Cámaras de Comercio conformarán un registro especial de inscritos clasificados por especialidades, grupos o clases de acuerdo con la naturaleza de los bienes o servicios ofrecidos, y expedirán las certificaciones o informaciones que en relación con el mismo se les solicite.~~

~~La certificación servirá de prueba de la existencia y representación del contratista y de las facultades de su representante legal e incluirá la información relacionada con la clasificación y calificación del inscrito.~~

~~En relación con los contratos ejecutados incluirá la cuantía, expresada en términos de valor actualizados, los respectivos plazos y adiciones. En la certificación constarán. igualmente los datos e informaciones sobre cumplimiento en contratos anteriores, experiencia, capacidad técnica y administrativa, relación de equipo y su disponibilidad, multas y sanciones impuestas y el término de su duración.~~

~~No se requerirá de este registro, ni de calificación, ni clasificación en los casos de contratación de urgencia a que se refiere el artículo 42 de esta Ley; contratación de menor cuantía a que se refiere el artículo 24 de esta Ley; contratación para el desarrollo directo de actividades científicas o tecnológicas; contratos de prestación de servicios y contratos de concesión de cualquier índole y cuando se trate de adquisición de bienes cuyo precio se encuentre regulado por el Gobierno Nacional.~~

~~El registro de proponentes será público y por tanto cualquier persona puede solicitar que se le expidan certificaciones sobre las inscripciones, calificaciones y clasificaciones que contenga.~~[28]

22.1.- De la información sobre contratos, multas y sanciones de los inscritos

Las entidades estatales enviarán semestralmente a la Cámara de Comercio que tenga jurisdicción en el lugar del domicilio del inscrito, la información concerniente a los contratos ejecutados, cuantía, cumplimiento de los mismos y las multas y sanciones que en relación con ellos se hubieren impuesto. El servidor público que incumpla esta obligación incurrirá en causal de mala conducta.

22.2.- De la renovación, actualización y modificación

La inscripción en la Cámara de Comercio se renovará anualmente, para lo cual los inscritos deberán diligenciar y presentar el formulario que para el efecto determine el Gobierno Nacional, junto con los documentos actualizados que en él se indiquen. En dicho formulario los inscritos informarán sobre las variaciones referentes a su actividad a fin de que se tome nota de ellas en el correspondiente registro.

28 Texto derogado por el art. 32, Ley 1150 de 2007.

Las personas inscritas podrán solicitar a la Cámara de Comercio la actualización, modificación o cancelación de su inscripción cada vez que lo estimen conveniente, mediante la utilización de los formularios que el Gobierno Nacional establezca para el efecto.

22.3.- De la clasificación y calificación de los inscritos

La clasificación y calificación la efectuarán las mismas personas naturales o jurídicas interesadas en contratar con las entidades estatales, ciñéndose estrictamente a la reglamentación que expida el gobierno nacional en aplicación de criterios de experiencia, capacidad financiera, técnica, organización, disponibilidad de equipos, y se presentará a la respectiva Cámara de Comercio simultáneamente con la solicitud de inscripción. La entidad contratante se reservará la facultad de verificar la información contenida en el certificado expedido por la Cámara de Comercio y en el formulario de clasificación y calificación.

La capacidad financiera del inscrito se establecerá con base en la última declaración de renta y en el último balance comercial con sus anexos para las personas nacionales y en los documentos equivalentes a los anteriores, para las personas extranjeras.

La calificación determinará la capacidad máxima de contratación del inscrito y será válida ante todas las entidades estatales de todos las órdenes y niveles.

22.4.- Del registro de personas extranjeras

Cuando se trate de personas naturales extranjeras sin domicilio en el país o de personas jurídicas privadas extranjeras que no tengan establecida sucursal en Colombia, que pretendan presentar propuestas o celebrar contratos para los cuales se requiera presentar el registro previsto en esta ley, se les exigirá el documento que acredite la inscripción en el registro correspondiente en el país en donde tiene su domicilio principal, así como los documentos que acrediten su existencia y su representación legal, cuando a esto último hubiere lugar. En defecto de dicho documento de inscripción deberán presentar la certificación de inscripción en el registro establecido en esta Ley. Adicionalmente, deberán acreditar en el país un apoderado domiciliado en Colombia debidamente facultado para presentar la propuesta y celebrar el contrato, así como para representarlas judicial y extrajudicialmente.

Los documentos otorgados en el exterior deberán presentarse legalizados en la forma prevista en las normas vigentes sobre la materia. Lo establecido en este artículo se entenderá sin perjuicio del deber a cargo de la entidad estatal respectiva de exigir dichas personas documentos o informaciones que acrediten su experiencia, capacidad e idoneidad.

22.5.- De la impugnación de la clasificación y calificación.

Cualquier persona inconforme con la calificación y clasificación de los inscritos, podrá impugnarlas ante la respectiva Cámara de Comercio. El acto administrativo de la Cámara de Comercio que decida la impugnación podrá ser objeto del recurso de reposición y de la acción de nulidad y restablecimiento del derecho en los términos del Código Contencioso Administrativo.

Para que la impugnación sea admisible deberá prestarse caución bancaria o de compañía de seguros para garantizar los perjuicios que se puedan causar al inscrito. Las entidades estatales deberán impugnar la clasificación y calificación de cualquier inscrito cuando adviertan irregularidades o graves inconsistencias. El Gobierno reglamentará el cumplimiento de lo dispuesto en este artículo.

22.6.- De las sanciones

Cuando se demuestre que el inscrito de mala fe presentó documentos o informaciones para la inscripción, calificación o clasificación que no correspondan a la realidad, se ordenará previa audiencia del afectado, la cancelación del registro quedando en tal caso inhabilitado para contratar con las entidades estatales por el término de diez (10) años sin perjuicio de las acciones penales a que haya lugar.

22.7.- De los boletines de información de licitaciones.

Las entidades estatales deberán remitir a las Cámaras de Comercio de su jurisdicción, la información general de cada licitación o concurso que pretendan abrir en la forma y dentro de los plazos que fije el reglamento.

Con base en esta información las Cámaras de Comercio elaborarán y publicarán un boletín mensual, que será público, sin perjuicio de lo establecido en el numeral tercero del artículo 30 de esta Ley.

El servidor público responsable de esta tarea que incumpla esta obligación incurrirá en causal de mala conducta.

22.8.- De la fijación de tarifas.

El Gobierno Nacional fijará el monto de las tarifas que deban sufragarse en favor de las Cámaras de Comercio por concepto de la inscripción en el registro de proponentes, así como por su renovación y actualización y por las certificaciones que se les solicite en relación con dicho registro.

Igualmente fijará el costo de la publicación del boletín de información y del trámite de impugnación de la calificación y clasificación. Para estos efectos, el Gobierno deberá tener en cuenta el costo de la operación de registro, en que incurran las Cámaras de Comercio, así como de la expedición de certificados, de publicación del boletín de información y del trámite de impugnación.

22.9.- De la vigencia del registro

El registro, calificación y clasificación a que se refiere este artículo, regirá un año después de la promulgación de la presente Ley. Los registros actualmente existentes, así como régimen de renovación de inscripciones, continuarán hasta que entre en vigencia el registro de proponentes de que trata este artículo.

II
DE LOS PRINCIPIOS DE LA CONTRATACIÓN ESTATAL

Artículo 23º.- De Los Principios de las Actuaciones Contractuales de las Entidades Estatales. Las actuaciones de quienes intervengan en la contratación estatal se desarrollarán con arreglo a los principios de transparencia, economía y responsabilidad y de conformidad con los postulados que rigen la función administrativa. Igualmente, se aplicarán en las mismas las normas que regulan la conducta de los servidores públicos, las reglas de interpretación de la contratación, los principios generales del derecho y los particulares del derecho administrativo.

Artículo 24º.-. Del principio de Transparencia. En virtud de este principio:[29]

1º. La escogencia del contratista se efectuará siempre a través de licitación o concurso público, salvo en los siguientes casos en los que se podrá contratar directamente:

a) Menor cuantía. Se entenderá por menor cuantía los valores que a continuación se relacionan, determinados en función de los presupuestos anuales de las entidades a las que se aplica la presente ley, expresados en salarios mínimos legales mensuales.

b) Empréstitos

c) Interadministrativos, con excepción del contrato de seguro

d) Para la prestación de servicios profesionales o para la ejecución de trabajos artísticos que sólo puedan encomendarse a determinadas personas naturales o jurídicas, o para el desarrollo directo de actividades científicas o tecnológicas.

e) Arrendamiento o adquisición de inmuebles. f) Urgencia manifiesta

g) Declaratoria de desierta de la licitación o concurso.

h) Cuando no se presente propuesta alguna o ninguna propuesta se ajuste al pliego de condiciones, o términos de referencia o, en general, cuando falte voluntad de participación.

i) Bienes y servicios que se requieran para la defensa y seguridad nacional.

j) Cuando no exista pluralidad de oferentes.

k) Productos de origen o destinación agropecuaria que se ofrezcan en las bolsas de productos legalmente constituidas.

---

29 Numeral 1o derogado por el art. 32 de la Ley 1150 de 2007.

l) Los contratos que celebren las entidades estatales para la prestación de servicios de salud. El reglamento interno correspondiente fijará las garantías a cargo de los contratistas. Los pagos correspondientes se podrán hacer mediante encargos fiduciarios.

m) Los actos y contratos que tengan por objeto directo las actividades comerciales e industriales propias de las empresas industriales y comerciales estatales y de las sociedades de economía mixta, con excepción de los contratos que a título enunciativo identifica el artículo 32 de esta Ley.

2°. En los procesos contractuales los interesados tendrán oportunidad de conocer y controvertir los informes, conceptos y decisiones que se rindan o adopten, para lo cual se establecerán etapas que permitan el conocimiento de dichas actuaciones y otorguen la posibilidad de expresar observaciones.

3°. Las actuaciones de las autoridades serán públicas y los expedientes que las contengan estarán abiertos al público, permitiendo en el caso de licitación el ejercicio del derecho de que trata el artículo 273 de la Constitución Política.

4°. Las autoridades expedirán a costa de aquellas personas que demuestren interés legítimo, copia de las actuaciones y propuestas recibidas, respetando la reserva de que gocen legalmente las patentes, procedimientos y privilegios.

5°. En los pliegos de condiciones o ~~términos de referencia~~:

a) Se indicarán los requisitos objetivos necesarios para participar en el correspondiente proceso de selección.

b) Se definirán reglas objetivas, justas, claras y completas que permitan la confección de ofrecimientos de la misma índole, aseguren una escogencia objetiva y eviten las declaratorias de desierta de la licitación o ~~concurso~~[30].[31]

c) Se definirán con precisión las condiciones de costo y calidad de los bienes, obras o servicios necesarios para la ejecución del objeto del contrato.

d) No se incluirán condiciones y exigencias de imposible cumplimiento, ni exenciones de la responsabilidad derivada de los datos, informes y documentos que se suministren.

e) Se definirán reglas que no induzcan a error a los proponentes y contratistas y que impidan la Formulación de ofrecimientos de extensión ilimitada o que dependan de la voluntad exclusiva de la entidad.

f) Se definirá el plazo para la liquidación del contrato, cuando a ello hubiere lugar, teniendo en cuenta su objeto, naturaleza y cuantía.

Serán ineficaces de pleno derecho las estipulaciones de los pliegos o ~~términos de referencia~~ y de los contratos que contravengan lo dispuesto en este numeral, o dispongan renuncias a reclamaciones por la ocurrencia de los hechos aquí enunciados.

6°. En los avisos de publicación de apertura de la licitación o ~~concurso~~ y en los pliegos de condiciones o ~~términos de referencia~~, se señalarán las reglas de adjudicación del contrato.

7°. Los actos administrativos que se expidan en la actividad contractual con ocasión de ella, salvo los de mero trámite, se motivarán en forma detallada y precisa e igualmente lo serán los informes de evaluación, el acto de adjudicación y la declaratoria de desierto del proceso de escogencia.

8°. Las autoridades no actuarán con desviación o abuso de poder y ejercerán sus competencias exclusivamente para los fines previstos en la ley. Igualmente, les será prohibido eludir los procedimientos de selección objetiva y los demás requisitos previstos en el presente estatuto.

9°. Los avisos de cualquier clase a través de los cuales se informe o anuncie la celebración o ejecución de contratos por parte de las entidades estatales, no podrán incluir referencia alguna al nombre o cargo de ningún servidor público.

---

30 Derogado por el art. 32 de la Ley 1150 de 2007.

31 Letra b) declarada exequible por la Corte Constitucional mediante Sentencia C-932 de 2007.

Parágrafo 1°.- Los casos de contratación directa a que se refiere el numeral 1 del presente artículo, no impedirán el ejercicio del control por parte de las autoridades competentes del comportamiento de los servidores públicos que hayan intervenido en dichos procedimientos y en la celebración, y ejecución del contrato.[32]

Parágrafo 2°.- El Gobierno Nacional expedirá, dentro de los seis (6) meses siguientes a la promulgación de esta ley, un reglamento de contratación directa, cuyas disposiciones garanticen y desarrollen los principios de economía, transparencia y selección objetiva previstos en ella.

Si el Gobierno no expidiere el reglamento respectivo, no podrá celebrarse directamente contrato alguno por ninguna entidad estatal so pena de su nulidad.[33]

Parágrafo 3°.- Cuando la venta de los bienes de las entidades estatales deba efectuarse por el sistema de martillo, se hará a través del procedimiento de subasta que realicen las entidades financieras debidamente autorizadas para el efecto y vigiladas por la Superintendencia Bancaria.

La selección de la entidad vendedora la hará la respectiva entidad estatal, de acuerdo con los principios de transparencia, economía, responsabilidad y selección objetiva y teniendo en cuenta la capacidad administrativa que pueda emplear cada entidad financiera para realizar los remates.

Artículo 25°.- Del Principio de Economía. En virtud de este principio:

1°. En las normas de selección y en los pliegos de condiciones o ~~términos de referencia~~ para la escogencia de contratistas, se cumplirán y establecerán los procedimientos y etapas estrictamente necesarios para asegurar la selección objetiva de la propuesta más favorable. Para este propósito, se señalarán términos preclusivos y perentorios para las diferentes etapas de la selección y las autoridades darán impulso oficioso a las actuaciones.

2°. Las normas de los procedimientos contractuales se interpretarán de tal manera que no den ocasión a seguir trámites distintos y adicionales a los expresamente previstos o que permitan valerse de los defectos de forma o de la inobservancia de requisitos para no decidir o proferir providencias inhibitorias.

3°. Se tendrán en consideración que las reglas y procedimientos constituyen mecanismos de la actividad contractual que buscan servir a los fines estatales, a la adecuada, contínua y eficiente prestación de los servicios públicos y a la protección y garantía de los derechos de los administrados.

4°. Los trámites se adelantarán con austeridad de tiempo, medios y gastos y se impedirán las dilaciones y los retardos en la ejecución del contrato.

5°. Se adoptarán procedimientos que garanticen la pronta solución de las diferencias y controversias que con motivo de la celebración y ejecución del contrato se presenten.

6°. Las entidades estatales abrirán licitaciones o ~~concursos~~ e iniciarán procesos de suscripción de contratos, cuando existan las respectivas partidas o disponibilidades presupuestales.

7°. La conveniencia o inconveniencia del objeto a contratar y las autorizaciones y aprobaciones para ello, se analizarán o impartirán con antelación al inicio del proceso de selección del contratista o al de la firma del contrato, según el caso.

8°. El acto de adjudicación y el contrato no se someterán a aprobaciones o revisiones administrativas posteriores, ni a cualquier otra clase de exigencias o requisitos, diferentes de los previstos en este estatuto.

9°. En los procesos de contratación intervendrán el jefe y las unidades asesoras y ejecutoras de la entidad que se señalen en las correspondientes normas sobre su organización y funcionamiento.

10. Los jefes o representantes de las entidades a las que se aplica la presente ley, podrán delegar la facultad para celebrar contratos en los términos previstos en el artículo 12 de esta ley y con

32 Parágrafo 1° derogado por el art. 32, Ley 1150 de 2007.

33 Parágrafo 2° fue declarado EXEQUIBLE por la Corte Constitucional mediante Sentencia C-508 de 2002.

sujeción a las cuantías que señalen sus respectivas juntas o consejos directivos. En los demás casos, dichas cuantías las fijará el reglamento.[34]

11. Las corporaciones de elección popular y los organismos de control y vigilancia no intervendrán en los procesos de contratación, salvo en lo relacionado con la solicitud de audiencia pública para la adjudicación en caso de licitación.

De conformidad con lo previsto en los artículos 300, numeral 9° y 313, numeral 3° de la Constitución Política, las Asambleas Departamentales y los Concejos Municipales autorizarán a los gobernadores, y alcaldes respectivamente, para la celebración de contratos.

12. Con la debida antelación a la apertura del procedimiento de selección o de la firma del contrato, según el caso, deberán elaborarse los estudios, diseños y proyectos requeridos y los pliegos de condiciones o ~~términos de referencia~~.[35]

La exigencia de los diseños no regirá cuando el objeto de la contratación sea la construcción o fabricación con diseño de los proponentes.[36]

13. Las autoridades constituirán las reservas y compromisos presupuestales necesarios, tomando como base el valor de las prestaciones al momento de celebrar el contrato y el estimativo de los ajustes resultantes de la aplicación de la cláusula de actualización de precios.

14. Las entidades incluirán en sus presupuestos anuales una apropiación global destinada a cubrir los costos imprevistos ocasionados por los retardos en los pagos, así como los que se originen en la revisión de los precios pactados por razón de los cambios o alteraciones en las condiciones iniciales de los contratos por ellas celebrados.

15. Las autoridades no exigirán sellos, autenticaciones, documentos originales o autenticados, reconocimientos de firmas, traducciones oficiales, ni cualquier otra clase de formalidades o exigencias rituales, salvo cuando en forma perentoria y expresa lo exijan leyes especiales.

La ausencia de requisitos o la falta de documentos referentes a la futura contratación o al proponente, no necesarios para la comparación de propuestas, no servirá de título suficiente para el rechazo de los ofrecimientos hechos.[37]

16. En las solicitudes que se presenten en el curso de la ejecución del contrato, si la entidad estatal no se pronuncia dentro del término de tres (3) meses siguientes, se entenderá que la decisión es favorable a las pretensiones del solicitante en virtud del silencio administrativo positivo. Pero el funcionario o funcionarios competentes para dar respuesta serán responsables en los términos de esta Ley.

17. Las entidades no rechazarán las solicitudes que se les formulen por escrito aduciendo la inobservancia por parte del peticionario de las formalidades establecidas por la entidad para su tramitación y oficiosamente procederán a corregirlas y a subsanar los defectos que se adviertan en ellas.

Igualmente, estarán obligadas a radicar las actas o cuentas de cobro en la fecha en que sean presentadas por el contratista, procederán a corregirlas o ajustarlas oficiosamente si a ello hubiere lugar y, si esto no fuere posible, las devolverán a la mayor brevedad explicando por escrito los motivos en que se fundamente tal determinación.

18. La declaratoria de desierta de la licitación o ~~concurso~~ únicamente procederá por motivos o causas que impidan la escogencia objetiva y se declarará en acto administrativo en el que se señalarán en forma expresa y detallada las razones que han conducido a esa decisión.

19. El contratista prestará garantía única que avalará el cumplimiento de las obligaciones surgidas del contrato, la cual se mantendrá vigente durante su vida y liquidación y se ajustará a los límites, existencia y extensión del riesgo amparado. Igualmente, los proponentes prestarán garantía de seriedad de los ofrecimientos hechos.

---

34 Numeral modificado por el art. 37, Decreto Nacional 2150 de 1995.

35 Modificado por el art. 87, Ley 1474 de 2011.

36 Inciso 2° derogado por el art. 32 de la Ley 1150 de 2007.

37 Inciso 2° derogado por el art. 32 de la Ley 1150 de 2007.

Las garantías consistirán en pólizas expedidas por compañías de seguros legalmente autorizadas para funcionar en Colombia o en garantías bancarias.

La garantía se entenderá vigente hasta la liquidación del contrato garantizado y la prolongación de sus efectos y, tratándose de pólizas, no expirará por falta de pago de la prima o por revocatoria unilateral.

Las garantías no serán obligatorias en los contratos de empréstito, interadministrativos y en los de seguros. Las entidades estatales podrán exonerar a las organizaciones cooperativas nacionales de trabajo asociado legalmente constituidas del otorgamiento de garantías en los contratos que celebren con ellas, siempre y cuando el objeto, cuantía y modalidad de los mismos, así como las características específicas de la organización de que se trate, lo justifiquen. La decisión en este sentido se adoptará mediante resolución motivada.[38]

20. Los fondos destinados a la cancelación de obligaciones derivadas de contratos estatales podrán ser entregados en administración fiduciaria o bajo cualquier otra forma de manejo que permita la obtención de beneficios y ventajas financieras y el pago oportuno de lo adeudado.

Artículo 26º.- Del Principio de Responsabilidad. En virtud de este principio:

1º. Los servidores públicos están obligados a buscar el cumplimiento de los fines de la contratación, a vigilar la correcta ejecución del objeto contratado y a proteger los derechos de la entidad, del contratista y de los terceros que puedan verse afectados por la ejecución del contrato.

2º. Los servidores públicos responderán por sus actuaciones y omisiones antijurídicas y deberán indemnizar los daños que se causen por razón de ellas.

3º. Las entidades y los servidores públicos, responderán cuando hubieren abierto licitaciones o ~~concursos~~ sin haber elaborado previamente los correspondientes pliegos de condiciones, ~~términos de referencia~~, diseños, estudios, planos y evaluaciones que fueren necesarios, o cuando los pliegos de condiciones o ~~términos de referencia~~ hayan sido elaborados en forma incompleta, ambigua o confusa que conduzcan a interpretaciones o decisiones de carácter subjetivo por parte de aquellos.

4º. Las actuaciones de los servidores públicos estarán presididas por las reglas sobre administración de bienes ajenos y por los mandatos y postulados que gobiernan una conducta ajustada a la ética y a la justicia.

5º. La responsabilidad de la dirección y manejo de la actividad contractual y la de los procesos de selección será del jefe o representante de la entidad estatal quien no podrá trasladarla a las juntas o consejos directivos de la entidad, ni a las corporaciones de elección popular, a los comités asesores, ni a los organismos de control y vigilancia de la misma.

6º. Los contratistas responderán cuando formulen propuestas en las que se fijen condiciones económicas y de contratación artificialmente bajas con el propósito de obtener la adjudicación del contrato.

7º. Los contratistas responderán por haber ocultado al contratar, inhabilidades, incompatibilidades o prohibiciones, o por haber suministrado información falsa.

8º. Los contratistas responderán y la entidad velará por la buena calidad del objeto contratado.

Artículo 27º.- De la Ecuación Contractual. En los contratos estatales se mantendrá la igualdad o equivalencia entre derechos y obligaciones surgidos al momento de proponer o de contratar, según el caso. Si dicha igualdad o equivalencia se rompe por causas no imputables a quien resulte afectado, las partes adoptarán en el menor tiempo posible las medidas necesarias para su restablecimiento.

Para tales efectos, las partes suscribirán los acuerdos y pactos necesarios sobre cuantías, condiciones y forma de pago de gastos adicionales, reconocimiento de costos financieros e intereses, si a ello hubiere lugar, ajustando la cancelación a las disponibilidades de la apropiación de que trata el numeral 14 del artículo 25. En todo caso, las entidades deberán adoptar las medidas necesa-

---

38 Numeral 19 derogado por el art. 32 de la Ley 1150 de 2007.

rias que aseguren la efectividad de estos pagos y reconocimientos al contratista en la misma o en la siguiente vigencia de que se trate.

Artículo 28º.- De la Interpretación de las Reglas Contractuales. En la interpretación de las normas sobre contratos estatales, relativas a procedimientos de selección y escogencia de contratistas y en la de la cláusula y estipulaciones de los contratos, se tendrá en consideración los fines y los principios de que trata esta ley, los mandatos de la buena fe y la igualdad y equilibrio entre prestaciones y derechos que caracteriza a los contratos conmutativos.

Artículo 29º.- Del Deber de Selección Objetiva.[39] La selección de contratistas será objetiva.

Es objetiva la selección en la cual la escogencia se hace al ofrecimiento más favorable a la entidad y a los fines que ella busca, sin tener en consideración factores de afecto o de interés y, en general, cualquier clase de motivación subjetiva.

Ofrecimiento más favorable es aquel que, teniendo en cuenta los factores de escogencia, tales como cumplimiento, experiencia, organización, equipos, plazo, precio y la ponderación precisa, detallada y concreta de los mismos, contenida en los pliegos de condiciones o términos de referencia o en el análisis previo a la suscripción del contrato, si se trata de contratación directa, resulta ser más ventajoso para la entidad, sin que la favorabilidad la constituyan factores diferentes a los contenidos en dichos documentos, sólo alguno de ellos, el más bajo precio o el plazo ofrecido. Si el plazo ofrecido es menor al previsto en los pliegos de condiciones o términos de referencia, no será objeto de evaluación.

El administrador efectuará las comparaciones del caso mediante el cotejo de los diferentes ofrecimientos recibidos, la consulta de precios o condiciones del mercado y los estudios y deducciones de la entidad o de los organismos consultores o asesores designados para ello.

En caso de comparación de propuestas nacionales y extranjeras, se incluirán los costos necesarios para la entrega del producto terminado en el lugar de su utilización.

Artículo 30º.- De la Estructura de los Procedimientos de Selección. La licitación o ~~concurso~~ se efectuará conforme a las siguientes reglas:

1º. El jefe o representante de la entidad estatal ordenará su apertura por medio de acto administrativo motivado.

De conformidad con lo previsto en el numeral 12 del artículo 25 de esta Ley, la resolución de apertura debe estar precedida de un estudio realizado por la entidad respectiva en el cual se analice la conveniencia y oportunidad del contrato y su adecuación a los planes de inversión, de adquisición o compras, presupuesto y ley de apropiaciones, según el caso. Cuando sea necesario, el estudio deberá estar acompañado, además de los diseños, planos y evaluaciones de prefactibilidad o factibilidad.

2º. La entidad interesada elaborará los correspondientes pliegos de condiciones o ~~términos de referencia~~[40], de conformidad con lo previsto en el numeral 5o. del artículo 24 de esta Ley, en los cuales se detallarán especialmente los aspectos relativos al objeto del contrato, su regulación jurídica, los derechos y obligaciones de las partes, la determinación y ponderación de los factores objetivos de selección y todas las demás circunstancias de tiempo, modo y lugar que se consideren necesarias para garantizar reglas objetivas, claras y completas.

3º. Dentro de los diez (10) a veinte (20) días calendario anteriores a la apertura de la licitación o ~~concurso~~ se publicarán hasta tres (3) avisos con intervalos entre dos (2) y cinco (5) días calendario, según lo exija la naturaleza, objeto y cuantía del contrato, en diarios de amplia circulación en el territorio de jurisdicción de la entidad, o a falta de estos, en otros medios de comunicación social que posean la misma difusión.

En defecto de dichos medios de comunicación, en los pequeños poblados de acuerdo con los criterios que disponga el reglamento se leerán por bando y se fijarán por avisos en los principales

39 Artículo derogado por el art. 32, de la Ley 1150 de 2007.

40 Derogada por el art. 32 de la Ley 1150 de 2007.

lugares públicos por el término de siete (7) días calendario, entre los cuales deberán incluir uno de los días de mercado en la respectiva población.

Los avisos contendrán información sobre el objeto y características esenciales de la respectiva licitación o ~~concurso~~.[41]

4°. Dentro de los tres (3) días hábiles siguientes al inicio del plazo para la presentación de propuestas y a solicitud de cualquiera de las personas que retiraron pliegos de condiciones o ~~términos de referencia~~, se celebrará una audiencia con el objeto de precisar el contenido y alcance de los mencionados documentos y de oír a los interesados, de lo cual se levantará un acta suscrita por los intervinientes.

Como resultado de lo debatido en la audiencia y cuando resulte conveniente, el jefe o representante de la entidad expedirá las modificaciones pertinentes a dichos documentos y prorrogará, si fuere necesario, el plazo de la licitación o ~~concurso~~ hasta por seis (6) días hábiles.

Lo anterior no impide que dentro del plazo de la licitación o ~~concurso~~, cualquier interesado pueda solicitar aclaraciones adicionales que la entidad contratante responderá mediante comunicación escrita, copia de la cual enviará a todos y cada una de las personas que retiraron pliegos o ~~términos de referencia~~.[42]

5°. El plazo de la licitación o ~~concurso~~, entendido como el término que debe transcurrir entre la fecha a partir de la cual se pueden presentar propuestas y la de su cierre, se señalará en los pliegos de condiciones o ~~términos de referencia~~, de acuerdo con la naturaleza, objeto y cuantía del contrato.

Cuando lo estime conveniente la entidad interesada o cuando lo soliciten las dos terceras partes de las personas que hayan retirado pliegos de condiciones o ~~términos de referencia~~, dicho plazo se podrá prorrogar, antes de su vencimiento, por un término no superior a la mitad del inicialmente fijado.[43]

6°. Las propuestas deben referirse y sujetarse a todos y cada uno de los puntos contenidos en el pliego de condiciones o ~~términos de referencia~~. Los proponentes pueden presentar alternativas y excepciones técnicas o económicas siempre y cuando ellas nos signifiquen condicionamientos para la adjudicación.

7°. De acuerdo con la naturaleza, objeto y cuantía del contrato, en los pliegos de condiciones o ~~términos de referencia~~, se señalará el plazo razonable dentro del cual la entidad deberá elaborar los estudios técnicos, económicos y jurídicos necesarios para la evaluación de las propuestas y para solicitar a los proponentes las aclaraciones y explicaciones que se estimen indispensables.

8°. Los informes de evaluación de las propuestas permanecerán en la secretaría de la entidad por un término de cinco (5) días hábiles para que los oferentes presenten las observaciones que estimen pertinentes. En ejercicio de esta facultad, los oferentes no podrán completar, adicionar, modificar o mejorar sus propuestas.

9°. Los plazos para efectuar la adjudicación y para la firma del contrato se señalarán en los pliegos de condiciones o ~~términos de referencia~~, teniendo en cuenta su naturaleza, objeto y cuantía.

El jefe o representante de la entidad podrá prorrogar dichos plazos antes de su vencimiento y por un término total no mayor a la mitad del inicialmente fijado, siempre que las necesidades de la administración así lo exijan.

Dentro del mismo término de adjudicación, podrá declararse desierta la licitación o ~~concurso~~ conforme a lo previsto en este estatuto.

10. En el evento previsto en el artículo 273 de la Constitución Política, la adjudicación se hará en audiencia pública. En dicha audiencia participarán el jefe de la entidad o la persona en quien,

---

41 Modificado por el art. 224, Decreto Nacional 019 de 2012.

42 Modificado por el art. 220, Decreto Nacional 019 de 2012.

43 Modificado por el art 89, Ley 1474 de 2011.

conforme a la ley, se haya delegado la facultad de adjudicar y, además podrán intervenir en ella los servidores públicos que hayan elaborado los estudios y evaluaciones, los proponentes y las demás personas que deseen asistir.

De la audiencia se levantará un acta en la que se dejará constancia de las deliberaciones y decisiones que en el desarrollo de la misma se hubieren producido.

11. El acto de adjudicación se hará mediante resolución motivada que se notificará personalmente al proponente favorecido en la forma y términos establecidos para los actos administrativos y, en el evento de no haberse realizado en audiencia pública, se comunicará a los no favorecidos dentro de los cinco (5) días calendario siguientes.

El acto de adjudicación es irrevocable y obliga a la entidad y al adjudicatario.[44]

12. Si el adjudicatario no suscribe el contrato correspondiente dentro del término que se haya señalado, quedará a favor de la entidad contratante, en calidad de sanción, el valor del depósito o garantía constituídos para responder por la seriedad de la propuesta, sin menoscabo de las acciones legales conducentes al reconocimiento de perjuicios causados y no cubiertos por el valor de los citados depósito o garantía.

En este evento, la entidad estatal mediante acto administrativo debidamente motivado, podrá adjudicar el contrato, dentro de los quince (15) días siguientes, al proponente calificado en segundo lugar, siempre y cuando su propuesta sea igualmente favorable para la entidad.

Parágrafo.- Para los efectos de la presente ley se entiende por licitación pública el procedimiento mediante el cual la entidad estatal formula públicamente una convocatoria para que, en igualdad de oportunidades, los interesados presenten sus ofertas y seleccione entre ellas la más favorable. ~~Cuando el objeto del contrato consista en estudios o trabajos técnicos, intelectuales o especializados, el proceso de selección se llamará concurso y se efectuará también mediante invitación pública~~[45].

Artículo 31°.- De la Publicación de los Actos y Sentencias Sancionatorias.[46] La parte resolutiva de los actos sancionatorios, una vez ejecutoriados, se publicará por dos (2) veces en medios de comunicación social escrita con amplia circulación en el territorio de jurisdicción de la entidad estatal respectiva y se comunicará a la Cámara de Comercio en que se encuentre inscrito el contratista sancionado. También se publicará en el Diario Oficial y se comunicarán a la Procuraduría General de la Nación.

Ante la ausencia de estos medios de comunicación se anunciará por bando público en dos (2) días de mercado diferentes.

La publicación a que se refiere el presente artículo correrá a cargo del sancionado. Si este no cumple con tal obligación, la misma se hará por parte de la entidad estatal, la cual repetirá contra el obligado.

III.
DEL CONTRATO ESTATAL

Artículo 32. De los Contratos Estatales. Son contratos estatales todos los actos jurídicos generadores de obligaciones que celebren las entidades a que se refiere el presente estatuto, previstos en el derecho privado o en disposiciones especiales, o derivados del ejercicio de la autonomía de la voluntad, así como los que, a título enunciativo, se definen a continuación

1°. Contrato de Obra

Son contratos de obra los que celebren las entidades estatales para la construcción, mantenimiento, instalación y, en general, para la realización de cualquier otro trabajo material sobre bienes inmuebles, cualquiera que sea la modalidad de ejecución y pago.

---

44 Numeral 11 derogado por el art. 32 de la Ley 1150 de 2007.
45 Derogado por el art. 32 de la Ley 1150 de 2007.
46 Modificado por el art. 218, Decreto Nacional 019 de 2012.

En los contratos de obra que hayan sido celebrados como resultado de un proceso de licitación o ~~concurso~~ públicos, la interventoría deberá ser contratada con una persona independiente de la entidad contratante y del contratista, quien responderá por los hechos y omisiones que le fueren imputables en los términos previstos en el artículo 53 del presente estatuto.

2°. Contrato de consultoría

Son contratos de consultoría los que celebren las entidades estatales referidos a los estudios necesarios para la ejecución de proyectos de inversión, estudios de diagnóstico, prefactibilidad o factibilidad para programas o proyectos específicos, así como a las asesorías técnicas de coordinación, control y supervisión.

Son también contratos de consultoría los que tienen por objeto la interventoría, asesoría, gerencia de obra o de proyectos, dirección, programación y la ejecución de diseños, planos, anteproyectos y proyectos.

Ninguna orden del interventor de una obra podrá darse verbalmente. Es obligatorio para el interventor entregar por escrito sus órdenes o sugerencias y ellas deben enmarcarse dentro de los términos del respectivo contrato.

3°. Contrato de prestación de servicios[47]

Son contratos de prestación de servicios los que celebren las entidades estatales para desarrollar actividades relacionadas con la administración o funcionamiento de la entidad. Estos contratos sólo podrán celebrarse con personas naturales cuando dichas actividades no puedan realizarse con personal de planta o requieran conocimiento especializados.

En ningún caso estos contratos generan relación laboral ni prestaciones sociales y se celebrarán por el término estrictamente indispensable.

4°. Contrato de concesión

Son contratos de concesión los que celebran las entidades estatales con el objeto de otorgar a una persona llamada concesionario la prestación, operación explotación, organización o gestión, total o parcial, de un servicio público, o la construcción, explotación o conservación total o parcial, de una obra o bien destinados al servicio o uso público, así como todas aquellas actividades necesarias para la adecuada prestación o funcionamiento de la obra o servicio por cuenta y riesgo del concesionario y bajo la vigilancia y control de la entidad concedente, a cambio de una remuneración que puede consistir en derechos, tarifas, tasas, valorización, o en la participación que se le otorgue en la explotación del bien, o en una suma periódica, única o porcentual y, en general, en cualquier otra modalidad de contraprestación que las partes acuerden.

5°. Encargos fiduciarios y fiducia pública.

~~Las entidades estatales sólo podrán celebrar contratos de fiducia pública, cuando así lo autorice la ley, la Asamblea Departamental o el Concejo Municipal, según caso.~~[48]

Los encargos fiduciarios que celebren las entidades estatales con las sociedades fiduciarias autorizadas por la Superintendencia Bancaria, tendrán por objeto la administración o el manejo de los recursos vinculados a los contratos que tales entidades celebren. Lo anterior sin perjuicio de lo previsto en el numeral 20 del artículo 25 de esta Ley.

Los encargos fiduciarios y los contratos de fiducia pública sólo podrán celebrarse por las entidades estatales con estricta sujeción a lo dispuesto en el presente estatuto, únicamente para objetos y con plazos precisamente determinados. En ningún caso las entidades públicas fideicomitentes podrán delegar en las sociedades fiduciarias la adjudicación de los contratos que se celebren en desarrollo del encargo o de la fiducia pública, ni pactar su remuneración con cargo a los rendimientos del fideicomiso, salvo que éstos se encuentren presupuestados.

---

47 Declarado exequible por la Corte Constitucional mediante Sentencia C-154 de 1997.

48 Declarado inexequible por la Corte Constitucional mediante Sentencia C-086 de 1995.

Los encargos fiduciarios y los contratos de fiducia mercantil que a la fecha de promulgación de esta ley hayan sido suscritos por las entidades estatales, continuarán vigentes en los términos convenidos con las sociedades fiduciarias.

La selección de las sociedades fiduciarias a contratar, sea pública o privada, se hará con rigurosa observancia del procedimiento de licitación o concurso previsto en esta ley. No obstante, los excedentes de tesorería de las entidades estatales, se podrán invertir directamente en fondos comunes ordinarios administrados por sociedades fiduciarias, sin necesidad de acudir a un proceso de licitación pública.[49]

Los actos y contratos que se realicen en desarrollo de un contrato de fiducia pública o encargo fiduciario cumplirán estrictamente con las normas previstas en este estatuto, así como con las disposiciones fiscales, presupuestales, de interventoría y de control a las cuales esté sujeta la entidad estatal fideicomitente.

Sin perjuicio de la inspección y vigilancia que sobre las sociedades fiduciarias corresponde ejercer a la Superintendencia Bancaria y del control posterior que deben realizar la Contraloría General de la República y las Contralorías Departamentales, Distritales y Municipales sobre la administración de los recursos públicos por tales sociedades, las entidades estatales ejercerán un control sobre la actuación de la sociedad fiduciaria en desarrollo de los encargos fiduciarios o contratos de fiducia de acuerdo con la constitución Política y las normas vigentes sobre la materia.

La fiducia que se autoriza para el sector público en esta Ley, nunca implicará transferencia de dominio sobre bienes o recursos estatales, ni constituirá patrimonio autónomo del propio de la respectiva entidad oficial, sin perjuicio de las responsabilidades propias del ordenador del gasto. A la fiducia pública le serán aplicables las normas del Código de Comercio sobre fiducia mercantil, en cuanto sean compatibles con lo dispuesto en esta Ley.

So pena de nulidad no podrán celebrarse contratos de fiducia o subcontratos en contravención del artículo 355 de la Constitución Política. Si tal evento se diese, la entidad fideicomitente deberá repetir contra la persona, natural o jurídica, adjudicataria del respectivo contrato.

Parágrafo 1°.- Los Contratos que celebren los Establecimientos de Crédito, las compañías de seguros y las demás entidades financieras de carácter estatal, no estarán sujetos a las disposiciones del Estatuto General de Contratación de la Administración Pública y se regirán por las disposiciones legales y reglamentarias aplicables a dichas actividades.[50]

En todo caso, su actividad contractual se someterá a lo dispuesto en el artículo 13 de la presente ley.

Parágrafo 2°.- Las personas interesadas en celebrar contratos de concesión para la construcción de una obra pública, podrán presentar oferta en tal sentido a la respectiva entidad estatal en la que se incluirá, como mínimo, la descripción de la obra, su prefactibilidad técnica y financiera y la evaluación de su impacto ambiental. Presentada la oferta, la entidad estatal destinataria de la misma la estudiará en el término máximo de tres (3) meses y si encuentra que el proyecto no es viable así se lo comunicará por escrito al interesado. En caso contrario, expedirá una resolución mediante la cual ordenará la apertura de la licitación, previo cumplimiento de lo previsto en los numerales 2o. y 3o. del artículo 30 de esta Ley.[51]

Cuando además de la propuesta del oferente inicial, se presente como mínimo una propuesta alternativa, la entidad estatal dará cumplimiento al procedimiento de selección objetiva previsto en el citado artículo 30.

Si dentro del plazo de la licitación no se presenta otra propuesta, la entidad estatal adjudicará el contrato al oferente inicial en el término señalado en el respectivo pliego, siempre que cumpla plenamente con los requisitos exigidos en el mismo.

---

49 Inciso 4 fue modificado por el art. 25, de la Ley 1150 de 2007.

50 Modificado por el art. 15, Ley 1150 de 2007.

51 Derogado por el art. 39, Ley 1508 de 2011.

Los proponentes podrán presentar diversas posibilidades de asociación con otra u otras personas naturales o jurídicas cuyo ~~concurso~~ consideren indispensables para la cabal ejecución del contrato de concesión en sus diferentes aspectos. Para el efecto, indicarán con precisión si pretenden organizarse como consorcio, unión temporal, sociedad o bajo cualquier otra modalidad de asociación que consideren conveniente. En estos casos deberán adjuntar a la propuesta un documento en el que los interesados expresen claramente su intención de formar parte de la asociación propuesta. Así mismo deberán presentar los documentos que acrediten los requisitos exigidos por la entidad estatal en el pliego de condiciones.

Cuando se proponga constituir sociedades para los fines indicados en este parágrafo, el documento de intención consistirá en una promesa de contrato de sociedad cuyo perfeccionamiento se sujetará a la condición de que el contrato se le adjudique. Una vez expedida la resolución de adjudicación y constituida en legal forma la sociedad de que se trate, el contrato de concesión se celebrará con su representante legal.

Artículo 33º.- De la Concesión de los Servicios y de las Actividades de Telecomunicaciones. Se entiende por actividad de telecomunicaciones el establecimiento de una red de telecomunicaciones, para uso particular y exclusivo, a fin de satisfacer necesidades privadas de telecomunicaciones, y sin conexión a las redes conmutadas del Estado o a otras redes privadas de telecomunicaciones. Para todos los efectos legales las actividades de telecomunicaciones se asimilan a servicios privados.

Se entiende por servicios de telecomunicaciones aquellos que son prestados por personas jurídicas, públicas o privadas, debidamente constituidas en Colombia, con o sin ánimo de lucro, con el fin de satisfacer necesidades específicas de telecomunicaciones a terceros, dentro del territorio nacional o en conexión con el exterior.

Para efectos de la presente Ley, la clasificación de servicios públicos y de las actividades de telecomunicaciones será la establecida en el Decreto-ley 1900 de 1990 o en las demás normas que lo aclaren, modifiquen o deroguen.

Los servicios y las actividades de telecomunicación serán prestados mediante concesión otorgada por contratación directa o a través de licencias por las entidades competentes, de acuerdo con lo dispuesto en el Decreto-ley 1900 de 1990 o en las normas que la sustituyan, modifiquen o adicionen.

Las calidades de las personas naturales o jurídicas, públicas o privadas, y los requisitos y condiciones jurídicos y técnicos, que deben cumplir los concesionarios de los servicios y actividades de telecomunicaciones, serán los previstos en las normas y estatutos de telecomunicaciones vigentes.

Parágrafo.- Los procedimientos, contratos, modalidades de asociación y adjudicación de servicios de telecomunicaciones de que trata la Ley 37 de 1993, continuarán rigiéndose por lo previsto en dicha ley y en las disposiciones que la desarrollen o complementen. Los servicios de televisión se concederán mediante contrato, de conformidad con las normas legales y disposiciones especiales sobre la materia.

Artículo 34º.- De la Concesión del Servicio de Telefonía de Larga Distancia Nacional e Internacional. La concesión para la prestación de los servicios de telefonía básica fija conmutada de larga distancia nacional e internacional, se otorgará conforme a lo dispuesto por el Decreto 2122 de 1992.

Artículo 35º.- De la Radiodifusión Sonora. Los concesionarios de los servicios de radiodifusión sonora, podrán ser personas naturales o jurídicas, cuya selección se hará por el procedimiento objetivo previsto en esta ley, de acuerdo con las prioridades establecidas en el Plan General de Radiodifusión que expida el Gobierno Nacional.

El servicio de radiodifusión sonora sólo podrá concederse a nacionales colombianos o a personas jurídicas debidamente constituidas en Colombia.

En las licencias para la prestación del servicio de radiodifusión sonora, se entenderá incorporada la reserva de utilización de los canales de radiodifusión, al menos por dos (2) horas diarias, para realizar programas de educación a distancia o difusión de comunicaciones oficiosas de carácter judicial.

Parágrafo 1°.- El servicio comunitario de radiodifusión sonora, será considerado como actividad de telecomunicaciones y otorgado directamente mediante licencia, previo cumplimiento de los requisitos y condiciones jurídicas, sociales y técnicas que disponga el Gobierno Nacional.

Parágrafo 2°.- En consonancia con lo dispuesto en el artículo 75 de la constitución Política, en los procedimientos relativos a la concesión de los servicios de radiodifusión sonora, la adjudicación se hará al proponente que no sea concesionario de tales servicios en la misma banda y en el mismo espacio geográfico en el que, conforme a los respectivos pliegos, vaya a funcionar la emisora, siempre que reúna los requisitos y condiciones jurídicas, económicas y técnicas exigidas. Cualquiera de los proponentes podrá denunciar ante la entidad concedente y ante las demás autoridades competentes, los hechos o acciones a través de los cuales se pretenda desconocer el espíritu de esta norma.

Artículo 36°.- De la Duración y Prorroga de la Concesión.[52] El término de duración de las concesiones para la prestación de los servicios y actividades de telecomunicaciones, no podrá exceder de diez (10) años, prorrogable automáticamente por un lapso igual. Dentro del año siguiente a la prórroga automática, se procederá a la formalización de la concesión.

Parágrafo 1°.- Los contratos vigentes para la prestación del servicio de radio difusión sonora, quedan prorrogados automáticamente por el término para el cual fueron otorgados, siempre y cuando no exceda el lapso de diez (10) años.

Artículo 37°.- Del Régimen de Concesiones y Licencias de los Servicios Postales.[53] Los servicios postales comprenden la prestación de los servicios de correo y del servicio de mensajería especializada.

Se entiende por servicio de correo la prestación de los servicios de giros postales y telegráficos, así como el recibo, clasificación y entrega de envíos de correspondencia y otros objetos postales, transportados vía superficie y aérea, dentro del territorio nacional. El servicio de correo internacional se prestará de acuerdo con los convenios y acuerdos internacionales suscritos con la Unión Postal Universal y los países miembros.

Se entiende por servicio de mensajería especializada, la clase de servicio postal prestado con independencia a las redes postales oficiales del correo nacional e internacional, que exige la aplicación y adopción de características especiales para la recepción, recolección y entrega personalizada de los objetos transportados, vía superficie y aérea, en el ámbito nacional y en conexión con el exterior.

El Gobierno Nacional reglamentará las calidades, condiciones y requisitos que deben reunir las personas naturales y jurídicas para la prestación de los servicios postales. Igualmente fijará los derechos, tasas, y tarifas, que regularán las concesiones y licencias para la prestación de los servicios postales.

Parágrafo 1°.- La prestación de los servicios de correos se concederá mediante contrato, a través del procedimiento de selección objetiva de que trata la presente Ley. La prestación del servicio de mensajería especializada se concederá directamente mediante licencia.

Parágrafo 2°.- El término de duración de las concesiones para la prestación de los servicios postales, no podrá exceder de cinco (5) años, pero podrá ser prorrogado antes de su vencimiento por igual término.

Artículo 38°.- Del Régimen Especial para las Entidades Estatales que Prestan el Servicio de Telecomunicaciones. Las entidades estatales que tengan por objeto la prestación de servicios y actividades de telecomunicaciones, en los contratos que celebren para la adquisición y suministro

52 Derogado por el art. 32, Ley 1150 de 2007.
53 Derogado por el art. 50, Ley 1369 de 2009.

de equipos, construcción, instalación y mantenimiento de redes y de los sitios donde se ubiquen, no estarán sujetos a los procedimientos de selección previstos en esta Ley.

Los estatutos internos de estas entidades determinarán las cláusulas excepcionales que podrán pactar en los contratos, de acuerdo con la naturaleza propia de cada uno de ellos, así como los procedimientos y las cuantías a los cuales deben sujetarse para su celebración.

Los procedimientos que en cumplimiento de lo previsto en este artículo adopten las mencionadas entidades estatales, deberán desarrollar los principios de selección objetiva, transparencia, economía y responsabilidad establecidos en esta Ley.

Artículo 39º.- De la Forma del Contrato Estatal. Los contratos que celebren las entidades estatales constarán por escrito y no requerirán ser elevados a escritura pública, con excepción de aquellos que impliquen mutación del dominio o imposición de gravámenes y servidumbres sobre bienes inmuebles, y en general aquellos que conforme a las normas legales vigentes deban cumplir con dicha formalidad.

Las entidades estatales establecerán las medidas que demande la preservación, inmutabilidad y seguridad de los originales de los contratos estatales.

Parágrafo.- No habrá lugar a la celebración de contrato con las formalidades plenas cuando se trate de contratos cuyos valores corresponden a los que a continuación se relacionan, determinados en función de los presupuestos anuales de las entidades a las que se aplica la presente Ley expresados en salarios mínimos legales mensuales.

Para las entidades que tengan un presupuesto anual igual o superior a 6.000.000 de salarios mínimos legales mensuales, cuando el valor del contrato sea igual o inferior a 2.500 salarios mínimos legales mensuales; las que tengan un presupuesto anual igual o superior a 4.000.000 de salarios mínimos legales mensuales e inferior a 6.000.000 de salarios mínimos legales mensuales, cuando el valor del contrato sea igual o inferior a 1.000 salarios mínimos legales mensuales; las que tengan un presupuesto anual igual o superior a 2.000.000 de salarios mínimos legales mensuales e inferior a 4.000.000 de salarios mínimos legales mensuales, cuando el valor del contrato sea igual o inferior a 300 salarios mínimos legales mensuales; las que tengan un presupuesto anual igual o superior a 1.000.000 de salarios mínimos legales mensuales e inferior a 2.000.000 de salarios mínimos legales mensuales cuando el valor del contrato sea igual o inferior a 50 salarios mínimos legales mensuales; las que tengan un presupuesto anual igual o superior a 500.000 inferior a 1.000.000 de salarios mínimos legales mensuales, cuando el valor del contrato sea igual o inferior a 40 salarios mínimos legales mensuales, las que tengan un presupuesto anual igual o superior a 250.000 e inferior a 500.000 salarios mínimos legales mensuales, cuando el valor del contrato sea igual o inferior a 30 salarios mínimos legales mensuales; las que tengan un presupuesto anual igual o superior a 120.000 e inferior a 250.000 salarios mínimos legales mensuales, cuando el valor del contrato sea igual o inferior a 20 salarios mínimos legales mensuales y las que tengan un presupuesto anual inferior a 120.000 salarios mínimos legales mensuales, cuando el valor del contrato sea igual o inferior a 15 salarios mínimos legales mensuales.

En estos casos, las obras, trabajos, bienes o servicios objeto del contrato, deben ser ordenados previamente y por escrito por el jefe o representante legal de la entidad, o por el funcionario en quien hubiese delegado la ordenación del gasto.[54]

Artículo 40º.- Del Contenido del Contrato Estatal. Las estipulaciones de los contratos serán las que de acuerdo con las normas civiles, comerciales y las previstas en esta Ley, correspondan a su esencia y naturaleza.

Las entidades podrán celebrar los contratos y acuerdos que permitan la autonomía de la voluntad y requieran el cumplimiento de los fines estatales.

En los contratos que celebren las entidades estatales podrán incluirse las modalidades, condiciones y, en general, las cláusulas o estipulaciones que las partes consideren necesarias y conve-

---

54 Derogado por el art. 32, Ley 1150 de 2007.

nientes, siempre que no sean contrarias a la Constitución, la ley, el orden público y a los principios y finalidades de esta Ley y a los de la buena administración.

En los contratos de empréstito o cualquier otra forma de financiación de organismos multilaterales, podrán incluirse las previsiones y particularidades contempladas en los reglamentos de tales entidades, que no sean contrarias a la Constitución o a la ley.

Parágrafo.- En los contratos que celebren las entidades estatales se podrá pactar el pago anticipado y la entregada de anticipos, pero su monto no podrá exceder del cincuenta por ciento (50%) del valor del respectivo contrato.

Los contratos no podrán adicionarse en más del cincuenta por ciento (50%) de su valor inicial, expresado éste en salarios mínimos legales mensuales.

Artículo 41º.- Del Perfeccionamiento del Contrato. Los contratos del Estado se perfeccionan cuando se logre acuerdo sobre el objeto y la contraprestación y éste se eleve a escrito.

Para la ejecución se requerirá de la aprobación de la garantía y de la existencia de las disponibilidades presupuestales correspondientes, salvo que se trate de la contratación con recursos de vigencias fiscales futuras de conformidad con lo previsto en la ley orgánica del presupuesto. El proponente y el contratista deberán acreditar que se encuentran al día en el pago de aportes parafiscales relativos al Sistema de Seguridad Social Integral, así como los propios del Sena, ICBF y Cajas de Compensación Familiar, cuando corresponda.[55]

Los contratos estatales son "Intuito personae" y, en consecuencia, una vez celebrados no podrán cederse sin previa autorización escrita de la entidad contratante.

En caso de situaciones de urgencia manifiesta a que se refiere el artículo 42 de esta Ley que no permitan la suscripción de contrato escrito, se prescindirá de éste y aún del acuerdo acerca de la remuneración, no obstante deberá dejarse constancia escrita de la autorización impartida por la entidad estatal contratante. A falta de acuerdo previo sobre la remuneración de que trata el inciso anterior, la contraprestación económica se acordará con posterioridad al inicio de la ejecución de lo contratado. Si no se lograre el acuerdo, la contraprestación será determinada por el justiprecio objetivo de la entidad u organismo respectivo que tenga el carácter de cuerpo consultivo del Gobierno y, a falta de éste por un perito designado por las partes.

Parágrafo 1º.- El requisito establecido en la parte final del inciso segundo de este artículo, deberá acreditarse para la realización de cada pago derivado del contrato estatal.[56]

El servidor público que sin justa causa no verifique el pago de los aportes a que se refiere el presente artículo, incurrirá en causal de mala conducta, que será sancionada con arreglo al régimen disciplinario vigente.

Parágrafo 2º.- Sin perjuicio de lo previsto en leyes especiales, para efectos de la presente ley se consideran operaciones de crédito público las que tienen por objeto dotar a la entidad de recursos con plazo para su pago, entre las que se encuentran la contratación de empréstitos, la emisión, suscripción y colocación de bonos y títulos valores, los créditos de proveedores y el otorgamiento de garantías para obligaciones de pago a cargo de las entidades estatales.

Así mismo, las entidades estatales podrán celebrar las operaciones propias para el manejo de la deuda, tales como la refinanciación, reestructuración, renegociación, reordenamiento, conversión, sustitución, compra y venta de deuda pública, acuerdos de pago, cobertura de riesgos, las que tengan por objeto reducir el valor de la deuda o mejorar su perfil, así como las de capitalización con ventas de activos, titularización y aquellas operaciones de similar naturaleza que en el futuro se desarrollen. Para efectos del desarrollo de procesos de titularización de activos e inversiones se podrán constituir patrimonios autónomos con entidades sometidas a la vigilancia de la Superintendencia Bancaria, lo mismo que cuando estén destinados al pago de pasivos laborales.

---

55 Modificado por art. 23 de la Ley 1150 de 2007.

56 Modificado por el art. 23, Ley 1150 de 2007.

Cuando las operaciones señaladas en el inciso anterior se refieran a operaciones de crédito público externo o asimiladas, se requerirá autorización previa del Ministerio de Hacienda y Crédito Público, que podrá otorgarse en forma general o individual, dependiendo de la cuantía y modalidad de la operación.

Para la gestión y celebración de toda operación de crédito externo y operaciones asimiladas a éstas de las entidades estatales y para las operaciones de crédito público interno y operaciones asimiladas a éstas por parte de la Nación y sus entidades descentralizadas, así como para el otorgamiento de la garantía de la Nación se requerirá la autorización del Ministerio de Hacienda y Crédito Público, previos los conceptos favorables del CONPES y del Departamento Nacional de Planeación.

El Gobierno Nacional, mediante decreto reglamentario que expedirá a más tardar el 31 de diciembre de 1993, con base en la cuantía y modalidad de las operaciones, su incidencia en el manejo ordenado de la economía y en los principios orgánicos de este Estatuto de Contratación, podrá determinar los casos en que no se requieran los conceptos mencionados, así como impartir autorizaciones de carácter general para dichas operaciones. En todo caso, las operaciones de crédito público externo de la Nación y las garantizadas por ésta, con plazo mayor de un año, requerirán concepto previo de la Comisión Interparlamentaria de Crédito Público.

Las operaciones de crédito público interno de las entidades territoriales y sus descentralizadas se regularán por las disposiciones contenidas en los Decretos 1222 y 1333 de 1986, que continúan vigentes, salvo lo previsto en forma expresa en esta Ley. En todo caso, con antelación al desembolso de los recursos provenientes de estas operaciones, éstas deberán registrarse en la Dirección General de Crédito Público del Ministerio de Hacienda y Crédito Público.

De conformidad con las condiciones generales que establezca la autoridad monetaria, la emisión, suscripción y colocación de títulos de deuda pública interna de las entidades territoriales y sus descentralizadas requerirán autorización previa del Ministerio de Hacienda y Crédito Público y concepto previo favorable de los organismos departamentales o distritales de planeación, según el caso.

Cada uno de los conceptos y autorizaciones requeridos deberá producirse dentro del término de dos meses, contados a partir de la fecha en que los organismos que deban expedirlos reciban la documentación requerida en forma completa. Transcurrido este término para cada organismo, se entenderá otorgado el concepto o autorización respectiva.

En ningún caso se otorgará la garantía de la Nación a las operaciones de crédito público interno de las entidades territoriales y sus entidades descentralizadas, ni a operaciones de particulares.

Las operaciones a que se refiere el presente artículo y las conexas con éstas se contratarán en forma directa. Su publicación, si a ello hubiere lugar, se cumplirá en el Diario Oficial cuando se trate de operaciones de la Nación y sus entidades descentralizadas. Para operaciones de la este requisito se entenderá cumplido en la fecha de la orden de publicación impartida por el Director General de Crédito Público del Ministerio de Hacienda y Crédito Público, en las entidades descentralizadas del orden nacional en la fecha del pago de los derechos correspondientes por parte de la entidad contratante. Salvo lo que determine el Consejo de Ministros, queda prohibida cualquier estipulación que obligue a la entidad estatal prestataria a adoptar medidas en materia de precios, tarifas y en general, el compromiso de asumir decisiones o actuaciones sobre asuntos de su exclusiva competencia, en virtud de su carácter público. Así mismo, en los contratos de garantía la Nación sólo podrá garantizar obligaciones de pago

Las operaciones a que se refiere este artículo y que se celebren para ser ejecutadas en el exterior se someterán a la jurisdicción que se pacte en los contratos.

Parágrafo 3°.- Salvo lo previsto en el parágrafo anterior perfeccionado el contrato, se solicitará su publicación en el Diario Oficial o Gaceta Oficial correspondiente a la respectiva entidad territorial, o a falta de dicho medio, por algún mecanismo determinado en forma general por la autoridad administrativa territorial, que permita a los habitantes conocer su contenido. Cuando se utilice un medio de divulgación oficial, este requisito se entiende cumplido con el pago de los derechos correspondientes.[57]

Artículo 42°.- De la Urgencia Manifiesta. Existe urgencia manifiesta cuando la continuidad del servicio exige el suministro de bienes, o la prestación de servicios, o la ejecución de obras en el inmediato futuro, cuando se presenten situaciones relacionadas con los Estados de Excepción; cuando se trate de conjurar situaciones excepcionales relacionadas con hechos de calamidad o constitutivos de fuerza mayor o desastre que demanden actuaciones inmediatas y, en general cuando se trate de situaciones similares que imposibiliten acudir a los procedimientos de selección o ~~concursos~~ públicos.

La urgencia manifiesta se declara mediante acto administrativo motivado.

Parágrafo.- Con el fin de atender las necesidades y los gastos propios de la urgencia manifiesta, se podrán hacer los traslados presupuestales internos que se requieran dentro del presupuesto del organismo o entidad estatal correspondiente.[58]

Artículo 43°.- Del Control de la Contratación de Urgencia. Inmediatamente después de celebrados los contratos originados en la urgencia manifiesta, éstos y el acto administrativo que la declaró, junto con el expediente contentivo de los antecedentes administrativos, de la actuación y de las pruebas de los hechos, se enviará al funcionario u organismo que ejerza el control fiscal en la respectiva entidad, el cual deberá pronunciarse dentro de los dos (2) meses siguientes sobre los hechos y circunstancias que determinaron tal declaración.

Si fuere procedente, dicho funcionario u organismo solicitará al jefe inmediato del servidor público que celebró los referidos contratos o a la autoridad competente, según el caso, la iniciación de la correspondiente investigación disciplinaria y dispondrá el envío del asunto a los funcionarios competentes para el conocimiento de las otras acciones. El uso indebido de la contratación de urgencia será causal de mala conducta.

Lo previsto en este artículo se entenderá sin perjuicio de otros mecanismos de control que señale el reglamento para garantizar la adecuada y correcta utilización de la contratación de urgencia.

IV.
DE LA NULIDAD DE LOS CONTRATOS

Artículo 44°.- De las Causales de Nulidad Absoluta. Los contratos del Estado son absolutamente nulos en los casos previstos en el derecho común y además cuando:

1°. Se celebren con personas incurras en causales de inhabilidad o incompatibilidad previstas en la Constitución y la ley;

2°. Se celebren contra expresa prohibición constitucional o legal.

3°. Se celebren con abuso o desviación de poder.

4°. Se declaren nulos los actos administrativos en que se fundamenten; y

5°. Se hubieren celebrado con desconocimiento de los criterios previstos en el artículo 21 sobre tratamiento de ofertas nacionales y extranjeras o con violación de la reciprocidad de que trata esta Ley.

Artículo 45°.- De la Nulidad Absoluta. La nulidad absoluta podrá ser alegada por las partes, por el agente del Ministerio Público, por cualquier persona o declarada de oficio, y no es susceptible de saneamiento por ratificación.

En los casos previstos en los numerales 1o. 2o. y 4o. del artículo anterior, el jefe o representante legal de la entidad respectiva deberá dar por terminado el contrato mediante acto administrativo debidamente motivado y ordenará su liquidación en el estado en que se encuentre.

57 Derogado por el art. 225, Decreto Nacional 019 de 2012.

58 Parágrafo declarado exequible por la Corte Constitucional mediante Sentencia C 772 de 1998.

Artículo 46º.- De la Nulidad Relativa. Los demás vicios que se presenten en los contratos y que conforme al derecho común constituyen causales de nulidad relativa, pueden sanearse por ratificación expresa de los interesados o por el transcurso de dos (2) años contados a partir de la ocurrencia del hecho generador del vicio.

Artículo 47º.- De la Nulidad Parcial. La nulidad de alguna o algunas cláusulas de un contrato, no invalidarán la totalidad del acto, salvo cuando éste no pudiese existir sin la parte viciada.

Artículo 48º.- De los Efectos de la Nulidad. La declaración de nulidad de un contrato de ejecución sucesiva no impedirá el reconocimiento y pago de las prestaciones *ejecutadas* hasta el momento de la declaratoria.

Habrá lugar al reconocimiento y pago de las prestaciones ejecutadas del contrato nulo por objeto o causa ilícita, cuando se probare que la entidad estatal se ha beneficiado y únicamente hasta el monto del beneficio que ésta hubiere obtenido. Se entenderá que la entidad estatal se ha beneficiado en cuanto las prestaciones cumplidas le hubieren servido para satisfacer un interés público.

Artículo 49º.- Del Saneamiento de los Vicios de Procedimiento o de Forma. Ante la ocurrencia de vicios que no constituyan causales de nulidad y cuando las necesidades del servicio lo exijan o las reglas de la buena administración lo aconsejen, el Jefe o representante legal de la entidad, en acto motivado, podrá sanear el correspondiente vicio.

V.
DE LA RESPONSABILIDAD CONTRACTUAL

Artículo 50º.- De la Responsabilidad de las Entidades Estatales. Las entidades responderán por las actuaciones, abstenciones, hechos y omisiones antijurídicos que les sean imputables y que causen perjuicios a sus contratistas. En tales casos deberán indemnizar la disminución patrimonial que se ocasione, la prolongación de la misma y la ganancia, beneficio o provecho dejados de percibir por el contratista.[59]

Artículo 51º.- De la Responsabilidad de los Servidores Públicos. El servidor público responderá disciplinaria, civil y penalmente por sus acciones y omisiones en la actuación contractual en los términos de la Constitución y de la ley.

Artículo 52º.- De la Responsabilidad de los Contratistas. Los contratistas responderán civil y penalmente por sus acciones y omisiones en la actuación contractual en los términos de la ley. Los consorcios y uniones temporales responderán por las acciones y omisiones de sus integrantes, en los términos del artículo 7o. de esta Ley.

Artículo 53º.- De la Responsabilidad de los Consultores, Interventores y Asesores. Los consultores, interventores y asesores externos responderán civil y penalmente tanto por el cumplimiento de las obligaciones derivadas del contrato de consultoría, interventoría, o asesoría, como por los hechos u omisiones que les fuere imputables y que causen daño o perjuicio a las entidades, derivados de la celebración y ejecución de los contratos respecto de los cuales hayan ejercido o ejerzan las funciones de consultoría, interventoría o asesoría.[60]

Artículo 54º.- De la Acción de Repetición.[61] En caso de condena a cargo de una entidad por hechos u omisiones imputables a título de dolo o culpa grave de un servidor público, la entidad el Ministerio Público, cualquier persona u oficiosamente el juez competente, iniciarán la respectiva acción de repetición, siempre y cuando aquél no hubiere sido llamado en garantía de conformidad con las normas vigentes sobre la materia.

Artículo 55.- De la Prescripción de las Acciones de Responsabilidad Contractual. La acción civil derivada de las acciones y omisiones a que se refieren los artículos 50, 51, 52 y 53 de esta ley prescribirá en el término de veinte (20) años, contados a partir de la ocurrencia de los

---

59 Declarado EXEQUIBLE por la Corte Constitucional mediante Sentencia C-333 de 1996.
60 Modificado por el art. 82, Ley 1474 de 2011.
61 Derogado por el art. 30, Ley 678 de 2001.

mismos. La acción disciplinaria prescribirá en diez (10) años. La acción penal prescribirá en veinte (20) años.

Artículo 56º.- De la Responsabilidad Penal de los Particulares que Intervienen en la Contratación Estatal. Para efectos penales, el contratista, el interventor, el consultor y el asesor se consideran particulares que cumplen funciones públicas en todo lo concerniente a la celebración, ejecución y liquidación de los contratos que celebren con las entidades estatales y, por lo tanto, estarán sujetos a la responsabilidad que en esa materia señala la ley para los servidores públicos.

Artículo 57º.- De la Infracción de las Normas de Contratación. El servidor público que realice alguna de las conductas tipificadas en los artículos 144, 145 y 146 del Código Penal, incurrirá en prisión de cuatro (4) a doce (12) años y en multa de veinte (20) a ciento cincuenta (150) salarios mínimos legales mensuales.

Artículo 58º.- De las Sanciones. Como consecuencia de las acciones u omisiones que se les impute en relación con su actuación contractual, y sin perjuicio de las sanciones e inhabilidades señaladas en la Constitución Política, las personas a que se refiere este capítulo se harán acreedoras a:

1º.- En caso de declaratoria de responsabilidad civil, al pago de las indemnizaciones en la forma y cuantía que determine la autoridad judicial competente.

2º.- En caso de declaratoria de responsabilidad disciplinaria, a la destitución.

3º. En caso de declaratoria de responsabilidad civil o penal y sin perjuicio de las sanciones disciplinarias, los servidores públicos quedarán inhabilitados para ejercer cargos públicos y para proponer y celebrar contratos con las entidades estatales por diez (10) años contados a partir de la fecha de ejecutoria de la respectiva sentencia. A igual sanción estarán sometidos los particulares declarados responsables civil o penalmente.

4º.- En los casos en que se hubiere proferido medida de aseguramiento en firme, o elevado pliego de cargos, la autoridad competente podrá, con el propósito de salvaguardar la recta administración pública, suspender provisionalmente al servidor público imputado o sindicado hasta por el término de duración de la medida de aseguramiento o de la investigación disciplinaria.

5º.- En el evento en que se hubiere proferido medida de aseguramiento en firme a un particular, por acciones u omisiones que se le imputen en relación con su actuación contractual, se informará de tal circunstancia a la respectiva Cámara de Comercio que procederá de inmediato a inscribir dicha medida en el registro de proponentes.

El jefe o representante legal de la entidad estatal que incumpla esta obligación, incurrirá en causal de mala conducta.

6º.- En el evento en que se hubiere proferido medida de aseguramiento en firme al representante legal de una persona jurídica de derecho privado, como consecuencia de hechos u omisiones que se le imputen en relación con su actuación contractual, aquella quedará inhabilitada para proponer y celebrar contratos con las entidades estatales por todo el término de duración de la medida de aseguramiento. Si se profiere Sentencia condenatoria contra dicho representante legal, la persona jurídica quedará inhabilitada para proponer y celebrar contratos con las entidades estatales por diez (10) años contados a partir de la fecha de ejecutoria de dicha sentencia. A igual sanción estará sometida la persona jurídica declarada civilmente responsable por razón de hechos u omisiones que se le imputen en relación con su actuación contractual.

Artículo 59º.- Del Contenido de los Actos Sancionatorios. La determinación de la responsabilidad de que tratan los artículos anteriores la harán las autoridades competentes en providencia motivada en la que se precisarán los hechos que la generan, los motivos y circunstancias para la cuantificación de las indemnizaciones a que haya lugar y los elementos utilizados para la dosimetría sancionatoria. Así mismo, en ella se señalarán los medios de impugnación y defensa que procedan contra tales actos, el término que se disponga para ello y la autoridad ante quien deba intentarse.

VI
DE LA LIQUIDACIÓN DE LOS CONTRATOS

Artículo 60º.- De Su Ocurrencia y Contenido.[62] Los contratos de tracto sucesivo, aquéllos cuya ejecución o cumplimiento se prolongue en el tiempo y los demás que lo requieran, serán objeto de liquidación de común acuerdo por las partes contratantes, procedimiento que se efectuará dentro del término fijado en el pliego de condiciones o términos de referencia o, en su defecto a más tardar antes del vencimiento de los cuatro (4) meses siguientes a la finalización del contrato o a la expedición del acto administrativo que ordene la terminación, o a la fecha del acuerdo que la disponga.

También en esta etapa las partes acordarán los ajustes, revisiones y reconocimientos a que haya lugar.

En el acta de liquidación constarán los acuerdos, conciliaciones y transacciones a que llegaren las partes para poner fin a las divergencias presentadas y poder declararse a paz y salvo.

Para la liquidación se exigirá al contratista la extensión o ampliación, si es del caso, de la garantía del contrato a la estabilidad de la obra, a la calidad del bien o servicio suministrado, a la provisión de repuestos y accesorios, al pago de salarios, prestaciones e indemnizaciones, a la responsabilidad civil y, en general para avalar las obligaciones que deba cumplir con posterioridad a la extinción del contrato.

Artículo 61º.- De la Liquidación Unilateral.[63] Si el contratista no se presenta a la liquidación o las partes no llegan a acuerdos sobre el contenido de la misma, será practicada directa y unilateralmente por la entidad y se adoptará por acto administrativo motivado susceptible del recurso de reposición

VII
DEL CONTROL DE LA GESTIÓN CONTRACTUAL

Artículo 62º.- De la Intervención del Ministerio Público. La Procuraduría General de la Nación y los demás agentes del Ministerio Público, de oficio o a petición de cualquier persona, adelantarán las investigaciones sobre la observancia de los principios y fines de la contratación estatal y promoverán las acciones pertinentes tendientes a obtener las sanciones pecuniarias y disciplinarias para quienes quebranten tal normatividad.

Artículo 63º.- De las Visitas e Informes. La Procuraduría adelantará visitas a las entidades estatales oficiosamente y con la periodicidad que demande la protección de los recursos públicos y el imperio de la moralidad, legalidad y honestidad en la administración pública.

Durante las visitas, cuya realización se divulgará ampliamente, se oirá a las asociaciones gremiales y comunitarias del lugar y se dará oportunidad a los administrados para que hagan las denuncias y presenten las quejas que a bien consideren.

Las conclusiones de las visitas se dejarán en informes escritos que se pondrán en conocimiento de la comunidad respectiva y de ellos se correrá traslado a los jefes de las entidades y a quienes aparezcan implicados en la comisión de conductas antijurídicas.

Copias de tales informes se enviarán a la Fiscalía General de la Nación o a la delegada respectiva para que éstas, si es del caso den cumplimiento a la función de que trata el artículo siguiente.

El visitador exigirá a los administrados identificarse y les advertirá de las consecuencias de la formulación de denuncias temerarias.

Artículo 64º.- De la Participación de la Fiscalía General de la Nación. La Fiscalía General de la Nación, de oficio o por denuncia, investigará las conductas constitutivas de hechos punibles en la actividad contractual y acusará a los presuntos infractores ante los jueces competentes.

---

62 Modificado por el art. 217, Decreto Nacional 019 de 2012.

63 Derogado por el art. 32, Ley 1150 de 2007.

La Fiscalía General de la Nación creará unidades especializadas para la investigación y acusación de los hechos punibles que se cometan con ocasión de las actividades contractuales de que trata esta Ley.

Artículo 65º.- De la Intervención de las Autoridades que ejercen Control Fiscal. La intervención de las autoridades de control fiscal se ejercerá una vez agotados los trámites administrativos de legalización de los contratos. Igualmente se ejercerá control posterior a las cuentas correspondientes a los pagos originados en los mismos, para verificar que éstos se ajustaron a las disposiciones legales.

Una vez liquidados o terminados los contratos, según el caso, la vigilancia fiscal incluirá un control financiero, de gestión y de resultados, fundados en la eficiencia, la economía, la equidad y la valoración de los costos ambientales.[64]

El control previo administrativo de la actividad contractual corresponde a las oficinas de Control Interno. Las autoridades de Control Fiscal pueden exigir informes sobre su gestión contractual a los servidores públicos de cualquier orden.

Artículo 66º.- De la Participación Comunitaria. Todo contrato que celebren las entidades estatales, estará sujeto a la vigilancia y control ciudadano.

Las asociaciones cívicas comunitarias de profesionales, benéficas o de utilidad común, podrán denunciar ante las autoridades competentes las actuaciones, hechos u omisiones de los servidores públicos o de los particulares, que constituyan delitos, contravenciones, o faltas en materia de contratación estatal.

Las autoridades brindarán especial apoyo y colaboración a las personas y asociaciones que emprendan campañas de control y vigilancia de la gestión pública contractual y oportunamente suministrarán la documentación o información que requieran para el cumplimiento de tales tareas.

El Gobierno Nacional y los de las Entidades territoriales establecerán sistemas y mecanismos de estímulo de la vigilancia y control comunitario en la actividad contractual orientados a recompensar dichas labores.

Las entidades estatales podrán contratar con las asociaciones de profesionales y gremiales y con las universidades y centros especializados de investigación, el estudio y análisis de las gestiones contractuales realizadas.

Artículo 67º.- De la Colaboración de los Cuerpos Consultivos del Gobierno. Los organismos o entidades gremiales, profesionales o universitarios que tengan el carácter de cuerpos consultivos del Gobierno prestarán la colaboración que en la actividad contractual requieran las entidades estatales.

Así mismo podrán servir de árbitros para dirimir las discrepancias de naturaleza técnica que surjan en desarrollo del contrato o con ocasión de éste.

VIII.
DE LA SOLUCIÓN DE LAS CONTROVERSIAS CONTRACTUALES

Artículo 68º.- De la Utilización de Mecanismos de Solución Directa de las Controversias Contractuales. Las entidades a que se refiere el artículo del presente Estatuto y los contratistas buscarán solucionar en forma ágil, rápida y directa las diferencias y discrepancias surgidas de la actividad contractual.

Para tal efecto, al surgir las diferencias acudirán al empleo de los mecanismos de solución de controversias contractuales previstos en esta ley y a la conciliación, amigable composición y transacción.

Parágrafo.- Los actos administrativos contractuales podrán ser revocados en cualquier tiempo, siempre que sobre ellos no haya recaído sentencia ejecutoriada.

64 Declarado EXEQUIBLE por la Corte Constitucional mediante Sentencia C-623 de 1999.

Artículo 69º.- De La Improcedencia De Prohibir La Utilización De Los Mecanismos De Solución Directa. Las autoridades no podrán establecer prohibiciones a la utilización de los mecanismos de solución directa de las controversias nacidas de los contratos estatales.

Las entidades no prohibirán la estipulación de la cláusula compromisoria o la celebración de compromisos para dirimir las diferencias surgidas del contrato estatal.

Artículo 70º.- De la Cláusula Compromisoria.[65] En los contratos estatales podrá incluirse la cláusula compromisoria a fin de someter a la decisión de árbitros las distintas diferencias que puedan surgir por razón de la celebración del contrato y de su ejecución, desarrollo, determinación o liquidación.

El arbitramento será en derecho. Los árbitros serán tres (3), a menos que las partes decidan acudir a un árbitro único. En las controversias de menor cuantía habrá un solo árbitro.

La designación, requerimiento, constitución y funcionamiento del tribunal de arbitramiento se regirá por las normas vigentes sobre la materia.

Los árbitros podrán ampliar el término de duración del Tribunal por la mitad del inicialmente acordado o legalmente establecido, si ello fuere necesario para la producción del laudo respectivo.

En los contratos con personas extranjeras, ~~como también en aquellos con persona Nacional~~[66], y en los que se prevea financiamiento a largo plazo y sistemas de pago del mismo mediante la explotación del objeto construido u operación de bienes para la celebración de un servicio público, podrá pactarse que las diferencias surgidas del contrato, sean sometidas a la decisión de un Tribunal Arbitral Internacional.[67]

Artículo 71º.- Del Compromiso.[68] Cuando en el contrato no se hubiere pactado cláusula compromisoria, cualquiera de las partes podrá solicitar a la otra la suscripción de un compromiso para la convocatoria de un Tribunal de arbitramento a fin de resolver las diferencias presentadas por razón de la celebración del contrato y su ejecución, desarrollo, terminación o liquidación.

En el documento de compromiso que se suscriba se señalarán la materia objeto del arbitramento, la designación de árbitros, el lugar de funcionamiento del tribunal y la forma de proveer los costos del mismo.

Artículo 72º.- Del recurso de anulación contra el laudo arbitral.[69] Contra el laudo arbitral procede el recurso de anulación. Este deberá interponerse por escrito presentado ante el Tribunal de Arbitramento dentro de los cinco (5) días siguientes a la notificación del laudo o de la providencia que lo corrija, aclare o complemente.

El recurso se surtirá ante la Sección Tercera de la Sala de lo Contencioso Administrativo del Consejo de Estado.

Son causales de anulación del laudo las previstas en el artículo 38 del Decreto 2279 de 1989 o las normas que lo modifiquen, deroguen o sustituyan.

Artículo 73º.- De la Colaboración de las Asociaciones de Profesionales y de las Cámaras de Comercio. Podrá pactarse acudir a los centros de conciliación y arbitramento institucional de las asociaciones profesionales, gremiales y de las cámaras de comercio para que diriman las controversias surgidas del contrato.

Artículo 74º.- Del Arbitramento o Pericia Técnicos. Las partes podrán pactar que las diferencias de carácter exclusivamente técnico se sometan al criterio de expertos designados directamente por ellas o que se sometan al parecer de un organismo consultivo del Gobierno, al de una asociación profesional o a un centro docente universitario o de enseñanza superior. La decisión adoptada será definitiva.

---

65 Declarado exequible por la Corte Constitucional.

66 Declarado inexequible por la Corte Constitucional mediante Sentencia C-347 de 1997.

67 Inciso 4° modificado por el art. 4 de la Ley 315 de 1996.

68 Declarado exequible por la Corte Constitucional mediante Sentencia 1436 de 2000.

69 Modificado por el art. 22, Ley 1150 de 2007.

Artículo 75º.- Del Juez Competente. Sin perjuicio de lo dispuesto en los artículos anteriores, el juez competente para conocer de las controversias derivadas de los contratos estatales y de los procesos de ejecución o cumplimiento será el de la jurisdicción contencioso administrativo.

Parágrafo 1°.- Una vez practicadas las pruebas dentro del proceso, el juez citará a demandantes y demandados para que concurran personalmente o por medio de apoderado a audiencia de conciliación. Dicha audiencia se sujetará a las reglas previstas en el artículo 101 del Código de Procedimiento Civil y se procurará que se adelante por intermedio de personas diferentes de aquellas que intervinieron en la producción de los actos o en las situaciones que provocaron las discrepancias.

Parágrafo 2°.- En caso de condena en procesos originados en controversias contractuales, el juez, si encuentra la existencia de temeridad en la posición no conciliatoria de alguna de las partes, condenará a la misma o a los servidores públicos que intervinieron en la correspondientes conversaciones, a cancelar multas a favor del Tesoro Nacional de cinco (5) a doscientos (200) salarios mínimos legales mensuales.

Parágrafo 3°.- En los procesos derivados de controversias de naturaleza contractual se condenará en costas a cualquiera de las partes, siempre que se encuentre que se presentó la conducta del parágrafo anterior.

IX.
DE LAS DISPOSICIONES VARIAS

Artículo 76º.- De los Contratos de Exploración y Explotación de los Recursos Naturales. Los contratos de exploración y explotación de recursos naturales renovables y no renovables, así como los concernientes a la comercialización y demás actividades comerciales e industriales propias de las entidades estatales a las que correspondan las competencias para estos asuntos, continuarán rigiéndose por la legislación especial que les sea aplicable. Las entidades estatales dedicadas a dichas actividades determinarán en sus reglamentos internos el procedimiento de selección de los contratistas, las cláusulas excepcionales que podrán pactarse, las cuantías y los trámites a que deben sujetarse.

Los procedimientos que adopten las mencionadas entidades estatales, desarrollarán el deber de selección objetiva y los principios de transparencia, economía y responsabilidad establecidos en esta Ley.

En ningún caso habrá lugar a aprobaciones o revisiones administrativas por parte del Consejo de Ministros, el Consejo de Estado ni de los Tribunales Administrativos.

Artículo 77º.- De la Normatividad aplicable en las actuaciones administrativas. En cuanto sean compatibles con la finalidad y los principios de esta ley, las normas que rigen los procedimientos y actuaciones en la Función administrativa, serán aplicables en las actuaciones contractuales. A falta de éstas, regirán las disposiciones del Código de Procedimiento Civil.

Los actos administrativos que se produzcan con motivo u ocasión de la actividad contractual sólo serán susceptibles de recurso de reposición y del ejercicio de la acción contractual, de acuerdo con las reglas del Código Contencioso Administrativo.

Parágrafo 1°.- El acto de adjudicación no tendrá recursos por la vía gubernativa. Este podrá impugnarse mediante el ejercicio de la acción de nulidad y restablecimiento del derecho, según las reglas del Código Contencioso Administrativo.

Parágrafo 2°.- Para el ejercicio de las acciones contra los actos administrativos de la actividad contractual no es necesario demandar el contrato que los origina.

Artículo 78º.- De los Contratos Procedimientos y Procesos en curso. Los contratos, los procedimientos de selección y los procesos judiciales en curso a la fecha en que entre a regir la presente ley, continuarán sujetos a las normas vigentes en el momento de su celebración o iniciación.

Artículo 79º.- De la Reglamentación del Registro de Proponentes. El funcionamiento del registro de proponentes en las cámaras de comercio, será reglamentado por el Gobierno Nacional dentro de los seis (6) meses siguientes a la promulgación de la presente Ley.

Artículo 80º.- De la Adecuación de Estatutos. Dentro de los (6) meses siguientes a la fecha de promulgación de la presente ley, las autoridades competentes adoptarán las medidas necesarias para adecuar los estatutos de las entidades estatales a lo dispuesto en esta Ley.

Artículo 81º.- De la Derogatoria y de la Vigencia. A partir de la vigencia de la presente ley, quedan derogados el Decreto ley 2248 de 1972; la Ley 19 de 1982; el Decreto ley 222 de 1983, excepción hecha de los artículos 108, 109, 110, 111, 112 y 113; el Decreto ley 591 de 1991, excepción hecha de los artículos 2o., 8o., 9o., 17 y 19; el Decreto ley 1684 de 1991; las normas sobre contratación del Decreto 700 de 1992, y los artículos 253, 254, 255, 256, 257, 258, 259, 260, 261, 262, 263 y 264 del Código Contencioso Administrativo; así como las demás normas que le sean contrarias.

A partir de la promulgación de la presente ley, entrarán a regir el parágrafo del artículo 2o.; el literal l) del numeral 1o. y el numeral 9o. del artículo 24; las normas de este estatuto relacionadas con el contrato de concesión; el numeral 8o. del artículo 25; el numeral 5o., del artículo 32 sobre fiducia pública y encargo fiduciario; y los artículos 33, 34, 35, 36, 37 y 38, sobre servicios y actividades de telecomunicaciones.

Las demás disposiciones de la presente ley, entrarán a regir a partir del 1o. de enero de 1994 con excepción de las normas sobre registro, clasificación y calificación de proponentes, cuya vigencia se iniciará un año después de la promulgación de esta ley.

Parágrafo 1°.- *Transitorio.*La presente Ley entrará a regir en relación con la Sociedad de Acueducto, Alcantarillado y Aseo de Barranquilla S.A., y para todo lo que tenga que ver con la prestación del servicio de agua, alcantarillado y aseo, tres (3) años después de su promulgación.

Parágrafo 2°.- *Transitorio.* A partir de la promulgación de la presente Ley, el Gobierno adelantará con la colaboración de la Escuela Superior de Administración Pública (ESAP) y de las demás Entidades Estatales, así como de los organismos o entidades gremiales y profesionales, actividades pedagógicas y de divulgación del presente estatuto.

II.- LEY 1150 DE 2007, DE 16 DE JULIO, POR MEDIO DE LA CUAL SE INTRODUCEN MEDIDAS PARA LA EFICIENCIA Y LA TRANSPARENCIA EN LA LEY 80 DE 1993 Y SE DICTAN OTRAS DISPOSICIONES GENERALES SOBRE LA CONTRATACIÓN CON RECURSOS PÚBLICOS.

Artículo 1º. Objeto. La presente ley tiene por objeto introducir modificaciones en la Ley 80 de 1993, así como dictar otras disposiciones generales aplicables a toda contratación con recursos públicos.

TITULO I.

DE LA EFICIENCIA Y DE LA TRANSPARENCIA.

Artículo 2º. De las modalidades de selección. La escogencia del contratista se efectuará con arreglo a las modalidades de selección de licitación pública, selección abreviada, concurso de méritos y contratación directa, con base en las siguientes reglas:

1. Licitación pública. La escogencia del contratista se efectuará por regla general a través de licitación pública, con las excepciones que se señalan en los numerales 2, 3 y 4 del presente artículo.

Cuando la entidad estatal así lo determine, la oferta en un proceso de la licitación pública podrá ser presentada total o parcialmente de manera dinámica mediante subasta inversa, en las condiciones que fije el reglamento.

2. Selección abreviada. La Selección abreviada corresponde a la modalidad de selección objetiva prevista para aquellos casos en que por las características del objeto a contratar, las circuns-

tancias de la contratación o la cuantía o destinación del bien, obra o servicio, puedan adelantarse procesos simplificados para garantizar la eficiencia de la gestión contractual.

El Gobierno Nacional reglamentará la materia.

Serán causales de selección abreviada las siguientes:

a) La adquisición o suministro de bienes y servicios de características técnicas uniformes y de común utilización por parte de las entidades, que corresponden a aquellos que poseen las mismas especificaciones técnicas, con independencia de su diseño o de sus características descriptivas, y comparten patrones de desempeño y calidad objetivamente definidos.

Para la adquisición de estos bienes y servicios las entidades deberán, siempre que el reglamento así lo señale, hacer uso de procedimientos de subasta inversa o de instrumentos de compra por catálogo derivados de la celebración de acuerdos marco de precios o de procedimientos de adquisición en bolsas de productos;

b) La contratación de menor cuantía. Se entenderá por menor cuantía los valores que a continuación se relacionan, determinados en función de los presupuestos anuales de las entidades públicas expresados en salarios mínimos legales mensuales.

Para las entidades que tengan un presupuesto anual superior o igual a 1.200.000 salarios mínimos legales mensuales, la menor cuantía será hasta 1.000 salarios mínimos legales mensuales.

Las que tengan un presupuesto anual superior o igual a 850.000 salarios mínimos legales mensuales e inferiores a 1.200.000 salarios mínimos legales mensuales, la menor cuantía será hasta 850 salarios mínimos legales mensuales.

Las que tengan un presupuesto anual superior o igual a 400.000 salarios mínimos legales mensuales e inferior a 850.000 salarios mínimos legales mensuales, la menor cuantía será hasta 650 salarios mínimos legales mensuales.

Las que tengan un presupuesto anual superior o igual a 120.000 salarios mínimos legales mensuales e inferior a 400.000 salarios mínimos legales mensuales, la menor cuantía será hasta 450 salarios mínimos legales mensuales.

Las que tengan un presupuesto anual inferior a 120.000 salarios mínimos legales mensuales, la menor cuantía será hasta 280 salarios mínimos legales mensuales;

c) Sin perjuicio de lo dispuesto en la Ley 100 de 1993 y en la Ley 1122 de 2007, la celebración de contratos para la prestación de servicios de salud. El reglamento interno correspondiente fijará las garantías a cargo de los contratistas. Los pagos correspondientes se podrán hacer mediante encargos fiduciarios;

d) La contratación cuyo proceso de licitación pública haya sido declarado desierto; en cuyo caso la entidad deberá iniciar la selección abreviada dentro de los cuatro meses siguientes a la declaración de desierta del proceso inicial;

e) La enajenación de bienes del Estado, con excepción de aquellos a que se refiere la Ley 226 de 1995.

En los procesos de enajenación de los bienes del Estado se podrán utilizar instrumentos de subasta y en general de todos aquellos mecanismos autorizados por el derecho privado, siempre y cuando en desarrollo del proceso de enajenación se garantice la transparencia, la eficiencia y la selección objetiva.

En todo caso, para la venta de los bienes se debe tener como base el valor del avalúo comercial y ajustar dicho avalúo de acuerdo a los gastos asociados al tiempo de comercialización esperada, administración, impuestos y mantenimiento, para determinar el precio mínimo al que se debe enajenar el bien, de conformidad con la reglamentación que para el efecto expida el Gobierno Nacional.

La enajenación de los bienes que formen parte del Fondo para la Rehabilitación, Inversión Social y Lucha contra el Crimen Organizado, Frisco, se hará por la Dirección Nacional de Estupefacientes, observando los principios del artículo 209 de la Constitución Política y la reglamentación que expida el Gobierno Nacional, teniendo en cuenta las recomendaciones que para el efecto imparta el Consejo Nacional de Estupefacientes.

El Reglamento deberá determinar la forma de selección, a través de invitación pública de los profesionales inmobiliarios, que actuarán como promotores de las ventas, que a su vez, a efecto de avalúos de los bienes, se servirán de avaluadores debidamente inscritos en el Registro Nacional de Avaluadores y quienes responderán por sus actos solidariamente con los promotores.

Las reglas y procedimientos que deberán atender la administración y los promotores y la publicidad del proceso deberán garantizar la libre concurrencia y oportunidad de quienes participen en el mismo.

Los bienes serán enajenados a través de venta directa en sobre cerrado o en pública subasta. La adjudicación para la venta directa deberá hacerse en audiencia pública, en donde se conozcan las ofertas iniciales y se efectúe un segundo ofrecimiento, frente al cual se adjudicará el bien a quien oferte el mejor precio. En la subasta pública, de acuerdo con el reglamento definido para su realización, el bien será adjudicado al mejor postor.

La venta implica la publicación previa de los bienes en un diario de amplia circulación nacional, con la determinación del precio base. El interesado en adquirir bienes deberá consignar al menos el 20% del valor base de venta para participar en la oferta;

f) Productos de origen o destinación agropecuarios que se ofrezcan en las bolsas de productos legalmente constituidas;

g) Los actos y contratos que tengan por objeto directo las actividades comerciales e industriales propias de las Empresas Industriales y Comerciales Estatales y de las Sociedades de Economía Mixta, con excepción de los contratos que a título enunciativo identifica el artículo 32 de la Ley 80 de 1993;

h) Los contratos de las entidades, a cuyo cargo se encuentre la ejecución de los programas de protección de personas amenazadas, programas de desmovilización y reincorporación a la vida civil de personas y grupos al margen de la ley, incluida la atención de los respectivos grupos familiares, programas de atención a población desplazada por la violencia, programas de protección de derechos humanos de grupos de personas habitantes de la calle, niños y niñas o jóvenes involucrados en grupos juveniles que hayan incurrido en conductas contra el patrimonio económico y sostengan enfrentamientos violentos de diferente tipo, y población en alto grado de vulnerabilidad con reconocido estado de exclusión que requieran capacitación, resocialización y preparación para el trabajo, incluidos los contratos fiduciarios que demanden;

i) La contratación de bienes y servicios que se requieran para la defensa y seguridad nacional.

3. Concurso de méritos[70]. Corresponde a Ia modalidad prevista para Ia selección de consultores o proyectos, en Ia que se podrán utilizar sistemas de concurso abierto o de precalificación. En este último caso, Ia conformación de Ia lista de precalificados se hará mediante convocatoria pública, permitiéndose establecer listas limitadas de oferentes mediante resolución motivada, que se entenderá notificada en estrados a los interesados, en Ia audiencia pública de conformación de Ia lista, utilizando para el efecto, entre otros, criterios de experiencia, capacidad intelectual y de organización de los proponentes, según sea el caso.

De conformidad con las condiciones que señale el reglamento, en desarrollo de estos procesos de selección, las propuestas técnicas o de proyectos podrán ser presentadas en forma anónima ante un jurado plural, impar deliberante y calificado

4. Contratación directa. La modalidad de selección de contratación directa, solamente procederá en los siguientes casos:

a) Urgencia manifiesta;

b) Contratación de empréstitos;

c) Contratos interadministrativos, siempre que las obligaciones derivadas del mismo tengan relación directa con el objeto de la entidad ejecutora señalado en la ley o en sus reglamentos.

---

70 Numeral modificado por el artículo 219 del Decreto 19 de 2012.

Se exceptúan los contratos de obra, suministro, prestación de servicios de evaluación de conformidad respecto de las normas o reglamentos técnicos, encargos fiduciarios y fiducia pública cuando las instituciones de educación superior públicas o las Sociedades de Economía Mixta con participación mayoritaria del Estado, o las personas jurídicas sin ánimo de lucro conformadas por la asociación de entidades públicas, o las federaciones de entidades territoriales sean las ejecutoras. Estos contratos podrán ser ejecutados por las mismas, siempre que participen en procesos de licitación pública o contratación abreviada de acuerdo con lo dispuesto por los numerales 1 y 2 del presente artículo.

En aquellos eventos en que el régimen aplicable a la contratación de la entidad ejecutora no sea el de la Ley 80 de 1993, la ejecución de dichos contratos estará en todo caso sometida a esta ley, salvo que la entidad ejecutora desarrolle su actividad en competencia con el sector privado o cuando la ejecución del contrato interadministrativo tenga relación directa con el desarrollo de su actividad.

En aquellos casos en que la entidad estatal ejecutora deba subcontratar algunas de las actividades derivadas del contrato principal, no podrá ni ella ni el subcontratista, contratar o vincular a las personas naturales o jurídicas que hayan participado en la elaboración de los estudios, diseños y proyectos que tengan relación directa con el objeto del contrato principal.

Estarán exceptuados de la figura del contrato interadministrativo, los contratos de seguro de las entidades estatales;

d) La contratación de bienes y servicios en el sector Defensa y en el Departamento Administrativo de Seguridad, DAS, que necesiten reserva para su adquisición;

e) Los contratos para el desarrollo de actividades científicas y tecnológicas;

f) Los contratos de encargo fiduciario que celebren las entidades territoriales cuando inician el Acuerdo de Reestructuración de Pasivos a que se refieren las Leyes 550 de 1999, 617 de 2000 y las normas que las modifiquen o adicionen, siempre y cuando los celebren con entidades financieras del sector público;

g) Cuando no exista pluralidad de oferentes en el mercado;

h) Para la prestación de servicios profesionales y de apoyo a la gestión, o para la ejecución de trabajos artísticos que sólo puedan encomendarse a determinadas personas naturales;

i) El arrendamiento o adquisición de inmuebles.

5) Contratación mínima cuantía[71]. La contratación cuyo valor no excede del 10 por ciento de la menor cuantía de la entidad independientemente de su objeto, se efectuará de conformidad con las siguientes reglas:

a) Se publicará una invitación, por un término no inferior a un día hábil, en la cual se señalará el objeto a contratar, el presupuesto destinado para tal fin, así como las condiciones técnicas exigidas.

b) El término previsto en la invitación para presentar la oferta no podrá ser inferior a un día hábil.

c) La entidad seleccionará, mediante comunicación de aceptación de la oferta, la propuesta con el menor precio, siempre y cuando cumpla con las condiciones exigidas.

d) La comunicación de aceptación junto con la oferta constituyen para todos los efectos el contrato celebrado, con base en lo cual se efectuará el respectivo registro presupuestal.

Las particularidades del procedimiento previsto en este numeral, así como la posibilidad que tengan las entidades de realizar estas adquisiciones en establecimientos que correspondan a la definición de "gran almacén" señalada por la Superintendencia de Industria y Comercio, se determinarán en el reglamento que para el efecto expida el Gobierno Nacional.

---

71 Numeral adicionado por el artículo 274 de la Ley 1450 de 2011.

La contratación a que se refiere el presente numeral se realizará exclusivamente con las reglas en él contempladas y en su reglamentación. En particular no se aplicará lo previsto en la Ley 816 de 2003, y en el artículo 12 de la presente ley.

6. La contratación cuyo valor no excede del 10 por ciento de la menor cuantía de la entidad independientemente de su objeto, se efectuará de conformidad con las siguientes reglas[72]:

a) Se publicará una invitación, por un término no inferior a un día hábil, en la cual se señalará el objeto a contratar, el presupuesto destinado para tal fin, así como las condiciones técnicas exigidas;

b) El término previsto en la invitación para presentar la oferta no podrá ser inferior a un día hábil;

c) La entidad seleccionará, mediante comunicación de aceptación de la oferta, la propuesta con el menor precio, siempre y cuando cumpla con las condiciones exigidas;

d) La comunicación de aceptación junto con la oferta constituyen para todos los efectos el contrato celebrado, con base en lo cual se efectuará el respectivo registro presupuestal.

Parágrafo 1o. Las particularidades del procedimiento aquí previsto, así como la posibilidad que tengan las entidades de realizar estas adquisiciones en establecimientos que correspondan a la definición de "gran almacén" señalada por la Superintendencia de Industria y Comercio, se determinarán en el reglamento que para el efecto expida el Gobierno Nacional.

Parágrafo 2o. La contratación a que se refiere el presente artículo se realizará exclusivamente con las reglas en él contempladas y en su reglamentación. En particular no se aplicará lo previsto en la Ley 816 de 2003, ni en el artículo 12 de la Ley 1150 de 2007.

Parágrafo 1°. La entidad deberá justificar de manera previa a la apertura del proceso de selección de que se trate, los fundamentos jurídicos que soportan la modalidad de selección que se propone adelantar.

Parágrafo 2°. El procedimiento aplicable para la ejecución de cada una de las causales a que se refiere el numeral 2° del presente artículo, deberá observar los principios de transparencia, economía, responsabilidad y las siguientes reglas:

1. Se dará publicidad a todos los procedimientos y actos.

2. Para la selección a la que se refiere el literal b) del numeral 2° del presente artículo, será principio general la convocatoria pública y se podrán utilizar mecanismos de sorteo en audiencia pública, para definir el número de participantes en el proceso de selección correspondiente cuando el número de manifestaciones de interés sea superior a diez (10). Será responsabilidad del representante legal de la entidad estatal, adoptar las medidas necesarias con el propósito de garantizar la pulcritud del respectivo sorteo.

3. Sin excepción, las ofertas presentadas dentro de cada uno de los procesos de selección, deberán ser evaluadas de manera objetiva, aplicando en forma exclusiva las reglas contenidas en los pliegos de condiciones o sus equivalentes. Para la selección a la que se refiere el literal a) del numeral 2° del presente artículo, no serán aplicables los artículos 2° y 3° de la Ley 816 de 2003.

Parágrafo 3°. El Gobierno Nacional tendrá la facultad de estandarizar las condiciones generales de los pliegos de condiciones y los contratos de las entidades estatales, cuando se trate de la adquisición o suministro de bienes y servicios de características técnicas uniformes y de común utilización por parte de las entidades.

Parágrafo 4°. Las entidades estatales no podrán exigir el pago de valor alguno por el derecho a participar en un proceso de selección, razón por la cual no podrán ser objeto de cobro los pliegos de condiciones correspondientes.

Respecto de la expedición de copias de estos documentos se seguirá lo dispuesto en el artículo 24 del Código Contencioso Administrativo.

---

72 Numeral adicionado por el artículo 94 de la Ley 1474 de 2011.

Parágrafo 5°. Los acuerdos marco de precios a que se refiere el inciso 2° del literal a) del numeral 2° del presente artículo, permitirán fijar las condiciones de oferta para la adquisición o suministro de bienes y servicios de características técnicas uniformes y de común utilización a las entidades estatales durante un período de tiempo determinado, en la forma, plazo y condiciones de entrega, calidad y garantía establecidas en el acuerdo.

La selección de proveedores como consecuencia de la realización de un acuerdo marco de precios, le dará a las entidades estatales que suscriban el acuerdo, la posibilidad que mediante órdenes de compra directa, adquieran los bienes y servicios ofrecidos.

En consecuencia, entre cada una de las entidades que formulen órdenes directas de compra y el respectivo proveedor se formará un contrato en los términos y condiciones previstos en el respectivo acuerdo.

El Gobierno Nacional señalará la entidad o entidades que tendrán a su cargo el diseño, organización y celebración de los acuerdos marco de precios. El reglamento establecerá las condiciones bajo las cuales el uso de acuerdos marco de precios se hará obligatorio para las entidades de la Rama Ejecutiva del Poder Público en el Orden Nacional, sometidas al Estatuto General de Contratación de la Administración Pública.

En el caso de los Organismos Autónomos y de las Ramas Legislativa y Judicial, así como las Entidades Territoriales, las mismas podrán diseñar, organizar y celebrar acuerdos marco de precios propios, sin perjuicio de que puedan adherirse a los acuerdos marco a que se refiere el inciso anterior.

Parágrafo 6°. El Gobierno Nacional podrá establecer procedimientos diferentes al interior de las diversas causales de selección abreviada, de manera que los mismos se acomoden a las particularidades de los objetos a contratar, sin perjuicio de la posibilidad de establecer procedimientos comunes. Lo propio podrá hacer en relación con el concurso de méritos[73].

Artículo 3°. De la contratación pública electrónica. De conformidad con lo dispuesto en la Ley 527 de 1999, la sustanciación de las actuaciones, la expedición de los actos administrativos, los documentos, contratos y en general los actos derivados de la actividad precontractual y contractual, podrán tener lugar por medios electrónicos. Para el trámite, notificación y publicación de tales actos, podrán utilizarse soportes, medios y aplicaciones electrónicas. Los mecanismos e instrumentos por medio de los cuales las entidades cumplirán con las obligaciones de publicidad del proceso contractual serán señalados por el Gobierno Nacional.

Lo anterior, sin perjuicio de las publicaciones previstas en el numeral 3 del ar-tículo 30 de la Ley 80 de 1993.

Con el fin de materializar los objetivos a que se refiere el inciso anterior, el Gobierno Nacional desarrollará el Sistema Electrónico para la Contratación Pública, Secop, el cual:

a) Dispondrá de las funcionalidades tecnológicas para realizar procesos de contratación electrónicos bajo los métodos de selección señalados en el artículo 2o de la presente ley según lo defina el reglamento;

b) Servirá de punto único de ingreso de información y de generación de reportes para las entidades estatales y la ciudadanía;

c) Contará con la información oficial de la contratación realizada con dineros públicos, para lo cual establecerá los patrones a que haya lugar y se encargará de su difusión a través de canales electrónicos y;

d) Integrará el Registro Unico Empresarial de las Cámaras de Comercio, el Diario Unico de Contratación Estatal y los demás sistemas que involucren la gestión contractual pública. Así mismo, se articulará con el Sistema de Información para la Vigilancia de la Contratación Estatal, SICE, creado por la Ley 598 de 2000, sin que este pierda su autonomía para el ejercicio del control fiscal a la contratación pública.

---

73 Parágrafo adicionado por el parágrafo del artículo 88 de la Ley 1474 de 2011.

Parágrafo 1°. En ningún caso la administración del Secop supondrá la creación de una nueva entidad.

El Secop será administrado por el organismo que designe el Gobierno Nacional, sin perjuicio de la autonomía que respecto del SICE confiere la Ley 598 de 2000 a la Contraloría General de la República.

Parágrafo 2°.[74]

Artículo 4°. De la distribución de riesgos en los contratos estatales. Los pliegos de condiciones o sus equivalentes deberán incluir la estimación, tipificación y asignación de los riesgos previsibles involucrados en la contratación.

En las licitaciones públicas, los pliegos de condiciones de las entidades estatales deberán señalar el momento en el que, con anterioridad a la presentación de las ofertas, los oferentes y la entidad revisarán la asignación de riesgos con el fin de establecer su distribución definitiva.

Artículo 5°. De la selección objetiva. Es objetiva la selección en la cual la escogencia se haga al ofrecimiento más favorable a la entidad y a los fines que ella busca, sin tener en consideración factores de afecto o de interés y, en general, cualquier clase de motivación subjetiva. En consecuencia, los factores de escogencia y calificación que establezcan las entidades en los pliegos de condiciones o sus equivalentes, tendrán en cuenta los siguientes criterios:

1. La capacidad jurídica y las condiciones de experiencia, capacidad financiera y de organización de los proponentes serán objeto de verificación de cumplimiento como requisitos habilitantes para la participación en el proceso de selección y no otorgarán puntaje, con excepción de lo previsto en el numeral 4 del presente artículo. La exigencia de tales condiciones debe ser adecuada y proporcional a la naturaleza del contrato a suscribir y a su valor. La verificación documental de las condiciones antes señaladas será efectuada por las Cámaras de Comercio de conformidad con lo establecido en el artículo 6° de la presente ley, de acuerdo con lo cual se expedirá la respectiva certificación.

2. La oferta más favorable será aquella que, teniendo en cuenta los factores técnicos y económicos de escogencia y la ponderación precisa y detallada de los mismos contenida en los pliegos de condiciones o sus equivalentes, resulte ser la más ventajosa para la entidad, sin que la favorabilidad la constituyan factores diferentes a los contenidos en dichos documentos. En los contratos de obra pública, el menor plazo ofrecido no será objeto de evaluación. La entidad efectuará las comparaciones del caso mediante el cotejo de los ofrecimientos recibidos y la consulta de precios o condiciones del mercado y los estudios y deducciones de la entidad o de los organismos consultores o asesores designados para ello[75].

En los procesos de selección en los que se tenga en cuenta los factores técnicos y económicos, la oferta más ventajosa será la que resulte de aplicar alguna de las siguientes alternativas:

a) La ponderación de los elementos de calidad y precio soportados en puntajes o fórmulas señaladas en el pliego de condiciones; o

b) La ponderación de los elementos de calidad y precio que representen la mejor relación de costo-beneficio para la entidad.

3. Sin perjuicio de lo previsto en el numeral 1 del presente artículo, en los pliegos de condiciones para las contrataciones cuyo objeto sea la adquisición o suministro de bienes y servicios de características técnicas uniformes y común utilización, las entidades estatales incluirán como único factor de evaluación el menor precio ofrecido.

4. En los procesos para la selección de consultores se hará uso de factores de calificación destinados a valorar los aspectos técnicos de la oferta o proyecto. De conformidad con las condiciones que señale el reglamento, se podrán utilizar criterios de experiencia específica del oferente y del equipo de trabajo, en el campo de que se trate.

---

74 Parágrafo derogado por el artículo 223 del Decreto 19 de 2012.

75 Numeral modificado por el artículo 88 de la Ley 1474 de 2011.

En ningún caso se podrá incluir el precio, como factor de escogencia para la selección de consultores.

Parágrafo 1°. La ausencia de requisitos o la falta de documentos referentes a la futura contratación o al proponente, no necesarios para la comparación de las propuestas no servirán de título suficiente para el rechazo de los ofrecimientos hechos. En consecuencia, todos aquellos requisitos de la propuesta que no afecten la asignación de puntaje, podrán ser solicitados por las entidades en cualquier momento, hasta la adjudicación. No obstante lo anterior, en aquellos procesos de selección en los que se utilice el mecanismo de subasta, deberán ser solicitados hasta el momento previo a su realización.

Parágrafo 2°. Las certificaciones de sistemas de gestión de calidad no serán objeto de calificación, ni podrán establecerse como documento habilitante para participar en licitaciones o concursos.

Artículo 6°. De la verificación de las condiciones de los proponentes.[76] Todas las personas naturales o jurídicas nacionales o extranjeras domiciliadas o con sucursal en Colombia, que aspiren a celebrar contratos con las entidades estatales, se inscribirán en el Registro Único de Proponentes del Registro Único Empresarial de la Cámara de Comercio con jurisdicción en su domicilio principal.

No se requerirá de este registro, ni de clasificación, en los casos de contratación directa; contratos para la prestación de servicios de salud; contratos de mínima cuantía; enajenación de bienes del Estado; contratos que tengan por objeto la adquisición de productos de origen o destinación agropecuaria que se ofrezcan en bolsas de productos legalmente constituidas; los actos y contratos que tengan por objeto directo las actividades comerciales e industriales propias de las empresas industriales y comerciales del Estado y las sociedades de economía mixta y los contratos de concesión de cualquier índole. En los casos anteriormente señalados, corresponderá a las entidades contratantes cumplir con la labor de verificación de las condiciones de los proponentes.

En dicho registro constará la información relacionada con la experiencia, capacidad jurídica, financiera y de organización del proponente y su clasificación.

6.1. Del proceso de inscripción en el Registro Único de Proponentes (RUP). Corresponderá a los proponentes inscribirse en el registro de conformidad con los documentos aportados. Las cámaras de comercio harán la verificación documental de la información presentada por los interesados al momento de inscribirse en el registro.

El certificado de Registro Único de Proponentes será plena prueba de las circunstancias que en ella se hagan constar y que hayan sido verificadas por las Cámaras de Comercio. En tal sentido, la verificación de las condiciones establecidas en el numeral 1 del artículo 5 de la presente ley, se demostrará exclusivamente con el respectivo certificado del RUP en donde deberán constar dichas condiciones. En consecuencia, las entidades estatales en los procesos de contratación no podrán exigir, ni los proponentes aportar documentación que deba utilizarse para efectuar la inscripción en el registro.

No obstante lo anterior, sólo en aquellos casos en que por las características del objeto a contratar se requiera la verificación de requisitos del proponente adicionales a los contenidos en el Registro, la entidad podrá hacer tal verificación en forma directa.

Cuando la información presentada ante la Cámara de Comercio no sea suficiente, sea inconsistente o no contenga la totalidad de los elementos señalados en el reglamento para su existencia y validez, esta se abstendrá de realizar la inscripción, renovación o actualización que corresponda, sin perjuicio de las acciones legales a que haya lugar.

La información deberá mantenerse actualizada y renovarse en la forma y con la periodicidad que señale el reglamento. La información contenida en el registro es pública y su consulta será gratuita.

---

76 Artículo modificado por el artículo 221 del Decreto 19 de 2012.

6.2. De la información sobre contratos, multas y sanciones a los inscritos. Las entidades estatales enviarán mensualmente a la Cámara de Comercio de su domicilio, la información concerniente a los contratos, su cuantía, cumplimiento, multas y sanciones relacionadas con los contratos que hayan sido adjudicados, los que se encuentren en ejecución y los ejecutados.

Las condiciones de remisión de la información y los plazos de permanencia de la misma en el registro serán señalados por el Gobierno Nacional.

El servidor público encargado de remitir la información, que incumpla esta obligación incurrirá en causal de mala conducta.

6.3. De la impugnación de la inscripción en el Registro Único de Proponentes (RUP). Realizada la verificación a que se refiere el numeral 6.1 del presente artículo, la Cámara publicará el acto de inscripción, contra el cual cualquier persona podrá interponer recurso de reposición ante la respectiva Cámara de Comercio, durante los diez (10) días hábiles siguientes a la publicación, sin que para ello requiera demostrar interés alguno. Para que la impugnación sea admisible deberá prestarse caución bancaria o de compañía de seguros para garantizar los perjuicios que se puedan causar al inscrito. Contra la decisión que resuelva el recurso de reposición, no procederá apelación.

En firme la inscripción, cualquier persona podrá demandar su nulidad en desarrollo de la acción prevista en el Código Contencioso Administrativo. Para el efecto será competente el Juez de lo Contencioso Administrativo en única instancia.

La presentación de la demanda no suspenderá la inscripción, ni será causal de suspensión de los procesos de selección en curso en los que el proponente sea parte. El proceso se tramitará por el procedimiento ordinario a que se refiere el Código Contencioso Administrativo. Adoptada la decisión, la misma sólo tendrá efectos hacia el futuro.

Cuando en desarrollo de un proceso de selección una entidad estatal advierta la existencia de posibles irregularidades en el contenido de la información del RUP, que puedan afectar el cumplimiento de los requisitos exigidos al proponente dentro del proceso de que se trate, podrá suspender el proceso de selección e impugnar ante la Cámara de Comercio la inscripción, para lo cual no estarán obligadas a prestar caución. Para el trámite y adopción de la decisión las Cámaras de Comercio tendrán un plazo de veinte (20) días. De no haberse adoptado una decisión en el término anterior, la entidad reanudará el proceso de selección de acuerdo con la información certificada en el RUP.

En el evento en que la Cámara de Comercio establezca la existencia de graves inconsistencias se le cancelará la inscripción en el registro quedando en tal caso inhabilitado para contratar con las entidades estatales por el término de cinco (5) años, sin perjuicio de las acciones penales a que haya lugar. En caso de reincidencia la inhabilidad será permanente.

Las mismas sanciones previstas en el inciso anterior se predicarán en el evento en que el Juez de lo Contencioso Administrativa declare la nulidad del acto de inscripción.

La información contenida en el registro es pública y su consulta será gratuita.

Parágrafo 1. Para poder participar en los procesos de selección de los contratos de obra, la capacidad residual del proponente o K de contratación deberá ser igual o superior al que la entidad haya establecido para el efecto en los pliegos de condiciones

Para establecer la capacidad residual del proponente o K de contratación, se deberán considerar todos los contratos que tenga en ejecución el proponente al momento de presentar la oferta. El desarrollo y ejecución del contrato podrá dar lugar a que los valores que sean cancelados al contratista se consideren para establecer el real K de contratación, en cada oportunidad. El Gobierno Nacional reglamentará la materia

Parágrafo 2. El reglamento señalará las condiciones de verificación de la información a que se refiere el numeral 1 del artículo 5, a cargo de cada entidad contratante, para el caso de personas naturales extranjeras sin domicilio en el país o de personas jurídicas extranjeras que no tengan establecida sucursal en Colombia.

El reglamento señalará de manera taxativa los documentos objeto de la verificación a que se refiere el numeral 1, del artículo 6.

Parágrafo 3. El Gobierno Nacional fijará el monto de las tarifas que deban sufragarse en favor de las cámaras de comercio por concepto de la inscripción en el registro, así como por su renovación, modificación y actualización, y por las certificaciones que le sean solicitadas en relación con el mismo. Para tal efecto, el Gobierno deberá tener en cuenta el costo en que incurran las cámaras de comercio para la operación del registro, la expedición de certificados, y los trámites de impugnación.

Todas las personas naturales o jurídicas nacionales o extranjeras domiciliadas o con sucursal en Colombia, que aspiren a celebrar contratos con las entidades estatales, se inscribirán en el Registro único de Proponentes del Registro Unico Empresarial de la Cámara de Comercio con jurisdicción en su domicilio principal.

No se requerirá de este registro, ni de calificación ni de clasificación, en los casos de contratación directa; contratos para la prestación de servicios de salud; contratos cuyo valor no supere el diez por ciento (10%) de la menor cuantía de la respectiva entidad; enajenación de bienes del Estado; contratos que tengan por objeto la adquisición de productos de origen o destinación agropecuaria que se ofrezcan en bolsas de productos legalmente constituidas; los actos y contratos que tengan por objeto directo las actividades comerciales e industriales propias de las empresas industriales y comerciales del Estado y las sociedades de economía mixta y los contratos de concesión de cualquier índole. En los casos anteriormente señalados, corresponderá a las entidades contratantes cumplir con la labor de verificación de las condiciones de los proponentes.

En dicho registro constará la información relacionada con la experiencia, capacidad jurídica, financiera y de organización del proponente, que se establecerá de conformidad con los factores de calificación y clasificación que defina el reglamento. El puntaje resultante de la calificación de estos factores se entenderá como la capacidad máxima de contratación del inscrito.

6.1. De la calificación y clasificación de los inscritos. Corresponderá a los proponentes calificarse y clasificarse en el registro de conformidad con los documentos aportados. Las cámaras de comercio harán la verificación documental de la información presentada por los interesados al momento de inscribirse en el registro.

La calificación y clasificación certificada de conformidad con el presente artículo será plena prueba de las circunstancias que en ella se hagan constar. En tal sentido, la verificación de las condiciones establecidas en el numeral 1 del artículo 5o de la presente ley, se demostrará exclusivamente con el respectivo certificado del RUP en donde deberán constar dichas condiciones. En consecuencia, las entidades estatales en los procesos de contratación no podrán exigir, ni los proponentes aportar documentación que deba utilizarse para efectuar la inscripción en el registro.

No obstante lo anterior, sólo en aquellos casos en que por las características del objeto a contratar se requiera la verificación de requisitos del proponente adicionales a los contenidos en el Registro, la entidad podrá hacer tal verificación en forma directa.

Cuando la información presentada ante la Cámara de Comercio no sea suficiente, sea inconsistente o no contenga la totalidad de los elementos señalados en el reglamento para su existencia y validez, esta se abstendrá de realizar la inscripción, renovación o modificación que corresponda, sin perjuicio de las acciones legales a que haya lugar.

La información deberá mantenerse actualizada y renovarse en la forma y con la periodicidad que señale el reglamento.

6.2. De la información sobre contratos, multas y sanciones a los inscritos. Las entidades estatales enviarán mensualmente a la Cámara de Comercio de su domicilio, la información concerniente a los contratos, su cuantía, cumplimiento, multas y sanciones relacionadas con los contratos que hayan sido adjudicados, los que se encuentren en ejecución y los ejecutados.

Las condiciones de remisión de la información y los plazos de permanencia de la misma en el registro serán señalados por el Gobierno Nacional.

El servidor público encargado de remitir la información, que incumpla esta obligación incurrirá en causal de mala conducta.

6.3. De la impugnación de la calificación y clasificación. Realizada la verificación a que se refiere el numeral 6.1 del presente artículo, la Cámara publicará el acto de inscripción, contra el cual cualquier persona podrá interponer recurso de reposición ante la respectiva Cámara de Comercio, durante los treinta (30) días siguientes a la publicación, sin que para ello requiera demostrar interés alguno. Para que la impugnación sea admisible deberá prestarse caución bancaria o de compañía de seguros para garantizar los perjuicios que se puedan causar al inscrito.

Contra la decisión que resuelva el recurso de reposición, no procederá apelación.

En firme la calificación y clasificación del inscrito, cualquier persona podrá demandar su nulidad en desarrollo de la acción prevista en el artículo 84 del Código Contencioso Administrativo. Para el efecto será competente el Juez de lo Contencioso Administrativo en única instancia.

La presentación de la demanda no suspenderá la calificación y clasificación del inscrito, ni será causal de suspensión de los procesos de selección en curso en los que el proponente sea parte. El proceso se tramitará por el procedimiento ordinario a que se refiere el Código Contencioso Administrativo. Adoptada la decisión, la misma solo tendrá efectos hacia el futuro.

Cuando en desarrollo de un proceso de selección una entidad estatal advierta la existencia de posibles irregularidades en el contenido de la información del Registro, que puedan afectar el cumplimiento de los requisitos exigidos al proponente dentro del proceso de que se trate, podrá suspender el proceso de selección e impugnar ante la Cámara de Comercio la clasificación y calificación del inscrito, para lo cual no estarán obligadas a prestar caución. Para el trámite y adopción de la decisión las Cámaras de Comercio tendrán un plazo de treinta (30) días. De no haberse adoptado una decisión en el término anterior, la entidad reanudará el proceso de selección de acuerdo con la información certificada en el RUP.

En el evento en que la Cámara de Comercio establezca la existencia de graves inconsistencias que hayan alterado en su favor la calificación y clasificación del inscrito, se le cancelará la inscripción en el registro quedando en tal caso inhabilitado para contratar con las entidades estatales por el término de cinco (5) años, sin perjuicio de las acciones penales a que haya lugar. En caso de reincidencia la inhabilidad será permanente.

Las mismas sanciones previstas en el inciso anterior se predicarán en el evento en que el Juez de lo Contencioso Administrativo declare la nulidad del acto de inscripción.

La información contenida en el registro es pública y su consulta será gratuita.

Parágrafo 1°. Para poder participar en los procesos de selección de los contratos de obra y demás que señale el reglamento, la capacidad residual del proponente o K de contratación deberá ser igual o superior al que la entidad haya establecido para el efecto en los pliegos de condiciones.

Para establecer la capacidad residual del proponente o K de contratación, se deberán considerar todos los contratos que tenga en ejecución el proponente al momento de presentar la oferta. El desarrollo y ejecución del contrato podrá dar lugar a que los valores que sean cancelados al contratista se consideren para establecer el real K de contratación, en cada oportunidad. El Gobierno Nacional reglamentará la materia.

Parágrafo 2°. El reglamento señalará las condiciones de verificación de la información a que se refiere el numeral 1 del artículo 5o, a cargo de cada entidad contratante, para el caso de personas naturales extranjeras sin domicilio en el país o de personas jurídicas extranjeras que no tengan establecida sucursal en Colombia, o en aquellos casos en que en el proceso de selección, se hayan utilizado sistemas de precalificación.

El reglamento señalará de manera taxativa los documentos objeto de la verificación a que se refiere el numeral 1, del artículo 6o.

Parágrafo 3°. El Gobierno Nacional fijará el monto de las tarifas que deban sufragarse en favor de las cámaras de comercio por concepto de la inscripción en el registro, así como por su renovación, modificación y actualización, y por las certificaciones que le sean solicitadas en relación con el mismo. Para tal efecto, el Gobierno deberá tener en cuenta el costo en que incurran las cámaras de comercio para la operación del registro, la expedición de certificados, y los trámites de impugnación.

Artículo 7º. De las garantías en la contratación. Los contratistas prestarán garantía única para el cumplimiento de las obligaciones surgidas del contrato. Los proponentes prestarán garantía de seriedad de los ofrecimientos hechos.

Las garantías consistirán en pólizas expedidas por compañías de seguros legalmente autorizadas para funcionar en Colombia, en garantías bancarias y en general, en los demás mecanismos de cobertura del riesgo autorizados por el reglamento para el efecto. Tratándose de pólizas, las mismas no expirarán por falta de pago de la prima o por revocatoria unilateral. El Gobierno Nacional señalará las condiciones generales que deberán ser incluidas en las pólizas de cumplimiento de los contratos estatales.

El Gobierno Nacional señalará los criterios que seguirán las entidades para la exigencia de garantías, las clases y niveles de amparo de los riesgos de los contratos, así como los casos en que por las características y complejidad del contrato a celebrar, la garantía pueda ser dividida teniendo en cuenta las etapas o riesgos relativos a la ejecución del respectivo contrato.

El acaecimiento del siniestro que amparan las garantías será comunicado por la entidad pública al respectivo asegurador mediante la notificación del acto administrativo que así lo declare.

Las garantías no serán obligatorias en los contratos de empréstito, en los interadministrativos, en los de seguro y en los contratos cuyo valor sea inferior al 10% de la menor cuantía a que se refiere esta ley, caso en el cual corresponderá a la entidad determinar la necesidad de exigirla, atendiendo a la naturaleza del objeto del contrato y a la forma de pago, así como en los demás que señale el reglamento.

Parágrafo transitorio. Durante el período que transcurra entre la entrada en vigencia de la reforma contenida en la presente ley y la expedición del decreto reglamentario a que se refiere este artículo, las entidades estatales continuarán aplicando las normas legales y reglamentarias vigentes.

Artículo 8º. De la publicación de proyectos de pliegos de condiciones, y estudios previos. Con el propósito de suministrar al público en general la información que le permita formular observaciones a su contenido, las entidades publicarán los proyectos de pliegos de condiciones o sus equivalentes, en las condiciones que señale el reglamento. La información publicada debe ser veraz, responsable, ecuánime, suficiente y oportuna.

La publicación de los proyectos de pliegos de condiciones o sus equivalentes no genera obligación para la entidad de dar apertura al proceso de selección.

Junto con los proyectos de pliegos de condiciones se publicarán los estudios y documentos previos que sirvieron de base para su elaboración.

Las Entidades deberán publicar las razones por las cuales se acogen o rechazan las observaciones a los proyectos de pliegos.

Artículo 9º. De la adjudicación. En el evento previsto en el artículo 273 de la Constitución Política y en general en los procesos de licitación pública, la adjudicación se hará de forma obligatoria en audiencia pública, mediante resolución motivada, que se entenderá notificada al proponente favorecido en dicha audiencia.

Durante la misma audiencia, y previamente a la adopción de la decisión definitiva de adjudicación, los interesados podrán pronunciarse sobre la respuesta dada por la entidad contratante a las observaciones presentadas respecto de los informes de evaluación.

El acto de adjudicación es irrevocable y obliga a la entidad y al adjudicatario. No obstante lo anterior, si dentro del plazo comprendido entre la adjudicación del contrato y la suscripción del mismo, sobreviene una inhabilidad o incompatibilidad o si se demuestra que el acto se obtuvo por medios ilegales, este podrá ser revocado, caso en el cual, la entidad podrá aplicar lo previsto en el inciso final del numeral 12 del artículo 30 de la Ley 80 de 1993.

Sin perjuicio de las potestades a que se refiere el artículo 18 de la Ley 80 de 1993, en aquellos casos en que la entidad declare la caducidad del contrato y se encuentre pendiente de ejecución un porcentaje igual o superior al cincuenta por ciento (50%) del mismo, con excepción de los contratos de concesión, se podrá contratar al proponente calificado en el segundo lugar en el proceso de selección respectivo, previa revisión de las condiciones a que haya lugar.

Artículo 10. Tratamiento para las cooperativas y asociaciones de entidades territoriales. Las cooperativas, las asociaciones conformadas por entidades territoriales y en general los entes solidarios de carácter público estarán sometidos a las disposiciones del Estatuto General de Contratación de la Administración Pública. La celebración de contratos de entidades estatales con asociaciones o cooperativas de entidades territoriales y en general con entes solidarios, se someterá a los procesos de selección de que trata la presente ley, en los que participarán en igualdad de condiciones con los particulares.

Artículo 11. Del plazo para la liquidación de los contratos. La liquidación de los contratos se hará de mutuo acuerdo dentro del término fijado en los pliegos de condiciones o sus equivalentes, o dentro del que acuerden las partes para el efecto. De no existir tal término, la liquidación se realizará dentro de los cuatro (4) meses siguientes a la expiración del término previsto para la ejecución del contrato o a la expedición del acto administrativo que ordene la terminación, o a la fecha del acuerdo que la disponga.

En aquellos casos en que el contratista no se presente a la liquidación previa notificación o convocatoria que le haga la entidad, o las partes no lleguen a un acuerdo sobre su contenido, la entidad tendrá la facultad de liquidar en forma unilateral dentro de los dos (2) meses siguientes, de conformidad con lo dispuesto en el artículo 136 del C. C. A.

Si vencido el plazo anteriormente establecido no se ha realizado la liquidación, la misma podrá ser realizada en cualquier tiempo dentro de los dos años siguientes al vencimiento del término a que se refieren los incisos anteriores, de mutuo acuerdo o unilateralmente, sin perjuicio de lo previsto en el artículo 136 del C. C. A.

Los contratistas tendrán derecho a efectuar salvedades a la liquidación por mutuo acuerdo, y en este evento la liquidación unilateral solo procederá en relación con los aspectos que no hayan sido objeto de acuerdo.

TITULO II.
DISPOSICIONES GENERALES PARA LA CONTRATACION CON RECURSOS PUBLICOS.

Artículo 12. Promoción del desarrollo en la contratación pública.[77] De conformidad con lo dispuesto en los artículos 13, 333 y 334 de la Constitución Política, el Gobierno Nacional definirá las condiciones y los montos de acuerdo con los compromisos internacionales vigentes, para que en desarrollo de los procesos de selección, las entidades estatales adopten en beneficio de las Mipymes, convocatorias limitadas a estas en las que, previo a la Resolución de apertura del proceso respectivo, se haya manifestado el interés del número plural de Mipymes que haya sido determinado en el reglamento.

Asimismo, el reglamento podrá establecer condiciones preferenciales en favor de la oferta de bienes y servicios producidos por las Mipymes, respetando los montos y las condiciones contenidas en los compromisos internacionales vigentes.

En todo caso, se deberá garantizar la satisfacción de las condiciones técnicas y económicas requeridas en la contratación y, realizarse la selección de acuerdo con las modalidades de selección a las que se refiere el Estatuto General de Contratación de la Administración Pública.

De igual forma, en los pliegos de condiciones las entidades estatales, dispondrán, de mecanismos que fomenten en la ejecución de los contratos estatales la provisión de bienes y servicios por población en pobreza extrema, desplazados por la violencia, personas en proceso de reintegración y, sujetos de especial protección constitucional en las condiciones que señale el reglamento; siempre que se garanticen las condiciones de calidad y cumplimiento del objeto contractual.

---

77 Artículo modificado por el artículo 32 de la Ley 1450 de 2011.

Parágrafo 1o. En los procesos de selección que se desarrollen con base en el primer inciso, las entidades podrán realizar las convocatorias limitadas que beneficien a las Mipymes del ámbito municipal o departamental correspondiente al de la ejecución del contrato.

Parágrafo 2°. Sin perjuicio de lo dispuesto en los artículos 5 y 6 de la Ley 1150 de 2007, para que las Mipymes puedan participar en las convocatorias a las que se refiere este artículo, deberán acreditar como mínimo un año de existencia, para lo cual deberán presentar el certificado expedido por la cámara de comercio o por la autoridad que sea competente para dicha acreditación.

Parágrafo 3°. En la ejecución de los contratos a que se refiere el presente artículo, las entidades y los contratistas, deberán observar lo dispuesto en los artículos 90 a 95 de la Ley 418 de 1997 y las normas que la modifiquen, adicionen o subroguen.

Artículo 13. Principios generales de la actividad contractual para entidades no sometidas al estatuto general de contratación de la administración pública. Las entidades estatales que por disposición legal cuenten con un régimen contractual excepcional al del Estatuto General de Contratación de la Administración Pública, aplicarán en desarrollo de su actividad contractual, acorde con su régimen legal especial, los principios de la función administrativa y de la gestión fiscal de que tratan los artículos 209 y 267 de la Constitución Política, respectivamente según sea el caso y estarán sometidas al régimen de inhabilidades e incompatibilidades previsto legalmente para la contratación estatal.

Artículo 14. Del régimen contractual de las empresas industriales y comerciales del estado, las sociedades de economía mixta, sus filiales y empresas con participación mayoritaria del estado.[78] Las Empresas Industriales y Comerciales del Estado, las Sociedades de Economía Mixta en las que el Estado tenga participación superior al cincuenta por ciento (50%), sus filiales y las Sociedades entre Entidades Públicas con participación mayoritaria del Estado superior al cincuenta por ciento (50%), estarán sometidas al Estatuto General de Contratación de la Administración Pública, con excepción de aquellas que desarrollen actividades comerciales en competencia con el sector privado y/o público, nacional o internacional o en mercados regulados, caso en el cual se regirán por las disposiciones legales y reglamentarias aplicables a sus actividades económicas y comerciales, sin perjuicio de lo previsto en el artículo 13 de la presente ley. Se exceptúan los contratos de ciencia y tecnología, que se regirán por la Ley 29 de 1990 y las disposiciones normativas existentes.

Artículo 15. Del régimen contractual de las entidades financieras estatales. El parágrafo 1° del artículo 32 de la Ley 80 de 1993, quedará así:

"Artículo 32. (...)

"Parágrafo 1°. Los Contratos que celebren los Establecimientos de Crédito, las compañías de seguros y las demás entidades financieras de carácter estatal, no estarán sujetos a las disposiciones del Estatuto General de Contratación de la Administración Pública y se regirán por las disposiciones legales y reglamentarias aplicables a dichas actividades.

En todo caso, su actividad contractual se someterá a lo dispuesto en el artículo 13 de la presente ley".

Artículo 16. De las entidades exceptuadas en el sector defensa. Los contratos que celebren Satena, Indumil, El Hotel Tequendama, la Corporación de Ciencia y Tecnología para el desarrollo de la industria naval, marítima y fluvial –Cotecmar– y la Corporación de la Industria Aeronáutica Colombiana –CIAC–, no estarán sujetos a las disposiciones del Estatuto General de Contratación de la Administración Pública y se regirán por las disposiciones legales y reglamentarias aplicables a su actividad.

En todo caso su actividad contractual se someterá a lo dispuesto en el artículo 13 de la presente ley.

---

78 Artículo modificado por el artículo 93 de la Ley 1474 de 2011.

TITULO III.

DISPOSICIONES VARIAS.

Artículo 17. Del derecho al debido proceso. El debido proceso será un principio rector en materia sancionatoria de las actuaciones contractuales.

En desarrollo de lo anterior y del deber de control y vigilancia sobre los contratos que corresponde a las entidades sometidas al Estatuto General de Contratación de la Administración Pública, tendrán la facultad de imponer las multas que hayan sido pactadas con el objeto de conminar al contratista a cumplir con sus obligaciones. Esta decisión deberá estar precedida de audiencia del afectado que deberá tener un procedimiento mínimo que garantice el derecho al debido proceso del contratista y procede sólo mientras se halle pendiente la ejecución de las obligaciones a cargo del contratista. Así mismo podrán declarar el incumplimiento con el propósito de hacer efectiva la cláusula penal pecuniaria incluida en el contrato.

Parágrafo. La cláusula penal y las multas así impuestas, se harán efectivas directamente por las entidades estatales, pudiendo acudir para el efecto entre otros a los mecanismos de compensación de las sumas adeudadas al contratista, cobro de la garantía, o a cualquier otro medio para obtener el pago, incluyendo el de la jurisdicción coactiva.

Parágrafo transitorio. Las facultades previstas en este artículo se entienden atribuidas respecto de las cláusulas de multas o cláusula penal pecuniaria pactadas en los contratos celebrados con anterioridad a la expedición de esta ley y en los que por autonomía de la voluntad de las partes se hubiese previsto la competencia de las entidades estatales para imponerlas y hacerlas efectivas.

Artículo 18. De las inhabilidades para contratar. Adiciónese un literal j) al numeral 1 y un inciso al parágrafo 1°, del artículo 8° de la Ley 80 de 1993, así:

"Artículo 8°. (…)

j) Las personas naturales que hayan sido declaradas responsables judicialmente por la comisión de delitos de peculado, concusión, cohecho, prevaricato en todas sus modalidades y soborno transnacional, así como sus equivalentes en otras jurisdicciones. Esta inhabilidad se extenderá a las sociedades de que sean socias tales personas, con excepción de las sociedades anónimas abiertas".

Parágrafo 1°. (...)

En las causales de inhabilidad por parentesco o por matrimonio, los vínculos desaparecen por muerte o por disolución del matrimonio.

Artículo 19. Del derecho de turno. El artículo 4° de la Ley 80 de 1993, tendrá un numeral 10 del siguiente tenor.

"Artículo 4°. (…)

"10. Respetarán el orden de presentación de los pagos por parte de los contratistas. Sólo por razones de interés público, el jefe de la entidad podrá modificar dicho orden dejando constancia de tal actuación.

Para el efecto, las entidades deben llevar un registro de presentación por parte de los contratistas, de los documentos requeridos para hacer efectivos los pagos derivados de los contratos, de tal manera que estos puedan verificar el estricto respeto al derecho de turno. Dicho registro será público.

Lo dispuesto en este numeral no se aplicará respecto de aquellos pagos cuyos soportes hayan sido presentados en forma incompleta o se encuentren pendientes del cumplimiento de requisitos previstos en el contrato del cual se derivan".

Artículo 20. De la contratación con organismos internacionales. Los contratos o convenios financiados en su totalidad o en sumas iguales o superiores al cincuenta por ciento (50%) con fondos de los organismos de cooperación, asistencia o ayudas internacionales, podrán someterse a los reglamentos de tales entidades. En caso contrario, se someterán a los procedimientos establecidos en la Ley 80 de 1993. Los recursos de contrapartida vinculados a estas operaciones podrán tener el mismo tratamiento.

Los contratos o convenios celebrados con personas extranjeras de derecho público u organismos de derecho internacional cuyo objeto sea el desarrollo de programas de promoción, prevención y atención en salud; contratos y convenios necesarios para la operación de la OIT; contratos y convenios que se ejecuten en desarrollo del sistema integrado de monitoreo de cultivos ilícitos; contratos y convenios para la operación del programa mundial de alimentos; contratos y convenios para el desarrollo de programas de apoyo educativo a población desplazada y vulnerable adelantados por la Unesco y la OIM; los contratos o convenios financiados con fondos de los organismos multilaterales de crédito y entes gubernamentales extranjeros, podrán someterse a los reglamentos de tales entidades.

Las entidades estatales no podrán celebrar contratos o convenios para la administración o gerencia de sus recursos propios o de aquellos que les asignen los presupuestos públicos, con organismos de cooperación, asistencia o ayuda internacional.

Parágrafo 1°. Los contratos o acuerdos celebrados con personas extranjeras de derecho público, podrán someterse a las reglas de tales organismos.

Parágrafo 2°. Las entidades estatales tendrán la obligación de reportar la información a los organismos de control y al Secop relativa a la ejecución de los contratos a los que se refiere el presente artículo.

Parágrafo 3°. En todo Proyecto de cooperación que involucre recursos estatales se deberán cuantificar en moneda nacional, los aportes en especie de la entidad, organización o persona cooperante, así como los del ente nacional colombiano. Las contralorías ejercerán el control fiscal sobre los proyectos y contratos celebrados con organismos multilaterales.

Artículo 21. De la delegación y la desconcentración para contratar. El artículo 12 de la Ley 80 de 1993, tendrá un inciso 2° y un parágrafo del siguiente tenor: (...)

Parágrafo. Para los efectos de esta ley, se entiende por desconcentración la distribución adecuada del trabajo que realiza el jefe o representante legal de la entidad, sin que ello implique autonomía administrativa en su ejercicio. En consecuencia, contra las actividades cumplidas en virtud de la desconcentración administrativa no procederá ningún recurso".

Artículo 22. Del recurso de anulación contra los laudos arbitrales. El artículo 72 de la Ley 80 de 1993, quedará así:

"Artículo 72. Del recurso de anulación contra el laudo arbitral. Contra el laudo arbitral procede el recurso de anulación. Este deberá interponerse por escrito presentado ante el Tribunal de Arbitramento dentro de los cinco (5) días siguientes a la notificación del laudo o de la providencia que lo corrija, aclare o complemente.

El recurso se surtirá ante la Sección Tercera de la Sala de lo Contencioso Administrativo del Consejo de Estado.

Son causales de anulación del laudo las previstas en el artículo 38 del Decreto 2279 de 1989 o las normas que lo modifiquen, deroguen o sustituyan".

Artículo 23. De los aportes al sistema de seguridad social. El inciso segundo y el parágrafo 1° del artículo 41 de la Ley 80 quedarán así:

"Artículo 41. (...)

Para la ejecución se requerirá de la aprobación de la garantía y de la existencia de las disponibilidades presupuestales correspondientes, salvo que se trate de la contratación con recursos de vigencias fiscales futuras de conformidad con lo previsto en la ley orgánica del presupuesto. El proponente y el contratista deberán acreditar que se encuentran al día en el pago de aportes parafiscales relativos al Sistema de Seguridad Social Integral, así como los propios del Sena, ICBF y Cajas de Compensación Familiar, cuando corresponda.

Parágrafo 1°. El requisito establecido en la parte final del inciso segundo de este artículo, deberá acreditarse para la realización de cada pago derivado del contrato estatal.

El servidor público que sin justa causa no verifique el pago de los aportes a que se refiere el presente artículo, incurrirá en causal de mala conducta, que será sancionada con arreglo al régimen disciplinario vigente.

Artículo 24. Del régimen contractual de las corporaciones autónomas regionales. La contratación de las Corporaciones Autónomas Regionales incluida la Corporación Autónoma Regional del Río Grande de la Magdalena, se someterá al Estatuto General de Contratación de la Administración Pública contenido en la Ley 80 de 1993 y en las demás normas que lo modifiquen, deroguen o adicionen.

Artículo 25. De la inversión en fondos comunes ordinarios. El inciso 4° del numeral 5 del artículo 32 de la Ley 80 de 1993, quedará así:

"Artículo 32. De los contratos estatales. (...)

La selección de las sociedades fiduciarias a contratar, sea pública o privada, se hará con rigurosa observancia del procedimiento de licitación o concurso previsto en esta ley. No obstante, los excedentes de tesorería de las entidades estatales, se podrán invertir directamente en fondos comunes ordinarios administrados por sociedades fiduciarias, sin necesidad de acudir a un proceso de licitación pública.

Artículo 26. Del fondo financiero de proyectos de desarrollo.[79]

Artículo 27. De la prórroga de los contratos de concesión para la prestación de servicios de telecomunicaciones y de televisión. El término de duración de las concesiones actuales y futuras para la prestación de los servicios y actividades de telecomunicaciones, incluidas las de televisión, será de diez (10) años prorrogables por lapsos iguales. En ningún caso habrá prórrogas automáticas ni gratuitas.

Artículo 28. De la prórroga o adición de concesiones de obra pública.[80]

Artículo 29. Elementos que se deben cumplir en los contratos estatales de alumbrado público. Todos los contratos en que los municipios o distritos entreguen en concesión la prestación del servicio de alumbrado público a terceros, deberán sujetarse en todo a la Ley 80 de 1993, contener las garantías exigidas en la misma, incluir la cláusula de reversión de toda la infraestructura administrada, construida o modernizada, hacer obligatoria la modernización del Sistema, incorporar en el modelo financiero y contener el plazo correspondiente en armonía con ese modelo financiero. Así mismo, tendrán una interventoría idónea. Se diferenciará claramente el contrato de operación, administración, modernización, y mantenimiento de aquel a través del cual se adquiera la energía eléctrica con destino al alumbrado público, pues este se regirá por las Leyes 142 y 143 de 1994. La Creg regulará el contrato y el costo de facturación y recaudo conjunto con el servicio de energía de la contribución creada por la Ley 97 de 1913 y 84 de 1915 con destino a la financiación de este servicio especial inherente a la energía. Los contratos vigentes a la fecha de la presente ley, deberán ajustarse a lo aquí previsto.

Artículo 30. De la compilación de normas.[81]

Artículo 31. Régimen de transición. Los procesos de contratación en curso a la fecha en que entre a regir la presente ley, continuarán sujetos a las normas vigentes al momento de su iniciación. Los contratos o convenios a que se refiere el artículo 20 de la presente ley que se encuentren en ejecución al momento de su entrada en vigencia, continuarán rigiéndose por las normas vigentes al momento de su celebración hasta su liquidación, sin que sea posible adicionarlos ni prorrogarlos.

Artículo 32. Derogatoria. A partir de la vigencia de la presente ley, quedan derogados los siguientes artículos de la Ley 80 de 1993: El parágrafo del artículo 2°; la expresión "además de la obtención de utilidades cuya protección garantiza el Estado" del inciso segundo del artículo 3°; el inciso 4o del artículo 13, el artículo 22; el numeral 1 y el parágrafo 1° del artículo 24; el inciso 2° del numeral 15, el numeral 19 y la expresión "la exigencia de los diseños no regirán cuando el objeto de la contratación sea la de construcción o fabricación con diseños de los proponentes" del

---

79 Artículo derogado por el artículo 276 de la Ley 1450 de 2011.

80 Artículo derogado por el artículo 39 de la Ley 1508 de 2012.

81 Artículo declarado inexequible.

inciso segundo numeral 12 del artículo 25, el artículo 29, el numeral 11 del artículo 30, el artículo 36, el parágrafo del artículo 39 y el inciso 1° del artículo 60, con excepción de la expresión "Los contratos de tracto sucesivo, aquellos cuya ejecución o cumplimiento se prolonguen en el tiempo y los demás que lo requieran serán objeto de liquidación" el artículo 61 y las expresiones "concurso" y "términos de referencia" incluidas a lo largo del texto de la Ley 80 de 1993, así como la expresión: "Cuando el objeto del contrato consista en estudios o trabajos técnicos, intelectuales o especializados, el proceso de selección se llamará concurso y se efectuará también mediante invitación pública".

También se derogan las siguientes disposiciones: El parágrafo 2° del artículo 50 de la Ley 789 de 2002, modificado por el artículo 1o de la Ley 828 de 2003, el ar-tículo 66 de la Ley 454 de 1998, el literal d) del artículo 27 de la Ley 99 de 1993 y el artículo 19 Ley 161 de 1994. Igualmente se entienden derogadas las normas del Decreto 1900 de 1990 y de la Ley 182 de 1995 que contraríen lo dispuesto en esta ley.

Las normas del Estatuto General de Contratación Pública preferirán a cualquiera otra sobre la materia, con excepción de aquellas de naturaleza estatutaria u orgánica. En consecuencia, la derogatoria de las normas del Estatuto General de Contratación Pública sólo podrán hacerse de manera expresa, mediante su precisa identificación.

Artículo 33. Vigencia. La presente ley empieza a regir seis (6) meses después de su promulgación, con excepción del artículo 6° que entrará a regir a los dieciocho (18) meses de su promulgación.

Parágrafo 1°. En tanto no entre en vigor el artículo 6o de la presente ley las entidades podrán verificar la información de los proponentes a que se refiere el numeral 1° del artículo 5° de la presente ley.

Parágrafo 2°. Los artículos 9° y 17 entrarán a regir una vez se promulgue la presente ley.

COSTA RICA

LEY DE CONTRATACIÓN ADMINISTRATIVA 7494, DE 2 DE MAYO DE 1995.

CAPITULO I.

Cobertura y principios generales

Sección primera.

Cobertura y excepciones

Articulo 1.- Cobertura. Esta Ley regirá la actividad de contratación desplegada por los órganos del Poder Ejecutivo, el Poder Judicial, el Poder Legislativo, el Tribunal Supremo de Elecciones, la Contraloría General de la República, la Defensoría de los Habitantes, el sector descentralizado territorial e institucional, los entes públicos no estatales y las empresas públicas.

Cuando se utilicen parcial o totalmente recursos públicos, la actividad contractual de todo otro tipo de personas físicas o jurídicas se someterá a los principios de esta Ley.

Cuando en esta Ley se utilice el término "Administración", se entenderá que se refiere a cualquiera de los sujetos destinatarios de sus regulaciones.

Artículo 2°.-Excepciones Se excluyen de los procedimientos de concursos establecidos en esta ley las siguientes actividades:

a) La (actividad ordinaria) de la Administración, entendida como el suministro directo al usuario o destinatario final, de los servicios o las prestaciones establecidas, legal o reglamentariamente, dentro de sus fines.

b) Los acuerdos celebrados con otros Estados o con sujetos de derecho público internacional.

c) La actividad contractual desarrollada entre entes de derecho público.

d) La actividad de contratación que, por su naturaleza o las circunstancias concurrentes, no pueda ser sometida a concurso público o no convenga someterla, sea porque solo existe un único proveedor, por razones especiales de seguridad o por otras igualmente calificadas de acuerdo con el Reglamento de esta Ley[1].

e) Las compras realizadas con fondos de caja chica, según se dispondrá reglamentariamente, siempre y cuando no excedan de los límites económicos fijados conforme al inciso anterior.

f) Las contrataciones que se realicen para la construcción, la instalación o la provisión de oficinas o servicios en el exterior.

g) Las actividades que resulten excluidas, de acuerdo con la ley o los instrumentos internacionales vigentes en Costa Rica.

h) La actividad que, por su escasa cuantía, no convenga que sea sometida a los procedimientos ordinarios de concurso, de conformidad con los límites establecidos en el artículo 27 de esta Ley. En estos casos, la administración cursará invitación por lo menos a tres potenciales proveedores idóneos, si existen, y adjudicará a la oferta de menor precio, sin perjuicio de que se valoren otros

---

1 Modificado por artículo 1° de la ley N° 8511 del 16 de mayo del 2006.

factores que se estimen relevantes, lo cual deberá definirse en la invitación. La administración estudiará todas las ofertas que se presenten al concurso, independientemente de si provienen de empresas que fueron invitadas o no[2].

Quedan fuera del alcance de la presente ley las siguientes actividades:

1.- Las relaciones de empleo.

2.- Los empréstitos públicos.

3.- Otras actividades sometidas por ley a un régimen especial de contratación.

Se exceptúan de la aplicación de esta ley, los entes públicos no estatales cuyo financiamiento provenga, en más de un cincuenta por ciento (50%), de recursos propios, los aportes o las contribuciones de sus agremiados, y las empresas públicas cuyo capital social pertenezca, en su mayoría, a particulares y no al sector público[3].

Artículo 2 bis.- Autorizaciones[4]. Exclúyense de los procedimientos de concurso establecidos en esta Ley, los siguientes supuestos autorizados por la Contraloría General de la República:

a) Cuando los bienes, las obras o los servicios, en razón de su gran complejidad o su carácter especializado, solo puedan obtenerse de un número limitado de proveedores o contratistas, de manera que por razones de economía y eficiencia no resulte adecuada la aplicación de los procedimientos ordinarios.

b) En los casos en que la administración, habiendo adquirido ya equipo tecnológico, decida adquirir más productos del mismo contratista, por razones de normalización o por la necesidad de asegurar su compatibilidad con los equipos tecnológicos que se estén utilizando, teniendo en cuenta si el contrato original satisfizo adecuadamente las necesidades de la administración adjudicadora, si el precio es razonable y, especialmente, si se descartó la existencia de mejores alternativas en el mercado.

c) Otras actividades o casos específicos en los que se acrediten suficientes razones para considerar que es la única forma de alcanzar la debida satisfacción del interés general o de evitar daños o lesiones a los intereses públicos.

La solicitud que dirija la administración deberá contener una justificación detallada de las circunstancias que motivan la aplicación de las excepciones establecidas en este artículo, así como el detalle de la forma que se ha previsto para seleccionar al contratista.

La Contraloría General resolverá la solicitud en el término de diez días hábiles y podrá establecer procedimientos sustitutivos a los ordinarios. Asimismo, especificará la vía recursiva que proceda en estos casos, así como los plazos aplicables al trámite respectivo.

Las autorizaciones contempladas en este artículo no exoneran a la administración solicitante por los resultados de la contratación, ni por la calificación errónea de las circunstancias que, eventualmente, puedan servir de justificación para la solicitud de excepción de los procedimientos ordinarios de contratación.

Artículo 3.-Régimen jurídico. La actividad de contratación administrativa se somete a las normas y los principios del ordenamiento jurídico administrativo.

Cuando lo justifique la satisfacción del fin público, la Administración podrá utilizar, instrumentalmente, cualquier figura contractual que no se regule en el ordenamiento jurídico-administrativo.

En todos los casos, se respetarán los principios, los requisitos y los procedimientos ordinarios establecidos en esta Ley, en particular en lo relativo a la formación de la voluntad administrativa.

El régimen de nulidades de la Ley General de la Administración Pública se aplicará a la contratación administrativa.

---

2 Modificado por artículo 1° aparte a) de la ley N° 8701 del 13 de enero de 2009.

3 Modificado por artículo 1°, inciso a), de la ley N° 7612 de 22 de julio de 1996.

4 Artículo adicionado por artículo 3° de la ley N° 8511 del 16 de mayo del 2006.

Las disposiciones de esta Ley se interpretarán y se aplicarán, en concordancia con las facultades de fiscalización superior de la hacienda pública que le corresponden a la Contraloría General de la República, de conformidad con su Ley Orgánica y la Constitución Política.

Para el mejor ejercicio de sus potestades de fiscalización en la materia regulada en esta Ley, la Contraloría General de la República podrá requerir el criterio técnico de asesores externos; para ello, estará facultada para recurrir al procedimiento previsto en el inciso h), del artículo 2 de esta Ley, independientemente de la cuantía de la contratación. En caso de que tal requerimiento se formule ante un ente u órgano público, su atención será obligatoria, de conformidad con lo dispuesto en el artículo 12 de la Ley orgánica de la Contraloría General de la República[5].

Sección segunda.
Principios generales

Artículo 4º.- Principios de eficacia y eficiencia.[6] Todos los actos relativos a la actividad de contratación administrativa deberán estar orientados al cumplimiento de los fines, las metas y los objetivos de la administración, con el propósito de garantizar la efectiva satisfacción del interés general, a partir de un uso eficiente de los recursos institucionales.

Las disposiciones que regulan la actividad de contratación administrativa, deberán ser interpretadas de la manera que más favorezca la consecución de lo dispuesto en el párrafo anterior.

En todas las etapas de los procedimientos de contratación, prevalecerá el contenido sobre la forma, de manera que se seleccione la oferta más conveniente, de conformidad con el párrafo primero de este artículo.

Los actos y las actuaciones de las partes se interpretarán en forma tal que se permita su conservación y se facilite adoptar la decisión final, en condiciones beneficiosas para el interés general. Los defectos subsanables no descalificarán la oferta que los contenga. En caso de duda, siempre se favorecerá la conservación de la oferta o, en su caso, la del acto de adjudicación.

Las regulaciones de los procedimientos deberán desarrollarse a partir de los enunciados de los párrafos anteriores.

Artículo 5.- Principio de igualdad y libre competencia. En los procedimientos de contratación administrativa, se respetará la igualdad de participación de todos los oferentes potenciales. Los reglamentos de esta Ley o las disposiciones que rijan los procedimientos específicos de cada contratación, no podrán incluir ninguna regulación que impida la libre competencia entre los oferentes potenciales.

La participación de oferentes extranjeros se regirá por el principio de reciprocidad, según el cual a ellos se les brindará el mismo trato que reciban los nacionales en el país de origen de aquellos. El Poder Ejecutivo establecerá, reglamentariamente, las disposiciones necesarias para la vigencia plena del principio estipulado en este párrafo.

Los carteles y los pliegos de condiciones no podrán disponer formas de pago ni contener ninguna regulación que otorgue a los oferentes nacionales un trato menos ventajoso que el otorgado a los oferentes extranjeros.

Los órganos y entes públicos no podrán usar sus prerrogativas de exoneración para importar, por medio de adjudicatarios de licitaciones, concesionarios ni otros terceros, productos manufacturados incluidos en los supuestos de prioridad del artículo 12 de la Ley Nº 7017, del 16 de diciembre de 1985[7].

Artículo 6.- Principio de publicidad. Los procedimientos de contratación se darán a la publicidad por los medios correspondientes a su naturaleza.

---

5 Párrafo adicionado por artículo 3° de la ley N° 8511 del 16 de mayo del 2006.
6 Modificado por artículo 1° de la ley N° 8511 del 16 de mayo del 2006.
7 Párrafo adicionado por artículo 1°, inciso b), de la ley Nº 7612 de 22 de julio de 1996.

Todo interesado tendrá libre acceso al expediente de contratación administrativa y a la información complementaria.

En el primer mes de cada período presupuestario, los órganos y entes sujetos a las regulaciones de esta Ley darán a conocer el programa de adquisiciones proyectado, lo cual no implicará ningún compromiso de contratar. Para tales efectos, podrá recurrirse a la publicación en el Diario Oficial o a otros medios idóneos, tales como la página electrónica oficial del órgano o entidad. De utilizarse medios distintos de la publicación en *La Gaceta*, el respectivo órgano o entidad por lo menos deberá informar, en el citado diario o en dos diarios de circulación nacional, acerca del medio empleado para dar a conocer su programa de adquisiciones[8].

En el Diario Oficial se insertará un boletín que funcionará como sección especial dedicada exclusivamente a la contratación administrativa.

En el primer tercio del plazo previsto para el estudio de ofertas o para el trámite de la apelación, la administración o la Contraloría General de la República, en su caso, podrán conceder una audiencia solicitada por algún interesado. De ser concedida esa audiencia o cualquier otra durante el procedimiento de contratación, la administración o la Contraloría deberá poner en conocimiento a las restantes partes o interesados, acerca de su hora, lugar y fecha, por medio de la dirección electrónica o el fax previamente señalados, asimismo, mediante un aviso que se colocará en un lugar accesible al público. En todo caso, de la audiencia se levantará una minuta y se adjuntará al expediente[9].

CAPITULO II.

Requisitos previos de los procedimientos de contratación

Sección primera.

Requisitos

Artículo 7º.- Inicio del procedimiento[10]. El procedimiento de contratación se iniciará con la decisión administrativa de promover el concurso, emitida por el jerarca o titular subordinado competente.

Esta decisión encabezará el expediente que se forme y contendrá una justificación de su procedencia, una descripción y estimación de costo del objeto, así como el cronograma con las tareas y los responsables de su ejecución.

La justificación del inicio del procedimiento de contratación deberá estar acorde con lo establecido en los planes de largo y mediano plazos, el Plan Nacional de Desarrollo, cuando sea aplicable, el plan anual operativo, el presupuesto y el programa de adquisición institucional, según corresponda.

Artículo 8.- Disponibilidad presupuestaria. Para iniciar el procedimiento de contratación administrativa, es necesario contar con recursos presupuestarios suficientes para enfrentar la erogación respectiva. En casos excepcionales y para atender una necesidad muy calificada, a juicio de la Administración y previa autorización de la Contraloría General de la República, podrán iniciarse los procedimientos de contratación administrativa, para lo cual se requiere la seguridad de que oportunamente se dispondrá de la asignación presupuestaria. En estas situaciones, la Administración advertirá, expresamente en el cartel, que la validez de la contratación queda sujeta a la existencia del contenido presupuestario[11].

En las contrataciones cuyo desarrollo se prolongue por más de un período presupuestario, deberán adoptarse las previsiones necesarias para garantizar el pago de las obligaciones.

---

8 Párrafo modificado por artículo 1° de la ley N° 8511 del 16 de mayo del 2006.

9 Párrafo adicionado por artículo 3° de la ley N° 8511 del 16 de mayo del 2006.

10 Modificado por artículo 1° de la ley N° 8511 del 16 de mayo del 2006.

11 Párrafo modificado por artículo 1°, inciso c), de la ley N° 7612 de 22 de julio de 1996.

Artículo 9.- Previsión de verificación. Para comenzar el procedimiento de contratación, la Administración deberá acreditar, en el expediente respectivo, que dispone o llegará a disponer, en el momento oportuno, de los recursos humanos y la infraestructura administrativa suficiente para verificar el fiel cumplimiento del objeto de la contratación, tanto cuantitativa como cualitativamente.

CAPITULO III.

Derechos y obligaciones de la Administración

Sección única.

Derechos de la Administración

Artículo 10.- Sumisión a la normativa administrativa. En cualquier procedimiento de contratación administrativa, el oferente queda plenamente sometido al ordenamiento jurídico costarricense, en especial a los postulados de esta Ley, su Reglamento Ejecutivo, el reglamento institucional correspondiente, el cartel del respectivo procedimiento y, en general, a cualquier otra regulación administrativa relacionada con el procedimiento de contratación de que se trate.

Artículo 11.- Derecho de rescisión y resolución unilateral. Unilateralmente, la Administración podrá rescindir o resolver, según corresponda, sus relaciones contractuales, por motivo de incumplimiento, por causa de fuerza mayor, caso fortuito o cuando así convenga al interés público, todo con apego al debido proceso.

Cuando se ponga término al contrato, por causas que no se le imputen al contratista, la Administración deberá liquidarle la parte que haya sido efectivamente ejecutada y resarcirle los daños y perjuicios ocasionados.

En los supuestos de caso fortuito o fuerza mayor, se liquidará en forma exclusiva la parte efectivamente ejecutada y los gastos en que haya incurrido razonablemente el contratista en previsión de la ejecución total del contrato.

La Administración podrá reconocer, en sede administrativa, los extremos indicados en los incisos anteriores. Para hacer efectiva la resolución deberá contar con la aprobación de la Contraloría General de la República.

Artículo 12.- Derecho de modificación unilateral. Durante la ejecución del contrato, la Administración podrá modificar, disminuir o aumentar, hasta en un cincuenta por ciento (50%), el objeto de la contratación, cuando concurran circunstancias imprevisibles en el momento de iniciarse los procedimientos y esa sea la única forma de satisfacer plenamente el interés público perseguido, siempre que la suma de la contratación original y el incremento adicional no excedan del límite previsto, en el artículo 27 de esta Ley, para el procedimiento de contratación que se trate.

La administración podrá recibir objetos actualizados respecto del bien adjudicado, en el tanto se cumplan las siguientes condiciones[12]:

a) Que los objetos sean de la misma naturaleza.

b) Que se dé un cambio tecnológico que mejore el objeto.

c) Que no se incremente el precio ofertado.

d) Que se mantengan las demás condiciones que motivaron la adjudicación.

En las contrataciones para la adquisición de equipos tecnológicos, el adjudicatario estará obligado a cumplir con la entrega de la última actualización tecnológica de los bienes adjudicados, siempre y cuando la administración lo haya dispuesto expresamente en el cartel[13].

Artículo 12 bis.- Nueva contratación[14]. Si, una vez ejecutado un contrato, la administración requiere suministros o servicios adicionales de igual naturaleza, podrá obtenerlos del mismo contratista, siempre que se cumplan los siguientes requisitos:

---

12 Párrafo adicionado por artículo 3° de la ley N° 8511 del 16 de mayo del 2006.

13 Párrafo adicionado por artículo 3° de la ley N° 8511 del 16 de mayo del 2006.

a) Que el contratista convenga en ello.

b) Que el nuevo contrato se concluya sobre las mismas bases del precedente.

c) Que el monto del nuevo contrato no sume más del cincuenta por ciento (50%) del contrato anterior.

d) Que no hayan transcurrido más de seis meses desde la recepción provisional del objeto del primer contrato.

Artículo 13.- Fiscalización. La Administración fiscalizará todo el proceso de ejecución, para eso el contratista deberá ofrecer las facilidades necesarias. A fin de establecer la verdad real, podrá prescindir de las formas jurídicas que adopten los agentes económicos, cuando no correspondan a la realidad de los hechos.

En virtud de este derecho de fiscalización, la Administración tiene la potestad de aplicar los términos contractuales para que el contratista corrija cualquier desajuste respecto del cumplimiento exacto de las obligaciones pactadas.

Si la Administración no fiscaliza los procesos, eso no exime al contratista de cumplir con sus deberes ni de la responsabilidad que le pueda corresponder.

Artículo 14.- Derecho de ejecución de garantías. Cuando un oferente o un contratista incurra en incumplimiento, la Administración podrá hacer efectiva la garantía correspondiente. La decisión administrativa de ejecutar esa garantía debe ser motivada y se dará audiencia previa al interesado para exponer su posición.

Sección segunda.

Obligaciones de la Administración

Artículo 15.- Obligación de cumplimiento. La Administración está obligada a cumplir con todos los compromisos, adquiridos válidamente, en la contratación administrativa y a prestar colaboración para que el contratista ejecute en forma idónea el objeto pactado.

Artículo 16.- Obligación de tramitación. La Administración está obligada a tramitar, en un plazo de treinta días hábiles, cualquier gestión que le formule el contratista, cuando sea necesaria para ejecutar la contratación. Transcurrido este plazo sin una respuesta motivada de la Administración, operará el silencio positivo y la gestión se tendrá por acogida. Lo anterior sin detrimento de la responsabilidad en que pueda incurrir el funcionario, a tenor del artículo 96 de esta Ley.

CAPITULO IV.

Derechos y obligaciones de los contratistas

Sección primera.

Derechos de los contratistas

Artículo 17.- Derecho a la ejecución. Los contratistas tienen derecho de ejecutar plenamente lo pactado, excepto si se produce alguno de los supuestos mencionados en el artículo 11 de esta Ley.

Artículo 18.- Mantenimiento del equilibrio económico del contrato. Salvo cuando se estipulen, expresamente, parámetros distintos en los términos del cartel respectivo, en los contratos de obra, servicios y suministros, con personas o empresas de la industria de la construcción, la Administración reajustará los precios, aumentándolos o disminuyéndolos, cuando varíen los costos, directos o indirectos, estrictamente relacionados con la obra, el servicio o el suministro, mediante la aplicación de ecuaciones matemáticas basadas en los índices oficiales de precios y costos, elaborados por el Ministerio de Economía, Industria y Comercio.

---

14 Artículo adicionado por artículo 3° de la ley N° 8511 del 16 de mayo del 2006.

Los reajustes se calcularán sobre estimaciones mensuales, con base en los precios de la oferta y los índices correspondientes al mes de la apertura de las ofertas. Para aplicar el reajuste, el contratista deberá presentar, en su oferta, un presupuesto detallado y completo con todos los elementos que componen su precio, incluyendo un desglose de los precios unitarios. La presentación de facturas, por avance de obra cada mes, será obligatoria[15].

En las restantes contrataciones, cuando se produzcan variaciones en los costos estrictamente relacionados con el objeto del contrato, podrán establecerse los mecanismos necesarios de revisión de precios, para mantener el equilibrio económico del contrato.

Para cumplir con lo estipulado en los párrafos anteriores, en el Reglamento de la presente Ley se establecerán los criterios técnicos por seguir para garantizar la determinación objetiva del reajuste o la revisión de los precios.

Asimismo, en el cartel de licitación debe establecerse la forma de revisar precios y determinar reajustes, así como la referencia al reglamento, en cuanto al mecanismo de aplicación[16].

Artículo 19.- Anulado[17].

Sección segunda.

Obligaciones de los contratistas

Artículo 20.- Cumplimiento de lo pactado. Los contratistas están obligados a cumplir, cabalmente, con lo ofrecido en su propuesta y en cualquier manifestación formal documentada, que hayan aportado adicionalmente, en el curso del procedimiento o en la formalización del contrato.

Artículo 21.- Verificación de procedimientos. Es responsabilidad del contratista verificar la corrección del procedimiento de contratación administrativa, y la ejecución contractual.

En virtud de esta obligación, para fundamentar gestiones resarcitorias, no podrá alegar desconocimiento del ordenamiento aplicable ni de las consecuencias de la conducta administrativa.

El Reglamento de esta Ley definirá los supuestos y la forma en que proceda indemnizar al contratista irregular. Asimismo, el funcionario que haya promovido una contratación irregular será sancionado conforme a lo previsto en el artículo 96 bis de esta Ley[18].

CAPITULO V.

Prohibiciones

Sección única

Artículo 22.- Ámbito de aplicación[19]. La prohibición para contratar con la Administración se extiende a la participación en los procedimientos de contratación y a la fase de ejecución del respectivo contrato.

Existirá prohibición sobreviniente, cuando la causal respectiva se produzca después de iniciado el procedimiento de contratación y antes del acto de adjudicación. En tal caso, la oferta afectada por la prohibición no podrá ser adjudicada; se liberará al oferente de todo compromiso con la Administración y se le devolverá la respectiva garantía de participación.

Cuando la prohibición sobrevenga sobre un contratista favorecido con una adjudicación en firme, la entidad deberá velar con especial diligencia porque se ejecute bajo las condiciones pactadas, sin que puedan existir en su favor tratos distintos de los dados a otros contratistas en iguales condiciones.

---

15 Párrafo modificado por Resolución de la Sala Constitucional N° 6432-98 del 04 de setiembre de 1998.

16 Párrafo modificado por artículo 1°, inciso d), de la ley N° 7612 de 22 de julio de 1996.

17 Articulo anulado por artículo Resolución de la Sala Constitucional N° 6432-98 del 04 de setiembre de 1998.

18 Párrafo adicionado por artículo 3° de la ley N° 8511 del 16 de mayo del 2006.

19 Artículo modificado por artículo 65 de la Ley N° 8422 Ley contra la Corrupción y el Enriquecimiento Ilícito en la Función Pública, de 6 de octubre de 2004.

El funcionario sujeto a la respectiva prohibición deberá abstenerse de participar, opinar o influir, en cualquier forma, en la ejecución del contrato.

El incumplimiento de esta obligación se reputará como falta grave en la prestación del servicio.

Existirá participación directa del funcionario cuando, por la índole de sus atribuciones, tenga la facultad jurídica de decidir, deliberar, opinar, asesorar o participar de cualquier otra forma en el proceso de selección y adjudicación de las ofertas, o en la etapa de fiscalización posterior, en la ejecución del contrato.

La participación indirecta existirá cuando por interpósita persona, física o jurídica, se pretenda eludir el alcance de esta prohibición. Para demostrar ambas formas de participación se admitirá toda clase de prueba.

Artículo 22 bis.- Alcance de la prohibición[20]**.** En los procedimientos de contratación administrativa que promuevan las instituciones sometidas a esta Ley, tendrán prohibido participar como oferentes, en forma directa o indirecta, las siguientes personas:

a) El presidente y los vicepresidentes de la República, los ministros y los viceministros, los diputados a la Asamblea Legislativa, los magistrados propietarios de la Corte Suprema de Justicia y los del Tribunal Supremo de Elecciones, el contralor y el subcontralor generales de la República, el procurador general y el procurador general adjunto de la República, el defensor y el defensor adjunto de los habitantes, el tesorero y el subtesorero nacionales, así como el proveedor y el subproveedor nacionales. En los casos de puestos de elección popular, la prohibición comenzará a surtir efectos desde que el Tribunal Supremo de Elecciones declare oficialmente el resultado de las elecciones.

b) Con la propia entidad en la cual sirven, los miembros de junta directiva, los presidentes ejecutivos, los gerentes y los subgerentes, tanto de las instituciones descentralizadas como de las empresas públicas, los regidores propietarios y el alcalde municipal.

c) Los funcionarios de las proveedurías y de las asesorías legales, respecto de la entidad en la cual prestan sus servicios.

d) Los funcionarios públicos con influencia o poder de decisión, en cualquier etapa del procedimiento de contratación administrativa, incluso en su fiscalización posterior, en la etapa de ejecución o de construcción.

Se entiende que existe injerencia o poder de decisión, cuando el funcionario respectivo, por la clase de funciones que desempeña o por el rango o jerarquía del puesto que sirve, pueda participar en la toma de decisiones o influir en ellas de cualquier manera. Este supuesto abarca a quienes deben rendir dictámenes o informes técnicos, preparar o tramitar alguna de las fases del procedimiento de contratación, o fiscalizar la fase de ejecución.

Cuando exista duda de si el puesto desempeñado está afectado por injerencia o poder de decisión, antes de participar en el procedimiento de contratación administrativa, el interesado hará la consulta a la Contraloría General de la República y le remitirá todas las pruebas y la información del caso, según se disponga en el Reglamento de esta Ley.

e) Quienes funjan como asesores de cualquiera de los funcionarios afectados por prohibición, sean estos internos o externos, a título personal o sin ninguna clase de remuneración, respecto de la entidad para la cual presta sus servicios dicho funcionario.

f) Las personas jurídicas en cuyo capital social participe alguno de los funcionarios mencionados en los incisos anteriores, o quienes ejerzan puestos directivos o de representación. Para que la venta o cesión de la participación social respectiva pueda desafectar a la respectiva firma, deberá haber sido hecha al menos con seis meses de anticipación al nombramiento del funcionario respectivo y deberá tener fecha cierta por cualquiera de los medios que la legislación procesal civil

---

20 Artículo adicionado por artículo 65 de la Ley N° 8422 Ley contra la Corrupción y el Enriquecimiento Ilícito en la Función Pública, de 6 de octubre de 2004.

permite. Toda venta o cesión posterior a esa fecha no desafectará a la persona jurídica de la prohibición para contratar, mientras dure el nombramiento que la origina.

Para las sociedades cuyas acciones se encuentren inscritas en el Registro Nacional de Valores e Intermediarios de la Superintendencia General de Valores, tal prohibición aplicará cuando dicho funcionario controle el diez por ciento (10%) o más del total del capital suscrito de la sociedad. A este efecto la administración únicamente requerirá de la persona jurídica oferente una declaración jurada de que no se encuentra sujeta a ninguna de las causales de prohibición establecidas en este artículo[21].

g) Las personas jurídicas sin fines de lucro, tales como asociaciones, fundaciones y cooperativas, en las cuales las personas sujetas a prohibición figuren como directivos, fundadores, representantes, asesores o cualquier otro puesto con capacidad de decisión.

h) El cónyuge, el compañero o la compañera en la unión de hecho, de los funcionarios cubiertos por la prohibición, así como sus parientes por consanguinidad o afinidad hasta el tercer grado inclusive.

i) Las personas jurídicas en las cuales el cónyuge, el compañero, la compañera o los parientes indicados en el inciso anterior, sean titulares de más de un veinticinco por ciento (25%) del capital social o ejerzan algún puesto de dirección o representación.

j) Las personas físicas o jurídicas que hayan intervenido como asesoras en cualquier etapa del procedimiento de contratación, hayan participado en la elaboración de las especificaciones, los diseños y los planos respectivos, o deban participar en su fiscalización posterior, en la etapa de ejecución o construcción. Esta prohibición no se aplicará en los supuestos en que se liciten conjuntamente el diseño y la construcción de la obra, las variantes alternativas respecto de las especificaciones o los planos suministrados por la Administración.

Las personas y organizaciones sujetas a una prohibición, mantendrán el impedimento hasta cumplidos seis meses desde el cese del motivo que le dio origen.

De las prohibiciones anteriores se exceptúan los siguientes casos:

1. Que se trate de un proveedor único.
2. Que se trate de la actividad ordinaria del ente.
3. Que exista un interés manifiesto de colaborar con la Administración.

Artículo 23.- Levantamiento de la incompatibilidad[22]. La prohibición expresada en los incisos h) e i) del artículo anterior, podrá levantarse en los siguientes casos:

a) Cuando se demuestre que la actividad comercial desplegada se ha ejercido por lo menos un año antes del nombramiento del funcionario que origina la prohibición.

b) En el caso de directivos o representantes de una persona jurídica, cuando demuestren que ocupan el puesto respectivo, por lo menos un año antes del nombramiento del funcionario que origina la prohibición.

c) Cuando hayan transcurrido al menos seis meses desde que la participación social del pariente afectado fue cedida o traspasada, o de que este renunció al puesto o cargo de representación. Mediante el trámite que se indicará reglamentariamente, la Contraloría General de la República acordará levantar la incompatibilidad.

Artículo 24.- Prohibición de influencias[23]. A las personas cubiertas por el régimen de prohibiciones se les prohíbe intervenir, directa o indirectamente, ante los funcionarios responsables de las etapas del procedimiento de selección del contratista, ejecución o fiscalización del contrato, en favor propio o de terceros.

---

21 Párrafo adicionado por artículo 3° de la ley N° 8511 del 16 de mayo del 2006.

22 Artículo modificado por artículo 65 de la Ley N° 8422 Ley contra la Corrupción y el Enriquecimiento Ilícito en la Función Pública, de 6 de octubre de 2004.

23 Artículo modificado por artículo 65 de la Ley N° 8422 Ley contra la Corrupción y el Enriquecimiento Ilícito en la Función Pública, de 6 de octubre de 2004.

Artículo 25.- Efectos del incumplimiento[24]**.** La violación del régimen de prohibiciones establecido en este capítulo, originará la nulidad absoluta del acto de adjudicación o del contrato recaídos en favor del inhibido, y podrá acarrear a la parte infractora las sanciones previstas en esta Ley.

Artículo 26.- Remisión reglamentaria. En el Reglamento se establecerán los mecanismos para verificar el cumplimiento fiel del régimen de prohibiciones, establecido en este capítulo.

CAPITULO VI.

Procedimientos de contratación

Sección primera.

Generalidades

Artículo 27.- Determinación del procedimiento[25]**.** Cuando la Ley no disponga de un procedimiento específico en función del tipo de contrato, el procedimiento se determinará de acuerdo con las siguientes pautas:

a) Las administraciones cuyo presupuesto autorizado para el período, específicamente lo contemplado para respaldar sus necesidades de contratar bienes y servicios no personales, sea superior a sesenta y cinco mil cuatrocientos millones de colones (¢65.400.000.000,00) utilizarán la licitación pública para las contrataciones iguales o superiores a seiscientos nueve millones de colones (¢609.000.000,00); la licitación abreviada, para las contrataciones menores a seiscientos nueve millones de colones (¢609.000.000,00) e iguales o superiores a ochenta y cuatro millones seiscientos mil colones (¢84.700.000,00), y la contratación directa, para las contrataciones inferiores a ochenta y cuatro millones seiscientos mil colones (¢84.700.000,00).

b) Las administraciones cuyo presupuesto autorizado para el período, específicamente lo contemplado para respaldar sus necesidades de contratar bienes y servicios no personales, sea igual o inferior a sesenta y cinco mil cuatrocientos millones de colones (¢65.400.000.000,00), pero superior a cuarenta y tres mil seiscientos millones de colones (¢43.600.000.000,00), utilizarán la licitación pública para las contrataciones iguales o superiores a quinientos veinticinco millones de colones (¢525.000.000,00); la licitación abreviada, para las contrataciones menores a veinticinco millones de colones (¢525.000.000,00) e iguales o superiores a veintiséis millones doscientos cuarenta mil colones (¢26.240.000,00), y la contratación directa, para las contrataciones inferiores a quince millones veintiséis millones doscientos cuarenta mil colones (¢26.240.000,00).

c) Las administraciones cuyo presupuesto autorizado para el período, específicamente lo contemplado para respaldar sus necesidades de contratar bienes y servicios no personales, sea igual o inferior a cuarenta y tres mil seiscientos millones de colones (¢43.600.000.000,00), pero superior a veintiún mil ochocientos millones de colones (¢21.800.000.000,00), utilizarán la licitación pública para las contrataciones iguales o superiores a trescientos sesenta y ocho millones de colones (¢368.000.000,00); la licitación abreviada, para las contrataciones menores a trescientos sesenta y ocho millones de colones (¢368.000.000,00) e iguales o superiores a veintitrés millones seiscientos veinte mil colones (¢23.620.000,00), y la contratación directa, para las contrataciones inferiores a veintitrés millones seiscientos veinte mil colones (¢23.620.000,00).

d) Las administraciones cuyo presupuesto autorizado para el período, específicamente lo contemplado para respaldar sus necesidades de contratar bienes y servicios no personales, sea igual o inferior a veintiún mil ochocientos millones de colones (¢21.800.000.000,00), pero superior a diez

---

24 Artículo modificado por artículo 65 de la Ley N° 8422 Ley contra la Corrupción y el Enriquecimiento Ilícito en la Función Pública, de 6 de octubre de 2004.

25 Artículo modificado por artículo 1° de la ley N° 8511 del 16 de mayo del 2006. Los límites económicos han sido modificados por Resolución de la Contraloría General de la República N° R-DC-16-2012 del 20 de febrero del 2012.

mil ochocientos noventa millones de colones (¢10.890.000.000,00), utilizarán la licitación pública para las contrataciones iguales o superiores a doscientos sesenta y dos millones setecientos mil colones (¢262.700.000,00); la licitación abreviada, para las contrataciones menores a doscientos sesenta y dos millones setecientos mil colones (¢262.700.000,00) e iguales o superiores a veintiún millones de colones (¢21.000.000,00), y la contratación directa, para las contrataciones inferiores a veintiún millones de colones (¢21.000.000,00).

e) Las administraciones cuyo presupuesto autorizado para el período, específicamente lo que contemplado para respaldar sus necesidades de contratar bienes y servicios no personales, sea igual o inferior a diez mil ochocientos noventa millones de colones (¢10.890.000.000,00), pero superior a dos mil ciento ochenta millones de colones (¢2.180.000.000,00), utilizarán la licitación pública para las contrataciones iguales o superiores a ciento ochenta y tres millones novecientos mil colones (¢183.900.000,00); la licitación abreviada, para las contrataciones menores a ciento ochenta y tres millones novecientos mil colones (¢183.900.000,00) e iguales o superiores a dieciocho millones trescientos setenta mil colones (¢18.370.000,00), y la contratación directa, para las contrataciones inferiores a dieciocho millones trescientos setenta mil colones (¢18.370.000,00).

f) Las administraciones cuyo presupuesto autorizado para el período, específicamente lo contemplado para respaldar sus necesidades de contratar bienes y servicios no personales, sea igual o inferior a dos mil ciento ochenta millones de colones (¢2.180.000.000,00), pero superior a mil ochenta y nueve millones de colones (¢1.089.000.000,00), utilizarán la licitación pública para las contrataciones iguales o superiores a ciento cincuenta y siete millones setecientos mil colones (¢157.700.000,00); la licitación abreviada, para las contrataciones menores a ciento cincuenta y siete millones setecientos mil colones (¢157.700.000,00) e iguales o superiores a quince millones setecientos cincuenta mil colones (¢15.750.000,00), y la contratación directa, para las contrataciones inferiores a quince millones setecientos cincuenta mil colones (¢15.750.000,00).

g) Las administraciones cuyo presupuesto autorizado para el período, específicamente lo contemplado para respaldar sus necesidades de contratar bienes y servicios no personales, sea igual o inferior a mil ochenta y nueve millones de colones (¢1.089.000.000,00), pero superior a seiscientos cincuenta y cuatro millones de colones (¢654.000.000,00), utilizarán la licitación pública para las contrataciones iguales o superiores a ciento cinco millones doscientos mil colones (¢105.200.000,00); la licitación abreviada, para las contrataciones menores a ciento cinco millones doscientos mil colones (¢105.200.000,00) e iguales o superiores a trece millones ciento treinta mil colones (¢13.130.000,00), y la contratación directa, para las contrataciones inferiores a trece millones ciento treinta mil colones (¢13.130.000,00).

h) Las administraciones cuyo presupuesto autorizado para el período, específicamente lo contemplado para respaldar sus necesidades de contratar bienes y servicios no personales, sea igual o inferior a seiscientos cincuenta y cuatro millones de colones (¢654.000.000,00), pero superior a doscientos dieciocho millones de colones (¢218.000.000,00), utilizarán la licitación pública para las contrataciones iguales o superiores a setenta y ocho millones ochocientos mil colones (¢78.800.000,00); la licitación abreviada, para las contrataciones menores a setenta y ocho millones ochocientos mil colones (¢78.800.000,00), e iguales o superiores a siete millones ochocientos setenta mil colones (¢7.870.000,00) y la contratación directa, para las contrataciones inferiores a siete millones ochocientos setenta mil colones (¢7.870.000,00).

i) Las administraciones cuyo presupuesto autorizado para el período, específicamente lo contemplado para respaldar sus necesidades de contratar bienes y servicios no personales, sea igual o inferior a doscientos dieciocho millones de colones (¢218.000.000,00), pero superior a sesenta y cinco millones cuatrocientos mil colones (¢65.400.000,00), utilizarán la licitación pública para las contrataciones iguales o superiores a cincuenta y dos millones quinientos mil colones (¢52.500.000,00); la licitación abreviada, para las contrataciones menores a cincuenta y dos millones quinientos mil colones (¢52.500.000,00) e iguales o superiores a cinco millones doscientos cuarenta mil colones (¢5.240.000,00), y la contratación directa, para las contrataciones inferiores a cinco millones doscientos cuarenta mil colones (¢5.240.000,00).

j) Las administraciones cuyo presupuesto autorizado para el período, específicamente lo contemplado para respaldar sus necesidades de contratar bienes y servicios no personales, sea igual o inferior a sesenta y cinco millones cuatrocientos mil colones (¢65.400.000,00), utilizarán la licitación pública para las contrataciones iguales o superiores a veintiséis millones doscientos setenta mil colones (¢26.270.000,00); la licitación abreviada, para las contrataciones menores a veintiséis millones doscientos setenta mil colones (¢26.270.000,00) e iguales o superiores a dos millones seiscientos mil colones (¢2.600.000,00), y la contratación directa, para las contrataciones inferiores a dos millones seiscientos mil colones (¢2.600.000,00).

La Contraloría General de la República se encargará de elaborar y enviar una lista con el nombre de cada administración, así como el monto de su presupuesto autorizado para respaldar la contratación de bienes y servicios no personales, con el fin de que se publique en *La Gaceta*, a más tardar en la segunda quincena de febrero de cada año.

Para establecer dicho monto, deberá considerarse el promedio de las sumas presupuestadas tanto en el período vigente como en los dos períodos anteriores, en lo relativo a las partidas para respaldar las necesidades de contratar bienes y servicios no personales.

Los ministerios y los órganos que haya desconcentrado sus servicios de proveeduría, se considerarán unidades separadas, para los efectos de la clasificación correspondiente.

En todo caso, la Dirección General de Administración de Bienes y Contratación Administrativa se clasificará de acuerdo con el monto que arroje la suma de los presupuestos para respaldar las necesidades de contratar bienes y servicios no personales de los ministerios cuya actividad contractual sea desarrollada por dicha entidad.

Las sumas establecidas en este artículo se ajustarán cada año, tomando como referencia, entre otros, la variación porcentual del Índice general de precios al consumidor. A más tardar en la segunda quincena de febrero de cada año, la Contraloría General de la República dictará una resolución que incorpore los incrementos y especifique los parámetros vigentes para cada órgano y cada ente comprendidos en esta Ley.

Artículo 28.- Facultad para variar el procedimiento. La Administración podrá emplear procedimientos más calificados o rigurosos que el correspondiente, según el objeto o el monto del contrato, cuando convenga más a la satisfacción del fin público.

Artículo 29.- Motivación de la deserción. Cuando la Administración resuelva declarar desierto un procedimiento de contratación, deberá dejar constancia de los motivos de interés público para adoptar esa decisión.

Artículo 30.- Modificación del procedimiento en licitación infructuosa[26]. Si se produce una licitación pública infructuosa, la administración podrá utilizar en el nuevo concurso el procedimiento de licitación abreviada.

Si una licitación abreviada resulta infructuosa, la administración podrá realizar una contratación directa.

En los casos anteriormente citados, deberá mediar autorización de la Contraloría General de la República, órgano que dispondrá de un término de diez días hábiles para resolver, previa valoración de las circunstancias que concurrieron para que el negocio resultara infructuoso.

En el caso de un remate infructuoso, la administración podrá aplicar hasta dos rebajas a la base fijada por el avalúo respectivo, hasta en un veinticinco por ciento (25%) cada vez.

Artículo 31.- Estimación contractual. Para estimar la contratación, se tomará en cuenta el monto, en el momento de la convocatoria, de todas las formas de remuneración, incluyendo el costo principal, los fletes, los seguros, las comisiones, los intereses, los tributos, los derechos, las primas y cualquier otra suma que deba reembolsarse como consecuencia de la contratación.

En las contrataciones de objeto continuo, sucesivo o periódico, celebradas por un plazo determinado, la estimación se calculará sobre el valor total del contrato durante su vigencia.

---

26 Artículo modificado por artículo 1° de la ley N° 8511 del 16 de mayo del 2006.

En los contratos por plazo indeterminado, con opción de compra, o sin ella, la estimación se efectuará sobre la base del pago mensual calculado, multiplicado por 48. Igual procedimiento se aplicará respecto de contratos para satisfacer servicios por períodos menores de cuatro años, cuando se establezcan o existan prórrogas facultativas que puedan superar ese límite. En caso de duda sobre si el plazo es indeterminado o no, se aplicará el método de cálculo dispuesto en este párrafo.

Cuando las bases del concurso contengan cláusulas que permitan cotizar bienes o servicios opcionales o alternativos, la base para estimarlos será el valor total de la compra máxima permitida, incluidas las posibles compras optativas.

Artículo 32.- Validez, perfeccionamiento y formalización. Será válido el contrato administrativo sustancialmente conforme al ordenamiento jurídico.

El acto firme de adjudicación y la constitución de la garantía de cumplimiento, cuando sea exigida perfeccionarán la relación contractual entre la Administración y el contratista.

Sólo se formalizarán, en escritura pública, las contrataciones administrativas inscribibles en el Registro Nacional y las que por ley tengan este requisito.

Los demás contratos administrativos se formalizarán en simple documento; a no ser que ello no sea imprescindible para el correcto entendimiento de los alcances de los derechos y las obligaciones contraídos por las partes, según se determinará reglamentariamente.

La administración estará facultada para readjudicar el negocio, en forma inmediata, cuando el adjudicatario no otorgue la garantía de cumplimiento a plena satisfacción o no comparezca a la formalización del contrato. En tales casos, acreditadas dichas circunstancias en el expediente, el acto de adjudicación inicial se considerará insubsistente, y la administración procederá a la readjudicación, según el orden de calificación respectivo, en un plazo de veinte días hábiles, el cual podrá ser prorrogado hasta por diez días adicionales, siempre que en el expediente se acrediten las razones calificadas que así lo justifican.

La Contraloría General de la República deberá resolver la solicitud de refrendo de los contratos, cuando este requisito proceda, dentro de un plazo de veinticinco días hábiles, cuando se trate de licitación pública, y de veinte días hábiles, en los casos restantes.

La Administración deberá girar la orden de inicio, dentro del plazo fijado en el cartel y, a falta de estipulación especial, lo hará dentro de los quince días hábiles contados a partir de la notificación del refrendo o de la aprobación interna, según corresponda, salvo resolución motivada en la cual se resuelva extender el plazo por razones calificadas, resolución que deberá emitirse dentro del plazo inicial previsto[27].

Artículo 33.- Garantía de participación[28]. La administración estará facultada para solicitar, a los oferentes, una garantía de participación entre un uno por ciento (1%) y un cinco por ciento (5%) del monto de la propuesta, el cual se definirá en el respectivo cartel o pliego de condiciones, de acuerdo con la complejidad del contrato.

En los casos en que la administración decida no solicitar la garantía de participación y un oferente retire su propuesta, se procederá conforme a lo previsto en los artículos 99 y 100 de esta Ley.

Artículo 34.- Garantía de cumplimiento. La Administración exigirá una garantía de cumplimiento, entre un cinco por ciento (5%) y un diez por ciento (10%) del monto de la contratación. Este monto se definirá en el cartel o en el pliego de condiciones respectivo, de acuerdo con la complejidad del contrato, para asegurar el resarcimiento de cualquier daño eventual o perjuicio ocasionado por el adjudicatario.

La garantía se ejecutará hasta por el monto necesario para resarcir, a la Administración, los daños y perjuicios imputables al contratista.

---

27 Los 3 últimos párrafos fueron adicionados por artículo 3° de la ley N° 8511 del 16 de mayo del 2006.

28 Artículo modificado por artículo 1° de la ley N° 8511 del 16 de mayo del 2006.

Cuando exista cláusula penal por demora en la ejecución, la garantía no podrá ejecutarse con base en este motivo, salvo la negativa del contratista para cancelar los montos correspondientes por ese concepto.

La ejecución de la garantía de cumplimiento no exime al contratista de indemnizar a la Administración por los daños y perjuicios que no cubre esa garantía.

Artículo 35.- Prescripción de la responsabilidad del contratista. En cinco años, prescribirá la facultad de la Administración de reclamar, al contratista, la indemnización por daños y perjuicios, originada en el incumplimiento de sus obligaciones. Si se trata de obras públicas, el término para el reclamo indemnizatorio originado en vicios ocultos, será de diez años, contados a partir de la entrega de la obra.

Artículo 36.- Límites de la cesión. Los derechos y las obligaciones del contratista no podrán cederse sin la autorización previa y expresa de la Administración contratante, por medio de acto debidamente razonado.

Cuando la cesión corresponda a más de un cincuenta por ciento (50%) del objeto del contrato, se requerirá autorización previa de la Contraloría General de la República. En ningún caso la cesión procederá en contra de las prohibiciones establecidas en el artículo 22 de esta Ley.

Artículo 37.- Prohibición de fragmentar. La Administración no podrá fragmentar sus adquisiciones de bienes y servicios con el propósito de variar el procedimiento de contratación.

Artículo 38.- Ofertas en consorcio. En los procedimientos de contratación, podrán participar distintos oferentes en consorcio, sin que ello implique crear una persona jurídica diferente. Para utilizar este mecanismo, será necesario acreditar, ante la Administración, la existencia de un acuerdo de consorcio, en el cual se regulen, por lo menos, las obligaciones entre las partes firmantes y los términos de su relación con la Administración que licita.

Las partes del consorcio responderán, solidariamente, ante la Administración, por todas las consecuencias derivadas de su participación y de la participación del consorcio en los procedimientos de contratación o en su ejecución.

Artículo 39.- Ofertas conjuntas. En las reglas del concurso, la Administración podrá autorizar, que participen oferentes conjuntos cuando, por la naturaleza del bien o el servicio licitado, sea posible y conveniente para los intereses públicos que distintos componentes de la prestación sean brindados por diversas personas. En estos casos, los oferentes conjuntos deberán deslindar, con exactitud, el componente de la prestación a la cual se obligan dentro de la oferta global; en caso contrario, responderán solidariamente, ante la Administración, por todas las consecuencias de su participación en el procedimiento de contratación y su ejecución.

Artículo 40.- Uso de medios electrónicos[29]**.** Para realizar los actos previstos en esta Ley, la administración y los particulares podrán utilizar cualquier medio electrónico que garantice la integridad del documento y la identidad del emisor. Estos actos tendrán la misma validez y eficacia jurídica que los realizados por medios físicos.

En el Reglamento de esta Ley se definirán los actos susceptibles de transmitirse por medios electrónicos y sus formalidades.

Sección segunda.

Licitación pública

Artículo 41.- Supuestos. La licitación pública es el procedimiento de contratación obligatorio en los siguientes casos:

a) En los supuestos previstos en el artículo 27 de esta Ley.

b) En toda venta o enajenación de bienes, muebles o inmuebles, o en el arrendamiento de bienes públicos, salvo si se utiliza el procedimiento de remate.

c) En los procedimientos de concesión de instalaciones públicas.

---

29 Artículo modificado por artículo 1° de la ley N° 8511 del 16 de mayo del 2006.

Artículo 42.- Estructura mínima[30]. El procedimiento de licitación pública se desarrollará reglamentariamente, y se respetarán los siguientes criterios mínimos:

a) El cumplimiento de los requisitos previos de la contratación. Para tomar la decisión administrativa de promover el concurso, la administración deberá realizar los estudios suficientes que demuestren que los objetivos del proyecto de contratación serán alcanzados con eficiencia y seguridad razonables.

b) La preparación del cartel de licitación, con las condiciones generales así como las especificaciones técnicas, financieras y de calidad. La administración podrá celebrar audiencias con oferentes potenciales, a fin de recibir observaciones que permitan la más adecuada elaboración del pliego de condiciones; para ello, deberá hacer invitación pública y levantar un acta de las audiencias, todo lo cual deberá constar en el expediente.

c) El desarrollo, en el cartel, de un sistema de evaluación de las ofertas, orientado a que la administración escoja la oferta que satisfaga mejor el interés público. La administración deberá motivar en el expediente, la incorporación al sistema de evaluación de otros factores de calificación adicionales al precio, tales como plazo y calidad, entre otros, que en principio deberán regularse en cláusulas de requisitos de cumplimiento obligatorio.

d) La publicación, en *La Gaceta*, de la invitación a participar, así como de las modificaciones del cartel y del acto de adjudicación; para ello, la Imprenta Nacional estará obligada a hacer las publicaciones dentro de los tres días hábiles siguientes al recibo de la solicitud que le presente la administración. El incumplimiento de dicha obligación constituirá falta grave por parte del funcionario responsable. El director de la Imprenta deberá ordenar las medidas que garanticen el cumplimiento de esta disposición. Una vez publicado el aviso a concursar, la administración dispondrá únicamente de tres oportunidades para modificar de oficio el pliego de condiciones o para conferir prórrogas al plazo de recepción de las ofertas.

e) La publicidad de todos los trámites del procedimiento y el acceso a todos los estudios técnicos, preparados por la administración o para ella, incluso los registros y las actas de las audiencias que se celebren de conformidad con el inciso b), de este artículo. En caso de que se utilicen medios electrónicos o sitios en Internet, deberán garantizarse la seguridad e integridad de la información. Por el mismo medio que se comunique la invitación, será comunicada la adjudicación.

f) El plazo mínimo para recibir ofertas será de quince días hábiles, contados desde el día siguiente de la publicación del aviso a participar y hasta el día de la apertura de las ofertas, inclusive.

g) La posibilidad de objetar el cartel cuando se considere que viola algunos de los principios generales o las disposiciones normativas que rigen la contratación, sin perjuicio de lo dispuesto en el segundo párrafo del artículo 82 de esta Ley.

h) La presunción del sometimiento pleno del oferente tanto al ordenamiento jurídico costarricense como a las reglas generales y particulares de la licitación.

i) La rendición de la garantía de cumplimiento. La garantía de participación deberá otorgarse en los casos en que la administración lo solicite, de conformidad con lo dispuesto en el artículo 33 de esta Ley.

j) La posibilidad de subsanar los defectos de las ofertas en el plazo que indique el Reglamento de esta Ley, siempre y cuando con ello no se conceda una ventaja indebida, en relación con los demás oferentes. Podrán ser objeto de subsanación, el plazo de vigencia de la oferta, así como el plazo de vigencia y el monto de la garantía de participación, cuando tales extremos no se hayan ofrecido por menos del ochenta por ciento (80%) de lo fijado en el cartel. Los demás extremos de la garantía de participación podrán ser objeto de subsanación, conforme lo que disponga el Reglamento.

---

30 Artículo modificado por artículo 1° de la ley N° 8511 del 16 de mayo del 2006.

k) La motivación del acto de adjudicación, el cual deberá ser dictado de conformidad con lo previsto en el artículo 42 bis de esta Ley.

l) La posibilidad de recurrir el acto de adjudicación, en los términos señalados en esta Ley.

m) La obligación de readjudicar o declarar desierto el concurso cuando, por la interposición de recursos, se anule el acto de adjudicación; todo de conformidad con lo previsto en el artículo 42 bis de esta Ley.

n) La posibilidad de mejorar, dentro del concurso, los precios de las empresas elegibles. La aplicación de esta figura deberá darse dentro de un marco de transparencia e igualdad, según los mecanismos de aplicación objetiva que se regulen en cada cartel. El precio por considerar en el sistema de calificación, será el último que los respectivos oferentes propongan y, para acceder a esta posibilidad, no deben convertir sus precios en ruinosos o no remunerativos. La rebaja de precio, por su naturaleza, es aplicable a todo procedimiento concursal[31].

Artículo 42 bis.- Adjudicación[32]. El acto de adjudicación deberá ser dictado dentro del plazo establecido en el cartel, que no podrá ser superior al doble del plazo fijado para recibir ofertas. Dicho plazo podrá ser prorrogado por un período igual y por una sola vez, mediante resolución motivada, en la cual se acrediten las razones de interés público que así lo justifiquen.

Vencido el plazo señalado en el párrafo anterior sin haberse dictado el acto de adjudicación, los oferentes tendrán derecho a dejar sin efecto su propuesta, así como a que se les devuelva la garantía de participación, sin que les resulte aplicable sanción alguna. Asimismo, los funcionarios responsables del no dictado oportuno del acto de adjudicación, estarán sujetos a las sanciones previstas en los artículos 96 y 96 bis de esta Ley, por incumplimiento general de plazos legales.

Para los efectos de la readjudicación o declaratoria de desierto del concurso, derivadas de la anulación del acto de adjudicación, la administración dispondrá de un plazo de un mes, contado a partir del día siguiente a la fecha de la notificación de la resolución respectiva, plazo que podrá ser prorrogado por un mes adicional, en los casos debidamente justificados mediante resolución motivada que deberá constar en el expediente. Vencido este plazo, los funcionarios responsables del no dictado oportuno del acto de adjudicación, estarán igualmente sujetos a las sanciones previstas en los artículos 96 y 96 bis de esta Ley, por incumplimiento general de plazos legales.

Artículo 43.- Licitación pública con publicación internacional. Cuando lo considere conveniente para los intereses públicos, o por haberlo acordado así con el ente público internacional que financia la contratación, la Administración además de efectuar la publicación ordinaria, podrá invitar a participar, mediante la publicación de un aviso en diarios extranjeros o por medio de comunicación a las legaciones comerciales acreditadas en el país.

Sección tercera.
Licitación abreviada[33]

Artículo 44.- Supuestos[34]. En los supuestos previstos en el artículo 27 de esta Ley, la licitación abreviada será el procedimiento ordinario para contratar.

Artículo 45.- Estructura mínima[35]. En la licitación abreviada se invitará a participar a un mínimo de cinco proveedores del bien o servicio, acreditados en el registro correspondiente.

Si el número de proveedores inscritos para el objeto de la contratación es inferior a cinco, la administración deberá cursar invitación mediante publicación en el Diario Oficial La Gaceta. La Administración también queda facultada, en cualquier otro caso, para cursar invitación mediante

---

31 Letra añadida por artículo 2° aparte a) de la ley N° 8701 del 13 de enero de 2009.

32 Artículo adicionado por artículo 3° de la ley N° 8511 del 16 de mayo del 2006.

33 Denominación modificada por artículo 2° de la ley N° 8511 del 16 de mayo del 2006.

34 Artículo modificado por artículo 1° de la ley N° 8511 del 16 de mayo del 2006.

35 Artículo modificado por artículo 1° aparte b) de la ley N° 8701 del 13 de enero de 2009.

publicación en el Diario Oficial La Gaceta, cuando así lo estime conveniente para la satisfacción del interés público.

Independientemente de la forma o el medio de invitación, la administración está en la obligación de estudiar todas las ofertas presentadas a concurso. En los casos en los que se utilice un registro precalificado, podrán participar solamente las empresas que cumplan esa precalificación, antes de la apertura de las ofertas, independientemente de si han sido invitadas o no.

El plazo para recibir ofertas no podrá ser inferior a cinco días hábiles ni superior a veinte, salvo en casos muy calificados en que la administración considere necesario ampliarlo hasta un máximo de diez días adicionales; para ello, deberá dejar constancia, en el expediente, de las razones que lo justifican.

El acto de adjudicación deberá dictarse dentro del plazo establecido en el cartel, el cual no podrá ser superior al doble del fijado para recibir ofertas. Este plazo podrá prorrogarse por un período igual y por una sola vez, siempre y cuando se acrediten razones de interés público para esa decisión. Vencido dicho plazo sin que se haya dictado el acto de adjudicación, los oferentes tendrán derecho a dejar sin efecto su propuesta y a que se les devuelva la garantía de participación, sin que les resulte aplicable sanción alguna. Asimismo, los funcionarios responsables de que el acto de adjudicación no se haya dictado oportunamente, estarán sujetos a las sanciones previstas en los artículos 96 y 96 bis de esta Ley, por incumplimiento general de plazos legales.

Para lo no previsto en esta sección, el procedimiento de licitación abreviada se regirá por las disposiciones de la presente Ley para la licitación pública, en la medida en que sean compatibles con su naturaleza.

Artículo 46.- Registro[36]. En cada proveeduría institucional, se llevará un registro de los proveedores interesados en contratar con la administración. Para tales efectos, la administración invitará, por lo menos una vez al año, mediante publicación en *La Gaceta*, a formar parte del registro de proveedores. No obstante, en cualquier momento los proveedores interesados podrán solicitar que se les incorpore al registro.

El Reglamento de esta Ley definirá las condiciones para la inscripción, su plazo de vigencia, así como sus reglas de funcionamiento, que deberán definir un esquema de rotación que permita la participación de los proveedores inscritos y el acceso de la administración a las mejores ofertas. En igual forma, reglamentariamente se regularán el procedimiento de exclusión del registro y su régimen recursivo.

En el caso del Poder Ejecutivo, sus entes y órganos deberán utilizar el registro central a cargo de la Dirección General de Administración de Bienes y Contratación Administrativa.

En las entidades descentralizadas que posean régimen desconcentrado de compras, deberá hacerse uso del registro del nivel central, salvo que la Junta Directiva autorice la creación de registros desconcentrados, para lo cual deberá emitir los lineamientos respectivos.

Las proveedurías institucionales podrán utilizar, por conveniencia o por inopia en sus propios registros, el registro de otras entidades públicas, incluso el registro citado de la Dirección General de Administración de Bienes y Contratación Administrativa.

Sección cuarta.
Licitación restringida

Artículo 47.- Derogado[37]
Artículo 48.- Derogado[38]

36 Artículo modificado por artículo 1° de la ley N° 8511 del 16 de mayo del 2006.
37 Derogado por artículo 4° de la ley N° 8511 del 16 de mayo del 2006.
38 Derogado por artículo 4° de la ley N° 8511 del 16 de mayo del 2006.

Sección quinta.
Remate

Artículo 49.- Supuestos. El procedimiento de remate podrá utilizarse para vender o arrendar bienes, muebles o inmuebles, cuando resulte el medio más apropiado para satisfacer los intereses de la Administración.

Artículo 50.- Procedimiento. Para el remate, se seguirán los siguientes pasos:

a) Salvo en el remate infructuoso, la base no podrá ser inferior al monto del avalúo del órgano especializado de la Administración respectiva o, en su defecto, del avalúo de la Dirección General de la Tributación Directa.

b) La invitación indicará una lista de los bienes por rematar, la descripción de su naturaleza, su ubicación, el precio base; asimismo, el lugar, la fecha y la hora del remate. Se publicará en el Diario Oficial y, facultativamente, en un diario de circulación nacional.

c) Los interesados tendrán la oportunidad de examinar los bienes objeto del remate.

d) Se designará a un funcionario responsable del procedimiento verbal del remate quien presidirá la diligencia.

e) Se adjudicará el bien a la persona que, en el acto, ofrezca el precio más alto.

f) Para perfeccionar la adjudicación, deberá entregarse inmediatamente a la Administración una garantía de cumplimiento del diez por ciento (10%) del valor del bien rematado.

g) El interesado dispondrá de tres días hábiles para cancelar el resto del precio; en caso contrario, perderá la garantía en favor de la Administración.

h) Concluido el remate, se levantará un acta en la cual se acrediten todas las incidencias. El funcionario responsable y el adjudicatario la firmarán.

Sección sexta.
Otras modalidades de contratación

Artículo 51.- Modalidades. La Administración podrá incorporar, entre los procedimientos, las modalidades de precalificación, la adjudicación por subasta a la baja y licitación con financiamiento.

Artículo 52.- Licitación con financiamiento. La Administración podrá utilizar la licitación con financiamiento cuando, dentro de las condiciones generales del concurso, requiera el otorgamiento, por cuenta o gestión del contratista, de una línea de crédito para respaldar los gastos derivados de la contratación.

En esos supuestos, la exigencia de contenido presupuestario se reducirá a proveer fondos suficientes para enfrentar los pagos por amortización e intereses, gastos conexos derivados del financiamiento y a preveer la incorporación, en los futuros presupuestos, de las partidas necesarias para la atención del crédito.

Antes de iniciar la licitación con financiamiento, la Administración deberá obtener las autorizaciones previstas en el ordenamiento jurídico para el endeudamiento y para el empleo de este mecanismo.

Cuando por una licitación con financiamiento, se ofrezca a la Administración un empréstito que constituya una carga para el Estado o que requiera su aval, serán imprescindibles, antes de iniciar la ejecución del objeto del contrato, la firma o el aval del Poder Ejecutivo y la aprobación legislativa a que se refiere el inciso 15) del artículo 121 de la Constitución Política. Si estos requisitos se incumplen la Administración no tendrá responsabilidad alguna.

Artículo 53.- Precalificación. Cuando lo considere favorable para el mejor escogimiento del contratista, la administración podrá promover una etapa de precalificación, como parte de la licitación pública o de la licitación abreviada, a fin de seleccionar previamente a los participantes, de acuerdo con sus condiciones particulares[39].

---

39 Párrafo modificado por artículo 1° de la ley N° 8511 del 16 de mayo del 2006.

El cartel de precalificación indicará expresamente los factores por utilizar para el escogimiento y el valor asignado a cada factor. Se avisará el inicio del procedimiento mediante una publicación en el Diario Oficial.

El acuerdo de precalificación será motivado y tendrá recurso de apelación ante la Contraloría General de la República, cuando el monto probable de la contratación se encuentre en los supuestos del artículo 84 de esta Ley.

Cuando la estimación probable de la contratación sea inferior a esos montos, procederá el recurso de revocatoria ante el órgano que dictó la precalificación o el de apelación ante el jerarca, si él no dictó el acto.

En firme el acto de precalificación, se continuará con el procedimiento y se invitará únicamente a las firmas precalificadas. La decisión administrativa en firme, en cuanto a la elegibilidad de las personas físicas o jurídicas precalificadas, no podrá variarse en la etapa siguiente del concurso.

La Administración podrá realizar una sola precalificación para varias licitaciones, cuando prevea que deberá efectuar varios concursos para adquirir bienes y servicios de la misma naturaleza. Las personas físicas o jurídicas, así precalificadas, podrán participar en una o más de las licitaciones previstas.

Artículo 54.- Adjudicación por subasta a la baja. Cuando se requiera adquirir productos genéricos, la Administración podrá emplear la adjudicación por subasta a la baja.

La reglamentación de este procedimiento deberá garantizar el respeto por los principios de la contratación administrativa y resguardar, especialmente, la transparencia de la negociación.

CAPITULO VII.

Regulaciones especiales

Sección primera.

Generalidades

Artículo 55.- Tipos abiertos[40].

Los tipos de contratación regulados en este capítulo no excluyen la posibilidad para que, mediante los Reglamentos de esta Ley, se defina cualquier otro tipo contractual que contribuya a satisfacer el interés general, dentro del marco general y los procedimientos ordinarios fijados en esta Ley.

Los Reglamentos que se emitan para tales efectos deberán ser consultados previamente a la Contraloría General de la República, a fin de que esta presente las recomendaciones que estime procedentes, en relación con los aspectos de su competencia. El dictamen del órgano contralor deberá emitirse en un plazo de quince días hábiles y sus recomendaciones no tendrán caracter vinculante.

Artículo 56.- Remisión reglamentaria. Las regulaciones contenidas en este capítulo son el marco de referencia básico, que se respetará al dictarse las diversas reglamentaciones de esta Ley.

Sección segunda.

Obra pública

Artículo 57.- Procedimiento aplicable[41]. Las contrataciones de obra pública se efectuarán por licitación pública, licitación abreviada o contratación directa, según su monto.

Artículo 58.- Listado de subcontratación. Las empresas participantes en licitaciones de obra pública que deban subcontratar obras, maquinaria, equipo o materiales presentarán junto con la oferta, únicamente para calificar, un listado de subcontratación. En él, se indicarán los nombres de

---

40 Párrafo modificado por artículo 1° de la ley N° 8511 del 16 de mayo del 2006.

41 Artículo modificado por artículo 1° de la ley N° 8511 del 16 de mayo del 2006.

todas las empresas con las cuales se va a subcontratar; además, se aportará una certificación de los titulares del capital social y de los representantes legales de las empresas.

Artículo 59.- Estudio de impacto ambiental. El inicio del procedimiento de contratación de una obra pública siempre estará precedido, además de los requisitos establecidos en esta Ley y sus reglamentos, por un estudio de impacto ambiental que defina los efectos de la obra.

Los proyectos incluirán las previsiones necesarias para preservar o restaurar las condiciones ambientales, cuando puedan deteriorarse.

Asimismo, darán participación en los procedimientos a las entidades competentes en la materia.

Artículo 60.- Riesgo del contratista. La ejecución del contrato de obra se realizará por cuenta y riesgo del contratista y la Administración no asumirá ante él más responsabilidades que las previstas en la contratación.

Artículo 61.- Recibo de la obra. La Administración recibirá oficialmente las obras, después de contar con los estudios técnicos que acrediten el cumplimiento de los términos de la contratación, lo cual hará constar en el expediente respectivo, sin perjuicio de las responsabilidades correspondientes a las partes, sus funcionarios o empleados, o a las empresas consultoras o inspectoras.

El recibo de la obra se acreditará en un acta firmada por el responsable de la Administración y el contratista, en la cual se consignarán todas las circunstancias pertinentes.

En caso de discrepar sobre las condiciones de la obra, la Administración podrá recibirla bajo protesta y así lo consignará en el acta de recibo. La discrepancia podrá resolverse mediante arbitraje, de conformidad con las regulaciones legales y los instrumentos de derecho internacional vigentes, sin perjuicio de las acciones legales que procedan.

Artículo 62.- Límite de la subcontratación[42]. El contratista no podrá subcontratar por más de un cincuenta por ciento (50%) del total de la obra, salvo autorización previa y expresa de la administración, cuando a juicio de esta última circunstancias muy calificadas así lo justifiquen. Sin embargo, la subcontratación no relevará al contratista de su responsabilidad por la ejecución total de la obra. Asimismo, los subcontratistas estarán sujetos a lo dispuesto en el artículo 22 bis de esta Ley.

Sección tercera.

Suministro de bienes

Artículo 63.- Procedimiento aplicable[43]. Las contrataciones de suministros se regirán por los procedimientos de licitación pública, licitación abreviada o contratación directa, según su monto.

Sección cuarta.

Contratación de servicios

Artículo 64.- Procedimiento de contratación de servicios[44]. Los servicios técnicos o profesionales a cargo de personas físicas o jurídicas, se contratarán por los procedimientos de licitación pública, licitación abreviada o contratación directa, según su monto.

Artículo 65.- Naturaleza. La contratación de servicios técnicos o profesionales no originará relación de empleo público, entre la Administración y el contratista, salvo en el caso del primer párrafo del artículo 67 de esta Ley.

Artículo 66.- Criterios. Las condiciones personales, profesionales o empresariales de los participantes determinarán la adjudicación. El precio no constituirá el único factor determinante para comparar las ofertas.

---

42 Artículo modificado por artículo 1° de la ley N° 8511 del 16 de mayo del 2006.
43 Artículo modificado por artículo 1° de la ley N° 8511 del 16 de mayo del 2006.
44 Artículo modificado por artículo 1° de la ley N° 8511 del 16 de mayo del 2006.

Artículo 67.- Servicios profesionales con sueldo fijo. Se autoriza a las entidades públicas para que, utilizando su régimen ordinario de nombramiento de funcionarios, contraten, con sueldo fijo, a los profesionales que requieran para formalizar las operaciones, los avalúos, los peritajes, la atención de diligencias judiciales o administrativas o cualquier otro tipo de intervención profesional relacionada con los servicios que brindan.

Para esos efectos, no operará el pago que rija por concepto de honorarios para la prestación de la actividad. La institución no trasladará el costo de la contratación de esos profesionales al usuario de los servicios; pero sí deberá cobrar los demás costos implícitos, cuando deba inscribirse el documento respectivo o se requiera pagar algún tipo de tributo.

Sección quinta.

Enajenación de bienes inmuebles

Artículo 68.- Procedimiento aplicable. Para enajenar los bienes inmuebles, la Administración deberá acudir al procedimiento de licitación pública o al remate, según convenga al interés público.

Artículo 69.- Límites. La Administración no podrá enajenar los bienes inmuebles afectos a un fin público.

Los bienes podrán desafectarse por el mismo procedimiento utilizado para establecer su destino actual.

Se requerirá la autorización expresa de la Asamblea Legislativa, cuando no conste el procedimiento utilizado para la afectación.

Artículo 70.- Determinación del precio. La base de la venta de los bienes inmuebles será el precio que fije, pericialmente, el personal capacitado de la respectiva Administración o, en su defecto, la Dirección General de la Tributación Directa.

Sección sexta.

Adquisición de bienes inmuebles

Artículo 71.- Procedimiento aplicable y límites[45]. Para adquirir bienes inmuebles, la Administración acudirá al procedimiento de licitación pública, salvo que use las facultades de expropiación o compra directa, dispuestas en leyes especiales. Podrá adquirir por compra directa, previa autorización de la Contraloría General de la República, el inmueble que, por su ubicación, naturaleza, condiciones y situación, se determine como único propio para la finalidad propuesta.

Nunca podrá adquirirse un bien inmueble por un monto superior al fijado, en el avalúo, por el órgano administrativo especializado que se determinará reglamentariamente.

Sección séptima.

Concesión de instalaciones públicas

Artículo 72.- Fundamento. Para el mejor cumplimiento del fin público, la Administración podrá dar en concesión instalaciones para que otras personas, físicas o jurídicas, presten servicios complementarios.

Artículo 73.- Naturaleza. La concesión de instalaciones públicas no generará relación de inquilinato, derecho de llave ni otro beneficio diferente del empleo del bien por el plazo establecido y para el exclusivo cumplimiento del interés público. Cualquier estipulación contraria resultará absolutamente nula.

---

45 Artículo modificado por artículo 1°, inciso i), de la ley N° 7612 de 22 de julio de 1996.

Mediante resolución motivada y habiendo otorgado un aviso previo razonable, la Administración podrá poner término a la concesión, cuando sea necesario para la mejor satisfacción del interés público. Cuando las causas de la revocación, no sean atribuibles al concesionario, se le deberá indemnizar por los daños y perjuicios causados.

Sección octava.
Concesión de gestión de servicios públicos

Artículo 74.- Supuestos y régimen. La administración podrá gestionar, indirectamente y por concesión, los servicios de su competencia que, por su contenido económico, sean susceptibles de explotación empresarial. Esta figura no podrá ser utilizada cuando la prestación del servicio implique el ejercicio de potestades de imperio o actos de autoridad.

La administración siempre conservara los poderes de supervisión e intervención, necesarios para garantizar la buena marcha de los servicios. La concesión de gestión de servicios públicos no podrá tener carácter indefinido. Según la naturaleza del servicio, en el reglamento se fijará su duración, que no podrá exceder de veinticinco años.

Todas las concesiones de gestión de servicios públicos estarán precedidas de un anteproyecto de explotación, en el que se definirán, minuciosamente, las condiciones de la prestación, las tarifas, las facultades para supervisar, las garantías de participación y cumplimiento, las modalidades de intervención administrativa y los supuestos de extinción.

Los concesionarios de gestión de servicios públicos responderán, directamente, ante terceros, como consecuencia de la operación propia de la actividad, excepto cuando el daño producido sea imputable a la administración.

La administración podrá variar las características del servicio concedido y el régimen tarifario, cuando existan razones de interés público, debidamente acreditadas, previo trámite del expediente respectivo. Si estas modificaciones alteran el equilibrio financiero de la gestión, la administración deberá compensar al contratista, de manera que se restablezcan las condiciones consideradas en el momento de la adjudicación.

El régimen definido en este artículo no se aplicará a las concesiones de servicios públicos, a cargo de particulares, reguladas por ley especial.

Artículo 75.- Resolución. Serán causas de resolución del contrato:

a) el incumplimiento del concesionario, cuando perturbe gravemente la prestación del servicio público.

b) la supresión del servicio por razones de interés público.

c) la recuperación del servicio para ser explotado directamente por la administración.

d) la muerte del contratista o la extinción de la persona jurídica concesionaria.

e) la declaración de insolvencia o quiebra del concesionario.

f) el mutuo acuerdo entre la administración y el concesionario.

g) las que se señalen expresamente en el cartel o el contrato.

h) la cesión de la concesión sin estar autorizada previamente por la administración.

Cuando la perturbación al prestar el servicio no haga desaparecer la viabilidad empresarial de la explotación, la administración podrá optar por intervenir provisionalmente, hasta que cesen las perturbaciones. El concesionario deberá indemnizar a la administración por los costos y perjuicios ocasionados por esa intervención.

Cuando la resolución sea imputable a la administración, esta reconocerá los daños y perjuicios causados al concesionario.

Sección novena.

Arrendamiento de inmuebles

Artículo 76.- Procedimiento aplicable[46]**.** Para tomar en arrendamiento bienes inmuebles, con construcciones o sin ellas, la administración deberá acudir al procedimiento de licitación pública, licitación abreviada o contratación directa, según corresponda, de acuerdo con el monto.

Artículo 77.- Plazo del arrendamiento[47]**.** Para todos los efectos se entenderá que el arrendamiento es por tiempo indefinido, en beneficio de la administración; no obstante, ésta podrá ponerle término en cualquier tiempo, sin responsabilidad alguna de su parte. Para ello, dará aviso previo por el período previsto en las condiciones del concurso o, en su defecto, avisará con tres meses de anticipación por lo menos.

Sección décima.

Arrendamiento de equipo

Artículo 78.- Procedimiento aplicable[48]**.** La administración podrá tomar en arriendo equipo o maquinaria con opción de compra o sin ella; para ello, deberá seguir los procedimientos de licitación pública, licitación abreviada o contratación directa, según su monto.

Artículo 79.- Cuantificación del arrendamiento. Cuando el arrendamiento sea con opción de compra, el monto de la contratación se estimará a partir del precio actual del equipo por arrendar.

Cuando el arrendamiento no incluya opción de compra, la contratación se estimará tomando el monto total de alquileres correspondientes a cuatro años.

CAPITULO VIII.

Procedimientos de urgencia

Artículo 80.- Supuestos[49]**.** En casos de urgencia y para evitar lesiones del interés público, daños graves a las personas y daños irreparables a las cosas, podrá prescindirse de una o de todas las formalidades de los procedimientos de contratación; incluso podrán dictarse procedimientos sustitutivos.

En estos supuestos y para el control y la fiscalización correspondiente, la administración estará obligada a solicitar, previamente, a la Contraloría General de la República, la autorización para utilizar este mecanismo. La petición deberá resolverse dentro de los cinco días hábiles siguientes. El silencio del órgano contralor no podrá interpretarse como aprobación de la solicitud.

La autorización podrá ser requerida y extendida en forma escrita o verbal, según lo regule la Contraloría General de la República.

CAPITULO IX.

Los Recursos

Sección primera.

Objeción del cartel

Artículo 81.- Plazo y órganos competentes[50]**.** Contra el cartel de la licitación pública y de la licitación abreviada, podrá interponerse recurso de objeción, dentro del primer tercio del plazo para presentar ofertas.

---

46 Artículo modificado por artículo 1° de la ley N° 8511 del 16 de mayo del 2006.
47 Anulado por Resolución de la Sala Constitucional N° 11398-2003 de las 14:44 hrs de 08/10/2003.
48 Artículo modificado por artículo 1° de la ley N° 8511 del 16 de mayo del 2006.
49 Artículo modificado por artículo 1° de la ley N° 8511 del 16 de mayo del 2006.
50 Artículo modificado por artículo 1° de la ley N° 8511 del 16 de mayo del 2006.

El recurso se interpondrá ante la Contraloría General de la República, en los casos de licitación pública, y en los demás casos, ante la administración contratante.

Artículo 82.- Legitimación y supuestos. Podrá interponer el recurso de objeción todo oferente potencial o su representante, cuando se considere que ha habido vicios de procedimiento, se ha incurrido en alguna violación de los principios fundamentales de la contratación o se ha quebrantado, de alguna forma, el ordenamiento regulador de la materia.

Además, estará legitimada para objetar el cartel o el pliego de condiciones, toda entidad legalmente constituida para velar por los intereses de la comunidad donde vaya a ejecutarse la contratación o sobre la cual surta efectos.

Artículo 83.- Resolución. El recurso de objeción deberá resolverse dentro de los diez días hábiles siguientes a su presentación.

Si no se resuelve dentro de este plazo, la objeción se tendrá por acogida favorablemente.

Sección segunda.
Apelación

Artículo 84.- Cobertura del recurso y órgano competente[51]. En contra del acto de adjudicación podrá interponerse el recurso de apelación, en los siguientes casos:

a) En las administraciones citadas en el inciso a), del artículo 27 de esta Ley, cuando el monto de la adjudicación impugnada sea igual o superior a los ciento noventa y seis millones de colones (¢196.000.000,00).

b) En las administraciones citadas en el inciso b), del artículo 27 de esta Ley, cuando el monto de la adjudicación impugnada sea igual o superior a los ciento treinta y nueve millones de colones (¢139.000.000,00).

c) En las administraciones citadas en el inciso c), del artículo 27 de esta Ley, cuando el monto de la adjudicación impugnada sea igual o superior a los noventa y nueve millones cuatrocientos mil colones (¢99.400.000,00).

d) En las administraciones citadas en el inciso d), del artículo 27 de esta Ley, cuando el monto de la adjudicación impugnada sea igual o superior a los setenta y dos millones setecientos mil colones (¢72.700.000,00).

e) En las administraciones citadas en el inciso e), del artículo 27 de esta Ley, cuando el monto de la adjudicación impugnada sea igual o superior a los cincuenta y dos millones trescientos mil de colones (¢52.300.000,00).

f) En las administraciones citadas en el inciso f), del artículo 27 de esta Ley, cuando el monto de la adjudicación impugnada sea igual o superior a los cuarenta y cuatro millones novecientos mil colones (¢44.900.000,00).

g) En las administraciones citadas en el inciso g), del artículo 27 de esta Ley, cuando el monto de la adjudicación impugnada sea igual o superior a los y treinta y un millones de colones (¢31.000.000,00).

h) En las administraciones citadas en el inciso h), del artículo 27 de esta Ley, cuando el monto de la adjudicación impugnada sea igual o superior a los veintidós millones cuatrocientos mil colones (¢22.400.000,00).

i) En las administraciones citadas en el inciso i), del artículo 27 de esta Ley, cuando el monto de la adjudicación impugnada sea igual o superior a los catorce millones novecientos cincuenta mil colones (¢14.950.000,00).

---

51 Artículo modificado por artículo 1° de la ley N° 8511 del 16 de mayo del 2006. Los límites económicos han sido modificados por Resolución de la Contraloría General de la República N° R-DC-16-2012 del 20 de febrero del 2012.

j) En las administraciones citadas en el inciso j), del artículo 27 de esta Ley, cuando el monto de la adjudicación impugnada sea igual o superior a los siete millones cuatrocientos ochenta mil colones (¢7.480.000,00).

Para efectos de la aplicación de los límites anteriores, únicamente se tomará en consideración el monto impugnado. En el caso de licitaciones compuestas por varias líneas, se sumarán los montos adjudicados de las líneas que se impugnen. Si se trata de contratos continuados, se tomará en cuenta el monto adjudicado para el plazo inicial, sin considerar prórrogas eventuales. En licitaciones con cuantía inestimable cabrá el recurso de apelación. En los concursos promovidos de conformidad con lo previsto en el primer párrafo del artículo 1° de esta Ley, resultarán aplicables los límites establecidos en los anteriores incisos. En las adjudicaciones derivadas de autorizaciones basadas en razones de urgencia, no procederá recurso alguno.

El recurso deberá ser presentado ante la Contraloría General de la República, dentro de los diez días hábiles siguientes a la notificación del acto de adjudicación en los casos de licitación pública. Cuando se trate de licitaciones abreviadas o de concursos promovidos de conformidad con el segundo párrafo del artículo 1 de esta Ley, el recurso deberá presentarse dentro de los cinco días siguientes a la notificación del acto de adjudicación.

Los montos de apelación citados en este artículo serán ajustados de conformidad con los criterios establecidos en el artículo 27 de esta Ley.

Artículo 85.- Legitimación. Toda persona que ostente un interés legítimo, actual, propio y directo podrá interponer el recurso de apelación.

Igualmente, estaba legitimado para recurrir quien haya presentado oferta en nombre de un tercero, que ostente cualquier tipo de representación.

Artículo 86.- Admisibilidad. La Contraloría General de la República dispondrá, en los primeros diez días hábiles, la tramitación del recurso o, en caso contrario, su rechazo por inadmisible o por improcedencia manifiesta. Esta facultad podrá ejercerse en cualquier etapa del procedimiento en que se determinen esos supuestos.

Artículo 87.- Anulado[52]

Artículo 88.- Fundamentación del recurso[53]**.** El recurso de apelación deberá indicar, con precisión, la infracción sustancial del ordenamiento jurídico que se alegue como fundamento de la impugnación. Cuando se discrepe de los estudios que sirven de motivo a la administración para adoptar su decisión, el apelante deberá rebatir, en forma razonada, esos antecedentes; para ello, deberá aportar los dictámenes y estudios emitidos por profesionales calificados.

En los casos en que se apele un acto de readjudicación, la impugnación, únicamente deberá girar contra las actuaciones realizadas con posterioridad a la resolución anulatoria, y cualquier situación que se haya conocido desde que se dictó el acto de adjudicación estará precluída.

Artículo 89.- Plazo para resolver[54]**.** En los casos de licitaciones públicas, el recurso de apelación deberá ser resuelto dentro de los cuarenta días hábiles siguientes al auto inicial; en dicho auto se conferirá a la administración y, a la parte adjudicataria, un plazo de diez días hábiles para que se manifiesten sobre los alegatos del apelante y aporten las pruebas respectivas. Cuando se trate de licitaciones abreviadas o de concursos promovidos de conformidad con el segundo párrafo del artículo 1° de esta Ley, el plazo de resolución será de treinta días hábiles y el emplazamiento será por cinco días hábiles.

En casos muy calificados, cuando para resolver el recurso haya sido necesario recabar prueba para mejor resolver que, por su complejidad no pueda ser rendida dentro del plazo normal de resolución, mediante decisión motivada podrá prorrogarse el período hasta por otros veinte días hábiles, en los casos de licitaciones públicas, y por diez días hábiles, cuando se trate de licitaciones

---

52 Artículo anulado por Resolución de la Sala Constitucional N° 998-98 de las 11:30 del 16 de febrero de 1998.

53 Artículo reformado por artículo 1° de la ley N° 8511 del 16 de mayo del 2006.

54 Artículo modificado por artículo 1° de la ley N° 8511 del 16 de mayo del 2006.

abreviadas o de concursos promovidos de conformidad con el párrafo segundo del artículo 1° de esta Ley.

Artículo 90.- Agotamiento de la vía administrativa. La resolución final o el auto que ponga término al recurso dará por agotada la vía administrativa.

Dentro de los tres días posteriores a la comunicación, el interesado podrá impugnar el acto final, sin efectos suspensivos, ante el Tribunal Superior Contencioso-Administrativo, por medio del proceso especial regulado en los artículos 89 y 90 de la Ley reguladora de la jurisdicción contencioso-administrativa.

Si la contratación cuya adjudicación se impugna ha sido ejecutada o se encuentra en curso de ejecución, la sentencia favorable al accionante solo podrá reconocer el pago de los daños y perjuicios causados.

Sección tercera.

Revocatoria

Artículo 91.- Cobertura y plazo. Cuando, por el monto, no proceda el recurso de apelación, podrá solicitarse la revocatoria del acto de adjudicación, dentro de los cinco días hábiles siguientes al día en que se comunicó. Sin embargo, cuando el jerarca del órgano o ente no haya adoptado el acto de adjudicación, el interesado podrá tramitar su recurso como apelación ante el jerarca respectivo.

Artículo 92.- Procedimiento del recurso. El recurso seguirá los siguientes pasos:

a) Se presentará ante el mismo órgano que dictó el acto.

b) Para legitimar y fundamentar, la revocatoria se regirá por las reglas de la apelación.

c) Si no resulta improcedente en forma manifiesta, la Administración notificará a la parte adjudicada, a más tardar cuarenta y ocho horas después de la presentación para que se pronuncie sobre el recurso en un plazo de tres días hábiles.

d) La Administración deberá resolver dentro del plazo de los quince días hábiles siguientes a la contestación del recurso.

e) La resolución que dicte la Administración dará por agotada la vía administrativa; sin embargo, podrá ser impugnada, sin efecto suspensivo, dentro de los tres días siguientes a su comunicación, por medio del proceso especial regulado en los artículos 89 y 90 de la Ley Reguladora de la Jurisdicción Contencioso-Administrativa.

f) Si la contratación, cuya adjudicación se impugna, ha sido ejecutada o se encuentra en curso de ejecución, la sentencia favorable al accionante solo podrá reconocer el pago de los daños y perjuicios causados.

CAPITULO X.

Sanciones

Sección primera.

Generalidades

Artículo 93.- Procedimiento de sanción. Las sanciones comprendidas en este capítulo se impondrán después de que se cumpla con las garantías procedimentales, en vigencia en el ente u órgano respectivo.

Si para un caso particular no existe un procedimiento que permita la debida defensa, se aplicarán las disposiciones relativas al procedimiento ordinario, contenidas en el Libro Segundo de la Ley General de la Administración Pública.

Artículo 94.- Responsabilidad penal y patrimonial. La aplicación de las sanciones administrativas previstas en este capítulo no excluye de las eventuales sanciones penales por conductas en que hayan incurrido los funcionarios públicos o los particulares. Tampoco excluye la posibilidad de exigir la responsabilidad, por daños y perjuicios ocasionados a la Administración.

Sección segunda.
Sanciones a funcionarios públicos

Artículo 95.- Sanciones a funcionarios cubiertos por prohibición[55]**.** Los funcionarios públicos cubiertos por la prohibición dispuesta en el inciso a) del artículo 22 de esta ley, que participen, directa o indirectamente, en un procedimiento de contratación administrativa incurrirán en una falta grave de servicio. La autoridad competente deberá conocer de esta falta y adoptar las medidas que correspondan.

Si un diputado o un ministro infringe esta prohibición, se estará a lo previsto en el párrafo final del artículo 112 de la Constitución Política.

Si alguno de los funcionarios contemplados en el inciso b) del artículo 22 de esta ley comete la infracción, incurrirá en causal de despido sin responsabilidad patronal.

Artículo 96.-Otras sanciones. Se impondrá la sanción de apercibimiento escrito, al funcionario que incurra en alguna de las siguientes infracciones:

a) No incorporar oportunamente, debiendo hacerlo, documentación atinente al expediente administrativo.

b) Impedir o dificultar de manera injustificada el acceso a un expediente administrativo, de cuyo manejo o custodia esté encargado.

c) No incluir en un informe o dictamen datos relevantes para el estudio de las ofertas, cuando se determine que los conocía al rendir su dictamen.

d) Retrasar injustificadamente el trámite de pagos que deba cubrir la Administración a sus proveedores o contratistas.

e) Retrasar de modo injustificado la recepción de bienes u obras.

f) En general, incumplir los plazos que esta Ley prevé para el dictado o la ejecución de los actos administrativos[56].

g) No atender ni responder a tiempo e injustificadamente una prevención hecha por la Contraloría General de la República en el ejercicio de sus funciones.

h) Faltar al deber de diligencia esperada de sus condiciones personales y del puesto que ocupa, ya sea por culpa, imprudencia o impericia causando un daño real a los particulares o a la Administración, durante un procedimiento de contratación, siempre que la gravedad de las circunstancias y la cuantía del daño no ameriten una sanción mayor.

i) No publicar el encargado de hacerlo, en el tiempo debido, el programa de adquisiciones según se dispone en el artículo 6 de la presente ley.

j) No enviar a la Contraloría General de la República, en el plazo establecido, los informes mencionados en el artículo 101 de esta ley[57].

Artículo 96 bis.- Suspensión sin goce de salario[58]**.** Se impondrá suspensión sin goce de salario hasta por tres meses, al funcionario público que cometa alguna de las siguientes infracciones:

a) Incurrir, dentro de los dos años siguientes a la firmeza de la sanción respectiva, en nueva infracción de la misma naturaleza, pese a estar apercibido conforme a los términos del primer párrafo del Artículo 96.

b) Dar por recibidos bienes, obras o servicios que no se ajusten a lo adjudicado, sin advertirlo expresamente a sus superiores.

c) Recomendar la contratación con una persona física o jurídica comprendida en el régimen de prohibiciones para contratar establecido en el Artículo 22 de esta ley, siempre que haya conocido esta circunstancia antes de la recomendación.

---

55 Artículo modificado por artículo 1°, inciso m), de la ley N° 7612 de 22 de julio de 1996.
56 Inciso modificado por artículo 1° de la ley N° 8511 del 16 de mayo del 2006.
57 Inciso modificado por artículo 1°, inciso n), de la ley N° 7612 de 22 de julio de 1996.
58 Artículo adicionado por artículo 1° de la ley N° 7612 de 22 de julio de 1996.

d) Propiciar o disponer la fragmentación ilegal de operaciones, tramitando contratos que, por su monto, impliquen un procedimiento más riguroso que el seguido al dividir dichas operaciones o promover una contratación irregular[59].

Artículo 96 ter.- Despido sin responsabilidad patronal[60]. Incurrirá en causal de despido sin responsabilidad patronal, el servidor público que cometa alguna de las siguientes faltas:

a) Incurrir, después de haber sido sancionado según los términos del artículo 96 bis, dentro de los dos años siguientes a la firmeza de la sanción respectiva, en una nueva infracción de las contempladas allí.

b) Suministrar a un oferente información que le dé ventaja sobre el resto de proveedores potenciales.

c) Recibir dádivas, comisiones o regalías, de los proveedores ordinarios o potenciales del ente en el cual labora o solicitárselas.

d) Hacer que la Administración incurra en pérdidas patrimoniales mayores que el monto equivalente a doce meses del salario devengado por el funcionario responsable en el momento de cometer la falta, si realiza la acción con dolo, culpa grave o negligencia en el trámite del procedimiento para contratar o en el control de su ejecución. El despido procederá sin perjuicio de la responsabilidad de indemnizar que deberá ejercerse.

Artículo 97.- Sanción por recibo de beneficios. Incurrirá en falta grave de servicio, sancionable de acuerdo con el régimen de la institución u órgano correspondiente, el funcionario público que participe en actividades organizadas o patrocinadas por los proveedores, ordinarios o potenciales, dentro o fuera del país, cuando no formen parte de los compromisos de capacitación, formalmente adquiridos en contrataciones administrativas, o no sean parte del proceso de valoración objetiva de las ofertas.

Dentro del alcance de esta infracción, se incluye la asistencia a congresos, seminarios o cualquier otra actividad, por cuenta de un proveedor; excepto si forma parte de los planes de capacitación ordinarios o las actividades autorizadas expresamente por el superior jerárquico, en forma razonada, con la cual demuestre el beneficio para la Administración.

Artículo 97 bis. Exclusión del oferente[61]. Si las faltas referidas en los Artículos 96 ter y 97, se producen cuando se encuentra en trámite un procedimiento de contratación, el oferente que con su participación haya contribuido en esas infracciones, directa o indirectamente, será excluido del concurso o, en su caso, se anulará la adjudicación respectiva, independientemente de si existió favorecimiento.

Artículo 98.- Remisión al régimen disciplinario. Cualquier otra irregularidad en que incurran los funcionarios públicos, en el curso de los procedimientos de contratación administrativa, será sancionada conforme al régimen de personal de cada órgano o ente.

Sección tercera.

Sanciones a particulares

Artículo 99.-Sanción de apercibimiento. Se hará acreedora a la sanción de apercibimiento, por parte de la Administración o la Contraloría General de la República, la persona física o jurídica que, durante el curso de los procedimientos para contratar, incurra en las siguientes conductas:

a) El contratista que, sin motivo suficiente, incumpla o cumpla defectuosa o tardíamente con el objeto del contrato; sin perjuicio de la ejecución de las garantías de participación o cumplimiento.

b) Quien afecte, reiteradamente, el normal desarrollo de los procedimientos de contratación.

---

59 Inciso adicionado por artículo 3° de la ley N° 8511 del 16 de mayo del 2006.

60 Artículo adicionado por artículo 1°, inciso n), de la ley No.7612 de 22 de julio de 1996.

61 Artículo adicionado por artículo 65 de la Ley N° 8422 Ley contra la Corrupción y el Enriquecimiento Ilícito en la Función Pública, de 6 de octubre de 2004).

c) Quien deje sin efecto su propuesta, sin mediar una causa justa, en los casos en que se haya requerido garantía de participación[62].

d) Derogado[63]

Artículo 100.-Sanción de Inhabilitación. La Administración o la Contraloría General de la República inhabilitarán para participar en procedimientos de contratación administrativa, por un período de dos a diez años, según la gravedad de la falta, a la persona física o jurídica que incurra en las conductas descritas a continuación[64]:

a) Después del apercibimiento previsto en el artículo anterior, reincida en la misma conducta, con idéntico bien o producto, dentro de los tres años siguientes a la sanción. En todos los casos, la inhabilitación se dictará exclusivamente para participar ofreciendo el mismo producto o bien objeto del contrato por el cual fue sancionado previamente. En caso de contratos de obra o servicios, la inhabilitación se aplicará al contratista en general[65].

b) Obtenga ilegalmente información confidencial que la coloque en una situación de ventaja, a ella, a la empresa de su propiedad o a la empresa para la cual labora, respecto de otros competidores potenciales.

c) Suministre, directamente o por intermedio de otra persona, dádivas a los funcionarios involucrados en un procedimiento de contratación administrativa. En este caso, la inhabilitación será por el máximo del período establecido[66].

d) Suministre un objeto, servicio u obra de inferior condición o calidad del ofrecido.

e) Contrate o subcontrate obras, maquinaria, equipo, instalaciones o materiales, para ejecutar obras públicas adjudicadas mediante licitación, con empresas o grupos de empresas relacionadas, diferentes de las que señala el listado de subcontratación presentado con la oferta según el artículo 58 de esta ley[67].

f) Participe, directa o indirectamente, en un procedimiento de contratación, pese a estar cubierta por el régimen de prohibiciones del artículo 22 de esta ley[68].

g) Sin motivo comprobado de caso fortuito o fuerza mayor, no inicie las labores propias de la obra de que se trate, dentro del mes siguiente al refrendo del contrato respectivo por parte de la Contraloría General de la República, sin perjuicio de la ejecución de la garantía correspondiente o de otro tipo de responsabilidades legales que quepan[69].

h) Deje sin efecto su propuesta sin mediar una causa justa, en los casos en que no se haya requerido garantía de participación[70].

i) Quien invoque o introduzca hechos falsos en los procedimientos para contratar o en los recursos contra el acto de adjudicación[71].

Artículo 100 bis.- Ámbito de cobertura y prescripción[72]. La sanción de inhabilitación, según la causal que la genere, tendrá dos grados de cobertura.

En el caso de las causales incluidas en los incisos a), d), e), g) y h) del artículo 100 de esta Ley, la sanción cubrirá los procedimientos tramitados por la entidad que impuso la sanción, incluidos todos los órganos desconcentrados que la componen. Si, posteriormente, una persona física o jurídica es inhabilitada otra vez por la misma entidad, la nueva sanción cubrirá a toda la Administración Pública.

---

62 Inciso modificado por artículo 1° aparte c) de la ley N° 8701 del 13 de enero de 2009.
63 Inciso derogado por artículo 3° de la ley N° 8701 del 13 de enero de 2009.
64 Párrafo modificado por artículo único de la Ley N ° 8439 del 13 de abril del 2005.
65 Inciso modificado por artículo 1° aparte d) de la ley N° 8701 del 13 de enero de 2009.
66 Inciso modificado por artículo único de la Ley N ° 8439 del 13 de abril del 2005.
67 Inciso adicionado por artículo 1º, inciso ñ), de la ley Nº 7612 de 22 de julio de 1996.
68 Inciso adicionado por artículo 1º, inciso ñ), de la ley Nº 7612 de 22 de julio de 1996.
69 Inciso adicionado por Ley N° 8291 de 23 de julio del 2002.
70 Inciso adicionado por artículo 3° de la ley N° 8511 del 16 de mayo del 2006.
71 Inciso adicionado por artículo 2° aparte b) de la ley N° 8701 del 13 de enero de 2009.
72 Artículo adicionado por artículo 2° aparte c) de la ley N° 8701 del 13 de enero de 2009.

En los supuestos fundamentados en los incisos b), c), f) e i) del artículo 100 de esta Ley, la sanción cubre las contrataciones que se realicen en toda la Administración Pública , independientemente de quién haya impuesto la sanción.

El período de prescripción para la sanción será de tres años, contados desde el momento en el que se haya dado la conducta señalada en el artículo 99 o en los incisos d), e), g) y h) del artículo 100 de esta Ley. Para la conducta señalada en el inciso a) del artículo 100, será de cinco años.

Si se trata de inhabilitación con fundamento en los incisos b), c), f) e i) del artículo 100 de esta Ley, el período de prescripción será de cinco años, pero contabilizado desde el momento en que la situación que genera la sanción se haya puesto en conocimiento del órgano que tiene competencia para sancionar.

Excepcionalmente la Administración podrá contratar con una persona jurídica o física que se encuentre inhabilitada por las causales establecidas en los incisos a), d), e), g) y h) del artículo 100 de esta Ley. Para ello, deberá solicitar autorización a la Contraloría General de la República , acreditando que la persona inhabilitada es la única que puede satisfacer el objeto contractual requerido y que, de no hacerlo, se estaría ante una grave afectación del interés público. La Contraloría General de la República deberá resolver en el plazo de diez (10) días hábiles y podrá ordenarle a la administración que le exija al contratista una garantía de cumplimiento superior al diez por ciento (10%) del monto del contrato.

CAPITULO XI.

Control

Artículo 101. Deber de informar[73]. La administración remitirá, a la Contraloría General de la República, la información sobre su actividad contractual, en los términos y por los medios que el Órgano Contralor defina reglamentariamente, para los efectos del ejercicio de sus atribuciones de control y fiscalización.

Artículo 102.- Regulación del control. La Administración debe disponer las medidas necesarias para garantizar que se cumpla con el objeto de la contratación.

Los entes y órganos de la Administración estarán obligados a prestarse colaboración recíproca, en las tareas conducentes a verificar el cumplimiento contractual.

CAPITULO XII.

Proveeduría Nacional

Artículo 103.- Naturaleza y funciones. La Proveeduría Nacional es un órgano técnico y consultivo del Ministerio de Hacienda, que tendrá dentro de sus funciones:

a) El trámite en todas sus etapas incluso la de adjudicación, de los procedimientos para contratar del Poder Ejecutivo que no estén asignados a proveedurías institucionales.

b) Brindar asesoría a los sujetos públicos y privados, que desarrollan actividades de contratación administrativa.

c) Evaluar las políticas y los procedimientos de contratación, con la finalidad de que se ajusten, constantemente, a satisfacer el interés público.

d) Administrar el fondo circulante.

e) Las que le asignen otras leyes o reglamentos.

Artículo 104.- Requisitos. El Proveedor Nacional es el Jefe de la Proveeduría Nacional. Su nombramiento corresponde al Poder Ejecutivo, de conformidad con esta Ley y las regulaciones del Estatuto de Servicio Civil.

Para ser Proveedor Nacional se requiere:

---

73 Artículo modificado por artículo 1° de la ley N° 8511 del 16 de mayo del 2006.

a) Ser costarricense.
b) Ser ciudadano en ejercicio.
c) Ser licenciado en derecho, ciencias económicas u otra disciplina afín con el puesto.
d) Poseer amplia experiencia administrativa.
e) Ser de reconocida honorabilidad.

El Proveedor Nacional rendirá una garantía en favor del Estado, por el monto y en la forma que se establecerán reglamentariamente.

Existirá un Subproveedor Nacional, que deberá reunir los mismos requisitos que su superior.

CAPITULO XIII.

Proveedurías institucionales y registro de proveedores

Sección primera.

Proveedurías institucionales

Artículo 105.- Órganos. En cada uno de los órganos y sujetos públicos sometidos a los alcances de esta Ley, existirá una dependencia encargada de los procedimientos de contratación administrativa, con la organización y las funciones que, en cada caso, se determinarán por medio del reglamento.

Cuando el volumen de las operaciones o la organización territorial lo hagan necesario, podrá existir más de una unidad administrativa encargada de los procedimientos de contratación.

El Poder Ejecutivo regulará, mediante decreto, la organización y el funcionamiento de las proveedurías institucionales que considere pertinente crear dentro del Gobierno Central. Esas proveedurías tendrán, para todos los efectos legales, las mismas funciones y competencias previstas en esta sección.

Artículo 106.- Competencia. La proveeduría institucional tendrá plena competencia para conducir los trámites del procedimiento de contratación administrativa. Asimismo, podrá adoptar los actos y requerir los informes que resulten necesarios para preparar la decisión final.

El acto de adjudicación lo dictará el órgano titular de la competencia.

Los jerarcas de cada ministerio y de los demás entes y órganos a que se refiere el artículo 1° de esta Ley, tendrán plena capacidad para concertar y suscribir los documentos contractuales que se formalicen.

Artículo 107.- Control de inventarios. Cada Administración deberá llevar un inventario permanente de todos sus bienes.

Las proveedurías de los órganos del Poder Central deberán remitir, a la Proveeduría Nacional, informes periódicos de los inventarios.

Sección segunda.

Registro de proveedores

Artículo 108.- Derogado[74]

CAPITULO XIV.

Reglamentación de esta Ley

Artículo 109.- Reglamento. El Poder Ejecutivo reglamentará esta Ley, dentro de los tres meses siguientes a su publicación.

Cada uno de los órganos o entes sujetos a la presente Ley podrá emitir los reglamentos complementarios, que se necesiten para el mejor desempeño de las actividades propias de la contratación administrativa.

---

74 Derogado por artículo 4° de la ley N° 8511 del 16 de mayo del 2006.

La reglamentación ejecutiva, en materia de requisitos previos, garantías, prohibiciones, sanciones y recursos, estará fuera del alcance regulatorio de los entes sujetos a esta Ley. Para tales efectos, deberán acogerse plenamente al Reglamento que, acerca de esas materias, promulgue el Poder Ejecutivo.

Artículo 110.- Reforma del Código Procesal Civil. Se reforma el artículo 508 del Código Procesal Civil, cuyo texto dirá:

"Artículo 508.- Facultad de los sujetos públicos de someter a arbitraje.

El Estado, sus instituciones y las municipalidades también podrán someter a la decisión de árbitros o de peritos, conforme con los trámites de este capítulo, las pretensiones estrictamente patrimoniales en que figuren como partes interesadas".

Artículo 111.- Disposiciones derogatorias. Se derogan los artículos 88 a 98, 100 a 120 y 122 de la Ley de la Administración Financiera de la República, N° 1279 del 2 de mayo de 1951; el artículo 80 del Código Municipal N° 4574 del 4 de mayo de 1970; el artículo 7° de la Ley de Modernización del Sistema Financiero de la República, N° 7107 del 4 de noviembre de 1988; el artículo 9° de la Ley N° 3226 del 28 de octubre de 1963; el artículo 193 de la Ley General de la Administración Pública, ley N° 6227 del 2 de mayo de 1978, Ley N° 5501 del 7 de mayo de 1974 y la Ley de Beneficios Legales en Ajustes de Precios en la Contratación Administrativa, N° 5518 del 7 de mayo de 1974.

Artículo 112.- Disposiciones transitorias. Los procedimientos de contratación iniciados antes de la vigencia de esta Ley se concluirán, conforme a las disposiciones vigentes en el momento de adoptarse la decisión de iniciar el concurso.

Los reclamos de reajuste de precios, pendientes de tramitación a la entrada en vigencia de esta Ley, se concluirán de acuerdo con las disposiciones que les dieron origen.

Mientras no se publique el Reglamento de esta Ley, todos los procedimientos de contratación administrativa se regirán por las disposiciones vigentes en el momento de entrar en vigor.

CUBA

I. DECRETO-LEY Nº 15, DE 3 DE JULIO DE 1978, NORMAS BÁSICAS PARA LOS CONTRATOS ECONÓMICOS.

CAPITULO I.

DISPOSICIONES GENERALES

Artículo 1. El presente Decreto-Ley tiene como objetivo establecer las normas básicas que rigen el contrato económico entre las personas jurídicas y naturales que participan en la ejecución del Plan Único de Desarrollo Económico-Social.

Las legislaciones civil y de comercio vigentes no son aplicables al contrato económico.

Artículo 2. Las personas jurídicas a que se refiere el artículo anterior, sujetos del contrato económico, son los organismos, las unidades presupuestadas y las empresas y uniones de empresas estatales; las cooperativas agropecuarias; las organizaciones sociales, sindicales y de masas, así como las empresas dependientes de estas y de las organizaciones políticas.

Las personas naturales son los agricultores privados.

Artículo 3. Se entiende por contrato económico el que tiene por causa y expresa jurídicamente las relaciones económicas, monetario-mercantiles, entre los sujetos mencionados en el artículo anterior y establece las obligaciones emergentes de las mismas, a fin de asegurar la cooperación organizada para la ejecución del Plan Único de Desarrollo Económico–Social de la Nación.

Los contratos económicos pueden ser bilaterales o multilaterales.

Los contratos multilaterales se rigen por estas normas y por las correspondientes condiciones especiales de contratación.

Artículo 4. Los contratos económicos que responden al cumplimiento de indicadores directivos del Plan, y son de obligatoria concertación, se denominan contratos planificados.

Los contratos planificados son precedidos de acuerdos previos entre las partes que se conciertan durante la etapa de proposición de las cifras directivas del Plan.

Artículo 5. Los contratos económicos que no respondan a los indicadores directivos del Plan, concertados por iniciativa propia de mencionadas personas jurídicas o naturales, y los concertados por las empresas o unidades estatales de instrucciones de sus organismos superiores, se denominan contratos no planificados.

Artículo 6. Los contratos económicos se otorgarán por escrito. No obstante, la Junta Central de Planificación establecerá los casos excepcionales en que podrá prescindiese de este requisito.

Artículo 7. Los contratantes, en el cumplimiento de las respectivas obligaciones, deberán prestarse la debida colaboración y actuar en la forma que resulte más eficiente para la economía nacional.

Artículo 8. La representación de la persona jurídica la ostentará la persona o personas naturales a las que correspondan conforme a las disposiciones legales, por las que aquellas se rija, sin perjuicio de que esta representación se confiera por delegación expresa a otra persona cuando sí lo autorice la legislación vigente.

Quien alegue la representación de la persona jurídica deberá justificar sus facultades.

Artículo 9. El término de los contratos económicos que de conformidad con las presentes normas se celebren, será de duración igual o menor al del plan anual.

En los casos en que sea aconsejable una mayor estabilidad del vínculo contractual, las partes, salvo que esté prohibido en las condiciones generales o especiales correspondientes podrás convenir un término mayor.

CAPITULO II.
DEL RÉGIMEN DE LOS CONTRATOS ECONÓMICOS.

Artículo 10. Los contratos económicos se regirán por las presentes normas básicas, las correspondientes condiciones generales y especiales de contratación y las demás disposiciones complementarias al presente Decreto-Ley.

Artículo 11. Las personas jurídicas estatales comprendidas en las presentes normas básicas podrán convenir bases permanentes de contratación a fin de facilitar la concertación, ejecución e interpretación de los contratos económicos que deban suscribir entre si, atendiendo para ello a la experiencia y a la estabilidad de su vínculos económicos recíprocos.

Las bases permanentes concordarán y respetarán, en todo caso, las normas de las correspondientes condiciones generales y especiales de contratación y las disposiciones complementarias al presente Decreto-Ley.

Artículo12. Las condiciones generales de contratación establecen las reglas correspondientes a cada tipo de contrato económico.

Las condiciones especiales de contratación reglamentan las peculiaridades que ofrecen los contratos que tienen por objeto determinados productos o servicios, en consideración a la naturaleza o destino de los mismos; olas de algunos contratos específicos aunque estos correspondan a los diferentes tipos normados por las condiciones generales de contratación.

Artículo 13. En todos los contratos económicos que se concierten, se hará referencia a las condiciones generales y, en su caso a las especiales que le sean aplicables.

CAPITULO III.
DE LAS OBLIGACIONES DERIVADAS DE LOS CONTRATOS ECONÓMICOS

Artículo14. Las partes podrán establecer en los contratos económicos los pactos que consideren convenientes siempre que no se opongan a estas normas básicas, a las condiciones generales y especiales de aplicación, o a las demás disposiciones complementarias al presente Decreto-Ley.

Todo contrato o estipulación contractual que infrinja cualesquiera de dichas normas se considerará nulo, correspondiendo al Arbitraje Estatal declarar la nulidad y sus efectos.

Artículo 15. El objeto de las obligaciones que dimanan del contrato económico debe ser expresamente determinado, sin perjuicio de la ulterior determinación de sus características y especificaciones.

Artículo 16. Cuando se trate de obligaciones a término, debe consignarse en el contrato económico el plazo o plazos que se hayan convenido para el cumplimiento total o parcial de las mismas.

Artículo 17. Los precios y tarifas, al la oportunidad y forma de su pago y en general los aspectos financieros de los contratos económicos serán acordados con arreglo a las disposiciones legales reglamentarias o administrativas vigentes.

Artículo18. Los contratantes deberán convenir el lugar del cumplimiento de las obligaciones y los requisitos y formalidades correspondientes.

Artículo 19. Cuando se requiera la contratación del servicio de transporte, las partes deberán convenir expresamente quien contratara y que condiciones de entrega y recepción se estipularan en el mismo así como por cuenta de cual de ellas correrán los gastos correspondientes conforme a las disposiciones legales vigentes.

CAPITULO IV.
DE LOS TIPOS DE CONTRATOS ECONÓMICOS

Artículo 20. Las partes concertarán, para la adecuada formalización de las relaciones económicas a que se refiere el presente Decreto-Ley, los tipos de contratos económicos que en este capítulo se definen, sin perjuicio de que, cuando así se requiera, concierten otros tipos de contratos autorizados y normados por condiciones generales o especiales de contratación.

Artículo 21. Los contratos económicos serán entre otros, compraventa, compraventa especial de productos agropecuarios, suministro, documentación técnica de inversiones, ejecución de obras, transporte de carga, de servicios, arrendamiento de bienes, comisión y seguro de bienes.

SECCIÓN PRIMERA.
DEL CONTRATO DE COMPRAVENTA.

Artículo 22. Por el contrato de compraventa el vendedor se obliga a entregar en propiedad bienes determinados al comprador y éste se obliga a recibirlos y a pagar por ellos un precio.

Cuando el comprador es una persona jurídica estatal, ésta adquiere el derecho de administración operativa de los bienes, con facultad de transferirlos a terceros según la naturaleza de los mismos y la legislación sobre la materia.

Las personas jurídicas estatales conciertan el contrato de compraventa cuando se trata de suministro de determinada producción no distribuida por el plan, en que la entrega de la misma se realiza simultáneamente al otorgamiento del contrato.

SECCIÓN SEGUNDA.
DEL CONTRATO DE COMPRAVENTA ESPECIAL DE PRODUCTOS AGROPECUARIOS.

Artículo 23. Por el contrato de compraventa especial de productos agropecuarios el productor se obliga a entregar y el comprador a recibir y pagar en los plazos acordados o en un solo plazo determinados productos agropecuarios.

Este contrato se otorga entre un productor estatal, cooperativista o agricultor privado y una empresa, organismo, órgano y organización estatal.

SECCIÓN TERCERA.
DEL CONTRATO DE SUMINISTRO

Artículo 24. Por el contrato de suministro, el suministrador se obliga a entregar y el comprador a recibir y pagar, en los plazos acordados o en un solo plazo, determinados productos.

En el contrato de suministro, sólo pueden ser partes las personas jurídicas estatales. Mediante dicho contrato, el comprador adquiere el derecho de administración de los productos, incluida la facultad de transferirlos a terceros, según la naturaleza de aquellos y la legislación sobre la materia. El contrato de suministro se otorga previamente a la entrega de los productos y puede ser de medios de producción o de bienes de consumo.

Los contratos de suministro de productos para la exportación se rigen por las correspondientes condiciones especiales. Igualmente serán normados por condiciones especiales, los contratos destinados a la satisfacción de las necesidades de las organizaciones militares.

SECCIÓN CUARTA.
DEL CONTRATO DE DOCUMENTACIÓN TÉCNICA DE INVERSIONES.

Artículo 25. Por el contrato de documentación técnica de inversiones, el proyectista se obliga a elaborar y suministrar al inversionista en el plazo y con arreglo a la legislación vigente, la documentación técnica correspondiente a una inversión determinada, obligándose el inversionista a recibir dicha documentación y a pagar la tarifa vigente y a cumplir lo establecido en la reglamentación del proceso inversionista.

SECCIÓN QUINTA.
DEL CONTRATO DE EJECUCIÓN DE OBRAS.

Artículo 26. Por el contrato de ejecución de obras, el constructor se obliga a realizar, en el plazo convenido, y el inversionista a recibir y pagar, con arreglo a las disposiciones legales vigentes las obras u objetos de obras de ingeniería o arquitectura, conforme a la reglamentación del proceso inversionista.

SECCIÓN SEXTA.
DEL CONTRATO DE TRANSPORTE DE CARGA.

Artículo 27. Por el contrato de transporte de carga, el porteador se obliga al traslado de productos o bienes al punto de destino acordado, y a entregarlos a la persona facultada, en el plazo y condiciones convenidos y a esos efectos, el cargador se obliga a poner a su disposición la carga en la forma que se establezca y a pagar el precio que corresponda de acuerdo a las tarifas oficiales y vigentes.

SECCIÓN SÉPTIMA.
DEL CONTRATO DE SERVICIO

Artículo 28. Por el contrato de servicio, la entidad ejecutora se obliga con la otra parte a la otra parte a la prestación de determinados servicios con la calidad, en el término y demás condiciones acordados, mediante el pago de la tarifa correspondiente establecida con arreglo a las disposiciones legales vigentes y al cumplimiento de las demás condiciones convenidas.

SECCIÓN OCTAVA.
DEL CONTRATO DE ARRENDAMIENTO DE BIENES

Artículo 29. Por el contrato de arrendamiento, el arrendador se obliga a ceder al arrendatario determinados bienes para su uso y disfrute temporal, a cambio de un precio también determinado.

SECCIÓN NOVENA.
DEL CONTRATO DE COMISIÓN.

Artículo 30. Por el contrato de comisión, el comisionista se obliga por encargo del comitente, a realizar y ejecutar en nombre propio y mediante precio, pero por cuenta del comitente determinada gestión.

Las actas jurídicas realizadas por el comisionista frente terceros, no generan obligaciones o derechos para el comitente en relación con dichos terceros, pues los mismos vinculan directa y exclusivamente al comisionista.

Cuando el contrato de comisión tenga por objeto la adquisición en el extranjero de una planta completa u objeto industrial se regirá por condiciones especiales.

SECCIÓN DÉCIMA.
DEL CONTRATO DE SEGURO DE BIENES

Artículo 31. Por el contrato de seguro de bienes, el asegurador se obliga a indemnizar al asegurado o a un tercero designado por éste, en la cuantía estipulada y según los riesgos previstos, el daño que sufrieren los bienes asegurados, previo el pago de la prima correspondiente por el asegurado.

CAPITULO V.
DE LA CONCERTACIÓN DE LOS CONTRATOS ECONÓMICOS.

Artículo 32. Los contratos económicos planificados que deban otorgarse en cumplimiento del Plan Único de Desarrollo Económico Social, se suscribirán dentro del periodo general de contratación que a est0s efectos se fije.

La iniciativa para la concertación de los contratos económicos planificados será regulada en las condiciones generales o especiales correspondientes.

Artículo 33. Si en el proceso de concertación de los contratos planificados surge alguna controversia, o si alguna de las partes, o ambas no concurren a su otorgamiento, el Arbitraje Estatal intervendrá para conciliar a las partes o para dirimir la controversia y disponer, en su caso, la concertación del contrato conforme a las disposiciones vigentes.

Artículo 34. La iniciativa para la concertación de contratos económicos no planificados, corresponderá a cualquiera de las partes.

CAPITULO VI.
DE LA MODIFICACIÓN O RESCISIÓN

Artículo 35. Los contratos económicos planificados que suscriben las entidades entre si, sólo podrán ser modificados o rescindidos cuando se modifiquen los planes que hayan servido de base para su celebración, cuando ello resulte de decisión de autoridad estatal competente, o cuando aquellas así lo acuerdan por resultar conveniente para el mejor cumplimiento de los planes.

Artículo 36. Los contratos económicos no planificados podrán modificarse o rescindirse por acuerdo de las partes. La rescisión también procederá por las causas establecidas en las condiciones generales o especiales correspondientes.

CAPITULO VII.
DE LA RESPONSABILIDAD

Artículo 37. El incumplimiento total o parcial de las obligaciones contractuales genera la responsabilidad material de la parte infractora, que incluye:

La reparación del daño causado;

La indemnización de los perjuicios ocasionados;

La sanción pecuniaria establecida en las condiciones generales o especiales.

Por sanción pecuniaria se entiende la suma de dinero determinada en las condiciones generales o especiales de contratación, que la parte infractora del contrato está obligada a pagar a la parte perjudicada en los casos de incumplimiento total o parcial de sus obligaciones contractuales y de mora en el cumplimiento de las mismas.

La reparación del daño y la indemnización de los perjuicios se compensan con la sanción pecuniaria, por lo cual sólo se resarcen en la cuantía no cubierta por esta.

Artículo 38. La reparación del daño, la indemnización de los perjuicios y el pago de la sanción pecuniaria no exime a la parte infractora del cumplimiento de sus obligaciones contractuales, excepto en los casos en que haya perdido vigencia la tarea del plan que dio origen a la obligación contractual.

Artículo 39. La responsabilidad personal de los dirigentes y funcionarios de las personas jurídicas estatales y la de sus trabajadores por el incumplimiento de las obligaciones contractuales, se determinará y hará efectiva de conformidad con lo que disponen la legislación administrativa y la laboral, respectivamente, sin perjuicio de la responsabilidad penal en su caso.

Artículo 40. La responsabilidad material a que se refiere el articulo 37 sólo se contrae cuando existe culpa imputable a la parte infractora, intencional o por negligencia.

Artículo 41. El conocimiento y solución de toda controversia que surja entre los contratantes con motivo de la ejecución del contrato económico, corresponderá al Arbitraje Estatal.

Igualmente conocerá y solucionará el Arbitraje Estatal, toda controversia entre las partes con motivo de la concertación, modificación o rescisión del contrato económico planificado o de la interpretación o inobservancia respecto a este, de cualquier disposición legal que resulte de aplicación.

DISPOSICIONES ESPECIALES

PRIMERA: El Consejo de Ministro queda encargado de dictar las condiciones generales y especiales de contratación y de más disposiciones complementarias que resulten necesarias, así como de definir tipos de contratos.

SEGUNDA: La Junta Central de Planificación queda encargada de establecer las correspondientes pro-formas de contrato, oído el criterio de los organismos correspondientes y con arreglo a lo dispuesto en el presente Decreto-Ley, las condiciones generales y especiales y las disposiciones complementarias al presente Decreto-Ley.

DISPOSICIONES FINALES

PRIMERA: Se entenderá que todos los plazos aplicables según las normas por las que se rigen los contratos económicos, así como las que acuerden las partes para el cumplimiento de sus obligaciones, se computan en días, meses y años naturales.

Cuando el plazo venza en día inhábil, se prorrogará hasta el siguiente día hábil.

SEGUNDA: Se derogan cuantas disposiciones legales y reglamentarias se opongan al cumplimiento de los en el presente Decreto-Ley se dispone, el que comenzará a regir a partir de su publicación en la Gaceta Oficial de la República.

II. RESOLUCIÓN Nº 2253, DE 8 DE JUNIO DE 2005, DEL MINISTERIO DE ECONOMÍA Y PLANIFICACIÓN, SOBRE LA CONTRATACIÓN ECONÓMICA.

POR CUANTO: El Decreto-Ley Nº. 147 "De la Reorganización de los Organismos de la Administración Central del Estado de 21 de abril de 1994, en su artículo 18, dispone que el Ministerio de Economía y Planificación es uno de dichos Organismos.

POR CUANTO: El Acuerdo No. 2817 del Comité Ejecutivo del Consejo de Ministros de 25 de noviembre de 1994, en su Apartado Tercero, inciso 4, autoriza a los Jefes de los expresados Organismos para dictar, en el límite de sus facultades y competencia, Reglamentos, Resoluciones y otras disposiciones de obligatorio cumplimiento para el Sistema del Organismo y, en su caso, para los demás Organismos, los órganos locales del Poder Popular, las entidades estatales, el sector cooperativo, mixto, privado y la población.

POR CUANTO: El Ministerio de Economía y Planificación es el organismo encargado de dirigir, ejecutar y controlar la aplicación de la política del Estado y el Gobierno en materia de Economía.

POR CUANTO: Por Acuerdo de 11 de mayo de 1995, del Consejo de Estado de la República de Cuba, fue designado el que resuelve para ocupar el cargo de Ministro de Economía y Planificación.

POR CUANTO: El Acuerdo Nº 5380 (para control administrativo), del Comité Ejecutivo del Consejo de Ministros de 18 de febrero de 2005, publicado en la Gaceta Oficial de la República, Edición Extraordinaria No. 6, de fecha 5 de abril de 2005, encargó al que resuelve para que dicte las indicaciones que resulten procedentes y necesarias para el mejor desenvolvimiento y eficacia de las relaciones eco-nómico-contractuales que se establezcan en el territorio nacional, para ser cumplidas por las personas jurídicas y naturales sujetos de los contratos económicos, teniendo en cuenta, que la contratación económica en el territorio nacional requiere ser adecuada a los cambios económicos, tecno-lógicos e institucionales operados en la economía cubana en los últimos años.

POR TANTO: En el ejercicio de las facultades que me están conferidas,

Resuelvo:

Primero: Establecer las INDICACIONES PARA LA CONTRATACION ECONOMICA, que se relacionan en Anexo a la presente Resolución formando parte íntegra de ésta, para ser cumplidas por las personas jurídicas y naturales que participan en las relaciones económico-contractuales que se establecen en el territorio nacional, tanto a través de los tipos de contratos económicos definidos en el Capítulo IV del Decreto-Ley 15, de 3 de julio de 1978, "Normas Básicas para los Contratos Económicos" y en su legislación complementaria, como mediante otras figuras contractuales que hoy se utilizan en la economía cubana.

A los efectos de esta Resolución se entiende la Contratación Económica como un proceso en el que se integran los diferentes sujetos que actúan legalmente en la economía nacional para, mediante la concertación de contratos, garantizar sus respectivos planes económicos y satisfacer sus necesidades, y con ello, los objetivos y prioridades de nuestra sociedad.

Segundo: Los sujetos a que se refieren el Resuelvo precedente son los enunciados en el artículo 2 del citado Decreto-Ley 15 y las demás personas naturales y jurídicas autorizadas a operar en la economía nacional en normas legales posteriores a éste, los que se relacionan a continuación:

a) las empresas, uniones y demás organizaciones económicas estatales cualesquiera sean las formas que adopten conforme con la ley;

b) los Órganos y Organismos del Estado, y demás unidades presupuestadas;

c) las organizaciones políticas, de masas y sociales y las empresas y demás entidades que les están subordinadas;

d) las cooperativas agropecuarias y otras formas cooperativas previstas en la ley;

e) los agricultores pequeños;

f) las empresas mixtas;

g) las sociedades civiles y mercantiles constituidas en el territorio nacional conforme a la ley; y

h) cualquier otra persona natural o jurídica, nacional o extranjera, autorizada expresamente por la ley.

Se exceptúan de la aplicación de estas Indicaciones, los contratos internacionales que otorguen los sujetos precedentemente relacionados con las personas naturales o jurídicas extranjeras radicadas fuera del territorio nacional. No obstante, las partes de tales contratos pueden aplicar estas Indicaciones si así lo determinan voluntariamente y de mutuo acuerdo.

Tercero: Esta Resolución se aplica, en lo atinente, a los contratos que se encuentren en proceso de concertación en la fecha de su entrada en vigor.

Cuarto: Se derogan las siguientes disposiciones jurídicas:

Resoluciones del Presidente de la Junta Central de Planificación: N° 302, de 31 de enero de 1979. N° 305, de 15 de febrero de 1979. N° 306, de 15 de febrero de 1979. N° 599, de 28 de mayo de 1980. N° 600, de 28 de mayo de 1980. N° 618, de 17 de julio de 1980. N° 991, de 29 de junio de 1981. N° 1058, de 18 de diciembre de 1981. N° 1140, de 18 de marzo de 1982. N° 1184, de 10 de junio de 1982. N° 1186, de 17 de junio de 1982. N° 1305, de 29 de enero de 1983. N° 1306, de 29 de enero de 1983. N° 1496, de 27 de febrero de 1984. N° 1532, de 19 de julio de 1984. N° 1533, de 20 julio de 1984. N° 1648, de 20 de mayo de 1985. N° 8, de 28 de agosto de 1985. N° 27, de 24 de marzo de 1986. N° 31, de 10 de abril de 1986. N° 42, de 8 de mayo de 1986. N° 88, de 21 de noviembre de 1987. N° 5, de 20 de abril de 1994.

Resoluciones Conjuntas de la Junta Central de Planificación-Organo de Arbitraje Estatal Nacional: Resolución, de 12 de octubre de 1987. Resolución, de 9 de enero de 1988. Resolución, de 9 de diciembre de 1988. Resolución, de 6 de enero de 1990.

Resoluciones del Ministro de Economía y Planificación: N° 265, de 30 de julio de 1996 y 269 de 13 de octubre del 2004.

Quinto: Esta Resolución entrará en vigor a los 30 días posteriores a la fecha de su publicación en la Gaceta Oficial de la República.

COMUNIQUESE esta Resolución, mediante entrega de copias de la misma, a la Secretaría del Consejo de Ministros, a los Jefes de los Organismos de la Administración Central del Estado, al Presidente de la Asamblea Nacional del Poder Popular, a los Presidentes de los Consejos de la Administración Provinciales y al del Municipio Especial Isla de la Juventud, al Fiscal General de la República; al Presidente del Tribunal Supremo Popular, a los Viceministros, Jefes de Instituciones Adscriptas, Directores y Jefes de Departamentos Independientes de este Ministerio, así como a cuantas más personas naturales y jurídicas proceda.

PUBLIQUESE en la Gaceta Oficial de la República de Cuba.

ARCHIVESE el original debidamente firmado en el Departamento Independiente de Asesoría Jurídica.

DADA en ciudad de La Habana, 8 de junio de 2005.

José Luis Rodríguez García

Ministro de Economía y Planificación

ANEXO

INDICACIONES PARA LA CONTRATACION ECONOMICA

1. Los sujetos de estas Indicaciones, para dejar protegidas sus relaciones económicas y comerciales en la economía nacional, deben establecerlas y ejecutarlas mediante contratos, conforme con la legislación vigente aplicable y lo que por la presente se establece.

Las partes en un contrato económico están obligadas a actuar de buena fe y a prestarse la debida cooperación en su concertación, interpretación y ejecución.

2.1. Asimismo, deben preservar la confidencialidad de la información que recíprocamente se suministren con este carácter, independientemente de que se otorgue o no el contrato, cuya violación debe ser objeto de reclamación y corrección en la forma que acuerden las partes o que, llegado el caso, se disponga por la autoridad jurisdiccional correspondiente.

3. El contrato debe constar por escrito y en idioma español, sin sujeción a otro tipo de formalidad, a menos que las partes así lo acuerden o la ley lo exija. Como parte del contrato, al momento de su otorgamiento, se pueden adjuntar anexos que precisen y complementen sus cláusulas.

3.1. Cuando excepcionalmente se ejecuten prestaciones sin un contrato previamente concertado por escrito, la relación jurídico económica se demuestra por cualesquiera de los medios de prueba admitidos en Derecho. La prueba debe evidenciar el acuerdo suficiente de las partes sobre la prestación que constituye dicha relación, por lo que éstas deben ser diligentes en el aseguramiento de dichas pruebas.

3.2. Para auxiliarse en la etapa de negociación, las partes pueden utilizar modelos de contratos redactados por ellas, los cuales deben estar desprovistos de cláusulas impositivas que mutilen el carácter de colaboración y buena fe que debe primar; así como pactar condiciones generales, entendidas éstas como cláusulas predispuestas preparadas con antelación para contratos otorgados por adhesión.

3.3. Pueden convenirse bases permanentes y contratos marco, de conformidad con los cuales se concierten los sucesivos contratos o prestaciones que se otorguen entre las partes.

3.4. Cuando sea aconsejable una mayor estabilidad del vínculo contractual por la naturaleza de la prestación, se pueden otorgar contratos cuya duración exceda del ejercicio anual de la planificación, los que son modificados o concretados mediante suplemento, en relación con aquellas cuestiones del mismo que sufren variaciones o requieren ulterior precisión durante el tiempo de su vigencia.

3.5. Para dejar constancia de cualquier modificación o concreción del contenido del contrato, prorrogar su vigencia o declarar su extinción por mutuo acuerdo de las partes, se suscribe un suplemento, que es el documento que se une al contrato después de otorgado, pasando a formar parte integrante de éste y que se somete a lo dispuesto en estas Indicaciones.

4. Para llegar a la concertación de un contrato, los sujetos deben establecer previamente negociaciones o tratos preliminares, cuidando, si no es su voluntad, que ello llegue a constituir una promesa de contrato.

5. Para la negociación y concertación de contratos, las partes se exigen recíprocamente la exhibición de los documentos que acreditan su capacidad legal y la de sus re-presentantes.

5.1. Para la acreditación de la capacidad legal de la persona jurídica, se exige la exhibición de los documentos de creación o constitución de ésta y de la inscripción en el registro público correspondiente que le otorga personalidad jurídica. Se exceptúa de esta exigencia a los Órganos y Organismos del Estado y a las organizaciones políticas, de masas y sociales. Los ministerios de las Fuerzas Armadas Revolucionarias y del Interior, determinan la forma en que las entidades que les están subordinadas, acreditan su capacidad legal para estos actos.

5.2. La capacidad legal de la persona natural parte en un contrato, se acredita mostrando sus documentos de identidad y bancarios, así como las licencias que evidencien su condición de sujetos de estas Indicaciones.

5.3. En el caso de la unidad empresarial de base u otra organización que no cuente con personalidad jurídica, acredita su facultad para tal acto con el documento correspondiente dictado por quien la creó donde se establecen expresamente sus atribuciones.

5.4. El representante de las partes en un contrato, acredita su condición de tal con el documento justificativo del mandato y su designación debe hacerse de conformidad con lo dispuesto en las normas legales vigentes.

6. Igualmente las partes vienen obligadas a acreditar su aptitud para la prestación objeto del contrato y su solvencia.

6.1. Es obligación de la parte que recibe la prestación, al examinar los documentos a que se refieren los numerales 5.1 y 5.3 de estas Indicaciones, verificar que la entidad a quien pretende contratarla, tiene autorizado dentro de su objeto social la realización de tal actividad y en caso de ser necesario, por la naturaleza específica de la prestación, si posee la licencia correspondiente.

6.2. Cuando se trate de prestaciones sujetas a regulaciones especiales o que requieren su aprobación con carácter previo por la instancia correspondiente, quien realiza la prestación está obligada a comprobar que la otra parte está autorizada a recibirla, exigiendo el documento que lo acredite. De no estarlo, no debe continuar las negociaciones.

6.3. La entidad que realiza la prestación verifica siempre, utilizando los medios a su alcance que le resulten más seguros y según lo establecido, la capacidad de pago de la otra parte y que la forma de pago propuesta es la autorizada. Los ministerios de las Fuer-zas Armadas Revolucionarias y del Interior, determinan la forma en que las entidades que les están subordinadas, acreditan su capacidad de pago.

6.4. Las unidades presupuestadas sujetas al sistema de cuenta única de tesorería, a los efectos de garantizar el pago, deben acreditar que el gasto que pretenden realizar mediante el contrato, se encuentra previsto en su presupuesto.

6.5. La parte que recibe la prestación, a su vez, debe comprobar que los precios y tarifas propuestos se ajustan a las disposiciones legales vigentes y a la calidad de la prestación que se oferta, a cuyo efecto examina los documentos que se requieran.

6.6. Para pactar el pago en pesos cubanos convertibles o en divisas, debe acreditarse su aprobación por el comité de aprobación de divisas correspondiente, con-forme al procedimiento establecido.

7. Las ofertas de contratos deben ser claras y precisas e indicar la intención del oferente de quedar vinculado en caso de aceptación en el plazo de vigencia que señale, en correspondencia con la naturaleza del objeto del contrato y el tipo de prestación de que se trate.

7.1. Según el caso, las ofertas deben consignar, la descripción de los productos y servicios a contratar; condiciones de entrega y plazos; precios y forma de pago según el tipo de moneda; características y especificaciones técnicas de los productos; alcance de la documentación técnica; capacitación in situ o en fábrica; marcas y embalajes; garantías y vigencia de la oferta.

7.2. Como regla, el oferente debe entregar la oferta en el domicilio del destinatario, la que puede hacerse llegar por cualquier medio de comunicación que le permita confirmar que llegó a destino.

7.3. Mientras esté vigente la oferta, y una vez aceptada ésta, debe garantizarse por el oferente la permanencia de todos los elementos que se han hecho llegar al destinatario, necesarios para la aceptación y perfección del contrato.

8. El destinatario de la oferta, una vez que la ha recibido, está en el deber de dar respuesta a ésta mediante su representante legal, aceptándola o rechazándola, en el plazo y lugar establecido por el oferente, o, en su defecto, en el domicilio del oferente, si tiene interés en ella. El silencio o la in-acción constituyen un rechazo a la oferta.

8.1. La aceptación puede hacerse llegar por cualquier medio de comunicación que permita confirmar que llegó a destino. De la misma forma, puede ser aceptación cualquier acto inequívoco que indique asentimiento a la oferta.

8.2. La respuesta a una oferta que contenga adiciones, limitaciones u otras modificaciones esenciales, constituye una contraoferta y da lugar a un nuevo plazo para su aceptación ajustándose a lo establecido en el numeral 7 de estas Indicaciones.

9. En el documento que constituye el contrato debe constar en primer lugar la identificación de las partes, en correspondencia con los documentos exhibidos por ellas.

9.1. Según el sujeto, la identificación comprende la de-nominación o razón social, el domicilio legal, nacionalidad, el Banco del cual es cliente, número de las cuentas bancarias en la moneda de pago y de la licencia para operar en dicha moneda, y los nombres y cargos de quienes lo representan debidamente facultados.

9.2. En el caso de las personas naturales, se debe consignar sus nombres y apellidos, domicilio, ciudadanía, número de identificación o pasaporte y, en su caso, Banco y número de cuenta con que operan.

9.3. Se hace constar en el contrato, el documento que acredite el carácter del representante, así como los datos que faciliten su localización.

9.4 El contrato tiene que estar debidamente firmado por los representantes de las partes.

10. Los contratos deben ser lo suficientemente precisos como para que no se entiendan comprendidos en él cosas distintas y casos diferentes a aquellos respecto a los cuales las partes se propusieron contratar. Las partes deben pactar todas las cláusulas necesarias que garanticen el mejor cumplimiento de la prestación objeto del contrato, atendiendo a su naturaleza y tipo.

11. El objeto del contrato debe describirse de forma tal que aparezcan claramente formuladas las prestaciones que lo conforman y los requisitos que deben reunir éstas para su cumplimiento, entendiendo por ello, la descripción completa de los productos o servicios específicos contratados, sus cantidades, unidades de medidas, precios y tarifas conforme a lo indicado en el numeral 6.5, valor total, entre otros. Dichas prestaciones tienen que estar en correspondencia con el objeto social, empresarial o finalidad económica del sujeto que las presta.

12. Las partes deben acordar los plazos para el cumplimiento total o parcial de sus respectivas obligaciones. En tal sentido, pueden convenir expresamente plazos, transcurridos los cuales cesa la obligación de aceptar la prestación con-tratada, sin perjuicio de la responsabilidad que se derive del incumplimiento.

13. En el contrato se pacta de forma expresa los parámetros de calidad requeridos, así como los métodos y procedimientos a emplear en la comprobación de aquella.

13.1. Cuando la calidad no ha sido pactada ni puede ser determinada basándose en el contrato, la prestación debe ser de una calidad razonable, conforme con el uso o aplicación de la mercancía o utilización del servicio.

14. En el contrato deben acordarse los términos de la garantía comercial y en su caso, de los servicios post-venta, atendiendo a la naturaleza de la prestación que constituye el objeto del contrato y de acuerdo con las normas vigentes.

14.1. Asimismo, deben pactarse todos los aspectos relacionados con la documentación técnica y comercial a entregar.

15. Cuando el contrato no responda a las nuevas circunstancias o a los nuevos intereses legítimos de las partes, éstas deben oportunamente modificarlo de mutuo acuerdo. La parte interesada en la modificación debe comunicarlo a la otra en un plazo suficiente, que permita ser analizada por ambas y formalizarla por medio de suplemento, conforme se regula en el numeral 3.5 de las presentes Indicaciones, todo ello sin perjuicio de la responsabilidad que resulte exigible. Dicho suplemento debe estar firmado por los respectivos representantes legales o, en su caso, por la persona autorizada por éstos.

15.1. Si las nuevas circunstancias alegadas obedecen a disposiciones de órgano u organismo del Estado obligatorias para las partes, la parte proponente deberá presentar los documentos contentivos de las mismas.

16. Ante la posibilidad de incumplimiento del contrato, las partes deben comunicarse de inmediato y, conforme con el principio de buena fe contractual, adoptar medidas efectivas que tiendan a disminuir el efecto del incumplimiento.

16.1. En el contrato deben pactarse, las formas y procedimientos por los que las partes pueden negociar y solucionar amigablemente sus controversias antes de llegar a formular una reclamación judicial, incluyendo penalidades, debiéndose agotar todas las posibilidades de arribar a acuerdo llegado el momento. No obstante, de iniciarse procedimientos judiciales, las partes deben asegurarse estar debidamente representadas y actuar de forma diligente, conforme con la ley.

16.2. Es deber de las partes velar y reclamar por el estricto cumplimiento de todas las cláusulas del contrato, y no solamente por aquellas que se refieren a las obligaciones de cobros y pagos.

17. Las partes del contrato deben prever la conservación de la documentación necesaria referida a éste por un tiempo mínimo de 5 años, con vistas a las supervisiones y con-troles que resulten, según lo establecido en la ley y lo dispuesto por los organismos rectores al efecto y a otros efectos pertinentes.

ECUADOR

LEY ORGÁNICA DEL SISTEMA NACIONAL DE CONTRATACIÓN PÚBLICA DE 2008.[1]

Nota: incluye las modificaciones efectuada por la Ley Orgánica Reformatoria emitida el 14 de octubre de 2013, que modifica la Ley Orgánica del Sistema Nacional de Contratación Pública de 2008.

TÍTULO I.

GENERALIDADES

Artículo 1.- Objeto y ámbito. Esta Ley establece el Sistema Nacional de Contratación Pública y determina los principios y normas para regular los procedimientos de contratación para la adquisición o arrendamiento de bienes, ejecución de obras y prestación de servicios, incluidos los de consultoría, que realicen:

1. Los Organismos y dependencias de las Funciones del Estado.
2. Los Organismos Electorales.
3. Los Organismos de Control y Regulación.
4. Las entidades que integran el Régimen Seccional Autónomo.
5. Los Organismos y entidades creados por la Constitución o la Ley para el ejercicio de la potestad estatal, para la prestación de servicios públicos o para desarrollar actividades económicas asumidas por el Estado.
6. Las personas jurídicas creadas por acto legislativo seccional para la prestación de servicios públicos.
7. Las corporaciones, fundaciones o sociedades civiles en cualquiera de los siguientes casos: a) estén integradas o se conformen mayoritariamente con cualquiera de los organismos y entidades señaladas en los números 1 al 6 de este artículo o, en general por instituciones del Estado; o, b) que posean o administren bienes, fondos, títulos, acciones, participaciones, activos, rentas, utilidades, excedentes, subvenciones y todos los derechos que pertenecen al Estado y a sus instituciones, sea cual fuere la fuente de la que procedan, inclusive los provenientes de préstamos, donaciones y

---

1 Por D.E. 1633 (R.O. 566, 8-IV-2009) todas las referencias al "Ministerio de Industrias y Competitividad" deben entenderse hechas al "Ministerio de Industrias y Productividad". Por D.E. 1793 (R.O. 621-S del 26 de junio de 2009) se dispone que el requisito previo a la calificación y habilitación de una persona jurídica como oferente será la plena identificación de las personas naturales que intervienen en calidad de accionistas de la empresa; al ser accionistas otras compañías, se requiere determinar las personas naturales que participan de la misma, con la finalidad de establecer las inhabilidades determinadas en los Arts. 62, 63 y 64. En cuanto al domicilio de las personas jurídicas, se establece que las compañías radicadas en los "paraísos fiscales" determinados por el SRI, serán descalificadas. La falta de notificación a la institución contratante y de aceptación de ésta, de la transferencia, cesión, enajenación, bajo cualquier modalidad, de las acciones, participaciones que sea igual o más del 25% del capital; será causal de terminación unilateral y anticipada del contrato prevista en el Artículo 78 de la Ley Orgánica del Sistema Nacional de Contratación Pública.

entregas que, a cualquier otro título se realicen a favor del Estado o de sus instituciones; siempre que su capital o los recursos que se le asignen, esté integrado en el cincuenta (50%) por ciento o más con participación estatal; y en general toda contratación en que se utilice, en cada caso, recursos públicos en más del cincuenta (50%) por ciento del costo del respectivo contrato.

8. Las compañías mercantiles cualquiera hubiere sido o fuere su origen, creación o constitución que posean o administren bienes, fondos, títulos, acciones, participaciones, activos, rentas, utilidades, excedentes, subvenciones y todos los derechos que pertenecen al Estado y a sus instituciones, sea cual fuere la fuente de la que procedan, inclusive los provenientes de préstamos, donaciones y entregas que, a cualquier otro título se realicen a favor del Estado o de sus instituciones; siempre que su capital, patrimonio o los recursos que se le asignen, esté integrado en el cincuenta (50%) por ciento o más con participación estatal; y en general toda contratación en que se utilice, en cada caso, recursos públicos en más del cincuenta (50%) por ciento del costo del respectivo contrato. Se exceptúan las personas jurídicas a las que se refiere el numeral 8 del artículo 2 de esta Ley, que se someterán al régimen establecido en esa norma.

Artículo 2.- Régimen especial. Se someterán a la normativa específica que para el efecto dicte el Presidente de la República en el Reglamento General a esta Ley, bajo criterios de selectividad, los procedimientos precontractuales de las siguientes contrataciones:

1. Las de adquisición de fármacos que celebren las entidades que presten servicios de salud, incluido el Instituto Ecuatoriano de Seguridad Social;

2. Las calificadas por el Presidente de la República como necesarias para la seguridad interna y externa del Estado, y cuya ejecución esté a cargo de las Fuerzas Armadas o de la Policía Nacional;

3. Aquellas cuyo objeto sea la ejecución de actividades de comunicación social destinadas a la información de las acciones del Gobierno Nacional o de las Entidades Contratantes;

4. Las que tengan por objeto la prestación de servicios de asesoría y patrocinio en materia jurídica requeridas por el Gobierno Nacional o las Entidades Contratantes;

5. Aquellas cuyo objeto sea la ejecución de una obra artística literaria o científica;

6. Las de adquisición de repuestos o accesorios que se requieran para el mantenimiento de equipos y maquinarias a cargo de las Entidades Contratantes, siempre que los mismos no se encuentren incluidos en el Catálogo Electrónico del Portal de COMPRASPÚBLICAS;

7. Los de transporte de correo internacional y los de transporte interno de correo, que se regirán por los convenios internacionales, o las disposiciones legales y reglamentarias dictadas para el efecto, según corresponda;

8. Los que celebren el Estado con entidades del sector público, éstas entre si, o aquellas con empresas públicas o empresas cuyo capital suscrito pertenezca, por lo menos en el cincuenta (50%) por ciento a entidades de derecho público o sus subsidiarias; y las empresas entre sí[2].

También los contratos que celebren las entidades del sector público o empresas públicas o empresas cuyo capital suscrito pertenezca por lo menos en cincuenta (50%) por ciento a entidades de derecho público, o sus subsidiarias, con empresas en las que los Estados de la Comunidad Internacional participen en por lo menos el cincuenta (50%) por ciento, o sus subsidiarias.

El régimen especial previsto en este numeral para las empresas públicas o empresas cuyo capital suscrito pertenezca, por lo menos en cincuenta (50%) por ciento a entidades de derecho público o sus subsidiarias se aplicará únicamente para el giro específico del negocio; en cuanto al giro común se aplicará el régimen común previsto en esta Ley.

La determinación de giro específico y común le corresponderá al Director Ejecutivo del Instituto Nacional de Contratación Pública; y,

9. Los que celebran las instituciones del sistema financiero y de seguros en las que el Estado o sus instituciones son accionistas únicos o mayoritarios; y, los que celebren las subsidiarias de de-

---

2 Modificado por Disposición Final Segunda, n° 1.7.1, de la Ley s/n, R.O. 48-S, 16 de octubre de 2009.

recho privado de las empresas estatales o públicas o de las sociedades mercantiles de derecho privado en las que el Estado o sus instituciones tengan participación accionaria o de capital superior al cincuenta (50%) por ciento, exclusivamente para actividades específicas en sectores estratégicos definidos por el Ministerio del Ramo.

Artículo 3.- Contratos financiados con préstamos y cooperación internacional. En las contrataciones que se financien, previo convenio, con fondos provenientes de organismos multilaterales de crédito de los cuales el Ecuador sea miembro, o, en las contrataciones que se financien con fondos reembolsables o no reembolsables provenientes de financiamiento de gobierno a gobierno; u organismos internacionales de cooperación, se observará lo acordado en los respectivos convenios. Lo no previsto en dichos convenios se regirá por las disposiciones de esta Ley.

Artículo 4.- Principios. Para la aplicación de esta Ley y de los contratos que de ella deriven, se observarán los principios de legalidad, trato justo, igualdad, calidad, vigencia tecnológica, oportunidad, concurrencia, transparencia, publicidad; y, participación nacional.

Artículo 5.- Interpretación. Los procedimientos y los contratos sometidos a esta Ley se interpretarán y ejecutarán conforme los principios referidos en el artículo anterior y tomando en cuenta la necesidad de precautelar los intereses públicos y la debida ejecución del contrato.

Artículo 6.- Definiciones. 1. Adjudicación: Es el acto administrativo por el cual la máxima autoridad o el órgano competente otorga derechos y obligaciones de manera directa al oferente seleccionado, surte efecto a partir de su notificación y solo será impugnable a través de los procedimientos establecidos en esta Ley.

2. Bienes y Servicios Normalizados: Objeto de contratación cuyas características o especificaciones técnicas se hallen homologados y catalogados.

3. Catálogo Electrónico: Registro de bienes y servicios normalizados publicados en el portal www.compraspublicas.gov.ec para su contratación directa como resultante de la aplicación de convenios marco.

4. Compra de Inclusión: Estudio realizado por la Entidad Contratante en la fase pre contractual que tiene por finalidad propiciar la participación local de artesanos, de la micro y pequeñas empresas en los procedimientos regidos por esta Ley, acorde con la normativa y metodología definida por el Instituto Nacional de Contratación Pública en coordinación con los ministerios que ejerzan competencia en el área social. Las conclusiones de la Compra de Inclusión se deberán reflejar en los Pliegos.

5. Contratación Pública: Se refiere a todo procedimiento concerniente a la adquisición o arrendamiento de bienes, ejecución de obras públicas o prestación de servicios incluidos los de consultoría. Se entenderá que cuando el contrato implique la fabricación, manufactura o producción de bienes muebles, el procedimiento será de adquisición de bienes. Se incluyen también dentro de la contratación de bienes a los de arrendamiento mercantil con opción de compra.

6. Contratista: Es la persona natural o jurídica, nacional o extranjera, o asociación de éstas, contratada por las Entidades Contratantes para proveer bienes, ejecutar obras y prestar servicios, incluidos los de consultoría.

7. Consultor: Persona natural o jurídica, nacional o extranjera, facultada para proveer servicios de consultoría, de conformidad con esta Ley.

8. Consultoría: Se refiere a la prestación de servicios profesionales especializados no normalizados, que tengan por objeto identificar, auditar, planificar, elaborar o evaluar estudios y proyectos de desarrollo, en sus niveles de pre factibilidad, factibilidad, diseño u operación. Comprende, además, la supervisión, fiscalización, auditoría y evaluación de proyectos ex ante y ex post, el desarrollo de software o programas informáticos así como los servicios de asesoría y asistencia técnica, consultoría legal que no constituya parte del régimen especial indicado en el número 4 del artículo 2, elaboración de estudios económicos, financieros, de organización, administración, auditoría e investigación.

9. Convenio Marco: Es la modalidad con la cual el Instituto Nacional de Contratación Pública selecciona los proveedores cuyos bienes y servicios serán ofertados en el catálogo electrónico a fin

de ser adquiridos o contratados de manera directa por las Entidades Contratantes en la forma, plazo y demás condiciones establecidas en dicho Convenio.

9a.- Delegación[3]: Es la traslación de determinadas facultades y atribuciones de un órgano superior a otro inferior, a través de la máxima autoridad, en el ejercicio de su competencia y por un tiempo determinado.

Son delegables todas las facultades y atribuciones previstas en esta Ley para la máxima autoridad de las entidades y organismos que son parte del sistema nacional de contratación pública.

La resolución que la máxima autoridad emita para el efecto podrá instrumentarse en decretos, acuerdos, resoluciones, oficios o memorandos y determinará el contenido y alcance de la delegación, sin perjuicio de su publicación en el Registro Oficial, de ser el caso. Las máximas autoridades de las personas jurídicas de derecho privado que actúen como entidades contratantes, otorgarán poderes o emitirán delegaciones, según corresponda, conforme a la normativa de derecho privado que les sea aplicable.

En el ámbito de responsabilidades derivadas de las actuaciones, producto de las delegaciones o poderes emitidos, se estará al régimen aplicable a la materia.

10. Desagregación Tecnológica: Estudio pormenorizado que realiza la Entidad Contratante en la fase pre contractual, en base a la normativa y metodología definida por el Instituto Nacional de Contratación Pública en coordinación con el Ministerio de Industrias y Competitividad, sobre las características técnicas del proyecto y de cada uno de los componentes objeto de la contratación, en relación a la capacidad tecnológica del sistema productivo del país, con el fin de mejorar la posición de negociación de la Entidad Contratante, aprovechar la oferta nacional de bienes, obras y servicios acorde con los requerimientos técnicos demandados, y determinar la participación nacional. Las recomendaciones de la Desagregación Tecnológica deberán estar contenidas en los Pliegos de manera obligatoria.

11. Empresas Subsidiarias: Para efectos de esta Ley son las personas jurídicas creadas por las empresas estatales o públicas, sociedades mercantiles de derecho privado en las que el Estado o sus instituciones tengan participación accionaria o de capital superior al cincuenta (50%) por ciento.

12. Entidades o Entidades Contratantes: Los organismos, las entidades o en general las personas jurídicas previstas en el artículo 1 de esta Ley.

13. Feria Inclusiva: Evento realizado al que acuden las Entidades Contratantes a presentar sus demandas de bienes y servicios, que generan oportunidades a través de la participación incluyente, de artesanos, micro y pequeños productores en procedimientos ágiles y transparentes, para adquisición de bienes y servicios, de conformidad con el Reglamento.

14. Instituto Nacional de Contratación Pública: Es el órgano técnico rector de la Contratación Pública. La Ley puede referirse a él simplemente como "Instituto Nacional".

15. Local[4]: Se refiere a la circunscripción territorial, sea parroquial rural, cantonal, provincial, regional, donde se ejecutará la obra o se destinarán los bienes y servicios objeto de la contratación pública.

16. Máxima Autoridad[5]: Quien ejerce administrativamente la representación legal de la entidad u organismo contratante. Para efectos de esta Ley, en los gobiernos autónomos descentralizados, la máxima autoridad será el ejecutivo de cada uno de ellos.

17. Mejor Costo en Bienes o Servicios Normalizados: Oferta que cumpliendo con todas las especificaciones y requerimientos técnicos, financieros y legales exigidos en los documentos precontractuales, oferte el precio más bajo.

---

3 Numeral introducido por artículo 1 de la Ley Orgánica Reformatoria emitida el 14 de octubre de 2013, que modifica la Ley Orgánica del Sistema Nacional de Contratación Pública de 2008.

4 Numeral modificado por artículo 1 de la Ley Orgánica Reformatoria emitida el 14 de octubre de 2013, que modifica la Ley Orgánica del Sistema Nacional de Contratación Pública de 2008.

5 Numeral modificado por artículo 1 de la Ley Orgánica Reformatoria emitida el 14 de octubre de 2013, que modifica la Ley Orgánica del Sistema Nacional de Contratación Pública de 2008.

18. Mejor Costo en Obras, o en Bienes o Servicios No Normalizados: Oferta que ofrezca a la entidad las mejores condiciones presentes y futuras en los aspectos técnicos, financieros y legales, sin que el precio más bajo sea el único parámetro de selección. En todo caso, los parámetros de evaluación deberán constar obligatoriamente en los Pliegos.

19. Mejor Costo en Consultoría: Criterio de "Calidad y Costo" con el que se adjudicarán los contratos de consultoría, en razón de la ponderación que para el efecto se determine en los Pliegos correspondientes, y sin que en ningún caso el costo tenga un porcentaje de incidencia superior al veinte (20%) por ciento.

20. Oferta Habilitada: La oferta que cumpla con todos los requisitos exigidos en los Pliegos Pre contractuales.

21. Origen Nacional[6]: Para los efectos de la presente ley, se refiere a las obras, bienes y servicios que incorporen un componente ecuatoriano en los porcentajes que sectorialmente sean definidos por parte del Servicio Nacional de Contratación Pública SERCOP, de conformidad a los parámetros y metodología establecidos en el Reglamento de la presente Ley

22. Participación Local[7]: Se entenderá aquel o aquellos participantes habilitados en el Registro Único de Proveedores que tengan su domicilio, al menos seis meses, en la parroquia rural, cantón, la provincia o la región donde surte efectos el objeto de la contratación.

Todo cambio de domicilio de los participantes habilitados, deberá ser debidamente notificado al Servicio Nacional de Contratación Pública SERCOP.23. Participación Nacional: Aquel o aquellos participantes inscritos en el Registro Único de Proveedores cuya oferta se considere de origen nacional.

24. Pliegos: Documentos precontractuales elaborados y aprobados para cada procedimiento, que se sujetarán a los modelos establecidos por el Instituto Nacional de Contratación Pública.

25. Portal Compras públicas.- (www.compraspublicas.gov.ec): Es el Sistema Informático Oficial de Contratación Pública del Estado Ecuatoriano.

26. Por Escrito: Se entiende un documento elaborado en medios físicos o electrónicos.

27. Presupuesto Referencial: Monto del objeto de contratación determinado por la Entidad Contratante al inicio de un proceso precontractual.

28. Proveedor: Es la persona natural o jurídica nacional o extranjera, que se encuentra inscrita en el RUP, de conformidad con esta Ley, habilitada para proveer bienes, ejecutar obras y prestar servicios, incluidos los de consultoría, requeridos por las Entidades Contratantes.

29. Registro Único de Proveedores.- RUP: Es la Base de Datos de los proveedores de obras, bienes y servicios, incluidos los de consultoría, habilitados para participar en los procedimientos establecidos en esta Ley. Su administración está a cargo del Instituto Nacional de Contratación Pública y se lo requiere para poder contratar con las Entidades Contratantes.

30. Servicios de Apoyo a la Consultoría: Son aquellos servicios auxiliares que no implican dictamen o juicio profesional especializado, tales como los de contabilidad, topografía, cartografía, aerofotogrametría, la realización de ensayos y perforaciones geotécnicas sin interpretación, la computación, el procesamiento de datos y el uso auxiliar de equipos especiales.

31. Situaciones de Emergencia: Son aquellas generadas por acontecimientos graves tales como accidentes, terremotos, inundaciones, sequías, grave conmoción interna, inminente agresión externa, guerra internacional, catástrofes naturales, y otras que provengan de fuerza mayor o caso fortuito, a nivel nacional, sectorial o institucional. Una situación de emergencia es concreta, inmediata, imprevista, probada y objetiva.

32. Sobre: Medio que contiene la oferta, que puede ser de naturaleza física o electrónica.

---

6 Numeral modificado por artículo 1 de la Ley Orgánica Reformatoria emitida el 14 de octubre de 2013, que modifica la Ley Orgánica del Sistema Nacional de Contratación Pública de 2008.

7 Numeral modificado por artículo 1 de la Ley Orgánica Reformatoria emitida el 14 de octubre de 2013, que modifica la Ley Orgánica del Sistema Nacional de Contratación Pública de 2008.

TÍTULO II.
SISTEMA NACIONAL DE CONTRATACIÓN PÚBLICA

CAPÍTULO I.
DEL SISTEMA Y SUS ÓRGANOS

Artículo 7.- Sistema nacional de contratación pública SNCP. El Sistema Nacional de Contratación Pública (SNCP) es el conjunto de principios, normas, procedimientos, mecanismos y relaciones organizadas orientadas al planeamiento, programación, presupuestos, control, administración y ejecución de las contrataciones realizadas por las Entidades Contratantes. Forman parte del SNCP las entidades sujetas al ámbito de esta Ley.

Artículo 8.- Órganos competentes. El Instituto Nacional de Contratación Pública junto con las demás instituciones y organismos públicos que ejerzan funciones en materia de presupuestos, planificación, control y contratación pública, forman parte del Sistema Nacional de Contratación Pública, en el ámbito de sus competencias.

Artículo 9.- Objetivos del sistema. Son objetivos prioritarios del Estado, en materia de contratación pública, los siguientes:

1. Garantizar la calidad del gasto público y su ejecución en concordancia con el Plan Nacional de Desarrollo;
2. Garantizar la ejecución plena de los contratos y la aplicación efectiva de las normas contractuales;
3. Garantizar la transparencia y evitar la discrecionalidad en la contratación pública;
4. Convertir la contratación pública en un elemento dinamizador de la producción nacional;
5. Promover la participación de artesanos, profesionales, micro, pequeñas y medianas empresas con ofertas competitivas, en el marco de esta Ley;
6. Agilitar, simplificar y adecuar los procesos de adquisición a las distintas necesidades de las políticas públicas y a su ejecución oportuna;
7. Impulsar la participación social a través de procesos de veeduría ciudadana que se desarrollen a nivel nacional, de conformidad con el Reglamento;
8. Mantener una sujeción efectiva y permanente de la contratación pública con los sistemas de planificación y presupuestos del Gobierno central y de los organismos seccionales;
9. Modernizar los procesos de contratación pública para que sean una herramienta de eficiencia en la gestión económica de los recursos del Estado;
10. Garantizar la permanencia y efectividad de los sistemas de control de gestión y transparencia del gasto público; y,
11. Incentivar y garantizar la participación de proveedores confiables y competitivos en el SNCP.

Artículo 10.- El Servicio Nacional de Contratación Pública (SERCOP)[8]. Créase el Servicio Nacional de Contratación Pública, como organismo de derecho público, técnico regulatorio, con personalidad jurídica propia y autonomía administrativa, técnica, operativa, financiera y presupuestaria. Su máximo personero y representante legal será el Director General o la Directora, quien será designado por el Presidente de la República[9].

El Servicio Nacional de Contratación Pública ejercerá la rectoría del Sistema Nacional de Contratación Pública conforme a las siguientes atribuciones[10]:

---

8 Denominación del artículo modificada por artículo 2 de la Ley Orgánica Reformatoria emitida el 14 de octubre de 2013, que modifica la Ley Orgánica del Sistema Nacional de Contratación Pública de 2008.

9 Inciso modificado por artículo 2 de la Ley Orgánica Reformatoria emitida el 14 de octubre de 2013, que modifica la Ley Orgánica del Sistema Nacional de Contratación Pública de 2008.

10 Inciso modificado por artículo 2 de la Ley Orgánica Reformatoria emitida el 14 de octubre de 2013, que modifica la Ley Orgánica del Sistema Nacional de Contratación Pública de 2008.

1. Asegurar y exigir el cumplimiento de los objetivos prioritarios del Sistema Nacional de Contratación Pública;

2. Promover y ejecutar la política de contratación pública dictada por el Directorio;

3. Establecer los lineamientos generales que sirvan de base para la formulación de los planes de contrataciones de las entidades sujetas a la presente Ley;

4. Administrar el Registro Único de Proveedores RUP;

5. Desarrollar y administrar el Sistema Oficial de Contratación Pública del Ecuador, COMPRASPÚBLICAS, así como establecer las políticas y condiciones de uso de la información y herramientas electrónicas del Sistema;

6. Administrar los procedimientos para la certificación de producción nacional en los procesos precontractuales y de autorización de importaciones de bienes y servicios por parte del Estado;

7. Establecer y administrar catálogos de bienes y servicios normalizados;

8. Expedir modelos obligatorios de documentos precontractuales y contractuales, aplicables a las diferentes modalidades y procedimientos de contratación pública, para lo cual podrá contar con la asesoría de la Procuraduría General del Estado y de la Contraloría General del Estado;

9. Dictar normas administrativas, manuales e instructivos relacionados con esta Ley;

10. Recopilar y difundir los planes, procesos y resultados de los procedimientos de contratación pública;

11. Incorporar y modernizar herramientas conexas al sistema electrónico de contratación pública y subastas electrónicas, así como impulsar la interconexión de plataformas tecnológicas de instituciones y servicios relacionados;

12. Capacitar y asesorar en materia de implementación de instrumentos y herramientas, así como en los procedimientos relacionados con contratación pública;

13. Elaborar parámetros que permitan medir los resultados e impactos del Sistema Nacional de Contratación Pública y en particular los procesos previstos en esta Ley;

14. Facilitar los mecanismos a través de los cuales se podrá realizar veeduría ciudadana a los procesos de contratación pública; y, monitorear su efectivo cumplimiento;

15. Elaborar y publicar las estadísticas del Sistema Nacional de Contratación Pública[11];

16. Capacitar y certificar, de acuerdo a lo dispuesto en el Reglamento, a los servidores y empleados nombrados por las entidades contratantes, como operadores del Sistema Nacional de Contratación Pública[12];

17. Asesorar a las entidades contratantes y capacitar a los proveedores del Sistema Nacional de Contratación Pública sobre la inteligencia o aplicación de las normas que regulan los procedimientos de contratación de tal sistema[13];

18. Las demás establecidas en la presente ley, su reglamento y demás normas aplicables[14].

Artículo 11.- Directorio. El Directorio del Instituto Nacional de Contratación Pública estará integrado por:

1. El Ministro responsable de la Producción, Empleo y Competitividad, quien lo presidirá y tendrá voto dirimente[15];

2. La máxima autoridad del Organismo Nacional de Planificación;

---

11 Numeral modificado por artículo 2 de la Ley Orgánica Reformatoria emitida el 14 de octubre de 2013, que modifica la Ley Orgánica del Sistema Nacional de Contratación Pública de 2008.

12 Numeral modificado por artículo 2 de la Ley Orgánica Reformatoria emitida el 14 de octubre de 2013, que modifica la Ley Orgánica del Sistema Nacional de Contratación Pública de 2008.

13 Numeral modificado por artículo 2 de la Ley Orgánica Reformatoria emitida el 14 de octubre de 2013, que modifica la Ley Orgánica del Sistema Nacional de Contratación Pública de 2008.

14 Numeral añadido por artículo 2 de la Ley Orgánica Reformatoria emitida el 14 de octubre de 2013, que modifica la Ley Orgánica del Sistema Nacional de Contratación Pública de 2008.

15 Numeral modificado por artículo 3 de la Ley Orgánica Reformatoria emitida el 14 de octubre de 2013, que modifica la Ley Orgánica del Sistema Nacional de Contratación Pública de 2008.

3. El Ministro de Finanzas;

4. El Alcalde designado por la Asamblea General de la Asociación de Municipalidades del Ecuador; y,

5. El Prefecto designado por el Consorcio de Consejos Provinciales del Ecuador, CONCOPE.

6. La máxima autoridad del organismo encargado de la inclusión económica[16].

Actuará como Secretario el Director Ejecutivo del INCP, quien intervendrá con voz pero sin voto.

Artículo 12.- Funciones. Son funciones exclusivas del Directorio las siguientes:

1. Planificar, priorizar, proponer y dictar la política nacional en materia de contratación pública;

2. Dictar las normas o políticas sectoriales de contratación pública que deben aplicar las entidades competentes; y,

3. Dictar la normativa para la organización y funcionamiento del Instituto Nacional de Contratación Pública.

Artículo 13.- Financiamiento del Instituto Nacional de Contratación Pública. Para su funcionamiento, el Instituto Nacional de Contratación Pública contará con los siguientes recursos:

1. Los que se le asignen en el Presupuesto General del Estado;

2. Los derechos de inscripción en el Registro Único de Proveedores RUP;

3. Los que obtenga por efectos de donaciones y asistencias de instituciones y organismos nacionales o internacionales; y,

4. Los que provengan de convenios por uso de las herramientas del Sistema que se realicen con personas naturales o jurídicas de carácter público o privado.

Estos recursos serán administrados a través de una cuenta especial a nombre del Instituto Nacional de Contratación Pública.

CAPÍTULO II.
CONTROL, MONITOREO Y EVALUACIÓN DEL SISTEMA NACIONAL DE CONTRATACIÓN PÚBLICA

Artículo 14.- Alcance del control del SNCP. El control del Sistema Nacional de Contratación Pública será intensivo, interrelacionado y completamente articulado entre los diferentes entes con competencia para ello. Incluirá la fase precontractual, la de ejecución del contrato y la de evaluación del mismo.

El Instituto Nacional de Contratación Pública tendrá a su cargo el cumplimiento de las atribuciones previstas en esta Ley, incluyendo en consecuencia, la verificación de:

1. El uso obligatorio de las herramientas del Sistema, para rendir cuentas, informar, promocionar, publicitar y realizar todo el ciclo transaccional de la contratación pública;

2. El uso obligatorio de los modelos precontractuales, contractuales oficializados por el Instituto Nacional de Contratación Pública;

3. El cumplimiento de las políticas emitidas por el Directorio del INCP y los planes y presupuestos institucionales en materia de contratación pública;

4. La contratación con proveedores inscritos en el RUP, salvo las excepciones puntualizadas en esta Ley;

5. Que los proveedores seleccionados no presenten inhabilidad o incapacidad alguna hasta el momento de la contratación; y,

6. Que la información que conste en las herramientas del Sistema se encuentre actualizada.

Cualquier incumplimiento dará lugar a las sanciones previstas en esta Ley.

---

16 Numeral añadido por artículo 3 de la Ley Orgánica Reformatoria emitida el 14 de octubre de 2013, que modifica la Ley Orgánica del Sistema Nacional de Contratación Pública de 2008.

Para ejercer el control del Sistema, el Instituto Nacional de Contratación Pública podrá solicitar información a entidades públicas o privadas que crea conveniente, las que deberán proporcionarla en forma obligatoria y gratuita en un término máximo de 10 días de producida la solicitud.

Artículo 15.- Atribuciones de los Organismos de Control. Corresponde a los organismos de control del Estado, dentro del marco de sus atribuciones, realizar los controles posteriores a los procedimientos de contratación efectuados por las Entidades Contratantes.

Es obligación del Instituto Nacional de Contratación Pública informar a la Contraloría General del Estado y a la Procuraduría General del Estado cada vez que conozca el cometimiento de infracciones a lo dispuesto en esta Ley.

CAPÍTULO III.
DE LAS HERRAMIENTAS DEL SISTEMA

SECCIÓN I.
DEL REGISTRO ÚNICO DE PROVEEDORES

Artículo 16.- Registro único de proveedores. Créase el Registro Único de Proveedores (RUP), como un sistema público de información y habilitación de las personas naturales y jurídicas, nacionales y extranjeras, con capacidad para contratar según esta Ley, cuya administración corresponde al Instituto Nacional de Contratación Pública.

El RUP será dinámico, incluirá las categorizaciones dispuestas por el Instituto Nacional de Contratación Pública y se mantendrá actualizado automática y permanentemente por medios de interoperación con las bases de datos de las instituciones públicas y privadas que cuenten con la información requerida, quienes deberán proporcionarla de manera obligatoria y gratuita y en tiempo real.

Artículo 17.- Publicidad de la información. La información del RUP será pública y estará disponible en el Portal COMPRASPÚBLICAS.

Las Entidades Contratantes no podrán llevar registros adicionales ni exigir a sus oferentes o proveedores la presentación de los documentos ya solicitados para la obtención del RUP.

Los proveedores serán responsables de la veracidad, exactitud y actualidad de la información entregada para la obtención del RUP y deberán informar al Instituto Nacional de Contratación Pública sobre cualquier cambio o modificación en los plazos que señale el Reglamento.

Artículo 18.- Obligatoriedad de inscripción. Para participar individualmente o en asociación en las contrataciones reguladas por esta Ley se requiere constar en el RUP como proveedor habilitado. Por excepción, los oferentes que intervengan en procesos de menor cuantía podrán no estar inscritos en el RUP; pero, deberán inscribirse en el RUP previa a la suscripción de sus respectivos contratos.

El Reglamento a esta Ley establecerá las normas relativas al funcionamiento del RUP.

Artículo 19.- Causales de suspensión del RUP. Son causales de suspensión temporal del Proveedor en el RUP:

1. Ser declarado contratista incumplido o adjudicatario fallido, durante el tiempo de cinco (5) años y tres (3) años, respectivamente, contados a partir de la notificación de la resolución de terminación unilateral del contrato o de la resolución con la que se declare adjudicatario fallido;

2. No actualizar la información requerida para su registro por el Instituto Nacional de Contratación Pública, suspensión que se mantendrá hasta que se realice la actualización correspondiente; y,

3. Haber sido inhabilitado de conformidad a lo previsto en los incisos segundo y tercero del artículo 100 de esta Ley.

Una vez superadas las causas o los tiempos de sanción previstos en los numerales anteriores, el Instituto Nacional de Contratación Pública rehabilitará al proveedor de forma automática y sin más trámite.

Es causa de suspensión definitiva de un proveedor en el RUP haber entregado para su registro información adulterada, siempre que dicha situación haya sido declarada en sentencia ejecutoriada de última instancia.

Artículo 20.- Derechos. El Instituto Nacional de Contratación Pública establecerá los derechos de inscripción al RUP que deberán pagar los proveedores, los que se regularán en relación de los costos de operación del Sistema, exclusivamente. En ningún caso los derechos representarán un obstáculo para la inscripción de micro y pequeñas empresas, artesanos y profesionales.

Los derechos de inscripción no serán reembolsados.

SECCIÓN II.
DEL SISTEMA INFORMÁTICO COMPRASPÚBLICAS

Artículo 21.- Portal de compras públicas. El Sistema Oficial de Contratación Pública del Ecuador COMPRASPÚBLICAS será de uso obligatorio para las entidades sometidas a esta Ley y será administrado por el Instituto Nacional de Contratación Pública.

El portal de COMPRASPÚBLICAS contendrá, entre otras, el RUP, Catálogo electrónico, el listado de las instituciones y contratistas del SNCP, informes de las Entidades Contratantes, estadísticas, contratistas incumplidos, la información sobre el estado de las contrataciones públicas y será el único medio empleado para realizar todo procedimiento electrónico relacionado con un proceso de contratación pública, de acuerdo a las disposiciones de la presente Ley, su Reglamento y las regulaciones del INCP.

El portal deberá además integrar mecanismos para la capacitación en línea de los actores del SNCP.

La información relevante de los procedimientos de contratación se publicará obligatoriamente a través de COMPRASPÚBLICAS.

El Reglamento contendrá las disposiciones sobre la administración del sistema y la información relevante a publicarse.

TÍTULO III.
DE LOS PROCEDIMIENTOS

CAPÍTULO I.
NORMAS COMUNES A TODOS LOS PROCEDIMIENTOS DE CONTRATACIÓN PÚBLICA

SECCIÓN I.
SOBRE LA CONTRATACIÓN PARA LA EJECUCIÓN DE OBRAS, ADQUISICIÓN DE BIENES Y PRESTACIÓN DE SERVICIOS

Artículo 22.- Plan anual de contratación. Las Entidades Contratantes, para cumplir con los objetivos del Plan Nacional de Desarrollo, sus objetivos y necesidades institucionales, formularán el Plan Anual de Contratación con el presupuesto correspondiente, de conformidad a la planificación plurianual de la Institución, asociados al Plan Nacional de Desarrollo y a los presupuestos del Estado.

El Plan será publicado obligatoriamente en la página Web de la Entidad Contratante dentro de los quince (15) días del mes de enero de cada año e interoperará con el portal COMPRASPÚBLICAS. De existir reformas al Plan Anual de Contratación, éstas serán publicadas siguiendo los mismos mecanismos previstos en este inciso.

El contenido del Plan de contratación y los sustentos del mismo se regularán en el Reglamento de la presente Ley.

Artículo 23.- Estudios. Antes de iniciar un procedimiento precontractual, de acuerdo a la naturaleza de la contratación, la entidad deberá contar con los estudios y diseños completos, definitivos y actualizados, planos y cálculos, especificaciones técnicas, debidamente aprobados por las instancias correspondientes, vinculados al Plan Anual de Contratación de la entidad.

Los estudios y diseños incluirán obligatoriamente como condición previa a su aprobación e inicio del proceso contractual, el análisis de desagregación tecnológica o de Compra de Inclusión, según corresponda, los que determinarán la proporción mínima de participación nacional o local de acuerdo a la metodología y parámetros determinados por el Instituto Nacional de Contratación Pública.

La máxima autoridad de la Entidad Contratante y los funcionarios que hubieren participado en la elaboración de los estudios, en la época en que éstos se contrataron y aprobaron, tendrán responsabilidad solidaria junto con los consultores o contratistas, si fuere del caso, por la validez de sus resultados y por los eventuales perjuicios que pudieran ocasionarse en su posterior aplicación.

Artículo 24.- Presupuesto. Las entidades previamente a la convocatoria, deberán certificar la disponibilidad presupuestaria y la existencia presente o futura de recursos suficientes para cubrir las obligaciones derivadas de la contratación.

El Reglamento establecerá las formas en que se conferirán las certificaciones o los mecanismos electrónicos para la verificación a que se refiere el inciso anterior.

Artículo 25.- Participación Nacional[17]**.** 1. Los pliegos contendrán criterios de valoración que incentiven y promuevan la participación local y nacional, mediante un margen de preferencia para los proveedores de obras, bienes y servicios, incluidos la consultoría, de origen local y nacional, de acuerdo a los parámetros determinados por la entidad encargada de la Contratación Pública.

2. En todos los procedimientos previstos en la presente ley, se preferirá al oferente de bienes, obras o servicios que incorpore mayor componente de origen ecuatoriano o a los actores de la Economía Popular y Solidaria y Micro, Pequeñas y Medianas Empresas, mediante la aplicación de mecanismos tales como: márgenes de preferencia proporcionales sobre las ofertas de otros proveedores, reserva de mercado, subcontratación preferente, entre otros.

Para la adquisición de bienes, obras o servicios no considerados de origen ecuatoriano de acuerdo a la regulación correspondiente se requerirá previamente la verificación de inexistencia en la oferta de origen ecuatoriano, mediante mecanismos ágiles que no demoren la contratación.

La entidad encargada de la contratación pública mediante la regulación correspondiente incluirá la obligación de transferencia de tecnología y de conocimiento en toda contratación de origen no ecuatoriano.

Para la aplicación de las medidas de preferencia se utilizará el siguiente orden de prelación:

1. Actores de la economía popular y solidaria;
2. Microempresas;
3. Pequeñas Empresas; y,
4. Medianas Empresas.

Estas medidas de preferencia se otorgarán siempre que su oferta se considere como de origen ecuatoriano de acuerdo con la regulación correspondiente.

Artículo 26.- Asociación para ofertar. En los procedimientos a los que se refiere esta Ley los oferentes inscritos en el RUP, sean personas naturales o jurídicas, podrán presentar sus ofertas individualmente, asociadas, o con compromiso de asociación o consorcio.

La participación de la consultoría extranjera, sea ésta de personas naturales o jurídicas, se limitará a los campos, actividades o áreas en cuyos componentes parciales o totales no existe capacidad técnica o experiencia de la consultoría nacional, determinadas por el Instituto Nacional de Contratación Pública.

Artículo 27.- Modelos obligatorios. Serán obligatorios los modelos y formatos de documentos pre contractuales, y la documentación mínima requerida para la realización de un procedimien-

---

17 Artículo modificado por artículo 4 de la Ley Orgánica Reformatoria emitida el 14 de octubre de 2013, que modifica la Ley Orgánica del Sistema Nacional de Contratación Pública de 2008.

to precontractual y contractual, que serán elaborados y oficializados por el Instituto Nacional de Contratación Pública, para lo cual podrá contar con la asesoría de la Procuraduría General del Estado y de la Contraloría General del Estado.

Artículo 28.- Uso de herramientas informáticas. Los procedimientos establecidos en esta Ley, se tramitarán preferentemente utilizando herramientas informáticas, de acuerdo a lo señalado en el Reglamento de esta Ley.

El Portal COMPRASPÚBLICAS deberá contar con seguridades informáticas que garanticen su correcto funcionamiento, con las pistas de auditoría correspondientes.

Artículo 29.- Compras corporativas. Con el objeto de conseguir mejores condiciones de contratación y aprovechar economías de escala, dos o más entidades podrán firmar convenios interinstitucionales con el fin de realizar en forma conjunta un procedimiento de selección único, para la adquisición de bienes, ejecución de obras de interés común o prestación de servicios incluidos los de consultoría.

Se observarán los procedimientos correspondientes de acuerdo al monto y naturaleza de la contratación.

Para la elaboración del convenio se observarán los modelos de uso obligatorio desarrollados por el Instituto Nacional de Contratación Pública.

Una vez culminado el proceso de selección, si la contratación fuera divisible, se suscribirán contratos independientes entre cada entidad y el o los adjudicatarios.

Artículo 30.- Vigencia de la oferta. Las ofertas se entenderán vigentes durante el tiempo que para el efecto prevean los Pliegos precontractuales. De no preverse el plazo de vigencia se entenderá que la oferta está vigente hasta la fecha de celebración del contrato, pudiendo prorrogarse el plazo previsto por disposición de la Entidad Contratante.

Artículo 31.- Divulgación, inscripción, aclaraciones y modificaciones de los pliegos. Los Pliegos contendrán toda la información requerida para participar en un proceso de provisión de obras, bienes o servicios, incluidos los de consultoría.

Los Pliegos contendrán toda la información técnica, económica y legal requerida en un proceso como planos, estudios, especificaciones técnicas, condiciones económicas, legales y contractuales.

Los Pliegos son públicos y su acceso es gratuito para cualquier persona a través del portal de COMPRASPÚBLICAS.

En ningún proceso de contratación, sea cual sea su monto o modalidad, se cobrará valor alguno por derecho de inscripción. Exclusivamente el oferente adjudicado, una vez recibida la notificación de adjudicación, pagará a la entidad el valor previsto en forma previa en los pliegos, y con el cual se cubra exclusivamente los costos de levantamiento de textos, reproducción y edición de los Pliegos, de ser el caso.

Los interesados podrán realizar preguntas y solicitar aclaraciones sobre los pliegos a la entidad convocante. Las preguntas, las aclaraciones, las respuestas y las modificaciones a los pliegos, en caso de existir, se publicarán en el portal COMPRASPÚBLICAS.

Los Pliegos establecerán el plazo y los procedimientos para formular las preguntas y aclaraciones y para obtener las respuestas correspondientes.

En los Pliegos deberá incluirse obligatoriamente un plazo de convalidación de errores de forma de la oferta, de conformidad con lo establecido en el Reglamento.

Artículo 32.- Adjudicación. La máxima autoridad de la Institución de acuerdo al proceso a seguir en base al tipo de contratación, adjudicará el contrato, al oferente cuya propuesta represente el mejor costo, de acuerdo a lo definido en los números 17, 18 y 19 del artículo 6 de esta Ley; y, a los parámetros objetivos de evaluación previstos en cada procedimiento.

Artículo 33.- Declaratoria de Procedimiento Desierto[18]**.** La máxima autoridad de la entidad contratante o su delegado, declarará desierto el procedimiento de manera total o parcial, en los siguientes casos:

a. Por no haberse presentado oferta alguna;

b. Por haber sido inhabilitadas todas las ofertas o la única presentada, de conformidad con la ley;

c. Por considerarse inconvenientes para los intereses nacionales o institucionales todas las ofertas o la única presentada. La declaratoria de inconveniencia deberá estar sustentada en razones económicas, técnicas o jurídicas;

d. Si una vez adjudicado el contrato, se encontrare que existe inconsistencia, simulación o inexactitud en la información presentada por el adjudicatario, detectada por la Entidad Contratante, la máxima autoridad de ésta o su delegado, de no existir otras ofertas calificadas que convengan técnica y económicamente a los intereses nacionales o institucionales, declarará desierto el procedimiento sin perjuicio del inicio de las acciones que correspondan en contra del adjudicatario fallido; y,

e. Por no celebrarse el contrato por causas imputables al adjudicatario, siempre que no sea posible adjudicar el contrato a otro oferente.

Una vez declarado desierto el procedimiento, la máxima autoridad o su delegado, podrá disponer su archivo o su reapertura.

La declaratoria definitiva de desierto cancelará el proceso de contratación y por consiguiente se archivará el expediente.

Podrá declararse el procedimiento desierto parcial, cuando se hubiere convocado a un proceso de contratación con la posibilidad de adjudicaciones parciales o por ítems.

La declaratoria de desierto o cancelación no dará lugar a ningún tipo de reparación o indemnización a los oferentes.

Artículo 34.- Cancelación del procedimiento. En cualquier momento entre la convocatoria y 24 horas antes de la fecha de presentación de las ofertas, la máxima autoridad de la entidad podrá declarar cancelado el procedimiento, sin que dé lugar a ningún tipo de reparación o indemnización, mediante acto administrativo motivado, en los siguientes casos:

1. De no persistir la necesidad, en cuyo caso se archivará el expediente;
2. Cuando sea necesario introducir una reforma sustancial que cambie el objeto de la contratación; en cuyo caso se deberá convocar a un nuevo procedimiento; y,
3. Por violación sustancial de un procedimiento precontractual.

Artículo 35.- Adjudicatarios fallidos[19]**.** Si el adjudicatario o los adjudicatarios no celebraren el contrato por causas que les sean imputables, la máxima autoridad de la entidad, declarará fallido al oferente o a los oferentes y notificará de esta condición al INCP.

El adjudicatario fallido será inhabilitado del RUP por el plazo de tres (3) años, tiempo durante el cual no podrá contratar con las Entidades Contratantes previstas en esta Ley.

Con la declaratoria de adjudicatario fallido, la máxima autoridad o su delegado, adjudicará el contrato al siguiente oferente según un orden de prelación, de convenir a los intereses nacionales o institucionales.

Si no es posible adjudicar el contrato al oferente según el orden de prelación, el procedimiento será declarado desierto por oferta fallida; en dicha declaratoria deberá constar de forma motivada los justificativos para la no adjudicación al segundo lugar.

Artículo 36.- Expediente del proceso de contratación. Las Entidades Contratantes deberán formar y mantener un expediente por cada contratación en el que constarán los documentos refe-

---

18 Artículo modificado por artículo 5 de la Ley Orgánica Reformatoria emitida el 14 de octubre de 2013, que modifica la Ley Orgánica del Sistema Nacional de Contratación Pública de 2008.

19 Artículo modificado por artículo 6 de la Ley Orgánica Reformatoria emitida el 14 de octubre de 2013, que modifica la Ley Orgánica del Sistema Nacional de Contratación Pública de 2008.

rentes a los hechos y aspectos más relevantes de sus etapas de preparación, selección, contratación, ejecución, así como en la fase pos contractual. El Reglamento establecerá las normas sobre su contenido, conformación y publicidad a través del portal de COMPRASPÚBLICAS.

SECCIÓN II.
SOBRE LA CONTRATACIÓN DE CONSULTORÍA

Artículo 37.- Ejercicio de la consultoría. La consultoría será ejercida por personas naturales o jurídicas, nacionales o extranjeras que, para celebrar contratos con las entidades sujetas a la presente Ley, deberán inscribirse en el Registro Único de Proveedores RUP.

La participación de consultores extranjeros, en los procesos de contratación pública, sean estos personas naturales o jurídicas, se limitará a los servicios, campos, actividades o áreas en cuyos componentes parcial o totalmente no exista capacidad técnica o experiencia de la consultoría nacional, certificadas por el Instituto Nacional de Contratación Pública quien para el efecto de proporcionar esta certificación deberá solicitar mediante aviso público la presentación de expresiones de interés de proveedores de bienes y servicios nacionales. Si en un plazo de ocho (8) días[20] de solicitada dicha expresión de interés no existen interesados nacionales, o los que manifiesten su interés no cumplen con la capacidad técnica o experiencia solicitada, entonces autorizará a la entidad el concurso de prestadores de servicios de consultoría extranjeros.

Esta autorización no impide que una vez iniciado el proceso contractual una persona natural o jurídica nacional participe del mismo.

Artículo 38.- Personas naturales que pueden ejercer la consultoría. Para que los consultores individuales, nacionales o extranjeros, puedan ejercer actividades de consultoría, deberán tener por lo menos título profesional de tercer nivel conferido por una institución de Educación Superior del Ecuador, o del extranjero, en cuyo caso deberá estar reconocido en el país conforme a la Ley.

Los consultores individuales extranjeros cuyos títulos no se encuentren registrados en el Ecuador que celebren contratos de consultoría cuyo plazo sea de hasta seis meses; deberán presentar el título profesional conferido por una entidad de educación superior del extranjero, igual tratamiento se dará al consultor individual nacional que haya obtenido el título de tercer nivel o cuarto nivel en el extranjero.

Artículo 39.- Personas jurídicas que pueden ejercer la consultoría. Para que una empresa nacional pueda ejercer actividades de consultoría, deberá estar constituida de conformidad con la Ley de Compañías y tener en su objeto social incluida esta actividad.

Las personas jurídicas extranjeras para ejercer actividades de consultoría demostrarán estar facultadas legalmente en el país de su constitución para ejercer y prestar servicios de consultoría. Para la ejecución de los contratos, dichas personas jurídicas deberán estar domiciliadas en el Ecuador de conformidad con lo previsto en la Ley de Compañías.

Las compañías extranjeras que se hubieren registrado como consultoras en el RUP no podrán ejercer en el país ninguna otra actividad que no sea la consultoría en los campos de su registro.

Las universidades y escuelas politécnicas, así como las fundaciones y corporaciones podrán ejercer la consultoría, de conformidad con las disposiciones legales o estatutarias que normen su existencia legal, siempre que tengan relación con temas de investigación o asesorías especializadas puntuales en las que demuestren su capacidad.

Para ejercer su actividad, las empresas consultoras contratarán y demostrarán que cuentan con consultores individuales, quienes deberán cumplir los requisitos previstos en esta Ley.

En todos los casos se privilegiará la contratación de profesionales ecuatorianos lo que será exigido por la institución contratante y por el INCP en los porcentajes definidos en el Reglamento a la Ley.

---

20 Plazo modificado por artículo 6 de la Ley Orgánica Reformatoria emitida el 14 de octubre de 2013, que modifica la Ley Orgánica del Sistema Nacional de Contratación Pública de 2008.

Artículo 40.- Montos y tipos de contratación. La celebración de contratos de consultoría se sujetará a las siguientes disposiciones:

1. Contratación directa: Cuando el presupuesto referencial del contrato sea inferior o igual al valor que resultare de multiplicar el coeficiente 0,000002 por el monto del presupuesto inicial del Estado del correspondiente ejercicio económico. La selección, calificación, negociación y adjudicación la realizará la máxima autoridad de la Entidad Contratante de acuerdo al procedimiento previsto en el Reglamento a la Ley;

2. Contratación mediante lista corta: Cuando el presupuesto referencial del contrato supere el fijado en el número anterior y sea inferior al valor que resulte de multiplicar el coeficiente 0,000015 por el monto del presupuesto inicial del Estado correspondiente al ejercicio económico; y,

3. Contratación mediante concurso público: Cuando el presupuesto referencial del contrato sea igual o superior al valor que resulte de multiplicar el coeficiente 0,000015 por el monto del Presupuesto Inicial del Estado del correspondiente ejercicio económico.

Las disposiciones que regulen los procedimientos precontractuales señalados en los números anteriores, constarán en el Reglamento de esta Ley.

Por presupuesto referencial del contrato se entenderá aquel que haya determinado la entidad, institución, dependencia, u organismo interesados, a la fecha de inicio del proceso.

Artículo 41.- Criterios de selección para consultoría. Los servicios de consultoría serán seleccionados sobre la base de criterios de calidad y costo. Las ofertas de consultoría serán presentadas en dos (2) sobres separados, el primero contendrá los aspectos técnicos sobre los que se evaluará la calidad y, el segundo, los aspectos económicos, sobre los que se calificará el costo.

Los procesos de selección se efectuarán entre consultores de la misma naturaleza; así entre consultores individuales, entre firmas consultoras, o entre organismos que puedan atender y estén en capacidad jurídica de prestar servicios de consultoría.

Los procedimientos de contratación incluirán las siguientes etapas: calificación, selección, negociación y adjudicación.

La calificación de la calidad de las propuestas de consultoría, se realizará sobre la base de lo previsto en los pliegos respectivos, debiendo tenerse en cuenta los siguientes requisitos, procedimientos y criterios:

1. Capacidad técnica y administrativa disponible;

2. Acreditar antecedentes y experiencia en la realización de trabajos similares, según la magnitud y complejidad de la contratación[21].

3. Antecedentes y experiencia demostrables del personal que será asignado a la ejecución del contrato;

4. Plan de trabajo, metodología propuesta y conocimiento probado de las condiciones generales, locales y particulares del proyecto materia de la consultoría;

5. Disponibilidad de los recursos, instrumentos y equipos necesarios para la realización de la consultoría; y,

6. Cuando intervengan empresas nacionales en asocio con empresas extranjeras, se tomarán en consideración, adicionalmente, los procedimientos y metodologías que ofrezca la consultoría extranjera para hacer efectiva una adecuada transferencia de tecnología, así como la mayor y mejor utilización de la capacidad técnica de profesionales ecuatorianos.

Una vez calificadas las ofertas técnicas, se procederá a la apertura de las ofertas económicas, las cuales serán asimismo objeto de revisión y calificación según el procedimiento que se determine en el Reglamento de esta Ley y sin que en ningún caso el costo tenga un porcentaje de incidencia superior al veinte (20%) por ciento, con relación al total de la calificación de la oferta.

---

21 Numeral modificado por artículo 9 de la Ley Orgánica Reformatoria emitida el 14 de octubre de 2013, que modifica la Ley Orgánica del Sistema Nacional de Contratación Pública de 2008.

Con el proponente que obtenga el mayor puntaje ponderado de la oferta técnica y económica, se procederá a la negociación de los términos técnicos y contractuales y a los ajustes económicos que se deriven de tal negociación.

Si no se llegare a un acuerdo, las negociaciones se darán por terminadas y comenzarán con el consultor calificado en el siguiente lugar, continuándose con el mismo procedimiento descrito en los incisos anteriores.

La adjudicación se realizará conforme lo indica el artículo 32 de esta Ley.

Artículo 42.- Comisión técnica. Para la realización de concursos públicos y contratación por lista corta, la dependencia, entidad u organismo respectivo conformará, en cada caso, una Comisión Técnica que tome a su cargo y responsabilidad el llevar adelante los procesos previstos para cada concurso, la que deberá actuar de conformidad con los pliegos aprobados para el efecto. De ser necesario se podrá conformar una o más subcomisiones de apoyo a la Comisión Técnica.

Corresponde a la máxima autoridad de cada dependencia o entidad que convoque al concurso de consultoría, aprobar en armonía con esta Ley y su Reglamento general, los Pliegos, Términos de Referencia, presupuesto referencial y demás documentos del concurso. Son atribuciones de la Comisión Técnica, calificar, seleccionar y negociar con los consultores oferentes.

En determinados casos, debido a la complejidad y magnitud de los trabajos de consultoría requeridos, la máxima autoridad de la Institución podrá convocar a procesos de precalificación de consultoría o presentación de manifestaciones de interés. El Reglamento a la presente Ley establecerá las normas para viabilizar estos procesos.

CAPÍTULO II.
PROCEDIMIENTOS DINÁMICOS

SECCIÓN I.
COMPRAS POR CATÁLOGO

Artículo 43.- Convenios marco. El Instituto Nacional de Contratación Pública efectuará periódicamente procesos de selección de proveedores con quienes se celebrará Convenios Marco en virtud de los cuales se ofertarán en el catálogo electrónico bienes y servicios normalizados a fin de que éstos sean adquiridos o contratados de manera directa por las Entidades Contratantes, sobre la base de parámetros objetivos establecidos en la normativa que para el efecto dicte el Instituto Nacional de Contratación Pública.

Artículo 44.- Catálogo electrónico del INCP. Como producto del Convenio Marco, el Instituto Nacional de Contratación Pública creará un catálogo electrónico disponible en el Portal COMPRASPÚBLICAS, desde el cual las Entidades Contratantes podrán realizar sus adquisiciones en forma directa.

Artículo 45.- Obligaciones de los proveedores. Los adjudicatarios quedarán obligados a proveer bienes y servicios normalizados de conformidad con las condiciones de plazo, precio, calidad, lugar de entrega y garantía establecidas para el período de duración del Convenio Marco. No obstante, los adjudicatarios podrán mejorar las condiciones establecidas, siguiendo el procedimiento que para el efecto se haya previsto en el Convenio Marco.

Artículo 46.- Obligaciones de las entidades contratantes. Las Entidades Contratantes deberán consultar el catálogo electrónico previamente a establecer procesos de adquisición de bienes y servicios. Solo en caso de que el bien o servicio requerido no se encuentre catalogado se podrá realizar otros procedimientos de selección para la adquisición de bienes o servicios, de conformidad con la presente Ley y su Reglamento.

Si cualquiera de las Entidades Contratantes obtuviere ofertas de mejor costo que las que consten publicadas en el catálogo electrónico, deberán informar al Instituto Nacional de Contratación Pública para que éste conozca y confirme que la oferta es mejor y adopte las medidas necesarias que permitan extender tales costos, mediante la celebración de Convenios Marco, al resto de Entidades Contratantes.

SECCIÓN II.
SUBASTA INVERSA

Artículo 47.- Subasta inversa. Para la adquisición de bienes y servicios normalizados que no consten en el catálogo electrónico, las Entidades Contratantes deberán realizar subastas inversas en las cuales los proveedores de bienes y servicios equivalentes, pujan hacia la baja el precio ofertado, en acto público o por medios electrónicos a través del Portal de COMPRASPÚBLICAS.

Los resultados de los procesos de adjudicación por subasta inversa serán publicados en el Portal COMPRASPÚBLICAS para que se realicen las auditorías correspondientes.

De existir una sola oferta técnica calificada o si luego de ésta un solo proveedor habilitado presenta su oferta económica inicial en el portal, no se realizará la puja y en su lugar se efectuará la sesión única de negociación entre la entidad contratante y el oferente. El único objetivo de la sesión será mejorar la oferta económica. Si después de la sesión de negociación se obtiene una oferta definitiva favorable a los intereses nacionales o institucionales, la entidad procederá a contratar con el único oferente[22].

El Reglamento a la presente Ley establecerá los procedimientos y normas de funcionamiento de las subastas inversas.

Para participar de cualquier mecanismo electrónico en el portal se tiene que estar registrado en el RUP.

CAPÍTULO III.
LICITACIÓN

Artículo 48.- Procedencia. La licitación es un procedimiento de contratación que se utilizará en los siguientes casos:

1. Si fuera imposible aplicar los procedimientos dinámicos previstos en el Capítulo II de este Título o, en el caso que una vez aplicados dichos procedimientos, éstos hubiesen sido declarados desiertos; siempre que el presupuesto referencial sobrepase el valor que resulte de multiplicar el coeficiente 0,000015 por el monto del Presupuesto inicial del Estado del correspondiente ejercicio económico;

2. Para contratar la adquisición de bienes o servicios no normalizados, exceptuando los de consultoría, cuyo presupuesto referencial sobrepase el valor que resulte de multiplicar el coeficiente 0,000015 por el monto del Presupuesto inicial del Estado del correspondiente ejercicio económico; y,

3. Para contratar la ejecución de obras, cuando su presupuesto referencial sobrepase el valor que resulte de multiplicar el coeficiente 0,00003 por el monto del Presupuesto inicial del Estado del correspondiente ejercicio económico.

Artículo 49.- De las fases preparatoria y precontractual. La fase preparatoria de todo procedimiento licitatorio comprende la conformación de la Comisión Técnica requerida para la tramitación de la licitación así como la elaboración de los pliegos.

La fase precontractual comprende la publicación de la convocatoria, el procedimiento de aclaraciones, observaciones y respuestas, contenidos y análisis de las ofertas, informes de evaluación hasta la adjudicación y notificación de los resultados de dicho procedimiento.

Las fases preparatoria y precontractual se regularán en el Reglamento de esta Ley.

---

22 Inciso incluido por artículo 10 de la Ley Orgánica Reformatoria emitida el 14 de octubre de 2013, que modifica la Ley Orgánica del Sistema Nacional de Contratación Pública de 2008.

CAPÍTULO IV.
COTIZACIÓN Y MENOR CUANTÍA

SECCIÓN I.
COTIZACIÓN Y MENOR CUANTÍA

Artículo 50.- Procedimiento de Cotización[23]**.** Este procedimiento, se utilizará en cualquiera de los siguientes casos:

1. Si fuera imposible aplicar los procedimientos dinámicos previstos en el Capítulo II de este Título o, en el caso que una vez aplicados dichos procedimientos, éstos hubiesen sido declarados desiertos; siempre que el presupuesto referencial oscile entre 0,000002 y 0,000015 del presupuesto inicial del Estado del correspondiente ejercicio económico;

2. La contratación para la ejecución de obras, cuyo presupuesto referencial oscile entre 0,000007 y 0,00003 del presupuesto inicial del Estado del correspondiente ejercicio económico; y,

3. La contratación para la adquisición de bienes y servicios no normalizados, exceptuando los de consultoría, cuyo presupuesto referencial oscile entre 0,000002 y 0,000015 del presupuesto inicial del Estado del correspondiente ejercicio económico.

En cualquiera de los casos previstos en los numerales anteriores, se invitará a presentar ofertas a todos los proveedores inscritos en el Registro Único de Proveedores.

Los pliegos serán aprobados por la máxima autoridad o el funcionario competente de la entidad contratante, y se adecuarán a los modelos obligatorios emitidos por el SERCOP en su calidad de organismo nacional responsable de la contratación pública.

Artículo 51.- Contrataciones de menor cuantía[24]**.** Se podrá contratar bajo este sistema en cualquiera de los siguientes casos:

1. Las contrataciones de bienes y servicios no normalizados, exceptuando los de consultoría cuyo presupuesto referencial sea inferior al 0,000002 del Presupuesto Inicial del Estado del correspondiente ejercicio económico;

2. Las contrataciones de obras, cuyo presupuesto referencial sea inferior al 0,000007 del Presupuesto Inicial del Estado del correspondiente ejercicio económico;

3. Si fuera imposible aplicar los procedimientos dinámicos previstos en el Capítulo II de este Título o, en el caso que una vez aplicados dichos procedimientos, éstos hubiesen sido declarados desiertos; siempre que el presupuesto referencial sea inferior al 0,000002 del Presupuesto Inicial del Estado del correspondiente ejercicio económico.

En los casos de los numerales 1 y 3 se podrá contratar directamente; para el efecto, se contará con al menos tres proformas, salvo el caso de manifiesta imposibilidad.

En el caso previsto en el numeral 2 se adjudicará el contrato a un proveedor registrado en el RUP escogido por sorteo público de entre los interesados en participar en dicha contratación. Aquellos proveedores que a la fecha de la publicación del procedimiento mantuvieran vigentes contratos de ejecución de obra, adjudicados a través del procedimiento de menor cuantía, cuyos montos individuales o acumulados igualaren o superaren el coeficiente establecido en el numeral 2 de este artículo, no podrán participar en procedimiento de menor cuantía de obras alguno hasta que hayan suscrito formalmente la recepción provisional de el o los contratos vigentes.

Si por efectos de la entrega recepción de uno o varios contratos el monto por ejecutar por otros contratos fuere inferior al coeficiente antes indicado, el proveedor será invitado y podrá participar en los procedimientos de menor cuantía de obras.

---

23 Artículo modificado por artículo 12 de la Ley Orgánica Reformatoria emitida el 14 de octubre de 2013, que modifica la Ley Orgánica del Sistema Nacional de Contratación Pública de 2008.

24 Artículo modificado por artículo 13 de la Ley Orgánica Reformatoria emitida el 14 de octubre de 2013, que modifica la Ley Orgánica del Sistema Nacional de Contratación Pública de 2008.

De requerirse pliegos, éstos serán aprobados por la máxima autoridad o el funcionario competente de la Entidad Contratante y se adecuarán a los modelos obligatorios emitidos por el Instituto Nacional de Contratación Pública.

Artículo 52.- Contratación Preferente[25]**.** En las contrataciones de bienes y servicios que se adquieren por procedimientos de cotización y menor cuantía, excepto los servicios de consultoría, se privilegiará la contratación con micro y pequeñas empresas, artesanos o profesionales, y sectores de la economía popular y solidaria, de manera individual o asociativa, preferentemente domiciliados en la circunscripción territorial en que se ejecutará el contrato, quienes deberán acreditar sus respectivas condiciones de conformidad con la normativa que los regulen.

Para la contratación de obra que se selecciona por procedimientos de cotización y menor cuantía, se privilegiará la contratación con profesionales, micro y pequeñas empresas, o sectores de la economía popular y solidaria, de manera individual o asociativa que estén habilitados en el RUP para ejercer esta actividad, y preferentemente domiciliados en la circunscripción territorial en que se ejecutará el contrato.

Solamente en caso de que no existiera en la circunscripción territorial del correspondiente gobierno, oferta de proveedores que acrediten las condiciones indicadas en los incisos anteriores, la máxima autoridad de la entidad contratante, mediante acto debidamente motivado, podrá contratar con proveedores de otra circunscripción territorial o del país en el mismo procedimiento, de lo cual se informará a través del portal correspondiente.

SECCIÓN II.
ÍNFIMA CUANTÍA[26]

Artículo. 52 bis. Contrataciones de ínfima cuantía. Se podrá contratar bajo este sistema en cualquiera de los siguientes casos:

1.- Las contrataciones para la adquisición de bienes o prestación de servicios no normalizados, exceptuando los de consultoría, cuya cuantía sea inferior a multiplicar el coeficiente 0,0000002 del presupuesto inicial del Estado del correspondiente ejercicio económico;

2.- Las contrataciones para la adquisición de bienes o prestación de servicios normalizados, exceptuando los de consultoría, que no consten en el catálogo electrónico y cuya cuantía sea inferior a multiplicar el coeficiente 0,0000002 del presupuesto inicial del Estado del correspondiente ejercicio económico; y,

3.- Las contrataciones de obras que tengan por objeto única y exclusivamente la reparación, refacción, remodelación, adecuación, mantenimiento o mejora de una construcción o infraestructura existente, cuyo presupuesto referencial sea inferior a multiplicar el coeficiente 0,0000002 del presupuesto inicial del Estado del correspondiente ejercicio económico. Para estos casos, no podrá considerarse en forma individual cada intervención, sino que la cuantía se calculará en función de todas las actividades que deban realizarse en el ejercicio económico sobre la construcción o infraestructura existente. En el caso de que el objeto de la contratación no sea el señalado en este numeral, se aplicará el procedimiento de menor cuantía.

Las contrataciones previstas en este artículo se realizarán de forma directa con un proveedor seleccionado por la entidad contratante, sin que sea necesario que esté habilitado en el Registro Único de Proveedores.

Estas contrataciones no podrán emplearse como medio de elusión de los procedimientos precontractuales; para el efecto, las entidades contratantes remitirán trimestralmente al organismo na-

---

25 Artículo modificado por artículo 14 de la Ley Orgánica Reformatoria emitida el 14 de octubre de 2013, que modifica la Ley Orgánica del Sistema Nacional de Contratación Pública de 2008.

26 Sección y artículo 52 bis añadidos por artículo 15 de la Ley Orgánica Reformatoria emitida el 14 de octubre de 2013, que modifica la Ley Orgánica del Sistema Nacional de Contratación Pública de 2008.

cional responsable de la contratación pública, un informe sobre el número de contrataciones realizadas por ínfima cuantía, así como los nombres de los contratistas.

Si el organismo nacional responsable de la contratación pública llegare a detectar una subdivisión de contratos o cualquier infracción a este artículo, lo pondrá en conocimiento de los organismos de control para que inicien las acciones pertinentes.

El reglamento a esta Ley establecerá los procedimientos para la aplicación de esta modalidad.

CAPÍTULO V.
PROCEDIMIENTOS ESPECIALES

SECCIÓN I.
CONTRATACIÓN INTEGRAL POR PRECIO FIJO

Artículo 53.- Procedencia. Para celebrar contratos de obra, podrá acordarse mediante resolución razonada de la máxima autoridad de la entidad, la celebración del Contrato Integral por precio fijo, cuando se cumplan de forma conjunta los siguientes requisitos:

1. Si del análisis previo a la resolución de la máxima autoridad, resulta más ventajosa esta modalidad con respecto a la contratación por precios unitarios;
2. Si se tratare de la ejecución de proyectos de infraestructura en los que fuere evidente el beneficio de consolidar en un solo contratista todos los servicios de provisión de equipo, construcción y puesta en operación;
3. Si el presupuesto referencial de dicha contratación sobrepasa el valor que resulte de multiplicar el coeficiente 0,1% por el monto del Presupuesto Inicial del Estado del correspondiente ejercicio económico; y,
4. Que la Entidad Contratante cuente con los estudios completos, definitivos y actualizados.

Se prohíbe en esta clase de contratos la celebración de contratos complementarios, la inclusión de fórmulas de reajustes de precios o cualquier otro mecanismo de variación de precios. El plazo de ejecución no será sujeto a modificaciones salvo exclusivamente en los casos de fuerza mayor o caso fortuito.

Los contratistas de esta modalidad contractual asumen todos los riesgos y responsabilidades por el cumplimiento del objeto del contrato en las condiciones acordadas.

Artículo 54.- Procedimiento de selección. La selección del contratista para la celebración de este tipo de contratos, se realizará por el procedimiento de Licitación previsto en el Capítulo III del Título III de esta Ley, sin que se puedan aplicar procedimientos especiales o de excepción.

Los oferentes deberán entregar el detalle y origen de los componentes de la obra y equipamiento acorde a las especificaciones técnicas requeridas para el fiel cumplimiento del proyecto. En la oferta se presentará el cronograma de la provisión, instalación y funcionamiento de los bienes y equipos; así como la puesta en operación del proyecto contratado.

Los pliegos contendrán criterios de valoración para incentivar el empleo de materiales, insumos, equipo y mano de obra de origen local o nacional.

Artículo 55.- Particularidades. En esta modalidad todos los componentes del proyecto deben contratarse bajo la modalidad de contrato integral por precio fijo.

Los contratos integrales por precio fijo admiten la posibilidad de incluir en su objeto el mantenimiento de los componentes del proyecto, aspecto que deberá contemplarse en el contrato.

La terminación por mutuo acuerdo de estos contratos procederá exclusivamente por causas de fuerza mayor o caso fortuito aducidas por el contratista y aceptadas por la Entidad Contratante; o señaladas por esta última. No se admitirán como causales de terminación por mutuo acuerdo circunstancias imprevistas, técnicas o económicas.

La Entidad Contratante declarará la terminación unilateral y anticipada de estos contratos en caso de incumplimiento del contratista; o cuando ante circunstancias de fuerza mayor o caso fortuito señaladas por la Entidad Contratante, el contratista no aceptare la terminación de mutuo acuerdo.

Artículo 56.- Supervisión. Este tipo de contratos estarán sujetos a la supervisión de la Entidad Contratante, que podrá ser realizada por sí misma o por terceros.

La supervisión vigilará que el contratista se rija a las especificaciones técnicas requeridas y a las obligaciones en cuanto a calidad y origen de los componentes de la obra, establecidos en el contrato.

SECCIÓN II.
CONTRATACIONES EN SITUACIONES DE EMERGENCIA

Artículo 57.- Procedimiento. Para atender las situaciones de emergencia definidas en el número 31 del artículo 6 de esta Ley, previamente a iniciarse el procedimiento, el Ministro de Estado o en general la máxima autoridad de la entidad deberá emitir resolución motivada que declare la emergencia, para justificar la contratación. Dicha resolución se publicará en el Portal COMPRASPÚBLICAS.

La entidad podrá contratar de manera directa, y bajo responsabilidad de la máxima autoridad, las obras, bienes o servicios, incluidos los de consultoría, que se requieran de manera estricta para superar la situación de emergencia. Podrá, inclusive, contratar con empresas extranjeras sin requerir los requisitos previos de domiciliación ni de presentación de garantías; los cuales se cumplirán una vez suscrito el respectivo contrato.

En todos los casos, una vez superada la situación de emergencia, la máxima autoridad de la Entidad Contratante publicará en el Portal COMPRASPÚBLICAS un informe que detalle las contrataciones realizadas y el presupuesto empleado, con indicación de los resultados obtenidos.

SECCIÓN III.
DE LA ADQUISICIÓN DE BIENES INMUEBLES

Artículo 58.- Procedimiento. Cuando la máxima autoridad de la institución pública haya resuelto adquirir un determinado bien inmueble, necesario para la satisfacción de las necesidades públicas, procederá a la declaratoria de utilidad pública o de interés social de acuerdo con la Ley.

Perfeccionada la declaratoria de utilidad pública o de interés social, se buscará un acuerdo directo entre las partes, hasta por el lapso máximo de noventa (90) días; sin perjuicio de la ocupación inmediata del inmueble[27].

Para este acuerdo, el precio se fijará, tanto para bienes ubicados en el sector urbano como en el sector rural, en función del avalúo realizado por la Dirección de Avalúos y Catastros de la Municipalidad en que se encuentren dichos bienes, que considerará los precios comerciales actualizados de la zona.

El precio que se convenga no podrá exceder del diez (10%) por ciento sobre dicho avalúo.

Se podrá impugnar el precio más no el acto administrativo, en vía administrativa.

El acuerdo y la correspondiente transferencia de dominio, se formalizarán en la respectiva escritura pública, que se inscribirá en el Registro de la Propiedad.

En el supuesto de que no sea posible un acuerdo directo se procederá al juicio de expropiación conforme al trámite previsto en el Código de Procedimiento Civil. El juez en su resolución está obligado a sujetarse al avalúo establecido por la Dirección de Avalúos y Catastros de la Municipalidad, sin perjuicio de que el propietario inicie las acciones que le franquea la Ley respecto de un eventual daño emergente[28].

---

27 Inciso modificado por artículo 16 de la Ley Orgánica Reformatoria emitida el 14 de octubre de 2013, que modifica la Ley Orgánica del Sistema Nacional de Contratación Pública de 2008.

28 Inciso modificado por artículo 16 de la Ley Orgánica Reformatoria emitida el 14 de octubre de 2013, que modifica la Ley Orgánica del Sistema Nacional de Contratación Pública de 2008

Para la transferencia de inmuebles adquiridos por declaratoria de utilidad pública, los dueños deberán tener cancelados todos los impuestos correspondientes a dicha propiedad, excepto el pago de la plusvalía y los que correspondan a la transferencia de dominio, que no se generarán en este tipo de adquisiciones. Si los tributos se mantuvieran impagos, del precio de venta, se los deducirá.

La adquisición de bienes inmuebles en el extranjero por parte del Estado o entidades del sector público ecuatoriano se someterá al Reglamento Especial que para el efecto se dicte.

En el caso de las municipalidades el procedimiento expropiatorio se regulará por las disposiciones de su propia Ley.

Para la transferencia de dominio de bienes inmuebles entre entidades del sector público, siempre y cuando llegaren a un acuerdo sobre aquella, no se requerirá de declaratoria de utilidad pública o interés social ni, en el caso de donación, de insinuación judicial. Se la podrá realizar por compraventa, permuta, donación, compensación de cuentas, traslado de partidas presupuestarias o de activos. En caso de que no haya acuerdo la entidad pública que expropia procederá conforme esta Ley. Para su trámite se estará a lo dispuesto en el Reglamento de esta Ley.

SECCIÓN IV.

DEL ARRENDAMIENTO DE BIENES INMUEBLES

Artículo 59.- Régimen. Los contratos de arrendamiento tanto para el caso en que el Estado o una institución pública tengan la calidad de arrendadora como arrendataria se sujetará a las normas previstas en el Reglamento de esta Ley.

CAPÍTULO VI.

FERIA INCLUSIVA[29]

Artículo 59 bis.- Feria Inclusiva. La Feria Inclusiva es un procedimiento que se utilizará preferentemente por toda entidad contratante, con el objeto de adquirir obras, bienes y servicios de producción nacional, catalogados o normalizados, no catalogados o no normalizados. En este procedimiento únicamente podrán participar, en calidad de proveedores los productores individuales, las organizaciones de la Economía Popular y Solidaria, las unidades económicas populares, los artesanos, las micro y pequeñas unidades productivas.

TÍTULO IV.

DE LOS CONTRATOS

CAPÍTULO I.

DE LAS CAPACIDADES, INHABILIDADES O NULIDADES

Artículo 60.- Carácter de los contratos. Los contratos a los que se refiere esta Ley celebrados por las Entidades Contratantes, son contratos administrativos.

Artículo 61.- Delegación. Si la máxima autoridad de la Entidad Contratante decide delegar la suscripción de los contratos a funcionarios o empleados de la entidad u organismos adscritos a ella o bien a funcionarios o empleados de otras entidades del Estado, deberá emitir la resolución respectiva sin que sea necesario publicarla en el Registro Oficial, debiendo darse a conocer en el Portal COMPRASPÚBLICAS.

Esta delegación no excluye las responsabilidades del delegante.

Para la suscripción de un contrato adjudicado no se requerirá de autorización previa alguna.

Artículo 62.- Inhabilidades generales. No podrán celebrar contratos previstos en esta Ley con las Entidades Contratantes:

---

29 Capítulo y artículo incluidos por artículo 17 de la Ley Orgánica Reformatoria emitida el 14 de octubre de 2013, que modifica la Ley Orgánica del Sistema Nacional de Contratación Pública de 2008.

1. Quienes se hallaren incursos en las incapacidades establecidas por el Código Civil, o en las inhabilidades generales establecidas en la Ley;

2. El Presidente, el Vicepresidente de la República, los ministros y secretarios de Estado, el Director Ejecutivo y demás funcionarios del Instituto Nacional de Contratación Pública, los legisladores, los presidentes o representantes legales de las Entidades Contratantes previstas en esta Ley, los prefectos y alcaldes; así como los cónyuges o parientes dentro del cuarto grado de consanguinidad y segundo de afinidad, de los dignatarios, funcionarios y servidores indicados en este numeral;

3. Los servidores públicos, esto es, funcionarios y empleados, que hubieren tenido directa o indirectamente vinculación en cualquier etapa del procedimiento de contratación o tengan un grado de responsabilidad en el procedimiento o que por sus actividades o funciones, se podría presumir que cuentan con información privilegiada;

4. Quienes consten suspendidos en el RUP;

5. Los que, no habiendo estado inhabilitados en el procedimiento precontractual, al momento de celebrar el contrato, lo estuvieren; y,

6. Los deudores morosos del Estado o sus instituciones.

Artículo 63.- Inhabilidades especiales. No podrán celebrar contratos con la Entidad Contratante:

1. Los consejeros provinciales, los concejales municipales y los vocales de las juntas parroquiales, en su respectiva jurisdicción;

2. Las personas naturales o jurídicas, incluidos sus representantes legales, que hubieren realizado los estudios, los diseños y los proyectos de ingeniería o arquitectura, que presenten algún tipo de vinculación respecto a los ejecutores de las obras; y, los que hubieren elaborado las especificaciones de los bienes a adquirirse; salvo que el contrato se refiera a fiscalización, supervisión, o actualización de los estudios, diseños o proyectos;

3. Los miembros de directorios u organismos similares o de la Comisión Técnica de la entidad convocante, sus cónyuges o parientes hasta el cuarto grado de consanguinidad y segundo de afinidad;

4. Los funcionarios, servidores o empleados que hayan intervenido en la etapa precontractual o contractual y que con su acción u omisión pudieren resultar favorecidos, su cónyuge o sus parientes hasta el cuarto grado de consanguinidad o segundo de afinidad, así como las personas jurídicas de derecho privado o sociedades de hecho en las que los indicados funcionarios, servidores o empleados, su cónyuge o sus parientes hasta el cuarto grado de consanguinidad y segundo de afinidad tengan participación, aún en el caso de que los referidos funcionarios, servidores o empleados hubieren renunciado a sus funciones; y,

5. Los que de manera directa hayan estado vinculados con la elaboración, revisión o aprobación de los pliegos, relacionados con el contrato a celebrarse.

Si se comprobare la intervención de un oferente inhábil, éste quedará eliminado del respectivo proceso precontractual, sin derecho a reclamo alguno.

Artículo 64.- Contratos celebrados contra expresa prohibición. Si se celebrare un contrato contra expresa prohibición de esta Ley, la máxima autoridad de la Entidad Contratante podrá declarar en forma anticipada y unilateral la terminación del contrato, sin que proceda reconocer indemnización alguna al contratista. A partir de la fecha en que se declare la terminación unilateral, la institución contratante se abstendrá de realizar cualquier pago en razón del contrato, salvo el que resultare de la liquidación que se practicará.

Si la celebración del contrato causare perjuicio económico a la Entidad Contratante, serán responsables solidarios el contratista y los funcionarios que hubieren tramitado y celebrado el contrato, sin perjuicio de la sanción administrativa y penal a que hubiere lugar.

Artículo 65.- Nulidad del contrato. Los contratos regidos por esta Ley serán nulos en los siguientes casos:

1. Por las causas generales establecidas en la Ley;

2. Por haberse prescindido de los procedimientos y las solemnidades legalmente establecidas; y,

3. Por haber sido adjudicados o celebrados por un órgano manifiestamente incompetente.

El Procurador General del Estado tan pronto tenga conocimiento de cualquiera de estas irregularidades, demandará la nulidad del contrato, sin perjuicio de las responsabilidades administrativa, civil o penal de los funcionarios o empleados por cuya culpa se hubiere causado la nulidad.

Artículo 66.- Denuncias. La denuncia sobre contratos celebrados con personas inhábiles o sobre aquellos que recayera alguna causa de nulidad, podrá presentarla cualquier persona al Procurador General del Estado acompañando los documentos probatorios del caso, para que se analice la procedencia de demandar la nulidad del contrato sin perjuicio de que se inicien las demás acciones civiles o penales a las que hubiere lugar.

Artículo 67.- Consorcios o asociaciones. En cualquier proceso precontractual previsto en esta Ley, pueden participar consorcios o asociaciones de personas naturales y/o jurídicas, constituidos o por constituirse, en este último caso presentando el compromiso de asociación o consorcio correspondiente. Sin embargo, para la celebración de los contratos con una asociación o consorcio será requisito previo la presentación de la escritura pública mediante la cual se haya celebrado el contrato de asociación o consorcio, escritura en la que debe constar la designación de un apoderado.

Las escrituras de constitución y disolución de la asociación o consorcio deberán contener los requisitos establecidos en el Reglamento de esta Ley.

CAPÍTULO II.

DE LOS REQUISITOS Y FORMA DE LOS CONTRATOS

Artículo 68.- Requisitos de los contratos. Son requisitos para la celebración de los contratos, los siguientes:

1. La competencia del órgano de contratación;
2. La capacidad del adjudicatario;
3. La existencia de disponibilidad presupuestaria y de los recursos financieros necesarios para el cumplimiento de las obligaciones; y,
4. La formalización del contrato, observando el debido proceso y los requisitos constantes en la presente Ley y su Reglamento.

Artículo 69.- Suscripción de contratos. Los contratos que por su naturaleza o expreso mandato de la Ley lo requieran se formalizarán en escritura pública dentro del término de quince (15) días desde la notificación de la adjudicación. Los contratos cuya cuantía sea igual o superior a la base prevista para la licitación se protocolizarán ante Notario Público. Los gastos derivados del otorgamiento del contrato son de cuenta del contratista.

Las contrataciones que se realicen por el sistema de catálogo se formalizarán con la orden de compra y el acta de entrega.

Las contrataciones de menor cuantía se instrumentarán con la factura correspondiente, sin perjuicio de que se puedan elaborar documentos que contengan las obligaciones particulares que asuman las partes.

Los demás contratos se otorgarán por documento suscrito entre las partes sin necesidad de escritura pública.

Para la suscripción del contrato, será requisito previo la rendición de las garantías correspondientes.

Cuando por causas imputables al adjudicatario no se suscriba el contrato dentro del término correspondiente, la entidad deberá declararlo como adjudicatario fallido y disponer su suspensión del RUP. De existir ofertas habilitadas, la entidad, de convenir a sus intereses, adjudicará el contrato al oferente que hubiera presentado la siguiente oferta de mejor costo.

Si el contrato no se celebrare por causas imputables a la Entidad Contratante, el adjudicatario podrá demandar la correspondiente indemnización de los daños y perjuicios o reclamar administrativamente los gastos en que ha incurrido, siempre que se encuentren debida y legalmente comprobados. La entidad a su vez deberá repetir contra el o los funcionarios o empleados responsables.

En ningún caso se podrá iniciar la ejecución del contrato sin la previa celebración o formalización de los instrumentos expuestos en este artículo.

Artículo 70.- Administración del contrato. Los contratos contendrán estipulaciones específicas relacionadas con las funciones y deberes de los administradores del contrato, así como de quienes ejercerán la supervisión o fiscalización.

En el expediente se hará constar todo hecho relevante que se presente en la ejecución del contrato, de conformidad a lo que se determine en el Reglamento. Especialmente se referirán a los hechos, actuaciones y documentación relacionados con pagos; contratos complementarios; terminación del contrato; ejecución de garantías; aplicación de multas y sanciones; y, recepciones.

Artículo 71.- Cláusulas obligatorias. En los contratos sometidos a esta Ley se estipulará obligatoriamente cláusulas de multas, así como una relacionada con el plazo en que la entidad deberá proceder al pago del anticipo, en caso de haberlo; el que no podrá exceder del término de treinta (30) días.

Las multas se impondrán por retardo en la ejecución de las obligaciones contractuales conforme al cronograma valorado, así como por incumplimientos de las demás obligaciones contractuales, las que se determinarán en relación directa con el monto total del contrato y por cada día de retraso.

Las multas impuestas al contratista pueden ser impugnadas en sede administrativa, a través de los respectivos recursos, o en sede judicial o arbitral.

Artículo 72. Contratos modificatorios para enmendar casos de errores.- Para corregir errores manifiestos de hecho, de trascripción o de cálculo que se hubieren producido de buena fe en las cláusulas contractuales, las entidades podrán celebrar contratos modificatorios que enmienden los errores encontrados.

CAPÍTULO III.
DE LAS GARANTÍAS

Artículo 73.- Formas de garantías. En los contratos a que se refiere esta Ley, los contratistas podrán rendir cualquiera de las siguientes garantías:

1. Garantía incondicional, irrevocable y de cobro inmediato, otorgada por un banco o institución financiera establecidos en el país o por intermedio de ellos;

2. Fianza instrumentada en una póliza de seguros, incondicional e irrevocable, de cobro inmediato, emitida por una compañía de seguros establecida en el país;

3. Primera hipoteca de bienes raíces, siempre que el monto de la garantía no exceda del sesenta (60%) por ciento del valor del inmueble hipotecado, según el correspondiente avalúo catastral correspondiente;

4. Depósitos de bonos del Estado, de las municipalidades y de otras instituciones del Estado, certificaciones de la Tesorería General de la Nación, cédulas hipotecarias, bonos de prenda, Notas de crédito otorgadas por el Servicio de Rentas Internas, o valores fiduciarios que hayan sido calificados por el Directorio del Banco Central del Ecuador. Su valor se computará de acuerdo con su cotización en las bolsas de valores del país, al momento de constituir la garantía. Los intereses que produzcan pertenecerán al proveedor; y,

5. Certificados de depósito a plazo, emitidos por una institución financiera establecida en el país, endosados por valor en garantía a la orden de la Entidad Contratante y cuyo plazo de vigencia sea mayor al estimado para la ejecución del contrato.

No se exigirán las garantías establecidas por la presente Ley para los contratos referidos en el número 8 del artículo 2 de esta Ley.

Para hacer efectiva la garantía, la Entidad Contratante tendrá preferencia sobre cualquier otro acreedor, sea cual fuere la naturaleza del mismo y el título en que se funde su pretensión.

Las garantías otorgadas por bancos o instituciones financieras y las pólizas de seguros establecidas en los numerales 1 y 2 del presente artículo, no admitirán cláusula alguna que establezca trámite administrativo previo, bastando para su ejecución, el requerimiento por escrito de la entidad beneficiaria de la garantía. Cualquier cláusula en contrario, se entenderá como no escrita. En caso de incumplimiento, el banco, la institución financiera o la compañía aseguradora, será inhabilitada en el Sistema Nacional de Contratación Pública por el organismo responsable, hasta el cumplimiento de su obligación. En caso de reincidencia será inhabilitada por dos (2) años[30].

Artículo 74.- Garantía de fiel cumplimiento. Para seguridad del cumplimiento del contrato y para responder por las obligaciones que contrajeren a favor de terceros, relacionadas con el contrato, el adjudicatario, antes o al momento de la firma del contrato, rendirá garantías por un monto equivalente al cinco (5%) por ciento del valor de aquel. En los contratos de obra, así como en los contratos integrales por precio fijo, esta garantía se constituirá para garantizar el cumplimiento del contrato y las obligaciones contraídas a favor de terceros y para asegurar la debida ejecución de la obra y la buena calidad de los materiales, asegurando con ello las reparaciones o cambios de aquellas partes de la obra en la que se descubran defectos de construcción, mala calidad o incumplimiento de las especificaciones, imputables al proveedor.

En los contratos de obra o en la contratación de servicios no normalizados, si la oferta económica adjudicada[31] fuese inferior al presupuesto referencial en un porcentaje igual o superior al diez (10%) por ciento de éste, la garantía de fiel cumplimiento deberá incrementarse en un monto equivalente al veinte (20%) por ciento de la diferencia entre el presupuesto referencial y la cuantía del contrato.

Tales cauciones podrán constituirse mediante la entrega de las garantías contempladas en los números: 1, 2; y, 5 del artículo 73 de esta Ley.

No se exigirá este tipo de garantía en los contratos de compraventa de bienes inmuebles y de adquisición de bienes muebles que se entreguen al momento de efectuarse el pago.

Tampoco se exigirá esta garantía en los contratos cuya cuantía sea menor a multiplicar el coeficiente 0.000002[32] por el Presupuesto Inicial del Estado del correspondiente ejercicio económico.

Con cargo a la garantía de fiel cumplimiento se podrá efectivizar las multas que le fueren impuestas al contratista.

Artículo 75.- Garantía por anticipo. Si por la forma de pago establecida en el contrato, la Entidad Contratante debiera otorgar anticipos de cualquier naturaleza, sea en dinero, giros a la vista u otra forma de pago, el contratista para recibir el anticipo, deberá rendir previamente garantías por igual valor del anticipo, que se reducirán en la proporción que se vaya amortizando aquél o se reciban provisionalmente las obras, bienes o servicios. Las cartas de crédito no se considerarán anticipo si su pago está condicionado a la entrega - recepción de los bienes u obras materia del contrato.

El monto del anticipo lo regulará la Entidad Contratante en consideración de la naturaleza de la contratación.

Artículo 76.- Garantía técnica para ciertos bienes. En los contratos de adquisición, provisión o instalación de equipos, maquinaria o vehículos, o de obras que contemplen aquella provisión o instalación, para asegurar la calidad y buen funcionamiento de los mismos, se exigirá, además, al momento de la suscripción del contrato y como parte integrante del mismo, una garant-

---

30 Inciso modificado por artículo 18 de la Ley Orgánica Reformatoria emitida el 14 de octubre de 2013, que modifica la Ley Orgánica del Sistema Nacional de Contratación Pública de 2008.

31 Palabra modificada por artículo 19 de la Ley Orgánica Reformatoria emitida el 14 de octubre de 2013, que modifica la Ley Orgánica del Sistema Nacional de Contratación Pública de 2008.

32 Cuantía modificada por artículo 19 de la Ley Orgánica Reformatoria emitida el 14 de octubre de 2013, que modifica la Ley Orgánica del Sistema Nacional de Contratación Pública de 2008.

ía del fabricante, representante, distribuidor o vendedor autorizado, la que se mantendrá vigente de acuerdo con las estipulaciones establecidas en el contrato.

Estas garantías son independientes y subsistirán luego de cumplida la obligación principal.

De no presentarse esta garantía, el contratista entregará una de las previstas en esta Ley por igual valor del bien a suministrarse, de conformidad con lo establecido en los pliegos y en el contrato.

Cualquiera de estas garantías entrará en vigencia a partir de la entrega recepción del bien.

Artículo 77.- Devolución de las garantías. En los contratos de ejecución de obras, la garantía de fiel cumplimiento se devolverá al momento de la entrega recepción definitiva, real o presunta. En los demás contratos, las garantías se devolverán a la firma del acta recepción única o a lo estipulado en el contrato.

CAPÍTULO IV.
DE LA CESIÓN Y SUBCONTRATACIÓN

Artículo 78.- Cesión de los contratos. El contratista está prohibido de ceder los derechos y obligaciones emanados del contrato.

Artículo 79.- Subcontratación. El contratista podrá subcontratar la ejecución parcial del contrato con personas naturales o jurídicas registradas en el RUP, bajo su riesgo y responsabilidad.

Tratándose de subcontratación de consultoría, ésta sólo podrá realizarse para las actividades que expresamente se establezcan en los pliegos y que conste en la oferta adjudicada.

Las subcontrataciones no se las podrá realizar con personas inhabilitadas para contratar de acuerdo con esta Ley, ni podrán superar el treinta (30%) por ciento del monto del contrato reajustado.

Por la subcontratación, el contratista no pierde su responsabilidad respecto a la obligación de cumplimiento del contrato para con la Entidad Contratante, la que no asume responsabilidad principal ni solidaria o subsidiaria con el subcontratado y con su personal.

Las subcontrataciones que realicen las entidades previstas en el numeral 8 del artículo 2 de esta Ley en calidad de contratistas, observarán los procedimientos de selección previstos en esta Ley.

CAPÍTULO V.
DE LA ADMINISTRACIÓN DEL CONTRATO

Artículo 80.- Responsable de la administración del contrato. El supervisor y el fiscalizador del contrato son responsables de tomar todas las medidas necesarias para su adecuada ejecución, con estricto cumplimiento de sus cláusulas, programas, cronogramas, plazos y costos previstos.

Esta responsabilidad es administrativa, civil y penal según corresponda.

CAPÍTULO VI.
DE LAS RECEPCIONES Y LA LIQUIDACIÓN

Artículo 81.- Clases de recepción. En los contratos de adquisición de bienes y de prestación de servicios, incluidos los de consultoría, existirá una sola recepción, que se producirá de conformidad con lo establecido en el contrato y tendrá los efectos de recepción definitiva. Producida la recepción se devolverán las garantías otorgadas, a excepción de la garantía técnica.

En los contratos de ejecución de obra, así como en los contratos integrales por precio fijo existirán una recepción provisional y una definitiva.

Sin perjuicio de lo señalado en los incisos anteriores, en las contrataciones en que se pueda receptar las obras, bienes o servicios por etapas o de manera sucesiva, podrán efectuarse recepciones parciales.

En los casos en los que ante la solicitud del contratista, la Entidad Contratante no formulare ningún pronunciamiento ni iniciare la recepción dentro de los períodos determinados en el Reglamento de esta Ley, se considerará que tal recepción se ha efectuado de pleno derecho, para cuyo efecto un Juez de lo Civil o un Notario Público, a solicitud del contratista notificará obligatoriamente que dicha recepción se produjo; la negativa del funcionario será causal de sanción por parte del Consejo de la Judicatura. La recepción presunta definitiva producirá como único efecto la terminación del contrato, dejando a salvo los derechos de las partes a la liquidación técnico económica correspondiente[33].

La entidad contratante declarará la recepción presunta a su favor, respecto de los contratistas de obras, adquisición de bienes o servicios, incluidos los de consultoría, en el caso de que éstos se negaren expresamente a suscribir las actas de entrega recepción previstas, o si no las suscribieren en el término de diez días, contado desde el requerimiento formal de la entidad contratante. La recepción presunta por parte de la entidad contratante, la realizará la máxima autoridad o su delegado mediante resolución motivada, que será notificada al contratista de conformidad con el procedimiento establecido en el Reglamento de esta Ley[34].

CAPÍTULO VII.
DEL REAJUSTE DE PRECIOS

Artículo 82.- Sistema de reajuste. Los contratos de ejecución de obras, adquisición de bienes o de prestación de servicios, a que se refiere esta Ley, cuya forma de pago corresponda al sistema de precios unitarios, se sujetarán al sistema de reajuste de precios de conformidad con lo previsto en el Reglamento a esta Ley. Serán también reajustables los contratos de consultoría que se suscribieran bajo cualquier modalidad.

Artículo 83.- Índices. Para la aplicación de las fórmulas, los precios e índices de precios serán proporcionados por el Instituto Nacional de Estadísticas y Censos (INEC), mensualmente, dentro de los diez (10) días del mes siguiente, de acuerdo con su propia reglamentación. Para estos efectos, la Instituto Nacional de Contratación Pública mantendrá permanente coordinación con el INEC.

Si por la naturaleza del contrato, el Instituto Nacional de Estadísticas y Censos no pudiere proporcionar los precios e índices de precios, la respectiva entidad, solicitará al INEC la calificación de aquellos, tomándolos de publicaciones especializadas. El INEC, en el término de cinco (5) días contado desde la recepción de la solicitud, calificará la idoneidad de los precios e índices de precios de dichas publicaciones especializadas propuestas. En caso de que dicho instituto no lo haga en el término señalado, se considerarán calificados tales precios e índice de precios, para efectos de su inclusión en la fórmula polinómica, bajo la responsabilidad de la entidad.

Artículo 84.- Contratos integrales por precio fijo. No serán aplicables las disposiciones contenidas en este Capítulo a los contratos integrales por precio fijo.

CAPÍTULO VIII.
DE LOS CONTRATOS COMPLEMENTARIOS

Artículo 85.- Obras y servicios complementarios. En el caso de que fuere necesario ampliar, modificar o complementar una obra o servicio determinado por causas imprevistas o técnicas, debidamente motivadas, presentadas con su ejecución, el Estado o la Entidad Contratante podrá celebrar con el mismo contratista, sin licitación o concurso, contratos complementarios que requiera la atención de las modificaciones antedichas, siempre que se mantengan los precios de los rubros del contrato original, reajustados a la fecha de celebración del respectivo contrato complementario.

---

33 Inciso modificado por artículo 20 de la Ley Orgánica Reformatoria emitida el 14 de octubre de 2013, que modifica la Ley Orgánica del Sistema Nacional de Contratación Pública de 2008.

34 Inciso añadido por artículo 20 de la Ley Orgánica Reformatoria emitida el 14 de octubre de 2013, que modifica la Ley Orgánica del Sistema Nacional de Contratación Pública de 2008.

Artículo 86.- Creación de rubros nuevos. Si para la adecuada ejecución de una obra o prestación de un servicio, por motivos técnicos, fuere necesaria la creación de nuevos rubros, podrá celebrarse contratos complementarios dentro de los porcentajes previstos en el artículo siguiente.

Para el pago de los rubros nuevos se estará a los precios referenciales actualizados de la Entidad Contratante, si los tuviere; en caso contrario, se los determinará de mutuo acuerdo entre las partes.

Artículo 87.- Normas para la aplicación de los contratos complementarios[35]**.** La suma total de las cuantías de los contratos complementarios no podrá exceder del treinta y cinco por ciento (35%) del valor actualizado o reajustado del contrato principal.

Para el caso de obras, la indicada suma total se computará de la siguiente manera:

1. Para el caso de diferencia de cantidades se utilizará el artículo 88 de la presente Ley.
2. Para el caso de rubros nuevos se empleará el artículo 89 de esta Ley.
3. Si se sobrepasa los porcentajes previstos en los artículos señalados en los numerales que preceden será necesario tramitar los contratos complementarios que se requieran, siempre que éstos no excedan del treinta y cinco por ciento (35%) del valor actualizado o reajustado del contrato principal.

La suma total de los contratos complementarios, órdenes de trabajo y diferencia en cantidades a los que se refiere este capítulo, para el caso de obras, en ningún caso excederá del setenta por ciento (70%) del valor actualizado o reajustado del contrato principal.

El valor de los contratos complementarios de consultoría no podrá exceder del setenta por ciento (70%) del valor actualizado o reajustado del contrato principal

El contratista deberá rendir garantías adicionales de conformidad con esta Ley.

En los contratos complementarios a los que se refieren los dos artículos precedentes constarán la correspondiente fórmula o fórmulas de reajuste de precios, de ser el caso.

En los contratos complementarios se podrá contemplar el pago de anticipos en la misma proporción prevista en el contrato original.

No procede la celebración de contratos complementarios para los de adquisiciones de bienes sujetos a esta Ley.

En todos los casos, en forma previa a la suscripción de los contratos complementarios, se requerirá la verificación presupuestaria correspondiente.

Artículo 88.- Diferencia en cantidades de obra[36]**.** Si al ejecutarse la obra de acuerdo con los planos y especificaciones del contrato se establecieren diferencias entre las cantidades reales y las que constan en el cuadro de cantidades estimadas en el contrato, la entidad podrá ordenar y pagar directamente sin necesidad de contrato complementario, hasta el veinticinco (25%) por ciento del valor reajustado del contrato, siempre que no se modifique el objeto contractual. A este efecto, bastará dejar constancia del cambio en un documento suscrito por las partes.

Artículo 89.- Órdenes de trabajo. La Entidad Contratante podrá disponer, durante la ejecución de la obra, hasta del diez (10%) por ciento del valor actualizado o reajustado del contrato principal, para la realización de rubros nuevos, mediante órdenes de trabajo y empleando la modalidad de costo más porcentaje. En todo caso, los recursos deberán estar presupuestados de conformidad con la presente Ley.

Las órdenes de trabajo contendrán las firmas de las partes y de la fiscalización.

Artículo 90.- Certificación de recursos. Para todos aquellos casos en que la Entidad Contratante decida contraer obligaciones de erogación de recursos por efecto de contratos complementarios, obras adicionales u órdenes de trabajo, de manera previa a su autorización deberá contarse con la respectiva certificación de existencia de recursos para satisfacer tales obligaciones.

---

35 Artículo modificado por artículo 23 de la Ley Orgánica Reformatoria emitida el 14 de octubre de 2013, que modifica la Ley Orgánica del Sistema Nacional de Contratación Pública de 2008.

36 Artículo modificado por artículo 23 de la Ley Orgánica Reformatoria emitida el 14 de octubre de 2013, que modifica la Ley Orgánica del Sistema Nacional de Contratación Pública de 2008.

Artículo 91.- Contratos complementarios en la modalidad integral por precio fijo. No serán aplicables las disposiciones contenidas en este capítulo a los contratos integrales por precio fijo.

CAPÍTULO IX.
DE LA TERMINACIÓN DE LOS CONTRATOS

Artículo 92.- Terminación de los contratos. Los contratos terminan:

1. Por cumplimiento de las obligaciones contractuales;
2. Por mutuo acuerdo de las partes;
3. Por sentencia o laudo ejecutoriados que declaren la nulidad del contrato o la resolución del mismo a pedido del contratista;
4. Por declaración unilateral del contratante, en caso de incumplimiento del contratista; y,
5. Por muerte del contratista o por disolución de la persona jurídica contratista que no se origine en decisión interna voluntaria de los órganos competentes de tal persona jurídica.

Los representantes legales de las personas jurídicas cuya disolución se tramita están obligados, bajo su responsabilidad personal y solidaria, a informar a la autoridad a la que compete aprobar la disolución, sobre la existencia de contratos que aquellas tengan pendientes con las Entidades Contratantes previstas en esta Ley, y a comunicar a las Entidades Contratantes respectivas sobre la situación y causales de disolución.

Para los indicados casos de disolución de personas jurídicas, antes de expedir la resolución que la declare, la autoridad correspondiente deberá comunicar sobre el particular al Instituto Nacional de Contratación Pública, para que éstos, en el término de diez (10) días, informen si la persona jurídica cuya disolución se tramita no tiene contratos pendientes con las entidades sujetas a esta Ley o precise cuáles son ellos.

Con la contestación del Instituto Nacional de Contratación Pública o vencido el antedicho término, se dará trámite a la resolución, sin perjuicio de la responsabilidad de los funcionarios o empleados que incumplieron su deber de informar.

De existir contratos pendientes de la persona jurídica frente al Estado o Entidades Contratantes, el Instituto Nacional de Contratación Pública informará sobre aquellos a la Entidad Contratante, a la autoridad a la que competa aprobar la disolución y a la Procuraduría General del Estado, para que en el proceso de liquidación adopten las acciones conducentes a precautelar y defender los intereses públicos.

Artículo 93.- Terminación por mutuo acuerdo. Cuando por circunstancias imprevistas, técnicas o económicas, o causas de fuerza mayor o caso fortuito, no fuere posible o conveniente para los intereses de las partes, ejecutar total o parcialmente, el contrato, las partes podrán, por mutuo acuerdo, convenir en la extinción de todas o algunas de las obligaciones contractuales, en el estado en que se encuentren.

La terminación por mutuo acuerdo no implicará renuncia a derechos causados o adquiridos en favor de la Entidad Contratante o del contratista.

Dicha entidad no podrá celebrar contrato posterior sobre el mismo objeto con el mismo contratista.

Artículo 94.- Terminación unilateral del contrato. La Entidad Contratante podrá declarar terminada anticipada y unilateralmente los contratos a que se refiere esta Ley, en los siguientes casos:

1. Por incumplimiento del contratista;
2. Por quiebra o insolvencia del contratista;
3. Si el valor de las multas supera el monto de la garantía de fiel cumplimiento del contrato;
4. Por suspensión de los trabajos, por decisión del contratista, por más de sesenta (60) días, sin que medie fuerza mayor o caso fortuito;
5. Por haberse celebrado contratos contra expresa prohibición de esta Ley;
6. En los demás casos estipulados en el contrato, de acuerdo con su naturaleza; y,

7. La Entidad Contratante también podrá declarar terminado anticipada y unilateralmente el contrato cuando, ante circunstancias técnicas o económicas imprevistas o de caso fortuito o fuerza mayor, debidamente comprobadas, el contratista no hubiere accedido a terminar de mutuo acuerdo el contrato. En este caso, no se ejecutará la garantía de fiel cumplimiento del contrato ni se inscribirá al contratista como incumplido.

En este último caso, el contratista tiene la obligación de devolver el monto del anticipo no amortizado en el término de treinta (30) días de haberse notificado la terminación unilateral del contrato en la que constará la liquidación del anticipo, y en caso de no hacerlo en término señalado, la entidad procederá a la ejecución de la garantía de Buen Uso del Anticipo por el monto no devengado. El no pago de la liquidación en el término señalado, dará lugar al pago de intereses desde la fecha de notificación; intereses que se imputará a la garantía de fiel cumplimiento del contrato.

Artículo 95.- Notificación y trámite. Antes de proceder a la terminación unilateral, la Entidad Contratante notificará al contratista, con la anticipación de diez (10) días término, sobre su decisión de terminarlo unilateralmente. Junto con la notificación, se remitirán los informes técnico y económico, referentes al cumplimiento de las obligaciones de la Entidad Contratante y del contratista. La notificación señalará específicamente el incumplimiento o mora en que ha incurrido el contratista de acuerdo al artículo anterior y le advertirá que de no remediarlo en el término señalado, se dará por terminado unilateralmente el contrato.

Si el contratista no justificare la mora o no remediare el incumplimiento, en el término concedido, la Entidad Contratante podrá dar por terminado unilateralmente el contrato, mediante resolución de la máxima autoridad de la Entidad Contratante, que se comunicará por escrito al contratista y se publicará en el portal institucional del Servicio Nacional de Contratación Pública SERCOP. La resolución de terminación unilateral no se suspenderá por la interposición de reclamos o recursos administrativos, demandas contencioso administrativas, arbitrales o de cualquier tipo o de acciones de amparo de parte del contratista. Tampoco se admitirá acciones constitucionales contra las resoluciones de terminación unilateral del contrato, porque se tienen mecanismos de defensas adecuados y eficaces para proteger los derechos derivados de tales resoluciones, previstos en la Ley[37].

Los contratistas no podrán aducir que la Entidad Contratante está en mora del cumplimiento de sus obligaciones económicas en el caso de que el anticipo que les fuere entregado en virtud del contrato no se encontrare totalmente amortizado. La forma de calcular la amortización del anticipo constará en el Reglamento respectivo.

Solo se aducirá mora en el cumplimiento de las obligaciones económicas de la Entidad Contratante cuando esté amortizado totalmente el anticipo entregado al contratista, y éste mantenga obligaciones económicas pendientes de pago.

La declaración unilateral de terminación del contrato dará derecho a la Entidad Contratante a establecer el avance físico de las obras, bienes o servicios, su liquidación financiera y contable, a ejecutar las garantías de fiel cumplimiento y, si fuere del caso, en la parte que corresponda, la garantía por el anticipo entregado debidamente reajustados hasta la fecha de terminación del contrato, teniendo el contratista el plazo término de diez (10) días para realizar el pago respectivo. Si vencido el término señalado no efectúa el pago, deberá cancelar el valor de la liquidación más los intereses fijados por el Directorio del Banco Central del Ecuador, los que se calcularán hasta la fecha efectiva del pago.

La Entidad Contratante también tendrá derecho a demandar la indemnización de los daños y perjuicios, a que haya lugar.

---

37 Inciso modificado por artículo 22 de la Ley Orgánica Reformatoria emitida el 14 de octubre de 2013, que modifica la Ley Orgánica del Sistema Nacional de Contratación Pública de 2008.

Una vez declarada la terminación unilateral, la Entidad Contratante podrá volver a contratar inmediatamente el objeto del contrato que fue terminado, de manera directa, de conformidad con el procedimiento que se establezca en el reglamento de aplicación de esta Ley[38].

Artículo 96.- Terminación por causas imputables a la entidad contratante. El contratista podrá demandar la resolución del contrato, por las siguientes causas imputables a la Entidad Contratante:

1. Por incumplimiento de las obligaciones contractuales por más de sesenta (60) días;
2. Por la suspensión de los trabajos por más de sesenta (60) días, dispuestos por la entidad sin que medie fuerza mayor o caso fortuito;
3. Cuando los diseños definitivos sean técnicamente inejecutables o no se hubieren solucionado defectos de ellos, en este caso, la Entidad Contratante iniciará las acciones legales que correspondan en contra de los consultores por cuya culpa no se pueda ejecutar el objeto de la contratación; y,
4. Cuando, ante circunstancias técnicas o económicas imprevistas o de caso fortuito o fuerza mayor, debidamente comprobadas, la Entidad Contratante no hubiere accedido a terminar de mutuo acuerdo el contrato.

En ningún caso se considerará que las Entidades Contratantes se hallan en mora del pago, si el anticipo entregado no ha sido devengado en su totalidad.

CAPÍTULO X.
DEL REGISTRO DE LOS CONTRATOS Y LOS PROVEEDORES

Artículo 97.- Registro público electrónico de contratos. El Instituto Nacional de Contratación Pública llevará un Registro Público Electrónico de los Contratos tramitados al amparo de esta Ley con las debidas previsiones técnicas y legales para su acceso en cualquier momento.

Las entidades registrarán la información requerida por el Instituto Nacional de Contratación Pública dentro del Portal COMPRASPÚBLICAS.

El Instituto Nacional de Contratación Pública, implementará los mecanismos tecnológicos para asegurar la recuperación íntegra de la información, independientemente de la plataforma o sistema empleado para crearlo, transmitirlo o almacenarlo.

Artículo 98.- Registro de incumplimientos. Las entidades remitirán obligatoriamente al Instituto Nacional de Contratación Pública la nómina de todos aquellos contratistas o proveedores que hubieren incumplido sus obligaciones contractuales o se hubieren negado a suscribir contratos adjudicados, acompañando los documentos probatorios correspondientes, a fin de que sean suspendidos en el RUP por cinco (5) y tres (3) años, respectivamente. En consecuencia, la actualización del registro será responsabilidad del Instituto Nacional de Contratación Pública.

Para este fin, el Instituto Nacional de Contratación Pública y las instituciones del Sistema Nacional de Contratación Pública procurarán la interconexión e interoperabilidad de sus sistemas de información y bases de datos.

El Reglamento establecerá la periodicidad, requisitos, plazos y medios en que se remitirá la información.

El Registro de incumplimientos será información pública que constará en el Portal COMPRASPÚBLICAS.

---

38 Inciso modificado por artículo 22 de la Ley Orgánica Reformatoria emitida el 14 de octubre de 2013, que modifica la Ley Orgánica del Sistema Nacional de Contratación Pública de 2008.

CAPÍTULO XI.
RESPONSABILIDADES

Artículo 99.- Responsabilidades[39]**.** En todos los procedimientos precontractuales previstos en esta Ley, los oferentes participarán a su riesgo.

Los miembros de la asociación o consorcio contratista serán responsables solidaria e indivisiblemente por el cumplimiento de las obligaciones derivadas de la oferta y del contrato, indistintamente del plazo de duración de la asociación. La ejecución del contrato es indivisible y completa para los asociados, a efectos de determinar su experiencia y cumplimiento.

La máxima autoridad de la entidad, así como los funcionarios o servidores de la misma que hubieren intervenido en cualquiera de las etapas de los procedimientos precontractuales de preparación, selección, contratación así como en la ejecución misma de los contratos serán personal y pecuniariamente responsables por el incumplimiento de las disposiciones de esta Ley, sin perjuicio, de ser el caso, de la responsabilidad penal a que hubiere lugar.

La Entidad contratante, obligatoriamente seguirá la acción correspondiente, en contra de él o los funcionarios o empleados por cuya acción u omisión la entidad debió indemnizar a contratistas o proveedores, por el incumplimiento de sus obligaciones contractuales o legales.

Será causal de cesación de funciones por destitución o desvinculación sin derecho a indemnización alguna, tanto en el régimen común como en el especial, el servidor público, empleado u obrero de una empresa pública, o quien tenga relación laboral con el Estado a través de las entidades a las que se refiere el artículo 1 de esta Ley, luego del debido proceso pertinente por el hecho de aceptar invitaciones, viajes de observación, giras promocionales, atenciones sociales, invitaciones institucionales o promocionales, o cualquier otro tipo de evento solventado por el oferente o contratante, para sí, para miembros de su familia o terceros a nombre del servidor público, empleado u obrero de una empresa pública o quien tenga relación laboral con el Estado, lo que será sancionado de conformidad con la Ley correspondiente.

Las entidades contratantes están prohibidas de incluir en el presupuesto referencial y en el precio del contrato los costos de cualquier reunión de trabajo, visita, inspección, recepción, proceso de capacitación, transferencia de conocimiento, entre otros. Se exceptúa de esta disposición los eventos de transferencia de conocimiento que sea en fábrica o para eventos de alta especialidad tecnológica o del conocimiento que estará previsto en el reglamento de aplicación a esta Ley, en todo caso los costos de estas actividades los cubrirá la entidad contratante mediante la aplicación de la normativa correspondiente

Artículo 100.- Responsabilidad de los consultores. Los consultores nacionales y extranjeros son legal y económicamente responsables de la validez científica y técnica de los servicios contratados y su aplicabilidad, dentro de los términos contractuales, las condiciones de información básica disponible y el conocimiento científico y tecnológico existente a la época de su elaboración. Esta responsabilidad prescribe en el plazo de cinco años, contados a partir de la recepción definitiva de los estudios.

Si por causa de los estudios elaborados por los consultores, ocurrieren perjuicios técnicos o económicos en la ejecución de los contratos, establecidos por la vía judicial o arbitral, la máxima autoridad de la Entidad Contratante dispondrá que el consultor sea suspendido del RUP por el plazo de cinco (5) años, sin perjuicio de las demás sanciones aplicables.

En el caso de ejecución de obra, asimismo serán suspendidos del RUP por el plazo de cinco (5) años, sin perjuicio de su responsabilidad civil, los consultores que elaboraron los estudios definitivos y actualizados si es que el precio de implementación de los mismos sufriere una variación sustancial a la prevista, por causas imputables a los estudios, siempre y cuando dicho perjuicio

39 Artículo modificado por artículo 24 de la Ley Orgánica Reformatoria emitida el 14 de octubre de 2013, que modifica la Ley Orgánica del Sistema Nacional de Contratación Pública de 2008.

haya sido establecido por la vía judicial o arbitral. Para la comparación se considerará el presupuesto referencial y los rubros a ejecutar según el estudio, frente al precio final de la obra sin reajuste de precio.

Artículo 101.- Retención indebida de pagos. El funcionario o empleado al que incumba el pago de planillas u otras obligaciones de una Entidad Contratante que retenga o retarde indebidamente el pago de los valores correspondientes, en relación al procedimiento de pago establecido en los contratos respectivos, será destituido de su cargo por la autoridad nominadora y sancionado con una multa no menor de 10 salarios básicos unificados, que podrá llegar al diez (10%) por ciento del valor indebidamente retenido, sin perjuicio de las acciones civiles y penales a que hubiere lugar.

La multa será impuesta observando el procedimiento previsto en la Disposición General Primera de esta Ley.

El Instituto Nacional de Contratación Pública vigilará el cumplimiento de esta disposición.

TÍTULO V.
DE LAS RECLAMACIONES Y CONTROVERSIAS

CAPÍTULO I.
DE LAS RECLAMACIONES

Artículo. 102.- Reclamaciones[40]**.** Para todos los efectos de esta Ley, quienes tengan interés directo, que se consideren afectados por las actuaciones realizadas por entidades contratantes previstas en el artículo 1 de esta Ley podrán presentar un reclamo motivado ante el Servicio Nacional de Contratación Pública, quien en caso de considerar la existencia de indicios de incumplimiento de las normas de la presente ley, su reglamento y las regulaciones, normas técnicas y demás normativa emitida por el Servicio Nacional de Contratación Pública SERCOP, notificará de este particular a la máxima autoridad de la entidad contratante, quién dispondrá la suspensión del proceso por el plazo de siete días hábiles, en el que deberá presentar las pruebas y argumentos técnicos correspondientes.

Al término del plazo previsto en este artículo, la máxima autoridad de la entidad contratante podrá implementar las rectificaciones que correspondan, o continuar con el proceso.

El Servicio Nacional de Contratación Pública SERCOP podrá sugerir medidas necesarias para rectificar el proceso y, de ser el caso, la suspensión definitiva del procedimiento precontractual y notificará a los órganos de control competentes.

El reclamo que trata el presente artículo, se podrá ejercer sin perjuicio del recurso administrativo previsto en esta Ley que se pueda interponer contra actos administrativos expedidos por las entidades públicas; y, las acciones judiciales previstas en la normativa vigente.

Todo esto sin perjuicio de una reclamación ante la misma entidad contratante, de así considerarlo quien tenga interés directo.

Operará la preclusión de derechos, una vez transcurridos tres días hábiles después de concluida cada fase del proceso de contratación pública.

Los procesos de contratación pública no son susceptibles de acciones constitucionales porque tienen mecanismos de defensa adecuados y eficaces para proteger los derechos derivados de tales procesos previstos en la Ley.

La suspensión del proceso no dará lugar a ningún tipo de reparación o indemnización a los oferentes.

---

40 Artículo modificado por artículo 25 de la Ley Orgánica Reformatoria emitida el 14 de octubre de 2013, que modifica la Ley Orgánica del Sistema Nacional de Contratación Pública de 2008.

Artículo 103.- Del Recurso[41]. El recurso de apelación se podrá interponer exclusivamente de los actos administrativos expedidos por entidades públicas contratantes. Quienes tengan interés directo en el proceso de contratación pública dispondrán del término de tres (3) días contados desde la notificación del acto administrativo para formular su recurso. La entidad contratante deberá expedir su resolución, de manera motivada, en un término no mayor a siete (7) días contados a partir de la interposición del recurso.

El recurso presentado no suspende la ejecución del acto administrativo impugnado. Sin embargo de no resolverse el recurso en el término previsto en el inciso anterior, el Servicio Nacional de Contratación Pública SERCOP suspenderá en el portal institucional la continuación del procedimiento hasta la resolución del recurso interpuesto; sin perjuicio de la responsabilidad administrativa y civil a que hubiere lugar.

CAPÍTULO II.
DE LA SOLUCIÓN DE CONTROVERSIAS

Artículo 104.- Métodos alternativos de solución de controversias. De existir diferencias entre las partes contratantes no solventadas dentro del proceso de ejecución, podrán utilizar los procesos de mediación y arbitraje en derecho, que lleven a solucionar sus diferencias, de conformidad con la cláusula compromisoria respectiva.

Artículo 105.- Instancia única. De surgir controversias en que las partes no concuerden someterlas a los procedimientos de mediación y arbitraje y decidan ir a sede judicial, el procedimiento se lo ventilará ante los Tribunales Distritales de lo Contencioso Administrativo aplicando para ello la Ley de la Jurisdicción Contencioso Administrativa.

El Código Orgánico de la Función Judicial (R.O. 544-S, 9-III-2009) modificó la estructura orgánica de la Función Judicial, transfiriendo las competencias de los tribunales distritales de lo contencioso administrativo a las salas de lo contencioso administrativo de las Cortes Provinciales, sin embargo, éstos seguirán en funciones hasta que el Consejo de la Judicatura integre las salas.

TÍTULO VI.
DE LAS INFRACCIONES Y SANCIONES[42]

Artículo 106.- Infracciones de proveedores. A más de las previstas en la ley, se tipifican como infracciones realizadas por un proveedor, a las siguientes conductas:

a. No actualizar la información en el Registro Único de Proveedores dentro del término de diez días de producida la modificación;

b. Participar en uno o más procedimientos de contratación, sin estar habilitado en el Registro Único de Proveedores, salvo que se trate de un procedimiento exento de este requisito;

c. Proporcionar información o realizar una declaración errónea respecto de su calidad de productor nacional; y,

d. Utilizar el portal para fines distintos de los establecidos en la ley o el reglamento.

Artículo 107.- Sanciones Las infracciones previstas serán sancionadas con la suspensión en el Registro Único de Proveedores por un lapso entre 60 y 180 días.

La reincidencia será sancionada con suspensión en el mismo registro de entre 181 y 360 días, sin perjuicio de las demás sanciones, que para cada infracción, se establezcan en las respectivas normas.

La aplicación de las sanciones establecidas en el presente artículo, se regirán por el Reglamento y demás normativa expedida para el efecto.

---

41 Artículo modificado por artículo 25 de la Ley Orgánica Reformatoria emitida el 14 de octubre de 2013, que modifica la Ley Orgánica del Sistema Nacional de Contratación Pública de 2008.

42 Título añadido por artículo 26 de la Ley Orgánica Reformatoria emitida el 14 de octubre de 2013, que modifica la Ley Orgánica del Sistema Nacional de Contratación Pública de 2008.

Artículo 108.- Tramitación. Cuando el Servicio Nacional de Contratación Pública tuviere conocimiento del cometimiento de una o más infracciones previstas en este título, de oficio o a petición de parte, notificará al proveedor correspondiente para que en el término de diez días, justifique los hechos producidos y adjunte la documentación probatoria que considere pertinente.

Vencido el término previsto, el Servicio Nacional de Contratación Pública SERCOP resolverá lo que corresponda en el término de diez días, mediante resolución motivada que será notificada a través del portal institucional.

DISPOSICIONES GENERALES

Primera.- Infracciones a la ley. Toda infracción a la presente Ley cometida por autoridades, funcionarios, empleados públicos o privados o cualquier persona que actúe o haya intervenido en el procedimiento de contratación a nombre de las Entidades Contratantes será sancionada por la Contraloría General del Estado y en el plazo de treinta (30) días.

Segunda.- Prohibiciones. Se prohíbe que las entidades contraten a través de terceros, intermediarios, delegados o agentes de compra.

El objeto de la contratación o la ejecución de un proyecto no podrán ser subdivididos en cuantías menores con el fin de eludir los procedimientos establecidos en esta Ley.

Para establecer si existe subdivisión, se deberá analizar si se atenta a la planificación institucional.

Si de la subdivisión de la contratación se determina un perjuicio al Fisco, la Contraloría General del Estado removerá del cargo a los funcionarios o empleados que tomaren tal decisión, sin perjuicio de las responsabilidades civiles y penales a que hubiere lugar.

Se entenderá que no existe la antedicha subdivisión cuando, al planificar la ejecución del proyecto o revisar tal planificación, se hubiere previsto, dos o más etapas específicas y diferenciadas, siempre que la ejecución de cada una de ellas tenga funcionalidad y se encuentre coordinada con las restantes, de modo tal que garantice la unidad del proyecto.

Tercera.- Contratos de permuta. Los contratos de permuta no se regirán por esta Ley sino por las normas previstas en el Reglamento General de Bienes del Sector Público y el Código Civil.

Cuarta.- Alternativas en la ejecución de obras. En el caso de ejecución de obras, inclusive las inversiones hidrocarburíferas, mineras o hidroeléctricas, la máxima autoridad tendrá la opción de organizar un procedimiento bajo los lineamientos del Reglamento General de esta Ley, que plantee la alternativa de no ejecutarlo ante la iniciativa de promotores, dicha alternativa deberá establecer una metodología que fije un monto que compense al estado razonablemente por la rentabilidad económica y social que dejaría de percibir.

Quinta.- Seguridades informáticas. Para la realización de los procedimientos electrónicos previsto en esta Ley, se emplearán métodos actualizados y confiables para garantizar el correcto funcionamiento del Portal COMPRASPÚBLICAS y el uso eficiente y seguro de las herramientas informáticas.

Sexta.- Aportes a los organismos que emitían informes previos. Los aportes que por contribuciones relacionadas con la emisión de informes de Ley para la contratación pública recibían la Contraloría General del Estado y la Procuraduría General del Estado, serán compensadas por el Presupuesto General del Estado a partir de la vigencia de esta Ley, de tal manera que en el Presupuesto General del Estado constarán las asignaciones necesarias para el cabal, continúo y oportuno funcionamiento de los referidos órganos de control del Estado.

Séptima.- Participación de socios y accionistas[43]. En cualquiera de las modalidades de contratación previstas en esta Ley, las empresas oferentes, al momento de presentar su oferta, deberán presentar la nómina de sus socios o accionistas para verificar que los mayoritarios no estén inhabi-

---

43 Disposición añadida por artículo 27 de la Ley Orgánica Reformatoria emitida el 14 de octubre de 2013, que modifica la Ley Orgánica del Sistema Nacional de Contratación Pública de 2008.

litados para participar en procedimientos de contratación pública. La proporción de la participación de los socios o acciones que constituirá inhabilidad para intervenir en procesos de contratación pública será definida en el reglamento de aplicación a esta ley.

Octava.- Acción Pública[44]. Se concede acción pública para denunciar cuando se detectare o tuviere conocimiento e actos de corrupción tanto por parte de la entidad contratante como del contratista, a través de la Contraloría General del Estado u otras instituciones de control y la sociedad civil, los que serán sancionados de acuerdo a los procedimientos administrativos, civiles o penales de comprobarse su responsabilidad.

DISPOSICIONES TRANSITORIAS

Primera.-Los procedimientos precontractuales iniciados antes de la vigencia de esta Ley, así como la celebración y ejecución de los contratos consiguientes se sujetarán a lo establecido en la Ley de Contratación Pública hasta un plazo máximo de sesenta (60) días.

Segunda.- La Contraloría General del Estado, en el plazo de quince (15) días contados a partir de la vigencia de esta Ley, remitirá al Instituto Nacional de Contratación Pública las bases de datos existentes del Registro de Contratistas Incumplidos y Adjudicatarios Fallidos.

Tercera.- Hasta cuando existan en el país empresas certificadoras de firma electrónica autorizadas por el organismo del Estado competente, el Instituto Nacional de Contratación Pública responsable de la administración del Portal COMPRASPÚBLICAS, tomará todas las medidas técnicas necesarias para que el uso de las herramientas informáticas que utilice, den seguridad a las transacciones que se efectúen de conformidad con esta Ley.

Cuarta.- La Secretaría Técnica del Comité de Consultoría, en el plazo de quince (15) días contados a partir de la vigencia de esta Ley, traspasará al Instituto Nacional de Contratación Pública las bases de datos existentes del Registro de Consultoría y toda la información documental y archivos a su cargo.

Quinta.- Para la conformación del Registro Único de Proveedores y las demás herramientas del Sistema, el Instituto Nacional de Contratación Pública definirá la información necesaria que deberán aportar las entidades, y establecerá los mecanismos adecuados para realizarlo.

La transferencia de la información será obligatoria para las instituciones requeridas, y deberán realizarla de manera gratuita.

Sexta.- Únicamente para las contrataciones que se realizarán durante el primer año de vigencia de la presente Ley, facúltese al Instituto Nacional de Contratación Pública para que establezca exoneraciones o disposiciones especiales para la aplicación progresiva de la presente Ley, especialmente aquellas relacionadas con el Plan Anual de Contratación, los registros de presupuesto y la realización de transacciones en el Portal de COMPRASPÚBLICAS.

En ningún caso se permitirá la no publicación de información sobre los procesos sujetos a la presente Ley en el Portal COMPRASPÚBLICAS.

A partir del segundo año de vigencia, ningún procedimiento estará exento del cumplimiento de las normas de la presente Ley y su Reglamento.

Séptima.- Los recursos que estuvieron previstos en el artículo 37 de la Ley de Consultoría serán administrados por el Instituto Nacional de Contratación Pública y estarán destinados a promover el desarrollo, ampliación y modernización de la consultoría nacional, especialmente en las áreas de capacitación del personal técnico dedicado al servicio de la consultoría y a la promoción de las actividades de investigación al servicio de la consultoría.

Octava.- Los recursos que estuvieron previstos en los artículos 19 y 20 de la Ley de Consultoría serán administrados por el Instituto Nacional de Contratación Pública y serán devueltos a los consultores incluidos los intereses que se generen, siguiendo para el efecto lo estipulado en los

---

44 Disposición añadida por artículo 27 de la Ley Orgánica Reformatoria emitida el 14 de octubre de 2013, que modifica la Ley Orgánica del Sistema Nacional de Contratación Pública de 2008.

respectivos contratos de consultoría. El rendimiento de los recursos previstos en esta disposición será igual al de la tasa de interés pasiva para depósitos monetarios fijada por el Banco Central del Ecuador.

Novena.- Los recursos humanos, tecnológicos, presupuestarios y financieros de la Subsecretaría de Innovación Tecnológica y Compras Públicas del Ministerio de Industrias y Competitividad relacionados con el Sistema Nacional de Contratación Pública, serán transferidos al Instituto Nacional de Contratación Pública en el plazo de treinta (30) días contados a partir de la promulgación de la presente Ley. El traspaso implicará todos los procesos, programas, compromisos adquiridos por el Ministerio de Industrias, sea por disposición legal, reglamentaria o por convenios suscritos con otras instituciones públicas.

Décima.-Una vez realizado el traspaso previsto en la Disposición Transitoria Cuarta, la Secretaría Técnica del Comité de Consultoría y el Comité de Consultoría se extinguirán. Los recursos financieros, materiales y tecnológicos de dichos entes se traspasarán al Instituto Nacional de Contratación Pública. El personal que labora en la Secretaría Técnica y en el Comité de Consultoría, previa evaluación realizada por el Instituto Nacional de Contratación Pública en coordinación con la Secretaría Nacional de Remuneraciones del Sector Público, pasará a formar parte de dicho Instituto, excepto aquel que no sea considerado necesario y que será liquidado conforme a la Ley.

Undécima.- Mientras no se expida el Reglamento de aplicación a la presente Ley, facúltese al Instituto Nacional de Contratación Pública para que, a través de los análisis de la necesidad de las Entidades Contratantes y de los estudios de mercado correspondientes, seleccione a los proveedores que ofrezcan el mejor costo para celebrar Convenios Marco y crear catálogos electrónicos de bienes y servicios normalizados, con el fin de dar viabilidad al procedimiento previsto en el Título III, Capítulo II, Sección I.

DISPOSICIONES TRANSITORIAS INCORPORADAS POR EL ARTÍCULO 28 DE LA LEY ORGÁNICA REFORMATORIA EMITIDA EL 14 DE OCTUBRE DE 2013, QUE MODIFICA LA LEY ORGÁNICA DEL SISTEMA NACIONAL DE CONTRATACIÓN PÚBLICA DE 2008.

Primera.- Los bienes y servicios que se comercialicen en el mercado público serán normalizados por la entidad competente encargada de la normalización, en su falta, los responsables de establecer transitoriamente los lineamientos y parámetros que deberán ser observados en el proceso de contratación, son el Servicio Nacional de Contratación Pública SERCOP y las entidades contratantes, en el orden indicado y de manera excluyente.

Segunda.- El organismo nacional responsable del sistema de contratación pública, cuando corresponda, y en un término no mayor de treinta días contados a partir de la vigencia de esta ley, actualizará los modelos de pliegos o documentos precontractuales en función de las nuevas disposiciones.

Tercera.- Sustitúyase la denominación del Instituto Nacional de Contratación Pública por la de Servicio

Nacional de Contratación Pública que se contengan en la Ley Orgánica del Sistema Nacional de Contratación Pública, otras leyes, reglamentos, normas o regulaciones; cualquier referencia al Servicio Nacional de Contratación Pública como "instituto", "INCP" o "INCOP", deberá ser sustituida por la nueva denominación y las siglas "SERCOP", respectivamente.

Cuarta.- A partir de la vigencia de esta Ley, en el término de 30 días, el Servicio Nacional de Contratación Pública, codificará y actualizará todas las resoluciones emitidas a fin de que se encuentren en concordancia con lo establecido en esta Ley.

Quinta.- El portal institucional, incorporará mecanismos de difusión intercultural bilingüe. En el texto de la Ley Orgánica del Sistema Nacional de Contratación Pública, donde diga: "Portal www.compraspúblicas.gov.ec", sustitúyase por la frase "portal institucional".

Sexta.- En el plazo de noventa (90) días, contados a partir de la publicación de la presente Ley en el Registro Oficial, el Presidente de la República dictará el Reglamento General a la Ley Orgánica del Sistema Nacional de Contratación Pública, adecuándolo con las disposiciones constantes en la presente reforma.

DISPOSICIONES REFORMATORIAS INCORPORADAS POR EL ARTÍCULO 29 DE LA LEY ORGÁNICA REFORMATORIA EMITIDA EL 14 DE OCTUBRE DE 2013, QUE MODIFICA LA LEY ORGÁNICA DEL SISTEMA NACIONAL DE CONTRATACIÓN PÚBLICA DE 2008.

Primera.- Refórmese el artículo 42 de la Ley General de Seguros, de la siguiente manera: a. Sustitúyanse las palabras: "cuarenta y ocho (48) horas", por las palabras: "diez (10) días"; y, b. En el inciso final del mismo artículo luego de las palabras: "inmediata de las operaciones" se incluirá el siguiente texto:

"...El incumplimiento de esta disposición dará lugar al establecimiento de las sanciones respectivas por parte de la Superintendencia de Bancos y Seguros, sin perjuicio de la suspensión inmediata de las operaciones en el Sistema Nacional de Contratación Pública. La reincidencia de una compañía aseguradora en cuanto al no pago de una póliza que instrumente una de las garantías en el ámbito de la contratación pública, dentro del término previsto, será sancionada con la inscripción en el registro de incumplimientos a cargo del Servicio Nacional de Contratación Pública, por dos años, contados a partir del requerimiento formal de la entidad contratante".

Segunda.- Refórmese el numeral 7 del artículo 34 de la Ley Orgánica de Empresas Públicas de la siguiente manera:

"7. PROHIBICIONES.- Las autoridades nominadoras de los miembros del Directorio, los miembros del Directorio, Gerentes, Subgerentes, servidores de libre nombramiento y remoción, servidores públicos de carrera y obreros de las empresas públicas, están impedidos de intervenir a título personal en negociaciones y en cualquier procedimiento de contratación con las empresas públicas, por sí o por interpuesta persona, por intermedio de su cónyuge, personas en unión de hecho o de sus parientes hasta el tercer grado de consanguinidad y segundo de afinidad. Tampoco podrán contratar con la empresa pública donde presten sus servicios, a través de personas jurídicas en las que sean accionistas o socios. Si así lo hicieren, a más de la respectiva descalificación de la oferta, serán sancionados y sujetos a las acciones civiles y penales a que hubiere lugar observando el derecho al debido proceso.

DISPOSICION FINAL:: Las disposiciones de esta Ley, sus reformas y derogatorias entrarán en vigencia desde la fecha de su publicación en el Registro Oficial. Dada y suscrita en el Centro Cívico *"Ciudad Alfaro"*, cantón Montecristi, provincia de Manabí, a los veinte y dos días del mes de julio de dos mil ocho.

EL SALVADOR

LEY DE ADQUISICIONES Y CONTRATACIONES DE LAS ADMINISTRACIONES PÚBLICAS (DECRETO LEGISLATIVO Nº 868, DE 5 DE ABRIL DE 2000)

TÍTULO I.

DISPOSICIONES GENERALES

CAPÍTULO ÚNICO.

OBJETO, AMBITO DE APLICACIÓN Y SUJETO DE LA LEY

Artículo 1.- Objeto de la Ley, Principios y Valores[1]. La presente Ley tiene por objeto establecer las normas básicas que regularan las acciones relativas a la planificación, adjudicación, contratación, seguimiento y liquidación de las adquisiciones de obras, bienes y servicios de cualquier naturaleza, que la Administración Púbica deba celebrar para la consecución de sus fines.

Las adquisiciones y contrataciones de la Administración Púbica se regirán por principios y valores tales como: no discriminación, publicidad, libre competencia, igualdad, ética, transparencia, imparcialidad, probidad, centralización normativa y descentralización operativa, tal como están definidos en la Ley de Ética Gubernamental.

Artículo 2.- Sujetos a la Ley[2]. Quedan sujetos a la presente Ley:

a) Las personas naturales o jurídicas, nacionales o extranjeras, que oferten o contraten con la Administración Pública. Dichas personas podrán participar en forma individual o conjunta en los procesos adquisitivos y de contratación que lleven a cabo las instituciones;

b) Las adquisiciones y contrataciones de las instituciones del Estado, sus dependencias y organismos auxiliares de las instituciones y empresas estatales de carácter autónomo, inclusive la Comisión Ejecutiva Hidroeléctrica del Rio Lempa y el Instituto Salvadoreño del Seguro Social;

c) Las adquisiciones y contrataciones de las entidades que comprometan fondos públicos de conformidad a lo establecido en la Constitución y leyes respectivas, incluyendo los provenientes de los fondos de actividades especiales;

d) Las adquisiciones y contrataciones financiadas con fondos municipales;

e) Las contrataciones en el Mercado Bursátil que realicen las instituciones en operaciones de Bolsas legalmente establecidas, cuando así convenga a los intereses públicos, las cuales respecto del proceso de contratación, adjudicación y liquidación se regirán por sus leyes y normas jurídicas especificas;

f) Las Asociaciones Publico Privadas, como una modalidad de participación de la inversión privada; la participación y sujeción de dichas asociaciones en relación con la presente Ley.

---

1 Artículo modificado por D.L. nº. 725, 18 de mayo de 2011; D.O. nº 102, t. 391, 2 de junio de 2011.

2 Artículo modificado por D.L. nº. 725, 18 de mayo de 2011; D.O. nº 102, t. 391, 2 de junio de 2011.

A los órganos, dependencias, organismos auxiliares y entidades a que se hace referencia en adelante se les podrá denominar las Instituciones de la Administración Pública o sólo las instituciones[3].

Artículo 3.- Sujetos de la Ley. Derogado[4].

Artículo 4.- Exclusiones. Se considerarán excluidos de la aplicación de esta Ley:

a) Las adquisiciones y contrataciones financiadas con fondos provenientes de Convenios o Tratados que celebre el Estado con otros Estados o con Organismos Internacionales, en los cuales se establezcan los procesos de adquisiciones y contrataciones a seguir en su ejecución. En los casos en que sea necesario un aporte en concepto de contrapartida por parte del Estado también se considerará excluida;

b) Los convenios que celebren las instituciones del Estado entre sí;

c) La contratación de servicios personales que realicen las instituciones de la Administración Pública, de conformidad con lo establecido en las disposiciones generales de presupuestos, ley de salarios, contrato, jornal, contratación laboral en base al Código de Trabajo, y a los reglamentos o normativas aplicables;

d) Los servicios bancarios y financieros, que no sean de seguros, celebrados por la Administración Pública;

e) La concesión de derechos de imagen, patentes y similares que son propiedad del Estado;

f) Las operaciones de colocación de títulos en el mercado internacional;

g) Las adquisiciones y contrataciones que realice en su respectiva sede el Servicio Exterior en el extranjero, para su adecuado funcionamiento. El Ministro del Ramo deberá hacer del conocimiento del Consejo de Ministros las adquisiciones y contrataciones realizadas por lo menos tres veces por año;

h) El servicio de distribución de energía eléctrica y servicio público de agua potable;

i) Las obras de construcción bajo el sistema de administración que realicen los concejos municipales[5].

Artículo 5. Aplicación de la Ley y su Reglamento. Para la aplicación de esta Ley y su Reglamento se entenderán a la finalidad de las mismas y a las características del Derecho Administrativo. Solo cuando no sea posible determinar, por la letra o por su espíritu, el sentido o alcance de las normas, conceptos o términos de las disposiciones de esta Ley, podrá recurrirse a las normas, conceptos y términos del Derecho Común. En todo lo que no hubiere sido previsto por esta Ley podrá recurrirse a las disposiciones del Derecho Común, en cuanto fueren aplicables.

TÍTULO II.

UNIDADES NORMATIVA Y EJECUTORAS

CAPÍTULO I.

UNIDAD NORMATIVA DE ADQUISICIONES Y CONTRATACIONES DE LA ADMINISTRACIÓN PÚBLICA (UNAC)

Artículo 6.- Política y Creación de la UNAC. Corresponde al Ministerio de Hacienda:

a) Proponer al Consejo de Ministros para su aprobación, la política anual de las Adquisiciones y Contrataciones de las Instituciones de la Administración Pública, con exclusión de los órganos Legislativo, Judicial y de las Municipalidades, a los que corresponde determinar, independientemente, a su propia política de adquisiciones y contrataciones[6].

---

3 Inciso modificado por D.L. nº 244, 21 de diciembre del 2000; D.O. nº 11, t. 350, 15 de enero del 2001.
4 Artículo derogado por D.L. nº. 725, 18 de mayo de 2011; D.O. nº 102, t. 391, 2 de junio de 2011.
5 Literal añadido por D.L. nº. 725, 18 de mayo de 2011; D.O. nº 102, t. 391, 2 de junio de 2011.
6 Literal modificado por D.L. nº 244, 21 de diciembre del 2000; D.O. nº 11, t. 350, 15 de enero del 2001.

b) Velar por el cumplimiento de la política anual de las adquisiciones y contrataciones aprobada para el ejercicio fiscal correspondiente;

c) Proponer los lineamientos y procedimientos, que según esta Ley se deben observar para las adquisiciones y contrataciones de obras, bienes y servicios.

Para los efectos de la presente disposición, créase la Unidad Normativa de Adquisiciones y Contrataciones de la Administración Pública, que en adelante podrá abreviarse la "UNAC", la cual estará adscrita al Ministerio de Hacienda, y funcionará bajo el principio rector de centralización normativa y descentralización operativa, con autonomía funcional y técnica.

Artículo 7.- Atribuciones de la UNAC La UNAC dependerá del Ministerio de Hacienda y sus atribuciones serán las siguientes:

a) Proponer al Ministro de Hacienda, la política anual de las Adquisiciones y Contrataciones de las Instituciones de la Administración Pública dentro de los límites establecidos en el artículo 6, literal a) de esta Ley; además deberá proponer anualmente los lineamientos de participación en los procesos de licitación y adjudicación de las micro, pequeñas y medianas empresas;

b) Emitir las políticas y lineamientos generales para el diseño, implementación, funcionamiento y coordinación del Sistema Integrado de Adquisiciones y Contrataciones de la Administración Pública que podrá abreviarse (SIAC), así como la administración del sistema electrónico de compras públicas;

c) Emitir instructivos, manuales y demás instrumentos que faciliten la obtención de los objetivos establecidos en esta Ley;

d) Asesorar y capacitar a las Unidades de Adquisiciones y Contrataciones Institucional, que podrá abreviarse (UACI) en la elaboración de los documentos técnicos que sean necesarios para cumplir las políticas y lineamientos emitidos;

e) Capacitar, promover, prestar asistencia técnica y dar seguimiento a las UACI para el cumplimiento de toda la normativa comprendida en esta Ley;

f) Apoyar la implementación de medidas de carácter general que considere procedente para la mejora del SIAC, en sus aspectos administrativos, operativos, técnicos y económicos;

g) Revisar y actualizar las políticas generales e instrumentos técnicos de acuerdo a esta Ley;

h) Administrar y normar el sistema electrónico de compras públicas, el cual deberá estar a disposición de las Instituciones de la Administración Pública, ofertantes, proveedores y contratistas. Este componente contendrá todos los documentos y actuaciones que deban registrarse según esta Ley. Se mantendrá en todo caso la confidencialidad respecto de la información de los ofertantes, que por su naturaleza corresponda a un interés privado y no sea obligatoria su publicidad;

Asimismo, la UNAC, en representación de las instituciones de la Administración Pública sujetas a la presente Ley, publicará a través de medio electrónico institucional de acceso público, un Banco de Información que contenga los datos de todos los proyectos, adquisiciones y contratos realizados, en ejecución y pendientes, los proveedores de dichos servicios y obras, auditorías realizadas por las instituciones competentes. Este banco en aquel medio electrónico se mantendrá permanentemente actualizado al público;

i) Responder por escrito las consultas que realicen las instituciones, ofertantes, adjudicatarios y contratistas respecto a la aplicación de la presente Ley, y demás disposiciones aplicables a los procesos de adquisición y contratación;

j) Emitir el marco de políticas que deberán cumplir las instituciones de la Administración Publica sujetas a esta Ley, para facilitar la participación de las micro, pequeñas y medianas empresas nacionales, así como de las empresas nacionales según la actividad económica que desarrolle, procurando una mayor oportunidad en los procedimientos de adjudicación;

k) Otras actividades que le sean asignadas por la autoridad superior, orientadas al cumplimiento de esta Ley;

l) Todas aquellas funciones que le determine esta Ley.

No obstante lo anterior las municipalidades, sin perjuicio de su autonomía, deberán efectuar sus adquisiciones y contrataciones de conformidad con las disposiciones de esta Ley. Además deberán crear registros compatibles con los del Ministerio de Hacienda sobre sus planes de inversión anual, que son financiados con recursos provenientes de las asignaciones del Presupuesto General del Estado[7].

Artículo 8.- Del Jefe de la UNAC[8]. La UNAC estará a cargo de un Jefe, el cual será nombrado por el Ministro de Hacienda, quien deberá reunir los requisitos siguientes:

a) Ser salvadoreño por nacimiento;

b) Poseer título universitario y experiencia o idoneidad para el cargo[9];

c) Ser de moralidad notoria y no tener conflicto de intereses con el cargo;

d) Obtener el finiquito de sus cuentas si hubiese administrado o manejado fondos públicos;

e) Hallarse libre de reclamaciones de toda clase, caso de haber sido contratista de obras públicas costeadas con fondos del Estado o del Municipio;

f) Hallarse solvente con la Hacienda Pública y con el Municipio; y,

g) No tener pendientes contratos o concesiones con el Estado, para explotación de riquezas nacionales o de servicios públicos, así como los que hayan aceptado ser representantes o apoderados administrativos de aquéllos, o de sociedades extranjeras que se hallen en los mismos casos.

CAPÍTULO II.

UNIDADES DE ADQUISICIONES Y CONTRATACIONES INSTITUCIONALES (UACI)

Artículo 9.- Establecimiento de la UACI. Cada institución de la Administración Pública establecerá una Unidad de Adquisiciones y Contrataciones Institucional, que podrá abreviarse UACI, responsable de la descentralización operativa y de realizar todas las actividades relacionadas con la gestión de adquisiciones y contrataciones de obras, bienes y servicios. Esta unidad será organizada según las necesidades y características de cada entidad e institución, y dependerá directamente de la institución correspondiente.

Dependiendo de la estructura organizacional de la institución, del volumen de operaciones u otras características propias, la UACI podrá desconcentrar su operatividad a fin de facilitar la adquisición y contratación de obras, bienes y servicios.

Las Municipalidades podrán asociarse para crear una UACI, la cual tendrá las funciones y responsabilidades de las municipalidades que la conformen. Podrán estar conformadas por empleados o por miembros de los Consejos Municipales, así como por miembros de las Asociaciones Comunales, debidamente registradas en las municipalidades.

Artículo 10.- Jefe de Adquisiciones y Contrataciones Institucional[10]. La UACI estará a cargo de un Jefe, el cual será nombrado por el titular de la institución; quien deberá reunir los mismos requisitos exigidos en el artículo 8 de la presente Ley, y sus atribuciones serán las siguientes:

a) Cumplir las políticas, lineamientos y disposiciones técnicas que sean establecidas por la UNAC, y ejecutar todos los procesos de adquisiciones y contrataciones objeto de esta Ley;

b) Ejecutar los procesos de adquisiciones y contrataciones objeto de esta Ley; para lo cual llevará un expediente de todas sus actuaciones, del proceso de contratación, desde el requerimiento de la unidad solicitante hasta la liquidación de la obra, bien o servicio;

c) Constituir el enlace entre la UNAC y las dependencias de la institución, en cuanto a las actividades técnicas, flujos y registros de información y otros aspectos que se deriven de la gestión de adquisiciones y contrataciones;

---

7 Inciso modificado por D.L. nº. 725, 18 de mayo de 2011; D.O. nº 102, t. 391, 2 de junio de 2011.
8 Artículo modificado por D.L. nº. 725, 18 de mayo de 2011; D.O. nº 102, t. 391, 2 de junio de 2011.
9 Literal modificado por D.L. nº 244, 21 de diciembre del 2000; D.O. nº 11, t. 350, 15 de enero del 2001.
10 Artículo modificado por D.L. nº. 725, 18 de mayo de 2011; D.O. nº 102, t. 391, 2 de junio de 2011.

d) Elaborar en coordinación con la Unidad Financiera Institucional UFI, la programación anual de las compras, las adquisiciones y contrataciones de obras, bienes y servicios, y darle seguimiento a la ejecución de dicha programación. Esta programación anual deberá ser compatible con la política anual de adquisiciones y contrataciones de la Administración Pública, el plan de trabajo institucional, el presupuesto y la programación de la ejecución presupuestaria del ejercicio fiscal en vigencia y sus modificaciones;

e) Verificar la asignación presupuestaria, previo a la iniciación de todo proceso adquisitivo;

f) Adecuar conjuntamente con la unidad solicitante las bases de licitación o de concurso, términos de referencia o especificaciones técnicas;

g) Realizar la recepción y apertura de ofertas y levantar el acta respectiva;

h) Solicitar la asesoría de peritos o técnicos idóneos, cuando así lo requiera la naturaleza de la adquisición y contratación;

i) Permitir el acceso al expediente de contratación a las personas involucradas en el proceso, después de notificado el resultado y a los administradores de contrato;

j) Mantener actualizada la información requerida en los módulos del Registro; y llevar el control y la actualización del banco de datos institucional de ofertantes y contratistas de acuerdo al tamaño de empresa y por sector económico, con el objeto de facilitar la participación de éstas en las políticas de compras;

k) Exigir, recibir y devolver las garantías requeridas en los procesos que se requieran; así como gestionar el incremento de las mismas, en la proporción en que el valor y el plazo del contrato aumenten. Dichas garantías se enviarán a custodia de Tesorería Institucional;

l) Precalificar a los potenciales ofertantes nacionales o extranjeros, así como revisar y actualizar la precalificación al menos una vez al año;

m) Informar por escrito y trimestralmente al titular de la institución de las contrataciones que se realicen;

n) Prestar a la comisión de evaluación de ofertas, o a la comisión de alto nivel la asistencia que precise para el cumplimiento de sus funciones;

o) Calificar a los ofertantes nacionales o extranjeros;

p) Proporcionar a la UNAC oportunamente toda la información requerida por ésta;

q) Cumplir y hacer cumplir todas las demás responsabilidades que se establezcan en esta Ley.

El Jefe UACI podrá designar al interior de su Unidad a los empleados para desarrollar las anteriores atribuciones[11].

Artículo 10 Bis.- Sistema Integrado de Adquisiciones y Contrataciones de la Administración Pública[12]. Créase el Sistema Integrado de Adquisiciones y Contrataciones, que en adelante podrá denominarse "SIAC", el cual comprenderá todos los elementos necesarios para la administración, implementación, funcionamiento, coordinación y seguimiento de las compras del Estado.

El SIAC estará integrado por la Unidad Normativa de Adquisiciones y Contrataciones de la Administración Pública (UNAC), Unidades de Adquisiciones y Contrataciones Institucionales (UACIS), las disposiciones legales y técnicas correspondientes, y el sistema electrónico de compras públicas, el cual contendrá el Registro Nacional de Adquisiciones y Contrataciones de la Administración Pública.

El SIAC estará relacionado con el Sistema de Administración Financiera Integrado que establece la Ley Orgánica de Administración Financiera del Estado.

Artículo 11.- Relación UACI-UFI[13]. La UACI trabajará en coordinación con la Unidad Financiera Institucional UFI del Sistema de Administración Financiera Integrado SAFI, establecido en la Ley Orgánica de Administración Financiera del Estado en lo relacionado a adquisiciones y

---

11 Inciso modificado por D.L. nº 244, 21 de diciembre del 2000; D.O. nº 11, t. 350, 15 de enero del 2001.

12 Artículo añadido por D.L. nº. 725, 18 de mayo de 2011; D.O. nº 102, t. 391, 2 de junio de 2011.

13 Artículo modificado por D.L. nº. 725, 18 de mayo de 2011; D.O. nº 102, t. 391, 2 de junio de 2011.

contrataciones de obras, bienes y servicios, especialmente en lo concerniente a la programación de las adquisiciones y contrataciones, y a la disponibilidad presupuestaria.

Artículo 12.- Atribuciones de la UACI. Degorado[14].

Artículo 13.- Registro Nacional de Adquisiciones y Contrataciones de la Administración Pública[15]. La información de los Ofertantes, Contratistas y Documentos relativos a los procesos de adquisición y contratación pública estará contenida en el Registro Nacional de Adquisiciones y Contrataciones de la Administración Pública, que en adelante podrá denominarse el Registro, con información básica sobre potenciales ofertantes y contratistas; con el propósito de que las instituciones dispongan de la información que facilite el reconocimiento del mercado de ofertantes y de los incumplimientos de los contratistas.

En el Registro se manejará el expediente consolidado de las adquisiciones y contrataciones de la Administración Pública; será obligación de cada Titular determinar al interior de la institución, la conformación y administración de un expediente consolidado del proceso de adquisición o contratación, en adición a lo que corresponde a cada área que interviene en el proceso para sus operaciones, supervisión y seguimiento específico.

A estos registros corresponderán entre otras, la siguiente información:

a) Consultores;

b) Suministrantes de Bienes;

c) Prestadores de Servicios;

d) Contratistas de Obras.

No obstante lo dispuesto en los incisos anteriores, para participar en las licitaciones o en los concursos públicos no será indispensable que el ofertante se encuentre registrado en el banco de datos correspondiente.

En el Reglamento de esta Ley se establecerá la estructura y contenido del Registro, así como el mecanismo para que cada uno de los ofertantes se inscriba en él.

Artículo 14.- Registro por Incumplimiento de Ofertantes y Contratistas. Derogado[16].

Artículo 15.- Expediente Institucional de Contrataciones y Registros de Incumplimientos[17]. La UACI llevará un registro de todas las contrataciones realizadas en los últimos diez años, que permita la evaluación y fiscalización que deben realizar los organismos y autoridades competentes. Asimismo, llevará un registro de ofertantes y contratistas, a efecto de incorporar información relacionada con el incumplimiento y demás situaciones que fueren de interés para futuras contrataciones o exclusiones. Dichos registros podrán elaborarse en forma electrónica y serán de carácter público.

CAPÍTULO III.
PROGRAMACIÓN Y PRESUPUESTACIÓN

Artículo 16.- Programación Anual de Adquisiciones y Contrataciones[18].

Todas las instituciones deberán hacer su programación anual de adquisiciones y contrataciones de bienes, construcción de obras y contratación de servicios no personales, de acuerdo a su plan de trabajo y a su Presupuesto Institucional, la cual será de carácter público. A tal fin se deberá tener en cuenta, por lo menos:

a) La política anual de adquisiciones y contrataciones de la Administración Pública, dentro de los límites establecidos en el literal a) del Artículo 6 de esta ley.

---

14 Artículo derogado por D.L. nº. 725, 18 de mayo de 2011; D.O. nº 102, t. 391, 2 de junio de 2011.

15 Artículo modificado por D.L. nº. 725, 18 de mayo de 2011; D.O. nº 102, t. 391, 2 de junio de 2011.

16 Artículo derogado por D.L. nº. 725, 18 de mayo de 2011; D.O. nº 102, t. 391, 2 de junio de 2011.

17 Artículo modificado por D.L. nº. 725, 18 de mayo de 2011; D.O. nº 102, t. 391, 2 de junio de 2011.

18 Artículo modificado por D.L. nº 244, 21 de diciembre del 2000; D.O. nº 11, t. 350, 15 de enero del 2001.

b) Las disposiciones pertinentes de acuerdo a la Ley Orgánica de la Administración Financiera del Estado.

c) Las existencias en inventarios de bienes y suministros;

d) Los estudios de preinversión que se requieran para definir la factibilidad técnica, económica y ecológica, en la realización de una obra;

e) Las acciones previas, durante y posteriores a su ejecución, incluyendo las obras principales, complementarias y accesorias, así como aquellas que sirvan para ponerlas en servicio, definiendo metas a corto y mediano plazo; y,

f) La calendarización física y financiera de los recursos necesarios para su ejecución, los gastos de operación y los resultados previsibles, las unidades responsables de su ejecución, las fechas previstas de iniciación y terminación de cada obra, las investigaciones, los planos, los proyectos, especificaciones técnicas, asesorías, consultorías y estudios que se requieran, incluyendo los proyectos técnicos económicos que sean necesarios.

CAPÍTULO IV.
EJECUTORES DE LAS CONTRATACIONES Y SUS RESPONSABILIDADES

Artículo 17.- Los Titulares. La máxima autoridad de una institución, sea que su origen provenga de elección directa, indirecta o de designación, tales como Ministros o Viceministros en su caso, Presidentes de instituciones, Fiscal General de la República, Procurador General de la República, Procurador para la Defensa de los Derechos Humanos, Directores de instituciones descentralizadas o autónomas, a quienes generalmente se les atribuye la representación legal de las instituciones de que se trate y el Alcalde, en el caso de las Municipalidades, en adelante para los efectos de esta ley, se les denominará el titular o los titulares.

Artículo 18.- Competencia para Adjudicaciones y Demás. La autoridad competente para la adjudicación de los contratos y para la aprobación de las bases de licitación o de concurso, so pena de nulidad, será el titular, la Junta o Consejo Directivo de las respectivas instituciones de que se trate, o el Concejo Municipal en su caso; asimismo, serán responsables de la observancia de todo lo establecido en esta Ley.

La autoridad competente podrá designar con las formalidades legales a otra persona, para adjudicar las adquisiciones y contrataciones que no excedan del monto de las de libre gestión.

No obstante lo dispuesto en los incisos anteriores, cuando las leyes de creación de las instituciones y empresas estatales de carácter autónomo, faculten al consejo o junta directiva designar autoridad para facilitar su gestión, podrán establecer, de conformidad a su estructura orgánica y monto presupuestario, una estructura jerárquica para la adjudicación de los contratos y aprobación de las bases de licitación o de concurso.

El Fiscal General de la República representará al Estado en los contratos sobre adquisición de bienes inmuebles en general y de los muebles sujetos a licitación, asimismo, velará porque en las concesiones de cualquier clase otorgadas por el Estado, se cumpla con los requisitos, condiciones y finalidades establecidas en las mismas y ejercer al respecto las acciones correspondientes. En el resto de los contratos será competente para su firma el titular o la persona a quien éste designe con las formalidades legales, siempre y cuando la persona designada no sea la misma que gestione la adquisición o contratación. Cuando se trate de las municipalidades, la firma de los contratos corresponderá al Alcalde Municipal y en su ausencia a la persona que designe el Concejo. En todo caso los firmantes responderán por sus actuaciones.

La responsabilidad por la actuación del designado, siempre recaerá en el titular que hace la designación[19].

---

19 Inciso modificado por D.L. nº 244, 21 de diciembre del 2000; D.O. nº 11, t. 350, 15 de enero del 2001.

Artículo 19.- Seguimiento y Responsabilidad. El titular de la institución o la persona designada por éste, está en la obligación de dar seguimiento a la actuación de los subalternos y será responsable por la negligencia en que incurriere en la observancia de esta obligación. Si hubiere indicio de la comisión de algún delito por parte de los subalternos en el cumplimiento de sus funciones, deberá comunicarse de inmediato a la autoridad competente para no incurrir en responsabilidad por la omisión del aviso correspondiente. El Titular será responsable solidariamente por la actuación de sus subalternos en el incumplimiento de las obligaciones establecidas en esta Ley; asimismo, en su caso deberá iniciar los procedimientos e imponer las sanciones que la misma establece, sin perjuicio de deducir la responsabilidad penal si la hubiere.

Los subalternos que tuvieren a su cargo los actos preparatorios de las adquisiciones y contrataciones, así como lo relacionado con la vigilancia de su ejecución y liquidación, responderán personalmente por las infracciones o delitos que ellos cometieren, en ocasión de los actos regulados en esta Ley.

Asimismo, los subalternos estarán obligados a denunciar pronta y oportunamente ante la Fiscalía General de la República, las infracciones o delitos de que tuvieren conocimiento, inclusive los cometidos por cualquiera de sus superiores en cumplimiento de esta Ley.

Para lo cual se le garantizará estabilidad en su empleo, no pudiendo por esta causa ser destituido o trasladado ni suprimida su plaza en la partida presupuestaria correspondiente; la Corte de Cuentas de la República verificará el cumplimiento de lo anterior.

Artículo 20.- Comisiones de Evaluación de Ofertas. Dependiendo de la cantidad de adquisiciones o contrataciones, cada institución constituirá las Comisiones en cada caso, para la Evaluación de Ofertas que estime conveniente, las que serán nombradas por el titular o a quién éste designe. Dichas Comisiones podrán variar de acuerdo a la naturaleza de las obras, bienes o servicios a adquirir. Procederán en todo caso, cuando se trate de licitaciones o concursos públicos o públicos por invitación, nacionales o internacionales.

En cuanto a la contratación directa y la libre gestión, será potestad del titular la constitución de las comisiones de evaluación de ofertas respectivas.

Las comisiones a las que se refiere este artículo se formarán por lo menos con los miembros siguientes:

a) El Jefe de la Unidad de Adquisiciones y Contrataciones Institucional o la persona que él designe;

b) El solicitante de la obra, bien o servicio o su delegado;

c) Un Analista Financiero; y,

d) Un experto en la materia de que se trate la adquisición o contratación.

En el caso de las municipalidades, Tribunal de Servicio Civil, representaciones diplomáticas y consulares, las comisiones a que se refiere este artículo se conformarán de acuerdo a su estructura institucional[20].

Cuando la institución no contare con personal especializado o idóneo en la materia de que se trate, solicitará colaboración de funcionarios públicos de otras instituciones del Estado, quienes estarán obligados a colaborar y, excepcionalmente, se podrá contratar especialistas.

Cuando la obra, bien o servicio a adquirir involucre a más de una institución, se podrán constituir las comisiones de evaluación de ofertas inter-institucionales, identificando en ésta la institución directamente responsable, y será ésta quién deberá constituirla de conformidad con lo establecido en este artículo.

No podrán ser miembros de la comisión o comisiones el cónyuge o conviviente, o las personas que tuvieren vínculo de parentesco hasta el segundo grado de afinidad y cuarto de consanguinidad con algunos de los ofertantes.

---

20 Inciso modificado por D.L. nº 244, 21 de diciembre del 2000; D.O. nº 11, t. 350, 15 de enero del 2001.

Artículo 20 Bis.- Responsabilidades de los Solicitantes[21]. Para efectos de esta Ley se entenderá por solicitantes, las unidades o dependencias internas de la institución que requieran a la UACI la adquisición de obras, bienes o servicios. Estos deberán realizar los actos preparatorios de conformidad a las responsabilidades siguientes:

a) Garantizar que las necesidades de obras, bienes y servicios, estén incorporadas en la Programación Anual de Adquisiciones y Contrataciones;

b) Elaborar la solicitud de las adquisiciones y contrataciones de obras, bienes o servicios, la cual deberá acompañarse de las especificaciones o características técnicas de las mismas, así como toda aquella información que especifique el objeto contractual y que facilite la formulación de las bases de licitación;

c) Determinar las necesidades de obras, bienes y servicios; asimismo realizar investigaciones del mercado que le permitan hacer los análisis y estudios necesarios para verificar la viabilidad técnica, económica, financiera, social o ambiental, necesaria para que la adquisición pueda realizarse;

d) Enviar a la UACI las solicitudes de las adquisiciones y contrataciones, de acuerdo a la Programación Anual de Adquisiciones y Contrataciones;

e) Adecuar conjuntamente con la UACI, las bases de licitación o de concurso, tomando en cuenta lo dispuesto en la presente Ley, según el tipo de contratación a realizar;

f) Dar respuesta oportuna a las consultas sobre las especificaciones técnicas o administrativas que realice la UACI;

g) Integrar y mantener actualizado el expediente administrativo de la solicitud, de tal manera que esté conformado por la recopilación del conjunto de documentos necesarios que se generen por las acciones realizadas desde la identificación de la necesidad hasta la solicitud de la adquisición;

h) Cualquier otra responsabilidad que establezca la presente Ley.

TÍTULO III.
GENERALIDADES DE LAS CONTRATACIONES.

CAPÍTULO I.
TIPOS DE CONTRATOS

Artículo 21.- Característica. Los Contratos regulados por esta Ley determinan obligaciones y derechos entre los particulares y las instituciones como sujetos de Derecho Público, para el cumplimiento de sus fines. Excepcionalmente regula la preparación y la adjudicación de los Contratos de Arrendamiento de Bienes Muebles.

Artículo 22.- Contratos Regulados. Los Contratos regulados por esta Ley son los siguientes:

a) Obra Pública;
b) Suministro;
c) Consultoría;
d) Concesión; y,
e) Arrendamiento de bienes muebles.

Artículo 23.- Régimen de los Contratos. La preparación, adjudicación, formalización y efectos de los contratos indicados en la disposición anterior quedan sujetos a esta Ley, su reglamento y demás normas que les fueren aplicables. A falta de las anteriores, se aplicarán las normas de Derecho Común.

Artículo 24.- Norma Supletoria Fuera de los contratos mencionados en este capítulo, las instituciones podrán contratar de acuerdo a las normas de Derecho Común, pero se observará, todo lo

21 Articulo añadido por D.L. nº. 725, 18 de mayo de 2011; D.O. nº 102, t. 391, 2 de junio de 2011.

dispuesto en esta Ley en cuanto a su preparación, adjudicación y cumplimiento, en cuanto les fuere aplicable.

CAPÍTULO II.
CONTRATISTAS

Artículo 25.- Capacidad para Contratar. Podrán ofertar y contratar con la administración pública, todas las personas naturales o jurídicas, nacionales o extranjeras, que tengan capacidad legal para obligarse; y que no concurra en ellas las siguientes situaciones:

a) Haber sido condenado con anterioridad, mediante sentencia firme, por delitos contra la Hacienda Pública, corrupción, cohecho activo, tráfico de influencias y los contemplados en la Ley Contra el Lavado de Dinero y de Activos; mientras no hayan sido habilitados en sus derechos por la comisión de esos ilícitos;

b) Haber sido declarado en estado de suspensión de pagos de sus obligaciones o declarado en quiebra o concurso de acreedores, siempre que no esté rehabilitado;

c) Haberse extinguido por parte de la institución contratante el contrato celebrado con alguna de las instituciones, por causa imputable al contratista, durante los últimos cinco años contados a partir de la referida extinción;

d) Estar insolvente en el cumplimiento de las obligaciones fiscales, municipales y de seguridad social;

e) Haber incurrido en falsedad material o ideológica al proporcionar la información requerida de acuerdo a esta Ley;

f) En el caso de que concurra como persona jurídica extranjera y no estuviere legalmente constituida de conformidad a las normas de su propio país, o no haber cumplido con las disposiciones de la Legislación nacional, aplicables para su ejercicio o funcionamiento;

g) Haber evadido la responsabilidad adquirida en otras contrataciones, mediante cualquier artificio.

Los contratos celebrados en contravención a lo dispuesto en este artículo producen nulidad, sin perjuicio de la responsabilidad civil, administrativa y penal en que se incurra.

Las situaciones a que se refieren los literales a), b) y e) serán declaradas en sede judicial.

Cuando las instituciones de la administración pública tengan conocimiento de las situaciones anteriores, deberán informarlas a la UNAC, para los efectos legales consiguientes, a través del funcionario competente[22].

Artículo 26.- Impedidos para Ofertar[23]. No obstante lo establecido en el artículo anterior, no podrán participar como ofertantes:

a) El Presidente y Vicepresidente de la República, los Diputados Propietarios y Suplentes de la Asamblea Legislativa y del Parlamento Centroamericano, los miembros de los Concejos Municipales y del Consejo de Ministros, los Titulares del Ministerio Público, el Presidente y los Magistrados de la Corte Suprema de Justicia y de la Corte de Cuentas de la República, los miembros de la Junta Directiva del Instituto Salvadoreño del Seguro Social, de la Comisión Ejecutiva Hidroeléctrica del Rio Lempa (CEL), los miembros de la Junta Directiva de las Instituciones Financieras y de Crédito Publico tales como: Banco Central de Reserva de El Salvador, Fondo Social para la Vivienda (FSV), Fondo Nacional de Vivienda Popular (FONAVIPO), Banco de Fomento Agropecuario (BFA), Banco Hipotecario, Banco Multisectorial de Inversiones (BMI), así como los miembros del Tribunal de Servicio Civil, del Consejo Nacional de la Judicatura, del Tribunal Supremo Electoral, del Registro Nacional de las Personas Naturales, Ios miembros de las Juntas de Gobernadores o Consejos Directivos de las Instituciones Autónomas y todos Ios demás titulares de las instituciones públicas, ni las personas jurídicas en las que estos ostenten la calidad de propieta-

---

22 Inciso modificado por D.L. nº. 725, 18 de mayo de 2011; D.O. nº 102, t. 391, 2 de junio de 2011.

23 Artículo modificado por D.L. nº. 725, 18 de mayo de 2011; D.O. nº 102, t. 391, 2 de junio de 2011.

rios, socios, accionistas, administradores, gerentes, directivos, directores, consejales o representantes legales, no podrán ofertar en ninguna institución de la Administración Pública;

b) Los funcionarios y empleados públicos y municipales, en su misma institución; ni las personas jurídicas en las que aquellos ostenten la calidad de propietarios, socios, accionistas, administradores, gerentes, directivos, directores, consejales o representantes legales. Esta disposición también será aplicable a los miembros de las Juntas o Consejos Directivos;

c) El cónyuge o conviviente, y las personas que tuvieren vinculo de parentesco hasta el segundo grado de afinidad y cuarto de consanguinidad, con los funcionarios públicos y empleados públicos mencionados en el literal anterior, así como las personas jurídicas en las que aquellos ostenten la calidad de propietarios, socios, accionistas, administradores, gerentes, directivos, directores, concejales o representantes legales;

d) Las personas naturales o jurídicas que en relación con procesos de adquisición o contratación, hayan sido sancionadas administrativa o judicialmente, o inhabilitados por cualquier institución de la administración pública, por el plazo en que dure la inhabilitación;

e) Las personas naturales o jurídicas que hayan tenido relación de control por administración o propiedad, con las personas a que se refiere el literal anterior al momento de su incumplimiento.

Estas inhabilidades se extienden de igual forma a las subcontrataciones.

Las restricciones previstas para las personas jurídicas establecidas en este artículo, no serán aplicables en los casos que el Estado sea el accionista o cuando la participación de Ios socios o accionistas particulares a que el mismo artículo se refiere, no exceda del cero punto cero cero cinco por ciento (0.005%).

Las contrataciones en que se infrinja lo dispuesto en este artículo son nulas.

Los ofertantes, adjudicatarios o contratistas tienen prohibido celebrar acuerdos entre ellos o con terceros, con el objeto de establecer prácticas que restrinjan de cualquier forma el libre comercio. El funcionario o cualquier persona que tenga conocimiento de dichas prácticas deberán notificarlo a la Superintendencia de Competencia para los efectos correspondientes[24].

CAPÍTULO III.
DE LA PRECALIFICACIÓN

Artículo 27.- Precalificación[25]. Se entenderá por precalificación, la etapa previa de una Licitación o un Concurso, realizada por la UACI para preseleccionar a los ofertantes, procediendo en los casos en que la institución contratante necesite conocer las opciones de mercado respecto a las adquisiciones o contrataciones de obras, bienes o servicios.

En la precalificación el participante presentará los documentos que comprueben Io siguiente:

a) Experiencia y resultados obtenidos en trabajos similares, inclusive los antecedentes de los subcontratistas, cuando la contratación conlleve subcontratación; asimismo, certificaciones de calidad si las hubiere;

b) Personal idóneo, capacidad instalada, maquinaria y equipo disponible en condiciones óptimas para realizar las obras, entregar los bienes o prestar servicios;

c) Situación financiera sólida legalmente comprobada;

d) La existencia de otras obligaciones contractuales y el estado de desarrollo de las mismas.

La precalificación realizada por la UACI, surtirá efecto inclusive respecto de las demás instituciones de la administración pública, y será revisada y actualizada por Io menos una vez al año.

Artículo 28.- Acuerdo Razonado para Precalificar[26]. La precalificación procederá generalmente al tratarse de las adquisiciones o contrataciones de obras o bienes de gran magnitud o complejidad, o servicios que requieren conocimientos altamente especializados, tales como: obras

24 Inciso modificado por D.L. nº 244, 21 de diciembre del 2000; D.O. nº 11, t. 350, 15 de enero del 2001.

25 Artículo modificado por D.L. nº. 725, 18 de mayo de 2011; D.O. nº 102, t. 391, 2 de junio de 2011.

26 Artículo modificado por D.L. nº. 725, 18 de mayo de 2011; D.O. nº 102, t. 391, 2 de junio de 2011.

hidroeléctricas, geotérmicas, autopistas, aeropuertos, puertos, servicios de comunicación de gran avance tecnológico, estudios especializados como ecológicos y otros.

Para utilizar el mecanismo de la precalificación el titular de la institución contratante deberá emitir un acuerdo razonado. El mecanismo de precalificación deberá consignarse en las bases correspondientes.

Artículo 29.- Co-calificación. Se entenderá por co-calificación, a la etapa de una Licitación o un Concurso en la que la UACI invita directamente a ofertantes a presentar ofertas, sin haberles calificado previamente, la que realizará simultáneamente al momento de analizar y evaluar las ofertas presentadas.

Artículo 30.- Acuerdo Razonado para Calificar. Derogado[27].

CAPÍTULO IV.
GARANTIAS EXIGIDAS PARA CONTRATAR

Artículo 31.- Garantías Exigidas[28]**.** Para proceder a las adquisiciones y contrataciones a que se refiere esta Ley, las instituciones contratantes exigirán oportunamente según el caso, que los ofertantes o contratistas presentar las garantías para asegurar:

a) La Garantía de Mantenimiento de Oferta;
b) La Buena Inversión de Anticipo;
c) El Cumplimiento de Contrato;
d) La Buena Obra;
e) Garantía de buen servicio, funcionamiento y calidad de los bienes.

En las bases de licitación o de concurso podrá determinaste cualquier otro hecho que deba garantizarse, según el caso, aunque no aparezca mencionado anteriormente.

En las mismas bases de licitación o de concurso, deberá indicarse la exigencia de estas garantías, los plazos en que deben rendirse o presentarse y, cuanto sea necesario para que los ofertantes queden plenamente informados, todo de acuerdo al objeto de las obligaciones que deben asegurarse.

Cumplidas las obligaciones garantizadas y vencido el plazo, la UACI deberá en un plazo no mayor de veinte días hábiles, devolver los documentos que amparan las garantías de: buena inversión de anticipo, cumplimiento de contrato, buena obra, de buen servicio, funcionamiento y calidad de los bienes y todas aquellas especialmente solicitadas en la contratación.

Se aceptaran como garantías, las establecidas en la Ley del Sistema de Garantías Reciprocas de la Micro, Pequeña y Mediana Empresa Rural y Urbana.

Artículo 32.- Fianzas, Seguros y Mecanismos para asegurar el Cumplimiento de Obligaciones[29]**.** Toda institución contratante deberá exigir las garantías necesarias a los adjudicatarios y contratistas en correspondencia a la fase del procedimiento de contratación o posterior a este, debiendo ser éstas, fianzas o seguros. Además podrán utilizarse otros instrumentos para asegurar el cumplimiento de obligaciones cuando esta Ley o el Reglamento así lo autoricen, u otras modalidades que de manera general la UNAC establezca por medio de instructivos, siempre y cuando existan mecanismos de liquidación que aseguren el cumplimiento de las obligaciones, u otros elementos que permitan la eficiente utilización de los mismos.

La institución contratante podrá solicitar otros instrumentos que aseguren el cumplimiento de las obligaciones, tales como: aceptación de órdenes de pago, cheques certificados, certificados de depósito y bono de prenda para el caso de bienes depositados en almacenadoras de depósito.

En el texto de las bases de licitación o concurso, términos de referencia, especificaciones técnicas o contratos, la Institución podrá solicitar el tipo y la redacción determinada para dichas

---

27 Artículo derogado por D.L. nº 725, 18 de mayo de 2011; D.O. nº 102, t. 391, 2 de junio de 2011.
28 Artículo modificado por D.L. nº 725, 18 de mayo de 2011; D.O. nº 102, t. 391, 2 de junio de 2011.
29 Artículo modificado por D.L. nº 725, 18 de mayo de 2011; D.O. nº 102, t. 391, 2 de junio de 2011.

garantías, cumpliendo las condiciones mínimas que establezca el reglamento de la presente Ley. Dichas garantías no podrán estar sujetas a condiciones distintas a las requeridas por la institución contratante, deberán otorgarse con calidad de solidarias, irrevocables, y ser de ejecución inmediata como garantía a primer requerimiento.

Los Bancos, las Sociedades de Seguros y Afianzadoras Extranjeras, las Sociedades de Garantías Reciprocas (SGR), podrán emitir garantías, siempre y cuando lo hicieren por medio de alguna de las instituciones del Sistema Financiero, actuando como entidad confirmadora de la emisión.

Las Compañías que emitan las referidas garantías, deberán estar autorizadas por la Superintendencia del Sistema Financiero y ser aceptadas por las instituciones contratantes.

Artículo 33.- Garantía de Mantenimiento de Oferta. Garantía de Mantenimiento de Oferta, es la que se otorga a favor de la institución contratante, a fin de asegurar el mantenimiento de las condiciones y de los precios de las ofertas, desde la fecha de apertura de éstas hasta su vencimiento, de conformidad a lo establecido en las bases de licitación o de concurso. El ofertante ganador, mantendrá la vigencia de esta garantía hasta el momento en que presente la Garantía de Cumplimiento del Contrato.

El período de vigencia de la garantía se establecerá en las bases de licitación o de concurso, el que deberá exceder al período de vigencia de la oferta por un plazo no menor de treinta días. El valor de dicha garantía oscilará entre el 2% y el 5% del valor total del presupuesto del contrato. En las bases de licitación o de concurso se hará constar el monto fijo por el cual se constituirá esta garantía.

La Garantía de Mantenimiento de oferta se hará efectiva en los siguientes casos:

a) Si el ofertante, por razones imputables al mismo, no concurre a formalizar el contrato en el plazo establecido[30];

b) Si no se presentase la Garantía de Cumplimiento de Contrato dentro del plazo determinado en las bases de licitación o de concurso; y,

c) Si el ofertante retirare su oferta injustificadamente.

Artículo 34.- Garantía de Buena Inversión de Anticipo[31]. Para efectos de esta Ley, se entenderá por Garantía de Buena Inversión de Anticipo, aquella que se otorga a favor de la institución contratante, para garantizar que el anticipo efectivamente se aplique a la dotación y ejecución inicial del proyecto de una obra o a los servicios de consultoría o de adquisición de bienes. La presentación de esta garantía será un requisito para la entrega del anticipo. La cuantía de la misma será del 100% del monto del anticipo.

El anticipo no podrá ser mayor al 30% del monto del contrato, de acuerdo a lo establecido y en concordancia con las bases de licitación o de concurso, términos de referencia o documentos afines.

La vigencia de esta garantía durará hasta quedar totalmente pagado o compensado el anticipo, de conformidad a la forma de pago establecida en el contrato.

La institución contratante podrá verificar el uso correcto del anticipo otorgado y en el caso de verificar o comprobar el mal uso de éste, se deberá hacer efectiva la garantía de buena inversión de anticipo.

Artículo 35.- Garantía de Cumplimiento de Contrato[32]. Para efectos de esta Ley, se entenderá por Garantía de Cumplimiento de Contrato, aquella que se otorga a favor de la institución contratante, para asegurarle que el contratista cumpla con todas las cláusulas establecidas en el contrato y que la obra, el bien o el servicio contratado, sea entregado y recibido a entera satisfacción. Esta garantía se incrementará en la misma proporción en que el valor del contrato llegare a aumentar, en su caso.

---

30 Literal modificado por D.L. nº 725, 18 de mayo de 2011; D.O. nº 102, t. 391, 2 de junio de 2011.

31 Artículo modificado por D.L. nº 725, 18 de mayo de 2011; D.O. nº 102, t. 391, 2 de junio de 2011.

32 Artículo modificado por D.L. nº 725, 18 de mayo de 2011; D.O. nº 102, t. 391, 2 de junio de 2011.

Cuando se trate de obras, esta garantía permanecerá vigente hasta que la institución contratante haya verificado la inexistencia de fallas o desperfectos en la construcción o que éstas no sean imputables al contratista, sin lo cual no se podrá otorgar el respectivo finiquito. Si el costo de reparación de las fallas o desperfectos resultare mayor al valor de la garantía de cumplimiento de contrato, el contratista responderá por los costos correspondientes.

El plazo de esta garantía se incorporará al contrato respectivo. En el caso de obras, el monto de la misma no podrá ser menor del diez por ciento, y en el de bienes y servicios será de hasta el veinte por ciento.

En las bases de licitación o de concurso se establecerá el plazo y momento de presentación de esta garantía.

Artículo 36.- Efectividad de Garantía. Al contratista que incumpla alguna de las especificaciones consignadas en el contrato sin causa justificada, se le hará efectiva la garantía de cumplimiento de contrato, sin perjuicio de las responsabilidades en que incurra por el incumplimiento.

La efectividad de la garantía será exigible en proporción directa a la cuantía y valor de las obligaciones contractuales que no se hubieren cumplido.

Artículo 37.- Garantía de Buena Obra[33]. Para efectos de esta Ley, se entenderá por Garantía de Buena Obra, aquella que se otorga a favor de la institución contratante, para asegurar que el contratista responderá por las fallas y desperfectos que le sean imputables durante el período que se establezca en el contrato; el plazo de vigencia de la garantía se contará a partir de la recepción definitiva de la obra.

El porcentaje de la garantía será el diez por ciento del monto final del contrato, su plazo y momento de presentación se establecerá en las bases de licitación, la que en ningún caso podrá ser menor de un año.

Artículo 37 Bis.- Garantías de Buen Servicio, Funcionamiento o Calidad de Bienes[34]. Para efectos de la presente Ley, se entenderá por Garantías de Buen Servicio, Funcionamiento o Calidad de Bienes, aquella que se otorga cuando sea procedente a favor de la institución contratante, para asegurar que el contratista responderá por el buen servicio y buen funcionamiento o calidad que le sean imputables durante el período que se establezca en el contrato; el plazo de vigencia de la garantía se contará a partir de la recepción definitiva de los bienes o servicios.

El porcentaje de la garantía será el diez por ciento del monto final del contrato, su plazo y momento de presentación se establecerá en las bases de licitación, las que en ningún caso podrán ser por un período menor de un año.

Artículo 38.- Responsabilidad Contratista y Prescripción. La responsabilidad del contratista por daños, perjuicios y vicios ocultos prescribirá en los plazos establecidos en el Derecho Común. Este plazo deberá estar incorporado en las bases de licitación.

CAPÍTULO V.
FORMAS DE CONTRATACIÓN

Artículo 39.- Formas de Contratación[35]. Las formas de contratación para proceder a la celebración de los contratos regulados por esta Ley, serán las siguientes:

a) Licitación o concurso público;
b) Libre Gestión;
c) Contratación Directa.

En las diferentes formas de contratación podrán participar contratistas nacionales, o nacionales y extranjeros o sólo extranjeros, que se especificarán en cada caso oportunamente. El procedimiento de licitación se aplicará siempre que se trate de las contrataciones de bienes o servicios vincula-

---

33 Artículo modificado por D.L. nº 725, 18 de mayo de 2011; D.O. nº 102, t. 391, 2 de junio de 2011.
34 Artículo añadido por D.L. nº 725, 18 de mayo de 2011; D.O. nº 102, t. 391, 2 de junio de 2011.
35 Artículo modificado por D.L. nº 725, 18 de mayo de 2011; D.O. nº 102, t. 391, 2 de junio de 2011.

dos al patrimonio y construcción de obras y, el de concurso para las contrataciones de servicios de consultoría.

Para el caso de la Libre Gestión, cuando el valor del bien o servicio a adquirir sea igual o inferior al diez por ciento del monto máximo establecido para esta forma de contratación, que sean requeridos con carácter inmediato y cuya adquisición no sea recurrente, la institución podrá adquirirlos directamente y contra pago, en establecimientos comerciales legalmente establecidos, al por mayor o al detalle, y en los que el precio a pagar, cumpla con los requisitos de publicidad establecidos en la Ley de Protección al Consumidor. Siempre que se adquiera bajo estas condiciones, se presumirá que se ha adquirido a precios de mercado, esta modalidad podrá ser utilizada únicamente de forma trimestral por las instituciones.

Se considerarán bienes y servicios de características técnicas uniformes y de común utilización, aquellos que poseen las mismas especificaciones técnicas, sin importar su diseño o sus características descriptivas, y comparten patrones de desempeño y calidad objetivamente definidos.

Se considerarán bienes y servicios de común utilización aquellos requeridos por las entidades y ofrecidos en el mercado, en condiciones equivalentes para quien los solicite en términos de prestaciones mínimas y suficientes para la satisfacción de sus necesidades.

No se consideran de características técnicas uniformes y de común utilización las obras públicas y los servicios de consultoría.

No podrán individualizarse aquellos bienes y servicios de carácter uniforme mediante el uso de marcas, salvo que la satisfacción de la necesidad de que se trate así lo exija, circunstancia que deberá acreditarse en los estudios previos elaborados por la institución adquirente, sin que la justificación pueda basarse en consideraciones puramente subjetivas.

Artículo 39-A. Las micro, pequeñas y medianas empresas nacionales, podrán participar en los procedimientos de contrataciones y adquisiciones de obras, bienes y servicios, en cualquiera de las instituciones de la Administración Pública, incluyendo entidades autónomas y municipalidades, conforme a las reglas establecidas en esta Ley.

A requerimiento de la institución contratante, y con la sujeción a condiciones que deberán especificarse en las bases de licitación según lo dispuesto en esta Ley, podrá darse prioridad en la evaluación de las ofertas a los bienes fabricados y/o producidos en el país, cuando estos sean comparados con ofertas de tales bienes fabricados en el extranjero.

Artículo 39-B. Para los procedimientos de contrataciones y adquisiciones a que se refiere esta Ley, las micro, pequeñas y medianas empresas nacionales, según la actividad económica que desarrollan, podrán asociarse para ofertar un óptimo y eficiente suministro de bienes o prestación de servicios, en cuyo caso deberán cumplir con los requisitos ya establecidos en esta Ley y en el Código Tributario para la conformación de los asocios.

Artículo 39-C. En las contrataciones y adquisiciones de bienes y servicios con las micro, pequeñas y medianas empresas nacionales, las entidades de la Administración Pública y municipalidades deberán:

a) Facilitar el acceso a las micro, pequeñas y medianas empresas para que puedan cumplir con la normativa correspondiente.

b) Adquirir o contratar a las micro, pequeñas y medianas empresas nacionales al menos lo correspondiente a un 12% del presupuesto anual destinado para adquisiciones y contrataciones de bienes y servicios, siempre que éstas garanticen la calidad de los mismos.

c) Procurar la contratación de las micro, pequeñas y medianas empresas nacionales regionales y locales del lugar donde se realizan las respectivas contrataciones y adquisiciones.

Artículo 40.- Determinación de Montos para Proceder[36]. Los montos para la aplicación de las formas de contratación serán los siguientes:

36 Artículo modificado por D.L. nº 725, 18 de mayo de 2011; D.O. nº 102, t. 391, 2 de junio de 2011.

a) Licitación o concurso público: Para las municipalidades, por un monto superior al equivalente de ciento sesenta (160) salarios mínimos mensuales para el sector comercio; para el resto de las instituciones de la administración pública, por un monto superior al equivalente a doscientos cuarenta (240) salarios mínimos mensuales para el sector comercio.

b) Libre Gestión: Cuando el monto de la adquisición sea menor o igual a ciento sesenta (160) salarios mínimos mensuales para el sector comercio, deberá dejarse constancia de haberse generado competencia, habiendo solicitado al menos tres cotizaciones. No será necesario este requisito cuando la adquisición o contratación no exceda del equivalente a veinte (20) salarios mínimos mensuales para el sector comercio; y cuando se tratare de ofertante único o marcas específicas, en que bastará un solo ofertante, para lo cual se deberá emitir una resolución razonada. Los montos expresados en el presente artículo deberán ser tomados como precios exactos que incluyan porcentajes de pagos adicionales que deban realizarse en concepto de tributos;

c) En la Contratación Directa no habrá límite en los montos por lo extraordinario de las causas que lo motiven[37].

Artículo 41.- Actos Preparatorios[38]. Para efectuar cualquier tipo de contratación, la institución deberá establecer los requerimientos o características mínimas indispensables para el bien, obra o servicio que desea adquirir; así como identificar el perfil de ofertante o contratista que lo proveerá. Dichos instrumentos se denominarán:

a) Términos de referencia: que establecerán las características de los servicios que la institución desea adquirir;

b) Especificaciones técnicas: que establecerán los requisitos que deben reunir las obras o bienes que la Administración Pública solicita;

c) Bases de Licitación: establecerán los criterios legales, financieros y técnicos que deberán cumplir los ofertantes y los bienes, obras y servicios que ofrecen a la Administración Pública;

d) Bases de Concurso: establecerán los criterios a que se refiere el literal anterior para la contratación de consultorías; debiendo la Institución establecer con claridad si la consultoría es para personas naturales, jurídicas, o ambas indistintamente.

Lo establecido en los literales a) y b) de este artículo, podrán utilizarse para la Libre Gestión cuando aplique[39].

TÍTULO IV.

DISPOSICIONES ESPECIALES SOBRE FORMAS DE CONTRATACIÓN

CAPÍTULO I.

ACTUACIONES RELATIVAS A LA CONTRATACIÓN

Artículo 42.- Documentos Contractuales. Los documentos a utilizar en el proceso de contratación se denominarán Documentos Contractuales, que formarán parte integral del contrato. Dependiendo de la naturaleza de la contratación, estos documentos serán por lo menos:

a) Bases de licitación o de concurso;
b) Adendas, si las hubiese;
c) Las ofertas y sus documentos;
d) Las garantías; y,
e) Las resoluciones modificativas y las órdenes de cambio, en su caso.

Artículo 43.- Bases de Licitación o de Concurso. Previo a toda licitación o todo concurso, deberán elaborarse las bases correspondientes, las que sin perjuicio de las Leyes o Reglamentos aplicables, constituyen el instrumento particular que regulará a la contratación específica. Las bases deberán redactarse en forma clara y precisa a fin de que los interesados conozcan en detalle el

37 Literal modificado por D.L. nº 244, 21 de diciembre del 2000; D.O. nº 11, t. 350, 15 de enero del 2001.
38 Artículo modificado por D.L. nº 725, 18 de mayo de 2011; D.O. nº 102, t. 391, 2 de junio de 2011.
39 Inciso modificado por D.L. nº 244, 21 de diciembre del 2000; D.O. nº 11, t. 350, 15 de enero del 2001.

objeto de las obligaciones contractuales, los requerimientos y las especificaciones de las mismas para que las ofertas comprendan todos los aspectos y armonicen con ellas y sean presentadas en igualdad de condiciones.

Las bases de licitación o de concurso se regirán por los modelos y documentos guías emitidos por la UNAC, sin perjuicio de las particularidades y requerimientos especiales en cada caso.

Artículo 44.- Contenido Mínimo de las Bases. Las bases de licitación o de concurso contendrán por lo menos las indicaciones siguientes:

a) Un encabezado conteniendo la identificación de la institución contratante, indicación de la UACI que aplicará el procedimiento, la forma y número de la licitación o del concurso, la clase de contrato y una breve descripción del objeto contractual;

b) Que las ofertas se presenten en castellano o traducidas al mismo idioma, debidamente autenticadas por las autoridades correspondientes e indicarán la posibilidad de exigirse información complementaria a la oferta, en otros idiomas y los casos en los que se requerirá traducción;

c) Los requerimientos que deberán cumplir los ofertantes para participar, indicando los documentos probatorios que deberán acompañar con la oferta;

d) Cuando proceda, se solicitará el uso de la Apostilla para las contrataciones internacionales, en los términos que establezcan los tratados suscritos por El Salvador;

e) Cuando corresponda, la previsión de presentar ofertas distintas con opciones y variantes;

f) La cantidad, especificaciones o características técnicas de las adquisiciones de las obras, bienes o servicios, sin hacer referencia en su caso a marcas de fábrica, números de catálogo o tipos de equipo de un determinado fabricante;

g) La determinación de los precios unitarios por rubro y los precios totales;

h) La oferta del precio o valor en moneda nacional, o alternativamente en moneda extranjera de conformidad con lo establecido en Convenios Internacionales;

i) Las cotizaciones de las ofertas, en su caso, se harán con base a los Términos de Comercio Internacional INCOTERMS, vigentes;

j) El lugar y plazo de entrega de la obra, de los bienes, o de la prestación del servicio, al que se refiera el contrato;

k) El lugar de presentación de ofertas y el día y hora en que terminará el plazo para presentarlas, así como el lugar, día y hora en que se procederá a su apertura. El plazo para presentarlas deberá ser razonable y establecerse, tomando en cuenta la complejidad de la obra, bien o servicio, pero en ningún caso podrá ser menor de 10 días hábiles;

l) El plazo en el que después de la apertura de ofertas se producirá la adjudicación, el cual no podrá ser superior a 60 días en los casos de licitación o de concurso, pudiendo el titular de la institución, en casos excepcionales, prorrogarlo por 30 días más[40];

m) El período de vigencia de la oferta;

n) El plazo de la adjudicación e indicación de la posibilidad de su prórroga y de declararse desierta, y el plazo dentro del cual debe firmarse el contrato;

o) El tipo, plazo, origen, momento de presentación y monto de las garantías o de los seguros que deben rendirse y cualquier otro requisito según el caso;

p) El porcentaje de anticipo y procedimiento para otorgarlo;

q) La necesidad de presentación de muestras o catálogos, según el caso;

r) El sistema de evaluación de las ofertas, con porcentajes asignados a cada factor sujeto a evaluación. El sistema de evaluación indicará la calificación mínima que debe obtener la oferta técnica y la capacidad financiera del proponente, como condición previa para la consideración de la propuesta económica;

s) Plazos y forma de pago;

t) Declaración jurada del ofertante sobre la veracidad de la información proporcionada;

---

40 Literal modificado por D.L. nº 725, 18 de mayo de 2011; D.O. nº 102, t. 391, 2 de junio de 2011.

u) Causales de suspensión del contrato de obra; y,

v) Los errores u omisiones subsanables si lo hubieren.

w) La obligatoriedad para el oferente o adjudicatario de presentar las solvencias fiscales, municipales y de seguridad social, emitidas por lo menos treinta días antes de la presentación de la oferta[41].

x) Las condiciones, plazo de entrega, porcentaje y forma de amortización de los anticipos, en los casos que aplique[42].

Artículo 45.- Otros Contenidos de las Bases. Las bases de licitación o de concurso deberán contener además, las exigencias sobre las especificaciones técnicas, condiciones económicas, legales, administrativas y el modelo general del contrato.

La presentación de una oferta por el interesado, dará por aceptadas las indicaciones contenidas en las bases de licitación o de concurso.

Artículo 46.- Adjudicación Parcial. La licitación o el concurso podrá prever la adjudicación parcial, la que deberá estar debidamente especificada en las bases. Tomando en cuenta la naturaleza de la adquisición o contratación, podrá preverse la realización independiente de cada una de sus partes, mediante la división en lotes, siempre y cuando aquéllas sean susceptibles de utilización o aprovechamiento por separado.

Artículo 47.- Convocatoria y Contenidos[43]. La convocatoria para las licitaciones y concursos se efectuará en el sitio electrónico de compras públicas habilitado para ello y por lo menos en uno de los medios de prensa escrita de circulación nacional, indicando las obras, bienes o servicios a contratar, el lugar donde los interesados pueden retirar los documentos de información pertinentes, el costo si lo hubiere, así como el plazo para recibir ofertas y para la apertura de las mismas.

Artículo 48.- Convocatoria Internacional. Cuando por la naturaleza o especialidad de las obras, bienes y servicios a adquirir, sea conveniente hacer una licitación o concurso internacional, la convocatoria se realizará en forma notoria y destacada en los medios de prensa nacionales y medios de comunicación electrónica de acceso público, además, por lo menos en uno de los siguientes medios:

a) Publicaciones técnicas especializadas, reconocidas de amplia circulación internacional; y,

b) Periódicos de amplia circulación internacional.

Los criterios para optar a cualquiera de estos medios, se regirán por aquél en el que tengan mayor acceso los potenciales ofertantes.

Artículo 49.- Retiro de Bases[44]. Los interesados podrán obtener las bases de licitación o concurso de forma gratuita descargándolas directamente del sitio electrónico de compras públicas habilitado para ello; podrán también obtenerlas directamente en la UACI de la institución responsable de la convocatoria, durante el plazo establecido, en cuyo caso se cobrará por la emisión de éstas.

Artículo 50.- Adendas, Enmiendas y Notificación. Las instituciones podrán hacer por escrito adendas o enmiendas a las bases de licitación o de concurso, antes de que venza el plazo para la presentación de las ofertas. Todos los interesados que hayan obtenido las bases de licitación o de concurso, serán notificados de igual manera de las modificaciones o aclaraciones correspondientes. Estos plazos serán fijados en las bases.

Artículo 51.- Consultas. Se podrán recibir consultas por escrito antes de la fecha de recepción de las ofertas, las que deberán ser contestadas y comunicadas por escrito a todos los interesados que hayan retirado las bases de licitación o de concurso; los plazos para dichas consultas serán determinados en las mismas bases.

---

41 Literal modificado por D.L. nº 725, 18 de mayo de 2011; D.O. nº 102, t. 391, 2 de junio de 2011.

42 Literal modificado por D.L. nº 725, 18 de mayo de 2011; D.O. nº 102, t. 391, 2 de junio de 2011.

43 Artículo modificado por D.L. nº 725, 18 de mayo de 2011; D.O. nº 102, t. 391, 2 de junio de 2011.

44 Artículo modificado por D.L. nº 725, 18 de mayo de 2011; D.O. nº 102, t. 391, 2 de junio de 2011.

Artículo 52.- Modalidades de Presentación de Ofertas[45]**.** En las bases de licitación o de concurso se indicarán las diferentes modalidades de la presentación de ofertas, tanto técnicas como económicas, las cuales dependerán de la naturaleza, complejidad, monto y grado de especialización de la obra, bien o servicio a adquirir. Los procedimientos de las modalidades serán establecidos en el Reglamento de esta Ley.

Las ofertas deberán presentarse acompañadas con la Garantía de Mantenimiento de Ofertas para los casos que aplican, en el Reglamento de esta Ley se especificará la documentación adicional que deberá acompañar a las ofertas, según sea el caso.

El ofertante será el responsable, que las ofertas sean recibidas en tiempo y forma, de conformidad con lo establecido en las bases de licitación o de concurso.

Artículo 53.- Apertura Pública de las Ofertas[46]**.** En el acto de apertura pública, el representante de la UACI procederá a abrir los sobres de las ofertas técnica y económica, en el lugar, día y hora indicados en las bases de licitación o de concurso, en presencia de los ofertantes que deseen asistir y cuyas ofertas hayan sido presentadas en el plazo establecido en éstas. Aquellas ofertas recibidas extemporáneamente y las que no presenten la Garantía de Mantenimiento de Ofertas, se considerarán excluidas de pleno derecho.

Concluida la apertura se levantará un acta en la que se hará constar las ofertas recibidas y los montos ofertados, así como algún aspecto relevante de dicho acto.

Artículo 54.- Prohibiciones[47]**.** Después de la apertura de las ofertas y antes de la notificación del resultado del proceso, no se brindará información alguna con respecto al examen, tabulación, aclaración y evaluación de las ofertas y las recomendaciones relativas a las adjudicaciones de las mismas, a ninguna persona o personas que no estén vinculadas en el proceso de análisis y evaluación de ofertas. Esto se aplica tanto a funcionarios o empleados de la Institución contratante, como a personal relacionado con las empresas ofertantes. La infracción a la anterior prohibición dará lugar a la aplicación de las sanciones correspondientes.

No obstante lo establecido en el inciso anterior, durante el período de prohibición, si la Comisión de Evaluación de Ofertas tuviere la necesidad de realizar consultas sobre la aplicación de esta Ley y el Reglamento, podrán realizarse a la UNAC, a través del Jefe UACI, sin que en dicha consulta se revelen datos identificativos correspondientes a los ofertantes.

Artículo 55.- Evaluación de Ofertas. La Comisión de Evaluación de Ofertas deberá evaluar las ofertas en sus aspectos técnicos y económicofinancieros, utilizando para ello los criterios de evaluación establecidos en las bases de licitación o de concurso.

En los contratos de consultoría la evaluación de los aspectos técnicos será la determinante.

Si en la calificación de la oferta mejor evaluada, habiéndose cumplido con todas las especificaciones técnicas, existiere igual puntaje en precio y demás condiciones requeridas en las bases entre ofertas de bienes producidos en el país y de bienes producidos en el extranjero, se dará preferencia a la oferta nacional. Las disposiciones establecidas en los tratados o convenios internacionales en esta materia, vigentes en El Salvador prevalecerán sobre lo aquí dispuesto.

Artículo 56.- Recomendación para Adjudicación, sus Elementos. Concluida la evaluación de las ofertas, la Comisión de Evaluación de Ofertas elaborará un informe basado en los aspectos señalados en el artículo anterior, en el que hará al titular la recomendación que corresponda, ya sea para que acuerde la adjudicación respecto de las ofertas que técnica y económicamente resulten mejor calificadas, o para que declare desierta la licitación o el concurso.

La recomendación a que se refiere este artículo, comprenderá la calificación de la oferta mejor evaluada para la adjudicación correspondiente. Asimismo, incluirá la calificación de aquellas otras

---

45 Artículo modificado por D.L. nº 725, 18 de mayo de 2011; D.O. nº 102, t. 391, 2 de junio de 2011.

46 Artículo modificado por D.L. nº 725, 18 de mayo de 2011; D.O. nº 102, t. 391, 2 de junio de 2011.

47 Artículo modificado por D.L. nº 725, 18 de mayo de 2011; D.O. nº 102, t. 391, 2 de junio de 2011.

que en defecto de la primera, representan opciones a tomarse en cuenta para su eventual adjudicación de acuerdo a las bases de licitación o de concurso.

De toda recomendación se levantará un acta que deberá ser firmada por todos los miembros de la Comisión. Los que estuvieren en desacuerdo dejarán constancia razonada de su inconformidad en la misma acta.

Si la autoridad competente para la adjudicación estuviere de acuerdo con la recomendación formulada por la Comisión de Evaluación de Ofertas, procederá a adjudicar la contratación de las obras, bienes o servicios de que se trate. La UACI dará a conocer el resultado mediante la Resolución de Adjudicación correspondiente.

Cuando la autoridad competente no aceptare la recomendación de la oferta mejor evaluada, deberá consignar y razonar por escrito su decisión y podrá optar por alguna de las otras ofertas consignadas en la misma recomendación, o declarar desierta la licitación o el concurso.

La resolución de adjudicación no estará en firme hasta transcurridos cinco días hábiles posteriores a su notificación, período dentro del cual se podrá interponer el recurso de revisión regulado por esta ley.

Artículo 57.- Notificación a Participantes[48]**.** Antes del vencimiento de la Garantía de Mantenimiento de Oferta, la institución por medio del Jefe de la UACI, notificará a todos los participantes la resolución del proceso de licitación o de concurso público de conformidad a lo establecido en esta Ley.

La UACI además, deberá publicar en el sistema electrónico de compras públicas, y por lo menos en uno de los medios de prensa escrita de circulación nacional, los resultados del proceso, una vez transcurrido el plazo para la interposición de recursos de revisión y no se haya hecho uso de éste.

Artículo 58.- Prohibición de Fraccionamiento. Derogado[49].

CAPÍTULO II.
LICITACIÓN Y CONCURSO PÚBLICO

Artículo 59.- Licitación Pública. La Licitación Pública es el procedimiento por cuyo medio se promueve competencia, invitando públicamente a todas las personas naturales o jurídicas interesadas en proporcionar obras, bienes y servicios que no fueren los de consultoría.

Artículo 60.- Concurso Público. El Concurso Público es el procedimiento en el que se promueve competencia, invitando públicamente a todas las personas naturales o jurídicas interesadas en la presentación de servicios de consultoría.

Artículo 61.- Suspensión de la Licitación o de Concurso. El Titular de la institución podrá suspender por acuerdo razonado la licitación o el concurso, dejarla sin efecto o prorrogar el plazo de la misma sin responsabilidad para la institución contratante, sea por caso fortuito, fuerza mayor o por razones de interés público. La institución emitirá una resolución razonada de tal decisión, la que notificará oportunamente a los ofertantes.

El funcionario que contraviniere lo dispuesto en el inciso anterior, responderá personalmente por los daños y perjuicios en que haga incurrir a la institución y a los ofertantes.

Artículo 62.- Requisitos del Ofertante con Representación[50]**.** Cuando un ofertante representare legalmente a uno o más fabricantes y ofreciere productos de cada uno de ellos, las ofertas deberán presentarse acompañadas de los documentos que acrediten la representación y de los certificados de garantía de fábrica de cada uno de los productos, y la Garantía de Mantenimiento de Ofertas por cada una.

---

48 Artículo modificado por D.L. nº 725, 18 de mayo de 2011; D.O. nº 102, t. 391, 2 de junio de 2011.
49 Artículo derogado por D.L. nº 725, 18 de mayo de 2011; D.O. nº 102, t. 391, 2 de junio de 2011.
50 Artículo modificado por D.L. nº 725, 18 de mayo de 2011; D.O. nº 102, t. 391, 2 de junio de 2011.

Artículo 63.- Licitación o Concurso con un Participante. Si a la convocatoria de la licitación o del concurso público se presentare un solo ofertante, se dejará constancia de tal situación en el acta respectiva. Esta oferta única, será analizada por la Comisión de Evaluación de Ofertas para verificar si cumple con las especificaciones técnicas y con las condiciones requeridas en las bases de licitación o de concurso en su caso. Si la oferta cumpliere con los requisitos establecidos y estuviere acorde con los precios del mercado, se adjudicará a ésta la contratación de que se trate. En el caso que la oferta no cumpliere con los requisitos establecidos, la Comisión procederá a recomendar declararla desierta y a proponer realizar una nueva gestión.

Artículo 64.- Ausencia Total de Participantes. En el caso que a la convocatoria de la licitación o de concurso público no concurriere ofertante alguno, la Comisión de Evaluación de Ofertas levantará el acta correspondiente e informará al titular para que la declare desierta, a fin de que promueva una segunda licitación o un segundo concurso público.

Artículo 64 Bis.- Trámite de Licitación o Concurso Público por Segunda Vez[51]. Declarada desierta una licitación o concurso público por primera vez, por cualquiera de los motivos establecidos en la presente Ley; para el segundo llamado a licitación o concurso público, las bases de licitación o de concurso podrán modificarse dentro del marco que establece la presente Ley, siempre que no impliquen una modificación del objeto contractual previamente establecido en las bases. Dichas modificaciones deberán ser autorizadas por la autoridad competente para aprobar bases.

Cuando la convocatoria sea declarada desierta por primera vez, las empresas participantes tendrán derecho a concursar en posteriores convocatorias, obteniendo las nuevas bases de licitación sin costo alguno.

Artículo 65.- Declaración Desierta por Segunda Vez. Siempre que en los casos de licitación o de concurso público, se declare desierta por segunda vez, procederá la contratación directa.

CAPÍTULO III.
LICITACIÓN Y CONCURSO PÚBLICO POR INVITACIÓN

Artículo 66.- Lista Corta. Derogado[52].
Artículo 67.- Invitación y Bases. Derogado[53].

CAPÍTULO IV.
LIBRE GESTIÓN

Artículo 68.- Definición de Libre Gestión[54]. Para efectos de esta Ley, se entenderá por Libre Gestión aquel procedimiento simplificado por medio del cual las instituciones seleccionan al contratista que les proveerá obras, bienes, servicios o consultorías, hasta por el monto establecido en esta Ley. Las convocatorias para esta modalidad de contratación y sus resultados deberán publicarse en el Registro del Sistema Electrónico de Compras Públicas.

Artículo 69.- Anticipos. Se podrá dar anticipos hasta por el 30% del valor total de la obra, bien o servicio a contratar y, en respaldo de aquellos, deberá exigirse una garantía de buena inversión de anticipo que respalde el pago anticipado.

La institución contratante podrá verificar el uso correcto del anticipo otorgado y en el caso de verificar o comprobar el mal uso de éste se deberá hacer efectiva la garantía en cuestión.

Artículo 70.- Prohibición de Fraccionamiento[55]. No podrán fraccionarse las adquisiciones y contrataciones de la Administración Pública, con el fin de modificar la cuantía de las mismas y

---

51 Artículo añadido por D.L. nº 725, 18 de mayo de 2011; D.O. nº 102, t. 391, 2 de junio de 2011.
52 Artículo derogado por D.L. nº 725, 18 de mayo de 2011; D.O. nº 102, t. 391, 2 de junio de 2011.
53 Artículo derogado por D.L. nº 725, 18 de mayo de 2011; D.O. nº 102, t. 391, 2 de junio de 2011.
54 Artículo modificado por D.L. nº 725, 18 de mayo de 2011; D.O. nº 102, t. 391, 2 de junio de 2011.
55 Artículo modificado por D.L. nº 725, 18 de mayo de 2011; D.O. nº 102, t. 391, 2 de junio de 2011.

eludir así los requisitos establecidos para las diferentes formas de contratación reguladas por esta Ley.

En caso de existir fraccionamientos, la adjudicación será nula y al funcionario infractor se le impondrán las sanciones legales correspondientes. En el Reglamento de esta Ley se establecerán los procedimientos para comprobar los fraccionamientos.

No podrá adjudicarse por Libre Gestión la adquisición o contratación del mismo bien o servicio cuando el monto acumulado del mismo, durante el ejercicio fiscal, supere el monto estipulado en esta Ley para dicha modalidad.

CAPÍTULO V.
CONTRATACIÓN DIRECTA

Artículo 71.- Definición de Contratación Directa[56]. Para efectos de esta Ley, se entenderá por Contratación Directa la forma que una institución contrata con una o más personas naturales o jurídicas, manteniendo los criterios de competencia cuando aplique, salvo en los casos que no fuere posible debido a la causal que motiva la contratación, tomando en cuenta las condiciones y especificaciones técnicas previamente definidas. Esta decisión debe consignarse mediante resolución razonada emitida por el titular de la institución, junta directiva, consejo directivo o concejo municipal, según sea el caso, debiendo además publicarla en el Sistema Electrónico de Compras Públicas, invocando la causal correspondiente que la sustenta.

Artículo 72.- Condiciones para la Contratación Directa[57]. La Contratación Directa sólo podrá acordarse al concurrir alguna de las situaciones siguientes:

a) Por tratarse de patentes, derechos de autor, especialidades artísticas o servicios altamente especializados que no son prestados en el país.

b) Cuando se encuentre vigente el Estado de Emergencia, Calamidad, Desastre, Guerra o Grave Perturbación del orden dictado por autoridad competente;

c) Cuando se trate de proveedor único de bienes o servicios, o cuando en razón de los equipos, sistema, o detalles específicos de las necesidades de soporte con que cuenta la institución, sea indispensable comprar de una determinada marca o de un determinado proveedor, por convenir así a las necesidades e intereses técnicos y económicos de la Administración Pública;

d) Si se trata de insumos, maquinaria o equipos especializados, o repuestos y accesorios de éstos, que se utilicen para la investigación científica o desarrollo tecnológico;

e) Si se emitiere acuerdo de calificativo de urgencia de conformidad a los criterios establecidos en esta Ley;

f) Si se declara desierta por segunda vez una Licitación o Concurso;

g) En caso de terminación anticipada del contrato derivado de un proceso adquisitivo, por causas imputables al contratista;

h) Si se tratase de equipo o material de guerra, calificado de esa manera por el Ministro de la Defensa y aprobado por el Presidente de la República;

i) Los servicios profesionales brindados por auditores especializados, contadores, abogados, mediadores, conciliadores, árbitros, asesores y peritajes, entre otros; cuando en atención a la naturaleza del servicio que se requiera, la confianza y la confidencialidad sean elementos relevantes para su contratación;

j) Si se tratare de contratación de obras, bienes y servicios de carácter preventivo para atender las necesidades en estados de emergencia o calamidad;

k) La adquisición de medicamentos para el abastecimiento del sistema de salud pública, debiendo la entidad adquiriente publicar en su página web, los montos, precios, plazos y demás términos contractuales de adquisición.

---

56 Artículo modificado por D.L. nº 725, 18 de mayo de 2011; D.O. nº 102, t. 391, 2 de junio de 2011.

57 Artículo modificado por D.L. nº 725, 18 de mayo de 2011; D.O. nº 102, t. 391, 2 de junio de 2011.

Artículo 73.- Calificación de urgencia. Con el conocimiento del Consejo de Ministros, el titular de la institución será el competente para emitir la declaración de urgencia debidamente razonada, excepto en el caso de los Municipios, que será el Concejo Municipal el que conozca y tendrá competencia para emitir dicha declaración. En el caso en que uno o varios miembros del Concejo Municipal sea nombrado para conformar la UACI, de conformidad a lo establecido en el Artículo 9 de esta ley, se exonerará para conocer de la declaración de urgencia[58].

La Calificación de Urgencia procederá ante una situación por la que se hace necesaria la adquisición o contratación de obras, bienes o servicios, cuya postergación o diferimiento impusiere un grave riesgo al interés general. También procederá cuando habiéndose contratado, previa una licitación, el contrato se extinguiere por causas imputables al contratista.

No obstante lo dispuesto en el inciso anterior, cuando proceda la calificación de urgencia, la institución podrá solicitar ofertas a personas naturales o jurídicas que cumplan los requisitos[59].

Artículo 73-A. Contratación de Obras, Bienes y Servicios Preventivos o Posteriores en Estados de Emergencia[60].

La contratación de obras, bienes y servicios preventivos para atender necesidades en estados de emergencia, procederá ante situaciones de vulnerabilidad previamente determinadas y para las cuales sea necesaria la adquisición o contratación de obras, bienes y servicios, sean estos preventivos o posteriores, para atender las necesidades a que se refiere el literal j) del artículo 72 de esta Ley.

El titular de la institución, junta directiva, consejo directivo o concejo municipal, según sea el caso, que promueva un proceso adquisitivo de manera preventiva, deberá argumentar la contratación directa con una justificación técnica de la necesidad de la obra, bien o servicio. El proceso de contratación surtirá sus efectos durante el ejercicio fiscal del año en que se contrata, pudiendo prorrogarse de acuerdo a los criterios establecidos en esta Ley o su Reglamento.

El contrato que surja a partir de este proceso establecerá la forma de pago, obligaciones para ambas partes, plazo y objeto contractual, sin perjuicio de otras cláusulas establecidas por ley.

Cada institución deberá realizar la evaluación de mercado para determinar las empresas a contratar bajo esta figura, en cuanto a aspectos técnicos requeridos por obra, bien o servicio.

Artículo 73-B. Compras Conjuntas[61]. Las instituciones de la Administración Pública podrán agruparse para realizar sus adquisiciones y contrataciones, a fin de obtener mejores precios, ventajas competitivas, y lograr economías de escala y mejores beneficios. En estos casos, las autoridades competentes para aprobar bases y adjudicar, autorizarán mediante acuerdo razonado, antes del inicio del proceso, a la autoridad competente de la institución coordinadora responsable de conducir el proceso a través de su UACI, para que pueda aprobar las bases de licitación o de concurso y sus modificaciones, así como para adjudicar, declarar desierta o dejar sin efecto el proceso. La suscripción de los contratos resultantes de este proceso se hará de forma individual entre él o los contratistas seleccionados y cada institución.

CAPÍTULO VI.
LA NOTIFICACIÓN Y RECURSO

Artículo 74.- Forma[62]. Todo acto administrativo que implique notificación y que afecte derechos o intereses de los ofertantes y contratistas, deberá ser notificado dentro de los dos días hábiles siguientes de haberse proveído. Este surtirá efecto a partir del día siguiente al de su notificación, que se hará mediante entrega de la copia íntegra del acto, personalmente al interesado o por correo

58 Inciso modificado por D.L. nº 244, 21 de diciembre del 2000; D.O. nº 11, t. 350, 15 de enero del 2001.
59 Inciso modificado por D.L. nº 725, 18 de mayo de 2011; D.O. nº 102, t. 391, 2 de junio de 2011.
60 Artículo añadido por D.L. nº 725, 18 de mayo de 2011; D.O. nº 102, t. 391, 2 de junio de 2011.
61 Artículo añadido por D.L. nº 725, 18 de mayo de 2011; D.O. nº 102, t. 391, 2 de junio de 2011.
62 Artículo modificado por D.L. nº 725, 18 de mayo de 2011; D.O. nº 102, t. 391, 2 de junio de 2011.

con aviso de recibo o por cualquier otro medio que permita tener constancia fehaciente de la recepción.

A menos que el interesado consienta en recibir la esquela de notificación en la oficina administrativa o en otro lugar, la entrega debe realizarse en el lugar señalado para notificaciones.

Artículo 75.- Domicilio para Notificaciones. Los ofertantes y contratistas, sus representantes o sus administradores, mandatarios o apoderados, deberán designar en su primer escrito, petición o correspondencia, un lugar especial para recibir las notificaciones de los actos que dicten las instituciones contratantes y comunicar cualquier cambio o modificación oportunamente. No podrá usarse para los efectos indicados, la designación de apartados postales.

En caso de omitirse la designación prevenida en el inciso anterior, la notificación podrá hacerse de acuerdo a las reglas del Derecho Común en materia procesal.

Artículo 76.- Recurso por Resoluciones Emitidas[63]**.** De toda resolución de adjudicación o declaratoria de desierto pronunciadas en los procedimientos de contratación regulados por esta Ley, que afectaren los derechos de los particulares, procederá el recurso de revisión, interpuesto en tiempo y forma.

Artículo 77.- Interposición del Recurso[64]**.** El recurso de revisión deberá interponerse por escrito ante el funcionario que dictó el acto del que se recurre, dentro del término de cinco días hábiles contados a partir del día siguiente al de la notificación; si transcurrido dicho plazo no se interpusiere recurso alguno, la resolución por medio de la cual se dictó el acto quedará firme.

El recurso será resuelto por el mismo funcionario dentro del plazo máximo de diez días hábiles posteriores a la admisión del recurso, dicho funcionario resolverá con base a la recomendación que emita una comisión especial de alto nivel nombrada por él mismo, para tal efecto. Contra lo resuelto no habrá más recurso.

Para que se entienda agotada la vía administrativa deberá quedar firme la resolución del recurso pertinente. Si de la resolución al recurso de revisión resulta que el acto quedare firme, la institución contratante podrá reclamar daños y perjuicios en que se incurra por el retraso en el proceso de adquisiciones y contrataciones.

Transcurridos los diez días hábiles después de la admisión del recurso y no se hubiere emitido resolución alguna, se entenderá que ha sido resuelto favorablemente.

El proceso de contratación quedará suspendido en el lapso comprendido entre la interposición del recurso de revisión y la resolución del mismo.

Artículo 78.- Contenido del Recurso. El recurso se interpondrá con indicación precisa de las razones de hecho y de derecho que lo motivaron y de los extremos que deben resolverse.

Si el recurso no fuere presentado en tiempo y forma, será inadmisible mediante resolución razonada, contra la que no habrá recurso.

TÍTULO V.
DE LOS CONTRATOS EN GENERAL

CAPÍTULO I.
PERFECCIÓN Y FORMALIZACIÓN DE LOS CONTRATOS

Artículo 79.- Formalización de Contratos[65]**.** Los contratos se perfeccionan y formalizan con la suscripción de los correspondientes instrumentos, por las partes contratantes o sus representantes debidamente acreditados.

Para las adquisiciones de bienes o servicios en los procesos de libre gestión, podrá emitirse Orden de Compra o Contrato.

---

63 Artículo modificado por D.L. nº 725, 18 de mayo de 2011; D.O. nº 102, t. 391, 2 de junio de 2011.
64 Artículo modificado por D.L. nº 725, 18 de mayo de 2011; D.O. nº 102, t. 391, 2 de junio de 2011.
65 Artículo modificado por D.L. nº 725, 18 de mayo de 2011; D.O. nº 102, t. 391, 2 de junio de 2011.

La factura o documento equivalente deberá ser exigida para todo trámite de pagos en las transacciones reguladas por esta Ley.

Artículo 80.- Citación para Firma del Contrato. La institución contratante convocará dentro de los plazos establecidos al ofertante adjudicatario para el otorgamiento del contrato. En las bases de licitación o de concurso, se determinarán los plazos para la firma del contrato y para la presentación de las garantías.

Si el adjudicatario no concurriere a firmar el contrato, vencido el plazo correspondiente, se podrá dejar sin efecto la resolución de adjudicación y concederla al ofertante que en la evaluación ocupase el segundo lugar. Esta eventualidad deberá expresarse en las correspondientes bases de licitación o de concurso, y así sucesivamente, se procederá con las demás ofertas, según el caso[66].

Después de la firma del contrato se devolverán las garantías de mantenimiento de ofertas a los ofertantes no ganadores y, de igual manera se procederá, en el caso de declararse desierta la licitación o el concurso.

Artículo 81.- Plazo para la Formalización del Contrato[67].

La formalización u otorgamiento del contrato, deberá efectuarse en un plazo máximo de 5 días hábiles posteriores al vencimiento del plazo a que se refiere el Artículo 77 de esta Ley, salvo caso fortuito o fuerza mayor.

CAPÍTULO II.
EJECUCIÓN DE LOS CONTRATOS

Artículo 82.- Cumplimiento del Contrato. El contrato deberá cumplirse en el lugar, fecha y condiciones establecidas en su texto y en los documentos contractuales anexos al mismo.

Artículo 82 Bis.- Administradores de Contratos[68]. La unidad solicitante propondrá al titular para su nombramiento, a los administradores de cada contrato, quienes tendrán las responsabilidades siguientes:

a) Verificar el cumplimiento de las cláusulas contractuales; así como en los procesos de libre gestión, el cumplimiento de lo establecido en las órdenes de compra o contratos;

b) Elaborar oportunamente los informes de avance de la ejecución de los contratos e informar de ello tanto a la UACI como a la Unidad responsable de efectuar los pagos o en su defecto reportar los incumplimientos;

c) Informar a la UACI, a efecto de que se gestione el informe al Titular para iniciar el procedimiento de aplicación de las sanciones a los contratistas, por los incumplimientos de sus obligaciones;

d) Conformar y mantener actualizado el expediente del seguimiento de la ejecución del contrato de tal manera que esté conformado por el conjunto de documentos necesarios que sustenten las acciones realizadas desde que se emite la orden de inicio hasta la recepción final;

e) Elaborar y suscribir conjuntamente con el contratista, las actas de recepción total o parcial de las adquisiciones o contrataciones de obras, bienes y servicios, de conformidad a lo establecido en el Reglamento de esta Ley;

f) Remitir a la UACI en un plazo máximo de tres días hábiles posteriores a la recepción de las obras, bienes y servicios, en cuyos contratos no existan incumplimientos, el acta respectiva; a fin de que ésta proceda a devolver al contratista las garantías correspondientes;

g) Gestionar ante la UACI las órdenes de cambio o modificaciones a los contratos, una vez identificada tal necesidad;

h) Gestionar los reclamos al contratista relacionados con fallas o desperfectos en obras, bienes o servicios, durante el período de vigencia de las garantías de buena obra, buen servicio, fun-

---

66 Inciso modificado por D.L. nº 244, 21 de diciembre del 2000; D.O. nº 11, t. 350, 15 de enero del 2001.

67 Artículo modificado por D.L. nº 725, 18 de mayo de 2011; D.O. nº 102, t. 391, 2 de junio de 2011.

68 Artículo añadido por D.L. nº 725, 18 de mayo de 2011; D.O. nº 102, t. 391, 2 de junio de 2011.

cionamiento o calidad de bienes, e informar a la UACI de los incumplimientos en caso de no ser atendidos en los términos pactados; así como informar a la UACI sobre el vencimiento de las misma para que ésta proceda a su devolución en un período no mayor de ocho días hábiles;

i) Cualquier otra responsabilidad que establezca esta Ley, su Reglamento y el Contrato.

Artículo 83.- Prórroga de los Contratos de Suministros y Servicios[69].

Los contratos de suministro de bienes y los de servicios, podrán prorrogarse una sola vez, por un período igual o menor al pactado inicialmente, siempre que las condiciones del mismo permanezcan favorables a la institución y que no hubiere una mejor opción. El titular de la institución emitirá la resolución debidamente razonada y motivada para proceder a dicha prórroga.

Artículo 83-A. Modificación de los Contratos[70].

A. La institución contratante podrá modificar los contratos en ejecución regidos por la presente Ley, independientemente de su naturaleza y antes del vencimiento de su plazo, siempre que concurran circunstancias imprevistas y comprobadas. Para el caso de los contratos de ejecución de obra, podrá modificarse mediante órdenes de cambio, que deberán ser del conocimiento del Consejo de Ministros o del Concejo Municipal, a más tardar tres días hábiles posteriores al haberse acordado la modificación; la notificación al Consejo de Ministros no será aplicable a los Órganos Legislativo y Judicial.

Para efectos de esta Ley, se entenderá por circunstancias imprevistas, aquel hecho o acto que no puede ser evitado, previsto o que corresponda a caso fortuito o fuerza mayor.

La comprobación de dichas circunstancias, será responsabilidad del titular de la institución.

Cualquier modificación en exceso del veinte por ciento del monto original del contrato, de una sola vez o por varias modificaciones, se considerará como una nueva contratación, por lo que deberá someterse a un nuevo proceso, siguiendo todo el procedimiento establecido en esta Ley, so pena de nulidad de la modificación correspondiente.

En los contratos de obras públicas, bienes o servicios preventivos y/o para atender las necesidades en Estados de Emergencia no se establecerá límite alguno en cuanto al porcentaje de modificación del contrato, es decir que podrán modificarse en un porcentaje mayor al que se establece en los incisos precedentes, todo en atención a las modificaciones que se requieran para atender las necesidades generadas por el Estado de Emergencia o las que a razón de ellas se continúen generando.

La excepción anterior al límite del porcentaje de modificación también se aplicará para los contratos de ejecución de obra cuando la falta de la obra o la no ejecución en el tiempo oportuno genere una afectación al interés público, o resulte más oneroso para la institución realizar una nueva contratación. El titular podrá autorizar dicha modificación, justificándola financieramente y emitiendo la correspondiente resolución razonada, la cual deberá ser publicada en el Sistema Electrónico de Compras Públicas.

Artículo 83-B. Prohibición de Modificación[71].

Los contratos no podrán modificarse cuando se encuentren encaminadas a cualquiera de los siguientes objetivos:

a) Alterar el objeto contractual;

b) Favorecer situaciones que correspondan a falta o inadecuada planificación de las adquisiciones, o convalidar la falta de diligencia del contratista en el cumplimiento de sus obligaciones.

La modificación que se realice en contra de lo establecido en el inciso anterior será nula, y la responsabilidad será del titular de la institución.

---

69 Artículo modificado por D.L. nº 725, 18 de mayo de 2011; D.O. nº 102, t. 391, 2 de junio de 2011.

70 Artículo añadido por D.L. nº 725, 18 de mayo de 2011; D.O. nº 102, t. 391, 2 de junio de 2011.

71 Artículo añadido por D.L. nº 725, 18 de mayo de 2011; D.O. nº 102, t. 391, 2 de junio de 2011.

Artículo 84.- Ejecución y Responsabilidad.

El contrato se ejecutará con sujeción a las cláusulas del mismo y de acuerdo con las instrucciones que para su interpretación, diere la institución al contratista.

El contratista responderá de acuerdo a los términos del contrato, especialmente por la calidad técnica de los trabajos que desarrolle, de los bienes que suministre y de las prestaciones y servicios realizados; así como de las consecuencias por las omisiones o acciones incorrectas en la ejecución del contrato.

Asimismo, la institución contratante hará el pago oportuno de las obras, bienes o servicios recibidos, después de cumplidos los requisitos para el efecto y dentro de los términos contractuales. En caso de atraso para efectuar el pago devengado, el contratista tendrá derecho a una compensación por parte de la institución contratante equivalente a la tasa básica activa, promedio publicada por el Banco Central de Reserva, sobre las sumas adeudadas por los días posteriores a los señalados.

Artículo 85.- Multa por Mora[72]. Cuando el contratista incurra en mora en el cumplimiento de sus obligaciones contractuales por causas imputables al mismo, podrá declararse la caducidad del contrato o imponer el pago de una multa por cada día de retraso, de conformidad a la siguiente tabla:

En los primeros treinta días de retraso, la cuantía de la multa diaria será del cero punto uno por ciento del valor total del contrato.

En los siguientes treinta días de retraso, la cuantía de la multa diaria será del cero punto ciento veinticinco por ciento del valor total del contrato.

Los siguientes días de retraso, la cuantía de la multa diaria será del cero punto quince por ciento del valor total del contrato.

Cuando el total del valor del monto acumulado por multa, represente hasta el doce por ciento del valor total del contrato, procederá la caducidad del mismo, debiendo hacer efectiva la garantía de cumplimiento de contrato.

El porcentaje de la multa previamente establecido, será aplicable al monto total del contrato incluyendo los incrementos y adiciones, si se hubieren hecho.

La multa establecida en los incisos anteriores, será fijada proporcionalmente de acuerdo al valor total del avance correspondiente dentro de la respectiva programación de la ejecución de las obligaciones contractuales, siempre que éstas puedan programarse en diversas etapas.

En el contrato de suministro, los porcentajes previamente fijados para la multa, será aplicable únicamente sobre el valor de los suministros que se hubieren dejado de entregar por el incumplimiento parcial del contrato.

Las multas anteriores se determinarán con audiencia del contratista, debiendo exigir el pago de las mismas, una vez sean declaradas en firme.

En todo caso, la multa mínima a imponer en incumplimientos relacionados con la contratación de obras, bienes o servicios adquiridos por licitaciones o concursos, será por el equivalente de un salario mínimo del sector comercio.

En el caso de la Libre Gestión la multa mínima a imponer será del diez por ciento del salario mínimo del sector comercio.

Artículo 86.- Retrasos no Imputables al Contratista[73]. Si el retraso del contratista se debiera a causa no imputable al mismo debidamente comprobada, tendrá derecho a solicitar y a que se le conceda una prórroga equivalente al tiempo perdido, y el mero retraso no dará derecho al contratista a reclamar una compensación económica adicional. La solicitud de prórroga deberá hacerse dentro del plazo contractual pactado para la entrega correspondiente.

---

72 Artículo modificado por D.L. nº 725, 18 de mayo de 2011; D.O. nº 102, t. 391, 2 de junio de 2011.

73 Artículo modificado por D.L. nº 725, 18 de mayo de 2011; D.O. nº 102, t. 391, 2 de junio de 2011.

Artículo 87.- Seguro Contra Riesgos. La institución contratante dependiendo de la naturaleza del contrato, podrá exigir al contratista un seguro que respalde los riesgos determinados en el contrato. Esta exigencia deberá constar en las bases de licitación o de concurso.

Artículo 88.- Ajuste de Precios[74]**.** En los contratos en que el plazo de ejecución exceda de doce meses calendario, procederá el ajuste de los precios pactados, siempre y cuando, se compruebe en los mercados, modificaciones de precios que afecten los costos y solo por la parte no ejecutada de la obra, bienes o servicios no recibidos. Estos ajustes deberán hacerse del conocimiento público.

Además de lo antes señalado, la UNAC deberá emitir los instructivos, a efecto de establecer los diferentes mecanismos de ajuste de precios, los cuales en su caso, deberán incluirse detalladamente en las Bases de Licitación.

La revisión de este rubro se llevará a cabo en la forma prevista en el contrato correspondiente. En el Reglamento de esta Ley se establecerán los diferentes criterios y mecanismos de ajustes de precios, que serán distintos de acuerdo al tipo de contrato.

CAPÍTULO III.
SUBCONTRATACIÓN

Artículo 89.- Condiciones y Limitaciones. Las bases de licitación o de concurso, determinarán los términos de las subcontrataciones, y los ofertantes deberán consignar en sus ofertas toda la información relativa a las personas naturales o jurídicas a subcontratar. No podrá producirse la subcontratación, cuando las bases de licitación o de concurso y las cláusulas del contrato lo prohíban expresamente.

El contratista podrá subcontratar únicamente las prestaciones accesorias o complementarias de la construcción de la obra o prestación de servicios descritos en su oferta, previa autorización por escrito de la institución contratante.

Sin perjuicio de lo anterior se podrán efectuar subcontrataciones de emergencia por casos fortuitos o fuerza mayor, con conocimiento del Consejo de Ministros y mediante acuerdo razonado del titular, y en el caso de los Municipios, el conocimiento será del Concejo Municipal, esta facultad deberá establecerse en el contrato, y en todo caso, el subcontratista deberá cumplir con todos los requisitos establecidos en esta ley y su reglamento[75].

Artículo 90.- Subcontratista. El contratista sólo podrá concertar con terceros la ejecución parcial del contrato cuando éstos últimos no estén inhabilitados para contratar, conforme esta Ley y demás Leyes. Por otra parte, el subcontratista sólo ostentará derechos frente al contratista principal, por razón de la subcontratación y, frente a la institución contratante, responderá siempre el contratista principal de todas las obligaciones que le correspondan por razón del contrato.

Artículo 91.- Condiciones de Validez. La subcontratación sólo podrá autorizarse válidamente, cuando se cumplan los siguientes requerimientos adicionales:

a) Que con carácter previo, se comunique por escrito a la institución contratante, la identidad del subcontratista y las partes del contrato a las que se referirá la subcontratación; y,

b) Lo demás que establezca el contrato, en su caso.

CAPÍTULO IV.
DE LA CESACIÓN Y EXTINCIÓN DE LOS CONTRATOS

Artículo 92.- Cesación. Los contratos cesan en sus efectos, por la expiración del plazo pactado para su ejecución y por el cumplimiento de las obligaciones contractuales, todo sin perjuicio de las responsabilidades derivadas de los mismos.

---

74 Artículo modificado por D.L. nº 725, 18 de mayo de 2011; D.O. nº 102, t. 391, 2 de junio de 2011.

75 Inciso modificado por D.L. nº 244, 21 de diciembre del 2000; D.O. nº 11, t. 350, 15 de enero del 2001.

De acuerdo a las circunstancias, las partes contratantes podrán acordar antes del vencimiento del plazo, la prórroga del mismo especialmente por causas que no fueren imputables al contratista y en los demás casos previstos en esta Ley.

Se entenderán cumplidas las obligaciones contractuales de parte del contratista, cuando éste las haya realizado satisfactoriamente de acuerdo a los términos del contrato, seguida del acto de recepción formal de parte de la institución contratante, en su caso.

Artículo 93.- Formas de Extinción. Los contratos regulados por esta ley se extinguirán por las causales siguientes:

a) Por la caducidad;

b) Por mutuo acuerdo de las partes contratantes;

c) Por revocación;

d) Por rescate; y,

e) Por las demás causas que se determinen contractualmente.

Artículo 94.- Caducidad. Los contratos también se extinguen por cualquiera de las causales de caducidad, sin perjuicio de las responsabilidades contractuales por incumplimiento de las obligaciones.

Son Causales de Caducidad las Siguientes:

a) La falta de presentación de la Garantía de Cumplimiento de Contrato o de las especiales o complementarias de aquella, en los plazos correspondientes y en los casos previstos en la Ley o en el contrato;

b) La mora del contratista en el cumplimiento de los plazos o por cualquier otro incumplimiento de sus obligaciones contractuales, y cuando las multas hubiesen alcanzado un monto equivalente al 12% del valor total del contrato, incluyendo en su caso, modificaciones posteriores;

c) Mora en el pago oportuno por parte de la institución contratante, de acuerdo a las cláusulas contractuales; y,

d) Las demás que determine la Ley o el contrato.

Artículo 95.- Mutuo Acuerdo de las Partes Contratantes. Las partes contratantes podrán acordar la extinción de las obligaciones contractuales en cualquier momento, siempre y cuando no concurra otra causa de terminación imputable al contratista y que razones de interés público hagan innecesario o inconveniente la vigencia del contrato, sin más responsabilidad que la que corresponda en su caso, a la ejecución de la obra realizada, al servicio parcialmente ejecutado o a los bienes entregados o recibidos.

Artículo 96.- Revocación. Procederá la revocación del contrato en los casos siguientes:

a) Por la muerte o incapacidad sobrevenida del contratista individual o por la extinción de la personalidad jurídica de la sociedad contratista;

b) Por la declaración de quiebra o concurso de acreedores, y la declaración de suspensión de pagos;

c) Por modificación de las obligaciones contractuales impuestas por la institución contratante, cuando implique una variación sustancial de las mismas;

d) Por caso fortuito o fuerza mayor que afectare significativamente la ejecución del contrato; y,

e) Por las demás que determine la Ley.

Artículo 97.- Casos Especiales[76]**.** En los casos de fusión de sociedades en las que participe la sociedad contratista, podrá continuar el contrato con la entidad absorbente o resultante de la fusión, la que quedará subrogada en todos los derechos y obligaciones resultantes de la misma, toda vez que sea aceptada la nueva sociedad por el contratante.

En los casos de escisión de sociedades podrá continuar el contrato con aquella sociedad resultante que conserve dentro de sus finalidades el objeto de las obligaciones contractuales.

---

76 Artículo modificado por D.L. nº 725, 18 de mayo de 2011; D.O. nº 102, t. 391, 2 de junio de 2011.

Cuando una persona natural suscriptora de un contrato, constituya una sociedad, esta podrá subrogarse en todos los derechos y obligaciones resultantes de la misma, toda vez que el contratista esté de acuerdo y sea aceptada la nueva sociedad por el contratante.

Artículo 98.- Rescate. Por el rescate, la institución fundamentada en razones de interés público pone fin al contrato antes del vencimiento del plazo pactado y asume la administración directa en la ejecución del servicio correspondiente; esta forma de extinción opera únicamente en los contratos de concesión de obra pública o de servicio público.

Artículo 99.- Plazo de Reclamos. En los contratos se fijará un plazo que se contará a partir de la recepción formal, dentro del cual la institución contratante deberá formular los reclamos correspondientes y si esto no ocurriere se entenderá extinguida toda responsabilidad de parte del contratista, salvo disposición legal expresa en contrario.

Se exceptúan de este plazo, los contratos que por su naturaleza o característica de las obligaciones no fuere necesario.

Artículo 100.- Efectos de la Extinción. El incumplimiento por parte de la institución contratante, de las obligaciones del contrato, originará la extinción del mismo sólo en los casos previstos en esta Ley y determinará para la referida institución el pago de los daños y perjuicios que por tal causa favorecieren al contratista.

Cuando el contrato se dé por caducado por incumplimiento imputable al contratista, se harán efectivas las garantías que correspondan en su caso y deberá además indemnizar a la institución contratante, por los daños y perjuicios ocasionados en lo que exceda del importe de las citadas garantías.

La revocación del contrato se acordará por la institución contratante, de oficio o a solicitud del contratista, y en todo caso al tomar dicho acuerdo, deberá considerarse lo expresado en el contrato mismo y lo dispuesto en la Ley.

CAPÍTULO V.
DE LA NULIDAD

Artículo 101.- Nulidad de los Contratos.

Los contratos regulados en la presente Ley serán nulos cuando lo sea alguno de sus actos preparatorios o el de adjudicación o cuando concurra alguna de las causales establecidas en esta Ley o en el Derecho Común.

Son causales de nulidad de los contratos regulados en esta Ley los siguientes:

a) La concurrencia de alguna causal de incapacidad legal prevista en esta Ley;
b) La concurrencia de alguna infracción o prohibición sancionada expresamente con nulidad;
c) El exceso cometido en alguno de los montos establecidos para contratar; y,
d) Las demás reconocidas en el Derecho Común que fueren aplicables.

Artículo 102.- Efecto de la Declaración de Nulidad. La nulidad de los actos preparatorios del contrato o de la adjudicación firme, producirá en todo caso, la nulidad del mismo contrato, el que entrará en fase de liquidación, si fuere el caso, debiendo restituirse las partes recíprocamente las cosas que hubiesen recibido en virtud del mismo y, si esto no fuere posible, se devolverá su valor. La parte que resultare culpable deberá indemnizar a la contraria los daños y perjuicios que haya sufrido.

La nulidad de los actos preparatorios, sólo afectará a éstos y sus consecuencias[77].

Artículo 103.- Nulidad del Derecho Común. La nulidad de los contratos por causas reconocidas en el Derecho Común aplicables a la contratación administrativa, se sujetará a los requisitos y plazos de ejercicio de las acciones establecidas en el ordenamiento civil.

---

77 Inciso modificado por D.L. nº 244, 21 de diciembre del 2000; D.O. nº 11, t. 350, 15 de enero del 2001.

TÍTULO VI.
DE LOS CONTRATOS
CAPÍTULO I.
CONTRATO DE OBRA PÚBLICA

Artículo 104.- Concepto de Contrato de Obra[78]**.** Para efectos de esta Ley, se entenderá por contrato de obra pública, aquel que celebra una institución con el contratista, quien por el pago de una cantidad de dinero se obliga a realizar obras o construcciones de beneficio o interés general o administrativas, sea mediante la alteración del terreno o del subsuelo, sea mediante la edificación, remodelación, reparación, demolición o conservación, o por cualquier otro medio.

En el presente contrato también se incluirán obras públicas preventivas y/o para atender las necesidades en caso de Estados de Emergencia, que busquen mitigar riesgos, restablecer conexiones viales o realizar cualquier obra o construcción necesaria para reducir la vulnerabilidad frente a fenómenos naturales.

Las obligaciones derivadas de un contrato de Obra Pública se regirán por las cláusulas del mismo contrato, los documentos específicos que se denominan documentos contractuales, las disposiciones de esta Ley y las contenidas en el Derecho Común que les fueren aplicables.

Artículo 105.- Requisitos para el Contrato de Obra[79]**.** Las obras que la administración pública deba construir o reparar, deberán contar por lo menos con tres componentes, los cuales serán: a) el diseño; b) la construcción; y c) la supervisión. Dichos componentes, deberán ser ejecutadas por personas naturales o jurídicas diferentes para cada fase.

Excepcionalmente, el titular de la institución podrá razonar mediante una resolución, que la obra por su naturaleza o complejidad, sea diseñada y construida por el mismo contratista. Dicha resolución deberá ser conocida, según el caso, por el Consejo de Ministros, el Concejo Municipal, las Juntas Directivas de las Instituciones y Empresas Estatales de Carácter Autónoma, inclusive la Comisión Ejecutiva Hidroeléctrica del Río Lempa (CEL) y el Instituto Salvadoreño del Seguro Social (ISSS), la Junta Directiva de la Asamblea Legislativa y la Corte Suprema de Justicia, antes de proceder a convocar la licitación correspondiente.

En los contratos a que se refiere el inciso anterior, se acordará a precio firme toda la obra o en casos muy complejos, se podrá establecer a precio firme la superestructura y a precio unitario la subestructura o las obras a ejecutarse en el sub-suelo. En lo pactado a precio firme se prohíbe la introducción de órdenes de cambio y ajustes de precio, el plazo de ejecución no será sujeto a modificaciones salvo en los casos de fuerza mayor o caso fortuito. En lo pactado a precio unitario se pagará por obra ejecutada, la cual podrá modificarse mediante orden de cambio y no excederá del 20% de lo pactado a precio unitario.

Los contratos para la construcción de obras que la Administración Pública deba formalizar, sean de diseño, construcción o supervisión, deberán incluir en sus respectivos instrumentos contractuales, además de lo señalado en el artículo anterior lo siguiente:

a) La autorización ambiental, de salud, municipal o cualquier otra que por su naturaleza la obra necesita antes de iniciar su construcción;

b) El estudio previo que se realizó y que demostró la factibilidad de la obra. Si el constructor no teniendo intervención en el diseño, o el supervisor de la obra, manifiesta su desacuerdo con el diseño proporcionado por la institución, podrá dentro del proceso de licitación respectivo, presentar una opción más favorable para la obra a contratar. El plazo y etapa para dicha presentación se regulará en las bases de licitación;

---

78 Artículo modificado por D.L. nº 725, 18 de mayo de 2011; D.O. nº 102, t. 391, 2 de junio de 2011.

79 Artículo modificado por D.L. nº 725, 18 de mayo de 2011; D.O. nº 102, t. 391, 2 de junio de 2011.

c) La declaración del contratista o contratistas, que conoce y está de acuerdo con el diseño proporcionado por la institución, siendo factible realizarlo con los materiales, precio y plazo convenido;

d) Cualquier otra que se establezca en el Reglamento de la presente Ley, bases de licitación o especificaciones técnicas.

Artículo 106.- Prohibición Supervisión. Los contratos de supervisión de una obra pública, no podrán concertarse con la misma empresa encargada de la ejecución, ni con la que hubiese realizado el diseño, so pena de nulidad. Los contratos de supervisión quedan sujetos a lo establecido en esta Ley para los de consultorías.

Artículo 107.- Estudio Previo y Obra Completas. Cuando el caso lo amerite, el proyecto deberá incluir un estudio previo de ingeniería de los terrenos en los que la obra se va a ejecutar.

Los proyectos de obras deberán comprender necesariamente obras completas y cada uno de los elementos o medios para la realización y utilización de la misma, incluyendo la adquisición de tierras o de otros inmuebles que fueren necesarios y la remoción oportuna de cualquier obstáculo.

Artículo 108.- Precauciones y Suspensión[80]. El titular de la institución, previa opinión del administrador del contrato remitida a la UACI, podrá acordar mediante resolución razonada, comunicada por escrito al contratista, la suspensión de la obra o parte de ésta, hasta un plazo de quince días hábiles sin responsabilidad para la institución contratante. Si el plazo se extendiere a más de quince días hábiles, deberá reconocerse al contratista y al supervisor los gastos en que incurriere por los días posteriores de suspensión.

En caso de calamidad pública, desastres, fuerza mayor o caso fortuito, el titular de la institución podrá ampliar el plazo por un tiempo racional, sin costo adicional para la institución contratante.

En caso de suspensión de la obra, sea de oficio o a solicitud del contratista, éste deberá realizar las actuaciones necesarias para evitar el deterioro de la obra ejecutada y para que la paralización no produzca daños en perjuicio de la institución contratante o de terceras personas. Dicha suspensión deberá ser incorporada en el Registro.

Artículo 109.- Modificaciones Órdenes de Cambio. Derogado[81].

Artículo 110.- Seguimiento de la Ejecución[82]. Sin perjuicio de lo pactado en los contratos de supervisión de obras públicas, adicionalmente las instituciones deberán designar a los administradores de contratos, para comprobar la buena marcha de la obra y el cumplimiento de los contratos.

Artículo 111.- Programación de la Ejecución. El contratista quedará obligado a cumplir con la programación aprobada para la ejecución de la obra prevista, en las diferentes etapas del proyecto, las que una vez recibidas y aprobadas por el supervisor de la obra, procederá el respectivo pago.

Artículo 112.- Retenciones y Devolución[83]. En los contratos de obras, las Instituciones contratantes deberán de retener al menos el cinco por ciento del monto total del contrato, tanto al contratista como al supervisor, a fin de garantizar cualquier responsabilidad derivada del incumplimiento total o parcial de las obligaciones contractuales. La forma de retención se establecerá en las bases de licitación.

La devolución del monto retenido se hará dentro de los quince días hábiles posteriores a la recepción definitiva y a entera satisfacción de la obra. Estas retenciones no devengarán ningún interés.

Artículo 113.- Terminación de Obra por Fiador[84]. Cuando se dé por terminado un contrato con responsabilidad para el contratista, el fiador de éste podrá solicitar a la institución contratante

---

80 Artículo modificado por D.L. nº 725, 18 de mayo de 2011; D.O. nº 102, t. 391, 2 de junio de 2011.
81 Artículo derogado por D.L. nº 725, 18 de mayo de 2011; D.O. nº 102, t. 391, 2 de junio de 2011.
82 Artículo modificado por D.L. nº 725, 18 de mayo de 2011; D.O. nº 102, t. 391, 2 de junio de 2011.
83 Artículo modificado por D.L. nº 725, 18 de mayo de 2011; D.O. nº 102, t. 391, 2 de junio de 2011.
84 Artículo modificado por D.L. nº 725, 18 de mayo de 2011; D.O. nº 102, t. 391, 2 de junio de 2011.

finalizar la obra, para lo cual se deberá firmar un nuevo contrato con el fiador, quien además deberá rendir las mismas garantías a las que se obligó el contratista.

El fiador podrá subcontratar a otra empresa para finalizar la obra, debiendo en dicha subcontratación contar con la aprobación de la institución contratante.

En todo caso, se deberán cumplir con las condiciones técnicas y de calidad de la obra, establecidas en las bases de licitación correspondientes.

Si el fiador se negare a cumplir las condiciones establecidas en este artículo, se hará efectiva la garantía de cumplimiento del contrato.

Artículo 114.- Recepción Provisional. Terminada la obra y comprobado el cumplimiento de las especificaciones contenidas en el contrato, la institución contratante procederá a la recepción provisional, en un plazo no mayor de diez días hábiles, mediante acta de recepción.

Al acto concurrirán los supervisores y funcionarios designados de conformidad a las bases de licitación y cláusulas contractuales.

Artículo 115.- Plazo de Revisión. A partir de la recepción provisional, la institución contratante dispondrá de un plazo máximo de sesenta días para revisar la obra y hacer las observaciones correspondientes.

En el caso de que se comprobare defectos o irregularidades, la institución requerirá al contratista para que las subsane en el plazo establecido en el contrato.

Si el contratista no subsanare los defectos o irregularidades comprobados en el plazo estipulado en el contrato, éste se tendrá por incumplido; pudiendo la institución contratante corregir los defectos o irregularidades a través de un tercero o por cualquier otra forma, cargando el costo de ello al contratista, el cual será deducido de cualquier suma que se le adeude o haciendo efectivas las garantías respectivas, sin perjuicio de la caducidad del contrato con responsabilidad para el contratista. Lo anterior no impedirá la imposición de las multas que correspondan.

Artículo 116.- Recepción Definitiva. Transcurrido el plazo máximo de sesenta días desde la recepción provisional sin que se hayan comprobado defectos o irregularidades en la obra, o subsanados que fueren éstos por el contratista, se procederá a la recepción definitiva por los funcionarios designados de acuerdo con las bases de licitación y cláusulas contractuales. Dicha recepción se hará mediante el acta correspondiente.

Cuando se dé por terminado un contrato por revocación o caducidad, el acta de liquidación del proyecto que sea suscrita por las partes o en forma unilateral por la institución contratante, equivaldrá a la recepción de la obra, para gestionar la conclusión de la misma[85].

Artículo 117.- Devolución de Garantías[86]. Practicada la recepción definitiva de la obra, la institución contratante devolverá al contratista la garantía de cumplimiento de contrato, previa presentación de la garantía de buena obra. Cumplido el plazo de la garantía de buena obra, sin que se haya comprobado defectos o irregularidades en la misma o subsanados éstos por el contratista, se le notificará la liquidación correspondiente y se le devolverá la garantía de buena obra.

Artículo 118.- Vicios Ocultos de la Obra. La responsabilidad por vicios ocultos de la obra, será imputable según corresponda, al constructor, al supervisor o al consultor, la que prescribirá en los plazos establecidos en el Derecho Común.

Si después de practicada la liquidación se comprobare vicios ocultos, se deberán ejercer las acciones legales correspondientes, para el resarcimiento de los daños y perjuicios causados.

El plazo a que se refiere el inciso primero deberá consignarse en las bases de licitación y en el contrato.

85 Inciso añadido por D.L. nº 725, 18 de mayo de 2011; D.O. nº 102, t. 391, 2 de junio de 2011.

86 Artículo modificado por D.L. nº 725, 18 de mayo de 2011; D.O. nº 102, t. 391, 2 de junio de 2011.

CAPÍTULO II.
CONTRATO DE SUMINISTRO

Artículo 119.- Elementos. Por el Contrato de Suministro las instituciones adquieren o arriendan bienes muebles o servicios mediante una o varias entregas, en el lugar convenido por cuenta y riesgo del contratista. Dentro de este contrato se entenderán incluidos los servicios técnicos, profesionales y de mantenimientos en general, relacionados con el patrimonio, así como los servicios de vigilancia, limpieza y similares.

Cuando se trate de contratos de una sola entrega e inmediata, quedará a criterio de la Institución contratante, exigir garantía de cumplimiento de contrato. La inmediatez de la entrega será definida en la orden de compra o contrato respectivo, la cual no podrá ser mayor a quince días hábiles[87].

Artículo 120.- Oportunidad. Los contratos de suministro se celebrarán de acuerdo con la política anual de adquisiciones y contrataciones, el plan de trabajo y el plan anual de compras y suministros.

Cuando las cantidades para adquirir un determinado bien fueren significativas y su precio resultare ventajoso, podrá celebrarse un solo contrato para la adquisición, el que podrá determinar pedidos, recepciones y pagos totales o parciales, por razón de almacenamiento, conservación o actualización tecnológica.

Artículo 121.- Recepción, Incumplimiento y Sanción. Para la recepción de los bienes adquiridos por suministro, deberá asistir un representante de la institución solicitante de la adquisición, con quien se levantará acta para dejar constancia de la misma, a entera satisfacción o con señalamiento de los defectos que se comprobaren.

Cuando se comprueben defectos en la entrega, el contratista dispondrá del plazo que determine el contrato, para cumplir a satisfacción, y en caso contrario, además, se hará valer la garantía de cumplimiento de contrato.

Si el contratista no subsanare los defectos comprobados, se tendrá por incumplido el contrato y procederá la imposición de sanciones, o en su caso, la extinción del contrato.

Artículo 122.- Vicios o Deficiencias[88]. Si durante el plazo de la garantía otorgada por el fabricante o contratista de los bienes o servicios suministrados, se observare algún vicio o deficiencia, el administrador del contrato deberá formular por escrito al suministrante el reclamo respectivo y pedirá la reposición de los bienes, o la correspondiente prestación del servicio.

Antes de expirar el plazo de la garantía indicada en el inciso anterior y comprobado que los bienes y servicios no pueden ser reparados, sustituidos o prestados, el administrador del contrato, hará las gestiones necesarias para hacer efectiva la garantía de buen servicio o buen funcionamiento del bien, siempre y cuando sea por causas imputables al contratista. La institución contratante quedará exenta de cualquier pago pendiente y exigirá la devolución de cualquier pago que haya hecho al suministrante.

CAPÍTULO III.
CONTRATO DE CONSULTORÍA

Artículo 123.- Casos. Son Contratos de Consultoría los que celebra la institución, con el objeto de obtener mediante un precio la prestación de servicios especializados, tales como:

a) Toma de datos, investigación y estudios para la realización de cualquier trabajo técnico;

b) Estudio y asistencia en la redacción de proyectos, anteproyectos, modificación de unos y otros, dirección, supervisión y control de la ejecución y mantenimiento de obras e instalaciones y de la implantación de sistemas organizacionales;

---

87 Artículo modificado por D.L. nº 725, 18 de mayo de 2011; D.O. nº 102, t. 391, 2 de junio de 2011.

88 Artículo modificado por D.L. nº 725, 18 de mayo de 2011; D.O. nº 102, t. 391, 2 de junio de 2011.

c) Cualesquiera otros servicios directa o indirectamente relacionados con los anteriores y en los que también predominen las prestaciones de carácter intelectual no permanente; y,

d) Estudios de carácter técnico, económico, industrial, comercial o cualquier otro de naturaleza análoga.

Artículo 124.- Requerimientos.

Los Consultores, sean éstos personas naturales o jurídicas deberán acreditar:

a) Las primeras, su capacidad académica, profesional, técnica o científica y experiencia, que en cada caso sean necesarias; y,

b) Las segundas, que su finalidad o actividad tenga relación directa con el objeto de las obligaciones contractuales, según resulte de sus respectivas escrituras de constitución y acrediten debidamente que disponen de una organización con elementos personales y materiales suficientes, para la debida ejecución del contrato.

En el caso de las personas jurídicas será tomada en cuenta su experiencia como tal y la de las personas consultores que la integran y prestarán el servicio, debiendo éstos llenar los requisitos señalados para los consultores que ofertan sus servicios en calidad de personas naturales

Artículo 125.- Prohibición. En los contratos de consultoría que tuvieren por objeto diseño, supervisión, control y dirección de la ejecución de obras e instalaciones, la institución no podrá adjudicarlos a las mismas empresas que estuvieren desarrollando contratos de construcción de obra pública ni a las empresas vinculadas a éstas, en las que el contratista pueda ejercer directa o indirectamente una influencia dominante por razón de propiedad, participación financiera y otras similares, todo so pena de nulidad.

Los contratos de consultoría para la supervisión de la ejecución de la obra pública, no podrán ser adjudicados a la empresa que elaboró el diseño, so pena nulidad.

Artículo 126.- Fijación de Precio. El precio de los servicios contratados podrá fijarse con base a costos más honorarios fijos, hora-hombre, suma alzada o por porcentaje del valor de la obra.

Artículo 127.- Pagos y Retenciones. De conformidad a lo establecido en el artículo anterior, los pagos serán efectuados de acuerdo a la programación de resultados o avances definidos en el contrato, previa aceptación por escrito de la institución contratante.

Artículo 128.- Caso de Supervisión. Cuando el contrato de consultoría se refiera al servicio de supervisión, los pagos parciales se harán con relación a la programación de la ejecución de la obra y de conformidad a lo establecido en el contrato respectivo, so pena de incurrir en responsabilidad.

Cuando por razones de fuerza mayor o caso fortuito se justifique la suspensión temporal de la obra, ésta no implicará incremento al valor del contrato.

En el caso de que la ejecución de obra no se concluyera en el plazo establecido en el contrato de obras por causa imputable al constructor, los costos adicionales por la extinción de los servicios de supervisión serán descontados de cualquier suma que se le adeude al constructor.

Artículo 129.- Deficiencia y Responsabilidad. Cuando el servicio de consultoría demostrare alguna deficiencia, la institución exigirá la subsanación al consultor.

El consultor responderá por los daños y perjuicios provenientes de defectos e insuficiencias técnicas del proyecto o por los errores materiales, omisiones e infracciones de normas técnicas, o en su caso, de preceptos legales o reglamentarios en que el mismo haya incurrido e imputables a él en la ejecución o utilización de la obra o servicio contratado. Esta responsabilidad será compartida por el funcionario contratante cuando se hubiere contratado en forma directa sin la concurrencia de competencia.

CAPÍTULO IV.
CONTRATO DE CONCESIÓN

Artículo 130.- Clases. Para los efectos de esta ley, los contratos de concesión podrán ser:

a) De Obra Pública;

b) De Servicio Público;

c) De Recursos Naturales y Subsuelos[89].

Artículo 131.- Concesión de Obra Pública. Por concesión de obra pública, el Estado a través de la institución correspondiente o del Consejo Municipal concede la explotación a una persona natural o jurídica para que a su cuenta y riesgo proceda a construir, mejorar, reparar, mantener u operar cualquier bien inmueble a cambio de la concesión temporal para que administre y explote el servicio público a que fuere destinada, incluidos los bienes nacionales de uso público o municipales destinados a desarrollar obras y áreas de servicios.

Además, en las obras que se otorguen para concesión se podrá incluir el uso del subsuelo y los derechos de construcción en el espacio sobre los bienes nacionales de uso público o municipales destinados a ello.

Finalizado el plazo de la concesión, la persona concesionaria se obliga a entregar al Estado a través de la institución correspondiente, la propiedad de la obra en condiciones adecuadas para la prestación del mismo servicio[90].

Artículo 131-Bis.- Concesión de Servicio Público[91]. Por el Contrato de Concesión de Servicio Público, el Estado a través de la institución correspondiente, concede temporalmente a una persona natural o jurídica, la facultad de prestar un servicio público, bajo su vigilancia y control y a cuenta y riesgo de la concesionaria. El plazo y demás condiciones se determinarán de acuerdo al contrato de concesión.

Artículo 132.- Concesión de Recursos Naturales y del Subsuelo. Los contratos de concesión para la explotación de los recursos naturales y del subsuelo, estarán sujetos a leyes específicas según el recurso de que se trate.

Artículo 133.- Licitación Pública para Concesión. La forma de seleccionar al concesionario para cualquier tipo de contrato de concesión, será la licitación pública, nacional o internacional, y se regirá por las disposiciones que regulan las licitaciones en esta Ley.

La concesión de obra y de servicio público podrá adoptar cualquier de las siguientes modalidades:

a) Concesión con origen de iniciativa pública, a cargo de la Administración Pública o Municipal: se refiere a la invitación o llamado para la ejecución de obras públicas o prestación de servicios públicos a concesionar a solicitud de la Administración Pública; y,

b) Concesión con origen de iniciativa privada, a cargo de cualquier persona privada, natural o jurídica: se refiere a una solicitud o postulación expresa de una persona natural o jurídica, para la ejecución de obras públicas o prestación de servicios públicos mediante un contrato de concesión.

Cuando se trate de una concesión bajo la modalidad de origen de iniciativa privada, el postulante deberá hacer la presentación del proyecto de la obra o servicio público a ejecutar, ante la entidad que tiene a su cargo la vigilancia y control de la obra o del servicio público, o a los Consejos Municipales, según sea el caso, de conformidad a los requerimientos establecidos por la autoridad concedente para esos efectos y a lo estipulado en los artículos 135 y 136 de esta Ley.

La entidad pública respectiva deberá resolver sobre la viabilidad del proyecto en un plazo no mayor de seis meses, contado a partir de la presentación del proyecto. Si la Resolución fuere de aprobación, la obra pública de cuya ejecución se apruebe deberá licitarse dentro de un año desde la aprobación de la solicitud.

---

89 Literal modificado por D. L. nº 593, 31 de octubre de 2001; D.O. nº 222, t. 353, 23 de noviembre de 2001.

90 Inciso modificado por D. L. nº 593, 31 de octubre de 2001; D.O. nº 222, t. 353, 23 de noviembre de 2001.

91 Artículo añadido por D.L. nº 204, 30 de noviembre del 2000; D.O. nº 238, t. 349, 19 de diciembre del 2000 y modificado por D. L. nº 593, 31 de octubre de 2001; D.O. nº 222, t. 353, 23 de noviembre de 2001.

El proponente tendrá derecho a participar en la licitación en los términos y condiciones que los demás particulares, pero con los siguientes derechos sobre los demás ofertantes:

a) Que se le reembolsen los gastos en que haya incurrido para la formulación de la propuesta; y,

b) Que se le otorgue la concesión en caso que no se presentaren otros oferentes, si calificare para ser concesionario[92].

Artículo 134.- Temporalidad. La autoridad competente para la adjudicación de los contratos de todo tipo de concesión y para la aprobación de las bases de licitación o del concurso, será el titular, la Junta o el Consejo Directivo de la institución del Estado que promueva la concesión o el Consejo Municipal en su caso. Para las concesiones de obra pública, las bases deberán ser presentadas a la Asamblea Legislativa para su aprobación, y para cumplir con lo establecido en el Artículo 120 de la Constitución de la República, las mismas deberán contener como mínimo lo siguiente:

a) Las condiciones básicas de la concesión; y,

b) El plazo de la concesión[93].

Artículo 135.- Competencia y Requerimientos Previos[94]. La celebración de los contratos de concesión a que se refiere esta Ley, se hará previo cumplimiento de los requisitos mínimos siguientes:

a) La elaboración y aprobación técnica y administrativa del proyecto de prestación del servicio y de las obras que se requieran;

b) La elaboración de las cláusulas de prestación a que haya de sujetarse el servicio en sus aspectos administrativos, operativos, jurídicos, económicos y técnicos;

c) Establecer los procedimientos para la inspección y aceptación de las obras respectivas, en su caso;

d) Establecer la estructura tarifaria respectiva, así como las fórmulas de los reajustes tarifarios y su sistema de revisión, previa aprobación de la autoridad concedente;

e) Establecer el plazo por el cual se concederá la concesión;

f) Determinar el subsidio que otorgará el Estado, en caso existiere;

g) Determinar los pagos ofrecidos por el concesionario al Estado, en el caso que se entreguen bienes y derechos para ser utilizados en la concesión;

h) Determinar el grado de compromisos de riesgo que asume el concesionario durante la construcción o la explotación de la obra, o gestión de los servicios públicos, tales como caso fortuito y fuerza mayor y los riesgos que asumirá el Estado;

i) Establecer los procedimientos para calificar cualesquiera otros servicios adicionales útiles y necesarios.

Artículo 136.- Requerimientos de Ejecución. En los contratos regulados en el presente Capítulo, el concesionario deberá cumplir con los requisitos siguientes:

a) Ejecutar las obras precisas y organizar el servicio con estricta sujeción a las características establecidas en el contrato y dentro de los plazos señalados en el mismo;

b) Prestar el servicio en forma continua y universal, sujetándose a las tarifas o peajes aprobados;

c) Cuidar del buen funcionamiento y mantenimiento del servicio y de cubrir la demanda del mismo, sin perjuicio de las facultades que le corresponden a la institución; y,

d) Indemnizar por cualquier daño ocasionado a los usuarios por negligencia, impericia o mala fe debidamente comprobadas. Todo sin perjuicio de lo establecido al respecto por la Ley[95].

---

92 Literal modificado por D. L. nº 593, 31 de octubre de 2001; D.O. nº 222, t. 353, 23 de noviembre de 2001.

93 Literal modificado por D. L. nº 593, 31 de octubre de 2001; D.O. nº 222, t. 353, 23 de noviembre de 2001.

94 Artículo modificado por D.L. nº. 725, 18 de mayo de 2011; D.O. nº 102, t. 391, 2 de junio de 2011.

Artículo 137.- Limitaciones. Los bienes y derechos que adquiera el concesionario a cualquier título y que queden afectos a la concesión, no podrán ser enajenados separadamente de ésta, ni hipotecados o sometidos a gravámenes de ninguna especie sin la autorización de la institución contratante. Los mismos pasarán al dominio de la institución respectiva por Ministerio de ley al expirar el plazo de la concesión, lo que se hará constar tanto en el contrato de concesión o en el decreto legislativo según el caso.

Artículo 138.- Uso de Bienes del Estado. El concesionario utilizará los bienes de la Hacienda Pública que la institución determine, sólo en cuanto fuere necesario para cumplir con el contrato de concesión.

Artículo 139.- Bienes Excluidos y Obligaciones. Por pertenecer la riqueza del subsuelo al Estado, todos los recursos naturales y bienes arqueológicos que se descubrieren como consecuencia de la ejecución de una obra, quedarán excluidos de la concesión otorgada y dependiendo de la magnitud del hallazgo, las autoridades competentes decidirán si procede suspender los trabajos o continuarlos, excepto cuando la concesión se refiera a éstos recursos naturales.

Es obligación del concesionario preservar al medio o ambiente, e informar inmediatamente a la autoridad competente de los hallazgos. La omisión de esta obligación, según la gravedad del caso, será causa de caducidad del respectivo contrato y la autoridad competente deberá proceder a realizar las demandas legales correspondientes.

Artículo 140.- Tráfico en Carreteras y Caminos. La construcción de las obras relativas a la concesión, no podrá interrumpir el tránsito en carreteras y caminos existentes. Cuando la interrupción sea inevitable, el concesionario estará obligado a habilitar un adecuado tránsito provisorio.

Artículo 141.- Obligación del Concesionario. El concesionario estará obligado:

a) Prestar el servicio con la continuidad convenida y garantizar a los particulares el derecho a utilizarlo en las condiciones que hayan sido establecidas en el contrato de concesión, evitando las causales que originen molestias, incomodidades, inconvenientes o peligro a los usuarios, salvo que la alteración del servicio obedezca a razones de seguridad o de urgente reparación;

b) Cuidar del buen orden del servicio, pudiendo dictar las oportunas instrucciones, sin perjuicio de las facultades de supervisión, vigilancia y control del concedente;

c) Indemnizar los daños que causen a terceros como consecuencia de las operaciones que requiera el desarrollo de la obra o servicio, excepto cuando el daño sea producido por causas imputables al Estado o a la Municipalidad; y,

d) Velar por el cumplimiento exacto de las normas y reglamentos sobre el uso y conservación de las obras o servicios concedidos[96].

Artículo 142.- Otras Obligaciones. Derogado[97].

Artículo 143.- Expropiaciones.

Cuando sea imprescindible la expropiación de tierras u otros bienes, para realizar las obras relativas a la concesión, se estará a lo dispuesto por la Constitución y la Ley de la materia.

Artículo 144.- Exención y Extinción por Caso Fortuito. En caso de guerra, conmoción interior, fuerza mayor o caso fortuito, si las circunstancias así lo exigieren, podrá eximirse temporalmente al concesionario de la prestación del servicio. Si estas situaciones persistieren indefinidamente, podrá darse el rescate y se tendrá por extinguido el contrato respectivo.

Artículo 145.- Derecho de la Institución. En caso de muerte o quiebra del concesionario o de extinción de la sociedad concesionaria, sucedidas antes del vencimiento del plazo contractual, la institución tendrá el derecho prioritario de adquirir la obra mediante su pago por el estricto valor de la obra a precios corrientes de mercado, una vez deducida la depreciación de la misma y el re-

---

95 Literal modificado por D. L. nº 593, 31 de octubre de 2001; D.O. nº 222, t. 353, 23 de noviembre de 2001.

96 Literal modificado por D. L. nº 593, 31 de octubre de 2001; D.O. nº 222, t. 353, 23 de noviembre de 2001.

97 Artículo derogado por D.L. nº. 725, 18 de mayo de 2011; D.O. nº 102, t. 391, 2 de junio de 2011.

torno de la inversión de acuerdo a los registros en los libros contables. Este pago deberá hacerse a plazos.

Cuando la obra no hubiera sido terminada por culpa imputable al concesionario, la institución tendrá la opción de terminarla o de otorgar la concesión a otra persona natural o jurídica, a través de licitación pública.

Artículo 146.- Caso de Intervención. Corresponde a la entidad concedente, la inspección y vigilancia del cumplimiento por parte del concesionario, de sus obligaciones, tanto en la fase de construcción como en la explotación de la obra o servicio.

Si el concesionario incumpliere el contrato y de esto se derivare perturbación del servicio público, el Estado a través de la institución correspondiente o del Consejo Municipal en su caso podrá acordar la intervención del servicio hasta que esta situación desaparezca o revocare el respectivo contrato.

En todo caso, el concesionario deberá reconocer y proceder al pago a la institución concesionaria correspondiente o la Municipalidad respectiva, los gastos, daños y perjuicios en que haya incurrido[98].

Artículo 147.- Efecto de Incumplimiento[99]**.** Cuando exista incumplimiento del contrato imputable al concesionario, la entidad concedente hará efectivas las garantías correspondientes.

Artículo 147- Bis.- Sanciones[100]**.** Son infracciones graves:

a) La no iniciación de las obras o servicios, por parte del concesionario, en un plazo superior a seis meses contados a partir del día de la aprobación de la concesión;

b) La suspensión injustificada por parte del concesionario del las obras o servicios por un plazo superior a seis meses;

c) Si de la ejecución de la obra o servicio a cargo del concesionario se derivaren perturbaciones graves y no reparables por otros medios en el servicio público, imputables al concesionario;

d) No permitir a los usuarios el libre uso de las obras o el servicio público, cuando sea utilizado para los fines establecidos en el contrato de concesión;

e) Si el concesionario suministrare un bien, servicio u obra de inferior condición o calidad del pactado o contratado o concesionado;

f) Cuando se produzca una destrucción parcial de las obras o de sus elementos, y servicios, de modo que se haga inviables su utilización en un período de tiempo; y,

g) Las demás que determine la Ley, las bases de licitación o el contrato de concesión.

Sin perjuicio de lo establecido en el Capítulo II, Ejecución de los Contratos de esta Ley, las infracciones graves contenidas en los anteriores literales, serán sancionadas, por parte de la entidad concedente, con una multa de acuerdo a los establecido en el contrato de concesión, la cual no podrá ser mayor de diez por ciento del valor del contrato por cada infracción. Los fondos provenientes de la aplicación de las sanciones ingresarán al Fondo General de la Nación.

El incumplimiento consecutivo de tres o más resoluciones sancionatorias por haber cometido las anteriores infracciones graves, dentro de un lapso de tres años, será motivo suficiente para declarar la suspensión provisional de la concesión, por un plazo máximo de tres meses, previa audiencia al concesionario.

La suspensión sólo podrá levantarse si se comprueba el cumplimiento de las resoluciones sancionatorias. Si transcurrido el plazo de la suspensión, el concesionario persistiere en el incumplimiento, se procederá a la revocación de la concesión, previa audiencia a aquel.

---

98 Inciso modificado por D. L. nº 593, 31 de octubre de 2001; D.O. nº 222, t. 353, 23 de noviembre de 2001.

99 Artículo modificado por D. L. nº 593, 31 de octubre de 2001; D.O. nº 222, t. 353, 23 de noviembre de 2001.

100 Artículo añadido por D. L. nº 593, 31 de octubre de 2001; D.O. nº 222, t. 353, 23 de noviembre de 2001.

A efectos de imponer las infracciones graves anteriores, se elevarán al conocimiento de una Comisión Conciliadora, que estará integrada por tres miembros, todos ellos profesionales universitarios, designados uno por la entidad concedente, uno por el concesionario, y uno de común acuerdo por las partes quien la presidirá. A falta de acuerdo por las partes, éste será designado por el Presidente de la Corte Suprema de Justicia.

La Comisión Conciliadora instruirá las diligencias con base en los informes, denuncias o documentos en que se indicare la infracción y la persona a quien se atribuyere. Recibida la información anterior se ordenará su notificación extractada, con indicación precisa de la infracción a la persona imputada, quien tendrá tres días hábiles a partir del siguiente a la notificación, para responder y ejercer su defensa. Si el presunto infractor no hiciere uso del término para su defensa, guardare silencio o confesare, el asunto quedará listo para resolver, salvo que por la naturaleza de los hechos fuere necesaria la apertura a pruebas, que no excederá de cuatro días hábiles contados después de su notificación al interesado. De igual manera se procederá cuando en su defensa el imputado solicitare la producción de pruebas.

Concluido el término probatorio o si la prueba no hubiere tenido lugar, deberá resolverse en definitiva de conformidad a la ley, y de la resolución, sólo podrá interponerse recurso de revocatoria, dentro de las veinticuatro horas siguientes de la notificación respectiva. Interpuesta la revocatoria en tiempo, la Comisión Conciliadora resolverá lo que corresponda en la siguiente audiencia.

En caso que se revocare la concesión, la entidad concedente procederá a licitar públicamente y en el plazo máximo de ciento ochenta días a partir de la declaratoria de revocación de la concesión, el respectivo contrato por el plazo que reste la misma. Las bases de licitación deberán establecer los requisitos que deberá cumplir el nuevo concesionario, los que, en ningún caso, podrán ser más gravosos que los impuestos al concesionario original.

Artículo 148.- Efecto de Caducidad del Plazo[101]. Una vez finalizado el plazo de la concesión y no habiendo prórroga del contrato, el concesionario deberá entregar las obras e instalaciones a que está obligado con arreglo al contrato y en el estado de conservación y funcionamiento adecuados.

Durante un período prudencial anterior a la caducidad del plazo de la concesión, la entidad concedente adoptará las disposiciones encaminadas a que la entrega de la obra, bienes o servicios se verifique en las condiciones convenidas en el contrato de concesión. Dicha regulación deberá establecerse tanto en las bases de licitación como en el contrato.

CAPÍTULO V.
CONTRATO DE ARRENDAMIENTO DE BIENES MUEBLES

Artículo 149.- Arrendamiento de Bienes Muebles. La institución podrá obtener en calidad de arrendamiento toda clase de bienes muebles con o sin opción de compra. El monto base de la contratación se establecerá de acuerdo al precio actual en el mercado local y en todo caso, se observarán las formas de contratación establecidas en esta Ley.

Los criterios técnicos para evaluar las ofertas estarán determinados en las bases de licitación y se normarán en el Reglamento de esta Ley.

---

101 Artículo modificado por D. L. nº 593, 31 de octubre de 2001; D.O. nº 222, t. 353, 23 de noviembre de 2001.

TÍTULO VII.
INFRACCIONES Y SANCIONES

CAPÍTULO I.
SANCIONES A FUNCIONARIOS O EMPLEADOS PÚBLICOS

Artículo 150.- De las Infracciones[102]**.** Las infracciones cometidas por los funcionarios o empleados de las diferentes instituciones de la Administración Pública, para los efectos de esta Ley se clasifican en: leves, graves y muy graves.

Artículo 151.- Infracciones Leves[103]**.** Se considerarán infracciones leves las siguientes:

a) No incorporar oportunamente la documentación atinente al expediente administrativo correspondiente;

b) No permitir el acceso al expediente de contrataciones de forma injustificada a las personas involucradas en el proceso; posterior a la adjudicación del mismo;

c) Omitir en los informes, dictámenes y actas, datos relevantes para el estudio de las ofertas, cuando se determine que los conocía con anterioridad a la presentación del informe o dictamen;

d) No remitir o no proporcionar oportunamente a la UNAC la información que haya requerido.

Artículo 152.- Infracciones Graves[104]**.** Se considerarán infracciones graves las siguientes:

a) Reincidir en alguna de las infracciones de las tipificadas en el artículo anterior, después de haber sido sancionado;

b) Recibir o dar por recibidas obras, bienes o servicios que no se ajusten a lo pactado o contratado, o que no se hubieren ejecutado;

c) Recomendar la contratación con una persona natural o jurídica comprendida en el régimen de las prohibiciones para contratar, siempre que haya conocido esta circunstancia antes de la recomendación;

d) Recibir el diseño de obras que su ejecución resulte material o jurídicamente inviable;

e) Retrasar injustificadamente el trámite de pagos que deba cubrir la institución a sus proveedores o contratistas;

f) Retrasar injustificadamente la recepción de obras, bienes y servicios.

Artículo 153.- Infracciones Muy Graves[105]**.**

Se considerarán infracciones muy graves las siguientes:

a) Reincidir en alguna de las infracciones tipificadas en el artículo anterior, después de haber sido sancionado;

b) Suministrar información a algún ofertante que le represente ventaja sobre el resto de ofertantes o contratistas potenciales;

c) Recibir o solicitar dádivas, comisiones o regalías de los ofertantes o contratistas ordinarios o potenciales de la institución en la que labora;

d) Causar un perjuicio patrimonial debidamente comprobado, siempre que la acción fuere realizada con dolo, fraude, impericia, negligencia o mala fe en el procedimiento para contratar o en el control de su ejecución;

e) Propiciar o disponer la fragmentación de las adquisiciones y contrataciones en contravención a lo dispuesto en esta Ley, tramitando contratos que por su monto unitario implicarían un procedimiento más riguroso que el seguido al fraccionarla;

---

102 Artículo modificado por D.L. nº 725, 18 de mayo de 2011; D.O. nº 102, t. 391, 2 de junio de 2011.
103 Artículo modificado por D.L. nº 725, 18 de mayo de 2011; D.O. nº 102, t. 391, 2 de junio de 2011.
104 Artículo modificado por D.L. nº 725, 18 de mayo de 2011; D.O. nº 102, t. 391, 2 de junio de 2011.
105 Artículo modificado por D.L. nº 725, 18 de mayo de 2011; D.O. nº 102, t. 391, 2 de junio de 2011.

f) Participar en actividades de capacitación organizadas o patrocinadas por los ofertantes o contratistas, dentro o fuera del país, que no formaren parte de los compromisos de capacitación, legalmente o contractualmente adquiridos;

g) Participar directa o indirectamente en un procedimiento de contratación administrativa sujetos a las prohibiciones para contratar contempladas en esta Ley.

Artículo 154.- Imposición de Sanciones[106]**.** La imposición de las sanciones a que se refieren los artículos anteriores, se harán conforme a la naturaleza de las infracciones, de la siguiente manera:

a) Por las infracciones leves: se realizará una amonestación escrita del superior jerárquico;

b) Por las infracciones graves: se impondrá suspensión sin goce de sueldo hasta por un máximo de tres meses;

c) Por las infracciones muy graves: se considerarán causales de despido o de terminación laboral sin responsabilidad para la institución, sin perjuicio de la responsabilidad civil y penal a que hubiere lugar.

Artículo 155.- Criterios para la Aplicación de Sanciones[107]**.** Para la aplicación de las sanciones a que se refieren los artículos anteriores, el titular de la institución, la junta directiva, consejo directivo o concejo municipal; deberá tomar en cuenta como principales criterios para la gradualidad de éstas, la intencionalidad del infractor, la reincidencia, la naturaleza de los perjuicios causados y las circunstancias en que la infracción se cometa, salvo el caso de las infracciones graves y muy graves.

Artículo 156.- Procedimiento[108]**.** Previo a la imposición de cualquiera de las sanciones determinadas en este capítulo, deberá comprobarse la infracción correspondiente, con audiencia del funcionario o empleado público a quien se le atribuyere.

Para ese efecto el titular de la institución, la junta directiva, consejo directivo o concejo municipal, comisionará al Jefe de la Unidad Legal u oficina que haga sus veces, al Gerente General, o en su defecto al Jefe de Recursos Humanos, quienes instruirán las diligencias con base en los informes, denuncias o documentos en que se indicare la infracción y la persona a quien se le atribuyere.

Recibida la información anterior se ordenará su notificación, con indicación precisa de la infracción a la persona imputada, quien tendrá tres días hábiles a partir del siguiente a la notificación, para responder y ejercer su defensa.

Si el presunto infractor no hiciere uso del término para su defensa, guardare silencio o confesare, el asunto quedará listo para resolver, salvo que por la naturaleza de los hechos fuere necesaria la apertura a pruebas, que no excederá de cuatro días hábiles contados después de su notificación al interesado. De igual manera se procederá cuando en su defensa, la persona a quien se le atribuyere la falta solicitare la producción de pruebas.

Concluido el término probatorio o si la prueba no hubiere tenido lugar, deberá resolverse en definitiva de conformidad a esta Ley. De la resolución sólo podrá interponerse recurso de revocatoria por escrito ante el titular, dentro de los tres días hábiles siguientes a la notificación respectiva.

Interpuesta la revocatoria en tiempo y forma, el funcionario resolverá lo que corresponda en la siguiente audiencia.

Todas las prohibiciones e infracciones sancionadas por esta Ley, se aplicarán sin perjuicio de lo señalado en la Ley de la Corte de Cuentas de la República, Reglamento Interno de cada Institución, y demás disposiciones emitidas por ésta en su área de competencia, sin perjuicio de la responsabilidad civil o penal a que hubiere lugar.

Artículo 157.- Comprobación. Derogado[109].

---

106 Artículo modificado por D.L. nº 725, 18 de mayo de 2011; D.O. nº 102, t. 391, 2 de junio de 2011.

107 Artículo modificado por D.L. nº. 725, 18 de mayo de 2011; D.O. nº 102, t. 391, 2 de junio de 2011.

108 Artículo modificado por D.L. nº 725, 18 de mayo de 2011; D.O. nº 102, t. 391, 2 de junio de 2011.

109 Artículo derogado por D.L. nº 725, 18 de mayo de 2011; D.O. nº 102, t. 391, 2 de junio de 2011.

CAPÍTULO II.
SANCIONES A PARTICULARES

Artículo 158.- Inhabilitación para Participar[110]**.** La institución inhabilitará para participar en procedimientos de contratación administrativa, al ofertante o contratista que incurra en alguna de las conductas siguientes:

I. Inhabilitación por un año:

a) Haber sido sancionado con multa por la misma institución dos o más veces dentro del mismo ejercicio fiscal;

b) Haber sido sancionado de conformidad al artículo 25 literal c) de la Ley de Competencia.

II. Inhabilitación por dos años:

a) Reincidir en la conducta contemplada en los literales del romano anterior;

b) Si afectare reiteradamente los procedimientos de contratación en que participe;

c) No suministrar o suministrar un bien, servicio u obra que no cumplan con las especificaciones técnicas o términos de referencia pactadas en el contrato u orden de compra.

III. Inhabilitación por tres años:

a) Reincidir en alguna de las conductas tipificadas en los literales b) y c) del romano anterior;

b) No suscribir el contrato en el plazo otorgado o señalado, sin causa justificada o comprobada;

c) Obtener ilegalmente información confidencial que lo sitúe en ventaja respecto de otros competidores.

IV. Inhabilitación por cuatro años.

a) Reincidir en la conducta contemplada en el literal b) del romano anterior;

b) Suministrare dádivas, directamente o por intermedio de tercera persona, a los funcionarios o empleados involucrados en un procedimiento de contratación administrativa;

c) Acreditar falsamente la ejecución de obras, bienes o servicios en perjuicio de la institución contratante.

V. Inhabilitación por cinco años:

a) Reincidir en alguna de las conductas contempladas en los literales b) y c) del romano anterior;

b) Invocar hechos falsos para obtener la adjudicación de la contratación;

c) Participar directa o indirectamente, en un procedimiento de contratación, pese a estar excluido por el régimen de prohibiciones de esta Ley.

Las inhabilitaciones a que se refiere este artículo, surtirán efecto en todas las instituciones de la administración pública, debiendo hacerse por resolución razonada, y de todo lo actuado la UACI deberá incorporar la información al Registro e informar a la UNAC de dichas inhabilitaciones, para su correspondiente divulgación.

Si a un proveedor inscrito en el Registro le sobreviene alguna causal de inhabilidad con posterioridad a la inscripción, ésta será dejada sin efecto hasta que cese su inhabilidad.

Artículo 159.- Efecto de no Pago de Multas. No se dará curso a nuevos contratos con el mismo ofertante, mientras éste no haya pagado las multas o el valor del faltante o averías, a que haya habido lugar por incumplimiento total o parcial del contrato.

Artículo 160.- Procedimiento[111]**.** El procedimiento para la aplicación de las sanciones a particulares establecidas en la presente Ley, se realizará de la siguiente manera:

El responsable de la etapa en que se encuentre; remitirá al Titular a través de la UACI de la institución, los informes o documentos en los cuales indicará los incumplimientos y el nombre del contratista a quien se le atribuyere.

---

110 Artículo modificado por D.L. nº 725, 18 de mayo de 2011; D.O. nº 102, t. 391, 2 de junio de 2011.

111 Artículo modificado por D.L. nº 725, 18 de mayo de 2011; D.O. nº 102, t. 391, 2 de junio de 2011.

El Titular comisionará a la Unidad Jurídica o quien haga las veces de ésta, para que inicie el proceso de aplicación de las sanciones establecidas.

Para ese efecto el Jefe de la Unidad Jurídica o quien haga las veces de éste, procederá a notificar al contratista el incumplimiento, otorgándole un plazo de tres días hábiles a partir del siguiente a la notificación, para que responda y ejercer su defensa si así lo estima conveniente.

Si el contratista no hiciere uso del término para su defensa o haciendo uso de éste aceptare, el asunto quedará listo para resolver por el Titular. Si en su defensa el contratista solicitare la producción de pruebas, la Unidad Jurídica emitirá auto de apertura a pruebas, concediendo un plazo de tres días hábiles contados a partir de la notificación respectiva.

Concluido el término probatorio o si la prueba no hubiere tenido lugar, deberá resolverse en definitiva de conformidad a esta Ley. De la resolución sólo podrá interponerse recurso de revocatoria por escrito, dentro de los tres días hábiles siguientes a la notificación.

TÍTULO VIII.
SOLUCIÓN DE CONTROVERSIAS

CAPÍTULO I.
ARREGLO DIRECTO Y ARBITRAJE

SECCIÓN I.
ARREGLO DIRECTO

Artículo 161.- Resolución de Diferencias[112]**.** Para resolver las diferencias o conflictos que surgieren durante la ejecución de los contratos, se sujetará a sede judicial, salvo pacto expreso de sometimiento a métodos alternativos de resolución de conflictos, en cuyo caso se observará la Ley de la materia, con las excepciones que a continuación se enuncian.

Artículo 162.- Cuando Recurrir al Arbitraje. Agotado el procedimiento de arreglo directo, si el litigio o controversia persistiere, las partes podrán recurrir al arbitraje.

Artículo 163.- Definición. Por el arreglo directo, las partes contratantes procuraran la solución de las diferencias sin otra intervención que la de ellas mismas, sus representantes y delegados especialmente acreditados, dejando constancia escrita en acta de los puntos controvertidos y de las soluciones, en su caso.

Artículo 164.- Solución del Arreglo Directo. Cuando una de las partes solicitare el arreglo directo, dirigirá nota escrita a la contraparte, puntualizando las diferencias y solicitará la fijación del lugar, día y hora para deliberar, asunto que deberá determinarse dentro de los quince días siguientes a la recepción de la solicitud.

Recibida la comunicación que solicite el arreglo directo, se convocará por escrito al solicitante para fijar el lugar, día y la hora a que se refiere el inciso anterior, la otra parte podrá introducir los puntos que estime conveniente.

Cuando la institución contratante fuere la solicitante del arreglo directo, en la misma solicitud se indicará el lugar, día y la hora en que deberán reunirse las partes para la negociación.

SECCIÓN II.
ARBITRAJE

Artículo 165.- Arbitraje[113]**.** Intentado el arreglo directo sin hallarse solución a las diferencia, alguna de las diferencias, podrá recurrirse al arbitraje en derecho o al arbitraje técnico, con suje-

112 Artículo modificado por D.L. nº 725, 18 de mayo de 2011; D.O. nº 102, t. 391, 2 de junio de 2011.
113 Artículo modificado por D.L. nº 725, 18 de mayo de 2011; D.O. nº 102, t. 391, 2 de junio de 2011.

ción a las disposiciones que les fueren aplicables de conformidad a las leyes pertinentes, teniendo en cuenta las modificaciones establecidas en este capítulo.

El convenio arbitral deberá estar redactado por lo menos con los siguientes elementos:

a) Designación del tipo de arbitraje;

b) Número de árbitros y su forma de elección;

c) Elección del procedimiento arbitral, el cual podrá ser institucional o ad-hoc. En el primer caso se designará con claridad el nombre de la institución a cuyas reglas se someterá el arbitraje, pudiendo tratarse de instituciones nacionales o internacionales;

d) Lugar a desarrollarse;

e) En caso de arbitraje ad-hoc, deberá también incluir plazos máximos para desarrollar el arbitraje, y determinación de quién paga la remuneración de los árbitros.

Los árbitros deberán reunir los siguientes requisitos:

a) Amplia consideración moral;

b) Reconocida competencia en ciencias jurídicas, para el caso del arbitraje en Derecho; o en la ciencia, arte u oficio especializado concerniente al fondo de la disputa, para el caso del arbitraje técnico;

c) Independencia e imparcialidad de juicio.

En los arbitrajes ad-hoc será obligación de los árbitros informar a la parte o partes que los nombran, de manera previa a su designación, acerca de la concurrencia en su persona de calidades o situaciones que en alguna medida pudieren comprometer dicha independencia e imparcialidad; quienes decidirán si los elementos son o no relevantes para proceder a su designación.

Artículo 166.- Arbitraje con más de un Árbitro. Derogado[114].

Artículo 167.- Reclamos en el Arbitraje. Derogado[115].

Artículo 168.- Reclamos en el Arbitraje[116]. En la demanda de arbitraje únicamente se podrán introducir los puntos planteados en el trato directo que no hayan sido resueltos. La parte demandada podrá introducir en su defensa nuevos hechos o argumentos, y aún contra demandar, siempre que la contra demanda tuviere relación directa con los hechos planteados en la demanda.

Artículo 169.- Laudo Arbitral[117]. En el caso de arbitrajes institucionales, contra el laudo arbitral que emitieren los árbitros, no cabrá recurso alguno; excepto el de nulidad.

TÍTULO IX

CAPÍTULO UNICO.

DISPOSICIONES GENERALES, DEROGATORIAS Y VIGENCIA

Artículo 170.- Dictado de normas[118]. Atendiendo a las disposiciones de esta Ley y a las demás que de ella emanen, el Ministerio de Economía, dictará las normas que deban observar las dependencias y entidades, y que tengan por objeto promover la participación de las empresas nacionales especialmente de la micro, pequeñas y medianas, con excepción de las Municipalidades que por su propia autonomía dictarán las normas a que se refiere este decreto.

Artículo 171.- Reglamento y Transitoriedad. El Presidente de la República deberá aprobar el Reglamento de la presente Ley, dentro de los noventa días posteriores a la vigencia de ésta.

Todas las adquisiciones y contrataciones que se hubieren celebrado bajo la vigencia de la legislación anterior y de las que se haya iniciado el proceso, continuarán rigiéndose por la misma hasta su conclusión; salvo si se introdujeren modificaciones a la relación contractual, posteriores a la vigencia de esta Ley.

---

114 Artículo derogado por D.L. nº 725, 18 de mayo de 2011; D.O. nº 102, t. 391, 2 de junio de 2011.
115 Artículo derogado por D.L. nº 725, 18 de mayo de 2011; D.O. nº 102, t. 391, 2 de junio de 2011.
116 Artículo modificado por D.L. nº 725, 18 de mayo de 2011; D.O. nº 102, t. 391, 2 de junio de 2011.
117 Artículo modificado por D.L. nº 725, 18 de mayo de 2011; D.O. nº 102, t. 391, 2 de junio de 2011.
118 Artículo modificado por D.L. nº 244, 21 de diciembre del 2000; D.O. nº 11, t. 350, 15 de enero del 2001.

Artículo 172.- Transitorio. Mientras no se aprueben el o los reglamentos de aplicación de la presente ley, las adquisiciones y contrataciones que se realicen a partir del momento en que entre en vigencia el presente decreto, serán reguladas conforme a lo estipulado en las disposiciones que para tal efecto contiene esta ley.

Artículo 173.- Carácter Especial de la Ley. Las disposiciones de esta ley, por su especialidad prevalecerán sobre cualquiera otra que con carácter general o especial regule la misma materia. Para su derogatoria o modificación se le deberá mencionar expresamente.

Artículo 174.- Derogatoria. A partir de la vigencia de la presente Ley quedan derogados los siguientes Decretos y sus reformas:

a) Decreto Legislativo N° 280 de fecha 19 de diciembre de 1945, publicado en el Diario Oficial N° 283, Tomo N° 139, del 26 de diciembre del mismo año, que contiene Ley de Suministros.

b) Decreto Legislativo N° 976 de fecha 27 de febrero de 1953, publicado en el Diario Oficial N° 42, Tomo N° 158, del 3 de marzo del mismo año, que contiene Ley de Suministros para el Ramo de Obras Públicas.

c) Los capítulos IV y V de las Disposiciones Generales y Especiales de Presupuestos, en lo relacionado con las compras y suministros, contenidos en el Decreto Legislativo N° 3 de fecha 23 de diciembre de 1983, publicado en el Diario Oficial N° 239, Tomo N° 281 del mismo mes y año.

d) Decreto de la Junta Revolucionaria de Gobierno N° 1083 de fecha 14 de abril de 1982, publicado en el Diario Oficial N° 67, Tomo N° 275 del 14 de abril del mismo año, que contiene Ley de Suministros del Ramo de Salud Pública y Asistencia Social.

e) Disposiciones que contradigan el contenido de la presente ley, inclusive las de la Comisión Ejecutiva Hidroeléctrica del Río Lempa y del Instituto Salvadoreño del Seguro Social.

Artículo 175.- Vigencia.

El presente Decreto entrará en vigencia cuarenta y cinco días después de su publicación en el Diario Oficial.

ESPAÑA

REAL DECRETO LEGISLATIVO 3/2011, DE 14 DE NOVIEMBRE, POR EL QUE SE APRUEBA EL TEXTO REFUNDIDO DE LA LEY DE CONTRATOS DEL SECTOR PÚBLICO

Notas: Desarrollado por Decreto 51/2012, de 29 de junio y aplicado por Orden ECO/47/2013, de 15 de marzo. Todas las referencias hechas a la "Plataforma de Contratación del Estado", se entenderán hechas a "Plataforma de Contratación del Sector Público" por Disposición Adicional Tercer de Ley 20/2013, de 9 de diciembre.

Artículo único. Aprobación del Texto Refundido de la Ley de Contratos del Sector Público Se aprueba el Texto Refundido de la Ley de Contratos del Sector Público, cuyo texto se inserta a continuación.

Disposición Adicional única. Remisiones normativas

Las referencias normativas efectuadas en otras disposiciones a la Ley 30/2007, de 30 de octubre, de Contratos del Sector Público y al Real Decreto Legislativo 2/2000, de 16 de junio, por el que se aprueba el Texto Refundido de la Ley de Contratos de las Administraciones Públicas, se entenderán efectuadas a los preceptos correspondientes del Texto Refundido que se aprueba.

Disposición Derogatoria única. Derogación normativa

Quedan derogadas todas las disposiciones de igual o inferior rango que se opongan a la presente Ley y, en particular, las siguientes:

1. La Ley 30/2007, de 30 de octubre, de Contratos del Sector Público.
2. El Capítulo IV del Título V del Libro II , comprensivo de los artículos 253 a 260, ambos inclusive, del Texto Refundido de la Ley de Contratos de las Administraciones Públicas, aprobado por Real Decreto Legislativo 2/2000, de 16 de junio .
3. La disposición adicional séptima de la Ley 13/2003, de 23 de mayo , Reguladora del contrato de Concesión de Obras Públicas.
4. El artículo 16 del Real Decreto-ley 8/2010, de 20 de mayo , por el que se adoptan medidas extraordinarias para la reducción del déficit público.
5. Los artículos 37 y 38 de la Ley 2/2011, de 4 de marzo, de Economía Sostenible.

Disposición Final única. Entrada en vigor

El presente Real Decreto Legislativo y el Texto Refundido que aprueba entrarán en vigor al mes de su publicación en el «Boletín Oficial del Estado».

TEXTO REFUNDIDO DE LA LEY DE CONTRATOS DEL SECTOR PÚBLICO

TÍTULO PRELIMINAR.

Disposiciones generales

CAPÍTULO I.

Objeto y ámbito de aplicación de la Ley

Artículo 1. Objeto y finalidad. La presente Ley tiene por objeto regular la contratación del sector público, a fin de garantizar que la misma se ajusta a los principios de libertad de acceso a las licitaciones, publicidad y transparencia de los procedimientos, y no discriminación e igualdad de trato entre los candidatos, y de asegurar, en conexión con el objetivo de estabilidad presupuestaria y control del gasto, una eficiente utilización de los fondos destinados a la realización de obras, la adquisición de bienes y la contratación de servicios mediante la exigencia de la definición previa de las necesidades a satisfacer, la salvaguarda de la libre competencia y la selección de la oferta económicamente más ventajosa.

Es igualmente objeto de esta Ley la regulación del régimen jurídico aplicable a los efectos, cumplimiento y extinción de los contratos administrativos, en atención a los fines institucionales de carácter público que a través de los mismos se tratan de realizar.

Artículo 2. Ámbito de aplicación. 1. Son contratos del sector público y, en consecuencia, están sometidos a la presente Ley en la forma y términos previstos en la misma, los contratos onerosos, cualquiera que sea su naturaleza jurídica, que celebren los entes, organismos y entidades enumerados en el artículo 3.

2. Están también sujetos a la presente Ley, en los términos que en ella se señalan, los contratos subvencionados por los entes, organismos y entidades del sector público que celebren otras personas físicas o jurídicas en los supuestos previstos en el artículo 17, así como los contratos de obras que celebren los concesionarios de obras públicas en los casos del artículo 274.

3. La aplicación de esta Ley a los contratos que celebren las Comunidades Autónomas y las entidades que integran la Administración Local, o los organismos dependientes de las mismas, así como a los contratos subvencionados por cualquiera de estas entidades, se efectuará en los términos previstos en la disposición final segunda.

Artículo 3. Ámbito subjetivo. 1. A los efectos de esta Ley, se considera que forman parte del sector público los siguientes entes, organismos y entidades:

a) La Administración General del Estado, las Administraciones de las Comunidades Autónomas y las Entidades que integran la Administración Local.

b) Las entidades gestoras y los servicios comunes de la Seguridad Social.

c) Los organismos autónomos, las entidades públicas empresariales, las Universidades Públicas, las Agencias Estatales y cualesquiera entidades de derecho público con personalidad jurídica propia vinculadas a un sujeto que pertenezca al sector público o dependientes del mismo, incluyendo aquellas que, con independencia funcional o con una especial autonomía reconocida por la Ley, tengan atribuidas funciones de regulación o control de carácter externo sobre un determinado sector o actividad.

d) Las sociedades mercantiles en cuyo capital social la participación, directa o indirecta, de entidades de las mencionadas en las letras a) a f) del presente apartado sea superior al 50 por 100.

e) Los consorcios dotados de personalidad jurídica propia a los que se refieren el artículo 6.5 de la Ley 30/1992, de 26 de noviembre , de Régimen Jurídico de las Administraciones Públicas y del Procedimiento Administrativo Común, y la legislación de régimen local.

f) Las fundaciones que se constituyan con una aportación mayoritaria, directa o indirecta, de una o varias entidades integradas en el sector público, o cuyo patrimonio fundacional, con un carácter de permanencia, esté formado en más de un 50 por 100 por bienes o derechos aportados o cedidos por las referidas entidades.

g) Las Mutuas de Accidentes de Trabajo y Enfermedades Profesionales de la Seguridad Social.

h) Cualesquiera entes, organismos o entidades con personalidad jurídica propia, que hayan sido creados específicamente para satisfacer necesidades de interés general que no tengan carácter industrial o mercantil, siempre que uno o varios sujetos pertenecientes al sector público financien mayoritariamente su actividad, controlen su gestión, o nombren a más de la mitad de los miembros de su órgano de administración, dirección o vigilancia.

i) Las asociaciones constituidas por los entes, organismos y entidades mencionados en las letras anteriores.

2. Dentro del sector público, y a los efectos de esta Ley, tendrán la consideración de Administraciones Públicas los siguientes entes, organismos y entidades:

a) Los mencionados en las letras a) y b) del apartado anterior.

b) Los Organismos autónomos.

c) Las Universidades Públicas.

d) Las entidades de derecho público que, con independencia funcional o con una especial autonomía reconocida por la Ley, tengan atribuidas funciones de regulación o control de carácter externo sobre un determinado sector o actividad, y

e) las entidades de derecho público vinculadas a una o varias Administraciones Públicas o dependientes de las mismas que cumplan alguna de las características siguientes:

1.ª Que su actividad principal no consista en la producción en régimen de mercado de bienes y servicios destinados al consumo individual o colectivo, o que efectúen operaciones de redistribución de la renta y de la riqueza nacional, en todo caso sin ánimo de lucro, o

2.ª que no se financien mayoritariamente con ingresos, cualquiera que sea su naturaleza, obtenidos como contrapartida a la entrega de bienes o a la prestación de servicios.

No obstante, no tendrán la consideración de Administraciones Públicas las entidades públicas empresariales estatales y los organismos asimilados dependientes de las Comunidades Autónomas y Entidades locales.

f) Los órganos competentes del Congreso de los Diputados, del Senado, del Consejo General del Poder Judicial, del Tribunal Constitucional, del Tribunal de Cuentas, del Defensor del Pueblo, de las Asambleas Legislativas de las Comunidades Autónomas y de las instituciones autonómicas análogas al Tribunal de Cuentas y al Defensor del Pueblo, en lo que respecta a su actividad de contratación[1].

g) Las Diputaciones Forales y las Juntas Generales de los Territorios Históricos del País Vasco en lo que respecta a su actividad de contratación.

3. Se considerarán poderes adjudicadores, a efectos de esta Ley, los siguientes entes, organismos y entidades:

a) Las Administraciones Públicas.

b) Todos los demás entes, organismos o entidades con personalidad jurídica propia distintos de los expresados en la letra a) que hayan sido creados específicamente para satisfacer necesidades de interés general que no tengan carácter industrial o mercantil, siempre que uno o varios sujetos que deban considerarse poder adjudicador de acuerdo con los criterios de este apartado 3 financien mayoritariamente su actividad, controlen su gestión, o nombren a más de la mitad de los miembros de su órgano de administración, dirección o vigilancia.

c) Las asociaciones constituidas por los entes, organismos y entidades mencionados en las letras anteriores.

---

1 Ap. 2 f) suprimido por disp. final 3.1 de Ley nº 25/2013, de 27 de diciembre.

Artículo 4. Negocios y contratos excluidos. 1. Están excluidos del ámbito de la presente Ley los siguientes negocios y relaciones jurídicas:

a) La relación de servicio de los funcionarios públicos y los contratos regulados en la legislación laboral.

b) Las relaciones jurídicas consistentes en la prestación de un servicio público cuya utilización por los usuarios requiera el abono de una tarifa, tasa o precio público de aplicación general.

c) Los convenios de colaboración que celebre la Administración General del Estado con las entidades gestoras y servicios comunes de la Seguridad Social, las Universidades Públicas, las Comunidades Autónomas, las Entidades locales, organismos autónomos y restantes entidades públicas, o los que celebren estos organismos y entidades entre sí, salvo que, por su naturaleza, tengan la consideración de contratos sujetos a esta Ley.

d) Los convenios que, con arreglo a las normas específicas que los regulan, celebre la Administración con personas físicas o jurídicas sujetas al derecho privado, siempre que su objeto no esté comprendido en el de los contratos regulados en esta Ley o en normas administrativas especiales.

e) Los convenios incluidos en el ámbito del artículo 346 del Tratado de Funcionamiento de la Unión Europea que se concluyan en el sector de la defensa.

f) Los acuerdos que celebre el Estado con otros Estados o con entidades de derecho internacional público.

g) Los contratos de suministro relativos a actividades directas de los organismos de derecho público dependientes de las Administraciones públicas cuya actividad tenga carácter comercial, industrial, financiero o análogo, si los bienes sobre los que versan han sido adquiridos con el propósito de devolverlos, con o sin transformación, al tráfico jurídico patrimonial, de acuerdo con sus fines peculiares, siempre que tales organismos actúen en ejercicio de competencias específicas a ellos atribuidas por la Ley.

h) Los contratos y convenios derivados de acuerdos internacionales celebrados de conformidad con el Tratado de Funcionamiento de la Unión Europea con uno o varios países no miembros de la Comunidad, relativos a obras o suministros destinados a la realización o explotación conjunta de una obra, o relativos a los contratos de servicios destinados a la realización o explotación en común de un proyecto.

i) Los contratos y convenios efectuados en virtud de un acuerdo internacional celebrado en relación con el estacionamiento de tropas.

j) Los contratos y convenios adjudicados en virtud de un procedimiento específico de una organización internacional.

k) Los contratos relativos a servicios de arbitraje y conciliación.

l) Los contratos relativos a servicios financieros relacionados con la emisión, compra, venta y transferencia de valores o de otros instrumentos financieros, en particular las operaciones relativas a la gestión financiera del Estado, así como las operaciones destinadas a la obtención de fondos o capital por los entes, organismos y entidades del sector público, así como los servicios prestados por el Banco de España y las operaciones de tesorería.

m) Los contratos por los que un ente, organismo o entidad del sector público se obligue a entregar bienes o derechos o prestar algún servicio, sin perjuicio de que el adquirente de los bienes o el receptor de los servicios, si es una entidad del sector público sujeta a esta Ley, deba ajustarse a sus prescripciones para la celebración del correspondiente contrato.

n) Los negocios jurídicos en cuya virtud se encargue a una entidad que, conforme a lo señalado en el artículo 24.6, tenga atribuida la condición de medio propio y servicio técnico del mismo, la realización de una determinada prestación. No obstante, los contratos que deban celebrarse por las entidades que tengan la consideración de medio propio y servicio técnico para la realización de las prestaciones objeto del encargo quedarán sometidos a esta Ley, en los términos que sean procedentes de acuerdo con la naturaleza de la entidad que los celebre y el tipo y cuantía de los mismos, y, en todo caso, cuando se trate de contratos de obras, servicios o suministros cuyas cuantías superen los umbrales establecidos en la Sección 2.ª del Capítulo II de este Título Preliminar, las entidades de derecho privado deberán observar para su preparación y adjudicación las reglas establecidas en los artículos 137.1 y 190.

o) Las autorizaciones y concesiones sobre bienes de dominio público y los contratos de explotación de bienes patrimoniales distintos a los definidos en el artículo 7, que se regularán por su legislación específica salvo en los casos en que expresamente se declaren de aplicación las prescripciones de la presente Ley.

p) Los contratos de compraventa, donación, permuta, arrendamiento y demás negocios jurídicos análogos sobre bienes inmuebles, valores negociables y propiedades incorporales, a no ser que recaigan sobre programas de ordenador y deban ser calificados como contratos de suministro o servicios, que tendrán siempre el carácter de contratos privados y se regirán por la legislación patrimonial. En estos contratos no podrán incluirse prestaciones que sean propias de los contratos típicos regulados en la Sección 1ª del Capítulo II del Título Preliminar, si el valor estimado de las mismas es superior al 50 por 100 del importe total del negocio o si no mantienen con la prestación característica del contrato patrimonial relaciones de vinculación y complementariedad en los términos previstos en el artículo 25; en estos dos supuestos, dichas prestaciones deberán ser objeto de contratación independiente con arreglo a lo establecido en esta Ley.

q) Los contratos de servicios y suministro celebrados por los Organismos Públicos de Investigación estatales y los Organismos similares de las Comunidades Autónomas que tengan por objeto prestaciones o productos necesarios para la ejecución de proyectos de investigación, desarrollo e innovación tecnológica o servicios técnicos, cuando la presentación y obtención de resultados derivados de los mismos esté ligada a retornos científicos, tecnológicos o industriales susceptibles de incorporarse al tráfico jurídico y su realización haya sido encomendada a equipos de investigación del Organismo mediante procesos de concurrencia competitiva.

r) Los contratos de investigación y desarrollo remunerados íntegramente por el órgano de contratación, siempre que éste comparta con las empresas adjudicatarias los riesgos y los beneficios de la investigación científica y técnica necesaria para desarrollar soluciones innovadoras que superen las disponibles en el mercado. En la adjudicación de estos contratos deberá asegurarse el respeto a los principios de publicidad, concurrencia, transparencia, confidencialidad, igualdad y no discriminación y de elección de la oferta económicamente más ventajosa.

2. Los contratos, negocios y relaciones jurídicas enumerados en el apartado anterior se regularán por sus normas especiales, aplicándose los principios de esta Ley para resolver las dudas y lagunas que pudieran presentarse.

CAPÍTULO II.

Contratos del sector público

SECCIÓN 1ª.

Delimitación de los tipos contractuales

Artículo 5. Calificación de los contratos. 1. Los contratos de obras, concesión de obras públicas, gestión de servicios públicos, suministro, servicios y de colaboración entre el sector público y el sector privado que celebren los entes, organismos y entidades pertenecientes al sector público se calificarán de acuerdo con las normas contenidas en la presente sección.

2. Los restantes contratos del sector público se calificarán según las normas de derecho administrativo o de derecho privado que les sean de aplicación.

Artículo 6. Contrato de obras. 1. Son contratos de obras aquellos que tienen por objeto la realización de una obra o la ejecución de alguno de los trabajos enumerados en el Anexo I o la realización por cualquier medio de una obra que responda a las necesidades especificadas por la entidad del sector público contratante. Además de estas prestaciones, el contrato podrá comprender, en su caso, la redacción del correspondiente proyecto.

2. Por «obra» se entenderá el resultado de un conjunto de trabajos de construcción o de ingeniería civil, destinado a cumplir por sí mismo una función económica o técnica, que tenga por objeto un bien inmueble.

Artículo 7. Contrato de concesión de obras públicas. 1. La concesión de obras públicas es un contrato que tiene por objeto la realización por el concesionario de algunas de las prestaciones a que se refiere el artículo 6, incluidas las de restauración y reparación de construcciones existentes, así como la conservación y mantenimiento de los elementos construidos, y en el que la contraprestación a favor de aquél consiste, o bien únicamente en el derecho a explotar la obra, o bien en dicho derecho acompañado del de percibir un precio.

2. El contrato, que se ejecutará en todo caso a riesgo y ventura del contratista, podrá comprender, además, el siguiente contenido:

a) La adecuación, reforma y modernización de la obra para adaptarla a las características técnicas y funcionales requeridas para la correcta prestación de los servicios o la realización de las actividades económicas a las que sirve de soporte material.

b) Las actuaciones de reposición y gran reparación que sean exigibles en relación con los elementos que ha de reunir cada una de las obras para mantenerse apta a fin de que los servicios y actividades a los que aquéllas sirven puedan ser desarrollados adecuadamente de acuerdo con las exigencias económicas y las demandas sociales.

3. El contrato de concesión de obras públicas podrá también prever que el concesionario esté obligado a proyectar, ejecutar, conservar, reponer y reparar aquellas obras que sean accesorias o estén vinculadas con la principal y que sean necesarias para que ésta cumpla la finalidad determinante de su construcción y que permitan su mejor funcionamiento y explotación, así como a efectuar las actuaciones ambientales relacionadas con las mismas que en ellos se prevean. En el supuesto de que las obras vinculadas o accesorias puedan ser objeto de explotación o aprovechamiento económico, éstos corresponderán al concesionario conjuntamente con la explotación de la obra principal, en la forma determinada por los pliegos respectivos.

Artículo 8. Contrato de gestión de servicios públicos. 1. El contrato de gestión de servicios públicos es aquel en cuya virtud una Administración Pública o una Mutua de Accidentes de Trabajo y Enfermedades Profesionales de la Seguridad Social, encomienda a una persona, natural o jurídica, la gestión de un servicio cuya prestación ha sido asumida como propia de su competencia por la Administración o Mutua encomendante.

Las Mutuas de Accidentes de Trabajo y Enfermedades Profesionales solo podrán realizar este tipo de contrato respecto a la gestión de la prestación de asistencia sanitaria.

2. Las disposiciones de esta Ley referidas a este contrato no serán aplicables a los supuestos en que la gestión del servicio público se efectúe mediante la creación de entidades de derecho público destinadas a este fin, ni a aquellos en que la misma se atribuya a una sociedad de derecho privado cuyo capital sea, en su totalidad, de titularidad pública.

Artículo 9. Contrato de suministro. 1. Son contratos de suministro los que tienen por objeto la adquisición, el arrendamiento financiero, o el arrendamiento, con o sin opción de compra, de productos o bienes muebles.

2. Sin perjuicio de lo dispuesto en la letra b) del apartado 3 de este artículo respecto de los contratos que tengan por objeto programas de ordenador, no tendrán la consideración de contrato de suministro los contratos relativos a propiedades incorporales o valores negociables.

3. En todo caso, se considerarán contratos de suministro los siguientes:

a) Aquellos en los que el empresario se obligue a entregar una pluralidad de bienes de forma sucesiva y por precio unitario sin que la cuantía total se defina con exactitud al tiempo de celebrar el contrato, por estar subordinadas las entregas a las necesidades del adquirente. No obstante, la adjudicación de estos contratos se efectuará de acuerdo con las normas previstas en el Capítulo II del Título II del Libro III para los acuerdos marco celebrados con un único empresario.

b) Los que tengan por objeto la adquisición y el arrendamiento de equipos y sistemas de telecomunicaciones o para el tratamiento de la información, sus dispositivos y programas, y la cesión del derecho de uso de estos últimos, a excepción de los contratos de adquisición de programas de ordenador desarrollados a medida, que se considerarán contratos de servicios.

c) Los de fabricación, por los que la cosa o cosas que hayan de ser entregadas por el empresario deban ser elaboradas con arreglo a características peculiares fijadas previamente por la entidad contratante, aun cuando ésta se obligue a aportar, total o parcialmente, los materiales precisos.

Artículo 10. Contrato de servicios. Son contratos de servicios aquellos cuyo objeto son prestaciones de hacer consistentes en el desarrollo de una actividad o dirigidas a la obtención de un resultado distinto de una obra o un suministro. A efectos de aplicación de esta Ley, los contratos de servicios se dividen en las categorías enumeradas en el Anexo II.

Artículo 11. Contrato de colaboración entre el sector público y el sector privado. 1. Son contratos de colaboración entre el sector público y el sector privado aquellos en que una Administración Pública o una Entidad pública empresarial u organismo similar de las Comunidades Autónomas encarga a una entidad de derecho privado, por un período determinado en función de la duración de la amortización de las inversiones o de las fórmulas de financiación que se prevean, la realización de una actuación global e integrada que, además de la financiación de inversiones inmateriales, de obras o de suministros necesarios para el cumplimiento de determinados objetivos de servicio público o relacionados con actuaciones de interés general, comprenda alguna de las siguientes prestaciones:

a) La construcción, instalación o transformación de obras, equipos, sistemas, y productos o bienes complejos, así como su mantenimiento, actualización o renovación, su explotación o su gestión.

b) La gestión integral del mantenimiento de instalaciones complejas.

c) La fabricación de bienes y la prestación de servicios que incorporen tecnología específicamente desarrollada con el propósito de aportar soluciones más avanzadas y económicamente más ventajosas que las existentes en el mercado.

d) Otras prestaciones de servicios ligadas al desarrollo por la Administración del servicio público o actuación de interés general que le haya sido encomendado.

2. Solo podrán celebrarse contratos de colaboración entre el sector público y el sector privado cuando previamente se haya puesto de manifiesto, en la forma prevista en el artículo 134, que otras fórmulas alternativas de contratación no permiten la satisfacción de las finalidades públicas.

3. El contratista puede asumir, en los términos previstos en el contrato, la dirección de las obras que sean necesarias, así como realizar, total o parcialmente, los proyectos para su ejecución y contratar los servicios precisos.

4. La contraprestación a percibir por el contratista colaborador consistirá en un precio que se satisfará durante toda la duración del contrato, y que podrá estar vinculado al cumplimiento de determinados objetivos de rendimiento.

Artículo 12. Contratos mixtos. Cuando un contrato contenga prestaciones correspondientes a otro u otros de distinta clase se atenderá en todo caso, para la determinación de las normas que deban observarse en su adjudicación, al carácter de la prestación que tenga más importancia desde el punto de vista económico.

SECCIÓN 2ª.

Contratos sujetos a una regulación armonizada

Artículo 13. Delimitación general. 1. Son contratos sujetos a una regulación armonizada los contratos de colaboración entre el sector público y el sector privado, en todo caso, y los contratos de obras, los de concesión de obras públicas, los de suministro, y los de servicios comprendidos en las categorías 1 a 16 del Anexo II, cuyo valor estimado, calculado conforme a las reglas que se establecen en el artículo 88, sea igual o superior a las cuantías que se indican en los artículos siguientes, siempre que la entidad contratante tenga el carácter de poder adjudicador. Tendrán también la consideración de contratos sujetos a una regulación armonizada los contratos subvencionados por estas entidades a los que se refiere el artículo 17.

2. No obstante lo señalado en el apartado anterior, no se consideran sujetos a regulación armonizada, cualquiera que sea su valor estimado, los contratos siguientes:

a) Los que tengan por objeto la compra, el desarrollo, la producción o la coproducción de programas destinados a la radiodifusión, por parte de los organismos de radiodifusión, así como los relativos al tiempo de radiodifusión.

b) Los de investigación y desarrollo remunerados íntegramente por el órgano de contratación, siempre que sus resultados no se reserven para su utilización exclusiva por éste en el ejercicio de su actividad propia.

c) Los incluidos dentro del ámbito definido por el artículo 346 del Tratado de Funcionamiento de la Unión Europea que se concluyan en el sector de la defensa.

d) Los declarados secretos o reservados, o aquellos cuya ejecución deba ir acompañada de medidas de seguridad especiales conforme a la legislación vigente, o en los que lo exija la protección de intereses esenciales para la seguridad del Estado.

La declaración de que concurre esta última circunstancia deberá hacerse, de forma expresa en cada caso, por el titular del Departamento ministerial del que dependa el órgano de contratación en el ámbito de la Administración General del Estado, sus Organismos autónomos, Entidades gestoras y Servicios comunes de la Seguridad Social y demás Entidades públicas estatales, por el órgano competente de las Comunidades Autónomas, o por el órgano al que esté atribuida la competencia para celebrar el correspondiente contrato en las Entidades locales. La competencia para efectuar esta declaración no será susceptible de delegación, salvo que una ley expresamente lo autorice.

e) Aquellos cuyo objeto principal sea permitir a los órganos de contratación la puesta a disposición o la explotación de redes públicas de telecomunicaciones o el suministro al público de uno o más servicios de telecomunicaciones.

Artículo 14. Contratos de obras y de concesión de obras públicas sujetos a una regulación armonizada: umbral[2]. 1. Están sujetos a regulación armonizada los contratos de obras y los contratos de concesión de obras públicas cuyo valor estimado sea igual o superior a 5.186.000 euros.

2. En el supuesto previsto en el artículo 88.7, cuando el valor acumulado de los lotes en que se divida la obra iguale o supere la cantidad indicada en el apartado anterior, se aplicarán las normas de la regulación armonizada a la adjudicación de cada lote. No obstante, los órganos de contratación podrán exceptuar de estas normas a los lotes cuyo valor estimado sea inferior a un millón de euros, siempre que el importe acumulado de los lotes exceptuados no sobrepase el 20 por 100 del valor acumulado de la totalidad de los mismos.

Artículo 15. Contratos de suministro sujetos a una regulación armonizada: umbral[3]. 1. Están sujetos a regulación armonizada los contratos de suministro cuyo valor estimado sea igual o superior a las siguientes cantidades:

a) 134.000 euros, cuando se trate de contratos adjudicados por la Administración General del Estado, sus organismos autónomos, o las Entidades Gestoras y Servicios Comunes de la Seguridad Social. No obstante, cuando los contratos se adjudiquen por órganos de contratación que pertenezcan al sector de la defensa, este umbral solo se aplicará respecto de los contratos de suministro que tengan por objeto los productos enumerados en el anexo III.

b) 207.000 euros, cuando se trate de contratos de suministro distintos, por razón del sujeto contratante o por razón de su objeto, de los contemplados en la letra anterior.

---

2 Ap. 1 modificado por art. único.1 de Orden nº HAP/2425/2013, de 23 de diciembre.

3 Ap. 1 modificado por art. único.1 de Orden nº HAP/2425/2013, de 23 de diciembre.

2. En el supuesto previsto en el artículo 88.7 cuando el valor acumulado de los lotes en que se divida el suministro iguale o supere las cantidades indicadas en el apartado anterior, se aplicarán las normas de la regulación armonizada a la adjudicación de cada lote. No obstante, los órganos de contratación podrán exceptuar de estas normas a los lotes cuyo valor estimado sea inferior a 80.000 euros, siempre que el importe acumulado de los lotes exceptuados no sobrepase el 20 por 100 del valor acumulado de la totalidad de los mismos.

Artículo 16. Contratos de servicios sujetos a una regulación armonizada: umbral[4]. 1. Están sujetos a regulación armonizada los contratos de servicios comprendidos en las categorías 1 a 16 del Anexo II cuyo valor estimado sea igual o superior a las siguientes cantidades:

a) 134.000 euros, cuando los contratos hayan de ser adjudicados por la Administración General del Estado, sus organismos autónomos, o las Entidades Gestoras y Servicios Comunes de la Seguridad Social, sin perjuicio de lo dispuesto para ciertos contratos de la categoría 5 y para los contratos de la categoría 8 del Anexo II en la letra b) de este artículo.

b) 207.000 euros, cuando los contratos hayan de adjudicarse por entes, organismos o entidades del sector público distintos a la Administración General del Estado, sus organismos autónomos o las Entidades Gestoras y Servicios Comunes de la Seguridad Social, o cuando, aun siendo adjudicados por estos sujetos, se trate de contratos de la categoría 5 consistentes en servicios de difusión de emisiones de televisión y de radio, servicios de conexión o servicios integrados de telecomunicaciones, o contratos de la categoría 8, según se definen estas categorías en el Anexo II.

2. En el supuesto previsto en el artículo 88.7, cuando el valor acumulado de los lotes en que se divida la compra de servicios iguale o supere los importes indicados en el apartado anterior, se aplicarán las normas de la regulación armonizada a la adjudicación de cada lote. No obstante, los órganos de contratación podrán exceptuar de estas normas a los lotes cuyo valor estimado sea inferior a 80.000 euros, siempre que el importe acumulado de los lotes exceptuados no sobrepase el 20 por 100 del valor acumulado de la totalidad de los mismos.

Artículo 17. Contratos subvencionados sujetos a una regulación armonizada[5]. 1. Son contratos subvencionados sujetos a una regulación armonizada los contratos de obras y los contratos de servicios definidos conforme a lo previsto en los artículos 6 y 10, respectivamente, que sean subvencionados, de forma directa y en más de un 50 por 100 de su importe, por entidades que tengan la consideración de poderes adjudicadores, siempre que pertenezcan a alguna de las categorías siguientes:

a) Contratos de obras que tengan por objeto actividades de ingeniería civil de la sección F, división 45, grupo 45.2 de la Nomenclatura General de Actividades Económicas de las Comunidades Europeas (NACE), o la construcción de hospitales, centros deportivos, recreativos o de ocio, edificios escolares o universitarios y edificios de uso administrativo, siempre que su valor estimado sea igual o superior a 5.186.000 euros.

b) Contratos de servicios vinculados a un contrato de obras de los definidos en la letra a), cuyo valor estimado sea igual o superior a 207.000 euros.

2. Las normas previstas para los contratos subvencionados se aplicarán a aquéllos celebrados por particulares o por entidades del sector público que no tengan la consideración de poderes adjudicadores, en conjunción, en este último caso, con las restantes disposiciones de esta Ley que les sean de aplicación. Cuando el contrato subvencionado se adjudique por entidades del sector público que tengan la consideración de poder adjudicador, se aplicarán las normas de contratación previstas para estas entidades, de acuerdo con su naturaleza, salvo la relativa a la determinación de la competencia para resolver el recurso especial en materia de contratación y para adoptar medidas cautelares en el procedimiento de adjudicación, que se regirá, en todo caso, por la regla establecida en el artículo 41.

---

4 Ap. 1 modificado por art. único.1 de Orden nº HAP/2425/2013, de 23 de diciembre.

5 Ap. 1 modificado por art. único.1 de Orden nº HAP/2425/2013, de 23 de diciembre.

SECCIÓN 3ª.

Contratos administrativos y contratos privados

Artículo 18. Régimen aplicable a los contratos del sector público. Los contratos del sector público pueden tener carácter administrativo o carácter privado.

Artículo 19. Contratos administrativos. 1. Tendrán carácter administrativo los contratos siguientes, siempre que se celebren por una Administración Pública:

a) Los contratos de obra, concesión de obra pública, gestión de servicios públicos, suministro, y servicios, así como los contratos de colaboración entre el sector público y el sector privado. No obstante, los contratos de servicios comprendidos en la categoría 6 del Anexo II y los que tengan por objeto la creación e interpretación artística y literaria y los de espectáculos comprendidos en la categoría 26 del mismo Anexo no tendrán carácter administrativo.

b) Los contratos de objeto distinto a los anteriormente expresados, pero que tengan naturaleza administrativa especial por estar vinculados al giro o tráfico específico de la Administración contratante o por satisfacer de forma directa o inmediata una finalidad pública de la específica competencia de aquélla, siempre que no tengan expresamente atribuido el carácter de contratos privados conforme al párrafo segundo del artículo 20.1, o por declararlo así una Ley.

2. Los contratos administrativos se regirán, en cuanto a su preparación, adjudicación, efectos y extinción, por esta Ley y sus disposiciones de desarrollo; supletoriamente se aplicarán las restantes normas de derecho administrativo y, en su defecto, las normas de derecho privado. No obstante, a los contratos administrativos especiales a que se refiere la letra b) del apartado anterior les serán de aplicación, en primer término, sus normas específicas.

Artículo 20. Contratos privados. 1. Tendrán la consideración de contratos privados los celebrados por los entes, organismos y entidades del sector público que no reúnan la condición de Administraciones Públicas.

Igualmente, son contratos privados los celebrados por una Administración Pública que tengan por objeto servicios comprendidos en la categoría 6 del Anexo II, la creación e interpretación artística y literaria o espectáculos comprendidos en la categoría 26 del mismo Anexo, y la suscripción a revistas, publicaciones periódicas y bases de datos, así como cualesquiera otros contratos distintos de los contemplados en el apartado 1 del artículo anterior.

2. Los contratos privados se regirán, en cuanto a su preparación y adjudicación, en defecto de normas específicas, por la presente ley y sus disposiciones de desarrollo, aplicándose supletoriamente las restantes normas de derecho administrativo o, en su caso, las normas de derecho privado, según corresponda por razón del sujeto o entidad contratante. En cuanto a sus efectos y extinción, estos contratos se regirán por el derecho privado.

No obstante, serán de aplicación a estos contratos las normas contenidas en el Título V del Libro I, sobre modificación de los contratos.

Artículo 21. Jurisdicción competente[6]. 1. El orden jurisdiccional contencioso-administrativo será el competente para resolver las cuestiones litigiosas relativas a la preparación, adjudicación, efectos, cumplimiento y extinción de los contratos administrativos. Igualmente corresponderá a este orden jurisdiccional el conocimiento de las cuestiones que se susciten en relación con la preparación y adjudicación de los contratos privados de las Administraciones Públicas y de los contratos sujetos a regulación armonizada, incluidos los contratos subvencionados a que se refiere el artículo 17 así como de los contratos de servicios de las categorías 17 a 27 del Anexo II cuyo valor estimado sea igual o superior a 207.000 euros que pretendan concertar entes, organismos o entidades que, sin ser Administraciones Públicas, tengan la condición de poderes adjudicadores. También conocerá de los recursos interpuestos contra las resoluciones que se dicten por los órganos de resolución de recursos previstos en el artículo 41 de esta Ley.

---

6 Ap. 1 modificado por art. único.1 de Orden nº HAP/2425/2013, de 23 de diciembre.

2. El orden jurisdiccional civil será el competente para resolver las controversias que surjan entre las partes en relación con los efectos, cumplimiento y extinción de los contratos privados. Este orden jurisdiccional será igualmente competente para conocer de cuantas cuestiones litigiosas afecten a la preparación y adjudicación de los contratos privados que se celebren por los entes y entidades sometidos a esta Ley que no tengan el carácter de Administración Pública, siempre que estos contratos no estén sujetos a una regulación armonizada.

3. El conocimiento de las cuestiones litigiosas que se susciten por aplicación de los preceptos contenidos en la sección 4.ª del Capítulo II del Título II del Libro IV de esta Ley será competencia del orden jurisdiccional civil, salvo para las actuaciones en ejercicio de las obligaciones y potestades administrativas que, con arreglo a lo dispuesto en dichos preceptos, se atribuyen a la Administración concedente, y en las que será competente el orden jurisdiccional contencioso-administrativo.

LIBRO I.

Configuración general de la contratación del sector público y elementos estructurales de los contratos

TÍTULO I.

Disposiciones generales sobre la contratación del sector público

CAPÍTULO I.

Racionalidad y consistencia de la contratación del sector público

Artículo 22. Necesidad e idoneidad del contrato y eficiencia en la contratación. 1. Los entes, organismos y entidades del sector público no podrán celebrar otros contratos que aquellos que sean necesarios para el cumplimiento y realización de sus fines institucionales. A tal efecto, la naturaleza y extensión de las necesidades que pretenden cubrirse mediante el contrato proyectado, así como la idoneidad de su objeto y contenido para satisfacerlas, deben ser determinadas con precisión, dejando constancia de ello en la documentación preparatoria, antes de iniciar el procedimiento encaminado a su adjudicación.

2. Los entes, organismos y entidades del sector público velarán por la eficiencia y el mantenimiento de los términos acordados en la ejecución de los procesos de contratación pública, favorecerán la agilización de trámites, valorarán la innovación y la incorporación de alta tecnología como aspectos positivos en los procedimientos de contratación pública y promoverán la participación de la pequeña y mediana empresa y el acceso sin coste a la información, en los términos previstos en la presente Ley.

Artículo 23. Plazo de duración de los contratos. 1. Sin perjuicio de las normas especiales aplicables a determinados contratos, la duración de los contratos del sector público deberá establecerse teniendo en cuenta la naturaleza de las prestaciones, las características de su financiación y la necesidad de someter periódicamente a concurrencia la realización de las mismas.

2. El contrato podrá prever una o varias prórrogas siempre que sus características permanezcan inalterables durante el período de duración de éstas y que la concurrencia para su adjudicación haya sido realizada teniendo en cuenta la duración máxima del contrato, incluidos los períodos de prórroga.

La prórroga se acordará por el órgano de contratación y será obligatoria para el empresario, salvo que el contrato expresamente prevea lo contrario, sin que pueda producirse por el consentimiento tácito de las partes.

3. Los contratos menores definidos en el artículo 138.3 no podrán tener una duración superior a un año ni ser objeto de prórroga.

Artículo 24. Ejecución de obras y fabricación de bienes muebles por la Administración, y ejecución de servicios con la colaboración de empresarios particulares[7]. 1. La ejecución de obras podrá realizarse por los servicios de la Administración, ya sea empleando exclusivamente medios propios o con la colaboración de empresarios particulares siempre que el importe de la parte de obra a cargo de éstos sea inferior a 5.186.000 euros, cuando concurra alguna de estas circunstancias:

a) Que la Administración tenga montadas fábricas, arsenales, maestranzas o servicios técnicos o industriales suficientemente aptos para la realización de la prestación, en cuyo caso deberá normalmente utilizarse este sistema de ejecución.

b) Que la Administración posea elementos auxiliares utilizables, cuyo empleo suponga una economía superior al 5 por 100 del importe del presupuesto del contrato o una mayor celeridad en su ejecución, justificándose, en este caso, las ventajas que se sigan de la misma.

c) Que no haya habido ofertas de empresarios en la licitación previamente efectuada.

d) Cuando se trate de un supuesto de emergencia, de acuerdo con lo previsto en el artículo 113.

e) Cuando, dada la naturaleza de la prestación, sea imposible la fijación previa de un precio cierto o la de un presupuesto por unidades simples de trabajo.

f) Cuando sea necesario relevar al contratista de realizar algunas unidades de obra por no haberse llegado a un acuerdo en los precios contradictorios correspondientes.

g) Las obras de mera conservación y mantenimiento, definidas en el artículo 122.5.

h) Excepcionalmente, la ejecución de obras definidas en virtud de un anteproyecto, cuando no se aplique el artículo 150.3.a).

En casos distintos de los contemplados en las letras d), g) y h), deberá redactarse el correspondiente proyecto, cuyo contenido se fijará reglamentariamente.

2. La fabricación de bienes muebles podrá efectuarse por los servicios de la Administración, ya sea empleando de forma exclusiva medios propios o con la colaboración de empresarios particulares siempre que el importe de la parte de la prestación a cargo de éstos sea inferior a las cantidades señaladas en el artículo 15, cuando concurra alguna de las circunstancias previstas en las letras a), c), d) y e) del apartado anterior, o cuando, en el supuesto definido en la letra b) de este mismo apartado, el ahorro que pueda obtenerse sea superior al 20 por 100 del presupuesto del suministro o pueda obtenerse una mayor celeridad en su ejecución.

Se exceptúan de estas limitaciones aquellos suministros que, por razones de defensa o de interés militar, resulte conveniente que se ejecuten por la Administración.

3. La realización de servicios en colaboración con empresarios particulares podrá llevarse a cabo siempre que su importe sea inferior a las cantidades establecidas en el artículo 16, y concurra alguna de las circunstancias mencionadas en el apartado anterior, en lo que sean de aplicación a estos contratos.

Se exceptúan de estas limitaciones los servicios de la categoría 1 del anexo II cuando estén referidos al mantenimiento de bienes incluidos en el ámbito definido por el artículo 346 del Tratado de Funcionamiento de la Unión Europea.

4. Cuando la ejecución de las obras, la fabricación de los bienes muebles, o la realización de los servicios se efectúe en colaboración con empresarios particulares, los contratos que se celebren con éstos tendrán carácter administrativo especial, sin constituir contratos de obras, suministros o servicios, por estar la ejecución de los mismos a cargo del órgano gestor de la Administración. La selección del empresario colaborador se efectuará por los procedimientos de adjudicación establecidos en el artículo 138, salvo en el caso previsto en la letra d) del apartado 1 de este artículo. En los supuestos de obras incluidas en las letras a) y b) del apartado 1, la contratación con colaboradores no podrá sobrepasar el 50 por 100 del importe total del proyecto.

---

7 Ap. 1 modificado por art. único.1 a) de Orden nº HAP/2425/2013, de 23 de diciembre.

5. La autorización de la ejecución de obras y de la fabricación de bienes muebles y, en su caso, la aprobación del proyecto, corresponderá al órgano competente para la aprobación del gasto o al órgano que determinen las disposiciones orgánicas de las Comunidades Autónomas, en su respectivo ámbito.

6. A los efectos previstos en este artículo y en el artículo 4.1.n), los entes, organismos y entidades del sector público podrán ser considerados medios propios y servicios técnicos de aquellos poderes adjudicadores para los que realicen la parte esencial de su actividad cuando éstos ostenten sobre los mismos un control análogo al que pueden ejercer sobre sus propios servicios. Si se trata de sociedades, además, la totalidad de su capital tendrá que ser de titularidad pública.

En todo caso, se entenderá que los poderes adjudicadores ostentan sobre un ente, organismo o entidad un control análogo al que tienen sobre sus propios servicios si pueden conferirles encomiendas de gestión que sean de ejecución obligatoria para ellos de acuerdo con instrucciones fijadas unilateralmente por el encomendante y cuya retribución se fije por referencia a tarifas aprobadas por la entidad pública de la que dependan.

La condición de medio propio y servicio técnico de las entidades que cumplan los criterios mencionados en este apartado deberá reconocerse expresamente por la norma que las cree o por sus estatutos, que deberán determinar las entidades respecto de las cuales tienen esta condición y precisar el régimen de las encomiendas que se les puedan conferir o las condiciones en que podrán adjudicárseles contratos, y determinará para ellas la imposibilidad de participar en licitaciones públicas convocadas por los poderes adjudicadores de los que sean medios propios, sin perjuicio de que, cuando no concurra ningún licitador, pueda encargárseles la ejecución de la prestación objeto de las mismas.

CAPÍTULO II.

Libertad de pactos y contenido mínimo del contrato

Artículo 25. Libertad de pactos. 1. En los contratos del sector público podrán incluirse cualesquiera pactos, cláusulas y condiciones, siempre que no sean contrarios al interés público, al ordenamiento jurídico y a los principios de buena administración.

2. Solo podrán fusionarse prestaciones correspondientes a diferentes contratos en un contrato mixto cuando esas prestaciones se encuentren directamente vinculadas entre sí y mantengan relaciones de complementariedad que exijan su consideración y tratamiento como una unidad funcional dirigida a la satisfacción de una determinada necesidad o a la consecución de un fin institucional propio del ente, organismo o entidad contratante.

Artículo 26. Contenido mínimo del contrato. 1. Salvo que ya se encuentren recogidas en los pliegos, los contratos que celebren los entes, organismos y entidades del sector público deben incluir, necesariamente, las siguientes menciones:

a) La identificación de las partes.

b) La acreditación de la capacidad de los firmantes para suscribir el contrato.

c) Definición del objeto del contrato.

d) Referencia a la legislación aplicable al contrato.

e) La enumeración de los documentos que integran el contrato. Si así se expresa en el contrato, esta enumeración podrá estar jerarquizada, ordenándose según el orden de prioridad acordado por las partes, en cuyo supuesto, y salvo caso de error manifiesto, el orden pactado se utilizará para determinar la prevalencia respectiva, en caso de que existan contradicciones entre diversos documentos.

f) El precio cierto, o el modo de determinarlo.

g) La duración del contrato o las fechas estimadas para el comienzo de su ejecución y para su finalización, así como la de la prórroga o prórrogas, si estuviesen previstas.

h) Las condiciones de recepción, entrega o admisión de las prestaciones.

i) Las condiciones de pago.

j) Los supuestos en que procede la resolución.

k) El crédito presupuestario o el programa o rúbrica contable con cargo al que se abonará el precio, en su caso.

l) La extensión objetiva y temporal del deber de confidencialidad que, en su caso, se imponga al contratista.

2. El documento contractual no podrá incluir estipulaciones que establezcan derechos y obligaciones para las partes distintos de los previstos en los pliegos, concretados, en su caso, en la forma que resulte de la proposición del adjudicatario, o de los precisados en el acto de adjudicación del contrato de acuerdo con lo actuado en el procedimiento, de no existir aquéllos.

CAPÍTULO III.

Perfección y forma del contrato

Artículo 27. Perfección de los contratos. 1. Los contratos que celebren los poderes adjudicadores se perfeccionan con su formalización. Los contratos subvencionados que, de conformidad con lo dispuesto en el artículo 17 de esta Ley, deban considerarse sujetos a regulación armonizada, se perfeccionarán de conformidad con la legislación por la que se rijan. Las partes deberán notificar su formalización al órgano que otorgó la subvención.

2. Salvo que se indique otra cosa en su clausulado, los contratos del sector público se entenderán celebrados en el lugar donde se encuentre la sede del órgano de contratación.

Artículo 28. Carácter formal de la contratación del sector público. 1. Los entes, organismos y entidades del sector público no podrán contratar verbalmente, salvo que el contrato tenga, conforme a lo señalado en el artículo 113.1, carácter de emergencia.

2. Los contratos que celebren las Administraciones Públicas se formalizarán de acuerdo con lo previsto en el artículo 156, sin perjuicio de lo señalado para los contratos menores en el artículo 111.

3. Los contratos que celebren otros entes, organismos y entidades del sector público, cuando sean susceptibles de recurso especial en materia de contratación conforme al artículo 40.1 deberán formalizarse en los plazos establecidos en el artículo 156.3.

CAPÍTULO IV.

Remisión de información a efectos estadísticos y de fiscalización

Artículo 29. Remisión de contratos al Tribunal de Cuentas. 1. Dentro de los tres meses siguientes a la formalización del contrato, para el ejercicio de la función fiscalizadora, deberá remitirse al Tribunal de Cuentas u órgano externo de fiscalización de la Comunidad Autónoma una copia certificada del documento en el que se hubiere formalizado aquél, acompañada de un extracto del expediente del que se derive, siempre que la cuantía del contrato exceda de 600.000 euros, tratándose de obras, concesiones de obras públicas, gestión de servicios públicos y contratos de colaboración entre el sector público y el sector privado; de 450.000 euros, tratándose de suministros, y de 150.000 euros, en los de servicios y en los contratos administrativos especiales.

2. Igualmente se comunicarán al Tribunal de Cuentas u órgano externo de fiscalización de la Comunidad Autónoma las modificaciones, prórrogas o variaciones de plazos, las variaciones de precio y el importe final, la nulidad y la extinción normal o anormal de los contratos indicados.

3. Lo dispuesto en los dos apartados anteriores se entenderá sin perjuicio de las facultades del Tribunal de Cuentas o, en su caso, de los correspondientes órganos de fiscalización externos de las Comunidades Autónomas para reclamar cuantos datos, documentos y antecedentes estime pertinentes con relación a los contratos de cualquier naturaleza y cuantía.

4. Las comunicaciones a que se refiere este artículo se efectuarán por el órgano de contratación en el ámbito de la Administración General del Estado y de los entes, organismos y entidades del sector público dependientes de ella.

Artículo 30. Datos estadísticos. En el mismo plazo señalado en el artículo anterior se remitirá por el órgano de contratación a la Junta Consultiva de Contratación Administrativa del Estado la información sobre los contratos que reglamentariamente se determine, a efectos del cumplimiento de la normativa internacional. Asimismo se informará a la mencionada Junta de los casos de modificación, prórroga o variación del plazo, las variaciones de precio y el importe final de los contratos, la nulidad y la extinción normal o anormal de los mismos.

Las Comunidades Autónomas que cuenten con Registros de Contratos podrán dar cumplimiento a estas previsiones a través de la comunicación entre Registros.

CAPÍTULO V.

Régimen de invalidez

SECCIÓN 1ª.

Régimen general

Artículo 31. Supuestos de invalidez. Además de los casos en que la invalidez derive de la ilegalidad de su clausulado, los contratos de las Administraciones Públicas y los contratos sujetos a regulación armonizada, incluidos los contratos subvencionados a que se refiere el artículo 17, serán inválidos cuando lo sea alguno de sus actos preparatorios o el de adjudicación, por concurrir en los mismos alguna de las causas de derecho administrativo o de derecho civil a que se refieren los artículos siguientes.

Artículo 32. Causas de nulidad de derecho administrativo[8]. Son causas de nulidad de derecho administrativo las siguientes:

a) Las indicadas en el artículo 62.1 de la Ley 30/1992, de 26 de noviembre.

b) La falta de capacidad de obrar o de solvencia económica, financiera, técnica o profesional, debidamente acreditada, del adjudicatario, o el estar éste incurso en alguna de las prohibiciones para contratar señaladas en el artículo 60.

c) La carencia o insuficiencia de crédito, de conformidad con lo establecido en la Ley 47/2003, de 26 de noviembre , General Presupuestaria, o en las normas presupuestarias de las restantes Administraciones Públicas sujetas a esta Ley, salvo los supuestos de emergencia.

d) Todas aquellas disposiciones, actos o resoluciones emanadas de cualquier órgano de las Administraciones Públicas que otorguen, de forma directa o indirecta, ventajas a las empresas que hayan contratado previamente con cualquier Administración.

Artículo 33. Causas de anulabilidad de derecho administrativo. Son causas de anulabilidad de derecho administrativo las demás infracciones del ordenamiento jurídico y, en especial, las de las reglas contenidas en la presente Ley, de conformidad con el artículo 63 de la Ley 30/1992, de 26 de noviembre.

Artículo 34. Revisión de oficio. 1. La revisión de oficio de los actos preparatorios y de los actos de adjudicación de los contratos de las Administraciones Públicas y de los contratos sujetos a regulación armonizada se efectuará de conformidad con lo establecido en el Capítulo primero del Título VII de la Ley 30/1992, de 26 de noviembre.

2. Sin perjuicio de lo que, para el ámbito de las Comunidades Autónomas, establezcan sus normas respectivas que, en todo caso, deberán atribuir esta competencia a un órgano cuyas resoluciones agoten la vía administrativa, serán competentes para declarar la nulidad de estos actos o declarar su lesividad el órgano de contratación, cuando se trate de contratos de una Administración Pública, o el titular del departamento, órgano, ente u organismo al que esté adscrita la entidad contratante o al que corresponda su tutela, cuando ésta no tenga el carácter de Administración Pública. En este último caso, si la entidad contratante estuviera vinculada a más de una Administración, será competente el órgano correspondiente de la que ostente el control o participación mayoritaria.

---

8 Letra d) añadido por art. 44.3 de Ley nº 14/2013, de 27 de septiembre.

En el supuesto de contratos subvencionados, la competencia corresponderá al titular del departamento, órgano, ente u organismo que hubiese otorgado la subvención, o al que esté adscrita la entidad que la hubiese concedido, cuando ésta no tenga el carácter de Administración Pública. En el supuesto de concurrencia de subvenciones por parte de distintos sujetos del sector público, la competencia se determinará atendiendo a la subvención de mayor cuantía y, a igualdad de importe, atendiendo a la subvención primeramente concedida.

3. Salvo determinación expresa en contrario, la competencia para declarar la nulidad o la lesividad se entenderá delegada conjuntamente con la competencia para contratar. No obstante, la facultad de acordar una indemnización por perjuicios en caso de nulidad no será susceptible de delegación, debiendo resolver sobre la misma, en todo caso, el órgano delegante; a estos efectos, si se estimase pertinente reconocer una indemnización, se elevará el expediente al órgano delegante, el cual, sin necesidad de avocación previa y expresa, resolverá lo procedente sobre la declaración de nulidad conforme a lo previsto en el artículo 102.4 de la Ley 30/1992, de 26 de noviembre.

4. En los supuestos de nulidad y anulabilidad, y en relación con la suspensión de la ejecución de los actos de los órganos de contratación, se estará a lo dispuesto en la Ley 30/1992, de 26 de noviembre.

Artículo 35. Efectos de la declaración de nulidad. 1. La declaración de nulidad de los actos preparatorios del contrato o de la adjudicación, cuando sea firme, llevará en todo caso consigo la del mismo contrato, que entrará en fase de liquidación, debiendo restituirse las partes recíprocamente las cosas que hubiesen recibido en virtud del mismo y si esto no fuese posible se devolverá su valor. La parte que resulte culpable deberá indemnizar a la contraria de los daños y perjuicios que haya sufrido.

2. La nulidad de los actos que no sean preparatorios solo afectará a éstos y sus consecuencias.

3. Si la declaración administrativa de nulidad de un contrato produjese un grave trastorno al servicio público, podrá disponerse en el mismo acuerdo la continuación de los efectos de aquél y bajo sus mismas cláusulas, hasta que se adopten las medidas urgentes para evitar el perjuicio.

Artículo 36. Causas de invalidez de derecho civil La invalidez de los contratos por causas reconocidas en el derecho civil, en cuanto resulten de aplicación a los contratos a que se refiere el artículo 31, se sujetará; a los requisitos y plazos de ejercicio de las acciones establecidos en el ordenamiento civil, pero el procedimiento para hacerlas valer se someterá a lo previsto en los artículos anteriores para los actos y contratos administrativos anulables.

SECCIÓN 2ª.

Supuestos especiales de nulidad

Artículo 37. Supuestos especiales de nulidad contractual[9]. 1. Los contratos sujetos a regulación armonizada a que se refieren los artículos 13 a 17, ambos inclusive, de esta Ley así como los contratos de servicios comprendidos en las categorías 17 a 27 del Anexo II cuyo valor estimado sea igual o superior a 207.000 euros serán nulos en los siguientes casos:

a) Cuando el contrato se haya adjudicado sin cumplir previamente con el requisito de publicación del anuncio de licitación en el «Diario Oficial de la Unión Europea», en aquellos casos en que sea preceptivo, de conformidad con el artículo 142.

b) Cuando no se hubiese respetado el plazo de quince días hábiles previsto en el artículo 156.3 para la formalización del contrato siempre que concurran los dos siguientes requisitos:

1.º Que por esta causa el licitador se hubiese visto privado de la posibilidad de interponer el recurso regulado en los artículos 40 y siguientes y,

2.º que, además, concurra alguna infracción de los preceptos que regulan el procedimiento de adjudicación de los contratos que le hubiera impedido obtener ésta.

---

9 Ap. 1 modificado por art. único.1 b) de Orden nº HAP/2425/2013, de 23 de diciembre.

c) Cuando a pesar de haberse interpuesto el recurso especial en materia de contratación a que se refieren los artículos 40 y siguientes, se lleve a efecto la formalización del contrato sin tener en cuenta la suspensión automática del acto de adjudicación en los casos en que fuera procedente, y sin esperar a que el órgano independiente hubiese dictado resolución sobre el mantenimiento o no de la suspensión del acto recurrido.

d) Tratándose de un contrato basado en un acuerdo marco del artículo 196 celebrado con varios empresarios que por su valor estimado deba ser considerado sujeto a regulación armonizada, si se hubieran incumplido las normas sobre adjudicación establecidas en párrafo segundo del artículo 198.4.

e) Cuando se trate de la adjudicación de un contrato específico basado en un sistema dinámico de contratación en el que estuviesen admitidos varios empresarios, siempre que el contrato a adjudicar esté sujeto a regulación armonizada y se hubieran incumplido las normas establecidas en el artículo 202 sobre adjudicación de tales contratos.

2. No obstante lo dispuesto en el apartado anterior, no procederá la declaración de nulidad a que se refiere este artículo en el supuesto de la letra a) del apartado anterior si concurren conjuntamente las tres circunstancias siguientes:

a) Que de conformidad con el criterio del órgano de contratación el contrato esté incluido en alguno de los supuestos de exención de publicación del anuncio de licitación en el «Diario Oficial de la Unión Europea» previstos en esta Ley.

b) Que el órgano de contratación publique en el «Diario Oficial de la Unión Europea» un anuncio de transparencia previa voluntaria en el que se manifieste su intención de celebrar el contrato y que contenga los siguientes extremos:

- Identificación del órgano de contratación.
- Descripción de la finalidad del contrato.
- Justificación de la decisión de adjudicar el contrato sin el requisito de publicación del artículo 142.
- Identificación del adjudicatario del contrato.
- Cualquier otra información que el órgano de contratación considere relevante.

c) Que el contrato no se haya perfeccionado hasta transcurridos diez días hábiles a contar desde el siguiente al de publicación del anuncio.

3. No procederá la declaración de nulidad a que se refiere este artículo en los supuestos de las letras d) y e) si concurren conjuntamente las dos condiciones siguientes:

a) Que el órgano de contratación haya notificado a todos los licitadores afectados la adjudicación del contrato y, si lo solicitan, los motivos del rechazo de su candidatura o de su proposición y de las características de la proposición del adjudicatario que fueron determinantes de la adjudicación a su favor, sin perjuicio de lo dispuesto en el artículo 153 en cuanto a los datos cuya comunicación no fuera procedente.

b) Que el contrato no se hubiera perfeccionado hasta transcurridos quince días hábiles desde el siguiente al de la remisión de la notificación a los licitadores afectados.

Artículo 38. Consecuencias jurídicas de la declaración de nulidad en los supuestos del artículo anterior. 1. La declaración de nulidad por las causas previstas en el artículo anterior producirá los efectos establecidos en el artículo 35.1 de esta Ley.

2. El órgano competente para declarar la nulidad, sin embargo, podrá no declararla y acordar el mantenimiento de los efectos del contrato, si, atendiendo las circunstancias excepcionales que concurran, considera que existen razones imperiosas de interés general que lo exijan.

Solo se considerará que los intereses económicos constituyen las razones imperiosas mencionadas en el primer párrafo de este apartado en los casos excepcionales en que la declaración de nulidad del contrato dé lugar a consecuencias desproporcionadas.

Asimismo, no se considerará que constituyen razones imperiosas de interés general, los intereses económicos directamente vinculados al contrato en cuestión, tales como los costes derivados del retraso en la ejecución del contrato, de la convocatoria de un nuevo procedimiento de contratación, del cambio del operador económico que habrá de ejecutar el contrato o de las obligaciones jurídicas derivadas de la nulidad.

La resolución por la que se acuerde el mantenimiento de los efectos del contrato deberá ser objeto de publicación en el perfil de contratante previsto en el artículo 53 de esta Ley.

3. En el caso previsto en el apartado anterior, la declaración de nulidad deberá sustituirse por alguna de las sanciones alternativas siguientes:

a) La imposición de multas al poder adjudicador por un importe que no podrá ser inferior al 5 por 100 ni superar el 20 por 100 del precio de adjudicación del contrato. Cuando se trate de poderes adjudicadores cuya contratación se efectúe a través de diferentes órganos de contratación, la sanción alternativa recaerá sobre el presupuesto del departamento, consejería u órgano correspondiente que hubiera adjudicado el contrato.

Para determinar la cuantía en la imposición de las multas, el órgano competente tomará en consideración la reiteración, el porcentaje del contrato que haya sido ejecutado o el daño causado a los intereses públicos o, en su caso, al licitador, de tal forma que éstas sean eficaces, proporcionadas y disuasorias.

b) La reducción proporcionada de la duración del contrato. En este caso, el órgano competente tomará en consideración la reiteración, el porcentaje del contrato que haya sido ejecutado o el daño causado a los intereses públicos o, en su caso, al licitador. Asimismo determinará la indemnización que corresponda al contratista por el lucro cesante derivado de la reducción temporal del contrato, siempre que la infracción que motive la sanción alternativa no le sea imputable.

4. Lo dispuesto en todos los apartados anteriores se entenderá sin perjuicio de las sanciones de carácter disciplinario que corresponda imponer al responsable de las infracciones legales.

Artículo 39. Interposición de la cuestión de nulidad . 1. La cuestión de nulidad, en los casos a que se refiere el artículo 37.1, deberá plantearse ante el órgano previsto en el artículo 41 que será el competente para tramitar el procedimiento y resolverla.

2. Podrá plantear la cuestión de nulidad, en tales casos, toda persona física o jurídica cuyos derechos o intereses legítimos se hayan visto perjudicados o puedan resultar afectados por los supuestos de nulidad del artículo 37. El órgano competente, sin embargo, podrá inadmitirla cuando el interesado hubiera interpuesto recurso especial regulado en los artículos 40 y siguientes sobre el mismo acto habiendo respetado el órgano de contratación la suspensión del acto impugnado y la resolución dictada.

3. El plazo para la interposición de la cuestión de nulidad será de treinta días hábiles a contar:

a) Desde la publicación de la adjudicación del contrato en la forma prevista en el artículo 154.2, incluyendo las razones justificativas de la no publicación de la licitación en el «Diario Oficial de la Unión Europea»,

b) o desde la notificación a los licitadores afectados, de los motivos del rechazo de su candidatura o de su proposición y de las características de la proposición del adjudicatario que fueron determinantes de la adjudicación a su favor, sin perjuicio de lo dispuesto en el artículo 153 en cuanto a los datos cuya comunicación no fuera procedente.

4. Fuera de los casos previstos en el apartado anterior, la cuestión de nulidad deberá interponerse antes de que transcurran seis meses a contar desde la formalización del contrato.

5. La cuestión de nulidad se tramitará de conformidad con lo dispuesto en los artículos 44 y siguientes con las siguientes salvedades:

a) No será de aplicación lo dispuesto en el artículo 44.1 en cuanto a la exigencia de anunciar la interposición del recurso.

b) La interposición de la cuestión de nulidad no producirá efectos suspensivos de ninguna clase por sí sola.

c) El plazo establecido en el artículo 43.2, párrafo segundo y en el 46.3 para que el órgano de contratación formule alegaciones en relación con la solicitud de medidas cautelares se elevará a siete días hábiles.

d) El plazo establecido en el artículo 46.2 para la remisión del expediente por el órgano de contratación, acompañado del correspondiente informe, se elevará a siete días hábiles.

e) En la resolución de la cuestión de nulidad, el órgano competente para dictarla deberá resolver también sobre la procedencia de aplicar las sanciones alternativas si el órgano de contratación lo hubiera solicitado en el informe que debe acompañar la remisión del expediente administrativo.

f) Cuando el órgano de contratación no lo hubiera solicitado en la forma establecida en la letra anterior podrá hacerlo en el trámite de ejecución de la resolución. En tal caso el órgano competente, previa audiencia por plazo de cinco días a las partes comparecidas en el procedimiento, resolverá sobre la procedencia o no de aplicar la sanción alternativa solicitada dentro de los cinco días siguientes al transcurso del plazo anterior. Contra esta resolución cabrá interponer recurso en los mismos términos previstos para las resoluciones dictadas resolviendo sobre el fondo.

CAPÍTULO VI.

Régimen especial de revisión de decisiones en materia de contratación y medios alternativos de resolución de conflictos

Artículo 40. Recurso especial en materia de contratación: Actos recurribles[10]. 1. Serán susceptibles de recurso especial en materia de contratación previo a la interposición del contencioso-administrativo, los actos relacionados en el apartado 2 de este mismo artículo, cuando se refieran a los siguientes tipos de contratos que pretendan concertar las Administraciones Públicas y las entidades que ostenten la condición de poderes adjudicadores:

a) Contratos de obras, concesión de obras públicas, de suministro, de servicios, de colaboración entre el Sector Público y el Sector Privado y acuerdos marco, sujetos a regulación armonizada.

b) Contratos de servicios comprendidos en las categorías 17 a 27 del Anexo II de esta Ley cuyo valor estimado sea igual o superior a 207.000 euros y

c) contratos de gestión de servicios públicos en los que el presupuesto de gastos de primer establecimiento, excluido el importe del Impuesto sobre el Valor Añadido, sea superior a 500.000 euros y el plazo de duración superior a cinco años.

Serán también susceptibles de este recurso los contratos subvencionados a que se refiere el artículo 17.

2. Podrán ser objeto del recurso los siguientes actos:

a) Los anuncios de licitación, los pliegos y los documentos contractuales que establezcan las condiciones que deban regir la contratación.

b) Los actos de trámite adoptados en el procedimiento de adjudicación, siempre que éstos decidan directa o indirectamente sobre la adjudicación, determinen la imposibilidad de continuar el procedimiento o produzcan indefensión o perjuicio irreparable a derechos o intereses legítimos. Se considerarán actos de trámite que determinan la imposibilidad de continuar el procedimiento los actos de la Mesa de Contratación por los que se acuerde la exclusión de licitadores.

c) Los acuerdos de adjudicación adoptados por los poderes adjudicadores.

Sin embargo, no serán susceptibles de recurso especial en materia de contratación los actos de los órganos de contratación dictados en relación con las modificaciones contractuales no previstas en el pliego que, de conformidad con lo dispuesto en los artículos 105 a 107, sea preciso realizar una vez adjudicados los contratos tanto si acuerdan como si no la resolución y la celebración de nueva licitación.

3. Los defectos de tramitación que afecten a actos distintos de los contemplados en el apartado 2 podrán ser puestos de manifiesto por los interesados al órgano al que corresponda la instrucción del expediente o al órgano de contratación, a efectos de su corrección, y sin perjuicio de que

10 Ap. 1 b) modificado por art. único.1 b) de Orden nº HAP/2425/2013, de 23 de diciembre.

las irregularidades que les afecten puedan ser alegadas por los interesados al recurrir el acto de adjudicación.

4. No se dará este recurso en relación con los procedimientos de adjudicación que se sigan por el trámite de emergencia regulado en el artículo 113 de esta Ley.

5. No procederá la interposición de recursos administrativos ordinarios contra los actos enumerados en este artículo, salvo la excepción prevista en el siguiente con respecto a las Comunidades Autónomas.

Los actos que se dicten en los procedimientos de adjudicación de contratos administrativos que no reúnan los requisitos del apartado 1, podrán ser objeto de recurso de conformidad con lo dispuesto en la Ley 30/1992, de 26 de noviembre, de Régimen Jurídico de las Administraciones Públicas y del Procedimiento Administrativo Común, y en la Ley 29/1998, de 13 de julio, Reguladora de la Jurisdicción Contencioso-Administrativa.

6. El recurso especial regulado en este artículo y los siguientes tendrá carácter potestativo.

Artículo 41. Órgano competente para la resolución del recurso. 1. En el ámbito de la Administración General del Estado, el conocimiento y resolución de los recursos a que se refiere el artículo anterior estará encomendado a un órgano especializado que actuará con plena independencia funcional en el ejercicio de sus competencias. Este Tribunal conocerá también de los recursos especiales que se susciten de conformidad con el artículo anterior contra los actos de los órganos competentes del Consejo General del Poder Judicial, del Tribunal Constitucional y del Tribunal de Cuentas.

A estos efectos se crea el Tribunal Administrativo Central de Recursos Contractuales que estará adscrito al Ministerio de Economía y Hacienda y compuesto por un Presidente y un mínimo de dos vocales. Reglamentariamente podrá incrementarse el número de vocales que hayan de integrar el Tribunal cuando el volumen de asuntos sometidos a su conocimiento lo aconseje.

Podrán ser designados vocales de este Tribunal los funcionarios de carrera de cuerpos y escalas a los que se acceda con título de licenciado o de grado y que hayan desempeñado su actividad profesional por tiempo superior a quince años, preferentemente en el ámbito del Derecho Administrativo relacionado directamente con la contratación pública.

El Presidente del Tribunal deberá ser funcionario de carrera, de cuerpo o escala para cuyo acceso sea requisito necesario el título de licenciado o grado en Derecho y haber desempeñado su actividad profesional por tiempo superior a quince años, preferentemente en el ámbito del Derecho Administrativo relacionado directamente con la contratación pública.

En el caso de que los Vocales o el Presidente fueran designados entre funcionarios de carrera incluidos en el ámbito de aplicación de la Ley 7/2007, 12 de abril , del Estatuto Básico del Empleado Público, éstos deberán pertenecer a cuerpos o escalas clasificados en el Subgrupo A1 del artículo 76 de dicha Ley.

La designación del Presidente y los Vocales de este Tribunal se realizará por el Consejo de Ministros a propuesta conjunta de los Ministros de Economía y Hacienda y de Justicia.

Los designados tendrán carácter independiente e inamovible, y no podrán ser removidos de sus puestos sino por las causas siguientes:

a) Por expiración de su mandato.

b) Por renuncia aceptada por el Gobierno.

c) Por pérdida de la nacionalidad española.

d) Por incumplimiento grave de sus obligaciones.

e) Por condena a pena privativa de libertad o de inhabilitación absoluta o especial para empleo o cargo público por razón de delito.

f) Por incapacidad sobrevenida para el ejercicio de su función.

La remoción por las causas previstas en las letras c), d), e) y f) se acordará por el Gobierno previo expediente.

La duración del nombramiento efectuado de conformidad con este apartado será de seis años y no podrá prorrogarse. Ello no obstante, la primera renovación del Tribunal se hará de forma parcial a los tres años del nombramiento. A este respecto, antes de cumplirse el plazo indicado se determinará, mediante sorteo, los vocales que deban cesar.

En cualquier caso, cesado un vocal, éste continuará en el ejercicio de sus funciones hasta que tome posesión de su cargo el que lo haya de sustituir.

Serán de aplicación al régimen de constitución y funcionamiento del Tribunal las disposiciones de la Ley 30/1992, de 26 de noviembre, de Régimen Jurídico de las Administraciones Públicas y del Procedimiento Administrativo Común.

2. Los órganos competentes de las Cortes Generales establecerán, en su caso, el órgano que deba conocer, en su ámbito de contratación, del recurso especial regulado en este Capítulo, respetando las condiciones de cualificación, independencia e inamovilidad previstas en este artículo[11].

3. En el ámbito de las Comunidades Autónomas, así como en el de los órganos competentes de sus Asambleas Legislativas y de las instituciones autonómicas análogas al Tribunal de Cuentas y al Defensor del Pueblo la competencia para resolver los recursos será establecida por sus normas respectivas, debiendo crear un órgano independiente cuyo titular, o en el caso de que fuera colegiado al menos su Presidente, ostente cualificaciones jurídicas y profesionales que garanticen un adecuado conocimiento de las materias de que deba conocer. El nombramiento de los miembros de esta instancia independiente y la terminación de su mandato estarán sujetos en lo relativo a la autoridad responsable de su nombramiento, la duración de su mandato y su revocabilidad a condiciones que garanticen su independencia e inamovilidad.

Las Comunidades Autónomas podrán prever la interposición de recurso administrativo previo al contemplado en el artículo 40.

En este último caso, la ejecución de los actos de adjudicación impugnados quedará suspendida hasta que el órgano competente para resolverlo decida sobre el fondo de la cuestión planteada. En todo caso, si la resolución no fuese totalmente estimatoria, la suspensión persistirá en los términos previstos en el artículo 45.

Podrán las Comunidades Autónomas, asimismo, atribuir la competencia para la resolución de los recursos al Tribunal especial creado en el apartado 1 de este artículo. A tal efecto, deberán celebrar el correspondiente convenio con la Administración General del Estado, en el que se estipulen las condiciones en que la Comunidad sufragará los gastos derivados de esta asunción de competencias.

Las Ciudades Autónomas de Ceuta y Melilla podrán designar sus propios órganos independientes ajustándose a los requisitos establecidos en este apartado para los órganos de las Comunidades Autónomas, o bien atribuir la competencia al Tribunal Administrativo Central de Recursos Contractuales celebrando al efecto un convenio en los términos previstos en el párrafo anterior.

4. En el ámbito de las Corporaciones Locales, la competencia para resolver los recursos será establecida por las normas de las Comunidades Autónomas cuando éstas tengan atribuida competencia normativa y de ejecución en materia de régimen local y contratación.

En el supuesto de que no exista previsión expresa en la legislación autonómica, la competencia corresponderá al mismo órgano al que las Comunidades Autónomas en cuyo territorio se integran las Corporaciones Locales hayan atribuido la competencia para resolver los recursos de su ámbito.

5. Cuando se trate de los recursos interpuestos contra actos de los poderes adjudicadores que no tengan la consideración de Administraciones Públicas, la competencia estará atribuida al órgano independiente que la ostente respecto de la Administración a que esté vinculada la entidad autora del acto recurrido.

Si la entidad contratante estuviera vinculada con más de una Administración, el órgano competente para resolver el recurso será aquel que tenga atribuida la competencia respecto de la que ostente el control o participación mayoritaria y, en caso de que todas o varias de ellas, ostenten una

---

11 Ap. 2 suprimido por disp. final 3.2 de Ley nº 25/2013, de 27 de diciembre.

participación igual, ante el órgano que elija el recurrente de entre los que resulten competentes con arreglo a las normas de este apartado.

6. En los contratos subvencionados a que se refiere el último inciso del artículo 40.1 de esta Ley, la competencia corresponderá al órgano independiente que ejerza sus funciones respecto de la Administración a que esté adscrito el ente u organismo que hubiese otorgado la subvención, o al que esté adscrita la entidad que la hubiese concedido, cuando ésta no tenga el carácter de Administración Pública. En el supuesto de concurrencia de subvenciones por parte de distintos sujetos del sector público, la competencia se determinará atendiendo a la subvención de mayor cuantía y, a igualdad de importe, al órgano ante el que el recurrente decida interponer el recurso de entre los que resulten competentes con arreglo a las normas de este apartado.

Artículo 42. Legitimación. Podrá interponer el correspondiente recurso especial en materia de contratación toda persona física o jurídica cuyos derechos o intereses legítimos se hayan visto perjudicados o puedan resultar afectados por las decisiones objeto de recurso.

Artículo 43. Solicitud de medidas provisionales. 1. Antes de interponer el recurso especial regulado en este Capítulo, las personas físicas y jurídicas, legitimadas para ello con arreglo a lo dispuesto en el artículo anterior, podrán solicitar ante el órgano competente para resolver el recurso la adopción de medidas provisionales. Tales medidas irán dirigidas a corregir infracciones de procedimiento o impedir que se causen otros perjuicios a los intereses afectados, y podrán estar incluidas, entre ellas, las destinadas a suspender o a hacer que se suspenda el procedimiento de adjudicación del contrato en cuestión o la ejecución de cualquier decisión adoptada por los órganos de contratación.

2. El órgano competente para resolver el recurso deberá adoptar decisión en forma motivada sobre las medidas provisionales dentro de los cinco días hábiles siguientes, a la presentación del escrito en que se soliciten.

A estos efectos, el órgano decisorio, en el mismo día en que se reciba la petición de la medida provisional, comunicará la misma al órgano de contratación, que dispondrá de un plazo de dos días hábiles, para presentar las alegaciones que considere oportunas referidas a la adopción de las medidas solicitadas o a las propuestas por el propio órgano decisorio. Si transcurrido este plazo no se formulasen alegaciones se continuará el procedimiento.

Si antes de dictar resolución se hubiese interpuesto el recurso, el órgano decisorio acumulará a éste la solicitud de medidas provisionales y resolverá sobre ellas en la forma prevista en el artículo 46.

Contra las resoluciones dictadas en este procedimiento no cabrá recurso alguno, sin perjuicio de los que procedan contra las resoluciones que se dicten en el procedimiento principal.

3. Cuando de la adopción de las medidas provisionales puedan derivarse perjuicios de cualquier naturaleza, la resolución podrá imponer la constitución de caución o garantía suficiente para responder de ellos, sin que aquéllas produzcan efectos hasta que dicha caución o garantía sea constituida.

Reglamentariamente se determinará la cuantía y forma de la garantía a constituir así como los requisitos para su devolución.

4. La suspensión del procedimiento que pueda acordarse cautelarmente no afectará, en ningún caso, al plazo concedido para la presentación de ofertas o proposiciones por los interesados.

5. Las medidas provisionales que se soliciten y acuerden con anterioridad a la presentación del recurso especial en materia de contratación decaerán una vez transcurra el plazo establecido para su interposición sin que el interesado lo haya deducido.

Artículo 44. Iniciación del procedimiento y plazo de interposición. 1. Todo aquel que se proponga interponer recurso contra alguno de los actos indicados en el artículo 40.1 y 2 deberá anunciarlo previamente mediante escrito especificando el acto del procedimiento que vaya a ser objeto del mismo, presentado ante el órgano de contratación en el plazo previsto en el apartado siguiente para la interposición del recurso.

2. El procedimiento de recurso se iniciará mediante escrito que deberá presentarse en el plazo de quince días hábiles contados a partir del siguiente a aquel en que se remita la notificación del acto impugnado de conformidad con lo dispuesto en el artículo 151.4.

No obstante lo dispuesto en el párrafo anterior:

a) Cuando el recurso se interponga contra el contenido de los pliegos y demás documentos contractuales, el cómputo se iniciará a partir del día siguiente a aquel en que los mismos hayan sido recibidos o puestos a disposición de los licitadores o candidatos para su conocimiento conforme se dispone en el artículo 158 de esta Ley.

b) Cuando se interponga contra actos de trámite adoptados en el procedimiento de adjudicación o contra un acto resultante de la aplicación del procedimiento negociado sin publicidad, el cómputo se iniciará a partir del día siguiente a aquel en que se haya tenido conocimiento de la posible infracción.

c) Cuando se interponga contra el anuncio de licitación, el plazo comenzará a contarse a partir del día siguiente al de publicación.

3. La presentación del escrito de interposición deberá hacerse necesariamente en el registro del órgano de contratación o en el del órgano competente para la resolución del recurso.

4. En el escrito de interposición se hará constar el acto recurrido, el motivo que fundamente el recurso, los medios de prueba de que pretenda valerse el recurrente y, en su caso, las medidas de la misma naturaleza que las mencionadas en el artículo anterior, cuya adopción solicite.

A este escrito se acompañará:

a) El documento que acredite la representación del compareciente, salvo si figurase unido a las actuaciones de otro recurso pendiente ante el mismo órgano, en cuyo caso podrá solicitarse que se expida certificación para su unión al procedimiento.

b) El documento o documentos que acrediten la legitimación del actor cuando la ostente por habérsela transmitido otro por herencia o por cualquier otro título.

c) La copia o traslado del acto expreso que se recurra, o indicación del expediente en que haya recaído o del periódico oficial o perfil de contratante en que se haya publicado.

d) El documento o documentos en que funde su derecho.

e) El justificante de haber dado cumplimiento a lo establecido en el apartado 1 de este artículo. Sin este justificante no se dará curso al escrito de interposición, aunque su omisión podrá subsanarse de conformidad con lo establecido en el apartado siguiente.

5. Para la subsanación de los defectos que puedan afectar al escrito de recurso, se requerirá al interesado a fin de que, en un plazo tres días hábiles, subsane la falta o acompañe los documentos preceptivos, con indicación de que, si así no lo hiciera, se le tendrá por desistido de su petición, quedando suspendida la tramitación del expediente con los efectos previstos en el apartado 5 del artículo 42 de la Ley 30/1992, de 26 de noviembre, de Régimen Jurídico de las Administraciones Públicas y del Procedimiento Administrativo Común.

Artículo 45. Efectos derivados de la interposición del recurso. Una vez interpuesto el recurso, si el acto recurrido es el de adjudicación, quedará en suspenso la tramitación del expediente de contratación.

Artículo 46. Tramitación del procedimiento. 1. El procedimiento para tramitar los recursos especiales en materia de contratación se regirá por las disposiciones de la Ley 30/1992, de 26 de noviembre, con las especialidades que se recogen en los apartados siguientes.

2. Interpuesto el recurso, el órgano encargado de resolverlo lo notificará en el mismo día al órgano de contratación con remisión de la copia del escrito de interposición y reclamará el expediente de contratación a la entidad, órgano o servicio que lo hubiese tramitado, quien deberá remitirlo dentro de los dos días hábiles siguientes acompañado del correspondiente informe.

Si el recurso se hubiera interpuesto ante el órgano de contratación autor del acto impugnado, éste deberá remitirlo al órgano encargado de resolverlo dentro de los dos días hábiles siguientes a su recepción acompañado del expediente administrativo y del informe a que se refiere el párrafo anterior.

3. Dentro de los cinco días hábiles siguientes a la interposición del recurso, dará traslado del mismo a los restantes interesados, concediéndoles un plazo de cinco días hábiles para formular alegaciones, y, de forma simultánea a este trámite, decidirá, en el plazo de cinco días hábiles, acerca de las medidas cautelares si se hubiese solicitado la adopción de alguna en el escrito de interposición del recurso o se hubiera procedido a la acumulación prevista en el párrafo tercero del artículo 43.2. A la adopción de estas medidas será de aplicación, en todo caso, lo dispuesto en el artículo 43 en cuanto a la audiencia del órgano de contratación. Serán igualmente aplicables los apartados 3 y 4 del citado artículo.

Asimismo en este plazo, resolverá, en su caso, sobre si procede o no el mantenimiento de la suspensión automática prevista en el artículo anterior, entendiéndose vigente ésta en tanto no se dicte resolución expresa acordando el levantamiento. Si las medidas provisionales se hubieran solicitado después de la interposición del recurso, el órgano competente resolverá sobre ellas en los términos previstos en el párrafo anterior sin suspender el procedimiento principal.

4. Los hechos relevantes para la decisión del recurso podrán acreditarse por cualquier medio de prueba admisible en Derecho. Cuando los interesados lo soliciten o el órgano encargado de la resolución del recurso no tenga por ciertos los hechos alegados por los interesados o la naturaleza del procedimiento lo exija, podrá acordarse la apertura del período de prueba por plazo de diez días hábiles, a fin de que puedan practicarse cuantas juzgue pertinentes.

El órgano competente para la resolución del recurso podrá rechazar las pruebas propuestas por los interesados cuando sean manifiestamente improcedentes o innecesarias, mediante resolución motivada.

La práctica de las pruebas se anunciará con antelación suficiente a los interesados.

5. El órgano competente para la resolución del recurso deberá, en todo caso, garantizar la confidencialidad y el derecho a la protección de los secretos comerciales en relación con la información contenida en el expediente de contratación, sin perjuicio de que pueda conocer y tomar en consideración dicha información a la hora de resolver. Corresponderá a dicho órgano resolver acerca de cómo garantizar la confidencialidad y el secreto de la información que obre en el expediente de contratación, sin que por ello, resulten perjudicados los derechos de los demás interesados a la protección jurídica efectiva y al derecho de defensa en el procedimiento.

Artículo 47. Resolución. 1. Una vez recibidas las alegaciones de los interesados, o transcurrido el plazo señalado para su formulación, y el de la prueba, en su caso, el órgano competente deberá resolver el recurso dentro de los cinco días hábiles siguientes, notificándose a continuación la resolución a todos los interesados.

2. La resolución del recurso estimará en todo o en parte o desestimará las pretensiones formuladas o declarará su inadmisión, decidiendo motivadamente cuantas cuestiones se hubiesen planteado. En todo caso, la resolución será congruente con la petición y, de ser procedente, se pronunciará sobre la anulación de las decisiones ilegales adoptadas durante el procedimiento de adjudicación, incluyendo la supresión de las características técnicas, económicas o financieras discriminatorias contenidas en el anuncio de licitación, anuncio indicativo, pliegos, condiciones reguladoras del contrato o cualquier otro documento relacionado con la licitación o adjudicación, así como, si procede, sobre la retroacción de actuaciones.

Si, como consecuencia del contenido de la resolución, fuera preciso que el órgano de contratación acordase la adjudicación del contrato a otro licitador, se concederá a éste un plazo de diez días hábiles para que cumplimente lo previsto en el apartado 2 del artículo 151.

3. Asimismo, a solicitud del interesado y si procede, podrá imponerse a la entidad contratante la obligación de indemnizar a la persona interesada por los daños y perjuicios que le haya podido ocasionar la infracción legal que hubiese dado lugar al recurso.

4. La resolución deberá acordar, también, el levantamiento de la suspensión del acto de adjudicación si en el momento de dictarla continuase suspendido, así como de las restantes medidas cautelares que se hubieran acordado y la devolución de las garantías cuya constitución se hubiera exigido para la efectividad de las mismas, si procediera.

5. En caso de que el órgano competente aprecie temeridad o mala fe en la interposición del recurso o en la solicitud de medidas cautelares, podrá acordar la imposición de una multa al responsable de la misma. El importe de ésta será de entre 1.000 y 15.000 euros determinándose su cuantía en función de la mala fe apreciada y el perjuicio ocasionado al órgano de contratación y a los restantes licitadores. Las cuantías indicadas en este apartado serán actualizadas cada dos años mediante Orden Ministerial, por aplicación del Índice de Precios de Consumo calculado por el Instituto Nacional de Estadística.

Artículo 48. Determinación de la indemnización. 1. Cuando proceda la indemnización, mencionada en el apartado 3 del artículo anterior, ésta se fijará atendiendo en lo posible a los criterios de los apartados 2 y 3 del artículo 141 de la Ley 30/1992, de 26 de noviembre.

2. La indemnización deberá resarcir al reclamante cuando menos de los gastos ocasionados por la preparación de la oferta o la participación en el procedimiento de contratación.

Artículo 49. Efectos de la resolución. 1. Contra la resolución dictada en este procedimiento solo cabrá la interposición de recurso contencioso-administrativo conforme a lo dispuesto en el artículo 10, letras k) y l) del apartado 1 y en el artículo 11, letra f) de su apartado 1 de la Ley 29/1998, de 13 de julio, Reguladora de la Jurisdicción Contencioso-Administrativa.

No procederá la revisión de oficio regulada en el artículo 34 de esta Ley y en el Capítulo I del Título VII de la Ley 30/1992, de 26 de noviembre, de la resolución ni de ninguno de los actos dictados por los órganos regulados en el artículo 41. Tampoco estarán sujetos a fiscalización por los órganos de control interno de las Administraciones a que cada uno de ellos se encuentre adscrito.

2. Sin perjuicio de lo dispuesto en el apartado anterior, la resolución será directamente ejecutiva resultando de aplicación, en su caso, lo dispuesto en el artículo 97 de la Ley 30/1992, de 26 de noviembre.

Artículo 50. Arbitraje Los entes, organismos y entidades del sector público que no tengan el carácter de .Administraciones Públicas podrán remitir a un arbitraje, conforme a las disposiciones de la Ley 60/2003, de 23 de diciembre, de Arbitraje, la solución de las diferencias que puedan surgir sobre los efectos, cumplimiento y extinción de los contratos que celebren.

TÍTULO II.

Partes en el contrato

CAPÍTULO I.

Órgano de contratación

Artículo 51. Competencia para contratar. 1. La representación de los entes, organismos y entidades del sector público en materia contractual corresponde a los órganos de contratación, unipersonales o colegiados que, en virtud de norma legal o reglamentaria o disposición estatutaria, tengan atribuida la facultad de celebrar contratos en su nombre.

2. Los órganos de contratación podrán delegar o desconcentrar sus competencias y facultades en esta materia con cumplimiento de las normas y formalidades aplicables en cada caso para la delegación o desconcentración de competencias, en el caso de que se trate de órganos administrativos, o para el otorgamiento de poderes, cuando se trate de órganos societarios o de una fundación.

Artículo 52. Responsable del contrato. 1. Los órganos de contratación podrán designar un responsable del contrato al que corresponderá supervisar su ejecución y adoptar las decisiones y dictar las instrucciones necesarias con el fin de asegurar la correcta realización de la prestación pactada, dentro del ámbito de facultades que aquéllos le atribuyan. El responsable del contrato podrá ser una persona física o jurídica, vinculada al ente, organismo o entidad contratante o ajena a él.

2. En los contratos de obras, las facultades del responsable del contrato se entenderán sin perjuicio de las que corresponden al Director Facultativo conforme con lo dispuesto en el Capítulo I del Título II del Libro IV.

Artículo 53. Perfil de contratante. 1. Con el fin de asegurar la transparencia y el acceso público a la información relativa a su actividad contractual, y sin perjuicio de la utilización de otros medios de publicidad en los casos exigidos por esta Ley o por las normas autonómicas de desarrollo o en los que así se decida voluntariamente, los órganos de contratación difundirán, a través de Internet, su perfil de contratante. La forma de acceso al perfil de contratante deberá especificarse en las páginas Web institucionales que mantengan los entes del sector público, en la Plataforma de Contratación del Estado y en los pliegos y anuncios de licitación.

2. El perfil de contratante podrá incluir cualesquiera datos e informaciones referentes a la actividad contractual del órgano de contratación, tales como los anuncios de información previa contemplados en el artículo 141, las licitaciones abiertas o en curso y la documentación relativa a las mismas, las contrataciones programadas, los contratos adjudicados, los procedimientos anulados, y cualquier otra información útil de tipo general, como puntos de contacto y medios de comunicación que pueden utilizarse para relacionarse con el órgano de contratación. En todo caso deberá publicarse en el perfil de contratante la adjudicación de los contratos.

3. El sistema informático que soporte el perfil de contratante deberá contar con un dispositivo que permita acreditar fehacientemente el momento de inicio de la difusión pública de la información que se incluya en el mismo.

4. La difusión a través del perfil de contratante de la información relativa a los procedimientos de adjudicación de contratos surtirá los efectos previstos en el Título I del Libro III.

CAPÍTULO II.

Capacidad y solvencia del empresario

SECCIÓN 1ª.

Aptitud para contratar con el sector público

SUBSECCIÓN 1ª.

Normas generales

Artículo 54. Condiciones de aptitud. 1. Solo podrán contratar con el sector público las personas naturales o jurídicas, españolas o extranjeras, que tengan plena capacidad de obrar, no estén incursas en una prohibición de contratar, y acrediten su solvencia económica, financiera y técnica o profesional o, en los casos en que así lo exija esta Ley, se encuentren debidamente clasificadas.

2. Los empresarios deberán contar, asimismo, con la habilitación empresarial o profesional que, en su caso, sea exigible para la realización de la actividad o prestación que constituya el objeto del contrato.

3. En los contratos subvencionados a que se refiere el artículo 17 de esta Ley, el contratista deberá acreditar su solvencia y no podrá estar incurso en la prohibición de contratar a que se refiere la letra a) del apartado 1 del artículo 60.

Artículo 55. Empresas no comunitarias. 1. Las personas físicas o jurídicas de Estados no pertenecientes a la Unión Europea deberán justificar mediante informe de la respectiva Misión Diplomática Permanente española, que se acompañará a la documentación que se presente, que el Estado de procedencia de la empresa extranjera admite a su vez la participación de empresas españolas en la contratación con la Administración y con los entes, organismos o entidades del sector público asimilables a los enumerados en el artículo 3, en forma sustancialmente análoga. En los contratos sujetos a regulación armonizada se prescindirá del informe sobre reciprocidad en relación con las empresas de Estados signatarios del Acuerdo sobre Contratación Pública de la Organización Mundial de Comercio.

2. Para celebrar contratos de obras será necesario, además, que estas empresas tengan abierta sucursal en España, con designación de apoderados o representantes para sus operaciones, y que estén inscritas en el Registro Mercantil.

Artículo 56. Condiciones especiales de compatibilidad. 1. Sin perjuicio de lo dispuesto en relación con la adjudicación de contratos a través de un procedimiento de diálogo competitivo, no podrán concurrir a las licitaciones empresas que hubieran participado en la elaboración de las especificaciones técnicas o de los documentos preparatorios del contrato siempre que dicha participación pueda provocar restricciones a la libre concurrencia o suponer un trato privilegiado con respecto al resto de las empresas licitadoras.

2. Los contratos que tengan por objeto la vigilancia, supervisión, control y dirección de la ejecución de obras e instalaciones no podrán adjudicarse a las mismas empresas adjudicatarias de los correspondientes contratos de obras, ni a las empresas a éstas vinculadas, entendiéndose por tales las que se encuentren en alguno de los supuestos previstos en el artículo 42 del Código de Comercio.

SUBSECCIÓN 2ª.

Normas especiales sobre capacidad

Artículo 57. Personas jurídicas. 1. Las personas jurídicas solo podrán ser adjudicatarias de contratos cuyas prestaciones estén comprendidas dentro de los fines, objeto o ámbito de actividad que, a tenor de sus estatutos o reglas fundacionales, les sean propios.

2. Quienes concurran individual o conjuntamente con otros a la licitación de una concesión de obras públicas, podrán hacerlo con el compromiso de constituir una sociedad que será la titular de la concesión. La constitución y, en su caso, la forma de la sociedad deberán ajustarse a lo que establezca, para determinados tipos de concesiones, la correspondiente legislación específica.

Artículo 58. Empresas comunitarias. 1. Tendrán capacidad para contratar con el sector público, en todo caso, las empresas no españolas de Estados miembros de la Unión Europea que, con arreglo a la legislación del Estado en que estén establecidas, se encuentren habilitadas para realizar la prestación de que se trate.

2. Cuando la legislación del Estado en que se encuentren establecidas estas empresas exija una autorización especial o la pertenencia a una determinada organización para poder prestar en él el servicio de que se trate, deberán acreditar que cumplen este requisito.

Artículo 59. Uniones de empresarios[12]. 1. Podrán contratar con el sector público las uniones de empresarios que se constituyan temporalmente al efecto, sin que sea necesaria la formalización de las mismas en escritura pública hasta que se haya efectuado la adjudicación del contrato a su favor.

Los empresarios que estén interesados en formar las Uniones a las que se refiere el párrafo anterior podrán darse de alta en el Registro Oficial de Licitadores y Empresas Clasificadas del Estado, que especificará esta circunstancia.

2. Los empresarios que concurran agrupados en uniones temporales quedarán obligados solidariamente y deberán nombrar un representante o apoderado único de la unión con poderes bastantes para ejercitar los derechos y cumplir las obligaciones que del contrato se deriven hasta la extinción del mismo, sin perjuicio de la existencia de poderes mancomunados que puedan otorgar para cobros y pagos de cuantía significativa.

A efectos de la licitación, los empresarios que deseen concurrir integrados en una unión temporal deberán indicar los nombres y circunstancias de los que la constituyan y la participación de cada uno, así como que asumen el compromiso de constituirse formalmente en unión temporal en caso de resultar adjudicatarios del contrato.

---

12 Ap. 1 modificado por art. 42 de Ley nº 14/2013, de 27 de septiembre.

3. La duración de las uniones temporales de empresarios será coincidente con la del contrato hasta su extinción.

4. Para los casos en que sea exigible la clasificación y concurran en la unión empresarios nacionales, extranjeros que no sean nacionales de un Estado miembro de la Unión Europea y extranjeros que sean nacionales de un Estado miembro de la Unión Europea, los que pertenezcan a los dos primeros grupos deberán acreditar su clasificación, y estos últimos su solvencia económica, financiera y técnica o profesional.

SUBSECCIÓN 3ª.

Prohibiciones de contratar

Artículo 60. Prohibiciones de contratar. 1. No podrán contratar con el sector público las personas en quienes concurra alguna de las circunstancias siguientes:

a) Haber sido condenadas mediante sentencia firme por delitos de asociación ilícita, corrupción en transacciones económicas internacionales, tráfico de influencias, cohecho, fraudes y exacciones ilegales, delitos contra la Hacienda Pública y la Seguridad Social, delitos contra los derechos de los trabajadores, malversación y receptación y conductas afines, delitos relativos a la protección del medio ambiente, o a pena de inhabilitación especial para el ejercicio de profesión, oficio, industria o comercio. La prohibición de contratar alcanza a las personas jurídicas cuyos administradores o representantes, vigente su cargo o representación, se encuentren en la situación mencionada por actuaciones realizadas en nombre o a beneficio de dichas personas jurídicas, o en las que concurran las condiciones, cualidades o relaciones que requiera la correspondiente figura de delito para ser sujeto activo del mismo.

b) Haber solicitado la declaración de concurso voluntario, haber sido declaradas insolventes en cualquier procedimiento, hallarse declaradas en concurso, salvo que en éste haya adquirido la eficacia un convenio, estar sujetos a intervención judicial o haber sido inhabilitados conforme a la Ley 22/2003, de 9 de julio , Concursal, sin que haya concluido el período de inhabilitación fijado en la sentencia de calificación del concurso.

c) Haber sido sancionadas con carácter firme por infracción grave en materia de disciplina de mercado, en materia profesional o en materia de integración laboral y de igualdad de oportunidades y no discriminación de las personas con discapacidad, o por infracción muy grave en materia social, incluidas las infracciones en materia de prevención de riesgos laborales, de acuerdo con lo dispuesto en el texto refundido de la Ley sobre Infracciones y Sanciones en el Orden Social, aprobado por el Real Decreto Legislativo 5/2000, de 4 de agosto , así como por la infracción grave prevista en el artículo 22.2 del mismo, o por infracción muy grave en materia medioambiental, de acuerdo con lo establecido en el Real Decreto Legislativo 1/2008, de 11 de enero , por el que se aprueba el Texto Refundido de la Ley de Evaluación de Impacto Ambiental de Proyectos; en la Ley 22/1988, de 28 de julio , de Costas; en la Ley 4/1989, de 27 de marzo , de Conservación de los Espacios Naturales y de la Flora y Fauna Silvestres; en la Ley 11/1997, de 24 de abril , de Envases y Residuos de Envases; en la Ley 10/1998, de 21 de abril , de Residuos; en el Texto Refundido de la Ley de Aguas, aprobado por Real Decreto Legislativo 1/2001, de 20 de julio , y en la Ley 16/2002, de 1 de julio , de Prevención y Control Integrados de la Contaminación.

d) No hallarse al corriente en el cumplimiento de las obligaciones tributarias o de Seguridad Social impuestas por las disposiciones vigentes, en los términos que reglamentariamente se determinen.

e) Haber incurrido en falsedad al efectuar la declaración responsable a que se refiere el artículo 146.1.c) o al facilitar cualesquiera otros datos relativos a su capacidad y solvencia, o haber incumplido, por causa que le sea imputable, la obligación de comunicar la información prevista en el artículo 70.4 y en el artículo 330.

f) Estar incursa la persona física o los administradores de la persona jurídica en alguno de los supuestos de la Ley 5/2006, de 10 de abril , de Regulación de los Conflictos de Intereses de los

Miembros del Gobierno y de los Altos Cargos de la Administración General del Estado, de la Ley 53/1984, de 26 de diciembre , de Incompatibilidades del Personal al Servicio de las Administraciones públicas o tratarse de cualquiera de los cargos electivos regulados en la Ley Orgánica 5/1985, de 19 de junio , del Régimen Electoral General, en los términos establecidos en la misma.

La prohibición alcanzará a las personas jurídicas en cuyo capital participen, en los términos y cuantías establecidas en la legislación citada, el personal y los altos cargos de cualquier Administración Pública, así como los cargos electos al servicio de las mismas.

La prohibición se extiende igualmente, en ambos casos, a los cónyuges, personas vinculadas con análoga relación de convivencia afectiva y descendientes de las personas a que se refieren los párrafos anteriores, siempre que, respecto de los últimos, dichas personas ostenten su representación legal.

g) Haber contratado a personas respecto de las que se haya publicado en el «Boletín Oficial del Estado» el incumplimiento a que se refiere el artículo 18.6 de la Ley 5/2006, de 10 de abril, de Regulación de los Conflictos de Intereses de los Miembros del Gobierno y de los Altos Cargos de la Administración General del Estado, por haber pasado a prestar servicios en empresas o sociedades privadas directamente relacionadas con las competencias del cargo desempeñado durante los dos años siguientes a la fecha de cese en el mismo. La prohibición de contratar se mantendrá durante el tiempo que permanezca dentro de la organización de la empresa la persona contratada con el límite máximo de dos años a contar desde el cese como alto cargo.

2. Además de las previstas en el apartado anterior, son circunstancias que impedirán a los empresarios contratar con las Administraciones Públicas las siguientes:

a) Haber dado lugar, por causa de la que hubiesen sido declarados culpables, a la resolución firme de cualquier contrato celebrado con una Administración Pública.

b) Haber infringido una prohibición para contratar con cualquiera de las Administraciones públicas.

c) Estar afectado por una prohibición de contratar impuesta en virtud de sanción administrativa, con arreglo a lo previsto en la Ley 38/2003, de 17 de noviembre , General de Subvenciones, o en la Ley 58/2003, de 17 de diciembre , General Tributaria.

d) Haber retirado indebidamente su proposición o candidatura en un procedimiento de adjudicación, o haber imposibilitado la adjudicación del contrato a su favor por no cumplimentar lo establecido en el artículo 151.2 dentro del plazo señalado mediando dolo, culpa o negligencia.

e) Haber incumplido las condiciones especiales de ejecución del contrato establecidas de acuerdo con lo señalado en el artículo 118, cuando dicho incumplimiento hubiese sido definido en los pliegos o en el contrato como infracción grave de conformidad con las disposiciones de desarrollo de esta Ley, y concurra dolo, culpa o negligencia en el empresario.

3. Las prohibiciones de contratar afectarán también a aquellas empresas de las que, por razón de las personas que las rigen o de otras circunstancias, pueda presumirse que son continuación o que derivan, por transformación, fusión o sucesión, de otras empresas en las que hubiesen concurrido aquéllas.

Artículo 61. Declaración de la concurrencia de prohibiciones de contratar y efectos. 1. Las prohibiciones de contratar contenidas en las letras b), d), f) y g) del apartado 1 del artículo anterior, y c) de su apartado 2, se apreciarán directamente por los órganos de contratación, subsistiendo mientras concurran las circunstancias que en cada caso las determinan.

La prohibición de contratar por la causa prevista en la letra a) del apartado 1 del artículo anterior se apreciará directamente por los órganos de contratación, siempre que la sentencia se pronuncie sobre su alcance y duración, subsistiendo durante el plazo señalado en las mismas. Cuando la sentencia no contenga pronunciamiento sobre la prohibición de contratar o su duración, la prohibición se apreciará directamente por los órganos de contratación, pero su alcance y duración deberán determinarse mediante procedimiento instruido de conformidad con lo dispuesto en los apartados 2 y 3 de este artículo.

En los restantes supuestos previstos en el artículo anterior, la apreciación de la concurrencia de la prohibición de contratar requerirá la previa declaración de su existencia mediante procedimiento al efecto.

2. En los casos en que, conforme a lo señalado en el apartado anterior, sea necesaria una declaración previa sobre la concurrencia de la prohibición, el alcance y duración de ésta se determinarán siguiendo el procedimiento que en las normas de desarrollo de esta Ley se establezca atendiendo, en su caso, a la existencia de dolo o manifiesta mala fe en el empresario y a la entidad del daño causado a los intereses públicos. La duración de la prohibición no excederá de cinco años, con carácter general, o de ocho años en el caso de las prohibiciones que tengan por causa la existencia de una condena mediante sentencia firme. Sin embargo, las prohibiciones de contratar basadas en la causa prevista en la letra d) del apartado 2 del artículo anterior subsistirán, en todo caso, durante un plazo de dos años, contados desde su inscripción en el Registro Oficial de Licitadores y Empresas Clasificadas, y las impuestas por la causa prevista en la letra e) del mismo apartado no podrán exceder de un año de duración.

El procedimiento de declaración no podrá iniciarse si hubiesen transcurrido más de tres años contados a partir de las siguientes fechas:

a) Desde la firmeza de la resolución sancionadora, en el caso de la causa prevista en la letra c) del apartado 1 del artículo anterior;

b) desde la fecha en que se hubieran facilitado los datos falsos o desde aquella en que hubiera debido comunicarse la correspondiente información, en los casos previstos en la letra e) del apartado 1 del artículo anterior;

c) desde la fecha en que fuese firme la resolución del contrato, en el caso previsto en la letra a) del apartado 2 del artículo anterior;

d) desde la fecha de formalización del contrato, en el caso previsto en la letra b) del apartado 2 del artículo anterior;

e) En los casos previstos en la letra d) del apartado 2 del artículo anterior, desde la fecha en que se hubiese procedido a la adjudicación del contrato, si la causa es la retirada indebida de proposiciones o candidaturas; o desde la fecha en que hubiese debido procederse a la adjudicación, si la prohibición se fundamenta en el incumplimiento de lo establecido en el artículo 151.2.

En el caso de la letra a) del apartado 1 del artículo anterior, el procedimiento, de ser necesario, no podrá iniciarse una vez transcurrido el plazo previsto para la prescripción de la correspondiente pena, y en el caso de la letra e) del apartado 2, si hubiesen transcurrido más de tres meses desde que se produjo el incumplimiento.

3. La competencia para fijar la duración y alcance de la prohibición de contratar en el caso de la letra a) del apartado 1 del artículo anterior, así como para declarar la prohibición de contratar en el supuesto contemplado en la letra c) del mismo apartado corresponderá al Ministro de Economía y Hacienda, que dictará resolución a propuesta de la Junta Consultiva de Contratación Administrativa del Estado. La prohibición así declarada impedirá contratar con cualquier órgano de contratación.

En el supuesto previsto en la letra e) del apartado 1 del artículo anterior la declaración de la prohibición corresponderá a la Administración o entidad a la que se deba comunicar la correspondiente información; en los casos contemplados en las letras a), d) y e) del apartado 2, a la Administración contratante; y en el supuesto de la letra b) de este mismo apartado, a la Administración que hubiese declarado la prohibición. En estos casos, la prohibición afectará a la contratación con la Administración o entidad del sector público competente para su declaración, sin perjuicio de que el Ministro de Economía y Hacienda, previa comunicación de aquéllas y con audiencia del empresario afectado, considerando el daño causado a los intereses públicos, pueda extender sus efectos a la contratación con cualquier órgano, ente, organismo o entidad del sector público.

4. La eficacia de las prohibiciones de contratar a que se refieren las letras c) y e) del apartado 1 del artículo anterior, así como la de las establecidas en su apartado 2, estará condicionada a su inscripción o constancia en el Registro Oficial de Licitadores y Empresas Clasificadas que corres-

ponda. Igualmente la eficacia de la resolución que determine el alcance y duración de la prohibición de contratar derivada de la causa prevista en la letra a) del apartado 1 del artículo anterior estará condicionada a su inscripción.

5. A los efectos de la aplicación de este artículo, las autoridades y órganos competentes notificarán a la Junta Consultiva de Contratación Administrativa del Estado y a los órganos competentes de las Comunidades Autónomas, las sanciones y resoluciones firmes recaídas en los procedimientos mencionados en el artículo anterior, así como la comisión de los hechos previstos en la letra e) de su apartado 1 y en las letras b), d) y e) de su apartado 2, a fin de que se puedan instruir los expedientes previstos en este artículo o adoptarse las resoluciones que sean pertinentes y proceder, en su caso, a su inscripción en el Registro Oficial de Licitadores y Empresas Clasificadas que sea procedente. Asimismo, la Junta Consultiva de Contratación Administrativa del Estado podrá recabar de estas autoridades y órganos cuantos datos y antecedentes sean precisos a los mismos efectos.

SUBSECCIÓN 4ª.
Solvencia

Artículo 62. Exigencia de solvencia. 1. Para celebrar contratos con el sector público los empresarios deberán acreditar estar en posesión de las condiciones mínimas de solvencia económica y financiera y profesional o técnica que se determinen por el órgano de contratación. Este requisito será sustituido por el de la clasificación, cuando ésta sea exigible conforme a lo dispuesto en esta Ley.

2. Los requisitos mínimos de solvencia que deba reunir el empresario y la documentación requerida para acreditar los mismos se indicarán en el anuncio de licitación y se especificarán en el pliego del contrato, debiendo estar vinculados a su objeto y ser proporcionales al mismo.

Artículo 63. Integración de la solvencia con medios externos. Para acreditar la solvencia necesaria para celebrar un contrato determinado, el empresario podrá basarse en la solvencia y medios de otras entidades, independientemente de la naturaleza jurídica de los vínculos que tenga con ellas, siempre que demuestre que, para la ejecución del contrato, dispone efectivamente de esos medios.

Artículo 64. Concreción de las condiciones de solvencia. 1. En los contratos de servicios y de obras, así como en los contratos de suministro que incluyan servicios o trabajos de colocación e instalación, podrá exigirse a las personas jurídicas que especifiquen, en la oferta o en la solicitud de participación, los nombres y la cualificación profesional del personal responsable de ejecutar la prestación.

2. Los órganos de contratación podrán exigir a los candidatos o licitadores, haciéndolo constar en los pliegos, que además de acreditar su solvencia o, en su caso, clasificación, se comprometan a dedicar o adscribir a la ejecución del contrato los medios personales o materiales suficientes para ello. Estos compromisos se integrarán en el contrato, pudiendo los pliegos o el documento contractual, atribuirles el carácter de obligaciones esenciales a los efectos previstos en el artículo 223.f), o establecer penalidades, conforme a lo señalado en el artículo 212.1, para el caso de que se incumplan por el adjudicatario.

SUBSECCIÓN 5ª.
Clasificación de las empresas

Artículo 65. Exigencia de clasificación 1. La clasificación de los empresarios como contratistas de obras o como contratistas de servicios de las Administraciones Públicas será exigible y surtirá efectos para la acreditación de su solvencia para contratar en los siguientes casos y términos[13]:

13 Ap. 1 modificado por disp. final 3.3 de Ley nº 25/2013, de 27 de diciembre.

a) Para los contratos de obras cuyo valor estimado sea igual o superior a 500.000 euros será requisito indispensable que el empresario se encuentre debidamente clasificado como contratista de obras de las Administraciones Públicas. Para dichos contratos, la clasificación del empresario en el grupo o subgrupo que en función del objeto del contrato corresponda, con categoría igual o superior a la exigida para el contrato, acreditará sus condiciones de solvencia para contratar.

Para los contratos de obras cuyo valor estimado sea inferior a 500.000 euros la clasificación del empresario en el grupo o subgrupo que en función del objeto del contrato corresponda acreditará su solvencia económica y financiera y solvencia técnica para contratar. En tales casos, el empresario podrá acreditar su solvencia indistintamente mediante su clasificación como contratista de obras en el grupo o subgrupo de clasificación correspondiente al contrato o bien acreditando el cumplimiento de los requisitos específicos de solvencia exigidos en el anuncio de licitación o en la invitación a participar en el procedimiento y detallados en los pliegos del contrato. En defecto de estos, la acreditación de la solvencia se efectuará con los requisitos y por los medios que reglamentariamente se establezcan en función de la naturaleza, objeto y valor estimado del contrato, medios y requisitos que tendrán carácter supletorio respecto de los que en su caso figuren en los pliegos.

b) Para los contratos de servicios no será exigible la clasificación del empresario. En el anuncio de licitación o en la invitación a participar en el procedimiento y en los pliegos del contrato se establecerán los criterios y requisitos mínimos de solvencia económica y financiera y de solvencia técnica o profesional tanto en los términos establecidos en los artículos 75 y 78 de la Ley como en términos de grupo o subgrupo de clasificación y de categoría mínima exigible, siempre que el objeto del contrato esté incluido en el ámbito de clasificación de alguno de los grupos o subgrupos de clasificación vigentes, atendiendo para ello al código CPV del contrato. En tales casos, el empresario podrá acreditar su solvencia indistintamente mediante su clasificación en el grupo o subgrupo de clasificación correspondiente al contrato o bien acreditando el cumplimiento de los requisitos específicos de solvencia exigidos en el anuncio de licitación o en la invitación a participar en el procedimiento y detallados en los pliegos del contrato. En defecto de estos, la acreditación de la solvencia se efectuará con los requisitos y por los medios que reglamentariamente se establezcan en función de la naturaleza, objeto y valor estimado del contrato, medios y requisitos que tendrán carácter supletorio respecto de los que en su caso figuren en los pliegos.

c) La clasificación no será exigible ni aplicable para los demás tipos de contratos. Para dichos contratos, los requisitos específicos de solvencia exigidos se indicarán en el anuncio de licitación o en la invitación a participar en el procedimiento y se detallarán en los pliegos del contrato. Reglamentariamente se podrán establecer los medios y requisitos que, en defecto de los establecidos en los pliegos, y atendiendo a la naturaleza, objeto y valor estimado del contrato acrediten la solvencia para poder ejecutar estos contratos.

2. La clasificación será exigible igualmente al cesionario de un contrato en el caso en que hubiese sido requerida al cedente.

3. Por Real Decreto podrá exceptuarse la necesidad de clasificación para determinados tipos de contratos de obras y de servicios en los que este requisito sea exigible o acordar su exigencia para tipos de contratos de obras y servicios en los que no lo sea, teniendo en cuenta las circunstancias especiales concurrentes en los mismos.

4. Cuando no haya concurrido ninguna empresa clasificada en un procedimiento de adjudicación de un contrato para el que se requiera clasificación, el órgano de contratación podrá excluir la necesidad de cumplir este requisito en el siguiente procedimiento que se convoque para la adjudicación del mismo contrato, precisando en el pliego de cláusulas y en el anuncio, en su caso, los medios de acreditación de la solvencia que deban ser utilizados de entre los especificados en los artículos 75, 76 y 78.

5. Las entidades del sector público que no tengan el carácter de Administración Pública podrán exigir una determinada clasificación a los licitadores para definir las condiciones de sol-

vencia requeridas para celebrar el correspondiente contrato, en los supuestos del apartado 1 del artículo 65[14].

Artículo 66. Exención de la exigencia de clasificación. 1. No será exigible la clasificación a los empresarios no españoles de Estados miembros de la Unión Europea, ya concurran al contrato aisladamente o integrados en una unión, sin perjuicio de la obligación de acreditar su solvencia.

2. Excepcionalmente, cuando así sea conveniente para los intereses públicos, la contratación de la Administración General del Estado y los entes organismos y entidades de ella dependientes con personas que no estén clasificadas podrá ser autorizada por el Consejo de Ministros, previo informe de la Junta Consultiva de Contratación Administrativa del Estado. En el ámbito de las Comunidades Autónomas, la autorización será otorgada por los órganos que éstas designen como competentes.

Artículo 67. Criterios aplicables y condiciones para la clasificación. 1. La clasificación de las empresas se hará en función de su solvencia, valorada conforme a lo establecido en los artículos 75, 76 y 78, y determinará los contratos a cuya adjudicación puedan concurrir u optar por razón de su objeto y de su cuantía. A estos efectos, los contratos se dividirán en grupos generales y subgrupos, por su peculiar naturaleza, y dentro de estos por categorías, en función de su cuantía.

La expresión de la cuantía se efectuará por referencia al valor íntegro del contrato, cuando la duración de éste sea igual o inferior a un año, y por referencia al valor medio anual del mismo, cuando se trate de contratos de duración superior.

2. Para proceder a la clasificación será necesario que el empresario acredite su personalidad y capacidad de obrar, así como que se encuentra legalmente habilitado para realizar la correspondiente actividad, por disponer de las correspondientes autorizaciones o habilitaciones empresariales o profesionales y reunir los requisitos de colegiación o inscripción u otros semejantes que puedan ser necesarios, y que no está incurso en prohibiciones de contratar.

3. En el supuesto de personas jurídicas pertenecientes a un grupo de sociedades, y a efectos de la valoración de su solvencia económica, financiera, técnica o profesional, se podrá tener en cuenta a las sociedades pertenecientes al grupo, siempre y cuando la persona jurídica en cuestión acredite que tendrá efectivamente a su disposición, durante el plazo a que se refiere el artículo 70.2, los medios de dichas sociedades necesarios para la ejecución de los contratos.

4. Se denegará la clasificación de aquellas empresas de las que, a la vista de las personas que las rigen o de otras circunstancias, pueda presumirse que son continuación o que derivan, por transformación, fusión o sucesión, de otras afectadas por una prohibición de contratar.

5. A los efectos de valorar y apreciar la concurrencia del requisito de clasificación, respecto de los empresarios que concurran agrupados en el caso del artículo 59, se atenderá, en la forma que reglamentariamente se determine, a las características acumuladas de cada uno de ellos, expresadas en sus respectivas clasificaciones. En todo caso, será necesario para proceder a esta acumulación que todas las empresas hayan obtenido previamente la clasificación como empresa de obras o de servicios, en relación con el contrato al que opten, sin perjuicio de lo establecido para los empresarios no españoles de Estados miembros de la Unión Europea en el apartado 4 del artículo 59.

Artículo 68. Competencia para la clasificación. 1. Los acuerdos relativos a la clasificación de las empresas se adoptarán, con eficacia general frente a todos los órganos de contratación, por las Comisiones Clasificadoras de la Junta Consultiva de Contratación Administrativa del Estado. Estos acuerdos podrán ser objeto de recurso de alzada ante el Ministro de Economía y Hacienda.

2. Los órganos competentes de las Comunidades Autónomas podrán adoptar decisiones sobre clasificación de las empresas que serán eficaces, únicamente, a efectos de contratar con la Comunidad Autónoma que los haya adoptado, con las Entidades locales incluidas en su ámbito territorial, y con los entes, organismos y entidades del sector público dependientes de una y otras. En la

14 Ap. 5 modificado por art. 43.2 de Ley nº 14/2013, de 27 de septiembre.

adopción de estos acuerdos, deberán respetarse, en todo caso, las reglas y criterios establecidos en esta Ley y en sus disposiciones de desarrollo.

Artículo 69. Inscripción registral de la clasificación. Los acuerdos relativos a la clasificación de las empresas se inscribirán de oficio en el Registro Oficial de Licitadores y Empresas Clasificadas que corresponda en función del órgano que los hubiese adoptado.

Artículo 70. Plazo de vigencia y revisión de las clasificaciones. 1. La clasificación de las empresas tendrá una vigencia indefinida en tanto se mantengan por el empresario las condiciones y circunstancias en que se basó su concesión.

2. No obstante, y sin perjuicio de lo señalado en el apartado 3 de este artículo y en el artículo siguiente, para la conservación de la clasificación deberá justificarse anualmente el mantenimiento de la solvencia económica y financiera y, cada tres años, el de la solvencia técnica y profesional, a cuyo efecto el empresario aportará la correspondiente documentación actualizada en los términos que se establezcan reglamentariamente.

3. La clasificación será revisable a petición de los interesados o de oficio por la Administración en cuanto varíen las circunstancias tomadas en consideración para concederla.

4. En todo caso, el empresario está obligado a poner en conocimiento del órgano competente en materia de clasificación cualquier variación en las circunstancias que hubiesen sido tenidas en cuenta para concederla que pueda dar lugar a una revisión de la misma. La omisión de esta comunicación hará incurrir al empresario en la prohibición de contratar prevista en la letra e) del apartado 1 del artículo 60.

Artículo 71. Comprobación de los elementos de la clasificación. Los órganos competentes en materia de clasificación podrán solicitar en cualquier momento de las empresas clasificadas o pendientes de clasificación los documentos que estimen necesarios para comprobar las declaraciones y hechos manifestados por las mismas en los expedientes que tramiten, así como pedir informe a cualquier órgano de las Administraciones públicas sobre estos extremos.

SECCIÓN 2ª.
Acreditación de la aptitud para contratar

SUBSECCIÓN 1ª.
Capacidad de obrar

Artículo 72. Acreditación de la capacidad de obrar. 1. La capacidad de obrar de los empresarios que fueren personas jurídicas se acreditará mediante la escritura o documento de constitución, los estatutos o el acto fundacional, en los que consten las normas por las que se regula su actividad, debidamente inscritos, en su caso, en el Registro público que corresponda, según el tipo de persona jurídica de que se trate.

2. La capacidad de obrar de los empresarios no españoles que sean nacionales de Estados miembros de la Unión Europea se acreditará por su inscripción en el registro procedente de acuerdo con la legislación del Estado donde están establecidos, o mediante la presentación de una declaración jurada o un certificado, en los términos que se establezcan reglamentariamente, de acuerdo con las disposiciones comunitarias de aplicación.

3. Los demás empresarios extranjeros deberán acreditar su capacidad de obrar con informe de la Misión Diplomática Permanente de España en el Estado correspondiente o de la Oficina Consular en cuyo ámbito territorial radique el domicilio de la empresa.

SUBSECCIÓN 2ª.
Prohibiciones de contratar

Artículo 73. Prueba de la no concurrencia de una prohibición de contratar. 1. La prueba, por parte de los empresarios, de no estar incursos en prohibiciones para contratar podrá realizarse mediante testimonio judicial o certificación administrativa, según los casos. Cuando dicho documento no pueda ser expedido por la autoridad competente, podrá ser sustituido por una declaración responsable otorgada ante una autoridad administrativa, notario público u organismo profesional cualificado.

2. Cuando se trate de empresas de Estados miembros de la Unión Europea y esta posibilidad esté prevista en la legislación del Estado respectivo, podrá también sustituirse por una declaración responsable, otorgada ante una autoridad judicial.

SUBSECCIÓN 3ª.
Solvencia

Artículo 74. Medios de acreditar la solvencia. 1. La solvencia económica y financiera y técnica o profesional se acreditará mediante la aportación de los documentos que se determinen por el órgano de contratación de entre los previstos en los artículos 75 a 79.

2. La clasificación del empresario acreditará su solvencia para la celebración de contratos del mismo tipo que aquellos para los que se haya obtenido y para cuya celebración no se exija estar en posesión de la misma.

3. Los entes, organismos y entidades del sector público que no tengan la condición de Administraciones Públicas podrán admitir otros medios de prueba de la solvencia distintos de los previstos en los artículos 75 a 79 para los contratos que no estén sujetos a regulación armonizada.

Artículo 75. Acreditación de la solvencia económica y financiera[15] . 1. La solvencia económica y financiera del empresario deberá acreditarse por uno o varios de los medios siguientes, a elección del órgano de contratación:

a) Volumen anual de negocios, o bien volumen anual de negocios en el ámbito al que se refiera el contrato, por importe igual o superior al exigido en el anuncio de licitación o en la invitación a participar en el procedimiento y en los pliegos del contrato o, en su defecto, al establecido reglamentariamente.

b) En los casos en que resulte apropiado, justificante de la existencia de un seguro de indemnización por riesgos profesionales por importe igual o superior al exigido en el anuncio de licitación o en la invitación a participar en el procedimiento y en los pliegos del contrato o, en su defecto, al establecido reglamentariamente.

c) Patrimonio neto, o bien ratio entre activos y pasivos, al cierre del último ejercicio económico para el que esté vencida la obligación de aprobación de cuentas anuales por importe igual o superior al exigido en el anuncio de licitación o en la invitación a participar en el procedimiento y en los pliegos del contrato o, en su defecto, al establecido reglamentariamente.

2. La acreditación documental de la suficiencia de la solvencia económica y financiera del empresario se efectuará mediante la aportación de los certificados y documentos que para cada caso se determinen reglamentariamente. En todo caso, la inscripción en el Registro Oficial de Licitadores y Empresas Clasificadas de las Administraciones Públicas acreditará frente a todos los órganos de contratación del sector público, a tenor de lo en él reflejado y salvo prueba en contrario, las condiciones de solvencia económica y financiera del empresario.

3. En el anuncio de licitación o invitación a participar en el procedimiento y en los pliegos del contrato se especificarán los medios, de entre los recogidos en este artículo, admitidos para la acreditación de la solvencia económica y financiera de los empresarios que opten a la adjudicación del contrato, con indicación expresa del importe mínimo, expresado en euros, de cada uno de ellos. En su defecto, la acreditación de la solvencia económica y financiera se efectuará según lo dispuesto a tales efectos en el apartado 1 del artículo 65 de la Ley.

Artículo 76. Solvencia técnica en los contratos de obras[16] . 1. En los contratos de obras, la solvencia técnica del empresario deberá ser acreditada por uno o varios de los medios siguientes, a elección del órgano de contratación:

---

15 Modificado por disp. final 3.3 de Ley nº 25/2013, de 27 de diciembre.

a) Relación de las obras ejecutadas en el curso de los diez últimos años, avalada por certificados de buena ejecución para las obras más importantes; estos certificados indicarán el importe, las fechas y el lugar de ejecución de las obras y se precisará si se realizaron según las reglas por las que se rige la profesión y se llevaron normalmente a buen término; en su caso, dichos certificados serán comunicados directamente al órgano de contratación por la autoridad competente.

A estos efectos, las obras ejecutadas por una sociedad extranjera filial del contratista de obras tendrán la misma consideración que las directamente ejecutadas por el propio contratista, siempre que este último ostente directa o indirectamente el control de aquélla en los términos establecidos en el artículo 42 del Código de Comercio. Cuando se trate de obras ejecutadas por una sociedad extranjera participada por el contratista sin que se cumpla dicha condición, solo se reconocerá como experiencia atribuible al contratista la obra ejecutada por la sociedad participada en la proporción de la participación de aquél en el capital social de ésta.

b) Declaración indicando los técnicos o las unidades técnicas, estén o no integradas en la empresa, de los que ésta disponga para la ejecución de las obras, especialmente los responsables del control de calidad, acompañada de los documentos acreditativos correspondientes.

c) Títulos académicos y profesionales del empresario y de los directivos de la empresa y, en particular, del responsable o responsables de las obras.

d) En los casos adecuados, indicación de las medidas de gestión medioambiental que el empresario podrá aplicar al ejecutar el contrato.

e) Declaración sobre la plantilla media anual de la empresa y la importancia de su personal directivo durante los tres últimos años, acompañada de la documentación justificativa correspondiente.

f) Declaración indicando la maquinaria, material y equipo técnico del que se dispondrá para la ejecución de las obras, a la que se adjuntará la documentación acreditativa pertinente.

2. En el anuncio de licitación o invitación a participar en el procedimiento y en los pliegos del contrato se especificarán los medios, de entre los recogidos en este artículo, admitidos para la acreditación de la solvencia técnica de los empresarios que opten a la adjudicación del contrato, con indicación expresa, en su caso, de los valores mínimos exigidos para cada uno de ellos. En su defecto, la acreditación de la solvencia técnica se efectuará según lo dispuesto a tales efectos en el apartado 1 del artículo 65 de la Ley.

Artículo 77. Solvencia técnica en los contratos de suministro[17] . 1. En los contratos de suministro la solvencia técnica de los empresarios deberá acreditarse por uno o varios de los siguientes medios, a elección del órgano de contratación:

a) Relación de los principales suministros efectuados durante los cinco últimos años, indicando su importe, fechas y destinatario público o privado de los mismos. Los suministros efectuados se acreditarán mediante certificados expedidos o visados por el órgano competente, cuando el destinatario sea una entidad del sector público o cuando el destinatario sea un comprador privado, mediante un certificado expedido por éste o, a falta de este certificado, mediante una declaración del empresario.

b) Indicación del personal técnico o unidades técnicas, integradas o no en la empresa, de los que se disponga para la ejecución del contrato, especialmente los encargados del control de calidad.

c) Descripción de las instalaciones técnicas, de las medidas empleadas para garantizar la calidad y de los medios de estudio e investigación de la empresa.

d) Control efectuado por la entidad del sector público contratante o, en su nombre, por un organismo oficial competente del Estado en el cual el empresario está establecido, siempre que medie acuerdo de dicho organismo, cuando los productos a suministrar sean complejos o cuando, ex-

---

16 Modificado por disp. final 3.3 de Ley nº 25/2013, de 27 de diciembre.

17 Modificado por disp. final 3.3 de Ley nº 25/2013, de 27 de diciembre.

cepcionalmente, deban responder a un fin particular. Este control versará sobre la capacidad de producción del empresario y, si fuera necesario, sobre los medios de estudio e investigación con que cuenta, así como sobre las medidas empleadas para controlar la calidad.

e) Muestras, descripciones y fotografías de los productos a suministrar, cuya autenticidad pueda certificarse a petición de la entidad del sector público contratante.

f) Certificados expedidos por los institutos o servicios oficiales encargados del control de calidad, de competencia reconocida, que acrediten la conformidad de productos perfectamente detallada mediante referencias a determinadas especificaciones o normas.

2. En los contratos de suministro que requieran obras de colocación o instalación, la prestación de servicios o la ejecución de obras, la capacidad de los operadores económicos para prestar dichos servicios o ejecutar dicha instalación u obras podrá evaluarse teniendo en cuenta especialmente sus conocimientos técnicos, eficacia, experiencia y fiabilidad.

3. En el anuncio de licitación o invitación a participar en el procedimiento y en los pliegos del contrato se especificarán los medios, de entre los recogidos en este artículo, admitidos para la acreditación de la solvencia técnica de los empresarios que opten a la adjudicación del contrato, con indicación expresa, en su caso, de los valores mínimos exigidos para cada uno de ellos y, en su caso, de las normas o especificaciones técnicas respecto de las que se acreditará la conformidad de los productos. En su defecto, la acreditación de la solvencia técnica se efectuará según lo dispuesto a tales efectos en el apartado 1 del artículo 65 de la Ley.

Artículo 78. Solvencia técnica o profesional en los contratos de servicios[18] **.** 1. En los contratos de servicios, la solvencia técnica o profesional de los empresarios deberá apreciarse teniendo en cuenta sus conocimientos técnicos, eficacia, experiencia y fiabilidad, lo que deberá acreditarse, según el objeto del contrato, por uno o varios de los medios siguientes, a elección del órgano de contratación:

a) Una relación de los principales servicios o trabajos realizados en los últimos cinco años que incluya importe, fechas y el destinatario, público o privado, de los mismos. Los servicios o trabajos efectuados se acreditarán mediante certificados expedidos o visados por el órgano competente, cuando el destinatario sea una entidad del sector público; cuando el destinatario sea un sujeto privado, mediante un certificado expedido por éste o, a falta de este certificado, mediante una declaración del empresario; en su caso, estos certificados serán comunicados directamente al órgano de contratación por la autoridad competente.

b) Indicación del personal técnico o de las unidades técnicas, integradas o no en la empresa, participantes en el contrato, especialmente aquéllos encargados del control de calidad.

c) Descripción de las instalaciones técnicas, de las medidas empleadas por el empresario para garantizar la calidad y de los medios de estudio e investigación de la empresa.

d) Cuando se trate de servicios o trabajos complejos o cuando, excepcionalmente, deban responder a un fin especial, un control efectuado por el órgano de contratación o, en nombre de éste, por un organismo oficial u homologado competente del Estado en que esté establecido el empresario, siempre que medie acuerdo de dicho organismo. El control versará sobre la capacidad técnica del empresario y, si fuese necesario, sobre los medios de estudio y de investigación de que disponga y sobre las medidas de control de la calidad.

e) Las titulaciones académicas y profesionales del empresario y del personal directivo de la empresa y, en particular, del personal responsable de la ejecución del contrato.

f) En los casos adecuados, indicación de las medidas de gestión medioambiental que el empresario podrá aplicar al ejecutar el contrato.

g) Declaración sobre la plantilla media anual de la empresa y la importancia de su personal directivo durante los tres últimos años, acompañada de la documentación justificativa correspondiente.

---

18 Modificado por disp. final 3.3 de Ley nº 25/2013, de 27 de diciembre.

h) Declaración indicando la maquinaria, material y equipo técnico del que se dispondrá para la ejecución de los trabajos o prestaciones, a la que se adjuntará la documentación acreditativa pertinente.

i) Indicación de la parte del contrato que el empresario tiene eventualmente el propósito de subcontratar.

2. En el anuncio de licitación o en la invitación a participar en el procedimiento y en los pliegos del contrato se especificarán los medios, de entre los recogidos en este artículo, admitidos para la acreditación de la solvencia técnica de los empresarios que opten a la adjudicación del contrato, con indicación expresa, en su caso, de los valores mínimos exigidos para cada uno de ellos, y en los casos en que resulte de aplicación, con especificación de las titulaciones académicas o profesionales, de los medios de estudio e investigación, de los controles de calidad, de los certificados de capacidad técnica, de la maquinaria, equipos e instalaciones, y de los certificados de gestión medioambiental exigidos. En su defecto, la acreditación de la solvencia técnica o profesional se efectuará según lo dispuesto a tales efectos en el apartado 1 del artículo 65 de la Ley.

Artículo 79. Solvencia técnica o profesional en los restantes contratos . La acreditación de la solvencia profesional o técnica en contratos distintos de los de obras, servicios o suministro podrá acreditarse por los documentos y medios que se indican en el artículo anterior.

Artículo 79 bis. Concreción de los requisitos y criterios de solvencia[19]. La concreción de los requisitos mínimos de solvencia económica y financiera y de solvencia técnica o profesional exigidos para un contrato, así como de los medios admitidos para su acreditación, se determinará por el órgano de contratación y se indicará en el anuncio de licitación o en la invitación a participar en el procedimiento y se detallará en los pliegos, en los que se concretarán las magnitudes, parámetros o ratios y los umbrales o rangos de valores que determinarán la admisión o exclusión de los licitadores o candidatos. En su ausencia serán de aplicación los establecidos reglamentariamente para el tipo de contratos correspondiente, que tendrán igualmente carácter supletorio para los no concretados en los pliegos.

En todo caso, la clasificación del empresario en un determinado grupo o subgrupo se tendrá por prueba bastante de su solvencia para los contratos cuyo objeto esté incluido o se corresponda con el ámbito de actividades o trabajos de dicho grupo o subgrupo, y cuyo importe anual medio sea igual o inferior al correspondiente a su categoría de clasificación en el grupo o subgrupo. A tal efecto, en el anuncio de licitación o en la invitación a participar en el procedimiento y en los pliegos deberá indicarse el código o códigos del Vocabulario «Común de los Contratos Públicos» (CPV) correspondientes al objeto del contrato, los cuales determinarán el grupo o subgrupo de clasificación, si lo hubiera, en que se considera incluido el contrato.

Reglamentariamente podrá eximirse la exigencia de acreditación de la solvencia económica y financiera o de la solvencia técnica o profesional para los contratos cuyo importe no supere un determinado umbral.

Artículo 80. Acreditación del cumplimiento de las normas de garantía de la calidad 1. En los contratos sujetos a una regulación armonizada, cuando los órganos de contratación exijan la presentación de certificados expedidos por organismos independientes que acrediten que el empresario cumple determinadas normas de garantía de la calidad, deberán hacer referencia a los sistemas de aseguramiento de la calidad basados en la serie de normas europeas en la materia, certificados por organismos conformes a las normas europeas relativas a la certificación.

2. Los órganos de contratación reconocerán los certificados equivalentes expedidos por organismos establecidos en cualquier Estado miembro de la Unión Europea, y también aceptarán otras pruebas de medidas equivalentes de garantía de la calidad que presenten los empresarios.

---

19 Añadido por disp. final 3.5 de Ley nº 25/2013, de 27 de diciembre.

Artículo 81. Acreditación del cumplimiento de las normas de gestión medioambiental. 1. En los contratos sujetos a una regulación armonizada, los órganos de contratación podrán exigir la presentación de certificados expedidos por organismos independientes que acrediten que el empresario cumple determinadas normas de gestión medioambiental. Con tal finalidad se podrán remitir al sistema comunitario de gestión y auditoría medioambientales (EMAS) o a las normas de gestión medioambiental basadas en las normas europeas o internacionales en la materia y certificadas por organismos conformes a la legislación comunitaria o a las normas europeas o internacionales relativas a la certificación.

2. Los órganos de contratación reconocerán los certificados equivalentes expedidos por organismos establecidos en cualquier Estado miembro de la Unión Europea y también aceptarán otras pruebas de medidas equivalentes de gestión medioambiental que presenten los empresarios.

Artículo 82. Documentación e información complementaria. El órgano de contratación o el órgano auxiliar de éste podrá recabar del empresario aclaraciones sobre los certificados y documentos presentados en aplicación de los artículos anteriores o requerirle para la presentación de otros complementarios.

SUBSECCIÓN 4ª.

Prueba de la clasificación y de la aptitud para contratar a través de Registros o listas oficiales de contratistas

Artículo 83. Certificaciones de Registros Oficiales de Licitadores y Empresas Clasificadas. 1. La inscripción en el Registro Oficial de Licitadores y Empresas Clasificadas del Estado acreditará frente a todos los órganos de contratación del sector público, a tenor de lo en él reflejado y salvo prueba en contrario, las condiciones de aptitud del empresario en cuanto a su personalidad y capacidad de obrar, representación, habilitación profesional o empresarial, solvencia económica y financiera, y clasificación, así como la concurrencia o no concurrencia de las prohibiciones de contratar que deban constar en el mismo.

La inscripción en el Registro Oficial de Licitadores y Empresas Clasificadas de una Comunidad Autónoma acreditará idénticas circunstancias a efectos de la contratación con la misma, con las entidades locales incluidas en su ámbito territorial, y con los restantes entes, organismos o entidades del sector público dependientes de una y otras.

2. La prueba del contenido de los Registros Oficiales de Licitadores y Empresas Clasificadas se efectuará mediante certificación del órgano encargado del mismo, que podrá expedirse por medios electrónicos, informáticos o telemáticos.

Artículo 84. Certificados comunitarios de clasificación. 1. Los certificados de clasificación o documentos similares que acrediten la inscripción en listas oficiales de empresarios autorizados para contratar establecidas por los Estados miembros de la Unión Europea sientan una presunción de aptitud de los empresarios incluidos en ellas frente a los diferentes órganos de contratación en relación con la no concurrencia de las prohibiciones de contratar a que se refieren las letras a) a c) y e) del apartado 1 del artículo 60 y la posesión de las condiciones de capacidad de obrar y habilitación profesional exigidas por el artículo 54 y las de solvencia a que se refieren las letras b) y c) del artículo 75, las letras a), b) y e) del artículo 76, el artículo 77, y las letras a) y c) a i) del artículo 78. Igual valor presuntivo surtirán las certificaciones emitidas por organismos que respondan a las normas europeas de certificación expedidas de conformidad con la legislación del Estado miembro en que esté establecido el empresario.

2. Los documentos a que se refiere el apartado anterior deberán indicar las referencias que hayan permitido la inscripción del empresario en la lista o la expedición de la certificación, así como la clasificación obtenida. Estas menciones deberán también incluirse en los certificados que expidan los Registros Oficiales de Licitadores y Empresas Clasificadas a efectos de la contratación en el ámbito de la Unión Europea.

CAPÍTULO III.

Sucesión en la persona del contratista

Artículo 85. Supuestos de sucesión del contratista. En los casos de fusión de empresas en los que participe la sociedad contratista, continuará el contrato vigente con la entidad absorbente o con la resultante de la fusión, que quedará subrogada en todos los derechos y obligaciones dimanantes del mismo. Igualmente, en los supuestos de escisión, aportación o transmisión de empresas o ramas de actividad de las mismas, continuará el contrato con la entidad a la que se atribuya el contrato, que quedará subrogada en los derechos y obligaciones dimanantes del mismo, siempre que tenga la solvencia exigida al acordarse la adjudicación o que las diversas sociedades beneficiarias de las mencionadas operaciones y, en caso de subsistir, la sociedad de la que provengan el patrimonio, empresas o ramas segregadas, se responsabilicen solidariamente con aquélla de la ejecución del contrato. Si no pudiese producirse la subrogación por no reunir la entidad a la que se atribuya el contrato las condiciones de solvencia necesarias se resolverá el contrato, considerándose a todos los efectos como un supuesto de resolución por culpa del adjudicatario.

TÍTULO III.

Objeto, precio y cuantía del contrato

CAPÍTULO I.

Normas generales

Artículo 86. Objeto del contrato. 1. El objeto de los contratos del sector público deberá ser determinado.

2. No podrá fraccionarse un contrato con la finalidad de disminuir la cuantía del mismo y eludir así los requisitos de publicidad o los relativos al procedimiento de adjudicación que correspondan.

3. Cuando el objeto del contrato admita fraccionamiento y así se justifique debidamente en el expediente, podrá preverse la realización independiente de cada una de sus partes mediante su división en lotes, siempre que éstos sean susceptibles de utilización o aprovechamiento separado y constituyan una unidad funcional, o así lo exija la naturaleza del objeto.

Asimismo podrán contratarse separadamente prestaciones diferenciadas dirigidas a integrarse en una obra, tal y como ésta es definida en el artículo 6, cuando dichas prestaciones gocen de una sustantividad propia que permita una ejecución separada, por tener que ser realizadas por empresas que cuenten con una determinada habilitación.

En los casos previstos en los párrafos anteriores, las normas procedimentales y de publicidad que deben aplicarse en la adjudicación de cada lote o prestación diferenciada se determinarán en función del valor acumulado del conjunto, salvo lo dispuesto en los artículos 14.2, 15.2 y 16.2.

Artículo 87. Precio. 1. En los contratos del sector público, la retribución del contratista consistirá en un precio cierto que deberá expresarse en euros, sin perjuicio de que su pago pueda hacerse mediante la entrega de otras contraprestaciones en los casos en que ésta u otras Leyes así lo prevean. Los órganos de contratación cuidarán de que el precio sea adecuado para el efectivo cumplimiento del contrato mediante la correcta estimación de su importe, atendiendo al precio general de mercado, en el momento de fijar el presupuesto de licitación y la aplicación, en su caso, de las normas sobre ofertas con valores anormales o desproporcionados.

2. El precio del contrato podrá formularse tanto en términos de precios unitarios referidos a los distintos componentes de la prestación o a las unidades de la misma que se entreguen o ejecuten, como en términos de precios aplicables a tanto alzado a la totalidad o a parte de las prestaciones del contrato. En todo caso se indicará, como partida independiente, el importe del Impuesto sobre el Valor Añadido que deba soportar la Administración.

3. Los precios fijados en el contrato podrán ser revisados o modificados, en los términos previstos en el Capítulo II de este Título, si se trata de contratos de las Administraciones Públicas, o en la forma pactada en el contrato, en otro caso, cuando deban ser ajustados, al alza o a la baja, para tener en cuenta las variaciones económicas que acaezcan durante la ejecución del contrato.

4. Los contratos, cuando su naturaleza y objeto lo permitan, podrán incluir cláusulas de variación de precios en función del cumplimiento de determinados objetivos de plazos o de rendimiento, así como penalizaciones por incumplimiento de cláusulas contractuales, debiendo determinar con precisión los supuestos en que se producirán estas variaciones y las reglas para su determinación.

5. Excepcionalmente pueden celebrarse contratos con precios provisionales cuando, tras la tramitación de un procedimiento negociado o de un diálogo competitivo, se ponga de manifiesto que la ejecución del contrato debe comenzar antes de que la determinación del precio sea posible por la complejidad de las prestaciones o la necesidad de utilizar una técnica nueva, o que no existe información sobre los costes de prestaciones análogas y sobre los elementos técnicos o contables que permitan negociar con precisión un precio cierto.

En los contratos celebrados con precios provisionales el precio se determinará, dentro de los límites fijados para el precio máximo, en función de los costes en que realmente incurra el contratista y del beneficio que se haya acordado, para lo que, en todo caso, se detallarán en el contrato los siguientes extremos:

a) El procedimiento para determinar el precio definitivo, con referencia a los costes efectivos y a la fórmula de cálculo del beneficio.

b) Las reglas contables que el adjudicatario deberá aplicar para determinar el coste de las prestaciones.

c) Los controles documentales y sobre el proceso de producción que el adjudicador podrá efectuar sobre los elementos técnicos y contables del coste de producción.

6. En los contratos podrá preverse que la totalidad o parte del precio sea satisfecho en moneda distinta del euro. En este supuesto se expresará en la correspondiente divisa el importe que deba satisfacerse en esa moneda, y se incluirá una estimación en euros del importe total del contrato.

7. Se prohíbe el pago aplazado del precio en los contratos de las Administraciones Públicas, excepto en los supuestos en que el sistema de pago se establezca mediante la modalidad de arrendamiento financiero o de arrendamiento con opción de compra, así como en los casos en que ésta u otra Ley lo autorice expresamente.

Artículo 88. Cálculo del valor estimado de los contratos. 1. A todos los efectos previstos en esta Ley, el valor estimado de los contratos vendrá determinado por el importe total, sin incluir el Impuesto sobre el Valor Añadido, pagadero según las estimaciones del órgano de contratación. En el cálculo del importe total estimado, deberán tenerse en cuenta cualquier forma de opción eventual y las eventuales prórrogas del contrato.

Cuando se haya previsto abonar primas o efectuar pagos a los candidatos o licitadores, la cuantía de los mismos se tendrá en cuenta en el cálculo del valor estimado del contrato.

En el caso de que, de conformidad con lo dispuesto en el artículo 106, se haya previsto en los pliegos o en el anuncio de licitación la posibilidad de que el contrato sea modificado, se considerará valor estimado del contrato el importe máximo que éste pueda alcanzar, teniendo en cuenta la totalidad de las modificaciones previstas.

2. La estimación deberá hacerse teniendo en cuenta los precios habituales en el mercado, y estar referida al momento del envío del anuncio de licitación o, en caso de que no se requiera un anuncio de este tipo, al momento en que el órgano de contratación inicie el procedimiento de adjudicación del contrato.

3. En los contratos de obras y de concesión de obra pública, el cálculo del valor estimado debe tener en cuenta el importe de las mismas así como el valor total estimado de los suministros necesarios para su ejecución que hayan sido puestos a disposición del contratista por el órgano de contratación.

4. En los contratos de suministro que tengan por objeto el arrendamiento financiero, el arrendamiento o la venta a plazos de productos, el valor que se tomará como base para calcular el valor estimado del contrato será el siguiente:

a) En el caso de contratos de duración determinada, cuando su duración sea igual o inferior a doce meses, el valor total estimado para la duración del contrato; cuando su duración sea superior a doce meses, su valor total, incluido el importe estimado del valor residual.

b) En el caso de contratos cuya duración no se fije por referencia a un período de tiempo determinado, el valor mensual multiplicado por 48.

5. En los contratos de suministro o de servicios que tengan un carácter de periodicidad, o de contratos que se deban renovar en un período de tiempo determinado, se tomará como base para el cálculo del valor estimado del contrato alguna de las siguientes cantidades:

a) El valor real total de los contratos sucesivos similares adjudicados durante el ejercicio precedente o durante los doce meses previos, ajustado, cuando sea posible, en función de los cambios de cantidad o valor previstos para los doce meses posteriores al contrato inicial.

b) El valor estimado total de los contratos sucesivos adjudicados durante los doce meses siguientes a la primera entrega o en el transcurso del ejercicio, si éste fuera superior a doce meses.

La elección del método para calcular el valor estimado no podrá efectuarse con la intención de sustraer el contrato a la aplicación de las normas de adjudicación que correspondan.

6. En los contratos de servicios, a los efectos del cálculo de su importe estimado, se tomarán como base, en su caso, las siguientes cantidades:

a) En los servicios de seguros, la prima pagadera y otras formas de remuneración.

b) En servicios bancarios y otros servicios financieros, los honorarios, las comisiones, los intereses y otras formas de remuneración.

c) En los contratos relativos a un proyecto, los honorarios, las comisiones pagaderas y otras formas de remuneración, así como las primas o contraprestaciones que, en su caso, se fijen para los participantes en el concurso.

d) En los contratos de servicios en que no se especifique un precio total, si tienen una duración determinada igual o inferior a cuarenta y ocho meses, el valor total estimado correspondiente a toda su duración. Si la duración es superior a cuarenta y ocho meses o no se encuentra fijada por referencia a un período de tiempo cierto, el valor mensual multiplicado por 48.

7. Cuando la realización de una obra, la contratación de unos servicios o la obtención de unos suministros homogéneos pueda dar lugar a la adjudicación simultánea de contratos por lotes separados, se deberá tener en cuenta el valor global estimado de la totalidad de dichos lotes.

8. Para los acuerdos marco y para los sistemas dinámicos de adquisición se tendrá en cuenta el valor máximo estimado, excluido el Impuesto sobre el Valor Añadido, del conjunto de contratos contemplados durante la duración total del acuerdo marco o del sistema dinámico de adquisición.

CAPÍTULO II.

Revisión de precios en los contratos de las Administraciones Públicas

Artículo 89. Procedencia y límites

1. La revisión de precios en los contratos de las Administraciones Públicas tendrá lugar, en los términos establecidos en este Capítulo y salvo que la improcedencia de la revisión se hubiese previsto expresamente en los pliegos o pactado en el contrato, cuando éste se hubiese ejecutado, al menos, en el 20 por 100 de su importe y hubiese transcurrido un año desde su formalización. En consecuencia, el primer 20 por 100 ejecutado y el primer año transcurrido desde la formalización quedarán excluidos de la revisión.

No obstante, en los contratos de gestión de servicios públicos, la revisión de precios podrá tener lugar una vez transcurrido el primer año desde la formalización del contrato, sin que sea necesario haber ejecutado el 20 por 100 de la prestación.

2. La revisión de precios no tendrá lugar en los contratos cuyo pago se concierte mediante el sistema de arrendamiento financiero o de arrendamiento con opción a compra, ni en los contratos menores. En los restantes contratos, el órgano de contratación, en resolución motivada, podrá excluir la procedencia de la revisión de precios.

3. El pliego de cláusulas administrativas particulares o el contrato deberán detallar, en su caso, la fórmula o sistema de revisión aplicable.

Artículo 90. Sistema de revisión de precios. 1. Cuando resulte procedente, la revisión de precios se llevará a cabo mediante la aplicación de índices oficiales o de la fórmula aprobada por el Consejo de Ministros, previo informe de la Junta Consultiva de Contratación Administrativa del Estado, para cada tipo de contratos.

2. El órgano de contratación determinará el índice que deba aplicarse, atendiendo a la naturaleza de cada contrato y la estructura de los costes de las prestaciones del mismo. Las fórmulas aprobadas por el Consejo de Ministros excluirán la posibilidad de utilizar otros índices; si, debido a la configuración del contrato, pudiese ser aplicable más de una fórmula, el órgano de contratación determinará la más adecuada, de acuerdo con los criterios indicados.

3. Cuando el índice de referencia que se adopte sea el Índice de Precios de Consumo elaborado por el Instituto Nacional de Estadística o cualquiera de los índices de los grupos, subgrupos, clases o subclases que en él se integran, la revisión no podrá superar el 85 por 100 de variación experimentada por el índice adoptado.

Artículo 91. Fórmulas. 1. Las fórmulas que se establezcan reflejarán la ponderación en el precio del contrato del coste de los materiales básicos y de la energía incorporados al proceso de generación de las prestaciones objeto del mismo. No se incluirán en ellas el coste de la mano de obra, los costes financieros, los gastos generales o de estructura ni el beneficio industrial.

2. Cuando por circunstancias excepcionales la evolución de los costes de mano de obra o financieros acaecida en un período experimente desviaciones al alza que puedan reputarse como impredecibles en el momento de la adjudicación del contrato, el Consejo de Ministros o el órgano competente de las Comunidades Autónomas podrá autorizar, con carácter transitorio, la introducción de factores correctores de esta desviación para su consideración en la revisión del precio, sin que, en ningún caso, puedan superar el 80 por 100 de la desviación efectivamente producida.

Se considerará que concurren las circunstancias a que se refiere el párrafo anterior cuando la evolución del deflactor del Producto Interior Bruto oficialmente determinado por el Instituto Nacional de Estadística supere en 5 puntos porcentuales las previsiones macroeconómicas oficiales efectivas en el momento de la adjudicación o el tipo de interés de las letras del Tesoro supere en cinco puntos porcentuales al último disponible en el momento de la adjudicación del contrato. Los pliegos de cláusulas administrativas particulares podrán incluir las referencias a las previsiones macroeconómicas y tipo de interés existentes en el momento de la licitación.

3. Salvo lo previsto en el apartado anterior, el índice o fórmula de revisión aplicable al contrato será invariable durante la vigencia del mismo y determinará la revisión de precios en cada fecha respecto a la fecha de adjudicación del contrato, siempre que la adjudicación se produzca en el plazo de tres meses desde la finalización del plazo de presentación de ofertas, o respecto a la fecha en que termine dicho plazo de tres meses si la adjudicación se produce con posterioridad.

4. La Comisión Delegada del Gobierno para Asuntos Económicos aprobará los índices mensuales de precios de los materiales básicos y de la energía, a propuesta del Comité Superior de Precios de Contratos del Estado, debiendo ser publicados los mismos en el «Boletín Oficial del Estado».

Los índices reflejarán, al alza o a la baja, las variaciones reales de los precios de la energía y materiales básicos observadas en el mercado y podrán ser únicos para todo el territorio nacional o particularizarse por zonas geográficas.

5. Reglamentariamente se establecerá la relación de materiales básicos a incluir en las fórmulas de revisión de precios. Dicha relación podrá ser ampliada por Orden del Ministro de Economía y Hacienda, dictada previo informe de la Junta Consultiva de Contratación Administrativa del Es-

tado, cuando así lo exija la evolución de los procesos productivos o la aparición de nuevos materiales con participación relevante en el coste de determinados contratos.

Los indicadores o reglas de determinación de cada uno de los índices que intervienen en las fórmulas de revisión de precios serán establecidos por Orden del Ministro de Economía y Hacienda, a propuesta del Comité Superior de Precios de Contratos del Estado..

Artículo 92. Coeficiente de revisión . El resultado de aplicar las ponderaciones previstas en el apartado 1 del artículo anterior a los índices de precios definidos en su apartado 4, proporcionará en cada fecha, respecto a la fecha y períodos determinados en el apartado 3 del citado artículo, un coeficiente que se aplicará a los importes líquidos de las prestaciones realizadas que tengan derecho a revisión a los efectos de calcular el precio que corresponda satisfacer.

Artículo 93. Revisión en casos de demora en la ejecución. Cuando la cláusula de revisión se aplique sobre períodos de tiempo en los que el contratista hubiese incurrido en mora y sin perjuicio de las penalidades que fueren procedentes, los índices de precios que habrán de ser tenidos en cuenta serán aquellos que hubiesen correspondido a las fechas establecidas en el contrato para la realización de la prestación en plazo, salvo que los correspondientes al período real de ejecución produzcan un coeficiente inferior, en cuyo caso se aplicarán estos últimos.

Artículo 94. Pago del importe de la revisión. El importe de las revisiones que procedan se hará efectivo, de oficio, mediante el abono o descuento correspondiente en las certificaciones o pagos parciales o, excepcionalmente, cuando no hayan podido incluirse en las certificaciones o pagos parciales, en la liquidación del contrato.

TÍTULO IV.

Garantías exigibles en la contratación del sector público

CAPÍTULO I.

Garantías a prestar en los contratos celebrados con las Administraciones Públicas

SECCIÓN 1ª.

Garantía definitiva

Artículo 95. Exigencia de garantía. 1. Los que presenten las ofertas económicamente más ventajosas en las licitaciones de los contratos que celebren las Administraciones Públicas deberán constituir a disposición del órgano de contratación una garantía de un 5 por 100 del importe de adjudicación, excluido el Impuesto sobre el Valor Añadido. En el caso de los contratos con precios provisionales a que se refiere el artículo 87.5, el porcentaje se calculará con referencia al precio máximo fijado.

No obstante, atendidas las circunstancias concurrentes en el contrato, el órgano de contratación podrá eximir al adjudicatario de la obligación de constituir garantía, justificándolo adecuadamente en los pliegos, especialmente en el caso de suministros de bienes consumibles cuya entrega y recepción deba efectuarse antes del pago del precio. Esta exención no será posible en el caso de contratos de obras y de concesión de obras públicas.

2. En casos especiales, el órgano de contratación podrá establecer en el pliego de cláusulas que, además de la garantía a que se refiere el apartado anterior, se preste una complementaria de hasta un 5 por 100 del importe de adjudicación del contrato, pudiendo alcanzar la garantía total un 10 por 100 del precio del contrato.

3. Cuando la cuantía del contrato se determine en función de precios unitarios, el importe de la garantía a constituir se fijará atendiendo al presupuesto base de licitación.

4. En la concesión de obras públicas el importe de la garantía definitiva se calculará aplicando el 5 por 100 sobre el valor estimado del contrato, cuantificado con arreglo a lo establecido en el artículo 88.3.

El órgano de contratación, atendidas las características y la duración del contrato, podrá prever en los pliegos, justificándolo adecuadamente, la posibilidad de reducir el importe de la garantía definitiva, una vez ejecutada la obra y durante el período previsto para su explotación. Sin perjuicio de otros criterios que puedan establecerse en los pliegos, esta reducción será progresiva e inversamente proporcional al tiempo que reste de vigencia del contrato, sin que pueda suponer una minoración del importe de la garantía por debajo del 2 por 100 del valor estimado del contrato.

Artículo 96. Garantías admitidas. 1. Las garantías exigidas en los contratos celebrados con las Administraciones Públicas podrán prestarse en alguna de las siguientes formas:

a) En efectivo o en valores de Deuda Pública, con sujeción, en cada caso, a las condiciones establecidas en las normas de desarrollo de esta Ley. El efectivo y los certificados de inmovilización de los valores anotados se depositarán en la Caja General de Depósitos o en sus sucursales encuadradas en las Delegaciones de Economía y Hacienda, o en las Cajas o establecimientos públicos equivalentes de las Comunidades Autónomas o Entidades locales contratantes ante las que deban surtir efectos, en la forma y con las condiciones que las normas de desarrollo de esta Ley establezcan.

b) Mediante aval, prestado en la forma y condiciones que establezcan las normas de desarrollo de esta Ley, por alguno de los bancos, cajas de ahorros, cooperativas de crédito, establecimientos financieros de crédito y sociedades de garantía recíproca autorizados para operar en España, que deberá depositarse en los establecimientos señalados en la letra a) anterior.

c) Mediante contrato de seguro de caución, celebrado en la forma y condiciones que las normas de desarrollo de esta Ley establezcan, con una entidad aseguradora autorizada para operar en el ramo. El certificado del seguro deberá entregarse en los establecimientos señalados en la letra a) anterior.

2. Cuando así se prevea en los pliegos, la garantía en los contratos de obras, suministros y servicios, así como en los de gestión de servicios públicos cuando las tarifas las abone la administración contratante, podrá constituirse mediante retención en el precio. En el pliego se fijará la forma y condiciones de la retención[20].

3. La acreditación de la constitución de la garantía podrá hacerse mediante medios electrónicos, salvo que en el pliego se establezca lo contrario[21].

Artículo 97. Régimen de las garantías prestadas por terceros. 1. Las personas o entidades distintas del contratista que presten garantías a favor de éste no podrán utilizar el beneficio de excusión a que se refieren los artículos 1.830 y concordantes del Código Civil.

2. El avalista o asegurador será considerado parte interesada en los procedimientos que afecten a la garantía prestada, en los términos previstos en la Ley 30/1992, de 26 de noviembre.

3. En el contrato de seguro de caución se aplicarán las siguientes normas:

a) Tendrá la condición de tomador del seguro el contratista y la de asegurado la Administración contratante.

b) La falta de pago de la prima, sea única, primera o siguientes, no dará derecho al asegurador a resolver el contrato, ni extinguirá el seguro, ni suspenderá la cobertura, ni liberará al asegurador de su obligación, en el caso de que éste deba hacer efectiva la garantía.

c) El asegurador no podrá oponer al asegurado las excepciones que puedan corresponderle contra el tomador del seguro.

Artículo 98. Garantía global. 1. Alternativamente a la prestación de una garantía singular para cada contrato, el empresario podrá constituir una garantía global para afianzar las responsabilidades que puedan derivarse de la ejecución de todos los que celebre con una Administración Pública, o con uno o varios órganos de contratación.

---

20 Ap. 2 modificado por art. 44.1 de Ley nº 14/2013, de 27 de septiembre.

21 Ap. 3 modificado por art. 44.1 de Ley nº 14/2013, de 27 de septiembre.

2. La garantía global deberá constituirse en alguna de las modalidades previstas en las letras b) y c) del apartado 1 del artículo 96, y ser depositada en la Caja General de Depósitos o en sus sucursales encuadradas en las Delegaciones de Economía y Hacienda o en las cajas o establecimientos públicos equivalentes de las Comunidades Autónomas o Entidades Locales contratantes, según la Administración ante la que deba surtir efecto.

3. La garantía global responderá, genérica y permanentemente, del cumplimiento por el adjudicatario de las obligaciones derivadas de los contratos cubiertos por la misma hasta el 5 por 100, o porcentaje mayor que proceda, del importe de adjudicación o del presupuesto base de licitación, cuando el precio se determine en función de precios unitarios, sin perjuicio de que la indemnización de daños y perjuicios a favor de la Administración que, en su caso, pueda ser procedente, se haga efectiva sobre el resto de la garantía global.

4. A efectos de la afectación de la garantía global a un contrato concreto, la caja o establecimiento donde se hubiese constituido emitirá, a petición de los interesados, una certificación acreditativa de su existencia y suficiencia, en un plazo máximo de tres días hábiles desde la presentación de la solicitud en tal sentido, procediendo a inmovilizar el importe de la garantía a constituir, que se liberará cuando quede cancelada la garantía.

Artículo 99. Constitución, reposición y reajuste de garantías. 1. El licitador que hubiera presentado la oferta económicamente más ventajosa deberá acreditar en el plazo señalado en el artículo 151.2, la constitución de la garantía. De no cumplir este requisito por causas a él imputables, la Administración no efectuará la adjudicación a su favor, siendo de aplicación lo dispuesto en el último párrafo del artículo 151.2.

2. En caso de que se hagan efectivas sobre la garantía las penalidades o indemnizaciones exigibles al adjudicatario, éste deberá reponer o ampliar aquélla, en la cuantía que corresponda, en el plazo de quince días desde la ejecución, incurriendo en caso contrario en causa de resolución.

3. Cuando, como consecuencia de una modificación del contrato, experimente variación el precio del mismo, deberá reajustarse la garantía, para que guarde la debida proporción con el nuevo precio modificado, en el plazo de quince días contados desde la fecha en que se notifique al empresario el acuerdo de modificación. A estos efectos no se considerarán las variaciones de precio que se produzcan como consecuencia de una revisión del mismo conforme a lo señalado en el Capítulo II del Título III de este Libro.

Artículo 100. Responsabilidades a que están afectas las garantías. La garantía responderá de los siguientes conceptos:

a) De las penalidades impuestas al contratista conforme al artículo 212.

b) De la correcta ejecución de las prestaciones contempladas en el contrato, de los gastos originados a la Administración por la demora del contratista en el cumplimiento de sus obligaciones, y de los daños y perjuicios ocasionados a la misma con motivo de la ejecución del contrato o por su incumplimiento, cuando no proceda su resolución.

c) De la incautación que puede decretarse en los casos de resolución del contrato, de acuerdo con lo que en él o en esta Ley esté establecido.

d) Además, en el contrato de suministro la garantía definitiva responderá de la inexistencia de vicios o defectos de los bienes suministrados durante el plazo de garantía que se haya previsto en el contrato.

Artículo 101. Preferencia en la ejecución de garantías. 1. Para hacer efectiva la garantía, la Administración contratante tendrá preferencia sobre cualquier otro acreedor, sea cual fuere la naturaleza del mismo y el título del que derive su crédito.

2. Cuando la garantía no sea bastante para cubrir las responsabilidades a las que está afecta, la Administración procederá al cobro de la diferencia mediante el procedimiento administrativo de apremio, con arreglo a lo establecido en las normas de recaudación.

Artículo 102. Devolución y cancelación de las garantías . 1. La garantía no será devuelta o cancelada hasta que se haya producido el vencimiento del plazo de garantía y cumplido satisfactoriamente el contrato de que se trate, o hasta que se declare la resolución de éste sin culpa del contratista.

2. Aprobada la liquidación del contrato y transcurrido el plazo de garantía, si no resultaren responsabilidades se devolverá la garantía constituida o se cancelará el aval o seguro de caución.

El acuerdo de devolución deberá adoptarse y notificarse al interesado en el plazo de dos meses desde la finalización del plazo de garantía. Transcurrido el mismo, la Administración deberá abonar al contratista la cantidad adeudada incrementada con el interés legal del dinero correspondiente al período transcurrido desde el vencimiento del citado plazo hasta la fecha de la devolución de la garantía, si ésta no se hubiera hecho efectiva por causa imputable a la Administración.

3. En el supuesto de recepción parcial solo podrá el contratista solicitar la devolución o cancelación de la parte proporcional de la garantía cuando así se autorice expresamente en el pliego de cláusulas administrativas particulares.

4. En los casos de cesión de contratos no se procederá a la devolución o cancelación de la garantía prestada por el cedente hasta que se halle formalmente constituida la del cesionario.

5. Transcurrido un año desde la fecha de terminación del contrato, sin que la recepción formal y la liquidación hubiesen tenido lugar por causas no imputables al contratista, se procederá, sin más demora, a la devolución o cancelación de las garantías una vez depuradas las responsabilidades a que se refiere el artículo 100.

Cuando el importe del contrato sea inferior a 1.000.000 de euros, si se trata de contratos de obras, o a 100.000 euros, en el caso de otros contratos, o cuando las empresas licitadoras reúnan los requisitos de pequeña o mediana empresa, definida según lo establecido en el Reglamento (CE) n.º 800/2008, de la Comisión, de 6 de agosto de 2008 , por el que se declaran determinadas categorías de ayuda compatibles con el mercado común en aplicación de los artículos 107 y 108 del Tratado y no estén controladas directa o indirectamente por otra empresa que no cumpla tales requisitos, el plazo se reducirá a seis meses[22].

SECCIÓN 2ª.

Garantía provisional

Artículo 103. Exigencia y régimen. 1. En atención a las circunstancias concurrentes en cada contrato, los órganos de contratación podrán exigir a los licitadores la constitución de una garantía que responda del mantenimiento de sus ofertas hasta la adjudicación del mismo. Para el licitador que resulte adjudicatario, la garantía provisional responderá también del cumplimiento de las obligaciones que le impone el segundo párrafo del artículo 151.2.

Cuando el órgano de contratación decida exigir una garantía provisional deberá justificar suficientemente en el expediente las razones de su exigencia para ese concreto contrato.

2. En los pliegos de cláusulas administrativas se determinará el importe de la garantía provisional, que no podrá ser superior a un 3 por 100 del presupuesto del contrato, excluido el Impuesto sobre el Valor Añadido, y el régimen de su devolución. La garantía provisional podrá prestarse en cualquiera de las formas previstas en el artículo 96.

3. Cuando se exijan garantías provisionales éstas se depositarán, en las condiciones que las normas de desarrollo de esta Ley establezcan, en la siguiente forma:

a) En la Caja General de Depósitos o en sus sucursales encuadradas en las Delegaciones de Economía y Hacienda, o en la Caja o establecimiento público equivalente de las Comunidades Autónomas o Entidades locales contratantes ante las que deban surtir efecto cuando se trate de garantías en efectivo.

b) Ante el órgano de contratación, cuando se trate de certificados de inmovilización de valores anotados, de avales o de certificados de seguro de caución.

---

22 Ap. 5 modificado por art. 46 de Ley nº 14/2013, de 27 de septiembre.

4. La garantía provisional se extinguirá automáticamente y será devuelta a los licitadores inmediatamente después de la adjudicación del contrato. En todo caso, la garantía será retenida al licitador cuya proposición hubiera sido seleccionada para la adjudicación hasta que proceda a la constitución de la garantía definitiva, e incautada a las empresas que retiren injustificadamente su proposición antes de la adjudicación.

5. El adjudicatario podrá aplicar el importe de la garantía provisional a la definitiva o proceder a una nueva constitución de esta última, en cuyo caso la garantía provisional se cancelará simultáneamente a la constitución de la definitiva.

CAPÍTULO II.

Garantías a prestar en otros contratos del sector público

Artículo 104. Supuestos y régimen. 1. En los contratos que celebren los entes, organismos y entidades del sector público que no tengan la consideración de Administraciones Públicas, los órganos de contratación podrán exigir la prestación de una garantía a los licitadores o candidatos, para responder del mantenimiento de sus ofertas hasta la adjudicación y, en su caso, formalización del contrato o al adjudicatario, para asegurar la correcta ejecución de la prestación.

2. El importe de la garantía, que podrá presentarse en alguna de las formas previstas en el artículo 96, así como el régimen de su devolución o cancelación serán establecidos por el órgano de contratación, atendidas las circunstancias y características del contrato.

TÍTULO V.

Modificación de los contratos

Artículo 105. Supuestos. 1. Sin perjuicio de los supuestos previstos en esta Ley de sucesión en la persona del contratista, cesión del contrato, revisión de precios y prórroga del plazo de ejecución, los contratos del sector público solo podrán modificarse cuando así se haya previsto en los pliegos o en el anuncio de licitación o en los casos y con los límites establecidos en el artículo 107.

En cualesquiera otros supuestos, si fuese necesario que la prestación se ejecutase en forma distinta a la pactada, inicialmente deberá procederse a la resolución del contrato en vigor y a la celebración de otro bajo las condiciones pertinentes. Este nuevo contrato deberá adjudicarse de acuerdo con lo previsto en el Libro III.

2. La modificación del contrato no podrá realizarse con el fin de adicionar prestaciones complementarias a las inicialmente contratadas, ampliar el objeto del contrato a fin de que pueda cumplir finalidades nuevas no contempladas en la documentación preparatoria del mismo, o incorporar una prestación susceptible de utilización o aprovechamiento independiente. En estos supuestos, deberá procederse a una nueva contratación de la prestación correspondiente, en la que podrá aplicarse el régimen establecido para la adjudicación de contratos complementarios si concurren las circunstancias previstas en los artículos 171.b) y 174.b).

Artículo 106. Modificaciones previstas en la documentación que rige la licitación. Los contratos del sector público podrán modificarse siempre que en los pliegos o en el anuncio de licitación se haya advertido expresamente de esta posibilidad y se hayan detallado de forma clara, precisa e inequívoca las condiciones en que podrá hacerse uso de la misma, así como el alcance y límites de las modificaciones que pueden acordarse con expresa indicación del porcentaje del precio del contrato al que como máximo puedan afectar, y el procedimiento que haya de seguirse para ello.

A estos efectos, los supuestos en que podrá modificarse el contrato deberán definirse con total concreción por referencia a circunstancias cuya concurrencia pueda verificarse de forma objetiva y las condiciones de la eventual modificación deberán precisarse con un detalle suficiente para permitir a los licitadores su valoración a efectos de formular su oferta y ser tomadas en cuenta en lo que se refiere a la exigencia de condiciones de aptitud a los licitadores y valoración de las ofertas.

Artículo 107. Modificaciones no previstas en la documentación que rige la licitación. 1. Las modificaciones no previstas en los pliegos o en el anuncio de licitación solo podrán efectuarse cuando se justifique suficientemente la concurrencia de alguna de las siguientes circunstancias:

a) Inadecuación de la prestación contratada para satisfacer las necesidades que pretenden cubrirse mediante el contrato debido a errores u omisiones padecidos en la redacción del proyecto o de las especificaciones técnicas.

b) Inadecuación del proyecto o de las especificaciones de la prestación por causas objetivas que determinen su falta de idoneidad, consistentes en circunstancias de tipo geológico, hídrico, arqueológico, medioambiental o similares, puestas de manifiesto con posterioridad a la adjudicación del contrato y que no fuesen previsibles con anterioridad aplicando toda la diligencia requerida de acuerdo con una buena práctica profesional en la elaboración del proyecto o en la redacción de las especificaciones técnicas.

c) Fuerza mayor o caso fortuito que hiciesen imposible la realización de la prestación en los términos inicialmente definidos.

d) Conveniencia de incorporar a la prestación avances técnicos que la mejoren notoriamente, siempre que su disponibilidad en el mercado, de acuerdo con el estado de la técnica, se haya producido con posterioridad a la adjudicación del contrato.

e) Necesidad de ajustar la prestación a especificaciones técnicas, medioambientales, urbanísticas, de seguridad o de accesibilidad aprobadas con posterioridad a la adjudicación del contrato.

2. La modificación del contrato acordada conforme a lo previsto en este artículo no podrá alterar las condiciones esenciales de la licitación y adjudicación, y deberá limitarse a introducir las variaciones estrictamente indispensables para responder a la causa objetiva que la haga necesaria.

3. A los efectos de lo previsto en el apartado anterior, se entenderá que se alteran las condiciones esenciales de licitación y adjudicación del contrato en los siguientes casos:

a) Cuando la modificación varíe sustancialmente la función y características esenciales de la prestación inicialmente contratada.

b) Cuando la modificación altere la relación entre la prestación contratada y el precio, tal y como esa relación quedó definida por las condiciones de la adjudicación.

c) Cuando para la realización de la prestación modificada fuese necesaria una habilitación profesional diferente de la exigida para el contrato inicial o unas condiciones de solvencia sustancialmente distintas.

d) Cuando las modificaciones del contrato igualen o excedan, en más o en menos, el 10 por ciento del precio de adjudicación del contrato; en el caso de modificaciones sucesivas, el conjunto de ellas no podrá superar este límite.

e) En cualesquiera otros casos en que pueda presumirse que, de haber sido conocida previamente la modificación, hubiesen concurrido al procedimiento de adjudicación otros interesados, o que los licitadores que tomaron parte en el mismo hubieran presentado ofertas sustancialmente diferentes a las formuladas.

Artículo 108. Procedimiento. 1. En el caso previsto en el artículo 106 las modificaciones contractuales se acordarán en la forma que se hubiese especificado en el anuncio o en los pliegos.

2. Antes de proceder a la modificación del contrato con arreglo a lo dispuesto en el artículo 107, deberá darse audiencia al redactor del proyecto o de las especificaciones técnicas, si éstos se hubiesen preparado por un tercero ajeno al órgano de contratación en virtud de un contrato de servicios, para que, en un plazo no inferior a tres días, formule las consideraciones que tenga por conveniente.

3. Lo dispuesto en este artículo se entiende sin perjuicio de lo establecido en el artículo 211 para el caso de modificaciones que afecten a contratos administrativos.

LIBRO II.

Preparación de los contratos

TÍTULO I.

Preparación de contratos por las Administraciones Públicas

CAPÍTULO I.

Normas generales

SECCIÓN 1ª.

Expediente de contratación

SUBSECCIÓN 1ª.

Tramitación Ordinaria

Artículo 109. Expediente de contratación: iniciación y contenido. 1. La celebración de contratos por parte de las Administraciones Públicas requerirá la previa tramitación del correspondiente expediente, que se iniciará por el órgano de contratación motivando la necesidad del contrato en los términos previstos en el artículo 22 de esta Ley.

2. El expediente deberá referirse a la totalidad del objeto del contrato, sin perjuicio de lo previsto en el apartado 3 del artículo 86 acerca de su eventual división en lotes, a efectos de la licitación y adjudicación.

3. Al expediente se incorporarán el pliego de cláusulas administrativas particulares y el de prescripciones técnicas que hayan de regir el contrato. En el caso de que el procedimiento elegido para adjudicar el contrato sea el de diálogo competitivo regulado en la sección 5.ª, del Capítulo I, del Título I, del Libro III, los pliegos de cláusulas administrativas y de prescripciones técnicas serán sustituidos por el documento descriptivo a que hace referencia el artículo 181.1.

Asimismo, deberá incorporarse el certificado de existencia de crédito o documento que legalmente le sustituya, y la fiscalización previa de la intervención, en su caso, en los términos previstos en la Ley 47/2003, de 26 de noviembre .

4. En el expediente se justificará adecuadamente la elección del procedimiento y la de los criterios que se tendrán en consideración para adjudicar el contrato.

5. Si la financiación del contrato ha de realizarse con aportaciones de distinta procedencia, aunque se trate de órganos de una misma Administración pública, se tramitará un solo expediente por el órgano de contratación al que corresponda la adjudicación del contrato, debiendo acreditarse en aquél la plena disponibilidad de todas las aportaciones y determinarse el orden de su abono, con inclusión de una garantía para su efectividad.

Artículo 110. Aprobación del expediente. 1. Completado el expediente de contratación, se dictará resolución motivada por el órgano de contratación aprobando el mismo y disponiendo la apertura del procedimiento de adjudicación. Dicha resolución implicará también la aprobación del gasto, salvo el supuesto excepcional previsto en la letra a) del apartado 3 del artículo 150, o que las normas de desconcentración o el acto de delegación hubiesen establecido lo contrario, en cuyo caso deberá recabarse la aprobación del órgano competente.

2. Los expedientes de contratación podrán ultimarse incluso con la adjudicación y formalización del correspondiente contrato, aun cuando su ejecución, ya se realice en una o en varias anualidades, deba iniciarse en el ejercicio siguiente. A estos efectos podrán comprometerse créditos con las limitaciones que se determinen en las normas presupuestarias de las distintas Administraciones públicas sujetas a esta Ley.

Artículo 111. Expediente de contratación en contratos menores. 1. En los contratos menores definidos en el artículo 138.3, la tramitación del expediente solo exigirá la aprobación del gasto y la incorporación al mismo de la factura correspondiente, que deberá reunir los requisitos que las normas de desarrollo de esta Ley establezcan.

2. En el contrato menor de obras, deberá añadirse, además, el presupuesto de las obras, sin perjuicio de que deba existir el correspondiente proyecto cuando normas específicas así lo requieran. Deberá igualmente solicitarse el informe de supervisión a que se refiere el artículo 125 cuando el trabajo afecte a la estabilidad, seguridad o estanqueidad de la obra.

SUBSECCIÓN 2ª.

Tramitación abreviada del expediente

Artículo 112. Tramitación urgente del expediente. 1. Podrán ser objeto de tramitación urgente los expedientes correspondientes a los contratos cuya celebración responda a una necesidad inaplazable o cuya adjudicación sea preciso acelerar por razones de interés público. A tales efectos el expediente deberá contener la declaración de urgencia hecha por el órgano de contratación, debidamente motivada.

2. Los expedientes calificados de urgentes se tramitarán siguiendo el mismo procedimiento que los ordinarios, con las siguientes especialidades:

a) Los expedientes gozarán de preferencia para su despacho por los distintos órganos que intervengan en la tramitación, que dispondrán de un plazo de cinco días para emitir los respectivos informes o cumplimentar los trámites correspondientes.

Cuando la complejidad del expediente o cualquier otra causa igualmente justificada impida cumplir el plazo antes indicado, los órganos que deban evacuar el trámite lo pondrán en conocimiento del órgano de contratación que hubiese declarado la urgencia. En tal caso el plazo quedará prorrogado hasta diez días.

b) Acordada la apertura del procedimiento de adjudicación, los plazos establecidos en esta Ley para la licitación, adjudicación y formalización del contrato se reducirán a la mitad, salvo el plazo de quince días hábiles establecido en el párrafo primero del artículo 156.3 como período de espera antes de la formalización del contrato.

No obstante, cuando se trate de procedimientos relativos a contratos sujetos a regulación armonizada, esta reducción no afectará a los plazos establecidos en los artículos 158 y 159 para la facilitación de información a los licitadores y la presentación de proposiciones en el procedimiento abierto. En los procedimientos restringidos y en los negociados en los que, conforme a lo previsto en el artículo 177.1, proceda la publicación de un anuncio de la licitación, el plazo para la presentación de solicitudes de participación podrá reducirse hasta quince días contados desde el envío del anuncio de licitación, o hasta diez, si este envío se efectúa por medios electrónicos, informáticos o telemáticos, y el plazo para facilitar la información suplementaria a que se refiere el artículo 166.4 se reducirá a cuatro días. En el procedimiento restringido, el plazo para la presentación de proposiciones previsto en el artículo 167.1 podrá reducirse hasta diez días a partir de la fecha del envío de la invitación para presentar ofertas.

c) El plazo de inicio de la ejecución del contrato no podrá ser superior a quince días hábiles, contados desde la formalización. Si se excediese este plazo, el contrato podrá ser resuelto, salvo que el retraso se debiera a causas ajenas a la Administración contratante y al contratista y así se hiciera constar en la correspondiente resolución motivada.

Artículo 113. Tramitación de emergencia. 1. Cuando la Administración tenga que actuar de manera inmediata a causa de acontecimientos catastróficos, de situaciones que supongan grave peligro o de necesidades que afecten a la defensa nacional, se estará al siguiente régimen excepcional:

a) El órgano de contratación, sin obligación de tramitar expediente administrativo, podrá ordenar la ejecución de lo necesario para remediar el acontecimiento producido o satisfacer la necesidad sobrevenida, o contratar libremente su objeto, en todo o en parte, sin sujetarse a los requisitos formales establecidos en la presente Ley, incluso el de la existencia de crédito suficiente. El acuerdo correspondiente se acompañará de la oportuna retención de crédito o documentación que justifique la iniciación del expediente de modificación de crédito.

b) Si el contrato ha sido celebrado por la Administración General del Estado, sus Organismos autónomos, entidades gestoras y servicios comunes de la Seguridad Social o demás entidades públicas estatales, se dará cuenta de dichos acuerdos al Consejo de Ministros en el plazo máximo de sesenta días.

c) Simultáneamente, por el Ministerio de Economía y Hacienda, si se trata de la Administración General del Estado, o por los representantes legales de los organismos autónomos y entidades gestoras y servicios comunes de la Seguridad Social, se autorizará el libramiento de los fondos precisos para hacer frente a los gastos, con carácter de a justificar.

d) Ejecutadas las actuaciones objeto de este régimen excepcional, se procederá a cumplimentar los trámites necesarios para la intervención y aprobación de la cuenta justificativa, sin perjuicio de los ajustes precisos que se establezcan reglamentariamente a efectos de dar cumplimiento al artículo 49 de la Ley General Presupuestaria.

e) El plazo de inicio de la ejecución de las prestaciones no podrá ser superior a un mes, contado desde la adopción del acuerdo previsto en la letra a). Si se excediese este plazo, la contratación de dichas prestaciones requerirá la tramitación de un procedimiento ordinario.

Asimismo, transcurrido dicho plazo, se rendirá la cuenta justificativa del libramiento que, en su caso, se hubiese efectuado, con reintegro de los fondos no invertidos. En las normas de desarrollo de esta Ley se desarrollará el procedimiento de control de estas obligaciones.

2. Las restantes prestaciones que sean necesarias para completar la actuación acometida por la Administración y que no tengan carácter de emergencia se contratarán con arreglo a la tramitación ordinaria regulada en esta Ley.

SECCIÓN 2ª.

Pliegos de cláusulas administrativas y de prescripciones técnicas

Artículo 114. Pliegos de cláusulas administrativas generales. 1. El Consejo de Ministros, a iniciativa de los Ministerios interesados, a propuesta del Ministro de Economía y Hacienda, y previo dictamen del Consejo de Estado, podrá aprobar pliegos de cláusulas administrativas generales, que deberán ajustarse en su contenido a los preceptos de esta Ley y de sus disposiciones de desarrollo, para su utilización en los contratos que se celebren por los órganos de contratación de la Administración General del Estado, sus Organismos autónomos, Entidades gestoras y Servicios comunes de la Seguridad Social y demás entidades públicas estatales.

2. Cuando se trate de pliegos generales para la adquisición de bienes y servicios relacionados con las tecnologías para la información, la propuesta al Consejo de Ministros corresponderá conjuntamente al Ministro de Economía y Hacienda y al Ministro de Política Territorial y Administración Pública.

3. Las Comunidades Autónomas y las entidades que integran la Administración Local podrán aprobar pliegos de cláusulas administrativas generales, de acuerdo con sus normas específicas, previo dictamen del Consejo de Estado u órgano consultivo equivalente de la Comunidad Autónoma respectiva, si lo hubiera.

Artículo 115. Pliegos de cláusulas administrativas particulares. 1. Los pliegos de cláusulas administrativas particulares deberán aprobarse previamente a la autorización del gasto o conjuntamente con ella, y siempre antes de la licitación del contrato, o de no existir ésta, antes de su adjudicación.

2. En los pliegos de cláusulas administrativas particulares se incluirán los pactos y condiciones definidores de los derechos y obligaciones de las partes del contrato y las demás menciones requeridas por esta Ley y sus normas de desarrollo. En el caso de contratos mixtos, se detallará el régimen jurídico aplicable a sus efectos, cumplimiento y extinción, atendiendo a las normas aplicables a las diferentes prestaciones fusionadas en ellos.

3. Los contratos se ajustarán al contenido de los pliegos particulares, cuyas cláusulas se consideran parte integrante de los mismos.

4. La aprobación de los pliegos de cláusulas administrativas particulares corresponderá al órgano de contratación, que podrá, asimismo, aprobar modelos de pliegos particulares para determinadas categorías de contratos de naturaleza análoga.

5. La Junta Consultiva de Contratación Administrativa del Estado deberá informar con carácter previo todos los pliegos particulares en que se proponga la inclusión de estipulaciones contrarias a los correspondientes pliegos generales.

6. En la Administración General del Estado, sus organismos autónomos, entidades gestoras y servicios comunes de la Seguridad Social y demás entidades públicas estatales, la aprobación de los pliegos y de los modelos requerirá el informe previo del Servicio Jurídico respectivo. Este informe no será necesario cuando el pliego de cláusulas administrativas particulares se ajuste a un modelo de pliego que haya sido previamente objeto de este informe.

Artículo 116. Pliegos de prescripciones técnicas. 1. El órgano de contratación aprobará con anterioridad a la autorización del gasto o conjuntamente con ella, y siempre antes de la licitación del contrato, o de no existir ésta, antes de su adjudicación, los pliegos y documentos que contengan las prescripciones técnicas particulares que hayan de regir la realización de la prestación y definan sus calidades, de conformidad con los requisitos que para cada contrato establece la presente Ley.

2. Previo informe de la Junta Consultiva de Contratación Administrativa del Estado, el Consejo de Ministros, a propuesta del Ministro correspondiente, podrá establecer los pliegos de prescripciones técnicas generales a que hayan de ajustarse la Administración General del Estado, sus organismos autónomos, entidades gestoras y servicios comunes de la Seguridad Social y demás entidades públicas estatales.

Artículo 117. Reglas para el establecimiento de prescripciones técnicas. 1. Las prescripciones técnicas se definirán, en la medida de lo posible, teniendo en cuenta criterios de accesibilidad universal y de diseño para todos, tal como son definidos estos términos en la Ley 51/2003, de 2 de diciembre , de Igualdad de Oportunidades, no Discriminación y Accesibilidad Universal de las Personas con Discapacidad, y, siempre que el objeto del contrato afecte o pueda afectar al medio ambiente, aplicando criterios de sostenibilidad y protección ambiental, de acuerdo con las definiciones y principios regulados en los artículos 3 y 4 , respectivamente, de la Ley 16/2002, de 1 de julio , de Prevención y Control Integrados de la Contaminación.

De no ser posible definir las prescripciones técnicas teniendo en cuenta criterios de accesibilidad universal y de diseño para todos, deberá motivarse suficientemente esta circunstancia.

2. Las prescripciones técnicas deberán permitir el acceso en condiciones de igualdad de los licitadores, sin que puedan tener por efecto la creación de obstáculos injustificados a la apertura de los contratos públicos a la competencia.

3. Sin perjuicio de las instrucciones y reglamentos técnicos nacionales que sean obligatorios, siempre y cuando sean compatibles con el derecho comunitario, las prescripciones técnicas podrán definirse de alguna de las siguientes formas:

a) Haciendo referencia, de acuerdo con el siguiente orden de prelación, a especificaciones técnicas contenidas en normas nacionales que incorporen normas europeas, a documentos de idoneidad técnica europeos, a especificaciones técnicas comunes, a normas internacionales, a otros sistemas de referencias técnicas elaborados por los organismos europeos de normalización o, en su defecto, a normas nacionales, a documentos de idoneidad técnica nacionales o a especificaciones técnicas nacionales en materia de proyecto, cálculo y realización de obras y de puesta en funcionamiento de productos, acompañando cada referencia de la mención «o equivalente».

b) En términos de rendimiento o de exigencias funcionales, incorporando a estas últimas, cuando el objeto del contrato afecte o pueda afectar al medio ambiente, la contemplación de características medioambientales. Los parámetros empleados deben ser suficientemente precisos como para permitir la determinación del objeto del contrato por los licitadores y la adjudicación del mismo a los órganos de contratación.

c) En términos de rendimiento o de exigencias funcionales, conforme a lo indicado en la letra b), haciendo referencia, como medio de presunción de conformidad con los mismos, a las especificaciones citadas en la letra a).

d) Haciendo referencia a las especificaciones técnicas mencionadas en la letra a), para ciertas características, y al rendimiento o a las exigencias funcionales mencionados en la letra b), para otras.

4. Cuando las prescripciones técnicas se definan en la forma prevista en la letra a) del apartado anterior, el órgano de contratación no podrá rechazar una oferta basándose en que los productos y servicios ofrecidos no se ajustan a las especificaciones a las que se ha hecho referencia, siempre que en su oferta el licitador pruebe, por cualquier medio adecuado, que las soluciones que propone cumplen de forma equivalente los requisitos definidos en las correspondientes prescripciones técnicas. A estos efectos, un informe técnico del fabricante o un informe de ensayos elaborado por un organismo técnico oficialmente reconocido podrán constituir un medio de prueba adecuado.

5. Cuando las prescripciones se establezcan en términos de rendimiento o de exigencias funcionales, no podrá rechazarse una oferta de obras, productos o servicios que se ajusten a una norma nacional que incorpore una norma europea, a un documento de idoneidad técnica europeo, a una especificación técnica común, a una norma internacional o al sistema de referencias técnicas elaborado por un organismo europeo de normalización, siempre que estos documentos técnicos tengan por objeto los rendimientos o las exigencias funcionales exigidos por las prescripciones.

En estos casos, el licitador debe probar en su oferta, que las obras, productos o servicios conformes a la norma o documento técnico cumplen las prescripciones técnicas establecidas por el órgano de contratación. A estos efectos, un informe técnico del fabricante o un informe de ensayos elaborado por un organismo técnico oficialmente reconocido podrán constituir un medio adecuado de prueba.

6. Cuando se prescriban características medioambientales en términos de rendimientos o de exigencias funcionales, podrán utilizarse prescripciones detalladas o, en su caso, partes de éstas, tal como se definen en las etiquetas ecológicas europeas, nacionales o plurinacionales, o en cualquier otra etiqueta ecológica, siempre que éstas sean apropiadas para definir las características de los suministros o de las prestaciones que sean objeto del contrato, sus exigencias se basen en información científica, en el procedimiento para su adopción hayan podido participar todas las partes concernidas tales como organismos gubernamentales, consumidores, fabricantes, distribuidores y organizaciones medioambientales, y que sean accesibles a todas las partes interesadas.

Los órganos de contratación podrán indicar que los productos o servicios provistos de la etiqueta ecológica se consideran acordes con las especificaciones técnicas definidas en el pliego de prescripciones técnicas, y deberán aceptar cualquier otro medio de prueba adecuado, como un informe técnico del fabricante o un informe de ensayos elaborado por un organismo técnico oficialmente reconocido.

7. A efectos del presente artículo, se entenderá por «organismos técnicos oficialmente reconocidos» aquellos laboratorios de ensayos, entidades de calibración, y organismos de inspección y certificación que, siendo conformes con las normas aplicables, hayan sido oficialmente reconocidos por las Administraciones Públicas en el ámbito de sus respectivas competencias.

Los órganos de contratación deberán aceptar los certificados expedidos por organismos reconocidos en otros Estados miembros.

8. Salvo que lo justifique el objeto del contrato, las especificaciones técnicas no podrán mencionar una fabricación o una procedencia determinada o un procedimiento concreto, ni hacer referencia a una marca, a una patente o a un tipo, a un origen o a una producción determinados con la finalidad de favorecer o descartar ciertas empresas o ciertos productos. Tal mención o referencia se autorizará, con carácter excepcional, en el caso en que no sea posible hacer una descripción lo

bastante precisa e inteligible del objeto del contrato en aplicación de los apartados 3 y 4 de este artículo y deberá ir acompañada de la mención «o equivalente».

Artículo 118. Condiciones especiales de ejecución del contrato. 1. Los órganos de contratación podrán establecer condiciones especiales en relación con la ejecución del contrato, siempre que sean compatibles con el derecho comunitario y se indiquen en el anuncio de licitación y en el pliego o en el contrato. Estas condiciones de ejecución podrán referirse, en especial, a consideraciones de tipo medioambiental o a consideraciones de tipo social, con el fin de promover el empleo de personas con dificultades particulares de inserción en el mercado laboral, eliminar las desigualdades entre el hombre y la mujer en dicho mercado, combatir el paro, favorecer la formación en el lugar de trabajo, u otras finalidades que se establezcan con referencia a la estrategia coordinada para el empleo, definida en el artículo 145 del Tratado de Funcionamiento de la Unión Europea, o garantizar el respeto a los derechos laborales básicos a lo largo de la cadena de producción mediante la exigencia del cumplimiento de las Convenciones fundamentales de la Organización Internacional del Trabajo.

2. Los pliegos o el contrato podrán establecer penalidades, conforme a lo prevenido en el artículo 212.1, para el caso de incumplimiento de estas condiciones especiales de ejecución, o atribuirles el carácter de obligaciones contractuales esenciales a los efectos señalados en el artículo 223.f). Cuando el incumplimiento de estas condiciones no se tipifique como causa de resolución del contrato, el mismo podrá ser considerado en los pliegos o en el contrato, en los términos que se establezcan reglamentariamente, como infracción grave a los efectos establecidos en el artículo 60.2.e).

Artículo 119. Información sobre las obligaciones relativas a la fiscalidad, protección del medio ambiente, empleo y condiciones laborales. 1. El órgano de contratación podrá señalar en el pliego el organismo u organismos de los que los candidatos o licitadores puedan obtener la información pertinente sobre las obligaciones relativas a la fiscalidad, a la protección del medio ambiente, y a las disposiciones vigentes en materia de protección del empleo, condiciones de trabajo y prevención de riesgos laborales, que serán aplicables a los trabajos efectuados en la obra o a los servicios prestados durante la ejecución del contrato.

2. El órgano de contratación que facilite la información a la que se refiere el apartado 1 solicitará a los licitadores o a los candidatos en un procedimiento de adjudicación de contratos que manifiesten haber tenido en cuenta en la elaboración de sus ofertas las obligaciones derivadas de las disposiciones vigentes en materia de protección del empleo, condiciones de trabajo y prevención de riesgos laborales, y protección del medio ambiente.

Esto no obstará para la aplicación de lo dispuesto en el artículo 152 sobre verificación de las ofertas que incluyan valores anormales o desproporcionados.

Artículo 120. Información sobre las condiciones de subrogación en contratos de trabajo. En aquellos contratos que impongan al adjudicatario la obligación de subrogarse como empleador en determinadas relaciones laborales, el órgano de contratación deberá facilitar a los licitadores, en el propio pliego o en la documentación complementaria, la información sobre las condiciones de los contratos de los trabajadores a los que afecte la subrogación que resulte necesaria para permitir la evaluación de los costes laborales que implicará tal medida. A estos efectos, la empresa que viniese efectuando la prestación objeto del contrato a adjudicar y que tenga la condición de empleadora de los trabajadores afectados estará obligada a proporcionar la referida información al órgano de contratación, a requerimiento de éste.

CAPÍTULO II.

Normas especiales para la preparación de determinados contratos

SECCIÓN 1ª.

Actuaciones preparatorias del contrato de obras

SUBSECCIÓN 1ª.

Proyecto de obras y replanteo

Artículo 121. Proyecto de obras. 1. En los términos previstos en esta Ley, la adjudicación de un contrato de obras requerirá la previa elaboración, supervisión, aprobación y replanteo del correspondiente proyecto que definirá con precisión el objeto del contrato. La aprobación del proyecto corresponderá al órgano de contratación salvo que tal competencia esté específicamente atribuida a otro órgano por una norma jurídica.

2. En el supuesto de adjudicación conjunta de proyecto y obra, la ejecución de ésta quedará condicionada a la supervisión, aprobación y replanteo del proyecto por el órgano de contratación.

Artículo 122. Clasificación de las obras. 1. A los efectos de elaboración de los proyectos se clasificarán las obras, según su objeto y naturaleza, en los grupos siguientes:

a) Obras de primer establecimiento, reforma o gran reparación.

b) Obras de reparación simple, restauración o rehabilitación.

c) Obras de conservación y mantenimiento.

d) Obras de demolición.

2. Son obras de primer establecimiento las que dan lugar a la creación de un bien inmueble.

3. El concepto general de reforma abarca el conjunto de obras de ampliación, mejora, modernización, adaptación, adecuación o refuerzo de un bien inmueble ya existente.

4. Se consideran como obras de reparación las necesarias para enmendar un menoscabo producido en un bien inmueble por causas fortuitas o accidentales. Cuando afecten fundamentalmente a la estructura resistente tendrán la calificación de gran reparación y, en caso contrario, de reparación simple.

5. Si el menoscabo se produce en el tiempo por el natural uso del bien, las obras necesarias para su enmienda tendrán el carácter de conservación. Las obras de mantenimiento tendrán el mismo carácter que las de conservación.

6. Son obras de restauración aquellas que tienen por objeto reparar una construcción conservando su estética, respetando su valor histórico y manteniendo su funcionalidad.

7. Son obras de rehabilitación aquellas que tienen por objeto reparar una construcción conservando su estética, respetando su valor histórico y dotándola de una nueva funcionalidad que sea compatible con los elementos y valores originales del inmueble.

8. Son obras de demolición las que tengan por objeto el derribo o la destrucción de un bien inmueble.

Artículo 123. Contenido de los proyectos y responsabilidad derivada de su elaboración. 1. Los proyectos de obras deberán comprender, al menos:

a) Una memoria en la que se describa el objeto de las obras, que recogerá los antecedentes y situación previa a las mismas, las necesidades a satisfacer y la justificación de la solución adoptada, detallándose los factores de todo orden a tener en cuenta.

b) Los planos de conjunto y de detalle necesarios para que la obra quede perfectamente definida, así como los que delimiten la ocupación de terrenos y la restitución de servidumbres y demás derechos reales, en su caso, y servicios afectados por su ejecución.

c) El pliego de prescripciones técnicas particulares, donde se hará la descripción de las obras y se regulará su ejecución, con expresión de la forma en que ésta se llevará a cabo, las obligaciones de orden técnico que correspondan al contratista, y la manera en que se llevará a cabo la medición de las unidades ejecutadas y el control de calidad de los materiales empleados y del proceso de ejecución.

d) Un presupuesto, integrado o no por varios parciales, con expresión de los precios unitarios y de los descompuestos, en su caso, estado de mediciones y los detalles precisos para su valoración.

e) Un programa de desarrollo de los trabajos o plan de obra de carácter indicativo, con previsión, en su caso, del tiempo y coste.

f) Las referencias de todo tipo en que se fundamentará el replanteo de la obra.

g) El estudio de seguridad y salud o, en su caso, el estudio básico de seguridad y salud, en los términos previstos en las normas de seguridad y salud en las obras.

h) Cuanta documentación venga prevista en normas de carácter legal o reglamentario.

2. No obstante, para los proyectos de obras de primer establecimiento, reforma o gran reparación inferiores a 350.000 euros, y para los restantes proyectos enumerados en el artículo anterior, se podrá simplificar, refundir o incluso suprimir, alguno o algunos de los documentos anteriores en la forma que en las normas de desarrollo de esta Ley se determine, siempre que la documentación resultante sea suficiente para definir, valorar y ejecutar las obras que comprenda. No obstante, solo podrá prescindirse de la documentación indicada en la letra g) del apartado anterior en los casos en que así esté previsto en la normativa específica que la regula.

3. Salvo que ello resulte incompatible con la naturaleza de la obra, el proyecto deberá incluir un estudio geotécnico de los terrenos sobre los que ésta se va a ejecutar, así como los informes y estudios previos necesarios para la mejor determinación del objeto del contrato.

4. Cuando la elaboración del proyecto haya sido contratada íntegramente por la Administración, el autor o autores del mismo incurrirán en responsabilidad en los términos establecidos en los artículos 310 a 312. En el supuesto de que la prestación se llevara a cabo en colaboración con la Administración y bajo su supervisión, las responsabilidades se limitarán al ámbito de la colaboración.

5. Los proyectos deberán sujetarse a las instrucciones técnicas que sean de obligado cumplimiento.

Artículo 124. Presentación del proyecto por el empresario. 1. La contratación conjunta de la elaboración del proyecto y la ejecución de las obras correspondientes tendrá carácter excepcional y solo podrá efectuarse en los siguientes supuestos cuya concurrencia deberá justificarse debidamente en el expediente:

a) Cuando motivos de orden técnico obliguen necesariamente a vincular al empresario a los estudios de las obras. Estos motivos deben estar ligados al destino o a las técnicas de ejecución de la obra.

b) Cuando se trate de obras cuya dimensión excepcional o dificultades técnicas singulares, requieran soluciones aportadas con medios y capacidad técnica propias de las empresas.

2. En todo caso, la licitación de este tipo de contrato requerirá la redacción previa por la Administración o entidad contratante del correspondiente anteproyecto o documento similar y solo, cuando por causas justificadas fuera conveniente al interés público, podrá limitarse a redactar las bases técnicas a que el proyecto deba ajustarse.

3. El contratista presentará el proyecto al órgano de contratación para su supervisión, aprobación y replanteo. Si se observaren defectos o referencias de precios inadecuados en el proyecto recibido se requerirá su subsanación del contratista, en los términos del artículo 310, sin que pueda iniciarse la ejecución de obra hasta que se proceda a una nueva supervisión, aprobación y replanteo del proyecto. En el supuesto de que el órgano de contratación y el contratista no llegaren a un acuerdo sobre los precios, el último quedará exonerado de ejecutar las obras, sin otro derecho frente al órgano de contratación que el pago de los trabajos de redacción del correspondiente proyecto.

4. En los casos a que se refiere este artículo, la iniciación del expediente y la reserva de crédito correspondiente fijarán el importe estimado máximo que el futuro contrato puede alcanzar. No obstante, no se procederá a la fiscalización del gasto, a su aprobación, así como a la adquisición

del compromiso generado por el mismo, hasta que se conozca el importe y las condiciones del contrato de acuerdo con la proposición seleccionada, circunstancias que serán recogidas en el correspondiente pliego de cláusulas administrativas particulares.

5. Cuando se trate de la elaboración de un proyecto de obras singulares de infraestructuras hidráulicas o de transporte cuya entidad o complejidad no permita establecer el importe estimativo de la realización de las obras, la previsión del precio máximo a que se refiere el apartado anterior se limitará exclusivamente al proyecto. La ejecución de la obra quedará supeditada al estudio de la viabilidad de su financiación y a la tramitación del correspondiente expediente de gasto. En el supuesto de que se renunciara a la ejecución de la obra o no se produzca pronunciamiento en un plazo de tres meses, salvo que el pliego de cláusulas estableciera otro mayor, el contratista tendrá derecho al pago del precio del proyecto incrementado en el 5 por 100 como compensación.

Artículo 125. Supervisión de proyectos. Antes de la aprobación del proyecto, cuando la cuantía del contrato de obras sea igual o superior a 350.000 euros, los órganos de contratación deberán solicitar un informe de las correspondientes oficinas o unidades de supervisión de los proyectos encargadas de verificar que se han tenido en cuenta las disposiciones generales de carácter legal o reglamentario así como la normativa técnica que resulten de aplicación para cada tipo de proyecto. La responsabilidad por la aplicación incorrecta de las mismas en los diferentes estudios y cálculos se exigirá de conformidad con lo dispuesto en el artículo 123.4. En los proyectos de cuantía inferior a la señalada, el informe tendrá carácter facultativo, salvo que se trate de obras que afecten a la estabilidad, seguridad o estanqueidad de la obra en cuyo caso el informe de supervisión será igualmente preceptivo.

Artículo 126. Replanteo del proyecto. 1. Aprobado el proyecto y previamente a la tramitación del expediente de contratación de la obra, se procederá a efectuar el replanteo del mismo, el cual consistirá en comprobar la realidad geométrica de la misma y la disponibilidad de los terrenos precisos para su normal ejecución, que será requisito indispensable para la adjudicación en todos los procedimientos. Asimismo se deberán comprobar cuantos supuestos figuren en el proyecto elaborado y sean básicos para el contrato a celebrar.

2. En la tramitación de los expedientes de contratación referentes a obras de infraestructuras hidráulicas, de transporte y de carreteras, se dispensará del requisito previo de disponibilidad de los terrenos, si bien la ocupación efectiva de aquéllos deberá ir precedida de la formalización del acta de ocupación.

3. En los casos de cesión de terrenos o locales por Entidades públicas, será suficiente para acreditar la disponibilidad de los terrenos, la aportación de los acuerdos de cesión y aceptación por los órganos competentes.

4. Una vez realizado el replanteo se incorporará el proyecto al expediente de contratación.

SUBSECCIÓN 2ª.

Pliego de Cláusulas Administrativas en contratos bajo la modalidad de abono total del precio

Artículo 127. Contenido de los pliegos de cláusulas administrativas en los contratos de obra con abono total del precio. En los contratos de obras en los que se estipule que la Administración satisfará el precio mediante un único abono efectuado en el momento de terminación de la obra, obligándose el contratista a financiar su construcción adelantando las cantidades necesarias hasta que se produzca la recepción de la obra terminada, los pliegos de cláusulas administrativas particulares deberán incluir las condiciones específicas de la financiación, así como, en su caso, la capitalización de sus intereses y su liquidación, debiendo las ofertas expresar separadamente el precio de construcción y el precio final a pagar, a efectos de que en la valoración de las mismas se puedan ponderar las condiciones de financiación y la refinanciación, en su caso, de los costes de construcción.

SECCIÓN 2ª.

Actuaciones preparatorias del contrato de concesión de obra pública .

Artículo 128. Estudio de viabilidad. 1. Con carácter previo a la decisión de construir y explotar en régimen de concesión una obra pública, el órgano que corresponda de la Administración concedente acordará la realización de un estudio de viabilidad de la misma.

2. El estudio de viabilidad deberá contener, al menos, los datos, análisis, informes o estudios que procedan sobre los puntos siguientes:

a) Finalidad y justificación de la obra, así como definición de sus características esenciales.

b) Previsiones sobre la demanda de uso e incidencia económica y social de la obra en su área de influencia y sobre la rentabilidad de la concesión.

c) Valoración de los datos e informes existentes que hagan referencia al planeamiento sectorial, territorial o urbanístico.

d) Estudio de impacto ambiental cuando éste sea preceptivo de acuerdo con la legislación vigente. En los restantes casos, un análisis ambiental de las alternativas y las correspondientes medidas correctoras y protectoras necesarias.

e) Justificación de la solución elegida, indicando, entre las alternativas consideradas si se tratara de infraestructuras viarias o lineales, las características de su trazado.

f) Riesgos operativos y tecnológicos en la construcción y explotación de la obra.

g) Coste de la inversión a realizar, así como el sistema de financiación propuesto para la construcción de la obra con la justificación, asimismo, de la procedencia de ésta.

h) Estudio de seguridad y salud o, en su caso, estudio básico de seguridad y salud, en los términos previstos en las disposiciones mínimas de seguridad y salud en obras de construcción.

3. La Administración concedente someterá el estudio de viabilidad a información pública por el plazo de un mes, prorrogable por idéntico plazo en razón de la complejidad del mismo y dará traslado del mismo para informe a los órganos de la Administración General del Estado, las Comunidades Autónomas y Entidades Locales afectados cuando la obra no figure en el correspondiente planeamiento urbanístico, que deberán emitirlo en el plazo de un mes.

4. El trámite de información pública previsto en el apartado anterior servirá también para cumplimentar el concerniente al estudio de impacto ambiental, en los casos en que la declaración de impacto ambiental resulte preceptiva.

5. Se admitirá la iniciativa privada en la presentación de estudios de viabilidad de eventuales concesiones. Presentado el estudio será elevado al órgano competente para que en el plazo de tres meses comunique al particular la decisión de tramitar o no tramitar el mismo o fije un plazo mayor para su estudio que, en ningún caso, será superior a seis meses. El silencio de la Administración o de la entidad que corresponda equivaldrá a la no aceptación del estudio.

En el supuesto de que el estudio de viabilidad culminara en el otorgamiento de la correspondiente concesión tras la oportuna licitación, su autor tendrá derecho, siempre que no haya resultado adjudicatario y salvo que el estudio hubiera resultado insuficiente de acuerdo con su propia finalidad, al resarcimiento de los gastos efectuados para su elaboración, incrementados en un 5 por 100 como compensación, gastos que podrán imponerse al concesionario como condición contractual en el correspondiente pliego de cláusulas administrativas particulares. El importe de los gastos será determinado por la Administración concedente en función de los que resulten acreditados por quien haya presentado el estudio, conformes con la naturaleza y contenido de éste y de acuerdo con los precios de mercado.

6. La Administración concedente podrá acordar motivadamente la sustitución del estudio de viabilidad a que se refieren los apartados anteriores por un estudio de viabilidad económico-financiera cuando por la naturaleza y finalidad de la obra o por la cuantía de la inversión requerida considerara que éste es suficiente. En estos supuestos la Administración elaborará además, antes de licitar la concesión, el correspondiente anteproyecto o proyecto para asegurar los trámites establecidos en los apartados 3 y 4 del artículo siguiente.

Artículo 129. Anteproyecto de construcción y explotación de la obra. 1. En función de la complejidad de la obra y del grado de definición de sus características, la Administración concedente, aprobado el estudio de viabilidad, podrá acordar la redacción del correspondiente anteproyecto. Éste podrá incluir, de acuerdo con la naturaleza de la obra, zonas complementarias de explotación comercial.

2. El anteproyecto de construcción y explotación de la obra deberá contener, como mínimo, la siguiente documentación:

a) Una memoria en la que se expondrán las necesidades a satisfacer, los factores sociales, técnicos, económicos, medioambientales y administrativos considerados para atender el objetivo fijado y la justificación de la solución que se propone. La memoria se acompañará de los datos y cálculos básicos correspondientes.

b) Los planos de situación generales y de conjunto necesarios para la definición de la obra.

c) Un presupuesto que comprenda los gastos de ejecución de la obra, incluido el coste de las expropiaciones que hubiese que llevar a cabo, partiendo de las correspondientes mediciones aproximadas y valoraciones. Para el cálculo del coste de las expropiaciones se tendrá en cuenta el sistema legal de valoraciones vigente.

d) Un estudio relativo al régimen de utilización y explotación de la obra, con indicación de su forma de financiación y del régimen tarifario que regirá en la concesión, incluyendo, en su caso, la incidencia o contribución en éstas de los rendimientos que pudieran corresponder a la zona de explotación comercial.

3. El anteproyecto se someterá a información pública por el plazo de un mes, prorrogable por idéntico plazo en razón de su complejidad, para que puedan formularse cuantas observaciones se consideren oportunas sobre la ubicación y características de la obra, así como cualquier otra circunstancia referente a su declaración de utilidad pública, y dará traslado de éste para informe a los órganos de la Administración General del Estado, las Comunidades Autónomas y Entidades Locales afectados. Este trámite de información pública servirá también para cumplimentar el concerniente al estudio de impacto ambiental, en los casos en que la declaración de impacto ambiental resulte preceptiva y no se hubiera efectuado dicho trámite anteriormente por tratarse de un supuesto incluido en el apartado 6 del artículo anterior.

4. La Administración concedente aprobará el anteproyecto de la obra, considerando las alegaciones formuladas e incorporando las prescripciones de la declaración de impacto ambiental, e instará el reconocimiento concreto de la utilidad pública de ésta a los efectos previstos en la legislación de expropiación forzosa.

5. Cuando el pliego de cláusulas administrativas particulares lo autorice, y en los términos que éste establezca, los licitadores a la concesión podrán introducir en el anteproyecto las variantes o mejoras que estimen convenientes.

Artículo 130. Proyecto de la obra y replanteo de éste. 1. En el supuesto de que las obras sean definidas en todas sus características por la Administración concedente, se procederá a la redacción, supervisión, aprobación y replanteo del correspondiente proyecto de acuerdo con lo dispuesto en los correspondientes artículos de esta Ley y al reconocimiento de la utilidad pública de la obra a los efectos previstos en la legislación de expropiación forzosa.

2. Cuando no existiera anteproyecto, la Administración concedente someterá el proyecto, antes de su aprobación definitiva, a la tramitación establecida en los apartados 3 y 4 del artículo anterior para los anteproyectos.

3. Será de aplicación en lo que se refiere a las posibles mejoras del proyecto de la obra lo dispuesto en el apartado 5 del artículo anterior.

4. El concesionario responderá de los daños derivados de los defectos del proyecto cuando, según los términos de la concesión, le corresponda su presentación o haya introducido mejoras en el propuesto por la Administración.

Artículo 131. Pliegos de cláusulas administrativas particulares. 1. Los pliegos de cláusulas administrativas particulares de los contratos de concesión de obras públicas deberán hacer referencia, al menos, a los siguientes aspectos:

a) Definición del objeto del contrato, con referencia al anteproyecto o proyecto de que se trate y mención expresa de los documentos de éste que revistan carácter contractual. En su caso determinación de la zona complementaria de explotación comercial.

b) Requisitos de capacidad y solvencia financiera, económica y técnica que sean exigibles a los licitadores.

c) Contenido de las proposiciones, que deberán hacer referencia, al menos, a los siguientes extremos:

1.° Relación de promotores de la futura sociedad concesionaria, en el supuesto de que estuviera prevista su constitución, y características de la misma tanto jurídicas como financieras.

2.° Plan de realización de las obras con indicación de las fechas previstas para su inicio, terminación y apertura al uso al que se destinen.

3.° Plazo de duración de la concesión.

4.° Plan económico-financiero de la concesión que incluirá, entre los aspectos que le son propios, el sistema de tarifas, la inversión y los costes de explotación y obligaciones de pago y gastos financieros, directos o indirectos, estimados. Deberá ser objeto de consideración específica la incidencia en las tarifas, así como en las previsiones de amortización, en el plazo concesional y en otras variables de la concesión previstas en el pliego, en su caso, de los rendimientos de la demanda de utilización de la obra y, cuando exista, de los beneficios derivados de la explotación de la zona comercial, cuando no alcancen o cuando superen los niveles mínimo y máximo, respectivamente, que se consideren en la oferta. En cualquier caso, si los rendimientos de la zona comercial no superan el umbral mínimo fijado en el pliego de cláusulas administrativas, dichos rendimientos no podrán considerarse a los efectos de la revisión de los elementos señalados anteriormente.

5.° En los casos de financiación mixta de la obra, propuesta del porcentaje de financiación con cargo a recursos públicos, por debajo de los establecidos en el pliego de cláusulas administrativas particulares.

6.° Compromiso de que la sociedad concesionaria adoptará el modelo de contabilidad que establezca el pliego, de conformidad con la normativa aplicable, incluido el que pudiera corresponder a la gestión de las zonas complementarias de explotación comercial, sin perjuicio de que los rendimientos de éstas se integren a todos los efectos en los de la concesión.

7.° En los términos y con el alcance que se fije en el pliego, los licitadores podrán introducir las mejoras que consideren convenientes, y que podrán referirse a características estructurales de la obra, a su régimen de explotación, a las medidas tendentes a evitar los daños al medio ambiente y los recursos naturales, o a mejoras sustanciales, pero no a su ubicación.

d) Sistema de retribución del concesionario en el que se incluirán las opciones posibles sobre las que deberá versar la oferta, así como, en su caso, las fórmulas de actualización de costes durante la explotación de la obra, con referencia obligada a su repercusión en las correspondientes tarifas en función del objeto de la concesión.

e) El umbral mínimo de beneficios derivados de la explotación de la zona comercial por debajo del cual no podrá incidirse en los elementos económicos de la concesión.

f) Cuantía y forma de las garantías.

g) Características especiales, en su caso, de la sociedad concesionaria.

h) Plazo, en su caso, para la elaboración del proyecto, plazo para la ejecución de las obras y plazo de explotación de las mismas, que podrá ser fijo o variable en función de los criterios establecidos en el pliego.

i) Derechos y obligaciones específicas de las partes durante la fase de ejecución de las obras y durante su explotación.

j) Régimen de penalidades y supuestos que puedan dar lugar al secuestro de la concesión.

k) Lugar, fecha y plazo para la presentación de ofertas.

2. El órgano de contratación podrá incluir en el pliego, en función de la naturaleza y complejidad de éste, un plazo para que los licitadores puedan solicitar las aclaraciones que estimen pertinentes sobre su contenido. Las respuestas tendrán carácter vinculante y deberán hacerse públicas en términos que garanticen la igualdad y concurrencia en el proceso de licitación.

SECCIÓN 3ª.

Actuaciones preparatorias del contrato de gestión de servicios públicos

Artículo 132. Régimen jurídico del servicio. Antes de proceder a la contratación de un servicio público, deberá haberse establecido su régimen jurídico, que declare expresamente que la actividad de que se trata queda asumida por la Administración respectiva como propia de la misma, atribuya las competencias administrativas, determine el alcance de las prestaciones en favor de los administrados, y regule los aspectos de carácter jurídico, económico y administrativo relativos a la prestación del servicio.

Artículo 133. Pliegos y anteproyecto de obra y explotación. 1. De acuerdo con las normas reguladoras del régimen jurídico del servicio, los pliegos de cláusulas administrativas particulares y de prescripciones técnicas fijarán las condiciones de prestación del servicio y, en su caso, fijarán las tarifas que hubieren de abonar los usuarios, los procedimientos para su revisión, y el canon o participación que hubiera de satisfacerse a la Administración.

2. En los contratos que comprendan la ejecución de obras, la tramitación del expediente irá precedida de la elaboración y aprobación administrativa del anteproyecto de explotación y del correspondiente a las obras precisas, con especificación de las prescripciones técnicas relativas a su realización. En tal supuesto serán de aplicación los preceptos establecidos en esta Ley para la concesión de obras públicas.

3. El órgano de contratación podrá incluir en el pliego, en función de la naturaleza y complejidad de éste, un plazo para que los licitadores puedan solicitar las aclaraciones que estimen pertinentes sobre su contenido. Las respuestas tendrán carácter vinculante y deberán hacerse públicas en términos que garanticen la igualdad y concurrencia en el proceso de licitación.

SECCIÓN 4ª.

Actuaciones preparatorias de los contratos de colaboración entre el sector público y el sector privado

Artículo 134. Evaluación previa. 1. Con carácter previo a la iniciación de un expediente de contrato de colaboración entre el sector público y el sector privado, la Administración o entidad contratante deberá elaborar un documento de evaluación en que se ponga de manifiesto que, habida cuenta de la complejidad del contrato, no se encuentra en condiciones de definir, con carácter previo a la licitación, los medios técnicos necesarios para alcanzar los objetivos proyectados o de establecer los mecanismos jurídicos y financieros para llevar a cabo el contrato, y se efectúe un análisis comparativo con formas alternativas de contratación que justifiquen en términos de obtención de mayor valor por precio, de coste global, de eficacia o de imputación de riesgos, los motivos de carácter jurídico, económico, administrativo y financiero que recomienden la adopción de esta fórmula de contratación.

2. La evaluación a que se refiere el apartado anterior podrá realizarse de forma sucinta si concurren razones de urgencia no imputables a la Administración o entidad contratante que aconsejen utilizar el contrato de colaboración entre el sector público y el sector privado para atender las necesidades públicas.

3. La evaluación será realizada por un órgano colegiado donde se integren expertos con cualificación suficiente en la materia sobre la que verse el contrato.

4. No será necesario realizar una nueva evaluación cuando un órgano integrado en la misma Administración o entidad que aquel que pretenda realizar el contrato, o en la Administración de la que dependa éste o a la que se encuentre vinculado, la hubiese efectuado previamente para un su-

puesto análogo, siempre que esta evaluación previa no se hubiese realizado de forma sucinta por razones de urgencia.

Artículo 135. Programa funcional. El órgano de contratación, a la vista de los resultados de la evaluación a que se refiere el artículo anterior, elaborará un programa funcional que contendrá los elementos básicos que informarán el diálogo con los contratistas y que se incluirá en el documento descriptivo del contrato. Particularmente, se identificará en el programa funcional la naturaleza y dimensión de las necesidades a satisfacer, los elementos jurídicos, técnicos o económicos mínimos que deben incluir necesariamente las ofertas para ser admitidas al diálogo competitivo, y los criterios de adjudicación del contrato.

Artículo 136. Clausulado del contrato. Los contratos de colaboración entre el sector público y el sector privado deberán incluir necesariamente, además de las cláusulas relativas a los extremos previstos en el artículo 26, estipulaciones referidas a los siguientes aspectos:

a) Identificación de las prestaciones principales que constituyen su objeto, que condicionarán el régimen sustantivo aplicable al contrato, de conformidad con lo previsto en la letra m) de este artículo y en el artículo 313.

b) Condiciones de reparto de riesgos entre la Administración y el contratista, desglosando y precisando la imputación de los riesgos derivados de la variación de los costes de las prestaciones y la imputación de los riesgos de disponibilidad o de demanda de dichas prestaciones.

c) Objetivos de rendimiento asignados al contratista, particularmente en lo que concierne a la calidad de las prestaciones de los servicios, la calidad de las obras y suministros y las condiciones en que son puestas a disposición de la Administración.

d) Remuneración del contratista, que deberá desglosar las bases y criterios para el cálculo de los costes de inversión, de funcionamiento y de financiación y en su caso, de los ingresos que el contratista pueda obtener de la explotación de las obras o equipos en caso de que sea autorizada y compatible con la cobertura de las necesidades de la Administración.

e) Causas y procedimientos para determinar las variaciones de la remuneración a lo largo del período de ejecución del contrato.

f) Fórmulas de pago y, particularmente, condiciones en las cuales, en cada vencimiento o en determinado plazo, el montante de los pagos pendientes de satisfacer por la Administración y los importes que el contratista debe abonar a ésta como consecuencia de penalidades o sanciones pueden ser objeto de compensación.

g) Fórmulas de control por la Administración de la ejecución del contrato, especialmente respecto a los objetivos de rendimiento, así como las condiciones en que se puede producir la subcontratación.

h) Sanciones y penalidades aplicables en caso de incumplimiento de las obligaciones del contrato.

i) Condiciones en que puede procederse por acuerdo o, a falta del mismo, por una decisión unilateral de la Administración, a la modificación de determinados aspectos del contrato o a su resolución, particularmente en supuestos de variación de las necesidades de la Administración, de innovaciones tecnológicas o de modificación de las condiciones de financiación obtenidas por el contratista.

j) Control que se reserva la Administración sobre la cesión total o parcial del contrato.

k) Destino de las obras y equipamientos objeto del contrato a la finalización del mismo.

l) Garantías que el contratista afecta al cumplimiento de sus obligaciones.

m) Referencia a las condiciones generales y, cuando sea procedente, a las especiales que sean pertinentes en función de la naturaleza de las prestaciones principales, que la Ley establece respecto a las prerrogativas de la Administración y a la ejecución, modificación y extinción de los contratos.

TÍTULO II.

Preparación de otros contratos

CAPÍTULO ÚNICO

Reglas aplicables a la preparación de los contratos celebrados por poderes adjudicadores que no tengan el carácter de Administraciones Públicas y de contratos subvencionados

Artículo 137. Establecimiento de prescripciones técnicas y preparación de pliegos[23]. 1. En los contratos celebrados por poderes adjudicadores que no tengan el carácter de Administraciones Públicas, que estén sujetos a regulación armonizada o que sean contratos de servicios comprendidos en las categorías 17 a 27 del Anexo II de cuantía igual o superior a 207.000 euros, así como en los contratos subvencionados a que se refiere el artículo 17, deberán observarse las reglas establecidas en el artículo 117 para la definición y establecimiento de prescripciones técnicas, siendo igualmente de aplicación lo previsto en los artículos 118 a 120. Si la celebración del contrato es necesaria para atender una necesidad inaplazable o si resulta preciso acelerar la adjudicación por razones de interés público, el órgano de contratación podrá declarar urgente su tramitación, motivándolo debidamente en la documentación preparatoria. En este caso será de aplicación lo previsto en el artículo 112.2.b) sobre reducción de plazos.

2. En contratos distintos a los mencionados en el apartado anterior de cuantía superior a 50.000 euros, los poderes adjudicadores que no tengan el carácter de Administraciones Públicas deberán elaborar un pliego, en el que se establezcan las características básicas del contrato, el régimen de admisión de variantes, las modalidades de recepción de las ofertas, los criterios de adjudicación y las garantías que deberán constituir, en su caso, los licitadores o el adjudicatario, siendo de aplicación, asimismo, lo dispuesto en el artículo 120. Estos pliegos serán parte integrante del contrato.

LIBRO III.

Selección del contratista y adjudicación de los contratos

TÍTULO I.

Adjudicación de los contratos

CAPÍTULO I.

Adjudicación de los contratos de las Administraciones Públicas

SECCIÓN 1ª.

Normas generales

SUBSECCIÓN 1ª.

Disposiciones directivas

Artículo 138. Procedimiento de adjudicación. 1. Los contratos que celebren las Administraciones Públicas se adjudicarán con arreglo a las normas del presente Capítulo.

2. La adjudicación se realizará, ordinariamente, utilizando el procedimiento abierto o el procedimiento restringido. En los supuestos enumerados en los artículos 170 a 175, ambos inclusive, podrá seguirse el procedimiento negociado, y en los casos previstos en el artículo 180 podrá recurrirse al diálogo competitivo.

---

23 Ap. 1 modificado por art. único.1 b) de Orden nº HAP/2425/2013, de 23 de diciembre.

3. Los contratos menores podrán adjudicarse directamente a cualquier empresario con capacidad de obrar y que cuente con la habilitación profesional necesaria para realizar la prestación, cumpliendo con las normas establecidas en el artículo 111.

Se consideran contratos menores los contratos de importe inferior a 50.000 euros, cuando se trate de contratos de obras, o a 18.000 euros, cuando se trate de otros contratos, sin perjuicio de lo dispuesto en el artículo 206 en relación con las obras, servicios y suministros centralizados en el ámbito estatal.

4. En los concursos de proyectos se seguirá el procedimiento regulado en la sección 6.ª de este Capítulo.

Artículo 139. Principios de igualdad y transparencia. Los órganos de contratación darán a los licitadores y candidatos un tratamiento igualitario y no discriminatorio y ajustarán su actuación al principio de transparencia.

Artículo 140. Confidencialidad. 1. Sin perjuicio de las disposiciones de la presente Ley relativas a la publicidad de la adjudicación y a la información que debe darse a los candidatos y a los licitadores, los órganos de contratación no podrán divulgar la información facilitada por los empresarios que éstos hayan designado como confidencial; este carácter afecta, en particular, a los secretos técnicos o comerciales y a los aspectos confidenciales de las ofertas.

2. El contratista deberá respetar el carácter confidencial de aquella información a la que tenga acceso con ocasión de la ejecución del contrato a la que se le hubiese dado el referido carácter en los pliegos o en el contrato, o que por su propia naturaleza deba ser tratada como tal. Este deber se mantendrá durante un plazo de cinco años desde el conocimiento de esa información, salvo que los pliegos o el contrato establezcan un plazo mayor.

SUBSECCIÓN 2ª.

Publicidad

Artículo 141. Anuncio previo[24]**.** 1. Los órganos de contratación podrán publicar un anuncio de información previa con el fin de dar a conocer, en relación con los contratos de obras, suministros y servicios que tengan proyectado adjudicar en los doce meses siguientes, los siguientes datos:

a) En el caso de los contratos de obras, las características esenciales de aquellos cuyo valor estimado sea igual o superior a 5.186.000 euros.

b) En el caso de los contratos de suministro, su valor total estimado, desglosado por grupos de productos referidos a partidas del «Vocabulario Común de los Contratos Públicos» (CPV), cuando ese valor total sea igual o superior a 750.000 euros.

c) En el caso de los contratos de servicios, el valor total estimado para cada categoría de las comprendidas en los números 1 a 16 del anexo II, cuando ese valor total sea igual o superior a 750.000 euros.

2. Los anuncios se publicarán en el «Diario Oficial de la Unión Europea» o en el perfil de contratante del órgano de contratación a que se refiere el artículo 53.

En el caso de que la publicación vaya a efectuarse en el perfil de contratante del órgano de contratación, éste deberá comunicarlo previamente a la Comisión Europea y al «Boletín Oficial del Estado» por medios electrónicos, con arreglo al formato y a las modalidades de transmisión que se establezcan. En el anuncio previo se indicará la fecha en que se haya enviado esta comunicación.

3. Los anuncios se enviarán a la Oficina de Publicaciones Oficiales de las Comunidades Europeas o se publicarán en el perfil de contratante lo antes posible, una vez tomada la decisión por la que se autorice el programa en el que se contemple la celebración de los correspondientes contratos, en el caso de los de obras, o una vez iniciado el ejercicio presupuestario, en los restantes.

---

24 Ap. 1 a) modificado por art. único.1 a) de Orden nº HAP/2425/2013, de 23 de diciembre.

4. La publicación del anuncio previo cumpliendo con las condiciones establecidas en los artículos 159.1 y 167.1 permitirá reducir los plazos para la presentación de proposiciones en los procedimientos abiertos y restringidos en la forma que en esos preceptos se determina.

Artículo 142. Convocatoria de licitaciones. 1. Los procedimientos para la adjudicación de contratos de las Administraciones Públicas, a excepción de los negociados que se sigan en casos distintos de los contemplados en los apartados 1 y 2 del artículo 177, deberán anunciarse en el «Boletín Oficial del Estado». No obstante, cuando se trate de contratos de las Comunidades Autónomas, entidades locales u organismos o entidades de derecho público dependientes de las mismas, se podrá sustituir la publicidad en el «Boletín Oficial del Estado» por la que se realice en los diarios o boletines oficiales autonómicos o provinciales.

Cuando los contratos estén sujetos a regulación armonizada, la licitación deberá publicarse, además, en el «Diario Oficial de la Unión Europea», sin que en este caso la publicidad efectuada en los diarios oficiales autonómicos o provinciales pueda sustituir a la que debe hacerse en el «Boletín Oficial del Estado».

2. Cuando el órgano de contratación lo estime conveniente, los procedimientos para la adjudicación de contratos de obras, suministros o servicios no sujetos a regulación armonizada podrán ser anunciados, además, en el «Diario Oficial de la Unión Europea».

3. El envío del anuncio al «Diario Oficial de la Unión Europea» deberá preceder a cualquier otra publicidad. Los anuncios que se publiquen en otros diarios o boletines deberán indicar la fecha de aquel envío, de la que el órgano de contratación dejará prueba suficiente en el expediente, y no podrán contener indicaciones distintas a las incluidas en dicho anuncio.

4. Los anuncios de licitación se publicarán, asimismo, en el perfil de contratante del órgano de contratación. En los procedimientos negociados seguidos en los casos previstos en el artículo 177.2, esta publicidad podrá sustituir a la que debe efectuarse en el «Boletín Oficial del Estado» o en los diarios oficiales autonómicos o provinciales.

SUBSECCIÓN 3ª.

Licitación

Artículo 143. Plazos de presentación de las solicitudes de participación y de las proposiciones. Los órganos de contratación fijarán los plazos de recepción de las ofertas y solicitudes de participación teniendo en cuenta el tiempo que razonablemente pueda ser necesario para preparar aquéllas, atendida la complejidad del contrato, y respetando, en todo caso, los plazos mínimos fijados en esta Ley.

Artículo 144. Reducción de plazos en caso de tramitación urgente. En caso de que el expediente de contratación haya sido declarado de tramitación urgente, los plazos establecidos en este Capítulo se reducirán en la forma prevista en la letra b) del apartado 2 del artículo 112.

Artículo 145. Proposiciones de los interesados. 1. Las proposiciones de los interesados deberán ajustarse a lo previsto en el pliego de cláusulas administrativas particulares, y su presentación supone la aceptación incondicionada por el empresario del contenido de la totalidad de dichas cláusulas o condiciones, sin salvedad o reserva alguna.

2. Las proposiciones serán secretas y se arbitrarán los medios que garanticen tal carácter hasta el momento de la licitación pública, sin perjuicio de lo dispuesto en los artículos 148 y 182 en cuanto a la información que debe facilitarse a los participantes en una subasta electrónica o en un diálogo competitivo.

3. Cada licitador no podrá presentar más de una proposición, sin perjuicio de lo dispuesto en el artículo 147 sobre admisibilidad de variantes o mejoras y en el artículo 148 sobre presentación de nuevos precios o valores en el seno de una subasta electrónica. Tampoco podrá suscribir ninguna propuesta en unión temporal con otros si lo ha hecho individualmente o figurar en más de una unión temporal. La infracción de estas normas dará lugar a la no admisión de todas las propuestas por él suscritas.

4. En los contratos de concesión de obra pública, la presentación de proposiciones diferentes por empresas vinculadas supondrá la exclusión del procedimiento de adjudicación, a todos los efectos, de las ofertas formuladas. No obstante, si sobreviniera la vinculación antes de que concluya el plazo de presentación de ofertas, o del plazo de presentación de candidaturas en el procedimiento restringido, podrá subsistir la oferta que determinen de común acuerdo las citadas empresas.

En los demás contratos, la presentación de distintas proposiciones por empresas vinculadas producirá los efectos que reglamentariamente se determinen en relación con la aplicación del régimen de ofertas con valores anormales o desproporcionados previsto en el artículo 152.

Se considerarán empresas vinculadas las que se encuentren en alguno de los supuestos previstos en el artículo 42 del Código de Comercio.

5. En la proposición deberá indicarse, como partida independiente, el importe del Impuesto sobre el Valor Añadido que deba ser repercutido.

Artículo 146. Presentación de la documentación acreditativa del cumplimiento de requisitos previos[25]. 1. Las proposiciones. en el procedimiento abierto y las solicitudes de participación en los procedimientos restringido y negociado y en el diálogo competitivo deberán ir acompañadas de los siguientes documentos:

a) Los que acrediten la personalidad jurídica del empresario y, en su caso, su representación.

b) Los que acrediten la clasificación de la empresa, en su caso, o justifiquen los requisitos de su solvencia económica, financiera y técnica o profesional.

Si la empresa se encontrase pendiente de clasificación, deberá aportarse el documento acreditativo de haber presentado la correspondiente solicitud para ello, debiendo justificar el estar en posesión de la clasificación exigida en el plazo previsto en las normas de desarrollo de esta Ley para la subsanación de defectos u omisiones en la documentación.

c) Una declaración responsable de no estar incurso en prohibición de contratar. Esta declaración incluirá la manifestación de hallarse al corriente del cumplimiento de las obligaciones tributarias y con la Seguridad Social impuestas por las disposiciones vigentes, sin perjuicio de que la justificación acreditativa de tal requisito deba presentarse, antes de la adjudicación, por el empresario a cuyo favor se vaya a efectuar ésta.

d) En su caso, una dirección de correo electrónico en que efectuar las notificaciones.

e) Para las empresas extranjeras, en los casos en que el contrato vaya a ejecutarse en España, la declaración de someterse a la jurisdicción de los juzgados y tribunales españoles de cualquier orden, para todas las incidencias que de modo directo o indirecto pudieran surgir del contrato, con renuncia, en su caso, al fuero jurisdiccional extranjero que pudiera corresponder al licitante.

2. Cuando con arreglo a esta Ley sea necesaria la presentación de otros documentos se indicará esta circunstancia en el pliego de cláusulas administrativas particulares o en el documento descriptivo y en el correspondiente anuncio de licitación.

3. Cuando la acreditación de las circunstancias mencionadas en las letras a) y b) del apartado 1 se realice mediante la certificación de un Registro Oficial de Licitadores y Empresas Clasificadas prevista en el apartado 2 del artículo 83, o mediante un certificado comunitario de clasificación conforme a lo establecido en el artículo 84, deberá acompañarse a la misma una declaración responsable del licitador en la que manifieste que las circunstancias reflejadas en el correspondiente certificado no han experimentado variación. Esta manifestación deberá reiterarse, en caso de resultar adjudicatario, en el documento en que se formalice el contrato, sin perjuicio de que el órgano de contratación pueda, si lo estima conveniente, efectuar una consulta al Registro Oficial de Licitadores y Empresas Clasificadas.

El certificado del Registro Oficial de Licitadores y Empresas Clasificadas podrá ser expedido electrónicamente, salvo que se establezca otra cosa en los pliegos o en el anuncio del contrato. Si

---

25 Aps. 4 y 5 añadidos por art. 44 de Ley nº 14/2013, de 27 de septiembre.

los pliegos o el anuncio del contrato así lo prevén, la incorporación del certificado al procedimiento podrá efectuarse de oficio por el órgano de contratación o por aquél al que corresponda el examen de las proposiciones, solicitándolo directamente al Registro Oficial de Licitadores y Empresas Clasificadas, sin perjuicio de que los licitadores deban presentar en todo caso la declaración responsable indicada en el párrafo anterior.

4. El órgano de contratación, si lo estima conveniente, podrá establecer en el pliego de cláusulas administrativas particulares que la aportación inicial de la documentación establecida en el apartado 1 se sustituya por una declaración responsable del licitador indicando que cumple las condiciones establecidas legalmente para contratar con la Administración. En tal caso, el licitador a cuyo favor recaiga la propuesta de adjudicación, deberá acreditar ante el órgano de contratación, previamente a la adjudicación del contrato, la posesión y validez de los documentos exigidos. En todo caso bastará con esta declaración responsable en los contratos de obras con valor estimado inferior a 1.000.000 euros y de suministros y servicios con valor estimado inferior a 90.000 euros.

En todo caso el órgano de contratación, en orden a garantizar el buen fin del procedimiento, podrá recabar, en cualquier momento anterior a la adopción de la propuesta de adjudicación, que los licitadores aporten documentación acreditativa del cumplimiento de las condiciones establecidas para ser adjudicatario del contrato.

5. El momento decisivo para apreciar la concurrencia de los requisitos de capacidad y solvencia exigidos para contratar con la Administración será el de finalización del plazo de presentación de las proposiciones.

Artículo 147. Admisibilidad de variantes o mejoras. 1. Cuando en la adjudicación hayan de tenerse en cuenta criterios distintos del precio, el órgano de contratación podrá tomar en consideración las variantes o mejoras que ofrezcan los licitadores, siempre que el pliego de cláusulas administrativas particulares haya previsto expresamente tal posibilidad.

2. La posibilidad de que los licitadores ofrezcan variantes o mejoras se indicará en el anuncio de licitación del contrato precisando sobre qué elementos y en qué condiciones queda autorizada su presentación.

3. En los procedimientos de adjudicación de contratos de suministro o de servicios, los órganos de contratación que hayan autorizado la presentación de variantes o mejoras no podrán rechazar una de ellas por el único motivo de que, de ser elegida, daría lugar a un contrato de servicios en vez de a un contrato de suministro o a un contrato de suministro en vez de a un contrato de servicios.

Artículo 148. Subasta electrónica. 1. A efectos de la adjudicación del contrato podrá celebrarse una subasta electrónica, articulada como un proceso iterativo, que tiene lugar tras una primera evaluación completa de las ofertas, para la presentación de mejoras en los precios o de nuevos valores relativos a determinados elementos de las ofertas que las mejoren en su conjunto, basado en un dispositivo electrónico que permita su clasificación a través de métodos de evaluación automáticos.

2. La subasta electrónica podrá emplearse en los procedimientos abiertos, en los restringidos, y en los negociados que se sigan en el caso previsto en el artículo 170 a), siempre que las especificaciones del contrato que deba adjudicarse puedan establecerse de manera precisa y que las prestaciones que constituyen su objeto no tengan carácter intelectual. No podrá recurrirse a las subastas electrónicas de forma abusiva o de modo que se obstaculice, restrinja o falsee la competencia o que se vea modificado el objeto del contrato.

3. La subasta electrónica se basará en variaciones referidas al precio o a valores de los elementos de la oferta que sean cuantificables y susceptibles de ser expresados en cifras o porcentajes.

4. Los órganos de contratación que decidan recurrir a una subasta electrónica deberán indicarlo en el anuncio de licitación e incluir en el pliego de condiciones la siguiente información:

a) Los elementos a cuyos valores se refiera la subasta electrónica;

b) en su caso, los límites de los valores que podrán presentarse, tal como resulten de las especificaciones del objeto del contrato;

c) la información que se pondrá a disposición de los licitadores durante la subasta electrónica y el momento en que se facilitará;

d) la forma en que se desarrollará la subasta;

e) las condiciones en que los licitadores podrán pujar, y en particular las mejoras mínimas que se exigirán, en su caso, para cada puja;

f) el dispositivo electrónico utilizado y las modalidades y especificaciones técnicas de conexión.

5. Antes de proceder a la subasta electrónica, el órgano de contratación efectuará una primera evaluación completa de las ofertas de conformidad con los criterios de adjudicación y a continuación invitará simultáneamente, por medios electrónicos, informáticos o telemáticos, a todos los licitadores que hayan presentado ofertas admisibles a que presenten nuevos precios revisados a la baja o nuevos valores que mejoren la oferta.

6. La invitación incluirá toda la información pertinente para la conexión individual al dispositivo electrónico utilizado y precisará la fecha y la hora de comienzo de la subasta electrónica.

Igualmente se indicará en ella la fórmula matemática que se utilizará para la reclasificación automática de las ofertas en función de los nuevos precios o de los nuevos valores que se presenten. Esta fórmula incorporará la ponderación de todos los criterios fijados para determinar la oferta económicamente más ventajosa, tal como se haya indicado en el anuncio de licitación o en el pliego, para lo cual, las eventuales bandas de valores deberán expresarse previamente con un valor determinado. En caso de que se autorice la presentación de variantes o mejoras, se proporcionarán fórmulas distintas para cada una, si ello es procedente.

Cuando para la adjudicación del contrato deban tenerse en cuenta una pluralidad de criterios, se acompañará a la invitación el resultado de la evaluación de la oferta presentada por el licitador.

7. Entre la fecha de envío de las invitaciones y el comienzo de la subasta electrónica habrán de transcurrir, al menos, dos días hábiles.

8. La subasta electrónica podrá desarrollarse en varias fases sucesivas.

9. A lo largo de cada fase de la subasta, y de forma continua e instantánea, se comunicará a los licitadores, como mínimo, la información que les permita conocer su respectiva clasificación en cada momento. Adicionalmente, se podrán facilitar otros datos relativos a los precios o valores presentados por los restantes licitadores, siempre que ello esté contemplado en el pliego, y anunciarse el número de los que están participando en la correspondiente fase de la subasta, sin que en ningún caso pueda divulgarse su identidad.

10. El cierre de la subasta se fijará por referencia a uno o varios de los siguientes criterios:

a) Mediante el señalamiento de una fecha y hora concretas, que deberán ser indicadas en la invitación a participar en la subasta.

b) Atendiendo a la falta de presentación de nuevos precios o de nuevos valores que cumplan los requisitos establecidos en relación con la formulación de mejoras mínimas.

De utilizarse esta referencia, en la invitación a participar en la subasta se especificará el plazo que deberá transcurrir a partir de la recepción de la última puja antes de declarar su cierre.

c) Por finalización del número de fases establecido en la invitación a participar en la subasta. Cuando el cierre de la subasta deba producirse aplicando este criterio, la invitación a participar en la misma indicará el calendario a observar en cada una de sus fases.

11. Una vez concluida la subasta electrónica, el contrato se adjudicará de conformidad con lo establecido en el artículo 151, en función de sus resultados.

Artículo 149. Sucesión en el procedimiento. Si durante la tramitación de un procedimiento y antes de la adjudicación se produjese la extinción de la personalidad jurídica de una empresa licitadora o candidata por fusión, escisión o por la transmisión de su patrimonio empresarial, le sucederá en su posición en el procedimiento las sociedades absorbentes, las resultantes de la fusión, las beneficiarias de la escisión o las adquirentes del patrimonio o de la correspondiente rama de actividad, siempre que reúna las condiciones de capacidad y ausencia de prohibiciones de contratar y acredite su solvencia y clasificación en las condiciones exigidas en el pliego de cláusulas administrativas particulares para poder participar en el procedimiento de adjudicación.

SUBSECCIÓN 4ª.

Selección del adjudicatario

Artículo 150. Criterios de valoración de las ofertas. 1. Para la valoración de las proposiciones y la determinación de la oferta económicamente más ventajosa deberá atenderse a criterios directamente vinculados al objeto del contrato, tales como la calidad, el precio, la fórmula utilizable para revisar las retribuciones ligadas a la utilización de la obra o a la prestación del servicio, el plazo de ejecución o entrega de la prestación, el coste de utilización, las características medioambientales o vinculadas con la satisfacción de exigencias sociales que respondan a necesidades, definidas en las especificaciones del contrato, propias de las categorías de población especialmente desfavorecidas a las que pertenezcan los usuarios o beneficiarios de las prestaciones a contratar, la rentabilidad, el valor técnico, las características estéticas o funcionales, la disponibilidad y coste de los repuestos, el mantenimiento, la asistencia técnica, el servicio postventa u otros semejantes.

Cuando solo se utilice un criterio de adjudicación, éste ha de ser, necesariamente, el del precio más bajo.

2. Los criterios que han de servir de base para la adjudicación del contrato se determinarán por el órgano de contratación y se detallarán en el anuncio, en los pliegos de cláusulas administrativas particulares o en el documento descriptivo.

En la determinación de los criterios de adjudicación se dará preponderancia a aquellos que hagan referencia a características del objeto del contrato que puedan valorarse mediante cifras o porcentajes obtenidos a través de la mera aplicación de las fórmulas establecidas en los pliegos. Cuando en una licitación que se siga por un procedimiento abierto o restringido se atribuya a los criterios evaluables de forma automática por aplicación de fórmulas una ponderación inferior a la correspondiente a los criterios cuya cuantificación dependa de un juicio de valor, deberá constituirse un comité que cuente con un mínimo de tres miembros, formado por expertos no integrados en el órgano proponente del contrato y con cualificación apropiada, al que corresponderá realizar la evaluación de las ofertas conforme a estos últimos criterios, o encomendar esta evaluación a un organismo técnico especializado, debidamente identificado en los pliegos.

La evaluación de las ofertas conforme a los criterios cuantificables mediante la mera aplicación de fórmulas se realizará tras efectuar previamente la de aquellos otros criterios en que no concurra esta circunstancia, dejándose constancia documental de ello. Las normas de desarrollo de esta Ley determinarán los supuestos y condiciones en que deba hacerse pública tal evaluación previa, así como la forma en que deberán presentarse las proposiciones para hacer posible esta valoración separada.

3. La valoración de más de un criterio procederá, en particular, en la adjudicación de los siguientes contratos:

a) Aquellos cuyos proyectos o presupuestos no hayan podido ser establecidos previamente y deban ser presentados por los licitadores.

b) Cuando el órgano de contratación considere que la definición de la prestación es susceptible de ser mejorada por otras soluciones técnicas, a proponer por los licitadores mediante la presentación de variantes, o por reducciones en su plazo de ejecución.

c) Aquellos para cuya ejecución facilite el órgano, organismo o entidad contratante materiales o medios auxiliares cuya buena utilización exija garantías especiales por parte de los contratistas.

d) Aquellos que requieran el empleo de tecnología especialmente avanzada o cuya ejecución sea particularmente compleja.

e) Contratos de gestión de servicios públicos.

f) Contratos de suministros, salvo que los productos a adquirir estén perfectamente definidos por estar normalizados y no sea posible variar los plazos de entrega ni introducir modificaciones de ninguna clase en el contrato, siendo por consiguiente el precio el único factor determinante de la adjudicación.

g) Contratos de servicios, salvo que las prestaciones estén perfectamente definidas técnicamente y no sea posible variar los plazos de entrega ni introducir modificaciones de ninguna clase en el contrato, siendo por consiguiente el precio el único factor determinante de la adjudicación.

h) Contratos cuya ejecución pueda tener un impacto significativo en el medio ambiente, en cuya adjudicación se valorarán condiciones ambientales mensurables, tales como el menor impacto ambiental, el ahorro y el uso eficiente del agua y la energía y de los materiales, el coste ambiental del ciclo de vida, los procedimientos y métodos de producción ecológicos, la generación y gestión de residuos o el uso de materiales reciclados o reutilizados o de materiales ecológicos.

4. Cuando se tome en consideración más de un criterio, deberá precisarse la ponderación relativa atribuida a cada uno de ellos, que podrá expresarse fijando una banda de valores con una amplitud adecuada. En el caso de que el procedimiento de adjudicación se articule en varias fases, se indicará igualmente en cuales de ellas se irán aplicando los distintos criterios, así como el umbral mínimo de puntuación exigido al licitador para continuar en el proceso selectivo.

Cuando, por razones debidamente justificadas, no sea posible ponderar los criterios elegidos, éstos se enumerarán por orden decreciente de importancia.

5. Los criterios elegidos y su ponderación se indicarán en el anuncio de licitación, en caso de que deba publicarse.

6. Los pliegos o el contrato podrán establecer penalidades, conforme a lo prevenido en el artículo 212.1, para los casos de incumplimiento o de cumplimiento defectuoso de la prestación que afecten a características de la misma que se hayan tenido en cuenta para definir los criterios de adjudicación, o atribuir a la puntual observancia de estas características el carácter de obligación contractual esencial a los efectos señalados en el artículo 223.f).

Artículo 151. Clasificación de las ofertas, adjudicación del contrato y notificación de la adjudicación. 1. El órgano de contratación clasificará, por orden decreciente, las proposiciones presentadas y que no hayan sido declaradas desproporcionadas o anormales conforme a lo señalado en el artículo siguiente. Para realizar dicha clasificación, atenderá a los criterios de adjudicación señalados en el pliego o en el anuncio pudiendo solicitar para ello cuantos informes técnicos estime pertinentes. Cuando el único criterio a considerar sea el precio, se entenderá que la oferta económicamente más ventajosa es la que incorpora el precio más bajo.

2. El órgano de contratación requerirá al licitador que haya presentado la oferta económicamente más ventajosa para que, dentro del plazo de diez días hábiles, a contar desde el siguiente a aquél en que hubiera recibido el requerimiento, presente la documentación justificativa de hallarse al corriente en el cumplimiento de sus obligaciones tributarias y con la Seguridad Social o autorice al órgano de contratación para obtener de forma directa la acreditación de ello, de disponer efectivamente de los medios que se hubiese comprometido a dedicar o adscribir a la ejecución del contrato conforme al artículo 64.2, y de haber constituido la garantía definitiva que sea procedente. Los correspondientes certificados podrán ser expedidos por medios electrónicos, informáticos o telemáticos, salvo que se establezca otra cosa en los pliegos.

Las normas autonómicas de desarrollo de esta Ley podrán fijar un plazo mayor al previsto en este párrafo, sin que se exceda el de veinte días hábiles.

De no cumplimentarse adecuadamente el requerimiento en el plazo señalado, se entenderá que el licitador ha retirado su oferta, procediéndose en ese caso a recabar la misma documentación al licitador siguiente, por el orden en que hayan quedado clasificadas las ofertas.

3. El órgano de contratación deberá adjudicar el contrato dentro de los cinco días hábiles siguientes a la recepción de la documentación. En los procedimientos negociados y de diálogo competitivo, la adjudicación concretará y fijará los términos definitivos del contrato.

No podrá declararse desierta una licitación cuando exista alguna oferta o proposición que sea admisible de acuerdo con los criterios que figuren en el pliego.

4. La adjudicación deberá ser motivada, se notificará a los candidatos o licitadores y, simultáneamente, se publicará en el perfil de contratante.

La notificación deberá contener, en todo caso, la información necesaria que permita al licitador excluido o candidato descartado interponer, conforme al artículo 40, recurso suficientemente fundado contra la decisión de adjudicación.

En particular expresará los siguientes extremos:

a) En relación con los candidatos descartados, la exposición resumida de las razones por las que se haya desestimado su candidatura.

b) Con respecto de los licitadores excluidos del procedimiento de adjudicación, también en forma resumida, las razones por las que no se haya admitido su oferta.

c) En todo caso, el nombre del adjudicatario, las características y ventajas de la proposición del adjudicatario determinantes de que haya sido seleccionada la oferta de éste con preferencia a las que hayan presentado los restantes licitadores cuyas ofertas hayan sido admitidas.

Será de aplicación a la motivación de la adjudicación la excepción de confidencialidad contenida en el artículo 153.

En todo caso, en la notificación y en el perfil de contratante se indicará el plazo en que debe procederse a su formalización conforme al artículo 156.3.

La notificación se hará por cualquiera de los medios que permiten dejar constancia de su recepción por el destinatario. En particular, podrá efectuarse por correo electrónico a la dirección que los licitadores o candidatos hubiesen designado al presentar sus proposiciones, en los términos establecidos en el artículo 28 de la Ley 11/2007, de 22 de junio , de Acceso Electrónico de los Ciudadanos a los Servicios Públicos. Sin embargo, el plazo para considerar rechazada la notificación, con los efectos previstos en el artículo 59.4 de la Ley 30/1992, de 26 de noviembre, será de cinco días.

Artículo 152. Ofertas con valores anormales o desproporcionados. 1. Cuando el único criterio valorable de forma objetiva a considerar para la adjudicación del contrato sea el de su precio, el carácter desproporcionado o anormal de las ofertas podrá apreciarse de acuerdo con los parámetros objetivos que se establezcan reglamentariamente, por referencia al conjunto de ofertas válidas que se hayan presentado.

2. Cuando para la adjudicación deba considerarse más de un criterio de valoración, podrá expresarse en los pliegos los parámetros objetivos en función de los cuales se apreciará, en su caso, que la proposición no puede ser cumplida como consecuencia de la inclusión de valores anormales o desproporcionados. Si el precio ofertado es uno de los criterios objetivos que han de servir de base para la adjudicación, podrán indicarse en el pliego los límites que permitan apreciar, en su caso, que la proposición no puede ser cumplida como consecuencia de ofertas desproporcionadas o anormales.

3. Cuando se identifique una proposición que pueda ser considerada desproporcionada o anormal, deberá darse audiencia al licitador que la haya presentado para que justifique la valoración de la oferta y precise las condiciones de la misma, en particular en lo que se refiere al ahorro que permita el procedimiento de ejecución del contrato, las soluciones técnicas adoptadas y las condiciones excepcionalmente favorables de que disponga para ejecutar la prestación, la originalidad de las prestaciones propuestas, el respeto de las disposiciones relativas a la protección del empleo y las condiciones de trabajo vigentes en el lugar en que se vaya a realizar la prestación, o la posible obtención de una ayuda de Estado.

En el procedimiento deberá solicitarse el asesoramiento técnico del servicio correspondiente.

Si la oferta es anormalmente baja debido a que el licitador ha obtenido una ayuda de Estado, solo podrá rechazarse la proposición por esta única causa si aquél no puede acreditar que tal ayuda se ha concedido sin contravenir las disposiciones comunitarias en materia de ayudas públicas. El órgano de contratación que rechace una oferta por esta razón deberá informar de ello a la Comisión Europea, cuando el procedimiento de adjudicación se refiera a un contrato sujeto a regulación armonizada.

4. Si el órgano de contratación, considerando la justificación efectuada por el licitador y los informes mencionados en el apartado anterior, estimase que la oferta no puede ser cumplida como consecuencia de la inclusión de valores anormales o desproporcionados, la excluirá de la clasificación y acordará la adjudicación a favor de la proposición económicamente más ventajosa, de acuerdo con el orden en que hayan sido clasificadas conforme a lo señalado en el apartado 1 del artículo anterior.

SUBSECCIÓN 5ª.

Obligaciones de información sobre el resultado del procedimiento

Artículo 153. Información no publicable. El órgano de contratación podrá no comunicar determinados datos relativos a la adjudicación cuando considere, justificándolo debidamente en el expediente, que la divulgación de esa información puede obstaculizar la aplicación de una norma, resultar contraria al interés público o perjudicar intereses comerciales legítimos de empresas públicas o privadas o la competencia leal entre ellas, o cuando se trate de contratos declarados secretos o reservados o cuya ejecución deba ir acompañada de medidas de seguridad especiales conforme a la legislación vigente, o cuando lo exija la protección de los intereses esenciales de la seguridad del Estado y así se haya declarado de conformidad con lo previsto en el artículo 13.2.d).

Artículo 154. Publicidad de la formalización de los contratos[26]. 1. La formalización de los contratos cuya cuantía sea igual o superior a las cantidades indicadas en el artículo 138.3 se publicará en el perfil de contratante del órgano de contratación indicando, como mínimo, los mismos datos mencionados en el anuncio de la adjudicación.

2. Cuando la cuantía del contrato sea igual o superior a 100.000 euros o, en el caso de contratos de gestión de servicios públicos, cuando el presupuesto de gastos de primer establecimiento sea igual o superior a dicho importe o su plazo de duración exceda de cinco años, deberá publicarse, además, en el «Boletín Oficial del Estado» o en los respectivos Diarios o Boletines Oficiales de las Comunidades Autónomas o de las Provincias, un anuncio en el que se dé cuenta de dicha formalización, en un plazo no superior a cuarenta y ocho días a contar desde la fecha de la misma.

Cuando se trate de contratos sujetos a regulación armonizada el anuncio deberá enviarse, en el plazo señalado en el párrafo anterior, al «Diario Oficial de la Unión Europea» y publicarse en el «Boletín Oficial del Estado».

3. En el caso de contratos de servicios comprendidos en las categorías 17 a 27 del Anexo II y de cuantía igual o superior a 207.000 euros, el órgano de contratación comunicará la adjudicación a la Comisión Europea, indicando si estima procedente su publicación.

4. En los casos a que se refiere el artículo anterior, el órgano de contratación podrá no publicar determinada información relativa a la adjudicación y formalización del contrato, justificándolo debidamente en el expediente.

Artículo 155. Renuncia a la celebración del contrato y desistimiento del procedimiento de adjudicación por la Administración . 1. En el caso en que el órgano de contratación renuncie a celebrar un contrato para el que haya efectuado la correspondiente convocatoria, o decida reiniciar el procedimiento para su adjudicación, lo notificará a los candidatos o licitadores, informando también a la Comisión Europea de esta decisión cuando el contrato haya sido anunciado en el «Diario Oficial de la Unión Europea».

2. La renuncia a la celebración del contrato o el desistimiento del procedimiento solo podrán acordarse por el órgano de contratación antes de la adjudicación. En ambos casos se compensará a los candidatos o licitadores por los gastos en que hubiesen incurrido, en la forma prevista en el

---

26 Ap. 3 modificado por art. único.1 b) de Orden nº HAP/2425/2013, de 23 de diciembre.

anuncio o en el pliego, o de acuerdo con los principios generales que rigen la responsabilidad de la Administración.

3. Solo podrá renunciarse a la celebración del contrato por razones de interés público debidamente justificadas en el expediente. En este caso, no podrá promoverse una nueva licitación de su objeto en tanto subsistan las razones alegadas para fundamentar la renuncia.

4. El desistimiento del procedimiento deberá estar fundado en una infracción no subsanable de las normas de preparación del contrato o de las reguladoras del procedimiento de adjudicación, debiendo justificarse en el expediente la concurrencia de la causa. El desistimiento no impedirá la iniciación inmediata de un nuevo procedimiento de licitación.

SUBSECCIÓN 6ª.

Formalización del contrato

Artículo 156. Formalización de los contratos. 1. Los contratos que celebren las Administraciones Públicas deberán formalizarse en documento administrativo que se ajuste con exactitud a las condiciones de la licitación, constituyendo dicho documento título suficiente para acceder a cualquier registro público. No obstante, el contratista podrá solicitar que el contrato se eleve a escritura pública, corriendo de su cargo los correspondientes gastos. En ningún caso se podrán incluir en el documento en que se formalice el contrato cláusulas que impliquen alteración de los términos de la adjudicación.

2. En el caso de los contratos menores definidos en el artículo 138.3 se estará, en cuanto a su formalización, a lo dispuesto en el artículo 111.

3. Si el contrato es susceptible de recurso especial en materia de contratación conforme al artículo 40.1, la formalización no podrá efectuarse antes de que transcurran quince días hábiles desde que se remita la notificación de la adjudicación a los licitadores y candidatos. Las Comunidades Autónomas podrán incrementar este plazo, sin que exceda de un mes.

El órgano de contratación requerirá al adjudicatario para que formalice el contrato en plazo no superior a cinco días a contar desde el siguiente a aquel en que hubiera recibido el requerimiento, una vez transcurrido el plazo previsto en el párrafo anterior sin que se hubiera interpuesto recurso que lleve aparejada la suspensión de la formalización del contrato. De igual forma procederá cuando el órgano competente para la resolución del recurso hubiera levantado la suspensión.

En los restantes casos, la formalización del contrato deberá efectuarse no más tarde de los quince días hábiles siguientes a aquel en que se reciba la notificación de la adjudicación a los licitadores y candidatos en la forma prevista en el artículo 151.4.

4. Cuando por causas imputables al adjudicatario no se hubiese formalizado el contrato dentro del plazo indicado, la Administración podrá acordar la incautación sobre la garantía definitiva del importe de la garantía provisional que en su caso hubiese exigido.

Si las causas de la no formalización fueren imputables a la Administración, se indemnizará al contratista de los daños y perjuicios que la demora le pudiera ocasionar.

5. No podrá iniciarse la ejecución del contrato sin su previa formalización, excepto en los casos previstos en el artículo 113 de esta Ley.

SECCIÓN 2ª.

Procedimiento abierto

Artículo 157. Delimitación. En el procedimiento abierto todo empresario interesado podrá presentar una proposición, quedando excluida toda negociación de los términos del contrato con los licitadores.

Artículo 158. Información a los licitadores. 1. Cuando no se haya facilitado acceso por medios electrónicos, informáticos o telemáticos a los pliegos y a cualquier documentación complementaria, éstos se enviarán a los interesados en un plazo de seis días a partir de la recepción de una solicitud en tal sentido, siempre y cuando la misma se haya presentado, antes de que expire el plazo de presentación de las ofertas, con la antelación que el órgano de contratación, atendidas las circunstancias del contrato y del procedimiento, haya señalado en los pliegos.

2. La información adicional que se solicite sobre los pliegos y sobre la documentación complementaria deberá facilitarse, al menos, seis días antes de la fecha límite fijada para la recepción de ofertas, siempre que la petición se haya presentado con la antelación que el órgano de contratación, atendidas las circunstancias del contrato y del procedimiento, haya señalado en los pliegos.

3. Cuando, los pliegos y la documentación o la información complementaria, a pesar de haberse solicitado a su debido tiempo, no se hayan proporcionado en los plazos fijados o cuando las ofertas solamente puedan realizarse después de una visita sobre el terreno o previa consulta «in situ» de la documentación que se adjunte al pliego, los plazos para la recepción de ofertas se prorrogarán de forma que todos los interesados afectados puedan tener conocimiento de toda la información necesaria para formular las ofertas.

Artículo 159. Plazos para la presentación de proposiciones. 1. En procedimientos de adjudicación de contratos sujetos a regulación armonizada, el plazo de presentación de proposiciones no será inferior a cincuenta y dos días, contados desde la fecha del envío del anuncio del contrato a la Comisión Europea. Este plazo podrá reducirse en cinco días cuando se ofrezca acceso por medios electrónicos a los pliegos y a la documentación complementaria.

Si se hubiese enviado el anuncio previo a que se refiere el artículo 141, el plazo de presentación de proposiciones podrá reducirse hasta treinta y seis días, como norma general, o, en casos excepcionales debidamente justificados, hasta veintidós días. Esta reducción del plazo solo será admisible cuando el anuncio de información previa se hubiese enviado para su publicación antes de los cincuenta y dos días y dentro de los doce meses anteriores a la fecha de envío del anuncio de licitación, siempre que en él se hubiese incluido, de estar disponible, toda la información exigida para éste.

Los plazos señalados en los dos párrafos anteriores podrán reducirse en siete días cuando los anuncios se preparen y envíen por medios electrónicos, informáticos o telemáticos. Esta reducción podrá adicionarse, en su caso, a la de cinco días prevista en el inciso final del primer párrafo.

En estos procedimientos, la publicación de la licitación en el «Boletín Oficial del Estado» debe hacerse, en todo caso, con una antelación mínima equivalente al plazo fijado para la presentación de las proposiciones en el apartado siguiente.

2. En los contratos de las Administraciones Públicas que no estén sujetos a regulación armonizada, el plazo de presentación de proposiciones no será inferior a quince días, contados desde la publicación del anuncio del contrato. En los contratos de obras y de concesión de obras públicas, el plazo será, como mínimo, de veintiséis días.

Artículo 160. Examen de las proposiciones y propuesta de adjudicación. 1. El órgano competente para la valoración de las proposiciones calificará previamente la documentación a que se refiere el artículo 146, que deberá presentarse por los licitadores en sobre distinto al que contenga la proposición. Posteriormente procederá a la apertura y examen de las proposiciones, formulando la correspondiente propuesta de adjudicación al órgano de contratación, una vez ponderados los criterios que deban aplicarse para efectuar la selección del adjudicatario, y sin perjuicio de la intervención del comité de expertos o del organismo técnico especializado a los que hace referencia el artículo 150.2 en los casos previstos en el mismo, cuya evaluación de los criterios que exijan un juicio de valor vinculará a aquél a efectos de formular la propuesta. La apertura de las proposiciones deberá efectuarse en el plazo máximo de un mes contado desde la fecha de finalización del plazo para presentar las ofertas. En todo caso, la apertura de la oferta económica se realizará en acto público, salvo cuando se prevea que en la licitación puedan emplearse medios electrónicos.

Cuando para la valoración de las proposiciones hayan de tenerse en cuenta criterios distintos al del precio, el órgano competente para ello podrá solicitar, antes de formular su propuesta, cuantos informes técnicos considere precisos. Igualmente, podrán solicitarse estos informes cuando sea necesario verificar que las ofertas cumplen con las especificaciones técnicas del pliego.

2. La propuesta de adjudicación no crea derecho alguno en favor del licitador propuesto frente a la Administración. No obstante, cuando el órgano de contratación no adjudique el contrato de acuerdo con la propuesta formulada deberá motivar su decisión.

Artículo 161. Adjudicación. 1. Cuando el único criterio a considerar para seleccionar al adjudicatario del contrato sea el del precio, la adjudicación deberá recaer en el plazo máximo de quince días a contar desde el siguiente al de apertura de las proposiciones.

2. Cuando para la adjudicación del contrato deban tenerse en cuenta una pluralidad de criterios, el plazo máximo para efectuar la adjudicación será de dos meses a contar desde la apertura de las proposiciones, salvo que se hubiese establecido otro en el pliego de cláusulas administrativas particulares.

3. Los plazos indicados en los apartados anteriores se ampliarán en quince días hábiles cuando sea necesario seguir los trámites a que se refiere el artículo 152.3.

4. De no producirse la adjudicación dentro de los plazos señalados, los licitadores tendrán derecho a retirar su proposición.

SECCIÓN 3ª.

Procedimiento restringido

Artículo 162. Caracterización. En el procedimiento restringido solo podrán presentar proposiciones aquellos empresarios que, a su solicitud y en atención a su solvencia, sean seleccionados por el órgano de contratación. En este procedimiento estará prohibida toda negociación de los términos del contrato con los solicitantes o candidatos.

Artículo 163. Criterios para la selección de candidatos. 1. Con carácter previo al anuncio de la licitación, el órgano de contratación deberá haber establecido los criterios objetivos de solvencia, de entre los señalados en los artículos 75 a 79, con arreglo a los cuales serán elegidos los candidatos que serán invitados a presentar proposiciones.

2. El órgano de contratación señalará el número mínimo de empresarios a los que invitará a participar en el procedimiento, que no podrá ser inferior a cinco. Si así lo estima procedente, el órgano de contratación podrá igualmente fijar el número máximo de candidatos a los que se invitará a presentar oferta.

En cualquier caso, el número de candidatos invitados debe ser suficiente para garantizar una competencia efectiva.

3. Los criterios o normas objetivos y no discriminatorios con arreglo a los cuales se seleccionará a los candidatos, así como el número mínimo y, en su caso, el número máximo de aquellos a los que se invitará a presentar proposiciones se indicarán en el anuncio de licitación.

Artículo 164. Solicitudes de participación. 1. En los procedimientos de adjudicación de contratos sujetos a regulación armonizada, el plazo de recepción de las solicitudes de participación no podrá ser inferior a treinta y siete días, a partir de la fecha del envío del anuncio al «Diario Oficial de la Unión Europea». Si se trata de contratos de concesión de obra pública, este plazo no podrá ser inferior a cincuenta y dos días. Este plazo podrá reducirse en siete días cuando los anuncios se envíen por medios electrónicos, informáticos y telemáticos.

En estos casos, la publicación de la licitación en el «Boletín Oficial del Estado» debe hacerse con una antelación mínima equivalente al plazo fijado para la presentación de las solicitudes de participación en el apartado siguiente.

2. Si se trata de contratos no sujetos a regulación armonizada, el plazo para la presentación de solicitudes de participación será, como mínimo, de diez días, contados desde la publicación del anuncio.

3. Las solicitudes de participación deberán ir acompañadas de la documentación a que se refiere el artículo 146.1.

Artículo 165. Selección de solicitantes. 1. El órgano de contratación, una vez comprobada la personalidad y solvencia de los solicitantes, seleccionará a los que deban pasar a la siguiente fase, a los que invitará, simultáneamente y por escrito, a presentar sus proposiciones en el plazo que proceda conforme a lo señalado en el artículo 167.

2. El número de candidatos invitados a presentar proposiciones deberá ser igual, al menos, al mínimo que, en su caso, se hubiese fijado previamente. Cuando el número de candidatos que cumplan los criterios de selección sea inferior a ese número mínimo, el órgano de contratación podrá continuar el procedimiento con los que reúnan las condiciones exigidas, sin que pueda invitarse a empresarios que no hayan solicitado participar en el mismo, o a candidatos que no posean esas condiciones.

Artículo 166. Contenido de las invitaciones e información a los invitados. 1. Las invitaciones contendrán una referencia al anuncio de licitación publicado e indicarán la fecha límite para la recepción de ofertas, la dirección a la que deban enviarse y la lengua en que deban estar redactadas, si se admite alguna otra además del castellano, los criterios de adjudicación del contrato que se tendrán en cuenta y su ponderación relativa o, en su caso, el orden decreciente de importancia atribuido a los mismos, si no figurasen en el anuncio de licitación, y el lugar, día y hora de la apertura de proposiciones.

2. La invitación a los candidatos incluirá un ejemplar de los pliegos y copia de la documentación complementaria, o contendrá las indicaciones pertinentes para permitir el acceso a estos documentos, cuando los mismos se hayan puesto directamente a su disposición por medios electrónicos, informáticos y telemáticos con arreglo a lo dispuesto en el apartado 1 del artículo siguiente.

3. Cuando los pliegos o la documentación complementaria, obren en poder de una entidad u órgano distinto del que tramita el procedimiento, la invitación precisará la forma en que puede solicitarse dicha documentación y, en su caso, la fecha límite para ello, así como el importe y las modalidades de pago de la cantidad que, en su caso, haya de abonarse. Los servicios competentes remitirán dicha documentación sin demora a los interesados tras la recepción de su solicitud.

4. Los órganos de contratación o los servicios competentes deberán facilitar, antes de los seis días anteriores a la fecha límite fijada para la recepción de ofertas, la información suplementaria sobre los pliegos o sobre la documentación complementaria que se les solicite con la debida antelación por los candidatos.

5. Será igualmente de aplicación en este procedimiento lo previsto en el artículo 158.3.

Artículo 167. Proposiciones. 1. El plazo de recepción de ofertas en los procedimientos relativos a contratos sujetos a regulación armonizada no podrá ser inferior a cuarenta días, contados a partir de la fecha de envío de la invitación escrita. Este plazo podrá reducirse en cinco días cuando se ofrezca acceso por medios electrónicos, informáticos y telemáticos a los pliegos y a la documentación complementaria.

Si se hubiese enviado el anuncio previo a que se refiere el artículo 141, el plazo podrá reducirse, como norma general, hasta treinta y seis días o, en casos excepcionales debidamente justificados, hasta veintidós días. Esta reducción del plazo solo será admisible cuando el anuncio de información previa se hubiese enviado para su publicación antes de los cincuenta y dos días y después de los doce meses anteriores a la fecha de envío del anuncio de licitación, siempre que en él se hubiese incluido, de estar disponible, toda la información exigida para éste.

2. En los procedimientos relativos a contratos no sujetos a regulación armonizada, el plazo para la presentación de proposiciones no será inferior a quince días, contados desde la fecha de envío de la invitación.

Artículo 168. Adjudicación. En la adjudicación del contrato será de aplicación lo previsto en los artículos 160 y 161, salvo lo que se refiere a la necesidad de calificar previamente la documentación a que se refiere el artículo 146.

SECCIÓN 4ª.

Procedimiento negociado

Artículo 169. Caracterización. 1. En el procedimiento negociado la adjudicación recaerá en el licitador justificadamente elegido por el órgano de contratación, tras efectuar consultas con diversos candidatos y negociar las condiciones del contrato con uno o varios de ellos.

2. El procedimiento negociado será objeto de publicidad previa en los casos previstos en el artículo 177, en los que será posible la presentación de ofertas en concurrencia por cualquier empresario interesado. En los restantes supuestos, no será necesario dar publicidad al procedimiento, asegurándose la concurrencia mediante el cumplimiento de lo previsto en el artículo 178.1.

SUBSECCIÓN 1ª.

Supuestos de aplicación

Artículo 170. Supuestos generales. En los términos que se establecen para cada tipo de contrato en los artículos siguientes, los contratos que celebren las Administraciones Públicas podrán adjudicarse mediante procedimiento negociado en los siguientes casos:

a) Cuando las proposiciones u ofertas económicas en los procedimientos abiertos, restringidos o de diálogo competitivo seguidos previamente sean irregulares o inaceptables por haberse presentado por empresarios carentes de aptitud, por incumplimiento en las ofertas de las obligaciones legales relativas a la fiscalidad, protección del medio ambiente y condiciones de trabajo a que se refiere el artículo 119, por infringir las condiciones para la presentación de variantes o mejoras, o por incluir valores anormales o desproporcionados, siempre que no se modifiquen sustancialmente las condiciones originales del contrato.

b) En casos excepcionales, cuando se trate de contratos en los que, por razón de sus características o de los riesgos que entrañen, no pueda determinarse previamente el precio global.

c) Cuando, tras haberse seguido un procedimiento abierto o restringido, no se haya presentado ninguna oferta o candidatura, o las ofertas no sean adecuadas, siempre que las condiciones iniciales del contrato no se modifiquen sustancialmente. Tratándose de contratos sujetos a regulación armonizada, se remitirá un informe a la Comisión de la Unión Europea, si ésta así lo solicita.

d) Cuando, por razones técnicas o artísticas o por motivos relacionados con la protección de derechos de exclusiva el contrato solo pueda encomendarse a un empresario determinado.

e) Cuando una imperiosa urgencia, resultante de acontecimientos imprevisibles para el órgano de contratación y no imputables al mismo, demande una pronta ejecución del contrato que no pueda lograrse mediante la aplicación de la tramitación de urgencia regulada en el artículo 112.

f) Cuando el contrato haya sido declarado secreto o reservado, o cuando su ejecución deba ir acompañada de medidas de seguridad especiales conforme a la legislación vigente, o cuando lo exija la protección de los intereses esenciales de la seguridad del Estado y así se haya declarado de conformidad con lo previsto en el artículo 13.2.d).

g) Cuando se trate de contratos incluidos en el ámbito del artículo 346 del Tratado de Funcionamiento de la Unión Europea.

Artículo 171. Contratos de obras. Además de en los casos previstos en el artículo 170, los contratos de obras podrán adjudicarse por procedimiento negociado en los siguientes supuestos:

a) Cuando las obras se realicen únicamente con fines de investigación, experimentación o perfeccionamiento y no con objeto de obtener una rentabilidad o de cubrir los costes de investigación o de desarrollo.

b) Cuando se trate de obras complementarias que no figuren en el proyecto ni en el contrato, o en el proyecto de concesión y su contrato inicial, pero que debido a una circunstancia que no pudiera haberse previsto por un poder adjudicador diligente pasen a ser necesarias para ejecutar la obra tal y como estaba descrita en el proyecto o en el contrato sin modificarla, y cuya ejecución se confíe al contratista de la obra principal o al concesionario de la obra pública de acuerdo con los precios que rijan para el contrato primitivo o que, en su caso, se fijen contradictoriamente, siempre que las obras no puedan separarse técnica o económicamente del contrato primitivo sin causar grandes inconvenientes al órgano de contratación o que, aunque resulten separables, sean estrictamente necesarias para su perfeccionamiento, y que el importe acumulado de las obras complementarias no supere el 50 por ciento del importe primitivo del contrato.

c) Cuando las obras consistan en la repetición de otras similares adjudicadas por procedimiento abierto o restringido al mismo contratista por el órgano de contratación, siempre que se ajusten a un proyecto base que haya sido objeto del contrato inicial adjudicado por dichos procedimientos, que la posibilidad de hacer uso de este procedimiento esté indicada en el anuncio de licitación del contrato inicial y que el importe de las nuevas obras se haya computado al fijar la cuantía total del contrato.

Únicamente se podrá recurrir a este procedimiento durante un período de tres años, a partir de la formalización del contrato inicial.

d) En todo caso, cuando su valor estimado sea inferior a un millón de euros.

Artículo 172. Contratos de gestión de servicios públicos. Además de en los supuestos previstos en el artículo 170, podrá acudirse al procedimiento negociado para adjudicar contratos de gestión de servicios públicos en los siguientes casos:

a) Cuando se trate de servicios públicos respecto de los cuales no sea posible promover concurrencia en la oferta.

b) Los de gestión de servicios cuyo presupuesto de gastos de primer establecimiento se prevea inferior a 500.000 euros y su plazo de duración sea inferior a cinco años.

c) Los relativos a la prestación de asistencia sanitaria concertados con medios ajenos, derivados de un Convenio de colaboración entre las Administraciones Públicas o de un contrato marco, siempre que éste haya sido adjudicado con sujeción a las normas de esta Ley.

Artículo 173. Contratos de suministro. Además de en los casos previstos en el artículo 170, los contratos de suministro podrán adjudicarse mediante el procedimiento negociado en los siguientes supuestos:

a) Cuando se trate de la adquisición de bienes muebles integrantes del Patrimonio Histórico Español, previa su valoración por la Junta de Calificación, Valoración y Exportación de Bienes del Patrimonio Histórico Español u organismo reconocido al efecto de las Comunidades Autónomas, que se destinen a museos, archivos o bibliotecas.

b) Cuando los productos se fabriquen exclusivamente para fines de investigación, experimentación, estudio o desarrollo; esta condición no se aplica a la producción en serie destinada a establecer la viabilidad comercial del producto o a recuperar los costes de investigación y desarrollo.

c) Cuando se trate de entregas complementarias efectuadas por el proveedor inicial que constituyan bien una reposición parcial de suministros o instalaciones de uso corriente, o bien una ampliación de los suministros o instalaciones existentes, si el cambio de proveedor obligase al órgano de contratación a adquirir material con características técnicas diferentes, dando lugar a incompatibilidades o a dificultades técnicas de uso y de mantenimiento desproporcionadas. La duración de tales contratos, así como la de los contratos renovables, no podrá, por regla general, ser superior a tres años.

d) Cuando se trate de la adquisición en mercados organizados o bolsas de materias primas de suministros que coticen en los mismos.

e) Cuando se trate de un suministro concertado en condiciones especialmente ventajosas con un proveedor que cese definitivamente en sus actividades comerciales, o con los administradores de un concurso, o a través de un acuerdo judicial o un procedimiento de la misma naturaleza.

f) En todo caso, cuando su valor estimado sea inferior a 100.000 euros.

Artículo 174. Contratos de servicios. Además de en los casos previstos en el artículo 170, los contratos de servicios podrán adjudicarse por procedimiento negociado en los siguientes supuestos:

a) Cuando debido a las características de la prestación, especialmente en los contratos que tengan por objeto prestaciones de carácter intelectual y en los comprendidos en la categoría 6 del Anexo II, no sea posible establecer sus condiciones con la precisión necesaria para adjudicarlo por procedimiento abierto o restringido.

b) Cuando se trate de servicios complementarios que no figuren en el proyecto ni en el contrato pero que debido a una circunstancia que no pudiera haberse previsto por un poder adjudicador diligente pasen a ser necesarios para ejecutar el servicio tal y como estaba descrito en el proyecto o en el contrato sin modificarlo, y cuya ejecución se confíe al empresario al que se adjudicó el contrato principal de acuerdo con los precios que rijan para éste o que, en su caso, se fijen contradictoriamente, siempre que los servicios no puedan separarse técnica o económicamente del contrato primitivo sin causar grandes inconvenientes al órgano de contratación o que, aunque resulten separables, sean estrictamente necesarios para su perfeccionamiento y que el importe acumulado de los servicios complementarios no supere el 50 por ciento del importe primitivo del contrato.

c) Cuando los servicios consistan en la repetición de otros similares adjudicados por procedimiento abierto o restringido al mismo contratista por el órgano de contratación, siempre que se ajusten a un proyecto base que haya sido objeto del contrato inicial adjudicado por dichos procedimientos, que la posibilidad de hacer uso de este procedimiento esté indicada en el anuncio de licitación del contrato inicial y que el importe de los nuevos servicios se haya computado al fijar la cuantía total del contrato.

Únicamente se podrá recurrir a este procedimiento durante un período de tres años, a partir de la formalización del contrato inicial.

d) Cuando el contrato en cuestión sea la consecuencia de un concurso y, con arreglo a las normas aplicables, deba adjudicarse al ganador. En caso de que existan varios ganadores se deberá invitar a todos ellos a participar en las negociaciones.

e) En todo caso, cuando su valor estimado sea inferior a 100.000 euros.

Artículo 175. Otros contratos. Salvo que se disponga otra cosa en las normas especiales por las que se regulen, los restantes contratos de las Administraciones Públicas podrán ser adjudicados por procedimiento negociado en los casos previstos en el artículo 170 y, además, cuando su valor estimado sea inferior a 100.000 euros.

SUBSECCIÓN 2ª.

Tramitación

Artículo 176. Delimitación de la materia objeto de negociación. En el pliego de cláusulas administrativas particulares se determinarán los aspectos económicos y técnicos que, en su caso, hayan de ser objeto de negociación con las empresas.

Artículo 177. Anuncio de licitación y presentación de solicitudes de participación. 1. Cuando se acuda al procedimiento negociado por concurrir las circunstancias previstas en las letras a) y b) del artículo 170, en la letra a) del artículo 171, o en la letra a) del artículo 174, el órgano de contratación deberá publicar un anuncio de licitación en la forma prevista en el artículo 142.

Podrá prescindirse de la publicación del anuncio cuando se acuda al procedimiento negociado por haberse presentado ofertas irregulares o inaceptables en los procedimientos antecedentes, siempre que en la negociación se incluya a todos los licitadores que en el procedimiento abierto o restringido, o en el procedimiento de diálogo competitivo seguido con anterioridad hubiesen presentado ofertas conformes con los requisitos formales exigidos, y solo a ellos.

2. Igualmente, en los contratos no sujetos a regulación armonizada que puedan adjudicarse por procedimiento negociado por ser su cuantía inferior a la indicada en los artículos 171, letra d), 172, letra b), 173, letra f), 174, letra e) y 175, deberán publicarse anuncios conforme a lo previsto en el artículo 142 cuando su valor estimado sea superior a 200.000 euros, si se trata de contratos de obras, o a 60.000 euros, cuando se trate de otros contratos.

3. Serán de aplicación al procedimiento negociado, en los casos en que se proceda a la publicación de anuncios de licitación, las normas contenidas en los artículos 163 a 166, ambos inclusive. No obstante, en caso de que se decida limitar el número de empresas a las que se invitará a negociar, deberá tenerse en cuenta lo señalado en el apartado 1 del artículo siguiente.

Artículo 178. Negociación de los términos del contrato. 1. En el procedimiento negociado será necesario solicitar ofertas, al menos, a tres empresas capacitadas para la realización del objeto del contrato, siempre que ello sea posible.

2. Los órganos de contratación podrán articular el procedimiento negociado en fases sucesivas, a fin de reducir progresivamente el número de ofertas a negociar mediante la aplicación de los criterios de adjudicación señalados en el anuncio de licitación o en el pliego de condiciones, indicándose en éstos si se va a hacer uso de esta facultad. El número de soluciones que lleguen hasta la fase final deberá ser lo suficientemente amplio como para garantizar una competencia efectiva, siempre que se hayan presentado un número suficiente de soluciones o de candidatos adecuados.

3. Durante la negociación, los órganos de contratación velarán por que todos los licitadores reciban igual trato. En particular no facilitarán, de forma discriminatoria, información que pueda dar ventajas a determinados licitadores con respecto al resto.

4. Los órganos de contratación negociarán con los licitadores las ofertas que éstos hayan presentado para adaptarlas a los requisitos indicados en el pliego de cláusulas administrativas particulares y en el anuncio de licitación, en su caso, y en los posibles documentos complementarios, con el fin de identificar la oferta económicamente más ventajosa.

5. En el expediente deberá dejarse constancia de las invitaciones cursadas, de las ofertas recibidas y de las razones para su aceptación o rechazo.

SECCIÓN 5ª.

Diálogo competitivo

Artículo 179. Caracterización. 1. En el diálogo competitivo, el órgano de contratación dirige un diálogo con los candidatos seleccionados, previa solicitud de los mismos, a fin de desarrollar una o varias soluciones susceptibles de satisfacer sus necesidades y que servirán de base para que los candidatos elegidos presenten una oferta.

2. Los órganos de contratación podrán establecer primas o compensaciones para los participantes en el diálogo.

Artículo 180. Supuestos de aplicación. 1. El diálogo competitivo podrá utilizarse en el caso de contratos particularmente complejos, cuando el órgano de contratación considere que el uso del procedimiento abierto o el del restringido no permite una adecuada adjudicación del contrato.

2. A estos efectos, se considerará que un contrato es particularmente complejo cuando el órgano de contratación no se encuentre objetivamente capacitado para definir, con arreglo a las letras b), c) o d) del apartado 3 del artículo 117, los medios técnicos aptos para satisfacer sus necesidades u objetivos, o para determinar la cobertura jurídica o financiera de un proyecto.

3. Los contratos de colaboración entre el sector público y el sector privado a que se refiere el artículo 11 se adjudicarán por este procedimiento, sin perjuicio de que pueda seguirse el procedimiento negociado con publicidad en el caso previsto en el artículo 170.a).

Artículo 181. Apertura del procedimiento y solicitudes de participación. 1. Los órganos de contratación publicarán un anuncio de licitación en el que darán a conocer sus necesidades y requisitos, que definirán en dicho anuncio o en un documento descriptivo.

2. Serán de aplicación en este procedimiento las normas contenidas en los artículos 163 a 165, ambos inclusive. No obstante, en caso de que se decida limitar el número de empresas a las que se invitará a tomar parte en el diálogo, éste no podrá ser inferior a tres.

3. Las invitaciones a tomar parte en el diálogo contendrán una referencia al anuncio de licitación publicado e indicarán la fecha y el lugar de inicio de la fase de consulta, la lengua o lenguas utilizables, si se admite alguna otra, además del castellano, los documentos relativos a las condi-

ciones de aptitud que, en su caso, se deban adjuntar, y la ponderación relativa de los criterios de adjudicación del contrato o, en su caso, el orden decreciente de importancia de dichos criterios, si no figurasen en el anuncio de licitación. Serán aplicables las disposiciones de los apartados 2 a 5 del artículo 166, en cuanto a la documentación que debe acompañar a las invitaciones, si bien las referencias a los pliegos deben entenderse hechas al documento descriptivo y el plazo límite previsto en el apartado 4 para facilitar información suplementaria se entenderá referido a los seis días anteriores a la fecha fijada para el inicio de la fase de diálogo.

Artículo 182. Diálogo con los candidatos. 1. El órgano de contratación desarrollará, con los candidatos seleccionados, un diálogo cuyo fin será determinar y definir los medios adecuados para satisfacer sus necesidades. En el transcurso de este diálogo, podrán debatirse todos los aspectos del contrato con los candidatos seleccionados.

2. Durante el diálogo, el órgano de contratación dará un trato igual a todos los licitadores y, en particular, no facilitará, de forma discriminatoria, información que pueda dar ventajas a determinados licitadores con respecto al resto.

El órgano de contratación no podrá revelar a los demás participantes las soluciones propuestas por un participante u otros datos confidenciales que éste les comunique sin previo acuerdo de éste.

3. El procedimiento podrá articularse en fases sucesivas, a fin de reducir progresivamente el número de soluciones a examinar durante la fase de diálogo mediante la aplicación de los criterios indicados en el anuncio de licitación o en el documento descriptivo, indicándose en éstos si se va a hacer uso de esta posibilidad. El número de soluciones que se examinen en la fase final deberá ser lo suficientemente amplio como para garantizar una competencia efectiva entre ellas, siempre que se hayan presentado un número suficiente de soluciones o de candidatos adecuados.

4. El órgano de contratación proseguirá el diálogo hasta que se encuentre en condiciones de determinar, después de compararlas, si es preciso, las soluciones que puedan responder a sus necesidades.

Tras declarar cerrado el diálogo e informar de ello a todos los participantes, el órgano de contratación les invitará a que presenten su oferta final, basada en la solución o soluciones presentadas y especificadas durante la fase de diálogo, indicando la fecha límite, la dirección a la que deba enviarse y la lengua o lenguas en que puedan estar redactadas, si se admite alguna otra además del castellano.

Artículo 183. Presentación y examen de las ofertas. 1. Las ofertas deben incluir todos los elementos requeridos y necesarios para la realización del proyecto.

El órgano de contratación, podrá solicitar precisiones o aclaraciones sobre las ofertas presentadas, ajustes en las mismas o información complementaria relativa a ellas, siempre que ello no suponga una modificación de sus elementos fundamentales que implique una variación que pueda falsear la competencia o tener un efecto discriminatorio.

2. El órgano de contratación evaluará las ofertas presentadas por los licitadores en función de los criterios de adjudicación establecidos en el anuncio de licitación o en el documento descriptivo y seleccionará la oferta económicamente más ventajosa. Para esta valoración habrán de tomarse en consideración, necesariamente, varios criterios, sin que sea posible adjudicar el contrato únicamente basándose en el precio ofertado.

3. El órgano de contratación podrá requerir al licitador cuya oferta se considere más ventajosa económicamente para que aclare determinados aspectos de la misma o ratifique los compromisos que en ella figuran, siempre que con ello no se modifiquen elementos sustanciales de la oferta o de la licitación, se falsee la competencia, o se produzca un efecto discriminatorio.

SECCIÓN 6ª.

Normas especiales aplicables a los concursos de proyectos

Artículo 184. Ámbito de aplicación. 1. Son concursos de proyectos los procedimientos encaminados a la obtención de planos o proyectos, principalmente en los campos de la arquitectura, el urbanismo, la ingeniería y el procesamiento de datos, a través de una selección que, tras la correspondiente licitación, se encomienda a un jurado.

2. Las normas de la presente sección se aplicarán a los concursos de proyectos que respondan a uno de los tipos siguientes:

a) Concursos de proyectos organizados en el marco de un procedimiento de adjudicación de un contrato de servicios.

b) Concursos de proyectos con primas de participación o pagos a los participantes.

3. No se aplicarán las normas de la presente sección a los concursos de proyectos que se encuentren en casos equiparables a los previstos en el artículo 4 y en el apartado 2 del artículo 13.

4. Se consideran sujetos a regulación armonizada los concursos de proyectos cuya cuantía sea igual o superior a los umbrales fijados en el artículo 16 en función del órgano que efectúe la convocatoria.

La cuantía de los concursos de proyectos se calculará aplicando las siguientes reglas a los supuestos previstos en el apartado 2 de este artículo: en el caso de la letra a), se tendrá en cuenta el valor estimado del contrato de servicios y las eventuales primas de participación o pagos a los participantes; en el caso previsto en la letra b), se tendrá en cuenta el importe total de los pagos y primas, e incluyendo el valor estimado del contrato de servicios que pudiera adjudicarse ulteriormente con arreglo a la letra d) del artículo 174, si el órgano de contratación no excluyese esta adjudicación en el anuncio del concurso.

Artículo 185. Bases del concurso. Las normas relativas a la organización de un concurso de proyectos se establecerán de conformidad con lo regulado en la presente sección y se pondrán a disposición de quienes estén interesados en participar en el mismo.

Artículo 186. Participantes. En caso de que se decida limitar el número de participantes, la selección de éstos deberá efectuarse aplicando criterios objetivos, claros y no discriminatorios, sin que el acceso a la participación pueda limitarse a un determinado ámbito territorial, o a personas físicas con exclusión de las jurídicas o a la inversa. En cualquier caso, al fijar el número de candidatos invitados a participar, deberá tenerse en cuenta la necesidad de garantizar una competencia real.

Artículo 187. Publicidad. 1. La licitación del concurso de proyectos se publicará en la forma prevista en el artículo 142.

2. Los resultados del concurso se publicarán en la forma prevista en el artículo 154.

Artículo 188. Decisión del concurso. 1. El jurado estará compuesto por personas físicas independientes de los participantes en el concurso de proyectos.

2. Cuando se exija una cualificación profesional específica para participar en un concurso de proyectos, al menos un tercio de los miembros del jurado deberá poseer dicha cualificación u otra equivalente.

3. El jurado adoptará sus decisiones o dictámenes con total independencia, sobre la base de proyectos que le serán presentados de forma anónima, y atendiendo únicamente a los criterios indicados en el anuncio de celebración del concurso.

4. El jurado tendrá autonomía de decisión o de dictamen.

5. El jurado hará constar en un informe, firmado por sus miembros, la clasificación de los proyectos, teniendo en cuenta los méritos de cada proyecto, junto con sus observaciones y cualesquiera aspectos que requieran aclaración.

6. Deberá respetarse el anonimato hasta que el jurado emita su dictamen o decisión.

7. De ser necesario, podrá invitarse a los participantes a que respondan a preguntas que el jurado haya incluido en el acta para aclarar cualquier aspecto de los proyectos, debiendo levantarse un acta completa del diálogo entre los miembros del jurado y los participantes.

8. Conocido el dictamen del jurado y teniendo en cuenta el contenido de la clasificación y del acta a que se refiere el artículo anterior el órgano de contratación procederá a la adjudicación, que deberá ser motivada si no se ajusta a la propuesta o propuestas del jurado.

9. En lo no previsto por esta sección el concurso de los proyectos se regirá por las disposiciones reguladoras de la contratación de servicios.

CAPÍTULO II.

Adjudicación de otros contratos del sector público

SECCIÓN 1ª.

Normas aplicables por los poderes adjudicadores que no tengan el carácter de administraciones públicas

Artículo 189. Delimitación general. Los poderes adjudicadores que no tengan el carácter de Administraciones Públicas aplicarán, para la adjudicación de sus contratos, las normas de la presente sección.

Artículo 190. Adjudicación de los contratos sujetos a regulación armonizada. 1. La adjudicación de los contratos sujetos a regulación armonizada se regirá por las normas establecidas en el Capítulo anterior con las siguientes adaptaciones:

a) No serán de aplicación las normas establecidas en el segundo párrafo del apartado 2 del artículo 150 sobre intervención del comité de expertos para la valoración de criterios subjetivos, en los apartados 1 y 2 del artículo 152 sobre criterios para apreciar el carácter anormal o desproporcionado de las ofertas, en el artículo 156 sobre formalización de los contratos sin perjuicio de que deba observarse el plazo establecido en su apartado 3 y lo previsto en el apartado 5, en el artículo 160 sobre examen de las proposiciones y propuesta de adjudicación, y en el artículo 172 sobre los supuestos en que es posible acudir a un procedimiento negociado para adjudicar contratos de gestión de servicios públicos.

b) No será preciso publicar las licitaciones y adjudicaciones en los diarios oficiales nacionales a que se refieren el párrafo primero del apartado 1 del artículo 142 y el párrafo primero del apartado 2 del artículo 154, entendiéndose que se satisface el principio de publicidad mediante la publicación efectuada en el «Diario Oficial de la Unión Europea» y la inserción de la correspondiente información en la plataforma de contratación a que se refiere el artículo 334 o en el sistema equivalente gestionado por la Administración Pública de la que dependa la entidad contratante, sin perjuicio de la utilización de medios adicionales con carácter voluntario.

2. Si, por razones de urgencia, resultara impracticable el cumplimiento de los plazos mínimos establecidos, será de aplicación lo previsto en el artículo 112.2.b) sobre reducción de plazos.

Artículo 191. Adjudicación de los contratos que no estén sujetos a regulación armonizada. En la adjudicación de contratos no sujetos a regulación armonizada serán de aplicación las siguientes disposiciones:

a) La adjudicación estará sometida, en todo caso, a los principios de publicidad, concurrencia, transparencia, confidencialidad, igualdad y no discriminación.

b) Los órganos competentes de las entidades a que se refiere esta sección aprobarán unas instrucciones, de obligado cumplimiento en el ámbito interno de las mismas, en las que se regulen los procedimientos de contratación de forma que quede garantizada la efectividad de los principios enunciados en la letra anterior y que el contrato es adjudicado a quien presente la oferta económicamente más ventajosa. Estas instrucciones deben ponerse a disposición de todos los interesados en participar en los procedimientos de adjudicación de contratos regulados por ellas, y publicarse en el perfil de contratante de la entidad.

En el ámbito del sector público estatal, la aprobación de las instrucciones requerirá el informe previo de la Abogacía del Estado.

c) Se entenderán cumplidas las exigencias derivadas del principio de publicidad con la inserción de la información relativa a la licitación de los contratos cuyo importe supere los 50.000 euros en el perfil del contratante de la entidad, sin perjuicio de que las instrucciones internas de contratación puedan arbitrar otras modalidades, alternativas o adicionales, de difusión.

SECCIÓN 2ª.

Normas aplicables por otros entes, organismos y entidades del sector público

Artículo 192. Régimen de adjudicación de contratos. 1. Los entes, organismos y entidades del sector público que no tengan la consideración de poderes adjudicadores deberán ajustarse, en la adjudicación de los contratos, a los principios de publicidad, concurrencia, transparencia, confidencialidad, igualdad y no discriminación.

2. La adjudicación de los contratos deberá efectuarse de forma que recaiga en la oferta económicamente más ventajosa.

3. En las instrucciones internas en materia de contratación que se aprueben por estas entidades se dispondrá lo necesario para asegurar la efectividad de los principios enunciados en el apartado 1 de este artículo y la directriz establecida en el apartado 2. Estas instrucciones deben ponerse a disposición de todos los interesados en participar en los procedimientos de adjudicación de contratos regulados por ellas, y publicarse en el perfil de contratante de la entidad.

En el ámbito del sector público estatal, estas instrucciones deberán ser informadas antes de su aprobación por el órgano al que corresponda el asesoramiento jurídico de la correspondiente entidad.

SECCIÓN 3ª.

Normas aplicables en la adjudicación de contratos subvencionados

Artículo 193. Adjudicación de contratos subvencionados

La adjudicación de los contratos subvencionados a que se refiere el artículo 17 de esta Ley se regirá por las normas establecidas en el artículo 190.

TÍTULO II.

Racionalización técnica de la contratación

CAPÍTULO I.

Normas generales

Artículo 194. Sistemas para la racionalización de la contratación de las Administraciones Públicas. Para racionalizar y ordenar la adjudicación de contratos las Administraciones Públicas podrán concluir acuerdos marco, articular sistemas dinámicos, o centralizar la contratación de obras, servicios y suministros en servicios especializados, conforme a las normas de este Título.

Artículo 195. Sistemas para la racionalización de la contratación de otras entidades del sector público. Los sistemas para la racionalización de la contratación que establezcan las entidades del sector público que no tengan el carácter de Administraciones Públicas en sus normas e instrucciones propias, deberán ajustarse a las disposiciones de este Título para la adjudicación de contratos sujetos a regulación armonizada.

CAPÍTULO II.

Acuerdos marco

Artículo 196. Funcionalidad y límites. 1. Los órganos de contratación del sector público podrán concluir acuerdos marco con uno o varios empresarios con el fin de fijar las condiciones a que habrán de ajustarse los contratos que pretendan adjudicar durante un período determinado, siempre que el recurso a estos instrumentos no se efectúe de forma abusiva o de modo que la competencia se vea obstaculizada, restringida o falseada.

2. Cuando el acuerdo marco se concluya con varios empresarios, el número de éstos deberá ser, al menos, de tres, siempre que exista un número suficiente de interesados que se ajusten a los criterios de selección o de ofertas admisibles que respondan a los criterios de adjudicación.

3. La duración de un acuerdo marco no podrá exceder de cuatro años, salvo en casos excepcionales, debidamente justificados.

Artículo 197. Procedimiento de celebración de acuerdos marco. 1. Para la celebración de un acuerdo marco se seguirán las normas de procedimiento establecidas en el Libro II, y en el Capítulo I del Título I de este Libro.

2. La celebración del acuerdo marco se publicará en el perfil de contratante del órgano de contratación y, en un plazo no superior a cuarenta y ocho días, se publicará además en el «Boletín Oficial del Estado» o en los respectivos Diarios o Boletines Oficiales de las Comunidades Autónomas o de las Provincias. La posibilidad de adjudicar contratos sujetos a regulación armonizada con base en el acuerdo marco estará condicionada a que en el plazo de cuarenta y ocho días desde su celebración, se hubiese remitido el correspondiente anuncio de la misma al «Diario Oficial de la Unión Europea» y efectuado su publicación en el «Boletín Oficial del Estado».

3. En los casos a que se refiere el artículo 153, el órgano de contratación podrá no publicar determinada información relativa a la celebración del acuerdo marco, justificándolo debidamente en el expediente.

Artículo 198. Adjudicación de contratos basados en un acuerdo marco. 1. Solo podrán celebrarse contratos basados en un acuerdo marco entre los órganos de contratación y las empresas que hayan sido originariamente partes en aquél. En estos contratos, en particular en el caso previsto en el apartado 3 de este artículo, las partes no podrán, en ningún caso, introducir modificaciones sustanciales respecto de los términos establecidos en el acuerdo marco.

2. Los contratos basados en el acuerdo marco se adjudicarán de acuerdo con lo previsto en los apartados 3 y 4 de este artículo.

3. Cuando el acuerdo marco se hubiese concluido con un único empresario, los contratos basados en aquél se adjudicarán con arreglo a los términos en él establecidos. Los órganos de contratación podrán consultar por escrito al empresario, pidiéndole, si fuere necesario, que complete su oferta.

4. Cuando el acuerdo marco se hubiese celebrado con varios empresarios, la adjudicación de los contratos en él basados se efectuará aplicando los términos fijados en el propio acuerdo marco, sin necesidad de convocar a las partes a una nueva licitación.

Cuando no todos los términos estén establecidos en el acuerdo marco, la adjudicación de los contratos se efectuará convocando a las partes a una nueva licitación, en la que se tomarán como base los mismos términos, formulándolos de manera más precisa si fuera necesario, y, si ha lugar, otros a los que se refieran las especificaciones del acuerdo marco, con arreglo al procedimiento siguiente:

a) Por cada contrato que haya de adjudicarse, se consultará por escrito a todas las empresas capaces de realizar el objeto del contrato; no obstante, cuando los contratos a adjudicar no estén sujetos, por razón de su objeto y cuantía, a procedimiento armonizado, el órgano de contratación podrá decidir, justificándolo debidamente en el expediente, no extender esta consulta a la totalidad de los empresarios que sean parte del acuerdo marco, siempre que, como mínimo, solicite ofertas a tres de ellos.

b) Se concederá un plazo suficiente para presentar las ofertas relativas a cada contrato específico, teniendo en cuenta factores tales como la complejidad del objeto del contrato y el tiempo necesario para el envío de la oferta.

c) Las ofertas se presentarán por escrito y su contenido será confidencial hasta el momento fijado para su apertura.

d) De forma alternativa a lo señalado en las letras anteriores, el órgano de contratación podrá abrir una subasta electrónica para la adjudicación del contrato conforme a lo establecido en el artículo 148.

e) El contrato se adjudicará al licitador que haya presentado la mejor oferta, valorada según los criterios detallados en el acuerdo marco.

f) Si lo estima oportuno, el órgano de contratación podrá decidir la publicación de la adjudicación conforme a lo previsto en el artículo 154.

5. En los procedimientos de adjudicación a que se refieren los apartados anteriores podrá efectuarse la formalización del contrato sin necesidad de observar el plazo de espera previsto en el artículo 156.3.

CAPÍTULO III.

Sistemas dinámicos de contratación

Artículo 199. Funcionalidad y límites. 1. Los órganos de contratación del sector público podrán articular sistemas dinámicos para la contratación de obras, servicios y suministros de uso corriente cuyas características, generalmente disponibles en el mercado, satisfagan sus necesidades, siempre que el recurso a estos instrumentos no se efectúe de forma que la competencia se vea obstaculizada, restringida o falseada.

2. La duración de un sistema dinámico de contratación no podrá exceder de cuatro años, salvo en casos excepcionales debidamente justificados.

Artículo 200. Implementación. 1. El sistema dinámico de contratación se desarrollará de acuerdo con las normas del procedimiento abierto a lo largo de todas sus fases y hasta la adjudicación de los correspondientes contratos, que se efectuará en la forma prevista en el artículo 202. Todos los licitadores que cumplan los criterios de selección y que hayan presentado una oferta indicativa que se ajuste a lo señalado en los pliegos serán admitidos en el sistema.

2. Para la implementación de un sistema dinámico de contratación se observarán las siguientes normas:

a) El órgano de contratación deberá publicar un anuncio de licitación, en la forma establecida en el artículo 142, en el que deberá indicar expresamente que pretende articular un sistema dinámico de contratación.

b) En los pliegos deberá precisarse, además de los demás extremos que resulten pertinentes, la naturaleza de los contratos que podrán celebrarse mediante el sistema, y toda la información necesaria para incorporarse al mismo y, en particular, la relativa al equipo electrónico utilizado y a los arreglos y especificaciones técnicas de conexión.

c) Desde la publicación del anuncio y hasta la expiración del sistema, se ofrecerá acceso sin restricción, directo y completo, por medios electrónicos, informáticos y telemáticos, a los pliegos y a la documentación complementaria. En el anuncio a que se refiere la letra a) anterior, se indicará la dirección de Internet en la que estos documentos pueden consultarse.

3. El desarrollo del sistema, y la adjudicación de los contratos en el marco de éste deberán efectuarse, exclusivamente, por medios electrónicos, informáticos y telemáticos.

4. La participación en el sistema será gratuita para las empresas, a las que no se podrá cargar ningún gasto.

Artículo 201. Incorporación de empresas al sistema. 1. Durante la vigencia del sistema, todo empresario interesado podrá presentar una oferta indicativa a efectos de ser incluido en el mismo.

2. La evaluación de las ofertas indicativas deberá efectuarse en un plazo máximo de quince días a partir de su presentación. Este plazo podrá prorrogarse por el órgano de contratación, siempre que, entretanto, no convoque una nueva licitación.

3. El órgano de contratación deberá comunicar al licitador su admisión en el sistema dinámico de contratación, o el rechazo de su oferta indicativa, que solo procederá en caso de que la oferta no se ajuste a lo establecido en el pliego, en el plazo máximo de dos días desde que se efectúe la evaluación de su oferta indicativa.

4. Las ofertas indicativas podrán mejorarse en cualquier momento siempre que sigan siendo conformes al pliego.

Artículo 202. Adjudicación de contratos en el marco de un sistema dinámico de contratación. 1. Cada contrato específico que se pretenda adjudicar en el marco de un sistema dinámico de contratación deberá ser objeto de una licitación.

2. Cuando, por razón de su cuantía, los contratos a adjudicar estén sujetos a regulación armonizada, antes de proceder a la licitación los órganos de contratación publicarán un anuncio simplificado, en los medios que se detallan en el artículo 142, invitando a cualquier empresario interesado a presentar una oferta indicativa, en un plazo no inferior a quince días, que se computarán desde el envío del anuncio a la Unión Europea. Hasta que se concluya la evaluación de las ofertas indicativas presentadas en plazo no podrán convocarse nuevas licitaciones.

3. Todos los empresarios admitidos en el sistema serán invitados a presentar una oferta para el contrato específico que se esté licitando, a cuyo efecto se les concederá un plazo suficiente, que se fijará teniendo en cuenta el tiempo que razonablemente pueda ser necesario para prepararla, atendida la complejidad del contrato. El órgano de contratación podrá, asimismo, abrir una subasta electrónica conforme a lo establecido en el artículo 148.

4. El contrato se adjudicará al licitador que haya presentado la mejor oferta, valorada de acuerdo con los criterios señalados en el anuncio de licitación a que se refiere el artículo 200.2.a). Estos criterios deberán precisarse en la invitación a la que se refiere el apartado anterior.

5. El resultado del procedimiento deberá anunciarse dentro de los cuarenta y ocho días siguientes a la adjudicación de cada contrato en la forma prevista en el apartado 1 del artículo 154, siendo igualmente de aplicación lo previsto en su apartado 4. No obstante, estos anuncios podrán agruparse trimestralmente, en cuyo caso el plazo de cuarenta y ocho días se computará desde la terminación del trimestre.

6. La adjudicación prevista en el apartado 4 de este artículo podrá ir seguida de forma inmediata por la formalización del contrato.

CAPÍTULO IV.

Centrales de contratación

SECCIÓN 1ª.

Normas generales

Artículo 203. Funcionalidad y principios de actuación. 1. Las entidades del sector público podrán centralizar la contratación de obras, servicios y suministros, atribuyéndola a servicios especializados.

2. Las centrales de contratación podrán actuar adquiriendo suministros y servicios para otros órganos de contratación, o adjudicando contratos o celebrando acuerdos marco para la realización de obras, suministros o servicios destinados a los mismos.

3. Las centrales de contratación se sujetarán, en la adjudicación de los contratos y acuerdos marco que celebren, a las disposiciones de la presente Ley y sus normas de desarrollo.

Artículo 204. Creación de centrales de contratación por las Comunidades Autónomas y Entidades Locales. 1. La creación de centrales de contratación por las Comunidades Autónomas, así como la determinación del tipo de contratos y el ámbito subjetivo a que se extienden, se efectuará en la forma que prevean las normas de desarrollo de esta Ley que aquéllas dicten en ejercicio de sus competencias.

2. En el ámbito de la Administración local, las Diputaciones Provinciales podrán crear centrales de contratación por acuerdo del Pleno.

Artículo 205. Adhesión a sistemas externos de contratación centralizada. 1. Las Comunidades Autónomas y las Entidades locales, así como los Organismos autónomos y entes públicos dependientes de ellas podrán adherirse al sistema de contratación centralizada estatal regulado en el artículo 206, para la totalidad de los suministros, servicios y obras incluidos en el mismo o solo para determinadas categorías de ellos. La adhesión requerirá la conclusión del correspondiente acuerdo con la Dirección General del Patrimonio del Estado.

2. Igualmente, mediante los correspondientes acuerdos, las Comunidades Autónomas y las Entidades locales podrán adherirse a sistemas de adquisición centralizada de otras Comunidades Autónomas o Entidades locales.

3. Las sociedades y fundaciones y los restantes entes, organismos y entidades del sector público podrán adherirse a los sistemas de contratación centralizada establecidos por las Administraciones Públicas en la forma prevista en los apartados anteriores.

SECCIÓN 2ª.

Contratación centralizada en el ámbito estatal

Artículo 206. Régimen general. 1. En el ámbito de la Administración General del Estado, sus Organismos autónomos, Entidades gestoras y Servicios comunes de la Seguridad Social y demás Entidades públicas estatales, el Ministro de Economía y Hacienda podrá declarar de contratación centralizada los suministros, obras y servicios que se contraten de forma general y con características esencialmente homogéneas por los diferentes órganos y organismos.

2. La contratación de estos suministros, obras o servicios deberá efectuarse a través de la Dirección General del Patrimonio del Estado, que operará, respecto de ellos, como central de contratación única en el ámbito definido en el apartado 1. La financiación de los correspondientes contratos, correrá a cargo del organismo peticionario.

3. La contratación de obras, suministros o servicios centralizados podrá efectuarse por la Dirección General del Patrimonio del Estado a través de los siguientes procedimientos:

a) Mediante la conclusión del correspondiente contrato, que se adjudicará con arreglo a las normas procedimentales contenidas en el Capítulo I del Título I de este Libro.

b) A través del procedimiento especial de adopción de tipo. Este procedimiento se desarrollará en dos fases, la primera de las cuales tendrá por objeto la adopción de los tipos contratables para cada clase de bienes, obras o servicios mediante la conclusión de un acuerdo marco o la apertura de un sistema dinámico, mientras que la segunda tendrá por finalidad la contratación específica, conforme a las normas aplicables a cada uno de dichos sistemas contractuales, de los bienes, servicios u obras de los tipos así adoptados que precisen los diferentes órganos y organismos.

En tanto no se produzca la adopción de tipos conforme a lo señalado en el apartado anterior, o cuando los tipos adoptados no reúnan las características indispensables para satisfacer las necesidades del organismo peticionario, la contratación de los suministros, obras o servicios se efectuará, con arreglo a las normas generales de procedimiento, por la Dirección General del Patrimonio del Estado. No obstante, si la Orden por la que se acuerda la centralización de estos contratos así lo prevé, la contratación podrá realizarse, de acuerdo con las normas generales de competencia y procedimiento, por el correspondiente órgano de contratación, previo informe favorable de la Dirección General del Patrimonio del Estado.

Cuando la contratación de los suministros, servicios u obras deba efectuarse convocando a las partes en un acuerdo marco a una nueva licitación conforme a lo previsto en las letras a) a d) del apartado 4 del artículo 198, la consulta por escrito a los empresarios capaces de realizar la prestación, así como la recepción y examen de las proposiciones serán responsabilidad del organismo interesado en la adjudicación del contrato, que elevará la correspondiente propuesta a la Dirección General del Patrimonio del Estado.

Si la adopción de tipo se hubiese efectuado mediante la articulación de un sistema dinámico de contratación, en la adjudicación de los contratos que, por razón de su cuantía, no estén sujetos a un procedimiento armonizado, no regirá lo dispuesto en el artículo 201.2 y en el artículo 202.2 sobre la imposibilidad de convocar nuevas licitaciones mientras esté pendiente la evaluación de las ofertas presentadas.

4. La conclusión por la Administración General del Estado, sus Organismos autónomos, Entidades gestoras y Servicios comunes de la Seguridad Social y demás Entidades públicas estatales de acuerdos marco que tengan por objeto bienes, servicios u obras no declarados de contratación centralizada requerirá el informe favorable de la Dirección General del Patrimonio del Estado, que deberá obtenerse antes de iniciar el procedimiento dirigido a su adjudicación, cuando esos bienes, servicios u obras se contraten de forma general y con características esencialmente homogéneas en el referido ámbito. Igualmente, será necesario el previo informe favorable de la Dirección General del Patrimonio del Estado para la celebración de acuerdos marco que afecten a más de un Departamento ministerial, Organismo autónomo o entidad de las mencionadas en este apartado.

Artículo 207. Adquisición centralizada de equipos y sistemas para el tratamiento de la información. 1. La competencia para adquirir equipos y sistemas para el tratamiento de la información y sus elementos complementarios o auxiliares en el ámbito definido en el apartado 1 del artículo anterior que no hayan sido declarados de adquisición centralizada conforme a lo señalado en el mismo corresponderá, en todo caso, al Director General del Patrimonio del Estado, oídos los Departamentos ministeriales u organismos interesados en la compra en cuanto sus necesidades.

2. El Ministro de Economía y Hacienda podrá atribuir la competencia para adquirir los bienes a que se refiere este artículo a otros órganos de la Administración General del Estado, sus Organismos autónomos, Entidades gestoras y Servicios comunes de la Seguridad Social y Entidades públicas estatales, cuando circunstancias especiales o el volumen de adquisiciones que realicen así lo aconsejen.

LIBRO IV.

Efectos, cumplimiento y extinción de los contratos administrativos

TÍTULO I.

Normas Generales

CAPÍTULO I.

Efectos de los contratos

Artículo 208. Régimen jurídico. Los efectos de los contratos administrativos se regirán por las normas a que hace referencia el artículo 19.2 y por los pliegos de cláusulas administrativas y de prescripciones técnicas, generales y particulares.

Artículo 209. Vinculación al contenido contractual. Los contratos deberán cumplirse a tenor de sus cláusulas, sin perjuicio de las prerrogativas establecidas por la legislación en favor de las Administraciones Públicas.

CAPÍTULO II.

Prerrogativas de la Administración Pública en los contratos administrativos

Artículo 210. Enumeración. Dentro de los límites y con sujeción a los requisitos y efectos señalados en la presente Ley, el órgano de contratación ostenta la prerrogativa de interpretar los contratos administrativos, resolver las dudas que ofrezca su cumplimiento, modificarlos por razones de interés público, acordar su resolución y determinar los efectos de ésta.

Artículo 211. Procedimiento de ejercicio. 1. En los procedimientos que se instruyan para la adopción de acuerdos relativos a la interpretación, modificación y resolución del contrato deberá darse audiencia al contratista.

2. En la Administración General del Estado, sus Organismos autónomos, Entidades gestoras y Servicios comunes de la Seguridad Social y demás Entidades públicas estatales, los acuerdos a que se refiere el apartado anterior deberán ser adoptados previo informe del Servicio Jurídico correspondiente, salvo en los casos previstos en los artículos 99 y 213.

3. No obstante lo anterior, será preceptivo el informe del Consejo de Estado u órgano consultivo equivalente de la Comunidad Autónoma respectiva en los casos de:

a) Interpretación, nulidad y resolución, cuando se formule oposición por parte del contratista.

b) Modificaciones del contrato, cuando su cuantía, aislada o conjuntamente, sea superior a un 10 por ciento del precio primitivo del contrato, cuando éste sea igual o superior a 6.000.000 de euros.

4. Los acuerdos que adopte el órgano de contratación pondrán fin a la vía administrativa y serán inmediatamente ejecutivos.

CAPÍTULO III.

Ejecución de los contratos

Artículo 212. Ejecución defectuosa y demora. 1. Los pliegos o el documento contractual podrán prever penalidades para el caso de cumplimiento defectuoso de la prestación objeto del mismo o para el supuesto de incumplimiento de los compromisos o de las condiciones especiales de ejecución del contrato que se hubiesen establecido conforme a los artículos 64.2 y 118.1. Estas penalidades deberán ser proporcionales a la gravedad del incumplimiento y su cuantía no podrá ser superior al 10 por 100 del presupuesto del contrato.

2. El contratista está obligado a cumplir el contrato dentro del plazo total fijado para la realización del mismo, así como de los plazos parciales señalados para su ejecución sucesiva.

3. La constitución en mora del contratista no precisará intimación previa por parte de la Administración.

4. Cuando el contratista, por causas imputables al mismo, hubiere incurrido en demora respecto al cumplimiento del plazo total, la Administración podrá optar indistintamente por la resolución del contrato o por la imposición de las penalidades diarias en la proporción de 0,20 euros por cada 1.000 euros del precio del contrato.

El órgano de contratación podrá acordar la inclusión en el pliego de cláusulas administrativas particulares de unas penalidades distintas a las enumeradas en el párrafo anterior cuando, atendiendo a las especiales características del contrato, se considere necesario para su correcta ejecución y así se justifique en el expediente.

5. Cada vez que las penalidades por demora alcancen un múltiplo del 5 por 100 del precio del contrato, el órgano de contratación estará facultado para proceder a la resolución del mismo o acordar la continuidad de su ejecución con imposición de nuevas penalidades.

6. La Administración tendrá la misma facultad a que se refiere el apartado anterior respecto al incumplimiento por parte del contratista de los plazos parciales, cuando se hubiese previsto en el pliego de cláusulas administrativas particulares o cuando la demora en el cumplimiento de aquéllos haga presumir razonablemente la imposibilidad de cumplir el plazo total.

7. Cuando el contratista, por causas imputables al mismo, hubiere incumplido la ejecución parcial de las prestaciones definidas en el contrato, la Administración podrá optar, indistintamente, por su resolución o por la imposición de las penalidades que, para tales supuestos, se determinen en el pliego de cláusulas administrativas particulares.

8. Las penalidades se impondrán por acuerdo del órgano de contratación, adoptado a propuesta del responsable del contrato si se hubiese designado, que será inmediatamente ejecutivo, y se harán efectivas mediante deducción de las cantidades que, en concepto de pago total o parcial, deban abonarse al contratista o sobre la garantía que, en su caso, se hubiese constituido, cuando no puedan deducirse de las mencionadas certificaciones.

Artículo 213. Resolución por demora y prórroga de los contratos. 1. En el supuesto a que se refiere el artículo anterior, si la Administración optase por la resolución ésta deberá acordarse por el órgano de contratación o por aquel que tenga atribuida esta competencia en las Comunidades Autónomas, sin otro trámite preceptivo que la audiencia del contratista y, cuando se formule oposición por parte de éste, el dictamen del Consejo de Estado u órgano consultivo equivalente de la Comunidad Autónoma respectiva.

2. Si el retraso fuese producido por motivos no imputables al contratista y éste ofreciera cumplir sus compromisos dándole prórroga del tiempo que se le había señalado, se concederá por la Administración un plazo que será, por lo menos, igual al tiempo perdido, a no ser que el contratista pidiese otro menor.

Artículo 214. Indemnización de daños y perjuicios. 1. Será obligación del contratista indemnizar todos los daños y perjuicios que se causen a terceros como consecuencia de las operaciones que requiera la ejecución del contrato.

2. Cuando tales daños y perjuicios hayan sido ocasionados como consecuencia inmediata y directa de una orden de la Administración, será ésta responsable dentro de los límites señalados en las Leyes. También será la Administración responsable de los daños que se causen a terceros como consecuencia de los vicios del proyecto elaborado por ella misma en el contrato de obras o en el de suministro de fabricación.

3. Los terceros podrán requerir previamente, dentro del año siguiente a la producción del hecho, al órgano de contratación para que éste, oído el contratista, se pronuncie sobre a cuál de las partes contratantes corresponde la responsabilidad de los daños. El ejercicio de esta facultad interrumpe el plazo de prescripción de la acción.

4. La reclamación de aquéllos se formulará, en todo caso, conforme al procedimiento establecido en la legislación aplicable a cada supuesto.

Artículo 215. Principio de riesgo y ventura. La ejecución del contrato se realizará a riesgo y ventura del contratista, sin perjuicio de lo establecido para el de obras en el artículo 231, y de lo pactado en las cláusulas de reparto de riesgo que se incluyan en los contratos de colaboración entre el sector público y el sector privado.

Artículo 216. Pago del precio . 1. El contratista tendrá derecho al abono de la prestación realizada en los términos establecidos en esta Ley y en el contrato, con arreglo al precio convenido.

2. El pago del precio podrá hacerse de manera total o parcial, mediante abonos a cuenta o, en el caso de contratos de tracto sucesivo, mediante pago en cada uno de los vencimientos que se hubiesen estipulado.

3. El contratista tendrá también derecho a percibir abonos a cuenta por el importe de las operaciones preparatorias de la ejecución del contrato y que estén comprendidas en el objeto del mismo, en las condiciones señaladas en los respectivos pliegos, debiéndose asegurar los referidos pagos mediante la prestación de garantía.

4. La Administración tendrá la obligación de abonar el precio dentro de los treinta días siguientes a la fecha de aprobación de las certificaciones de obra o de los documentos que acrediten la conformidad con lo dispuesto en el contrato de los bienes entregados o servicios prestados, sin perjuicio de lo establecido en el artículo 222.4, y si se demorase, deberá abonar al contratista, a partir del cumplimiento de dicho plazo de treinta días los intereses de demora y la indemnización por los costes de cobro en los términos previstos en la Ley 3/2004, de 29 de diciembre , por la que se establecen medidas de lucha contra la morosidad en las operaciones comerciales. Para que haya lugar al inicio del cómputo de plazo para el devengo de intereses, el contratista deberá de haber cumplido la obligación de presentar la factura ante el registro administrativo correspondiente, en tiempo y forma, en el plazo de treinta días desde la fecha de entrega efectiva de las mercancías o la prestación del servicio.

Sin perjuicio de lo establecido en los artículos 222.4 y 235.1, la Administración deberá aprobar las certificaciones de obra o los documentos que acrediten la conformidad con lo dispuesto en el contrato de los bienes entregados o servicios prestados dentro de los treinta días siguientes a la entrega efectiva de los bienes o prestación del servicio, salvo acuerdo expreso en contrario establecido en el contrato y en alguno de los documentos que rijan la licitación, siempre que no sea manifiestamente abusivo para el acreedor en el sentido del artículo 9 de la Ley 3/2004, de 29 de diciembre, por la que se establecen medidas de lucha contra la morosidad en las operaciones comerciales.

En todo caso, si el contratista incumpliera el plazo de treinta días para presentar la factura ante el registro administrativo, el devengo de intereses no se iniciará hasta transcurridos treinta días desde la fecha de presentación de la factura en el registro correspondiente, sin que la Administración haya aprobado la conformidad, si procede, y efectuado el correspondiente abono[27].

5. Si la demora en el pago fuese superior a cuatro meses, el contratista podrá proceder, en su caso, a la suspensión del cumplimiento del contrato, debiendo comunicar a la Administración, con un mes de antelación, tal circunstancia, a efectos del reconocimiento de los derechos que puedan derivarse de dicha suspensión, en los términos establecidos en esta Ley.

6. Si la demora de la Administración fuese superior a seis meses, el contratista tendrá derecho, asimismo, a resolver el contrato y al resarcimiento de los perjuicios que como consecuencia de ello se le originen[28].

7. Sin perjuicio de lo establecido en las normas tributarias y de la Seguridad Social, los abonos a cuenta que procedan por la ejecución del contrato, solo podrán ser embargados en los siguientes supuestos:

a) Para el pago de los salarios devengados por el personal del contratista en la ejecución del contrato y de las cuotas sociales derivadas de los mismos.

b) Para el pago de las obligaciones contraídas por el contratista con los subcontratistas y suministradores referidas a la ejecución del contrato.

8. Las Comunidades Autónomas podrán reducir los plazos de treinta días, cuatro meses y seis meses establecidos en los apartados 4, 5 y 6 de este artículo[29].

Artículo 217. Procedimiento para hacer efectivas las deudas de las Administraciones Públicas. Transcurrido el plazo a que se refiere el artículo 216.4 de esta Ley, los contratistas podrán reclamar por escrito a la Administración contratante el cumplimiento de la obligación de pago y, en su caso, de los intereses de demora. Si, transcurrido el plazo de un mes, la Administración no hubiera contestado, se entenderá reconocido el vencimiento del plazo de pago y los interesados podrán formular recurso contencioso-administrativo contra la inactividad de la Administración, pudiendo solicitar como medida cautelar el pago inmediato de la deuda. El órgano judicial adoptará la medida cautelar, salvo que la Administración acredite que no concurren las circunstancias que justifican el pago o que la cuantía reclamada no corresponde a la que es exigible, en cuyo caso la medida cautelar se limitará a esta última. La sentencia condenará en costas a la Administración demandada en el caso de estimación total de la pretensión de cobro.

Artículo 218. Transmisión de los derechos de cobro. 1. Los contratistas que, conforme al artículo anterior, tengan derecho de cobro frente a la Administración, podrán ceder el mismo conforme a Derecho.

2. Para que la cesión del derecho de cobro sea efectiva frente a la Administración, será requisito imprescindible la notificación fehaciente a la misma del acuerdo de cesión.

3. La eficacia de las segundas y sucesivas cesiones de los derechos de cobro cedidos por el contratista quedará condicionada al cumplimiento de lo dispuesto en el número anterior.

4. Una vez que la Administración tenga conocimiento del acuerdo de cesión, el mandamiento de pago habrá de ser expedido a favor del cesionario. Antes de que la cesión se ponga en conocimiento de la Administración, los mandamientos de pago a nombre del contratista o del cedente surtirán efectos liberatorios.

27 Ap. 4 modificado por disp. final 1 de Ley nº 13/2014, de 14 de julio.
28 Ap. 6 modificado por art. 47.1 de Ley nº 14/2013, de 27 de septiembre.
29 Ap. 8 modificado por art. 47.2 de Ley nº 14/2013, de 27 de septiembre.

CAPÍTULO IV.

Modificación de los contratos

Artículo 219. Potestad de modificación del contrato. 1. Los contratos administrativos solo podrán ser modificados por razones de interés público en los casos y en la forma previstos en el título V del libro I, y de acuerdo con el procedimiento regulado en el artículo 211.

En estos casos, las modificaciones acordadas por el órgano de contratación serán obligatorias para los contratistas.

2. Las modificaciones del contrato deberán formalizarse conforme a lo dispuesto en el artículo 156.

Artículo 220. Suspensión de los contratos. 1. Si la Administración acordase la suspensión del contrato o aquélla tuviere lugar por la aplicación de lo dispuesto en el artículo 216, se levantará un acta en la que se consignarán las circunstancias que la han motivado y la situación de hecho en la ejecución de aquél.

2. Acordada la suspensión, la Administración abonará al contratista los daños y perjuicios efectivamente sufridos por éste.

CAPÍTULO V.

Extinción de los contratos

SECCIÓN 1ª.

Disposición general

Artículo 221. Extinción de los contratos. Los contratos se extinguirán por cumplimiento o por resolución.

SECCIÓN 2ª.

Cumplimiento de los contratos

Artículo 222. Cumplimiento de los contratos y recepción de la prestación[30] 1. El contrato se entenderá cumplido por el contratista cuando éste haya realizado, de acuerdo con los términos del mismo y a satisfacción de la Administración, la totalidad de la prestación.

2. En todo caso, su constatación exigirá por parte de la Administración un acto formal y positivo de recepción o conformidad dentro del mes siguiente a la entrega o realización del objeto del contrato, o en el plazo que se determine en el pliego de cláusulas administrativas particulares por razón de sus características. A la Intervención de la Administración correspondiente le será comunicado, cuando ello sea preceptivo, la fecha y lugar del acto, para su eventual asistencia en ejercicio de sus funciones de comprobación de la inversión.

3. En los contratos se fijará un plazo de garantía a contar de la fecha de recepción o conformidad, transcurrido el cual sin objeciones por parte de la Administración, salvo los supuestos en que se establezca otro plazo en esta Ley o en otras normas, quedará extinguida la responsabilidad del contratista. Se exceptúan del plazo de garantía aquellos contratos en que por su naturaleza o características no resulte necesario, lo que deberá justificarse debidamente en el expediente de contratación, consignándolo expresamente en el pliego.

4. Excepto en los contratos de obras, que se regirán por lo dispuesto en el artículo 235 , dentro del plazo de treinta días a contar desde la fecha del acta de recepción o conformidad, deberá acordarse y ser notificada al contratista la liquidación correspondiente del contrato, y abonársele, en su caso, el saldo resultante. No obstante, si la Administración Pública recibe la factura con posterioridad a la fecha en que tiene lugar dicha recepción, el plazo de treinta días se contará desde que el contratista presente la citada factura en el registro correspondiente. Si se produjera demora

---

30 Ap. 4 modificado por disp. final 7.2 de Ley nº 11/2013, de 26 de julio.

en el pago del saldo de liquidación, el contratista tendrá derecho a percibir los intereses de demora y la indemnización por los costes de cobro en los términos previstos en la Ley 3/2004, de 29 de diciembre, por la que se establecen medidas de lucha contra la morosidad en las operaciones comerciales.

SECCIÓN 3ª.

Resolución de los contratos

Artículo 223. Causas de resolución. Son causas de resolución del contrato:

a) La muerte o incapacidad sobrevenida del contratista individual o la extinción de la personalidad jurídica de la sociedad contratista, sin perjuicio de lo previsto en el artículo 85.

b) La declaración de concurso o la declaración de insolvencia en cualquier otro procedimiento.

c) El mutuo acuerdo entre la Administración y el contratista.

d) La demora en el cumplimiento de los plazos por parte del contratista y el incumplimiento del plazo señalado en la letra c) del apartado 2 del artículo 112.

e) La demora en el pago por parte de la Administración por plazo superior al establecido en el apartado 6 del artículo 216 o el inferior que se hubiese fijado al amparo de su apartado 8.

f) El incumplimiento de las restantes obligaciones contractuales esenciales, calificadas como tales en los pliegos o en el contrato.

g) La imposibilidad de ejecutar la prestación en los términos inicialmente pactados o la posibilidad cierta de producción de una lesión grave al interés público de continuarse ejecutando la prestación en esos términos, cuando no sea posible modificar el contrato conforme a lo dispuesto en el título V del libro I.

h) Las establecidas expresamente en el contrato.

i) Las que se señalen específicamente para cada categoría de contrato en esta Ley.

Artículo 224. Aplicación de las causas de resolución. 1. La resolución del contrato se acordará por el órgano de contratación, de oficio o a instancia del contratista, en su caso, siguiendo el procedimiento que en las normas de desarrollo de esta Ley se establezca.

2. La declaración de insolvencia en cualquier procedimiento y, en caso de concurso, la apertura de la fase de liquidación, darán siempre lugar a la resolución del contrato.

En los restantes casos, la resolución podrá instarse por aquella parte a la que no le sea imputable la circunstancia que diere lugar a la misma, sin perjuicio de lo establecido en el apartado 7.

3. Cuando la causa de resolución sea la muerte o incapacidad sobrevenida del contratista individual la Administración podrá acordar la continuación del contrato con sus herederos o sucesores.

4. La resolución por mutuo acuerdo solo podrá tener lugar cuando no concurra otra causa de resolución que sea imputable al contratista, y siempre que razones de interés público hagan innecesaria o inconveniente la permanencia del contrato.

5. En caso de declaración de concurso y mientras no se haya producido la apertura de la fase de liquidación, la Administración potestativamente continuará el contrato si el contratista prestare las garantías suficientes a juicio de aquélla para su ejecución.

6. En el supuesto de demora a que se refiere la letra e) del artículo anterior, si las penalidades a que diere lugar la demora en el cumplimiento del plazo alcanzasen un múltiplo del 5 por ciento del importe del contrato, se estará a lo dispuesto en el artículo 212.5.

7. El incumplimiento de las obligaciones derivadas del contrato por parte de la Administración originará la resolución de aquél solo en los casos previstos en esta Ley.

Artículo 225. Efectos de la resolución. 1. Cuando la resolución se produzca por mutuo acuerdo, los derechos de las partes se acomodarán a lo válidamente estipulado por ellas.

2. El incumplimiento por parte de la Administración de las obligaciones del contrato determinará para aquélla, con carácter general, el pago de los daños y perjuicios que por tal causa se irroguen al contratista.

3. Cuando el contrato se resuelva por incumplimiento culpable del contratista, éste deberá indemnizar a la Administración los daños y perjuicios ocasionados. La indemnización se hará efectiva, en primer término, sobre la garantía que, en su caso, se hubiese constituido, sin perjuicio de la subsistencia de la responsabilidad del contratista en lo que se refiere al importe que exceda del de la garantía incautada.

4. En todo caso el acuerdo de resolución contendrá pronunciamiento expreso acerca de la procedencia o no de la pérdida, devolución o cancelación de la garantía que, en su caso, hubiese sido constituida. Solo se acordará la pérdida de la garantía en caso de resolución del contrato por concurso del contratista cuando el concurso hubiera sido calificado como culpable.

5. Cuando la resolución se acuerde por las causas recogidas en la letra g) del artículo 223, el contratista tendrá derecho a una indemnización del 3 por ciento del importe de la prestación dejada de realizar, salvo que la causa sea imputable al contratista.

6. Al tiempo de incoarse el expediente administrativo de resolución del contrato por la causa establecida en la letra g) del artículo 223, podrá iniciarse el procedimiento para la adjudicación del nuevo contrato, si bien la adjudicación de éste quedará condicionada a la terminación del expediente de resolución. Se aplicará la tramitación de urgencia a ambos procedimientos.

Hasta que se formalice el nuevo contrato, el contratista quedará obligado, en la forma y con el alcance que determine el órgano de contratación, a adoptar las medidas necesarias por razones de seguridad, o indispensables para evitar un grave trastorno al servicio público o la ruina de lo construido o fabricado. A falta de acuerdo, la retribución del contratista se fijará a instancia de éste por el órgano de contratación, una vez concluidos los trabajos y tomando como referencia los precios que sirvieron de base para la celebración del contrato. El contratista podrá impugnar esta decisión ante el órgano de contratación que deberá resolver lo que proceda en el plazo de quince días hábiles.

CAPÍTULO VI.

Cesión de los contratos y subcontratación

SECCIÓN 1ª.

Cesión de los contratos

Artículo 226. Cesión de los contratos. 1. Los derechos y obligaciones dimanantes del contrato podrán ser cedidos por el adjudicatario a un tercero siempre que las cualidades técnicas o personales del cedente no hayan sido razón determinante de la adjudicación del contrato, y de la cesión no resulte una restricción efectiva de la competencia en el mercado. No podrá autorizarse la cesión a un tercero cuando esta suponga una alteración sustancial de las características del contratista si éstas constituyen un elemento esencial del contrato.

2. Para que los adjudicatarios puedan ceder sus derechos y obligaciones a terceros deberán cumplirse los siguientes requisitos:

a) Que el órgano de contratación autorice, de forma previa y expresa, la cesión.

b) Que el cedente tenga ejecutado al menos un 20 por 100 del importe del contrato o, cuando se trate de la gestión de servicio público, que haya efectuado su explotación durante al menos una quinta parte del plazo de duración del contrato. No será de aplicación este requisito si la cesión se produce encontrándose el adjudicatario en concurso aunque se haya abierto la fase de liquidación.

c) Que el cesionario tenga capacidad para contratar con la Administración y la solvencia que resulte exigible, debiendo estar debidamente clasificado si tal requisito ha sido exigido al cedente, y no estar incurso en una causa de prohibición de contratar.

d) Que la cesión se formalice, entre el adjudicatario y el cesionario, en escritura pública.

3. El cesionario quedará subrogado en todos los derechos y obligaciones que corresponderían al cedente.

SECCIÓN 2ª.

Subcontratación

Artículo 227. Subcontratación. 1. El contratista podrá concertar con terceros la realización parcial de la prestación, salvo que el contrato o los pliegos dispongan lo contrario o que por su naturaleza y condiciones se deduzca que aquél ha de ser ejecutado directamente por el adjudicatario.

2. La celebración de los subcontratos estará sometida al cumplimiento de los siguientes requisitos:

a) Si así se prevé en los pliegos o en el anuncio de licitación, los licitadores deberán indicar en la oferta la parte del contrato que tengan previsto subcontratar, señalando su importe, y el nombre o el perfil empresarial, definido por referencia a las condiciones de solvencia profesional o técnica, de los subcontratistas a los que se vaya a encomendar su realización.

b) En todo caso, el adjudicatario deberá comunicar anticipadamente y por escrito a la Administración la intención de celebrar los subcontratos, señalando la parte de la prestación que se pretende subcontratar y la identidad del subcontratista, y justificando suficientemente la aptitud de éste para ejecutarla por referencia a los elementos técnicos y humanos de que dispone y a su experiencia. En el caso que el subcontratista tuviera la clasificación adecuada para realizar la parte del contrato objeto de la subcontratación, la comunicación de esta circunstancia eximirá al contratista de la necesidad de justificar la aptitud de aquél. La acreditación de la aptitud del subcontratista podrá realizarse inmediatamente después de la celebración del subcontrato si ésta es necesaria para atender a una situación de emergencia o que exija la adopción de medidas urgentes y así se justifica suficientemente.

c) Si los pliegos o el anuncio de licitación hubiesen impuesto a los licitadores la obligación de comunicar las circunstancias señaladas en la letra a), los subcontratos que no se ajusten a lo indicado en la oferta, por celebrarse con empresarios distintos de los indicados nominativamente en la misma o por referirse a partes de la prestación diferentes a las señaladas en ella, no podrán celebrarse hasta que transcurran veinte días desde que se hubiese cursado la notificación y aportado las justificaciones a que se refiere la letra b), salvo que con anterioridad hubiesen sido autorizados expresamente, siempre que la Administración no hubiese notificado dentro de este plazo su oposición a los mismos. Este régimen será igualmente aplicable si los subcontratistas hubiesen sido identificados en la oferta mediante la descripción de su perfil profesional.

Bajo la responsabilidad del contratista, los subcontratos podrán concluirse sin necesidad de dejar transcurrir el plazo de veinte días si su celebración es necesaria para atender a una situación de emergencia o que exija la adopción de medidas urgentes y así se justifica suficientemente.

d) En los contratos de carácter secreto o reservado, o en aquellos cuya ejecución deba ir acompañada de medidas de seguridad especiales de acuerdo con disposiciones legales o reglamentarias o cuando lo exija la protección de los intereses esenciales de la seguridad del Estado, la subcontratación requerirá siempre autorización expresa del órgano de contratación.

e) Las prestaciones parciales que el adjudicatario subcontrate con terceros no podrán exceder del porcentaje que se fije en el pliego de cláusulas administrativas particulares. En el supuesto de que no figure en el pliego un límite especial, el contratista podrá subcontratar hasta un porcentaje que no exceda del 60 por 100 del importe de adjudicación.

Para el cómputo de este porcentaje máximo, no se tendrán en cuenta los subcontratos concluidos con empresas vinculadas al contratista principal, entendiéndose por tales las que se encuentren en algunos de los supuestos previstos en el artículo 42 del Código de Comercio.

3. La infracción de las condiciones establecidas en el apartado anterior para proceder a la subcontratación, así como la falta de acreditación de la aptitud del subcontratista o de las circuns-

tancias determinantes de la situación de emergencia o de las que hacen urgente la subcontratación, podrá dar lugar, en todo caso, a la imposición al contratista de una penalidad de hasta un 50 por 100 del importe del subcontrato.

4. Los subcontratistas quedarán obligados solo ante el contratista principal que asumirá, por tanto, la total responsabilidad de la ejecución del contrato frente a la Administración, con arreglo estricto a los pliegos de cláusulas administrativas particulares y a los términos del contrato.

El conocimiento que tenga la Administración de los subcontratos celebrados en virtud de las comunicaciones a que se refieren las letras b) y c) del apartado 1 de este artículo, o la autorización que otorgue en el supuesto previsto en la letra d) de dicho apartado, no alterarán la responsabilidad exclusiva del contratista principal.

5. En ningún caso podrá concertarse por el contratista la ejecución parcial del contrato con personas inhabilitadas para contratar de acuerdo con el ordenamiento jurídico o comprendidas en alguno de los supuestos del artículo 60.

6. El contratista deberá informar a los representantes de los trabajadores de la subcontratación, de acuerdo con la legislación laboral.

7. Los órganos de contratación podrán imponer al contratista, advirtiéndolo en el anuncio o en los pliegos, la subcontratación con terceros no vinculados al mismo, de determinadas partes de la prestación que no excedan en su conjunto del 50 por ciento del importe del presupuesto del contrato, cuando gocen de una sustantividad propia dentro del conjunto que las haga susceptibles de ejecución separada, por tener que ser realizadas por empresas que cuenten con una determinada habilitación profesional o poder atribuirse su realización a empresas con una clasificación adecuada para realizarla.

Las obligaciones impuestas conforme a lo previsto en el párrafo anterior se considerarán condiciones especiales de ejecución del contrato a los efectos previstos en los artículos 212.1 y 223.f)

8. Los subcontratistas no tendrán en ningún caso acción directa frente a la Administración contratante por las obligaciones contraídas con ellos por el contratista como consecuencia de la ejecución del contrato principal y de los subcontratos.

9. Lo dispuesto en este artículo será de aplicación a las Entidades públicas empresariales y a los organismos asimilados dependientes de las restantes Administraciones Públicas, si bien la referencia a las prohibiciones de contratar que se efectúa en el apartado 5 de este artículo debe entenderse limitada a las que se enumeran en el artículo 60.1.

Artículo 228. Pagos a subcontratistas y suministradores[31]**.** 1. El contratista debe obligarse a abonar a los subcontratistas o suministradores el precio pactado en los plazos y condiciones que se indican a continuación.

2. Los plazos fijados no podrán ser más desfavorables que los previstos en el artículo 216.4 para las relaciones entre la Administración y el contratista, y se computarán desde la fecha de aprobación por el contratista principal de la factura emitida por el subcontratista o el suministrador, con indicación de su fecha y del período a que corresponda.

3. La aprobación o conformidad deberá otorgarse en un plazo máximo de treinta días desde la presentación de la factura. Dentro del mismo plazo deberán formularse, en su caso, los motivos de disconformidad a la misma.

4. El contratista deberá abonar las facturas en el plazo fijado de conformidad con lo previsto en el apartado 2. En caso de demora en el pago, el subcontratista o el suministrador tendrá derecho al cobro de los intereses de demora y la indemnización por los costes de cobro en los términos previstos en la Ley 3/2004, de 29 de diciembre.

5. El contratista podrá pactar con los suministradores y subcontratistas plazos de pago superiores a los establecidos en el presente artículo, respetando los límites previstos en el artículo 4.3 de la Ley 3/2004, de 29 de diciembre, por la que se establecen medidas de lucha contra la morosi-

---

31 Ap. 5 modificado por disp. final 7.3 de Ley nº 11/2013, de 26 de julio.

dad en las operaciones comerciales, siempre que dicho pacto no constituya una cláusula abusiva de acuerdo con los criterios establecidos en el artículo 9 de la Ley 3/2004, de 29 de diciembre, y que el pago se instrumente mediante un documento negociable que lleve aparejada la acción cambiaria, cuyos gastos de descuento o negociación corran en su integridad de cuenta del contratista. Adicionalmente, el suministrador o subcontratista podrá exigir que el pago se garantice mediante aval.

Artículo 228 bis. Comprobación de los pagos a los subcontratistas o suministradores[32]. Las Administraciones Públicas y demás entes públicos contratantes podrán comprobar el estricto cumplimiento de los pagos que los contratistas adjudicatarios de los contratos públicos, calificados como tales en el artículo 5 , han de hacer a todos los subcontratistas o suministradores que participen en los mismos.

En tal caso, los contratistas adjudicatarios remitirán al ente público contratante, cuando este lo solicite, relación detallada de aquellos subcontratistas o suministradores que participen en el contrato cuando se perfeccione su participación, junto con aquellas condiciones de subcontratación o suministro de cada uno de ellos que guarden una relación directa con el plazo de pago. Asimismo, deberán aportar a solicitud del ente público contratante justificante de cumplimiento de los pagos a aquellos una vez terminada la prestación dentro de los plazos de pago legalmente establecidos en el artículo 228 y en la Ley 3/2004, de 29 de diciembre, en lo que le sea de aplicación. Estas obligaciones, que se incluirán en los anuncios de licitación y en los correspondientes pliegos de condiciones o en los contratos, se consideran condiciones esenciales de ejecución, cuyo incumplimiento, además de las consecuencias previstas por el ordenamiento jurídico, permitirá la imposición de las penalidades que a tal efecto se contengan en los pliegos.

TÍTULO II.

Normas especiales para contratos de obras, concesión de obra pública, gestión de servicios públicos, suministros, servicios y de colaboración entre el sector público y el sector privado

CAPÍTULO I.

Contrato de obras

SECCIÓN 1ª.

Ejecución del contrato de obras

Artículo 229. Comprobación del replanteo. La ejecución del contrato de obras comenzará con el acta de comprobación del replanteo. A tales efectos, dentro del plazo que se consigne en el contrato que no podrá ser superior a un mes desde la fecha de su formalización salvo casos excepcionales justificados, el servicio de la Administración encargada de las obras procederá, en presencia del contratista, a efectuar la comprobación del replanteo hecho previamente a la licitación, extendiéndose acta del resultado que será firmada por ambas partes interesadas, remitiéndose un ejemplar de la misma al órgano que celebró el contrato.

Artículo 230. Ejecución de las obras y responsabilidad del contratista. 1. Las obras se ejecutarán con estricta sujeción a las estipulaciones contenidas en el pliego de cláusulas administrativas particulares y al proyecto que sirve de base al contrato y conforme a las instrucciones que en interpretación técnica de éste dieren al contratista el Director facultativo de las obras, y en su caso, el responsable del contrato, en los ámbitos de su respectiva competencia.

2. Cuando las instrucciones fueren de carácter verbal, deberán ser ratificadas por escrito en el más breve plazo posible, para que sean vinculantes para las partes.

3. Durante el desarrollo de las obras y hasta que se cumpla el plazo de garantía el contratista es responsable de los defectos que en la construcción puedan advertirse.

---

32 Añadido por art. 47.3 de Ley nº 14/2013, de 27 de septiembre.

Artículo 231. Fuerza mayor. 1. En casos de fuerza mayor y siempre que no exista actuación imprudente por parte del contratista, éste tendrá derecho a una indemnización por los daños y perjuicios que se le hubieren producido.

2. Tendrán la consideración de casos de fuerza mayor los siguientes:

a) Los incendios causados por la electricidad atmosférica.

b) Los fenómenos naturales de efectos catastróficos, como maremotos, terremotos, erupciones volcánicas, movimientos del terreno, temporales marítimos, inundaciones u otros semejantes.

c) Los destrozos ocasionados violentamente en tiempo de guerra, robos tumultuosos o alteraciones graves del orden público.

Artículo 232. Certificaciones y abonos a cuenta. 1. A los efectos del pago, la Administración expedirá mensualmente, en los primeros diez días siguientes al mes al que correspondan, certificaciones que comprendan la obra ejecutada durante dicho período de tiempo, salvo prevención en contrario en el pliego de cláusulas administrativas particulares, cuyos abonos tienen el concepto de pagos a cuenta sujetos a las rectificaciones y variaciones que se produzcan en la medición final y sin suponer en forma alguna, aprobación y recepción de las obras que comprenden.

2. El contratista tendrá también derecho a percibir abonos a cuenta sobre su importe por las operaciones preparatorias realizadas como instalaciones y acopio de materiales o equipos de maquinaria pesada adscritos a la obra, en las condiciones que se señalen en los respectivos pliegos de cláusulas administrativas particulares y conforme al régimen y los límites que con carácter general se determinen reglamentariamente, debiendo asegurar los referidos pagos mediante la prestación de garantía.

Artículo 233. Obras a tanto alzado y obras con precio cerrado. 1. Cuando la naturaleza de la obra lo permita, se podrá establecer el sistema de retribución a tanto alzado, sin existencia de precios unitarios, de acuerdo con lo establecido en los apartados siguientes cuando el criterio de retribución se configure como de precio cerrado o en las circunstancias y condiciones que se determinen en las normas de desarrollo de esta Ley para el resto de los casos.

2. El sistema de retribución a tanto alzado podrá, en su caso, configurarse como de precio cerrado, con el efecto de que el precio ofertado por el adjudicatario se mantendrá invariable no siendo abonables las modificaciones del contrato que sean necesarias para corregir errores u omisiones padecidos en la redacción del proyecto conforme a lo establecido en las letras a) y b) del apartado 1 del artículo 107.

3. La contratación de obras a tanto alzado con precio cerrado requerirá que se cumplan las siguientes condiciones:

a) Que así se prevea en el pliego de cláusulas administrativas particulares del contrato, pudiendo éste establecer que algunas unidades o partes de la obra se excluyan de este sistema y se abonen por precios unitarios.

b) Las unidades de obra cuyo precio se vaya a abonar con arreglo a este sistema deberán estar previamente definidas en el proyecto y haberse replanteado antes de la licitación. El órgano de contratación deberá garantizar a los interesados el acceso al terreno donde se ubicarán las obras, a fin de que puedan realizar sobre el mismo las comprobaciones que consideren oportunas con suficiente antelación a la fecha límite de presentación de ofertas.

c) Que el precio correspondiente a los elementos del contrato o unidades de obra contratados por el sistema de tanto alzado con precio cerrado sea abonado mensualmente, en la misma proporción que la obra ejecutada en el mes a que corresponda guarde con el total de la unidad o elemento de obra de que se trate.

d) Cuando, de conformidad con lo establecido en el apartado 2 del artículo 147, se autorice a los licitadores la presentación de variantes o mejoras sobre determinados elementos o unidades de obra que de acuerdo con el pliego de cláusulas administrativas particulares del contrato deban ser ofertadas por el precio cerrado, las citadas variantes deberán ser ofertadas bajo dicha modalidad.

En este caso, los licitadores vendrán obligados a presentar un proyecto básico cuyo contenido se determinará en el pliego de cláusulas administrativas particulares del contrato.

El adjudicatario del contrato en el plazo que determine dicho pliego deberá aportar el proyecto de construcción de las variantes o mejoras ofertadas, para su preceptiva supervisión y aprobación. En ningún caso el precio o el plazo de la adjudicación sufrirá variación como consecuencia de la aprobación de este proyecto.

SECCIÓN 2ª.

Modificación del contrato de obras

Artículo 234. Modificación del contrato de obras. 1. Serán obligatorias para el contratista las modificaciones del contrato de obras que se acuerden de conformidad con lo establecido en el artículo 219 y en el título V del libro I.

En caso de que la modificación suponga supresión o reducción de unidades de obra, el contratista no tendrá derecho a reclamar indemnización alguna.

2. Cuando las modificaciones supongan la introducción de unidades de obra no previstas en el proyecto o cuyas características difieran de las fijadas en éste, los precios aplicables a las mismas serán fijados por la Administración, previa audiencia del contratista por plazo mínimo de tres días hábiles. Si éste no aceptase los precios fijados, el órgano de contratación podrá contratarlas con otro empresario en los mismos precios que hubiese fijado o ejecutarlas directamente.

3. Cuando el Director facultativo de la obra considere necesaria una modificación del proyecto, recabará del órgano de contratación autorización para iniciar el correspondiente expediente, que se sustanciará con carácter de urgencia con las siguientes actuaciones:

a) Redacción de la modificación del proyecto y aprobación técnica de la misma.

b) Audiencia del contratista y del redactor del proyecto, por plazo mínimo de tres días.

c) Aprobación del expediente por el órgano de contratación, así como de los gastos complementarios precisos.

No obstante, podrán introducirse variaciones sin necesidad de previa aprobación cuando éstas consistan en la alteración en el número de unidades realmente ejecutadas sobre las previstas en las mediciones del proyecto, siempre que no representen un incremento del gasto superior al 10 por ciento del precio primitivo del contrato.

4. Cuando la tramitación de un modificado exija la suspensión temporal parcial o total de la ejecución de las obras y ello ocasione graves perjuicios para el interés público, el Ministro, si se trata de la Administración General del Estado, sus Organismos autónomos, Entidades gestoras y Servicios comunes de la Seguridad Social y demás Entidades públicas estatales, podrá acordar que continúen provisionalmente las mismas tal y como esté previsto en la propuesta técnica que elabore la dirección facultativa, siempre que el importe máximo previsto no supere el 10 por ciento del precio primitivo del contrato y exista crédito adecuado y suficiente para su financiación.

El expediente de modificado a tramitar al efecto exigirá exclusivamente la incorporación de las siguientes actuaciones:

a) Propuesta técnica motivada efectuada por el director facultativo de la obra, donde figure el importe aproximado de la modificación así como la descripción básica de las obras a realizar.

b) Audiencia del contratista.

c) Conformidad del órgano de contratación.

d) Certificado de existencia de crédito.

En el plazo de seis meses deberá estar aprobado técnicamente el proyecto, y en el de ocho meses el expediente del modificado.

Dentro del citado plazo de ocho meses se ejecutarán preferentemente, de las unidades de obra previstas, aquellas partes que no hayan de quedar posterior y definitivamente ocultas. La autorización del Ministro para iniciar provisionalmente las obras implicará en el ámbito de la Administración General del Estado, sus Organismos autónomos y Entidades gestoras y Servicios comunes de la Seguridad Social la aprobación del gasto, sin perjuicio de los ajustes que deban efectuarse en el momento de la aprobación del expediente del gasto.

SECCIÓN 3ª.

Cumplimiento del contrato de obras

Artículo 235. Recepción y plazo de garantía. 1. A la recepción de las obras a su terminación y a los efectos establecidos en el artículo 222.2 concurrirá el responsable del contrato a que se refiere el artículo 52 de esta Ley, si se hubiese nombrado, o un facultativo designado por la Administración representante de ésta, el facultativo encargado de la dirección de las obras y el contratista asistido, si lo estima oportuno, de su facultativo.

Dentro del plazo de tres meses contados a partir de la recepción, el órgano de contratación deberá aprobar la certificación final de las obras ejecutadas, que será abonada al contratista a cuenta de la liquidación del contrato en el plazo previsto en el artículo 216.4 de esta Ley.

2. Si se encuentran las obras en buen estado y con arreglo a las prescripciones previstas, el funcionario técnico designado por la Administración contratante y representante de ésta, las dará por recibidas, levantándose la correspondiente acta y comenzando entonces el plazo de garantía.

Cuando las obras no se hallen en estado de ser recibidas se hará constar así en el acta y el Director de las mismas señalará los defectos observados y detallará las instrucciones precisas fijando un plazo para remediar aquéllos. Si transcurrido dicho plazo el contratista no lo hubiere efectuado, podrá concedérsele otro nuevo plazo improrrogable o declarar resuelto el contrato.

3. El plazo de garantía se establecerá en el pliego de cláusulas administrativas particulares atendiendo a la naturaleza y complejidad de la obra y no podrá ser inferior a un año salvo casos especiales.

Dentro del plazo de quince días anteriores al cumplimiento del plazo de garantía, el director facultativo de la obra, de oficio o a instancia del contratista, redactará un informe sobre el estado de las obras. Si éste fuera favorable, el contratista quedará relevado de toda responsabilidad, salvo lo dispuesto en el artículo siguiente, procediéndose a la devolución o cancelación de la garantía, a la liquidación del contrato y, en su caso, al pago de las obligaciones pendientes que deberá efectuarse en el plazo de sesenta días. En el caso de que el informe no fuera favorable y los defectos observados se debiesen a deficiencias en la ejecución de la obra y no al uso de lo construido, durante el plazo de garantía, el director facultativo procederá a dictar las oportunas instrucciones al contratista para la debida reparación de lo construido, concediéndole un plazo para ello durante el cual continuará encargado de la conservación de las obras, sin derecho a percibir cantidad alguna por ampliación del plazo de garantía.

4. No obstante, en aquellas obras cuya perduración no tenga finalidad práctica como las de sondeos y prospecciones que hayan resultado infructuosas o que por su naturaleza exijan trabajos que excedan el concepto de mera conservación como los de dragados no se exigirá plazo de garantía.

5. Podrán ser objeto de recepción parcial aquellas partes de obra susceptibles de ser ejecutadas por fases que puedan ser entregadas al uso público, según lo establecido en el contrato.

6. Siempre que por razones excepcionales de interés público debidamente motivadas en el expediente el órgano de contratación acuerde la ocupación efectiva de las obras o su puesta en servicio para el uso público, aun sin el cumplimiento del acto formal de recepción, desde que concurran dichas circunstancias se producirán los efectos y consecuencias propios del acto de recepción de las obras y en los términos en que reglamentariamente se establezcan.

Artículo 236. Responsabilidad por vicios ocultos. 1. Si la obra se arruina con posterioridad a la expiración del plazo de garantía por vicios ocultos de la construcción, debido a incumplimiento del contrato por parte del contratista, responderá éste de los daños y perjuicios que se manifiesten durante un plazo de quince años a contar desde la recepción.

2. Transcurrido este plazo sin que se haya manifestado ningún daño o perjuicio, quedará totalmente extinguida la responsabilidad del contratista.

SECCIÓN 4ª.

Resolución del contrato de obras

Artículo 237. Causas de resolución. Son causas de resolución del contrato de obras, además de las señaladas en el artículo 223, las siguientes:

a) La demora en la comprobación del replanteo, conforme al artículo 229.

b) La suspensión de la iniciación de las obras por plazo superior a seis meses por parte de la Administración.

c) El desistimiento o la suspensión de las obras por un plazo superior a ocho meses acordada por la Administración.

Artículo 238. Suspensión de la iniciación de la obra. En la suspensión de la iniciación de las obras por parte de la Administración, cuando ésta dejare transcurrir seis meses a contar de la misma sin dictar acuerdo sobre dicha situación y notificarlo al contratista, éste tendrá derecho a la resolución del contrato.

Artículo 239. Efectos de la resolución. 1. La resolución del contrato dará lugar a la comprobación, medición y liquidación de las obras realizadas con arreglo al proyecto, fijando los saldos pertinentes a favor o en contra del contratista. Será necesaria la citación de éste, en el domicilio que figure en el expediente de contratación, para su asistencia al acto de comprobación y medición.

2. Si se demorase la comprobación del replanteo, según el artículo 229, dando lugar a la resolución del contrato, el contratista solo tendrá derecho a una indemnización equivalente al 2 por 100 del precio de la adjudicación.

3. En el supuesto de suspensión de la iniciación de las obras por parte de la Administración por tiempo superior a seis meses el contratista tendrá derecho a percibir por todos los conceptos una indemnización del 3 por 100 del precio de adjudicación.

4. En caso de desistimiento o suspensión de las obras iniciadas por plazo superior a ocho meses, el contratista tendrá derecho al 6 por 100 del precio de las obras dejadas de realizar en concepto de beneficio industrial, entendiéndose por obras dejadas de realizar las que resulten de la diferencia entre las reflejadas en el contrato primitivo y sus modificaciones y las que hasta la fecha de notificación de la suspensión se hubieran ejecutado.

5. Cuando las obras hayan de ser continuadas por otro empresario o por la propia Administración, con carácter de urgencia, por motivos de seguridad o para evitar la ruina de lo construido, el órgano de contratación, una vez que haya notificado al contratista la liquidación de las ejecutadas, podrá acordar su continuación, sin perjuicio de que el contratista pueda impugnar la valoración efectuada ante el propio órgano. El órgano de contratación resolverá lo que proceda en el plazo de quince días.

CAPÍTULO II.

Contrato de concesión de obra pública

SECCIÓN 1ª.

Construcción de las obras objeto de concesión

Artículo 240. Modalidades de ejecución de las obras. 1. Las obras se realizarán conforme al proyecto aprobado por el órgano de contratación y en los plazos establecidos en el pliego de cláusulas administrativas particulares, pudiendo ser ejecutadas con ayuda de la Administración. La ejecución de la obra que corresponda al concesionario podrá ser contratada en todo o en parte con terceros, de acuerdo con lo dispuesto en esta Ley y en el pliego de cláusulas administrativas particulares.

2. La ayuda de la Administración en la construcción de la obra podrá consistir en la ejecución por su cuenta de parte de la misma o en su financiación parcial. En el primer supuesto la parte de obra que ejecute deberá presentar características propias que permitan su tratamiento diferenciado, y deberá ser objeto a su terminación de la correspondiente recepción formal. Si no dispusiera otra cosa el pliego de cláusulas administrativas particulares, el importe de la obra se abonará de acuerdo con lo establecido en el artículo 232. En el segundo supuesto, el importe de la financiación que se otorgue podrá abonarse en los términos pactados, durante la ejecución de las obras, de acuerdo con lo establecido en el artículo 232, o bien una vez que aquéllas hayan concluido, en la forma en que se especifica en el artículo 254.

Artículo 241. Responsabilidad en la ejecución de las obras por terceros. 1. Corresponde al concesionario el control de la ejecución de las obras que contrate con terceros debiendo ajustarse el control al plan que el concesionario elabore y resulte aprobado por el órgano de contratación. Éste podrá en cualquier momento recabar información sobre la marcha de las obras y girar a las mismas las visitas de inspección que estime oportunas.

2. El concesionario será responsable ante el órgano de contratación de las consecuencias derivadas de la ejecución o resolución de los contratos que celebre con terceros y responsable asimismo único frente a éstos de las mismas consecuencias.

Artículo 242. Principio de riesgo y ventura en la ejecución de las obras. 1. Las obras se ejecutarán a riesgo y ventura del concesionario, de acuerdo con lo dispuesto en los artículos 215 y 231, salvo para aquella parte de la obra que pudiera ser ejecutada por cuenta de la Administración, según lo previsto en el artículo 240.2, en cuyo caso regirá el régimen general previsto para el contrato de obras.

2. No se tendrán en cuenta a efectos del cómputo del plazo de duración de la concesión y del establecido para la ejecución de la obra aquellos períodos en los que ésta deba suspenderse por una causa imputable a la Administración concedente o debida a fuerza mayor. Si el concesionario fuera responsable del retraso en la ejecución de la obra se estará a lo dispuesto en el régimen de penalidades contenido en el pliego de cláusulas administrativas particulares y en esta Ley, sin que haya lugar a la ampliación del plazo de la concesión.

3. Si la concurrencia de fuerza mayor implicase mayores costes para el concesionario se procederá a ajustar el plan económico-financiero. Si la fuerza mayor impidiera por completo la realización de las obras se procederá a resolver el contrato, debiendo abonar el órgano de contratación al concesionario el importe total de las ejecutadas, así como los mayores costes en que hubiese incurrido como consecuencia del endeudamiento con terceros.

Artículo 243. Modificación del proyecto. Una vez perfeccionado el contrato, el órgano de contratación solo podrá introducir modificaciones en el proyecto de acuerdo con lo establecido en el Título V del Libro I y en el artículo 249.1.b). El plan económico-financiero de la concesión deberá recoger en todo caso, mediante los oportunos ajustes, los efectos derivados del incremento o disminución de los costes.

Artículo 244. Comprobación de las obras. 1. A la terminación de las obras, y a efectos del seguimiento del correcto cumplimiento del contrato por el concesionario, se procederá al levantamiento de un acta de comprobación por parte de la Administración concedente. El acta de recepción formal se levantará al término de la concesión cuando se proceda a la entrega de bienes e instalaciones al órgano de contratación. El levantamiento y contenido del acta de comprobación se ajustarán a lo dispuesto en el pliego de cláusulas administrativas particulares y los del acta de recepción a lo establecido en el artículo 235.

2. Al acta de comprobación se acompañará un documento de valoración de la obra pública ejecutada y, en su caso, una declaración del cumplimiento de las condiciones impuestas en la declaración de impacto ambiental, que será expedido por el órgano de contratación y en el que se hará constar la inversión realizada.

3. En las obras financiadas parcialmente por la Administración concedente, mediante abonos parciales al concesionario con base en las certificaciones mensuales de la obra ejecutada, la certifi-

cación final de la obra acompañará al documento de valoración y al acta de comprobación a que se refiere el apartado anterior.

4. La aprobación del acta de comprobación de las obras por el órgano de la Administración concedente llevará implícita la autorización para la apertura de las mismas al uso público, comenzando desde ese momento el plazo de garantía de la obra cuando haya sido ejecutada por terceros distintos del concesionario, así como la fase de explotación.

SECCIÓN 2ª.

Derechos y obligaciones del concesionario y prerrogativas de La administración concedente

SUBSECCIÓN 1ª.

Derechos y obligaciones del concesionario

Artículo 245. Derechos del concesionario. Los concesionarios tendrán los siguientes derechos:

a) El derecho a explotar la obra pública y percibir la retribución económica prevista en el contrato durante el tiempo de la concesión.

b) El derecho al mantenimiento del equilibrio económico de la concesión, en la forma y con la extensión prevista en el artículo 258.

c) El derecho a utilizar los bienes de dominio público de la Administración concedente necesarios para la construcción, modificación, conservación y explotación de la obra pública. Dicho derecho incluirá el de utilizar, exclusivamente para la construcción de la obra, las aguas que afloren o los materiales que aparezcan durante su ejecución, previa autorización de la Administración competente, en cada caso, para la gestión del dominio público correspondiente.

d) El derecho a recabar de la Administración la tramitación de los procedimientos de expropiación forzosa, imposición de servidumbres y desahucio administrativo que resulten necesarios para la construcción, modificación y explotación de la obra pública, así como la realización de cuantas acciones sean necesarias para hacer viable el ejercicio de los derechos del concesionario.

e) Los bienes y derechos expropiados que queden afectos a la concesión se incorporarán al dominio público.

f) El derecho a ceder la concesión de acuerdo con lo previsto en el artículo 226 y a hipotecar la misma en las condiciones establecidas en la Ley, previa autorización del órgano de contratación en ambos casos.

g) El derecho a titulizar sus derechos de crédito, en los términos previstos en la Ley.

h) Cualesquiera otros que le sean reconocidos por ésta u otras Leyes o por los pliegos de condiciones.

Artículo 246. Obligaciones del concesionario. Serán obligaciones generales del concesionario:

a) Ejecutar las obras con arreglo a lo dispuesto en el contrato.

b) Explotar la obra pública, asumiendo el riesgo económico de su gestión con la continuidad y en los términos establecidos en el contrato u ordenados posteriormente por el órgano de contratación.

c) Admitir la utilización de la obra pública por todo usuario, en las condiciones que hayan sido establecidas de acuerdo con los principios de igualdad, universalidad y no discriminación, mediante el abono, en su caso, de la correspondiente tarifa.

d) Cuidar del buen orden y de la calidad de la obra pública, y de su uso, pudiendo dictar las oportunas instrucciones, sin perjuicio de los poderes de policía que correspondan al órgano de contratación.

e) Indemnizar los daños que se ocasionen a terceros por causa de la ejecución de las obras o de su explotación, cuando le sean imputables de acuerdo con el artículo 214.

f) Proteger el dominio público que quede vinculado a la concesión, en especial, preservando los valores ecológicos y ambientales del mismo.

g) Cualesquiera otras previstas en ésta u otra Ley o en el pliego de cláusulas administrativas particulares.

Artículo 247. Uso y conservación de la obra pública. 1. El concesionario deberá cuidar de la adecuada aplicación de las normas sobre uso, policía y conservación de la obra pública.

2. El personal encargado de la explotación de la obra pública, en ausencia de agentes de la autoridad, podrá adoptar las medidas necesarias en orden a la utilización de la obra pública, formulando, en su caso, las denuncias pertinentes. A estos efectos, servirán de medio de prueba las obtenidas por el personal del concesionario debidamente acreditado y con los medios previamente homologados por la Administración competente, así como cualquier otro admitido en derecho.

3. El concesionario podrá impedir el uso de la obra pública a aquellos usuarios que no abonen la tarifa correspondiente, sin perjuicio de lo que, a este respecto, se establezca en la legislación sectorial correspondiente.

4. El concesionario deberá mantener la obra pública de conformidad con lo que, en cada momento y según el progreso de la ciencia, disponga la normativa técnica, medioambiental, de accesibilidad y eliminación de barreras y de seguridad de los usuarios que resulte de aplicación.

5. La Administración podrá incluir en los pliegos de condiciones mecanismos para medir la calidad del servicio ofrecida por el concesionario, y otorgar ventajas o penalizaciones económicas a éste en función de los mismos.

Artículo 248. Zonas complementarias de explotación comercial. 1. Atendiendo a su finalidad, las obras públicas podrán incluir, además de las superficies que sean precisas según su naturaleza, otras zonas o terrenos para la ejecución de actividades complementarias, comerciales o industriales que sean necesarias o convenientes por la utilidad que prestan a los usuarios de las obras y que sean susceptibles de un aprovechamiento económico diferenciado, tales como establecimientos de hostelería, estaciones de servicio, zonas de ocio, estacionamientos, locales comerciales y otros susceptibles de explotación.

2. Estas actividades complementarias se implantarán de conformidad con lo establecido en los pliegos generales o particulares que rijan la concesión y, en su caso, con lo determinado en la legislación o el planeamiento urbanístico que resulte de aplicación.

3. Las correspondientes zonas o espacios quedarán sujetos al principio de unidad de gestión y control de la Administración Pública concedente y serán explotados conjuntamente con la obra por el concesionario, directamente o a través de terceros, en los términos establecidos en el oportuno pliego de la concesión.

SUBSECCIÓN 2ª.

Prerrogativas y derechos de la Administración

Artículo 249. Prerrogativas y derechos de la Administración. 1. Dentro de los límites y con sujeción a los requisitos y con los efectos señalados en esta Ley, el órgano de contratación o, en su caso, el órgano que se determine en la legislación específica, ostentará las siguientes prerrogativas y derechos en relación con los contratos de concesión de obras públicas:

a) Interpretar los contratos y resolver las dudas que ofrezca su cumplimiento.

b) Modificar los contratos por razones de interés público debidamente justificadas, de acuerdo con lo previsto en el título V del libro I.

c) Restablecer el equilibrio económico de la concesión a favor del interés público, en la forma y con la extensión prevista en el artículo 258.

d) Acordar la resolución de los contratos en los casos y en las condiciones que se establecen en los artículos 269 y 270.

e) Establecer, en su caso, las tarifas máximas por la utilización de la obra pública.

f) Vigilar y controlar el cumplimiento de las obligaciones del concesionario, a cuyo efecto podrá inspeccionar el servicio, sus obras, instalaciones y locales, así como la documentación, relacionados con el objeto de la concesión.

g) Asumir la explotación de la obra pública en los supuestos en que se produzca el secuestro de la concesión.

h) Imponer al concesionario las penalidades pertinentes por razón de los incumplimientos en que incurra.

i) Ejercer las funciones de policía en el uso y explotación de la obra pública en los términos que se establezcan en la legislación sectorial específica.

j) Imponer con carácter temporal las condiciones de utilización de la obra pública que sean necesarias para solucionar situaciones excepcionales de interés general, abonando la indemnización que en su caso proceda.

k) Cualesquiera otros derechos reconocidos en ésta o en otras leyes.

2. El ejercicio de las prerrogativas administrativas previstas en este artículo se ajustará a lo dispuesto en esta Ley y en la legislación específica que resulte de aplicación.

En particular, será preceptivo el dictamen del Consejo de Estado u órgano consultivo equivalente de la Comunidad Autónoma respectiva en los casos de interpretación, modificación, nulidad y resolución, cuando se formule oposición por parte del concesionario, en las modificaciones acordadas en la fase de ejecución de las obras que se encuentren en el caso previsto en el artículo 211.3.b) y en aquellos supuestos previstos en la legislación específica.

Artículo 250. Modificación de la obra pública. 1. El órgano de contratación podrá acordar, cuando el interés público lo exija y si concurren las circunstancias previstas en el Título V del Libro I, la modificación de la obra pública, así como su ampliación o, si concurren las circunstancias previstas en el artículo 171.b), la realización de obras complementarias directamente relacionadas con el objeto de la concesión durante la vigencia de ésta, procediéndose, en su caso, a la revisión del plan económico-financiero al objeto de acomodarlo a las nuevas circunstancias.

2. Toda modificación que afecte el equilibrio económico de la concesión se regirá por lo dispuesto en el artículo 258.

3. Las modificaciones que, por sus características físicas y económicas, permitan su explotación independiente serán objeto de nueva licitación para su construcción y explotación.

Artículo 251. Secuestro de la concesión. 1. El órgano de contratación, previa audiencia del concesionario, podrá acordar el secuestro de la concesión en los casos en que el concesionario no pueda hacer frente, temporalmente y con grave daño social, a la explotación de la obra pública por causas ajenas al mismo o incurriese en un incumplimiento grave de sus obligaciones que pusiera en peligro dicha explotación. El acuerdo del órgano de contratación será notificado al concesionario y si éste, dentro del plazo que se le hubiera fijado, no corrigiera la deficiencia se ejecutará el secuestro. Asimismo, se podrá acordar el secuestro en los demás casos recogidos en esta Ley con los efectos previstos en la misma.

2. Efectuado el secuestro, corresponderá al órgano de contratación la explotación directa de la obra pública y la percepción de la contraprestación establecida, pudiendo utilizar el mismo personal y material del concesionario. El órgano de contratación designará uno o varios interventores que sustituirán plena o parcialmente al personal directivo de la empresa concesionaria. La explotación de la obra pública objeto de secuestro se efectuará por cuenta y riesgo del concesionario, a quien se devolverá, al finalizar aquél, con el saldo que resulte después de satisfacer todos los gastos, incluidos los honorarios de los interventores, y deducir, en su caso la cuantía de las penalidades impuestas.

3. El secuestro tendrá carácter temporal y su duración será la que determine el órgano de contratación sin que pueda exceder, incluidas las posibles prórrogas, de tres años. El órgano de contratación acordará de oficio o a petición del concesionario el cese del secuestro cuando resultara acreditada la desaparición de las causas que lo hubieran motivado y el concesionario justificase estar en condiciones de proseguir la normal explotación de la obra pública. Transcurrido el plazo

fijado para el secuestro sin que el concesionario haya garantizado la asunción completa de sus obligaciones, el órgano de contratación resolverá el contrato de concesión.

Artículo 252. Penalidades por incumplimientos del concesionario. 1. Los pliegos de cláusulas administrativas particulares establecerán un catálogo de incumplimientos de las obligaciones del concesionario, distinguiendo entre los de carácter leve y grave. Deberán considerarse penalizables el incumplimiento total o parcial por el concesionario de las prohibiciones establecidas en esta Ley, la omisión de actuaciones que fueran obligatorias conforme a ella y, en particular, el incumplimiento de los plazos para la ejecución de las obras, la negligencia en el cumplimiento de sus deberes de uso, policía y conservación de la obra pública, la interrupción injustificada total o parcial de su utilización, y el cobro al usuario de cantidades superiores a las legalmente autorizadas.

2. El órgano de contratación podrá imponer penalidades de carácter económico, que se establecerán en los pliegos de forma proporcional al tipo de incumplimiento y a la importancia económica de la explotación. El límite máximo de las penalidades a imponer no podrá exceder del 10 por 100 del presupuesto total de la obra durante su fase de construcción. Si la concesión estuviera en fase de explotación, el límite máximo de las penalidades anuales no podrá exceder del 20 por 100 de los ingresos obtenidos por la explotación de la obra pública durante el año anterior.

3. Los incumplimientos graves darán lugar, además, a la resolución de la concesión en los casos previstos en el correspondiente pliego.

4. Además de los supuestos previstos en esta Ley, en los pliegos se establecerán los incumplimientos graves que pueden dar lugar al secuestro temporal de la concesión, con independencia de las penalidades que en cada caso procedan por razón del incumplimiento.

5. Durante la fase de ejecución de la obra el régimen de penalidades a imponer al concesionario será el establecido en el artículo 212.

6. Con independencia del régimen de penalidades previsto en el pliego, la Administración podrá también imponer al concesionario multas coercitivas cuando persista en el incumplimiento de sus obligaciones, siempre que hubiera sido requerido previamente y no las hubiera cumplido en el plazo fijado. A falta de determinación por la legislación específica, el importe diario de la multa será de 3.000 euros.

SECCIÓN 3ª.

Régimen económico-financiero de la concesión

Artículo 253. Financiación de las obras. 1. Las obras públicas objeto de concesión serán financiadas, total o parcialmente, por el concesionario que, en todo caso, asumirá el riesgo en función de la inversión realizada.

2. Cuando existan razones de rentabilidad económica o social, o concurran singulares exigencias derivadas del fin público o interés general de la obra objeto de concesión, la Administración podrá también aportar recursos públicos para su financiación, que adoptará la forma de financiación conjunta de la obra, mediante subvenciones o préstamos reintegrables, con o sin interés, de acuerdo con lo establecido en el artículo 240 y en esta sección, y de conformidad con las previsiones del correspondiente pliego de cláusulas administrativas particulares, debiendo respetarse en todo caso el principio de asunción de riesgo por el concesionario.

3. La construcción de la obra pública objeto de concesión podrá asimismo ser financiada con aportaciones de otras Administraciones Públicas distintas a la concedente, en los términos que se contengan en el correspondiente convenio, y con la financiación que pueda provenir de otros organismos nacionales o internacionales.

Artículo 254. Aportaciones públicas a la construcción. 1. Las Administraciones Públicas podrán contribuir a la financiación de la obra mediante aportaciones que serán realizadas durante la fase de ejecución de las obras, tal como dispone el artículo 240 de esta Ley, una vez concluidas éstas o al término de la concesión, y cuyo importe será fijado en los pliegos de condiciones correspondientes o por los licitadores en sus ofertas cuando así se establezca en dichos pliegos. En los dos últimos supuestos, resultará de aplicación la normativa sobre contratos de obra bajo la modalidad de abono total, salvo en la posibilidad de fraccionar el abono.

2. Las aportaciones públicas a que se refiere el apartado anterior podrán consistir en aportaciones no dinerarias del órgano de contratación o de cualquier otra Administración con la que exista convenio al efecto, de acuerdo con la valoración de las mismas que se contenga en el pliego de cláusulas administrativas particulares.

Los bienes inmuebles que se entreguen al concesionario se integrarán en el patrimonio afecto a la concesión, destinándose al uso previsto en el proyecto de la obra, y revertirán a la Administración en el momento de su extinción, debiendo respetarse, en todo caso, lo dispuesto en los planes de ordenación urbanística o sectorial que les afecten.

Artículo 255. Retribución por la utilización de la obra. 1. El concesionario tendrá derecho a percibir de los usuarios o de la Administración una retribución por la utilización de la obra en la forma prevista en el pliego de cláusulas administrativas particulares y de conformidad con lo establecido en este artículo.

2. Las tarifas que abonen los usuarios por la utilización de las obras públicas serán fijadas por el órgano de contratación en el acuerdo de adjudicación. Las tarifas tendrán el carácter de máximas y los concesionarios podrán aplicar tarifas inferiores cuando así lo estimen conveniente.

3. Las tarifas serán objeto de revisión de acuerdo con el procedimiento que determine el pliego de cláusulas administrativas particulares.

De conformidad con el artículo 131.1.c).4°, el plan económico-financiero de la concesión establecerá la incidencia en las tarifas de los rendimientos de la demanda de utilización de la obra y, cuando exista, de los beneficios derivados de la explotación de la zona comercial, cuando no alcancen o cuando superen, respectivamente, los niveles mínimo y máximo que se consideren en la oferta.

4. La retribución por la utilización de la obra podrá ser abonada por la Administración teniendo en cuenta su utilización y en la forma prevista en el pliego de cláusulas administrativas particulares.

5. El concesionario se retribuirá igualmente con los ingresos procedentes de la explotación de la zona comercial vinculada a la concesión, en el caso de existir ésta, según lo establecido en el pliego de cláusulas administrativas particulares.

6. El concesionario deberá separar contablemente los ingresos provenientes de las aportaciones públicas y aquellos otros procedentes de las tarifas abonadas por los usuarios de la obra y, en su caso, los procedentes de la explotación de la zona comercial.

Artículo 256. Aportaciones públicas a la explotación. Las Administraciones Públicas podrán otorgar al concesionario las siguientes aportaciones a fin de garantizar la viabilidad económica de la explotación de la obra:

a) Subvenciones, anticipos reintegrables, préstamos participativos, subordinados o de otra naturaleza, aprobados por el órgano de contratación para ser aportados desde el inicio de la explotación de la obra o en el transcurso de la misma cuando se prevea que vayan a resultar necesarios para garantizar la viabilidad económico-financiera de la concesión. La devolución de los préstamos y el pago de los intereses devengados en su caso por los mismos se ajustarán a los términos previstos en la concesión.

b) Ayudas en los casos excepcionales en que, por razones de interés público, resulte aconsejable la promoción de la utilización de la obra pública antes de que su explotación alcance el umbral mínimo de rentabilidad.

Artículo 257. Obras públicas diferenciadas. 1. Cuando dos o más obras públicas mantengan una relación funcional entre ellas, el contrato de concesión de obra pública no pierde su naturaleza por el hecho de que la utilización de una parte de las obras construidas no esté sujeta a remuneración siempre que dicha parte sea, asimismo, competencia de la Administración concedente e incida en la explotación de la concesión.

2. El correspondiente pliego de cláusulas administrativas particulares especificará con claridad los aspectos concernientes a la obra objeto de concesión, según se determina en esta Ley, distinguiendo, a estos efectos, la parte objeto de remuneración de aquella que no lo es.

Los licitadores deberán presentar el correspondiente plan económico-financiero que contemple ambas partes de las obras.

3. En todo caso, para la determinación de las tarifas a aplicar por la utilización de la obra objeto de concesión se tendrá en cuenta el importe total de las obras realizadas.

Artículo 258. Mantenimiento del equilibrio económico del contrato. 1. El contrato de concesión de obras públicas deberá mantener su equilibrio económico en los términos que fueron considerados para su adjudicación, teniendo en cuenta el interés general y el interés del concesionario, de conformidad con lo dispuesto en el apartado siguiente.

2. La Administración deberá restablecer el equilibrio económico del contrato, en beneficio de la parte que corresponda, en los siguientes supuestos:

a) Cuando la Administración modifique, por razones de interés público y de acuerdo con lo previsto en el título V del libro I, las condiciones de explotación de la obra.

b) Cuando causas de fuerza mayor o actuaciones de la Administración determinaran de forma directa la ruptura sustancial de la economía de la concesión. A estos efectos, se entenderá por causa de fuerza mayor las enumeradas en el artículo 231.

c) Cuando se produzcan los supuestos que se establezcan en el propio contrato para su revisión, de acuerdo con lo previsto en el apartado 4.° de la letra c), y en la letra d) del artículo 131.1.

3. En los supuestos previstos en el apartado anterior, el restablecimiento del equilibrio económico del contrato se realizará mediante la adopción de las medidas que en cada caso procedan. Estas medidas podrán consistir en la modificación de las tarifas establecidas por la utilización de la obra, la reducción del plazo concesional, y, en general, en cualquier modificación de las cláusulas de contenido económico incluidas en el contrato. Asimismo, en los casos previstos en el apartado 2.b), y siempre que la retribución del concesionario proviniere en más de un 50 por ciento de tarifas abonadas por los usuarios, podrá prorrogarse el plazo de la concesión por un período que no exceda de un 15 por ciento de su duración inicial. En el supuesto de fuerza mayor previsto en el apartado 2.b), la Administración concedente asegurará los rendimientos mínimos acordados en el contrato siempre que aquella no impidiera por completo la realización de las obras o la continuidad de su explotación.

SECCIÓN 4ª.

Financiación privada

SUBSECCIÓN 1ª.

Emisión de títulos por el concesionario

Artículo 259. Emisión de obligaciones y otros títulos. 1. El concesionario podrá apelar al crédito en el mercado de capitales, tanto exterior como interior, mediante la emisión de toda clase de obligaciones, bonos u otros títulos semejantes admitidos en derecho.

2. No podrán emitirse títulos cuyo plazo de reembolso total o parcial finalice en fecha posterior al término de la concesión.

3. Las emisiones de obligaciones podrán contar con el aval del Estado y de sus organismos públicos, que se otorgará con arreglo a las prescripciones de la normativa presupuestaria. La concesión del aval por parte de las Comunidades Autónomas, entidades locales, de sus organismos públicos respectivos y demás sujetos sometidos a esta Ley se otorgará conforme a lo que establezca su normativa específica.

4. La emisión de las obligaciones, bonos u otros títulos referidos deberá ser comunicada al órgano de contratación en el plazo máximo de un mes desde la fecha en que cada emisión se realice.

5. A las emisiones de valores reguladas en este artículo y en el siguiente les resultará de aplicación lo dispuesto en la Ley 24/1988, de 28 de julio , del Mercado de Valores.

6. Si la emisión ha sido objeto de registro ante la Comisión Nacional del Mercado de Valores y el riesgo financiero correspondiente a los valores ha sido evaluado positivamente por una entidad calificadora reconocida por dicha entidad supervisora, no será de aplicación el límite del importe previsto en el artículo 405 del Texto Refundido de la Ley de Sociedades de Capital y en el párrafo segundo del artículo 1 de la Ley 211/1964, de 24 de diciembre , sobre regulación de la emisión de obligaciones por sociedades que no hayan adoptado la forma de anónimas, asociaciones u otras personas jurídicas y la constitución del sindicato de obligacionistas.

Artículo 260. Incorporación a títulos negociables de los derechos de crédito del concesionario. 1. Podrán emitirse valores que representen una participación en uno o varios de los derechos de crédito a favor del concesionario consistentes en el derecho al cobro de las tarifas, los ingresos que pueda obtener por la explotación de los elementos comerciales relacionados con la concesión, así como los que correspondan a las aportaciones que, en su caso, deba realizar la Administración. La cesión de estos derechos se formalizará en escritura pública que, en el supuesto de cesión de las aportaciones a efectuar por la Administración, se deberá notificar al órgano contratante y ello sin perjuicio de lo dispuesto en el párrafo quinto de este apartado.

Los valores negociables anteriormente referidos se representarán en títulos o en anotaciones en cuenta, podrán realizarse una o varias emisiones y podrán afectar derechos de crédito previstos para uno o varios ejercicios económicos distintos.

Tanto las participaciones como directamente los derechos de crédito a que se refiere el primer párrafo de este apartado podrán incorporarse a fondos de titulización de activos que se regirán por la normativa específica que les corresponda.

De la suscripción y tenencia de estos valores que no esté limitada a inversores institucionales o profesionales, se dejará nota marginal en la inscripción registral de la concesión correspondiente. Asimismo, las características de las emisiones deberán constar en las memorias anuales de las sociedades que las realicen.

La emisión de estos valores requerirá autorización administrativa previa del órgano de contratación, cuyo otorgamiento solo podrá denegarse cuando el buen fin de la concesión u otra razón de interés público relevante lo justifiquen.

2. Siempre que designen previamente a una persona física o jurídica que actúe como representante único ante la Administración a los solos efectos previstos en este apartado, los tenedores de valores a que se refiere el apartado 1 de este artículo podrán ejercer las facultades que se atribuyen al acreedor hipotecario en el artículo 262. Si, además, las operaciones a que dicho apartado 1 se refiere hubieran previsto expresamente la satisfacción de los derechos de los tenedores antes del transcurso del plazo concesional, éstos podrán ejercer las facultades a que se refiere el apartado 3 del citado artículo 262 a partir del vencimiento de los títulos.

3. Cuando se produzca causa de resolución de la concesión imputable al concesionario sin que los acreedores hayan obtenido el reembolso correspondiente a sus títulos, la Administración concedente podrá optar por alguna de las siguientes actuaciones:

a) Salvo que las causas de extinción fuesen las previstas en el artículo 269.b), acordar el secuestro de la concesión conforme a lo previsto en el artículo 251 de esta Ley a los solos efectos de satisfacer los derechos de los acreedores sin que el concesionario pueda percibir ingreso alguno.

b) Resolver la concesión, acordando con el representante de los acreedores la cuantía de la deuda y las condiciones en que deberá ser amortizada. A falta de acuerdo, la Administración quedará liberada con la puesta a disposición de los acreedores de la menor de las siguientes cantidades:

1. El importe de la indemnización que correspondiera al concesionario por aplicación de lo previsto en el artículo 271 de esta Ley.

2. La diferencia entre el valor nominal de la emisión y las cantidades percibidas hasta el momento de resolución de la concesión tanto en concepto de intereses como de amortizaciones parciales.

4. Si se produjera causa de resolución no imputable al concesionario y los acreedores no se hubiesen satisfecho íntegramente de sus derechos, la Administración podrá optar por actuar conforme a lo previsto en el párrafo a) del apartado anterior o bien por resolver la concesión acordando con el representante de los acreedores la cuantía de la deuda y las condiciones en que deberá ser amortizada. A falta de acuerdo, la Administración quedará liberada con la puesta a disposición de la diferencia entre el valor nominal de su inversión y las cantidades percibidas hasta el momento de resolución de la concesión tanto en concepto de intereses como de amortizaciones parciales.

5. Quedará siempre a salvo la facultad de acordar la licitación de una nueva concesión una vez resuelta la anterior.

6. Las solicitudes referentes a las autorizaciones administrativas previstas en este artículo se resolverán por el órgano competente en el plazo de un mes, debiendo entenderse desestimadas si no resolviera y notificara en ese plazo.

SUBSECCIÓN 2ª.

Hipoteca de la concesión

Artículo 261. Objeto de la hipoteca de la concesión. 1. Las concesiones de obras públicas con los bienes y derechos que lleven incorporados serán hipotecables conforme a lo dispuesto en la legislación hipotecaria, previa autorización del órgano de contratación.

No se admitirá la hipoteca de concesiones de obras públicas en garantía de deudas que no guarden relación con la concesión correspondiente.

2. Las solicitudes referentes a las autorizaciones administrativas previstas en este artículo y en el siguiente se resolverán por el órgano competente en el plazo de un mes, debiendo entenderse desestimadas si no resuelve y notifica en ese plazo.

Artículo 262. Derechos del acreedor hipotecario. 1. Cuando el valor de la concesión hipotecada sufriera grave deterioro por causa imputable al concesionario, el acreedor hipotecario podrá solicitar del órgano de contratación pronunciamiento sobre la existencia efectiva de dicho deterioro. Si éste se confirmara podrá, asimismo, solicitar de la Administración que, previa audiencia del concesionario, ordene a éste hacer o no hacer lo que proceda para evitar o remediar el daño, sin perjuicio del posible ejercicio de la acción de devastación prevista en el artículo 117 de la Ley Hipotecaria . No obstante, en el caso de ejercitarse la acción administrativa prevista en este apartado, se entenderá que el acreedor hipotecario renuncia a la acción prevista en el citado artículo 117 de la Ley Hipotecaria.

2. Cuando procediera la resolución de la concesión por incumplimiento de alguna de las obligaciones del concesionario, la Administración, antes de resolver, dará audiencia al acreedor hipotecario por si éste ofreciera subrogarse en su cumplimiento y la Administración considerara compatible tal ofrecimiento con el buen fin de la concesión.

3. Si la obligación garantizada no hubiera sido satisfecha total o parcialmente al tiempo de su vencimiento, antes de promover el procedimiento de ejecución correspondiente, el acreedor hipotecario podrá ejercer las siguientes facultades siempre que así se hubiera previsto en la correspondiente escritura de constitución de hipoteca:

a) Solicitar de la Administración concedente que, previa audiencia del concesionario, disponga que se asigne a la amortización de la deuda una parte de la recaudación y de las cantidades que, en su caso, la Administración tuviese que hacer efectivas al concesionario. A tal efecto, se podrá, por cuenta y riesgo del acreedor, designar un interventor que compruebe los ingresos así obtenidos y se haga cargo de la parte que se haya señalado, la cual no podrá exceder del porcentaje o cuantía que previamente se determine.

b) Si existiesen bienes aptos para ello, solicitar de la Administración concedente que, previa audiencia al concesionario, le otorgue la explotación durante un determinado período de tiempo de todas o de parte de las zonas complementarias de explotación comercial. En el caso de que estas zonas estuvieran siendo explotadas por un tercero en virtud de una relación jurídico-privada con el concesionario, la medida contemplada por este apartado deberá serle notificada a dicho tercero con la indicación de que queda obligado a efectuar al acreedor hipotecario los pagos que debiera hacer al concesionario..

Artículo 263. Ejecución de la hipoteca. 1. El adjudicatario en el procedimiento de ejecución hipotecaria quedará subrogado en la posición del concesionario, previa autorización administrativa, en los términos que se establecen en el apartado siguiente.

2. Todo el que desee participar en el procedimiento de ejecución hipotecaria en calidad de postor o eventual adjudicatario, incluso el propio acreedor hipotecario si la legislación sectorial no lo impidiera, deberá comunicarlo al órgano de contratación para obtener la oportuna autorización administrativa, que deberá notificarse al interesado en el plazo máximo de 15 días, y sin la cual no se le admitirá en el procedimiento. La autorización tendrá carácter reglado y se otorgará siempre que el peticionario cumpla los requisitos exigidos al concesionario.

Si hubiera finalizado la fase de construcción o ésta no formara parte del objeto de la concesión, solo se exigirán los requisitos necesarios para llevar a cabo la explotación de la obra.

3. Si la subasta quedara desierta o ningún interesado fuese autorizado por el órgano de contratación para participar en el procedimiento de ejecución hipotecaria, la Administración concedente podrá optar por alguna de las siguientes actuaciones en el supuesto de que el acreedor hipotecario autorizado, en su caso, para ser concesionario no opte por el ejercicio del derecho que le atribuye el artículo 671 de la Ley 1/2000, de 7 de enero , de Enjuiciamiento Civil:

a) Acordar el secuestro de la concesión conforme a lo previsto en el artículo 251 de esta Ley sin que el concesionario pueda percibir ingreso alguno. Se dará trámite de audiencia al acreedor hipotecario para ofrecerle la posibilidad de proponer un nuevo concesionario. Si la propuesta no se produjera o el candidato propuesto no cumpliera los requisitos exigibles conforme a lo establecido en el apartado anterior, se procederá a la licitación de la misma concesión en el menor plazo posible.

b) Resolver la concesión y, previo acuerdo con los acreedores hipotecarios, fijar la cuantía de la deuda y las condiciones en que deberá ser amortizada. A falta de acuerdo, la Administración quedará liberada con la puesta a disposición de los acreedores del importe de la indemnización que correspondiera al concesionario por aplicación de lo previsto en el artículo 271 de esta Ley.

Artículo 264. Derechos de titulares de cargas inscritas o anotadas sobre la concesión para el caso de resolución concesional. 1. Cuando procediera la resolución de la concesión y existieran titulares de derechos o cargas inscritos o anotados en el Registro de la Propiedad sobre la concesión, se observarán las siguientes reglas:

a) La Administración, comenzado el procedimiento, deberá solicitar para su incorporación al expediente certificación del Registro de la Propiedad, al objeto de que puedan ser oídos todos los titulares de tales cargas y derechos.

b) El registrador, al tiempo de expedir la certificación a que se refiere el párrafo anterior, deberá extender nota al margen de la inscripción de la concesión sobre la iniciación del procedimiento de resolución.

c) Para cancelar los asientos practicados a favor de los titulares de las citadas cargas y derechos, deberá mediar resolución administrativa firme que declare la resolución de la concesión y el previo depósito a disposición de los referidos titulares de las cantidades y eventuales indemnizaciones que la Administración debiera abonar al concesionario conforme a lo previsto en el artículo 271.

2. Sin perjuicio de lo dispuesto en el artículo anterior, para el caso de que la subasta quedara desierta, cuando la resolución de la concesión procediera por causa imputable al concesionario, los titulares de los derechos y cargas a que se refiere el apartado precedente podrán ejercitar, por su

orden, el derecho de subrogarse en la posición jurídica del concesionario, siempre que, por reunir los requisitos necesarios para ello, fueran autorizados previamente por el órgano de contratación.

SUBSECCIÓN 3ª.

Otras fuentes de financiación

Artículo 265. Créditos participativos. 1. Se admiten los créditos participativos para la financiación de la construcción y explotación, o solo la explotación, de las obras públicas objeto de concesión. En dichos supuestos la participación del prestamista se producirá sobre los ingresos del concesionario.

2. El concesionario podrá amortizar anticipadamente el capital prestado en las condiciones pactadas.

3. Excepcionalmente, las Administraciones públicas podrán contribuir a la financiación de la obra mediante el otorgamiento de créditos participativos. En tales casos, y salvo estipulación expresa en contrario, el concesionario no podrá amortizar anticipadamente el capital prestado, a no ser que la amortización anticipada implique el abono por el concesionario del valor actual neto de los beneficios futuros esperados según el plan económico-financiero revisado y aprobado por el órgano competente de la Administración en el momento de la devolución del capital.

4. La obtención de estos créditos deberá comunicarse al órgano de contratación en el plazo máximo de un mes desde la fecha en que cada uno hubiera sido concedido.

SECCIÓN 5ª.

Extinción de las concesiones

Artículo 266. Modos de extinción. Las concesiones de obra pública se extinguirán por cumplimiento o por resolución.

Artículo 267. Extinción de la concesión por transcurso del plazo. 1. La concesión se entenderá extinguida por cumplimiento cuando transcurra el plazo inicialmente establecido o, en su caso, el resultante de las prórrogas acordadas conforme al artículo 258.3, o de las reducciones que se hubiesen decidido.

2. Quedarán igualmente extinguidos todos los contratos vinculados a la concesión y a la explotación de sus zonas comerciales.

Artículo 268. Plazo de las concesiones. 1. Las concesiones de construcción y explotación de obras públicas se otorgarán por el plazo que se acuerde en el pliego de cláusulas administrativas particulares, que no podrá exceder de 40 años.

2. Los plazos fijados en los pliegos de condiciones solo podrán ser prorrogados por las causas previstas en el artículo 258.3.

3. Las concesiones relativas a obras hidráulicas se regirán, en cuanto a su duración, por el artículo 134.1.a) del texto refundido de la Ley de Aguas, aprobado por el Real Decreto Legislativo 1/2001, de 20 de julio.

Artículo 269. Causas de resolución. Son causas de resolución del contrato de concesión de obras públicas las siguientes:

a) La muerte o incapacidad sobrevenida del concesionario individual o la extinción de la personalidad jurídica de la sociedad concesionaria.

b) La declaración de concurso o la declaración de insolvencia en cualquier otro procedimiento.

c) La ejecución hipotecaria declarada desierta o la imposibilidad de iniciar el procedimiento de ejecución hipotecaria por falta de interesados autorizados para ello en los casos en que así procediera, de acuerdo con lo establecido en la Ley.

d) El mutuo acuerdo entre el concedente y el concesionario.

e) El secuestro de la concesión por un plazo superior al establecido como máximo sin que el contratista haya garantizado la asunción completa de sus obligaciones.

f) La demora superior a seis meses por parte del órgano de contratación en la entrega al concesionario de la contraprestación, de los terrenos o de los medios auxiliares a que se obligó según el contrato.

g) El rescate de la explotación de la obra pública por el órgano de contratación. Se entenderá por rescate la declaración unilateral del órgano contratante, discrecionalmente adoptada, por la que dé por terminada la concesión, no obstante la buena gestión de su titular.

h) La supresión de la explotación de la obra pública por razones de interés público.

i) La imposibilidad de la explotación de la obra pública como consecuencia de acuerdos adoptados por la Administración concedente con posterioridad al contrato.

j) El abandono, la renuncia unilateral, así como el incumplimiento por el concesionario de sus obligaciones contractuales esenciales.

k) Cualesquiera otras causas expresamente contempladas en ésta u otra Ley o en el contrato.

Artículo 270. Aplicación de las causas de resolución. 1. La resolución del contrato se acordará por el órgano de contratación, de oficio o a instancia del concesionario, mediante el procedimiento que resulte de aplicación de acuerdo con la legislación de contratos.

2. La declaración de insolvencia y, en caso de concurso, la apertura de la fase de liquidación, así como las causas de resolución previstas en los párrafos e), g), h) e i) del artículo anterior originarán siempre la resolución del contrato. En los restantes casos, será potestativo para la parte a la que no le sea imputable la causa instar la resolución.

3. Cuando la causa de resolución sea la muerte o incapacidad sobrevenida del contratista individual, la Administración podrá acordar la continuación del contrato con sus herederos o sucesores, siempre que éstos cumplan o se comprometan a cumplir, en el plazo que se establezca al efecto, los requisitos exigidos al concesionario inicial.

4. La resolución por mutuo acuerdo solo podrá tener lugar si la concesión no se encontrara sometida a secuestro acordado por infracción grave del concesionario y siempre que razones de interés público hagan innecesaria o inconveniente la continuación del contrato.

5. En los casos de fusión de empresas en los que participe la sociedad concesionaria, será necesaria la autorización administrativa previa para que la entidad absorbente o resultante de la fusión pueda continuar con la concesión y quedar subrogada en todos los derechos y obligaciones dimanantes de aquélla.

6. En los supuestos de escisión, aportación o transmisión de empresas, solo podrá continuar el contrato con la entidad resultante o beneficiaria en el caso en que así sea expresamente autorizado por el órgano de contratación considerando los requisitos establecidos para la adjudicación de la concesión en función del grado de desarrollo del negocio concesional en el momento de producirse estas circunstancias.

Artículo 271. Efectos de la resolución[33]. 1. En los supuestos de resolución, la Administración abonará al concesionario el importe de las inversiones realizadas por razón de la expropiación de terrenos, ejecución de obras de construcción y adquisición de bienes que sean necesarios para la explotación de la obra objeto de la concesión. Al efecto, se tendrá en cuenta su grado de amortización en función del tiempo que restara para el término de la concesión y lo establecido en el plan económico-financiero. La cantidad resultante se fijará dentro del plazo de seis meses, salvo que se estableciera otro en el pliego de cláusulas administrativas particulares.

2. En el supuesto del párrafo f) del artículo 269, el concesionario podrá optar por la resolución del contrato, con los efectos establecidos en el apartado siguiente, o por exigir el abono del interés legal de las cantidades debidas o los valores económicos convenidos, a partir del vencimiento del plazo previsto para el cumplimiento de la contraprestación o entrega de los bienes pactados.

3. En los supuestos de los párrafos g), h) e i) del artículo 269, y sin perjuicio de lo dispuesto en el apartado 1 de este artículo, la Administración concedente indemnizará al concesionario por los

---

33 Ap. 7 añadido por art. 7 de Real Decreto-ley nº 1/2014, de 24 de enero.

daños y perjuicios que se le irroguen. Para determinar la cuantía de la indemnización se tendrán en cuenta los beneficios futuros que el concesionario dejará de percibir, atendiendo a los resultados de explotación en el último quinquenio cuando resulte posible, y a la pérdida del valor de las obras e instalaciones que no hayan de ser entregadas a aquélla, considerando su grado de amortización.

4. Cuando el contrato se resuelva por causa imputable al concesionario, le será incautada la fianza y deberá, además, indemnizar a la Administración los daños y perjuicios ocasionados en lo que exceda del importe de la garantía incautada.

5. El órgano de contratación podrá acordar también la resolución de los contratos otorgados por el concesionario para el aprovechamiento de las zonas complementarias. El órgano de contratación podrá acordar también, como consecuencia de la resolución de la concesión, la resolución de los contratos otorgados de explotación comercial, abonando la indemnización que en su caso correspondiera. Esta indemnización será abonada con cargo al concesionario cuando la resolución se produjera como consecuencia de causa imputable a éste. Cuando no se acuerde la resolución de los citados contratos, los titulares de los derechos de aprovechamiento seguirán ejerciéndolos, quedando obligados frente al órgano de contratación en los mismos términos en que lo estuvieran frente al concesionario, salvo que se llegara, de mutuo acuerdo, a la revisión del correspondiente contrato.

6. Cuando el contrato se resuelva por mutuo acuerdo, los derechos de las partes se acomodarán a lo válidamente estipulado entre ellas.

7. Si el concesionario no cumpliera con las obligaciones del beneficiario en las expropiaciones y en virtud de resolución judicial, cualquiera que fuera su fecha, la Administración concedente tuviera que hacerse cargo de abonar las indemnizaciones a los expropiados, ésta quedará subrogada en el crédito del expropiado. En todo caso, desde el momento en que se declare la obligación de pago a cargo de la Administración concedente, las cantidades que no le sean reembolsadas minorarán el importe global que corresponda de conformidad con lo dispuesto en el apartado primero de este artículo.

Artículo 272. Destino de las obras a la extinción de la concesión. 1. El concesionario quedará obligado a hacer entrega a la Administración concedente, en buen estado de conservación y uso, de las obras incluidas en la concesión, así como de los bienes e instalaciones necesarios para su explotación y de los bienes e instalaciones incluidos en la zona de explotación comercial, si la hubiera, de acuerdo con lo establecido en el contrato, todo lo cual quedará reflejado en el acta de recepción.

2. No obstante, los pliegos podrán prever que, a la extinción de la concesión, estas obras, bienes e instalaciones, o algunos de ellos, deban ser demolidos por el concesionario, reponiendo los bienes sobre los que se asientan al estado en que se encontraban antes de su construcción.

SECCIÓN 6ª.

Ejecución de obras por terceros

Artículo 273. Subcontratación. 1. El órgano de contratación podrá imponer al concesionario de obras públicas que confíe a terceros un porcentaje de los contratos que represente, como mínimo, un 30 por 100 del valor global de las obras objeto de la concesión, previendo al mismo tiempo la facultad de que los candidatos incrementen dicho porcentaje; este porcentaje mínimo deberá constar en el contrato de concesión de obras.

2. En caso de no hacer uso de la facultad a que se refiere el apartado anterior, el órgano de contratación podrá invitar a los candidatos a la concesión a que indiquen en sus ofertas, si procede, el porcentaje del valor global de las obras objeto de la concesión que se proponen confiar a terceros.

Artículo 274. Adjudicación de contratos de obras por el concesionario[34]**.** 1. Cuando el concesionario de la obra pública tenga el carácter de poder adjudicador conforme al artículo 3.3, deberá respetar, en relación con aquellas obras que hayan de ser ejecutadas por terceros, las disposiciones de la presente Ley sobre adjudicación de contratos de obras.

2. La adjudicación de contratos de obras por los concesionarios de obras públicas que no tengan el carácter de poderes adjudicadores se regulará por las normas contenidas en los apartados 3 y 4 de este artículo cuando la adjudicación se realice a un tercero y el valor del contrato sea igual o superior a 5.186.000 euros, salvo que en el contrato concurran circunstancias que permitan su adjudicación por un procedimiento negociado sin publicidad.

No tendrán la consideración de terceros aquellas empresas que se hayan agrupado para obtener la concesión ni las empresas vinculadas a ellas. Se entenderá por empresa vinculada cualquier empresa en la que el concesionario pueda ejercer, directa o indirectamente, una influencia dominante, o cualquier empresa que pueda ejercer una influencia dominante en el concesionario o que, del mismo modo que el concesionario, esté sometida a la influencia dominante de otra empresa por razón de propiedad, participación financiera o normas reguladoras. Se presumirá que existe influencia dominante cuando una empresa, directa o indirectamente, se encuentre en una de las siguientes situaciones con respecto a otra:

a) Que posea la mayoría del capital suscrito de la empresa;

b) que disponga de la mayoría de los votos correspondientes a las participaciones emitidas por la empresa;

c) que pueda designar a más de la mitad de los miembros del órgano de administración, de dirección o de vigilancia de la empresa.

La lista exhaustiva de estas empresas debe adjuntarse a la candidatura para la concesión, y actualizarse en función de las modificaciones que se produzcan posteriormente en las relaciones entre las empresas.

3. Serán de aplicación a estos procedimientos las normas sobre publicidad contenidas en el artículo 142.

4. El concesionario fijará el plazo de recepción de las solicitudes de participación, que no podrá ser inferior a treinta y siete días a partir de la fecha de envío del anuncio de licitación, y el plazo de recepción de las ofertas, que no podrá ser inferior a cuarenta días a partir de la fecha del envío del anuncio de licitación al «Diario Oficial de la Unión Europea» o de la invitación a presentar una oferta.

Cuando los anuncios se preparen y envíen por medios electrónicos, informáticos o telemáticos se podrán reducir en siete días los plazos de recepción de las ofertas y el plazo de recepción de las solicitudes de participación.

Será posible reducir en cinco días los plazos de recepción de las ofertas cuando se ofrezca acceso sin restricción, directo y completo, por medios electrónicos, informáticos o telemáticos, al pliego de condiciones y a cualquier documentación complementaria, especificando en el texto del anuncio la dirección de Internet en la que dicha documentación pueda consultarse. Esta reducción se podrá sumar a la prevista en el párrafo anterior.

En todo caso será de aplicación lo previsto en el artículo 158.3 y la prohibición de contratar prevista en el artículo 60.1.a), en relación con los adjudicatarios de estos contratos.

---

34 Ap. 2 modificado por art. único.1 a) de Orden nº HAP/2425/2013, de 23 de diciembre.

CAPÍTULO III.

Contrato de gestión de servicios públicos

SECCIÓN 1ª.

Disposiciones generales

Artículo 275. Ámbito del contrato. 1. La Administración podrá gestionar indirectamente, mediante contrato, los servicios de su competencia, siempre que sean susceptibles de explotación por particulares. En ningún caso podrán prestarse por gestión indirecta los servicios que impliquen ejercicio de la autoridad inherente a los poderes públicos.

2. El contrato expresará con claridad el ámbito de la gestión, tanto en el orden funcional, como en el territorial.

Artículo 276. Régimen jurídico. Los efectos, cumplimiento y extinción de los contratos de gestión de servicios públicos se regularán por la presente Ley, excluidos los artículos 212, apartados 2 a 7, ambos inclusive, 213, 220 y 222, y por las disposiciones especiales del respectivo servicio, en cuanto no se opongan a ella.

Artículo 277. Modalidades de la contratación. La contratación de la gestión de los servicios públicos podrá adoptar las siguientes modalidades:

a) Concesión, por la que el empresario gestionará el servicio a su propio riesgo y ventura.

b) Gestión interesada, en cuya virtud la Administración y el empresario participarán en los resultados de la explotación del servicio en la proporción que se establezca en el contrato.

c) Concierto con persona natural o jurídica que venga realizando prestaciones análogas a las que constituyen el servicio público de que se trate.

d) Sociedad de economía mixta en la que la Administración participe, por sí o por medio de una entidad pública, en concurrencia con personas naturales o jurídicas.

Artículo 278. Duración. El contrato de gestión de servicios públicos no podrá tener carácter perpetuo o indefinido, fijándose necesariamente en el pliego de cláusulas administrativas particulares su duración y la de las prórrogas de que pueda ser objeto, sin que pueda exceder el plazo total, incluidas las prórrogas, de los siguientes períodos:

a) Cincuenta años en los contratos que comprendan la ejecución de obras y la explotación de servicio público, salvo que éste sea de mercado o lonja central mayorista de artículos alimenticios gestionados por sociedad de economía mixta municipal, en cuyo caso podrá ser hasta 60 años.

b) Veinticinco años en los contratos que comprendan la explotación de un servicio público no relacionado con la prestación de servicios sanitarios.

c) Diez años en los contratos que comprendan la explotación de un servicio público cuyo objeto consista en la prestación de servicios sanitarios siempre que no estén comprendidos en la letra a).

SECCIÓN 2ª.

Ejecución del contrato de gestión de servicios públicos

Artículo 279. Ejecución del contrato. 1. El contratista está obligado a organizar y prestar el servicio con estricta sujeción a las características establecidas en el contrato y dentro de los plazos señalados en el mismo, y, en su caso, a la ejecución de las obras conforme al proyecto aprobado por el órgano de contratación.

2. En todo caso, la Administración conservará los poderes de policía necesarios para asegurar la buena marcha de los servicios de que se trate.

Artículo 280. Obligaciones generales. El contratista estará sujeto al cumplimiento de las siguientes obligaciones:

a) Prestar el servicio con la continuidad convenida y garantizar a los particulares el derecho a utilizarlo en las condiciones que hayan sido establecidas y mediante el abono, en su caso, de la contraprestación económica comprendida en las tarifas aprobadas.

b) Cuidar del buen orden del servicio, pudiendo dictar las oportunas instrucciones, sin perjuicio de los poderes de policía a los que se refiere el artículo anterior.

c) Indemnizar los daños que se causen a terceros como consecuencia de las operaciones que requiera el desarrollo del servicio, excepto cuando el daño sea producido por causas imputables a la Administración.

d) Respetar el principio de no discriminación por razón de nacionalidad, respecto de las empresas de Estados miembros de la Comunidad Europea o signatarios del Acuerdo sobre Contratación Pública de la Organización Mundial del Comercio, en los contratos de suministro consecuencia del de gestión de servicios públicos.

Artículo 281. Prestaciones económicas. 1. El contratista tiene derecho a las contraprestaciones económicas previstas en el contrato, entre las que se incluirá, para hacer efectivo su derecho a la explotación del servicio, una retribución fijada en función de su utilización que se percibirá directamente de los usuarios o de la propia Administración.

2. Las contraprestaciones económicas pactadas serán revisadas, en su caso, en la forma establecida en el contrato.

SECCIÓN 3ª.

Modificación del contrato de gestión de servicios públicos

Artículo 282. Modificación del contrato y mantenimiento de su equilibrio económico. 1. La Administración podrá modificar por razones de interés público y si concurren las circunstancias previstas en el título V del libro I, las características del servicio contratado y las tarifas que han de ser abonadas por los usuarios.

2. Cuando las modificaciones afecten al régimen financiero del contrato, la Administración deberá compensar al contratista de manera que se mantenga el equilibrio de los supuestos económicos que fueron considerados como básicos en la adjudicación del contrato.

3. En el caso de que los acuerdos que dicte la Administración respecto al desarrollo del servicio carezcan de trascendencia económica el contratista no tendrá derecho a indemnización por razón de los mismos.

4. La Administración deberá restablecer el equilibrio económico del contrato, en beneficio de la parte que corresponda, en los siguientes supuestos:

a) Cuando la Administración modifique, por razones de interés público y de acuerdo con lo establecido en el título V del libro I, las características del servicio contratado.

b) Cuando actuaciones de la Administración determinaran de forma directa la ruptura sustancial de la economía del contrato.

c) Cuando causas de fuerza mayor determinaran de forma directa la ruptura sustancial de la economía del contrato. A estos efectos, se entenderá por causas de fuerza mayor las enumeradas en el artículo 231 de esta Ley.

5. En los supuestos previstos en el apartado anterior, el restablecimiento del equilibrio económico del contrato se realizará mediante la adopción de las medidas que en cada caso procedan. Estas medidas podrán consistir en la modificación de las tarifas a abonar por los usuarios, la reducción del plazo del contrato y, en general, en cualquier modificación de las cláusulas de contenido económico incluidas en el contrato. Así mismo, en los casos previstos en los apartados 4.b) y c), podrá prorrogarse el plazo del contrato por un período que no exceda de un 10 por ciento de su duración inicial, respetando los límites máximos de duración previstos legalmente.

SECCIÓN 4ª.

Cumplimiento y efectos del contrato de gestión de servicios públicos

Artículo 283. Reversión. 1. Cuando finalice el plazo contractual el servicio revertirá a la Administración, debiendo el contratista entregar las obras e instalaciones a que esté obligado con arreglo al contrato y en el estado de conservación y funcionamiento adecuados.

2. Durante un período prudencial anterior a la reversión, que deberá fijarse en el pliego, el órgano competente de la Administración adoptará las disposiciones encaminadas a que la entrega de los bienes se verifique en las condiciones convenidas.

Artículo 284. Falta de entrega de contraprestaciones económicas y medios auxiliares. Si la Administración no hiciere efectiva al contratista la contraprestación económica o no entregare los medios auxiliares a que se obligó en el contrato dentro de los plazos previstos en el mismo y no procediese la resolución del contrato o no la solicitase el contratista, éste tendrá derecho al interés de demora de las cantidades o valores económicos que aquéllos signifiquen, de conformidad con lo establecido en el artículo 216.

Artículo 285. Incumplimiento del contratista. Si del incumplimiento por parte del contratista se derivase perturbación grave y no reparable por otros medios en el servicio público y la Administración no decidiese la resolución del contrato, podrá acordar la intervención del mismo hasta que aquélla desaparezca. En todo caso, el contratista deberá abonar a la Administración los daños y perjuicios que efectivamente le haya irrogado.

SECCIÓN 5ª.

Resolución del contrato de gestión de servicios públicos

Artículo 286. Causas de resolución. Son causas de resolución del contrato de gestión de servicios públicos, además de las señaladas en el artículo 223, con la excepción de las contempladas en sus letras d) y e), las siguientes:

a) La demora superior a seis meses por parte de la Administración en la entrega al contratista de la contraprestación o de los medios auxiliares a que se obligó según el contrato.

b) El rescate del servicio por la Administración.

c) La supresión del servicio por razones de interés público.

d) La imposibilidad de la explotación del servicio como consecuencia de acuerdos adoptados por la Administración con posterioridad al contrato.

Artículo 287. Aplicación de las causas de resolución. 1. Cuando la causa de resolución sea la muerte o incapacidad sobrevenida del contratista, la Administración podrá acordar la continuación del contrato con sus herederos o sucesores, salvo disposición expresa en contrario de la legislación específica del servicio.

2. Por razones de interés público la Administración podrá acordar el rescate del servicio para gestionarlo directamente.

Artículo 288. Efectos de la resolución. 1. En los supuestos de resolución, la Administración abonará, en todo caso, al contratista el precio de las obras e instalaciones que, ejecutadas por éste, hayan de pasar a propiedad de aquélla, teniendo en cuenta su estado y el tiempo que restare para la reversión.

2. Con independencia de lo dispuesto en el artículo 225, el incumplimiento por parte de la Administración o del contratista de las obligaciones del contrato producirá los efectos que según las disposiciones específicas del servicio puedan afectar a estos contratos.

3. En el supuesto de la letra a) del artículo 286, el contratista tendrá derecho al abono del interés de demora previsto en la Ley por la que se establecen medidas de lucha contra la morosidad en operaciones comerciales de las cantidades debidas o valores económicos convenidos, a partir del vencimiento del plazo previsto para su entrega, así como de los daños y perjuicios sufridos.

4. En los supuestos de las letras b), c) y d) del artículo 286, sin perjuicio de lo dispuesto en el apartado 1 de este artículo, la Administración indemnizará al contratista de los daños y perjuicios que se le irroguen, incluidos los beneficios futuros que deje de percibir, atendiendo a los resultados de la explotación en el último quinquenio y a la pérdida del valor de las obras e instalaciones que no hayan de revertir a aquélla, habida cuenta de su grado de amortización.

SECCIÓN 6ª.

Subcontratación del contrato de gestión de servicios públicos

Artículo 289. Subcontratación. En el contrato de gestión de servicios públicos, la subcontratación solo podrá recaer sobre prestaciones accesorias.

CAPÍTULO IV.

Contrato de suministro

SECCIÓN 1ª.

Regulación de determinados contratos de suministro

Artículo 290. Arrendamiento. 1. En el contrato de arrendamiento, el arrendador o empresario asumirá durante el plazo de vigencia del contrato la obligación del mantenimiento del objeto del mismo. Las cantidades que, en su caso, deba satisfacer la Administración en concepto de canon de mantenimiento se fijarán separadamente de las constitutivas del precio del arriendo.

2. En el contrato de arrendamiento no se admitirá la prórroga tácita y la prórroga expresa no podrá extenderse a un período superior a la mitad del contrato inmediatamente anterior.

Artículo 291. Contratos de fabricación y aplicación de normas y usos vigentes en comercio internacional. 1. A los contratos de fabricación, a los que se refiere la letra c) del apartado 3 del artículo 9, se les aplicarán directamente las normas generales y especiales del contrato de obras que el órgano de contratación determine en el correspondiente pliego de cláusulas administrativas particulares, salvo las relativas a su publicidad que se acomodarán, en todo caso, al contrato de suministro.

2. Los contratos que se celebren con empresas extranjeras, cuando su objeto se fabrique o proceda de fuera del territorio nacional y los de suministro que, con estas empresas, celebre el Ministerio de Defensa y que deban ser ejecutados fuera del territorio nacional, se regirán por la presente Ley, sin perjuicio de lo que se convenga entre las partes de acuerdo con las normas y usos vigentes en el comercio internacional.

SECCIÓN 2ª.

Ejecución del contrato de suministro

Artículo 292. Entrega y recepción. 1. El contratista estará obligado a entregar los bienes objeto de suministro en el tiempo y lugar fijados en el contrato y de conformidad con las prescripciones técnicas y cláusulas administrativas.

2. Cualquiera que sea el tipo de suministro, el adjudicatario no tendrá derecho a indemnización por causa de pérdidas, averías o perjuicios ocasionados en los bienes antes de su entrega a la Administración, salvo que ésta hubiere incurrido en mora al recibirlos.

3. Cuando el acto formal de la recepción de los bienes, de acuerdo con las condiciones del pliego, sea posterior a su entrega, la Administración será responsable de la custodia de los mismos durante el tiempo que medie entre una y otra.

4. Una vez recibidos de conformidad por la Administración bienes o productos perecederos, será ésta responsable de su gestión, uso o caducidad, sin perjuicio de la responsabilidad del suministrador por los vicios o defectos ocultos de los mismos.

Artículo 293. Pago del precio. El adjudicatario tendrá derecho al abono del precio de los suministros efectivamente entregados y formalmente recibidos por la Administración con arreglo a las condiciones establecidas en el contrato.

Artículo 294. Pago en metálico y en otros bienes. 1. Cuando razones técnicas o económicas debidamente justificadas en el expediente lo aconsejen, podrá establecerse en el pliego de cláusulas administrativas particulares que el pago del precio total de los bienes a suministrar consista parte en dinero y parte en la entrega de otros bienes de la misma clase, sin que, en ningún caso, el importe de éstos pueda superar el 50 por 100 del precio total. A estos efectos, el compromiso de gasto correspondiente se limitará al importe que, del precio total del contrato, no se satisfaga mediante la entrega de bienes al contratista, sin que tenga aplicación lo dispuesto en el artículo 27.4 de la Ley 47/2003, de 26 de noviembre, General Presupuestaria, en el apartado 3 del artículo 165 de la Ley Reguladora de las Haciendas Locales, aprobada por Real Decreto Legislativo 2/2004, de 5 de marzo , o en análogas regulaciones contenidas en las normas presupuestarias de las distintas Administraciones públicas sujetas a esta Ley.

2. La entrega de los bienes por la Administración se acordará por el órgano de contratación, por el mismo procedimiento que se siga para la adjudicación del contrato de suministro, implicando dicho acuerdo por sí solo la baja en el inventario y, en su caso, la desafectación de los bienes de que se trate.

3. En este supuesto el importe que del precio total del suministro corresponda a los bienes entregados por la Administración será un elemento económico a valorar para la adjudicación del contrato y deberá consignarse expresamente por los empresarios en sus ofertas.

4. El contenido de este artículo será de aplicación a los contratos de servicios para la gestión de los sistemas de información, los de servicios de telecomunicación y los contratos de mantenimiento de estos sistemas, suministros de equipos y terminales y adaptaciones necesarias como cableado, canalizaciones y otras análogas, siempre que vayan asociadas a la prestación de estos servicios y se contraten conjuntamente con ellos, entendiéndose que los bienes a entregar, en su caso, por la Administración han de ser bienes y equipos informáticos y de telecomunicaciones.

Artículo 295. Facultades de la Administración en el proceso de fabricación. La Administración tiene la facultad de inspeccionar y de ser informada del proceso de fabricación o elaboración del producto que haya de ser entregado como consecuencia del contrato, pudiendo ordenar o realizar por sí misma análisis, ensayos y pruebas de los materiales que se vayan a emplear, establecer sistemas de control de calidad y dictar cuantas disposiciones estime oportunas para el estricto cumplimiento de lo convenido.

SECCIÓN 3ª.

Modificación del contrato de suministro

Artículo 296. Modificación del contrato de suministro. Cuando como consecuencia de las modificaciones del contrato de suministro acordadas conforme a lo establecido en el artículo 219 y en el título V del libro I, se produzca aumento, reducción o supresión de las unidades de bienes que integran el suministro o la sustitución de unos bienes por otros, siempre que los mismos estén comprendidos en el contrato, estas modificaciones serán obligatorias para el contratista, sin que tenga derecho alguno en caso de supresión o reducción de unidades o clases de bienes a reclamar indemnización por dichas causas.

SECCIÓN 4ª.

Cumplimiento del contrato de suministro

Artículo 297. Gastos de entrega y recepción. 1. Salvo pacto en contrario, los gastos de la entrega y transporte de los bienes objeto del suministro al lugar convenido serán de cuenta del contratista.

2. Si los bienes no se hallan en estado de ser recibidos se hará constar así en el acta de recepción y se darán las instrucciones precisas al contratista para que subsane los defectos observados o proceda a un nuevo suministro de conformidad con lo pactado.

Artículo 298. Vicios o defectos durante el plazo de garantía. 1. Si durante el plazo de garantía se acreditase la existencia de vicios o defectos en los bienes suministrados tendrá derecho la Administración a reclamar del contratista la reposición de los que resulten inadecuados o la reparación de los mismos si fuese suficiente.

2. Durante este plazo de garantía tendrá derecho el contratista a conocer y ser oído sobre la aplicación de los bienes suministrados.

3. Si el órgano de contratación estimase, durante el plazo de garantía, que los bienes suministrados no son aptos para el fin pretendido, como consecuencia de los vicios o defectos observados en ellos e imputables al contratista y exista la presunción de que la reposición o reparación de dichos bienes no serán bastantes para lograr aquel fin, podrá, antes de expirar dicho plazo, rechazar los bienes dejándolos de cuenta del contratista y quedando exento de la obligación de pago o teniendo derecho, en su caso, a la recuperación del precio satisfecho.

4. Terminado el plazo de garantía sin que la Administración haya formalizado alguno de los reparos o la denuncia a que se refieren los apartados 1 y 3 de este artículo, el contratista quedará exento de responsabilidad por razón de los bienes suministrados.

SECCIÓN 5ª.

Resolución del contrato de suministro

Artículo 299. Causas de resolución. Son causas de resolución del contrato de suministro, además de las señaladas en el artículo 223, las siguientes:

a) La suspensión, por causa imputable a la Administración, de la iniciación del suministro por plazo superior a seis meses a partir de la fecha señalada en el contrato para la entrega, salvo que en el pliego se señale otro menor.

b) El desistimiento o la suspensión del suministro por un plazo superior al año acordada por la Administración, salvo que en el pliego se señale otro menor.

Artículo 300. Efectos de la resolución. 1. La resolución del contrato dará lugar a la recíproca devolución de los bienes y del importe de los pagos realizados, y, cuando no fuera posible o conveniente para la Administración, habrá de abonar ésta el precio de los efectivamente entregados y recibidos de conformidad.

2. En el supuesto de suspensión de la iniciación del suministro por tiempo superior a seis meses, solo tendrá derecho el contratista a percibir una indemnización del 3 por 100 del precio de la adjudicación.

3. En el caso de desistimiento o de suspensión del suministro por plazo superior a un año por parte de la Administración, el contratista tendrá derecho al 6 por 100 del precio de las entregas dejadas de realizar en concepto de beneficio industrial.

CAPÍTULO V.

Contratos de servicios

SECCIÓN 1ª.

Disposiciones generales

Artículo 301. Contenido y límites. 1. No podrán ser objeto de estos contratos los servicios que impliquen ejercicio de la autoridad inherente a los poderes públicos.

2. Salvo que se disponga otra cosa en los pliegos de cláusulas administrativas o en el documento contractual, los contratos de servicios que tengan por objeto el desarrollo y la puesta a disposición de productos protegidos por un derecho de propiedad intelectual o industrial llevarán aparejada la cesión de éste a la Administración contratante. En todo caso, y aun cuando se excluya la

cesión de los derechos de propiedad intelectual, el órgano de contratación podrá siempre autorizar el uso del correspondiente producto a los entes, organismos y entidades pertenecientes al sector público a que se refiere el artículo 3.1.

3. Los contratos de servicios que celebre el Ministerio de Defensa con empresas extranjeras y que deban ser ejecutados fuera del territorio nacional, se regirán por la presente Ley, sin perjuicio de lo que se convenga entre las partes de acuerdo con las normas y usos vigentes en el comercio internacional.

4. A la extinción de los contratos de servicios, no podrá producirse en ningún caso la consolidación de las personas que hayan realizado los trabajos objeto del contrato como personal del ente, organismo o entidad del sector público contratante.

Artículo 302. Determinación del precio. En el pliego de cláusulas administrativas se establecerá el sistema de determinación del precio de los contratos de servicios, que podrá estar referido a componentes de la prestación, unidades de ejecución o unidades de tiempo, o fijarse en un tanto alzado cuando no sea posible o conveniente su descomposición, o resultar de la aplicación de honorarios por tarifas o de una combinación de varias de estas modalidades.

Artículo 303. Duración. 1. Los contratos de servicios no podrán tener un plazo de vigencia superior a cuatro años con las condiciones y límites establecidos en las respectivas normas presupuestarias de las Administraciones Públicas, si bien podrá preverse en el mismo contrato su prórroga por mutuo acuerdo de las partes antes de la finalización de aquél, siempre que la duración total del contrato, incluidas las prórrogas, no exceda de seis años, y que las prórrogas no superen, aislada o conjuntamente, el plazo fijado originariamente. La celebración de contratos de servicios de duración superior a la señalada podrá ser autorizada excepcionalmente por el Consejo de Ministros o por el órgano autonómico competente de forma singular, para contratos determinados, o de forma genérica, para ciertas categorías.

2. No obstante lo dispuesto anteriormente, los contratos regulados en este Título que sean complementarios de contratos de obras o de suministro podrán tener un plazo superior de vigencia que, en ningún caso, excederá del plazo de duración del contrato principal, salvo en los contratos que comprenden trabajos relacionados con la liquidación del contrato principal, cuyo plazo final excederá al del mismo en el tiempo necesario para realizarlos. La iniciación del contrato complementario a que se refiere este apartado quedará en suspenso, salvo causa justificada derivada de su objeto y contenido, hasta que comience la ejecución del correspondiente contrato de obras.

Solamente tendrán el concepto de contratos complementarios aquellos cuyo objeto se considere necesario para la correcta realización de la prestación o prestaciones objeto del contrato principal.

3. Los contratos para la defensa jurídica y judicial de la Administración tendrán la duración precisa para atender adecuadamente sus necesidades.

4. Los contratos de servicios que tengan por objeto la asistencia a la dirección de obra o la gestión integrada de proyectos tendrán una duración igual a la del contrato de obras al que están vinculados más el plazo estimado para proceder a la liquidación de las obras.

Artículo 304. Régimen de contratación para actividades docentes. 1. En los contratos regulados en este Título que tengan por objeto la prestación de actividades docentes en centros del sector público desarrolladas en forma de cursos de formación o perfeccionamiento del personal al servicio de la Administración o cuando se trate de seminarios, coloquios, mesas redondas, conferencias, colaboraciones o cualquier otro tipo similar de actividad, siempre que dichas actividades sean realizadas por personas físicas, las disposiciones de esta Ley no serán de aplicación a la preparación y adjudicación del contrato.

2. En esta clase de contratos podrá establecerse el pago parcial anticipado, previa constitución de garantía por parte del contratista, sin que pueda autorizarse su cesión.

3. Para acreditar la existencia de los contratos a que se refiere este artículo, bastará la designación o nombramiento por autoridad competente.

SECCIÓN 2ª.

Ejecución de los contratos de servicios

Artículo 305. Ejecución y responsabilidad del contratista. 1. El contrato se ejecutará con sujeción a lo establecido en su clausulado y en los pliegos, y de acuerdo con las instrucciones que para su interpretación diere al contratista el órgano de contratación.

2. El contratista será responsable de la calidad técnica de los trabajos que desarrolle y de las prestaciones y servicios realizados, así como de las consecuencias que se deduzcan para la Administración o para terceros de las omisiones, errores, métodos inadecuados o conclusiones incorrectas en la ejecución del contrato.

SECCIÓN 3ª.

Modificación de los contratos de servicios de mantenimiento

Artículo 306. Modificación de estos contratos. Cuando como consecuencia de modificaciones del contrato de servicios de mantenimiento acordadas conforme a lo establecido en el artículo 219 y en el título V del libro I, se produzca aumento, reducción o supresión de equipos a mantener o la sustitución de unos equipos por otros, siempre que los mismos estén contenidos en el contrato, estas modificaciones serán obligatorias para el contratista, sin que tenga derecho alguno, en caso de supresión o reducción de unidades o clases de equipos, a reclamar indemnización por dichas causas.

SECCIÓN 4ª.

Cumplimiento de los contratos de servicios

Artículo 307. Cumplimiento de los contratos. 1. La Administración determinará si la prestación realizada por el contratista se ajusta a las prescripciones establecidas para su ejecución y cumplimiento, requiriendo, en su caso, la realización de las prestaciones contratadas y la subsanación de los defectos observados con ocasión de su recepción. Si los trabajos efectuados no se adecuan a la prestación contratada, como consecuencia de vicios o defectos imputables al contratista, podrá rechazar la misma quedando exento de la obligación de pago o teniendo derecho, en su caso, a la recuperación del precio satisfecho.

2. Si durante el plazo de garantía se acreditase la existencia de vicios o defectos en los trabajos efectuados el órgano de contratación tendrá derecho a reclamar al contratista la subsanación de los mismos.

3. Terminado el plazo de garantía sin que la Administración haya formalizado alguno de los reparos o la denuncia a que se refieren los apartados anteriores, el contratista quedará exento de responsabilidad por razón de la prestación efectuada, sin perjuicio de lo establecido en los artículos 310, 311 y 312 sobre subsanación de errores y responsabilidad en los contratos que tengan por objeto la elaboración de proyectos de obras.

4. El contratista tendrá derecho a conocer y ser oído sobre las observaciones que se formulen en relación con el cumplimiento de la prestación contratada.

SECCIÓN 5ª.

Resolución de los contratos de servicios

Artículo 308. Causas de resolución

Son causas de resolución de los contratos de servicios, además de las señaladas en el artículo 223, las siguientes:

a) La suspensión por causa imputable a la Administración de la iniciación del contrato por plazo superior a seis meses a partir de la fecha señalada en el mismo para su comienzo, salvo que en el pliego se señale otro menor.

b) El desistimiento o la suspensión del contrato por plazo superior a un año acordada por la Administración, salvo que en el pliego se señale otro menor.

c) Los contratos complementarios a que se refiere el artículo 303.2 quedarán resueltos, en todo caso, cuando se resuelva el contrato principal.

Artículo 309. Efectos de la resolución. 1. La resolución del contrato dará derecho al contratista, en todo caso, a percibir el precio de los estudios, informes, proyectos, trabajos o servicios que efectivamente hubiese realizado con arreglo al contrato y que hubiesen sido recibidos por la Administración.

2. En el supuesto de suspensión de la iniciación del contrato por tiempo superior a seis meses, el contratista solo tendrá derecho a percibir una indemnización del 5 por 100 del precio de aquél.

3. En el caso de la letra b) del artículo anterior el contratista tendrá derecho al 10 por 100 del precio de los estudios, informes, proyectos o trabajos pendientes de realizar en concepto de beneficio dejado de obtener.

SECCIÓN 6ª.

De la subsanación de errores y responsabilidades en el contrato de elaboración de proyectos de obras

Artículo 310. Subsanación de errores y corrección de deficiencias. 1. Cuando el contrato de servicios consista en la elaboración íntegra de un proyecto de obra, el órgano de contratación exigirá la subsanación por el contratista de los defectos, insuficiencias técnicas, errores materiales, omisiones e infracciones de preceptos legales o reglamentarios que le sean imputables, otorgándole al efecto el correspondiente plazo que no podrá exceder de dos meses.

2. Si transcurrido este plazo las deficiencias no hubiesen sido corregidas, la Administración podrá, atendiendo a las circunstancias concurrentes, optar por la resolución del contrato o por conceder un nuevo plazo al contratista.

3. En el primer caso procederá la incautación de la garantía y el contratista incurrirá en la obligación de abonar a la Administración una indemnización equivalente al 25 por 100 del precio del contrato.

4. En el segundo caso el nuevo plazo concedido para subsanar las deficiencias no corregidas será de un mes improrrogable, incurriendo el contratista en una penalidad equivalente al 25 por 100 del precio del contrato.

5. De producirse un nuevo incumplimiento procederá la resolución del contrato con obligación por parte del contratista de abonar a la Administración una indemnización igual al precio pactado con pérdida de la garantía.

6. Cuando el contratista, en cualquier momento antes de la concesión del último plazo, renunciare a la realización del proyecto deberá abonar a la Administración una indemnización igual a la mitad del precio del contrato con pérdida de la garantía.

Artículo 311. Indemnizaciones. 1. Para los casos en que el presupuesto de ejecución de la obra prevista en el proyecto se desviare en más de un 20 por 100, tanto por exceso como por defecto, del coste real de la misma como consecuencia de errores u omisiones imputables al contratista consultor, la Administración podrá establecer, en el pliego de cláusulas administrativas particulares, un sistema de indemnizaciones consistente en una minoración del precio del contrato de elaboración del proyecto, en función del porcentaje de desviación, hasta un máximo equivalente a la mitad de aquél.

2. El baremo de indemnizaciones será el siguiente:

a) En el supuesto de que la desviación sea de más del 20 por 100 y menos del 30 por 100, la indemnización correspondiente será del 30 por 100 del precio del contrato.

b) En el supuesto de que la desviación sea de más del 30 por 100 y menos del 40 por 100, la indemnización correspondiente será del 40 por 100 del precio del contrato.

c) En el supuesto de que la desviación sea de más del 40 por 100, la indemnización correspondiente será del 50 por 100 del precio del contrato.

3. El contratista deberá abonar el importe de dicha indemnización en el plazo de un mes a partir de la notificación de la resolución correspondiente, que se adoptará, previa tramitación de expediente con audiencia del interesado.

Artículo 312. Responsabilidad por defectos o errores del proyecto. 1. Con independencia de lo previsto en los artículos anteriores, el contratista responderá de los daños y perjuicios que durante la ejecución o explotación de las obras se causen tanto a la Administración como a terceros, por defectos e insuficiencias técnicas del proyecto o por los errores materiales, omisiones e infracciones de preceptos legales o reglamentarios en que el mismo haya incurrido, imputables a aquél.

2. La indemnización derivada de la responsabilidad exigible al contratista alcanzará el 50 por 100 del importe de los daños y perjuicios causados, hasta un límite máximo de cinco veces el precio pactado por el proyecto y será exigible dentro del término de diez años, contados desde la recepción del mismo por la Administración, siendo a cargo de esta última, en su caso, el resto de dicha indemnización cuando deba ser satisfecha a terceros.

CAPÍTULO VI.

Contratos de colaboración entre el sector público y el sector privado

Artículo 313. Régimen jurídico. Los contratos de colaboración entre el sector público y el sector privado se regirán por las normas generales contenidas en el Título I del presente Libro y por las especiales correspondientes al contrato típico cuyo objeto se corresponda con la prestación principal de aquél, identificada conforme a lo dispuesto en el artículo 136.a), en lo que no se opongan a su naturaleza, funcionalidad y contenido peculiar conforme al artículo 11.

Estas normas delimitarán los deberes y derechos de las partes y las prerrogativas de la Administración.

Artículo 314. Duración. La duración de los contratos de colaboración entre el sector público y el sector privado no podrá exceder de 20 años. No obstante, cuando por razón de la prestación principal que constituye su objeto y de su configuración, el régimen aplicable sea el propio de los contratos de concesión de obra pública, se estará a lo dispuesto en el artículo 268 sobre la duración de éstos.

Artículo 315. Financiación . 1. La financiación de los colaboradores privados en los contratos de colaboración entre el sector público y el sector privado, en los supuestos en que por razón del objeto tengan naturaleza de concesión de obra pública, se llevará a cabo en las condiciones y términos previstos para este último contrato.

2. La regulación de la financiación de los adjudicatarios de contratos de colaboración entre el sector público y el sector privado en los supuestos no previstos en el apartado anterior se regirá por las siguientes normas:

a) Cuando se determine el régimen de remuneración del contratista, con el alcance previsto en artículo 136, letras d), e) y f) de esta Ley, podrán establecerse previsiones sobre las garantías que conforme a lo previsto en las disposiciones reguladoras de la financiación privada de las concesiones de obras públicas puede obtener el contratista para la captación de la financiación necesaria para la ejecución de contrato.

b) El contrato preverá un régimen de notificación por el contratista de las operaciones financieras que concierte para la financiación del contrato.

En el caso de que proceda la resolución del contrato, el órgano de contratación, antes de acordar ésta, dará audiencia a los acreedores por si éstos ofrecen subrogarse en el cumplimiento del contrato, directamente o a través de una entidad participada, en condiciones que se consideren compatibles con su buen fin, siempre que reúnan los requisitos exigidos al adjudicatario.

c) Cuando la ejecución del contrato lleve aparejados costes de inversión iniciales y se prevea que las obras o equipamientos que se generen vayan a incorporarse al patrimonio de la entidad contratante al concluir o resolverse el contrato, podrá establecerse que, cuando proceda la resolución del contrato, la entidad contratante pueda poner a disposición de los acreedores una cantidad no superior al 80 por ciento del coste real de las inversiones realmente ejecutadas detrayendo esta cantidad de la liquidación del contrato.

LIBRO V.

Organización administrativa para la gestión de la contratación

TÍTULO I.

Órganos competentes en materia de contratación

CAPÍTULO I.

Órganos de contratación

Artículo 316. Órganos de contratación[35]**.** 1. Los Ministros y los Secretarios de Estado son los órganos de contratación de la Administración General del Estado y, en consecuencia, están facultados para celebrar en su nombre los contratos en el ámbito de su competencia.

En los departamentos ministeriales en los que existan varios órganos de contratación, la competencia para celebrar los contratos de suministro y de servicios que afecten al ámbito de más de uno de ellos corresponderá al Ministro, salvo en los casos en que la misma se atribuya a la Junta de Contratación.

2. Los Presidentes o Directores de los organismos autónomos, Agencias Estatales, entidades públicas empresariales y demás entidades públicas estatales y los Directores generales de las distintas entidades gestoras y servicios comunes de la Seguridad Social, son los órganos de contratación de unos y otros, a falta de disposición específica sobre el particular, recogida en las correspondientes normas de creación o reguladoras del funcionamiento de esas entidades.

3. Corresponde al Ministerio de Hacienda y Administraciones Públicas, a través del órgano que se determine en su estructura orgánica, las funciones de órgano de contratación del sistema estatal de contratación centralizada regulado en los artículos 206 y 207 .

4. En los departamentos ministeriales y en los organismos autónomos, Agencias Estatales, entidades públicas empresariales y demás entidades de derecho público estatales, así como en las entidades gestoras y servicios comunes de la Seguridad Social, podrán constituirse Juntas de Contratación, que actuarán como órganos de contratación, con los límites cuantitativos o referentes a las características de los contratos que determine el titular del departamento, en los siguientes contratos:

a) Contratos de obras comprendidas en los párrafos b) y c) del apartado 1 del artículo 122 , salvo que las mismas hayan sido declaradas de contratación centralizada.

b) Contratos de suministro que se refieran a bienes consumibles o de fácil deterioro por el uso, salvo los relativos a bienes declarados de adquisición centralizada.

c) Contratos de servicios no declarados de contratación centralizada.

d) Contratos de suministro y de servicios, distintos de los atribuidos a la competencia de la Junta con arreglo a las dos letras anteriores que afecten a más de un órgano de contratación, exceptuando los que tengan por objeto bienes o servicios de contratación centralizada.

La composición de las Juntas de Contratación se fijará reglamentariamente, debiendo figurar entre sus vocales un funcionario que tenga atribuido, legal o reglamentariamente, el asesoramiento jurídico del órgano de contratación y un interventor.

---

35 Ap. 3 modificado por disp. final 5.1 de Real Decreto-ley nº 8/2013, de 28 de junio.

5. Excepcionalmente, cuando el contrato resulte de interés para varios departamentos ministeriales y, por razones de economía y eficacia, la tramitación del expediente deba efectuarse por un único órgano de contratación, los demás departamentos interesados podrán contribuir a su financiación, en los términos que se establezcan reglamentariamente y con respeto a la normativa presupuestaria, en la forma que se determine en convenios o protocolos de actuación.

6. La capacidad para contratar de los representantes legales de las sociedades y fundaciones del sector público estatal se regirá por lo dispuesto en los estatutos de estas entidades y por las normas de derecho privado que sean en cada caso de aplicación.

Artículo 317. Autorización para contratar. 1. Los órganos de contratación de los departamentos ministeriales, organismos autónomos, Agencias Estatales y entidades de derecho público estatales, así como los de las entidades gestoras y servicios comunes de la Seguridad Social, necesitarán la autorización del Consejo de Ministros para celebrar contratos en los siguientes supuestos:

a) Cuando el valor estimado del contrato, calculado conforme a lo señalado en el artículo 88, sea igual o superior a doce millones de euros.

b) En los contratos de carácter plurianual cuando se modifiquen los porcentajes o el número de anualidades legalmente previstos a los que se refiere el artículo 47 de la Ley 47/2003, de 26 de noviembre.

c) Cuando el pago de los contratos se concierte mediante el sistema de arrendamiento financiero o mediante el sistema de arrendamiento con opción de compra y el número de anualidades supere cuatro años.

2. La autorización del Consejo de Ministros a que se refiere el apartado anterior deberá obtenerse antes de la aprobación del expediente. La aprobación del expediente y la aprobación del gasto corresponderán al órgano de contratación.

3. El Consejo de Ministros podrá reclamar discrecionalmente el conocimiento y autorización de cualquier otro contrato. Igualmente, el órgano de contratación, a través del Ministro correspondiente, podrá elevar un contrato no comprendido en el apartado 1 a la consideración del Consejo de Ministros.

4. Cuando el Consejo de Ministros autorice la celebración del contrato deberá autorizar igualmente su modificación, cuando sea causa de resolución, y la resolución misma, en su caso.

5. Los titulares de los departamentos ministeriales a que se hallen adscritos los organismos autónomos, entidades públicas y las entidades gestoras y servicios comunes de la Seguridad Social podrán fijar la cuantía a partir de la cual será necesaria su autorización para la celebración de los contratos.

6. En el ámbito del Sector Público Estatal, antes de autorizar un contrato de colaboración entre el sector público y el sector privado, así como un contrato de concesión de obra pública, cuyo valor estimado sea igual o superior a doce millones de euros, será preceptivo y vinculante un informe del Ministerio de Economía y Hacienda que se pronuncie sobre las repercusiones presupuestarias y compromisos financieros que conlleva, así como sobre su incidencia en el cumplimiento del objetivo de estabilidad presupuestaria, según lo establecido en el Texto Refundido de la Ley General de Estabilidad Presupuestaria, aprobado por Real Decreto Legislativo 2/2007, de 28 de diciembre .

A tal efecto, el órgano de contratación deberá proporcionar información completa acerca de los aspectos financieros y presupuestarios del contrato, incluyendo los mecanismos de captación de financiación y garantías que se prevea utilizar, durante toda la vigencia del mismo, así como, en su caso, el documento de evaluación previa a que se refiere el artículo 134 de esta Ley.

En estos contratos, con carácter previo a la aprobación del expediente de contratación o de la modificación de los mismos, será igualmente necesario recabar el informe del Ministerio de Economía y Hacienda cuando, con independencia de la cuantía del contrato, en su financiación se prevea cualquier forma de ayuda o aportación estatal, o el otorgamiento de préstamos o anticipos.

Artículo 318. Desconcentración. 1. Las competencias en materia de contratación podrán ser desconcentradas por Real Decreto acordado en Consejo de Ministros, en cualesquiera órganos, sean o no dependientes del órgano de contratación.

2. En las Entidades gestoras y Servicios comunes de la Seguridad Social, las competencias en materia de contratación de sus Directores podrán desconcentrarse en la forma y con los requisitos establecidos en la Ley General de la Seguridad Social, Texto Refundido aprobado por Real Decreto Legislativo 1/1994, de 20 de junio .

Artículo 319. Abstención y recusación. Las autoridades y el personal al servicio de las Administraciones Públicas que intervengan en los procedimientos de contratación deberán abstenerse o podrán ser recusados en los casos y en la forma previstos en los artículos 28 y 29 de la Ley 30/1992, de 26 de noviembre.

CAPÍTULO II.

Órganos de asistencia

Artículo 320. Mesas de contratación. 1. Salvo en el caso en que la competencia para contratar corresponda a una Junta de Contratación, en los procedimientos abiertos y restringidos y en los procedimientos negociados con publicidad a que se refiere el artículo 177.1, los órganos de contratación de las Administraciones Públicas estarán asistidos por una Mesa de contratación, que será el órgano competente para la valoración de las ofertas. En los procedimientos negociados en que no sea necesario publicar anuncios de licitación, la constitución de la Mesa será potestativa para el órgano de contratación.

2. La Mesa estará constituida por un Presidente, los vocales que se determinen reglamentariamente, y un Secretario.

3. Los miembros de la Mesa serán nombrados por el órgano de contratación.

El Secretario deberá ser designado entre funcionarios o, en su defecto, otro tipo de personal dependiente del órgano de contratación, y entre los vocales deberán figurar necesariamente un funcionario de entre quienes tengan atribuido legal o reglamentariamente el asesoramiento jurídico del órgano de contratación y un interventor, o, a falta de éstos, una persona al servicio del órgano de contratación que tenga atribuidas las funciones correspondientes a su asesoramiento jurídico, y otra que tenga atribuidas las relativas a su control económico-presupuestario.

Artículo 321. Mesa especial del diálogo competitivo. 1. Para asistir al órgano de contratación en los procedimientos de diálogo competitivo que se sigan por las Administraciones Públicas estatales, se constituirá una Mesa con la composición señalada en el apartado 2 del artículo anterior a la que se incorporarán personas especialmente cualificadas en la materia sobre la que verse el diálogo, designadas por el órgano de contratación. El número de estas personas será igual o superior a un tercio de los componentes de la Mesa y participarán en las deliberaciones con voz y voto.

2. En los expedientes que se tramiten para la celebración de contratos de colaboración entre el sector público y el sector privado, corresponderá a la Mesa especial del diálogo competitivo la elaboración del documento de evaluación previa a que se refiere el artículo 134.

Artículo 322. Mesa de contratación del sistema estatal de contratación centralizada[36] **.** En sus funciones como órgano de contratación del sistema estatal de contratación centralizada, el Director General del Patrimonio del Estado estará asistido por una Mesa de contratación interdepartamental, cuya composición se determinará reglamentariamente.

Artículo 323. Jurados de concursos. 1. En los concursos de proyectos, la Mesa de contratación se constituirá en Jurado de los concursos de proyectos, incorporando a su composición hasta cinco personalidades de notoria competencia en el ámbito relevante, designadas por el órgano de

---

36 Queda sin efecto por disp. final 5.2 de Real Decreto-ley nº 8/2013, de 28 de junio.

contratación, que puedan contribuir de forma especial a evaluar las propuestas presentadas, y que participarán en las deliberaciones con voz y voto.

2. Los miembros del Jurado deben ser personas físicas independientes de los participantes en el concurso. Cuando se exija a los candidatos poseer una determinada cualificación o experiencia, al menos una tercera parte de los miembros del Jurado deben estar en posesión de la misma u otra equivalente.

CAPÍTULO III.

Órganos consultivos

Artículo 324. Junta Consultiva de Contratación Administrativa del Estado. 1. La Junta Consultiva de Contratación Administrativa del Estado es el órgano consultivo específico de la Administración General del Estado, de sus organismos autónomos, Agencias y demás entidades públicas estatales, en materia de contratación administrativa. La Junta Consultiva de Contratación Administrativa del Estado estará adscrita al Ministerio de Economía y Hacienda, y su composición y régimen jurídico se establecerán reglamentariamente.

2. La Junta Consultiva de Contratación Administrativa del Estado podrá promover la adopción de las normas o medidas de carácter general que considere procedentes para la mejora del sistema de contratación en sus aspectos administrativos, técnicos y económicos.

3. La Junta podrá exponer directamente a los órganos de contratación o formular con carácter general las recomendaciones pertinentes, si de los estudios sobre contratación administrativa o de un contrato particular se dedujeran conclusiones de interés para la Administración.

Artículo 325. Órganos consultivos en materia de contratación de las Comunidades Autónomas. Los órganos consultivos en materia de contratación que creen las Comunidades Autónomas ejercerán su competencia en su respectivo ámbito territorial, en relación con la contratación de las Administraciones autonómicas, de los organismos y entidades dependientes o vinculados a las mismas y, de establecerse así en sus normas reguladoras, de las entidades locales incluidas en el mismo, sin perjuicio de las competencias de la Junta Consultiva de Contratación Administrativa del Estado.

TÍTULO II.

Registros Oficiales

CAPÍTULO I.

Registros Oficiales de Licitadores y Empresas Clasificadas

Artículo 326. Registro Oficial de Licitadores y Empresas Clasificadas del Estado. 1. El Registro Oficial de Licitadores y Empresas Clasificadas del Estado dependerá del Ministerio de Economía y Hacienda, y su llevanza corresponderá a los órganos de apoyo técnico de la Junta Consultiva de Contratación Administrativa del Estado.

2. En el Registro Oficial de Licitadores y Empresas Clasificadas del Estado se harán constar los datos relativos a la capacidad de los empresarios que hayan sido clasificados por la Junta Consultiva de Contratación Administrativa del Estado, así como aquellos otros que hayan solicitado la inscripción de alguno de los datos mencionados en las letras a) a d) del apartado 1 del artículo 328.

Artículo 327. Registros Oficiales de licitadores y empresas clasificadas de las Comunidades Autónomas. Las Comunidades Autónomas podrán crear sus propios Registros Oficiales de licitadores y empresas clasificadas, en los que se inscribirán las condiciones de aptitud de los empresarios que así lo soliciten, que hayan sido clasificados por ellas, o que hayan incurrido en alguna prohibición de contratar cuya declaración corresponda a las mismas o a las Entidades locales incluidas en su ámbito territorial.

Artículo 328. Contenido del Registro. 1. En el Registro podrán constar, para cada empresa inscrita en el mismo, los siguientes datos:

a) Los correspondientes a su personalidad y capacidad de obrar, en el caso de personas jurídicas.

b) Los relativos a la extensión de las facultades de los representantes o apoderados con capacidad para actuar en su nombre y obligarla contractualmente.

c) Los referentes a las autorizaciones o habilitaciones profesionales y a los demás requisitos que resulten necesarios para actuar en su sector de actividad.

d) Los datos relativos a la solvencia económica y financiera, que se reflejarán de forma independiente si el empresario carece de clasificación.

e) La clasificación obtenida conforme a lo dispuesto en los artículos 65 a 71, así como cuantas incidencias se produzcan durante su vigencia; en esta inscripción, y como elemento desagregado de la clasificación, se indicará la solvencia económica y financiera del empresario.

f) Las prohibiciones de contratar que les afecten.

g) Cualesquiera otros datos de interés para la contratación pública que se determinen reglamentariamente.

2. En todo caso, se harán constar en el Registro, las prohibiciones de contratar a que se refiere el apartado 4 del artículo 61.

Artículo 329. Voluntariedad de la inscripción. 1. Sin perjuicio de lo dispuesto en cuanto a la necesidad de inscribir la clasificación obtenida y las prohibiciones de contratar referenciadas en el artículo 61.4, la inscripción en los Registros Oficiales de Licitadores y Empresas Clasificadas es voluntaria para los empresarios, los cuales podrán determinar qué datos de entre los mencionados en el artículo anterior desean que se reflejen en ellos.

2. No obstante, la inscripción de la clasificación obtenida por el empresario requerirá la constancia en el Registro de las circunstancias mencionadas en las letras a) y c) del apartado 1 del artículo anterior. De igual modo, la inscripción de los datos a que se refieren las letras b), c) y d) del mismo apartado no podrá hacerse sin que consten los que afectan a la personalidad y capacidad de obrar del empresario.

Artículo 330. Responsabilidad del empresario en relación con la actualización de la información registral. Los empresarios inscritos están obligados a poner en conocimiento del Registro cualquier variación que se produzca en los datos reflejados en el mismo, así como la superveniencia de cualquier circunstancia que determine la concurrencia de una prohibición de contratar. La omisión de esta comunicación, mediando dolo culpa o negligencia, hará incurrir al empresario en la circunstancia prevista en la letra e) del apartado 1 del artículo 60.

Artículo 331. Publicidad. El Registro será público para todos los que tengan interés legítimo en conocer su contenido. El acceso al mismo se regirá por lo dispuesto en el artículo 37 de la Ley 30/1992, de 26 de noviembre, y en las normas que desarrollen o complementen este precepto.

Artículo 332. Colaboración entre Registros. El Registro Oficial de Licitadores y Empresas Clasificadas del Estado y los Registros Oficiales de Empresas Clasificadas de las Comunidades Autónomas, en el desarrollo de su actividad y en sus relaciones recíprocas, facilitarán a las otras Administraciones la información que éstas precisen sobre el contenido de los respectivos Registros.

CAPÍTULO II.

Registro de Contratos del Sector Público

Artículo 333. Registro de Contratos del Sector Público. 1. El Ministerio de Economía y Hacienda creará y mantendrá un Registro de Contratos, en el que se inscribirán los datos básicos de los contratos adjudicados por las distintas administraciones públicas y demás entidades del sector público sujetas a esta Ley.

2. El Registro de Contratos del Sector Público constituye el sistema oficial central de información sobre la contratación pública en España y, como tal, el soporte para el conocimiento, análisis e investigación de la contratación pública, para la estadística en materia de contratos públicos, para el cumplimiento de las obligaciones internacionales de España en materia de información sobre la

contratación pública, para las comunicaciones de los datos sobre contratos a otros órganos de la Administración que estén legalmente previstas y, en general, para la difusión pública de dicha información, de conformidad con el principio de transparencia.

El Registro constituirá el instrumento de los poderes públicos para la revisión y mejora continuas de los procedimientos y prácticas de la contratación pública, el análisis de la calidad, fiabilidad y eficiencia de sus proveedores, y la supervisión de la competencia y transparencia en los mercados públicos.

3. Los órganos de contratación de todas las Administraciones públicas y demás entidades incluidas en el ámbito de aplicación de esta Ley comunicarán al Registro de Contratos del Sector Público, para su inscripción, los datos básicos de los contratos adjudicados, así como, en su caso, sus modificaciones, prórrogas, variaciones de plazos o de precio, su importe final y extinción. El contenido de dichas comunicaciones y el plazo para efectuarlas se establecerán reglamentariamente.

4. Las comunicaciones de datos de contratos al Registro de Contratos del Sector Público se efectuarán por medios electrónicos, informáticos o telemáticos, en la forma que determine el Ministro de Economía y Hacienda de conformidad con las Comunidades Autónomas.

5. El Registro de Contratos del Sector Público facilitará el acceso a sus datos de modo telemático a los órganos de la Administración que los precisen para el ejercicio de sus competencias legalmente atribuidas, y en particular a los órganos competentes en materia de fiscalización del gasto o inspección de tributos, en la forma en que reglamentariamente se determine.

Asimismo, y con las limitaciones que imponen las normas sobre protección de datos de carácter personal, facilitará el acceso público a los datos que no tengan el carácter de confidenciales y que no hayan sido previamente publicados de modo telemático y a través de Internet.

6. En los casos de Administraciones Públicas que dispongan de Registros de Contratos análogos en su ámbito de competencias, la comunicación de datos a que se refiere el apartado 3 podrá ser sustituida por comunicaciones entre los respectivos Registros de Contratos. El Ministerio de Economía y Hacienda determinará reglamentariamente las especificaciones y requisitos para la sincronización de datos entre el Registro de Contratos del Sector Público y los demás Registros de Contratos.

7. Al objeto de garantizar la identificación única y precisa de cada contrato, las Administraciones y entidades comunicantes asignarán a cada uno de ellos un código identificador, que será único en su ámbito de competencias. El Ministerio de Economía y Hacienda determinará las reglas de asignación de dichos identificadores únicos que resulten necesarios para asegurar la identificación unívoca de cada contrato dentro del Registro de Contratos del Sector Público, así como para su coordinación con los demás Registros de Contratos.

8. El Gobierno elevará anualmente a las Cortes Generales un informe sobre la contratación pública en España, a partir de los datos y análisis proporcionados por el Registro de Contratos del Sector Público.

TÍTULO III.

Gestión de la publicidad contractual por medios electrónicos, informáticos y telemáticos

CAPÍTULO ÚNICO.

Plataforma de Contratación del Sector Público

Artículo 334. Plataforma de Contratación del Sector Público. 1. La Junta Consultiva de Contratación Administrativa del Estado, a través de sus órganos de apoyo técnico, pondrá a disposición de todos los órganos de contratación del sector público una plataforma electrónica que permita dar publicidad a través de internet a las convocatorias de licitaciones y sus resultados y a cuanta información consideren relevante relativa a los contratos que celebren, así como prestar otros servicios complementarios asociados al tratamiento informático de estos datos. En todo caso, los perfiles de contratante de los órganos de contratación del sector público estatal deberán integrarse en esta plataforma, gestionándose y difundiéndose exclusivamente a través de la misma. En las sedes electrónicas de estos órganos se incluirá un enlace a su perfil del contratante situado en la Plataforma de Contratación del Sector Público.

2. La plataforma deberá contar con un dispositivo que permita acreditar fehacientemente el inicio de la difusión pública de la información que se incluya en la misma.

3. La publicación de anuncios y otra información relativa a los contratos en la plataforma surtirá los efectos previstos en la Ley.

4. El acceso de los interesados a la plataforma de contratación se efectuará a través de un portal único. Reglamentariamente se definirán las modalidades de conexión de la Plataforma de Contratación con el portal del «Boletín Oficial del Estado».

5. La Plataforma de Contratación del Sector Público se interconectará con los servicios de información similares que articulen las Comunidades Autónomas y las Entidades locales en la forma que se determine en los convenios que se concluyan al efecto.

Disposición Adicional primera. Contratación en el extranjero . 1. Los contratos que se formalicen y ejecuten en el extranjero, sin perjuicio de tener en cuenta los principios de esta Ley para resolver las dudas y lagunas que, en su aplicación, puedan presentarse, se regirán por las siguientes normas:

a) En la Administración General del Estado, la formalización de estos contratos corresponderá al Ministro de Asuntos Exteriores y de Cooperación, que la ejercitará a través de las representaciones diplomáticas o consulares y que podrá delegarla en favor de otros órganos, funcionarios o personas particulares. Sin embargo, en el ámbito del Ministerio de Defensa, la formalización de los mismos corresponderá al titular de este Departamento, que podrá delegar esta competencia y, cuando se trate de contratos necesarios para el cumplimiento de misiones de paz en las que participen las Fuerzas y Cuerpos de Seguridad españoles, su formalización corresponderá al Ministro del Interior.

En los Organismos autónomos, Entidades gestoras y Servicios comunes de la Seguridad Social la formalización de estos contratos corresponde a sus representantes legales o a las personas en quienes los mismos deleguen.

En los demás organismos y entidades sujetos a esta Ley, la formalización de los contratos corresponderá a sus representantes legales.

Los artículos 316 a 319 serán de aplicación en cuanto a la tramitación, autorización en su caso, adjudicación, modificación y resolución de estos contratos.

b) Sin perjuicio de los requisitos de capacidad que puedan exigir las Leyes del Estado en que se celebre el contrato, para empresas de Estados miembros de la Comunidad Europea se estará a lo dispuesto en esta Ley.

c) El pliego de cláusulas administrativas particulares podrá ser sustituido por el propio clausulado del contrato.

d) Sin perjuicio de lo establecido para los contratos menores, los contratos podrán adjudicarse por procedimiento negociado, debiendo conseguirse, siempre que sea posible, al menos tres ofertas de empresas capaces de cumplir los mismos.

e) La formalización se llevará a cabo mediante documento fehaciente, remitiendo los datos de estos contratos al Ministerio de Economía y Hacienda a los efectos previstos en el artículo 333, sin perjuicio de la obligación de la remisión al Tribunal de Cuentas prevista en el artículo 29. En cuanto a los contratos menores se estará a lo dispuesto con carácter general para los mismos en esta Ley.

f) Al adjudicatario se le podrán exigir unas garantías análogas a las previstas en esta Ley para asegurar la ejecución del contrato, siempre que ello sea posible y adecuado a las condiciones del Estado en que se efectúa la contratación y, en su defecto, las que sean usuales y autorizadas en dicho Estado o resulten conformes con las prácticas comerciales internacionales. Las garantías se constituirán en la Representación Diplomática o Consular correspondiente.

g) El pago del precio se condicionará a la entrega por el contratista de la prestación convenida, salvo que se oponga a ello el derecho o las costumbres del Estado, en cuyo supuesto se deberá exigir garantía que cubra el anticipo, prestada en la forma prevista en la letra f). Excepcionalmente, por resolución motivada del órgano de contratación, y cuando las circunstancias así lo impongan, podrá eximirse de la prestación de esta garantía, siempre que ello sea conforme con las prácticas comerciales internacionales.

h) En estos contratos se procurará incluir estipulaciones tendentes a preservar los intereses de la Administración ante posibles incumplimientos del contratista y a autorizar las modificaciones del contrato que puedan hacerse convenientes.

i) Por el órgano de contratación podrá establecerse en la documentación contractual un régimen de revisión de precios diferente al previsto con carácter general en esta Ley, atendiendo a la legislación del país en que haya de ejecutarse el contrato y a sus circunstancias socioeconómicas. En cualquier caso, el régimen de revisión de precios que se establezca se basará en parámetros objetivos y, a ser posible, públicos o, cuando menos, fácilmente medibles, pudiendo utilizarse a estos efectos los calculados por Organismos Internacionales.

2. En los contratos con empresas españolas se incluirán cláusulas de sumisión a los Tribunales españoles.

3. En los contratos con empresas extranjeras se procurará, cuando las circunstancias lo aconsejen, la incorporación de cláusulas tendentes a resolver las discrepancias que puedan surgir mediante fórmulas sencillas de arbitraje. Igualmente se procurará incluir cláusulas de sumisión a los Tribunales españoles. En estos contratos se podrá transigir previa autorización del Consejo de Ministros o del órgano competente de las Comunidades Autónomas y entidades locales.

4. Las reglas contenidas en este artículo no obstan para que, en los contratos sujetos a regulación armonizada que se formalicen y ejecuten en los restantes Estados miembros de la Unión Europea, deban cumplirse las normas de esta Ley referentes a la publicidad comunitaria y a los procedimientos de adjudicación de los contratos.

5. Los contratos formalizados en el extranjero que deban ejecutarse total o parcialmente en España y que estén vinculados directamente a la realización de programas o proyectos de cooperación en materia cultural o de investigación o de cooperación al desarrollo, podrán adjudicarse por procedimiento negociado sin publicidad y con sujeción a las condiciones libremente pactadas por la Administración con el contratista extranjero, cuando la intervención de éste sea absolutamente indispensable para la ejecución del proyecto o programa, por requerirlo así las condiciones de participación en los programas o proyectos de cooperación, y así se acredite en el expediente.

6. Los documentos contractuales y toda la documentación necesaria para la preparación, adjudicación y ejecución de los contratos deberá estar redactada en castellano, idioma al que, en su caso, deberán traducirse desde el idioma local que corresponda. No obstante, por el órgano de contratación y bajo su responsabilidad podrán aceptarse, sin necesidad de traducción al castellano, los documentos redactados en inglés o en francés, que surtirán los efectos que correspondan. La aceptación de documentos redactados en otras lenguas podrá acordarse singularmente para cada contrato por el órgano de contratación mediante resolución motivada y bajo su responsabilidad. En estos casos, el Ministerio de Asuntos Exteriores y de Cooperación garantizará la disponibilidad de la traducción al castellano de los documentos redactados en lengua extranjera, a efectos de fiscalización del contrato.

Disposición Adicional primera bis. Régimen de contratación de los órganos constitucionales del Estado y de los órganos legislativos y de control autonómicos[37]**.** Los órganos competentes del Congreso de los Diputados, del Senado, del Consejo General del Poder Judicial, del Tri-

37 Añadida por disp. final 3.6 de Ley nº 25/2013, de 27 de diciembre.

bunal Constitucional, del Tribunal de Cuentas, del Defensor del Pueblo, de las Asambleas Legislativas de las Comunidades Autónomas y de las instituciones autonómicas análogas al Tribunal de Cuentas y al Defensor del Pueblo ajustarán su contratación a las normas establecidas en esta Ley para las Administraciones Públicas.

Asimismo, los órganos competentes de las Cortes Generales establecerán, en su caso, el órgano que deba conocer, en su ámbito de contratación, del recurso especial regulado en el Capítulo VI del Título I del Libro I de esta Ley, respetando las condiciones de cualificación, independencia e inamovilidad previstas en dicho Capítulo.

Disposición Adicional segunda. Normas específicas de contratación en las Entidades Locales . 1. Corresponden a los Alcaldes y a los Presidentes de las Entidades locales las competencias como órgano de contratación respecto de los contratos de obras, de suministro, de servicios, de gestión de servicios públicos, los contratos administrativos especiales, y los contratos privados cuando su importe no supere el 10 por 100 de los recursos ordinarios del presupuesto ni, en cualquier caso, la cuantía de seis millones de euros, incluidos los de carácter plurianual cuando su duración no sea superior a cuatro años, siempre que el importe acumulado de todas sus anualidades no supere ni el porcentaje indicado, referido a los recursos ordinarios del presupuesto del primer ejercicio, ni la cuantía señalada.

Asimismo corresponde a los Alcaldes y a los Presidentes de las Entidades locales la adjudicación de concesiones sobre los bienes de las mismas y la adquisición de bienes inmuebles y derechos sujetos a la legislación patrimonial cuando su valor no supere el 10 por 100 de los recursos ordinarios del presupuesto ni el importe de tres millones de euros, así como la enajenación del patrimonio, cuando su valor no supere el porcentaje ni la cuantía indicados.

2. Corresponde al Pleno las competencias como órgano de contratación respecto de los contratos no mencionados en el apartado anterior que celebre la Entidad local.

Asimismo corresponde al Pleno la adjudicación de concesiones sobre los bienes de la Corporación y la adquisición de bienes inmuebles y derechos sujetos a la legislación patrimonial así como la enajenación del patrimonio cuando no estén atribuidas al Alcalde o al Presidente, y de los bienes declarados de valor histórico o artístico cualquiera que sea su valor.

3. En los municipios de gran población a que se refiere el artículo 121 de la Ley 7/1985, de 2 de abril , Reguladora de las Bases del Régimen Local, las competencias que se describen en los apartados anteriores se ejercerán por la Junta de Gobierno Local, cualquiera que sea el importe del contrato o la duración del mismo.

4. En las Entidades locales será potestativa la constitución de Juntas de Contratación que actuarán como órganos de contratación en los contratos de obras que tengan por objeto trabajos de reparación simple, de conservación y de mantenimiento, en los contratos de suministro que se refieran a bienes consumibles o de fácil deterioro por el uso, y en los contratos de servicios cuando su importe no supere el 10 por 100 de los recursos ordinarios de la Entidad, o cuando superen este importe las acciones estén previstas en el presupuesto del ejercicio a que corresponda y se realicen de acuerdo con lo dispuesto en las bases de ejecución de éste.

Corresponde al Pleno acordar la constitución de las Juntas de Contratación y determinar su composición, debiendo formar parte de las mismas necesariamente el Secretario o el titular del órgano que tenga atribuida la función de asesoramiento jurídico de la Corporación, y el Interventor de la misma. Los límites cuantitativos, que podrán ser inferiores a los señalados en el párrafo anterior, o los referentes a las características de los contratos en los que intervendrá la Junta de Contratación como órgano de contratación, se determinarán, en las entidades locales de régimen común, por el Pleno, a propuesta del Alcalde o del Presidente cuando sean, de acuerdo con el apartado 1, el órgano que tenga atribuida la competencia sobre dichos contratos, y por la Junta de Gobierno Local en los municipios de gran población.

En los casos de actuación de las Juntas de Contratación se prescindirá de la intervención de la Mesa de contratación.

5. En los municipios de población inferior a 5.000 habitantes las competencias en materia de contratación podrán ser ejercidas por los órganos que, con carácter de centrales de contratación, se constituyan en la forma prevista en el artículo 204, mediante acuerdos al efecto.

Asimismo podrán concertarse convenios de colaboración en virtud de los cuales se encomiende la gestión del procedimiento de contratación a las Diputaciones provinciales o a las Comunidades Autónomas de carácter uniprovincial.

6. En los municipios de población inferior a 5.000 habitantes la aprobación del gasto será sustituida por una certificación de existencia de crédito que se expedirá por el Secretario Interventor o, en su caso por el Interventor de la Corporación.

7. Corresponde al órgano de contratación la aprobación del expediente y la apertura del procedimiento de adjudicación en los términos que se regulan en el artículo 110.

La aprobación del pliego de cláusulas administrativas particulares irá precedida de los informes del Secretario o, en su caso, del titular del órgano que tenga atribuida la función de asesoramiento jurídico de la Corporación, y del Interventor.

8. Los informes que la Ley asigna a los servicios jurídicos se evacuarán por el Secretario o por el órgano que tenga atribuida la función de asesoramiento jurídico de la Corporación.

Los actos de fiscalización se ejercen por el Interventor de la Entidad local.

9. Cuando se aplique el procedimiento negociado en supuestos de urgencia a que hacen referencia el artículo 170, letra e), deberán incorporarse al expediente los correspondientes informes del Secretario o, en su caso, del titular del órgano que tenga atribuida la función de asesoramiento jurídico de la Corporación, y del Interventor, sobre justificación de la causa de urgencia apreciada.

10. La Mesa de contratación estará presidida por un miembro de la Corporación o un funcionario de la misma, y formarán parte de ella, como vocales, el Secretario o, en su caso, el titular del órgano que tenga atribuida la función de asesoramiento jurídico, y el Interventor, así como aquellos otros que se designen por el órgano de contratación entre el personal funcionario de carrera o personal laboral al servicio de la Corporación, o miembros electos de la misma, sin que su número, en total, sea inferior a tres. Actuará como Secretario un funcionario de la Corporación.

En las entidades locales municipales podrán integrarse en la Mesa personal al servicio de las correspondientes Diputaciones Provinciales o Comunidades Autónomas uniprovinciales.

11. En los municipios de población inferior a 5.000 habitantes, en los contratos de obras cuyo período de ejecución exceda al de un presupuesto anual, podrán redactarse proyectos independientes relativos a cada una de las partes de la obra, siempre que éstas sean susceptibles de utilización separada en el sentido del uso general o del servicio, o puedan ser sustancialmente definidas, y preceda autorización concedida por el Pleno de la Corporación, adoptada con el voto favorable de la mayoría absoluta legal de sus miembros, autorización que no podrá ser objeto de delegación.

12. Serán de aplicación a los contratos de obras las normas sobre supervisión de proyectos establecidas en el artículo 125. La supervisión podrá efectuarse por las oficinas o unidades competentes de la propia entidad contratante o, en el caso de municipios que carezcan de ellas, por las de la correspondiente Diputación provincial.

13. En los contratos que tengan por objeto la adquisición de bienes inmuebles, el importe de la adquisición podrá ser objeto de un aplazamiento de hasta cuatro años, con sujeción a los trámites previstos en la normativa reguladora de las Haciendas Locales para los compromisos de gastos futuros.

14. Para determinar el importe de los contratos regulados en esta disposición a los efectos de determinar la competencia de los diferentes órganos se incluirá en el mismo el importe del Impuesto sobre el Valor Añadido.

Disposición Adicional tercera. Reglas especiales sobre competencia para adquirir equipos y sistemas para el tratamiento de la información y de las comunicaciones . No obstante lo señalado en el artículo 207.1, la competencia para adquirir equipos y sistemas para el tratamiento de la información y elementos complementarios o auxiliares que no hayan sido declarados de adquisición centralizada corresponderá al Ministro de Defensa y a los órganos de contratación de las

Entidades gestoras y Servicios comunes de la Seguridad Social en el ámbito de sus respectivas competencias.

Disposición Adicional cuarta. Contratación con empresas que tengan en su plantilla personas con discapacidad o en situación de exclusión social y con entidades sin ánimo de lucro . 1. Los órganos de contratación ponderarán en los supuestos que ello sea obligatorio, que los licitadores cumplen lo dispuesto en la Ley 13/1982, de 7 de abril , de integración social de los minusválidos, relativo a la obligación de contar con un dos por ciento de trabajadores con discapacidad o adoptar las medidas alternativas correspondientes.

A tal efecto y en su caso, los pliegos de cláusulas administrativas particulares podrán incorporar en la cláusula relativa a la documentación a aportar por los licitadores, la exigencia de que se aporte un certificado de la empresa en que conste tanto el número global de trabajadores de plantilla como el número particular de trabajadores con discapacidad en la misma, o en el caso de haberse optado por el cumplimiento de las medidas alternativas legalmente previstas, una copia de la declaración de excepcionalidad y una declaración del licitador con las concretas medidas a tal efecto aplicadas.

2. Los órganos de contratación podrán señalar en los pliegos de cláusulas administrativas particulares la preferencia en la adjudicación de los contratos para las proposiciones presentadas por aquellas empresas públicas o privadas que, en el momento de acreditar su solvencia técnica, tengan en su plantilla un número de trabajadores con discapacidad superior al 2 por 100, siempre que dichas proposiciones igualen en sus términos a las más ventajosas desde el punto de vista de los criterios que sirvan de base para la adjudicación.

Si varias empresas licitadoras de las que hubieren empatado en cuanto a la proposición más ventajosa acreditan tener relación laboral con personas con discapacidad en un porcentaje superior al 2 por 100, tendrá preferencia en la adjudicación del contrato el licitador que disponga del mayor porcentaje de trabajadores fijos con discapacidad en su plantilla.

3. Igualmente podrá establecerse la preferencia en la adjudicación de contratos, en igualdad de condiciones con las que sean económicamente más ventajosas, para las proposiciones presentadas por las empresas de inserción reguladas en la Ley 44/2007, de 13 de diciembre, para la regulación del régimen de las empresas de inserción, que cumplan con los requisitos establecidos en dicha normativa para tener esta consideración.

4. En la misma forma y condiciones podrá establecerse tal preferencia en la adjudicación de los contratos relativos a prestaciones de carácter social o asistencial para las proposiciones presentadas por entidades sin ánimo de lucro, con personalidad jurídica, siempre que su finalidad o actividad tenga relación directa con el objeto del contrato, según resulte de sus respectivos estatutos o reglas fundacionales y figuren inscritas en el correspondiente registro oficial. En este supuesto el órgano de contratación podrá requerir de estas entidades la presentación del detalle relativo a la descomposición del precio ofertado en función de sus costes.

5. Los órganos de contratación podrán señalar en los pliegos de cláusulas administrativas particulares la preferencia en la adjudicación de los contratos que tengan como objeto productos en los que exista alternativa de Comercio Justo para las proposiciones presentadas por aquellas entidades reconocidas como Organizaciones de Comercio Justo, siempre que dichas proposiciones igualen en sus términos a las más ventajosas desde el punto de vista de los criterios que sirvan de base para la adjudicación.

Disposición Adicional quinta. Contratos reservados . Podrá reservarse la participación en los procedimientos de adjudicación de contratos a Centros Especiales de Empleo, o reservar su ejecución en el marco de programas de empleo protegido, cuando al menos el 70 por 100 de los trabajadores afectados sean personas con discapacidad que, debido a la índole o a la gravedad de sus deficiencias, no puedan ejercer una actividad profesional en condiciones normales. En el anuncio de licitación deberá hacerse referencia a la presente disposición.

Disposición Adicional sexta. Disposiciones aplicables a las Universidades Públicas . 1. A efectos de lo establecido en el apartado 2 del artículo 68, para los contratos que adjudiquen las

Universidades Públicas dependientes de las Comunidades Autónomas, surtirán efecto los acuerdos de clasificación y revisión de clasificaciones adoptados por los correspondientes órganos de la Comunidad Autónoma respectiva.

2. No será exigible la clasificación a las Universidades Públicas para ser adjudicatarias de contratos en los supuestos a que se refiere el apartado 1 del artículo 83 de la Ley Orgánica 6/2001, de 21 de diciembre , de Universidades.

Disposición Adicional séptima. Exención de requisitos para los Organismos Públicos de Investigación en cuanto adjudicatarios de contratos . 1. Las Agencias Estatales, los Organismos Públicos de Investigación y organismos similares de las Comunidades Autónomas no necesitarán estar clasificados ni acreditar su solvencia económica y financiera y la solvencia técnica para ser adjudicatarios de contratos del sector público.

2. Estas entidades estarán igualmente exentas de constituir garantías, en los casos en que sean exigibles.

Disposición Adicional octava. Contratos celebrados en los sectores del agua, de la energía, de los transportes y de los servicios postales . 1. La celebración por las Administraciones Públicas de contratos comprendidos en la Ley 31/2007, de 30 de octubre, sobre procedimientos de contratación en los sectores del agua, la energía, los transportes y los servicios postales, se regirá, en todo caso, por la presente Ley. No obstante, y a los efectos de aplicar la presente Ley a estos contratos, solo tendrán la consideración de contratos sujetos a regulación armonizada los que, por razón de su naturaleza, objeto, características y cuantía, estén sometidos a la mencionada Ley 31/2007, de 30 de octubre.

2. La celebración por los entes, organismos y entidades del sector público que no tengan el carácter de Administraciones Públicas de contratos comprendidos en la Ley 31/2007, de 30 de octubre, se regirá por esta norma, salvo que una Ley sujete estos contratos al régimen previsto en la presente Ley para las Administraciones Públicas, en cuyo caso se les aplicarán también las normas previstas para los contratos sujetos a regulación armonizada. Los contratos excluidos de la aplicación de la Ley 31/2007, de 30 de octubre, que se celebren en los sectores del agua, la energía, los transportes y los servicios postales por los entes, organismos y entidades mencionados, se regirán por las disposiciones pertinentes de la presente Ley, sin que les sean aplicables, en ningún caso, las normas que en ésta se establecen exclusivamente para los contratos sujetos a regulación armonizada.

Disposición Adicional novena. Normas especiales para la contratación del acceso a bases de datos y la suscripción a publicaciones . 1. La suscripción a revistas y otras publicaciones, cualquiera que sea su soporte, así como la contratación del acceso a la información contenida en bases de datos especializadas, podrán efectuarse, cualquiera que sea su cuantía siempre que no tengan el carácter de contratos sujetos a regulación armonizada, de acuerdo con las normas establecidas en esta Ley para los contratos menores y con sujeción a las condiciones generales que apliquen los proveedores, incluyendo las referidas a las fórmulas de pago. El abono del precio, en estos casos, se hará en la forma prevenida en las condiciones que rijan estos contratos, siendo admisible el pago con anterioridad a la entrega o realización de la prestación, siempre que ello responda a los usos habituales del mercado.

2. Cuando los contratos a que se refiere el apartado anterior se celebren por medios electrónicos, informáticos o telemáticos, los entes, organismos y entidades del sector público contratantes tendrán la consideración de consumidores, a los efectos previstos en la legislación de servicios de la sociedad de la información y comercio electrónico.

Disposición Adicional décima. Modificaciones de cuantías, plazos y otras derivadas de los Anexos de directivas comunitarias . Se autoriza al Consejo de Ministros para que pueda modificar, mediante Real Decreto, previa audiencia de las Comunidades Autónomas, y de acuerdo con la coyuntura económica, las cuantías que se indican en los artículos de esta Ley. Igualmente, se autoriza al Consejo de Ministros para incorporar a la Ley las oportunas modificaciones derivadas de los Anexos de las directivas comunitarias que regulan la contratación pública.

Disposición Adicional undécima. Actualización de cifras fijadas por la Unión Europea . Las cifras que, en lo sucesivo, se fijen por la Comisión Europea sustituirán a las que figuran en el texto de esta Ley. El Ministerio de Economía y Hacienda adoptará las medidas pertinentes para asegurar su publicidad.

Disposición Adicional duodécima. Cómputo de plazos . Los plazos establecidos por días en esta Ley se entenderán referidos a días naturales, salvo que en la misma se indique expresamente que solo deben computarse los días hábiles. No obstante, si el último día del plazo fuera inhábil, éste se entenderá prorrogado al primer día hábil siguiente.

Disposición Adicional decimotercera. Referencias al Impuesto sobre el Valor Añadido . Las referencias al Impuesto sobre el Valor Añadido deberán entenderse realizadas al Impuesto General Indirecto Canario o al Impuesto sobre la Producción, los Servicios y la Importación, en los territorios en que rijan estas figuras impositivas.

Disposición Adicional decimocuarta. Espacio Económico Europeo . Las referencias a Estados miembros de la Unión Europea contenidas en esta Ley se entenderá que incluyen a los Estados signatarios del Acuerdo sobre el Espacio Económico Europeo.

Disposición Adicional decimoquinta. Normas relativas a los medios de comunicación utilizables en los procedimientos regulados en esta Ley. 1. Las comunicaciones e intercambios de información que deban efectuarse en los procedimientos regulados en esta Ley podrán hacerse, de acuerdo con lo que establezcan los órganos de contratación o los órganos a los que corresponda su resolución, por correo, por telefax, o por medios electrónicos, informáticos o telemáticos. Las solicitudes de participación en procedimientos de adjudicación podrán también hacerse por teléfono, en el caso y en la forma previstos en el apartado 4 de esta disposición adicional.

2. Para que puedan declararse admisibles, los medios de comunicación deberán estar disponibles de forma general y, por tanto, de su uso no debe derivarse ninguna restricción al acceso de los empresarios e interesados a los correspondientes procedimientos.

3. Las comunicaciones, los intercambios y el almacenamiento de información se realizarán de modo que se garantice la protección de la integridad de los datos y la confidencialidad de las ofertas y de las solicitudes de participación, así como que el contenido de las ofertas y de las solicitudes de participación no será conocido hasta después de finalizado el plazo para su presentación o hasta el momento fijado para su apertura.

4. Los órganos de contratación podrán admitir la comunicación telefónica para la presentación de solicitudes de participación, en cuyo caso el solicitante que utilice este medio deberá confirmar su solicitud por escrito antes de que expire el plazo fijado para su recepción.

Los órganos de contratación podrán exigir que las solicitudes de participación enviadas por telefax sean confirmadas por correo o por medios electrónicos, informáticos o telemáticos, cuando ello sea necesario para su constancia. Esta exigencia deberá ser recogida en el anuncio de licitación, con indicación del plazo disponible para su cumplimentación.

5. Los medios electrónicos, informáticos y telemáticos utilizables deberán cumplir, además, los requisitos establecidos en la disposición adicional decimosexta.

Disposición Adicional decimosexta. Uso de medios electrónicos, informáticos y telemáticos en los procedimientos regulados en la Ley[38]. 1. El empleo de medios electrónicos, informáticos y telemáticos en los procedimientos contemplados en esta Ley se ajustará a las normas siguientes:

a) Los medios electrónicos, informáticos y telemáticos utilizables deberán ser no discriminatorios, estar a disposición del público y ser compatibles con las tecnologías de la información y de la comunicación de uso general.

b) La información y las especificaciones técnicas necesarias para la presentación electrónica de las ofertas y solicitudes de participación deberán estar a disposición de todas las partes intere-

38 Ap. 1 f) modificada por disp. final 3.7 de Ley nº 25/2013, de 27 de diciembre.

sadas, no ser discriminatorios y ser conformes con estándares abiertos, de uso general y amplia implantación.

c) Los programas y aplicaciones necesarios para la presentación electrónica de las ofertas y solicitudes de participación deberán ser de amplio uso, fácil acceso y no discriminatorios, o deberán ponerse a disposición de los interesados por el órgano de contratación.

d) Los sistemas de comunicaciones y para el intercambio y almacenamiento de información deberán poder garantizar de forma razonable, según el estado de la técnica, la integridad de los datos transmitidos y que solo los órganos competentes, en la fecha señalada para ello, puedan tener acceso a los mismos, o que en caso de quebrantamiento de esta prohibición de acceso, la violación pueda detectarse con claridad. Estos sistemas deberán asimismo ofrecer suficiente seguridad, de acuerdo con el estado de la técnica, frente a los virus informáticos y otro tipo de programas o códigos nocivos, pudiendo establecerse reglamentariamente otras medidas que, respetando los principios de confidencialidad e integridad de las ofertas e igualdad entre los licitadores, se dirijan a minimizar su incidencia en los procedimientos.

e) Las aplicaciones que se utilicen para efectuar las comunicaciones, notificaciones y envíos documentales entre el licitador o contratista y el órgano de contratación deben poder acreditar la fecha y hora de su emisión o recepción, la integridad de su contenido y el remitente y destinatario de las mismas. En especial, estas aplicaciones deben garantizar que se deja constancia de la hora y la fecha exactas de la recepción de las proposiciones o de las solicitudes de participación y de cuanta documentación deba presentarse ante el órgano de contratación.

f) Todos los actos y manifestaciones de voluntad de los órganos administrativos o de las empresas licitadoras o contratistas que tengan efectos jurídicos y se emitan a lo largo del procedimiento de contratación deben ser autenticados mediante una firma electrónica avanzada reconocida de acuerdo con la Ley 59/2003, de 19 de diciembre, de firma electrónica. Los medios electrónicos, informáticos o telemáticos empleados deben poder garantizar que la firma se ajusta a las disposiciones de esta norma.

No obstante lo anterior, las facturas electrónicas que se emitan en los procedimientos de contratación se regirán en este punto por lo dispuesto en la Ley 25/2013 de impulso de la factura electrónica y creación del registro contable de facturas en el sector público.

g) Los licitadores o los candidatos deberán presentar los documentos, certificados y declaraciones que no estén disponibles en forma electrónica antes de que expire el plazo previsto para la presentación de ofertas o de solicitudes de participación.

h) Las referencias de esta Ley a la presentación de documentos escritos no obstarán a la presentación de los mismos por medios electrónicos. En los procedimientos de adjudicación de contratos, el envío por medios electrónicos de las ofertas podrá hacerse en dos fases, transmitiendo primero la firma electrónica de la oferta, con cuya recepción se considerará efectuada su presentación a todos los efectos, y después la oferta propiamente dicha en un plazo máximo de 24 horas; de no efectuarse esta segunda remisión en el plazo indicado, se considerará que la oferta ha sido retirada. Las copias electrónicas de los documentos que deban incorporarse al expediente, autenticadas con la firma electrónica reconocida del órgano administrativo habilitado para su recepción surtirán iguales efectos y tendrán igual valor que las copias compulsadas de esos documentos.

i) Los formatos de los documentos electrónicos que integran los expedientes de contratación deberán ajustarse a especificaciones públicamente disponibles y de uso no sujeto a restricciones, que garanticen la libre y plena accesibilidad a los mismos por el órgano de contratación, los órganos de fiscalización y control, los órganos jurisdiccionales y los interesados, durante el plazo por el que deba conservarse el expediente. En los procedimientos de adjudicación de contratos, los formatos admisibles deberán indicarse en el anuncio o en los pliegos.

j) Como requisito para la tramitación de procedimientos de adjudicación de contratos por medios electrónicos, los órganos de contratación podrán exigir a los licitadores la previa inscripción en el Registro Oficial de Licitadores y Empresas Clasificadas que corresponda de los datos a que se refieren las letras a) a d) del artículo 328.1.

2. Ajustándose a los requisitos establecidos en el apartado anterior y a los señalados en las normas que regulen con carácter general su uso en el tráfico jurídico, las disposiciones de desarrollo de esta Ley establecerán las condiciones en que podrán utilizarse facturas electrónicas en la contratación del sector público.

3. En cumplimiento del principio de transparencia en la contratación y de eficacia y eficiencia de la actuación administrativa, se fomentará y preferirá el empleo de medios electrónicos, informáticos y telemáticos en los procedimientos contemplados en esta Ley por parte de los licitadores o los candidatos. En todo caso en el ámbito de la Administración General del Estado y los organismos públicos vinculados o dependientes de ésta, dichos medios deberán estar disponibles en relación con la totalidad de los procedimientos de contratación de su competencia.

4. Las comunicaciones entre los órganos competentes para la resolución de los recursos o de las reclamaciones y los órganos de contratación o las Entidades Contratantes, se harán, siempre que sea posible, por medios informáticos, electrónicos o telemáticos.

Las notificaciones a los recurrentes y demás interesados intervinientes en los procedimientos de recurso se harán por los medios establecidos en la Ley 30/1992, de 26 de noviembre. No obstante, cuando el recurrente hubiese admitido las notificaciones por medios informáticos, electrónicos o telemáticos durante la tramitación del procedimiento de adjudicación, en el caso de que hubiese intervenido en él, y, en todo caso, cuando lo solicitara en el escrito de interposición del recurso, las notificaciones se le efectuarán por estos medios.

Disposición Adicional decimoséptima. Sustitución de letrados en las Mesas de contratación . Para las Entidades gestoras y Servicios comunes de la Seguridad Social podrán establecerse reglamentariamente los supuestos en que formarán parte de la Mesa de contratación letrados habilitados específicamente para ello en sustitución de quienes tengan atribuido legal o reglamentariamente el asesoramiento jurídico del órgano de contratación.

Disposición Adicional decimoctava. Garantía de accesibilidad para personas con discapacidad . En el ámbito de la contratación pública, la determinación de los medios de comunicación admisibles, el diseño de los elementos instrumentales y la implantación de los trámites procedimentales, deberán realizarse teniendo en cuenta criterios de accesibilidad universal y de diseño para todos, tal y como son definidos estos términos en la Ley 51/2003, de 2 de diciembre, de Igualdad de Oportunidades, no Discriminación y Accesibilidad Universal de las Personas con Discapacidad.

Disposición Adicional decimonovena. Responsabilidad de las autoridades y del personal al servicio de las Administraciones Públicas . 1. La responsabilidad patrimonial de las autoridades y del personal al servicio de las Administraciones Públicas derivada de sus actuaciones en materia de contratación administrativa, tanto por daños causados a particulares como a la propia Administración, se exigirá con arreglo a lo dispuesto en el Título X de la Ley 30/1992, de 26 de noviembre, y en el Real Decreto 429/1993, de 26 de marzo , por el que se aprueba el Reglamento de los procedimientos de las Administraciones Públicas en materia de responsabilidad patrimonial.

2. La infracción o aplicación indebida de los preceptos contenidos en la presente Ley por parte del personal al servicio de las Administraciones Públicas, cuando mediare al menos negligencia grave, constituirá falta muy grave cuya responsabilidad disciplinaria se exigirá conforme a la normativa específica en la materia.

Disposición Adicional vigésima. Conciertos para la prestación de asistencia sanitaria y farmacéutica celebrados por la Mutualidad de Funcionarios Civiles del Estado, la Mutualidad General Judicial y el Instituto Social de las Fuerzas Armadas . 1. Los conciertos que tengan por objeto la prestación de servicios de asistencia sanitaria y farmacéutica y que, para el desarrollo de su acción protectora, celebren la Mutualidad de Funcionarios Civiles del Estado y el Instituto Social de las Fuerzas Armadas con entidades públicas, entidades aseguradoras, sociedades médicas, colegios farmacéuticos y otras entidades o empresas, cualquiera que sea su importe y modalidad, tendrán la naturaleza de contratos de gestión de servicio público regulándose por la normativa especial de cada mutualidad y, en todo lo no previsto por la misma, por la legislación de contratos del sector público.

2. Los conciertos que la Mutualidad General Judicial celebre para la prestación de servicios de asistencia sanitaria y farmacéutica con entidades públicas, entidades aseguradoras, sociedades médicas, colegios farmacéuticos y otras entidades o empresas, y que sean precisos para el desarrollo de su acción protectora, se convendrán de forma directa entre la Mutualidad y la Entidad correspondiente, previo informe de la Abogacía del Estado del Ministerio de Justicia y de la Intervención Delegada en el Organismo.

Disposición Adicional vigésima primera. Contratos incluidos en los ámbitos de la defensa y de la seguridad. La preparación, selección y adjudicación de los contratos comprendidos en el ámbito de aplicación de la Ley 24/2011, de 1 de agosto, de Contratos del Sector Público en los ámbitos de la Defensa y de la Seguridad, así como las normas reguladoras del régimen de la subcontratación establecido en la misma, en primer lugar se regirán por ella y supletoriamente por la presente Ley.

Disposición Adicional vigésima segunda. Régimen de contratación de ciertos Organismos. 1. El régimen de contratación de la Sociedad Estatal de Participaciones Industriales, el ente público Puertos del Estado y las Autoridades Portuarias será el establecido en esta Ley para las entidades públicas empresariales.

2. Las instrucciones reguladoras de los procedimientos de contratación de las Autoridades Portuarias y Puertos del Estado serán elaboradas y aprobadas por el Ministro de Fomento, previo informe de la Abogacía del Estado.

3. En los contratos a que se refiere el artículo 16.2 de la Ley 46/2003, de 25 de noviembre, Reguladora del Museo Nacional del Prado, esta entidad aplicará las normas previstas en esta Ley para los contratos de poderes adjudicadores que no tengan el carácter de Administraciones Públicas. Estos contratos no tendrán carácter de contratos administrativos.

Disposición Adicional vigésima tercera. Prácticas contrarias a la libre competencia . Los órganos de contratación, la Junta Consultiva de Contratación Administrativa del Estado y los órganos competentes para resolver el recursos especial a que se refiere el artículo 40 de esta Ley notificarán a la Comisión Nacional de la Competencia cualesquiera hechos de los que tengan conocimiento en el ejercicio de sus funciones que puedan constituir infracción a la legislación de defensa de la competencia. En particular, comunicarán cualquier indicio de acuerdo, decisión o recomendación colectiva, o práctica concertada o conscientemente paralela entre los licitadores, que tenga por objeto, produzca o pueda producir el efecto de impedir, restringir o falsear la competencia en el proceso de contratación.

Disposición Adicional vigésima cuarta. Prestación de asistencia sanitaria en situaciones de urgencia . 1. En los contratos relativos a la prestación de asistencia sanitaria en supuestos de urgencia y por importe inferior a 30.000 euros, no serán de aplicación las disposiciones de esta Ley relativas a la preparación y adjudicación del contrato.

2. Para proceder a la contratación en estos casos bastará que, además justificarse la urgencia, se determine el objeto de la prestación, se fije el precio a satisfacer por la asistencia y se designe por el órgano de contratación la empresa a la que corresponderá la ejecución.

Disposición Adicional vigésima quinta. Régimen jurídico de la «Empresa de Transformación Agraria, Sociedad Anónima» (TRAGSA), y de sus filiales. 1. El grupo de sociedades mercantiles estatales integrado por la «Empresa de Transformación Agraria, Sociedad Anónima» (TRAGSA), y las sociedades cuyo capital sea íntegramente de titularidad de ésta, tiene por función la prestación de servicios esenciales en materia de desarrollo rural, conservación del medioambiente, atención a emergencias, y otros ámbitos conexos, con arreglo a lo establecido en esta disposición.

2. TRAGSA y sus filiales integradas en el grupo definido en el apartado anterior tienen la consideración de medios propios instrumentales y servicios técnicos de la Administración General del Estado, las Comunidades Autónomas y los poderes adjudicadores dependientes de ellas, estando

obligadas a realizar, con carácter exclusivo, los trabajos que éstos les encomienden en las materias señaladas en los apartados 4 y 5, dando una especial prioridad a aquéllos que sean urgentes o que se ordenen como consecuencia de las situaciones de emergencia que se declaren. De acuerdo con esta obligación, los bienes y efectivos de TRAGSA y sus filiales podrán incluirse en los planes y dispositivos de protección civil y de emergencias.

Las relaciones de las sociedades del grupo TRAGSA con los poderes adjudicadores de los que son medios propios instrumentales y servicios técnicos tienen naturaleza instrumental y no contractual, articulándose a través de encomiendas de gestión de las previstas en el artículo 24.6 de esta Ley, por lo que, a todos los efectos, son de carácter interno, dependiente y subordinado.

La comunicación efectuada por uno de estos poderes adjudicadores encargando una actuación a alguna de las sociedades del grupo supondrá la orden para iniciarla.

3. El capital social de TRAGSA será íntegramente de titularidad pública.

Las Comunidades Autónomas podrán participar en el capital social de TRAGSA mediante la adquisición de acciones, cuya enajenación será autorizada por el Ministerio de Economía y Hacienda, a iniciativa del Ministerio de Medio Ambiente, Medio Rural y Marino. Las Comunidades Autónomas solo podrán enajenar sus participaciones a favor de la Administración General del Estado o de organismos de derecho público vinculados o dependientes de aquélla.

4. Las sociedades del grupo TRAGSA prestarán, por encargo de los poderes adjudicadores de los que son medios propios instrumentales, las siguientes funciones:

a) La realización de todo tipo de actuaciones, obras, trabajos y prestación de servicios agrícolas, ganaderos, forestales, de desarrollo rural, de conservación y protección del medio natural y medioambiental, de acuicultura y de pesca, así como los necesarios para el mejor uso y gestión de los recursos naturales, y para la mejora de los servicios y recursos públicos, incluida la ejecución de obras de conservación o enriquecimiento del Patrimonio Histórico Español en el medio rural, al amparo de lo establecido en el artículo 68 de la Ley 16/1985, de 25 de junio , del Patrimonio Histórico Español.

b) La actividad agrícola, ganadera, animal, forestal y de acuicultura y la comercialización de sus productos, la administración y la gestión de fincas, montes, centros agrarios, forestales, medioambientales o de conservación de la naturaleza, así como de espacios y de recursos naturales.

c) La promoción, investigación, desarrollo, innovación, y adaptación de nuevas técnicas, equipos y sistemas de carácter agrario, forestal, medioambiental, de acuicultura y pesca, de protección de la naturaleza y para el uso sostenible de sus recursos.

d) La fabricación y comercialización de bienes muebles para el cumplimiento de sus funciones.

e) La prevención y lucha contra las plagas y enfermedades vegetales y animales y contra los incendios forestales, así como la realización de obras y tareas de apoyo técnico de carácter urgente.

f) La financiación, en los términos que se establezcan reglamentariamente, de la construcción o de la explotación de infraestructuras agrarias, medioambientales y de equipamientos de núcleos rurales, así como la constitución de sociedades y la participación en otras ya constituidas, que tengan fines relacionados con el objeto social de la empresa.

g) La planificación, organización, investigación, desarrollo, innovación, gestión, administración y supervisión de cualquier tipo de servicios ganaderos, veterinarios, de seguridad y sanidad animal y alimentaria.

h) La recogida, transporte, almacenamiento, transformación, valorización, gestión y eliminación de productos, subproductos y residuos de origen animal, vegetal y mineral.

i) La realización de tareas o actividades complementarias o accesorias a las citadas anteriormente.

Las sociedades del grupo TRAGSA también estarán obligadas a satisfacer las necesidades de los poderes adjudicadores de los que son medios propios instrumentales en la consecución de sus objetivos de interés público mediante la realización, por encargo de los mismos, de la planificación, organización, investigación, desarrollo, innovación, gestión, administración y supervisión de cualquier tipo de asistencias y servicios técnicos en los ámbitos de actuación señalados en el apartado anterior, o mediante la adaptación y aplicación de la experiencia y conocimientos desarrollados en dichos ámbitos a otros sectores de la actividad administrativa.

Asimismo, las sociedades del grupo TRAGSA estarán obligadas a participar y actuar, por encargo de los poderes adjudicadores de los que son medios propios instrumentales, en tareas de emergencia y protección civil de todo tipo, en especial, la intervención en catástrofes medioambientales o en crisis o necesidades de carácter agrario, pecuario o ambiental; a desarrollar tareas de prevención de riesgos y emergencias de todo tipo; y a realizar actividades de formación e información pública en supuestos de interés público y, en especial, para la prevención de riesgos, catástrofes o emergencias.

5. Las sociedades del grupo TRAGSA podrán realizar actuaciones de apoyo y servicio institucional a la cooperación española en el ámbito internacional.

6. Las sociedades del grupo TRAGSA no podrán participar en los procedimientos para la adjudicación de contratos convocados por los poderes adjudicadores de los que sea medio propio. No obstante, cuando no concurra ningún licitador podrá encargarse a estas sociedades la ejecución de la actividad objeto de licitación pública.

En el supuesto de que la ejecución de obras, la fabricación de bienes muebles o la prestación de servicios por las sociedades del grupo se lleve a cabo con la colaboración de empresarios particulares, el importe de la parte de prestación a cargo de éstos deberá ser inferior al 50 por 100 del importe total del proyecto, suministro o servicio.

7. El importe de las obras, trabajos, proyectos, estudios y suministros realizados por medio del grupo TRAGSA se determinará aplicando a las unidades ejecutadas las tarifas correspondientes. Dichas tarifas se calcularán de manera que representen los costes reales de realización y su aplicación a las unidades producidas servirá de justificante de la inversión o de los servicios realizados.

La elaboración y aprobación de las tarifas se realizará por las Administraciones de las que el grupo es medio propio instrumental, con arreglo al procedimiento establecido reglamentariamente.

8. A los efectos de la aplicación de la presente Ley, las sociedades integradas en el grupo TRAGSA tendrán la consideración de poderes adjudicadores de los previstos en el artículo 3.3.

Disposición Adicional vigésima sexta. Protección de datos de carácter personal. .1. Los contratos regulados en la presente Ley que impliquen el tratamiento de datos de carácter personal deberán respetar en su integridad la Ley Orgánica 15/1999, de 13 de diciembre, de Protección de Datos de Carácter Personal, y su normativa de desarrollo.

2. Para el caso de que la contratación implique el acceso del contratista a datos de carácter personal de cuyo tratamiento sea responsable la entidad contratante, aquél tendrá la consideración de encargado del tratamiento.

En este supuesto, el acceso a esos datos no se considerará comunicación de datos, cuando se cumpla lo previsto en el artículo 12.2 y 3 de la Ley Orgánica 15/1999, de 13 de diciembre. En todo caso, las previsiones del artículo 12.2 de dicha Ley deberán de constar por escrito.

Cuando finalice la prestación contractual los datos de carácter personal deberán ser destruidos o devueltos a la entidad contratante responsable, o al encargado de tratamiento que ésta hubiese designado.

El tercero encargado del tratamiento conservará debidamente bloqueados los datos en tanto pudieran derivarse responsabilidades de su relación con la entidad responsable del tratamiento.

3. En el caso de que un tercero trate datos personales por cuenta del contratista, encargado del tratamiento, deberán de cumplirse los siguientes requisitos:

a) Que dicho tratamiento se haya especificado en el contrato firmado por la entidad contratante y el contratista.

b) Que el tratamiento de datos de carácter personal se ajuste a las instrucciones del responsable del tratamiento.

c) Que el contratista encargado del tratamiento y el tercero formalicen el contrato en los términos previstos en el artículo 12.2 de la Ley Orgánica 15/1999, de 13 de diciembre.

En estos casos, el tercero tendrá también la consideración de encargado del tratamiento.

Disposición Adicional vigésima séptima. Agrupaciones europeas de cooperación territorial . Las Agrupaciones europeas de cooperación territorial reguladas en el Reglamento (CE) número 1082/2006 del Parlamento Europeo y del Consejo, de 5 de julio de 2006 , cuando tengan su domicilio social en España, ajustarán la preparación y adjudicación de sus contratos a las normas establecidas en esta Ley para los poderes adjudicadores.

Disposición Adicional vigésima octava. Adquisición Centralizada de medicamentos y productos sanitarios con miras al Sistema Nacional de Salud. 1. Mediante Orden del Ministerio de Sanidad, Política Social e Igualdad, previo informe favorable de la Dirección General del Patrimonio del Estado, se podrá declarar de adquisición centralizada los suministros de medicamentos y productos sanitarios que se contraten en el ámbito estatal por los diferentes órganos y organismos. La contratación de estos suministros deberá efectuarse a través del Ministerio de Sanidad, Política Social e Igualdad. La financiación de los correspondientes contratos correrá a cargo del organismo o entidad peticionarios. Las competencias que el artículo 206 atribuye a la Dirección General del Patrimonio del Estado y al Ministerio de Economía y Hacienda corresponderán en relación al suministro de medicamentos y productos sanitarios al Ministerio de Sanidad, Política Social e Igualdad.

Las Comunidades Autónomas y las entidades locales, así como las entidades y organismos dependientes de ellas e integradas en el Sistema Nacional de Salud, podrán adherirse al sistema de adquisición centralizada estatal de medicamentos y productos sanitarios, para la totalidad de los suministros incluidos en el mismo o solo para determinadas categorías de ellos. La adhesión requerirá la conclusión del correspondiente acuerdo con el Ministerio de Sanidad, Política Social e Igualdad.

2. Los órganos de contratación de la Administración General del Estado, de las Comunidades Autónomas y de las entidades locales, así como las entidades y organismos dependientes de ellas e integradas en el Sistema Nacional de Salud, podrán concluir de forma conjunta acuerdos marco de los previstos en el artículo 196, con uno o varios empresarios con el fin de fijar las condiciones a que habrán de ajustarse los contratos de suministro de medicamentos y productos sanitarios que pretendan adjudicar durante un período determinado, siempre que el recurso a estos instrumentos no se efectúe de forma abusiva o de modo que la competencia se vea obstaculizada, restringida o falseada.

3. A los efectos previstos en esta disposición adicional, el Ministerio de Sanidad, Servicios Sociales e Igualdad podrá, a través de la Secretaría General de Sanidad y Consumo, encomendar al Instituto Nacional de Gestión Sanitaria la materialización y conclusión de los procedimientos de adquisición centralizada, con miras al Sistema Nacional de Salud, para todos o algunos de los medicamentos y productos sanitarios[39].

4. No serán de aplicación las medidas establecidas en los artículos 9 y 10, párrafo tercero, del Real Decreto-ley 8/2010, de 20 de mayo, por el que se adoptan medidas extraordinarias para la reducción del déficit público, a los contratos derivados de adquisición de medicamentos promovidos al amparo de lo previsto en esta disposición adicional siempre que los ahorros que resulten de la compra centralizada sean superiores a las deducciones fijadas en dichos artículos del Real Decreto-ley 8/2010, de 29 de mayo[40].

Disposición Adicional vigésima novena. Fórmulas institucionales de colaboración entre el sector público y el sector privado. 1. Los contratos públicos y concesiones podrán adjudicarse directamente a una sociedad de economía mixta en la que concurra capital público y privado,

39 Ap. 3 añadida por disp. final 28 de Ley nº 17/2012, de 27 de diciembre.

40 Ap. 4 añadida por disp. final 8 de Ley nº 10/2013, de 24 de julio.

siempre que la elección del socio privado se haya efectuado de conformidad con las normas establecidas en esta Ley para la adjudicación del contrato cuya ejecución constituya su objeto, y en su caso, las relativas al contrato de colaboración entre el sector público y el sector privado, y siempre que no se introduzcan modificaciones en el objeto y las condiciones del contrato que se tuvieron en cuenta en la selección del socio privado.

2. Sin perjuicio de la posibilidad de utilizar medios de financiación tales como emisión de obligaciones, empréstitos o créditos participativos, las sociedades de economía mixta constituidas para la ejecución de un contrato público previstas en esta disposición adicional podrán:

a) Acudir a ampliaciones de capital, siempre que la nueva estructura del mismo no modifique las condiciones esenciales de la adjudicación salvo que hubiera estado prevista en el contrato.

b) Titulizar los derechos de cobro que ostenten frente a la entidad adjudicadora del contrato cuya ejecución se le encomiende, previa autorización del órgano de contratación, cumpliendo los requisitos previstos en la normativa sobre mercado de valores.

Disposición Adicional trigésima. Régimen de los órganos competentes para resolver los recursos de la Administración General del Estado y Entidades Contratantes adscritas a ella. 1. A medida que el número de asuntos sometidos al conocimiento y resolución del Tribunal Administrativo Central de Recursos Contractuales lo exija se podrán constituir Tribunales Administrativos Territoriales de Recursos Contractuales con sede en cada una de las capitales de Comunidad Autónoma.

Estos Tribunales tendrán competencia exclusiva para la resolución de los recursos a que se refiere el artículo 40 de esta Ley, interpuestos contra los actos de la Administración territorial del Estado o de los Organismos y Entidades dependientes del mismo que tengan competencia en todo o parte del territorio de la correspondiente Comunidad Autónoma.

El nombramiento del Presidente y los vocales de estos Tribunales se hará en los mismos términos y requisitos previstos para el del Tribunal Administrativo Central de Recursos Contractuales, si bien solo se le exigirán diez años de antigüedad.

2. Reglamentariamente se incrementará el número de vocales que hayan de integrar los Tribunales Territoriales a medida que lo requiera el volumen de asuntos sometidos a su conocimiento.

La primera renovación de los Tribunales se hará de forma parcial a los tres años del nombramiento. A este respecto, antes de cumplirse el plazo indicado se determinará, mediante sorteo, los que deban cesar.

En cualquier caso, cesado un vocal, éste continuará en el ejercicio de sus funciones hasta que tome posesión de su cargo el que lo haya de sustituir.

Disposición Adicional trigésima primera. Autorización del Consejo de Ministros en concesiones de autopistas de competencia estatal. Será necesaria la autorización del Consejo de Ministros para la celebración, y, en su caso, modificación y resolución de los contratos de concesión de autopistas de competencia estatal.

Disposición adicional trigésima segunda. Formalización conjunta de acuerdos marco para la contratación de servicios que faciliten la intermediación laboral[41]. La Dirección General del Servicio Público de Empleo Estatal y los órganos de contratación competentes de las comunidades autónomas, así como de las entidades y organismos dependientes de ellas e integrados en el Sistema Nacional de Empleo, podrán concluir de forma conjunta acuerdos marco con uno o varios empresarios con el fin de fijar las condiciones a que habrán de ajustarse todos los contratos de servicios de características homogéneas definidos en los convenios a que se refiere el párrafo siguiente para facilitar a los Servicios Públicos de Empleo la intermediación laboral y que se pretendan adjudicar durante un período determinado, siempre que el recurso a estos instrumentos no se efectúe de forma abusiva o de modo que la competencia se vea obstaculizada, restringida o falseada.

41 Añadida por art. 15 de Ley nº 11/2013, de 26 de julio.

Esta conclusión conjunta de acuerdos marco se realizará con arreglo a lo dispuesto en el capítulo II del título II del libro III y previa adopción del correspondiente convenio de colaboración entre el Servicio Público de Empleo Estatal y las comunidades autónomas o las entidades y organismos dependientes de ellas e integrados en el Sistema Nacional de Empleo.

No podrán ser objeto de estos contratos marco las actuaciones de intermediación laboral que puedan preverse en los procedimientos de selección de personal laboral temporal por parte de las administraciones públicas, debiendo realizarse dicha intermediación exclusivamente y de manera directa por los correspondientes servicios públicos de empleo.

Disposición adicional trigésima tercera. Obligación de presentación de facturas en un registro administrativo e identificación de órganos[42]. 1. El contratista tendrá la obligación de presentar la factura que haya expedido por los servicios prestados o bienes entregados ante el correspondiente registro administrativo a efectos de su remisión al órgano administrativo o unidad a quien corresponda la tramitación de la misma.

2. En los pliegos de cláusulas administrativas para la preparación de los contratos que se aprueben a partir de la entrada en vigor de la presente disposición, se incluirá la identificación del órgano administrativo con competencias en materia de contabilidad pública, así como la identificación del órgano de contratación y del destinatario, que deberán constar en la factura correspondiente.

Disposición adicional trigésima cuarta. Contratos de suministros y servicios en función de las necesidades[43]. En los contratos de suministros y de servicios que tramiten las Administraciones Públicas y demás entidades del sector público con presupuesto limitativo, en los cuales el empresario se obligue a entregar una pluralidad de bienes o a ejecutar el servicio de forma sucesiva y por precio unitario, sin que el número total de entregas o prestaciones incluidas en el objeto del contrato se defina con exactitud al tiempo de celebrar éste, por estar subordinadas las mismas a las necesidades de la Administración, deberá aprobarse un presupuesto máximo.

En el caso de que, dentro de la vigencia del contrato, las necesidades reales fuesen superiores a las estimadas inicialmente, deberá tramitarse la correspondiente modificación. A tales efectos, habrá de preverse en la documentación que rija la licitación la posibilidad de que pueda modificarse el contrato como consecuencia de tal circunstancia, en los términos previstos en el artículo 106 de esta Ley. La citada modificación deberá tramitarse antes de que se agote el presupuesto máximo inicialmente aprobado, reservándose a tal fin el crédito necesario para cubrir el importe máximo de las nuevas necesidades.

Disposición Adicional trigésimo quinta. Referencias a órganos competentes en materia de contratación centralizada[44]. Todas las referencias efectuadas a la Dirección General del Patrimonio del Estado en materia de contratación centralizada contenidas en el ordenamiento jurídico y en particular en esta Ley y en su normativa de desarrollo, se entenderán hechas al órgano competente del Ministerio de Hacienda y Administraciones Públicas que se determine en el correspondiente real decreto de desarrollo de la estructura orgánica básica de dicho ministerio. Este órgano asumirá desde su constitución, las competencias de la Dirección General de Patrimonio del Estado en materia de contratación centralizada.

Disposición Transitoria primera. Expedientes iniciados y contratos adjudicados con anterioridad a la entrada en vigor de esta Ley. 1. Los expedientes de contratación iniciados antes de la entrada en vigor de esta Ley se regirán por la normativa anterior. A estos efectos se entenderá que los expedientes de contratación han sido iniciados si se hubiera publicado la correspondiente convocatoria del procedimiento de adjudicación del contrato. En el caso de procedimientos nego-

---

42 Añadida por disp. final 7.5 de Ley nº 11/2013, de 26 de julio.

43 Añadida por disp. final 13 de Ley nº 8/2013, de 26 de junio.

44 Añadida por disp. final 5.3 de Real Decreto-ley nº 8/2013, de 28 de junio.

ciados, para determinar el momento de iniciación se tomará en cuenta la fecha de aprobación de los pliegos.

2. Los contratos administrativos adjudicados con anterioridad a la entrada en vigor de la presente Ley se regirán, en cuanto a sus efectos, cumplimiento y extinción, incluida su duración y régimen de prórrogas, por la normativa anterior.

Disposición Transitoria segunda. Fórmulas de revisión . Hasta que se aprueben las nuevas fórmulas de revisión por el Consejo de Ministros adaptadas a lo dispuesto en el artículo 91, seguirán aplicándose las aprobadas por el Decreto 3650/1970, de 19 de diciembre ; por el Real Decreto 2167/1981, de 20 de agosto , por el que se complementa el anterior, y por el Decreto 2341/1975, de 22 de agosto , para contratos de fabricación del Ministerio de Defensa, con exclusión del efecto de la variación de precios de la mano de obra.

Disposición Transitoria tercera. Determinación de cuantías por los departamentos ministeriales respecto de los Organismos autónomos adscritos a los mismos . Hasta el momento en que los titulares de los departamentos ministeriales fijen la cuantía para la autorización establecida en el artículo 317.5 será de aplicación la cantidad, calculada de conformidad con el artículo 88, de 900.000 euros.

Disposición Transitoria cuarta. Determinación de los casos en que es exigible la clasificación de las empresas y de los requisitos mínimos de solvencia[45]. El apartado 1 del artículo 65 , en cuanto delimita el ámbito de aplicación y de exigibilidad de la clasificación previa, entrará en vigor conforme a lo que se establezca en las normas reglamentarias de desarrollo de esta Ley por las que se definan los grupos, subgrupos y categorías en que se clasificarán los contratos de obras y los contratos de servicios, continuando vigente, hasta entonces, el párrafo primero del apartado 1 del artículo 25 del Texto Refundido de la Ley de Contratos de las Administraciones Públicas.

La nueva redacción que la Ley de Impulso de la Factura Electrónica y creación del Registro Contable de Facturas en el Sector Público da a los artículos 75, 76, 77 y 78 del texto refundido de la Ley de Contratos del Sector Público y el artículo 79. bis de dicho texto refundido entrarán en vigor conforme a lo que se establezca en las normas reglamentarias de desarrollo de esta Ley por las que se definan los requisitos, criterios y medios de acreditación que con carácter supletorio se establezcan para los distintos tipos de contratos.

No obstante lo anterior, no será exigible la clasificación en los contratos de obras cuyo valor estimado sea inferior a 500.000 euros ni en los contratos de servicios cuyo valor estimado sea inferior a 200.000 euros.

Disposición Transitoria quinta. Régimen transitorio de los procedimientos de adjudicación de los contratos no sujetos a regulación armonizada celebrados por entidades que no tienen el carácter de Administración Pública . 1. En tanto no se aprueben las instrucciones internas a que se refiere el artículo 191.b), los poderes adjudicadores que no tengan el carácter de Administraciones Públicas se regirán, para la adjudicación de contratos no sujetos a regulación armonizada, por las normas establecidas en el artículo 190.

2. Estas normas deberán igualmente aplicarse por las restantes entidades del sector público que no tengan el carácter de Administraciones Públicas para la adjudicación de contratos, en tanto no aprueben las instrucciones previstas en el artículo 192.3.

Disposición Transitoria sexta. Plazos a los que se refiere el artículo 216 de la Ley. El plazo de treinta días a que se refiere el apartado 4 del artículo 216 de esta Ley, se aplicará a partir del 1 de enero de 2013.

Desde la entrada en vigor de esta Ley y el 31 de diciembre de 2011, el plazo en el que las Administraciones tienen la obligación de abonar el precio de las obligaciones a las que se refiere el apartado 4 del artículo 216 será dentro de los cincuenta días siguientes a la fecha de la expedición

45 Modificada por disp. final 3.8 de Ley nº 25/2013, de 27 de diciembre.

de las certificaciones de obra o de los correspondientes documentos que acrediten la realización total o parcial del contrato.

Entre el 1 de enero de 2012 y el 31 de diciembre de 2012, el plazo en el que las Administraciones tienen la obligación de abonar el precio de las obligaciones a las que se refiere el apartado 4 del artículo 216 será dentro de los cuarenta días siguientes a la fecha de la expedición de las certificaciones de obra o de los correspondientes documentos que acrediten la realización total o parcial del contrato.

Disposición Transitoria séptima. Régimen supletorio para las Comunidades Autónomas. En tanto una Comunidad Autónoma no regule ante quién debe incoarse la cuestión de nulidad prevista en los artículos 37 a 39 de esta Ley, o interponerse el recurso contra los actos indicados en el artículo 40.1 y 2, y qué efectos derivarán de su interposición, serán de aplicación las siguientes normas:

a) Serán recurribles los actos mencionados en el artículo 40.2 cuando se refieran a alguno de los contratos que se enumeran en el apartado 1 del mismo artículo.

b) La competencia para la resolución de los recursos continuará encomendada a los mismos órganos que la tuvieran atribuida con anterioridad.

c) Los recursos se tramitarán de conformidad con lo establecido en los artículos 42 a 48 de esta Ley.

d) Las resoluciones dictadas en estos procedimientos serán susceptibles de recurso contencioso-administrativo. Cuando las resoluciones no sean totalmente estimatorias o cuando siéndolo hubiesen comparecido en el procedimiento otros interesados distintos del recurrente, no serán ejecutivas hasta que sean firmes o, si hubiesen sido recurridas, hasta tanto el órgano jurisdiccional competente no decida acerca de la suspensión de las mismas.

Disposición Transitoria octava. Procedimientos en curso. 1. Los procedimientos de recurso iniciados al amparo del artículo 37 de la Ley 30/2007, de 30 de octubre, en la redacción vigente con anterioridad a la entrada en vigor de la Ley 34/2010, de 5 de agosto seguirán tramitándose hasta su resolución con arreglo al mismo.

2. En los expedientes de contratación iniciados antes de la entrada en vigor de la Ley 34/2010, de 5 de agosto podrán interponerse la cuestión de nulidad y el recurso previsto en el artículo 40 de esta Ley, contra actos susceptibles de ser recurridos o reclamados en esta vía, siempre que se hayan dictado con posterioridad a su entrada en vigor.

Disposición Transitoria novena. Mesa de contratación del sistema estatal de contratación centralizada. [46]. La Dirección General de Patrimonio del Estado actuará como órgano de contratación centralizada en tanto no se atribuyan, conforme al artículo 316.3, a un órgano distinto las funciones de órgano de contratación del sistema estatal de contratación centralizada, contando, hasta ese momento, con la asistencia de la mesa de contratación del sistema estatal de contratación centralizada.

Disposición Final primera. Actualización de las referencias a determinados órganos . Las referencias que se contienen en las normas vigentes a la Junta de Compras Interministerial y al Servicio Central de Suministros se entenderán realizadas, respectivamente, a la Mesa del sistema estatal de contratación centralizada regulada en el artículo 322 de esta Ley y a la Dirección General del Patrimonio del Estado.

Disposición Final segunda. Títulos competenciales . 1. Los artículos 21 y 50 se dictan al amparo de la regla 6.ª del artículo 149.1 de la Constitución, que atribuye al Estado la competencia sobre «legislación procesal, sin perjuicio de las necesarias especialidades que en este orden se deriven de las particularidades del derecho sustantivo de las Comunidades Autónomas».

---

46 Añadida por disp. final 5.4 de Real Decreto-ley nº 8/2013, de 28 de junio.

2. Los artículos que se indican a continuación se dictan al amparo de las competencias exclusivas que corresponden al Estado para dictar la legislación civil y mercantil en virtud de lo dispuesto en el artículo 149.1.6.ª y 8.ª, artículo 259.1, artículo 260.1 y 2, artículo 261.1, artículo 262, artículo 263 y artículo 264.

3. Los restantes artículos de la presente Ley constituyen legislación básica dictada al amparo del artículo 149.1.18.ª de la Constitución en materia de legislación básica sobre contratos administrativos y, en consecuencia, son de aplicación general a todas las Administraciones Públicas y organismos y entidades dependientes de ellas. No obstante, no tendrán carácter básico los siguientes artículos o partes de los mismos: letra a) del apartado 1 del artículo 15; letra a) del apartado 1 del artículo 16; apartados 1 a 5 del artículo 24; artículo 29.4; artículo 41.1 y 3; artículo 59.2; artículo 60.2.c); artículo 64; artículo 71; artículo 82; artículo 93; artículo 94; párrafo segundo del apartado 1 del artículo 95; segundo párrafo del apartado 3 y apartado 5 del artículo 109; artículo 111.2; letras a) y c) del apartado 2 del artículo 112; letras b) y c) del artículo 113.1; apartados 1 y 2 del artículo 114; apartados 4, 5 y 6 del artículo 115; artículo 116; apartados 1.e) y 4 del artículo 123; artículo 124; artículo 125; artículo 126; apartados e), g), h), i), j) y l) del artículo 136; segundo párrafo del apartado 3 del artículo 152; artículo 156; apartado 2 del artículo 205; artículo 206; artículo 207; artículo 211.2; apartados 3 a 8, ambos inclusive, del artículo 212; segundo inciso del artículo 222.2; apartados 3 y 5 del artículo 224; apartado 8 del artículo 227; artículo 229; artículo 230.2; artículo 232; apartado 1 del artículo 233; apartados 3, salvo la previsión de la letra b), y 4 del artículo 234; artículo 235; apartado 1 del artículo 241; artículo 244; artículo 248; apartados 2 y 3 del artículo 251; artículo 254; apartado 5 del artículo 255; artículo 256; artículo 260.6; artículo 261.2; artículo 287; artículo 290; apartados 2 y 3 del artículo 292; artículo 294; artículo 295; artículo 297; artículo 298; apartados 2 y 3 del artículo 300; apartado 3 del artículo 301; apartados 2 y 3 del artículo 309; apartados 3, 4, 5 y 6 del artículo 310; artículo 311; artículos 316 a 318; artículos 320 a 324, ambos inclusive; artículo 334; letra a) del apartado 1 de la disposición adicional primera; disposición adicional tercera; disposición adicional decimoséptima; disposición adicional vigésima; disposición adicional vigésimo primera; disposición adicional vigésimo segunda; disposición adicional vigésimo tercera; disposición adicional vigésimo quinta; disposición adicional trigésima; disposición adicional trigésimo primera; disposición transitoria tercera; disposición transitoria séptima; disposición transitoria octava; disposición final primera; disposición final tercera, disposición final cuarta, y disposición final quinta.

A los mismos efectos previstos en el párrafo anterior tendrán la consideración de mínimas las exigencias que para los contratos menores se establecen en el artículo 111.1 y tendrán la consideración de máximos los siguientes porcentajes, cuantías o plazos:

El porcentaje del 5 por 100 del artículo 95.1 y 2.

El porcentaje del 3 por 100 del artículo 103.2.

Las cuantías del artículo 138.3.

Los plazos de un mes establecidos en los apartados 2 y 4 del artículo 222.

Disposición Final tercera. Normas aplicables a los procedimientos regulados en esta Ley . 1. Los procedimientos regulados en esta Ley se regirán, en primer término, por los preceptos contenidos en ella y en sus normas de desarrollo y, subsidiariamente, por los de la Ley 30/1992, de 26 de noviembre, y normas complementarias.

2. En todo caso, en los procedimientos iniciados a solicitud de un interesado para los que no se establezca específicamente otra cosa y que tengan por objeto o se refieran a la reclamación de cantidades, el ejercicio de prerrogativas administrativas o a cualquier otra cuestión relativa de la ejecución, consumación o extinción de un contrato administrativo, una vez transcurrido el plazo previsto para su resolución sin haberse notificado ésta, el interesado podrá considerar desestimada su solicitud por silencio administrativo, sin perjuicio de la subsistencia de la obligación de resolver.

3. La aprobación de las normas procedimentales necesarias para desarrollar la presente Ley se efectuará por el Consejo de Ministros, a propuesta del Ministro de Economía y Hacienda y previo dictamen del Consejo de Estado.

Disposición Final cuarta. Habilitación normativa en materia de uso de medios electrónicos, informáticos o telemáticos, y uso de factura electrónica . 1. Se autoriza al Ministro de Economía y Hacienda para aprobar, previo dictamen del Consejo de Estado, las normas de desarrollo de la disposición adicional decimosexta que puedan ser necesarias para hacer plenamente efectivo el uso de medios electrónicos, informáticos o telemáticos en los procedimientos regulados en esta Ley.

2. Igualmente, el Ministro de Economía y Hacienda, mediante Orden, definirá las especificaciones técnicas de las comunicaciones de datos que deban efectuarse en cumplimiento de la presente Ley y establecerá los modelos que deban utilizarse.

3. El Consejo de Ministros, a propuesta de los Ministros de Economía y Hacienda y de Industria, Turismo y Comercio, adoptará las medidas necesarias para facilitar la emisión de facturas electrónicas por las personas y entidades que contraten con el sector público estatal, garantizando la gratuidad de los servicios de apoyo que se establezcan para las empresas cuya cifra de negocios en el año inmediatamente anterior y para el conjunto de sus actividades sea inferior al umbral que se fije en la Orden a que se refiere el párrafo anterior.

Disposición Final quinta. Fomento de la contratación precomercial . El Consejo de Ministros, mediante acuerdo, fijará dentro de los presupuestos de cada Departamento ministerial y de cada Organismo público vinculado con o dependiente de la Administración General del Estado, las cuantías necesariamente destinadas a la financiación de contratos a los que hace referencia el artículo 4.1.r) de esta Ley. Una parte de las mismas podrá reservarse a pequeñas y medianas empresas innovadoras.

Disposición Final sexta. Habilitación para el desarrollo reglamentario

Se habilita al Gobierno para, en el ámbito de sus competencias, dictar las disposiciones necesarias para el desarrollo y aplicación de lo establecido en esta Ley.

ANEXO I.

Actividades a que se refiere el apartado 1 del artículo 6

Nace					Código CPV
Sección F			Construcción		
División	Grupo	Clase	Descripción	Notas	
45			Construcción	Esta división comprende: • las construcciones nuevas, obras de restauración y reparaciones corrientes	45000000
	45.1		Preparación de obras		45100000
		45.11	Demolición de inmuebles y movimientos de tierras	Esta clase comprende: • la demolición y derribo de edificios y otras estructuras • la limpieza de escombros • los trabajos de movimiento de tierras: excavación,	45110000

				rellenado y nivelación de emplazamientos de obras, excavación de zanjas, despeje de rocas, voladuras, etc. • la preparación de explotaciones mineras: • obras subterráneas, despeje de montera y otras actividades de preparación de minas Esta clase comprende también: • el drenaje de emplazamientos de obras • el drenaje de terrenos agrícolas y forestales	
		45.12	Perforaciones y sondeos	Esta clase comprende: • las perforaciones, sondeos y muestreos con fines de construcción, geofísicos, geológicos u otros Esta clase no comprende: • la perforación de pozos de producción de petróleo y gas natural (véase 11.20) • la perforación de pozos hidráulicos (véase 45.25) • la excavación de pozos de minas (véase 45.25). • la prospección de yacimientos de petróleo y gas natural y los estudios geofísicos, geológicos o sísmicos (véase 74.20)	45120000
	45.2		Construcción general de inmuebles y obras de ingeniería civil		45200000
		45.21	Construcción general de edificios y obras singulares de	Esta clase comprende: • la construcción de todo tipo de edificios	45210000 Excepto: 45213316,

			ingeniería civil (puentes, túneles, etc.)	• la construcción de obras de ingeniería civil: • puentes (incluidos los de carreteras elevadas), viaductos, túneles y pasos subterráneos • redes de energía, comunicación y conducción de larga distancia • instalaciones urbanas de tuberías, redes de energía y de comunicaciones • obras urbanas anejas el montaje in situ de construcciones prefabricadas Esta clase no comprende: • los servicios relacionados con la extracción de gas y de petróleo (véase 11.20) • el montaje de construcciones prefabricadas completas a partir de piezas de producción propia que no sean de hormigón (véanse las divisiones 20, 26 y 28) • la construcción de equipamientos de estadios, piscinas, gimnasios, pistas de tenis, campos de golf y otras instalaciones deportivas, excluidos sus edificios (véase 45.23) • las instalaciones de edificios y obras (véase 45.3) • las actividades de arquitectura e ingeniería (véase 74.20) • la dirección de obras de construcción (véase 74.20)	45220000, 45231000, 45232000
		45.22	Construcción de cubiertas y estructuras de cerramiento	Esta clase comprende: • la construcción de tejados • la cubierta de tejados • la impermeabilización de edificios y balcones	45261000

		45.23	Construcción de autopistas, carreteras, campos de aterrizaje, vías férreas y centros deportivos	Esta clase comprende: • la construcción de autopistas, calles, carreteras y otras vías de circulación de vehículos y peatones • la construcción de vías férreas • la construcción de pistas de aterrizaje • la construcción de equipamientos de estadios, piscinas, gimnasios, pistas de tenis, campos de golf y otras instalaciones deportivas, excluidos sus edificios • la pintura de señales en carreteras y aparcamientos. Esta clase no comprende: • el movimiento de tierras previo (véase 45.11)	45212212 y DA0345230000 Excepto: 45231000 45232000 45234115
		45.24	Obras hidráulicas	Esta clase comprende: • la construcción de: • vías navegables, instalaciones portuarias y fluviales, puertos deportivos, esclusas, etc. • presas y diques • dragados • obras subterráneas	45240000
		45.25	Otras construcciones especializadas	Esta clase comprende: • las actividades de construcción que se especialicen en un aspecto común a diferentes tipos de estructura y que requieran aptitudes o materiales específicos: • obras de cimentación, incluida la hinca de pilotes construcción y perforación de pozos hidráulicos, excavación de pozos de minas	45250000 45262000

				• montaje de piezas de acero que no sean de producción propia • curvado del acero • montaje y desmantelamiento de andamios y plataformas de trabajo, incluido su alquiler • montaje de chimeneas y hornos industriales. Esta clase no comprende: • el alquiler de andamios sin montaje ni desmantelamiento (véase 71.32)	
	45.3		Instalación de edificios y obras.		45300000
		45.31	Instalación eléctrica	Esta clase comprende: • la instalación en edificios y otras obras de construcción de: • cables y material eléctrico • sistemas de telecomunicación • instalaciones de calefacción eléctrica • antenas de viviendas • alarmas contra incendios • sistemas de alarma de protección contra robos • ascensores y escaleras mecánicas • pararrayos, etc.	45213316 4531000 Excepto: 45316000
		45.32	Aislamiento térmico, acústico y antivibratorio	Esta clase comprende: • la instalación en edificios y otras obras de construcción de aislamiento térmico, acústico o antivibratorio. Esta clase no comprende: • la impermeabilización de edificios y balcones (véase 45.22)	45320000

		45.33	Fontanería	Esta clase comprende: • la instalación en edificios y otras obras de construcción de: • fontanería y sanitarios • aparatos de gas • aparatos y conducciones de calefacción, ventilación, refrigeración o aire acondicionado • la instalación de extintores automáticos de incendios. Esta clase no comprende: • la instalación y reparación de instalaciones de calefacción eléctrica (véase 45.31)	45330000
		45.34	Otras instalaciones de edificios y obras	Esta clase comprende: • la instalación de sistemas de iluminación y señalización de carreteras, puertos y aeropuertos • la instalación en edificios y otras obras de construcción de aparatos y dispositivos no clasificados en otra parte	45234115 45316000 45340000
	45.4		Acabado de edificios y obras		45400000
		45.41	Revocamiento	Esta clase comprende: • la aplicación en edificios y otras obras de construcción de yeso y estuco interior y exterior, incluidos los materiales de listado correspondientes	45410000
		45.42	Instalaciones de carpintería	Esta clase comprende: • la instalación de puertas, ventanas y marcos, cocinas equipadas, escaleras, mobiliario de trabajo y similares de madera u otros materiales, que no sean de producción propia	45420000

				• los acabados interiores, como techos, revestimientos de madera para paredes, tabiques móviles, etc. Esta clase no comprende: • los revestimientos de parqué y otras maderas para suelos (véase 45.43)	
		45.43	Revestimiento de suelos y paredes	Esta clase comprende: • la colocación en edificios y otras obras de construcción de: • revestimientos de cerámica, hormigón o piedra tallada para suelos • revestimientos de parqué y otras maderas para suelos • revestimientos de moqueta y linóleo para paredes y suelos, incluidos el caucho o los materiales plásticos • revestimientos de terrazo, mármol, granito o pizarra para paredes y suelos • papeles pintados	45430000
		45.44	Pintura y acristalamiento	Esta clase comprende: • la pintura interior y exterior de edificios • la pintura de obras de ingeniería civil • la instalación de cristales, espejos, etc. Esta clase no comprende: • la instalación de ventanas (véase 45.42)	45440000
		45.45	Otros acabados de edificios y obras	Esta clase comprende: • la instalación de piscinas particulares • la limpieza al vapor, con chorro de arena o similares, del exterior de los edificios	45212212 y DA04 45450000

				• otras obras de acabado de edificios no citadas en otra parte. Esta clase no comprende: • la limpieza interior de edificios y obras (véase 74.70)	
	45.5		Alquiler de equipo de construcción o demolición dotado de operario		45500000
		45.50	Alquiler de equipo de construcción o demolición dotado de operario	Esta clase no comprende: • el alquiler de equipo y maquinaria de construcción o demolición desprovisto de operario (véase 71.32)	45500000

Reglamento (CEE) n.° 3037/90 del Consejo, de 9 de octubre de 1990, relativo a la nomenclatura estadística de actividades económicas en la Comunidad Europea (DO L 293 de 24.10.1990, p. 1). Reglamento modificado en último lugar por el Reglamento (CEE) n.° 761/93 de la Comisión (DO L 83 de 3.4.1993, p. 1).

En caso de diferentes interpretaciones entre CPV y NACE, se aplicará la nomenclatura NACE.

ANEXO II.

Servicios a que se refiere el artículo 10

Categorías	Descripción	Número de referencia CPC	Número de referencia CPV
1	Servicios de mantenimiento y reparación.	6112, 6122, 633, 886.	De 50100000-6 a 50884000-5 (excepto de 50310000-1 a 50324200-4 y 50116510-9, 50190000-3, 50229000-6, 50243000-0) y de 51000000-9 a 51900000-1.
2	Servicios de transporte por vía terrestre, incluidos los servicios de furgones blindados y servicios de mensajería, excepto el transporte de correo.	712 (excepto 71235), 7512, 87304.	De 60100000-9 a 60183000-4 (excepto 60160000-7, 60161000-4, 60220000-6), y de 64120000-3 a 64121200-2.

3	Servicios de transporte aéreo: transporte de pasajeros y carga, excepto el transporte de correo.	73 (excepto 7321).	De 60410000-5 a 60424120-3 (excepto 60411000-2, 60421000-5), y 60500000-3 De 60440000-4 a 60445000-9.
4	Transporte de correo por vía terrestre y por vía aérea.	71235, 7321.	60160000-7, 60161000-4 60411000-2, 60421000-5.
5	Servicios de telecomunicación.	752.	De 64200000-8 a 64228200-2 72318000-7, y de 72700000-7 a 72720000-3.
6	Servicios financieros: a) servicios de seguros b) servicios bancarios y de inversión.	ex 81, 812, 814 7.	De 66100000-1 a 66720000-3.
7	Servicios de informática y servicios conexos.	84.	De 50310000-1 a 50324200-4 de 72000000-5 a 72920000-5 (excepto 72318000-7 y desde 72700000-7 a72720000-3), 79342410-4.
8	Servicios de investigación y desarrollo.	85.	De 73000000-2 a 73436000-7 (excepto 73200000-4, 73210000-7, 73220000-0.
9	Servicios de contabilidad, auditoría y teneduría de libros.	862.	De 79210000-9 a 79223000-3.
10	Servicios de investigación de estudios y encuestas de la opinión pública.	864.	De 79300000-7 a 79330000-6, y 79342310-9, 79342311-6.
11	Servicios de consultores de dirección y servicios conexos.	865, 866.	De 73200000-4 a 73220000-0 de 79400000-8 a 79421200-3 y 79342000-3, 79342100-4 79342300-6, 79342320-2 79342321-9, 79910000-6, 79991000-7 98362000-8.
12	Servicios de arquitectura; servicios de ingeniería y servicios integrados de ingeniería; servicios de	867.	De 71000000-8 a 71900000-7 (excepto 71550000-8) y 79994000-8.

	planificación urbana y servicios de arquitectura paisajista. Servicios conexos de consultores en ciencia y tecnología. Servicios de ensayos y análisis técnicos.		
13	Servicios de publicidad.	871.	De 79341000-6 a 79342200-5 (excepto 79342000-3 y 79342100-4.
14	Servicios de limpieza de edificios y servicios de administración de bienes raíces.	874, 82201 a 82206.	De 70300000-4 a 70340000-6, y de 90900000-6 a 90924000-0.
15	Servicios editoriales y de imprenta, por tarifa o por contrato.	88442.	De 79800000-2 a 79824000-6 De 79970000-6 a 79980000-7.
16	Servicios de alcantarillado y eliminación de desperdicios: servicios de saneamiento y servicios similares.	94.	De 90400000-1 a 90743200-9 (excepto 90712200-3 De 90910000-9 a 90920000-2 y 50190000-3, 50229000-6 50243000-0.
17	Servicios de hostelería y restaurante.	64.	De 55100000-1 a 55524000-9, y de 98340000-8 a 98341100-6.
18	Servicios de transporte por ferrocarril.	711.	De 60200000-0 a 60220000-6.
19	Servicios de transporte fluvial y marítimo.	72.	De 60600000-4 a 60653000-0, y de 63727000-1 a 63727200-3.
20	Servicios de transporte complementarios y auxiliares.	74.	De 63000000-9 a 63734000-3 (excepto 63711200-8, 63712700-0, 63712710-3, y de 63727000-1 a 63727200-3), y 98361000-1.
21	Servicios jurídicos.	861.	De 79100000-5 a 79140000-7.
22	Servicios de colocación y suministro de personal.	872.	Dc 79600000-0 a 79635000-4 (excepto 79611000-0, 79632000- 3, 79633000-0), y de 98500000-8 a 98514000-9.

23	Servicios de investigación y seguridad, excepto los servicios de furgones blindados.	873 (excepto 87304).	De 79700000-1 a 79723000-8.
24	Servicios de educación y formación profesional.	92.	De 80100000-5 a 80660000-8 (excepto 80533000-9, 80533100-0, 80533200-1.
25	Servicios sociales y de salud.	93.	79611000-0, y de 85000000-9 a 85323000-9 (excepto 5321000-5 y 85322000-2.
26	Servicios de esparcimiento, culturales y deportivos.	96.	De 79995000-5 a 79995200-7, y de 92000000-1 a 92700000-8 (excepto 92230000-2, 92231000-9, 92232000-6.
27	Otros servicios.		

En caso de diferentes interpretaciones entre CPV y CPC, se aplicará la nomenclatura CPC.

Nomenclatura CPC (versión provisional) empleada para definir el ámbito de aplicación de la Directiva 92/50/CEE.

Exceptuando los servicios de transporte por ferrocarril incluidos en la categoría 18.

Exceptuando los servicios financieros relativos a la emisión, compra, venta y transferencia de títulos u otros instrumentos financieros, y los servicios prestados por los bancos centrales. Quedan también excluidos los servicios que consistan en la adquisición o el arrendamiento, independientemente del sistema de financiación, de terrenos, edificios ya existentes u otros bienes inmuebles, o relativos a derechos sobre estos bienes; no obstante, los servicios financieros prestados, bien al mismo tiempo, bien con anterioridad o posterioridad al contrato de adquisición o de arrendamiento, en cualquiera de sus formas, se regularán por lo dispuesto en la presente Directiva.

Exceptuando los servicios de investigación y desarrollo distintos de aquellos cuyos resultados corresponden al poder adjudicador y/o a la entidad adjudicadora para su uso exclusivo, siempre que este remunere íntegramente la prestación del servicio.

Exceptuando los servicios de arbitraje y conciliación.

Exceptuando los contratos de trabajo.

Exceptuando los contratos para la compra, el desarrollo, la producción o la coproducción de material de programación por parte de los organismos de radiodifusión y los contratos relativos al tiempo de radiodifusión.

ANEXO III.

Lista de productos contemplados en la letra a) del apartado 1 del artículo 15, en lo que se refiere a los contratos de suministros adjudicados por órganos de contratación del sector de la defensa

Capítulo 25: Sal; azufre; tierras y piedras; yesos, cales y cementos.

Capítulo 26: Minerales, escorias y cenizas.

Capítulo 27: Combustibles minerales, aceites minerales y productos de su destilación; materias bituminosas; ceras minerales, excepto:

Ex 27.10: carburantes especiales.

Capítulo 28: Productos químicos inorgánicos; compuestos inorgánicos u orgánicos de los metales preciosos, de los elementos radiactivos, de los metales de las tierras raras o de isótopos, excepto:

Ex 28.09: explosivos.

Ex 28.13: explosivos.

Ex 28.14: gases lacrimógenos.

Ex 28.28: explosivos.

Ex 28.32: explosivos.

Ex 28.39: explosivos.

Ex 28.50: productos toxicológicos.

Ex 28.51: productos toxicológicos.

Ex 28.54: explosivos.

Capítulo 29: Productos químicos orgánicos, excepto:

Ex 29.03: explosivos.

Ex 29.04: explosivos.

Ex 29.07: explosivos.

Ex 29.08: explosivos.

Ex 29.11: explosivos.

Ex 29.12: explosivos.

Ex 29.13: productos toxicológicos.

Ex 29.14: productos toxicológicos.

Ex 29.15: productos toxicológicos.

Ex 29.21: productos toxicológicos.

Ex 29.22: productos toxicológicos.

Ex 29.23: productos toxicológicos.

Ex 29.26: explosivos.

Ex 29.27: productos toxicológicos.

Ex 29.29: explosivos.

Capítulo 30: Productos farmacéuticos.

Capítulo 31: Abonos.

Capítulo 32: Extractos curtientes o tintóreos; taninos y sus derivados; pigmentos y demás materias colorantes; pinturas y barnices; mástiques; tintas.

Capítulo 33: Aceites esenciales y resinoides; preparaciones de perfumería, de tocador o de cosmética.

Capítulo 34: Jabones, agentes de superficie orgánicos, preparaciones para lavar, preparaciones lubricantes, ceras artificiales, ceras preparadas, productos de limpieza, velas y artículos similares, pastas para modelar, ceras para odontología y preparaciones para odontología a base de yeso.

Capítulo 35: Materias albuminóideas; colas; enzimas.

Capítulo 37: Productos fotográficos o cinematográficos.

Capítulo 38: Productos diversos de las industrias químicas, excepto:

Ex 38.19: productos toxicológicos.

Capítulo 39: Materias plásticas, éteres y ésteres de la celulosa, resinas artificiales y manufacturas de estas materias, excepto:

Ex 39.03: explosivos.

Capítulo 40: Caucho natural o sintético, caucho facticio y manufacturas de caucho, excepto:

Ex 40.11: neumáticos para automóviles.

Capítulo 41: Pieles y cueros.

Capítulo 42: Manufacturas de cuero; artículos de guarnicionería o de talabartería; artículos de viaje, bolsos de mano y continentes similares; manufacturas de tripa.

Capítulo 43: Peletería y confecciones de peletería; peletería artificial o facticia.

Capítulo 44: Madera, carbón vegetal y manufacturas de madera.

Capítulo 45: Corcho y sus manufacturas.

Capítulo 46: Manufacturas de espartería o de cestería.

Capítulo 47: Materias destinadas a la fabricación de papel.

Capítulo 48: Papel y cartón; manufacturas de pasta de celulosa, de papel o de cartón.

Capítulo 49: Artículos de librería y productos de las artes gráficas.

Capítulo 65: Sombreros y demás tocados, y sus partes.

Capítulo 66: Paraguas, quitasoles, bastones, látigos, fustas y sus partes.

Capítulo 67: Plumas y plumón preparados y artículos de plumas o plumón; flores artificiales; manufacturas de cabello.

Capítulo 68: Manufacturas de piedra, yeso fraguable, cemento, amianto (asbesto), mica o materias análogas.

Capítulo 69: Productos cerámicos.

Capítulo 70: Vidrio y sus manufacturas.

Capítulo 71: Perlas finas, piedras preciosas o semipreciosas, metales preciosos, chapados de metal precioso (plaqué) y manufacturas de estas materias; bisutería.

Capítulo 73: Fundición, hierro y acero.

Capítulo 74: Cobre.

Capítulo 75: Níquel.

Capítulo 76: Aluminio.

Capítulo 77: Magnesio, berilio.

Capítulo 78: Plomo.

Capítulo 79: Cinc.

Capítulo 80: Estaño.

Capítulo 81: Otros metales comunes.

Capítulo 82: Herramientas, artículos de cuchillería y cubiertos de mesa, de metal común, excepto:

Ex 82.05: herramientas.

Ex 82.07: piezas de herramientas.

Capítulo 83: Manufacturas diversas de metal común.

Capítulo 84: Calderas, máquinas, aparatos y artefactos mecánicos, excepto:

Ex 84.06: motores.

Ex 84.08: los demás propulsores.

Ex 84.45: máquinas.

Ex 84.53: máquinas automáticas de tratamiento de la información.

Ex 84.55: piezas del núm. 84.53.

Ex 84.59: reactores nucleares.

Capítulo 85: Máquinas y aparatos eléctricos y objetos que sirvan para usos electrotécnicos, excepto:

Ex 85.13: telecomunicaciones.

Ex 85.15: aparatos de transmisión.

Capítulo 86: Vehículos y material para vías férreas, aparatos de señalización no eléctricos para vías de comunicación, excepto:

Ex 86.02: locomotoras blindadas.

Ex 86.03: las demás locomotoras blindadas.

Ex 86.05: vagones blindados.

Ex 86.06: vagones taller.

Capítulo 87: Vehículos automóviles, tractores, velocípedos y demás vehículos terrestres, excepto:

Ex 87.08: tanques y demás vehículos automóviles blindados.

Ex 87.01: tractores.

Ex 87.02: vehículos militares.

Ex 87.03: vehículos para reparaciones.

Ex 87.09: motocicletas.

Ex 87.14: remolques.

Capítulo 89: Navegación marítima y fluvial, excepto:

Ex 89.01A: barcos de guerra.

Capítulo 90: Instrumentos y aparatos de óptica, fotografía o cinematografía, de medida, control o de precisión; instrumentos y aparatos medicoquirúrgicos, excepto:

Ex 90.05: binoculares.

Ex 90.13: instrumentos diversos, láser.

Ex 90.14: telémetros.

Ex 90.28: instrumentos de medida eléctricos o electrónicos.

Ex 90.11: microscopios.

Ex 90.17: instrumentos médicos.

Ex 90.18: aparatos para mecanoterapia.

Ex 90.19: aparatos para ortopedia.

Ex 90.20: aparatos de rayos X.

Capítulo 91: Relojería.

Capítulo 92: Instrumentos musicales, aparatos de grabación o reproducción de sonido, aparatos de grabación o reproducción de imágenes y sonido en televisión, y las partes y accesorios de estos aparatos.

Capítulo 94: Muebles; mobiliario medicoquirúrgico; artículos de cama y similares, excepto:

Ex 94.01A: asientos para aeronaves.

Capítulo 95: Materias para tallar o moldear, trabajadas (incluidas las manufacturas).

Capítulo 96: Manufacturas de cepillería, brochas y pinceles, escobas, borlas, tamices, cedazos y cribas.

Capítulo 98: Manufacturas diversas.

GUATEMALA

I. LEY DE CONTRATACIONES DEL ESTADO, DECRETO 57-92 DEL CONGRESO DE LA REPÚBLICA

TITULO I

CAPITULO UNICO. DISPOSICIONES GENERALES

Artículo 1. Objeto[1]**.** La compra, venta y contratación de bienes, suministros, obras y servicios que requieran los organismos del Estado, sus entidades descentralizadas y autónomas, unidades ejecutoras, las municipalidades y las empresas públicas estatales o municipales, se sujetan a la presente ley y su reglamento. Las donaciones que a favor del Estado, sus dependencias, instituciones o municipalidades hagan personas, entidades, asociaciones u otros Estados o Gobiernos extranjeros, se regirán únicamente por lo convenido entre las partes. Si tales entidades o dependencias tienen que hacer alguna aportación, a excepción de las municipalidades, previamente oirán al Ministerio de Finanzas Públicas.

En lo relativo a lo dispuesto en convenios y tratados internacionales de los cuales la República de Guatemala sea parte, las disposiciones contenidas en la presente ley y reglamentos de la materia, se aplicarán en forma complementaria, siempre y cuando no contradigan los mismos.

Artículo 2. Negociaciones entre las entidades del sector público. Se autoriza la adquisición de bienes, servicios personales y no personales y de suministros entre las dependencias de los organismos del Estado y entre éstas y las entidades descentralizadas, autónomas, unidades ejecutoras y las municipalidades, las cuales se regulan conforme lo establezca el reglamento de esta ley.

Artículo 3. Disponibilidades Presupuestarias. Los organismos del Estado, entidades descentralizadas y autónomas, unidades ejecutoras y las municipalidades a que se refiere el artículo primero, podrán solicitar ofertas aun si no se cuenta con las asignaciones presupuestarias que permitan cubrir los pagos. Para la adjudicación definitiva y firma del contrato, sí se requerirá la existencia de partidas presupuestarias. Solicitadas las ofertas no podrá transferirse la asignación presupuestaria para otro destino, salvo que se acredite que los recursos no serán utilizados durante el ejercicio fiscal en vigor. Cuando el contrato continúe vigente durante varios ejercicios fiscales, la entidad contratante debe asegurar las asignaciones presupuestarias correspondientes.

La contravención a lo dispuesto por el presente artículo, hace responsables a los funcionarios o empleados correspondientes de lo establecido en el Artículo 83 de la presente ley, sin perjuicio de las demás responsabilidades a que haya lugar.

Artículo 4. Programación de negociaciones. Para la eficaz aplicación de la presente ley, las entidades públicas, antes del inicio del ejercicio fiscal, deberán programar las compras, suministros y contrataciones que tengan que hacerse durante el mismo.

Artículo 5. Bienes y suministros importados. Los organismos del Estado y las entidades a que se refiere el Artículo 1 de esta ley, podrán, por excepción, importar bienes directamente cuando:

---

1 Reformado por el Artículo 2, del Decreto Del Congreso N° 11-2006 el 30-05-2006

a) El valor en cada caso no exceda del monto establecido para adquisiciones por el régimen de cotización;

b) No se produzcan en el país, o se produzcan en cantidad insuficiente para la necesidad respectiva;

c) No haya existencia de procedencia importada, ni representantes de proveedores o distribuidores debidamente acreditados en el mercado nacional, o que, habiéndolos, el precio de importarlos directamente, incluyendo derechos aduanales, impuestos, seguros, pasajes, viáticos y demás gastos atribuibles, sea más bajo que el que tengan los mismos bienes en el mercado nacional.

Tratándose de suministro de bienes importados deberá tomarse en cuenta la tasa de cambio para la compra de divisas, vigente ocho (8) días antes de la presentación de la oferta. El reglamento determinará específicamente lo relativo a la aplicación de este artículo y sus limitaciones.

Artículo 6. Precios unitarios y totales. Las ofertas y contratos que se presenten y/o suscriban, para el suministro de bienes y servicios, para la contratación de obras, deben contener el precio unitario de cada uno de los renglones que lo integran, expresados en quetzales, tanto en número como en letras, cuando corresponda.

Artículo 7. Fluctuación de precios. Se entiende por fluctuación de precios el cambio en más (incremento) o en menos (decremento) que sufran los costos de los bienes, suministros, servicios y obras, sobre la base de los precios que figuran en la oferta de adjudicatarios e incorporados al contrato; los que se reconocerán por las partes y los aceptarán para su pago o para su deducción.

Tratándose de bienes importados se tomará como base, además, el diferencial cambiario y las variaciones de costos. En todo caso se seguirá el procedimiento que establezca el reglamento de la presente ley.

Artículo 8. Índices y actualización de precios y salarios. El Instituto Nacional de Estadística elaborará y publicará mensualmente en el Diario Oficial, los índices de precios y de salarios que se requieran. Los ministerios de Estado, las entidades descentralizadas y las autónomas, en el área que a cada uno corresponda, quedan obligados a proporcionar a dicho instituto la información necesaria para la determinación de los índices. En el caso de bienes importados, la autoridad contratante podrá utilizar los índices de los países respectivos, de conformidad con el procedimiento que se establezca en el reglamento de esta ley. El Instituto Nacional de Estadística mantendrá, además, actualizados los precios de los bienes y servicios nacionales y extranjeros, los que deberán ser consultados para los efectos de la presente ley.

TITULO II

CAPITULO UNICO. ORGANOS COMPETENTES

Artículo 9. Autoridades Superiores[2]. Corresponde la designación de los integrantes de la Junta de Licitación y la aprobación de la adjudicación de toda licitación, a las autoridades superiores siguientes:

1. Para los organismos legislativo y judicial:

1.1 Cuando el monto no exceda de novecientos mil quetzales (Q. 900,000.00) al Presidente del Organismo Legislativo o del Organismo Judicial.

1.2 Cuando el monto exceda de novecientos mil quetzales (Q.900,000.00) al órgano administrativo superior del Organismo.

2. Para la corte de constitucionalidad y el tribunal supremo electoral:

2.1 Cuando el monto no exceda de novecientos mil quetzales (Q.900,000.00) al Presidente de la Corte de Constitucionalidad o al Presidente del Tribunal Supremo Electoral, respectivamente.

2.2 Cuando el monto exceda de novecientos mil quetzales (Q.900,000.00) al Pleno de la Corte de Constitucionalidad o del Tribunal Supremo Electoral, en su caso.

3. Para las dependencias o entidades del organismo ejecutivo, sin personalidad jurídica:

---

2 Reformado por el Artículo 1 del Decreto Del Congreso N° 34-2001 el 07-08-2001.

3.1 A las que forman parte de un ministerio, al Ministro del ramo;

3.2 A las que no forman parte de un ministerio, a la autoridad Administrativa Superior;

3.3 A las unidades ejecutoras:

3.3.1 Al Director Ejecutivo, Gerente o funcionario equivalente, cuando el monto no exceda de novecientos mil (Q.900,000.00).

3.3.2 Al Ministro del ramo, cuando el monto exceda de novecientos mil quetzales (Q.900,000.00).

4. Para las entidades estatales con personalidad jurídica, descentralizadas y autónomas.

4.1 Al Gerente o funcionario equivalente, cuando el valor total no exceda de novecientos mil quetzales (Q.900,000.00).

4.2 A la Junta Directiva, autoridad máxima, o en su caso, quien ejerza las funciones de ellas, cuando el valor total exceda de novecientos mil quetzales (Q.900,000.00).

5. Para las municipalidades y sus empresas ubicadas en las cabeceras departamentales

5.1 Al Alcalde o al Gerente, según sea el caso, cuando el monto no exceda de novecientos mil quetzales (Q.900,000.00).

5.2 A la Corporación municipal o a la autoridad máxima de la empresa, cuando el valor total exceda de novecientos mil quetzales (Q.900,000.00).

6. Para las municipalidades y sus empresas ubicadas fuera de las cabeceras departamentales

6.1 Al Alcalde o al Gerente, según sea el caso, cuando el monto no exceda de novecientos mil quetzales (Q. 900,000.00).

6.2 A la Corporación municipal o a la autoridad máxima de la empresa, cuando el valor total exceda de novecientos mil quetzales (Q 900,000.00).

Cuando se trate de negociaciones que se financien con recursos provenientes de préstamos otorgados por el Instituto de Fomento Municipal o de entidades financieras del exterior a la Corporación Municipal, previo dictamen favorable de dicho Instituto, pero si el mismo no evacua la consulta o emite el dictamen correspondiente en un plazo de 30 días, contados a la fecha de recibido el expediente, se entenderá que su opinión es favorable.

Artículo 10. Juntas de licitación y cotización.. La Junta de Licitación y/o Junta de Cotización, son el único órgano competente, respectivamente, para recibir, calificar ofertas y adjudicar el negocio.

Artículo 11. Integración de la Junta de Licitación., Se integrará con un número de cinco miembros, nombrados por la autoridad administrativa superior, de preferencia entre servidores públicos de la entidad contratante. Si la entidad no cuenta con personal idóneo, podrá nombrarse a servidores públicos de otras dependencias del Estado que tenga experiencia en la materia de que se trate. La junta tomará sus decisiones por mayoría del total de sus miembros, quienes no podrán abstenerse de votar, dejando constancia en acta de lo actuado.

Artículo 12. Impedimentos. No podrán ser miembros de las Juntas de Licitación, quienes tengan los impedimentos siguientes:

a) Ser parte en el asunto.

b) Haber sido representante legal, Gerente o empleado o alguno de sus parientes, asesor, abogado o perito, en el asunto o en la empresa ofertante.

c) Tener él o alguno de sus parientes, dentro de los grados de ley, interés directo o indirecto en el asunto.

d) Tener parentesco dentro de los grados de ley, con alguna de las partes.

e) Ser pariente dentro de los grados de ley, de la autoridad superior de la institución.

f) Haber aceptado herencia, legado o donación de alguna de las partes.

g) Ser socio o partícipe con alguna de las partes.

h) Haber participado en la preparación del negocio, en cualquier fase.

Artículo 13. Excusas.. No podrán ser miembros de las Juntas de Licitación, y deberán excusarse, en los casos siguientes:

a) Cuando tengan amistad íntima o relaciones con alguna de las partes, que según las pruebas y circunstancias hagan dudar de la imparcialidad.

b) Cuando el integrante o sus descendientes tengan concertado matrimonio con alguna de las partes, o con parientes consanguíneos de alguna de ellas.

c) Cuando el integrante viva en la misma casa con alguna de las partes, exceptuándose el caso de hoteles o pensiones.

d) Cuando el integrante haya intervenido en el asunto que se convoque.

e) Cuando el integrante o sus parientes dentro de los grados de ley, hayan sido tutores, protutores, guardadores, mandantes o mandatarios de alguna de las partes o de sus descendientes, cónyuges o hermanos.

f) Cuando la esposa o los parientes consanguíneos del integrante hayan aceptado herencia, legado o donación de alguna de las partes.

g) Cuando alguna de las partes sea comensal o dependiente del integrante o éste de aquellas.

h) Cuando el integrante, su esposa, descendientes, ascendientes o hermanos y alguna de las partes hayan otorgado un contrato escrito del que resulte una relación jurídica que aproveche o dañe al integrante o a cualquiera de sus parientes mencionados.

i) Cuando el integrante, su esposa o parientes consanguíneos tengan juicio pendiente con alguna de las partes o lo haya tenido un año antes.

j) Cuando el integrante, antes de adjudicar, haya externado opinión en el asunto que se ventila.

k) Cuando el asunto pueda resultar daño o provecho para los intereses del integrante, su esposa o alguno de sus parientes consanguíneos.

l) Cuando el integrante, su esposa, o alguno de sus parientes consanguíneos tengan enemistad grave con alguna de las partes. Se presume que hay enemistad grave por haber dañado o intentado dañar unas de las partes al integrante o éste a cualquiera de aquellos, en sus personas, su honor o sus bienes, o a los parientes de unos y otros mencionados en este inciso. A todas las causales expresadas en el presente artículo, comprenden también a los Abogados y representantes de las partes.

Artículo 14. Recusación. Son causas de recusación, como integrante de Junta de Licitación, las mismas de los impedimentos y de las excusas.

Artículo 15. Integración de la Junta de Cotización. La Junta de Cotización se integrará con tres miembros que sean servidores públicos de la entidad contratante, nombrados por la autoridad administrativa superior.

Artículo 16. Competencia de la Junta de Cotización.. La Junta de Cotización tendrá competencia para recibir, calificar y adjudicar la cotización. Sus decisiones las tomará por mayoría de sus miembros, quienes no podrán abstenerse de votar, dejando constancia en acta de lo actuado.

La Junta de Cotización tendrá las mismas facultades, atribuciones, responsabilidades y obligaciones que se fijan para la Junta de Licitación.

TITULO III.

REGIMEN DE LICITACION Y COTIZACION PÚBLICA

CAPITULO I.

REGIMEN DE LICITACION

Artículo 17. Monto.. Cuando el monto total de los bienes, suministros y obras, exceda de las cantidades establecidas, en el artículo 38, la compra o contratación deberá hacerse por Licitación Pública, salvo los casos de excepción que indica la presente ley, en el capítulo III del Título III. Si no excede de dicha suma, se sujetará a los requisitos de cotización o a los de compra directa, conforme se establece en esta ley y en su reglamento.

Artículo 18. Documentos de licitación. Para llevar a cabo la Licitación Pública, deberán elaborarse, según el caso, los documentos siguientes:

1. Bases de Licitación.
2. Especificaciones generales.
3. Especificaciones técnicas.
4. Disposiciones especiales, y
5. Planos de construcción, cuando se trate de obras.

Artículo 19. Requisitos de las bases de licitación. Las bases de licitación, según el caso, deberán contener como mínimo lo siguiente:

1. Condiciones que deben reunir los oferentes.
2. Características generales y específicas, cuando se trate de bienes y/o servicios.
3. Lugar y forma en donde será ejecutada la obra, entregados los bienes o prestado los servicios.
4. Listado de documentos que debe contener la plica, en original y copias requeridas, una de las cuales será puesta a disposición de los oferentes.
5. Indicación de que el oferente deberá constituir, según el caso, las garantías a que se refiere el Título V, Capítulo Único de la presente ley.
6. En casos especiales y cuando la autoridad superior lo considere oportuno, las garantías que deberá constituir el contratista, con indicación de los riesgos a cubrir, su vigencia y montos.
7. Forma de pago de la obra, de los bienes y servicios.
8. Porcentaje de anticipo y procedimiento para otorgarlo, cuando este se conceda.
9. Lugar, dirección exacta, fecha y hora en que se efectuará la diligencia de presentación, recepción y apertura de plicas.
10. Declaración Jurada de que el oferente no es deudor moroso del Estado ni de las entidades a las que se refiere el Artículo 1, de esta ley, o en su defecto, compromiso formal de que, en caso de adjudicársele la negociación, previo a la suscripción de contrato acreditará haber efectuado el pago correspondiente.
11. Indicación de la forma de integración de precios unitarios por renglón.
12. Criterios que deberán seguir la Junta de Licitación para calificar las ofertas recibidas.
13. Indicación de los requisitos que se consideren fundamentales; y
14. Modelo de oferta y proyecto de contrato.

Los requisitos anteriores también regirán en lo que fuere aplicable para los efectos de cotización, elaboración de términos de referencia y contratación en los casos de excepción comprendidos en el Artículo 44 de esta ley. El reglamento desarrollará los requisitos para casos específicos.

Artículo 19 Bis. Modificaciones a las bases de licitación[3]. Modificaciones a las bases de licitación. Cuando una entidad contratante, en el curso de una licitación, modifique los requisitos o criterios de las bases de licitación referidos en el artículo 19 anterior, transmitirá a todos los oferentes, concursantes y proveedores que estén participando en la licitación, las modificaciones realizadas, por escrito y por los medios más expeditos posibles, incluyendo el Sistema de Información de Contrataciones y Adquisiciones del Estado de Guatemala -GUATECOMPRAS-.

Los oferentes, concursantes y proveedores que estén participando en la licitación y que reciban las modificaciones, contarán con un tiempo razonable, no menor de ocho (8) días hábiles, para modificar y volver a presentar sus ofertas.

Artículo 20. Especificaciones generales, técnicas, disposiciones especiales y planos de construcción[4]. La autoridad superior velará porque las especificaciones generales, técnicas, dispo-

---

3 Adicionado el Artículo 19 BIS, por artículo 3 del Decreto N° 11-2006 del Congreso de la República de Guatemala.

4 Adicionado el párrafo segundo por el Artículo 4, del Decreto Del Congreso N° 11-2006 el 30-05-2006

siciones especiales o planos de construcción, sean congruentes o se ajusten al contenido de las bases y con las necesidades que motiven la contratación.

En el reglamento de esta ley se determinará todo lo relativo a esta materia.

La entidad licitante o contratante no deberá fijar especificaciones técnicas o disposiciones especiales que requieran o hagan referencia a determinadas marcas, nombres comerciales, patentes, diseños, tipos, orígenes específicos, productores o proveedores, salvo que no exista otra manera suficientemente precisa y comprensible para describir los requisitos de la licitación o contratación, y siempre que en tales casos, se incluyan en las especificaciones, requisitos y documentos de licitación o contratación, expresiones como: o equivalente, o semejante, o similar, o análogo.

Artículo 21. Aprobación de los documentos de licitación. Los documentos a que se refiere el Artículo 18 de esta ley, deberán ser aprobados por la autoridad administrativa superior de la dependencia, previo los dictámenes técnicos que determinen el reglamento. En todo caso se respetarán los Convenios y Tratados Internacionales acordados entre las partes, si fuere el caso.

Artículo 22. Entrega de bases. Las bases se entregarán a quien las solicite, siempre que se acredite estar inscrito en el Registro de Precalificados correspondiente y demuestre haber efectuado el pago correspondiente establecido en el Reglamento, el cual en ningún caso excederá del cero punto cero cinco por ciento (0.05%) del monto.

Artículo 23. Publicaciones[5]. Las convocatorias a licitar se publicarán por lo menos dos veces en el diario oficial y dos veces en otro de mayor circulación, así como en el Sistema de Información de Contrataciones y Adquisiciones del Estado de Guatemala GUATECOMPRAS-, dentro de un plazo no mayor de quince (15) días hábiles entre ambas publicaciones.

Entre la última publicación y el día fijado para la presentación y recepción de ofertas, deberá mediar un plazo no menor de cuarenta (40) días.

En lo relativo a lo dispuesto en convenios y tratados internacionales de los cuales la República de Guatemala sea parte, las disposiciones contenidas en los mismos se aplicaran en forma complementaria, siempre y cuando no contradigan el contenido del presente artículo.

Artículo 24. Presentación de ofertas y apertura de plicas. Las ofertas y demás documentos de licitación deberán entregarse directamente a la Junta de Licitación, en el lugar, dirección, fecha, hora y en la forma que señalen las bases. Transcurridos treinta (30) minutos de la hora señalada para la presentación y recepción de ofertas, no se aceptará alguna más y se procederá al acto público de apertura de plicas. De todo lo actuado se levantará el acta correspondiente en forma simultánea.

Artículo 25. Presentación de una sola oferta por persona. Cada persona individual o jurídica, nacional o extranjera, podrá presentar una sola oferta. En ningún caso se permitirá a un compareciente la representación de más de un oferente. Quien actúe por sí no puede participar representando a un tercero.

Si se determinare la existencia de colusión entre oferentes, serán rechazadas las ofertas involucradas, sin perjuicio de la adopción de las medidas que determine el reglamento de la presente ley.

Artículo 26. Declaración jurada. Los oferentes que participen en las licitaciones, cotizaciones y quienes estuvieran comprendidos en los casos de excepción contemplados en esta ley, presentará junto con la oferta, declaración jurada de no estar comprendidos en ninguno de los casos a que se refiere el Artículo 80 de esta ley. Si se descubriere falsedad en la declaración, la autoridad a que corresponda la adjudicación descalificará a aquel oferente, sin perjuicio de poner el hecho en conocimiento de los tribunales de justicia.

En caso de que la falsedad de la declaración fuere descubierta estando en ejecución o terminando el servicio o la obra respectiva, los adjudicatarios responderán por los daños o perjuicios

---

5 Reformado y adicionado el segundo párrafo por el Artículo 5, del Decreto Del Congreso Nº 11-2006 el 30-05-2006

que se produzcan por tal causa, aplicándoles las sanciones previstas en la presente ley y trasladando lo conducente a los tribunales de justicia.

Artículo 27. Aclaraciones y muestras. La Junta podrá exigir a los oferentes las aclaraciones y muestras que considere pertinentes, aun cuando no estuviere incluido este requisito en las bases, siempre que sea económica y físicamente posible.

Artículo 28. Criterios de calificación de ofertas. Para determinar cuál es la oferta más conveniente y favorable para los intereses del Estado, se utilizarán los criterios siguientes: calidad, precio, tiempo, características y demás condiciones que se fijan en las bases en los cuales también se determinará el porcentaje en que se estimara cada uno de los referidos elementos, salvo que en estas se solicite únicamente el precio, en cuyo caso, la decisión se tomará con base en el precio más bajo. Cuando se trate de obras, la junta tomará en cuenta el costo total oficial estimado.

Artículo 29. Integración del precio oficial. Tratándose de obras, después de la apertura de plicas, la Junta de Licitación calculará en definitiva el costo total oficial estimado que servirá de base para fijar la franja de fluctuación y lo dará a conocer de inmediato a los oferentes. Para este cálculo tomará el cuarenta por ciento (40%) del costo estimado por la entidad interesada, al cual se sumará el sesenta por ciento (60%) del promedio del costo de las ofertas presentadas que cumplan con los requisitos fundamentales de las bases y que estén comprendidas dentro de la franja del veinticinco por ciento (25%) arriba y el veinticinco por ciento (25%) abajo del costo estimado por dicha entidad.

Los límites máximos de fluctuación con respecto al costo total oficial estimado, se establecen en un diez por ciento (10%) hacia arriba y en un quince por ciento (15%) hacia abajo.

Los porcentajes indicados en más y en menos respecto al costo total oficial estimado, darán la franja límite entre la cual deberán estar comprendidas las ofertas para que sean aceptadas por las juntas para su calificación. Las ofertas recibidas que estén fuera de la franja establecida serán descalificadas.

El costo estimado por la entidad interesada será aprobado por la autoridad administrativa superior de dicha entidad, el cual debe darse a conocer después de la presentación de ofertas y antes de abrir la primera plica. De los errores que se detecten en el cálculo de este costo, serán responsables quienes lo elaboraron. Estas infracciones se sancionarán de conformidad con lo dispuesto en los Artículos 83 y 87 de la presente ley.

En el acta que se levante deberán hacerse constar los extremos a que se refiere el presente Artículo, en su orden.

Artículo 30. Rechazo de ofertas. La Junta de Licitación rechazará, sin responsabilidad de su parte, las ofertas que no se ajusten a los requisitos fundamentales definidos como tales en las bases o cuando los precios, calidades u otras condiciones ofrecidas sean inconvenientes para los intereses del Estado. Los requisitos no fundamentales contemplados en las bases podrán satisfacerse en la propia oferta o dentro del plazo común que fije la Junta. Dentro de este mismo plazo se llenará los requisitos formales que no se hubieren cumplido satisfactoriamente al presentar la oferta.

Artículo 31. Un sólo oferente. Si a la convocatoria a la Licitación se presentare únicamente un oferente, a este se podrá adjudicar la misma, siempre que a juicio de la Junta de Licitación la oferta satisfaga los requisitos exigidos en las bases y que la proposición sea conveniente para los intereses del Estado. En caso contrario, la Junta está facultada para abstenerse de adjudicar.

Artículo 32. Ausencia de ofertas. En el caso de que a la convocatoria a la Licitación no concurriere ningún oferente, la Junta levantará el acta correspondiente y lo hará del conocimiento de la autoridad administrativa superior respectiva, para que se prorrogue el plazo para recibir ofertas. Si aun así no concurriere algún oferente, la autoridad superior quedará facultada a realizar la compra directa a que se refiere el Artículo 43 de esta ley.

Artículo 33. Adjudicación. Dentro del plazo que señalen las bases, la Junta adjudicará la Licitación al oferente que ajustándose a los requisitos y condiciones de las bases, haya hecho la proposición más conveniente para los intereses del Estado. La Junta hará también una calificación de los oferentes que clasifiquen sucesivamente. En el caso de que el adjudicatario no suscribiere el contrato, la negociación podrá llevarse a cabo con solo el subsiguiente clasificado en su orden.

Artículo 34. Adjudicación parcial. La Junta, cuando proceda, adjudicará parcialmente la Licitación: a) Si así se estableció en las bases; b) Siempre que convenga a los intereses del Estado; c) Atendiendo a la naturaleza de los bienes, suministros, obras o servicios; d) Si no forma parte de una obra unitaria.

Artículo 35. Notificación. Dentro del plazo de tres días de dictaminada la resolución razonada, la Junta deberá hacer la respectiva notificación a cada uno de los oferentes.

Artículo 36. Aprobación de la adjudicación. Dentro del plazo de dos (2) días siguientes a que quede firme lo resuelto por la Junta, esta cursará el expediente a la autoridad superior, la que aprobará o improbará lo actuado y en este último caso, con exposición razonada, ordenará su revisión con base en las observaciones que formule. Si se ordenare la revisión, dentro del plazo dc dos (2) días el expediente volverá a la Junta, la que revisará la evaluación y hará la adjudicación dentro del plazo de cinco (5) días de recibido el expediente. La Junta podrá confirmar o modificar su decisión, en forma razonada. Devuelto el expediente a la autoridad superior, ésta aprobará lo actuado por la Junta, quedando a salvo el derecho de prescindir. Tanto la aprobación como la improbación, la hará la autoridad superior dentro del plazo de cinco (5) días de recibido el expediente.

Artículo 37. Derecho de prescindir[6]. Los organismos del Estado y las entidades a que se refiere el Artículo 1 de esta ley, pueden por intermedio de las autoridades que determina el Artículo 9 de la misma, prescindir de la negociación en cualquier fase en que ésta se encuentre, pero antes de la suscripción del contrato respectivo.

Bajo la responsabilidad de la autoridad que corresponda, la decisión de prescindir sólo puede adoptarse si ocurriere un caso fortuito o de fuerza mayor debidamente comprobado, que diere lugar a la imposibilidad de continuar con la negociación. Si la decisión de prescindir se adopta con posterioridad a la presentación de ofertas y antes de la adjudicación la junta deberá hacer una calificación para el sólo efecto de compensar al oferente que ocupen los tres primeros lugares, de los gastos incurridos en la elaboración de su oferta, por el equivalente al dos y medio por millar (2.5 o/oo) del monto de la misma. Pero si la decisión de prescindir se adopta después de la adjudicación, pero antes de la suscripción del contrato respectivo, se deberá compensar al oferente ganador que ocupó el primer lugar, de los gastos incurridos en la elaboración de su oferta y otros trámites, por el equivalente al cinco por millar (5 o/oo) del monto de la misma.

En lo relativo a lo dispuesto en convenios y tratados internacionales de los cuales la República de Guatemala sea parte, las disposiciones contenidas en los mismos, se aplicarán en forma complementaria, siempre y cuando no contradigan el contenido del presente artículo.

CAPITULO II.

REGIMEN DE COTIZACION

Artículo 38. Monto[7]. Cuando el precio de los bienes, o de las obras, suministros o la remuneración de los servicios exceda de treinta mil quetzales (Q.30,000.00) y no sobrepase los siguientes montos, la compra o contratación podrá hacerse por el sistema de cotización, así:

a) Para las municipalidades que no exceda de novecientos mil quetzales (Q.900,000.000).

b) Para el Estado y otras entidades, que no exceda de novecientos mil quetzales (Q.900,000.00).

En el sistema de cotización, la aprobación de los formularios, designación de la junta y la aprobación de la adjudicación, compete a las autoridades administrativas que en jerarquía le siguen a las nominadas en el artículo 9 de esta Ley.

---

6 Adicionado el párrafo tercero por el Artículo 6, del Decreto Del Congreso N° 11-2006 el 30-05-2006

7 Reformado por el Artículo 2 del Decreto Del Congreso N° 34-2001 el 07-08-2001 y por el Artículo 1 del Decreto Del Congreso N° 73-2001 el 10-01-2002.

Si los bienes, suministros o remuneración de los servicios están contemplados en el Contrato Abierto, entonces procederá la cotización. De realizarse la misma será responsable el funcionario que la autorizó.

Artículo 39. Formulario de cotización[8]. Mediante formulario de cotización, deberá obtenerse un mínimo de tres ofertas firmes solicitadas a proveedores que se dediquen en forma permanente a ese giro comercial y esté legalmente establecido para el efecto y que estén en condiciones de vender o contratar los bienes, suministros, obras o servicios requeridos. Los formularios de cotización, las bases, especificaciones generales, especificaciones técnicas, disposiciones especiales y planos, según procedan deberán entregarse sin costo alguno a los interesados en presentar ofertas.

La entidad o persona contratante no deberá fijar especificaciones técnicas o disposiciones especiales que requieran o hagan referencia a determinadas marcas, nombres comerciales, patentes, diseños, tipos, orígenes específicos, productores o proveedores, salvo que no exista otra manera suficientemente precisa y comprensible para describir los requisitos de la contratación y siempre que, en tales casos, se incluyan en las especificaciones, requisitos, documentos y formularios de cotización expresiones como: o equivalente, o semejante, o similar, o análogo.

Artículo 39 Bis. Modificaciones al formulario de cotización[9]. Cuando una entidad contratante, en el curso de un proceso de cotización, modifique las condiciones de la cotización, transmitirá a todos los oferentes, concursantes y proveedores que estén participando en la cotización, las modificaciones realizadas, por escrito y por los medios más expeditos posibles incluyendo el Sistema de Información de Contrataciones y Adquisiciones del Estado de Guatemala -GUATECOMPRAS-. Los oferentes, concursantes y proveedores que estén participando en la cotización y que reciban las modificaciones, contarán con un tiempo razonable, no menor de ocho (8) días, para modificar y volver a presentar sus ofertas.

Artículo 40. Aprobación del formulario y de documentos para cotización. El formulario y los documentos indicados en el artículo anterior, deberán ser aprobados por la autoridad superior de la entidad contratante, antes de requerirse las ofertas.

Artículo 41. Presentación de cotizaciones. Los interesados presentarán sus ofertas por escrito, en sobre cerrado, en el formulario que les fue entregado, acompañando los documentos que les fueron entregados, fotocopia de su patente de comercio y/o patente de sociedad y copias de otros documentos que se les soliciten. Los precios unitarios y totales que figuren en las ofertas deberán ser fijos, expresados en quetzales, tanto en cifras como en letras. No se aceptará ninguna oferta fuera del plazo que se estipule.

Artículo 42. Aplicación supletoria. Las disposiciones en materia de licitación, regirán supletoriamente en el régimen de cotizaciones en lo que fueren aplicables.

CAPITULO III.

EXCEPCIONES

Artículo 43. Compra directa[10]. La contratación que se efectúe en un solo acto, con una misma persona y por un precio de hasta treinta mil quetzales (Q.30,000.00), se realizará bajo la responsabilidad y autorización previa de la autoridad administrativa superior de la entidad interesada, tomando en cuenta el precio, calidad, el plazo de entrega y demás condiciones que favorezcan los intereses del Estado, sus entidades descentralizadas y autónomas, siguiéndose el procedimiento que establezca dicha autoridad.

En caso de ausencia de ofertas fehacientes, reguladas en el artículo 32 de la presente Ley, se podrá hacer compra directa, sin atender los límites establecidos en el artículo 38.

---

8 Adicionado el párrafo segundo por el Artículo 7, del Decreto Del Congreso Nº 11-2006 el 30-05-2006

9 Adicionado el Artículo 39 BIS, por el artículo 8 del Decreto Nº 11-2006 del Congreso de la República de Guatemala.

10 Reformado por el Artículo 3 del Decreto Del Congreso Nº 34-2001 el 07-08-2001.

Artículo 44. Casos de excepción. Se establecen los siguientes casos de excepción:

1. No será obligatoria la licitación ni la cotización en las contrataciones en las dependencias y entidades públicas, conforme el procedimiento que se establezca en el reglamento de esta ley y en los casos siguientes:

1.1 La adquisición de bienes, contratación de obras, servicios y suministros para salvaguardar las fronteras, puentes, los recursos naturales sujetos a régimen internacional o la integridad territorial de Guatemala.

1.2 La compra y contratación de bienes, suministros, obras y servicios indispensables para solucionar situaciones derivadas de los estados de excepción declarados conforme la Ley Constitucional de Orden Público que hayan ocasionado la suspensión de servicios públicos o que sea inminente tal suspensión.

Las declaraciones que contempla los subincisos 1.1 y 1.2, deberán declararse como tales por el Organismo Ejecutivo en Consejo de Ministros, a través de Acuerdo Gubernativo.

1.3 La compra y contratación de bienes, suministros, obras y servicios que sean necesarios y urgentes para resolver situaciones de interés nacional o beneficio social, siempre que ello se declare así, mediante acuerdo, tomado por el respectivo presidente de cada uno de los organismos del Estado, así:

1.3.1 Organismo Ejecutivo, con el Consejo de Ministros;

1.3.2 Organismo Legislativo, con la Junta Directiva;

1.3.3 Organismo Judicial, con su órgano superior de administración.

En cada situación que se declare, se indicarán las obras, bienes, servicios o suministros que puedan contratarse o adquirirse, determinándose el monto y hasta qué plazo se podrán efectuar las operaciones. El organismo, ministerio o entidad interesada será responsable de la calificación que en cada caso declare, debiendo acompañar a su emisión de acuerdo, toda información justificativa.

1.4 La compra de bienes muebles e inmuebles y acondicionamiento de embajadas, legaciones, consulados o misiones de Guatemala en el extranjero; deberá, sin embargo, existir partida específica presupuestaria previa, o regularse con lo establecido en el artículo 3 de la presente Ley.

1.5 La contratación de obras o servicios para las dependencias del Estado en el extranjero; deberá, sin embargo, existir partida específica previa, o regularse con lo establecido en el artículo 3 de la presente Ley.

1.6 La compra de armamento, municiones, equipo, materiales de construcción, aeronaves, barcos y demás vehículos, combustibles, lubricantes, víveres y la contratación de servicios o suministros que se hagan para el Ejército de Guatemala y sus instituciones, a través del Ministerio de la Defensa Nacional, en lo necesario para el cumplimiento de sus fines.

1.7 La compra de metales necesarios para la acuñación de moneda, sistemas, equipos, impresión de formas de billetes y títulos valores, que por la naturaleza de sus funciones requiere el Banco de Guatemala. La compra de oro y plata deberá hacerse a los precios del día según cotización internacional de la bolsa de valores de londres o menor.

1.8 La compra de bienes inmuebles que sean indispensables por su localización para la realización de obras o prestación de servicios públicos, que únicamente puedan ser adquiridos de una sola persona, cuyo precio no sea mayor al avalúo que practique el Ministerio de Finanzas Públicas.

1.9 La contratación de servicios profesionales individuales en general.

1.10 La compra y contratación de bienes, suministros y servicios con proveedores únicos. La calificación de proveedor y servicio único o exclusivo se hará conforme procedimiento que se establece en el reglamento de esta Ley.

2. No será obligatoria la licitación, pero se sujetan a cotización o al procedimiento determinado en esta ley o en su reglamento, los casos siguientes:

2.1 El arrendamiento con o sin opción de compra de inmuebles, maquinaria y equipo dentro o fuera del territorio nacional, conforme el procedimiento determinado en el reglamento de esta Ley.

2.2 La contratación de estudios, diseños, supervisión de obras y la contratación de servicios técnicos, conforme el procedimiento establecido en el reglamento de esta ley.

2.3 La adquisición de obras científicas, artísticas o literarias; previo dictamen favorable de la autoridad competente, conforme lo establezca el reglamento de esta ley.

2.4 La adquisición de bancos de materiales destinados a la construcción de obras públicas.

2.5 Los contratos que celebre el Tribunal Supremo Electoral para la realización de eventos electorales.

Artículo 45. Normas aplicables en casos de excepción. Las negociaciones en que se aplique cualesquiera de los casos de excepción a que se refiere el artículo anterior, quedan sujetas a las demás disposiciones contenidas en esta ley y en su reglamento.

TITULO IV

CAPITULO I. CONTRATOS

Artículo 46. Contrato abierto. Queda exonerada de los requisitos de licitación y cotización, la compra de bienes y suministros que lleven a cabo los organismos del Estado y dependencias a que se refiere el Artículo 1 de esta ley, quienes la podrán hacer directamente con los proveedores con quienes el Ministerio de Finanzas Públicas, previa calificación de proveedor, de cotización yadjudicación, de los distintos rubros, hubiera celebrado contratos abiertos. El reglamento de esta ley, determinará todo lo relativo a esta materia.

Artículo 47. Suscripción del contrato. Los contratos que se celebren en aplicación de la presente ley, serán suscritos dentro del plazo de diez (10) días contados a partir de la adjudicación definitiva en representación del Estado cuando las negociaciones sean para las dependencias sin personalidad jurídica por el respectivo ministro del ramo. Dicho funcionario podrá delegar la celebración de tales contratos, en cada caso, en los viceministros, directores generales o directores de unidades ejecutoras.

Cuando los contratos deban celebrarse con las entidades descentralizadas y las municipalidades, serán suscritos por la autoridad que corresponda de acuerdo con su Ley Orgánica o conforme el Código Municipal, supletoriamente en aplicación del párrafo primero del presente artículo.

Cuando se trate de negociaciones que deban efectuar las dependencias de la Presidencia de la República, serán suscritos por el secretario general, quien podrá delegar dicha facultad, en cada caso, en los titulares de las citadas dependencias.

Para las negociaciones de los organismos Legislativo y Judicial, del Tribunal Supremo Electoral y Corte de Constitucionalidad, el contrato deberá ser suscrito por el presidente de cada organismo.

Artículo 48. Aprobación del contrato. El contrato a que se refiere el artículo anterior, será aprobado por la misma autoridad que determina el artículo 9 de esta ley, según el caso. Cuando los contratos sean celebrados por los organismos Legislativo y Judicial, la aprobación corresponderá a su Junta Directiva o a la Corte Suprema de Justicia.

Artículo 49. De la forma del contrato. Los contratos deberán faccionarse en papel membretado de la dependencia interesada o en papel simple con el sello de la misma. Cuando tengan que inscribirse o anotarse en los registros, deberán constar en Escritura Pública, autorizada por el Escribano de Gobierno. Sin embargo, el contrato podrá autorizarlo otro notario, siempre que los honorarios profesionales que se causen no sean pagados por el Estado.

Artículo 50. Omisión del contrato escrito[11]**.** Cuando se trate de mercancías, obras, bienes o servicios que sean adquiridos en el mercado local o entrega inmediata, podrá omitirse la celebración del contrato escrito, siempre que el monto de la negociación no exceda de cien mil quetzales (Q.100,000.00), debiéndose hacer constar en acta todos los pormenores de la negociación, agregando las constancias del caso al expediente respectivo.

Artículo 51. Prórroga contractual. A solicitud del contratista, el plazo contractual para la terminación de las obras, la entrega de bienes y suministros o la prestación de los servicios podrá

---

11 Reformado por el Artículo 4 del Decreto Del Congreso N° 34-2001 el 07-08-2001.

prorrogarse por caso fortuito o causa de fuerza mayor o por cualquiera otra causa no imputable al contratista. El reglamento de esta ley, establecerá la forma y el trámite a seguir.

Artículo 52. Ampliación del monto del contrato. Las variaciones del valor de los contratos de obra o de suministro de equipo instalado, pueden efectuarse hasta un veinte por ciento (20%) en más o en menos del valor original del contrato ajustado como lo establezca el reglamento de la presente ley. Para el efecto se emitirán: órdenes de cambio, órdenes de trabajo suplementario o acuerdos de trabajo extra, que serán aprobados por la autoridad administrativa superior de la entidad interesada. Cuando las variaciones excedan del porcentaje antes indicado, y no sobrepasen el cuarenta por ciento (40%) del valor original ajustado del contrato, se celebrará un nuevo contrato adicional. Todo lo relativo a esta materia, serán contemplado en el reglamento de la presente ley.

Los valores que resulten de la aplicación de las normas contenidas en la presente ley, para los pagos por fluctuación de precios no se consideran dentro de las variaciones a que se refiere este artículo.

Artículo 53. Subcontratos. El contratista solamente podrá subcontratar partes determinadas de la obra, cuando esté estipulado en el contrato y obtenga autorización por escrito de la autoridad contratante. Los subcontratistas deberán estar inscritos en el Registro de Precalificados y no estar comprendidos en ninguna de las prohibiciones establecidas en esta ley.

Artículo 54. Otros contratos. En los contratos que celebre el Estado, por medio de sus entidades centralizadas o descentralizadas, que no provengan de procedimientos que determina la presente ley, o en los que el ente administrativo actúe como sujeto de derecho privado, se aplicarán las normas del derecho común.

CAPITULO II.
RECEPCION Y LIQUIDACION

Artículo 55. Inspección y recepción final. Cuando la obra esté terminada, el contratista deberá constituir las fianzas de conservación de obra o de calidad, o de funcionamiento, según sea el contrato, y de saldos deudores y dar aviso por escrito al supervisor o su equivalente de la conclusión de los trabajos y con esta diligencia se interrumpirá el plazo de ejecución. El supervisor hará la inspección final dentro de los siguientes quince (15) días hábiles, plazo dentro del cual si la obra no está conforme a planos y especificaciones, manifestará por escrito sus observaciones al contratista para que éste proceda a corregir las deficiencias, y si los trabajos estuvieran correctamente concluidos, el supervisor rendirá informe pormenorizado a la autoridad administrativa superior de la entidad correspondiente, la que dentro de los cinco (5) días siguientes nombrará la Comisión Receptora y Liquidadora de la obra, integrada con tres miembros, con la que colaborarán el supervisor o su equivalente y el representante del contratista.

Según la magnitud de la obra, la Comisión deberá elaborar el acta de recepción definitiva de la misma dentro de los treinta y cinco (35) días siguientes a la fecha de notificación de su nombramiento. Si la comisión comprueba que los trabajos están ejecutados satisfactoriamente, suscribirá el acta de recepción final de los mismos, y en caso contrario hará constar en acta:

a) Las correcciones o trabajos extras que debe efectuar el contratista.

b) El tiempo a emplearse.

c) Si el tiempo para ejecutar los trabajos se incluye dentro del plazo contractual o si procede conceder tiempo adicional para ejecutarlo.

Al recibirse el aviso por escrito del delegado residente o su equivalente, de encontrarse satisfechos los requerimientos de la Comisión Receptora, ésta dentro del término de cinco (5) días procederá a efectuar nueva inspección, suscribiendo el acta correspondiente. La fecha de recepción definitiva de la obra será la del cierre de la última acta. A partir de la fecha de esta acta la entidad de que se trate deberá velar por la conservación de la obra.

En materia de bienes, suministros y servicios, se estará a lo que dispone este artículo, en lo que fuere aplicable.

Artículo 56. Liquidación. Inmediatamente después que las obras, bienes o servicios hayan sido recibidos, la Comisión en un plazo de noventa (90) días procederá a efectuar la liquidación del contrato y a establecer el importe de los pagos o cobros que deban hacerse al contratista. Igual procedimiento se observará en caso de rescisión o resolución del contrato.

Artículo 57. Aprobación de la liquidación. La Comisión deberá practicar la liquidación, dentro de los noventa (90) días siguientes a la fecha del acta de recepción definitiva de la obra. Si transcurrido dicho plazo la Comisión no ha suscrito el acta correspondiente, el contratista puede presentar a la autoridad administrativa de la entidad interesada un proyecto de liquidación. Esta autoridad deberá aprobar o improbar la liquidación o el proyecto presentado por el contratista dentro del mes siguiente de recibida la respectiva documentación. Si vencido este plazo no se produce ninguna resolución, con la petición de aprobación presentada por el contratista se tendrá por resuelta favorablemente.

CAPITULO III.

PAGOS

Artículo 58. Anticipo. En construcción de obras puede otorgarse un anticipo supervisado hasta del veinte por ciento (20%) del valor del contrato.

El porcentaje anterior se calculará sobre el valor original del contrato sin tomar en cuenta el valor del equipo que se adquiera mediante cartas de crédito abiertas por la entidad contratante.

Podrá otorgarse anticipo supervisado hasta del veinte por ciento (20%) en contrataciones de bienes por fabricar localmente y hasta del diez por ciento (10%) cuando se trate de servicios de consultoría. Los porcentajes se calcularán sobre el valor original ajustado del contrato conforme lo establece el reglamento de esta ley. Cuando se trate de obras con financiamiento externo, se estará a lo que se establezca en los convenios respectivos, pero sin reducir los porcentajes establecidos en este artículo. El contratista amortizará el anticipo mediante la deducción que se le haga en cada pago, de acuerdo con el procedimiento establecido en el reglamento.

Si el contratista no inicia la obra e invierte el anticipo recibido, dentro de los términos contractuales, pagará el interés legal (tasa activa), sobre el anticipo recibido, en favor del Estado o reintegrará el anticipo.

Artículo 59. Estimaciones para pago. La entidad contratante podrá hacer pagos parciales al contratista contra estimaciones periódicas de trabajo ejecutado y aceptado, las que podrán efectuarse mensualmente de acuerdo con las estipulaciones pactadas.

Artículo 60. Importación de material y equipo. En caso de obras con equipamiento que requieran de pagos en el exterior, éstos se harán mediante cartas de crédito que se abrirán únicamente en los bancos corresponsales del Banco de Guatemala. La forma de pago deberá estipularse en el contrato. En todo caso, los gastos bancarios que se ocasionen correrán por cuenta del contratista.

Artículo 61. Autorización de pago de sobrecostos por fluctuación de precios. Los mismos se autorizarán de la siguiente manera:

1. Contratos de obra, suministros, bienes y servicios: La autoridad administrativa superior de la entidad o dependencia interesada, reconocerá y autorizará el pago de sobrecostos al contratista y en su caso requerirá del mismo las diferencias a favor del Estado, cuando se registren fluctuaciones de precios que afecten:

a) Materiales y demás elementos conexos a la obra, suministros, bienes o servicios.

b) Transporte, combustibles, lubricantes y otros productos derivados del petróleo.

c) Maquinaria, equipo, repuestos y llantas.

d) Mano de obra, prestaciones laborales y cuotas patronales establecidas por la ley.

Los pagos se harán conforme a los montos que resulten de la aplicación de las fórmulas para el reajuste de precios que establezca el reglamento de esta ley.

2) Bienes importados. Cuando en los contratos se estipule la importación de bienes por parte del contratista, la entidad administrativa superior de la entidad o dependencia interesada recono-

cerá y autorizará el pago por fluctuación de precios, comprobando para el efecto el precio en quetzales de cada uno de los bienes consignados en la oferta o incorporados al contrato y el precio equivalente en quetzales pagado por el contratista al efectuar la importación, tomándose en cuenta el diferencial cambiario y la variación de costos. En todo caso, el contratista está obligado a presentar a la entidad correspondiente la documentación que establezca las diferencias en contra o a favor del Estado.

Artículo 62. Plazo para pagos. Los pagos por estimaciones de trabajo, derivados de los contratos de obras por servicios prestados o por bienes y suministros se harán al contratista dentro del plazo de treinta (30) días posteriores a la fecha en que fuere presentada la documentación completa que se estipule en el contrato.

Se entiende por efectuado el pago, cuando el cheque que lo cubra se encuentre a disposición del contratista.

Artículo 63. Intereses por atraso en pagos. Los organismos del Estado, sus entidades y demás dependencias a que se refiere el Artículo 1o. de esta ley, a solicitud del contratista deberán reconocer intereses en caso de retraso en los pagos, de conformidad con el Artículo 62, a que estén legalmente obligados. Tales intereses se calcularán sobre el importe del adeudo, tomando como base la tasa de interés máxima anual que determine la Junta Monetaria, para efectos tributarios, y se incluirán en la liquidación del respectivo contrato para su pago o compensación, en caso de imposición de multas al contratista.

TITULO V

CAPITULO UNICO. GARANTIAS O SEGUROS

Artículo 64. De sostenimiento de oferta. La firmeza de la oferta se caucionará con depósito en efectivo o mediante fianza, por un porcentaje no menor del uno por ciento (1%) ni mayor del cinco por ciento (5%) del valor del contrato. Cubrirá el período comprendido desde la recepción y apertura de plicas, hasta la aprobación de la adjudicación y, en todo caso, tendrá una vigencia de ciento veinte (120) días.

Sin embargo, con el adjudicatario puede convenirse su prórroga.

Artículo 65. De cumplimiento. Para garantizar el cumplimiento de todas las obligaciones estipuladas en el contrato, el contratista deberá prestar fianza, depósito en efectivo o constituir hipoteca en los porcentajes y condiciones que señale el reglamento. Para el caso de obras, además esta garantía cubrirá las fallas o desperfectos que aparecieren durante la ejecución del contrato, antes de que se constituya la garantía de conservación.

Artículo 66. De anticipo. Previo a recibir cualquier suma por concepto de anticipo, el contratista constituirá garantía mediante fianza o hipoteca por el monto de un cien por ciento (100%) del mismo. La garantía podrá reducirse en la medida que se amortice el valor del anticipo cubriendo siempre el máximo del saldo deudor y estará vigente hasta su total amortización. El reglamento establecerá el procedimiento de reducción y lo concerniente en los casos de rescisión, resolución y terminación de contrato.

Artículo 67. De conservación de obra o de calidad o de funcionamiento. El contratista responderá por la conservación de la obra, mediante depósito en efectivo, fianza, hipoteca o prenda, a su elección, que cubra el valor de las reparaciones de las Tallas o desperfectos que le sean imputables y que aparecieren durante el tiempo de responsabilidad de dieciocho (18) meses contados a partir de la fecha de recepción de la obra.

Tratándose de bienes y suministros, deberá otorgarse garantía de calidad y/o funcionamiento, cuando proceda. La garantía de conservación de obra, o de calidad y/o funcionamiento, deberá otorgarse por el equivalente al quince por ciento (15%) del valor original del contrato, como requisito previo para la recepción de la obra, bien o suministro.

El vencimiento del tiempo de responsabilidad previsto en el párrafo anterior, no exime al contratista de las responsabilidades por destrucción o deterioro de la obra debido a dolo o culpa de su parte, por el plazo de cinco (5) años, a partir de la recepción definitiva de la obra.

Artículo 68. De saldos deudores. Para garantizar el pago de saldos deudores que pudieran resultar a favor del Estado, de la entidad correspondiente o de terceros en la liquidación, el contratista deberá prestar fianza, depósito en efectivo, constituir hipoteca o prenda, a su elección, por el cinco por ciento (5%) del valor original del contrato. Esta garantía deberá otorgarse simultáneamente con la de conservación de obra como requisito previo para la recepción de la obra, bien o suministro. Aprobada la liquidación, si no hubiere saldos deudores, se cancelará esta garantía.

Artículo 69. Formalidades. Las fianzas a que se refiere este capítulo, deberán formalizarse mediante póliza emitida por instituciones autorizadas para operar en Guatemala. Cuando la garantía consistiere en depósitos, deberá hacerse en quetzales o por medio de cheque certificado. Cuando sea hipoteca o prenda a través de Escritura Pública, debidamente registrada. En todo caso quedará a criterio del contratista la garantía a proporcionar.

Artículo 70. Garantías. El contratista deberá garantizar mediante seguro, depósito en efectivo, hipoteca o prenda, que cubran los riesgos a que estén sujetos los bienes, suministros u obras, según se indique en las bases. Tales garantías cubrirán los riesgos que se determinen en el contrato.

TITULO VI

CAPITULO UNICO. REGISTROS

Artículo 71. Registro de precalificados de obras.. Adscrito al Ministerio de Comunicaciones, Transportes y Obras Públicas, funciona el Registro de Precalificados de Obras, en el que serán inscritos los interesados atendiendo a la especialidad, experiencia y capacidad financiera en figurar en dicho Registro.

Artículo 72. Registro de precalificados de consultores. Adscrito a la Secretaría General del Consejo Nacional de Planificación Económica, funciona el Registro de consultores, en el que serán inscritos los interesados, atendiendo a la especialidad y experiencia en figurar en dicho registro.

Artículo 73. Registro de proveedores. Adscrito al Ministerio de Finanzas Públicas, funciona el Registro de proveedores, en el que se inscriben los interesados, atendiendo su especialidad y capacidad financiera.

Artículo 74. Registro de Contratos. Se crea el Registro de contratos que funcionará adscrito a la Contraloría General de Cuentas, para facilitar la fiscalización de las contrataciones que se deriven de la aplicación de la presente ley y centralizar la información.

Artículo 75. Fines del Registro de Contratos. De todo contrato, de su incumplimiento, resolución, rescisión o nulidad, la entidad contratante deberá remitir dentro del plazo de treinta (30) días contados a partir de su aprobación, o de la respectiva decisión, una copia a la Contraloría General de Cuentas, para efectos de registro, control y fiscalización.

Artículo 76. Requisito de precalificación. Para que toda persona pueda participar en cotizaciones o licitaciones públicas, deberá estar inscrita en el Registro de precalificados correspondiente. La misma obligación tienen quienes estuvieren comprendidos en los casos de excepción contemplados en esta ley.

No podrán estar inscritos en el Registro de precalificados quienes por dolo o mala fe, hayan dado lugar a la resolución, rescisión, terminación o nulidad de contratos celebrados con el Estado, declarado por tribunal competente.

Artículo 77. Inscripción provisional de empresas extranjeras. Las empresas extranjeras podrán participar en cotizaciones o licitaciones públicas con su inscripción provisional en el registro correspondiente cuando los contratos de préstamos exijan participación en el proceso de licitación de firmas extranjeras, siempre que los proyectos sean financiados total o parcialmente con recursos externos. En todo caso, es requisito indispensable acreditar la inscripción definitiva en el registro antes de la suscripción del respectivo contrato.

Artículo 78. Actualización e inscripción. Cada registro actualizará sus asientos en el mes de enero de cada año, no obstante los interesados podrán solicitar su inscripción o actualización en cualquiera otra fecha.

Artículo 79. Funcionamiento de Registros. Cada registro funcionará conforme lo determine el reglamento que emita cada una de las dependencias, bajo cuya responsabilidad funcionen.

TITULO VII

CAPITULO UNICO. PROHIBICIONES Y SANCIONES

Artículo 80. Prohibiciones. No podrán cotizar, licitar ni celebrar contratos con el Estado derivados de la aplicación de la presente ley, las personas en quienes concurran cualesquiera de las circunstancias siguientes:

1. No estar inscritas en el Registro de Precalificados correspondiente.
2. Estar privadas, por sentencia firme, del goce de sus derechos civiles.
3. Ser servidor o trabajador público del Estado o de las entidades a que se refiere el Artículo 1 de esta ley, así como sus parientes legales, cuando los contratos deban celebrarse con las dependencias en que tal servidor o trabajador del Estado preste sus servicios o se encuentre bajo su autoridad. Igual prohibición rige para las personas jurídicas cuando dicho funcionario sea socio o representante de las mismas.
4. Haber intervenido directa o indirectamente en las fases previas a la compra o contratación. Esta prohibición se hace extensiva a los parientes legales, así como a las personas jurídicas de las cuales sean socios o representantes.

Artículo 81. Fraccionamiento. El funcionario o empleado público que fraccione en cualquier forma la negociación, con el objeto de evadir la práctica de la cotización y licitación, será sancionado con una multa equivalente al dos punto cinco por ciento (2.5%) del valor total de la negociación, se haya o no suscrito el contrato.

Artículo 82. Incumplimiento de obligaciones. El funcionario o empleado público que sin causa justificada no cumpla, dentro de los plazos correspondientes, con las obligaciones que le asigna esta ley y su reglamento, será sancionado con una multa equivalente al dos por ciento (2%) del monto de la negociación, sin perjuicio de su destitución, si fuere procedente.

Artículo 83. Otras Infracciones. Cualquiera otra infracción a la presente ley o su reglamento, que cometan los funcionarios o empleados públicos, así como de la que sea responsable quien tenga intervención directa o indirecta en el proceso de la negociación será sancionado con una multa hasta el equivalente al cinco por ciento (5%) del valor total de la negociación, sin perjuicio de otras responsabilidades legales.

Artículo 84. Suspensión temporal. El adjudicatario que no suscribiere el contrato dentro del plazo que se le señale, será suspendido por el plazo de un año, en el Registro de Precalificados, correspondiente; sin perjuicio de hacer efectiva la garantía de sostenimiento de oferta. En caso de reincidencia se cancelará en forma definitiva la respectiva inscripción.

Artículo 85. Retraso en la entrega. El retraso del contratista en la entrega de la obra o de los bienes y suministros contratados y por causas imputables a él, se sancionará con el pago de una multa por cada día de atraso, equivalente al cero punto cinco por millar (0.5 o/oo) del valor total del contrato; cuando éste comprenda la ejecución de más de una obra, la sanción se calculará solamente sobre el valor de la o las obras en que se diere el retraso.

Las multas por retraso en ningún caso excederán del cinco por ciento (5%) del valor del contrato. Si esto ocurre, la entidad contratante podrá rescindir el contrato sin responsabilidad de su parte y sin perjuicio de aplicar las medidas que establece esta ley y su reglamento.

Artículo 86. Variación en calidad o cantidad. El contratista que contraviniendo total o parcialmente el contrato perjudicare al Estado variando la calidad o cantidad del objeto del mismo, será sancionado con una multa del cien por ciento (100%) del valor, que represente la parte afectada de la negociación. A las empresas supervisoras y a los funcionarios o empleados supervisores, así como a quienes reciban la obra, el bien o servicio en nombre del Estado, en tales circunstancias, se les sancionará con una multa equivalente al dos por millar (2 o/oo) del valor que represente la parte afectada de la negociación.

Artículo 87. Otras responsabilidades. Las sanciones que se establecen en la presente ley y su reglamento, deberán ser impuestas sin perjuicio de la deducción de las demás responsabilidades que procedan.

Artículo 88. Imposición de sanciones pecuniarias. Las sanciones pecuniarias a que se refiere esta ley y su reglamento, serán impuestas por la Contraloría General de Cuentas o por la Superintendencia de Bancos, según corresponda, cuando se trate de funcionarios o empleados del Estado; cuando se trate de particulares, las multas serán impuestas por la autoridad superior que corresponda, de conformidad con la presente ley.

TITULO VIII

CAPITULO UNICO. ENAJENACIÓN DE BIENES DEL ESTADO Y DE SUS ENTIDADES DESCENTRALIZADAS Y AUTÓNOMAS

Artículo 89. Reglas generales[12]**.** Para la enajenación y transferencia de bienes inmuebles, muebles o materiales, propiedad del Estado, o de sus entidades autónomas y descentralizadas, así como para la venta de bienes muebles o materiales, se seguirá el procedimiento de subasta pública, oferta pública, u otros procedimientos en los que los oferentes puedan presentar sus ofertas mediante mecanismos transparentes, previo cumplimiento de los requisitos de publicación y bases elaboradas para el efecto y de lo que en cada caso establece la presente Ley y su Reglamento.

Para dichos efectos, deberá determinarse por la autoridad competente, en cada caso, según corresponda a la naturaleza de los bienes a enajenarse, si los procedimientos a seguirse deben ser los de una subasta pública, oferta pública u otros procedimientos que garanticen la publicidad de las actuaciones y la concurrencia de los oferentes, tal como el caso de los mercados bursátiles nacionales o internacionales.

Artículo 90. Enajenación y transferencia de bienes inmuebles del Estado[13]**.** Para la enajenación y transferencia de bienes inmuebles propiedad del Estado o de sus entidades autónomas o descentralizadas, deberá emitirse un Acuerdo Gubernativo por conducto del Ministerio o Ministerios que corresponda, si se trata de bienes del Estado, o un acuerdo de la autoridad máxima de la entidad autónoma o descentralizada y se observarán las reglas siguientes:

1. Se deberá describir en detalle los bienes cuya enajenación se llevará a cabo, incluyendo sus datos registrales con base en la certificación correspondiente y que la autoridad interesada, determine la conveniencia de la contratación e inicie el trámite del expediente acompañando las justificaciones pertinentes.

2. Que se practique el avalúo del bien por parte del Ministerio de Finanzas Públicas.

3. Que se emita acuerdo gubernativo, que autorice la contracción, por conducto del Ministerio de Finanzas Públicas y con el refrendo del titular del Ministerio que haya iniciado el trámite.

4. Se podrá acordar: si se juzga conveniente a los intereses del Estado o de la entidad enajenante, la contratación de personas naturales o jurídicas especializadas en la intermediación con bienes inmuebles, para que se hagan cargo de la ejecución del procedimiento de oferta y subasta pública, u otro mecanismo análogo sujeto, en todo caso, a las normas y condiciones cuyas bases se deberán determinar en el acuerdo respectivo.

---

12 Reformado por el Artículo 1 del Decreto Del Congreso N° 20-97 el 08-04-1997 y por el Artículo 5 del Decreto Del Congreso N° 34-2001 el 07-08-2001.

13 Reformado por el Artículo 1 del Decreto Del Congreso N° 20-97 el 08-04-1997 y por el Artículo 6 del Decreto Del Congreso N° 34-2001 el 07-08-2001.

5. Si se juzga conveniente a los intereses del Estado o de la entidad correspondiente, se podrá disponer de la contratación de intermediarios de prestigio internacional, de modo que la oferta y subasta pública u otro mecanismo análogo se promueva también a nivel internacional, cumpliéndose, en todo caso, con las bases generales que rijan la enajenación.

Las entidades descentralizadas y autónomas observarán las reglas establecidas en este artículo en lo que sea aplicable y el acuerdo será emitido por la autoridad superior de la entidad interesada.

Artículo 91. Reglas para la venta de bienes muebles[14]**.** Para la venta de bienes muebles propiedad del Estado, se observarán las reglas siguientes:

1. Que la autoridad interesada determine la conveniencia de la enajenación e inicie el trámite del expediente, acompañando las justificaciones pertinentes;
2. Que se practique el avalúo del bien por parte del Ministerio de Finanzas Públicas;
3. Que se emita el acuerdo por la autoridad superior de la entidad interesada.

Artículo 92. Traspaso de bienes muebles usados o materiales[15]**.** Los bienes muebles usados o los materiales propiedad del Estado, podrán ser traspasados a terceras personas, a cuenta del precio de nuevas adquisiciones, debiéndose cumplir con lo prescrito en el artículo anterior.

Artículo 93. Casos especiales de enajenación[16]**.** I. Aportación a sociedades por constituirse. Cuando la enajenación de bienes sea por aportación a sociedades, lo hará el Estado atendiendo la justificación de autoridad superior; para hacerlo procederá conforme el avalúo efectuado por el Ministerio de Finanzas Pública u otro que así se considere, debiendo emitir un Acuerdo Gubernativo por conducto del ministerio o ministerios correspondientes, por cuyo medio se disponga:

1. A la aportación de bienes se debe anexar la documentación legal y contable necesaria, en la que se describa detalladamente los bienes aportados.
2. El monto por el que se aportan los bienes y la cantidad, clase, valor nominal y demás características de las acciones que, como consecuencia, serán emitidas, suscritas y pagadas.
3. La constitución de la sociedad deberá hacerse ante el Escribano de Cámara y Gobierno y la transmisión a título de aportación de los bienes correspondientes.
4. La elaboración del Balance General de apertura de la sociedad constituida.
5. La designación de las personas que fungirán como administradores provisionales.
6. Cumplidos los requisitos legales, deberá hacerse la inscripción definitiva en el Registro Mercantil General de la República y en las oficinas administrativas que, según la Ley corresponda;

En el caso de la aportación de bienes de entidades autónomas o descentralizadas del Estado, el acuerdo deberá ser emitido por la autoridad máxima y deberá cumplir con los requisitos anteriormente descritos.

II. Aportación a sociedades ya constituidas. En este caso se procederá como se indica en el apartado anterior, excepto en lo que concierne al proyecto de escritura social y la inscripción en el Registro Mercantil y demás oficinas administrativas.

Artículo 94. Ejecución de los actos y contratos y determinación del destino fiscal de los ingresos resultantes de la enajenación[17]**.** 1. Cuando la enajenación recaiga sobre bienes propiedad del Estado, la ejecución y otorgamiento de los actos, contratos y documentos correspondientes deberán realizarse por el Procurador General de la Nación.

---

14 Reformado por el Artículo 1 del Decreto Del Congreso N° 20-97 el 08-04-1997 y por el Artículo 7 del Decreto Del Congreso N° 34-2001 el 07-08-2001.

15 Reformado por el Artículo 1 del Decreto Del Congreso N° 20-97 el 08-04-1997 y por el Artículo 8 del Decreto Del Congreso N° 34-2001 el 07-08-2001.

16 Reformado por el Artículo 1 del Decreto Del Congreso N° 20-97 el 08-04-1997 y por el Artículo 9 del Decreto Del Congreso N° 34-2001 el 07-08-2001.

17 Reformado por el Artículo 1 del Decreto Del Congreso N° 20-97 el 08-04-1997 y por el Artículo 10 del Decreto Del Congreso N° 34-2001 el 07-08-2001.

2. Cuando la enajenación se refiera a bienes propiedad de las entidades descentralizadas o autónomas del Estado, la ejecución y otorgamiento de los actos, contratos y documentos correspondientes deberán realizarse por el representante legal de la enajenante.

3. El destino fiscal de los ingresos provenientes de la enajenación ya sea definitivo o a título de aportación de bienes del Estado o de sus entidades descentralizadas o autónomas, se determinará en la ley que apruebe el Presupuesto General de Ingresos y Egresos del Estado, correspondiente al ejercicio o ejercicios fiscales en los que se proyecte recibir los ingresos resultantes de las enajenaciones que se efectúen.

TITULO IX

CAPITULO UNICO. CONTRATOS Y CONCESIONES SOBRE SERVICIOS PUBLICOS

Artículo 95. Concesión[18]. Para los fines de esta Ley se entiende por concesión la facultad que el Estado otorga a particulares, para que por su cuenta y riesgo construyan, produzcan, monten, instalen, mejoren, adicionen, conserven, restauren y administren una obra, bien o servicio público, bajo el control de la entidad pública concedente, con o sin ocupación de bienes públicos, a cambio de una remuneración que el particular cobre a los usuarios de la obra, bien o servicio.

Son obligaciones mínimas del Estado, obtener los derechos de los servicios concesionados, rescatar el servicio por causas de utilidad pública, tales como servicio deficiente, aumento desmedido de precios o por fuerza mayor o caso fortuito, revisar las tarifas y velar porque sean éstas las que se cobren, y supervisar la ejecución de la concesión hasta su vencimiento.

El o los despachos ministeriales, o bien, la autoridad superior de la entidad autónoma o descentralizada bajo cuya competencia se presten o deban de prestarse los servicios en cuestión, deberá emitir una resolución que describa detalladamente el ámbito, características, medios y objetivos de los servicios cuya prestación por terceros, por cuenta del Estado o de sus entidades autónomas y descentralizadas, se pretende efectuar.

No podrán concesionarse servicios en los que actualmente el Estado, entidades autónomas y descentralizadas obtengan utilidades.

La concesión finaliza por: cumplimiento del plazo, rescisión en los casos que se establezca en el contrato respectivo, o revocación por conducto del Ejecutivo a consideración y eventual aprobación del Congreso de la República.

Artículo 96. Adjudicación y aprobación[19]. La concesión se adjudicará, previo cumplimiento del procedimiento de licitación que determina esta ley en lo que fuere aplicable, no pudiendo acogerse a los casos de excepción que contempla la misma. El contrato será celebrado entre el titular del Ministerio o la autoridad máxima de la entidad que corresponda y el concesionario. Tanto las concesiones originales como sus prórrogas deberán someterse por conducto del Ejecutivo a consideración y eventual aprobación del Congreso de la República.

Artículo 97. Cláusulas obligatorias[20]. Además de las cláusulas propias de un contrato administrativo, en los contratos de concesión deberá estipularse:

1. Que el plazo de duración no podrá ser superior a veinticinco (25) años. El plazo será calculado en cada caso, de acuerdo con la cuantía e importancia de la inversión, tomando en cuenta el interés nacional y el de los usuarios.

---

18 Reformado por el Artículo 1 del Decreto Del Congreso N° 20-97 el 08-04-1997 y por el Artículo 11 del Decreto Del Congreso N° 34-2001 el 07-08-2001.

19 Reformado por el Artículo 1 del Decreto Del Congreso N° 20-97 el 08-04-1997 y por el Artículo 12 del Decreto Del Congreso N° 34-2001 el 07-08-2001.

20 Reformado por el Artículo 1 del Decreto Del Congreso N° 20-97 el 08-04-1997 y por el Artículo 13 del Decreto Del Congreso N° 34-2001 el 07-08-2001.

2. Que el reglamento para la utilización de la obra, bien o prestación del servicio, forma parte del contrato.

3. Que el concesionario queda obligado:

3.1 Al pago de los salarios y prestaciones de sus trabajadores, los cuales deben ser preferentemente guatemaltecos en la proporción prescrita en el Código de Trabajo.

3.2 A la conservación de todos los bienes y elementos que conforman la concesión, y prestar el servicio con la continuidad convenida.

3.3 A que el vencimiento de la concesión, todas las construcciones e instalaciones pasarán a propiedad del Estado o de la entidad autónoma o descentralizada de que se trate sin que tenga que reembolsar, compensar o pagar suma alguna de dinero.

3.4 A responder por daños y perjuicios que ocasione al Estado o a terceros con motivo de la explotación de la concesión.

3.5 A la capacitación del personal guatemalteco que designe la autoridad competente.

3.6 Al pago al Estado de un porcentaje que será determinado en la resolución que otorgue la concesión.

3.7 A permitir la práctica de las auditorias que la autoridad competente considere necesarias.

3.8 A responder por la pérdida o deterioro de los bienes del Estado que se le entreguen para la explotación de la concesión.

3.9 A las demás condiciones que de acuerdo con la naturaleza de la concesión sea necesario estipular en el contrato, a juicio de la autoridad competente.

Artículo 98. Régimen de concesiones[21]. El régimen de concesiones establecido en este capítulo regirá en todos los casos en los que no exista otra ley específica que contenga normas de concesión para ámbitos especiales de aplicación.

CAPITULO X.
RECURSOS[22]

Artículo 99. De aclaración y ampliación[23]. Procede el recurso de revocatoria en contra de resoluciones dictadas por autoridad administrativa que tenga superior jerárquico dentro del mismo ministerio o entidad descentralizada o autónoma.

Artículo 100. Recurso de revisión[24]. Contra las resoluciones dictadas por los ministerios y contra las dictadas por las autoridades administrativas superiores individuales o colegiadas de las entidades descentralizadas o autónomas, podrá interponerse recurso de reposición.

Artículo 101. Conclusión del procedimiento administrativo y del Recurso de Revocatoria[25]. Únicamente para los casos de contratación pública que provengan de la aplicación de la presente ley, se interpondrán los recursos que anteceden dentro de los diez (10) días hábiles siguientes al de la notificación de la resolución respectiva.

Para efectos de requisitos de la solicitud, trámite y diligenciamiento, se estará a lo dispuesto en la Ley de lo Contencioso Administrativo que se aplicará supletoriamente en esta materia.

Las resoluciones de los Recursos de Revocatoria y Reposición deberán ser por escrito, razonadas y fundamentadas en derecho, causando estado y con ellos se agotará la vía administrativa.

---

21 Reformado por el Artículo 1 del Decreto Del Congreso N° 20-97 el 08-04-1997 y por el Artículo 14 del Decreto Del Congreso N° 34-2001 el 07-08-2001.

22 Reformado el nombre del Capítulo X, por artículo 9 del Decreto N° 11-2006 del Congreso de la República de Guatemala.

23 Reformado por el Artículo 10, del Decreto Del Congreso N° 11-2006 el 30-05-2006

24 Reformado por el Artículo 11, del Decreto Del Congreso N° 11-2006 el 30-05-2006

25 Reformado por el Artículo 12, del Decreto Del Congreso N° 11-2006 el 30-05-2006

TITULO XI

CAPITULO UNICO. DISPOSICIONES FINALES Y TRANSITORIAS

Artículo 102. Jurisdicción de lo contencioso administrativo[26]**.** Salvo lo dispuesto en el artículo 3 de esta ley, toda Controversia relativa al incumplimiento, interpretación, aplicación y efectos de los actos o resoluciones de las entidades a que se refiere el artículo 1 de la presente ley, así como en los casos de controversias derivadas de contratos administrativos, después de agotada la vía administrativa y conciliatoria, se someterán a la jurisdicción del Tribunal de lo Contencioso Administrativo.

Artículo 103. Jurisdicción ordinaria[27]**.** Si así lo acuerdan las partes, las controversias relativas al cumplimiento, interpretación, aplicación y efectos de los contratos celebrados con motivo de la aplicación de la presente ley, se podrán someter a la jurisdicción arbitral mediante cláusula compromisoria o convenio arbitral.

Toda controversia relativa al cumplimiento, interpretación, aplicación y efectos de los contratos celebrados con motivo de la aplicación de la presente ley, se someterá a la jurisdicción del Tribunal de lo Contencioso Administrativo o a la jurisdicción arbitral mediante cláusula compromisoria o convenio arbitral. No se podrá iniciar acción penal, sin la previa conclusión de la vía administrativa o del arbitraje.

Artículo 103 Bis. Jurisdicción Ordinaria[28]**.** Se consideran de índole civil y de la competencia de la jurisdicción ordinaria, las cuestiones en que el derecho vulnerado sea de carácter civil y también aquellas que emanen de actos en que el Estado haya actuado como sujeto de derecho privado.

Artículo 104. Prescripción de derechos y créditos contra el Estado. Prescriben en dos (2) años las acciones contra el Estado derivadas de la aplicación de esta ley, por:

1. Cobro de rentas, alquileres y otras retribuciones de la misma naturaleza;
2. Cobro de obligaciones derivadas de contratos; y
3. Cobro de honorarios, sueldos, salarios, dietas, jornales y cualesquiera otras remuneraciones.

En materia de iniciación del plazo, interrupción de la prescripción y situaciones afines, se estará a lo que para el efecto establece el Código Civil y la Ley del Organismo Judicial.

Artículo 105. Transitorio. Los expedientes y/o contratos que estuvieren en trámite al entrar en vigencia la presente ley, se regirán por la anterior, hasta la conclusión de la fase en que se encuentren. Las siguientes fases se sujetarán al procedimiento determinado en esta ley y su reglamento.

Artículo 106. Reglamento. Dentro de los sesenta días siguientes a la publicación de la presente ley, el Organismo Ejecutivo deberá emitir el reglamento de la misma, mediante acuerdo gubernativo.

Artículo 107. Derogatorias. Se derogan:

1. El Decreto 35-80 del Congreso de la República, Ley de Compras y Contrataciones.
2. El Decreto ley 12-84, de fecha 3 de febrero de 1984.
3. El Decreto ley 112-85 de fecha 29 de octubre de 1985.
4. El Decreto ley 124-84 de fecha 28 de diciembre de 1984.
5. El Decreto 40-86 del Congreso de la República.
6. El Decreto Presidencial Número 436 del 21 de octubre de 1955.
7. El inciso 14 del Artículo 4 del Decreto 106-71.
8. El Decreto 99-87 del Congreso de la República.
9. El numeral 9 del Artículo 12 del Decreto 1126 del Congreso de la República.

---

26 Reformado por el Artículo 13, del Decreto Del Congreso Nº 11-2006 el 30-05-2006

27 Reformado por el Artículo 14, del Decreto Del Congreso Nº 11-2006 el 30-05-2006

28 Adicionado el Artículo 103 BIS, por el artículo 15 del Decreto Nº 11-2006 del Congreso de la República de Guatemala.

10. Asimismo, cualquier disposición que se oponga a lo dispuesto por la presente Ley y que se haya desprendido de cualquier Decreto derogado en esta Ley.

Artículo 108. Vigencia. El presente decreto empezará a regir a los quince días de su publicación en el diario oficial.

HONDURAS

I. LEY DE CONTRATACIÓN DEL ESTADO DE 2001; DECRETO 74, DE 1 DE JUNIO DE 2001.

CAPITULO I.

DISPOSICIONES GENERALES, ÁMBITO Y RÉGIMEN JURÍDICO

Artículo 1.- Ámbito de aplicación. Los contratos de obra pública, suministro de bienes o servicios y de consultoría que celebren los órganos de la Administración Pública Centralizada y Descentralizada, se regirán por la presente Ley y sus normas reglamentarias. La presente Ley es igualmente aplicable a contratos similares que celebren los Poderes Legislativos y Judicial o cualquier otro organismo estatal que se financie con fondos públicos, con las modalidades propias de su estructura y ejecución presupuestaria.

En todo caso, en la medida que disposiciones de un tratado o convenio internacional del que el Estado sea parte o de un convenio suscrito con organismos de financiamiento externo establezcan regulaciones diferentes, prevalecerán éstas últimas; en todos los demás aspectos en que no exista contradicción, la contratación se regirá por la presente Ley. Los contratos de gestión de servicios públicos de concesión de uso del dominio público o de concesión de servicios u obras públicas, se regirán por las disposiciones legales especiales sin perjuicio de la aplicación supletoria de los principios generales de la presente Ley.

Artículo 2.- Otros contratos. Los contratos de compra-venta, permuta, donación, arrendamiento, préstamo u otros de contenido patrimonial que tenga que celebrar la Administración Pública, se regularán en cuanto a su preparación, adjudicación o formalización por las disposiciones legales especiales y en su defecto, por las disposiciones de esta Ley y sus normas reglamentarias, sin perjuicio de las solemnidades o requisitos de forma que para la validez de dichos contratos exigiere el Derecho Privado. En cuanto a sus efectos y extinción, serán aplicables las normas del Derecho Privado, salvo lo que establecieren normas legales especiales.

Artículo 3.-Régimen Jurídico. El régimen jurídico de las contrataciones a que se refiere el Artículo 1 de la presente Ley será de Derecho Administrativo, siendo competente para conocer de las controversias que resulten de los mismos la Jurisdicción de lo Contencioso Administrativo. En cuanto a los contratos a que se refiere el Artículo anterior, serán competentes para conocer de las controversias que resulten de su ejecución los Tribunales de, lo Civil; no obstante, agotada que fuere la vía administrativa, los actos administrativos que se dicten en relación con la preparación y adjudicación de estos contratos, podrán ser impugnados ante la Jurisdicción de lo Contencioso Administrativo.

Artículo 4.-Libertad de pactos. La Administración podrá concertar los contratos, pactos o condiciones que tenga por conveniente, siempre que estén en consonancia con el ordenamiento jurídico y con los principios de la sana y buena administración, debiendo respetar los procedimientos de ley. Entiéndase por Administración, el Poder Ejecutivo y sus dependencias, incluyendo órganos desconcentrados que le estén adscritos, las Instituciones autónomas o descentralizadas, las municipalidades y los demás organismos públicos a que se refiere el Artículo 1 párrafo 2) de la presente Ley, en cuanto realicen actividades de contratación. En la celebración, interpretación y ejecución de los contratos mencionados en el presente Capítulo, se tendrá siempre en cuenta el interés público.

Artículo 5.- Principio de Eficiencia. La Administración está obligada a planificar, programar, organizar, ejecutar, supervisar y controlar las actividades de contratación de modo que sus necesidades se satisfagan en el tiempo oportuno y en las mejores condiciones de costo y calidad. Cada órgano o ente sujeto a esta Ley, preparará sus programas anuales de contratación o de adquisiciones dentro del plazo que reglamentariamente se establezca, considerando las necesidades a satisfacer. Los procedimientos deben estructurarse, reglamentarse e interpretarse de forma tal que permitan la selección de la oferta más conveniente al interés general, en condiciones de celeridad, racionalidad y eficiencia; en todo momento el contenido prevalecerá sobre la forma y se facilitará la subsanación de los defectos insustanciales. La Administración incorporará el uso de tecnologías informáticas en la gestión de los sistemas de contratación de modo que se puedan automatizar y dar la publicidad a los procedimientos. Los Registros de Proveedores y Contratistas se mantendrán en registros electrónicos.

Artículo 6.-Principio de publicidad y transparencia. Se garantiza el acceso de los oferentes a la información relacionada con la actividad de contratación administrativa; así como, la transparencia en todos los trámites y la posibilidad para los interesados de recibir noticia oportuna del inicio de un procedimiento o de la necesidad de inscribirse en el Registro que corresponda. No obstante lo anterior, se prohíbe proporcionar información que por su naturaleza se considere reservada, o que pueda colocar a un oferente en posición de ventaja respecto de otro, o de los documentos que en el Pliego de Condiciones se definan como de acceso confidencial por referirse a desglose de estados financieros, cartera de clientes, o cualquier aspecto relacionado con procesos de producción, programas de cómputo o similares.

Tampoco se suministrará, después del acto de apertura pública de las ofertas y antes de que se notifique la adjudicación del contrato, información alguna, verbal o escrita, relacionada con el examen o evaluación de las ofertas y sobre la recomendación de adjudicación.

Artículo 7.-Principio de igualdad y libre competencia. Todo potencial oferente que cumpla con los requisitos legales y reglamentarios, estará en posibilidad de participar en los procedimientos de contratación administrativa en condiciones de igualdad y sin sujeción a ninguna restricción no derivada de especificaciones técnicas y objetivas propias del objeto licitado. En la aplicación de este principio respecto de oferentes extranjeros, se observará el principio de reciprocidad. La aplicación de este principio no impedirá incluir en el Pliego de Condiciones, márgenes de preferencia a favor de oferentes nacionales, según dispone el Artículo 53 de esta Ley. La escogencia de la oferta más conveniente al interés general se hará con aplicación del método objetivo de evaluación y comparación que necesariamente se incluirá en el Pliego de Condiciones.

Artículo 8.-Materias excluidas. Se excluyen del ámbito de aplicación de esta Ley, los contratos y negocios jurídicos de la Administración, siguientes:

1) La prestación por personas naturales de servicios profesionales o técnicos distintos a los regulados en el Capítulo VII de esta Ley;

2) Las relaciones de servicio de los funcionarios y empleados públicos y los contratos regulados por la legislación laboral;

3) Las relaciones entre la Administración y los particulares derivadas de la prestación de servicios públicos que impliquen el pago por estos últimos de una tarifa o de una tasa de aplicación general;

4) Las operaciones que realice la Administración con los particulares para el expendio al público de papel sellado, timbres, alcohol u otras especies fiscales;

5) Los contratos o convenios de colaboración que celebren el Gobierno Central con las instituciones descentralizadas, municipalidades u otros organismos públicos, o los que celebren estos organismos entre sí; y,

6) Los empréstitos u otras operaciones de crédito público reguladas por la legislación especial sobre la materia, así como, los servicios financieros prestados por el Banco Central de Honduras, o por otras entidades financieras públicas.

Artículo 9.-Situaciones de emergencia. La declaración del estado de emergencia se hará mediante Decreto del Presidente de la República en Consejo de Ministros o por el voto de las dos terceras partes de la respectiva Corporación Municipal. Los contratos que se suscriben en situaciones de emergencia, requerirán de aprobación posterior, por acuerdo del Presidente de la República, emitido por medio de la Secretaría de Estado que corresponda, o de la Junta o Consejo Directivo de la respectiva Institución Descentralizada o de la Corporación Municipal, si es el caso. En cualquiera de los casos deberá comunicarse lo resuelto a los órganos contralores, dentro de los diez (10) días hábiles siguientes, siempre que se prevea la celebración de contratos. Cuando ocurran situaciones de emergencia ocasionados por desastres naturales, epidemias, calamidad pública, necesidades de la defensa o relacionadas con estados de excepción, u otras circunstancias excepcionales que afectaren sustancialmente la continuidad o la prestación oportuna y eficiente de los servicios públicos, podrá contratarse la construcción de obras públicas, el suministro de bienes o de servicios o la prestación de servicios de consultoría que fueren estrictamente necesarios, sin sujetarse a los requisitos de licitación y demás disposiciones reglamentarias, sin perjuicio de las funciones de fiscalización.

Artículo 10.- Control de la ejecución. Todo contrato deberá contener las cláusulas y disposiciones que sean necesarias para su correcta ejecución y debido control. Su objeto deberá ser determinado y la necesidad que se pretende satisfacer deberá quedar plenamente justificada en el expediente correspondiente.

CAPITULO II.

DISPOSICIONES COMUNES

SECCIÓN PRIMERA.

DE LA COMPETENCIA DE LOS ÓRGANOS ADMINISTRATIVOS

Artículo 11.- Órganos competentes. Son competentes para celebrar los contratos de la Administración: 1) En la Administración Central:

a) Los Secretarios de Estado en su respectivo Ramo;

b) Los titulares de órganos desconcentrados de acuerdo con las normas de su creación o, en su defecto, hasta el límite que le fuere delegado por acto administrativo dictado por el órgano al cual están adscritos.

Lo anterior se entiende sin perjuicio de las disposiciones contenidas en leyes especiales; y,

c) Los Gerentes Administrativos de las Secretarías de Estado en los casos y hasta los límites que le sean delegados por el Secretario de Estado correspondiente.

2) En la Administración Descentralizada:

a) Los Presidentes, Directores, Secretarios Ejecutivos o Gerentes de las instituciones descentralizadas y los titulares de órganos con competencia regional previstos en sus estructuras administrativas, hasta el límite que, en ese último caso, determinen los correspondientes órganos de dirección superior; y,

b) El Alcalde Municipal respectivo. Cuando las leyes exijan autorización para celebrar un contrato, deberá llenarse este requisito por el órgano de dirección superior de la institución descentralizada o de la municipalidad de que se trate. Requerirán aprobación por Acuerdo de la Junta o Consejo Directivo de la respectiva institución descentralizada o de la Corporación Municipal, los contratos que suscriban los funcionarios a que se refiere el numeral 2) de este Artículo, en los casos que disponga el Reglamento; el acuerdo de aprobación será requisito necesario para la validez de estos contratos.

Artículo 12.- Órganos competentes para adjudicar. Son competentes para adjudicar los contratos, los funcionarios a que se refiere el Artículo anterior, con las excepciones siguientes:

1) Aquellos contratos que por su cuantía, deban ser adjudicados por sus juntas o Consejos Directivos, de conformidad con las normas presupuestarias de las Instituciones Descentralizadas, las que fijarán anualmente las cantidades correspondientes; y,

2) Los que deban ser adjudicados por la Corporación Municipal de conformidad con el plan de arbitrios anual de cada Municipalidad.

Artículo 13.- Contratos de exoneración o con efectos en el siguiente período de Gobierno. Los Contratos que contemplen exoneraciones, incentivos o concesiones fiscales, requerirán aprobación del Congreso Nacional. Este requisito deberá cumplirse especialmente, cuando se trate de contratos que hayan de producir o prolongar sus efectos al siguiente período de Gobierno.

Artículo 14.-Poder Legislativo, Judicial y otros entes públicos. Los contratos que celebren los Poderes Legislativos y Judicial, serán suscritos por sus respectivos Presidentes, con la aprobación de sus cláusulas por la Junta Directiva del Congreso Nacional o por la Corte Suprema de Justicia, según corresponda. Los celebrados por el Tribunal Nacional de Elecciones, Ministerio Público, Comisionado de los Derechos Humanos, Órganos Contralores del Estado, Procuraduría General de la República, y demás organismos especializados creados por ley, que se financien con fondos públicos, serán suscritos por los funcionarios a quienes las leyes atribuyan su dirección.

SECCIÓN SEGUNDA.
CAPACIDAD DE LOS CONTRATISTAS

Artículo 15.- Aptitud para contratar e inhabilidades. Podrán contratar con la Administración, las personas naturales o jurídicas, hondureñas o extranjeras, que teniendo plena capacidad de ejercicio, acrediten su solvencia económica y financiera y su idoneidad técnica y profesional y no se hallen comprendidas en algunas de las circunstancias siguientes:

1) Haber sido condenados mediante sentencia firme por delitos contra la propiedad, delitos contra la fe pública, cohecho, enriquecimiento ilícito, negociaciones incompatibles con el ejercicio de funciones públicas, malversación de caudales públicos o contrabando y defraudación fiscal, mientras subsista la condena. Esta prohibición también es aplicable a las sociedades mercantiles u otras personas jurídicas cuyos administradores o representantes se encuentran en situaciones similares por actuaciones a nombre o en beneficio de las mismas;

2) Haber sido objeto de sanción administrativa firme en dos o más expedientes por infracciones tributarias durante los últimos cinco (5) años. En este caso, la prohibición de contratar subsistirá mientras no se cumpla con la sanción impuesta de conformidad con el Código Tributario;

3) Haber sido declarado en quiebra o en concurso de acreedores, mientras no fueren rehabilitados;

4) Ser funcionarios o empleados, con o sin remuneración, al servicio de los Poderes del Estado o de cualquier institución descentralizada, municipalidad u organismo que se financie con fondos públicos, sin perjuicio de lo previsto en el Artículo 258 de la Constitución de la República;

5) Haber dado lugar, por causa de la que hubiere sido declarado culpable, a la resolución firme de cualquier contrato celebrado con la Administración o a la suspensión temporal en el Registro de Proveedores y Contratistas en tanto dure la sanción. En el primer caso, la prohibición de contratar tendrá una duración de dos (2) años, excepto en aquellos casos en que haya sido objeto de resolución en sus contratos en dos ocasiones, en cuyo caso la prohibición de contratar será definitiva;

6) Ser cónyuge, persona vinculada por unión de hecho o parientes dentro del cuarto grado de consanguinidad o segundo de afinidad de cualquiera de los funcionarios o empleados bajo cuya responsabilidad esté la precalificación de las empresas, la evaluación de las propuestas, la adjudicación o la firma del contrato;

7) Tratarse de sociedades mercantiles en cuyo capital social participen funcionarios o empleados públicos que tuvieren influencia por razón de sus cargos o participaren directa o indirectamente en cualquier etapa de los procedimientos de selección de contratistas. Esta prohibición se aplica también a las compañías que cuenten con socios que sean cónyuges, personas vinculadas por unión de hecho o parientes dentro del cuarto grado de consanguinidad o segundo de afinidad de los funcionarios o empleados a que se refiere el numeral anterior, o aquellas en las que desempeñen, puestos de dirección o de representación personas con esos mismos grados de relación o de parentesco; y,

8) Haber intervenido directamente o como asesores en cualquier etapa de los procedimientos de contratación o haber participado en la preparación de las especificaciones, planos, diseños o términos de referencia, excepto en actividades de supervisión de construcción.

Artículo 16.- Funcionarios cubiertos por la inhabilidad. Para los fines del numeral 7) del Artículo anterior, se incluyen el Presidente de la República y los Designados a la Presidencia, los Secretarios y Subsecretarios de Estado, los Directores Generales o Funcionarios de igual rango de las Secretarías de Estado, los Diputados al Congreso Nacional, los Magistrados de la Corte Suprema de Justicia, los miembros del Tribunal Nacional de Elecciones, el Procurador y Subprocurador General de la República, el Contralor y Subcontralor General de la República, el Director y Subdirector General Probidad Administrativa, el Comisionado Nacional de Protección de los Derechos Humanos, el Fiscal General de la República y el Fiscal Adjunto, los mandos superiores de las Fuerzas Armadas, los Gerentes y Subgerentes o funcionarios de similares rangos de las instituciones descentralizadas del Estado, los Alcaldes y Regidores Municipales en el ámbito de la contratación de cada Municipalidad y los demás funcionarios o empleados públicos que por razón de sus cargos intervienen directa o indirectamente en los procedimientos de contratación.

Artículo 17.-Ofertas en consorcio. Diferentes interesados podrán participar en consorcio en los procedimientos de contratación, sin que ello implique crear una persona jurídica diferente. Para utilizar este mecanismo será necesario acreditar ante el órgano responsable de la contratación la existencia de un acuerdo de consorcio, en el cual se regulen, por lo menos, las obligaciones entre las partes firmantes y los términos de su relación con el órgano licitante, incluyendo la designación de un representante o gerente único con facultades suficientes para ejercitar los derechos y cumplir las obligaciones derivadas del contrato. Las partes integrantes responderán solidariamente ante la Administración por todas las consecuencias derivadas de la participación del consorcio en los procedimientos de contratación o en la ejecución del contrato que le fuere adjudicado.

Artículo 18.- Declaración jurada. Todo interesado en contratar con la Administración deberá presentar con la oferta, declaración jurada de no estar comprendido en ninguno de los casos a que se refieren los Artículos 15 y 16 de esta Ley. Si fuere un consorcio, tal declaración deberá comprender a cada uno de sus integrantes.

Artículo 19.- Nulidad de contratos. Serán nulos los contratos suscritos con personas que carezcan de la capacidad legal o que estén comprendidos en cualesquiera de las prohibiciones o inhabilidades indicadas en los Artículos 15 y 16 de la presente Ley. En estos casos, la Administración procederá a la liquidación del contrato y tomará las providencias que fueren necesarias para resarcirse de los daños y perjuicios que le fueren ocasionados, de los cuales responderán solidariamente el Contratista y los funcionarios que, a sabiendas, hubieren adjudicado el contrato. Excepcionalmente, cuando hubiere grave riesgo de daños al interés público, podrá autorizarse mediante resolución motivada emanada de la autoridad superior competente, la continuación de los efectos del contrato por el tiempo que fuere estrictamente necesario, sin perjuicio de la responsabilidad que corresponda.

Artículo 20.- Acreditación de empresas nacionales. Las empresas nacionales acreditarán su personalidad con el testimonio de su escritura de declaración de comerciante individual o de su constitución social, según corresponda, inscrita en el Registro Público de Comercio; sus representantes acreditarán, cuando corresponda, poderes suficientes para la suscripción de los contratos de conformidad con las leyes.

Artículo 21.- Acreditación de empresas extranjeras. Las personas naturales o jurídicas extranjeras deberán cumplir con los requisitos establecidos en la legislación civil y mercantil para actuar en el territorio nacional. Los proveedores extranjeros de bienes o servicios podrán ofertar directamente en casos excepcionalmente calificados, por autoridad competente superior, o bien ser representados por agentes, representantes o distribuidores constituidos de conformidad con las leyes nacionales, quienes deberán acreditar, en su caso, que tienen la capacidad y las facilidades necesarias para cumplir con las obligaciones de mantenimiento o reparación, existencia de repuestos u otras similares que fueren requeridas.

Artículo 22.- Aplicación de legislación nacional. Los contratos que celebre la Administración con personas naturales o jurídicas extranjeras, se someterán a la legislación nacional, así como, a la jurisdicción y competencia de los tribunales de la República. Tales contratistas no podrán recurrir a la vía diplomática en sus reclamaciones derivadas de las obligaciones y derechos del contrato, salvo en el caso de denegación de justicia. No se entenderá como denegación de justicia la circunstancia de que un fallo no fuere favorable al contratista.

SECCIÓN TERCERA.
REQUISITOS PREVIOS AL INICIO DEL PROCEDIMIENTO

Artículo 23.-Requisitos previos. Con carácter previo al inicio de un procedimiento de contratación, la Administración deberá Contar con los estudios, diseños o especificaciones generales y técnicas, debidamente concluidos y actualizados, en función de las necesidades a satisfacer, así como, con la programación total y las estimaciones presupuestarias; preparará, asimismo, los Pliegos de Condiciones de la licitación o los términos de referencia del concurso y los demás documentos que fueren necesarios atendiendo al objeto del contrato. Estos documentos formarán parte del expediente administrativo que se formará al efecto, con indicación precisa de los recursos humanos y técnicos de que se dispone para verificar el debido cumplimiento de las obligaciones a cargo del contratista. Podrá darse inicio a un procedimiento de contratación antes de que conste la aprobación presupuestaria del gasto, pero el contrato no podrá suscribirse sin que conste el cumplimiento de este requisito, todo lo cual será hecho de conocimiento previo de los interesados.

Artículo 24.- Estimación de la contratación. Para los fines de determinar el procedimiento correspondiente, el órgano responsable de la contratación tomará en cuenta el monto, en el momento de la convocatoria, de todas las formas de remuneración, incluyendo el costo principal y el valor de los fletes, seguros, intereses, derechos o cualquier otra suma que deba reembolsarse como consecuencia de la contratación.

Artículo 25.- Prohibición de subdividir contratos. El objeto de la contratación o la ejecución de un proyecto no podrá ser fragmentado, de forma que, mediante la celebración de varios contratos, se eludan o se pretenda eludir los procedimientos de contratación establecidos en esta Ley. Se entenderá que no existe la antedicha subdivisión cuando, al planificar la ejecución del proyecto, se hubieren previsto dos o más etapas o secciones específicas y diferenciadas, siempre que la ejecución de cada una de ellas tenga funcionalidad y se encuentre coordinada con las restantes, de modo que se garantice la unidad del proyecto.

Artículo 26.-Inicio del procedimiento de contratación. Una vez verificados los requisitos previos, se dará inicio al procedimiento de contratación mediante decisión de la autoridad competente.

SECCIÓN CUARTA.
FINANCIAMIENTO DE LOS CONTRATOS

Artículo 27.- Nulidad por falta de presupuesto. Serán nulos los contratos que al suscribirse carezcan de asignación presupuestaria. La resolución del contrato por esta causa hará incurrir a los funcionarios responsables en las sanciones administrativas, civiles o penales que determinen las leyes. La asignación presupuestaria deberá constar en el expediente de contratación.

Artículo 28.- Pagos al contratista. El precio será cierto y determinado y se pagará al contratista de acuerdo con la ejecución real de las prestaciones a su cargo, sin perjuicio de la consideración de pagos anticipados según lo previsto en disposiciones especiales de esta Ley. La Administración reconocerá intereses a la tasa promedio correspondiente al mes en que se efectúe el pago para operaciones activas del sistema bancario nacional, cuando se produzcan atrasos en el pago de sus obligaciones por causas que le fueren imputables, por más de cuarenta y cinco (45) días calendario contados a partir de la presentación correcta de los documentos de cobro correspondiente. El pago de intereses, se hará a más tardar en la fecha del siguiente pago parcial. En el contrato se establecerá el procedimiento de pago de estos intereses. No podrán alegar incumplimiento de la Administración y solicitar el pago de los intereses mencionados en el párrafo anterior, los contratistas que presenten en forma incompleta o incorrecta los documentos de cobro; tampoco podrán hacerlo quienes incurran en atrasos que les fueren atribuibles durante la ejecución de un contrato, ocasionando con ello retrasos en los desembolsos presupuestados para determinado período fiscal y la subsiguiente demora en los siguientes ejercicios, y quienes incurran en cualquier otra conducta determinante del retraso.

Artículo 29.- Financiamiento por los Contratistas. Cuando se previere obtener financiamiento de los contratistas, deberá indicarse así en el pliego de condiciones de la licitación. Si así ocurriere, oportunamente los órganos competentes deberán hacer las previsiones presupuestarias para la atención del crédito. Antes de iniciar un procedimiento de contratación bajo esta modalidad, deberán cumplirse los requisitos previstos en la legislación de crédito público.

CAPITULO III.

ESTRUCTURA ADMINISTRATIVA

SECCIÓN PRIMERA.

OFICINA NORMATIVA DE CONTRATACIÓN Y ADQUISICIONES

Artículo 30.- Oficina Normativa. Créase la Oficina Normativa de Contratación y Adquisiciones, como un órgano técnico y consultivo del Estado que tendrá la responsabilidad de dictar normas e instructivos de carácter general para desarrollar o mejorar los sistemas de contratación administrativa en sus aspectos operacionales, técnicos y económicos, así como, la prestación de asesoría y la coordinación de actividades que orienten y sistematicen los procesos de contratación del sector público. La Oficina Normativa estará adscrita a la Secretaría de Estado o dependencia que designe el Presidente de la República y será asesorada en el desempeño de sus funciones por un Comité Consultivo integrado por representantes de los sectores públicos y privados en la forma siguiente:

1) Un representante de la Secretaría de Estado en el Despacho de la Presidencia o de la Secretaría de Estado que designe el Presidente de la República;

2) Un representante de la Secretaría de Estado en el Despacho de Finanzas, quien la presidirá;

3) Un representante de la Secretaría de Estado en el Despacho de Salud;

4) Un representante de la Secretaría de Estado en los Despachos de Obras Públicas, Transporte y Vivienda (SOPTRAVI);

5) Un representante de la Dirección Ejecutiva del Fondo Hondureño de Inversión Social (FHIS);

6) Un representante del Consejo Hondureño de la Empresa Privada (COHEP);

7) Un representante de la Cámara Hondureña de la Industria y la Construcción;

8) Un representante del Colegio de Ingenieros Civiles de Honduras; y,

9) Un representante de la Cámara Hondureña de Empresas de Consultores.

La Oficina Normativa queda facultada para integrar al Comité Consultivo otros organismos públicos o privados que consideren necesarios en casos específicos. El Comité Consultivo evaluará las normas, procedimientos y modelos de documentos de contratación que prepare la Oficina

Normativa, previo a su aprobación y puesta en ejecución. El funcionamiento de este Comité, se definirá por el Reglamento que se emita.

Artículo 31.- Funciones de la Oficina Normativa. Corresponde a la Oficina Normativa de Contratación y Adquisiciones:

1) Establecer y mantener actualizado el Registro de Proveedores y Contratistas del Estado;

2) Diseñar, poner en ejecución y evaluar periódicamente normas y procedimientos operativos relativos al sistema de contratación y adquisiciones, para corregir en forma oportuna la operatividad del sistema;

3) Diseñar modelos, tipo de pliegos de condiciones y de Contratos, así como, de manuales para precalificación de contratistas;

4) Diseñar y poner en ejecución sistemas de registro informático para procurar la información requerida en los procesos de contratación y adquisiciones;

5) Prestar asistencia técnica a las distintas Secretarías de Estado y demás organismos del sector público para la capacitación del personal y para la puesta en ejecución de manuales de organización y funciones, control interno y procedimientos relativos a la actividad de contratación;

6) Preparar anualmente estudios y análisis del comportamiento de precios de bienes y servicios, para su utilización por las distintas dependencias en la preparación de sus proyectos de presupuesto, teniendo como referencia los análisis estadísticos del Banco Central de Honduras, del Instituto Nacional de Estadísticas, de la Cámara Hondureña de la Industria y la Construcción y de otras fuentes de información confiables;

7) Realizar estudios para actualizar anualmente los montos de inversión que determinan los procedimientos de contratación previstos en el Artículo 38 de la presente Ley;

8) Informar al Presidente de la República, a los órganos responsables de la contratación y a la Contraloría General de la República según corresponda, sobre la aplicación de las normas y los procedimientos diseñados;

9) Estudiar y preparar fórmulas para el reconocimiento de escalamiento de precios y de mayores costos en la contratación administrativa, según dispone la presente Ley, y someterlos al Poder Ejecutivo para su aprobación; y,

10) Cumplir otras funciones afines que disponga el reglamento.

SECCIÓN SEGUNDA.

ÓRGANOS RESPONSABLES DE LOS PROCEDIMIENTOS

Artículo 32.- Órganos responsables. La preparación, adjudicación, ejecución y liquidación de los contratos se desarrollará bajo la dirección del órgano responsable de la contratación, sin perjuicio de la participación que por ley tengan otros organismos del Estado. Son responsables de la contratación, los órganos competentes para adjudicar o suscribir los contratos. El desarrollo y la coordinación de los procesos técnicos de contratación, podrá ser delegado en unidades técnicas especializadas.

Artículo 33.- Comisión de Evaluación. Para la revisión y análisis de las ofertas en los procedimientos de selección de contratistas, el órgano responsable de la contratación designará una Comisión de Evaluación integrada por tres (3) o cinco (5) funcionarios de amplia experiencia y capacidad, la cual formulará la recomendación correspondiente. No podrá participar en esta Comisión, quien tenga un conflicto de intereses que haga presumir que su evaluación no será objetiva e imparcial; quien se encontrare en esta situación podrá ser recusado por cualquier interesado.

SECCIÓN TERCERA.

REGISTROS DE PROVEEDORES Y CONTRATISTAS

Artículo 34.- Registro de Proveedores y Contratistas. La Oficina Normativa de Contratación y Adquisiciones llevará un registro centralizado en el que se inscribirán los interesados en la adjudicación de contratos con los organismos estatales. En cuanto fuere requerido por las necesidades del servicio, los organismos de la Administración Descentralizada podrán tener sus propios registros. La inscripción se hará por especialidades o áreas de actividad de acuerdo con la información proporcionada por los interesados y no causará tasa alguna; para ello se utilizarán formularios únicos que proporcionará la Oficina Normativa, debiendo acreditarse por cada interesado su existencia y representación legal, nacionalidad, su solvencia económica y financiera y su idoneidad técnica o profesional, incluyendo su inscripción en el Colegio Profesional correspondiente, cuando así proceda.

Artículo 35.- Registro de Contratos. En el Registro se anotarán los contratos ejecutados o en ejecución y la información sobre cumplimiento, incluyendo, en su caso, multas o sanciones impuestas a los contratistas; para estos efectos, los órganos responsables de la contratación remitirán a la Oficina Normativa, con copia al contratista, los informes correspondientes; los funcionarios que incumplan esta obligación incurrirán en responsabilidad. Dichos órganos podrán requerir de la Oficina Normativa los informes que estimaren necesarios. Los contratos de construcción públicos y privados deberán ser inscritos en la Cámara Hondureña de la Industria de la Construcción para complementar la base de datos usada por el Gobierno y la Empresa Privada para referencia de costos.

Artículo 36.-Requisitos de inscripción y efectos. Los requisitos de inscripción serán similares para todos los interesados. La inscripción durará tres (3) años y podrá ser renovada a solicitud del interesado; podrá también ser cancelada en los casos que disponga el Reglamento. La inscripción en el Registro no implicará costo alguno. Quienes hubieren sido inscritos no estarán obligados a presentar en las licitaciones o concursos documentos relativos a su personalidad o representación, salvo los supuestos de modificación o de sustitución, tampoco estarán obligados a acreditar documentalmente cualquier otra información que ya conste en el Registro; salvo cuando fuere requerida su comprobación según disponga el Reglamento. Las constancias de inscripción acreditarán los aspectos anteriores. La falta de inscripción no será obstáculo para presentar ofertas en estos casos, el oferente deberá presentar con su propuesta los documentos que acrediten su personalidad, representación y su solvencia e idoneidad para contratar con la Administración y previamente solicitará su inscripción a la Oficina Normativa. En todo caso, el oferente tendrá que acreditar su inscripción antes de que se le adjudique un contrato.

Artículo 37.- Trámite de Inscripción. El Reglamento dispondrá el plazo para resolver las solicitudes de inscripción, esta última se denegará cuando el interesado se encontrare en cualquiera de las inhabilidades para contratar previstas en los Artículos 15 y 16 de la presente Ley. No será necesaria la inscripción en el Registro cuando se trate de contratos que por su cuantía, no requieren de licitación o concurso.

CAPITULO IV.
PROCEDIMIENTOS DE CONTRATACIÓN

SECCIÓN PRIMERA.
DEFINICIÓN DE LOS PROCEDIMIENTOS

Artículo 38.- Procedimiento de Contratación. Las contrataciones que realicen los organismos a que se refiere al Artículo 1 de la presente Ley, podrán llevarse a cabo por cualquiera de las modalidades siguientes:

1) Licitación Pública;
2) Licitación Privada;
3) Concurso Público;
4) Concurso Privado; y,
5) Contratación Directa.

En las disposiciones Generales del Presupuesto General de Ingresos y Egresos de la República, se determinarán los montos exigibles para aplicar las modalidades de contratación anteriormente mencionadas, de acuerdo con los estudios efectuados por la Oficina Normativa, según el Artículo 31 numeral 7) de la presente Ley, debiendo considerarse siempre el índice oficial de inflación y la tasa anual de devaluación que determine el Banco Central de Honduras.

SECCIÓN SEGUNDA.
DISPOSICIONES COMUNES

Artículo 39.- Pliego de Condiciones. El Pliego de Condiciones a incluirá la información necesaria para que los interesados puedan formular válidamente sus ofertas; su contenido incluirá las reglas especiales de procedimiento, los requisitos de las ofertas y los plazos, también incluirá el objeto, las especificaciones técnicas y las condiciones generales y especiales de contratación, según se dispongan reglamentariamente.

Artículo 40.- No discriminación en el Pliego de Condiciones. El Pliego de Condiciones se preparará de forma que se favorezca la competencia y la igualdad de participación de los potenciales oferentes; a tal efecto, no podrán imponerse restricciones ni exigirse el cumplimiento de requisitos que no fueren técnicamente indispensables, si con ello se imita las posibilidades de concurrencia de eventuales participantes.

SECCIÓN TERCERA.
LICITACIÓN PÚBLICA

Artículo 41.- Pliego de Condiciones. Considerando los modelos tipo preparados por la Oficina Normativa de Contratación y Adquisiciones, el órgano responsable de la contratación preparará, en cada caso, el pliego de condiciones y los demás documentos que normarán el procedimiento de licitación, así como, las estipulaciones generales y especiales del contrato a celebrarse.

Artículo 42.- Licitación Pública Internacional. Cuando se requieran técnicas especiales o concurran otras razones que justifiquen la participación de contratistas extranjeros, deberá real izarse la contratación de las obras o de los suministros mediante licitación pública internacional.

Artículo 43.- Precalificación. Cuando se trate de construcción de obras públicas y con el objeto de asegurar que éstas sean ejecutadas por contratistas competentes, previo a la licitación correspondiente, se precalificarán las compañías interesadas. La precalificación será efectuada por los órganos responsables de los proyectos, quienes tomarán en cuenta la información existente en el Registro de Contratistas. La precalificación también podrá hacerse para grupos de Contratos con características comunes que deban adjudicarse durante el año fiscal. La precalificación podrán solicitarla quienes no lo hubieren hecho anteriormente, o quienes habiendo sido excluidos acrediten posteriormente el cumplimiento de los requisitos correspondientes, quedando obligada la administración a realizar actualizaciones periódicas con este fin. En las licitaciones de obras públicas deberá mediar entre la precalificación y la invitación a presentar ofertas en un plazo no menor de treinta (30) días calendario, contados a partir de la notificación de la precalificación a los interesados. Si una persona jurídica o natural precalificada en una misma dependencia del Estado, para la ejecución, suministro o la prestación de un servicio, no ha cambiado su estatus técnico-financiero, no necesitará nueva precalificación para obras similares, bastará con que lo manifieste así ante el órgano licitante.

Artículo 44- Alcance de la precalificación. El procedimiento de precalificación tendrá por base establecer la capacidad de cada uno de los interesados para ejecutar satisfactoriamente el contrato, y a ese efecto se evaluará:

1) La experiencia de la empresa;
2) La disponibilidad de personal, equipo e instalaciones;
3) La capacidad administrativa y técnica disponible;
4) La capacidad financiera;
5) El cumplimiento de contratos anteriores; y,
6) La capacidad legal para contratar.

Cuando esta documentación ya existiera en el órgano Contratante, los interesados únicamente deberán actualizar la misma, para lo cual deberá mantenerse un expediente por cada empresa.

Artículo 45.- Tramitación de la precalificación. La precalificación de Contratistas de obras públicas se hará en forma seria y rigurosa por una Comisión que se integrará en cada caso por funcionarios de amplia experiencia y capacidad al servicio del órgano responsable de la contratación, debiendo evaluarse detenidamente la información aportada por los interesados. Quienes fueren excluidos tendrán derecho a Conocer los motivos, salvo las inhabilidades previstas en los Artículos 15 y 16 de esta Ley, en ningún otro caso se denegará la precalificación por incumplimiento de requisitos diferentes a los establecidos en el Artículo precedente. La empresa que proporcione información incorrecta o maliciosa, será excluida de la licitación, sin perjuicio de las demás sanciones que procedan. El Reglamento desarrollará el procedimiento de precalificación considerando la naturaleza de los Contratos que ejecuten las distintas dependencias. La adquisición de los documentos de precalificación y las constancias que se requieran serán gratuitas.

Artículo 46.- Invitación a licitar. La invitación a presentar ofertas se hará mediante avisos que se publicarán en el Diario Oficial La Gaceta, y por lo menos en un diario de circulación nacional, con la frecuencia y anticipación que se determine de acuerdo con la naturaleza e importancia de las prestaciones objeto de la licitación; en las licitaciones de obras públicas, en todo caso, el plazo que medie entre la invitación y la fecha de presentación de ofertas no será inferior a quince (15) días calendario. Si la licitación fuere internacional, el aviso de precalificación y el aviso de invitación a presentar ofertas se publicará también en el extranjero.

Artículo 47.- Oferta. Los interesados prepararán sus ofertas ajustándose a los Pliegos de Condiciones, incluyendo planos u otros documentos que formen parte de la misma. La Administración indicará previamente en el pliego de condiciones, el plazo en el que serán requeridas las obras o los Suministros.

La presentación de la oferta presume la aceptación incondicional por el oferente de las cláusulas del Pliego de Condiciones y la declaración responsable de que reúne todas y cada una de las condiciones exigidas para contratar con la Administración. La oferta deberá acompañarse de los documentos indicados en el Pliego de Condiciones. No serán exigibles los documentos que consten en el Registro de Proveedores y Contratistas o que hubieren sido presentados en el proceso de precalificación, salvo los supuestos de comprobación a que se refiere el Artículo 36 párrafo 2) de la presente Ley. Las Unidades Ejecutoras no podrán vender o dar en arrendamiento servicios, maquinarias o materiales a ninguna persona natural o jurídica que tenga Contrato alguno con dicha Dependencia, salvo que los mismos se hayan ofrecido previamente en las bases de licitación, estableciendo sus costos en los documentos que norman el proceso.

Artículo 48.- Limitación de ofertas. Cada interesado presentará una sola oferta, si presentare más de una no se considerarán y será descalificado. La inclusión de unan varias alternativas en la oferta estará sujeta estrictamente a lo que establezca el Pliego de Condiciones.

Artículo 49.- Rechazo de ofertas colusorias. Si se comprobare que ha habido entendimiento malicioso entre dos o más oferentes, las respectivas ofertas no serán consideradas, sin perjuicio de la responsabilidad legal en que éstos hubieren incurrido.

Artículo 50.- Tramitación de la licitación. El Reglamento determinará las formalidades a que se sujetará la apertura pública de las ofertas, su revisión y análisis, así como; los requisitos esenciales que deben satisfacer, los defectos no sustanciales que puedan subsanarse sin afectar su validez y lo relativo a aclaraciones pertinentes. Las ofertas serán leídas públicamente y en voz alta, incluyendo los precios unitarios cuando así lo solicitare un oferente, debiendo permitírseles examinar los documentos inmediatamente después del acto de apertura.

Artículo 51.- Adjudicación. La adjudicación de los contratos de obra pública o de suministro, se hará al licitador que Cumpliendo las condiciones de participación, incluyendo su solvencia e idoneidad para ejecutar el Contrato, presente la oferta de precio más bajo o se considere la más económica o ventajosa y por ello mejor calificada, de acuerdo con criterios objetivos que en este último caso serán definidos en el Pliego de Condiciones. Lo anterior se entiende sin perjuicio del margen de preferencia nacional a que se refiere el Artículo 53 de la presente Ley. En todo caso, antes de la adjudicación, si se presentare una oferta normalmente más baja en relación con las demás ofertas o con el presupuesto estimado, se pedirá información adicional al oferente para asegurarse de que pueda cumplir satisfactoriamente el contrato y se practicarán las demás investigaciones que correspondan, sin perjuicio de que se exija una garantía de cumplimiento por el doble del monto previsto en el Artículo 98 de esta Ley. Si la oferta no tuviere fundamento o fuere especulativa será desestimada.

Artículo 52.- Adjudicación por criterios objetivos de evaluación. Para los fines del Artículo anterior, el Pliego de Condiciones podrá considerar, además del precio, otros criterios objetivos de evaluación, a tal efecto, considerando la naturaleza de la prestación, podrán incluirse, entre otros, las condiciones de financiamiento, beneficios ambiéntales, o tratándose de suministros, la compatibilidad de equipos, disponibilidad de repuestos y servicios, asistencia técnica, menor Costo de operación, plazo de entrega y los demás que estuvieren previstos con ese carácter. Si así ocurriere, el Pliego de Condiciones establecerá un sistema de puntos u otro criterio objetivo para evaluar los diferentes factores previstos. A falta de pronunciamiento expreso en el Pliego de Condiciones, se entenderá que la adjudicación se hará al oferente de precio más bajo, siempre que cumpla las condiciones de participación.

Artículo 53.- Margen de preferencia nacional. Cuando hubieren oferentes nacionales y extranjeros, para fines exclusivos de comparación y evaluación, y consecuentemente con la escogencia de la mejor oferta, tratándose de suministros, se sumará a la mejor oferta extranjera un valor equivalente al de los impuestos de importación correspondientes, si el bien o suministro estuviera gravado con dicho impuesto, de no ser así, una suma equivalente al quince por ciento (15%) del valor de dicha oferta, si se trata de obra pública y servicios básicos, siempre para efectos de evaluación y escogencia de la mejor oferta, se sumará a la oferta de compañías extranjeras hasta un siete y medio por ciento (7 l/2%) del monto de la oferta. Si de esta operación resulta que la mejor oferta extranjera es superior en monto a la nacional se escogerá esta última como la mejor oferta de la licitación procediendo entonces a la adjudicación del contrato. Este último mecanismo no se aplicará a los participantes extranjeros a los cuales deba darse trato nacional en virtud de acuerdos bilaterales o multilaterales de comercio de los cuales el Estado sea parte y cuando se trate de la ejecución de empréstitos otorgados por organismos financieros internacionales, en cuyo caso se aplicarán los márgenes de preferencia en los términos que lo permitan los instructivos o políticas de adquisiciones de dichos organismos.

Artículo 54.- Pago en moneda extranjera. Atendiendo a la naturaleza de la prestación, el Pliego de Condiciones podrá establecer el porcentaje del monto del Contrato que se pagará en moneda extranjera, en base al estimado elaborado por la Administración. El monto, requisitos y demás condiciones establecidas para el pago en moneda extranjera en cada Contrato, será igual para todos los licitantes, nacionales o extranjeros, y se sujetará a las regulaciones que establezca el Banco Central de Honduras.

Artículo 55.- Motivación de la adjudicación. Cuando la licitación no se adjudique al oferente del precio más bajo conforme a lo previsto en los Artículos 51 y 52 de esta Ley, la decisión de la autoridad administrativa deberá ser suficientemente motivada y aprobada en su caso por la autoridad superior competente. La falta de motivación, la cual deberá basarse en los criterios previstos en el Pliego de Condiciones, determinará la nulidad de la adjudicación, sin perjuicio de la responsabilidad legal en que incurran los funcionarios que hubieren decidido.

Artículo 56.- Retiro de oferta por falta de notificación. Si la adjudicación no se notifica dentro del plazo establecido con el Pliego de Condiciones, los proponentes podrán retirar sus ofertas sin responsabilidad de su parte.

Artículo 57.- Licitación desierta o fracasada. El órgano responsable de la contratación declarará desierta la licitación cuando no se hubieren presentado ofertas o no se hubiese satisfecho el mínimo de oferentes previsto en el Pliego de Condiciones. La declarará fracasada en los casos siguientes:

1) Cuando se hubiere omitido en el procedimiento alguno de los requisitos esenciales establecidos en esta Ley o en sus disposiciones reglamentarias;

2) Cuando las ofertas no se ajusten a los requisitos esenciales establecidos en el Reglamento o en el Pliego de Condiciones; y,

3) Cuando se comprobare que ha existido colusión.

Declarada desierta o fracasada la licitación se procederá a una nueva licitación.

Artículo 58.- Falta de formalización. Si el oferente a quien se le adjudicó el Contrato no lo acepta o no lo formaliza por causas que le fueren imputables, dentro del plazo señalado con ese propósito, quedará sin valor ni efecto la adjudicación y la Administración hará efectiva la garantía de mantenimiento de oferta.

Si así ocurriere, el órgano responsable de la contratación podrá adjudicar el Contrato al oferente que resultó en segundo lugar y si esto no fuera posible por cualquier motivo, al oferente que resultó en tercer lugar y así sucesivamente, sin perjuicio de que el procedimiento se declare fracasado cuando las otras ofertas no fueren satisfactorias para la Administración. Formalizado que fuere el contrato, el contratista presentará la garantía de cumplimiento observando lo previsto en el Artículo 100 de la presente Ley.

SECCIÓN CUARTA.
LICITACIÓN PRIVADA

Artículo 59.- Supuestos generales. Cuando la licitación fuere privada, según lo establecido en el Artículo 38 de la presente Ley, el órgano responsable de la contratación cursará invitación a participar a, por lo menos, tres (3) oferentes potenciales inscritos en el registro correspondiente.

Artículo 60.- Supuestos específicos. Procederá también la licitación privada en los casos siguientes:

1) Cuando, en atención al objeto del Contrato, existiere un número limitado de proveedores o de contratistas calificados, no mayor de tres (3), lo cual deberá constar plenamente acreditado en el expediente;

2) Cuando por circunstancias imprevistas o por otras razones de apremiante urgencia, debidamente calificadas, surgiera una necesidad cuya atención no ha podido planificarse con antelación, requiriéndose acción pronta y efectiva para no entorpecer la prestación del servicio y por esta razón no fuere posible una licitación pública;

3) Cuando para mantener la seguridad de las instalaciones destinadas a la prestación del servicio, no convenga hacer pública la licitación;

4) En caso de suministro, cuando por cambios imprevisibles en las condiciones del mercado, debidamente comprobados, se hubiere producido una carestía de productos de uso esencial, cuya adquisición fuere necesaria en el menor plazo posible; y,

5) Cuando una licitación pública resulte desierta o fracasada por causas no imputables a los funcionarios responsables del procedimiento, siempre que por razones de urgencias debidamente calificada no fuere posible repetir dicho procedimiento. Para llevar a cabo la licitación privada en los casos que anteceden, se requerirá autorización del Presidente de la República, cuando se trate de contratos de la Administración Centralizada, o del órgano de dirección superior cuando se trate de Contratos de la Administración Descentralizada o de los demás organismos públicos a que se refiere el Artículo 1 de la presente Ley, debiendo emitirse Acuerdo expresando detalladamente sus motivos. El procedimiento a que se sujetará la licitación privada se determinará en el Reglamento.

SECCIÓN QUINTA.
CONCURSO

Artículo 61.- Objeto del concurso. Los contratos de consultoría se adjudicarán mediante concurso, ajustándose a las modalidades de invitación pública o privada según los montos que se establezcan en las Disposiciones Generales del Presupuesto General de Ingresos y Egresos de la

República, según lo determina el Artículo 38 de la presente Ley; el procedimiento se sujetará a las reglas siguientes:

1) La Administración preparará los términos de referencia, incluyendo la descripción precisa del trabajo a realizar, las condiciones generales y especiales del contrato, los factores para calificar las ofertas, el plazo de su presentación y las demás condiciones y requisitos que reglamentariamente se establezcan;

2) Los términos de referencia podrán determinar también la precalificación de los interesados, en cuyo caso se preparará una lista de tres (3) a seis (6), a quienes se invitará a presentar ofertas;

3) El resultado de la evaluación de las propuestas técnicas, con consideración o no de costos, según dispongan los citados términos de referencia, decidirá el orden de mérito de las mismas; el resultado de esta evaluación deberá ser comunicado a los participantes en el plazo que al efecto se disponga; y,

4) El proponente mejor calificado será invitado a negociar el contrato. Si no hubiera acuerdo se invitará a negociar al segundo mejor calificado y así sucesivamente, hasta obtener un resultado satisfactorio, sin perjuicio de declarar fracasado el procedimiento si hubiera mérito para ello. El procedimiento para la evaluación y negociación, será desarrollado vía Reglamento, incluyendo lo atinente a las propuestas con consideración de costos.

Artículo 62.- Evaluación de las propuestas. La evaluación de las propuestas técnicas se hará considerando, entre otros, los factores siguientes:

1) La experiencia en la especialidad del trabajo de que se trate;

2) Los antecedentes en el cumplimiento de Contratos anteriores;

3) La conveniencia del plan de trabajo y el enfoque propuesto en relación con los términos de referencia;

4) La capacidad, idoneidad y disponibilidad apropiada del personal propuesto; y,

5) La capacidad financiera del oferente si se tratare de supervisión de obras o de Otros contratos en que fuere requerido.

SECCIÓN SEXTA.
CONTRATACIÓN DIRECTA

Artículo 63.- Supuestos. La contratación directa podrá realizarse en los casos siguientes:

1) Cuando tenga por objeto proveer a las necesidades ocasionadas por una situación de emergencia al amparo de lo establecido en el Artículo 9 de la presente Ley;

2) Cuando se trate de la adquisición de repuestos u otros bienes y servicios especializados cuya fabricación o venta sea exclusiva de quienes tengan patente o marca de fábrica registrada, siempre que no hubieren sustitutos convenientes;

3) Cuando se trate de obras, suministros o servicios de consultoría, cuyo valor no exceda de los montos establecidos en las Disposiciones Generales del Presupuesto General de Ingresos y Egresos de la República, de conformidad con el Artículo 38 de la presente Ley, en cuyo caso podrán solicitarse cotizaciones a posibles oferentes sin las formalidades de la licitación privada;

4) Cuando las circunstancias exijan que las operaciones del Gobierno se mantengan secretas;

5) Cuando se trate de la acuñación de moneda y la impresión de papel moneda;

6) Cuando se trate de trabajos científicos, técnicos o artísticos especializados; y,

7) Cuando se hubiere programado un estudio o diseño por etapas, en cuyo caso se podrán contratar las que faltaren con el mismo consultor que hubiere realizado las anteriores en forma satisfactoria. Para llevar a cabo la Contratación Directa en los casos que anteceden, requerirá autorización del Presidente de la República cuando se trate de contratos de la Administración Pública Centralizada, o del órgano de dirección superior, cuando se trate de Contratos de la Administración Descentralizada o de los demás organismos públicos a que se refiere el Artículo 1 de la presente Ley, debiendo emitirse Acuerdo expresando detalladamente sus motivos.

CAPITULO V.
CONTRATO DE OBRA PÚBLICA

SECCIÓN PRIMERA.
DISPOSICIONES GENERALES

Artículo 64.- Concepto de obra pública. Contrato de obra pública es el celebrado por la Administración con una o más personas naturales o jurídicas, para la construcción, reforma, reparación, conservación o demolición de bienes que tengan naturaleza inmueble o la realización de trabajos que modifiquen la forma o sustancia del suelo o del subsuelo, a cambio de un precio. Se consideran también los Contratos de obra pública denominados "llave en mano" de acuerdo con los cuales el contratista se obliga a proporcionar, mediante un único Contrato, todos o algunos de los siguientes elementos: Los diseños técnicos, servicios de ingeniería, financiamiento, construcción, así como, en su caso, el terreno necesario o el suministro e instalación de plantas, equipos u otros similares, incorporadas a la obra.

Artículo 65.- Objeto de la obra pública. Se consideran expresamente comprendidos en este Capítulo, los contratos que tengan por objeto:

1) La construcción y mantenimiento de carreteras, instalaciones ferroviarias, puertos, presas, puentes, edificios, aeropuertos, acueductos, obras de control de inundaciones, instalaciones varias y otras obras análogas de ingeniería;

2) La realización de trabajos que modifiquen la forma o sustancia del terreno o del subsuelo, como dragados, inyecciones, perforaciones y otros semejantes; y,

3) La reforma, reparación, conservación o demolición de las obras indicadas en los incisos anteriores.

Artículo 66.- Contratos de conservación de la red vial. Los contratos de conservación de la red vial se consideran contratos de servicio público, sin embargo, se regirán por las formalidades establecidas en el presente Capítulo. Estos contratos serán susceptibles a la aplicación de modalidades de pago por niveles de servicio, los cuales se desarrollarán en el Reglamento respectivo.

Artículo 67.- Aportes de la Administración. En los contratos de obra, la Administración podrá aportar total o parcialmente los materiales, instalaciones u otros medios destinados para su ejecución. En este caso, el Contratista, asumirá la responsabilidad por la custodia o manejo de los mismos y deberá constituir las garantías que se señalen.

Artículo 68.- Requisitos previos al inicio de obras. Antes de que se autorice el inicio de las obras, el Contratista deberá presentar los documentos siguientes:

1) Garantía de cumplimiento del Contrato y, si lo hubiere, garantía por anticipo de fondos,

2) Programa detallado de ejecución de la obra, indicando el costo estimado por etapas, de conformidad con lo que indiquen los documentos de licitación. El programa deberá ser aprobado por el órgano responsable de la contratación.

3) Nómina del personal técnico asignado para la dirección y ejecución de la obra, incluyendo un plan de organización,

4) Los documentos que acrediten la disponibilidad del equipo y maquinaria que se empleará en la obra, y,

5) Los demás que se indiquen en el Reglamento o en el Pliego de Condiciones de la Licitación.

Artículo 69.- Obligaciones de la Administración. La Administración será responsable de adquirir los inmuebles necesarios para la ejecución de las obras, incluyendo derechos de vía, así como, las servidumbres, bancos de materiales, permisos y cualquier otra facilidad que se especifique en el contrato, así como, también cuanto sea requerido para la evaluación del impacto ambiental del proyecto y la obtención de las licencias ambientales necesarias. Sin lo anterior no podrá darse la orden de inicio. El Contratista no será responsable por demoras imputables a estas causas; si fuere perjudicado por incumplimiento de la Administración tendrá derecho a la indemnización correspondiente. Lo anterior se entiende sin perjuicio de lo dispuesto en el Artículo 64 párrafo 2) de la presente Ley.

Artículo 70.- Secciones o etapas. En los casos en que una obra admita dos o más etapas o secciones, si así conviene a los intereses de la Administración, podrán licitarse y celebrarse contratos separados para la ejecución de cada una de ellas, siempre que fueren susceptibles de ser utilizadas o puestas al servicio en forma independiente, y que puedan ser substancialmente definidas sin menoscabo de las normas de calidad.

SECCIÓN SEGUNDA.
EJECUCIÓN

Artículo 71.- Ejecución de las obras. Las obras se ejecutarán con apego estricto al Contrato y a sus anexos, incluyendo eventuales modificaciones, y a las instrucciones por escrito que fueren impartidas al Contratista, por el Supervisor designado por la Administración. Durante la ejecución de la obra y hasta que expire el período de garantía de la misma, el Contratista será responsable de las fallas o desperfectos que ocurran por causas que le fueren imputables, salvo el caso fortuito o la fuerza mayor debidamente calificada. No será responsable el contratista por eventuales deficiencias o imprevisiones en el diseño o en la supervisión de la obra, a menos que siendo conocidas no las denunciare, o cuando se tratare de contratos "llave en mano". El Contratista será también responsable de los daños y perjuicios que pueda causar a terceros.

Artículo 72.- Plazo de ejecución. El Contratista deberá ejecutar la obra en el plazo convenido. También deberá cumplir los plazos parciales para las diferentes etapas del Proyecto, si así se hubiere previsto en los documentos de licitación. Si el Contratista por causas que le fueren imputables, incurriere en atrasos en los plazos parciales de manera que se temiere justificadamente que no podrá entregar la obra en el plazo total pactado, la Administración tomará las medidas correctivas que fueren necesarias, incluyendo la resolución del Contrato con ejecución de la garantía de cumplimiento. Si la obra no se ejecutare en el plazo total, la Administración aplicará al Contratista por cada día de atraso, una multa cuya cuantía se establecerá en el Pliego de Condiciones y en el Contrato. El Contratista se constituirá en mora sin necesidad de previa notificación de la Administración. De igual manera, la Administración podrá imponer multas por incumplimiento de plazos parciales cuando la naturaleza del proyecto lo requiera y esté previsto así en los citados documentos. Si la demora se produjere por causas no imputables al Contratista, incluyendo, pero no limitándose a la falta de pago en la forma y plazos especificados en el Contrato, la Administración autorizará la prórroga del plazo por un tiempo igual al atraso y la falta de entrega de la información a tiempo. El Contratista estará obligado a iniciar las obras contratadas al recibir la orden de inicio, la cual será emitida por la Administración dentro de los quince (15) días calendario siguientes a la fecha de entrega del anticipo a cuenta del precio total, si así se hubiere pactado, siempre que se cumpla con los demás requisitos previstos en el Artículo 68 de la presente Ley.

Artículo 73.- Pago de las obras. El precio se pagará de acuerdo con las cantidades de obra ejecutada, sin perjuicio de la entrega de un anticipo de conformidad con la Ley, cuando así se hubiere convenido; podrá pagarse también el valor de los materiales almacenados para ser usados en la obra, si así se estipulare en los documentos de licitación previas las comprobaciones correspondientes. El pago podrá pactarse en base a cantidades de obra y precios unitarios fijos, precio global o precio alzado, costo más honorarios fijos u otras formas de pago. Cuando se requiera financiamiento del Contratista, el contrato dispondrá las modalidades especiales de pago.

Artículo 74.- Revisión de precios. La Administración ajustará mensualmente el total de los incrementos o decrementos de los precios del contrato causados por variaciones de las condiciones económicas, incluyendo inflación, devaluación monetaria, nuevas leyes y otros factores que incidan en los costos de la obra. Para los efectos de los incrementos previstos en el párrafo anterior, deberán acreditarse los aumentos que se suceden sobre la base de los precios iniciales, durante la ejecución del Contrato. Se exceptúan del reconocimiento de incrementos los materiales que hubieren sido adquiridos con el anticipo recibido por el contratista a los que le hubieren sido pagados con anticipación. Todo contrato deberá establecer los medios de control indispensables para la correcta aplicación de esta disposición.

Artículo 75.- Plazo. El reconocimiento de mayores costos se aplicará durante el plazo original del contrato y los plazos contemplados en las ampliaciones debidamente justificadas. Cuando el Contratista concluya la obra fuera del plazo establecido en el contrato, el precio de los materiales o servicios en dicho período será el que hubiere estado vigente al momento de vencer el último plazo cubierto con la cláusula de reconocimiento de mayores costos.

Artículo 76.- Utilización de índices u otros procedimientos. La Administración analizará y aprobará fórmulas para el reconocimiento de los incrementos de costos estrictamente relacionados con la obra, con base en los índices oficiales de precios y costos elaborados por el Banco Central de Honduras, la Cámara Hondureña de la Industria y la Construcción u otros Organismos, debiendo indicarse lo procedente en el Pliego de Condiciones y en el Contrato, incluyendo el procedimiento de aplicación que corresponda. En contratos de corto plazo hasta de seis (6) meses, también podrán preverse sistemas alternativas de ajuste de incremento de costos.

Artículo 77.- Tramitación de exoneraciones. El Poder Ejecutivo por conducto de la Secretaría de Estado en el Despacho de Finanzas y a iniciativa del órgano responsable de la contratación, expedirá los documentos que amparen la dispensa de todos los impuestos de importación, de consumo, venta y demás que graven la maquinaria, equipo, vehículos de trabajo, accesorios, repuestos, materiales, combustibles, grasas, lubricantes, asfaltos y demás bienes que sean razonablemente necesarios para la ejecución de los contratos, de acuerdo con lo que se hubiere pactado expresamente y siempre que el respectivo contrato hubiera sido aprobado por el Congreso Nacional. Las modificaciones de los Contratos previamente aprobados por el Congreso Nacional, no requerirán de una nueva aprobación legislativa en lo que se refiere a las exoneraciones.

Artículo 78.- Fiscalización de bienes exonerados. Las autoridades competentes ejercerán el debido control para asegurar el buen uso y destino de los bienes exonerados a que se refiere el Artículo anterior.

Al concluir el contrato para el que se otorgó la exoneración, el Contratista, dentro del plazo que se señale, estará obligado a devolver a su lugar de origen o a trasladar a terceros países los bienes indicados; a su opción también podrá pagar los impuestos correspondientes calculados sobre el valor de dichos bienes debidamente depreciados o asignarlos a la ejecución de otro contrato para el cual se hubieren otorgado exoneraciones similares, previa autorización de la Secretaria de Estado en el Despacho de Finanzas.

Exceptuase de lo previsto en el párrafo anterior los bienes consumidos o definitivamente incorporados a la obra.

Artículo 79.- Investigación de irregularidades. Cuando hubieren indicios de responsabilidad por defectos o imprevisión imputable a los diseñadores o constructores de una obra, el órgano responsable de la contratación ordenará la investigación correspondiente para los fines consiguientes. La misma medida se tomará cuando hubieren indicios de responsabilidad por culpa o negligencia imputable a los supervisores. La recepción de la obra por la autoridad competente no exime a las personas antes indicadas de responsabilidad por defectos no aparentes. Si el Proyecto lo amerita, podrá exigirse un cuaderno de Bitácora, debiéndose anotar en el mismo, las incidencias que ocurran durante la ejecución de la obra.

Artículo 80.- Recepción de la obra. Terminada sustancialmente la obra, previo dictamen de la Supervisión, el órgano responsable de la contratación procederá a su recepción, siempre que esté de acuerdo con los planos, especificaciones y demás documentos contractuales. El Contratista, a su costo y conforme a las instrucciones que imparta el órgano responsable de la contratación, deberá efectuar las correcciones. Cumplida esta fase se procederá, dentro del plazo que señale el contrato, a la recepción definitiva de la obra, elaborándose el acta correspondiente. El Contratista, por su parte, procederá a constituir la garantía de calidad de la obra, si así estuviere previsto de acuerdo a la naturaleza de la obra, en la forma y duración que determinen los documentos contractuales.

Artículo 81.- Entregas parciales. Cuando se hubiere pactado la ejecución y entrega de tramos o partes del proyecto para ser puestos al servicio público, se irán recibiendo parcialmente a medida que el Contratista los vaya terminando de acuerdo con el contrato y los demás documentos contractuales. En estos casos el plazo de garantía de calidad de los trabajos comenzará a correr a partir de la respectiva recepción parcial. Dicho plazo se establecerá atendiendo a la naturaleza y complejidad de la obra.

SECCIÓN TERCERA.
SUPERVISIÓN

Artículo 82.- Supervisión. La Administración por medio de su personal o de consultores debidamente seleccionados, supervisará la correcta ejecución del contrato. Las órdenes de los supervisores formuladas por escrito, deberán ser cumplidas por el Contratista, siempre que se ajusten a las disposiciones de esta ley, de sus Reglamentos o de los documentos contractuales. El Reglamento determinará las facultades y las obligaciones de los supervisores.

CAPITULO VI.
CONTRATO DE SUMINISTRO

SECCIÓN PRIMERA.
DISPOSICIONES ESPECIALES

Artículo 83.- Concepto. Contrato de suministro es el celebrado por la Administración con una persona natural o jurídica que se obliga a cambio de un precio a entregar uno o más bienes muebles o a prestar un servicio de una sola vez o de manera continuada y periódica. Se regulan por las disposiciones del presente Capítulo, los contratos que celebre la Administración para el transporte de bienes, aseo o higienización de edificios u otras instalaciones públicas, vigilancia, seguros de bienes o de personas, adquisición a cualquier título de equipos o de Sistemas de informática, excepto el diseño de programas específicos, o cualquier otro servicio en el que no prevalezca el esfuerzo intelectual.

Artículo 84.- Prohibición de compra de bienes usados. Se prohíbe la compra de maquinaria o equipo usado, así como, las compras a abastecedores únicos, salvo las excepciones contempladas en esta Ley.

Antes de hacer nuevas compras de equipos u otros bienes, deberá hacerse una adecuada utilización de los existentes. Cuando se determinen bienes adscritos a cualquier dependencia que, dejados de utilizar, no puedan ser aprovechados eficientemente por otra, serán considerados como propiedad excedente y serán vendidos en pública subasta por la Secretaria de Estado en el Despacho de Finanzas, por medio de la Oficina de Administración de Bienes Nacionales de la Contaduría General de la República. En caso de ausencia de postores en la subasta, los bienes podrán ser donados de preferencia a Instituciones del Estado. En la Administración Descentralizada y demás entes públicos previstos en el Artículo l de la presente Ley, se observará un procedimiento similar, con las modalidades propias de su organización interna.

Artículo 85.- Obras accesorias. Cuando el Contratista tenga que realizar obras accesorias de instalación o montaje de los bienes, el contrato siempre será considerado de suministro. Sin embargo, cuando dichas obras tengan un precio mayor al de los bienes o se produjere la situación prevista en el Artículo 64 párrafo 2), el Contrato se considerará de obra pública y se regulará por lo dispuesto en el Capítulo V de esta Ley.

SECCIÓN SEGUNDA.
EJECUCIÓN

Artículo 86.- Ejecución del suministro. El Contratista está obligado a entregar los bienes o a prestar los servicios en el tiempo, lugar y condiciones fijados en el contrato, de conformidad con los requerimientos técnicos y administrativos previstos en el mismo. La mora del Contratista no requiere la previa notificación de la Administración.

Artículo 87.- Riesgo del Contratista. Cualquiera que fuere la naturaleza del suministro, el Contratista no tendrá derecho a indemnización por causa de pérdidas, averías o perjuicios ocasionados a los bienes antes de su entrega a la Administración, salvo cuando esta última hubiere incurrido en mora de recibir y el Contratista hubiera efectuado la oportuna denuncia.

Artículo 88.- Entrega. La entrega se considerará realizada cuando los bienes o los servicios hayan sido objetivamente recibidos por la Administración de acuerdo con las condiciones del Contrato y se hubiere suscrito el acta correspondiente. Salvo pacto en contrario se harán por cuenta del Contratista los gastos de transporte, seguro, servicios portuarios o aduaneros y de entrega de los bienes en el lugar convenido.

Cuando los bienes no se hallen en estado de ser recibidos se hará constar esta circunstancia en el acta que se elaborará, así como las instrucciones precisas que se den al suministrante para que subsane los defectos o faltantes que se hubieren encubierto o para que proceda a una nueva entrega de conformidad con lo pactado.

Artículo 89.- Inspección. El órgano responsable de la contratación podrá inspeccionar el proceso de fabricación de los productos que deban entregarse, pudiendo ordenar o realizar por sí mismo análisis, ensayos o pruebas de los materiales a emplear o de los productos terminados, establecer otros sistemas de control de calidad y tomar cuantas disposiciones estime convenientes para asegurar el estricto cumplimiento de lo convenido.

Artículo 90.- Certificación de la calidad de los productos. El Estado a través del órgano administrativo responsable de la ejecución del Contrato, velará porque los productos establecidos en el mismo, sean producidos en los tiempos especificados y con la calidad técnica necesaria, para la certificación de la calidad de los productos, se contemplará preferentemente la contratación de firmas especializadas en la materia o de profesionales calificados de conformidad al proyecto o programas de que se trate.

Artículo 91.- Pagos. El pago del precio podrá realizarse de una sola vez o mediante pagos parciales, de acuerdo con lo que se pacte en el contrato. Cuando se trate de licitaciones para la adquisición de bienes de los cuales haya fabricación en el país, la forma y términos de pago será igual a la prevista para los proveedores que ofrezcan bienes importados, con el propósito de que ambos compitan en igualdad de condiciones. Si se tratare de bienes que deban ser importados, los precios se cotizarán puestos en el lugar donde se indique en el Pliego de Condiciones de la Licitación, con exclusión de los impuestos aduaneros de importación. Para fines de Comparación de precios entre ofertas de bienes de origen nacional o extranjero, se observará lo dispuesto en el Artículo 53 de la presente Ley.

Artículo 92.- Repuestos. El Contratista deberá garantizar, cuando fuere requerido según la naturaleza del suministro, la entrega oportuna de repuestos; estará obligado asimismo, cuando fuere necesario, a entrenar al personal que se hará cargo de la operación de las maquinarias o de los equipos que constituyan el objeto del contrato. Deberá acreditar, en todo caso, que tienen derecho al uso de las patentes o que es titular de los derechos de autor correspondiente.

Artículo 93.- Plazo de garantía. Recibidos los bienes en legal forma, comenzará el plazo de garantía de los mismos, debiendo pactarse en el contrato, al igual que la garantía de calidad, cuando proceda. A falta de previsiones contractuales expresas serán aplicables las reglas legales generales. Si durante el plazo de garantía se acreditase la existencia de vicios o defectos en la cosa vendida, el Contratista estará obligado a su reposición o a su reparación si ello fuere suficiente, sin perjuicio de que la Administración proceda en su caso a ejecutar la garantía de calidad o a reclamar las demás indemnizaciones que correspondan. Durante el plazo de garantía tendrá derecho el Contratista a ser oído y a hacer recomendaciones sobre la utilización de los bienes vendidos.

CAPITULO VII.
CONTRATO DE CONSULTORÍA

Artículo 94.- Concepto. Contrato de consultoría es aquel por el cual una persona natural o jurídica, a cambio de un precio, se obliga a prestar servicios específicos a la Administración en la medida y alcances que ésta determine, para efectuar estudios, diseños, asesoría, coordinación o dirección técnica, localización de obras, preparación de términos de referencia y presupuestos, programación o supervisión técnica de obras u otros trabajos de la misma naturaleza.

Artículo 95.- Precalificación. Cuando se trata de Contratos de consultoría para el diseño o supervisión de obras públicas, además de la convocatoria que se hiciere para el concurso, el órgano responsable de la contratación, previamente llevará a cabo una precalificación de los interesados; esta última también podrá efectuarse una vez al año según disponga el Reglamento. Los criterios de evaluación serán los referidos en el Artículo 44 de a presente Ley.

Artículo 96.- Fijación del precio. El precio de los servicios de consultoría podrá pactarse en base a costos más honorarios fijos, precio alzado o por cualquier otro procedimiento técnico fundamentado, objetivo y cierto, que permita determinar su valor en forma justa. En los contratos de diseño o supervisión de obras se efectuarán ajustes de costos por variaciones que sucedan durante su ejecución, cuando ésta se prolongue por más de doce (12) meses o cuando se presenten tasas de inflación superiores a lo estimado en los documentos contractuales. La Administración analizará y aprobará fórmulas u otros métodos para el reconocimiento de las variaciones de costos relacionadas con los servicios de la consultoría, con base en los índices oficiales de precios y costos elaborados por el Banco Central de Honduras, la Cámara Hondureña de la Industria y la Construcción u Otros organismos, debiendo indicarse lo procedente en las bases del concurso y en el contrato.

Artículo 97.- Detalle de los Contratos. Los contratos deberán redactarse suficientemente detallados, definiendo con claridad los términos de referencia, la descripción completa de los trabajos y su programación general, las demás obligaciones de las partes y los sistemas de pago.

Artículo 98.- Aplicación de regulaciones del contrato de obra pública. Las disposiciones que regulan la ejecución, terminación y liquidación del contrato de obra pública se aplicarán al contrato de consultoría en lo que fueren pertinentes.

CAPITULO VIII.
GARANTÍAS

Artículo 99.- Garantía de mantenimiento de la oferta. Los interesados en participar en una licitación pública o privada, deberán garantizar el mantenimiento del precio y las demás condiciones de la oferta mediante el otorgamiento de una garantía equivalente, por lo menos, al dos por ciento (2%) de su valor.

Comunicada que fuere la adjudicación del Contrato, dicha garantía será devuelta a los participantes, con excepción del oferente seleccionado quien previamente deberá suscribir el contrato y rendir la garantía de cumplimiento.

Artículo 100.- Garantía de cumplimiento. El particular que contrate con la Administración deberá constituir una garantía de cumplimiento del contrato en el plazo que se establezca en el Pliego de Condiciones; equivalente al quince por ciento (15%) de su valor y las demás garantías que determinen los documentos. En los contratos de obra pública o de suministro con entregas periódicas o diferidas que cubran períodos mayores de doce (12) meses, la garantía de cumplimiento se constituirá por el quince por ciento (15%) del valor estimado de los bienes o servicios a entregar durante el año, debiendo renovarse treinta (30) días antes de cada vencimiento.

Artículo 101.- Vigencia de la garantía de cumplimiento. La garantía de cumplimiento estará vigente hasta tres (3) meses después del plazo previsto para la ejecución de la obra o la entrega del suministro.

Si por causas imputables al Contratista no se constituyere esta garantía en el plazo previsto, la Administración declarará resuelto el Contrato y procederá a la ejecución de la garantía de oferta.

Artículo 102.- Ampliación de la vigencia de la garantía de cumplimiento. Si por causas establecidas contractualmente se modifica el plazo de ejecución de un contrato por un término mayor de dos (2) meses, el Contratista deberá ampliar la vigencia de la garantía de cumplimiento de manera que venza tres (3) meses después del nuevo plazo establecido; si así ocurriere, el valor de la ampliación de la garantía se calculará sobre el monto pendiente de ejecución, siempre que lo anterior hubiere sido ejecutado satisfactoriamente.

Artículo 103.- Aumento de la estimación del contrato. Si a consecuencia de la modificación de un contrato su monto aumentare por incremento de las prestaciones a cargo del Contratista, éste deberá ampliar, la garantía de cumplimiento teniendo como base el saldo del contrato modificado que estuviere por ejecutarse.

Artículo 104.-Garantía de calidad. Efectuada que fuere la recepción final de las obras o la entrega de los suministros y realizada la liquidación del contrato, cuando se pacte en el contrato, de acuerdo con la naturaleza de la obra o de los bienes, el Contratista sustituirá la garantía de cumplimiento del contrato por una garantía de calidad de la obra o de los bienes suministrados, con vigencia por el tiempo previsto en el contrato y cuyo monto será equivalente al cinco por ciento (5%) de su valor.

Artículo 105.- Garantía por anticipo de fondos. Cuando se pacte un anticipo de fondos al Contratista la cuantía será no mayor del veinte por ciento (20%), éste último deberá constituir una garantía equivalente al cien por ciento (100%) de su monto. El anticipo será deducido mediante retenciones a partir del pago de la primera estimación de obra ejecutada, en la misma proporción en que fue otorgado. En la última estimación se deducirá el saldo pendiente de dicho anticipo. La vigencia de esta garantía será por el mismo plazo del contrato y concluirá con el reintegro total del anticipo.

Artículo 106.- Garantía en los contratos de consultoría. En los contratos de consultoría la garantía de cumplimiento se constituirá mediante retenciones equivalentes al diez por ciento (10%) de cada pago parcial por concepto de los honorarios. En los contratos para el diseño o supervisión de obras también será exigible una garantía equivalente al quince por ciento (15%) de honorarios con exclusión de costos.

Artículo 107.- Definición de Garantías. Se entenderá por garantías las fianzas y las garantías bancarias emitidas por instituciones debidamente autorizadas, cheques certificados u otras análogas que establezca el Reglamento de esta Ley.

Artículo 108.- Verificación de garantías. El órgano encargado de velar por la correcta ejecución del contrato, será responsable de que las garantías se constituyan oportunamente por el Contratista, y que cumplan los fines para los que fueron expedidas. En consecuencia, si hubiese reclamos pendientes estando próximo a expirar cualquier garantía que responda por obligaciones del Contratista, la autoridad competente notificará este hecho a la empresa afianzadora o garante, quedando desde ese momento la garantía afecta al resultado de los reclamos.

Artículo 109.- Ejecución de garantías. Las garantías constituidas por los Contratistas tendrán carácter de título ejecutivo y su cumplimiento se exigirá por la vía de apremio, una vez que esté firme el acuerdo de resolución por incumplimiento del Contratista. La administración gozará de preferencia sobre cualquier otro acreedor para hacer efectivas estas garantías. Quienes otorguen estas garantías a favor de los Contratistas no gozarán del beneficio de excusión.

CAPITULO IX.
FORMALIZACIÓN Y DERECHOS DE LAS PARTES

SECCIÓN PRIMERA.
FORMALIZACIÓN DE LOS CONTRATOS

Artículo 110.- Formalización. La formalización de los contratos no requerirá otorgamiento de Escritura Pública, ni uso de papel sellado y timbres y se entenderán perfeccionados a partir de su suscripción, sin perjuicio de la aprobación requerida en los casos previstos en los Artículos 11 y 13 de la presente Ley.

Artículo 111.- Plazo de la formalización. Los contratos se suscribirán dentro de los treinta (30) días calendario siguientes a la notificación de la adjudicación, a menos que el Pliego de Condiciones dispusiera un plazo mayor. Se exceptúan los contratos de suministros para cuyo perfeccionamiento bastará la aceptación de la oferta comunicada por escrito al adjudicatario y la emisión de la correspondiente orden de compra. Lo dispuesto en el párrafo anterior, no tendrá efecto cuando el Pliego de Condiciones o los convenios de financiamiento suscritos por el Gobierno de la República, dispusieren otro procedimiento para la formalización de dichos contratos.

Artículo 112.- Documentos públicos. Los Contratos perfeccionados y registrados constituyen documentos públicos con fuerza ejecutiva. Forman parte de los contratos las cláusulas del Pliego de Condiciones y los documentos que como anexos se incorporen a los mismos.

Artículo 113.- Registro de contratos. Los contratos de la Administración Centralizada serán registrados para fines de ejecución presupuestaria en la Secretaria de Estado en el Despacho de Finanzas y en los órganos de control presupuestario de las Secretarías de Estado correspondientes. Los Contratos de los organismos de la Administración Descentralizada o de los entes públicos previstos en el Artículo 1 la presente Ley, serán registrados por sus órganos de control presupuestario. Cuando los contratos se financien con fondos externos se remitirá copia a la Dirección General de Crédito Público.

SECCIÓN SEGUNDA.
CESIÓN Y SUB-CONTRATACIÓN

Artículo 114.- Cesión de contratos. Los derechos derivados de un contrato podrán ser cedidos a tercero siempre que las cualidades personales o técnicas del cedente no hayan sido la razón determinante de la adjudicación. El cesionario quedará subrogado en todos los derechos y obligaciones que correspondían al cedente.

Artículo 115.- Requisitos para la cesión. Para que los adjudicatarios puedan ceder sus derechos a terceros deberán cumplirse los requisitos siguientes:

1) Que la Administración autorice expresamente y por escrito la cesión del contrato; y,

2) Que el cesionario tenga capacidad para Contratar con la Administración.

Artículo 116.- Subcontratación. Salvo que el contrato disponga lo contrario o cuando de su naturaleza y condiciones se deduzca que la prestación ha de ser ejecutada directamente por el Contratista, podrá éste subcontratar con terceros la realización de determinados trabajos específicos. La celebración de estos subcontratos estará sometida al cumplimiento de los requisitos siguientes:

1) Que la Administración autorice expresamente y por escrito la subcontratación con indicación de su objeto y de las condiciones económicas;

2) Que los trabajos que se subcontraten con terceros, no excedan del cuarenta por Ciento (40%) del monto del Contrato; y, 3) Que el Contratista principal siga siendo responsable directo ante la Administración.

Artículo 117.- Requisitos para la cesión y subcontratación. En la cesión o en la subcontratación, los terceros deberán tener capacidad legal para contratar con la Administración y no estar comprendidos en ninguna de las prohibiciones establecidas en los Artículos 15 y 16 de esta Ley.

Artículo 118.- Formalización de la cesión. La cesión deberá formalizarse mediante Escritura Pública, debiendo notificar al nuevo Contratista, entregando copia autenticada de la misma.

SECCIÓN TERCERA.
PRERROGATIVAS DE LA ADMINISTRACIÓN

Artículo 119.- Prerrogativas de la Administración. La Administración tendrá las prerrogativas siguientes:

1) Facultad para dirigir, controlar o supervisar la ejecución del contrato;

2) Facultad para modificar el contrato por razones de interés público, sin perjuicio de las compensaciones que correspondan al Contratista y dentro de los límites de esta ley;

3) Facultad para suspender o resolver el contrato de conformidad con la presente Ley, sin perjuicio de las indemnizaciones que correspondan, si hubiere mérito; y,

4) Facultad para imponer sanciones y ejecutar garantías cuando el Contratista no cumpla con sus obligaciones.

Artículo 120.- Interpretación de los contratos. Cuando surgieren diferencias entre las partes acerca de la interpretación de alguna estipulación contractual y no hubiere acuerdo, con riesgo de afectar el servicio público, la Administración interpretará mediante acto administrativo motivado, las cláusulas objeto de la discrepancia, resolviendo las dudas que resultaren. Esta potestad se ejercitará por medio del órgano administrativo de mayor jerarquía responsable de la ejecución del contrato, con audiencia del Contratista; y sin perjuicio de los recursos legales que correspondan.

Artículo 121.- Modificación de los contratos. La Administración podrá modificar por razón de interés público, los contratos celebrados y acordar su resolución, dentro de los límites y con sujeción a los requisitos y efectos señalados en la presente Ley y sus normas reglamentarias. Cuando la modificación del contrato implicare prestaciones adicionales a cargo del Contratista se pagará su valor, considerando los precios unitarios inicialmente pactados, sin perjuicio, en su caso, de la aplicación de la cláusula de ajuste por incremento de costos. Si la resolución por causas no imputables al Contratista le ocasionare daños o perjuicios, la Administración estará obligada a resarcirlos, no obstante, en los supuestos de caso fortuito o fuerza mayor se liquidará únicamente la parte efectivamente ejecutada y los gastos en que haya incurrido razonablemente el contratista en previsión de la ejecución total del contrato.

Artículo 122.- Forma de la modificación. Las modificaciones introducidas por la Administración que importen aumento o disminución en la cuantía de las prestaciones previstas originalmente en el contrato, siempre que no excedan del diez por ciento (10%) de su valor, se harán mediante órdenes de cambio emitidas por la autoridad responsable de la ejecución del contrato, previa la reserva presupuestaria correspondiente en el caso de incremento del monto original. Si la modificación excediere el porcentaje indicado, se suscribirá una ampliación del contrato, observando, en cuanto corresponda, lo previsto en el Artículo 121 párrafo 2) de la presente Ley. Cuando el contrato hubiere sido aprobado por el Congreso Nacional, en los casos previstos en el Artículo 13 de la presente Ley, la modificación a que se refiere este Artículo no requerirá de nueva aprobación.

Artículo 123.- Fundamento y efectos. Toda modificación deberá ser debidamente fundamentada y procederá cuando concurran circunstancias imprevistas al momento de la contratación o necesidades nuevas, de manera que esa sea la única forma de satisfacer el interés público perseguido; el valor de las modificaciones acumuladas no podrán exceder del veinticinco por ciento (25%) del monto inicial del contrato o referirse a objeto o materia diferente al originalmente previsto, si excediese del veinticinco por ciento (25%) requerirán aprobación del Congreso Nacional. Las modificaciones que impliquen disminución de las prestaciones a cargo del contratista, no darán lugar a indemnización, excepto cuando sean mayores al diez por ciento (10%), sin perjuicio del reconocimiento de los gastos en que razonablemente haya incurrido en previsión de la ejecución total del contrato, si constaren acreditados. En todo caso, el contratista tendrá derecho a la resolución del contrato cuando las modificaciones signifiquen disminución o aumento de las prestaciones a su cargo en cuantía superior al veinte por ciento (20%) del valor contratado.

SECCIÓN CUARTA.
DERECHOS DE LOS CONTRATISTAS

Artículo 124.- Derechos de los contratistas. Los contratistas tendrán los derechos siguientes:

1) Derecho a la plena ejecución de lo pactado, salvo los supuestos de resolución y modificación establecidos en esta Ley;

2) Derecho al reconocimiento de mayores costos según los términos de esta Ley;

3) Derecho al pago de intereses por mora de conformidad con el Artículo 28 de la presente Ley;

4) Derecho a la terminación anticipada cuando corresponda de conformidad con la presente Ley; y,

5) Derecho a las indemnizaciones previstas en la presente Ley.

Artículo 125.- Solicitud de modificación de plazo. Siempre que mediare causa justificada prevista contractualmente, el contratista podrá solicitar la modificación de los plazos de entrega de las prestaciones objeto del contrato, o de cualquier otra estipulación que no afecte la naturaleza o cuantía de las prestaciones, en cuyo caso presentará solicitud escrita a la autoridad responsable de la ejecución del contrato dentro del plazo estipulado para tal efecto, o en su defecto, antes del vencimiento del plazo de entrega de las obras, bienes o servicios de que se trate.

SECCIÓN QUINTA.
TERMINACIÓN Y LIQUIDACIÓN

Artículo 126.- Terminación. Los contratos terminarán por el cumplimiento normal de las prestaciones de las partes, o por resolución por incumplimiento o cuando hubiere causa suficiente de conformidad con esta Ley.

Artículo 127.- Causas de resolución. Son causas de resolución de los contratos:

1) El grave o reiterado incumplimiento de las cláusulas convenidas;

2) La falta de constitución de la garantía de cumplimiento del contrato o de las demás garantías a cargo del contratista dentro de los plazos correspondientes;

3) La suspensión definitiva de las obras o la suspensión temporal de las mismas por un plazo superior a seis (6) meses, en caso de fuerza mayor o caso fortuito, o un plazo de dos (2) meses sin que medien éstas, acordada en ambos casos por la Administración;

4) La muerte del contratista individual si no pudieren concluir el contrato sus sucesores;

5) La disolución de la sociedad mercantil contratista;

6) La declaración de quiebra o de suspensión de pagos del contratista, o su comprobada incapacidad financiera;

7) Los motivos de interés público o las circunstancias imprevistas calificadas como caso fortuito o fuerza mayor, sobrevinientes a la celebración del contrato, que imposibiliten o agraven desproporcionadamente su ejecución;

8) El incumplimiento de las obligaciones de pago más allá del plazo de cuatro (4) meses si no se establece en el contrato un plazo distinto;

9) La falta de corrección de defectos de diseño cuando éstos sean técnicamente inejecutables;

10) El mutuo acuerdo de las partes; y,

11) Las demás que establezca expresamente el contrato. No podrán ejecutarse las garantías de un contrato cuando la resolución contemplada en este Artículo sea consecuencia del incumplimiento contractual de la Administración, o por mutuo acuerdo.

Artículo 128.- Resolución imputable al contratista. Cuando la resolución se deba a causas imputables al Contratista, la Administración declarará de oficio y hará efectiva la garantía dé cumplimiento cuando fuere firme el Acuerdo correspondiente. El Acuerdo de resolución del contrato se notificará personalmente al Contratista o por medio de su representante legal. En todo caso, quedan a salvo los derechos que correspondan al Contratista. Cuando la resolución de un contrato sea declarada improcedente por tribunal competente, el Contratista tendrá derecho a ser indemnizado por los daños y perjuicios que se causaren. Una vez firme o consentida la resolución del contrato, el Contratista tendrá derecho en la liquidación del mismo al pago de los remanentes que pudieren resultar a su favor.

Artículo 129.- Resolución imputable a la Administración. El incumplimiento por la Administración de las cláusulas del Contrato originará su resolución sólo en los casos previstos en esta Ley; en tal caso, el Contratista tendrá derecho al pago de la parte de la prestación ejecutada y al pago de los daños y perjuicios que por tal causa se le ocasionaren. Cuando así ocurra, el Contratista solicitará a la Administración la resolución del contrato; si ésta no se pronunciare favorablemente, agotada que fuere la vía administrativa, el Contratista podrá recurrir a la Jurisdicción de lo Contencioso Administrativo o a un arreglo arbitral. Lo estipulado en esta norma se entenderá sin perjuicio de lo dispuesto en el Artículo 121 párrafo 3) de la presente Ley.

Artículo 130.- Supuestos de liquidación. Deberá procederse a la liquidación del contrato en los casos siguientes:

1) Cuando sea firme el Acuerdo que declaró su resolución;

2) Cuando la resolución se hubiere producido por mutuo acuerdo de las partes; y,

3) Cuando se hubieren cumplido normalmente las prestaciones de las partes.

Artículo 131.- Control de la liquidación. En los casos contemplados en los numerales 1) y 2) del Artículo anterior, la liquidación se practica con asistencia de representantes de los órganos contralores del Estado, debiendo elaborarse acta en la que se dejará constancia del estado de ejecución de las obras o de las demás prestaciones contratadas, así como, de las cantidades de dinero que se hubieren abonado, de las sanciones económicas aplicables y de cualquier otro dato que fuere de importancia.

CAPITULO X.
DE LAS SANCIONES

SECCIÓN PRIMERA.
GENERALIDADES

Artículo 132.- Procedimiento de sanción. Las sanciones comprendidas en este Capítulo se impondrán por el órgano responsable de la contratación respetando la garantía del debido proceso.

Artículo 133.- Responsabilidad penal y patrimonial. La aplicación de las sanciones administrativas previstas en este Capítulo no excluye de las eventuales sanciones penales por conductas de tal naturaleza en que hubieren incurrido los funcionarios públicos o los particulares. Tampoco excluye la posibilidad de exigir la responsabilidad por daños y perjuicios ocasionados a la Administración.

SECCIÓN SEGUNDA.
SANCIONES A FUNCIONARIOS O EMPLEADOS PÚBLICOS

Artículo 134.- Suspensión sin goce de salario. Se impondrá suspensión sin goce de salario por tres (3) meses, al funcionario o empleado público que cometa alguna de las infracciones siguientes:

1) Omitir la incorporación oportuna al expediente de contratación, debiendo hacerlo, de documentación atinente al mismo;

2) Impedir o dificultar de manera injustificada el acceso a un expediente administrativo de cuyo manejo o custodia esté encargado;

3) Omitir maliciosamente información relevante para el estudio de las ofertas;

4) Retrasar injustificadamente el trámite de los pagos que deban satisfacer los organismos del sector público a sus proveedores o contratistas;

5) Retrasar de modo injustificado la recepción de bienes u obras; y,

6) Participar en actividades organizadas, patrocinadas o financiadas por los proveedores o contratistas ordinarios o potenciales, dentro o fuera del país, cuando no formen parte de los compromisos de capacitación formalmente adquiridos en las contrataciones administrativas y sin autorización de la máxima autoridad del organismo para el cual labora.

Artículo 135.- Despido sin responsabilidad patronal. Incurrirá en causal de despido sin responsabilidad patronal, el servidor público que cometa alguna de las faltas siguientes:

1) Reincidir en la comisión de cualquiera de las infracciones previstas en el Artículo anterior, dentro de los dos (2) años siguientes a la fecha en que quede firme la sanción impuesta previamente;

2) Suministrar a un oferente información que le dé ventajas sobre los demás contratistas potenciales;

3) Recibir o solicitar dádivas, comisiones o regalías de los contratistas ordinarios o potenciales del ente para el cual labora, sin perjuicio de la correspondiente responsabilidad penal;

4) Hacer que el Estado incurra en pérdidas patrimoniales mayores que al monto equivalente a doce (12) meses del salario devengado por el funcionario responsable en el momento de cometerla falta, si realiza la acción con dolo, culpa grave o negligencia en el trámite del procedimiento para contratar o en el control de su ejecución, sin perjuicio de la responsabilidad civil o penal que proceda;

5) Dar por recibidos bienes, obras o servicios que no se ajusten a lo adjudicado, causando perjuicios al patrimonio público;

6) Participar directa o indirectamente en un procedimiento de contratación a sabiendas de que está comprendido en cualquiera de las causas de inhabilitación establecidas en esta Ley;

7) Recomendar la contratación con una persona física o jurídica comprendida en el régimen de inhabilidades para contratar previsto en esta Ley, siempre que hubiere conocido esta circunstancia antes de la recomendación; y,

8) Disponer el fraccionamiento ilegal de las contrataciones para omitir los procedimientos de contratación previstos en esta Ley.

Artículo 136.- Remisión al régimen disciplinario. Cualquier otra irregularidad en que incurran los funcionarios o empleados públicos en el curso de los procedimientos de contratación administrativa, será sancionada de acuerdo con el régimen disciplinario previsto en las normas generales sobre la materia.

SECCIÓN TERCERA.
SANCIONES A PARTICULARES

Artículo 137.- Sanciones. El incumplimiento de cualquiera de las obligaciones del Contratista será anotada en el Registro de Proveedores y Contratistas, debiendo los organismos contratantes enviar a la Oficina Normativa de Contratación y Adquisiciones, dentro de los diez (10) días hábiles siguientes a la fecha en que quedaren firmes copias certificadas de los actos administrativos que impusieren las correspondientes sanciones.

Artículo 138.-Procedimiento. En las diligencias iniciadas como consecuencia de la denuncia de infracciones, el órgano responsable de la contratación, antes de resolver, procederá a notificar personalmente y posteriormente dará vista a los interesados por el término de tres (3) días hábiles después de notificado para que formulen los descargos o aclaraciones que consideren pertinentes. Si como consecuencia de ello, hubiera necesidad de obtener alguna prueba, se observará lo dispuesto en la Ley de Procedimiento Administrativo; concluido el procedimiento se emitirá la resolución definitiva, la cual será recurrible de conformidad con la citada Ley.

Artículo 139.- Sanción de suspensión hasta por un (1) año. Se hará acreedora a la sanción de suspensión del Registro de Proveedores y Contratistas hasta por un (1) año, la persona natural o jurídica que durante el curso de los procedimientos para contratar incurra en cualquiera de las conductas siguientes:

1) Afectar reiteradamente y sin fundamento el normal desarrollo de los procedimientos de contratación;

2) Dejar sin efecto su oferta, sin mediar causa justa; y,

3) Invocar hechos falsos en los procedimientos para contratar o en los recursos contra el acto de adjudicación.

Artículo 140.- Sanción de suspensión entre un (1) año y cinco (5) años. Será suspendido para participar en procedimientos de contratación administrativa, por un período de uno (1) a cinco (5) años según la gravedad de la falta, la persona natural o jurídica, que:

1) Incumpla por más de tres (3) ocasiones el plazo o cumpla defectuosamente el objeto del contrato sin motivo suficiente, sin perjuicio de la resolución del mismo cuando corresponda de conformidad con esta Ley;

2) Reincida en cualquiera de las conductas a que se refiere el Artículo anterior, dentro de los tres (3) años siguientes a la fecha en que quede firme la sanción;

3) Obtenga fraudulentamente, directa o indirectamente, información confidencial que la coloque en una situación de ventaja respecto de otros competidores potenciales;

4) Suministre dádivas, comisiones o regalías, directamente o por intermedio de otra persona, a los funcionarios o empleados involucrados en un procedimiento de contratación administrativa, sin perjuicio de la responsabilidad penal en que se incurra;

5) Suministre un objeto o servicio de inferior condición o calidad al ofrecido; y,

6) Participe, directa o indirectamente, en un procedimiento de contratación aun cuando esté incluido en el régimen de inhabilidades previsto por esta Ley.

Artículo 141.- Límite de las sanciones. No se podrá imponer sanciones después de transcurrido el término de dos (2) años contados desde la fecha en que se cometió la infracción. Lo dispuesto en los Artículos 139 y 140 de esta Ley, se entiende sin perjuicio de las multas por demora u otras sanciones previstas en el Contrato o en la presente Ley.

CAPITULO XI.
MECANISMOS DE IMPUGNACIÓN

SECCIÓN UNICA.
ACLARACIONES Y RECURSOS

Artículo 142.- Actos recurribles. Los potenciales oferentes en un procedimiento de contratación, podrán solicitar aclaraciones al Pliego de Condiciones dentro del plazo que para tal efecto se establezca, debiendo obtener pronta respuesta del órgano responsable de la contratación, la cual será comunicada a todos los interesados con omisión de la identificación del solicitante, con suficiente anticipación antes de la fecha límite de presentación de ofertas, según se establezca en el Reglamento; si fuere necesario dicha fecha será propuesta. La validez del acto de adjudicación podrá ser impugnada observando lo previsto en la Ley de la Jurisdicción de lo Contencioso Administrativo. Previamente deberá agotarse la vía administrativa, en estos casos, los plazos para interponer y para resolver los recursos previstos en la Ley de Procedimiento Administrativo se reducirán a la mitad de lo establecido en dicho texto legal.

CAPITULO XII.
DISPOSICIONES TRANSITORIAS Y FINALES
SECCIÓN PRIMERA.
DISPOSICIONES TRANSITORIAS

Artículo 143.- Disposición en suspenso. Mientras las condiciones existentes para los estudios de los proyectos mejoran durante tres (3) años a partir de la vigencia de esta Ley, queda en suspenso la vigencia del párrafo primero del Artículo 123.

Artículo 144.- Efecto de las sanciones. Las sanciones no tendrán efecto retroactivo y por lo tanto, no afectarán a los contratos que estén en curso de acción en el momento que inicie su vigencia la presente Ley.

Artículo 145.- Contratos anteriores. Los contratos suscritos antes de la vigencia de la presente ley, continuarán regulándose por las normas anteriores, sin perjuicio de las regulaciones de control, supervisión, registro y régimen de impugnaciones previstas en la presente Ley.

SECCIÓN SEGUNDA.
DISPOSICIONES FINALES

Artículo 146.- Normas Supletorias. En defecto de normas expresas de la presente Ley, tendrán aplicación supletoria en la contratación administrativa las restantes normas de Derecho Administrativo y en su defecto las normas de Derecho Privado.

Artículo 147.- Declaratoria de interés público. Se declara de interés público el desarrollo de la actividad técnica y profesional relacionada con la prestación de servicios profesionales, así como, la promoción de la capacidad y experiencia empresarial que existe en el país para la construcción de obras públicas, la prestación de servicios de consultoría, auditoria u otros servicios profesionales en general, para incentivar la producción nacional. Con este objeto el Estado adoptará las medidas necesarias y convenientes para que se realice la más amplia contratación de empresas y de profesionales hondureños tomando, entre otras, las medidas siguientes:

1) El reconocimiento de un margen de preferencia nacional de acuerdo con lo previsto en el Artículo 53 de la presente Ley;

2) Las condiciones de licitación deberán considerar alternativas de bienes fabricados en Honduras que técnicamente resultaren viables de sustituir, siempre que resultare más económica su adquisición;

3) Los documentos de licitación deben contener condiciones que permitan a los fabricantes nacionales competir en igualdad de condiciones con las fábricas localizadas en otros países en donde reciben subsidios, subvenciones o incentivos debidamente comprobados;

4) Cuando el valor de un Proyecto se estime en más de CINCUENTA MILLONES DE LEMPIRAS (L.50,000,000.00), podrá ser licitado en secciones o etapas, si la naturaleza técnica de la obra lo permite y siempre que no se incremente su costo y el tiempo de ejecución, procurando que el costo por sección o etapa no sea mayor de QUINCE MILLONES DE LEMPIRAS (L.15,000,000.00), en una secuencia tal que brinde mayores oportunidades de participación a los contratistas nacionales. Es tos valores serán actualizados periódicamente considerando las condiciones económicas prevalecientes; y,

5) En los contratos que se financian exclusiva y totalmente con recursos nacionales, se permitirá únicamente la participación de contratistas hondureños.

Artículo 148.- Criterios para fijar el precio de la asistencia técnica. El precio de la asistencia técnica podrá fijarse sobre la base de salarios, honorarios profesionales, beneficios sociales, costos directos, gastos generales y utilidades; precio global o precio alzado por cualquier otro conocimiento técnico fundamentado en forma objetiva y cierta que permita determinar su valor en forma justa todo de acuerdo a las leyes del país.

Artículo 149.- Participación de empresas nacionales. Por razones de interés público, las empresas extranjeras deberán dar participación a las empresas nacionales en la ejecución del factor calidad, obra, tiempo y servicios que proyecten realizar en el país, según estuviese prescrito en los Pliegos de Condiciones o términos de referencia.

Artículo 150.- Transferencia de tecnología. Para efectos de lograr la transferencia de tecnología, los funcionarios que intervengan en la precalificación de licitantes o en el concurso, deberán procurar que las empresas o personas extranjeras concedan mayor participación y responsabilidad a los profesionales nacionales, de acuerdo con lo previsto en los términos de referencia correspondientes.

Artículo 151.- Participación de consultores nacionales. Los contratos de consultoría que celebren empresas extranjeras deberán ser ejecutadas en Honduras, debiendo darse participación al personal nacional según estuviere previsto en los términos de referencia.

Artículo 152.- Restricción para construcción. Las empresas diseñadoras de los proyectos no podrán participar en las licitaciones para la construcción de los mismos.

Artículo 153.- Costo de Pliegos de Condiciones. La Administración cobrará a los interesados, un precio por la entrega de los Pliegos de Condiciones y demás documentos anexos de las licitaciones y concurso, el cual se determinará para cada caso. Este precio no podrá ser superior al costo de producción o impresión.

Artículo 154.- Contratos de Asistencia Técnica, Agropecuaria, Forestal, Biodiversidad, Recursos Naturales y Ambiente. Son aquellos por los cuales una persona natural o jurídica a cambio de un precio se obliga a prestar servicios de asistencia técnica al Estado por la naturaleza particular de estos contratos en lo que se trabaja con personas, animales y plantas y que en general no pueden medirse objetivamente en el corto tiempo.

Artículo 155.- Adquisición de maquinaria y equipo usado. No obstante, lo dispuesto en el Artículo 84 de la presente Ley, las Municipalidades de manera individual o colectiva, están autorizados para adquirir maquinaria y equipo con un uso no mayor de ocho (8) años, de marcas representadas en Honduras, siempre que dichas adquisiciones se hagan en subasta o licitación pública. En este último caso, el proveedor garantizará el buen funcionamiento de la maquinaria o equipo por un período mínimo de tres (3) meses o seiscientas (600) horas de uso. La Asociación de Municipios de Honduras (AMHON), deberá proporcionar asistencia técnica en estos casos.

Artículo 156.- Derogatoria. Derogase la Ley Orgánica de la Proveeduría General de la República, contenida en el Decreto No. 40 del 28 de abril de 1958, la Ley de Contratación del Estado, contenida en el Decreto No. 148-85 del 29 de agosto de 1985 y sus reformas y las demás disposiciones legales que se opongan a la presente Ley.

Artículo 157.- Reglamentación. El Poder Ejecutivo procederá a la reglamentación de la presente Ley, en un plazo máximo de noventa (90) días hábiles a partir de su vigencia. En tanto se emitan los respectivos reglamentos, continuarán aplicándose los emitidos antes de la vigencia de esta Ley, en cuanto no se opongan al contenido de la misma.

Artículo 158.- Vigencia. El presente Decreto entrará en vigencia veinte (20) días después de su publicación en el Diario Oficial La Gaceta. Dado en la ciudad de Tegucigalpa, municipio del Distrito Central, en el Salón de Sesiones del Congreso Nacional, el uno de junio del dos mil uno.

II. LEY DE COMPRAS EFICIENTES Y TRANSPARENTES A TRAVÉS DE MEDIOS ELECTRÓNICOS; DECRETO 36, DE 21 DE MARZO DE 2013

CAPÍTULO I.

DE LAS DISPOSICIONES GENERALES DE LA FINALIDAD Y PROPOSITO DE LA LEY

Artículo 1.- Finalidad y propósito de la ley. La presente Ley es de orden público y regula las compras de bienes o servicios por Catálogo Electrónico, que comprende las modalidades siguientes: Convenio Marco, Compra Conjunta, y Subasta Inversa, que celebren los órganos de la Administración Pública Centralizada y Descentralizada.

Artículo 2.- Conceptos. Para los fines y efectos de la presente Ley, los términos siguientes tendrán el significado que a continuación se expresan:

1) Convenio Marco: Es una modalidad de contratación mediante la cual el Estado a través de la Oficina Normativa de Contratación y Adquisiciones del Estado, en adelante ONCAE, seleccionará a uno o más proveedores, según dispongan los Pliegos de Condiciones, para ser incorporados dentro del Catálogo Electrónico. Las modalidades y características de los Convenios Marco, se regulan en el Reglamento de la presente Ley y en el Manual que para tal efecto emita la ONCAE;

2) Compra Conjunta: Es una modalidad de contratación mediante la cual dos (2) o más órganos o entes se agrupan, a través de la firma de un Convenio, para contratar bienes o servicios de manera conjunta, mediante una única licitación y con él o los proveedores que resulten seleccionados;

3) Subasta Inversa: Es una modalidad de selección por la cual un ente estatal realiza la adquisición de bienes o servicios de uso común incorporados en un Catálogo Electrónico, que se oferten por medio de una propuesta pública y en la cual, el postor ganador será aquel que ofrezca el menor precio o costo en igualdad de circunstancias comerciales y de servicio, a través de un proceso de ofrecimiento de mejor precio a la baja, compitiendo entre todos los participantes. Esta modalidad de selección puede realizarse de manera presencial o electrónica;

4) Catalogación: Es el proceso de ingresar en el Catálogo la información resultante de la suscripción de un Convenio Marco, Compra Conjunta, Subasta Inversa u otras referente a los oferentes adjudicatarios y de las características y condiciones de los bienes o servicios ofertados por éstos, las que serán sintetizadas y consolidadas según el Reglamento de la presente Ley y administradas y gestionadas por la ONCAE;

5) Compras por Catálogo Electrónico: Mecanismo electrónico administrado por la ONCAE, que permite el desarrollo de las modalidades de contratación de Convenio Marco, Compra Conjunta, Subasta Inversa, y cualquier otra modalidad que se considere e implemente por parte de la ONCAE;

6) Oferentes Adjudicatarios: Se entiende como tal aquel oferente que haya sido incorporado al Catálogo Electrónico, seleccionado por un ente adquirente del Estado y escogido para la correspondiente emisión de Orden de Compra a su favor. A cuyo efecto será requisito haber cumplido con la participación, incluyendo su solvencia económica y financiera, idoneidad técnica o profesional;

7) Funciones del Ente Adquirente: Son las funciones descritas de manera expresa en la presente Ley y aquellas tácitas requeridas para poder llevar a cabo las modalidades dentro del Catálogo Electrónico, entre ellas: actividades previas, selección, adjudicación, administración y evaluación de la contratación, así como las funciones derivadas de conformidad a la Ley de Contratación del Estado a los órganos responsables de los procedimientos. Asimismo, dichas funciones se determinarán en el Reglamento de la presente Ley.

Artículo 3.- Campo de aplicación. La presente Ley es aplicable a todos los contratos de compras por Catálogo Electrónico de Bienes o Servicios que celebren las entidades de la Administración Pública Centralizada y Descentralizada.

Es igualmente aplicable a contratos similares que celebren los Poderes Legislativo y Judicial; Ministerio Público o cualquier otro organismo estatal que se financie con fondos públicos, con las modalidades propias de su estructura y ejecución presupuestaria.

Será de cumplimiento obligatorio la presente Ley en todos aquellos procesos en dónde los bienes o servicios previamente establecidos se encuentren dentro del Catálogo Electrónico.

Las compras de bienes o servicios ya incorporados dentro del Catálogo Electrónico, no se podrán efectuar si no es a través de las modalidades de Convenio Marco, Compra Conjunta y Subasta Inversa, de conformidad a la presente Ley.

Las compras de Bienes o Servicios incorporados dentro del Catálogo Electrónico que se realicen fuera del mismo serán nulas, salvo en aquellos casos especiales que califique la ONCAE.

Artículo 4.- Principios. Son principios aplicables a las modalidades de contratación a las que se refiere esta Ley:

1) Principio de Transparencia y Publicación:

Es la garantía de la transparencia en todos los actos de la Administración Pública, así como de toda la información relativa a los procesos de licitación a los que hace referencia esta Ley, la cual será de acceso público. Asimismo se garantiza su disponibilidad para todos los interesados en participar en ellos, sin perjuicio de los datos que se encuentren protegidos por su confidencialidad establecida en otras leyes;

2) Principio de Planificación:

Se refiere a que todos los procesos regulados por la presente Ley deben tener como objetivo satisfacer necesidades enmarcadas en las metas establecidas por los entes u órganos adquirentes;

3) Principio de Eficacia y Buen Gobierno:

Se refiere a que todos los procesos regulados por la presente Ley deben ser iniciados, programados y ejecutados en función de alcanzar los objetivos y metas establecidas; realizando un aprovechamiento óptimo de los recursos asignados;

4) Principio del Mejor Valor del Dinero:

Se refiere a que en todo proceso sujeto a esta Ley debe observarse los factores adicionales al precio que permitan la selección de la oferta, que presenta la combinación óptima de los costos y de las ventajas de calidad y ciclo de vida del bien o servicio. La aplicación del mejor valor del dinero no se debe confundir con seleccionar la opción del precio más bajo, sino la oferta que presente la mejor evaluación integral, de aspectos técnicos, factores de precio y calificaciones de los proveedores; y,

5) Principio de Simplificación y Economía en el Proceso:

Debe entenderse que en toda contratación se deben aplicar los criterios de simplicidad, austeridad, concentración y ahorro en el uso de los recursos, en las etapas de los procesos de selección y en los acuerdos y resoluciones recaídos sobre ellos, debiéndose evitar en las bases y en los contratos exigencias y formalidades costosas e innecesarias

Artículo 5.- Jerarquía normativa. En materia de Compras por Catálogo Electrónico, la jerarquía de aplicación de normas será la siguiente:

1) La Constitución de la República;

2) Los Tratados o Convenios Internacionales;

3) La presente Ley;

4) El Reglamento de la presente Ley;

5) Los Pliegos de Condiciones, Manuales y Circulares establecidos por la Oficina Normativa de Contratación y Adquisiciones del Estado (ONCAE) para las modalidades de Compras por Catálogo Electrónico;

6) La Ley General de la Administración Pública; y,

7) La Ley de Contratación del Estado, supletoriamente.

Artículo 6.- Funciones de la ONCAE. Corresponde a la Oficina Normativa de Contratación y Adquisiciones del Estado (ONCAE), las funciones siguientes:

1) Emitir los reglamentos, acuerdos, circulares, manuales, pliegos de condiciones y demás instrumentos normativos necesarios para la aplicación de la presente Ley;

2) Realizar todas las actividades previas relativas a la ejecución de las modalidades dentro del Catálogo Electrónico;

3) Seleccionar a los proveedores que difundirán sus precios y productos en el Catálogo Electrónico;

4) Incorporar al Catálogo Electrónico los proveedores seleccionados, así como cualquier otra información que se considere relevante;

5) Suscribir, administrar y evaluar los Convenios Marco, Compras Conjuntas y Subastas Inversas; y,

6) Cualquiera otra que le atribuya la presente Ley o los Reglamentos.

Además de las funciones y responsabilidades que se le otorgan a la ONCAE en los Artículos 30 y 31 de la Ley de Contratación del Estado, esta entidad contará con independencia funcional y administrativa y tendrá todas las funciones descritas de manera expresa en la presente Ley y aquellas requeridas para poder llevar a cabo las modalidades dentro del Catálogo Electrónico.

CAPÍTULO II.
DE LAS FORMAS DE CONTRATACIÓN

Artículo 7.- Mecanismos de contratación. El Catálogo Electrónico es el medio de contratación para los procedimientos establecidos en la presente Ley.

CAPÍTULO III.
DEL CATÁLOGO ELECTRÓNICO

Artículo 8.- Catálogo electrónico. Es el medio electrónico que contiene una relación ordenada, en la que se incluyen y describen en forma individual proveedores, productos, precios y cualquier otra información o dato relevante.

Artículo 9.- Finalidad del catálogo. El Catálogo Electrónico estará administrado por la ONCAE, y tendrá por finalidad:

1) Transparentar los procesos de compra;

2) Simplificar las compras al seleccionar los proveedores a través de un proceso abierto;

3) Ampliar la participación de los oferentes;

4) Promover la actividad comercial; y,

5) Establecer mayor control de la función pública de compras.

Artículo 10.- Contenido del catálogo electrónico. El Catalogo Electrónico incluirá como mínimo, la información siguiente:

1) Proveedores seleccionados y clasificados;

2) Productos, fotos y su descripción;

3) Precios; y,

4) Condiciones.

La catalogación será efectuada por la ONCAE y se producirá cuando se hayan suscrito los acuerdos con los oferentes adjudicatarios y entes adquirentes.

Artículo 11.- Selección de proveedores.

La selección de un proveedor dentro del proceso de incorporación al Catálogo Electrónico, no representa un compromiso u obligación económica o contractual para el Estado de Honduras y sus órganos.

CAPÍTULO IV.
DEL PROCEDIMIENTO

SECCIÓN PRIMERA.
DE LAS CONDICIONES DE LOS OFERENTES

Artículo 12.- Capacidad, solvencia e idoneidad de los oferentes. Podrán contratar bajo estas modalidades todos los Oferentes que se encuentren inscritos en el Registro de Proveedores y Contratistas del Estado, que para tal efecto administra la ONCAE.

Para los procesos de actualización de datos, quedan obligados los oferentes adjudicatarios a presentar cada seis (6) meses, el Formulario de Actualización de Datos de Inscripción, que facilitará la ONCAE; lo anterior con el ánimo de considerar y evaluar los aspectos de los oferentes que pueden ser objeto de cambio a corto plazo, tales como estados financieros, cambio de denominaciones sociales, adquisición de nuevo equipo en sus negocios, separación o admisión de nuevos socios, nuevos representantes legales y otros.

En caso de no existir cambios, la Actualización consistirá en una Declaración Simple, exponiendo expresamente que no ha cambiado ni modificado su condición como Oferente.

Artículo 13.- Políticas de evaluación sobre la idoneidad de los proveedores y contratistas. La ONCAE evaluará la idoneidad y capacidad de los proveedores o contratistas de conformidad con los criterios y procedimientos establecidos en los Pliegos de Condiciones. El Reglamento de la presente Ley regulará sobre los criterios, requisitos o procedimientos, legalización y verificación de información de los documentos presentados por los proveedores o contratistas.

No se podrá imponer ningún criterio, requisito o procedimiento con respecto a las calificaciones de los proveedores o contratistas que no estén previstas en la presente Ley, su Reglamento, Pliegos de Condiciones, Manuales y Circulares respectivas.

Artículo 14.- Prohibiciones e inhabilidades. Para la aplicación de la presente Ley se observarán las inhabilidades y prohibiciones establecidas en los Artículos 15 y 16 de la Ley de Contratación del Estado.

Artículo 15.- Nulidad de contratos suscritos por funcionarios o personas naturales o jurídicas inhabilitadas. Serán nulos los contratos celebrados por funcionarios o empleados públicos o por personas naturales o jurídicas, nacionales o extranjeras que se encuentren dentro de cualesquiera de las prohibiciones e inhabilidades consignadas en la Ley. Las personas comprendidas dentro de dichas inhabilidades o prohibiciones responderán administrativamente por sus actuaciones, sin perjuicio de la responsabilidad civil y penal que corresponda.

SECCIÓN SEGUNDA.
DE LAS COMPRAS POR CATÁLOGO ELECTRÓNICO

Artículo 16.- Procedimiento. Las Compras Eficientes y Transparentes a través de Medios Electrónicos consistirán en la escogencia de cada ente adquirente que tenga interés en obtener alguno de los bienes o servicios que se encuentren ofertados en el Catálogo Electrónico. El ente adquirente, una vez habilitado por la ONCAE, gestionará de manera directa, pero a través del Catálogo Electrónico, la Orden de Compra al proveedor escogido de conformidad a los criterios enunciados en la presente Ley y su Reglamento.

El Catálogo Electrónico estará disponible en el Sistema de Información de Contratación y Adquisiciones del Estado de Honduras "Honducompras"; organizado, dirigido y administrado por la ONCAE.

CAPÍTULO V.

DE LOS PROCEDIMIENTOS COMUNES PARA LAS DIFERENTES MODALIDADES DE CONTRATACIÓN COMPRENDIDAS DENTRO DEL CATÁLOGO ELECTRÓNICO

SECCIÓN PRIMERA.

DE LOS PROCEDIMIENTOS

Artículo 17.- Modificaciones durante la operación de los convenios marco. Durante la ejecución de un Convenio Marco, no se autorizará ningún cambio a la descripción del objeto de la adquisición. El cambio a otros términos y condiciones de la adquisición, incluidos los criterios y procedimientos para la adjudicación del contrato, pueden ocurrir sólo en la medida permitida expresamente en el Convenio Marco.

Artículo 18.- Bienes y servicios que pueden ser materia de convenio marco. De oficio o a sugerencia de uno o más entes adquirentes, la ONCAE determinará, previo estudio y evaluación, la incorporación o exclusión de los bienes o servicios que serán objeto de Convenio Marco.

Artículo 19.- La descripción del objeto de la contratación. La descripción del objeto de la contratación debe ser objetiva, funcional y genérica, estableciéndose las correspondientes características técnicas y de calidad. Por lo tanto, debe incluir, entre otras cosas, las especificaciones, planos, fotos o dibujos, diseños, requisitos, pruebas y métodos, embalaje, marcado o etiquetado o certificación, los símbolos y terminología.

Artículo 20.- Responsabilidades del oferente adjudicatario. El Oferente Adjudicatario está obligado a cumplir con todas las condiciones del bien o servicio ofertado en el Catálogo Electrónico, así como las demás contenidas en el Pliego de Condiciones respectivo.

Artículo 21.- Responsabilidades del ente adquirente. El ente adquirente estará obligado a comprar según requerimiento de sus necesidades aquellos productos, bienes o servicios que se encuentren incluidos en el Catálogo Electrónico en observancia de los requisitos, criterios y condiciones de la presente Ley. El incumplimiento de lo anterior dará lugar a la aplicación de las sanciones administrativas, civiles y penales que fueren procedentes.

Para el caso de las Compras Conjuntas, los entes estatales están obligados al cumplimiento de la presente Ley, su Reglamento, Manuales y Pliegos de Condiciones para esta modalidad, y demás leyes aplicables.

SECCIÓN SEGUNDA.

DE LAS ACTIVIDADES PREVIAS

Artículo 22.- Obligatoriedad en el proceso. La ONCAE asignará y habilitará a los funcionarios que cubran el perfil de procedimiento, con las claves y usuarios respectivos, procedimiento éste que estará regulado en el Reglamento de la presente Ley.

Artículo 23.- Asignación presupuestaria. Todos los procesos cuyos bienes y servicios estén ofertados dentro de las contrataciones por Catálogo Electrónico, contarán con la disponibilidad pertinente en el Presupuesto General de Ingresos y Egresos de la República. La Secretaría de Estado en el Despacho de Finanzas, asegurará el pronto pago y la simplificación del proceso.

Artículo 24.- Estudios de mercado. Previo al llamado a participar en los procesos públicos de Compras Eficientes y Transparentes a través de medios electrónicos o Compras por Catálogo, se realizará una Investigación de Mercado que proporcione información suficiente acerca de las necesidades del Estado y las diferentes opciones para satisfacción de las mismas. Como mínimo la Investigación de Mercado debe contener un análisis que justifique la inclusión de los productos a ser objeto de proceso, especificaciones técnicas, requerimientos de entrega, proveedores y sus características.

SECCIÓN TERCERA.
DE LA INICIACIÓN DEL PROCEDIMIENTO

Artículo 25.- Actividades previas. En aplicación de las atribuciones de la ONCAE, como mínimo, ésta llevará a cabo las actividades previas siguientes:

1) Diseñar, ejecutar y atender los lineamientos relacionados con la iniciación de las Compras Eficientes y Transparentes a través de medios electrónicos, cualquiera sea la modalidad de contratación. Se entenderán entre ellas la preparación del proceso, invitación-recepción de ofertas, evaluación de oferentes y la incorporación en el Catálogo Electrónico;

2) Desarrollar los módulos y herramientas necesarias para el desarrollo del Catálogo Electrónico;

3) La tramitación, gestión, desarrollo, análisis, evaluación, mantenimiento y actualización del Catálogo Electrónico; y,

4) Las requeridas para el desarrollo dentro de todas las modalidades por Catálogo Electrónico.

Sin perjuicio de las actividades de la ONCAE, los órganos responsables de la contratación y de los compromisos originados por las Órdenes de Compras, serán cada uno de los entes adquirentes que generen las mismas.

Artículo 26.- Invitación. La invitación a presentar ofertas se hará mediante avisos que se publicarán en Honducompras y las redes sociales, con la frecuencia y anticipación que se determine en el Pliego de Condiciones establecido para cada modalidad de contratación, promoviendo así los principios de transparencia, participación y competencia.

A través de los Manuales se regularán cada una de las características propias de la etapa de invitación para las diferentes modalidades de Contratación.

Artículo 27.- Registro documental del proceso de contratación. La ONCAE mantendrá un registro de los procedimientos de contratación pública que se realicen por medio de las modalidades establecidas en la presente Ley. El contenido de dicho registro se regulará a través del Manual correspondiente, debiendo ser éste electrónico o digital.

Artículo 28.- Cancelación del proceso de adquisición. La ONCAE podrá cancelar el Proceso de Adquisición en cualquier momento previo a la presentación de ofertas, acreditando las razones que originen los impedimentos para su realización o ejecución futura. En el Reglamento de la presente Ley se determinarán las causales para cancelar un proceso y los actos a cumplir para su invocación, formalización y publicación.

SECCIÓN CUARTA.
DE LOS PLIEGOS DE CONDICIONES

Artículo 29.- Pliego de condiciones. Los pliegos de condiciones serán preparados por la ONCAE, especificando las condiciones generales y especiales de cada modalidad de contratación y, en su caso, el modelo del Convenio, Contrato u Orden de Compra que se pretenda suscribir; también incluirá plazo y lugar para la presentación de las ofertas y plazo para la ejecución de los servicios. Dichos Pliegos de Condiciones no causarán costo alguno y se facilitarán a través del Sistema de Información de Contratación y Adquisiciones del Estado Honducompras.

Los Pliegos de Condiciones incluirán el contenido mínimo siguiente:

1) Descripción de las necesidades a satisfacer con los bienes o servicios requeridos e invitación a presentar ofertas;

2) Indicación precisa de los bienes o servicios requeridos, incluyendo sus especificaciones técnicas, cantidades, normas de calidad y condiciones o características especiales;

3) Objeto de la contratación;

4) Fecha y hora límite para presentar ofertas, con indicación del lugar, día y hora previstos para su apertura en audiencia pública;

5) Formularios y requisitos formales para presentación de las ofertas, incluyendo los documentos que deberán acompañarse y demás instrucciones a los licitantes;

6) Errores y defectos subsanables y plazo con tal propósito;

7) Plazo de validez de las ofertas;

8) Admisibilidad o no de ofertas parciales o de una o más alternativas a la oferta;

9) Causas determinantes de la no admisibilidad de las ofertas;

10) Criterios para la evaluación de las ofertas y para decidir la adjudicación del contrato;

11) Forma en que habrá de expresarse el precio, indicando si deberá incluirse o no gastos de transporte, seguros, servicios portuarios, aduaneros y gastos de entrega;

12) Derecho del órgano responsable de la contratación a rechazar todas las ofertas en los casos previstos en la norma pertinente de la Ley de Contratación del Estado;

13) Forma de solicitar aclaraciones y metodología para su respuesta;

14) Las fichas técnicas de cada uno de los bienes y servicios incluidos en el mismo; y,

15) Cualquier otra cláusula que estime conveniente la ONCAE.

Artículo 30.- Promoción de la competencia. Queda totalmente prohibido cualquier acto de la Administración Pública, que a través de los Pliegos de Condiciones limiten o restrinjan la participación de oferentes en igualdad de condiciones, así como también el uso de especificaciones técnicas en las fichas, que de manera directa o indirecta favorezca a uno de los participantes, en detrimento de los Principios de Transparencia, Eficiencia, Publicidad, Igualdad y Libre Competencia.

El incumplimiento será sancionado.

Artículo 31.- Las normas relativas a la evaluación, criterios y procedimientos. Los criterios de evaluación relacionados con el objeto de la contratación pueden incluir:

1) Precio;

2) El costo de operación, mantenimiento y reparación de bienes o servicios, el plazo de entrega de los bienes, la prestación de servicios, las características del objeto de la contratación, tales como las características funcionales de los bienes o los servicios y las características ambientales del objeto, las condiciones de pago y de garantías en relación a la cuestión que se contratará; y,

3) Cuando sea pertinente, en las compras realizadas de conformidad con la experiencia, la fiabilidad y la capacidad profesional y administrativa de los proveedores o contratistas y del personal a participar en proveer el objeto de la contratación.

La evaluación de la oferta técnica se hará considerando, entre otros factores, los siguientes:

1) Cumplimiento de las condiciones establecidas en el Pliego de Condiciones;

2) Capacidad de participación en el proceso; y,

3) Las que establezca el Pliego de Condiciones en cada proceso.

Artículo 32.- Criterios de incorporación al catálogo electrónico. Para incorporar las ofertas económicas en el Catálogo Electrónico, se evaluarán los criterios siguientes:

1) Disponibilidad de bienes o servicios;

2) Servicios conexos;

3) Vida útil;

4) Rendimiento del bien o equipo;

5) Mejor valor del dinero;

6) Precio base;

7) Precio más bajo; y en caso de aplicarse, en los Pliegos de Condiciones se determinará la incorporación del criterio costobeneficio; y,

8) Otros criterios establecidos en los Pliegos de Condiciones de conformidad con los bienes o servicios a adquirirse.

CAPÍTULO VI.

DE LOS PROCEDIMIENTOS ESPECÍFICOS PARA CADA UNA DE LAS MODALIDADES DE CONTRATACIÓN COMPRENDIDAS DENTRO DEL CATÁLOGO ELECTRÓNICO

SECCIÓN PRIMERA.

DEL CONVENIO MARCO

Artículo 33.- Procedimientos específicos. Para aquellos aspectos y actividades concernientes a la regulación de las modalidades de contratación que por las cualidades y naturaleza de los mismos, no se desarrollen en la presente Ley, por no ser comunes entre ellas, serán normados a través de su Reglamento, los Pliegos de Condiciones, Manuales y Circulares respectivas.

En los Manuales se incluirá lo relacionado con la presentación y apertura de ofertas; la evaluación de las propuestas; normas relativas a los criterios y procedimientos para la evaluación de ofertas técnicas y económicas.

Artículo 34.- Vigencia de los convenios marco. La Vigencia de los Convenios Marco será establecida en el Pliego de Condiciones del proceso correspondiente, pudiéndose ampliar la misma durante su ejecución; sin embargo, toda ampliación de un Convenio Marco deberá realizarse posterior a un llamado público vía electrónica a participar a todos los posibles interesados en adherirse al mismo.

Articulo 35.- Mercado del microempresario. A fin de incentivar la economía y el fortalecimiento a la producción local, así como el incremento en la participación de las microempresas en las compras estatales, la ONCAE diseñará Convenios Marco específicos para este efecto, mediante la emisión y reglamentación de los criterios de selección y ejecución de las compras a través de esta modalidad.

El diseño de estos convenios debe contener procedimientos sencillos que promuevan la eficiencia en las compras.

La ONCAE, en coordinación con otros entes estatales locales, será responsable de convocar a nivel local o nacional a los interesados, para realizar la selección de aquellos que puedan proveer al Estado de los bienes o servicios que éste requiera.

El resultado de estas convocatorias se difundirá a través de un Catálogo denominado Mercado del Microempresario; organizado, dirigido y administrado por la ONCAE.

SECCIÓN SEGUNDA.

DE LAS COMPRAS CONJUNTAS

Artículo 36.- Finalidad de las compras conjuntas. Con esta modalidad se pretende lograr mejores precios y condiciones de entrega y calidad, a través de volúmenes mayores de compra. Este tipo de modalidad será coordinada y dirigida por la ONCAE.

Asimismo, se desarrollará sobre este tipo de modalidad propiamente en el Reglamento, los Pliegos de Condiciones, Manuales y Circulares respectivas.

SECCIÓN TERCERA.

DE LA SUBASTA INVERSA

Artículo 37.- Subasta inversa presencial. Esta modalidad se realiza en acto público por medio del cual los oferentes podrán ofertar sus propuestas de precios ya sea de forma escrita o mediante cruce de ofertas verbales en el acto de presentación de ofertas.

Artículo 38.- Subasta inversa electrónica o virtual. Se realiza a través de la utilización de recursos de tecnología de la información, de acuerdo a los procedimientos que establezca su Reglamento, Pliegos de Condiciones, Manuales y Circulares respectivas.

Artículo 39.- Temporalidad de implementación. La ONCAE y otros entes del Estado gestionarán gradualmente las acciones para incorporar el procedimiento mediante Subasta Inversa, en cualesquiera de sus modalidades, en tanto se preparen las condiciones de capacitación y tecnología requeridas para su implementación.

CAPÍTULO VII.

DE LAS SANCIONES

SECCIÓN PRIMERA.

DE LAS SANCIONES Y SU PROCEDIMIENTO DE APLICACIÓN

Artículo 40.- Procedimiento de sanción. La ONCAE es el ente encargado de imponer las sanciones establecidas en esta Ley, mismas que se desarrollarán en su Reglamento.

SECCIÓN SEGUNDA.

DE LAS SANCIONES A LOS OFERENTES ADJUDICATARIOS Y SU GRADUALIDAD

Artículo 41.-Suspensión. Dependiendo de la infracción en que incurran los oferentes adjudicatarios seleccionados, la ONCAE aplicará sanción de suspensión, que oscilará entre un (1) mes hasta un (1) año.

Dicha suspensión implica la exclusión de los proveedores seleccionados del Catálogo Electrónico, con todos los efectos que de ello se deriva.

Artículo 42.- Responsabilidad penal y patrimonial. La aplicación de las sanciones por la ONCAE, a los oferentes adjudicatarios en concepto de incumplimiento de contratos, no excluye a los mismos de las eventuales sanciones penales y demás establecidas en leyes aplicables, por las conductas de tal naturaleza en que hubieren incurrido y que sean impuestas por los Entes Competentes para tal efecto.

Esta responsabilidad también recaerá en los funcionarios y empleados públicos que incumplan con lo establecido en la presente Ley.

SECCIÓN TERCERA.

DE LOS MECANISMOS DE IMPUGNACIÓN

Artículo 43.- Procedimiento de impugnación. De conformidad con lo dispuesto en la presente Ley y su Reglamento, en cuanto a los mecanismos de impugnación, se aplicará lo referente a la Ley de Procedimiento Administrativo y en vía judicial, la Ley de la Jurisdicción de lo Contencioso Administrativo, excepto cuando los procesos se financien con fondos provenientes de un contrato de préstamo, en cuyo caso se aplicarán los mecanismos establecidos en el mismo.

CAPÍTULO VIII.

DE LAS DISPOSICIONES TRANSITORIAS Y FINALES

SECCIÓN PRIMERA.

DE LAS DISPOSICIONES TRANSITORIAS

Artículo 44.- Principios generales y supletoriedad. Para la resolución de cuestiones no previstas expresamente en la presente Ley, serán de aplicación los Principios Generales del Derecho Administrativo, la Doctrina y supletoriamente la Ley de Contratación del Estado y su Reglamento, siempre que no fueren incompatibles con el régimen establecido en la misma.

SECCIÓN SEGUNDA.
DE LAS DISPOSICIONES ESPECÍFICAS

Artículo 45.- Convenios institucionales. Sin perjuicio de las normas y procedimientos establecidos en las leyes pertinentes, queda autorizada la ONCAE para recomendar las condiciones y negociaciones para la suscripción de convenios institucionales que pudieren ser de interés para el Estado, ya sea de colaboración entre instituciones análogas a la Oficina Normativa de Contratación y Adquisiciones del Estado (ONCAE), como también para convenios internacionales cuyo objeto y naturaleza de aprobación sea la compra de bienes o servicios bajo modalidades que vengan a beneficiar al Estado en economía o cualquier otro beneficio.

Artículo 46.- Manual operativo. Además de lo dispuesto en la presente Ley y su Reglamento, la ONCAE queda autorizada a emitir los manuales operativos, instructivos o demás actos relacionados con los procedimientos establecidos en la presente Ley.

Artículo 47.- Solicitud de garantías a los oferentes adjudicatarios. Por la naturaleza del procedimiento de los Convenios Marco, no se requerirá la presentación de Garantías de Mantenimiento de Oferta, ni Garantía de Cumplimiento a los Oferentes. En este caso sólo se solicitará la respectiva Garantía de Calidad al momento de generarse la orden de compra respectiva, para los bienes que así lo requieran.

En el caso de incumplimiento en el compromiso de garantizar el adecuado proceso para la entrega de los bienes o servicios, así como la calidad de los mismos, se procederá a la imposición de las sanciones establecidas en el Capítulo VII de la presente Ley, que fueren aplicables al caso particular.

Artículo 48.- Responsabilidad del estado en la gestión de compra. Bajo ningún concepto la selección o incorporación de oferentes adjudicatarios dentro del Catálogo Electrónico implicará un compromiso por parte de los entes adquirentes de comprar a éstos los bienes o servicios.

De proceder la compra, la obligatoriedad recaerá sobre los entes adquirentes en el deber de seleccionar a alguno de los proveedores dentro del Catálogo Electrónico.

El funcionario o empleado público que compre bienes o servicios comprendidos en el Catálogo Electrónico, fuera del ámbito de la presente Ley, incurrirá en responsabilidad.

SECCIÓN TERCERA.
DE LAS DISPOSICIONES FINALES

Artículo 49.- Exclusión expresa. De conformidad a lo establecido en la presente Ley, los procesos de contratación bajo las modalidades establecidas en la Ley de Contratación del Estado, Ley de Promoción de Asociación Público-Privada, y demás leyes aplicables, se regularán bajo las normativas especiales pertinentes.

Artículo 50.- Reglamentación. El Poder Ejecutivo, a través de la Oficina Normativa de Contratación y Adquisiciones del Estado (ONCAE), emitirá el Reglamento de la presente Ley, en un plazo no mayor de cuarenta y cinco (45) días hábiles a partir de su vigencia.

Artículo 51.- Entrada en vigencia. El presente Decreto entrará en vigencia a partir del día siguiente de su publicación en el Diario Oficial "La Gaceta".

MÉXICO

I. LEY DE ADQUISICIONES, ARRENDAMIENTOS Y SERVICIOS DEL SECTOR PÚBLICO, DE 4 DE ENERO DE 2000.

TÍTULO PRIMERO.

DISPOSICIONES GENERALES

CAPÍTULO ÚNICO

Artículo 1. La presente Ley es de orden público y tiene por objeto reglamentar la aplicación del artículo 134 de la Constitución Política de los Estados Unidos Mexicanos en materia de las adquisiciones, arrendamientos de bienes muebles y prestación de servicios de cualquier naturaleza, que realicen[1]:

I. Las unidades administrativas de la Presidencia de la República;

II. Las Secretarías de Estado y la Consejería Jurídica del Ejecutivo Federal[2];

III. La Procuraduría General de la República;

IV. Los organismos descentralizados;

V. Las empresas de participación estatal mayoritaria y los fideicomisos en los que el fideicomitente sea el gobierno federal o una entidad paraestatal, y

VI. Las entidades federativas, los municipios y los entes públicos de unas y otros, con cargo total o parcial a recursos federales, conforme a los convenios que celebren con el Ejecutivo Federal. No quedan comprendidos para la aplicación de la presente Ley los fondos previstos en el Capítulo V de la Ley de Coordinación Fiscal[3].

Las personas de derecho público de carácter federal con autonomía derivada de la Constitución Política de los Estados Unidos Mexicanos, así como las entidades que cuenten con un régimen específico en materia de adquisiciones, arrendamientos y servicios, aplicarán los criterios y procedimientos previstos en esta Ley, sólo en lo no previsto en los ordenamientos que los rigen y siempre que no se contrapongan con los mismos, sujetándose a sus propios órganos de control[4].

Las adquisiciones, arrendamientos y servicios que contraten las empresas productivas del Estado y sus empresas productivas subsidiarias quedan excluidos de la aplicación de este ordenamiento[5].

Las adquisiciones, arrendamientos y servicios que se realicen por los Centros Públicos de Investigación con los recursos autogenerados de sus Fondos de Investigación Científica y Desarrollo Tecnológico previstos en la Ley de Ciencia y Tecnología, se regirán conforme a las reglas de operación de dichos fondos, a los criterios y procedimientos que en estas materias expidan los órganos de gobierno de estos Centros, así como a las disposiciones administrativas que, en su caso estime

---

1 Párrafo reformado DOF 28-05-2009.
2 Fracción reformada DOF 28-05-2009
3 Fracción reformada DOF 28-05-2009
4 Párrafo reformado DOF 28-05-2009
5 Párrafo adicionado DOF 28-11-2008. Reformado DOF 11-08-2014

necesario expedir la Secretaría de la Función Pública o la Secretaría, en el ámbito de sus respectivas competencias, administrando dichos recursos con eficiencia, eficacia y honradez para satisfacer los objetivos a los que estén destinados y asegurar al centro las mejores condiciones disponibles en cuanto a precio, calidad, financiamiento, oportunidad y demás circunstancias pertinentes[6].

Los contratos que celebren las dependencias con las entidades, o entre entidades, y los actos jurídicos que se celebren entre dependencias, o bien los que se lleven a cabo entre alguna dependencia o entidad de la Administración Pública Federal con alguna perteneciente a la administración pública de una entidad federativa, no estarán dentro del ámbito de aplicación de esta Ley; no obstante, dichos actos quedarán sujetos a este ordenamiento, cuando la dependencia o entidad obligada a entregar el bien o prestar el servicio, no tenga capacidad para hacerlo por sí misma y contrate un tercero para su realización.

Los titulares de las dependencias y los órganos de gobierno de las entidades emitirán, bajo su responsabilidad y de conformidad con este mismo ordenamiento y los lineamientos generales que al efecto emita la Secretaría de la Función Pública, las políticas, bases y lineamientos para las materias a que se refiere este artículo[7].

Las dependencias y entidades se abstendrán de crear fideicomisos, otorgar mandatos o celebrar actos o cualquier tipo de contratos, que evadan lo previsto en este ordenamiento.

Artículo 2. Para los efectos de la presente Ley, se entenderá por:

I. Secretaría: la Secretaría de Hacienda y Crédito Público;

II. CompraNet: el sistema electrónico de información pública gubernamental sobre adquisiciones, arrendamientos y servicios, integrado entre otra información, por los programas anuales en la materia, de las dependencias y entidades; el registro único de proveedores; el padrón de testigos sociales; el registro de proveedores sancionados; las convocatorias a la licitación y sus modificaciones; las invitaciones a cuando menos tres personas; las actas de las juntas de aclaraciones, del acto de presentación y apertura de proposiciones y de fallo; los testimonios de los testigos sociales; los datos de los contratos y los convenios modificatorios; las adjudicaciones directas; las resoluciones de la instancia de inconformidad que hayan causado estado, y las notificaciones y avisos correspondientes. Dicho sistema será de consulta gratuita y constituirá un medio por el cual se desarrollarán procedimientos de contratación.

El sistema estará a cargo de la Secretaría de la Función Pública, a través de la unidad administrativa que se determine en su Reglamento, la que establecerá los controles necesarios para garantizar la inalterabilidad y conservación de la información que contenga[8];

III. Dependencias: las señaladas en las fracciones I a III del artículo 1;

IV. Entidades: las mencionadas en las fracciones IV y V del artículo 1;

V. Tratados: los convenios regidos por el derecho internacional público, celebrados por escrito entre el gobierno de los Estados Unidos Mexicanos y uno o varios sujetos de Derecho Internacional Público, ya sea que para su aplicación requiera o no la celebración de acuerdos en materias específicas, cualquiera que sea su denominación, mediante los cuales los Estados Unidos Mexicanos asumen compromisos;

VI. Proveedor: la persona que celebre contratos de adquisiciones, arrendamientos o servicios[9];

VII. Licitante: la persona que participe en cualquier procedimiento de licitación pública o bien de invitación a cuando menos tres personas[10], y

VIII. Ofertas subsecuentes de descuentos: modalidad utilizada en las licitaciones públicas, en la que los licitantes, al presentar sus proposiciones, tienen la posibilidad de que, con posterioridad a la presentación y apertura del sobre cerrado que contenga su propuesta económica, realicen una o

6 Párrafo adicionado DOF 21-08-2006
7 Párrafo reformado DOF 28-05-2009
8 Fracción reformada DOF 28-05-2009
9 Fracción reformada DOF 02-07-2008
10 Fracción reformada DOF 02-07-2008

más ofertas subsecuentes de descuentos que mejoren el precio ofertado en forma inicial, sin que ello signifique la posibilidad de variar las especificaciones o características originalmente contenidas en su propuesta técnica[11];

IX. Entidades federativas: los Estados de la Federación y el Distrito Federal, conforme al artículo 43 de la Constitución Política de los Estados Unidos Mexicanos[12];

X. Investigación de mercado: la verificación de la existencia de bienes, arrendamientos o servicios, de proveedores a nivel nacional o internacional y del precio estimado basado en la información que se obtenga en la propia dependencia o entidad, de organismos públicos o privados, de fabricantes de bienes o prestadores del servicio, o una combinación de dichas fuentes de información[13];

XI. Precio no aceptable: es aquél que derivado de la investigación de mercado realizada, resulte superior en un diez por ciento al ofertado respecto del que se observa como mediana en dicha investigación o en su defecto, el promedio de las ofertas presentadas en la misma licitación[14], y

XII. Precio conveniente: es aquel que se determina a partir de obtener el promedio de los precios preponderantes que resulten de las proposiciones aceptadas técnicamente en la licitación, y a éste se le resta el porcentaje que determine la dependencia o entidad en sus políticas, bases y lineamientos[15].

Artículo 3. Para los efectos de esta Ley, entre las adquisiciones, arrendamientos y servicios, quedan comprendidos:

I. Las adquisiciones y los arrendamientos de bienes muebles;

II. Las adquisiciones de bienes muebles que deban incorporarse, adherirse o destinarse a un inmueble, que sean necesarios para la realización de las obras públicas por administración directa, o los que suministren las dependencias y entidades de acuerdo con lo pactado en los contratos de obras públicas[16];

III. Las adquisiciones de bienes muebles que incluyan la instalación, por parte del proveedor, en inmuebles que se encuentren bajo la responsabilidad de las dependencias y entidades, cuando su precio sea superior al de su instalación[17];

IV. La contratación de los servicios relativos a bienes muebles que se encuentren incorporados o adheridos a inmuebles, cuyo mantenimiento no implique modificación alguna al propio inmueble, y sea prestado por persona cuya actividad comercial corresponda al servicio requerido;

V. La reconstrucción y mantenimiento de bienes muebles; maquila; seguros; transportación de bienes muebles o personas, y contratación de servicios de limpieza y vigilancia;

VI. La prestación de servicios de largo plazo que involucren recursos de varios ejercicios fiscales, a cargo de un inversionista proveedor, el cual se obliga a proporcionarlos con los activos que provea por sí o a través de un tercero, de conformidad con un proyecto para la prestación de dichos servicios[18];

VII. La prestación de servicios de personas físicas, excepto la contratación de servicios personales subordinados o bajo el régimen de honorarios[19];

VIII. La contratación de consultorías, asesorías, estudios e investigaciones[20], y

---

11 Fracción adicionada DOF 02-07-2008. Reformada DOF 28-05-2009
12 Fracción adicionada DOF 28-05-2009
13 Fracción adicionada DOF 28-05-2009
14 Fracción adicionada DOF 28-05-2009
15 Fracción adicionada DOF 28-05-2009
16 Fracción reformada DOF 28-05-2009
17 Fracción reformada DOF 28-05-2009
18 Fracción reformada DOF 28-05-2009
19 Fracción reformada DOF 28-05-2009
20 Fracción reformada DOF 28-05-2009

IX. En general, los servicios de cualquier naturaleza cuya prestación genere una obligación de pago para las dependencias y entidades, salvo que la contratación se encuentre regulada en forma específica por otras disposiciones legales. Corresponderá a la Secretaría de la Función Pública, a solicitud de la dependencia o entidad de que se trate, determinar si un servicio se ubica en la hipótesis de esta fracción[21].

Artículo 4. La aplicación de esta Ley será sin perjuicio de lo dispuesto en los tratados.

Artículo 5. Será responsabilidad de las dependencias y entidades contratar los servicios correspondientes para mantener adecuada y satisfactoriamente asegurados los bienes con que cuenten.

Lo dispuesto en el párrafo anterior no será aplicable cuando por razón de la naturaleza de los bienes o el tipo de riesgos a los que están expuestos, el costo de aseguramiento represente una erogación que no guarde relación directa con el beneficio que pudiera obtenerse o bien, se constate que no exista oferta de seguros en el mercado para los bienes de que se trate. La Secretaría autorizará previamente la aplicación de la excepción[22].

Artículo 6. Derogado[23].

Artículo 7[24]. La Secretaría, la Secretaría de Economía y la Secretaría de la Función Pública, en el ámbito de sus respectivas competencias, estarán facultadas para interpretar esta Ley para efectos administrativos.

La Secretaría de la Función Pública dictará las disposiciones administrativas que sean estrictamente necesarias para el adecuado cumplimiento de esta Ley, tomando en cuenta la opinión de la Secretaría y, cuando corresponda, la de la Secretaría de Economía. Las disposiciones de carácter general se publicarán en el Diario Oficial de la Federación.

La Secretaría de la Función Pública, en el ámbito de sus atribuciones, estará encargada de establecer las directrices conforme a las cuales se determinarán los perfiles de puesto de los servidores públicos correspondientes en materia de contrataciones públicas, así como las relativas a la capacitación para el adecuado desempeño de sus funciones en las materias a que alude esta Ley.

Artículo 8[25]. Atendiendo a las disposiciones de esta Ley y a las demás que de ella emanen, la Secretaría de Economía dictará las reglas que deban observar las dependencias y entidades, derivadas de programas que tengan por objeto promover la participación de las empresas nacionales, especialmente de las micro, pequeñas y medianas. Adicionalmente, las dependencias y entidades deberán diseñar y ejecutar programas de desarrollo de proveedores de micro, pequeñas y medianas empresas nacionales para generar cadenas de proveeduría respecto de bienes y servicios que liciten regularmente.

Para la expedición de las reglas a que se refiere el párrafo anterior, la Secretaría de Economía tomará en cuenta la opinión de la Secretaría y de la Secretaría de la Función Pública.

Artículo 9. En materia de adquisiciones, arrendamientos y servicios, los titulares de las dependencias y los órganos de gobierno de las entidades serán los responsables de que, en la adopción e instrumentación de las acciones que deban llevar a cabo en cumplimiento de esta Ley, se observen criterios que promuevan la modernización y desarrollo administrativo, la descentralización de funciones y la efectiva delegación de facultades.

Las facultades conferidas por esta Ley a los titulares de las dependencias podrán ser ejercidas por los titulares de sus órganos desconcentrados, previo acuerdo delegatorio.

Artículo 10[26]. En los casos de adquisiciones, arrendamientos o servicios financiados con fondos provenientes de créditos externos otorgados al gobierno federal o con su garantía por organis-

---

21 Fracción adicionada DOF 28-05-2009
22 Párrafo reformado DOF 28-05-2009
23 Artículo derogado DOF 28-05-2009
24 Artículo reformado DOF 28-05-2009
25 Artículo reformado DOF 28-05-2009
26 Artículo reformado DOF 07-07-2005, 28-05-2009

mos financieros regionales o multilaterales, los procedimientos, requisitos y demás disposiciones para su contratación serán establecidos, con la opinión de la Secretaría, por la Secretaría de la Función Pública aplicando en lo procedente lo dispuesto por esta Ley y deberán precisarse en las convocatorias, invitaciones y contratos correspondientes.

Artículo 11[27]**.** Serán supletorias de esta Ley y de las demás disposiciones que de ella se deriven, en lo que corresponda, el Código Civil Federal, la Ley Federal de Procedimiento Administrativo y el Código Federal de Procedimientos Civiles.

Lo anterior sin perjuicio de lo dispuesto en el artículo 61 de la presente Ley.

Artículo 12[28]**.** Las dependencias y entidades, previamente al arrendamiento de bienes muebles, deberán realizar los estudios de factibilidad a efecto de determinar la conveniencia para su adquisición, mediante arrendamiento con opción a compra.

Artículo 12 Bis[29]**.** Para determinar la conveniencia de la adquisición de bienes muebles usados o reconstruidos, las dependencias y entidades deberán realizar un estudio de costo beneficio, con el que se demuestre la conveniencia de su adquisición comparativamente con bienes nuevos; el citado estudio deberá efectuarse mediante avalúo conforme a las disposiciones aplicables, expedido dentro de los seis meses previos, cuando el bien tenga un valor superior a cien mil veces el salario mínimo general vigente en el Distrito Federal, el cual deberá integrarse al expediente de la contratación respectiva.

Artículo 13[30]**.** Las dependencias y entidades no podrán financiar a proveedores. No se considerará como operación de financiamiento, el otorgamiento de anticipos, los cuales en todo caso, deberán garantizarse en los términos del artículo 48 de esta Ley.

Tratándose de bienes cuyo proceso de fabricación sea superior a sesenta días, las dependencias o entidades otorgarán en igualdad de circunstancias del diez al cincuenta por ciento de anticipo cuando se trate de micro, pequeña y medianas empresas nacionales, conforme a lo establecido en el Reglamento de esta Ley.

Las dependencias y entidades podrán, dentro de su presupuesto autorizado, bajo su responsabilidad y por razones fundadas y motivadas, autorizar el pago de suscripciones, seguros o de otros servicios, en los que no sea posible pactar que su costo sea cubierto después de que la prestación del servicio se realice.

Artículo 14[31]**.** En los procedimientos de contratación de carácter internacional abierto, las dependencias y entidades optarán, en igualdad de condiciones, por el empleo de los recursos humanos del país y por la adquisición y arrendamiento de bienes producidos en el país y que cuenten con el porcentaje de contenido nacional indicado en el artículo 28 fracción I, de esta Ley, los cuales deberán contar, en la comparación económica de las proposiciones, con un margen hasta del quince por ciento de preferencia en el precio respecto de los bienes de importación, conforme a las reglas que establezca la Secretaría de Economía, previa opinión de la Secretaría y de la Secretaría de la Función Pública.

En el caso de licitación pública para la adquisición de bienes, arrendamientos o servicios que utilicen la evaluación de puntos y porcentajes, se otorgarán puntos en los términos de esta Ley, a personas con discapacidad o a la empresa que cuente con trabajadores con discapacidad en una proporción del cinco por ciento cuando menos de la totalidad de su planta de empleados, cuya antigüedad no sea inferior a seis meses, misma que se comprobará con el aviso de alta al régimen obligatorio del Instituto Mexicano del Seguro Social. Asimismo, se otorgarán puntos a las micros, pequeñas o medianas empresas que produzcan bienes con innovación tecnológica, conforme a la constancia correspondiente emitida por el Instituto Mexicano de la Propiedad Industrial, la cual no

---

27 Artículo reformado DOF 28-05-2009
28 Artículo reformado DOF 28-05-2009
29 Artículo adicionado DOF 07-07-2005. Reformado DOF 28-05-2009
30 Artículo reformado DOF 28-05-2009
31 Artículo reformado DOF 07-07-2005, 28-05-2009

podrá tener una vigencia mayor a cinco años. De igual manera, se otorgarán puntos a las empresas que hayan aplicado políticas y prácticas de igualdad de género, conforme a la certificación correspondiente emitida por las autoridades y organismos facultados para tal efecto[32].

Artículo 15[33]. Los actos, contratos y convenios que las dependencias y entidades realicen o celebren en contravención a lo dispuesto por esta Ley, serán nulos previa determinación de la autoridad competente.

La solución de las controversias se sujetará a lo previsto por el Título Sexto de esta Ley, sin perjuicio de lo establecido en los tratados de que México sea parte.

Artículo 16[34]. Los contratos celebrados en el extranjero respecto de bienes, arrendamientos o servicios que deban ser utilizados o prestados fuera del territorio nacional, se regirán por la legislación del lugar donde se formalice el acto, aplicando en lo procedente lo dispuesto por esta Ley.

Cuando los bienes, arrendamientos o servicios de procedencia extranjera hubieren de ser utilizados o prestados en el país, su procedimiento de contratación y los contratos deberán realizarse dentro del territorio nacional.

En el caso a que se refiere el párrafo anterior, cuando se acredite previamente que el procedimiento de contratación y los contratos no pueden realizarse dentro del territorio nacional, conforme a lo dispuesto por esta Ley, los bienes, arrendamientos o servicios se podrán contratar en el extranjero, aplicando los principios dispuestos por ésta.

En los supuestos previstos en los párrafos primero y tercero de este artículo, para acreditar la aplicación de los principios dispuestos por esta Ley, tanto la justificación de la selección del proveedor, como de los bienes, arrendamientos y servicios a contratar y el precio de los mismos, según las circunstancias que concurran en cada caso, deberá motivarse en criterios de economía, eficacia, eficiencia, imparcialidad, honradez y transparencia que aseguren las mejores condiciones para el Estado, lo cual constará en un escrito firmado por el titular del área usuaria o requirente, y el dictamen de procedencia de la contratación será autorizado por el titular de la dependencia o entidad, o aquel servidor público en quien éste delegue dicha función. En ningún caso la delegación podrá recaer en servidor público con nivel inferior al de director general en las dependencias o su equivalente en las entidades.

Artículo 17[35]. La Secretaría de la Función Pública, mediante disposiciones de carácter general, oyendo la opinión de la Secretaría de Economía, determinará, en su caso, los bienes, arrendamientos o servicios de uso generalizado que, en forma consolidada, podrán adquirir, arrendar o contratar las dependencias y entidades con objeto de obtener las mejores condiciones en cuanto a calidad, precio y oportunidad, y apoyar en condiciones de competencia a las áreas prioritarias del desarrollo.

La Secretaría de la Función Pública, en los términos del Reglamento de esta Ley, podrá promover contratos marco, previa determinación de las características técnicas y de calidad acordadas con las dependencias y entidades, mediante los cuales éstas adquieran bienes, arrendamientos o servicios, a través de la suscripción de contratos específicos.

Lo previsto en los párrafos anteriores, es sin perjuicio de que las dependencias y entidades puedan agruparse para adquirir en forma consolidada sus bienes, arrendamientos o servicios.

En materia de seguros que se contraten a favor de los servidores públicos de las dependencias, incluido el seguro de vida de los pensionados, la Secretaría implementará procedimientos de contratación consolidada y celebrará los contratos correspondientes. Las entidades podrán solicitar su incorporación a las contrataciones que se realicen para las dependencias, siempre y cuando no impliquen dualidad de beneficios para los servidores públicos.

---

32 Párrafo reformado DOF 10-11-2014
33 Artículo reformado DOF 28-05-2009
34 Artículo reformado DOF 02-07-2008, 28-05-2009
35 Artículo reformado DOF 28-05-2009

TÍTULO SEGUNDO. DE LA PLANEACIÓN, PROGRAMACIÓN Y PRESUPUESTO[36]

Artículo 18[37]. En la planeación de las adquisiciones, arrendamientos y servicios que pretendan realizar sujetos a que se refiere las fracciones I a VI del artículo 1 de esta Ley, deberá ajustarse a:

I. Los objetivos y prioridades del Plan Nacional de Desarrollo y de los programas sectoriales, institucionales, regionales y especiales que correspondan, así como a las previsiones contenidas en sus programas anuales, y

II. Los objetivos, metas y previsiones de recursos establecidos en el Presupuesto de Egresos de la Federación o, en su caso, al presupuesto destinado a las contrataciones que los fideicomisos públicos no considerados entidades paraestatales prevean para el ejercicio correspondiente.

Artículo 19[38]. Las dependencias o entidades que requieran contratar servicios de consultorías, asesorías, estudios e investigaciones, previamente verificarán en sus archivos la existencia de trabajos sobre la materia de que se trate.

En el supuesto de que se advierta la existencia de dichos trabajos y se compruebe que los mismos satisfacen los requerimientos de la dependencia o entidad, no procederá la contratación, con excepción de aquellos trabajos necesarios para su adecuación, actualización o complemento.

Las entidades deberán remitir a su coordinadora de sector una descripción sucinta del objeto de los contratos que en estas materias celebren, así como de sus productos.

La erogación para la contratación de servicios de consultorías, asesorías, estudios e investigaciones, requerirá de la autorización escrita del titular de la dependencia o entidad, o aquel servidor público en quién éste delegue dicha atribución, así como del dictamen del área respectiva, de que no se cuenta con personal capacitado o disponible para su realización.

La delegación a que se refiere el párrafo anterior, en ningún caso podrá recaer en servidor público con nivel inferior al de director general en las dependencias o su equivalente en las entidades.

Artículo 20. Las dependencias y entidades formularán sus programas anuales de adquisiciones, arrendamientos y servicios, y los que abarquen más de un ejercicio presupuestal, así como sus respectivos presupuestos, considerando:

I. Las acciones previas, durante y posteriores a la realización de dichas operaciones;

II. Los objetivos y metas a corto, mediano y largo plazo;

III. La calendarización física y financiera de los recursos necesarios;

IV. Las unidades responsables de su instrumentación;

V. Sus programas sustantivos, de apoyo administrativo y de inversiones, así como, en su caso, aquéllos relativos a la adquisición de bienes para su posterior comercialización, incluyendo los que habrán de sujetarse a procesos productivos;

VI. La existencia en cantidad suficiente de los bienes; los plazos estimados de suministro; los avances tecnológicos incorporados en los bienes, y en su caso los planos, proyectos y especificaciones;

VII. Las normas aplicables conforme a la Ley Federal sobre Metrología y Normalización o, a falta de éstas, las normas internacionales;

VIII. Los requerimientos de mantenimiento de los bienes muebles a su cargo, y

IX. Las demás previsiones que deban tomarse en cuenta según la naturaleza y características de las adquisiciones, arrendamientos o servicios.

Artículo 21[39]. Las dependencias y entidades pondrán a disposición del público en general, a través de CompraNet y de su página en Internet, a más tardar el 31 de enero de cada año, su pro-

---

36 Se deroga referencia al Título (nuevo Título Segundo reubicado a partir del artículo 26) en la reforma DOF 28-05-2009.

37 Artículo reformado DOF 28-05-2009, 15-06-2011

38 Artículo reformado DOF 28-05-2009

grama anual de adquisiciones, arrendamientos y servicios correspondiente al ejercicio fiscal de que se trate, con excepción de aquella información que, de conformidad con las disposiciones aplicables, sea de naturaleza reservada o confidencial, en los términos establecidos en la Ley Federal de Transparencia y Acceso a la Información Pública Gubernamental.

Las adquisiciones, arrendamientos y servicios contenidas en el citado programa podrán ser adicionadas, modificadas, suspendidas o canceladas, sin responsabilidad alguna para la dependencia o entidad de que se trate, debiendo informar de ello a la Secretaría de la Función Pública y actualizar en forma mensual el programa en CompraNet.

Artículo 22[40]**.** Las dependencias y entidades deberán establecer comités de adquisiciones, arrendamientos y servicios que tendrán las siguientes funciones:

I. Revisar el programa y el presupuesto de adquisiciones, arrendamientos y servicios, así como sus modificaciones, y formular las observaciones y recomendaciones convenientes;

II. Dictaminar previamente a la iniciación del procedimiento, sobre la procedencia de la excepción a la licitación pública por encontrarse en alguno de los supuestos a que se refieren las fracciones I, III, VIII, IX segundo párrafo, X, XIII, XIV, XV, XVI, XVII, XVIII y XIX del artículo 41 de esta Ley. Dicha función también podrá ser ejercida directamente por el titular de la dependencia o entidad, o aquel servidor público en quien éste delegue dicha función. En ningún caso la delegación podrá recaer en servidor público con nivel inferior al de director general en las dependencias o su equivalente en las entidades;

III. Dictaminar los proyectos de políticas, bases y lineamientos en materia de adquisiciones, arrendamientos y servicios que le presenten, así como someterlas a la consideración del titular de la dependencia o el órgano de gobierno de las entidades; en su caso, autorizar los supuestos no previstos en las mismas.

Los comités establecerán en dichas políticas, bases y lineamientos, los aspectos de sustentabilidad ambiental, incluyendo la evaluación de las tecnologías que permitan la reducción de la emisión de gases de efecto invernadero y la eficiencia energética, que deberán observarse en las adquisiciones, arrendamientos y servicios, con el objeto de optimizar y utilizar de forma sustentable los recursos para disminuir costos financieros y ambientales;

IV. Analizar trimestralmente el informe de la conclusión y resultados generales de las contrataciones que se realicen y, en su caso, recomendar las medidas necesarias para verificar que el programa y presupuesto de adquisiciones, arrendamientos y servicios, se ejecuten en tiempo y forma, así como proponer medidas tendientes a mejorar o corregir sus procesos de contratación y ejecución;

V. Autorizar, cuando se justifique, la creación de subcomités de adquisiciones, arrendamientos y servicios, así como aprobar la integración y funcionamiento de los mismos;

VI. Elaborar y aprobar el manual de integración y funcionamiento del comité, en el cual se deberán considerar cuando menos las siguientes bases:

a) Será presidido por el Oficial Mayor o equivalente;

b) Los vocales titulares deberán tener un nivel jerárquico mínimo de director general o equivalente;

c) El número total de miembros del Comité deberá ser impar, quienes invariablemente deberán emitir su voto en cada uno de los asuntos que se sometan a su consideración;

d) El área jurídica y el órgano interno de control de la dependencia o entidad, deberán asistir a las sesiones del Comité, como asesor, con voz pero sin voto, debiendo pronunciarse de manera razonada en los asuntos que conozca el Comité. Los asesores titulares no podrán tener un nivel jerárquico inferior al de director general o equivalente, y

---

39 Artículo reformado DOF 07-07-2005, 28-05-2009

40 Artículo reformado DOF 07-07-2005, 05-09-2007, 23-03-2009, 28-05-2009

e) El Comité deberá dictaminar en la misma sesión los asuntos que se presenten a su consideración; el Reglamento de esta Ley establecerá las bases conforme a las cuales los comités podrán de manera excepcional dictaminar los asuntos en una siguiente sesión.

Los integrantes del Comité con derecho a voz y voto, así como los asesores del mismo, podrán designar por escrito a sus respectivos suplentes, los que no deberán tener un nivel jerárquico inferior a director de área, y

VII. Coadyuvar al cumplimiento de esta Ley y demás disposiciones aplicables.

La Secretaría de la Función Pública podrá autorizar la creación de comités en órganos desconcentrados, cuando la cantidad y monto de sus operaciones o las características de sus funciones así lo justifiquen.

En los casos en que, por la naturaleza de sus funciones o por la magnitud de sus operaciones, no se justifique la instalación de un comité, la Secretaría de la Función Pública podrá autorizar la excepción correspondiente.

La Secretaría de la Función Pública podrá participar como asesor en los comités y subcomités a que se refiere este artículo, pronunciándose de manera fundada y motivada al emitir sus opiniones.

Artículo 23[41]**.** El Ejecutivo Federal, por conducto de la Secretaría de la Función Pública, determinará las dependencias y entidades que deberán instalar comisiones consultivas mixtas de abastecimiento, en función del volumen, características e importancia de las adquisiciones, arrendamientos y servicios que contraten. Dichas comisiones tendrán por objeto:

I. Propiciar y fortalecer la comunicación de las propias dependencias y entidades con los proveedores, a fin de lograr una mejor planeación de las adquisiciones, arrendamientos y servicios;

II. Colaborar en la instrumentación de programas de desarrollo de proveedores nacionales;

III. Promover y acordar programas de sustitución eficiente de importaciones, así como de simplificación interna de trámites administrativos que realicen las dependencias o entidades relacionados con las adquisiciones, arrendamientos y servicios;

IV. Emitir recomendaciones sobre metas de utilización de las reservas de compras pactadas con otros países;

V. Promover acciones que propicien la proveeduría con micro, pequeñas y medianas empresas, así como el consumo por parte de otras empresas de los bienes o servicios que produzcan o presten aquéllas;

VI. Difundir y fomentar la utilización de los diversos estímulos del gobierno federal y de los programas de financiamiento para apoyar la fabricación de bienes;

VII. Informar a los comités de adquisiciones, arrendamientos y servicios las recomendaciones planteadas en el seno de las comisiones;

VIII. Elaborar y aprobar el manual de integración y funcionamiento de la comisión, conforme a las bases que expida la Secretaría de la Función Pública[42], y

IX. Conocer y opinar sobre los programas de licitaciones internacionales de la dependencia o entidad de que se trate.

Artículo 24[43]**.** La planeación, programación, presupuestación y el gasto de las adquisiciones, arrendamientos y servicios se sujetará a las disposiciones específicas del Presupuesto de Egresos de la Federación, así como a lo previsto en la Ley Federal de Presupuesto y Responsabilidad Hacendaria y demás disposiciones aplicables y los recursos destinados a ese fin se administrarán con eficiencia, eficacia, economía, transparencia, honradez e imparcialidad para satisfacer los objetivos a los que fueren destinados.

---

41 Párrafo reformado DOF 28-05-2009
42 Fracción reformada DOF 28-05-2009
43 Artículo reformado DOF 07-07-2005, 28-05-2009

Artículo 25[44]**.** Las dependencias y entidades, bajo su responsabilidad, podrán convocar, adjudicar o contratar adquisiciones, arrendamientos y servicios, con cargo a su presupuesto autorizado y sujetándose al calendario de gasto correspondiente.

En casos excepcionales, previo a la autorización de su presupuesto, las dependencias y entidades podrán solicitar a la Secretaría su aprobación para convocar, adjudicar y formalizar contratos cuya vigencia inicie en el ejercicio fiscal siguiente de aquél en el que se formalizan. Los referidos contratos estarán sujetos a la disponibilidad presupuestaria del año en el que se prevé el inicio de su vigencia, por lo que sus efectos estarán condicionados a la existencia de los recursos presupuestarios respectivos, sin que la no realización de la referida condición suspensiva origine responsabilidad alguna para las partes. Cualquier pacto en contrario a lo dispuesto en este párrafo se considerará nulo.

En las adquisiciones, arrendamientos y servicios, cuya vigencia rebase un ejercicio presupuestario, las dependencias o entidades deberán determinar tanto el presupuesto total como el relativo a los ejercicios de que se trate; en la formulación de los presupuestos de los ejercicios subsecuentes se considerarán los costos que, en su momento, se encuentren vigentes, y se dará prioridad a las previsiones para el cumplimiento de las obligaciones contraídas en ejercicios anteriores.

Para los efectos del párrafo anterior, las dependencias y entidades observarán lo dispuesto en el artículo 50 de la Ley Federal de Presupuesto y Responsabilidad Hacendaria. La información sobre estos contratos se difundirá a través de CompraNet.

TÍTULO SEGUNDO.
DE LOS PROCEDIMIENTOS DE CONTRATACIÓN[45]

CAPÍTULO PRIMERO.
GENERALIDADES

Artículo 26[46]**.** Las dependencias y entidades seleccionarán de entre los procedimientos que a continuación se señalan, aquél que de acuerdo con la naturaleza de la contratación asegure al Estado las mejores condiciones disponibles en cuanto a precio, calidad, financiamiento, oportunidad y demás circunstancias pertinentes:

I. Licitación pública;

II. Invitación a cuando menos tres personas, o

III. Adjudicación directa.

Las adquisiciones, arrendamientos y servicios se adjudicarán, por regla general, a través de licitaciones públicas, mediante convocatoria pública, para que libremente se presenten proposiciones, solventes en sobre cerrado, que será abierto públicamente, a fin de asegurar al Estado las mejores condiciones disponibles en cuanto a precio, calidad, financiamiento, oportunidad, crecimiento económico, generación de empleo, eficiencia energética, uso responsable del agua, optimización y uso sustentable de los recursos, así como la protección al medio ambiente y demás circunstancias pertinentes, de acuerdo con lo que establece la presente Ley.

Tratándose de adquisiciones de madera, muebles y suministros de oficina fabricados con madera, deberán requerirse certificados otorgados por terceros previamente registrados ante la Secretaría de Medio Ambiente y Recursos Naturales, que garanticen el origen y el manejo sustentable de los aprovechamientos forestales de donde proviene dicha madera. En cuanto a los suministros de oficina fabricados con madera, se estará a lo dispuesto en el Reglamento de la presente Ley.

En las adquisiciones de papel para uso de oficina, éste deberá contener un mínimo de cincuenta por ciento de fibras de material reciclado o de fibras naturales no derivadas de la madera o de

---

44 Artículo reformado DOF 07-07-2005, 28-05-2009 (y reubicado)

45 Título reubicado DOF 28-05-2009 (antes Título Tercero)

46 Artículo reformado DOF 07-07-2005, 02-07-2008, 28-05-2009

materias primas provenientes de aprovechamientos forestales manejados de manera sustentable en el territorio nacional que se encuentren certificadas conforme a lo dispuesto en el párrafo anterior o de sus combinaciones y elaborados en procesos con blanqueado libre de cloro.

En los procedimientos de contratación deberán establecerse los mismos requisitos y condiciones para todos los participantes, debiendo las dependencias y entidades proporcionar a todos los interesados igual acceso a la información relacionada con dichos procedimientos, a fin de evitar favorecer a algún participante.

Previo al inicio de los procedimientos de contratación previstos en este artículo, las dependencias y entidades deberán realizar una investigación de mercado de la cual se desprendan las condiciones que imperan en el mismo, respecto del bien, arrendamiento o servicio objeto de la contratación, a efecto de buscar las mejores condiciones para el Estado.

Las condiciones contenidas en la convocatoria a la licitación e invitación a cuando menos tres personas y en las proposiciones, presentadas por los licitantes no podrán ser negociadas.

La licitación pública inicia con la publicación de la convocatoria y, en el caso de invitación a cuando menos tres personas, con la entrega de la primera invitación; ambos procedimientos concluyen con la emisión del fallo o, en su caso, con la cancelación del procedimiento respectivo.

Los licitantes sólo podrán presentar una proposición en cada procedimiento de contratación; iniciado el acto de presentación y apertura de proposiciones, las ya presentadas no podrán ser retiradas o dejarse sin efecto por los licitantes.

A los actos del procedimiento de licitación pública e invitación a cuando menos tres personas podrá asistir cualquier persona en calidad de observador, bajo la condición de registrar su asistencia y abstenerse de intervenir en cualquier forma en los mismos.

La Secretaría de Economía, mediante reglas de carácter general y tomando en cuenta la opinión de la Secretaría de la Función Pública, determinará los criterios para la aplicación de las reservas, mecanismos de transición u otros supuestos establecidos en los tratados.

Artículo 26 Bis[47]. La licitación pública conforme a los medios que se utilicen, podrá ser:

I. Presencial, en la cual los licitantes exclusivamente podrán presentar sus proposiciones en forma documental y por escrito, en sobre cerrado, durante el acto de presentación y apertura de proposiciones, o bien, si así se prevé en la convocatoria a la licitación, mediante el uso del servicio postal o de mensajería.

La o las juntas de aclaraciones, el acto de presentación y apertura de proposiciones y el acto de fallo, se realizarán de manera presencial, a los cuales podrán asistir los licitantes, sin perjuicio de que el fallo pueda notificarse por escrito conforme a lo dispuesto por el artículo 37 de esta Ley;

II. Electrónica, en la cual exclusivamente se permitirá la participación de los licitantes a través de CompraNet, se utilizarán medios de identificación electrónica, las comunicaciones producirán los efectos que señala el artículo 27 de esta Ley.

La o las juntas de aclaraciones, el acto de presentación y apertura de proposiciones y el acto de fallo, sólo se realizarán a través de CompraNet y sin la presencia de los licitantes en dichos actos, y

III. Mixta, en la cual los licitantes, a su elección, podrán participar en forma presencial o electrónica en la o las juntas de aclaraciones, el acto de presentación y apertura de proposiciones y el acto de fallo.

Artículo 26 Ter[48]. En las licitaciones públicas, cuyo monto rebase el equivalente a cinco millones de días de salario mínimo general vigente en el Distrito Federal y en aquellos casos que determine la Secretaría de la Función Pública atendiendo al impacto que la contratación tenga en los programas sustantivos de la dependencia o entidad, participarán testigos sociales conforme a lo siguiente:

---

47 Artículo adicionado DOF 28-05-2009
48 Artículo adicionado DOF 28-05-2009

I. La Secretaría de la Función Pública tendrá a su cargo el padrón público de testigos sociales, quienes participarán en todas las etapas de los procedimientos de licitación pública, a los que se refiere esta Ley, con voz y emitirán un testimonio final que incluirá sus observaciones y en su caso recomendaciones, mismo que tendrá difusión en la página electrónica de cada dependencia o entidad, en CompraNet y se integrará al expediente respectivo.

II. Los testigos sociales serán seleccionados mediante convocatoria pública, emitida por la Secretaría de la Función Pública.

III. La Secretaría de la Función Pública, acreditará como testigos sociales a aquéllas personas que cumplan con los siguientes requisitos:

a) Ser ciudadano mexicano en ejercicio de sus derechos o extranjero cuya condición migratoria permita la función a desarrollar;

b) Cuando se trate de una organización no gubernamental, acreditar que se encuentra constituida conforme a las disposiciones legales aplicables y que no persigue fines de lucro;

c) No haber sido sentenciado con pena privativa de libertad;

d) No ser servidor público en activo en México y/o en el extranjero. Asimismo, no haber sido servidor público Federal o de una Entidad Federativa durante al menos un año previo a la fecha en que se presente su solicitud para ser acreditado;

e) No haber sido sancionado como servidor público ya sea Federal, estatal, municipal o por autoridad competente en el extranjero;

f) Presentar currículo en el que se acrediten los grados académicos, la especialidad correspondiente, la experiencia laboral y, en su caso, docente, así como los reconocimientos que haya recibido a nivel académico y profesional;

g) Asistir a los cursos de capacitación que imparte la Secretaría de la Función Pública sobre esta Ley y Tratados, y

h) Presentar manifestación escrita bajo protesta de decir verdad que se abstendrá de participar en contrataciones en las que pudiese existir conflicto de intereses, ya sea porque los licitantes o los servidores públicos que intervienen en las mismas tienen vinculación académica, de negocios o familiar.

IV. Los testigos sociales tendrán las funciones siguientes:

a) Proponer a las dependencias, entidades y a la Secretaría de la Función Pública mejoras para fortalecer la transparencia, imparcialidad y las disposiciones legales en materia de adquisiciones, arrendamientos y servicios;

b) Dar seguimiento al establecimiento de las acciones que se recomendaron derivadas de su participación en las contrataciones, y

c) Emitir al final de su participación el testimonio correspondiente del cual entregarán un ejemplar a la Secretaría de la Función Pública. Dicho testimonio deberá ser publicado dentro de los diez días naturales siguientes a su participación en la página de Internet de la dependencia o entidad que corresponda.

En caso de que el testigo social detecte irregularidades en los procedimientos de contratación, deberá remitir su testimonio al área de quejas del órgano interno de control de la dependencia o entidad convocante y/o a la Comisión de Vigilancia de la Cámara de Diputados del Congreso de la Unión.

Se podrá exceptuar la participación de los testigos sociales en aquéllos casos en que los procedimientos de contrataciones contengan información clasificada como reservada que pongan en riesgo la seguridad nacional, pública o la defensa nacional en los términos de las disposiciones legales aplicables.

El Reglamento de esta Ley especificará los montos de la contraprestación al testigo social en función de la importancia y del presupuesto asignado a la contratación.

Artículo 27[49]**.** Las licitaciones públicas podrán llevarse a cabo a través de medios electrónicos, conforme a las disposiciones administrativas que emita la Secretaría de la Función Pública, en cuyo caso las unidades administrativas que se encuentren autorizadas por la misma, estarán obligadas a realizar todos sus procedimientos de licitación mediante dicha vía, salvo en los casos justificados que autorice la Secretaría de la Función Pública.

La Secretaría de la Función Pública operará y se encargará del sistema de certificación de los medios de identificación electrónica que utilicen las dependencias, entidades o los licitantes y será responsable de ejercer el control de estos medios, salvaguardando la confidencialidad de la información que se remita por esta vía.

La Secretaría de la Función Pública podrá aceptar la certificación o identificación electrónica que otorguen las dependencias y entidades, las entidades federativas, municipios y los entes públicos de unas y otros, así como terceros facultados por autoridad competente en la materia, cuando los sistemas de certificación empleados se ajusten a las disposiciones que emita la Secretaría de la Función Pública.

El sobre que contenga la proposición de los licitantes deberá entregarse en la forma y medios que prevea la convocatoria a la licitación.

Las proposiciones presentadas deberán ser firmadas autógrafamente por los licitantes o sus apoderados; en el caso de que éstas sean enviadas a través de medios remotos de comunicación electrónica, se emplearán medios de identificación electrónica, los cuales producirán los mismos efectos que las leyes otorgan a los documentos correspondientes y, en consecuencia, tendrán el mismo valor probatorio.

CAPÍTULO SEGUNDO.
DE LA LICITACIÓN PÚBLICA

Artículo 28[50]**.** El carácter de las licitaciones públicas, será:

I. Nacional, en la cual únicamente podrán participar personas de nacionalidad mexicana y los bienes a adquirir sean producidos en el país y cuenten, por lo menos, con un cincuenta por ciento de contenido nacional, el que se determinará tomando en cuenta la mano de obra, insumos de los bienes y demás aspectos que determine la Secretaría de Economía mediante reglas de carácter general, o bien, por encontrarse debajo de los umbrales previstos en los tratados, o cuando habiéndose rebasado éstos, se haya realizado la reserva correspondiente.

La Secretaría de Economía mediante reglas de carácter general establecerá los casos de excepción correspondientes a dicho contenido, así como un procedimiento expedito para determinar el porcentaje del mismo, previa opinión de la Secretaría y de la Secretaría de la Función Pública.

Tratándose de la contratación de arrendamientos y servicios, únicamente podrán participar personas de nacionalidad mexicana.

II. Internacional bajo la cobertura de tratados, en la que sólo podrán participar licitantes mexicanos y extranjeros de países con los que nuestro país tenga celebrado un tratado de libre comercio con capítulo de compras gubernamentales, cuando resulte obligatorio conforme a lo establecido en los tratados de libre comercio, que contengan disposiciones en materia de compras del sector público y bajo cuya cobertura expresa se haya convocado la licitación, de acuerdo a las reglas de origen que prevean los tratados y las reglas de carácter general, para bienes nacionales que emita la Secretaría de Economía, previa opinión de la Secretaría de la Función Pública[51], y

a) Derogado[52]

b) Derogado[53]

---

49 Artículo reformado DOF 13-06-2003, 07-07-2005, 05-09-2007, 23-03-2009, 28-05-2009

50 Artículo reformado DOF 20-02-2007, 02-07-2008, 28-05-2009

51 Párrafo reformado DOF 16-01-2012

52 Inciso derogado DOF 16-01-2012

III. Internacionales abiertas, en las que podrán participar licitantes mexicanos y extranjeros, cualquiera que sea el origen de los bienes a adquirir o arrendar y de los servicios a contratar, cuando:

a) Se haya realizado una de carácter nacional que se declaró desierta[54], o

b) Así se estipule para las contrataciones financiadas con créditos externos otorgados al gobierno federal o con su aval.

En las licitaciones previstas en esta fracción, para determinar la conveniencia de precio de los bienes, arrendamientos o servicios, se considerará un margen hasta del quince por ciento a favor del precio más bajo prevaleciente en el mercado nacional, en igualdad de condiciones, respecto de los precios de bienes, arrendamientos o servicios de procedencia extranjera que resulten de la investigación de mercado correspondiente.

En los supuestos de licitación previstos en las fracciones II y III de este artículo, la Secretaría de Economía, mediante publicación en el Diario Oficial de la Federación, determinará los casos en que los participantes deban manifestar ante la convocante que los precios que presentan en su propuesta económica no se cotizan en condiciones de prácticas desleales de comercio internacional en su modalidad de discriminación de precios o subsidios.

En los casos en que una licitación pública nacional haya sido declarada desierta y siempre que la contratación no se encuentre sujeta al ámbito de cobertura de los tratados, las dependencias y entidades podrán optar, indistintamente, por realizar una licitación internacional bajo la cobertura de tratados o una internacional abierta[55].

Cuando en los procedimientos de contratación de servicios, se incluya el suministro de bienes muebles y el valor de éstos sea igual o superior al cincuenta por ciento del valor total de la contratación, la operación se considerará como adquisición de bienes muebles. Para efectos de lo anterior, en el concepto de suministro de bienes muebles, sólo se considerarán los bienes que formarán parte del inventario de las dependencias o entidades convocantes.

En las licitaciones públicas se podrá utilizar la modalidad de ofertas subsecuentes de descuentos para la adquisición de bienes muebles o servicios cuya descripción y características técnicas puedan ser objetivamente definidas y la evaluación legal y técnica de las proposiciones de los licitantes se pueda realizar en forma inmediata, al concluir la celebración del acto de presentación y apertura de proposiciones, conforme a los lineamientos que expida la Secretaría de la Función Pública, siempre que las dependencias o entidades convocantes justifiquen debidamente el uso de dicha modalidad y que constaten que existe competitividad suficiente de conformidad con la investigación de mercado correspondiente.

Tratándose de licitaciones públicas en las que participen de manera individual micro, pequeñas y medianas empresas nacionales, no se aplicará la modalidad de ofertas subsecuentes de descuento.

Artículo 29[56]. La convocatoria a la licitación pública, en la cual se establecerán las bases en que se desarrollará el procedimiento y en las cuales se describirán los requisitos de participación, deberá contener:

I. El nombre, denominación o razón social de la dependencia o entidad convocante;

II. La descripción detallada de los bienes, arrendamientos o servicios, así como los aspectos que la convocante considere necesarios para determinar el objeto y alcance de la contratación;

III. La fecha, hora y lugar de celebración de la primera junta de aclaración a la convocatoria a la licitación, del acto de presentación y apertura de proposiciones y de aquella en la que se dará a conocer el fallo, de la firma del contrato, en su caso, la reducción del plazo, y si la licitación será

---

53 Inciso derogado DOF 16-01-2012
54 Inciso reformado DOF 16-01-2012
55 Párrafo reformado DOF 16-01-2012
56 Artículo reformado DOF 07-07-2005, 28-05-2009

presencial, electrónica o mixta y el señalamiento de la forma en la que se deberán presentar las proposiciones;

IV. El carácter de la licitación y el idioma o idiomas, además del español, en que podrán presentarse las proposiciones. Los anexos técnicos y folletos en el o los idiomas que determine la convocante;

V. Los requisitos que deberán cumplir los interesados en participar en el procedimiento, los cuales no deberán limitar la libre participación, concurrencia y competencia económica;

VI. El señalamiento de que para intervenir en el acto de presentación y apertura de proposiciones, bastará que los licitantes presenten un escrito en el que su firmante manifieste, bajo protesta de decir verdad, que cuenta con facultades suficientes para comprometerse por sí o por su representada, sin que resulte necesario acreditar su personalidad jurídica;

VII. La forma en que los licitantes deberán acreditar su existencia legal y personalidad jurídica, para efectos de la suscripción de las proposiciones, y, en su caso, firma del contrato. Asimismo, la indicación de que el licitante deberá proporcionar una dirección de correo electrónico, en caso de contar con él;

VIII. Precisar que será requisito el que los licitantes entreguen junto con el sobre cerrado una declaración escrita, bajo protesta de decir verdad, de no encontrarse en alguno de los supuestos establecidos por los artículos 50 y 60 penúltimo párrafo, de esta Ley;

IX. Precisar que será requisito el que los licitantes presenten una declaración de integridad, en la que manifiesten, bajo protesta de decir verdad, que por sí mismos o a través de interpósita persona, se abstendrán de adoptar conductas, para que los servidores públicos de la dependencia o entidad, induzcan o alteren las evaluaciones de las proposiciones, el resultado del procedimiento, u otros aspectos que otorguen condiciones más ventajosas con relación a los demás participantes;

X. Si para verificar el cumplimiento de las especificaciones solicitadas se requiere de la realización de pruebas, se precisará el método para ejecutarlas y el resultado mínimo que deba obtenerse, de acuerdo con la Ley Federal sobre Metrología y Normalización;

XI. La indicación respecto a si la contratación abarcará uno o más ejercicios fiscales, si será contrato abierto, y en su caso, la justificación para no aceptar proposiciones conjuntas;

XII. La indicación de si la totalidad de los bienes o servicios objeto de la licitación, o bien, de cada partida o concepto de los mismos, serán adjudicados a un solo licitante, o si la adjudicación se hará mediante el procedimiento de abastecimiento simultáneo, en cuyo caso deberá precisarse el número de fuentes de abastecimiento requeridas, los porcentajes que se asignarán a cada una y el porcentaje diferencial en precio que se considerará;

XIII. Los criterios específicos que se utilizarán para la evaluación de las proposiciones y adjudicación de los contratos, debiéndose utilizar preferentemente los criterios de puntos y porcentajes, o el de costo beneficio;

XIV. El domicilio de las oficinas de la Secretaría de la Función Pública o de los gobiernos de las entidades federativas, o en su caso el medio electrónico en que podrán presentarse inconformidades, de acuerdo a lo dispuesto en el artículo 66 de la presente Ley;

XV. Señalamiento de las causas expresas de desechamiento, que afecten directamente la solvencia de las proposiciones, entre las que se incluirá la comprobación de que algún licitante ha acordado con otro u otros elevar el costo de los trabajos, o cualquier otro acuerdo que tenga como fin obtener una ventaja sobre los demás licitantes, y

XVI. Modelo de contrato al que para la licitación de que se trate se sujetarán las partes, el cual deberá contener los requisitos a que se refiere el artículo 45 de esta Ley.

Para la participación, adjudicación o contratación de adquisiciones, arrendamientos o servicios no se podrán establecer requisitos que tengan por objeto o efecto limitar el proceso de competencia y libre concurrencia. En ningún caso se deberán establecer requisitos o condiciones imposibles de cumplir. La dependencia o entidad convocante tomará en cuenta las recomendaciones previas que, en su caso, emita la Comisión Federal de Competencia en términos de la Ley Federal de Competencia Económica.

Previo a la publicación de la convocatoria a la licitación pública, las dependencias y entidades podrán difundir el proyecto de la misma a través de CompraNet, al menos durante diez días hábiles, lapso durante el cual éstas recibirán los comentarios pertinentes en la dirección electrónica que para tal fin se señale.

Los comentarios y opiniones que se reciban al proyecto de convocatoria, serán analizados por las dependencias y entidades a efecto de, en su caso, considerarlas para enriquecer el proyecto.

Artículo 30[57]**.** La publicación de la convocatoria a la licitación pública se realizará a través de CompraNet y su obtención será gratuita. Además, simultáneamente se enviará para su publicación en el Diario Oficial de la Federación, un resumen de la convocatoria a la licitación que deberá contener, entre otros elementos, el objeto de la licitación, el volumen a adquirir, el número de licitación, las fechas previstas para llevar a cabo el procedimiento de contratación y cuando se publicó en CompraNet y, asimismo, la convocante pondrá a disposición de los licitantes copia del texto de la convocatoria.

Artículo 31. Derogado[58]**.**

Artículo 32[59]**.** El plazo para la presentación y apertura de proposiciones de las licitaciones internacionales no podrá ser inferior a veinte días naturales, contados a partir de la fecha de publicación de la convocatoria en CompraNet.

En licitaciones nacionales, el plazo para la presentación y apertura de proposiciones será, cuando menos, de quince días naturales contados a partir de la fecha de publicación de la convocatoria.

Cuando no puedan observarse los plazos indicados en este artículo porque existan razones justificadas debidamente acreditadas en el expediente por el área solicitante de los bienes o servicios, el titular del área responsable de la contratación podrá reducir los plazos a no menos de diez días naturales, contados a partir de la fecha de publicación de la convocatoria, siempre que ello no tenga por objeto limitar el número de participantes.

La determinación de estos plazos y sus cambios, deberán ser acordes con la planeación y programación previamente establecida.

Artículo 33[60]**.** Las dependencias y entidades, siempre que ello no tenga por objeto limitar el número de licitantes, podrán modificar aspectos establecidos en la convocatoria, a más tardar el séptimo día natural previo al acto de presentación y apertura de proposiciones, debiendo difundir dichas modificaciones en CompraNet, a más tardar el día hábil siguiente a aquél en que se efectúen.

Las modificaciones que se mencionan en el párrafo anterior en ningún caso podrán consistir en la sustitución de los bienes o servicios convocados originalmente, adición de otros de distintos rubros o en variación significativa de sus características.

Cualquier modificación a la convocatoria de la licitación, incluyendo las que resulten de la o las juntas de aclaraciones, formará parte de la convocatoria y deberá ser considerada por los licitantes en la elaboración de su proposición.

La convocante deberá realizar al menos una junta de aclaraciones, siendo optativa para los licitantes la asistencia a la misma.

Artículo 33 Bis[61]**.** Para la junta de aclaraciones se considerará lo siguiente:

El acto será presidido por el servidor público designado por la convocante, quién deberá ser asistido por un representante del área técnica o usuaria de los bienes, arrendamientos o servicios objeto de la contratación, a fin de que se resuelvan en forma clara y precisa las dudas y planteamientos de los licitantes relacionados con los aspectos contenidos en la convocatoria.

---

57 Artículo reformado DOF 28-05-2009

58 Artículo reformado DOF 07-07-2005, 01-10-2007, 02-07-2008. Derogado DOF 28-05-2009

59 Artículo reformado DOF 28-05-2009

60 Artículo reformado DOF 07-07-2005, 02-07-2008, 28-05-2009

61 Artículo adicionado DOF 28-05-2009

Las personas que pretendan solicitar aclaraciones a los aspectos contenidos en la convocatoria, deberán presentar un escrito, en el que expresen su interés en participar en la licitación, por si o en representación de un tercero, manifestando en todos los casos los datos generales del interesado y, en su caso, del representante.

Las solicitudes de aclaración, podrán enviarse a través de CompraNet o entregarlas personalmente dependiendo del tipo de licitación de que se trate, a más tardar veinticuatro horas antes de la fecha y hora en que se vaya a realizar la junta de aclaraciones.

Al concluir cada junta de aclaraciones podrá señalarse la fecha y hora para la celebración de ulteriores juntas, considerando que entre la última de éstas y el acto de presentación y apertura de proposiciones deberá existir un plazo de al menos seis días naturales. De resultar necesario, la fecha señalada en la convocatoria para realizar el acto de presentación y apertura de proposiciones podrá diferirse.

De cada junta de aclaraciones se levantará acta en la que se harán constar los cuestionamientos formulados por los interesados y las respuestas de la convocante. En el acta correspondiente a la última junta de aclaraciones se indicará expresamente esta circunstancia.

Artículo 34[62]**.** La entrega de proposiciones se hará en sobre cerrado que contendrá la oferta técnica y económica. En el caso de las proposiciones presentadas a través de CompraNet, los sobres serán generados mediante el uso de tecnologías que resguarden la confidencialidad de la información de tal forma que sean inviolables, conforme a las disposiciones técnicas que al efecto establezca la Secretaría de la Función Pública.

La documentación distinta a la proposición podrá entregarse, a elección del licitante, dentro o fuera del sobre que la contenga.

Dos o más personas podrán presentar conjuntamente una proposición sin necesidad de constituir una sociedad, o una nueva sociedad en caso de personas morales; para tales efectos, en la proposición y en el contrato se establecerán con precisión las obligaciones de cada una de ellas, así como la manera en que se exigiría su cumplimiento. En este supuesto la proposición deberá ser firmada por el representante común que para ese acto haya sido designado por el grupo de personas, ya sea autógrafamente o por los medios de identificación electrónica autorizados por la Secretaría de la Función Pública.

Cuando la proposición conjunta resulte adjudicada con un contrato, dicho instrumento deberá ser firmado por el representante legal de cada una de las personas participantes en la proposición, a quienes se considerará, para efectos del procedimiento y del contrato, como responsables solidarios o mancomunados, según se establezca en el propio contrato.

Lo anterior, sin perjuicio de que las personas que integran la proposición conjunta puedan constituirse en una nueva sociedad, para dar cumplimiento a las obligaciones previstas en el convenio de proposición conjunta, siempre y cuando se mantengan en la nueva sociedad las responsabilidades de dicho convenio.

Los actos, contratos, convenios o combinaciones que lleven a cabo los licitantes en cualquier etapa del procedimiento de licitación deberán apegarse a lo dispuesto por la Ley Federal de Competencia Económica en materia de prácticas monopólicas y concentraciones, sin perjuicio de que las dependencias y entidades determinarán los requisitos, características y condiciones de los mismos en el ámbito de sus atribuciones. Cualquier licitante o el convocante podrá hacer del conocimiento de la Comisión Federal de Competencia, hechos materia de la citada Ley, para que resuelva lo conducente.

Previo al acto de presentación y apertura de proposiciones, la convocante podrá efectuar el registro de participantes, así como realizar revisiones preliminares a la documentación distinta a la proposición. Lo anterior será optativo para los licitantes, por lo que no se podrá impedir el acceso

62 Artículo reformado DOF 07-07-2005, 01-10-2007, 02-07-2008, 28-05-2009

a quién decida presentar su documentación y proposiciones en la fecha, hora y lugar establecido para la celebración del citado acto.

Artículo 35[63]**.** El acto de presentación y apertura de proposiciones se llevará a cabo en el día, lugar y hora previstos en la convocatoria a la licitación, conforme a lo siguiente:

I. Una vez recibidas las proposiciones en sobre cerrado, se procederá a su apertura, haciéndose constar la documentación presentada, sin que ello implique la evaluación de su contenido;

II. De entre los licitantes que hayan asistido, éstos elegirán a uno, que en forma conjunta con el servidor público que la dependencia o entidad designe, rubricarán las partes de las proposiciones que previamente haya determinado la convocante en la convocatoria a la licitación, las que para estos efectos constarán documentalmente, y

III. Se levantará acta que servirá de constancia de la celebración del acto de presentación y apertura de las proposiciones, en la que se harán constar el importe de cada una de ellas; se señalará lugar, fecha y hora en que se dará a conocer el fallo de la licitación, fecha que deberá quedar comprendida dentro de los veinte días naturales siguientes a la establecida para este acto y podrá diferirse, siempre que el nuevo plazo fijado no exceda de veinte días naturales contados a partir del plazo establecido originalmente.

Tratándose de licitaciones en las que se utilice la modalidad de ofertas subsecuentes de descuentos, después de la evaluación técnica, se indicará cuando se dará inicio a las pujas de los licitantes.

Artículo 36[64]**.** Las dependencias y entidades para la evaluación de las proposiciones deberán utilizar el criterio indicado en la convocatoria a la licitación.

En todos los casos las convocantes deberán verificar que las proposiciones cumplan con los requisitos solicitados en la convocatoria a la licitación; la utilización del criterio de evaluación binario, mediante el cual sólo se adjudica a quien cumpla los requisitos establecidos por la convocante y oferte el precio más bajo, será aplicable cuando no sea posible utilizar los criterios de puntos y porcentajes o de costo beneficio. En este supuesto, la convocante evaluará al menos las dos proposiciones cuyo precio resulte ser más bajo; de no resultar éstas solventes, se evaluarán las que les sigan en precio.

Cuando las dependencias y entidades requieran obtener bienes, arrendamientos o servicios que conlleven el uso de características de alta especialidad técnica o de innovación tecnología, deberán utilizar el criterio de evaluación de puntos y porcentajes o de costo beneficio.

Las condiciones que tengan como propósito facilitar la presentación de las proposiciones y agilizar la conducción de los actos de la licitación, así como cualquier otro requisito cuyo incumplimiento, por sí mismo, o deficiencia en su contenido no afecte la solvencia de las proposiciones, no serán objeto de evaluación, y se tendrán por no establecidas. La inobservancia por parte de los licitantes respecto a dichas condiciones o requisitos no será motivo para desechar sus proposiciones.

Entre los requisitos cuyo incumplimiento no afecta la solvencia de la proposición, se considerarán: el proponer un plazo de entrega menor al solicitado, en cuyo caso, de resultar adjudicado y de convenir a la convocante pudiera aceptarse; el omitir aspectos que puedan ser cubiertos con información contenida en la propia propuesta técnica o económica; el no observar los formatos establecidos, si se proporciona de manera clara la información requerida; y el no observar requisitos que carezcan de fundamento legal o cualquier otro que no tenga por objeto determinar objetivamente la solvencia de la proposición presentada. En ningún caso la convocante o los licitantes podrán suplir o corregir las deficiencias de las proposiciones presentadas.

Artículo 36 Bis[65]**.** Una vez hecha la evaluación de las proposiciones, el contrato se adjudicará al licitante cuya oferta resulte solvente, porque cumple con los requisitos legales, técnicos y

---

63 Artículo reformado DOF 07-07-2005, 02-07-2008, 28-05-2009

64 Artículo reformado DOF 07-07-2005, 01-10-2007, 28-05-2009

económicos establecidos en la convocatoria a la licitación, y por tanto garantiza el cumplimiento de las obligaciones respectivas y, en su caso:

I. La proposición haya obtenido el mejor resultado en la evaluación combinada de puntos y porcentajes, o bien, de costo beneficio;

II. De no haberse utilizado las modalidades mencionadas en la fracción anterior, la proposición hubiera ofertado el precio más bajo, siempre y cuando éste resulte conveniente. Los precios ofertados que se encuentren por debajo del precio conveniente, podrán ser desechados por la convocante, y

III. A quien oferte el precio más bajo que resulte del uso de la modalidad de ofertas subsecuentes de descuentos, siempre y cuando la proposición resulte solvente técnica y económicamente.

Para los casos señalados en las fracciones I y II de este artículo, en caso de existir igualdad de condiciones, se dará preferencia a las personas que integren el sector de micro, pequeñas y medianas empresas nacionales.

De subsistir el empate entre las personas del sector señalado, la adjudicación se efectuará a favor del licitante que resulte ganador del sorteo que se realice en términos del Reglamento de esta Ley. En las licitaciones públicas que cuenten con la participación de un testigo social, éste invariablemente deberá ser invitado al mismo. Igualmente será convocado un representante del órgano interno de control de la dependencia o entidad de que se trate.

Artículo 37[66]**.** La convocante emitirá un fallo, el cual deberá contener lo siguiente:

I. La relación de licitantes cuyas proposiciones se desecharon, expresando todas las razones legales, técnicas o económicas que sustentan tal determinación e indicando los puntos de la convocatoria que en cada caso se incumpla;

II. La relación de licitantes cuyas proposiciones resultaron solventes, describiendo en lo general dichas proposiciones. Se presumirá la solvencia de las proposiciones, cuando no se señale expresamente incumplimiento alguno;

III. En caso de que se determine que el precio de una proposición no es aceptable o no es conveniente, se deberá anexar copia de la investigación de precios realizada o del cálculo correspondiente;

IV. Nombre del o los licitantes a quien se adjudica el contrato, indicando las razones que motivaron la adjudicación, de acuerdo a los criterios previstos en la convocatoria, así como la indicación de la o las partidas, los conceptos y montos asignados a cada licitante;

V. Fecha, lugar y hora para la firma del contrato, la presentación de garantías y, en su caso, la entrega de anticipos, y

VI. Nombre, cargo y firma del servidor público que lo emite, señalando sus facultades de acuerdo con los ordenamientos jurídicos que rijan a la convocante. Indicará también el nombre y cargo de los responsables de la evaluación de las proposiciones.

En caso de que se declare desierta la licitación o alguna partida, se señalarán en el fallo las razones que lo motivaron.

En el fallo no se deberá incluir información reservada o confidencial, en los términos de las disposiciones aplicables.

Cuando la licitación sea presencial o mixta, se dará a conocer el fallo de la misma en junta pública a la que libremente podrán asistir los licitantes que hubieran presentado proposición, entregándoseles copia del mismo y levantándose el acta respectiva. Asimismo, el contenido del fallo se difundirá a través de CompraNet el mismo día en que se emita. A los licitantes que no hayan asistido a la junta pública, se les enviará por correo electrónico un aviso informándoles que el acta del fallo se encuentra a su disposición en CompraNet.

---

65 Artículo adicionado DOF 07-07-2005. Reformado DOF 02-07-2008, 28-05-2009

66 Artículo reformado DOF 28-05-2009

En las licitaciones electrónicas y para el caso de los licitantes que enviaron sus proposiciones por ese medio en las licitaciones mixtas, el fallo, para efectos de su notificación, se dará a conocer a través de CompraNet el mismo día en que se celebre la junta pública. A los licitantes se les enviará por correo electrónico un aviso informándoles que el acta del fallo se encuentra a su disposición en CompraNet.

Con la notificación del fallo por el que se adjudica el contrato, las obligaciones derivadas de éste serán exigibles, sin perjuicio de la obligación de las partes de firmarlo en la fecha y términos señalados en el fallo.

Contra el fallo no procederá recurso alguno; sin embargo procederá la inconformidad en términos del Título Sexto, Capítulo Primero de esta Ley.

Cuando se advierta en el fallo la existencia de un error aritmético, mecanográfico o de cualquier otra naturaleza, que no afecte el resultado de la evaluación realizada por la convocante, dentro de los cinco días hábiles siguientes a su notificación y siempre que no se haya firmado el contrato, el titular del área responsable del procedimiento de contratación procederá a su corrección, con la intervención de su superior jerárquico, aclarando o rectificando el mismo, mediante el acta administrativa correspondiente, en la que se harán constar los motivos que lo originaron y las razones que sustentan su enmienda, hecho que se notificará a los licitantes que hubieran participado en el procedimiento de contratación, remitiendo copia de la misma al órgano interno de control dentro de los cinco días hábiles posteriores a la fecha de su firma.

Si el error cometido en el fallo no fuera susceptible de corrección conforme a lo dispuesto en el párrafo anterior, el servidor público responsable dará vista de inmediato al órgano interno de control, a efecto de que, previa intervención de oficio, se emitan las directrices para su reposición.

Artículo 37 Bis[67]**.** Las actas de las juntas de aclaraciones, del acto de presentación y apertura de proposiciones, y de la junta pública en la que se dé a conocer el fallo serán firmadas por los licitantes que hubieran asistido, sin que la falta de firma de alguno de ellos reste validez o efectos a las mismas, de las cuales se podrá entregar una copia a dichos asistentes, y al finalizar cada acto se fijará un ejemplar del acta correspondiente en un lugar visible, al que tenga acceso el público, en el domicilio del área responsable del procedimiento de contratación, por un término no menor de cinco días hábiles. El titular de la citada área dejará constancia en el expediente de la licitación, de la fecha, hora y lugar en que se hayan fijado las actas o el aviso de referencia.

Asimismo, se difundirá un ejemplar de dichas actas en CompraNet para efectos de su notificación a los licitantes que no hayan asistido al acto. Dicho procedimiento sustituirá a la notificación personal.

Artículo 38[68]**.** Las dependencias y entidades procederán a declarar desierta una licitación, cuando la totalidad de las proposiciones presentadas no reúnan los requisitos solicitados o los precios de todos los bienes, arrendamientos o servicios ofertados no resulten aceptables.

En los casos en que no existan proveedores nacionales, en las políticas, bases y lineamientos podrá establecerse un porcentaje menor al utilizado para determinar el precio no aceptable, sin que el mismo pueda ser inferior al cinco por ciento. Los resultados de la investigación y del cálculo para determinar la inaceptabilidad del precio ofertado se incluirán en el fallo a que alude el artículo 37 de esta Ley.

Cuando se declare desierta una licitación o alguna partida y persista la necesidad de contratar con el carácter y requisitos solicitados en la primera licitación, la dependencia o entidad podrá emitir una segunda convocatoria, o bien optar por el supuesto de excepción previsto en el artículo 41 fracción VII de esta Ley. Cuando los requisitos o el carácter sea modificado con respecto a la primera convocatoria, se deberá convocar a un nuevo procedimiento.

---

67 Artículo adicionado DOF 28-05-2009

68 Artículo reformado DOF 07-07-2005, 28-05-2009

Las dependencias y entidades podrán cancelar una licitación, partidas o conceptos incluidos en éstas, cuando se presente caso fortuito; fuerza mayor; existan circunstancias justificadas que extingan la necesidad para adquirir los bienes, arrendamientos o servicios, o que de continuarse con el procedimiento se pudiera ocasionar un daño o perjuicio a la propia dependencia o entidad. La determinación de dar por cancelada la licitación, partidas o conceptos, deberá precisar el acontecimiento que motiva la decisión, la cual se hará del conocimiento de los licitantes, y no será procedente contra ella recurso alguno, sin embargo podrán interponer la inconformidad en términos del Título Sexto, Capítulo Primero de esta Ley.

Salvo en las cancelaciones por caso fortuito y fuerza mayor, la dependencia o entidad cubrirá a los licitantes los gastos no recuperables que, en su caso, procedan en términos de lo dispuesto por el Reglamento de esta Ley.

Artículo 39[69]**.** Las dependencias y entidades podrán utilizar el abastecimiento simultáneo a efecto de distribuir entre dos o más proveedores las partidas de bienes o servicios, cuando así lo hayan establecido en la convocatoria a la licitación, siempre que con ello no restrinjan la libre participación. La dependencia o entidad convocante tomará en cuenta las recomendaciones previas que, en su caso, emita la Comisión Federal de Competencia, en términos de la Ley Federal de Competencia Económica.

En este caso, los precios de los bienes o servicios contenidos en una misma partida y distribuidos entre dos o más proveedores, no podrán exceder del margen previsto por la convocante en la convocatoria a la licitación, el cual no podrá ser superior al diez por ciento respecto de la proposición solvente más baja.

CAPÍTULO TERCERO.
DE LAS EXCEPCIONES A LA LICITACIÓN PÚBLICA

Artículo 40. En los supuestos que prevé el artículo 41 de esta Ley, las dependencias y entidades, bajo su responsabilidad, podrán optar por no llevar a cabo el procedimiento de licitación pública y celebrar contratos a través de los procedimientos de invitación a cuando menos tres personas o de adjudicación directa.

La selección del procedimiento de excepción que realicen las dependencias y entidades deberá fundarse y motivarse, según las circunstancias que concurran en cada caso, en criterios de economía, eficacia, eficiencia, imparcialidad, honradez y transparencia que resulten procedentes para obtener las mejores condiciones para el Estado. El acreditamiento del o los criterios en los que se funda; así como la justificación de las razones en las que se sustente el ejercicio de la opción, deberán constar por escrito y ser firmado por el titular del área usuaria o requirente de los bienes o servicios[70].

En cualquier supuesto se invitará a personas que cuenten con capacidad de respuesta inmediata, así como con los recursos técnicos, financieros y demás que sean necesarios, y cuyas actividades comerciales o profesionales estén relacionadas con los bienes o servicios objeto del contrato a celebrarse.

En estos casos, el titular del área responsable de la contratación, a más tardar el último día hábil de cada mes, enviará al órgano interno de control en la dependencia o entidad de que se trate, un informe relativo a los contratos formalizados durante el mes calendario inmediato anterior, acompañando copia del escrito aludido en este artículo y de un dictamen en el que se hará constar el análisis de la o las proposiciones y las razones para la adjudicación del contrato. No será necesario rendir este informe en las operaciones que se realicen al amparo del artículo 41 fracciones IV y XII, de este ordenamiento[71].

---

69 Artículo reformado DOF 01-10-2007, 28-05-2009
70 Párrafo reformado DOF 07-07-2005, 28-05-2009
71 Párrafo reformado DOF 28-05-2009

En caso del procedimiento de invitación a cuando menos tres personas fundamentados en las fracciones III, VII, VIII, IX primer párrafo, X, XI, XII, XIV, XV, XVI, XVII y XIX del artículo 41 de esta Ley, el escrito a que se refiere el segundo párrafo de este artículo, deberá estar acompañado de los nombres y datos generales de las personas que serán invitadas; tratándose de adjudicaciones directas, en todos los casos deberá indicarse el nombre de la persona a quien se propone realizarla; en ambos procedimientos, deberá acompañarse el resultado de la investigación de mercado que sirvió de base para su selección[72].

A los procedimientos de contratación de invitación a cuando menos tres personas y de adjudicación directa, le será aplicable el carácter a que hacen referencia las fracciones I, II y III del artículo 28 de la presente Ley[73].

Artículo 41[74]**.** Las dependencias y entidades, bajo su responsabilidad, podrán contratar adquisiciones, arrendamientos y servicios, sin sujetarse al procedimiento de licitación pública, a través de los procedimientos de invitación a cuando menos tres personas o de adjudicación directa, cuando:

I. No existan bienes o servicios alternativos o sustitutos técnicamente razonables, o bien, que en el mercado sólo existe un posible oferente, o se trate de una persona que posee la titularidad o el licenciamiento exclusivo de patentes, derechos de autor, u otros derechos exclusivos, o por tratarse de obras de arte;

II. Peligre o se altere el orden social, la economía, los servicios públicos, la salubridad, la seguridad o el ambiente de alguna zona o región del país como consecuencia de caso fortuito o de fuerza mayor;

III. Existan circunstancias que puedan provocar pérdidas o costos adicionales importantes, cuantificados y justificados;

IV. Se realicen con fines exclusivamente militares o para la armada, o su contratación mediante licitación pública ponga en riesgo la seguridad nacional o la seguridad pública, en los términos de las leyes de la materia.

No quedan comprendidos en los supuestos a que se refiere esta fracción los requerimientos administrativos que tengan los sujetos de esta Ley;

V. Derivado de caso fortuito o fuerza mayor, no sea posible obtener bienes o servicios mediante el procedimiento de licitación pública en el tiempo requerido para atender la eventualidad de que se trate, en este supuesto las cantidades o conceptos deberán limitarse a lo estrictamente necesario para afrontarla;

VI. Se haya rescindido un contrato adjudicado a través de licitación pública, en cuyo caso se podrá adjudicar al licitante que haya obtenido el segundo o ulteriores lugares, siempre que la diferencia en precio con respecto a la proposición inicialmente adjudicada no sea superior a un margen del diez por ciento. Tratándose de contrataciones en las que la evaluación se haya realizado mediante puntos y porcentajes o costo beneficio, se podrá adjudicar al segundo o ulterior lugar, dentro del referido margen;

VII. Se haya declarado desierta una licitación pública, siempre que se mantengan los requisitos establecidos en la convocatoria a la licitación cuyo incumplimiento haya sido considerado como causa de desechamiento porque afecta directamente la solvencia de las proposiciones;

VIII. Existan razones justificadas para la adquisición o arrendamiento de bienes de marca determinada;

IX. Se trate de adquisiciones de bienes perecederos, granos y productos alimenticios básicos o semiprocesados, semovientes.

---

72 Párrafo adicionado DOF 28-05-2009

73 Párrafo adicionado DOF 28-05-2009

74 Artículo reformado DOF 07-07-2005, 28-05-2009

Asimismo, cuando se trate de bienes usados o reconstruidos en los que el precio no podrá ser mayor al que se determine mediante avalúo que practicarán las instituciones de crédito o terceros habilitados para ello conforme a las disposiciones aplicables, expedido dentro de los seis meses previos y vigente al momento de la adjudicación del contrato respectivo, sin perjuicio de lo dispuesto en el artículo 12 Bis de esta Ley;

X. Se trate de servicios de consultorías, asesorías, estudios o investigaciones, debiendo aplicar el procedimiento de invitación a cuando menos tres personas, entre las que se incluirán instituciones públicas y privadas de educación superior y centros públicos de investigación.

Sólo podrá autorizarse la contratación mediante adjudicación directa, cuando la información que se tenga que proporcionar a los licitantes para la elaboración de su proposición, se encuentre reservada en los términos establecidos en la Ley Federal de Transparencia y Acceso a la Información Pública Gubernamental;

XI. Se trate de adquisiciones, arrendamientos o servicios cuya contratación se realice con campesinos o grupos urbanos marginados, como personas físicas o morales;

XII. Se trate de la adquisición de bienes que realicen las dependencias y entidades para su comercialización directa o para someterlos a procesos productivos que las mismas realicen en cumplimiento de su objeto o fines propios expresamente establecidos en el acto jurídico de su constitución;

XIII. Se trate de adquisiciones de bienes provenientes de personas que, sin ser proveedores habituales, ofrezcan bienes en condiciones favorables, en razón de encontrarse en estado de liquidación o disolución, o bien, bajo intervención judicial;

XIV. Se trate de los servicios prestados por una persona física a que se refiere la fracción VII del artículo 3 de esta Ley, siempre que éstos sean realizados por ella misma sin requerir de la utilización de más de un especialista o técnico;

XV. Se trate de servicios de mantenimiento de bienes en los que no sea posible precisar su alcance, establecer las cantidades de trabajo o determinar las especificaciones correspondientes;

XVI. El objeto del contrato sea el diseño y fabricación de un bien que sirva como prototipo para efectuar las pruebas que demuestren su funcionamiento. En estos casos la dependencia o entidad deberá pactar que los derechos sobre el diseño, uso o cualquier otro derecho exclusivo, se constituyan a favor de la Federación o de las entidades según corresponda. De ser satisfactorias las pruebas, se formalizará el contrato para la producción de mayor número de bienes por al menos el veinte por ciento de las necesidades de la dependencia o entidad, con un plazo de tres años;

XVII. Se trate de equipos especializados, sustancias y materiales de origen químico, físico químico o bioquímico para ser utilizadas en actividades experimentales requeridas en proyectos de investigación científica y desarrollo tecnológico, siempre que dichos proyectos se encuentren autorizados por quien determine el titular de la dependencia o el órgano de gobierno de la entidad;

XVIII. Se acepte la adquisición de bienes o la prestación de servicios a título de dación en pago, en los términos de la Ley del Servicio de Tesorería de la Federación;

XIX. Las adquisiciones de bienes y servicios relativos a la operación de instalaciones nucleares, y

XX. Se trate de la suscripción de contratos específicos que deriven de un contrato marco.

La dictaminación de la procedencia de la contratación y de que ésta se ubica en alguno de los supuestos contenidos en las fracciones II, IV, V, VI, VII, IX primer párrafo, XI, XII y XX será responsabilidad del área usuaria o requirente.

Las contrataciones a que se refiere este artículo, se realizarán preferentemente a través de procedimientos de invitación a cuando menos tres personas, en los casos previstos en sus fracciones VII, VIII, IX primer párrafo, XI, XII y XV.

Artículo 42[75]**.** Las dependencias y entidades, bajo su responsabilidad, podrán contratar adquisiciones, arrendamientos y servicios, sin sujetarse al procedimiento de licitación pública, a través de los de invitación a cuando menos tres personas o de adjudicación directa, cuando el importe de cada operación no exceda los montos máximos que al efecto se establecerán en el Presupuesto de Egresos de la Federación, siempre que las operaciones no se fraccionen para quedar comprendidas en los supuestos de excepción a la licitación pública a que se refiere este artículo.

Si el monto de la operación corresponde a una invitación a cuando menos tres personas, la procedencia de la adjudicación directa sólo podrá ser autorizada por el oficial mayor o equivalente.

Lo dispuesto en el tercer párrafo del artículo 40 de esta Ley resultará aplicable a la contratación mediante los procedimientos de invitación a cuando menos tres personas y de adjudicación directa que se fundamenten en este artículo.

La suma de las operaciones que se realicen al amparo de este artículo no podrá exceder del treinta por ciento del presupuesto de adquisiciones, arrendamientos y servicios autorizado a la dependencia o entidad en cada ejercicio presupuestario. La contratación deberá ajustarse a los límites establecidos en el Presupuesto de Egresos de la Federación.

En el supuesto de que un procedimiento de invitación a cuando menos tres personas haya sido declarado desierto, el titular del área responsable de la contratación en la dependencia o entidad podrá adjudicar directamente el contrato.

Para contratar adjudicaciones directas, cuyo monto sea igual o superior a la cantidad de trescientas veces el salario mínimo diario general vigente en el Distrito Federal, se deberá contar con al menos tres cotizaciones con las mismas condiciones, que se hayan obtenido en los treinta días previos al de la adjudicación y consten en documento en el cual se identifiquen indubitablemente al proveedor oferente.

Artículo 43[76]**.** El procedimiento de invitación a cuando menos tres personas se sujetará a lo siguiente:

I. Se difundirá la invitación en CompraNet y en la página de Internet de la dependencia o entidad;

II. El acto de presentación y apertura de proposiciones podrá hacerse sin la presencia de los correspondientes licitantes, pero invariablemente se invitará a un representante del órgano interno de control en la dependencia o entidad;

III. Para llevar a cabo la adjudicación correspondiente, se deberá contar con un mínimo de tres proposiciones susceptibles de analizarse técnicamente;

En caso de que no se presenten el mínimo de proposiciones señalado en el párrafo anterior, se podrá optar por declarar desierta la invitación, o bien, continuar con el procedimiento y evaluar las proposiciones presentadas. En caso de que sólo se haya presentado una propuesta, la convocante podrá adjudicarle el contrato si considera que reúne las condiciones requeridas, o bien proceder a la adjudicación directa conforme al último párrafo de este artículo[77];

IV. Los plazos para la presentación de las proposiciones se fijarán para cada operación atendiendo al tipo de bienes, arrendamientos o servicios requeridos, así como a la complejidad para elaborar la proposición. Dicho plazo no podrá ser inferior a cinco días naturales a partir de que se entregó la última invitación, y

V. A las demás disposiciones de esta Ley que resulten aplicables a la licitación pública, siendo optativo para la convocante la realización de la junta de aclaraciones.

En el supuesto de que un procedimiento de invitación a cuando menos tres personas haya sido declarado desierto, el titular del área responsable de la contratación en la dependencia o entidad

75 Artículo reformado DOF 07-07-2005, 02-07-2008, 28-05-2009, 16-01-2012

76 Artículo reformado DOF 07-07-2005, 28-05-2009

77 Párrafo adicionado DOF 16-01-2012

podrá adjudicar directamente el contrato siempre que no se modifiquen los requisitos establecidos en dichas invitaciones[78].

TÍTULO TERCERO.
DE LOS CONTRATOS[79]

CAPÍTULO ÚNICO

Artículo 44[80]. En las adquisiciones, arrendamientos y servicios deberá pactarse la condición de precio fijo. No obstante, en casos justificados se podrán pactar en el contrato decrementos o incrementos a los precios, de acuerdo con la fórmula o mecanismo de ajuste que determine la convocante previamente a la presentación de las proposiciones.

Cuando con posterioridad a la adjudicación de un contrato se presenten circunstancias económicas de tipo general, como resultado de situaciones supervenientes ajenas a la responsabilidad de las partes, que provoquen directamente un aumento o reducción en los precios de los bienes o servicios aún no entregados o prestados o aún no pagados, y que por tal razón no pudieron haber sido objeto de consideración en la proposición que sirvió de base para la adjudicación del contrato correspondiente, las dependencias y entidades deberán reconocer incrementos o requerir reducciones, de conformidad con las disposiciones que, en su caso, emita la Secretaría de la Función Pública.

Tratándose de bienes o servicios sujetos a precios oficiales, se reconocerán los incrementos autorizados.

Artículo 45[81]. El contrato o pedido contendrá, en lo aplicable, lo siguiente:

I. El nombre, denominación o razón social de la dependencia o entidad convocante;

II. La indicación del procedimiento conforme al cual se llevó a cabo la adjudicación del contrato;

III. Los datos relativos a la autorización del presupuesto para cubrir el compromiso derivado del contrato;

IV. Acreditación de la existencia y personalidad del licitante adjudicado;

V. La descripción pormenorizada de los bienes, arrendamientos o servicios objeto del contrato adjudicado a cada uno de los licitantes en el procedimiento, conforme a su proposición;

VI. El precio unitario y el importe total a pagar por los bienes, arrendamientos o servicios, o bien, la forma en que se determinará el importe total;

VII. Precisión de si el precio es fijo o sujeto a ajustes y, en este último caso, la fórmula o condición en que se hará y calculará el ajuste, determinando expresamente el o los indicadores o medios oficiales que se utilizarán en dicha fórmula;

VIII. En el caso de arrendamiento, la indicación de si éste es con o sin opción a compra;

IX. Los porcentajes de los anticipos que, en su caso, se otorgarían, los cuales no podrán exceder del cincuenta por ciento del monto total del contrato;

X. Porcentaje, número y fechas o plazo de las exhibiciones y amortización de los anticipos que se otorguen;

XI. Forma, términos y porcentaje para garantizar los anticipos y el cumplimiento del contrato;

XII. La fecha o plazo, lugar y condiciones de entrega;

XIII. Moneda en que se cotizó y se efectuará el pago respectivo, el cual podrá ser en pesos mexicanos o moneda extranjera de acuerdo a la determinación de la convocante, de conformidad con la Ley Monetaria de los Estados Unidos Mexicanos;

XIV. Plazo y condiciones de pago del precio de los bienes, arrendamientos o servicios, señalando el momento en que se haga exigible el mismo;

---

78 Párrafo reformado DOF 16-01-2012
79 Título reubicado DOF 28-05-2009 (antes Título Cuarto)
80 Artículo reformado DOF 28-05-2009
81 Artículo reformado DOF 07-07-2005, 28-05-2009

XV. Los casos en que podrán otorgarse prórrogas para el cumplimiento de las obligaciones contractuales y los requisitos que deberán observarse;

XVI. Las causales para la rescisión de los contratos, en los términos previstos en esta Ley;

XVII. Las previsiones relativas a los términos y condiciones a las que se sujetará la devolución y reposición de bienes por motivos de fallas de calidad o cumplimiento de especificaciones originalmente convenidas, sin que las sustituciones impliquen su modificación;

XVIII. El señalamiento de las licencias, autorizaciones y permisos que conforme a otras disposiciones sea necesario contar para la adquisición o arrendamiento de bienes y prestación de los servicios correspondientes, cuando sean del conocimiento de la dependencia o entidad;

XIX. Condiciones, términos y procedimiento para la aplicación de penas convencionales por atraso en la entrega de los bienes, arrendamientos o servicios, por causas imputables a los proveedores;

XX. La indicación de que en caso de violaciones en materia de derechos inherentes a la propiedad intelectual, la responsabilidad estará a cargo del licitante o proveedor según sea el caso. Salvo que exista impedimento, la estipulación de que los derechos inherentes a la propiedad intelectual, que se deriven de los servicios de consultorías, asesorías, estudios e investigaciones contratados, invariablemente se constituirán a favor de la dependencia o de la entidad, según corresponda, en términos de las disposiciones legales aplicables;

XXI. Los procedimientos para resolución de controversias, distintos al procedimiento de conciliación previsto en esta Ley, y

XXII. Los demás aspectos y requisitos previstos en la convocatoria a la licitación e invitaciones a cuando menos tres personas, así como los relativos al tipo de contrato de que se trate.

Para los efectos de esta Ley, la convocatoria a la licitación, el contrato y sus anexos son los instrumentos que vinculan a las partes en sus derechos y obligaciones. Las estipulaciones que se establezcan en el contrato no deberán modificar las condiciones previstas en la convocatoria a la licitación y sus juntas de aclaraciones; en caso de discrepancia, prevalecerá lo estipulado en éstas.

En la formalización de los contratos, podrán utilizarse los medios de comunicación electrónica que al efecto autorice la Secretaría de la Función Pública.

Artículo 46[82]**.** Con la notificación del fallo serán exigibles los derechos y obligaciones establecidos en el modelo de contrato del procedimiento de contratación y obligará a la dependencia o entidad y a la persona a quien se haya adjudicado, a firmar el contrato en la fecha, hora y lugar previstos en el propio fallo, o bien en la convocatoria a la licitación pública y en defecto de tales previsiones, dentro de los quince días naturales siguientes al de la citada notificación. Asimismo, con la notificación del fallo la dependencia o entidad realizará la requisición de los bienes o servicios de que se trate.

Si el interesado no firma el contrato por causas imputables al mismo, conforme a lo señalado en el párrafo anterior, la dependencia o entidad, sin necesidad de un nuevo procedimiento, deberá adjudicar el contrato al participante que haya obtenido el segundo lugar, siempre que la diferencia en precio con respecto a la proposición inicialmente adjudicada no sea superior a un margen del diez por ciento. Tratándose de contrataciones en las que la evaluación se haya realizado mediante puntos y porcentajes o costo beneficio, se podrá adjudicar al segundo lugar, dentro del margen del diez por ciento de la puntuación, de conformidad con lo asentado en el fallo correspondiente, y así sucesivamente en caso de que este último no acepte la adjudicación.

El licitante a quien se hubiere adjudicado el contrato no estará obligado a suministrar los bienes, arrendamientos o prestar el servicio, si la dependencia o entidad, por causas imputables a la misma, no firma el contrato. En este supuesto, la dependencia o entidad, a solicitud escrita del licitante, cubrirá los gastos no recuperables en que hubiere incurrido para preparar y elaborar su pro-

---

82 Artículo reformado DOF 28-05-2009

posición, siempre que éstos sean razonables, estén debidamente comprobados y se relacionen directamente con la licitación de que se trate.

El atraso de la dependencia o entidad en la entrega de anticipos, prorrogará en igual plazo la fecha de cumplimiento de las obligaciones a cargo del proveedor.

Los derechos y obligaciones que se deriven de los contratos no podrán ser transferidos por el proveedor en favor de cualquier otra persona, con excepción de los derechos de cobro, en cuyo caso se deberá contar con el consentimiento de la dependencia o entidad de que se trate.

Artículo 47[83]**.** Las dependencias y entidades podrán celebrar contratos abiertos para adquirir bienes, arrendamientos o servicios que requieran de manera reiterada conforme a lo siguiente:

I. Se establecerá la cantidad mínima y máxima de los bienes, arrendamientos o servicios a contratar; o bien, el presupuesto mínimo y máximo que podrá ejercerse. La cantidad o presupuesto mínimo no podrá ser inferior al cuarenta por ciento de la cantidad o presupuesto máximo.

En casos de bienes que se fabriquen en forma exclusiva para las dependencias y entidades, la cantidad o presupuesto mínimo que se requiera no podrá ser inferior al ochenta por ciento de la cantidad o presupuesto máximo que se establezca.

Se entenderá por bienes de fabricación exclusiva, los que requieren un proceso de fabricación especial determinado por la dependencia o entidad.

No se podrán establecer plazos de entrega en los cuales no sea factible producir los bienes, y

II. Se hará una descripción completa de los bienes, arrendamientos o servicios con sus correspondientes precios unitarios;

Las dependencias y entidades con la aceptación del proveedor podrán realizar modificaciones a los contratos o pedidos hasta en un veinte por ciento de la cantidad o presupuesto máximo de alguna partida originalmente pactada, utilizando para su pago el presupuesto de otra u otras partidas previstas en el propio contrato, siempre que no resulte un incremento en el monto máximo total del contrato, sin perjuicio de lo dispuesto en el artículo 52 de esta Ley.

Artículo 48. Los proveedores que celebren los contratos a que se refiere esta Ley deberán garantizar:

I. Los anticipos que, en su caso, reciban. Estas garantías deberán constituirse por la totalidad del monto de los anticipos, y

II. El cumplimiento de los contratos.

Para los efectos de este artículo, los titulares de las dependencias o los órganos de gobierno de las entidades, fijarán las bases, forma y porcentajes a los que deberán sujetarse las garantías que deban constituirse, considerando los antecedentes de cumplimiento de los proveedores en los contratos celebrados con las dependencias y entidades, a efecto de determinar montos menores para éstos, de acuerdo a los lineamientos que al efecto emita la Secretaría de la Función Pública. En los casos señalados en las fracciones II, IV, V, XI y XIV del artículo 41 y 42 de esta Ley, el servidor público que deba firmar el contrato, bajo su responsabilidad, podrá exceptuar al proveedor, de presentar la garantía de cumplimiento del contrato respectivo[84].

Las personas representantes de la sociedad civil que intervengan como testigos en los procedimientos de contratación, estarán exceptuados de otorgar garantía de cumplimiento del contrato correspondiente[85].

La garantía de cumplimiento del contrato deberá presentarse en el plazo o fecha previstos en la convocatoria a la licitación; en su defecto, a más tardar dentro de los diez días naturales siguientes a la firma del contrato, salvo que la entrega de los bienes o la prestación de los servicios se realice dentro del citado plazo y, la correspondiente al anticipo se presentará previamente a la entrega de éste, a más tardar en la fecha establecida en el contrato[86].

---

83 Artículo reformado DOF 28-05-2009
84 Párrafo reformado DOF 28-05-2009
85 Párrafo adicionado DOF 28-05-2009
86 Párrafo reformado DOF 28-05-2009

Artículo 49. Las garantías que deban otorgarse conforme a esta Ley se constituirán en favor de:

I. La Tesorería de la Federación, por actos o contratos que se celebren con las dependencias;

II. Las entidades, cuando los actos o contratos se celebren con ellas, y

III. Las Tesorerías de las entidades federativas o de los municipios, en los casos de los contratos celebrados al amparo de la fracción VI del artículo 1 de esta Ley[87].

Artículo 50. Las dependencias y entidades se abstendrán de recibir proposiciones o adjudicar contrato alguno en las materias a que se refiere esta Ley, con las personas siguientes[88]:

I. Aquéllas en que el servidor público que intervenga en cualquier etapa del procedimiento de contratación tenga interés personal, familiar o de negocios, incluyendo aquéllas de las que pueda resultar algún beneficio para él, su cónyuge o sus parientes consanguíneos hasta el cuarto grado, por afinidad o civiles, o para terceros con los que tenga relaciones profesionales, laborales o de negocios, o para socios o sociedades de las que el servidor público o las personas antes referidas formen o hayan formado parte durante los dos años previos a la fecha de celebración del procedimiento de contratación de que se trate[89];

II. Las que desempeñen un empleo, cargo o comisión en el servicio público, o bien, las sociedades de las que dichas personas formen parte, sin la autorización previa y específica de la Secretaría de la Función Pública[90];

III. Aquellos proveedores que, por causas imputables a ellos mismos, la dependencia o entidad convocante les hubiere rescindido administrativamente más de un contrato, dentro de un lapso de dos años calendario contados a partir de la notificación de la primera rescisión. Dicho impedimento prevalecerá ante la propia dependencia o entidad convocante por el plazo que se establezca en las políticas, bases y lineamientos a que se refiere el artículo 1 de esta Ley, el cual no podrá ser superior a dos años calendario contados a partir de la notificación de la rescisión del segundo contrato[91];

IV. Las que se encuentren inhabilitadas por resolución de la Secretaría de la Función Pública en los términos del Título Quinto de este ordenamiento y Título Sexto de la Ley de Obras Públicas y Servicios Relacionados con las Mismas[92];

V. Los proveedores que se encuentren en situación de atraso en las entregas de los bienes o en la prestación de los servicios por causas imputables a ellos mismos, respecto de otro u otros contratos celebrados con la propia dependencia o entidad, siempre y cuando éstas hayan resultado gravemente perjudicadas[93];

VI. Aquellas que hayan sido declaradas sujetas a concurso mercantil o alguna figura análoga[94];

VII. Aquellas que presenten proposiciones en una misma partida de un bien o servicio en un procedimiento de contratación que se encuentren vinculadas entre sí por algún socio o asociado común.

Se entenderá que es socio o asociado común, aquella persona física o moral que en el mismo procedimiento de contratación es reconocida como tal en las actas constitutivas, estatutos o en sus reformas o modificaciones de dos o más empresas licitantes, por tener una participación accionaria en el capital social, que le otorgue el derecho de intervenir en la toma de decisiones o en la administración de dichas personas morales[95];

---

87 Fracción reformada DOF 07-07-2005, 28-05-2009
88 Párrafo reformado DOF 28-05-2009
89 Fracción reformada DOF 07-07-2005
90 Fracción reformada DOF 07-07-2005
91 Fracción reformada DOF 07-07-2005
92 Fracción reformada DOF 28-05-2009
93 Fracción reformada DOF 28-05-2009
94 Fracción reformada DOF 07-07-2005
95 Fracción reformada DOF 28-05-2009

VIII. Las que pretendan participar en un procedimiento de contratación y previamente hayan realizado o se encuentren realizando, por sí o a través de empresas que formen parte del mismo grupo empresarial, en virtud de otro contrato, trabajos de análisis y control de calidad, preparación de especificaciones, presupuesto o la elaboración de cualquier documento vinculado con el procedimiento en que se encuentran interesadas en participar, cuando con motivo de la realización de dichos trabajos hubiera tenido acceso a información privilegiada que no se dará a conocer a los licitantes para la elaboración de sus proposiciones[96];

IX. Aquellas que por sí o a través de empresas que formen parte del mismo grupo empresarial pretendan ser contratadas para elaboración de dictámenes, peritajes y avalúos, cuando éstos hayan de ser utilizados para resolver discrepancias derivadas de los contratos en los que dichas personas o empresas sean parte;

X. Las que celebren contratos sobre las materias reguladas por esta Ley sin estar facultadas para hacer uso de derechos de propiedad intelectual, y

XI. Las que hayan utilizado información privilegiada, proporcionada indebidamente por servidores públicos o sus familiares por parentesco consanguíneo y, por afinidad hasta el cuarto grado, o civil[97];

XII. Las que contraten servicios de asesoría, consultoría y apoyo de cualquier tipo de personas en materia de contrataciones gubernamentales, si se comprueba que todo o parte de las contraprestaciones pagadas al prestador del servicio, a su vez, son recibidas por servidores públicos por sí o por interpósita persona, con independencia de que quienes las reciban tengan o no relación con la contratación[98];

XIII. Aquellos licitantes que injustificadamente y por causas imputables a ellos mismos, no hayan formalizado un contrato adjudicado con anterioridad por la convocante. Dicho impedimento prevalecerá ante la propia dependencia o entidad convocante por el plazo que se establezca en las políticas, bases y lineamientos a que se refiere el artículo 1 de esta Ley, el cual no podrá ser superior a un año calendario contado a partir del día en que haya fenecido el término establecido en la convocatoria a la licitación o, en su caso, por el artículo 46 de esta Ley, para la formalización del contrato en cuestión[99], y

XIV. Las demás que por cualquier causa se encuentren impedidas para ello por disposición de Ley[100].

Las políticas, bases y lineamientos a que alude el artículo 1 de esta Ley, que emitan las dependencias y entidades cuyo objeto comprenda la prestación de servicios de salud, podrán establecer que las hipótesis previstas en las fracciones III y V de este artículo, se encuentren referidas solamente a cada una de sus áreas facultadas para llevar a cabo procedimientos de contratación, de tal manera que el impedimento de una de éstas para contratar en dichos casos, no se hará aplicable a las demás[101].

El oficial mayor o su equivalente de la dependencia o entidad, deberá llevar el registro, control y difusión de las personas con las que se encuentren impedidas de contratar, el cual será difundido a través de CompraNet[102].

Artículo 51. La fecha de pago al proveedor estipulada en los contratos quedará sujeta a las condiciones que establezcan las mismas; sin embargo, no podrá exceder de veinte días naturales

96 Fracción reformada DOF 28-05-2009
97 Fracción adicionada DOF 07-07-2005
98 Fracción adicionada DOF 07-07-2005. Reformada DOF 28-05-2009
99 Fracción adicionada DOF 28-05-2009
100 Fracción reformada DOF 07-07-2005 (se recorre), 28-05-2009 (se recorre)
101 Párrafo adicionado DOF 07-07-2005
102 Párrafo adicionado DOF 07-07-2005. Reformado DOF 28-05-2009

contados a partir de la entrega de la factura respectiva, previa entrega de los bienes o prestación de los servicios en los términos del contrato[103].

En caso de incumplimiento en los pagos a que se refiere el párrafo anterior, la dependencia o entidad, a solicitud del proveedor, deberá pagar gastos financieros conforme a la tasa que será igual a la establecida por la Ley de Ingresos de la Federación en los casos de prórroga para el pago de créditos fiscales. Dichos gastos se calcularán sobre las cantidades no pagadas y se computarán por días naturales desde que se venció el plazo pactado, hasta la fecha en que se pongan efectivamente las cantidades a disposición del proveedor[104].

Tratándose de pagos en exceso que haya recibido el proveedor, éste deberá reintegrar las cantidades pagadas en exceso, más los intereses correspondientes, conforme a lo señalado en el párrafo anterior. Los intereses se calcularán sobre las cantidades pagadas en exceso en cada caso y se computarán por días naturales desde la fecha del pago, hasta la fecha en que se pongan efectivamente las cantidades a disposición de la dependencia o entidad[105].

En caso de rescisión del contrato, el proveedor deberá reintegrar el anticipo y, en su caso, los pagos progresivos que haya recibido más los intereses correspondientes, conforme a lo indicado en este artículo. Los intereses se calcularán sobre el monto del anticipo no amortizado y pagos progresivos efectuados y se computarán por días naturales desde la fecha de su entrega hasta la fecha en que se pongan efectivamente las cantidades a disposición de la dependencia o entidad[106].

Las dependencias y entidades podrán establecer en sus políticas, bases y lineamientos, preferentemente el pago a proveedores a través de medios de comunicación electrónica[107].

Artículo 52[108]**.** Las dependencias y entidades podrán, dentro de su presupuesto aprobado y disponible, bajo su responsabilidad y por razones fundadas y explícitas, acordar el incremento del monto del contrato o de la cantidad de bienes, arrendamientos o servicios solicitados mediante modificaciones a sus contratos vigentes, siempre que las modificaciones no rebasen, en conjunto, el veinte por ciento del monto o cantidad de los conceptos o volúmenes establecidos originalmente en los mismos y el precio de los bienes, arrendamientos o servicios sea igual al pactado originalmente[109].

Tratándose de contratos en los que se incluyan dos o más partidas, el porcentaje al que hace referencia el párrafo anterior, se aplicará para cada una de ellas[110].

Cuando los proveedores demuestren la existencia de causas justificadas que les impidan cumplir con la entrega total de los bienes conforme a las cantidades pactadas en los contratos, las dependencias y entidades podrán modificarlos mediante la cancelación de partidas o parte de las cantidades originalmente estipuladas, siempre y cuando no rebase el diez por ciento del importe total del contrato respectivo[111].

Cualquier modificación a los contratos deberá formalizarse por escrito por parte de las dependencias y entidades, los instrumentos legales respectivos serán suscritos por el servidor público que lo haya hecho en el contrato o quien lo sustituya o esté facultado para ello.

Las dependencias y entidades se abstendrán de hacer modificaciones que se refieran a precios, anticipos, pagos progresivos, especificaciones y, en general, cualquier cambio que implique otorgar condiciones más ventajosas a un proveedor comparadas con las establecidas originalmente.

---

103 Párrafo reformado DOF 28-05-2009
104 Párrafo reformado DOF 07-07-2005
105 Párrafo reformado DOF 07-07-2005
106 Párrafo reformado DOF 07-07-2005
107 Párrafo adicionado DOF 07-07-2005
108 Reforma DOF 28-05-2009: Derogó del artículo el entonces párrafo segundo
109 Párrafo reformado DOF 28-05-2009
110 Párrafo reformado DOF 28-05-2009
111 Párrafo reformado DOF 28-05-2009

Artículo 53. Las dependencias y entidades deberán pactar penas convencionales a cargo del proveedor por atraso en el cumplimiento de las fechas pactadas de entrega o de la prestación del servicio, las que no excederán del monto de la garantía de cumplimiento del contrato, y serán determinadas en función de los bienes o servicios no entregados o prestados oportunamente. En las operaciones en que se pactare ajuste de precios, la penalización se calculará sobre el precio ajustado.

Los proveedores quedarán obligados ante la dependencia o entidad a responder de los defectos y vicios ocultos de los bienes y de la calidad de los servicios, así como de cualquier otra responsabilidad en que hubieren incurrido, en los términos señalados en el contrato respectivo y en la legislación aplicable.

Los proveedores cubrirán las cuotas compensatorias a que, conforme a la ley de la materia, pudiere estar sujeta la importación de bienes objeto de un contrato, y en estos casos no procederán incrementos a los precios pactados, ni cualquier otra modificación al contrato.

Artículo 53 Bis[112]**.** Las dependencias y entidades podrán establecer en la convocatoria a la licitación, invitaciones a cuando menos tres personas y contratos, deducciones al pago de bienes o servicios con motivo del incumplimiento parcial o deficiente en que pudiera incurrir el proveedor respecto a las partidas o conceptos que integran el contrato. En estos casos, establecerán el límite de incumplimiento a partir del cual podrán cancelar total o parcialmente las partidas o conceptos no entregados, o bien rescindir el contrato en los términos de este artículo.

Artículo 54[113]**.** Las dependencias y entidades podrán en cualquier momento rescindir administrativamente los contratos cuando el proveedor incurra en incumplimiento de sus obligaciones, conforme al procedimiento siguiente:

I. Se iniciará a partir de que al proveedor le sea comunicado por escrito el incumplimiento en que haya incurrido, para que en un término de cinco días hábiles exponga lo que a su derecho convenga y aporte, en su caso, las pruebas que estime pertinentes;

II. Transcurrido el término a que se refiere la fracción anterior, la dependencia o entidad contará con un plazo de quince días para resolver, considerando los argumentos y pruebas que hubiere hecho valer el proveedor. La determinación de dar o no por rescindido el contrato deberá ser debidamente fundada, motivada y comunicada al proveedor dentro dicho plazo, y

III. Cuando se rescinda el contrato se formulará el finiquito correspondiente, a efecto de hacer constar los pagos que deba efectuar la dependencia o entidad por concepto de los bienes recibidos o los servicios prestados hasta el momento de rescisión.

Iniciado un procedimiento de conciliación las dependencias y entidades, bajo su responsabilidad, podrán suspender el trámite del procedimiento de rescisión.

Si previamente a la determinación de dar por rescindido el contrato, se hiciere entrega de los bienes o se prestaren los servicios, el procedimiento iniciado quedará sin efecto, previa aceptación y verificación de la dependencia o entidad de que continúa vigente la necesidad de los mismos, aplicando, en su caso, las penas convencionales correspondientes.

La dependencia o entidad podrá determinar no dar por rescindido el contrato, cuando durante el procedimiento advierta que la rescisión del contrato pudiera ocasionar algún daño o afectación a las funciones que tiene encomendadas. En este supuesto, deberá elaborar un dictamen en el cual justifique que los impactos económicos o de operación que se ocasionarían con la rescisión del contrato resultarían más inconvenientes.

Al no dar por rescindido el contrato, la dependencia o entidad establecerá con el proveedor otro plazo, que le permita subsanar el incumplimiento que hubiere motivado el inicio del procedimiento. El convenio modificatorio que al efecto se celebre deberá atender a las condiciones previstas por los dos últimos párrafos del artículo 52 de esta Ley.

---

112 Artículo adicionado DOF 28-05-2009

113 Artículo reformado DOF 07-07-2005, 28-05-2009

Cuando por motivo del atraso en la entrega de los bienes o la prestación de los servicios, o el procedimiento de rescisión se ubique en un ejercicio fiscal diferente a aquél en que hubiere sido adjudicado el contrato, la dependencia o entidad convocante podrá recibir los bienes o servicios, previa verificación de que continúa vigente la necesidad de los mismos y se cuenta con partida y disponibilidad presupuestaria del ejercicio fiscal vigente, debiendo modificarse la vigencia del contrato con los precios originalmente pactados. Cualquier pacto en contrario a lo dispuesto en este artículo se considerará nulo.

Artículo 54 Bis[114]**.** La dependencia o entidad podrá dar por terminados anticipadamente los contratos cuando concurran razones de interés general, o bien, cuando por causas justificadas se extinga la necesidad de requerir los bienes o servicios originalmente contratados, y se demuestre que de continuar con el cumplimiento de las obligaciones pactadas, se ocasionaría algún daño o perjuicio al Estado, o se determine la nulidad de los actos que dieron origen al contrato, con motivo de la resolución de una inconformidad o intervención de oficio emitida por la Secretaría de la Función Pública. En estos supuestos la dependencia o entidad reembolsará al proveedor los gastos no recuperables en que haya incurrido, siempre que éstos sean razonables, estén debidamente comprobados y se relacionen directamente con el contrato correspondiente.

Artículo 55. Las dependencias y entidades estarán obligadas a mantener los bienes adquiridos o arrendados en condiciones apropiadas de operación y mantenimiento, así como vigilar que los mismos se destinen al cumplimiento de los programas y acciones previamente determinados.

Para los efectos del párrafo anterior, las dependencias y entidades en los contratos de adquisiciones, arrendamientos o servicios, deberán estipular las condiciones que garanticen su correcta operación y funcionamiento; en su caso, la obtención de una póliza de seguro por parte del proveedor, que garantice la integridad de los bienes hasta el momento de su entrega y, de ser necesario, la capacitación del personal que operará los equipos.

La adquisición de materiales cuyo consumo haga necesaria invariablemente la utilización de equipo propiedad del proveedor podrá realizarse siempre y cuando en la convocatoria a la licitación se establezca que a quien se adjudique el contrato deberá proporcionar el citado equipo sin costo alguno para la dependencia o entidad durante el tiempo requerido para el consumo de los materiales[115].

Artículo 55 Bis[116]**.** Cuando en la prestación del servicio se presente caso fortuito o de fuerza mayor, la dependencia o entidad, bajo su responsabilidad podrá suspender la prestación del servicio, en cuyo caso únicamente se pagarán aquellos que hubiesen sido efectivamente prestados y en su caso, se reintegrarán los anticipos no amortizados[117].

Cuando la suspensión obedezca a causas imputables a la dependencia o entidad, previa petición y justificación del proveedor, ésta reembolsará al proveedor los gastos no recuperables que se originen durante el tiempo que dure esta suspensión, siempre que éstos sean razonables, estén debidamente comprobados y se relacionen directamente con el contrato[118].

En cualquiera de los casos previstos en este artículo, se pactará por las partes el plazo de suspensión, a cuyo término podrá iniciarse la terminación anticipada del contrato.

---

114 Artículo adicionado DOF 28-05-2009
115 Párrafo reformado DOF 28-05-2009
116 Artículo adicionado DOF 07-07-2005
117 Párrafo reformado DOF 28-05-2009
118 Párrafo reformado DOF 28-05-2009

TÍTULO CUARTO. DE LA INFORMACIÓN Y VERIFICACIÓN[119]

CAPÍTULO ÚNICO

Artículo 56[120]**.** La forma y términos en que las dependencias y entidades deberán remitir a la Secretaría de la Función Pública, a la Secretaría y a la Secretaría de Economía, la información relativa a los actos y los contratos materia de esta Ley, serán establecidos por dichas Secretarías, en el ámbito de sus respectivas atribuciones.

La administración del sistema electrónico de información pública gubernamental sobre adquisiciones, arrendamientos y servicios, estará a cargo de la Secretaría de la Función Pública, a través de la unidad administrativa que determine su Reglamento, en el cual las dependencias, entidades y los demás sujetos de esta Ley, deberán incorporar la información que ésta les requiera.

El sistema a que se refiere el párrafo anterior, tendrá los siguientes fines:

I. Contribuir a la generación de una política general en la Administración Pública Federal en materia de contrataciones;

II. Propiciar la transparencia y seguimiento de las adquisiciones, arrendamientos y servicios del sector público, y

III. Generar la información necesaria que permita la adecuada planeación, programación y presupuestación de las contrataciones públicas, así como su evaluación integral.

Dicho sistema contendrá por lo menos, la siguiente información, la cual deberá verificarse que se encuentra actualizada por lo menos cada tres meses:

a) Los programas anuales de adquisiciones, arrendamientos y servicios de las dependencias y entidades;

b) El registro único de proveedores;

c) El padrón de testigos sociales;

d) La información derivada de los procedimientos de contratación, en los términos de esta Ley;

e) Las notificaciones y avisos relativos a los procedimientos de contratación y de la instancia de inconformidades;

f) Los datos de los contratos suscritos, a que se refiere el artículo 7 fracción XIII, de la Ley Federal de Transparencia y Acceso a la Información Pública Gubernamental;

g) El registro de proveedores sancionados, y

h) Las resoluciones de la instancia de inconformidad que hayan causado estado.

Las dependencias y entidades conservarán en forma ordenada y sistemática toda la documentación e información electrónica comprobatoria de los actos y contratos materia de dicho ordenamiento cuando menos por un lapso de tres años, contados a partir de la fecha de su recepción; excepto la documentación contable, en cuyo caso se estará en lo previsto por las disposiciones aplicables.

Las proposiciones desechadas durante la licitación pública o invitación a cuando menos tres personas, podrán ser devueltas a los licitantes que lo soliciten, una vez transcurridos sesenta días naturales contados a partir de la fecha en que se dé a conocer el fallo respectivo, salvo que exista alguna inconformidad en trámite, en cuyo caso las proposiciones deberán conservarse hasta la total conclusión de la inconformidad e instancias subsecuentes; agotados dichos términos la convocante podrá proceder a su devolución o destrucción.

Artículo 56 Bis[121]**.** El sistema integral de información contará, en los términos del Reglamento de esta Ley, con un registro único de proveedores, el cual los clasificará de acuerdo, entre otros

---

119 Título reubicado DOF 28-05-2009 (antes Título Quinto)

120 Artículo reformado DOF 07-07-2005, 28-05-2009

121 Artículo adicionado DOF 28-05-2009

aspectos, por su actividad, datos generales, nacionalidad e historial en materia de contrataciones y su cumplimiento.

Este registro deberá ser permanente y estar a disposición de cualquier interesado, salvo en aquellos casos que se trate de información de naturaleza reservada, en los términos establecidos en la Ley Federal de Transparencia y Acceso a la Información Pública Gubernamental.

Dicho registro tendrá únicamente efectos declarativos respecto de la inscripción de proveedores, sin que dé lugar a efectos constitutivos de derechos u obligaciones.

Artículo 57[122]. La Secretaría de la Función Pública, en el ejercicio de sus facultades, podrá verificar, en cualquier tiempo, que las adquisiciones, arrendamientos y servicios se realicen conforme a lo establecido en esta Ley o en otras disposiciones aplicables.

La Secretaría de Economía, atento a sus facultades y atribuciones podrá verificar que los bienes cumplan con los requisitos relativos al grado de contenido nacional o a las reglas de origen o mercado y, en caso de que éstos no cumplan con dichos requisitos, informará a la Secretaría de la Función Pública.

La Secretaría de la Función Pública podrá realizar las visitas e inspecciones que estime pertinentes a las dependencias y entidades que realicen adquisiciones, arrendamientos y servicios, e igualmente podrá solicitar a los servidores públicos y a los proveedores que participen en ellas todos los datos e informes relacionados con los actos de que se trate.

Artículo 58. La Secretaría de la Función Pública podrá verificar la calidad de los bienes muebles a través de la propia dependencia o entidad de que se trate, o mediante las personas acreditadas en los términos que establece la Ley Federal sobre Metrología y Normalización[123].

El resultado de las comprobaciones se hará constar en un dictamen que será firmado por quien haya hecho la comprobación, así como por el proveedor y el representante de la dependencia o entidad respectiva, si hubieren intervenido. La falta de firma del proveedor no invalidará dicho dictamen.

TÍTULO QUINTO.
DE LAS INFRACCIONES Y SANCIONES[124]

CAPÍTULO ÚNICO

Artículo 59[125]. Los licitantes o proveedores que infrinjan las disposiciones de esta Ley, serán sancionados por la Secretaría de la Función Pública con multa equivalente a la cantidad de cincuenta hasta mil veces el salario mínimo general vigente en el Distrito Federal elevado al mes, en la fecha de la infracción.

Cuando los licitantes, injustificadamente y por causas imputables a los mismos, no formalicen contratos cuyo monto no exceda de cincuenta veces el salario mínimo general vigente en el Distrito Federal elevado al mes, serán sancionados con multa equivalente a la cantidad de diez hasta cuarenta y cinco veces el salario mínimo general vigente en el Distrito Federal elevado al mes, en la fecha de la infracción.

Artículo 60[126]. La Secretaría de la Función Pública, además de la sanción a que se refiere el primer párrafo del artículo anterior, inhabilitará temporalmente para participar de manera directa o por interpósita persona en procedimientos de contratación o celebrar contratos regulados por esta Ley, a las personas que se encuentren en alguno de los supuestos siguientes:

I. Los licitantes que injustificadamente y por causas imputables a los mismos no formalicen dos o más contratos que les haya adjudicado cualquier dependencia o entidad en el plazo de dos

---

122 Artículo reformado DOF 28-05-2009
123 Párrafo reformado DOF 07-07-2005
124 Título reubicado DOF 28-05-2009 (antes Título Sexto)
125 Artículo reformado DOF 28-05-2009
126 Artículo reformado DOF 07-07-2005, 28-05-2009

años calendario, contados a partir del día en que haya fenecido el término para la formalización del primer contrato no formalizado;

II. Los proveedores a los que se les haya rescindido administrativamente un contrato en dos o más dependencias o entidades en un plazo de tres años;

III. Los proveedores que no cumplan con sus obligaciones contractuales por causas imputables a ellos y que, como consecuencia, causen daños o perjuicios graves a la dependencia o entidad de que se trate; así como, aquellos que entreguen bienes o servicios con especificaciones distintas de las convenidas;

IV. Las que proporcionen información falsa o que actúen con dolo o mala fe en algún procedimiento de contratación, en la celebración del contrato o durante su vigencia, o bien, en la presentación o desahogo de una solicitud de conciliación o de una inconformidad;

V. Las que se encuentren en el supuesto de la fracción XII del artículo 50 de este ordenamiento, y

VI. Aquéllas que se encuentren en el supuesto del segundo párrafo del artículo 74 de esta Ley.

La inhabilitación que se imponga no será menor de tres meses ni mayor de cinco años, plazo que comenzará a contarse a partir del día siguiente a la fecha en que la Secretaría de la Función Pública la haga del conocimiento de las dependencias y entidades, mediante la publicación de la circular respectiva en el Diario Oficial de la Federación y en CompraNet.

Si al día en que se cumpla el plazo de inhabilitación a que se refiere el párrafo que antecede el sancionado no ha pagado la multa que hubiere sido impuesta en términos del artículo anterior, la mencionada inhabilitación subsistirá hasta que se realice el pago correspondiente.

Las dependencias y entidades dentro de los quince días naturales siguientes a la fecha en que tengan conocimiento de alguna infracción a las disposiciones de esta Ley, remitirán a la Secretaría de la Función Pública la documentación comprobatoria de los hechos presumiblemente constitutivos de la infracción.

En casos excepcionales, previa autorización de la Secretaría de la Función Pública, las dependencias y entidades podrán aceptar proposiciones de proveedores inhabilitados cuando resulte indispensable por ser éstos los únicos posibles oferentes en el mercado.

Artículo 61. La Secretaría de la Función Pública impondrá las sanciones considerando[127]:

I. Los daños o perjuicios que se hubieren producido con motivo de la infracción[128];

II. El carácter intencional o no de la acción u omisión constitutiva de la infracción;

III. La gravedad de la infracción, y

IV. Las condiciones del infractor.

En la tramitación del procedimiento para imponer las sanciones a que se refiere este Título, la Secretaría de la Función Pública deberá observar lo dispuesto por el Título Cuarto y demás aplicables de la Ley Federal de Procedimiento Administrativo, aplicando supletoriamente tanto el Código Civil Federal, como el Código Federal de Procedimientos Civiles[129].

Artículo 62[130]**.** La Secretaría de la Función Pública aplicará las sanciones que procedan a quienes infrinjan las disposiciones de este ordenamiento, conforme a lo dispuesto por la Ley Federal de Responsabilidades Administrativas de los Servidores Públicos.

La Secretaría de la Función Pública, en uso de las atribuciones que le confiere la Ley citada en el párrafo anterior, podrá abstenerse de iniciar los procedimientos previstos en ella, cuando de las investigaciones o revisiones practicadas se advierta que el acto u omisión no es grave, o no implica la probable comisión de algún delito o perjuicio patrimonial a la dependencia o entidad, o que el acto u omisión fue corregido o subsanado de manera espontánea por el servidor público o implique

127 Párrafo reformado DOF 28-05-2009
128 Fracción reformada DOF 28-05-2009
129 Párrafo reformado DOF 28-05-2009
130 Artículo reformado DOF 07-07-2005, 28-05-2009

error manifiesto y en cualquiera de estos supuestos, los efectos que, en su caso, hubieren producido, desaparecieron o se hayan resarcido.

Artículo 63[131]**.** Las responsabilidades y las sanciones a que se refiere la presente Ley serán independientes de las de orden civil, penal o de cualquier otra índole que puedan derivar de la comisión de los mismos hechos.

Artículo 64[132]**.** No se impondrán sanciones cuando se haya incurrido en la infracción por causa de fuerza mayor o de caso fortuito, o cuando se observe en forma espontánea el precepto que se hubiese dejado de cumplir. No se considerará que el cumplimiento es espontáneo cuando la omisión sea descubierta por las autoridades o medie requerimiento, visita, excitativa o cualquier otra gestión efectuada por las mismas, así como en el supuesto de la fracción IV del artículo 60 de esta Ley.

TÍTULO SEXTO.
DE LA SOLUCIÓN DE LAS CONTROVERSIAS[133]

CAPÍTULO PRIMERO.
DE LA INSTANCIA DE INCONFORMIDAD[134]

Artículo 65[135]**.** La Secretaría de la Función Pública conocerá de las inconformidades que se promuevan contra los actos de los procedimientos de licitación pública o invitación a cuando menos tres personas que se indican a continuación:

I. La convocatoria a la licitación, y las juntas de aclaraciones.

En este supuesto, la inconformidad sólo podrá presentarse por el interesado que haya manifestado su interés por participar en el procedimiento según lo establecido en el artículo 33 Bis de esta Ley, dentro de los seis días hábiles siguientes a la celebración de la última junta de aclaraciones;

II. La invitación a cuando menos tres personas.

Sólo estará legitimado para inconformarse quien haya recibido invitación, dentro de los seis días hábiles siguientes;

III. El acto de presentación y apertura de proposiciones, y el fallo.

En este caso, la inconformidad sólo podrá presentarse por quien hubiere presentado proposición, dentro de los seis días hábiles siguientes a la celebración de la junta pública en la que se dé a conocer el fallo, o de que se le haya notificado al licitante en los casos en que no se celebre junta pública;

IV. La cancelación de la licitación.

En este supuesto, la inconformidad sólo podrá presentarse por el licitante que hubiere presentado proposición, dentro de los seis días hábiles siguientes a su notificación, y

V. Los actos y omisiones por parte de la convocante que impidan la formalización del contrato en los términos establecidos en la convocatoria a la licitación o en esta Ley.

En esta hipótesis, la inconformidad sólo podrá presentarse por quien haya resultado adjudicado, dentro de los seis días hábiles posteriores a aquél en que hubiere vencido el plazo establecido en el fallo para la formalización del contrato o, en su defecto, el plazo legal.

En todos los casos en que se trate de licitantes que hayan presentado proposición conjunta, la inconformidad sólo será procedente si se promueve conjuntamente por todos los integrantes de la misma.

---

131 Artículo reformado DOF 28-05-2009

132 Artículo reformado DOF 28-05-2009

133 Denominación del Título reformada y reubicado DOF 28-05-2009 (antes Título Séptimo)

134 Denominación del Capítulo reformada DOF 28-05-2009

135 Artículo reformado DOF 07-07-2005, 28-05-2009

Artículo 66[136]**.** La inconformidad deberá presentarse por escrito, directamente en las oficinas de la Secretaría de la Función Pública o a través de CompraNet.

La Secretaría de la Función Pública podrá celebrar convenios de coordinación con las entidades federativas, a fin de que éstas conozcan y resuelvan, en los términos previstos por la presente Ley, de las inconformidades que se deriven de los procedimientos de contratación que se convoquen en los términos previstos por el artículo 1 fracción VI de esta Ley. En este supuesto, la convocatoria a la licitación indicará las oficinas en que deberán presentarse las inconformidades, haciendo referencia a la disposición del convenio que en cada caso se tenga celebrado; de lo contrario, se estará a lo previsto en el párrafo anterior.

La interposición de la inconformidad en forma o ante autoridad diversa a las señaladas en los párrafos anteriores, según cada caso, no interrumpirá el plazo para su oportuna presentación.

El escrito inicial contendrá:

I. El nombre del inconforme y del que promueve en su nombre, quien deberá acreditar su representación mediante instrumento público.

Cuando se trate de licitantes que hayan presentado propuesta conjunta, en el escrito inicial deberán designar un representante común, de lo contrario, se entenderá que fungirá como tal la persona nombrada en primer término;

II. Domicilio para recibir notificaciones personales, que deberá estar ubicado en el lugar en que resida la autoridad que conoce de la inconformidad. Para el caso de que no se señale domicilio procesal en estos términos, se le practicarán las notificaciones por rotulón;

III. El acto que se impugna, fecha de su emisión o notificación o, en su defecto, en que tuvo conocimiento del mismo;

IV. Las pruebas que ofrece y que guarden relación directa e inmediata con los actos que impugna. Tratándose de documentales que formen parte del procedimiento de contratación que obren en poder de la convocante, bastará que se ofrezcan para que ésta deba remitirlas en copia autorizada al momento de rendir su informe circunstanciado, y

V. Los hechos o abstenciones que constituyan los antecedentes del acto impugnado y los motivos de inconformidad. La manifestación de hechos falsos se sancionará conforme a las disposiciones de esta Ley y a las demás que resulten aplicables.

Al escrito de inconformidad deberá acompañarse el documento que acredite la personalidad del promovente y las pruebas que ofrezca, así como sendas copias del escrito inicial y anexos para la convocante y el tercero interesado, teniendo tal carácter el licitante a quien se haya adjudicado el contrato.

En las inconformidades que se presenten a través de CompraNet, deberán utilizarse medios de identificación electrónica en sustitución de la firma autógrafa.

En las inconformidades, la documentación que las acompañe y la manera de acreditar la personalidad del promovente, se sujetarán a las disposiciones técnicas que para tales efectos expida la Secretaría de la Función Pública, en cuyo caso producirán los mismos efectos que las leyes otorgan a los medios de identificación y documentos correspondientes.

La autoridad que conozca de la inconformidad prevendrá al promovente cuando hubiere omitido alguno de los requisitos señalados en las fracciones I, III, IV y V de este artículo, a fin de que subsane dichas omisiones, apercibiéndole que en caso de no hacerlo en el plazo de tres días hábiles se desechará su inconformidad, salvo el caso de las pruebas, cuya omisión tendrá como consecuencia que se tengan por no ofrecidas.

En tratándose de la fracción I de este artículo, no será necesario formular prevención alguna respecto de la omisión de designar representante común. De igual manera, no será necesario prevenir cuando se omita señalar domicilio para recibir notificaciones personales, en términos de la fracción II.

---

136 Artículo reformado DOF 07-07-2005, 28-05-2009

Artículo 67[137]**.** La instancia de inconformidad es improcedente:

I. Contra actos diversos a los establecidos en el artículo 65 de esta Ley;

II. Contra actos consentidos expresa o tácitamente;

III. Cuando el acto impugnado no pueda surtir efecto legal o material alguno por haber dejado de existir el objeto o la materia del procedimiento de contratación del cual deriva, y

IV. Cuando se promueva por un licitante en forma individual y su participación en el procedimiento de contratación se hubiera realizado en forma conjunta.

Artículo 68[138]**.** El sobreseimiento en la instancia de inconformidad procede cuando:

I. El inconforme desista expresamente;

II. La convocante firme el contrato, en el caso de que el acto impugnado sea de aquéllos a los que se refiere la fracción V del artículo 65 de esta Ley, y

III. Durante la sustanciación de la instancia se advierta o sobrevenga alguna de las causas de improcedencia que establece el artículo anterior.

Artículo 69[139]**.** Las notificaciones se harán:

I. En forma personal, para el inconforme y el tercero interesado:

a) La primera notificación y las prevenciones;

b) Las resoluciones relativas a la suspensión del acto impugnado;

c) La que admita la ampliación de la inconformidad;

d) La resolución definitiva, y

e) Los demás acuerdos o resoluciones que lo ameriten, a juicio de la autoridad instructora de la inconformidad;

II. Por rotulón, que se fijará en lugar visible y de fácil acceso al público en general, en los casos no previstos en la fracción anterior, o bien, cuando no se haya señalado por el inconforme o tercero interesado domicilio ubicado en el lugar donde resida la autoridad que conoce de la inconformidad, y

III. Por oficio, aquéllas dirigidas a la convocante.

Las notificaciones a que se refiere este artículo podrán realizarse a través de CompraNet, conforme a las reglas que al efecto establezca la Secretaría de la Función Pública. Adicionalmente, para el caso de las notificaciones personales se dará aviso por correo electrónico.

Artículo 70[140]**.** Se decretará la suspensión de los actos del procedimiento de contratación y los que de éste deriven, siempre que lo solicite el inconforme en su escrito inicial y se advierta que existan o pudieren existir actos contrarios a las disposiciones de esta Ley o a las que de ella deriven y, además, no se siga perjuicio al interés social ni se contravengan disposiciones de orden público.

En su solicitud el inconforme deberá expresar las razones por las cuales estima procedente la suspensión, así como la afectación que resentiría en caso de que continúen los actos del procedimiento de contratación.

Solicitada la suspensión correspondiente, la autoridad que conozca de la inconformidad deberá acordar lo siguiente:

I. Concederá o negará provisionalmente la suspensión; en el primer caso, fijará las condiciones y efectos de la medida, y

II. Dentro de los tres días hábiles siguientes a que se haya recibido el informe previo de la convocante, se pronunciará respecto de la suspensión definitiva.

El acuerdo relativo a la suspensión contendrá las consideraciones y fundamentos legales en que se apoye para concederla o negarla.

---

137 Artículo reformado DOF 28-05-2009

138 Artículo reformado DOF 07-07-2005, 28-05-2009

139 Artículo reformado DOF 07-07-2005, 28-05-2009

140 Artículo reformado DOF 28-05-2009

En caso de resultar procedente la suspensión definitiva, se deberá precisar la situación en que habrán de quedar las cosas y se tomarán las medidas pertinentes para conservar la materia del asunto hasta el dictado de la resolución que ponga fin a la inconformidad.

En todo caso, la suspensión definitiva quedará sujeta a que el solicitante, dentro de los tres días hábiles siguientes a la notificación del acuerdo relativo, garantice los daños y perjuicios que pudiera ocasionar, según los términos que se señalen en el Reglamento.

La garantía no deberá ser menor al diez ni mayor al treinta por ciento del monto de la propuesta económica del inconforme, y cuando no sea posible determinar dicho monto, del presupuesto autorizado para la contratación de que se trate, según las partidas que, en su caso, correspondan. De no exhibirse en sus términos la garantía requerida, dejará de surtir efectos dicha medida cautelar.

La suspensión decretada quedará sin efectos si el tercero interesado otorga una contragarantía equivalente a la exhibida por el inconforme, en los términos que señale el Reglamento.

A partir de que haya causado estado la resolución que ponga fin a la instancia de inconformidad, podrá iniciarse incidente de ejecución de garantía, que se tramitará por escrito en el que se señalará el daño o perjuicio que produjo la suspensión de los actos, así como las pruebas que estime pertinentes.

Con el escrito incidental se dará vista al interesado que hubiere otorgado la garantía de que se trate, para efecto de que, dentro del plazo de diez días, manifieste lo que a su derecho convenga.

Una vez desahogadas las pruebas, en el término de diez días, la autoridad resolverá el incidente planteado, en el que se decretará la procedencia de cancelar, o bien, de hacer efectiva la garantía o contragarantía de que se trate según se hubiere acreditado el daño o perjuicio causado por la suspensión de los actos, o por la continuación de los mismos, según corresponda.

Si la autoridad que conoce de la inconformidad advierte manifiestas irregularidades en el procedimiento de contratación impugnado, podrá decretar de oficio la suspensión sin necesidad de solicitud ni garantía del inconforme, siempre que con ello no se siga perjuicio al interés social ni se contravengan disposiciones de orden público. El acuerdo relativo contendrá las consideraciones y fundamentos legales en que se apoye para decretarla.

Artículo 71[141]**.** La autoridad que conozca de la inconformidad la examinará y si encontrare motivo manifiesto de improcedencia, la desechará de plano.

Recibida la inconformidad, se requerirá a la convocante que rinda en el plazo de dos días hábiles un informe previo en el que manifieste los datos generales del procedimiento de contratación y del tercero interesado, y pronuncie las razones por las que estime que la suspensión resulta o no procedente.

Se requerirá también a la convocante que rinda en el plazo de seis días hábiles un informe circunstanciado, en el que se expondrán las razones y fundamentos para sostener la improcedencia de la inconformidad así como la validez o legalidad del acto impugnado y se acompañará, en su caso, copia autorizada de las constancias necesarias para apoyarlo, así como aquéllas a que se refiere la fracción IV del artículo 66.

Se considerarán rendidos los informes aún recibidos en forma extemporánea, sin perjuicio de las posibles responsabilidades en que incurran los servidores públicos por dicha dilación.

Una vez conocidos los datos del tercero interesado, se le correrá traslado con copia del escrito inicial y sus anexos, a efecto de que, dentro de los seis días hábiles siguientes, comparezca al procedimiento a manifestar lo que a su interés convenga, resultándole aplicable, en lo conducente, lo dispuesto por el artículo 66.

El inconforme, dentro de los tres días hábiles siguientes a aquel en que se tenga por recibido el informe circunstanciado, tendrá derecho de ampliar sus motivos de impugnación, cuando del mismo aparezcan elementos que no conocía.

---

141 Artículo reformado y reubicado DOF 28-05-2009

La autoridad que conozca de la inconformidad, en caso de estimar procedente la ampliación, requerirá a la convocante para que en el plazo de tres días hábiles rinda el informe circunstanciado correspondiente, y dará vista al tercero interesado para que en el mismo plazo manifieste lo que a su interés convenga.

Artículo 72[142]**.** Desahogadas las pruebas, se pondrán las actuaciones a disposición del inconforme y tercero interesado a efecto de que dentro del plazo de tres días hábiles formulen sus alegatos por escrito. Cerrada la instrucción, la autoridad que conozca de la inconformidad dictará la resolución en un término de quince días hábiles.

Artículo 73[143]**.** La resolución contendrá:

I. Los preceptos legales en que funde su competencia para resolver el asunto;

II. La fijación clara y precisa del acto impugnado;

III. El análisis de los motivos de inconformidad, para lo cual podrá corregir errores u omisiones del inconforme en la cita de los preceptos que estime violados, así como examinar en su conjunto los motivos de impugnación y demás razonamientos expresados por la convocante y el tercero interesado, a fin de resolver la controversia efectivamente planteada, pero no podrá pronunciarse sobre cuestiones que no hayan sido expuestas por el promovente;

IV. La valoración de las pruebas admitidas y desahogadas en el procedimiento;

V. Las consideraciones y fundamentos legales en que se apoye, y

VI. Los puntos resolutivos que expresen claramente sus alcances y efectos, en congruencia con la parte considerativa, fijando cuando proceda las directrices para la reposición de actos decretados nulos o para la firma del contrato.

Una vez que cause estado la resolución que ponga fin a la inconformidad, ésta será publicada en CompraNet.

Artículo 74[144]**.** La resolución que emita la autoridad podrá:

I. Sobreseer en la instancia;

II. Declarar infundada la inconformidad;

III. Declarar que los motivos de inconformidad resultan inoperantes para decretar la nulidad del acto impugnado, cuando las violaciones alegadas no resulten suficientes para afectar su contenido;

IV. Decretar la nulidad total del procedimiento de contratación;

V. Decretar la nulidad del acto impugnado, para efectos de su reposición, subsistiendo la validez del procedimiento o acto en la parte que no fue materia de la declaratoria de nulidad, y

VI. Ordenar la firma del contrato, cuando haya resultado fundada la inconformidad promovida en términos del artículo 65, fracción V de esta Ley.

En los casos de las fracciones I y II, cuando se determine que la inconformidad se promovió con el propósito de retrasar o entorpecer la contratación, se sancionará al inconforme, previo procedimiento, con multa en términos del artículo 59 de la presente Ley. Para ese efecto, podrá tomarse en consideración la conducta de los licitantes en anteriores procedimientos de contratación o de inconformidad.

La resolución que ponga fin a la instancia de inconformidad o, en su caso, a la intervención de oficio podrá impugnarse por el inconforme o tercero interesado mediante el recurso de revisión previsto en la Ley Federal de Procedimiento Administrativo, o bien, cuando proceda, ante las instancias jurisdiccionales competentes.

Artículo 75[145]**.** La convocante acatará la resolución que ponga fin a la inconformidad en un plazo no mayor de seis días hábiles. Sólo podrá suspenderse la ejecución de las resoluciones mediante determinación de autoridad administrativa o judicial competente.

---

142 Artículo reformado DOF 07-07-2005, 28-05-2009 (y reubicado)
143 Artículo reformado DOF 07-07-2005, 28-05-2009 (y reubicado)
144 Artículo adicionado DOF 28-05-2009
145 Artículo adicionado DOF 28-05-2009

El inconforme y el tercero interesado, dentro de los tres días hábiles posteriores a que tengan conocimiento del cumplimiento que haya dado la convocante a la resolución, o bien que haya transcurrido el plazo legal para tal efecto y no se haya acatado, podrán hacer del conocimiento de la autoridad resolutora, en vía incidental, la repetición, defectos, excesos u omisiones en que haya incurrido la convocante.

Con el escrito que se presente en los términos del párrafo anterior, se requerirá a la convocante para que rinda un informe en el plazo de tres días hábiles y dará vista al tercero interesado o al inconforme, según corresponda, para que en el mismo plazo manifieste lo que a su interés convenga.

Si se acredita que la resolución no fue cumplimentada según las directrices fijadas, la autoridad resolutora dejará insubsistente el acto respectivo, y ordenará a la convocante su reposición en un plazo de tres días hábiles, de acuerdo a lo ordenado en la resolución que puso fin a la inconformidad. Si resultare que hubo una omisión total, requerirá a la convocante el acatamiento inmediato.

La resolución que ponga fin al incidente previsto en este artículo podrá impugnarse por el inconforme o tercero interesado mediante el recurso de revisión previsto en la Ley Federal de Procedimiento Administrativo, o bien, cuando proceda, ante las instancias jurisdiccionales competentes.

El desacato de las convocantes a las resoluciones y acuerdos que emita la Secretaría de la Función Pública en los procedimientos de inconformidad será sancionado de acuerdo a lo previsto en la Ley Federal de Responsabilidades Administrativas de los Servidores Públicos.

En los casos en que existan contratos derivados de los actos declarados nulos, dichos acuerdos serán válidos y exigibles hasta en tanto se da cumplimiento a la resolución, pero será necesario terminarlos anticipadamente cuando la reposición de actos implique que debe adjudicarse a un licitante diverso, deba declararse desierto el procedimiento o se haya decretado su nulidad total.

Artículo 76[146]**.** A partir de la información que conozca la Secretaría de la Función Pública derivada del ejercicio de sus facultades de verificación podrá realizar intervenciones de oficio a fin de revisar la legalidad de los actos a que se refiere el artículo 65 de esta Ley.

El inicio del procedimiento de intervención de oficio será mediante el pliego de observaciones, en el que la Secretaría de la Función Pública señalará con precisión las posibles irregularidades que se adviertan en el acto motivo de intervención.

De estimarlo procedente, podrá decretarse la suspensión de los actos del procedimiento de contratación y los que de éste deriven, en términos de lo dispuesto en el último párrafo del artículo 70 de esta Ley.

Resulta aplicable al procedimiento de intervención de oficio, en lo conducente, las disposiciones previstas en esta Ley para el trámite y resolución de inconformidades.

CAPÍTULO SEGUNDO.

DEL PROCEDIMIENTO DE CONCILIACIÓN[147]

Artículo 77[148]**.** En cualquier momento los proveedores o las dependencias y entidades podrán presentar ante la Secretaría de la Función Pública solicitud de conciliación, por desavenencias derivadas del cumplimiento de los contratos o pedidos.

Una vez recibida la solicitud respectiva, la Secretaría de la Función Pública señalará día y hora para que tenga verificativo la audiencia de conciliación y citará a las partes. Dicha audiencia se deberá iniciar dentro de los quince días hábiles siguientes a la fecha de recepción de la solicitud.

La asistencia a la audiencia de conciliación será obligatoria para ambas partes, por lo que la inasistencia por parte del proveedor traerá como consecuencia tener por no presentada su solicitud.

---

146 Artículo adicionado DOF 28-05-2009
147 Capítulo adicionado DOF 28-05-2009 (reubicado)
148 Artículo adicionado DOF 28-05-2009

Artículo 78[149]. En la audiencia de conciliación, la Secretaría de la Función Pública, tomando en cuenta los hechos manifestados en la solicitud y los argumentos que hiciere valer la dependencia o entidad respectiva, determinará los elementos comunes y los puntos de controversia y exhortará a las partes para conciliar sus intereses, conforme a las disposiciones de esta Ley, sin prejuzgar sobre el conflicto planteado.

Artículo 79[150]. En el supuesto de que las partes lleguen a un acuerdo durante la conciliación, el convenio respectivo obligará a las mismas, y su cumplimiento podrá ser demandado por la vía judicial correspondiente. La Secretaría de la Función Pública dará seguimiento a los acuerdos de voluntades, para lo cual las dependencias y entidades deberán remitir un informe sobre el avance de cumplimiento del mismo, en términos del Reglamento de esta Ley.

En caso de no existir acuerdo de voluntades, las partes podrán optar por cualquier vía de solución a su controversia.

CAPÍTULO TERCERO.

DEL ARBITRAJE, OTROS MECANISMOS DE SOLUCIÓN DE CONTROVERSIAS Y COMPETENCIA JUDICIAL[151]

Artículo 80[152]. Podrá convenirse compromiso arbitral respecto de aquellas controversias que surjan entre las partes por interpretación a las cláusulas de los contratos o por cuestiones derivadas de su ejecución, en términos de lo dispuesto en el Título Cuarto del Libro Quinto del Código de Comercio[153].

No será materia de arbitraje la rescisión administrativa, la terminación anticipada de los contratos, así como aquellos casos que disponga el Reglamento de esta Ley.

Artículo 81[154]. El arbitraje podrá preverse en cláusula expresa en el contrato o por convenio escrito posterior a su celebración. En las políticas, bases y lineamientos deberá establecerse el área o servidor público responsable para determinar la conveniencia de incluir dicha cláusula o firmar el convenio correspondiente.

Artículo 82[155]. El pago de los servicios a la persona que funja como árbitro no será materia de la presente Ley.

Los costos y honorarios del arbitraje correrán por cuenta de las partes contratantes, salvo determinación en contrario en el laudo arbitral.

Artículo 83[156]. El procedimiento arbitral culminará con el laudo arbitral, y podrá considerarse para efectos de solventar observaciones formuladas por quienes tengan facultades para efectuarlas, sobre las materias objeto de dicho laudo.

Artículo 84[157]. Las partes podrán convenir otros mecanismos de solución de controversias para resolver sus discrepancias sobre la interpretación o ejecución de los contratos.

Artículo 85[158]. Las controversias que se susciten con motivo de la interpretación o aplicación de los contratos celebrados con base en esta Ley, serán resueltas por los tribunales federales, en los casos en que no se haya pactado cláusula arbitral o medio alterno de solución de controversias, o éstas no resulten aplicables.

---

149 Artículo adicionado DOF 28-05-2009
150 Artículo adicionado DOF 28-05-2009
151 Capítulo adicionado DOF 28-05-2009
152 Artículo adicionado DOF 28-05-2009
153 Párrafo reformado DOF 16-01-2012
154 Artículo adicionado DOF 28-05-2009
155 Artículo adicionado DOF 28-05-2009
156 Artículo adicionado DOF 28-05-2009
157 Artículo adicionado DOF 28-05-2009. Reformado DOF 16-01-2012
158 Artículo adicionado DOF 28-05-2009

Artículo 86[159]**.** Lo dispuesto por este Capítulo se aplicará a las entidades sólo cuando sus leyes no regulen de manera expresa la forma en que podrán resolver sus controversias.

TRANSITORIOS

PRIMERO. La presente Ley entrará en vigor a los sesenta días siguientes al de su publicación **en el Diario Oficial de la Federación.**

SEGUNDO. Se abroga la Ley de Adquisiciones y Obras Públicas.

TERCERO. Las disposiciones administrativas expedidas en esta materia, vigentes al momento de la publicación de este ordenamiento, se seguirán aplicando en todo lo que no se opongan a la presente Ley, en tanto se expiden las que deban sustituirlas.

CUARTO. El Ejecutivo Federal expedirá el Reglamento de esta Ley en un plazo no mayor a 120 días naturales, contados a partir del día siguiente en que entre en vigor el presente ordenamiento.

QUINTO. Los procedimientos de contratación, de aplicación de sanciones, y de inconformidades, así como los demás asuntos que se encuentren en trámite o pendientes de resolución se tramitarán y resolverán conforme a las disposiciones vigentes al momento en el que se iniciaron.

Los contratos de adquisiciones, arrendamientos y prestación de servicios de cualquier naturaleza que se encuentren vigentes al entrar en vigor esta Ley, continuarán rigiéndose por las disposiciones vigentes en el momento en que se celebraron. Las rescisiones administrativas que por causas imputables al proveedor se hayan determinado de acuerdo con lo dispuesto en la Ley de Adquisiciones y Obras Públicas, se continuarán considerando para los efectos de los artículos 50, fracción III, y 60 de esta Ley.

II. LEY DE OBRAS PÚBLICAS Y SERVICIOS RELACIONADOS CON LAS MISMAS, DE 4 DE ENERO DE 2000.

TÍTULO PRIMERO.

DISPOSICIONES GENERALES

CAPÍTULO ÚNICO

Artículo 1. La presente Ley es de orden público y tiene por objeto reglamentar la aplicación del artículo 134 de la Constitución Política de los Estados Unidos Mexicanos en materia de contrataciones de obras públicas, así como de los servicios relacionados con las mismas, que realicen[160]:

I. Las unidades administrativas de la Presidencia de la República;

II. Las Secretarías de Estado y la Consejería Jurídica del Ejecutivo Federal[161];

III. La Procuraduría General de la República;

IV. Los organismos descentralizados;

V. Las empresas de participación estatal mayoritaria y los fideicomisos en los que el fideicomitente sea el Gobierno Federal o una entidad paraestatal, y

VI. Las entidades federativas, los municipios y los entes públicos de unas y otros, con cargo total o parcial a recursos federales, conforme a los convenios que celebren con el Ejecutivo Federal. No quedan comprendidos para la aplicación de la presente Ley los fondos previstos en el Capítulo V de la Ley de Coordinación Fiscal[162].

Las personas de derecho público de carácter federal con autonomía derivada de la Constitución Política de los Estados Unidos Mexicanos, así como las entidades que cuenten con un régimen es-

---

159 Artículo adicionado DOF 28-05-2009
160 Párrafo reformado DOF 28-05-2009
161 Fracción reformada DOF 28-05-2009
162 Fracción reformada DOF 28-05-2009

pecífico en materia de obras públicas y servicios relacionadas con las mismas, aplicarán los criterios y procedimientos previstos en esta Ley, sólo en lo no previsto en los ordenamientos que los rigen y siempre que no se contrapongan con los mismos, sujetándose a sus propios órganos de control[163].

Las obras públicas y servicios relacionados con las mismas que contraten las empresas productivas del Estado y sus empresas productivas subsidiarias quedan excluidos de la aplicación de este ordenamiento[164].

Los contratos que celebren las dependencias con las entidades, o entre entidades y los actos jurídicos que se celebren entre dependencias, o bien, los que se lleven a cabo entre alguna dependencia o entidad de la Administración Pública Federal con alguna perteneciente a la administración pública de una entidad federativa, no estarán dentro del ámbito de aplicación de esta Ley. Cuando la dependencia o entidad obligada a realizar los trabajos no tenga la capacidad para hacerlo por sí misma y contrate a un tercero para llevarlos a cabo, este acto quedará sujeto a este ordenamiento.

No estarán sujetas a las disposiciones de esta Ley, las obras que deban ejecutarse para crear la infraestructura necesaria en la prestación de servicios públicos que los particulares tengan concesionados, en los términos de la legislación aplicable, cuando éstos las lleven a cabo.

Las obras asociadas a proyectos de infraestructura que requieran inversión a largo plazo y amortizaciones programadas, estarán sujetas a la aprobación de la Cámara de Diputados conforme a sus facultades constitucionales, la Ley General de Deuda, la Ley Federal de Presupuesto y Responsabilidad Hacendaria, así como las demás disposiciones presupuestarias aplicables. En lo relativo a los principios que deben contener los contratos, los procedimientos de contratación y ejecución, así como las condiciones de difusión pública, se atenderán conforme a la presente Ley y la Ley Federal de Transparencia y Acceso a la Información Pública Gubernamental[165].

Los titulares de las dependencias y los órganos de gobierno de las entidades emitirán, bajo su responsabilidad y de conformidad con este mismo ordenamiento y los lineamientos generales que al efecto emita la Secretaría de la Función Pública, las políticas, bases y lineamientos para las materias a que se refiere este artículo[166].

Las dependencias y entidades se abstendrán de crear fideicomisos, otorgar mandatos o celebrar actos o cualquier tipo de contratos, que evadan lo previsto en este ordenamiento.

Artículo 2. Para los efectos de la presente Ley, se entenderá por:

I. Secretaría: la Secretaría de Hacienda y Crédito Público;

II. CompraNet: el sistema electrónico de información pública gubernamental sobre obras públicas y servicios relacionados con las mismas, integrado entre otra información, por los programas anuales en la materia, de las dependencias y entidades; el registro único de contratistas; el padrón de testigos sociales; el registro de contratistas sancionados; las convocatorias a la licitación y sus modificaciones; las invitaciones a cuando menos tres personas; las actas de las juntas de aclaraciones, del acto de presentación y apertura de proposiciones y de fallo; los testimonios de los testigos sociales; los datos de los contratos y los convenios modificatorios; las adjudicaciones directas; las resoluciones de la instancia de inconformidad que hayan causado estado, y las notificaciones y avisos correspondientes. Dicho sistema será de consulta gratuita y constituirá un medio por el cual se desarrollarán procedimientos de contratación.

El sistema estará a cargo de la Secretaría de la Función Pública, a través de la unidad administrativa que se determine en su Reglamento, la que establecerá los controles necesarios para garantizar la inalterabilidad y conservación de la información que contenga[167];

---

163 Párrafo reformado DOF 28-05-2009
164 Párrafo adicionado DOF 28-11-2008. Reformado DOF 11-08-2014
165 Párrafo reformado DOF 28-05-2009
166 Párrafo reformado DOF 28-05-2009
167 Fracción reformada DOF 28-05-2009

III. Dependencias: las señaladas en las fracciones I a III del artículo 1;

IV. Entidades: las mencionadas en las fracciones IV y V del artículo 1;

V. Tratados: los convenios regidos por el derecho internacional público, celebrados por escrito entre el Gobierno de los Estados Unidos Mexicanos y uno o varios sujetos de Derecho Internacional Público, ya sea que para su aplicación requiera o no la celebración de acuerdos en materias específicas, cualquiera que sea su denominación, mediante los cuales los Estados Unidos Mexicanos asumen compromisos;

VI. Contratista: la persona que celebre contratos de obras públicas o de servicios relacionados con las mismas[168];

VII. Licitante: la persona que participe en cualquier procedimiento de licitación pública, o bien de invitación a cuando menos tres personas[169];

VIII. Obras públicas asociadas a proyectos de infraestructura: las obras que tienen por objeto la construcción, ampliación o modificación de bienes inmuebles destinados directamente a la prestación de servicios de comunicaciones, transportes, hidráulico, medio ambiente, turístico, educación, salud y energético[170];

IX. Proyecto ejecutivo: el conjunto de planos y documentos que conforman los proyectos arquitectónico y de ingeniería de una obra, el catálogo de conceptos, así como las descripciones e información suficientes para que ésta se pueda llevar a cabo[171];

X. Proyecto arquitectónico: el que define la forma, estilo, distribución y el diseño funcional de una obra. Se expresará por medio de planos, maquetas, perspectivas, dibujos artísticos, entre otros[172];

XI. Proyecto de ingeniería: el que comprende los planos constructivos, memorias de cálculo y descriptivas, especificaciones generales y particulares aplicables, así como plantas, alzados, secciones y detalle, que permitan llevar a cabo una obra civil, eléctrica, mecánica o de cualquier otra especialidad[173], y

XII. Entidades federativas: los Estados de la Federación y el Distrito Federal, conforme al artículo 43 de la Constitución Política de los Estados Unidos Mexicanos[174].

Artículo 3. Para los efectos de esta Ley, se consideran obras públicas los trabajos que tengan por objeto construir, instalar, ampliar, adecuar, remodelar, restaurar, conservar, mantener, modificar y demoler bienes inmuebles. Asimismo, quedan comprendidos dentro de las obras públicas los siguientes conceptos:

I. El mantenimiento y la restauración de bienes muebles incorporados o adheridos a un inmueble, cuando implique modificación al propio inmueble;

II. Se deroga[175].

III. Los proyectos integrales, en los cuales el contratista se obliga desde el diseño de la obra hasta su terminación total, incluyéndose, cuando se requiera, la transferencia de tecnología[176];

IV. Los trabajos de exploración, localización y perforación distintos a los de extracción de petróleo y gas; mejoramiento del suelo y subsuelo; desmontes; extracción y aquellos similares, que tengan por objeto la explotación y desarrollo de los recursos naturales que se encuentren en el suelo o en el subsuelo;

---

168 Fracción reformada DOF 28-05-2009
169 Fracción reformada DOF 28-05-2009
170 Fracción adicionada DOF 28-05-2009
171 Fracción adicionada DOF 28-05-2009
172 Fracción adicionada DOF 28-05-2009
173 Fracción adicionada DOF 28-05-2009
174 Fracción adicionada DOF 28-05-2009
175 Fracción derogada DOF 28-05-2009
176 Fracción reformada DOF 28-05-2009

V. Instalación de islas artificiales y plataformas utilizadas directa o indirectamente en la explotación de recursos naturales;

VI. Los trabajos de infraestructura agropecuaria;

VII. La instalación, montaje, colocación o aplicación, incluyendo las pruebas de operación de bienes muebles que deban incorporarse, adherirse o destinarse a un inmueble, siempre y cuando dichos bienes sean proporcionados por la convocante al contratista; o bien, cuando incluyan la adquisición y su precio sea menor al de los trabajos que se contraten[177];

VIII. Las asociadas a proyectos de infraestructura que impliquen inversión a largo plazo y amortización programada en los términos de esta Ley, en las cuales el contratista se obligue desde la ejecución de la obra, su puesta en marcha, mantenimiento y operación de la misma[178], y

IX. Todos aquellos de naturaleza análoga, salvo que su contratación se encuentre regulada en forma específica por otras disposiciones legales. Corresponderá a la Secretaría de la Función Pública, a solicitud de la dependencia o entidad de que se trate, determinar si los trabajos se ubican en la hipótesis de esta fracción[179].

Artículo 4. Para los efectos de esta Ley, se consideran como servicios relacionados con las obras públicas, los trabajos que tengan por objeto concebir, diseñar y calcular los elementos que integran un proyecto de obra pública; las investigaciones, estudios, asesorías y consultorías que se vinculen con las acciones que regula esta Ley; la dirección o supervisión de la ejecución de las obras y los estudios que tengan por objeto rehabilitar, corregir o incrementar la eficiencia de las instalaciones. Asimismo, quedan comprendidos dentro de los servicios relacionados con las obras públicas los siguientes conceptos:

I. La planeación y el diseño, incluyendo los trabajos que tengan por objeto concebir, diseñar, proyectar y calcular los elementos que integran un proyecto de ingeniería básica, estructural, de instalaciones, de infraestructura, industrial, electromecánica y de cualquier otra especialidad de la ingeniería que se requiera para integrar un proyecto ejecutivo de obra pública;

II. La planeación y el diseño, incluyendo los trabajos que tengan por objeto concebir, diseñar, proyectar y calcular los elementos que integran un proyecto urbano, arquitectónico, de diseño gráfico o artístico y de cualquier otra especialidad del diseño, la arquitectura y el urbanismo, que se requiera para integrar un proyecto ejecutivo de obra pública;

III. Los estudios técnicos de agrología y desarrollo pecuario, hidrología, mecánica de suelos, sismología, topografía, geología, geodesia, geotécnia, geofísica, geotermia, oceanografía, meteorología, aerofotogrametría, ambientales, ecológicos y de ingeniería de tránsito;

IV. Los estudios económicos y de planeación de preinversión, factibilidad técnico económica, ecológica o social, de evaluación, adaptación, tenencia de la tierra, financieros, de desarrollo y restitución de la eficiencia de las instalaciones;

V. Los trabajos de coordinación, supervisión y control de obra; de laboratorio de análisis y control de calidad; de laboratorio de geotecnia, de resistencia de materiales y radiografías industriales; de preparación de especificaciones de construcción, presupuestación o la elaboración de cualquier otro documento o trabajo para la adjudicación del contrato de obra correspondiente;

VI. Los trabajos de organización, informática, comunicaciones, cibernética y sistemas aplicados a las materias que regula esta Ley;

VII. Los dictámenes, peritajes, avalúos y auditorías técnico normativas, y estudios aplicables a las materias que regula esta Ley;

VIII. Los estudios que tengan por objeto rehabilitar, corregir, sustituir o incrementar la eficiencia de las instalaciones en un bien inmueble;

177 Fracción reformada DOF 28-05-2009
178 Fracción reformada DOF 28-05-2009
179 Fracción adicionada DOF 28-05-2009

IX. Los estudios de apoyo tecnológico, incluyendo los de desarrollo y transferencia de tecnología entre otros, y

X. Todos aquéllos de naturaleza análoga.

Artículo 5. La aplicación de esta Ley será sin perjuicio de lo dispuesto en los tratados.

Artículo 6. Será responsabilidad de las dependencias y entidades mantener adecuada y satisfactoriamente aseguradas las obras públicas a partir del momento de su recepción.

Artículo 7. Derogado[180].

Artículo 8[181]. La Secretaría, la Secretaría de Economía y la Secretaría de la Función Pública, en el ámbito de sus respectivas competencias, estarán facultadas para interpretar esta Ley para efectos administrativos.

La Secretaría de la Función Pública dictará las disposiciones administrativas que sean estrictamente necesarias para el adecuado cumplimiento de esta Ley, tomando en cuenta la opinión de la Secretaría y, cuando corresponda, la de la Secretaría de Economía. Las disposiciones de carácter general se publicarán en el Diario Oficial de la Federación.

La Secretaría de la Función Pública, en el ámbito de sus atribuciones, estará encargada de establecer las directrices conforme a las cuales se determinarán los perfiles de puesto de los servidores públicos correspondientes en materia de contrataciones públicas, así como las relativas a la capacitación para el adecuado desempeño de sus funciones en las materias a que alude esta Ley.

Artículo 9[182]. Atendiendo a las disposiciones de esta Ley y a las demás que de ella emanen, la Secretaría de Economía dictará las reglas que deban observar las dependencias y entidades, derivadas de programas que tengan por objeto promover la participación de las empresas nacionales, especialmente de las micro, pequeñas y medianas.

Para la expedición de las reglas a que se refiere el párrafo anterior, la Secretaría de Economía tomará en cuenta la opinión de la Secretaría y de la Secretaría de la Función Pública.

Artículo 10. En materia de obras públicas y servicios relacionados con las mismas, los titulares de las dependencias y los órganos de gobierno de las entidades serán los responsables de que, en la adopción e instrumentación de las acciones que deban llevar a cabo en cumplimiento de esta Ley, se observen criterios que promuevan la modernización y desarrollo administrativo, la descentralización de funciones y la efectiva delegación de facultades.

Las facultades conferidas por esta Ley a los titulares de las dependencias podrán ser ejercidas por los titulares de sus órganos desconcentrados, previo acuerdo delegatorio.

Artículo 11. Corresponde a las dependencias y entidades llevar a cabo los procedimientos para contratar y ejecutar las obras públicas y servicios relacionados con las mismas, por lo que en ningún caso se podrán contratar servicios para que por su cuenta y orden se contraten las obras o servicios de que se trate.

Artículo 12[183]. En los casos de obras públicas y servicios relacionados con las mismas financiados con fondos provenientes de créditos externos otorgados al gobierno federal o con su garantía por organismos financieros regionales o multilaterales, los procedimientos, requisitos y demás disposiciones para su contratación serán establecidos, con la opinión de la Secretaría, por la Secretaría de la Función Pública aplicando en lo procedente lo dispuesto por esta Ley y deberán precisarse en las convocatorias, invitaciones y contratos correspondientes.

Artículo 13. Serán supletorias de esta Ley y de las demás disposiciones que de ella se deriven, en lo que corresponda, el Código Civil Federal, la Ley Federal de Procedimiento Administrativo y el Código Federal de Procedimientos Civiles.

Lo anterior sin perjuicio de lo dispuesto en el artículo 79 de la presente Ley[184].

---

180 Artículo derogado DOF 28-05-2009

181 Artículo reformado DOF 28-05-2009

182 Artículo reformado DOF 28-05-2009

183 Artículo reformado DOF 07-07-2005, 28-05-2009

184 Artículo reformado DOF 28-05-2009

Artículo 14. Cuando por las condiciones especiales de las obras públicas o de los servicios relacionados con las mismas se requiera la intervención de dos o más dependencias o entidades, cada una de ellas será responsable de la ejecución de la parte de los trabajos que le corresponda, sin perjuicio de la responsabilidad que, en razón de sus respectivas atribuciones, tenga la encargada de la planeación y programación del conjunto.

En los convenios a que se refiere la fracción VI del artículo 1 de esta Ley, se establecerán los términos para la coordinación de las acciones entre las entidades federativas que correspondan y las dependencias y entidades.

Artículo 15[185]**.** Los actos, contratos y convenios que las dependencias y entidades realicen o celebren en contravención a lo dispuesto por esta Ley, serán nulos previa determinación de la autoridad competente.

La solución de las controversias se sujetará a lo previsto por el Título Séptimo de esta Ley, sin perjuicio de lo establecido en los tratados de que México sea parte.

Artículo 16. Los contratos celebrados en el extranjero respecto de obras públicas o servicios relacionados con las mismas que deban ser ejecutados o prestados fuera del territorio nacional, se regirán por la legislación del lugar donde se formalice el acto, aplicando en lo procedente lo dispuesto por esta Ley.

Cuando las obras y servicios hubieren de ser ejecutados o prestados en el país, su procedimiento de contratación y los contratos deberán realizarse dentro del territorio nacional[186].

En el caso a que se refiere el párrafo anterior, cuando se acredite previamente que el procedimiento de contratación y los contratos no pueden realizarse dentro del territorio nacional, conforme a lo dispuesto por esta Ley, las obras y servicios se podrán contratar en el extranjero, aplicando los principios dispuestos por ésta[187].

En los supuestos previstos en los párrafos primero y tercero de este artículo, para acreditar la aplicación de los principios dispuestos por esta Ley, tanto la justificación de la selección del contratista, como de las obras o servicios a contratar y el precio de los mismos, según las circunstancias que concurran en cada caso, deberá motivarse en criterios de economía, eficacia, eficiencia, imparcialidad, honradez y transparencia que aseguren las mejores condiciones para el Estado, lo cual constará en un escrito firmado por el titular del área contratante, y el dictamen de procedencia de la contratación será autorizado por el titular de la dependencia o entidad, o aquel servidor público en quien éste delegue dicha función. En ningún caso la delegación podrá recaer en servidor público con nivel inferior al de director general en las dependencias o su equivalente en las entidades[188].

TÍTULO SEGUNDO.
DE LA PLANEACIÓN, PROGRAMACIÓN Y PRESUPUESTO[189]

CAPÍTULO ÚNICO

Artículo 17. En la planeación de las obras públicas y de los servicios relacionados con las mismas que pretendan realizar los sujetos a que se refieren las fracciones I a VI del artículo 1 de esta Ley, deberán ajustarse a[190]:

I. Lo dispuesto por la Ley General de Asentamientos Humanos;

---

185 Artículo reformado DOF 28-05-2009

186 Párrafo reformado DOF 28-05-2009

187 Párrafo adicionado DOF 28-05-2009

188 Párrafo adicionado DOF 28-05-2009

189 Se deroga referencia al Título (nuevo Título Segundo reubicado a partir del artículo 27). Denominación del Título reformada DOF 07-07-2005. Referencia al Título derogada DOF 28-05-2009

190 Párrafo reformado DOF 28-05-2009

II. Los objetivos y prioridades del Plan Nacional de Desarrollo y de los programas sectoriales, institucionales, regionales y especiales que correspondan, así como a las previsiones contenidas en sus programas anuales, y

III. Los objetivos, metas y previsiones de recursos establecidos en el Presupuesto de Egresos de la Federación o, en su caso, al presupuesto destinado a las contrataciones que los fideicomisos públicos no considerados entidades paraestatales prevean para el ejercicio correspondiente[191].

Artículo 18[192]**.** Las dependencias o entidades que requieran contratar o realizar estudios o proyectos, previamente verificarán en sus archivos la existencia de trabajos sobre la materia de que se trate.

En el supuesto de que se advierta la existencia de dichos trabajos y se compruebe que los mismos satisfacen los requerimientos de la entidad o dependencia, no procederá la contratación, con excepción de aquellos trabajos que sean necesarios para su adecuación, actualización o complemento.

Las entidades deberán remitir a su coordinadora de sector una descripción sucinta del objeto de los contratos que en estas materias celebren, así como de sus productos.

Los contratos de servicios relacionados con las obras públicas sólo se podrán celebrar cuando las áreas responsables de su ejecución no dispongan cuantitativa o cualitativamente de los elementos, instalaciones y personal para llevarlos a cabo, lo cual deberá justificarse a través del dictamen que para tal efecto emita el titular del área responsable de los trabajos.

Cualquier persona, las entidades federativas y los municipios podrán promover y presentar a consideración de las dependencias y entidades, estudios, planes y programas para el desarrollo de proyectos, debiendo proporcionar la información suficiente que permita su factibilidad, sin que ello genere derechos u obligaciones a las mismas dependencias y entidades.

Los estudios, planes y programas para la realización de obras públicas asociadas a proyectos de infraestructura de los sectores comunicaciones, transportes, hidráulico, medio ambiente, turístico, educación, salud y energético, deberán reunir los requisitos que establezcan, mediante disposiciones de carácter general, las dependencias del sector que corresponda, en el ámbito de sus respectivas competencias.

Las dependencias y entidades realizarán el análisis de los estudios, planes o programas asociados a proyectos de infraestructura, con el objeto de determinar su viabilidad conforme a las disposiciones referidas en el párrafo anterior, así como su congruencia con el Plan Nacional de Desarrollo y los programas correspondientes.

Asimismo, las dependencias y entidades notificarán al promovente de los estudios, planes o programas a que se refiere el párrafo anterior, su autorización, negativa o, en su caso, las observaciones que formulen en relación a éstos, en un plazo que no excederá de seis meses contado a partir de la fecha de presentación del estudio, plan o programa correspondiente, sin que contra esta determinación proceda recurso alguno. En caso de que las dependencias y entidades no respondan en el término indicado, el estudio, plan o programa presentado se tendrá por rechazado.

Respecto de las propuestas de estudios, planes o programas autorizados, la dependencia o en el caso de entidades, la dependencia coordinadora del sector respectivo evaluará, dentro de dicho plazo, las condiciones y tiempos para el desarrollo de los estudios complementarios que se requieran, a fin de contar con el proyecto de obra correspondiente.

Artículo 19. Las dependencias y entidades que realicen obras públicas y servicios relacionados con las mismas, sea por contrato o por administración directa, así como los contratistas con quienes aquellas contraten, observarán las disposiciones que en materia de asentamientos humanos, desarrollo urbano y construcción rijan en el ámbito federal, estatal y municipal.

---

191 Fracción reformada DOF 28-05-2009

192 Artículo reformado DOF 07-07-2005, 28-05-2009

Las dependencias y entidades, cuando sea el caso, previamente a la realización de los trabajos, deberán tramitar y obtener de las autoridades competentes los dictámenes, permisos, licencias, derechos de bancos de materiales, así como la propiedad o los derechos de propiedad incluyendo derechos de vía y expropiación de inmuebles sobre los cuales se ejecutarán las obras públicas, o en su caso los derechos otorgados por quien pueda disponer legalmente de los mismos. En la convocatoria a la licitación se precisarán, en su caso, aquéllos trámites que corresponderá realizar al contratista[193].

Artículo 19 Bis[194]**.** Sin perjuicio de lo previsto en el segundo párrafo del artículo anterior, la dependencia o entidad podrá establecer en la convocatoria que los licitantes tendrán a su cargo gestionar la adquisición de los bienes inmuebles o constitución de derechos reales que correspondan, que sean necesarios para ejecutar las obras públicas.

En todo caso, la convocatoria siempre deberá considerar los montos necesarios para cubrir la adquisición de los inmuebles, bienes y derechos necesarios, cuidando que no se generen ventajas indebidas a los licitantes que puedan ser previamente propietarios de los inmuebles o derechos reales destinados a la ejecución del proyecto.

Artículo 20[195]**.** Las dependencias y entidades estarán obligadas a considerar los efectos sobre el medio ambiente que pueda causar la ejecución de las obras públicas con sustento en la evaluación de impacto ambiental prevista por la Ley General del Equilibrio Ecológico y la Protección al Ambiente. Los proyectos deberán incluir las obras necesarias para que se preserven o restituyan en forma equivalente las condiciones ambientales cuando éstas pudieren deteriorarse y se dará la intervención que corresponda a la Secretaría de Medio Ambiente y Recursos Naturales, y a las dependencias y entidades que tengan atribuciones en la materia.

Artículo 21. Las dependencias y entidades según las características, complejidad y magnitud de los trabajos formularán sus programas anuales de obras públicas y de servicios relacionados con las mismas y los que abarquen más de un ejercicio presupuestal, así como sus respectivos presupuestos, considerando:

I. Los estudios de preinversión que se requieran para definir la factibilidad técnica, económica, ecológica y social de los trabajos;

II. Los objetivos y metas a corto, mediano y largo plazo;

III. Las acciones previas, durante y posteriores a la ejecución de las obras públicas, incluyendo, cuando corresponda, las obras principales, las de infraestructura, las complementarias y accesorias, así como las acciones para poner aquéllas en servicio;

IV. Las características ambientales, climáticas y geográficas de la región donde deba realizarse la obra pública;

V. Las normas aplicables conforme a la Ley Federal sobre Metrología y Normalización o, a falta de éstas, las normas internacionales;

VI. Los resultados previsibles;

VII. La coordinación que sea necesaria para resolver posibles interferencias y evitar duplicidad de trabajos o interrupción de servicios públicos;

VIII. La calendarización física y financiera de los recursos necesarios para la realización de estudios y proyectos, la ejecución de los trabajos, así como los gastos de operación;

IX. Las unidades responsables de su ejecución, así como las fechas previstas de iniciación y terminación de los trabajos;

X. Las investigaciones, asesorías, consultorías y estudios que se requieran, incluyendo los proyectos arquitectónicos y de ingeniería necesarios;

---

193 Párrafo reformado DOF 28-05-2009

194 Artículo adicionado DOF 16-01-2012

195 Artículo reformado DOF 09-04-2012

XI. La adquisición y regularización de la tenencia de la tierra, así como la obtención de los permisos de construcción necesarios;

XII. La ejecución, que deberá incluir el costo estimado de las obras públicas y servicios relacionados con las mismas que se realicen por contrato y, en caso de realizarse por administración directa, los costos de los recursos necesarios; las condiciones de suministro de materiales, de maquinaria, de equipos o de cualquier otro accesorio relacionado con los trabajos; los cargos para pruebas y funcionamiento, así como los indirectos de los trabajos;

XIII. Los trabajos de mantenimiento de los bienes inmuebles a su cargo;

XIV. Los permisos, autorizaciones y licencias que se requieran;

XV. Toda instalación pública deberá asegurar la accesibilidad, evacuación, libre tránsito sin barreras arquitectónicas, para todas las personas; y deberán cumplir con las normas de diseño y de señalización que se emitan, en instalaciones, circulaciones, servicios sanitarios y demás instalaciones análogas para las personas con discapacidad, y

XVI. Las demás previsiones y características de los trabajos.

Artículo 22[196]. Las dependencias y entidades pondrán a disposición del público en general, a través de CompraNet y de su página en Internet, a más tardar el 31 de enero de cada año, su programa anual de obras públicas y servicios relacionados con las mismas correspondiente al ejercicio fiscal de que se trate, con excepción de aquella información que, de conformidad con las disposiciones aplicables, sea de naturaleza reservada o confidencial, en los términos establecidos en la Ley Federal de Transparencia y Acceso a la Información Pública Gubernamental.

Las obras públicas y servicios contenidos en el citado programa podrán ser adicionados, modificados, suspendidos o cancelados, sin responsabilidad alguna para la dependencia o entidad de que se trate, debiendo informar de ello a la Secretaría de la Función Pública y actualizar en forma mensual el programa en CompraNet.

Artículo 23. En las obras públicas y los servicios relacionados con las mismas, cuya ejecución rebase un ejercicio presupuestal, las dependencias o entidades deberán determinar tanto el presupuesto total, como el relativo a los ejercicios de que se trate; en la formulación de los presupuestos de los ejercicios subsecuentes, además de considerar los costos que, en su momento, se encuentren vigentes, se deberán tomar en cuenta las previsiones necesarias para los ajustes de costos y convenios que aseguren la continuidad de los trabajos.

El presupuesto actualizado será la base para solicitar la asignación de cada ejercicio presupuestal subsecuente.

La asignación presupuestal aprobada para cada contrato servirá de base para otorgar, en su caso, el porcentaje pactado por concepto de anticipo.

Para los efectos de este artículo, las dependencias y entidades observarán lo dispuesto en el artículo 50 de la Ley Federal de Presupuesto y Responsabilidad Hacendaria. La información sobre estos contratos se difundirá a través de CompraNet[197].

Artículo 24. La planeación, programación, presupuestación y el gasto de las obras y servicios relacionados con las mismas, se sujetará a las disposiciones específicas del Presupuesto de Egresos de la Federación, así como a lo previsto en la Ley Federal de Presupuesto y Responsabilidad Hacendaria y demás disposiciones aplicables y los recursos destinados a ese fin se administrarán con eficiencia, eficacia, economía, transparencia, honradez e imparcialidad para satisfacer los objetivos a los que fueren destinados.

Las dependencias y entidades, bajo su responsabilidad, podrán convocar, adjudicar o contratar obras y servicios relacionados con las mismas, con cargo a su presupuesto autorizado y sujetándose al calendario de gasto correspondiente.

---

196 Artículo reformado DOF 07-07-2005, 28-05-2009

197 Párrafo reformado DOF 28-05-2009

En casos excepcionales, previo a la autorización de su presupuesto, las dependencias y entidades podrán solicitar a la Secretaría su aprobación para convocar, adjudicar y formalizar contratos cuya vigencia inicie en el ejercicio fiscal siguiente de aquél en el que se formalizan. Los referidos contratos estarán sujetos a la disponibilidad presupuestaria del año en el que se prevé el inicio de su vigencia, por lo que sus efectos estarán condicionados a la existencia de los recursos presupuestarios respectivos, sin que la no realización de la referida condición suspensiva origine responsabilidad alguna para las partes. Cualquier pacto en contrario a lo dispuesto en este párrafo se considerará nulo.

Para la realización de obras públicas se requerirá contar con los estudios y proyectos, especificaciones de construcción, normas de calidad y el programa de ejecución totalmente terminados, o bien, en el caso de obras públicas de gran complejidad, con un avance en su desarrollo que permita a los licitantes preparar una proposición solvente y ejecutar los trabajos hasta su conclusión en forma ininterrumpida, en concordancia con el programa de ejecución convenido. Se exceptúa de lo anterior los casos a que se refieren las fracciones II, V y VIII, salvo los trabajos de mantenimiento, del artículo 42 de esta Ley.

Lo dispuesto en el párrafo anterior, será de la responsabilidad de los servidores públicos que autoricen el proyecto ejecutivo[198].

Artículo 25[199]**.** Los titulares de las dependencias y los órganos de gobierno de las entidades, atendiendo a la cantidad de obras públicas y servicios relacionados con las mismas que realicen, deberán establecer comités de obras públicas para los casos que establece esta Ley, los cuales tendrán como mínimo las siguientes funciones:

I. Revisar el programa y el presupuesto de obras públicas y servicios relacionados con las mismas, así como sus modificaciones, y formular las observaciones y recomendaciones convenientes;

II. Dictaminar los proyectos de políticas, bases y lineamientos en materia de obras públicas y servicios relacionados con las mismas que le presenten, así como someterlas a la consideración del titular de la dependencia o el órgano de gobierno de las entidades; en su caso, autorizar los supuestos no previstos en las mismas;

III. Dictaminar, previamente a la iniciación del procedimiento, sobre la procedencia de no celebrar licitaciones públicas por encontrarse en alguno de los supuestos de excepción previstos en el artículo 42 de esta Ley;

IV. Autorizar, cuando se justifique, la creación de subcomités de obras públicas, así como aprobar la integración y funcionamiento de los mismos;

V. Elaborar y aprobar el manual de integración y funcionamiento del comité, en el cual se deberán considerar cuando menos las siguientes bases:

a) Será presidido por el Oficial Mayor o equivalente;

b) Los vocales titulares deberán tener un nivel jerárquico mínimo de director general o equivalente;

c) El número total de miembros del Comité deberá ser impar, quienes invariablemente deberán emitir su voto en cada uno de los asuntos que se sometan a su consideración;

d) El área jurídica y el órgano interno de control de la dependencia o entidad, deberán asistir a las sesiones del Comité, como asesor, con voz pero sin voto, debiendo pronunciarse de manera razonada en los asuntos que conozca el Comité. Los asesores titulares no podrán tener un nivel jerárquico inferior al de director general o equivalente, y

e) El Comité deberá dictaminar en la misma sesión los asuntos que se presenten a su consideración; el Reglamento de esta Ley establecerá las bases conforme a las cuales los comités podrán de manera excepcional dictaminar los asuntos en una siguiente sesión.

198 Párrafo reformado DOF 07-07-2005, 28-05-2009
199 Artículo reformado DOF 07-07-2005, 28-05-2009

Los integrantes del Comité con derecho a voz y voto, así como los asesores del mismo, podrán designar por escrito a sus respectivos suplentes, los que no deberán tener un nivel jerárquico inferior a director de área;

VI. Coadyuvar al cumplimiento de esta Ley y demás disposiciones aplicables, y

VII. Analizar trimestralmente el informe de la conclusión y resultados generales de las contrataciones que se realicen y, en su caso, recomendar las medidas necesarias para verificar que el programa y presupuesto de obras y servicios se ejecuten en tiempo y forma, así como proponer medidas tendientes a mejorar o corregir sus procesos de contratación y ejecución.

Los titulares de las dependencias podrán autorizar la creación de comités en órganos desconcentrados, cuando la cantidad y monto de sus operaciones o las características de sus funciones así lo justifiquen.

La Secretaría de la Función Pública podrá participar como asesor en los comités y subcomités a que se refiere este artículo, pronunciándose de manera razonada al emitir sus opiniones.

Artículo 26. Las dependencias y entidades podrán realizar las obras públicas y servicios relacionados con las mismas por alguna de las dos formas siguientes:

I. Por contrato, o

II. Por administración directa.

TÍTULO SEGUNDO.
DE LOS PROCEDIMIENTOS DE CONTRATACIÓN[200]

CAPÍTULO PRIMERO.
GENERALIDADES

Artículo 27[201]. Las dependencias y entidades seleccionarán de entre los procedimientos que a continuación se señalan, aquél que de acuerdo con la naturaleza de la contratación asegure al Estado las mejores condiciones disponibles en cuanto a precio, calidad, financiamiento, oportunidad y demás circunstancias pertinentes:

I. Licitación pública;

II. Invitación a cuando menos tres personas, o

III. Adjudicación directa.

Los contratos de obras públicas y los servicios relacionados con las mismas se adjudicarán, por regla general, a través de licitaciones públicas, mediante convocatoria pública, para que libremente se presenten proposiciones solventes en sobre cerrado, que será abierto públicamente.

En los procedimientos de contratación deberán establecerse los mismos requisitos y condiciones para todos los participantes, debiendo las dependencias y entidades proporcionar a todos los interesados igual acceso a la información relacionada con dichos procedimientos, a fin de evitar favorecer a algún participante.

Las condiciones contenidas en la convocatoria a la licitación e invitación a cuando menos tres personas y en las proposiciones presentadas por los licitantes no podrán ser negociadas, sin perjuicio de que la convocante pueda solicitar a los licitantes aclaraciones o información adicional en los términos del artículo 38 de esta Ley.

La licitación pública inicia con la publicación de la convocatoria y, en el caso de invitación a cuando menos tres personas, con la entrega de la primera invitación; ambos procedimientos concluyen con la emisión del fallo y la firma del contrato o, en su caso, con la cancelación del procedimiento respectivo.

---

200 Título reubicado DOF 28-05-2009 (antes Título Tercero)

201 Artículo reformado DOF 07-07-2005, 28-05-2009

Los licitantes sólo podrán presentar una proposición en cada procedimiento de contratación; iniciado el acto de presentación y apertura de proposiciones, las ya presentadas no podrán ser retiradas o dejarse sin efecto por los licitantes.

A los actos del procedimiento de licitación pública e invitación a cuando menos tres personas podrá asistir cualquier persona en calidad de observador, bajo la condición de registrar su asistencia y abstenerse de intervenir en cualquier forma en los mismos.

La Secretaría de Economía, mediante reglas de carácter general y tomando en cuenta la opinión de la Secretaría de la Función Pública, determinará los criterios para la aplicación de las reservas, mecanismos de transición u otros supuestos establecidos en los tratados.

Artículo 27 Bis[202]**.** En las licitaciones públicas, cuyo monto rebase el equivalente a diez millones de días de salario mínimo general vigente en el Distrito Federal y en aquellos casos que determine la Secretaría de la Función Pública atendiendo al impacto que la contratación tenga en los programas sustantivos de la dependencia o entidad, participarán testigos sociales conforme a lo siguiente:

I. La Secretaría de la Función Pública tendrá a su cargo el padrón público de testigos sociales, quienes participarán en todas las etapas de los procedimientos de licitación pública, a los que se refiere esta Ley, con voz y emitirán un testimonio final que incluirá sus observaciones y en su caso recomendaciones, mismo que tendrá difusión en la página electrónica de cada dependencia o entidad, en CompraNet y se integrará al expediente respectivo.

II. Los testigos sociales serán seleccionados mediante convocatoria pública, emitida por la Secretaría de la Función Pública.

III. La Secretaría de la Función Pública, acreditará como testigos sociales a aquéllas personas que cumplan con los siguientes requisitos:

a) Ser ciudadano mexicano en ejercicio de sus derechos o extranjero cuya condición migratoria permita la función a desarrollar;

b) Cuando se trate de una organización no gubernamental, acreditar que se encuentra constituida conforme a las disposiciones legales aplicables y que no persigue fines de lucro;

c) No haber sido sentenciado con pena privativa de libertad;

d) No ser servidor público en activo en México y/o en el extranjero. Asimismo, no haber sido servidor público Federal o de una Entidad Federativa durante al menos un año previo a la fecha en que se presente su solicitud para ser acreditado;

e) No haber sido sancionado como servidor público ya sea Federal, estatal, municipal o por autoridad competente en el extranjero;

f) Presentar currículo en el que se acrediten los grados académicos, la especialidad correspondiente, la experiencia laboral y, en su caso, docente, así como los reconocimientos que haya recibido a nivel académico y profesional;

g) Asistir a los cursos de capacitación que imparte la Secretaría de la Función Pública sobre esta Ley y Tratados, y

h) Presentar manifestación escrita bajo protesta de decir verdad que se abstendrá de participar en contrataciones en las que pudiese existir conflicto de intereses, ya sea porque los licitantes o los servidores públicos que intervienen en las mismas tienen vinculación académica, de negocios o familiar.

IV. Los testigos sociales tendrán las funciones siguientes:

a) Proponer a las dependencias, entidades y a la Secretaría de la Función Pública mejoras para fortalecer la transparencia, imparcialidad y las disposiciones legales en materia de obras públicas y servicios relacionados con las mismas;

b) Dar seguimiento al establecimiento de las acciones que se recomendaron derivadas de su participación en las contrataciones, y

---

202 Artículo adicionado DOF 28-05-2009

c) Emitir al final de su participación el testimonio correspondiente del cual entregarán un ejemplar a la Secretaría de la Función Pública. Dicho testimonio deberá ser publicado dentro de los diez días naturales siguientes a su participación en la página de Internet de la dependencia o entidad que corresponda.

En caso de que el testigo social detecte irregularidades en los procedimientos de contratación, deberá remitir su testimonio al área de quejas del órgano interno de control de la dependencia o entidad convocante y/o a la Comisión de Vigilancia de la Cámara de Diputados del Congreso de la Unión.

Se podrá exceptuar la participación de los testigos sociales en aquéllos casos en que los procedimientos de contrataciones contengan información clasificada como reservada que pongan en riesgo la seguridad nacional, pública o la defensa nacional en los términos de las disposiciones legales aplicables.

El Reglamento de esta Ley especificará los montos de la contraprestación al testigo social en función de la importancia y del presupuesto asignado a la contratación.

Artículo 28[203]. En las licitaciones públicas se podrán utilizar medios electrónicos, conforme a las disposiciones administrativas que emita la Secretaría de la Función Pública. Lo anterior, sin perjuicio de que los licitantes puedan optar por presentar sus proposiciones por escrito durante el acto de presentación y apertura de proposiciones.

Las proposiciones presentadas deberán ser firmadas autógrafamente por los licitantes o sus apoderados; en el caso de que éstas sean enviadas a través de medios remotos de comunicación electrónica, en sustitución de la firma autógrafa, se emplearán medios de identificación electrónica, los cuales producirán los mismos efectos que las leyes otorgan a los documentos correspondientes y, en consecuencia, tendrán el mismo valor probatorio.

En el caso que los licitantes opten por el uso de dichos medios para enviar sus proposiciones, ello no limita que participen en los diferentes actos derivados de las licitaciones.

La Secretaría de la Función Pública operará y se encargará del sistema de certificación de los medios de identificación electrónica que utilicen las dependencias, entidades o los licitantes y será responsable de ejercer el control de estos medios, salvaguardando la confidencialidad de la información que se remita por esta vía.

La Secretaría de la Función Pública podrá aceptar la certificación o identificación electrónica que otorguen las dependencias y entidades, las entidades federativas, municipios y los entes públicos de unas y otros, así como terceros facultados por autoridad competente en la materia, cuando los sistemas de certificación empleados se ajusten a las disposiciones que emita la Secretaría de la Función Pública.

El sobre que contenga la proposición de los licitantes deberá entregarse en la forma y medios que prevea la convocatoria a la licitación.

Artículo 29. En los procedimientos de contratación de obras públicas y de servicios relacionados con las mismas, las dependencias y entidades optarán, en igualdad de condiciones, por el empleo de los recursos humanos del país y por la utilización de bienes o servicios de procedencia nacional y los propios de la región, sin perjuicio de lo dispuesto en los tratados.

CAPÍTULO SEGUNDO.
DE LA LICITACIÓN PÚBLICA

Artículo 30[204]. El carácter de las licitaciones públicas, será:

I. Nacional, en la cual únicamente puedan participar personas de nacionalidad mexicana, por encontrarse debajo de los umbrales previstos en los tratados, o cuando habiéndose rebasado estos, se haya realizado la reserva correspondiente;

---

203 Artículo reformado DOF 13-06-2003, 07-07-2005, 28-05-2009

204 Artículo reformado DOF 28-05-2009

II. Internacional bajo la cobertura de tratados, cuando resulte obligatorio conforme a lo establecido en los mismos y en la que sólo podrán participar licitantes mexicanos y extranjeros de países con los que el nuestro tenga celebrado un tratado de libre comercio con capítulo de compras gubernamentales, o

III. Internacional abierta, en la que podrán participar licitantes mexicanos y extranjeros, cualquiera que sea su nacionalidad, aún sin que nuestro país tenga celebrados tratados de libre comercio con su país de origen, cuando:

a) Previa investigación que realice la dependencia o entidad convocante, los contratistas nacionales no cuenten con la capacidad para la ejecución de los trabajos o sea conveniente en términos de precio;

b) Habiéndose realizado una de carácter nacional, no se presenten proposiciones, y

c) Así se estipule para las contrataciones financiadas con créditos externos otorgados al Gobierno Federal o con su aval.

En el caso de las licitaciones a que se refiere esta fracción, deberá negarse la participación a extranjeros cuando su país no conceda un trato recíproco a los licitantes, contratistas, bienes o servicios mexicanos.

En las licitaciones públicas, podrá requerirse la incorporación de materiales, maquinaria y equipo de instalación permanente nacional, por el porcentaje del valor de los trabajos que determine la convocante. Asimismo, deberá incorporarse por lo menos treinta por ciento de mano de obra nacional, sin perjuicio de lo dispuesto en los tratados internacionales.

Artículo 31[205]**.** La convocatoria a la licitación pública, en la cual se establecerán las bases en que se desarrollará el procedimiento y en las cuales se describirán los requisitos de participación, deberá contener:

I. El nombre, denominación o razón social de la dependencia o entidad convocante;

II. La indicación de si la licitación es nacional o internacional; y en caso de ser internacional, si se realizará o no bajo la cobertura del capítulo de compras del sector público de algún tratado, y el idioma o idiomas, además del español, en que podrán presentarse las proposiciones;

III. La descripción general de la obra o del servicio y el lugar en donde se llevarán a cabo los trabajos;

IV. Los porcentajes, forma y términos de los anticipos que, en su caso, se otorgarán;

V. Plazo de ejecución de los trabajos determinado en días naturales, indicando la fecha estimada de inicio de los mismos;

VI. Moneda o monedas en que podrán presentarse las proposiciones. En los casos en que se permita hacer la cotización en moneda extranjera se deberá establecer que el pago que se realice en el territorio nacional se hará en moneda nacional y al tipo de cambio de la fecha en que se haga dicho pago, así como el mecanismo y periodos de revisión;

VII. Las condiciones de pago de acuerdo al tipo de contrato a celebrar;

VIII. La indicación de que, en su caso, las proposiciones podrán presentarse a través de medios electrónicos, precisando los términos y condiciones para ello;

IX. Cuando proceda, lugar, fecha y hora para la visita o visitas al sitio de realización de los trabajos, la que deberá llevarse a cabo dentro del período comprendido entre el cuarto día natural siguiente a aquél en que se publique la convocatoria y el sexto día natural previo al acto de presentación y apertura de proposiciones;

X. La fecha, hora y lugar de la primera junta de aclaraciones a la convocatoria de la licitación, siendo optativa la asistencia a las reuniones que, en su caso, se realicen;

XI. Las fechas, horas y lugares de celebración del acto de presentación y apertura de proposiciones; comunicación del fallo y firma del contrato;

---

205 Artículo reformado DOF 07-07-2005, 28-05-2009

XII. El señalamiento de que para intervenir en el acto de presentación y apertura de proposiciones bastará que los licitantes presenten un escrito en el que su firmante manifieste, bajo protesta de decir verdad, que cuenta con facultades suficientes para comprometerse por sí o por su representada, sin que resulte necesario acreditar su personalidad jurídica;

XIII. La forma en que los licitantes deberán acreditar su existencia legal y personalidad jurídica, para efectos de la suscripción de las proposiciones y, en su caso, firma del contrato. Asimismo, la indicación de que el licitante deberá proporcionar una dirección de correo electrónico, en caso de contar con él;

XIV. La indicación de que no podrán participar las personas que se encuentren en los supuestos de los artículos 51 y 78 de esta Ley;

XV. La indicación de que las personas a que se refiere el segundo párrafo de la fracción VII del artículo 51 de esta Ley, que pretendan participar en el procedimiento de contratación para la ejecución de una obra, manifiesten bajo protesta de decir verdad que los estudios, planes o programas que previamente hayan realizado, incluyen supuestos, especificaciones e información verídicos y se ajustan a los requerimientos reales de la obra a ejecutar, así como que, en su caso, consideran costos estimados apegados a las condiciones del mercado;

En el caso de que la manifestación se haya realizado con falsedad, se sancionará al licitante conforme al Título Sexto de esta Ley;

XVI. La forma en que los licitantes acreditarán su experiencia y capacidad técnica y financiera que se requiera para participar en la licitación, de acuerdo con las características, complejidad y magnitud de los trabajos;

XVII. Proyectos arquitectónicos y de ingeniería que se requieran para preparar la proposición; normas de calidad de los materiales y especificaciones generales y particulares de construcción aplicables, en el caso de las especificaciones particulares, deberán ser firmadas por el responsable del proyecto;

XVIII. Tratándose de servicios relacionados con las obras públicas, los términos de referencia que deberán precisar el objeto y alcances del servicio; las especificaciones generales y particulares; el producto esperado, y la forma de presentación, así como los tabuladores de las cámaras industriales y colegios de profesionales que deberán servir de referencia para determinar los sueldos y honorarios profesionales del personal técnico;

XIX. Relación de materiales y equipo de instalación permanente que, en su caso, proporcione la convocante, debiendo acompañar los programas de suministro correspondientes;

XX. En su caso, el señalamiento del porcentaje de contenido nacional del valor de la obra que deberán cumplir los licitantes en materiales, maquinaria y equipo de instalación permanente, que serían utilizados en la ejecución de los trabajos;

XXI. Información específica sobre las partes de los trabajos que podrán subcontratarse;

XXII. Criterios claros y detallados para la evaluación de las proposiciones y la adjudicación de los contratos, de conformidad con lo establecido por el artículo 38 de esta Ley;

XXIII. Señalamiento de las causas expresas de desechamiento, que afecten directamente la solvencia de las proposiciones, entre las que se incluirá la comprobación de que algún licitante ha acordado con otro u otros elevar el costo de los trabajos, o cualquier otro acuerdo que tenga como fin obtener una ventaja sobre los demás licitantes;

XXIV. Porcentaje, forma y términos de las garantías que deban otorgarse;

XXV. Modelo de contrato al que para la licitación de que se trate se sujetarán las partes, el cual deberá contener los requisitos a que se refiere el artículo 46 de esta Ley;

XXVI. La indicación de que el licitante ganador que no firme el contrato por causas imputables al mismo será sancionado en los términos del artículo 78 de esta Ley;

XXVII. El procedimiento de ajuste de costos que deberá aplicarse, según el tipo de contrato;

XXVIII. Atendiendo al tipo de contrato, la información necesaria para que los licitantes integren sus proposiciones técnica y económica. En caso de que exista información que no pueda ser proporcionada a través de CompraNet, la indicación de que la misma estará a disposición de los interesados en el domicilio que se señale por la convocante;

XXIX. La relación de documentos que los licitantes deberán integrar a sus proposiciones, atendiendo al tipo de contrato, así como a las características, magnitud y complejidad de los trabajos.

XXX. El domicilio de las oficinas de la Secretaría de la Función Pública o de los gobiernos de las entidades federativas, o en su caso el medio electrónico en que podrán presentarse inconformidades, de acuerdo a lo dispuesto en el artículo 84 de la presente Ley;

XXXI. Precisar que será requisito el que los licitantes presenten una declaración de integridad, en la que manifiesten, bajo protesta de decir verdad, que por sí mismos o a través de interpósita persona, se abstendrán de adoptar conductas, para que los servidores públicos de la dependencia o entidad, induzcan o alteren las evaluaciones de las proposiciones, el resultado del procedimiento, u otros aspectos que otorguen condiciones más ventajosas con relación a los demás participantes, y

XXXII. Los demás requisitos generales que, por las características, complejidad y magnitud de los trabajos, deberán cumplir los interesados, precisando cómo serán utilizados en la evaluación.

Para la participación, adjudicación o contratación de obras públicas o servicios relacionados con las mismas no podrán establecerse requisitos que tengan por objeto o efecto limitar el proceso de competencia y libre concurrencia. En ningún caso se deberán establecer requisitos o condiciones imposibles de cumplir. La dependencia o entidad convocante tomará en cuenta las recomendaciones previas que, en su caso, emita la Comisión Federal de Competencia, en términos de la Ley Federal de Competencia Económica.

Previo a la publicación de la convocatoria a la licitación pública cuyo presupuesto estimado de contratación sea superior a diez mil veces el salario mínimo general vigente en el Distrito Federal elevado al mes, el proyecto de convocatoria deberá ser difundido a través de CompraNet, al menos durante diez días hábiles, lapso durante el cual éstas recibirán los comentarios pertinentes en la dirección electrónica que para tal fin se señale.

En los casos de licitaciones cuyo monto sea inferior al señalado en el párrafo que antecede, la publicación previa de las convocatorias será opcional para las dependencias y entidades.

Los comentarios y opiniones que se reciban al proyecto de convocatoria, serán analizados por las dependencias y entidades a efecto de, en su caso, considerarlas para enriquecer el proyecto.

Artículo 32[206]**.** La publicación de la convocatoria a la licitación pública se realizará a través de CompraNet y su obtención será gratuita. Además, simultáneamente se enviará para su publicación en el Diario Oficial de la Federación, un resumen de la convocatoria a la licitación que deberá contener, entre otros elementos, el objeto de la licitación, el volumen de obra, el número de licitación, las fechas previstas para llevar a cabo el procedimiento de contratación y cuando se publicó en CompraNet y, asimismo, la convocante pondrá a disposición de los licitantes copia del texto de la convocatoria.

Artículo 33[207]**.** El plazo para la presentación y apertura de proposiciones de las licitaciones internacionales no podrá ser inferior a veinte días naturales, contados a partir de la fecha de publicación de la convocatoria en CompraNet.

En licitaciones nacionales, el plazo para la presentación y apertura de proposiciones será, cuando menos, de quince días naturales contados a partir de la fecha de publicación de la convocatoria.

Cuando no puedan observarse los plazos indicados en este artículo porque existan razones justificadas debidamente acreditadas en el expediente por el área solicitante de los trabajos, siempre que ello no tenga por objeto limitar el número de participantes, el titular del área responsable de la

206 Artículo reformado DOF 28-05-2009

207 Artículo reformado DOF 07-07-2005, 01-10-2007, 28-05-2009

contratación podrá reducir los plazos a no menos de diez días naturales, contados a partir de la fecha de publicación de la convocatoria.

La determinación de estos plazos y sus cambios, deberán ser acordes con la planeación y programación previamente establecida.

Artículo 34[208]**.** Las dependencias y entidades, siempre que ello no tenga por objeto limitar el número de licitantes, podrán modificar aspectos establecidos en la convocatoria, a más tardar el séptimo día natural previo al acto de presentación y apertura de proposiciones, debiendo difundir dichas modificaciones en CompraNet, a más tardar el día hábil siguiente a aquél en que se efectúen.

La convocante deberá realizar al menos una junta de aclaraciones a la convocatoria de la licitación, siendo optativa para los licitantes la asistencia a la misma. De resultar modificaciones, en ningún caso podrán consistir en la sustitución o variación sustancial de los trabajos convocados originalmente, o bien, en la adición de otros distintos.

Cualquier modificación a la convocatoria de la licitación, incluyendo las que resulten de la o las juntas de aclaraciones, formará parte de la convocatoria y deberá ser considerada por los licitantes en la elaboración de su proposición.

Artículo 35[209]**.** Para la junta de aclaraciones se considerará lo siguiente:

El acto será presidido por el servidor público designado por la convocante, quién deberá ser asistido por un representante del área requirente de los trabajos, a fin de que se resuelvan en forma clara y precisa las dudas y planteamientos de los licitantes relacionados con los aspectos contenidos en la convocatoria.

Las personas que pretendan solicitar aclaraciones a los aspectos contenidos en la convocatoria, deberán presentar un escrito, en el que expresen su interés en participar en la licitación, por si o en representación de un tercero, manifestando en todos los casos los datos generales del interesado y, en su caso, del representante.

Las solicitudes de aclaración, podrán entregarse personalmente en la junta de aclaraciones, o enviarse a través de CompraNet, según corresponda, a más tardar veinticuatro horas antes de la fecha y hora en que se vaya a realizar la citada junta.

Al concluir cada junta de aclaraciones podrá señalarse la fecha y hora para la celebración de ulteriores juntas, considerando que entre la última de éstas y el acto de presentación y apertura de proposiciones deberá existir un plazo de al menos seis días naturales. De resultar necesario, la fecha señalada en la convocatoria para realizar el acto de presentación y apertura de proposiciones podrá diferirse.

De cada junta de aclaraciones se levantará acta en la que se harán constar los cuestionamientos formulados por los interesados y las respuestas de la convocante. En el acta correspondiente a la última junta de aclaraciones se indicará expresamente esta circunstancia.

Artículo 36[210]**.** La entrega de proposiciones se hará en sobre cerrado. La documentación distinta a la propuesta técnica y económica podrá entregarse, a elección del licitante, dentro o fuera de dicho sobre. En el caso de las proposiciones presentadas a través de CompraNet, los sobres serán generados mediante el uso de tecnologías que resguarden la confidencialidad de la información de tal forma que sean inviolables, conforme a las disposiciones técnicas que al efecto establezca la Secretaría de la Función Pública.

Dos o más personas podrán presentar conjuntamente proposiciones sin necesidad de constituir una sociedad, o nueva sociedad en caso de personas morales, siempre que, para tales efectos, en la proposición y en el contrato se establezcan con precisión y a satisfacción de la dependencia o entidad, las partes de los trabajos que cada persona se obligará a ejecutar, así como la manera en que

---

208 Artículo reformado DOF 28-05-2009

209 Artículo reformado DOF 07-07-2005, 28-05-2009

210 Artículo reformado DOF 07-07-2005, 01-10-2007, 28-05-2009

se exigiría el cumplimiento de las obligaciones. En este supuesto la proposición deberá ser firmada por el representante común que para ese acto haya sido designado por el grupo de personas, ya sea autógrafamente o por los medios de identificación electrónica autorizados por la Secretaría de la Función Pública.

Cuando la proposición ganadora de la licitación haya sido presentada en forma conjunta, el contrato deberá ser firmado por el representante legal de cada una de las personas participantes en la proposición, a quienes se considerará, para efectos del procedimiento y del contrato, como responsables solidarios o mancomunados, según se establezca en el propio contrato.

Lo anterior, sin perjuicio de que las personas que integran la proposición conjunta puedan constituirse en una nueva sociedad, para dar cumplimiento a las obligaciones previstas en el convenio de proposición conjunta, siempre y cuando se mantengan en la nueva sociedad las responsabilidades de dicho convenio.

Los actos, contratos, convenios o combinaciones que lleven a cabo los licitantes en cualquier etapa del procedimiento de licitación deberán apegarse a lo dispuesto por la Ley Federal de Competencia Económica en materia de prácticas monopólicas y concentraciones, sin perjuicio de que las dependencias y entidades determinarán los requisitos, características y condiciones de los mismos en el ámbito de sus atribuciones. Cualquier licitante o el convocante podrá hacer del conocimiento de la Comisión Federal de Competencia, hechos materia de la citada Ley, para que resuelva lo conducente.

Para facilitar los procedimientos de contratación, las convocantes deberán efectuar revisiones preliminares respecto de la especialidad, experiencia y capacidad de los interesados, y cerciorarse de su inscripción en el registro único de contratistas a que se refiere el artículo 74 Bis de esta Ley, así como de la documentación distinta a la propuesta técnica y económica, de acuerdo con lo que establezca el reglamento de esta Ley. En ningún caso se podrá impedir el acceso a quienes no se encuentren inscritos en dicho registro, por lo que los licitantes interesados podrán presentar sus proposiciones directamente en el acto de presentación y apertura de las mismas.

En todos los casos, se deberá preferir la especialidad, experiencia y capacidad técnica de los interesados, así como a aquellos contratistas que tengan un historial de cumplimiento satisfactorio de los contratos sujetos a esta Ley. De igual manera, este criterio será aplicable a los licitantes que presenten proposiciones conjuntas.

Artículo 37[211]**.** El acto de presentación y apertura de proposiciones se llevará a cabo en el día, lugar y hora previstos en la convocatoria a la licitación, conforme a lo siguiente:

I. Una vez recibidas las proposiciones en sobre cerrado, se procederá a su apertura, haciéndose constar la documentación presentada, sin que ello implique la evaluación de su contenido;

II. De entre los licitantes que hayan asistido, éstos elegirán a uno, que en forma conjunta con el servidor público que la dependencia o entidad designe, rubricarán las partes de las proposiciones que previamente haya determinado la convocante en la convocatoria a la licitación, las que para estos efectos constarán documentalmente, y

III. Se levantará acta que servirá de constancia de la celebración del acto de presentación y apertura de las proposiciones, en la que se harán constar el importe de cada una de ellas; se señalará lugar, fecha y hora en que se dará a conocer el fallo de la licitación, fecha que deberá quedar comprendida dentro de los treinta días naturales siguientes a la establecida para este acto y podrá diferirse, siempre que el nuevo plazo fijado no exceda de treinta días naturales contados a partir del plazo establecido originalmente para el fallo.

Artículo 38[212]**.** Las dependencias y entidades para hacer la evaluación de las proposiciones, deberán verificar que las mismas cumplan con los requisitos solicitados en la convocatoria a la licitación, para tal efecto, la convocante deberá establecer los procedimientos y los criterios claros

211 Artículo reformado DOF 07-07-2005, 28-05-2009
212 Artículo reformado DOF 07-07-2005, 28-05-2009

y detallados para determinar la solvencia de las proposiciones, dependiendo de las características, complejidad y magnitud de los trabajos por realizar.

Atendiendo a las características de cada obra o servicio, se podrá determinar la conveniencia de utilizar el mecanismo de puntos y porcentajes para evaluar las proposiciones. En los procedimientos en que se opte por la utilización de dicho mecanismo se deberá establecer una ponderación para las personas con discapacidad o la empresa que cuente con trabajadores con discapacidad cuando menos en un cinco por ciento de la totalidad de su planta de empleados, cuya alta en el régimen obligatorio del Instituto Mexicano del Seguro Social se haya dado con seis meses de antelación al acto de presentación y apertura de proposiciones, misma que se comprobará con el aviso de alta correspondiente.

Las condiciones que tengan como propósito facilitar la presentación de las proposiciones y agilizar la conducción de los actos de la licitación, así como cualquier otro requisito cuyo incumplimiento, por sí mismo, o deficiencia en su contenido no afecte la solvencia de las proposiciones, no serán objeto de evaluación, y se tendrán por no establecidas. La inobservancia por parte de los licitantes respecto a dichas condiciones o requisitos no será motivo para desechar sus proposiciones.

Cuando el área convocante tenga necesidad de solicitar al licitante las aclaraciones pertinentes, o aportar información adicional para realizar la correcta evaluación de las proposiciones, dicha comunicación se realizará según lo indicado por el Reglamento de esta Ley, siempre y cuando no implique alteración alguna a la parte técnica o económica de su proposición.

Una vez hecha la evaluación de las proposiciones, el contrato se adjudicará de entre los licitantes, a aquél cuya proposición resulte solvente porque reúne, conforme a los criterios de adjudicación establecidos en la convocatoria a la licitación, las condiciones legales, técnicas y económicas requeridas por la convocante, y por tanto garantiza el cumplimiento de las obligaciones respectivas.

Si resultare que dos o más proposiciones son solventes porque satisfacen la totalidad de los requerimientos solicitados por la convocante, el contrato se adjudicará a quien presente la proposición que asegure las mejores condiciones disponibles en cuanto a precio, calidad, financiamiento, oportunidad y demás circunstancias pertinentes.

En las licitaciones públicas que cuenten con la participación de un testigo social, éste invariablemente deberá ser invitado al mismo. Igualmente será convocado un representante del órgano interno de control de la dependencia o entidad de que se trate.

Artículo 39[213]**.** La convocante emitirá un fallo, el cual deberá contener lo siguiente:

I. La relación de licitantes cuyas proposiciones se desecharon, expresando todas las razones legales, técnicas o económicas que sustentan tal determinación e indicando los puntos de la convocatoria que en cada caso se incumpla;

II. La relación de licitantes cuyas proposiciones resultaron solventes, describiendo en lo general dichas proposiciones. Se presumirá la solvencia de las proposiciones, cuando no se señale expresamente incumplimiento alguno. En el caso de haberse utilizado el mecanismo de puntos y porcentajes para evaluar las proposiciones, se incluirá un listado de los componentes del puntaje de cada licitante, de acuerdo a los rubros calificados que se establecieron en la convocatoria;

III. Nombre del licitante a quien se adjudica el contrato, indicando las razones que motivaron la adjudicación, de acuerdo a los criterios previstos en la convocatoria, así como el monto total de la proposición;

IV. Fecha, lugar y hora para la firma del contrato, la presentación de garantías y, en su caso, la entrega de anticipos, y

---

213 Artículo reformado DOF 28-05-2009

V. Nombre, cargo y firma del servidor público que lo emite, señalando sus facultades de acuerdo con los ordenamientos jurídicos que rijan a la convocante. Indicará también el nombre y cargo de los responsables de la evaluación de las proposiciones.

En caso de que se declare desierta la licitación, se señalaran en el fallo las razones que lo motivaron.

En el fallo no se deberá incluir información reservada o confidencial, en los términos de las disposiciones aplicables.

En junta pública se dará a conocer el fallo de la licitación, a la que libremente podrán asistir los licitantes que hubieren presentado proposiciones, entregándoseles copia del mismo y levantándose el acta respectiva. Asimismo, el contenido del fallo se difundirá a través de CompraNet el mismo día en que se emita. A los licitantes que no hayan asistido a la junta pública, se les enviará por correo electrónico un aviso informándoles que el acta de fallo se encuentra a su disposición en CompraNet.

Con la notificación del fallo por el que se adjudica el contrato, las obligaciones derivadas de éste serán exigibles, sin perjuicio de la obligación de las partes de firmarlo en la fecha y términos señalados en el fallo.

Cuando se advierta en el fallo la existencia de un error aritmético, mecanográfico o de cualquier otra naturaleza, que no afecte el resultado de la evaluación realizada por la convocante, dentro de los cinco días hábiles siguientes a su notificación y siempre que no se haya firmado el contrato, el titular del área responsable del procedimiento de contratación procederá a su corrección, con la intervención de su superior jerárquico, aclarando o rectificando el mismo, mediante el acta administrativa correspondiente, en la que se harán constar los motivos que lo originaron y las razones que sustentan su enmienda, hecho que se notificará a los licitantes que hubieran participado en el procedimiento de contratación, remitiendo copia de la misma al órgano interno de control dentro de los cinco días hábiles posteriores a la fecha de su firma.

Si el error cometido en el fallo no fuera susceptible de corrección conforme a lo dispuesto en el párrafo anterior, el servidor público responsable dará vista de inmediato al órgano interno de control, a efecto de que, previa intervención de oficio, se emitan las directrices para su reposición.

Cuando el fallo no se dé a conocer en la junta pública referida en el cuarto párrafo de este artículo, el contenido del mismo se difundirá a través de CompraNet el mismo día en que se emita, para efectos de su notificación a los licitantes. A los licitantes se les enviará por correo electrónico un aviso informándoles que el fallo se encuentra a su disposición en CompraNet.

Contra el fallo no procederá recurso alguno; sin embargo procederá la inconformidad en términos del Título Séptimo, Capítulo Primero de esta Ley.

Artículo 39 Bis[214]**.** Las actas de las juntas de aclaraciones, del acto de presentación y apertura de proposiciones, y de la junta pública en la que se dé a conocer el fallo serán firmadas por los licitantes que hubieran asistido, sin que la falta de firma de alguno de ellos reste validez o efectos a las mismas, de las cuales se podrá entregar una copia a dichos asistentes, y al finalizar cada acto se fijará un ejemplar del acta correspondiente en un lugar visible, al que tenga acceso el público, en el domicilio del área responsable del procedimiento de contratación, por un término no menor de cinco días hábiles. El titular de la citada área dejará constancia en el expediente de la licitación, de la fecha, hora y lugar en que se hayan fijado las actas o el aviso de referencia.

Asimismo, se difundirá un ejemplar de dicha acta en CompraNet para efectos de su notificación a los licitantes que no hayan asistido al acto. Dicho procedimiento sustituirá a la notificación personal.

---

214 Artículo adicionado DOF 28-05-2009

Artículo 40[215]**.** Las dependencias y entidades procederán a declarar desierta una licitación, cuando la totalidad de las proposiciones presentadas no reúnan los requisitos solicitados en la convocatoria o sus precios de insumos no fueren aceptables.

Las dependencias y entidades podrán cancelar una licitación por caso fortuito; fuerza mayor; existan circunstancias justificadas, que provoquen la extinción de la necesidad de contratar los trabajos, o que de continuarse con el procedimiento de contratación se pudiera ocasionar un daño o perjuicio a la propia dependencia o entidad. La determinación de dar por cancelada la licitación, deberá precisar el acontecimiento que motiva la decisión, la cual se hará del conocimiento de los licitantes y no será procedente contra ella recurso alguno, sin embargo podrán interponer la inconformidad en términos del Título Séptimo, Capítulo Primero de esta Ley.

Salvo en las cancelaciones por caso fortuito y fuerza mayor, la dependencia o entidad cubrirá a los licitantes los gastos no recuperables que, en su caso, procedan en términos de lo dispuesto por el Reglamento de esta Ley.

Artículo 40 Bis[216]**.** Las dependencias podrán emitir convocatorias mixtas para la realización de proyectos, con base en los ordenamientos del ámbito de su competencia y en esta Ley, con el fin de licitar en un mismo concurso:

I. El otorgamiento de una concesión para construir, explotar, conservar o mantener proyectos de infraestructura; y

II. La adjudicación de un contrato de obra pública asociada a proyectos de infraestructura, únicamente para el caso que la concesión a que se refiere la fracción anterior no se otorgue por no haber una postura solvente.

Para efectos de lo dispuesto en este artículo, las dependencias emitirán una sola convocatoria que incluirá las bases, procedimientos, condiciones y demás características conforme a las cuales se desarrollará el procedimiento, debiendo observar, para cada etapa del mismo, lo dispuesto en el ordenamiento que resulte aplicable.

En los casos en que el otorgamiento de la concesión a que se refiere la fracción I de este artículo se decida a favor del participante ganador, no se procederá a la apertura de las propuestas técnicas y económicas para la adjudicación del contrato a que se refiere la fracción II, por lo que la dependencia deberá destruirlas. En este supuesto, no será procedente el reembolso de los gastos no recuperables a que se refiere el artículo 40 de esta Ley, circunstancia que deberá señalarse de manera expresa en la convocatoria.

En los casos en que la concesión a que se refiere la fracción I de este artículo no se otorgue por no existir postura solvente que cumpla con la convocatoria respectiva, se procederá en el mismo acto a la apertura de las propuestas técnicas y económicas para la adjudicación del contrato a que se refiere la fracción II, conforme a lo dispuesto en la propia convocatoria. En este supuesto, no se entenderá que el concurso para el otorgamiento de la concesión fue declarado desierto para efectos de lo dispuesto en el artículo 7, fracción VII, de la Ley de Caminos, Puentes y Autotransporte Federal.

La dependencia podrá establecer en la convocatoria que las juntas de aclaraciones respecto de ambas etapas del procedimiento se lleven a cabo de manera separada o conjunta. Asimismo, podrá determinar que los participantes que presenten propuestas para ambas etapas del procedimiento otorguen, en su caso, garantías de seriedad conjuntas.

El desarrollo, en particular, de cada una de las etapas de las convocatorias a que se refiere este artículo, se regirá por la ley que le resulte aplicable.

El Reglamento de esta Ley establecerá, en su caso, los demás aspectos necesarios respecto de las convocatorias a que se refiere este artículo.

---

215 Artículo reformado DOF 07-07-2005, 28-05-2009

216 Artículo adicionado DOF 16-01-2012

CAPÍTULO TERCERO.
DE LAS EXCEPCIONES A LA LICITACIÓN PÚBLICA

Artículo 41[217]**.** En los supuestos que prevé el siguiente artículo, las dependencias y entidades, bajo su responsabilidad, podrán optar por no llevar a cabo el procedimiento de licitación pública y celebrar contratos a través de los procedimientos de invitación a cuando menos tres personas o de adjudicación directa.

La selección del procedimiento de excepción que realicen las dependencias y entidades deberá fundarse y motivarse, según las circunstancias que concurran en cada caso, en criterios de economía, eficacia, eficiencia, imparcialidad, honradez y transparencia que resulten procedentes para obtener las mejores condiciones para el Estado. El acreditamiento del o los criterios en los que se funde; así como la justificación de las razones en las que se sustente el ejercicio de la opción, deberán constar por escrito y ser firmado por el titular del área responsable de la ejecución de los trabajos[218].

En cualquier supuesto se invitará a personas que cuenten con capacidad de respuesta inmediata, así como con los recursos técnicos, financieros y demás que sean necesarios, de acuerdo con las características, complejidad y magnitud de los trabajos a ejecutar.

En estos casos, el titular del área responsable de la contratación de los trabajos, a más tardar el día último hábil de cada mes, enviará al órgano interno de control en la dependencia o entidad de que se trate, un Informe relativo a los contratos formalizados durante el mes calendario inmediato anterior, acompañando copia del escrito aludido en este artículo y de un dictamen en el que se hará constar el análisis de la o las proposiciones y las razones para la adjudicación del contrato. No será necesario rendir este informe en las operaciones que se realicen al amparo del artículo 42 fracción IV de esta Ley[219].

A los procedimientos de contratación de invitación a cuando menos tres personas y de adjudicación directa, le será aplicable el carácter a que hacen referencia las fracciones I, II y III del artículo 30 de la presente Ley[220].

Artículo 42. Las dependencias y entidades, bajo su responsabilidad, podrán contratar obras públicas o servicios relacionados con las mismas, sin sujetarse al procedimiento de licitación pública, a través de los procedimientos de invitación a cuando menos tres personas o de adjudicación directa, cuando:

I. El contrato sólo pueda celebrarse con una determinada persona por tratarse de obras de arte, el licenciamiento exclusivo de patentes, derechos de autor u otros derechos exclusivos[221];

II. Peligre o se altere el orden social, la economía, los servicios públicos, la salubridad, la seguridad o el ambiente de alguna zona o región del país como consecuencia de caso fortuito o de fuerza mayor[222];

III. Existan circunstancias que puedan provocar pérdidas o costos adicionales importantes, debidamente justificados;

IV. Se realicen con fines exclusivamente militares o para la armada, o su contratación mediante licitación pública ponga en riesgo la seguridad nacional o la seguridad pública, en los términos de las leyes de la materia[223];

---

217 Artículo reformado DOF 07-07-2005
218 Párrafo reformado DOF 28-05-2009
219 Párrafo reformado DOF 28-05-2009
220 Párrafo adicionado DOF 28-05-2009
221 Fracción reformada DOF 07-07-2005
222 Fracción reformada DOF 07-07-2005
223 Fracción reformada DOF 07-07-2005, 28-05-2009

V. Derivado de caso fortuito o fuerza mayor, no sea posible ejecutar los trabajos mediante el procedimiento de licitación pública en el tiempo requerido para atender la eventualidad de que se trate, en este supuesto deberán limitarse a lo estrictamente necesario para afrontarla;

VI. Se hubiere rescindido el contrato respectivo por causas imputables al contratista que hubiere resultado ganador en una licitación. En estos casos la dependencia o entidad podrá adjudicar el contrato al licitante que haya presentado la siguiente proposición solvente más baja, siempre que la diferencia en precio con respecto a la proposición que inicialmente hubiere resultado ganadora no sea superior al diez por ciento. Tratándose de procedimientos de contratación en los que se hayan considerado puntos y porcentajes como método para la evaluación de las proposiciones, se podrá adjudicar a la proposición que siga en calificación a la del ganador[224];

VII. Se haya declarado desierta una licitación pública, siempre que se mantengan los requisitos establecidos en la convocatoria a la licitación cuyo incumplimiento haya sido considerado como causa de desechamiento porque afecta directamente la solvencia de las proposiciones[225];

VIII. Se trate de trabajos de mantenimiento, restauración, reparación y demolición de inmuebles, en los que no sea posible precisar su alcance, establecer el catálogo de conceptos, cantidades de trabajo, determinar las especificaciones correspondientes o elaborar el programa de ejecución;

IX. Se trate de trabajos que requieran fundamentalmente de mano de obra campesina o urbana marginada, y que la dependencia o entidad contrate directamente con los habitantes beneficiarios de la localidad o del lugar donde deban realizarse los trabajos, ya sea como personas físicas o morales;

X. Se trate de servicios relacionados con las obras públicas prestados por una persona física, siempre que éstos sean realizados por ella misma, sin requerir de la utilización de más de un especialista o técnico, o

XI. Se trate de servicios de consultorías, asesorías, estudios o investigaciones, relacionados con obras públicas, debiendo aplicar el procedimiento de invitación a cuando menos tres personas, entre las que se incluirán instituciones públicas y privadas de educación superior y centros públicos de investigación.

Sólo podrá autorizarse la contratación mediante adjudicación directa, cuando la información que se tenga que proporcionar a los licitantes, para la elaboración de su proposición, se encuentre reservada en los términos establecidos en la Ley Federal de Transparencia y Acceso a la Información Pública Gubernamental[226];

XII. Se acepte la ejecución de los trabajos a título de dación en pago, en los términos de la Ley del Servicio de Tesorería de la Federación[227];

XIII. Cuando se acredite la celebración de una alianza estratégica que lleven a cabo las dependencias y entidades con personas físicas o morales dedicadas a la ingeniería, la investigación y a la transferencia y desarrollo de tecnología, a fin de aplicar las innovaciones tecnológicas en la Infraestructura nacional[228], y

XIV. Se trate de servicios que tengan por objeto elaborar o concluir los estudios, planes o programas necesarios que permitan la realización de la licitación pública para la ejecución de las obras públicas asociadas a proyectos de infraestructura, siempre y cuando el precio de los mismos no sea mayor al cuatro por ciento del monto total del proyecto cuya ejecución se pretenda licitar, o bien, al monto de cuarenta millones de pesos, lo que resulte menor, debiéndose adjudicar directamente el contrato respectivo.

Para la determinación de los precios a que se refiere el párrafo anterior, las dependencias y entidades observarán los lineamientos que al efecto emita la Secretaría de la Función Pública.

---

224 Fracción reformada DOF 07-07-2005, 28-05-2009
225 Fracción reformada DOF 07-07-2005, 28-05-2009
226 Fracción reformada DOF 07-07-2005, 28-05-2009
227 Fracción adicionada DOF 07-07-2005. Reformada DOF 28-05-2009
228 Fracción adicionada DOF 28-05-2009

Para los supuestos previstos en esta fracción, la información no podrá ser reservada y será de acceso general, desde el inicio de la propuesta del proyecto y hasta la conclusión de la realización del mismo, pero siempre en apego a las disposiciones legales aplicables en materia de transparencia y acceso a la información pública[229].

Tratándose de las fracciones II, IV, V, VI, VII y XIV de este artículo, no será necesario contar con el dictamen previo de excepción a la licitación pública del Comité de Obras Públicas, por lo que en estos casos, el área responsable de la contratación en la dependencia o entidad respectiva deberá informar al propio Comité, una vez que se concluya el procedimiento de contratación correspondiente; lo anterior, sin perjuicio de que el área responsable de las contrataciones pueda someter previamente a dictamen del Comité los citados casos de excepción a la licitación pública[230].

Artículo 43[231]**.** Las dependencias y entidades, bajo su responsabilidad, podrán contratar obras públicas o servicios relacionados con las mismas, sin sujetarse al procedimiento de licitación pública, a través de los de invitación a cuando menos tres personas o de adjudicación directa, cuando el importe de cada contrato no exceda de los montos máximos que al efecto se establezcan en el Presupuesto de Egresos de la Federación, siempre que los contratos no se fraccionen para quedar comprendidas en los supuestos de excepción a la licitación pública a que se refiere este artículo.

Lo dispuesto en el tercer párrafo del artículo 41 de esta Ley resultará aplicable a la contratación mediante los procedimientos de invitación a cuando menos tres personas y de adjudicación directa que se fundamenten en este artículo.

La suma de los montos de los contratos que se realicen al amparo de este artículo no podrá exceder del treinta por ciento del presupuesto autorizado a las dependencias y entidades para realizar obras públicas y servicios relacionados con las mismas en cada ejercicio presupuestario. La contratación deberá ajustarse a los límites establecidos en el Presupuesto de Egresos de la Federación.

En casos excepcionales, el titular de la dependencia o el órgano de gobierno de la entidad, bajo su responsabilidad, podrá fijar un porcentaje mayor al indicado en este artículo, debiéndolo hacer del conocimiento del órgano interno de control. Esta facultad podrá delegarse en el oficial mayor o su equivalente en las dependencias o entidades.

Artículo 44[232]**.** El procedimiento de invitación a cuando menos tres personas se sujetará a lo siguiente:

I. Difundir la invitación en CompraNet y en la página de Internet de la dependencia o entidad[233];

II. El acto de presentación y apertura de proposiciones podrá hacerse sin la presencia de los correspondientes licitantes, pero invariablemente se invitará a un representante del órgano interno de control en la dependencia o entidad[234];

III. Para llevar a cabo la adjudicación correspondiente, se deberá contar con un mínimo de tres proposiciones susceptibles de análisis;

[235]En caso de que no se presenten el mínimo de proposiciones señalado en el párrafo anterior, se podrá optar por declarar desierta la invitación, o bien, continuar con el procedimiento y evaluar las proposiciones presentadas. En caso de que sólo se haya presentado una propuesta, la convocante podrá adjudicarle el contrato si considera que reúne las condiciones requeridas, o bien proceder a la adjudicación directa conforme al último párrafo de este artículo[236];

---

229 Fracción adicionada DOF 28-05-2009
230 Párrafo adicionado DOF 28-05-2009. Reformado DOF 16-01-2012
231 Artículo reformado DOF 07-07-2005, 28-05-2009
232 Artículo reformado DOF 07-07-2005
233 Fracción reformada DOF 28-05-2009
234 Fracción reformada DOF 28-05-2009
235 Fracción reformada DOF 28-05-2009
236 Párrafo adicionado DOF 16-01-2012

IV. En la invitación se indicarán, según las características, complejidad y magnitud de los trabajos, aquellos aspectos contenidos en el artículo 31 de esta Ley que fueren aplicables[237];

V. Los plazos para la presentación de las proposiciones se fijarán para cada contrato, atendiendo a las característica, complejidad y magnitud de los trabajos[238];

VI. Derogado[239].

VII. A las demás disposiciones de esta Ley que resulten aplicables a la licitación pública[240].

En el supuesto de que un procedimiento de invitación a cuando menos tres personas haya sido declarado desierto, el titular del área responsable de la contratación en la dependencia o entidad podrá adjudicar directamente el contrato siempre que no se modifiquen los requisitos establecidos en dichas invitaciones[241].

TÍTULO TERCERO.
DE LOS CONTRATOS[242]

CAPÍTULO PRIMERO.
DE LA CONTRATACIÓN

Artículo 45[243]. Las dependencias y entidades deberán incorporar en las convocatorias a las licitaciones, las modalidades de contratación que tiendan a garantizar al Estado las mejores condiciones en la ejecución de los trabajos, ajustándose a las condiciones de pago señaladas en este artículo.

Las condiciones de pago en los contratos podrán pactarse conforme a lo siguiente:

I. Sobre la base de precios unitarios, en cuyo caso el importe de la remuneración o pago total que deba cubrirse al contratista se hará por unidad de concepto de trabajo terminado;

II. A precio alzado, en cuyo caso el importe de la remuneración o pago total fijo que deba cubrirse al contratista será por los trabajos totalmente terminados y ejecutados en el plazo establecido.

Las proposiciones que presenten los contratistas para la celebración de estos contratos, tanto en sus aspectos técnicos como económicos, deberán estar desglosadas por lo menos en cinco actividades principales;

III. Mixtos, cuando contengan una parte de los trabajos sobre la base de precios unitarios y otra, a precio alzado, y

IV. Amortización programada, en cuyo caso el pago total acordado en el contrato de las obras públicas relacionadas con proyectos de infraestructura, se efectuará en función del presupuesto aprobado para cada proyecto.

Los trabajos cuya ejecución comprenda más de un ejercicio fiscal, deberán formularse en un solo contrato, por el costo total y la vigencia que resulte necesaria para la ejecución de los trabajos, sujetos a la autorización presupuestaria en los términos de la Ley Federal de Presupuesto y Responsabilidad Hacendaria.

Artículo 45 Bis[244]. En los casos en que, derivado de caso fortuito o fuerza mayor, y a los que se refiere la fracción VIII del artículo 42 de esta Ley, con excepción de los trabajos de mantenimiento, no sea posible determinar con precisión el alcance y cantidades de trabajo, así como la totalidad de sus especificaciones, y por consiguiente tampoco resulte factible definir con exactitud

237 Fracción reformada DOF 28-05-2009
238 Fracción reformada DOF 28-05-2009
239 Fracción derogada DOF 28-05-2009
240 Fracción reformada DOF 28-05-2009
241 Párrafo adicionado DOF 28-05-2009. Reformado DOF 16-01-2012
242 Título reubicado DOF 28-05-2009 (antes Título Cuarto)
243 Artículo reformado DOF 01-10-2007, 28-05-2009
244 Artículo adicionado DOF 28-05-2009

un catalogo de conceptos, se podrán celebrar contratos sobre la base de precios unitarios, siempre y cuando, para cada caso específico, se definan una serie de precios unitarios y una relación de insumos que sirvan de base o referencia para la ejecución de los trabajos y para la conformación de los conceptos no previstos de origen que se requieran de acuerdo a las necesidades de la obra. De resultar estrictamente necesario, la dependencia o entidad podrá ordenar el inicio en la ejecución de los trabajos de manera previa a la celebración del contrato, mismo que se formalizará tan pronto como se cuente con los elementos necesarios para tal efecto.

Artículo 45 Ter[245]. Tratándose de trabajos de mantenimiento, se podrán celebrar contratos sobre la base de precios unitarios, para que los mismos se ejecuten de acuerdo a las necesidades de la dependencia o entidad, en base a órdenes de trabajo o servicio que se emitan, a efecto de que sean atendidas en los términos y condiciones establecidas en los propios contratos.

Artículo 46[246]. Los contratos de obras públicas y servicios relacionados con las mismas contendrán, en lo aplicable, lo siguiente:

I. El nombre, denominación o razón social de la dependencia o entidad convocante y del contratista;

II. La indicación del procedimiento conforme al cual se llevó a cabo la adjudicación del contrato;

III. Los datos relativos a la autorización del presupuesto para cubrir el compromiso derivado del contrato;

IV. Acreditación de la existencia y personalidad del licitante adjudicado;

V. La descripción pormenorizada de los trabajos que se deban ejecutar, debiendo acompañar como parte integrante del contrato, en el caso de las obras, los proyectos, planos, especificaciones, normas de calidad, programas y presupuestos; tratándose de servicios, los términos de referencia;

VI. El precio a pagar por los trabajos objeto del contrato, así como los plazos, forma y lugar de pago y, cuando corresponda, de los ajustes de costos;

VII. El plazo de ejecución de los trabajos, así como los plazos para verificar la terminación de los trabajos y la elaboración del finiquito;

VIII. Porcentajes, número y fechas de las exhibiciones y amortización de los anticipos que se otorguen;

IX. Forma o términos y porcentajes de garantizar la correcta inversión de los anticipos y el cumplimiento del contrato;

X. Términos, condiciones y el procedimiento para la aplicación de penas convencionales, retenciones y/o descuentos;

XI. Procedimiento de ajuste de costos que regirá durante la vigencia del contrato;

XII. Términos en que el contratista, en su caso, reintegrará las cantidades que, en cualquier forma, hubiere recibido en exceso por la contratación o durante la ejecución de los trabajos, para lo cual se utilizará el procedimiento establecido en el artículo 55 de este ordenamiento;

XIII. La indicación de que en caso de violaciones en materia de derechos inherentes a la propiedad intelectual, la responsabilidad estará a cargo del licitante o contratista según sea el caso. Salvo que exista impedimento, la estipulación de que los derechos inherentes a la propiedad intelectual, que se deriven de los servicios de consultorías, asesorías, estudios e investigaciones contratados, invariablemente se constituirán a favor de la dependencia o de la entidad, según corresponda, en términos de las disposiciones legales aplicables;

XIV. Los procedimientos para resolución de controversias previstos en el Capítulo Tercero del Título Séptimo de esta Ley, distintos al procedimiento de conciliación;

XV. Causales por las que la dependencia o entidad podrá dar por rescindido el contrato, y

---

245 Artículo adicionado DOF 28-05-2009

246 Artículo reformado DOF 07-07-2005, 28-05-2009

XVI. Los demás aspectos y requisitos previstos en la convocatoria a la licitación e invitaciones a cuando menos tres personas, así como los relativos al tipo de contrato de que se trate.

Para los efectos de esta Ley, la convocatoria a la licitación, el contrato, sus anexos y la bitácora de los trabajos son los instrumentos que vinculan a las partes en sus derechos y obligaciones. Las estipulaciones que se establezcan en el contrato no deberán modificar las condiciones previstas en la convocatoria a la licitación.

En la formalización de los contratos, podrán utilizarse los medios de comunicación electrónica que al efecto autorice la Secretaría de la Función Pública.

En la elaboración, control y seguimiento de la bitácora, se deberán utilizar medios remotos de comunicación electrónica, salvo en los casos en que la Secretaría de la Función Pública lo autorice.

Artículo 46 Bis[247]**.** Las penas convencionales se aplicarán por atraso en la ejecución de los trabajos por causas imputables a los contratistas, determinadas únicamente en función del importe de los trabajos no ejecutados en la fecha pactada en el contrato para la conclusión total de las obras. Asimismo, se podrá pactar que las penas convencionales se aplicarán por atraso en el cumplimiento de las fechas críticas establecidas en el programa de ejecución general de los trabajos.

En ningún caso las penas convencionales podrán ser superiores, en su conjunto, al monto de la garantía de cumplimiento.

Asimismo, las dependencias y entidades, en caso de atraso en la ejecución de los trabajos durante la vigencia del programa de ejecución general de los trabajos, aplicarán retenciones económicas a las estimaciones que se encuentren en proceso en la fecha que se determine el atraso, las cuales serán calculadas en función del avance en la ejecución de los trabajos conforme a la fecha de corte para el pago de estimaciones pactada en el contrato. Dichas retenciones podrán ser recuperadas por los contratistas en las siguientes estimaciones, si regularizan los tiempos de atraso conforme al citado programa.

Artículo 47. La notificación del fallo obligará a la dependencia o entidad y a la persona a quien se haya adjudicado, a firmar el contrato, en la fecha, hora y lugar previstos en el propio fallo, o bien en la convocatoria a la licitación pública y en defecto de tales previsiones, dentro de los quince días naturales siguientes al de la citada notificación. No podrá formalizarse contrato alguno que no se encuentre garantizado de acuerdo con lo dispuesto en la fracción II del artículo 48 de esta Ley[248].

Si el interesado no firmare el contrato por causas imputables al mismo, en la fecha o plazo establecido en el párrafo anterior, la dependencia o entidad podrá, sin necesidad de un nuevo procedimiento, adjudicar el contrato al participante que haya presentado la siguiente proposición solvente que resulte más conveniente para el Estado, de conformidad con lo asentado en el fallo, y así sucesivamente en caso de que este último no acepte la adjudicación, siempre que la diferencia en precio con respecto a la proposición que inicialmente hubiere resultado ganadora, no sea superior al diez por ciento[249].

Tratándose de una evaluación de puntos y porcentajes, el contrato podrá adjudicarse a la que le siga en calificación y así sucesivamente en caso de que este último no acepte la adjudicación[250].

Si la dependencia o entidad no firmare el contrato respectivo o cambia las condiciones de la convocatoria de la licitación que motivaron el fallo correspondiente, el licitante ganador, sin incurrir en responsabilidad, no estará obligado a ejecutar los trabajos. En este supuesto, la dependencia o entidad, a solicitud escrita del licitante, cubrirá los gastos no recuperables en que hubiere incu-

247 Artículo adicionado DOF 28-05-2009
248 Párrafo reformado DOF 07-07-2005, 28-05-2009
249 Párrafo reformado DOF 07-07-2005, 28-05-2009
250 Párrafo adicionado DOF 07-07-2005

rrido para preparar y elaborar su proposición, siempre que éstos sean razonables, estén debidamente comprobados y se relacionen directamente con la licitación de que se trate[251].

El contratista a quien se adjudique el contrato, no podrá hacerlo ejecutar por otro; pero, con autorización previa del titular del área responsable de la ejecución de los trabajos en la dependencia o entidad de que se trate, podrá hacerlo respecto de partes del contrato o cuando adquiera materiales o equipos que incluyan su instalación en las obras. Esta autorización previa no se requerirá cuando la dependencia o entidad señale específicamente en las bases de la licitación, las partes de los trabajos que podrán ser objeto de subcontratación. En todo caso, el contratista seguirá siendo el único responsable de la ejecución de los trabajos ante la dependencia o entidad.

Los derechos y obligaciones que se deriven de los contratos no podrán ser transferidos por el contratista en favor de cualesquiera otra persona, con excepción de los derechos de cobro sobre las estimaciones por trabajos ejecutados, en cuyo caso se deberá contar con el consentimiento de la dependencia o entidad de que se trate[252].

Artículo 48[253]. Los contratistas que celebren los contratos a que se refiere esta Ley deberán garantizar:

I. Los anticipos que reciban. Estas garantías deberán presentarse en la fecha y lugar establecidas en la convocatoria a la licitación o en su defecto, dentro de los quince días naturales siguientes a la fecha de notificación del fallo y por la totalidad del monto de los anticipos, y

II. El cumplimiento de los contratos. Esta garantía deberá presentarse en la fecha y lugar establecidos en la convocatoria de la licitación o en su defecto, dentro de los quince días naturales siguientes a la fecha de notificación del fallo.

Para los efectos de este artículo, los titulares de las dependencias o los órganos de gobierno de las entidades, fijarán las bases, la forma y el porcentaje a los que deberán sujetarse las garantías que deban constituirse, considerando los antecedentes de cumplimiento de los contratistas en los contratos celebrados con las dependencias y entidades, a efecto de determinar montos menores para éstos, de acuerdo a los lineamientos que al efecto emita la Secretaría de la Función Pública. En los casos señalados en los artículos 42 fracciones IX y X, y 43 de esta Ley, el servidor público facultado para firmar el contrato, bajo su responsabilidad, podrá exceptuar a los contratistas de presentar la garantía del cumplimiento del contrato respectivo.

Artículo 49. Las garantías que deban otorgarse conforme a esta Ley se constituirán en favor de:

I. La Tesorería de la Federación, por actos o contratos que se celebren con las dependencias;

II. Las entidades, cuando los actos o contratos se celebren con ellas, y

III. Las tesorerías de las entidades federativas o de los municipios, en los casos de los contratos celebrados al amparo de la fracción VI del artículo 1 de esta Ley[254].

Artículo 50. El otorgamiento del anticipo se deberá pactar en los contratos y se sujetará a lo siguiente:

I. El importe del anticipo concedido será puesto a disposición del contratista con antelación a la fecha pactada para el inicio de los trabajos; el atraso en la entrega del anticipo será motivo para diferir en igual plazo el programa de ejecución pactado. Cuando el contratista no entregue la garantía de anticipo dentro del plazo señalado en el artículo 48 de esta Ley, no procederá el diferimiento y, por lo tanto, deberá iniciar los trabajos en la fecha establecida originalmente. El otorgamiento del anticipo podrá realizarse en una sola exhibición o en varias parcialidades, debiendo señalarse tal cuestión en la convocatoria a la licitación y en el contrato respectivo[255];

---

251 Párrafo reformado DOF 07-07-2005, 28-05-2009

252 Párrafo reformado DOF 28-05-2009

253 Artículo reformado DOF 28-05-2009

254 Fracción reformada DOF 07-07-2005, 28-05-2009

255 Fracción reformada DOF 28-05-2009

II. Las dependencias y entidades podrán otorgar hasta un treinta por ciento de la asignación presupuestaria aprobada al contrato en el ejercicio de que se trate para que el contratista realice en el sitio de los trabajos la construcción de sus oficinas, almacenes, bodegas e instalaciones y, en su caso, para los gastos de traslado de la maquinaria y equipo de construcción e inicio de los trabajos; así como, para la compra y producción de materiales de construcción, la adquisición de equipos que se instalen permanentemente y demás insumos que deberán otorgar[256].

Tratándose de servicios relacionados con las obras públicas, el otorgamiento del anticipo será determinado por la convocante atendiendo a las características, complejidad y magnitud del servicio; en el supuesto de que la dependencia o entidad decida otorgarlo, deberá ajustarse a lo previsto en este artículo;

III. El importe del anticipo deberá ser considerado obligatoriamente por los licitantes para la determinación del costo financiero de su proposición[257];

IV. Cuando las condiciones de los trabajos lo requieran, el porcentaje de anticipo podrá ser mayor, en cuyo caso será necesaria la autorización escrita del titular de la dependencia o entidad o de la persona en quien éste haya delegado tal facultad;

V. Cuando los trabajos rebasen más de un ejercicio presupuestario, y se inicien en el último trimestre del primer ejercicio y el anticipo resulte insuficiente, las dependencias o entidades podrán, bajo su responsabilidad, otorgar como anticipo hasta el monto total de la asignación autorizada al contrato respectivo durante el primer ejercicio, vigilando que se cuente con la suficiencia presupuestaria para el pago de la obra por ejecutar en el ejercicio de que se trate[258].

En ejercicios subsecuentes, la entrega del anticipo deberá hacerse dentro de los tres meses siguientes al inicio de cada ejercicio, previa entrega de la garantía correspondiente. El atraso en la entrega de los anticipos será motivo para ajustar el costo financiero pactado en el contrato, y

VI. Las dependencias y entidades podrán otorgar anticipos para los convenios que se celebren en términos del artículo 59 de esta Ley, sin que pueda exceder el porcentaje originalmente autorizado en el contrato respectivo[259].

Para la amortización del anticipo en el supuesto de que sea rescindido el contrato, el saldo por amortizar se reintegrará a la dependencia o entidad en un plazo no mayor de diez días naturales, contados a partir de la fecha en que le sea comunicada al contratista la determinación de dar por rescindido el contrato.

El contratista que no reintegre el saldo por amortizar en el plazo señalado cubrirá los cargos que resulten conforme con lo indicado en el párrafo primero del artículo 55 de esta Ley.

Artículo 51. Las dependencias y entidades se abstendrán de recibir proposiciones o adjudicar contrato alguno en las materias a que se refiere esta Ley, con las personas siguientes[260]:

I. Aquéllas en que el servidor público que intervenga en cualquier etapa del procedimiento de contratación tenga interés personal, familiar o de negocios, incluyendo aquellas de las que pueda resultar algún beneficio para él, su cónyuge o sus parientes consanguíneos hasta el cuarto grado, por afinidad o civiles, o para terceros con los que tenga relaciones profesionales, laborales o de negocios, o para socios o sociedades de las que el servidor público o las personas antes referidas formen o hayan formado parte durante los dos años previos a la fecha de celebración del procedimiento de contratación de que se trate[261];

---

256 Párrafo reformado DOF 07-07-2005
257 Fracción reformada DOF 28-05-2009
258 Párrafo reformado DOF 07-07-2005
259 Fracción reformada DOF 07-07-2005
260 Párrafo reformado DOF 28-05-2009
261 Fracción reformada DOF 07-07-2005

II. Las que desempeñen un empleo, cargo o comisión en el servicio público, o bien, las sociedades de las que dichas personas formen parte, sin la autorización previa y específica de la Secretaría de la Función Pública[262];

III. Aquellos contratistas que, por causas imputables a ellos mismos, la dependencia o entidad convocante les hubiere rescindido administrativamente un contrato. Dicho impedimento prevalecerá ante la propia dependencia o entidad convocante durante un año calendario contado a partir de la notificación de la rescisión[263];

IV. Las que se encuentren inhabilitadas por resolución de la Secretaría de la Función Pública, en los términos del Título Sexto de este ordenamiento y Título Quinto de la Ley de Adquisiciones, Arrendamientos y Servicios del Sector Público[264];

V. Aquéllas que hayan sido declaradas o sujetas a concurso mercantil o alguna figura análoga;

VI. Los licitantes que participen en un mismo procedimiento de contratación, que se encuentren vinculados entre sí por algún socio o asociado común.

Se entenderá que es socio o asociado común, aquella persona física o moral que en el mismo procedimiento de contratación es reconocida como tal en las actas constitutivas, estatutos o en sus reformas o modificaciones de dos o más empresas licitantes, por tener una participación accionaria en el capital social, que le otorgue el derecho de intervenir en la toma de decisiones o en la administración de dichas personas morales[265];

VII. Las que pretendan participar en un procedimiento de contratación y previamente, hayan realizado o se encuentren realizando por sí o a través de empresas que formen parte del mismo grupo empresarial, en virtud de otro contrato, trabajos de dirección, coordinación y control de obra; preparación de especificaciones de construcción; presupuesto de los trabajos; selección o aprobación de materiales, equipos y procesos, así como la preparación de cualquier documento relacionado directamente con la convocatoria a la licitación, o bien, asesoren o intervengan en cualquier etapa del procedimiento de contratación.

Las personas que hayan realizado, por si o a través de empresas que formen parte del mismo grupo empresarial, en virtud de otro contrato, estudios, planes o programas para la realización de obras públicas asociadas a proyectos de infraestructura en los que se incluyan trabajos de preparación de especificaciones de construcción, presupuesto, selección o aprobación de materiales, equipos o procesos, podrán participar en el procedimiento de licitación pública para la ejecución de los proyectos de infraestructura respectivos, siempre y cuando la información utilizada por dichas personas en los supuestos indicados, sea proporcionada a los demás licitantes;

VIII. Aquéllas que por sí o a través de empresas que formen parte del mismo grupo empresarial, pretendan ser contratadas para la elaboración de dictámenes, peritajes y avalúos, cuando éstos hayan de ser utilizados para resolver discrepancias derivadas de los contratos en los que dichas personas o empresas sean partes[266];

IX. Las que hayan utilizado información privilegiada proporcionada indebidamente por servidores públicos o sus familiares por parentesco consanguíneo y por afinidad hasta el cuarto grado, o civil[267];

X. Las que contraten servicios de asesoría, consultoría y apoyo de cualquier tipo de personas en materia de contrataciones gubernamentales, si se comprueba que todo o parte de las contraprestaciones pagadas al prestador del servicio, a su vez, son recibidas por servidores públicos por si o

262 Fracción reformada DOF 07-07-2005
263 Fracción reformada DOF 28-05-2009
264 Fracción reformada DOF 28-05-2009
265 Fracción reformada DOF 28-05-2009
266 Fracción reformada DOF 07-07-2005
267 Fracción reformada DOF 07-07-2005

por interpósita persona, con independencia de que quienes las reciban tengan o no relación con la contratación[268], y

XI. Las demás que por cualquier causa se encuentren impedidas para ello por disposición de ley[269].

El oficial mayor o su equivalente de la dependencia o entidad, deberá llevar el registro, control y difusión de las personas con las que se encuentren impedidas de contratar, el cual será difundido a través de CompraNet[270].

CAPÍTULO SEGUNDO.
DE LA EJECUCIÓN

Artículo 52. La ejecución de los trabajos deberá iniciarse en la fecha señalada en el contrato respectivo, y la dependencia o entidad contratante oportunamente pondrá a disposición del contratista el o los inmuebles en que deban llevarse a cabo. El incumplimiento de la dependencia o entidad prorrogará en igual plazo la fecha originalmente pactada para la conclusión de los trabajos. La entrega deberá constar por escrito.

El programa de ejecución convenido en el contrato y sus modificaciones, será la base conforme al cual se medirá el avance en la ejecución de los trabajos[271].

Artículo 52 Bis[272]**.** En el caso previsto en el artículo 19 bis, el contratista deberá realizar las gestiones conducentes para adquirir los bienes inmuebles o constituir los derechos reales que sean necesarios para ejecutar la obra pública, según los términos y condiciones establecidos en el contrato.

Una vez formalizada la adquisición de los bienes inmuebles o la constitución de derechos reales, el contratista deberá transmitir la propiedad o la titularidad de los derechos a la dependencia o entidad contratante.

Artículo 53. Las dependencias y entidades establecerán la residencia de obra o servicios con anterioridad a la iniciación de las mismas, la cual deberá recaer en un servidor público designado por la dependencia o entidad, quien fungirá como su representante ante el contratista y será el responsable directo de la supervisión, vigilancia, control y revisión de los trabajos, incluyendo la aprobación de las estimaciones presentadas por los contratistas. La residencia de obra deberá estar ubicada en el sitio de ejecución de los trabajos[273].

Cuando la supervisión sea realizada por contrato, la aprobación de las estimaciones para efectos de pago deberá ser autorizada por la residencia de obra de la dependencia o entidad. Los contratos de supervisión con terceros, deberán ajustarse a los lineamientos que para tal efecto determine la Secretaría de la Función Pública[274].

Por su parte, de manera previa al inicio de los trabajos, los contratistas designarán a un superintendente de construcción o de servicios facultado para oír y recibir toda clase de notificaciones relacionadas con los trabajos, aún las de carácter personal, así como tomar las decisiones que se requieran en todo lo relativo al cumplimiento del contrato[275].

Artículo 54. Las estimaciones de los trabajos ejecutados se deberán formular con una periodicidad no mayor de un mes. El contratista deberá presentarlas a la residencia de obra dentro de los seis días naturales siguientes a la fecha de corte para el pago de las estimaciones que hubiere fijado la dependencia o entidad en el contrato, acompañadas de la documentación que acredite la proce-

268 Fracción adicionada DOF 07-07-2005
269 Fracción adicionada DOF 07-07-2005
270 Párrafo adicionado DOF 28-05-2009
271 Párrafo adicionado DOF 28-05-2009
272 Artículo adicionado DOF 16-01-2012
273 Párrafo reformado DOF 28-05-2009
274 Párrafo reformado DOF 07-07-2005
275 Párrafo adicionado DOF 28-05-2009

dencia de su pago; la residencia de obra para realizar la revisión y autorización de las estimaciones contará con un plazo no mayor de quince días naturales siguientes a su presentación. En el supuesto de que surjan diferencias técnicas o numéricas que no puedan ser autorizadas dentro de dicho plazo, éstas se resolverán e incorporarán en la siguiente estimación.

Las estimaciones por trabajos ejecutados deberán pagarse por parte de la dependencia o entidad, bajo su responsabilidad, en un plazo no mayor a veinte días naturales, contados a partir de la fecha en que hayan sido autorizadas por la residencia de la obra de que se trate y que el contratista haya presentado la factura correspondiente[276].

Los pagos de cada una de las estimaciones por trabajos ejecutados son independientes entre sí y, por lo tanto, cualquier tipo y secuencia será sólo para efecto de control administrativo.

Las dependencias y entidades realizarán preferentemente, el pago a contratistas a través de medios de comunicación electrónica[277].

En los proyectos de infraestructura productiva de largo plazo, la forma de estimar los trabajos y los plazos para su pago deberán establecerse en las bases de licitación y en el contrato correspondiente.

Artículo 55. En caso de incumplimiento en los pagos de estimaciones y de ajustes de costos, la dependencia o entidad, a solicitud del contratista, deberá pagar gastos financieros conforme a una tasa que será igual a la establecida por la Ley de Ingresos de la Federación en los casos de prórroga para el pago de créditos fiscales. Dichos gastos empezarán a generarse cuando las partes tengan definido el importe a pagar y se calcularán sobre las cantidades no pagadas, debiéndose computar por días naturales desde que sean determinadas y hasta la fecha en que se ponga efectivamente las cantidades a disposición del contratista[278].

Tratándose de pagos en exceso que haya recibido el contratista, éste deberá reintegrar las cantidades pagadas en exceso más los intereses correspondientes, conforme a lo señalado en el párrafo anterior. Los cargos se calcularán sobre las cantidades pagadas en exceso en cada caso y se computarán por días naturales, desde la fecha del pago hasta la fecha en que se pongan efectivamente las cantidades a disposición de la dependencia o entidad.

No se considerará pago en exceso cuando las diferencias que resulten a cargo del contratista sean compensadas en la estimación siguiente, o en el finiquito, si dicho pago no se hubiera identificado con anterioridad[279].

Artículo 56[280]. Cuando a partir del acto de la presentación y apertura de proposiciones ocurran circunstancias de orden económico no previstas en el contrato que determinen un aumento o reducción de los costos directos de los trabajos aún no ejecutados conforme al programa convenido, dichos costos, cuando procedan, deberán ser ajustados atendiendo al procedimiento de ajuste acordado por las partes en el contrato, de acuerdo con lo establecido por el artículo 57 de esta Ley. El aumento o reducción correspondiente deberá constar por escrito.

El procedimiento de ajustes de costos, sólo procederá para los contratos a base de precios unitarios o la parte de los mixtos de esta naturaleza. En los casos en que parte o todo el contrato sea en moneda extranjera se deberá aplicar el mecanismo de ajuste de costos y periodos de revisión establecido desde la convocatoria.

Cuando el porcentaje del ajuste de los costos sea al alza, será el contratista quien lo promueva, dentro de los sesenta días naturales siguientes a la publicación de los índices aplicables al mes correspondiente, mediante la presentación por escrito de la solicitud, estudios y documentación que la soporten. Si el referido porcentaje es a la baja, será la dependencia o entidad quien lo determinará en el mismo plazo, con base en la documentación comprobatoria que lo justifique, salvo en el

---

276 Párrafo reformado DOF 28-05-2009

277 Párrafo adicionado DOF 07-07-2005. Reformado DOF 28-05-2009

278 Párrafo reformado DOF 07-07-2005

279 Párrafo reformado DOF 07-07-2005

280 Artículo reformado DOF 28-05-2009

caso del procedimiento de ajuste señalado en la fracción III del artículo 57 de esta Ley, conforme al cual, invariablemente la dependencia o entidad deberá efectuarlo, con independencia de que sea a la alza o a la baja;

Una vez transcurrido el plazo establecido en el párrafo anterior, se perderá la posibilidad de solicitar el ajuste de costos por parte de los contratistas y de realizarlo a la baja por parte de la dependencia o entidad.

La dependencia o entidad, dentro de los sesenta días naturales siguientes a que el contratista promueva debidamente el ajuste de costos, deberá emitir por oficio la resolución que proceda; en caso contrario, la solicitud se tendrá por aprobada.

Cuando la documentación mediante la que se promuevan los ajustes de costos sea deficiente o incompleta, la dependencia o entidad apercibirá por escrito al contratista para que, en el plazo de diez días hábiles a partir de que le sea requerido, subsane el error o complemente la información solicitada. Transcurrido dicho plazo, sin que el promovente diera respuesta al apercibimiento, o no lo atendiere en forma correcta, se tendrá como no presentada la solicitud de ajuste de costos.

El reconocimiento por ajuste de costos en aumento o reducción se deberá incluir en el pago de las estimaciones, considerando el último porcentaje de ajuste que se tenga autorizado.

No darán lugar a ajuste de costos, las cuotas compensatorias a que, conforme a la ley de la materia, pudiera estar sujeta la importación de bienes contemplados en la realización de los trabajos.

Artículo 57[281]. El ajuste de costos directos podrá llevarse a cabo mediante cualesquiera de los siguientes procedimientos:

I. La revisión de cada uno de los precios unitarios del contrato para obtener el ajuste;

II. La revisión de un grupo de precios unitarios, que multiplicados por sus correspondientes cantidades de trabajo por ejecutar, representen aproximadamente el ochenta por ciento del importe total del contrato, y

III. En el caso de trabajos en los que la dependencia o entidad tenga establecida la proporción en que intervienen los insumos en el total del costo directo de los mismos, el ajuste respectivo podrá determinarse mediante la actualización de los costos de los insumos que intervienen en dichas proporciones. En este caso, cuando los contratistas no estén de acuerdo con la proporción de intervención de los insumos ni su forma de medición durante el proceso de construcción, podrán solicitar su revisión a efecto de que sean corregidos; en el supuesto de no llegar a un acuerdo, se deberá aplicar el procedimiento enunciado en la fracción I de este artículo.

Para los procedimientos señalados en las fracciones I y II del presente artículo, los contratistas serán responsables de promover los ajustes de costos, a efecto de que la dependencia o entidad los revise, en su caso solicite correcciones a los mismos, y dictamine lo procedente. Esto sin perjuicio de que las dependencias y entidades puedan realizar los estudios periódicos necesarios.

Artículo 58[282]. La aplicación de los procedimientos de ajuste de costos directos a que se refiere el artículo anterior se sujetará a lo siguiente:

I. Los ajustes se calcularán a partir del mes en que se haya producido el incremento o decremento en el costo de los insumos, respecto de los trabajos pendientes de ejecutar, conforme al programa de ejecución pactado en el contrato o, en caso de existir atraso no imputable al contratista, conforme al programa convenido.

Para efectos de cada una de las revisiones y ajustes de los costos, que se presenten durante la ejecución de los trabajos, el mes de origen de estos será el correspondiente al acto de presentación y apertura de proposiciones, aplicándose el último factor que se haya autorizado;

II. Los incrementos o decrementos de los costos de los insumos serán calculados con base en los índices de precios al productor y comercio exterior/actualización de costos de obras públicas que determine el Banco de México. Cuando los índices que requieran tanto el contratista como la

281 Artículo reformado DOF 07-07-2005, 28-05-2009

282 Artículo reformado DOF 28-05-2009

dependencia o entidad, no se encuentren dentro de los publicados por el Banco de México, las dependencias y entidades procederán a calcularlos en conjunto con el contratista conforme a los precios que investiguen, por mercadeo directo o en publicaciones especializadas nacionales o internacionales considerando al menos tres fuentes distintas ó utilizando los lineamientos y metodología que expida el Banco de México;

III. Los precios unitarios originales del contrato permanecerán fijos hasta la terminación de los trabajos contratados. El ajuste se aplicará a los costos directos, conservando constantes los porcentajes de los costos indirectos, el costo por financiamiento y el cargo de utilidad originales durante el ejercicio del contrato; el costo por financiamiento estará sujeto a ajuste de acuerdo a las variaciones de la tasa de interés que el contratista haya considerado en su proposición, y

IV. A los demás lineamientos que para tal efecto emita la Secretaría de la Función Pública.

Una vez aplicado el procedimiento respectivo y determinados los factores de ajuste, éstos se aplicarán al importe de las estimaciones generadas, sin que resulte necesario modificar la garantía de cumplimiento del contrato inicialmente otorgada.

Cuando existan trabajos ejecutados fuera del periodo programado, por causa imputable al contratista, el ajuste se realizará considerando el periodo en que debieron ser ejecutados, conforme al programa convenido, salvo en el caso de que el factor de ajuste correspondiente al mes en el que efectivamente se ejecutaron, sea inferior a aquel en que debieron ejecutarse, en cuyo supuesto se aplicará este último.

Artículo 59[283]**.** Las dependencias y entidades, podrán, dentro de su presupuesto autorizado, bajo su responsabilidad y por razones fundadas y explícitas, modificar los contratos sobre la base de precios unitario; los mixtos en la parte correspondiente, así como los de amortización programada, mediante convenios, siempre y cuando éstos, considerados conjunta o separadamente, no rebasen el veinticinco por ciento del monto o del plazo pactados en el contrato, ni impliquen variaciones sustanciales al proyecto original, ni se celebren para eludir en cualquier forma el cumplimiento de la Ley o los tratados.

Si las modificaciones exceden el porcentaje indicado pero no varían el objeto del proyecto, se podrán celebrar convenios adicionales entre las partes respecto de las nuevas condiciones, debiéndose justificar de manera fundada y explícita las razones para ello. Dichas modificaciones no podrán, en modo alguno, afectar las condiciones que se refieran a la naturaleza y características esenciales del objeto del contrato original, ni convenirse para eludir en cualquier forma el cumplimiento de esta Ley o de los tratados.

Los convenios señalados en los párrafos anteriores deberán ser autorizados por el servidor público que se determine en las políticas, bases y lineamientos de la dependencia o entidad de que se trate.

Cuando la modificación implique aumento o reducción por una diferencia superior al veinticinco por ciento del importe original del contrato o del plazo de ejecución, en casos excepcionales y debidamente justificados, la dependencia o entidad solicitará la autorización de la Secretaría de la Función Pública para revisar los indirectos y el financiamiento originalmente pactados y determinar la procedencia de ajustarlos.

En el caso de requerirse modificaciones en los términos y condiciones originales del contrato, que no representen incremento o disminución en el monto o plazo contractual, las partes deberán celebrar los convenios respectivos.

Los contratos a precio alzado o la parte de los mixtos de esta naturaleza no podrán ser modificados en monto o en plazo, ni estarán sujetos a ajustes de costos.

Sin embargo, cuando con posterioridad a la adjudicación de un contrato a precio alzado o la parte de los mixtos de esta naturaleza, se presenten circunstancias económicas de tipo general que sean ajenas a la responsabilidad de las partes y que por tal razón no pudieron haber sido objeto de

---

283 Artículo reformado DOF 28-05-2009

consideración en la proposición que sirvió de base para la adjudicación del contrato correspondiente; como son, entre otras: variaciones en la paridad cambiaria de la moneda o cambios en los precios nacionales o internacionales que provoquen directamente un aumento o reducción en los costos de los insumos de los trabajos no ejecutados conforme al programa de ejecución; las dependencias y entidades deberán reconocer incrementos o requerir reducciones, de conformidad con las disposiciones que, en su caso, emita la Secretaría de la Función Pública.

Lo anterior sin perjuicio de que los costos de los insumos de los trabajos se actualicen por una sola ocasión cuando, por causas no imputables al contratista, los trabajos inicien con posterioridad a ciento veinte días naturales contados a partir de la fecha de presentación de las proposiciones. Para tales efectos, se utilizará el promedio de los índices de precios al productor y comercio exterior-actualización de costos de obras públicas publicados por el Banco de México, tomando como base para su cálculo el mes de presentación y apertura de las proposiciones y el mes que inicia la obra.

Una vez que se tengan determinadas las posibles modificaciones al contrato respectivo, la suscripción de los convenios será responsabilidad de la dependencia o entidad de que se trate, misma que no deberá exceder de cuarenta y cinco días naturales, contados a partir de la mencionada determinación.

De las autorizaciones a que se refiere este artículo, por lo que respecta a los convenios que se celebren conforme al segundo párrafo del mismo, el titular del área responsable de la contratación de los trabajos informará al órgano interno de control en la dependencia o entidad que se trate. Al efecto, a más tardar el último día hábil de cada mes, deberá presentarse un informe que se referirá a las autorizaciones otorgadas en el mes calendario inmediato anterior.

Cuando durante la ejecución de los trabajos se requiera la realización de cantidades o conceptos de trabajo adicionales a los previstos originalmente, las dependencias y entidades podrán autorizar el pago de las estimaciones de los trabajos ejecutados, previamente a la celebración de los convenios respectivos, vigilando que dichos incrementos no rebasen el presupuesto autorizado en el contrato. Tratándose de cantidades adicionales, éstas se pagarán a los precios unitarios pactados originalmente; tratándose de los conceptos no previstos en el catálogo de conceptos del contrato, sus precios unitarios deberán ser conciliados y autorizados, previamente a su pago.

No será aplicable el porcentaje que se establece en el primer párrafo de este artículo, cuando se trate de contratos cuyos trabajos se refieran al mantenimiento o restauración de los inmuebles a que hace mención el artículo 5o. de la Ley Federal sobre Monumentos y Zonas Arqueológicos, Artísticos e Históricos, en los que no sea posible determinar el catálogo de conceptos, las cantidades de trabajo, las especificaciones correspondientes o el programa de ejecución.

Artículo 60[284]**.** Las dependencias y entidades podrán suspender temporalmente, en todo o en parte, los trabajos contratados por cualquier causa justificada. Los titulares de las dependencias y los órganos de gobierno de las entidades designarán a los servidores públicos que podrán ordenar la suspensión y determinar, en su caso, la temporalidad de ésta, la que no podrá ser indefinida.

Asimismo, podrán dar por terminados anticipadamente los contratos cuando concurran razones de interés general; existan causas justificadas que le impidan la continuación de los trabajos, y se demuestre que de continuar con las obligaciones pactadas se ocasionaría un daño o perjuicio grave al Estado; se determine la nulidad de actos que dieron origen al contrato, con motivo de la resolución de una inconformidad o intervención de oficio emitida por la Secretaría de la Función Pública, o por resolución de autoridad judicial competente, o bien, no sea posible determinar la temporalidad de la suspensión de los trabajos a que se refiere este artículo. En estos supuestos, la dependencia o entidad reembolsará al contratista los gastos no recuperables en que haya incurrido, siempre que éstos sean razonables, estén debidamente comprobados y se relacionen directamente con la operación correspondiente.

284 Artículo reformado DOF 07-07-2005, 28-05-2009

Artículo 61. Las dependencias y entidades podrán rescindir administrativamente los contratos en caso de incumplimiento de las obligaciones a cargo del contratista.

El procedimiento de rescisión se llevará a cabo conforme a lo siguiente:

I. Se iniciará a partir de que al contratista le sea comunicado el incumplimiento en que haya incurrido, para que en un término de quince días hábiles exponga lo que a su derecho convenga y aporte, en su caso, las pruebas que estime pertinentes[285], y

II. Transcurrido el término a que se refiere la fracción anterior, la dependencia o entidad contará con un plazo de quince días para resolver, considerando los argumentos y pruebas que hubiere hecho valer el contratista. La determinación de dar o no por rescindido el contrato deberá ser debidamente fundada, motivada y comunicada al contratista dentro de dicho plazo[286].

III. Derogado[287].

Las dependencias y entidades podrán, bajo su responsabilidad, suspender el trámite del procedimiento de rescisión, cuando se hubiere iniciado un procedimiento de conciliación respecto del contrato materia de la rescisión[288].

Artículo 62. En la suspensión, rescisión administrativa o terminación anticipada de los contratos deberá observarse lo siguiente:

I. Cuando se determine la suspensión de los trabajos o se rescinda el contrato por causas imputables a la dependencia o entidad, ésta pagará los trabajos ejecutados, así como los gastos no recuperables, siempre que éstos sean razonables, estén debidamente comprobados y se relacionen directamente con el contrato de que se trate;

II. En caso de rescisión del contrato por causas imputables al contratista, una vez emitida la determinación respectiva, la dependencia o entidad precautoriamente y desde el inicio de la misma, se abstendrá de cubrir los importes resultantes de trabajos ejecutados aún no liquidados, hasta que se otorgue el finiquito que proceda, lo que deberá efectuarse dentro de los treinta días naturales siguientes a la fecha de la comunicación de dicha determinación, a fin de proceder a hacer efectivas las garantías. En el finiquito deberá preverse el sobrecosto de los trabajos aún no ejecutados que se encuentren atrasados conforme al programa vigente, así como lo relativo a la recuperación de los materiales y equipos que, en su caso, le hayan sido entregados;

Las dependencias y entidades podrán optar entre aplicar las penas convencionales o el sobrecosto que resulte de la rescisión, debiendo fundamentar y motivar las causas de la aplicación de uno o de otro[289];

III. Cuando se den por terminados anticipadamente los contratos, la dependencia o entidad pagará al contratista los trabajos ejecutados, así como los gastos no recuperables, siempre que éstos sean razonables, estén debidamente comprobados y se relacionen directamente con el contrato de que se trate, y

IV. Cuando por caso fortuito o fuerza mayor se imposibilite la continuación de los trabajos, el contratista podrá optar por no ejecutarlos. En este supuesto, si opta por la terminación anticipada del contrato, deberá solicitarla a la dependencia o entidad, quien determinará lo conducente dentro de los quince días naturales siguientes a la presentación del escrito respectivo; en caso de negativa, será necesario que el contratista obtenga de la autoridad judicial la declaratoria correspondiente, pero si la dependencia o entidad no contesta en dicho plazo, se tendrá por aceptada la petición del contratista.

Una vez comunicada por la dependencia o entidad la terminación anticipada de los contratos o el inicio del procedimiento de rescisión de los mismos, éstas procederán a tomar inmediata posesión de los trabajos ejecutados para hacerse cargo del inmueble y de las instalaciones respectivas,

---

285 Fracción reformada DOF 28-05-2009
286 Fracción reformada DOF 28-05-2009
287 Fracción derogada DOF 28-05-2009
288 Párrafo adicionado DOF 28-05-2009
289 Párrafo adicionado DOF 07-07-2005

y en su caso, proceder a suspender los trabajos, levantando, con o sin la comparecencia del contratista, acta circunstanciada del estado en que se encuentre la obra. En el caso de entidades, el acta circunstanciada se levantará ante la presencia de fedatario público[290].

El contratista estará obligado a devolver a la dependencia o entidad, en un plazo de diez días naturales, contados a partir del inicio del procedimiento respectivo, toda la documentación que ésta le hubiere entregado para la realización de los trabajos.

Artículo 63. De ocurrir los supuestos establecidos en el artículo anterior, las dependencias y entidades comunicarán la suspensión, rescisión o terminación anticipada del contrato al contratista; posteriormente, lo harán del conocimiento de su órgano interno de control, a más tardar el último día hábil de cada mes, mediante un informe en el que se referirá los supuestos ocurridos en el mes calendario inmediato anterior.

Artículo 64. El contratista comunicará a la dependencia o entidad la conclusión de los trabajos que le fueron encomendados, para que ésta, dentro del plazo pactado, verifique la debida terminación de los mismos conforme a las condiciones establecidas en el contrato. Al finalizar la verificación de los trabajos, la dependencia o entidad contará con un plazo de quince días naturales para proceder a su recepción física, mediante el levantamiento del acta correspondiente, quedando los trabajos bajo su responsabilidad.

Recibidos físicamente los trabajos, las partes dentro del término estipulado en el contrato, el cual no podrá exceder de sesenta días naturales a partir de la recepción de los trabajos, deberán elaborar el finiquito de los mismos, en el que se hará constar los créditos a favor y en contra que resulten para cada uno de ellos, describiendo el concepto general que les dio origen y el saldo resultante[291].

De existir desacuerdo entre las partes respecto al finiquito, o bien, el contratista no acuda con la dependencia o entidad para su elaboración dentro del plazo señalado en el contrato, ésta procederá a elaborarlo, debiendo comunicar su resultado al contratista dentro de un plazo de diez días naturales, contado a partir de su emisión; una vez notificado el resultado de dicho finiquito al contratista, éste tendrá un plazo de quince días naturales para alegar lo que a su derecho corresponda, si transcurrido este plazo no realiza alguna gestión, se dará por aceptado.

Determinado el saldo total, la dependencia o entidad pondrá a disposición del contratista el pago correspondiente, mediante su ofrecimiento o la consignación respectiva, o bien, solicitará el reintegro de los importes resultantes; debiendo, en forma simultánea, levantar el acta administrativa que dé por extinguidos los derechos y obligaciones asumidos por ambas partes en el contrato.

Artículo 65. A la conclusión de las obras públicas, las dependencias y, en su caso, las entidades, deberán registrar en las oficinas de Catastro y del Registro Público de la Propiedad de las entidades federativas, los títulos de propiedad correspondientes de aquellos inmuebles que se hayan adquirido con motivo de la construcción de las obras públicas, y en su caso deberán remitir a la Secretaría de la Función Pública los títulos de propiedad para su inscripción en el Registro Público de la Propiedad Federal y su inclusión en el Catálogo e Inventario de los Bienes y Recursos de la Nación[292].

Artículo 66. Concluidos los trabajos, el contratista quedará obligado a responder de los defectos que resultaren en los mismos, de los vicios ocultos y de cualquier otra responsabilidad en que hubiere incurrido, en los términos señalados en el contrato respectivo y en la legislación aplicable.

Los trabajos se garantizarán durante un plazo de doce meses por el cumplimiento de las obligaciones a que se refiere el párrafo anterior, por lo que previamente a la recepción de los trabajos, los contratistas, a su elección, deberán constituir fianza por el equivalente al diez por ciento del monto total ejercido de los trabajos; presentar una carta de crédito irrevocable por el equivalente al

290 Párrafo reformado DOF 07-07-2005
291 Párrafo reformado DOF 28-05-2009
292 Artículo reformado DOF 28-05-2009

cinco por ciento del monto total ejercido de los trabajos, o bien, aportar recursos líquidos por una cantidad equivalente al cinco por ciento del mismo monto en fideicomisos especialmente constituidos para ello.

Los recursos aportados en fideicomiso deberán invertirse en instrumentos de renta fija.

Los contratistas, en su caso, podrán retirar sus aportaciones en fideicomiso y los respectivos rendimientos, transcurridos doce meses a partir de la fecha de recepción de los trabajos. En igual plazo quedará automáticamente cancelada la fianza o carta de crédito irrevocable, según sea el caso.

Quedarán a salvo los derechos de las dependencias y entidades para exigir el pago de las cantidades no cubiertas de la indemnización que a su juicio corresponda, una vez que se hagan efectivas las garantías constituidas conforme a este artículo.

En los casos señalados en el artículo 42, fracciones IX y X de esta Ley, así como cuando se trate de servicios relacionados con la obra pública, el servidor público que haya firmado el contrato, bajo su responsabilidad, podrá exceptuar a los contratistas de presentar la garantía a que se refiere este artículo, lo cual deberá, en su caso, establecerse desde la convocatoria a la licitación y en el contrato respectivo[293].

Artículo 67. El contratista será el único responsable de la ejecución de los trabajos y deberá sujetarse a todos los reglamentos y ordenamientos de las autoridades competentes en materia de construcción, seguridad, uso de la vía pública, protección ecológica y de medio ambiente que rijan en el ámbito federal, estatal o municipal, así como a las instrucciones que al efecto le señale la dependencia o entidad. Las responsabilidades y los daños y perjuicios que resultaren por su inobservancia serán a cargo del contratista.

Artículo 68. Una vez concluida la obra o parte utilizable de la misma, las dependencias o entidades vigilarán que la unidad que debe operarla reciba oportunamente de la responsable de su realización, el inmueble en condiciones de operación, los planos correspondientes a la construcción final, las normas y especificaciones que fueron aplicadas durante su ejecución, así como los manuales e instructivos de operación y mantenimiento correspondientes y los certificados de garantía de calidad y funcionamiento de los bienes instalados.

Artículo 69. Las dependencias y entidades bajo cuya responsabilidad quede una obra pública concluida, estarán obligadas, por conducto del área responsable de su operación, a mantenerla en niveles apropiados de funcionamiento. Los órganos internos de control vigilarán que su uso, operación y mantenimiento se realice conforme a los objetivos y acciones para las que fueron originalmente diseñadas.

TÍTULO CUARTO. DE LA ADMINISTRACIÓN DIRECTA[294]

CAPÍTULO ÚNICO

Artículo 70. Cumplidos los requisitos establecidos en el artículo 24 de esta Ley, las dependencias y entidades podrán realizar trabajos por administración directa, siempre que posean la capacidad técnica y los elementos necesarios para tal efecto, consistentes en maquinaria y equipo de construcción y personal técnico, según el caso, que se requieran para el desarrollo de los trabajos respectivos y podrán:

I. Utilizar la mano de obra local que se requiera, lo que invariablemente deberá llevarse a cabo por obra determinada;

II. Alquilar el equipo y maquinaria de construcción complementario;

III. Utilizar preferentemente los materiales de la región, y

293 Párrafo reformado DOF 28-05-2009

294 Título reubicado DOF 28-05-2009 (antes Título Quinto)

IV. Utilizar los servicios de fletes y acarreos complementarios que se requieran.

En la ejecución de los trabajos por administración directa, bajo ninguna circunstancia podrán participar terceros como contratistas, sean cuales fueren las condiciones particulares, naturaleza jurídica o modalidades que éstos adopten.

Cuando se requieran equipos, instrumentos, elementos prefabricados terminados, materiales u otros bienes que deban ser instalados, montados, colocados o aplicados, su adquisición se regirá por las disposiciones correspondientes a tal materia.

Artículo 71. Previamente a la realización de los trabajos por administración directa, el titular del área responsable de la ejecución de los trabajos emitirá el acuerdo respectivo, del cual formarán parte, entre otros aspectos, la descripción pormenorizada de los trabajos que se deban ejecutar, los proyectos, planos, especificaciones, programas de ejecución y suministro y el presupuesto correspondiente.

Los órganos internos de control en las dependencias y entidades, previamente a la ejecución de los trabajos por administración directa, verificarán que se cuente con el presupuesto correspondiente y los programas de ejecución, de utilización de recursos humanos y, en su caso, de utilización de maquinaria y equipo de construcción.

Artículo 72. La ejecución de los trabajos estará a cargo de la dependencia o entidad a través de la residencia de obra; una vez concluidos los trabajos por administración directa, deberá entregarse al área responsable de su operación o mantenimiento. La entrega deberá constar por escrito.

Artículo 73. La dependencia o entidad deberá prever y proveer todos los recursos humanos, técnicos, materiales y económicos necesarios para que la ejecución de los trabajos se realice de conformidad con lo previsto en los proyectos, planos y especificaciones técnicas; los programas de ejecución y suministro y los procedimientos para llevarlos a cabo.

En la ejecución de los trabajos por administración directa serán aplicables, en lo procedente, las disposiciones de esta Ley.

TÍTULO QUINTO.
DE LA INFORMACIÓN Y VERIFICACIÓN[295]

CAPÍTULO ÚNICO

Artículo 74[296]**.** La forma y términos en que las dependencias y entidades deberán remitir a la Secretaría de la Función Pública, a la Secretaría y a la Secretaría de Economía la información relativa a los actos y contratos materia de esta Ley, serán establecidos por dichas Secretarías, en el ámbito de sus respectivas atribuciones.

La administración del sistema electrónico de información pública gubernamental sobre obras públicas y servicios relacionados con las mismas, estará a cargo de la Secretaría de la Función Pública, a través de la unidad administrativa que determine su Reglamento, en el cual las dependencias, entidades y los demás sujetos de esta Ley, deberán incorporar la información que ésta les requiera.

El sistema a que se refiere el párrafo anterior, tendrá los siguientes fines:

I. Contribuir a la generación de una política general en la Administración Pública Federal en materia de contrataciones de obras públicas y servicios relacionados con las mismas;

II. Propiciar la transparencia y seguimiento en las contrataciones de obras públicas y servicios relacionados con las mismas, y

III. Generar la información necesaria que permita la adecuada planeación, programación y presupuestación de las contrataciones públicas, así como su evaluación integral.

---

295 Título reubicado DOF 28-05-2009 (antes Título Sexto)

296 Artículo reformado DOF 07-07-2005, 28-05-2009

Dicho sistema contendrá por lo menos, la siguiente información, la cual deberá verificarse que se encuentra actualizada por lo menos cada tres meses:

a) Los programas anuales de obras públicas y servicios relacionados con las mismas de las dependencias y entidades;

b) El registro único de contratistas;

c) El padrón de testigos sociales;

d) La información derivada de los procedimientos de contratación, en los términos de esta Ley;

e) Las notificaciones y avisos relativos a los procedimientos de contratación y de la instancia de inconformidades;

f) Los datos de los contratos suscritos, a que se refiere el artículo 7 fracción XIII, de la Ley Federal de Transparencia y Acceso a la Información Pública Gubernamental;

g) El registro de contratistas sancionados, y

h) Las resoluciones de la instancia de inconformidad que hayan causado estado.

Las dependencias y entidades conservarán en forma ordenada y sistemática toda la documentación e información electrónica comprobatoria de los actos y contratos materia de este ordenamiento, cuando menos por un lapso de tres años, contados a partir de la fecha de su recepción; excepto la documentación contable, en cuyo caso se estará a lo previsto en las disposiciones aplicables.

Las proposiciones desechadas durante la licitación pública o invitación a cuando menos tres personas, podrán ser devueltas a los licitantes que lo soliciten, una vez transcurridos sesenta días naturales contados a partir de la fecha en que se dé a conocer el fallo respectivo, salvo que exista alguna inconformidad en trámite, en cuyo caso las proposiciones deberán conservarse hasta la total conclusión de la inconformidad e instancias subsecuentes; agotados dichos términos la convocante podrá proceder a su devolución o destrucción.

Artículo 74 Bis[297]**.** El sistema integral de información contará, en los términos del Reglamento de esta Ley, con un registro único de contratistas, el cual los clasificará de acuerdo, entre otros aspectos, por actividad, datos generales, nacionalidad e historial en materia de contrataciones y su cumplimiento.

Este registro deberá ser permanente y estar a disposición de cualquier interesado, salvo en aquellos casos que se trate de información de naturaleza reservada, en los términos establecidos en la Ley Federal de Transparencia y Acceso a la Información Pública Gubernamental.

Dicho registro tendrá únicamente efectos declarativos respecto de la inscripción de contratistas, sin que dé lugar a efectos constitutivos de derechos u obligaciones.

Artículo 75[298]**.** La Secretaría de la Función Pública, en el ejercicio de sus facultades, podrá verificar, en cualquier tiempo, que las obras públicas y servicios relacionados con las mismas se realicen conforme a lo establecido en esta Ley o en otras disposiciones aplicables.

La Secretaría de la Función Pública podrá realizar las visitas e inspecciones que estime pertinentes a las dependencias y entidades que realicen obras públicas y servicios relacionados con las mismas, e igualmente podrá solicitar a los servidores públicos y a los contratistas que participen en ellos, todos los datos e informes relacionados con los actos de que se trate.

Artículo 76[299]**.** La Secretaría de la Función Pública podrá verificar la calidad de los trabajos a través de los laboratorios, instituciones educativas y de investigación o con las personas que determine, en los términos que establece la Ley Federal sobre Metrología y Normalización y que podrán ser aquellos con los que cuente la dependencia o entidad de que se trate.

---

297 Artículo adicionado DOF 28-05-2009
298 Artículo reformado DOF 28-05-2009
299 Párrafo reformado DOF 28-05-2009

El resultado de las comprobaciones se hará constar en un dictamen que será firmado por quien haya hecho la comprobación, así como por el contratista y el representante de la dependencia o entidad respectiva, si hubieren intervenido. La falta de firma del contratista no invalidará dicho dictamen.

TÍTULO SEXTO.
DE LAS INFRACCIONES Y SANCIONES[300]
CAPÍTULO ÚNICO

Artículo 77. Los licitantes o contratistas que infrinjan las disposiciones de esta Ley, serán sancionados por la Secretaría de la Función Pública con multa equivalente a la cantidad de cincuenta hasta mil veces el salario mínimo general vigente en el Distrito Federal elevado al mes, en la fecha de la infracción[301].

Artículo 78. La Secretaría de la Función Pública, además de la sanción a que se refiere el artículo anterior, inhabilitará temporalmente para participar de manera directa o por interpósita persona en procedimientos de contratación o celebrar contratos regulados por esta Ley, a las personas que se encuentren en alguno de los supuestos siguientes[302]:

I. Los licitantes que injustificadamente y por causas imputables a los mismos no formalicen el contrato adjudicado por la convocante;

II. Los contratistas a los que se les haya rescindido administrativamente un contrato en dos o más dependencias o entidades en un plazo de tres años[303];

III. Los contratistas que no cumplan con sus obligaciones contractuales por causas imputables a ellos y que, como consecuencia, causen daños o perjuicios graves a la dependencia o entidad de que se trate, y

IV. Las que proporcionen información falsa o que actúen con dolo o mala fe en algún procedimiento de contratación, en la celebración del contrato o durante su vigencia, o bien, en la presentación o desahogo de una solicitud de conciliación o de una inconformidad[304];

V. Los contratistas que se encuentren en el supuesto de la fracción X del artículo 51 de este ordenamiento[305], y

VI. Aquéllas que se encuentren en el supuesto del segundo párrafo del artículo 92 de esta Ley[306].

La inhabilitación que imponga no será menor de tres meses ni mayor de cinco años, plazo que comenzará a contarse a partir del día siguiente a la fecha en que la Secretaría de la Función Pública la haga del conocimiento de las dependencias y entidades, mediante la publicación de la circular respectiva en el Diario Oficial de la Federación y en CompraNet[307].

Si al día en que se cumpla el plazo de inhabilitación a que se refiere el párrafo que antecede el sancionado no ha pagado la multa que hubiere sido impuesta en términos del artículo anterior, la mencionada inhabilitación subsistirá hasta que se realice el pago correspondiente[308].

Las dependencias y entidades, dentro de los quince días siguientes a la fecha en que tengan conocimiento de alguna infracción a las disposiciones de esta Ley, remitirán a la Secretaría de la

---

300 Título reubicado DOF 28-05-2009 (antes Título Séptimo)
301 Artículo reformado DOF 28-05-2009
302 Párrafo reformado DOF 07-07-2005, 28-05-2009
303 Fracción reformada DOF 28-05-2009
304 Fracción reformada DOF 07-07-2005, 28-05-2009
305 Fracción adicionada DOF 07-07-2005. Reformada DOF 28-05-2009
306 Fracción adicionada DOF 28-05-2009
307 Párrafo reformado DOF 28-05-2009
308 Párrafo adicionado DOF 07-07-2005

Función Pública la documentación comprobatoria de los hechos presumiblemente constitutivos de la infracción[309].

Artículo 79. La Secretaría de la Función Pública impondrá las sanciones considerando[310]:

I. Los daños o perjuicios que se hubieren producido con motivo de la infracción[311];

II. El carácter intencional o no del acto u omisión constitutivo de la infracción[312];

III. La gravedad de la infracción, y

IV. Las condiciones del infractor.

En la tramitación del procedimiento para imponer las sanciones a que se refiere este Título, la Secretaría de la Función Pública deberá observar lo dispuesto por el Título Cuarto y demás aplicables de la Ley Federal de Procedimiento Administrativo, aplicando supletoriamente tanto el Código Civil Federal, como el Código Federal de Procedimientos Civiles[313].

Artículo 80[314]**.** La Secretaría de la Función Pública aplicará las sanciones que procedan a los servidores públicos que infrinjan las disposiciones de este ordenamiento, conforme a lo dispuesto por la Ley Federal de Responsabilidades Administrativas de los Servidores Públicos.

La Secretaría de la Función Pública, en uso de las atribuciones que le confiere la Ley citada en el párrafo anterior, podrá abstenerse de iniciar los procedimientos previstos en ella o de imponer sanciones administrativas, cuando de las investigaciones o revisiones practicadas se advierta que el acto u omisión no es grave, o no implica la probable comisión de algún delito o perjuicio patrimonial a la dependencia o entidad, o que el acto u omisión fue corregido o subsanado de manera espontánea por el servidor público o implique error manifiesto y en cualquiera de estos supuestos, los efectos que, en su caso, hubieren producido, desaparecieron o se hayan resarcido.

Artículo 81[315]**.** Las responsabilidades y las sanciones a que se refiere la presente Ley, serán independientes de las de orden civil penal o de cualquier otra índole que puedan derivar de la comisión de los mismos hechos.

Artículo 82[316]**.** No se impondrán sanciones cuando se haya incurrido en la infracción por causa de fuerza mayor o de caso fortuito, o cuando se observe en forma espontánea el precepto que se hubiese dejado de cumplir. No se considerará que el cumplimiento es espontáneo cuando la omisión sea descubierta por las autoridades o medie requerimiento, visita, excitativa o cualquier otra gestión efectuada por las mismas, así como en el supuesto de la fracción IV del artículo 78 de esta Ley.

TÍTULO SÉPTIMO.
DE LA SOLUCIÓN DE LAS CONTROVERSIAS[317]

CAPÍTULO PRIMERO.
DE LA INSTANCIA DE INCONFORMIDAD[318]

Artículo 83[319]**.** La Secretaría de la Función Pública conocerá de las inconformidades que se promuevan contra los actos de los procedimientos de licitación pública o invitación a cuando menos tres personas que se indican a continuación:

---

309 Párrafo reformado DOF 28-05-2009
310 Párrafo reformado DOF 28-05-2009
311 Fracción reformada DOF 28-05-2009
312 Fracción reformada DOF 07-07-2005
313 Párrafo reformado DOF 28-05-2009
314 Artículo reformado DOF 07-07-2005, 28-05-2009
315 Artículo reformado DOF 28-05-2009
316 Artículo reformado DOF 28-05-2009
317 Denominación del Título reformada y reubicado DOF 28-05-2009 (antes Título Octavo)
318 Denominación del Capítulo reformada DOF 28-05-2009
319 Artículo reformado DOF 07-07-2005, 28-05-2009

I. La convocatoria a la licitación, y las juntas de aclaraciones.

En este supuesto, la inconformidad sólo podrá presentarse por el interesado que haya manifestado su interés por participar en el procedimiento según lo establecido en el artículo 35 de esta Ley, dentro de los seis días hábiles siguientes a la celebración de la última junta de aclaraciones;

II. La invitación a cuando menos tres personas.

Sólo estará legitimado para inconformarse quien haya recibido invitación, dentro de los seis días hábiles siguientes;

III. El acto de presentación y apertura de proposiciones, y el fallo.

En este caso, la inconformidad sólo podrá presentarse por quien hubiere presentado proposición, dentro de los seis días hábiles siguientes a la celebración de la junta pública en la que se dé a conocer el fallo, o de que se le haya notificado al licitante en los casos en que no se celebre junta pública.

IV. La cancelación de la licitación.

En este supuesto, la inconformidad sólo podrá presentarse por el licitante que hubiere presentado proposición, dentro de los seis días hábiles siguientes a su notificación, y

V. Los actos y omisiones por parte de la convocante que impidan la formalización del contrato en los términos establecidos en la convocatoria a la licitación o en esta Ley.

En esta hipótesis, la inconformidad sólo podrá presentarse por quien haya resultado adjudicado, dentro de los seis días hábiles posteriores a aquél en que hubiere vencido el plazo establecido en el fallo para la formalización del contrato o, en su defecto, el plazo legal.

En todos los casos en que se trate de licitantes que hayan presentado proposición conjunta, la inconformidad sólo será procedente si se promueve conjuntamente por todos los integrantes de la misma.

Artículo 84[320]**.** La inconformidad deberá presentarse por escrito, directamente en las oficinas de la Secretaría de la Función Pública o a través de CompraNet.

La Secretaría de la Función Pública podrá celebrar convenios de coordinación con las entidades federativas, a fin de que éstas conozcan y resuelvan, en los términos previstos por la presente Ley, de las inconformidades que se deriven de los procedimientos de contratación que se convoquen en los términos previstos por el artículo 1 fracción VI de esta Ley. En este supuesto, la convocatoria a la licitación indicará las oficinas en que deberán presentarse las inconformidades, haciendo referencia a la disposición del convenio que en cada caso se tenga celebrado; de lo contrario, se estará a lo previsto en el párrafo anterior.

La interposición de la inconformidad en forma o ante autoridad diversa a las señaladas en los párrafos anteriores, según cada caso, no interrumpirá el plazo para su oportuna presentación.

El escrito inicial contendrá:

I. El nombre del inconforme y del que promueve en su nombre, quien deberá acreditar su representación mediante instrumento público.

Cuando se trate de licitantes que hayan presentado propuesta conjunta, en el escrito inicial deberán designar un representante común, de lo contrario, se entenderá que fungirá como tal la persona nombrada en primer término;

II. Domicilio para recibir notificaciones personales, que deberá estar ubicado en el lugar en que resida la autoridad que conoce de la inconformidad. Para el caso de que no se señale domicilio procesal en estos términos, se le practicarán las notificaciones por rotulón;

III. El acto que se impugna, fecha de su emisión o notificación o, en su defecto, en que tuvo conocimiento del mismo;

IV. Las pruebas que ofrece y que guarden relación directa e inmediata con los actos que impugna. Tratándose de documentales que formen parte del procedimiento de contratación que obren

---

320 Artículo reformado DOF 07-07-2005, 28-05-2009

en poder de la convocante, bastará que se ofrezcan para que ésta deba remitirlas en copia autorizada al momento de rendir su informe circunstanciado, y

V. Los hechos o abstenciones que constituyan los antecedentes del acto impugnado y los motivos de inconformidad. La manifestación de hechos falsos se sancionará conforme a las disposiciones de esta Ley y a las demás que resulten aplicables.

Al escrito de inconformidad deberá acompañarse el documento que acredite la personalidad del promovente y las pruebas que ofrezca, así como sendas copias del escrito inicial y anexos para la convocante y el tercero interesado, teniendo tal carácter el licitante a quien se haya adjudicado el contrato.

En las inconformidades que se presenten a través de CompraNet, deberán utilizarse medios de identificación electrónica en sustitución de la firma autógrafa.

En las inconformidades, la documentación que las acompañe y la manera de acreditar la personalidad del promovente, se sujetarán a las disposiciones técnicas que para tales efectos expida la Secretaría de la Función Pública, en cuyo caso producirán los mismos efectos que las leyes otorgan a los medios de identificación y documentos correspondientes.

La autoridad que conozca de la inconformidad prevendrá al promovente cuando hubiere omitido alguno de los requisitos señalados en las fracciones I, III, IV y V de este artículo, a fin de que subsane dichas omisiones, apercibiéndole que en caso de no hacerlo en el plazo de tres días hábiles se desechará su inconformidad, salvo el caso de las pruebas, cuya omisión tendrá como consecuencia que se tengan por no ofrecidas.

En tratándose de la fracción I de este artículo, no será necesario formular prevención alguna respecto de la omisión de designar representante común. De igual manera, no será necesario prevenir cuando se omita señalar domicilio para recibir notificaciones personales, en términos de la fracción II.

Artículo 85[321]**.** La instancia de inconformidad es improcedente:

I. Contra actos diversos a los establecidos en el artículo 83 de esta Ley;

II. Contra actos consentidos expresa o tácitamente;

III. Cuando el acto impugnado no pueda surtir efecto legal o material alguno por haber dejado de existir el objeto o la materia del procedimiento de contratación del cual deriva, y

IV. Cuando se promueva por un licitante en forma individual y su participación en el procedimiento de contratación se hubiera realizado en forma conjunta.

Artículo 86[322]**.** El sobreseimiento en la instancia de inconformidad procede cuando:

I. El inconforme desista expresamente;

II. La convocante firme el contrato, en el caso de que el acto impugnado sea de aquéllos a los que se refiere la fracción V del artículo 83 de esta Ley, y

III. Durante la sustanciación de la instancia se advierta o sobrevenga alguna de las causas de improcedencia que establece el artículo anterior.

Artículo 87[323]**.** Las notificaciones se harán:

I. En forma personal, para el inconforme y el tercero interesado:

a) La primera notificación y las prevenciones;

b) Las resoluciones relativas a la suspensión del acto impugnado;

c) La que admita la ampliación de la inconformidad;

d) La resolución definitiva, y

e) Los demás acuerdos o resoluciones que lo ameriten, a juicio de la autoridad instructora de la inconformidad;

---

321 Artículo reformado DOF 28-05-2009

322 Artículo reformado DOF 07-07-2005, 28-05-2009

323 Artículo reformado DOF 07-07-2005, 28-05-2009

II. Por rotulón, que se fijará en lugar visible y de fácil acceso al público en general, en los casos no previstos en la fracción anterior, o bien, cuando no se haya señalado por el inconforme o tercero interesado domicilio ubicado en el lugar donde resida la autoridad que conoce de la inconformidad, y

III. Por oficio, aquéllas dirigidas a la convocante.

Las notificaciones a que se refiere este artículo podrán realizarse a través de CompraNet, conforme a las reglas que al efecto establezca la Secretaría de la Función Pública. Adicionalmente, para el caso de las notificaciones personales se dará aviso por correo electrónico.

Artículo 88[324]**.** Se decretará la suspensión de los actos del procedimiento de contratación y los que de éste deriven, siempre que lo solicite el inconforme en su escrito inicial y se advierta que existan o pudieren existir actos contrarios a las disposiciones de esta Ley o a las que de ella deriven y, además, no se siga perjuicio al interés social ni se contravengan disposiciones de orden público.

En su solicitud el inconforme deberá expresar las razones por las cuales estima procedente la suspensión, así como la afectación que resentiría en caso de que continúen los actos del procedimiento de contratación.

Solicitada la suspensión correspondiente, la autoridad que conozca de la inconformidad deberá acordar lo siguiente:

I. Concederá o negará provisionalmente la suspensión; en el primer caso, fijará las condiciones y efectos de la medida, y

II. Dentro de los tres días hábiles siguientes a que se haya recibido el informe previo de la convocante, se pronunciará respecto de la suspensión definitiva.

El acuerdo relativo a la suspensión contendrá las consideraciones y fundamentos legales en que se apoye para concederla o negarla.

En caso de resultar procedente la suspensión definitiva, se deberá precisar la situación en que habrán de quedar las cosas y se tomarán las medidas pertinentes para conservar la materia del asunto hasta el dictado de la resolución que ponga fin a la inconformidad.

En todo caso, la suspensión definitiva quedará sujeta a que el solicitante, dentro de los tres días hábiles siguientes a la notificación del acuerdo relativo, garantice los daños y perjuicios que pudiera ocasionar, según los términos que se señalen en el Reglamento.

La garantía no deberá ser menor al diez ni mayor al treinta por ciento del monto de la propuesta económica del inconforme, y cuando no sea posible determinar dicho monto, del presupuesto autorizado para la contratación de que se trate. De no exhibirse en sus términos la garantía requerida, dejará de surtir efectos dicha medida cautelar.

La suspensión decretada quedará sin efectos si el tercero interesado otorga una contragarantía equivalente a la exhibida por el inconforme, en los términos que señale el Reglamento.

A partir de que haya causado estado la resolución que ponga fin a la instancia de inconformidad, podrá iniciarse incidente de ejecución de garantía, que se tramitará por escrito en el que se señalará el daño o perjuicio que produjo la suspensión de los actos, así como las pruebas que estime pertinentes.

Con el escrito incidental se dará vista al interesado que hubiere otorgado la garantía de que se trate, para efecto de que, dentro del plazo de diez días, manifieste lo que a su derecho convenga.

Una vez desahogadas las pruebas, en el término de diez días, la autoridad resolverá el incidente planteado, en el que se decretará la procedencia de cancelar, o bien, de hacer efectiva la garantía o contragarantía de que se trate según se hubiere acreditado el daño o perjuicio causado por la suspensión de los actos, o por la continuación de los mismos, según corresponda.

Si la autoridad que conoce de la inconformidad advierte manifiestas irregularidades en el procedimiento de contratación impugnado, podrá decretar de oficio la suspensión sin necesidad de

324 Artículo reformado DOF 28-05-2009

solicitud ni garantía del inconforme, siempre que con ello no se siga perjuicio al interés social ni se contravengan disposiciones de orden público. El acuerdo relativo contendrá las consideraciones y fundamentos legales en que se apoye para decretarla.

Artículo 89[325]**.** La autoridad que conozca de la inconformidad la examinará y si encontrare motivo manifiesto de improcedencia, la desechará de plano.

Recibida la inconformidad, se requerirá a la convocante que rinda en el plazo de dos días hábiles un informe previo en el que manifieste los datos generales del procedimiento de contratación y del tercero interesado, y pronuncie las razones por las que estime que la suspensión resulta o no procedente.

Se requerirá también a la convocante que rinda en el plazo de seis días hábiles un informe circunstanciado, en el que se expondrán las razones y fundamentos para sostener la improcedencia de la inconformidad así como la validez o legalidad del acto impugnado y se acompañará, en su caso, copia autorizada de las constancias necesarias para apoyarlo, así como aquéllas a que se refiere la fracción IV del artículo 84.

Se considerarán rendidos los informes aún recibidos en forma extemporánea, sin perjuicio de las posibles responsabilidades en que incurran los servidores públicos por dicha dilación.

Una vez conocidos los datos del tercero interesado, se le correrá traslado con copia del escrito inicial y sus anexos, a efecto de que, dentro de los seis días hábiles siguientes, comparezca al procedimiento a manifestar lo que a su interés convenga, resultándole aplicable, en lo conducente, lo dispuesto por el artículo 84.

El inconforme, dentro de los tres días hábiles siguientes a aquel en que se tenga por recibido el informe circunstanciado, tendrá derecho de ampliar sus motivos de impugnación, cuando del mismo aparezcan elementos que no conocía.

La autoridad que conozca de la inconformidad, en caso de estimar procedente la ampliación, requerirá a la convocante para que en el plazo de tres días hábiles rinda el informe circunstanciado correspondiente, y dará vista al tercero interesado para que en el mismo plazo manifieste lo que a su interés convenga.

Artículo 90[326]**.** Desahogadas las pruebas, se pondrán las actuaciones a disposición del inconforme y tercero interesado a efecto de que dentro del plazo de tres días hábiles formulen sus alegatos por escrito. Cerrada la instrucción, la autoridad que conozca de la inconformidad dictará la resolución en un término de quince días hábiles.

Artículo 91[327]. La resolución contendrá:

I. Los preceptos legales en que funde su competencia para resolver el asunto;

II. La fijación clara y precisa del acto impugnado;

III. El análisis de los motivos de inconformidad, para lo cual podrá corregir errores u omisiones del inconforme en la cita de los preceptos que estime violados, así como examinar en su conjunto los motivos de impugnación y demás razonamientos expresados por la convocante y el tercero interesado, a fin de resolver la controversia efectivamente planteada, pero no podrá pronunciarse sobre cuestiones que no hayan sido expuestas por el promovente;

IV. La valoración de las pruebas admitidas y desahogadas en el procedimiento;

V. Las consideraciones y fundamentos legales en que se apoye, y

VI. Los puntos resolutivos que expresen claramente sus alcances y efectos, en congruencia con la parte considerativa, fijando cuando proceda las directrices para la reposición de actos decretados nulos o para la firma del contrato.

Una vez que cause estado la resolución que ponga fin a la inconformidad, ésta será publicada en CompraNet.

---

325 Artículo reformado y reubicado DOF 28-05-2009

326 Artículo reformado DOF 07-07-2005, 28-05-2009 (y reubicado)

327 Artículo reformado DOF 07-07-2005, 28-05-2009 (y reubicado)

Artículo 92[328]**.** La resolución que emita la autoridad podrá:

I. Sobreseer en la instancia;

II. Declarar infundada la inconformidad;

III. Declarar que los motivos de inconformidad resultan inoperantes para decretar la nulidad del acto impugnado, cuando las violaciones alegadas no resulten suficientes para afectar su contenido;

IV. Decretar la nulidad total del procedimiento de contratación;

V. Decretar la nulidad del acto impugnado, para efectos de su reposición, subsistiendo la validez del procedimiento o acto en la parte que no fue materia de la declaratoria de nulidad, y

VI. Ordenar la firma del contrato, cuando haya resultado fundada la inconformidad promovida en términos del artículo 83 fracción V de esta Ley.

En los casos de las fracciones I y II, cuando se determine que la inconformidad se promovió con el propósito de retrasar o entorpecer la contratación, se sancionará al inconforme, previo procedimiento, con multa en términos del artículo 77 de la presente Ley. Para ese efecto, podrá tomarse en consideración la conducta de los licitantes en anteriores procedimientos de contratación o de inconformidad.

La resolución que ponga fin a la instancia de inconformidad o, en su caso, a la intervención de oficio podrá impugnarse por el inconforme o tercero interesado mediante el recurso de revisión previsto en la Ley Federal de Procedimiento Administrativo, o bien, cuando proceda, ante las instancias jurisdiccionales competentes.

Artículo 93[329]**.** La convocante acatará la resolución que ponga fin a la inconformidad en un plazo no mayor de seis días hábiles. Sólo podrá suspenderse la ejecución de las resoluciones mediante determinación de autoridad administrativa o judicial competente.

El inconforme y el tercero interesado, dentro de los tres días hábiles posteriores a que tengan conocimiento del cumplimiento que haya dado la convocante a la resolución, o bien que haya transcurrido el plazo legal para tal efecto y no se haya acatado, podrán hacer del conocimiento de la autoridad resolutora, en vía incidental, la repetición, defectos, excesos u omisiones en que haya incurrido la convocante.

Con el escrito que se presente en los términos del párrafo anterior, se requerirá a la convocante para que rinda un informe en el plazo de tres días hábiles y dará vista al tercero interesado o al inconforme, según corresponda, para que en el mismo plazo manifieste lo que a su interés convenga.

Si se acredita que la resolución no fue cumplimentada según las directrices fijadas, la autoridad resolutora dejará insubsistente el acto respectivo, y ordenará a la convocante su reposición en un plazo de tres días hábiles, de acuerdo a lo ordenado en la resolución que puso fin a la inconformidad. Si resultare que hubo una omisión total, requerirá a la convocante el acatamiento inmediato.

La resolución que ponga fin al incidente previsto en este artículo podrá impugnarse por el inconforme o tercero interesado mediante el recurso de revisión previsto en la Ley Federal de Procedimiento Administrativo, o bien, cuando proceda, ante las instancias jurisdiccionales competentes.

El desacato de las convocantes a las resoluciones y acuerdos que emita la Secretaría de la Función Pública en los procedimientos de inconformidad será sancionado de acuerdo a lo previsto en la Ley Federal de Responsabilidades Administrativas de los Servidores Públicos.

En los casos en que existan contratos derivados de los actos declarados nulos, dichos acuerdos serán válidos y exigibles hasta en tanto se da cumplimiento a la resolución, pero será necesario terminarlos anticipadamente cuando la reposición de actos implique que debe adjudicarse a un licitante diverso, deba declararse desierto el procedimiento o se haya decretado su nulidad total.

---

328 Artículo adicionado DOF 28-05-2009

329 Artículo adicionado DOF 28-05-2009

Artículo 94[330]**.** A partir de la información que conozca la Secretaría de la Función Pública derivada del ejercicio de sus facultades de verificación podrá realizar intervenciones de oficio a fin de revisar la legalidad de los actos a que se refiere el artículo 83 de esta Ley.

El inicio del procedimiento de intervención de oficio será mediante el pliego de observaciones, en el que la Secretaría de la Función Pública señalará con precisión las posibles irregularidades que se adviertan en el acto motivo de intervención.

De estimarlo procedente, podrá decretarse la suspensión de los actos del procedimiento de contratación y los que de éste deriven, en términos de lo dispuesto en el último párrafo del artículo 88 de esta Ley.

Resulta aplicable al procedimiento de intervención de oficio, en lo conducente, las disposiciones previstas en esta Ley para el trámite y resolución de inconformidades.

CAPÍTULO SEGUNDO. DEL PROCEDIMIENTO DE CONCILIACIÓN[331]

Artículo 95[332]**.** En cualquier momento los contratistas o las dependencias y entidades podrán presentar ante la Secretaría de la Función Pública solicitud de conciliación, por desavenencias derivadas del cumplimiento de los contratos.

Una vez recibida la solicitud respectiva, la Secretaría de la Función Pública señalará día y hora para que tenga verificativo la audiencia de conciliación y citará a las partes. Dicha audiencia se deberá iniciar dentro de los quince días hábiles siguientes a la fecha de recepción de la solicitud.

La asistencia a la audiencia de conciliación será obligatoria para ambas partes, por lo que la inasistencia por parte del contratista traerá como consecuencia tener por no presentada su solicitud.

Artículo 96[333]**.** En la audiencia de conciliación, la Secretaría de la Función Pública, tomando en cuenta los hechos manifestados en la solicitud y los argumentos que hiciere valer la dependencia o entidad respectiva, determinará los elementos comunes y los puntos de controversia y exhortará a las partes para conciliar sus intereses, conforme a las disposiciones de esta Ley, sin prejuzgar sobre el conflicto planteado.

Artículo 97[334]. En el supuesto de que las partes lleguen a una conciliación, el convenio respectivo obligará a las mismas, y su cumplimiento podrá ser demandado por la vía judicial correspondiente. La Secretaría de la Función Pública dará seguimiento a los acuerdos de voluntades, para lo cual las dependencias y entidades deberán remitir un informe sobre el avance de cumplimiento del mismo, en términos del Reglamento de esta Ley.

En caso de no existir acuerdo de voluntades, las partes podrán optar por cualquier vía de solución a su controversia.

CAPÍTULO TERCERO. DEL ARBITRAJE, OTROS MECANISMOS DE SOLUCIÓN DE CONTROVERSIAS Y COMPETENCIA JUDICIAL335

Artículo 98[336]**.** Se podrá convenir compromiso arbitral respecto de aquellas controversias que surjan entre las partes por interpretación a las cláusulas de los contratos o por cuestiones derivadas de su ejecución, en términos de lo dispuesto en el Título Cuarto del Libro Quinto del Código de Comercio.

330 Artículo adicionado DOF 28-05-2009
331 Capítulo adicionado DOF 28-05-2009 (reubicado)
332 Artículo adicionado DOF 28-05-2009
333 Artículo adicionado DOF 28-05-2009
334 Artículo adicionado DOF 28-05-2009
335 Capítulo adicionado DOF 28-05-2009
336 Artículo adicionado DOF 28-05-2009

No será materia de arbitraje la rescisión administrativa, la terminación anticipada de los contratos, así como aquellos casos que disponga el Reglamento de esta Ley.

Artículo 99[337]**.** El arbitraje podrá preverse en cláusula expresa en el contrato o por convenio escrito posterior a su celebración. En las políticas, bases y lineamientos deberá establecerse el área o servidor público responsable para determinar la conveniencia de incluir dicha cláusula o firmar el convenio correspondiente.

Artículo 100[338]**.** El pago de los servicios a la persona que funja como árbitro no será materia de la presente Ley.

Los costos y honorarios del arbitraje correrán por cuenta de las partes contratantes, salvo determinación en contrario en el laudo arbitral.

Artículo 101[339]**.** El procedimiento arbitral culminará con el laudo arbitral, y podrá considerarse para efectos de solventar observaciones formuladas por quienes tengan facultades para efectuarlas, sobre las materias objeto de dicho laudo.

Artículo 102[340]**.** Las partes podrán convenir otros mecanismos de solución de controversias para resolver sus discrepancias sobre la interpretación o ejecución de los contratos.

Artículo 103[341]**.** Las controversias que se susciten con motivo de la interpretación o aplicación de los contratos celebrados con base en esta Ley, serán resueltas por los tribunales federales, en los casos en que no se haya pactado cláusula arbitral o medio alterno de solución de controversias, o éstas no resulten aplicables.

Artículo 104[342]**.** Lo dispuesto por este Capítulo se aplicará a las entidades sólo cuando sus leyes no regulen de manera expresa la forma en que podrán resolver sus controversias.

TRANSITORIOS

PRIMERO. La presente Ley entrará en vigor sesenta días después al de su publicación en el **Diario Oficial de la Federación**.

SEGUNDO. Se deroga la Ley de Adquisiciones y Obras Públicas, en lo relativo a las disposiciones en materia de obra pública.

TERCERO. Las disposiciones administrativas expedidas en esta materia, vigentes al momento de la publicación de este ordenamiento, se seguirán aplicando en todo lo que no se opongan a la presente Ley, en tanto se expiden las que deban sustituirlas.

CUARTO. El Ejecutivo Federal expedirá el Reglamento de esta Ley en un plazo no mayor a 120 días naturales, contados a partir del día siguiente al en que entre en vigor el presente ordenamiento.

QUINTO. Los procedimientos de contratación; de aplicación de sanciones y de inconformidades, así como los demás asuntos que se encuentren en trámite o pendiente de resolución se tramitarán y resolverán conforme a las disposiciones vigentes al momento en que se iniciaron.

Los contratos de obras públicas y de servicios relacionados con las mismas que se encuentren vigentes al entrar en vigor esta Ley, continuarán rigiéndose por las disposiciones vigentes en el momento en que se celebraron.

Las rescisiones administrativas que por causas imputables al contratista se hayan determinado de acuerdo con lo dispuesto en la Ley de Adquisiciones y Obras Públicas, se continuarán considerando para los efectos de los artículos 51, fracción III, y 78, fracción II de esta Ley.

---

337 Artículo adicionado DOF 28-05-2009
338 Artículo adicionado DOF 28-05-2009
339 Artículo adicionado DOF 28-05-2009
340 Artículo adicionado DOF 28-05-2009. Reformado DOF 16-01-2012
341 Artículo adicionado DOF 28-05-2009
342 Artículo adicionado DOF 28-05-2009

NICARAGUA

I. LEY Nº 737, DE 19 DE OCTUBRE DE 2010, DE CONTRATACIONES ADMINISTRATIVAS DEL SECTOR PÚBLICO.

CAPÍTULO I.

DISPOSICIONES GENERALES

Artículo 1. Objeto de la Ley. La presente Ley tiene por objeto establecer el régimen jurídico, sustantivo y procedimental, aplicable a la preparación, adjudicación, ejecución y extinción de las contrataciones administrativas, celebradas por los organismos y entidades que forman parte del Sector Público.

La presente Ley es de orden público, por lo tanto, las partes que intervienen no podrán alterar los procedimientos ni renunciar a los derechos establecidos en la presente Ley. En ningún caso, la naturaleza de un contrato dependerá de su denominación formal, convenida por las partes o impuesta por una de ellas.

Artículo 2. Definiciones. Para efectos de la aplicación de la presente Ley, se observarán las siguientes definiciones:

Actos de Autoridad: Se entiende como toda forma de intervención pública en desarrollo de las potestades exorbitantes a que se refiere el artículo 71 de la presente Ley.

Compra Pública Sostenible: Consiste en la integración por parte de las Entidades y Organismos del Sector Público de aspectos sociales, éticos y ambientales en las especificaciones técnicas mínimas, en los criterios de selección objetiva y en las condiciones de ejecución de los contratos administrativos, los que deberán estar claramente incluidos en los pliegos de bases y condiciones.

Contratos Administrativos: Son acuerdos de voluntad, que crean o modifican derechos y obligaciones contractuales y que tienen como partes a un órgano o entidad perteneciente al Sector Público y a un contratista particular. Estos contratos se regirán por la presente Ley y en lo no previsto, por las disposiciones mercantiles y civiles pertinentes.

Contratos de Crédito Interno o Externo: Son los realizados por los organismos y entidades del Sector Público conforme el procedimiento establecido en la Ley No. 477, "Ley General de Deuda Pública", publicada en La Gaceta, Diario Oficial No. 236 del 12 de diciembre del año 2003.

Contratos entre Entes Públicos o Contratos Inter-administrativos: Son aquellos contratos celebrados entre dos organismos o entidades pertenecientes al Sector Público. Los contratos inter-administrativos se celebran mediante el procedimiento de la contratación simplificada, definida en el numeral 2 del artículo 27 de esta ley. En este tipo de contrataciones, las partes contratantes no podrán invocar, entre sí, prerrogativas exorbitantes del derecho común.

En caso de conflictos, cuando dichos organismos o entidades estén sujetas a la tutela del Poder Ejecutivo, éstos serán resueltos conforme el procedimiento establecido en la Ley No. 290, "Ley de Organización, Competencia y Procedimientos del Poder Ejecutivo", publicada en La Gaceta, Diario Oficial No. 102 del 3 de junio de 1998 y sus Reformas. Caso contrario, deberán someterse a la Jurisdicción de lo Contencioso-Administrativo.

Contratos Internacionales: Son los celebrados por el Poder Ejecutivo los cuales, son sometidos a aprobación legislativa y que deben ser aprobados por la Asamblea Nacional conforme lo establece el artículo 138, numeral 12 de la Constitución Política de la República de Nicaragua. No son contratos administrativos y no se someten al régimen de la presente Ley.

Derecho común: Por tal se entiende, la legislación civil o mercantil, así como sus principios generales o especiales, que forman parte del ordenamiento jurídico nacional.

Garantía de seriedad de la oferta: Es aquella que debe presentar el oferente y que puede consistir en una declaración ante notario público o en una garantía pecuniaria de mantener la validez de la oferta presentada durante el procedimiento de selección de que se trate, así como de suscribir el contrato respectivo en el evento de serle adjudicado y de constituir en tal caso la respectiva garantía de cumplimiento. El Reglamento establecerá los casos en que la garantía pueda limitarse a la declaración mencionada, así como los casos en que se prescindirá de garantía.

Licitación: Es el procedimiento administrativo de carácter concursal mediante el cual el órgano o entidad del Sector Público realiza un llamado público, convocando a los interesados para que, sujetándose al pliego de bases y condiciones, formulen propuestas, de entre las cuales seleccionará y aceptará la mejor oferta.

Mejor Oferta: Es la oferta que mejor se ajusta una vez aplicados los factores establecidos en el pliego de bases y condiciones. En ningún caso se calificarán las condiciones que el proponente tenga en exceso de las mínimas requeridas para acreditar su capacidad para cumplir el contrato, en términos de experiencia, capacidad financiera, operativa y demás requisitos expresados en el pliego de bases y condiciones. Tales condiciones se exigirán exclusivamente de manera proporcional al valor y complejidad del objeto a contratar. La calificación se hará únicamente en relación con las ofertas presentadas. En el evento en que el proceso de selección tenga por objeto un bien o servicio estandarizado y de común utilización, el único criterio de selección será el menor precio ofrecido.

En el caso de la consultoría se calificarán preponderantemente las calidades del consultor y del equipo de trabajo si lo hubiere, así como la oferta técnica que presente para el desarrollo de la consultoría, en los casos en que el Reglamento lo requiera. En los demás casos, la oferta más favorable se determinará mediante la valoración de la calidad y precio de las ofertas, de conformidad con los criterios establecidos en los pliegos de bases y condiciones. Todo lo anterior sin perjuicio de lo que el Reglamento disponga en materia de contrataciones menores y de lo que se disponga en los respectivos pliegos en desarrollo de lo que en esta Ley se dispone sobre compras públicas sostenibles.

Régimen jurídico de los contratos administrativos: Los contratos administrativos celebrados por las Entidades del Sector Público se regirán en cuanto a su preparación y adjudicación por la presente Ley y sus disposiciones. El orden jurisdiccional contencioso — administrativo será el competente para resolver las controversias que surjan entre las partes en los contratos administrativos.

Artículo 3. Sector Público. Para efectos de aplicación de la presente Ley, se entiende por Sector Público o Administración Pública:

1. El Poder Ejecutivo, incluyendo en este a la Presidencia y Vicepresidencia de la República, Ministerios de Estado y Órganos Desconcentrados.
2. Los otros Poderes del Estado, cuando realicen funciones administrativas.
3. Los Entes Autónomos creados por la Constitución Política de la República de Nicaragua, cuando realicen funciones administrativas.
4. Las entidades descentralizadas por funciones.
5. Los Consejos y Gobiernos de las Regiones Autónomas del Atlántico Norte y del Atlántico Sur.
6. Las Empresas del Estado, salvo cuando estén en situación de competencia. En este último caso, estarán sujetos a la presente Ley los procesos de contratación vinculados únicamente a tareas propias de la actividad de administración de las mismas, comunes a cualquier organización. En

cuanto a la contratación relativa al desarrollo de su objeto social o a las tareas conexas a la misma, esto es las que tengan relación de medio a fin con las actividades principales del objeto social, se contratarán de conformidad con el derecho privado, respetando en todo caso el principio de transparencia. Para el efecto, cada Empresa del Estado expedirá un manual de contratación que respete los lineamientos dictados por la Dirección General de Contrataciones del Estado, que en lo sucesivo de esta ley se denominará DGCE y que sea aprobado por esta, en el que consignen los procedimientos de selección que seguirá de conformidad con las necesidades que pretenda satisfacer y definan las actividades que se considerarán como conexas.

Los respectivos Manuales aprobados se publicarán por la DGCE, y en relación con los mismos podrá ejercerse el control de legalidad por parte de la jurisdicción de lo contencioso administrativo de conformidad con la ley.

7. El Sector Público Financiero, entendiendo por tal, el Banco Central de Nicaragua y las Instituciones Financieras del Sector Público fiscalizadas por la Superintendencia de Bancos y de Otras Instituciones Financieras, en lo que hace únicamente a las tareas propias de la actividad de administración de las mismas.

En cuanto a la contratación relativa al desarrollo de su objeto social o a las tareas conexas a la misma, esto es las que tengan relación de medio a fin con las actividades principales del objeto social, se contratarán de conformidad con las normas especiales aplicables a la actividad. En cuanto a lo no regulado mediante normas especiales, se aplicará en su contratación el derecho privado, respetando en todo caso el principio de transparencia. Para el efecto, cada entidad del Sector Público Financiero expedirá un manual de contratación que respete los lineamientos dictados por la DGCE y que sea aprobado por esta, en el que consigne los procedimientos de selección que seguirá de conformidad con las necesidades que pretenda satisfacer y definan las actividades que se considerarán como conexas. Los respectivos Manuales aprobados se publicarán por la DGCE, y en relación con los mismos podrá ejercerse el control de legalidad por parte de la jurisdicción de lo contencioso administrativo de conformidad con la ley.

8. Las Universidades Públicas.

9. Las Universidades privadas, en cuanto a la administración de fondos provenientes del Presupuesto General de la República.

10. Toda otra entidad que pertenezca al sector público de la República de Nicaragua, sin importar su denominación, así como toda institución en la que el Estado tenga participación mayoritaria.

Artículo 4. Ámbito de Aplicación y Régimen Jurídico. La presente Ley se aplica en su totalidad, a las contrataciones administrativas celebradas por los organismos y entidades que conforman el Sector Público.

Artículo 5. Materias excluidas. No están sujetos a la aplicación en la presente ley:

1. Los siguientes contratos públicos:

a) Los contratos internacionales celebrados por el Poder Ejecutivo que requieran aprobación de la Asamblea Nacional, en los términos del artículo 138, numeral 12 de la Constitución Política de la República de Nicaragua.

b) Las licencias o concesiones administrativas de cualquier tipo, las cuales se sujetan a lo establecido en sus leyes especiales.

c) Los contratos de empleo público, los cuales se sujetan a lo establecido en la Ley No. 476, Ley del Servicio Civil y de la Carrera Administrativa, publicada en La Gaceta, Diario Oficial No. 235 del 11 de diciembre de 2003 y demás leyes de la materia.

d) Las operaciones de intermediación bursátil y demás contratos regidos por la legislación bancaria.

e) La Contratación con Fondos Internacionales. Todo contrato, incluyendo las adquisiciones de bienes, servicios generales, servicios profesionales de consultoría y la ejecución de obras públicas, que se financie mediante donaciones internacionales o créditos de Estados Extranjeros y Organizaciones Internacionales o que se fundamenten en Tratados, Acuerdos o Convenios Internacionales, se regirá por lo que se estipule en los respectivos instrumentos.

f) El organismo o entidad del sector público que contratare con sujeción al procedimiento anterior, tendrá la obligación exclusiva de velar por el cumplimiento de lo estipulado en tales instrumentos jurídicos internacionales y en la presente Ley, sin perjuicio del reconocimiento de los derechos del contratista recogidos en tales instrumentos.

2. Las contrataciones en el extranjero realizadas por las instituciones que prestan el servicio exterior, dedicadas exclusivamente para uso de la misma.

3. Cuando se trate de servicios públicos prestados a usuarios indeterminados a cambio de una tarifa o tasa de aplicación general incluyendo el transporte.

4. Las contrataciones realizadas por el sector municipal y los gobiernos municipales.

5. Las Empresas del Estado, únicamente en lo relativo a su giro ordinario y a los contratos conexos, según lo establecido en el artículo 3 de la presente Ley.

Artículo 6. Principios que rigen la Contratación Administrativa. La contratación administrativa, sin perjuicio de los principios generales del derecho administrativo y del derecho común, se rige por los siguientes principios:

1. Principio de Eficiencia. Los organismos y entidades del Sector Público deberán planificar, programar, organizar, desarrollar y supervisar las actividades de contratación administrativa que realicen, de modo que sus necesidades se satisfagan en el tiempo oportuno y en las mejores condiciones de costo y calidad.

2. Principio de Publicidad. Los organismos y entidades del Sector Público con el objeto de garantizar la transparencia de la actividad administrativa deberán dar a conocer los procedimientos de los procesos de contratación, así como permitir el acceso de la ciudadanía a la información relacionada a dichos procesos.

3. Principio de Transparencia. Toda contratación administrativa deberá realizarse sobre la base de criterios y calificaciones objetivas de las ofertas, como se establece en la definición de "mejor oferta" contenida en el artículo 2 de la presente Ley. El acceso a la información únicamente podrá ser restringido cuando la información solicitada pueda colocar a un oferente en posición de ventaja respecto de otros o cuando los documentos hayan sido definidos como confidenciales en los respectivos pliegos de bases y condiciones. Por referirse a información de los oferentes relacionada con desgloses de sus estados financieros, cartera de clientes o cualquier otro aspecto relacionado con sus procesos de producción, programas de cómputo, o similares que, dentro de condiciones normales de competencia, no deben ser del conocimiento de otras empresas.

4. Principio de Igualdad y de Libre Concurrencia. En los procedimientos de contratación administrativa se incluirán regulaciones o tratamientos que fomenten la más amplia, objetiva e imparcial concurrencia, pluralidad y participación de proveedores potenciales. Todo interesado que cumpla con los requisitos legales y reglamentarios, estará en posibilidad de participar en los procedimientos de contratación administrativa en condiciones de igualdad y sin sujeción a ninguna restricción no derivada de especificaciones técnicas y objetivas propias del objeto del concurso.

5. Principio de Vigencia Tecnológica. Los bienes, servicios o ejecución de obras deben reunir las condiciones de calidad y modernidad tecnológica necesarias para cumplir con efectividad los fines para los que son requeridos, desde el mismo momento en que son adquiridos o contratados, y por un determinado y razonable tiempo de duración, con posibilidad de adecuarse, integrarse y actualizarse, si fuera el caso, con los avances científicos y tecnológicos.

6. Principio de Control. La actividad de contrataciones reguladas por la presente Ley, será fiscalizada por la Contraloría General de la República de conformidad con la Ley No. 681, "Ley Orgánica de la Contraloría General de la República y del Sistema de Control de la Administración Pública y Fiscalización de los Bienes y Recursos del Estado publicada en La Gaceta, Diario Oficial No. 113 del 18 de junio de 2009, y el control jurisdiccional será realizado por el Poder Judicial.

7. Principio de Debido Proceso. Todas las personas, naturales o jurídicas, que participen en el procedimiento de contratación administrativa, lo harán en igualdad de condiciones, dispondrán del tiempo y los medios necesarios para su defensa y podrán formular los recursos y peticiones que conforme la presente Ley se establezcan.

8. Principio de Integridad. Los actos referidos a las contrataciones administrativas deben caracterizarse por la honradez, veracidad, intangibilidad, justicia, imparcialidad y probidad. El Sector Público y proveedores deben observar normas éticas y evitar prácticas corruptas y fraudulentas en los procesos de contratación administrativa.

Los principios señalados tienen como finalidad garantizar que los organismos y entidades del Sector Público realicen las contrataciones administrativas con la calidad requerida, en forma oportuna y a precios o costos adecuados; y servirán también de criterio interpretativo para resolver las cuestiones que puedan suscitarse en la aplicación de la presente Ley y el Reglamento, como parámetros para la actuación de los funcionarios y para suplir los vacíos en la presente Ley y en el Reglamento.

CAPÍTULO II.
ÓRGANOS RECTORES DEL SISTEMA DE CONTRATACIONES DEL SECTOR PÚBLICO

SECCIÓN PRIMERA.
ÓRGANOS RECTORES

Artículo 7. Órgano Rector del Sistema de Administración Financiera. El Órgano Rector del Sistema de Administración Financiera del Sector Público es el Ministerio de Hacienda y Crédito Público, por conducto del Ministro del ramo.

En tal carácter, ejercerá con respecto al Sistema de Administración de Contrataciones del Sector Público, las atribuciones que le otorga la Ley No. 550, "Ley de Administración Financiera y de Régimen Presupuestario" y la Ley No. 290, "Ley de Organización, Competencia y Procedimientos del Poder Ejecutivo" y sus Reformas.

Artículo 8. Órgano Rector del Sistema de Administración de Contrataciones del Sector Público. El Órgano Rector del Sistema de Administración de Contrataciones del Sector Público, para toda la Administración Pública central, autónoma por territorio o por funciones, será la Dirección General de Contrataciones del Estado con el objetivo de comprender y garantizar el cumplimiento y difusión de la presente Ley, su Reglamento y normas complementarias.

Artículo 9. Funciones. Al órgano Rector del Sistema de Administración de Contrataciones del Sector Público, le corresponderán las siguientes funciones y atribuciones:

1. Proponer las modificaciones que considere necesarias al marco legal relativo a las contrataciones del Estado.

2. Desarrollar el alcance de la presente Ley y su Reglamento, mejorar el Sistema de Contrataciones Administrativas del Sector Público en sus aspectos administrativos, técnicos y económicos, mediante la emisión de normas administrativas. Así como, proponer políticas públicas y evacuar las consultas en materia de su competencia.

3. Desarrollar, administrar y operar el Registro de Información del Sistema de Administración de Contrataciones del Sector Público y mantener la información accesible al público en los términos de la presente Ley y su Reglamento.

4. Desarrollar, administrar y operar el Sistema de Contrataciones Administrativas Electrónicas (SISCAE).

5. Supervisar la aplicación de las normativas emitidas por el Órgano Rector del Sistema de Administración de Contrataciones del Sector Público en materia de las contrataciones administrativas del Sector Público, y poner en conocimiento a la máxima autoridad administrativa de la anormalidad encontrada para que adopte la medida que corresponda.

6. Imponer sanciones a los proveedores y contratistas que contravengan las disposiciones de esta Ley, su Reglamento y del contrato.

7. Poner en conocimiento de la Contraloría General de la República los casos en que se observe en los funcionarios públicos, indicios de incompetencia, negligencia, corrupción detectados en el ejercicio de sus funciones.

8. Brindar asistencia técnica y capacitación a los organismos y entidades del Sector Público y sector privado en materia de su competencia.

9. Diseñar, elaborar y difundir normativas complementarias de carácter general, así como modelos de manuales, guías, instructivos y pliegos estándares e instrumentos de gestión, entre otros, políticas que incluyan la elaboración de directrices que contemplen aspectos técnicos, económicos y sociales sobre la compra sustentable, en pro del desarrollo o mejora del Sistema de Administración de Contrataciones del Sector Público en sus aspectos operacionales, técnicos y económicos.

10. Preparar anualmente estudios y análisis acerca del comportamiento de precios de bienes y servicios, a fin de que los organismos y entidades del Sector Público los utilicen en la preparación de sus proyectos de presupuesto y sus procesos de contratación.

11. Administrar, definir y supervisar los acuerdos marco, así como ilustrar sobre el uso de los mismos como se establece en la presente Ley y su Reglamento.

12. Cualquier otra que por leyes especiales le sean asignadas.

SECCIÓN SEGUNDA.
DEL REGISTRO

Artículo 10. Registro de Información del Sistema de Administración de Contrataciones del Sector Público. El Registro de Información del Sistema de Administración de Contrataciones del Sector Público es la instancia encargada de registrar todas las contrataciones administrativas que celebre el Sector Público; así como mantener actualizada la información de lo concerniente a los expedientes de las contrataciones y de todas las personas naturales y jurídicas que contraten y deseen contratar con el Estado.

Los organismos y entidades del Sector Público, utilizando el Clasificador básico del Sistema de Administración de Contrataciones del Sector Público, están obligados a mantener actualizada dicha información y comunicar los datos al Registro de Información.

Los módulos, contenido y forma del Registro de Información estarán regulados en el Reglamento de la presente Ley.

Artículo 11. Registro de Proveedores. Todas las personas naturales o jurídicas que oferten deberán estar registradas en el Registro de Proveedores el que tendrá carácter constitutivo, con excepción de los casos de contratación simplificada a que se refiere la presente Ley y su Reglamento. El registro funcionará de conformidad con el Reglamento. A los extranjeros no residentes en Nicaragua les será exigible el registro como requisito para formalización del contrato que les hubiere sido adjudicado.

Artículo 12. Publicidad del Registro. La información contenida en el Registro, estará disponible al público en el portal único de contratación administrado por el Órgano Rector del Sistema de Administración de Contrataciones del Sector Público.

Esta información tendrá un propósito administrativo sin que la inclusión u omisión de cualquier información afecte la situación de los derechos y obligaciones contractuales de las partes en los contratos administrativos celebrados.

SECCIÓN TERCERA.
ÓRGANOS DE EJECUCIÓN

Artículo 13. Área Administrativa de Acuerdos Marco. Se crea dentro del Órgano Rector del Sistema de Administración de Contrataciones del Sector Público, un área encargada de la realización de los Acuerdos Marco.

Artículo 14. Áreas de Adquisiciones. La máxima autoridad administrativa de cada órgano o entidad del Sector Público, deberá asegurarse que, dentro de la misma, exista un área de Adquisiciones encargada de: participar en coordinación con las áreas solicitantes en la planificación y programación anual de las contrataciones; operar los procedimientos de contratación; resguardar la información relacionada con el proceso y con la ejecución de los contratos administrativos, y brindar asesoría, apoyo administrativo y técnico a las áreas solicitantes. Este será un Órgano de Ejecución y dependerá de la máxima autoridad administrativa, debiendo en todo caso seguir las directrices técnicas expedidas por la DGCE, de conformidad con sus competencias legales.

Cuando el volumen de las operaciones o la organización territorial lo hagan necesario, podrá existir más de un Área de Adquisiciones en cada órgano o entidad, quedando éstas sujetas a la supervisión funcional del Área de Adquisiciones Central y supeditadas, en el caso de unidades de administración desconcentradas, a la máxima autoridad administrativa del órgano o entidad.

En el Reglamento se establecerán los mecanismos de coordinación que resulten necesarios para que las diferentes áreas de la entidad interactúen con el área de adquisiciones a propósito de asegurar el cumplimiento de los fines perseguidos con la contratación pública.

Artículo 15. Comités de Evaluación. La máxima autoridad administrativa de cada órgano o entidad del Sector Público que pretenda conducir un procedimiento de licitación, concurso o contrataciones simplificadas, excepto para contrataciones menores, deberá integrar un Comité de Evaluación que estará a cargo de recomendar la evaluación y calificación de las ofertas presentadas y la elaboración del informe respectivo, con las atribuciones y responsabilidades que se establecerán en el Reglamento de la presente Ley.

El Comité de Evaluación se constituirá mediante una resolución de la máxima autoridad administrativa del órgano o entidad licitante y deberá estar compuesto por personal de reconocida calidad técnica y experiencia.

El Comité de Evaluación estará conformado, como mínimo, por tres miembros:

1. El Coordinador del Área de Adquisiciones;
2. Un Asesor Jurídico del órgano o entidad contratante; y
3. Un experto en la materia de que trate la adquisición.

Si el número de miembros del Comité fuese ampliado, el total de ellos será siempre número impar. Deberán ser funcionarios de línea de la entidad contratante; en caso que no existiesen tales cargos podrán ser contratados de forma externa. La ampliación será autorizada por la máxima autoridad administrativa de la entidad contratante.

El Comité de Evaluación podrá hacerse asesorar de los funcionarios y técnicos que considere convenientes, ya sea de forma individual o en un sub comité técnico.

En caso que, en una licitación, participen dos o más organismos o entidades -Compra Corporativa- la designación del Comité de Evaluación se iniciará con una resolución conjunta de las máximas autoridades administrativas de los mismos; la cual, deberá señalar la integración de dicho Comité.

Deberá levantarse acta de todas las reuniones efectuadas por el Comité de Evaluación, la que será firmada por todos los miembros.

Artículo 16. Comité Técnico de Contrataciones. Al inicio de cada período presupuestario, la máxima autoridad administrativa del órgano o entidad contratante, constituirá un órgano colegiado, integrado por un máximo de tres miembros, denominado Comité Técnico de Contrataciones, para recomendar la evaluación y calificación de las ofertas presentadas en los procesos de contrataciones menores que se lleven a efecto en ese período.

CAPÍTULO III.
PRESUPUESTOS DE LA CONTRATACIÓN

SECCIÓN PRIMERA.
PRESUPUESTOS EN RELACIÓN AL OFERENTE

Artículo 17. Requisitos de Idoneidad para Contratar. Para contratar con cualquier organismo o entidad del Sector Público, cualquiera que sea el proceso de contratación, los oferentes deberán cumplir los siguientes requisitos:

1. Tener capacidad para obligarse y contratar, conforme al derecho común.
2. No estar incurso en ninguna situación de prohibición o inhibición, en los términos de la presente Ley.
3. No encontrarse en convocatoria de acreedores, quiebra o liquidación.
4. No encontrarse en interdicción judicial.
5. Estar registrado en el registro de proveedores.

Sin perjuicio de los requisitos generales de idoneidad establecidos en el presente artículo, cada entidad u órgano contratante podrá establecer requisitos adicionales y de carácter especial en los documentos bases, utilizados según el proceso de contratación, los que deben ser proporcionales al valor y complejidad del objeto a contratar. Dichos requisitos, sin embargo, deberán justificarse técnicamente en los estudios y documentos previos en función del tipo de contrato de que se trate y no podrán tener una intención discriminatoria orientada a vulnerar o violar el principio de igualdad y libre concurrencia en las contrataciones.

Artículo 18. Prohibición para ser Oferente. 1. No podrán ser Proveedores del Estado, ni celebrar contratos con los organismos y entidades del Sector Público:

a) Los funcionarios públicos, durante el ejercicio del cargo, elegidos directa o indirectamente, señalados en la Constitución Política de la República de Nicaragua y la Ley No. 476, "Ley del Servicio Civil y Carrera Administrativa".

b) Las personas jurídicas en cuyo capital social participen los funcionarios públicos.

c) Quienes hayan presentado oferta en el mismo proceso, o sean cónyuges o pareja en unión de hecho estable, o se encuentren dentro del primer grado de consanguinidad o primero de afinidad con cualquier otra persona que formalmente haya presentado propuesta para un mismo proceso de selección.

d) Quienes sean socios o asociados de una persona jurídica que haya ofertado en el mismo proceso de selección.

e) Las sociedades en las cuales el representante legal o cualquiera de sus socios sea cónyuge o pareja en unión de hecho estable o tenga parentesco en primer grado de consanguinidad o primero de afinidad con el representante legal o con cualquiera de los socios de una sociedad que formalmente haya presentado propuesta, para una misma licitación.

f) Las personas naturales que hayan sido judicialmente declaradas responsables del delito de soborno internacional o de cualquier otro contra el patrimonio económico o la administración pública.

2. No podrán ser oferentes ni celebrar contratos con la respectiva entidad ni con sus dependencias:

a) Los funcionarios a que se refiere el literal a) del numeral anterior, dentro del año siguiente a su retiro.

b) El cónyuge, la pareja en unión de hecho estable y los parientes hasta el cuarto grado de consanguinidad y segundo de afinidad de los funcionarios públicos y de los servidores públicos cubiertos por las prohibiciones contempladas en la presente Ley.

c) Los empleados públicos definidos como tales por la Ley No. 476, "Ley del Servicio Civil y de la Carrera Administrativa" que tengan injerencia en los procesos de contratación administrativa.

Para efectos de esta Ley, las personas naturales que brinden servicios profesionales de consultoría a un órgano o entidad del Sector Público, no serán tenidos como servidores públicos.

d) Las personas que hayan intervenido como asesores o participado en la elaboración de especificaciones, diseños, planos constructivos o presupuestos para la contratación.

3. Los proveedores que se encuentren registrados como sancionados en el módulo correspondiente del Registro de Información de conformidad con lo establecido en la presente Ley y durante el tiempo de vigencia de la misma. En el caso de las personas jurídicas esta prohibición se extiende a sus socios o asociados.

Corresponde a los organismos y entidades del Sector Público verificar el cumplimiento del régimen de prohibiciones. El Reglamento de la presente ley, establecerá el procedimiento para el levantamiento de la información y de la verificación, así como el que deba surtirse para la cesión del contrato o para su terminación en el evento en que se presente una inhabilidad sobreviniente.

SECCIÓN SEGUNDA.

PRESUPUESTOS EN RELACIÓN AL ORGANISMO O ENTIDAD CONTRATANTE

Artículo 19. Competencia. Los organismos y entidades del Sector Público estarán facultados, por imperio de la Ley, para celebrar los contratos regidos por la presente Ley.

Artículo 20. Programa Anual de Contrataciones. Todos los organismos y entidades del Sector Público a través del Área de Adquisiciones deberán elaborar anualmente, el "Programa Anual de Contrataciones" (PAC) y publicarlo en el primer mes del período presupuestario utilizando el Clasificador básico del Sistema de Administración de Contrataciones del Sector Público.

Asimismo en cumplimiento del Principio de Publicidad, todos los organismos y entidades del Sector Público deberán elaborar anualmente, "Proyección del Programa Anual de Contrataciones" y publicarlo con una anticipación de dos meses al inicio del período presupuestario utilizando este Clasificador. Una vez promulgada la Ley Anual del Presupuesto General de la República, todos los organismos y entidades del Sector Público deberán confirmar su "Programa Anual de Contrataciones" (PAC) y publicarlo por los mismos medios en que fue publicada la proyección. La publicación deberá hacerse en el portal único de contratación sin perjuicio de otras formas de publicación. El Plan y su publicación serán autorizados por la máxima autoridad administrativa de la entidad contratante.

La publicación del Programa Anual de Contrataciones es requisito para iniciar cualquier proceso de contratación. No tendrá carácter vinculante y, por lo tanto, no constituirá obligación de contratar o de iniciar el proceso. En cualquier momento, los organismos y entidades del Sector Público podrán modificar el referido programa para incluir o modificar contrataciones no consideradas en la proyección inicial, la que deberá ser justificada y cumplir con los mismos requisitos de publicación. Unicamente podrán ejecutarse procesos de contrataciones incluidos en el Plan de adquisiciones, excepto lo regulado por esta Ley en materia de contratación simplificada.

Las formalidades a observar para la aplicación de este artículo, se establecerán en el Reglamento de la presente Ley.

SECCIÓN TERCERA.

REQUISITOS PREVIOS PARA EL INICIO DE UNA CONTRATACIÓN

Artículo 21. Estudios, Diseños y Especificaciones. De previo a iniciar cualquier proceso de contratación, el órgano o entidad contratante deberá contar, según fuere el caso, con los estudios requeridos incluyendo el de impacto ambiental, diseños, especificaciones generales y técnicas debidamente concluidas y el presupuesto. Estos documentos se asentarán en el expediente administrativo que se levantará para tal efecto y se harán públicos de la manera que establezca el Reglamento de forma que puedan ser tenidos en cuenta por los interesados en la elaboración de sus ofertas.

La responsabilidad por el contenido de los estudios, diseños y especificaciones del proceso será del área técnica de la entidad contratante. En los proyectos que involucren obra pública, los mismos deberán seguir los parámetros mínimos que para el efecto señale la DGCE mediante instructivo, de manera que se cuente con los requeridos para tal propósito de conformidad con lo que establezca el Reglamento de esta Ley.

Diez días antes de expedir la resolución de inicio de las licitaciones, los estudios, diseños y especificaciones se harán públicos junto con el proyecto del pliego de bases y condiciones, a efecto de que cualquier persona los examine y haga observaciones sobre los mismos. Las observaciones recibidas formarán parte de los antecedentes administrativos del proceso, sin que la entidad contratante esté en la obligación de responderlas o de incorporarlas.

Artículo 22. Estimación de la Contratación. De previo a iniciar cualquier proceso de contratación, los organismos o entidades contratantes deberán efectuar una estimación del monto del contrato que eventualmente sea adjudicado a efectos de seleccionar el procedimiento de contratación correspondiente. Para la estimación del monto, el órgano o entidad contratante deberá elaborar, según fuere el caso, el Presupuesto que contemple, entre otros elementos, todos los costos que implica el contrato, incluyendo el precio, fletes, seguros, comisiones, intereses, previsión sobre reajuste de precios, tributos -si procedieren-, derechos, primas y cualquier otra suma que debiera precisarse.

Artículo 23. Estimación de los Costos Tributarios de la Contratación. Si el convenio mediante el cual se regula la fuente de financiamiento del contrato define la exoneración de impuestos, el contrato respectivo queda exonerado de todos los impuestos incluidos los municipales.

Artículo 24. Programación Presupuestaria. Para iniciar el proceso de contratación administrativa, cada organismo o entidad contratante deberá asegurarse de contar con los recursos o créditos presupuestarios necesarios para garantizar los egresos derivados del contrato según el monto estimado.

En las contrataciones cuya ejecución se extienda más allá de un ejercicio presupuestario, deberán adoptarse las previsiones necesarias para garantizar el pago de las obligaciones y reflejarlas conforme la Ley No. 550, "Ley de Administración Financiera y del Régimen Presupuestario".

Sin perjuicio de las sanciones que pudieren proceder en contra de los servidores públicos infractores, la inexistencia de recursos o crédito presupuestario no será causal para invalidar el contrato suscrito, si el contratista actuó de buena fe. En tal supuesto, si el contrato estuviere siendo ejecutado, el contratista particular tendrá la opción de continuar la ejecución del mismo o de terminar anticipadamente el contrato con derecho a reclamar los daños y perjuicios resultantes. Si optare por lo primero, la entidad contratante deberá sanear el acto, programando el crédito presupuestario correspondiente de acuerdo a lo normado en el artículo 55 de la Ley No. 550, "Ley de Administración Financiera y del Régimen Presupuestario".

Artículo 25. Prohibición de Subdividir Contrataciones. El Objeto de la contratación o la ejecución de un proyecto no podrán ser subdivididos en cuantías menores, de forma que, mediante la celebración de varios contratos, se eludan o se pretenda eludir los procedimientos de contrataciones establecidos en esta Ley para el caso.

Se entenderá que no existe la antedicha subdivisión cuando, los mismos bienes o servicios a ser adquiridos se financiaren con préstamos o donaciones provenientes de diferentes Estados u Organismos Internacionales u otras fuentes de financiamiento, o cuando, al planificar la ejecución del proyecto o revisar la planificación, se hubieren previsto dos o más etapas específicas y diferenciadas.

CAPÍTULO IV.
PROCEDIMIENTOS DE CONTRATACIÓN

SECCIÓN PRIMERA.
DISPOSICIONES GENERALES

Artículo 26. Comunicaciones y Notificaciones por Medios Electrónicos. Surtirá efecto legal la comunicación y notificación de los actos de cualquier proceso de contratación que los organismos o entidades del Sector Público realicen por cualquier medio electrónico que garantice la certeza de la recepción y el contenido del mensaje, siempre que se cumplan las condiciones que para el efecto establezca el Reglamento, las que deberán garantizar el acceso de los interesados a los medios electrónicos y la gradualidad en la implementación del sistema. A falta de tales condiciones, las comunicaciones y notificaciones se realizarán con el uso de medios impresos, según disponga el Reglamento.

Cuando la eficiencia en el desarrollo de los procesos de contratación lo requiera, los organismos o entidades podrán exigir a los oferentes que indiquen los casilleros electrónicos o los medios telemáticos idóneos para enviar las comunicaciones oficiales. En el Reglamento se definirán los supuestos en que la entidad contratante recibirá ofertas y aclaraciones por los medios electrónicos mencionados.

Artículo 27. Procedimientos de Contratación. En función de la cuantía del contrato o de las circunstancias especiales de tipo contractual previstas por la Ley, las contrataciones del Sector Público se celebrarán mediante uno de los siguientes procesos:

1. Por Licitación: Los tipos de procedimientos de licitación son los siguientes:

a) Licitación Pública: Es el procedimiento que debe observarse para la selección del contratista particular en aquellas contrataciones que superen los tres millones de córdobas (C$3, 000,000.00). El número de oferentes o licitadores es ilimitado, dado que pueden concurrir a ella todas aquellas personas naturales o jurídicas que, de acuerdo a las normas vigentes, estén en condiciones de presentarse a la licitación.

b) Licitación Selectiva: Es el procedimiento que debe observarse para la selección del contratista particular en aquellas contrataciones cuyos montos sean superiores a quinientos mil córdobas (C$500,000.00) y hasta tres millones de córdobas (C$3,000,000.00).

2. Contratación Simplificada: Es el procedimiento que, con independencia del monto, debe observarse para la selección del contratista particular en aquellas situaciones taxativamente señaladas por la presente Ley, de cuya ocurrencia se dejará constancia en el acto administrativo de inicio en el que se declare motivadamente la procedencia de la causal respectiva. En todo caso la contratación respectiva se hará en condiciones de mercado, de lo que se dejará constancia escrita y firmada por el máximo responsable de la entidad. Los contratos celebrados serán públicos, en los términos que señale el Reglamento de esta Ley.

Las características de la Contratación Simplificada que se desee realizar, se publicarán conforme lo que establezca el Reglamento de la presente Ley.

3. Contrataciones Menores: Es el procedimiento administrativo que debe observarse para la selección del contratista particular en aquellas contrataciones de obras, bienes o servicios generales, que no superen el monto de quinientos mil córdobas (C$500,000.00), el procedimiento para esta modalidad lo establecerá el Reglamento de esta Ley.

4. Por Concurso: Siendo el tipo de procedimiento por concurso el siguiente:

Concurso para la Selección de Consultores: Es el procedimiento que debe observarse para la selección de firmas consultoras o consultores individuales, indistintamente del monto estimado para la contratación. Las calificaciones técnicas, profesionales o empresariales de los participantes, de los equipos de trabajo y de las ofertas técnicas cuando se requieran, determinarán la adjudicación. El precio no constituirá el factor determinante para comparar las ofertas.

La omisión de los procedimientos establecidos por la Ley, para cada proceso, será sancionada con la nulidad del mismo.

Cuando se haya determinado un procedimiento con fundamento en la estimación preliminar del negocio, y posteriormente las ofertas presentadas superen los límites para la aplicación del proceso respectivo, no se invalidará el concurso si este exceso no supera el diez por ciento (10%) y se dispone de los recursos presupuestarios suficientes para asumir la erogación.

Con arreglo a las condiciones que establezca el Reglamento, y de manera consistente con las obligaciones asumidas por la República de Nicaragua en acuerdos comerciales vinculantes, deberán establecerse convocatorias limitadas a las micro, pequeñas y medianas empresas, las que deberán cumplir con los requisitos establecidos por el Pliego de bases y condiciones y adjudicarse de conformidad con los procesos de selección establecidos en la presente Ley, en consonancia con lo establecido en las normas relativas a tales empresas.

Artículo 28. Actualización de Montos. Los montos establecidos en el artículo precedente, serán actualizados por Acuerdo Ministerial emitido por el Ministerio de Hacienda y Crédito Público cada vez que la tasa de inflación acumulada, determinada por la autoridad competente, alcance un porcentaje del diez por ciento (10%) a partir de la entrada en vigencia de la presente Ley.

SECCIÓN SEGUNDA.
LICITACIÓN PÚBLICA

Artículo 29. Etapas y procedimientos de la Licitación Pública. Todo procedimiento de licitación pública comprenderá cinco etapas coligadas y preclusivas:

1. Resolución de Inicio;
2. Convocatoria a Licitación;
3. Presentación y apertura de ofertas;
4. Evaluación de las ofertas y recomendación; y
5. Resolución de adjudicación.

Además de las etapas, la licitación pública comprende procedimientos y regulaciones necesarias para su buena ejecución, siendo estos los siguientes:

1. Elaboración del Pliego de bases y condiciones de la Licitación;
2. Aclaración y Homologación del Pliego de bases y condiciones;
3. Corrección del Pliego de bases y condiciones;
4. Modificación o Retiro de las Ofertas Presentadas;
5. Aclaración de Ofertas;
6. Descalificación del Oferente;
7. Rechazo de las Ofertas;
8. Elaboración del dictamen de recomendación;
9. Adjudicación o Re adjudicación;
10. Declaración de Licitación Desierta;
11. Suspensión y Cancelación del Procedimiento de Licitación.

Artículo 30 Resolución de Inicio del Procedimiento. El procedimiento se iniciará con una resolución motivada, emitida por la máxima autoridad administrativa de la entidad contratante.

En ésta se debe establecer el objeto de la contratación, la finalidad pública que se persigue satisfacer, una referencia de la justificación dentro del Presupuesto o del Plan Nacional de Inversiones y la elaboración del Pliego de bases y condiciones que regirá el proceso.

Artículo 31. Del Pliego de Bases y Condiciones de la Licitación. Es el documento o conjunto de documentos escritos o electrónicos que conforme el procedimiento establecido en la presente Ley, se recogen las condiciones jurídicas, económicas y técnicas al que ha de ajustarse la licitación, la adjudicación y formalización del contrato y la ejecución del mismo. Así mismo regula la forma en que la Entidad Contratante determinará la mejor oferta al objeto licitado, las prestaciones, términos y condiciones del contrato que eventualmente sea adjudicado. El pliego de bases y condiciones de la licitación deberá ser elaborado y aprobado por el Área de Adquisiciones en coordinación con las áreas técnicas y solicitantes.

Deberá contener toda la información necesaria para que el oferente pueda formular válidamente su oferta. Este documento contendrá al menos indicaciones sobre:

1. Descripción detallada del objeto de la licitación, que contenga la cantidad, especificaciones o características técnicas de las adquisiciones de las obras, bienes o servicios y cualquier otro requisito incluido las especificaciones técnicas, certificados de conformidad, planos, diseños o instrucciones que sean necesarias.

2. Cronograma de cada una de las etapas del procedimiento.

3. Instrucciones para el envío de ofertas, y donde se remita toda la información necesaria sobre el proceso.

4. Documentos que deberán ser presentados por los oferentes para acreditar y demostrar la idoneidad, la capacidad legal o el cumplimiento de cualquier requisito exigido en el pliego.

5. Modalidades de ofertas que podrán ser presentadas indicando el plazo de vigencia de las mismas y las garantías que deban acompañarse.

6. Criterios y procedimiento que se aplicará para evaluar y calificar las ofertas de los proveedores o contratistas, que permita seleccionar las o la oferta ganadora, excepto cuando el precio sea el único criterio para el caso de los bienes o servicios estandarizados y de común utilización, el coeficiente relativo de ponderación correspondiente a cada uno de esos criterios la que deberá ser libre de criterios subjetivos.

7. Instrucciones para la apertura de oferta; el plazo y presentación de estas.

8. Cuando la entidad contratante opere la contratación por medios electrónicos, cualquier requisito de autenticación y encriptación u otros equipos requeridos relacionados con el recibo de información por medios electrónicos.

9. Posibilidad de realizar adjudicaciones parciales.

10. Términos y condiciones que regirán la relación contractual una vez adjudicado el contrato, así como la fijación del plazo para la formalización del mismo.

11. Cualquier otro requisito que el órgano o entidad licitante estime necesario, siempre y cuando su exigencia no viole el principio de celeridad.

12. El pliego de bases y condiciones estará disponible en el portal único de contratación del Sistema de Contrataciones Administrativas Electrónicas.

Artículo 32 Prohibición de Elaborar Pliego de Bases y Condiciones de Carácter Discriminatorio. El pliego de bases y condiciones de la licitación se preparará de forma que favorezca la competencia y la igualdad de participación de los potenciales oferentes; por lo anterior, los organismos o entidades licitantes no podrán imponer restricciones ni exigir el cumplimiento de requisitos que no sean técnicamente indispensables si con ello limitan indebidamente las posibilidades de concurrencia de eventuales participantes. En consecuencia se prohíbe establecer en los pliegos de bases y condiciones las siguientes disposiciones:

1. Bandas de precios que sirvan para rechazar, evaluar o descalificar las ofertas económicas presentadas.

2. Establecer requisitos de idoneidad o elegibilidad mayores a los mínimos necesarios para ejecutar el objeto de la contratación.

3. Disposiciones que restrinjan los derechos de los oferentes para oponerse a los términos, alcances o diseños del objeto licitado, o a los procedimientos que se implementen en los pliegos de bases y condiciones que violenten el sistema de contrataciones públicas.

4. Modelos de contrato que no incluyan o restrinjan en su contenido los derechos de las partes consignados en la ley.

La contravención a este precepto traerá como consecuencia la nulidad del proceso.

Artículo 33. Convocatoria a Licitación. El llamado a licitación lo hará el Área de Adquisiciones del organismo o entidad licitante. Dicho llamado, deberá publicarse en el portal único de contratación o en los medios que para el efecto disponga el Reglamento. En todo caso, se publicará un aviso en La Gaceta, Diario Oficial, con el contenido que determine el Reglamento, en tanto no se logre el desarrollo de los medios tecnológicos a que se refiere el artículo 26 de la presente Ley.

Cuando convenga a los intereses nacionales e institucionales, la convocatoria podrá además darse a conocer en publicaciones internacionales.

La información mínima que debe contener la convocatoria a licitación se establecerá en el Reglamento de la presente Ley.

Artículo 34. Aclaraciones y Homologación del Pliego de bases y condiciones. En toda Licitación, el órgano o entidad licitante, por conducto del Área de Adquisiciones, tendrá la obligación de señalar lugar, hora y fecha límite para recibir y aclarar cualquier duda que tuvieren los pliegos de bases y condiciones. Los proveedores participantes deberán formular sus solicitudes de aclaración por escrito o mediante comunicación electrónica, dirigida al Área de Adquisiciones del órgano o entidad licitante.

En toda Licitación Pública, dentro de los cinco (5) días hábiles del período de presentación de ofertas, habrá una reunión de homologación de la que se elaborará un acta en la que se deben incluir los acuerdos del caso. El acta se hará llegar a todos los oferentes a través de cualquier medio establecido en el pliego.

En todo caso en los procesos de licitación, podrán los oferentes, dentro del primer tercio del plazo para presentar ofertas, formular objeción escrita ante el área de adquisiciones, cuando se considere que el pliego de bases y condiciones es contrario a los principios y disposiciones del procedimiento aplicable, o cuando el pliego vulnere las normas en que debe fundarse. Esta objeción deberá ser resuelta dentro de los cinco (5) días hábiles siguientes a su presentación y si la resolución respectiva afecta aspectos sustanciales del pliego, se modificará el cómputo del plazo para presentar la oferta.

Artículo 35. Corrección del Pliego de Bases y Condiciones. El órgano o entidad licitante, por intermedio del Área de Adquisiciones y dentro de un plazo no mayor de tres (3) días hábiles contados después de celebrada la reunión de la homologación, podrá efectuar modificaciones de oficio o a petición de cualquier proveedor participante, con el objeto de precisar o aclarar el pliego de bases y condiciones. Para tales efectos, el Área de Adquisiciones deberá elaborar "Acta Motivada" y notificarla a los proveedores participantes a través de los medios establecidos en el pliego.

La corrección podrá ser modificación simple o modificación sustancial; será modificación simple aquella que no cambie el objeto de la contratación, ni constituyan una variación fundamental en la concepción original de esta, en este caso, se mantendrá el plazo original acordado de la fecha de la apertura.

La corrección podrá ser una modificación sustancial, cuando se introduzca una alteración importante considerada trascendente o esencial en la concepción original del objeto de la contratación. El Plazo de la apertura de ofertas deberá ampliarse hasta por un cincuenta por ciento (50%) del plazo original establecido en el pliego de bases y condiciones.

Artículo 36. Presentación de las Ofertas. Las ofertas podrán presentarse por escrito o en forma electrónica, siempre que en este último caso se cumplan las condiciones que para el efecto establezca el Reglamento con el propósito de asegurar la inalterabilidad de las mismas.

El plazo que tendrá el oferente para la presentación de su oferta no podrá ser menor de treinta (30) días calendario, contados a partir de la convocatoria, salvo que el organismo adquirente resuelva ampliar el término indicado considerando la magnitud, complejidad del proyecto. Las contrataciones cubiertas por los acuerdos comerciales internacionales, se regirán por las disposiciones acordadas en dichos instrumentos.

Las ofertas recibidas por el órgano o entidad licitante una vez vencido el plazo para su presentación se devolverán, sin abrir, a los oferentes que las hayan presentado.

Artículo 37. Ofertas en Consorcio. Consorcio es el contrato asociativo por el cual dos o más personas se asocian con el criterio de complementariedad de recursos, capacidades y aptitudes, sin que ello implique crear una persona jurídica diferente para participar en un proceso de contratación y, eventualmente, contratar con el Estado.

En toda licitación, podrán participar distintos oferentes en consorcio. Para utilizar este mecanismo, será necesario acreditar ante el organismo o entidad licitante la existencia de un Acuerdo de Consorcio, en el cual se regulen, por lo menos, los términos de su relación con el organismo o entidad licitante. Los términos de la participación en el Consorcio que se informen al órgano o entidad licitante, no podrán modificarse unilateralmente por ninguno de los oferentes. Para cualquier variación que se pretenda introducir en el Acuerdo de Consorcio, una vez que ha sido presentado al organismo o entidad licitante, será necesario contar con el previo consentimiento del mismo.

Las partes del consorcio responderán solidariamente ante el organismo o entidad licitante por todas las consecuencias derivadas de su participación y de la participación del consorcio en el proceso de contratación o en la ejecución del contrato.

Un oferente que participe como parte de un consorcio en un proceso licitatorio no podrá participar en el mismo proceso individualmente o como parte de otro consorcio.

Artículo 38. Ofertas conjuntas. En las contrataciones menores podrán participar oferentes conjuntos. En estos casos los oferentes responderán solidariamente ante la entidad u organismo adquirente por todas las consecuencias de su participación en el proceso de contratación y su ejecución. No obstante, en relación con las sanciones imponibles, cada miembro de la oferta conjunta será responsable solamente por la porción de las obligaciones contractuales que le corresponda cumplir.

Los términos de la participación bajo la presente modalidad, que se informen al órgano o entidad licitante, no podrán modificarse unilateralmente por ninguno de los oferentes. Para cualquier variación que se pretenda introducir en el Acuerdo de Oferta Conjunta, será necesario contar con el previo consentimiento del organismo o entidad contratante.

Artículo 39. Oferta Única. La licitación, debidamente publicada, podrá ser adjudicada cuando se presentare una única oferta. En tal caso, el Comité de Evaluación podrá recomendar la adjudicación de la licitación al oferente único, siempre y cuando, una vez evaluada, considere que esta oferta satisface los requisitos exigidos en el pliego de bases y condiciones y que conviene a los intereses del órgano o entidad licitante.

Cuando no exista oferta alguna que llene los requisitos exigidos en el pliego de bases y condiciones, el Comité de Evaluación deberá recomendar que la licitación sea declarada desierta, en cuyo caso deberá iniciarse un nuevo procedimiento de licitación, de conformidad con lo establecido en el artículo 50 de la presente ley.

Artículo 40. Plazo de Validez de las Ofertas. Prórroga del Plazo. Las ofertas presentadas tendrán validez y estarán sujetas al plazo establecido por el órgano o entidad licitante en el pliego de bases y condiciones.

Antes de que venza el plazo de validez de las ofertas, el órgano o entidad licitante podrá solicitar a los oferentes, por una vez y por escrito o por medios electrónicos, una prórroga no mayor del cincuenta por ciento (50%) del plazo original de su oferta establecida en la Seriedad de la oferta presentada y compromiso de ofrecimiento de las garantías del caso. Los oferentes podrán negarse a otorgar la solicitud de prórroga.

El oferente que acepte prorrogar el plazo de validez de su oferta deberá prorrogar la validez de Seriedad de Oferta y compromiso de ofrecimiento de garantías, previamente presentada de forma que se ajuste al plazo prorrogado por el órgano o entidad licitante, en caso contrario se considerará que el oferente ha denegado tácitamente la solicitud de prórroga y como consecuencia un retiro voluntario del proceso.

Artículo 41. Modificación o Retiro de las Ofertas Presentadas. Los oferentes podrán modificar o retirar sus ofertas antes de que venza el plazo límite para su presentación por los mismos medios por lo que fue enviada. El retiro o modificación de la oferta posterior al plazo límite fijado para la presentación de la misma dará lugar al inicio del procedimiento administrativo sancionador establecido en la presente Ley.

Artículo 42. Apertura de las Ofertas Presentadas. Las ofertas presentadas ante el órgano o entidad licitante, serán abiertas en forma pública, presencial o electrónica, en las condiciones que para el efecto determine el Reglamento.

Una vez concluido el Acto de Apertura los oferentes podrán ver las ofertas presentadas, con excepción de los documentos considerados confidenciales por referirse a información de los oferentes relacionada con desgloses de sus estados financieros, cartera de clientes o cualquier otro aspecto relacionado con su proceso de producción, programas de cómputo, o similares que dentro de condiciones normales de competencia, no deben ser del conocimiento de otras empresas.

El órgano o entidad licitante que presidió el acto de apertura de ofertas, una vez concluido éste deberá remitir al Comité de Evaluación las ofertas presentadas para su correspondiente evaluación.

Artículo 43. Evaluación de las Ofertas y principio de subsanabilidad. El organismo o entidad licitante establecerá en el pliego de bases y condiciones los criterios para la calificación y evaluación de las ofertas presentadas. La calificación y evaluación de las ofertas será realizada por el Comité de Evaluación y deberá efectuarse dentro de un plazo de hasta siete (7) días hábiles contados a partir de la apertura de las ofertas. En casos excepcionales, atendiendo a la complejidad del objeto de la contratación y la cantidad de oferentes participantes, este plazo podrá ser prorrogado por la máxima autoridad administrativa, hasta por el cincuenta por ciento (50%) del plazo original, previa justificación, notificándose a los oferentes participantes mediante escrito enviado personalmente, electrónicamente o por medios telemáticos.

En ningún caso, se podrán calificar y evaluar las ofertas con criterios que no estén contemplados en el pliego de bases y condiciones de la licitación, so pena de nulidad.

Por virtud del principio de subsanabilidad, en los procesos de selección a que se refiere la presente Ley, primará lo sustancial sobre lo formal. De esta manera, no podrán rechazarse las ofertas por la ausencia de requisitos o la falta de documentos que verifiquen las condiciones del proponente o soporten el contenido de la oferta y que no constituyan los factores de selección determinados en los pliegos de bases y condiciones del respectivo proceso de selección. Hecho el requerimiento por la entidad, si el oferente no aporta lo que se le requiera, se rechazará la oferta. No se podrá subsanar la falta de la firma en la oferta, ni el hecho de no haber presentado la garantía de seriedad de la misma cuando ella se requiera, ni tampoco podrán acreditarse hechos ocurridos con posterioridad a la fecha máxima prevista para la presentación de las ofertas en el respectivo proceso.

Artículo 44. Aclaración de Ofertas. Durante la etapa de evaluación, el Comité de Evaluación a través del Área de Adquisiciones podrá solicitar a los oferentes, por escrito o en forma electrónica, aclaraciones de sus ofertas. Las aclaraciones, deberán hacerse por escrito o en forma electrónica, dentro del plazo señalado y no podrán alterar el contenido de la oferta original, ni violentar el Principio de Igualdad entre los oferentes. Las aclaraciones a que se refiere el presente artículo deberán ser presentadas por los oferentes dentro del plazo máximo de dos (2) días hábiles a partir de la fecha de recepción de la solicitud de aclaración y darse a conocer al resto de oferentes.

Artículo 45. Causales de Descalificación del Oferente. El Comité de Evaluación descalificará al oferente en los siguientes supuestos:

1. Cuando el oferente no satisficiere los requisitos de idoneidad legal, técnica y financiera, establecidos en la presente Ley y pliego de bases y condiciones.

2. Cuando estuviere incurso en situaciones de prohibición para presentar ofertas o se encontrase sancionado de conformidad con la presente Ley.

3. Cuando el oferente faltare a la verdad en los documentos presentados o en los hechos declarados dentro del procedimiento de licitación, o se presenten evidentes inconsistencias entre los documentos entregados o las afirmaciones realizadas por el proponente y la realidad.

Artículo 46. Causales de Rechazo de las Ofertas. El Comité de Evaluación rechazará las ofertas en los siguientes supuestos:

1. Cuando la oferta no estuviese firmada por el oferente o su representante legal debidamente acreditado.

2. Cuando el oferente presente oferta de diferentes entidades comerciales con un mismo producto sin estar autorizado en el pliego de bases y condiciones.

3. Cuando el oferente presente más de una oferta, sin estar autorizado ello en el pliego de bases y condiciones.

4. Cuando el oferente no presentare las garantías requeridas.

5. Cuando las ofertas no cumplan con los requisitos esenciales establecidos en el pliego de bases y condiciones.

6. Contenga un precio ruinoso o no remunerativo para el oferente, que dé lugar a presumir su incumplimiento en las obligaciones contractuales por insuficiencia de la retribución establecida, previa indagación con el oferente con el propósito de averiguar si éste satisface las condiciones de participación y será capaz de cumplir los términos del contrato.

7. Cuando el oferente no presente las aclaraciones a su oferta en el plazo y condiciones reguladas por el artículo 44 de esta Ley.

En el Reglamento de la presente Ley se definirá lo que deba entenderse como "precio ruinoso".

Artículo 47. Dictamen de Recomendación del Comité de Evaluación. El Comité de Evaluación, utilizando los criterios contenidos en el pliego de bases y condiciones, recomendará la adjudicación total o parcial de la licitación al oferente u oferentes, que ajustándose a los requisitos del pliego de bases y condiciones, haya presentado la mejor oferta, así mismo, deberá recomendar el orden de prelación con que fueron seleccionadas; o recomendar la declaratoria de desierta total o parcialmente de la licitación en los supuestos que la Ley señala.

El Comité de Evaluación dentro del plazo establecido en el cronograma contenido en el pliego de bases y condiciones, podrá recomendar adjudicaciones parciales cuando sea técnica y económicamente conveniente y /': se haya establecido en el pliego de bases y condiciones.

Para tales efectos, se elaborará un dictamen detallado del análisis y comparación de todas las ofertas, exponiendo las razones precisas en que fundamenta su recomendación. Este dictamen deberá ser enviado a la máxima autoridad administrativa de la entidad contratante en un plazo de dos (2) días hábiles posteriores a su suscripción, con copia a los oferentes participantes.

Artículo 48. Resolución de Adjudicación. La máxima autoridad administrativa de la entidad u organismo licitante, deberá dictar una resolución motivada para adjudicar total o parcialmente la licitación, declararla desierta o cancelarla de acuerdo a lo dispuesto en la presente Ley.

La resolución de adjudicación deberá emitirse, dentro de un plazo máximo de tres (3) días hábiles después de recibido el dictamen de recomendación de parte del Comité de Evaluación. Los requisitos y fundamentos que debe contener esta resolución serán establecidos en el Reglamento de la presente Ley.

Una vez emitida la resolución será notificada a los oferentes dentro de un plazo máximo de dos (2) días hábiles. En caso que estos no recurran contra ella, será firme y se publicará.

Artículo 49. Re adjudicación. La Re adjudicación podrá realizarse al oferente que hubiere sido calificado en el orden de prelación cuando el adjudicado original haya sido notificado para firmar el contrato y no lo hiciere dentro del plazo fijado en la notificación por la entidad licitante o no presentare la documentación necesaria para la formalización del contrato. Así mismo, cuando por cualquier razón termine anticipadamente el contrato sin haberlo ejecutado en más del treinta por ciento (30%) del mismo, la entidad podrá optar por adjudicar el contrato al siguiente oferente de la prelación, en cuyo caso se ajustará proporcionalmente el valor de su oferta.

Artículo 50. Declaración de Licitación Desierta. La máxima autoridad administrativa del organismo o entidad licitante, mediante resolución motivada, deberá declarar desierta la licitación:

1. Cuando no se presentare oferta alguna.

2. Cuando se rechazaren todas las ofertas, fundamentando en tal supuesto, las razones técnicas y económicas basado en el incumplimiento del pliego de bases y condiciones.

3. Cuando en el proceso de evaluación se comprueban errores sustanciales respecto a las especificaciones contempladas en el pliego de bases y condiciones.

4. Cuando no esté de acuerdo con el dictamen del Comité de Evaluación, fundamentando su desacuerdo en razones de interés público.

Cuando se declare desierta una licitación, se podrá iniciar nuevamente el proceso con una reducción del cincuenta por ciento (50%) en los plazos, previa revisión del pliego de bases y condiciones que sirvió de base en la licitación, incluyendo los ajustes que sean necesario sin que se altere el objeto a contratar.

La resolución que tenga por desierta un proceso de contratación, no hará incurrir en responsabilidad contractual o pre-contractual alguna al órgano o entidad licitante.

Esta resolución deberá ser notificada a los oferentes en un plazo máximo de tres (3) días a partir de la comprobación de esos supuestos y publicarse en el portal único de contratación sin perjuicio del uso de otros medios de publicación que señale el Reglamento de la presente Ley.

Artículo 51. Suspensión o Cancelación del Procedimiento de Licitación. Si durante el desarrollo del procedimiento de contratación administrativa se suscitan situaciones de caso fortuito o fuerza mayor que impidan el normal desarrollo del procedimiento cuya solución pueda ser superada dentro de un plazo prudencial que no sea superior a treinta (30) días calendarios y que no afecte el monto y objeto de la contratación, la entidad contratante podrá mediante Resolución motivada suspender el proceso de contratación administrativa, indicando expresamente el plazo de suspensión y las razones que lo motivan, pudiendo reiniciar el procedimiento de la contratación.

Si las circunstancias acontecidas por cualquiera de estas causas no puedan ser resueltas con la prontitud requerida dada la naturaleza de la contratación, la entidad deberá cancelar la misma, motivando mediante Resolución Administrativa tal circunstancia.

En ambos casos, no implica responsabilidad alguna para la entidad u organismo contratante.

Esta resolución deberá ser notificada a los oferentes y publicarse en el portal único de contratación del órgano rector.

SECCIÓN TERCERA.
LICITACIÓN SELECTIVA

Artículo 52. Procedencia de la Licitación Selectiva. Los organismos y entidades regidas por la presente Ley podrán celebrar contratos administrativos mediante el proceso de licitación selectiva para contratos cuya cuantía sea superiora quinientos mil córdobas (C$500,000.00) y hasta tres millones de córdobas (C$3,000,000.00).

Artículo 53. Etapas y procedimientos del proceso de Licitación Selectiva. Todo proceso de licitación selectiva comprenderá las siguientes etapas coligadas y preclusivas:

1. Resolución de inicio;
2. Invitación a ofertar;
3. Presentación y apertura de ofertas;
4. Evaluación de las ofertas y recomendaciones; y
5. Resolución de adjudicación.

En lo conducente, se aplicará al proceso de licitación selectiva lo establecido para el proceso de licitación pública.

Artículo 54. Resolución de Inicio de los Procedimientos. El proceso se iniciará con una resolución motivada, emitida por la máxima autoridad administrativa de la entidad contratante.

En esta debe establecer el objeto de la contratación, la finalidad pública que se persigue satisfacer, una referencia de la justificación dentro del Presupuesto del Plan Nacional de Inversiones y la elaboración del pliego de bases y condiciones que regirá el proceso.

Artículo 55. Invitación a Ofertar. La invitación pública a ofertar se publicará en el portal único de contratación o en los medios de publicación que establezca el Reglamento de la presente Ley. La información mínima que debe contener dicha invitación se establecerá en ese Reglamento.

Artículo 56. Presentación, apertura y evaluación de Ofertas. Las ofertas deberán ser presentadas en sobre cerrado o haber sido enviadas en forma electrónica, en el lugar y dentro del plazo señalado en la invitación a ofertar. Los oferentes deberán formular sus ofertas sin sujeción a modos o condiciones que impidan una aceptación pura y simple por parte del órgano o entidad adquirente.

El plazo fijado para la presentación de ofertas será no menor de siete (7) días hábiles, contados a partir de la fecha de inicio de la invitación a ofertar.

Transcurrido el plazo establecido para la recepción de las ofertas, el órgano o entidad licitante deberá proceder a la apertura de las mismas en presencia de los oferentes que deseen participar.

Con sujeción a los criterios y plazo establecidos en el pliego de bases y condiciones el comité de evaluación seleccionará la mejor oferta.

El dictamen de recomendación de adjudicación deberá ser notificado a la máxima autoridad administrativa a más tardar al siguiente día hábil de su suscripción, con copia a los oferentes participantes. La máxima autoridad administrativa actuará de conformidad a lo establecido en el artículo 48 de la presente Ley.

SECCIÓN CUARTA. CONTRATACIONES MENORES

Artículo 57. Procedencia de las Contrataciones Menores. Los organismos y entidades regidas por la presente Ley podrán celebrar contratos administrativos mediante el proceso de contrataciones menores para contratos cuya cuantía no supere el monto de quinientos mil córdobas (C$500,000.00), sin importar el objeto a contratar, y se tramitarán según lo que establezca el Reglamento de la presente Ley y su normativa correspondiente.

SECCIÓN QUINTA. CONTRATACIÓN SIMPLIFICADA

Artículo 58. Procedencia de la Contratación Simplificada. Excepcionalmente, los organismos y entidades regidas por la presente Ley podrán celebrar contratos administrativos mediante contratación simplificada a través de resolución de su máxima autoridad administrativa en los siguientes casos específicos:

1. Las contrataciones que realice la Policía Nacional, con fines exclusivamente policiales, necesarios para el mantenimiento y restablecimiento del orden y la seguridad pública del país.

2. Las contrataciones que realice el Ejército de Nicaragua con fines exclusivamente militares, necesarias para salvaguardar la integridad, independencia, seguridad y defensa nacional las efectuará mediante el procedimiento de Contratación Simplificada y las que realice para su avituallamiento en tiempo de paz, deberá aplicar el procedimiento que corresponda de conformidad con la presente Ley.

3. Contrataciones en situaciones de emergencia o calamidad pública que afecten a toda la colectividad o a un importante sector de ésta o que de forma imprevista causen la interrupción total de las operaciones de la entidad contratante. Las situaciones de emergencia contenidas en la Ley No. 337, "Ley creadora del Sistema Nacional para la Prevención, Mitigación y Atención de Desastres", publicada en La Gaceta, Diario Oficial No. 70 del 7 de abril del 2000 deberán ser previamente reconocidas y declaradas, en cada caso, por autoridad competente de acuerdo con la Ley de la materia, a fin de justificar la contratación simplificada.

En el caso de situaciones de emergencia o de urgencia no derivadas de desastres o calamidad pública, que impidan la continuidad del servicio de la entidad, deberán ser aprobadas por la máxima autoridad administrativa. Las adquisiciones que se efectúen en tales situaciones, deberán estar directamente relacionadas con la anormalidad que se busca corregir. En todo caso se debe tratar de situaciones que imposibiliten acudir al proceso de selección que correspondería.

Adoptada motivadamente la decisión anterior por la máxima autoridad administrativa de la entidad contratante, deberá remitirla a la Contraloría General de la República con todos sus soportes dentro de los diez (10) días hábiles siguientes a su adopción, para efectos de control posterior, así como el respectivo contrato cuando se suscriba. Realizada la contratación, la entidad contratante deberá proceder, a la mayor brevedad posible que permitan las circunstancias de emergencia, a completar los trámites necesarios para la aprobación del gasto.

Cuando la situación que se pretenda invocar por esta modalidad sea el resultado de la falta de planeación de la entidad contratante, ello comprometerá la responsabilidad personal de los funcionarios responsables de tal omisión.

4. Cuando hubiere un proveedor único en el mercado y el bien o servicio no pudiere ser sustituido por otro, sin merma de calidad, precio, garantías o cualquier otra circunstancia relevante. En el Reglamento de la presente Ley se determinarán los alcances de este literal.

5. Adquisición de víveres existentes en el mercado, ferias o directamente a los productores, siempre que estos se adquieran sin fines de comercialización, para la operación de la entidad y para garantizar el cumplimiento de los convenios colectivos.

6. Las compras con fondos de caja chica, las que deberán realizarse conforme a las Normas de Ejecución Presupuestarias y a la reglamentación que dicte cada entidad u organismo del Sector Público.

7. Si así lo exigiere la protección de los derechos de propiedad industrial o intelectual, tales como patentes, derechos de autor y otros semejantes, cuando haya una sola fuente o cuando la especialidad profesional, técnica o artística objeto de las obligaciones contractuales no permita promover un concurso.

8. Los contratos de servicios profesionales, cuando se trate de asuntos especializados o no se cuente con personal de línea para ese propósito.

9. Los contratos inter-administrativos celebrados entre organismos o entidades del sector público, salvo cuando una de las partes realizare una actividad económica privada, en régimen de competencia con las entidades mercantiles. En este último supuesto, el órgano o entidad contratante deberá observar el procedimiento de contratación pertinente establecido en esta Ley.

10. Cuando la contratación tenga por objeto trabajos artísticos, así como, actividades de recreación, la suscripción en periódicos, revistas de cualquier tipo y naturaleza, y la contratación de avisos publicitarios en los mismos.

Dependiendo del monto u objeto de la contratación, la entidad contratante deberá solicitar cualquiera de las garantías reguladas en la presente Ley.

Los contratos que se suscriban como consecuencia de un procedimiento de contratación simplificada, deberán ser registrados en el portal único de contratación con excepción de los señalados en los numerales 1 y 2 del presente artículo.

La responsabilidad de la contratación simplificada recaerá sobre la máxima autoridad administrativa y los funcionarios que hubieren participado en la contratación correspondiente. El Reglamento establecerá la manera como se buscará soportar que la misma se realice en condiciones de mercado, pudiendo establecer cuando proceda, que se solicite más de una oferta para verificar tales condiciones.

SECCIÓN SEXTA.
CONCURSO

Artículo 59. Procedencia de Concurso. Para la selección de firmas consultoras o consultores individuales, indistintamente del monto estimado para la contratación, los organismos y entidades del Sector Público lo harán mediante el proceso de Concurso.

En lo conducente, se aplicará al concurso lo establecido para la licitación pública, conforme se establezca en el Reglamento de la presente Ley.

1. En la selección y contratación de consultores individuales se aplicará un proceso simplificado, basado en las calificaciones de los participantes, no requiriendo la presentación de propuestas técnicas y/o económicas por parte de los mismos.

Previo al inicio del proceso de selección de consultores individuales la entidad contratante deberá cumplir con los siguientes requisitos:

a) Constitución del comité de evaluación;

b) Haber determinado el sistema de evaluación;

c) Términos de referencia, alcance de los servicios, calendario de ejecución de los servicios que deban ser proporcionados, presupuesto disponible y modelo de contrato;

d) Convocatoria. La forma y contenido de la convocatoria será establecida en el Reglamento de la presente Ley. El plazo para la presentación de hojas de vida y expresiones de interés no deberá ser mayor a ocho (8) días calendario, contados a partir de la fecha de publicación de la convocatoria en cualquiera de los medios. La solicitud de la hoja de vida y de las expresiones de interés deberá estar incluida en la convocatoria.

2. En la selección de firmas consultoras el proceso de concurso se sujetará a las reglas siguientes:

a) Los organismos y entidades del Sector Público prepararán los términos de referencia, incluyendo la descripción del trabajo a realizar, las condiciones generales y especiales del contrato, los criterios de precalificación de los oferentes y para calificar las ofertas, el plazo de su presentación y las demás condiciones y requisitos que reglamentariamente se establezcan.

b) Como parte del concurso se deberá realizar una etapa previa de precalificación a fin de seleccionar a los eventuales participantes de acuerdo con sus calificaciones, a quienes se invitará a presentar propuestas.

c) Dependiendo del objeto de la contratación, se utilizarán para la selección de estas firmas consultoras, los siguientes métodos: selección basada en la Calidad y el Costo; selección basada en la calidad; seag:lección basada en un presupuesto fijo; selección basada en el menor costo y selección basada en las calificaciones de los consultores. El procedimiento de los métodos de selección anteriores, así como las condiciones para su aplicación se establecerán en el Reglamento de la presente Ley.

Artículo 60. Apertura, Evaluación y adjudicación de las Propuestas. Las propuestas recibidas deberán estar contenidas en sobres cerrados o haber sido enviadas en forma electrónica a través del sistema que se desarrollará e implementará para tal fin. Transcurrido el plazo establecido para la recepción de las propuestas, el Comité de Evaluación deberá proceder a la apertura de las mismas. La apertura y evaluación se hará en la forma que se establezca en el Reglamento de la presente Ley.

El dictamen de recomendación de adjudicación deberá ser notificado a la máxima autoridad administrativa a más tardar al siguiente día hábil de su suscripción, con copia a todos los participantes.

La máxima autoridad administrativa deberá dictar la resolución de adjudicación a más tardar dos (2) días hábiles después de haber recibido la recomendación del Comité de Evaluación. La resolución deberá ser publicada en el portal único de contratación del órgano rector del Sistema de Administración de Contrataciones del Estado.

SECCIÓN SÉPTIMA.
DISPOSICIONES VARIAS

Artículo 61. Otros Procedimientos. El órgano o entidad contratante podrá introducir, dentro de los procedimientos ordinarios, procedimientos complementarios que permitan adaptarlos de la mejor manera al interés público, tales como: mecanismos de precalificación, dos o más etapas de evaluación, negociación de precios, financiamiento otorgado por el contratista o cualquier otro según los términos que se establecerán en el Reglamento de la presente Ley, con pleno respeto de los principios fundamentales de la contratación pública.

La subasta a la baja, podrá utilizarse como una modalidad autónoma de selección, para la adquisición de bienes o servicios estandarizados y de común utilización.

Para el efecto, el Reglamento determinará el procedimiento a seguir.

CAPÍTULO V.

SISTEMA DE CONTRATACIONES ADMINISTRATIVAS ELECTRÓNICAS (SISCAE)

Artículo 62. Sistema de Contrataciones Administrativas Electrónicas. El Sistema de Contrataciones Administrativas Electrónicas, (SISCAE), es un

Sistema Electrónico que permite la gestión y difusión de las adquisiciones y contrataciones del Estado, así como la realización de transacciones electrónicas.

Artículo 63. Obligatoriedad del Uso del Sistema. Los organismos y entidades del Sector Público que se encuentran bajo el ámbito de la presente Ley deberán usar el SISCAE, sin perjuicio de la utilización de otros mecanismos de publicación.

El Reglamento de la presente Ley establecerá los criterios de incorporación gradual de los organismos y entidades del Sector Público al SISCAE, considerando la infraestructura y condiciones tecnológicas que éstas posean o los medios disponibles para estos efectos. Así mismo, la regulación integral de las contrataciones públicas electrónicas, en particular el régimen de publicidad y difusión, lo referente al proceso electrónico de gestión de las contrataciones, los procedimientos de pago por medios electrónicos, las notificaciones por vía electrónica, la automatización de los procedimientos, la digitalización de la documentación y el expediente digital.

Artículo 64. Validez y Eficacia de Actos del SISCAE. Los actos realizados por medio del SISCAE que cumplan con las disposiciones jurídicas vigentes poseen la misma validez y eficacia jurídica que los actos realizados por medios manuales pudiéndolos sustituir para todos los efectos legales.

Las publicaciones electrónicas serán requisito para la existencia de los respectivos actos, a partir del momento en que se cumplan las condiciones que para el efecto establezca el Reglamento con el propósito de desarrollar progresivamente la contratación pública electrónica.

CAPÍTULO VI

GARANTÍAS EN LA CONTRATACIÓN ADMINISTRATIVA

Artículo 65. Garantías en la Contratación Administrativa. En las contrataciones administrativas que se realizaren por medio de los procedimientos ordinarios, cuando esto así fuere dispuesto, los organismos y entidades contratantes deberán requerir, al menos, las garantías establecidas en los artículos siguientes, emitidas por instituciones autorizadas y supervisadas por la Superintendencia de Bancos y de Otras Instituciones Financieras.

El Reglamento de la presente Ley determinará el tipo en cuanto a la forma, plazo, emisión y finalidad para la presentación de las garantías, así como las formalidades a observarse para la devolución y ejecución de las mismas. Con cargo a estas garantías podrán hacerse efectivas las multas previa autorización del contratista y demás sanciones que afecten a los contratistas.

Artículo 66. De la Seriedad de Oferta. La entidad contratante, para garantizar que los potenciales proveedores honren su oferta, deberá solicitar una garantía de seriedad de oferta, como condición para participar en el proceso.

La Garantía de Seriedad de Oferta, podrá consistir en una declaración rendida ante notario público efectuada por el Proveedor, en la cual deberá expresar que la oferta será válida durante el período especificado en el pliego de bases y condiciones, excepto en los procesos licitatorios. En este último caso y en los demás que determine el Reglamento, se hará uso de una garantía pecuniaria expedida por una institución financiera autorizada y supervisada por la Superintendencia de Bancos y de otras Instituciones Financieras.

En caso que el proveedor retire o modifique su oferta luego de la recepción y apertura de ofertas, o no cumpliere con firmar el contrato o no entregare la correspondiente garantía de cumplimiento, será inelegible de participar en los procesos de contratación administrativa por un período de un año, contado a partir de la fecha en que incurra en cualquiera de los hechos señalados. Esta sanción será impuesta por el Órgano Rector del Sistema de Administración de Contrataciones del Sector Público, conforme el procedimiento señalado en el Reglamento de la presente Ley.

Artículo 67. De la Garantía de Cumplimiento del Contrato. Previo a la formalización del contrato, excepto para contrataciones menores, el adjudicado deberá presentar al órgano o entidad adjudicante, dentro del plazo señalado en la notificación de la Adjudicación, una Garantía de cumplimiento por un monto equivalente entre el cinco por ciento (5%) y el diez por ciento (10%) del monto del contrato, para las contrataciones de servicios y bienes; y entre el diez por ciento (10%) y el veinte por ciento (20%) del monto del contrato para el caso de contrataciones de obras de construcción.

Las contrataciones de servicios de consultoría estarán exentas del cumplimiento de este requisito, salvo los casos señalados en el Reglamento de la presente Ley.

Cuando haya variaciones en el costo, la garantía deberá ser corregida en la proporción correspondiente.

La Garantía de Cumplimiento antes regulada deberá constituir una obligación de dar o entregar cantidades líquidas a favor de la entidad u organismo contratante. Una vez constatado el incumplimiento del contrato conforme lo establecido por esta Ley, bastará la sola presentación del documento a través del cual se formaliza la Garantía, ante la entidad emisora, para el pago correspondiente.

Artículo 68. Garantía de Anticipo. Previo a recibir cualquier suma por concepto de anticipo, el contratista constituirá garantía de anticipo por el monto de un cien por ciento (100%) del mismo. Esta garantía, en el caso de obras, deberá reducirse en la medida que se amortice el valor del anticipo cubriendo siempre el máximo del saldo deudor y estará vigente hasta su total amortización, y cuando se trate de bienes se computará al valor total del contrato.

Artículo 69. Otras Clases de Garantías y Recaudos. A fin de cautelar los intereses del órgano o entidad contratante, sin perjuicio de lo expresado en las cláusulas anteriores y dependiendo de la naturaleza del Contrato, se podrán establecer otras clases de garantías, tales como: garantía de calidad y rendimiento, garantía contra vicios ocultos y redhibitorios y otros, las que serán emitidas por entidades autorizadas y supervisadas por la Superintendencia de Bancos y de otras Instituciones Financieras.

Se podrá incorporar también, de acuerdo con los intereses del organismo o entidad contratante, cláusulas penales y mecanismo de derecho de retención de pagos, garantizando siempre el debido proceso para su ejecución.

CAPÍTULO VII

DISPOSICIONES COMUNES A LA CONTRATACIÓN ADMINISTRATIVA

Artículo 70. Formalización y liquidación del Contrato. La formalización de un contrato administrativo no requerirá de escritura pública, salvo cuando lo requiera el derecho común. Los contratos administrativos derivados de un proceso ordinario de contratación, tendrán el carácter de documentos públicos con fuerza ejecutiva.

Está facultada para suscribir los contratos que se deriven de la aplicación de la presente Ley, la autoridad máxima administrativa de la entidad u organismo contratante o la persona que ésta designe especialmente mediante resolución administrativa.

En los procesos de licitación y concurso, una vez se encuentre firme la resolución de adjudicación, el organismo o entidad contratante deberá proceder a formalizar el contrato con el adjudicatario, de acuerdo con el modelo incluido en las bases de la contratación y las disposiciones legales y reglamentarias pertinentes. En las contrataciones simplificadas quedará a opción de la entidad contratante.

Todo contrato administrativo de tracto sucesivo deberá liquidarse dentro de los cuatro (4) meses siguientes a su terminación. De no ser posible la liquidación de mutuo acuerdo, con posterioridad al periodo mencionado la entidad podrá liquidar unilateralmente, previa observancia del debido proceso.

Artículo 71. Derechos Contractuales y Potestades Administrativas Exorbitantes de la Entidad Contratante. La entidad contratante tendrá los derechos contractuales que resulten del contrato administrativo celebrado, así como la potestad para dirigir, controlar y supervisar el contrato. Adicionalmente, tendrá las siguientes prerrogativas exorbitantes, taxativas e irrenunciables con el exclusivo objeto de proteger el interés público, en los contratos de obra pública, arrendamiento, suministro, consultoría y servicios generales:

1. La potestad para modificar unilateralmente el contrato por razones de interés público; sin perjuicio de la renegociación del contrato, la terminación anticipada del mismo o del pago de las indemnizaciones que correspondan al contratista particular en caso que la modificación efectuada al contrato haya alterado la ecuación financiera o equilibrio original del contrato.

2. Potestad para ampliar unilateralmente los contratos sin exceder en un veinte por ciento (20%) del valor del contrato original, siempre que éstas obedezcan a situaciones de naturaleza imprevisible al momento de la suscripción del mismo y que sea la única forma de satisfacer plenamente el interés público, sin perjuicio de las modificaciones que deban efectuarse para preservar la ecuación financiera o equilibrio original del contrato. Los contratos de consultoría solamente podrán ser ampliados en lo relativo a plazo.

3. La potestad para suspender o resolver el contrato por razones de interés público, sin perjuicio de las indemnizaciones que correspondan al contratista particular si hubiere mérito.

4. La potestad para rescindir el contrato por incumplimiento del contratista particular de una condición esencial del mismo. Dicha facultad, deberá ejercerla la entidad contratante en caso de grave incumplimiento contractual imputable al contratista particular; previa intimación escrita y con anticipación razonable dada a éste para el cumplimiento efectivo del contrato. En cualquier caso, el procedimiento para la adopción de esta medida, supondrá el agotamiento del debido proceso recogido en el Reglamento de la presente Ley.

Las decisiones adoptadas por los organismos y entidades del Sector Público, regidos por la presente Ley en ejercicio de estas prerrogativas, son ejecutivas, sin perjuicio del debido proceso y una vez se hayan agotado los procedimientos previstos en el Reglamento; sin perjuicio del derecho del contratista particular de recurrir contra la decisióg3:n ante la autoridad competente en el ámbito administrativo y jurisdiccional, haciendo uso del Recurso en la vía administrativa conforme a procedimiento establecido en la Ley No. 290, "Ley de Organización, Competencia y Procedimientos del Poder Ejecutivo" y Ley No. 350, "Ley de Regulación de la Jurisdicción de lo Contencioso Administrativo", publicada en La Gaceta, Diario Oficial No. 140 y 141 de los días 25 y 26 de julio del 2000. La ejecutoriedad del acto administrativo no hace cosa juzgada.

Las prerrogativas de poder público contempladas en el presente artículo constituyen cláusulas exorbitantes del Derecho Común que, por imperio de la Ley, se tienen como automáticamente incorporadas a los contratos administrativos enunciados en el encabezado del presente artículo, sin necesidad de inclusión expresa en los mismos.

En cualquier caso, en los contratos administrativos, la entidad contratante tendrá la potestad contractual de imponer multas y ejecutar garantías, en los términos en que unas y otras hayan sido acordadas en el contrato, cuando el contratista no cumpla con sus obligaciones de acuerdo a lo establecido en el contrato correspondiente. Las multas deberán estar previamente convenidas en el contrato, las que solo serán impuestas previa aplicación de un procedimiento que garantice el derecho de defensa del contratista, según lo previsto en el Reglamento. La resolución que imponga la multa deberá constar por escrito, estar debidamente motivada y notificarse al contratista particular.

Artículo 72. Derechos del Contratista Particular. El contratista particular tendrá los siguientes derechos:

1. Derecho a la plena ejecución de lo pactado, salvo los supuestos de modificación, suspensión, resolución y rescisión unilateral por la entidad contratante efectuadas en conformidad a la presente Ley.

2. Derecho al reajuste de precios en la contratación de obras y en los contratos de tracto sucesivo, cuando el equilibrio económico financiero del contrato hubiere sido alterado por la ocurrencia de circunstancias sobrevinientes no imputables al contratista. En todo caso, previo al adenda del contrato, el reajuste deberá ser revisado por el área financiera de la entidad Adquirente conforme la fórmula de revisión establecida en el pliego de bases y condiciones que dio lugar a la contratación, si la hubiere. En caso contrario, se restablecerá el equilibrio perdido, de manera que no se ocasione pérdida al contratista por la ocurrencia del evento que haya causado el desequilibrio.

En el Reglamento de la presente Ley se establecerá el procedimiento para la aplicación del mismo tomando en consideración los procedimientos derivados de la Ley No. 477, "Ley General de Deuda Pública", así como la posibilidad de rescindir el contrato cuando el desequilibrio ocurrido comprometa la viabilidad económica de su ejecución. De la misma manera el Reglamento establecerá los parámetros mínimos que en desarrollo de los estudios previos deberán atenderse para establecer los riesgos imputables al contratista. En todo caso será imputable al contratista toda circunstancia que con un comportamiento diligente durante la ejecución del contrato hubiere podido evitar.

3. En obligaciones de pago a cargo de la entidad contratante, derecho al pago de intereses convencionales o legales y al reconocimiento de la tasa de deslizamiento oficial de la moneda, en caso que los organismos o entidades contratantes incurran en mora en el pago del precio.

Sin necesidad de requerimiento administrativo o judicial de pago, la entidad contratante incurrirá en mora cuando no haya pagado el precio estipulado en el contrato, quince (15) días después de ser exigible la obligación.

En caso que la mora en el pago fuere superior a sesenta (60) días, contados a partir de la fecha en que la entidad contratante debía efectuar el pago según el contrato, el contratista podrá suspender la ejecución de las prestaciones a su cargo y pedir la rescisión del contrato. Si como producto de la mora, el contratista sufriera daños o perjuicios, podrá ejercer su derecho en la vía judicial.

4. Derecho a la terminación anticipada del contrato por causas imputables a la entidad contratante.

Artículo 73. Cesión de Contratos. El contratista no podrá ceder el contrato celebrado con la Administración Pública si no es con la expresa autorización del organismo o entidad contratante, conferida mediante acto motivado que indique las razones de interés público presentes.

En caso que se autorizare la cesión, la persona en cuyo favor se ceda el contrato administrativo deberá reunir las mismas condiciones exigidas para el contratista original y podrá ser requerido para presentar garantías adicionales por parte del ente contratante.

La cesión de un contrato administrativo se hará observando la forma establecida en el Derecho común.

Artículo 74. Sub-Contratación. El contratista particular podrá subcontratar la ejecución de determinadas prestaciones de los contratos administrativos, siempre y cuando dicha posibilidad esté estipulada en el contrato y el órgano o entidad contratante otorgue la debida autorización por escrito y mediante acto motivado.

El contratista original no se liberará de las obligaciones resultantes de la relación contractual. El sub-contratista responderá solidariamente con el contratista original, por la parte del contrato por la que hubiere sido subcontratado.

Artículo 75. Terminación por Mutuo Acuerdo. Por razones de interés público, las partes contratantes podrán convenir la terminación anticipada y de común acuerdo del contrato administrativo celebrado.

La terminación por mutuo acuerdo no implicará renuncia a derechos causados o adquiridos en favor de la entidad contratante o del contratista. Dicha entidad no podrá celebrar contrato posterior sobre el mismo objeto con el mismo contratista.

Artículo 76. Terminación por Caso Fortuito o Fuerza Mayor.

En caso que sobreviniere un hecho exterior, ajeno a la voluntad de las partes contratantes, de carácter insuperable e imprevisible, que imposibilitare a cualquiera de las mismas la ejecución del contrato celebrado, dicha situación, debidamente comprobada, facultará a la parte afectada para pedir la terminación del contrato sin ninguna responsabilidad a su cargo.

Artículo 77. Terminación por Causas Imputables a la Entidad Contratante. El contratista podrá suspender las prestaciones a su cargo y solicitar al órgano o entidad contratante la rescisión del contrato, por las siguientes causas imputables a la misma:

1. Por incumplimiento de las obligaciones contractuales de pago por más de sesenta (60) días;
2. Por la suspensión de los trabajos por más de sesenta (60) días dispuestos por la entidad sin que medie fuerza mayor o caso fortuito.
3. Cuando, tratándose de un contrato administrativo de obra pública, los diseños definitivos sean técnicamente inejecutables o no hubieren solucionado defectos de ellos.
4. Cuando, ante circunstancias técnicas o económicas imprevistas o ante eventos de caso fortuito o fuerza mayor debidamente comprobados, la entidad contratante no hubiere accedido a terminar de mutuo acuerdo el contrato.

La entidad contratante tendrá un plazo de quince (15) días para resolver la solicitud de rescisión del contrato presentada por el contratista. Si la entidad contratante no resolviere y no notificare su resolución al contratista particular dentro del plazo antes referido, dicha omisión constituirá una situación de silencio administrativo positivo.

Todo lo anterior, sin perjuicio de reconocer al contratista los costos que hubiere derivado por las causas contenidas en el presente artículo.

Artículo 78. Mediación y Arbitraje. Los organismos y entidades podrán someter a mediación o arbitraje las disputas emergentes de los contratos administrativos regidos por la presente Ley. El sometimiento a mediación o arbitraje podrá resultar de cláusulas compromisorias contenidas en el contrato mismo de conformidad con la ley de la materia.

En ningún caso serán sujetas de mediación o arbitraje las decisiones que se adopten en desarrollo del ejercicio de las potestades exorbitantes o actos de autoridad del Poder Público a los que se refiere el artículo 71 de la presente Ley.

CAPÍTULO VIII

TIPOS DE CONTRATOS ADMINISTRATIVOS

Artículo 79. Tipos de Contratos Administrativos. Los tipos de contratos administrativos regulados por la presente Ley son enunciativos, no excluyendo la posibilidad de que se celebre cualquier negocio jurídico en aplicación del postulado de la autonomía de la voluntad.

Artículo 80. Contrato de Obra Pública. Es aquel contrato por medio del cual los organismos y entidades del Sector Público regidas por la presente Ley encargan a un tercero, persona física o jurídica, la ejecución de una obra pública consistente en una cosa inmueble, por naturaleza o por accesión, en las condiciones convenidas y a cambio de un precio que debe abonar el órgano o entidad contratante en su carácter de dueño de la obra.

El contrato de concesión de obra pública se regirá por las leyes especiales existentes según el tipo de obra de que se trate.

Se entiende por obra pública, los bienes inmuebles que los organismos y entidades del Sector Público construyen con la participación de terceros, así como las modificaciones o reparaciones y rehabilitaciones que se hagan a los mismos, con la finalidad de destinarlos para cualquiera de los fines siguientes:

1. Servir de asiento para el ejercicio de la función pública, entendida ésta como actividad esencial del Estado;
2. Servir de uso a la población en general; y
3. Servir de infraestructura para la prestación de servicios públicos.

La administración del contrato de obras públicas, en el ámbito financiero, técnico y jurídico será responsabilidad de la estructura orgánica a cargo del área correspondiente y el seguimiento del cumplimiento del contrato a cargo del área de Adquisiciones.

El Reglamento de esta Ley desarrollará las regulaciones especiales que requiera la ejecución del contrato de obra pública, en particular lo relativo a los requisitos especiales que deban satisfacer los estudios y documentos previos, la vigencia del contrato de obra, el plazo de su ejecución y la manera como se dará por recibida en el proceso de liquidación del contrato.

Artículo 81. Contrato Administrativo de Suministro. Es un contrato traslativo de dominio, en virtud del cual una persona natural o jurídica, denominada proveedor, a cambio de un precio, se obliga a realizar a favor de la entidad contratante o suministrada, una pluralidad de prestaciones autónomas de dar, consistentes en la entrega periódica de cosas muebles, en las fechas y cantidades fijadas en el contrato.

Para que el contrato de suministro se repute contrato administrativo, será necesario que el órgano o entidad contratante pertenezca al Sector Público, actúe en ejercicio de la función administrativa y adquiera las cosas objeto del contrato con la finalidad de facilitar el cumplimiento de los fines esenciales del Estado.

Artículo 82. Compraventa Administrativa de Bienes Muebles. Cuando el suministro se ejecutare en un solo tracto, el contrato será tenido como compraventa administrativa de bienes muebles. En tal supuesto, se regirá supletoriamente por el presente capítulo y, en su defecto, por el derecho común.

Artículo 83. Aplicación Supletoria. El contrato administrativo de suministro, en ausencia de normas y principios especiales de Derecho administrativo y en la medida que no contraviniere el interés público, se regirá por las disposiciones pertinentes de la compraventa mercantil, Título IV del Libro II del Código de Comercio, promulgado por Decreto del 24 de abril de 1914, publicado en La Gaceta No. 248 del 30 de octubre de 1916.

Artículo 84. Acuerdos Marco. Son los realizados por el Órgano Rector del Sistema de Administración de Contrataciones del Sector Público a través de una licitación pública para establecer las condiciones en que los proveedores ofertan bienes o servicios estandarizados y de uso común, al sector público. Los adjudicatarios de los acuerdos marco se obligan a suministrarlos a la entidad pública que desee contratarlos dentro del plazo establecido en el acuerdo marco, para lo cual esta expedirá una orden de compra con el soporte presupuestario correspondiente.

Artículo 85. Adquisiciones a través de Acuerdos Marco. El Reglamento de la presente Ley establecerá los bienes y servicios que podrán adquirirse utilizando el mecanismo de acuerdos marco y además regulará los aspectos organizativos, operativos necesarios para asegurar la transparente y eficaz funcionalidad de la presente modalidad. Así mismo, el Reglamento establecerá las condiciones necesarias para que el uso de los Acuerdos Marco no genere limitaciones al desarrollo de la libre competencia, y estimule la incorporación de las micro, pequeñas y medianas empresas en el mecanismo.

Artículo 86. Incorporación de municipalidades a acuerdos marco. Las municipalidades, podrán adherirse a los acuerdos marco celebrados por el Órgano Rector del Sistema de Administración de Contrataciones del Sector Público.

Artículo 87. Contrato Administrativo de Servicios Generales. Es aquel contrato en virtud del cual, un tercero, denominado prestatario, se obliga -a cambio de un precio -, a prestar un servicio a un órgano o entidad del Sector Público para la satisfacción de una necesidad. Los contratos de servicios generales presuponen la prestación de un servicio de carácter predominantemente material. Son prestados por personas naturales que ejercen la actividad comercial objeto del contrato, jurídicas o pertenecientes al Sector Público con personalidad jurídica propia.

Cuando el prestatario sea una entidad perteneciente al Sector Público, se entenderá que actúa en su capacidad de derecho privado toda vez que la naturaleza del servicio prestado no implica el ejercicio de competencias públicas.

Entre otros servicios generales, pueden contratarse servicios de vigilancia, limpieza, impresiones, lavandería, mensajería, soporte informático, mantenimiento, y cualquier otra actividad relacionada con el apoyo a los organismos o entidades. Los contratos de servicios generales no podrán contratarse por períodos superiores a un año, pudiéndose renovar dicho contrato hasta por dos veces.

Artículo 88. Contratos Profesionales de Consultoría. Los contratos profesionales de consultoría presuponen la prestación de un servicio de carácter predominantemente intelectual. Son prestados por particulares, personas naturales o jurídicas que, por su nivel profesional, reúnen calificaciones y aptitudes especiales, derivadas de sus conocimientos técnicos, profesionales y científicos.

Artículo 89. Naturaleza de la Relación Contractual. Los contratos de servicios profesionales de consultoría no originarán relación laboral o de empleo público. Por lo tanto, el profesional prestatario de tales servicios no gozará de los derechos ni estará sujeto a las obligaciones y prohibiciones establecidas por la legislación laboral o por las leyes que regulen el estatuto de los servidores públicos.

Los servicios profesionales de consultoría contratados no pueden tener carácter general y permanente. Caso contrario, la relación existente será de empleo público y el profesional será tenido como un servidor público.

Los contratos de servicios profesionales de consultoría estarán sujetos a plazos determinados y deberán establecer los objetivos y resultados concretos y específicos que se pretenden lograr.

Artículo 90. Adquisición de Bienes Inmuebles de Particulares. Los organismos y entidades del Sector Público regidas por la presente Ley, deberán adquirir los bienes inmuebles necesarios para el descargo de sus funciones con sujeción al procedimiento de selección simplificada, no pudiendo superar el valor del mismo el precio de mercado. En el supuesto que no sea posible un acuerdo directo entre la entidad adquirente y el propietario del inmueble, se procederá al juicio de expropiación, conforme la ley de la materia.

Artículo 91. Contrato Administrativo de Arrendamiento. Es un contrato mediante el cual una persona natural o jurídica llamada arrendador se obliga a conceder el uso o goce de un bien inmueble de su propiedad a un organismo o entidad del Sector Público llamado arrendatario, obligándose este último a pagar un precio determinado y cierto. El contrato de arrendamiento de inmuebles se celebrará mediante el procedimiento de selección simplificada.

Artículo 92. Privilegios de la Entidad Arrendataria. Sin perjuicio de cualquier otro privilegio que le corresponda conforme a la Ley, en ningún caso, procederán medidas de desahucio en contra de la entidad arrendataria. De igual forma, en ningún caso el arrendador podrá ejercer derecho de retención alguna sobre bienes de la entidad arrendataria.

El arrendador sin necesidad de estipulación contractual, se obliga a garantizar a la entidad arrendataria el uso y goce pacifico de la propiedad objeto del contrato.

Artículo 93. Contrato Administrativo de Arrendamiento de Equipos o Maquinarias. Es un contrato mediante el cual una persona natural o jurídica llamada arrendador se obliga a conceder el uso o goce de equipos o maquinarias de su propiedad por un plazo determinado a un organismo o entidad del Sector Público llamada arrendatario, obligándose este último a pagar un precio determinado y cierto.

Artículo 94. Privilegios de la Entidad Arrendataria de Equipos o Maquinarias. El arrendador, sin necesidad de estipulación contractual, se obliga a garantizar a la entidad arrendataria el uso y goce pacífico de las maquinarias y equipos objeto del contrato. Mientras se encontraren afectos al contrato administrativo, las maquinarias y equipos arrendados no podrán ser objeto de embargo o cualquier otra acción judicial.

CAPÍTULO IX.
DE LAS SANCIONES

SECCIÓN PRIMERA.
SANCIONES A FUNCIONARIOS PÚBLICOS

Artículo 95. Órganos Sancionadores y Procedimientos. Sin perjuicio de las sanciones establecidas en la legislación penal, la violación de la presente Ley hará incurrir al infractor, según fuere el caso, en sanciones disciplinarias o administrativas.

Procederán las sanciones administrativas o disciplinarias cuando los infractores de la presente Ley fueren servidores o funcionarios públicos regidos por la Ley No. 476, "Ley del Servicio Civil y de la Carrera Administrativa" o por cualquier otra ley especial relativa al ejercicio de la función pública. En tal supuesto, el órgano sancionador y el procedimiento que deberá observarse en la determinación de las sanciones será el establecido en el estatuto administrativo correspondiente al servidor público. Todo lo anterior, sin perjuicio de las atribuciones que la ley otorga a la Contraloría General de la República, en materia de responsabilidades.

Artículo 96. Sanciones a Funcionarios Cubiertos por Prohibición. Los servidores públicos cubiertos por prohibición que celebren contratos con cualquier órgano o entidad del Sector Público incurrirán en faltas muy graves de servicio, sancionables con destitución, la cual será aplicada por los órganos competentes del Servicio Civil establecidos por la Ley No. 476, "Ley del Servicio Civil y de la Carrera Administrativa" o por cualquier otra ley especial relativa al ejercicio de la función pública.

Para los efectos de esta Ley, no serán tenidas como servidores públicos las personas naturales que celebren contratos administrativos de servicios profesionales de consultoría, siempre que estos contratos cumplan con los requisitos establecidos en la presente Ley.

Artículo 97. Otras Causales de Destitución. De igual forma, incurrirán en faltas muy graves de servicios, sancionables con destitución, los servidores públicos de cada órgano o entidad contratante, cuando realicen cualquiera de los siguientes actos:

1. Incurrir, después de haber sido sancionado conforme las causales de suspensión sin goce de salario, dentro de los dos años siguientes a la firmeza de la sanción respectiva, en una nueva infracción.
2. Suministrar a un oferente información que le dé ventaja sobre el resto de proveedores potenciales.
3. Recibir dádivas, comisiones o regalías, de los proveedores ordinarios o potenciales del ente en el cual labora.
4. Causar a la Administración pública pérdidas patrimoniales, como consecuencia de su conducta dolosa o culposa. La destitución del servidor público no extinguirá su obligación de reparar las pérdidas patrimoniales causadas a la hacienda pública o al patrimonio de la institución.
5. Recibir bienes, obras o servicios que no se ajusten a lo adjudicado, sin advertirlo expresamente a sus superiores.
6. Recomendar la contratación con una persona física o jurídica comprendida en el régimen de prohibiciones para contratar, siempre que haya conocido esta circunstancia antes de la recomendación.

Artículo 98. Causales de Suspensión sin Goce de Salario. Serán sancionados con suspensión sin goce de salario por tres meses, los funcionarios o servidores públicos que cometan alguna de las siguientes faltas graves:

1. Incurrir, dentro de los dos años siguientes a la imposición de la sanción respectiva, en una nueva infracción de la misma naturaleza;

2. Propiciar o disponer la división ilegal de contrataciones, definida conforme lo establecido en la presente Ley, tramitando contratos que por su monto implicarían un procedimiento más riguroso que el seguido al dividirlas; y

3. Dejar pasar el periodo de vigencia de las garantías, sin tomar las providencias necesarias para cautelar los intereses de la administración pública o ejecutarlas sin respetar el proceso señalado en el Reglamento de la presente Ley.

Artículo 99. Amonestación Escrita. Los servidores públicos de cada órgano o entidad contratante serán sancionados con amonestación escrita cuando incurran en alguna de las siguientes faltas leves:

1. No incorporar oportunamente, debiendo hacerlo, la documentación atinente al expediente administrativo;

2. Impedir o dificultar de manera injustificada el acceso a un expediente administrativo, de cuyo manejo o custodia esté encargado. Excepto al acceso de las ofertas presentadas por los demás oferentes;

3. No incluir en un informe o dictamen datos relevantes para el estudio de las ofertas, cuando se determine que los conocía al rendir su dictamen;

4. Retrasar injustificadamente el trámite de pagos que deba cubrir el Sector Público a sus proveedores o contratistas;

5. Retrasar de modo injustificado la recepción de bienes u obras, siempre y cuando no hubiere surgido responsabilidad civil para la entidad contratante como consecuencia de la demora injustificada en la recepción;

6. No dar seguimiento a la ejecución del contrato hasta su cumplimiento, conforme lo pactado por las partes contratantes;

7. No resolver dentro de los plazos establecidos en la presente Ley los recursos interpuestos por los oferentes, o no desarrollar las etapas del procedimiento de licitación dentro de los plazos legales.

Artículo 100. Remisión al Régimen Disciplinario. Cualquier otra irregularidad en que incurran los servidores públicos en el curso de los procesos de contratación administrativa, será sancionada de conformidad con la Ley No. 476, "Ley del Servicio Civil y de la Carrera Administrativa" o por cualquier otra ley especial relativa al ejercicio de la función pública.

SECCIÓN SEGUNDA.
SANCIONES A CONTRATISTAS

Artículo 101. Órgano Sancionador y Procedimiento. En caso que el contratista y/o proveedor particular incurriere en incumplimiento contractual, u otras infracciones, determinado con sujeción al procedimiento establecido en la presente Ley y su Reglamento, procederán las correspondientes sanciones.

En tal supuesto, la sanción será determinada por el Órgano Rector del Sistema de Administración de Contrataciones del Sector Público, consistiendo ésta en la suspensión del contratista particular como proveedor del Sector Público, por los plazos establecidos en la presente Ley.

Artículo 102. Denuncia de Incumplimientos Contractuales o de Infracciones. En caso que el órgano o entidad contratante determinare que se produjo un incumplimiento contractual o infracción imputable al contratista particular y hubiere agotado los procedimientos legales y contractuales previstos para solucionar amistosamente dicha situación, dentro de un plazo no mayor de cinco (5) días hábiles, deberá denunciar tal situación al Órgano Rector del Sistema de Administración de Contrataciones del Sector Público, para que emita resolución motivada determinando si procede o no la imposición de una sanción conforme a la presente Ley.

El órgano o entidad contratante deberá acompañar su denuncia con todos los antecedentes del caso, adecuadamente ordenados, foliados y rubricados. Cuando la Contraloría General de la República en uso de las facultades de fiscalización que le confiere la Ley No. 681, "Ley Orgánica de la Contraloría General de la República y del Sistema de Control de la Administración Pública y Fiscalización de los Bienes y Recursos del Estado", encontrase irregularidades contractuales que puedan ameritar sanciones para los contratistas particulares lo pondrá en conocimiento de la entidad contratante, para que ésta interponga la denuncia correspondiente al órgano sancionador.

Artículo 103. Procedimiento por Incumplimiento Contractual o infracción. Recibida la denuncia de incumplimiento contractual o de infracción, de que habla el artículo anterior, el Órgano Rector de Sistema de Administración de Contrataciones del Sector Público, emplazará a los interesados por el término de tres (3) días hábiles, para que formulen los descargos o aclaraciones que consideren pertinentes.

Si como consecuencia de ello hubiere necesidad de obtener alguna prueba, luego de producida ésta, se correrá nueva vista a los interesados y al organismo contratante, por el término de cinco (5) días hábiles, con lo que se tendrá por concluido el procedimiento, debiendo dictar resolución definitiva debidamente motivada dentro de un plazo máximo de dos (2) días hábiles.

No obstante, una vez iniciado el proceso administrativo, la parte denunciante en cualquier etapa del proceso hasta antes de la resolución podrá desistir por escrito ante la misma instancia que conozca el asunto siempre que exista de previo un acuerdo debidamente motivado legal, técnico y económico entre las partes, en la que se determine el beneficio para la administración pública, en su caso para la entidad contratante, en cuyo caso se entenderá resuelto el conflicto. La instancia, de parte decretará en la Resolución el archivo de la diligencias, lo que pondrá término al proceso y se considerará cosa juzgada.

En los casos que se presuma responsabilidad civil y penal no cabe el desistimiento.

Artículo 104. Recurso de Apelación. La resolución anterior admitirá recurso de apelación dentro de los tres (3) días hábiles siguientes a la notificación respectiva; el cual se interpondrá ante el Órgano Rector del Sistema de Administración de Contrataciones del Sector Público para que sea resuelto por el Ministerio de Hacienda y Crédito Público. El órgano de conocimiento del Recurso de Apelación deberá dictar su resolución dentro de los diez (10) días hábiles siguientes a la interposición del Recurso. Si no lo hiciere dentro de dicho término, se considerará a favor del apelante la resolución recurrida.

Artículo 105. Sanción de suspensión por tres años. El contratista particular cuyo incumplimiento contractual o infracción hubiere sido determinado con sujeción al procedimiento establecido en los artículos precedentes, será sancionado con responsabilidad administrativa consistente en la suspensión para participar en procesos de contratación administrativa, por un periodo de tres (3) años, cuando el contratista particular:

1. Habiendo sido sancionado, incurra nuevamente en incumplimiento contractual.
2. Obtenga ilegalmente información confidencial que le coloque en una situación de ventaja, directamente o por medio de un tercero, respecto de otros competidores potenciales.
3. Suministre dádivas, directamente o por intermedio de otra persona, a los funcionarios involucrados en un procedimiento de contratación administrativa.
4. Suministre un objeto, servicio u obra de inferior condición o calidad del ofrecido.
5. Participe directa o indirectamente, en un procedimiento de contratación, pese a estar cubierto por el régimen de prohibiciones de esta Ley.

Artículo 106. Sanción de suspensión por un año. El contratista particular cuyo incumplimiento contractual, o infracción hubiere sido determinado con sujeción al procedimiento establecido en los artículos precedentes, será sancionado con responsabilidad administrativa consistente en la suspensión para participar en procesos de contratación administrativa por un año, cuando el contratista particular:

1. Incumpla o cumpla defectuosa o tardíamente con el objeto del contrato; sin perjuicio de la ejecución de las garantías de cumplimiento del contrato y cualquier otra garantía que hubiere sido constituida a favor de la entidad contratante.

2. Invoque o introduzca hechos falsos o infundados en los procedimientos para contratar o en los recursos contra el acto de adjudicación.

3. Incumpla con el régimen de garantías regulado para el proceso de contratación respectivo.

Artículo 107. Límite de las Sanciones. Las sanciones no tendrán efecto retroactivo y por lo tanto no afectarán a los contratos que estén en curso de acción en el momento de la aplicación de las mismas. No se podrán imponer sanciones después de transcurrido el término de un año, contado desde la fecha en que se cometió la infracción.

Artículo 108. Registro y Publicidad de las Sanciones. El Órgano Rector del Sistema de Administración de Contrataciones del Sector Público, procederá a registrar en el Registro de Información y publicar las sanciones impuestas a los funcionarios y/o proveedores particulares de conformidad con lo establecido en la presente Ley.

Artículo 109. Responsabilidad Penal y Civil. La aplicación de las sanciones administrativas o disciplinarias previstas en este capítulo no excluye la aplicación de las eventuales sanciones penales, por las autoridades judiciales competentes, por conductas en que hayan incurrido los funcionarios públicos o los contratistas particulares. Tampoco excluye la posibilidad de exigir la responsabilidad civil por daños y perjuicios ocasionados al órgano o entidad contratante.

CAPÍTULO X.

RECURSOS

Artículo 110. Admisibilidad de los Recursos. Los recursos contemplados en la presente Ley deben ser interpuestos por los proveedores que demuestren un interés legítimo, mediante escrito presentado ante la autoridad competente y dentro de los plazos establecidos, señalando expresamente las infracciones precisas del acto recurrido. La admisión del recurso por la autoridad que corresponda tendrá efectos suspensivos.

Por razones de economía procesal y certidumbre jurídica, en el proceso administrativo de contratación, los oferentes que participen en la misma deberán formular oportunamente los recursos en las etapas que sean recurribles. El tránsito a la siguiente etapa del proceso de contratación, sin que hubiere sido formulado el recurso correspondiente, será tenido, por imperio de la Ley, como renuncia de los oferentes participantes a todo reclamo originado por supuestos vicios incurridos en la etapa que precluye.

Artículo 111. Recurso de Aclaración. Durante el plazo para la evaluación de las ofertas el Comité de Evaluación deberá dar a conocer los resultados de la evaluación a más tardar tres (3) días antes del vencimiento del mismo, para que los oferentes participantes puedan solicitar las aclaraciones que consideren pertinentes en un plazo no mayor de dos (2) días las que deberán ser atendidas por el Comité en el Acta de Evaluación y Recomendación de Adjudicación que deberá notificarse a la máxima autoridad administrativa y a todos los oferentes participantes, conforme lo dispuesto en el Reglamento de la presente Ley.

Artículo 112. Recurso de Impugnación. En los procesos de contratación por licitación pública, selectiva y concurso, los oferentes podrán impugnar la resolución de adjudicación y de aquella que la declara desierta, cuando el recurrente considere que se presentaron irregularidades en la etapa de evaluación de las ofertas o propuestas.

El recurso deberá interponerse ante la Procuraduría General de la República, con copia a la máxima autoridad administrativa de la entidad contratante, dentro de los tres días hábiles, contados a partir de la notificación de la resolución.

Cuando los pliegos de bases y condiciones contemplen adjudicaciones parciales y la impugnación recaiga sobre renglones o lotes específicos, no interrumpirá la adjudicación de los renglones o lotes no impugnados.

Artículo 113 Admisión del Recurso de Impugnación. Interpuesto el Recurso de Impugnación, la Procuraduría General de la República, al siguiente día hábil solicitará el expediente de la contratación, teniendo la entidad contratante un día hábil para su remisión y una vez recibido éste, dentro de un plazo máximo de dos (2) días hábiles determinará su admisibilidad.

Declarado admisible el recurso emplazará a las partes para que dentro de tres (3) días hábiles de la última notificación comparezcan ante la misma a hacer uso de sus derechos. La Procuraduría General de la República resolverá el recurso conforme las normas de los procesos de contratación y en base al contenido del expediente administrativo dentro de un plazo máximo de diez (10) días hábiles, contados a partir del auto de emplazamiento, pronunciándose sobre los puntos objeto del recurso. Si dentro de este plazo, la Procuraduría General de la República no resolviere la impugnación podrá el recurrente interponer el Recurso de Nulidad ante la Contraloría General de la República. La resolución que resuelva el Recurso de Impugnación deberá ser notificada a todos los oferentes participantes en el proceso y a la máxima autoridad administrativa de la entidad contratante.

Artículo 114. Deserción del Recurso. Si no compareciere el recurrente en el término señalado, la Procuraduría General de la República, de oficio declarará desierto el recurso y devolverá el expediente al organismo o entidad contratante para que proceda de acuerdo a la resolución de adjudicación recurrida.

Si el organismo o entidad contratante no comparece, no se le declarará en rebeldía y la Procuraduría General de la República deberá conocer y resolver el recurso.

Artículo 115. Recurso por Nulidad. En el proceso de licitación pública, Selectiva, Concurso, cuando la Procuraduría General de la República, declare sin lugar la impugnación o no haya sido resuelto dentro del plazo señalado, el oferente podrá recurrir de nulidad ante la Contraloría General de la República durante los diez (10) días hábiles siguientes a la notificación de la resolución que resuelva el Recurso de Impugnación. Además del oferente que recurrió de impugnación, podrá cualquier otro oferente que tenga interés legítimo dentro del proceso interponer el Recurso de Nulidad.

Artículo 116. Legitimación para Interponer Recurso por Nulidad. El recurso por nulidad podrá ser interpuesto por cualquier oferente que participe en el proceso de contratación, indicando con precisión, la infracción sustancial del ordenamiento jurídico administrativo que se alega como fundamento de la nulidad.

Cuando se discrepe de las valoraciones técnicas o apreciaciones científicas que sirven de motivo para la adjudicación, el recurrente deberá rebatir de forma razonada esos antecedentes.

El Recurso por Nulidad deberá ser resuelto dentro de los veinte días hábiles siguientes a su interposición. Durante los primeros tres (3) días hábiles de este plazo, la Contraloría General de la República establecerá la admisibilidad del recurso.

En caso de admitirse el trámite, se solicitará el expediente al órgano o entidad adquirente y se emplazará a las partes interesadas para que dentro de tres (3) días hábiles expresen sus alegatos.

La Resolución emitida por la Contraloría General de la República, podrá decretar la nulidad total o parcial del proceso de la contratación.

Con la resolución dictada por la Contraloría General de la República, se agota la vía administrativa.

CAPÍTULO XI.
DISPOSICIONES FINALES

Artículo 117. Publicaciones. Las publicaciones, a las que se refiere a presente Ley, deberán ser publicadas en el portal único de contratación, sin perjuicio de otras formas de publicación establecidas.

Artículo 118. Aplicación de las Normas Establecidas en los Acuerdos Comerciales Internacionales y Tratados de Libre Comercio. Las contrataciones cubiertas por los Acuerdos Comerciales Internacionales y Tratados de Libre Comercio vigentes suscritos por Nicaragua, se regirán por las disposiciones acordadas en tales instrumentos.

Artículo 119. Derogación y sustitución de denominaciones. La presente Ley deroga las siguientes disposiciones legales: a) Ley No. 323, "Ley de Contrataciones del Estado", publicada en La Gaceta, Diario Oficial No. 1 y No. 2 del 3 y 4 de enero del 2000 y sus reformas, Ley No. 349, "Ley de reforma a la Ley No. 323, Ley de Contrataciones del Estado", publicada en La Gaceta, Diario Oficial No. 109 del 9 de junio del año 2000 y Ley No. 427, "Ley de reforma a la Ley No. 323, Ley de Contrataciones del Estado", publicada en La Gaceta, Diario Oficial No. 110 del 13 de junio del año 2002; b) Decreto No. 21-2000, Reglamento General de la Ley de Contrataciones del Estado, publicado en La Gaceta, Diario Oficial No. 46 del 6 de marzo del 2000 y sus reformas; c) inciso g) del artículo 21 de la Ley No. 290, Ley de Organización, Competencia y Procedimientos del Poder Ejecutivo, publicada en La Gaceta, Diario Oficial No. 102 del 3 de Junio del año 1988; d) Ley No. 505, Ley que regula la Contratación de los Servicios de Profesionales y Técnicos Nicaragüenses en los Programas y Proyectos del Sector Público que se Financian con Fondos Provenientes de Gobiernos y Organismos Internacionales, publicada en La Gaceta, Diario Oficial No. 18 del 26 de Enero del año 2005.

En toda disposición legal o reglamentaria en donde se haga referencia a la Ley No. 323, Ley de Contrataciones del Estado, deberá entenderse Ley No. 737, Ley de Contrataciones Administrativas del Sector Público.

Artículo 120. Adecuación del marco jurídico de la Contratación Administrativa Municipal. En consulta con los Gobiernos Municipales, se adecuará el marco jurídico de la contratación administrativa municipal, con el fin de que sea consistente con las disposiciones contenidas en la presente Ley, dentro de doce meses, contados a partir de su entrada en vigencia.

Artículo 121. Reglamentación. El Presidente de la República reglamentará esta Ley, dentro del plazo establecido en la Constitución Política de la República de Nicaragua.

Artículo 122 Vigencia de la Ley. La presente Ley entrará en vigencia tres meses después de publicación en La Gaceta, Diario Oficial.

II. LEY Nº 622, DE 16 DE MAYO DE 2007, DE CONTRATACIONES MUNICIPALES.

CAPÍTULO I.
DISPOSICIONES GENERALES

SECCIÓN PRIMERA.
Y ÁMBITO DE APLICACIÓN DE LA LEY

Artículo 1.- Objeto. La presente Ley tiene por objeto establecer las normas y procedimientos para regular las adquisiciones y contrataciones de obras, bienes y servicios, arrendamientos, consultorías y construcción de obras públicas, que en el ejercicio de sus competencias lleve a cabo el Municipio y/o el Sector Municipal.

Artículo 2.- Conceptos. Para los fines y efectos de la presente Ley, se tendrán en cuenta los conceptos básicos siguientes:

a) Interés Público: Es la preeminencia del interés de la comunidad sobre el interés de un particular.

b) Oferta más Conveniente: Es aquella que cumple con las mejores condiciones de calidad, costo y celeridad.

c) Razones de Emergencia: Aquellos eventos o situaciones apremiantes para la seguridad de los pobladores del Municipio.

d) Sector Municipal: Es el sector conformado por Mancomunidades, Consorcios, Asociaciones de Municipios y Empresas Municipales que utilizan fondos de las municipalidades.

e) Víveres Frescos: Son frutas, verduras, hortalizas, legumbres y carnes que se adquieren, sin fines comerciales, para el consumo y sustento del personal del Municipio o Sector Municipal.

Artículo 3.- Ámbito de Aplicación. La presente Ley es aplicable a todos los Municipios del país y al Sector Municipal.

Artículo 4.- Materias Excluidas. Están excluidas de la aplicación de los procedimientos establecidos en la presente Ley, las siguientes materias:

a) Las adquisiciones financiadas con fondos de cooperación externa. Estas adquisiciones se sujetarán a lo establecido en los respectivos convenios. En caso de que dichos Convenios no estipulen el procedimiento a seguir se sujetarán a lo establecido en la presente Ley y su Reglamento.

b) Las compras realizadas con fondos de caja chica. Estas compras serán reguladas por los Reglamentos Internos que para tal fin establezca cada Municipio o entidad del Sector Municipal, de conformidad con su presupuesto y con las Normas Técnicas de Control Interno emitidas por la Contraloría General de la República.

c) Las contrataciones celebradas entre Municipios y el Sector Municipal.

d) Las contrataciones celebradas entre Municipios e Instituciones del Sector Público.

e) Las contrataciones celebradas entre los mismos Municipios.

f) Cuando existan razones de emergencia y desastre que requieran de decisiones y actuaciones inmediatas.

g) Cuando existan casos de desastre y de emergencia en el Municipio que requieran de decisiones y actuaciones inmediatas, previa declaratoria de alerta municipal del Alcalde, sustentada por la recomendación del Comité de Prevención, Mitigación y Atención a Desastres correspondiente.

El Consejo Municipal autorizará, a solicitud del Alcalde o máxima autoridad del Sector Municipal, que se sustraigan de la aplicación de los procedimientos correspondientes las contrataciones realizadas a fin de dar solución al problema y posteriormente, se efectuará la modificación al presupuesto Municipal de acuerdo con lo estipulado en la ley de la materia.

El Alcalde tiene la obligación de remitir copia certificada de la sesión en la que se apruebe la exclusión del procedimiento, a la Contraloría General de la República en un plazo no mayor de quince días calendarios, a partir de concluidas las razones de emergencia, desastre o alerta, so pena de incurrir en las sanciones establecidas en la Ley Orgánica de la Contraloría General de la República si no lo hiciere.

Le corresponde a la Contraloría General de la República, verificar la veracidad de la información y las causas que motivaron la exclusión de los procedimientos de contratación contemplados en la presente Ley.

h) La adquisición de víveres frescos existentes en el mercado, bolsas agropecuarias nacionales o directamente a los productores, siempre que estos no se adquieran con fines de comercialización.

i) Las adquisiciones en subastas públicas.

j) Por razones de interés público, determinadas por el Consejo Municipal del correspondiente Municipio.

k) Los proyectos aprobados por el Concejo Municipal para ejecutarse mediante la modalidad de administración directa.

La exclusión de los procedimientos enunciados en el presente artículo, debe estar debidamente motivada en la resolución que se emita. La exclusión de procedimientos no implica autorización de contratar con personas o entidades incluidas dentro del régimen de prohibiciones.

La exclusión de procedimientos contemplada en los incisos c), d) y e) se aplicará siempre y cuando el suministro de los bienes, servicios u obras no se presten en condiciones de competencia y estén dentro del marco de la cooperación interinstitucional.

SECCIÓN SEGUNDA.

PRINCIPIOS GENERALES DE LAS CONTRATACIONES MUNICIPALES

Artículo 5.- Principio de Eficiencia y Celeridad. Los gobiernos locales en su gestión, están en la obligación de planificar, ejecutar y supervisar las contrataciones que lleven a cabo, de tal forma que satisfagan sus necesidades en las mejores condiciones de racionalidad, celeridad, costo y calidad, seleccionando siempre la oferta más conveniente en provecho de los pobladores de su circunscripción territorial.

Artículo 6.- Principio de Publicidad y Transparencia. Los procedimientos de contratación deberán de garantizar el acceso de los oferentes a conocer la información relacionada con las contrataciones, a través de la publicidad por los medios correspondientes, únicamente se prohíbe proporcionar información que pueda colocar a un oferente en posición de ventaja respecto de otro, o a los documentos que se consideren de acceso confidencial. La escogencia del oferente en los procedimientos de contratación municipal se debe realizar de forma transparente.

Artículo 7.- Principio de Igualdad y Libre Competencia. Se deberá garantizar que todos los oferentes que cumplan con los requisitos establecidos en la presente Ley, puedan participar en los procesos de contratación en igualdad de condiciones y sin más restricciones que las establecidas por la Constitución Política y las leyes o de aquellas derivadas de los Pliegos de Bases y Condiciones de la contratación.

Artículo 8.- Principio de Autonomía. Es el derecho de los Municipios de administrar y gestionar sus recursos de forma independiente y autónoma, con la finalidad de proteger los intereses de sus pobladores, de conformidad a lo establecido en la ley de la materia.

CAPÍTULO II.

REQUISITOS PREVIOS E INICIO DEL PROCESO DE CONTRATACIÓN

Artículo 9.- Programación de las Contrataciones. Los Municipios deben programar las contrataciones que pretendan llevar a cabo durante el año, incluirlas dentro de su presupuesto anual y darlas a conocer a través de un Plan General de Adquisiciones que se publicará dentro del primer trimestre de cada período presupuestario, en La Gaceta, Diario Oficial, sin perjuicio de su publicación en la tabla de avisos del Municipio.

Los Planes Generales de Adquisiciones, podrán ser modificados para incluir en ellos contrataciones no consideradas inicialmente. El que una contratación esté dentro del plan, no representa para el Municipio obligación de llevarla a cabo.

Artículo 10.- Contenido del Plan General de Adquisiciones. El Plan Anual de Adquisiciones, deberá contener como mínimo la siguiente información:

1) Todos los bienes, obras, servicios o consultorías que se han de adquirir en el transcurso del año.

2) Proyecto o Programa dentro del cual se llevará a cabo la contratación.

3) Tipo de procedimiento a ser utilizado.

4) Procedencia de los fondos que financiarán la adquisición.

5) Calendario estimado para el inicio de los procedimientos de cada adquisición.

6) Cualquier información adicional, que estime conveniente el Municipio.

Artículo 11.- Requisitos Previos. Previo al inicio de todo proceso de contratación, se deberá contar con los estudios técnicos, diseños y especificaciones necesarios para su desarrollo, que justifiquen la contratación, asimismo, se deberá verificar que se cuenta con los recursos presupuestarios suficientes para hacer frente a las obligaciones que de ella se deriven. Toda esta documentación, formará parte del expediente de contratación respectivo.

Artículo 12.- Competencia e Inicio del Procedimiento. La autoridad competente para dar inicio al procedimiento de contratación, es el Alcalde, quien emitirá una resolución ordenando el inicio del proceso. En el caso del Sector Municipal, la competencia corresponde a la máxima autoridad del mismo.

En dicha resolución deberá expresarse la finalidad pública que se persigue satisfacer, una referencia de su justificación dentro del presupuesto y de la procedencia de los fondos.

Artículo 13.- Estimación de la Contratación. Para determinar el tipo de procedimiento a utilizarse en la contratación, se deberá estimar el monto total de la misma, tomando en cuenta el costo principal de la contratación, fletes, seguros, comisiones, intereses, tributos, los derechos, las primas y cualquier suma que deba ser desembolsada como consecuencia de la contratación.

En las contrataciones de objeto continuo o sucesivo y en aquellas celebradas por un plazo determinado, se tomará como monto el valor total del contrato durante su vigencia.

CAPÍTULO III.
UNIDAD DE ADQUISICIONES, UNIDAD NORMATIVA Y COMITÉ DE LICITACIÓN

SECCIÓN PRIMERA.
UNIDAD DE ADQUISICIONES

Artículo 14.- Unidad de Adquisiciones. En cada Municipio y/o Sector Municipal, deberá existir una Unidad de Adquisiciones. En los Municipios en que el volumen de sus operaciones lo requiera, se podrán conformar varias sub-unidades de adquisiciones, subordinadas a la Unidad de Adquisiciones Central. La Unidad de Adquisiciones estará subordinada directamente al Alcalde. En el caso del Sector Municipal esta unidad estará subordinada a su máxima autoridad.

Artículo 15.- Competencia de la Unidad de Adquisiciones. La Unidad de Adquisiciones es competente para llevar a cabo el procedimiento de contratación bajo la modalidad de compra por cotización.

Artículo 16.- Funciones de la Unidad de Adquisiciones. Son funciones de la Unidad de Adquisiciones las siguientes:

a) Planificar, desarrollar y dar seguimiento a los procedimientos de contratación en todas sus modalidades.

b) Asesorar al Comité de Licitación.

c) Colaborar con el Comité de Licitación en la elaboración de los Pliegos de Bases y Condiciones, Convocatorias, Resoluciones y Recomendaciones de adjudicación.

d) Conformar y Custodiar los expedientes de las Contrataciones.

e) Recibir y custodiar las ofertas en los casos de compra por cotización.

f) Seleccionar la mejor oferta en las compras por cotización.

g) Llevar el registro de proveedores del Municipio y remitir la información a la Unidad Normativa.

h) Manejar el registro de información.

SECCIÓN SEGUNDA.
UNIDAD NORMATIVA

Artículo 17.- Unidad Normativa. Créase la Dirección de Contrataciones Municipales, la cual estará bajo la rectoría del Ministerio de Hacienda y Crédito Público, que tendrá a cargo la función normativa en materia de contrataciones municipales. A este efecto, le corresponde dictar instructivos de carácter general para desarrollar o mejorar los sistemas de contratación a lo interno del Municipio en los aspectos operacionales, técnicos y económicos.

Artículo 18.- Competencias de la Unidad Normativa. La Unidad Normativa, tendrá las siguientes competencias:

a) Llevar registros estadísticos de los procesos de contratación municipal.

b) Prestar asistencia técnica a los Municipios, capacitación del personal, en los procesos de contratación.

c) Elaborar manuales de procedimientos, precalificación de contratistas, modelos de Pliegos de Base y Condiciones, formularios, contratos.

d) Preparar anualmente estudios y análisis acerca del comportamiento de precios de bienes y servicios.

e) Establecer y mantener actualizado el Registro de Información para uso de todos los Municipios.

f) Actualizar los montos de las diferentes modalidades de contratación.

g) Aplicar sanciones a los proveedores municipales por los incumplimientos a sus obligaciones.

h) Llevar registro del incumplimiento de las obligaciones por parte de los proveedores para efectos de aplicación de sanciones.

i) Informar al Municipio y a la Contraloría General de la República, sobre cualquier irregularidad detectada en los procesos de contratación.

SECCIÓN TERCERA.

COMITÉ DE LICITACIÓN

Artículo 19.- Constitución del Comité de Licitación. En las Licitaciones Públicas, por Registro y Compras por Cotización iguales o mayores a Trescientos Mil Córdobas, se deberá integrar un Comité de Licitación. La integración del Comité se hará por medio de un acuerdo del Alcalde del Municipio, y en caso del Sector Municipal, mediante una resolución de su máxima autoridad, en la cual se designarán los nombres de los funcionarios integrantes y el de la persona que lo presidirá.

El Comité de Licitación intervendrá en todas las etapas del proceso de la contratación, desde la elaboración de los Pliegos de Bases y Condiciones, convocatorias, aclaraciones, evaluaciones hasta la recomendación de la adquisición.

Artículo 20.- Composición del Comité de Licitaciones. El Comité de Licitaciones estará integrado por:

a) El responsable de adquisiciones, quien lo presidirá.

b) Un miembro de la unidad administrativa que solicita la contratación.

c) Un asesor legal, que puede o no, ser funcionario de la municipalidad.

d) El responsable financiero y/o económico de la municipalidad.

e) El experto en la materia objeto de la adquisición.

Cuando en un proceso de adquisición intervengan dos o más Municipios, el Comité estará conformado por miembros de todos los municipios participantes en la contratación.

El Comité de Licitación, podrá hacerse asesorar de otros funcionarios expertos en la materia objeto de la contratación que estime conveniente, ya sea en forma individual o agrupada en un sub-comité técnico.

Se podrán incorporar como observadores del Comité de Licitación con derecho a voz, pero sin voto, a dos concejales de distintas corrientes políticas y a un ciudadano representante de la comunidad beneficiada con la adjudicación.

Artículo 21.- De las Sesiones del Comité. El quórum para que el Comité de Licitaciones pueda sesionar es de la mitad más uno de sus miembros. De todas las sesiones se levantará un Acta en la que se harán constar todas las decisiones adoptadas por el Comité, la cual deberá ser firmada por todos los miembros presentes. La toma de decisiones requerirá del voto favorable de la mayoría absoluta de sus miembros; en las decisiones del comité, no podrán haber abstenciones, pero sí votos razonados, que deberán hacerse constar en el acta respectiva.

Artículo 22.- Facultades del Comité de Licitaciones. El Comité de Licitaciones tendrá las siguientes facultades:

1. Conocer de toda Licitación Pública, por Registro y Compras por Cotización iguales o mayores a Trescientos Mil Córdobas, que realice el Municipio o Sector Municipal en el ejercicio de su competencia, desde su inicio hasta la recomendación de la adjudicación.
2. Elaborar los Pliegos de Bases y Condiciones y demás documentos relacionados con el proceso de licitación.
3. Convocar a los oferentes a participar del concurso o licitación de conformidad a lo establecido en la presente Ley.
4. Responder las solicitudes de aclaración que formulen los oferentes, con respecto al Pliego de Bases y Condiciones de la contratación.
5. Recibir, custodiar y dar apertura a las ofertas.
6. Solicitar aclaraciones a los oferentes con relación a sus ofertas.
7. Evaluar las ofertas de acuerdo en los criterios y procedimientos establecidos en los Pliegos de Bases y Condiciones.
8. Elaborar el informe de recomendación de la adjudicación y notificarlo a los oferentes.
9. Velar por el respeto del régimen de prohibiciones establecido por esta Ley.
10. Remitir a la Contraloría General de la República los documentos de toda contratación de conformidad con lo establecido en las "Normas para el Análisis, Control y Seguimiento de las Contrataciones del Estado", publicada en La Gaceta, Diario Oficial No. 220 del 20 de noviembre del año 2001, aplicable a los Municipios.

CAPÍTULO IV.
DE LOS REGISTROS

Artículo 23.- Registro de Información. Cada Municipio deberá proporcionar a la Unidad Normativa, información sobre el registro de sus proveedores. El registro estará a cargo de la Unidad Normativa y será actualizado anualmente. En este registro se deberá llevar archivo en forma ordenada de los siguientes documentos:

1. Registro actualizado de los proveedores del Municipio, que contenga información actualizada sobre los antecedentes, solvencia, incumplimiento de contratos, sanciones recibidas, bienes y servicios suministrados.
2. Clasificación de los proveedores según el tipo de actividad.
3. Listado de las personas naturales y jurídicas que estén inhibidas de contratar con el Municipio.
4. Copia del Plan Anual de Contrataciones del Municipio y sus modificaciones.
5. Modelos de Pliegos de Bases y Condiciones para distintos bienes, servicios, consultorías y construcción de obras públicas.
6. Modelos de contratos.
7. Los expedientes de las licitaciones, con toda la documentación desde los estudios preliminares hasta la recepción final.
8. Información de precios referenciales para bienes, obras o servicios.

Artículo 24.- Registro de Proveedores del Municipio. Cada Municipio deberá crear su propio Registro de Proveedores para bienes, servicios, consultorías y construcción de obras y deberá clasificar la información por grupo de actividad.

En este registro se deberán inscribir todas las personas naturales o jurídicas que tengan interés en contratar con la Municipalidad y/o el Sector Municipal. En este registro se deberá llevar archivo en forma ordenada de los siguientes documentos:

1. Clasificación de los proveedores según el tipo de actividad.

2. El expediente individual de cada proveedor inscrito que contenga información actualizada sobre los antecedentes, solvencia, incumplimiento de contratos, sanciones recibidas, bienes y servicios suministrados, entre otros.

3. Los expedientes de las licitaciones, con toda la documentación desde los estudios preliminares hasta la recepción final.

4. Listado de proveedores sancionados.

Artículo 25.- Requisitos para ser Proveedor. Para que una persona natural o jurídica pueda inscribirse como Proveedor Municipal, deberá satisfacer los siguientes requerimientos generales:

1. Ser civil y legalmente capaz de contratar de acuerdo con la legislación común vigente.

2. Declaración de no estar dentro del régimen de prohibiciones establecido en el Arto. 89 de esta Ley, salvo la excepción contenida en el artículo 90, y de no encontrarse en convocatoria de acreedores, quiebra o interdicción judicial.

3. Solvencia municipal vigente.

4. Detalle de antecedentes de contrataciones con otros Municipios, entidades del Sector Público y/o Sector Municipal, si los tuviere.

5. Dirección exacta o domicilio en el que recibirá notificaciones, en caso que posea, deberá dar número de teléfono, fax y correo electrónico.

6. Detalle de la o las actividades a las que se dedica, para efectos de su clasificación.

Las personas jurídicas deberán presentar además de los requisitos antes señalados:

a) Escritura de constitución y estatutos debidamente registrados en el Registro Competente.

b) Poder de Representación Legal, debidamente inscrito en el Registro Competente.

c) Estados Financieros del último año y/o balance inicial de operaciones.

Artículo 26.- Solicitud de Inscripción. La solicitud de inscripción en el Registro de Proveedores del Municipio, se realizará ante el responsable de adquisiciones del Municipio donde el proveedor tiene su domicilio legal. La inscripción en el registro es gratuita y acredita al Proveedor para presentar ofertas en todos los Municipios del país. El Certificado de inscripción deberá renovarse anualmente. Los gastos administrativos y de materiales en que incurra el Municipio para la emisión del Certificado de Proveedor, correrán por cuenta del proveedor, sin margen de ganancia para el Municipio.

Artículo 27.- Registros Supletorios. Los Municipios y el Sector Municipal, podrán utilizar de forma supletoria el Registro de Proveedores de otro Municipio y en su defecto el Registro Central de Proveedores del Estado.

CAPÍTULO V.
PROCEDIMIENTOS DE CONTRATACIÓN

SECCIÓN PRIMERA.
DISPOSICIONES GENERALES

Artículo 28.- Clases de Procedimientos de Contratación. Los procedimientos ordinarios de contratación de la presente Ley son: Licitación Pública, Licitación por Registro y Compra por Cotización. La determinación del procedimiento a aplicarse, estará en función del monto de la contratación.

Cuando se haya determinado un procedimiento con fundamento en la estimación preliminar de la adquisición y las ofertas presentadas superen los límites para la aplicación del procedimiento respectivo, no se invalidará el concurso si este exceso no supera el diez por ciento y se dispone de los recursos presupuestarios suficientes para asumir la erogación, o se apruebe la respectiva modificación de su presupuesto, de conformidad con la ley de la materia.

Artículo 29.- Licitación Pública. Es el procedimiento adquisitivo mediante el cual se invita públicamente a proveedores debidamente inscritos en el Registro de Proveedores del Municipio o en los registros supletorios a presentar ofertas, para contrataciones iguales o superiores a Dos Millones de Córdobas Netos.

Artículo 30.- Licitación por Registro. Es el procedimiento adquisitivo mediante el cual se convoca a todos los proveedores que se encuentren inscritos en el Registro de Proveedores del Municipio, a presentar ofertas para contrataciones cuyos montos sean superiores a Novecientos Mil Córdobas y menores a Dos Millones de Córdobas. La invitación se hará mediante comunicación escrita dirigida al domicilio indicado por el respectivo proveedor. Si el número de proveedores inscritos es superior a diez, se deberá invitar a participar mediante convocatoria pública.

Artículo 31.- Compra por Cotización. Es el procedimiento ordinario para contrataciones cuyos montos sean iguales o menores a Novecientos Mil Córdobas.

Cuando el monto estimado de la contratación sea igual o menor a Trescientos Mil Córdobas, se invitará a un mínimo de cinco proveedores inscritos en el Registro de Proveedores del Municipio.

Cuando el monto estimado de la contratación sea superior a Trescientos Mil Córdobas hasta Novecientos Mil Córdobas, la invitación se hará mediante convocatoria pública.

La Unidad de Adquisiciones debe dejar constancia de la invitación girada. Cuando en el Registro no hubieren inscritos al menos cinco oferentes para el mismo bien o servicio que se desea adquirir, se dejará constancia escrita de esta circunstancia y se pedirá cotización a quienes se encuentran inscritos.

En caso de no haber inscrito proveedores en el Municipio del bien o servicio solicitado, se podrá hacer uso de los registros supletorios.

Artículo 32.- Actualización de Montos. Los montos establecidos para las distintas modalidades de contratación serán actualizados por el Ministerio de Hacienda y Crédito Público (MHCP), cada vez que la tasa de cambio del córdoba con respecto al dólar de los Estados Unidos de América, acumule una variación del diez por ciento.

La actualización de los montos deberá ser publicada en el Diario Oficial La Gaceta.

SECCIÓN SEGUNDA.

DISPOSICIONES COMUNES A LOS PROCEDIMIENTOS DE CONTRATACIÓN

Artículo 33.- Pliego de Bases y Condiciones de la Contratación (PBC). Los Pliegos de Bases y Condiciones, son el medio a través del cual el Municipio y/o Sector Municipal da a conocer a los potenciales oferentes, todos los requisitos y condiciones que regirán las adquisiciones de obras, bienes y servicios, arrendamientos, consultorías y construcción de obras públicas, con el objeto de dotarlos de la información suficiente para que puedan elaborar sus ofertas y que éstas se sujeten a los requisitos establecidos por el Municipio.

La elaboración del Pliego de Bases y Condiciones es de obligatorio cumplimiento en las Licitaciones Públicas, por Registro y Compras por Cotización mayores a Trescientos Mil Córdobas. Para las Compras por Cotización cuyos valores sean menores a la cantidad señalada, es facultativo del Municipio y/o Sector Municipal su elaboración, bastando con que se prepare un documento con las especificaciones de las obras, bienes y servicios, arrendamientos, consultorías y construcción de obras públicas a ser contratado, tiempo de entrega requerido y cualquier otra información que estime conveniente dar a conocer a los oferentes en las respectivas solicitudes de cotización el responsable de adquisiciones del Municipio.

El Pliego de Bases y Condiciones debe redactarse de forma clara y precisa, respetando el principio de libre competencia, de tal manera que no podrán establecer requisitos que pongan en situación ventajosa a un proveedor determinado. En los Municipios que existan comunidades indígenas, se deberá preparar un ejemplar del Pliego de Bases y Condiciones en la lengua autóctona de la Región o Municipio.

Artículo 34.- Contenido Mínimo del Pliego de Bases y Condiciones de la Contratación. Todo Pliego de Bases y Condiciones debe contener como mínimo:

1. Instrucciones para preparar la oferta.
2. Calendario de la contratación, que incluye la fecha de venta del Pliego de Bases y Condiciones, homologación, solicitud de aclaraciones, apertura de las ofertas, análisis y evaluación, recomendación de la adjudicación, plazo para interposición de recursos y firma del contrato.
3. Criterios y procedimientos a considerar para la evaluación y selección de ofertas.
4. Características técnicas del bien, obra o servicio objeto de la contratación, asimismo, especificar en el caso de adquisición de bienes, si se requiere la presentación de muestras del bien y las condiciones sobre este particular.
5. Detalle de la documentación legal que deberán presentar los oferentes para demostrar su capacidad para contratar.
6. Modelo del contrato a suscribirse.
7. Requisitos sobre garantías.
8. Existencia de modalidades complementarías adicionales, como la posibilidad de negociar precios, realizar adjudicaciones compartidas, o cualquier otra modalidad a ser utilizada en el transcurso del proceso de conformidad con lo establecido en el Reglamento de esta Ley.
9. Moneda que regirá la adquisición en cuanto a la presentación de ofertas, evaluación y pagos.
10. Idioma en el que se deberá presentar la oferta. Siempre se deberá presentar en idioma español, no obstante, podrá estipularse que en los Municipios de las Regiones Autónomas en que existan comunidades indígenas, podrán presentar su oferta en su lengua nativa.
11. Recursos y derechos de los oferentes.
12. Las situaciones que serán consideradas como errores no subsanables.
13. Declaración en el sentido que el Municipio y/o Sector Municipal, se reserva el derecho a rechazar todas las ofertas, si estas no se ajustan a lo establecido en la presente Ley y en el Pliego de Bases y Condiciones de la contratación.
14. Formalidades necesarias para la firma y validez del contrato una vez adjudicada la contratación.
15. Fuente de financiamiento de la adquisición.
16. Cualquier otro requisito establecido por la entidad adquirente, de conformidad con la presente Ley y su Reglamento.

El precio de los Pliegos de Bases y Condiciones, deberá corresponder al costo de su reproducción y no contemplarse margen de ganancia para el Municipio y/o Sector Municipal. No se podrán establecer precios elevados que limiten la libre participación de los oferentes.

Artículo 35.- Convocatoria a Licitación. En los procedimientos de Licitación Pública, por Registro y Compra por Cotización cuando corresponda, se deberá convocar a los oferentes por escrito, de conformidad a lo establecido en los artículos 53 y 57 de la presente Ley. En dicha convocatoria, deberán incluirse los siguientes datos:

1. Nombre del Municipio y el tipo de procedimiento a utilizarse.
2. Descripción de la obra, bien y servicio objeto de la licitación.
3. El plazo estimado para la ejecución del respectivo contrato.
4. Precio del Pliego de Bases y Condiciones, con especificación de la moneda en que se deberá pagar su valor, así como la fecha y lugar donde podrán obtenerse.

Artículo 36.- Aclaración al Pliego de Bases y Condiciones de la Contratación . Los oferentes que hayan adquirido los Pliegos de Bases y Condiciones, podrán solicitar al Comité de Licitación, mediante escrito dirigido al Comité de Licitación, o Comité Técnico de Compras en su caso, aclaraciones al Pliego de Bases y Condiciones de la contratación, en el plazo establecido por el Reglamento de la presente Ley.

El Comité de Licitación deberá comunicar la aclaración a todos los oferentes, sin indicar la procedencia de la solicitud de aclaración. Las comunicaciones se podrán realizar mediante el uso de medios electrónicos.

Las solicitudes de aclaraciones no interrumpen el plazo para la presentación de ofertas, salvo que así lo decida el Municipio y/o Sector Municipal, debido a que la aclaración verse sobre aspectos fundamentales del proceso de adquisición. En este caso deberá notificar a los oferentes la nueva fecha fijada para la apertura de la oferta.

En ningún caso, la ampliación del plazo para presentación de ofertas podrá ser mayor que el cincuenta por ciento del plazo original.

Artículo 37.- Presentación y Apertura de Ofertas. Las ofertas deberán presentarse por escrito, en sobre cerrado, debidamente firmado y foliado, en el lugar, fecha y hora señalada en el Pliego de Bases y Condiciones. La apertura de las ofertas se realizará en presencia de los oferentes, en el lugar, fecha y hora señalados. El contenido de las ofertas, se leerá a viva voz.

Del acto de apertura se levantará acta con detalle de las ofertas presentadas y se incluirán en esta las observaciones hechas por los presentes. El Acta de la apertura, será firmada por los miembros del Comité y los oferentes que así lo deseen y se dará copia de la misma a los que lo soliciten. Si un proveedor solicita acuso de recibo de su oferta se le deberá extender.

Las ofertas presentadas extemporáneamente, serán devueltas al oferente sin abrir.

Artículo 38.- Variantes en la Forma de Presentación de Ofertas. Cuando el Municipio y/o Sector Municipal, lo estime conveniente, podrá contemplar en el Pliego de Bases y Condiciones, modalidades para la presentación de ofertas tales como:

a) Presentación de Ofertas parciales: Si las características objeto de la contratación lo permiten, sin que se afecte el resultado final, y si está contemplado en el Pliego de Bases y Condiciones, podrán los oferentes presentar ofertas parciales de los bienes, servicios u obras objeto de la contratación.

b) Presentación de Ofertas conjuntas: Dos o más personas naturales o jurídicas podrán unirse para presentar una misma oferta. La misma contendrá la declaración del acuerdo conjunto y la designación del representante legal. En este caso, todos los oferentes deberán cumplir con los requisitos de capacidad para contratar y serán solidariamente responsables ante el Municipio.

c) Ofertas en Consorcio: Para la presentación de ofertas, se podrán asociar mediante un convenio suscrito ante notario público, dos o más oferentes. La oferta será una sola y responderán por ella, en su totalidad, los oferentes asociados de forma solidaria.

Artículo 39.- Vigencia de la Oferta. Las ofertas tendrán vigencia por el término establecido en el Pliego de Bases y Condiciones o en la solicitud de cotización, pero en ningún caso podrá ser menor de treinta días calendarios.

Artículo 40.- Evaluación de las Ofertas. Las ofertas serán evaluadas de acuerdo a lo establecido en el Pliego de Bases y Condiciones de la contratación. En el caso de Compras por Cotización menores a Trescientos mil córdobas en las que no se elaboró un Pliego de Bases y Condiciones, la evaluación se realizará de acuerdo a los términos referidos en la solicitud de cotización.

Artículo 41.- Rechazo de las Ofertas. Las ofertas serán rechazadas por el Municipio y/o Sector Municipal en los siguientes casos:

1. Cuando no se ajusten al Pliego de Bases y Condiciones de la contratación.
2. Cuando adolezcan de errores no subsanables de conformidad al Pliego de Bases y Condiciones de la contratación.
3. Si el oferente está bajo sanción por incumplimiento.
4. Si el oferente tiene desactualizado su registro de proveedor.

Artículo 42.- Criterios para la Evaluación de las Ofertas. Las ofertas presentadas deberán ser evaluadas de conformidad a los parámetros de ponderación que se establezcan en el Pliego de Bases y Condiciones de la contratación. No se pueden evaluar ofertas con criterios que no se contemplen en el Pliego de Bases y Condiciones, bajo pena de nulidad.

Artículo 43.- Recomendación de la Adjudicación. Una vez vencido el plazo para la evaluación de las ofertas establecido en el Pliego de Bases y Condiciones de la contratación, el Comité de Licitación emitirá un dictamen recomendando al Alcalde del Municipio, o a la máxima autoridad del Sector Municipal, la adjudicación de la contratación al oferente que haya presentado la oferta más conveniente. Este dictamen deberá ser notificado a cada uno de los oferentes participantes del proceso para que en su caso hagan uso de los derechos establecidos en la presente Ley.

El Alcalde o la máxima autoridad del Sector Municipal, podrá aceptar o rechazar la recomendación del Comité, en caso de rechazo, deberán fundamentar su decisión en las disposiciones establecidas en la presente Ley.

Artículo 44.- Adjudicación de la Licitación. En las Licitaciones Públicas y por Registro, el Alcalde del Municipio o la máxima autoridad del Sector Municipal, emitirá en un plazo de cinco días calendarios a partir de recibida la recomendación del Comité de Licitación, una resolución adjudicando el contrato, la que deberá ser publicada por los mismos medios establecidos para la convocatoria.

En la resolución de la adjudicación se deberá expresar el fundamento de la misma y en caso de rechazo, se deberá razonar la decisión, la que se deberá notificar a todos los oferentes por los mismos medios empleados para la convocatoria.

El Alcalde o máxima autoridad del Sector Municipal podrá delegar la firma del contrato en otro funcionario, expresando su nombre y cargo en el Acuerdo o Resolución de Adjudicación.

Artículo 45.- Readjudicación. En caso que el adjudicatario no se presente a la firma del contrato en el tiempo indicado en los documentos de la licitación o que no rinda la fianza de ejecución, el Alcalde del Municipio o la máxima autoridad del Sector Municipal procederá a readjudicar la contratación al oferente que hubiere obtenido el segundo lugar conforme el orden de prelación considerado en la evaluación de las ofertas.

Artículo 46.- Adjudicaciones Parciales. Si el Pliego de Bases y Condiciones de la contratación lo contempla podrá recurrirse al mecanismo de adjudicación parcial, designando a varios oferentes una parte de la contratación, siempre y cuando sea conveniente para el Municipio o Sector Municipal y no se afecte el resultado final de la adquisición.

Artículo 47.- Presentación de Oferta Única. Si en un proceso de licitación, solamente se presentara un oferente y su oferta se corresponde con lo establecido en el Pliego de Bases y Condiciones de la contratación, podrá adjudicársele la contratación.

Artículo 48.- Causales para Declarar Desierta la Licitación. El Alcalde del Municipio o la máxima autoridad del Sector Municipal deberán declarar desierta la licitación cuando se presente una de las siguientes circunstancias:

a) Que no se presente ninguna oferta.

b) Que ninguna de las ofertas presentadas se ajuste a los Pliegos de Bases y Condiciones de la licitación.

c) Que el Alcalde o la máxima autoridad del Sector Municipal, no esté de acuerdo con la recomendación del Comité, fundamentando su decisión, en las disposiciones establecidas en la presente Ley.

Artículo 49.- Suspensión del Proceso de Licitación. El Alcalde o la máxima autoridad del Sector Municipal podrán suspender el proceso de licitación en cualquier momento antes de la firma del respectivo contrato por razones de caso fortuito o fuerza mayor. La suspensión del proceso deberá ser notificada a los oferentes en un término de tres días calendarios a partir de la Resolución y se dejará constancia de ello en el respectivo expediente de la licitación. La Resolución de suspensión, debe ser publicada por los mismos medíos que se utilizaron para la convocatoria.

En caso de reanudarse el proceso dentro de ese período presupuestario, se retomará en la etapa procesal en que se suspendió. La suspensión del proceso de adquisición en los términos antes relacionados, no entraña responsabilidad alguna para el Municipio y/o Sector Municipal respecto a los oferentes.

Artículo 50.- Cancelación del Proceso de Licitación. El Alcalde o la máxima autoridad del Sector Municipal podrán cancelar el proceso de licitación en cualquier momento antes de la firma del respectivo contrato por cualquiera de las siguientes razones:

a) Nulidades en el proceso de contratación.

b) Que haya terminado el período presupuestario, y no se haya reanudado el proceso suspendido.

c) Reducción o cancelación del presupuesto destinado para la contratación.

d) Por razones de interés público.

La cancelación del proceso deberá ser notificada a los oferentes en un término de tres días calendarios a partir de la resolución y se dejará constancia de ello en el respectivo expediente de la licitación. La resolución de cancelación, debe ser publicada por los mismos medios que se utilizaron para la convocatoria.

La cancelación del proceso de adquisición en los términos antes relacionados, no entraña responsabilidad alguna para el Municipio y Sector Municipal, con los oferentes.

Artículo 51.- Margen de Preferencia. En los Pliegos de Bases y Condiciones para las adquisiciones de obras, bienes y servicios, arrendamientos, consultorías y construcción de obras públicas, que en el ejercicio de sus competencias lleve a cabo el Municipio y/o Sector Municipal, se indicará que la evaluación de la oferta otorgará un margen de preferencia a la mano de obra Municipal. Este margen será aplicado únicamente cuando el oferente local haya cumplido con los requisitos técnicos establecidos en el Pliego de Bases y Condiciones.

SECCIÓN TERCERA.
NORMAS PARTICULARES DE LA LICITACIÓN PÚBLICA

Artículo 52.- Convocatoria. El anuncio o convocatoria de la Licitación Pública es de tipo impersonal y es dirigido a oferentes no determinados. Debe hacerse ya sea a través de un diario de circulación nacional, medios de comunicación electrónica u otros medios de comunicación local, como la radio, tablas de aviso de las alcaldías u otros, sin perjuicio de su publicación obligatoria en La Gaceta, Diario Oficial. La publicación se efectuará en dos ocasiones, con un intervalo de un día calendario entre cada anuncio.

Artículo 53.- Plazo para la Presentación de Ofertas. El plazo de presentación de las ofertas en el Pliego de Bases y Condiciones de la Licitación pública, no será menor de cuarenta días calendarios contados a partir del último anuncio de la convocatoria. Este plazo no se podrá disminuir en ningún caso, mas sí se podrá ampliar a conveniencia del Municipio y/o Sector Municipal, considerando la complejidad de la contratación.

Artículo 54.- Ratificación de la Adjudicación. En las Licitaciones Públicas, la Resolución de adjudicación deberá ser emitida por el Alcalde ola máxima autoridad del Sector Municipal con las salvedades estipuladas en el artículo 41 de la presente Ley.

SECCIÓN CUARTA.
NORMAS PARTICULARES DE LA LICITACIÓN POR REGISTRO

Artículo 55.- Forma de la Convocatoria. En las Licitaciones por Registro, se invitará a licitar a oferentes inscritos en el Registro de Proveedores del Municipio o en cualquiera de los registros supletorios según el objeto de la contratación.

La invitación podrá hacerse por carta o a través de un medio electrónico, debiendo dejar evidencia de su recibo por parte del proveedor. Si el Municipio y/o Sector Municipal lo considera conveniente, puede utilizar el mecanismo de convocatoria de la Licitación Pública para agilizar el proceso.

Artículo 56.- Plazo para la Presentación de Ofertas. El plazo para presentar ofertas en la Licitación por Registro será un plazo mínimo de quince días calendarios.

Artículo 57.- Regulación Supletoria. En lo no previsto en esta sección, se aplicarán las disposiciones generales para contrataciones, establecidas en la presente Ley.

SECCIÓN QUINTA.
NORMAS PARTICULARES DE LA COMPRA POR COTIZACIÓN

Artículo 58.- Responsable del Proceso de Compra por Cotización. El procedimiento de Compra por Cotización menor a Trescientos Mil Córdobas, estará a cargo de la Unidad o Responsable de Adquisiciones del Municipio y/o Sector Municipal, quien estará asistido por los técnicos en la materia objeto de la compra, siendo responsable de preparar los documentos de la adquisición, enviar las solicitudes de cotización, recibir y evaluar las ofertas y remitir su recomendación al Alcalde o en su caso a la máxima autoridad del Sector Municipal a fin de que adjudique la contratación.

Cuando el monto de la Compra por Cotización sea igual o superior a Trescientos Mil Córdobas, será responsable el Comité de Licitaciones establecido para los otros procedimientos de contratación.

Artículo 59.- Solicitudes de Cotización. La solicitud de cotización se enviará por escrito o por medio electrónico a proveedores de la localidad debidamente registrados; a falta de estos se podrá girar invitación a proveedores de otros municipios o del Estado. Se invitará como mínimo a cinco proveedores para que presenten sus ofertas. El responsable de la Unidad de Adquisiciones dejará constancia escrita de la recepción de la invitación.

En caso que no se obtuvieren las cinco ofertas requeridas, el Responsable de la Unidad de Adquisiciones de igual forma dejará constancia escrita de ello y la anexará al expediente de la contratación, pudiendo adjudicaren este caso la compra a la oferta que se ajuste a lo requerido en la solicitud de invitación.

En la solicitud de cotización, se indicará la forma de presentación de las ofertas, que puede ser mediante carta en sobre cerrado o a través de medios electrónicos. Si se requiere que sea en sobre cerrado la apertura de la oferta estará a cargo del Responsable de la Unidad de Adquisiciones, quien levantará Acta de las ofertas recibidas de conformidad a los requisitos establecidos en el Reglamento de la presente Ley.

Artículo 60.- Plazo para la Presentación de Ofertas. Las ofertas serán presentadas en la forma, lugar, fecha y hora indicada por el Municipio y/ o Sector Municipal. El plazo de presentación de la oferta, será de cinco días calendarios a partir de la fecha de recibida la solicitud de cotización por el oferente. En el caso de las contrataciones cuyos montos sean mayores a Trescientos Mil Córdobas y hasta Novecientos Mil Córdobas, el plazo de la presentación será de diez días calendarios.

Artículo 61.- Evaluación, Adjudicación y Orden de Compra. La evaluación de las ofertas deberá hacerse en un plazo que oscilará entre dos y cinco días calendarios, en dependencia de la complejidad del objeto de contratación. Una vez evaluadas las ofertas por el Responsable de la Unidad de Adquisiciones, éste emitirá su recomendación y la remitirá al Alcalde o a la máxima autoridad del Sector Municipal dentro de los dos días calendarios siguientes con copia a los oferentes para que hagan uso de sus derechos.

El Alcalde o la máxima autoridad del Sector Municipal deberá adjudicar la contratación en un término de cinco días calendarios a partir de la recomendación. Adjudicada la contratación el Responsable de la Unidad de Adquisiciones elaborará la solicitud de la orden de compra a favor del oferente seleccionado o en su caso solicitará la elaboración del contrato correspondiente.

La orden de compra o el contrato, formará parte del expediente de la contratación. Las compras deberán ser soportadas con los documentos legales correspondientes.

Artículo 62.- Regulación Supletoria. En lo no previsto en esta sección, se aplicarán las disposiciones generales para contrataciones, establecidas en la presente Ley.

CAPÍTULO VI.

REGULACIONES ESPECIALES

SECCIÓN PRIMERA.
CONSTRUCCIÓN DE OBRAS PÚBLICAS

Artículo 63.- Obra Pública. Se entenderá por obra pública, a todos los trabajos de ingeniería y/o arquitectura, reforma o ampliación, que se realicen directa o indirectamente, parcial o totalmente con fondos del Municipio y/o Sector Municipal, destinados a un servicio público o al uso común.

La obra pública comprende además reformas, ampliaciones, mantenimiento, construcción, demolición de obras ya existentes, trabajos de exploración, localización, perforación, extracción, servicios industriales y otros que tengan por objeto la conservación, desarrollo y uso racional de los recursos naturales, del suelo y subsuelo.

Artículo 64.- Requisitos Previos. Antes de iniciar un proceso de contratación de obra pública, se deberán realizar los estudios técnicos necesarios a fin de obtener la siguiente información:

1. Justificación de la necesidad de realizar la obra.
2. Planificación de las etapas que conlleva la ejecución de la obra (diseño, construcción, supervisión, mantenimiento u otros).
3. El impacto ambiental que provocará la ejecución del proyecto.
4. Condiciones existentes relativas a características geográficas y topográficas del sitio donde se llevará a cabo la obra.
5. Legalización del terreno en que se desarrollará la obra.
6. Disponibilidad presupuestaria suficiente que permita la ejecución ininterrumpida de la obra.
7. Demás requisitos técnicos que se consideren necesarios para garantizar el desarrollo exitoso del proyecto de inversión de acuerdo con los intereses del Municipio y/o Sector Municipal.

Artículo 65.- Intervención de Dos o Más Municipios en el Proceso de Contratación. Si en la ejecución de una obra pública intervienen dos o más Municipios, se deberá dejar claro en el Pliego de Bases y Condiciones la responsabilidad tanto administrativa como financiera que le corresponde a cada uno, antes, durante y después de finalizado el proceso.

Artículo 66.- Subcontratación en Obras Públicas. Se podrá estipular la sub-contratación de una parte de la obra pública, siempre que esta no sea superior al cuarenta por ciento de la misma, previa autorización escrita por parte del Alcalde o la máxima autoridad del Sector Municipal. Sin embargo el contratista principal siempre responderá ante el Municipio y/o Sector Municipal por la ejecución total de la obra.

Para efectos de esta sub-contratación se deberá observar el régimen de prohibiciones establecido en la presente Ley.

Artículo 67.- Supervisión de la Obra. El Municipio y/o Sector Municipal está obligado a supervisar la ejecución de las obras públicas en todas sus etapas.

Artículo 68.- Ejecución de Obras Públicas por Administración Directa. Para efectos de esta Ley es administración directa cuando el municipio construya una obra pública, de su competencia, utilizando sus propios equipos y mano de obra o con mano de obra aportada por la comunidad. En este caso no ocurre el acto adquisitivo y es responsabilidad directa de la administración municipal. La adquisición de los insumos u obras complementarias para la ejecución de esta obra se someterá a los procedimientos de contratación establecidos en esta ley, según el monto.

Artículo 69.- Prohibición. Para la contratación de obras públicas, el Municipio y/o Sector Municipal no podrá adjudicar todas las etapas del proyecto al mismo contratista, de tal manera que:

1. El diseñador no podrá supervisar la obra, ni podrá participar en su construcción.
2. El ejecutor no podrá realizar el trabajo de supervisión de la obra.

Artículo 70.- Recepción de las Obras. La recepción de las obras públicas se realiza en dos fases:

1. Recepción Sustancial: Se realiza una vez que el contratista comunica al Municipio y/o Sector Municipal, que la obra está lista para ser utilizada. El Municipio y/o Sector Municipal fijará a partir de ese momento la fecha de la recepción. Llegado el día de la recepción-entrega, se presentarán los funcionaros designados para tal efecto, se levantará Acta de la recepción en la que se anotarán las observaciones y detalles pendientes de terminar o corregir en la obra, para lo cual se fijará al contratista un plazo, en días calendarios, entre el diez y el treinta por ciento del período de ejecución de la obra en dependencia de la complejidad de ésta. El Acta de recepción deberá ser firmada por los representantes del Municipio y/o Sector Municipal y del contratista.

2. Recepción Definitiva: Una vez finalizados los detalles pendientes, se fijará la fecha para la recepción definitiva y finiquito del contrato. De la recepción se levantará el Acta correspondiente. La recepción definitiva de la obra, no exime al contratista de la obligación de responder por la calidad o vicios ocultos de la obra.

Artículo 71.- Regulación Supletoria. En lo no estipulado en esta sección, se seguirán los procedimientos generales de las contrataciones municipales. En cuanto a la determinación del procedimiento aplicable, se regirá en función de los montos de la contratación.

SECCIÓN SEGUNDA.

ADQUISICIÓN Y ARRENDAMIENTO DE BIENES INMUEBLES

Artículo 72.- Procedimiento para Adquisición. Si se tratare de la adquisición de bienes inmuebles, la determinación del procedimiento se realizará mediante el procedimiento de la Licitación Pública.

Artículo 73.- Arrendamiento de Bienes Inmuebles y Equipos. El arrendamiento de inmuebles y equipos por el Municipio y/o Sector Municipal, se realizará tomando en cuenta el monto del arrendamiento del inmueble o equipo.

Para tomar en arriendo inmuebles y equipos por períodos superiores a un año se requerirá de la aprobación del Consejo Municipal del Municipio, previa verificación de los recursos para asumir las obligaciones derivadas del respectivo contrato, durante el tiempo de su vigencia.

Artículo 74.- Estimación del Monto. El monto de la contratación para el arrendamiento de bienes inmuebles y equipos se calculará de la siguiente forma:

a) Si el contrato de arriendo es con opción a compra, se tomará el precio del inmueble o equipo al momento de la forma del contrato.

b) Si no establece opción a compra, se estimará el monto, multiplicando el valor del canon por el tiempo de duración del contrato.

SECCIÓN TERCERA.

ADQUISICIÓN O SUMINISTRO DE BIENES

Artículo 75.- Procedimiento. Para las adquisiciones o suministro de bienes, se determinará el procedimiento a seguirse en atención al monto, de acuerdo a las modalidades de contratación establecidas en la presente Ley.

Artículo 76.- Solicitud de Muestras. El Municipio o el Sector Municipal podrá requerir en el Pliego de Bases y Condiciones muestras del bien a adquirirse. La solicitud de muestras deberá ser racional, en la cantidad y tipo estrictamente necesarios para verificar que su calidad y demás características satisfacen las necesidades del Municipio o del Sector Municipal.

Artículo 77.- Entregas Parciales. El contrato de suministro de bienes podrá estipular la realización de entregas parciales del bien, sujetas a la realización de pagos parciales por parte del Municipio o del Sector Municipal.

La entrega de los bienes se realizará en la forma y tiempo establecido por el Municipio o el Sector Municipal.

Artículo 78.- Supervisión. El Municipio o el Sector Municipal, tienen el derecho de supervisar el proceso de fabricación o manufactura del bien y podrán realizar pruebas a fin de determinar si se están cumpliendo con las normas de calidad generalmente aceptadas y las especificaciones del Pliego de Bases y Condiciones de la contratación.

Artículo 79.- Recepción de los Bienes. Para la recepción de los bienes, el Municipio o Sector Municipal, designará a la persona encargada del proceso, quien podrá hacerse acompañar de un técnico a fin de determinar si cumple o no con los requerimientos establecidos en el Pliego de Bases y Condiciones. De la recepción de los bienes, se levantará Acta con todos los detalles pertinentes, que será firmada por las partes contratantes.

Si el o los bienes no cumplen con lo requerido por el delegado de la Alcaldía o del Sector Municipal dejará constancia de esta situación y no se dará por recibido el lote, debiendo proceder conforme a las cláusulas contractuales.

SECCIÓN CUARTA.

CONTRATACIÓN DE SERVICIOS

Artículo 80.- Servicios Complementarios. Se consideran servicios complementarios todas aquellas actividades relacionadas con el apoyo a las áreas administrativas, tales como servicio de vigilancia, mantenimiento, limpieza, jardinería y otras que no impliquen la realización de actividades que formen parte de las competencias propias del Municipio.

La contratación de estos servicios pueden renovarse hasta por dos años siempre que el mismo se preste a satisfacción.

Artículo 81.- Servicios Técnicos y Profesionales. El procedimiento aplicable para la contratación de servicios técnicos y profesionales a cargo de personas físicas y/o jurídicas se determinará en funcional monto de la contratación, de acuerdo con lo establecido en la presente Ley.

Para la contratación de los servicios antes señalados, el factor determinante será la experiencia y calificación para la realización del trabajo específico objeto de la contratación.

En el Pliego de Bases y Condiciones de la contratación, se deberá expresar de forma clara los objetivos, metas y extensión de la tarea encomendada y se suministrará al oferente la información necesaria para la elaboración de las ofertas, las que serán evaluadas de conformidad al plazo establecido en el procedimiento ordinario de contratación respectivo.

Para garantizar la prestación de los servicios de consultoría no se requerirá de fianza de cumplimiento, pero para proceder al pago final de dichos servicios será imprescindible la recepción a satisfacción, por parte del Municipio y/o Sector Municipal, del objeto de la consultoría.

Artículo 82.- Criterios de Evaluación de las Ofertas. En la contratación de servicios, establecidas en esta sección se deberá realizar la evaluación de las ofertas de acuerdo a los siguientes criterios:

a) Mayores Calidades del Oferente en cuanto a Capacidad y Experiencia: En este caso, al calificar las ofertas, el mayor valor porcentual lo tendrá el factor calidad. Este método se utiliza cuando no existe un monto fijo destinado a la contratación.

b) Menor Costo de la Oferta: Se da mayor calificación a la oferta de menor precio. Se utiliza este método cuando el servicio requerido no tiene características especializadas y el presupuesto para su adquisición es fijo.

c) Evaluación Combinada Calidad y Costo: Se dará el mismo valor porcentual al precio y a la calidad en la evaluación de la oferta y se adjudicará al oferente que obtenga la mayor puntuación.

d) Margen Preferencial a Mano de Obra Local: Si el oferente es poblador del Municipio que requiere el servicio, se le asignará un valor porcentual, que será aplicado únicamente cuando haya cumplido con los requisitos técnicos establecidos en el Pliego de Bases y Condiciones o en la solicitud de cotización respectiva.

Artículo 83.- Inexistencia de Relación Laboral. El contrato de servicios de cualquier índole, no implica la existencia de relación laboral entre el Municipio y/o Sector Municipal y el oferente del servicio, por lo que en caso de disolución del mismo no podrán invocarse las estipulaciones de las leyes laborales vigentes.

CAPÍTULO VII.

SOBRE FIANZAS EN MATERIA DE CONTRATACIONES MUNICIPALES

Artículo 84.- Fianza o Garantía. Es el importe en dinero o valores que el oferente deberá poner a disposición del Municipio o del Sector Municipal, para asegurar el cumplimiento de la obligación derivada del proceso de adquisición, de conformidad a los porcentajes establecidos en la presente Ley.

Las garantías o fianzas se pueden presentar de diversas maneras:

a) Certificados de Depósito a Plazo Fijo emitidos por Instituciones Bancarias debidamente autorizadas por la Superintendencia de Bancos y otras Instituciones Financieras, endosados a favor del Municipio o Sector Municipal.

b) Cheque Certificado o de Gerencia librado por Institución Bancaria debidamente autorizada y acreditada por la Superintendencia de Bancos y otras Instituciones Financieras a favor del Municipio o Sector Municipal.

c) Depósito en Efectivo equivalente al porcentaje del monto estipulado por la presente Ley.

d) Garantía Hipotecaria acompañada de la respectiva certificación de Libertad de Gravamen.

Las garantías emitidas por bancos o aseguradoras internacionales de primer orden, se podrán admitir cuando tengan representación o corresponsal en Nicaragua, siempre y cuando la garantía esté de acuerdo con la legislación nacional vigente de la materia y que sean ejecutables con el simple llamamiento por parte del Municipio o del Sector Municipal.

Artículo 85.- Fianza de Mantenimiento de Oferta:. Esta garantía deberá ser presentada por el oferente al momento de presentar su oferta. El objeto de esta fianza es garantizar que el oferente no modificará el precio de su oferta por el período de tiempo estipulado en el Pliego de Bases y Condiciones y en caso de ser adjudicado, firmará el respectivo contrato.

El plazo de validez de esta garantía, no podrá ser menor de treinta días calendarios contados a partir de la apertura de las ofertas, prorrogables a solicitud del Municipio o Sector Municipal y en dependencia de la adquisición.

El monto de la fianza de mantenimiento de oferta será fijado por el Municipio en los documentos de licitación. En ningún caso podrá ser menor al uno por ciento ni mayor al tres por ciento del monto de la oferta, si por omisión no se hubiera señalado el monto de esta garantía en los documentos de la licitación, se entenderá que es del tres por ciento.

Si el oferente retira su oferta sin causa justificada, el Municipio o el Sector Municipal, tendrá derecho a ejecutar el importe de la garantía.

A los oferentes que no resulten seleccionados se les restituirá su garantía en un plazo no mayor de cinco días calendarios, contados a partir de la notificación de la resolución de adjudicación.

Al adjudicatario se le restituirá la fianza de mantenimiento de oferta en el momento en que deposite en poder del Municipio o Sector Municipal la fianza de ejecución o cumplimiento.

Cuando se presenten ofertas conjuntas, cada oferente deberá presentar una garantía proporcional a la parte de la oferta que le corresponda.

La presentación de esta garantía es obligatoria en las Licitaciones Públicas y por Registro.

Artículo 86.- Fianza de Ejecución o Cumplimiento. La fianza o garantía de ejecución, tiene por objeto proteger al Municipio y/o Sector Municipal de cualquier daño o perjuicio que pudiera sobrevenir por el incumplimiento del contrato por parte del adjudicatario.

El monto de la garantía de cumplimiento oscilará entre un diez y un veinte por ciento del valor total del contrato. En caso de omisión sobre este particular se entenderá que es del diez por ciento para bienes y del veinte por ciento para obras públicas.

Si en un contrato determinado se firmaren adéndum mediante los cuales se modifique el valor del contrato, se deberá requerir al contratista la ampliación de la fianza de ejecución.

Los montos antes señalados, podrán ser ampliados a juicio del Municipio y/o Sector Municipal, cuando existan razones debidamente fundamentadas, así mismo, podrá establecer dentro del rango, un monto fijo para todas las contrataciones que lleve a cabo.

El período de vigencia de esta garantía deberá indicarse en el Pliego de Bases y Condiciones de la contratación. En ningún caso la duración de la fianza podrá ser menor que el término de vigencia del contrato, pero sí se podrá ampliar con el simple requerimiento del Municipio y/o Sector Municipal.

La fianza de ejecución será presentada por el adjudicatario, en el término que transcurra entre la notificación de la contratación, hasta la suscripción del respectivo contrato.

La fianza de ejecución se devolverá al contratista, hasta que se haya realizado la recepción definitiva de la obra o bien, por parte del Municipio y/o Sector Municipal.

La presentación de esta fianza es de ineludible cumplimiento en las Licitaciones Públicas, por Registro y Compras por Cotización cuyos montos sean iguales o superiores a Trescientos Mil Córdobas. El Municipio y/o Sector Municipal tendrá la facultad de requerir de esta fianza para Compras por Cotización inferiores al monto señalado.

El Municipio y/o Sector Municipal podrá dispensar de la presentación de la fianza de cumplimiento al oferente que haga entrega del bien objeto de la contratación antes de la formalización del contrato.

Artículo 87.- Fianza de Anticipo. Antes de entregar cualquier suma de dinero al contratista en concepto de adelanto, se deberá requerir de éste, la presentación de una fianza que respalde el cincuenta por ciento del monto del adelanto. El monto garantizado, se reducirá en la medida que el contratista cubra con su cumplimiento el valor del anticipo recibido.

Artículo 88.- Fianzas Discrecionales. Además de las fianzas descritas en los artículos precedentes, que son de carácter obligatorio en las licitaciones, el Municipio o el Sector Municipal a su discreción, podrán solicitar al contratista, la presentación de otras fianzas tales como:

a) Fianza a la Calidad y Rendimiento: Tiene por finalidad asegurar la calidad del objeto de la contratación, y tendrá como mínimo una vigencia de tres meses, a partir de la recepción final de los bienes u obras. El monto será el equivalente al cinco por ciento del valor de la obra o bien objeto de la contratación.

b) Fianza contra Vicios Ocultos: Tiene por objeto proteger al Municipio o al Sector Municipal contra defectos en las obras o bienes, que a simple vista no sean detectables y que revelen su existencia con posterioridad a la entrega definitiva y finiquito del contrato.

c) Fianza contra Daños a Terceros: La Municipalidad u organismo contratante podrá requerir fianza para proteger a los pobladores por daños que puedan causar los contratistas.

El monto de esta garantía será del cinco por ciento del valor del contrato y su vigencia será de seis a doce meses a partir de la suscripción del acta de recepción final y se deberá establecer en los Pliegos de Bases y Condiciones.

Además de las fianzas, se deberán incluir dentro de las cláusulas del contrato, penalidades como: retenciones de pago, multas, rescisión del contrato e indemnizaciones en caso de incumplimiento por parte del contratista.

CAPÍTULO VIII.

RÉGIMEN DE PROHIBICIONES Y SANCIONES

SECCIÓN PRIMERA.

DE LAS PROHIBICIONES

Artículo 89.- Prohibiciones para ser Oferente. No podrán actuar en calidad de oferentes ni suscribir contratos de cualquier naturaleza con los Municipios o Sector Municipal las siguientes personas naturales y/o jurídicas:

1. Los funcionarios públicos de cualquier Poder del Estado, elegidos directa o indirectamente, los Ministros y Vice-Ministros de Estado, los Presidentes y Directores de Entes Autónomos y Gubernamentales, Embajadores de Nicaragua ante otros Estados.
2. Las autoridades municipales y cualquier otro funcionario que tenga participación en cualquier etapa del proceso de contratación.
3. Las personas jurídicas en las que tengan participación accionaria los funcionarios contemplados en estas prohibiciones.
4. Los parientes hasta el segundo grado de afinidad y tercero de consanguinidad, inclusive los cónyuges de los funcionarios contemplados por la prohibición.
5. Las personas naturales o jurídicas que hayan actuado en calidad de asesores o consultores en las etapas de diseño, preparación de los Pliegos de Bases y Condiciones de la contratación, formulación de los presupuestos bases y de otros documentos de la contratación.
6. Los proveedores que se encuentren suspendidos del Registro de Proveedores del Municipio o de cualquiera de los registros supletorios.

Artículo 90.- Excepción a la Prohibición de Ser Oferente. Las prohibiciones contempladas en el numeral cuatro del artículo anterior, no serán aplicables en los siguientes casos:

a) Cuando el oferente es el único proveedor del bien, servicio u objeto de la contratación en el Municipio.

b) Cuando el oferente acredite que ha sido proveedor del Municipio al menos un año antes de la toma de posesión del pariente electo.

En todo caso, se deberá hacer constar por escrito esta circunstancia por parte del Comité de Licitaciones o el Responsable de la Unidad de Adquisiciones en su caso.

Artículo 91.- Prohibición a Funcionarios. El funcionario con quien tenga relación de parentesco el proveedor deberá inhibirse de participar en cualquiera de las etapas del respectivo proceso de adquisición. Asimismo, deberá inhibirse de participar en el proceso cuando tenga interés personal o comercial en los resultados de la contratación.

Artículo 92.- Obligaciones a Funcionarios. Los funcionarios cubiertos por la prohibición contemplada en los artículos precedentes, están obligados a presentar un listado ante la Unidad Normativa, en el que se detalle a los familiares cubiertos por la prohibición de contratar, así como de las instituciones, empresas y sociedades comerciales en las que tenga participación accionaria.

Artículo 93.- Prohibición de Subdividir o Ampliar Contratos. El objeto de la contratación no podrá subdividirse en cuantías menores con el objeto de evadir la aplicación del procedimiento que de conformidad con la Ley le corresponde, en atención al monto de la contratación.

No se entenderá que existe subdivisión de la contratación, cuando se hubiere planificado realizar la adquisición por fases claramente diferenciadas en el Pliego de Bases y Condiciones de la contratación o en la planeación de la contratación, siempre que la ejecución de cada etapa sea funcional y se complementen entre sí garantizando la integridad del objeto de la contratación.

SECCIÓN SEGUNDA.

DE LAS SANCIONES

Artículo 94.- Régimen General de la Sanciones. Para la aplicación de sanciones derivadas del incumplimiento de las disposiciones y principios contenidos en la presente Ley, es requisito indispensable brindar las garantías básicas del debido proceso tanto a los funcionarios como a los oferentes señalados.

La aplicación de las sanciones administrativas derivadas de esta Ley, no excluye de las responsabilidades civiles o penales que pudieran atribuirse a los funcionarios municipales o a los oferentes, ni de la acción civil que pueda ejercer el Municipio para reclamar los daños y perjuicios que en su caso se le hubieren causado.

Artículo 95.- De las Faltas e Infracciones de los Funcionarios y Empleados Municipales. 1. Falta Grave: Comete falta grave el o los funcionarios y/o empleados municipales, que incurren en una o más de las siguientes situaciones:

a) Participar directa o indirectamente en un procedimiento de contratación municipal, estando cubierto por la prohibición de contratar.

b) Causar perjuicio económico a la Municipalidad o al Sector Municipal, por acción u omisión, relacionada con su responsabilidad dentro del proceso adquisitivo.

c) Suministrar información que ponga en situación de ventaja a un oferente respecto de otros.

d) Recibir beneficios de parte de un oferente, a fin de favorecerle en el concurso o proceso de contratación.

e) Recomendar la contratación con personas afectadas por el régimen de prohibiciones, siempre que se conozca esa circunstancia antes de la recomendación.

f) Proponer o disponer la división ilegal de las contrataciones para evadir los procedimientos establecidos en esta ley.

g) No incluir en un informe o dictamen datos relevantes para la evaluación de las ofertas.

Cuando el Alcalde del Municipio tenga conocimiento de una falta grave cometida, deberá informar del hecho a la Contraloría General de la República y remitirá el expediente administrativo del caso, para que ese órgano rector le imponga la sanción respectiva de acuerdo a las leyes de la materia.

2. Falta Leve: Cometen falta leve el o los funcionarios y/o empleados municipales que incurran en una o más de las siguientes situaciones:

a) No incorporar toda la documentación en forma oportuna al expediente de la contratación.

b) Impedir o dificultar a personas autorizadas de forma injustificada, el acceso a un expediente de contrataciones que esté bajo su custodia o manejo.

c) Retrasar injustificadamente el pago a los contratistas, haciendo incurrir en mora a la Municipalidad.

d) Retrasar sin motivo la recepción de bienes, prestación de servicios o construcción de obras.

La sanción, en caso de faltas leves será la suspensión sin goce de salario por un período de quince días. Si nuevamente infringe cualquiera de las causales establecidas en el presente artículo la sanción será el despido de conformidad con las leyes de la materia. El Alcalde del Municipio será el encargado de la aplicación de estas sanciones.

3. Infracciones: Cualquier otra irregularidad en la que incurran los funcionarios o empleados municipales relacionados con el procedimiento de contratación, y que no esté prevista anteriormente, será sancionada con amonestación por escrito la primera vez y con suspensión por un período de cinco días sin goce de salario la segunda. En caso de reincidencia se considerará como falta leve y se le aplicará la sanción correspondiente.

El superior jerárquico del funcionario o empleado municipal será el encargado de la aplicación de estas sanciones.

Artículo 96.- De las Sanciones. En caso de violación a las disposiciones previstas en la presente Ley por parte de personas naturales y/o jurídicas que intervengan directamente en el proceso de contratación se aplicarán las siguientes sanciones:

1. Suspensión del Registro de Proveedores hasta por un Año: Se suspenderá del Registro de Proveedores del Municipio hasta por un año, quedando inhibido de participar en todo proceso de contratación a nivel nacional, al oferente que incurra en una o más de las siguientes causales:

a) Dejar sin efecto, reiteradamente, la oferta presentada sin justificar debidamente su actuación.

b) Incumplir injustificadamente, de forma tardía o defectuosa con las estipulaciones contractuales.

Los casos expresados serán sin perjuicio de la ejecución de las garantías respectivas.

2. Suspensión del Registro de uno a tres años: Se suspenderá del Registro de

Proveedores del Municipio por un período de uno a tres años, quedando inhibido de participar en todo proceso de contratación a nivel nacional, al oferente que incurra en una o más de las siguientes causales:

a) Presentar datos o documentación falsa al Municipio y/o Sector Municipal con el objeto de verse favorecido en el concurso.

b) Obtener información de forma ilegal, a fin de colocar en situación de ventaja a un oferente o a sí mismo, frente a los demás competidores.

c) Dar beneficios a los empleados o funcionarios involucrados en el proceso de contratación, a fin de obtener información o de ser favorecido en la evaluación y adjudicación del contrato.

d) Entregar obras, bienes o servicios de inferior calidad a los ofertados, en tres ocasiones dentro de un lapso de tiempo no mayor a un año, sin perjuicio de la ejecución de la garantía respectiva.

e) Coludirse con otro u otros oferentes, para presentar ofertas con precios sobrevaluados, a fin de defraudar al Municipio o al Sector Municipal. En este caso, se podrá además, imponer multas por el valor en que se pretendía defraudar.

f) Participar en un proceso de contratación estando cubierto por el régimen de prohibiciones, salvo las excepciones del artículo 90.

La Unidad o Responsable de Adquisiciones registrará los incumplimientos de los oferentes y los notificará a la Unidad Normativa, quien será la competente de la aplicación de las sanciones señaladas anteriormente; a su vez notificará a los demás Municipios de la Resolución a través de la cual se impone la sanción.

Artículo 97.- Procedimiento para la Aplicación de Sanciones. El procedimiento para la aplicación de sanciones a funcionarios y empleados municipales se regirá de conformidad a lo que se establezca en la ley de la materia.

CAPÍTULO IX.

FORMALIZACIÓN DE LA CONTRATACIÓN

Artículo 98.- Firma del Contrato. El proceso de contratación se formaliza mediante la suscripción del contrato entre el adjudicatario y el Municipio o el Sector Municipal. Este acto se debe llevar a cabo en un período no mayor a diez días calendarios a partir de quedar firme la Resolución de Adjudicación.

Las cláusulas del contrato deben corresponderse con el modelo de contrato previamente establecido en el Pliego de Bases y Condiciones de la contratación y con los términos de la oferta presentada por el adjudicatario, además de contener de forma clara los derechos y obligaciones de los contratantes.

Artículo 99.- Formalidades. Las adquisiciones por montos iguales o mayores a los Doscientos Mil Córdobas, deberán formalizarse mediante escritura pública. Los honorarios legales que fije el notario serán a costa del contratista, de conformidad con la ley de la materia. Los adendum de contratos iguales o mayores al monto antes señalado, se tendrán que formalizar de esta misma forma.

Las adquisiciones por montos menores se podrán formalizar mediante documento privado o por la emisión de la orden de compra, documentos que serán válidos para la tramitación de pago correspondiente.

Artículo 100.- Modificaciones al Contrato. Un contrato puede modificarse mediante adéndum por disminución o ampliación hasta en un 20 por ciento de su monto y alcance original, siempre y cuando se cumplan las siguientes condiciones:

1. Que no afecte la funcionabilidad de la obra, el bien o el servicio.
2. Que se cuente con la disponibilidad presupuestaria para responder al compromiso.
3. Que no exceda el límite establecido para determinar el procedimiento de contratación original aplicada.

Artículo 101.- Derechos del Municipio. Son derechos del Municipio y del Sector Municipal los siguientes:

1. Dirigir, controlar y supervisar el cumplimiento de las cláusulas contractuales y de las especificaciones de los Pliegos de Bases y Condiciones de la licitación.
2. Modificar el contrato, por razones de interés público, sin perjuicio de las indemnizaciones que resultaren a favor del contratista si hubiese mérito.
3. Rescindir el contrato por motivos de interés público, caso fortuito o fuerza mayor, independientemente de si la relación contractual no ha iniciado o está en proceso.
4. Resolver el contrato en caso de incumplimiento del contratista.
5. Ejecutar las garantías e imponer sanciones en los términos establecidos en la presente Ley.

Artículo 102.- Derechos del Contratista. Las personas naturales o jurídicas que por efecto de un proceso de adquisición contrataren con el Municipio o el Sector Municipal, tendrán los siguientes derechos:

1. Derecho de exigir el cumplimiento de lo pactado.
2. Derecho a la revisión de precios: En los contratos por ejecución de obras por períodos mayores a seis meses se deberán establecer los mecanismos a utilizarse en la revisión de precios o cuando exista una disposición oficial del gobierno, ésta se deberá establecer en los Pliegos de Bases y Condiciones de la licitación. Este derecho no se aplica para las contrataciones de consultorías.
3. Reconocimiento de Intereses y Deslizamiento Monetario: Cuando el Municipio incurra en mora en el pago de sus obligaciones sin causa justificada, podrá el contratista cobrar los intereses moratorios de acuerdo a las tasas legales y al deslizamiento monetario correspondiente.

Si el retraso en el pago es motivado por retraso de las transferencias del gobierno central a las Municipalidades, se considerará que existe causa justa, no imputable al Municipio, por tanto no se aplica lo establecido en el párrafo anterior.

4. Terminación anticipada del contrato por las siguientes causas:

a) Cuando el Municipio incumpla o suspenda sus obligaciones durante sesenta días calendario sin causa justa.

b) En caso fortuito o fuerza mayor, cuando el Municipio no acceda a terminar de mutuo acuerdo el contrato.

Cuando el contratista invoque alguno de los derechos contemplados, el Municipio o el Sector Municipal deberán dar respuesta en un plazo máximo de treinta días calendarios.

CAPÍTULO X.

MEDIOS DE IMPUGNACIÓN

Artículo 103.- Recursos. Son los medios de impugnación con que cuenta el oferente para oponerse a los actos y Resoluciones del Municipio y/o Sector Municipal que le causen perjuicio en el transcurso de un proceso de contratación.

El oferente podrá hacer uso de los siguientes recursos:

1. Objeción al Pliego de Bases y Condiciones.
2. Impugnación.
3. Nulidad contra el acto de adjudicación.

Artículo 104.- Objeción al Pliego de Bases y Condiciones. En los procesos de Licitación Pública, por Registro y Compras por Cotización iguales o mayores a Trescientos Mil Córdobas, los oferentes participantes que hayan adquirido los Pliego de Bases y Condiciones, podrán oponerse al contenido de los mismos, dentro de la primera mitad del plazo estipulado para la presentación de las ofertas. El recurso se presentará por escrito ante el Comité de Licitación.

La objeción debe razonarse y fundamentarse en una violación específica por parte del Municipio, a los principios de contratación contemplados en la presente ley o a las normas esenciales de procedimiento, cuando el Pliego de Bases y Condiciones favorezca notoriamente a un oferente en particular.

El recurso de objeción será resuelto por el Comité de Licitación mediante resolución motivada, dentro de los cinco días calendarios subsiguientes a su presentación.

En cuanto a los efectos de la resolución, cuando la objeción es declarada sin lugar, no se afectarán los plazos para la presentación de las ofertas; si por el contrario, se declara con lugar y esto afecta aspectos esenciales del Pliego de Bases y Condiciones se suspende el plazo de presentación de ofertas y se comenzará a contar a partir de notificada la Resolución del Comité de Licitación a todos los licitantes.

Artículo 105.- Recurso de Impugnación. Los oferentes podrán interponer por escrito ante el Alcalde del Municipio el Recurso de impugnación contra el Dictamen de Recomendación emitido por el Comité de Licitación, cuando se considere que dicho dictamen no se ajusta a lo establecido en el Pliego de Bases y Condiciones.

El Alcalde por medio de resolución constituirá, en un plazo no mayor de cinco días calendarios, el Comité Revisor de la Licitación, el cual estará conformado por:

1. Un representante de la Municipalidad que no forme parte del Comité de Licitación;
2. Un representante del Comité de Desarrollo Municipal; y
3. Un representante de la Unidad Normativa.

Al Comité Revisor se le debe proporcionar el expediente respectivo de la licitación. Una vez recibido el expediente, tendrá cinco días calendarios prorrogables hasta por tres días, para rendir informe a la máxima autoridad del Municipio.

Este recurso es válido para las Licitaciones Públicas, por Registro y Compras por Cotización iguales o mayores Trescientos Mil Córdobas. El plazo para interponerlo es de tres días calendarios, luego de haber sido notificada la recomendación del Comité de Licitación. La interposición de este Recurso, suspende el plazo para la adjudicación.

Artículo 106.- Recurso de Nulidad Contra el Acto de Adjudicación. Cuando el oferente considere lesionados sus derechos establecidos en la presente Ley, puede recurrir de Nulidad ante la Contraloría General de la República dentro de diez días calendarios posteriores a la notificación de la adjudicación.

El recurrente en el escrito de interposición del Recurso de Nulidad deberá indicar:

a) La norma jurídica en que se fundamenta el recurso.

b) Estudios y dictámenes de dos expertos en la materia objeto de la contratación que fundamenten sus alegatos.

c) Fianza equivalente al tres por ciento del valor de su oferta, como respaldo al Municipio.

En caso que la Contraloría declare sin lugar el recurso, el Municipio procederá a ejecutar sin más trámite la fianza presentada.

Artículo 107.- Tramitación de los Recursos. El procedimiento para la tramitación de los recursos se establecerá en el Reglamento de la presente Ley.

CAPÍTULO XI.
DISPOSICIONES FINALES

Artículo 108.- Reglamentación. La presente Ley será reglamentada por el Presidente de la República, en un plazo no mayor de sesenta días a partir de su entrada en vigencia, de conformidad con lo establecido por el numeral diez del artículo ciento cincuenta de la Constitución Política de la República de Nicaragua.

Artículo 109.- Asignación Presupuestaria. Al Ministerio de Hacienda y Crédito Público se le asignará una partida presupuestaria que permita el funcionamiento de la nueva Dirección General de Contrataciones Municipales.

Artículo 110.- Derogación. La presente Ley deja inaplicable para los Municipios y para el Sector Municipal la Ley Nº 323 "Ley de Contrataciones del Estado".

Artículo 111.- Vigencia. Esta Ley entrará en vigencia tres meses después de su publicación en La Gaceta, Diario Oficial.

PANAMÁ

TEXTO ÚNICO DE LA LEY Nº 22 DE 27 DE JUNIO DE 2006 QUE REGULA LA CONTRATACIÓN PÚBLICA[1].

CAPÍTULO I.

DISPOSICIONES GENERALES

Artículo 1. Ámbito de aplicación. Esta Ley establece las reglas y los principios básicos de obligatoria observancia que regirán los contratos públicos que realicen el Gobierno Central, las entidades autónomas y semi autónomas, los municipios, la Caja de Seguro Social, los intermediarios financieros y las sociedades anónimas en las que el Estado sea propietario del cincuenta y uno por ciento (51 %) o más de sus acciones o patrimonio, así como los que se efectúen con fondos públicos o bienes nacionales para:

1. La adquisición o arrendamiento de bienes por parte del Estado.
2. La ejecución de obras públicas.
3. La disposición de bienes del Estado, incluyendo su arrendamiento.
4. La prestación de servicios.
5. La operación o administración de bienes.
6. Las concesiones o cualquier otro contrato no regulado por ley especial.

A las contrataciones que realicen las juntas comunales y locales, se les aplicará esta Ley en forma supletoria; no obstante, estas instituciones deberán someterse a las disposiciones contenidas en el artículo 141.

La adquisición de medicamentos, insumos y equipos médicos, por parte de la Caja de Seguro Social, se regirá por lo establecido en la Ley 1 de 2001, sobre medicamentos y otros productos para la salud humana, y demás disposiciones legales vigentes en la materia.

Las instituciones públicas de carácter educativo y de investigación científica que autorice el Órgano Ejecutivo podrán realizar proyectos, programas y actividades a través de las asociaciones de interés público a que se refiere el numeral 4 del artículo 64 del Código Civil. Las contrataciones que realicen estas asociaciones con fondos públicos podrán someterse a las procedimientos de esta Ley.

Artículo 2. Glosario. Para los fines de la presente Ley, los siguientes términos se entenderán así:

Acto de homologación: Aquel mediante el cual los aspirantes a participar en un procedimiento de selección de contratista, expresan su conformidad y aceptación, sin reservas, de los documentos de la contratación, luego de confrontados y puestos en relación de igualdad.

2. Acto público: Procedimiento administrativo por el cual el Estado, previa convocatoria pública, selecciona entre varios proponentes, ya sean personas naturales o jurídicas y en igualdad

---

1 Elaborado por mandato del art. 44 de la Ley nº 48 de 10 de mayo de 2011, incluyendo las reformas aprobadas por la Ley 35 de 2006, Ley 2 de 2007, Ley 21 de 2008, Ley 41 de 2008, Ley 69 de 2009, Ley 80 de 2009, Ley 12 de 2010, Ley 30 de 2010, Ley 66 de 2010 y Ley 48 de 2011.

de oportunidades, la propuesta o las propuestas que reúnen los requisitos que señalan esta Ley, los reglamentos y el pliego de cargos.

3. Adjudicación: Acto por el cual la entidad licitante determina, reconoce, declara y acepta la propuesta más ventajosa, con base en esta Ley, en los reglamentos y en el pliego de cargos, y le pone fin al procedimiento precontractual.

4. Adjudicatario: Persona natural o jurídica o consorcio o asociación accidental, nacional o extranjero, sobre la cual, previo cumplimiento de las formalidades previstas en esta Ley, recae la adjudicación definitiva de un acto de selección de contratista.

5. Aprobación de las contrataciones mediante procedimiento excepcional. Acto mediante el cual la autoridad competente aprueba las contrataciones celebradas mediante procedimiento excepcional, de acuerdo con los supuestos establecidos en esta Ley.

6. Autoridad competente para evaluar y aprobar las contrataciones mediante procedimiento excepcional. Ente facultado para evaluar y aprobar las contrataciones mediante procedimiento excepcional, en los casos establecidos en esta Ley. Le corresponderá al Ministerio de Economía y Finanzas la evaluación y aprobación de las contrataciones mediante procedimiento excepcional, que no sobrepasen los trescientos mil balboas (B/.300,000.00). En el caso de los intermediarios financieros y de las sociedades anónimas en las que el Estado sea propietario del cincuenta y uno por ciento (51 %) o más de sus acciones o patrimonio, las contrataciones se ajustarán a lo dispuesto en sus leyes orgánicas, para efectos de los contratos que no sobrepasen los trescientos mil balboas (B/.300,000.00), sin requerir la aprobación del Ministerio de Economía y Finanzas.

Le corresponderá al Consejo Económico Nacional la evaluación y aprobación de las contrataciones mediante procedimiento excepcional, que sobrepasen los trescientos mil balboas (B/.300,000.00) sin exceder los tres millones de balboas (B/.3,000,000.00).

Le corresponderá al Consejo de Gabinete la evaluación y aprobación de las contrataciones mediante procedimiento excepcional, que sobrepasen los tres millones de balboas (B/.3,000,000.00).

7. Aviso de convocatoria: Información concreta que debe incluir, como mínimo, la descripción del acto público y la identificación de la entidad licitante; la dirección electrónica o la oficina donde puede examinarse u obtenerse el pliego de cargos; el lugar, el día y la hora de presentación de las propuestas; el lugar, el día y la hora de inicio del acto público; el lugar, el día y la hora de la reunión previa y homologación cuando proceda; una breve descripción del objeto contractual, la partida presupuestaria y, en el caso de disposición de bienes del Estado, el valor estimado.

8. Catálogo Electrónico de Productos y Servicios: Vitrina virtual que contiene todos los productos y servicios que han sido incluidos en convenios marco ya perfeccionados y vigentes. Las entidades del Estado deberán consultar este Catálogo antes de proceder a llamar a un acto de selección de contratista.

9. Consorcio o asociación accidental: Agrupación de dos o más personas que se asocian para presentar una misma propuesta en forma conjunta, para la adjudicación, la celebración y la ejecución de un contrato, y que responden solidariamente de todas y cada una de las obligaciones derivadas de la propuesta y del contrato.

10. Contratación electrónica: Procedimiento de selección de contratista que utiliza el Estado para la adquisición y disposición de bienes, arrendamientos, obras, servicios y consultorías, a través de medios de Tecnologías de la Información y la Comunicación (TICs), de conformidad con las normas reguladoras de los documentos y firmas electrónicas y de las entidades de certificación en comercio electrónico y del intercambio de documentos electrónicos.

11. Contratación menor: Procedimiento que permitirá, de manera expedita, la adquisición de bienes, obras y servicios que no excedan los treinta mil balboas (B/.30,000.00), cumpliéndose con un mínimo de formalidades y con sujeción a los principios de contratación que dispone la presente Ley. Este procedimiento será debidamente reglamentado por la Dirección General de Contrataciones Públicas.

12. Contratista: Persona natural o jurídica o consorcio o asociación accidental, nacional o extranjero, domiciliado dentro o fuera del territorio de la República de Panamá, que goce de plena

capacidad jurídica, vinculado por un contrato con el Estado, producto de ser adjudicatario de un procedimiento de selección de contratista.

13. Contrato de obras: Aquel que celebren las entidades estatales para la construcción, el mantenimiento, la reparación, la instalación y, en general, para la realización de cualquier otro trabajo material sobre bienes muebles e inmuebles, cualquiera que sea la modalidad y pago.

14. Contrato de prestación de servicios: Aquel que celebren los entes públicos para desarrollar actividades relacionadas con la administración o el funcionamiento de la entidad.

Estos contratos solo podrán celebrarse cuando dichas actividades no puedan realizarse con personal de planta o requieran conocimientos especializados.

15. Contrato de suministro: Aquel relacionado con la adquisición de bienes muebles, con independencia del tipo de bien, la modalidad o característica que revista el contrato, siempre que implique la entrega y/o instalación, y/o reparación y/o mantenimiento de bienes en el tiempo y lugar fijados, de conformidad con las especificaciones técnicas descritas en el pliego de cargos o en el contrato a un precio determinado, el cual puede ser pagado total o parcialmente.

16. Contrato llave en mano: Aquel en el cual el contratista se obliga frente al Estado a realizar diferentes prestaciones que deben incluir, por regla general, estudios, diseños, pliegos de cargos y ejecución de una obra a cambio de un precio determinado por la entidad licitante.

En estos casos, la entidad licitante debe establecer las bases y los términos de referencia que determinen con mayor precisión la obra que va a ser ejecutada.

Se podrá incluir dentro del concepto llave en mano el equipamiento, el funcionamiento de la obra o cualquier otra prestación cuando así lo requiera la entidad pública.

De igual manera, se podrá utilizar esta modalidad de contratación en la adquisición de bienes cumpliendo las reglas anteriores.

Los bienes y derechos que se deriven de este tipo de contrato pasarán a ser propiedad del Estado.

17. Contrato público: Acuerdo de voluntades, celebrado conforme a Derecho, entre dos entidades estatales o un ente estatal en ejercicio de la función administrativa y un particular, sea persona natural o jurídica o consorcio o asociación accidental, nacional o extranjero, del cual surgen derechos y obligaciones para ambas partes y cuya finalidad es de carácter público.

18. Convenio marco: Aquel en el que se establecen precios y condiciones determinados durante un periodo de tiempo definido.

19. Entidad contratante: Ente público que suscribe un contrato de acuerdo con los procedimientos y las normas constitucionales y legales, previo el cumplimiento del procedimiento de selección de contratista establecido por esta Ley, o la correspondiente excepción de este, de ser procedente.

20. Fianza de cumplimiento: Garantía exigida al adjudicatario de un acto de selección de contratista o beneficiario de una excepción de procedimiento de selección de contratista, para el fiel cumplimiento del contrato u obligación de ejecutar su objeto y, una vez cumplido este, de corregir los defectos a que hubiera lugar de ser el caso.

21. Fianza de cumplimiento de inversión: Garantía exigida al contratista en caso de contratos de adquisición o disposición de bienes, en los que exista la obligación de invertir una suma de dinero, con el objeto de garantizar el cumplimiento de la inversión en el plazo y bajo las condiciones pactadas.

22. Fianza de pago anticipado: Aquella que tiene por objeto garantizar el reintegro de una suma de dinero entregada en concepto de adelanto al contratista. Esta garantía es exigible en la medida en que el contratista no utilice las sumas de dinero adelantadas para la oportuna y debida ejecución del contrato.

23. Fianza de propuesta: Garantía precontractual establecida en el pliego de cargos y presentada en el acto de selección de contratista, con la finalidad de garantizar la oferta de los postores, así como de garantizar que el contratista firme el contrato y presente la fianza de cumplimiento, dentro de los plazos establecidos en esta Ley.

Se exceptúa la presentación de esta fianza en la licitación de subasta en reversa y de subasta de bienes públicos que se realicen de manera electrónica.

24. Fianza de recurso de impugnación: Garantía que el proponente debe adjuntar al recurso de impugnación, cuando este considere que se han violado sus derechos en un procedimiento de selección de contratista, con el objeto de garantizar los perjuicios y las lesiones que se le pudieran causar al interés público.

25. Licitación abreviada: Procedimiento de selección de contratista en el que el Estado selecciona y adjudica con base en el menor precio o, en los actos de mejor valor, en la mayor ponderación, siempre que se cumpla con todos los requisitos y aspectos técnicos exigidos en el pliego de cargos. Se podrá utilizar cuando el monto de la contratación sea superior a los treinta mil balboas (B/.30,000.00), el objeto de la contratación responda a la necesidad de satisfacer el interés social y se requiera que se efectúe en términos de tiempo menores a los dispuestos en otras modalidades de contratación descritas en la presente Ley.

26. Licitación de subasta en reversa: Proceso de puja y repuja con la finalidad de obtener el mejor precio de un bien, de un servicio o de una obra para la institución o las instituciones, dentro de un plazo determinado.

27. Licitación para convenio marco: Procedimiento de selección de contratista en el que se seleccionará uno o más proponentes, con los cuales se firmará un contrato de productos o servicios de uso masivo y cotidiano, llamado convenio marco, en el cual se establecerán precios y condiciones determinados durante un periodo de tiempo definido.

28. Licitación por mejor valor: Procedimiento de selección de contratista en el que el precio no necesariamente es el factor determinante, el cual podrá realizar una institución del Estado cuando la complejidad del suministro o del servicio que va a ser contratado así lo requiera y el monto de la contratación sea superior a los treinta mil balboas (B/.30,000.00). En este procedimiento, se ponderarán los aspectos solicitados en el pliego de cargos y se adjudicará al proponente que obtenga el mayor puntaje de acuerdo con la metodología de ponderación, siempre que este cumpla con los requisitos mínimos obligatorios exigidos en el pliego de cargos.

29. Licitación por mejor valor con evaluación separada: Procedimiento de selección de contratista que podrá ser aplicable a contrataciones cuyo valor total del contrato exceda de veinte millones de balboas (B/.20,000,000.00) en el que un solo contratista desarrolla la totalidad de los requerimientos. En este procedimiento de selección, en una primera etapa, se evalúan únicamente los aspectos técnicos de las propuestas y se asigna una calificación sobre la base de dichos aspectos, y, en una fase posterior, se procede a la apertura de las propuestas económicas y se adjudica al proponente que obtenga la mayor calificación de acuerdo con la metodología de evaluación establecida en el pliego de cargos.

30. Licitación pública: Procedimiento de selección de contratista en el que el precio es el factor determinante, siempre que se cumpla con todos los requisitos y aspectos técnicos exigidos en el pliego de cargos. Este procedimiento se utilizará cuando el monto de la contratación sea superior a los treinta mil balboas (B/.30,000.00).

31. Medio de identificación electrónica o certificado digital: Conjunto de datos electrónicos asociados con un documento, que es utilizado para reconocer a su autor y para legitimar su consentimiento, a fin de obligarlo a las manifestaciones que en él se contienen, de conformidad con las normas legales que para tal efecto establecen las disposiciones reguladoras de las firmas electrónicas, de las entidades de certificación en comercio electrónico y del intercambio de documentos electrónicos.

32. Orden de compra: Documento que utilizan, de manera eventual, las entidades estatales contratantes, mediante el cual se formaliza la relación contractual de un acto de selección de contratista o la correspondiente excepción, que no exceda de doscientos cincuenta mil balboas (B/.250,000.00). En el caso de las órdenes de compra amparadas por un convenio marco, estas no contarán con ningún tipo de restricción con respecto al monto.

33. Pliego de cargos: Conjunto de requisitos exigidos unilateralmente por la entidad licitante en los procedimientos de selección de contratista para el suministro de bienes, la construcción de obras públicas o la prestación de servicios, incluyendo los términos y las condiciones del contrato que va a celebrarse, los derechos y las obligaciones del contratista y el procedimiento que se va a seguir en la formalización y ejecución del contrato. En consecuencia, incluirá reglas objetivas, justas, claras y completas que permitan la mayor participación de los interesados en igualdad de condiciones.

En el pliego de cargos no se podrán insertar requisitos o condiciones contrarias a la ley y al interés público. Cualquier condición contraria a esta disposición será nula de pleno derecho.

34. Precio máximo de referencia: Es aquel previamente establecido por las entidades públicas en el procedimiento de subasta en reversa. En ningún caso, las pujas y repujas de los proponentes en este procedimiento de selección de contratista podrán ser superiores a este precio.

35. Procedimiento excepcional de contratación: Procedimiento que realiza la entidad estatal para elegir al contratista, sin que medie competencia entre oferentes, fundamentándose en los supuestos establecidos en esta Ley.

36. Procedimiento de selección de contratista: Es el procedimiento administrativo por el cual el Estado, previa convocatoria pública, selecciona al proponente, ya sea persona natural o jurídica o consorcio o asociación accidental, nacional o extranjero, y en igualdad de oportunidades, la propuesta o las propuestas que reúnen los requisitos que señalan esta Ley, los reglamentos y el pliego de cargos.

37. Reclamo: Acción que pueden interponer las personas naturales o jurídicas contra todo acto u omisión ilegal o arbitrario ocurrido durante el proceso de selección de contratista y antes de que se adjudique, mediante resolución, el acto público correspondiente.

38. Recurso de impugnación: Es el recurso que pueden interponer todas las personas naturales o jurídicas que se consideren agraviadas por una resolución que adjudique un acto de selección de contratista, en el cual se considere que se han cometido acciones u omisiones ilegales o arbitrarias. Este recurso agota la vía gubernativa.

39. Registro de Proponentes: Base de datos administrada por la Dirección General de Contrataciones Públicas, en la cual se registran los proponentes que participan en los procedimientos de selección de contratista y los que se celebren a través de medios electrónicos. Igualmente, se registrarán los proponentes a los cuales se les adjudique un acto de selección de contratista y con los cuales se firme un contrato.

40. Reunión previa y homologación: Es la celebrada entre la entidad licitante y quienes tienen interés de participar en un determinado acto de selección de contratista cuyo monto sea superior a los ciento setenta y cinco mil balboas (B/.175,000.00), con el propósito de absolver consultas y de formular observaciones que puedan afectar la participación de los posibles postores en condiciones igualitarias, así como de aclarar cualquier aspecto relacionado con el pliego de cargos u otros documentos entregados.

41. Sistema Electrónico de Contrataciones Públicas "PanamaCompra": Aplicación informática administrada por el Estado que automatiza las operaciones y los procesos que intervienen en la contratación pública, y que vincula a las unidades de compras, a los proveedores y a los contratistas en un sistema informático centralizado al que se accede a través de Internet. El sistema permite el intercambio de información entre los participantes del proceso dentro de un entorno de seguridad razonable.

42. Sociedad vinculada a un mismo grupo económico: Se entiende que existe esta clase de sociedad en el caso de filiales y de subsidiarias, o cuando el capital de una de ellas pertenezca, por lo menos en el cincuenta por ciento (50%), a otra sociedad del mismo grupo; cuando tengan integradas las juntas directivas o los representantes legales con las mismas personas, o cuando, en cualquier otra forma, exista control efectivo de una de ellas sobre las demás o parte de ellas.

43. Subasta de bienes públicos: Modalidad de licitación pública que puede utilizar el Estado para disponer de sus bienes, independientemente de la cuantía de estos.

44. Sub contratista: Persona natural o jurídica, nacional o extranjera, domiciliada dentro o fuera del territorio de la República, que goce de plena capacidad jurídica, vinculada por un contrato con el contratista principal del Estado.

45. Tecnologías de la Información y la Comunicación (TICs): Conjunto de equipos necesarios para administrar información, especialmente a computadoras y los programas necesarios para encontrarla, convertirla, transmitirla, administrarla y almacenarla.

46. Terminación de la obra: Declaración de la Contraloría General de la República y de la entidad contratante, mediante acta de aceptación final, en la cual se hace constar el haber recibido a satisfacción la obra, de acuerdo con lo establecido en el pliego de cargos o términos de referencia.

47. Terminación sustancial de la obra. Declaración de la Contraloría General de la República y de la entidad contratante, mediante acta, en la que se establece que el nivel de ejecución física de la obra permite su utilización, pese a la existencia de detalles que el contratista está obligado a subsanar[2].

48. Tribunal Administrativo de Contrataciones Públicas. Es el Tribunal independiente e imparcial que conocerá, en única instancia, de:

a. El recurso de impugnación contra el acto de adjudicación, la declaratoria de deserción o el acto o resolución por la cual se rechazan las propuestas emitidos por las entidades, en los procedimientos de selección de contratista.

b. El recurso de apelación contra la resolución administrativa del contrato y la inhabilitación del contratista.

c. Las acciones de reclamo no resueltas por la Dirección General de Contrataciones Públicas, dentro del término de los cinco días hábiles que tiene para resolver.

49. Urgencia evidente: Situación imprevista, impostergable, concreta, inmediata, probada y objetiva que ocasiona un daño material o económico al Estado o a los ciudadanos, e impide a la entidad licitante la celebración del procedimiento de selección de contratista y, a su vez, la faculta para solicitar ante la autoridad competente la aprobación de la contratación por procedimiento excepcional.

50. Valor estimado: Es el valor mínimo establecido por las entidades oficiales, necesario como referencia en los actos de subasta de bienes públicos.

Artículo 3. Normas reguladoras. En la celebración del procedimiento de selección de contratista y en las contrataciones públicas en general, se dará cumplimiento a las normas constitucionales, al contenido de la presente Ley y leyes complementarias, a las normas reglamentarias que se dicten al efecto y a las estipulaciones contenidas en los contratos y en los pliegos de cargos.

Los vacíos en el procedimiento de selección de contratista se llenarán con la aplicación de las normas de procedimiento administrativo general y, en su defecto, con los principios y las normas del procedimiento civil y comercial.

Artículo 4. Consorcio o asociación accidental. Dos o más personas pueden presentar una misma propuesta en forma conjunta, para la adjudicación, la celebración y la ejecución de un contrato, respondiendo solidariamente de todas y cada una de las obligaciones derivadas de la propuesta y del contrato. Por tanto, las actuaciones, los hechos y las omisiones que se presenten en el desarrollo de la propuesta y del contrato afectarán a todos los miembros del consorcio o asociación accidental.

Los miembros del consorcio o de la asociación accidental deberán designar a la persona que, para todos los efectos, los representará, y señalar las condiciones básicas que regirán sus relaciones.

Los términos, las condiciones y la extensión de la participación de los miembros de un consorcio o asociación accidental en la presentación de su propuesta o ejecución del contrato no podrán modificarse sin el consentimiento previo del ente contratante.

---

2 Numeral modificado por Ley nº 48 de 10 de mayo de 2011

Artículo 5. Contratos con agentes de manejo. Las sociedades, las asociaciones, las organizaciones no gubernamentales, las fundaciones y demás entes que reciban fondos y bienes públicos o que reciban donaciones del Estado o de Estados extranjeros u organismos internacionales con fines públicos quedarán sujetos a las disposiciones de esta Ley y a las normas en materia de control y fiscalización de bienes y fondos públicos y demás normas públicas, siempre que se trate de tales fondos y bienes públicos.

Artículo 6. Contratos financiados por organismos internacionales de crédito o por gobiernos extranjeros[3]. En las contrataciones para la ejecución de obras y la adquisición de bienes, servicios o asesorías, servicios técnicos o de consultoría, podrán incorporarse las normas y los procedimientos previstos en los contratos de préstamos con organismos financieros internacionales o con gobiernos extranjeros, en cuyo caso se aplicará esta Ley en forma supletoria.

Los pliegos de cargos y demás documentos de las licitaciones para la ejecución de obras y la adquisición de bienes o servicios adquiridos con fondos provenientes de los contratos de préstamo se elaborarán tomando en cuenta lo dispuesto en este precepto.

Artículo 7. Contratos celebrados en virtud de acuerdos o convenios de cooperación internacional. En los contratos que celebre el Estado con personas naturales o jurídicas extranjeras, para la ejecución de obras y la adquisición de bienes, servicios o asesorías, servicios técnicos o de consultoría, podrán incorporarse las normas y los procedimientos previstos en los acuerdos o convenios de cooperación internacional, en cuyo caso se aplicará esta Ley en forma supletoria.

Los pliegos de cargos y demás documentos de las licitaciones para la ejecución de obras y la adquisición de bienes o servicios adquiridos con fondos provenientes de acuerdos o convenios de cooperación internacional se elaborarán tomando en cuenta lo dispuesto en este precepto.

Artículo 8. Promoción de las micro, pequeñas y medianas empresas. El Estado promoverá la participación competitiva de las micro, pequeñas y medianas empresas en determinados actos de selección de contratista que realicen las instituciones públicas.

Todo lo relacionado con esta materia será reglamentado por el Órgano Ejecutivo.

CAPÍTULO II.
DIRECCIÓN GENERAL DE CONTRATACIONES PÚBLICAS

Artículo 9. Creación. Se crea la Dirección General de Contrataciones Públicas como entidad autónoma, con patrimonio propio, personería jurídica, autonomía en su régimen interno e independencia en el ejercicio de sus funciones, que tendrá facultad para regular, interpretar, fiscalizar y asesorar en los procedimientos de selección de contratista que realicen las instituciones estatales, sujeta a la fiscalización de la Contraloría General de la República y a las políticas del Órgano Ejecutivo, para lo cual el enlace será el Ministerio de Economía y Finanzas.

La Dirección General de Contrataciones Públicas estará a cargo de un Director General, quien ejercerá su representación legal, y de un Subdirector General, quien lo reemplazará en sus faltas y ejercerá, a su vez, las funciones que este le asigne.

Los cargos de Director y Subdirector General de Contrataciones Públicas serán de libre nombramiento y remoción del Presidente de la República y ambos estarán sujetos a la ratificación de la Asamblea Nacional.

Todo lo concerniente al funcionamiento y a la estructura organizacional, así como a los recursos para el funcionamiento de esta Dirección será reglamentado por el Órgano Ejecutivo.

Artículo 10. Competencia. Son funciones de la Dirección General de Contrataciones Públicas las siguientes:

1. Absolver las consultas en materia de implementación y aplicación de la presente Ley.
2. Dictar actos administrativos que garanticen la aplicación de esta Ley y su reglamento, y que posibiliten el funcionamiento de la Dirección y su interrelación con los demás organismos.

---

3 Artículo modificado por Ley nº 48 de 10 de mayo de 2011

3. Asesorar a las entidades públicas en la planificación y gestión de sus procesos de contrataciones.

4. Implementar y establecer las condiciones de funcionamiento y de organización del registro de proponentes para contrataciones electrónicas, del registro de contratos y del registro de contratistas inhabilitados y sancionados.

5. Estandarizar los aspectos generales de los pliegos de cargos de cada tipo de acto público y de cada modo de contratación, incluyendo los formularios e instructivos.

6. Emitir las políticas y los lineamientos generales para el diseño, la implementación, la operación y el funcionamiento del Sistema Electrónico de Contrataciones Públicas "PanamaCompra", en coordinación con la Secretaría de la Presidencia para la Innovación Gubernamental.

7. Realizar las licitaciones de convenio marco, de acuerdo con 10 que establece esta Ley y su reglamento.

8. Confeccionar, estructurar y administrar el Catálogo Electrónico de Productos y Servicios.

9. Promover la máxima competencia posible en los actos de contratación de la administración, desarrollando iniciativas para incorporar la mayor cantidad de oferentes.

10. Ejercer una labor de difusión hacia los proveedores potenciales de la Administración, de las normativas, los procedimientos y las tecnologías utilizados por esta.

11. Resolver, en única instancia, las acciones de reclamo que se presenten en los procesos de selección de contratista efectuados en las entidades públicas.

12. Ordenar la realización de trámites fijados por los distintos procedimientos de selección de contratista que hayan sido omitidos, así como la corrección o suspensión de aquellos realizados en contravención a esta Ley o su reglamento, de oficio o a petición de cualquiera de los participantes en tales procedimientos.

13. Fiscalizar los procesos de selección de contratista que celebren las entidades públicas, en consecuencia estará facultada para imponer multas, por el equivalente al uno por ciento (1 %) del salario bruto que devenguen los servidores públicos que violen los principios y las normas de contratación pública previstos en esta Ley. Las multas así impuestas serán notificadas a la Contraloría General de la República para el respectivo descuento, el cual será consignado en el fondo especial de la Dirección General de Contrataciones Públicas.

Esta sanción se impondrá luego del cumplimiento del Procedimiento Administrativo General. Los casos en que resulte posible la comisión de un hecho punible se pondrán en conocimiento del Ministerio Público.

14. Ejercer las demás atribuciones que le sean conferidas por esta Ley y el reglamento.

Corresponde a la Dirección General de Contrataciones Públicas el desarrollo, la organización, la operación, el control de los procesos y recursos, la evaluación permanente, la fiscalización y todo 10 relativo a la administración eficaz del Sistema Electrónico de Contrataciones Públicas "PanamaCompra", con el apoyo de la Secretaría de la Presidencia para la Innovación Gubernamental.

Artículo 11. Departamentos o direcciones de compras institucionales. Los departamentos o las direcciones de compras institucionales se constituyen en enlaces entre la Dirección General de Contrataciones Públicas y las dependencias de la institución, y serán responsables por el cumplimiento de las políticas, los lineamientos y las directrices que sean establecidos por esta Dirección, y la ejecución de todos los procesos de contrataciones públicas objeto de esta Ley.

CAPÍTULO III.

DERECHOS Y OBLIGACIONES DE LAS ENTIDADES CONTRATANTES Y DEL CONTRATISTA

Artículo 12. Derechos de las entidades contratantes. Son derechos de las entidades contratantes los siguientes:

1. Exigir al contratista y al garante de la obligación, según el caso, la ejecución idónea y oportuna del objeto del contrato.

2. Repetir contra el contratista o los terceros responsables, según sea el caso, por las indemnizaciones que deban pagar como consecuencia del incumplimiento del contrato o su ejecución, sin perjuicio de la ejecución de la garantía.

Cuando se trata de contratos de concesión, las entidades contratantes quedan facultadas para realizar inspecciones sobre las áreas, los bienes o los servicios objeto del contrato, a fin de verificar el cumplimiento de las obligaciones adquiridas por los concesionarios.

Artículo 13. Obligaciones de las entidades contratantes. Son obligaciones de las entidades contratantes las siguientes:

1. Acatar las instrucciones y los dictámenes emanados de la Dirección General de Contrataciones Públicas.

2. Obtener el mayor beneficio para el Estado y el interés público, cumpliendo con las disposiciones de la presente Ley, su reglamento y el pliego de cargos.

3. Seleccionar al contratista en forma objetiva y justa. Es objetiva y justa la selección en la cual se escoge la propuesta más favorable a la entidad y a los fines que esta busca, con base en lo estipulado en el pliego de cargos y en las disposiciones jurídicas. Esta obligación también le corresponde a los funcionarios de la entidad licitante.

4. Revisar periódicamente las obras ejecutadas, los servicios prestados o los bienes suministrados, a fin de verificar que cumplan las condiciones de calidad ofrecidas por los contratistas, debiendo promover las acciones de responsabilidad contra ellos y/o sus garantes cuando dichas condiciones sean incumplidas, de conformidad con el contrato y el pliego de cargos.

5. Adoptar las medidas para mantener, durante el desarrollo y la ejecución del contrato, las condiciones técnicas, económicas y financieras prevalecientes al momento de contratar y de realizar sus modificaciones, cuando así estén autorizadas por la ley o el contrato, de acuerdo con el pliego de cargos.

6. Cumplir con las obligaciones que contractualmente les correspondan, de forma que el contratista pueda ejecutar oportunamente lo previsto en el contrato y en el pliego de cargos.

7. Proceder oportunamente para que las actuaciones imputables a las entidades públicas no causen una mayor onerosidad en el cumplimiento de las obligaciones a cargo del contratista, estando obligadas a corregir, en el menor tiempo posible, los desajustes que pudieran presentarse, acordando los mecanismos y los procedimientos pertinentes para prevenir o solucionar, rápida y eficazmente, las diferencias o situaciones litigiosas que llegaren a presentarse, de conformidad con el contrato y el pliego de cargos.

8. Recibir los bienes, los servicios y las obras por parte de los contratistas y emitir el documento de recepción en la forma y dentro del plazo señalado en el artículo 90 de esta Ley.

9. Recibir las cuentas presentadas por el contratista y, si a ello hubiera lugar, a devolverlas al interesado en un plazo máximo de tres días, con la explicación por escrito de los motivos en que se fundamenta la determinación para que sean corregidas y/o se completen.

10. Efectuar los pagos correspondientes dentro del término previsto en el pliego de cargos y en el contrato respectivo. Si dichos pagos los realiza la entidad contratante en fecha posterior a la acordada, por causa no imputable al contratista, este tendrá derecho al pago de los intereses moratorios, con base en lo preceptuado en el artículo 1072-A del Código Fiscal.

Esto también aplica en caso de que un contratista no pueda ejecutar la obra en el término pactado, debido al incumplimiento de las responsabilidades de la entidad estipuladas en el contrato respectivo.

11. Programar dentro de su presupuesto los fondos necesarios para hacerle frente al pago de intereses moratorios cuando estos se presenten, de acuerdo con lo preceptuado en el numeral anterior.

12. Solicitar la actualización o la revisión de los precios y de los periodos de ejecución, cuando por caso fortuito o fuerza mayor debidamente comprobados, se altere sustancialmente el contrato, de conformidad con el procedimiento previsto en el pliego de cargos.

13. Adelantar las acciones necesarias para obtener la indemnización correspondiente por los daños que sufra la entidad en virtud del incumplimiento de lo pactado en el contrato, y cuando este es atribuible al contratista. Igualmente, tienen personería jurídica para promover las acciones judiciales y ser parte en procesos relacionados con el incumplimiento, la interpretación, la ejecución o la terminación del contrato.

14. Permitir la libre participación de los interesados en los actos de selección de contratista, previo el cumplimiento de los requisitos establecidos por la entidad licitante. En ningún caso podrá condicionarse la adjudicación, la adición o la modificación de contratos, la cancelación de las sumas adeudadas, la renuncia, el desistimiento o el abandono de peticiones, las acciones, las demandas y las reclamaciones por parte de este a requisitos y condiciones previamente establecidos para el acto.

15. Vigilar el estricto cumplimiento del contrato y denunciar todas las contrataciones públicas que lesionen el interés o patrimonio de la Nación.

Artículo 14. Derechos de los contratistas. Son derechos de los contratistas los siguientes:

1. Recibir los pagos dentro del término previsto en el pliego de cargos y en el contrato respectivo.

2. Recibir el pago de los intereses moratorios, por parte de la entidad correspondiente con base en lo preceptuado en el numeral 9 del artículo 13 de la presente Ley.

3. Que las entidades les reciban los bienes, los servicios o las obras contratadas y les emitan el documento de recepción en el plazo estipulado en el numeral 8 del artículo 13 de la presente Ley.

Artículo 15. Obligaciones y deberes del contratista. Son obligaciones del contratista las siguientes:

1. Cumplir con el objeto del contrato y sus condiciones, dentro del término pactado.

2. Colaborar con la entidad licitante en lo necesario para que el objeto del contrato se cumpla y sea de la mejor calidad.

3. Acatar las instrucciones que durante el desarrollo del contrato le sean impartidas por la entidad contratante, siempre que estén amparadas dentro de la relación contractual.

4. Actuar con lealtad y buena fe en las distintas etapas contractuales, evitando las dilaciones que puedan presentarse.

5. Garantizar la calidad de las obras realizadas, así como de los bienes y los servicios contratados, y responder por ello de acuerdo con lo pactado.

6. Ser legalmente responsable cuando formule propuestas en que se fijen condiciones económicas y de contrataciones artificialmente subvaluadas, con el propósito de obtener la adjudicación del contrato.

7. Ser legalmente responsable por haber ocultado, al contratar, inhabilidades, incompatibilidades o prohibiciones o por haber suministrado información falsa.

8. Permitir el libre acceso a las instalaciones objeto de contratación para los fines indicados en este artículo.

9. Responder exclusivamente por las obligaciones o reclamaciones que surjan de las relaciones contractuales adquiridas dentro del periodo de vigencia contractual, incluyendo las de naturaleza administrativa, civil, comercial, laboral o cualquiera otra que implique algún tipo de responsabilidad en materia de obligaciones.

En el caso del numeral 8, deberá permitir el ingreso de los funcionarios designados y autorizados por los organismos, las instituciones o las entidades estatales correspondientes, así como de las personas naturales y jurídicas que sean designadas o contratadas por el Estado para evaluar, fiscalizar y auditar, así como para cualquier otro fin pertinente al contrato. Además deberá facilitar los originales de los documentos que se soliciten, incluyendo los libros contables, siempre que estos incidan directamente en la determinación de los pagos que deba realizar. El incumplimiento de esta disposición dará lugar a la resolución administrativa del contrato de concesión o al rescate administrativo, según corresponda, conforme al procedimiento establecido para tal efecto en esta Ley.

Cuando sea una persona jurídica, el ciento por ciento (100%) de sus acciones deberán ser nominativas.

Artículo 16. Incapacidad legal para contratar. Podrán contratar con las entidades estatales las personas naturales capaces conforme al Derecho Común, y las personas jurídicas legalmente constituidas, sean nacionales o extranjeras, siempre que no se encuentren comprendidas dentro de alguna de las siguientes situaciones:

1. Haber sido inhabilitadas para contratar mientras dure la inhabilitación.
2. Haber intervenido, en cualquier forma, en la preparación, evaluación, adjudicación o celebración de un procedimiento de selección de contratista, o excepción de este.
3. Haber sido condenadas, por sentencia judicial, a la pena accesoria de interdicción legal limitada a los derechos que se determinen en cada caso, y de inhabilitación para el ejercicio de funciones públicas.
4. Haber sido declaradas en estado de suspensión de pagos de sus obligaciones o declaradas en quiebra o concurso de acreedores, siempre que no esté rehabilitada.
5. Haber incurrido en falsedad al proporcionar información requerida de acuerdo con esta Ley.
6. Concurrir corno persona jurídica extranjera y no estar legalmente constituida de conformidad con las normas de su propio país, o no haber cumplido con las disposiciones de la legislación nacional aplicables para su ejercicio o funcionamiento.
7. Habérseles resuelto administrativamente un contrato por incumplimiento culposo o doloso, de acuerdo con el procedimiento establecido en la presente Ley, mientras dure la inhabilitación.

CAPÍTULO IV.

PRINCIPIOS DE LA CONTRATACIÓN PÚBLICA

Artículo 17. Principios generales de la contratación pública. Las actuaciones de quienes intervengan en la contratación pública se desarrollarán con fundamento en los principios de eficiencia, eficacia, transparencia, debido proceso, publicidad, economía y responsabilidad, de conformidad con los postulados que rigen la función administrativa. Igualmente, les serán aplicables las normas que regulan la conducta de los servidores públicos, las reglas de interpretación de la contratación, los principios generales del Derecho, las normas del Derecho Administrativo y las normas en materia civil y comercial que no sean contrarias a esta Ley.

Artículo 18. Principio de transparencia. En cumplimiento de este principio, se observarán las siguientes reglas:

1. Las contrataciones que celebre el Gobierno Central, las entidades autónomas o semiautónomas, los municipios, las juntas comunales y locales, los intermediarios financieros, las sociedades anónimas en las que el Estado sea propietario del cincuenta y uno por ciento (51 %) o más de sus acciones o patrimonio y, en general, las que se efectúen con fondos públicos se harán, salvo las excepciones que determine la ley, mediante los procedimientos de selección de contratista.
2. En los procesos de selección de contratista, los proponentes tendrán oportunidad de conocer los informes, los conceptos y las decisiones que se rindan o adopten, al acceder, a través de Internet, al Sistema Electrónico de Contrataciones Públicas "PanamaCompra", o a través de los tableros de información que debe tener cada institución gubernamental, para lo cual se establecerán etapas que permitan el conocimiento de dichas actuaciones y otorguen la posibilidad de expresar observaciones o controvertirlas.
3. Las actuaciones de las autoridades serán públicas y los procesos de selección de contratista estarán abiertos a cualquier persona interesada. Para lo anterior se utilizarán los medios que, para tal efecto, indican esta Ley y sus reglamentos.

4. Las autoridades expedirán, a costa de los participantes en el acto público o cualquier persona interesada, copias de los documentos que reposan en los expedientes de los respectivos procedimientos de selección de contratista, respetando la reserva de que gocen legalmente las patentes y los privilegios.

5. Los actos administrativos que se expidan en la actividad contractual o con ocasión de ella, salvo los de mero trámite, se motivarán en forma detallada y precisa e igualmente lo serán los informes de evaluación precontractual, el acto de adjudicación y la declaratoria de desierto del acto.

6. Las autoridades no actuarán con desviación de poder o abuso de autoridad y ejercerán su competencia exclusivamente para los fines previstos en la ley; además, les será prohibido eludir procedimientos de selección de contratista y los demás requisitos previstos en la presente Ley.

Artículo 19. Principio de economía. En cumplimiento de este principio, se aplicarán los siguientes parámetros:

1. En las normas de selección y en los pliegos de cargos o en los términos de referencia, para el escogimiento del contratista, se establecerán y cumplirán los procedimientos y las etapas estrictamente necesarios, a fin de asegurar la selección objetiva de la propuesta más ventajosa para el Estado. Con este propósito, se señalarán términos preclusivos y perentorios para las diferentes etapas de selección, y las autoridades estarán obligadas a dar impulso oficioso a las actuaciones.

Las normas de los procedimientos de selección de contratista se interpretarán de manera que no den ocasión a seguir trámites distintos y adicionales a los expresamente previstos, o que permitan valerse de los defectos de forma o de la inobservancia de requisitos, para no decidir o proferir providencias inhibitorias.

3. Se tendrá en consideración que las reglas y los procedimientos constituyen mecanismos de la actividad contractual para servir a los fines estatales, la adecuada, continua y eficiente prestación de los servicios públicos y la protección y garantía de los derechos de los administrados.

4. Los trámites se adelantarán con austeridad de tiempo, medios y gastos, a fin de evitar dilaciones y retardos en la ejecución del contrato.

5. Se adoptarán procedimientos que garanticen la pronta solución de las diferencias y controversias que, con motivo de la celebración y ejecución del contrato, se presenten.

6. Las entidades estatales iniciarán los procedimientos de selección de contratista o de contratación por procedimiento excepcional, cuando así lo permita esta Ley, siempre que cuenten con las respectivas partidas o disponibilidades presupuestarias.

7. El acto de adjudicación y el contrato no se someterán a aprobaciones, variaciones o revisiones administrativas posteriores, ni a cualquier otra clase de exigencias o requisitos diferentes a los previstos en esta Ley y demás disposiciones aplicables.

8. Con la debida antelación a la apertura del procedimiento de selección de contratista, deberán elaborarse los estudios, los diseños y los proyectos requeridos, así como los términos de referencia y el pliego de cargos, asegurándose de que su elaboración no se realice en forma incompleta, ambigua o confusa.

9. La autoridad respectiva constituirá la reserva y el compromiso presupuestario requerido, tomando como base el valor de las prestaciones al momento de celebrar el contrato. Los ajustes que resulten necesarios se registrarán de acuerdo con lo establecido por la ley vigente y la disponibilidad presupuestaria.

10. Por ser los ajustes de precios objeto de materia presupuestaria, deberán formar parte de la ley anual que, para tales efectos, expida la Asamblea Nacional y promulgue el Órgano Ejecutivo.

11. Las autoridades no exigirán sellos, autenticaciones, documentos originales o autenticados, reconocimientos de firmas, traducciones oficiales ni otras formalidades o exigencias rituales, salvo cuando en forma expresa lo exijan el pliego de cargos o las leyes especiales.

12. Si en el procedimiento de selección de contratista, quien convoque, presida los actos respectivos o elabore los contratos, advirtiera o se le advirtiera que se ha pretermitido algún requisito exigido por la ley, sin que contra tal acto se hubiera interpuesto algún recurso por la vía gubernati-

va, deberá ordenar el cumplimento del requisito omitido o la corrección de lo actuado. Efectuada la corrección, la tramitación continuará en la fase subsiguiente a la del acto corregido.

13. Las entidades estarán obligadas a recibir las cuentas presentadas por el contratista y, si a ello hubiera lugar, a devolverlas al interesado en un plazo máximo de tres días, con la explicación por escrito de los motivos en que se fundamenta la determinación para que sean corregidas y/o completadas.

14. La entidad licitante ordenará la realización de trámites omitidos o la corrección de los realizados en contravención al ordenamiento jurídico, de oficio o a petición de parte interesada, si no se hubiera interpuesto recurso por vía gubernativa. Esta potestad saneadora se entiende sin perjuicio de lo establecido en el artículo 10 de la presente Ley.

Artículo 20. Principio de responsabilidad e inhabilidades de los servidores públicos. Los servidores públicos no podrán celebrar, por sí o por interpuestas personas, contratos con la entidad u organismo en que trabajen, ni participar en este en calidad de propietarios, socios o accionistas de la empresa o de administradores, gerentes, directores o representante legal del proponente en un acto público. Esta disposición también será aplicable a los miembros de las juntas y de los comités directivos de entidades públicas y empresas en que el Estado sea parte

Los servidores públicos que participen en los procedimientos de selección de contratista y en los contratos:

1. Están obligados a procurar el cumplimiento de los fines de la contratación, a vigilar la correcta ejecución del objeto del contrato y a proteger los derechos de la entidad licitante, sin perjuicio de los intereses legítimos de los contratistas y terceros.

2. Serán legalmente responsables por sus actuaciones y omisiones antijurídicas, sin perjuicio de la responsabilidad penal o administrativa. En este último caso, la actuación indebida se considerará una falta administrativa grave.

3. Sus actuaciones estarán regidas por una conducta ajustada al ordenamiento jurídico, y serán responsables ante las autoridades por infracciones a la Constitución o a la ley, y por extralimitación de funciones o por omisión en el ejercicio de esta.

4. Será responsable por la dirección y el manejo del proceso de selección y la actividad contractual, el jefe o representante de la entidad licitante, quien podrá delegarlas en otros servidores de la entidad, sin perjuicio de las funciones de fiscalización y control que le corresponden a la Dirección General de Contrataciones Públicas.

5. Los que sean integrantes de comisiones de evaluación están obligados a actuar con estricto apego a la ley y a los criterios y metodologías contenidos en el pliego de cargos.

Artículo 21. Equilibrio contractual. En los contratos públicos de duración prolongada, se podrán pactar cláusulas y condiciones encaminadas a mantener, durante la vigencia del contrato, el equilibrio contractual existente al momento de la celebración del contrato con la finalidad de que, si tales condiciones se alteran por hechos extraordinarios e imprevisibles, se pueda modificar para mantener el equilibrio.

Las partes podrán suscribir los acuerdos y pactos que sean necesarios para restablecer el equilibrio contractual, incluyendo montos, condiciones, forma de pago de gastos adicionales, reconocimiento de costos financieros e intereses, si a ello hubiera lugar, en la forma prevista en la modificación del contrato, cuyo pago adicional, si lo hubiera, se realizará de la manera establecida en el contrato modificado y de acuerdo con las disposiciones sobre erogaciones previstas en el Presupuesto General del Estado de la vigencia en que se deba hacer dicha erogación.

El equilibrio contractual al que se refiere este artículo no comprenderá, en ningún caso, la modificación de las cláusulas del contrato celebrado con el Estado para conseguir la equiparación de las condiciones y los términos de la contratación. En consecuencia, queda eliminada toda forma de equiparación para garantizar la competitividad y el desarrollo de obras y actividades, así como la prestación de servicios a través de normas uniformes, claras y transparentes en concordancia con el equilibrio contractual.

En los contratos de obra, suministro de artículos de construcción o llave en mano, cuando por hechos o circunstancias posteriores a la celebración del contrato que no hayan podido preverse en ese momento o por causa de fuerza mayor o caso fortuito, se produzca una alteración u obstaculización sustancial de los costos que impida el cumplimiento del objeto del contrato, el Estado podrá tener como incluida en el contrato la cláusula de equilibrio contractual, aunque no haya sido pactada, a efectos de permitir la correspondiente adenda.

Artículo 22. Interpretación de las reglas contractuales. En la interpretación de las normas sobre contratos públicos, de los procedimientos de selección de contratista, de los casos de excepción de procedimiento de selección de contratista y de las cláusulas y estipulaciones de los contratos, se tendrán en consideración los intereses públicos, los fines y los principios de esta Ley, así como la buena fe, la igualdad y el equilibrio entre las obligaciones y los derechos que caracterizan los contratos conmutativos.

Artículo 23. División de materia. No se podrá dividir la materia de contratación en partes o grupos, con el fin de que la cuantía no llegue a la precisa para la celebración del acto público que corresponda.

En caso de existir división de materia, la adjudicación será nula, y al servidor público infractor se le impondrán las sanciones legales correspondientes. En el reglamento de esta Ley se establecerán los procedimientos para comprobar la división de materia.

Artículo 24. Disponibilidad presupuestaria. Cuando el contrato haya de obligar a una entidad licitante al pago de alguna cantidad, se acreditará en el expediente respectivo la partida presupuestaria correspondiente, indicándola en los documentos de la contratación, o se consignará la certificación del Ministerio de Economía y Finanzas, de que se dispondrá, en el momento oportuno, de las partidas presupuestarias suficientes para dar cumplimiento al contrato de que se trate. En este caso, la entidad deberá solicitar autorización previa del Ministerio de Economía y Finanzas sobre la relación de las cantidades que deberán ser canceladas dentro del periodo fiscal correspondiente, atendiendo a las normas presupuestarias vigentes.

Cuando la ejecución de un contrato corresponda a un periodo fiscal distinto o a más de un periodo fiscal, se podrá realizar el procedimiento de selección correspondiente, atendiendo las disposiciones contenidas en la Ley de Presupuesto vigente. La Contraloría General de la República podrá dar su refrendo al contrato respectivo, aunque no exista en el presupuesto de ese año la partida para la ejecución de la obra, siempre que el contrato estipule claramente las cantidades que deberán ser pagadas con cargo al ejercicio fiscal de que se trate, y se cuente con la certificación del Ministerio de Economía y Finanzas de que se dispone del correspondiente financiamiento.

CAPÍTULO V.

ESTRUCTURACIÓN DEL PLIEGO DE CARGOS

Artículo 25. Estructuración del pliego de cargos. La entidad licitante de que se trate elaborará, previo a la celebración del procedimiento de selección de contratista o a la excepción de este, el correspondiente pliego de cargos o términos de referencia, que contendrá:

1. El aviso de convocatoria.
2. Los requisitos para participar en el respectivo procedimiento de selección de contratista.
3. Las reglas objetivas, justas, claras y completas que permitan la confección de ofrecimientos de la misma índole, a fin de asegurar una escogencia objetiva.
4. Las condiciones y la calidad de los bienes, las obras o los servicios necesarios para la ejecución del objeto del contrato.
5. Los requisitos de obligatorio cumplimiento por parte de los proponentes.
6. Las circunstancias de tiempo, modo y lugar que se consideren necesarias para garantizar reglas objetivas, claras y completas.
7. Los criterios y la metodología de ponderación de las propuestas que van a ser utilizados por la entidad licitante, cuando en el procedimiento de selección de contratista existan parámetros adi-

cionales al precio. En este caso, se debe incluir una tabla que indique claramente los puntajes y las ponderaciones que formen parte del criterio de selección.

8. Las condiciones generales, las especificaciones técnicas y las condiciones especiales, referentes al objeto de la contratación.

9. Los modelos de formularios que deberán completar y presentar los proponentes, como las fianzas, el proyecto de contrato, los modelos de cartas, las declaraciones juradas cuando procedan y demás documentos y certificaciones que se requieran.

10. Los anexos en caso de que así se requiera.

Las reglas de adjudicación en casos de empate en los precios ofertados por dos o más proponentes, que se definan en el reglamento de esta Ley.

12. En los casos de adquisición de bienes y servicios que involucren tecnología de información y comunicación con sumas superiores a ciento setenta y cinco mil balboas (B/.175,000.00), se deberá incluir la certificación que indique el concepto favorable de la Secretaría de la Presidencia para la Innovación Gubernamental sobre el pliego de cargos y las especificaciones técnicas.

Los pliegos de cargos son públicos y pueden ser consultados y obtenidos por todos los interesados en participar en un procedimiento de selección de contratista o excepción de acto público, a través de medios electrónicos de comunicación informáticos y de tecnologías afines o de manera manual o física. Cuando se adquieran en forma manual o física, el interesado asumirá los costos de reproducción.

Los pliegos de cargos se regirán por los modelos y las circulares o guías generales, emitidos por la Dirección General de Contrataciones Públicas, sin perjuicio de las particularidades y los requerimientos especiales en cada caso.

Artículo 26. Requisitos de participación para personas jurídicas. Todo acto de selección de contratista y procedimiento excepcional de contratación, cuya cuantía exceda de tres millones de balboas (B/.3,000,000.00) en el que participen personas jurídicas, las acciones de estas deben ser en su totalidad nominativas. Se exceptúan los actos de selección de contratista para convenio marco.

Independientemente de que las acciones nominativas sean emitidas a favor de otra persona jurídica, se deberá conocer con claridad la identidad de cada persona natural que sea directa o indirectamente el beneficiario final de por lo menos el cinco por ciento (5%) del capital accionario emitido y en circulación. Se exceptúan las personas jurídicas cuyas acciones comunes se coticen públicamente en bolsas de valores de una jurisdicción reconocida por la Comisión Nacional de Valores de Panamá. La falta de la documentación pertinente será impedimento para la participación de la persona jurídica como proponente en el acto de selección de contratista.

En el mismo sentido, será causal de incumplimiento aunque no se exprese en el contrato cualquier cambio en la composición accionaria de la sociedad contratista, concesionaria o inversionista, que no sea debidamente notificado a la entidad contratante o que impida conocer en todo momento quién es la persona natural que es finalmente el beneficiario de tales acciones, tomando en consideración que esta persona sea directa o indirectamente el beneficiario final de por lo menos el cinco por ciento (5%) del capital accionario emitido y en circulación.

En concordancia con el principio de transparencia, el contratista, concesionario o inversionista está obligado a presentar y publicar sus estados financieros, reservándose el Estado el derecho de publicarlos y darlos a conocer ampliamente, así como la lista de las personas naturales accionistas de la persona jurídica. El Estado podrá requerir en los actos de selección de contratista mencionados, cuya cuantía no exceda de los tres millones de balboas (B/.3,000,000.00), las mismas condiciones contenidas en este artículo.

Artículo 27. Condiciones generales. La Dirección General de Contrataciones Públicas elaborará las condiciones generales que servirán de base en todos los procedimientos de selección de contratista, de acuerdo con el objeto del contrato de que se trate.

Estas condiciones generales serán incorporadas en el pliego de cargos, y serán de obligatorio cumplimiento en todos los actos de contratación pública que celebren las entidades contratantes.

Artículo 28. Condiciones especiales. Las condiciones especiales son las estipulaciones elaboradas por la entidad licitante, aplicables a un procedimiento de selección de contratista determinado, en atención a sus elementos específicos.

Dentro de estas condiciones se incluirán, necesariamente, la forma de adjudicación, si esta se realizará de manera global o por renglón; el método de evaluación cuando proceda y los criterios de ponderación; la determinación de los precios unitarios por rubro y los precios totales; la necesidad de presentación de declaraciones juradas; los factores objetivos de selección; el plazo para formalizar la adjudicación y la firma del contrato; la forma de pago; las condiciones de trabajo, de subcontratación y de cesión de contrato; las formas de modificar el contrato, los acuerdos suplementarios y los plazos de entrega, entre otros.

En las contrataciones menores, no se les exigirá a las personas naturales de nacionalidad panameña la declaración jurada de medidas de retorsión.

Artículo 29. Especificaciones técnicas. Las especificaciones técnicas constituyen las características técnicas del objeto que se va a contratar, las cuales no pueden hacer referencia, en su caso, a marcas de fábrica, números de catálogos o clases de equipos de un determinado fabricante.

Artículo 30. Formularios. Las entidades incluirán, dentro de los pliegos de cargos, los modelos o los formularios necesarios que garanticen la presentación de ofertas en igualdad de oportunidades. Estarán comprendidos dentro de estos, el de propuesta, en caso de que la institución lo estime conveniente; los modelos de las fianzas, las cartas, el proyecto de contrato y el modelo del convenio de asociación accidental, entre otros.

Artículo 31. Aceptación del pliego de cargos. Todo proponente en un acto de selección de contratista se obliga a aceptar el pliego de cargos sin objeciones ni restricciones.

CAPÍTULO VI.

CONVOCATORIA DEL ACTO DE CONTRATACIÓN PÚBLICA

Artículo 32. Aviso de convocatoria. Los avisos de convocatoria se publicarán obligatoriamente en el Sistema Electrónico de Contrataciones Públicas "PanamaCompra" y en los tableros que, para este efecto, tendrán las entidades contratantes. En este aviso se consignarán, necesariamente, la identificación del acto público y de la entidad licitante; el lugar, el día y la hora de presentación de las propuestas; el lugar, el día y la hora de inicio del acto público; el lugar, el día y la hora de la reunión previa que incluye la respectiva homologación; una breve descripción del objeto contractual, y la partida presupuestaria. En el caso de la subasta en reversa, deberá incluirse el precio máximo de referencia, y en el caso de la subasta de bienes públicos, deberá incluirse el valor estimado.

Los avisos se publicarán con las antelaciones previstas en el artículo siguiente.

En caso de que se presente alguna situación, debidamente comprobada, que impida a la entidad licitante publicar el aviso de convocatoria en el Sistema Electrónico de Contrataciones Públicas "PanamaCompra", o de que esta no se encuentre aún acreditada para utilizarlo, la entidad publicará los avisos de convocatoria en un diario de circulación nacional, en dos ediciones seguidas en días distintos, los que permanecerán expuestos al público durante el mismo plazo en los lugares destinados por la entidad para la fijación de edictos o anuncios en general.

Artículo 33. Publicación de la convocatoria. Dependiendo del monto y de la complejidad de los bienes y los servicios que se van a contratar, la entidad contratante hará la publicación de la convocatoria, tomando en consideración los plazos mínimos que a continuación se detallan:

1. No menor de cuatro días hábiles, si el objeto del contrato recae en bienes o servicios y el monto es mayor de treinta mil balboas (B/.30,000.00) y no excede los ciento setenta y cinco mil balboas (B/.175,000.00).

2. No menor de cuarenta días calendario, si el objeto del contrato recae en bienes o servicios y el monto excede los ciento setenta y cinco mil balboas (B/.175,000.00).

No obstante, la entidad contratante podrá establecer un plazo menor a lo dispuesto en este numeral que, en ningún caso, será menor de cinco días hábiles en las siguientes circunstancias:

a. Cuando la entidad contratante haya publicado, con una antelación de sesenta días calendario a la fecha de recepción de propuestas, un aviso en el Sistema Electrónico de Contrataciones Públicas "PanamaCompra" que contenga una descripción del acto público, los plazos aproximados para la presentación de las ofertas y las condiciones mínimas para la participación en dicho acto.

b. Cuando una entidad contrate mercancía o servicios comerciales que se venden o se ofrecen para la venta y son regularmente comprados y utilizados por compradores no gubernamentales para propósitos no gubernamentales.

c. Cuando se produzca un estado de urgencia, debidamente acreditado, que haga impráctico o no viable cumplir con el plazo previsto. En este caso, la entidad contratante emitirá una resolución al respecto, la cual deberá ser publicada en el Sistema Electrónico de Contrataciones Públicas "PanamaCompra".

Cuando el objeto del contrato recae en obras, la publicación de la convocatoria se efectuará tomando en consideración los plazos mínimos que a continuación se detallan:

1. No menor de cuatro días hábiles, si el monto del contrato es mayor de treinta mil balboas (B/.30,000.00) y no excede los ciento setenta y cinco mil balboas (B/.175,000.00).

2. No menor de ocho días hábiles, si el monto del contrato es mayor de ciento setenta y cinco mil balboas (B/.175,000.00) y no excede los cinco millones de balboas (B/.5,000,000.00).

3. No menor de cuarenta días calendario, si el monto del contrato excede los cinco millones de balboas (B/.5,000,000.00).

No obstante, la entidad contratante podrá establecer un plazo menor a lo dispuesto en este numeral que, en ningún caso, será menor de diez días calendario, en las siguientes circunstancias:

a. Cuando la entidad contratante haya publicado un aviso en el Sistema Electrónico de Contrataciones Públicas "PanamaCompra" que contenga una descripción del acto público, los plazos aproximados para la presentación de las ofertas y, cuando resulte apropiado, las condiciones para la participación en dicho acto.

b. Cuando se produzca un estado de urgencia, debidamente acreditado, que haga impráctico o no viable cumplir con el plazo previsto. En este caso, la entidad contratante emitirá una resolución al respecto, la cual deberá ser publicada en el Sistema Electrónico de Contrataciones Públicas "PanamaCompra". El reglamento de esta Ley desarrollará la materia y será adoptado mediante decreto ejecutivo.

Artículo 34. Constancia de la convocatoria. El Sistema Electrónico de Contrataciones Públicas "PanamaCompra" llevará el registro histórico de los avisos de convocatoria.

De publicarse el aviso de convocatoria en un diario, por las causas señaladas en el artículo 32 de la presente Ley, la entidad dejará constancia del cumplimiento de este requisito en el expediente del acto respectivo.

Artículo 35. Reunión previa y homologación. La reunión previa y homologación es la celebrada entre la entidad licitante y quienes tienen interés de participar en un determinado acto de selección de contratista, cuyo monto sea superior a los ciento setenta y cinco mil balboas (B/.175,000.00), con el propósito de absolver consultas y de formular observaciones que puedan afectar la participación de los posibles postores en condiciones igualitarias, así como aclarar cualquier aspecto relacionado con el pliego de cargos u otros documentos entregados.

La reunión previa se celebrará preferentemente en una sola jornada, que deberá concluir con un acta en la que las partes homologan los documentos finales manifestando la aceptación de todas las condiciones y los términos del pliego de cargos. El acta será suscrita por todos los que hayan participado en dicha reunión y será parte del expediente.

En caso extraordinario, cuando la naturaleza o complejidad del acto público así lo amerite, se declarará en sesión permanente a los integrantes de la reunión previa, por un periodo adicional hasta de cinco días hábiles.

En caso de discrepancia con los interesados, si esta no pudiera ser resuelta, los documentos o, en su caso, su expedición por parte de la entidad licitante tendrán como efecto la aceptación sin reservas ni condiciones de tales documentos por los participantes en el acto público, siempre que no se opongan al interés público y al ordenamiento jurídico. En consecuencia, no procede ningún reclamo derivado del contenido de tales documentos por parte de los interesados en el acto público que corresponda.

La presentación de la propuesta equivaldrá a la aceptación sin reservas ni condiciones de todo el contenido del pliego de cargos.

Artículo 36. Convocatoria a la reunión previa y homologación. En los casos de actos públicos cuyo monto exceda los ciento setenta y cinco mil balboas (B/.175,000.00), será de obligatorio cumplimiento la celebración de la reunión previa y homologación, la cual se realizará con una antelación no menor de dos días hábiles a la celebración del acto de selección de contratista.

En el caso de los actos cuyo monto no exceda los ciento setenta y cinco mil balboas (B/.175,000.00), se realizará la reunión previa y homologación cuando así lo soliciten los interesados en participar en dicho acto, con una anticipación no menor de dos días hábiles, antes de la fecha de su celebración.

Artículo 37. Casos en los que no se requiere reunión previa y homologación. No estarán sujetos a reunión previa y homologación los actos de selección de contratista relacionados con la disposición de bienes del Estado.

En los actos de selección de contratista referentes a obras, que durante su ejecución puedan afectar propiedades privadas o a terceros, la entidad licitante podrá, antes de la celebración del acto, solicitar a los posibles afectados o interesados, por medio de avisos publicados en el Sistema Electrónico de Contrataciones Públicas "PanamaCompra", su opinión por escrito.

Artículo 38. Modificaciones al pliego de cargos. Toda modificación que pretenda introducirse al pliego de cargos deberá hacerse de conocimiento público, a través del Sistema Electrónico de Contrataciones Públicas "PanamaCompra" y en los tableros de información de la entidad licitante, en atención al monto con la siguiente antelación:

1. No menor de cinco días calendario, antes del día de la celebración del acto de selección de contratista, si la cuantía excede de treinta mil balboas (B/.30,000.00) y no supera los quinientos mil balboas (B/.500,000.00).

2. No menor de ocho días calendario, antes del día de la celebración del acto de selección de contratista, si la cuantía excede de quinientos mil balboas (B/.500,000.00).

En caso de que se presente alguna situación que impida a la entidad licitante publicar el aviso de modificación al pliego de cargos en el Sistema Electrónico de Contrataciones Públicas "PanamaCompra", o de que esta no se encuentre aún acreditada para utilizarlo, la entidad publicará los avisos de convocatoria en un diario de circulación nacional, en dos ediciones seguidas en días distintos, los que permanecerán expuestos al público durante el mismo plazo en los lugares destinados por la entidad para la fijación de edictos o anuncios en general.

Cuando de la reunión previa y homologación, o por otras causas que determine la entidad licitante, surgiera la necesidad de modificar la fecha del acto de selección de contratista, esta anunciará una nueva fecha, a fin de cumplir con los plazos mínimos fijados por este artículo.

Artículo 39. Propuesta. La propuesta deberá presentarse por escrito o, en su defecto, por medio electrónico cuando la entidad se encuentre debidamente acreditada en el Sistema Electrónico de Contrataciones Públicas "PanamaCompra". La propuesta deberá estar en idioma españolo ser traducida a este idioma y debidamente autenticada por las autoridades correspondientes del país de origen, con la firma del proponente o de su representante en el acto debidamente autorizado para ello.

Las propuestas presentadas a través del Sistema Electrónico de Contrataciones Públicas "PanamaCompra" emplearán invariablemente el medio de identificación electrónica inviolable utilizado por la Dirección General de Contrataciones Públicas. Estas propuestas producirán los mismos efectos que las leyes otorgan a los instrumentos privados con firma autógrafa correspondiente y, en consecuencia, tendrán el mismo valor vinculante y probatorio.

Las propuestas no podrán ser retiradas, sustituidas ni modificadas después de celebrado el acto público. Sin embargo, antes de su celebración, los proponentes podrán retirar las propuestas, sustituirlas o modificarlas, cuando lo consideren necesario.

La entidad licitante podrá solicitar aclaraciones luego de presentada la propuesta y, además, solicitar que se acompañe documentación aclaratoria, siempre que esta no tenga por objetivo distorsionar el precio u objeto ofertado ni tampoco modificar la propuesta original.

CAPÍTULO VII.

PROCEDIMIENTOS DE SELECCIÓN DE CONTRATISTA.

Artículo 40. Procedimientos de selección de contratista. Los procedimientos para seleccionar a quienes contraten con el Estado son los siguientes:

1. Contratación menor.
2. Licitación pública.
3. Licitación por mejor valor.
4. Licitación por mejor valor con evaluación separada.
5. Licitación para convenio marco.
6. Licitación de subasta en reversa.
7. Licitación abreviada.
8. Subasta de bienes públicos.

Artículo 41. Contratación menor. El procedimiento para la contratación menor permitirá, de manera expedita, la adquisición de bienes, obras y servicios por tres mil balboas (B/.3,000.00) y que no excedan los treinta mil balboas (B/.30,000.00), cumpliéndose con un mínimo de formalidades y con sujeción a los principios de contratación que dispone esta Ley.

Para las compras menores de tres mil balboas (B/.3,000.00) se seguirá el procedimiento de caja menuda que establezca la Contraloría General de la República.

La convocatoria de la contratación menor podrá hacerse con un mínimo de dos días hábiles de antelación.

Excepcionalmente, cuando se trate de situaciones relacionadas con la salud humana, la atención de calamidades o catástrofes, situaciones de caso fortuito o fuerza mayor o que pongan en riesgo el funcionamiento de la entidad, el representante legal o el servidor público delegado mediante resolución motivada, podrá convocar una compra menor apremiante con una antelación mínima de dos horas a la recepción de propuestas y la entrega del bien o la prestación del servicio podrá ser inmediata.

Artículo 42. Licitación pública. La licitación pública es el procedimiento de selección de contratista en el que el precio es el factor determinante, siempre que se cumpla con todos los requisitos y aspectos técnicos exigidos en el pliego de cargos. Este procedimiento se utilizará cuando el monto de la contratación sea superior a los treinta mil balboas (B/.30,000.00).

En la celebración de la licitación pública, se observarán las siguientes reglas:

1. Se anunciará mediante publicación, en la forma y con la antelación establecidas en los artículos 32 y 33 de la presente Ley, de acuerdo con la cuantía del acto público.

Los proponentes entregarán su oferta, la cual contendrá el precio ofertado con su correspondiente fianza de propuesta y la propuesta técnica ajustada a las exigencias del pliego de cargos.

3. La oferta de los proponentes será entregada por ellos en la fecha, la hora y el lugar señalados en el pliego de cargos.

4. Vencida la hora para la entrega de las propuestas, conforme a lo establecido en el pliego de cargos, no se recibirá ninguna más y se procederá a abrir las propuestas de cada uno de los proponentes en el orden en que fueron recibidas, las cuales se darán a conocer públicamente.

5. Quien presida el acto rechazará de plano las propuestas que no estén acompañadas de la fianza de propuesta. Igualmente se rechazarán las propuestas acompañadas por fianzas con montos o vigencias inferiores a los establecidos en el pliego de cargos.

La presente disposición es de carácter restrictivo, por lo que en ningún caso podrán ser rechazadas propuestas por causas distintas a las aquí señaladas.

Contra el acto de rechazo, el agraviado podrá reclamar hasta el siguiente día hábil ante la Dirección General de Contrataciones Públicas, que tendrá un plazo máximo de tres días hábiles para resolver el reclamo.

6. Una vez conocidas las propuestas, quien presida el acto preparará un acta que se adjuntará al expediente, en la que se dejará constancia de todas las propuestas admitidas o rechazadas en el orden en que hayan sido presentadas, con expresión del precio propuesto, del nombre de los participantes, de los proponentes rechazados que hayan solicitado la devolución de la fianza de propuesta, del nombre y el cargo de los funcionarios que hayan participado en el acto de selección de contratista, así como de los particulares que hayan intervenido en representación de los proponentes, y de los reclamos o las incidencias ocurridos en el desarrollo del acto. Esta acta será de conocimiento inmediato de los presentes en el acto y será publicada tanto en el Sistema Electrónico de Contrataciones Públicas "PanamaCompra" como en los tableros de información de la entidad licitante.

7. Concluido el acto público, se unirán al expediente las propuestas presentadas, incluso las que se hubieran rechazado, así como las fianzas de propuesta, a menos que los licitantes vencidos o rechazados soliciten su devolución, entendiéndose con ello que renuncian a toda reclamación sobre la adjudicación de la licitación.

8. Inmediatamente después de levantada el acta, se remitirá el expediente, que contiene las propuestas de los participantes, a una comisión verificadora, que deberá estar constituida por la entidad licitante. La comisión estará integrada por profesionales idóneos en el objeto de contratación.

9. La comisión verificadora evaluará, en primera instancia, únicamente la propuesta del proponente que ofertó el precio más bajo, y comprobará el cumplimiento de todos los requisitos y las exigencias del pliego de cargos.

Si la comisión verificadora determina que quien ofertó el precio más bajo cumple a cabalidad con todos los requisitos y las exigencias del pliego de cargos, emitirá un informe recomendando la adjudicación de este acto público a ese proponente.

11. Si la comisión verificadora determina que quien ofertó el precio más bajo no cumple a cabalidad con todos los requisitos y las exigencias del pliego de cargos, procederá inmediatamente a evaluar la siguiente propuesta con el precio más bajo y así sucesivamente, utilizando el mismo procedimiento empleado en la evaluación de la propuesta anterior, hasta emitir un informe recomendando la adjudicación del acto o que se declare desierto por incumplimiento de los requisitos y las exigencias del pliego de cargos, por parte de todos los proponentes.

12. El plazo para emitir el informe de la comisión verificadora no será superior a cinco días hábiles, a menos que la complejidad del acto amerite una única prórroga que no será superior a tres días hábiles.

13. Una vez emitido el informe, este será publicado obligatoriamente en el Sistema Electrónico de Contrataciones Públicas "PanamaCompra" y estará disponible, ese mismo día, una copia impresa de este para los participantes en el acto que la deseen. Igualmente, la entidad licitante comunicará sobre la publicación de este informe a los proponentes que, en su propuesta, hayan incluido su correo electrónico o fax.

14. A partir de la fecha de la publicación descrita en el numeral anterior, los participantes de este acto público tendrán acceso al expediente, incluyendo las propuestas de los participantes en el acto, y tendrán dos días hábiles para hacer observaciones a dicho informe, las cuales se unirán al expediente.

15. Transcurrido el plazo descrito en el numeral anterior, el jefe de la entidad licitante o el funcionario en quien se delegue procederá, mediante resolución motivada, a adjudicar el acto público

al oferente que ofertó el precio más bajo y que, a la vez, cumple con todos los requisitos y las exigencias del pliego de cargos, o a declararlo desierto, si todos los proponentes incumplen con los requisitos y las exigencias del pliego de cargos.

En los casos en que se presente un solo proponente y este cumpla con todos los requisitos y las exigencias del pliego de cargos, la recomendación de la adjudicación podrá recaer en él, siempre que el precio ofertado sea conveniente para el Estado.

Las entidades del Estado deberán consultar el Catálogo Electrónico de Productos y Servicios antes de proceder a llamar a un acto de selección de contratista, así como verificar si los productos o servicios requeridos por la entidad están o no incluidos en dicho Catálogo.

Si los productos o servicios requeridos por la entidad licitante están en el Catálogo Electrónico de Productos y Servicios, la entidad está obligada a adquirir los productos o servicios a través de dicho Catálogo.

Las entidades deberán solicitar a la Dirección General de Contrataciones Públicas que efectúe un proceso de selección de contratista para productos y servicios ya incluidos en el Catálogo Electrónico de Productos y Servicios que, por razones fundadas, les será más beneficioso.

Artículo 43. Licitación por mejor valor. La licitación por mejor valor es el procedimiento de selección de contratista en el cual el precio no es el factor determinante, y se podrá realizar cuando los bienes, las obras o los servicios que van a ser contratados tienen un alto nivel de complejidad y el monto de la contratación es superior a los treinta mil balboas (B/.30,000.00). En este procedimiento se ponderarán los aspectos técnicos, económicos, administrativos y financieros ofertados por los proponentes, y se adjudicará al proponente que obtenga el mayor puntaje en la metodología de ponderación especificada en el pliego de cargos, siempre que este cumpla con los requisitos mínimos obligatorios exigidos en el pliego de cargos.

En la celebración de la licitación por mejor valor, se observarán las siguientes reglas:

1. El pliego de cargos deberá describir detalladamente el puntaje y la ponderación que se le asignará a cada uno de los aspectos que se evaluarán en dicho acto. En ningún caso, el precio contará con una ponderación inferior al treinta por ciento (30%) ni superior al cincuenta por ciento (50%) de la totalidad de los puntos que se considerarán para la adjudicación del acto público.

2. De acuerdo con la cuantía, se anunciará mediante publicación, en la forma y con la antelación establecidas en los artículos 32 y 33 de la presente Ley.

3. Los proponentes entregarán su propuesta, la cual deberá estar ajustada a las exigencias del pliego de cargos, incluyendo el precio ofertado y la correspondiente fianza de propuesta.

4. La propuesta de los proponentes será entregada por ellos en la fecha, la hora y el lugar conforme a lo señalado en el pliego de cargos.

5. Vencida la hora establecida en el pliego de cargos para la presentación de las propuestas, no se recibirá ninguna más y se procederá a abrir las propuestas de cada uno de los proponentes en el orden en que fueron recibidas, las cuales se darán a conocer públicamente.

6. Quien presida el acto rechazará de plano las propuestas que no estén acompañadas de la fianza de propuesta. Igualmente se rechazarán las propuestas acompañadas por fianzas con montos o vigencias inferiores a los establecidos en el pliego de cargos.

La presente disposición es de carácter restrictivo, por lo que en ningún caso podrán ser rechazadas propuestas por causas distintas a las aquí señaladas.

Contra el acto de rechazo, el agraviado podrá reclamar hasta el siguiente día hábil ante la Dirección General de Contrataciones Públicas, que tendrá un plazo máximo de tres días hábiles para resolver el reclamo.

7. Una vez conocidas las propuestas, quien presida el acto preparará un acta que se adjuntará al expediente, en la que se dejará constancia de todas las propuestas admitidas o rechazadas en el orden en que hayan sido presentadas, con expresión del precio propuesto, del nombre de los participantes, de los proponentes rechazados que hayan solicitado la devolución de la fianza de propuesta, del nombre y el cargo de los funcionarios que hayan participado en el acto de selección de contratista, así como de los particulares que hayan intervenido en representación de los proponentes y

de los reclamos o las incidencias ocurridos en el desarrollo del acto. Esta acta será de conocimiento inmediato de los presentes en el acto y será publicada tanto en el Sistema Electrónico de Contrataciones Públicas "PanamaCompra", como en los tableros de información de la entidad licitante.

8. Concluido el acto público, se unirán al expediente las propuestas presentadas, incluso las que se hubieran rechazado, así como las fianzas de propuesta, a menos que los licitantes vencidos o rechazados soliciten su devolución, entendiéndose con ello que renuncian a toda reclamación sobre la adjudicación de la licitación.

9. Inmediatamente después de levantada el acta, se remitirá el expediente, que contiene las propuestas de los participantes, a una comisión evaluadora, que deberá estar constituida por la entidad licitante. La comisión estará integrada por profesionales idóneos en el objeto de contratación.

10. La comisión evaluadora verificará el cumplimiento de los requisitos obligatorios exigidos en el pliego de cargos por parte de todos los proponentes. Una vez comprobado el cumplimiento de dichos requisitos, pasará a evaluar los siguientes aspectos, siempre que los proponentes hayan cumplido con los requisitos obligatorios, aplicando la metodología de ponderación descrita en el pliego de cargos. En ningún caso, la comisión evaluadora calificará ni asignará puntajes a los proponentes que hayan sido descalificados en función de su incumplimiento de los requisitos obligatorios exigidos en el pliego de cargos.

11. Luego de evaluar todas las propuestas, la comisión evaluadora emitirá un informe en el que se detallarán las propuestas descalificadas por el incumplimiento de los requisitos obligatorios exigidos en el pliego de cargos, si las hubiera, y se describirá cada propuesta con el puntaje obtenido de acuerdo con la metodología de ponderación descrita en el pliego de cargos. Esta comisión contará con un plazo máximo de diez días hábiles para rendir su informe, y con una sola prórroga adicional de cinco días hábiles cuando la complejidad del acto así lo amerite.

12. Una vez emitido el informe, este será publicado obligatoriamente en el Sistema Electrónico de Contrataciones Públicas "PanamaCompra" y estará disponible, ese mismo día, una copia impresa de dicho informe para los participantes en el acto que la deseen. Igualmente, la entidad licitante comunicará sobre la publicación de este informe a los proponentes que, en su propuesta, hayan incluido su correo electrónico o fax.

13. A partir de la fecha de la publicación descrita en el numeral anterior, los participantes de este acto público tendrán acceso al expediente, incluyendo las propuestas de los participantes en el acto, y tendrán dos días hábiles para hacer observaciones a dicho informe, las cuales se unirán al expediente.

14. Transcurrido el plazo descrito en el numeral anterior, el jefe de la entidad licitante o el funcionario en quien se delegue procederá, mediante resolución motivada, a adjudicar el acto público al oferente que haya obtenido el mayor puntaje, de acuerdo con la metodología de ponderación descrita en el pliego de cargos, o a declararlo desierto, si todos los proponentes incumplen con los requisitos obligatorios del pliego de cargos.

En los casos en que se presente un solo proponente y este cumple con los requisitos y las exigencias obligatorios del pliego de cargos, la recomendación de la adjudicación podrá recaer en él, siempre que el total de puntos obtenidos en su ponderación no sea inferior al ochenta por ciento (80%) del total de puntos y el precio ofertado sea conveniente para el Estado.

Las entidades del Estado deberán consultar el Catálogo Electrónico de Productos y Servicios antes de proceder a llamar a un acto de selección de contratista, y verificar si los productos o servicios requeridos por la entidad están o no incluidos en dicho Catálogo.

Si los productos o servicios requeridos por la entidad licitante están en el Catálogo Electrónico de Productos y Servicios, la entidad está obligada a adquirir los productos o servicios de dicho Catálogo.

Dependiendo de una necesidad particular, las entidades deberán solicitar a la Dirección General de Contrataciones Públicas que efectúe un proceso de selección de contratista para productos y servicios ya incluidos en el Catálogo Electrónico de Productos y Servicios que, por razones fundadas, les será más beneficioso.

Artículo 44. Contratación de concesiones. Cuando el procedimiento de selección de contratista para concesión administrativa sea de licitación por mejor valor, las entidades contratantes definirán en el respectivo pliego de cargos los rangos y porcentajes de los aspectos a evaluar.

Los actos públicos que para concesiones administrativas estén en etapa precontractual deberán ajustarse a la presente disposición legal.

Artículo 45. Licitación por mejor valor con evaluación separada. En la celebración de la licitación por mejor valor con evaluación separada, se aplicarán las siguientes reglas:

1. El pliego de cargos se publicará de conformidad con 10 establecido en el Capítulo VI de esta Ley.

2. El pliego de cargos contendrá los elementos descritos en el Capítulo V de esta Ley, incluyendo además los criterios de calificación con que se evaluará la propuesta técnica.

El precio se presentará en la propuesta económica y no será evaluado como parte de la propuesta técnica. Se adjudicará el contrato al proponente que obtenga la mayor calificación de acuerdo con la metodología especificada en el pliego de cargos.

3. El pliego de cargos describirá detalladamente la calificación que se le asigna a cada uno de los criterios de evaluación. En ningún caso, el precio contará con una calificación inferior al treinta por ciento (30%) ni superior al cuarenta y nueve por ciento (49%) de la totalidad de la calificación, que se considerará para la adjudicación del acto público.

En la licitación por mejor valor con evaluación separada, será requisito mínimo obligatorio que el precio ofertado no exceda del veinte por ciento (20%) del precio estimado por la entidad licitante.

Las propuestas económicas que estén por debajo del porcentaje del precio estimado cuyo nivel establezca el pliego de cargos podrán ser rechazadas o ser objeto de un análisis de riesgo según determine la entidad licitante para evaluar su factibilidad técnica y económica. El pliego de cargos establecerá el procedimiento correspondiente.

4. Previo al acto de presentación de propuestas, la entidad licitante deberá preparar un presupuesto del proyecto cuyo monto se conocerá como el precio estimado. La entidad licitante mantendrá el precio estimado en un sobre cerrado y sellado, el cual depositará en una bóveda del Banco Nacional de Panamá. Una vez concluya el acto de apertura de las propuestas técnicas, el sobre con el precio estimado se abrirá al inicio del acto de apertura de propuestas económicas de conformidad con lo establecido en el presente artículo.

5. No obstante lo establecido en el Capítulo XIII, en los procesos de licitación por mejor valor con evaluación separada, la entidad licitante, en coordinación con la Contraloría General de la República, establecerá un monto fijo para la fianza de propuesta y no la establecerá con base en un porcentaje del valor de la oferta económica ni del contrato. Dicho monto fijo será establecido en el pliego de cargos.

6. Los proponentes entregarán sus propuestas técnicas y económicas en acto público en la fecha, la hora y el lugar señalados en el pliego de cargos, en sobres opacos separados, cerrados, sellados e identificados con el nombre del proponente y el detalle de su contenido, separando y distinguiendo claramente la propuesta técnica de la propuesta económica. La fianza de propuesta se entregará por separado en un sobre cerrado y sellado debidamente identificado como fianza de propuesta y con el nombre del proponente y la identificación de la licitación, el cual será abierto junto con el sobre contentivo de la oferta técnica.

7. Vencida la hora establecida en el pliego de cargos para la presentación de las propuestas técnicas y económicas no se recibirá ninguna otra.

8. La apertura de las propuestas técnicas se realizará en presencia de los proponentes y el servidor público que presida el acto rechazará de plano toda propuesta que no esté acompañada de la fianza de propuesta. Igualmente, se rechazarán las propuestas acompañadas por fianzas con montos o vigencias inferiores a los establecidos en el pliego de cargos.

La presente disposición es de carácter restrictivo, por lo que en ningún caso se podrán rechazar propuestas por causas distintas a las aquí señaladas.

Contra el acto de rechazo, el agraviado podrá interponer formal acción de reclamo hasta el siguiente día hábil ante la Dirección General de Contrataciones Públicas, la cual tendrá un plazo máximo de tres días hábiles para resolver el reclamo.

9. Todos los sobres con las propuestas económicas se mantendrán cerrados, sellados y custodiados en una bóveda del Banco Nacional de Panamá, hasta que se concluya la evaluación de las propuestas técnicas y se proceda a su apertura conforme al procedimiento establecido en este artículo.

10. Una vez los proponentes hayan presentado sus propuestas técnicas y económicas, quien presida el acto preparará un acta que se adjuntará al expediente, en la que se dejará constancia de todas las propuestas admitidas y de las rechazadas en el orden en que hayan sido presentadas, con expresión del nombre de los participantes, de los proponentes rechazados que hayan solicitado la devolución de la fianza de propuesta, del nombre y el cargo de los funcionarios que hayan participado en el acto de selección de contratista, así como de los particulares que hayan intervenido en representación de los proponentes y de los reclamos o las incidencias ocurridos en el desarrollo del acto.

El acta se dará a conocer inmediatamente a los presentes en el acto y será firmada por los participantes en este y publicada en el Sistema Electrónico de Contrataciones Públicas "PanamaCompra". Levantada el acta, se incluirá en el expediente que contiene las propuestas técnicas de los participantes, el cual se remitirá a la Comisión Evaluadora a la que hace referencia este artículo.

11. La entidad licitante designará a la Comisión Evaluadora y a la Comisión de Verificación de Precios. Ambas comisiones estarán integradas por profesionales de reconocida experiencia en el objeto de la contratación. Los integrantes de una comisión no podrán formar parte de la otra dentro de un mismo acto de licitación. Para la conformación de las comisiones, el número de integrantes será impar y las decisiones se adoptarán por mayoría simple.

Estas comisiones se encargarán de evaluar las propuestas y emitir los informes correspondientes, absteniéndose de hacer recomendaciones.

12. La Comisión Evaluadora se encargará de evaluar las propuestas técnicas conforme a la metodología establecida en el pliego de cargos.

13. La Comisión Evaluadora, cuando lo estime necesario, por la complejidad de la materia y para ampliar sus conocimientos respecto a temas específicos, podrá solicitar a la entidad licitante que le facilite el asesoramiento de profesionales de reconocida experiencia en el objeto de la contratación. Tanto los asesores de las comisiones como los integrantes de estas deberán estar libres de conflictos de interés, reales o aparentes, con respecto a los proponentes.

14. La Comisión Evaluadora verificará el cumplimiento, por los proponentes, de los requisitos mínimos obligatorios exigidos en el pliego de cargos. Una vez comprobado el cumplimiento de dichos requisitos, pasará a evaluar las propuestas técnicas, aplicando la metodología de evaluación descrita en el pliego de cargos.

En ningún caso, la Comisión Evaluadora calificará a los proponentes que hayan sido descalificados en función de su incumplimiento de los requisitos mínimos obligatorios exigidos en el pliego de cargos.

15. La entidad podrá solicitar a los proponentes, en cualquier momento durante el proceso de evaluación de las propuestas técnicas a solicitud de la Comisión Evaluadora, las aclaraciones y las explicaciones que esta estime indispensables sobre la documentación presentada. Dichas informaciones solo servirán para aclarar los temas que la Comisión Evaluadora considere necesarios, pero no pasarán a formar parte de las propuestas técnicas ni servirán para mejorar la calificación del proponente.

16. Luego de evaluar todas las propuestas técnicas, la Comisión Evaluadora emitirá un informe a la entidad licitante en el que se detallará la calificación obtenida por cada propuesta de acuerdo con la metodología de evaluación establecida en el pliego de cargos y también detallará las propuestas descalificadas por el incumplimiento de los requisitos mínimos obligatorios exigidos en el pliego de cargos, si las hubiera. La Comisión Evaluadora contará con un plazo de hasta treinta días

hábiles para rendir su informe, contado a partir de la fecha establecida en el pliego de cargos, prorrogable hasta por un periodo adicional de veinte días hábiles más, a solicitud de la Comisión Evaluadora a la entidad licitante.

17. El informe de la Comisión Evaluadora, incluyendo la calificación obtenida por cada propuesta, será publicado obligatoriamente en el Sistema Electrónico de Contrataciones Públicas "PanamaCompra" y estará disponible, ese mismo día, una copia de dicho informe en formato electrónico o en versión impresa para los participantes que la soliciten.

18. Recibido el informe final de la Comisión Evaluadora, la entidad licitante comunicará, mediante un aviso publicado en el Sistema Electrónico de Contrataciones Públicas "PanamaCompra" y en los tableros que para este efecto tendrán las entidades contratantes con una antelación no mayor de cinco días hábiles, la fecha, la hora y el lugar para la celebración del acto público de apertura de los sobres de las propuestas económicas.

19. Quien presida el acto de apertura de las propuestas económicas abrirá primero el sobre que contiene el precio estimado y lo pondrá en conocimiento de los presentes; divulgará además la calificación resultante de la evaluación técnica y luego abrirá las propuestas económicas de los proponentes que hayan cumplido con los requisitos mínimos obligatorios. Esta información será reflejada en una tabla resumen.

20. Hecho lo anterior, las propuestas económicas serán entregadas a la Comisión de Verificación de Precios, en el mismo acto, para que esta establezca la calificación correspondiente según los criterios de evaluación establecidos en el pliego de cargos.

Las propuestas cuyo precio ofertado exceda el veinte por ciento (20%) del precio estimado por la entidad licitante no serán evaluadas.

Luego de evaluar las propuestas económicas que hayan cumplido con el requisito mínimo del precio, la Comisión de Verificación de Precios emitirá un informe, en el mismo acto, en el que se indicará la calificación total obtenida por cada propuesta de acuerdo con la metodología de evaluación descrita en el pliego de cargos.

21. Las calificaciones resultantes de las evaluaciones de las propuestas técnicas y económicas serán reflejadas en el informe de precios, el cual será publicado obligatoriamente en el Sistema Electrónico de Contrataciones Públicas "PanamaCompra" y estará disponible, ese mismo día, una copia de dicho informe en formato electrónico o en versión impresa para los participantes que la soliciten. Los participantes en el acto tendrán tres días hábiles para hacer observaciones al informe técnico y al económico, las cuales se unirán al expediente.

22. Hecho lo anterior, la entidad licitante procederá, en un término no mayor de cinco días hábiles, a adjudicar mediante resolución motivada el acto público al proponente que haya obtenido la mayor calificación de acuerdo con la metodología de evaluación descrita en el pliego de cargos o a declararlo desierto, si todos los proponentes incumplen con los requisitos mínimos obligatorios de dicho pliego.

23. En los casos en que se presente un solo proponente y este cumpla con los requisitos mínimos obligatorios y con la calificación que establezca el pliego de cargos, la entidad podrá adjudicar el contrato a ese único proponente, negociando un precio que en ningún caso excederá el precio estimado por la entidad licitante.

Artículo 46. Licitación para convenio marco. La licitación para convenio marco es el procedimiento de selección de contratista en el que se seleccionará uno o más proponentes, con los cuales se firmará un contrato de bienes o servicios de uso masivo y cotidiano, llamado convenio marco, y se establecerán precios y condiciones determinados durante un periodo de tiempo definido. En el caso de convenio marco de bienes o servicios, el criterio de selección será definido por la Dirección General de Contrataciones Públicas en los respectivos pliegos de cargos, atendiendo la particularidad de las necesidades del Estado.

En la licitación para convenio marco se seguirán las siguientes reglas:

1. Solo podrá ser realizada por la Dirección General de Contrataciones Públicas por el procedimiento establecido en el reglamento regido por los principios de esta Ley.

2. La adjudicación de esta licitación puede recaer en uno o más proponentes y el contrato es por un periodo de tiempo definido. En ningún caso, este periodo será superior a dos años; no obstante, podrá prorrogarse hasta por un año adicional.

3. Una vez se hayan determinado las especificaciones técnicas y las garantías de los bienes y servicios de uso masivo y cotidiano de las diferentes entidades del Estado, la Dirección General de Contrataciones Públicas procederá a realizar la convocatoria del acto público, a fin de que se realice la homologación correspondiente de los bienes y servicios que adquirirá el Estado bajo esta modalidad para el respectivo periodo.

Luego de homologadas las especificaciones técnicas y las respectivas garantías, se fijará fecha para recibir las propuestas de los interesados en participar en el acto público para convenio marco, procediéndose a formalizar mediante resolución la inclusión de aquellos proponentes que cumplan con los requisitos del pliego de cargos en el Catálogo Electrónico de Productos y Servicios, previa formalización del contrato.

La Dirección General de Contrataciones Públicas podrá adicionar nuevos renglones a un determinado convenio marco, así como recibir propuestas de nuevos interesados en participar en el convenio marco; sin embargo, los nuevos renglones y los nuevos proponentes entrarán por el periodo de tiempo restante de la vigencia del convenio, previo cumplimiento de todas las formalidades legales.

Durante la vigencia del convenio marco, los proponentes favorecidos podrán mejorar el precio ofrecido, exceptuando las situaciones de fuerza mayor o caso fortuito debidamente comprobadas. En este último caso, las entidades se reservan el derecho de adquirir estos productos o de llamar a un nuevo proceso de selección de contratista.

4. Las entidades del Estado deberán consultar este Catálogo Electrónico de Productos y Servicios, antes de proceder a llamar a un acto de selección de contratista o de solicitar la excepción de acto público, y verificar si los productos o servicios requeridos por la entidad están o no incluidos en dicho Catálogo, exceptuando las situaciones de fuerza mayor o caso fortuito debidamente comprobadas.

5. Toda adquisición de productos y servicios incluidos en el Catálogo Electrónico de Productos y Servicios deberá realizarse mediante órdenes de compra o documentos que resulten equiparables a estas.

6. Las entidades podrán solicitar a la Dirección General de Contrataciones Públicas efectuar un proceso de selección de contratista para productos y servicios ya incluidos en el Catálogo Electrónico de Productos y Servicios que, por razones fundadas, les será más beneficioso.

Todo lo relacionado con este artículo será reglamentado por la Dirección General de Contrataciones Públicas, en un término no mayor de noventa días, contado a partir de la entrada en vigencia de la presente Ley.

Artículo 47. Licitación de subasta en reversa. La licitación de subasta en reversa es un proceso de puja y repuja con la finalidad de obtener el mejor precio de un bien, de un servicio o de una obra para la institución o las instituciones, dentro de un plazo determinado.

El procedimiento que regule esta modalidad de compra será definido en el reglamento de la presente Ley. Este proceso podrá ser efectuado por la Dirección General de Contrataciones Públicas, así como por otras entidades que sean habilitadas por ella.

Una vez adjudicado el contrato, la entidad solicitante del proceso será la responsable por la celebración del contrato.

En la celebración de la licitación de subasta en reversa se observarán las siguientes reglas:

1. La Dirección General de Contrataciones Públicas determinará los productos, los servicios o las obras que serán adquiridos mediante subasta en reversa.

2. Los detalles del proceso, incluyendo productos, especificaciones, cantidades y plazos, se publicarán en la forma prevista en esta Ley y con un plazo de, al menos, cinco días hábiles de antelación al día de la subasta.

3. Los oferentes competirán mediante la puja y repuja de precio en tiempo real y en línea a través del Sistema Electrónico de Contrataciones Públicas "PanamaCompra", para determinar el mejor precio durante un plazo de tiempo determinado.

4. En ningún caso, las pujas o repujas podrán ser superiores al precio máximo de referencia estimado para el producto, servicio u obra que va a ser adquirido, ni tampoco superiores a la última oferta.

5. El precio más bajo estará siempre a la vista en Internet, a través del Sistema Electrónico de Contrataciones Públicas "PanamaCompra", para permitir la repuja a precios inferiores.

6. Concluido el proceso de subasta, la entidad licitante adjudicará el contrato al proponente del precio más bajo. De darse el caso en que solo un proponente confirmara su participación en la subasta, la entidad licitante podrá solicitar a este que presente su propuesta de precio, y proceder con la adjudicación o a declarar desierto el proceso, de conformidad con lo que establece esta Ley.

Artículo 48. Licitación abreviada. La licitación abreviada es el procedimiento de selección de contratista en el que el Estado selecciona y adjudica con base en el menor precio o, en los actos de mejor valor, en la mayor ponderación, siempre que se cumpla con todos los requisitos y aspectos técnicos exigidos en el pliego de cargos.

Se podrá utilizar cuando el monto de la contratación sea superior a los treinta mil balboas (B/.30,000.00), el objeto de la contratación responda a la necesidad de satisfacer el interés social o estado de urgencia y se requiera que se efectúe en términos de tiempo menores a los dispuestos en otras modalidades de contratación descritas en esta Ley, lo que deberá justificar el representante legal en la respectiva convocatoria.

La licitación abreviada se sujetará a las siguientes reglas:

1. Se anunciará mediante publicación en el Sistema Electrónico de Contrataciones Públicas "PanamaCompra" y en el tablero de anuncios de la entidad con un plazo mínimo de tres días hábiles, siempre que el monto de la contratación no sea superior a los tres millones de balboas (B/.3,000,000.00), y se anunciará con un plazo mínimo de cinco días hábiles cuando el monto de la contratación sea superior a los tres millones de balboas (B/.3,000,000.00).

La entidad licitante podrá invitar a las personas naturales o jurídicas con idoneidad y capacidad demostrada en el objeto de la contratación, de manera simultánea a la publicación en el Sistema Electrónico de Contrataciones Públicas "PanamaCompra". Quedará a discreción de la entidad realizar la reunión previa y homologación, salvo que el monto del acto sea superior a tres millones de balboas (B/.3,000,000.00), en cuyo caso la celebración de la reunión será obligatoria.

La reunión previa se celebrará preferentemente en una sola jornada, que deberá concluir con un acta en la que las partes homologan los documentos finales manifestando la aceptación de todas las condiciones y los términos del pliego de cargos. El acta será suscrita por todos los que hayan participado en dicha reunión y será parte del expediente.

En caso extraordinario, cuando la naturaleza o complejidad del acto público así lo amerite, se declarará en sesión permanente a los integrantes de la reunión previa, por un periodo adicional hasta de cinco días hábiles. En caso de discrepancia con los interesados, si esta no pudiera ser resuelta, los documentos o, en su caso, su expedición por parte de la entidad licitante tendrá como efecto la aceptación sin reservas ni condiciones de tales documentos por los participantes en el acto público, siempre que no se opongan al interés público y al ordenamiento jurídico. En consecuencia, no procede ningún reclamo derivado del contenido de tales documentos por parte de los interesados en el acto público que corresponda.

Toda modificación que pretenda introducirse al pliego de cargos deberá hacerse de conocimiento público a través del Sistema Electrónico de Contrataciones Públicas "PanamaCompra" y en los tableros de información de la entidad licitante con una antelación no menor de tres días hábiles antes de la celebración del acto de selección de contratista.

2. Los proponentes entregarán su oferta, la cual contendrá el precio ofertado con su correspondiente fianza de propuesta y la propuesta técnica ajustada a las exigencias del pliego de cargos.

3. La oferta de los proponentes será entregada en la fecha, la hora y el lugar señalados en el pliego de cargos.

4. Vencida la hora para la entrega de las propuestas, conforme a lo establecido en el pliego de cargos, no se recibirá ninguna más y se procederá a abrir las propuestas de cada uno de los proponentes en el orden en que fueron recibidas, las cuales se darán a conocer públicamente.

5. Quien presida el acto rechazará de plano las propuestas que no estén acompañadas por fianzas de propuesta. Igualmente, se rechazarán las propuestas acompañadas por fianzas con montos o vigencias inferiores a los establecidos en el pliego de cargos.

La presente disposición es de carácter restrictivo, por lo que en ningún caso podrán ser rechazadas las propuestas por causas distintas a las aquí señaladas.

Contra el acto de rechazo, el agraviado podrá reclamar hasta el siguiente día hábil ante la Dirección General de Contrataciones Públicas, que tendrá un plazo máximo de tres días hábiles para resolver el reclamo.

6. Una vez conocidas las propuestas, quien presida el acto preparará un acta que se adjuntará al expediente, en la que se dejará constancia de todas las propuestas admitidas o rechazadas en el orden en que hayan sido presentadas, con expresión del precio propuesto, del nombre de los participantes, de los proponentes rechazados que hayan solicitado la devolución de la fianza de propuesta, del nombre y el cargo de los funcionarios que hayan participado en el acto de selección de contratista, así como de los particulares que hayan intervenido en representación de los proponentes y de los reclamos o las incidencias ocurridas en el desarrollo del acto. Esta acta será de conocimiento inmediato de los presentes en el acto y será publicada en el Sistema Electrónico de Contrataciones Públicas "PanamaCompra" y en los tableros de información de la entidad licitante.

7. Concluido el acto público, se unirán al expediente las propuestas presentadas, incluso las que se hubieran rechazado, así como las fianzas de propuesta, a menos que los licitantes vencidos o rechazados soliciten su devolución, entendiéndose con ello que renuncian a toda reclamación sobre la adjudicación de la licitación.

8. Inmediatamente después de levantada el acta, se remitirá el expediente, que contiene las propuestas de los participantes, a una comisión verificadora o evaluadora, que deberá ser previamente constituida por la entidad licitante. La comisión estará integrada por profesionales idóneos en el objeto de la contratación.

9. Para la verificación y evaluación de las propuestas, la comisión aplicará las reglas de evaluación determinadas para la licitación pública o licitación por mejor valor dispuestas en esta Ley.

10. El plazo para emitir el informe de la comisión no será superior a cinco días hábiles, a menos que la complejidad del acto amerite una única prórroga que no será superior a tres días hábiles adicionales.

11. Una vez emitido el informe, este será publicado obligatoriamente en el Sistema Electrónico de Contrataciones Públicas "PanamaCompra" y estará disponible, ese mismo día, una copia impresa de este para los participantes en el acto que la deseen. Igualmente, la entidad licitante comunicará sobre la publicación de este informe a los proponentes que, en su propuesta, hayan incluido su correo electrónico o fax.

12. A partir de la fecha de la publicación descrita en el numeral anterior, los participantes de este acto público tendrán acceso al expediente, incluyendo las propuestas de los participantes en el acto, y tendrán dos días hábiles para hacer observaciones a dicho informe, las cuales se unirán al expediente.

Transcurrido el plazo descrito en el numeral anterior, el jefe de la entidad licitante o el funcionario en quien se delegue procederá, mediante resolución motivada, a adjudicar el acto público o a declararlo desierto en un plazo no mayor de tres días hábiles.

En los casos en que se presente un solo proponente y este cumpla con todos los requisitos y las exigencias del pliego de cargos, la recomendación de la adjudicación podrá recaer en él, siempre que el precio ofertado sea conveniente para el Estado o cumpla con un mínimo del ochenta por ciento (80%) del total de puntos y el precio ofertado sea conveniente para el Estado.

Las entidades del Estado deberán consultar el Catálogo Electrónico de Productos y Servicios antes de proceder a llamar a un acto de selección de contratista, así como verificar si los productos o servicios requeridos por la entidad están o no incluidos en dicho Catálogo.

Si los productos o servicios requeridos por la entidad licitante están en el Catálogo Electrónico de Productos y Servicios, la entidad está obligada a adquirirlos a través de dicho Catálogo.

Las entidades deberán solicitar a la Dirección General de Contrataciones Públicas que efectúe un proceso de selección de contratista para productos y servicios ya incluidos en el Catálogo Electrónico de Productos y Servicios que, por razones fundadas, les será más beneficioso.

Artículo 49. Subasta de bienes públicos. La venta o el arrendamiento de los bienes muebles o inmuebles del Estado podrá realizarse mediante una subasta pública, y para ello se seguirán las siguientes reglas:

1. Solo podrá ser realizada por el Ministerio de Economía y Finanzas, en el caso de los bienes muebles e inmuebles de la Nación, conforme lo siguiente:

a. Cuando el valor real del bien sea menor de trescientos mil balboas (B/.300,000.00), no se requerirán autorizaciones.

b. Si el valor real está comprendido entre los trescientos mil balboas (B/.300,000.00) y los tres millones de balboas (B/.3,000,000.00), se requerirá autorización del Consejo Económico Nacional.

c. Si el valor real es superior a los tres millones de balboas (B/.3,000,000.00), se requerirá autorización del Consejo de Gabinete.

Las entidades descentralizadas con patrimonio propio podrán realizar la venta o el arrendamiento de los bienes de su propiedad bajo este procedimiento, y no requerirán las aprobaciones de las instancias anteriores.

2. Se anunciará, mediante publicación, en la forma y con la antelación establecidas en los artículos 32 y 33 de la presente Ley, de acuerdo con la cuantía del acto público. En adición a lo anterior, deberán incluirse los bienes que hayan de venderse o arrendarse, el lugar en que se encuentran, el valor estimado de cada uno y la hora de inicio y de finalización de la subasta. El periodo de duración de la subasta no deberá ser mayor a tres horas.

3. Con excepción de las subastas que se realicen de manera electrónica, los proponentes deberán inscribirse desde la fecha de publicación hasta dos días hábiles antes del acto público, y consignar, junto con la inscripción, una fianza equivalente al diez por ciento (10%) del valor estimado del bien que se va a subastar, o el importe de dos meses de arrendamiento que se fije como base en el anuncio de la subasta.

4. En la fecha, el lugar y el horario establecido en el pliego de cargos, los proponentes inscritos podrán hacer las pujas y repujas que tengan a bien.

Cuando la subasta se realice de manera electrónica, el proponente recibirá, al momento de inscribirse, la información y los permisos necesarios para tener acceso el

Sistema Electrónico de Contrataciones Públicas "PanamaCompra", en el que podrá efectuar sus pujas y repujas. En ningún caso, las pujas o repujas podrán ser inferiores al valor estimado de cada bien en subasta ni tampoco inferior a la última oferta.

5. Llegada la hora de finalización, se anunciará que el bien será adjudicado y se dejará claramente establecido que no hay ninguna oferta que mejora la última; es decir, que no hay ninguna oferta con un precio superior.

6. Terminado el acto, se levantará un acta en la cual se especificarán los bienes rematados, el nombre del adjudicatario y la cantidad en que se hayan subastado. Si lo subastado fueran bienes inmuebles, su descripción se hará con todos los requisitos que exige la ley para la inscripción de títulos de dominio sobre inmuebles, con los gravámenes que pesen sobre el bien.

7. En caso de venta de bienes, el precio se pagará dentro de los cinco días hábiles siguientes a la fecha de la subasta, previa deducción de la fianza, en caso de ser consignada en efectivo. A los postores a quien no se les adjudique la subasta, les será devuelta la fianza consignada.

8. Vencido el término de cinco días a que se refiere el numeral anterior, sin que se haya pagado el precio de venta del bien, se perderá la fianza consignada y el derecho a la adjudicación. El

importe de dicha garantía ingresará al Tesoro Nacional o a la respectiva entidad. Tratándose de venta de bienes inmuebles, el contrato se otorgará mediante escritura pública, dentro de los cinco días hábiles siguientes a la fecha en que se efectuó el pago.

El valor estimado del bien será determinado por el promedio que resulte entre el valor del avalúo realizado por el Ministerio de Economía y Finanzas y el valor del avalúo realizado por la Contraloría General de la República.

En los casos de arrendamiento, efectuada la adjudicación, se procederá a la celebración del respectivo contrato entre el Estado y el adjudicatario.

En los casos de bienes muebles que no pudieran rematarse, el Órgano Ejecutivo, las entidades autónomas y semiautónomas o las que administren bienes estatales podrán aprovechar tales bienes, asignarlos a otras instituciones del Estado o aplicarlos a programas de beneficencia

Si los bienes muebles no representan valor económico, se ordenará su destrucción de acuerdo con las normas de procedimiento establecidas para tales efectos.

El adjudicatario deberá consignar el importe del canon de arrendamiento de un mes por cada año de vigencia del contrato, como depósito de garantía. En ningún caso, el depósito de garantía podrá exceder de seis meses de canon de arrendamiento.

Se exceptúan de la aplicación de este artículo los bienes adjudicados a los intermediarios financieros del Estado, en pago de obligaciones comerciales vencidas de sus clientes, y los bienes que se les transfieran en propiedad por cualquier procedimiento judicial o extrajudicial, en pago de obligaciones contraídas por personas naturales o jurídicas a favor de tales intermediarios financieros.

Artículo 50. Nueva convocatoria y venta de bienes por procedimiento excepcional. Declarada desierta la segunda convocatoria por falta de postores, se podrá efectuar una tercera convocatoria.

En este caso, el precio de venta corresponderá a las dos terceras partes del valor estimado del bien. De no concurrir proponentes, se procederá a la venta por procedimiento excepcional por un precio que sea igualo mayor al cincuenta por ciento (50%) del refrendado utilizado en la primera convocatoria. La venta por procedimiento excepcional de los bienes muebles o inmuebles de la Nación requerirá las autorizaciones establecidas en el artículo anterior.

Artículo 51. Precalificación de proponentes. El Consejo de Gabinete podrá acordar, de manera excepcional, que ciertos proyectos, teniendo en cuenta su cuantía y complejidad, sean sometidos a un proceso de precalificación de proponentes, previo al acto público.

Esta materia será reglamentada por el Órgano Ejecutivo.

Artículo 52. Competencia para presidir actos de selección de contratista. La competencia para presidir los procedimientos de selección de contratista recae en el representante de la entidad que convoca el acto público correspondiente o en el servidor público en quien se delegue esta función.

Podrán participar en dicho acto un representante de la Dirección General de Contrataciones Públicas y otro de la Contraloría General de la República; no obstante, dicha participación no compromete la función fiscalizadora de ambas entidades.

Artículo 53. Catálogo Electrónico de Productos y Servicios. El Catálogo Electrónico de Productos y Servicios es una vitrina virtual que pertenece al Sistema Electrónico de Contrataciones Públicas "PanamaCompra" y al que podrán acceder todas las instituciones públicas. Este Catálogo contendrá todos los productos y servicios que han sido incluidos en los convenios marco ya perfeccionados y vigentes.

Todas las órdenes de compra amparadas en los convenios marco deberán realizarse a través del Sistema Electrónico de Contrataciones Públicas "PanamaCompra", el cual administra la Dirección General de Contrataciones Públicas. El Órgano Ejecutivo establecerá, mediante reglamento, la comisión por manejo que deberá recibir la Dirección General de Contrataciones Públicas por las compras que se realicen a través del Catálogo Electrónico de Productos y Servicios.

Las entidades públicas deberán consultar este Catálogo antes de proceder a llamar a un acto de selección de contratista. Dicho Catálogo contendrá, como mínimo, la siguiente información:

1. La empresa o las empresas con las cuales se ha suscrito un convenio marco.
2. Los productos o servicios incluidos en los convenios marco, así como su descripción detallada, el tiempo de entrega y el precio.
3. Los términos y las condiciones adicionales, como garantías y otros servicios adicionales.

Igualmente, se incluirán en este Catálogo Electrónico los bienes y servicios que sean adquiridos mediante contratos celebrados por el Estado o sus entidades, producto de un acto público de selección de contratista o excepción de acto público, para el desarrollo y ejecución de proyectos de tecnología de la información y las comunicaciones para el uso compartido de las entidades, con la finalidad de que, a través de órdenes de compra, estas contraten dichos bienes y servicios o cualquier otro proyecto que apruebe el Consejo de Gabinete, para que sean incluidos en el Catálogo Electrónico de Productos y Servicios.

Artículo 54. Funcionamiento de la comisión evaluadora o verificadora. La comisión evaluadora o verificadora, según sea el caso, deberá estar constituida por profesionales idóneos en el objeto de la contratación, sean servidores públicos o profesionales del sector privado, quienes deberán designarse mediante resolución, antes del acto de recepción de propuestas, la cual se publicará junto con el informe de verificación o evaluación correspondiente.

La comisión evaluadora o verificadora deberá aplicar los criterios de evaluación contenidos en el pliego de cargos. En los casos necesarios, podrá solicitar a los proponentes las aclaraciones y las explicaciones que estime indispensables sobre la documentación presentada, así como solicitar, por conducto de la entidad licitante, el apoyo de especialistas o asesores relacionados con la materia objeto del proceso de selección de contratista.

La comisión presentará su evaluación mediante un informe, dirigido al representante legal de la entidad licitante o el funcionario delegado, el cual deberá llevar la firma de los miembros de la comisión.

El informe de la comisión no podrá ser modificado ni anulado, salvo que por mandamiento del representante legal de la entidad, la Dirección General de Contrataciones Públicas o el Tribunal Administrativo de Contrataciones Públicas se declare que se hizo en contravención de lo dispuesto en esta Ley o el pliego de cargos. En estos casos, las autoridades antes mencionadas cuando ordenen un nuevo análisis total o parcial de las propuestas, ya sea por parte de la misma comisión o de una nueva comisión, dicho informe total o parcial deberá emitirse en un plazo no mayor de tres días hábiles.

Artículo 55. Adjudicación de los actos de selección de contratista. Si el jefe de la entidad pública contratante o el funcionario en quien se delegue considera que se han cumplido las formalidades establecidas por esta Ley, adjudicará o declarará desierto el acto de selección de contratista, mediante resolución motivada, en un plazo no mayor de cinco días hábiles. En el caso de que se declare desierto un acto de selección de contratista, se hará con base en lo señalado en el artículo 56 de la presente Ley. En la contratación menor se adjudicará, declarará desierto o rechazarán las propuestas en el respectivo cuadro de cotizaciones, el cual deberá contener la información originada en el acto, un número secuencial, indicación del fundamento legal, la posibilidad de interposición del recurso de impugnación, fecha y firma del representante legal de la entidad o el servidor público delegado, al cual se adjuntarán los documentos de cada propuesta recibida.

Las personas que se consideren agraviadas con la decisión podrán recurrir por la vía gubernativa, conforme a las reglas del procedimiento administrativo instituido en el artículo 130 de la presente Ley, sin perjuicio de acudir a la Sala Tercera de la Corte Suprema de Justicia, para promover la acción contenciosa.

Artículo 56. Acto desierto. La entidad licitante, mediante resolución motivada, declarará desierto el acto de selección de contratista por las siguientes causas:

1. Por falta de proponentes; es decir, cuando no se recibió ninguna oferta.

2. Cuando ninguna de las propuestas cumple con los requisitos y las exigencias del pliego de cargos.

3. Si las propuestas presentadas se consideran riesgosas, onerosas o gravosas.

4. Si todas las propuestas presentadas en el acto provienen de un mismo grupo económico de sociedades vinculadas, conforme al numeral 42 del artículo 2 de la presente Ley.

5. Cuando los postores en un acto de subasta de bienes públicos no hubieran ofertado un precio igualo mayor del valor estimado para el acto, y en el caso de subasta en reversa, no hubieran ofertado un precio igualo menor del precio máximo de referencia.

6. Cuando se considere que las propuestas son contrarias a los intereses públicos.

7. Cuando el objeto de contratación esté contenido en el Catálogo Electrónico de Productos y Servicios, y ninguna de las ofertas mejora los precios y condiciones contenidos en él.

Declarado desierto el acto, la entidad pública podrá convocar a un nuevo acto. La nueva convocatoria se realizará con la antelación prevista en el artículo siguiente.

En caso de subasta en reversa, si solo se presentara una propuesta, la entidad podrá, en lugar de declararla desierta, negociar directamente el contrato únicamente con ese proponente, a un precio que sea igual o menor del precio máximo de referencia; o igual o superior al valor estimado, en los casos de subasta de bienes públicos.

Artículo 57. Nueva convocatoria. El nuevo acto de selección de contratista se anunciará en el Sistema Electrónico de Contrataciones Públicas "PanamaCompra" y en el tablero de información de la entidad licitante, por lo menos con cinco días calendario de anticipación a la fecha en que deba realizarse el respectivo acto, si la entidad licitante lo considera conveniente.

Artículo 58. Facultad de la entidad licitante. La entidad licitante podrá, antes de recibir propuestas, cancelar la convocatoria del acto público sin mayor fundamentación.

En caso de que se hubieran recibido propuestas, por causas de orden público o de interés social, la entidad puede rechazar todas las propuestas, sin que hubiera recaído adjudicación.

Ejecutoriada la adjudicación del acto público, esta obliga a la entidad licitante y al adjudicatario; en consecuencia, el adjudicatario o contratista, según sea el caso, tendrá derecho a la formalización del contrato correspondiente, o a recibir compensación por los gastos incurridos, si la entidad licitante decidiera ejercer la facultad de rechazo de su oferta, sin haberse formalizado el contrato.

El adjudicatario está obligado a mantener su propuesta y a firmar el contrato respectivo; de no hacerlo dentro del tiempo establecido en el pliego de cargos, la entidad licitante ejecutará la fianza de propuesta.

Cuando la entidad ejerza la facultad extraordinaria de rechazo de propuesta, el acto público quedará en estado de cancelado, salvo que el interesado haga uso del derecho de interponer el recurso correspondiente ante el Tribunal Administrativo de Contrataciones Públicas contra el acto administrativo que declara el rechazo de la propuesta.

Artículo 59. Vacíos en los procedimientos de selección de contratista. Cuando existan vacíos en el procedimiento de selección de contratista, se llenarán con la aplicación de las normas de procedimiento administrativo y, en su defecto, con los principios y normas del procedimiento civil.

Artículo 60. Avalúo. Los bienes inmuebles que el Estado se proponga adquirir o disponer mediante compra o arrendamiento deberán ser avaluados por dos peritos, uno designado por el Ministerio de Economía y Finanzas y otro por la Contraloría General de la República, para determinar su valor de mercado.

En caso de permuta, se avaluarán en la misma forma el bien que se entrega y el que se recibe por razón de la permuta. No se podrán pagar por los bienes sumas mayores que el avalúo de los bienes y, en caso de discrepancia entre ellos, del promedio de dichos avalúos.

En los casos de bienes ubicados en sedes diplomáticas o consulares o en residencias del Estado para alojar funcionarios se podrá, por intermedio del Ministro de Relaciones Exteriores, solicitar avalúos, en el país de origen, a una firma reconocida y calificada en dicha materia. Estos avalúos finales deberán ser ratificados por la Contraloría General de la República y por el Ministerio de Economía y Finanzas.

En caso de los semovientes y bienes consumibles, el reglamento determinará el método para fijar su valor de mercado.

Artículo 61. Registro de los actos de adquisición y disposición. Toda adquisición o disposición de bienes, por las entidades públicas, deberá ser comunicada, para efecto de su registro, al Ministerio de Economía y Finanzas y a la Contraloría General de la República, a los cinco días hábiles, contados a partir del recibo por la entidad del contrato de adquisición o disposición debidamente perfeccionado.

CAPÍTULO VIII.

PROCEDIMIENTO EXCEPCIONAL DE CONTRATACIÓN

Artículo 62. Causales. Las entidades o instituciones públicas que se encuentran dentro del ámbito de aplicación de esta Ley procurarán utilizar adecuadamente los procedimientos de selección de contratista, fundamentando sus actuaciones en los principios de transparencia, eficiencia, eficacia, debido proceso, publicidad, economía y responsabilidad. No obstante, cuando se produzcan hechos o circunstancias por los cuales la celebración de cualesquiera de los procedimientos de selección de contratista, establecidos en el artículo 40, ponga en riesgo la satisfacción de los requerimientos e intereses del Estado, dichas entidades o instituciones podrán acogerse al procedimiento excepcional de contratación en los siguientes casos:

1. Los contratos para la adquisición o arrendamiento de bienes o servicios, en los que el Estado actúe en calidad de arrendador o arrendatario, así como la venta de bienes o servicios del Estado, en la que no haya más de un oferente o en aquellos que no haya sustituto adecuado, siempre que la venta no esté fundamentada en la existencia de derechos posesorios sobre inmuebles. Se entenderá que la aprobación del contrato no comprende un acto de reconocimiento de derecho alguno.

2. Cuando hubiera urgencia evidente de acuerdo con el numeral 49 del artículo 2, que no permita conceder el tiempo necesario para celebrar el acto público de selección de contratista.

3. Cuando se trate de conjurar situaciones excepcionales relacionadas con emergencias y desastres nacionales, previa declaratoria por el Órgano Ejecutivo.

4. Los contratos de permuta para adquisición de bienes muebles o inmuebles, previo avalúo correspondiente.

5. Las contrataciones por mérito para ciencia, tecnología, innovación y cultura, las cuales reglamentará el Órgano Ejecutivo por conducto del Ministerio de la Presidencia.

6. Los contratos que sobrepasen los trescientos mil balboas (B/.300,000.00), que constituyan simples prórrogas de contratos existentes, siempre que el precio no sea superior al pactado, cuenten con la partida presupuestaria correspondiente, no varíen las características esenciales del contrato, como sus partes, objeto, monto y vigencia, y así lo autoricen las autoridades competentes. Sin embargo, cuando existan razones fundadas se permitirá que la entidad contratante otorgue prórrogas cuya vigencia sea inferior a la pactada originalmente.

En casos de arrendamientos de bienes inmuebles, en los que el Estado actúe en condición de arrendatario, se entenderá también que existe simple prórroga, siempre que el canon de arrendamiento no exceda los límites permitidos de acuerdo con el valor promedio actualizado del bien.

Para efectos de esta disposición, se entenderá como valor promedio actualizado del bien el valor correspondiente hasta dos aftos después de la fecha del último avalúo oficial expedido por las autoridades competentes.

7. Los contratos considerados de urgente interés local o de beneficio social. Se entienden incluidos los proyectos relacionados con el desarrollo de recursos energéticos, hídricos y otros de importancia estratégica para el desarrollo nacional.

8. Los contratos de obras de arte o trabajos técnicos, cuya ejecución solo pueda confiarse a artistas reputados o a reconocidos profesionales.

9. Las contrataciones celebradas por la Asamblea Nacional que sobrepasen los cincuenta mil balboas (8/.50,000.00). En caso de contrataciones inferiores a este monto, estas serán autorizadas por la Directiva de la Asamblea Nacional.

Parágrafo. No será aplicable el procedimiento de selección de contratista ni el procedimiento excepcional de contratación, establecidos en esta Ley, en los siguientes casos:

a. Para las adquisiciones de suministros, servicios u obras que guarden relación con la seguridad ciudadana, presidencial y del Estado. En los casos en que dichas adquisiciones sean menores de tres millones de balboas (8/.3,000,000.00), el ministro de la Presidencia, o quien él delegue, deberá autorizar la condición de tal. Cuando las adquisiciones sobrepasen la suma de tres millones de balboas (8/.3,000,000.00) serán autorizadas por el Consejo de Gabinete.

Para los efectos de este literal, las entidades deberán presentar solicitud formal que contenga, como mínimo, la siguiente información:

1. Objeto de la contratación.
2. Identificación del tipo de seguridad con el que se guarda relación, debidamente fundamentada.
3. Descripción de la adquisición, servicio u obra a contratar.
4. Cuantía y partida presupuestaria.
5. Justificación de la solicitud y de la contratación con el proveedor debidamente desarrollada y fundamentada.
6. Cualquiera otra información o documentación que sustente la contratación o sea requerida por la autoridad correspondiente para emitir la autorización.

b. Las contrataciones interinstitucionales que celebre el Estado, entendiéndose como tales las que se realicen entre entidades del Gobierno Central, las que celebre el Estado con sus instituciones autónomas o semiautónomas, municipales o con las asociaciones de municipios o de estas entre sí.

c. Los contratos que constituyan simple prórroga de arrendamiento de bienes o servicios ya existentes, cuyos montos no excedan de trescientos mil balboas (B/.300,000.00), por razones de normalización o por la necesidad de asegurar la compatibilidad con los bienes, el equipo, la tecnología o los servicios que se estén utilizando, siempre que se cuente con la partida presupuestaria correspondiente, que el precio no sea superior al pactado originalmente y no varíen las características esenciales del contrato, como sus partes, objeto, monto y vigencia. Sin embargo, cuando existan razones fundadas, se permitirá que la entidad contratante otorgue prórrogas cuya vigencia sea inferior a la pactada originalmente.

En casos de arrendamiento de bienes inmuebles, en los que el Estado actúe en condición de arrendatario, se entenderá que existe simple prórroga, siempre que el canon de arrendamiento no exceda los límites permitidos de acuerdo con el valor promedio actualizado del bien.

Para los efectos de esta disposición, se entenderá como valor promedio actualizado del bien el valor correspondiente hasta dos años después de la fecha del último avalúo oficial expedido por las autoridades competentes.

d. Las contrataciones celebradas con un mismo proveedor, para un mismo objeto contractual, cuya cuantía anual no sobrepase los cien mil balboas (B/.1 00,000.00).

Para efectos de esta disposición, las entidades deberán publicar en el Sistema Electrónico de Contrataciones Públicas "PanamaCompra" los respectivos contratos, debidamente refrendados por la Contraloría General de la República, en un plazo no mayor de cinco días hábiles, contado a partir de la fecha de recepción del contrato por parte de la entidad contratante. Se exceptúan de la publicación en el Sistema Electrónico de Contrataciones Públicas "PanamaCompra" las adquisiciones, servicios y obras que guardan relación con la seguridad ciudadana, presidencial y del Estado.

Artículo 63. Informe técnico oficial fundado. Con excepción de la causal establecida en el numeral 3 del artículo 62, las entidades que apliquen el procedimiento excepcional de contratación, con fundamento en los criterios establecidos en el artículo anterior, deberán presentar a la autoridad competente un informe técnico oficial fundado, el cual deberá estar firmado por el funcionario técnico responsable y avalado por el representante legal de la institución o a quien se le delegue dicha facultad.

El informe deberá contener, como mínimo, la siguiente información:

1. Antecedentes y objetivo general del proyecto, motivo de la contratación.
2. Plan institucional y los resultados esperados en términos cualitativos y cuantitativos.
3. Proyección social y económica sobre los beneficiarios del proyecto.
4. Especificaciones técnicas para la realización del proyecto.
5. Generales del proveedor que se pretende contratar.
6. Justificación sobre la especialidad, exclusividad o urgencia de contratar con un determinado proveedor.

Tratándose de la venta de bienes del Estado en la que exista un interés social o esté relacionado con programas de titulación de tierras que adelante el propio Estado, solo se requerirá el informe técnico oficial de la autoridad con mando y jurisdicción responsable del programa o que establezca el beneficio en aras del interés social. La titulación que realice el Estado sobre bienes inmuebles basada en derechos posesorios se regirá por las leyes especiales.

Artículo 64. Anuncio de intención del procedimiento excepcional de contratación. En los casos establecidos en los numerales 1, 6 Y 8 del artículo 62, la entidad contratante deberá publicar su intención de acogerse al procedimiento excepcional de contratación en el Sistema Electrónico de Contrataciones Públicas "PanamaCompra", por un periodo no menor de cinco días hábiles.

Dicha publicación deberá incluir el informe técnico oficial fundado, la propuesta técnica y económica del proveedor o contratista, la fuente de financiamiento y el proyecto de contrato, de ser el caso.

Transcurrido el término antes señalado, sin que se presenten otros interesados con capacidad para proveer el bien, obra o servicio requerido, a través de medios impresos o electrónicos, la entidad contratante procederá a emitir una certificación por medio de su representante legal o funcionario autorizado, en la cual se haga constar que no se presentaron otros interesados. Cumplida esta formalidad, la entidad podrá solicitar al ente u organismo correspondiente la aprobación de la contratación.

En caso de concurrir otros interesados, la entidad levantará y publicará en el Sistema Electrónico de Contrataciones Públicas "PanamaCompra" un informe en el cual se fundamentarán las razones técnicas que justifiquen y respalden su decisión de contratar con un solo proveedor o, en su defecto, desistir de realizar el procedimiento excepcional de contratación y convocar al procedimiento de selección de contratista correspondiente. Este informe deberá contener el orden de presentación o anuncio de los interesados, de manera presencial, escrita o por medios electrónicos, señalando el nombre de la persona natural o jurídica que corresponda.

La omisión de esta información dará lugar a la imposición de la multa establecida en el numeral 13 del artículo 10.

Lo dispuesto en este artículo no será aplicable a los procedimientos de contratación menor ni a los casos de simples prórrogas de arrendamiento de bienes inmuebles. No obstante, toda institución que requiera acogerse al procedimiento excepcional de contratación deberá registrarlo en el Sistema Electrónico de Contrataciones Públicas "PanamaCompra", previo a la solicitud de aprobación ante la autoridad competente.

Artículo 65. Solicitud de aprobación de la contratación mediante procedimiento excepcional. Una vez cumplidos los requerimientos establecidos en los artículos anteriores, el representante legal de la entidad deberá solicitar formalmente a la autoridad competente la aprobación de la contratación mediante procedimiento excepcional. Junto con esta solicitud, la entidad deberá aportar toda la documentación que acredite el cumplimiento de los aspectos legales, técnicos y financieros de la contratación, así como las autorizaciones y aprobaciones institucionales correspondientes, de acuerdo con lo establecido en las disposiciones legales vigentes al momento de presentar la solicitud.

Artículo 66. Evaluación y aprobación de contrataciones mediante procedimiento excepcional. Una vez recibida la documentación, la autoridad competente evaluará el cumplimiento de los requisitos establecidos en este Capítulo, así como la conveniencia de la contratación, conforme a los planes y políticas del Estado, quedando facultada para subsanar o devolver la documentación en caso de corrección, ampliación o rechazo de la solicitud.

La evaluación y aprobación de las contrataciones mediante procedimiento excepcional, que no sobrepasen los trescientos mil balboas (B/.300,000.00), le corresponden al Ministerio de Economía y Finanzas. En el caso de los intermediarios financieros y de las sociedades anónimas en las que el Estado sea propietario del cincuenta y uno por ciento (51 %) o más de sus acciones o patrimonio, las contrataciones se ajustarán a lo dispuesto en sus leyes orgánicas, para efectos de los contratos que no sobrepasen los trescientos mil balboas (B/.300,000.00) sin requerir la aprobación del Ministerio de Economía y Finanzas.

La evaluación y aprobación de las contrataciones mediante procedimiento excepcional, que sobrepasen los trescientos mil balboas (B/.300,000.00) sin exceder los tres millones de balboas (B/.3,000,000.00), le corresponden al Consejo Económico Nacional.

La evaluación y aprobación de las contrataciones mediante procedimiento excepcional, que sobrepasen los tres millones de balboas (B/.3,000,000.00), le corresponden al Consejo de Gabinete.

Artículo 67. Contrataciones Que celebre el Fondo de Inversión Social. Los contratos que celebre el Fondo de Inversión Social estarán exceptuados de la aplicación de la presente Ley.

Artículo 68. Contratación por mérito. El Estado reconocerá la contratación por mérito como un proceso de adjudicación de contrato legalmente válido, resultado de la evaluación apropiada y transparente de la calidad de una propuesta, con reglas claras y principios básicos de obligatoria observancia, para labores basadas en el talento de los involucrados y en el mérito de la propuesta, como una forma de promover el desarrollo integral del país en áreas tales como la ciencia y la cultura.

La adjudicación de un contrato por mérito requerirá:

1. Un comité externo de evaluación por pares, compuesto por nacionales o extranjeros que no pertenezcan a la institución contratante y que sean entendidos en las materias relevantes para evaluar el mérito de la propuesta.

2. Criterios de mérito definidos previamente a la evaluación, tales como originalidad, excelencia, talento o trayectoria de los proponentes, impacto u otras características que van a ser juzgadas por el comité externo de evaluación por pares.

3. Un reglamento, publicado antes de la recepción de propuestas, que describa, como mínimo, el proceso para considerar propuestas, el proceso de evaluación y el proceso de adjudicación.

4. Un acta que haga constar la recomendación final del comité externo de evaluación por pares, en cuanto a la conveniencia de la adjudicación y otras observaciones pertinentes.

Corresponderá al Consejo de Gabinete determinar las entidades que podrán acogerse a la figura de contrataciones por mérito. Los reglamentos generales deberán ser aprobados mediante decreto ejecutivo.

CAPÍTULO IX.

CONTRATO

Artículo 69. Principio general. Los contratos celebrados en la República de Panamá se sujetarán a las leyes panameñas.

Artículo 70. Firma del contrato. El contratista tendrá un término no mayor de cinco días hábiles, contado a partir de la notificación de la resolución de adjudicación, para constituir la fianza de cumplimiento. Una vez cumplido este requisito, el representante legal de la entidad contratante o a quien se delegue esta función procederá a formalizar el contrato, de acuerdo con el pliego de cargos y las disposiciones legales pertinentes.

Salvo disposición legal contraria, todo contrato que celebren las entidades públicas a las que se les aplique esta Ley en forma supletoria, y cuya cuantía exceda de trescientos mil balboas (B/.300,000.00) sin sobrepasar los tres millones de balboas (B/.3,000,000.00) deberán contar con el concepto favorable del Consejo Económico Nacional. Los contratos cuya cuantía exceda de tres millones de balboas (B/.3,000,000.00) deberán contar con el concepto favorable del Consejo de Gabinete, salvo lo dispuesto en los artículos 122 y 123 de la Ley 1 de 2001, sobre medicamentos y otros productos para la salud humana.

Artículo 71. Disposiciones aplicables a los contratos públicos. Los contratos públicos que celebren las entidades estatales se regirán por las disposiciones de la presente Ley y disposiciones complementarias, y lo que en ella no se disponga expresamente, por las disposiciones del Código Civil o del Código de Comercio, compatibles con las finalidades de la contratación pública.

Artículo 72. Medios para el cumplimiento del objeto contractual. Para el cumplimiento de los fines de la contratación, la entidad contratante tendrá las siguientes potestades:

1. Ejercer la dirección general, la responsabilidad del control y la vigilancia de la ejecución del contrato, con el fin de evitar la paralización o la afectación grave de los servicios públicos a su cargo, y de asegurar la inmediata, continua y adecuada prestación.

2. Pactar las cláusulas excepcionales al Derecho Común de terminación, interpretación y modificación unilateral del contrato.

3. Resolver administrativamente el contrato por las causas establecidas en esta Ley, observando las formalidades en ella previstas, referentes al reconocimiento y pago de las compensaciones e indemnizaciones, a que tengan derecho las personas objeto de tales medidas.

Artículo 73. Terminación unilateral del contrato. Sin perjuicio de la resolución administrativa del contrato prevista en el Capítulo XV, la entidad contratante, en acto administrativo debidamente motivado, podrá disponer la terminación anticipada del contrato, cuando circunstancias de interés público debidamente comprobadas lo requieran, en cuyo caso el contratista deberá ser indemnizado por razón de los perjuicios causados con motivo de la terminación unilateral por la entidad contratante.

Para esta terminación excepcional del contrato, se requiere concepto favorable del Consejo de Gabinete en aquellos contratos que excedan los tres millones balboas (B/.3,000,000.00); del Consejo Económico Nacional en aquellos contratos que exceden de trescientos mil balboas (B/.300,000.00) y no superen los tres millones de balboas (B/.3,000,000.00), y de resolución motivada por los representantes legales de las entidades contratantes en los demás casos.

Artículo 74. Facultad de contratación. La celebración de los contratos corresponde al ministro o representante legal de la entidad contratante correspondiente o a quien se delegue esta facultad, por parte del Estado, de acuerdo con las condiciones y los requisitos exigidos en el pliego de cargos y las disposiciones legales pertinentes. Los contratos se entenderán perfeccionados cuando sean refrendados por la Contraloría General de la República, y surtirán sus efectos a partir de la fecha de notificación o entrega de la orden de proceder al contratista. Se exceptúan los convenios marco, los cuales se perfeccionarán una vez sean suscritos por la Dirección General de Contrataciones Públicas.

Todos los contratos, independientemente de su cuantía, se deberán publicar en el Sistema Electrónico de Contrataciones Públicas "PanamaCompra".

Artículo 75. Cláusulas y uso de la plaza. Las entidades públicas podrán incluir, en los contratos que celebren, los pactos, las cláusulas y los usos de la plaza, dependiendo de la esencia y naturaleza del contrato, así como otros que considere convenientes, siempre que no se opongan al interés público o al ordenamiento jurídico existente, sin perjuicio de los privilegios y las prerrogativas del Estado, los cuales no podrán ser objeto de limitación, negación o renuncia por la entidad contratante. Cualquier condición contraria a esta disposición será nula de pleno Derecho.

Artículo 76. Cesión de contratos y cesión de crédito. El contratista podrá ceder los derechos que nazcan del contrato, previo cumplimiento de las formalidades establecidas por esta Ley, el reglamento o por las condiciones consignadas en el pliego de cargos que haya servido de base al procedimiento de selección de contratista. Sin embargo, en todos los casos, será preciso que el cesionario reúna las condiciones y preste la garantía exigida al contratista, y que el ministerio o entidad respectiva y el garante consientan en la cesión, haciéndolo constar así en el expediente respectivo.

Los créditos que se generen de un contrato podrán cederse en la forma que establezca el Ministerio de Economía y Finanzas para las entidades del Gobierno Central. Las entidades del sector descentralizado podrán utilizar este procedimiento, adecuándolo a sus respectivas leyes orgánicas.

Artículo 77. Reglas para modificaciones y adiciones al contrato en base al interés público. Para hacer modificaciones y adiciones al contrato con base en el interés público, se atenderán las siguientes reglas:

1. No podrán modificarse la clase y el objeto del contrato.
2. Los nuevos costos requerirán las autorizaciones o aprobaciones de los entes que conocieron el contrato principal de acuerdo con la cuantía.
3. Las modificaciones que se realicen al contrato principal formarán parte de este, considerándose el contrato original y sus modificaciones como una sola relación contractual, para todos los efectos legales.
4. El contratista tiene la obligación de continuar la obra.
5. Se podrá revisar el precio unitario de un renglón o el valor total del contrato, si las modificaciones alteran en un veinticinco por ciento (25%) o más, las cantidades del renglón o el valor total o inicial del contrato, respectivamente.

Artículo 78. Contratos celebrados con extranjeros. Las personas naturales o jurídicas extranjeras que celebren contratos con el Estado deberán dejar constancia en el contrato de la renuncia a reclamación diplomática, salvo el caso de denegación de justicia. No se entiende que haya denegación de justicia cuando el contratista, sin haber hecho uso de ellos, ha tenido expeditos los recursos y medios de acción que puedan emplearse conforme a las disposiciones pertinentes.

Este precepto también se aplicará a las sociedades en que existan extranjeros que sean propietarios o que tengan el control sobre las acciones o participaciones sociales en ella, y en los casos de cesión del contrato a extranjeros, en las mismas circunstancias.

Lo anterior es sin perjuicio de lo que establezca la Ley 58 de 2002, sobre medidas de retorsión.

Artículo 79. Pago. Las entidades contratantes deberán efectuar los pagos correspondientes dentro del término previsto en el pliego de cargos y en el contrato respectivo. Si dichos pagos los realiza la entidad contratante en fecha posterior a la acordada, por causa no imputable al contratista, este tendrá derecho al pago de los intereses moratorios con base en lo preceptuado en el artículo 1072-A del Código Fiscal. Esto también aplica en caso de que un contratista no pueda ejecutar la obra en el término pactado debido al incumplimiento de las responsabilidades de la entidad estipuladas en el contrato respectivo.

Artículo 80. Contratos de duración prolongada. En los contratos de duración prolongada que se extiendan más de un periodo fiscal, la Contraloría General de la República podrá dar su refrendo al contrato respectivo, sujeto al cumplimiento de lo que disponen el artículo 24 de la presente Ley y las normas establecidas en la Ley de Presupuesto.

Las entidades podrán incluir en estos contratos cláusulas de ajuste de precios por variaciones de costo, mediante fórmulas matemáticas. La Dirección General de Contrataciones Públicas reglamentará todo lo concerniente a esta materia.

Artículo 81. Concesión de prórroga. Los retrasos que fueran producidos por causas no imputables al contratista o cuando se den situaciones de fuerza mayor o casos fortuitos, darán derecho a que se extienda el plazo del contrato por un periodo no menor al retraso.

Sin perjuicio de 10 establecido, las prórrogas modificarán, proporcionalmente, los términos establecidos y se documentarán como adiciones o adendas al contrato originalmente suscrito.

También el contratista tendrá derecho a la extensión del periodo de ejecución, cuando el perfeccionamiento del contrato se efectúe con posterioridad a los ciento veinte días calendario de concluido el procedimiento de selección de contratista.

La Dirección General de Contrataciones Públicas reglamentará todo lo concerniente a este artículo.

Artículo 82. Plazo máximo de los contratos. Las contrataciones con el Estado se otorgarán por un plazo máximo de veinte años y podrán ser prorrogadas a solicitud del contratista por un plazo que no exceda al señalado originalmente en el contrato. Para tal efecto, el contratista deberá solicitar dicha prórroga un año antes de su vencimiento.

Sin perjuicio de lo anterior, no será obligatorio para el Estado convenir en la prórroga de los contratos de concesión en los mismos términos y condiciones previstos en el contrato original.

El Estado tendrá derecho de incluir en los contratos cualquiera otra cláusula o condición que estime conveniente, a fin de asegurar sus intereses, respetando el principio de transparencia y el equilibrio contractual de las partes contenidos en esta Ley.

El Estado no podrá conceder periodos de gracia, entendiéndose que los pagos que deban hacer los contratistas serán exigibles desde el momento que se establezca en el respectivo contrato de conformidad con las reglamentaciones vigentes y en ningún caso podrán ser posteriores a la fecha de inicio de operaciones que impliquen ingresos.

Artículo 83. Cláusula penal y de incentivos. Cuando por causas imputables al contratista se retrase la entrega de la obra, se le aplicará una cláusula penal, la cual será una multa que será entre el uno por ciento (1%) y el cuatro por ciento (4%) dividido entre treinta por cada día calendario de atraso del valor equivalente a la porción dejada de entregar o ejecutar por el contratista.

La entidad contratante podrá incorporar, en el pliego de cargos, el reconocimiento a favor del contratista de un incentivo o bonificación por el cumplimiento anticipado del contrato, el cual no podrá ser mayor del diez por ciento (10%) del monto total del contrato, cuando resulte ventajoso o beneficioso a la entidad contratante.

Artículo 84. Orden de compra. En el proceso de selección de contratista, cuya cuantía no exceda de doscientos cincuenta mil balboas (B/.250,000.00), la entidad contratante podrá realizar la contratación mediante orden de compra. En el caso de las órdenes de compra amparadas por un convenio marco, estas no contarán con ningún tipo de restricción con respecto al monto.

La entidad podrá optar por la formalización de un contrato, si existe un exceso de condiciones o especificaciones de índole técnica.

Todas las órdenes de compra amparadas en los convenios marco deberán realizarse a través del Sistema Electrónico de Contrataciones Públicas "PanamaCompra", el cual administra la Dirección General de Contrataciones Públicas.

El acto de la entrega de la orden de compra se notificará a través del Sistema Electrónico de Contrataciones Públicas "PanamaCompra" al resto de los proponentes.

CAPÍTULO X.
CONTRATO DE OBRA

Artículo 85. Inicio de la ejecución de la obra. La ejecución de la obra se iniciará en la fecha señalada en la orden de proceder expedida por la entidad contratante, dentro del plazo establecido en el pliego de cargos, y si nada se hubiera previsto al respecto en este, la fecha de inicio de la obra se establecerá dentro de los treinta días siguientes a la del perfeccionamiento del contrato.

Antes de expedir la orden de proceder, la entidad contratante verificará la regularidad de todas las situaciones existentes, desde el punto de vista legal, presupuestario, técnico y físico del sitio en el cual se realizarán las obras contratadas, que permitan la ejecución ininterrumpida de la obra.

Transcurrido dicho plazo sin que se haya expedido la orden de proceder, el contratista tendrá derecho a los aumentos de costos, experimentados durante el periodo que transcurre entre la finalización del término de que dispone la entidad contratante para expedir la orden de proceder y la expedición de dicha orden, siempre que el retraso se deba a causas imputables a la entidad contratante.

Cuando el solicitante de una contratación pública inicie la construcción de cualquier tipo de infraestructura o el acondicionamiento de terreno, la prestación de los servicios o la provisión de bienes objeto de la concesión otorgada, sin el refrendo del respectivo contrato y sin las autorizaciones requeridas, no se le otorgará la concesión y se le sancionará con multa equivalente al doble del daño causado o al doble del monto que el Estado recibiría en virtud del contrato de concesión durante el tiempo que haya utilizado sin autorización el área de la concesión, y deberá restablecer, a su costo, el área afectada a sus condiciones originales. Para la imposición de la sanción descrita en el presente artículo se actuará conforme al procedimiento establecido en la Ley 38 de 2000.

Artículo 86. Pago por avance de obra. Los pagos se realizarán en la forma prevista en el contrato de obra. Para tales efectos, el contratista remitirá mensualmente informes sobre el avance de la obra, corno presupuesto para el pago.

Los pagos parciales, según el avance de la obra, se sujetarán a las siguientes reglas:

1. En el pliego de cargos, se estipularán obligatoriamente las retenciones de un porcentaje, por la entidad contratante al contratista, para garantizar el cumplimiento del contrato.

2. La cancelación de los pagos se deberá estipular obligatoriamente en el pliego de cargos y en el contrato, y esta se hará a partir de la presentación de la cuenta respectiva con toda la documentación exigida por las reglamentaciones vigentes.

3. Después de haberse completado la mitad de la ejecución de la obra contratada, se podrán continuar haciendo pagos, aun a pesar de discrepancias menores entre el contratista y la entidad contratante. Esta última, junto con la Contraloría General de la República, definirán el alcance de estas discrepancias.

4. Si la retención es superior al costo de los trabajos por realizar hasta la terminación sustancial de la obra, se devolverá hasta el cincuenta por ciento (SO%) del excedente al contratista, de acuerdo con la fórmula que establezca el pliego de cargos o el reglamento.

5. Si la obra es contratada por fases, la retención afectará a cada una de las fases, y se devolverá cuando la fase haya sido concluida a satisfacción de la entidad contratante.

Dentro de un plazo máximo de sesenta días después de la entrega definitiva de la obra, la entidad contratante pagará al contratista las sumas retenidas y cualquier saldo que adeudara.

Artículo 87. Terminación de la obra. La terminación de la obra objeto del contrato se recoge en el acta de aceptación final, después de comprobar que se han cumplido todos los requisitos del contrato. La fianza de cumplimiento continuará en vigor por el término de un año, si se tratara de bienes muebles, para responder por vicios redhibitorios, tales como la mano de obra, material defectuoso o cualquier otro vicio o defecto en la cosa objeto del contrato, salvo bienes muebles consumibles que no tengan reglamentación especial, cuyo término de cobertura será de seis meses, y por el término de tres años para responder por defectos de reconstrucción o de construcción de obra o bien inmueble.

Por decisión unilateral de la entidad contratante y con fundamento en las condiciones establecidas en el pliego de cargos, puede recibirse, para su uso u ocupación, una obra sustancialmente ejecutada, aunque queden pendientes etapas o trabajos por realizar. En estos casos, la fianza de cumplimiento para responder por vicios redhibitorios y defectos de reconstrucción o de construcción, empezará a regir desde el recibo de la parte sustancial de la obra usada y ocupada por el Estado, y para el resto de la obra, a partir del acta de aceptación final.

Artículo 88. Subcontrato de obras. Salvo que el contrato disponga lo contrario, o que de su naturaleza y condiciones se deduzca que la obra ha de ser ejecutada directamente por el adjudicatario, este podrá concertar con terceros la realización de determinadas fases de la obra.

CAPÍTULO XI.

CONTRATO DE SUMINISTRO, SERVICIOS Y CONSULTORÍA

Artículo 89. Entrega de los bienes. La entrega de los bienes objeto del contrato de suministro se realizará en la fecha prevista en el contrato o en la orden de compra o antes de lo acordado, siempre que la entidad contratante esté en disposición de recibirlos y el contratista de entregarlos.

Artículo 90. Acta de entrega. Al momento de la entrega total de bienes objeto del contrato, se levantará un acta de aceptación final, para dar por terminado el contrato, y se procederá a efectuar el respectivo pago en los términos pactados.

Sin perjuicio de lo anterior, se podrán efectuar entregas parciales, siempre que así sea aceptado por la entidad contratante. En tal situación, la entidad contratante autorizará el pago en proporción a los bienes recibidos.

Las entidades estarán obligadas a recibir los bienes, los servicios y las obras por parte de los contratistas, y a emitir el documento de recepción en un plazo máximo de cinco días hábiles.

Si las entidades no emiten el documento de recepción en dicho plazo, deberán explicar por escrito los motivos en que se fundamenta la no emisión.

Artículo 91. Derechos de inspección. La entidad contratante podrá incluir en el pliego de cargos el derecho de inspeccionar y de ser informada del proceso de fabricación o elaboración del producto que haya de ser entregado como consecuencia del contrato, pudiendo ordenar o realizar, por sí misma, análisis, ensayos o pruebas de los materiales que se emplearán, y velará por el cumplimiento de lo convenido.

Artículo 92. Contrato de consultoría. Quedan comprendidos dentro de los contratos de consultoría los contratos que tienen por objeto la interventoría, asesoría y gerencia de obras o de proyectos, así como la dirección, la programación, el análisis, el diseño, los planos, los anteproyectos y servicios similares.

Queda entendido que cualquier persona que sea contratada como consultor para elaborar estudios, proyectos de factibilidad, diagnósticos, planos, diseños y demás objetos que tengan relación con un proyecto no podrá participar, por sí o por interpuestas personas, en el futuro acto de selección de contratista por existir incompatibilidad o conflicto de interés.

Por la naturaleza, las características económicas, los usos, las costumbres y las prácticas propias de las actividades de exploración, desarrollo y explotación de recursos minerales e hidrocarburos, se exime de la aplicación de esta norma a las industrias dedicadas a dichas actividades. Las empresas que participen en la elaboración de análisis técnicos, económicos, de prefactibilidad, factibilidad, planificación o estructuración de proyectos y demás estudios relacionados con la ejecución de concesiones de exploración minera o de hidrocarburos o sus derivados podrán participar en la etapa de desarrollo y explotación de dichos proyectos, porque no existe conflicto de interés.

Se exceptúan del procedimiento de selección de contratista y del procedimiento excepcional de contratación las consultorías que no sobrepasen de trescientos mil balboas (B/.300,000.00).

Artículo 93. Contratos de prestación de servicios de promoción y publicidad para pautas publicitarias y relaciones públicas en el extranjero. Quedan comprendidos en esta modalidad de contratación los contratos que se celebren con empresas extranjeras no registradas en Panamá y cuya ejecución se cumpla totalmente fuera del territorio de la República de Panamá, aunque indirectamente tenga efectos dentro del país.

Dichas contrataciones se exceptúan del procedimiento de selección de contratista y del procedimiento excepcional de contratación, cuando no sobrepasen los ochocientos mil balboas (B/.800,000.00), en virtud de la naturaleza, características, usos y costumbres de las empresas extranjeras no registradas en Panamá y en atención al tema de la promoción, publicidad para pautas publicitarias y relaciones públicas en el extranjero.

El Sistema Electrónico de Contrataciones Públicas "PanamaCompra" deberá habilitar un espacio para que se contemple la publicidad de los contratos, las órdenes de compra o la información de transferencias bancarias que se realicen con las empresas internacionales destinadas de manera exclusiva a la promoción, publicidad y relaciones públicas.

Para efectos de la ejecución y liquidación de estos contratos, así como para la resolución de conflictos entre las partes contratantes será aplicable esta Ley.

CAPÍTULO XII.

CONTRATO LLAVE EN MANO O DE MODALIDAD SIMILAR

Artículo 94. Contratos llave en mano. Cuando la administración pública pretenda proyectar una obra que, por su naturaleza o interés público, se tenga que realizar bajo la combinación de diferentes prestaciones que incluyan por regla general diseño, construcción, consultoría, suministros y prestación de servicios o la fusión de algunas de estas, se podrán elevar convocatorias llave en mano como única vía para contratar en un solo procedimiento y un solo texto jurídico dichas obligaciones.

Esta modalidad de contratación se activa cuando la administración pretenda alcanzar la entrega del objeto que se va a contratar en perfecto estado de funcionamiento y rendimiento, apto para proporcionar a la entidad pública la capacidad de uso necesario para el cumplimiento de funciones sociales.

En esta clase de contrato, cuando se dé el financiamiento mixto (Estado-particular), debe requerírsele el afianzamiento, equivalente a la responsabilidad del contratista.

La ejecución de este contrato estará sujeta a la fiscalización de la entidad contratante y de la Contraloría General de la República.

Los bienes y los derechos que se deriven de la contratación pasarán a propiedad del Estado, una vez se hayan cumplido los derechos y las obligaciones de ambas partes.

Artículo 95. Clasificación de los contratos llave en mano. Podrán celebrarse contratos llave en mano completos o parciales.

Se consideran contratos llave en mano completos los que el Estado celebra con el contratista para la realización de una obra que incluye, por lo general, todas las obligaciones inherentes a ella, como son los suministros, el diseño, la construcción y la prestación de servicios.

Se consideran contratos llave en mano parciales los que celebra la entidad contratante con el contratista, de acuerdo con la fusión o combinación de algunas de las obligaciones, como son diseño y/o construcción y/o equipamiento y/o prestación de servicios.

La obligación principal que asume el Estado en los contratos llave en mano es el pago del precio de la obra, previamente negociado con los proponentes y regulado en el pliego de cargos.

En estos contratos, el monto de la fianza de cumplimiento a consignar por el contratista podrá ser de hasta el ciento por ciento (100%) del valor del contrato.

Artículo 96. Enajenación de bienes públicos. Solo se podrán enajenar bienes públicos, a título de donación, por conducto del Ministerio de Economía y Finanzas, a favor de las entidades o dependencias públicas o asociaciones sin fines de lucro. En el caso de estas asociaciones, para realizar en dichos bienes actividades de interés nacional o social comprobado. La donación será aprobada por la autoridad competente, según se describe en el numeral 6 del artículo 2 de esta Ley, por la cuantía del bien.

Artículo 97. Plazo para la liquidación de los contratos. Para efectos de este artículo, se entenderá por liquidación de los contratos el procedimiento a través del cual, una vez terminada la ejecución del contrato, las partes determinan las sumas adeudadas entre sí.

La liquidación de los contratos se hará de mutuo acuerdo dentro del término fijado en el pliego de cargos o su equivalente, o dentro del término que acuerden las partes para el efecto. De no existir tal término, la liquidación se realizará dentro de los dos meses siguientes al vencimiento del término previsto para la ejecución del contrato o a la expedición del acto administrativo que ordene la terminación o a la fecha del acuerdo que la disponga.

En los casos en que el contratista no se presente a la liquidación, previa notificación o convocatoria que le haga la entidad contratante, o en que las partes no lleguen a un acuerdo sobre su contenido, la entidad tendrá la facultad de liquidar en forma unilateral dentro de los dos meses siguientes. Los contratistas tendrán derecho a efectuar salvedades a la liquidación por mutuo acuerdo. En este caso, la liquidación unilateral solo procederá en relación con los aspectos que no hayan sido objeto de acuerdo.

Toda liquidación de contrato deberá contar con el refrendo del representante legal de la entidad o del servidor público delegado y del servidor público autorizado por la Contraloría General de la República.

Este artículo será reglamentado por el Órgano Ejecutivo.

CAPÍTULO XIII.

FIANZAS Y OTRAS GARANTÍAS EN LAS CONTRATACIONES

Artículo 98. Constitución de las fianzas. Las fianzas habrán de constituirse en efectivo, en títulos de crédito del Estado, en fianzas emitidas por compañías de seguros, o mediante garantías bancarias o en cheque certificado o de gerencia.

La Superintendencia de Seguros y la Superintendencia de Bancos remitirán, anualmente, a la Contraloría General de la República, una lista de las compañías de seguros y de los bancos que gocen de solvencia, indicando en cada caso, el monto de las obligaciones que pueden garantizar tales compañías de seguros o bancos.

La Contraloría General de la República tendrá la obligación de darles a conocer la lista mencionada a las distintas entidades del Estado.

Artículo 99. Competencia de la Contraloría General de la República. La Contraloría General de la República absolverá las consultas sobre cualquier aspecto de la constitución, presentación, ejecución y extinción de las garantías que se constituyan para asegurar el cumplimiento de las obligaciones contraídas con las entidades públicas, conforme a lo establecido en las normas jurídicas vigentes.

Las entidades públicas o entes nacionales o extranjeros no podrán limitar, negociar o disminuir la potestad de la Contraloría General de la República en esta materia.

Las fianzas que se emitan para garantizar las obligaciones del Estado serán reglamentadas por la Contraloría General de la República, en la que incluirá los modelos de fianzas correspondientes.

Artículo 100. Fianza de propuesta. Los proponentes en un acto de contratación pública que supere los treinta mil balboas (B/.30,000.00) deberán presentar, junto con su oferta, una fianza de propuesta, a fin de garantizar el mantenimiento de su oferta y la firma del contrato y, una vez firmado este, deberán presentar la fianza de cumplimiento dentro del término establecido en esta Ley.

Las entidades contratantes fijarán fianzas por el diez por ciento (10%) del importe o valor total de la propuesta y por un término no mayor de ciento veinte días de vigencia, según lo establecido en el pliego de cargos, salvo los contratos que, en atención a su monto o complejidad, ameriten otorgar un término diferente, que constará en el pliego de cargos y que no excederá de ciento ochenta días. En ningún caso, la entidad licitante rechazará de plano la oferta que sea acompañada por fianza de propuesta mayor del diez por ciento (10%) o con plazo mayor establecido en el pliego de cargos.

En los casos de disposición o adquisición de bienes mediante licitación de subasta en reversa o subasta de bienes públicos, la fianza será el equivalente al diez por ciento (10%) del avalúo del bien. Se exceptúan de la presentación de esta fianza las subastas que se realicen de manera electrónica.

En los casos de arrendamiento de bienes del Estado, quienes presenten ofertas deberán constituir, como fianza de propuesta, el equivalente a dos meses de canon de arrendamiento del bien de que se trate.

En los contratos de cuantía indeterminada, la entidad licitante, en coordinación con la Contraloría General de la República, fijará el monto de la fianza de propuesta que se va a consignar.

En los procedimientos excepcionales no se requiere la presentación de fianza de propuesta.

Artículo 101. Fianza de cumplimiento. Ejecutoriada la adjudicación, en la forma establecida en la presente Ley, de aquellos actos cuyo monto supere los treinta mil balboas (B/.30,000.00), la entidad contratante requerirá al proponente la presentación de la fianza de cumplimiento del contrato, conforme a lo establecido en el pliego de cargos.

Esta fianza garantiza el cumplimiento de un contrato u obligación de ejecutar fielmente su objeto y, una vez cumplido este, de corregir los defectos a que hubiera lugar. Su vigencia corresponde al periodo de ejecución del contrato principal y al término de la liquidación, más el término de un año, si se trata de bienes muebles para responder por vicios redhibitorios, como mano de obra, material defectuoso o cualquier otro vicio o defecto en el objeto del contrato, salvo los bienes muebles consumibles que no tengan reglamentación especial, cuyo término de cobertura será de seis meses y por el término de tres años, para responder por defectos de reconstrucción o de construcción de la obra o bien inmueble.

El adjudicatario de un contrato de arrendamiento de un bien del Estado consignará una fianza de cumplimiento equivalente al importe de un mes de canon de arrendamiento por cada año de vigencia del contrato. Para los efectos de vicios redhibitorios, esta fianza tendrá una cobertura de seis meses de canon de arrendamiento.

En los contratos de cuantía indeterminada, la entidad contratante, en c00rdinación con la Contraloría General de la República, fijará el monto de la fianza de cumplimiento a consignarse.

En los casos de contrataciones por las vías excepcionales, se tendrá que consignar la respectiva fianza de cumplimiento atendiendo las reglas anteriores.

En los casos de adquisición de bienes mediante subasta en reversa, la fianza será el equivalente al diez por ciento (10%) del avalúo del bien.

Los contratos de servicios de promoción y publicidad para pautas publicitarias y servicios de relaciones públicas en el extranjero, señalados en el artículo 93, no requerirán fianza de cumplimiento, siempre que en los contratos se establezca que el pago al contratista se hará con posterioridad a la ejecución del objeto del contrato y la entidad emita una certificación de aceptación conforme, firmada por la autoridad nominadora.

Artículo 102. Fianza de pago anticipado. La fianza de pago anticipado garantiza el reintegro de determinada suma de dinero entregada en concepto de adelanto al contratista, siempre que sea utilizada para la oportuna y debida ejecución del contrato, de acuerdo con los términos señalados en el pliego de cargos.

Esta fianza, en ningún caso, será inferior al ciento por ciento (100%) de la suma adelantada, y tendrá una vigencia igual al periodo principal y un término adicional de treinta días calendario posteriores a su vencimiento.

Artículo 103. Fianza de recurso de impugnación. La fianza de recurso de impugnación es la garantía que el proponente debe adjuntar al recurso de impugnación, cuando este considere que se han violado sus derechos en un procedimiento de selección de contratista.

Esta fianza será por un monto equivalente al quince por ciento (15%) del valor de la propuesta del impugnante para todos los actos públicos relacionados con adquisición de bienes, obras y servicios. La custodia de esta fianza será competencia del Tribunal Administrativo de Contrataciones Públicas.

La Dirección General de Contrataciones Públicas preparará las bases de la reglamentación de los aspectos concernientes a esta fianza, la cual será aprobada mediante decreto ejecutivo.

Artículo 104. Títulos de crédito. Los títulos de crédito del Estado se admitirán en las fianzas por su valor nominal, y se facilitarán al contratista los medios para percibir los intereses que devenguen.

Artículo 105. Beneficiario de las fianzas. Las fianzas deberán emitirse a favor de la entidad contratante y de la Contraloría General de la República, y serán depositadas en esta última, de acuerdo con lo establecido en la reglamentación que se expida.

Artículo 106. Ejecución y extinción de las fianzas. Si el proponente seleccionado no constituye la fianza de cumplimiento dentro del término correspondiente, perderá la fianza de propuesta, que quedará a favor del Tesoro Nacional.

En caso de incumplimiento del contrato por el contratista, este perderá, en todos los casos, la fianza de cumplimiento de contrato otorgada, la que ingresará al Tesoro Nacional. Si la fianza fuera otorgada por una institución bancaria o de seguros, la fiadora tendrá, dentro de los treinta días calendario siguientes a la notificación de incumplimiento, la opción de pagar el importe de la fianza o de sustituir al contratista en todos los derechos y las obligaciones del contrato, siempre que quien vaya a continuarlo, por cuenta y riesgo de la fiadora, tenga la capacidad técnica y financiera, a juicio de la entidad pública contratante.

Ejecutada la obra contratada, la fianza de cumplimiento continuará en vigencia por el término de un año, si se tratara de bienes muebles, consultorías y servicios para responder por vicios redhibitorios, tales como mano de obra, material defectuoso o de inferior calidad que el adjudicado, o cualquier otro vicio o defecto en el objeto del contrato, salvo los bienes muebles consumibles que no tengan reglamentación especial, cuyos términos de cobertura serán de seis meses, y por el término de tres años para responder por defectos de reconstrucción o de construcción de la obra o bien inmueble. Vencidos estos términos y no habiendo responsabilidad, se cancelará la fianza.

En los contratos de servicios, el contratista responderá por los daños y perjuicios que sufra el Estado como consecuencia de las deficiencias en que incurra el contratista en la prestación de sus servicios.

La acción del Estado, para reclamar estos daños y perjuicios prescribirá en el término de un año, contado a partir de la terminación de la prestación del servicio, por cualquier causa.

Artículo 107. Devolución y cancelación de las garantías. La garantía será devuelta o cancelada cuando se haya producido el vencimiento del plazo de garantía y cumplido satisfactoriamente el contrato de que se trate, o cuando se declare la resolución de este sin culpa del contratista.

Perfeccionada la liquidación del contrato y transcurrido el plazo de garantía, si no resultan responsabilidades se devolverá la garantía constituida o se cancelará el avalo seguro de caución.

El acuerdo de devolución deberá adoptarse y notificarse al interesado en el plazo de dos meses, contado desde la finalización del plazo de garantía. Transcurrido el plazo, la entidad contratante deberá abonar al contratista la cantidad adeudada incrementada con el interés legal del dinero correspondiente al periodo transcurrido desde el vencimiento del citado plazo hasta la fecha de la devolución de la garantía, si esta no se hubiera hecho efectiva por causa imputable a la entidad contratante.

En el supuesto de recepción parcial, solo podrá el contratista solicitar la devolución o cancelación de la parte proporcional de la garantía cuando así se autorice expresamente en el pliego de cargos.

En los casos de cesión de contratos, no se procederá a la devolución o cancelación de la garantía prestada por el cedente hasta que se halle formalmente constituida la del cesionario.

Transcurrido un año desde la fecha de terminación del contrato, sin que la recepción formal y la liquidación hubieran tenido lugar por causas no imputables al contratista, se procederá, sin más demora, a la devolución o cancelación de las garantías una vez depuradas las responsabilidades de las partes contratantes.

Este artículo será reglamentado por el Órgano Ejecutivo.

Artículo 108. Ejecución coactiva del garante. En el evento de que el garante no pague el importe de la fianza o sustituya al fiado o contratista, el ente público contratante ejecutará la fianza, conforme al procedimiento que se establezca para hacer efectiva la jurisdicción coactiva.

También se ejercerá la jurisdicción coactiva cuando el garante no cumpla con la responsabilidad de responder por vicios redhibitorios o por defecto de reconstrucción o de construcción de la obra o bien inmueble.

La resolución que se dicte al efecto prestará mérito ejecutivo.

CAPÍTULO XIV.

PRÓRROGAS Y MULTAS

Artículo 109. Prórroga. Corresponde a las entidades contratantes aprobar o negar las solicitudes de prórroga que soliciten los contratistas. Los retrasos que fueran producidos por causas de fuerza mayor no imputables a estos o por caso fortuito, darán derecho a que se extienda el plazo del contrato por un periodo no menor al retraso. Las prórrogas modificarán, proporcionalmente, los términos establecidos, y se documentarán como adiciones o adendas al contrato u orden de compra originalmente suscrito.

La facultad para otorgar las prórrogas de un contrato u orden de compra, así como para establecer el término de la prórroga es de la entidad contratante, tomando en consideración la urgencia o necesidad del suministro, servicio u obra contratados.

La Dirección General de Contrataciones Públicas quedará facultada para reglamentar la presente materia.

Artículo 110. Multa. Las solicitudes de prórrogas que se presenten después de la fecha de vencimiento del plazo para la entrega del suministro o servicio o para la ejecución de la obra serán objeto de multas. La multa que se impondrá será entre el uno por ciento (1%) y el cuatro por ciento (4%) dividido entre treinta por cada día calendario de atraso del valor equivalente a la porción dejada de entregar o ejecutar por el contratista. El valor total de la multa no será en ningún caso superior al diez por ciento (10%) del valor del contrato y deberá ingresar al Tesoro Nacional.

Artículo 111. Cálculo de la multa. Cuando el contrato u orden de compra establezca que las entregas se podrán realizar en forma parcial o por renglones y el contratista solicita la prórroga de un renglón específico, se impondrá la multa, cuando haya mérito, sobre el valor de los bienes no entregados correspondientes a ese renglón, excluyendo el Impuesto sobre la Transferencia de Bienes Corporales Muebles y la Prestación de Servicios o el Impuesto Selectivo al Consumo de ciertos Bienes y Servicios, cuando proceda.

En los contratos de obra y de servicios, en los cuales se estipule el pago parcial por avance de la obra o entrega de informe, la sanción se aplicará con base en la etapa dejada de ejecutar o el informe dejado de entregar por el contratista.

Artículo 112. Entrega de bienes en el almacén general. El almacén general tendrá copia del contrato u orden de compra y de la adenda respectiva para verificar la forma de entrega, el modo, el plazo, la calidad, la cantidad y los requisitos técnicos exigidos a las empresas adjudicatarias.

Además, deberá levantar un acta de recibo a satisfacción, una vez sea entregada la totalidad de los bienes objeto del contrato u orden de compra. El almacén general no recibirá, bajo ninguna circunstancia, los bienes que no estén respaldados por los instrumentos antes señalados.

El almacén general podrá recibir entregas parciales, siempre que dicha forma de entrega se haya pactado en el contrato u orden de compra y se cumpla con el procedimiento desarrollado en el presente artículo.

CAPÍTULO XV.

CAUSALES DE LA RESOLUCIÓN DEL CONTRATO

Artículo 113. Causales de la resolución administrativa del contrato. Como causales de resolución administrativa del contrato, además de las que se tengan por convenientes pactar en el contrato, deberán figurar las siguientes:

1. El incumplimiento de las cláusulas pactadas.

2. La muerte del contratista, en los casos en que deba producir la extinción del contrato conforme a las reglas del Código Civil, si no se ha previsto que puede continuar con los sucesores del contratista, cuando sea una persona natural.

3. La quiebra o el concurso de acreedores del contratista, o por encontrarse este en estado de suspensión o cesación de pagos, sin que se haya producido la declaratoria de quiebra correspondiente.

4. La incapacidad física permanente del contratista, certificada por médico idóneo, que le imposibilite la realización de la obra, si fuera persona natural.

5. La disolución del contratista, cuando se trate de persona jurídica, o de alguna de las sociedades que integran un consorcio o asociación accidental, salvo que los demás miembros del consorcio o asociación puedan cumplir el contrato.

Las causales de resolución administrativa del contrato se entienden incorporadas a este por ministerio de esta Ley, aun cuando no se hubieran incluido expresamente en el contrato.

Artículo 114. Rescate administrativo. Cuando se trate de contratos de concesión, la entidad contratante está facultada, por razones de interés público, para ordenar el rescate administrativo de los bienes y las obras dados en concesión, previa autorización del Consejo de Gabinete.

No obstante lo estipulado en el respectivo contrato de concesión, las sumas que el concesionario deba en concepto de impuestos, tasas, multas, recargos o cualesquiera cuentas pendientes con alguna institución del Estado o el municipio serán descontadas por la entidad concedente privativa y automáticamente del pago por concepto de rescate administrativo que deba recibir el concesionario y aplicadas a los impuestos, tasas, multas, recargos o cuentas pendientes, según corresponda.

En caso de que los bienes que deben revertir a la entidad concedente conforme al respectivo contrato de concesión estén gravados, la entidad concedente deberá retener de la indemnización o compensación por concepto de rescate administrativo que tiene derecho a recibir el concesionario un monto equivalente a las sumas pendientes de pago por las obligaciones garantizadas, según lo certifiquen sus respectivos acreedores, de manera que las garantías correspondientes sean liberadas y la entidad concedente reciba libres de gravámenes los bienes objeto de rescate. Estos montos retenidos correspondientes a las obligaciones garantizadas del concesionario serán cancelados directamente a los acreedores hipotecarios, cuando esté en firme la resolución por la cual se aplica la facultad del Estado de declarar el rescate administrativo de la concesión. Cumplidas las retenciones descritas, se hará el pago al concesionario de cualquier remanente de la indemnización. En ningún caso el Estado cancelará montos de obligaciones garantizadas que no puedan ser satisfechos exclusivamente con la indemnización o compensación reconocida al concesionario.

Artículo 115. Resolución del contrato por incumplimiento del contratista. El incumplimiento de las obligaciones a cargo del contratista dará lugar a la resolución administrativa del contrato, la cual se efectuará por medio de acto administrativo debidamente motivado.

La entidad contratante notificará a la fiadora el incumplimiento del contratista, decretado mediante resolución motivada, la que dispondrá de un término de treinta días calendario, siguientes a la notificación de incumplimiento, para ejercer la opción de pagar el importe de la fianza, o de sustituir al contratista en todos sus derechos y obligaciones, siempre que quien vaya a continuarlo, por cuenta de la fiadora y a cuenta y riesgo de esta, tenga la capacidad técnica y financiera, a juicio de la entidad contratante.

Para los efectos técnicos y legales se harán extensivas y propias las cláusulas del contrato principal dentro del contrato de la fianza, en lo relativo a la ejecución del contrato.

Si el fiador ejerce la opción de sustituir al contratista en todos sus derechos y obligaciones, deberá indicarle a la entidad quién continuará la ejecución del contrato a su nombre.

Una vez asumida la sustitución del contratista, la fiadora tendrá un término de treinta días calendario para continuar con la ejecución del contrato y finalizar la obra de conformidad con lo pactado.

Salvo que el incumplimiento de que trata este artículo sea por caso fortuito, fuerza mayor, o causas no imputables a este, el contratista se hará merecedor a las sanciones e inhabilitaciones previstas en el artículo 117 de la presente Ley, sin perjuicio de la responsabilidad civil correspondiente derivada del incumplimiento contractual. La entidad contratante ejecutará las fianzas de cumplimiento consignadas, previo cumplimiento de las formalidades de rigor.

Artículo 116. Procedimiento de resolución. La resolución administrativa del contrato se ajustará a lo establecido en el artículo anterior, con sujeción a las siguientes reglas:

1. Cuando exista alguna causal para la resolución administrativa del contrato, la entidad contratante adelantará las diligencias de investigación y ordenará la realización de las actuaciones que conduzcan al esclarecimiento de los hechos, que pudiesen comprobar o acreditar la causal correspondiente.

No obstante, cuando sea factible, la entidad contratante podrá otorgarle, al contratista, un plazo para que corrija los hechos que determinaron el inicio del procedimiento.

2. Si la entidad contratante considera resolver administrativamente el contrato, se lo notificará al afectado o a su representante, señalándole las razones de su decisión y concediéndole un término de cinco días hábiles, para que conteste y, a la vez, presente las pruebas que considere pertinentes.

3. Debe contener una exposición de los hechos comprobados, de las pruebas relativas a la responsabilidad de la parte, o de la exoneración de responsabilidad en su caso, y de las disposiciones legales infringidas.

4. Podrá ser recurrible ante el Tribunal Administrativo de Contrataciones Públicas, dentro de un plazo de cinco días hábiles, contado a partir de la notificación de la resolución, que se surtirá en el efecto suspensivo, con lo cual se agotará la vía gubernativa.

5. La decisión final, una vez agotada la vía gubernativa, será recurrible ante la jurisdicción contencioso-administrativa, de conformidad con las disposiciones que regulan la materia.

6. Una vez ejecutoriada la resolución, se remitirá a la Dirección General de Contrataciones Públicas, para los efectos del registro correspondiente.

Las lagunas que se presenten en este procedimiento se suplirán con las disposiciones pertinentes del procedimiento administrativo de la Ley 38 de 2000.

CAPÍTULO XVI.

INHABILITACIÓN

Artículo 117. Competencia. La competencia para inhabilitar a los contratistas por incumplimiento de contratos u órdenes de compra recae en el representante de la entidad o en el servidor público en quien se delegue esta función. La sanción de inhabilitación se decretará en el mismo acto en que se declara la resolución administrativa del contrato. Será responsabilidad de la Dirección General de Contrataciones Públicas reglamentar esta materia.

Para efectos de la inhabilitación, se entenderá que los contratistas inhabilitados no podrán participar en ningún acto de selección de contratista ni celebrar contratos con el Estado mientras dure la inhabilitación, la cual será de tres meses a tres años, dependiendo de la reincidencia, de la cuantía del contrato y de la gravedad o el daño ocasionado al Estado por su incumplimiento.

Sin perjuicio de la responsabilidad civil o penal que resulte de su actuación, las personas naturales o jurídicas que incurran en falsedad o en fraude en el acto de selección de contratista, en el procedimiento excepcional de contratación o durante la ejecución del contrato, de la adenda o de la orden de compra, comprobado en el proceso de resolución administrativa del contrato u orden de compra, serán inhabilitadas por la Dirección General de Contrataciones Públicas por un periodo mínimo de dos años.

Cuando concurran en forma simultánea dos o más sanciones de inhabilitación hacia un mismo contratista, se le aplicarán las sanciones en forma acumulativa, entrando a regir la posterior al día siguiente de la finalización de la sanción anterior.

Artículo 118. Efectos de la inhabilitación. La inhabilitación decretada por una entidad contratante o por la Dirección General de Contrataciones Públicas, una vez ejecutoriada, tendrá efectos para los actos y contratos que no hayan sido perfeccionados.

Artículo 119. Incumplimiento de las órdenes de compra en convenio marco. En caso de incumplimiento de órdenes de compra amparadas por un convenio marco, la entidad contratante aplicará el procedimiento de resolución administrativa. Resuelta la orden de compra, la entidad licitante notificará a la Dirección General de Contrataciones Públicas que esta se encuentra en firme y debidamente ejecutoriada, para que proceda a sancionar al contratista de forma progresiva de la siguiente forma:

1. La primera vez, con el retiro temporal del Catálogo Electrónico de Productos y Servicios, por un periodo de tres meses, de todos los productos o servicios incluidos en los convenios marcos vigentes.
2. La segunda vez, se impondrá la inhabilitación por un periodo mínimo de seis meses y máximo de un año.
3. La tercera vez, se impondrá la inhabilitación por un periodo mínimo de dos años y máximo de tres años.

Cuando la Dirección General de Contrataciones Públicas determine, a través de una verificación de precios en el mercado, que el contratista de convenio marco le vende al Estado con sobrecostos en relación a los que vende el mismo producto a personas naturales o jurídicas no gubernamentales, se le solicitará que ajuste su precio al valor que vende a consumidores no gubernamentales y en caso de negarse podrá ser retirado del Catálogo Electrónico de Productos y Servicios, mediante resolución motivada, hasta que mejore su precio.

CAPÍTULO XVII.

TRIBUNAL ADMINISTRATIVO DE CONTRATACIONES PÚBLICAS

Artículo 120. Creación. Se crea el Tribunal Administrativo de Contrataciones Públicas como ente independiente e imparcial, que tendrá jurisdicción en todo el territorio de la República. Este Tribunal tendrá competencia privativa, por naturaleza del asunto, para conocer en única instancia de:

El recurso de impugnación contra el acto de adjudicación, la declaratoria de deserción o el acto o resolución por la cual se rechazan las propuestas emitidos por las entidades, en los procedimientos de selección de contratista.

2. El recurso de apelación contra la resolución administrativa del contrato y la inhabilitación del contratista.
3. Las acciones de reclamo no resueltas por la Dirección General de Contrataciones Públicas, dentro del término de cinco días hábiles que esta tiene para resolver.

En el ejercicio de sus funciones, el Tribunal Administrativo de Contrataciones Públicas estará facultado para decretar medidas cautelares y precautorias, y pronunciarse sobre la viabilidad de la utilización de métodos alternos de solución de conflictos, como la mediación y conciliación, que soliciten las partes, de acuerdo con los procedimientos legalmente establecidos.

Artículo 121. Integración, nombramiento y sede. El Tribunal estará integrado por tres abogados, los cuales serán nombrados por el Presidente de la República con sus respectivos suplentes, quienes tendrán la misma remuneración que los magistrados de los Tribunales Superiores de Justicia.

El Tribunal tendrá su sede en la ciudad de Panamá y contará con una estructura técnica y administrativa para realizar sus funciones, cuyo personal será nombrado en Sala de Acuerdo.

Artículo 122. Requisitos para ser miembros del Tribunal. Para ser miembro del Tribunal Administrativo de Contrataciones Públicas será indispensable que los interesados cumplan obligatoriamente los siguientes requisitos:

1. Ser de nacionalidad panameña.

2. Haber cumplido treinta y cinco años de edad.
3. Hallarse en pleno goce de los derechos civiles y políticos.
4. Haber completado un periodo de cinco años, durante el cual haya ejercido indistintamente la profesión de abogado, o un cargo en cual se requiera idoneidad en el ejercicio de la profesión de abogado.
5. No haber sido condenado por delito doloso ni por faltas al Código de Ética Profesional.

Artículo 123. Nombramiento. Los miembros del Tribunal Administrativo de Contrataciones Públicas serán nombrados para un periodo de cinco años y podrán reelegirse en el cargo, previo cumplimiento de las formalidades establecidas, para los efectos de los primeros nombramientos, estos serán por periodos escalonados de dos, tres y cinco años.

El procedimiento y la metodología de selección de los miembros del Tribunal Administrativo de Contrataciones Públicas serán reglamentados por el Órgano Ejecutivo.

Artículo 124. Causales de suspensión, separación, destitución y medidas disciplinarias. Los miembros del Tribunal Administrativo de Contrataciones Públicas solo podrán ser suspendidos, separados o destituidos del cargo por las siguientes causas:

1. Incumplimiento de sus deberes y obligaciones contenidos en la presente Ley.
2. Morosidad o negligencia en el cumplimiento de sus deberes.
3. Incapacidad física o mental.

Para los propósitos del presente artículo, se entenderá por morosidad la falta de resolución de los asuntos que le corresponde conocer dentro de los términos establecidos para ello en la presente Ley, por causas atribuibles a los miembros del Tribunal.

Se entenderá por negligencia el incurrir en mora por más de cinco veces en un periodo de tres meses.

Para todos los efectos, se tendrá como superior jerárquico al Presidente de la República, quien tendrá la facultad de suspender, separar o destituir a los miembros del Tribunal Administrativo de Contrataciones Públicas por las razones antes señaladas.

El Órgano Ejecutivo reglamentará lo relativo a la aplicación de las sanciones establecidas en este artículo.

Artículo 125. Prohibición. Los miembros del Tribunal no podrán ejercer la profesión de abogado ni el ejercicio del comercio, por sí mismos ni por interpuestas personas, ni ningún tipo de negocio ante el Estado ni ejercer cualquier otro cargo retribuido, excepto el de profesor de enseñanza en establecimientos educativos.

Artículo 126. Adopción por mayoría. Las decisiones del Tribunal se adoptarán por mayoría y se considerarán notificadas una vez se hayan publicado en el Sistema Electrónico de Contrataciones Públicas "PanamaCompra".

CAPÍTULO XVIII.

RECLAMOS, RECURSOS Y NOTIFICACIONES

Artículo 127. Acción de reclamo. La acción de reclamo podrá interponerse contra todo acto u omisión ilegal o arbitrario ocurrido durante el proceso de selección de contratista antes de que se adjudique, mediante resolución, el acto público correspondiente.

Los proponentes en un acto de selección de contratista podrán interponer reclamos, en única instancia, ante la Dirección General de Contrataciones Públicas.

Cuando se trate de actos de selección de contratista que efectúe la Dirección General de Contrataciones Públicas, el reclamo será resuelto por esta entidad dentro del término señalado en esta Ley.

La acción de reclamo deberá hacerse por escrito y contener los siguientes elementos:

1. Funcionario u organismo al que se dirige.

2. Nombre, generales y firma de la persona que presenta el reclamo, que deben incluir su residencia, oficina o local en que puede ser localizada y, de ser posible, el número de teléfono, el número de fax respectivo y el correo electrónico.

3. Lo que se solicita o se pretende.

4. Relación de los hechos fundamentales en que se basa la petición.

5. Fundamento de Derecho, de ser posible.

6. Pruebas que se acompañan.

Artículo 128. Plazo para resolver. En los casos de actos de selección de contratista realizados por las entidades, la Dirección General de Contrataciones Públicas tendrá un plazo de cinco días hábiles, contado a partir del recibo del expediente respectivo, para resolver las reclamaciones formuladas.

En caso de que la Dirección General de Contrataciones Públicas no resuelva el reclamo en el término señalado en el párrafo anterior, el Tribunal Administrativo de Contrataciones Públicas conocerá dicho reclamo y tendrá un plazo de cinco días hábiles para resolverlo, contado a partir del recibo del expediente respectivo.

Publicada en el Sistema Electrónico de Contrataciones Públicas "PanamaCompra" la resolución que admite una acción de reclamo y copia del reclamo presentado, la entidad tendrá hasta dos días hábiles para remitir el expediente administrativo y su informe de conducta, de lo contrario se resolverá con lo que conste publicado en el Sistema Electrónico de Contrataciones Públicas "PanamaCompra", siempre que se acrediten elementos probatorios que permitan tomar una decisión.

La resolución que admite, rechaza o resuelve una acción de reclamo no admite recurso alguno y surte efectos a partir del día hábil de su publicación.

Artículo 129. Notificación. Todas las resoluciones y demás actos administrativos que emitan las entidades contratantes dentro del proceso de selección de contratista y en la ejecución del contrato, así como las que dicte el Tribunal Administrativo de Contrataciones Públicas, se publicarán en el Sistema Electrónico de Contrataciones Públicas "PanamaCompra".

Asimismo, las resoluciones que emita la Dirección General de Contrataciones Públicas aceptando o rechazando la solicitud de registro de proponentes, así como admitiendo, rechazando o resolviendo una acción de reclamo, y las que emitan las instituciones del Estado ordenando la inhabilitación de un contratista deberán publicarse en el Sistema Electrónico de Contrataciones Públicas "PanamaCompra".

Transcurrido un día hábil después de que la entidad contratante haya publicado en el Sistema Electrónico de Contrataciones Públicas "PanamaCompra" las resoluciones, el cuadro de cotizaciones de compras menores o los actos administrativos mencionados en este artículo, se darán por notificados. De considerarse agraviado el proponente con la decisión adoptada por la entidad, podrá interponer el recurso de impugnación que establece esta Ley o el recurso de apelación contra la resolución administrativa del contrato, salvo las excepciones que establece la presente Ley.

Es obligación de los proponentes mantenerse informados de todas las incidencias que se den en los procesos de selección de contratista en los cuales participa y, para ello, debe verificar con frecuencia, en el Sistema Electrónico de Contrataciones Públicas "PanamaCompra", todos los anuncios y notificaciones con respecto a los actos públicos.

Artículo 130. Recurso de impugnación. Todos los proponentes que se consideren agraviados por una resolución u otro acto administrativo que adjudique o declare desierto un acto de selección de contratista o por una resolución u otro acto administrativo en el que se rechazan las propuestas o cualquier otro acto que afecte la selección objetiva del contratista, en el cual consideren que se han cometido acciones u omisiones ilegales o arbitrarias, podrán presentar recurso de impugnación ante el Tribunal Administrativo de Contrataciones Públicas, acompañando las pruebas o anunciándolas al momento de formalizar la impugnación, si las hubiera.

Dicho recurso deberá ser interpuesto en un plazo de cinco días hábiles, contado a partir de la notificación de la resolución objeto de la impugnación, y se surtirá en el efecto devolutivo.

Admitido el recurso, el Tribunal Administrativo de Contrataciones Públicas dará traslado a la entidad correspondiente, la cual deberá remitir un informe de conducta acompañado de toda la documentación correspondiente al acto impugnado, en un término no mayor de dos días hábiles.

No obstante, este término podrá ser prorrogado hasta cinco días hábiles en los siguientes supuestos:

1. Que la entidad no tenga sede en la ciudad de Panamá.
2. Que el expediente administrativo conste de quinientas fojas o más.
3. Que se hayan producido situaciones de caso fortuito o fuerza mayor que hayan impedido el envío del informe y la documentación, debidamente sustentadas.

En caso de que la entidad incumpla con los términos establecidos en este artículo, el Tribunal Administrativo de Contrataciones Públicas comunicará a la Dirección General de Contrataciones Públicas para la aplicación de las sanciones correspondientes.

Dentro del mismo término, podrá comparecer cualquier persona en interés de la ley o en interés particular para alegar sobre la impugnación presentada. Los que así comparezcan se tendrán como parte única y exclusivamente dentro de esta etapa.

Si el objeto de la impugnación versa sobre aspectos estrictamente jurídicos, el Tribunal pasará sin mayor trámite a resolver dentro de un plazo de diez días hábiles. En caso contrario, se abrirá un periodo para la práctica de las pruebas aducidas de hasta diez días hábiles, dentro del cual pueden practicarse las pruebas de oficio, previa resolución motivada de mero trámite.

Vencido el término de pruebas, se podrán presentar alegatos por las partes en un término común de dos días hábiles. Concluida esta fase, el Tribunal tendrá un periodo de diez días hábiles para resolver.

Con fundamento en los principios de celeridad, economía procesal e inmediación, el Tribunal podrá optar por efectuar un procedimiento oral, que incluya la práctica de pruebas, la presentación de alegatos y la decisión de la causa en el mismo acto. No obstante lo anterior, al momento de resolver, el Tribunal podrá acogerse al término establecido en este artículo.

Todo recurso de impugnación debe ir acompañado de la fianza de recurso de impugnación prevista en el artículo 103.

Artículo 131. Recurso de apelación a la resolución administrativa del contrato. Las resoluciones que emitan las entidades contratantes mediante las cuales resuelven administrativamente un contrato podrán ser recurridas en apelación, anunciándola ante dichas entidades dentro de los cinco días hábiles siguientes a la notificación de la resolución que resuelve administrativamente el contrato, y sustentándola dentro del mismo término ante el Tribunal Administrativo de Contrataciones Públicas mediante apoderado legal.

La entidad contratante, una vez anunciado el recurso de apelación, enviará el expediente completo, a más tardar el día hábil siguiente, al Tribunal Administrativo de Contrataciones Públicas.

La apelación se surtirá en efecto suspensivo.

Artículo 132. Apego a las normas. Todos los procesos se efectuarán con arreglo a las normas de uniformidad, imparcialidad, celeridad, economía y eficacia y con apego al principio de estricta legalidad.

Las reclamaciones que tengan cuantías superiores a los cincuenta mil balboas (B/.50,000.00) deberán ser interpuestas por apoderado legal, al igual que todos los recursos de impugnación.

Artículo 133. Agotamiento de la vía gubernativa. Una vez publicada en el Sistema Electrónico de Contrataciones Públicas "PanamaCompra" la resolución que resuelve el recurso de impugnación, queda agotada la vía gubernativa y contra esta resolución no se admitirá recurso alguno, salvo la acción que corresponde ante la Sala Tercera de lo Contencioso-Administrativo de la Corte Suprema de Justicia.

CAPÍTULO XIX.

NULIDAD DE LOS ACTOS Y CONTRATOS

Artículo 134. Causales de nulidad. En los procedimientos administrativos de selección de contratista, solamente se podrán anular los actos por las causales de nulidad taxativamente determinadas por esta Ley. La nulidad de los actos es separable de la nulidad del contrato.

Artículo 135. Causales de nulidad absoluta. Son causales de nulidad absoluta los actos que la Constitución Política o la ley señalen, aquellos cuyo contenido sea imposible o constitutivo de delitos, los celebrados por decisión de autoridad que carezca de competencia para adjudicar el acto público o los que se hayan celebrado con prescindencia absoluta del procedimiento legalmente establecido. Las causales de nulidad podrán plantearse en cualquier momento y por cualquier persona.

Artículo 136. Causales de nulidad relativa. Las demás infracciones al ordenamiento jurídico serán meramente anulables, a petición de quien tenga un derecho subjetivo o un interés legítimo afectado, dentro de los términos que, para la impugnación de actos administrativos, establece la presente Ley y supletoriamente el procedimiento administrativo general; transcurridos dichos términos se entenderán saneados.

Artículo 137. Declaratoria de nulidad. La nulidad se decretará cuando ello sea absolutamente indispensable para evitar indefensión, afectación de derechos de terceros o para restablecer el curso normal del proceso. No prosperará si es posible reponer el trámite o subsanar la actuación.

Artículo 138. Convalidación de los actos anulables. La administración podrá convalidar los actos anulables subsanando los vicios de que adolezcan.

Artículo 139. Complementación de los actos anulables. Cuando en cualquier momento se considere que alguno de los actos de las partes no reúne los requisitos necesarios, la administración lo pondrá en conocimiento a su autor, concediéndole el plazo de diez días para complementarlo.

Artículo 140. Nulidad absoluta de los contratos. Son causales de nulidad absoluta de los contratos públicos:

1. Que se celebren por personas inhabilitadas para contratar en los casos determinados por esta Ley.
2. Que se celebren por servidores públicos que carezcan de competencia absoluta para contratar.
3. Que sean violatorios de la Constitución Política o la ley o cuyo contenido sea imposible o constitutivo de delitos, o que se celebren con prescindencia absoluta del procedimiento legalmente establecido.
4. Que la nulidad de la adjudicación sea decretada por vía jurisdiccional.

La nulidad de alguna o algunas cláusulas no invalidará el resto del contrato, salvo cuando no pudiera ser ejecutado sin las cláusulas anuladas.

Se aplicarán a los contratos públicos, además, las disposiciones pertinentes del Código Civil en materia de nulidad contractual.

CAPÍTULO XX.

CONTRATACIONES ELECTRÓNICAS Y DEL SISTEMA ELECTRÓNICO DE CONTRATACIONES PÚBLICAS "PANAMACOMPRA"

Artículo 141. Sistema Electrónico de Contrataciones Públicas "PanamaCompra". Se crea un Sistema Electrónico de Contrataciones Públicas, por medio de las Tecnologías de la Información y la Comunicación (TICs), que se denominará "PanamaCompra", como una herramienta de apoyo a los procesos de contrataciones públicas, y deberá estar disponible, de forma gratuita, a toda la sociedad civil en la forma que establezcan esta Ley y sus reglamentos.

El Sistema Electrónico de Contrataciones Públicas "PanamaCompra" será de uso obligatorio para todas las instituciones públicas incluidas en el ámbito de aplicación de esta Ley y a las que se les aplique la presente Ley en forma supletoria. Las entidades públicas deberán publicar en el Sistema Electrónico de Contrataciones Públicas "PanamaCompra" toda la información que se genere en las contrataciones menores, en los procedimientos de selección de contratista, en los procedimientos excepcionales de contratación y en la etapa contractual, conforme se disponga en el reglamento.

Para todos los efectos legales, las actuaciones publicadas en el Sistema Electrónico de Contrataciones Públicas "PanamaCompra" por las entidades públicas, en virtud de sus atribuciones, producirán los mismos efectos que las leyes otorgan a los documentos públicos, y, en consecuencia, tendrán valor vinculante y probatorio.

Artículo 142. Funcionalidades del Sistema Electrónico de Contrataciones Públicas. La Dirección General de Contrataciones Públicas oficializará la incorporación de nuevas funcionalidades en el Sistema Electrónico de Contrataciones Públicas "PanamaCompra", conforme se vayan implementando.

Dichas autorizaciones se irán otorgando por etapas o completando el ciclo de la contratación a cada una de las instituciones gubernamentales que se incorporen.

Los procedimientos de selección y contratación que se incorporen en el Sistema serán reglamentados por el Órgano Ejecutivo.

CAPÍTULO XXI.
REGISTRO DE PROPONENTES

Artículo 143. Procedimiento para el Registro de Proponentes. Las personas naturales o jurídicas o los consorcios o las asociaciones accidentales, nacionales o extranjeros, que aspiren a participar en un acto de selección de contratista que exceda la suma de treinta mil balboas (B/.30,000.00) y que se celebre a través de medios electrónicos, así como los proponentes a los cuales se les adjudique un acto de selección de contratista y con quienes se firme un contrato, deberán registrarse por medio de Tecnologías de la Información y la Comunicación (TIC s) o de manera manual en el Registro de Proponentes que administrará la Dirección General de Contrataciones Públicas.

El Órgano Ejecutivo reglamentará el funcionamiento y los requisitos para dicho registro de proponente.

Artículo 144. Prescripción de acciones de responsabilidad contractual. La acción civil derivada de las acciones y omisiones a que se refiere la presente Ley prescribirá conforme a los términos dispuestos por el Código Civil. La acción disciplinaria prescribirá según los términos establecidos por el Código Administrativo o leyes especiales, y la acción penal prescribirá de acuerdo con los términos dispuestos por el Código Penal.

CAPÍTULO XXII.
DISPOSICIONES ADICIONALES

Artículo 145. Tasas de interés. En las tasas de interés de los préstamos personales y comerciales, locales, mayores de cinco mil balboas (B/.5,000.00), concedidos por bancos y entidades financieras a partir de la entrada en vigencia de esta Ley, se incluirá y retendrá la suma equivalente al uno por ciento (1 %) anual sobre el mismo monto que sirve de base para el cálculo de los intereses. El cincuenta por ciento (50%) de estas sumas pasará al Banco de Desarrollo Agropecuario, y el restante cincuenta por ciento (50%) se remitirá al Fondo Especial de Compensación de Intereses.

Los préstamos concedidos antes de la entrada en vigencia de esta Ley, mantendrán la sobretasa del uno por ciento (1 %) hasta la cancelación del préstamo.

Quedan excluidos del cargo de la sobretasa equivalente al uno por ciento (1 %) que se señala en este artículo:

1. Los préstamos concedidos a las cooperativas que otorgan créditos a sus asociados y a los grupos asociativos de producción agropecuaria, reconocidos por la Ley 38 de 1980.

2. Los préstamos interbancarios, los préstamos externos, el financiamiento a través de la emisión de bonos y valores, debidamente registrados ante la Comisión Nacional de Valores y los préstamos concedidos a las entidades financieras reguladas por la Ley 42 de 2001.

3. Los préstamos concedidos a las empresas dedicadas a operar sistemas de tarjetas de crédito, siempre que estos fondos sean destinados a financiamientos directos, que serán objeto posteriormente de la aplicación de la retención.

4. Los préstamos garantizados totalmente por depósito de ahorro o a plazo fijo, mantenidos en bancos establecidos en Panamá, y los valores de rescate de las pólizas de vida, hasta la concurrencia de la porción así garantizada.

Artículo 146. Modificación. El artículo 1 del Decreto Ley 7 de 2 de julio de 1997 queda así:

Artículo 1. Se crea el Consejo Económico Nacional, en adelante CENA, como un organismo responsable de los asuntos de carácter financiero del Gobierno Central y de las entidades descentralizadas.

Dicho Consejo tendrá las siguientes funciones:

1. Emitir opinión o concepto favorable sobre los aspectos de las finanzas públicas que legalmente corresponda conocer al Consejo de Gabinete.

2. Evaluar y aprobar las contrataciones mediante procedimiento excepcional, en los casos que sobrepasen los trescientos mil balboas (B/.300,000.00), sin exceder los tres millones de balboas (B/.3,000,000.00).

3. Conocer cualquier otro asunto o tema que le someta el Órgano Ejecutivo o el Consejo de Gabinete.

CAPÍTULO XXIII.

DISPOSICIONES FINALES

Artículo 147. Reglamentación. Se faculta al Órgano Ejecutivo para reglamentar todo lo relativo a la presente Ley.

Artículo 148. Modificación, subrogación y derogación. La presente Ley modifica el artículo 1 del Decreto Ley 7 de 2 de julio de 1997, subroga la Ley 56 de 27 de diciembre de 1995 y deroga el artículo 30 de la Ley 5 de 25 de febrero de 1993, modificada por la Ley 7 de 7 de marzo de 1995, el Decreto Ejecutivo 18 de 25 de enero de 1996, los artículos 11, 12, 13, 14 Y 15 del Decreto Ley 7 de 2 de julio de 1997 ~ el artículo 41 del Decreto Ley 4 de 18 de enero de 2006~ así como cualquier disposición que le sea contraria.

Artículo 149. Vigencia. Esta Ley comenzará a regir a los seis meses de su promulgación.

PARAGUAY

LEY N° 2051 DEL 21 DE ENERO DE 2003 DE CONTRATACIONES PÚBLICAS.

Artículo 1°.- Objeto y ámbito de aplicación. La presente ley establece el Sistema de Contrataciones del Sector Público y tiene por objeto regular las acciones de planeamiento, programación, presupuesto, contratación, ejecución, erogación y control de las adquisiciones y locaciones de todo tipo de bienes, la contratación de servicios en general, los de consultoría y de las obras públicas y los servicios relacionados con las mismas, que realicen:

a) los organismos de la Administración Central del Estado, integrada por los poderes Legislativo, Ejecutivo y Judicial; la Contraloría General de la República, la Defensoría del Pueblo, la Procuraduría General de la República, el Ministerio Público, el Consejo de la Magistratura, el Jurado de Enjuiciamiento de Magistrados y los órganos del Estado de naturaleza análoga;

b) los gobiernos departamentales; las universidades nacionales; los entes autónomos, autárquicos, de regulación y de superintendencia; las entidades públicas de seguridad social; las empresas públicas y las empresas mixtas; las sociedades anónimas en las que el Estado sea socio mayoritario; las entidades financieras oficiales; la Banca Central del Estado, y las entidades de la Administración Pública Descentralizada; y,

c) las municipalidades.

Las entidades y las municipalidades citadas en los incisos b) y c) se sujetarán a las disposiciones de esta ley, sin perjuicio de que en forma supletoria observen sus leyes orgánicas y demás normas específicas, en todo aquello que no se oponga a este ordenamiento.

Los organismos, las entidades y las municipalidades se abstendrán de celebrar cualquier clase de acto jurídico, independientemente del nombre con el que se lo identifique, que evada el cumplimiento de esta ley.

Artículo 2°.- Contrataciones excluidas. Quedan excluidas de la aplicación del presente ordenamiento, las siguientes contrataciones:

a) los servicios personales regulados por la Ley de la Función Pública;

b) las concesiones de obras y servicios públicos y el otorgamiento de permisos, licencias o autorizaciones para el uso y explotación de bienes del dominio público, los que, en su caso, se regirán por la legislación de la materia;

c) las que se efectúen en ejecución de lo establecido en los tratados internacionales de los que la República del Paraguay sea parte y las que se financien con fondos provenientes de organismos multilaterales de crédito de los cuales Paraguay sea miembro, en las que se observará lo acordado en los respectivos convenios, sin perjuicio de la aplicación de las disposiciones de la presente ley en forma supletoria, cuando ello así se estipule expresamente o cuando no se establezca expresamente un régimen especial;

d) los actos, convenios y contratos objetos de esta ley, celebrados entre los organismos, entidades y municipalidades, o éstos entre sí. Esta excepción no rige cuando el organismo, entidad o municipalidad obligado a entregar o arrendar bienes, prestar los servicios o ejecutar las obras, lo haga a través de un tercero particular;

e) las afectadas a las operaciones de crédito público, de regulación monetaria, financiera y cambiaria y, en general, a las operaciones financieras; y,

f) las de transporte de correo internacional y las de transporte interno de correo.

En las contrataciones excluidas serán responsables los titulares de los organismos, entidades y municipalidades, de la aplicación de criterios que garanticen al Estado Paraguayo las mejores condiciones, conforme a los principios señalados en el Artículo 4° de esta ley.

Artículo 3°.- Definiciones. A los efectos de la presente ley, se entenderá por:

a) Adquisiciones: Todo acto jurídico que a título oneroso transfiera a los sujetos de la presente ley la propiedad de un bien mueble o inmueble, incluyendo, enunciativamente, las adquisiciones de bienes muebles que deban incorporarse, adherirse o destinarse a un inmueble, las que sean necesarias para la realización de obras públicas por administración directa o por contrato; las adquisiciones de bienes muebles que incluyan la instalación, por parte del proveedor, en inmuebles de los organismos, entidades y municipalidades, cuando su precio sea superior al de su instalación; y la reconstrucción y mantenimiento de bienes muebles.

b) Auditoría General: La Auditoría General del Poder Ejecutivo, la del Poder Legislativo, la del Poder Judicial, las auditorías internas de las entidades, y las de las municipalidades, según corresponda, facultadas a intervenir a pedido de parte o de oficio durante todo el proceso de las contrataciones públicas.

c) Bienes: Los considerados por el Código Civil como muebles e inmuebles por naturaleza, por destino o por disposición legal, incluyendo, de manera enunciativa y no limitativa, los objetos de cualquier índole, tales como bienes de consumo, bienes fungibles y no fungibles, corpóreos o incorpóreos, bienes de cambio, materias primas, productos terminados o semiterminados, maquinarias, herramientas, refacciones y equipos; otros objetos en estado sólido, líquido o gaseoso; la energía eléctrica, así como los servicios accesorios al suministro de éstos, siempre que el valor de los servicios no exceda al de los propios bienes.

d) Contratación Pública o Contratación Administrativa: Todo acuerdo, convenio o declaración de voluntad común, por el que se obliga a las partes a cumplir los compromisos a título oneroso, sobre las materias regladas en esta ley, independientemente de la modalidad adoptada para su instrumentación.

e) Contratante: Todo organismo, entidad y municipalidad que como consecuencia de un procedimiento de adjudicación, suscriba cualesquiera de los contratos regulados por esta ley.

f) Contratista: La persona física o jurídica que suscriba con la Contratante, algún contrato para la ejecución de obras públicas, locaciones, o servicios.

g) Convocante: Cualquiera de los organismos, entidades y municipalidades que inicie o realice alguno de los procedimientos para la adquisición o locación de bienes, la contratación de servicios o para la ejecución de obras públicas previstos en esta ley.

h) Consultor: La persona física o jurídica que preste servicios profesionales para la realización de consultorías, asesorías, investigaciones o estudios especializados.

i) Entidades: Las mencionadas en el inciso b) del Artículo 1°.

j) Ley: Esta Ley de Contrataciones Públicas.

k) Locador: La persona física o jurídica que concede el uso o goce temporal de bienes o derechos.

l) Locaciones: Actos jurídicos en virtud de los cuales los organismos, las entidades y las municipalidades obtengan el derecho al uso y goce temporal de bienes, incluyendo las operaciones de locación financiera, en virtud de las cuales se pueda optar por la transmisión de la propiedad del bien.

m) Licitante: Organismo, entidad o municipalidad que convoca a participar en los procedimientos de adjudicación de contratos regulados en esta ley, bajo la modalidad de licitación.

n) Municipalidades: Las consideradas como tales en la Ley Orgánica Municipal y que se indican en el inciso c) del Artículo 1°.

o) Oferente: Toda persona física o jurídica que presente una oferta en los términos de esta ley, con el objeto de vender o transferir, realizar una obra, dar en locación o suministrar un servicio, solicitado por la Convocante.

p) Obras Públicas: Todos los trabajos relacionados con la construcción, reconstrucción, demolición, reparación, instalación, ampliación, remodelación, adecuación, restauración, conservación, mantenimiento, modificación o renovación de edificios, estructuras o instalaciones, como la preparación y limpieza del terreno, la excavación, la erección, la edificación, la instalación de equipo o materiales, la decoración y el acabado de las obras; y los proyectos integrales o llave en mano, en los cuales el contratista se obliga desde el diseño de la obra, la construcción, el suministro de materiales y equipos, la puesta en operación y aseguramiento de la calidad, hasta su terminación total, incluyendo hasta la transferencia de tecnología.

q) Organismos: Los entes señalados en el inciso a) del Artículo 1°.

r) Protesta: La presentación en virtud de la cual las personas interesadas pueden manifestar, denunciar o impugnar ante la Dirección Nacional de Contrataciones Públicas (DNCP) actos que contravengan las disposiciones de esta ley en cualquier etapa de los procedimientos de contratación.

s) Proveedor: La persona física o jurídica que suscriba algún contrato o acepte alguna orden para la provisión o locación de bienes, o para la prestación de servicios de cualquier naturaleza.

t) Reglamento: El reglamento de la Ley de Contrataciones Públicas que al efecto establezca el Poder Ejecutivo.

u) Servicios en General: Los servicios de cualquier naturaleza cuya prestación genere una obligación de pago para los organismos, entidades y municipalidades, cuyo procedimiento de contratación no se encuentre regulado en forma específica por otras disposiciones legales; considerándose, en forma enunciativa, la maquila, los seguros, el transporte de bienes muebles o de personas, la contratación de servicios de limpieza y vigilancia; la prestación de servicios profesionales; y la contratación de los servicios de reparación o conservación de bienes muebles que se encuentren incorporados o adheridos a inmuebles, cuyo valor no sea superior al del propio inmueble.

v) Servicios relacionados con las Obras Públicas: Se consideran como tales los trabajos que tengan por objeto concebir, diseñar y calcular los elementos que integran un proyecto de obra pública; las investigaciones, estudios, asesorías y consultorías que se vinculen con la ejecución de las mismas; la dirección o supervisión de la ejecución de las obras y los estudios que tengan por objeto rehabilitar, corregir o incrementar la eficiencia de las instalaciones. Asimismo, quedan comprendidos los siguientes conceptos: el planeamiento y el diseño, incluyendo los trabajos que tengan por objeto concebir, diseñar, proyectar y calcular los elementos que integran un proyecto de ingeniería básica, estructural, de instalaciones, de infraestructura, industrial, electromecánica y de cualquier otra especialidad de la ingeniería que se requiera para integrar un proyecto ejecutivo de obra pública; el planeamiento y el diseño, incluyendo los trabajos que tengan por objeto concebir, diseñar, proyectar y calcular los elementos que integran un proyecto urbano, arquitectónico, de diseño gráfico o artístico y de cualquier otra especialidad del diseño, la arquitectura y el urbanismo, que se requiera para integrar un proyecto ejecutivo de obra pública; los estudios técnicos de agrología y desarrollo pecuario, hidrología, mecánica de suelos, sismología, topografía, geología, geodesia, geotecnia, geofísica, geotermia, meteorología, aerofotogrametría, ambientales, ecológicos y de ingeniería de tránsito; los estudios económicos y de planeamiento de preinversión, factibilidad técnico económica, ecológica o social, de evaluación, adaptación, tenencia de la tierra, financieros, de desarrollo y restitución de la eficiencia de las instalaciones; los trabajos de coordinación, supervisión y control de obra; de laboratorio de análisis y control de calidad; de laboratorio de geotecnia, de resistencia de materiales y radiografías industriales; de preparación de especificaciones de construcción, de elaboración de presupuestos o de cualquier otro documento o trabajo para la adjudicación del contrato de obra correspondiente; los trabajos de organización, informática, comunicaciones, cibernética y sistemas aplicados a las obras públicas; los dictámenes, peritajes, avalúos y auditorías técnico normativas, y estudios aplicables a las obras públicas; los estudios que tengan por objeto rehabilitar, corregir, sustituir o incrementar la eficiencia de las instalaciones en un bien inmueble; los estudios de apoyo tecnológico, incluyendo los de desarrollo y transferencia de tecnología entre otros, y todos aquellos de naturaleza análoga.

w) Sistema de Información de las Contrataciones Públicas (SICP): Es el sistema informático que permite automatizar las distintas etapas de los procesos de contrataciones, desde la difusión de los requerimientos de bienes, locación, servicios u obras públicas hasta el cumplimiento total de las obligaciones contractuales y de la elaboración de datos estadísticos; la generación de información y su transmisión a través del uso de los medios remotos de comunicación electrónica de uso general, mediante la interconexión de computadoras y redes de datos, por medio del cual los organismos, las entidades y las municipalidades ponen a disposición de los proveedores y contratistas la información y el servicio de transmisión de documentación y la rendición de cuentas de los funcionarios y empleados públicos ante los organismos de control y la sociedad civil.

x) Dirección Nacional de Contrataciones Públicas (DNCP): Es la institución administrativa facultada para diseñar y emitir las políticas generales que sobre la contratación pública deban observar los organismos, las entidades y las municipalidades; y dictar las disposiciones para el adecuado cumplimiento de esta ley y su reglamento[1].

y) Unidades Operativas de Contratación (UOC): Son las unidades administrativas que en cada organismo, entidad y municipalidad se encargan de ejecutar los procedimientos de planeamiento, programación, presupuesto y contratación de las materias reguladas en esta ley.

Artículo 4°.- Principios generales. La actividad de contratación pública se regirá por los siguientes principios:

a) Economía y Eficiencia: Garantizarán que los organismos, entidades y municipalidades se obliguen a planificar y programar sus requerimientos de contratación, de modo que las necesidades públicas se satisfagan con la oportunidad, la calidad y el costo que aseguren al Estado Paraguayo las mejores condiciones, sujetándose a disposiciones de racionalidad, austeridad y disciplina presupuestaria.

b) Igualdad y Libre Competencia: Permitirán que todo potencial proveedor o contratista que tenga la solvencia técnica, económica y legal necesaria y que cumpla con los requisitos establecidos en esta ley, en su reglamento, en las bases o pliegos de requisitos y en las demás disposiciones administrativas, esté en posibilidad de participar sin restricción y en igualdad de oportunidades en los procedimientos de contratación pública.

c) Transparencia y Publicidad: Asegurarán irrestrictamente el acceso a los proveedores y contratistas, efectivos o potenciales, y a la sociedad civil en general, a toda la información relacionada con la actividad de contratación pública, específicamente sobre los programas anuales de contratación, sobre los trámites y requisitos que deban satisfacerse, las convocatorias y bases concursales, las diversas etapas de los procesos de adjudicación y firma de contratos; estadísticas de precios; listas de proveedores y contratistas; y de los reclamos recibidos.

d) Simplificación y Modernización Administrativa: Facilitarán que el acceso a los procedimientos y trámites derivados de las contrataciones públicas sea sencillo y transparente, bajo reglas generales, objetivas, claras e imparciales, a fin de hacer más eficiente el uso del Sistema de Información de las Contrataciones Públicas (SICP).

e) Desconcentración de Funciones: Promoverán que todas las operaciones de contratación pública que realicen los organismos, entidades y municipalidades se resuelvan en los lugares en los que se originan, fortaleciendo la actividad regional y una adecuada delegación de facultades, basados en el principio de centralización normativa y descentralización operativa.

---

1 Inciso modificado por Ley N° 3.439/07.

Artículo. 5° Autoridad normativa[2] . Créase la Dirección Nacional de Contrataciones Públicas (DNCP), dependiente del Poder Ejecutivo, en sustitución de la Dirección Nacional de Contrataciones Públicas (DNCP), como institución de regulación y verificación de las contrataciones que caen en el ámbito de aplicación del Artículo 1°.

La misma es una institución autónoma y autárquica, con personería jurídica de derecho público y relacionada con el Poder Ejecutivo a través del Ministerio de Hacienda.

Artículo 6°.- Unidades operativas de contratación. En mérito a su ubicación geográfica y el volumen e importancia de sus contrataciones, los organismos, entidades o municipalidades, podrán constituir en una misma entidad más de una Unidad Operativa de Contratación (UOC), atendiendo a criterios de simplificación administrativa, desconcentración de funciones y racionalidad en el manejo del gasto público. Estas unidades mantendrán una relación funcional y técnica con la DNCP.

Artículo 7°.- Fomento a las micro, pequeñas y medianas empresas. En los procedimientos de contratación pública regidos por esta ley, los organismos, las entidades y las municipalidades deberán promover la participación de las empresas nacionales, especialmente de las micro, pequeñas y medianas.

Artículo 8°.- Legislación supletoria. En todo lo no previsto por esta ley, su reglamento y demás disposiciones administrativas que deriven de ellos, serán aplicables supletoriamente el Código Civil, las leyes que rigen el Procedimiento Contencioso Administrativo y el Código Procesal Civil.

Artículo 9°.- Régimen de solución de controversias. Las controversias suscitadas con motivo de la interpretación, aplicación o validez de los contratos celebrados con arreglo a esta ley, podrán ser resueltas por arbitraje conforme a las disposiciones de la Ley de Arbitraje y Mediación; a tal efecto, en cada caso particular deberá determinarse previamente la arbitrabilidad de la materia y la capacidad de las partes para someterse al arbitraje, debiendo constar el compromiso en una cláusula compromisoria inserta en el contrato o en un convenio independiente. Asumido el compromiso de una u otra forma, será obligatorio para las partes.

Lo previsto en el párrafo anterior se aplicará sin perjuicio de lo establecido en los tratados internacionales de los que la República del Paraguay sea parte o de que la DNCP pueda conocer en el ámbito administrativo las protestas que interpongan los proveedores y contratistas con relación a los procedimientos de contratación o de las solicitudes de avenimiento que hagan valer respecto a las diferencias que surjan durante la ejecución de los contratos.

Artículo. 10 Nulidad de los actos, contratos y convenios[3]. Los actos, contratos y convenios que los organismos, las entidades y las municipalidades realicen o celebren en contravención a lo dispuesto por esta ley y su reglamento, serán nulos, previa determinación de la autoridad administrativa competente.

La Dirección Nacional de Contrataciones Públicas (DNCP) es la autoridad administrativa competente para declarar, previa sustanciación de los procedimientos previstos en el Título Octavo de la Ley nulidad de los actos, contratos y convenios celebrados.

TÍTULO SEGUNDO.

DEL PLANEAMIENTO, PROGRAMACIÓN Y PRESUPUESTO

CAPÍTULO ÚNICO

Artículo 11.- Planeamiento de las contrataciones. Las operaciones de contratación pública que realicen los organismos, las entidades y las municipalidades deberán ajustarse a:

---

2 Artículo modificado por Ley N° 3.439/07. Como consecuencia de esta modificación, todas las referencias del texto a la Unidad Central Normativa y Técnica (UCNT) se modifican a referencias a la Dirección Nacional de Contrataciones Públicas (DNCP).

3 Artículo modificado por Ley N° 3.439/07.

a) los objetivos, metas, prioridades y estrategias establecidos en el Plan Estratégico Económico y Social y en los programas institucionales;

b) las previsiones y políticas para el ejercicio de recursos contemplados en la ley anual de Presupuesto General de la Nación vigente o en el Presupuesto Municipal correspondiente; y

c) la calendarización de recursos presupuestarios, atendiendo a su efectiva disponibilidad, de acuerdo con el plan de caja respectivo.

Artículo 12.- Programa anual de contrataciones. A más tardar el veinte y ocho de febrero de cada año, de acuerdo con el Presupuesto General de la Nación o los Presupuestos Municipales vigentes, con los decretos y resoluciones reglamentarias y con los lineamientos emitidos, los organismos, las entidades o las municipalidades elaborarán el Programa Anual de Contrataciones, sujetándose a las previsiones establecidas en la Ley de Administración Financiera y su reglamento. El Programa Anual de Contrataciones incluirá aquellos proyectos que abarquen más de un ejercicio fiscal.

El referido programa deberá ser puesto a disposición de los interesados, tanto en las oficinas de los organismos, las entidades o las municipalidades, como a través del Sistema de Información de las Contrataciones Públicas (SICP).

Aunque no constituirá un compromiso de contratación, será obligatorio contar con el citado programa para la ejecución del presupuesto de cada año, el cual, sólo por causas debidamente justificadas, podrá ser adicionado, modificado, suspendido o cancelado.

Artículo 13.- Consolidación de las adquisiciones. Para efectos de su contratación, las Unidades Operativas de Contratación (UOC), podrán consolidar sus requerimientos de bienes y servicios de uso generalizado, a fin de obtener las mejores condiciones en cuanto a calidad, precio y oportunidad. Para la realización de estas operaciones, se establecerán en el reglamento los criterios bajo los cuales se llevarán a cabo estas adquisiciones.

Artículo 14.- Disponibilidad presupuestaria. No podrá comprometerse pago alguno que no se encuentre expresamente previsto en el Presupuesto General de la Nación o en el Presupuesto Municipal respectivo o determinado en ley u ordenanza posterior. Sólo podrán adjudicarse o contratarse adquisiciones, locaciones, servicios, cuando se cuente con saldo disponible en la correspondiente partida presupuestaria, salvo autorización previa del Ministerio de Hacienda o la Junta Municipal, según corresponda, en cuyo caso, se deberá señalar en los pliegos de bases que la validez de la contratación quedará sujeta a la aprobación de la partida presupuestaria correspondiente.

Artículo 15.- Estimación de costo. Los organismos, entidades y municipalidades realizarán la estimación del costo de cada contrato, a fin de determinar el procedimiento de contratación y la afectación específica de los créditos presupuestarios.

En la estimación del costo de cada operación, los organismos, las entidades y las municipalidades tomarán en cuenta, desde el momento de la convocatoria al procedimiento de adjudicación que corresponda, todas las formas de erogación, incluyendo el costo principal, el mantenimiento, las refacciones, los insumos para su operación, los fletes, los seguros, las comisiones, los costos financieros, los tributos, los derechos, las primas y cualquier otra suma que deba erogarse como consecuencia de la contratación.

La estimación de costos se realizará sobre el valor de cada contrato durante todo el período de vigencia, incluidas eventuales prórrogas o ampliaciones. En los contratos de adquisiciones, locaciones y servicios de plazo superior a dos ejercicios fiscales, la estimación se hará basándose en el pago mensual previsto, multiplicado por veinticuatro. En el caso de contratos de obras públicas cuya vigencia exceda un ejercicio fiscal, la estimación de costos considerará todo el plazo de su duración.

Además, como condición previa para iniciar cualquier procedimiento de contratación según la naturaleza del proyecto, las Convocantes deberán contar con el estudio, diseños, incluidos planos y cálculos, especificaciones generales y técnicas, debidamente concluidos, y en todos los casos, con la programación, los presupuestos y demás documentos que se consideren necesarios. Los contratos llave en mano en los que el diseño es responsabilidad del contratista, quedan excluidos de la obligación respectiva.

TÍTULO TERCERO. DE LOS PROCEDIMIENTOS DE CONTRATACIÓN

CAPÍTULO PRIMERO. GENERALIDADES

Artículo 16.- Tipos de procedimientos. Las Convocantes realizarán las contrataciones públicas, mediante alguno de los siguientes procedimientos:

a) Licitación Pública: para contrataciones que superen el monto equivalente a diez mil jornales mínimos;

b) Licitación por Concurso de Ofertas: para contrataciones cuyo monto se encuentre entre los dos mil y diez mil jornales mínimos;

c) Contratación Directa: para aquellas contrataciones que sean inferiores al monto equivalente a dos mil jornales mínimos, con excepción de lo establecido en el Artículo 33; y,

d) Con Fondo Fijo: Para aquellas adquisiciones menores de acuerdo con lo establecido en el Artículo 35.

Para la aplicación de este artículo, el jornal mínimo será el establecido para actividades diversas no especificadas en la Capital de la República vigente a la fecha de la convocatoria.

Queda estrictamente prohibido fraccionar o subdividir el monto de los contratos o la ejecución de un proyecto con la intención de eludir los tipos de procedimientos establecidos en esta ley, incluyendo las operaciones que se realicen con cargo a fondos fijos previstas en el Artículo 35. El reglamento definirá cuándo un contrato se considerará fraccionado o subdividido.

En los procedimientos de contratación deberán establecerse los mismos requisitos y condiciones para todos los proveedores y contratistas, especialmente en lo que se refiere a calidad, cantidad, tiempo y lugar de entrega, forma y tiempo de pago, penas convencionales, anticipos y garantías, debiendo las Unidades Operativas de Contratación (UOC) proporcionar a todo interesado igual acceso a la información relacionada con dichos procedimientos, a fin de evitar favorecer a algún participante, de conformidad con los principios generales establecidos en el Artículo 4°.

Las Convocantes, previamente a la iniciación de los procedimientos de contratación señalados en los incisos a), b) y c), deberán comunicar a la Dirección Nacional de Contrataciones Públicas (DNCP), a través de los medios remotos de comunicación electrónica establecidos en el Sistema de Información de las Contrataciones Públicas (SICP), los datos relativos a las convocatorias y bases concursales, en los términos establecidos en el Título Quinto y en el reglamento de esta ley. Una vez en ejecución el procedimiento correspondiente, se informará sucesivamente sobre el resultado de cada una de las etapas, incluyendo el acto de adjudicación y la formalización del contrato respectivo.

Las operaciones contempladas en el Artículo 33, serán informadas al Sistema de Información de las Contrataciones Públicas (SICP), en los términos y condiciones señalados en el reglamento.

Artículo 17.- Modalidades complementarias. Sin perjuicio de los procedimientos de contratación señalados en esta ley, y con apego a los principios generales establecidos en el Articulo 4°, los organismos, las entidades y las municipalidades, en los términos que establezca el reglamento, podrán introducir las modalidades complementarias que permitan tutelar de mejor manera el interés público, tales como mecanismos de precalificación, procedimientos con dos o más etapas de evaluación, con subasta a la baja, con financiamiento otorgado por el proveedor o contratista o cualquier otra figura jurídica que sea legal y se considere pertinente.

CAPÍTULO SEGUNDO.

DE LA LICITACIÓN PÚBLICA

Artículo 18.- Clasificación de las licitaciones públicas. Las licitaciones públicas podrán ser:

a) Nacionales, cuando únicamente puedan participar personas físicas o jurídicas domiciliadas en el país; o

b) Internacionales, cuando puedan participar tanto personas físicas o jurídicas domiciliadas en el país, como aquéllas que no lo estén.

Se podrán llevar a cabo licitaciones internacionales, en los siguientes casos:

1) cuando resulte obligatorio conforme a lo establecido en los tratados internacionales de los que la República del Paraguay sea parte;

2) cuando así se hubiera estipulado en los convenios de empréstito suscritos con organismos internacionales multilaterales;

3) cuando, previa investigación de mercado que realice la Unidad Operativa de Contratación (UOC), no exista oferta de proveedores o contratistas nacionales respecto a bienes, servicios u obras en cantidad o calidad requeridas, o sea conveniente en términos de precio; y

4) cuando, habiéndose realizado una licitación pública de carácter nacional, no se presente alguna propuesta o ninguna cumpla con los requisitos establecidos.

Podrá negarse la participación a personas físicas o jurídicas no domiciliadas en el país en licitaciones internacionales, cuando el país de su domicilio no conceda un trato recíproco a los proveedores o contratistas, bienes o servicios paraguayos, de conformidad con lo que establezca el reglamento.

En licitaciones internacionales, los proveedores o contratistas deberán manifestar ante la Unidad Operativa de Contratación (UOC) que los precios que presentan en su propuesta económica no se cotizan en condiciones de prácticas desleales de comercio internacional en su modalidad de discriminación de precios o subsidios.

En los procedimientos de contratación de carácter internacional, los organismos, las entidades y las municipalidades optarán, en igualdad de condiciones, por el empleo de los recursos humanos del país y por la adquisición y locación de bienes producidos en la República del Paraguay y que cuenten con el porcentaje de contenido nacional superior al cincuenta por ciento, en la comparación económica de las propuestas, con un margen hasta del diez por ciento de preferencia en el precio respecto de los bienes de importación, conforme a las normas de evaluación que se establezcan en el reglamento.

Artículo 19.- Convocatorias o llamados a licitación pública. Las convocatorias o llamados a licitación pública, se publicarán en cuando menos un diario de circulación nacional, durante un mínimo de tres días, y en el órgano de publicación oficial. La información en los avisos de prensa contendrá los elementos necesarios para que los posibles oferentes puedan determinar su interés de participación.

La resolución del llamado o convocatoria será publicada íntegramente a través del Sistema de Información de las Contrataciones Públicas (SICP), y estará disponible para cualquiera que lo solicite. Contendrá como mínimo, la siguiente información:

a) nombre del organismo, entidad o municipalidad contratante;

b) breve descripción del objeto de la licitación;

c) clasificación de la licitación en los términos del Artículo 18, y si la licitación pública es internacional, señalar si está sujeta a algún tratado internacional del que Paraguay sea parte o se aplica algún convenio de empréstito suscrito con algún organismo multilateral;

d) fuente de financiamiento;

e) costo del derecho de participación;

f) lugar, fecha y hora de la junta de aclaraciones, en el supuesto de que se realice, así como de la visita al sitio de los trabajos, en el caso de obras públicas;

g) lugar, fecha y hora límite para la entrega de ofertas;

h) lugar, fecha y hora para la apertura de ofertas;

i) lugar y plazo de entrega de los bienes, de la prestación de los servicios o de la ejecución de las obras;

j) forma de pago y, en su caso, indicación sobre si se otorgarán o no anticipos a los proveedores y contratistas;

k) moneda(s) de cotización;

l) la indicación de que no podrán presentar propuestas o celebrar contratos las personas físicas o jurídicas que se encuentren en alguno de los supuestos de prohibición establecidos en el Artículo 40 de esta ley;

m) lugar, fecha y horarios de consulta de los documentos concursales; y,

n) otras consideradas de interés de los potenciales oferentes.

Artículo. 20 Bases o pliegos de requisitos de la licitación pública[4] . Los Pliegos de Bases y Condiciones utilizados en los procesos de contratación pública regidos por esta Ley, no tendrán costo alguno para los potenciales oferentes. A tal efecto, la Dirección Nacional de Contrataciones Públicas (DNCP) dictará la reglamentación pertinente.

Las bases o pliegos de requisitos que emita la Convocante para las licitaciones públicas, se pondrán a disposición de los interesados, a través del Sistema de Información de las Contrataciones Públicas (SICP), a partir de que se publique la convocatoria o llamado a la licitación pública y hasta el acto de presentación y apertura de ofertas, y contendrán como mínimo, lo siguiente:

a) nombre, denominación o razón social del organismo, entidad o municipalidad convocante;

b) forma en que deberá acreditar la existencia y personalidad jurídica el proveedor o contratista;

c) fecha, hora y lugar de realización de la junta de aclaraciones a las bases de la licitación, en caso de que se realice; fecha y hora límite para la presentación de ofertas; fecha, hora y lugar para la apertura de las ofertas técnicas y económicas;

d) indicación de que las ofertas se presentarán en idioma castellano, pudiendo entregarse los anexos técnicos y folletos en el idioma del país de origen de los bienes o servicios, siempre que así lo determine el pliego;

e) indicación de la moneda en que se cotizará y de moneda de pago. En caso de bienes y servicios que se provean desde el territorio nacional, la moneda de oferta y pago será la moneda nacional. En caso que los bienes y servicios sean proveídos por proveedores o contratistas no domiciliados en Paraguay, podrán aceptarse cotización y pago en moneda extranjera;

f) indicación de que ninguna de las condiciones contenidas en las bases de la licitación, así como en las ofertas presentadas por los participantes podrán ser negociadas;

g) criterios claros y detallados para la evaluación de ofertas, de conformidad a lo establecido por el Artículo 26 de esta ley;

h) descripción completa de los bienes, locaciones, servicios y obras públicas, o indicación de los sistemas empleados para la identificación de los mismos; información específica que se requiera respecto a mantenimiento, asistencia técnica y capacitación; relación de refacciones que deberán cotizarse cuando sean parte integrante del contrato; aplicación de normas técnicas, referidas preferentemente a parámetros internacionales; dibujos; planos; cantidades; muestras, y pruebas que se realizarán, así como método para ejecutarlas;

i) en el caso de locaciones, la modalidad requerida;

j) plazo y condiciones de entrega;

k) forma de presentación de las ofertas;

l) requisitos que deberán cumplir quienes deseen participar;

4 Artículo modificado por Ley Nº 3.439/07.

m) condiciones de precio y pago, señalando el momento en que se haga exigible el mismo. Tratándose de adquisiciones de bienes muebles, podrá establecerse que el pago se cubra parte en dinero y parte en especie, siempre y cuando el numerario sea mayor;

n) métodos y variables a ser considerados para el cálculo de los reajustes o adicionales admisibles;

o) porcentajes y modalidades admitidos para constituir garantías;

p) período de validez de las ofertas y de las garantías de sostenimiento de ofertas, así como causas y condiciones para hacer efectivas estas últimas;

q) anticipos y, en su caso, el porcentaje y momento en que se otorgará, el cual no podrá exceder del cincuenta por ciento del monto total del contrato;

r) sistema de adjudicación; en su caso, si la totalidad de los bienes o servicios objeto de la licitación serán adjudicados a un solo proveedor, o bien, se empleará el sistema de abastecimiento simultáneo. En el reglamento de esta ley se establecerán las bases para la aplicación de esta modalidad;

s) cantidades mínimas y máximas de bienes o servicios a adquirir o porcentaje de presupuesto mínimo y máximo a ejercer, en el caso de los contratos abiertos. El reglamento de la ley establecerá las previsiones para la utilización de esta modalidad;

t) penalidades convencionales por atraso en la entrega de los bienes, en la prestación de los servicios y en la ejecución de las obras;

u) pro-forma de los contratos a ser suscritos luego de la adjudicación;

v) supuestos en los que se puede declarar desierta la licitación pública; y,

w) declaratoria de integridad, en la que manifiesten los oferentes que por sí mismos o a través de interpósita persona, se abstendrán de adoptar conductas orientadas a que los funcionarios o empleados de la Convocante induzcan o alteren las evaluaciones de las propuestas, el resultado del procedimiento u otros aspectos que les otorguen condiciones más ventajosas con relación a los demás participantes.

Para la participación, contratación o adjudicación en adquisiciones, locaciones, servicios u obras públicas, no se podrán exigir a los participantes requisitos distintos a los señalados por esta ley, ni se podrán establecer elementos que no resulten técnicamente indispensables, si con ello se limitan las posibilidades de concurrencia a eventuales proveedores o contratistas. Por consiguiente, las Convocantes se abstendrán de solicitar a los oferentes la inscripción en cualquier clase de registros como requisito para participar en los procedimientos de contratación regidos por esta ley, salvo lo dispuesto por el Título Quinto.

Las especificaciones técnicas, plazos, tolerancias, porcentajes u otras disposiciones de similar naturaleza que deban contener las bases o los pliegos de requisitos de licitación, se establecerán con la mayor amplitud de acuerdo con la naturaleza específica del contrato, con el objeto de que concurra el mayor número de oferentes; sin embargo, deberán ser lo suficientemente claras, objetivas e imparciales, para evitar favorecer indebidamente a algún participante.

Asimismo, respecto de los tipos conocidos de materiales, artefactos o equipos, cuando únicamente puedan ser caracterizados total o parcialmente mediante nomenclatura, simbología, signos distintivos no universales o marcas, únicamente se hará a manera de referencia, procurando que la alusión se adecue a estándares internacionales comúnmente aceptados.

Para facilitar la evaluación de las ofertas, se adjuntará a las bases o pliegos de requisitos un formato que contendrá una lista de verificación de la información y los documentos requeridos, cuyo cumplimiento resulte indispensable para participar en el procedimiento de contratación.

Artículo 21.- Plazos de la licitación pública Los plazos mínimos para la presentación y apertura de ofertas de las licitaciones públicas serán los siguientes:

a) Licitación pública nacional: veinte días calendario, contados a partir de la fecha de la última publicación de la convocatoria; y

b) Licitación pública internacional: cuarenta días calendario, contados a partir de la fecha de la última publicación de la convocatoria.

Artículo 22.- Modificaciones a las bases de la licitación. Las Convocantes, toda vez que ello no tenga por objeto limitar el número de participantes, podrán modificar aspectos establecidos en la convocatoria o en las bases de licitación, a partir de la fecha en que sea publicada la convocatoria y hasta, inclusive, el quinto día hábil previo al acto de presentación y apertura de ofertas, siempre que:

a) las modificaciones a la convocatoria se pongan en conocimiento de los interesados a través de los mismos medios utilizados para su publicación; y

b) en el caso de las bases de la licitación, la notificación se haga a través de los mismos medios que se emplearon para dar a conocer la convocatoria, a fin de que los interesados concurran ante la Unidad Operativa de Contratación (UOC) o utilicen el Sistema de Información de las Contrataciones Públicas (SICP) para conocer, de manera específica, las modificaciones respectivas.

Cualquier modificación a las bases de la licitación resuelta por la Convocante será considerada como parte integrante de las mismas.

Las modificaciones de que trata este precepto en ningún caso podrán consistir en la sustitución de los bienes, obras o servicios convocados originalmente, en la adición de otros de distintos rubros o en la variación significativa de sus características.

Artículo 23.- Junta de aclaraciones. Las Convocantes podrán celebrar juntas de aclaraciones, atendiendo a las características de los bienes, servicios y obras públicas materia de la licitación, en las que podrán formular aclaraciones a las personas que hayan adquirido las bases correspondientes; las demás que acrediten interés legítimo podrán formular sus observaciones o aclaraciones previamente por escrito.

Las juntas de aclaraciones se reunirán en cualquier tiempo, a partir de la publicación de la convocatoria y hasta cinco días hábiles previos al acto de presentación y apertura de ofertas y la participación de los oferentes será optativa.

Los cuestionamientos formulados por los interesados y las respuestas de la Convocante derivadas de las juntas de aclaraciones constarán en el acta que al efecto se levante, la que contendrá la firma de los asistentes que deseen hacerlo. En el caso de las obras públicas, adicionalmente se expondrán los datos referentes a la visita al sitio de obra.

Las resoluciones de modificación de las bases adoptadas por las Convocantes, como consecuencia de las juntas de aclaraciones que en su caso se llevasen a cabo, formarán parte integrante de las bases de la licitación y, por tanto, obligarán a todos los participantes.

En el reglamento de esta ley se especificará la metodología, los términos y condiciones en que participarán los interesados en las referidas juntas de aclaraciones, por asistencia física o a través del Sistema de Información de las Contrataciones Públicas (SICP).

Artículo 24.- Presentación y apertura de ofertas. La entrega de las ofertas técnicas y económicas se hará en un sólo acto, en sobre cerrado, con las debidas seguridades que impidan conocer su contenido y preserven su inviolabilidad, a más tardar en el lugar, día y hora señalados para que se realice el acto de presentación y apertura de ofertas; en caso de que las ofertas se entreguen fuera del lugar o sistema permitido, o de la fecha y hora señalados en las bases de la licitación, se tendrán por no presentadas. Lo anterior sólo se aplicará en lo conducente, en el caso de las otras modalidades establecidas en el Artículo 16 de esta ley.

Las referidas ofertas podrán ser entregadas, a elección del participante, en forma directa a la Convocante, por medio de mensajería especializada o correo, bajo su estricto riesgo, o a través del uso de los medios remotos de comunicación electrónica establecidos en el Sistema de Información de las Contrataciones Públicas (SICP), en los términos y condiciones que al efecto señale el reglamento. El que los participantes opten por utilizar alguno de estos medios para enviar sus ofertas no limita, en ningún caso, que asistan a los diferentes actos derivados de una licitación.

A todos los actos de carácter público de las licitaciones podrán asistir los participantes cuyas propuestas hayan sido desechadas durante el procedimiento de contratación, así como cualquier otra persona física o jurídica que sin haber adquirido las bases manifieste su interés de estar presente en dichos actos, bajo la condición de que registren su asistencia y se abstengan de intervenir en cualquier forma activa en los mismos, pudiendo dejar constancia en acta de formulaciones u observaciones que consideren pertinentes.

Los oferentes podrán retirar sus ofertas en cualquier tiempo, hasta antes de que se realice el acto de apertura correspondiente.

La apertura de las ofertas se realizará en un acto formal y público. En ese acto las Convocantes evaluarán el cumplimiento de los recaudos meramente formales, por parte de los oferentes, y se verificarán del cumplimiento de los requisitos exigidos por las normas jurídicas y en las bases de la licitación pública, a través del uso de las listas de verificación documental. De todo lo ocurrido se labrará acta.

Artículo 25.- Oferentes en consorcio En los procedimientos de contratación podrán participar oferentes en consorcio, sin que ello implique crear una persona jurídica diferente, siempre que para tales efectos, en la propuesta y en el contrato se establezcan con precisión y a satisfacción de la Convocante, las partes a que cada una se obligará, así como la manera en que se exigirá el cumplimiento de las obligaciones. Para optar por esta modalidad los oferentes consorciados designarán a uno de los componentes del consorcio como gestor, quien asumirá el liderazgo y suscribirá las ofertas y documentos relativos al proceso. Ante la Convocante quedarán solidariamente responsables todos los oferentes consorciados.

En el reglamento se especificarán las características del convenio de asociación que al efecto deberán suscribir quienes decidan emplear esta modalidad para la presentación de ofertas.

Artículo 26.- Evaluación de las ofertas. La evaluación de las ofertas se llevará a cabo por comités de evaluación en base a la metodología y parámetros establecidos en las bases de la licitación, en esta ley y en el reglamento.

No serán objeto de evaluación las condiciones establecidas que tengan como propósito facilitar la presentación de las ofertas y agilizar la conducción de los actos de la licitación, así como cualquier otro requisito cuyo incumplimiento, por sí mismo, no sea sustancial o afecte la legalidad y la solvencia de las propuestas. La inobservancia por parte de los oferentes respecto a dichas condiciones o requisitos no será motivo para desechar sus ofertas.

Los defectos de forma o no sustanciales y los errores de cálculo en las propuestas podrán ser subsanados en los términos que se establezcan en el reglamento, siempre y cuando no impliquen la modificación de los precios unitarios, por lo que no serán suficientes para descalificar la propuesta de un participante, siempre y cuando se deban a errores u omisiones de buena fe y no se pretenda confundir a los evaluadores.

En la evaluación de las ofertas en ningún caso podrán utilizarse mecanismos de puntos o porcentajes, excepto cuando se trate de servicios en los que se demuestre la conveniencia de aplicar dichos mecanismos de evaluación, de acuerdo con los lineamientos establecidos en el reglamento.

En la evaluación de ofertas de bienes, se utilizarán criterios combinados que incluirán factores tales como transporte, variaciones en formas de pago, plazo de entrega, costos de operación y eficiencia. Los factores ponderados se traducirán en la medida de lo posible, en términos monetarios.

En la evaluación de las ofertas relativas a obras públicas, se utilizarán los criterios relativos a la materia. No se aceptará procedimiento alguno en virtud del cual se descalifiquen automáticamente las ofertas que se sitúen por encima o debajo de porcentajes del precio de referencia. Se tomará en cuenta la terminación adelantada de las obras cuando esta sea un factor crítico.

En licitaciones internacionales se tendrán en cuenta los márgenes de preferencia a los que se establece en el Artículo 18.

Artículo 27.- Comités de evaluación. Las Convocantes constituirán un Comité de Evaluación para la calificación de las propuestas de los oferentes, conformado por los funcionarios que se requieran y con la asistencia técnica profesional externa que se llegare a estimar conveniente.

El Comité de Evaluación, bajo su responsabilidad y con absoluta independencia de criterio, evaluará las ofertas y emitirá un dictamen que servirá como base para la adjudicación, dictamen en el que se hará constar una reseña cronológica de los actos del procedimiento, el análisis de las ofertas y las razones para admitirlas o desecharlas.

La calificación que realice el Comité de Evaluación invariablemente se apegará a la ley y a los criterios establecidos en las bases de la licitación pública.

Será considerada falta grave el intento de influir sobre el sentido de la decisión de los miembros del Comité de Evaluación, a través de cualquier procedimiento que pueda afectar su independencia de criterio.

Artículo 28.- Adjudicación. Con base en el informe de evaluación, la Convocante adjudicará al participante que presente la oferta solvente que cumpla con las condiciones legales y técnicas estipuladas en los pliegos de bases y condiciones, que tenga las calificaciones y la capacidad necesaria para ejecutar el contrato.

La misma deberá garantizar satisfactoriamente el cumplimiento de las obligaciones exigidas.

Si dos o más ofertas son solventes porque han cumplido la totalidad de los requisitos, el contrato se adjudicará a quien presente el precio más bajo.

La máxima autoridad de la Convocante será quien resuelva sobre la adjudicación.

La Convocante dará a conocer la adjudicación de la licitación en acto público, dentro de un plazo que no deberá exceder de veinte días calendario desde la fecha de apertura de ofertas, pudiendo diferirlo hasta por otros veinte días calendario, debiendo constar la adjudicación en un acta que firmarán los asistentes que lo deseen. En sustitución de dicho acto público, la Convocante podrá optar por notificar la adjudicación de la licitación por escrito a cada uno de los participantes, dentro de los cinco días calendario siguientes a su emisión.

Contra la resolución que contenga la adjudicación, los oferentes podrán protestar en los términos de los Artículos 79 y 81 de esta Ley.

Artículo 29.- Notificación de los actos. Las copias de actas de las juntas de aclaraciones, del acto de presentación, apertura de ofertas y de la adjudicación de la licitación, cuando ésta se realice en acto público, al finalizar dichos actos se pondrán a disposición de los participantes que no hayan asistido en las oficinas que ocupen las Unidades Operativas de Contratación (UOC), siendo de la exclusiva responsabilidad de ellos acudir a enterarse de su contenido. Además serán publicados en el Sistema de Información de las Contrataciones Públicas (SICP).

Cuando la Unidad Operativa de Contratación (UOC) aplique lo dispuesto en este artículo, precisará en las bases de licitación que dicho procedimiento sustituirá a la notificación personal, debiendo, en todo caso, señalar el lugar y el horario en que podrán recogerse las constancias respectivas.

Artículo 30.- Declaración de licitación desierta. Una licitación se declarará desierta, mediante resolución de la máxima autoridad de la

Convocante, en los siguientes casos:

a) que no se hubiera presentado oferta alguna;

b) que ninguna de las ofertas reúna las condiciones exigidas en las bases de la licitación o se apartara sustancialmente de ellas; o

c) que los precios de las ofertas resulten inaceptables, por variar sustancialmente de la estimación del contrato, o bien, por superar las previsiones presupuestarias de la Convocante determinadas conforme al Artículo 15 de la presente ley.

Una vez declarada desierta la licitación pública, la Unidad Operativa de Contratación (UOC) podrá convocar a un nuevo procedimiento de contratación, en el que, si lo estima necesario, podrá modificar los términos contenidos en las bases originales, con el objetivo de incentivar la participación.

Si por segunda ocasión se declarase desierta la licitación, se podrá adjudicar directamente el contrato, salvo que se llegue a demostrar transgresiones a las disposiciones legales, o que no fuera conveniente para los intereses del Estado.

Artículo 31.- Cancelación de la licitación. Las Convocantes podrán cancelar una licitación por caso fortuito o fuerza mayor. De igual manera, podrán cancelarla cuando existan circunstancias, debidamente justificadas, que provoquen la extinción de la necesidad de adquirir o arrendar los bienes, contratar la prestación de los servicios o ejecutar las obras, o que de continuarse con el procedimiento de contratación, se pudiera ocasionar daño o perjuicio a los organismos, las entidades y a las municipalidades, en todos los casos de cancelación de la licitación los oferentes no tendrán derecho a reembolso de gastos ni a indemnización alguna.

Asimismo, la Dirección Nacional de Contrataciones Públicas (DNCP) podrá ordenar la cancelación de la licitación pública, como consecuencia de la resolución de una protesta, en los términos del Artículo 83, inciso b), de esta ley.

CAPÍTULO TERCERO.
DE LA LICITACIÓN POR CONCURSO DE OFERTAS

Artículo 32.- Regulación. Atendiendo al umbral establecido en el Artículo 16, la Convocante aplicará todas las disposiciones contenidas en el Título Tercero, Capitulo Segundo, con excepción de la publicación de la convocatoria en los medios impresos.

Asimismo, las Convocantes podrán, a su juicio y según la naturaleza de los bienes, servicios u obras, reducir los plazos señalados para la licitación pública, hasta en un cincuenta por ciento, siempre que ello no tenga por objeto limitar el número de potenciales participantes o suponga el otorgamiento de ventajas indebidas a favor de algún oferente.

A tal efecto, se invitará directamente a no menos de cinco participantes, debiendo dar a conocer simultáneamente el procedimiento a través del Sistema de Información de las Contrataciones Públicas (SICP), para que cualquier potencial oferente que tenga interés y que pueda satisfacer los requisitos establecidos en las bases acuda a presentar su oferta en las mismas condiciones de aquellos que fueron invitados.

CAPÍTULO CUARTO.
DE LAS EXCEPCIONES A LA LICITACIÓN

Artículo 33.- Casos de excepción. Las Convocantes, bajo su responsabilidad, podrán llevar a cabo los procedimientos de contratación, sin sujetarse a los de la licitación pública o a los de licitación por concurso de ofertas, en los supuestos que a continuación se señalan:

a) el contrato sólo pueda celebrarse con una determinada persona por tratarse de obras de arte, titularidad de patentes, derechos de autor u otros derechos exclusivos;

b) por desastres producidos por fenómenos naturales que peligren o alteren el orden social, la economía, los servicios públicos, la salubridad, la seguridad o el ambiente de alguna zona o región del país;

c) se realicen con fines de garantizar la seguridad de la Nación;

d) derivado de situaciones que configuren caso fortuito o fuerza mayor, en que no sea posible obtener bienes o servicios, o ejecutar obras mediante el procedimiento de licitación en el tiempo requerido para atender la eventualidad de que se trate; en este supuesto las cantidades o conceptos deberán limitarse a lo estrictamente necesario para afrontarlas;

e) se hubiere rescindido el contrato respectivo por causas imputables al proveedor o contratista que hubiere resultado ganador en una licitación. En este caso, la Contratante podrá adjudicar el saldo pendiente por ejecutar del contrato rescindido, al participante que hubiera presentado la siguiente proposición solvente más baja, siempre que la diferencia en precio con respecto a la propuesta que inicialmente hubiere resultado ganadora no sea superior al diez por ciento;

f) se realicen dos licitaciones que hayan sido declaradas desiertas;

g) existan razones justificadas para la adquisición o locación de bienes por razones técnicas o urgencias impostergables; o,

h) previa tasación por órganos competentes, se acepte la adquisición de bienes, la ejecución de obras o la prestación de servicios a título de dación en pago, a favor del Estado Paraguayo, siempre que se observen los principios generales establecidos en el Artículo 4° de la presente ley.

En estos casos, la máxima autoridad del organismo, entidad o municipalidad, vía resolución y previo dictamen fundado y motivado de la Unidad Operativa de Contratación (UOC), dará por acreditado el supuesto de excepción en el que determine el procedimiento de contratación que le garantice al Estado las mejores condiciones, bajo cualesquiera de las hipótesis señaladas en los incisos c) y d) del Artículo 16.

Cuando la excepción se encuentre motivada en la negligencia o imprevisión del funcionario responsable de la contratación, esta acción será considerada falta grave y sancionada conforme a las normas vigentes. El funcionario sospechado no podrá participar en ninguno de los procedimientos concursales en los que se hubiere suscitado la sospecha, hasta que se dicte resolución por el órgano pertinente que lo libere de la responsabilidad del acto presuntamente irregular.

CAPÍTULO QUINTO.
CONTRATACIÓN DIRECTA

Artículo 34.- Procedimiento. La contratación directa se llevará a cabo de la siguiente manera:

a) se invitará por escrito y a través del Sistema de Información de las Contrataciones Públicas (SICP) a los potenciales oferentes para que presenten ante la Unidad Operativa de Contratación (UOC) su oferta técnica y económica, en sobre cerrado o virtual;

b) el acto de presentación y apertura de ofertas podrá hacerse sin la presencia de los oferentes;

c) para llevar a cabo la adjudicación correspondiente, se deberá contar con un mínimo de tres ofertas susceptibles de analizarse técnica y económicamente, atendiendo al tipo de procedimiento de que se trate, salvo que, por la naturaleza de los bienes o los servicios o los fines que se persigan con la contratación, no sea posible contar con el número indicado de oferentes, en cuyo caso, bajo la responsabilidad de la máxima autoridad del organismo, de la entidad o de la municipalidad, se podrá hacer la contratación directa sin necesidad de ese mínimo de ofertas, debiendo en todo caso asegurar al Estado Paraguayo las mejores condiciones de contratación;

d) en las invitaciones se indicarán, como mínimo: la cantidad, descripción y especificaciones técnicas de los bienes, servicios u obras requeridos, plazo y lugar de entrega o ejecución, así como condiciones de pago;

e) los plazos para la presentación de las ofertas se fijarán para cada operación, atendiendo al tipo de bienes, servicios u obras requeridos, así como a la complejidad para elaborar la propuesta;

f) se harán efectivas las demás disposiciones de esta ley que resulten aplicables.

Las ofertas se aceptarán siempre que provengan de personas físicas o jurídicas que cuenten con la solvencia técnica, económica y legal suficiente para responder a los compromisos asumidos frente al Estado Paraguayo y que su actividad comercial o industrial se encuentre vinculada con el tipo de bienes, servicios u obras a contratar.

Las Unidades Operativas de Contratación (UOC), previamente a la iniciación del procedimiento, deberán contar con especificaciones generales técnicas y un presupuesto referencial.

Artículo 35.- Contrataciones con fondos fijos. Con el fin de dar celeridad a los procedimientos administrativos, cuando se trate de erogaciones que por su cuantía y naturaleza no necesiten ajustarse a los procedimientos previstos en esta ley, los organismos, las entidades y las municipalidades podrán realizar adquisiciones de bienes y contratación de servicios, de consumo o prestación inmediata, con cargo a sus respectivos fondos fijos, si el monto total de cada operación no excede de veinte jornales mínimos. El reglamento determinará con exactitud las adquisiciones y los servicios a ser incluidos.

No deberán ejecutarse las operaciones indicadas para pagar cuentas de compras anteriores, adquirir activos fijos o bienes para constituir inventarios.

En todos los casos se deberá respetar los principios señalados en el Artículo 4° de esta ley.

TÍTULO CUARTO. DE LOS CONTRATOS

CAPÍTULO PRIMERO. DE LOS REQUISITOS PARA CONTRATAR

Artículo 36.- Plazo para la formalización de contratos. Toda adjudicación obligará a la Convocante y a la persona en quien hubiere recaído la adjudicación, a formalizar el contrato respectivo dentro de los veinte días hábiles siguientes al de la notificación de la adjudicación.

Si el interesado no firmase el contrato por causas imputables al mismo, dentro del plazo a que se refiere el párrafo anterior, la Convocante podrá, sin necesidad de un nuevo procedimiento, adjudicar el contrato al oferente que haya presentado la siguiente oferta solvente con el precio más bajo, de conformidad con lo asentado en el dictamen de adjudicación, y así sucesivamente, en caso de que este último no acepte la adjudicación, siempre que la diferencia en precio con respecto a la propuesta que inicialmente hubiere resultado ganadora, no sea superior al diez por ciento o el oferente acepte reducir su oferta hasta el porcentaje señalado. En esta hipótesis, la Unidad Operativa de Contratación (UOC) procederá a hacer efectiva la garantía de sostenimiento de oferta que hubiere presentado el proveedor o contratista y dará aviso a la Dirección Nacional de Contrataciones Públicas, para que proceda en términos del Título Séptimo.

El oferente a quien se hubiere adjudicado el contrato no estará obligado a suministrar los bienes, a prestar el servicio o ejecutar la obra, sí la Unidad Operativa de Contratación (UOC), por causas imputables a la misma, no suscribe el contrato dentro del plazo indicado en el párrafo precedente.

El atraso de la Unidad Operativa de Contratación (UOC) en la formalización de los contratos respectivos, o en la entrega de anticipos, prorrogará en igual plazo la fecha de cumplimiento de las obligaciones asumidas por ambas partes.

Artículo 37.- Requisitos de los contratos. Los contratos de adquisiciones, locaciones, servicios y obras, contendrán, como mínimo, lo siguiente:

a) identificación del crédito presupuestario para cubrir el compromiso derivado del contrato;

b) procedimiento conforme al cual se llevó a cabo la adjudicación del contrato;

c) precio unitario y el importe total a pagar por los bienes, servicios u obras, señalando si es fijo o sujeto a ajustes y, en este último caso, la fórmula o condición bajo la que se calcularán;

d) plazo, lugar y condiciones de entrega, prestación del servicio o ejecución de las obras, conforme al pliego de bases y condiciones;

e) programa de ejecución de los trabajos;

f) porcentaje, número y fechas de entrega de los anticipos y amortizaciones que en su caso se otorguen;

g) forma y términos para garantizar los anticipos y el cumplimiento del contrato;

h) garantías para el funcionamiento y operación de los bienes y para el suministro de partes, refacciones, transferencia de tecnología y capacitación, en su caso;

i) penas convencionales por atraso en la entrega de los bienes, servicios u obras objeto del contrato, por causas imputables a los proveedores o contratistas;

j) descripción pormenorizada de los bienes, servicios u obras objeto del contrato, incluyendo, en su caso, la marca y modelo, conforme al pliego de bases y condiciones;

k) causales y procedimientos para suspender temporalmente, dar por terminado anticipadamente o rescindir el contrato; y

l) mecanismos de solución de controversias.

En los contratos de servicios de consultorías, asesorías, estudios e investigaciones, salvo que exista impedimento, deberá estipularse que los derechos de autor u otros derechos exclusivos que se llegaren a generar, invariablemente se constituirán a favor del organismo, de la entidad o de la municipalidad, según corresponda.

Artículo 38.- Supuestos de la subcontratación. Los proveedores y los contratistas sólo podrán concertar con terceros la ejecución parcial del contrato cuando éstos tengan capacidad para contratar y no estén comprendidos en alguna de las causales de prohibición señaladas en el Artículo 40.

Sólo podrá producirse la subcontratación cuando las bases o las cláusulas del contrato así lo permitan o la Contratante lo autorice. En su caso, el subcontratista sólo ostentará derechos frente al proveedor o contratista principal por razón de la subcontratación y en ningún caso frente al contratante.

Frente a la Contratante responderá siempre el contratista principal de todas las obligaciones que le correspondan por razón del contrato.

En cualquier caso de subcontratación, cesión de hecho o de derecho o delegación, serán siempre solidarias las obligaciones subcontratadas, cedidas o delegadas.

Artículo 39.- Garantías. Los oferentes, proveedores o contratistas deberán garantizar:

a) la seriedad de sus ofertas, mediante la garantía de mantenimiento de la oferta.

Dicha garantía se otorgará por el equivalente de entre tres y cinco por ciento del monto total de la oferta;

b) la debida inversión de los anticipos que, en su caso, reciban. Estas garantías deberán constituirse por la totalidad del monto de los anticipos; y,

c) el cumplimiento de los contratos. Esta garantía deberá oscilar entre el cinco y el diez por ciento del monto total del contrato.

En el caso de una obra pública, del monto de cada pago al contratista, se deducirá el 5% (cinco por ciento), en concepto de fondo de reparos, suma que no devengará intereses y que será devuelta dentro de los diez días hábiles posteriores a la recepción definitiva. Este fondo podrá ser sustituido por una póliza de seguro a satisfacción de la Contratante. El plazo de pago establecido en este artículo podrá ser ampliado hasta un máximo de treinta días calendario, según las características de la obra ejecutada.

En el reglamento se fijarán las bases, los porcentajes y las formas a las que deberán sujetarse las garantías que deban constituirse.

Los proveedores y contratistas deberán entregar la garantía de cumplimiento del contrato a más tardar dentro de los diez días calendario siguientes a la firma del contrato, salvo que la entrega de los bienes o la prestación de los servicios se realice dentro del citado plazo; y la correspondiente al anticipo, se presentará previamente a la entrega de éste. La falta de constitución y entrega oportuna de las garantías será causal de rescisión del contrato por culpa del proveedor o contratista, en cuyo caso la Convocante podrá adjudicar el contrato en la forma prevista en el segundo párrafo del Artículo 36.

Artículo 40.- Prohibiciones y limitaciones para presentar propuestas o para contratar. No podrán presentar propuestas en los procedimientos de contratación previstos en esta ley, ni contratar con los organismos, entidades y municipalidades:

a) los funcionarios o empleados públicos que intervengan en cualquier etapa del procedimiento de contratación, y que tengan interés personal, familiar o de negocios con el proveedor o contratista, incluyendo aquellas personas con las que pueda resultar algún beneficio para ellos, su cónyuge o sus parientes consanguíneos o afines hasta el cuarto grado, o para terceros con los que tenga relaciones profesionales, laborales o de negocios, o para socios, accionistas o sociedades de las que el funcionario o empleado público o las personas antes referidas formen o hayan formado parte en los últimos seis meses;

b) quienes conforme a la Ley de la Función Pública se encuentren imposibilitados;

c) los oferentes, proveedores o contratistas que, por causas imputables a ellos mismos, se les hubiere rescindido administrativamente más de un contrato, dentro de un lapso de dos años calendario, contados a partir de la notificación de la primera rescisión.

Dicho impedimento prevalecerá ante la propia Unidad Operativa de Contratación (UOC) durante dos años calendario, contados a partir de la notificación de la rescisión del segundo contrato;

d) las personas físicas o jurídicas que se encuentren inhabilitadas por resolución de la Dirección Nacional de Contrataciones Públicas (DNCP), en los términos del Título Séptimo de esta ley;

e) los proveedores y contratistas que se encuentren en mora en las entregas de los bienes, la prestación de los servicios o en la ejecución de las obras, por causas imputables a los mismos, respecto de otro u otros contratos celebrados con la propia Contratista, siempre que ésta haya resultado perjudicada;

f) las personas físicas o jurídicas que se encuentren en convocatoria de acreedores, quiebra o liquidación;

g) los participantes que presenten más de una oferta sobre una misma partida de un bien o servicio en un procedimiento de contratación, presentada a nombre propio o de tercero y que se encuentren vinculados entre sí por algún socio o asociado común;

h) las personas físicas o jurídicas que pretendan participar en un procedimiento de contratación y previamente hayan realizado o se encuentren realizando, por sí o a través de empresas que formen parte del mismo grupo empresarial, en virtud de otro contrato, trabajos de análisis y control de calidad, preparación de especificaciones, presupuestos o la elaboración de cualquier documento vinculado con el procedimiento en que se encuentran interesadas en participar;

i) las personas físicas o jurídicas que por sí o a través de empresas que formen parte del mismo grupo empresarial pretendan ser contratadas para elaboración de fiscalizaciones, dictámenes, peritajes y avalúos, cuando éstos hayan de ser utilizados para resolver discrepancias derivadas de los contratos en los que dichas personas o empresas sean parte;

j) las personas físicas o jurídicas que celebren contratos sobre las materias reguladas por esta ley sin estar facultadas para hacer uso de derechos de propiedad intelectual;

k) las personas físicas o jurídicas que se encuentren en mora como deudores del fisco o la seguridad social; y

l) las demás personas físicas o jurídicas que por cualquier causa se encuentren impedidas para ello por disposición judicial o de la ley.

Artículo. 41. Contribución sobre contratos suscriptos[5] . Independientemente del procedimiento de contratación que se hubiere empleado, los organismos, las entidades o las municipalidades deberán retener el equivalente al cero punto cuatro por ciento del importe de cada factura o certificado de obra, deducidos los impuestos correspondientes, que presenten a cobro los proveedores y contratistas, con motivo de la ejecución de los contratos materia de la presente ley, a fin de que estos montos sean destinados a la implementación, operación, desarrollo, mantenimiento y actualización del Sistema de Información de las Contrataciones Públicas (SICP), de conformidad con las previsiones establecidas en los reglamentos pertinentes.

Los montos que sean retenidos por las contratantes en el concepto señalado en el párrafo anterior, deberán ser depositados en la cuenta habilitada a tal efecto a nombre de la Dirección Nacional de Contrataciones Públicas (DNCP), dentro del plazo de tres días hábiles, de efectuada la retención, para los organismos y entidades de la Administración Central y Descentralizada, y en el plazo de treinta días calendario para los municipios, de conformidad con lo establecido en la Ley N° 1535 de Administración Financiera del Estado.

CAPÍTULO SEGUNDO.
DE LAS CONTRATACIONES ESPECIALES

SECCIÓN PRIMERA.
DE LA OBRA PÚBLICA

Artículo 42.- Del régimen de la obra pública. A toda contratación de obras públicas se le aplicará lo que disponen esta ley y su reglamento.

---

5 Artículo modificado por Ley N° 3.439/07.

La Ley N° 1533 del 4 de enero de 2000 se aplicará única y exclusivamente en los términos referidos a la ejecución y fiscalización de las obras públicas, en los siguientes Capítulos;

a) XII de las Responsabilidades, Artículos 40 y 41;

b) XIII de la Medición y Pago, Artículos 42 y 43;

c) XIV de la Ejecución y Recepción de Obras, Artículos 44 y 45;

d) XV de la Fiscalización, Artículo 46;

SECCIÓN SEGUNDA.
DE LA ADQUISICIÓN DE BIENES INMUEBLES

Artículo 43.- Procedimiento. Cuando la adquisición de un inmueble corresponda por razones técnicas o de interés social a un bien que por sus características sea el único idóneo para la satisfacción del fin público, se prescindirá del procedimiento de licitación pública y la máxima autoridad del organismo, la entidad o la municipalidad, procederá a recomendar la declaratoria de utilidad pública o de interés social para que se inicie el proceso de expropiación, de acuerdo con la Constitución Nacional.

La adquisición de bienes inmuebles en el extranjero por parte del Estado Paraguayo se someterá a las leyes del lugar en que se realice el acto.

Para el trámite de adquisición de inmuebles se estará en lo demás, a lo dispuesto en el reglamento de esta ley.

SECCIÓN TERCERA.
DE LA LOCACIÓN DE BIENES INMUEBLES

Artículo 44.- Disposiciones generales. Los procesos de contratación de locación en los que el Estado Paraguayo fuera locatario, en los que el canon mensual excediera el valor de mil jornales mínimos, se sujetarán al procedimiento de licitación pública; aquellos cuyo canon mensual fuese inferior a la cuantía antes referida, se someterán a las disposiciones de la adjudicación directa.

Artículo 45.- Terminación de contratos. Los organismos, las entidades y las municipalidades podrán dar por terminados los contratos de locación suscritos con los particulares, en forma unilateral, sin derecho a indemnización o reclamo alguno por parte del locador, con la sola condición de que se les notifique con treinta días calendario de anticipación.

Artículo 46.- Reajuste de canon en contratos con particulares. En los contratos de locación cuyo plazo sea superior a un año, se podrá prever el reajuste del canon, que no será superior a la variación anual del índice de precios del costo de la vivienda, publicado por el Banco Central de Paraguay, para el periodo anual del contrato vigente.

Artículo 47.- Renovación de los contratos. En los casos en que convenga a los intereses institucionales, de acuerdo con el informe que presente la unidad encargada de la administración de los bienes y la dirección financiera del organismo, la entidad o la municipalidad, podrán renovarse los contratos de locación de bienes inmuebles, sujetándose a los principios enumerados en el Artículo 4° de esta ley, hasta por dos periodos consecutivos.

SECCIÓN CUARTA.
LOCACIÓN DE BIENES MUEBLES

Artículo 48.- Procedimiento aplicable. Los organismos, las entidades y las municipalidades podrán tomar en locación equipo o maquinaria, en la modalidad de opción de compra (leasing) o sin ella, para lo cual deberán seguir los procedimientos de licitación pública, licitación por concurso de ofertas o adjudicación directa, de acuerdo con los montos establecidos en esta ley.

Artículo 49. - Arrendamientos financieros o leasing. Las Unidades Operativas de Contratación (UOC), previamente a la locación de bienes muebles, deberán realizar los estudios de factibilidad pertinentes, considerando la posible contratación mediante locación financiera con opción a compra (leasing). De optarse por esta modalidad, al cumplimiento del contrato se hará nuevamente un estudio para decidir la adquisición al valor residual, de conformidad con la legislación de la materia.

Artículo 50.- Cuantificación de la locación. Cuando la locación de bienes muebles sea con opción de compra (leasing), el monto de la contratación se estimará teniendo en cuenta el valor mensual del alquiler y el tiempo de duración del contrato.

Cuando la locación no incluya opción de compra, y la renovación del contrato se realice en forma automática, a efecto de esta ley, se estimará el costo tomando el monto total de alquileres correspondientes a veinticuatro meses.

SECCIÓN QUINTA.

CONTRATACIÓN DE SERVICIOS DE TERCEROS

Artículo 51.- Procedimiento de contratación de servicios de terceros. Los servicios que permitan la prestación a cargo de terceros, sean estas personas físicas o jurídicas, se contratarán mediante cualquiera de los procedimientos establecidos en el Artículo 16 y de acuerdo a los umbrales establecidos en esta ley.

Artículo 52.- Relaciones laborales. La contratación de servicios que utilicen a terceros, no originará relación de empleo público entre el organismo, la entidad o la municipalidad y el proveedor.

SECCIÓN SEXTA.

CONTRATACIÓN DE SERVICIOS DE CONSULTORÍA

Artículo 53.- De la contratación de consultoría. La selección de consultores deberá hacerse atendiendo a su carácter predominantemente intelectual, basado en méritos, aptitudes y actitudes personales dándose preferencia a la especialización, experiencia, honorabilidad y capacidad técnica.

Los contratos de consultoría no requieren de garantía de mantenimiento de oferta ni de cumplimiento de contrato, pero a cambio deben ofrecer un seguro de responsabilidad profesional.

Los contratos contendrán cláusulas de prohibición de reemplazo del personal técnico clave ofrecido en la propuesta, con la única excepción de aquellas que se encuentren debidamente justificadas y fuera del control del contratado.

Artículo 54.- Utilización de criterios de evaluación. En la elaboración de las bases de licitación para la contratación de servicios profesionales de consultoría, asesoría, estudios especializados e investigaciones, deberán incluirse criterios a ser utilizados en la evaluación de las ofertas, que estarán basados en uno de los siguientes modelos de selección;

a) en calidad y costo, contendrá los criterios de evaluación técnicos y financieros y los factores de ponderación;

b) en calidad será utilizada únicamente en servicios de consultoría de suma complejidad y donde el valor precio es cero;

c) en precio será utilizada en consultorías simples que no requieran del conocimiento de expertos y el valor del precio será determinante entre los que reúnen los requisitos técnicos requeridos;

d) en presupuesto fijo será utilizada cuando el Oferente cuente con un presupuesto fijo determinado, por lo que el proceso de selección se limita a calificar solamente las condiciones técnico profesionales; y

e) en antecedentes del Consultor será utilizada para contrataciones de menor cuantía, para la aplicación se utilizarán términos de referencia y la selección se realizará por comparación de capacidad y experiencia en la materia.

CAPÍTULO TERCERO.
DERECHOS Y OBLIGACIONES

Artículo 55.- Derechos de las contratantes. Las contratantes gozan de los siguientes derechos:

a) a que se ejecuten los contratos en sus términos y condiciones y, en su caso, a exigir su cumplimiento forzoso;

b) a modificar unilateralmente el contrato por razones de interés público, sin perjuicio de las indemnizaciones que correspondan, si hubiere mérito;

c) a suspender o rescindir el contrato por razones de interés público;

d) a declarar la resolución o rescisión del contrato, y determinar los efectos procedentes en cada caso; y

e) a imponer las sanciones previstas en los contratos y a ejecutar las garantías, cuando el proveedor o contratista no cumpla con sus obligaciones.

Las resoluciones adoptadas por las contratantes en ejercicio de estas prerrogativas, se ejecutarán de inmediato.

Artículo 56.- Derechos de los proveedores y contratistas. Los proveedores y contratistas tendrán los siguientes derechos:

a) a la plena ejecución de lo pactado, salvo los supuestos de rescisión, resolución y modificación unilateral establecidos en esta ley, en su reglamento y en las bases;

b) al reajuste de precios, para compensar las variaciones sustanciales sufridas en la estructura de costos de los contratos, en los términos que fije la ley, el reglamento y el pliego de bases; y,

c) a que se le reconozcan intereses financieros, en caso de que las contratantes incurran en mora en el pago. Si la mora fuera superior a sesenta días, el proveedor o contratista tendrá derecho a solicitar de la Contratante la suspensión del contrato, por motivos que no le serán imputables.

Artículo 57.- Terminación de los contratos. Los contratos terminarán:

a) por cumplimiento de las obligaciones contractuales;

b) por mutuo acuerdo de las partes;

c) por sentencia ejecutoriada de la autoridad jurisdiccional, que declare la nulidad, resolución o rescisión del contrato;

d) por decisión unilateral de la Contratante, en caso de incumplimiento del proveedor o del contratista;

e) por muerte del proveedor o contratista persona física, o por disolución de la persona jurídica, siempre que esta última no se origine por decisión interna voluntaria de sus órganos competentes. Los representantes legales y los integrantes de los órganos de dirección de las personas jurídicas cuya disolución se tramita, están obligados, bajo su responsabilidad personal y solidaria, a informar a la autoridad a la que compete aprobar la disolución, sobre la existencia de contratos que aquéllas tengan pendientes con entidades del sector público y a comunicar a las contratantes respectivas sobre la situación y causales de disolución.

Para los casos de disolución de personas jurídicas, antes de expedir la resolución que la declare, la autoridad correspondiente deberá comunicar sobre el particular a la Dirección Nacional de Contrataciones Públicas (DCNP), para que ésta, en el término de diez días hábiles, informe si la persona jurídica cuya disolución se tramita no tiene contratos pendientes con entidades del sector público o precise cuáles son ellos. Con la contestación de la DCNP, o vencido el antedicho término, se dará trámite a la resolución, sin perjuicio de la responsabilidad de los funcionarios que incumplieren su deber de informar.

De existir contratos pendientes de la persona jurídica frente a los organismos, entidades o municipalidades, la Dirección Nacional de Contrataciones Públicas (DNCP) informará sobre aquéllos a la Procuraduría General de la República, para que ésta adopte las acciones conducentes a proteger y defender los intereses públicos, debiendo adoptar las medidas necesarias para garantizar los intereses del Estado. Para el caso de las municipalidades la protección de los intereses está a cargo del Ejecutivo Municipal.

Artículo 58.- Terminación por mutuo acuerdo. Cuando por circunstancias imprevistas, técnicas o económicas, o causas de fuerza mayor o caso fortuito, no fuere posible o conveniente para los intereses públicos ejecutar total o parcialmente el contrato, las partes podrán, por mutuo acuerdo, convenir la extinción de todas o algunas de las obligaciones contractuales, en el estado en que se encuentren.

Salvo estipulación en contrario, la extinción de las obligaciones contractuales por mutuo acuerdo no implicará renuncia a derechos causados o adquiridos a favor de la Contratante o del proveedor o contratista. En estos casos, dicha entidad no podrá celebrar contrato posterior sobre el mismo objeto con el mismo sujeto.

Artículo 59.- Rescisión del contrato. La Contratante podrá rescindir administrativamente los contratos a los que se refiere esta ley, en los siguientes casos:

a) por incumplimiento del proveedor o contratista;

b) por quiebra o insolvencia del proveedor o contratista;

c) cuando el valor de las multas supera el monto de la garantía de cumplimiento del contrato;

d) por suspensión de los trabajos, imputable al proveedor o al contratista, por más de sesenta días calendario, sin que medie fuerza mayor o caso fortuito;

e) por fraude o colusión debidamente comprobado del proveedor o contratista desde la adjudicación hasta la finalización del contrato;

f) por haberse celebrado un contrato contra expresa prohibición de esta ley; y,

g) en los demás casos estipulados en el contrato, de acuerdo con su naturaleza.

La Contratante iniciará el procedimiento de rescisión dentro de los quince días calendario siguientes a aquél en que se hubiere agotado el plazo límite de aplicación de las penas convencionales.

Si previamente a la determinación de dar por rescindido el contrato, se hiciera entrega de los bienes, se prestasen los servicios o se ejecutasen las obras, el procedimiento iniciado quedará sin efecto, sin perjuicio de las responsabilidades del proveedor o contratista.

El procedimiento de rescisión se llevará a cabo conforme a lo siguiente:

1) se iniciará a partir de que al proveedor o contratista le sea comunicado por escrito el incumplimiento en que haya incurrido, para que en un término de diez días hábiles exponga lo que a su derecho convenga y aporte, en su caso, las pruebas que estime pertinentes;

2) transcurrido el plazo a que se refiere el inciso anterior, se resolverá considerando los argumentos, pruebas y circunstancias del caso; y,

3) la determinación de dar o no por rescindido el contrato deberá ser debidamente fundada, motivada y comunicada al proveedor o al contratista dentro de los quince días hábiles siguientes a lo señalado en el inciso a) de este artículo.

Artículo 60.- Terminación por causas imputables a la contratante. El proveedor o el contratista podrá dar por terminado el contrato, por las siguientes causas imputables a la Contratante:

a) por incumplimiento de las obligaciones contractuales por más de sesenta días calendario;

b) por la suspensión de los trabajos por más de sesenta días calendario, dispuestos por la Contratante, sin que medie fuerza mayor o caso fortuito; y,

c) cuando los diseños definitivos sean técnicamente inejecutables y no se hubiesen solucionado los defectos dentro de los sesenta días calendario siguientes a aquél en que el proveedor o contratista lo hubiere hecho del conocimiento de la Contratante.

Artículo 61.- Del reajuste de precios. Los contratos de adquisición de bienes, de prestación de servicios o de ejecución de obras a que se refiere esta ley, están sujetos a reajuste de precios, en la medida en que esté previsto en el contrato o que durante su ejecución exista una variación sustancial de precios en la economía nacional y esta se vea reflejada en el índice de precios de consumo publicado por el Banco Central del Paraguay, en un valor igual o mayor al quince por ciento sobre la inflación oficial esperada para el mismo periodo.

El ajuste de precios y el procedimiento debe pactarse en el contrato, según las normas que se establezcan en el reglamento de esta ley.

CAPÍTULO CUARTO.
MODALIDADES DE LOS CONTRATOS

Artículo 62.- Convenios modificatorios en obras públicas. En el caso de que fuere necesario ampliar, modificar o complementar una obra determinada debido a causas imprevistas o técnicas presentadas durante su ejecución, la Contratante podrá celebrar con el mismo contratista, sin licitación, pero con el informe previo favorable de la Auditoria General correspondiente, los convenios modificatorios que requiera la atención de los cambios antedichos, siempre que se mantengan los precios unitarios del contrato original, reajustados a la fecha de celebración del respectivo convenio; y para los casos en que los trabajos complementarios no se hallen previstos en el contrato original, estos sean acordados entre las partes previa firma del convenio.

Sólo podrán celebrarse convenios modificatorios en la medida que, conjunta o separadamente, no excedan del veinte por ciento del monto y plazo originalmente pactados y que no tengan por objeto otorgar al contratista condiciones más favorables con respecto a las señaladas originalmente en las bases y en el contrato.

Artículo 63.- Convenios modificatorios en adquisiciones, locaciones y servicios. Las Unidades Operativas de Contratación (UOC) podrán, dentro de su presupuesto aprobado y disponible, bajo su responsabilidad y por razones fundadas y explícitas, acordar el incremento en la cantidad de bienes solicitados mediante modificaciones a sus contratos vigentes, dentro de los doce meses posteriores a su firma, siempre que el monto total de las modificaciones no rebase, en conjunto, el veinte por ciento del monto o cantidad de los conceptos y volúmenes establecidos originalmente en los mismos y el precio unitario de los bienes sea igual al pactado originalmente, pudiéndose aplicar los ajustes de precios de conformidad con las fórmulas establecidas en los pliegos concursales respectivos.

Tratándose de contratos en los que se incluyan bienes o servicios de diferentes características, el porcentaje se aplicará para cada partida o concepto de los bienes o servicios de que se trate.

Cualquier modificación a los contratos deberá formalizarse por escrito por parte de las contratantes y los instrumentos legales respectivos serán suscritos por el funcionario o empleado público que lo haya hecho en el contrato original o quien lo sustituya o esté facultado para ello.

Queda prohibido realizar modificaciones contractuales que se refieran a precios, anticipos, pagos progresivos, especificaciones y, en general, cualquier cambio que implique otorgar condiciones más ventajosas a un proveedor comparadas con las establecidas originalmente.

No podrá utilizarse el procedimiento descrito en este artículo, cuando el monto total supere los umbrales fijados para el llamado a licitación pública.

TÍTULO QUINTO.
SISTEMA DE INFORMACIÓN DE LAS CONTRATACIONES PÚBLICAS (SICP).
CAPÍTULO ÚNICO

Artículo 64.- De la difusión a través del sistema. La Dirección Nacional de Contrataciones Públicas (DNCP) pondrá a disposición pública, a través de los medios de difusión electrónica de acceso masivo, la información sobre las convocatorias, bases y condiciones, el proceso de contratación, las adjudicaciones, cancelaciones, modificaciones, así como cualquier información relacionada, incluyendo los contratos adjudicados, independientemente de la vía o tipo de contratación correspondiente.

Queda establecido que el Sistema de Información de las Contrataciones Públicas (SICP) es la meta del Sistema de Contrataciones Públicas y su uso será incrementado paulatinamente reemplazando los sistemas manuales. Sin embargo, durante el período de transición se utilizará en forma simultánea y a elección de los proveedores y contratistas el sistema más conveniente para sus intereses.

Artículo 65.- De la consulta y compra de las bases. Las personas físicas y jurídicas interesadas en participar en los procesos de contratación que convoquen las Unidades Operativas de Contratación (UOC), podrán consultar y adquirir los pliegos de bases por los medios de difusión electrónica que establezca la Dirección Nacional de Contrataciones Públicas (DNCP).

Artículo 66.- Del envío de ofertas por vía electrónica. Los sobres que contengan las ofertas que presenten los proponentes podrán entregarse, a elección de los mismos, por los medios remotos de comunicación electrónica, conforme a las disposiciones administrativas que establezca la Dirección Nacional de Contrataciones Públicas (DNCP).

En este caso, el sobre será generado mediante el uso de tecnologías que resguarden la confidencialidad de la información, de tal forma que sea inviolable, conforme a las disposiciones técnicas que al efecto establezca la referida Dirección Nacional de Contrataciones Públicas (DNCP).

Las ofertas enviadas a través del referido Sistema, emplearán invariablemente el medio de identificación electrónica inviolable utilizada por la Dirección Nacional de Contrataciones Públicas (DNCP), las cuales producirán los mismos efectos que las leyes otorgan a los instrumentos privados con firma autógrafa correspondientes y, en consecuencia, tendrán el mismo valor probatorio y vinculatorio.

Artículo 67.- De la certificación de los medios de identificación electrónica. La Dirección Nacional de Contrataciones Públicas (DNCP) creará, operará y mantendrá en funcionamiento el sistema de certificación de los medios de identificación electrónica que utilicen los oferentes y será responsable de ejercer el control de estos medios, salvaguardando la confidencialidad de la información que se remita por esta vía. El reglamento de esta ley describirá la técnica y los procedimientos administrativos a ser utilizados.

Artículo 68.- Disposiciones reglamentarias. Para los efectos de la aplicación de este Título, en el reglamento se establecerán los lineamientos técnicos y administrativos para el uso de los medios remotos de comunicación electrónica.

TÍTULO SEXTO.

DE LA INFORMACIÓN Y VERIFICACIÓN

CAPÍTULO ÚNICO

Artículo 69.- Conservación de la información. Las Unidades Operativas de Contratación (UOC) conservarán en forma ordenada y sistemática toda la documentación comprobatoria de los actos y contratos materia de este ordenamiento, cuando menos por el plazo de prescripción, contados a partir de la fecha de su recepción.

Cada Unidad llevará un registro de contrataciones públicas, a través de archivos físicos y electrónicos que garanticen la conservación del expediente del contrato debidamente codificado, por el período mínimo establecido en el párrafo anterior, debiendo remitir al Sistema de Información de las Contrataciones Públicas (SICP), la información que se establezca en el reglamento de esta ley.

Art. 70 Facultades de verificación[6] . La Dirección Nacional de Contrataciones Públicas (DNCP) verificará que los procedimientos de contrataciones públicas en cualquier etapa de su ejecución, se realicen conforme a lo establecido en esta Ley y demás normas reglamentarias, implementando los mecanismos y procedimientos de verificación que considere oportunos o convenientes.

---

6 Artículo modificado por Ley Nº 3.439/07.

A los efectos de lo establecido en el primer párrafo del presente Artículo, podrá realizar las visitas e inspecciones que estime pertinentes a las Unidades Operativas de Contratación (UOC) y tendrá acceso directo e irrestricto a los documentos correspondientes a todas las etapas de la contratación (programación, presupuesto, proceso de contratación, ejecución de contrato y erogaciones), contenidos en los archivos de las Unidades Operativas de Contratación (UOC) institucionales y otras dependencias, referentes a las efectuadas en el marco de esta Ley. La negativa expresa o tácita de los empleados y funcionarios públicos a proveer información y documentación a la Dirección Nacional de Contrataciones Públicas (DNCP) será considerada como falta grave prevista en la Ley N° 1.626/00 de la Función Pública y sancionada como tal.

Igualmente, se halla facultada a solicitar a los proveedores y contratistas que participen en los procedimientos de contratación, todos los datos e informes relacionados con los actos objeto de la verificación.

Suscritos los respectivos contratos y sus addendas, las entidades convocantes a través de sus Unidades Operativas de Contratación (UOC), deberán informar a la Dirección Nacional de Contrataciones Públicas (DNCP) sobre el resultado del proceso de ejecución de los contratos, conforme a la reglamentación emitida por la Dirección Nacional de Contrataciones Públicas (DNCP).

El ejercicio de las facultades de verificación de la Dirección Nacional de Contrataciones Públicas (DNCP) será sin perjuicio de la competencia de la Contraloría General de la República y de las auditorías internas y externas conforme a sus atribuciones legales respectivas.

Artículo. 71 De la verificación de calidad[7] La Dirección Nacional de Contrataciones Públicas (DNCP) podrá verificar la calidad de los bienes, servicios y obras contratados, a instituciones públicas o privadas, educativas y de investigación o a las personas físicas o jurídicas que determine.

El resultado de la verificación se hará constar en un dictamen que será firmado por quien haya hecho la comprobación, así como por el proveedor o el contratista y el representante de la Contratante respectiva, si hubieren intervenido. La falta de firma del proveedor o contratista no invalidará dicho dictamen.

TÍTULO SÉPTIMO.
DE LAS INFRACCIONES Y SANCIONES

CAPÍTULO PRIMERO.
DE LAS SANCIONES A LOS PROVEEDORES Y CONTRATISTAS

Artículo 72.- Sanción administrativa[8] . La Dirección Nacional de Contrataciones Públicas (DNCP) podrá inhabilitar temporalmente a los proveedores y contratistas por un período no menor a tres meses ni mayor a tres años, por resolución que será publicada en el órgano de publicación oficial y en el Sistema de Información de las Contrataciones Públicas (SICP), para participar en procedimientos de contratación o celebrar contratos regulados por esta ley, cuando ocurra alguno de los supuestos siguientes:

a) los proveedores o contratistas que se encuentren en el supuesto del inciso c) del Artículo 40 de este ordenamiento, respecto de dos o más organismos, entidades o municipalidades;

b) los proveedores o contratistas que no cumplan con sus obligaciones contractuales por causas imputables a ellos y que, como consecuencia, causen daños o perjuicios al organismo, entidad o municipalidad de que se trate; y,

c) los proveedores o contratistas que proporcionen información falsa o que actúen con dolo o mala fe en algún procedimiento de contratación, en la celebración del contrato o durante su vigencia, o bien, en la presentación o descargo de un procedimiento de conciliación o de una inconformidad.

---

7 Artículo modificado por Ley Nº 3.439/07.
8 Artículo modificado por Ley Nº 3.439/07.

Las Unidades Operativas de Contratación (UOC), dentro de los diez días calendario siguientes a la fecha en que tengan conocimiento de alguna infracción a las disposiciones de esta ley, remitirán a la Dirección Nacional de Contrataciones Públicas (DNCP) la documentación comprobatoria de los hechos presumiblemente constitutivos de la infracción, para que ésta actúe en el ámbito de su competencia.

Además de los proveedores y contratistas, los oferentes que participen en los llamados a contratación e incurran en alguno de los supuestos previstos en el presente artículo, serán pasibles de las sanciones previstas en el mismo.

En los casos especialmente leves, será aplicable como sanción, la amonestación y apercibimiento por escrito al oferente, proveedor o contratista.

Artículo 73.- Calificación de las infracciones. La Dirección Nacional de Contrataciones Públicas (DNCP) impondrá las sanciones considerando:

a) los daños o perjuicios que se hubieran producido o puedan producirse a los organismos, a las entidades y a las municipalidades;

b) el carácter intencional o no de la acción u omisión constitutiva de la infracción;

c) la gravedad de la infracción; y

d) la reincidencia del infractor.

Se impondrán las sanciones administrativas de que trata este Título, sin perjuicio del derecho de los particulares de recurrir a la jurisdicción contencioso administrativo.

Artículo 74.- Procedimiento para imponer sanciones. Una vez enterada la Dirección Nacional de Contrataciones Públicas (DNCP), de los hechos presuntamente transgresores de la ley o del contrato por parte de los proveedores o contratistas, procederá de la siguiente manera:

a) comunicará por escrito al presunto infractor los hechos que pudieren llegar a constituir una trasgresión a la legislación de la materia o al contrato, estableciendo, fundada y motivadamente, las circunstancias de tiempo, lugar y modo, otorgándole un plazo no menor a diez días hábiles para que manifieste lo que a su derecho convenga y aporte las pruebas, informes, pericias, testimonios que estime pertinentes; y,

b) transcurrido el plazo a que se refiere el inciso anterior, emitirá la resolución que en derecho proceda, fundada y motivada.

Artículo 75.- Registro de inhabilitados para contratar con el estado. La Dirección Nacional de Contrataciones Públicas (DNCP) deberá habilitar y mantener actualizado dentro del Sistema de Información de las Contrataciones Públicas (SICP), un registro de las personas físicas y jurídicas impedidas a contratar con los organismos, entidades y municipalidades, de conformidad al Artículo 40 de la presente ley.

Todos los organismos, entidades y municipalidades están obligados a proveer la información necesaria para el funcionamiento adecuado del mencionado registro. Las informaciones contenidas en el mismo serán amplias y no estarán limitadas a las personas físicas y jurídicas sancionadas sino también a aquellas inhabilitadas por incumplimiento de las obligaciones tributarias, interdicción, inhibición, en concurso de acreedores, quiebra, liquidación o cualquier impedimento.

CAPÍTULO SEGUNDO.
SANCIONES A FUNCIONARIOS Y EMPLEADOS PÚBLICOS

Artículo 76.- Responsabilidades administrativas. Los funcionarios y empleados públicos que infrinjan las disposiciones de este ordenamiento serán sancionados en los términos que dispone la Ley de la Función Pública.

CAPÍTULO TERCERO.
DISPOSICIONES COMUNES

Artículo 77.- Sanciones civiles y penales. Las responsabilidades a que se refiere la presente ley serán independientes de las de orden civil o penal que puedan derivar de la comisión de los mismos hechos.

Artículo 78.- Eximentes de responsabilidad. No se impondrán sanciones cuando se haya incurrido en la infracción por causa de fuerza mayor o de caso fortuito, o cuando se observe en forma espontánea el precepto que se hubiese dejado de cumplir. No se considerará que el cumplimiento es espontáneo cuando sea ulterior a su descubrimiento o verificación por las autoridades o el requerimiento, visita, excitativa o denuncia de las autoridades.

TÍTULO OCTAVO.
MECANISMOS DE IMPUGNACIÓN Y SOLUCIÓN DE DIFERENDOS

CAPÍTULO PRIMERO.
PROTESTAS

Artículo 79.- Procedencia. Las personas interesadas podrán protestar ante la Dirección Nacional de Contrataciones Públicas (DNCP) en cualquier etapa de los procedimientos de contratación, cuando existan actos que contravengan las disposiciones que rigen las materias objeto de esta ley. La protesta será presentada, a elección del promotor, por escrito o a través de medios remotos de comunicación electrónica que al efecto establezca la referida entidad, dentro de los diez días hábiles siguientes a aquél en que ocurra el acto o el promotor tenga conocimiento de éste.

Transcurrido el plazo establecido en este artículo, precluye para los interesados el derecho de protestar, sin perjuicio de que la Auditoría General que corresponda, actué en cualquier momento de oficio o a pedido de personas interesadas en los términos de la ley.

La falta de acreditación de la personería y el interés legítimo del promotor será motivo de rechazo de la acción solicitada.

Artículo 80.- Requisitos de la protesta. En la protesta el promotor deberá manifestar, bajo fe de juramento, los hechos que le consten relativos al acto o actos que aduce son irregulares y acompañar la documentación que sustente su petición. La falta de la manifestación indicada será causal de rechazo de la protesta.

La expresión de hechos falsos por el promotor de la protesta se sancionará de acuerdo con las disposiciones de esta ley y a las demás que resulten aplicables.

Artículo 81.- Protestas por medios electrónicos remotos. Las protestas a través de los medios remotos de comunicación electrónica que al efecto establezca la Dirección Nacional de Contrataciones Públicas (DNCP), utilizando, al efecto, el Sistema de Información de las Contrataciones Públicas(SICP). La utilización de sistemas autorizados de identificación electrónica remplazará a todos los efectos la firma autógrafa.

La documentación que deba acompañarse a dichas protestas, la manera de acreditar la personalidad y el interés legítimo del promotor, se sujetarán a las disposiciones técnicas que para efectos de la transmisión expida la Dirección Nacional de Contrataciones Públicas (DNCP), en cuyo caso producirán los mismos efectos que las leyes otorgan a los medios de identificación y documentos correspondientes.

En el caso de las protestas que se presenten a través de medios remotos de comunicación electrónica, deberán utilizarse mecanismos de identificación electrónica emitidas por la Dirección Nacional de Contrataciones Públicas (DNCP) en sustitución de la firma autógrafa. La presentación de las protestas por medios electrónicos se sujetará a las disposiciones técnicas que expida la Dirección Nacional de Contrataciones Públicas (DNCP).

Artículo. 82 Investigaciones de oficio[9] . Sin perjuicio de las protestas a que alude el Artículo 81, la Dirección Nacional de Contrataciones Públicas (DNCP) podrá, de oficio o por denuncia fundada, realizar las investigaciones que resulten pertinentes, a fin de verificar que los actos de cualquier procedimiento de contratación se ajustan a las disposiciones de esta ley. Cuando se realice por denuncia fundada, la Dirección Nacional de Contrataciones Públicas (DNCP) tendrá un plazo que no excederá de quince días calendario, contados a partir de la fecha en que tenga conocimiento del acto irregular, para iniciar la investigación. Deberá emitir la resolución correspondiente dentro de los sesenta días hábiles siguientes.

La Dirección Nacional de Contrataciones Públicas (DNCP) podrá requerir información a las Unidades Operativas, quienes deberán remitirla dentro de los diez días calendario siguientes a la recepción del requerimiento respectivo.

Una vez admitida la protesta o iniciada la investigación de oficio, la Dirección Nacional de Contrataciones Públicas (DNCP), deberá ponerla en conocimiento de terceros que pudieran resultar perjudicados, para que dentro del término a que alude el párrafo anterior manifiesten lo que a su interés convenga. Transcurrido dicho plazo sin que el tercero haga manifestación alguna, se tendrá por precluido su derecho.

Durante la tramitación de la protesta o la investigación de oficio de los hechos a que se refiere ese Artículo, la Dirección Nacional de Contrataciones Públicas (DNCP), podrá suspender el procedimiento de contratación, conforme a sus respectivas competencias, cuando:

a) existan indicios serios de actos contrarios a las disposiciones de esta ley o a las que de ella deriven, o bien, que de continuarse con el procedimiento de contratación pudieran producirse daños o perjuicios a la Convocante de que se trate; y,

b) con la suspensión no se cause perjuicio al interés social y no se contravengan disposiciones de orden público. La Unidad Operativa de Contratación (UOC) deberá contestar dentro de los tres días hábiles siguientes de ser notificada de la posible suspensión, dando su parecer acerca de si con la misma se causa o no perjuicio al interés social o bien, y/o se contravienen disposiciones de orden público, a los efectos de que la Dirección Nacional de Contrataciones Públicas (DNCP) resuelva lo que proceda en términos de su competencia.

Cuando sea el promotor de la protesta quien solicite la suspensión, éste deberá garantizar los daños y perjuicios que pudiera ocasionar, mediante caución por el monto que fije la Dirección Nacional de Contrataciones Públicas (DNCP), de conformidad con los lineamientos que al efecto ella expida; sin embargo, el tercero perjudicado podrá dar contra caución, equivalente a la que corresponda a la caución, en cuyo caso quedará sin efecto la suspensión.

Si como consecuencia de la investigación de oficio se confirmare la trasgresión legal de el o los actos investigados, la Dirección Nacional de Contrataciones Públicas (DNCP) podrá anular los términos y/o requisitos de los llamados o los procedimientos y/o los contratos que no se ajusten a las disposiciones de esta Ley y su reglamentación.

Artículo 83.- Efectos de la resolución de protesta. La Dirección Nacional de Contrataciones Pública emitirá su resolución en un plazo de diez días hábiles. En caso de que la Dirección Nacional de Contrataciones Públicas (DNCP) no emita la resolución en el plazo establecido, se reputará denegada la misma.

En su caso la resolución tendrá por consecuencia:

a) nulidad del acto o actos irregulares estableciendo, cuando proceda, las directrices necesarias para que el mismo se reponga conforme a esta ley;

b) la nulidad total del procedimiento; o c) el rechazo de la protesta y la convalidación de lo actuado.

Artículo 84.- Impugnación. La resolución que en una protesta dicte la Dirección Nacional de Contrataciones Públicas (DNCP), se podrá impugnar ante el Tribunal de Cuentas.

---

9 Artículo modificado por Ley N° 3.439/07.

CAPÍTULO SEGUNDO.
DEL PROCEDIMIENTO DE AVENIMIENTO

Artículo 85.- Solicitud de intervención. Los contratistas y proveedores podrán solicitar la intervención de la Dirección Nacional de Contrataciones Públicas (DNCP), alegando el incumplimiento de los términos y condiciones pactados en los contratos que tengan celebrados con las Unidades Operativas de Contratación (UOC).

Una vez recibida la solicitud respectiva, la Dirección Nacional de Contrataciones Públicas (DNCP) señalará día y hora para una audiencia de avenimiento a la que serán citadas las partes. Dicha audiencia se deberá celebrar dentro de los quince días hábiles siguientes a la fecha de recepción de la solicitud.

La asistencia a la audiencia de avenimiento será obligatoria para ambas partes. La inasistencia sin justificación por parte del proveedor o del contratista traerá como consecuencia él tenerlo por desistido de su solicitud de intervención. La inasistencia sin justificación de los representantes de la Unidad Operativa de Contratación (UOC) dará lugar a sanciones previstas en la Ley de la Función Pública para los responsables. De no realizarse la audiencia se fijará nueva fecha para que la misma se lleve a cabo dentro de los cinco días calendarios siguientes.

Artículo 86.- Audiencia de avenimiento. En la audiencia de avenimiento, la Dirección Nacional de Contrataciones Públicas (DNCP), tomando en cuenta los hechos manifestados en la solicitud y los argumentos que hiciere valer la Unidad Operativa de Contratación (UOC) respectiva, determinará los elementos comunes y los puntos de controversia y exhortará a las partes para conciliar sus intereses, conforme a las disposiciones de esta ley, sin prejuzgar sobre el conflicto planteado.

En caso de que sea necesario, la audiencia se podrá realizar en varias sesiones. Para ello, la Dirección Nacional de Contrataciones Públicas (DNCP) señalará los días y horas para que ellas tengan lugar.

En todo caso, el procedimiento de avenimiento deberá agotarse en un plazo no mayor de sesenta días hábiles, contados a partir de la fecha en que se haya celebrado la primera sesión.

De toda diligencia deberá labrarse acta circunstanciada.

Artículo 87.- Convenio de avenimiento. En el supuesto de que las partes lleguen a un avenimiento, el convenio respectivo obligará a las mismas, y su cumplimiento podrá ser demandado por la vía judicial correspondiente. En caso contrario, quedarán a salvo sus derechos, para que los hagan valer ante los tribunales.

En un convenio de avenimiento no se pueden variar las condiciones básicas de contratación y ellas deberán referirse únicamente al incumplimiento de los términos y condiciones contratadas.

CAPÍTULO TERCERO.
ARBITRAJE

Artículo 88.- Arbitraje. Sin perjuicio de lo establecido en el Artículo 9° de esta ley, las partes quedan facultadas para someter a arbitraje cualquier diferencia que surja durante la ejecución de los contratos regulados por esta ley.

En el reglamento se fijarán los términos y condiciones bajo los cuales las partes podrán pactar las cláusulas compromisorias que mejor convengan a sus intereses o, incluso, estipularlas en convenio por separado.

TÍTULO NOVENO.
DISPOSICIONES TRANSITORIAS Y FINALES
CAPÍTULO ÚNICO

Artículo 89.- Aplicación y vigencia de la legislación. La presente ley entrará en vigencia a los ciento ochenta días de su promulgación.

Los procedimientos iniciados antes de la vigencia de esta ley, la celebración y ejecución de contratos en curso se sujetarán a lo establecido en las leyes vigentes al momento de la convocatoria.

Las controversias derivadas de contratos suscritos al amparo de la Ley de Organización Administrativa, las respectivas cartas orgánicas, la Ley N° 25/91 y la Ley N° 26/91 deberán sujetarse, en materia de competencia, procedimientos y recursos, hasta su conclusión y ejecución, al trámite previsto en esas leyes.

Artículo 90.- Vigencia de normas anteriores. Los contratos celebrados con sujeción a la Ley de Organización Administrativa, la Ley N° 25/91 y la Ley N° 26/91, respecto a los cuales no se hubiere suscrito el acta de recepción definitiva o de liquidación, se sujetarán a las disposiciones de reajuste de precios vigentes a la fecha de convocatoria.

Artículo 91.- Implementación del sistema tecnológico de información de las contrataciones públicas. La Dirección Nacional de Contrataciones Públicas (DNCP) deberá completar la implementación en el plazo máximo de dos años, contados a partir de la promulgación de esta ley, el Sistema de Información de las Contrataciones Públicas (SICP). Dentro de los primeros seis meses de iniciada la implementación se dará a conocer la información a que alude el Artículo 65, en cuanto a las convocatorias y a los pliegos de bases de las licitaciones y a las adquisiciones realizadas, a través de los medios remotos de comunicación electrónica.

Artículo 92.- Del reglamento. El Presidente de la República, de acuerdo con las atribuciones que le confiere el Artículo 238, inciso 3) de la Constitución Nacional, dictará el reglamento a esta ley, en el plazo de ciento veinte días calendario, contados desde su publicación.

Artículo 93.- Disposiciones derogadas. Deróganse las siguientes normas:

a) la Ley N° 1533/2000, a excepción de los Artículos 41 al 46;

b) la Ley de Organización Administrativa, en la materia regulada por la presente ley;

c) la Ley N° 25/91 y la Ley N° 26/91;

d) las orgánicas de organismos y entidades del Estado, en lo pertinente; y,

e) las demás leyes y decretos de carácter general o especial, en lo que se opongan a la presente ley.

Artículo 94.- Comuníquese al Poder Ejecutivo. Aprobado el Proyecto de Ley por la Honorable Cámara de Diputados, a veintiocho días del mes de noviembre del año dos mil dos, y por la Honorable Cámara de Senadores, a doce días del mes de diciembre del año dos mil dos, quedando sancionado el mismo, de conformidad con lo dispuesto en el Artículo 207, numeral 1 de la Constitución Nacional.

PERÚ

LEY Nº 30225 DE CONTRATACIONES DEL ESTADO DE 8 DE JULIO DE 2014

TÍTULO I. DISPOSICIONES PRELIMINARES

CAPÍTULO I. DISPOSICIONES GENERALES

Artículo 1. Finalidad. La presente Ley tiene por finalidad establecer normas orientadas a maximizar el valor de los recursos públicos que se invierten y a promover la actuación bajo el enfoque de gestión por resultados en las contrataciones de bienes, servicios y obras, de tal manera que estas se efectúen en forma oportuna y bajo las mejores condiciones de precio y calidad, permitan el cumplimiento de los fines públicos y tengan una repercusión positiva en las condiciones de vida de los ciudadanos. Dichas normas se fundamentan en los principios que se enuncian en la presente Ley.

Artículo 2. Principios que rigen las contrataciones. Las contrataciones del Estado se desarrollan con fundamento en los siguientes principios, sin perjuicio de la aplicación de otros principios generales del derecho público. Estos principios sirven de criterio interpretativo e integrador para la aplicación de la presente Ley y su reglamento, y como parámetros para la actuación de quienes intervengan en dichas contrataciones:

a) Libertad de concurrencia. Las Entidades promueven el libre acceso y participación de proveedores en los procesos de contratación que realicen, debiendo evitarse exigencias y formalidades costosas e innecesarias. Se encuentra prohibida la adopción de prácticas que limiten o afecten la libre concurrencia de proveedores.

b) Igualdad de trato. Todos los proveedores deben disponer de las mismas oportunidades para formular sus ofertas, encontrándose prohibida la existencia de privilegios o ventajas y, en consecuencia, el trato discriminatorio manifiesto o encubierto. Este principio exige que no se traten de manera diferente situaciones que son similares y que situaciones diferentes no sean tratadas de manera idéntica siempre que ese trato cuente con una justificación objetiva y razonable, favoreciendo el desarrollo de una competencia efectiva.

c) Transparencia. Las Entidades proporcionan información clara y coherente con el fi n de que el proceso de contratación sea comprendido por los proveedores garantizando la libertad de concurrencia, y se desarrolle bajo condiciones de igualdad de trato, objetividad e imparcialidad. Este principio respeta las excepciones establecidas en el ordenamiento jurídico

d) Publicidad. El proceso de contratación debe ser objeto de publicidad y difusión con la finalidad de promover la libre concurrencia y competencia efectiva, facilitando la supervisión y el control de las contrataciones.

e) Competencia. Los procesos de contratación incluyen disposiciones que permiten establecer condiciones de competencia efectiva y obtener la propuesta más ventajosa para satisfacer el interés público que subyace a la contratación. Se encuentra prohibida la adopción de prácticas que restrinjan o afecten la competencia.

f) Eficacia y Eficiencia. El proceso de contratación y las decisiones que se adopten en el mismo deben orientarse al cumplimiento de los fines, metas y objetivos de la Entidad, priorizando estos sobre la realización de formalidades no esenciales, garantizando la efectiva y oportuna satisfacción del interés público, bajo condiciones de calidad y con el mejor uso de los recursos públicos.

g) Vigencia Tecnológica. Los bienes, servicios y obras deben reunir las condiciones de calidad y modernidad tecnológicas necesarias para cumplir con efectividad la finalidad pública para los que son requeridos, por un determinado y previsible tiempo de duración, con posibilidad de adecuarse, integrarse y repotenciarse si fuera el caso, con los avances científicos y tecnológicos.

h) Sostenibilidad ambiental y social. En el diseño y desarrollo de los procesos de contratación pública se consideran criterios y prácticas que permitan contribuir tanto a la protección medioambiental como social y al desarrollo humano.

i) Equidad. Las prestaciones y derechos de las partes deben guardar una razonable relación de equivalencia y proporcionalidad, sin perjuicio de las facultades que corresponden al Estado en la gestión del interés general.

Artículo 3. Ámbito de aplicación. 3.1 Se encuentran comprendidos dentro de los alcances de la presente Ley, bajo el término genérico de Entidad:

a) Los Ministerios y sus organismos públicos, programas y proyectos adscritos.

b) El Poder Legislativo, Poder Judicial y Organismos Constitucionalmente Autónomos.

c) Los Gobiernos Regionales y sus programas y proyectos adscritos.

d) Los Gobiernos Locales y sus programas y proyectos adscritos.

e) Las universidades públicas.

f) Sociedades de Beneficencia Pública y Juntas de Participación Social.

g) Las empresas del Estado pertenecientes a los tres niveles de gobierno.

h) Los fondos constituidos total o parcialmente con recursos públicos, sean de derecho público o privado.

3.2 Para efectos de la presente Ley, las Fuerzas Armadas, la Policía Nacional del Perú y los órganos desconcentrados tienen el mismo tratamiento que las Entidades señaladas en el numeral anterior.

3.3 La presente Ley se aplica a las contrataciones que deben realizar las Entidades y órganos señalados en los numerales precedentes, así como a otras organizaciones que, para proveerse de bienes, servicios u obras, asumen el pago con fondos públicos.

Artículo 4. Supuestos excluidos del ámbito de aplicación. La presente Ley no es de aplicación para:

a) Contratos bancarios y financieros que provienen de un servicio financiero, lo que incluye a todos los servicios accesorios o auxiliares a un servicio de naturaleza financiera, salvo la contratación de seguros y el arrendamiento financiero, distinto de aquel que se regula en la Ley 28563 o norma que la sustituya.

b) Las contrataciones que realicen los órganos del Servicio Exterior de la República, exclusivamente para su funcionamiento y gestión, fuera del territorio nacional.

c) Las contrataciones que efectúe el Ministerio de Relaciones Exteriores para atender la realización en el Perú, de la transmisión del mando supremo y de cumbres internacionales previamente declaradas de interés nacional, y sus eventos conexos, que cuenten con la participación de jefes de Estado, jefes de Gobierno, así como de altos dignatarios y comisionados, siempre que tales contrataciones se encuentren por debajo de los umbrales establecidos en los tratados u otros compromisos internacionales que incluyan disposiciones en materia de contratación pública, de los que el Perú es parte.

d) La contratación de notarios públicos para que ejerzan las funciones previstas en la presente norma y su reglamento.

e) Los servicios brindados por conciliadores, árbitros, centros de conciliación, instituciones arbitrales, miembros o adjudicadores de la Junta de Resolución de Disputas y demás derivados de la función conciliatoria, arbitral y de los otros medios de solución de controversias previstos en la Ley y el reglamento para la etapa de ejecución contractual.

f) Las contrataciones realizadas de acuerdo con las exigencias y procedimientos específicos de una organización internacional, Estados o entidades cooperantes, siempre que se deriven de operaciones de endeudamiento externo y/o donaciones ligadas a dichas operaciones.

g) Los contratos de locación de servicios celebrados con los presidentes de directorios, que desempeñen funciones a tiempo completo en las Entidades o Empresas del Estado.

h) La compra de bienes que realicen las Entidades mediante remate público, las que se realizan de conformidad con la normativa de la materia.

Artículo 5. Supuestos excluidos del ámbito de aplicación sujetos a supervisión. Están sujetos a supervisión del Organismo Supervisor de las Contrataciones del Estado (OSCE), los siguientes supuestos excluidos de la aplicación de la Ley:

a) Las contrataciones cuyos montos sean iguales o inferiores a ocho (8) Unidades Impositivas Tributarias, vigentes al momento de la transacción. Lo señalado en el presente literal no es aplicable a las contrataciones de bienes y servicios incluidos en el Catálogo Electrónico del Acuerdo Marco.

b) La contratación de servicios públicos, siempre que no exista la posibilidad de contratar con más de un proveedor.

c) Los convenios de colaboración u otros de naturaleza análoga, suscritos entre Entidades, siempre que se brinden los bienes, servicios u obras propios de la función que por Ley les corresponde, y no se persigan fines de lucro.

Los convenios a que se refiere el presente literal, en ningún caso se utilizan para encargar la realización de las actuaciones preparatorias y/o del procedimiento de selección.

d) Las contrataciones realizadas de acuerdo con las exigencias y procedimientos específicos de una organización internacional, Estados o entidades cooperantes, que se deriven de donaciones efectuadas por estos, siempre que dichas donaciones representen por lo menos el 25% del monto total de las contrataciones involucradas en el convenio suscrito para tal efecto o provengan de organismos multilaterales financieros.

e) Las contrataciones que realice el Estado peruano con otro Estado.

f) Las contrataciones realizadas con proveedores no domiciliados en el país cuando se sustente la imposibilidad de realizar la contratación a través de los métodos de contratación de la presente Ley.

El reglamento establece los aspectos y requisitos aplicables a dichas contrataciones. Mediante directiva del Organismo Supervisor de las Contrataciones del Estado (OSCE) se establecen los criterios bajo los que se supervisan las mismas.

CAPÍTULO II.

AUTORIDAD RESPONSABLE DEL PROCESO DE CONTRATACIÓN

Artículo 6. Organización de los procesos de contratación. Los procesos de contratación son organizados por la Entidad, como destinatario de los fondos públicos asignados a la contratación.

Mediante convenio una Entidad puede encargar a otra Entidad las actuaciones preparatorias y/o el procedimiento de selección.

Artículo 7. Compras corporativas. Varias Entidades pueden consolidar la contratación de bienes y servicios para satisfacer sus necesidades comunes, conforme a lo establecido en el reglamento.

Asimismo, las Entidades participan de las compras corporativas obligatorias a cargo de la Central de Compras Públicas - Perú Compras.

Artículo 8. Funcionarios, dependencias y órganos encargados de las contrataciones. Se encuentran encargados de los procesos de contratación de la Entidad:

a) El Titular de la Entidad que es la más alta autoridad ejecutiva, de conformidad con sus normas de organización, que ejerce las funciones previstas en la Ley y su reglamento para la aprobación, autorización y supervisión de los procesos de contratación de bienes, servicios y obras.

b) El Área Usuaria que es la dependencia cuyas necesidades pretenden ser atendidas con determinada contratación o, que dada su especialidad y funciones, canaliza los requerimientos formulados por otras dependencias, que colabora y participa en la planificación de las contrataciones, y realiza la verificación técnica de las contrataciones efectuadas a su requerimiento, previas a su conformidad.

c) El Órgano encargado de las contrataciones que es aquel órgano o unidad orgánica que realiza las actividades relativas a la gestión del abastecimiento al interior de una Entidad, incluida la gestión administrativa de los contratos.

Adicionalmente, la Entidad puede conformar comités de selección, que son órganos colegiados encargados de seleccionar al proveedor que brinde los bienes, servicios u obras requeridos por el área usuaria a través de determinada contratación. Su composición y funciones se determinan en el reglamento.

El Titular de la Entidad puede delegar, mediante resolución, la autoridad que la presente norma le otorga. No pueden ser objeto de delegación, la declaración de nulidad de oficio, las autorizaciones de prestaciones adicionales de obra, la aprobación de las contrataciones directas salvo aquellas que disponga el reglamento de acuerdo a la naturaleza de la contratación, y los otros supuestos que se establezcan en el reglamento.

El reglamento establece las acciones que las Entidades deben adoptar en su Reglamento de Organización y Funciones u otros instrumentos de organización y/o gestión.

Artículo 9. Responsabilidad. Todas aquellas personas que intervengan en los procesos de contratación por o a nombre de la Entidad, con independencia del régimen jurídico que los vincule con esta, son responsables, en el ámbito de las actuaciones que realicen, de efectuar contrataciones de manera eficiente, maximizando los recursos públicos invertidos y bajo el enfoque de gestión por resultados, a través del cumplimiento de las disposiciones de la presente Ley y su reglamento y los principios, sin perjuicio de los márgenes de discrecionalidad que se otorgan.

De corresponder la determinación de responsabilidad por las contrataciones, esta se realiza de acuerdo al régimen jurídico que los vincule con la Entidad, sin perjuicio de las responsabilidades civiles y penales que correspondan.

Artículo 10. Supervisión de la Entidad. La Entidad en todos sus niveles debe supervisar, directamente o a través de terceros, todo el proceso de contratación. El hecho de que la Entidad no supervise los procesos, no exime al contratista de cumplir con sus deberes ni de la responsabilidad que le pueda corresponder.

CAPÍTULO III.

CONDICIONES EXIGIBLES A LOS PROVEEDORES

Artículo 11. Impedimentos. Cualquiera sea el régimen legal de contratación aplicable, están impedidos de ser participantes, postores y/o contratistas, incluyendo las contrataciones a que se refiere el literal a) del artículo 5:

a) En todo proceso de contratación pública, hasta doce (12) meses después de haber dejado el cargo, el Presidente y los Vicepresidentes de la República, los Congresistas de la República, los Ministros y Viceministros de Estado, los Vocales de la Corte Suprema de Justicia de la República, los titulares y los miembros del órgano colegiado de los Organismos Constitucionales Autónomos.

b) En el ámbito regional, hasta doce (12) meses después de haber dejado el cargo, los Presidentes, Vicepresidentes y los Consejeros de los Gobiernos Regionales.

c) En el ámbito de su jurisdicción, hasta doce (12) meses después de haber dejado el cargo, los Jueces de las Cortes Superiores de Justicia, los Alcaldes y Regidores.

d) En la Entidad a la que pertenecen, los titulares de instituciones o de organismos públicos del Poder Ejecutivo, los directores, gerentes y trabajadores de las empresas del Estado, los funcionarios públicos, empleados de confianza y servidores públicos, según la ley especial de la materia.

e) En el correspondiente proceso de contratación, las personas naturales o jurídicas que tengan intervención directa en la determinación de las características técnicas y valor referencial o valor estimado según corresponda, elaboración de Bases, selección y evaluación de ofertas de un proceso de selección y en la autorización de pagos de los contratos derivados de dicho proceso, salvo en el caso de los contratos de supervisión.

f) En el ámbito y tiempo establecidos para las personas señaladas en los literales precedentes, el cónyuge, conviviente o los parientes hasta el cuarto grado de consanguinidad y segundo de afinidad.

g) En el ámbito y tiempo establecidos para las personas señaladas en los literales precedentes, las personas jurídicas en las que aquellas tengan o hayan tenido una participación superior al cinco por ciento (5%) del capital o patrimonio social, dentro de los doce (12) meses anteriores a la convocatoria.

h) En el ámbito y tiempo establecidos para las personas señaladas en los literales precedentes, las personas jurídicas sin fines de lucro en las que aquellas participen o hayan participado como asociados o miembros de sus consejos directivos, dentro de los doce (12) meses anteriores a la convocatoria.

i) En el ámbito y tiempo establecidos para las personas señaladas en los literales precedentes, las personas jurídicas cuyos integrantes de los órganos de administración, apoderados o representantes legales sean las personas señaladas en los literales precedentes. Idéntica prohibición se extiende a las personas naturales que tengan como apoderados o representantes a las personas señaladas en los literales precedentes.

j) Las personas naturales o jurídicas que se encuentren sancionadas administrativamente con inhabilitación temporal o permanente en el ejercicio de sus derechos para participar en procesos de selección y para contratar con Entidades, de acuerdo a lo dispuesto por la presente norma y su reglamento.

k) Las personas jurídicas cuyos socios, accionistas, participacionistas, titulares, integrantes de los órganos de administración, apoderados o representantes legales formen o hayan formado parte, en los últimos doce (12) meses de impuesta la sanción, de personas jurídicas que se encuentren sancionadas administrativamente con inhabilitación temporal o permanente para participar en procesos de selección y para contratar con el Estado; o que habiendo actuado como personas naturales hayan sido sancionadas por la misma infracción; conforme a los criterios señalados en la presente Ley y su reglamento. Para el caso de socios, accionistas, participacionistas o titulares, este impedimento se aplicará siempre y cuando la participación sea superior al cinco por ciento (5%) del capital o patrimonio social y por el tiempo que la sanción se encuentre vigente.

l) Otros establecidos por Ley o por el reglamento de la presente norma. Las ofertas que contravengan lo dispuesto en el presente artículo se tienen por no presentadas y conllevan las consecuencias y responsabilidad establecidas en la Ley.

Artículo 12. Calificación exigible a los proveedores. La Entidad califica a los proveedores utilizando los criterios técnicos, económicos, entre otros, previstos en el reglamento. Para dicho efecto, los documentos del procedimiento de selección deben prever los requisitos que deben cumplir los proveedores a fin de acreditar su calificación.

Artículo 13. Participación en consorcio. En los procedimientos de selección pueden participar varios proveedores agrupados en consorcio con la finalidad de ejecutar el contrato, con excepción de los procedimientos que tengan por objeto implementar o mantener Catálogos Electrónicos de Acuerdo Marco.

En ningún caso, la participación en consorcio implica la obligación de crear una persona jurídica diferente.

Los integrantes del consorcio son responsables solidariamente ante la Entidad por las infracciones y consecuencias derivadas de su participación individual o conjunta durante el procedimiento de selección y la ejecución del contrato derivado de este.

A los integrantes del consorcio les son aplicables las disposiciones establecidas en los artículos precedentes del presente Capítulo.

Artículo 14. Protección y promoción de la competencia. 14.1 Cuando la Entidad, el OSCE o el Tribunal de Contrataciones del Estado verifique la existencia de indicios de conductas anticompetitivas en un procedimiento de selección, en los términos del Decreto Legislativo 1034, Ley de Represión de Conductas Anticompetitivas, o norma que la sustituya, debe remitir toda la información pertinente a la Comisión de Defensa de la Libre Competencia del INDECOPI para que este, de ser el caso, inicie el procedimiento administrativo sancionador correspondiente contra los presuntos responsables.

14.2 Cuando el OSCE advierta que un requisito establecido en los documentos del procedimiento de selección podría afectar la competencia, contraviniendo los principios de libertad de concurrencia y competencia, ordena a la Entidad que lo sustente y/o elimine, según corresponda. Si, adicionalmente, el OSCE advierte la existencia de indicios de colusión, en los términos del artículo 384 del Código Penal, debe remitir toda la información pertinente al Ministerio Público.

TÍTULO II.
PROCESO DE CONTRATACIÓN

CAPÍTULO I.
PLANIFICACIÓN

Artículo 15. Plan Anual de Contrataciones. 15.1 Formulación del Plan Anual de Contrataciones:

A partir del primer semestre, y teniendo en cuenta la etapa de formulación y programación presupuestaria correspondiente al siguiente año fiscal, cada Entidad debe programar en el Cuadro de Necesidades los requerimientos de bienes, servicios y obras necesarios para el cumplimiento de sus objetivos y actividades para dicho año, los que deben encontrarse vinculados al Plan Operativo Institucional, con la finalidad de elaborar el Plan Anual de Contrataciones. Dichos requerimientos deben estar acompañados de sus respectivas especificaciones técnicas y/o términos de referencia.

15.2 Contenido del Plan Anual de Contrataciones:

El Plan Anual de Contrataciones que se apruebe debe prever las contrataciones de bienes, servicios y obras cubiertas con el Presupuesto Institucional de Apertura y el valor estimado de dichas contrataciones, con independencia que se sujeten al ámbito de aplicación de la presente Ley o no, y de la fuente de financiamiento.

El Plan Anual de Contrataciones se publica en el Sistema Electrónico de Contrataciones del Estado (SEACE).

CAPÍTULO II.
ACTUACIONES PREPARATORIAS

Artículo 16. Requerimiento. El área usuaria debe requerir los bienes, servicios u obras a contratar, siendo responsable de formular las especificaciones técnicas, términos de referencia o expediente técnico, respectivamente, además de justificar la finalidad pública de la contratación. Los bienes, servicios u obras que se requieran deben estar orientados al cumplimiento de las funciones de la Entidad.

Las especificaciones técnicas, términos de referencia o expediente técnico deben formularse de forma objetiva y precisa, proporcionando acceso en condiciones de igualdad al proceso de contratación y no tienen por efecto la creación de obstáculos que perjudiquen la competencia en el mismo. Salvo las excepciones previstas en el reglamento, en el requerimiento no se hace referencia a una fabricación o una procedencia determinada, o a un procedimiento concreto que caracterice a los bienes o servicios ofrecidos por un proveedor determinado, o a marcas, patentes o tipos, o a un origen o a una producción determinados con la finalidad de favorecer o descartar ciertos proveedores o ciertos productos.

Artículo 17. Homologación de requerimientos. Las Entidades del Poder Ejecutivo que formulen políticas nacionales y/o sectoriales del Estado están facultadas a uniformizar los requerimientos de los bienes y servicios que deban contratar las Entidades que se rijan bajo la presente Ley, en el ámbito de sus competencias a través de un proceso de homologación.

Artículo 18. Valor estimado y valor referencial. La Entidad debe establecer el valor estimado de las contrataciones de bienes y servicios y el valor referencial en el caso de consultorías y ejecución de obras, con el fin de establecer la aplicación de la presente Ley y el tipo de procedimiento de selección, en los casos que corresponda, así como gestionar la asignación de recursos presupuestales necesarios, siendo de su exclusiva responsabilidad dicha determinación, así como su actualización.

No corresponde establecer valor estimado en los procedimientos que tengan por objeto implementar o mantener Catálogos Electrónicos de Acuerdo Marco.

Artículo 19. Certificación de crédito presupuestario. Es requisito para convocar un procedimiento de selección bajo sanción de nulidad, contar con la certificación de crédito presupuestario o la previsión presupuestal, conforme se señala en los literales siguientes:

a) En todo procedimiento de selección, la certificación de crédito presupuestario debe mantenerse desde la convocatoria hasta la suscripción del contrato, bajo responsabilidad del Titular de la Entidad.

b) Tratándose de ejecuciones contractuales que superen el año fiscal se requiere, además de la certificación de crédito presupuestario, el documento suscrito por el jefe de la Oficina General de Administración y la Oficina de Presupuesto, o el que haga sus veces en la Entidad, que garantice la programación de los recursos suficientes para atender el pago de las obligaciones en los años fiscales subsiguientes.

c) En los procedimientos de selección, cuya convocatoria se realice dentro del último trimestre de un año fiscal, y el otorgamiento de la Buena Pro y suscripción del contrato se realice en el siguiente año fiscal, la Oficina de Presupuesto de la Entidad o a la que haga sus veces, otorgará una constancia respecto a la previsión de recursos correspondientes al valor estimado o referencial de dicha convocatoria.

La citada constancia debe señalar el monto de los recursos programados para tal efecto en el proyecto de ley de presupuesto del sector público correspondiente al año fiscal siguiente, que presenta el Poder Ejecutivo al Congreso de la República; asimismo, debe señalar las metas previstas y la fuente de financiamiento con cargo a la cual se atenderá su financiamiento.

d) En los procedimientos de selección referidos en el literal c), previo a otorgar la Buena Pro, se debe contar con la certificación de crédito presupuestario emitida por la Oficina de Presupuesto o la que haga sus veces, sobre la existencia de crédito presupuestario suficiente, orientado a la ejecución del gasto en el año fiscal en que se ejecutará el contrato, bajo responsabilidad del Titular de la Entidad. Para tal efecto, el comité de selección o la oficina a cargo del procedimiento de selección, según corresponda, antes de otorgar la Buena Pro, debe solicitar a la Oficina de Presupuesto de la Entidad o a la que haga sus veces, la referida certificación.

Artículo 20. Prohibición de fraccionamiento. Se encuentra prohibido fraccionar la contratación de bienes, servicios u obras con la finalidad de evitar el tipo de procedimiento de selección que corresponda según la necesidad anual, de dividir la contratación a través de la realización de dos o más procedimientos de selección, de evadir la aplicación de la presente Ley y su reglamento para dar lugar a contrataciones iguales o inferiores a ocho (8) UIT y/o evadir el cumplimiento de los tratados o compromisos internacionales que incluyan disposiciones sobre contratación pública.

El reglamento establece los casos o supuestos debidamente justificados que no constituyen fraccionamiento.

CAPÍTULO III.
MÉTODOS DE CONTRATACIÓN

Artículo 21. Procedimientos de selección. Una Entidad puede contratar por medio de licitación pública, concurso público, adjudicación simplificada, selección de consultores individuales, comparación de precios, subasta inversa electrónica, contratación directa y los demás procedimientos de selección de alcance general que contemple el reglamento, los que deben respetar los principios que rigen las contrataciones y los tratados o compromisos internacionales que incluyan disposiciones sobre contratación pública.

Las disposiciones aplicables a los procedimientos de selección son previstas en el reglamento.

Artículo 22. Licitación pública y concurso público. La licitación pública se utiliza para la contratación de bienes y obras; el concurso público para la contratación de servicios. En ambos casos, se aplican a las contrataciones cuyo valor estimado o valor referencial, según corresponda, se encuentre dentro de los márgenes que establece la ley de presupuesto del sector público.

El reglamento establece las modalidades de licitación pública y concurso público.

Los actos públicos deben contar con la presencia de notario público o juez de paz. Su actuación es desarrollada en el reglamento.

Artículo 23. Adjudicación simplificada. La adjudicación simplificada se utiliza para la contratación de bienes y servicios, con excepción de los servicios a ser prestados por consultores individuales, así como para la ejecución de obras, cuyo valor estimado o valor referencial, según corresponda, se encuentre dentro de los márgenes que establece la ley de presupuesto del sector público.

Artículo 24. Selección de consultores individuales. La selección de consultores individuales se utiliza para la contratación de servicios de consultoría en los que no se necesita equipos de personal ni apoyo profesional adicional, y en tanto que la experiencia y las calificaciones de la persona natural que preste el servicio son los requisitos primordiales, conforme a lo que establece el reglamento, siempre que su valor estimado o valor referencial, según corresponda, se encuentre dentro de los márgenes que establece la ley de presupuesto del sector público.

Artículo 25. Comparación de precios. La comparación de precios puede utilizarse para la contratación de bienes y servicios de disponibilidad inmediata, distintos a los de consultoría, que no sean fabricados o prestados siguiendo las especificaciones o indicaciones del contratante, siempre que sean fáciles de obtener o que tengan un estándar establecido en el mercado, conforme a lo que señale el reglamento. El valor estimado de dichas contrataciones debe ser inferior a la décima parte del límite mínimo establecido por la ley de presupuesto del sector público para la licitación pública y el concurso público.

Artículo 26. Subasta inversa electrónica. La subasta inversa electrónica se utiliza para la contratación de bienes y servicios comunes que cuenten con ficha técnica y se encuentren incluidos en el Listado de Bienes y Servicios Comunes.

Artículo 27. Contrataciones Directas. Excepcionalmente, las Entidades pueden contratar directamente con un determinado proveedor en los siguientes supuestos:

a) Cuando se contrate con otra Entidad, siempre que en razón de costos de oportunidad resulte más eficiente y técnicamente viable para satisfacer la necesidad, y no se contravenga lo señalado en el artículo 60 de la Constitución Política del Perú.

b) Ante una situación de emergencia derivada de acontecimientos catastróficos, situaciones que afecten la defensa o seguridad nacional, situaciones que supongan el grave peligro de que ocurra alguno de los supuestos anteriores, o de una emergencia sanitaria declarada por el ente rector del sistema nacional de salud.

c) Ante una situación de desabastecimiento debidamente comprobada, que afecte o impida a la Entidad cumplir con sus actividades u operaciones.

d) Cuando las Fuerzas Armadas, la Policía Nacional del Perú y los organismos conformantes del Sistema Nacional de Inteligencia requieran efectuar contrataciones con carácter secreto, secreto militar o por razones de orden interno, que deban mantenerse en reserva conforme a ley, previa opinión favorable de la Contraloría General de la República.

e) Cuando los bienes y servicios solo puedan obtenerse de un determinado proveedor o un determinado proveedor posea derechos exclusivos respecto de ellos.

f) Para los servicios personalísimos prestados por personas naturales, que cuenten con la debida sustentación.

g) Para los servicios de publicidad que prestan al Estado los medios de comunicación televisiva, radial, escrita o cualquier otro medio de comunicación.

h) Para los servicios de consultoría, distintos a las consultorías de obra, que son la continuación y/o actualización de un trabajo previo ejecutado por un consultor individual a conformidad de la Entidad, siempre que este haya sido seleccionado conforme al procedimiento de selección individual de consultores.

i) Para los bienes y servicios con fines de investigación, experimentación o desarrollo de carácter científico o tecnológico, cuyo resultado pertenezca exclusivamente a la Entidad para su utilización en el ejercicio de sus funciones.

j) Para el arrendamiento de bienes inmuebles y la adquisición de bienes inmuebles existentes.

k) Para los servicios especializados de asesoría legal para la defensa de funcionarios, servidores o miembros de las fuerzas armadas y policiales, a los que se refieren el Decreto Supremo 018-2002-PCM, el Decreto Supremo 022-2008-DE/SG y otras normas sobre defensa de funcionarios, o normas que los sustituyan.

l) Cuando exista la necesidad urgente de la Entidad de continuar con la ejecución de las prestaciones no ejecutadas derivadas de un contrato resuelto o de un contrato declarado nulo por las causales previstas en los literales a) y b) del artículo 44, siempre que se haya invitado a los demás postores que participaron en el procedimiento de selección y no se hubiese obtenido aceptación a dicha invitación.

m) Para contratar servicios educativos de capacitación que cuenten con un procedimiento de admisión o selección para determinar el ingreso o aceptación de las personas interesadas, por parte de las entidades educativas que los brindan.

Se pueden efectuar compras corporativas mediante contrataciones directas.

Las contrataciones directas se aprueban mediante Resolución del Titular de la Entidad, Acuerdo del Directorio, del Consejo Regional o del Concejo Municipal, según corresponda. Esta disposición no alcanza a aquellos supuestos de contratación directa que el reglamento califica como delegable.

El reglamento establece las condiciones para la configuración de cada uno de estos supuestos, los requisitos y formalidades para su aprobación y el procedimiento de contratación directa.

Artículo 28. Rechazo de ofertas. 28.1 Para la contratación de bienes y servicios, la cantidad puede rechazar toda oferta si determina que, luego de haber solicitado por escrito o por medios electrónicos al proveedor la descripción a detalle de todos los elementos constitutivos de su oferta, se susciten dudas razonables sobre el cumplimiento del contrato. El rechazo de la oferta debe encontrarse fundamentado.

Adicionalmente, la Entidad puede rechazar toda oferta que supera la disponibilidad presupuestal del procedimiento de selección, siempre que haya realizado las gestiones para el incremento de la disponibilidad presupuestal y esta no se haya podido obtener.

28.2 En el caso de ejecución y consultoría de obras, la Entidad rechaza las ofertas que se encuentren por debajo del noventa por ciento (90%) del valor referencial o que excedan este en más de diez por ciento (10%).

Artículo 29. Declaratoria de desierto. Los procedimientos de selección quedan desiertos cuando no quede válida ninguna oferta. La declaración de desierto en la contratación directa, la comparación de precios y la subasta inversa electrónica, se rigen por lo señalado en el reglamento.

El reglamento establece el procedimiento de selección a utilizar luego de una declaratoria de desierto.

Cuando se declare desierto un procedimiento de selección cuyo objeto sea la contratación de un seguro patrimonial, la Entidad puede utilizar el procedimiento que determine el reglamento para los procedimientos declarados desiertos o lo previsto en el literal f) del artículo 5 de la presente Ley.

Tratándose de una segunda convocatoria declarada desierta cuyo objeto sea la contratación de productos farmacéuticos y dispositivos médicos, el Ministerio de Salud y el Seguro Social de Salud a través de sus sedes centrales competentes, pueden utilizar lo previsto en el literal f) del artículo 5 de la presente Ley.

Artículo 30. Cancelación. La Entidad puede cancelar el procedimiento de selección, en cualquier momento previo a la adjudicación de la Buena Pro, por razones de fuerza mayor o caso fortuito, cuando desaparezca la necesidad de contratar o cuando persistiendo la necesidad, el presupuesto asignado sea insuficiente o tenga que destinarse a otros propósitos de emergencia declarados expresamente, u otras razones justificadas, bajo su exclusiva responsabilidad, de conformidad con lo establecido en el reglamento.

La Entidad no incurre en responsabilidad respecto de los proveedores que hayan presentado ofertas por el solo hecho de actuar de conformidad con el presente artículo.

Artículo 31. Métodos especiales de contratación. Las Entidades contratan, sin realizar procedimiento de selección, los bienes y servicios que se incorporen en los Catálogos Electrónicos de Acuerdo Marco como producto de la formalización de Acuerdos Marco. El reglamento establece los procedimientos para implementar o mantener Catálogos Electrónicos de Acuerdo Marco.

El reglamento puede establecer otros métodos especiales de contratación.

CAPÍTULO IV. EL CONTRATO Y SU EJECUCIÓN

Artículo 32. El contrato. El contrato debe celebrarse por escrito y se ajusta a la proforma incluida en los documentos del procedimiento de selección con las modificaciones aprobadas por la Entidad durante el mismo.

Los contratos regulados por la presente norma incluyen necesariamente y bajo responsabilidad las cláusulas referidas a:

a) Garantías,

b) Solución de controversias y

c) Resolución de contrato por incumplimiento, conforme a lo previsto en el reglamento.

El reglamento establece el procedimiento, plazos y requisitos para el perfeccionamiento del contrato, así como los casos en que el contrato puede perfeccionarse mediante una orden de compra o servicio, no debiendo necesariamente en estos casos incorporarse las cláusulas antes indicadas, sin perjuicio de su aplicación legal.

Artículo 33. Garantías. Las garantías que deben otorgar los postores adjudicatarios y/o contratistas, según corresponda, son las de fi el cumplimiento del contrato y por los adelantos.

Sus modalidades, montos, condiciones y excepciones son regulados en el reglamento.

Las garantías que acepten las Entidades deben ser incondicionales, solidarias, irrevocables y de realización automática en el país, al solo requerimiento de la respectiva Entidad, bajo responsabilidad de las empresas que las emiten. Dichas empresas deben encontrarse bajo la supervisión directa de la Superintendencia de Banca y Seguros y Administradoras Privadas de Fondos de Pensiones y deben estar autorizadas para emitir garantías; o estar consideradas en la última lista de bancos extranjeros de primera categoría que periódicamente publica el Banco Central de Reserva del Perú.

En virtud de la realización automática, a primera solicitud, las empresas emisoras no pueden oponer excusión alguna a la ejecución de las garantías debiendo limitarse a honrarlas de inmediato dentro del plazo máximo de tres (3) días. Toda demora genera responsabilidad solidaria para el emisor de la garantía y para el postor o contratista, y da lugar al pago de intereses legales en favor de la Entidad.

Las entidades financieras que emitan garantías a las que se refiere la presente Ley, facilitan el acceso de estas a las Entidades públicas beneficiarias, debiendo para el efecto implementar los mecanismos correspondientes que permitan la aplicación de la presente disposición.

Artículo 34. Modificaciones al contrato. 34.1 El contrato puede modificarse en los supuestos contemplados en la Ley y el reglamento, por orden de la Entidad o a solicitud del contratista, para alcanzar la finalidad del contrato de manera oportuna y eficiente. En este último caso la modificación debe ser aprobada por la Entidad.

Dichas modificaciones no deben afectar el equilibrio económico financiero del contrato; en caso contrario, la parte beneficiada debe compensar económicamente a la parte perjudicada para restablecer dicho equilibrio, en atención al principio de equidad.

34.2 Excepcionalmente y previa sustentación por el área usuaria de la contratación, la Entidad puede ordenar y pagar directamente la ejecución de prestaciones adicionales en caso de bienes, servicios y consultorías hasta por el veinticinco por ciento (25%) del monto del contrato original, siempre que sean indispensables para alcanzar la finalidad del contrato. Asimismo, puede reducir bienes, servicios u obras hasta por el mismo porcentaje.

34.3 Tratándose de obras, las prestaciones adicionales pueden ser hasta por el quince por ciento (15%) del monto total del contrato original, restándole los presupuestos deductivos vinculados. Para tal efecto, los pagos correspondientes son aprobados por el Titular de la Entidad.

En el supuesto de que resulte indispensable la realización de prestaciones adicionales de obra por deficiencias del expediente técnico o situaciones imprevisibles posteriores al perfeccionamiento del contrato, mayores a las establecidas en el párrafo precedente y hasta un máximo de cincuenta por ciento (50%) del monto originalmente contratado, sin perjuicio de la responsabilidad que pueda corresponder al proyectista, el Titular de la Entidad puede decidir autorizarlas. Para ello se requiere contar con la autorización del Titular de la Entidad, debiendo para la ejecución y el pago contar con la autorización previa de la Contraloría General de la República y con la comprobación de que se cuentan con los recursos necesarios.

En el caso de adicionales con carácter de emergencia dicha autorización se emite previa al pago. La Contraloría General de la República cuenta con un plazo máximo de quince (15) días hábiles, bajo responsabilidad, para emitir su pronunciamiento. Dicha situación debe ponerse en conocimiento de la Comisión de Presupuesto y Cuenta General de la República del Congreso de la República y del Ministerio de Economía y Finanzas, bajo responsabilidad del Titular de la Entidad. Alternativamente, la Entidad puede resolver el contrato, mediante comunicación escrita al contratista.

34.4 Respecto a los servicios de supervisión, cuando en los casos distintos a los de adicionales de obras, se produzcan variaciones en el plazo de la obra o variaciones en el ritmo de trabajo de la obra, autorizadas por la Entidad, y siempre que impliquen prestaciones adicionales en la supervisión que resulten indispensables para el adecuado control de la obra, el Titular de la Entidad puede autorizarlas, bajo las mismas condiciones del contrato original y hasta por un monto máximo del quince por ciento (15%) del monto contratado de la supervisión, considerando para el cálculo todas las prestaciones adicionales previamente aprobadas. Cuando se supere el citado porcentaje, se requiere la autorización, previa al pago, de la Contraloría General de la República.

Asimismo, el Titular de la Entidad puede autorizar prestaciones adicionales de supervisión que deriven de prestaciones adicionales de obra, siempre que resulten indispensables para el adecuado control de la obra, bajo las mismas condiciones del contrato original y/o precios pactados, según corresponda. En este último supuesto, el monto hasta por el cual se pueden aprobar prestaciones adicionales de supervisión debe ser proporcional al incremento del monto de la obra, como máximo, no siendo aplicable para este caso el límite establecido en el numeral 34.2 del presente artículo.

34.5 El contratista puede solicitar la ampliación del plazo pactado por atrasos y paralizaciones ajenas a su voluntad debidamente comprobados y que modifiquen el plazo contractual de acuerdo a lo que establezca el reglamento. De aprobarse la ampliación de plazo debe reconocerse los gastos y/o costos incurridos por el contratista, siempre que se encuentren debidamente acreditados.

Artículo 35. Subcontratación. El contratista puede subcontratar, previa autorización de la Entidad, la ejecución de determinadas prestaciones del contrato, salvo prohibición expresa contenida en los documentos del procedimiento de selección.

Ningún contratista puede subcontratar la totalidad de las prestaciones contenidas en el contrato. No se puede subcontratar las prestaciones esenciales del contrato vinculadas a los aspectos que determinaron la selección del contratista.

Para ser subcontratista se requiere contar con inscripción vigente en el Registro Nacional de Proveedores (RNP), no estar impedido ni inhabilitado para contratar con el Estado.

El contratista mantiene la responsabilidad por la ejecución total de su contrato frente a la Entidad.

Artículo 36. Resolución de los contratos. Cualquiera de las partes puede resolver el contrato, por caso fortuito o fuerza mayor que imposibilite de manera definitiva la continuación del contrato, o por incumplimiento de sus obligaciones conforme lo establecido en el reglamento, o por hecho sobreviniente al perfeccionamiento del contrato siempre que se encuentre prevista la resolución en la normativa relacionada al objeto de la contratación.

Cuando se resuelva el contrato por causas imputables a alguna de las partes, se debe resarcir los daños y perjuicios ocasionados.

Artículo 37. Cesión de derechos y de posición contractual. Salvo disposición legal o reglamentaria en contrario, el contratista puede ceder su derecho al pago a favor de terceros. No procede la cesión de posición contractual del contratista, salvo en los casos previstos en el reglamento.

Artículo 38. Adelantos. La Entidad puede entregar adelantos al contratista, siempre que haya sido previsto en los documentos del procedimiento de selección, con la finalidad de otorgarle financiamiento y/o liquidez para la ejecución del contrato.

El reglamento establece los tipos, condiciones y monto de cada adelanto, así como la forma en que este se amortiza luego de otorgado.

Artículo 39. Pago. El pago se realiza después de ejecutada la respectiva prestación, pudiendo contemplarse pagos a cuenta.

Excepcionalmente, el pago puede realizarse en su integridad por adelantado cuando, este sea condición para la entrega de los bienes o la prestación de los servicios.

Los pagos por adelantado y a cuenta no constituyen pagos finales, por lo que el beneficiario de los pagos sigue siendo responsable de los montos percibidos hasta que se haya efectuado el pago final.

En caso de retraso en el pago por parte de la Entidad, salvo que se deba a caso fortuito o fuerza mayor, esta reconoce al contratista los intereses legales correspondientes, debiendo repetir contra los responsables de la demora injustificada. Igual derecho corresponde a la Entidad en caso sea la acreedora.

Artículo 40. Responsabilidad del contratista. El contratista es responsable de ejecutar la totalidad de las obligaciones a su cargo, de acuerdo a lo establecido en el contrato. En los contratos de ejecución de obra, además, se debe cumplir lo dispuesto en los numerales 2) y 3) del artículo 1774 del Código Civil.

El contratista es el responsable por la calidad ofrecida y por los vicios ocultos de los bienes o servicios ofertados por un plazo no menor de un (1) año contado a partir de la conformidad otorgada por la Entidad. El contrato puede establecer excepciones para bienes fungibles y/o perecibles, siempre que la naturaleza de estos bienes no se adecue a este plazo. En el caso de obras, el plazo de responsabilidad no puede ser inferior a siete (7) años, contado a partir de la conformidad de la recepción total o parcial de la obra, según corresponda.

Los documentos del procedimiento de selección establecen el plazo máximo de responsabilidad del contratista.

TÍTULO III. SOLUCIÓN DE CONTROVERSIAS

Artículo 41. Recursos impugnativos. Las discrepancias que surjan entre la Entidad y los participantes o postores en un procedimiento de selección, y las que surjan en los procedimientos para implementar o mantener Catálogos Electrónicos de Acuerdo Marco, solamente pueden dar lugar a la interposición del recurso de apelación.

A través de dicho recurso se pueden impugnar los actos dictados durante el desarrollo del procedimiento hasta antes del perfeccionamiento del contrato, conforme a lo que establezca el reglamento. No se pueden impugnar las contrataciones directas y las actuaciones que establece el reglamento.

El recurso de apelación solo puede interponerse luego de otorgada la Buena Pro. El reglamento establece el procedimiento, requisitos y plazo para su presentación y resolución.

El recurso de apelación es conocido y resuelto por el Tribunal de Contrataciones del Estado, cuando se trate de procedimientos de selección cuyo valor estimado o valor referencial sea superior a sesenta y cinco (65) UIT y de procedimientos para implementar o mantener Catálogos Electrónicos de Acuerdo Marco; en los demás casos, corresponde dicha competencia al Titular de la Entidad.

Los actos que declaren la nulidad de oficio y otros actos emitidos por el Titular de la Entidad que afecten la continuidad del procedimiento de selección, distintos de aquellos que resuelven los recursos de apelación, solo pueden impugnarse ante el Tribunal.

La garantía por interposición del recurso de apelación debe otorgarse a favor del Organismo Supervisor de las Contrataciones del Estado (OSCE) y de la Entidad, cuando corresponda. El monto de la garantía es de hasta el 3% del valor estimado o valor referencial, según sea el caso, del procedimiento de selección o del ítem que se decida impugnar.

La resolución que resuelva el recurso de apelación agota la vía administrativa. La interposición de la acción contencioso-administrativa procede contra lo resuelto en última instancia administrativa, sin suspender su ejecución.

Artículo 42. Suspensión del procedimiento. La presentación de los recursos interpuestos de conformidad con lo establecido en el artículo precedente deja en suspenso el procedimiento de selección hasta que el recurso sea resuelto, conforme a lo establecido en el reglamento, siendo nulos los actos posteriores practicados hasta antes de la expedición de la respectiva resolución.

Artículo 43. Denegatoria ficta. En el caso que la Entidad o el Tribunal de Contrataciones del Estado, según corresponda, no resuelva y notifique sus resoluciones dentro del plazo que fi ja el reglamento, los interesados deben considerar denegados sus recursos de apelación, pudiendo interponer la acción contencioso-administrativa contra la denegatoria ficta dentro del plazo legal correspondiente.

En estos casos, la Entidad o el Tribunal de Contrataciones del Estado devuelve la garantía presentada por los interesados al momento de interponer su recurso de apelación.

Artículo 44. Declaratoria de nulidad. El Tribunal de Contrataciones del Estado, en los casos que conozca, declara nulos los actos expedidos, cuando hayan sido dictados por órgano incompetente, contravengan las normas legales, contengan un imposible jurídico o prescindan de las normas esenciales del procedimiento o de la forma prescrita por la normativa aplicable, debiendo expresar en la resolución que expida, la etapa a la que se retrotrae el procedimiento de selección o el procedimiento para implementar o mantener Catálogos Electrónicos de Acuerdo Marco.

El Titular de la Entidad declara de oficio la nulidad de los actos del procedimiento de selección, por las mismas causales previstas en el párrafo anterior, solo hasta antes del perfeccionamiento del contrato, sin perjuicio que pueda ser declarada en la resolución recaída sobre el recurso de apelación. La misma facultad la tiene el Titular de la Central de Compras Públicas - Perú Compras, en los procedimientos de implementación o mantenimiento de Catálogos Electrónicos de Acuerdo Marco.

Después de celebrados los contratos, la Entidad puede declarar la nulidad de oficio en los siguientes casos:

a) Por haberse perfeccionado en contravención con el artículo 11 de la presente Ley. Los contratos que se declaren nulos en base a esta causal no tienen derecho a retribución alguna con cargo al Estado, sin perjuicio de la responsabilidad de los funcionarios y servidores de la Entidad, conjuntamente con los contratistas que celebraron irregularmente el contrato.

b) Cuando se verifique la trasgresión del principio de presunción de veracidad durante el procedimiento de selección o para el perfeccionamiento del contrato.

c) Cuando se haya suscrito el contrato no obstante encontrarse en trámite un recurso de apelación.

d) Cuando no se haya cumplido con las condiciones y/o requisitos establecidos en la normativa a fin de la configuración de alguno de los supuestos que habilitan a la contratación directa.

e) Cuando no se haya utilizado los procedimientos previstos en la presente Ley, pese a que la contratación se encontraba bajo su ámbito de aplicación. En este supuesto, asumen responsabilidad los funcionarios y servidores de la Entidad, conjuntamente con los contratistas que celebraron irregularmente el contrato.

f) En caso de contratarse bienes, servicios u obras, sin el previo procedimiento de selección que correspondiera.

La nulidad del procedimiento y del contrato, genera responsabilidades de los funcionarios y servidores de la Entidad contratante conjuntamente con los contratistas que celebraron dichos contratos irregulares.

Cuando corresponda al árbitro único o al Tribunal Arbitral evaluar la nulidad del contrato, se considera en primer lugar las causales previstas en la presente Ley y su reglamento, y luego las causales de nulidad aplicables reconocidas en el derecho nacional.

Artículo 45. Medios de solución de controversias de la ejecución contractual. 45.1 Las controversias que surjan entre las partes sobre la ejecución, interpretación, resolución, inexistencia, ineficacia o invalidez del contrato se resuelven mediante conciliación o arbitraje, según el acuerdo de las partes. Las controversias sobre la nulidad del contrato solo pueden ser sometidas a arbitraje.

Las partes pueden recurrir a la Junta de Resolución de Disputas en las contrataciones de obras, de acuerdo al valor referencial y demás condiciones previstas en el reglamento, siendo sus decisiones vinculantes. El reglamento puede establecer otros medios de solución de controversias.

La decisión de la Entidad o de la Contraloría General de la República de aprobar o no la ejecución de prestaciones adicionales, no puede ser sometida a conciliación, ni arbitraje ni a la Junta de Resolución de Disputas. Las pretensiones referidas a enriquecimiento si causa o indebido, pago de indemnizaciones o cualquier otra que se derive u origine en la falta de aprobación de prestaciones adicionales o de la aprobación parcial de estas, por parte de la Entidad o de la Contraloría General de la República, según corresponda, no pueden ser sometidas a conciliación, arbitraje, ni a otros medios de solución de controversias establecidos en la presente Ley o el reglamento, correspondiendo en su caso, ser conocidas por el Poder Judicial. Todo pacto en contrario es nulo.

45.2 Para los casos específicos en los que la materia en controversia se refiera a nulidad de contrato, resolución de contrato, ampliación de plazo contractual, recepción y conformidad de la prestación, valorizaciones o metrados, liquidación del contrato, se debe iniciar el respectivo medio de solución de controversias dentro del plazo de treinta (30) días hábiles conforme a lo señalado en el reglamento.

En supuestos diferentes a los mencionados en el párrafo anterior, los medios de solución de controversias previstos en este artículo deben ser iniciados por la parte interesada en cualquier momento anterior a la fecha del pago final.

Luego del pago final, las controversias solo pueden estar referidas a vicios ocultos en bienes, servicios u obras y a las obligaciones previstas en el contrato que deban cumplirse con posterioridad al pago final. En estos casos, el medio de solución de controversias se debe iniciar dentro del plazo de treinta (30) días hábiles conforme a lo señalado en el reglamento.

En los casos en que, de acuerdo al numeral anterior, resulte de aplicación la Junta de Resolución de Disputas, pueden ser sometidas a esta todas las controversias que surjan durante la ejecución de la obra hasta la recepción total de la misma. Las decisiones emitidas por la Junta de Resolución de Disputas solo pueden ser sometidas a arbitraje dentro del plazo de treinta (30) días hábiles de recibida la obra.

Las controversias que surjan con posterioridad a dicha recepción pueden ser sometidas directamente a arbitraje dentro del plazo de treinta (30) días hábiles conforme a lo señalado en el reglamento.

Todos los plazos antes señalados son de caducidad.

45.3 Las controversias se resuelven mediante la aplicación de la Constitución Política del Perú, de la presente Ley y su reglamento, así como de las normas de derecho público y las de derecho privado; manteniendo obligatoriamente este orden de preferencia en la aplicación del derecho. Esta disposición es de orden público.

45.4 Los medios de solución de controversias previstos en este artículo se rigen especialmente por lo establecido en la presente Ley y su reglamento, sujetándose supletoriamente a lo dispuesto en las leyes de la materia.

45.5 La conciliación se realiza en un centro de conciliación acreditado por el Ministerio de Justicia y Derechos Humanos. El arbitraje institucional se realiza en una institución arbitral acreditada por el Organismo Supervisor de las Contrataciones del Estado (OSCE), conforme a lo dispuesto en la directiva que se apruebe para tal efecto.

El reglamento establece los criterios, parámetros y procedimientos para la toma de decisión de conciliar.

45.6 El arbitraje es de derecho y resuelto por árbitro único o tribunal arbitral integrado por tres miembros.

El árbitro único y el presidente del tribunal arbitral deben ser necesariamente abogados, que cuenten con especialización acreditada en derecho administrativo, arbitraje y contrataciones con el Estado. Los demás integrantes del tribunal arbitral pueden ser expertos o profesionales en otras materias, debiendo necesariamente tener conocimiento en contrataciones con el Estado.

Asimismo, para desempeñarse como árbitro, se requiere estar inscrito en el Registro Nacional de Árbitros administrado por el Organismo Supervisor de las Contrataciones del Estado (OSCE), conforme a los requisitos y condiciones establecidos en la directiva que apruebe dicha Entidad para tal efecto. El registro es de aprobación automática, sujeto a fiscalización posterior.

45.7 Para desempeñarse como secretario arbitral se requiere estar inscrito en el Registro Nacional de Secretarios Arbitrales administrado por el Organismo Supervisor de las Contrataciones del Estado (OSCE), conforme a los requisitos y condiciones establecidos en la directiva que apruebe dicha Entidad para tal efecto.

45.8 El árbitro único o tribunal arbitral constituido para resolver una controversia derivada de un contrato regido por esta Ley resulta, en principio y salvo el supuesto de excepción previsto en el presente numeral, competente para conocer las demás controversias, susceptibles de ser sometidas a arbitraje, que surjan de la ejecución del mismo contrato.

En ese sentido, cuando exista un arbitraje en curso y surja una nueva controversia derivada del mismo contrato, cualquiera de las partes debe solicitar a los árbitros la acumulación de las pretensiones a dicho arbitraje, dentro del plazo de caducidad previsto en el numeral 45.2 del presente artículo.

El árbitro único o el tribunal arbitral acumula las nuevas pretensiones que se sometan a su conocimiento, siempre que estas sean solicitadas antes de la conclusión de la etapa probatoria. Excepcionalmente, el árbitro único o el tribunal arbitral, mediante resolución fundamentada, puede denegar la acumulación solicitada tomando en cuenta la naturaleza de las nuevas pretensiones, el estado del proceso arbitral y demás circunstancias que estime pertinentes.

En los casos en que se haya denegado la acumulación de pretensiones, la parte interesada puede iniciar otro arbitraje dentro del plazo de quince (15) días hábiles de notificada la denegatoria de la acumulación, siendo éste también un plazo de caducidad.

45.9 El laudo arbitral es inapelable, definitivo y obligatorio para las partes desde el momento de su notificación, debiéndose notificar a las partes en forma personal y a través del Sistema Electrónico de Contrataciones del Estado (SEACE) para efecto de su eficacia.

La notificación se tiene por efectuada desde ocurrido el último acto. Contra dicho laudo solo cabe interponer recurso de anulación de acuerdo a lo establecido en el Decreto Legislativo 1071, Decreto Legislativo que norma el arbitraje o norma que lo sustituya.

Adicionalmente, el laudo puede ser anulado a solicitud de parte si la composición del árbitro único o del tribunal arbitral o si las actuaciones arbitrales no se han ajustado a lo establecido en la presente Ley y en su reglamento; siempre que tal circunstancia haya sido objeto de reclamo expreso en su momento ante el árbitro único o tribunal arbitral por la parte afectada y fue desestimado. En caso de que dicha circunstancia haya constituido causal de recusación, la anulación solo resulta procedente si la parte afectada formuló, oportunamente, la recusación respectiva y esta fue desestimada.

45.10 El Organismo Supervisor de las Contrataciones del Estado (OSCE) aprueba el Código de Ética para el Arbitraje en Contrataciones del Estado, el cual resulta de aplicación a los arbitrajes que administra, a los arbitrajes ad hoc y, de manera supletoria, a los arbitrajes administrados por una institución arbitral que no tenga aprobado un Código de Ética o, que teniéndolo no establezca la infracción cometida por el árbitro o no establezca la sanción aplicable.

Los árbitros deben ser y permanecer durante el desarrollo del arbitraje independientes e imparciales. Asimismo, deben cumplir con la obligación de informar oportunamente si existe alguna circunstancia que les impida ejercer el cargo con independencia, imparcialidad y autonomía; actuar con transparencia y observar la debida conducta procedimental. El deber de informar se mantiene a lo largo de todo el arbitraje.

El incumplimiento de las obligaciones señaladas en el párrafo precedente constituyen infracción a los principios de independencia, imparcialidad, transparencia y debida conducta procedimental previstos en el Código de Ética para el Arbitraje en Contrataciones del Estado, siendo pasible de las siguientes sanciones éticas según su gravedad:

a) Amonestación.

b) Suspensión temporal de hasta cinco (5) años.

c) Inhabilitación permanente.

Las infracciones señaladas son desarrolladas en el reglamento y recogidas en el Código de Ética para el Arbitraje en Contrataciones del Estado.

La autoridad competente para aplicar el Código de Ética para el Arbitraje en Contrataciones del Estado es el Consejo de Ética, el cual se encarga de determinar la comisión de infracciones y de imponer las sanciones respectivas. El Consejo de Ética se encuentra integrado por tres (3) miembros de reconocida solvencia ética y profesional, los cuales son elegidos por la Presidencia del Consejo de Ministros, el Ministerio de Economía y Finanzas, y el Ministerio de Justicia y Derechos Humanos, respectivamente. El cargo de miembro del Consejo es honorario.

La organización, estructura, atribuciones, mecanismos de designación, funcionamiento y los demás aspectos concernientes al Consejo de Ética son establecidos en el reglamento.

45.11 El Organismo Supervisor de las Contrataciones del Estado (OSCE) organiza y administra un régimen institucional de arbitraje especializado y subsidiario para la resolución de controversias en las contrataciones con el Estado, de acuerdo a lo previsto en el reglamento.

Este régimen se rige por su propio reglamento arbitral que es aprobado mediante directiva por el Organismo Supervisor de las Contrataciones del Estado (OSCE) y supletoriamente por el Decreto Legislativo que norma el Arbitraje o norma que lo sustituya.

45.12 Los medios de solución de controversias a que se refiere la presente Ley o su reglamento, se desarrollan en cumplimiento del Principio de Transparencia.

Las instituciones encargadas de la administración de los medios de solución de controversias deben cumplir con remitir la información que establezca el reglamento y aquella que solicite el Organismo Supervisor de las Contrataciones del Estado (OSCE), en relación a las controversias derivadas de la aplicación de la presente Ley, bajo responsabilidad de su titular o representante legal.

Tratándose de arbitrajes ad hoc, el presidente del tribunal arbitral o el árbitro único son responsables de la custodia de las actuaciones arbitrales por un plazo no menor de diez (10) años desde la terminación de las mismas. En el caso de los arbitrajes institucionales, la respectiva institución arbitral es responsable de la custodia del expediente por el plazo antes señalado. Antes del vencimiento de dicho plazo, la custodia puede ser encargada al Organismo Supervisor de las Contrataciones del Estado (OSCE), bajo los requisitos y condiciones previstos en el reglamento.

45.13 Las resoluciones sobre devolución de honorarios de árbitros emitidas por el Organismo Supervisor de las Contrataciones del Estado (OSCE) constituyen título ejecutivo.

TÍTULO IV.

REGISTRO NACIONAL DE PROVEEDORES

Artículo 46. Registro Nacional de Proveedores. 46.1 El Registro Nacional de Proveedores (RNP) es el sistema de información oficial único de la Administración Pública que tiene por objeto registrar y mantener actualizada durante su permanencia en el registro, la información general y relevante de los proveedores interesados en participar en las contrataciones que realiza el Estado. En ningún caso el Registro Nacional de Proveedores (RNP) constituye una barrera de acceso para contratar con el Estado.

Para ser participante, postor, contratista y/o subcontratista del Estado se requiere estar inscrito en el Registro Nacional de Proveedores (RNP). El Reglamento establece la organización, funciones y los requisitos para el acceso, permanencia y retiro del registro. En el caso de los supuestos excluidos del ámbito de aplicación de la Ley sujetos a supervisión, el Reglamento establecerá las condiciones para su inscripción ante dicho Registro así como sus excepciones.

La presentación de documentación falsa o información inexacta ante el Registro Nacional de Proveedores (RNP) habilita la declaración de nulidad del acto correspondiente.

46.2 A los Proveedores del Estado inscritos como Ejecutores de Obra ante el Registro Nacional de Proveedores (RNP), se les asigna una capacidad máxima de contratación que se calcula en función de su capital social suscrito y pagado en el Perú y de la experiencia con la que cuenten como ejecutores de obra, quedando expresamente establecido que el capital social suscrito y pagado de las personas jurídicas inscritas como ejecutores de obra ante el Registro Nacional de Proveedores (RNP), no puede ser inferior al 5% de su capacidad máxima de contratación. Tratándose de sucursales de personas jurídicas extranjeras en el Perú, dicho cálculo se realiza en función de la asignación del capital que se le depositó en una entidad del sistema financiero nacional. En el caso de las personas jurídicas no domiciliadas, se debe acreditar haber depositado en una cuenta abierta en una entidad del sistema financiero nacional a nombre de su representante legal en el país, el monto en virtud del cual se calcula su capacidad máxima de contratación.

Tanto en el caso de las sucursales de personas jurídicas extranjeras en el Perú como de personas jurídicas no domiciliadas, a efectos de que los aportes dinerarios antes señalados tengan validez frente al Registro Nacional de Proveedores (RNP), éstos deben haber sido aprobados por la Junta General de Accionistas u órgano análogo de la Sociedad, previamente a su depósito efectivo, de acuerdo a los estatutos de cada empresa o a las leyes del país en virtud de las cuales se hubiera constituido la matriz.

Las empresas extranjeras reciben el mismo trato que las empresas peruanas reciben en su país de origen en materia de contrataciones del Estado.

Las disposiciones establecidas en los párrafos anteriores no se aplican a los proveedores que provengan de países con los cuales la República del Perú tenga vigente un tratado o compromiso internacional que incluya disposiciones en materia de contrataciones públicas; ni a las micro y pequeñas empresas (MYPES) debidamente inscritas en el Registro Nacional de la Micro y Pequeña Empresa (REMYPE).

Las personas jurídicas extranjeras pueden acreditar el requisito señalado en los párrafos precedentes con la documentación que demuestre los gastos realizados en sus operaciones e inversiones en territorio nacional.

El procedimiento, tipo de documentación y demás exigencias, son establecidos en la directiva correspondiente.

46.3 Las Entidades están prohibidas de llevar registros de proveedores. Solo están facultadas para llevar y mantener un listado interno de proveedores, consistente en una base de datos que contenga la relación de aquellos. Bajo ninguna circunstancia, la incorporación en este listado es requisito para la participación en los procedimientos de selección que la Entidad realice. La incorporación de proveedores en este listado es discrecional y gratuita.

46.4 Bajo responsabilidad y de manera gratuita, en el marco de la legislación vigente sobre la materia, el Registro Nacional de Identificación y Estado Civil (RENIEC), la Superintendencia Nacional de Aduanas y de Administración Tributaria (SUNAT), la Superintendencia Nacional de los Registros Públicos (SUNARP), el Instituto Nacional de Defensa de la Competencia y de la Protección de la Propiedad Intelectual (INDECOPI), la Superintendencia de Banca, Seguros y Administradoras Privadas de Fondos de Pensiones (SBS), el Poder Judicial, la Policía Nacional del Perú (PNP) y otras Entidades de las que pueda requerirse información, deben proporcionar el acceso a la información pertinente, preferentemente mediante mecanismos de interoperabilidad, salvaguardando las reservas previstas por Ley con la finalidad de que el Registro Nacional de Proveedores (RNP) cuente con información oportuna, confiable y actualizada. La Oficina de Gobierno Electrónico de la Presidencia del Consejo de Ministros, cautela y apoya el debido cumplimiento de esta disposición.

Mediante decreto supremo refrendado por el Ministro de Economía y Finanzas puede disponerse el acceso a la información que posean otras Entidades y que sea relevante para el Registro Nacional de Proveedores (RNP).

46.5 En ningún caso, los documentos de los procedimientos de selección exigen a los proveedores la documentación que estos hubieran presentado para su inscripción ante el Registro Nacional de Proveedores (RNP).

TÍTULO V.
SISTEMA ELECTRÓNICO DE CONTRATACIONES DEL ESTADO

Artículo 47. Definición. El Sistema Electrónico de Contrataciones del Estado (SEACE) es el sistema electrónico que permite el intercambio de información y difusión sobre las contrataciones del Estado, así como la realización de transacciones electrónicas.

Artículo 48. Obligatoriedad. Las Entidades están obligadas a utilizar el Sistema Electrónico de Contrataciones del Estado (SEACE) en las contrataciones que realicen, independientemente que se sujeten al ámbito de aplicación de la presente Ley, su cuantía o fuente de financiamiento, conforme a la directiva que dicte el Organismo Supervisor de las Contrataciones del Estado (OSCE) para tal efecto.

Los procedimientos de subasta inversa y comparación de precios se realizan obligatoriamente en forma electrónica a través del Sistema Electrónico de Contrataciones del Estado (SEACE). El Organismo Supervisor de las Contrataciones del Estado (OSCE) establece las excepciones a dicha obligación, así como la forma en que se aplica progresiva y obligatoriamente las contrataciones electrónicas a los otros métodos de contratación.

Los criterios de incorporación gradual de las Entidades al Sistema Electrónico de Contrataciones del Estado (SEACE), considerando la infraestructura y condiciones tecnológicas que estas posean o los medios disponibles para estos efectos, se establecen en la citada directiva.

Artículo 49. Validez y eficacia de los actos. Los actos realizados por medio del Sistema Electrónico de Contrataciones del Estado (SEACE), incluidos los efectuados por el Organismo Supervisor de las Contrataciones del Estado (OSCE) en el ejercicio de sus funciones, que cumplan con las disposiciones vigentes poseen la misma validez y eficacia que los actos realizados por medios manuales, pudiéndolos sustituir para todos los efectos legales. Dichos actos se entienden notificados el mismo día de su publicación, salvo lo dispuesto en el numeral 45.9 del artículo 45 de la presente Ley.

Sin perjuicio de la obligación de utilizar el Sistema Electrónico de Contrataciones del Estado (SEACE), adicionalmente a los métodos de notificación tradicionales, las Entidades pueden utilizar medios electrónicos de comunicación para el cumplimiento de los distintos actos que se disponen en la presente Ley y su reglamento, considerando los requisitos y parámetros establecidos en las leyes pertinentes. En todos los casos, deben utilizar las tecnologías necesarias que garanticen la identificación de los proveedores y la confidencialidad de las ofertas.

TÍTULO VI.
RÉGIMEN DE INFRACCIONES Y SANCIONES

Artículo 50. Infracciones y sanciones administrativas. 50.1 El Tribunal de Contrataciones del Estado sanciona a los proveedores, participantes, postores y/o contratistas y en los casos a que se refiere el literal a) del artículo 5 de la presente Ley, cuando incurran en las siguientes infracciones:

a) Desistirse o retirar injustificadamente su propuesta.

b) Incumplir injustificadamente con su obligación de perfeccionar el contrato o de formalizar Acuerdos Marco.

c) Contratar con el Estado estando en cualquiera de los supuestos de impedimento previstos en el artículo 11 de esta Ley.

d) Subcontratar prestaciones sin autorización de la Entidad o en porcentaje mayor al permitido por esta Ley y su reglamento o cuando el subcontratista no cuente con inscripción vigente en el Registro Nacional de Proveedores (RNP), esté impedido o inhabilitado para contratar con el Estado.

e) Ocasionar que la Entidad resuelva el contrato, siempre que dicha resolución haya quedado consentida o firme en vía conciliatoria o arbitral.

f) No proceder al saneamiento de los vicios ocultos en la prestación a su cargo, según lo requerido por la Entidad, cuya existencia haya sido reconocida por el contratista o declarada en vía arbitral.

g) Negarse injustificadamente a cumplir las obligaciones derivadas del contrato cuando estas deban verificarse con posterioridad al pago o cuando el pago ya se hubiera efectuado.

h) Presentar información inexacta a las Entidades, al Tribunal de Contrataciones del Estado o al Registro Nacional de Proveedores (RNP), siempre que esté relacionada con el cumplimiento de un requisito o con la obtención de un beneficio o ventaja para sí o para terceros.

i) Presentar documentos falsos o adulterados a las Entidades, al Tribunal de Contrataciones del Estado o al Registro Nacional de Proveedores (RNP).

j) Se registren como participantes, presenten propuestas o suscriban contrato o Acuerdos Marco sin contar con inscripción vigente en el Registro Nacional de Proveedores (RNP) o suscriban contrato por montos mayores a su capacidad libre de contratación, o en especialidades distintas a las autorizadas por el RNP.

k) Perfeccionar el contrato, luego de notificada en el Sistema Electrónico de Contrataciones del Estado (SEACE) la suspensión, recomendación de nulidad o la nulidad del proceso de contratación dispuesta por el Organismo Supervisor de las Contrataciones del Estado (OSCE) en el ejercicio de sus funciones.

Para los casos a que se refiere el literal a) del artículo 5 de la presente Ley, solo son aplicables las infracciones previstas en los literales c) y j) del presente numeral.

50.2 Las sanciones que aplica el Tribunal de Contrataciones del Estado, sin perjuicio de las responsabilidades civiles o penales por la misma infracción, son:

a) Multa: Es la obligación pecuniaria generada para el infractor de pagar un monto económico no menor del cinco por ciento (5%) ni mayor al quince por ciento (15%) de la propuesta económica o del contrato, según corresponda, en favor del Organismo Supervisor de las Contrataciones del Estado (OSCE), por la comisión de las infracciones establecidas en los literales a), b), d) y j). La resolución que imponga la multa establece como medida cautelar la suspensión del derecho de participar en cualquier procedimiento de selección, procedimientos para implementar o mantener Catálogos Electrónicos de Acuerdo Marco y de contratar con el Estado, en tanto no sea pagada por el infractor, por un plazo no mayor a dieciocho (18) meses. El periodo de suspensión dispuesto por la medida cautelar a que se hace referencia, no se considera para el cómputo de la inhabilitación definitiva.

Esta sanción es también aplicable a las Entidades cuando actúen como proveedores conforme a Ley, por la comisión de cualquiera de las infracciones previstas en el presente artículo.

b) Inhabilitación temporal: Consiste en la privación, por un periodo determinado del ejercicio del derecho a participar en procedimientos de selección, procedimientos para implementar o mantener Catálogos Electrónicos de Acuerdo Marco y de contratar con el Estado. Esta inhabilitación es no menor de tres (3) meses ni mayor de treinta y seis (36) meses ante la comisión de las infracciones establecidas en los literales c), e), f), g), h) y k); en el caso de la infracción prevista en el literal i), esta inhabilitación es no menor de treinta y seis (36) meses ni mayor de sesenta (60) meses.

c) Inhabilitación definitiva: Consiste en la privación permanente del ejercicio del derecho a participar en cualquier procedimiento de selección y procedimientos para implementar o mantener Catálogos Electrónicos de Acuerdo Marco y de contratar con el Estado. Esta sanción se aplica al proveedor que en los últimos cuatro (4) años ya se le hubiera impuesto más de dos (2) sanciones de inhabilitación temporal que, en conjunto, sumen más de treinta y seis (36) meses, o que reincida en la infracción prevista en el literal i), en cuyo caso la inhabilitación definitiva se aplica directamente.

La inhabilitación o multa que se imponga no exime de la obligación de cumplir con los contratos ya suscritos a la fecha en que la sanción queda firme.

50.3 Las infracciones son leves, graves y muy graves. El reglamento establece las reglas del procedimiento sancionador, los mecanismos de cobro de la multa impuesta, las formas de aplicar sanciones a consorcios, la gradualidad de la imposición de la sanción y demás reglas necesarias.

50.4 Las infracciones establecidas en la presente Ley para efectos de las sanciones prescriben a los tres (3) años conforme a lo señalado en el reglamento. Tratándose de documentación falsa la sanción prescribe a los siete (7) años de cometida.

50.5 Cuando para la determinación de responsabilidad, sea necesario contar, previamente, con decisión judicial o arbitral, el plazo de prescripción se suspende por el periodo que dure dicho proceso jurisdiccional. Asimismo, el plazo de prescripción se suspende cuando el Poder Judicial ordene la suspensión del procedimiento sancionador.

El reglamento desarrolla otras causales de suspensión del plazo de prescripción.

50.6 Las sanciones se publican en el Registro Nacional de Proveedores (RNP). La publicación de los sancionados incluye información de los socios o titulares, y de los integrantes de los órganos de administración, de conformidad con el procedimiento previsto en el reglamento.

TÍTULO VII.
ORGANISMO SUPERVISOR DE LAS CONTRATACIONES DEL ESTADO

Artículo 51. Definición. El Organismo Supervisor de las Contrataciones del Estado (OSCE) es un organismo técnico especializado adscrito al Ministerio de Economía y Finanzas, con personería jurídica de derecho público, que constituye pliego presupuestal y goza de autonomía técnica, funcional, administrativa, económica y financiera.

Cuenta con un órgano de defensa jurídica, sin perjuicio de la defensa coadyuvante de la Procuraduría Pública del Ministerio de Economía y Finanzas, en el marco de las normas que rigen el Sistema de Defensa Jurídica del Estado.

Artículo 52. Funciones. El Organismo Supervisor de las Contrataciones del Estado (OSCE) tiene las siguientes funciones:

a) Velar y promover que las Entidades realicen contrataciones eficientes, bajo los parámetros de la Ley, su reglamento y normas complementarias, la maximización del valor de los fondos públicos y la gestión por resultados.

b) Efectuar acciones de supervisión de oficio, de forma aleatoria y/o selectiva, respecto de los métodos de contratación contemplados en la Ley, salvo las excepciones previstas en el reglamento. Esta facultad también alcanza a los supuestos excluidos del ámbito de aplicación sujetos a supervisión en lo que corresponde a la configuración del supuesto de exclusión.

c) Efectuar acciones de supervisión a pedido de parte, de acuerdo a lo dispuesto en el Texto Único de Procedimientos Administrativos y directivas vigentes. Esta facultad también alcanza a los supuestos excluidos del ámbito de aplicación sujetos a supervisión en lo que corresponde a la configuración del supuesto de exclusión.

d) Implementar actividades y mecanismos de desarrollo de capacidades y competencias en la gestión de las contrataciones del Estado, así como de difusión en materia de contrataciones del Estado.

e) Proponer las modificaciones normativas que considere necesarias en el marco de sus competencias.

f) Emitir directivas, documentos estandarizados y documentos de orientación en materia de su competencia.

g) Resolver los asuntos de su competencia en última instancia administrativa.

h) Administrar y operar el Registro Nacional de Proveedores (RNP).

i) Desarrollar, administrar y operar el Sistema Electrónico de las Contrataciones del Estado (SEACE).

j) Administrar y operar el Registro Nacional de Árbitros y el Registro Nacional de Secretarios Arbitrales.

k) Acreditar a las instituciones arbitrales que presten servicios de organización y administración de arbitrajes en materia de contrataciones del Estado y supervisarlas, de acuerdo a lo establecido en el reglamento.

l) Organizar y administrar arbitrajes de acuerdo a lo previsto en el reglamento y de conformidad con la directiva que se apruebe para tal efecto.

m) Designar árbitros y resolver las recusaciones sobre los mismos en arbitrajes que no se encuentren sometidos a una institución arbitral.

n) Resolver solicitudes de devolución de honorarios de árbitros, conforme a lo señalado en el reglamento.

o) Absolver consultas sobre el sentido y alcance de la normativa de contrataciones del Estado, formuladas por las Entidades, así como por el sector privado y la sociedad civil. Las consultas que le efectúen las Entidades son gratuitas.

p) Poner en conocimiento de la Contraloría General de la República, de manera fundamentada, las trasgresiones observadas en el ejercicio de sus funciones cuando existan indicios razonables de perjuicio económico al Estado o de comisión de delito o de comisión de infracciones graves o muy graves por responsabilidad administrativa funcional de acuerdo al marco legal vigente.

q) Suspender procedimientos de selección, en los que durante el procesamiento de la acción de supervisión, de oficio o a pedido de parte, se identifique la necesidad de ejercer acciones coercitivas para impedir que la Entidad continúe con el procedimiento.

r) Desconcentrar sus funciones en sus órganos de alcance regional o local de acuerdo a lo que establezca su Reglamento de Organización y Funciones.

s) Realizar estudios conducentes a evaluar el funcionamiento de los regímenes de contratación del Estado, analizar y proponer nuevos mecanismos idóneos de contratación según mercados, así como proponer estrategias destinadas al uso eficiente de los recursos públicos.

t) Las demás que le asigne la normativa.

Artículo 53. Organización y recursos. El Reglamento de Organización y Funciones (ROF) establece la estructura orgánica del Organismo Supervisor de las Contrataciones del Estado (OSCE), sus funciones generales y las específicas de sus órganos.

Los recursos del OSCE son los siguientes:

a) Aquellos asignados por la Ley Anual de Presupuesto del Sector Público.

b) Los generados por el cobro de tasas.

c) Los generados por la venta de publicaciones y prestación de servicios.

d) Los generados por la ejecución de las garantías por la interposición del recurso de apelación.

e) Los provenientes de la cooperación técnica nacional o internacional; las donaciones, transferencias y otros que se efectúen a su favor de acuerdo con la normativa sobre las materias.

f) Los provenientes de la imposición de sanciones económicas y penalidades.

g) Los demás que le asigne la normativa.

La administración y cobranza de los recursos y tributos a que se refieren los literales b), c), d) y f) del presente artículo es competencia del Organismo Supervisor de las Contrataciones del Estado (OSCE), para lo cual tiene facultad coactiva.

Artículo 54. Consejo Directivo y Presidencia Ejecutiva

El Consejo Directivo es el máximo órgano del Organismo Supervisor de las Contrataciones del Estado (OSCE). Se encuentra integrado por tres (3) miembros designados por un periodo de tres (3) años renovables por un periodo adicional, mediante resolución suprema refrendada por el Ministro de Economía y Finanzas.

El Presidente Ejecutivo del OSCE preside el Consejo Directivo. Los miembros del Consejo Directivo perciben dietas a excepción de su Presidente. Sus funciones se encuentran asignadas en el Reglamento de Organización y Funciones del OSCE.

El Presidente Ejecutivo del Organismo Supervisor de las Contrataciones del Estado (OSCE) es la máxima autoridad ejecutiva, titular del Pliego y representante legal de la Entidad, es designado mediante resolución suprema refrendada por el Ministro de Economía y Finanzas; su cargo es remunerado. Sus funciones se encuentran asignadas en el Reglamento de Organización y Funciones del Organismo Supervisor de las Contrataciones del Estado (OSCE).

Artículo 55. Requisitos e impedimentos. Para ser designado miembro del Consejo Directivo o Presidente Ejecutivo del Organismo Supervisor de las Contrataciones del Estado (OSCE), se requiere:

a) Contar con reconocida solvencia e idoneidad profesional. Este requisito se acredita demostrando no menos de tres (3) años de experiencia en un cargo de gestión ejecutiva; o, no menos de cinco (5) años de experiencia en temas afines a las materias reguladas en esta norma.

b) Contar con título profesional universitario.

c) No estar inhabilitado para ejercer la función pública por sentencia judicial o resolución del Congreso de la República; ni estar inmerso en causal de impedimento para el ejercicio de la función pública conforme a la normativa sobre la materia.

d) No haber sido declarado insolvente o haber ejercido cargos directos en personas jurídicas declaradas en quiebra, durante por lo menos un (1) año, previo a la declaración.

e) No haber sido inhabilitado para contratar con el Estado.

f) No tener participación en personas jurídicas que contraten con el Estado.

Artículo 56. Causales de vacancia. La vacancia se produce por las siguientes causales:

a) Remoción por pérdida de confianza.

b) Renuncia al cargo.

c) Fallecimiento.

d) Incapacidad permanente.

e) Incapacidad moral sobreviniente.

f) Incompatibilidad sobreviniente.

g) Falta grave.

h) Condena por delito doloso.

i) Inhabilitación administrativa o judicial.

j) Vencimiento del periodo de designación.

La vacancia de los miembros del Consejo Directivo y el Presidente Ejecutivo del Organismo Supervisor de las Contrataciones del Estado (OSCE) se formaliza mediante resolución suprema.

Artículo 57. Notificaciones. El Organismo Supervisor de las Contrataciones del Estado (OSCE) notifica los actos que emite en el ejercicio de sus funciones a través del Sistema Electrónico de Contrataciones del Estado (SEACE) y/u otros medios electrónicos, los que poseen la misma validez y eficacia que los realizados por los medios manuales, en tanto se ajusten a los parámetros y requisitos establecidos en la legislación vigente.

En todos los casos, se debe utilizar las tecnologías necesarias que garanticen la identificación de los proveedores y la confidencialidad de las ofertas.

Artículo 58. Consejo Multisectorial de Monitoreo de las Contrataciones Públicas. Créase el Consejo Multisectorial de Monitoreo de las Contrataciones Públicas, adscrito al OSCE, con la misión de analizar y poner en conocimiento de las autoridades competentes, los presuntos casos de fraude, colusión y corrupción en las contrataciones del Estado por parte de funcionarios y servidores públicos y/o particulares.

Su conformación y funciones se establecen en el reglamento.

TÍTULO VIII.

TRIBUNAL DE CONTRATACIONES DEL ESTADO

Artículo 59. Tribunal de Contrataciones del Estado. El Tribunal de Contrataciones del Estado es un órgano resolutivo que forma parte de la estructura administrativa del Organismo Supervisor de las Contrataciones del Estado (OSCE). Cuenta con plena autonomía e independencia en el ejercicio de sus funciones.

Tiene las siguientes funciones:

a) Resolver, de ser el caso, las controversias que surjan entre las Entidades, los participantes y los postores durante el procedimiento de selección ylos procedimientos para implementar o mantener Catálogos Electrónicos de Acuerdo Marco.

b) Aplicar las sanciones de multa, inhabilitación temporal y definitiva a los proveedores, participantes, postores y/o contratistas, según corresponda para cada caso.

c) Aplicar multas a las Entidades cuando actúen como proveedor.

d) Las demás funciones que le otorga la normativa.

Su conformación y el número de salas son establecidos mediante decreto supremo, refrendado por el Ministro de Economía y Finanzas.

Mediante acuerdos adoptados en Sala Plena, los cuales constituyen precedentes de observancia obligatoria, el Tribunal de Contrataciones del Estado interpreta de modo expreso y con carácter general las normas establecidas en la presente Ley y su reglamento.

Artículo 60. Requisitos e impedimentos para ser Vocal del Tribunal de Contrataciones del Estado. Los Vocales del Tribunal de Contrataciones del Estado son elegidos por concurso público y designados por un periodo de tres (3) años. Para ello se requiere:

a) Contar con título profesional universitario.

b) Experiencia acreditada no menor a cinco (5) años en las materias relacionadas con la presente norma.

c) Acreditar estudios de especialización en temas afines a las materias de esta Ley.

d) Contar con reconocida solvencia moral.

e) No tener sentencia condenatoria por delito doloso o encontrarse inhabilitado para ejercer la función pública por sentencia judicial o por resolución del Congreso de la República, ni estar inmerso en causal de impedimento para el ejercicio de la función pública.

f) No haber sido declarado insolvente o haber ejercido cargos directos en personas jurídicas declaradas en quiebra, durante por lo menos un (1) año, previo a la declaración.

g) No haber sido inhabilitado para contratar con el Estado.

h) No tener participación en personas jurídicas que contraten con el Estado.

Culminado el periodo de designación, continúan en el ejercicio de sus funciones en tanto se designa al nuevo o los nuevos vocales.

El Presidente del Tribunal de Contrataciones del Estado es elegido de acuerdo a lo previsto en el reglamento de la presente Ley, conforme al marco previsto en esta.

Artículo 61. Causales de vacancia. La vacancia se produce por las siguientes causales:

a) Renuncia al cargo.

b) Fallecimiento.

c) Incapacidad permanente.

d) Incompatibilidad sobreviniente.

e) Condena por delito doloso.

f) Inhabilitación administrativa o judicial.

g) Vencimiento del periodo de designación, salvo la continuación en el ejercicio de las funciones a que se refiere el artículo precedente.

La vacancia de los Vocales del Tribunal de Contrataciones del Estado se formaliza mediante resolución suprema refrendada por el Ministro de Economía y Finanzas.

Artículo 62. Notificación y publicidad de las resoluciones . El Tribunal de Contrataciones del Estado notifica los actos que emita en el ejercicio de sus funciones a través de medios electrónicos y/o el Sistema Electrónico de Contrataciones del Estado (SEACE), según corresponda.

DISPOSICIONES COMPLEMENTARIAS FINALES

PRIMERA. La presente Ley y su reglamento prevalecen sobre las normas de derecho público y sobre aquellas de derecho privado que le sean aplicables. Asimismo, son de aplicación supletoria a todas aquellas contrataciones de bienes, servicios u obras que no se sujeten al ámbito de aplicación de la presente Ley, siempre que dicha aplicación no resulte incompatible con las normas específicas que las regulan y sirvan para cubrir un vacío o deficiencia de dichas normas.

Las contrataciones del Estado se llevan a cabo conforme a la presente Ley, a su Reglamento así como a las directivas que el OSCE elabore para tal efecto; conjuntamente con los documentos estándar, manuales, y demás documentos de orientación que se ponen a disposición de los usuarios de la contratación pública.

SEGUNDA. Mediante decreto supremo refrendado por el Ministro de Economía y Finanzas, se aprobará el reglamento de la presente Ley, dentro de los ciento ochenta (180) días calendario siguientes a su publicación, el cual contendrá un glosario de términos.

TERCERA. Mediante decreto supremo refrendado por el Ministro de Economía y Finanzas, se aprueba el Reglamento de Organización y Funciones (ROF) y el Texto Único de Procedimientos Administrativos del Organismo Supervisor de Contrataciones del Estado (OSCE).

CUARTA. En aquellas contrataciones que se encuentren bajo el ámbito de tratados u otros compromisos internacionales, que impliquen la aplicación de los principios de Trato Nacional y No Discriminación, las Entidades deben conceder incondicionalmente a los bienes, servicios y proveedores de la otra parte, un trato similar o no menos favorable que el otorgado por la normativa peruana a los bienes, servicios y proveedores nacionales, de conformidad con las reglas, requisitos y procedimientos establecidos en la presente Ley, su reglamento y en la normativa de la materia.

QUINTA. La Contraloría General de la República y el Ministerio de Economía y Finanzas tienen acceso a la base de datos de la información registrada en el Sistema Electrónico de Contrataciones del Estado (SEACE).

SEXTA. La facultad establecida para actuar discrecionalmente se ejerce para optar por la decisión administrativa debidamente sustentada que se considere más conveniente, dentro del marco que establece la Ley, teniendo en consideración los criterios establecidos por la cuarta disposición final complementaria de la Ley 29622, Ley que modifica la Ley 27785, Ley Orgánica del Sistema Nacional de Control y de la Contraloría General de la República y amplía las facultades en el proceso para sancionar en materia de responsabilidad administrativa funcional.

SÉPTIMA. Los insumos directamente utilizados en los procesos productivos por las empresas del Estado que se dediquen a la producción de bienes o prestación de servicios, pueden ser contratados a proveedores nacionales o internacionales mediante el método de contratación que especifique el reglamento, a precios de mercado, siempre que se verifique una situación de escasez acreditada por el Titular de la Entidad. No se requiere la verificación de una situación de escasez en el caso de empresas que por la naturaleza de su actividad requieran un suministro periódico o continuo, incluyendo la entrega en un solo acto de los insumos, bienes o servicios.

La lista de los insumos directamente vinculados en los procesos productivos, que corresponden a cada empresa, es establecida mediante resolución ministerial del Ministerio de Economía y Finanzas.

Las contrataciones deben aprobarse mediante resolución del Titular de la Entidad e informarse mensualmente al Fondo Nacional de Financiamiento de la Actividad Empresarial del Estado (FONAFE), y a la Contraloría General de la República, bajo responsabilidad del Directorio.

En el procedimiento necesariamente se designa a un comité de selección conforme a las reglas de contrataciones del Estado. La adjudicación de la Buena Pro se realiza mediante acto público.

Los órganos de control institucional participan como veedores en el método de contratación respectivo, conforme a la normativa del Sistema Nacional de Control.

Todos los actos realizados dentro de los procedimientos a que se refiere la presente disposición se comunican obligatoriamente al Sistema Electrónico de Contrataciones del Estado (SEACE) en la oportunidad y forma que señale la presente norma, el reglamento y las directivas que emite el Organismo Supervisor de las Contrataciones del Estado (OSCE).

Las contrataciones que se realicen de acuerdo a la presente disposición no requieren de la constitución de la garantía de fi el cumplimiento, siempre que la prestación se cumpla por adelantado.

OCTAVA. La presente norma entra en vigencia a los treinta (30) días calendario contados a partir de la publicación de su reglamento, excepto la segunda y tercera disposiciones complementarias finales, que entran en vigencia a partir del día siguiente de la publicación de la presente Ley en el Diario Oficial El Peruano.

NOVENA. Dispónese que el Ministerio de Economía y Finanzas remita anualmente al Congreso de la República un informe sobre el impacto de la presente Ley en las contrataciones públicas. Dicho informe será elaborado sobre la base de la información remitida por el Organismo Supervisor de las Contrataciones del Estado (OSCE) y la Central de Compras Públicas - Perú Compras.

DÉCIMA. Mediante acuerdo de su Directorio, la Agencia de la Promoción de la Inversión Privada (PROINVERSION) puede exceptuar de la aplicación total o parcial de la presente Ley a las contrataciones vinculadas a los procesos a que se refieren el Decreto Legislativo 674, el Decreto Supremo 059-96-PCM, el Decreto Legislativo 1012, y sus normas modificatorias.

UNDÉCIMA. El OSCE establece las disposiciones necesarias para la implementación de los métodos de contratación por parte de las Entidades.

DISPOSICIONES COMPLEMENTARIAS TRANSITORIAS

PRIMERA. En tanto culmine el proceso de implementación al régimen del Servicio Civil, el personal del Organismo Supervisor de las Contrataciones del Estado (OSCE) continúa sujeto al régimen laboral de la actividad privada.

SEGUNDA. Los procedimientos de selección iniciados antes de la entrada en vigencia de la presente Ley se rigen por las normas vigentes al momento de su convocatoria.

DISPOSICIÓN COMPLEMENTARIA MODIFICATORIA

ÚNICA.

Modifícase el artículo 2 del Decreto Legislativo 1018, Decreto Legislativo que crea la Central de Compras Públicas - Perú Compras, en los términos siguientes:

"Artículo 2.- Funciones La Central de Compras Públicas - Perú Compras, tiene las siguientes funciones: (...)

g) Promover la Subasta Inversa, determinando las características técnicas de los bienes o servicios que son provistos a través de esta modalidad y establecer metas institucionales anuales respecto al número de fi chas técnicas de los bienes o servicios a ser contratados. (...)".

DISPOSICIÓN COMPLEMENTARIA DEROGATORIA

ÚNICA. A partir de la vigencia de la presente norma, deróganse los siguientes dispositivos y disposiciones:

a) Decreto Legislativo 1017, Ley de Contrataciones del Estado y normas modificatorias.

b) La primera y tercera disposiciones complementarias finales del Decreto Legislativo
1018, Decreto Legislativo que crea la Central de Compras Públicas - Perú Compras.

PORTUGAL

DECRETO-LEY Nº 18/2008, DE 29 DE ENERO DE 2008, QUE APRUEBA EL "CÓDIGO DOS CONTRATOS PÚBLICOS"

CAPÍTULO I.

DISPOSIÇÕES GERAIS

Artigo 1.º Aprovação . 1 - É aprovado o Código dos Contratos Públicos, que se publica em anexo ao presente decreto-lei e que dele faz parte integrante.

2 - O Código dos Contratos Públicos procede à transposição das Directivas n.os 2004/17/CE e 2004/18/CE, ambas do Parlamento Europeu e do Conselho, de 31 de Março, bem como da Directiva n.º 2005/51/CE, da Comissão, de 7 de Setembro, e ainda da Directiva n.º 2005/75/CE, do Parlamento Europeu e do Conselho, de 16 de Novembro.

Artigo 2.º Publicitação da actualização dos limiares comunitários. O Governo, por portaria dos ministros responsáveis pelas áreas das finanças e das obras públicas, publicita os valores actualizados a que se referem:

a) As alíneas a) e b) do artigo 16.º da Directiva n.º 2004/17/CE, do Parlamento Europeu e do Conselho, de 31 de Março;

b) As alíneas a), b) e c) do artigo 7.º da Directiva n.º 2004/18/CE, do Parlamento Europeu e do Conselho, de 31 de Março.

Artigo 3.º Anúncios. 1 - Os anúncios a publicar no Diário da República, nos termos previstos no Código dos Contratos Públicos, são enviados à Imprensa Nacional-Casa da Moeda, S. A., através de meios electrónicos, conforme o formato e as modalidades de transmissão indicados no portal do Diário da República Electrónico.

2 - A publicação dos anúncios referidos no número anterior deve ser efectuada em tempo real, no caso dos concursos públicos urgentes e, nos demais casos, no prazo máximo de vinte e quatro horas.

Artigo 4.º Portal dos contratos públicos e plataformas electrónicas utilizadas pelas entidades adjudicantes . 1 - Por portaria conjunta dos ministros responsáveis pelas áreas das finanças, das obras públicas e da ciência e tecnologia, são aprovadas as regras de constituição, de funcionamento e de gestão de um portal único da Internet dedicado aos contratos públicos.

2 - A utilização de plataformas electrónicas pelas entidades adjudicantes para os efeitos previstos no Código dos Contratos Públicos deve obedecer a requisitos e condições a definir por portaria conjunta dos ministros responsáveis pelas áreas das finanças, das obras públicas e da ciência tecnologia.

3 - A portaria referida no número anterior define ainda as regras de funcionamento das plataformas electrónicas utilizadas pelas entidades adjudicantes, as obrigações a que as mesmas se encontram sujeitas, bem como as condições de interligação com o portal único da Internet referido no n.º 1 para os efeitos do disposto no artigo 465.º do Código dos Contratos Públicos.

CAPÍTULO II
DISPOSIÇÕES COMPLEMENTARES

Artigo 5.º Alteração ao Decreto-Lei n.º 33/99, de 5 de Fevereiro. Os artigos 1.º e 2.º do Decreto-Lei n.º 33/99, de 5 de Fevereiro, passam a ter a seguinte redacção:

«Artigo 1.º Âmbito objectivo

O presente decreto-lei estabelece a disciplina da contratação pública aplicável à formação dos contratos públicos abrangidos pelo disposto na alínea b) do n.º 1 e no n.º 2 do artigo 296.º do Tratado da Comunidade Europeia.

Artigo 2.º Âmbito subjectivo

1 - O presente decreto-lei aplica-se aos contratos referidos no artigo anterior celebrados pelo Ministério da Defesa Nacional ou pelas entidades do sector empresarial do Estado que prossigam atribuições do Ministério da Defesa Nacional.

2 - O presente decreto-lei aplica-se, ainda, aos contratos referidos no artigo anterior, relativos a aquisições destinadas à Guarda Nacional Republicana, nos termos definidos na Lei da Defesa Nacional e das Forças Armadas e no respectivo estatuto orgânico.»

Artigo 6.º Alteração à Lei n.º 18/2003, de 11 de Junho . O artigo 45.º da Lei n.º 18/2003, de 11 de junho, com as alterações introduzidas pelo Decreto-Lei n.º 219/2006, de 11 de Fevereiro, passa a ter a seguinte redacção:

«Artigo 45.º Sanções acessórias

1 - Caso a gravidade da infracção e a culpa do infractor o justifiquem, a Autoridade da Concorrência determina a aplicação, em simultâneo com a coima, das seguintes sanções acessórias:

a) Publicação no Diário da República e num jornal nacional de expansão nacional, regional ou local, consoante o mercado geográfico relevante em que a prática proibida produziu os seus efeitos, a expensas do infractor, da decisão de condenação proferida no âmbito de um processo instaurado ao abrigo da presente lei;

b) Privação do direito de participar em procedimentos de formação de contratos cujo objecto abranja prestações típicas dos contratos de empreitada, de concessão de obras públicas, de concessão de serviços públicos, de locação ou aquisição de bens móveis e de aquisição de serviços ou ainda em procedimentos destinados à atribuição de licenças ou alvarás, desde que a prática que constitui contra-ordenação punível com coima se tenha verificado durante ou por causa do procedimento relevante.

2 - A sanção prevista na alínea b) do número anterior tem a duração máxima de dois anos, contados da decisão condenatória.»

Artigo 7.º Alteração ao Decreto-Lei n.º 12/2004, de 9 de Janeiro

Os artigos 24.º, 29.º e 37.º do Decreto-Lei n.º 12/2004, de 9 de janeiro, passam a ter a seguinte redacção:

«Artigo 24.º Deveres no exercício da actividade

1 - ... 2 - ... a) (Revogada.) b) (Revogada.) c) (Revogada.) d) (Revogada.) e) (Revogada.) f) ... g) ... h) ... i) (Revogada.) j) ... 3 - ... 4 - ...

Artigo 29.º Forma e conteúdo

1 - ...

2 - Incumbe sempre à empresa que recebe a obra de empreitada, ainda que venha a celebrar um contrato de subempreitada, assegurar e certificar-se do cumprimento do disposto no número anterior.

3 - Nos contratos de subempreitada, a obrigação prevista no número anterior incumbe à empresa que dá os trabalhos de subempreitada.

4 - A inobservância do disposto no n.º 1 do presente artigo determina a nulidade do contrato, não podendo esta ser invocada pela parte obrigada a assegurar e a certificar-se do seu cumprimento.

5 - As empresas são obrigadas a manter em arquivo os contratos celebrados em que são intervenientes pelo período de cinco anos a contar da data da conclusão das obras.

Artigo 37.º Contra-ordenações: 1 - ... 2 - ... a) ... b) ... c) ... d) ... e) ... f) ...

g) As infracções previstas no artigo 456.º do Código dos Contratos Públicos, caso tenham sido praticadas no âmbito do procedimento de formação ou da execução de contrato cujo objecto abranja prestações típicas dos contratos de empreitada de obras públicas, incluindo aquelas realizadas ou a realizar no âmbito de concessões.

3 - ... a) (Revogada.) b) (Revogada.) c) (Revogada.) d) (Revogada.) e) (Revogada.) f) ... g) ... h) ... i) ... j) ... l) ... m) ... n) ... o) ...

p) As infracções previstas no artigo 457.º do Código dos Contratos Públicos, caso tenham sido praticadas no âmbito do procedimento de formação ou da execução de contrato cujo objecto abranja prestações típicas dos contratos de empreitada de obras públicas, incluindo aquelas realizadas ou a realizar no âmbito de concessões;

q) Violação do disposto no n.º 2 do artigo 383.º do Código dos Contratos Públicos;

r) Violação do disposto no n.º 1 do artigo 384.º do Código dos Contratos Públicos;

s) Subcontratação, sem autorização do dono da obra ou com oposição deste, nos casos previstos no n.º 2 do artigo 385.º e no artigo 386.º, ambos do Código dos Contratos Públicos;

t) Não comparência no local, na data e na hora indicadas pelo dono da obra para a consignação da obra, nos casos previstos na alínea b) do n.º 1 do artigo 405.º do Código dos Contratos Públicos.

4 - ... a) ... b) ... c) ... d) ... e) ... f) ...

g) Violação do disposto no n.º 5 do artigo 29.º;

h) Violação do disposto no n.º 4 do artigo 384.º do Código dos Contratos Públicos;

i) Violação do disposto nos n.os 3 e 4 do artigo 385.º do Código dos Contratos Públicos.

5 - ...»

Artigo 8.º Alteração ao Decreto-Lei n.º 25/2007, de 7 de Fevereiro . 1 - O artigo 10.º do Decreto-Lei n.º 25/2007, de 7 de Fevereiro, passa a ter a seguinte redacção:

«Artigo 10.º Poder de direcção, superintendência e tutela

A GeRAP está sujeita aos poderes de direcção, de superintendência e de tutela dos membros do Governo responsáveis pelas áreas das finanças e da Administração Pública, nos termos dos seus estatutos e do regime jurídico aplicável ao sector empresarial do Estado.»

2 - O artigo 2.º dos Estatutos da Empresa de Gestão Partilhada de Recursos da Administração Pública, E. P. E., publicados em anexo ao Decreto-Lei n.º 25/2007, de 7 de Fevereiro, passa a ter a seguinte redacção:

«Artigo 2.º Poder de direcção, superintendência e tutela

1 - A GeRAP está sujeita aos poderes de direcção, de superintendência e de tutela dos membros do Governo responsáveis pelas áreas das finanças e da Administração Pública, nos termos dos seus estatutos e do regime jurídico aplicável ao sector empresarial do Estado.

2 - ...

3 - O poder de direcção sobre a GeRAP compreende o poder de emitir ordens ou instruções relativamente à prestação de serviços partilhados, bem como de definir as modalidades de verificação do cumprimento das ordens ou instruções emitidas.»

CAPÍTULO III.

DISPOSIÇÕES TRANSITÓRIAS

Artigo 9.º Modo de apresentação das propostas e das candidaturas em suporte papel . 1 – Até 31 de Outubro de 2009, a entidade adjudicante pode fixar, no programa do procedimento, que os documentos que constituem a proposta ou a candidatura podem ser apresentados em suporte papel.

2 - No caso previsto no número anterior, os documentos que constituem a proposta ou a candidatura devem ser encerrados em invólucro opaco e fechado, no rosto do qual deve ser escrita a palavra «Proposta» ou «Candidatura», indicando-se o nome ou a denominação social do concorrente ou do candidato ou, se for o caso, dos membros do agrupamento concorrente ou candidato, e a designação do contrato a celebrar.

3 - O disposto no número anterior aplica-se às propostas variantes, devendo no rosto do respectivo invólucro ser escrita a expressão «Proposta variante n.º...».

4 - O invólucro que contém os documentos que constituem a proposta ou a candidatura pode ser entregue directamente ou enviado por correio registado, devendo, em qualquer caso, a recepção ocorrer dentro do prazo e no local fixados para a apresentação das propostas ou das candidaturas.

5 - A recepção dos invólucros deve ser registada, anotando-se a data e a hora em que os mesmos são recebidos e, no caso de entrega directa, a identidade das pessoas que a efectuaram, sendo entregue a estas um recibo comprovativo dessa entrega.

Artigo 10.º Fornecimento das peças do procedimento . 1 - Quando, nos termos do disposto no artigo anterior, os documentos que constituem a proposta ou a candidatura possam ser apresentados em suporte papel, os interessados podem solicitar, em tempo útil, que lhes sejam fornecidas, pela entidade adjudicante, cópias das peças do procedimento, mediante o seu prévio pagamento, ao preço do seu custo, as quais lhes devem ser entregues ou enviadas, em suporte papel ou em ficheiro informático, no prazo máximo de três dias a contar da data de recepção do pedido.

2 - Os serviços da entidade adjudicante devem registar o nome e o endereço dos interessados que solicitem o fornecimento das peças do procedimento.

3 - Quando não seja cumprido o disposto no n.º 1, o prazo fixado para a apresentação das propostas ou das candidaturas deve ser prorrogado, a pedido dos interessados, por período equivalente, no mínimo, ao do atraso verificado.

Artigo 11.º Acto público . 1 - Quando os documentos que constituem a proposta ou a candidatura possam ser apresentados em suporte papel, todos os procedimentos de formação de contratos públicos, excepto o ajuste directo, integram um acto público que tem lugar no dia útil imediatamente subsequente ao termo do prazo fixado para a apresentação das propostas ou das candidaturas.

2 - Por motivo justificado, pode o acto público realizar-se dentro dos cinco dias subsequentes ao indicado no número anterior, em data a determinar pelo órgão competente para a decisão de contratar.

3 - A decisão de alteração da data do acto público deve ser imediatamente notificada a todos os interessados que tenham adquirido as peças do procedimento e a estas deve ser junta cópia daquela decisão.

4 - À sessão do acto público pode assistir qualquer interessado, mas nele apenas podem intervir os concorrentes ou os candidatos e os seus representantes, estes últimos desde que devidamente credenciados.

5 - Os concorrentes ou os candidatos, bem como os seus representantes podem, durante a sessão do acto público, examinar os documentos apresentados no prazo fixado pelo júri e reclamar da lista de concorrentes, nos termos do disposto no artigo seguinte.

Artigo 12.º Formalidades do acto público . 1 - O presidente do júri inicia o acto público identificando o procedimento através de referência ao respectivo anúncio.

2 - Em seguida, são abertos os invólucros que contêm os documentos que constituem as propostas ou as candidaturas pela ordem da respectiva recepção, procedendo-se à leitura da lista dos concorrentes ou dos candidatos, elaborada pela mesma ordem.

3 - Cumprido o disposto no número anterior, o júri solicita aos representantes dos concorrentes ou dos candidatos as respectivas credenciais.

4 - O interessado que não tenha sido incluído na lista dos concorrentes ou dos candidatos pode reclamar desse facto, devendo para o efeito apresentar o recibo referido no n.º 5 do artigo 9.º ou documento postal comprovativo da tempestiva recepção do seu invólucro exterior.

5 - Apresentada reclamação nos termos do disposto no número anterior, o júri interrompe a sessão do acto público para averiguar o destino do invólucro.

6 - Se o invólucro não for encontrado, o júri fixa ao reclamante um novo prazo para a apresentação da respectiva proposta ou candidatura, informando os presentes da data e da hora em que a sessão será retomada.

7 - Se o invólucro for encontrado antes do termo do prazo referido no número anterior, dá-se imediato conhecimento do facto ao interessado, procedendo-se à abertura daquele logo que retomada a sessão do acto público.

8 - Cumprido o disposto nos números anteriores, o presidente do júri encerra o acto público, do qual é elaborada acta que deve ser sempre assinada pelo secretário e pelo presidente do júri.

Artigo 13.º Comunicações e notificações . 1 - Quando os documentos que constituem a proposta ou a candidatura possam ser apresentados em suporte papel, as notificações previstas no Código dos Contratos Públicos podem ser efectuadas através de correio ou de telecópia.

2 - No caso referido no número anterior, as comunicações entre a entidade adjudicante ou o júri do procedimento e os interessados, os candidatos, os concorrentes ou o adjudicatário podem ser feitas pelos meios nele referidos.

CAPÍTULO IV.

DISPOSIÇÕES FINAIS

Artigo 14.º Norma revogatória

1 - São revogados:

a) O artigo 138.º do Decreto-Lei n.º 498/72, de 9 de Dezembro;

b) Os artigos 10.º a 15.º do Decreto-Lei n.º 390/82, de 17 de Setembro;

c) O capítulo iii da parte iv do Código do Procedimento Administrativo, aprovado pelo Decreto-Lei n.º 442/91, de 15 de Novembro;

d) O Decreto-Lei n.º 59/99, de 2 de Março;

e) O Decreto-Lei n.º 196/99, de 8 de Junho;

f) O Decreto-Lei n.º 197/99, de 8 de Junho, com excepção dos artigos 16.º a 22.º e 29.º;

g) O n.º 9 do artigo 107.º do Decreto-Lei n.º 555/99, de 16 de Dezembro;

h) O Decreto-Lei n.º 223/2001, de 9 de Agosto;

i) O Decreto-Lei n.º 104/2002, de 12 de Abril;

j) Os artigos 14.º a 17.º e 24.º a 31.º do Decreto-Lei n.º 185/2002, de 20 de Agosto;

l) O Decreto-Lei n.º 245/2003, de 7 de Outubro;

m) As alíneas a) a e) e i) do n.º 2 do artigo 24.º e as alíneas a) a e) do n.º 3 do artigo 37.º, ambos do Decreto-Lei n.º 12/2004, de 9 de Janeiro;

n) O Decreto-Lei n.º 1/2005, de 4 de Janeiro;

o) O artigo 13.º do Decreto-Lei n.º 233/2005, de 29 de Dezembro;

p) O artigo 11.º do Decreto-Lei n.º 50-B/2007, de 28 de Fevereiro.

2 - É igualmente revogada toda a legislação relativa às matérias reguladas pelo Código dos Contratos Públicos, seja ou não com ele incompatível.

3 - Ressalvam-se do disposto no número anterior os actos legislativos que consagrem regimes transitórios em matéria de contratação pública.

4 - Permanecem transitoriamente em vigor, com as necessárias adaptações, os diplomas regulamentares, incluindo as portarias, que tenham sido aprovados ao abrigo dos actos legislativos revogados por efeito do disposto nos n.os 1 e 2, desde que necessários à aplicação do Código dos Contratos Públicos e que com ele sejam compatíveis.

Artigo 15.º Remissões para a legislação revogada. Todas as remissões para as disposições legais e para os actos legislativos revogados nos termos do disposto no artigo anterior consideram-se feitas para as correspondentes disposições do Código dos Contratos Públicos.

Artigo 16.º Aplicação no tempo . 1 - O Código dos Contratos Públicos só é aplicável aos procedimentos de formação de contratos públicos iniciados após a data da sua entrada em vigor e à execução dos contratos que revistam natureza de contrato administrativo celebrados na sequência de procedimentos de formação iniciados após essa data, salvo o disposto no n.º 2 do artigo 18.º

2 - O Código dos Contratos Públicos não se aplica a prorrogações, expressas ou tácitas, do prazo de execução das prestações que constituem o objecto de contratos públicos cujo procedimento tenha sido iniciado previamente à data de entrada em vigor daquele.

Artigo 17.º Acompanhamento da aplicação do Código dos Contratos Públicos

1 - A partir da entrada em vigor do Código dos Contratos Públicos, devem ser recolhidos os elementos relativos à sua aplicação, nomeadamente para a introdução de eventuais alterações que se revelem necessárias.

2 - Para efeitos do disposto no número anterior, é nomeada, por portaria conjunta dos ministros responsáveis pelas áreas das finanças e das obras públicas, uma comissão de acompanhamento da aplicação do Código dos Contratos Públicos, a qual integrará, designadamente, representantes da Administração Pública e das organizações representativas das principais actividades económicas envolvidas.

Artigo 18.º Entrada em vigor . 1 - O presente decreto-lei entra em vigor seis meses após a data da sua publicação.

2 - A revogação dos artigos 260.º, 261.º, 262.º, 263.º e 264.º do Decreto-Lei n.º 59/99, de 2 de Março, produz efeitos no dia seguinte ao da publicação do presente decreto-lei, não sendo os mesmos aplicáveis aos contratos já celebrados, sem prejuízo dos processos de conciliação pendentes àquela data.

Visto e aprovado em Conselho de Ministros de 20 de Setembro de 2007. - José Sócrates Carvalho Pinto de Sousa - Manuel Lobo Antunes - Fernando Teixeira dos Santos - Manuel Pedro Cunha da Silva Pereira - Henrique Nuno Pires Severiano Teixeira - Rui Carlos Pereira - José Manuel Vieira Conde Rodrigues - Rui Nuno Garcia de Pina Neves Baleiras - Manuel António Gomes de Almeida de Pinho - Jaime de Jesus Lopes Silva - Mário Lino Soares Correia - José António Fonseca Vieira da Silva - António Fernando Correia de Campos - Jorge Miguel de Melo Viana Pedreira - José Mariano Rebelo Pires Gago - Maria Isabel da Silva Pires de Lima - Augusto Ernesto Santos Silva.

Promulgado em 3 de Janeiro de 2008.

Publique-se.

O Presidente da República, Aníbal Cavaco Silva.

Referendado em 4 de Janeiro de 2008.

O Primeiro-Ministro, José Sócrates Carvalho Pinto de Sousa.

ANEXO

CÓDIGO DOS CONTRATOS PÚBLICOS

PARTE I. ÂMBITO DE APLICAÇÃO

TÍTULO I. DISPOSIÇÕES GERAIS

Artigo 1.º Âmbito. 1 - O presente Código estabelece a disciplina aplicável à contratação pública e o regime substantivo dos contratos públicos que revistam a natureza de contrato administrativo.

2 - O regime da contratação pública estabelecido na parte II do presente Código é aplicável à formação dos contratos públicos, entendendo-se por tal todos aqueles que, independentemente da sua designação e natureza, sejam celebrados pelas entidades adjudicantes referidas no presente Código.

3 - A parte II do presente Código é igualmente aplicável, com as necessárias adaptações, aos procedimentos destinados à atribuição unilateral, pelas entidades adjudicantes referidas no artigo seguinte, de quaisquer vantagens ou benefícios, através de acto administrativo ou equiparado, em substituição da celebração de um contrato público.

4 - À contratação pública são especialmente aplicáveis os princípios da transparência, da igualdade e da concorrência.

5 - O regime substantivo dos contratos públicos estabelecido na parte III do presente Código é aplicável aos que revistam a natureza de contrato administrativo.

6 - Sem prejuízo do disposto em lei especial, reveste a natureza de contrato administrativo o acordo de vontades, independentemente da sua forma ou designação, celebrado entre contraentes públicos e co-contratantes ou somente entre contraentes públicos, que se integre em qualquer uma das seguintes categorias:

a) Contratos que, por força do presente Código, da lei ou da vontade das partes, sejam qualificados como contratos administrativos ou submetidos a um regime substantivo de direito público;

b) Contratos com objecto passível de acto administrativo e demais contratos sobre o exercício de poderes públicos;

c) Contratos que confiram ao co-contratante direitos especiais sobre coisas públicas ou o exercício de funções dos órgãos do contraente público;

d) Contratos que a lei submeta, ou que admita que sejam submetidos, a um procedimento de formação regulado por normas de direito público e em que a prestação do co-contratante possa condicionar ou substituir, de forma relevante, a realização das atribuições do contraente público.

Artigo 2.º Entidades adjudicantes[1]**.** 1 - São entidades adjudicantes:

a) O Estado;

b) As Regiões Autónomas;

c) As autarquias locais;

d) Os institutos públicos;

e) As fundações públicas;

f) As associações públicas;

g) As associações de que façam parte uma ou várias das pessoas colectivas referidas nas alíneas anteriores, desde que sejam maioritariamente financiadas por estas, estejam sujeitas ao seu con-

1 Alterações introduzidas pelos seguintes diplomas: DL n.º 278/2009, de 02 de Outubro; DL n.º 149/2012, de 12 de Julho.

trolo de gestão ou tenham um órgão de administração, de direcção ou de fiscalização cuja maioria dos titulares seja, directa ou indirectamente, designada pelas mesmas.

2 - São também entidades adjudicantes:

a) Quaisquer pessoas coletivas que, independentemente da sua natureza pública ou privada:

i) Tenham sido criadas especificamente para satisfazer necessidades de interesse geral, sem carácter industrial ou comercial, entendendo-se como tal aquelas cuja atividade económica se não submeta à lógica do mercado e da livre concorrência; e

ii) Sejam maioritariamente financiadas pelas entidades referidas no número anterior, estejam sujeitas ao seu controlo de gestão ou tenham um órgão de administração, de direcção ou de fiscalização cuja maioria dos titulares seja, directa ou indirectamente, designada por aquelas entidades;

b) Quaisquer pessoas colectivas que se encontrem na situação referida na alínea anterior relativamente a uma entidade que seja, ela própria, uma entidade adjudicante nos termos do disposto na mesma alínea;

c) (Revogada pelo Decreto-Lei n.º 278/2009.)

d) As associações de que façam parte uma ou várias das pessoas colectivas referidas nas alíneas anteriores, desde que sejam maioritariamente financiadas por estas, estejam sujeitas ao seu controlo de gestão ou tenham um órgão de administração, de direcção ou de fiscalização cuja maioria dos titulares seja, directa ou indirectamente, designada pelas mesmas.

3 - (Revogado.)

Artigo 3.º Contraentes públicos. 1 - Para efeitos do presente Código, entende-se por contraentes públicos:

a) As entidades referidas no n.º 1 do artigo anterior;

b) As entidades adjudicantes referidas no n.º 2 do artigo anterior sempre que os contratos por si celebrados sejam, por vontade das partes, qualificados como contratos administrativos ou submetidos a um regime substantivo de direito público.

2 - São também contraentes públicos quaisquer entidades que, independentemente da sua natureza pública ou privada, celebrem contratos no exercício de funções materialmente administrativas.

Artigo 4.º Contratos excluídos[2]. 1 - O presente Código não é aplicável aos contratos a celebrar:

a) Ao abrigo de uma convenção internacional previamente comunicada à Comissão Europeia, e concluída nos termos do Tratado que institui a Comunidade Europeia, entre o Estado Português e um ou mais Estados terceiros, que tenham por objecto a realização de trabalhos destinados à execução ou à exploração em comum de uma obra pública pelos Estados signatários ou a aquisição de bens móveis ou de serviços destinados à realização ou à exploração em comum de um projecto pelos Estados signatários;

b) Com entidades nacionais de outro Estado membro ou de um Estado terceiro, nos termos de uma convenção internacional relativa ao estacionamento de tropas;

c) De acordo com o procedimento específico de uma organização internacional de que o Estado Português seja parte.

2 - O presente Código não é igualmente aplicável aos seguintes contratos:

a) Contratos de trabalho em funções públicas e contratos individuais de trabalho;

b) Contratos de doação de bens móveis a favor de qualquer entidade adjudicante;

c) Contratos de compra e venda, de doação, de permuta e de arrendamento de bens imóveis ou contratos similares;

---

2 Contém as alterações introduzidas pelos seguintes diplomas: Rectif. n.º 18-A/2008, de 28 de Março; Lei n.º 59/2008, de 11 de Setembro.

d) Contratos relativos à aquisição, ao desenvolvimento, à produção ou à co-produção de programas destinados a emissão por parte de entidades de radiodifusão ou relativos a tempos de emissão, sem prejuízo do disposto no n.º 2 do artigo 11.º

Artigo 5.º Contratação excluída[3]. 1 - A parte II do presente Código não é aplicável à formação de contratos a celebrar por entidades adjudicantes cujo objecto abranja prestações que não estão nem sejam susceptíveis de estar submetidas à concorrência de mercado, designadamente em razão da sua natureza ou das suas características, bem como da posição relativa das partes no contrato ou do contexto da sua própria formação.

2 - A parte II do presente Código também não é aplicável à formação dos contratos, independentemente do seu objecto, a celebrar por entidades adjudicantes com uma outra entidade, desde que:

a) A entidade adjudicante exerça sobre a actividade desta, isoladamente ou em conjunto com outras entidades adjudicantes, um controlo análogo ao que exerce sobre os seus próprios serviços; e

b) Esta entidade desenvolva o essencial da sua actividade em benefício de uma ou de várias entidades adjudicantes que exerçam sobre ela o controlo análogo referido na alínea anterior.

3 - (Revogado.)

4 - Sem prejuízo do disposto no n.º 2 do artigo 11.º, a parte II do presente Código não é igualmente aplicável à formação dos seguintes contratos:

a) Contratos que devam ser celebrados com uma entidade, que seja ela própria uma entidade adjudicante, em virtude de esta beneficiar de um direito exclusivo de prestar o serviço a adquirir, desde que a atribuição desse direito exclusivo seja compatível com as normas e os princípios constitucionais e comunitários aplicáveis;

b) Contratos mediante os quais qualquer das entidades adjudicantes referidas no n.º 1 do artigo 2.º se obrigue a alienar ou a locar bens móveis ou a prestar serviços, excepto quando o adquirente ou o locatário também seja uma entidade adjudicante;

c) Contratos cujo objecto principal consista na atribuição, por qualquer das entidades adjudicantes referidas no n.º 1 do artigo 2.º, de subsídios ou de subvenções de qualquer natureza;

d) Contratos de sociedade cujo capital social se destine a ser exclusivamente detido pelas entidades adjudicantes referidas no n.º 1 do artigo 2.º;

e) Contratos de aquisição de serviços financeiros relativos à emissão, compra, venda ou transferência de títulos ou outros instrumentos financeiros, nomeadamente os contratos relativos a operações de obtenção de fundos ou de capital pela entidade adjudicante, bem como os contratos a celebrar em execução das políticas monetária, cambial ou de gestão de reservas e os de aquisição de serviços de carácter financeiro prestados pelo Banco de Portugal;

f) Contratos de aquisição de serviços que tenham por objecto os serviços de saúde e de carácter social mencionados no anexo II-B da Directiva n.º 2004/18/CE, do Parlamento Europeu e do Conselho, de 31 de Março, bem como os contratos de aquisição de serviços que tenham por objecto os serviços de educação e formação profissional mencionados no referido anexo, que confiram certificação escolar ou certificação profissional;

g) Contratos que se destinem à satisfação de necessidades de uma entidade adjudicante cujos serviços se encontrem instalados em território de Estado não signatário do Acordo sobre o Espaço Económico Europeu, desde que celebrados com uma entidade também nele sediada;

h) Contratos a celebrar, ao abrigo de um acordo de cooperação para o desenvolvimento, com uma entidade sediada num dos Estados dele signatários e em benefício desse mesmo Estado, desde que este não seja signatário do Acordo sobre o Espaço Económico Europeu;

---

3 Contém as alterações introduzidas pelos seguintes diplomas: Rectif. n.º 18-A/2008, de 28 de Março; DL n.º 278/2009, de 02 de Outubro; DL n.º 149/2012, de 12 de Julho.

i) Os contratos diretamente abrangidos pelo disposto no artigo 346.º do Tratado sobre o Funcionamento da União Europeia.

5 - À formação dos contratos referidos na alínea f) do número anterior é aplicável o disposto nos artigos 49.º e 78.º

6 - À formação dos contratos referidos nos n.os 1 a 4 são aplicáveis:

a) Os princípios gerais da actividade administrativa e as normas que concretizem preceitos constitucionais constantes do Código do Procedimento Administrativo; ou

b) Quando estejam em causa contratos com objecto passível de acto administrativo e demais contratos sobre o exercício de poderes públicos, as normas constantes do Código do Procedimento Administrativo, com as necessárias adaptações.

7 - Quando a entidade adjudicante seja uma das referidas no n.º 1 do artigo 2.º, à formação de contratos referidos nos n.os 1, 2 e 4 é ainda aplicável, com as necessárias adaptações, o disposto no capítulo viii do título ii da parte ii do Código.

Artigo 6.º Restrição do âmbito de aplicação. 1 - À formação de contratos a celebrar entre quaisquer entidades adjudicantes referidas no n.º 1 do artigo 2.º, a parte II do presente Código só é aplicável quando o objecto de tais contratos abranja prestações típicas dos seguintes contratos:

a) Empreitada de obras públicas;

b) Concessão de obras públicas;

c) Concessão de serviços públicos;

d) Locação ou aquisição de bens móveis;

e) Aquisição de serviços.

2 - Quando a entidade adjudicante seja uma das referidas no n.º 2 do artigo 2.º ou o Banco de Portugal, a parte II do presente Código só é aplicável à formação dos contratos cujo objecto abranja prestações típicas dos contratos enumerados no número anterior.

TÍTULO II.

SECTORES DA ÁGUA, DA ENERGIA, DOS TRANSPORTES E DOS SERVIÇOS POSTAIS.

Artigo 7.º Entidades adjudicantes nos sectores da água, da energia, dos transportes e dos serviços postais. 1 - São ainda entidades adjudicantes:

a) Quaisquer pessoas colectivas não abrangidas pelo artigo 2.º, ainda que criadas especificamente para satisfazer necessidades de interesse geral, com carácter industrial ou comercial, que exerçam uma ou várias actividades nos sectores da água, da energia, dos transportes e dos serviços postais e em relação às quais qualquer das entidades adjudicantes referidas no artigo 2.º possa exercer, directa ou indirectamente, uma influência dominante;

b) Quaisquer pessoas colectivas não abrangidas pelo artigo 2.º que gozem de direitos especiais ou exclusivos não atribuídos no âmbito de um procedimento de formação de contrato com publicidade internacional e que tenham por efeito:

i) Reservar-lhes, isolada ou conjuntamente com outras entidades, o exercício de uma ou várias actividades nos sectores da água, da energia, dos transportes e dos serviços postais; e

ii) Afectar substancialmente a capacidade de quaisquer outras entidades exercerem uma ou várias dessas actividades;

c) Quaisquer pessoas colectivas constituídas exclusivamente por entidades adjudicantes referidas nas alíneas anteriores ou que sejam por elas maioritariamente financiadas, estejam sujeitas ao seu controlo de gestão ou tenham um órgão de administração, de direcção ou de fiscalização cuja maioria dos titulares seja, directa ou indirectamente, designada por aquelas entidades, desde que se destinem ao exercício em comum de actividade nos sectores da água, da energia, dos transportes e dos serviços postais.

2 - Para os efeitos do disposto na alínea a) do número anterior, considera-se que uma entidade adjudicante pode exercer influência dominante quando detiver, nomeadamente, a maioria do capi-

tal social, a maioria dos direitos de voto, o controlo de gestão ou o direito de designar, directa ou indirectamente, a maioria dos titulares de um órgão de administração, de direcção ou de fiscalização.

Artigo 8.º Contraentes públicos nos sectores da água, da energia, dos transportes e dos serviços postais. São ainda contraentes públicos as entidades adjudicantes referidas no artigo anterior sempre que os contratos por si celebrados, a cuja formação seja aplicável a parte II do presente Código, sejam, por vontade das partes, qualificados como contratos administrativos ou submetidos a um regime substantivo de direito público.

Artigo 9.º Actividades nos sectores da água, da energia, dos transportes e dos serviços postais. 1 - Para os efeitos do disposto no presente Código, consideram-se actividades nos sectores da água, da energia, dos transportes e dos serviços postais:

a) A colocação à disposição, a exploração e a alimentação de redes fixas de prestação de serviços ao público no domínio da produção, do transporte ou da distribuição de água potável, electricidade, gás ou combustível para aquecimento;

b) As relativas à exploração de uma área geográfica com a finalidade de:

i) Prospectar ou proceder à extracção de petróleo, gás, carvão ou outros combustíveis sólidos; ou

ii) Colocar à disposição dos transportadores aéreos, marítimos ou fluviais quaisquer terminais de transporte, designadamente aeroportos, portos marítimos ou interiores;

c) A colocação à disposição e a exploração de redes de prestação de serviços de transporte público por caminho de ferro, por sistemas automáticos, por eléctricos, por tróleis, por autocarros ou por cabo, sempre que as condições de funcionamento, nomeadamente os itinerários, a capacidade de transporte disponível e a frequência do serviço, sejam fixadas por autoridade competente;

d) A prestação de serviços postais;

e) A prestação de serviços de gestão de serviços de correio, anteriores ou posteriores ao envio postal;

f) A prestação de serviços de valor acrescentado associados à via electrónica e inteiramente efectuados por essa via, incluindo os serviços de transmissão protegida de documentos codificados por via electrónica, os serviços de gestão de endereços e os serviços de envio de correio electrónico registado;

g) A prestação de serviços financeiros, nomeadamente serviços de seguros, serviços bancários, serviços de investimento e serviços relativos à emissão, compra, venda ou transferência de títulos ou outros instrumentos financeiros ou ainda ao processamento de ordens de pagamento postal, ordens de transferência postal ou outras similares;

h) A prestação de serviços de filatelia;

i) A prestação de serviços que combinem a entrega física ou o armazenamento de envios postais com outras funções não postais.

2 - Para os efeitos do disposto na alínea d) do número anterior, consideram-se serviços postais os que consistam na aceitação, no tratamento, no transporte e na distribuição de quaisquer envios postais, incluindo os serviços que sejam e os que possam ou não ser reservados ao abrigo do disposto no artigo 7.º da Directiva n.º 97/67/CE, do Parlamento Europeu e do Conselho, de 15 de Dezembro.

3 - As actividades referidas nas alíneas e) a i) do n.º 1 só são consideradas para os efeitos nele previstos desde que os respectivos serviços sejam prestados por uma entidade que preste igualmente, em condições não expostas à concorrência em mercado de acesso não limitado, os serviços referidos na alínea d) do mesmo número.

Artigo 10.º Actividades excepcionadas nos sectores da água, da energia e dos transportes. 1 - Exceptua-se do disposto na alínea a) do n.º 1 do artigo anterior a actividade de alimentação de redes fixas de prestação de serviços ao público no domínio da produção, transporte ou distribuição de água potável ou de electricidade quando:

a) A produção de água potável ou de electricidade pela entidade adjudicante seja necessária ao exercício de uma actividade diferente das referidas no artigo anterior;

b) A alimentação daquela rede dependa apenas do consumo próprio da entidade adjudicante e não tenha excedido 30 da produção total de água potável ou de electricidade dessa entidade, consoante o caso, tomando por referência a média dos três últimos anos, incluindo o ano em curso.

2 - Exceptua-se igualmente do disposto na alínea a) do n.º 1 do artigo anterior a actividade de alimentação de redes fixas de prestação de serviços ao público no domínio da produção, transporte ou distribuição de gás ou de combustível para aquecimento quando:

a) A produção de gás ou de combustível para aquecimento pela entidade adjudicante seja a consequência inevitável do exercício de uma actividade diferente das referidas no artigo anterior;

b) A alimentação daquela rede se destine apenas a explorar de maneira mais económica a produção de gás ou de combustível para aquecimento e não represente mais de 20 do volume de negócios da entidade adjudicante, tomando por referência a média dos três últimos anos, incluindo o ano em curso.

3 - A prestação de um serviço de transporte público por autocarro exceptua-se do disposto na alínea c) do n.º 1 do artigo anterior quando outras entidades possam também exercer livremente essa actividade, nas mesmas condições, quer num plano geral quer numa zona geográfica específica.

Artigo 11.º Âmbito da contratação nos sectores da água, da energia, dos transportes e dos serviços postais. 1 - A parte II do presente Código só é aplicável à formação dos contratos a celebrar pelas entidades adjudicantes referidas no n.º 1 do artigo 7.º desde que:

a) Esses contratos digam directa e principalmente respeito a uma ou a várias das actividades por elas exercidas nos sectores da água, da energia, dos transportes e dos serviços postais; e

b) O objecto desses contratos abranja prestações típicas dos seguintes contratos:

i) Empreitada de obras públicas cujo valor seja igual ou superior ao referido na alínea b) do artigo 16.º da Directiva n.º 2004/17/CE, do Parlamento Europeu e do Conselho, de 31 de Março;

ii) Concessão de obras públicas;

iii) Concessão de serviços públicos;

iv) Locação ou aquisição de bens móveis cujo valor seja igual ou superior ao referido na alínea a) do artigo 16.º da Directiva n.º 2004/17/CE, do Parlamento Europeu e do Conselho, de 31 de Março;

v) Aquisição de serviços cujo valor seja igual ou superior ao referido na alínea a) do artigo 16.º da Directiva n.º 2004/17/CE, do Parlamento Europeu e do Conselho, de 31 de Março.

2 - A parte II do presente Código é sempre aplicável à formação de contratos, a celebrar por quaisquer entidades adjudicantes, quando estes digam directa e principalmente respeito a uma ou a várias das actividades por elas exercidas nos sectores da água, da energia, dos transportes e dos serviços postais, nos seguintes casos:

a) Contratos de aquisição de serviços de carácter financeiro prestados pelo Banco de Portugal;

b) Contratos relativos à aquisição, ao desenvolvimento, à produção ou à co-produção de programas destinados a emissão por parte de entidades de radiodifusão ou relativos a tempos de emissão.

3 - A parte II do presente Código é sempre aplicável à formação dos seguintes contratos, a celebrar pelas entidades adjudicantes referidas no n.º 1 do artigo 7.º, quando estas exerçam uma ou várias actividades no sector da água:

a) Contratos relacionados com projectos de engenharia hidráulica, de irrigação ou de drenagem, desde que o volume de água destinada ao abastecimento de água potável represente mais de 20 do volume total de água fornecida de acordo com aqueles projectos ou por instalações de irrigação ou de drenagem;

b) Contratos relacionados com a rejeição ou o tratamento de águas residuais.

Artigo 12.º Extensão do âmbito da contratação nos sectores da água, da energia, dos transportes e dos serviços postais. À formação dos contratos a celebrar pelas entidades adjudicantes referidas no n.º 2 do artigo 2.º que exerçam uma ou várias actividades nos sectores da água, da energia, dos transportes e dos serviços postais são aplicáveis as regras especiais previstas no presente Código relativas à formação dos contratos a celebrar pelas entidades adjudicantes referidas no n.º 1 do artigo 7.º, desde que esses contratos digam directa e principalmente respeito a uma ou a várias dessas actividades.

Artigo 13.º Restrição do âmbito da contratação nos sectores da água, da energia, dos transportes e dos serviços postais[4]. 1 - A parte II do presente Código não é aplicável à formação dos seguintes contratos referidos nos artigos 11.º e 12.º:

a) A executar num país terceiro, desde que tal execução não implique a exploração física de uma rede pública ou de uma área geográfica no interior do território da União Europeia;

b) A celebrar por uma entidade adjudicante cuja actividade esteja directamente exposta à concorrência em mercado de acesso não limitado, desde que tal seja reconhecido pela Comissão Europeia, a pedido do Estado Português, da entidade adjudicante em causa ou por iniciativa da própria Comissão Europeia, nos termos do disposto no artigo 30.º da Directiva n.º 2004/17/CE, do Parlamento Europeu e do Conselho, de 31 de Março;

c) A celebrar entre uma entidade adjudicante abrangida pelas alíneas a) ou b) do n.º 2 do artigo 2.º e uma empresa sua associada ou uma entidade abrangida pela alínea d) do mesmo número da qual aquela entidade adjudicante faça parte;

d) A celebrar entre uma entidade adjudicante abrangida pela alínea d) do n.º 2 do artigo 2.º e uma entidade abrangida pelas alíneas a) ou b) do mesmo número ou uma empresa associada a esta última;

e) A celebrar entre uma entidade adjudicante abrangida pelas alíneas a) ou b) do n.º 1 do artigo 7.º e uma empresa sua associada ou uma entidade abrangida pela alínea c) do mesmo número, da qual aquela entidade adjudicante faça parte;

f) A celebrar entre uma entidade adjudicante abrangida pela alínea c) do n.º 1 do artigo 7.º e uma entidade abrangida pelas alíneas a) ou b) do mesmo número ou uma empresa associada a esta última.

2 - Para os efeitos do disposto nas alíneas c) e e) do número anterior, as entidades referidas na alínea d) do n.º 2 do artigo 2.º ou na alínea c) do n.º 1 do artigo 7.º devem ter sido criadas para desenvolver a sua actividade no sector da água, da energia, dos transportes ou dos serviços postais durante um período mínimo de três anos e os instrumentos jurídicos que as constituem devem estabelecer que as entidades que dela fazem parte as integrem durante, pelo menos, o mesmo período.

3 - O disposto nas alíneas c) a f) do n.º 1 só é aplicável desde que, pelo menos, 80 da média do volume de negócios da empresa associada nos últimos três anos, em matéria de obras, de bens móveis ou de serviços, consoante o caso, provenha da realização dessas obras, do fornecimento desses bens ou da prestação desses serviços à entidade à qual aquela se encontra associada ou, caso a empresa associada esteja constituída há menos de três anos, desde que esta demonstre, nomeadamente por recurso a projecções da sua actividade, que o respectivo volume de negócios é credível.

4 - Quando as obras, os bens móveis ou os serviços sejam, respectivamente, realizadas, fornecidos ou prestados à entidade adjudicante por mais do que uma empresa associada, a percentagem referida no número anterior é calculada tendo em conta o volume total de negócios, em matéria de obras, de bens móveis ou de serviços, de todas as empresas associadas.

---

4 Contém as alterações introduzidas pelos seguintes diplomas: Rectif. n.º 18-A/2008, de 28 de Março

Artigo 14.º Empresa associada. Para os efeitos do disposto no artigo anterior, considera-se empresa associada qualquer pessoa colectiva cujas contas anuais sejam consolidadas com as da entidade adjudicante nos termos do disposto na Sétima Directiva n.º 83/349/CEE, do Conselho, de 13 de Junho, ou, no caso de a entidade adjudicante não se encontrar abrangida pela referida directiva:

a) Qualquer pessoa colectiva sobre a qual a entidade adjudicante possa exercer, directa ou indirectamente, uma influência dominante em virtude, nomeadamente, de deter a maioria do capital social, a maioria dos direitos de voto, o controlo de gestão ou o direito de designar, directa ou indirectamente, a maioria dos titulares de um órgão de administração, direcção ou fiscalização;

b) Qualquer pessoa colectiva que possa exercer, directa ou indirectamente, uma influência dominante sobre a entidade adjudicante, em virtude de qualquer uma das situações referidas na alínea anterior;

c) Qualquer pessoa colectiva que, conjuntamente com a entidade adjudicante, esteja sujeita, directa ou indirectamente, à influência dominante de uma terceira entidade, em virtude de qualquer uma das situações referidas na alínea a).

Artigo 15.º Comunicações à Comissão Europeia. 1 - Nos casos previstos nas alíneas c) a f) do n.º 1 do artigo 13.º, as entidades adjudicantes devem comunicar à Comissão Europeia, a pedido desta, as seguintes informações:

a) A identificação das entidades adjudicantes e das empresas associadas em causa;

b) A natureza dos contratos celebrados e o respectivo preço contratual;

c) Outros elementos que a Comissão Europeia considere necessários para provar que as relações entre as partes nos contratos celebrados preenchem os requisitos de que depende a aplicação do disposto no artigo 13.º

2 - As entidades adjudicantes devem comunicar à Comissão Europeia, a pedido desta, os contratos celebrados ao abrigo do disposto na alínea a) do n.º 1 do artigo 13.º ou os que não digam directa e principalmente respeito a uma ou a várias das actividades exercidas por essas entidades nos sectores da água, da energia, dos transportes e dos serviços postais.

PARTE II.
CONTRATAÇÃO PÚBLICA

TÍTULO I.
TIPOS E ESCOLHA DE PROCEDIMENTOS

CAPÍTULO I.
TIPOS DE PROCEDIMENTOS

Artigo 16.º Procedimentos para a formação de contratos. 1 - Para a formação de contratos cujo objecto abranja prestações que estão ou sejam susceptíveis de estar submetidas à concorrência de mercado, as entidades adjudicantes devem adoptar um dos seguintes tipos de procedimentos:

a) Ajuste directo;

b) Concurso público;

c) Concurso limitado por prévia qualificação;

d) Procedimento de negociação;

e) Diálogo concorrencial.

2 - Para os efeitos do disposto no número anterior, consideram-se submetidas à concorrência de mercado, designadamente, as prestações típicas abrangidas pelo objecto dos seguintes contratos, independentemente da sua designação ou natureza:

a) Empreitada de obras públicas;

b) Concessão de obras públicas;

c) Concessão de serviços públicos;
d) Locação ou aquisição de bens móveis;
e) Aquisição de serviços;
f) Sociedade.

CAPÍTULO II.

ESCOLHA DO PROCEDIMENTO E VALOR DO CONTRATO

Artigo 17.º Noção. 1 - Para efeitos do presente Código, o valor do contrato a celebrar é o valor máximo do benefício económico que, em função do procedimento adoptado, pode ser obtido pelo adjudicatário com a execução de todas as prestações que constituem o seu objecto.

2 - O benefício económico referido no número anterior inclui, além do preço a pagar pela entidade adjudicante ou por terceiros, o valor de quaisquer contraprestações a efectuar em favor do adjudicatário e ainda o valor das vantagens que decorram directamente para este da execução do contrato e que possam ser configuradas como contrapartidas das prestações que lhe incumbem.

3 - No caso de se tratar de um contrato de empreitada de obras públicas, o benefício referido no n.º 1 inclui ainda o valor dos bens móveis necessários à sua execução e que a entidade adjudicante ponha à disposição do adjudicatário.

4 - Caso não se verifique qualquer das situações referidas nos números anteriores considera-se o contrato sem valor.

Artigo 18.º Escolha do procedimento. Sem prejuízo do disposto nos capítulos III e IV do presente título, a escolha dos procedimentos de ajuste directo, de concurso público ou de concurso limitado por prévia qualificação condiciona o valor do contrato a celebrar nos termos do disposto nos artigos seguintes do presente capítulo.

Artigo 19.º Escolha do procedimento de formação de contratos de empreitada de obras públicas[5]. No caso de contratos de empreitada de obras públicas:

a) A escolha do ajuste direto só permite a celebração de contratos de valor inferior a (euro) 150 000;

b) A escolha do concurso público ou do concurso limitado por prévia qualificação permite a celebração de contratos de qualquer valor, excepto quando os respectivos anúncios não sejam publicados no Jornal Oficial da União Europeia, caso em que só permite a celebração de contratos de valor inferior ao referido na alínea c) do artigo 7.º da Directiva n.º 2004/18/CE, do Parlamento Europeu e do Conselho, de 31 de Março.

Artigo 20.º Escolha do procedimento de formação de contratos de locação ou de aquisição de bens móveis e de aquisição de serviços[6]. 1 - No caso de contratos de locação ou de aquisição de bens móveis e de contratos de aquisição de serviços:

a) A escolha do ajuste direto só permite a celebração de contratos de valor inferior a (euro) 75 000;

b) A escolha do concurso público ou do concurso limitado por prévia qualificação permite a celebração de contratos de qualquer valor, excepto quando os respectivos anúncios não sejam publicados no Jornal Oficial da União Europeia, caso em que só permite a celebração de contratos de valor inferior ao referido na alínea b) do artigo 7.º da Directiva n.º 2004/18/CE, do Parlamento Europeu e do Conselho, de 31 de Março.

2 - Quando a entidade adjudicante seja o Estado, a escolha dos procedimentos referidos na alínea b) do número anterior, cujos anúncios não sejam publicados no Jornal Oficial da União Europeia, só permite a celebração de contratos de locação ou de aquisição de bens móveis e de contratos de aquisição de serviços de valor inferior ao referido na alínea a) do artigo 7.º da Directiva n.º 2004/18/CE, do Parlamento Europeu e do Conselho, de 31 de Março, excepto se se tratar de:

---

5 Contém as alterações introduzidas pelos seguintes diplomas: DL n.º 149/2012, de 12 de Julho
6 Contém as alterações introduzidas pelos seguintes diplomas: DL n.º 149/2012, de 12 de Julho

a) Contratos de locação ou de aquisição de bens móveis excepcionados pelo anexo V da Directiva n.º 2004/18/CE, do Parlamento Europeu e do Conselho, de 31 de Março, a celebrar no domínio da defesa;

b) Contratos de aquisição de serviços que tenham por objecto:

i) Serviços de investigação e desenvolvimento;

ii) Serviços de transmissão de programas televisivos e de emissões de rádio, serviços de interconexão e serviços integrados de telecomunicações; ou

iii) Serviços mencionados no anexo II-B da Directiva n.º 2004/18/CE, do Parlamento Europeu e do Conselho, de 31 de Março.

3 - À formação dos contratos referidos nas alíneas do número anterior é aplicável o disposto na alínea b) do n.º 1.

4 - (Revogado.)

Artigo 21.º Escolha do procedimento de formação de outros contratos. 1 - No caso de contratos não referidos nos artigos anteriores, excepto se se tratar de contratos de concessão de obras públicas, de contratos de concessão de serviços públicos e de contratos de sociedade:

a) A escolha do ajuste directo só permite a celebração de contratos de valor inferior a (euro) 100 000;

b) A escolha do concurso público ou do concurso limitado por prévia qualificação permite a celebração de contratos de qualquer valor.

2 - Para a formação de contratos sem valor, excepto se se tratar de um dos contratos mencionados no número anterior, pode ser adoptado qualquer um dos procedimentos nele referidos.

Artigo 22.º Divisão em lotes. 1 - Quando prestações do mesmo tipo, susceptíveis de constituírem objecto de um único contrato, sejam divididas em vários lotes, correspondendo cada um deles a um contrato separado, a escolha, nos termos do disposto nos artigos anteriores, do ajuste directo, do concurso público ou do concurso limitado por prévia qualificação cujo anúncio não seja publicado no Jornal Oficial da União Europeia, só permite a celebração do contrato relativo a cada lote desde que:

a) O somatório dos preços base dos procedimentos de formação de todos os contratos a celebrar, quando essa formação ocorra em simultâneo, seja inferior aos valores mencionados, respectivamente e consoante os casos, nos artigos 19.º, 20.º e 21.º; ou

b) O somatório dos preços contratuais relativos a todos os contratos já celebrados e dos preços base de todos os procedimentos ainda em curso, quando a formação desses contratos ocorra ao longo do período de um ano a contar do início do primeiro procedimento, seja inferior aos valores mencionados, respectivamente e consoante os casos, nos artigos 19.º, 20.º e 21.º

2 - Quando seja possível prever o somatório dos preços contratuais dos lotes correspondentes aos vários contratos, já celebrados e a celebrar ao longo do período de tempo referido na alínea b) do número anterior, a escolha, nos termos do disposto nos artigos anteriores, do ajuste directo, bem como do concurso público ou do concurso limitado por prévia qualificação cujo anúncio não seja publicado no Jornal Oficial da União Europeia, só permite a celebração de contratos relativos a lotes subsequentes desde que esse somatório seja inferior aos valores mencionados, respectivamente e consoante os casos, nos artigos 19.º, 20.º e 21.º

3 - No caso de contratos de empreitadas de obras públicas, de contratos de locação ou de aquisição de bens móveis ou de contratos de aquisição de serviços, a escolha, nos termos do disposto nos artigos anteriores, do ajuste directo, bem como do concurso público ou do concurso limitado por prévia qualificação cujo anúncio não seja publicado no Jornal Oficial da União Europeia, permite a celebração dos contratos relativos a lotes em que o preço base fixado no caderno de encargos seja inferior a (euro) 1 000 000, no caso de empreitadas de obras públicas, ou a (euro) 80 000, no caso de bens móveis ou serviços, ainda que os somatórios referidos nos números anteriores sejam iguais ou superiores aos valores mencionados, respectivamente e consoante os casos, nos artigos 19.º e 20.º, desde que o valor cumulado dos preços base dos procedimentos de formação dos

contratos relativos a lotes cuja celebração é permitida neste número não exceda 20 daqueles somatórios.

CAPÍTULO III.

ESCOLHA DO PROCEDIMENTO EM FUNÇÃO DE CRITÉRIOS MATERIAIS

Artigo 23.º Regra geral. A escolha do procedimento nos termos do disposto no presente capítulo permite a celebração de contratos de qualquer valor, sem prejuízo das excepções expressamente previstas.

Artigo 24.º Escolha do ajuste directo para a formação de quaisquer contratos[7]. 1 - Qualquer que seja o objecto do contrato a celebrar, pode adoptar-se o ajuste directo quando:

a) Em anterior concurso público ou concurso limitado por prévia qualificação, nenhum candidato se haja apresentado ou nenhum concorrente haja apresentado proposta, e desde que o caderno de encargos e, se for o caso, os requisitos mínimos de capacidade técnica e financeira não sejam substancialmente alterados em relação aos daquele concurso;

b) Em anterior concurso público, concurso limitado por prévia qualificação ou diálogo concorrencial, todas as propostas apresentadas tenham sido excluídas, e desde que o caderno de encargos não seja substancialmente alterado em relação ao daquele procedimento;

c) Na medida do estritamente necessário e por motivos de urgência imperiosa resultante de acontecimentos imprevisíveis pela entidade adjudicante, não possam ser cumpridos os prazos inerentes aos demais procedimentos, e desde que as circunstâncias invocadas não sejam, em caso algum, imputáveis à entidade adjudicante;

d) As prestações que constituem o seu objecto se destinem, a título principal, a permitir à entidade adjudicante a prestação ao público de um ou mais serviços de telecomunicações;

e) Por motivos técnicos, artísticos ou relacionados com a protecção de direitos exclusivos, a prestação objecto do contrato só possa ser confiada a uma entidade determinada;

f) Nos termos da lei, o contrato seja declarado secreto ou a respectiva execução deva ser acompanhada de medidas especiais de segurança, bem como quando a defesa de interesses essenciais do Estado o exigir.

2 - Quando todas as propostas tenham sido excluídas com fundamento no n.º 2 do artigo 70.º, a adopção do ajuste directo ao abrigo do disposto na alínea b) do número anterior só permite a celebração de contratos de valor inferior ao:

a) Referido na alínea b) do artigo 19.º, no caso de se tratar de um contrato de empreitada de obras públicas;

b) Referido na alínea b) do n.º 1 do artigo 20.º, no caso de se tratar de um contrato de locação ou de aquisição de bens móveis ou de um contrato de aquisição de serviços;

c) Referido no n.º 2 do artigo 20.º, no caso de se tratar de um contrato de locação ou de aquisição de bens móveis ou de um contrato de aquisição de serviços, quando a entidade adjudicante seja o Estado, excepto se se tratar de um dos contratos mencionados nas alíneas a) e b) do n.º 2 do artigo 20.º, caso em que é aplicável o disposto na alínea anterior.

3 - No caso previsto no número anterior, a adopção do ajuste directo só permite a celebração de contratos de valor igual ou superior aos referidos nas alíneas do mesmo número, desde que o anúncio do procedimento anterior tenha sido publicado no Jornal Oficial da União Europeia e sejam convidados a apresentar proposta todos, e apenas, os concorrentes cujas propostas tenham sido excluídas apenas com fundamento no n.º 2 do artigo 70.º

4 - Para a formação de contratos que digam directa e principalmente respeito a uma ou a várias das actividades exercidas nos sectores da água, da energia, dos transportes e dos serviços postais pelas entidades adjudicantes referidas no n.º 1 do artigo 7.º, o ajuste directo só pode ser adoptado

---

7 Contém as alterações introduzidas pelos seguintes diplomas: Rectif. n.º 18-A/2008, de 28 de Março

ao abrigo do disposto na alínea b) do n.º 1 do presente artigo, desde que as propostas tenham sido excluídas com fundamento diferente dos previstos no n.º 2 do artigo 70.º

5 - Para a formação dos contratos a que se refere o número anterior e sem prejuízo do que nele se dispõe, também pode ser adoptado o ajuste directo quando as situações previstas nas alíneas a) e b) do n.º 1 tenham ocorrido em anterior procedimento de negociação.

6 - A decisão de escolha do ajuste directo ao abrigo do disposto nas alíneas a) e b) do n.º 1 e no número anterior só pode ser tomada no prazo de seis meses a contar:

a) Do termo do prazo fixado para a apresentação de candidaturas ou propostas, no caso previsto na alínea a) do n.º 1;

b) Da decisão de exclusão de todas as propostas apresentadas, no caso previsto na alínea b) do n.º 1.

7 - A decisão de escolha do ajuste directo tomada nos termos do disposto no número anterior caduca se o convite à apresentação de proposta não for formulado nos prazos previstos nas alíneas a) e b) do número anterior, consoante o caso.

8 - Para efeitos do disposto nas alíneas a) e b) do n.º 1, considera-se que o caderno de encargos e os requisitos mínimos de capacidade técnica e financeira são substancialmente alterados quando as alterações sejam susceptíveis de impedir a verificação das situações previstas nessas alíneas, nomeadamente quando sejam modificados os parâmetros base fixados no caderno de encargos.

9 - As entidades adjudicantes devem comunicar à Comissão Europeia, a pedido desta, um relatório relativo aos contratos celebrados ao abrigo do disposto na alínea a) do n.º 1.

Artigo 25.º Escolha do ajuste directo para a formação de contratos de empreitada de obras públicas. 1 - Sem prejuízo do disposto no artigo anterior, no caso de contratos de empreitada de obras públicas, pode adoptar-se o ajuste directo quando:

a) Se trate de novas obras que consistam na repetição de obras similares objecto de contrato anteriormente celebrado pela mesma entidade adjudicante, desde que:

i) Essas obras estejam em conformidade com um projecto base comum;

ii) Aquele contrato tenha sido celebrado, há menos de três anos, na sequência de concurso público ou de concurso limitado por prévia qualificação;

iii) O anúncio do concurso tenha sido publicado no Jornal Oficial da União Europeia, no caso de o somatório do preço base relativo ao ajuste directo e do preço contratual relativo ao contrato inicial ser igual ou superior ao valor referido na alínea b) do artigo 19.º; e

iv) A possibilidade de adopção do ajuste directo tenha sido indicada no anúncio ou no programa do concurso;

b) Se trate de obras a realizar apenas para fins de investigação, de experimentação, de estudo ou de desenvolvimento, desde que:

i) A realização dessas obras não se destine a assegurar a obtenção de lucro ou a amortizar os custos dessas actividades; e

ii) O preço base relativo ao ajuste directo seja inferior ao referido na alínea b) do artigo 19.º;

c) Se trate de realizar uma obra ao abrigo de um acordo quadro, nos termos do disposto no n.º 1 do artigo 258.º

2 - Para a formação de contratos que digam directa e principalmente respeito a uma ou a várias das actividades exercidas nos sectores da água, da energia, dos transportes e dos serviços postais pelas entidades adjudicantes referidas no n.º 1 do artigo 7.º, a escolha do ajuste directo ao abrigo do disposto na alínea a) do n.º 1 também permite a celebração de contratos de qualquer valor, quando a situação prevista nessa alínea tenha ocorrido em anterior procedimento de negociação.

Artigo 26.º Escolha do ajuste directo para a formação de contratos de locação ou de aquisição de bens móveis[8]. 1 - Sem prejuízo do disposto no artigo 24.º, no caso de contratos de locação ou de aquisição de bens móveis, pode adoptar-se o ajuste directo quando:

---

8 Contém as alterações introduzidas pelos seguintes diplomas: Rectif. n.º 18-A/2008, de 28 de Março

a) Se trate de bens destinados à substituição parcial ou à ampliação de bens ou equipamentos de específico uso corrente da entidade adjudicante, desde que o contrato a celebrar o seja com a entidade com a qual foi celebrado o contrato inicial de locação ou de aquisição de bens e a mudança de fornecedor obrigasse a entidade adjudicante a adquirir material de características técnicas diferentes, originando incompatibilidades ou dificuldades técnicas de utilização e manutenção desproporcionadas;

b) Se trate de bens produzidos ou a produzir apenas para fins de investigação, de experimentação, de estudo ou de desenvolvimento, desde que tais bens não sejam produzidos em quantidade destinada a assegurar a viabilidade comercial dos mesmos ou a amortizar os custos daquelas actividades;

c) Se trate de adquirir bens cotados numa bolsa de matérias-primas;

d) Se trate de adquirir bens, em condições especialmente mais vantajosas do que as normalmente existentes no mercado, a fornecedores que cessem definitivamente a sua actividade comercial, a curadores, liquidatários ou administradores da insolvência ou de uma concordata ou ainda no âmbito de acordo judicial;

e) Se trate de locar ou de adquirir bens ao abrigo de um acordo quadro, nos termos do disposto no n.º 1 do artigo 258.º;

f) Se trate de adquirir água ou energia, desde que a entidade adjudicante exerça a actividade de colocação à disposição, de exploração ou de alimentação de redes fixas de prestação de serviços ao público no domínio da produção, do transporte ou da distribuição de, respectivamente, água potável ou electricidade, gás ou combustível para aquecimento.

2 - Sem prejuízo do disposto no artigo 24.º, para a formação de contratos que digam directa e principalmente respeito a uma ou a várias das actividades exercidas nos sectores da água, da energia, dos transportes e dos serviços postais pelas entidades adjudicantes referidas no n.º 1 do artigo 7.º, o ajuste directo também pode ser adoptado quando:

a) Se trate de adquirir bens destinados a revenda ou a locação a terceiros, directamente ou através da sua incorporação noutros bens móveis:

i) A entidade adjudicante não goze de direitos especiais ou exclusivos para a revenda ou a locação daqueles bens; e

ii) Outras entidades possam revender ou locar livremente bens do mesmo tipo em condições idênticas às das que goza a entidade adjudicante;

b) Se trate de adquirir bens que se encontram disponíveis no mercado por um período de tempo muito curto e cujo preço seja consideravelmente inferior aos preços normalmente praticados no mercado.

3 - As entidades adjudicantes devem comunicar à Comissão Europeia, a pedido desta, as categorias de bens objecto dos contratos celebrados na sequência de ajuste directo adoptado ao abrigo do disposto na alínea a) do número anterior.

Artigo 27.º Escolha do ajuste directo para a formação de contratos de aquisição de serviços[9]. 1 - Sem prejuízo do disposto no artigo 24.º, no caso de contratos de aquisição de serviços, pode adoptar-se o ajuste directo quando:

a) Se trate de novos serviços que consistam na repetição de serviços similares objecto de contrato anteriormente celebrado pela mesma entidade adjudicante, desde que:

i) Esses serviços estejam em conformidade com um projecto base comum;

ii) Aquele contrato tenha sido celebrado, há menos de três anos, na sequência de concurso público ou de concurso limitado por prévia qualificação;

9 Contém as alterações introduzidas pelos seguintes diplomas: Rectif. n.º 18-A/2008, de 28 de Março; DL n.º 149/2012, de 12 de Julho

iii) O anúncio do concurso tenha sido publicado no Jornal Oficial da União Europeia, no caso de o somatório do preço base relativo ao ajuste directo e do preço contratual relativo ao contrato inicial ser igual ou superior ao valor referido na alínea b) do n.º 1 do artigo 20.º; e

iv) A possibilidade de adopção do ajuste directo tenha sido indicada no anúncio ou no programa do concurso;

b) A natureza das respectivas prestações, nomeadamente as inerentes a serviços de natureza intelectual ou a serviços financeiros indicados na categoria 6 do anexo II-A da Directiva n.º 2004/18/CE, do Parlamento Europeu e do Conselho, de 31 de Março, não permita a elaboração de especificações contratuais suficientemente precisas para que sejam qualitativamente definidos atributos das propostas necessários à fixação de um critério de adjudicação nos termos do disposto na alínea a) do n.º 1 do artigo 74.º, e desde que a definição quantitativa, no âmbito de um procedimento de concurso, de outros atributos das propostas seja desadequada a essa fixação tendo em conta os objectivos da aquisição pretendida;

c) Se trate de serviços relativos à aquisição ou à locação, independentemente da respectiva modalidade financeira, de quaisquer bens imóveis, ou a direitos sobre esses bens, salvo os contratos de prestação de serviços financeiros celebrados simultânea, prévia ou posteriormente ao contrato de aquisição ou de locação, seja qual for a sua forma;

d) Se trate de serviços de arbitragem e de conciliação;

e) Se trate de serviços de investigação e de desenvolvimento, com excepção daqueles cujos resultados se destinem exclusivamente à entidade adjudicante para utilização no exercício da sua própria actividade, desde que a prestação do serviço seja inteiramente remunerada pela referida entidade adjudicante;

f) (Revogada.)

g) O contrato, na sequência de um concurso de concepção, deva ser celebrado com o concorrente seleccionado ou com um dos concorrentes seleccionados nesse concurso, desde que tal intenção tenha sido manifestada nos respectivos termos de referência e de acordo com as regras neles estabelecidas;

h) Se trate de adquirir serviços ao abrigo de um acordo quadro, nos termos do disposto no n.º 1 do artigo 258.º

2 - Sempre que a entidade adjudicante for o Estado, só pode ser adoptado o ajuste directo ao abrigo do disposto na alínea a) do n.º 1 no caso de o somatório referido na subalínea III) ser igual ou superior ao valor referido no n.º 2 do artigo 20.º ou, quando se tratar de um dos contratos mencionados na alínea b) do mesmo n.º 2, ao valor referido na alínea b) do n.º 1 do mesmo artigo.

3 - No caso de contratos de aquisição de quaisquer serviços indicados no anexo II-A da Directiva n.º 2004/18/CE, do Parlamento Europeu e do Conselho, de 31 de Março, só pode ser adoptado o ajuste directo ao abrigo do disposto na alínea b) do n.º 1 quando o respectivo preço base seja inferior ao valor:

a) Referido na alínea b) do n.º 1 do artigo 20.º; ou

b) Referido no n.º 2 do artigo 20.º, quando a entidade adjudicante seja o Estado, excepto se se tratar de um dos contratos mencionados na alínea b) do n.º 2 do artigo 20.º, caso em que é aplicável o disposto na alínea anterior.

4 - Não pode ser adoptado o ajuste directo ao abrigo do disposto na alínea b) do n.º 1 quando o serviço a adquirir consista na elaboração de um plano, de um projecto ou de uma qualquer criação conceptual nos domínios artístico, do ordenamento do território, do planeamento urbanístico, da arquitectura, da engenharia ou do processamento de dados.

5 - A decisão de escolha do ajuste directo ao abrigo do disposto na alínea g) do n.º 1 só pode ser tomada no prazo de um ano a contar da decisão de adjudicação tomada no concurso de concepção, devendo o convite à apresentação de proposta ser enviado dentro do mesmo prazo, sob pena de caducidade daquela decisão.

6 - A entidade adjudicante deve indemnizar os concorrentes pelos encargos em que comprovadamente incorreram com a elaboração das respectivas propostas apresentadas no concurso de concepção quando a decisão de escolha do ajuste directo, ao abrigo do disposto na alínea g) do n.º 1, tenha caducado ou não tenha sido tomada no prazo previsto no número anterior.

7 - (Revogado.)

Artigo 28.º Escolha de concurso sem publicação de anúncio no Jornal Oficial da União Europeia. Pode adoptar-se o concurso público ou o concurso limitado por prévia qualificação, sem publicação do respectivo anúncio no Jornal Oficial da União Europeia, nos casos em que pode ser adoptado o ajuste directo ao abrigo do disposto nos artigos anteriores do presente capítulo, com excepção daqueles em que só seja possível convidar uma entidade e do caso previsto na alínea b) do n.º 1 do artigo anterior.

Artigo 29.º Escolha do procedimento de negociação[10]**.** 1 - Pode adoptar-se o procedimento de negociação para a celebração dos seguintes contratos:

a) Contratos de empreitada de obras públicas, contratos de locação ou de aquisição de bens móveis e contratos de aquisição de serviços, desde que, em anterior concurso público ou concurso limitado por prévia qualificação cujo anúncio tenha sido publicado no Jornal Oficial da União Europeia, ou em anterior diálogo concorrencial, todas as propostas apresentadas tenham sido excluídas com fundamento no n.º 2 do artigo 70.º, e o caderno de encargos não seja substancialmente alterado em relação ao daquele procedimento;

b) Contratos de empreitada de obras públicas, contratos de locação ou de aquisição de bens móveis e contratos de aquisição de serviços cuja natureza ou condicionalismos da prestação que constitui o seu objecto impeçam totalmente a fixação prévia e global de um preço base no caderno de encargos;

c) Contratos de empreitada de obras públicas a realizar apenas para fins de investigação, de experimentação, de estudo ou de desenvolvimento, desde que a realização dessas obras não se destine a assegurar a viabilidade económica das mesmas ou a amortizar os custos daqueles fins;

d) Contratos de aquisição de serviços, nomeadamente de natureza intelectual ou dos serviços financeiros indicados na categoria 6 do anexo II-A da Directiva n.º 2004/18/CE, do Parlamento Europeu e do Conselho, de 31 de Março, quando a natureza das respectivas prestações não permita a elaboração de especificações contratuais suficientemente precisas para que sejam qualitativamente definidos atributos das propostas necessários à fixação de um critério de adjudicação nos termos do disposto na alínea a) do n.º 1 do artigo 74.º, mas a definição quantitativa de outros atributos seja adequada a essa fixação ou o preço seja o único atributo a ter em consideração na avaliação das propostas, tendo em conta os objectivos da aquisição pretendida;

e) Contratos para cuja celebração pode ser adoptado, ao abrigo do disposto no artigo anterior, o concurso público ou o concurso limitado por prévia qualificação.

2 - A decisão de escolha do procedimento de negociação ao abrigo do disposto na alínea a) do número anterior só pode ser tomada no prazo de seis meses a contar da decisão de exclusão de todas as propostas apresentadas, devendo o respectivo anúncio ser enviado para publicação no Diário da República e no Jornal Oficial da União Europeia dentro do mesmo prazo, sob pena de caducidade daquela decisão.

3 - Não pode ser adoptado o procedimento de negociação ao abrigo do disposto na alínea d) do n.º 1 quando o serviço a adquirir consista na elaboração de um plano, de um projecto ou de uma qualquer criação conceptual nos domínios artístico, do ordenamento do território, do planeamento urbanístico, da arquitectura, da engenharia ou do processamento de dados.

4 - Para efeitos do disposto na alínea a) do n.º 1, considera-se que o caderno de encargos é substancialmente alterado quando as alterações sejam susceptíveis de impedir a verificação da si-

10 Contém as alterações introduzidas pelos seguintes diplomas: Rectif. n.º 18-A/2008, de 28 de Março

tuação prevista nessa alínea, nomeadamente quando sejam modificados os parâmetros base fixados no caderno de encargos.

Artigo 30.º Escolha do diálogo concorrencial. 1 - Pode adoptar-se o procedimento de diálogo concorrencial quando o contrato a celebrar, qualquer que seja o seu objecto, seja particularmente complexo, impossibilitando a adopção do concurso público ou do concurso limitado por prévia qualificação.

2 - Para os efeitos do disposto no número anterior, consideram-se particularmente complexos os contratos relativamente aos quais seja objectivamente impossível:

a) Definir a solução técnica mais adequada à satisfação das necessidades da entidade adjudicante;

b) Definir os meios técnicos, de acordo com o disposto nas alíneas c) e d) do n.º 2 do artigo 49.º, aptos a concretizar a solução já definida pela entidade adjudicante; ou

c) Definir, em termos suficientemente claros e precisos, a estrutura jurídica ou a estrutura financeira inerentes ao contrato a celebrar.

3 - A impossibilidade objectiva referida no número anterior não pode, em qualquer caso, resultar da carência efectiva de apoios de ordem técnica, jurídica ou financeira de que a entidade adjudicante, usando da diligência devida, possa dispor.

4 - A adopção do procedimento de diálogo concorrencial destina-se a permitir à entidade adjudicante debater, com os potenciais interessados na execução do contrato a celebrar, os aspectos referidos nas alíneas do n.º 2, com vista à sua definição.

CAPÍTULO IV.

Outras regras de escolha do procedimento

Artigo 31.º Escolha do procedimento em função do tipo de contrato[11]**.** 1 - Sem prejuízo do disposto no artigo 24.º e no artigo anterior, para a formação de contratos de concessão de obras públicas e de concessão de serviços públicos, bem como de contratos de sociedade, qualquer que seja o valor do contrato a celebrar, deve ser adotado, em alternativa, o concurso público, o concurso limitado por prévia qualificação ou o procedimento de negociação.

2 - O disposto no número anterior é também aplicável quando os contratos nele referidos não impliquem o pagamento de um preço pela entidade adjudicante ou sejam contratos sem valor.

3 - Quando razões de interesse público relevante o justifiquem, pode adoptar-se o ajuste directo para a formação de contratos de sociedade e de contratos de concessão de serviços públicos.

Artigo 32.º Escolha do procedimento para a formação de contratos mistos[12]**.** 1 - Só é permitida a celebração de contratos mistos se as prestações a abranger pelo respectivo objecto forem técnica ou funcionalmente incindíveis ou, não o sendo, se a sua separação causar graves inconvenientes para a entidade adjudicante.

2 - Para a formação de um contrato misto cujo objecto abranja, simultaneamente, prestações típicas dos contratos de empreitada de obras públicas, de locação ou de aquisição de bens móveis ou de aquisição de serviços:

a) A escolha do ajuste directo, bem como a escolha do concurso público ou do concurso limitado por prévia qualificação, sem publicação do respectivo anúncio no Jornal Oficial da União Europeia, permite a celebração daquele contrato desde que o respectivo valor seja inferior ao mais baixo dos valores até aos quais seria permitida, nos termos do disposto na alínea a) do artigo 19.º e da alínea a) do n.º 1 do artigo 20.º, a celebração de um contrato separado cujo objecto abrangesse prestações típicas de apenas um daqueles contratos;

b) Pode adoptar-se o procedimento que, nos termos previstos no capítulo anterior, poderia ser adoptado para a celebração de qualquer um daqueles contratos se celebrado em separado.

---

11 Contém as alterações introduzidas pelos seguintes diplomas: DL n.º 149/2012, de 12 de Julho

12 Contém as alterações introduzidas pelos seguintes diplomas: Rectif. n.º 18-A/2008, de 28 de Março

3 - Para a formação de um contrato misto cujo objecto abranja, simultaneamente, prestações típicas dos contratos de empreitada de obras públicas, de locação ou de aquisição de bens móveis ou de aquisição de serviços e dos contratos de concessão de obras públicas, de concessão de serviços públicos ou de sociedade:

a) Pode adoptar-se o concurso público ou o concurso limitado por prévia qualificação, desde que o respectivo valor seja inferior ao mais baixo dos valores referidos na alínea b) do artigo 19.° e na alínea b) do n.° 1 e no n.° 2 do artigo 20.°, consoante o caso;

b) Pode adoptar-se o procedimento que, nos termos previstos no capítulo anterior, poderia ser adoptado para a celebração de qualquer um daqueles contratos se celebrado em separado.

4 - A formação dos contratos mistos referidos nos n.os 2 e 3 está sujeita aos trâmites procedimentais específicos, devidamente conjugados, dos procedimentos de formação de todos os contratos cujas prestações típicas sejam objecto do contrato misto a celebrar.

5 - Na escolha do procedimento nos termos do disposto na alínea a) do n.° 2 e da alínea a) do n.° 3 deve atender-se ao valor do contrato misto a celebrar, determinado de acordo com o disposto no artigo 17.°

6 - A formação de um contrato misto cujo objecto abranja, simultaneamente, prestações típicas dos contratos referidos no n.° 2 e de quaisquer outros, que não os de concessão de obras públicas, de concessão de serviços públicos ou de sociedade, está sujeita às disposições do presente Código relativas à escolha do procedimento e aos trâmites procedimentais específicos aplicáveis aos primeiros.

7 - Quando, por força da aplicação do disposto na alínea b) do n.° 2, na alínea b) do n.° 3 e no número anterior, se obtenha, nos termos do disposto no artigo 24.°, mais do que um valor até ao qual é permitida a celebração do contrato, prevalece o valor mais baixo.

8 - A formação de um contrato misto cujo objecto abranja, simultaneamente, prestações típicas dos contratos de concessão de obras públicas, de concessão de serviços públicos ou de sociedade e de quaisquer outros, que não os de empreitada de obras públicas, de locação ou de aquisição de bens móveis ou de aquisição de serviços, está sujeita às disposições do presente Código relativas à escolha do procedimento e aos trâmites procedimentais específicos aplicáveis aos primeiros.

9 - O disposto nos n.os 6 e 8 é igualmente aplicável à formação de um contrato cujo objecto abranja, simultaneamente, prestações típicas de pelo menos um dos contratos enumerados no n.° 2 do artigo 16.° e de um contrato a que se referem as alíneas e) a h) do n.° 4 do artigo 5.°

Artigo 33.° Escolha do procedimento em função da entidade adjudicante. 1 - Sem prejuízo do disposto nos artigos 24.° a 27.° e no n.° 3 do artigo 31.°, para a formação de contratos que digam directa e principalmente respeito a uma ou a várias das actividades exercidas nos sectores da água, da energia, dos transportes e dos serviços postais pelas entidades adjudicantes referidas no n.° 1 do artigo 7.°, estas entidades devem adoptar, em alternativa, o concurso público, o concurso limitado por prévia qualificação ou o procedimento de negociação.

2 - Para a formação dos contratos referidos no número anterior não pode ser adoptado o procedimento de diálogo concorrencial.

3 - Ainda que os contratos a celebrar não digam apenas respeito a uma ou a várias das actividades por elas exercidas nos sectores da água, da energia, dos transportes e dos serviços postais, o disposto no n.° 1 é sempre aplicável às entidades adjudicantes referidas no n.° 1 do artigo 7.°, desde que não seja possível determinar a que actividade tais contratos dizem principalmente respeito.

4 - O disposto no n.° 1 não é aplicável às entidades adjudicantes referidas no n.° 2 do artigo 2.° quando os contratos a celebrar não digam apenas respeito a uma ou a várias das actividades por elas exercidas nos sectores da água, da energia, dos transportes e dos serviços postais e não seja possível determinar a que actividade tais contratos dizem principalmente respeito.

TÍTULO II.
FASE DE FORMAÇÃO DO CONTRATO
CAPÍTULO I.
ANÚNCIOS PRÉ-PROCEDIMENTAIS

Artigo 34.º Anúncio de pré-informação. 1 - As entidades adjudicantes referidas no artigo 2.º devem enviar para publicação no Jornal Oficial da União Europeia um anúncio de pré-informação, conforme modelo constante do anexo I ao Regulamento (CE) n.º 1564/2005, da Comissão, de 7 de Setembro, no qual indiquem:

a) No caso de contratos de locação ou de aquisição de bens móveis ou de contratos de aquisição de serviços, o preço contratual estimado de todos os contratos a celebrar durante os 12 meses seguintes, quando esse preço seja igual ou superior ao valor referido, consoante o caso, na alínea a) ou b) do n.º 1 do artigo 35.º da Directiva n.º 2004/18/CE, do Parlamento Europeu e do Conselho, de 31 de Março;

b) No caso de contratos de empreitada de obras públicas, as respectivas características essenciais, quando o preço contratual estimado de todos os contratos a celebrar durante os 12 meses seguintes seja igual ou superior ao valor referido na alínea c) do artigo 7.º da Directiva n.º 2004/18/CE, do Parlamento Europeu e do Conselho, de 31 de Março.

2 - Os preços contratuais estimados de todos os contratos a celebrar previstos no número anterior incluem o valor estimado dos acordos quadro que as entidades adjudicantes estejam dispostas a celebrar naquele período e cujo objecto abranja prestações típicas dos contratos referidos nas alíneas do mesmo número.

3 - O preço contratual estimado de todos os contratos a celebrar para cuja formação as entidades adjudicantes adoptem o procedimento de ajuste directo em função de critérios materiais não é contabilizado para efeitos do preço contratual estimado de todos os contratos a celebrar previsto no n.º 1.

4 - Os anúncios de pré-informação relativos aos contratos referidos na alínea a) do n.º 1 são enviados imediatamente após o início de cada exercício orçamental.

5 - Os anúncios de pré-informação relativos aos contratos referidos na alínea b) do n.º 1 são enviados imediatamente após a aprovação do plano de actividades em que se inserem.

6 - O cálculo dos preços contratuais estimados referidos nos n.os 1 a 3 deve ser efectuado de acordo com as regras previstas no artigo 9.º da Directiva n.º 2004/18/CE, do Parlamento Europeu e do Conselho, de 31 de Março.

Artigo 35.º Anúncio periódico indicativo. 1 - Quando os contratos e os acordos quadro a celebrar digam directa e principalmente respeito a uma ou a várias das actividades exercidas nos sectores da água, da energia, dos transportes e dos serviços postais pelas entidades adjudicantes referidas no n.º 1 do artigo 7.º, estas devem enviar para publicação no Jornal Oficial da União Europeia um anúncio periódico indicativo, conforme modelo constante do anexo IV ao Regulamento (CE) n.º 1564/2005, da Comissão, de 7 de Setembro, ao qual é aplicável o disposto no artigo anterior.

2 - No caso dos contratos referidos no número anterior, o cálculo dos preços contratuais estimados a que se referem os n.os 1 a 3 do artigo anterior deve ser efectuado de acordo com as regras previstas no artigo 17.º da Directiva n.º 2004/17/CE, do Parlamento Europeu e do Conselho, de 31 de Março.

CAPÍTULO II.
INÍCIO DO PROCEDIMENTO

Artigo 36.º Decisão de contratar e decisão de autorização da despesa. 1 - O procedimento de formação de qualquer contrato inicia-se com a decisão de contratar, a qual cabe ao órgão competente para autorizar a despesa inerente ao contrato a celebrar, podendo essa decisão estar implícita nesta última.

2 - Quando o contrato a celebrar não implique o pagamento de um preço pela entidade adjudicante, a decisão de contratar cabe ao órgão desta que for competente para o efeito nos termos da respectiva Lei Orgânica ou dos seus estatutos.

Artigo 37.º Decisão de contratar nas parcerias públicas-privadas. Quando o contrato a celebrar por uma das entidades adjudicantes referidas nas alíneas a), b) e d) do n.º 1 do artigo 2.º configure, nos termos de legislação própria, uma parceria pública-privada, a decisão de contratar compete, conjuntamente, ao ministro ou ao membro do Governo Regional responsável pela área das finanças e ao ministro ou ao membro do Governo Regional da tutela sectorial, consoante o caso.

Artigo 38.º Decisão de escolha do procedimento. A decisão de escolha do procedimento de formação de contratos, de acordo com as regras fixadas no presente Código, deve ser fundamentada e cabe ao órgão competente para a decisão de contratar.

Artigo 39.º Agrupamento de entidades adjudicantes[13]. 1 - As entidades adjudicantes podem agrupar-se com vista à formação de:

a) Um contrato cuja execução seja do interesse de todas;

b) Um acordo quadro de que todas possam beneficiar.

2 - As entidades adjudicantes devem designar qual delas constitui o representante do agrupamento para efeitos de condução do procedimento de formação do contrato ou do acordo quadro a celebrar.

3 - A decisão de contratar, a decisão de escolha do procedimento, a decisão de qualificação dos candidatos e a decisão de adjudicação devem ser tomadas conjuntamente pelos órgãos competentes de todas as entidades adjudicantes que integram o agrupamento.

4 - No caso de agrupamentos de entidades adjudicantes constituídos por pelo menos uma das referidas no n.º 1 do artigo 2.º, o ajuste directo e o concurso público ou o concurso limitado por prévia qualificação adoptados nos termos do disposto nos artigos 19.º e 20.º só permite a celebração de contratos de valor inferior ao mais baixo dos limites neles referidos, consoante o caso.

5 - No caso de agrupamentos de entidades adjudicantes, só pode ser adoptado um procedimento em função de um dos critérios materiais previstos nos capítulos III e IV do título anterior quando tal critério se verifique relativamente a todas as entidades que o constituem.

CAPÍTULO III.

Peças do procedimento

Artigo 40.º Tipos de peças. 1 - As peças dos procedimentos de formação de contratos são as seguintes:

a) No ajuste directo, o convite à apresentação das propostas e o caderno de encargos, sem prejuízo do disposto no artigo 128.º;

b) No concurso público, o programa do procedimento e o caderno de encargos;

c) No concurso limitado por prévia qualificação, o programa do procedimento, o convite à apresentação das propostas e o caderno de encargos;

d) No procedimento de negociação, o programa do procedimento, o convite à apresentação das propostas e o caderno de encargos;

e) No diálogo concorrencial, o programa do procedimento, o convite à apresentação das soluções, o convite à apresentação das propostas, a memória descritiva e o caderno de encargos.

2 - As peças do procedimento referidas no número anterior são aprovadas pelo órgão competente para a decisão de contratar.

---

13 Contém as alterações introduzidas pelos seguintes diplomas: Rectif. n.º 18-A/2008, de 28 de Março

3 - Nos concursos de concepção, os termos de referência constituem a única peça do procedimento, sendo aprovados pelo órgão competente para a decisão de seleccionar um ou vários trabalhos de concepção.

Artigo 41.º Programa do procedimento. O programa do procedimento é o regulamento que define os termos a que obedece a fase de formação do contrato até à sua celebração.

Artigo 42.º Caderno de encargos[14]**.** 1 - O caderno de encargos é a peça do procedimento que contém as cláusulas a incluir no contrato a celebrar.

2 - Nos casos de manifesta simplicidade das prestações que constituem o objecto do contrato a celebrar, as cláusulas do caderno de encargos podem consistir numa mera fixação de especificações técnicas e numa referência a outros aspectos essenciais da execução desse contrato, tais como o preço ou o prazo.

3 - As cláusulas do caderno de encargos relativas aos aspectos da execução do contrato submetidos à concorrência podem fixar os respectivos parâmetros base a que as propostas estão vinculadas.

4 - Os parâmetros base referidos no número anterior podem dizer respeito a quaisquer aspectos da execução do contrato, tais como o preço a pagar ou a receber pela entidade adjudicante, a sua revisão, o prazo de execução das prestações objecto do contrato ou as suas características técnicas ou funcionais, e devem ser definidos através de limites mínimos ou máximos, consoante os casos, sem prejuízo dos limites resultantes das vinculações legais ou regulamentares aplicáveis.

5 - O caderno de encargos pode também descrever aspectos da execução do contrato não submetidos à concorrência, nomeadamente mediante a fixação de limites mínimos ou máximos a que as propostas estão vinculadas.

6 - Os aspectos da execução do contrato constantes das cláusulas do caderno de encargos podem dizer respeito a condições de natureza social ou ambiental relacionadas com tal execução.

7 - (Revogado.)

8 - (Revogado.)

9 - (Revogado.)

10 - (Revogado.)

Artigo 43.º Caderno de encargos do procedimento de formação de contratos . e empreitada[15]

1 - Sem prejuízo do disposto no n.º 2 do artigo anterior, o caderno de encargos do procedimento de formação de contratos de empreitada de obras públicas deve incluir um projeto de execução.

2 - Quando a obra seja classificada, nos termos do n.º 7, na categoria iii ou superior, bem como naqueles casos em que o preço base, fixado no caderno de encargos, seja enquadrável na classe 3 de alvará ou em classe superior, o projeto de execução referido no número anterior deve ser objeto de prévia revisão por entidade devidamente qualificada para a sua elaboração, distinta do autor do mesmo.

3 - Em casos excecionais devidamente fundamentados, nos quais o adjudicatário deva assumir, nos termos do caderno de encargos, obrigações de resultado relativas à utilização da obra a realizar, ou nos quais a complexidade técnica do processo construtivo da obra a realizar requeira, em razão da tecnicidade própria dos concorrentes, a especial ligação destes à conceção daquela, a entidade adjudicante pode prever, como aspeto da execução do contrato a celebrar, a elaboração do projeto de execução, caso em que o caderno de encargos deve ser integrado apenas por um programa preliminar.

4 - Em qualquer dos casos previstos nos números anteriores, o projecto de execução deve ser acompanhado de:

---

14 Contém as alterações introduzidas pelos seguintes diplomas: DL n.º 149/2012, de 12 de Julho

15 Contém as alterações introduzidas pelos seguintes diplomas: Rectif. n.º 18-A/2008, de 28 de Março; DL n.º 149/2012, de 12 de Julho

a) Uma descrição dos trabalhos preparatórios ou acessórios, tal como previstos no artigo 350.º;

b) Uma lista completa de todas as espécies de trabalhos necessárias à execução da obra a realizar e do respectivo mapa de quantidades.

5 - Em qualquer dos casos previstos nos n.os 1 a 3, o projeto de execução deve ser acompanhado, para além dos demais elementos legalmente exigíveis, dos que, em função das características específicas da obra, se justifiquem, nomeadamente:

a) Dos levantamentos e das análises de base e de campo;

b) Dos estudos geológicos e geotécnicos;

c) Dos estudos ambientais, incluindo a declaração de impacto ambiental, nos termos da legislação aplicável;

d) Dos estudos de impacte social, económico ou cultural, nestes se incluindo a identificação das medidas de natureza expropriatória a realizar, dos bens e direitos a adquirir e dos ónus e servidões a impor;

e) Dos resultados dos ensaios laboratoriais ou outros;

f) Do plano de prevenção e gestão de resíduos de construção e demolição, nos termos da legislação aplicável.

6 - No caso previsto no n.º 1, o projecto de execução deve ainda ser acompanhado do planeamento das operações de consignação, seja esta total ou parcial nos termos do disposto nos artigos 358.º e 359.º

7 - O conteúdo obrigatório dos elementos referidos nos n.os 1 e 3 é fixado por portaria do ministro responsável pela área das obras públicas.

8 - O caderno de encargos é nulo quando:

a) Não seja integrado pelos elementos da solução da obra previstos no n.º 1 e na parte final do n.º 3;

b) Seja elaborado em violação do disposto no n.º 2;

c) O projecto de execução nele integrado não esteja acompanhado dos elementos previstos no n.º 5;

d) Os elementos da solução da obra nele integrados não observem o conteúdo obrigatório previsto na portaria referida no número anterior.

9 - No caso previsto n.º 3, o contrato a celebrar não é considerado um contrato misto para os efeitos do disposto no artigo 32.º

Artigo 44.º Cadernos de encargos relativos a contratos de concessão[16]. Sem prejuízo do disposto no artigo 42.º, os cadernos de encargos dos procedimentos de formação de contratos de concessão de obras públicas e de concessão de serviços públicos integram um código de exploração que contém os direitos e as obrigações das partes relativas à exploração, incluindo, quando for o caso, as normas de exploração que são estabelecidas também no interesse dos utentes da obra ou do serviço a explorar.

Artigo 45.º Caderno de encargos das parcerias públicas-privadas. Os cadernos de encargos dos procedimentos de formação de contratos que configurem parcerias públicas-privadas devem submeter à concorrência os aspectos da sua execução relativos aos encargos para a entidade adjudicante e aos riscos a ela directa ou indirectamente afectos decorrentes da configuração do modelo contratual.

Artigo 46.º Formulários de caderno de encargos. Podem ser aprovados formulários de cadernos de encargos nos seguintes termos:

a) Por portaria do ministro responsável pela área das obras públicas, no caso de contratos de empreitada de obras públicas;

b) Por portaria do ministro responsável pela área das finanças, no caso de contratos de locação ou de aquisição de bens móveis e de aquisição de serviços;

---

16 Contém as alterações introduzidas pelos seguintes diplomas: Rectif. n.º 18-A/2008, de 28 de Março

c) Por portaria conjunta do ministro responsável pela área das finanças e do ministro responsável pela área em causa, no caso de contratos de concessão de obras públicas e de concessão de serviços públicos.

Artigo 47.º Preço base. 1 - Quando o contrato a celebrar implique o pagamento de um preço, o preço base é o preço máximo que a entidade adjudicante se dispõe a pagar pela execução de todas as prestações que constituem o seu objecto, correspondendo ao mais baixo dos seguintes valores:

a) O valor fixado no caderno de encargos como parâmetro base do preço contratual;

b) O valor máximo do contrato a celebrar permitido pela escolha do procedimento, quando este for adoptado nos termos do disposto nos artigos 19.º, 20.º ou 21.º;

c) O valor máximo até ao qual o órgão competente, por lei ou por delegação, pode autorizar a despesa inerente ao contrato a celebrar.

2 - Quando não sejam aplicáveis as alíneas a) e b) do número anterior, não existe preço base sempre que:

a) O órgão que tenha autorizado a despesa inerente ao contrato a celebrar tenha competência para autorizar despesa sem limite de valor; ou

b) A entidade adjudicante não esteja abrangida pelo regime da autorização das despesas.

3 - Nas situações previstas no número anterior, quando o procedimento adoptado seja o ajuste directo ao abrigo do disposto nas alíneas a) e b) do n.º 1 do artigo 25.º e na alínea a) do n.º 1 do artigo 27.º, considera-se que existe preço base, o qual é igual aos valores referidos, consoante o caso, na alínea b) do artigo 19.º, na alínea b) do n.º 1 e no n.º 2 do artigo 20.º

4 - O disposto no número anterior é igualmente aplicável quando o ajuste directo seja adoptado ao abrigo do disposto na alínea b) do n.º 1 do artigo 24.º e na alínea b) do n.º 1 do artigo 27.º e se verifiquem as situações previstas, respectivamente, nos n.os 2 e 3 dos mesmos artigos.

5 - Quando o caderno de encargos fixar apenas preços base unitários, considera-se que o valor referido na alínea a) do n.º 1 corresponde à multiplicação daqueles pelas respectivas quantidades previstas no caderno de encargos.

6 - No caso de agrupamentos de entidades adjudicantes, o valor máximo referido na alínea c) do n.º 1 corresponde à soma dos valores máximos até aos quais os órgãos competentes de cada uma daquelas entidades, por lei ou por delegação, podem autorizar a respectiva fracção da despesa inerente ao contrato a celebrar.

Artigo 48.º Fundamentação do prazo de vigência. No caso de contratos de locação ou de aquisição de bens móveis ou de aquisição de serviços, a fixação no caderno de encargos de um prazo de vigência do contrato a celebrar superior a três anos deve ser fundamentada.

Artigo 49.º Especificações técnicas. 1 - As especificações técnicas, como tal definidas no anexo VI da Directiva n.º 2004/18/CE, do Parlamento Europeu e do Conselho, de 31 de Março, e no anexo XXI da Directiva n.º 2004/17/CE, do Parlamento Europeu e do Conselho, de 31 de Março, devem constar do caderno de encargos e são fixadas por forma a permitir a participação dos concorrentes em condições de igualdade e a promoção da concorrência.

2 - Sem prejuízo das regras técnicas nacionais obrigatórias, desde que sejam compatíveis com o direito comunitário, as especificações técnicas devem ser fixadas no caderno de encargos:

a) Por referência, por ordem de preferência, a normas nacionais que transponham normas europeias, a homologações técnicas europeias, a especificações técnicas comuns, a normas internacionais ou a qualquer outro referencial técnico elaborado pelos organismos europeus de normalização, acompanhadas da menção «ou equivalente»;

b) Na falta de qualquer dos referenciais técnicos referidos na alínea anterior, por referência a normas nacionais, a homologações técnicas nacionais ou a especificações técnicas nacionais em matéria de concepção, de cálculo e de realização de obras e de utilização de materiais, acompanhadas da menção «ou equivalente»;

c) Em termos de desempenho ou de exigências funcionais, incluindo práticas e critérios ambientais, desde que sejam suficientemente precisas para permitir a determinação do objecto do contrato pelos interessados e a escolha da proposta pela entidade adjudicante;

d) Nos termos referidos na alínea anterior, baseando a presunção da conformidade com aquele desempenho ou com aquelas exigências funcionais na remissão para as especificações a que se referem as alíneas a) e b).

3 - As especificações técnicas podem ainda ser fixadas, simultaneamente, por referência aos elementos referidos nas alíneas a) e b) do número anterior para certas características e em termos de desempenho ou de exigências funcionais para outras características.

4 - Não podem ser excluídas propostas com fundamento em desconformidade dos respectivos bens ou serviços com as especificações técnicas de referência, fixadas de acordo com o disposto nas alíneas a) ou b) do n.º 2, desde que o concorrente demonstre, de forma adequada e suficiente, que as soluções apresentadas na sua proposta satisfazem, de modo equivalente, as exigências definidas por aquelas especificações.

5 - Quando as especificações técnicas de referência tenham sido fixadas nos termos do disposto na alínea c) do n.º 2, não podem ser excluídas propostas relativas a obras, a bens ou a serviços, desde que estejam em conformidade com normas nacionais que transponham normas europeias, com homologações técnicas europeias, com especificações técnicas comuns, com normas internacionais ou com qualquer outro referencial técnico elaborado pelos organismos europeus de normalização, se estas especificações corresponderem ao desempenho ou cumprirem as exigências funcionais fixadas no caderno de encargos.

6 - No caso referido no número anterior, cabe ao concorrente demonstrar, de forma adequada e suficiente, que a obra, o bem ou o serviço conforme com a norma corresponde ao desempenho ou cumpre as exigências funcionais fixadas pela entidade adjudicante.

7 - Quando as especificações técnicas sejam fixadas em termos de desempenho ou de exigências funcionais que digam respeito a práticas e critérios ambientais, o caderno de encargos pode prever especificações pormenorizadas ou, em caso de necessidade, parte destas, tal como definidas pelo rótulo ecológico europeu ou por qualquer outro rótulo ecológico, desde que:

a) Essas especificações sejam adequadas à definição das características dos bens ou serviços objecto do contrato a celebrar;

b) Os requisitos do rótulo sejam elaborados com base numa informação científica;

c) Os rótulos ecológicos sejam desenvolvidos por um procedimento em que possam participar todas as partes interessadas, tais como os organismos governamentais, os consumidores, os fabricantes, os distribuidores e as organizações ambientais; e

d) Sejam acessíveis a todas as partes interessadas.

8 - Para os efeitos do disposto no número anterior, o caderno de encargos pode indicar que se presume que os bens ou serviços munidos de rótulo ecológico satisfazem as especificações técnicas nele definidas, sem prejuízo de a entidade adjudicante dever aceitar qualquer meio adequado de prova para o efeito apresentado pelo concorrente.

9 - Para efeito do disposto nos n.os 4, 6 e 8, o concorrente pode apresentar um dossier técnico do fabricante ou um relatório de ensaio de um organismo reconhecido.

10 - Entende-se por organismo reconhecido os laboratórios de ensaio ou de calibração e os organismos de inspecção e de certificação que cumprem as normas europeias aplicáveis.

11 - As entidades adjudicantes devem aceitar certificados de organismos reconhecidos estabelecidos noutros Estados membros.

12 - É proibida a fixação de especificações técnicas que façam referência a um fabricante ou uma proveniência determinados, a um processo específico de fabrico, a marcas, patentes ou modelos e a uma dada origem ou produção, que tenha por efeito favorecer ou eliminar determinadas entidades ou determinados bens.

13 - É permitida, a título excepcional, a fixação de especificações técnicas por referência, acompanhada da menção «ou equivalente», aos elementos referidos no número anterior quando

haja impossibilidade de descrever, de forma suficientemente precisa e inteligível, nos termos do disposto nos n.os 2 a 4, as prestações objecto do contrato a celebrar.

14 - Sempre que possível, as especificações técnicas devem ser fixadas por forma a contemplar características dos bens a adquirir ou das obras a executar que permitam a sua utilização por pessoas com deficiências ou por qualquer utilizador.

Artigo 50.º Esclarecimentos e rectificação das peças do procedimento[17]. 1 - Os esclarecimentos necessários à boa compreensão e interpretação das peças do procedimento devem ser solicitados pelos interessados, por escrito, no primeiro terço do prazo fixado para a apresentação das propostas.

2 - Os esclarecimentos a que se refere o número anterior são prestados por escrito, pelo órgão para o efeito indicado no programa do procedimento ou no convite, até ao termo do segundo terço do prazo fixado para a apresentação das propostas.

3 - O órgão competente para a decisão de contratar pode proceder à rectificação de erros ou omissões das peças do procedimento nos termos e no prazo previstos no número anterior.

4 - Os esclarecimentos e as rectificações referidos nos números anteriores devem ser disponibilizados na plataforma electrónica utilizada pela entidade adjudicante e juntos às peças do procedimento que se encontrem patentes para consulta, devendo todos os interessados que as tenham adquirido ser imediatamente notificados desse facto.

5 - Os esclarecimentos e as rectificações referidos nos n.os 1 a 3 fazem parte integrante das peças do procedimento a que dizem respeito e prevalecem sobre estas em caso de divergência.

Artigo 51.º Prevalência. As normas constantes do presente Código relativas às fases de formação e de execução do contrato prevalecem sobre quaisquer disposições das peças do procedimento com elas desconformes.

CAPÍTULO IV.
REGRAS DE PARTICIPAÇÃO

Artigo 52.º Candidatos. É candidato a entidade, pessoa singular ou colectiva, que participa na fase de qualificação de um concurso limitado por prévia qualificação, de um procedimento de negociação ou de um diálogo concorrencial, mediante a apresentação de uma candidatura.

Artigo 53.º Concorrentes. É concorrente a entidade, pessoa singular ou colectiva, que participa em qualquer procedimento de formação de um contrato mediante a apresentação de uma proposta.

Artigo 54.º Agrupamentos. 1 - Podem ser candidatos ou concorrentes agrupamentos de pessoas singulares ou colectivas, qualquer que seja a actividade por elas exercida, sem que entre as mesmas exista qualquer modalidade jurídica de associação.

2 - Os membros de um agrupamento candidato ou de um agrupamento concorrente não podem ser candidatos ou concorrentes no mesmo procedimento, nos termos do disposto nos artigos anteriores, nem integrar outro agrupamento candidato ou outro agrupamento concorrente.

3 - Todos os membros de um agrupamento concorrente são solidariamente responsáveis, perante a entidade adjudicante, pela manutenção da proposta.

4 - Em caso de adjudicação, todos os membros do agrupamento concorrente, e apenas estes, devem associar-se, antes da celebração do contrato, na modalidade jurídica prevista no programa do procedimento.

Artigo 55.º Impedimentos[18]. Não podem ser candidatos, concorrentes ou integrar qualquer agrupamento, as entidades que:

---

17 Contém as alterações introduzidas pelos seguintes diplomas: Rectif. n.º 18-A/2008, de 28 de Março.

18 Contém as alterações introduzidas pelos seguintes diplomas: DL n.º 278/2009, de 02 de Outubro; DL n.º 149/2012, de 12 de Julho.

a) Se encontrem em estado de insolvência, declarada por sentença judicial, em fase de liquidação, dissolução ou cessação de actividade, sujeitas a qualquer meio preventivo de liquidação de patrimónios ou em qualquer situação análoga, ou tenham o respectivo processo pendente, salvo quando se encontrarem abrangidas por um plano de insolvência, ao abrigo da legislação em vigor;

b) Tenham sido condenadas por sentença transitada em julgado por qualquer crime que afecte a sua honorabilidade profissional, se entretanto não tiver ocorrido a sua reabilitação, no caso de se tratar de pessoas singulares, ou, no caso de se tratar de pessoas colectivas, tenham sido condenados por aqueles crimes os titulares dos órgãos sociais de administração, direcção ou gerência das mesmas e estes se encontrem em efectividade de funções;

c) Tenham sido objecto de aplicação de sanção administrativa por falta grave em matéria profissional, se entretanto não tiver ocorrido a sua reabilitação, no caso de se tratar de pessoas singulares, ou, no caso de se tratar de pessoas colectivas, tenham sido objecto de aplicação daquela sanção administrativa os titulares dos órgãos sociais de administração, direcção ou gerência das mesmas e estes se encontrem em efectividade de funções;

d) Não tenham a sua situação regularizada relativamente a contribuições para a segurança social em Portugal ou, se for o caso, no Estado de que sejam nacionais ou no qual se situe o seu estabelecimento principal;

e) Não tenham a sua situação regularizada relativamente a impostos devidos em Portugal ou, se for o caso, no Estado de que sejam nacionais ou no qual se situe o seu estabelecimento principal;

f) Tenham sido objeto de aplicação da sanção acessória prevista na alínea e) do n.º 1 do artigo 21.º do Decreto-Lei n.º 433/82, de 27 de outubro, na alínea b) do n.º 1 do artigo 71.º da Lei n.º 19/2012, de 8 de maio, e no n.º 1 do artigo 460.º do presente Código, durante o período de inabilidade fixado na decisão condenatória;

g) Tenham sido objecto de aplicação da sanção acessória prevista na alínea b) do n.º 2 do artigo 562.º do Código de Trabalho;

h) Tenham sido objecto de aplicação, há menos de dois anos, de sanção administrativa ou judicial pela utilização ao seu serviço de mão-de-obra legalmente sujeita ao pagamento de impostos e contribuições para a segurança social, não declarada nos termos das normas que imponham essa obrigação, em Portugal ou no Estado de que sejam nacionais ou no qual se situe o seu estabelecimento principal;

i) Tenham sido condenadas por sentença transitada em julgado por algum dos seguintes crimes, se entretanto não tiver ocorrido a sua reabilitação, no caso de se tratar de pessoas singulares, ou, no caso de se tratar de pessoas colectivas, tenham sido condenados pelos mesmos crimes os titulares dos órgãos sociais de administração, direcção ou gerência das mesmas e estes se encontrem em efectividade de funções, se entretanto não tiver ocorrido a sua reabilitação:

i) Participação em actividades de uma organização criminosa, tal como definida no n.º 1 do artigo 2.º da Acção Comum n.º 98/773/JAI, do Conselho;

ii) Corrupção, na acepção do artigo 3.º do Acto do Conselho, de 26 de Maio de 1997, e do n.º 1 do artigo 3.º da Acção Comum n.º 98/742/JAI, do Conselho;

iii) Fraude, na acepção do artigo 1.º da Convenção relativa à Protecção dos Interesses Financeiros das Comunidades Europeias;

iv) Branqueamento de capitais, na acepção do artigo 1.º da Directiva n.º 91/308/CEE, do Conselho, de 10 de Junho, relativa à prevenção da utilização do sistema financeiro para efeitos de branqueamento de capitais;

j) Tenham, a qualquer título, prestado, direta ou indiretamente, assessoria ou apoio técnico na preparação e elaboração das peças do procedimento que lhes confira vantagem que falseie as condições normais de concorrência.

CAPÍTULO V.
PROPOSTA

Artigo 56.º Noção de proposta. 1 - A proposta é a declaração pela qual o concorrente manifesta à entidade adjudicante a sua vontade de contratar e o modo pelo qual se dispõe a fazê-lo.

2 - Para efeitos do presente Código, entende-se por atributo da proposta qualquer elemento ou característica da mesma que diga respeito a um aspecto da execução do contrato submetido à concorrência pelo caderno de encargos.

Artigo 57.º Documentos da proposta[19]**.** 1 - A proposta é constituída pelos seguintes documentos:

a) Declaração do concorrente de aceitação do conteúdo do caderno de encargos, elaborada em conformidade com o modelo constante do anexo I ao presente Código, do qual faz parte integrante;

b) Documentos que, em função do objecto do contrato a celebrar e dos aspectos da sua execução submetidos à concorrência pelo caderno de encargos, contenham os atributos da proposta, de acordo com os quais o concorrente se dispõe a contratar;

c) Documentos exigidos pelo programa do procedimento que contenham os termos ou condições, relativos a aspectos da execução do contrato não submetidos à concorrência pelo caderno de encargos, aos quais a entidade adjudicante pretende que o concorrente se vincule;

d) Documentos que contenham os esclarecimentos justificativos da apresentação de um preço anormalmente baixo, quando esse preço resulte, directa ou indirectamente, das peças do procedimento.

2 - No caso de se tratar de procedimento de formação de contrato de empreitada ou de concessão de obras públicas, a proposta deve ainda ser constituída por:

a) Uma lista dos preços unitários de todas as espécies de trabalho previstas no projecto de execução;

b) Um plano de trabalhos, tal como definido no artigo 361.º, quando o caderno de encargos seja integrado por um projecto de execução;

c) Um estudo prévio, nos casos previstos no n.º 3 do artigo 43.º, competindo a elaboração do projecto de execução ao adjudicatário.

3 - Integram também a proposta quaisquer outros documentos que o concorrente apresente por os considerar indispensáveis para os efeitos do disposto na parte final da alínea b) do n.º 1.

4 - A declaração referida na alínea a) do n.º 1 deve ser assinada pelo concorrente ou por representante que tenha poderes para o obrigar.

5 - Quando a proposta seja apresentada por um agrupamento concorrente, a declaração referida na alínea a) do n.º 1 deve ser assinada pelo representante comum dos membros que o integram, caso em que devem ser juntos à declaração os instrumentos de mandato emitidos por cada um dos seus membros ou, não existindo representante comum, deve ser assinada por todos os seus membros ou respectivos representantes.

Artigo 58.º Idioma dos documentos da proposta[20]**.** 1 - Os documentos que constituem a proposta são obrigatoriamente redigidos em língua portuguesa.

2 - Em função da especificidade técnica das prestações objecto do contrato a celebrar, o programa do procedimento ou o convite, podem admitir que alguns dos documentos referidos nas alíneas b) e c) do n.º 1 do artigo anterior sejam redigidos em língua estrangeira, indicando os idiomas admitidos.

---

19 Contém as alterações introduzidas pelos seguintes diplomas: DL n.º 278/2009, de 02 de Outubro.

20 Contém as alterações introduzidas pelos seguintes diplomas: DL n.º 278/2009, de 02 de Outubro; DL n.º 149/2012, de 12 de Julho.

3 - Os documentos referidos no n.º 3 do artigo anterior podem ser redigidos em língua estrangeira, salvo se o programa do procedimento dispuser diferentemente.

4 - (Revogado.)

Artigo 59.º Propostas variantes. 1 - São variantes as propostas que, relativamente a um ou mais aspectos da execução do contrato a celebrar, contenham atributos que digam respeito a condições contratuais alternativas nos termos expressamente admitidos pelo caderno de encargos.

2 - Nos casos em que o programa do procedimento permita a apresentação de propostas variantes, os concorrentes são obrigados a apresentar proposta base.

3 - Quando respeitem a aspectos da execução do contrato a celebrar que se encontrem submetidos à concorrência pelo caderno de encargos para efeitos da apresentação de propostas base, as alternativas referidas no n.º 1 só podem ser admitidas fora dos limites daquela concorrência.

4 - Quando o caderno de encargos admita condições contratuais alternativas nos termos do disposto no n.º 1, proposta base é aquela que não as apresenta.

5 - Os aspectos do caderno de encargos relativamente aos quais sejam admitidas alternativas para efeitos da apresentação de propostas variantes devem corresponder a factores ou subfactores de densificação do critério de adjudicação da proposta economicamente mais vantajosa.

6 - A exclusão da proposta base implica necessariamente a exclusão das propostas variantes apresentadas pelo mesmo concorrente.

7 - Nos casos em que o programa do procedimento não permita a apresentação de propostas variantes, cada concorrente só pode apresentar uma única proposta.

Artigo 60.º Indicação do preço. 1 - Os preços constantes da proposta são indicados em algarismos e não incluem o IVA.

2 - Quando os preços constantes da proposta forem também indicados por extenso, em caso de divergência, estes prevalecem, para todos os efeitos, sobre os indicados em algarismos.

3 - Sempre que na proposta sejam indicados vários preços, em caso de qualquer divergência entre eles, prevalecem sempre, para todos os efeitos, os preços parciais, unitários ou não, mais decompostos.

4 - No caso de se tratar de procedimento de formação de contrato de empreitada ou de concessão de obras públicas, o concorrente deve indicar na proposta os preços parciais dos trabalhos que se propõe executar correspondentes às habilitações contidas nos alvarás ou nos títulos de registo ou nas declarações emitidas pelo Instituto da Construção e do Imobiliário, I. P., nos termos do disposto na alínea a) do n.º 5 do artigo 81.º, para efeitos da verificação da conformidade desses preços com a classe daquelas habilitações.

5 - O disposto no número anterior é aplicável aos agrupamentos concorrentes, devendo estes, para o efeito, indicar na proposta os preços parciais dos trabalhos que cada um dos seus membros se propõe executar.

Artigo 61.º Erros e omissões do caderno de encargos[21]. 1 - Para os efeitos do disposto no presente Código, são erros e omissões do caderno de encargos:

a) Os que digam respeito a:

i) Aspetos ou dados que se revelem desconformes com a realidade;

ii) Espécie ou quantidade de prestações estritamente necessárias à integral execução do objeto do contrato a celebrar; ou

iii) Condições técnicas de execução do objeto do contrato a celebrar que o interessado não considere exequíveis;

b) Erros e omissões do projeto de execução que não se incluam na alínea anterior.

2 - Até ao termo do quinto sexto do prazo fixado para a apresentação das propostas, os interessados devem apresentar ao órgão competente para a decisão de contratar uma lista na qual identi-

---

21 Contém as alterações introduzidas pelos seguintes diplomas: Rectif. n.º 18-A/2008, de 28 de Março; DL n.º 149/2012, de 12 de Julho.

fiquem, expressa e inequivocamente, os erros e as omissões do caderno de encargos detetados, com exceção dos referidos na alínea b) do número anterior e daqueles que por eles apenas pudessem ser detetados na fase de execução do contrato, atuando com a diligência objetivamente exigível em face das circunstâncias concretas.

3 - A apresentação da lista referida no número anterior, por qualquer interessado, suspende o prazo fixado para a apresentação das propostas desde o termo do quinto sexto daquele prazo até à publicitação da decisão prevista no n.º 5 ou, não havendo decisão expressa, até ao termo do mesmo prazo.

4 - A suspensão prevista no número anterior pode ser mantida pelo órgão competente para a decisão de contratar por um período único de, no máximo, mais 60 dias contínuos, o qual não pode ser sujeito a prorrogação.

5 - Até ao termo do prazo fixado para a apresentação das propostas ou, no caso previsto no n.º 4, até ao termo do período de manutenção da suspensão daquele prazo, o órgão competente para a decisão de contratar deve pronunciar-se sobre os erros e as omissões identificados pelos interessados, considerando-se rejeitados todos os que não sejam por ele expressamente aceites.

6 - O órgão competente para a decisão de contratar deve identificar os termos do suprimento de cada um dos erros ou das omissões aceites nos termos do disposto no número anterior.

7 - As listas com a identificação dos erros e das omissões detetados pelos interessados, bem como as decisões previstas nos n.os 4 a 6, são publicitadas em plataforma eletrónica utilizada pela entidade adjudicante e juntas às peças do procedimento que se encontrem patentes para consulta, devendo todos os interessados que as tenham adquirido ser imediatamente notificados do facto.

Artigo 62.º Modo de apresentação das propostas. 1 - Os documentos que constituem a proposta são apresentados directamente em plataforma electrónica utilizada pela entidade adjudicante, através de meio de transmissão escrita e electrónica de dados, sem prejuízo do disposto na alínea g) do n.º 1 do artigo 115.º

2 - Os documentos que constituem as propostas variantes, também apresentados nos termos do disposto no número anterior, são identificados com a expressão «Proposta variante n.º...».

3 - A recepção das propostas é registada com referência às respectivas data e hora, sendo entregue aos concorrentes um recibo electrónico comprovativo dessa recepção.

4 - Os termos a que deve obedecer a apresentação e a recepção das propostas nos termos do disposto nos n.os 1 a 3 são definidos por diploma próprio.

5 - Quando, pela sua natureza, qualquer documento dos que constituem a proposta não possa ser apresentado nos termos do disposto no n.º 1, deve ser encerrado em invólucro opaco e fechado:

a) No rosto do qual se deve indicar a designação do procedimento e da entidade adjudicante;

b) Que deve ser entregue directamente ou enviado por correio registado à entidade adjudicante, devendo, em qualquer caso, a respectiva recepção ocorrer dentro do prazo fixado para a apresentação das propostas;

c) Cuja recepção deve ser registada por referência à respectiva data e hora.

Artigo 63.º Fixação do prazo para a apresentação das propostas. 1 - O prazo para a apresentação das propostas é fixado livremente, com respeito pelos limites mínimos estabelecidos no presente Código.

2 - Na fixação do prazo para a apresentação das propostas, deve ser tido em conta o tempo necessário à sua elaboração, em função da natureza, das características, do volume e da complexidade das prestações objecto do contrato a celebrar, em especial dos aspectos da sua execução submetidos à concorrência pelo caderno de encargos, bem como a necessidade de prévia inspecção ou visita a locais ou equipamentos, por forma a permitir a sua elaboração em condições adequadas e de efectiva concorrência.

Artigo 64.º Prorrogação do prazo fixado para a apresentação das propostas. 1 - Quando as rectificações ou os esclarecimentos previstos no artigo 50.º sejam comunicados para além do prazo estabelecido para o efeito, o prazo fixado para a apresentação das propostas deve ser prorrogado, no mínimo, por período equivalente ao do atraso verificado.

2 - Quando as rectificações referidas no artigo 50.°, independentemente do momento da sua comunicação, ou a aceitação de erros ou de omissões do caderno de encargos nos termos do disposto no artigo 61.° implicarem alterações de aspectos fundamentais das peças do procedimento, o prazo fixado para a apresentação das propostas deve ser prorrogado, no mínimo, por período equivalente ao tempo decorrido desde o início daquele prazo até à comunicação das rectificações ou à publicitação da decisão de aceitação de erros ou de omissões.

3 - A pedido fundamentado de qualquer interessado que tenha adquirido as peças do procedimento, o prazo fixado para a apresentação das propostas pode ser prorrogado pelo período considerado adequado, o qual aproveita a todos os interessados.

4 - As decisões de prorrogação nos termos do disposto nos números anteriores cabem ao órgão competente para a decisão de contratar e devem ser juntas às peças do procedimento e notificadas a todos os interessados que as tenham adquirido, publicando-se imediatamente aviso daquelas decisões, nos termos do disposto no n.° 1 do artigo 130.°, nos n.os 1 a 3 do artigo 131.°, no n.° 1 do artigo 167.°, no artigo 197.° e no artigo 208.°

Artigo 65.° Prazo da obrigação de manutenção das propostas. Sem prejuízo da possibilidade de fixação de um prazo superior no programa do procedimento ou no convite, os concorrentes são obrigados a manter as respectivas propostas pelo prazo de 66 dias contados da data do termo do prazo fixado para a apresentação das propostas.

Artigo 66.° Classificação de documentos da proposta. 1 - Por motivos de segredo comercial, industrial, militar ou outro, os interessados podem requerer, até ao termo do primeiro terço do prazo fixado para a apresentação das propostas, a classificação, nos termos da lei, de documentos que constituem a proposta, para efeitos da restrição ou da limitação do acesso aos mesmos na medida do estritamente necessário.

2 - A decisão sobre a classificação de documentos que constituem a proposta deve ser notificada aos interessados, pelo órgão competente para a decisão de contratar, até ao termo do segundo terço do prazo fixado para a apresentação das propostas.

3 - Considera-se não escrita ou não declarada a classificação de um documento que não tenha sido expressamente autorizada nos termos do disposto nos números anteriores.

4 - Se no decurso do procedimento deixarem de se verificar os pressupostos que determinaram a classificação de documentos que constituem as propostas, o órgão competente para a decisão de contratar deve promover, oficiosamente, a respectiva desclassificação, informando do facto todos os interessados.

5 - Quando, por força da classificação de documentos que constituem a proposta, não seja possível apresentá-los nos termos do disposto no artigo 62.° ou no prazo fixado no programa do procedimento, o órgão competente para a decisão de contratar pode estabelecer, oficiosamente ou a pedido do interessado, um modo alternativo de apresentação dos documentos em causa ou a prorrogação daquele prazo na medida do estritamente necessário.

CAPÍTULO VI.

JÚRI DO PROCEDIMENTO

Artigo 67.° Júri. 1 - Salvo no caso de ajuste directo em que tenha sido apresentada uma única proposta, os procedimentos para a formação de contratos são conduzidos por um júri, designado pelo órgão competente para a decisão de contratar, composto, em número ímpar, por um mínimo de três membros efectivos, um dos quais presidirá, e dois suplentes.

2 - Os titulares do órgão competente para a decisão de contratar podem ser designados membros do júri.

3 - No caso de procedimentos de formação de contratos que configurem parcerias público-privadas, os membros do júri são nomeados, conjuntamente, pelo ministro ou pelo membro do Governo Regional responsável pela área das finanças e pelo ministro ou pelo membro do Governo Regional da tutela sectorial, consoante o caso.

Artigo 68.º Funcionamento. 1 - O júri do procedimento inicia o exercício das suas funções no dia útil subsequente ao do envio do anúncio para publicação ou do convite.

2 - O júri só pode funcionar quando o número de membros presentes na reunião corresponda ao número de membros efectivos.

3 - As deliberações do júri, que devem ser sempre fundamentadas, são tomadas por maioria de votos, não sendo admitida a abstenção.

4 - Nas deliberações em que haja voto de vencido de algum membro do júri, devem constar da acta as razões da sua discordância.

5 - O júri pode designar um secretário de entre o pessoal dos serviços da entidade adjudicante, com a aprovação do respectivo dirigente máximo.

6 - Quando o considerar conveniente, o órgão competente para a decisão de contratar pode designar peritos ou consultores para apoiarem o júri do procedimento no exercício das suas funções, podendo aqueles participar, sem direito de voto, nas reuniões do júri.

Artigo 69.º Competência do júri. 1 - Compete nomeadamente ao júri:

a) Proceder à apreciação das candidaturas;

b) Proceder à apreciação das propostas;

c) Elaborar os relatórios de análise das candidaturas e das propostas.

2 - Cabe ainda ao júri exercer a competência que lhe seja delegada pelo órgão competente para a decisão de contratar, não lhe podendo este, porém, delegar a competência para a decisão de qualificação dos candidatos ou para a decisão de adjudicação.

CAPÍTULO VII.

ANÁLISE DAS PROPOSTAS E ADJUDICAÇÃO

Artigo 70.º Análise das propostas[22]. 1 - As propostas são analisadas em todos os seus atributos, representados pelos factores e subfactores que densificam o critério de adjudicação, e termos ou condições.

2 - São excluídas as propostas cuja análise revele:

a) Que não apresentam algum dos atributos, nos termos do disposto na alínea b) do n.º 1 do artigo 57.º;

b) Que apresentam atributos que violem os parâmetros base fixados no caderno de encargos ou que apresentem quaisquer termos ou condições que violem aspectos da execução do contrato a celebrar por aquele não submetidos à concorrência, sem prejuízo do disposto nos n.os 4 a 6 e 8 a 11 do artigo 49.º;

c) A impossibilidade de avaliação das mesmas em virtude da forma de apresentação de algum dos respectivos atributos;

d) Que o preço contratual seria superior ao preço base;

e) Um preço total anormalmente baixo, cujos esclarecimentos justificativos não tenham sido apresentados ou não tenham sido considerados nos termos do disposto no artigo seguinte;

f) Que o contrato a celebrar implicaria a violação de quaisquer vinculações legais ou regulamentares aplicáveis;

g) A existência de fortes indícios de actos, acordos, práticas ou informações susceptíveis de falsear as regras de concorrência.

3 - A exclusão de quaisquer propostas com fundamento no disposto nas alíneas e) e g) do número anterior deve ser imediatamente comunicada à Autoridade da Concorrência e, no caso de empreitadas ou de concessões de obras públicas, igualmente ao Instituto da Construção e do Imobiliário, I. P.

---

22 Contém as alterações introduzidas pelos seguintes diplomas: Rectif. n.º 18-A/2008, de 28 de Março

4 - A exclusão de quaisquer propostas com fundamento no disposto na alínea e) do n.º 2 deve ser comunicada à Comissão Europeia, desde que o anúncio do respectivo procedimento tenha sido publicado no Jornal Oficial da União Europeia.

Artigo 71.º Preço anormalmente baixo. 1 - Sem prejuízo do disposto no n.º 3 do artigo 115.º, no n.º 2 do artigo 132.º e no n.º 3 do artigo 189.º, quando o preço base for fixado no caderno de encargos, considera-se que o preço total resultante de uma proposta é anormalmente baixo quando seja:

a) 40 ou mais inferior àquele, no caso de se tratar de um procedimento de formação de um contrato de empreitada de obras públicas;

b) 50 ou mais inferior àquele, no caso de se tratar de um procedimento de formação de qualquer dos restantes contratos.

2 - Quando o caderno de encargos não fixar o preço base, bem como quando não se verificar qualquer das situações previstas no n.º 3 do artigo 115.º, no n.º 2 do artigo 132.º e no n.º 3 do artigo 189.º, o órgão competente para a decisão de contratar deve fundamentar, para os efeitos do disposto no número seguinte, a decisão de considerar que o preço total resultante de uma proposta é anormalmente baixo.

3 - Nenhuma proposta pode ser excluída com fundamento no facto de dela constar um preço total anormalmente baixo sem antes ter sido solicitado ao respectivo concorrente, por escrito, que, em prazo adequado, preste esclarecimentos justificativos relativos aos elementos constitutivos da proposta que considere relevantes para esse efeito.

4 - Na análise dos esclarecimentos prestados pelo concorrente nos termos do disposto na alínea d) do n.º 1 do artigo 57.º ou do número anterior, pode tomar-se em consideração justificações inerentes, designadamente:

a) À economia do processo de construção, de fabrico ou de prestação do serviço;

b) Às soluções técnicas adoptadas ou às condições excepcionalmente favoráveis de que o concorrente comprovadamente disponha para a execução da prestação objecto do contrato a celebrar;

c) À originalidade da obra, dos bens ou dos serviços propostos;

d) Às específicas condições de trabalho de que beneficia o concorrente;

e) À possibilidade de obtenção de um auxílio de Estado pelo concorrente, desde que legalmente concedido.

Artigo 72.º Esclarecimentos sobre as propostas. 1 - O júri do procedimento pode pedir aos concorrentes quaisquer esclarecimentos sobre as propostas apresentadas que considere necessários para efeito da análise e da avaliação das mesmas.

2 - Os esclarecimentos prestados pelos respectivos concorrentes fazem parte integrante das mesmas, desde que não contrariem os elementos constantes dos documentos que as constituem, não alterem ou completem os respectivos atributos, nem visem suprir omissões que determinam a sua exclusão nos termos do disposto na alínea a) do n.º 2 do artigo 70.º

3 - Os esclarecimentos referidos no número anterior devem ser disponibilizados em plataforma electrónica utilizada pela entidade adjudicante, devendo todos os concorrentes ser imediatamente notificados desse facto.

Artigo 73.º Noção de adjudicação. 1 - A adjudicação é o acto pelo qual o órgão competente para a decisão de contratar aceita a única proposta apresentada ou escolhe uma de entre as propostas apresentadas.

2 - No mesmo procedimento podem efectuar-se adjudicações de propostas por lotes, caso em que podem ser celebrados tantos contratos quantas as propostas adjudicadas ou quantos os adjudicatários.

Artigo 74.º Critério de adjudicação. 1 - A adjudicação é feita segundo um dos seguintes critérios:

a) O da proposta economicamente mais vantajosa para a entidade adjudicante;

b) O do mais baixo preço.

2 - Só pode ser adoptado o critério de adjudicação do mais baixo preço quando o caderno de encargos defina todos os restantes aspectos da execução do contrato a celebrar, submetendo apenas à concorrência o preço a pagar pela entidade adjudicante pela execução de todas as prestações que constituem o objecto daquele.

Artigo 75.º Factores e subfactores. 1 - Os factores e os eventuais subfactores que densificam o critério de adjudicação da proposta economicamente mais vantajosa devem abranger todos, e apenas, os aspectos da execução do contrato a celebrar submetidos à concorrência pelo caderno de encargos, não podendo dizer respeito, directa ou indirectamente, a situações, qualidades, características ou outros elementos de facto relativos aos concorrentes.

2 - Apenas os factores e subfactores situados ao nível mais elementar da densificação do critério de adjudicação, denominados factores ou subfactores elementares, podem ser adoptados para a avaliação das propostas.

3 - O disposto na parte final do n.º 1 não é aplicável quando se tratar de um procedimento de formação de um contrato cujo objecto não abranja prestações típicas de contratos de empreitada de obras públicas, de concessão de obras públicas, de concessão de serviços públicos, de locação ou de aquisição de bens móveis ou de aquisição de serviços.

4 - Quando, por força do disposto no número anterior, factores e eventuais subfactores que densificam o critério de adjudicação se refiram a elementos de facto relativos aos concorrentes, são-lhes aplicáveis, com as necessárias adaptações, as regras do presente Código respeitantes aos aspectos da execução do contrato a celebrar submetidos à concorrência pelo caderno de encargos.

Artigo 76.º Dever de adjudicação. 1 - Sem prejuízo do disposto no n.º 1 do artigo 79.º, o órgão competente para a decisão de contratar deve tomar a decisão de adjudicação e notificá-la aos concorrentes até ao termo do prazo da obrigação de manutenção das propostas.

2 - Por motivo devidamente justificado, a decisão de adjudicação pode ser tomada e notificada aos concorrentes após o termo do prazo referido no número anterior, sem prejuízo do direito de recusa da adjudicação pelo concorrente cuja proposta foi a escolhida.

3 - Quando a decisão de adjudicação seja tomada e notificada aos concorrentes após o termo do prazo referido no n.º 1, a entidade adjudicante deve indemnizar o concorrente que recuse a adjudicação pelos encargos em que comprovadamente incorreu com a elaboração da respectiva proposta.

Artigo 77.º Notificação da decisão de adjudicação[23]**.** 1 - A decisão de adjudicação é notificada em simultâneo a todos os concorrentes, indicando-se, quando aplicável, o prazo de suspensão previsto no n.º 3 do artigo 95.º ou na alínea a) do n.º 1 do artigo 104.º, conforme o caso.

2 - Juntamente com a notificação da decisão de adjudicação, o órgão competente para a decisão de contratar deve notificar o adjudicatário para:

a) Apresentar os documentos de habilitação exigidos nos termos do disposto no artigo 81.º;

b) Prestar caução, se esta for devida, nos termos do disposto nos artigos 88.º a 91.º, indicando expressamente o seu valor;

c) Confirmar no prazo para o efeito fixado, se for o caso, os compromissos assumidos por terceiras entidades relativos a atributos ou a termos ou condições da proposta adjudicada.

3 - As notificações referidas nos números anteriores devem ser acompanhadas do relatório final de análise das propostas.

Artigo 78.º Anúncio da adjudicação. 1 - Quando o procedimento de formação do contrato tenha sido publicitado através de anúncio publicado no Jornal Oficial da União Europeia, a entidade adjudicante deve enviar ao Serviço de Publicações Oficiais das Comunidades Europeias, no prazo de 30 dias após a adjudicação, um anúncio conforme modelo constante do anexo III ou do anexo VI ao Regulamento (CE) n.º 1564/2005, da Comissão, de 7 de Setembro, consoante o caso.

---

23 Contém as alterações introduzidas pelos seguintes diplomas: DL n.º 131/2010, de 14 de Dezembro.

2 - O disposto no número anterior é também aplicável quando a adjudicação tenha sido decidida na sequência de ajuste directo adoptado ao abrigo do disposto nas alíneas a) a c) e e) do n.º 1 do artigo 24.º, nas alíneas a) e b) do n.º 1 do artigo 25.º, nas alíneas a) a d) do n.º 1 e no n.º 2 do artigo 26.º e nas alíneas a), b) e g) do n.º 1 do artigo 27.º, sempre que o preço contratual seja igual ou superior:

a) Ao referido na alínea b) do artigo 19.º, no caso de se tratar de um contrato de empreitada de obras públicas;

b) Ao referido na alínea b) do n.º 1 do artigo 20.º, no caso de se tratar de um contrato de locação ou de aquisição de bens móveis ou de um contrato de aquisição de serviços;

c) Ao referido no n.º 2 do artigo 20.º, no caso de se tratar de um contrato de locação ou de aquisição de bens móveis ou de um contrato de aquisição de serviços, quando a entidade adjudicante seja o Estado, excepto se se tratar de um dos contratos mencionados nas alíneas a) e b) do n.º 2 do artigo 20.º, caso em que é aplicável o disposto na alínea anterior.

3 - Quando o contrato a celebrar diga directa e principalmente respeito a uma ou a várias das actividades exercidas nos sectores da água, da energia, dos transportes e dos serviços postais pelas entidades adjudicantes referidas no n.º 1 do artigo 7.º, o disposto no número anterior só é aplicável quando o preço contratual seja igual ou superior:

a) Ao referido na subalínea i) da alínea b) do n.º 1 do artigo 11.º, no caso de se tratar de um contrato de empreitada de obras públicas;

b) Ao referido nas subalíneas iv) e v) da alínea b) do n.º 1 do artigo 11.º, no caso de se tratar de um contrato de locação ou de aquisição de bens móveis ou de um contrato de aquisição de serviços.

4 - O disposto no n.º 1 é ainda aplicável aos procedimentos de formação de acordos quadro e aos procedimentos de formação de contratos a celebrar ao abrigo de um sistema de aquisição dinâmico quando o anúncio com indicação expressa da instituição desse sistema tenha sido publicado no Jornal Oficial da União Europeia.

5 - O disposto no n.º 1 não é aplicável aos procedimentos de formação de contratos celebrados ao abrigo de um acordo quadro.

6 - No caso de se tratar de contrato de aquisição de algum dos serviços constantes do anexo II B da Directiva n.º 2004/18/CE, do Parlamento Europeu e do Conselho, de 31 de Março, deve ser expressamente indicado, no anúncio a que se refere o n.º 1, se a entidade adjudicante concorda ou não com a sua publicação no Jornal Oficial da União Europeia.

Artigo 78.º-A Anúncio voluntário de transparência. 1 - Quando a decisão de adjudicação tenha sido tomada na sequência de um procedimento de formação do contrato sem publicação de anúncio no Jornal Oficial da União Europeia, a entidade adjudicante pode nele publicar um anúncio voluntário de transparência divulgando a sua intenção de celebrar o contrato.

2 - Quando a entidade adjudicante pretenda divulgar a sua intenção de celebrar um contrato no Jornal Oficial da União Europeia, nos termos do número anterior, deve fazê-lo através de um anúncio conforme modelo constante do anexo iii do Regulamento (CE) n.º 1150/2009, da Comissão, de 10 de Novembro.

Artigo 79.º Causas de não adjudicação. 1 - Não há lugar a adjudicação quando:

a) Nenhum candidato se haja apresentado ou nenhum concorrente haja apresentado proposta;

b) Todas as candidaturas ou todas as propostas tenham sido excluídas;

c) Por circunstâncias imprevistas, seja necessário alterar aspectos fundamentais das peças do procedimento após o termo do prazo fixado para a apresentação das propostas;

d) Circunstâncias supervenientes ao termo do prazo fixado para a apresentação das propostas, relativas aos pressupostos da decisão de contratar, o justifiquem;

e) No procedimento de ajuste directo em que só tenha sido convidada uma entidade e não tenha sido fixado preço base no caderno de encargos, o preço contratual seria manifestamente desproporcionado;

f) No procedimento de diálogo concorrencial, nenhuma das soluções apresentadas satisfaça as necessidades e as exigências da entidade adjudicante.

2 - A decisão de não adjudicação, bem como os respectivos fundamentos, deve ser notificada a todos os concorrentes.

3 - No caso da alínea c) do n.º 1, é obrigatório dar início a um novo procedimento no prazo máximo de seis meses a contar da data da notificação da decisão de não adjudicação.

4 - Quando o órgão competente para a decisão de contratar decida não adjudicar com fundamento no disposto nas alíneas c) e d) do n.º 1, a entidade adjudicante deve indemnizar os concorrentes, cujas propostas não tenham sido excluídas, pelos encargos em que comprovadamente incorreram com a elaboração das respectivas propostas.

Artigo 80.º Revogação da decisão de contratar. 1 - A decisão de não adjudicação prevista no artigo anterior determina a revogação da decisão de contratar.

2 - Quando as circunstâncias previstas nas alíneas c) e d) do n.º 1 do artigo anterior ocorrerem entre o início do procedimento e o termo do prazo de apresentação das propostas, a decisão de contratar também pode ser revogada.

CAPÍTULO VIII. HABILITAÇÃO

Artigo 81.º Documentos de habilitação. 1 - Nos procedimentos de formação de quaisquer contratos, o adjudicatário deve apresentar os seguintes documentos de habilitação:

a) Declaração emitida conforme modelo constante do anexo II ao presente Código e do qual faz parte integrante;

b) Documentos comprovativos de que não se encontra nas situações previstas nas alíneas b), d), e) e i) do artigo 55.º

2 - No caso de se tratar de um procedimento de formação de um contrato de empreitada ou de concessão de obras públicas, o adjudicatário, para além dos documentos referidos no número anterior, deve também apresentar os alvarás ou os títulos de registo emitidos pelo Instituto da Construção e do Imobiliário, I. P., contendo as habilitações adequadas e necessárias à execução da obra a realizar ou, no caso de o contrato respeitar a um lote funcionalmente não autónomo, as habilitações adequadas e necessárias à execução dos trabalhos inerentes à totalidade dos lotes que constituem a obra.

3 - Para efeitos da verificação das habilitações referidas no número anterior, o adjudicatário pode apresentar alvarás ou títulos de registo da titularidade de subcontratados, desde que acompanhados de declaração através da qual estes se comprometam, incondicionalmente, a executar os trabalhos correspondentes às habilitações deles constantes.

4 - No caso de se tratar de um procedimento de formação de um contrato de locação ou de aquisição de bens móveis ou de um contrato de aquisição de serviços, o adjudicatário, para além dos documentos referidos no n.º 1, deve também apresentar o respectivo certificado de inscrição em lista oficial de fornecedores de bens móveis ou de prestadores de serviços de qualquer Estado signatário do Acordo sobre o Espaço Económico Europeu que revele a titularidade das habilitações adequadas e necessárias à execução das prestações objecto do contrato a celebrar.

5 - O adjudicatário, ou um subcontratado referido no n.º 3, nacional de Estado signatário do Acordo sobre o Espaço Económico Europeu ou do Acordo sobre Contratos Públicos da Organização Mundial de Comércio que não seja titular do alvará ou do título de registo referidos nos n.os 2 ou 3, consoante o caso, ou do certificado referido no número anterior deve apresentar, em substituição desses documentos:

a) No caso de se tratar de um procedimento de formação de um contrato de empreitada ou de concessão de obras públicas, uma declaração, emitida pelo Instituto da Construção e do Imobiliário, I. P., comprovativa de que pode executar a prestação objecto do contrato a celebrar por preencher os requisitos que lhe permitiriam ser titular de um alvará ou de um título de registo contendo as habilitações adequadas à execução da obra a realizar;

b) No caso de se tratar de um procedimento de formação de um contrato de locação ou de aquisição de bens móveis ou de um contrato de aquisição de serviços, certificado de inscrição nos registos a que se referem os anexos IX-B e IX-C da Directiva n.º 2004/18/CE, do Parlamento Europeu e do Conselho, de 31 de Março, com todas as inscrições em vigor e que revele a titularidade das habilitações adequadas e necessárias à execução das prestações objecto do contrato a celebrar ou, quando o Estado de que é nacional não constar daqueles anexos, uma declaração sob compromisso de honra, prestada perante notário, autoridade judiciária ou administrativa ou qualquer outra competente, de que pode executar a prestação objecto do contrato a celebrar no Estado de que é nacional de acordo com as regras nele aplicáveis.

6 - Independentemente do objecto do contrato a celebrar, o adjudicatário deve ainda apresentar os documentos de habilitação que o programa do procedimento exija, nomeadamente, no caso de se tratar de um procedimento de formação de um contrato de aquisição de serviços, quaisquer documentos comprovativos da titularidade das habilitações legalmente exigidas para a prestação dos serviços em causa.

7 - Os documentos a que se refere o número anterior não são exigíveis a concorrentes nacionais de outro Estado signatário do Acordo sobre o Espaço Económico Europeu ou do Acordo sobre Contratos Públicos da Organização Mundial de Comércio, quando nesse Estado aqueles documentos não sejam emitidos, devendo porém ser substituídos por uma declaração sob compromisso de honra, prestada perante notário, autoridade judiciária ou administrativa ou qualquer outra competente, de que os documentos em causa não são emitidos nesse Estado.

8 - O órgão competente para a decisão de contratar pode sempre solicitar ao adjudicatário, ainda que tal não conste do programa do procedimento, a apresentação de quaisquer documentos comprovativos da titularidade das habilitações legalmente exigidas para a execução das prestações objecto do contrato a celebrar, fixando-lhe prazo para o efeito.

Artigo 82.º Idioma dos documentos de habilitação. 1 - Todos os documentos de habilitação do adjudicatário devem ser redigidos em língua portuguesa.

2 - Quando, pela sua própria natureza ou origem, os documentos de habilitação estiverem redigidos em língua estrangeira, deve o adjudicatário fazê-los acompanhar de tradução devidamente legalizada.

Artigo 83.º Modo de apresentação dos documentos de habilitação[24]. 1 - O adjudicatário deve apresentar reprodução dos documentos de habilitação referidos no artigo 81.º através da plataforma electrónica utilizada pela entidade adjudicante ou, no caso de a mesma se encontrar indisponível, através de correio electrónico ou de outro meio de transmissão escrita e electrónica de dados.

2 - Para efeitos do disposto na parte final do número anterior, a entidade adjudicante deve identificar, no convite ou programa do procedimento, o endereço de correio electrónico ou de outro meio de transmissão escrita e electrónica de dados, para o qual, com exclusão de qualquer outro, devem ser enviados os documentos de habilitação.

3 - Quando os documentos a que se referem a alínea b) do n.º 1 e os n.os 2 a 4 do artigo 81.º se encontrem disponíveis na Internet, o adjudicatário pode, em substituição da apresentação da sua reprodução, indicar à entidade adjudicante o endereço do sítio onde aqueles podem ser consultados, bem como a informação necessária a essa consulta, desde que os referidos sítio e documentos dele constantes estejam redigidos em língua portuguesa.

4 - Quando o adjudicatário tenha prestado consentimento, nos termos da lei, para que a entidade adjudicante consulte a informação relativa a qualquer dos documentos referidos na alínea b) do

---

24 Contém as alterações introduzidas pelos seguintes diplomas: DL n.º 278/2009, de 02 de Outubro.

n.º 1 ou nos n.os 2 a 4 do artigo 81.º, é dispensada a sua apresentação nos termos do n.º 1 ou a indicação prevista no número anterior.

5 - O órgão competente para a decisão de contratar pode sempre exigir ao adjudicatário, em prazo que fixar para o efeito, a apresentação dos originais de quaisquer documentos cuja reprodução tenha sido apresentada nos termos do disposto no n.º 1, em caso de dúvida fundada sobre o conteúdo ou a autenticidade destes, sendo aplicável, com as necessárias adaptações, o disposto no artigo 86.º

Artigo 83.º-A Força probatória dos documentos de habilitação. 1 - As entidades adjudicantes devem aceitar como prova bastante de que o adjudicatário não se encontra abrangido por nenhum dos casos referidos nas alíneas a), b) e i) do artigo 55.º a apresentação de um certificado de registo criminal ou, na sua falta, de documento equivalente emitido pela autoridade judicial ou administrativa competente, do qual resulte que aqueles requisitos se encontram satisfeitos.

2 - As entidades adjudicantes devem aceitar como prova bastante de que o adjudicatário não se encontra abrangido por nenhum dos casos referidos nas alíneas d) e e) do artigo 55.º um certificado emitido pela entidade competente.

3 - No caso de não emissão dos documentos ou certificados referidos nos números anteriores ou se estes não se referirem a todos casos referidos nas alíneas a), b) e i) do artigo 55.º, podem os mesmos ser substituídos por uma declaração solene, sob compromisso de honra, feita pelo interessado perante a autoridade judicial ou administrativa competente, um notário ou um organismo profissional qualificado.

Artigo 84.º Apresentação dos documentos de habilitação por agrupamentos. 1 - Quando o adjudicatário for um agrupamento de pessoas singulares ou colectivas:

a) Os documentos previstos no n.º 1 do artigo 81.º devem ser apresentados por todos os seus membros;

b) O documento referido no n.º 2 do artigo 81.º pode ser apresentado por apenas um dos seus membros, podendo ser substituído pela apresentação de vários alvarás ou títulos de registo dos seus membros que, em conjunto, contenham as habilitações adequadas e necessárias à execução da obra a realizar;

c) Os documentos referidos nos n.os 4, 6, 7 e 8 do artigo 81.º devem ser apresentados por todos os seus membros cuja actividade careça da sua titularidade.

2 - Sem prejuízo do disposto na alínea b) do número anterior, no caso de se tratar de um procedimento de formação de um contrato de empreitada ou de concessão de obras públicas, todos os membros do agrupamento concorrente que exerçam a actividade da construção devem apresentar o respectivo alvará ou título de registo emitido pelo Instituto da Construção e do Imobiliário, I. P.

3 - É aplicável aos membros dos agrupamentos concorrentes o disposto no n.º 5 do artigo 81.º

Artigo 85.º Notificação da apresentação dos documentos de habilitação. 1 - O órgão competente para a decisão de contratar notifica em simultâneo todos os concorrentes da apresentação dos documentos de habilitação pelo adjudicatário, indicando o dia em que ocorreu essa apresentação.

2 - Os documentos de habilitação apresentados pelo adjudicatário devem ser disponibilizados, para consulta de todos os concorrentes, em plataforma electrónica utilizada pela entidade adjudicante.

Artigo 86.º Não apresentação dos documentos de habilitação[25]. 1 - A adjudicação caduca se, por facto que lhe seja imputável, o adjudicatário não apresentar os documentos de habilitação:

a) No prazo fixado no programa do procedimento;

b) No prazo fixado pelo órgão competente para a decisão de contratar, no caso previsto no n.º 8 do artigo 81.º;

---

25 Contém as alterações introduzidas pelos seguintes diplomas: DL n.º 278/2009, de 02 de Outubro; DL n.º 149/2012, de 12 de Julho.

c) Redigidos em língua portuguesa ou, no caso previsto no n.º 2 do artigo 82.º, acompanhados de tradução devidamente legalizada.

2 - Sempre que se verifique um facto que determine a caducidade da adjudicação nos termos do n.º 1, o órgão competente para a decisão de contratar deve notificar o adjudicatário relativamente ao qual o facto ocorreu, fixando-lhe um prazo, não superior a 5 dias, para que se pronuncie, por escrito, ao abrigo do direito de audiência prévia.

3 - Quando as situações previstas no n.º 1 se verifiquem por facto que não seja imputável ao adjudicatário, o órgão competente para a decisão de contratar deve conceder-lhe, em função das razões invocadas, um prazo adicional para a apresentação dos documentos em falta, sob pena de caducidade da adjudicação.

4 - Nos casos previstos nos números anteriores, o órgão competente para a decisão de contratar deve adjudicar a proposta ordenada em lugar subsequente.

5 - No caso de se tratar de um procedimento de formação de um contrato de empreitada ou concessão de obras públicas, a entidade adjudicante deve comunicar imediatamente ao Instituto da Construção e do Imobiliário, I. P., a caducidade da adjudicação.

Artigo 87.º Falsidade de documentos e declarações. Sem prejuízo da participação à entidade competente para efeitos de procedimento criminal, a falsificação de qualquer documento de habilitação ou a prestação culposa de falsas declarações determina a caducidade da adjudicação, sendo aplicável o disposto nos n.os 3 e 4 do artigo anterior.

CAPÍTULO IX.

CAUÇÃO

Artigo 88.º Função da caução. 1 - No caso de contratos que impliquem o pagamento de um preço pela entidade adjudicante, deve ser exigida ao adjudicatário a prestação de uma caução destinada a garantir a sua celebração, bem como o exacto e pontual cumprimento de todas as obrigações legais e contratuais que assume com essa celebração.

2 - Não é exigível a prestação de caução quando o preço contratual for inferior a (euro) 200 000.

3 - Quando, no caso previsto no número anterior, não tenha sido exigida a prestação de caução, pode a entidade adjudicante, se o considerar conveniente, proceder à retenção de até 10 do valor dos pagamentos a efectuar, desde que tal faculdade seja prevista no caderno de encargos.

4 - Pode não ser exigida a prestação de caução, nos termos previstos no programa do procedimento ou no convite, quando o adjudicatário apresente seguro da execução do contrato a celebrar, emitido por entidade seguradora, que cubra o respectivo preço contratual, ou declaração de assunção de responsabilidade solidária com o adjudicatário, pelo mesmo montante, emitida por entidade bancária, desde que essa entidade apresente documento comprovativo de que possui sede ou sucursal em Estado membro da União Europeia, emitido pela entidade que nesse Estado exerça a supervisão seguradora ou bancária, respectivamente.

Artigo 89.º Valor da caução. 1 - O valor da caução é de 5 do preço contratual.

2 - Quando o preço total resultante da proposta adjudicada seja considerado anormalmente baixo, o valor da caução a prestar pelo adjudicatário é de 10 do preço contratual.

3 - Quando, em contratos que não impliquem o pagamento de um preço pela entidade adjudicante, for exigida a prestação de caução, o valor desta não pode ser superior a 2 do montante correspondente à utilidade económica imediata do contrato para a entidade adjudicante.

Artigo 90.º Modo de prestação da caução. 1 - O adjudicatário deve prestar a caução no prazo de 10 dias a contar da notificação prevista no n.º 2 do artigo 77.º, devendo comprovar essa prestação junto da entidade adjudicante no dia imediatamente subsequente.

2 - A caução é prestada por depósito em dinheiro ou em títulos emitidos ou garantidos pelo Estado, ou mediante garantia bancária ou seguro-caução.

3 - O depósito em dinheiro ou títulos é efectuado em Portugal, em qualquer instituição de crédito, à ordem da entidade que for indicada no programa do procedimento, devendo ser especificado o fim a que se destina.

4 - Quando o depósito for efectuado em títulos, estes são avaliados pelo respectivo valor nominal, salvo se, nos últimos três meses, a média da cotação na bolsa de valores ficar abaixo do par, caso em que a avaliação é feita em 90 dessa média.

5 - O programa do procedimento deve conter os modelos referentes à caução que venha a ser prestada por garantia bancária, por seguro-caução ou por depósito em dinheiro ou títulos.

6 - Se o adjudicatário prestar a caução mediante garantia bancária, deve apresentar um documento pelo qual um estabelecimento bancário legalmente autorizado assegure, até ao limite do valor da caução, o imediato pagamento de quaisquer importâncias exigidas pela entidade adjudicante em virtude do incumprimento de quaisquer obrigações a que a garantia respeita.

7 - Tratando-se de seguro-caução, o programa do procedimento pode exigir a apresentação de apólice pela qual uma entidade legalmente autorizada a realizar este seguro assuma, até ao limite do valor da caução, o encargo de satisfazer de imediato quaisquer importâncias exigidas pela entidade adjudicante em virtude do incumprimento de quaisquer obrigações a que o seguro respeita.

8 - Das condições da garantia bancária ou da apólice de seguro-caução não pode, em caso algum, resultar uma diminuição das garantias da entidade adjudicante, nos moldes em que são asseguradas pelas outras formas admitidas de prestação da caução.

9 - Todas as despesas relativas à prestação da caução são da responsabilidade do adjudicatário.

Artigo 91.º Não prestação da caução. 1 - A adjudicação caduca se, por facto que lhe seja imputável, o adjudicatário não prestar, em tempo e nos termos estabelecidos nos artigos anteriores, a caução que lhe seja exigida.

2 - No caso previsto no número anterior, o órgão competente para a decisão de contratar deve adjudicar a proposta ordenada em lugar subsequente.

3 - A não prestação da caução pelo adjudicatário, no caso de empreitadas ou de concessões de obras públicas, deve ser imediatamente comunicada ao Instituto da Construção e do Imobiliário, I. P.

CAPÍTULO X.

CONFIRMAÇÃO DE COMPROMISSOS

Artigo 92.º Prorrogação do prazo para a confirmação de compromissos. A pedido fundamentado do adjudicatário, o órgão competente para a decisão de contratar pode prorrogar o prazo que tenha sido fixado para a confirmação dos compromissos assumidos por terceiras entidades relativos a atributos ou a termos ou condições da sua proposta.

Artigo 93.º Não confirmação de compromissos. 1 - A adjudicação caduca se o adjudicatário não confirmar os compromissos referidos no artigo anterior no prazo fixado para o efeito ou até ao termo da respectiva prorrogação.

2 - No caso previsto no número anterior, o órgão competente para a decisão de contratar deve adjudicar a proposta ordenada em lugar subsequente.

CAPÍTULO XI.

CELEBRAÇÃO DO CONTRATO

Artigo 94.º Redução do contrato a escrito. 1 - Salvo nos casos previstos no artigo seguinte, o contrato deve ser reduzido a escrito através da elaboração de um clausulado em suporte papel ou em suporte informático com a aposição de assinaturas electrónicas.

2 - Salvo disposição em contrário constante do programa do procedimento, as despesas e os encargos inerentes à redução do contrato a escrito são da responsabilidade da entidade adjudicante, com excepção dos impostos legalmente devidos pelo adjudicatário.

Artigo 95.º Inexigibilidade e dispensa de redução do contrato a escrito[26]**.** 1 - Salvo previsão expressa no programa do procedimento, não é exigível a redução do contrato a escrito:

a) Quando se trate de contrato de locação ou de aquisição de bens móveis ou de aquisição de serviços cujo preço contratual não exceda (euro) 10 000;

b) Quando se trate de locar ou de adquirir bens móveis ou de adquirir serviços ao abrigo de um contrato público de aprovisionamento;

c) Quando se trate de locar ou de adquirir bens móveis ou de adquirir serviços nos seguintes termos:

i) O fornecimento dos bens ou a prestação dos serviços deva ocorrer integralmente no prazo máximo de 20 dias a contar da data em que o adjudicatário comprove a prestação da caução ou, se esta não for exigida, da data da notificação da adjudicação;

ii) A relação contratual se extinga com o fornecimento dos bens ou com a prestação dos serviços, sem prejuízo da manutenção de obrigações acessórias que tenham sido estabelecidas inequivocamente em favor da entidade adjudicante, tais como as de sigilo ou de garantia dos bens ou serviços adquiridos; e

iii) O contrato não esteja sujeito a fiscalização prévia do Tribunal de Contas; ou

d) Quando se trate de contrato de empreitada de obras públicas de complexidade técnica muito reduzida e cujo preço contratual não exceda (euro) 15 000.

2 - A redução do contrato a escrito pode ser dispensada pelo órgão competente para a decisão de contratar, mediante decisão fundamentada, quando:

a) A segurança pública interna ou externa o justifique;

b) Seja adoptado um concurso público urgente; ou

c) Por motivos de urgência imperiosa resultante de acontecimentos imprevisíveis pela entidade adjudicante, seja necessário dar imediata execução ao contrato.

3 - Quando a redução do contrato a escrito não tenha sido exigida ou tenha sido dispensada nos termos do disposto nos números anteriores, entende-se que o contrato resulta da conjugação do caderno de encargos com o conteúdo da proposta adjudicada, não se podendo, porém, dar início a qualquer aspecto da sua execução antes de decorrido o prazo de 10 dias a contar da data da notificação da decisão de adjudicação e, em qualquer caso, nunca antes da apresentação de todos os documentos de habilitação exigidos, da comprovação da prestação da caução, quando esta for devida, e da confirmação dos compromissos referidos na alínea c) do n.º 2 do artigo 77.º

4 - O prazo de 10 dias previsto no número anterior não é aplicável quando:

a) Não tenha sido publicado anúncio do procedimento no Jornal Oficial da União Europeia;

b) (Revogada.)

c) Se trate da celebração de contrato ao abrigo de acordo quadro cujos termos abranjam todos os seus aspectos ou que tenha sido celebrado apenas com uma entidade.

d) Só tenha sido apresentada uma proposta.

Artigo 96.º Conteúdo do contrato. 1 - Faz parte integrante do contrato, quando este for reduzido a escrito, um clausulado que deve conter, sob pena de nulidade daquele, os seguintes elementos:

a) A identificação das partes e dos respectivos representantes, assim como do título a que intervêm, com indicação dos actos que os habilitem para esse efeito;

b) A indicação do acto de adjudicação e do acto de aprovação da minuta do contrato;

c) A descrição do objecto do contrato;

d) O preço contratual ou o preço a receber pela entidade adjudicante ou, na impossibilidade do seu cálculo, os elementos necessários à sua determinação;

e) O prazo de execução das principais prestações objecto do contrato;

f) Os ajustamentos aceites pelo adjudicatário;

---

26 Contém as alterações introduzidas pelos seguintes diplomas: DL n.º 131/2010, de 14 de Dezembro.

g) A referência à caução prestada pelo adjudicatário;

h) Se for o caso, a classificação orçamental da dotação por onde será satisfeita a despesa inerente ao contrato, a realizar no ano económico da celebração do mesmo ou, no caso de tal despesa se realizar em mais de um ano económico, a indicação da disposição legal habilitante ou do plano plurianual legalmente aprovado de que o contrato em causa constitui execução ou ainda do instrumento, legalmente previsto, que autoriza aquela repartição de despesa.

2 - Fazem sempre parte integrante do contrato, independentemente da sua redução a escrito:

a) Os suprimentos dos erros e das omissões do caderno de encargos identificados pelos concorrentes, desde que esses erros e omissões tenham sido expressamente aceites pelo órgão competente para a decisão de contratar;

b) Os esclarecimentos e as rectificações relativos ao caderno de encargos;

c) O caderno de encargos;

d) A proposta adjudicada;

e) Os esclarecimentos sobre a proposta adjudicada prestados pelo adjudicatário.

3 - Sempre que a entidade adjudicante considere conveniente, o clausulado do contrato pode também incluir uma reprodução do caderno de encargos completada por todos os elementos resultantes dos documentos referidos nas alíneas a), b), d) e e) do número anterior.

4 - A entidade adjudicante pode excluir expressamente do contrato os termos ou condições constantes da proposta adjudicada que se reportem a aspectos da execução do contrato não regulados pelo caderno de encargos e que não sejam considerados estritamente necessários a essa execução ou sejam considerados desproporcionados.

5 - Em caso de divergência entre os documentos referidos no n.º 2, a prevalência é determinada pela ordem pela qual são indicados nesse número.

6 - Em caso de divergência entre os documentos referidos no n.º 2 e o clausulado do contrato, prevalecem os primeiros, salvo quanto aos ajustamentos propostos de acordo com o disposto no artigo 99.º e aceites pelo adjudicatário nos termos do disposto no artigo 101.º

Artigo 97.º Preço contratual. 1 - Para efeitos do presente Código, entende-se por preço contratual o preço a pagar, pela entidade adjudicante, em resultado da proposta adjudicada, pela execução de todas as prestações que constituem o objecto do contrato.

2 - Está incluído no preço contratual, nomeadamente, o preço a pagar pela execução das prestações objecto do contrato na sequência de qualquer prorrogação contratualmente prevista, expressa ou tácita, do respectivo prazo.

3 - Não está incluído no preço contratual o acréscimo de preço a pagar em resultado de:

a) Modificação objectiva do contrato;

b) Reposição do equilíbrio financeiro prevista na lei ou no contrato;

c) Prémios por antecipação do cumprimento das prestações objecto do contrato.

Artigo 98.º Aprovação da minuta do contrato. 1 - Nos casos em que a celebração do contrato implique a sua redução a escrito, a respectiva minuta é aprovada pelo órgão competente para a decisão de contratar depois de comprovada a prestação da caução pelo adjudicatário.

2 - Nos casos previstos no número anterior, quando não haja lugar à prestação de caução, a minuta do contrato é aprovada pelo órgão competente para a decisão de contratar em simultâneo com a decisão de adjudicação.

3 - A aprovação da minuta do contrato a celebrar tem por objectivo verificar se o seu conteúdo está conforme à decisão de contratar e a todos os documentos que o integram nos termos do disposto nos n.os 2 e 5 do artigo 96.º, sem prejuízo de serem propostos ajustamentos nos termos do disposto no artigo seguinte.

4 - Da minuta do contrato devem constar expressamente os termos ou condições da proposta adjudicada excluídos do contrato nos termos do disposto no n.º 4 do artigo 96.º

Artigo 99.º Ajustamentos ao conteúdo do contrato a celebrar. 1 - O órgão competente para a decisão de contratar pode propor ajustamentos ao conteúdo do contrato a celebrar, desde que estes resultem de exigências de interesse público e, tratando-se de procedimento em que se tenha analisado e avaliado mais de uma proposta, seja objectivamente demonstrável que a respectiva ordenação não seria alterada se os ajustamentos propostos tivessem sido reflectidos em qualquer das propostas.

2 - Os ajustamentos referidos no número anterior não podem implicar, em caso algum:

a) A violação dos parâmetros base fixados no caderno de encargos nem a dos aspectos da execução do contrato a celebrar por aquele não submetidos à concorrência;

b) A inclusão de soluções contidas em proposta apresentada por outro concorrente.

Artigo 100.º Notificação da minuta do contrato. 1 - Depois de aprovada a minuta do contrato a celebrar, o órgão competente para a decisão de contratar notifica-a ao adjudicatário, assinalando expressamente os ajustamentos propostos nos termos do disposto no artigo anterior.

2 - Nos casos em que não haja lugar à prestação de caução, a minuta do contrato a celebrar deve ser notificada ao adjudicatário em simultâneo com a decisão de adjudicação, nos termos do disposto no n.º 1 do artigo 77.º

Artigo 101.º Aceitação da minuta do contrato. A minuta do contrato a celebrar e os ajustamentos propostos consideram-se aceites pelo adjudicatário quando haja aceitação expressa ou quando não haja reclamação nos cinco dias subsequentes à respectiva notificação.

Artigo 102.º Reclamação da minuta do contrato. 1 - As reclamações da minuta do contrato a celebrar só podem ter por fundamento a previsão de obrigações que contrariem ou que não constem dos documentos que integram o contrato nos termos do disposto nos n.os 2 e 5 do artigo 96.º ou ainda a recusa dos ajustamentos propostos.

2 - No prazo de 10 dias a contar da recepção da reclamação, o órgão que aprovou a minuta do contrato notifica o adjudicatário da sua decisão, equivalendo o silêncio à rejeição da reclamação.

3 - Os ajustamentos propostos que tenham sido recusados pelo adjudicatário não fazem parte integrante do contrato.

Artigo 103.º Notificação dos ajustamentos ao contrato. Os ajustamentos ao contrato que sejam aceites pelo adjudicatário devem ser notificados a todos os concorrentes cujas propostas não tenham sido excluídas.

Artigo 104.º Outorga do contrato[27]**.** 1 - A outorga do contrato deve ter lugar no prazo de 30 dias contados da data da aceitação da minuta ou da decisão sobre a reclamação, mas nunca antes de:

a) Decorridos 10 dias contados da data da notificação da decisão de adjudicação a todos os concorrentes;

b) Apresentados todos os documentos de habilitação exigidos;

c) Comprovada a prestação da caução, quando esta for devida, nos termos do disposto no n.º 1 do artigo 90.º;

d) Confirmados os compromissos referidos na alínea c) do n.º 2 do artigo 77.º

2 - O disposto na alínea a) do número anterior não é aplicável quando:

a) Não tenha sido publicado anúncio do procedimento no Jornal Oficial da União Europeia;

b) (Revogada.)

c) Se trate da celebração de contrato ao abrigo de acordo quadro cujos termos abranjam todos os seus aspectos ou que tenha sido celebrado apenas com uma entidade.

d) Só tenha sido apresentada uma proposta.

3 - O órgão competente para a decisão de contratar comunica ao adjudicatário, com a antecedência mínima de cinco dias, a data, a hora e o local em que ocorrerá a outorga do contrato.

Artigo 105.º Não outorga do contrato. 1 - A adjudicação caduca se, por facto que lhe seja imputável, o adjudicatário não comparecer no dia, hora e local fixados para a outorga do contrato, bem como, no caso de o adjudicatário ser um agrupamento, se os seus membros não se tiverem associado nos termos previstos no n.º 4 do artigo 54.º

---

27 Contém as alterações introduzidas pelos seguintes diplomas: DL n.º 131/2010, de 14 de Dezembro.

2 - Nos casos previstos no número anterior, o adjudicatário perde a caução prestada a favor da entidade adjudicante, devendo o órgão competente para a decisão de contratar adjudicar a proposta ordenada em lugar subsequente.

3 - Se, por facto que lhe seja imputável, a entidade adjudicante não outorgar o contrato no prazo previsto no n.° 1 do artigo anterior, o adjudicatário pode desvincular-se da proposta, devendo aquela liberar a caução que este haja prestado, sem prejuízo do direito a ser indemnizado por todas as despesas e demais encargos em que comprovadamente incorreu com a elaboração da proposta e com a prestação da caução.

4 - No caso previsto no número anterior, o adjudicatário pode, em alternativa, exigir judicialmente a celebração do contrato.

5 - No caso de se tratar de um contrato de empreitada ou de concessão de obras públicas, a não outorga do contrato por parte do adjudicatário deve ser imediatamente comunicada ao Instituto da Construção e do Imobiliário, I. P., pela entidade adjudicante.

Artigo 106.° Representação na outorga do contrato[28]. 1 - Na outorga do contrato, a representação das entidades adjudicantes referidas nas alíneas a) a c), f) e g) do n.° 1 do artigo 2.° cabe ao órgão competente para a decisão de contratar.

2 - No caso das entidades adjudicantes referidas nas alíneas d) e e) do n.° 1 do artigo 2.°, a representação na outorga do contrato cabe ao órgão designado no respectivo diploma orgânico ou nos respectivos estatutos, independentemente do órgão que tenha tomado a decisão de contratar.

3 - Nos casos em que o órgão competente nos termos do disposto nos números anteriores seja um órgão colegial, a representação na outorga do contrato cabe ao presidente desse órgão.

4 - Relativamente às entidades adjudicantes referidas no n.° 2 do artigo 2.° ou no n.° 1 do artigo 7.°, a representação na outorga do contrato cabe a quem, nos termos da lei ou dos respectivos estatutos, tiver poderes para as obrigar.

5 - A competência prevista nos números anteriores para a representação da entidade adjudicante na outorga do contrato pode ser delegada nos termos gerais.

CAPÍTULO XII.

RELATÓRIOS

Artigo 107.° Informações sobre o procedimento. 1 - A entidade adjudicante deve conservar, pelo prazo de quatro anos a contar da data da celebração do contrato, todos os documentos relativos ao procedimento de formação que permitam justificar todas as decisões tomadas e fornecer à Comissão Europeia as informações que esta solicitar sobre o mesmo, nomeadamente:

a) A decisão de escolha do procedimento e respectivos fundamentos;

b) A identificação dos candidatos e dos concorrentes;

c) O teor das candidaturas e das propostas apresentadas;

d) A decisão de qualificação e respectivos fundamentos;

e) A decisão de adjudicação e respectivos fundamentos;

f) Os fundamentos da eventual exclusão de candidaturas e de propostas;

g) As eventuais causas de não adjudicação;

h) O objecto do contrato e o respectivo preço contratual.

2 - O disposto no número anterior é igualmente aplicável a todas as notificações e comunicações.

3 - A entidade adjudicante deve enviar à Comissão Europeia, a pedido desta, um relatório contendo as informações sobre o procedimento e as decisões nele tomadas.

---

28 Contém as alterações introduzidas pelos seguintes diplomas: Rectif. n.° 18-A/2008, de 28 de Março.

Artigo 108.º Relatório de contratação. 1 - A entidade adjudicante deve, no prazo de 10 dias a contar da data da celebração de um contrato de empreitada ou de concessão de obras públicas, enviar o respectivo relatório de contratação ao Instituto da Construção e do Imobiliário, I. P.

2 - O modelo do relatório referido no número anterior é aprovado por portaria do ministro responsável pela área das obras públicas.

CAPÍTULO XIII.

DELEGAÇÃO DE COMPETÊNCIAS

Artigo 109.º Norma de habilitação. 1 - Todas as competências atribuídas pelo presente Código ao órgão competente para a decisão de contratar podem ser delegadas, sem prejuízo do disposto na parte final no n.º 2 do artigo 69.º

2 - As competências atribuídas pelo artigo 37.º ao ministro ou ao membro do Governo Regional responsável pela área das finanças e ao ministro ou ao membro do Governo Regional da tutela sectorial só podem ser delegadas em membros do Governo ou do Governo Regional, consoante o caso.

3 - A delegação da competência para autorização da despesa inerente ao contrato a celebrar ou, quando o contrato a celebrar não implique o pagamento de um preço pela entidade adjudicante, a delegação da competência para a decisão de contratar, implica a delegação das demais competências do órgão competente para a decisão de contratar atribuídas pelo presente Código, excepto daquelas que o delegante expressamente reservar para si.

Artigo 110.º Delegação de competências nos órgãos dos institutos públicos. Quando a entidade adjudicante seja um instituto público e a competência para a autorização da despesa inerente ao contrato a celebrar tenha sido exercida pelo ministro ou pelo membro do Governo Regional da tutela, consideram-se delegadas no respectivo órgão de direcção todas as competências atribuídas pelo presente Código ao órgão competente para a decisão de contratar, sem prejuízo de o delegante poder reservar para si qualquer daquelas competências.

Artigo 111.º Delegação das competências do Conselho de Ministros ou do Conselho do Governo Regional. Quando o órgão competente para a decisão de contratar seja o Conselho de Ministros ou o Conselho do Governo Regional, consideram-se delegadas no Primeiro-Ministro ou no Presidente do Governo Regional, consoante o caso, todas as competências atribuídas pelo presente Código.

TÍTULO III.

TRAMITAÇÃO PROCEDIMENTAL

CAPÍTULO I.

AJUSTE DIRECTO

SECÇÃO I.

DISPOSIÇÕES COMUNS

Artigo 112.º Noção de ajuste directo. O ajuste directo é o procedimento em que a entidade adjudicante convida directamente uma ou várias entidades à sua escolha a apresentar proposta, podendo com elas negociar aspectos da execução do contrato a celebrar.

Artigo 113.º Escolha das entidades convidadas[29]

1 - Sem prejuízo do disposto no n.º 1 do artigo 128.º, a escolha das entidades convidadas a apresentar proposta no procedimento de ajuste directo cabe ao órgão competente para a decisão de contratar.

29 Contém as alterações introduzidas pelos seguintes diplomas: DL n.º 278/2009, de 02 de Outubro.

2 - Não podem ser convidadas a apresentar propostas entidades às quais a entidade adjudicante já tenha adjudicado, no ano económico em curso e nos dois anos económicos anteriores, na sequência de ajuste directo adoptado nos termos do disposto na alínea a) do artigo 19.º, na alínea a) do n.º 1 do artigo 20.º ou na alínea a) do n.º 1 do artigo 21.º, consoante o caso, propostas para a celebração de contratos cujo objecto seja constituído por prestações do mesmo tipo ou idênticas às do contrato a celebrar, e cujo preço contratual acumulado seja igual ou superior aos limites referidos naquelas alíneas.

3 - Para os efeitos do disposto no número anterior, quando a entidade adjudicante seja o Estado ou uma Região Autónoma, apenas são tidos em conta os contratos celebrados no âmbito do mesmo gabinete governamental, serviço central ou serviço periférico de cada ministério ou secretaria regional, respectivamente.

4 - Para os efeitos do disposto no n.º 2, quando a entidade adjudicante seja um município, são tidos em conta, autonomamente, os contratos celebrados no âmbito de cada serviço municipalizado.

5 - Não podem igualmente ser convidadas a apresentar propostas entidades que tenham executado obras, fornecido bens móveis ou prestado serviços à entidade adjudicante, a título gratuito, no ano económico em curso ou nos dois anos económicos anteriores, excepto se o tiverem feito ao abrigo do Estatuto do Mecenato.

SECÇÃO II.
REGIME GERAL

Artigo 114.º Número de entidades convidadas[30]. 1 - A entidade adjudicante pode, sempre que o considere conveniente, convidar a apresentar proposta mais de uma entidade.

2 - No caso de o ajuste direto ser adotado ao abrigo do disposto na alínea g) do n.º 1 do artigo 27.º, a entidade adjudicante deve convidar a apresentar propostas para a concretização ou o desenvolvimento dos trabalhos de conceção todos os selecionados no concurso de conceção.

Artigo 115.º Convite[31]. 1 - O programa do procedimento de ajuste directo é substituído pelo convite à apresentação de proposta, o qual deve indicar:

a) A entidade adjudicante;

b) O órgão que tomou a decisão de contratar e, no caso de esta ter sido tomada no uso de delegação ou subdelegação de competência, a qualidade em que aquele decidiu, com menção das decisões de delegação ou subdelegação e do local da respectiva publicação;

c) O fundamento da escolha do ajuste directo, quando seja feita ao abrigo do disposto nos artigos 24.º a 27.º e 31.º a 33.º;

d) Os documentos referidos na alínea c) do n.º 1 do artigo 57.º, se for o caso;

e) Os documentos que constituem a proposta que podem ser redigidos em língua estrangeira, nos termos do disposto no n.º 2 do artigo 58.º;

f) O prazo para a apresentação da proposta;

g) O modo de apresentação da proposta, através de meio de transmissão escrita e electrónica de dados, se diferente do previsto no n.º 1 do artigo 62.º;

h) O modo de prestação da caução ou os termos em que não seja exigida essa prestação de acordo com o disposto no n.º 4 do artigo 88.º;

i) O valor da caução, quando esta for exigida nos termos do disposto no n.º 3 do artigo 89.º

j) O prazo para a apresentação, pelo adjudicatário, dos documentos de habilitação, bem como o prazo a conceder pela entidade adjudicante para a supressão de irregularidades detectadas nos documentos apresentados que possam levar à caducidade da adjudicação nos termos do disposto no artigo 86.º

---

30 Contém as alterações introduzidas pelos seguintes diplomas: DL n.º 149/2012, de 12 de Julho.

31 Contém as alterações introduzidas pelos seguintes diplomas: DL n.º 278/2009, de 02 de Outubro.

2 - Quando for convidada a apresentar proposta mais de uma entidade, o convite deve também indicar:

a) Se as propostas apresentadas serão objecto de negociação e, em caso afirmativo:

i) Quais os aspectos da execução do contrato a celebrar que a entidade adjudicante não está disposta a negociar;

ii) Se a negociação decorrerá, parcial ou totalmente, por via electrónica e os respectivos termos;

b) O critério de adjudicação e os eventuais factores e subfactores que o densificam, não sendo, porém, necessário um modelo de avaliação das propostas.

3 - O convite pode indicar, ainda que por referência ao preço base fixado no caderno de encargos, um valor a partir do qual o preço total resultante de uma proposta é considerado anormalmente baixo.

4 - O convite deve ser formulado por escrito e acompanhado do caderno de encargos, podendo ser entregue directamente ou enviado por correio ou ainda por qualquer meio de transmissão escrita e electrónica de dados, devendo a entrega ou o envio ocorrer simultaneamente quando for convidada a apresentar proposta mais de uma entidade.

5 - Quando o ajuste directo seja adoptado ao abrigo do disposto na alínea g) do n.º 1 do artigo 27.º:

a) O critério de adjudicação pode ter em conta a ordenação das propostas efectuada no âmbito do concurso de concepção;

b) O caderno de encargos deve ser substancialmente idêntico ao que acompanhou os termos de referência do concurso de concepção.

Artigo 116.º Esclarecimentos e rectificação das peças do procedimento. Quando o prazo fixado para a apresentação da proposta seja inferior a nove dias, os esclarecimentos sobre as peças do procedimento podem ser prestados e as rectificações das mesmas podem ser efectuadas até ao dia anterior ao termo daquele prazo.

Artigo 117.º Agrupamentos. 1 - Pode apresentar proposta num procedimento de ajuste directo um agrupamento de pessoas singulares ou colectivas, desde que um dos seus membros tenha sido a entidade convidada para esse efeito.

2 - A entidade convidada não pode integrar um agrupamento quando o ajuste directo seja adoptado:

a) Nos termos do disposto na alínea a) do artigo 19.º, na alínea a) do n.º 1 do artigo 20.º ou na alínea a) do n.º 1 do artigo 21.º; ou

b) Para a formação de um contrato ao abrigo de um acordo quadro.

Artigo 118.º Negociações[32]. 1 - Quando tiver sido tempestivamente apresentada mais de uma proposta e do convite constar a indicação de que as propostas apresentadas são objecto de negociação, nos termos da alínea a) do n.º 2 do artigo 115.º, há lugar a uma fase de negociação, conduzida pelo júri, que deve incidir apenas sobre os atributos das propostas.

2 - O número anterior não se aplica às propostas que sejam excluídas por qualquer dos motivos previstos nas alíneas a) a n) do n.º 2 e no n.º 3 do artigo 146.º, aplicáveis com as necessárias adaptações.

3 - À exclusão de propostas a que se refere o número anterior é aplicável, com as necessárias adaptações, o regime de audiência prévia constante do artigo 123.º

Artigo 119.º Representação dos concorrentes nas sessões de negociação. Os concorrentes devem fazer-se representar nas sessões de negociação pelos seus representantes legais ou pelos representantes comuns dos agrupamentos concorrentes, se existirem, podendo ser acompanhados por técnicos por eles indicados.

32 Contém as alterações introduzidas pelos seguintes diplomas: DL n.º 278/2009, de 02 de Outubro

Artigo 120.º Formalidades a observar. 1 - O júri notifica os concorrentes, com uma antecedência mínima de três dias, da data, da hora e do local da primeira sessão de negociações, agendando as restantes sessões nos termos que tiver por convenientes.

2 - Na notificação referida no número anterior o júri deve indicar o formato adoptado para as negociações, nomeadamente se decorrem em separado ou em conjunto com os diversos concorrentes, podendo, porém, a qualquer momento, alterar esse formato, desde que os informe previamente.

3 - De cada sessão de negociações é lavrada acta, a qual deve ser assinada pelos membros presentes do júri e pelos representantes presentes dos concorrentes, devendo fazer-se menção da recusa de algum destes em assiná-la.

4 - Os concorrentes devem ter idênticas oportunidades de propor, de aceitar e de contrapor modificações das respectivas propostas durante as sessões de negociação.

5 - As actas e quaisquer outras informações ou comunicações, escritas ou orais, prestadas pelos concorrentes à entidade adjudicante devem manter-se sigilosas durante a fase de negociação.

Artigo 121.º Versões finais das propostas. 1 - Quando o júri der por terminada a negociação, notifica imediatamente os concorrentes para, em prazo por ele para o efeito fixado, apresentarem as versões finais integrais das propostas, as quais não podem conter atributos diferentes dos constantes das respectivas versões iniciais no que respeita aos aspectos da execução do contrato a celebrar que a entidade adjudicante tenha indicado não estar disposta a negociar.

2 - Depois de entregues as versões finais das propostas, não podem as mesmas ser objecto de quaisquer alterações.

Artigo 122.º Relatório preliminar. 1 - Após a análise das versões iniciais e finais das propostas e a aplicação do critério de adjudicação, o júri elabora fundamentadamente um relatório preliminar, no qual deve propor a ordenação das mesmas.

2 - No relatório preliminar a que se refere o número anterior, o júri deve também propor, fundamentadamente, a exclusão das propostas por qualquer dos motivos previstos nos n.os 2 e 3 do artigo 146.º, aplicáveis com as necessárias adaptações, bem como das que sejam apresentadas em violação do disposto na parte final do n.º 1 do artigo anterior.

3 - Do relatório preliminar deve ainda constar referência aos esclarecimentos prestados pelos concorrentes nos termos do disposto no artigo 72.º

Artigo 123.º Audiência prévia. 1 - Elaborado o relatório preliminar referido no artigo anterior, o júri envia-o a todos os concorrentes, fixando-lhes um prazo, não inferior a cinco dias, para que se pronunciem, por escrito, ao abrigo do direito de audiência prévia.

2 - Durante a fase de audiência prévia, os concorrentes têm acesso às actas das sessões de negociação com os demais concorrentes e às informações e comunicações escritas de qualquer natureza que estes tenham prestado, bem como às versões finais integrais das propostas apresentadas.

Artigo 124.º Relatório final. 1 - Cumprido o disposto no artigo anterior, o júri elabora um relatório final fundamentado, no qual pondera as observações dos concorrentes efectuadas ao abrigo do direito de audiência prévia, mantendo ou modificando o teor e as conclusões do relatório preliminar, podendo ainda propor a exclusão de propostas se verificar, nesta fase, a ocorrência de qualquer dos motivos previstos no n.º 2 do artigo 146.º

2 - No caso previsto na parte final do número anterior, bem como quando do relatório final resulte uma alteração da ordenação das propostas constante do relatório preliminar, o júri procede a nova audiência prévia, nos termos previstos no artigo anterior, restrita aos concorrentes interessados, sendo subsequentemente aplicável o disposto no número anterior.

3 - O relatório final, juntamente com os demais documentos que compõem o processo de ajuste directo, é enviado ao órgão competente para a decisão de contratar.

4 - Cabe ao órgão competente para a decisão de contratar decidir sobre a aprovação de todas as propostas contidas no relatório final, nomeadamente para efeitos de adjudicação.

Artigo 125.º Adjudicação no caso de apresentação de uma única proposta. 1 - Quando tenha sido apresentada uma única proposta, compete aos serviços da entidade adjudicante pedir esclarecimentos sobre a mesma e submeter o projecto da decisão de adjudicação ao órgão competente para a decisão de contratar.

2 - No caso previsto no número anterior, não há lugar às fases de negociação e de audiência prévia, nem à elaboração dos relatórios preliminar e final, podendo, porém, o concorrente ser convidado a melhorar a sua proposta.

Artigo 126.º Apresentação de documentos de habilitação[33]. (Revogado.)

Artigo 127.º Publicitação e eficácia do contrato[34]. 1 - A celebração de quaisquer contratos na sequência de ajuste directo deve ser publicitada, pela entidade adjudicante, no portal da Internet dedicado aos contratos públicos através de uma ficha conforme modelo constante do anexo III do presente Código e do qual faz parte integrante.

2 - A publicitação da celebração de contratos na sequência de ajuste directo, de valor igual ou superior a (euro) 5000, deve conter a fundamentação da necessidade de recurso ao ajuste directo, em especial, sobre a impossibilidade de satisfação da necessidade por via dos recursos próprios da Administração Pública.

3 - A publicitação referida nos números anteriores é condição do respectivo contrato, independentemente da sua redução ou não a escrito, nomeadamente para efeitos de quaisquer pagamentos.

SECÇÃO III.

REGIME SIMPLIFICADO

Artigo 128.º Tramitação. 1 - No caso de se tratar de ajuste directo para a formação de um contrato de aquisição ou locação de bens móveis ou de aquisição de serviços cujo preço contratual não seja superior a (euro) 5000, a adjudicação pode ser feita pelo órgão competente para a decisão de contratar, directamente sobre uma factura ou um documento equivalente apresentado pela entidade convidada.

2 - À decisão de adjudicação prevista no número anterior está subjacente a decisão de contratar e a decisão de escolha do ajuste directo nos termos do disposto na alínea a) do n.º 1 do artigo 20.º

3 - O procedimento de ajuste directo regulado na presente secção está dispensado de quaisquer outras formalidades previstas no presente Código, incluindo as relativas à celebração do contrato e à publicitação prevista no artigo anterior.

Artigo 129.º Prazo e preços. Nos contratos celebrados na sequência do ajuste directo regulado na presente secção:

a) O prazo de vigência não pode ter duração superior a um ano a contar da decisão de adjudicação nem pode ser prorrogado, sem prejuízo da existência de obrigações acessórias que tenham sido estabelecidas inequivocamente em favor da entidade adjudicante, tais como as de sigilo ou de garantia dos bens ou serviços adquiridos;

b) O preço contratual não é passível de revisão.

CAPÍTULO II.

Concurso público

SECÇÃO I.

Anúncio e peças do concurso

Artigo 130.º Anúncio. 1 - O concurso público é publicitado no Diário da República através de anúncio conforme modelo aprovado por portaria dos ministros responsáveis pela edição do Diário da República e pelas áreas das finanças e das obras públicas.

33 Revogado: DL n.º 149/2012, de 12 de Julho.

34 Contém as alterações introduzidas pelos seguintes diplomas: Lei n.º 64-B/2011, de 30 de Dezembro.

2 - O anúncio referido no número anterior ou um resumo dos seus elementos mais importantes pode ser posteriormente divulgado por qualquer outro meio considerado conveniente, nomeadamente através da sua publicação em plataforma electrónica utilizada pela entidade adjudicante.

Artigo 131.º Anúncio no Jornal Oficial da União Europeia[35]. 1 - Quando a entidade adjudicante pretenda publicitar o concurso público no Jornal Oficial da União Europeia deve fazê-lo através de um anúncio conforme modelo constante do anexo II do Regulamento (CE) n.º 1564/2005, da Comissão, de 7 de Setembro.

2 - No caso de se tratar de um contrato de concessão de obras públicas, independentemente do preço base fixado no caderno de encargos, deve ser sempre publicado no Jornal Oficial da União Europeia um anúncio do concurso público, conforme modelo constante do anexo X do Regulamento (CE) n.º 1564/2005, da Comissão, de 7 de Setembro.

3 - Quando o contrato a celebrar diga directa e principalmente respeito a uma ou a várias das actividades exercidas nos sectores da água, da energia, dos transportes e dos serviços postais pelas entidades adjudicantes referidas no n.º 1 do artigo 7.º, o anúncio a publicar no Jornal Oficial da União Europeia deve ser conforme com o modelo constante do anexo V do Regulamento (CE) n.º 1564/2005, da Comissão, de 7 de Setembro.

4 - Os anúncios previstos nos números anteriores devem ser enviados ao Serviço das Publicações Oficiais das Comunidades Europeias através de meios electrónicos, conforme formato e modalidades de transmissão indicados no portal da Internet http://simap.eu.int, ou através de qualquer outro meio, caso em que o respectivo conteúdo deve limitar-se a cerca de 650 palavras.

5 - Deve ser junto ao processo de concurso documento comprovativo da data do envio do anúncio para publicação no Jornal Oficial da União Europeia.

6 - A publicação do anúncio no Jornal Oficial da União Europeia não dispensa a publicação do anúncio referido no n.º 1 do artigo anterior.

7 - O envio para publicação dos anúncios referidos no número anterior deve ocorrer em simultâneo.

8 - Não há lugar à publicitação do concurso público no Jornal Oficial da União Europeia no caso de se tratar de um procedimento de formação de um contrato:

a) Relativamente ao qual o Regulamento (CE) n.º 1564/2005, da Comissão, de 7 de Setembro, não disponha de modelo próprio;

b) De concessão de obras públicas, quando diga directa e principalmente respeito a uma ou a várias das actividades exercidas nos sectores da água, da energia, dos transportes e dos serviços postais pelas entidades adjudicantes referidas no n.º 1 do artigo 7.º

Artigo 132.º Programa do concurso[36]. 1 - O programa do concurso público deve indicar:

a) A identificação do concurso;

b) A entidade adjudicante;

c) O órgão que tomou a decisão de contratar e, no caso de esta ter sido tomada no uso de delegação ou subdelegação de competência, a qualidade em que aquele decidiu, com menção das decisões de delegação ou subdelegação e do local da respectiva publicação;

d) O fundamento da escolha do concurso público, quando seja feita ao abrigo do disposto no artigo 28.º;

e) O órgão competente para prestar esclarecimentos;

f) Os documentos de habilitação, directamente relacionados com o objecto do contrato a celebrar, a apresentar nos termos do artigo 81.º;

g) O prazo para a apresentação dos documentos de habilitação pelo adjudicatário, bem como o prazo a conceder pela entidade adjudicante para a supressão de irregularidades detectadas nos do-

35 Contém as alterações introduzidas pelos seguintes diplomas: Rectif. n.º 18-A/2008, de 28 de Março.

36 Contém as alterações introduzidas pelos seguintes diplomas: Rectif. n.º 18-A/2008, de 28 de Março; DL n.º 278/2009, de 02 de Outubro

cumentos apresentados que possam levar à caducidade da adjudicação nos termos do disposto no artigo 86.º;

h) Os documentos referidos nos n.os 1 e 2 do artigo 57.º e no n.º 4 do artigo 60.º;

i) Os documentos que constituem a proposta que podem ser redigidos em língua estrangeira, nos termos do disposto no n.º 2 do artigo 58.º;

j) Se é admissível a apresentação de propostas variantes e o número máximo de propostas variantes admitidas;

l) O prazo para a apresentação das propostas;

m) O prazo da obrigação de manutenção das propostas, quando superior ao previsto no artigo 65.º;

n) O critério de adjudicação, bem como, quando for adoptado o da proposta economicamente mais vantajosa, o modelo de avaliação das propostas, explicitando claramente os factores e os eventuais subfactores relativos aos aspectos da execução do contrato a celebrar submetidos à concorrência pelo caderno de encargos, os valores dos respectivos coeficientes de ponderação e, relativamente a cada um dos factores ou subfactores elementares, a respectiva escala de pontuação, bem como a expressão matemática ou o conjunto ordenado de diferentes atributos susceptíveis de serem propostos que permita a atribuição das pontuações parciais;

o) O modo de prestação da caução ou os termos em que não seja exigida essa prestação de acordo com o disposto no n.º 4 do artigo 88.º;

p) O valor da caução, quando esta for exigida nos termos do disposto no n.º 3 do artigo 89.º;

q) A possibilidade de adopção de um ajuste directo nos termos do disposto na alínea a) do n.º 1 do artigo 25.º ou na alínea a) do n.º 1 do artigo 27.º, quando for o caso.

2 - O programa do concurso pode indicar, ainda que por referência ao preço base fixado no caderno de encargos, um valor a partir do qual o preço total resultante de uma proposta é considerado anormalmente baixo.

3 - O programa do concurso pode prever adjudicações de propostas por lotes, devendo, nesse caso, identificar as regras específicas aplicáveis a cada lote.

4 - O programa do concurso pode ainda conter quaisquer regras específicas sobre o procedimento de concurso público consideradas convenientes pela entidade adjudicante, desde que não tenham por efeito impedir, restringir ou falsear a concorrência.

5 - Para a formação de contratos que digam directa e principalmente respeito a uma ou a várias das actividades exercidas nos sectores da água, da energia, dos transportes e dos serviços postais pelas entidades adjudicantes referidas no n.º 1 do artigo 7.º, o programa do concurso pode conter regras destinadas a proteger o carácter confidencial das informações contidas nas peças do procedimento.

6 - As normas do programa do concurso prevalecem sobre quaisquer indicações constantes dos anúncios com elas desconformes.

Artigo 133.º Consulta e fornecimento das peças do procedimento[37]. 1 - O programa do concurso e o caderno de encargos devem estar disponíveis nos serviços da entidade adjudicante, para consulta dos interessados, desde o dia da publicação do anúncio, nos termos do disposto no n.º 1 do artigo 130.º, até ao termo do prazo fixado para a apresentação das propostas.

2 - As peças do concurso devem ser integralmente disponibilizadas, de forma directa, na plataforma electrónica utilizada pela entidade adjudicante.

3 - A disponibilização das peças do concurso a que se refere o número anterior pode depender do pagamento à entidade adjudicante de um preço adequado.

4 - Os serviços da entidade adjudicante devem registar o nome e o endereço electrónico dos interessados que adquiram as peças do concurso.

37 Contém as alterações introduzidas pelos seguintes diplomas: Rectif. n.º 18-A/2008, de 28 de Março.

5 - A aquisição das peças do concurso não constitui, em caso algum, condição de participação no mesmo.

6 - Quando, por qualquer motivo, o programa do concurso ou o caderno de encargos não tiverem sido disponibilizados, nos termos do disposto no n.º 2, desde o dia da publicação do anúncio referido no n.º 1 do artigo 130.º, o prazo fixado para a apresentação das propostas deve ser prorrogado, a pedido dos interessados, no mínimo por período equivalente ao do atraso verificado.

7 - A decisão de prorrogação prevista no número anterior cabe ao órgão competente para a decisão de contratar e deve ser junta às peças do procedimento e notificada a todos os interessados que as tenham adquirido, publicando-se imediatamente aviso daquela decisão, nos mesmos termos em que foi publicitado o anúncio do procedimento.

Artigo 134.º Devolução do preço pago pela disponibilização das peças do concurso. O preço pago à entidade adjudicante pela disponibilização das peças do concurso é devolvido aos concorrentes que o requeiram quando:

a) As respectivas propostas não sejam excluídas ou retiradas;

b) O órgão competente para a decisão de contratar decida não adjudicar com fundamento no disposto nas alíneas c) e d) do n.º 1 do artigo 79.º;

c) O órgão competente para a decisão de contratar revogar esta decisão com fundamento no n.º 2 do artigo 80.º;

d) O concorrente fique objectivamente impedido de celebrar o contrato na sequência da rectificação ou da expressa aceitação de erros ou omissões das peças do concurso.

SECÇÃO II.

APRESENTAÇÃO DAS PROPOSTAS

Artigo 135.º Prazo mínimo para a apresentação das propostas em concursos públicos sem publicidade internacional. 1 - Quando o anúncio do concurso público não seja publicado no Jornal Oficial da União Europeia, não pode ser fixado um prazo para a apresentação das propostas inferior a 9 dias ou, no caso de se tratar de um procedimento de formação de um contrato de empreitada de obras públicas, a 20 dias, a contar da data do envio, para publicação, do anúncio previsto no n.º 1 do artigo 130.º

2 - Em caso de manifesta simplicidade dos trabalhos necessários à realização da obra, o prazo mínimo de 20 dias referido no número anterior pode ser reduzido em até 11 dias.

Artigo 136.º Prazos mínimos para a apresentação das propostas em concursos públicos com publicidade internacional. 1 - Quando o anúncio do concurso público seja publicado no Jornal Oficial da União Europeia, não pode ser fixado um prazo para a apresentação das propostas inferior a 47 dias a contar da data do envio desse anúncio ao Serviço de Publicações Oficiais das Comunidades Europeias.

2 - Quando tenha sido publicado o anúncio de pré-informação previsto no artigo 34.º ou o anúncio periódico indicativo previsto no artigo 35.º, e desde que o mesmo contemple as prestações objecto do contrato a celebrar, o prazo mínimo referido no número anterior é de 36 dias, podendo ser de 22 dias desde que:

a) O anúncio de pré-informação ou o anúncio periódico indicativo tenha sido enviado para publicação com uma antecedência mínima de 52 dias e máxima de 12 meses em relação à data do envio do anúncio previsto no número anterior; e

b) O anúncio de pré-informação ou o anúncio periódico indicativo tenha incluído todas as informações, disponíveis à data da sua publicação, exigidas, respectivamente, pelo anexo II ou pelo anexo V do Regulamento (CE) n.º 1564/2005, da Comissão, de 7 de Setembro.

3 - Os prazos mínimos para a apresentação das propostas previstos nos números anteriores podem ser reduzidos em até sete dias quando o anúncio referido no n.º 1 for preparado e enviado por meios electrónicos conforme formato e modalidades de transmissão indicados no portal da Internet http://simap.eu.int.

4 - Quando o contrato a celebrar diga directa e principalmente respeito a uma ou a várias das actividades exercidas nos sectores da água, da energia, dos transportes e dos serviços postais pelas entidades adjudicantes referidas no n.º 1 do artigo 7.º, o prazo mínimo para a apresentação das propostas, de 22 dias, previsto no n.º 2, pode ser reduzido nos termos previstos no n.º 3.

Artigo 137.º Retirada da proposta. 1 - Até ao termo do prazo fixado para a apresentação das propostas, os interessados que já as tenham apresentado podem retirá-las, bastando comunicarem tal facto à entidade adjudicante.

2 - O exercício da faculdade prevista no número anterior não prejudica o direito de apresentação de nova proposta dentro daquele prazo.

Artigo 138.º Lista dos concorrentes e consulta das propostas apresentadas. 1 - O júri, no dia imediato ao termo do prazo fixado para a apresentação das propostas, procede à publicitação da lista dos concorrentes na plataforma electrónica utilizada pela entidade adjudicante.

2 - Mediante a atribuição de um login e de uma password aos concorrentes incluídos na lista é facultada a consulta, directamente na plataforma electrónica referida no número anterior, de todas as propostas apresentadas.

3 - O interessado que não tenha sido incluído na lista dos concorrentes pode reclamar desse facto, no prazo de três dias contados da publicitação da lista, devendo para o efeito apresentar comprovativo da tempestiva apresentação da sua proposta.

4 - Caso a reclamação prevista no número anterior seja deferida mas não se encontre a proposta do reclamante, o júri fixa-lhe um novo prazo para a apresentar, sendo aplicável, com as necessárias adaptações, o disposto nos n.os 1 e 2.

SECÇÃO III.

AVALIAÇÃO DAS PROPOSTAS

Artigo 139.º Modelo de avaliação das propostas. 1 - No caso de o critério de adjudicação adoptado ser o da proposta economicamente mais vantajosa, o modelo de avaliação das propostas deve ser elaborado de acordo com o disposto nos n.os 2 a 4.

2 - A pontuação global de cada proposta, expressa numericamente, corresponde ao resultado da soma das pontuações parciais obtidas em cada factor ou subfactor elementar, multiplicadas pelos valores dos respectivos coeficientes de ponderação.

3 - Para cada factor ou subfactor elementar deve ser definida uma escala de pontuação através de uma expressão matemática ou em função de um conjunto ordenado de diferentes atributos susceptíveis de serem propostos para o aspecto da execução do contrato submetido à concorrência pelo caderno de encargos respeitante a esse factor ou subfactor.

4 - Na elaboração do modelo de avaliação das propostas não podem ser utilizados quaisquer dados que dependam, directa ou indirectamente, dos atributos das propostas a apresentar, com excepção dos da proposta a avaliar.

5 - As pontuações parciais de cada proposta são atribuídas pelo júri através da aplicação da expressão matemática referida no n.º 3 ou, quando esta não existir, através de um juízo de comparação do respectivo atributo com o conjunto ordenado referido no mesmo número.

SECÇÃO IV.

LEILÃO ELECTRÓNICO

Artigo 140.º Âmbito. 1 - No caso de contratos de locação ou de aquisição de bens móveis ou de contratos de aquisição de serviços, a entidade adjudicante pode recorrer a um leilão electrónico que consiste num processo interactivo baseado num dispositivo electrónico destinado a permitir aos concorrentes melhorar progressivamente os atributos das respectivas propostas, depois de avaliadas, obtendo-se a sua nova pontuação global através de um tratamento automático.

2 - Só podem ser objecto de um leilão electrónico os atributos das propostas, desde que:

a) O caderno de encargos fixe os parâmetros base dos respectivos aspectos da execução do contrato a celebrar submetidos à concorrência; e

b) Tais atributos sejam definidos apenas quantitativamente.

3 - A entidade adjudicante não pode utilizar o leilão electrónico de forma abusiva ou de modo a impedir, restringir ou falsear a concorrência.

Artigo 141.º Indicações relativas ao leilão electrónico. Quando a entidade adjudicante decidir utilizar um leilão electrónico, o programa do concurso deve indicar, para além dos elementos referidos no artigo 132.º:

a) Os atributos das propostas objecto do leilão electrónico;

b) As condições em que os concorrentes podem propor novos valores relativos aos atributos das propostas objecto do leilão electrónico, nomeadamente as diferenças mínimas exigidas entre licitações;

c) Outras regras de funcionamento do leilão electrónico;

d) As informações relativas ao dispositivo electrónico a utilizar e às modalidades e especificações técnicas de ligação dos concorrentes ao mesmo.

Artigo 142.º Convite. 1 - Todos os concorrentes são simultaneamente convidados pela entidade adjudicante, por via electrónica, a participar no leilão electrónico.

2 - O convite previsto no número anterior deve indicar:

a) A pontuação global e a ordenação da proposta do concorrente convidado;

b) A data e a hora de início do leilão;

c) O modo de encerramento do leilão.

Artigo 143.º Regras do leilão electrónico. 1 - Não pode ser dado início ao leilão electrónico antes de decorridos, pelo menos, dois dias a contar da data do envio dos convites.

2 - O dispositivo electrónico utilizado deve permitir informar permanentemente todos os concorrentes acerca da pontuação global e da ordenação de todas as propostas, bem como dos novos valores relativos aos atributos das propostas objecto do leilão.

Artigo 144.º Confidencialidade. No decurso do leilão electrónico, a entidade adjudicante não pode divulgar, directa ou indirectamente, a identidade dos concorrentes que nele participam.

Artigo 145.º Modos de encerramento do leilão electrónico. 1 - A entidade adjudicante pode encerrar o leilão electrónico:

a) Na data e hora previamente fixadas no convite para participação no leilão electrónico; ou

b) Quando, decorrido o prazo máximo contado da recepção da última licitação, não receber novos valores correspondentes às diferenças mínimas exigidas entre licitações.

2 - O prazo máximo referido na alínea b) do número anterior deve ser fixado no convite para participação no leilão electrónico.

SECÇÃO V.

PREPARAÇÃO DA ADJUDICAÇÃO

Artigo 146.º Relatório preliminar[38]. 1 - Após a análise das propostas, a utilização de um leilão electrónico e a aplicação do critério de adjudicação constante do programa do concurso, o júri elabora fundamentadamente um relatório preliminar, no qual deve propor a ordenação das mesmas.

2 - No relatório preliminar a que se refere o número anterior, o júri deve também propor, fundamentadamente, a exclusão das propostas:

a) Que tenham sido apresentadas depois do termo fixado para a sua apresentação;

b) Que sejam apresentadas por concorrentes em violação do disposto no n.º 2 do artigo 54.º;

---

38 Contém as alterações introduzidas pelos seguintes diplomas: DL n.º 149/2012, de 12 de Julho.

c) Que sejam apresentadas por concorrentes relativamente aos quais ou, no caso de agrupamentos concorrentes, relativamente a qualquer dos seus membros, a entidade adjudicante tenha conhecimento que se verifica alguma das situações previstas no artigo 55.º;

d) Que não sejam constituídas por todos os documentos exigidos nos termos do disposto no n.º 1 do artigo 57.º;

e) Que não cumpram o disposto nos n.os 4 e 5 do artigo 57.º ou nos n.os 1 e 2 do artigo 58.º;

f) Que sejam apresentadas como variantes quando estas não sejam admitidas pelo programa do concurso, ou em número superior ao número máximo por ele admitido;

g) Que sejam apresentadas como variantes quando, apesar de estas serem admitidas pelo programa do concurso, não seja apresentada a proposta base;

h) Que sejam apresentadas como variantes quando seja proposta a exclusão da respectiva proposta base;

i) Que violem o disposto no n.º 7 do artigo 59.º;

j) (Revogada.)

l) Que não observem as formalidades do modo de apresentação das propostas fixadas nos termos do disposto no artigo 62.º;

m) Que sejam constituídas por documentos falsos ou nas quais os concorrentes prestem culposamente falsas declarações;

n) Que sejam apresentadas por concorrentes em violação do disposto nas regras referidas no n.º 4 do artigo 132.º, desde que o programa do concurso assim o preveja expressamente;

o) Cuja análise revele alguma das situações previstas no n.º 2 do artigo 70.º

3 - Quando o mesmo concorrente apresente mais de uma proposta, em violação do disposto no n.º 7 do artigo 59.º, ou um número de propostas variantes superior ao número máximo admitido pelo programa de concurso, de acordo com o disposto na alínea j) do n.º 1 do artigo 132.º, o júri deve também propor a exclusão de todas as propostas por ele apresentadas.

4 - Do relatório preliminar deve ainda constar referência aos esclarecimentos prestados pelos concorrentes nos termos do disposto no artigo 72.º

5 - Quando, nos termos do disposto na secção seguinte, seja adoptada uma fase de negociação aberta a todos os concorrentes cujas propostas não sejam excluídas, o júri não deve aplicar o critério de adjudicação nem propor a ordenação das propostas no relatório preliminar para efeitos do disposto no n.º 1.

Artigo 147.º Audiência prévia. Elaborado o relatório preliminar, o júri procede à audiência prévia nos termos do disposto no n.º 1 do artigo 123.º

Artigo 148.º Relatório final. 1 - Cumprido o disposto no artigo anterior, o júri elabora um relatório final fundamentado, no qual pondera as observações dos concorrentes efectuadas ao abrigo do direito de audiência prévia, mantendo ou modificando o teor e as conclusões do relatório preliminar, podendo ainda propor a exclusão de qualquer proposta se verificar, nesta fase, a ocorrência de qualquer dos motivos previstos no n.º 2 do artigo 146.º

2 - No caso previsto na parte final do número anterior, bem como quando do relatório final resulte uma alteração da ordenação das propostas constante do relatório preliminar, o júri procede a nova audiência prévia, nos termos previstos no artigo anterior, sendo subsequentemente aplicável o disposto no número anterior.

3 - O relatório final, juntamente com os demais documentos que compõem o processo de concurso, é enviado ao órgão competente para a decisão de contratar.

4 - Cabe ao órgão competente para a decisão de contratar decidir sobre a aprovação de todas as propostas contidas no relatório final, nomeadamente para efeitos de adjudicação ou para efeitos de selecção das propostas ou dos concorrentes para a fase de negociação quando, nos termos do disposto na secção seguinte, seja adoptada essa fase.

SECÇÃO VI.

Fase de negociação das propostas

Artigo 149.º Âmbito. 1 - No caso de contratos de concessão de obras públicas ou de concessão de serviços públicos, a entidade adjudicante pode adoptar uma fase de negociação das propostas.

2 - A fase de negociação das propostas pode ser restringida aos concorrentes cujas propostas sejam ordenadas nos primeiros lugares ou aberta a todos os concorrentes cujas propostas não sejam excluídas.

Artigo 150.º Indicações relativas à fase de negociação. 1 - Quando a entidade adjudicante decidir adoptar uma fase de negociação das propostas, o programa do concurso deve indicar, para além dos elementos referidos no artigo 132.º:

a) Se a negociação é restringida aos concorrentes cujas propostas foram ordenadas nos primeiros lugares e, nesse caso, qual o número mínimo e máximo de propostas ou de concorrentes a seleccionar;

b) Quais os aspectos da execução do contrato a celebrar que a entidade adjudicante não está disposta a negociar;

c) Se a negociação decorrerá, parcial ou totalmente, por via electrónica e os respectivos termos.

2 - Em alternativa à indicação prevista na alínea a) do número anterior, o programa do concurso pode reservar, para o termo da fase de avaliação das propostas, a possibilidade de o órgão competente para a decisão de contratar adoptar uma fase de negociação restringida aos concorrentes cujas propostas foram ordenadas nos primeiros lugares.

Artigo 151.º Remissão. À negociação e à apresentação das versões finais integrais das propostas é aplicável o disposto no n.º 2 do artigo 118.º e nos artigos 119.º a 121.º, sem prejuízo do disposto na presente secção.

Artigo 152.º Segundo relatório preliminar. 1 - Após a análise das versões finais das propostas e a aplicação do critério de adjudicação, o júri elabora fundamentadamente um segundo relatório preliminar, no qual deve propor a ordenação das mesmas, podendo ainda propor a exclusão de qualquer proposta se verificar, nesta fase, a ocorrência de qualquer dos motivos previstos no n.º 2 do artigo 146.º

2 - O júri deve também propor a exclusão das versões finais das propostas que sejam apresentadas em violação do disposto na parte final do n.º 1 do artigo 121.º

3 - Quando seja adoptada uma fase de negociação restringida aos concorrentes cujas propostas sejam ordenadas nos primeiros lugares, o júri deve ainda propor a exclusão das versões finais cuja pontuação global seja inferior à das respectivas versões iniciais.

4 - No caso previsto no número anterior, bem como no caso de o júri propor a exclusão das versões finais das propostas por ocorrer qualquer dos motivos previstos no n.º 2 do artigo 146.º, ou ainda no caso de não serem apresentadas versões finais das propostas, as respectivas versões iniciais mantêm-se para efeitos de adjudicação.

Artigo 153.º Audiência prévia. Durante a fase de audiência prévia, cada concorrente tem acesso às actas das sessões de negociação com os demais concorrentes e às informações e comunicações escritas de qualquer natureza que estes tenham prestado à entidade adjudicante, bem como às versões finais integrais das propostas apresentadas.

Artigo 154.º Segundo relatório final. Ao segundo relatório final é aplicável, com as necessárias adaptações, o disposto no artigo 148.º

SECÇÃO VII.

Concurso público urgente

Artigo 155.º Âmbito e pressupostos. Em caso de urgência na celebração de um contrato de locação ou de aquisição de bens móveis ou de aquisição de serviços de uso corrente para a entidade adjudicante, pode adoptar-se o procedimento de concurso público nos termos previstos na presente secção, desde que:

a) O valor do contrato a celebrar seja inferior aos referidos na alínea b) do n.º 1 e no n.º 2 do artigo 20.º, consoante o caso; e

b) O critério de adjudicação seja o do mais baixo preço.

Artigo 156.º Tramitação. 1 - O procedimento de concurso público urgente rege-se, com as necessárias adaptações, pelas disposições que regulam o concurso público, em tudo o que não esteja especialmente previsto nos artigos seguintes ou que com eles seja incompatível.

2 - Ao procedimento de concurso público urgente não é aplicável, nomeadamente, o disposto nos artigos 50.º, 61.º, 64.º, 67.º a 69.º, 72.º, 88.º a 91.º, 133.º, 138.º e 146.º a 154.º

Artigo 157.º Anúncio. 1 - O concurso público urgente é publicitado no Diário da República através de anúncio conforme modelo aprovado por portaria dos ministros responsáveis pela edição do Diário da República e pelas áreas das finanças e das obras públicas.

2 - O programa do concurso e o caderno de encargos constam do anúncio previsto no número anterior.

Artigo 158.º Prazo mínimo para a apresentação das propostas. O prazo mínimo para a apresentação das propostas é de vinte e quatro horas, desde que estas decorram integralmente em dias úteis.

Artigo 159.º Prazo da obrigação de manutenção das propostas. O prazo da obrigação de manutenção das propostas é de 10 dias, não havendo lugar a qualquer prorrogação.

Artigo 160.º Adjudicação. 1 - Da decisão de adjudicação devem constar os motivos da exclusão de propostas enumerados nos n.os 2 e 3 do artigo 146.º

2 - No caso de o mais baixo preço constar de mais de uma proposta, deve ser adjudicada aquela que tiver sido apresentada mais cedo.

Artigo 161.º Prazo para a apresentação dos documentos de habilitação. Sem prejuízo de o programa do procedimento poder fixar um prazo inferior, o adjudicatário deve apresentar os documentos de habilitação exigidos no prazo de dois dias a contar da data da notificação da adjudicação.

CAPÍTULO III.

Concurso limitado por prévia qualificação

SECÇÃO I.

DISPOSIÇÕES GERAIS

Artigo 162.º Regime. 1 - O concurso limitado por prévia qualificação rege-se, com as necessárias adaptações, pelas disposições que regulam o concurso público, em tudo o que não esteja especialmente previsto nos artigos seguintes.

2 - Ao concurso limitado por prévia qualificação não é aplicável o disposto nos artigos 149.º a 161.º

Artigo 163.º Fases do procedimento. O procedimento de concurso limitado por prévia qualificação integra as seguintes fases:

a) Apresentação das candidaturas e qualificação dos candidatos;

b) Apresentação e análise das propostas e adjudicação.

Artigo 164.º Programa do concurso[39]. 1 - O programa do concurso limitado por prévia qualificação deve indicar:

a) A identificação do concurso;

b) A entidade adjudicante;

c) O órgão que tomou a decisão de contratar e, no caso de esta ter sido tomada no uso de delegação ou subdelegação de competência, a qualidade em que aquele decidiu, com menção das decisões de delegação ou subdelegação e do local da respectiva publicação;

d) O fundamento da escolha do concurso limitado, quando seja feita ao abrigo do disposto no artigo 28.º;

e) O órgão competente para prestar esclarecimentos;

f) Os documentos de habilitação, directamente relacionados com o objecto do contrato a celebrar, a apresentar nos termos do disposto no n.º 6 do artigo 81.º;

g) O prazo para a apresentação dos documentos de habilitação pelo adjudicatário, bem como o prazo a conceder pela entidade adjudicante para a supressão de irregularidades detectadas nos documentos apresentados que possam levar à caducidade da adjudicação nos termos do disposto no artigo 86.º;

h) Os requisitos mínimos de capacidade técnica que os candidatos devem preencher;

i) O valor económico estimado do contrato e o factor «f» constante da expressão matemática prevista no anexo IV do presente Código e do qual faz parte integrante;

j) Os documentos destinados à qualificação dos candidatos;

l) Os documentos que constituem a candidatura que podem ser redigidos em língua estrangeira, nos termos do disposto no n.º 3 do artigo 169.º;

m) No caso de a qualificação assentar no sistema de selecção:

i) O modelo de avaliação dos candidatos, explicitando claramente os factores e eventuais subfactores que densificam o critério de qualificação, os valores dos respectivos coeficientes de ponderação e, relativamente a cada um dos factores ou subfactores elementares, a respectiva escala de pontuação, bem como a expressão matemática ou o conjunto ordenado de diferentes níveis de capacidade susceptíveis de serem apresentados pelos candidatos que permita a atribuição das pontuações parciais;

ii) O número de candidatos a qualificar, não inferior a cinco;

n) O prazo para a apresentação das candidaturas;

o) O prazo para a decisão de qualificação, quando superior ao previsto no artigo 187.º;

p) Se há lugar a um leilão electrónico e, em caso afirmativo, estabelecer as indicações previstas no artigo 141.º;

q) O critério de adjudicação, bem como, quando for adoptado o da proposta economicamente mais vantajosa, o modelo de avaliação das propostas, explicitando claramente os factores e eventuais subfactores relativos aos aspectos da execução do contrato a celebrar submetidos à concorrência pelo caderno de encargos, os valores dos respectivos coeficientes de ponderação e, relativamente a cada um dos factores ou subfactores elementares, a respectiva escala de pontuação, bem como a expressão matemática ou o conjunto ordenado de diferentes atributos susceptíveis de serem propostos que permita a atribuição das pontuações parciais;

r) A possibilidade de adopção de um ajuste directo nos termos do disposto na alínea a) do n.º 1 do artigo 25.º ou na alínea a) do n.º 1 do artigo 27.º, quando for o caso.

2 - Quando, nos termos do disposto na alínea j) do número anterior, o programa do concurso exigir a apresentação de certificados emitidos por organismos independentes, nacionais ou estabelecidos noutros Estados membros da União Europeia, que atestem que o interessado respeita determinadas normas de garantia de qualidade ou normas de gestão ambiental, deve referir-se, res-

---

39 Contém as alterações introduzidas pelos seguintes diplomas: Rectif. n.º 18-A/2008, de 28 de Março; DL n.º 278/2009, de 02 de Outubro.

pectivamente, aos sistemas de garantia de qualidade ou aos sistemas de gestão ambiental baseados no Sistema Comunitário de Ecogestão e Auditoria (EMAS) ou no conjunto de normas europeias, e certificados por organismos conformes com as séries de normas europeias respeitantes à certificação.

3 - Para os efeitos do disposto no número anterior, a entidade adjudicante deve reconhecer também outras provas de medidas de garantia de qualidade ou de medidas de gestão ambiental equivalentes apresentadas por interessados que não tenham acesso aos referidos certificados ou que demonstrem que os não possam obter dentro do prazo de apresentação das candidaturas.

4 - O programa do concurso pode indicar requisitos mínimos de capacidade financeira que os candidatos devem preencher cumulativamente com o requisito previsto no anexo IV do presente Código e do qual faz parte integrante.

5 - Quando o anúncio do concurso limitado por prévia qualificação não for publicado no Jornal Oficial da União Europeia, o programa do concurso pode estabelecer que a qualificação dos candidatos é efectuada apenas em função da capacidade técnica ou apenas em função da capacidade financeira.

Artigo 165.º Requisitos mínimos. 1 - Os requisitos mínimos de capacidade técnica a que se refere a alínea h) do n.º 1 do artigo anterior devem ser adequados à natureza das prestações objecto do contrato a celebrar, descrevendo situações, qualidades, características ou outros elementos de facto relativos, designadamente:

a) À experiência curricular dos candidatos;

b) Aos recursos humanos, tecnológicos, de equipamento ou outros utilizados, a qualquer título, pelos candidatos;

c) Ao modelo e à capacidade organizacionais dos candidatos, designadamente no que respeita à direcção e integração de valências especializadas, aos sistemas de informação de suporte e aos sistemas de controlo de qualidade;

d) À capacidade dos candidatos adoptarem medidas de gestão ambiental no âmbito da execução do contrato a celebrar;

e) À informação constante da base de dados do Instituto da Construção e do Imobiliário, I. P., relativa a empreiteiros, quando se tratar da formação de um contrato de empreitadas ou de concessão de obras públicas.

2 - A capacidade financeira baseia-se, pelo menos, no requisito mínimo traduzido pela expressão matemática constante do anexo IV do presente Código e do qual faz parte integrante.

3 - Os requisitos mínimos de capacidade financeira a que se refere o n.º 4 do artigo anterior devem reportar-se à aptidão estimada dos candidatos para mobilizar os meios financeiros previsivelmente necessários para o integral cumprimento das obrigações resultantes do contrato a celebrar.

4 - Quando, no caso de empreitadas ou de concessões de obras públicas, os requisitos mínimos de capacidade técnica e de capacidade financeira exigidos no programa do concurso se basearem em elementos de facto já tidos em consideração para efeitos da concessão do alvará ou título de registo contendo as habilitações adequadas e necessárias à execução da obra a realizar, tais requisitos devem ser mais exigentes que os legalmente previstos para aquela concessão.

5 - Os requisitos mínimos de capacidade técnica referidos no n.º 1 e o factor «f» referido na alínea i) do n.º 1 do artigo anterior não devem ser fixados de forma discriminatória.

Artigo 166.º Esclarecimentos e rectificação das peças do concurso. 1 - Os esclarecimentos necessários à boa compreensão e interpretação das peças do concurso podem ser solicitados e devem ser prestados nas fases referidas no artigo 163.º, sendo aplicável, com as necessárias adaptações, o disposto no artigo 50.º

2 - O disposto no número anterior é aplicável à rectificação de erros ou omissões das peças do concurso.

SECÇÃO II.

FASE DA APRESENTAÇÃO DAS CANDIDATURAS E DA QUALIFICAÇÃO DOS CANDIDATOS

Artigo 167.° Anúncio. 1 - O concurso limitado por prévia qualificação é publicitado no Diário da República através de anúncio conforme modelo aprovado por portaria dos ministros responsáveis pela edição do Diário da República e pelas áreas das finanças e das obras públicas.

2 - Ao concurso limitado por prévia qualificação é aplicável, com as necessárias adaptações, o disposto no artigo 131.°

3 - Não há lugar à publicação do anúncio previsto no número anterior nem do anúncio previsto no n.° 3 do artigo 131.° quando tenha sido publicado o anúncio periódico indicativo previsto no artigo 35.° e este indique, expressamente:

a) As prestações objecto do contrato a celebrar;

b) O concurso limitado por prévia qualificação como o procedimento a adoptar para a formação do contrato a celebrar; e

c) Um prazo, que não pode ser superior a 11 meses a contar da data da publicação do anúncio periódico indicativo, para os interessados manifestarem à entidade adjudicante o seu interesse em participar no concurso.

4 - A manifestação de interesse referida na alínea c) do número anterior deve ser formulada por qualquer meio escrito, contendo o nome ou a denominação social do interessado, bem como o seu número de identificação fiscal, o seu domicílio ou sede e, se o tiver, o endereço de correio electrónico.

5 - No prazo máximo de um mês após o termo do prazo referido na alínea c) do n.° 3, o órgão competente para a decisão de contratar envia aos interessados, em simultâneo, um convite à apresentação de candidaturas, o qual deve ser acompanhado de um exemplar do programa do concurso.

6 - O convite referido no número anterior deve indicar:

a) O anúncio periódico indicativo do concurso no qual os interessados manifestaram o seu interesse em participar;

b) A identificação, tão completa quanto possível, das prestações que constituem o objecto do contrato a celebrar;

c) O sítio da Internet onde o caderno de encargos se encontra disponível para aquisição e o respectivo preço;

d) O prazo de vigência do contrato.

Artigo 168.° Documentos da candidatura. 1 - A candidatura é constituída pelos documentos destinados à qualificação dos candidatos, bem como pela declaração do candidato elaborada em conformidade com o modelo constante do anexo V do presente Código e do qual faz parte integrante.

2 - A declaração referida no número anterior deve ser assinada pelo candidato ou por representante que tenha poderes para o obrigar.

3 - Quando a candidatura seja apresentada por um agrupamento candidato, a declaração referida no n.° 1 deve ser assinada pelo representante comum dos membros que o integram, caso em que devem ser juntos à declaração os instrumentos de mandato emitidos por cada um dos seus membros ou, não existindo representante comum, deve ser assinada por todos os seus membros ou respectivos representantes.

4 - Quando, para efeitos do preenchimento dos requisitos mínimos de capacidade técnica, o candidato recorra a terceiros, independentemente do vínculo que com eles estabeleça, nomeadamente o de subcontratação, a respectiva candidatura é ainda constituída por uma declaração através da qual estes se comprometam, incondicionalmente, a realizar determinadas prestações objecto do contrato a celebrar.

Artigo 169.º Idioma dos documentos da candidatura. 1 - Os documentos destinados à qualificação dos candidatos são obrigatoriamente redigidos em língua portuguesa.

2 - Quando, pela sua própria natureza ou origem, os documentos destinados à qualificação dos candidatos estiverem redigidos em língua estrangeira, deve o interessado fazê-los acompanhar de tradução devidamente legalizada.

3 - Em função da especificidade técnica dos documentos destinados à qualificação dos candidatos, o programa do procedimento pode admitir que alguns dos documentos referidos na alínea j) do n.º 1 do artigo 164.º sejam redigidos em língua estrangeira, indicando os idiomas admitidos.

Artigo 170.º Modo de apresentação das candidaturas. 1 - Os documentos que constituem a candidatura devem ser apresentados directamente na plataforma electrónica utilizada pela entidade adjudicante, através de meio de transmissão escrita e electrónica de dados.

2 - A recepção das candidaturas deve ser registada com referência às respectivas data e hora, sendo entregue aos candidatos um recibo electrónico comprovativo dessa recepção.

3 - Os termos a que deve obedecer a apresentação e a recepção das candidaturas nos termos do disposto nos números anteriores são definidos por diploma próprio.

4 - Quando algum documento destinado à qualificação se encontre disponível na Internet, o candidato pode, em substituição da apresentação da sua reprodução, indicar à entidade adjudicante o endereço do sítio onde aquele pode ser consultado, bem como a informação necessária a essa consulta, desde que os referidos sítio e documento dele constante estejam redigidos em língua portuguesa.

5 - O órgão competente para a decisão de contratar pode sempre exigir ao candidato a apresentação dos originais de quaisquer documentos cuja reprodução tenha sido apresentada nos termos do disposto no n.º 1, em caso de dúvida fundada sobre o conteúdo ou a autenticidade destes.

6 - Quando, pela sua natureza, qualquer documento que constitui a candidatura não possa ser apresentado nos termos do disposto no n.º 1, deve ser encerrado em invólucro opaco e fechado:

a) No rosto do qual se deve indicar a designação do procedimento e da entidade adjudicante;

b) Que deve ser entregue directamente ou enviado por correio registado à entidade adjudicante, devendo, em qualquer caso, a respectiva recepção ocorrer dentro do prazo fixado para a apresentação das candidaturas;

c) Cuja recepção deve ser registada por referência à respectiva data e hora.

Artigo 171.º Apresentação das candidaturas por agrupamentos. Quando o candidato for um agrupamento de pessoas singulares ou colectivas, os documentos destinados à qualificação podem ser apresentados por apenas um ou alguns dos seus membros, salvo se o programa do concurso dispuser diferentemente.

Artigo 172.º Fixação do prazo para a apresentação das candidaturas. 1 - O prazo para a apresentação das candidaturas é fixado livremente, com respeito pelos limites mínimos estabelecidos nos artigos seguintes.

2 - Na fixação do prazo para a apresentação das candidaturas, deve ser tido em conta o tempo necessário à respectiva elaboração, em função da natureza, das características, do volume e da complexidade dos documentos que as constituem.

Artigo 173.º Prazo mínimo para a apresentação das candidaturas em concursos limitados por prévia qualificação sem publicidade internacional. Quando o anúncio do concurso limitado por prévia qualificação não seja publicado no Jornal Oficial da União Europeia, não pode ser fixado um prazo para a apresentação das candidaturas inferior a nove dias a contar da data do envio, para publicação, do anúncio previsto no n.º 1 do artigo 167.º

Artigo 174.º Prazos mínimos para a apresentação das candidaturas em concursos limitados por prévia qualificação com publicidade internacional. 1 - Quando o anúncio do concurso limitado por prévia qualificação seja publicado no Jornal Oficial da União Europeia, não pode ser fixado um prazo para a apresentação das candidaturas inferior a 37 dias a contar da data do envio desse anúncio ao Serviço de Publicações Oficiais das Comunidades Europeias, salvo se se tratar de uma concessão de obras públicas, caso em que aquele prazo não pode ser inferior a 52 dias.

2 - Quando tenha sido publicado o anúncio periódico indicativo com as indicações referidas no n.º 3 do artigo 167.º, não pode ser fixado um prazo para a apresentação das candidaturas inferior a 37 dias a contar da data do envio do convite previsto no n.º 5 do mesmo artigo.

3 - Os prazos mínimos para a apresentação das candidaturas previstos nos números anteriores podem ser reduzidos em até sete dias quando os anúncios forem preparados e enviados por meios electrónicos conforme formato e modalidades de transmissão indicados no portal da Internet http://simap.eu.int.

Artigo 175.º Prorrogação do prazo fixado para a apresentação das candidaturas. 1 - Quando as rectificações ou os esclarecimentos previstos no artigo 166.º, respeitantes à fase da apresentação das candidaturas e qualificação dos candidatos, sejam comunicados para além do prazo estabelecido para o efeito, o prazo fixado para a apresentação das candidaturas deve ser prorrogado, no mínimo por período equivalente ao do atraso verificado.

2 - Quando as rectificações referidas no artigo 166.º implicarem alterações de aspectos fundamentais das peças do concurso, independentemente do momento da sua comunicação, o prazo fixado para a apresentação das candidaturas deve ser prorrogado, no mínimo por período equivalente ao tempo decorrido desde o início daquele prazo até à comunicação das rectificações.

3 - A pedido fundamentado de qualquer interessado que tenha adquirido as peças do concurso, o prazo fixado para a apresentação das candidaturas pode ser prorrogado pelo período considerado adequado, o qual aproveita a todos os interessados.

4 - As decisões de prorrogação nos termos do disposto nos números anteriores cabem ao órgão competente para a decisão de contratar e devem ser juntas às peças do concurso e notificadas a todos os interessados que as tenham adquirido, publicando-se imediatamente aviso daquelas decisões, nos termos do disposto nos n.os 1 a 3 do artigo 131.º e no n.º 1 do artigo 167.º

Artigo 176.º Retirada da candidatura. 1 - Até ao termo do prazo fixado para a apresentação das candidaturas, os interessados que já as tenham apresentado podem retirá-las através de comunicação à entidade adjudicante.

2 - O exercício da faculdade prevista no número anterior não prejudica o direito de apresentação de nova candidatura dentro daquele prazo.

Artigo 177.º Lista dos candidatos e consulta das candidaturas apresentadas. 1 - O júri, no dia imediato ao termo do prazo fixado para a apresentação das candidaturas, procede à publicitação da lista dos candidatos na plataforma electrónica utilizada pela entidade adjudicante.

2 - Mediante a atribuição de um login e de uma password, aos candidatos incluídos na lista é facultada a consulta, directamente na plataforma electrónica referida no número anterior, de todas as candidaturas apresentadas.

3 - O interessado que não tenha sido incluído na lista dos candidatos pode reclamar desse facto, no prazo de três dias contados da publicitação da lista, devendo para o efeito apresentar comprovativo da tempestiva apresentação da sua candidatura.

4 - Caso a reclamação prevista no número anterior seja deferida mas não se encontre a candidatura do reclamante, o júri fixa-lhe um novo prazo para a apresentar, sendo aplicável, com as necessárias adaptações, o disposto nos n.os 1 e 2.

Artigo 178.º Análise das candidaturas. 1 - O júri do concurso analisa as candidaturas para efeitos da qualificação dos respectivos candidatos.

2 - O preenchimento dos requisitos mínimos de capacidade técnica e de capacidade financeira referidos no artigo 165.º é comprovado pela avaliação dos elementos constantes dos documentos destinados à qualificação dos candidatos.

Artigo 179.º Modelo simples de qualificação. 1 - No caso de a qualificação não assentar no sistema de selecção, previsto no artigo 181.º, são qualificados todos os candidatos que preencham os requisitos mínimos de capacidade técnica e de capacidade financeira.

2 - Quando, para efeitos do preenchimento dos requisitos mínimos de capacidade técnica, o candidato recorra a terceiras entidades, a capacidade destas apenas aproveita àquele na estrita medida das prestações objecto do contrato a celebrar que essas entidades se comprometam a realizar.

3 - Exclusivamente para os efeitos do disposto no n.º 1, considera-se que equivale ao preenchimento do requisito mínimo de capacidade financeira referido no n.º 2 do artigo 165.º:

a) A apresentação de declaração bancária conforme modelo constante do anexo VI do presente Código e do qual faz parte integrante; ou

b) No caso de o candidato ser um agrupamento, um dos membros que o integram ser uma instituição de crédito que apresente documento comprovativo de que possui sede ou sucursal em Estado membro da União Europeia, emitido pela entidade que exerça a supervisão bancária nesse Estado.

Artigo 180.º Revogação, invalidade, ineficácia ou extinção da declaração bancária[40]. 1 - A revogação, a invalidade, a ineficácia ou a extinção, a qualquer título, da declaração que o candidato tenha apresentado nos termos do disposto na alínea a) do n.º 3 do artigo anterior determina a sua exclusão do concurso, ou, no caso de a respectiva proposta já ter sido objecto de adjudicação, a caducidade desta última.

2 - No caso de caducidade da adjudicação previsto no número anterior, é aplicável o disposto no n.º 4 do artigo 86.º

3 - Quando se produza após a celebração do contrato, a revogação, a invalidade, a ineficácia ou a extinção, a qualquer título, da declaração bancária referida no n.º 1 é inoponível à entidade adjudicante.

Artigo 181.º Modelo complexo de qualificação: Sistema de selecção. 1 - O sistema de selecção consiste na qualificação efectuada segundo o critério da maior capacidade técnica e financeira.

2 - O critério de qualificação da maior capacidade técnica e financeira implica a utilização de um modelo de avaliação ao qual é aplicável, com as necessárias adaptações, o disposto no artigo 139.º

3 - Os candidatos que preencham os requisitos mínimos de capacidade técnica e de capacidade financeira são ordenados de acordo com o critério de qualificação previsto no número anterior, sendo qualificados apenas os que sejam ordenados nos lugares correspondentes ao número fixado nos termos do disposto na subalínea ii) da alínea m) do n.º 1 do artigo 164.º, salvo se os candidatos que preencham aqueles requisitos mínimos sejam menos de cinco.

4 - No caso previsto na parte final do número anterior, são qualificados todos os candidatos que preencham os requisitos mínimos de capacidade técnica e de capacidade financeira.

Artigo 182.º Preenchimento dos requisitos mínimos por agrupamentos candidatos[41]. 1 - Salvo se o programa do concurso dispuser diferentemente e sem prejuízo do disposto no número seguinte, no caso de o candidato ser um agrupamento, considera-se que preenche os requisitos mínimos de capacidade técnica e de capacidade financeira, desde que, relativamente a cada requisito:

a) Algum dos membros que o integram o preencha individualmente; ou

b) Alguns dos membros que o integram o preencham conjuntamente, quando tal seja possível em função da natureza do requisito exigido.

2 - Quando os requisitos mínimos de capacidade técnica digam respeito a elementos de facto relativos ao exercício de uma actividade regulamentada, os membros do agrupamento candidato a que se referem as alíneas do número anterior devem ser entidades que prossigam aquela actividade.

Artigo 183.º Esclarecimentos sobre os documentos destinados à qualificação dos candidatos. 1 - O júri do procedimento pode pedir aos candidatos quaisquer esclarecimentos sobre os documentos, da sua autoria, destinados à qualificação que considere necessários para efeitos da análise das candidaturas.

---

40 Contém as alterações introduzidas pelos seguintes diplomas: DL n.º 278/2009, de 02 de Outubro.

41 Contém as alterações introduzidas pelos seguintes diplomas: Rectif. n.º 18-A/2008, de 28 de Março.

2 - Os esclarecimentos referidos no número anterior fazem parte integrante das respectivas candidaturas, desde que não contrariem os elementos constantes dos documentos que as constituem ou não visem suprir omissões que determinam a sua exclusão nos termos do disposto na alínea e) do n.º 2 do artigo seguinte.

Artigo 184.º Relatório preliminar da fase de qualificação. 1 - Após a análise das candidaturas e a aplicação às mesmas do critério de qualificação, o júri elabora fundamentadamente um relatório preliminar, no qual deve propor a qualificação dos candidatos.

2 - No relatório preliminar a que se refere o número anterior, o júri deve também propor a exclusão das candidaturas:

a) Que tenham sido apresentadas depois do termo fixado para a sua apresentação;

b) Que sejam apresentadas por candidatos em violação do disposto no n.º 2 do artigo 54.º;

c) Que sejam apresentadas por candidatos relativamente aos quais ou, no caso de agrupamentos candidatos, relativamente a qualquer dos seus membros, a entidade adjudicante tenha conhecimento que se verifica alguma das situações previstas no artigo 55.º;

d) Que sejam apresentadas por candidatos que não preencham os requisitos referidos no n.º 4 do artigo 164.º, desde que o programa do concurso assim o preveja expressamente;

e) Que não sejam constituídas por todos os documentos exigidos, salvo por aqueles que se refiram ao requisito de capacidade financeira previsto no n.º 2 do artigo 165.º desde que tenha sido apresentado um dos documentos previstos no n.º 3 do artigo 179.º;

f) Que não cumpram o disposto nos n.os 2 e 3 do artigo 168.º;

g) Que sejam constituídas por documentos destinados à qualificação não redigidos em língua portuguesa ou, nos casos previstos no n.º 2 do artigo 169.º, não acompanhados de tradução devidamente legalizada;

h) Que sejam constituídas por documentos destinados à qualificação que contenham qualquer referência indiciadora de algum dos atributos da proposta;

i) Que não observem as formalidades do modo de apresentação das candidaturas fixadas nos termos do disposto no artigo 170.º;

j) Que sejam constituídas por documentos falsos ou nas quais os candidatos prestem culposamente falsas declarações;

l) Cuja análise revele que os respectivos candidatos não preenchem os requisitos mínimos de capacidade técnica ou de capacidade financeira.

3 - No caso de a qualificação assentar no sistema de selecção, previsto no artigo 181.º, o relatório preliminar da fase de qualificação deve propor a ordenação dos candidatos que preencham os requisitos mínimos de capacidade técnica e de capacidade financeira exigidos.

4 - Do relatório preliminar da fase de qualificação deve ainda constar referência aos esclarecimentos prestados pelos candidatos nos termos do disposto no artigo anterior.

Artigo 185.º Audiência prévia. Elaborado o relatório preliminar referido no artigo anterior, o júri envia-o a todos os candidatos, fixando-lhes um prazo, não inferior a cinco dias, para que se pronunciem, por escrito, ao abrigo do direito de audiência prévia.

Artigo 186.º Relatório final da fase de qualificação[42]**.** 1 - Cumprido o disposto no artigo anterior, o júri elabora um relatório final fundamentado, no qual pondera as observações dos candidatos efectuadas ao abrigo do direito de audiência prévia, mantendo ou modificando o teor e as conclusões do relatório preliminar, podendo ainda determinar a exclusão de qualquer candidatura se verificar, nesta fase, a ocorrência de qualquer dos motivos previstos no n.º 2 do artigo 184.º

2 - No caso previsto na parte final do número anterior, bem como quando do relatório final resulte uma desqualificação de candidatos relativamente ao disposto no relatório preliminar, o júri procede a nova audiência prévia, nos termos previstos no artigo anterior, sendo subsequentemente aplicável o disposto no número anterior.

---

42 Contém as alterações introduzidas pelos seguintes diplomas: DL n.º 278/2009, de 02 de Outubro.

3 - O relatório final, juntamente com os demais documentos que compõem o processo de concurso, é enviado ao órgão competente para a decisão de contratar.

4 - Cabe ao órgão competente para a decisão de contratar decidir sobre a aprovação de todas as propostas contidas no relatório final, nomeadamente para efeitos de qualificação de candidatos.

Artigo 187.º Dever de qualificação. 1 - O órgão competente para a decisão de contratar deve tomar a decisão de qualificação e notificá-la aos candidatos no prazo máximo de 44 dias após o termo do prazo fixado para a apresentação das candidaturas, sem prejuízo da possibilidade de fixação de um prazo superior no programa do concurso.

2 - Os candidatos qualificados passam à fase seguinte em condições de igualdade.

Artigo 188.º Notificação da decisão de qualificação. O órgão competente para a decisão de contratar notifica todos os candidatos da decisão tomada nos termos do disposto no n.º 4 do artigo 186.º, remetendo-lhes o relatório final da fase de qualificação.

SECÇÃO III.
FASE DA APRESENTAÇÃO E ANÁLISE DAS PROPOSTAS E DA ADJUDICAÇÃO

Artigo 189.º Convite. 1 - Com a notificação referida no artigo anterior, o órgão competente para a decisão de contratar envia aos candidatos qualificados, em simultâneo, um convite à apresentação de propostas.

2 - O convite à apresentação de propostas deve indicar:

a) A identificação do concurso;

b) A referência ao anúncio do concurso previsto no n.º 1 do artigo 167.º e, quando for o caso, ao previsto nos n.os 1 a 3 do artigo 131.º;

c) Os documentos referidos na alínea c) do n.º 1 do artigo 57.º, se for o caso;

d) Os documentos que constituem a proposta que podem ser redigidos em língua estrangeira, nos termos do disposto no n.º 2 do artigo 58.º;

e) Se é admissível a apresentação de propostas variantes e o número máximo de propostas variantes admitidas;

f) O prazo para a apresentação das propostas;

g) O prazo da obrigação de manutenção das propostas, quando superior ao previsto no artigo 65.º;

h) O modo de prestação da caução, ou os termos em que não seja exigida essa prestação de acordo com o disposto no n.º 4 do artigo 88.º;

i) O valor da caução, quando esta for exigida nos termos do disposto no n.º 3 do artigo 89.º;

j) O endereço do sítio da Internet onde é disponibilizado o caderno de encargos aos candidatos que ainda o não tenham adquirido.

3 - O convite pode indicar, ainda que por referência ao preço base fixado no caderno de encargos, um valor a partir do qual o preço total resultante de uma proposta é considerado anormalmente baixo.

4 - O convite pode ainda conter quaisquer regras específicas sobre a fase da apresentação e análise das propostas e adjudicação consideradas convenientes pela entidade adjudicante, desde que não tenham por efeito impedir, restringir ou falsear a concorrência.

5 - Para a formação de contratos que digam directa e principalmente respeito a uma ou a várias das actividades exercidas nos sectores da água, da energia, dos transportes e dos serviços postais pelas entidades adjudicantes referidas no n.º 1 do artigo 7.º, o programa do concurso pode conter regras destinadas a proteger o carácter confidencial das informações contidas nas peças do procedimento.

6 - As normas do convite prevalecem sobre quaisquer indicações constantes dos anúncios com elas desconformes, mas as normas contidas no programa do concurso prevalecem sobre aquelas.

Artigo 190.º Prazo mínimo para a apresentação das propostas em concursos limitados por prévia qualificação sem publicidade internacional. 1 - Quando o anúncio do concurso limitado por prévia qualificação não seja publicado no Jornal Oficial da União Europeia, não pode ser fixado um prazo para a apresentação das propostas inferior a 9 dias ou, no caso de se tratar de um procedimento de formação de um contrato de empreitada de obras públicas, inferior a 20 dias, a contar da data do envio do convite.

2 - Em caso de manifesta simplicidade dos trabalhos necessários à realização da obra, o prazo mínimo referido na parte final do número anterior pode ser reduzido em até 11 dias.

Artigo 191.º Prazos mínimos para a apresentação das propostas em concursos limitados por prévia qualificação com publicidade internacional. 1 - Quando o anúncio do concurso limitado por prévia qualificação seja publicado no Jornal Oficial da União Europeia, não pode ser fixado um prazo para a apresentação das propostas inferior a 35 dias a contar da data do envio do convite.

2 - Quando tenha sido publicado o anúncio de pré-informação previsto no artigo 34.º e o mesmo contemple as prestações objecto do contrato a celebrar, o prazo mínimo referido no número anterior é de 36 dias, podendo ser de 22 dias, desde que:

a) O anúncio de pré-informação tenha sido enviado para publicação com uma antecedência mínima de 52 dias e máxima de 12 meses em relação à data do envio do anúncio previsto no número anterior; e

b) O anúncio de pré-informação tenha incluído todas as informações, disponíveis à data da sua publicação, exigidas pelo anexo II do Regulamento (CE) n.º 1564/2005, da Comissão, de 7 de Setembro.

3 - Quando o contrato a celebrar diga directa e principalmente respeito a uma ou a várias das actividades exercidas nos sectores da água, da energia, dos transportes e dos serviços postais pelas entidades adjudicantes referidas no n.º 1 do artigo 7.º, o prazo mínimo para a apresentação das propostas previsto no n.º 1 é de 19 dias a contar da data do envio do convite.

4 - Aos prazos mínimos para a apresentação das propostas previstos nos n.os 1 a 3 não é aplicável a redução prevista no n.º 3 do artigo 136.º

Artigo 192.º Acordo sobre a fixação do prazo para a apresentação das propostas. 1 - Quando o concurso limitado por prévia qualificação respeitar à formação de contratos que digam directa e principalmente respeito a uma ou a várias das actividades exercidas nos sectores da água, da energia, dos transportes e dos serviços postais pelas entidades adjudicantes referidas no n.º 1 do artigo 7.º, estas entidades podem fixar, para os efeitos do disposto na alínea f) do n.º 2 do artigo 189.º, um prazo para a apresentação das propostas inferior ao prazo mínimo previsto no n.º 3 do artigo anterior.

2 - O prazo previsto no número anterior não pode, em qualquer caso, ser inferior a 10 dias a contar da data do envio do convite.

3 - Se, no prazo de dois dias a contar da recepção do convite, nenhum dos candidatos qualificados manifestar discordância sobre o prazo fixado para a apresentação das propostas fixado nos termos do disposto nos números anteriores, considera-se o mesmo aceite para todos os efeitos.

4 - Se, no prazo referido no número anterior, algum dos candidatos qualificados manifestar, por qualquer meio escrito, discordância sobre o prazo fixado nos termos do disposto nos n.os 1 e 2, a entidade adjudicante deve notificar imediatamente todos os candidatos qualificados de que o prazo fixado para a apresentação das propostas passa a ser de 19 dias a contar da data do envio do convite.

5 - No caso previsto no n.º 3, ao prazo fixado para a apresentação das propostas não é aplicável o disposto no artigo 64.º

CAPÍTULO IV. PROCEDIMENTO DE NEGOCIAÇÃO

SECÇÃO I. DISPOSIÇÕES GERAIS

Artigo 193.º Regime. O procedimento de negociação rege-se, com as necessárias adaptações, pelas disposições que regulam o concurso limitado por prévia qualificação, em tudo o que não esteja especialmente previsto nos artigos seguintes.

Artigo 194.º Fases do procedimento. O procedimento de negociação integra as seguintes fases:

a) Apresentação das candidaturas e qualificação dos candidatos;

b) Apresentação e análise das versões iniciais das propostas;

c) Negociação das propostas;

d) Análise das versões finais das propostas e adjudicação.

Artigo 195.º Inadmissibilidade de leilão electrónico. No procedimento de negociação a entidade adjudicante não pode recorrer a um leilão electrónico.

Artigo 196.º Programa do procedimento de negociação[43]**.** Para além dos elementos previstos na alínea a) do n.º 1 do artigo 150.º e no n.º 1 do artigo 164.º, o programa do procedimento de negociação deve ainda indicar:

a) No caso de a qualificação assentar no sistema de selecção, o número mínimo de candidatos a qualificar, que não pode ser inferior a três;

b) Quais os aspectos da execução do contrato a celebrar que a entidade adjudicante não está disposta a negociar;

c) Se a negociação decorrerá, parcial ou totalmente, por via electrónica e os respectivos termos.

SECÇÃO II. FASE DA APRESENTAÇÃO DAS CANDIDATURAS E DA QUALIFICAÇÃO DOS CANDIDATOS

Artigo 197.º Anúncios. 1 - O procedimento de negociação é publicitado no Diário da República através de anúncio conforme modelo aprovado por portaria dos ministros responsáveis pela edição do Diário da República e pelas áreas das finanças e das obras públicas.

2 - Ao procedimento de negociação é aplicável, com as necessárias adaptações, o disposto no artigo 131.º

3 - Quando o procedimento de negociação seja adoptado ao abrigo do disposto nas alíneas a) a d) do n.º 1 do artigo 29.º, independentemente do preço base fixado no caderno de encargos, deve ser sempre publicado anúncio nos termos do disposto no n.º 1 do artigo 131.º

Artigo 198.º Prazos mínimos para a apresentação das candidaturas. 1 - Não pode ser fixado um prazo para a apresentação das candidaturas inferior a 37 dias a contar da data do envio do anúncio referido no n.º 2 do artigo anterior ao Serviço de Publicações Oficiais das Comunidades Europeias.

2 - Quando tenha sido publicado o anúncio periódico indicativo com as indicações referidas no n.º 3 do artigo 167.º, não pode ser fixado um prazo para a apresentação das candidaturas inferior a 37 dias a contar da data do envio do convite previsto no n.º 5 do mesmo artigo.

3 - Os prazos mínimos para a apresentação das candidaturas previstos nos números anteriores podem ser reduzidos em até sete dias quando os anúncios forem preparados e enviados por meios electrónicos conforme formato e modalidades de transmissão indicados no portal da Internet http://simap.eu.int.

---

43 Contém as alterações introduzidas pelos seguintes diplomas: Rectif. n.º 18-A/2008, de 28 de Março.

SECÇÃO III.

FASE DA APRESENTAÇÃO E ANÁLISE DAS VERSÕES INICIAIS DAS PROPOSTAS

Artigo 199.º Convite. Para além dos elementos previstos no n.º 2 do artigo 189.º, o convite pode ainda conter quaisquer regras específicas sobre a fase de apresentação e análise das versões iniciais das propostas.

Artigo 200.º Remissão. À análise das versões iniciais das propostas é aplicável o disposto no artigo 139.º e, com as necessárias adaptações, o disposto nos artigos 146.º a 148.º

SECÇÃO IV.

FASE DA NEGOCIAÇÃO DAS PROPOSTAS

Artigo 201.º Início da negociação. No caso de ter havido reclamação nos termos do disposto no n.º 3 do artigo 138.º, a negociação das propostas não pode iniciar-se:

a) Antes da notificação da decisão de indeferimento ou do decurso do respectivo prazo; ou

b) Antes de cumprido o disposto no n.º 4 do artigo 138.º, no caso de a reclamação ser deferida.

Artigo 202.º Negociação e apresentação das versões finais das propostas. À negociação e à apresentação das versões finais integrais das propostas é aplicável o disposto no n.º 2 do artigo 118.º e nos artigos 119.º a 121.º

SECÇÃO V.

FASE DA ANÁLISE DAS VERSÕES FINAIS DAS PROPOSTAS E DA ADJUDICAÇÃO

Artigo 203.º Remissão[44]. À fase da análise das versões finais das propostas e adjudicação é aplicável o disposto nos artigos 152.º a 154.º

CAPÍTULO V.

DIÁLOGO CONCORRENCIAL

SECÇÃO I.

DISPOSIÇÕES GERAIS

Artigo 204.º Regime. 1 - O procedimento de diálogo concorrencial rege-se, com as necessárias adaptações, pelas disposições que regulam o concurso limitado por prévia qualificação, em tudo o que não esteja especialmente previsto nos artigos seguintes.

2 - No procedimento de diálogo concorrencial, a entidade adjudicante não pode recorrer a um leilão electrónico nem adoptar uma fase de negociações.

Artigo 205.º Fases do procedimento. O procedimento de diálogo concorrencial integra as seguintes fases:

a) Apresentação das candidaturas e qualificação dos candidatos;

b) Apresentação das soluções e diálogo com os candidatos qualificados;

c) Apresentação e análise das propostas e adjudicação.

Artigo 206.º Programa do procedimento de diálogo concorrencial. 1 - Para além dos elementos previstos no n.º 1 do artigo 164.º, o programa do procedimento de diálogo concorrencial deve ainda indicar o montante da eventual remuneração, ou o critério do respectivo cálculo, a atribuir aos candidatos qualificados para participar no diálogo que apresentem soluções que sejam admitidas.

---

44 Contém as alterações introduzidas pelos seguintes diplomas: Rectif. n.º 18-A/2008, de 28 de Março.

2 - O número de candidatos a qualificar indicado no programa do procedimento de diálogo concorrencial não pode ser inferior a três.

3 - O critério de adjudicação das propostas no procedimento de diálogo concorrencial só pode ser o da proposta economicamente mais vantajosa.

4 - Quando, fundamentadamente, não estiverem ainda reunidas as condições para ser definidos os valores dos coeficientes de ponderação dos factores e dos eventuais subfactores que densificam o critério de adjudicação, estes devem ser indicados no programa do procedimento apenas por ordem decrescente de importância.

Artigo 207.º Memória descritiva e caderno de encargos. 1 - No procedimento de diálogo concorrencial, o órgão competente para a decisão de contratar deve aprovar uma memória descritiva, na qual identifica as necessidades e as exigências que pretende satisfazer com o contrato a celebrar.

2 - À memória descritiva é aplicável o disposto no artigo 133.º

3 - No procedimento de diálogo concorrencial só há lugar à elaboração do caderno de encargos depois de concluída a fase de apresentação das soluções e de diálogo.

SECÇÃO II

FASE DA APRESENTAÇÃO DAS CANDIDATURAS E DA QUALIFICAÇÃO DOS CANDIDATOS

Artigo 208.º Anúncios. 1 - O procedimento do diálogo concorrencial é publicitado no Diário da República através de anúncio conforme modelo aprovado por portaria dos ministros responsáveis pela edição do Diário da República e pelas áreas das finanças e das obras públicas.

2 - No caso de contratos de empreitada ou de concessão de obras públicas, de contratos de locação ou de aquisição de bens móveis ou de contratos de aquisição de serviços, deve ainda ser publicado anúncio do diálogo concorrencial nos termos do disposto no n.º 1 ou no n.º 2 do artigo 131.º, independentemente do preço base fixado no caderno de encargos.

3 - Ao anúncio referido no número anterior é aplicável, com as necessárias adaptações, o disposto nos n.os 4 a 8 do artigo 131.º

SECÇÃO III.

FASE DA APRESENTAÇÃO DAS SOLUÇÕES E DE DIÁLOGO COM OS CANDIDATOS QUALIFICADOS

Artigo 209.º Convite à apresentação das soluções. 1 - Com a notificação da decisão de qualificação, o órgão competente para a decisão de contratar envia aos candidatos qualificados, em simultâneo, um convite à apresentação de soluções susceptíveis de satisfazer as necessidades e as exigências identificadas na memória descritiva.

2 - O convite à apresentação das soluções deve indicar:

a) A identificação do procedimento de diálogo concorrencial;

b) A referência ao anúncio do procedimento de diálogo concorrencial previsto no n.º 1 do artigo anterior e, quando for o caso, ao previsto no n.º 2 do mesmo artigo;

c) O prazo de apresentação das soluções elaboradas pelos candidatos qualificados;

d) Se é admissível a utilização de línguas estrangeiras na fase de diálogo e, em caso afirmativo, quais as línguas.

Artigo 210.º Apresentação de soluções. 1 - Ao modo de apresentação das soluções é aplicável, com as necessárias adaptações, o disposto no artigo 62.º

2 - Cada candidato só pode apresentar uma solução.

Artigo 211.º Idioma das soluções. 1 - Os documentos que constituem as soluções são obrigatoriamente redigidos em língua portuguesa.

2 - Em função da especificidade técnica das prestações objecto do contrato a celebrar, o convite pode admitir que alguns dos documentos referidos no número anterior sejam redigidos em língua estrangeira, indicando os idiomas admitidos.

Artigo 212.º Admissão e exclusão das soluções. 1 - Após a apresentação das soluções, o júri elabora um relatório preliminar onde deve propor fundamentadamente a admissão e a exclusão das soluções apresentadas.

2 - O júri deve propor a exclusão das soluções que:

a) Tenham sido apresentadas depois do termo do prazo fixado para a sua apresentação;

b) Tenham sido apresentadas em violação do disposto no artigo 210.º;

c) Não cumpram o disposto no artigo anterior;

d) Se revelem manifestamente desadequadas à satisfação das necessidades ou das exigências identificadas na memória descritiva.

3 - Elaborado o relatório preliminar referido no n.º 1, o júri procede à audiência prévia nos termos do disposto no n.º 1 do artigo 123.º

4 - Cumprido o disposto no número anterior, o júri elabora um relatório final fundamentado, no qual pondera as observações dos candidatos qualificados efectuadas ao abrigo do direito de audiência prévia, mantendo ou modificando o teor e as conclusões do relatório preliminar.

5 - O relatório final é enviado ao órgão competente para a decisão de contratar, ao qual cabe decidir sobre a admissão e a exclusão das soluções apresentadas.

6 - O órgão competente para a decisão de contratar notifica a decisão de admissão e de exclusão das soluções, acompanhada do relatório final, em simultâneo, a todos os candidatos qualificados.

Artigo 213.º Diálogo. O júri do procedimento estabelece com os candidatos qualificados cujas soluções tenham sido admitidas um diálogo com vista a discutir todos os aspectos nelas previstos ou omitidos relativos à execução do contrato a celebrar e que permitam a elaboração do caderno de encargos.

Artigo 214.º Formalidades a observar. 1 - O júri notifica os candidatos qualificados cujas soluções tenham sido admitidas, com uma antecedência mínima de três dias, da data, da hora e do local da primeira sessão de diálogo, agendando as restantes sessões nos termos que tiver por convenientes.

2 - Na fase de diálogo, o júri reúne sempre em separado com cada candidato qualificado, devendo garantir a igualdade de tratamento de todos eles, designadamente não facultando, de forma discriminatória, informações que possam dar vantagem a uns relativamente a outros.

3 - As soluções apresentadas ou outras informações que, no todo ou em parte, tenham sido transmitidas com carácter de confidencialidade pelos candidatos durante as sessões da fase de diálogo, só com o consentimento expresso e por escrito dos mesmos é que podem ser divulgadas aos outros candidatos ou a terceiros.

4 - Às sessões da fase de diálogo é aplicável, com as necessárias adaptações, o disposto nos n.os 3 e 5 do artigo 120.º

5 - O diálogo com os candidatos prossegue até o júri:

a) Identificar, se necessário por comparação, a solução susceptível de satisfazer as necessidades e as exigências da entidade adjudicante;

b) Declarar que nenhuma das soluções apresentadas e discutidas satisfaz as necessidades e as exigências da entidade adjudicante.

6 - Os candidatos qualificados devem fazer-se representar nas sessões da fase de diálogo pelos seus representantes legais ou pelos representantes comuns dos agrupamentos candidatos, se existirem, podendo ser acompanhados por técnicos por eles indicados.

Artigo 215.º Relatório do diálogo. 1 - Concluída a fase do diálogo, o júri elabora um relatório fundamentado, no qual propõe, clara e distintamente, a solução susceptível de satisfazer as necessidades e as exigências da entidade adjudicante ou, em alternativa, que nenhuma das soluções apresentadas satisfaz aquelas necessidades e exigências.

2 - O relatório previsto no número anterior, juntamente com os demais documentos que compõem o processo, é enviado ao órgão competente para a decisão de contratar.

3 - Cabe ao órgão competente para a decisão de contratar decidir sobre a aprovação de todas as propostas contidas no relatório, nomeadamente para efeitos de convite à apresentação de propostas.

Artigo 216.º Notificação da conclusão do diálogo. O órgão competente para a decisão de contratar notifica todos os candidatos qualificados cujas soluções tenham sido admitidas da decisão tomada nos termos do disposto no n.º 3 do artigo anterior, remetendo-lhes o relatório.

SECÇÃO IV.

Fase da apresentação e análise das propostas e da adjudicação

Artigo 217.º Convite. 1 - Caso tenha sido identificada uma solução susceptível de satisfazer as necessidades e as exigências da entidade adjudicante, o órgão competente para a decisão de contratar envia a todos os candidatos qualificados cujas soluções tenham sido admitidas, simultaneamente com a notificação referida no artigo anterior, um convite à apresentação de propostas.

2 - Para além dos elementos previstos nos n.os 2 a 4 do artigo 189.º, o convite à apresentação das propostas deve ainda indicar o modelo de avaliação das mesmas.

3 - O convite à apresentação das propostas deve ser acompanhado do caderno de encargos ou da indicação do endereço do sítio da Internet onde este é disponibilizado.

Artigo 218.º Prazos mínimos para a apresentação das propostas em procedimento de diálogo concorrencial. Não pode ser fixado um prazo para a apresentação das propostas inferior a 40 dias a contar da data do envio do convite.

TÍTULO IV.

INSTRUMENTOS PROCEDIMENTAIS ESPECIAIS

CAPÍTULO I.

CONCURSO DE CONCEPÇÃO

Artigo 219.º Âmbito[45]. 1 - O concurso de conceção permite a seleção de um ou mais trabalhos de conceção, ao nível de programa base ou similar, designadamente nos domínios artístico, do ordenamento do território, do planeamento urbanístico, da arquitetura, da engenharia ou do processamento de dados.

2 - Quando a entidade adjudicante pretenda adquirir por ajuste directo, adoptado ao abrigo do disposto na alínea g) do n.º 1 do artigo 27.º, planos, projectos ou quaisquer criações conceptuais que consistam na concretização ou no desenvolvimento dos trabalhos de concepção referidos no número anterior, deve previamente adoptar um concurso de concepção nos termos previstos no presente capítulo.

Artigo 220.º Modalidades do concurso de concepção. 1 - O concurso de concepção reveste a modalidade de concurso público.

2 - Só pode ser adoptada a modalidade de concurso limitado por prévia qualificação quando a natureza dos trabalhos de concepção exija a avaliação da capacidade técnica dos candidatos.

3 - Os requisitos mínimos da capacidade técnica referida no número anterior devem ser adequados à natureza dos trabalhos de concepção pretendidos e devem ser fixados de forma não discriminatória.

4 - Às modalidades de concurso público e de concurso limitado por prévia qualificação não são aplicáveis as disposições previstas nos títulos anteriores.

45 Contém as alterações introduzidas pelos seguintes diplomas: DL n.º 149/2012, de 12 de Julho.

Artigo 221.º Início do concurso de concepção. 1 - O concurso de concepção inicia-se com a decisão de seleccionar um ou mais trabalhos de concepção, a qual cabe ao órgão competente, por lei ou por delegação, para a decisão de autorizar a despesa relativa aos prémios a que os concorrentes tenham direito, podendo essa decisão estar implícita nesta última.

2 - Quando o concurso de concepção não implique o pagamento de prémios aos concorrentes, a decisão de seleccionar um ou mais trabalhos de concepção cabe ao órgão da entidade adjudicante que for competente para o efeito nos termos da respectiva Lei Orgânica.

Artigo 222.º Decisão de escolha da modalidade do concurso de concepção. 1 - A decisão de escolha da modalidade do concurso de concepção cabe ao órgão competente para a decisão prevista no artigo anterior.

2 - A decisão de escolha da modalidade de concurso limitado por prévia qualificação deve ser fundamentada.

Artigo 223.º Agrupamento de entidades adjudicantes. As entidades adjudicantes podem agrupar-se com vista à adopção de um concurso de concepção, sendo aplicável, com as necessárias adaptações, o disposto nos n.os 1 a 3 do artigo 39.º

Artigo 224.º Anúncio do concurso de concepção. 1 - O concurso de concepção é publicitado no Diário da República através de anúncio conforme modelo aprovado por portaria dos ministros responsáveis pela edição do Diário da República e pelas áreas das finanças e das obras públicas.

2 - O anúncio referido no número anterior ou um resumo dos seus elementos mais importantes pode ser posteriormente divulgado por qualquer outro meio considerado conveniente, nomeadamente através da sua publicação em plataforma electrónica utilizada pela entidade adjudicante.

Artigo 225.º Anúncio no Jornal Oficial da União Europeia. 1 - Deve ainda ser publicado no Jornal Oficial da União Europeia um anúncio do concurso de concepção, conforme modelo constante do anexo XII do Regulamento (CE) n.º 1564/2005, da Comissão, de 7 de Setembro.

2 - Não é obrigatória a publicação de anúncio no Jornal Oficial da União Europeia quando a entidade adjudicante não manifeste expressamente a intenção de, posteriormente, celebrar um contrato, por ajuste directo adoptado ao abrigo do disposto na alínea g) do n.º 1 do artigo 27.º, de aquisição do plano, do projecto ou da criação conceptual que consista na concretização ou no desenvolvimento do ou dos trabalhos de concepção seleccionados, e o montante da despesa autorizada para o pagamento dos prémios no âmbito do concurso de concepção seja inferior:

a) Ao referido na alínea b) do artigo 7.º da Directiva n.º 2004/18/CE, do Parlamento Europeu e do Conselho, de 31 de Março, no caso de a entidade adjudicante ser uma das referidas nas alíneas b) a g) do n.º 1 e no n.º 2 do artigo 2.º;

b) Ao referido na alínea a) do artigo 7.º da Directiva n.º 2004/18/CE, do Parlamento Europeu e do Conselho, de 31 de Março, no caso de a entidade adjudicante ser o Estado, excepto se se tratar de concursos de concepção que se refiram a serviços:

i) De investigação e desenvolvimento;

ii) De transmissão de programas televisivos e de emissões de rádio, serviços de interconexão e serviços integrados de telecomunicações;

iii) Mencionados no anexo II-B da Directiva n.º 2004/18/CE, do Parlamento Europeu e do Conselho, de 31 de Março;

c) Ao referido na alínea a) do artigo 16.º da Directiva n.º 2004/17/CE, do Parlamento Europeu e do Conselho, de 31 de Março, no caso de a entidade adjudicante ser uma das referidas no n.º 1 do artigo 7.º, quando o concurso de concepção se referir a trabalhos de concepção que digam directa e principalmente respeito a uma ou a várias das actividades por ela exercidas nos sectores da água, da energia, dos transportes e dos serviços postais.

3 - Nos casos previstos nas subalíneas i) a iii) da alínea b) do número anterior, é aplicável o disposto na alínea a) do mesmo número.

4 - No caso de agrupamentos de entidades adjudicantes, é aplicável o disposto no n.º 2 em função do mais baixo dos valores neles referidos tendo em conta as entidades que o constituem.

5 - O anúncio referido no n.º 1 deve ser enviado ao Serviço das Publicações Oficiais das Comunidades Europeias através de meios electrónicos, conforme formato e modalidades de transmissão indicados no portal da Internet http://simap.eu.int ou através de qualquer outro meio, caso em que o respectivo conteúdo deve limitar-se a cerca de 650 palavras.

6 - Deve ser junto ao processo de concurso documento comprovativo da data do envio do anúncio para publicação no Jornal Oficial da União Europeia.

7 - A publicação do anúncio no Jornal Oficial da União Europeia não dispensa a publicação do anúncio referido no n.º 1 do artigo anterior.

8 - O envio para publicação dos anúncios referidos no número anterior deve ocorrer em simultâneo.

Artigo 226.º Termos de referência. 1 - Nos concursos de concepção é aprovado um documento, designado termos de referência, que deve indicar:

a) A identificação do concurso, bem como a respectiva modalidade escolhida;

b) Uma descrição, tão completa quanto possível, das características, das particularidades, das referências e de quaisquer outros requisitos de natureza estética, funcional ou técnica que os trabalhos de concepção apresentados devem observar;

c) A entidade adjudicante;

d) O órgão que tomou a decisão de seleccionar um ou mais trabalhos de concepção e, no caso de esta ter sido tomada no uso de delegação ou subdelegação de competência, a qualidade em que aquele decidiu, com menção das decisões de delegação ou subdelegação e do local da respectiva publicação;

e) A identidade dos membros, efectivos e suplentes, que compõem o júri e, quando for o caso, as respectivas habilitações profissionais específicas;

f) As habilitações profissionais específicas de que os concorrentes devem ser titulares, se for o caso;

g) Os documentos que materializam os trabalhos de concepção apresentados;

h) O prazo e o local para a apresentação dos documentos referidos na alínea anterior;

i) O critério de selecção, explicitando claramente os factores e eventuais subfactores que o densificam;

j) O montante global dos eventuais prémios de participação a atribuir aos concorrentes cujos trabalhos de concepção apresentados não sejam excluídos;

l) O número de trabalhos de concepção apresentados a seleccionar;

m) O valor do prémio de consagração a atribuir a cada um dos concorrentes seleccionados;

n) A intenção de celebrar, na sequência do concurso de concepção e por ajuste directo ao abrigo do disposto na alínea g) do n.º 1 do artigo 27.º, um contrato de prestação de serviços destinado a adquirir planos, projectos ou quaisquer criações conceptuais que consistam na concretização ou no desenvolvimento do ou dos trabalhos de concepção seleccionados neste concurso.

2 - Quando for adoptada a modalidade de concurso limitado por prévia qualificação, os termos de referência devem ainda indicar:

a) Os requisitos mínimos de capacidade técnica que os candidatos devem preencher;

b) Os documentos destinados à qualificação dos candidatos;

c) O prazo e o local para a apresentação das candidaturas.

3 - Os termos de referência podem ainda conter quaisquer regras específicas sobre o concurso de concepção consideradas convenientes pela entidade adjudicante, desde que não tenham por efeito impedir, restringir ou falsear a concorrência, bem como ser acompanhados de quaisquer documentos complementares necessários à cabal descrição referida na alínea b) do n.º 1 ou indicar a entidade e o local onde esses documentos podem ser obtidos directamente pelos interessados.

4 - Os termos de referência podem também prever a obrigatoriedade de apresentação dos trabalhos de concepção através de correio electrónico ou de outro meio de transmissão electrónica de dados, caso em que devem definir os termos a que deve obedecer essa apresentação por forma a garantir o anonimato previsto no artigo 228.º

5 - As normas dos termos de referência prevalecem sobre quaisquer indicações constantes dos anúncios com elas desconformes.

6 - Quando se verificar a situação prevista na alínea n) do n.º 1, os termos de referência devem ser acompanhados do caderno de encargos relativo ao procedimento de ajuste directo.

7 - Aos termos de referência é aplicável, com as necessárias adaptações, o disposto nos n.os 1, 2 e 5 do artigo 133.º

Artigo 227.º Júri do concurso de concepção[46]. 1 - O júri do concurso de concepção, designado pelo órgão competente para a decisão prevista no artigo 221.º, é composto, em número ímpar, por um mínimo de três membros efectivos, um dos quais presidirá, e dois suplentes.

2 - Quando, nos termos de referência, for exigida aos concorrentes a titularidade de habilitações profissionais específicas, a maioria dos membros do júri deve ser titular da mesma habilitação.

3 - Ao funcionamento do júri do concurso de concepção é aplicável o disposto no artigo 68.º

4 - As deliberações do júri do concurso de concepção sobre a ordenação dos trabalhos de concepção apresentados ou sobre a exclusão dos mesmos por inobservância da descrição a que se refere a alínea b) do n.º 1 do artigo anterior têm carácter vinculativo para a entidade adjudicante, não podendo, em qualquer caso, ser alteradas depois de conhecida a identidade dos concorrentes.

Artigo 228.º Anonimato. 1 - No concurso de concepção, qualquer que seja a modalidade adoptada, a identidade dos concorrentes autores dos trabalhos de concepção apresentados só pode ser conhecida e revelada depois de elaborado o relatório final do concurso.

2 - A entidade adjudicante, o júri do concurso e os concorrentes devem praticar, ou abster-se de praticar, se for o caso, todos os actos necessários ao cumprimento do disposto no número anterior, nomeadamente no que respeita ao acesso aos documentos complementares referidos no n.º 3 do artigo 226.º

Artigo 229.º Apresentação dos trabalhos de concepção. Cada concorrente pode apresentar vários trabalhos de concepção.

Artigo 230.º Aixação dos prazos para a apresentação dos documentos. O prazo para a apresentação dos documentos destinados à qualificação, quando a modalidade escolhida for a de concurso limitado por prévia qualificação, bem como o prazo para a apresentação dos documentos que materializam os trabalhos de concepção, são fixados livremente pela entidade adjudicante, tendo em conta o tempo necessário à respectiva elaboração, em função da natureza, das características e da complexidade inerentes ao concurso em causa.

Artigo 231.º Regras do concurso público[47]. 1 - Quando a modalidade escolhida for a de concurso público, os documentos que materializam cada um dos trabalhos de concepção devem ser encerrados em invólucro opaco e fechado, no rosto do qual deve ser escrita apenas a palavra «Trabalho» e a designação do concurso.

2 - Em invólucro com as características indicadas no número anterior, deve ser encerrado um documento com a identificação e os contactos do concorrente, no rosto do qual deve ser escrita apenas a palavra «Concorrente» e a designação do concurso.

3 - Os invólucros a que se referem os números anteriores são encerrados num outro, igualmente opaco e fechado, que se denomina «Invólucro exterior», indicando-se apenas a designação do concurso e da entidade adjudicante.

4 - Os documentos que materializam os trabalhos de concepção, bem como todos os invólucros referidos nos números anteriores, devem ser elaborados e apresentados de tal forma que fique assegurado o total e absoluto anonimato dos concorrentes, não podendo conter qualquer elemento que permita, de forma directa ou indirecta, identificar o seu autor ou autores.

46 Contém as alterações introduzidas pelos seguintes diplomas: Rectif. n.º 18-A/2008, de 28 de Março.
47 Contém as alterações introduzidas pelos seguintes diplomas: Rectif. n.º 18-A/2008, de 28 de Março.

5 - O invólucro exterior pode ser entregue directamente ou enviado por correio registado, sem indicação do remetente, devendo, em qualquer caso, a respectiva recepção ocorrer dentro do prazo e no local fixados para a apresentação dos trabalhos de concepção.

6 - A recepção dos invólucros exteriores deve ser registada, anotando-se a data e a hora em que os mesmos são recebidos e, no caso de entrega directa, deve ser apenas entregue ao seu portador um recibo comprovativo dessa entrega.

7 - Depois do termo do prazo fixado para a apresentação dos trabalhos de concepção, o júri do concurso atribui um número a cada um dos invólucros exteriores, abre-os e escreve esse mesmo número nos respectivos invólucros referidos nos n.os 1 e 2.

8 - O júri do concurso procede seguidamente à abertura dos invólucros que contêm os documentos que materializam os trabalhos de concepção apresentados pelos concorrentes, procedendo à sua apreciação e elaborando um relatório final, assinado por todos os seus membros, no qual deve indicar, fundamentadamente:

a) A ordenação dos trabalhos de concepção apresentados, de acordo com o critério de selecção fixado nos termos de referência;

b) A exclusão dos trabalhos de concepção:

i) Cujos invólucros tenham sido apresentados após o termo do prazo fixado nos termos de referência;

ii) Cujos documentos que os materializam, ou os invólucros referidos nos n.os 1 a 3, contenham qualquer elemento que permita, de forma directa ou indirecta, identificar o seu autor ou autores;

iii) Que não observem a descrição a que se refere a alínea b) do n.º 1 do artigo 226.º

9 - O júri do concurso só pode proceder à abertura dos invólucros referidos no n.º 2 depois de integralmente cumprido o disposto no número anterior.

10 - No caso de os termos de referência preverem a obrigatoriedade de apresentação dos trabalhos de concepção através de correio electrónico ou de outro meio de transmissão electrónica de dados, o disposto nos números anteriores é aplicável com as necessárias adaptações.

Artigo 232.º Regras do concurso limitado por prévia qualificação

1 - Quando a modalidade escolhida for a de concurso limitado por prévia qualificação, os documentos destinados à qualificação devem ser encerrados em invólucro opaco e fechado, no rosto do qual deve ser escrita a palavra «Candidatura», o nome ou a denominação social do candidato, a designação do concurso e da entidade adjudicante.

2 - O invólucro referido no número anterior pode ser entregue directamente ou enviado por correio registado, devendo, em qualquer caso, a respectiva recepção ocorrer dentro do prazo e no local fixados para a apresentação das candidaturas.

3 - A recepção dos invólucros deve ser registada, anotando-se a data e a hora em que os mesmos são recebidos e, no caso de entrega directa, a identidade das pessoas que a efectuaram, sendo entregue a estas um recibo comprovativo dessa entrega.

4 - Depois do termo do prazo fixado para a apresentação das candidaturas, o júri do concurso procede à sua apreciação, qualificando os candidatos que, tendo apresentado as respectivas candidaturas tempestivamente, cumpram os requisitos mínimos de capacidade técnica fixados nos termos de referência.

5 - Efectuada a qualificação, o júri do concurso envia aos candidatos qualificados, em simultâneo, um convite à apresentação dos trabalhos de concepção de acordo com as regras fixadas nos termos de referência.

6 - Cumprido o disposto no número anterior, o concurso de concepção prossegue os seus termos de acordo com o disposto no artigo anterior.

7 - O relatório final do concurso deve ainda indicar, fundamentadamente, quais os candidatos a excluir, quer por não preencherem os requisitos mínimos de capacidade técnica exigidos nos termos de referência, quer por terem apresentado as respectivas candidaturas após o termo do prazo fixado para o efeito.

8 - No caso de os termos de referência preverem a obrigatoriedade de apresentação dos trabalhos de concepção através de correio electrónico ou de outro meio de transmissão electrónica de dados, o disposto nos números anteriores é aplicável com as necessárias adaptações.

Artigo 233.º Decisão de selecção e prémios. 1 - O órgão competente para a decisão prevista no artigo 221.º selecciona um ou mais trabalhos de concepção, consoante o número fixado nos termos de referência do concurso, de acordo com o teor e as conclusões do relatório final, nomeadamente com as deliberações vinculativas tomadas pelo júri.

2 - Da decisão de selecção deve também constar a atribuição dos prémios de consagração aos concorrentes seleccionados, bem como a atribuição dos eventuais prémios de participação.

3 - A decisão de selecção referida nos números anteriores é notificada simultaneamente a todos os concorrentes e, quando a modalidade escolhida for a de concurso limitado por prévia qualificação, também aos candidatos excluídos.

4 - Os concorrentes sobre cujos trabalhos de concepção recaia a decisão de selecção consideram-se seleccionados para efeitos do disposto na alínea g) do n.º 1 do artigo 27.º

Artigo 234.º Caducidade da decisão de selecção. 1 - Quando os termos de referência do concurso de concepção exigirem aos concorrentes a titularidade de habilitações profissionais específicas, os concorrentes seleccionados devem apresentar documentos comprovativos das mesmas no prazo de cinco dias a contar da notificação da decisão de selecção.

2 - A decisão de selecção caduca se o concorrente seleccionado não apresentar os documentos referidos no número anterior no prazo nele fixado.

3 - No caso previsto no número anterior, o órgão competente para a decisão prevista no artigo 221.º deve seleccionar o trabalho de concepção ordenado em lugar subsequente.

Artigo 235.º Anúncio da decisão de selecção. Quando o anúncio do concurso de concepção tenha sido publicado no Jornal Oficial da União Europeia, a entidade adjudicante deve enviar ao Serviço de Publicações Oficiais das Comunidades Europeias, no prazo de 30 dias após a decisão de selecção, um anúncio conforme modelo constante do anexo XIII do Regulamento (CE) n.º 1564/2005, da Comissão, de 7 de Setembro.

Artigo 236.º Prevalência. As normas constantes do presente capítulo relativas ao concurso de concepção prevalecem sobre quaisquer disposições dos termos de referência e respectivos documentos complementares com elas desconformes.

CAPÍTULO II.
SISTEMAS DE AQUISIÇÃO DINÂMICOS

Artigo 237.º Noção. 1 - A entidade adjudicante pode celebrar contratos de locação ou de aquisição de bens móveis ou de aquisição de serviços de uso corrente através de um sistema totalmente electrónico designado sistema de aquisição dinâmico.

2 - Para os efeitos do disposto no número anterior, consideram-se bens e serviços de uso corrente aqueles cujas especificações técnicas se encontram totalmente estandardizadas.

Artigo 238.º Fases do sistema. O sistema de aquisição dinâmico compreende as seguintes fases:

a) Instituição do sistema;

b) Anúncio simplificado;

c) Adjudicação.

Artigo 239.º Instituição do sistema. 1 - A decisão de instituir um sistema de aquisição dinâmico cabe ao órgão competente para a decisão de contratar e deve ser feita em simultâneo com a decisão de escolha do procedimento.

2 - A escolha do procedimento nos termos do disposto no artigo 20.º só permite a celebração de contratos ao abrigo de um sistema de aquisição dinâmico enquanto o somatório dos respectivos preços contratuais seja inferior aos valores referidos naquele artigo.

3 - A entidade adjudicante não pode instituir um sistema de aquisição dinâmico de modo a impedir, restringir ou falsear a concorrência.

4 - Não podem ser cobradas aos interessados ou aos concorrentes quaisquer despesas relacionadas com a instituição ou a operatividade do sistema.

5 - A instituição de um sistema de aquisição dinâmico rege-se, com as necessárias adaptações, pelas disposições que regulam o concurso público, em tudo o que não esteja especialmente previsto nos artigos seguintes e seja com eles compatível.

Artigo 240.º Peças do procedimento. 1 - Para além do disposto no artigo 132.º, o programa do procedimento deve ainda:

a) Fixar a duração do sistema de aquisição dinâmico, que não pode ser superior a quatro anos, salvo em casos excepcionais devidamente fundamentados;

b) Fornecer todas as informações necessárias ao acesso dos interessados ao sistema de aquisição dinâmico, indicando o equipamento electrónico utilizado, as modalidades e os aspectos técnicos de ligação ao sistema;

c) Indicar o modo de apresentação das propostas.

2 - O programa do procedimento deve indicar os eventuais factores e subfactores que densificam o critério de adjudicação, bem como o valor dos respectivos coeficientes de ponderação, não sendo, porém, necessário um modelo de avaliação das propostas.

3 - As peças do procedimento devem ser integralmente disponibilizadas, até ao encerramento do sistema, de forma gratuita e directa, na plataforma electrónica utilizada pela entidade adjudicante.

Artigo 241.º Versões iniciais de proposta. 1 - Os interessados podem apresentar as respectivas versões iniciais de proposta desde a publicitação da instituição do sistema até ao prazo fixado para o efeito no anúncio simplificado previsto no artigo seguinte.

2 - Até ao termo do prazo para a sua apresentação em versão definitiva, fixado no convite previsto no artigo 243.º, as versões iniciais de proposta podem ser continuamente alteradas.

3 - No prazo de 15 dias a contar da recepção no sistema da versão inicial de proposta, bem como de cada alteração da mesma, a entidade adjudicante notifica o respectivo apresentante da sua aceitação ou rejeição.

4 - São rejeitadas as propostas, tanto na versão inicial como na versão alterada, sempre que os respectivos atributos, termos ou condições violem o caderno de encargos.

5 - Consideram-se rejeitadas as propostas, tanto na versão inicial como na versão alterada, relativamente às quais a entidade adjudicante não proceda à notificação prevista no n.º 3.

6 - São admitidos no sistema todos os interessados que apresentem uma versão inicial de proposta, ou uma versão alterada da mesma, que não seja rejeitada.

Artigo 242.º Anúncio simplificado[48]. 1 - A celebração de um contrato ao abrigo de um sistema de aquisição dinâmico depende da publicação:

a) De um anúncio simplificado no Diário da República, conforme modelo aprovado por portaria dos ministros responsáveis pela edição do Diário da República e pelas áreas das finanças e das obras públicas; e

b) De um anúncio simplificado no Jornal Oficial da União Europeia, conforme modelo constante do anexo IX do Regulamento (CE) n.º 1564/2005, da Comissão, de 7 de Setembro, quando o anúncio com indicação expressa da instituição de um sistema de aquisição dinâmico tenha sido publicado no Jornal Oficial da União Europeia.

2 - À publicação dos anúncios previstos no número anterior é aplicável, com as necessárias adaptações, o disposto nos artigos 130.º ou 131.º

3 - Quando o anúncio com indicação expressa da instituição de um sistema de aquisição dinâmico seja publicado no Jornal Oficial da União Europeia, o anúncio simplificado só pode ser pu-

48 Contém as alterações introduzidas pelos seguintes diplomas: Rectif. n.º 18-A/2008, de 28 de Março.

blicado decorridos, pelo menos, 40 dias a contar da data do envio daquele anúncio para publicação.

4 - Todos os interessados em aceder ao sistema devem apresentar as respectivas versões iniciais de proposta no prazo mínimo de 15 dias a contar da data do envio do anúncio simplificado para publicação.

5 - Às versões iniciais das propostas é aplicável o disposto nos n.os 3 a 6 do artigo anterior.

Artigo 243.º Convite. 1 - O procedimento de formação do contrato a celebrar ao abrigo de um sistema de aquisição dinâmico inicia-se com o envio, em simultâneo, a todos os concorrentes cujas versões iniciais de proposta foram aceites, de um convite a apresentar uma versão definitiva de proposta para o contrato a celebrar.

2 - No convite, a entidade adjudicante deve indicar:

a) O prazo para a apresentação das versões definitivas das propostas, que não pode ser inferior a cinco dias a contar da data do envio do convite;

b) O modelo de avaliação das propostas, caso não conste do programa do procedimento.

Artigo 244.º Avaliação das propostas e adjudicação[49]. Findo o prazo para a apresentação das versões definitivas das propostas, ao procedimento de formação do contrato a celebrar ao abrigo de um sistema de aquisição dinâmico é aplicável o disposto nos artigos 139.º e seguintes, no que diz respeito à avaliação das propostas, à preparação da adjudicação e à eventual fase de leilão electrónico.

CAPÍTULO III.
SISTEMAS DE QUALIFICAÇÃO

Artigo 245.º Instituição de sistemas de qualificação. 1 - Quando o contrato a celebrar diga directa e principalmente respeito a uma ou a várias das actividades exercidas nos sectores da água, da energia, dos transportes e dos serviços postais pelas entidades adjudicantes referidas no n.º 1 do artigo 7.º, estas podem instituir sistemas de qualificação de interessados em participar em concursos limitados por prévia qualificação ou em procedimentos de negociação para a formação de contratos de empreitada de obras públicas, de contratos de locação ou de aquisição de bens móveis ou de contratos de aquisição de serviços.

2 - A instituição de um sistema de qualificação é publicitada no Diário da República através de anúncio conforme modelo aprovado por portaria dos ministros responsáveis pela edição do Diário da República e pelas áreas das finanças e das obras públicas.

3 - O anúncio referido no número anterior ou um resumo dos seus elementos mais importantes pode ser posteriormente divulgado por qualquer outro meio considerado conveniente, nomeadamente através da sua publicação em plataforma electrónica utilizada pela entidade adjudicante.

4 - Deve ainda ser publicado no Jornal Oficial da União Europeia um anúncio do sistema de qualificação, conforme modelo constante do anexo VII do Regulamento (CE) n.º 1564/2005, da Comissão, de 7 de Setembro.

5 - Quando o sistema de qualificação tiver uma duração superior a três anos, os anúncios previstos nos n.os 2 e 4 devem ser republicados anualmente.

6 - Aos anúncios previstos nos números anteriores é aplicável, com as necessárias adaptações, o disposto nos n.os 4 a 7 do artigo 131.º

Artigo 246.º Regras dos sistemas de qualificação. 1 - Os sistemas de qualificação, que podem compreender várias fases de qualificação, devem basear-se em regras e critérios objectivos e não discriminatórios, nomeadamente relativos ao preenchimento de requisitos mínimos de capacidade técnica ou de capacidade financeira dos interessados, devendo ser aplicados em condições de igualdade.

---

49 Contém as alterações introduzidas pelos seguintes diplomas: Rectif. n.º 18-A/2008, de 28 de Março

2 - As regras e os critérios de qualificação devem ser adequados ao tipo e às características das prestações abrangidas pelo objecto do contrato a celebrar, podendo consistir no cumprimento de especificações técnicas, caso em que é aplicável o disposto no artigo 49.º

3 - No caso de a entidade adjudicante exigir a apresentação de certificados emitidos por organismos independentes, nacionais ou estabelecidos noutros Estados membros da União Europeia, que atestem que o interessado respeita determinadas normas de garantia de qualidade, deve referir-se aos sistemas de garantia de qualidade baseados no conjunto de normas europeias, certificados por organismos conformes com as séries de normas europeias respeitantes à certificação.

4 - No caso de a entidade adjudicante exigir a apresentação de certificados emitidos por organismos independentes, nacionais ou estabelecidos noutros Estados membros da União Europeia, que atestem que o interessado respeita determinadas normas de garantia de gestão ambiental, deve referir-se aos sistemas de gestão ambiental baseados no Sistema Comunitário de Ecogestão e Auditoria (EMAS) ou em normas europeias ou internacionais, certificados por organismos conformes com as séries de normas europeias ou regulamentos comunitários respeitantes à certificação.

5 - Para os efeitos do disposto no n.º 3, a entidade adjudicante deve reconhecer também outras provas de medidas de garantia de qualidade equivalente apresentadas por interessados que não tenham acesso aos referidos certificados ou que demonstrem que os não possam obter dentro do prazo de duração do sistema de qualificação.

6 - A entidade adjudicante não pode exigir aos interessados testes ou outras diligências que constituam duplicação de provas objectivas já disponíveis.

7 - Os interessados podem, para preenchimento dos requisitos mínimos de capacidade técnica ou de capacidade financeira, recorrer a terceiras entidades, independentemente do vínculo que com elas estabeleçam, desde que apresentem declarações através das quais estas se comprometam, incondicionalmente, a disponibilizar, até ao termo da duração do sistema de qualificação, os meios necessários àquele preenchimento.

Artigo 247.º Participação num sistema de qualificação. 1 - A entidade adjudicante que tenha instituído um sistema de qualificação deve assegurar que os interessados possam, durante todo o tempo de duração do sistema, solicitar a sua qualificação.

2 - A entidade adjudicante deve fornecer, a pedido dos interessados, todos os documentos que contenham regras e critérios de qualificação para além dos constantes dos anúncios previstos no artigo 245.º

Artigo 248.º Actualização das regras e dos critérios de qualificação. 1 - As regras e os critérios de qualificação podem ser actualizados pela entidade adjudicante a todo o tempo, devendo essa actualização ser comunicada aos interessados que já se encontravam qualificados, àqueles cujo pedido de qualificação foi anteriormente recusado e àqueles cujo processo se encontra pendente.

2 - A actualização das regras ou dos critérios de qualificação implica a revisão da decisão de qualificação dos interessados que já se encontrem qualificados.

Artigo 249.º Decisão de qualificação. 1 - O órgão da entidade adjudicante que para tal for competente deve pronunciar-se sobre o pedido de qualificação, no prazo de seis meses a contar da data da respectiva apresentação, equivalendo o silêncio ao deferimento do pedido.

2 - O indeferimento do pedido de qualificação deve ser fundamentado com base nas regras e nos critérios aplicáveis e comunicado aos interessados.

3 - O órgão referido no n.º 1 apenas pode revogar a decisão de qualificação de qualquer interessado por motivos relativos ao incumprimento superveniente das regras ou dos critérios aplicáveis, ainda que resultantes de uma actualização dos mesmos.

Artigo 250.º Selecção dos interessados qualificados. 1 - Os interessados qualificados são seleccionados pelo órgão referido no artigo anterior, de acordo com as regras fixadas no sistema de qualificação, para apresentarem propostas em concurso limitado por prévia qualificação ou em procedimento de negociação.

2 - O órgão referido no artigo anterior pode também recorrer a sistemas de qualificação instituídos por outras entidades adjudicantes para proceder à selecção dos interessados qualificados de acordo com as regras fixadas nesses sistemas.

3 - Aos interessados seleccionados nos termos do disposto nos números anteriores é enviado o programa do procedimento contendo as regras do concurso limitado por prévia qualificação ou do procedimento de negociação aplicáveis a partir da fase da apresentação das propostas.

4 - Nos concursos limitados por prévia qualificação e nos procedimentos de negociação adoptados na sequência da instituição de um sistema de qualificação não há lugar à publicação dos anúncios previstos nos artigos 167.º e 197.º, respectivamente.

TÍTULO V.
ACORDOS QUADRO

CAPÍTULO I.
CELEBRAÇÃO DE ACORDOS QUADRO

Artigo 251.º Noção. Acordo quadro é o contrato celebrado entre uma ou várias entidades adjudicantes e uma ou mais entidades, com vista a disciplinar relações contratuais futuras a estabelecer ao longo de um determinado período de tempo, mediante a fixação antecipada dos respectivos termos.

Artigo 252.º Modalidades de acordos quadro. 1 - As entidades adjudicantes só podem celebrar acordos quadro:

a) Com uma única entidade, quando neles estejam suficientemente especificados todos os aspectos da execução dos contratos a celebrar ao seu abrigo que sejam submetidos à concorrência pelo caderno de encargos;

b) Com várias entidades, quando neles não estejam totalmente contemplados ou não estejam suficientemente especificados os aspectos da execução dos contratos a celebrar ao seu abrigo que sejam submetidos à concorrência pelo caderno de encargos.

2 - As entidades adjudicantes não podem recorrer à celebração de acordos quadro, em qualquer das modalidades referidas no número anterior, de forma abusiva ou de modo a impedir, restringir ou falsear a concorrência.

Artigo 253.º Procedimento de formação dos acordos quadro. 1 - Em tudo o que não esteja especialmente previsto no presente capítulo, à escolha do procedimento para a formação de um acordo quadro e à respectiva tramitação são aplicáveis, com as necessárias adaptações, as normas previstas no título i, nos capítulos II a XIII do título II e no título III da parte II do presente Código.

2 - A escolha do procedimento de formação do acordo quadro nos termos do disposto nos artigos 19.º a 21.º só permite a celebração de contratos ao seu abrigo enquanto o somatório dos respectivos preços contratuais seja inferior aos valores referidos naqueles artigos, consoante o caso.

3 - Do alvará ou do título de registo a apresentar para os efeitos do disposto no n.º 2 do artigo 81.º apenas são relevantes as categorias e as subcategorias, independentemente das respectivas classes.

4 - O programa do procedimento de formação de acordos quadro na modalidade prevista na alínea b) do n.º 1 do artigo anterior deve indicar o número de propostas a adjudicar.

5 - Para os efeitos da celebração de acordos quadro na modalidade prevista na alínea b) do n.º 1 do artigo anterior, devem ser adjudicadas, pelo menos, as propostas ordenadas nos três primeiros lugares, salvo quando o número de candidatos qualificados, ou de propostas apresentadas e não excluídas, seja inferior.

Artigo 254.º Caução. 1 - A entidade adjudicante pode exigir a cada adjudicatário a prestação de uma caução destinada a garantir o exacto e pontual cumprimento da obrigação prevista no n.º 1 do artigo seguinte.

2 - À caução referida no número anterior é aplicável o disposto nos artigos 90.º e 91.º

Artigo 255.º Obrigação de celebração de contratos ao abrigo de acordo quadro. 1 - O co-contratante do acordo quadro obriga-se a celebrar contratos nas condições naquele previstas à medida que a entidade adjudicante parte no acordo quadro o requeira.

2 - Salvo disposição em contrário constante do caderno de encargos relativo ao acordo quadro, as entidades adjudicantes não são obrigadas a celebrar contratos ao seu abrigo.

Artigo 256.º Prazo máximo de vigência dos acordos quadro. 1 - O prazo de vigência dos acordos quadro não pode ser superior a quatro anos, incluindo quaisquer prorrogações expressas ou tácitas.

2 - O caderno de encargos relativo ao acordo quadro pode, excepcionalmente e com respeito pelo disposto no n.º 2 do artigo 252.º, fixar um prazo de vigência do acordo quadro a celebrar superior a quatro anos, desde que tal se revele necessário ou conveniente em função da natureza das prestações objecto desse acordo quadro ou das condições da sua execução.

3 - A fixação do prazo de vigência do acordo quadro nos termos do disposto no número anterior deve ser fundamentada.

CAPÍTULO II.
CELEBRAÇÃO DE CONTRATOS AO ABRIGO DE ACORDOS QUADRO

Artigo 257.º Regras gerais. 1 - Só podem celebrar contratos ao abrigo de um acordo quadro as partes nesse acordo quadro.

2 - Da celebração de contratos ao abrigo de acordos quadro não podem resultar alterações substanciais das condições consagradas nestes últimos.

3 - Quando expressamente previsto no caderno de encargos relativo ao acordo quadro, a entidade adjudicante pode actualizar as características dos bens ou dos serviços a adquirir ao abrigo do acordo quadro, modificando-as ou substituindo-as por outras, desde que se mantenha o tipo de prestação e os objectivos das especificações fixadas no procedimento de formação do acordo quadro e desde que tal se justifique em função da ocorrência de inovações tecnológicas.

4 - Quando o contrato a celebrar ao abrigo de um acordo quadro seja de empreitada de obras públicas, é aplicável o disposto no n.º 2 do artigo 81.º

Artigo 258.º Celebração de contratos ao abrigo de acordos quadro cujos termos abranjam todos os seus aspectos submetidos à concorrência. 1 - Deve adoptar-se o ajuste directo para a formação de contratos a celebrar ao abrigo de acordos quadro celebrados na modalidade prevista na alínea a) do n.º 1 do artigo 252.º

2 - O conteúdo dos contratos a que se refere o número anterior deve corresponder às condições contratuais estabelecidas no acordo quadro, não sendo necessária a elaboração de um caderno de encargos.

3 - Caso tal se revele necessário, a entidade adjudicante pode solicitar, por escrito, ao co-contratante do acordo quadro, que pormenorize, igualmente por escrito, aspectos constantes da sua proposta.

Artigo 259.º Celebração de contratos ao abrigo de acordos quadro cujos termos não abranjam todos os seus aspectos submetidos à concorrência. 1 - Para a formação de contratos a celebrar ao abrigo de acordos quadro celebrados na modalidade prevista na alínea b) do n.º 1 do artigo 252.º, a entidade adjudicante deve dirigir aos co-contratantes do acordo quadro que reúnam as condições necessárias para a execução das prestações objecto desses contratos um convite à apresentação de propostas circunscritas:

a) Aos termos do acordo quadro a concretizar, a desenvolver ou a complementar em virtude das particularidades da necessidade cuja satisfação se visa com a celebração do contrato; ou

b) Aos aspectos da execução do contrato a celebrar submetidos à concorrência pelo caderno de encargos do acordo quadro para os efeitos do procedimento de formação do contrato a celebrar ao seu abrigo.

2 - O convite deve indicar o prazo e o modo de apresentação das propostas, bem como os termos ou os aspectos referidos no número anterior e, ainda, o modelo de avaliação das propostas com base nos factores e eventuais subfactores que densificaram o critério de adjudicação previamente previsto no programa do procedimento de formação do acordo quadro.

3 - Ao procedimento previsto no presente artigo é aplicável, com as necessárias adaptações, o disposto nos artigos 139.° e seguintes.

TÍTULO VI.
CENTRAIS DE COMPRAS

CAPÍTULO I.
DISPOSIÇÕES GERAIS

Artigo 260.° Centrais de compras. 1 - As entidades adjudicantes referidas nos n.os 1 e 2 do artigo 2.° podem constituir centrais de compras para centralizar a contratação de empreitadas de obras públicas, de locação e de aquisição de bens móveis e de aquisição de serviços.

2 - As entidades adjudicantes referidas no número anterior podem ainda constituir centrais de compras exclusivamente destinadas a um determinado sector de actividade.

3 - A constituição, a estrutura orgânica e o funcionamento das centrais de compras regem-se por diploma próprio.

Artigo 261.° Principais actividades das centrais de compras. 1 - As centrais de compras destinam-se a:

a) Adjudicar propostas de execução de empreitadas de obras públicas, de fornecimento de bens móveis e de prestação de serviços, a pedido e em representação das entidades adjudicantes;

b) Locar ou adquirir bens móveis ou adquirir serviços destinados a entidades adjudicantes, nomeadamente por forma a promover o agrupamento de encomendas;

c) Celebrar acordos quadro, designados contratos públicos de aprovisionamento, que tenham por objecto a posterior celebração de contratos de empreitadas de obras públicas ou de locação ou de aquisição de bens móveis ou de aquisição de serviços.

2 - Para os efeitos do exercício das actividades previstas no número anterior, as centrais de compras estão sujeitas às disposições do presente Código.

3 - Nos casos previstos nas alíneas a) e b) do n.° 1, as despesas inerentes ao procedimento de formação de cada contrato a celebrar em concreto são da responsabilidade da entidade adjudicante beneficiária, salvo indicação em contrário constante do diploma que regula o funcionamento da central de compras.

Artigo 262.° Âmbito subjectivo das centrais de compras. 1 - São abrangidas pela contratação centralizada a efectuar por cada central de compras as entidades previstas no diploma que regula o seu funcionamento.

2 - As entidades não abrangidas pela contratação centralizada a efectuar por uma determinada central de compras podem dela beneficiar, para a aquisição da totalidade ou de apenas algumas categorias de obras, de bens móveis ou de serviços, nos termos previstos no diploma que regula o funcionamento da mesma.

CAPÍTULO II.
ACORDOS QUADRO CELEBRADOS POR CENTRAIS DE COMPRAS

Artigo 263.° Admissibilidade da celebração de acordos quadro por centrais de compras. 1 - As centrais de compras podem celebrar acordos quadro, em qualquer das modalidades previstas no artigo 252.°, que tenham por objecto a futura celebração de contratos de empreitada de obras públicas, de locação ou de aquisição de bens móveis ou de aquisição serviços.

2 - Salvo nos casos especialmente previstos na lei, sempre que as entidades adjudicantes referidas nas alíneas a) e d) do n.° 1 do artigo 2.° se encontrem abrangidas pela contratação centraliza-

da a efectuar por uma central de compras, os acordos quadro em qualquer das modalidades previstas no artigo 252.° devem ser celebrados por essa central de compras.

Artigo 264.° Remissão. Em tudo o que não se encontrar especificamente regulado no presente capítulo, aos contratos públicos de aprovisionamento, bem como aos contratos celebrados ao seu abrigo, é aplicável o disposto nos capítulos I e II do título V.

Artigo 265.° Procedimento de formação dos contratos públicos de aprovisionamento. 1 - Sem prejuízo do disposto nos artigos 24.° a 29.°, para a formação dos contratos públicos de aprovisionamento deve ser adoptado o procedimento de concurso público ou de concurso limitado por prévia qualificação.

2 - O anúncio do concurso público ou do concurso limitado por prévia qualificação para a formação de contratos públicos de aprovisionamento deve ser sempre publicado no Jornal Oficial da União Europeia.

Artigo 266.° Prazo máximo de vigência dos contratos públicos de aprovisionamento. O prazo de vigência dos contratos públicos de aprovisionamento não pode ser superior a quatro anos.

TÍTULO VII.
GARANTIAS ADMINISTRATIVAS

Artigo 267.° Direito aplicável. 1 - As impugnações administrativas das decisões relativas à formação dos contratos públicos regem-se pelo disposto no presente título e, subsidiariamente, pelo disposto no Código do Procedimento Administrativo.

2 - Os prazos previstos no presente título contam-se nos termos do disposto no artigo 72.° do Código do Procedimento Administrativo e não lhes é aplicável, em caso algum, o disposto no artigo 73.° do mesmo Código.

Artigo 268.° Natureza. As impugnações administrativas são facultativas.

Artigo 269.° Decisões impugnáveis. 1 - São susceptíveis de impugnação administrativa quaisquer decisões administrativas ou outras àquelas equiparadas proferidas no âmbito de um procedimento de formação de um contrato público.

2 - As peças do procedimento são também susceptíveis de impugnação administrativa.

Artigo 270.° Prazo de impugnação. Sem prejuízo do disposto no n.° 3 do artigo 138.° e no n.° 3 do artigo 177.°, as impugnações administrativas de quaisquer decisões administrativas ou de outras àquelas equiparadas relativas à formação de um contrato público devem ser apresentadas no prazo de cinco dias a contar da respectiva notificação.

Artigo 271.° Apresentação da impugnação. 1 - O interessado deve expor, na reclamação ou no requerimento de interposição do recurso, todos os fundamentos da impugnação, podendo juntar os documentos que considere convenientes.

2 - O recurso administrativo das deliberações do júri deve ser interposto para o órgão competente, por lei ou por delegação, para a decisão de contratar.

Artigo 272.° Efeitos da impugnação. 1 - A apresentação de quaisquer impugnações administrativas não suspende a realização das operações subsequentes do procedimento em causa.

2 - Enquanto as impugnações administrativas não forem decididas ou não tiver decorrido o prazo para a respectiva decisão, não se pode proceder:

a) À decisão de qualificação;

b) Ao início da fase de negociação;

c) À decisão de adjudicação.

Artigo 273.° Audiência dos contra-interessados. Quando a impugnação administrativa tiver por objecto a decisão de qualificação, a decisão de adjudicação ou a rejeição de impugnação administrativa de qualquer dessas decisões, o órgão competente para dela conhecer deve, nos dois dias seguintes à respectiva apresentação, notificar os candidatos ou os concorrentes para, querendo, se pronunciarem no prazo de cinco dias, sobre o pedido e os seus fundamentos.

Artigo 274.º Decisão. 1 - As impugnações administrativas são decididas no prazo de cinco dias a contar da data da sua apresentação, equivalendo o silêncio à rejeição das mesmas.

2 - Quando haja lugar a audiência dos contra-interessados nos termos do disposto no artigo anterior, o prazo para a decisão da impugnação administrativa conta-se do termo do prazo fixado para aquela audiência.

TÍTULO VIII.
EXTENSÃO DO ÂMBITO DE APLICAÇÃO

Artigo 275.º Contratos subsidiados. 1 - As regras previstas no presente Código relativas à formação de contratos de empreitada de obras públicas são também aplicáveis no caso da formação de contratos de empreitada celebrados por entidades não referidas no artigo 2.º ou no n.º 1 do artigo 7.º, desde que:

a) Sejam financiados directamente em mais de 50 por qualquer das entidades adjudicantes referidas no artigo 2.º; e

b) O respectivo preço contratual seja igual ou superior ao valor referido na alínea b) do artigo 19.º

2 - As regras previstas no presente Código relativas à formação de contratos de aquisição de serviços são também aplicáveis no caso da formação de contratos de aquisição de serviços celebrados por entidades não referidas no artigo 2.º ou no n.º 1 do artigo 7.º, desde que:

a) Sejam financiados directamente em mais de 50 por qualquer das entidades adjudicantes referidas no artigo 2.º;

b) O respectivo preço contratual seja igual ou superior ao valor referido na alínea b) do n.º 1 do artigo 20.º; e

c) Sejam complementares, dependentes ou se encontrem, por qualquer forma, relacionados com o objecto de um contrato de empreitada a cuja formação é aplicável o presente Código nos termos do disposto no número anterior.

Artigo 276.º Contratos a celebrar por concessionários de obras públicas que não sejam entidades adjudicantes[50]. 1 - A intenção de celebrar contratos de empreitada de obras públicas cujo preço contratual seja igual ou superior ao valor referido na alínea b) do artigo 19.º, por parte de concessionários de obras públicas que não sejam entidades adjudicantes, deve ser publicitada no Diário da República através de anúncio conforme modelo aprovado por portaria dos ministros responsáveis pela edição do Diário da República e pelas áreas das finanças e das obras públicas.

2 - Deve ainda ser publicado no Jornal Oficial da União Europeia um anúncio da intenção referida no n.º 1, conforme modelo constante do anexo XI do Regulamento (CE) n.º 1564/2005, da Comissão, de 7 de Setembro.

3 - Aos anúncios previstos nos números anteriores é aplicável, com as necessárias adaptações, o disposto nos n.os 4 e 7 do artigo 131.º

4 - Os anúncios previstos nos n.os 1 e 2 não têm de ser publicados quando:

a) Se verificar alguma das situações previstas nos artigos 24.º ou 25.º;

b) O adjudicatário seja uma empresa associada do concessionário de obras públicas, nos termos do disposto no artigo 14.º

c) O adjudicatário seja membro do agrupamento que apresentou a proposta adjudicada no procedimento de formação do contrato de concessão ou uma empresa associada a qualquer dos seus membros nos termos do disposto no artigo 14.º

5 - Para efeitos da formação dos contratos de empreitada de obras públicas referidos no n.º 1, o concessionário não pode fixar um prazo para a apresentação de candidaturas inferior a 37 dias a contar da data do envio do anúncio referido no n.º 2, nem um prazo para a apresentação das propostas inferior a 40 dias a contar daquela mesma data ou do convite à apresentação de propostas.

---

50 Contém as alterações introduzidas pelos seguintes diplomas: DL n.º 149/2012, de 12 de Julho

6 - Aos prazos mínimos previstos no número anterior são aplicáveis as reduções previstas no n.º 3 do artigo 136.º e no n.º 3 do artigo 174.º, consoante o caso.

7 - Quando, por qualquer motivo, as peças do procedimento não sejam disponibilizadas no prazo máximo de três dias a contar da data da sua solicitação, o prazo fixado para a apresentação das candidaturas ou das propostas deve ser prorrogado, a pedido dos interessados, por período, no mínimo, equivalente ao do atraso verificado.

Artigo 277.º Contratos a celebrar por entidades beneficiárias de direitos especiais ou exclusivos no exercício de actividades de serviço público. 1 - Na formação de contratos de locação ou de aquisição de bens móveis por entidades não referidas no artigo 2.º ou no n.º 1 do artigo 7.º às quais tenham sido atribuídos direitos especiais ou exclusivos no exercício de actividades de serviço público por uma das entidades adjudicantes neles referidas, devem aquelas respeitar o princípio da não discriminação em razão da nacionalidade.

2 - No acto de atribuição dos direitos especiais ou exclusivos, as entidades adjudicantes devem mencionar a obrigação prevista no número anterior.

PARTE III.
REGIME SUBSTANTIVO DOS CONTRATOS ADMINISTRATIVOS

TÍTULO I.
CONTRATOS ADMINISTRATIVOS EM GERAL

CAPÍTULO I.
DISPOSIÇÕES GERAIS

Artigo 278.º Utilização do contrato administrativo. Na prossecução das suas atribuições ou dos seus fins, os contraentes públicos podem celebrar quaisquer contratos administrativos, salvo se outra coisa resultar da lei ou da natureza das relações a estabelecer.

Artigo 279.º Contrato como fonte da relação jurídica administrativa. Sem prejuízo do disposto no presente título em matéria de conformação da relação contratual, esta rege-se pelas cláusulas e pelos demais elementos integrantes do contrato que sejam conformes com a Constituição e a lei.

Artigo 280.º Direito aplicável. 1 - Na falta de lei especial, as disposições do presente título são aplicáveis às relações contratuais jurídicas administrativas.

2 - As disposições do presente título são subsidiariamente aplicáveis às relações contratuais jurídicas administrativas reguladas em especial no presente Código ou em outra lei, sempre que os tipos dos contratos não afastem as razões justificativas da disciplina em causa.

3 - Em tudo quanto não estiver regulado no presente Código ou em lei especial e não for suficientemente disciplinado por aplicação dos princípios gerais de direito administrativo, são subsidiariamente aplicáveis às relações contratuais jurídicas administrativas, com as necessárias adaptações, as restantes normas de direito administrativo e, na falta destas, o direito civil.

Artigo 281.º Proporcionalidade e conexão material das prestações contratuais. O contraente público não pode assumir direitos ou obrigações manifestamente desproporcionados ou que não tenham uma conexão material directa com o fim do contrato.

Artigo 282.º Reposição do equilíbrio financeiro do contrato. 1 - Há lugar à reposição do equilíbrio financeiro apenas nos casos especialmente previstos na lei ou, a título excepcional, no próprio contrato.

2 - Sem prejuízo do disposto no número anterior, o co-contratante só tem direito à reposição do equilíbrio financeiro quando, tendo em conta a repartição do risco entre as partes, o facto invocado como fundamento desse direito altere os pressupostos nos quais o co-contratante determinou o valor das prestações a que se obrigou, desde que o contraente público conhecesse ou não devesse ignorar esses pressupostos.

3 - A reposição do equilíbrio financeiro produz os seus efeitos desde a data da ocorrência do facto que alterou os pressupostos referidos no número anterior, sendo efectuada, na falta de estipulação contratual, designadamente, através da prorrogação do prazo de execução das prestações ou de vigência do contrato, da revisão de preços ou da assunção, por parte do contraente público, do dever de prestar à contraparte o valor correspondente ao decréscimo das receitas esperadas ou ao agravamento dos encargos previstos com a execução do contrato.

4 - A reposição do equilíbrio financeiro efectuada nos termos do presente artigo é, relativamente ao evento que lhe deu origem, única, completa e final para todo o período do contrato, sem prejuízo de tal reposição poder ser parcialmente diferida em relação a quaisquer efeitos específicos do evento em causa que, pela sua natureza, não sejam susceptíveis de uma razoável avaliação imediata ou sobre cuja existência, incidência ou quantificação não exista concordância entre as partes.

5 - Na falta de estipulação contratual, o valor da reposição do equilíbrio financeiro corresponde ao necessário para repor a proporção financeira em que assentou inicialmente o contrato e é calculado em função do valor das prestações a que as partes se obrigaram e dos efeitos resultantes do facto gerador do direito à reposição no valor dessas mesmas prestações.

6 - A reposição do equilíbrio financeiro não pode colocar qualquer das partes em situação mais favorável que a que resultava do equilíbrio financeiro inicialmente estabelecido, não podendo cobrir eventuais perdas que já decorriam desse equilíbrio ou eram inerentes ao risco próprio do contrato.

CAPÍTULO II.
INVALIDADE DO CONTRATO

Artigo 283.º Invalidade consequente de actos procedimentais inválidos. 1 - Os contratos são nulos se a nulidade do acto procedimental em tenha assentado a sua celebração tenha sido judicialmente declarada ou possa ainda sê-lo.

2 - Os contratos são anuláveis se tiverem sido anulados ou se forem anuláveis os actos procedimentais em que tenha assentado a sua celebração.

3 - O disposto no número anterior não é aplicável quando o acto procedimental anulável em que tenha assentado a celebração do contrato se consolide na ordem jurídica, se convalide ou seja renovado, sem reincidência nas mesmas causas de invalidade.

4 - O efeito anulatório previsto no n.º 2 pode ser afastado por decisão judicial ou arbitral, quando, ponderados os interesses públicos e privados em presença e a gravidade da ofensa geradora do vício do acto procedimental em causa, a anulação do contrato se revele desproporcionada ou contrária à boa fé ou quando se demonstre inequivocamente que o vício não implicaria uma modificação subjectiva no contrato celebrado nem uma alteração do seu conteúdo essencial.

Artigo 283.º-A Anulação de contratos com fundamento em vícios procedimentais. 1 - Os contratos são designadamente anuláveis quando tenham sido celebrados:

a) Na sequência de um procedimento de formação de contrato sem publicação prévia de anúncio do respectivo procedimento no Jornal Oficial da União Europeia, quando exigível;

b) Antes de decorrido, quando aplicável, o prazo de suspensão previsto no n.º 3 do artigo 95.º ou na alínea a) do n.º 1 do artigo 104.º, conforme o caso.

2 - A anulação de um contrato com fundamento na alínea a) do número anterior, não é aplicável, quando, cumulativamente:

a) O procedimento de formação do contrato tenha sido escolhido em função de um critério material previsto no capítulo iii do título i da parte ii do presente Código;

b) Tenha sido publicado o anúncio voluntário de transparência previsto no artigo 78.º-A;

c) A outorga do contrato não tenha ocorrido antes de decorridos 10 dias após a data da referida publicação.

3 - O efeito anulatório previsto no n.º 1 pode ser afastado nos termos do n.º 4 do artigo 283.º, devendo a decisão obrigatoriamente determinar uma das seguintes sanções alternativas:

a) Redução da duração do contrato; ou

b) Sanção pecuniária de montante inferior ou igual ao preço contratual.

4 - A decisão judicial ou arbitral referida no número anterior não pode afastar o efeito anulatório com base na ponderação do interesse económico directamente relacionado com o contrato em causa, quando tal interesse assente, designadamente, nos custos resultantes de atraso na execução do contrato, de abertura de um novo procedimento de formação do contrato, de mudança do co-contratante ou de obrigações legais resultantes do efeito anulatório.

5 - Quando o efeito retroactivo da anulação de um contrato com fundamento nos vícios previstos no n.º 1 se revele desproporcionado ou contrário à boa fé, ou quando a esse efeito retroactivo obste a existência de uma situação de impossibilidade absoluta ou razões imperiosas de interesse público, o tribunal pode circunscrever o respectivo alcance para o futuro, devendo a decisão determinar uma das sanções alternativas previstas no n.º 3.

Artigo 284.º Invalidade própria do contrato. 1 - Os contratos celebrados com ofensa de princípios ou normas injuntivas são anuláveis.

2 - Os contratos são, todavia, nulos quando se verifique algum dos fundamentos previstos no artigo 133.º do Código do Procedimento Administrativo ou quando o respectivo vício determine a nulidade por aplicação dos princípios gerais de direito administrativo.

3 - São aplicáveis aos contratos administrativos as disposições do Código Civil relativas à falta e vícios da vontade.

Artigo 285.º Regime de invalidade. 1 - Aos contratos com objecto passível de acto administrativo e outros contratos sobre o exercício de poderes públicos é aplicável o regime de invalidade previsto para o acto com o mesmo objecto e idêntica regulamentação da situação concreta.

2 - Aos demais contratos administrativos é aplicável o regime de invalidade consagrado no direito civil.

3 - Todos os contratos administrativos são susceptíveis de redução e conversão, nos termos do disposto nos artigos 292.º e 293.º do Código Civil, independentemente do respectivo desvalor jurídico.

CAPÍTULO III.
EXECUÇÃO DO CONTRATO

Artigo 286.º Princípios fundamentais. O contrato constitui, para o contraente público e para o co-contratante, situações subjectivas activas e passivas que devem ser exercidas e cumpridas de boa fé e em conformidade com os ditames do interesse público,nos termos da lei.

Artigo 287.º Eficácia do contrato. 1 - A plena eficácia do contrato depende da emissão dos actos de aprovação, de visto, ou de outros actos integrativos da eficácia exigidos por lei, quer em relação ao próprio contrato, quer ao tipo de acto administrativo que eventualmente substitua, no caso de se tratar de contrato com objecto passível de acto administrativo.

2 - As partes podem atribuir eficácia retroactiva ao contrato quando exigências imperiosas de direito público o justifiquem, desde que a produção antecipada de efeitos:

a) Não seja proibida por lei;

b) Não lese direitos e interesses legalmente protegidos de terceiros; e

c) Não impeça, restrinja ou falseie a concorrência garantida pelo disposto no presente Código relativamente à de formação do contrato.

3 - O contrato que constitui situações subjectivas passivas para terceiros ou do qual resultem efeitos modificativos, impeditivos ou extintivos de direitos de terceiros só se torna eficaz nessa parte mediante consentimento dos titulares dos direitos ou obrigações visados.

4 - Exceptuam-se do disposto no número anterior as cláusulas contratuais de efeito normativo, cuja eficácia depende de publicidade conferida segundo as formalidades aplicáveis aos regulamentos do contraente público.

Artigo 288.º Execução pessoal. Sem prejuízo do disposto em matéria de cessão da posição contratual e de subcontratação, incumbe ao co-contratante a exacta e pontual execução das prestações contratuais, em cumprimento do convencionado, não podendo este transmitir a terceiros as responsabilidades assumidas perante o contraente público.

Artigo 289.º Colaboração recíproca. As partes estão vinculadas pelo dever de colaboração mútua, designadamente no tocante à prestação recíproca de informações necessárias à boa execução do contrato.

Artigo 290.º Informação e sigilo. 1 - O co-contratante deve prestar ao contraente público todas as informações que este lhe solicitar e que sejam necessárias à fiscalização do modo de execução do contrato, devendo o contraente público satisfazer os pedidos de informação formulados pelo co-contratante e que respeitem a elementos técnicos na sua posse cujo conhecimento se mostre necessário à execução do contrato.

2 - Salvo quando, por força do contrato, caiba ao co-contratante o exercício de poderes públicos, compete exclusivamente ao contraente público a satisfação do direito à informação por parte de particulares sobre o teor do contrato e quaisquer aspectos da respectiva execução.

3 - O contraente público e o co-contratante guardam sigilo sobre quaisquer matérias sujeitas a segredo nos termos da lei às quais tenham acesso por força da execução do contrato.

Artigo 291.º Protecção do co-contratante pelo contraente público. O contraente público deve exercer as respectivas competências de autoridade a fim de reprimir ou prevenir a violação por terceiros de vínculos jurídico-administrativos de que resulte a impossibilidade ou grave dificuldade da boa execução do contrato pelo co-contratante e da obtenção por este das receitas a que tenha direito.

Artigo 292.º Adiantamentos de preço. 1 - No caso de contratos que impliquem o pagamento de um preço pelo contraente público, este pode efectuar adiantamentos de preço por conta de prestações a realizar ou de actos preparatórios ou acessórios das mesmas quando:

a) O valor dos adiantamentos não seja superior a 30 do preço contratual; e

b) Seja prestada caução de valor igual ou superior aos adiantamentos efectuados, sendo aplicável, com as necessárias adaptações, o disposto nos artigos 88.º e 90.º

2 - Sem prejuízo do disposto no número anterior, no caso de a despesa inerente ao contrato se realizar em mais de um ano económico, o contraente público só pode efectuar adiantamentos de preço quando, até ao final do ano económico no qual são efectuados os adiantamentos, sejam realizadas prestações ou praticados actos preparatórios ou acessórios das mesmas de montante igual ou superior aos valores adiantados.

3 - Em casos excepcionais, podem ser efectuados adiantamentos sem que estejam reunidas as condições previstas nos números anteriores, mediante decisão fundamentada do órgão competente para autorizar a correspondente despesa.

4 - Em qualquer caso, só são admitidos adiantamentos contratualmente previstos, não podendo as partes, durante a fase de execução contratual, acordar em regime de pagamentos que implique a realização de adiantamentos inicialmente não previstos, salvo havendo fundamento de modificação do contrato que justifique uma alteração de tal regime e desde que sejam respeitados os limites previstos no presente Código.

5 - Na falta de estipulação contratual, os adiantamentos são imputados aos pagamentos contratualmente previstos.

6 - Os termos concretos da imputação a que se refere o número anterior, incluindo a aplicação das fórmulas que sejam julgadas relevantes, devem ser fixados no contrato.

Artigo 293.º Garantia suplementar dos adiantamentos. Nos contratos que envolvam a afectação de bens móveis à actividade do co-contratante e em que haja adiantamentos de preço por virtude de tal afectação, para além de outras garantias que sejam devidas, o contraente público goza de privilégio mobiliário especial, graduado em primeiro lugar, sobre os bens a que digam respeito os adiantamentos concedidos, não podendo o co-contratante aliená-los, onerá-los ou desafectá-los da actividade de execução do contrato sem prévio consentimento escrito daquele.

Artigo 294.º Substituição da caução. 1 - A requerimento do co-contratante, o contraente público pode autorizar a substituição da caução que tenha sido prestada desde que fiquem salvaguardados os pagamentos já efectuados, sendo aplicável, com as necessárias adaptações, o disposto no artigo 90.º

2 - Da substituição a que se refere o número anterior não pode resultar a diminuição das garantias do contraente público.

Artigo 295.º Liberação da caução[51]. 1 - O regime de liberação das cauções prestadas pelo co-contratante deve ser estabelecido no contrato, não podendo as partes acordar em regime diverso durante a fase de execução contratual, salvo havendo fundamento de modificação do contrato que justifique uma alteração do regime de liberação das cauções e desde que sejam respeitados os limites previstos no presente Código.

2 - A caução para garantia de adiantamentos de preço é progressivamente liberada à medida que forem prestados ou entregues os bens ou serviços correspondentes ao pagamento adiantado que tenha sido efectuado pelo contraente público.

3 - Nos contratos em que não haja obrigações de correcção de defeitos pelo co-contratante, designadamente obrigações de garantia, o contraente público deve promover a liberação integral da caução destinada a garantir o exacto e pontual cumprimento das obrigações contratuais no prazo de 30 dias após o cumprimento de todas as obrigações do co-contratante.

4 - Nos contratos em que haja obrigações de correcção de defeitos pelo co-contratante, designadamente obrigações de garantia, sujeitas a um prazo igual ou inferior a dois anos, o contraente público deve promover a liberação integral da caução destinada a garantir o exacto e pontual cumprimento das obrigações contratuais no prazo de 30 dias após o termo do respectivo prazo.

5 - Nos contratos referidos no número anterior em que o prazo aí referido das obrigações de correcção de defeitos seja superior a dois anos, o contraente público promove a liberação da caução destinada a garantir o exacto e pontual cumprimento das obrigações contratuais, nos seguintes termos:

a) 25 do valor da caução, no prazo de 30 dias após o termo do 2.º ano do prazo a que estão sujeitas as obrigações de correcção de defeitos, designadamente as de garantia;

b) Os restantes 75 , no prazo de 30 dias após o termo de cada ano adicional do prazo a que estão sujeitas as obrigações de correcção de defeitos, designadamente as de garantia, na proporção do tempo decorrido, sem prejuízo da liberação integral, também no prazo de 30 dias, no caso de o prazo referido terminar antes de decorrido novo ano.

6 - Não obstante o disposto no número anterior, quando o prazo a que estão sujeitas as obrigações de correcção de defeitos, designadamente as obrigações de garantia, for superior a cinco anos, a caução destinada a garantir o exacto e pontual cumprimento das obrigações contratuais deve encontrar-se liberada em pelo menos 75 , no prazo de 30 dias após o decurso desses cinco anos.

7 - Nos contratos sujeitos, nos termos do disposto no n.º 2 do artigo 397.º, a diferentes prazos de garantia e, consequentemente, a recepções provisórias e definitivas parciais, a liberação parcial da caução, nos termos do disposto nos números anteriores, é promovida na proporção do valor respeitante a cada um dos conjuntos de elementos que compõem a obra, designadamente estruturais, construtivos não estruturais ou instalações técnicas e equipamentos.

8 - A liberação da caução prevista nos n.os 4 a 7 depende da inexistência de defeitos da prestação do co-contratante ou da correcção daqueles que hajam sido detectados até ao momento da liberação, sem prejuízo de o contraente público poder decidir diferentemente, designadamente por considerar que os defeitos identificados e não corrigidos são de pequena importância e não justificam a não liberação.

9 - Decorrido o prazo previsto nos números anteriores para a liberação da caução sem que esta tenha ocorrido, o co-contratante pode notificar o contraente público para que este cumpra a obrigação de liberação da caução, ficando autorizado a promovê-la, a título parcial ou integral, se, 15 dias após a notificação, o contraente público não tiver dado cumprimento à referida obrigação.

---

51 Contém as alterações introduzidas pelos seguintes diplomas: DL n.º 278/2009, de 02 de Outubro.

10 - A mora na liberação, total ou parcial, da caução confere ao co-contratante o direito de indemnização, designadamente pelos custos adicionais por este incorridos com a manutenção da caução prestada por período superior ao que seria devido.

Artigo 296.º Execução da caução. 1 - As cauções prestadas pelo co-contratante podem ser executadas pelo contraente público, sem necessidade de prévia decisão judicial ou arbitral, para satisfação de quaisquer importâncias que se mostrem devidas por força do não cumprimento por aquele das obrigações legais ou contratuais, designadamente as seguintes:

a) Sanções pecuniárias aplicadas nos termos previstos no contrato;

b) Prejuízos incorridos pelo contraente público, por força do incumprimento do contrato;

c) Importâncias fixadas no contrato a título de cláusulas penais.

2 - A execução parcial ou total de caução prestada pelo co-contratante implica a renovação do respectivo valor, no prazo de 15 dias após a notificação pelo contraente público para esse efeito.

3 - A execução indevida da caução confere ao co-contratante o direito a indemnização pelos prejuízos daí advenientes.

Artigo 297.º Suspensão da execução. A execução das prestações que constituem o objecto do contrato pode ser, total ou parcialmente, suspensa com os seguintes fundamentos:

a) A impossibilidade temporária de cumprimento do contrato, designadamente em virtude de mora do contraente público na entrega ou na disponibilização de meios ou bens necessários à respectiva execução; ou

b) A excepção de não cumprimento.

Artigo 298.º Recomeço da execução. 1 - A execução das prestações que constituem objecto do contrato recomeça logo que cessem as causas que determinaram a suspensão, devendo o contraente público notificar por escrito o co-contratante para o efeito.

2 - A suspensão, total ou parcial, da execução das prestações objecto do contrato determina a prorrogação do prazo de execução das mesmas por período igual ao prazo inicialmente fixado no contrato para a sua execução, acrescido do prazo estritamente necessário à organização de meios e execução de trabalhos preparatórios ou acessórios com vista ao recomeço da execução.

3 - Na determinação do prazo acrescido a que se refere a segunda parte do número anterior devem ser considerados o objecto contratual em causa, as necessidades de mobilização de meios humanos e materiais do co-contratante e a duração do período de suspensão.

4 - A prorrogação prevista no n.º 2 não aproveita à parte a quem seja imputável o facto gerador da suspensão.

Artigo 299.º Prazo de pagamento[52]**.** 1 - Os pagamentos devidos pelo contraente público devem ser efectuados no prazo de 30 dias após a entrega das respectivas facturas, as quais só podem ser emitidas após o vencimento da obrigação a que se referem.

1 - Sempre que do contrato não conste data ou prazo de pagamento, a obrigação pecuniária vence-se, sem necessidade de novo aviso:

a) 30 dias após a data em que o contraente público tiver recebido a factura ou documento equivalente;

b) 30 dias após a data de recepção efectiva dos bens ou da prestação dos serviços quando a data de recepção da factura ou de documento equivalente seja incerta;

c) 30 dias após a data de recepção efectiva dos bens ou da prestação dos serviços quando o contraente público receba a factura ou documento equivalente antes do fornecimento dos bens ou da prestação dos serviços;

d) 30 dias após a data de aceitação ou verificação quando esteja previsto um processo mediante o qual deva ser determinada a conformidade dos bens ou serviços e o contraente público receba a factura ou documento equivalente em data anterior.

---

52 Contém as alterações introduzidas pelos seguintes diplomas: Lei n.º 3/2010, de 27 de Abril

2 - O período máximo de duração do procedimento de aceitação ou verificação referido na alínea d) do número anterior não pode exceder os 30 dias, salvo disposição em contrário devidamente justificada no contrato.

3 - Constando do contrato data ou prazo de pagamento, os pagamentos devidos pelo contraente público devem ser efectuados no prazo de 30 dias após a entrega das respectivas facturas, as quais só podem ser emitidas após o vencimento da obrigação a que se referem.

4 - O contrato pode estabelecer prazo diverso do fixado no número anterior, não devendo este exceder, em qualquer caso, 60 dias.

Artigo 299.º-A Vencimento das obrigações pecuniárias. 1 - São nulas as cláusulas contratuais que, sem motivo atendível e justificado face às circunstâncias concretas, estabeleçam prazos superiores a 60 dias para o vencimento das obrigações pecuniárias.

2 - No caso previsto no número anterior, a cláusula tem-se por não escrita e a obrigação considera-se vencida de acordo com as regras do artigo anterior.

Artigo 300.º Revisão de preços. Sem prejuízo do disposto nos artigos 282.º, 341.º e 382.º, só há lugar à revisão de preços se o contrato o determinar e fixar os respectivos termos, nomeadamente o método de cálculo e a periodicidade.

Artigo 301.º Prémios por cumprimento antecipado. 1 - Salvo quando a natureza do contrato ou a lei não o permitam, o contraente público pode atribuir ao co-contratante prémios por cumprimento antecipado das prestações objecto do contrato.

2 - A possibilidade de atribuição de prémios a que se refere o número anterior, as condições da sua atribuição e o respectivo valor devem constar do contrato.

CAPÍTULO IV.
CONFORMAÇÃO DA RELAÇÃO CONTRATUAL

Artigo 302.º Poderes do contraente público. Salvo quando outra coisa resultar da natureza do contrato ou da lei, o contraente público pode, nos termos do disposto no contrato e no presente Código:

a) Dirigir o modo de execução das prestações;

b) Fiscalizar o modo de execução do contrato;

c) Modificar unilateralmente as cláusulas respeitantes ao conteúdo e ao modo de execução das prestações previstas no contrato por razões de interesse público;

d) Aplicar as sanções previstas para a inexecução do contrato;

e) Resolver unilateralmente o contrato.

Artigo 303.º Princípios respeitantes aos poderes de direcção e de fiscalização. 1 - Cabe ao contraente público assegurar, mediante o exercício de poderes de direcção e de fiscalização, a funcionalidade da execução do contrato quanto à realização do interesse público visado pela decisão de contratar.

2 - O exercício dos poderes de direcção e de fiscalização deve salvaguardar a autonomia do co-contratante, limitando-se ao estritamente necessário à prossecução do interesse público, e processando-se de modo a não perturbar a execução do contrato, com observância das regras legais ou contratuais aplicáveis e sem diminuir a iniciativa e a correlativa responsabilidade do co-contratante.

3 - Nos contratos que envolvam prestações de concepção por parte do co-contratante, o contraente público deve abster-se designadamente de, por via do exercício de poderes de direcção e de fiscalização relativos a fases posteriores à de concepção, diminuir a responsabilidade e o grau de risco assumido pelo co-contratante relativamente à fase de concepção.

Artigo 304.º Direcção do modo de execução das prestações. 1 - O contraente público dispõe do poder de direcção do modo de execução das prestações do co-contratante no que respeita a matérias necessárias à execução do contrato carentes de regulamentação ou insuficientemente reguladas de forma a impedir que o contrato seja executado de modo inconveniente ou inoportuno para o interesse público, sem prejuízo do disposto no n.º 2 do artigo anterior e, designadamente, da reserva de autonomia técnica ou de gestão do co-contratante que se encontre assegurada no contrato ou que decorra do tipo contratual aplicável ou, ainda, dos usos sociais.

2 - Para além das acções tipificadas no contrato, a direcção pelo contraente público consiste na emissão de ordens, directivas ou instruções sobre o sentido das escolhas necessárias nos domínios da execução técnica, financeira ou jurídica das prestações contratuais, consoante o contrato em causa.

3 - As ordens, directivas ou instruções devem ser emitidas por escrito ou, quando as circunstâncias impuserem a forma oral, reduzidas a escrito e notificadas ao co-contratante no prazo de cinco dias, salvo justo impedimento.

Artigo 305.º Fiscalização do modo de execução do contrato. 1 - O contraente público dispõe de poderes de fiscalização técnica, financeira e jurídica do modo de execução do contrato por forma a poder determinar as necessárias correcções e aplicar as devidas sanções.

2 - Sem prejuízo do disposto em matéria de segredo profissional ou comercial e do regime aplicável a outra informação protegida por lei, a fiscalização deve limitar-se a aspectos que se prendam imediatamente com o modo de execução do contrato, podendo realizar-se, designadamente, através de inspecção de locais, equipamentos, documentação, registos informáticos e contabilidade ou mediante pedidos de informação.

3 - O exercício do poder de fiscalização deve ficar documentado em autos, relatórios ou livros próprios.

4 - As tarefas de fiscalização podem ser parcial ou totalmente delegadas em comissões paritárias de acompanhamento ou entidades públicas ou privadas especializadas.

5 - À relação entre o contraente público e as entidades públicas ou privadas referidas no número anterior são aplicáveis, com as necessárias adaptações, as regras próprias da delegação de poderes constantes do Código do Procedimento Administrativo.

Artigo 306.º Fiscalização do modo de execução dos projectos de investigação e desenvolvimento. O regime da fiscalização da execução dos projectos de investigação e desenvolvimento é objecto de regulamentação própria, aprovada por portaria dos ministros responsáveis pelas áreas das obras públicas e da ciência.

Artigo 307.º Natureza das declarações do contraente público. 1 - Com excepção dos casos previstos no número seguinte, as declarações do contraente público sobre interpretação e validade do contrato ou sobre a sua execução são meras declarações negociais, pelo que, na falta de acordo do co-contratante, o contraente público apenas pode obter os efeitos pretendidos através do recurso à acção administrativa comum.

2 - Revestem a natureza de acto administrativo as declarações do contraente público sobre a execução do contrato que se traduzam em:

a) Ordens, directivas ou instruções no exercício dos poderes de direcção e de fiscalização;

b) Modificação unilateral das cláusulas respeitantes ao conteúdo e ao modo de execução das prestações previstas no contrato por razões de interesse público;

c) Aplicação das sanções previstas para a inexecução do contrato;

d) Resolução unilateral do contrato.

Artigo 308.º Formação dos actos administrativos do contraente público. 1 - A formação dos actos administrativos emitidos no exercício dos poderes do contraente público não está sujeita ao regime da marcha do procedimento estabelecido pelo Código do Procedimento Administrativo.

2 - Exceptuam-se do disposto no número anterior a aplicação de sanções contratuais através de acto administrativo, a qual está sujeita a audiência prévia do co-contratante, nos termos previstos no Código do Procedimento Administrativo.

3 - O contraente público pode, todavia, dispensar a audiência prévia referida no número anterior se a sanção a aplicar tiver natureza pecuniária e se encontrar caucionada por garantia bancária à primeira solicitação ou por instrumento equivalente, desde que haja fundado receio de a execução da mesma se frustrar por virtude daquela audiência.

Artigo 309.º Executividade dos actos administrativos do contraente público. 1 - Os actos administrativos do contraente público relativos à execução do contrato constituem título executivo.

2 - O cumprimento das obrigações determinadas pelos actos administrativos a que se refere o número anterior não pode ser imposto coercivamente pelo contraente público, salvo quando se trate de actos que determinem, em geral, a resolução do contrato ou, em especial, o sequestro e o resgate de concessões, bem como outras situações previstas na lei.

Artigo 310.º Acordos endocontratuais. 1 - Salvo se outra coisa resultar da natureza dos efeitos jurídicos pretendidos, podem as partes no contrato celebrar entre si, sob forma escrita, acordos pelos quais substituam a prática de actos administrativos pelo contraente público em matéria de execução do contrato ou que tenham por objecto a definição consensual de parte ou da totalidade do conteúdo de tais actos administrativos.

2 - Os acordos endocontratuais sobre a modificação do contrato dependem dos pressupostos e estão sujeitos aos limites estatuídos no capítulo seguinte.

3 - Os acordos endocontratuais integram o contrato a que dizem respeito.

CAPÍTULO V.

MODIFICAÇÕES OBJECTIVAS DO CONTRATO

Artigo 311.º Modificação objectiva do contrato. 1 - O contrato pode ser modificado com os fundamentos previstos no artigo seguinte:

a) Por acordo entre as partes, que não pode revestir forma menos solene do que a do contrato;

b) Por decisão judicial ou arbitral.

2 - O contrato pode ainda ser modificado por acto administrativo do contraente público quando o fundamento invocado sejam razões de interesse público.

Artigo 312.º Fundamentos. O contrato pode ser modificado com os seguintes fundamentos:

a) Quando as circunstâncias em que as partes fundaram a decisão de contratar tiverem sofrido uma alteração anormal e imprevisível, desde que a exigência das obrigações por si assumidas afecte gravemente os princípios da boa fé e não esteja coberta pelos riscos próprios do contrato;

b) Por razões de interesse público decorrentes de necessidades novas ou de uma nova ponderação das circunstâncias existentes.

Artigo 313.º Limites. 1 - A modificação não pode conduzir à alteração das prestações principais abrangidas pelo objecto do contrato nem configurar uma forma de impedir, restringir ou falsear a concorrência garantida pelo disposto no presente Código relativamente à formação do contrato.

2 - Para efeitos do disposto no número anterior, salvo quando a natureza duradoura do vínculo contratual e o decurso do tempo o justifiquem, a modificação só é permitida quando seja objectivamente demonstrável que a ordenação das propostas avaliadas no procedimento de formação do contrato não seria alterada se o caderno de encargos tivesse contemplado essa modificação.

3 - Nos contratos com objecto passível de acto administrativo e demais contratos sobre o exercício de poderes públicos, o fundamento previsto na alínea a) do artigo anterior não pode conduzir à modificação do contrato por decisão judicial ou arbitral, quando esta interfira com o resultado do exercício da margem de livre decisão administrativa subjacente ao mesmo ou implique a formulação de valorações próprias do exercício da função administrativa.

Artigo 314.º Consequências. 1 - O co-contratante tem direito à reposição do equilíbrio financeiro, segundo os critérios estabelecidos no presente Código, sempre que o fundamento para a modificação do contrato seja:

a) A alteração anormal e imprevisível das circunstâncias imputável a decisão do contraente público, adoptada fora do exercício dos seus poderes de conformação da relação contratual, que se repercuta de modo específico na situação contratual do co-contratante; ou

b) Razões de interesse público.

2 - Os demais casos de alteração anormal e imprevisível das circunstâncias conferem direito à modificação do contrato ou a uma compensação financeira, segundo critérios de equidade.

Artigo 315.º Obrigação de transparência. 1 - Os actos administrativos do contraente público ou os acordos entre as partes que impliquem quaisquer modificações objectivas do contrato e representem um valor acumulado superior a 15 do preço contratual devem ser imediatamente publicitados, pelo contraente público, no portal da Internet dedicados aos contratos públicos, devendo a publicidade ser mantida até seis meses após a extinção do contrato.

2 - A publicitação referida no número anterior é condição de eficácia dos actos administrativos ou acordos modificativos, nomeadamente para efeitos de quaisquer pagamentos.

CAPÍTULO VI.
CESSÃO DA POSIÇÃO CONTRATUAL E SUBCONTRATAÇÃO

Artigo 316.º Âmbito. Na falta de estipulação contratual ou quando outra coisa não resultar da natureza do contrato, são admitidas a cessão da posição contratual e a subcontratação, nos termos do disposto nos artigos seguintes.

Artigo 317.º Limites à cessão e à subcontratação pelo co-contratante. 1 - A cessão da posição contratual e a subcontratação são sempre vedadas:

a) Quando a escolha do co-contratante tenha sido determinada por ajuste directo, nos casos em que só possa ser convidada uma entidade;

b) Às entidades abrangidas pelas causas de impedimento previstas no artigo 55.º;

c) Quando existam fortes indícios de que a cessão da posição contratual ou a subcontratação resultem de actos, acordos, práticas ou informações susceptíveis de falsear as regras de concorrência.

2 - Sempre que se trate de subcontratação, o limite constante da alínea a) do número anterior restringe-se às prestações objecto do contrato que tiverem sido determinantes para a escolha do ajuste directo.

3 - Nos casos previstos na alínea c) do n.º 1, deve o contraente público, de imediato, comunicar, à Autoridade da Concorrência e, no caso de empreitadas ou de concessões de obras públicas, igualmente ao Instituto da Construção e do Imobiliário, I. P., os indícios dos actos, acordos, práticas ou informações susceptíveis de falsear as regras de concorrência.

Artigo 318.º Cessão e subcontratação pelo co-contratante autorizadas no contrato. 1 - O contrato pode autorizar a cessão da posição contratual e a subcontratação a entidades nele identificadas.

2 - A autorização da cessão da posição contratual depende:

a) Da prévia apresentação dos documentos de habilitação relativos ao potencial cessionário que sejam exigidos ao cedente na fase de formação do contrato em causa;

b) Do preenchimento, por parte do potencial cessionário, dos requisitos mínimos de capacidade técnica e de capacidade financeira exigidos ao cedente para efeitos de qualificação, quando esta tenha tido lugar na fase de formação do contrato em causa.

3 - A autorização da subcontratação depende:

a) Da prévia apresentação dos documentos de habilitação relativos ao potencial subcontratado que sejam exigidos ao subcontratante na fase de formação do contrato em causa;

b) Do preenchimento, por parte do potencial subcontratado, de requisitos mínimos de capacidade técnica ou de capacidade financeira, quando o contrato subordinar expressamente a subcontratação à avaliação dessas capacidades ou de uma delas, ou do preenchimento, por parte do potencial subcontratado, dos requisitos mínimos de capacidade técnica relativos às prestações a subcontratar, sempre que o co-contratante recorra à capacidade de potenciais subcontratados, para efeitos de qualificação na fase de formação do contrato.

4 - O contrato pode proibir a subcontratação de determinadas prestações contratuais ou de prestações cujo valor acumulado exceda uma percentagem do preço contratual.

5 - A estipulação contratual prevista no número anterior não pode ter por efeito restringir, limitar ou falsear a concorrência garantida pelo disposto no presente Código relativamente à formação do contrato, não podendo, designadamente, limitar a possibilidade de recurso à capacidade técnica de terceiras entidades que se afigure essencial para efeitos de qualificação do co-contratante.

6 - A autorização estabelecida no contrato não dispensa a observância, no momento da cessão ou subcontratação, dos limites e requisitos previstos, respectivamente, no artigo anterior e nos números anteriores.

Artigo 319.º Autorização à cessão e à subcontratação pelo co-contratante na fase de execução. 1 - A cessão da posição contratual e a subcontratação no decurso da execução do contrato carecem de autorização do contraente público.

2 - Para efeitos da autorização do contraente público, o co-contratante deve apresentar uma proposta fundamentada e instruída com todos os documentos comprovativos da verificação dos requisitos que seriam exigíveis para a autorização da cessão e da subcontratação no próprio contrato, nos termos do disposto no n.º 2, na alínea a) e na primeira parte da alínea b) do n.º 3 e no n.º 4 do artigo anterior, respectivamente.

3 - O contraente público deve pronunciar-se sobre a proposta do co-contratante no prazo de 30 dias a contar da respectiva apresentação, desde que regularmente instruída.

Artigo 320.º Recusa de autorização à subcontratação. Observados os limites previstos no artigo 317.º e sempre que o potencial subcontratado se encontre habilitado e reúna as capacidades técnica e financeira, nos termos previstos nos artigos anteriores, o contraente público apenas pode recusar a subcontratação no contrato ou negar a sua autorização na fase de execução quando haja fundado receio de que a subcontratação envolva um aumento de risco de incumprimento das obrigações emergentes do contrato.

Artigo 321.º Responsabilidade do co-contratante. Nos casos de subcontratação, o co-contratante permanece integralmente responsável perante o contraente público pelo exacto e pontual cumprimento de todas as obrigações contratuais.

Artigo 322.º Direitos de step in e step out. 1 - Quando haja estipulação contratual nesse sentido, as entidades financiadoras podem, mediante autorização do contraente público e nos termos contratualmente estabelecidos, intervir no contrato, com o objectivo de assegurar a continuidade das prestações objecto do mesmo, devendo assegurar o respeito pelas normas legais reguladoras da actividade subjacente às prestações em causa.

2 - O disposto no número anterior só é aplicável em caso de incumprimento grave pelo co-contratante de obrigações contratuais perante o contraente público ou perante terceiros com quem o co-contratante tenha celebrado subcontratos essenciais para a prossecução do objecto do contrato desde que o incumprimento esteja iminente ou se verifiquem os pressupostos para a resolução do contrato pelo contraente público ou dos subcontratos por terceiros.

3 - A intervenção das entidades financiadoras pode revestir as seguintes modalidades:

a) Transferência do controlo societário do co-contratante para as entidades financiadoras ou para a entidade indicada pelas entidades financiadoras;

b) Cessão da posição contratual do co-contratante para as entidades financiadoras ou para a entidade indicada pelas entidades financiadoras.

4 - No caso previsto na alínea b) do número anterior, a posição contratual do co-contratante nos subcontratos celebrados transmitir-se-á automaticamente para as entidades financiadoras ou para a entidade por esta indicada, transmitindo-se novamente para o co-contratante no termo do período de intervenção, se aplicável.

Artigo 323.º Alterações societárias. Nos casos em que o co-contratante deva constituir-se sob a forma de sociedade, o contrato pode sujeitar a autorização do contraente público qualquer alteração do contrato constitutivo da sociedade, bem como a alienação ou oneração das participações no respectivo capital social.

Artigo 324.º Cessão da posição contratual pelo contraente público. A cessão da posição contratual pelo contraente público só pode ser recusada pelo co-contratante quando haja fundado receio de que a cessão envolva um aumento do risco de incumprimento das obrigações emergentes do contrato pelo potencial cessionário ou a diminuição das garantias do co-contratante.

CAPÍTULO VII.
INCUMPRIMENTO DO CONTRATO

Artigo 325.º Incumprimento por facto imputável ao co-contratante. 1 - Se o co-contratante não cumprir de forma exacta e pontual as obrigações contratuais ou parte delas por facto que lhe seja imputável, deve o contraente público notificá-lo para cumprir dentro de um prazo razoável, salvo quando o cumprimento se tenha tornado impossível ou o contraente público tenha perdido o interesse na prestação.

2 - Mantendo-se a situação de incumprimento após o decurso do prazo referido no número anterior, o contraente público pode optar pela efectivação das prestações de natureza fungível em falta, directamente ou por intermédio de terceiro, ou por resolver o contrato com fundamento em incumprimento definitivo, nos termos do disposto no artigo 333.º

3 - Se o contraente público optar pela execução das prestações fungíveis por terceiro, à formação do contrato com esse terceiro é aplicável o disposto na parte II do presente Código.

4 - O disposto nos números anteriores não prejudica a aplicação pelo contraente público de sanções previstas no contrato para o caso de incumprimento pelo co-contratante, por facto que lhe seja imputável, nem a aplicação das disposições relativas à obrigação de indemnização por mora e incumprimento definitivo previstas no Código Civil.

Artigo 326.º Atrasos nos pagamentos[53]**.** 1 - Em caso de atraso do contraente público no cumprimento de obrigações pecuniárias, tem o co-contratante direito aos juros de mora sobre o montante em dívida à taxa legalmente fixada para o efeito pelo período correspondente à mora.

2 - A obrigação de pagamento de juros de mora vence-se automaticamente, sem necessidade de novo aviso, consoante o caso, uma vez vencida a obrigação pecuniária nos termos do n.º 1 do artigo 299.º ou decorrido o prazo previsto nos n.os 3 e 4 do mesmo artigo.

3 - São nulas as cláusulas contratuais que excluam a responsabilidade pela mora, bem como as cláusulas contratuais que, sem motivo atendível e justificado face às circunstâncias concretas, limitem a responsabilidade pela mora.

4 - Em caso de desacordo sobre o montante devido, deve o contraente público efectuar o pagamento sobre a importância em que existe concordância do co-contratante.

5 - Quando as importâncias pagas nos termos previstos no número anterior forem inferiores àquelas que sejam efectivamente devidas ao co-contratante, em função da apreciação de reclamações deduzidas, tem este direito a juros de mora sobre essa diferença, nos termos do disposto no n.º 1.

6 - Na falta de disposição contratual, o atraso em um ou mais pagamentos não determina o vencimento das restantes obrigações de pagamento.

Artigo 327.º Excepção de não cumprimento invocável pelo co-contratante. 1 - Nos contratos bilaterais, quando o incumprimento seja imputável ao contraente público, o co-contratante, independentemente do direito de resolução do contrato que lhe assista, nos termos do disposto no artigo 332.º, pode invocar a excepção de não cumprimento desde que a sua recusa em cumprir não implique grave prejuízo para a realização do interesse público subjacente à relação jurídica contratual.

2 - Se a recusa de cumprir pelo co-contratante implicar grave prejuízo para a realização do interesse público nos termos do disposto na parte final do número anterior, aquele apenas pode invocar a excepção de não cumprimento quando a realização das prestações contratuais coloque manifestamente em causa a viabilidade económico-financeira do co-contratante ou se revele excessi-

53 Contém as alterações introduzidas pelos seguintes diplomas: Lei n.º 3/2010, de 27 de Abril.

vamente onerosa, devendo, nesse último caso, ser devidamente ponderados os interesses públicos e privados em presença.

3 - O exercício pelo co-contratante do direito de recusar o cumprimento da prestação depende de prévia notificação ao contraente público da intenção de exercício do direito e dos respectivos fundamentos, com a antecedência mínima de 15 dias, se outra não for estipulada no contrato.

4 - Considera-se que a invocação da excepção de não cumprimento não implica grave prejuízo para a realização do interesse público quando o contraente público, no prazo de 15 dias contado da notificação a que se refere o número anterior não reconhecer, mediante resolução fundamentada, que a recusa em cumprir seria gravemente prejudicial para o interesse público.

Artigo 328.º Direito de retenção. O disposto no artigo anterior é aplicável, com as necessárias adaptações, à invocação do direito de retenção pelo co-contratante.

Artigo 329.º Aplicação das sanções contratuais. 1 - Nos termos previstos no presente Código, o contraente público pode, a título sancionatório, resolver o contrato e aplicar as sanções previstas no contrato ou na lei em caso de incumprimento pelo co-contratante.

2 - Quando as sanções a que se refere o número anterior revistam natureza pecuniária, o respectivo valor acumulado não pode exceder 20 do preço contratual, sem prejuízo do poder de resolução do contrato prevista no capítulo seguinte.

3 - Nos casos em que seja atingido o limite previsto no número anterior e o contraente público decida não proceder à resolução do contrato, por dela resultar grave dano para o interesse público, aquele limite é elevado para 30 .

CAPÍTULO VIII.

EXTINÇÃO DO CONTRATO EM GERAL

Artigo 330.º Causas de extinção. São causas de extinção do contrato:

a) O cumprimento, a impossibilidade definitiva e todas as restantes causas de extinção das obrigações reconhecidas pelo direito civil;

b) A revogação;

c) A resolução, por via de decisão judicial ou arbitral ou por decisão do contraente público, nos casos previstos nos artigos 333.º a 335.º

Artigo 331.º Revogação. 1 - As partes podem, por acordo, revogar o contrato em qualquer momento.

2 - Os efeitos da revogação são os que tiverem sido validamente fixados no acordo.

3 - A revogação não pode revestir forma menos solene do que a do contrato.

Artigo 332.º Resolução do contrato por iniciativa do co-contratante. 1 - Sem prejuízo de outras situações de grave violação das obrigações assumidas pelo contraente público especialmente previstas no contrato e independentemente do direito de indemnização, o co-contratante tem o direito de resolver o contrato nas seguintes situações:

a) Alteração anormal e imprevisível das circunstâncias;

b) Incumprimento definitivo do contrato por facto imputável ao contraente público;

c) Incumprimento de obrigações pecuniárias pelo contraente público por período superior a seis meses ou quando o montante em dívida exceda 25 do preço contratual, excluindo juros;

d) Exercício ilícito dos poderes tipificados no capítulo sobre conformação da relação contratual pelo contraente público, quando tornem contrária à boa fé a exigência pela parte pública da manutenção do contrato;

e) Incumprimento pelo contraente público de decisões judiciais ou arbitrais respeitantes ao contrato.

2 - No caso previsto na alínea a) do n.º 1, apenas há direito de resolução quando esta não implique grave prejuízo para a realização do interesse público subjacente à relação jurídica contratual ou, caso implique tal prejuízo, quando a manutenção do contrato ponha manifestamente em causa

a viabilidade económico-financeira do co-contratante ou se revele excessivamente onerosa, devendo, nesse último caso, ser devidamente ponderados os interesses públicos e privados em presença.

3 - O direito de resolução é exercido por via judicial ou mediante recurso a arbitragem.

4 - Nos casos previstos na alínea c) do n.º 1, o direito de resolução pode ser exercido mediante declaração ao contraente público, produzindo efeitos 30 dias após a recepção dessa declaração, salvo se o contraente público cumprir as obrigações em atraso nesse prazo, acrescidas dos juros de mora a que houver lugar.

Artigo 333.º Resolução sancionatória. 1 - Sem prejuízo de outras situações de grave violação das obrigações assumidas pelo co-contratante especialmente previstas no contrato, o contraente público pode resolver o contrato a título sancionatório nos seguintes casos:

a) Incumprimento definitivo do contrato por facto imputável ao co-contratante;

b) Incumprimento, por parte do co-contratante, de ordens, directivas ou instruções transmitidas no exercício do poder de direcção sobre matéria relativa à execução das prestações contratuais;

c) Oposição reiterada do co-contratante ao exercício dos poderes de fiscalização do contraente público;

d) Cessão da posição contratual ou subcontratação realizadas com inobservância dos termos e limites previstos na lei ou no contrato, desde que a exigência pelo co-contratante da manutenção das obrigações assumidas pelo contraente público contrarie o princípio da boa fé;

e) Se o valor acumulado das sanções contratuais com natureza pecuniária exceder o limite previsto no n.º 2 do artigo 329.º;

f) Incumprimento pelo co-contratante de decisões judiciais ou arbitrais respeitantes ao contrato;

g) Não renovação do valor da caução pelo co-contratante;

h) O co-contratante se apresente à insolvência ou esta seja declarada pelo tribunal.

2 - O disposto no número anterior não prejudica o direito de indemnização nos termos gerais, nomeadamente pelos prejuízos decorrentes da adopção de novo procedimento de formação de contrato.

3 - Nos casos de resolução sancionatória, havendo lugar a responsabilidade do co-contratante, será o montante respectivo deduzido das quantias devidas, sem prejuízo do contraente público poder executar as garantias prestadas pelo co-contratante.

Artigo 334.º Resolução por razões de interesse público. 1 - O contraente público pode resolver o contrato por razões de interesse público, devidamente fundamentado, e mediante o pagamento ao co-contratante de justa indemnização.

2 - A indemnização a que o co-contratante tem direito corresponde aos danos emergentes e aos lucros cessantes, devendo, quanto a estes, ser deduzido o benefício que resulte da antecipação dos ganhos previstos.

3 - A falta de pagamento da indemnização prevista nos números anteriores no prazo de 30 dias contados da data em que o montante devido se encontre definitivamente apurado confere ao co-contratante o direito ao pagamento de juros de mora sobre a respectiva importância.

Artigo 335.º Outros fundamentos de resolução pelo contraente público. 1 - O contraente público tem o direito de resolver o contrato com fundamento na alteração anormal e imprevisível das circunstâncias, nos termos do disposto na alínea a) do artigo 312.º

2 - Quando a resolução do contrato por alteração anormal e imprevisível das circunstâncias seja imputável a decisão do contraente público adoptada fora do exercício dos seus poderes de conformação da relação contratual, o co-contratante tem direito ao pagamento de justa indemnização nos termos do disposto no artigo anterior.

CAPÍTULO IX.
REGRAS ESPECIAIS

SECÇÃO I.
CONTRATOS SOBRE O EXERCÍCIO DE PODERES PÚBLICOS

Artigo 336.º Negociabilidade da vigência dos vínculos contratuais. Nos contratos com objecto passível de acto administrativo e demais contratos sobre o exercício de poderes públicos, as partes têm a faculdade de fixar livremente o respectivo prazo de vigência e os pressupostos da sua modificação, caducidade, revogação ou resolução, salvo quando se trate de direitos ou interesses legalmente protegidos indisponíveis, ou quando outra coisa resultar da lei ou da natureza do poder exercido através do contrato.

Artigo 337.º Causas específicas de caducidade. 1 - Os contratos com objecto passível de acto administrativo extinguem-se por força da verificação dos factos determinantes da caducidade dos actos administrativos que aqueles substituem.

2 - Os contratos pelos quais o contraente público se vincula a praticar, ou não praticar, um acto administrativo com certo conteúdo extinguem-se por força da alteração ou da impossibilidade superveniente de concretização dos pressupostos que ditariam o exercício da discricionariedade administrativa no sentido convencionado.

SECÇÃO II.
CONTRATOS INTERADMINISTRATIVOS

Artigo 338.º Contratos entre contraentes públicos. 1 - As disposições da parte III do presente Código não são directamente aplicáveis aos contraentes públicos que contratam entre si num plano de igualdade jurídica, segundo uma óptica de harmonização do desempenho das respectivas atribuições.

2 - O disposto no número anterior não impede a aplicação, com as adaptações necessárias, do regime substantivo dos contratos administrativos aos contratos celebrados entre contraentes públicos pelos quais um deles se submeta ao exercício de poderes de autoridade pelo outro.

SECÇÃO III.
EXECUÇÃO E MODIFICAÇÃO DE PARCERIAS PÚBLICAS-PRIVADAS

Artigo 339.º Dever de informação. Quando o serviço ou a entidade que represente o contraente público na execução do contrato que configure uma parceria pública-privada tomar conhecimento de situações susceptíveis de gerarem encargos adicionais para o parceiro público ou para o Estado, designadamente os decorrentes de atrasos imputáveis a entidades públicas intervenientes na respectiva implementação ou execução, devem, de imediato, comunicar tais factos ao ministro responsável pela área das finanças e ao ministro da tutela, indicando, sempre que possível, os valores estimados envolvidos.

Artigo 340.º Fiscalização, acompanhamento e modificação de parcerias públicas-privadas. 1 - Nos contratos que configurem uma parceria pública-privada, compete ao ministro ou ao membro do Governo Regional responsável pela área das finanças ou ao ministro ou ao membro do Governo Regional da tutela sectorial, consoante o caso:

a) O exercício de poderes de fiscalização;

b) O acompanhamento do contrato, tendo por objectivo a avaliação dos seus custos e riscos, bem como a melhoria do processo de constituição de novas parcerias públicas-privadas.

2 - A modificação do contrato que configure uma parceria pública-privada depende de decisão conjunta dos ministros ou dos membros do Governo Regional responsáveis pelas áreas das finanças e da tutela sectorial.

3 - No âmbito da administração indirecta do Estado ou das Regiões Autónomas, a decisão de modificação depende de parecer favorável do ministro ou do membro do Governo Regional da tutela sectorial.

Artigo 341.º Partilha de benefícios. 1 - Nos contratos que configurem uma parceria pública-privada, sempre que ocorrer um acréscimo anormal e imprevisível dos benefícios financeiros para o co-contratante que não resulte da sua eficiente gestão e das oportunidades por si criadas, há lugar à partilha equitativa desses benefícios entre o co-contratante e o contraente público.

2 - Na falta de estipulação contratual, a partilha equitativa dos benefícios financeiros deve ser efectuada através da revisão de preços ou da assunção, por parte do co-contratante, do dever de prestar ao contraente público o valor correspondente ao acréscimo das receitas ou ao decréscimo dos encargos previstos com a execução do contrato.

Artigo 342.º Acompanhamento de processos arbitrais. 1 - Quando, nos termos do contrato que configure uma parceria pública-privada, seja requerida a constituição de um tribunal arbitral para a resolução de litígios entre as partes, o respectivo contraente público deve comunicar imediatamente ao ministro ou ao membro do Governo Regional responsável pela área das finanças ou ao ministro ou ao membro do Governo Regional da tutela sectorial, consoante o caso, a ocorrência desse facto, fornecendo todos os elementos que se revelem úteis ao acompanhamento do processo arbitral.

2 - Devem ser remetidas, periodicamente, à entidade directamente incumbida de proceder ao acompanhamento do respectivo processo arbitral cópias dos actos processuais que sejam entretanto praticados por qualquer das partes e pelo tribunal, bem como dos pareces técnicos e jurídicos e quaisquer outros elementos relevantes para a compreensão, desenvolvimento ou desfecho da lide.

TÍTULO II.
CONTRATOS ADMINISTRATIVOS EM ESPECIAL

CAPÍTULO
I. EMPREITADAS DE OBRAS PÚBLICAS

SECÇÃO I.
DISPOSIÇÕES GERAIS

Artigo 343.º Noção. 1 - Entende-se por empreitada de obras públicas o contrato oneroso que tenha por objecto quer a execução quer, conjuntamente, a concepção e a execução de uma obra pública que se enquadre nas subcategorias previstas no regime de ingresso e permanência na actividade de construção.

2 - Para efeitos do disposto no número anterior, considera-se obra pública o resultado de quaisquer trabalhos de construção, reconstrução, ampliação, alteração ou adaptação, conservação, restauro, reparação, reabilitação, beneficiação e demolição de bens imóveis executados por conta de um contraente público.

Artigo 344.º Partes. 1 - São partes no contrato de empreitada de obras públicas o dono da obra e o empreiteiro.

2 - Durante a execução do contrato, o dono da obra é representado pelo director de fiscalização da obra e o empreiteiro por um director de obra, salvo nas matérias em que, em virtude da lei ou de estipulação contratual, se estabeleça diferente mecanismo de representação.

3 - Sem prejuízo de outras limitações previstas no contrato, o director de fiscalização da obra não tem poderes de representação do dono da obra em matéria de modificação, resolução ou revogação do contrato.

4 - Na falta de estipulação contratual, durante os períodos em que se encontrem ausentes ou impedidos, o director de fiscalização da obra e o director de obra são substituídos pelas pessoas

que os mesmos indicarem para esse efeito, desde que, no caso do director de fiscalização da obra, a designação do substituto seja aceite pelo dono da obra e comunicada ao empreiteiro.

Artigo 345.º Garantias administrativas do empreiteiro relativamente a eventos que devam ser formalizados em auto. 1 - O empreiteiro tem direito a reclamar ou a apresentar reservas ao conteúdo dos actos referentes à obra que devam ser formalizados em auto.

2 - Os autos são reduzidos a escrito e assinados pelos representantes das partes, sendo um duplicado dos mesmos entregue ao empreiteiro.

3 - As reclamações ou reservas podem ser exaradas no próprio auto ou apresentadas nos 10 dias subsequentes à notificação do mesmo ao empreiteiro.

4 - As reclamações ou reservas exaradas no próprio auto podem limitar-se ao enunciado genérico do respectivo objecto, podendo o empreiteiro, neste caso, apresentar por escrito exposição fundamentada, no prazo de 15 dias.

5 - O dono da obra decide a reclamação ou pronuncia-se sobre as reservas apresentadas e notifica o empreiteiro no prazo de 15 dias a contar da data da assinatura do auto ou da entrega da reclamação ou da exposição escrita referida no número anterior, equivalendo o silêncio a deferimento da reclamação ou aceitação da reserva.

6 - Se o empreiteiro se recusar a assinar o auto, nele se fará menção desse facto e da razão invocada para a recusa, devendo o representante do dono da obra promover a assinatura do auto por duas testemunhas que confirmem a ocorrência.

7 - Se, sem justificação nos termos do presente Código e por facto que lhe seja imputável, o dono da obra não formalizar em auto qualquer acto que esteja sujeito a essa formalidade, tal omissão não é oponível ao empreiteiro.

SECÇÃO II.
DIREITOS E OBRIGAÇÕES DAS PARTES

Artigo 346.º Manutenção da boa ordem no local dos trabalhos. 1 - O empreiteiro deve manter a boa ordem no local dos trabalhos.

2 - Para os efeitos do número anterior, o empreiteiro deve retirar do local dos trabalhos, por sua iniciativa ou imediatamente após ordem do dono da obra, o pessoal que haja tido comportamento perturbador dos trabalhos, designadamente por menor probidade no desempenho dos respectivos deveres, por indisciplina ou por desrespeito de representantes ou agentes do dono da obra ou de representantes ou agentes do empreiteiro, dos subempreiteiros ou de terceiros.

Artigo 347.º Publicidade. A afixação pelo empreiteiro de publicidade no local dos trabalhos depende de autorização do dono da obra.

Artigo 348.º Menções obrigatórias no local dos trabalhos. Sem prejuízo do disposto em lei especial, o empreiteiro deve afixar no local dos trabalhos, de forma visível, a identificação da obra, do dono da obra e do empreiteiro, com menção do respectivo alvará ou número de título de registo ou dos documentos a que se refere a alínea a) do n.º 5 do artigo 81.º, e manter cópia dos alvarás ou títulos de registo dos subcontratados ou dos documentos previstos na referida alínea, consoante os casos.

Artigo 349.º Meios destinados à execução da obra e dos trabalhos preparatórios ou acessórios. Na falta de estipulação contratual, cabe ao empreiteiro disponibilizar e fornecer todos os meios necessários para a realização da obra e dos trabalhos preparatórios ou acessórios, incluindo, nomeadamente, os materiais e os meios humanos, técnicos e equipamentos.

Artigo 350.º Trabalhos preparatórios ou acessórios. Na falta de estipulação contratual, o empreiteiro tem obrigação de realizar todos os trabalhos que, por natureza, por exigência legal ou segundo o uso corrente, sejam considerados como preparatórios ou acessórios à execução da obra, designadamente:

a) Trabalhos de montagem, construção, manutenção, desmontagem e demolição do estaleiro;

b) Trabalhos necessários para garantir a segurança de todas as pessoas que trabalhem na obra ou que circulem no respectivo local, incluindo o pessoal dos subempreiteiros e terceiros em geral, para evitar danos nos prédios vizinhos e para satisfazer os regulamentos de segurança, higiene e saúde no trabalho e de polícia das vias públicas;

c) Trabalhos de restabelecimento, por meio de obras provisórias, de todas as servidões e serventias que seja indispensável alterar ou destruir para a execução dos trabalhos e para evitar a estagnação de águas que os mesmos possam originar;

d) Trabalhos de construção dos acessos ao estaleiro e das serventias internas deste.

Artigo 351.º Expropriações, servidões e ocupação de prédios. 1 - Incumbe ao dono da obra promover os procedimentos administrativos para a realização de quaisquer expropriações que se revelem necessárias à execução da obra, bem como para a constituição das servidões e para a ocupação de prédios necessários à execução dos trabalhos.

2 - Na falta de estipulação contratual, no caso de obras públicas integradas em concessões, a promoção dos procedimentos referidos nos números anteriores incumbe ao concedente.

3 - O pagamento das indemnizações devidas por expropriação, constituição de servidões e ocupação de prédios é da responsabilidade do dono da obra.

Artigo 352.º Posse administrativa e constituição de servidões. 1 - Antes da celebração do contrato, o dono da obra deve estar na posse administrativa da totalidade dos terrenos a expropriar, salvo quando o número de prédios a expropriar associado ao prazo de execução da obra tornem esta obrigação desproporcionada.

2 - No caso previsto na segunda parte do número anterior, o dono da obra deve, antes da celebração do contrato, estar na posse administrativa dos prédios necessários ao início da execução da obra.

3 - As servidões necessárias à execução de trabalhos preparatórios ou acessórios e ao início da execução da obra devem ser constituídas antes da celebração do contrato.

4 - O disposto nos números anteriores não é aplicável quando o empreiteiro tenha a obrigação de elaborar o projecto de execução.

5 - A posse administrativa e a constituição de servidões que, nos termos do disposto nos números anteriores, não estejam concretizadas até à celebração do contrato devem sê-lo de forma a não determinar a suspensão da obra e a não prejudicar o normal desenvolvimento do plano de trabalhos.

Artigo 353.º Reforço da caução. 1 - Para reforço da caução prestada com vista a garantir o exacto e pontual cumprimento das obrigações contratuais, às importâncias que o empreiteiro tiver a receber em cada um dos pagamentos parciais previstos é deduzido o montante correspondente a 5 desse pagamento, salvo se o contrato fixar percentagem inferior ou dispensar tal dedução.

2 - A dedução prevista no número anterior pode ser substituída por títulos emitidos ou garantidos pelo Estado, por garantia bancária à primeira solicitação ou por seguro-caução, nos mesmos termos estabelecidos para a caução destinada a garantir o exacto e pontual cumprimento das obrigações contratuais.

Artigo 354.º Reposição do equilíbrio financeiro por agravamento dos custos na realização da obra. 1 - Se o dono da obra praticar ou der causa a facto donde resulte maior dificuldade na execução da obra, com agravamentos dos encargos respectivos, o empreiteiro tem o direito à reposição do equilíbrio financeiro.

2 - O direito à reposição do equilíbrio financeiro previsto no número anterior caduca no prazo de 30 dias a contar do evento que o constitua ou do momento em que o empreiteiro dele tome conhecimento, sem que este apresente reclamação dos danos correspondentes nos termos do número seguinte, ainda que desconheça a extensão integral dos mesmos.

3 - A reclamação é apresentada por meio de requerimento no qual o empreiteiro deve expor os fundamentos de facto e de direito e oferecer os documentos ou outros meios de prova que considere convenientes.

SECÇÃO III.
CONSIGNAÇÃO DA OBRA

Artigo 355.º Regra geral. O regime da consignação da obra consta do contrato, sem prejuízo das disposições estabelecidas na presente secção.

Artigo 356.º Dever de consignar. O dono da obra deve facultar ao empreiteiro o acesso aos prédios, ou parte dos mesmos, onde os trabalhos devam ser executados e fornecer-lhe os elementos que, nos termos contratuais, sejam necessários para o início dos trabalhos.

Artigo 357.º Plano final de consignação. 1 - O contrato pode prever a elaboração pelo dono da obra de um plano final de consignação que densifique e concretiza o plano inicialmente apresentado para efeitos de elaboração da proposta.

2 - O plano final da consignação deve ser imediatamente comunicado pelo dono da obra ao empreiteiro, bem como ao Instituto da Construção e do Imobiliário, I. P.

Artigo 358.º Consignação total e parcial. 1 - O dono da obra só pode proceder a consignações parciais nos seguintes casos:

a) Quando, antes da celebração do contrato, não esteja na posse administrativa da totalidade dos prédios necessários à execução da obra;

b) Quando o período de tempo necessário às operações preparatórias da consignação total sob responsabilidade do dono da obra impossibilite o início da execução dos trabalhos no momento projectado por este e o respectivo adiamento cause grave prejuízo para o interesse público;

c) Nos casos previstos no artigo 360.º

2 - Nos casos em que a consignação total ou a primeira consignação parcial tenham lugar em data posterior à prevista no contrato ou indicada no plano final de consignação, o dono da obra comunica ao Instituto da Construção e do Imobiliário, I. P., no prazo de cinco dias, a data em que aquelas efectivamente ocorreram, apresentando uma justificação sumária da dilação verificada.

Artigo 359.º Prazo e auto de consignação. 1 - Na falta de estipulação contratual, a consignação deve estar concluída em prazo não superior a 30 dias após a data da celebração do contrato, no caso de consignação total ou da primeira consignação parcial, ou logo que o dono da obra tenha acesso aos prédios, com a faculdade de os entregar a terceiros, no caso das demais consignações parciais.

2 - A consignação é formalizada em auto e, em caso de consignações parciais, a cada uma deve corresponder um auto autónomo.

3 - Caso o empreiteiro não compareça no local, na data e na hora que o dono da obra comunicar para efeitos de assinatura do auto de consignação, é notificado para comparecer em outra data e hora, com indicação do local, sem prejuízo de o dono da obra poder resolver o contrato, nos termos do disposto na alínea b) do n.º 1 do artigo 405.º.

Artigo 360.º Modificação das condições locais e suspensão do procedimento de consignação. 1 - Quando se verifique uma modificação relevante das condições locais existentes por comparação com os elementos da solução da obra ou com os dados que serviram de base à sua elaboração, a qual determine a necessidade de um projecto de alteração, o prazo referido no n.º 1 do artigo anterior é suspenso, salvo se for possível a realização de consignações parciais quanto às zonas da obra não afectadas pelo projecto de alteração, que, nesse caso, devem respeitar os prazos ali estabelecidos.

2 - A contagem do prazo referido no n.º 1 do artigo anterior só é retomada depois de terem sido notificadas ao empreiteiro as alterações introduzidas no projecto.

3 - Sem prejuízo do direito de resolução previsto na alínea a) do n.º 1 do artigo 332.º, a suspensão de prazo prevista no n.º 1 implica a suspensão do prazo previsto na alínea a) do artigo 406.º

SECÇÃO IV.
EXECUÇÃO DOS TRABALHOS

Artigo 361.º Plano de trabalhos[54]. 1 - O plano de trabalhos destina-se, com respeito pelo prazo de execução da obra, à fixação da sequência e dos prazos parciais de execução de cada uma das espécies de trabalhos previstas e à especificação dos meios com que o empreiteiro se propõe executá-los, bem como à definição do correspondente plano de pagamentos.

2 - No caso em que o empreiteiro tenha a obrigação contratual de elaborar o programa ou o projecto de execução, o plano de trabalhos compreende as prestações de concepção sob responsabilidade do empreiteiro.

3 - O plano de trabalhos constante do contrato pode ser ajustado pelo empreiteiro ao plano final de consignação apresentado pelo dono da obra nos termos do disposto no artigo 357.º, bem como em caso de prorrogação do prazo de execução, de detecção de erros e omissões reclamados na fase de execução ou quando haja lugar a trabalhos a mais.

4 - Os ajustamentos referidos no número anterior não podem implicar a alteração do preço contratual, nem a alteração do prazo de execução da obra, nem ainda alterações aos prazos parciais definidos no plano de trabalhos constante do contrato, para além do que seja estritamente necessário à adaptação do plano de trabalhos ao plano final de consignação.

5 - O plano de trabalhos ajustado carece de aprovação pelo dono da obra, no prazo de cinco dias após a notificação do mesmo pelo empreiteiro, equivalendo o silêncio a aceitação.

6 - O procedimento de ajustamento do plano de trabalhos deve ser concluído antes da data da conclusão da consignação total ou da primeira consignação parcial.

7 - O dono da obra não pode proceder à aceitação parcial do plano de trabalhos.

Artigo 362.º Prazo de execução da obra e das prestações de concepção. 1 - O prazo de execução da obra começa a contar-se da data da conclusão da consignação total ou da primeira consignação parcial ou ainda da data em que o dono da obra comunique ao empreiteiro a aprovação do plano de segurança e saúde, nos termos previstos na lei, caso esta última data seja posterior.

2 - Nos casos em que o empreiteiro tenha a obrigação de elaborar o projecto de execução, o contrato pode estabelecer prazos de elaboração e entrega dos elementos de projecto relevantes com termo final anterior à data da consignação.

3 - Verificando-se o disposto no número anterior, o contrato deve estabelecer prazos máximos de pronúncia do dono da obra sobre os elementos de projecto entregues pelo empreiteiro de forma que a execução dos trabalhos não seja prejudicada por demoras na apreciação que ao dono da obra caiba sobre tais elementos de projecto.

4 - Na falta de estipulação contratual, entende-se que o prazo de execução da obra a que alude o n.º 1 compreende a fase de concepção, seja qual for o respectivo conteúdo.

Artigo 363.º Início dos trabalhos. 1 - A execução dos trabalhos inicia-se na data em que começa a correr o prazo de execução da obra.

2 - Sem prejuízo do disposto quanto à fase de concepção nos contratos em que o empreiteiro tenha a obrigação de elaborar o projecto de execução, o dono da obra apenas pode consentir o início dos trabalhos em data anterior ou posterior à definida no número anterior se ocorrerem circunstâncias justificativas.

Artigo 364.º Património cultural e restos humanos. 1 - Todos os bens com valor histórico, paleontológico, arqueológico, arquitectónico, linguístico, documental, artístico, etnográfico, científico, social, industrial ou técnico encontrados no decurso da execução da obra são entregues pelo empreiteiro ao dono da obra, acompanhados de auto donde conste especificamente o objecto da entrega.

---

54 Contém as alterações introduzidas pelos seguintes diplomas: DL n.º 278/2009, de 02 de Outubro.

2 - Quando se trate de bens móveis cuja extracção ou desmontagem envolva trabalhos, conhecimentos ou processos especializados, o empreiteiro comunica o achado ao dono da obra e, se necessário, suspende a execução dos trabalhos até receber instruções sobre como proceder.

3 - O dono da obra está obrigado a dar conhecimento de todos os achados referidos nos números anteriores às autoridades administrativas competentes.

4 - No caso de serem detectados restos humanos, o empreiteiro deve comunicar imediatamente o facto às autoridades policiais competentes, dando conhecimento ao dono da obra.

SECÇÃO V. SUSPENSÃO DOS TRABALHOS

Artigo 365.º Suspensão pelo dono da obra. Sem prejuízo dos fundamentos gerais de suspensão previstos no presente Código e de outros previstos no contrato, o dono da obra pode ordenar a suspensão da execução dos trabalhos nos seguintes casos:

a) Falta de condições de segurança;

b) Verificação da necessidade de estudar alterações a introduzir ao projecto;

c) Determinação vinculativa ou recomendação tida como relevante de quaisquer autoridades administrativas competentes.

Artigo 366.º Suspensão pelo empreiteiro. 1 - Nos contratos que prevejam um prazo de execução da obra igual ou superior a um ano, o empreiteiro pode suspender, uma vez em cada ano, no todo ou em parte, a execução dos trabalhos por um período não superior a 10 dias seguidos desde que o dono da obra não se oponha de forma expressa e não fiquem comprometidos os prazos parciais e o termo final de execução da obra.

2 - São da responsabilidade do empreiteiro os encargos acrescidos decorrentes da suspensão prevista no número anterior.

3 - Para além dos fundamentos gerais de suspensão previstos no presente Código e de outros previstos no contrato, o empreiteiro pode suspender, no todo ou em parte, a execução dos trabalhos nos seguintes casos:

a) Falta de condições de segurança;

b) Falta de pagamento de qualquer quantia devida nos termos do contrato, desde que tenha decorrido um mês sobre a data do respectivo vencimento.

4 - A suspensão pelo empreiteiro deve ser antecedida de comunicação escrita ao dono da obra, imediatamente após a verificação do evento que a fundamenta, com menção expressa do fundamento invocado e dos factos que o concretizam.

5 - No caso da alínea b) do n.º 3, a comunicação a que se refere o número anterior deve ser efectuada com antecedência não inferior a 15 dias relativamente à data prevista da suspensão e deve ser assegurado o normal desenvolvimento do plano de trabalhos, ficando prejudicada se, até ao termo do prazo ali referido, o dono da obra efectuar o pagamento das quantias em dívida.

6 - Quando a urgência ou a necessidade de suspensão imediata for incompatível com a exigência de prévia comunicação escrita, as comunicações referidas nos números anteriores podem ser efectuadas oralmente, devendo o empreiteiro formalizá-las por escrito nos cinco dias subsequentes.

Artigo 367.º Suspensão autorizada pelo dono da obra. O dono da obra pode ainda autorizar a suspensão da execução dos trabalhos se a mesma não comprometer o termo final de execução da obra e não implicar a assunção de novos encargos da sua parte.

Artigo 368.º Suspensão por período excessivo. Se a suspensão resultar de facto imputável ao empreiteiro e o dono da obra ordenar a manutenção da suspensão por mais tempo do que o que resultaria necessariamente do facto em causa, considera-se, para todos os efeitos, que o tempo de suspensão excedente não é imputável ao empreiteiro.

Artigo 369.º Auto de suspensão. A suspensão é sempre formalizada em auto, cujo conteúdo deve compreender, no mínimo, os pressupostos que a determinaram e os termos gerais do procedimento a seguir subsequentemente, se for possível determiná-los, assim como quaisquer reclamações apresentadas ou reservas apresentadas por qualquer das partes, desde que directamente relacionadas com a suspensão.

SECÇÃO VI.
MODIFICAÇÕES OBJECTIVAS

Artigo 370.º Trabalhos a mais[55]**.** 1 - São trabalhos a mais aqueles cuja espécie ou quantidade não esteja prevista no contrato e que:

a) Se tenham tornado necessários à execução da mesma obra na sequência de uma circunstância imprevista; e

b) Não possam ser técnica ou economicamente separáveis do objecto do contrato sem inconvenientes graves para o dono da obra ou, embora separáveis, sejam estritamente necessários à conclusão da obra.

2 - Não pode ser ordenada a execução de trabalhos a mais quando:

a) Tendo o contrato sido celebrado na sequência de procedimento de ajuste direto ao abrigo do disposto na alínea a) do artigo 19.º, o somatório do preço contratual com o preço atribuído aos trabalhos a mais, incluindo o de anteriores trabalhos a mais, seja igual ou superior ao valor referido naquela alínea;

b) Tendo o contrato sido celebrado na sequência de concurso público ou de concurso limitado por prévia qualificação e o somatório do preço contratual com o preço atribuído aos trabalhos a mais, incluindo o de anteriores trabalhos a mais, seja igual ou superior ao valor referido na alínea b) do artigo 19.º, o anúncio do concurso não tenha sido publicado no Jornal Oficial da União Europeia;

c) O preço atribuído aos trabalhos a mais, incluindo o de anteriores trabalhos a mais, ultrapasse 40 do preço contratual.

d) (Revogada.)

3 - (Revogado.)

4 - Não são considerados trabalhos a mais aqueles que sejam necessários ao suprimento de erros ou omissões, independentemente da parte responsável pelos mesmos.

5 - Caso não se verifique alguma das condições previstas no n.º 2, os trabalhos a mais devem ser objecto de contrato celebrado na sequência de procedimento adoptado nos termos do disposto no título I da parte II.

Artigo 371.º Obrigação de execução de trabalhos a mais. 1 - O empreiteiro tem a obrigação de executar os trabalhos a mais, desde que tal lhe seja ordenado por escrito pelo dono da obra e lhe sejam entregues as alterações aos elementos da solução da obra necessárias à sua execução, quando os mesmos tenham integrado o caderno de encargos relativo ao procedimento de formação do contrato.

2 - O empreiteiro não está sujeito à obrigação prevista no número anterior quando opte por exercer o direito de resolução do contrato ou quando, sendo os trabalhos a mais de espécie diferente dos previstos no contrato ou da mesma espécie de outros nele previstos, mas a executar em condições diferentes, o empreiteiro não disponha dos meios humanos ou técnicos indispensáveis para a sua execução.

Artigo 372.º Recusa da execução de trabalhos a mais. 1 - Para efeitos do disposto no n.º 2 do artigo anterior, bem como quando entenda não estarem verificados os pressupostos constantes do n.º 1 do artigo 370.º, o empreiteiro pode, no prazo de 10 dias a contar da recepção da ordem do dono da obra de execução dos trabalhos a mais, reclamar, fundamentadamente, da mesma.

---

55 Contém as alterações introduzidas pelos seguintes diplomas: DL n.º 278/2009, de 02 de Outubro; DL n.º 149/2012, de 12 de Julho.

2 - Recebida a reclamação do empreiteiro, o dono da obra deve apreciar a mesma no prazo de 10 dias a contar da sua recepção.

3 - Quanto considere injustificada a não execução dos trabalhos a mais, o dono da obra pode:

a) Notificar o empreiteiro com, pelo menos, cinco dias de antecedência, para execução os trabalhos a mais; ou

b) Optar pela execução dos trabalhos a mais, directamente ou por intermédio de terceiro, quando o empreiteiro tenha manifestado de forma peremptória a intenção de não os executar, sendo aplicável, com as necessárias adaptações, o disposto nos n.os 2 a 4 do artigo 325.º

4 - No caso previsto na alínea a) do número anterior, quando o empreiteiro não dê início à execução dos trabalhos, pode o dono da obra, sem prejuízo do poder de resolução do contrato:

a) Aplicar ao empreiteiro uma sanção pecuniária compulsória, por cada dia de atraso, em valor correspondente a 1 (por mil) do preço contratual, sem prejuízo de o contrato poder prever valor mais elevado; ou

b) Optar pela execução dos trabalhos a mais, directamente ou por intermédio de terceiro.

Artigo 373.º Preço e prazo de execução dos trabalhos a mais[56]. 1 - Na falta de estipulação contratual, o preço a pagar pelos trabalhos a mais e o respectivo prazo de execução são fixados nos seguintes termos:

a) Tratando-se de trabalhos da mesma espécie de outros previstos no contrato e a executar em condições semelhantes, são aplicáveis o preço contratual e os prazos parciais de execução previstos no plano de trabalhos para essa espécie de trabalhos;

b) Tratando-se de trabalhos de espécie diferente ou da mesma espécie de outros previstos no contrato mas a executar em condições diferentes, deve o empreiteiro apresentar uma proposta de preço e de prazo de execução.

2 - Nos casos previstos na alínea b) do número anterior, o empreiteiro deve apresentar ao dono da obra uma proposta de preço e de prazo de execução dos trabalhos a mais, no prazo de 10 dias a contar da data da recepção da ordem de execução dos mesmos.

3 - O dono da obra dispõe de 10 dias para se pronunciar sobre a proposta do empreiteiro, podendo, em caso de não aceitação da mesma, apresentar uma contra-proposta.

4 - Se o dono da obra não efectuar nenhuma comunicação ao empreiteiro dentro do prazo previsto no número anterior, considera-se que a proposta deste foi aceite.

5 - Sem prejuízo do disposto no artigo 372.º, enquanto não houver acordo sobre todos ou alguns preços ou sobre o prazo de execução, os trabalhos respectivos são executados e pagos com base na contra-proposta do dono da obra, efectuando-se, se for caso disso, a correspondente correcção, acrescida, no que respeita aos preços, dos juros de mora devidos, logo que haja acordo ou determinação judicial ou arbitral sobre a matéria.

Artigo 374.º Prorrogação do prazo de execução da obra. 1 - Quando haja lugar à execução de trabalhos a mais, o prazo de execução da obra é proporcionalmente prorrogado de acordo com os prazos definidos nos termos do disposto no artigo 373.º

2 - O disposto no número anterior não é aplicável quando estejam em causa trabalhos a mais cuja execução não prejudique o normal desenvolvimento do plano de trabalhos.

Artigo 375.º Formalização dos trabalhos a mais. Definidos todos os termos e condições a que deve obedecer a execução dos trabalhos a mais, o dono da obra e o empreiteiro devem proceder à respectiva formalização por escrito.

Artigo 376.º Obrigação de execução de trabalhos de suprimento de erros e omissões[57]. 1 - O empreiteiro tem a obrigação de executar todos os trabalhos de suprimento de erros e omissões que lhe sejam ordenados pelo dono da obra.

---

56 Contém as alterações introduzidas pelos seguintes diplomas: DL n.º 278/2009, de 02 de Outubro.

57 Contém as alterações introduzidas pelos seguintes diplomas: Rectif. n.º 18-A/2008, de 28 de Março; DL n.º 149/2012, de 12 de Julho.

2 - Salvo quando o empreiteiro tenha a obrigação de elaborar o projecto de execução, o dono da obra deve entregar ao empreiteiro todos os elementos necessários à realização dos trabalhos referidos no número anterior.

3 - Só pode ser ordenada ao empreiteiro a execução de trabalhos de suprimento de erros e omissões quando o somatório do preço atribuído a tais trabalhos com o preço de anteriores trabalhos da mesma natureza não exceder 5 do preço contratual.

4 - O limite previsto no número anterior é elevado para 10 quando a execução dos trabalhos não implique uma modificação substancial do contrato e estejam em causa obras cuja execução seja afetada por condicionalismos naturais com especiais características de imprevisibilidade, nomeadamente as obras marítimo-portuárias e as obras complexas do ponto de vista geotécnico, em especial a construção de túneis, bem como as obras de reabilitação ou restauro de bens imóveis.

5 - O empreiteiro não está sujeito à obrigação prevista no n.º 1 nos casos previstos no n.º 2 do artigo 371.º, sendo aplicável, com as necessárias adaptações, o disposto no artigo 372.º

6 - Sempre que o dono da obra ordene a execução de trabalhos de suprimento de erros e omissões que, apesar de terem sido detectados na fase de formação do contrato, não tenham sido por si expressamente aceites, deve o mesmo justificar a razão pela qual os considera essenciais à conclusão da obra e fazer constar esse facto no relatório final da obra.

7 - Quando estejam em causa erros e omissões que prejudiquem o normal desenvolvimento do plano de trabalhos, o empreiteiro propõe ao dono da obra as modificações necessárias ao mesmo, devendo este pronunciar-se sobre o plano de trabalhos modificado e comunicar a sua posição ao empreiteiro, até 15 dias após a notificação da proposta do empreiteiro, equivalendo o silêncio a aceitação.

8 - As modificações ao plano de trabalhos referido no número anterior destinam-se estritamente a compatibilizar o plano em vigor com os trabalhos de suprimento de erros e omissões ordenados e apenas podem ter por efeito a alteração do prazo de execução da obra ou do preço contratual nos termos previstos, respectivamente, no n.º 2 do artigo 377.º e no artigo 378.º

9 - Caso não se verifique a condição prevista no n.º 3, os trabalhos de suprimento de erros e omissões devem ser objecto de contrato celebrado na sequência de procedimento adoptado nos termos do disposto no título I da parte II.

Artigo 377.º Preço e prazo de execução dos trabalhos de suprimento de erros e omissões[58]. 1 - À fixação do preço e do prazo de execução dos trabalhos de suprimento de erros e omissões é aplicável o disposto no artigo 373.º

2 - A execução de trabalhos de suprimento de erros e omissões pode dar lugar à prorrogação do prazo de execução da obra, nos termos do disposto no artigo 374º, quando se trate de:

a) Erros e omissões detetados pelos interessados na fase de formação do contrato, mas que não tenham sido aceites pelo dono da obra;

b) Erros e omissões que, ainda que atuando com a diligência objetivamente exigível em face das circunstâncias concretas, não pudessem ter sido detetados na fase de formação do contrato, de acordo com o disposto no n.º 2 do artigo 61.º;

c) Erros e omissões que tenham sido oportunamente detectados na fase de execução do contrato, de acordo com o previsto no n.º 4 do artigo seguinte.

d) Erros e omissões referidos na alínea b) do n.º 1 do artigo 61.º

Artigo 378.º Responsabilidade pelos erros e omissões[59]. 1 - O dono da obra é responsável pelos trabalhos de suprimento de erros e omissões resultantes dos elementos que tenham sido por si elaborados ou disponibilizados ao empreiteiro, designadamente os elementos da solução da obra.

---

58 Contém as alterações introduzidas pelos seguintes diplomas: DL n.º 149/2012, de 12 de Julho.

59 Contém as alterações introduzidas pelos seguintes diplomas: DL n.º 149/2012, de 12 de Julho.

2 - Quando o empreiteiro tenha a obrigação de elaborar o projecto de execução, é o mesmo responsável pelos trabalhos de suprimento dos respectivos erros e omissões, excepto quando estes sejam induzidos pelos elementos elaborados ou disponibilizados pelo dono da obra.

3 - O empreiteiro é responsável pelos trabalhos de suprimento de erros e omissões cuja deteção era exigível na fase de formação do contrato nos termos do disposto no n.º 2 do artigo 61.º, exceto pelos que hajam sido identificados pelos interessados na fase de formação do contrato mas que não tenham sido expressamente aceites pelo dono da obra.

4 - O empreiteiro é ainda responsável pelos trabalhos de suprimento de erros e omissões que, não sendo exigível que tivessem sido detetados na fase de formação do contrato nos termos do disposto no n.º 2 do artigo 61.º, também não tenham sido por ele identificados no prazo de 30 dias a contar da data em que lhe fosse exigível a sua deteção.

5 - A responsabilidade do empreiteiro prevista no n.º 3 corresponde a metade do preço dos trabalhos de suprimento dos erros e omissões executados.

6 - Sem prejuízo do disposto nos números anteriores, caso os erros ou omissões decorram do incumprimento de obrigações de concepção assumidas por terceiros perante o dono da obra:

a) Deve o dono da obra exercer obrigatoriamente o direito que lhe assista de ser indemnizado por parte destes terceiros;

b) Fica o empreiteiro sub-rogado no direito de indemnização que assista ao dono da obra perante esses terceiros até ao limite do montante que deva ser por si suportado em virtude do disposto nos n.os 3 a 5.

7 - No caso previsto no número anterior, a responsabilidade dos terceiros perante o dono da obra ou o empreiteiro, quando fundada em título contratual, é limitada ao triplo dos honorários a que tenham direito ao abrigo do respectivo contrato, salvo se a responsabilidade em causa tiver resultado de dolo ou de negligência grosseira no cumprimento das suas obrigações.

Artigo 379.º Trabalhos a menos. 1 - Salvo em caso de impossibilidade de cumprimento, o empreiteiro só pode deixar de executar quaisquer trabalhos previstos no contrato desde que o dono da obra emita uma ordem com esse conteúdo, especificando os trabalhos a menos.

2 - O preço correspondente aos trabalhos a menos é deduzido ao preço contratual, sem prejuízo do disposto no artigo 381.º

Artigo 380.º Inutilização de trabalhos já executados. Se da execução de trabalhos a mais ou de trabalhos de suprimento de erros e omissões ou da ordem para execução de trabalhos a menos resultar inutilização de trabalhos já realizados em conformidade com o contrato ou com instruções do dono da obra, o seu valor não é deduzido ao preço contratual, tendo o empreiteiro direito a ser remunerado pelos trabalhos já realizados e pelos trabalhos necessários à reposição da situação anterior.

Artigo 381.º Indemnização por supressão de trabalhos[60]. 1 - Quando, por virtude da ordem de supressão de trabalhos ou de outros actos ou factos imputáveis ao dono da obra, os trabalhos executados pelo empreiteiro tenham um valor inferior em mais de 20 ao preço contratual, este tem direito a uma indemnização correspondente a 10 do valor da diferença verificada.

2 - A indemnização prevista no número anterior é liquidada na conta final da empreitada.

Artigo 382.º Revisão ordinária de preços. 1 - Sem prejuízo do disposto nos artigos 282.º, 300.º e 341.º, o preço fixado no contrato para os trabalhos de execução da obra é obrigatoriamente revisto nos termos contratualmente estabelecidos e de acordo com o disposto em lei.

2 - Na falta de estipulação contratual quanto à fórmula de revisão de preços, é aplicável a fórmula tipo estabelecida para obras da mesma natureza constante de lei.

---

60 Contém as alterações introduzidas pelos seguintes diplomas: DL n.º 278/2009, de 02 de Outubro.

SECÇÃO VII.

SUBEMPREITADAS

Artigo 383.º Limites às subempreitadas. 1 - Sem prejuízo dos limites gerais previstos no presente Código, a subcontratação é vedada:

a) A entidades que não sejam titulares de alvará ou de título de registo emitido pelo Instituto da Construção e do Imobiliário, I. P., contendo as habilitações adequadas à execução da obra a subcontratar; ou

b) A entidades nacionais de Estado signatário do Acordo sobre o Espaço Económico Europeu ou do Acordo sobre Contratos Públicos da Organização Mundial de Comércio que, não sendo titulares do alvará ou do título de registo, não apresentem uma declaração, emitida pelo Instituto da Construção e do Imobiliário, I. P., comprovativa de que podem executar as prestações objecto do contrato a celebrar por preencherem os requisitos que lhes permitiriam ser titular de um alvará ou de um título de registo contendo as habilitações adequadas à execução da obra a realizar.

2 - Sem prejuízo do disposto no número anterior, não pode o empreiteiro subcontratar prestações objecto do contrato de valor total superior a 75 do preço contratual, acrescido ou deduzido dos preços correspondentes aos trabalhos a mais ou a menos, aos trabalhos de suprimento de erros e omissões e à reposição do equilíbrio financeiro a que haja lugar no âmbito do contrato em causa.

3 - Não é aplicável o disposto no número anterior relativamente à fase de formação do contrato sempre que da limitação aí fixada decorram os efeitos previstos no n.º 5 do artigo 318.º

4 - O disposto no n.º 1 é igualmente aplicável aos contratos de subempreitada celebrados entre o subempreiteiro e um terceiro.

Artigo 384.º Forma e conteúdo. 1 - O subcontrato está sujeito à forma escrita e o seu clausulado deve conter, sob pena de nulidade, os seguintes elementos:

a) A identificação das partes e dos respectivos representantes, assim como do título a que intervêm, com indicação dos actos que os habilitam para esse efeito;

b) A identificação dos alvarás ou títulos de registo das partes;

c) A descrição do objecto do subcontrato;

d) O preço;

e) A forma e o prazo de pagamento do preço;

f) O prazo de execução das prestações objecto do subcontrato.

2 - O empreiteiro deve assegurar e certificar-se do cumprimento do disposto no número anterior, não podendo, consequentemente, invocar a nulidade aí prevista.

3 - O disposto no número anterior é igualmente aplicável aos contratos de subempreitada celebrados entre o subempreiteiro e um terceiro.

4 - Os empreiteiros, os subempreiteiros, assim como os terceiros são obrigadas a manter em arquivo os contratos celebrados em que são intervenientes pelo período de cinco anos a contar da data da conclusão das obras.

Artigo 385.º Subempreitadas na fase de execução. 1 - A subcontratação no decurso da execução do contrato não carece de autorização do dono da obra, salvo o disposto no número seguinte.

2 - Quando as particularidades da obra justifiquem uma especial qualificação técnica do empreiteiro e a mesma tenha sido exigida ao empreiteiro na fase de formação do contrato, o contrato pode subordinar expressamente a subcontratação na fase de execução a autorização do dono da obra, dependente da verificação da capacidade técnica do potencial subcontratado em moldes semelhantes aos que hajam sido exigidos em relação ao empreiteiro.

3 - Salvo nos casos previstos no número anterior, aos quais é aplicável, com as necessárias adaptações, o disposto nos n.os 3 a 6 do artigo 318.º, o empreiteiro deve, no prazo de cinco dias após a celebração de cada contrato de subempreitada, comunicar esse facto por escrito ao dono da obra, remetendo-lhe cópia do contrato em causa.

4 - Na comunicação prevista no número anterior, o empreiteiro fundamenta a decisão de recorrer à subempreitada e atesta a observância dos limites a que se referem os n.os 1 e 2 do artigo 383.º

Artigo 386.º Oposição e recusa de autorização à subempreitada. 1 - O dono da obra pode sempre opor-se ou, nos casos previstos no n.º 2 do artigo anterior, recusar a autorização à subempreitada quando não sejam observados os limites fixados no artigo 383.º e com os fundamentos previstos no artigo 320.º

2 - Sempre que a oposição ou a recusa de autorização se fundamentem na inobservância dos limites fixados no artigo 383.º, o dono da obra deve comunicar esse facto ao Instituto da Construção e do Imobiliário, I. P., no prazo de cinco dias.

SECÇÃO VIII.
MEDIÇÃO E PAGAMENTO

SUBSECÇÃO I.
MEDIÇÃO

Artigo 387.º Objecto da medição. O dono da obra deve proceder à medição de todos os trabalhos executados, incluindo os trabalhos não previstos no projecto ou não devidamente ordenados pelo dono da obra.

Artigo 388.º Procedimento e critérios da medição. 1 - Na falta de estipulação contratual, a medição é efectuada mensalmente, devendo estar concluída até ao 8.º dia do mês imediatamente seguinte àquele a que respeita.

2 - As medições são feitas no local da obra com a colaboração do empreiteiro e são formalizadas em auto.

3 - Os métodos e os critérios a adoptar para realização das medições devem ser definidos no contrato.

Artigo 389.º Situação de trabalhos. 1 - Feita a medição, elabora-se a respectiva conta corrente no prazo de 10 dias, com especificação das quantidades de trabalhos apuradas, dos respectivos preços unitários, do total creditado, dos descontos a efectuar, dos adiantamentos concedidos ao empreiteiro e do saldo a pagar a este.

2 - A conta corrente e os demais documentos que constituem a situação de trabalhos devem ser verificados e assinados pelo empreiteiro, ficando um duplicado na posse deste.

3 - Quando considerar que existe algum erro em qualquer dos documentos referidos no número anterior, o empreiteiro deve apresentar a correspondente reserva no momento da sua assinatura, sendo aplicável o disposto no artigo 345.º

Artigo 390.º Erros de medição. 1 - Se, até à conclusão da obra, forem detectados erros ou faltas em qualquer auto de medição anteriormente lavrado, a correcção deve ser efectuada no auto de medição imediatamente posterior pelo dono da obra caso este e o empreiteiro estejam de acordo em relação ao objecto e às quantidades a corrigir.

2 - A correcção da medição é reflectida na conta corrente elaborada no mês seguinte, nos termos do disposto no artigo anterior.

Artigo 391.º Situação provisória de trabalhos. 1 - Quando seja impossível a realização da medição nos termos do n.º 1 do artigo 388.º e, bem assim, quando o dono da obra, por qualquer motivo, deixe de fazê-la, o empreiteiro deve apresentar, até ao fim do mês seguinte, um mapa das quantidades dos trabalhos efectuados no mês em causa, juntamente com os documentos respectivos.

2 - O mapa apresentado nos termos do número anterior é considerado como situação de trabalhos provisória para os efeitos do artigo 389.º

3 - A exactidão das quantidades inscritas nos mapas apresentados nos termos dos números anteriores é verificada no primeiro auto de medição posterior à sua apresentação, no qual o dono da

obra procede às rectificações a que houver lugar, ou, estando concluída a obra, em auto de mediç-ão avulso, a elaborar até à recepção provisória.

4 - Se o empreiteiro inscrever, dolosamente, trabalhos não efectuados nos mapas apresentados nos termos dos números anteriores, tal facto deve ser participado ao Ministério Público para competente procedimento criminal e ao Instituto da Construção e do Imobiliário, I. P., que, sendo o caso, comunica o mesmo à entidade que comprova a inscrição na lista oficial de empreiteiros aprovados do país de que seja nacional ou no qual se situe o estabelecimento principal do empreiteiro.

SUBSECÇÃO II.

PAGAMENTO

Artigo 392.º Liquidação e pagamento. 1 - Após a assinatura pelo empreiteiro dos documentos que constituem a situação de trabalhos, promove-se a liquidação do preço correspondente às quantidades de trabalhos medidos sobre as quais não haja divergências, depois de deduzidos os descontos a que houver lugar nos termos contratuais, notificando-se o empreiteiro dessa liquidação para efeito do respectivo pagamento, no prazo estipulado.

2 - Quando não forem liquidados todos os trabalhos medidos, nos termos do disposto no número anterior, menciona-se o facto mediante nota explicativa inserta na respectiva conta corrente.

3 - Logo que sejam resolvidas as reclamações apresentadas pelo empreiteiro, o dono da obra procede, sendo caso disso, à rectificação da conta corrente, liquidando e efectuando o pagamento ao empreiteiro da importância apurada a seu favor, no prazo estipulado.

Artigo 393.º Pagamento provisório. 1 - Se nas datas dos autos de medição ou nas datas de apresentação dos mapas a que se refere o n.º 1 do artigo 391.º ainda não forem conhecidos os valores finais dos indicadores económicos a utilizar na revisão dos preços dos trabalhos executados, o dono da obra deve proceder ao pagamento provisório com base no respectivo preço previsto no contrato, revisto em função dos últimos indicadores conhecidos.

2 - Nos casos previstos no número anterior, logo que sejam publicados os indicadores económicos respeitantes ao mês de execução dos trabalhos ou do período para tal previsto no plano de trabalhos, o dono da obra procede imediatamente ao cálculo definitivo da revisão, pagando ao empreiteiro ou deduzindo, na situação de trabalhos que se seguir, a diferença apurada.

SECÇÃO IX.

RECEPÇÃO PROVISÓRIA E DEFINITIVA

Artigo 394.º Vistoria[61]. 1 - A recepção provisória da obra depende da realização de vistoria, que deve ser efectuada logo que a obra esteja concluída no todo ou em parte, mediante solicitação do empreiteiro ou por iniciativa do dono da obra, tendo em conta o termo final do prazo total ou dos prazos parciais de execução da obra.

2 - A vistoria é feita pelo dono da obra, com a colaboração do empreiteiro, e tem como finalidade, em relação à obra a receber, designadamente:

a) Verificar se todas as obrigações contratuais e legais do empreiteiro estão cumpridas de forma integral e perfeita;

b) Atestar a correcta execução do plano de prevenção e gestão de resíduos de construção e demolição, nos termos da legislação aplicável.

3 - O dono da obra convoca, por escrito, o empreiteiro para a vistoria com a antecedência mínima de cinco dias e, no caso de este não comparecer nem justificar a falta, a vistoria tem lugar com a intervenção de duas testemunhas, que também assinam o respectivo auto.

---

61 Contém as alterações introduzidas pelos seguintes diplomas: DL n.º 278/2009, de 02 de Outubro.

4 - No caso a que se refere o número anterior, o auto é imediatamente notificado ao empreiteiro para os efeitos previstos nos artigos seguintes.

5 - Quando a vistoria for solicitada pelo empreiteiro, o dono da obra deve realizá-la no prazo de 30 dias contados da data da recepção da referida solicitação, convocando o empreiteiro nos termos do n.º 3.

6 - O não agendamento ou realização atempada e sem motivo justificado da vistoria por facto imputável ao dono da obra tem os efeitos previstos no direito civil para a mora do credor.

7 - No caso previsto no número anterior, a obra considera-se tacitamente recebida se o dono da obra não agendar ou não proceder à vistoria no prazo de 30 dias a contar do termo do prazo previsto no n.º 5, sem prejuízo das sanções a que haja lugar, nos termos da legislação aplicável, designadamente quando o empreiteiro não executou correctamente o plano de prevenção e gestão de resíduos de construção e demolição.

Artigo 395.º Auto de recepção provisória. 1 - Da vistoria é lavrado auto, assinado pelos intervenientes, que deve declarar se a obra está, no todo ou em parte, em condições de ser recebida.

2 - O auto a que se refere o número anterior deve conter informação sobre:

a) O modo como se encontram cumpridas as obrigações contratuais e legais do empreiteiro, identificando, nomeadamente, os defeitos da obra;

b) O modo como foi executado o plano de prevenção e gestão de resíduos de construção e demolição, nos termos da legislação aplicável;

c) Quaisquer condições que o dono da obra julgue necessário impor, nos termos do presente Código ou da lei, bem como o prazo para o seu cumprimento.

3 - Sem prejuízo de estipulação contratual que exclua a recepção provisória parcial, se a obra estiver, no todo ou em parte, em condições de ser recebida, a assinatura do auto de recepção nos termos do disposto nos números anteriores autoriza, no todo ou em parte, a abertura da obra ao uso público ou a sua entrada em funcionamento e implica, sendo caso disso, a sua transferência para o domínio público, sem prejuízo das obrigações de garantia que impendem sobre o empreiteiro.

4 - Considera-se que a obra não está em condições de ser recebida se o dono da obra não atestar a correcta execução do plano de prevenção e gestão de resíduos de construção e demolição, nos termos da legislação aplicável, devendo tal condição ser declarada no auto de recepção provisória.

5 - No caso de serem identificados defeitos da obra que impeçam, no todo ou em parte, a recepção provisória da mesma, a especificação de tais defeitos no auto nos termos do disposto na alínea a) do n.º 2 é acrescida da declaração de não recepção da obra ou da parte da mesma que não estiver em condições de ser recebida e dos respectivos fundamentos.

6 - Caso o dono da obra se recusar a assinar o auto, a obra não é recebida no todo ou em parte.

7 - A recusa injustificada do dono da obra em assinar o auto de recepção provisória na sequência da vistoria tem os efeitos previstos no direito civil para a mora do credor.

8 - Ainda que não tenha sido observado o disposto nos números anteriores, a obra considera-se tacitamente recebida sempre que a mesma seja afecta pelo dono da obra aos fins a que se destina, sem prejuízo da obrigação de garantia regulada na presente secção e das sanções a que haja lugar nos termos da legislação aplicável, designadamente quando o empreiteiro não executou correctamente o plano de prevenção e gestão de resíduos de construção e demolição.

Artigo 396.º Defeitos da obra. 1 - O auto que declare a não recepção da obra, no todo ou em parte, em virtude de defeitos da obra detectados na vistoria é notificado ao empreiteiro, sendo-lhe concedido um prazo razoável para os corrigir.

2 - O prazo fixado para correcção de defeitos da obra que se revele necessária após a realização de vistoria não começa a contar antes do decurso do prazo para apresentação de reclamação ou reservas pelo empreiteiro ou da decisão do dono da obra que sobre elas incida.

3 - Se a correcção dos defeitos ordenada não for executada no prazo fixado, o dono da obra pode optar pela execução dos referidos trabalhos, directamente ou por intermédio de terceiro, sendo aplicável, com as necessárias adaptações, o disposto nos n.os 2 a 4 do artigo 325.º

4 - Logo que os trabalhos de correcção de defeitos estejam concluídos, há lugar a novo procedimento de recepção provisória.

Artigo 397.º Garantia da obra. 1 - Na data da assinatura do auto de recepção provisória inicia-se o prazo de garantia, durante o qual o empreiteiro está obrigado a corrigir todos os defeitos da obra.

2 - O prazo de garantia varia de acordo com o defeito da obra, nos seguintes termos:

a) 10 anos, no caso de defeitos relativos a elementos construtivos estruturais;

b) 5 anos, no caso de defeitos relativos a elementos construtivos não estruturais ou a instalações técnicas;

c) 2 anos, no caso de defeitos relativos a equipamentos afectos à obra, mas dela autonomizáveis.

3 - O contrato pode estipular prazos de garantia diferentes dos previstos no número anterior, mas tais prazos apenas podem ser superiores àqueles quando, tratando-se de aspecto da execução do contrato submetido à concorrência pelo caderno de encargos, o empreiteiro o tenha proposto.

4 - Se, quanto aos bens referidos na alínea c) do n.º 2, o empreiteiro beneficiar de prazo de garantia superior ao previsto neste preceito face aos terceiros a quem os tenha adquirido, é esse o prazo de garantia a que fica vinculado.

5 - O empreiteiro tem a obrigação de corrigir, a expensas suas, todos os defeitos da obra e dos equipamentos nela integrados que sejam identificados até ao termo do prazo de garantia, entendendo-se como tais, designadamente, quaisquer desconformidades entre a obra executada e os equipamentos fornecidos ou integrados e o previsto no contrato.

6 - Se os defeitos identificados não forem susceptíveis de correcção, o dono da obra pode, sem custos adicionais, exigir ao empreiteiro que repita a execução da obra com defeito ou que substitua os equipamentos defeituosos, salvo se tal se revelar impossível ou constituir abuso de direito, nos termos gerais.

7 - Sem prejuízo da opção pelo exercício do direito de resolução do contrato, não sendo corrigidos os defeitos nem cumprido o disposto no número anterior, ainda que se verifiquem os casos previstos na sua parte final, o dono da obra pode exigir a redução do preço e tem direito de ser indemnizado nos termos gerais.

Artigo 398.º Recepção definitiva. 1 - Findo o período de garantia, há lugar, em relação à totalidade ou a cada uma das partes da obra, a nova vistoria para efeitos de recepção definitiva da empreitada, cujo procedimento deve ser definido no contrato.

2 - A recepção definitiva é formalizada em auto.

3 - A recepção definitiva depende da verificação cumulativa dos seguintes pressupostos:

a) Funcionalidade regular, no termo do período de garantia, em condições normais de exploração, operação ou utilização, da obra e respectivos equipamentos, de forma que cumpram todas as exigências contratualmente previstas;

b) Cumprimento, pelo empreiteiro, de todas as obrigações decorrentes do período de garantia relativamente à totalidade ou à parte da obra a receber.

4 - O disposto no número anterior é aplicável, com as necessárias adaptações, aos casos de recepção definitiva parcial.

5 - Se, em consequência da vistoria prevista no presente artigo, se verificar que existem defeitos da obra da responsabilidade do empreiteiro, apenas podem ser recebidas as obras que reúnam as condições enunciadas no n.º 3 e que sejam susceptíveis de recepção parcial, procedendo o dono da obra, em relação às restantes, nos termos previstos no artigo 396.º

6 - São aplicáveis à vistoria e ao auto de recepção definitiva, bem como à falta de agendamento ou realização da vistoria pelo dono da obra, os preceitos que regulam a recepção provisória quanto às mesmas matérias.

7 - O empreiteiro fica exonerado da responsabilidade pelos defeitos da obra que sejam verificados após a recepção definitiva, salvo quando o dono da obra prove que os defeitos lhe são culposamente imputáveis.

SECÇÃO X.
LIQUIDAÇÃO DA EMPREITADA E RELATÓRIO FINAL

Artigo 399.º Elaboração da conta. 1 - Na falta de estipulação contratual, a conta final da empreitada é elaborada no prazo de dois meses após a primeira revisão ordinária de preços subsequente à recepção provisória.

2 - Se não houver lugar à revisão ordinária de preços, o prazo a que se refere o número anterior inicia-se na data da recepção provisória.

3 - Os trabalhos e os valores em relação aos quais existam reclamações pendentes de decisão são liquidados à medida que aquelas forem definitivamente decididas.

Artigo 400.º Elementos da conta. Da conta final da empreitada devem constar os seguintes elementos:

a) Uma conta corrente à qual são levados, por verbas globais, os valores de todas as medições e revisões ou acertos decorrentes de reclamações decididas, o prémio por cumprimento antecipado do contrato e as sanções contratuais aplicadas;

b) Um mapa dos trabalhos a mais, dos trabalhos de suprimento de erros e omissões e dos trabalhos a menos, com a indicação dos preços unitários pelos quais se procedeu à sua liquidação;

c) Um mapa de todos os trabalhos e valores sobre os quais subsistam reclamações ou reservas do empreiteiro ainda não decididas, com expressa referência ao mapa da alínea anterior, sempre que os mesmos também constem daquele.

Artigo 401.º Notificação da conta final ao empreiteiro. 1 - Elaborada a conta final da empreitada, a mesma é enviada, no prazo de 15 dias, ao empreiteiro, podendo este, no mesmo prazo, proceder à sua assinatura ou, discordando da mesma, apresentar reclamação fundamentada.

2 - Para efeitos do disposto no número anterior, o empreiteiro pode consultar e examinar os documentos de suporte à elaboração da conta final da empreitada.

3 - O dono da obra comunica ao empreiteiro a sua decisão sobre a reclamação apresentada no prazo de 30 dias a contar da recepção desta.

4 - Independentemente da assinatura da conta final da empreitada, a não apresentação, no prazo fixado no n.º 1, de reclamação pelo empreiteiro equivale à aceitação da mesma, sem prejuízo das reclamações pendentes.

Artigo 402.º Relatório final da obra. 1 - No prazo de 10 dias a contar da data da assinatura da conta final ou da data em que a conta final se considera aceite pelo empreiteiro, o dono da obra deve enviar ao Instituto da Construção e do Imobiliário, I. P., o relatório final da obra.

2 - O disposto no número anterior é aplicável a empreitadas de obras públicas integradas em concessões, incumbindo ao concessionário a elaboração e o envio do referido relatório.

3 - O modelo do relatório referido no n.º 1 é aprovado por portaria do ministro responsável pela área das obras públicas e deve conter todos os elementos e menções exigíveis, nos termos do presente Código.

SECÇÃO XI.
INCUMPRIMENTO DO CONTRATO

Artigo 403.º Atraso na execução da obra. 1 - Em caso de atraso no início ou na conclusão da execução da obra por facto imputável ao empreiteiro, o dono da obra pode aplicar uma sanção contratual, por cada dia de atraso, em valor correspondente a 1 (por mil) do preço contratual, sem prejuízo de o contrato poder prever valor mais elevado, até ao dobro daquele valor.

2 - Em caso de incumprimento de prazos parciais de execução da obra por facto imputável ao empreiteiro, é aplicável o disposto no número anterior, sendo o montante da sanção contratual aí prevista reduzido a metade.

3 - O empreiteiro tem direito ao reembolso das quantias pagas a título de sanção contratual por incumprimento de prazos parciais de execução da obra quando recupere o atraso na execução dos trabalhos e a obra seja concluída dentro do prazo de execução do contrato.

Artigo 404.º Desvio do plano de trabalhos. 1 - Em caso de desvio do plano de trabalhos que, injustificadamente, ponha em risco o cumprimento do prazo de execução da obra ou dos respectivos prazos parcelares, o dono da obra pode notificar o empreiteiro para apresentar, no prazo de 10 dias, um plano de trabalhos modificado, adoptando as medidas de correcção que sejam necessárias à recuperação do atraso verificado.

2 - Realizada a notificação prevista no número anterior, se o empreiteiro não apresentar um plano de trabalhos modificado em moldes considerados adequados pelo dono da obra, este pode elaborar novo plano de trabalhos, acompanhado de uma memória justificativa da sua viabilidade, devendo notificá-lo ao empreiteiro.

3 - Caso se verifiquem novos desvios, seja relativamente ao plano de trabalhos modificado pelo empreiteiro ou ao plano de trabalhos notificado pelo dono da obra nos termos do disposto no número anterior, este pode tomar a posse administrativa da obra, bem como dos bens móveis e imóveis à mesma afectos, e executar a obra, directamente ou por intermédio de terceiro, nos termos previstos nos n.os 2 a 4 do artigo 325.º, procedendo aos inventários, medições e avaliações necessários.

4 - Sem prejuízo do disposto nos números anteriores, o empreiteiro é responsável perante o dono da obra ou perante terceiros pelos danos decorrentes do desvio injustificado do plano de trabalhos, quer no que respeita ao conteúdo da respectiva prestação quer no que respeita ao prazo de execução da obra.

SECÇÃO XII.
EXTINÇÃO DO CONTRATO

Artigo 405.º Resolução pelo dono da obra. 1 - Sem prejuízo dos fundamentos gerais de resolução do contrato e de outros neste previstos e do direito de indemnização nos termos gerais, o dono da obra pode resolver o contrato nos seguintes casos:

a) Se o empreiteiro, de forma grave ou reiterada, não cumprir o disposto na legislação sobre segurança, higiene e saúde no trabalho;

b) Se, tendo faltado à consignação sem justificação aceite pelo dono da obra, o empreiteiro não comparecer, após segunda notificação, no local, na data e na hora indicados pelo dono da obra para nova consignação desde que não apresente justificação de tal falta aceite pelo dono da obra;

c) Se ocorrer um atraso no início da execução dos trabalhos imputável ao empreiteiro que seja superior a 1/40 do prazo de execução da obra;

d) Se o empreiteiro não der início à execução dos trabalhos a mais decorridos 15 dias da notificação da decisão do dono da obra que indefere a reclamação apresentada por aquele e reitera a ordem para a sua execução;

e) Se houver suspensão da execução dos trabalhos pelo dono da obra por facto imputável ao empreiteiro ou se este suspender a execução dos trabalhos sem fundamento e fora dos casos previstos no n.º 1 do artigo 366.º, desde que da suspensão advenham graves prejuízos para o interesse público;

f) Se ocorrerem desvios ao plano de trabalhos nos termos do disposto no n.º 3 do artigo 404.º;

g) Se não foram corrigidos os defeitos detectados no período de garantia da obra ou se não for repetida a execução da obra com defeito ou substituídos os equipamentos defeituosos, nos termos do disposto no artigo 397.º

2 - Em caso de resolução, o dono da obra deve informar a Inspecção-Geral das Obras Públicas, Transportes e Comunicações e o Instituto da Construção e do Imobiliário, I. P., e, no caso previsto na alínea a) do número anterior, a Autoridade para as Condições de Trabalho.

3 - O Instituto da Construção e do Imobiliário, I. P., sendo o caso, dá conhecimento da resolução do contrato à entidade que comprova a inscrição na lista oficial de empreiteiros aprovados do país de que seja nacional ou no qual se situe o estabelecimento principal do empreiteiro.

4 - O disposto nos números anteriores não prejudica a aplicação das sanções que se mostrem devidas nos termos da legislação que regula o exercício da actividade de construção.

Artigo 406.º Resolução pelo empreiteiro. Sem prejuízo dos fundamentos gerais de resolução do contrato e de outros neste previstos e do direito de indemnização nos termos gerais, o empreiteiro tem o direito de resolver o contrato nos seguintes casos:

a) Se não for feita consignação da obra no prazo de seis meses contados da data da celebração do contrato por facto não imputável ao empreiteiro;

b) Se, havendo sido feitas uma ou mais consignações parciais, o retardamento da consignação ou consignações subsequentes acarretar a interrupção dos trabalhos por mais de 120 dias, seguidos ou interpolados;

c) Se, avaliados os trabalhos a mais, os trabalhos de suprimento de erros e omissões e os trabalhos a menos, relativos ao contrato e resultantes de actos ou factos não imputáveis ao empreiteiro, ocorrer uma redução superior a 20 do preço contratual;

d) Se a suspensão da empreitada se mantiver:

i) Por período superior a um quinto do prazo de execução da obra, quando resulte de caso de força maior;

ii) Por período superior a um décimo do mesmo prazo, quando resulte de facto imputável ao dono da obra;

e) Se, verificando-se os pressupostos do artigo 354.º, os danos do empreiteiro excederem 20 do preço contratual.

CAPÍTULO II.

CONCESSÕES DE OBRAS PÚBLICAS E DE SERVIÇOS PÚBLICOS

SECÇÃO I.

DISPOSIÇÕES GERAIS

Artigo 407.º Noção. 1 - Entende-se por concessão de obras públicas o contrato pelo qual o co-contratante se obriga à execução ou à concepção e execução de obras públicas, adquirindo em contrapartida o direito de proceder, durante um determinado período, à respectiva exploração, e, se assim estipulado, o direito ao pagamento de um preço.

2 - Entende-se por concessão de serviços públicos o contrato pelo qual o co-contratante se obriga a gerir, em nome próprio e sob sua responsabilidade, uma actividade de serviço público, durante um determinado período, sendo remunerado pelos resultados financeiros dessa gestão ou, directamente, pelo contraente público.

3 - São partes nos contratos referidos nos números anteriores o concedente e o concessionário.

Artigo 408.º Aplicação subsidiária. A presente secção é aplicável, subsidiariamente, ao contrato de concessão de exploração de bens do domínio público.

Artigo 409.º Exercício de poderes e prerrogativas de autoridade. 1 - As entidades adjudicantes podem conceder a execução ou a concepção e execução de obras públicas ou a gestão de serviços públicos.

2 - Mediante estipulação contratual, o concessionário pode exercer os seguintes poderes e prerrogativas de autoridade:

a) Expropriação por utilidade pública;

b) Utilização, protecção e gestão das infra-estruturas afectas ao serviço público;

c) Licenciamento e concessão, nos termos da legislação aplicável à utilização do domínio público, da ocupação ou do exercício de qualquer actividade nos terrenos, edificações e outras infra-estruturas que lhe estejam afectas.

Artigo 410.º Prazo. 1 - O prazo de vigência do contrato é fixado em função do período de tempo necessário para amortização e remuneração, em normais condições de rendibilidade da exploração, do capital investido pelo concessionário.

2 - Na falta de estipulação contratual, o prazo a que se refere o número anterior é de 30 anos, nele se incluindo a duração de qualquer prorrogação contratualmente prevista.

Artigo 411.º Concessionário. 1 - Na falta de estipulação contratual, o concessionário deve manter a sua sede em Portugal e a forma de sociedade anónima.

2 - O concessionário deve ter por objecto social exclusivo, ao longo de todo o período de duração do contrato, as actividades que se encontram integradas na concessão.

Artigo 412.º Outras actividades. 1 - Mediante autorização do concedente, o concessionário pode exercer actividades não previstas no contrato desde que complementares ou acessórias das que constituem o objecto principal do mesmo.

2 - A autorização referida no número anterior pressupõe a apresentação pelo concessionário de uma projecção económico-financeira da actividade ou actividades a desenvolver e de uma proposta de partilha da correspondente receita entre as partes.

3 - Mediante acordo do concedente, a partilha de receita entre as partes pode ser substituída, total ou parcialmente, pela redução do valor das tarifas aplicadas pelo concessionário ou por outras contrapartidas, com expressão financeira, que beneficiem os utilizadores da obra ou dos serviços concedidos ou o próprio concedente.

Artigo 413.º Partilha de riscos. O contrato deve implicar uma significativa e efectiva transferência do risco para o concessionário.

Artigo 414.º Obrigações do concessionário. Constituem obrigações do concessionário:

a) Informar o concedente de qualquer circunstância que possa condicionar o normal desenvolvimento das actividades concedidas;

b) Fornecer ao concedente, ou a quem este designar para o efeito, qualquer informação ou elaborar relatórios específicos sobre aspectos relacionados com a execução do contrato, desde que solicitados por escrito;

c) Obter todas as licenças, certificações, credenciações e autorizações necessárias ao exercício das actividades integradas ou de algum modo relacionadas com o objecto do contrato, salvo estipulação contratual em contrário;

d) Quaisquer outras previstas na lei ou no contrato.

Artigo 415.º Direitos do concessionário. Constituem direitos do concessionário:

a) Explorar, em regime de exclusivo, a obra pública ou o serviço público concedidos;

b) Receber a retribuição prevista no contrato;

c) Utilizar, nos termos da lei e do contrato, os bens do domínio público necessários ao desenvolvimento das actividades concedidas;

d) Quaisquer outros previstos na lei ou no contrato.

Artigo 416.º Viabilidade económico-financeira do projecto. O contrato só pode atribuir ao concessionário o direito a prestações económico-financeiras desde que as mesmas não violem as regras comunitárias e nacionais da concorrência, sejam essenciais à viabilidade económico-financeira da concessão e não eliminem a efectiva e significativa transferência do risco da concessão para o concessionário.

Artigo 417.º Cedência de elementos ao concedente. 1 - O concessionário deve disponibilizar ao concedente todos os projectos, planos, plantas e outros elementos, de qualquer natureza, que se revelem necessários ou úteis ao exercício dos direitos ou ao desempenho de funções atribuídas pela lei ou pelo contrato ao concedente.

2 - O disposto no número anterior é aplicável aos elementos adquiridos ou criados no desenvolvimento das actividades concedidas, seja directamente pelo concessionário seja por terceiros por aquele subcontratados.

Artigo 418.º Indicadores de acompanhamento e avaliação do desempenho do concessionário. 1 - Salvo quando incompatível ou desnecessário em face da natureza da obra pública ou do serviço público concedidos, o contrato deve estabelecer indicadores de acompanhamento e de avaliação do desempenho do concessionário, da perspectiva do utilizador e do interesse público, bem como procedimentos de cálculo para a sua aferição periódica, designadamente no que respeita ao número de utilizadores e seus níveis de satisfação.

2 - O concedente pode, nos termos do contrato e em função dos resultados da aplicação dos indicadores referidos no número anterior, atribuir vantagens económicas ou aplicar penalizações económicas ao concessionário.

Artigo 419.º Bens afectos à concessão. 1 - À concessão corresponde um estabelecimento, que integra os bens móveis e imóveis afectos àquela e os direitos e obrigações destinados à realização do interesse público subjacente à celebração do contrato.

2 - Para efeitos do disposto no número anterior, consideram-se afectos à concessão todos os bens existentes à data de celebração do contrato, assim como os bens a criar, construir, adquirir ou instalar pelo concessionário em cumprimento do mesmo, que sejam indispensáveis para o adequado desenvolvimento das actividades concedidas, independentemente de o direito de propriedade pertencer ao concedente, ao concessionário ou a terceiros.

3 - O concessionário só pode onerar bens do domínio público afectos à concessão mediante autorização, que deve acautelar a compatibilidade daquela oneração com o normal desenvolvimento das actividades concedidas.

4 - O concessionário só pode alienar ou onerar bens próprios essenciais ao desenvolvimento das actividades concedidas mediante autorização do concedente, que deve salvaguardar a existência de bens funcionalmente aptos à prossecução daquelas actividades.

5 - O concessionário pode alienar ou onerar bens próprios não essenciais ao desenvolvimento das actividades concedidas desde que garanta a existência de bens funcionalmente aptos à prossecução daquelas actividades.

6 - Tratando-se de bens abrangidos, nos termos do contrato, por cláusula de transferência, à respectiva alienação ou oneração é aplicável o disposto no n.º 4.

7 - O concessionário pode tomar de aluguer, por locação financeira ou por figuras contratuais afins bens e equipamentos a afectar à concessão desde que seja reservado ao concedente o direito de, mediante contrapartida, aceder ao uso desses bens e suceder na respectiva posição contratual em caso de sequestro, resgate ou resolução da concessão, não devendo, em qualquer caso, o prazo de vigência do respectivo contrato exceder o prazo de vigência do contrato de concessão a que diga respeito.

Artigo 420.º Direitos do concedente. Constituem direitos do concedente, a exercer nos termos e condições do contrato ou da lei e com os efeitos que destes resultem:

a) Estabelecer as tarifas mínimas e máximas pela utilização das obras públicas ou dos serviços públicos;

b) Sequestrar a concessão;

c) Resgatar a concessão;

d) Exigir a partilha equitativa do acréscimo de benefícios financeiros, nos termos do disposto no artigo 341.º;

e) Quaisquer outros previstos na lei ou no contrato.

Artigo 421.º Sequestro. 1 - Em caso de incumprimento grave pelo concessionário de obrigações contratuais, ou estando o mesmo iminente, o concedente pode, mediante sequestro, tomar a seu cargo o desenvolvimento das actividades concedidas.

2 - O sequestro pode ter lugar, designadamente, nas seguintes situações:

a) Quando ocorra ou esteja iminente a cessação ou suspensão, total ou parcial, de actividades concedidas;

b) Quando se verifiquem perturbações ou deficiências graves na organização e regular desenvolvimento das actividades concedidas ou no estado geral das instalações e equipamentos que comprometam a continuidade ou a regularidade daquelas actividades ou a integridade e segurança de pessoas e bens.

3 - Verificada a ocorrência de uma situação que pode determinar o sequestro da concessão, o concedente notifica o concessionário para, no prazo que lhe for razoavelmente fixado, cumprir in-

tegralmente as suas obrigações e corrigir ou reparar as consequências dos seus actos, excepto tratando-se de uma violação não sanável.

4 - Nos casos em que esteja previsto, em acordo entre o concedente e as entidades financiadoras, o direito destas de intervir na concessão nas situações de iminência de sequestro, este apenas pode ter lugar depois de o concedente notificar a sua intenção às entidades financiadoras.

5 - Em caso de sequestro, o concessionário suporta os encargos do desenvolvimento das actividades concedidas, bem como quaisquer despesas extraordinárias necessárias ao restabelecimento da normalidade da execução ou exploração da obra pública ou da normalidade da exploração do serviço público.

6 - O sequestro mantém-se pelo tempo julgado necessário pelo concedente, com o limite máximo de um ano, sendo o concessionário notificado pelo concedente para retomar o desenvolvimento das actividades concedidas, na data que lhe for fixada.

7 - Se o concessionário não puder ou se se opuser a retomar o desenvolvimento das actividades concedidas ou se, tendo-o feito, continuarem a verificar-se os factos que deram origem ao sequestro, o concedente pode resolver o contrato.

Artigo 422.º Resgate. 1 - O concedente pode resgatar a concessão, por razões de interesse público, após o decurso do prazo fixado no contrato ou, na sua falta, decorrido um terço do prazo de vigência do contrato.

2 - O resgate é notificado ao concessionário no prazo previsto no contrato ou, na sua falta, com pelo menos seis meses de antecedência.

3 - Em caso de resgate, o concedente assume automaticamente os direitos e obrigações do concessionário directamente relacionados com as actividades concedidas desde que constituídos em data anterior à da notificação referida no número anterior.

4 - As obrigações assumidas pelo concessionário após a notificação referida no n.º 2 apenas vinculam o concedente quando este haja autorizado, prévia e expressamente, a sua assunção.

5 - Em caso de resgate, o concessionário tem direito a uma indemnização correspondente aos danos emergentes e aos lucros cessantes, devendo, quanto a estes, deduzir-se o benefício que resulte da antecipação dos ganhos previstos.

6 - A indemnização referida no número anterior é determinada nos termos do contrato ou, quando deste não resulte o respectivo montante exacto, nos termos do disposto no n.º 3 do artigo 566.º do Código Civil.

7 - O resgate determina a reversão dos bens do concedente afectos à concessão, bem como a obrigação de o concessionário entregar àquele os bens abrangidos, nos termos do contrato, por cláusula de transferência.

8 - A caução e as garantias prestadas são liberadas um ano após a data do resgate, mediante comunicação dirigida pelo concedente aos respectivos depositários ou emitentes.

Artigo 423.º Resolução pelo concedente. 1 - Sem prejuízo dos fundamentos gerais de resolução do contrato e de outros neste previstos e do direito de indemnização nos termos gerais, o concedente só pode resolver o contrato quando se verifique:

a) Desvio do objecto da concessão;

b) Cessação ou suspensão, total ou parcial, pelo concessionário da execução ou exploração de obras públicas ou da gestão do serviço público, sem que tenham sido tomadas medidas adequadas à remoção da respectiva causa;

c) Recusa ou impossibilidade do concessionário em retomar a concessão na sequência de sequestro;

d) Repetição, após a retoma da concessão, das situações que motivaram o sequestro;

e) Ocorrência de deficiência grave na organização e desenvolvimento pelo concessionário das actividades concedidas, em termos que possam comprometer a sua continuidade ou regularidade nas condições exigidas pela lei e pelo contrato;

f) Obstrução ao sequestro;

g) Sequestro da concessão pelo prazo máximo permitido pela lei ou pelo contrato.

2 - Nos casos em que esteja previsto, em acordo entre o concedente e as entidades financiadoras, o direito destas de intervir na concessão nas situações de iminência de resolução da concessão pelo concedente, esta apenas pode ter lugar depois de o concedente notificar a sua intenção às entidades financiadoras.

3 - A resolução do contrato determina, além dos efeitos previstos no contrato, a reversão dos bens do concedente e a obrigação de o concessionário entregar àquele, no prazo que lhe seja fixado na notificação a que se refere o número anterior, os bens afectos à concessão abrangidos por eventual cláusula de transferência.

Artigo 424.º Responsabilidade perante terceiros. 1 - O concedente responde por danos causados pelo concessionário a terceiros no desenvolvimento das actividades concedidas por facto que ao primeiro seja imputável.

2 - O concedente responde ainda por facto que não lhe seja imputável, mas neste caso só depois de exercidos quaisquer direitos resultantes de contrato de seguro que no caso caibam e de excutidos os bens do património do concessionário.

Artigo 425.º Efeitos da extinção do contrato no termo previsto. 1 - No termo do contrato, não são oponíveis ao concedente os contratos celebrados pelo concessionário com terceiros para efeitos do desenvolvimento das actividades concedidas, sem prejuízo do disposto no número seguinte.

2 - Sem prejuízo do disposto no n.º 1 do artigo 417.º, os direitos de propriedade intelectual sobre os estudos e projectos elaborados para os fins específicos das actividades integradas na concessão, bem como os projectos, planos, plantas, documentos e outros elementos referidos no mesmo artigo, são transmitidos gratuitamente e em regime de exclusividade ao concedente no termo do prazo de vigência do contrato, cabendo ao concessionário adoptar todas as medidas para o efeito necessárias.

3 - No termo da concessão, revertem gratuitamente para o concedente todos os seus bens que integram o estabelecimento da concessão, obrigando-se o concessionário a entregá-los em bom estado de conservação e funcionamento, sem prejuízo do normal desgaste resultante do seu uso para efeitos de execução do contrato.

4 - No caso de o contrato prever a transferência, gratuita ou onerosa, para o concedente de bens do concessionário afectos à concessão, este é obrigado, no termo do prazo de vigência do contrato, a entregá-los livres de quaisquer ónus ou encargos, nos termos referidos na parte final do número anterior.

SECÇÃO II.
CONCESSÃO DE OBRAS PÚBLICAS

Artigo 426.º Remissão. Em tudo quanto respeite às empreitadas de obras públicas cuja execução seja necessária para a realização do objecto da concessão e não seja regulado pela presente secção ou pelo contrato de concessão, é aplicável, com as necessárias adaptações, o regime previsto no capítulo I do título II da parte III do presente Código.

Artigo 427.º Conservação e uso da obra e dos bens afectos à concessão. 1 - O concessionário deve manter a obra em bom estado de conservação e em perfeitas condições de utilização, realizando todos os trabalhos necessários para que as mesmas satisfaçam, cabal e permanentemente, o fim a que se destinam.

2 - Caso se revele necessário e na impossibilidade de intervenção atempada da autoridade pública competente, o concessionário pode adoptar as medidas necessárias com vista à utilização da obra pública, devendo, nesse caso, dar imediato conhecimento deste facto à autoridade pública competente.

3 - O concessionário apenas pode impedir o uso da obra pública nas situações previstas no contrato, sem prejuízo do que, a este respeito, se estabeleça em legislação especial.

Artigo 428.º Zonas de exploração comercial. 1 - Para além dos espaços que integram as obras públicas por natureza, estas podem incluir, quando previsto no contrato, outras zonas ligadas funcionalmente à concessão destinadas a actividades comerciais ou industriais que sejam susceptíveis de um aproveitamento económico diferenciado, designadamente estabelecimentos de hotelaria, estações de serviço, zonas de lazer, estacionamentos e centros comerciais.

2 - O desenvolvimento das actividades previstas no número anterior não dispensa o cumprimento das normas aplicáveis, designadamente em matéria de instalação comercial ou industrial e, bem assim, em matéria ambiental.

3 - As zonas ou espaços ligados funcionalmente à concessão são sujeitos ao princípio de unidade de gestão e controlo pelo concedente e são explorados conjuntamente com a obra pública pelo concessionário, directamente ou por intermédio de terceiros, nos termos previstos no contrato.

4 - Os bens e instalações incluídos na zona de actividades complementares da obra concedida são entregues ao concedente no termo da concessão nos mesmos termos em que o são os bens afectos à concessão.

SECÇÃO III.

CONCESSÃO DE SERVIÇOS PÚBLICOS

Artigo 429.º Princípios gerais. Na exploração de uma actividade de serviço público, o concessionário está sujeito aos seguintes princípios:

a) Continuidade e regularidade;

b) Igualdade;

c) Adaptação às necessidades.

Artigo 430.º Contratos afins. Os princípios do serviço público referidos no artigo anterior, bem como o regime definido na secção I do presente capítulo, são aplicáveis, com as necessárias adaptações, a contratos afins do contrato de concessão de serviços públicos.

CAPÍTULO III.

LOCAÇÃO DE BENS MÓVEIS

Artigo 431.º Noção. 1 - Entende-se por locação de bens móveis o contrato pelo qual um locador se obriga a proporcionar a um contraente público o gozo temporário de bens móveis, mediante retribuição.

2 - Para efeitos do presente capítulo, a locação de bens móveis compreende a locação financeira e a locação que envolva a opção de compra dos bens locados.

Artigo 432.º Remissão. Em tudo quanto não estiver regulado no presente capítulo, é aplicável aos contratos de locação de bens móveis, com as necessárias adaptações, o disposto no capítulo sobre contratos de aquisição de bens móveis.

Artigo 433.º Obrigações de reparação e manutenção. 1 - Na falta de estipulação contratual, o locador tem obrigação de manter o bem locado em perfeitas condições de utilização, efectuando as reparações e os trabalhos de manutenção que se tornarem necessários num prazo razoável.

2 - Quando as reparações e os trabalhos de manutenção se tornarem necessários por facto imputável ao contraente público, este suportará as despesas inerentes na medida em que tenha concorrido para a deterioração do bem.

Artigo 434.º Indemnização por mora do contraente público nos pagamentos. Em caso de mora do contraente público, o locador apenas tem direito a exigir o pagamento de juros de mora a título de indemnização.

Artigo 435.º Cedência do gozo e sublocação do bem locado. O contraente público pode ceder o gozo ou sublocar o bem locado a qualquer entidade sobre a qual tenha poderes de direcção, superintendência ou tutela de mérito ou que sobre ele exerça tais poderes sem necessidade de autorização por parte do locador.

Artigo 436.º Resolução pelo contraente público. Sem prejuízo dos fundamentos gerais de resolução do contrato e de outros neste previstos e do direito de indemnização nos termos gerais, pode o contraente público resolver o contrato quando o cumprimento de qualquer obrigação de reparação ou de manutenção do bem se atrase por mais de três meses ou o locador declarar por escrito que o atraso excederá esse prazo.

CAPÍTULO IV.
AQUISIÇÃO DE BENS MÓVEIS

Artigo 437.º Noção. Entende-se por aquisição de bens móveis o contrato pelo qual um contraente público compra bens móveis a um fornecedor.

Artigo 438.º Remissão. É aplicável aos contratos de aquisição de bens, com as necessárias adaptações, o disposto no capítulo sobre contratos de empreitadas de obras públicas no que respeita a trabalhos de suprimento de erros e omissões.

Artigo 439.º Objecto. O contrato de aquisição de bens móveis pode ter por objecto a aquisição de bens a fabricar ou a adaptar em momento posterior à celebração do contrato, de acordo com características específicas estabelecidas pelo contraente público.

Artigo 440.º Prazo. 1 - O prazo de vigência do contrato não pode ser superior a três anos, incluindo quaisquer prorrogações expressas ou tácitas do prazo de execução das prestações que constituem o seu objecto, salvo se tal se revelar necessário ou conveniente em função da natureza das prestações objecto do contrato ou das condições da sua execução.

2 - O disposto no número anterior não é aplicável a obrigações acessórias que tenham sido estabelecidas inequivocamente em favor do contraente público, designadamente obrigações de sigilo, de conformidade dos bens adquiridos e de garantia dos mesmos.

Artigo 441.º Conformidade dos bens a entregar. 1 - O fornecedor está obrigado a entregar todos os bens objecto do contrato em conformidade com os termos no mesmo estabelecidos, tendo em conta a respectiva natureza e o fim a que se destinam.

2 - Na falta de estipulação contratual, todos os bens objecto do contrato bem como as respectivas peças, componentes ou equipamentos devem ser novos.

3 - É aplicável, com as necessárias adaptações, aos contratos regulados no presente capítulo o disposto na lei que disciplina os aspectos relativos à venda de bens de consumo e das garantias a ela relativas no que respeita à conformidade dos bens com o contrato.

Artigo 442.º Acompanhamento do fabrico. 1 - Na falta de estipulação contratual, nos contratos de aquisição de bens a fabricar, o contraente público pode manter nas instalações do fabricante ou dos fabricantes dos bens objecto do contrato missões de acompanhamento, cuja composição, competências e modo de funcionamento devem ser definidos por acordo das partes.

2 - No caso de, num prazo razoável, as partes não chegarem a acordo quanto aos aspectos referidos no número anterior, os mesmos são definidos pelo contraente público, em obediência a critérios de proporcionalidade e razoabilidade.

3 - Em qualquer caso, o acesso dos membros das missões de acompanhamento às instalações do fabricante deve ser feito de forma a evitar qualquer interferência nociva na gestão e operação das instalações e no processo de fabrico dos bens, devendo os referidos membros cumprir as normas de segurança aplicáveis às instalações a que tenham acesso, bem como as instruções para o efeito impostas pelo fabricante.

4 - Quando o fornecedor não seja o fabricante dos bens, aquele tem a obrigação de assegurar o acesso e o desenvolvimento dos trabalhos das missões de acompanhamento nas instalações do fabricante.

5 - O desempenho das funções da missão de acompanhamento não exime o fornecedor de responsabilidade por quaisquer defeitos dos bens objecto do contrato ou não conformidade destes com as características, especificações e requisitos estabelecidos no contrato.

6 - O disposto no presente artigo é aplicável, com as necessárias adaptações, aos contratos que tenham por objecto a adaptação ou modificação de bens.

Artigo 443.º Entrega dos bens. 1 - Na falta de estipulação contratual, o fornecedor deve entregar os bens objecto do contrato na sede do contraente público.

2 - Conjuntamente com os bens objecto do contrato, o fornecedor deve entregar todos os documentos que sejam necessários para a boa e integral utilização, funcionamento ou consumo daqueles.

3 - Entre a entrega e a recepção dos bens objecto do contrato, o contraente público é obrigado a cooperar com o fornecedor para que sejam criadas as condições de segurança dos bens que o fornecedor considere necessárias, suportando este os custos daí resultantes.

Artigo 444.º Obrigações do fornecedor em relação aos bens entregues. 1 - É aplicável, com as necessárias adaptações, aos contratos regulados no presente capítulo o disposto na lei que disciplina os aspectos relativos à venda de bens de consumo e das garantias a ela relativas no que respeita à responsabilidade e obrigações do fornecedor e do produtor e aos direitos do consumidor.

2 - O prazo das obrigações de reposição da conformidade dos bens fornecidos conta-se a partir de cada recepção individualmente considerada ou da data em que ocorrer a recepção dos últimos bens fornecidos, consoante esteja em causa contrato que estabeleça entregas faseadas de bens com ou sem autonomia funcional entre si, respectivamente.

3 - As obrigações do fornecedor a que se refere o n.º 1 abrangem ainda todos os encargos com os testes, a realizar pelo fornecedor, que o contraente público considere, justificadamente, necessário efectuar para verificação funcional dos bens objecto do contrato.

4 - Para além das obrigações que resultam para o fornecedor do disposto nos números anteriores, pode o contrato estipular uma obrigação de garantia, cujas condições concretas, designadamente as respeitantes ao respectivo prazo e às obrigações do fornecedor, são fixadas no contrato, sendo aplicável nesta matéria o disposto na lei a que se refere o n.º 1.

5 - O prazo da garantia a que se refere o número anterior não deve exceder dois anos, podendo ser superior quando, tratando-se de aspecto da execução do contrato submetido à concorrência pelo caderno de encargos, o fornecedor o tenha proposto.

Artigo 445.º Encargos gerais. Na falta de estipulação contratual, constituem obrigações do fornecedor:

a) O pagamento de quaisquer impostos, taxas, direitos de qualquer natureza ou outros encargos exigidos pelas autoridades competentes e relativos à execução do contrato nos territórios do país ou países do fornecedor, dos seus subcontratados ou de passagem em transporte;

b) A obtenção de quaisquer autorizações e o pagamento de quaisquer emolumentos exigidos pelas autoridades competentes relativamente ao cumprimento das obrigações que impendem sobre o fornecedor no âmbito do contrato;

c) A realização de todas as diligências necessárias ou convenientes à obtenção de quaisquer licenças de exportação e de importação exigidas pelos países envolvidos na execução do contrato e a esta respeitantes, bem como o pagamento das taxas ou demais encargos a que houver lugar;

d) O pagamento de quaisquer despesas resultantes da prestação das cauções previstas nos artigos 88.º a 91.º e 292.º

Artigo 446.º Continuidade de fabrico. Na falta de estipulação contratual e salvo quando outra coisa resultar da natureza do bem a fornecer, o fornecedor deve assegurar a continuidade do fabrico e do fornecimento de todas as peças, componentes e equipamentos que integrem os bens objecto do contrato pelo prazo estimado da respectiva vida útil, sem prejuízo do disposto nos artigos 297.º e 298.º

Artigo 447.º Direitos de propriedade intelectual. 1 - Na falta de estipulação contratual, correm integralmente por conta do fornecedor os encargos ou a responsabilidade civil decorrentes da incorporação em qualquer dos bens objecto do contrato, ou da utilização nesses mesmos bens, de elementos de construção, de hardware, de software ou de outros que respeitem a quaisquer patentes, licenças, marcas, desenhos registados e outros direitos de propriedade industrial ou direitos de autor ou conexos.

2 - Se o contraente público vier a ser demandado por ter infringido, na execução do contrato ou na posterior utilização dos bens objecto do mesmo, qualquer dos direitos referidos no número anterior, terá direito de regresso contra o fornecedor por quaisquer quantias pagas, seja a que título for.

3 - Os encargos e a responsabilidade civil perante terceiros decorrentes dos factos mencionados nos n.os 1 e 2 não correm por conta do fornecedor se este demonstrar que os mesmos são imputáveis ao contraente público ou a terceiros que não sejam seus subcontratados.

Artigo 448.º Resolução pelo contraente público. 1 - Sem prejuízo dos fundamentos gerais de resolução do contrato e de outros neste previstos e do direito de indemnização nos termos gerais, pode o contraente público resolver o contrato no caso de o fornecedor violar de forma grave ou reiterada qualquer das obrigações que lhe incumbem, nomeadamente quando a entrega de qualquer bem objecto do fornecimento se atrase por mais de três meses ou o fornecedor declarar por escrito que o atraso na entrega excederá esse prazo.

2 - A resolução do contrato nos termos do presente artigo abrange a repetição das prestações já realizadas pelo fornecedor se assim for determinado pelo contraente público.

Artigo 449.º Resolução pelo fornecedor. Na falta de estipulação contratual, a resolução do contrato pelo fornecedor não determina a repetição das prestações já realizadas, cessando, porém, todas as obrigações do fornecedor previstas no contrato, com excepção das obrigações a que se refere o artigo 444.º

CAPÍTULO V.
AQUISIÇÃO DE SERVIÇOS

Artigo 450.º Noção. Entende-se por aquisição de serviços o contrato pelo qual um contraente público adquire a prestação de um ou vários tipos de serviços mediante o pagamento de um preço.

Artigo 451.º Remissão. Em tudo quanto não estiver regulado no presente capítulo, é aplicável aos contratos de aquisição de serviços, com as necessárias adaptações, o disposto no capítulo sobre contratos de aquisição de bens móveis.

Artigo 452.º Instalações e equipamentos. Na falta de estipulação contratual, as instalações, os equipamentos e quaisquer outros meios necessários ao exacto e pontual cumprimento das obrigações contratuais são da responsabilidade do prestador de serviços.

Artigo 453.º Obrigações de serviço público. 1 - Quando o objecto do contrato de aquisição de serviços esteja directamente relacionado com uma actividade de serviço público, o respectivo contrato deve prever as obrigações de serviço público, compatíveis com as normas e os princípios comunitários aplicáveis, a que o prestador de serviços fica sujeito.

2 - Como contrapartida do cumprimento das obrigações de serviço público, o contraente público pode atribuir uma compensação financeira ao prestador de serviços.

Artigo 454.º Serviços a mais[62]. 1 - São serviços a mais aqueles cuja espécie ou quantidade não esteja prevista no contrato e que:

a) Se tenham tornado necessários à prestação dos serviços objecto do contrato na sequência de uma circunstância imprevista; e

b) Não possam ser técnica ou economicamente separáveis do objeto do contrato sem inconvenientes graves para o contraente público ou, embora separáveis, sejam estritamente necessários à conclusão do objeto do contrato.

2 - Não pode ser ordenada a execução de serviços a mais quando:

a) Tendo o contrato sido celebrado na sequência de procedimento de ajuste direto ao abrigo do disposto na alínea a) do n.º 1 do artigo 20.º, o somatório do preço contratual com o preço atribuído

62 Contém as alterações introduzidas pelos seguintes diplomas: DL n.º 149/2012, de 12 de Julho.

aos serviços a mais, incluindo o de anteriores serviços a mais, seja igual ou superior ao valor referido naquela alínea;

b) Tendo o contrato sido celebrado na sequência de concurso público ou de concurso limitado por prévia qualificação e o somatório do preço contratual com o preço atribuído aos serviços a mais, incluindo o de anteriores serviços a mais, seja igual ou superior ao valor referido na alínea b) do n.º 1 do artigo 20.º, o anúncio do concurso não tenha sido publicado no Jornal Oficial da União Europeia;

c) O preço atribuído aos serviços a mais, incluindo o de anteriores serviços a mais, ultrapasse 40 do preço contratual.

d) (Revogada.)

3 - Sempre que o contraente público for o Estado, só pode ser ordenada a execução de serviços a mais quando o somatório referido na alínea b) do número anterior for igual ou superior ao valor referido no n.º 2 do artigo 20.º ou, quando se tratar de um dos contratos mencionados na alínea b) do mesmo n.º 2, ao valor referido na alínea b) do n.º 1 do mesmo artigo.

4 - Não são considerados serviços a mais aqueles que sejam necessários ao suprimento de erros ou omissões, independentemente da parte responsável pelos mesmos.

5 - Caso não se verifique alguma das condições previstas no n.º 2, os serviços a mais devem ser objecto de contrato celebrado na sequência de procedimento adoptado nos termos do disposto no título I da parte II.

6 - Aos serviços a mais e aos serviços a menos é aplicável, com as necessárias adaptações, o disposto nos artigos 371.º a 375.º e 379.º a 381.º

PARTE IV.

REGIME CONTRA-ORDENACIONAL

Artigo 455.º Restrição do âmbito de aplicação. 1 - Caso o objecto do contrato a celebrar ou celebrado abranja prestações típicas do contrato de empreitada de obras públicas, incluindo aquelas realizadas ou a realizar no âmbito de concessões, o regime contra-ordenacional aplicável consta do regime jurídico aplicável ao exercício da actividade da construção, estabelecido pelo Decreto-Lei n.º 12/2004, de 9 de Janeiro, não sendo aplicável o disposto nos artigos seguintes, salvo remissão expressa consagrada no referido decreto-lei.

2 - As entidades adjudicantes, os donos de obra ou os concessionários devem participar ao Instituto da Construção e do Imobiliário, I. P., logo que tomem conhecimento da sua ocorrência, quaisquer factos susceptíveis de constituírem contra-ordenação prevista no decreto-lei referido no número anterior e na demais legislação especificamente aplicável à actividade de construção, bem como todas as ocorrências que sejam passíveis de registo nos termos do mesmo diploma.

Artigo 456.º Contra-ordenações muito graves. Constitui contra-ordenação punível com coima de (euro) 2000 a (euro) 3700 ou de (euro) 7500 a (euro) 44 800, consoante seja aplicada a pessoa singular ou a pessoa colectiva:

a) A participação de candidato ou de concorrente que se encontre em alguma das situações previstas no artigo 55.º no momento da apresentação da respectiva candidatura ou proposta, da adjudicação ou da celebração do contrato;

b) A não apresentação pelo adjudicatário, no prazo fixado para o efeito, de quaisquer documentos de habilitação exigidos no presente Código ou pelo órgão competente para a decisão de contratar;

c) A não apresentação de documentos comprovativos da titularidade de habilitação profissional específica pelo adjudicatário, em violação do disposto no n.º 1 do artigo 234.º;

d) A apresentação de documentos falsos de habilitação, de documentos que constituem a proposta e de documentos destinados à qualificação;

e) A prestação de falsas declarações no decurso da fase de formação do contrato por qualquer candidato ou concorrente.

Artigo 457.º Contra-ordenações graves. Constitui contra-ordenação punível com coima de (euro) 1000 a (euro) 3000 ou de (euro) 5000 a (euro) 30 000, consoante seja aplicada a pessoa singular ou a pessoa colectiva:

a) A não prestação da caução pelo adjudicatário no tempo e nos termos previstos no presente Código, em violação do disposto no artigo 90.º;

b) A não comparência do adjudicatário no dia, na hora e no local fixados para a outorga do contrato pelo órgão competente para a decisão de contratar;

c) No caso de o adjudicatário ser um agrupamento, o facto de os seus membros não se associarem, antes da celebração do contrato, na modalidade jurídica prevista no programa do procedimento, em violação do disposto no n.º 4 do artigo 54.º

Artigo 458.º Contra-ordenações simples. Constitui contra-ordenação punível com coima de (euro) 500 a (euro) 1500 ou de (euro) 3000 a (euro) 20 000, consoante seja aplicada a pessoa singular ou a pessoa colectiva, a violação do disposto no n.º 2 do artigo 54.º

Artigo 459.º Tentativa e negligência. 1 - A tentativa e a negligência são puníveis.

2 - Em caso de negligência, os limites mínimos e máximos das coimas previstas nos artigos anteriores são reduzidos para metade.

Artigo 460.º Sanção acessória. 1 - Em simultâneo com a coima, pode ser aplicada ao infractor a sanção acessória de privação do direito de participar, como candidato, como concorrente ou como membro de agrupamento candidato ou concorrente, em qualquer procedimento adoptado para a formação de contratos públicos, quando a gravidade da infracção e a culpa do agente o justifiquem.

2 - A sanção acessória a que se refere o número anterior deve ser fixada segundo a gravidade da infracção e a culpa do agente e não pode, em caso algum, exceder dois anos.

Artigo 461.º Competência para o processo de contra-ordenação[63]. 1 - A instauração e arquivamento dos processos de contra-ordenação cabem:

a) Ao Instituto da Construção e do Imobiliário, I. P., quando o objecto do contrato a celebrar abranja prestações típicas dos contratos de empreitada ou de concessão de obras públicas;

b) À Autoridade de Segurança Alimentar e Económica, quando o objecto do contrato a celebrar não abranja prestações típicas dos contratos referidos na alínea anterior.

2 - A aplicação das coimas e das sanções acessórias cabe ao presidente do conselho directivo do Instituto da Construção e do Imobiliário, I. P., e à Comissão de Aplicação de Coimas em Matéria Económica e de Publicidade, quando estejam em causa, respectivamente, as situações previstas na alínea a) e na alínea b) do número anterior.

3 - As entidades adjudicantes devem participar ao Instituto da Construção e do Imobiliário, I. P., ou à Autoridade de Segurança Alimentar e Económica, consoante o caso, quaisquer factos susceptíveis de constituírem contra-ordenações nos termos do disposto nos artigos 456.º a 458.º

Artigo 462.º Cobrança das coimas[64]. 1 - O produto das coimas reverte em 60 para os cofres do Estado, em 30 para o Instituto da Construção e do Imobiliário, I. P., ou em 20 para a Autoridade de Segurança Alimentar e Económica e 10 para a Comissão de Aplicação de Coimas em Matéria Económica e de Publicidade, consoante o caso, e em 10 para as entidades adjudicantes que tenham participado os factos que determinaram a aplicação da coima.

2 - Quando não pagas, as coimas aplicadas em processos de contra-ordenação são cobradas coercivamente.

Artigo 463.º Publicidade da sanção acessória. As decisões definitivas de aplicação da sanção acessória prevista no artigo 460.º são publicitadas no portal da Internet dedicado aos contratos públicos durante todo o período da respectiva inabilidade.

---

63 Contém as alterações introduzidas pelos seguintes diplomas: Rectif. n.º 18-A/2008, de 28 de Março.

64 Contém as alterações introduzidas pelos seguintes diplomas: Rectif. n.º 18-A/2008, de 28 de Março.

Artigo 464.º Responsabilidade criminal. O desrespeito pelo infractor da decisão de aplicação definitiva da sanção acessória prevista no artigo 460.º constitui crime de desobediência nos termos do disposto no artigo 348.º do Código Penal.

PARTE V.
DISPOSIÇÕES FINAIS

Artigo 465.º Obrigação de comunicação[65]. 1 - É obrigatória a publicitação, no portal da Internet dedicado aos contratos públicos, dos elementos referentes à formação e à execução dos contratos públicos, desde o início do procedimento até ao termo da execução, nos termos a definir por portaria dos membros do Governo responsáveis pelas áreas das finanças e das obras públicas.

2 - Para cumprimento do dever referido no número anterior, devem utilizar-se meios eletrónicos, nomeadamente a plataforma de interoperabilidade da Administração Pública.

Artigo 466.º Observatório das obras públicas. 1 - O observatório das obras públicas é um sistema de informação, a constituir por diploma próprio, que procede à organização de uma base de dados, ao tratamento e à divulgação dos respectivos dados estatísticos no domínio das empreitadas de obras públicas, cabendo-lhe monitorizar:

a) A fase de formação dos contratos de empreitada e de concessão de obras públicas;

b) A fase de execução dos contratos de empreitada de obras públicas;

c) As empreitadas de obras públicas integradas em concessões.

2 - Para efeitos do estabelecido no número anterior, devem ser comunicados ao Instituto da Construção e do Imobiliário, I. P.:

a) Os factos que constituam contra-ordenação prevista e os factos passíveis de registo, de acordo com os artigos 23.º e seguintes do Decreto-Lei n.º 12/2004, de 9 de Janeiro, logo que a entidade adjudicante, o dono da obra ou o concessionário deles tome conhecimento;

b) O relatório de contratação;

c) O relatório final da obra;

d) Os demais elementos previstos no capítulo I do título II da parte III do presente Código e outros a definir em legislação especial.

Artigo 467.º Notificações. As notificações previstas no presente Código devem ser efectuadas através de correio electrónico ou de outro meio de transmissão escrita e electrónica de dados.

Artigo 468.º Comunicações. 1 - Todas as comunicações entre a entidade adjudicante ou o júri do procedimento e os interessados, os candidatos, os concorrentes ou o adjudicatário relativas à fase de formação do contrato devem ser escritas e redigidas em português e efectuadas através de correio electrónico ou de outro meio de transmissão escrita e electrónica de dados.

2 - Na falta de estipulação contratual, as comunicações entre o contraente público e o co-contratante relativas à fase de execução do contrato devem ser escritas e redigidas em português, podendo ser efectuadas pelos meios a que se refere o número anterior, ou por via postal, por meio de carta registada ou de carta registada com aviso de recepção.

3 - Para efeitos de comunicações relativas à fase de execução do contrato, as partes devem identificar no mesmo as informações de contacto dos respectivos representantes, designadamente o endereço electrónico, o número de telecópia e o endereço postal.

4 - No contrato podem as partes estipular que a validade das comunicações efectuadas por correio electrónico fique sujeita à condição da sua utilização obedecer a requisitos suplementares.

5 - As comunicações ao Instituto da Construção e do Imobiliário, I. P., previstas no presente Código devem ser efectuadas através de correio electrónico ou de outro meio de transmissão escrita e electrónica de dados.

Artigo 469.º Data da notificação e da comunicação. 1 - As notificações e as comunicações consideram-se feitas:

---

65 Contém as alterações introduzidas pelos seguintes diplomas: DL n.º 149/2012, de 12 de Julho

a) Na data da respectiva expedição, quando efectuadas através de correio electrónico ou de outro meio de transmissão escrita e electrónica de dados, salvo o disposto no número seguinte;

b) Na data constante do relatório de transmissão bem sucedido, quando efectuado através de telecópia, salvo o disposto no número seguinte;

c) Na data indicada pelos serviços postais, quando efectuadas por carta registada;

d) Na data da assinatura do aviso, quando efectuadas por carta registada com aviso de recepção.

2 - As notificações e as comunicações que tenham como destinatário a entidade adjudicante ou o contraente público e que sejam efectuadas através de correio electrónico, telecópia ou outro meio de transmissão escrita e electrónica de dados, após as 17 horas do local de recepção ou em dia não útil nesse mesmo local, presumem-se feitas às 10 horas do dia útil seguinte.

Artigo 470.º Contagem dos prazos na fase de formação dos contratos. 1 - Os prazos referidos no presente Código relativos aos procedimentos de formação de contratos contam-se nos termos do disposto no artigo 72.º do Código do Procedimento Administrativo e não lhes é aplicável, em caso algum, o disposto no artigo 73.º do mesmo Código.

2 - Ao prazo para a apresentação das propostas no concurso público urgente não é aplicável o disposto na alínea a) do n.º 1 do artigo 72.º do Código do Procedimento Administrativo.

3 - Os prazos fixados para a apresentação das propostas, das candidaturas e das soluções são contínuos, não se suspendendo nos sábados, domingos e feriados.

Artigo 471.º Contagem dos prazos na fase de execução dos contratos. 1 - À contagem de prazos na fase de execução dos contratos públicos que revistam a natureza de contrato administrativo são aplicáveis as seguintes regras:

a) Não se inclui na contagem do prazo o dia em que ocorrer o evento a partir do qual o mesmo começa a correr;

b) Os prazos são contínuos, não se suspendendo nos sábados, domingos e feriados;

c) O prazo fixado em semanas, meses ou anos, a contar de certa data, termina às 24 horas do dia que corresponda, dentro da última semana, mês ou ano, a essa data, mas se no último mês não existir dia correspondente o prazo finda no último dia desse mês;

d) O prazo que termine em sábado, domingo, feriado ou em dia em que o serviço perante o qual deva ser praticado o acto que não esteja aberto ao público, ou não funcione durante o período normal, transfere-se para o 1.º dia útil seguinte.

2 - O disposto na alínea d) do número anterior também é aplicável aos prazos que terminem em férias judiciais se o acto sujeito a prazo tiver de ser praticado em juízo.

Artigo 472.º Obrigações perante a Comissão Europeia[66]. 1 - Para efeitos do cumprimento das obrigações previstas nos artigos 75.º e 76.º da Directiva n.º 2004/18/CE, do Parlamento Europeu e do Conselho, de 31 de Março, e 67.º da Directiva n.º 2004/17/CE, do Parlamento Europeu e do Conselho, de 31 de Março, compete à Agência Nacional de Compras Públicas, E. P. E., e ao Instituto da Construção e do Imobiliário, I. P., elaborar e remeter à Comissão Europeia, até 31 de Outubro de cada ano, um relatório estatístico relativo aos contratos de aquisição e locação de bens e de aquisição de serviços e um relatório estatístico relativo aos contratos de empreitada de obras públicas celebrados pelas entidades adjudicantes no ano anterior.

2 - Para efeitos do disposto no número anterior, as entidades adjudicantes devem remeter às entidades competentes, até 31 de Março de cada ano, todos os dados estatísticos necessários à elaboração dos referidos relatórios, conforme modelo aprovado por portaria conjunta dos ministros responsáveis pelas áreas das finanças e das obras públicas.

3 - Para efeitos do cumprimento das obrigações previstas no n.º 2 do artigo 4.º da Directiva n.º 89/665/CEE, do Conselho, de 21 de Dezembro, e no n.º 2 do artigo 12.º da Directiva n.º 92/13/CEE, do Conselho, de 25 de Fevereiro, compete ao Instituto da Construção e do Imobiliário,

66 Contém as alterações introduzidas pelos seguintes diplomas: DL n.º 131/2010, de 14 de Dezembro.

I. P., comunicar até 30 de Setembro de cada ano, à Comissão Europeia, de acordo com informação fornecida pelo Conselho Superior dos Tribunais Administrativos e Fiscais, a compilação de todas as decisões que tenham transitado em julgado no ano anterior em que seja afastado o efeito da anulação do contrato nos termos permitidos pelos n.os 3 e 4 do artigo 283.º-A, acompanhadas da respectiva fundamentação.

4 - É obrigatória a comunicação das decisões referidas no número anterior, bem como da respectiva fundamentação, por via electrónica, ao portal da Internet dedicado aos contratos públicos, em termos a regular por portaria conjunta dos ministros responsáveis pelas áreas da justiça e das obras públicas.

Artigo 473.º Imposto sobre o valor acrescentado. Todas as quantias previstas no presente Código, bem como o valor do contrato, o preço base e o preço contratual, não incluem o imposto sobre o valor acrescentado.

ANEXO I:

MODELO DE DECLARAÇÃO A QUE SE REFERE A ALÍNEA A) DO N.º 1 DO ARTIGO 57.º[67]

1 - ... [nome, número de documento de identificação e morada], na qualidade de representante legal de (1) ... [firma, número de identificação fiscal e sede ou, no caso de agrupamento concorrente, firmas, números de identificação fiscal e sedes], tendo tomado inteiro e perfeito conhecimento do caderno de encargos relativo à execução do contrato a celebrar na sequência do procedimento de ... [designação ou referência ao procedimento em causa], declara, sob compromisso de honra, que a sua representada (2) se obriga a executar o referido contrato em conformidade com o conteúdo do mencionado caderno de encargos, relativamente ao qual declara aceitar, sem reservas, todas as suas cláusulas.

2 - Declara também que executará o referido contrato nos termos previstos nos seguintes documentos, que junta em anexo (3):

a) ...

b) ...

3 - Declara ainda que renuncia a foro especial e se submete, em tudo o que respeitar à execução do referido contrato, ao disposto na legislação portuguesa aplicável.

4 - Mais declara, sob compromisso de honra, que:

a) Não se encontra em estado de insolvência, em fase de liquidação, dissolução ou cessação de actividade, sujeita a qualquer meio preventivo de liquidação de patrimónios ou em qualquer situação análoga, nem tem o respectivo processo pendente;

b) Não foi condenado(a) por sentença transitada em julgado por qualquer crime que afecte a sua honorabilidade profissional (4) [ou os titulares dos seus órgãos sociais de administração, direcção ou gerência não foram condenados por qualquer crime que afecte a sua honorabilidade profissional (5)] (6);

c) Não foi objecto de aplicação de sanção administrativa por falta grave em matéria profissional (7) [ou os titulares dos seus órgãos sociais de administração, direcção ou gerência não foram objecto de aplicação de sanção administrativa por falta grave em matéria profissional (8)] (9);

d) Tem a sua situação regularizada relativamente a contribuições para a segurança social em Portugal [ou no Estado de que é nacional ou no qual se situe o seu estabelecimento principal] (10);

e) Tem a sua situação regularizada relativamente a impostos devidos em Portugal [ou no Estado de que é nacional ou no qual se situe o seu estabelecimento principal] (11);

---

67 Contém as alterações introduzidas pelos seguintes diplomas: DL n.º 149/2012, de 12 de Julho

f) Tenham sido objeto de aplicação da sanção acessória prevista na alínea e) do n.º 1 do artigo 21.º do Decreto-Lei n.º 433/82, de 27 de outubro, na alínea b) do n.º 1 do artigo 71.º da Lei n.º 19/2012, de 8 de maio, e no n.º 1 do artigo 460.º do presente Código, durante o período de inabilidade fixado na decisão condenatória;

g) Não foi objecto de aplicação da sanção acessória prevista na alínea b) do n.º 1 do artigo 627.º do Código do Trabalho (13);

h) Não foi objecto de aplicação, há menos de dois anos, de sanção administrativa ou judicial pela utilização ao seu serviço de mão-de-obra legalmente sujeita ao pagamento de impostos e contribuições para a segurança social, não declarada nos termos das normas que imponham essa obrigação, em Portugal [ou no Estado de que é nacional ou no qual se situe o seu estabelecimento principal] (14);

i) Não foi condenado(a) por sentença transitada em julgado por algum dos seguintes crimes (15) [ou os titulares dos seus órgãos sociais de administração, direcção ou gerência não foram condenados por alguns dos seguintes crimes (16)] (17):

i) Participação em actividades de uma organização criminosa, tal como definida no n.º 1 do artigo 2.º da Acção Comum 98/773/JAI do Conselho;

ii) Corrupção, na acepção do artigo 3.º do Acto do Conselho de 26 de Maio de 1997 e do n.º 1 do artigo 3.º da Acção Comum 98/742/JAI do Conselho;

iii) Fraude, na acepção do artigo 1.º da Convenção relativa à Protecção dos Interesses Financeiros das Comunidades Europeias;

iv) Branqueamento de capitais, na acepção do artigo 1.º da Directiva n.º 91/308/CEE, do Conselho, de 10 de Junho de 1991, relativa à prevenção da utilização do sistema financeiro para efeitos de branqueamento de capitais.

j) Não prestou, a qualquer título, direta ou indiretamente, assessoria ou apoio técnico na preparação e elaboração das peças do procedimento que lhe confira vantagem que falseie as condições normais de concorrência.

5 - O declarante tem pleno conhecimento de que a prestação de falsas declarações implica, consoante o caso, a exclusão da proposta apresentada ou a caducidade da adjudicação que eventualmente sobre ela recaia e constitui contra-ordenação muito grave, nos termos do artigo 456.º do Código dos Contratos Públicos, a qual pode determinar a aplicação da sanção acessória de privação do direito de participar, como candidato, como concorrente ou como membro de agrupamento candidato ou concorrente, em qualquer procedimento adoptado para a formação de contratos públicos, sem prejuízo da participação à entidade competente para efeitos de procedimento criminal.

6 - Quando a entidade adjudicante o solicitar, o concorrente obriga-se, nos termos do disposto no artigo 81.º do Código dos Contratos Públicos, a apresentar a declaração que constitui o anexo II ao referido Código, bem como os documentos comprovativos de que se encontra nas situações previstas nas alíneas b), d), e) e i) do n.º 4 desta declaração.

7 - O declarante tem ainda pleno conhecimento de que a não apresentação dos documentos solicitados nos termos do número anterior, por motivo que lhe seja imputável, determina a caducidade da adjudicação que eventualmente recaia sobre a proposta apresentada e constitui contra-ordenação muito grave, nos termos do artigo 456.º do Código dos Contratos Públicos, a qual pode determinar a aplicação da sanção acessória de privação do direito de participar, como candidato, como concorrente ou como membro de agrupamento candidato ou concorrente, em qualquer procedimento adoptado para a formação de contratos públicos, sem prejuízo da participação à entidade competente para efeitos de procedimento criminal.

[Local], [data] [Assinatura (18)]

ANEXO II:

MODELO DE DECLARAÇÃO A QUE SE REFERE A ALÍNEA A) DO N.º 1 DO ARTIGO 81.º[68]

1 - ... [nome, número de documento de identificação e morada], na qualidade de representante legal de (19) ... [firma, número de identificação fiscal e sede ou, no caso de agrupamento concorrente, firmas, números de identificação fiscal e sedes], adjudicatário(a) no procedimento de ... [designação ou referência ao procedimento em causa], declara, sob compromisso de honra, que a sua representada (20):

a) Não se encontra em estado de insolvência, em fase de liquidação, dissolução ou cessação de actividade, sujeita a qualquer meio preventivo de liquidação de patrimónios ou em qualquer situação análoga, nem tem o respectivo processo pendente;

b) Não foi objecto de aplicação de sanção administrativa por falta grave em matéria profissional (21) [ou os titulares dos seus órgãos sociais de administração, direcção ou gerência não foram objecto de aplicação de sanção administrativa por falta grave em matéria profissional (22)] (23);

c) Tenham sido objeto de aplicação da sanção acessória prevista na alínea e) do n.º 1 do artigo 21.º do Decreto-Lei n.º 433/82, de 27 de outubro, na alínea b) do n.º 1 do artigo 71.º da Lei n.º 19/2012, de 8 de maio, e no n.º 1 do artigo 460.º do presente Código, durante o período de inabilidade fixado na decisão condenatória;

d) Não foi objecto de aplicação da sanção acessória prevista na alínea b) do n.º 1 do artigo 627.º do Código do Trabalho (25);

e) Não foi objecto de aplicação, há menos de dois anos, de sanção administrativa ou judicial pela utilização ao seu serviço de mão-de-obra legalmente sujeita ao pagamento de impostos e contribuições para a segurança social, não declarada nos termos das normas que imponham essa obrigação, em Portugal [ou no Estado de que é nacional ou no qual se situe o seu estabelecimento principal] (26);

f) Não prestou, a qualquer título, direta ou indiretamente, assessoria ou apoio técnico na preparação e elaboração das peças do procedimento que lhe confira vantagem que falseie as condições normais de concorrência.

2 - O declarante junta em anexo [ou indica ... como endereço do sítio do sítio da Internet onde podem ser consultados (27)] os documentos comprovativos de que a sua representada (28) não se encontra nas situações previstas nas alíneas b), d), e) e i) do artigo 55.º do Código dos Contratos Públicos.

3 - O declarante tem pleno conhecimento de que a prestação de falsas declarações implica a caducidade da adjudicação e constitui contra-ordenação muito grave, nos termos do artigo 456.º do Código dos Contratos Públicos, a qual pode determinar a aplicação da sanção acessória de privação do direito de participar, como candidato, como concorrente ou como membro de agrupamento candidato ou concorrente, em qualquer procedimento adoptado para a formação de contratos públicos, sem prejuízo da participação à entidade competente para efeitos de procedimento criminal

[Local], [data] [Assinatura (29)]

ANEXO III:

MODELO DE FICHA A QUE SE REFERE O N.º 1 DO ARTIGO 127.º

Entidade adjudicante (idetificação da entidade adjudicante)
Adjudicatario (identificação do adjudicatario)
Objecto do contrato (descrição do adjudicatario)

---

68 Contém as alterações introduzidas pelos seguintes diplomas: DL n.º 149/2012, de 12 de Julho.

Preço contratual (preço calculado nos termos do diposto no artigo 97°)
Prazo da execução das principais prestações objecto do contrato
Local da execução das principais prestações objecto do contrato
Criterio material de escolha do ajuste directo (se aplicável)*
*Indicar o fundamento da escolha do procedimiento de ajuste directo, quando este tiver sido adoptado ao abrigo do disposto nos artigos 24° a 27°.

ANEXO IV:

EXPRESSÃO MATEMÁTICA QUE TRADUZ O REQUISITO MÍNIMO DE CAPACIDADE FINANCEIRA A QUE SE REFERE A ALÍNEA I) DO N.º 1, O N.º 4 DO ARTIGO 164.º E O N.º 2 DO ARTIGO 165.º[69]

1 - O requisito mínimo de capacidade financeira referido no n.º 2 do artigo 165.º do Código dos Contratos Públicos é traduzido pela seguinte expressão matemática:

V x t (igual ou menor que) R x f

sendo:

V - o preço base, quando fixado nos termos do disposto na alínea a) do n.º 1 do artigo 47.º ou, na falta dessa fixação, o valor económico estimado do contrato, a estabelecer no programa do concurso, exclusivamente para efeitos da avaliação da capacidade financeira dos candidatos;

t - a taxa de juro EURIBOR, a seis meses, acrescida de 200 pontos base, divulgada à data da publicação do anúncio do concurso no Diário da República;

R - o valor médio dos resultados operacionais do candidato nos últimos três exercícios, calculado com recurso à seguinte função:

sendo EBITDA (i):

a) No caso de candidatos com contabilidade organizada nos termos do Sistema de Normalização Contabilística (SNC) criado pelo Decreto-Lei n.º 158/2009, de 13 de julho, o resultado antes de depreciações, gastos de financiamento e impostos, definidos como previsto no anexo n.º 2 à Portaria n.º 986/2009, de 7 de setembro;

b) No caso de candidatos com contabilidade organizada nos termos do Plano Oficial de Contabilidade (POC) criado pelo Decreto-Lei n.º 47/77, de 7 de fevereiro, os proveitos operacionais deduzidos das reversões de amortizações e ajustamentos e dos custos operacionais, mas sem inclusão das amortizações, dos ajustamentos e das provisões, apresentados pelo candidato no exercício i, sendo este um dos três últimos exercícios concluídos, desde que com as respetivas contas legalmente aprovadas;

f - Um fator, igual ou superior a 1 e inferior ou igual a 10, a estabelecer no programa do concurso.

2 - No caso de o candidato se ter constituído há menos de três exercícios, para efeitos do cálculo de R só são tidos em conta os resultados operacionais do candidato nos exercícios concluídos, sendo o denominador da função adaptado em conformidade.

ANEXO V:

MODELO DE DECLARAÇÃO A QUE SE REFERE O N.º 1 DO ARTIGO 168º [70]

1 - ... [nome, número de documento de identificação e morada], na qualidade de representante legal de (31) ... [firma, número de identificação fiscal e sede ou, no caso de agrupamento concorrente, firmas, números de identificação fiscal e sedes], tendo tomado conhecimento das peças do procedimento de ... [designação ou referência ao procedimento em causa], vem por este meio apre-

69 Contém as alterações introduzidas pelos seguintes diplomas: DL n.º 149/2012, de 12 de Julho.
70 Contém as alterações introduzidas pelos seguintes diplomas: DL n.º 149/2012, de 12 de Julho

sentar a respectiva candidatura, juntando em anexo, para o efeito, os seguintes documentos destinados à qualificação (32):

a) ...

b) ...

2 - Para o efeito declara, sob compromisso de honra, que:

a) Não se encontra em estado de insolvência, de liquidação, de cessação de actividade, sujeita a qualquer meio preventivo de liquidação de patrimónios ou em qualquer situação análoga, nem tem o respectivo processo pendente;

b) Não foi condenado(a) por sentença transitada em julgado por qualquer crime que afecte a sua honorabilidade profissional (33) [ou os titulares dos seus órgãos sociais de administração, direcção ou gerência não foram condenados por qualquer crime que afecte a sua honorabilidade profissional (34)] (35);

c) Não foi objecto de aplicação de sanção administrativa por falta grave em matéria profissional (36) [ou os titulares dos seus órgãos sociais de administração, direcção ou gerência não foram objecto de aplicação de sanção administrativa por falta grave em matéria profissional (37)] (38);

d) Tem a sua situação regularizada relativamente a contribuições para a segurança social em Portugal [ou no Estado de que é nacional ou no qual se situe o seu estabelecimento principal] (39);

e) Tem a sua situação regularizada relativamente a impostos devidos em Portugal [ou no Estado de que é nacional ou no qual se situe o seu estabelecimento principal] (40);

f) Tenham sido objeto de aplicação da sanção acessória prevista na alínea e) do n.º 1 do artigo 21.º do Decreto-Lei n.º 433/82, de 27 de outubro, na alínea b) do n.º 1 do artigo 71.º da Lei n.º 19/2012, de 8 de maio, e no n.º 1 do artigo 460.º do presente Código, durante o período de inabilidade fixado na decisão condenatória;

g) Não foi objecto de aplicação da sanção acessória prevista na alínea b) do n.º 1 do artigo 627.º do Código do Trabalho (42);

h) Não foi objecto de aplicação, há menos de dois anos, de sanção administrativa ou judicial pela utilização ao seu serviço de mão-de-obra legalmente sujeita ao pagamento de impostos e contribuições para a segurança social, não declarada nos termos das normas que imponham essa obrigação, em Portugal [ou no Estado de que é nacional ou no qual se situe o seu estabelecimento principal] (43);

i) Não foi condenado(a) por sentença transitada em julgado por algum dos seguintes crimes (44) [ou os titulares dos seus órgãos sociais de administração, direcção ou gerência não foram condenados por alguns dos seguintes crimes (45)] (46):

i) Participação em actividades de uma organização criminosa, tal como definida no n.º 1 do artigo 2.º da Acção Comum 98/773/JAI do Conselho;

ii) Corrupção, na acepção do artigo 3.º do Acto do Conselho de 26 de Maio de 1997 e do n.º 1 do artigo 3.º da Acção Comum 98/742/JAI do Conselho;

iii) Fraude, na acepção do artigo 1.º da Convenção relativa à Protecção dos Interesses Financeiros das Comunidades Europeias;

iv) Branqueamento de capitais, na acepção do artigo 1.º da Directiva n.º 91/308/CEE, do Conselho, de 10 de Junho de 1991, relativa à prevenção da utilização do sistema financeiro para efeitos de branqueamento de capitais.

j) Não prestou, a qualquer título, direta ou indiretamente, assessoria ou apoio técnico na preparação e elaboração das peças do procedimento que lhe confira vantagem que falseie as condições normais de concorrência.

3 - O declarante tem pleno conhecimento de que a prestação de falsas declarações implica a exclusão da candidatura apresentada e constitui contra-ordenação muito grave, nos termos do artigo 456.º do Código dos Contratos Públicos, a qual pode determinar a aplicação da sanção acessória de privação do direito de participar, como candidato, como concorrente ou como membro de agrupamento candidato ou concorrente, em qualquer procedimento adoptado para a formação de

contratos públicos, sem prejuízo da participação à entidade competente para efeitos de procedimento criminal.

[Local], [data] [Assinatura (47)]

ANEXO VI:
MODELO DE DECLARAÇÃO BANCÁRIA A QUE SE REFERE A ALÍNEA A) DO N.º 3 DO ARTIGO 179.º

Procedimento de ... [designação ou referência ao procedimento em causa], cujo anúncio foi publicado no Diário da República de ... e no Jornal Oficial da União Europeia de ... [se aplicável]

... [designação, número de identificação fiscal e sede] (adiante, Instituição de Crédito), neste acto representada por ... [nome, número de documento de identificação e morada], na qualidade de ... [qualidade em que declara: representante legal, procurador ou outra], com poderes para o acto, declara, para os efeitos do disposto na alínea a) do n.º 3 do artigo 179.º do Código dos Contratos Públicos e da eventual adjudicação da proposta que ... [firma, número de identificação fiscal e sede ou, no caso de agrupamento concorrente, firmas, números de identificação fiscal e sedes] (adiante, Candidato) venha a apresentar no referido procedimento, o seguinte:

a) A Instituição de Crédito obriga-se, perante o Candidato e ... [designação, número de identificação fiscal e sede da entidade adjudicante], a pôr à disposição do Candidato todos os meios financeiros previsivelmente necessários ao integral cumprimento das obrigações resultantes do contrato a celebrar no caso de a adjudicação recair sobre a proposta a apresentar;

b) Em cumprimento da obrigação prevista no número anterior, que vigora desde o início do prazo de vigência do contrato, a Instituição de Crédito atribui ao Candidato uma linha de crédito que o habilita a sacar, para o efeito da execução do contrato, os referidos meios financeiros;

c) A emissão, a validade e a eficácia da presente declaração e a constituição, a modificação e a extinção, a qualquer título, das obrigações por ela constituídas, são integralmente disciplinadas pela legislação portuguesa aplicável.

[Local], [data] [Assinatura]

(1) Aplicável apenas a concorrentes que sejam pessoas colectivas.

(2) No caso de o concorrente ser uma pessoa singular, suprimir a expressão «a sua representada».

(3) Enumerar todos os documentos que constituem a proposta, para além desta declaração, nos termos do disposto nas alíneas b), c) e d) do n.º 1 e nos n.os 2 e 3 do artigo 57.º

(4) Indicar se, entretanto, ocorreu a respectiva reabilitação.

(5) Indicar se, entretanto, ocorreu a respectiva reabilitação.

(6) Declarar consoante o concorrente seja pessoa singular ou pessoa colectiva.

(7) Indicar se, entretanto, ocorreu a respectiva reabilitação.

(8) Indicar se, entretanto, ocorreu a respectiva reabilitação.

(9) Declarar consoante o concorrente seja pessoa singular ou pessoa colectiva.

(10) Declarar consoante a situação.

(11) Declarar consoante a situação.

(12) Indicar se, entretanto, decorreu o período de inabilidade fixado na decisão condenatória.

(13) Indicar se, entretanto, decorreu o período de inabilidade fixado na decisão condenatória.

(14) Declarar consoante a situação.

(15) Indicar se, entretanto, ocorreu a sua reabilitação.

(16) Indicar se, entretanto, ocorreu a sua reabilitação.

(17) Declarar consoante o concorrente seja pessoa singular ou pessoa colectiva.

(18) Nos termos do disposto nos n.os 4 e 5 do artigo 57.º

(19) Aplicável apenas a concorrentes que sejam pessoas colectivas.

(20) No caso de o concorrente ser uma pessoa singular, suprimir a expressão «a sua representada».

(21) Indicar se, entretanto, ocorreu a respectiva reabilitação.

(22) Indicar se, entretanto, ocorreu a respectiva reabilitação.

(23) Declarar consoante o concorrente seja pessoa singular ou pessoa colectiva.

(24) Indicar se, entretanto, decorreu o período de inabilidade fixado na decisão condenatória.

(25) Indicar se, entretanto, decorreu o período de inabilidade fixado na decisão condenatória.

(26) Declarar consoante a situação.

(27) Acrescentar as informações necessárias à consulta, se for o caso.

(28) No caso de o concorrente ser uma pessoa singular, suprimir a expressão «a sua representada».

(29) Nos termos do disposto nos n.os 4 e 5 do artigo 57.º

(30) Indicar o fundamento da escolha do procedimento de ajuste directo, quando este tiver sido adoptado ao abrigo do disposto nos artigos 24.º a 27.º

(31) Aplicável apenas a candidatos que sejam pessoas colectivas.

(32) Enumerar todos os documentos que constituem a candidatura, para além desta declaração, indicados no programa do procedimento.

(33) Indicar se, entretanto, ocorreu a respectiva reabilitação.

(34) Indicar se, entretanto, ocorreu a respectiva reabilitação.

(35) Declarar consoante o candidato seja pessoa singular ou pessoa colectiva.

(36) Indicar se, entretanto, ocorreu a respectiva reabilitação.

(37) Indicar se, entretanto, ocorreu a respectiva reabilitação.

(38) Declarar consoante o candidato seja pessoa singular ou pessoa colectiva.

(39) Declarar consoante a situação.

(40) Declarar consoante a situação.

(41) Indicar se, entretanto, decorreu o período de inabilidade fixado na decisão condenatória.

(42) Indicar se, entretanto, decorreu o período de inabilidade fixado na decisão condenatória.

(43) Declarar consoante a situação.

(44) Indicar se, entretanto, ocorreu a sua reabilitação.

(45) Indicar se, entretanto, ocorreu a sua reabilitação.

(46) Declarar consoante o candidato seja pessoa singular ou pessoa colectiva.

(47) Nos termos do disposto nos n.os 2 e 3 do artigo 168.º

PUERTO RICO

LEY Nº. 218 DE 21 DE DICIEMBRE DE 2010, DE DOCUMENTOS UNIFORMES PARA LA CONTRATACIÓN DE PROGRAMACIÓN, GERENCIA, DISEÑO, INSPECCIÓN Y CONSTRUCCIÓN DE OBRAS PÚBLICAS EN PUERTO RICO

Artículo 1.-Título. Esta Ley se conocerá y podrá ser citada como "Ley de Documentos Uniformes para la Contratación de Programación, Gerencia, Diseño, Inspección y Construcción de Obras Públicas en Puerto Rico" o "Ley de Contratación Uniforme".

Artículo 2.-Declaración de política pública. Es la política pública del Gobierno de Puerto Rico establecer un conjunto de normas que propicien un documento ágil, uniforme y que se atempere a las necesidades actuales de las obras gubernamentales, al ejercicio de las profesiones relacionadas y que aseguren de la manera más eficaz posible el bienestar general y los recursos fiscales del Pueblo de Puerto Rico. De modo que sea innecesario que cada agencia establezca sus propias guías de contratación para ser utilizadas en los distintos contratos que se perfeccionan para las obras a desarrollar.

Para esto se crea un Comité Asesor con el fin de identificar y pasar juicio sobre el conjunto de leyes, reglamentos y disposiciones contractuales de las agencias en la contratación de obras públicas que incluyen servicios de diseño, gerencia de construcción, inspección de obras y de construcción, entre otros, como parte del desarrollo de dichas obras públicas.

Artículo 3.-Definiciones. A los fines de esta Ley, los siguientes términos y frases tendrán el significado que a continuación se expresa:

1. Agencia.- significa cualquier junta, cuerpo, tribunal examinador, corporación pública, comisión, oficina independiente, división, administración, negociado, procuraduría, departamento, autoridad, funcionario, persona, entidad o cualquier otra instrumentalidad de la Rama Ejecutiva del Gobierno de Puerto Rico. Esta definición incluye, también, a las autoridades de utilidades públicas, la Autoridad de Energía Eléctrica y la Autoridad de Acueductos y Alcantarillados.

2. Comité.- significa el Comité Asesor para el Desarrollo de la Ley de Contratación Uniforme de Puerto Rico.

3. Miembros.- significa los miembros del Comité Asesor para el Desarrollo de la Ley de Contratación Uniforme de Puerto Rico, que por la presente se crea.

4. Condiciones Generales Uniformes.- significa el pliego de Condiciones Generales para la contratación de la construcción de Obras Públicas vigente adoptado, según la Ley 198 de 15 de mayo de 1943, según enmendada.

Artículo 4.-Creación y Composición del Comité . Se crea el Comité Asesor para el Desarrollo de la Ley de Contratación Uniforme de Puerto Rico, adscrito a la Oficina del Gobernador de Puerto Rico. El Comité estará compuesto por el Secretario del Departamento de Transportación y Obras Públicas, o una persona designada por éste, quien lo presidirá; el Director Ejecutivo de la Autoridad de Acueductos y Alcantarillados, o una persona designada por éste; el Director Ejecutivo de la Autoridad para el Financiamiento de la Infraestructura o una persona designada por éste; el Director Ejecutivo de la Autoridad de Energía Eléctrica, o una persona designada por éste; un miembro del Colegio de Arquitectos y Arquitectos Paisajistas de Puerto Rico; un miembro del Colegio de Ingenieros y Agrimensores de Puerto Rico; y un miembro de la Asociación de Contratistas Generales de América, Capítulo de Puerto Rico. Los miembros del Comité que no ostenten un cargo público serán considerados como miembros del interés público. Los miembros del interés público serán nombrados por el Gobernador, a recomendación del Secretario del Departamento de Transportación y Obras Públicas. Ningún miembro del Comité recibirá compensación por sus servicios. El Secretario del Departamento de Transportación y Obras Públicas designará un Director Ejecutivo quien tendrá las prerrogativas y facultades que el Comité le designe.

Todos los miembros del Comité serán nombrados por un término de cuatro (4) años. Cualquier vacante creada por la renuncia, muerte, inhabilidad o remoción de un miembro del interés público del Comité será cubierta por el nombramiento de un miembro sucesor por el Gobernador de Puerto Rico, quien servirá hasta la terminación de dicho término.

Los miembros del Comité que no ostentan un cargo público estarán exentos de la aplicación de las disposiciones de la Ley Núm. 12 de 24 de julio de 1985, según enmendada, conocida como la "Ley de Ética Gubernamental del Estado Libre Asociado", por lo que no se le requerirá la presentación de informes ajustados a la función no asalariada de sus deberes.

Cuatro (4) miembros del Comité constituirán quórum para propósitos de cualquier reunión del Comité y todas las decisiones deberán ser aprobadas por el voto afirmativo de la mayoría de sus miembros. No obstante, al menos uno (1) de los votos afirmativos deberá ser de un miembro del interés público.

El Comité tendrá potestad para requerir información y colaboración a cualquier agencia o municipio para cumplir con los propósitos para la que fue creado el mismo.

El Comité tendrá los siguientes deberes y funciones:

a) Redactar un conjunto de normas que propicien un proceso ágil y uniforme, que se atempere a las necesidades de las obras gubernamentales, al ejercicio de las profesiones relacionadas y que aseguren de la manera más eficaz posible el bienestar general y los recursos del Gobierno de Puerto Rico;

b) Evaluar los procesos de contratación de obras públicas en los municipios al amparo de la Ley Núm. 81 de 30 agosto de 1991, según enmendada, conocida como "Ley de Municipios Autónomos";

c) Conformar un documento uniforme para la contratación de servicios profesionales que proveerá el marco razonable que agilice el proceso de contratación y resulte en una inversión pública costo-efectiva, hecha de forma eficaz y en el menor tiempo posible; y

d) Adoptar aquellas Condiciones Generales Uniformes aprobadas mediante la Ley Núm. 198 de 15 de mayo de 1943, según enmendada.

Los formularios establecidos sobre los acuerdos contractuales que usarán las agencias, y de entenderlo necesario y recomendarlo los municipios del Gobierno de Puerto Rico, para la contratación de obras públicas, atenderán, sin que se entienda como una limitación, los siguientes contratos:

1. Servicios Profesionales de Diseño (arquitectos/ingenieros);
2. Servicios Profesionales de Gerencia de Construcción (arquitectos/ingenieros);
3. Servicios Profesionales de Inspección (arquitectos/ingenieros); y
4. Servicios de Construcción (Contrato de Construcción), que incluya un Pliego de Condiciones Generales individual para Servicios de Construcción que contemple:

a) Proyectos de Suma Alzada

b) Proyectos de Precio Unitario

El Comité tendrá dieciocho (18) meses para presentar los documentos uniformes para la contratación de programación, gerencia, diseño, inspección y construcción de obras públicas en Puerto Rico.

Las recomendaciones del Comité respecto a los pliegos de contratos uniformes y acuerdos contractuales modelos se someterán al Secretario de Transportación y Obras Públicas para que continúe el procedimiento según dispuesto en la Ley Núm. 170 de 12 de agosto de 1988, según enmendada, conocida como "Ley de Procedimiento Administrativo Uniforme".

Los acuerdos contractuales y Condiciones Generales Uniformes autorizados mediante esta Ley tendrán fuerza y vigor de ley y serán de aplicación y uso compulsorio por todas las agencias del Gobierno de Puerto Rico.

El Comité revisará los acuerdos contractuales y Condiciones Generales Uniformes a los tres (3) años de haber sido inicialmente adoptadas. Posteriormente, los acuerdos serán revisados por el Comité cada seis (6) años. Cualquier cambio, enmienda, derogación o adopción de un nuevo pliego, seguirá el procedimiento establecido en la Ley Núm. 170, supra.

Artículo 5.-Recursos . El Comité operará con los recursos que le sean asignados por la Oficina del Gobernador o por las agencias que por disposiciones en esta Ley están obligadas a brindar ayuda y apoyo al Comité para cumplir con los propósitos de la misma. Las corporaciones públicas, además del Departamento de Transportación y Obras Públicas, cuyos designados sean Miembros del Comité, podrán aportar fondos para sufragar gastos del Comité. Los fondos para la operación del Año Fiscal 2010-2011 provendrán de las aportaciones de las corporaciones públicas. Los dineros que se recauden ingresarán en un Fondo Especial bajo la responsabilidad del Departamento de Transportación y Obras Públicas. El dinero que ingrese al Fondo podrá ser utilizado para la implantación de esta Ley.

De ser necesario, los fondos adicionales para la implantación de esta Ley serán incluidos en la petición presupuestaria de la Oficina del Gobernador, comenzando en el Año Fiscal 2011-2012.

Artículo 6.-Informes . El Comité, además de las funciones y deberes delegados en esta Ley, evaluará la implantación de los documentos que se redacten por lo aquí dispuesto y recomendará cambios a la política pública, de manera que se garantice el éxito de la Ley de Contratación Uniforme.

De igual manera, deberá rendir un informe anual al Gobernador y a la Asamblea Legislativa de Puerto Rico en las Secretarías de ambos Cuerpos. Los referidos informes incluirán un detalle de los trabajos realizados y una exposición amplia sobre el plan de trabajo para el siguiente año fiscal, de ser necesario.

El primer informe será rendido en o antes de los seis (6) meses siguientes a la fecha en que se constituya por vez primera el Comité.

Artículo 7.-Cláusula derogatoria. Se deroga la Ley Núm. 198 de 15 de mayo de 1943, según enmendada, sujeto a lo dispuesto en el Artículo 9 de la presente. Se deroga, también, cualquier otra Ley previa que sea incompatible con esta medida hasta donde existiera tal incompatibilidad. Debe entender que cualquier Ley incompatible queda por la presente modificada para incorporar los términos de esta Ley.

Artículo 8.-Separabilidad. Si cualquier disposición, palabra, oración o inciso de esta Ley fuere impugnado por cualquier razón ante un tribunal con jurisdicción y competencia, y declarado inconstitucional o nulo, tal sentencia no afectará, menoscabará o invalidará las restantes disposiciones de esta Ley.

Artículo 9.- Vigencia. Esta Ley comenzará a regir inmediatamente después de su aprobación. No obstante, las disposiciones derogatorias del Artículo 7 comenzarán a regir a los ciento ochenta (180) días después de la aprobación de esta Ley de modo que el Secretario del Departamento de Transportación y Obras Públicas pueda concluir sus labores bajo la Ley anterior, en lo referente a la preparación del pliego de condiciones generales para la contratación de la construcción de obras públicas el cual haya estado trabajando y pueda enviar el mismo al Gobernador para su aprobación. El pliego sometido por el Secretario del Departamento de Transportación y Obras Públicas y aprobado por el Gobernador en el año 2010, deberá ser adoptado por el Comité creado bajo esta Ley y revisado posteriormente, según dispone la misma.

REPÚBLICA DOMINICANA

LEY 340-06 SOBRE CONTRATACIÓN PÚBLICA DE BIENES Y SERVICIOS, OBRAS Y CONCESIONES, CON MODIFICACIONES DE LEY 44906.

TÍTULO I

DEL SISTEMA DE CONTRATACIONES Y SUS NORMAS COMUNES

CAPÍTULO I

DEL SISTEMA Y SU ÁMBITO

Artículo 1. La presente ley tiene por objeto establecer los principios y normas generales que rigen la contratación pública, relacionada con los bienes, obras, servicios y concesiones del Estado, así como las modalidades que dentro de cada especialidad puedan considerarse, por lo que el Sistema de Contratación Pública está integrado por estos principios, normas, órganos y procesos que rigen y son utilizados por los organismos públicos para adquirir bienes y servicios, contratar obras públicas y otorgar concesiones, así como sus modalidades.

Artículo 2. Están sujetos a las regulaciones previstas en esta ley y sus reglamentos, los organismos del sector público que integran los siguientes agregados institucionales:

1) El Gobierno Central;

2) Las instituciones descentralizadas y autónomas financieras y no financieras;

3) Las instituciones públicas de la seguridad social;

4) Los ayuntamientos de los municipios y del Distrito Nacional;

5) Las empresas públicas no financieras y financieras, y

6) Cualquier entidad que contrate la adquisición de bienes, servicios, obras y concesiones con fondos públicos.

Párrafo I.- A los efectos de esta ley se entenderá por Gobierno Central, la parte del sector público que tiene por objeto la conducción político-administrativa, legislativa, judicial, electoral y fiscalizadora de la República, conformada por el Poder Ejecutivo, Poder Legislativo, Poder Judicial, la Junta Central Electoral y la Cámara de Cuentas.

Párrafo II.- Para los fines de esta ley se considerará como instituciones descentralizadas y autónomas financieras y no financieras a los entes administrativos que actúan bajo la autoridad del Poder Ejecutivo, tienen personalidad jurídica, patrimonio propio separado del Gobierno Central y responsabilidades en el cumplimiento de funciones gubernamentales especializadas y de regulación.

Párrafo III.- Las empresas públicas no financieras, las instituciones descentralizadas y autónomas financieras y las empresas públicas financieras deberán aplicar las disposiciones de la presente ley. La adquisición de insumos, materiales y repuestos que requieran estas instituciones estarán sujetas a disposiciones especiales que establezca el reglamento de la presente ley. De igual manera, podrán tener acceso a los sistemas de información de precios previstos en la misma.

Párrafo IV.- Toda la información relacionada con el objeto de la presente ley será de libre acceso al público de conformidad con lo establecido en la Ley General de Libre Acceso a la Información Pública de la República. Con excepción de las que se refieran a los asuntos de seguridad nacional.

CAPÍTULO II.

NORMAS GENERALES COMUNES A TODOS LOS ORGANISMOS COMPRENDIDOS

Artículo 3. Las compras y contrataciones se regirán por los siguientes principios:

1) Principio de eficiencia. Se procurará seleccionar la oferta que más convenga a la satisfacción del interés general y el cumplimiento de los fines y cometidos de la administración. Los actos de las partes se interpretarán de forma que se favorezca al cumplimiento de objetivos y se facilite la decisión final, en condiciones favorables para el interés general;

2) Principio de igualdad y libre competencia. En los procedimientos de contratación administrativa se respetará la igualdad de participación de todos los posibles oferentes. Los reglamentos de esta ley y disposiciones que rijan los procedimientos específicos de las contrataciones, no podrán incluir ninguna regulación que impida la libre competencia entre los oferentes;

3) Principio de transparencia y publicidad. Las compras y contrataciones públicas comprendidas en esta ley se ejecutarán en todas sus etapas en un contexto de transparencia basado en la publicidad y difusión de las actuaciones derivadas de la aplicación de esta ley. Los procedimientos de contratación se darán a la publicidad por los medios correspondientes a los requerimientos de cada proceso. Todo interesado tendrá libre acceso al expediente de contratación administrativa y a la información complementaria. La utilización de la tecnología de información facilita el acceso de la comunidad a la gestión del Estado en dicha materia;

4) Principio de economía y flexibilidad. Las normas establecerán reglas claras para asegurar la selección de la propuesta evaluada como la más conveniente técnica y económicamente. Además, se contemplarán regulaciones que contribuyan a una mayor economía en la preparación de las propuestas y de los contratos;

5) Principio de equidad. El contrato se considerará como un todo en donde los intereses de las partes se condicionan entre sí. Entre los derechos y obligaciones de las partes habrá una correlación con equivalencia de honestidad y justicia;

6) Principio de responsabilidad, moralidad y buena fe. Los servidores públicos estarán obligados a procurar la correcta ejecución de los actos que conllevan los procesos de contratación, el cabal cumplimiento del objeto del contrato y la protección de los derechos de la entidad, del contratista y de terceros que pueden verse afectados por la ejecución del contrato. Las entidades públicas y sus servidores serán pasibles de las sanciones que prevea la normativa vigente[1];

7) Principio de reciprocidad. El Gobierno procurará un trato justo a los oferentes dominicanos cuando participen en otros países, otorgando similar trato a los participantes extranjeros en cuanto a condiciones, requisitos, procedimientos y criterios utilizados en las licitaciones;

8) Principio Participación. El Estado procurará la participación del mayor número posible de personas físicas o jurídicas que tengan la competencia requerida. Al mismo tiempo, estimulará la participación de pequeñas y medianas empresas, no obstante reconocer su limitada capacidad financiera y tecnológica, con el objetivo de elevar su capacidad competitiva[2].

9) Principio de razonabilidad. Ninguna actuación, medida o decisión de autoridad competente en la aplicación e interpretación de esta ley deberá exceder lo que sea necesario para alcanzar los objetivos de transparencia, licitud, competencia y protección efectiva del interés y del orden público, perseguidos por esta ley. Dichas actuaciones, medidas o decisiones no deberán ordenar o prohibir más de lo que es razonable y justo a la luz de las disposiciones de la presente ley.

---

1 Numeral modificado por Ley 449-06.

2 Numeral modificado por Ley 449-06.

Artículo 4. Definiciones básicas Administración Pública: La denominación genérica que abarca las instituciones, entidades u organismos del Estado dominicano definidas por el Artículo 3 de esta ley, así como las dependencias de dichas instituciones y entidades.

Administración contratante o el contratante: La Administración Pública que lleva a cabo un proceso contractual y celebra un contrato. En el caso de la Contratación Pública de Concesiones, se denominará Administración Concedente o Concedente.

Bienes: Los objetos de cualquier índole, incluyendo las materias primas, los productos, los equipos, otros objetos en estado sólido, líquido o gaseoso, así como los servicios accesorios al suministro de esos bienes, siempre que el valor de los servicios no exceda del de los propios bienes.

Concedente: Entidad pública que otorga un contrato de concesión[3].

Concesión o contrato de concesión: Según se define por el Artículo 46 de la Ley de Contratación Pública de Bienes, Obras, Servicios y Concesiones[4].

Concesionario: Toda persona física o jurídica beneficiaria de un contrato de concesión.

Consultor: Personas físicas o jurídicas, públicas o privadas, incluyendo firmas consultoras, firmas de ingeniería, gerentes de construcción, agentes de procuración, agentes de inspección, las agencias de las Naciones Unidas y otras organizaciones multinacionales, bancos de inversión, universidades, instituciones de investigación, agencias de gobierno, asociaciones sin fines de lucro, e individuos, en fin, proponente o contratista de servicios, conforme la definición dada en esta ley.

Constructor: Es el proponente o contratista de obras, conforme la definición dada en esta ley.

Contratista: Toda persona física (natural) o moral (jurídica) a la que se haya adjudicado y con quien se haya celebrado un contrato, siendo la otra parte el Estado.

Contratación pública: La obtención, mediante contrato, por cualquier método de obras, bienes, servicios u otorgamiento de concesiones, por parte de las entidades del sector público dominicano.

Contrato principal: Es el documento o instrumento legal suscrito entre los representantes autorizados de la autoridad contratante y del contratista para la adquisición de bienes, concesiones y la ejecución de proyectos, obras o servicios en que se fijan las obligaciones y derechos de ambas partes en armonía con la presente ley, su reglamento, los pliegos de condiciones y demás disposiciones legales vigentes.

Convocatoria: Llamado público y formal a participar en algún proceso de contratación pública.

Entidad contratante: El organismo, órgano o dependencia del sector público, del ámbito de esta ley, que ha l evado a cabo un proceso contractual y celebra un contrato.

Fondos públicos: Los obtenidos a través de la recaudación de las personas físicas o jurídicas que tributan en la República Dominicana, del Presupuesto General de la Nación, de financiamientos nacionales o internacionales, o cualquier otra modalidad lícita de obtención de fondos por parte de la Administración Pública, con un propósito o finalidad de carácter estatal.

Funcionario Público: Según se define en la Ley sobre Servicio Civil y Carrera Administrativa[5].

Ley: Esta, la Ley de Contrataciones Públicas de Bienes, Servicios, Obras y Concesiones. Máxima autoridad ejecutiva: El titular o representante legal de la entidad contratante o quien tenga la autorización para celebrar contratos.

Oferente, proponente, ofertante o postor: Persona natural o jurídica, legalmente capacitada para participar presentando oferta o propuesta en las licitaciones de bienes, obras, servicios o concesiones.

Obras: Son los trabajos relacionados con la construcción, reconstrucción, demolición, reparación o renovación de edificios, vialidad, transporte, estructuras o instalaciones, la preparación del terreno, la excavación, la edificación, la provisión e instalación de equipo fijo, la decoración y el acabado, y los servicios accesorios a esos trabajos, como la perforación, la labor topográfica, la

3 Inciso modificado por Ley 449-06.
4 Inciso modificado por Ley 449-06.
5 Inciso modificado por Ley 449-06.

fotografía por satélite, los estudios sísmicos y otros servicios similares estipulados en el contrato, si el valor de esos servicios no excede del de las propias obras.

Obra adicional o complementaria: Aquélla no considerada en los documentos de licitación ni en el contrato, cuya realización resulta indispensable y/o necesaria para dar cumplimiento a la meta prevista de la obra principal y que dé lugar a un presupuesto adicional.

Órgano Rector de las Contrataciones Públicas u Órgano Rector: Según se define por el Artículo 35, Párrafo I de esta ley[6].

Pliegos de condiciones: Documentos que contienen las bases de un proceso de selección y contratación, en las cuales se indican los antecedentes, objetivos, alcances, requerimientos, planos para el caso de obras, especificaciones técnicas o términos de referencia, y más condiciones que guían o limitan a los interesados en presentar ofertas.

Proponente: Ver definición de Oferente.

Proveedor: Es el proponente o contratista de bienes, servicios, incluyendo el servicio de construcción de obras conforme la definición dada en esta ley.

Reglamento de aplicación de la ley o reglamento: Es el reglamento que preparará el Órgano Rector y que dictará el Poder Ejecutivo por decreto.

Servicios de consultoría: Constituyen servicios profesionales especializados, que tengan por objeto identificar, planificar, elaborar o evaluar proyectos de desarrollo, en sus niveles de prefactibilidad, factibilidad, diseño u operación. Comprende además, la supervisión, fiscalización y evaluación de proyectos, así como los servicios de asesoría y asistencia técnica, elaboración de estudios económicos, financieros, de organización, administración, auditoria e investigación. Es decir, son aquellos de índole estrictamente intelectual, cuyos resultados no conducen a productos físicamente medibles.

Servicios de apoyo a la consultoría u otros servicios: Son aquellos servicios auxiliares con resultados físicamente medibles, que no implican dictamen o juicio profesional, tales como los de contabilidad, topografía, cartografía, aerofotogrametría, la realización de ensayos y perforaciones geotécnicas sin interpretación, la computación, el procesamiento de datos y el uso auxiliar de equipos especiales.

Subcontrato: Toda contratación efectuada por el contratista a una tercera persona natural o jurídica, para la ejecución de una parte del contrato principal.

Términos de referencia: Los términos de referencia son a los servicios de consultoría, lo que las especificaciones técnicas son a los bienes y obras; esto es, condiciones técnicas a ser cumplidas para alcanzar los objetivos con la calidad exigida.

Artículo 5. Los procesos y personas sujetos a la presente ley son:

Procesos:

1) Compra y contratación de bienes, servicios, consultoría y alquileres con opción de compra y arrendamiento, así como todos aquellos contratos no excluidos expresamente o sujetos a un régimen especial;

2) Contratación de obras públicas y concesiones.

Personas:

1) Las personas naturales o jurídicas, nacionales o extranjeras, que hagan oferta de bienes y servicios requeridos por las instituciones de la administración pública o contraten obras o concesionen obras o servicios o ambos.

2) Dos o más personas que presenten oferta como un conjunto actuando como una sola, estableciendo en un acto notarial que actúan bajo esa condición, que no son personas diferentes, las obligaciones de cada uno de los actuantes y su papel o funciones y el alcance de la relación de conjunto y las partes con la institución objeto de la oferta.

---

6 Inciso modificado por Ley 449-06.

Párrafo I.- Las personas naturales o jurídicas que formen o presenten ofertas como un conjunto, responderán solidariamente por todas las consecuencias de su participación en el conjunto, en los procedimientos de contratación y en su ejecución.

Párrafo II.- Las personas naturales jurídicas que formasen parte de un conjunto, no podrán presentar otras ofertas en forma individual o como integrante de otro conjunto, siempre que se tratare del mismo objeto de la contratación.

Párrafo III.- Las personas naturales y jurídicas deberán inscribirse en los registros establecidos en el reglamento de la presente ley. También las instituciones llevarán un registro público donde establecerán una relación de los oferentes y contratistas estableciendo los incumplimientos y otras informaciones de interés que sirvan de antecedentes para determinar una nueva contratación o la inhabilitación para ofertar bienes y servicios a las instituciones públicas sujetas a la presente ley y contratar obras.

Artículo 6[7]**.** Se excluyen de la aplicación de la presente ley los procesos de compras y contrataciones relacionados con:

1. Los acuerdos de préstamos o donaciones con otros Estados o entidades de derecho público internacional, cuando se estipule en dichos acuerdos, en cuyos casos se regirán por las reglas convenidas, en caso contrario se aplicará la presente ley.
2. Operaciones de crédito público y la contratación de empleo público, que se rigen por sus respectivas normas y leyes;
3. Las compras con fondos de caja chica, las que se efectuarán de acuerdo con el régimen correspondiente;
4. La actividad que se contrate entre entidades del sector público.

Párrafo.- Serán considerados casos de excepción y no una violación a la ley, a condición de que no se utilicen como medio para vulnerar sus principios y se haga uso de los procedimientos establecidos en los reglamentos, las siguientes actividades:

1. Las que por razones de seguridad o emergencia nacional pudieran afectar el interés público, vidas o la economía del país, previa declaratoria y sustentación mediante decreto;
2. La realización o adquisición de obras científicas, técnicas y artísticas, o restauración de monumentos históricos, cuya ejecución deba confiarse a empresas, artistas o especialistas que sean los únicos que puedan llevarlas a cabo;
3. Las compras y contrataciones de bienes o servicios con exclusividad o que sólo puedan ser suplidos por una determinada persona natural o jurídica;
4. Las que por situaciones de urgencia, que no permitan la realización de otro procedimiento de selección en tiempo oportuno. En todos los casos, fundamentada en razones objetivas, previa calificación y sustentación mediante resolución de la máxima autoridad competente. No serán considerados fundamentos válidos para alegar razones de urgencia, los siguientes:

   l. La dilación en el accionar de los funcionarios intervinientes;

   i. La primera declaratoria de desierto de un proceso;

   ii. El no haber iniciado con la antelación suficiente el procedimiento para una nueva contratación, previo a la finalización de un contrato de cumplimiento sucesivo o de prestación de servicios.
5. Las compras y contrataciones que se realicen para la construcción, instalación o adquisición de oficinas para el servicio exterior;
6. Contratos rescindidos cuya terminación no exceda el cuarenta por ciento (40%) del monto total del proyecto, obra o servicio;
7. Las compras destinadas a promover el desarrollo de las micro, pequeñas y medianas empresas;
8. La contratación de publicidad a través de medios de comunicación social;

---

7 Artículo modificado por Ley 449-06.

Artículo 7[8]**.** Las personas naturales o jurídicas interesadas en participar en cualquier proceso de compra o contratación deberán estar inscritas en el Registro de Proveedores del Estado, o conjuntamente con la entrega de ofertas deberán presentar su solicitud de inscripción.

Párrafo.- Los reglamentos de esta ley establecerán la organización del Registro, sus funciones y procedimientos, incluyendo el de inhabilitación, siempre observando el criterio de simplificación administrativa.

Artículo 8. La persona natural o jurídica que desee contratar con el Estado deberá demostrar su capacidad satisfaciendo los siguientes requisitos:

1) Poseer las calificaciones profesionales y técnicas que aseguren su competencia, los recursos financieros, el equipo y demás medios físicos, la fiabilidad, la experiencia y el personal necesario para ejecutar el contrato;

2) Que los fines sociales sean compatibles con el objeto contractual;3) Que sean solventes y no se encuentren en concurso de acreedores, en quiebra o proceso de liquidación, ni que sus actividades comerciales hubieren sido suspendidas;

4) Que hayan cumplido con las obligaciones fiscales y de seguridad social.

Párrafo I.- Los requisitos que se fijen de conformidad con el presente artículo deberán enunciarse en la documentación y pliego de condiciones de todo proceso de selección y contratación.

Párrafo II.- Las entidades públicas no impondrán criterio, requisito o procedimiento alguno para evaluar la idoneidad y capacidad de los proponentes, diferentes a aquél os que hayan quedado descritos en el pliego de condiciones.

Párrafo III.- La entidad contratante no podrá descalificar a un proponente porque la información presentada sea incompleta en algún aspecto no sustancial y susceptible de ser corregido.

Artículo 9. Las compras y contrataciones públicas se regirán por las disposiciones de esta ley y su reglamentación, por las normas que se dicten en el marco de las mismas, así como por los pliegos de condiciones respectivos y por el contrato o la orden de compra o servicios según corresponda.

Párrafo I.- En los casos de controversia se aplicarán para su resolución el orden de preferencia establecido en este artículo.

Párrafo II.- Son fuentes supletorias de esta ley las normas del derecho público y, en ausencia de éstas, las normas del derecho privado.

Artículo 10. La autoridad administrativa con capacidad de decisión en un organismo público no permitirá el fraccionamiento de las compras o contrataciones de bienes, obras o servicios, cuando éstas tengan por objeto eludir los procedimientos de selección previstos en esta ley para optar por otros de menor cuantía.

Párrafo.- Las compras y contrataciones públicas comprendidas en esta ley se desarrollarán en todas sus etapas en un contexto de transparencia que se basará en la publicidad y difusión de las actuaciones derivadas de la aplicación de esta ley, la utilización de la tecnología informática que permita aumentar la eficiencia de los procesos y facilitar el acceso de la sociedad a la información relativa a la gestión del Estado en dicha materia, así como la participación real y efectiva de la comunidad, lo cual posibilitará el control social sobre las mismas.

Artículo 11. Las prácticas corruptas o fraudulentas comprendidas en el Código Penal o dentro de la Convención Interamericana contra la Corrupción, o cualquier acuerdo entre proponentes o con terceros, que establecieren prácticas restrictivas de la libre competencia, serán causales determinantes del rechazo de la propuesta en cualquier estado del proceso o de la rescisión del contrato, si éste ya se hubiere celebrado.

Artículo 12. Todo funcionario público que participe en los procesos de compra o contratación será responsable por los daños que por negligencia o dolo causare al patrimonio público, y será pasible de las sanciones contempladas en la presente ley y su reglamento.

---

8 Artículo modificado por Ley 449-06.

Artículo 13. Toda persona que acredite algún interés podrá en cualquier momento conocer las actuaciones referidas a compras o contrataciones, desde su iniciación hasta la extinción del contrato, con excepción de las contenidas en la etapa de evaluación de las ofertas o de las que se encuentren amparadas bajo normas de confidencialidad. La negativa infundada a permitir el conocimiento de las actuaciones a los interesados se considerará falta grave por parte del funcionario o agente al que corresponda otorgarla. El conocimiento del expediente no interrumpirá los plazos de las distintas etapas de los procedimientos de compra y contratación.

Párrafo.- La entidad contratante llevará un expediente de cada contratación en el que constarán todos los documentos e información relacionada, bajo responsabilidad de funcionarios perfectamente identificados, por un lapso no menor a los cinco (5) años. Se reconoce el acceso al expediente a las personas que tengan interés en la tutela de situaciones jurídicamente protegidas.

Artículo 14[9]. No podrán ser oferentes ni contratar con el Estado las siguientes personas:

1) El Presidente y Vicepresidente de la República; los Secretarios y Subsecretarios de Estado; los Senadores y Diputados del Congreso de la República; los Magistrados de la Suprema Corte de Justicia, de los demás tribunales del orden judicial, de la Cámara de Cuentas y de la Junta Central Electoral; los Síndicos y Regidores de los Ayuntamientos de los Municipios y del Distrito Nacional; el Contralor General de la República y el Subcontralor; el Director de Presupuesto y Subdirector; el Director Nacional de Planificación y el Subdirector; el Procurador General de la República y los demás miembros del Ministerio Público; el Tesorero Nacional y el Subtesorero y demás funcionarios de primer y segundo nivel de jerarquía de las instituciones incluidas en el Artículo 2, Numerales 1 al 5;

2) Los jefes y subjefes de Estado Mayor de las Fuerzas Armadas, así como el jefe y subjefes de la Policía Nacional;

3) Los funcionarios públicos con injerencia o poder de decisión en cualquier etapa del procedimiento de contratación administrativa;

4) Todo personal de la entidad contratante;

5) Los parientes por consanguinidad hasta el tercer grado o por afinidad hasta el segundo grado, inclusive, de los funcionarios relacionados con la contratación cubiertos por la prohibición, así como los cónyuges, las parejas en unión libre, las personas vinculadas con análoga relación de convivencia afectiva o con las que hayan procreado hijos, y descendientes de estas personas;

6) Las personas jurídicas en las cuales las personas naturales a las que se refieren los Numerales 1 al 4 tengan una participación superior al diez por ciento (10%) del capital social, dentro de los seis meses anteriores a la fecha de la convocatoria;

7) Las personas físicas o jurídicas que hayan intervenido como asesoras en cualquier etapa del procedimiento de contratación o hayan participado en la elaboración de las especificaciones técnicas o los diseños respectivos, salvo en el caso de los contratos de supervisión;

8) Las personas físicas o jurídicas que hayan sido condenadas mediante sentencia que haya adquirido la autoridad de la cosa irrevocablemente juzgada por delitos de falsedad o contra la propiedad, o por delitos de cohecho, malversación de fondos públicos, tráfico de influencia, prevaricación, revelación de secretos, uso de información privilegiada o delitos contra las finanzas públicas, hasta que haya transcurrido un lapso igual al doble de la condena. Si la condena fuera por delito contra la administración pública, la prohibición para contratar con el Estado será perpetua;

9) Las empresas cuyos directivos hayan sido condenados por delitos contra la administración pública, delitos contra la fe pública o delitos comprendidos en las convenciones internacionales de las que el país sea signatario;

10) Las personas físicas o jurídicas que se encontraren inhabilitadas en virtud de cualquier ordenamiento jurídico;

9 Artículo modificado por Ley 449-06.

11) Las personas que suministraren informaciones falsas o que participen en actividades ilegales o fraudulentas relacionadas con la contratación;

12) Las personas naturales o jurídicas que se encuentren sancionadas administrativamente con inhabilitación temporal o permanente para contratar con entidades del sector público, de acuerdo a lo dispuesto por la presente ley y sus reglamentos;

13) Las personas naturales o jurídicas que no estén al día en el cumplimiento de sus obligaciones tributarias o de la seguridad social, de acuerdo con lo que establezcan las normativas vigentes;

Párrafo I: Para los funcionarios contemplados en los Numerales 1 y 2, la prohibición se extenderá hasta seis meses después de la salida del cargo.

Párrafo II: Para las personas incluidas en los Numerales 5 y 6 relacionadas con el personal referido en el Numeral 3, la prohibición será de aplicación en el ámbito de la institución en que estos últimos prestan servicios.

Artículo 15. Las actuaciones que se listan a continuación deberán formalizarse mediante un acto administrativo:

1) La convocatoria y determinación del procedimiento de selección;

2) La aprobación de los pliegos de condiciones;

3) La calificación de proponentes en los procesos en dos etapas en los aspectos de idoneidad, solvencia, capacidad y experiencia;

4) Los resultados de análisis y evaluación de propuestas económicas;

5) La adjudicación;

6) La resolución de dejar sin efecto o anular el proceso en alguna etapa del procedimiento o en su globalidad, así como de declarar desierto o fallido el proceso;

7) La aplicación de sanciones a los oferentes o contratistas;

8) Los resultados de los actos administrativos de oposición a los pliegos de condiciones, así como a la impugnación de la calificación de oferentes y a la adjudicación de los contratos.

Párrafo.- La reglamentación dispondrá en qué otros casos deberán dictarse actos administrativos formales durante los procesos de contrataciones.

CAPÍTULO III
PROCEDIMIENTOS DE SELECCIÓN

Artículo 16[10]**.** Los procedimientos de selección a los que se sujetarán las contrataciones son:

1) Licitación Pública: Es el procedimiento administrativo mediante el cual las entidades del Estado realizan un l amado público y abierto, convocando a los interesados para que formulen propuestas, de entre las cuales seleccionará la más conveniente conforme a los pliegos de condiciones correspondientes. Las licitaciones públicas podrán ser internacionales o nacionales. Las licitaciones públicas serán internacionales en los siguientes casos:

i) Cuando la compra o contratación esté cubierta por un tratado o acuerdo en vigor entre la República Dominicana y otro Estado u organismo multilateral o bilateral de crédito.

ii) Cuando, previamente, una evaluación técnica indique que los oferentes nacionales no tienen suficiente capacidad para proveer los bienes o servicios o ejecutar los proyectos u obras;

iii) Cuando una licitación pública nacional previa se haya declarado desierta.

2) Licitación Restringida: Es la invitación a participar a un número limitado de proveedores que pueden atender el requerimiento, debido a la especialidad de los bienes a adquirirse, de las obras a ejecutarse o de los servicios a prestarse, razón por la cual sólo puede obtenerse un número

---

10 Artículo modificado por Ley 449-06.

limitado de participantes En todo caso los proveedores, contratistas de obras o consultores, estarán registrados conforme a lo previsto en la presente ley y su reglamento, de los cuales se invitará un mínimo de cinco (5) cuando el registro sea mayor. No obstante ser una licitación restringida se hará de conocimiento público por los medios previstos;

3) Sorteo de Obras: Es la adjudicación al azar o aleatoria de un contrato entre participantes que cumplen con los requisitos necesarios para la ejecución de obras sujetas a diseño y precio predeterminados por la institución convocante;

4) Comparación de Precios: Es una amplia convocatoria a las personas naturales o jurídicas inscritas en el registro respectivo. Este proceso sólo aplica para la compra de bienes comunes con especificaciones estándares, adquisición de servicios y obras menores. Un procedimiento simplificado, establecido por un reglamento de la presente ley, será aplicable al caso de compras menores;

5) Subasta Inversa. Cuando la compra de bienes comunes con especificaciones estándares se realice por medios electrónicos, se seleccionará el oferente que presente la propuesta de menor precio. Este procedimiento debe posibilitar el conocimiento permanente del precio a que realizan las ofertas todos los participantes, así como del momento en que se adjudica y debe estar basado en la difusión de la programación de compras y contrataciones.

Artículo 17[11]**.** Para determinar la modalidad de selección a aplicar en un proceso de compra o contratación se utilizarán los umbrales topes, que se calculan multiplicando el Presupuesto de Ingresos Corrientes del Gobierno Central, aprobado por el Congreso de la República, por los factores incluidos en la siguiente tabla, según corresponda a obras, bienes o servicios:

	OBRAS	BIENES	SERVICIOS
Licitación pública	0.00060	0.000020	0.000020
Licitación restringida	0.00025	0.000008	0.000008
Sorteo de obras	0.00025	No aplica	No aplica
Comparación de precios	0.00004	0.0000015	0.0000015
Compras menores	No aplica	0.0000002	0.0000002

A título enunciativo, para el Presupuesto de Ingresos Corrientes del Gobierno Central aprobado por el Congreso de la República para el año 2006, ascendente a RD$190,805,867,563, los umbrales tope en pesos dominicanos correspondientes serían los siguiente:

	OBRAS	BIENES	SERVICIOS
Licitación pública	114,600,000	3,816,117	3,816,117
Licitación restringida	47,701,467	1,526,447	1,526,447
Sorteo de obras	28,620,880	No aplica	No aplica
Comparación de precios	7,632,235	286,209	286,209
Compras menores	No aplica	38,161	38,161

Párrafo I.- La modalidad de selección a aplicar será la que corresponda al umbral más cercano e inmediatamente inferior al presupuesto o costo estimado de la obra, bien o servicio a contratar. No obstante, podrían utilizarse modalidades con umbrales superiores en caso que así lo estime conveniente la entidad contratante.

Párrafo II.- La tabla contentiva de los umbrales topes expresada en pesos dominicanos será publicada anualmente por el Órgano Rector y actualizada cuando corresponda.

11 Artículo modificado por Ley 449-06.

Párrafo III.- En aquellas entidades cuyo presupuesto total anual no duplique la cantidad resultante de la aplicación del procedimiento que se establece en el presente artículo, la misma deberá multiplicar cada factor de la tabla por 0.5, para cada caso en particular.

Párrafo IV.- El Órgano Rector podrá fijar umbrales inferiores siempre y cuando así lo establezcan acuerdos internacionales suscritos, ratificados por el Congreso de la República.

Párrafo V.- En el caso de compras de bienes, la subasta inversa será un método aplicable a cualquier valor del presupuesto estimado, siempre que cumpla con los requerimientos de la presente ley y sus reglamentos.

Párrafo VI.- Tendrán derecho a participar en procesos de contratación de la ejecución, reparaciones o mantenimiento de obras menores, en la modalidad de Sorteo, los técnicos medios en el área de construcción calificados por las entidades competentes según defina el reglamento correspondiente de esta ley, hasta un monto igual al diez por ciento (10%) del umbral que determina para esta modalidad el presente artículo.

Artículo 18[12]**.** La convocatoria a presentar ofertas en las licitaciones públicas deberá efectuarse mediante la publicación, al menos, en dos diarios de circulación nacional por el término de dos (2) días, con un mínimo de treinta (30) días hábiles de anticipación a la fecha fijada para la apertura, computados a partir del día siguiente a la última publicación. Cuando se trate de licitaciones internacionales deberán disponerse, además, avisos en publicaciones de países extranjeros, en los plazos, con la forma y con las modalidades que establezca la reglamentación. La invitación a presentar ofertas en licitaciones restringidas deberá publicarse a través del portal web de la institución y del administrado por el Órgano Rector de las contrataciones públicas o, en su defecto, por el término de dos (2) días en dos diarios de mayor circulación del país; en ambos casos con veinte (20) días hábiles de anticipación a la fecha fijada para la apertura.

Párrafo I.- El contenido mínimo de la convocatoria será:

1) Identidad de la entidad que convoca;

2) La descripción, cantidad y el lugar de entrega, de los bienes a suministrarse; o la descripción y ubicación de las obras que hayan de efectuarse; o la descripción de los servicios requeridos;

3) El plazo, de ser el caso según la modalidad, para el suministro de los bienes, servicios o la terminación de las obras;

4) El lugar, la forma y costo para obtener los pliegos de condiciones;

5) La fecha, hora y el lugar previsto para la presentación de propuestas;

6) La indicación de que la compra o contratación está cubierta por un tratado o convenio internacional suscrito por la República Dominicana.

Párrafo II. Cuando la complejidad o el monto de la contratación lo justifiquen, a juicio de la autoridad competente, el l amado deberá prever un plazo previo a la publicación de la convocatoria, para que los interesados formulen observaciones al proyecto de pliego de condiciones, conforme lo determine la reglamentación.

Párrafo III. Podrán realizarse adendas a los pliegos de condiciones, que no alteren sustancialmente los términos originales, sólo en los casos, forma y plazos que establezcan los reglamentos de la presente ley. Siempre se deberá otorgar a los oferentes tiempos suficientes para realizar los ajustes necesarios a sus ofertas. Las adendas deberán ser notificadas a todos los oferentes que hayan adquirido los pliegos y publicadas en los mismos medios en que se difundió el original.

Párrafo IV. - Todas las convocatorias junto con los pliegos de condiciones, si corresponde, se difundirán por Internet o por cualquier medio similar que lo reemplace o amplíe, en el sitio de la entidad que la realice y en el portal administrado por el Órgano Rector de las Contrataciones Públicas.

---

12 Artículo modificado por Ley 449-06.

Artículo 19. Las contrataciones comprendidas en esta ley podrán realizarse por medios electrónicos en consideración a la Ley No.126-02, del 4 de septiembre del 2002, sobre Comercio Electrónico, Documentos y Firmas Digitales y su reglamento de aplicación.

Párrafo I.- Los organismos públicos comprendidos en el ámbito de esta ley podrán aceptar el envío de ofertas, la presentación de informes, documentos, comunicaciones, recursos administrativos, entre otros aspectos, en formato digital. Se considerarán válidas las notificaciones firmadas digitalmente.

Párrafo II.- La reglamentación determinará de manera detallada los procesos de contrataciones por medios electrónicos, especialmente se considerará la forma de publicidad y difusión, la gestión de las contrataciones, los procedimientos de pago, las notificaciones, la digitalización de los documentos y el expediente digital, de tal manera que se pueda garantizar la transparencia, autenticidad, seguridad jurídica, utilización como medio de prueba y confidencialidad.

CAPÍTULO IV.

PRESENTACIÓN, EVALUACIÓN DE PROPUESTAS Y ADJUDICACIÓN

Artículo 20[13]**.** El pliego de condiciones proporcionará toda la información necesaria relacionada con el objeto y el proceso de la contratación, para que el interesado pueda preparar su propuesta.

Párrafo I.- Los participantes podrán solicitar a la entidad convocante aclaraciones acerca del pliego de condiciones, hasta la fecha que coincida con el cincuenta por ciento (50%) del plazo para presentación de propuestas. La entidad dará respuesta a tales solicitudes de manera inmediata, y no más alá de la fecha que signifique el setenta y cinco por ciento (75%) del plazo previsto para la presentación de propuestas. Las aclaraciones se comunicarán, sin indicar el origen de la solicitud, a todos los oferentes que hayan adquirido el pliego de condiciones.

Párrafo II.- Cuando la complejidad del pliego así lo amerite, la entidad contratante podrá convocar a una audiencia con los interesados, para realizar aclaraciones y responder a las inquietudes que presenten. Se levantará acta en la que se consignen las consultas y las respuestas, la que será distribuida a todos los oferentes, hayan o no participado de la audiencia, teniendo únicamente valor aclaratorio.

Artículo 21. El principio de competencia entre oferentes no deberá ser limitado por medio de recaudos excesivos, severidad en la admisión de ofertas o exclusión de éstas por omisiones formales subsanables, debiéndose requerir a los oferentes incursos en falta las aclaraciones que sean necesarias, dándosele la oportunidad de subsanar dichas deficiencias, en tanto no se alteren los principios de igualdad y transparencia establecidos en el Artículo 3 de esta ley, de acuerdo a lo que establezca la reglamentación.

Artículo 22. La propuesta tendrá validez durante el período que se señale en el pliego de condiciones; no obstante, antes de que venza el plazo de validez de la propuesta, la entidad podrá solicitar una prórroga de duración determinada. El oferente podrá negarse a la solicitud sin perder por el o la garantía de mantenimiento de oferta y su validez cesará al expirar el plazo de vigencia original, en cuyo caso ya no será considerado en el proceso. Para que la oferta se estime prorrogada se requiere que el oferente presente el documento de renovación de la garantía, determinándose que quien no entregue la garantía prorrogada no será considerado en el proceso.

Artículo 23. Las ofertas se abrirán en la fecha y hora indicadas en el pliego de condiciones o en sus alcances sobre prórrogas, en el lugar y con las formalidades que se hayan indicado. El acto de apertura será público, para el cual los proponentes se considerarán los principales protagonistas. En el acto se hará público el nombre de los oferentes, sus garantías y los precios de sus ofertas. Dicho acto se efectuará con la presencia de notario público, quien se limitará a certificar el acto.

---

13 Artículo modificado por Ley 449-06.

Párrafo I.- El acto de apertura será público y sólo podrá postergarse cuando surjan causas de fuerza mayor. En estos casos se levantará acta en la que constarán los motivos de la postergación[14].

Párrafo II.- Toda oferta podrá ser retirada antes y hasta el momento señalado para su apertura, siempre que el proponente lo solicite personalmente o por escrito.

Párrafo III.- Se podrá mostrar a los representantes de las empresas presentes en el acto de apertura de las propuestas, a su solicitud, las cifras, firmas y cualquier documento que les interese verificar del contenido de las propuestas.

Párrafo IV.- Las propuestas inmediatamente después de recibidas en el lugar indicado, serán debidamente conservadas y custodiadas, permaneciendo cerradas hasta el momento de la apertura.

Párrafo V.- Los pliegos de condiciones establecerán el procedimiento de apertura de las propuestas, indicando los casos en que se recurrirá al procedimiento de apertura en forma consecutiva dentro de una misma reunión o al método de apertura en reuniones separadas. Una vez abiertas, las ofertas se considerarán promesas irrevocables de contratos; en consecuencia, no podrán ser retiradas ni modificadas por ningún motivo.

Artículo 24. Toda entidad contratante podrá cancelar o declarar desierto un proceso de compra o contratación mediante el dictado de un acto administrativo, antes de la adjudicación, siempre y cuando existan informes de carácter legal y técnico debidamente justificados.

Párrafo I.- En el evento de declaratoria de desierto un proceso, la entidad podrá reabrirlo, en la misma forma que lo hizo con el primero, dando un plazo de propuestas que puede ser de hasta un cincuenta por ciento (50%) del plazo del proceso fallido, al cual pueden acudir los proponentes que adquirieron los pliegos de condiciones sin volver a pagarlos.

Párrafo II.- Si en la reapertura, se produjese una segunda declaratoria de desierto el expediente del proceso será archivado. En esta situación la entidad podrá realizar ajustes sustanciales de los pliegos de condiciones, para iniciar un nuevo proceso sujetándose a estales y a los reglamentos.

Artículo 25. Los funcionarios responsables del análisis y evaluación de las ofertas presentadas, ya en la etapa de calificación o de comparación económica, dejarán constancia en informes, con todos los justificativos de su actuación, así como las recomendaciones para que la autoridad competente pueda tomar decisión sobre la adjudicación. Para facilitar el examen, únicamente dichos funcionarios podrán solicitar que cualquier oferente aclare su propuesta. No se solicitará, ofrecerá, ni autorizará modificación alguna en cuanto a lo sustancial de la propuesta entregada. Los reglamentos precisarán los detal es que se deberán cumplir en esta parte del proceso.

Artículo 26. La adjudicación se hará en favor del oferente cuya propuesta cumpla con los requisitos y sea calificada como la más conveniente para los intereses institucionales y del país, teniendo en cuenta el precio, la calidad, la idoneidad del oferente y demás condiciones que se establezcan en la reglamentación, de acuerdo con las ponderaciones puestas a conocimiento de los oferentes a través de los pliegos de condiciones respectivos.

Párrafo I.- Cuando se trate de la compra de un bien o de un servicio de uso común incorporado al catálogo respectivo, se entenderá en principio, como oferta más conveniente la de menor precio.

Párrafo II.- Se notificará la adjudicación, a todos los oferentes, dentro de un plazo de cinco (5) días hábiles a partir de la expedición del acto administrativo de adjudicación. La entidad contratante deberá, a solicitud expresa presentada por escrito del oferente cuya propuesta no haya sido seleccionada, facilitar información pertinente a la evaluación de su oferta[15].

Párrafo III.- Efectuada la notificación al adjudicatario y participantes, ésta genera derechos y obligaciones de la entidad contratante y del adjudicatario a exigir la suscripción del contrato. En tal sentido, si el adjudicatario no suscribe el contrato dentro del plazo fijado en el pliego de condiciones, la entidad contratante ejecutará a su favor la garantía y podrá demandar el pago por daños

---

14 Párrafo modificado por Ley 449-06.

15 Párrafo modificado por Ley 449-06.

y perjuicios. En caso de que la entidad contratante no suscriba el contrato dentro del plazo estipulado, el adjudicatario podrá demandar la devolución del valor equivalente a la garantía de mantenimiento de oferta presentada y la indemnización por daños y perjuicios.

Párrafo IV.- La resolución de adjudicación se cursará a la máxima autoridad ejecutiva de la institución quien aprobará o rechazará ordenando por escrito su revisión con la indicación de los desacuerdos que formule. Los funcionarios responsables del análisis y evaluación de las ofertas podrán confirmar, complementar o modificar, si fuere el caso, sus recomendaciones. Si la adjudicación fuese nuevamente rechazada por la máxima autoridad, se solicitará la decisión al Órgano Rector.

CAPÍTULO V.

CONTENIDO Y FORMA DE LOS CONTRATOS

Artículo 27[16]**.** Los contratos que realicen las entidades públicas para la adquisición de bienes o la contratación de obras y servicios, podrán formalizarse indistintamente, por escrito en soporte papel o formato digital, en las condiciones que establezca la reglamentación y se ajustarán al modelo que forma parte del pliego de condiciones, con las modificaciones aprobadas hasta el momento de la adjudicación. El reglamento señalará los casos en que la contratación pueda formalizarse con una orden de compra u orden de servicio.

Párrafo.- Las contrataciones efectuadas a través de órdenes de compra u órdenes de servicio quedarán perfeccionadas en el momento de notificarse la recepción de conformidad de las mismas.

Artículo 28. El contrato, para considerarse válido, contendrá cláusulas obligatorias referidas a: antecedentes, objeto, plazo, precio, ajuste de precios, equilibrio económico-financiero, garantías, modificación, terminación, resolución, arbitraje, nulidad, sanciones y bonificaciones, si ello se ha acordado, liquidación, solución de controversias, y las demás que correspondan de acuerdo con la naturaleza de la contratación y con las condiciones que establezca el reglamento de la presente ley.

Párrafo I.- El reglamento establecerá las características formales del contenido de las órdenes de compra y de servicio.

Párrafo II.- En el caso de que sea necesaria la devolución de valores avanzados por la entidad contratante, los proveedores reconocerán como valores recibidos estos montos actualizados con base en el Índice de Precio al Consumidor (IPC), más la tasa de interés indemnizatorio aplicable para los casos de mora en el Código Tributario, sin perjuicio de las demás sanciones previstas por esta ley para los casos de incumplimiento[17].

Artículo 29. Las ventas, contrataciones y concesiones realizadas conforme a las disposiciones de la presente ley y las realizadas por las empresas y corporaciones públicas, generarán las obligaciones tributarias correspondientes, por lo tanto, ninguna institución sujeta a las disposiciones de la presente ley o empresa pública que realice contrataciones, podrá contratar o convenir sobre disposiciones o cláusulas que dispongan sobre exenciones o exoneraciones de impuestos y otros tributos, o dejar de pagarlos, sin la debida aprobación del Congreso Nacional.

Párrafo.- Las instituciones sujetas a las disposiciones de la presente ley y las empresas y corporaciones públicas, citadas en el Artículo 2 de la presente ley, no podrán convenir ni contratar sobre cláusula o disposición que las obliguen asumir o pagar las obligaciones tributarias de una o más de las partes participantes en el contrato o los contratos realizados o de pagar las obligaciones tributarias de terceros.

Artículo 30. Para garantizar el fiel cumplimiento de sus obligaciones los oferentes, adjudicatarios y contratistas deberán constituir garantías en las formas y por los montos establecidos en la reglamentación de la presente ley.

---

16 Artículo modificado por Ley 449-06.
17 Párrafo modificado por Ley 449-06.

Párrafo I.- El adjudicatario de una licitación deberá contratar seguros que cubran los riesgos a que estén sujetas las obras. Tales seguros permanecerán en vigor hasta que la autoridad correspondiente compruebe que el adjudicatario ha cumplido con las condiciones del contrato, extendiéndoles la constancia para su cancelación.

Párrafo II.- Las garantías podrán consistir en pólizas de seguro o garantías bancarias, con las condiciones de ser incondicionales, irrevocables y renovables; se otorgarán en las mismas monedas de la oferta y se mantendrán vigentes hasta la liquidación del contrato; con excepción de la garantía por el buen uso del anticipo, la que se reducirá en la misma proporción en que se devengue dicho anticipo.

CAPÍTULO VI.

FACULTADES Y OBLIGACIONES

Artículo 31. La entidad contratante tendrá las facultades y obligaciones establecidas en esta ley, sin perjuicio de las que estuvieren previstas en otra legislación y en sus reglamentos, en los pliegos de condiciones, o en la documentación contractual. Especialmente tendrá:

1) El derecho de interpretar administrativamente los contratos y de resolver las dudas que ofrezca su cumplimiento, el Órgano Rector emitirá la opinión definitiva;

2) Podrá modificar, disminuir o aumentar hasta un veinticinco por ciento (25%) del monto del contrato original de la obra, siempre y cuando se mantenga el objeto, cuando se presenten circunstancias que fueron imprevisibles en el momento de iniciarse el proceso de contratación, y esa sea la única forma de satisfacer plenamente el interés público;

3) En la contratación de bienes, no habrá modificación alguna de las cantidades previstas en los pliegos de condiciones;

4) En el caso de la contratación de servicios, podrá modificar, disminuir o aumentar hasta el cincuenta por ciento (50%), por razones justificadas que establezca el reglamento;

5) Podrá acordar la suspensión temporal del contrato por causas técnicas o económicas no imputables al contratista, o por circunstancias de fuerza mayor o caso fortuito, observándose las condiciones que se prevean en el respectivo reglamento;

6) Efectuará la administración del contrato en sus aspectos técnico, administrativo y financiero, así como el control de calidad de los bienes, obras o servicios. El hecho de que la entidad no supervise los procesos, no exime al contratista de cumplir con sus deberes ni de la responsabilidad a la que contractualmente esté obligado;

7) El poder de control, inspección y dirección de la contratación;8) La facultad de imponer las sanciones previstas en la presente ley a los oferentes y a los contratistas, cuando éstos incumplieren sus obligaciones;

9) La prerrogativa de proceder a la ejecución directa del objeto del contrato, cuando el proveedor o contratista no lo hiciere dentro de plazos razonables y proceder al encausar al incumplidor ante la jurisdicción correspondiente,

10) DEROGADO[18]

Párrafo.- La revocación, modificación o sustitución de los contratos por razones de oportunidad, mérito o conveniencia, no generará derecho a indemnización por concepto de lucro cesante.

Artículo 32. Sin perjuicio de las facultades y obligaciones previstas en la legislación específica, en sus reglamentos, en los pliegos de condiciones o en la documentación contractual, el contratista tendrá:

1) El derecho a los ajustes correspondientes de las condiciones contractuales, cuando ocurrieren acontecimientos extraordinarios o imprevisibles, con relación a las condiciones existentes al momento de la presentación de propuestas, que devuelvan el equilibrio económico del contrato;

---

18 Numeral derogado por Ley 449-06.

2) Ejecutar el contrato por sí, o mediante cesión o subcontratación hasta un cincuenta por ciento (50%) del monto del contrato, siempre que se obtenga la previa y expresa autorización de la administración, en cuyo caso el contratante cedente continuará obligado solidariamente con el cesionario o subcontratista por los compromisos del contrato;

3) La obligación de cumplir las prestaciones por sí en todas las circunstancias, salvo caso fortuito o fuerza mayor, o por actos o incumplimiento de la autoridad administrativa, que hagan imposible la ejecución del contrato.

CAPÍTULO VII

DE LA INICIATIVA PRIVADA

Artículo 33[19]**.** Cualquier persona natural o jurídica podrá presentar iniciativas para la ejecución de obras y concesiones.

Párrafo.- El reglamento establecerá los criterios y procedimientos que se aplicarán para la instrumentación de las disposiciones de este artículo.

TÍTULO II

SISTEMA DE CONTRATACIONES DE BIENES, SERVICIOS Y CONCESIONES

CAPÍTULO I

ORGANIZACIÓN DEL SISTEMA

Artículo 34[20]**.** El Sistema de Contrataciones de Bienes, Obras, Servicios y Concesiones se organizará en función de los criterios de centralización de las políticas y de las normas y de descentralización de la gestión operativa, teniendo como fin general el de procurar la excelencia y transparencia en las contrataciones del Estado y el cumplimiento de los principios de esta ley.

Artículo 35[21]**.** Los Órganos del Sistema serán:

1) La Dirección General de Contrataciones Públicas, dependencia de la Secretaría de Estado de Finanzas, que fungirá junto a la Subdirección de Bienes y Servicios y la Subdirección de Obras y Concesiones como Órgano Rector del Sistema.

2) Las unidades operativas de contrataciones que funcionarán en las entidades mencionados en el Artículo 2 de la presente ley que tendrán a su cargo la gestión de las contrataciones.

Párrafo I.- El Órgano Rector contará con una Comisión Consultiva, integrada por:

1) El Director General del Órgano Rector, quien la presidirá;

2) Por el presidente del Colegio Dominicano de Ingenieros, Arquitectos y Agrimensores (CODIA) o su delegado;

3) Por el presidente de la Federación Dominicana de Cámaras de Comercio (FEDOCAMARA) o su delegado;

4) Por dos miembros debidamente designados por el Poder Ejecutivo.

Párrafo II.- No podrán conformar el Órgano Rector de Contrataciones Públicas:

1) Las personas que sean parientes entre sí dentro del segundo grado de consanguinidad o de afinidad o que tengan relación de parentesco con el Secretario de Estado de Finanzas;

2) Las personas que tengan participación mayoritaria en el capital o cualquier participación en el órgano de dirección de un posible oferente o contratista, incluso fuera del territorio de la República Dominicana;

3) Las personas que hayan sido declaradas en estado de quiebra, así como aquellas contra las cuales estuvieren pendientes procedimientos de quiebra;

---

19 Artículo modificado por Ley 449-06.

20 Artículo modificado por Ley 449-06.

21 Artículo modificado por Ley 449-06.

4) Las personas que estuvieren subjúdices, o cumpliendo condena o que hayan sido condenadas a penas aflictivas o infamantes.

Artículo 36[22]. El Órgano Rector tendrá las siguientes funciones básicas:

1) Recomendar a la Secretaría de Estado de Finanzas las políticas de compras y contrataciones de bienes, servicios, obras y concesiones para su consideración y aprobación;

2) Diseñar e implantar el Catálogo de Bienes y Servicios de uso común para las entidades comprendidas en el ámbito de la ley, así como los catálogos de elementos comúnmente utilizados en las obras públicas;

3) Diseñar e implantar un Sistema de Información de Precios que mantenga actualizados los valores de mercado de los bienes y servicios de uso común. Asimismo, mantendrá información sobre los precios a los que las entidades comprendidas en el ámbito de la ley compraron o contrataron tales bienes y servicios;

4) Establecer la metodología para preparar los planes y programas anuales de compras y contrataciones de bienes y servicios por parte de las entidades comprendidas en el ámbito de la ley;

5) Diseñar e implantar los Manuales de Procedimientos Comunes para cada tipo de compra y contrataciones de bienes, servicios, obras y concesiones. Dichos manuales serán aprobados por la Secretaría de Estado de Finanzas, la cual evaluará los resultados de su implantación, en términos de eficacia y transparencia.

6) Verificar que en las entidades comprendidas en el ámbito de la Ley se apliquen en materia de compras y contrataciones de bienes, servicios, obras y concesiones las normas establecidas por esta ley, sus reglamentos, así como las políticas, planes, programas y metodologías.

7) Capacitar y especializar a su personal y al de las unidades operativas en la organización y funcionamiento del sistema, así como en la gestión de compras y contrataciones de bienes, servicios, obras y concesiones.

8) Organizar y mantener actualizado el Registro de Proveedores del Estado, en el que podrán inscribirse todas las personas naturales o jurídicas nacionales o extranjeras que así lo deseen, siempre y cuando no tengan causal de inhabilidad para contratar con el Estado.

9) Mantener un registro especial de proveedores y consultores que hayan incumplido con lo dispuestos en la ley, en sus reglamentos, o en el contrato, así como de las sanciones que se les hayan aplicado por violaciones a los mismos.10) Recibir las sugerencias y reclamaciones de los proveedores, estén o no inscritos en el Registro, así como tomar medidas precautorias oportunas, mientras se encuentre pendiente la resolución de una impugnación para preservar la oportunidad de corregir un incumplimiento potencial de la presente ley, incluyendo la suspensión de la adjudicación de un contrato o la ejecución de un contrato que ya ha sido adjudicado.

11) Proponer al Secretario de Estado de Finanzas la estructura organizativa del Órgano Rector, la cual será aprobada por la Oficina Nacional de Administración y Personal, así como los manuales de procedimientos internos.

12) Proponer al Secretario de Estado de Finanzas los reglamentos de aplicación de la presente ley.

13) Recomendar, cuando le corresponda, las sanciones previstas en la presente ley.

14) Administrar y garantizar la completa y oportuna actualización de un portal web que concentre la información sobre las contrataciones públicas, de acceso gratuito y en el que se deberá incluir, al menos:

i. La normativa vigente sobre la materia;

ii. Las políticas de compras y contrataciones;

iii. Los planes de compras y contratación;

iv. Las convocatorias a presentar ofertas de todas las entidades públicas y los pliegos de condiciones correspondientes;

---

22 Artículo modificado por Ley 449-06.

v. Los resultados de los procesos de compra y contrataciones de todas las entidades públicas, salvo las excepciones incluidas en la Ley General de Libre Acceso a la Información Pública;

vi. El registro especial de proveedores inhabilitados.

Párrafo.- El uso del sistema de información de precios será obligatorio para todas las entidades del Gobierno Central y será optativo para el resto de las entidades del sector público.

Artículo 37. El sistema de información de precios mantendrá datos actualizados sobre los valores de mercado de los bienes y servicios de uso común, las garantías, condiciones de entrega, condiciones y formas de pago y otras que establezca el reglamento.

Párrafo I.- El sistema contendrá también información sobre los precios a los que los organismos comprendidos en el ámbito de la ley compraron o contrataron los bienes y servicios adquiridos.

Párrafo II.- DEROGADO[23].

Artículo 38[24] Las entidades comprendidas en el ámbito de la presente ley están obligadas a elaborar planes y programas anuales de contratación de bienes y servicios, de acuerdo con las normas y metodologías que al respecto dicte el Órgano Rector. Los planes y programas anuales se elaborarán con base en las políticas que dicte la Secretaría de Estado de Finanzas o, en el caso que corresponda, por el Consejo Directivo de las instituciones o por la Sala Capitular de los Ayuntamientos. Estos serán consistentes con las apropiaciones presupuestarias aprobadas para cada ejercicio. Asimismo, los planes y programas servirán de base para la programación periódica de la ejecución del presupuesto.

Párrafo I.- Las entidades comprendidas en el ámbito de la presente ley están obligadas a elaborar planes y programas anuales de contratación de obras públicas y concesiones. Los planes y programas anuales se elaborarán con base en la política que dicte sobre inversiones públicas el Secretariado Técnico de la Presidencia o, en el caso que corresponda, por el Consejo Directivo de las instituciones y por la Sala Capitular de los Ayuntamientos. Además, las inversiones en obras públicas serán consistentes con el Plan de Inversiones Públicas y con las apropiaciones presupuestarias aprobadas para cada ejercicio.

Párrafo II.- Los planes y programas anuales de contratación de bienes, servicios y obras deberán ser consolidados por el Órgano Rector, que tendrá la responsabilidad de su difusión pública, así como de efectuar la evaluación de su cumplimiento.

Artículo 39[25]**.** DEROGADO.

Artículo 40[26]**.** DEROGADO.

Artículo 41[27]**.** DEROGADO

Artículo 42[28]**.** Para desempeñar las funciones de Director General o Subdirector se requiere lo siguiente:

1) Ser dominicano y estar en pleno ejercicio de los derechos civiles y políticos.

2) Poseer título universitario, preferiblemente en contabilidad, derecho, economía, administración, ingeniería o arquitectura.

3) Tener experiencia en conducción en el área de contrataciones públicas.

---

23 Párrafo derogado por Ley 449-06.
24 Artículo modificado por Ley 449-06.
25 Artículo derogado por Ley 449-06.
26 Artículo derogado por Ley 449-06.
27 Artículo derogado por Ley 449-06.
28 Artículo modificado por Ley 449-06.

CAPÍTULO II.

NORMAS ESPECIALES PARA LA CONTRATACIÓN DE CONCESIÓN DE BIENES, OBRAS Y SERVICIOS

Artículo 43. Las máximas autoridades de los organismos comprendidos en el Artículo 2 de esta ley formalizarán el requerimiento de servicios de consultoría mediante un acto administrativo, en los cuales se formulen los términos de referencia suficientes al objeto de la contratación. Las unidades operativas elevarán para su aprobación los pliegos de condiciones, teniendo en cuenta los siguientes criterios:

1) De calidad y precio. Cuando la selección se basa conjuntamente en la calidad de la propuesta, idoneidad del proponente y en el costo de los servicios a suministrar. En primer término se evaluará la calidad,

2) De calidad. Cuando los servicios sean de naturaleza excepcionalmente compleja o altamente especializados o de servicios que exijan innovación, se utilizará la modalidad basada exclusivamente en la idoneidad del proponente y en la calidad de la propuesta técnica.

Artículo 44. En los procedimientos de selección para consultorías el pliego de condiciones preverá el cumplimiento del proceso en dos etapas, mediante la presentación de dos ofertas. La primera oferta contendrá los documentos que respalden la solvencia, idoneidad, capacidad y experiencia de los proponentes en el que se adjuntará adicionalmente la propuesta técnica; la segunda contendrá la oferta financiera.

Párrafo.- En el caso de que la selección se base exclusivamente en la calidad de los servicios, la entidad contratante procederá a negociar el precio con quien haya sido evaluado en primer lugar. En caso de no llegar a un acuerdo en términos de precio, podrá desestimar la oferta y proceder a negociar con quien haya quedado en el siguiente lugar de la selección.

Artículo 45. Las contrataciones de servicios de consultoría establecerán condiciones que promuevan y faciliten la capacitación y transferencia de conocimientos a los recursos humanos nacionales.

CAPÍTULO III.

NORMAS ESPECIALES PARA LOS CONTRATOS DE CONCESIÓN DE OBRAS PÚBLICAS

Artículo 46. Para los fines de esta ley, se entiende por concesión la facultad que el Estado otorga a particulares, personas naturales o jurídicas para que por su cuenta y riesgo construyan, instalen, mejoren, adicionen, conserven, restauren, produzcan, operen o administren una obra, bien o servicio público, bajo la supervisión de la entidad pública concedente, con o sin ocupación de bienes públicos. A cambio, el concesionario tendrá derecho a la recuperación de la inversión y la obtención de una utilidad razonable o el cobro a los usuarios de la obra, bien o servicio de una tarifa razonable para mantener el servicio en los niveles satisfactorios y comprometidos en un contrato con duración o plazo determinado, siguiendo la justificación y prioridad establecida por la planificación y el desarrollo estratégico del país.

Artículo 47. La licitación pública nacional o internacional será el único procedimiento de selección para la contratación de concesiones, sea cual fuere la modalidad, a la que podrán presentarse personas, firmas o asociaciones nacionales, extranjeras o mixtas.

Párrafo I.- El reglamento indicará las modalidades de contratación dependiendo del tipo de bien, obra o servicio que la entidad desee concesionar, y propondrá entre éstas la que estime más conveniente para los intereses del país, contando con el criterio y autorización del Órgano Rector, quien efectuará la determinación definitiva.

Párrafo II.- La persona, firma o asociación que haya presentado la iniciativa privada, tendrá derecho de propiedad por un período de tres años. Asimismo, tendrá derecho al reembolso total de los costos de estudios en que incurrió para formular la solicitud de iniciativa privada por parte de quien obtenga la adjudicación de la concesión, lo que deberá constar en los pliegos de condiciones.

Artículo 48. Cada una de las entidades públicas del Gobierno Central, instituciones descentralizadas y autónomas serán competentes para realizar las acciones preparatorias de cualquier tipo de concesión que corresponda a su área funcional, de conformidad con las políticas que dicte el Órgano Rector de la Contratación y Concesiones de la presente ley y su respectivo reglamento.

Artículo 49. El plazo de duración de un contrato de concesión estará determinado por la naturaleza del bien, obra o servicio y no podrá ser mayor al setenta y cinco por ciento (75%) de la vida útil de las mismas, en aquellos casos que la vida útil sea una variable determinante del proyecto. El plazo será calculado en cada caso de acuerdo con la cuantía e importancia de la inversión, tomando en cuenta el interés nacional, el de los usuarios, y otros factores que establezca la reglamentación de la presente ley.

Párrafo I.- Excepcionalmente, y por una sola vez, podrá prorrogarse un contrato de concesión, por un período de hasta el 50% del plazo original, cuando se demuestre que las condiciones son beneficiosas para el Estado y los usuarios, en cuyo caso se atenderán los procedimientos que indique el reglamento, respetando los principios de esta ley.

Párrafo II.- En el caso de que el Estado decida continuar con un bien, obra o servicio público concesionado, con por lo menos un año de anticipación, realizará nuevas acciones preparatorias, para poder terminar y liquidar el contrato presente y volver, mediante licitación pública a un nuevo proceso de concesión, en el cual podrá participar el concesionario con responsabilidad por concluir, cumpliendo todos los requisitos que demande el nuevo proceso.

Artículo 50. Todo contrato de concesión que implique inversión de recursos por parte del concesionario y cuyo plazo sea mayor de cinco (5) años de duración, se considerará legalmente perfeccionado cuando cuente con la obtención de la Resolución del Órgano Rector de Contratación y Concesiones y el correspondiente Decreto del Poder Ejecutivo. Si la concesión implica exención de impuestos y/o enajenación de inmuebles deberá ser ratificado por el Congreso de la República. En el caso de los municipios, en adición, recibirán aprobación de la Sala Capitular.

CAPÍTULO IV.
OBLIGACIONES MÍNIMAS

Artículo 51. Las entidades públicas autorizadas para llevar a cabo procesos de concesión, suscribir contratos y administrarlos desde su inicio hasta la culminación del plazo del contrato de concesión tendrán las siguientes obligaciones mínimas:

1) Velar por la estabilidad y equilibrio contractual;

2) Obtener los derechos de los servicios concesionados;

3) Rescatar el servicio por causas de afectación a la utilidad pública, tales como servicio deficiente, incremento desmedido de precios y que superan los acuerdos del equilibrio financiero definido en el contrato;

4) Velar porque sean solamente las tarifas que resulten del acuerdo contractual las que se estén cobrando por la prestación del servicio;

5) Supervisar todas las etapas de la concesión, calidad de ejecución, certificar la inversión, cumplimiento de la operación, cumplimiento de los niveles de servicio, hasta la liquidación del contrato,

6) Aplicar al concesionario las multas o premios estipulados en el contrato.

Artículo 52. El concesionario, además de lo que se estipule en el pliego de condiciones y en el correspondiente contrato, tendrá las siguientes obligaciones mínimas:

1) Cumplir las funciones otorgadas contractualmente con apego a las normas del derecho público, en cuanto a las relaciones que mantiene con la institución encargada de la administración del contrato y a aquellas vinculadas con otras entidades del sector público, y

2) Mantener el régimen económico del contrato, tal como éste ha sido acordado en el proceso de selección.

En cuanto se refiere a los derechos y obligaciones económicas con terceros, beneficiarios de los servicios, el concesionario se regirá por las normas del derecho privado.

CAPÍTULO V.
PROCESO DE CONTRATACIÓN

Artículo 53. Con los elementos de juicio, y fundamentalmente los estudios técnicos y económicos que disponga la entidad pública, previa convocatoria y con el apoyo del Órgano Rector de la Contratación y Concesiones, llevará a cabo una audiencia pública.

La misma se desarrollará dentro de los procedimientos que señale el reglamento de esta ley, preferiblemente en el sitio que pudiese constituir el punto de mayor trascendencia del proyecto, al cual puedan acudir autoridades regionales, representantes y la misma sociedad civil.

Párrafo.- Los resultados de la audiencia serán recogidos y procesados en acta notarial, con los cuales la entidad podrá efectuar los ajustes a los estudios, documentos y demás condiciones que previamente se hayan definido.

Artículo 54. La convocatoria se realizará a través de los medios de amplia difusión nacional, y si la licitación es internacional se utilizará un medio conocido internacionalmente, por lo menos en tres publicaciones continuas, o máximo dentro de un período de diez días; el Órgano Rector de la Contratación y Concesiones, divulgará la convocatoria en la página web.

Párrafo.- El plazo razonable entre la convocatoria y la presentación de ofertas será establecido por la entidad contratante, atendiendo las características propias de cada modalidad. En ningún caso el plazo será menor a treinta (30) días hábiles, para el caso de concesiones de bienes y servicios; y de sesenta (60) días hábiles para la concesión de obras, más aún si en el as hay que realizar una inversión significativa.

Artículo 55. El pliego de condiciones contendrá con suficiente amplitud el objeto de la concesión, el proceso de la contratación y la guía que ayude al interesado a presentar su oferta con certeza y claridad, de conformidad con las características propias y la naturaleza del bien, obra o servicio público a concesionarse. Su contenido mínimo será:

1) La convocatoria, tal como será publicada;

2) Instrucciones para los oferentes;

3) Objeto de la concesión, con la descripción completa de los requerimientos de la entidad concedente;

4) Proyecto o modelo de contrato;

5) Análisis y requerimientos para una adecuada estructuración técnica, financiera y legal de las propuestas;

6) Definición de políticas de asignación de riesgos (legal, comercial, construcción, ambiental, financiero) por las partes y mitigación de contingencias;

7) En materia de obras por construirse o rehabilitarse, se entregará los estudios de ingeniería definitivos, estudios de demanda de tráfico o de requerimientos de servicios por parte de los usuarios; disponibilidad de licencias ambientales y legalización de derechos de servidumbre;

8) Características de la supervisión en las etapas de: "ingenierías y programación", "construcción o rehabilitación" y "operación";

9) Descripción de mecanismos de solución de conflictos;

10) Los anexos que se requieran, de haberlos, según el caso;

11) Criterios de evaluación de las ofertas, de acuerdo a las características propias del tipo de concesión, para lo cual puede tomarse en consideración uno o varios de lo siguientes factores:

i. Estructura tarifaría;

ii. Plazo de la concesión;

iii. Posible subsidio del Estado al oferente;

iv. Pagos ofrecidos por el oferente al Estado, en el caso de que el Estado entregue bienes, instalaciones o derechos para su utilización en la concesión;

v. Ingresos garantizados por el Estado;

vi. Grado de compromiso de riesgo que asume la entidad pública y el oferente durante la construcción o la explotación de la obra, bien o servicio público, tales como fuerza mayor o caso fortuito;

vi. Fórmula de ajuste, o ecuación financiera, para el equilibrio económico del contrato, de tarifas y sistema de revisión;

vii. Calificación de otros servicios adicionales, útiles y necesarios;

ix. Consideraciones de carácter ambiental, plan de manejo y remediación,

x. Condiciones y estándares de construcción, mantenimiento de los niveles del servicio y condiciones de devolución de las obras al término de la concesión.

Párrafo I.- Cuando el contrato de concesión tenga por objeto la construcción y explotación de obras públicas, los pliegos de condiciones generales o particulares que rijan la concesión, deberán exigir que el concesionario se obligue a ejecutar, conservar, reponer y reparar aquel as obras que sean accesorias o estén vinculadas con la principal y sean necesarias para que el conjunto cumpla la finalidad determinante de su construcción, permitiendo su mejor funcionamiento y explotación.

Párrafo II.- Los contratos de concesión de obras públicas no podrán celebrarse para obtener financiamiento para fines diferentes del objeto de la concesión por parte de la entidad u organismo concedente.

Párrafo III.- La fase de consultas consiste en la oportunidad de los oferentes a solicitar aclaraciones sobre la licitación por medio escrito y será respondido por la entidad contratante por el mismo medio, con copia a todos los oferentes. La entidad contratante no podrá responder a consultas hechas con posterioridad a los 15 días previos al cierre de la licitación.

Artículo 56. Las ofertas serán presentadas en los términos y forma establecida en el pliego de condiciones. La información que se entregue estará identificada en dos ofertas por separado; la primera, con los elementos de solvencia, idoneidad y capacidad, los cuales serán evaluados y calificados. La segunda oferta sólo se considerará cuando el oferente hubiera alcanzado la calificación; en ésta última, se adjuntarán las condiciones de carácter técnico-económico que permitan evaluar si se cumplen las condiciones exigidas en el pliego de condiciones y cuál oferta es la más conveniente a los intereses institucionales y nacionales.

Párrafo I.- La entidad contratante será la unidad autorizada para el conocimiento de las propuestas, contando para el o con el apoyo de profesionales de varias disciplinas, acordes con la especialidad de la concesión de que se trate, sean de la propia entidad, de otras entidades públicas o contratados para el efecto.

Párrafo II.- Dependiendo de la modalidad y características de cada una de las concesiones, en el pliego de condiciones constarán los criterios de evaluación de las propuestas, tanto en la parte de idoneidad, solvencia y capacidad, como en la propuesta técnico económica, aspectos que no podrán ser variados ni cambiados hasta que culmine el proceso. Se considerarán como mínimo las siguientes condiciones:

1) Idoneidad, experiencia, fiabilidad y competencia del proponente y del personal que participará en las etapas de la concesión;

2) Que con la propuesta presentada se dé atención a los requerimientos institucionales, en todo su alcance y objetivos;

3) Que haya demostración de que se está atendiendo las necesidades de:

i. Estudios, diseños e ingenierías, al nivel necesario, si así ha sido pedido en los pliegos de condiciones;

ii. Las especificaciones técnicas con las cuales se proveerá o mantendrá el bien, obra o servicio que se concesiona;

iii. Solicitadas en los pliegos de condiciones, que permita asegurar que la propuesta está técnicamente efectuada;

iv. Que las fuentes de posible financiamiento sean seguras y exista el compromiso formal para ello.

4) Que se haya comprendido y no se presenten cambios en la distribución de riesgos del pliego de condiciones;

5) Que las condiciones financieras, ecuaciones de equilibrio financiero, tasas en función de la descripción de niveles de servicio en el tiempo, programas de ejecución, mantenimiento y operación, así como los plazos, sean de conveniencia para los intereses ciudadanos, preferiblemente de los usuarios, y del país en general;

6) Si la Tasa Interna de Retorno (TIR), o cualquier otro índice que se haya utilizado en la factibilidad por parte de la entidad, es adecuada a la presentada por el proponente, o si los cambios propuestos aseguran la eficacia de la concesión.

CAPÍTULO VI
ADJUDICACIÓN Y CONTRATO DE CONCESIÓN

Artículo 57. La adjudicación del contrato se efectuará a quien haya sido seleccionado como la mejor oferta técnica y económica que satisfaga plenamente las necesidades del objeto de la concesión.

Párrafo I.- El contrato que se suscriba, será dado a conocer públicamente, para lo cual cada entidad remitirá la información al Órgano Rector de la Contratación y Concesiones, quien dará a publicidad a un resumen ejecutivo del contrato en la página web.

Párrafo II.- El contenido del contrato, seguirá similares exigencias que aquellas contempladas en el Título I de esta ley y lo que al respecto señale el reglamento; no obstante el o, serán cláusulas fundamentales del contrato, entre otras, las siguientes:

1) Los beneficios que se incluyan como compensación por los servicios ofrecidos, tales como servicios turísticos, en los casos en que pudiesen existir, autoservicios, publicidad u otros; recuperación de terrenos ribereños, etc;

2) Compensación por los servicios que preste, el precio, tarifa o subsidio convenidos y cualquier otro beneficio adicional expresamente estipulado;

3) Prohibición del concesionario para establecer exenciones a favor de los usuarios;

4) Garantías, en las diferentes etapas de la concesión, como etapa deconstrucción de obras, etapa de operación y explotación;

5) Plazo de la concesión;

6) Derecho de explotación de los bienes, obras y servicios principales y anexos a las obras;

7) Derecho a la revisión del régimen económico y plazo de la concesión, por causas sobrevinientes;

8) Transferencia de la concesión;

9) Régimen jurídico en la relación concedente-concesionario y concesionario-usuarios;

10) Realización de auditorías de carácter técnico, contable y ambiental, por parte de la entidad concedente;

11) Responsabilidad e indemnizaciones por daños a terceros con motivo de la construcción o explotación;

12) Seguros a cargo del concesionario;

13) Multas y sanciones por incumplimientos;

14) Costeo de la supervisión del proyecto por el concesionario vía la Entidad Contratante;

15) El Representante de la Entidad Contratante en el consejo de dirección del concesionario que sólo tendrá voz en este;

16) Forma de conservación de las obras;

17) La inversión y actividades que se cumplirán, para la adecuación, reforma y modernización de los bienes y obras, para adaptarlas a las características técnicas y funcionales requeridas para la

correcta prestación de los servicios o la realización de las actividades económicas a las que aquel as sirven de soporte material;

18) Las actividades que se levarán a cabo de reposición y gran reparación que sean exigibles en relación con los elementos que ha de reunir cada uno de los bienes u obras, para mantenerse aptas y para que los servicios puedan ser desarrollados adecuadamente de acuerdo con las exigencias económicas y las demandas sociales.

CAPÍTULO VII.
EJECUCIÓN DEL CONTRATO DE CONCESIÓN

Artículo 58. Para los efectos de la constitución de las servidumbres y de la expropiación de los bienes necesarios para la construcción de obras contratadas por concesión, se declaran de utilidad pública las obras y los servicios anexos o complementarios que se pacten y de toda otra que resultare necesaria a la prestación del servicio.

Párrafo I.- En el contrato de concesión y en el pliego de condiciones constará el monto y que el pago de las servidumbres y expropiaciones estará a cargo del concesionario.

Párrafo II.- Los bienes y derechos que a cualquier título adquiera el concesionario para cumplir con el objeto contractual pasarán a ser de dominio público desde que se incorporen a los bienes, obras o servicios, sea por adherencia o por destinación y no podrán ser enajenados, ni hipotecados o sometidos a gravámenes de ninguna especie separadamente de la concesión.

Artículo 59. Cuando para la concesión de un bien o servicio, ejecución o rehabilitación de una obra, resultare indispensable la ejecución de trabajos que modifiquen servidumbres existentes, el concesionario estará obligado a ejecutarlas, a su cargo, en la forma y plazo establecidos por el concedente en el pliego de condiciones, de conformidad a la naturaleza de las mismas.

Artículo 60. Corresponde a la entidad concedente la supervisión y vigilancia del cumplimiento por el concesionario, facultad que será extendida a otras entidades públicas que estén vinculadas con un proyecto de la naturaleza del contrato, tales como en la parte técnica, económica y ambiental, en las fases de construcción y explotación. Esta facultad puede ejercerla el concedente por sus propios medios o mediante contratación de firmas especializadas, todo el o de acuerdo a esta ley y su reglamento.

Párrafo I.- El concesionario entregará a la entidad contratante el proyecto final con su ingeniería de detal e acompañados de los planos y memorias explicativas del objeto de la concesión, así como el plan de conservación actualizado, por lo menos sesenta (60) días antes de la conclusión de las obras. La inobservancia de este requisito conllevará la aplicación de las sanciones previstas por la presente ley y su reglamento.

Párrafo II.- En los casos en que la concesión conlleve la entrega al concesionario de compensaciones, estas no podrán ser efectivas hasta tanto la infraestructura haya sido recibida según lo estipulado en el contrato por la entidad contratante y entrado en explotación. Además, mientras la entidad contratante no haya recibido la infraestructura objeto de la concesión, el concesionario no podrá usufructuar la tarifa convenida.

Párrafo III.- En los casos en que la concesión conlleve la entrega para explotación al concesionario de infraestructura, previamente construida por el Estado, ésta deberá ser valuada y el concesionario deberá compensar al Estado por el monto de la misma, dentro del ámbito de la concesión.

CAPÍTULO VIII.
SUSPENSIÓN Y EXTINCIÓN DE LA CONCESIÓN

Artículo 61. La concesión podrá ser suspendida temporalmente en los casos que se describen en el presente artículo, como consecuencia de ello el concesionario gozará de un aumento en el plazo de la concesión, igual al período de suspensión, además de las compensaciones que pudiesen definirse en el pliego de condiciones y el contrato.

1) En los casos de guerra externa en la que la Nación se viere involucrada, conmoción interior o fuerza mayor o caso fortuito que impidan la construcción o prestación del servicio, y

2) Cualquier otra que se hubiere establecido en el pliego de condiciones o el contrato.

Artículo 62. La concesión se extinguirá entre otras, por las siguientes causales:

1) Cumplimiento del plazo de la concesión, incluidas sus extensiones debidamente legalizadas;

2) Mutuo acuerdo entre concedente y concesionario. En este caso el concedente sólo podrá otorgar su consentimiento, previa consulta a los acreedores que tengan garantías inscritas para el financiamiento de la concesión;

3) Incumplimiento de las obligaciones del concesionario, previamente calificadas por la entidad concedente y con el criterio y autorización del Órgano Rector de la Contratación y Concesiones, en conformidad con la presente ley y el correspondiente reglamento, y

4) Causas adicionales que se hubieren estipulado en el pliego de condiciones y en el contrato.

Artículo 63. Se autoriza establecer, sin perjuicio de la no entrega de derechos sobre las obras y bienes que tiene el concedente, una prenda especial de concesión de obra pública, para que el concesionario pueda pactar con los financistas de la obra, operación o servicio.

Artículo 64. En materia de contratos de concesión, se considerará perfectamente aplicable todo el contenido del Título IV de esta ley y lo que al respecto se contemple en el reglamento correspondiente.

TÍTULO III.
DISPOSICIONES COMUNES

CAPÍTULO I.
SANCIONES

Artículo 65[29]**.** En el caso de los funcionarios del Poder Ejecutivo, las sanciones por incumplimiento de las disposiciones de la presente ley se aplicarán de conformidad con el régimen previsto en la Ley de Servicio Civil y Carrera Administrativa.

En los restantes casos, la aplicación de sanciones, se regirá por lo establecido en los respectivos estatutos disciplinarios.

Párrafo I.- Los servidores públicos serán pasibles de las siguientes sanciones, sin perjuicio de las responsabilidades detalladas que establezca el reglamento y de las responsabilidades civiles o penales que prevean las leyes correspondientes, dependiendo de la gravedad de la falta:

1) Amonestación escrita;

2) Suspensión sin goce de salario hasta por 6 meses;

3) Despido sin responsabilidad patronal;

4) Sometimiento a la justicia.

Párrafo II.- Todos los funcionarios que participen en los procesos de compra o contratación serán responsables por los daños que por su negligencia o dolo causare al patrimonio público y será pasible de las sanciones establecidas en la presente ley, sin perjuicio de las sanciones penales de la que pueda ser objeto.

Artículo 66[30]**.** Sin perjuicio de las acciones penales o civiles que correspondan, los proveedores podrán ser pasibles a las siguientes sanciones:

1) Advertencia escrita;

2) Ejecución de las garantías;

3) Penalidades establecidas en el pliego de condiciones o en el contrato;

4) Rescisión unilateral sin responsabilidad para la entidad contratante;

5) Inhabilitación temporal o definitiva conforme a la gravedad de la falta.

---

29 Artículo modificado por Ley 449-06.

30 Artículo modificado por Ley 449-06.

Párrafo I.- Las sanciones previstas en los Numerales 1 al 4 serán aplicadas por las entidades contratantes y la 5 por el Órgano Rector.

Párrafo II.- Las entidades contratantes deberán remitir al Órgano Rector copia fiel de los actos administrativos, mediante los cuales se hubieren aplicado sanciones a los proveedores.

Párrafo III.- Para fines de la aplicación del Numeral 5) del presente artículo, el Órgano Rector podrá inhabilitar una persona natural o jurídica, por un período de uno a cinco años o permanentemente, sin perjuicio de las responsabilidades civiles que estipule la ley pertinente, por las siguientes causales:

1) Ofrecer dádivas, comisiones o regalías a funcionarios de las entidades públicas, directamente o por interpuesta persona en relación con actos atinentes al procedimiento de licitación o cuando utilicen personal de la institución para elaborar sus propuestas;

2) Presentar recursos de revisión o impugnación basados en hechos falsos, con el sólo objetivo de perjudicar a un determinado adjudicatario;

3) Incurrir en acto de colusión, debidamente comprobado, en la presentación de su oferta;

4) Incumplir sus obligaciones contractuales para la ejecución de un proyecto, una obra o servicio no importa el procedimiento de adjudicación, por causas imputables a ellos;

5) Renunciar sin causa justificada a la adjudicación de un contrato;

6) Cambiar, sin autorización de la entidad contratante la composición, la calidad y la especialización del personal que se comprometieron asignar a la obra o servicios en sus ofertas;

7) Obtener la precalificación o calificación mediante el ofrecimiento de ventajas de cualquier tipo, presentando documentos falsos o adulterados o empleando procedimientos coercitivos;

8) Celebrar, en complicidad con funcionarios públicos, contratos mediante dispensas del procedimiento de licitación, fuera de las estipulaciones previstas en esta ley;

9) Obtener información privilegiada de manera ilegal que le coloque en una situación de ventaja, respecto de otros competidores,

10) Participar directa o indirectamente en un proceso de contratación, pese a encontrarse dentro del régimen de prohibiciones.

CAPÍTULO II.
RECLAMOS, IMPUGNACIONES Y CONTROVERSIAS

Artículo 67[31]**.** Toda reclamación o impugnación que realice el proveedor a la entidad contratante deberá formalizarse por escrito. La reclamación o impugnación seguirá los siguientes pasos:

1) El recurrente presentará la impugnación ante la entidad contratante en un plazo no mayor de diez días (10) a partir de la fecha del hecho impugnado o de la fecha en que razonablemente el recurrente debió haber conocido el hecho. La entidad pondrá a disposición del recurrente los documentos relevantes correspondientes a la actuación en cuestión, con la excepción de aquellas informaciones declaradas como confidenciales por otros oferentes o adjudicatarios, salvo que medie su consentimiento.

2) En los casos de impugnación de adjudicaciones, para fundamentar el recurso, el mismo se regirá por las reglas de la impugnación establecidas en los Pliegos de Condiciones.

3) Cada una de las partes deberá acompañar sus escritos de los documentos que hará valer en apoyo de sus pretensiones. Toda entidad que conozca de un recurso deberá analizar toda la documentación depositada o producida por la entidad contratante.

4) La entidad notificará la interposición del recurso a los terceros involucrados, dentro de un plazo de dos días hábiles.

5) Los terceros estarán obligados a contestar sobre el recurso dentro de cinco (5) días calendario, a partir de la recepción de notificación del recurso, de lo contrario quedarán excluidos de los debates.

31 Artículo modificado por Ley 449-06.

6) La entidad estará obligada a resolver el conflicto, mediante resolución motivada, en un plazo no mayor de quince (15) días calendario, a partir de la contestación del recurso o del vencimiento del plazo para hacerlo.

7) El Órgano Rector podrá tomar medidas precautorias oportunas, mientras se encuentre pendiente la resolución de una impugnación para preservar la oportunidad de corregir un incumplimiento potencial de esta ley y sus reglamentos, incluyendo la suspensión de la adjudicación de un contrato o la ejecución de un contrato que ya ha sido adjudicado.

8) Las resoluciones que dicten las entidades contratantes podrán ser apeladas, cumpliendo el mismo procedimiento y con los mismos plazos, ante el Órgano Rector, dando por concluida la vía administrativa.

Párrafo I.- En caso de que un proveedor iniciare un procedimiento de apelación, la entidad contratante deberá poner a disposición del Órgano Rector copia fiel del expediente completo.

Párrafo II.- La presentación de una impugnación de parte de un oferente, proveedor o contratista no perjudicará la participación de este en licitaciones en curso o futuras, siempre que la misma no esté basada en hechos falsos.

Artículo 68[32]. DEROGADO

Artículo 69[33]. Las controversias no resueltas por los procedimientos indicados en el artículo anterior, se someterán al Tribunal de lo Contencioso Administrativo o, por decisión de las partes, a arbitraje.

CAPÍTULO III.

POTESTAD Y PROCEDIMIENTO DE INVESTIGACION

Artículo 70[34]. DEROGADO

Artículo 71[35]**.** Para la investigación de presuntas contravenciones a la presente ley y sus reglamentos, la Dirección General, en su calidad de Órgano Rector, actuará de oficio o a petición de parte interesada.

Artículo 72[36]**.** Todo interesado podrá denunciar una violación a la presente ley. La denuncia se hará por escrito ante el Órgano Rector, incluyendo las generales y la firma del denunciante, la entidad o funcionario denunciado y la presunta violación a la ley o sus reglamentos.

Párrafo I.- El Órgano Rector, en los casos que proceda, podrá archivar las denuncias que sean notoriamente improcedentes previa comunicación al denunciante.

Párrafo II- En caso de que el Órgano Rector considere procedente la denuncia, conjuntamente con el inicio de la investigación, deberá notificar, tanto la denuncia recibida como la decisión de iniciar el proceso de investigación, a la o las partes afectadas, quienes deberán presentar sus alegatos en los plazos que establezcan los reglamentos.

Artículo 73[37]. DEROGADO

Artículo 74[38]. DEROGADO

Artículo 75[39]**.** El libre acceso a las instalaciones físicas y electrónicas, tales como libros de acta y registros contables, entre otros, en donde se realicen las investigaciones en relación con un oferente o contratista, o una entidad del Sector Público, se podrá efectuar con consentimiento de los proveedores o funcionarios o mediante mandamiento compulsivo y por escrito de la autoridad judicial competente, emitido a solicitud del Director General.

---

32 Artículo derogado por Ley 449-06.
33 Artículo modificado por Ley 449-06.
34 Artículo derogado por Ley 449-06.
35 Artículo modificado por Ley 449-06.
36 Artículo modificado por Ley 449-06.
37 Artículo derogado por Ley 449-06.
38 Artículo derogado por Ley 449-06.
39 Artículo modificado por Ley 449-06.

Párrafo I- Una vez concluida la investigación de la denuncia, la Dirección General, en su calidad de Órgano Rector de Contrataciones Públicas, dictará una resolución indicando los resultados de la misma.

Párrafo II- Dicha resolución será notificada al proveedor o funcionario del sector público objeto de denuncia, el cual contará con un plazo de 10 días para presentar sus argumentos de defensa. En caso de hechos que violen la ética o moral el acto deberá ser tramitado vía el Secretario de Estado de Finanzas, en su calidad de superior jerárquico, quien dictará la resolución acogiendo o desestimando la resolución del Órgano Rector.

Párrafo III- Todos los actos de los funcionarios del sector público podrán ser recurridos ante el Tribunal Contencioso Administrativo.

Artículo 76[40]**.** El Secretario de Estado de Finanzas, en todos los casos, remitirá los resultados de la investigación a la Procuraduría General de la República; la cual, cuando corresponda, iniciará las acciones pertinentes.

TÍTULO IV.
DISPOSICIONES TRANSITORIAS

Artículo 77. Los procesos contractuales iniciados antes de la vigencia de esta ley, así como la celebración y ejecución de los contratos consiguientes, se sujetarán a lo establecido en las leyes vigentes al momento de la convocatoria, incluidas las recepciones, liquidación y solución de controversias.

Artículo 78[41]**.** La presente ley entrara en vigencia en la fecha y forma que ordena la Constitución de la República. El Presidente de la República deberá dictar los respectivos reglamentos de aplicación dentro del plazo de noventa (90) días contados a partir de la promulgación de la presente ley.

Párrafo I- El Órgano Rector deberá estar constituido dentro de los 120 días calendario de la promulgación de esta ley. Durante este periodo las funciones atribuidas al Órgano Rector quedarán bajo la responsabilidad de la Comisión de Aprovisionamiento del Gobierno. Una vez puesto en funciones el nuevo Órgano Rector o a más tardar en el plazo precedentemente indicado, queda derogada la Ley No.295, del 30 de junio de 1966, de Aprovisionamiento del Gobierno, y sus reglamentos de aplicación y se transfiere el patrimonio y presupuesto asignado a la anterior Dirección General de Aprovisionamiento del Gobierno a la Dirección General de Contrataciones Públicas.

TÍTULO V.
DISPOSICIONES FINALES

Artículo 79[42]**.** Se considerará incorporada a la presente ley la Ley No.322, del 2 de junio de 1981, sobre la participación de empresas extranjeras en la contratación y ejecución de proyectos de obras del Estado, contenida en la Gaceta Oficial No.9556, se aplicará en forma compatible a la presente ley y los acuerdos o convenios internacionales suscritos por la República Dominicana, para el o esta ley faculta al Poder Ejecutivo y al Órgano Rector tomar todas las medidas que estime necesarias. El Poder Ejecutivo expedirá en reemplazo del Reglamento N°.578-86, del 2 de junio de 1981, aquél que se ajuste a las condiciones de esta ley.

Artículo 80[43]**.** Luego de la entrada en vigencia de la presente de ley, quedarán derogadas las siguientes disposiciones:

40 Artículo modificado por Ley 449-06.
41 Artículo modificado por Ley 449-06.
42 Artículo modificado por Ley 449-06.
43 Artículo modificado por Ley 449-06.

1) Ley N°.105, del 16 de marzo de 1967, que somete a concurso para su adjudicación, todas las obras de ingeniería y arquitectura de más de RD$10,000.00.

2) Ley N°.27-01, del 2 de febrero del 2001, sobre Fondos Fiscales.

3) Así como cualquier otra ley, reglamentos, decretos, resoluciones y demás actos administrativos que se le opongan.

URUGUAY

I. TEXTO ORDENADO DE LA LEY DE CONTABILIDAD Y ADMINISTRACIÓN FINANCIERA (TOCAF).

Decreto 150/012,

TITULO PRELIMINAR.

DE LOS ORGANISMOS DE ADMINISTRACION FINANCIERA O PATRIMONIAL

Artículo 1°. La Contabilidad y Administración Financiera del Estado (artículo 213 de la Constitución de la República) se regirá por las siguientes disposiciones.

Las disposiciones de la Contabilidad y Administración Financiera del Estado deberán aplicarse de acuerdo con prácticas de transparencia, celeridad y eficiencia, en base a las normas vigentes.

A los efectos de lo dispuesto en las presentes disposiciones, se entiende por Administración Pública Estatal, toda persona jurídica pública estatal que ejerce función administrativa.

Artículo 2°. Constituye materia de la presente ley de Contabilidad y Administración Financiera los hechos, actos u operaciones de los que se deriven transformaciones o variaciones en la Hacienda Pública. Quedan comprendidos en la misma, en carácter de Organismos de Administración-Financiero Patrimonial, sin perjuicio de las atribuciones y facultades, derechos y obligaciones que les asignen la Constitución de la República y las leyes:

- Los Poderes del Estado.
- El Tribunal de Cuentas.
- La Corte Electoral.
- El Tribunal de lo Contencioso Administrativo.
- Los Gobiernos Departamentales.
- Los entes autónomos y los servicios descentralizados.
- En general todas las administraciones públicas estatales.

Para los entes industriales o comerciales del Estado, las disposiciones contenidas en este Texto Ordenado serán de aplicación en tanto sus leyes orgánicas no prevean expresamente regímenes especiales.

TITULO I.

DE LOS RECURSOS, FUENTES DE FINANCIAMIENTO Y GASTOS DEL ESTADO

CAPÍTULO I.

DE LOS RECURSOS Y LAS FUENTES DE FINANCIAMIENTO. SU DETERMINACIÓN, FIJACIÓN, RECAUDACIÓN Y REGISTRACIÓN CONTABLE

Artículo 3°. Constituyen recursos y fuentes de financiamiento del Estado:

1) Los impuestos, contribuciones o tasas que se establezcan de conformidad con la Constitución de la República.

2) La renta de los bienes del patrimonio del Estado y el producto de su venta.

3) El producto neto de las empresas del dominio comercial e industrial del Estado, en cuanto no esté afectado por sus leyes orgánicas o especiales.

4) El producto de otros servicios que se prestan con cobro de retribución.

5) El producto de empréstitos y otras operaciones de crédito.

6) Toda otra entrada que se prevea legalmente o que provenga de hechos, actos u operaciones que generen créditos o beneficios para el Estado.

Artículo 4°. Los recursos y las fuentes de financiamiento del Estado se determinan por las leyes nacionales o por los decretos de los Gobiernos Departamentales que les dan origen. Se fijan y recaudan por las oficinas y agentes, en el tiempo y forma que dichas leyes o actos y su reglamentación establezcan.

Todos los depósitos de fondos realizados por instituciones públicas se realizarán sin excepción alguna en el Banco de la República Oriental del Uruguay.

Artículo 5°. A los efectos de lo dispuesto en el artículo 4° del presente Texto Ordenado, se abrirá una cuenta en el Banco de la República Oriental del Uruguay, a la orden del Ministerio de Economía y Finanzas, para depositar los fondos provenientes de ingresos cuya administración este a cargo del Gobierno Nacional, aun cuando los mismos tuvieran afectación especial salvo las excepciones legalmente establecidas, de conformidad al artículo 86 de este Texto Ordenado.

Artículo 6°. Las Instituciones financieras depositarias deberán informar a la Contaduría General de la Nación del movimiento habido en las cuentas a que se refieren los artículos anteriores, en la oportunidad y forma que determine la reglamentación, sin perjuicio de la información que brinden a los titulares de las mismas.

Artículo 7°. Las oficinas, dependencias o personas que recauden fondos de cualquier naturaleza, informarán a la Contaduría General de la Nación, Contaduría General de la Intendencia Municipal o Contadurías que correspondan, en el tiempo y forma que éstas determinen, directamente o por intermedio de las Contadurías Centrales, acerca del monto y concepto de sus recaudaciones y acompañará a la información el duplicado de las boletas de depósitos efectuados.

Artículo 8°. El destino de los recursos del Estado sólo podrá ser dispuesto por la ley o, en su caso, por resolución de la Junta Departamental.

Artículo 9°. Sin perjuicio de lo dispuesto en el artículo 2° y concordantes del Código Tributario, la concesión de exoneraciones, rebajas, moratorias o facilidades para el pago de tributos, sólo podrá ser dispuesta en las condiciones que determine la ley o, en su caso, los decretos de las Juntas Departamentales.

Artículo 10°. Los créditos a favor del Estado, que una vez agotadas las gestiones de recaudación se consideren incobrables a los efectos contables, podrán así ser declarados por los ordenadores primarios a que refiere el artículo 26 del presente Texto Ordenado o por los directores o jerarcas que dependan directamente de ellos, en quienes se hubiera delegado dicha atribución. Tal declaración no importará renunciar al derecho del Estado, ni invalida su exigibilidad conforme a las leyes que rigen en la materia. El acto administrativo por el que se declare la incobrabilidad deberá ser fundado y constar, en los antecedentes del mismo, las gestiones realizadas para el cobro. A partir del límite máximo de la licitación abreviada se deberá enviar copia autenticada de dicho acto al Poder Ejecutivo o Junta Departamental respectivamente.

Artículo 11°. Ninguna oficina, dependencia o persona recaudadora podrá utilizar por sí los fondos que recaude. Su importe total deberá depositarse de conformidad con lo previsto en los artículos 4 y 5 del presente Texto Ordenado y su empleo se ajustará a lo dispuesto en el artículo 13, salvo los casos de devolución de ingresos percibidos por pagos improcedentes o por error, o de multas o recargos que legalmente quedaren sin efecto o anulados.

Artículo 12°. Se computarán como recursos del ejercicio, los efectivamente depositados en cuentas del Tesoro Nacional o ingresados en los organismos u oficinas a que se refieren los artículos 2 y 4 del presente Texto Ordenado hasta el día 31 de diciembre. Los ingresos correspondientes a situaciones en las que el Estado sea depositario o tenedor temporario, no constituyen recursos.

CAPITULO II.

DE LOS GASTOS

SECCIÓN 1.

DE LOS COMPROMISOS

Artículo 13°. Las asignaciones presupuestales constituirán créditos abiertos a los organismos públicos para realizar los gastos de funcionamiento, de inversión y de amortización de deuda pública, necesarios para la atención de los servicios a su cargo.

El ejercicio financiero se inicia el 1° de enero y termina el 31 de diciembre de cada año.

Los créditos anuales no ejecutados al cierre del ejercicio, quedarán sin valor ni efecto alguno.

Declárase que no se consideran superávit, a los efectos dispuestos por el artículo 302 de la Constitución de la República, los créditos presupuestales destinados a financiar inversiones que hayan sido comprometidas y se ejecuten con posterioridad al cierre del ejercicio, siempre que se incluyan en la Rendición de Cuentas y en el Balance de la Ejecución Presupuestal establecidos por el artículo 214 de la Constitución de la República, correspondiente a dicho ejercicio.

Artículo 14°. Constituyen compromisos los actos administrativos dictados por la autoridad competente, que disponen destinar definitivamente la asignación presupuestal o parte de ella, a la finalidad enunciada en la misma.

Los compromisos deberán ser referidos, por su concepto e importe, a la asignación presupuestal que debe afectarse para su cumplimiento.

Para los gastos cuyo monto recién pueda conocerse en el momento de la liquidación el compromiso estará dado por la suma que resulte de ésta.

Artículo 15°. No podrán comprometerse gastos de funcionamiento o de inversiones sin que exista crédito disponible, salvo en los siguientes casos:

1) Cumplimiento de sentencias judiciales, laudos arbitrales o situaciones derivadas de lo establecido en los artículos 24 y 25 de la Constitución de la República.

2) Epidemias, inundaciones, incendios y todo tipo o forma de catástrofe cuya gravedad reclame la inmediata acción de los organismos públicos.

3) Cuando acontecimientos graves o imprevistos requieran la inmediata atención del Poder Ejecutivo o de las Intendencias Municipales en sus respectivas jurisdicciones. El monto de los créditos que, anualmente se podrá autorizar en uso de esta facultad, no podrá exceder al 1% (uno por ciento) del Presupuesto Nacional o Departamental (artículos 214 y 222 de la Constitución de la República), respectivamente.

En estos casos se dará cuenta inmediata a la Asamblea General, Comisión Permanente o Junta Departamental que corresponda, lo que se ordenará en el mismo acto administrativo. En los casos previstos en los numerales 2) y 3) las resoluciones deberán dictarse privativamente por el Poder Ejecutivo o Intendencia Municipal según su jurisdicción.

Artículo 16°. Los créditos no podrán destinarse a finalidad u objeto que no sean los enunciados en la asignación respectiva.

Artículo 17°. No podrán comprometerse gastos de funcionamiento o de inversiones, cuyo monto exceda el límite de la asignación anual, salvo los siguientes casos:

1) Para el cumplimiento de leyes cuya vigencia exceda de un ejercicio financiero.

2) Para la locación de inmuebles, obras o servicios sobre cuya base sea la única forma de asegurar la regularidad y continuidad de los servicios públicos o la irremplazable colaboración técnica o científica especial.

3) Para las operaciones de crédito, por el monto de los correspondientes servicios financieros, amortizaciones, intereses, comisiones y otros gastos vinculados.

No obstante lo dispuesto precedentemente, el monto de la afectación anual no podrá exceder el límite del crédito anual respectivo.

Artículo 18°. Sin perjuicio de lo dispuesto en el artículo anterior los gastos de inversión podrán comprometerse en un ejercicio anterior a aquel en que se ha previsto su ejecución haciendo la reserva de los créditos presupuestales del proyecto respectivo o, en su caso, del programa en que esté incorporado que tenga asignación para el o los ejercicios siguientes.

Artículo 19°. No podrán comprometerse gastos cuya realización se haya condicionado a la existencia previa de recursos especiales, si no se hubiera realizado la recaudación de los mismos.

No obstante, el ordenador del gasto podrá disponerlo si por las características del recurso puede tenerse la certeza de su efectiva financiación dentro del ejercicio. Las resoluciones que autoricen créditos para gastar con cargo a dichos recursos establecerán expresamente el régimen de financiación aplicable.

Artículo 20°. Los créditos presupuestales se considerarán ejecutados cuando se devenguen los gastos para los cuales han sido destinados.

Se entiende que los gastos se devengan cuando surge la obligación de pago por el cumplimiento de un servicio o de una prestación.

En particular:

1) Para la percepción de las retribuciones personales y cargas directamente vinculadas, cuando se hizo efectiva la real prestación del servicio.

2) Para los gastos corrientes y de capital, la recepción conforme del objeto adquirido o la prestación del servicio contratado, sin perjuicio de la asignación anticipada de recursos, que se otorguen a proveedores con destino a una inversión o a un gasto, cuando ello estuviere estipulado en las condiciones que establezca la Administración.

3) Para las obras y trabajos, la recepción conforme del todo o parte de los mismos en las condiciones previstas en los contratos o actos administrativos que los hubieren encomendado.

4) Para los subsidios, subvenciones y pensiones, cuando se cumplan los requisitos previstos en la respectiva ley.

Los gastos comprometidos y no ejecutados al cierre del ejercicio afectarán automáticamente los créditos disponibles del ejercicio siguiente.

Los entes industriales y comerciales del Estado y los gobiernos departamentales podrán afectar sus créditos por los compromisos contraídos, comunicándolo previamente al Poder Ejecutivo y al Tribunal de Cuentas.

SECCIÓN 2.

DE LA LIQUIDACIÓN Y PAGO

Artículo 21°. No podrá liquidarse suma alguna que no corresponda a compromisos contraídos en la forma que determinan los artículos 13 a 20 del presente Texto Ordenado, salvo los casos previstos en los artículos 11 y 12 in fine del presente Texto Ordenado que se liquidarán como consecuencia del acto administrativo que disponga la devolución.

Los gastos menores por servicios ocasionales se podrán documentar por los importes y en la forma que determine el Tribunal de Cuentas.

Artículo 22°. El pago de las obligaciones se efectuará por la Tesorería General de la Nación o las tesorerías que hagan sus veces, previa orden emitida por ordenador competente.

Artículo 23°. Los documentos de donde surja el pago de las obligaciones deberán contener como mínimo:

1) Número de documento.
2) Determinación del beneficiario.
3) Origen de la Obligación
4) Monto expresado en letras y números.
5) Crédito imputado.
6) Financiación.
7) Constancia de la intervención del órgano de control previsto en las normas vigentes.
8) Firma del ordenador.

Artículo 24°. Al cierre del ejercicio, las obligaciones no pagadas y las disponibilidades constituirán deudas y recursos que afectan el ejercicio siguiente.

Artículo 25°. Los organismos previstos en el artículo 2 del presente Texto Ordenado podrán establecer sistemas de compensación entre deudas y créditos, aplicables solamente a los acreedores que así lo soliciten.

Dichos sistemas podrán aplicarse únicamente en la etapa de pagos, previa verificación del cumplimiento de las etapas anteriores, y en ningún caso podrá compensarse suma alguna que deba abonarse, si la misma no proviene de gastos o inversiones realizados de conformidad con las asignaciones presupuestales y contando con crédito disponible.

CAPITULO III.

DE LA COMPETENCIA PARA GASTAR Y PAGAR DE LAS FORMAS DE CONTRATAR

SECCIÓN 1.

DE LOS ORDENADORES DE GASTOS Y PAGOS

Artículo 26°. Son ordenadores primarios de gastos, hasta el límite de la asignación presupuestal, los jerarcas máximos de toda Administración, cualquiera sea su naturaleza jurídica.

Artículo 27°. En especial son ordenadores primarios:

a) En la Presidencia de la República, el Presidente actuando por sí.

b) En el Poder Ejecutivo, el Presidente actuando en acuerdo con el Ministro o Ministros respectivos o actuando en Consejo de Ministros en su caso.

c) En el Poder Legislativo, el Presidente de la Asamblea General y los Presidentes de cada Cámara en su caso.

d) En el Poder Judicial, la Suprema Corte de Justicia.

e) La Corte Electoral, el Tribunal de Cuentas y el Tribunal de lo Contencioso Administrativo.

f) En los Gobiernos Departamentales, el Intendente Municipal y el Presidente de la Junta Departamental, cada uno dentro de su competencia.

g) En la administración autónoma y descentralizada, los Directorios, Consejos Directivos o Directores Generales de cada uno de estos organismos o entes públicos.

Estos ordenadores primarios podrán ordenar gastos por cualquier monto hasta el límite de la asignación presupuestal respectiva.

Cuando el ordenador primario sea un órgano colegiado, la competencia de ordenar el gasto será del mismo actuando en conjunto, pero la representación a efectos de la firma del compromiso u orden respectiva será de su presidente, o en su defecto del miembro o miembros que designe dicho órgano en su oportunidad.

Artículo 28°. Son ordenadores secundarios de gastos, los titulares de órganos sometidos a jerarquía, a quienes se asigne competencia para disponer gastos por una norma objetiva de Derecho.

Artículo 29°. En especial, son ordenadores secundarios:

a) los Ministros en su Ministerio, el Secretario de la Presidencia de la República, el Director de la Oficina de Planeamiento y Presupuesto y el Director de la Oficina Nacional del Servicio Civil, dentro de sus dependencias, con el límite del cuádruple del máximo de las licitaciones abreviadas; vigente para cada organismo.

b) los Directores, Gerentes y otros Jerarcas de dependencias directas de los ordenadores primarios, o de los ordenadores secundarios mencionados en el literal anterior que se determinen, con el límite máximo del doble de las licitaciones abreviadas vigente para cada organismo.

c) los funcionarios a cargo de las dependencias que se determinen, ponderando la naturaleza, sus características y la jerarquía de dichos funcionarios, con el límite máximo de las licitaciones abreviadas vigente para cada organismo.

Artículo 30°. Los ordenadores primarios y secundarios podrán delegar la competencia para ordenar gastos en funcionarios de su dependencia.

Los delegatarios actuarán bajo supervisión y responsabilidad del ordenador delegante.

Los delegatarios no podrán subdelegar la atribución delegada pero podrán habilitar a titulares de proveeduría y otros servicios dependientes a efectos de permitirles efectuar gastos menores o eventuales cuyo monto no exceda el límite máximo establecido para las contrataciones directas excluidas las de excepción.

Artículo 31°. Son ordenadores de pagos, además de los ordenadores de gastos, los Directores de servicios administrativos o funcionarios autorizados al efecto, pudiendo librar las órdenes que determina el artículo 22 del presente Texto Ordenado sin limitación de monto.

Dichos Directores de servicios administrativos, o funcionarios autorizados al efecto, podrán delegar bajo su responsabilidad, en titulares de sus servicios dependientes, la facultad para ordenar los pagos, hasta el límite establecido para las contrataciones directas.

Artículo 32°. El funcionario que comprometa cualquier erogación sin estar autorizado para ello será responsable de su pago, sin perjuicio de las demás sanciones que pudieran corresponderle.

La comprobación de que se fraccionare el gasto artificialmente para que la operación encuadre en determinados límites será considerada falta grave a efectos de las sanciones que correspondan.

SECCIÓN 2.
DE LOS CONTRATOS DEL ESTADO

Artículo 33°. Las contrataciones se realizarán mediante licitación pública u otro procedimiento competitivo expresamente previsto, de acuerdo a lo que mejor se adecue a su objeto, a los principios generales de la contratación administrativa y de acuerdo a lo previsto en la normativa vigente.

No obstante podrá contratarse:

A) Por licitación abreviada cuando el monto de la operación no exceda de $ 5.000.000 (cinco millones de pesos uruguayos).

B) Directamente cuando el monto de la operación no exceda de $ 250.000 (doscientos cincuenta mil pesos uruguayos).

C) Directamente o por el procedimiento que el ordenador determine por razones de buena administración, en los siguientes casos de excepción:

1) Entre organismos o dependencias del Estado con personas públicas no estatales o con personas jurídicas de derecho privado cuyo capital social esté constituido en su totalidad por participaciones, cuotas sociales o acciones nominativas propiedad del Estado o de personas públicas no estatales.

Tratándose de personas jurídicas de derecho privado, la propiedad estatal deberá ser sobre el total del capital social, al momento de la celebración del contrato.

2) Cuando la licitación pública, abreviada o remate resultaren desiertos, o no se presentaren ofertas válidas o admisibles, o que las mismas sean manifiestamente inconvenientes.

La contratación deberá hacerse con bases y especificaciones idénticas a las del procedimiento fracasado y, en su caso, con invitación a los oferentes originales, además de los que estime necesarios la Administración.

3) Para adquirir bienes o contratar servicios cuya fabricación o suministro sea exclusiva de quiénes tengan privilegio para ello, o que sólo sean poseídos por personas o entidades que tengan exclusividad para su venta, siempre que no puedan ser sustituidos por elementos similares.

La marca de fábrica no constituye por sí causal de exclusividad, salvo que técnicamente se demuestre que no hay sustitutos convenientes. De todas estas circunstancias se dejará constancia en el expediente respectivo.

4) Para adquirir, ejecutar o restaurar obras de arte, científicas o históricas, cuando no sea posible el concurso de méritos o antecedentes o deban confiarse a empresas o personas especializadas o de probada competencia.

5) Las adquisiciones de bienes que no se produzcan o suministren en el país y que convenga efectuar por intermedio de organismos internacionales a los que esté adherida la Nación.

6) Las reparaciones de maquinarias, equipos o motores cuyo desarme, traslado o examen previo resulte oneroso en caso de llamarse a licitación.

Esta excepción no podrá aplicarse a las reparaciones comunes de mantenimiento, periódicas, normales o previsibles.

7) Los contratos que deban celebrarse necesariamente en países extranjeros.

8) Cuando las circunstancias exijan que la operación deba mantenerse en secreto.

9) Cuando medien probadas razones de urgencia no previsibles o no sea posible la licitación o remate público o su realización resienta seriamente el servicio.

10) Cuando exista notoria escasez de los bienes o servicios a contratar.

11) La adquisición de bienes que se realicen en remates públicos. El precio máximo a pagar será el que surja de la tasación previamente efectuada.

12) La compra de semovientes por selección, cuando se trate de ejemplares de características especiales.

13) La venta de productos destinados al fomento económico o a la satisfacción de necesidades sanitarias, siempre que la misma se efectúe directamente a los usuarios o consumidores.

14) La adquisición de material docente o bibliográfico del exterior, cuando el mismo se efectúe a editoriales o empresas especializadas en la materia.

15) La adquisición de víveres frescos existentes en mercados, ferias o directamente a los productores.

16) La adquisición en el exterior de petróleo crudo y sus derivados, aceites básicos, aditivos para lubricantes y sus respectivos fletes.

17) Las adquisiciones que se realicen en el marco de acuerdos intergubernamentales o con entidades estatales extranjeras que involucren un intercambio compensado con productos nacionales de exportación.

18) Para adquirir, ejecutar, reparar bienes o contratar servicios destinados a la investigación científica por parte de la Universidad de la República, hasta un monto anual de US$ 5.000.000 (cinco millones de dólares de los Estados Unidos de América).

19) Las compras que realice la Presidencia de la República para el Sistema Nacional de Emergencias a efectos de atender situaciones de emergencia, crisis y desastres excepcionales, dando cuenta a la Asamblea General.

20) Para adquirir bienes o contratar servicios cuya producción o suministro esté a cargo de una cooperativa social, debidamente acreditada ante el Ministerio de Desarrollo Social o de un monotributista social MIDES, hasta el monto establecido para la licitación abreviada.

21) La compraventa por parte de la Administración Nacional de Usinas y Trasmisiones Eléctricas, de la energía generada por otros agentes en territorio nacional, de conformidad con la reglamentación que dicte el Poder Ejecutivo. Las impugnaciones o recursos que en tales circunstancias se interpusieren, en cualquier etapa del procedimiento, no tendrán efecto suspensivo, salvo que así lo resuelva el jerarca del ente público contratante.

El ordenador, por razones fundadas, podrá exonerar a los oferentes o adjudicatarios, del depósito de garantías, o variar los porcentajes establecidos por el artículo 64 de este Texto Ordenado.

22) La contratación de bienes o servicios, cualquiera sea su modalidad, por parte de los entes autónomos y servicios descentralizados integrantes del dominio industrial, comercial y financiero del Estado, destinada a servicios que se encuentren de hecho o de derecho en regímenes de libre competencia. Las impugnaciones o recursos que en tales casos se interpusieran, en cualquier etapa del procedimiento, no tendrán efecto suspensivo, salvo que así lo resuelva el jerarca de la empresa contratante.

23) La adquisición de biodiesel y alcohol carburante por parte de la Administración Nacional de Combustibles, Alcohol y Portland (ANCAP), de conformidad con la reglamentación que dicte el Poder Ejecutivo. Las impugnaciones o recursos que en tales circunstancias se interpusieren, en cualquier etapa del procedimiento, no tendrán efecto suspensivo, salvo que así lo resuelva el jerarca del ente público contratante.

El ordenador, por razones fundadas, podrá exonerar a los oferentes o adjudicatarios, del depósito de garantías, o variar los porcentajes establecidos por el artículo 64 de este Texto Ordenado.

24) Para adquirir, ejecutar, reparar bienes o contratar servicios destinados al mantenimiento y mejoras de infraestructura de locales de enseñanza bajo su dependencia, por parte de la Administración Nacional de Educación Pública.

25) La contratación de bienes o servicios por parte del Inciso 15 Ministerio de Desarrollo Social, cualquiera sea su modalidad, con sindicatos de trabajadores, asociaciones de profesionales y fundaciones vinculadas a la Universidad de la República.

26) Los contratos con empresas de servicios energéticos públicas o privadas que se encuentren registradas en el Ministerio de Industria, Energía y Minería (MIEM) y que se desarrollen bajo el esquema de Contratos Remunerados por Desempeño, en los cuales la inversión sea financiada íntegra o parcialmente por la empresa de servicios energéticos.

27) La contratación de bienes o servicios por parte de los organismos señalados en el artículo 2 de este Texto Ordenado, cualquiera sea su modalidad, con asociaciones y fundaciones vinculadas a la Universidad de la República.

28) Para adquirir bienes o contratar servicios por parte de la Unidad Operativa Central del Plan de Integración Socio-Habitacional Juntos.

29) Las contrataciones que realicen las unidades ejecutoras 016 "Servicio Oficial de Difusión, Radiotelevisión y Espectáculos" y 024 "Canal 5 - Servicio de Televisión Nacional" del Inciso 11 "Ministerio de Educación y Cultura", bajo la modalidad de canjes publicitarios.

30) Para adquirir o reparar bienes destinados a cubrir necesidades provenientes de cursos de capacitación laboral, hasta un monto anual de $5.000.000 (cinco millones de pesos uruguayos) en la ANEP cuando los mecanismos previstos para ello no hagan posible las contrataciones en los plazos adecuados para su instrumentación. El jerarca del Inciso deberá autorizar el gasto en cada caso.

Las contrataciones directas indicadas en las excepciones precedentes deberán ser autorizadas por los ordenadores primarios quiénes podrán delegar en los ordenadores secundarios dicha competencia en los casos que determinen fundadamente.

Las contrataciones referidas en el literal C) numeral 1), no podrán incluir la participación, directa o indirecta de empresas privadas.

Las realizadas al amparo del literal C) numeral 9), deberán contar con la certificación del Ministerio de Economía y Finanzas, tanto de la configuración de los extremos que habilitan la causal, como los precios y condiciones que corresponden al mercado.

Exceptúanse del control previo del Ministerio de Economía y Finanzas establecido en el inciso anterior, las contrataciones directas que deba realizar el Ministerio de Vivienda, Ordenamiento Territorial y Medio Ambiente, cuando se deba dar respuesta inmediata mediante la realización de las obras necesarias, en una de las siguientes situaciones:

a) Defectos o vicios constructivos detectados en viviendas entregadas por la referida Secretaría de Estado y cuya responsabilidad le sea imputable.

b) Reparación de sistemas de saneamiento y de agua potable en aquellos conjuntos habitacionales donde hubiese acordado realizarlo el Ministerio.

c) Obras de infraestructura de aquellos conjuntos habitacionales no contemplados en el Decreto 51/995, de 1° de febrero de 1995.

d) Daños causados por situaciones de emergencia, como inundaciones, tornados y otros.

En el caso previsto en el literal a) el Ministerio de Vivienda, Ordenamiento Territorial y Medio Ambiente deberá, simultáneamente a la contratación directa, realizar las investigaciones administrativas y acciones de responsabilidad correspondientes.

Sin perjuicio de la exoneración del control previo, el Ministerio de Vivienda, Ordenamiento Territorial y Medio Ambiente deberá informar al Ministerio de Economía y Finanzas de todas las contrataciones que se realicen al amparo de esta disposición, a los efectos de que, sin carácter previo se verifiquen los extremos previstos en el inciso cuya exoneración se habilita.

Para el Poder Judicial, la Administración Nacional de Educación Pública (ANEP), la Universidad de la República, las Intendencias Municipales y la Corte Electoral, dicha certificación la realizará el Tribunal de Cuentas.

Exceptúanse del control previo del Tribunal de Cuentas establecido en el inciso anterior, las contrataciones directas que deba realizar la Administración Nacional de Educación Pública, ante daños causados por factores climáticos o situaciones de emergencia que por su gravedad perjudiquen la prestación del servicio educativo.

Se deberá informar al Tribunal de Cuentas de todas las contrataciones que se realicen al amparo de esta disposición, a los efectos de que, sin carácter previo, se verifiquen los extremos previstos en el Inciso cuya exoneración se habilita.

Las contrataciones que contravengan esta disposición son nulas (artículo 8 del Código Civil).

Artículo 34°. Se podrá aplicar el procedimiento de pregón o puja a la baja cuando de la contratación a realizar se deriven gastos de funcionamiento o de inversión para la Administración y la misma tenga un objeto preciso, concreto y fácilmente determinable que permita establecer y uniformizar, en forma previa, sus requisitos básicos y esenciales así como los extremos que deberán acreditar y cumplir los eventuales oferentes. La adjudicación se realizará al postor que ofrezca un precio menor excepto que se haya previsto la adjudicación parcial a dos o más oferentes.

El pregón o puja a la baja podrá realizarse en forma convencional o electrónica.

El Poder Ejecutivo, con el asesoramiento de la Agencia de Compras y Contrataciones del Estado, reglamentará este procedimiento previo dictamen del Tribunal de Cuentas.

Artículo 35°. Se podrá aplicar el procedimiento de subasta o remate cuando de la contratación a realizar se deriven entradas o recursos para la Administración y la misma tenga un objeto preciso, concreto y fácilmente determinable. La adjudicación se realizará al mejor postor.

Artículo 36°. El Poder Ejecutivo podrá crear con el asesoramiento de la Agencia de Compras y Contrataciones del Estado, previo dictamen del Tribunal de Cuentas, un régimen de convenios marco, para bienes, obras y servicios de uso común en las Administraciones Públicas Estatales, basado en que:

El objeto del contrato sea uniforme y claramente definido.

Se realice un llamado público a proveedores.

Haya acuerdo con un número mínimo, si es posible, de dos proveedores en precios, condiciones de compra y especificaciones de cada objeto de compra por un período de tiempo definido.

Se publiquen los catálogos electrónicos de bienes y servicios comprendidos en convenios marco.

Los ordenadores competentes de los organismos públicos tengan la posibilidad de compra directa por excepción, de los objetos y a las empresas comprendidas en el convenio, previa intervención del gasto.

De corresponder, los precios o costos estén escalonados según el volumen de compras que se realicen en el período.

Los bienes y servicios que se incluyan en este régimen deberán ser objeto de estudios de mercado previos a su inclusión.

Artículo 37°. El Poder Ejecutivo, con el asesoramiento de la Agencia de Compras y Contrataciones del Estado y los Órganos de los artículos 220 y 221 de la Constitución de la República y los Gobiernos Departamentales, podrá promover regímenes y procedimientos de contratación especiales, basados en los principios generales de contratación administrativa, cuando las características del mercado o de los bienes o servicios lo hagan conveniente para la Administración. Las autorizaciones respectivas serán comunicadas a la Asamblea General o a las Juntas Departamentales en su caso.

En todos los casos será necesario contar previamente con el dictamen favorable del Tribunal de Cuentas.

Las restantes administraciones públicas estatales podrán aplicar los regímenes y procedimientos autorizados precedentemente.

Artículo 38°. Arrendamiento de obra es el contrato que celebra la Administración con una persona física o jurídica, por el cual ésta asume una obligación de resultado en un plazo determinado, recibiendo como contraprestación el pago de un precio en dinero.

En el ámbito de la Administración Central dichos contratos deberán ser aprobados por el Poder Ejecutivo actuando en acuerdo con el Ministro de Economía y Finanzas y el Ministro respectivo, previo y favorable dictamen de la Oficina Nacional del Servicio Civil (ONSC) y de la Contaduría General de la Nación.

Los contratos de arrendamiento de obra que celebren los servicios descentralizados y los entes autónomos industriales y comerciales deberán ser autorizados por el Poder Ejecutivo, debiendo contar con el informe de la Oficina de Planeamiento y Presupuesto y de la ONSC.

La contratación de profesionales o técnicos en régimen de arrendamiento de obra, cuando el monto anual exceda el triple del límite de la contratación directa se efectuará a través del Sistema de Reclutamiento y Selección de los recursos humanos de la ONSC mediante el procedimiento de concurso.

Sólo podrán celebrarse contratos de arrendamiento de obra con personas físicas cuando éstas no tengan la calidad de funcionarios públicos, salvo el caso de funcionarios docentes de enseñanza pública superior, aunque ocupen un cargo en otra dependencia del Estado.

Exceptúanse de lo dispuesto en el inciso anterior aquellos contratos que sean necesarios para el cumplimiento de convenios internacionales, así como los celebrados por la Universidad de la República y por el Consejo Nacional de Investigaciones Científicas y Técnicas.

En la contratación de profesionales, técnicos y docentes que efectúe la ANEP en la modalidad de arrendamiento de obra, no regirá la incompatibilidad prevista en el inciso quinto de este artículo, para el caso de funcionarios dependientes del Estado.

Las disposiciones de este artículo serán de aplicación para la renovación de los contratos de arrendamiento de obra vigentes.

Deberá dejarse expresa constancia que:

A) El contrato cumple estrictamente con la descripción legal.

B) Que el comitente no se encuentra en condiciones materiales de ejecutar con sus funcionarios el objeto del arriendo.

Artículo 39°. Cuando para la adquisición de inmuebles se invoquen causales de excepción para prescindir del requisito de licitación pública o licitación abreviada, en su caso, deberá solicitarse previamente tasación de la Dirección de Catastro Nacional y Administración de Inmuebles del Estado.

Artículo 40°. En los casos de locación o arrendamiento de inmuebles deberá solicitarse informe previo de la Dirección Nacional de Catastro, o de la oficina técnica del organismo o de dos técnicos del mismo u otra dependencia pública de la localidad, con respecto al valor del arrendamiento a pagar o cobrar por el Estado. La determinación del monto del contrato a los efectos de esta ley se hará teniendo en cuenta el importe anual del arrendamiento.

Se podrá proceder en forma directa a la renovación de los contratos, previo informe técnico en cuanto a su valor.

Cuando el monto anualizado del arrendamiento sea menor a $750.000 (setecientos cincuenta mil pesos uruguayos), se podrá prescindir de las publicaciones.

Artículo 41°. Podrán permutarse bienes muebles o inmuebles cuando el valor de los mismos sea equivalente o existiendo una diferencia reducida, se compense la misma en bienes o en efectivo. En el caso de la permuta se aplicarán los procedimientos de contratación previstos en la normativa vigente.

Artículo 42°. Las donaciones, de acuerdo con su monto, deberán ser aceptadas por el ordenador competente. El mismo deberá verificar la posibilidad y legalidad de las condiciones o modos que eventualmente se impongan en la donación, además de la conveniencia con respecto a los intereses del Estado.

Exceptúanse las pequeñas donaciones de objetos o elementos cuyo justiprecio no exceda el límite de las contrataciones directas, las que podrán ser aceptadas por la autoridad de la oficina o servicio respectivo.

Sin perjuicio de lo dispuesto precedentemente, en todos los casos en que el Estado o persona pública no estatal sea o haya sido gravada por un plazo, modo o condición establecida por voluntad testamentaria por una donación onerosa, (artículos 947, 956 y 1615 del Código Civil), dicho gravamen podrá cumplirse en una forma razonablemente análoga a la prescrita por el testador o por el donante, siempre que lo autorizare el juzgado competente por motivos fundados de interés público, a petición del organismo beneficiario y con audiencia de quienes pudieren tener derecho a oponerse.

La pretensión se tramitará en la forma establecida para el proceso extraordinario (artículos 346 y concordantes del Código General del Proceso). Lo previsto en este artículo se aplicará aún si el modo contiene cláusula resolutoria (artículo 958 del Código Civil).

En los casos a que se refiere esta disposición, siempre que no se hubiere obtenido la autorización judicial prevista anteriormente, la acción para exigir el cumplimiento del plazo, condición o modo caducará a los cuatro años de la apertura legal de la sucesión o de la fecha del contrato de donación.

El Estado o cualquier otra persona pública estatal, podrán disponer por acto administrativo la venta de los inmuebles habidos por donación o legado sujetos a modo o condición, luego de transcurridos treinta años.

En este caso el acto administrativo que disponga la enajenación del inmueble se notificará mediante tres publicaciones en dos diarios de circulación nacional y en el sitio web de Compras y Contrataciones Estatales a los efectos del debido conocimiento de los interesados.

Artículo 43°. Los ordenadores de gastos adoptarán las medidas necesarias para contratar los suministros o servicios por grupos de artículos o servicios, de forma de facilitar la presentación del mayor número posible de oferentes.

Las previsiones de necesidades de suministros, servicios y obras y las respectivas contrataciones deberán hacerse de la forma que mejor se adecue al objeto de estas últimas y a las necesidades y posibilidades de la Administración contratante.

Los ordenadores, bajo su responsabilidad, podrán fraccionar las compras dejando expresa constancia de su fundamento y de su conveniencia para el servicio.

Cuando el Tribunal de Cuentas observe reiteradamente el fraccionamiento, sin que se corrija tal situación, podrá suspender la facultad establecida en el inciso anterior a los ordenadores responsables y, de corresponder, a los organismos involucrados dando cuenta a la Asamblea General o a la Junta Departamental que corresponda.

Artículo 44°. Sin perjuicio de las excepciones establecidas en los artículos 33 y 45 del presente Texto Ordenado, amplíase para los Entes Autónomos y Servicios Descentralizados del dominio industrial y comercial del Estado, comprendidos en el artículo 221 de la Constitución de la República, a $30:000.000 (treinta millones de pesos uruguayos) el tope de licitación abreviada y a $ 750.000 (setecientos cincuenta mil pesos uruguayos) el tope de compra directa, siempre que tengan:

A) Un buen sistema de gestión y eficaz control interno en las áreas vinculadas a las contrataciones.

B) Estén comunicados electrónicamente con el Registro Único de Proveedores del Estado.

C) Publiquen todo lo relativo a sus contrataciones superiores al límite de su procedimiento de compra directa en el sitio web de Compras y Contrataciones Estatales contribuyendo a la transparencia de su sistema, de acuerdo con lo que establezca la reglamentación, la que podrá modificar ese límite. Las compras realizadas al amparo de la excepción establecida por el literal C) numeral 22) del Artículo 33 de este Texto Ordenado, podrán clasificarse como reservadas por el organismo.

Este régimen podrá ser suspendido por decisión fundada del Poder Ejecutivo, con el asesoramiento de la Agencia de Compras y Contrataciones del Estado y previo dictamen del Tribunal de Cuentas, si evalúa que no se cumplen las condiciones precedentes, lo que deberá declarar expresamente en la resolución respectiva.

El Poder Ejecutivo, con el asesoramiento de la Agencia de Compras y Contrataciones del Estado y previo dictamen del Tribunal de Cuentas, podrá autorizar este régimen, total o parcialmente, a otros organismos públicos que cumplan dichos requisitos y cuando sea conveniente para la buena administración.

Cuando no exista acuerdo entre el Poder Ejecutivo y el Tribunal de Cuentas o no haya dictamen de éste luego de sesenta días de solicitado, la resolución del Poder Ejecutivo será remitida a conocimiento de la Asamblea General

Artículo 45°. Los contratos de obras, adquisiciones de bienes o prestación de servicios que otorguen los órganos del Estado, Entes Autónomos y Servicios Descentralizados, en aplicación de contratos de préstamos con organismos internacionales de crédito de los que la República forma parte, o de donaciones modales, quedarán sujetos a las normas de contratación establecidas en cada contrato.

Dentro de lo dispuesto en el inciso anterior, y a mero título enunciativo, se incluye la fijación de otros montos que los vigentes para los procedimientos de adquisiciones, la determinación de requisitos y condiciones generales para procedimientos de compras, así como la de montos y forma de calcular los comparativos de adquisiciones de bienes o servicios nacionales con relación a sus similares extranjeros ofertados, de solución arbitral de las controversias contractuales y, asimismo, la exoneración al transporte marítimo de mercaderías importadas de lo requerido por el artículo 3o del decreto-ley No 14.650, de 2 de marzo de 1977.

No obstante, los procedimientos para la selección de ofertas en los contratos referidos en los incisos anteriores deberán respetar los principios generales de la contratación administrativa, en especial los de igualdad de los oferentes y la concurrencia en los procedimientos competitivos para el llamado y selección de ofertas conforme a lo dispuesto en el artículo 149 del presente Texto Ordenado.

Artículo 46°. Están capacitados para contratar con el Estado las personas físicas o jurídicas, nacionales o extranjeras, que teniendo el ejercicio de la capacidad jurídica que señala el derecho común, no estén comprendidas en alguna disposición que expresamente se lo impida o en los siguientes casos:

1) Ser funcionario público o mantener un vínculo laboral de cualquier naturaleza, dependiente de los organismos de la administración contratante, no siendo de recibo las ofertas presentadas a título personal, o por firmas, empresas o entidades con las cuales la persona esté vinculada por ra-

zones de dirección o dependencia. No obstante, en este último caso de dependencia, tratándose de personas que no tengan intervención en el proceso de la adquisición, podrá darse curso a las ofertas presentadas en las que se deje constancia de esa circunstancia.

2) Estar suspendido o eliminado del Registro Único de Proveedores del Estado.

3) No estar inscripto en el Registro Único de Proveedores del Estado de acuerdo con lo que establezca la reglamentación.

4) Haber actuado como funcionario o mantenido algún vínculo laboral de cualquier naturaleza, asesor o consultor, en el asesoramiento o preparación de pliegos de bases y condiciones particulares u otros recaudos relacionados con la licitación o procedimiento de contratación administrativa de que se trate.

5) Carecer de habitualidad en el comercio o industria del ramo a que corresponde el contrato, salvo que por tratarse de empresas nuevas demuestren solvencia y responsabilidad

Artículo 47°. El Poder Ejecutivo, previo informe de la Agencia de Compras y Contrataciones del Estado y con la conformidad del Tribunal de Cuentas, podrá formular reglamentos o pliegos únicos de bases y condiciones generales para los contratos de:

A) Suministros y servicios no personales.

B) Obras públicas.

Dichos pliegos deberán contener como mínimo:

1) Los requisitos de admisibilidad de las propuestas, los efectos de la falta de cumplimiento del contrato y, en particular, las penalidades por mora, causales de rescisión y la acción a ejercer con respecto a las garantías y los perjuicios del incumplimiento, determinados con precisión y claridad.

2) Las condiciones económico-administrativas del contrato y su ejecución.

3) Los derechos y garantías que asisten a los oferentes.

4) Toda otra condición o especificación que se estime necesaria o conveniente, o ambas cualidades, para asegurar la plena vigencia de los principios generales de la contratación administrativa.

Dichos reglamentos o pliegos serán de uso obligatorio para todas las administraciones públicas estatales en las contrataciones que superen $ 1:500.000 (un millón quinientos mil pesos uruguayos) salvo en lo que no fuere conciliable con sus fines específicos, establecidos por la Constitución de la República o la ley.

Artículo 48º. El pliego único de bases y condiciones generales será complementado con un pliego de bases y condiciones particulares para cada contratación.

Dicho pliego deberá contener como mínimo:

A. La descripción del objeto.

B. Las condiciones especiales o técnicas requeridas.

C. El o los principales factores que se tendrán en cuenta para evaluar las ofertas, así como la ponderación de cada uno a efectos de determinar la calificación asignada a cada oferta, en su caso.

D. El o los tipos de moneda en que deberá cotizarse, el procedimiento de conversión en una sola moneda para la comparación de las ofertas y el momento en que se efectuará la conversión.

E. Las clases y monto de las garantías, si corresponden.

F. El modo de la provisión del objeto de la contratación.

G. Si se otorgan o no beneficios fiscales o de otra naturaleza y la determinación de los mismos.

H. Toda otra especificación que contribuya a asegurar la claridad necesaria para los posibles oferentes.

El ordenador interviniente determinará el precio del pliego particular o que no tenga costo.

El pliego particular podrá establecer que la adjudicación se pueda dividir de determinada forma entre dos o más oferentes.

Cuando el pliego particular no determine precisamente la cantidad a comprar, los oferentes podrán proponer precios distintos por cantidades diferentes de unidades que se adjudiquen.

El pliego particular no podrá imponer al oferente ningún requisito que no esté directamente vinculado a la consideración del objeto de la contratación y a la evaluación de la oferta, reservándose sólo al oferente que resulte adjudicatario, la carga administrativa de la demostración de estar en condiciones formales de contratar, sin perjuicio de las responsabilidades penales, civiles o administrativas que pudieran corresponder.

Lo establecido precedentemente es sin perjuicio de las disposiciones sobre contenido de los pliegos a que refiere el artículo 8 de la Ley 16.134 de 24 de setiembre de 1990 y a las disposiciones contractuales sobre comparación de ofertas contenidas en contratos de préstamo con organismos internacionales de los que la República forma parte.

Artículo 49°. La comprobación de que en un llamado a licitación se hubieren formulado especificaciones o incluido cláusulas cuyo cumplimiento sólo sea factible para determinada persona o entidad, de manera que el llamado esté dirigido a favorecer situaciones particulares, dará lugar a su anulación inmediata en el estado de trámite que se encuentre, y a la iniciación, también inmediata, del sumario pertinente para determinar los responsables.

Artículo 50°. Es obligatoria la publicación por parte de los organismos estatales en el sitio web de Compras y Contrataciones Estatales la información correspondiente a contrataciones de obras, bienes y servicios de todas las licitaciones y convocatorias a procedimientos competitivos que se realicen. La publicación de la convocatoria tendrá el alcance establecido en el artículo 4° de la Ley N° 15.869, de 22 de junio de 1987.

Todas las administraciones públicas estatales deberán dar publicidad, en el mismo sitio del acto de adjudicación, declaración de desierta o de rechazo de ofertas, de todos sus procedimientos de contratación de monto superior al 50 % (cincuenta por ciento) del límite de su procedimiento de compra directa, incluidas las realizadas por mecanismos de excepción, así como a las ampliaciones y los actos de reiteración de gastos observados por el Tribunal de Cuentas, en la forma que disponga la reglamentación.

Estos organismos contarán para ello con un plazo de diez días luego de producido el acto que se informa.

La Agencia de Compras y Contrataciones del Estado podrá facilitar a las empresas interesadas la información de la convocatoria a licitaciones en forma electrónica y en tiempo real.

Artículo 51°. Para las licitaciones públicas se deberá efectuar la publicación en el Diario Oficial y en el sitio web de Compras y Contrataciones Estatales, sin perjuicio de otros medios que se consideren convenientes para asegurar la publicidad del acto.

La publicación deberá hacerse con no menos de quince días de anticipación a la fecha de apertura de la licitación, o con no menos de veinte días cuando se estime necesaria o conveniente la concurrencia de proponentes radicados en el exterior. Este término podrá ser reducido por el ordenador competente en cada caso, cuando la urgencia o conveniencia así lo requiera, pero en ningún caso podrá ser inferior a cinco o diez días respectivamente.

Los motivos de la excepción deberán constar en el acto administrativo que disponga el llamado.

El inicio del cómputo de los plazos para realizar los llamados a licitación pública y remate se contará a partir del día hábil siguiente a la publicación realizada en el sitio web de Compras y Contrataciones Estatales.

El plazo que se establezca para la presentación de ofertas debe ser apropiado para que los oferentes puedan preparar adecuadamente sus ofertas y solicitar precios en plaza o al exterior, sin perjuicio de la eventual urgencia o conveniencia del llamado que requiera establecer plazos menores.

Artículo 52°. Cuando corresponda el procedimiento de licitación abreviada se deberá publicar la convocatoria en el sitio web de Compras y Contrataciones Estatales, sin perjuicio de otros medios que se estimen convenientes, debiendo realizarse la publicación en dicho sitio web como mínimo tres días antes de la apertura de ofertas. Este plazo podrá reducirse hasta cuarenta y ocho horas anteriores a la apertura, cuando la urgencia o conveniencia así lo requieran.

Los motivos de la excepción deberán constar en el acto administrativo que disponga el llamado y deberá, en este caso, invitarse como mínimo a tres firmas del ramo, asegurándose que la recepción de la invitación se efectúe por lo menos con dos días de antelación a la apertura de la propuesta.

Deberán aceptarse todas las ofertas presentadas por firmas no invitadas.

Artículo 53°. Cuando se utilice el procedimiento de subasta o remate, deberá conferirse amplia publicidad al mismo y se efectuarán publicaciones en el sitio web de Compras y Contrataciones Estatales y en un diario de circulación nacional con una antelación no menor a quince días de la fecha fijada para la subasta.

Cuando la subasta se realice en un departamento del interior del país, se efectuará dicha publicación en un diario de circulación del respectivo departamento.

La subasta o remate podrá realizarse en forma convencional, electrónica o a través de las bolsas de valores en su caso.

Artículo 54°. Cuando se utilice el procedimiento de pregón o puja a la baja, deberá conferirse amplia publicidad al mismo a través de la publicación en el sitio web de Compras y Contrataciones Estatales y otros medios idóneos de publicidad, con una antelación no menor a diez días de la fecha fijada para la puja.

También podrá invitarse a firmas del ramo a que corresponda el contrato, asegurándose que la recepción de la invitación se efectúe por lo menos con cinco días de antelación a la puja, debiendo igualmente aceptarse la participación de firmas no invitadas.

Artículo 55. Las publicaciones, cualquiera sea el medio a través del cual se realicen, deberán contener:

1) Administración pública estatal que formula el llamado.

2) Objeto del llamado y especificación sintética que permita su fácil interpretación por los posibles oferentes.

3) Lugar, fecha y hora de apertura.

4) Sitio web donde se publica el pliego de condiciones particulares, si corresponde.

Artículo 56°. En los casos de adquisición o arrendamiento de inmuebles por parte del Estado, bastará una publicación en un diario de circulación nacional, la que podrá sustituirse por cualquier medio idóneo de publicidad.

Artículo 57°. Para los casos en que está dispuesto solicitar determinado número de ofertas o precios y no resulte posible por no existir en el lugar número suficiente de firmas en el ramo, o no lograr que las existentes coticen, se operará con el número que sea posible, dejando constancia de las medidas adoptadas, las invitaciones formuladas y las causas que impidieron el cumplimiento de la norma.

Artículo 58°. En las contrataciones y adquisiciones realizadas por los organismos mencionados en el artículo 2° del presente Texto Ordenado y por los organismos paraestatales, se otorgará un margen de preferencia en el precio de los bienes, servicios y obras públicas que califiquen como nacionales.

El margen de preferencia será aplicable siempre que exista paridad de calidad o de aptitud con los bienes, servicios y obras públicas que no califiquen como nacionales.

El margen de preferencia será aplicable en los casos de licitaciones públicas y abreviadas así como en los casos de compras directas por causales de excepción, cuando el monto supere el establecido para la obligatoriedad del pliego único de licitación.

El margen de preferencia no será aplicable en las contrataciones y adquisiciones de bienes o servicios, realizadas por los Entes Autónomos y Servicios Descentralizados del dominio industrial, comercial y financiero del Estado, destinadas a servicios que se encuentren de hecho o de derecho en regímenes de libre competencia.

Si la compra debe formalizarse en el exterior, se respetarán los convenios con los países incorporados a organismos de comercio, comunidades o convenios aduaneros o de integración o producción a los que está adherido el país.

El margen de preferencia deberá hacerse constar en el pliego de bases y condiciones generales.

En el caso de bienes, el margen de preferencia será del 8% (ocho por ciento) y se aplicará sobre el precio del bien nacional puesto en almacenes del comprador. El Poder Ejecutivo fijará el porcentaje mínimo de integración nacional que se requerirá para que un bien califique como nacional, que no podrá ser inferior al 35% (treinta y cinco por ciento) del precio mencionado. La comparación de precios entre los bienes que califiquen como nacionales y los que no, se efectuará considerando todos los gastos requeridos para colocar los productos en almacenes del comprador y en igualdad de condiciones.

En el caso de servicios, el margen de preferencia será del 8% (ocho por ciento) y se aplicará sobre el precio del servicio. Cuando el servicio incluya el suministro de bienes, el monto sobre el que se aplicará el margen de preferencia no considerará el precio de aquellos bienes que no califiquen como nacionales, según el criterio previsto en el inciso anterior. A estos efectos, los correspondientes pliegos de condiciones generales requerirán que el proveedor identifique el porcentaje del precio del servicio correspondiente a bienes que no califican como nacionales.

En el caso de obras públicas, el margen de preferencia será del 8% (ocho por ciento) y se aplicará sobre la mano de obra nacional y los materiales nacionales. A estos efectos, los correspondientes pliegos de condiciones generales requerirán que el oferente estime y exprese los porcentajes de mano de obra y materiales nacionales que componen el precio de la oferta.

Para la calificación de un material como nacional se aplicará el mismo criterio que en el caso de los bienes.

El Poder Ejecutivo definirá los requisitos para la calificación como nacionales de los servicios y las obras públicas y, en el caso de la calificación como nacionales de los bienes, podrá definir requisitos adicionales a los previstos en el presente artículo, a los efectos de asegurar la existencia de un proceso productivo en el territorio nacional.

Deróganse todas las disposiciones que se opongan a lo dispuesto en el presente artículo.

Artículo 59°. Créase el Programa de Contratación Pública para el Desarrollo, en cuyo marco podrán emplearse regímenes y procedimientos de contratación especiales, adecuados a los objetivos de desarrollar proveedores nacionales, en particular micro, pequeñas y medianas empresas y pequeños productores agropecuarios y de estimular el desarrollo científico-tecnológico y la innovación.

En cada ejercicio, hasta un 10% (diez por ciento) del monto total de las contrataciones y adquisiciones de bienes, servicios y obras públicas, realizadas en el ejercicio anterior por los organismos mencionados en el artículo 2° del presente Texto Ordenado, y los organismos paraestatales, serán realizadas según los términos establecidos en el Programa de Contratación Pública para el Desarrollo. Asimismo, las adquisiciones y contrataciones realizadas bajo este programa por un organismo particular, no podrán superar el 20% (veinte por ciento) del total de adquisiciones y contrataciones realizadas por ese mismo organismo en cada ejercicio.

En el marco del programa podrán emplearse, entre otros instrumentos, márgenes de preferencia en el precio y mecanismos de reserva de mercado, en favor de productores y proveedores nacionales. En caso de aplicarse un margen de preferencia, éste podrá ser de hasta dos veces el correspondiente previsto en el artículo 58 del presente Texto Ordenado. En caso de recurrirse a reservas de mercado a productores o proveedores nacionales, las contrataciones y adquisiciones realizadas bajo este mecanismo no podrán superar el 10% (diez por ciento) del total de contrataciones y adquisiciones realizadas por un mismo organismo en cada ejercicio.

En todos los casos se exigirán a productores y proveedores nacionales las contrapartidas que contribuyan a la sustentabilidad en el mediano plazo de las actividades estimuladas.

Los márgenes de preferencia previstos en el artículo 58 del presente Texto Ordenado, no serán aplicables en las contrataciones y adquisiciones realizadas según los términos establecidos en el Programa de Contratación Pública para el Desarrollo.

Artículo 60°. El Programa de Contratación Pública para el Desarrollo a que refiere el artículo anterior, incluirá, entre otros:

A. Subprograma de Contratación Pública para el Desarrollo de las Micro, Pequeñas y Medianas Empresas, que estará bajo la coordinación del Ministerio de Industria, Energía y Minería, a través de la Dirección Nacional de Artesanías, Pequeñas y Medianas Empresas.

B. Subprograma de Contratación Pública para el Desarrollo de Pequeños Productores Agropecuarios, que estará bajo la coordinación del Ministerio de Ganadería, Agricultura y Pesca.

C. Subprograma de Contratación Pública para el Desarrollo Científico-Tecnológico y la Innovación, que estará bajo la coordinación de la Agencia Nacional de Investigación e Innovación.

El Poder Ejecutivo reglamentará los subprogramas referidos en los literales precedentes y definirá la participación de cada uno de ellos en el monto total previsto para el Programa de Contratación Pública para el Desarrollo.

Facúltase al Poder Ejecutivo a crear y reglamentar nuevos subprogramas, definiendo su participación en el monto total previsto para el Programa de Contratación Pública para el Desarrollo.

Artículo 61°. El Poder Ejecutivo reglamentará el otorgamiento, en las contrataciones y adquisiciones realizadas por los organismos mencionados en el artículo 2° del presente Texto Ordenado, y los organismos paraestatales, de márgenes de preferencia en el precio de los bienes, servicios y obras públicas, fabricados o brindados por productores o proveedores de cualquier nacionalidad, siempre que cumplan con normas o certificaciones de calidad, de seguridad, medio ambientales, o de cualquier otro tipo, que se entiendan necesarios y adecuados para estimular la presentación de mejores ofertas.

Artículo 62°. En aquellas contrataciones públicas que tengan por objeto la adquisición de mercaderías o productos procedentes del extranjero, la Administración Central, las Administraciones Municipales, los Entes Autónomos y los Servicios Descentralizados, deberán considerar preferentemente las propuestas que ofrezcan soluciones favorables para la colocación de productos nacionales exportables.

Artículo 63°. Los oferentes deberán presentar sus ofertas en las condiciones que se establezca en los pliegos respectivos, pudiendo agregar cualquier otra información complementaria pero sin omitir ninguna de las exigencias esenciales requeridas.

Las ofertas deberán ajustarse razonablemente a la descripción del objeto requerido, teniendo en cuenta la complejidad técnica del mismo.

Se considerará que las condiciones técnicas establecidas en el pliego de condiciones particulares tienen carácter indicativo para la consecución del objeto del llamado.

Si el pliego de condiciones particulares así lo autoriza, podrán presentarse modificaciones, alternativas o variantes, inclusive sin presentarse la propuesta básica.

Las ofertas podrán presentarse personalmente contra recibo, en el lugar habilitado al efecto, o por correo, fax, en línea a través de los sitios web de compras estatales u otros medios remotos de comunicación electrónica según lo disponga el llamado, no siendo de recibo si no llegaren cumpliendo el plazo, lugar y medio establecido. En todos los casos será responsabilidad de la administración contratante el resguardo de las ofertas utilizando los procedimientos y tecnologías que aseguren la confidencialidad de la información de tal forma que sea inviolable hastael momento fijado para su apertura.

Artículo 64°. Los oferentes podrán garantizar el mantenimiento de su oferta mediante depósito en efectivo o en valores públicos, fianza o aval bancario, o póliza de seguro de fianza, por un valor fijo en moneda nacional o extranjera que la administración deberá determinar expresamente en el pliego particular. Cada oferente podrá optar por no presentar garantía si ella no es obligatoria. En tal caso, el incumplimiento en el mantenimiento de su oferta se sancionará con una multa equivalente al 5% (cinco por ciento) del monto máximo de su oferta. El acto administrativo o resolución que imponga la multa será título ejecutivo, sin perjuicio del resarcimiento de los eventuales daños y perjuicios que dicho incumplimiento pueda haber causado a la administración y la comunicación del hecho al Registro Único de Proveedores del Estado.

Los adjudicatarios deberán garantizar el fiel cumplimiento del contrato mediante depósito en efectivo o en valores públicos, fianza o aval bancario, o póliza de seguro de fianza, por un valor equivalente al 5% (cinco por ciento) de la adjudicación. Esta garantía se podrá acrecer con una retención de los sucesivos pagos lo que deberá estar establecido en el pliego particular.

La Administración podrá establecer en dicho pliego el derecho de los adjudicatarios a optar por no presentar garantía. En tal caso, el incumplimiento del contrato se sancionará con una multa equivalente al 10% (diez por ciento) de la adjudicación. El acto administrativo o resolución que imponga la multa será título ejecutivo, sin perjuicio del resarcimiento de los eventuales daños y perjuicios que dicho incumplimiento pueda haber causado a la Administración y la comunicación del hecho al Registro Único de Proveedores del Estado.

La Administración podrá establecer en el pliego particular, para oferentes y adjudicatarios, garantías o montos diferentes a lo expresado precedentemente, determinar que sean obligatorias cuando la contratación lo justifique o exonerar de la presentación cuando ello le resulte conveniente.

No se presentarán garantías de mantenimiento de ofertas cuando las mismas sean inferiores al tope de la licitación abreviada, ni garantías de fiel cumplimiento del contrato por aquellas inferiores al 40% (cuarenta por ciento) del tope de la licitación abreviada. Su incumplimiento se sancionará en la forma establecida anteriormente.

Cuando no corresponda retener garantías, las mismas deberán ser devueltas en el menor plazo posible, sea de oficio o a pedido de la parte interesada.

Artículo 65°. La apertura de las ofertas se hará en forma pública en el lugar, día y hora fijados en las publicaciones en presencia de los funcionarios que designe a tal efecto la Administración pública licitante y de los oferentes o sus representantes que deseen asistir.

Abierto el acto no podrá introducirse modificación alguna en las propuestas, pudiendo, no obstante, los presentes formular las manifestaciones, aclaraciones o salvedades que deseen.

En dicho acto no se podrá rechazar la presentación de ninguna propuesta sin perjuicio de su invalidación posterior y se controlará si en las propuestas se ha adjuntado la garantía constituida, cuando ello correspondiera.

Finalizado el acto se labrará acta circunstanciada que será firmada por los funcionarios actuantes y los oferentes que lo deseen hacer, quienes podrán dejar consignadas las constancias que estimen necesarias.

La admisión inicial de una propuesta no será obstáculo a su rechazo si se constataren luego defectos que violen los requisitos legales o aquellos sustanciales contenidos en el respectivo pliego.

Se consideran apartamientos sustanciales aquellos que no pueden subsanarse sin alterar materialmente la igualdad de los oferentes.

La Administración podrá otorgar a los proponentes un plazo máximo de dos días hábiles para salvar los defectos, carencias formales o errores evidentes o de escasa importancia; este plazo podrá ampliarse para el caso de proveedores del exterior y en tal caso se aplicará a todos los oferentes.

El plazo antes mencionado no se otorgará cuando a juicio de la Administración se altere materialmente la igualdad de los oferentes, cuando existan defectos o errores habituales en un oferente determinado, o cuando se presuma la existencia de alguna maniobra destinada a obtener una ventaja indebida.

La apertura de las licitaciones electrónicas se efectuará en forma automática y el acta se remitirá a la dirección electrónica de los oferentes, de acuerdo con lo establecido en la reglamentación.

Los oferentes que así lo deseen podrán requerir a la Administración que le facilite copia o archivo electrónico de las ofertas presentadas para su análisis. El costo será de cargo del peticionario.

En el contenido de las ofertas se considerarán informaciones confidenciales, siempre que sean entregadas en ese carácter (artículo 10 de la Ley N° 18.381, de 17 de octubre de 2008), la información de clientes, la que puede ser objeto de propiedad intelectual y aquellas de naturaleza similar de acuerdo con lo que establezcan los pliegos únicos o, en su caso, el pliego particular. No se consideran confidenciales los precios y las descripciones de bienes y servicios ofertados y las condiciones generales de la oferta.

Examinada la admisibilidad de las ofertas, a los efectos de determinar la oferta más conveniente a los intereses de la Administración pública y las necesidades del servicio, se tendrán en cuenta los factores de evaluación cuantitativos y cualitativos aplicables en cada caso, que deberán constar en el pliego de condiciones particulares.

Se deberá:

A) Prever razonablemente una ejecución efectiva y eficiente del contrato.

B) Obtener las mejores condiciones de contratación de acuerdo con las necesidades de la Administración.

C) Juzgar los antecedentes de los oferentes y el contenido de las ofertas en base a los criterios objetivos que se determinen en los pliegos.

Artículo 66°. En cada Administración pública estatal funcionarán una o varias Comisiones Asesoras de Adjudicaciones designadas por la autoridad superior de la misma, la que también designará entre los miembros de cada Comisión un responsable de su citación para facilitar su ágil funcionamiento y el cumplimiento de los plazos requeridos. La actuación de dichas Comisiones será preceptiva en los procedimientos competitivos de más de $ 1:500.000 (un millón quinientos mil pesos uruguayos), pudiendo el ordenador competente solicitar su dictamen en cualquier otro caso en que lo considere conveniente.

Serán cometidos de las mismas informar fundadamente acerca de la admisibilidad y conveniencia de las ofertas, a cuyo efecto dispondrán de plazos máximos.

El informe de la Comisión Asesora de Adjudicaciones deberá contener los fundamentos que respalden su juicio de admisibilidad y su opción por la oferta más conveniente, exponiendo las razones de la misma.

A los efectos de producir su informe, la Comisión Asesora podrá:

A) Solicitar a cualquier oferente las aclaraciones necesarias, no pudiendo pedir ni permitir que se modifique el contenido de la oferta.

B) Recabar otros asesoramientos dejando expresa constancia que aquellos que intervengan en tal calidad deberán excusarse cuando medie cualquier circunstancia comprobable que pueda afectar su imparcialidad.

Los organismos deberán establecer sus procedimientos internos de compras en los que se establecerán los plazos máximos para cada paso, cuyo incumplimiento solo tendrá como efecto la responsabilidad de los funcionarios actuantes.

Las actuaciones posteriores a la apertura de ofertas deberán tramitarse con agilidad y realizarse dentro de los plazos establecidos, lo que será supervisado por los encargados de las diferentes unidades intervinientes y el responsable designado y remitirse a la consideración de la Comisión Asesora de Adjudicaciones, cuando corresponda, dentro del plazo más breve posible, a efectos de que la misma proceda al estudio y evaluación de las ofertas.

A requerimiento de los encargados o del miembro responsable, el ordenador competente, o quien tenga delegada tal atribución, podrá extender dichos plazos.

Si se presentaren dos o más ofertas que reciban calificación similar o que tengan precio similar según sea el criterio de evaluación aplicado, la Comisión Asesora de Adjudicaciones, o el ordenador, en su caso, podrá invitar a los oferentes respectivos a mejorar sus ofertas, otorgándoles un plazo no menor a dos días para presentarlas.

Se considerarán ofertas con calificación similar aquellas que no difieran en más de un 5% (cinco por ciento) de la mejor calificada conforme a los criterios cuantificados definidos en los pliegos de condiciones.

Se considerarán ofertas con precio similar a aquellas que no difieran en más del 5% (cinco por ciento) del precio de la menor.

Recibidas las ofertas mejoradas, se adjudicará al oferente que haya alcanzado la mejor evaluación.

En caso de que, como resultado de la mejora de ofertas, dos ofertas o más resultaran iguales en valor, se podrá promover una puja a la baja de precios entre ellas en la oportunidad que determine la Administración, pudiendo la Administración, dividir la adjudicación entre dos o más oferentes o efectuar un sorteo.

Si el pliego particular lo prevé en el caso de presentación de ofertas similares, se podrán entablar negociaciones con los respectivos oferentes, a fin de obtener mejores condiciones técnicas, de calidad o de precio.

Si los precios de la o las ofertas recibidas son considerados manifiestamente inconvenientes, el ordenador o en su caso la Comisión Asesora debidamente autorizada por este, podrá solicitar directamente mejoras en sus condiciones técnicas de precio, plazo o calidad.

La Comisión Asesora elevará su informe y recomendación, con todas las actuaciones, a consideración del ordenador competente.

Artículo 67°. En todo procedimiento competitivo de contratación cuyo valor supere el cuádruple del monto máximo para la licitación abreviada correspondiente al organismo, una vez obtenido el pronunciamiento de la Comisión Asesora de Adjudicaciones y antes de la adjudicación o rechazo de las ofertas por apartamiento de las normas o condiciones preestablecidas, la Administración deberá dar vista del expediente a los oferentes.

A tales efectos se pondrá el expediente de manifiesto por el término de cinco días, notificándose a los interesados en forma personal, telegrama colacionado, fax, correo electrónico u otro medio hábil de comunicación dentro de las veinticuatro horas de decretado el trámite aludido.

Los oferentes podrán formular por escrito, dentro del plazo establecido en el inciso precedente, las consideraciones que les merezca el proceso cumplido hasta el momento y el dictamen o informe de la Comisión Asesora.

No será necesario esperar el transcurso de dicho plazo si los interesados manifestaren que no tienen consideraciones que formular.

Los escritos o impugnaciones que se formulen en esta etapa por los interesados serán considerados por la Administración como una petición de acuerdo con lo dispuesto por los artículos 30 y 318 de la Constitución de la República a tener en cuenta al momento de dictar la resolución de adjudicación y respecto de la cual debe existir informe fundado.

El interesado remitirá copia del escrito o impugnación presentada al Tribunal de Cuentas, disponiendo de un plazo de cuarenta y ocho horas a tales efectos".

Artículo 68°. Recibido el informe de la Comisión Asesora de Adjudicaciones o de los servicios de compra y de la vista, en su caso, el ordenador competente dispondrá del plazo tentativo establecido en los procedimientos de contratación del organismo dentro del cual deberá adjudicar, declarar desierta o rechazar todas las ofertas así como solicitar ampliación de información o seguir otros cursos de acción por razones de buena administración.

El ordenador efectuará la adjudicación a la oferta más conveniente a los intereses de la Administración Pública y las necesidades del servicio, apreciando el dictamen de la Comisión Asesora de Adjudicaciones. En caso de apartarse del mismo, deberá dejarse expresa constancia de los fundamentos por los cuales se adopta resolución divergente.

En los casos en que los pliegos fijen el cumplimiento de requisitos mínimos exigibles referidos, entre otros, a aspectos técnicos, económicos, financieros o comerciales y los oferentes cumplan con los mismos, se podrá adjudicar en base exclusivamente al factor precio u otro elemento cuantitativo establecido en el mismo.

Artículo 69°. El contrato se perfeccionará con la notificación al oferente del acto de adjudicación dictado por el ordenador competente, previo cumplimiento de lo dispuesto en el artículo 211, literal B) de la Constitución de la República, sin perjuicio de que en los pliegos de bases y condiciones generales y particulares o en la resolución de adjudicación, se establezca la forma escrita o requisitos de solemnidad a cumplir con posterioridad al dictado del mencionado acto o existan otras condiciones suspensivas que obsten a dicho perfeccionamiento.

Artículo 70°. La Administración podrá rescindir unilateralmente el contrato por incumplimiento grave del adjudicatario, debiendo notificarlo de ello.

No obstante, la misma se producirá de pleno derecho por la inhabilitación superviniente por cualquiera de las causales previstas en la ley.

La rescisión por incumplimiento del contratista, aparejará su responsabilidad por los daños y perjuicios ocasionados a la Administración y la ejecución de la garantía de fiel cumplimiento del contrato, sin perjuicio del pago de la multa correspondiente.

En caso de rescisión del contrato antes de iniciarse su ejecución material, el ordenador podrá efectuar la adjudicación al siguiente mejor oferente de ese procedimiento de compra, previa aceptación de éste.

Artículo 71°. Facúltase al Poder Ejecutivo, con el asesoramiento de la Agencia de Compras y Contrataciones del Estado, a establecer regímenes de actualización del precio de los contratos según su naturaleza, y un régimen de pago contado o el pago de intereses y recargos de mora para el caso de incumplimiento en el plazo de pago de las contrataciones estatales.

El compromiso correspondiente se regirá por lo establecido en el inciso tercero del artículo 14 del presente Texto Ordenado, debiendo la Contaduría correspondiente efectuar las debidas previsiones.

Los intereses de mora originados por incumplimiento del plazo de las contrataciones estatales solicitadas con la condición de precio contado establecido en esta ley, serán abonadas con cargo al mismo rubro que los originó.

Las demás Administraciones públicas estatales podrán aplicar este régimen.

Artículo 72°. Los ordenadores, asesores, funcionarios públicos, aquellos que desempeñen una función pública o mantengan vínculo laboral de cualquier naturaleza, de los órganos competentes de la Administración Pública deberán excusarse de intervenir en el proceso de contratación cuando la parte oferente o contratante esté ligada por razones de parentesco hasta el cuarto grado de consanguinidad o tercero de afinidad.

En igual sentido deberán excusarse en caso de tener o haber tenido en los últimos doce meses con dicha parte alguna vinculación de índole profesional, laboral o empresarial.

Artículo 73°. Los actos administrativos dictados en los procedimientos de contratación podrán ser impugnados mediante la interposición de los recursos correspondientes en las condiciones y términos preceptuados por las normas constitucionales y legales que regulan la materia.

El plazo para recurrir se computará a partir del día siguiente a la notificación o publicación.

El interesado remitirá copia, del escrito o impugnación presentada, al Tribunal de Cuentas, disponiendo de un plazo de cuarenta y ocho horas a tales efectos.

Los recursos administrativos tendrán efecto suspensivo, salvo que la Administración actuante por resolución fundada declare que dicha suspensión afecta inaplazables necesidades del servicio o le causa graves perjuicios.

Resuelto el recurso, se apreciarán las responsabilidades de los funcionarios actuantes y del propio recurrente. Si se comprobara que el recurrente hubiere actuado con mala fe, manifiesta falta de fundamento o malicia temeraria, previa vista, podrán aplicarse sanciones de suspensión o eliminación del Registro Único de Proveedores del Estado y del Registro del organismo, sin perjuicio de las acciones judiciales que pudieran corresponder por reparación del daño causado a la Administración.

Artículo 74°. Las prestaciones objeto de contratos podrán aumentarse o disminuirse, respetando sus condiciones y modalidades y con adecuación de los plazos respectivos, hasta un máximo del 20% (veinte por ciento) o del 10% (diez por ciento) de su valor original en uno y otro caso y siempre que el monto definitivo no sobrepase el límite máximo de aprobación para el cual está facultada la respectiva autoridad. Cuando exceda ese límite deberá recabarse la aprobación previa de la autoridad competente.

También podrán aumentarse o disminuirse en las proporciones que sea de interés para la Administración y que excedan de las antes indicadas, con acuerdo del adjudicatario y en las mismas condiciones preestablecidas en materia de su aprobación.

En ningún caso los aumentos podrán exceder el 100% (cien por ciento) del objeto del contrato.

Artículo 75°. Celebrado el contrato o encontrándose en ejecución sólo podrá aceptarse su cesión a otra firma a solicitud fundada del adjudicatario y siempre que la Administración pública contratante lo consienta en forma escrita previa demostración de que el nuevo adjudicatario reúne o da las mismas seguridades de cumplimiento, registrándose el hecho en el Registro Único de Proveedores del Estado.

Si se diera el caso de adjudicatarios que, por haber cedido su contrato en más de una oportunidad, hicieran presumir habitualidad en el procedimiento, se tomará en cuenta esa circunstancia a efectos de futuras contrataciones.

En todos los casos el cesionario deberá probar que tiene capacidad para contratar con el Estado y que reúne los requisitos exigidos por esta u otras leyes para contratar con el mismo.

Artículo 76°. La Agencia de Compras y Contrataciones del Estado (ACCE) será responsable del funcionamiento del Registro Único de Proveedores del Estado. Sin perjuicio de ello los demás organismos podrán llevar sus propios Registros, complementarios del Registro Único, intercambiando con éste la información común en forma electrónica y en tiempo real.

Los interesados en contratar con el Estado, de acuerdo con lo que establezca la reglamentación, deberán inscribirse en dicho Registro Único excepto los que realicen contrataciones de monto inferior al límite fijado en la misma. Los proveedores extranjeros no domiciliados en el país que se inscriban en Registros llevados por organismos contratantes que transfieran electrónicamente la inscripción al Registro Único de Proveedores del Estado, no requerirán inscripción especial en éste último.

El Registro Único incorporará la información sobre sanciones a proveedores que resuelvan las Administraciones públicas estatales una vez que se encuentren firmes, las que se considerarán como antecedentes de los mismos para futuras contrataciones que se realicen.

Cada proveedor tendrá derecho a conocer la información que el Registro tenga sobre el mismo, ya sea en forma directa o en forma electrónica en tiempo real, sin más trámite que su identificación.

En el caso de la suspensión o eliminación resuelta por la ACCE, ésta podrá hacerla extensiva para todos los organismos contratantes, previa vista a los proveedores involucrados.

Los hechos relevantes referidos al cumplimiento de contratos serán comunicados al Registro Único por parte de los funcionarios autorizados al efecto, sin agregar ninguna valoración subjetiva, de acuerdo con lo que determine la reglamentación.

Todos los organismos públicos deberán verificar en el Registro Único la inscripción e información de los oferentes en sus procesos de contratación que superen el límite de compra directa en la forma que establezca la reglamentación.

Los oferentes inscriptos en el Registro Único tendrán derecho a no presentar certificados o comprobantes de su inscripción en el mismo, siendo suficiente su declaración al respecto y estando la misma sujeta a las responsabilidades legales en caso de falsedad. Igualmente no será necesario presentar certificación o comprobantes de la información que sobre ellos conste, válida y vigente, en el Registro Único y que fuera presentada por los proveedores o incorporada al mismo a través de transferencia electrónica con otros Registros Públicos. La certificación de cumplimiento de las obligaciones legales vigentes para oferentes o adjudicatarios que se presenten al Registro Único serán válidas ante todos los organismos públicos mediante el intercambio de información por medios electrónicos en tiempo real.

Artículo 77°. Las Administraciones Públicas Estatales deberán exigir a los oferentes y adjudicatarios, para ofertar y contratar obras, mientras no esté disponible su verificación en forma electrónica, la presentación de los siguientes certificados expedidos por el Registro Nacional de Empresas de Obras Públicas:

A) De inscripción, cuando el monto supere el límite de compra directa que tiene habilitado el organismo y no supere el tope máximo de la licitación abreviada.

B) De inscripción y cuantificación de la capacidad, cuando el monto supere dicho tope.

Artículo 78°. Las escrituras públicas que titulen la adquisición de inmuebles o buques a favor de los organismos del Estado serán autorizadas por los escribanos que en ellos se desempeñen como tales, sin perjuicio de lo que establezcan normas especiales en los casos de adquisiciones de la administración autónoma, descentralizada o municipal.

En los citados negocios jurídicos, si el Poder Ejecutivo así lo dispone o si en el organismo contratante no existe escribano en función de tal, las escrituras serán autorizadas por los escribanos de la Escribanía de Gobierno y Hacienda, salvo las normas especiales a que hace referencia el inciso anterior.

Artículo 79°. En aquellas contrataciones públicas que tengan por objeto la adquisición de equipamiento intensivo en el uso de energía, la Administración Central, las Administraciones Municipales, los Entes Autónomos y los Servicios Descentralizados deberán considerar, en la evaluación de las propuestas, el costo asociado al ciclo de vida de los productos, contemplando a tales efectos no sólo el costo directo asociado a la provisión de los equipamientos, sino también el costo asociado a la operación durante su vida útil y los costos asociados a su disposición final.

La reglamentación especificará la fórmula de cálculo para cuantificar el beneficio.

TITULO II. DEL PATRIMONIO DEL ESTADO

[omissis]

TITULO III. DEL REGISTRO Y CONTRALOR DE LAS OPERACIONES

(0missis)

TITULO IV. DE LA RENDICION DE CUENTAS Y BALANCE DE EJECUCION PRESUPUESTAL

(omissis)

TITULO V. DE LOS OBLIGADOS A RENDIR CUENTAS

(omissis)

TITULO VI. DE LAS RESPONSABILIDADES

(omissis)

TITULO VII. DISPOSICIONES COMPLEMENTARIAS

(omissis)

NORMAS CONCORDANTES Y COMPLEMENTARIAS

II. LEY Nº 18.786, CONTRATOS DE PARTICIPACIÓN PÚBLICO-PRIVADA PARA LA REALIZACIÓN DE OBRAS DE INFRAESTRUCTURA Y PRESTACIÓN DE SERVICIOS CONEXOS.

CAPÍTULO I.

DISPOSICIONES GENERALES

Artículo 1º. Objeto. La presente ley establece el marco regulatorio aplicable al régimen de Contratos de Participación Público-Privada.

Artículo 2º. Contratos de Participación Público-Privada. Son Contratos de Participación Público-Privada aquellos en que una Administración Pública encarga a una persona de derecho privado, por un período determinado, el diseño, la construcción y la operación de infraestructura o alguna de dichas prestaciones, además de la financiación.

Solo podrán celebrarse Contratos de Participación Público-Privada cuando previamente se resuelva, en la forma prevista en la presente ley, que otras modalidades alternativas de contratación no permiten la mejor forma de satisfacción de las finalidades públicas.

Artículo 3º. Ámbito de aplicación. El presente marco normativo será de aplicación preceptiva para todos los Contratos de Participación Público-Privada definidos en la presente ley.

Bajo los límites establecidos constitucionalmente, dichos contratos podrán celebrarse para el desarrollo de obras de infraestructura en los siguientes sectores de actividad:

A) Obras viales, ferroviarias, portuarias y aeroportuarias. Se considerarán incluidas dentro de las obras viales las de caminería rural.

B) Obras de infraestructura energética, sin perjuicio de lo establecido en el Decreto-Ley Nº 14.694, de 1º de setiembre de 1977 (Ley Nacional de Electricidad) y Ley Nº 8.764, de 15 de octubre de 1931 (Creación de ANCAP).

C) Obras de disposición y tratamiento de residuos.

D) Obras de infraestructura social, incluyendo cárceles, centros de salud, centros de educación, viviendas de interés social, complejos deportivos y obras de mejoramiento, equipamiento y desarrollo urbano.

También podrá celebrarse este tipo de contratos para la colonización de tierras, que por su ubicación, superficie y características agrológicas resulten económicamente apropiadas para la formación de colonias, de acuerdo a lo establecido por la Ley Nº 11.029, de 12 de enero de 1948, (creación del Instituto Nacional de Colonización), en la redacción dada por el artículo 15 de la Ley Nº 18.187, de 2 de noviembre de 2007. En particular los contratos podrán incluir los servicios de interés colectivo mencionados en el artículo 48 así como las instalaciones a las que refiere en el artículo 52 de la Ley Nº 11.029, de 12 de enero de 1948.

En ningún caso, los Contratos de Participación Público-Privada podrán incluir:

I) Servicios educativos cuando se trate de centros educativos.

II) Servicios sanitarios cuando se trate de centros de salud.

III) Servicios de seguridad, sanitarios y de reeducación de reclusos cuando se trate de cárceles.

Se exceptúan de este régimen de contratación la operación de cometidos cuya prestación corresponde al Estado en forma exclusiva, así como la explotación de los monopolios establecidos por ley a favor de este.

A los efectos de la presente ley, se consideran comprendidos en el término "Administración Pública" los Poderes del Estado, Tribunal de Cuentas, Corte Electoral, Tribunal de lo Contencioso Administrativo, Entes Autónomos, Servicios Descentralizados y Gobiernos Departamentales, sin perjuicio de las atribuciones, facultades, derechos y obligaciones que les asignen la Constitución de la República y normas legales aplicables.

Mantienen su vigencia todos aquellos regímenes de contratación previstos en cartas orgánicas, leyes o procedimientos especiales de contratación dictados a la fecha de la promulgación de la presente ley.

Artículo 4º. Principios y orientaciones generales. Todos los actos y contratos celebrados en el marco de la presente ley deberán observar los siguientes principios y orientaciones generales:

A) Transparencia y publicidad: Todas las actuaciones desarrolladas en el marco de proyectos de Participación Público-Privada, con las limitaciones que en cada caso establezca la normativa vigente, serán públicas y estarán sujetas a mecanismos de control.

B) Protección del interés público: Todo proyecto de Participación Público-Privada, deberá procurar el beneficio público, respetando el interés general, y adoptar los mecanismos de participación y control que serán de aplicación durante toda la vigencia del contrato.

C) Eficiencia económica: La celebración de contratos por parte de la Administración Pública, en el marco de proyectos de Participación Público-Privada, deberá basarse en la consecución del mayor Valor por Dinero, incluyendo tanto la reducción de costos como los niveles de riesgo así como plazos de disponibilidad.

D) Adecuada distribución de riesgos: Los contratos celebrados en el marco de proyectos de Participación Público-Privada deberán contemplar una adecuada distribución de riesgos entre las partes, de modo tal de minimizar el costo asociado a los mismos.

E) Transferencia: Los contratos deberán establecer las modalidades en que las obras y los bienes e instalaciones necesarias para su explotación puedan ser revertidas o transferidas a la Administración, según corresponda.

F) Ecuanimidad: La selección de los sujetos contratantes deberá llevarse a cabo observando criterios de transparencia, ecuanimidad y no discriminación, promoviendo la competencia entre los oferentes y procurando alcanzar un adecuado equilibrio entre la necesaria celeridad, reducción de costos de los procedimientos y la selección de la mejor propuesta a los intereses públicos.

G) Temporalidad: Todos los contratos que se celebren deberán establecer un plazo máximo de duración. El plazo máximo de duración del contrato y de sus prórrogas no podrá exceder de treinta y cinco años.

H) Responsabilidad fiscal: Las erogaciones y compromisos financieros que se asuman en el marco de proyectos de Participación Público-Privada deberán ser consistentes con la programación financiera del Estado, en un marco de responsabilidad fiscal y de la debida rendición de cuentas.

I) Control: La Administración Pública contratante deberá establecer en los respectivos contratos mecanismos de control adecuados para la efectiva protección de los derechos de los usuarios y la continuidad y eficiencia en la prestación de los servicios correspondientes.

J) Protección del desarrollo sustentable: Los proyectos ejecutados a través de mecanismos de Participación Público-Privada deberán propender al desarrollo sustentable de la sociedad y de la economía, adoptando medidas de protección al medio ambiente en beneficio de las generaciones actuales y futuras.

K) Respeto a los derechos laborales y las normas legales que lo regulan en particular en lo que refiere al reconocimiento y respeto a los ámbitos de negociación colectiva.

Artículo 5º. Contraprestaciones por el desarrollo de proyectos. En contraprestación por las actividades asumidas, dependiendo del tipo y características de cada proyecto, el contratista podrá percibir diferentes modalidades de ingresos, en forma exclusiva o combinada, abonados por los usuarios o la Administración Pública contratante, entre otras.

Dependiendo de las características y estructura de cada proyecto, podrá determinarse en beneficio de la Administración Pública, la percepción de ingresos por parte de esta consistentes en pagos provenientes del contratista, usuarios, u otros que en su caso se estipulen.

Artículo 6º. Contribuciones públicas para el desarrollo de proyectos de Participación Público-Privada. Conforme a las características concretas de cada proyecto y a efectos de viabilizar los mismos, el contrato podrá prever la realización de contribuciones por parte de la Administración Pública, tales como aportes pecuniarios, otorgamiento de subvenciones, créditos, garantías para la financiación del proyecto, garantías de obtención de ingresos mínimos y exoneraciones fiscales, entre otras. De estas contribuciones, las que lo requieran, deberán contar con el decreto del Poder Ejecutivo correspondiente.

En ningún caso se podrá asegurar contractualmente niveles mínimos de rentabilidad del proyecto.

El contrato deberá determinar las condiciones a cuyo cumplimiento se sujetarán las contribuciones públicas, su modificación o cese.

Los aportes económicos por parte de la Administración Pública podrán realizarse cuando estos constituyan un estímulo a la gestión económica más eficiente y ello redunde en su beneficio y en el de los usuarios del servicio, de acuerdo al resultado de los estudios previos previstos en el artículo 16 de la presente ley.

CAPÍTULO II.

MARCO INSTITUCIONAL

Artículo 7º. Atribución de competencia. La Administración Pública contratante, dentro del ámbito de su competencia, será la responsable del diseño, estructuración y celebración de Contratos de Participación Público-Privada, así como del control de su correcta ejecución y del cumplimento de las obligaciones asumidas por los contratantes. Ello, sin perjuicio de las atribuciones y competencias de regulación y control que correspondan a otros organismos estatales conforme a sus competencias originarias y a las que se atribuyen por la presente ley.

Artículo 8º. Comisión Técnica. Para cada proyecto la Administración Pública contratante designará una Comisión Técnica que asesorará en todas las etapas del procedimiento de contratación. La Comisión Técnica estará integrada por un mínimo de tres y un máximo de cinco miembros, debiendo ser dos de ellos, por lo menos, funcionarios de la Administración Pública contratante. Sus miembros deberán tener idoneidad en los diferentes aspectos que componen la materia de contratación y al menos uno, que podrá o no pertenecer a la misma, deberá poseer reconocida idoneidad técnica en la materia objeto de la contratación.

Los integrantes de las comisiones técnicas estarán obligados a presentar declaración jurada de acuerdo a la Ley Nº 17.060, de 23 de diciembre de 1998.

Artículo 9º. Competencias de la Corporación Nacional para el Desarrollo respecto de proyectos de Participación Público-Privada. Sin perjuicio de los cometidos atribuidos por la Ley Nº 15.785, de 4 de diciembre de 1985 y demás normas concordantes y modificativas, la Corporación Nacional para el Desarrollo tendrá los cometidos que se indican a continuación:

A) Desarrollar y fomentar la ejecución de proyectos de Participación Público-Privada mediante la aplicación de los mejores criterios técnicos y el apego a los principios y orientaciones contenidos en la presente ley.

B) Elaborar los lineamientos técnicos aplicables a proyectos de Participación Público-Privada a través de la confección de guías de mejores prácticas recomendadas, uniformización de procedimientos y preparación de manuales, modelos e instrumentos que contribuyan al diseño y ejecución de los referidos proyectos en forma más eficaz y eficiente. La difusión de los mismos requerirá la aprobación del Ministerio de Economía y Finanzas, previo informe de la Oficina de Planeamiento y Presupuesto.

C) Asesorar en la identificación, concepción, diseño, estudio, estructuración, promoción, selección y contratación de los proyectos de Participación Público-Privada, en los términos y condiciones que se acuerden mediante convenio con las Administraciones Públicas contratantes.

D) Contribuir al fortalecimiento de capacidades de las Administraciones Públicas contratantes en el diseño e implementación de proyectos de Participación Público-Privada.

E) Asesorar al Poder Ejecutivo a identificar y priorizar proyectos susceptibles de ser ejecutados mediante el sistema de Participación Público-Privada.

F) Facilitar a las Administraciones Públicas contratantes la coordinación interinstitucional de sus actividades relacionadas con proyectos de Participación Público-Privada.

G) Crear o adquirir sociedades comerciales de cualquier naturaleza así como instrumentos financieros, cuando ello se entienda necesario para el mejor desarrollo de proyectos de Participación Público-Privada.

Artículo 10. Estructuración de proyectos. Para la estructuración de proyectos de Participación Público-Privada, la Administración Pública contratante podrá contratar en forma directa a la Corporación Nacional para el Desarrollo.

Asimismo, podrá contratar para ello a empresas de reconocida idoneidad en la materia. La selección y contratación de dichas empresas deberá realizarse a través del régimen general de contratación administrativa, no siendo aplicable para ello los mecanismos de contratación establecidos en la presente ley.

Artículo 11. Implementación de Proyectos por la Corporación Nacional para el Desarrollo. Previa autorización debidamente fundada del Poder Ejecutivo, la Administración Pública contratante podrá acordar directamente con la Corporación Nacional para el Desarrollo (CND) que esta asuma la implementación de un proyecto de Participación Público-Privada en forma integral, con el fin de viabilizar su concreción y, posteriormente, transferir el mismo al sector privado a través de los procedimientos de contratación previstos en la presente ley.

Esta modalidad de implementación podrá aplicarse únicamente en aquellos proyectos que no superen el monto de inversión estimada a ser establecido por la reglamentación. Asimismo, la reglamentación establecerá el plazo máximo dentro del cual la CND deberá trasferir el proyecto al sector privado.

A estos efectos, la CND podrá ejecutar el proyecto directa o indirectamente, mediante la celebración de contratos o acuerdos comerciales de cualquier naturaleza, de acuerdo a lo establecido en el artículo 3° de la presente ley.

Artículo 12. Contratos de Participación Público-Privada Institucional. En el marco de los cometidos establecidos en el artículo 11 de la Ley N° 15.785, de 4 de diciembre de 1985, en la redacción dada por el artículo 34 de la Ley N° 18.602, de 21 de setiembre de 2009, la Administración Contratante podrá celebrar directamente Contratos de Participación Público-Privada con la Corporación Nacional para el Desarrollo (CND) de acuerdo a los procedimientos definidos en los artículos 15, 16, 17 y 18 de la presente ley. En caso que la CND ceda en forma total o parcial el contrato referido deberá hacerlo por alguno de los procedimientos definidos en los artículos 19 y 20 de la presente ley.

Artículo 13. Unidad de Proyectos de Participación Público-Privada

Créase la Unidad de Proyectos de Participación Público-Privada la que dependerá jerárquicamente del Ministerio de Economía y Finanzas, y tendrá como cometidos respecto a los proyectos que se desarrollen al amparo de la presente ley, los siguientes:

A) Realizar el seguimiento de los aspectos económico-financieros.

B) Verificar el cumplimiento de los aspectos presupuestarios.

C) Evaluar los riesgos asociados.

D) Realizar los análisis y registros que se cometen al Ministerio de Economía y Finanzas en la presente ley.

La reglamentación establecerá su forma de integración y sus cometidos específicos.

Artículo 14. Registro de Proyectos. Créase el Registro de Proyectos de Participación Público-Privada cuya organización se comete al Ministerio de Economía y Finanzas, el que incluirá los contratos suscritos para el desarrollo de proyectos de Participación Público-Privada y sus modificaciones; los llamados a interesados para la adjudicación de proyectos de Participación Público-Privada; las iniciativas privadas presentadas para el desarrollo de proyectos de Participación Público-Privada, respetando los derechos de confidencialidad que correspondan al titular de la iniciativa; y los informes de auditoría de proyectos de Participación Público-Privada. La reglamentación establecerá el contenido y las formalidades bajo las cuales corresponderá la constitución y administración del Registro, así como la actualización de la información contenida en el mismo, entre otros aspectos.

CAPÍTULO III.
PROCEDIMIENTO DE CONTRATACIÓN

Artículo 15. Inicio del proceso. El proceso tendiente a la suscripción de un contrato para el desarrollo de un proyecto de Participación Público-Privada, podrá iniciarse de oficio mediante una iniciativa pública, o bien, originarse en una iniciativa privada presentada por un proponente, en cuyo caso, se seguirá el mecanismo dispuesto en el Capítulo VII de la presente ley.

En ambos casos, dichos actos deberán ser presentados a efectos de su registro ante el Registro de Proyectos a que refiere el artículo 14 de la presente ley.

Artículo 16. Evaluación previa. Con carácter previo a la iniciación del procedimiento de contratación, la Administración Pública contratante deberá contar con un documento de evaluación en que se ponga de manifiesto la viabilidad y la conveniencia del proyecto en cuestión.

Dependiendo de las características de cada proyecto, la evaluación previa podrá separarse en estudios de prefactibilidad, estudios de factibilidad y estudios de impacto.

El documento de evaluación deberá incluir, entre otros aspectos, un análisis comparativo con formas alternativas de contratación que justifiquen en términos técnicos, jurídicos, económicos y financieros, la adopción de esta fórmula de contratación. En particular, se deberá mostrar que el modelo de contratación propuesto es el que permite al Estado obtener el mayor "Valor por Dinero".

La reglamentación establecerá el alcance, la forma y el contenido de dicha evaluación previa, incluyendo, entre otras, las áreas técnica, comercial, financiera, jurídica, ambiental y de impacto económico y social.

Artículo 17. Contenido del contrato. Los Contratos de Participación Público-Privada deberán incluir necesariamente, y sin perjuicio de las demás estipulaciones necesarias o que acuerden las partes, los siguientes aspectos:

A) Identificación de las prestaciones principales que constituyen su objeto.

B) Condiciones de reparto de riesgos entre el contratante y el contratista, desglosando y precisando la imputación de los riesgos derivados de la variación de los costos de las prestaciones y la imputación de los riesgos de disponibilidad o de demanda de dichas prestaciones, entre otros.

C) Objetivos de rendimiento asignados al contratista, particularmente en lo que concierne a la calidad de los servicios, obras y suministros y las condiciones en que deberán ser puestos a disposición de la Administración Pública contratante.

D) Remuneración del contratista, que deberá desglosar las bases y criterios para el cálculo de los costos de inversión, de funcionamiento y de financiación y en su caso, de los ingresos que el contratista pueda obtener de la explotación de las obras o equipos.

E) Causas y procedimientos para determinar las variaciones de la remuneración a lo largo del período de ejecución del contrato y criterios aplicables respecto del mantenimiento del equilibrio de la ecuación económico-financiera del contrato si correspondiere.

F) Fórmulas de pago y, particularmente, condiciones en las cuales, en cada vencimiento o en determinado plazo, el monto de los pagos pendientes de satisfacer por el contratante y los importes que el contratista debe abonar a este como consecuencia de penalidades o sanciones, pueden ser objeto de compensación.

G) Sistema de control por parte de la Administración Pública contratante aplicable a la ejecución del contrato, especialmente respecto a los objetivos de rendimiento, así como las condiciones en que se autorice a realizar cesiones o sub contratos. Los costos del funcionamiento de este sistema deberán estar previstos dentro de la estructura general de costos del proyecto.

H) Sanciones aplicables en caso de incumplimiento de las obligaciones del contrato.

I) Condiciones en que puede procederse a la modificación de determinados aspectos del contrato o a su resolución, conforme a lo establecido en la presente ley.

J) Destino de las obras y equipamientos objeto del contrato a la finalización del mismo.

K) Garantías que el contratista deberá afectar al cumplimiento de sus obligaciones.

L) Mecanismos aplicables a la liquidación del propio contrato, incluyendo disposiciones sobre las compensaciones a que pudiera dar lugar la misma.

M) Referencia a las condiciones generales y, cuando sea procedente, a las especiales que sean pertinentes en función de la naturaleza de las prestaciones principales.

N) Otras obligaciones del contratista como ser la presentación de sus estados contables auditados, dentro de un plazo de seis meses contados a partir del cierre de cada Ejercicio Fiscal.

Artículo 18. Estudios previos y bases de contratación. Los estudios de evaluación previa y las bases de contratación a que refieren los artículos precedentes serán presentados ante la Oficina de Planeamiento y Presupuesto y el Ministerio de Economía y Finanzas para su consideración e informe, el que se procesará según los plazos y condiciones que establezca la reglamentación.

Ambos organismos, actuando en forma coordinada, evaluarán dichos estudios y bases de contratación, tomando en consideración el impacto social y económico del proyecto, los aspectos presupuestarios, la viabilidad económica - financiera y los beneficios de adoptar esta modalidad de contratación.

Asimismo se determinará, en esta instancia o, en su defecto, al definirse las condiciones definitivas de contratación, las características de distribución de riesgos entre la Administración contratante y el contratista.

Los entes autónomos y los servicios descentralizados, deberán realizar la presentación a través del Ministerio correspondiente.

En el caso de los organismos comprendidos en el artículo 221 de la Constitución de la República, previo a la realización del llamado público a interesados a que refiere el artículo 19 de la presente ley, deberán enviar copia de las bases de contratación correspondientes al Poder Ejecutivo, para que este informe a la Asamblea General.

Los Gobiernos Departamentales que opten por la celebración de Contratos de Participación Público-Privada, deberán ajustarse al procedimiento regulado en la presente ley. Su correspondiente presentación deberá realizarse a través de la Comisión Sectorial de Descentralización.

Artículo 19. Llamado público a interesados. Una vez obtenido el informe a que se refiere el artículo 18 de la presente ley, la Administración Pública contratante podrá realizar el llamado público, estableciendo el procedimiento competitivo a emplear así como los términos y condiciones aplicables al mismo, de acuerdo a lo que establezca la reglamentación.

La Administración Pública podrá emplear cualquier método competitivo, incluyendo la licitación, subasta, o cualquier otro que no fuere contrario a los principios generales admitidos en la normativa vigente.

Artículo 20. Procedimiento de diálogo competitivo. La Administración Pública podrá aplicar un procedimiento de diálogo competitivo con aquel o aquellos postulantes que, habiéndose presentado al llamado público, cumplan con los requisitos de solvencia técnica y económica establecidos en el mismo.

En el transcurso de este procedimiento podrán debatirse todos los aspectos del contrato, a efectos de contribuir a la definición del pliego de condiciones particulares.

Durante el procedimiento, se dará un trato igualitario a todos los participantes y, en particular, no se les facilitará de forma discriminatoria información que pueda dar ventajas a determinados participantes con respecto al resto. No se podrá revelar a los demás participantes las soluciones propuestas por un participante u otros datos confidenciales que este les comunique sin su previo consentimiento.

El procedimiento de diálogo competitivo proseguirá hasta que sea posible determinar, después de compararlas, si ello fuera necesario, las soluciones que resulten adecuadas al objeto del llamado.

Tras declararse cerrado el diálogo competitivo y notificarse a todos los participantes, se convocará a la presentación de ofertas de acuerdo a lo que establezca el pliego de condiciones particulares.

En todos los casos en que se aplique el procedimiento del diálogo competitivo deberá especificarse previamente, en oportunidad de realizarse el llamado público a que refiere el artículo 19 de la presente ley, si una vez concluido el diálogo, solo podrán presentar ofertas quien o quienes hayan participado en el diálogo, o si la presentación de ofertas será abierta a cualquier interesado. En el caso en que un único postulante hubiere participado en el procedimiento de diálogo competitivo, la presentación de ofertas deberá ser abierta a cualquier interesado.

La Administración Pública podrá establecer preferencias o compensaciones para aquel o aquellos postulantes participantes en el diálogo competitivo, dando cuenta de las mismas en el llamado público a que se refiere el artículo 19 de la presente ley.

Artículo 21. Presentación de las ofertas. Las ofertas deberán incluir todos los elementos requeridos y necesarios para la realización del proyecto. La reglamentación establecerá las condiciones para dicha presentación, la documentación exigida, las formas para la apertura de las ofertas, la posibilidad de formular aclaraciones, rectificaciones o salvedades y las actas que deberán labrarse.

Artículo 22. Examen de las ofertas. Los criterios de evaluación de las ofertas deberán ser estipulados en el pliego correspondiente, de acuerdo a las condiciones que establezca la reglamentación. Los mismos podrán incluir diversos elementos vinculados al objeto del contrato, tales como la calidad, el precio, la fórmula utilizable para revisar las retribuciones ligadas a la utilización de la obra o a la prestación del servicio, el plazo de ejecución o entrega de la prestación, el costo de utilización, las condiciones financieras de las prestaciones económicas, la satisfacción de necesidades sociales, la rentabilidad, el valor e idoneidad técnica de la propuesta, la solvencia técnica y económica del proponente, las garantías, las características estéticas o funcionales, así como cualquier otro elemento relevante para la contratación.

En ningún caso podrá considerarse como más conveniente la oferta que fundadamente se estime que no pueda ser cumplida como consecuencia de la inclusión en la misma de valores anormales o desproporcionados.

Artículo 23. Adjudicación de ofertas. La Comisión Técnica clasificará en orden decreciente las ofertas presentadas atendiendo a los distintos criterios valorados.

Previo informe de la Unidad de Proyectos de Participación Público-Privada, la Administración Pública contratante, a través de su ordenador de gasto competente, dispondrá la adjudicación provisional mediante resolución fundada, la que deberá notificarse a todos los oferentes y fijará los términos definitivos del contrato.

El proceso continuará con la intervención del Tribunal de Cuentas, el que dispondrá de treinta días corridos para su pronunciamiento, contados desde la recepción del expediente de notificación. Vencido este plazo sin que el Tribunal de Cuentas se expida, se considerará que existe un pronunciamiento favorable del Tribunal por lo que el proceso continuará de acuerdo a lo establecido por los incisos siguientes.

La adjudicación definitiva no podrá realizarse antes de que transcurran treinta días hábiles contados desde la notificación de la adjudicación provisional.

Previo a la adjudicación definitiva, el adjudicatario deberá proporcionar toda la documentación cuya presentación se hubiera diferido para esta etapa, así como constituir la garantía de cumplimiento de contrato cuando corresponda.

La adjudicación definitiva será comunicada a todos los oferentes y al Tribunal de Cuentas, según lo establezca la reglamentación e inscripta en el Registro de Proyectos establecido en el artículo 14 de la presente ley.

Cuando no proceda la adjudicación definitiva del contrato al oferente que hubiese resultado adjudicatario provisional, por no cumplir este las condiciones necesarias para ello, la Administración Pública contratante podrá efectuar una nueva adjudicación provisional al oferente u oferentes siguientes a aquel, por el orden en que hayan quedado clasificadas sus ofertas, siempre que ello fuese posible y que el nuevo adjudicatario preste su conformidad. La nueva adjudicación provisional requerirá de previo informe de la Unidad de Proyectos de Participación Público Privada.

En cualquier caso, la Administración Pública contratante podrá rechazar la totalidad de las ofertas sin responsabilidad alguna, no reconociéndose pagos o reintegros por concepto de gastos de los oferentes.

Artículo 24. Formalización del contrato. El contrato deberá formalizarse por escrito, dentro de un plazo no inferior a diez días hábiles ni superior a treinta días hábiles, contados a partir del día siguiente de la última notificación del acto de adjudicación definitiva, siempre que no se hubieran interpuesto recursos contra dicho acto.

En caso que se hubieran interpuesto recursos administrativos contra el acto de adjudicación definitiva, el contrato deberá formalizarse por escrito en el plazo de treinta días hábiles contados a partir de que el acto sea definitivo, o del levantamiento del efecto suspensivo del recurso, en su caso.

Cuando por causas imputables al contratista no se hubiese formalizado el contrato dentro del plazo indicado, la Administración Pública contratante podrá revocar el acto de adjudicación, así como la incautación de la garantía de mantenimiento de la oferta que, en su caso, se hubiese constituido.

CAPÍTULO IV.
GARANTÍAS

Artículo 25. Garantías La Administración Pública contratante exigirá a los oferentes la constitución de una garantía de mantenimiento de sus ofertas hasta la adjudicación provisional del contrato y de una garantía de cumplimiento de contrato, en los términos y condiciones que prevea la reglamentación y los pliegos generales y particulares.

Artículo 26. Garantía de mantenimiento de oferta. La garantía de mantenimiento de oferta será retenida hasta que proceda a la constitución de la garantía de cumplimiento de contrato o se rechace la totalidad de las ofertas. Las empresas que retiren injustificadamente su proposición antes de la adjudicación perderán la garantía constituida, la que quedará a favor de la Administración Pública contratante.

El adjudicatario podrá aplicar el importe de la garantía de mantenimiento de oferta a la garantía de cumplimiento del contrato o proceder a una nueva constitución de esta última.

La adjudicación provisional del contrato podrá dejarse sin efecto si el adjudicatario no cumple con la constitución de la garantía de cumplimiento de contrato, sin perjuicio de la pérdida de la garantía de mantenimiento de la oferta previamente constituida a favor de la Administración Pública contratante.

Artículo 27. Ampliación de garantía de cumplimiento del contrato. En caso de que se hagan efectivas sobre la garantía penalidades o indemnizaciones exigibles al adjudicatario, este deberá reponer o ampliar aquella, en la cuantía que corresponda, en el plazo de quince días desde la ejecución, incurriendo en caso contrario en causa de resolución.

Cuando, como consecuencia de una modificación del contrato, experimente variación el precio del mismo, deberá reajustarse la garantía, para que guarde la debida proporción con el nuevo precio modificado, en el plazo de quince días contados desde la fecha en que se notifique al contratante el acuerdo de modificación.

Artículo 28. Afectación de las garantías constituidas. La garantía de cumplimiento de contrato responderá de los siguientes conceptos:

A) De las sanciones impuestas al contratista.

B) De la correcta ejecución de las prestaciones contempladas en el contrato, de los gastos originados a la Administración Pública por la demora del contratista en el cumplimiento de sus obligaciones, y de los daños y perjuicios ocasionados a la misma con motivo de la ejecución del contrato o por su incumplimiento.

C) De la incautación que puede decretarse en los casos de resolución del contrato, o de acuerdo con lo que en él, en la reglamentación o en esta ley esté establecido.

D) De otros incumplimientos referidos a condiciones establecidas expresamente en la reglamentación, el pliego particular o el contrato.

Artículo 29. Preferencia en la ejecución de garantías. Para hacer efectiva la garantía, la Administración Pública contratante tendrá preferencia sobre cualquier otro acreedor, sea cual fuere la naturaleza del mismo y el título del que derive su crédito. Cuando la garantía no sea bastante para cubrir las responsabilidades a las que está afectada, la Administración Pública contratante procederá judicialmente al cobro de la diferencia.

Artículo 30. Devolución y cancelación de las garantías. La garantía no será devuelta o cancelada hasta que se haya producido el vencimiento del plazo de garantía y cumplido satisfactoriamente el contrato de que se trate, o hasta que se declare la resolución de este sin culpa del contratista. En el supuesto de recepción parcial solo podrá el contratista solicitar la devolución o cancelación de la parte proporcional de la garantía cuando así se autorice expresamente en el pliego. En los casos de cesión de contratos no se procederá a la devolución o cancelación de la garantía prestada por el cedente hasta que se halle formalmente constituida la del cesionario.

CAPÍTULO V.
MEDIOS DE IMPUGNACIÓN

Artículo 31. Recursos administrativos. Los actos administrativos dictados por la Administración Pública contratante en el procedimiento de contratación podrán ser impugnados mediante la interposición de los recursos administrativos correspondientes en los términos y condiciones establecidos por las normas constitucionales, las disposiciones incluidas en la presente ley y demás disposiciones legales que regulan la materia en cuanto no contradigan lo establecido en la presente ley.

Estos recursos, salvo aquel que se interponga contra la adjudicación definitiva, no tendrán efecto suspensivo, excepto que la Administración, por razón fundada, disponga lo contrario.

La Administración Pública podrá disponer el levantamiento del efecto suspensivo sobre el acto que resuelva la adjudicación definitiva cuando, por resolución fundada, declare que dicha suspensión afecta inaplazables necesidades del servicio o le causa graves perjuicios.

CAPÍTULO VI.
APTITUD E INCOMPATIBILIDADES PARA CONTRATAR

Artículo 32. Aptitud para contratar. Solo podrán contratar con la Administración Pública, en el marco de la presente ley, personas físicas o jurídicas nacionales o extranjeras plenamente capaces, que no estén comprendidas en una prohibición de contratar y que acrediten su solvencia económica, financiera y técnica o profesional en los términos y condiciones exigidos en cada caso.

Artículo 33. Prohibiciones para contratar con la Administración. No podrán asumir la condición de oferentes o contratantes, por sí o por interpuesta persona, quienes se encuentren comprendidos en alguna de las siguientes situaciones:

A) Carecer de capacidad o de legitimación, o estar afectado por prohibición, interdicción, inhabilitación o impedimentos similares de carácter contractual, legal, judicial, arbitral o de cualquier otra naturaleza para poder contratar con el Estado en general, o con la Administración Pública contratante en particular.

B) Hayan actuado como asesores contratados por la Administración Pública contratante, en la implementación del proyecto en el que pretenden participar como potenciales oferentes, siempre que dicha participación pueda suponer un trato privilegiado con respecto al resto de los potenciales oferentes.

C) Ser funcionario público dependiente de la Administración Pública contratante o ser una firma, empresa o entidad con la cual el funcionario esté vinculado por razones de dirección, participación o dependencia.

D) Proceso concursal en trámite del contratista, o el concurso hubiera sido calificado como culpable por sentencia judicial.

E) Se hubiere decretado a su respecto dentro de los cinco años calendario anteriores, contados desde la fecha de la última publicación del llamado público a interesados a que refiere el artículo 19 de la presente ley, la resolución por incumplimiento de su parte de un contrato celebrado con el Estado en general, o con la Administración Pública contratante en particular.

F) Haber sido sancionados por la comisión de infracciones graves ante la violación de normas laborales o ambientales, siempre que dichas resoluciones se encuentren firmes y hubieren sido aplicadas dentro de los veinticuatro meses anteriores al llamado público a que refiere el artículo 19 de la presente ley.

Las personas comprendidas en las causales precedentes no podrán actuar como miembros de un consorcio oferente o contratante o como subcontratista de este, directamente o por intermedio de otra entidad controlada, vinculada o que forme parte de un conjunto económico con ella.

Asimismo, las prohibiciones antedichas serán de aplicación a aquellos sujetos o entidades que, por razón de dirección, participación u otras circunstancias, pueda presumirse que son una continuación o que derivan, por transformación, fusión, cesión o sucesión o cualquier otra forma, de aquellas empresas comprendidas en una o más de las causales antes enunciadas.

CAPÍTULO VII.
INICIATIVA PRIVADA

Artículo 34. Competencia para tramitar iniciativas privadas. Facúltase a las Administraciones Públicas a instruir y sustanciar iniciativas privadas para el desarrollo de proyectos de Participación Público-Privada comprendidos dentro de sus respectivos ámbitos de competencia.

Artículo 35. Tramitación de proyectos por iniciativas privadas. Las iniciativas privadas cuya ejecución, a juicio del proponente, requiera de la implementación de un Contrato de Participación Público-Privada, serán presentadas ante la Corporación Nacional para el Desarrollo, acompañadas de la información relativa al proyecto y a su viabilidad analizada a nivel de prefactibilidad.

La información recibida será evaluada técnicamente y remitida a la Administración Pública competente, la que resolverá sobre su aceptación, modificación o rechazo, sin responsabilidad alguna.

Artículo 36. Etapas del procedimiento de iniciativa privada. Aceptada la proposición inicial, con o sin modificaciones, el proponente deberá elaborar y presentar el estudio de factibilidad del proyecto de acuerdo al alcance establecido por el artículo 16 de la presente ley, dentro del plazo que fije la reglamentación y conforme a los requerimientos que disponga la Administración Pública.

Una vez obtenido el informe a que se refiere el artículo 18 de la presente ley, la Administración Pública contratante podrá realizar el llamado público a interesados a que refiere el artículo 19 de la presente ley y continuará con los procedimientos de selección y contratación establecidos en la presente ley.

Artículo 37. Derechos del proponente. El proponente de una iniciativa privada gozará de los siguientes derechos y preferencias:

A) Obtener, una vez realizada la adjudicación definitiva del contrato, el reembolso de los costos aceptados vinculados con la realización del estudio de factibilidad, en caso de que no resultare adjudicatario del proyecto. Dichos costos serán de cargo de quien resulte adjudicatario, lo cual deberá informarse en el respectivo llamado público.

B) Obtener una ventaja de hasta el 10% (diez por ciento) en la valoración que se realice de su oferta respecto de la mejor oferta. Asimismo, el promotor de la iniciativa no deberá abonar los pliegos o documentos descriptivos correspondientes.

En caso de que por cualquier causa el promotor no realice los estudios de factibilidad dentro de los plazos establecidos por la reglamentación, la Administración Pública podrá realizarlos por si o contratarlos conforme a los procedimientos de contratación que corresponda, perdiendo aquel todo derecho a recibir contraprestación o beneficio alguno.

Artículo 38. Confidencialidad de la iniciativa privada. Toda la información relativa a la iniciativa privada presentada tendrá carácter confidencial. Adoptada por la Administración Pública contratante la decisión de efectuar un llamado público para la adjudicación del proyecto, la iniciativa quedará transferida de pleno derecho a dicha Administración. Si no se efectuara el llamado, el promotor de la iniciativa mantendrá todos los derechos sobre la misma por un período de dos años.

CAPÍTULO VIII.
CONTROL DE CUMPLIMIENTO DEL CONTRATO

Artículo 39. Competencia de control. La Administración Pública contratante será la competente para controlar el cumplimiento del contrato, debiendo informar a la Unidad de Proyectos de Participación Público-Privada, con una periodicidad semestral, el estado de cumplimiento del mismo. Asimismo, deberá informar a dicha Unidad cualquier alteración sustancial o incumplimiento dentro de los diez días hábiles de verificada dicha alteración o incumplimiento.

Sin perjuicio de los informes a los que refiere el inciso precedente, la Unidad de Proyectos de Participación Público-Privada podrá solicitar a la Administración Contratante, en cualquier momento y cuando lo considere pertinente, toda información o documentación relativa al cumplimiento de los contratos, así como recomendar la contratación de auditorías externas específicas que contribuyan a garantizar el correcto seguimiento de los contratos.

La reglamentación establecerá el alcance, la forma y el contenido de los informes, los que deberán incluir aspectos técnicos, comerciales, ambientales y económicos - financieros, entre otros.

Artículo 40. Áreas objeto de control. Los controles a ejercer por la Administración Pública contratante abarcarán los aspectos técnicos, operativos, legales, económicos, financieros, contables, y ambientales conforme a lo que disponga la reglamentación y el correspondiente contrato.

Artículo 41. Instrumentos para el ejercicio de competencias de control. La Administración Pública contratante tendrá amplias facultades de control y podrá utilizar diferentes instrumentos para el ejercicio de funciones tales como requerimientos de información, auditorías externas, evaluación de desempeño, inspecciones y peritajes. A estos efectos, el contratista quedará obligado a proporcionar, a requerimiento de la Administración Pública contratante, toda la información y documentación relativa al cumplimiento del contrato que esta le requiera, sin poder oponer a su respecto el secreto comercial.

CAPÍTULO IX.
RÉGIMEN SANCIONATORIO

Artículo 42. Régimen sancionatorio. Los contratos suscritos para el desarrollo de proyectos de Participación Público-Privada deberán establecer las sanciones aplicables para los distintos casos de incumplimiento o cumplimiento defectuoso de la prestación objeto del mismo, así como los factores agravantes o atenuantes en caso de corresponder. Las sanciones se graduarán en función de la gravedad y de la reiteración de los incumplimientos, pudiéndose llegar a la rescisión del contrato.

Artículo 43. Régimen general de aplicación de sanciones. La determinación de las sanciones aplicables tendrá lugar bajo los principios de legalidad, debido proceso, igualdad, proporcionalidad, generalidad y adecuación al fin.

La aplicación de tales sanciones procederá sin perjuicio de las responsabilidades administrativas, civiles o penales que pudieren corresponder al contratista frente a la Administración Pública contratante o frente a terceros, que hayan sido perjudicados como consecuencia del incumplimiento.

Las sanciones dispuestas por la Administración Pública contratante se harán efectivas de inmediato, sin perjuicio de las acciones a que tenga derecho el contratista en el marco de los procedimientos de solución de controversias y recursos previstos en la ley, en la reglamentación o en el contrato, así como independientemente del cumplimiento de la resolución administrativa que impusiere al contratista una determinada obligación de dar, hacer o no hacer conforme a lo previsto en la normativa.

Artículo 44. Indemnización por daños y perjuicios. Cuando el contrato se resuelva por incumplimiento del contratista, este deberá indemnizar a la Administración Pública contratante los daños y perjuicios ocasionados. La indemnización se hará efectiva, en primer término, sobre la garantía que se hubiese constituido, sin perjuicio de la subsistencia de la responsabilidad del contratista en lo que refiere al importe que exceda del de la garantía incautada.

Artículo 45. Medidas cautelares. Una vez iniciado el procedimiento sancionatorio, la Administración Pública contratante podrá solicitar al Juez competente la imposición de medidas cautelares necesarias para asegurar la eficacia de la resolución sancionatoria, sin requerirse para ello la prestación de contracautela.

Artículo 46. Derecho de retención. La Administración Pública contratante podrá retener de los pagos que en virtud del contrato le correspondiera realizar, las sumas necesarias para hacer efectivo el cobro de las sanciones pecuniarias impuestas.

CAPÍTULO X.
MODIFICACIONES Y CESIÓN DEL CONTRATO

Artículo 47. Modificaciones del contrato por la Administración. El Contrato de Participación Público-Privada podrá reconocer la potestad de la Administración contratante de modificar el contrato, estipulándose los aspectos concretos del contrato susceptibles de tal modificación, las contraprestaciones que en su caso correspondan, así como el monto máximo de la inversión adicional que las modificaciones podrán requerir y el plazo dentro del cual la potestad podrá ser ejercida.

Pactada que sea la potestad referida en el inciso anterior, la Administración Pública contratante -previo informe de la Oficina de Planeamiento y Presupuesto, del Ministerio de Economía y Finanzas e intervención del Tribunal de Cuentas- podrá proceder a la modificación de las características o la cuantía de las obras o de los servicios contratados, para mejorar o incrementar los niveles de servicios o estándares técnicos establecidos en los pliegos de condiciones y en el contrato, o por otras razones de interés público debidamente fundadas, sin afectar con ello las condiciones sustanciales del contrato. El contratista tendrá derecho a la compensación económica que corresponda por los costos adicionales netos en que incurriere por tal concepto.

En todo caso, el monto máximo de las nuevas inversiones o del gasto del servicio, requeridas por las modificaciones dispuestas conforme al inciso anterior, no podrá exceder del 20% (veinte por ciento) del presupuesto de la obra o del gasto en operación acordado en el contrato original.

Artículo 48. Modificaciones previstas en el contrato. El Contrato de Participación Público-Privada podrá establecer condiciones, cumplidas las cuales las partes podrán acordar su revisión. Podrán asimismo estipular los aspectos del contrato alcanzados por ella y prever soluciones entre las cuales podrán optar al modificar el contrato, el monto máximo de la inversión adicional que las modificaciones podrán requerir y el plazo dentro del cual la revisión podrá acordarse.

En todo caso, el monto máximo de estas nuevas inversiones no podrá exceder del 50% (cincuenta por ciento) del presupuesto de la obra o del gasto en operación conforme al contrato original, y en la etapa de construcción dicho porcentaje no podrá exceder del 30% (treinta por ciento).

Artículo 49. Renegociación de los contratos. Sin perjuicio de lo previsto en el artículo anterior, y aun en ausencia de tal previsión, cualquiera de las partes podrá requerir a la otra la renegociación del Contrato de Participación Público-Privada cuando ocurra alguna de las siguientes hipótesis:

A) Cuando la Administración Pública contratante modifique, por razones de interés público, los parámetros de costos y beneficios previstos al contratar, y se cumplan todos los siguientes requisitos:

I) Que la modificación ocurra con posterioridad a la firma del contrato y no haya podido ser razonablemente prevista por el contratista al tiempo de su celebración.

II) Que la modificación altere significativamente la ecuación económico-financiera resultante del contrato al tiempo de su celebración.

III) Que la modificación sea relevante específicamente en el ámbito del contrato, y no sea producida por medidas que procuren un efecto económico-financiero de alcance general.

B) Cuando causas de fuerza mayor no previstas al celebrarse el contrato determinaran en forma directa la ruptura sustancial de la ecuación económico-financiera resultante del contrato al tiempo de su celebración.

C) Cuando se produzca alguno de los supuestos previstos en el contrato como condición de su revisión conforme al artículo 48 de la presente ley, y las partes no lleguen a un acuerdo sobre las modificaciones del contrato.

Si alguna de las partes no accediera a la renegociación, o las partes no llegaran a un acuerdo en las negociaciones, cualquiera de ellas podrá reclamar jurisdiccionalmente una indemnización de conformidad con el artículo 54 de la presente ley.

Artículo 50. Cesión y subcontratación. El contratista podrá ceder total o parcialmente el Contrato de Participación Público-Privada a un tercero, con la autorización previa y expresa de la Administración Pública contratante, la que deberá verificar que el cesionario reúne los requisitos y condiciones necesarias. La cesión podrá proceder siempre que las cualidades técnicas o personales del cedente no hayan sido razón determinante para su adjudicación. Producida la cesión, el cesionario quedará subrogado en todos los derechos y obligaciones que correspondan al cedente.

El contratante podrá subcontratar a terceros las prestaciones puestas a su cargo, salvo que el contrato o los pliegos dispongan lo contrario o que por su naturaleza y condiciones se deduzca que aquel ha de ser ejecutado directamente por el adjudicatario. La reglamentación establecerá los requisitos que deberán cumplirse en materia formal, sustancial y procedimental.

CAPÍTULO XI.
EXTINCIÓN DEL CONTRATO Y SOLUCIÓN DE CONTROVERSIAS

Artículo 51. Extinción de los contratos. Los Contratos de Participación Público-Privada se extinguirán por las siguientes causales:

A) Cumplimiento del contrato conforme a los términos del mismo y a satisfacción de la Administración Pública contratante de la totalidad de la prestación.

B) Vencimiento del plazo señalado para su vigencia o el de sus prórrogas.

C) Resolución unilateral y anticipada del contrato por incumplimiento del contratista.

D) Rescate dispuesto por la Administración Pública contratante, por razones de interés público, en los términos previstos en la reglamentación y el respectivo contrato.

E) Imposibilidad de cumplimiento como consecuencia de medidas adoptadas por el Estado.

F) Imposibilidad del cumplimiento del contrato como consecuencia de un proceso concursal respecto del contratista.

G) Acaecimiento de cualquier causal que inhabilite al contratista el efectivo cumplimiento de su prestación.

H) Imposibilidad de cumplimiento por el contratista como consecuencia de la existencia de fuerza mayor o caso fortuito. Si el caso fortuito o evento de fuerza mayor afectare solo el cumplimiento de algunas de las obligaciones del contrato, o de aquellas vinculadas a parte de la inversión comprometida, y en la medida que las demás obligaciones del contrato sean susceptibles de cumplimiento separado, las partes deberán acordar, de acuerdo a lo definido en las bases de concursos, el ajuste de las estipulaciones jurídicas, técnicas y económicas del contrato, para adecuarlo al cumplimiento de las obligaciones subsistentes.

I) Mutuo acuerdo entre la Administración Pública contratante y el contratista.

J) En los demás casos expresamente previstos en el contrato correspondiente.

Artículo 52. Intervención por la Administración Pública contratante. Si se dispusiera la resolución unilateral y anticipada del Contrato de Participación Público-Privada por incumplimiento del contratista, o si ocurriera el abandono del proyecto por el contratista, la Administración Pública contratante podrá hacerse cargo, por el tiempo que sea necesario, de la construcción o explotación de la instalación a efectos de asegurar la prestación eficiente, eficaz e ininterrumpida del servicio.

A tales efectos, la Administración Pública contratante designará un interventor, que tendrá las facultades necesarias para asegurar el cumplimiento de los objetos del contrato. El interventor responderá civil, penal y administrativamente por las acciones u omisiones dolosas o culposas en que incurriere en el ejercicio del cargo.

La intervención no podrá extenderse por un plazo superior a veinticuatro meses. En ese lapso, la Administración deberá resolver sobre la continuidad o cese de las actividades objeto del contrato; y en el primer caso, procediendo a una nueva adjudicación conforme a los artículos 19 y siguientes de la presente ley, o bien mediante la subasta pública prevista en el artículo 58, o en su caso asumiendo por sí misma esas actividades por sus propios medios y mediante las expropiaciones procedentes conforme a derecho, si correspondieran.

Artículo 53. Término anticipado del contrato. A efectos de dar el horizonte temporal necesario para la realización de nuevas inversiones y del adecuado mantenimiento y con el fin de garantizar la continuidad de la calidad de la prestación de los servicios, el contratista y la Administración Pública contratante podrán acordar la realización de un nuevo llamado público dentro de un período no mayor a los cinco años previos a la finalización del contrato. El proceso deberá cumplir con los requisitos formales, sustanciales y de procedimiento contenidos en la presente ley en lo que corresponda y de acuerdo a lo que establezca la reglamentación.

Si el contratista no resultara adjudicatario del nuevo llamado, el contrato se extinguirá y será compensado por el plazo restante, en los términos que determine la reglamentación y el contrato.

Artículo 54. Solución de controversias. Para la solución de los conflictos que surjan con motivo de la aplicación, interpretación, ejecución, cumplimiento y extinción de los contratos celebrados en el marco de la presente ley, las partes deberán recurrir al arbitraje.

Los árbitros serán designados de común acuerdo por las partes o, en su defecto, de acuerdo a lo dispuesto por el artículo 480 del Código General del Proceso y deberán fallar de acuerdo a derecho. El laudo del Tribunal Arbitral será inapelable.

CAPÍTULO XII.
GARANTÍAS EN BENEFICIO DE LOS ACREEDORES Y SUBASTA EXTRAJUDICIAL DEL CONTRATO

Artículo 55. Garantías en beneficio de acreedores. El contratista de un proyecto de Participación Público-Privada podrá constituir, en beneficio de sus acreedores en virtud de la ejecución de ese contrato, prendas sobre los flujos de fondos futuros a generarse en el proyecto, así como fideicomisos de garantía, y todo otro tipo de garantías personales o reales sobre sus bienes y derechos actuales o futuros, todo conforme a la legislación vigente.

Artículo 56. Prenda de los derechos emergentes del Contrato de Participación Público-Privada. El contratista de un proyecto de Participación Público-Privada podrá celebrar contratos de prenda sobre los derechos de que fuere titular originados en el Contrato de Participación Público-Privada y sobre los bienes incorporados a su ejecución, exclusivamente para garantizar el cumplimiento de sus obligaciones con los financistas de la obra, de su operación o mantenimiento, así como las que resulten de un fideicomiso constituido a tales efectos.

El contrato se documentará en escritura pública o en documento privado con firmas certificadas notarialmente, y se regirá por las disposiciones de la Ley Nº 17.228, de 7 de enero de 2000, sobre la prenda sin desplazamiento en todo lo no previsto en la presente ley.

La constitución del derecho real requerirá la notificación a la Administración contratante y la inscripción en el registro respectivo.

Artículo 57. Pretensión de ejecución de la prenda. El acreedor prendario del contratista de un Contrato de Participación Público-Privada tendrá derecho a ejecutar la prenda, ya sea porque la obligación garantizada no hubiera sido satisfecha total o parcialmente a su vencimiento, o cuando se hubiera dispuesto la resolución del contrato por incumplimiento del contratista.

En ambos casos el acreedor prendario deberá notificar a la Administración Pública contratante su pretensión de ejecutar la prenda. Cuando la ejecución se origine en la resolución del contrato por incumplimiento del contratista, esa notificación de la pretensión de ejecutar la prenda deberá ocurrir dentro de los diez días siguientes al de la notificación al acreedor de la decisión de resolver el contrato.

Artículo 58. Ejecución extrajudicial de la prenda. La ejecución de la prenda otorgada por el contratista conforme a los artículos anteriores se realizará en forma extrajudicial por la Administración Pública contratante, mediante subasta pública.

A tal efecto, la Administración contratante convocará en forma pública a los interesados en participar en la subasta, de conformidad con lo que establezca la reglamentación o de acuerdo a lo estipulado en el pliego de condiciones o en el Contrato de Participación Público-Privada. La Administración autorizará esa participación siempre que el postulante cumpla los requisitos exigidos a los oferentes en el procedimiento de selección del contratista que originó el contrato de que se trata; si el Contrato de Participación Público-Privada estuviere parcialmente cumplido, será suficiente que el postulante cumpla los requisitos correspondientes a los aspectos del objeto del contrato pendientes de cumplimiento.

El mejor postor en la subasta pública extrajudicial quedará subrogado en la posición del contratista hasta completar el plazo del contrato o sus prórrogas si correspondieran conforme a derecho, asumiendo los mismos derechos y obligaciones del contratista original, tanto frente a la Administración como a su acreedor prendario si subsistieran deudas garantizadas por la prenda.

Todo el producido de la subasta, deducidos los gastos que hubiera ocasionado, serán destinados al pago de los créditos del acreedor prendario. Si existiera un remanente, quedará a disposición del contratista originario. Si resultara un saldo impago del crédito del acreedor prendario, el adjudicatario de la subasta deberá asumir también la obligación de cancelarlo en los plazos pactados originariamente o en los que acuerde con el acreedor.

Si ningún interesado fuere autorizado a participar en la subasta extrajudicial por razones fundadas, o si no hubiera ofertas aceptables en la subasta pública, el acreedor prendario podrá ejercer sus derechos contra su deudor en la vía jurisdiccional que corresponda conforme al derecho común, y la Administración deberá proceder conforme a lo establecido en el inciso tercero del artículo 52 de la presente ley.

CAPÍTULO XIII.
DISPOSICIONES VARIAS

Artículo 59. Expropiaciones. A los efectos de lo previsto en el artículo 32 de la Constitución de la República, se declaran de utilidad pública las expropiaciones de bienes inmuebles destinados a ejecución de proyectos de Participación Público-Privada.

Declháranse de utilidad pública y comprendidos en el artículo 4° de la Ley N° 3.958, de 28 de marzo de 1912 y sus modificativas, los bienes inmuebles destinados a ejecución de proyectos de Participación Público-Privada definidos en el artículo 3° de la presente ley, quedando por tanto sujetos a expropiación.

Artículo 60. Exposición contable. El tratamiento contable de las obligaciones emergentes de un Contrato de Participación Público-Privada dependerá de la existencia de una transferencia significativa de riesgos comerciales en la fase de construcción y operación, esto es cuando los pagos a cargo de la Administración Pública dependan de la disponibilidad y calidad de servicio o de la demanda, conforme al informe realizado de acuerdo a lo dispuesto en el artículo 18 de la presente ley.

Cuando exista transferencia de riesgo, los pagos al contratista por concepto de inversión realizada deberán incluirse en el presupuesto de inversión correspondiente al ejercicio fiscal en que deba realizarse el mismo.

Siempre que la Administración Pública contratante sea un Inciso del Presupuesto Nacional, se incluirán los pagos dentro del Presupuesto de Inversiones del Inciso 24 "Diversos Créditos" y se deducirá el equivalente del crédito de Inversiones del Inciso contratante.

En aquellos casos en que no exista una transferencia significativa de riesgos comerciales en la fase de construcción y operación, el componente de la inversión será considerado gasto presupuestario dentro de la Administración Pública contratante correspondiente, en la medida que la inversión se devengue y los pagos diferidos a su cargo serán considerados como un pasivo.

La Contaduría General de la Nación deberá llevar en forma identificable el registro de pasivos firmes y contingentes correspondientes a Contratos de Participación Público-Privada e informar en cada instancia de Rendición de Cuentas, el monto estimado de los mismos en forma separada de la Deuda Pública, como asimismo la inversión ejecutada por Ejercicio Fiscal y por Inciso del Presupuesto.

Artículo 61.. Los Ministerios u organismos ante los cuales se encuentren en trámite iniciativas privadas presentadas al amparo previsto en los artículos 19 y 20 de la Ley N° 17.555, de 18 de setiembre de 2002, para la construcción de obras de infraestructura de acuerdo a lo previsto en el artículo 3° de la presente ley, deberán trasladar las mismas, junto a todos sus antecedentes, a la Corporación Nacional para el Desarrollo, en un plazo perentorio de treinta días corridos a partir de la vigencia de la presente ley.

En caso que el Ministerio u organismo no proceda del modo indicado dentro del plazo previsto, se entenderá que la iniciativa privada ha sido rechazada.

Artículo 62. Tope de los pasivos firmes o contingentes y de los pagos a los contratistas. Sin perjuicio de lo establecido en el artículo 60 de la presente ley, a partir de enero de 2011 y hasta tanto no se apruebe una nueva ley, el total de pasivos firmes y contingentes originados por Contratos de Participación Público-Privada, calculado a valor presente neto, no podrá exceder el 7% (siete por ciento) del Producto Bruto Interno (PBI) del año inmediato anterior. Por su parte, los compromisos anuales con los contratistas privados, originados por Contratos de Participación Público-Privada, no podrán exceder el 5‰ (cinco por mil) del PBI del año inmediato anterior. A los efectos del cumplimiento de dichos topes, la selección de los proyectos se realizará considerando los análisis de valor por dinero y su contribución a los lineamientos estratégicos fijados por el Poder Ejecutivo.

En el caso de los Gobiernos Departamentales, podrán comprometerse parte de los fondos aprobados para cada Gobierno Departamental en el marco del presupuesto aprobado según lo establecido en el artículo 214 de la Constitución de la República.

A los efectos del control del tope establecido, los pasivos firmes o contingentes contraídos en moneda distinta al dólar de los Estados Unidos de América, serán valuados al tipo de cambio interbancario vendedor vigente al cierre del último día hábil del ejercicio precedente para los contraídos con anterioridad a dicha fecha, y al tipo de cambio interbancario vendedor vigente al momento de su contratación si esta hubiera ocurrido en el mismo ejercicio. Igual criterio se utilizará cuando se trate de unidades indexadas, a partir de los arbitrajes definidos por el Banco Central del Uruguay.

La evolución de dichos topes así como un resumen de los contenidos del registro previsto por el artículo 14 de la presente ley deberá informarse anualmente a la Asamblea General, en cada Rendición de Cuentas.

Artículo 63. La presente ley entrará en vigencia a los treinta días de su promulgación y será aplicable a los procedimientos de contratación en el marco de proyectos de Participación Público-Privada, iniciados con posterioridad a dicha fecha.

La presente ley podrá ser aplicada a aquellos proyectos de Participación Público-Privada iniciados con anterioridad a su vigencia, siempre que se cumplan todos los requisitos en la misma.

III. DECRETO 275/013, RELATIVO A LA GESTIÓN DE LOS PROCEDIMIENTOS DE COMPRAS Y CONTRATACIONES ESTATALES A TRAVÉS DE UNA PLATAFORMA ELECTRÓNICA DENOMINADA "APERTURA ELECTRÓNICA".

Artículo 1. Alcance. La Apertura Electrónica es una modalidad de gestión de los procedimientos de compras y contrataciones estatales que permite, a través de una plataforma electrónica, la presentación, recepción, apertura y acceso a las ofertas.

Artículo 2. Ámbito de aplicación. Todas las administraciones públicas estatales pueden utilizar la modalidad de Apertura Electrónica en sus procedimientos de compra y contratación.

Artículo 3. Condiciones de la plataforma electrónica. La plataforma electrónica a través de la cual se gestione la modalidad de Apertura Electrónica deberá cumplir con las siguientes condiciones:

a) estar a disposición del público y ser compatible con las tecnologías de la información y de la comunicación de uso general;

b) ser capaz de recibir y almacenar la totalidad del contenido que refiere a una oferta;

c) admitir documentos en formatos abiertos y estándares, de amplio uso y generables con programas de fácil acceso o que, en su defecto, sean puestos a disposición de los interesados por parte del órgano contratante;

d) garantizar altos niveles de seguridad, disponibilidad y accesibilidad;

e) determinar con certeza la fecha y hora de recepción de las ofertas, así como la identidad del oferente, quien deberá estar autenticado en el sistema informático y en el Registro Único de Proveedores del Estado;

f) garantizar que no pueda conocerse el contenido de las ofertas ni su ingreso en el sistema, hasta que expire el plazo previsto para su presentación;

g) habilitar solamente a personas autorizadas a fijar o modificar la fecha de apertura de las ofertas; y

h) mantener la confidencialidad del contenido de las ofertas que el oferente ingrese en tal carácter.

Artículo 4. Portal de Compras y Contrataciones Estatales. La Agencia de Compras y Contrataciones del Estado pondrá a disposición a través del portal de Compras y Contrataciones Estatales, la opción de la modalidad de apertura electrónica para todas las administraciones públicas estatales. Las administraciones podrán utilizar otras plataformas electrónicas, siempre que cumplan con las condiciones establecidas por el artículo 3°.

Artículo 5. Convocatoria. La administración contratante que decida emplear la modalidad de Apertura Electrónica, deberá especificarlo en la invitación a cotizar o, en su caso, en el Pliego de Condiciones Particulares respectivo, el cual deberá estar incluido en la publicación del llamado.

En el caso de modificar la opción mencionada, deberá dejarse sin efecto el llamado correspondiente e iniciarse uno nuevo.

Artículo 6. Presentación de las ofertas. Las ofertas serán ingresadas a la plataforma electrónica por el oferente, quien deberá autenticarse ante el sistema informático respectivo y ante el Registro Único de Proveedores del Estado, en caso no de estar inscripto en este último.

La documentación electrónica de la oferta se ingresará en los formatos indicados en el Pliego de Condiciones Particulares, sin contraseñas ni bloqueos para su impresión o copiado. Estos formatos deberán cumplir las características indicadas en el artículo 3 inciso c.

Artículo 7. Información confidencial. Cuando el oferente incluya información confidencial en su oferta, de conformidad con lo establecido en el artículo 65 del TOCAF, será de su exclusiva responsabilidad ingresar la misma indicando expresamente tal carácter, en archivo separado de la parte pública de su oferta.

En la parte pública de su oferta, deberá incluir un resumen no confidencial de la información confidencial que entregue (artículo 30 del Decreto N° 232/010 de 2 de agosto de 2010).

Los documentos que entregue un oferente en carácter confidencial, no serán divulgados a los restantes oferentes.

Artículo 8. Certificados y Muestras. Cuando el oferente deba agregar en su oferta un documento o certificado cuyo original solo exista en soporte papel, deberá digitalizar el mismo y presentarlo con el resto de su oferta. En caso de resultar adjudicatario, deberá exhibir el documento o certificado original, conforme a lo establecido en el artículo 48 del TOCAF.

De ser necesaria la presentación de garantías o muestras como parte de la oferta, las mismas se entregarán en la forma en que el organismo contratante lo indique en la invitación a cotizar o en el Pliego de Condiciones Particulares respectivo.

Artículo 9. Recepción de las ofertas. En cada procedimiento, la plataforma electrónica recibirá ofertas únicamente hasta el momento fijado para su apertura en la convocatoria respectiva.

La prórroga aprobada de la fecha de apertura solamente será válida una vez ingresada al sistema informático, permitiendo la recepción de ofertas hasta el vencimiento del nuevo plazo.

Artículo 10. Reserva de las ofertas. No podrán conocerse las ofertas ingresadas a la plataforma electrónica, ni siquiera por la administración contratante, hasta tanto se cumpla la fecha y hora establecida para la apertura de las mismas.

Artículo 11 Apertura de las ofertas. La apertura de las ofertas se efectuará en forma automática y el acta será remitida por la plataforma electrónica a la dirección electrónica previamente registrada por cada oferente en el Registro Único de Proveedores del Estado. El acta de apertura permanecerá asimismo visible para todos los oferentes en la plataforma electrónica.

Será de responsabilidad de cada oferente asegurarse de que la dirección electrónica constituida sea correcta, válida y apta para la recepción de este tipo de mensajes.

Artículo 12. Acceso a las ofertas. A partir de la fecha y hora establecidas en el sistema para la apertura las ofertas, éstas quedarán accesibles para la administración contratante y para el Tribunal de Cuentas, no pudiendo introducirse modificación alguna en las propuestas a partir de ese momento. Asimismo, las ofertas quedarán visibles para todos los oferentes, con excepción de aquella información que sea entregada en carácter confidencial.

Solo cuando la administración contratante solicite salvar defectos o carencias de acuerdo a lo establecido en el artículo 65 del TOCAF, el oferente deberá agregar en línea la documentación solicitada.

Artículo 13. Remisión de las ofertas. En ocasión de su intervención, la administración contratante podrá remitir las ofertas al Tribunal de Cuentas por expediente electrónico, por interoperabilidad de sistemas de información o en formato digital adjunto al expediente en soporte papel.

Artículo 14. Forma. Comuníquese, publíquese, etc.

VENEZUELA

1. LEY DE CONTRATACIONES PÚBLICAS DE VENEZUELA, DE 13 DE NOVIEMBRE DE 2014.

DECRETO LEY 1399 DE 13 DE NOVIEMBRE DE 2014[1]

TÍTULO I
DISPOSICIONES GENERALES

Capítulo I
Disposiciones Generales

Artículo 1. Objeto .El presente Decreto con Rango Valor y Fuerza de Ley, tiene por objeto regular la actividad del Estado para la adquisición de bienes, prestación de servicios y ejecución de obras, con la finalidad de preservar el patrimonio público, fortalecer la soberanía, desarrollar la capacidad productiva y asegurar la transparencia de las actuaciones de los contratantes sujetos al presente Decreto con Rango, Valor y Fuerza de Ley, coadyuvando al crecimiento sostenido y diversificado de la economía.

Los procesos a que se refiere el presente Decreto con Rango, Valor y Fuerza de Ley, son de obligatorio cumplimiento, salvo las excepciones aquí previstas.

Artículo 2. Principios. Las disposiciones del presente Decreto con Rango, Valor y fuerza de ley se desarrollarán respetando los principios de economía, planificación, transparencia, honestidad, eficiencia, igualdad, competencia, publicidad y simplificación de trámites; y deberán promover la participación popular a través de cualquier forma asociativa de producción.

A los fines de garantizar la oportuna contratación y con base al principio de planificación, los contratantes deberán realizar las actividades previas al proceso de selección señaladas en el presente Decreto con Rango, Valor y Fuerza de Ley y su Reglamento.

Todos los contratantes deberán dar prioridad al uso de medios electrónicos en la realización de los distintos procesos a los que se refiere el presente Decreto con Rango, Valor y Fuerza de Ley, conforme a las normas existentes en la materia.

Artículo 3. Ámbito de aplicación. El presente Decreto con Rango, Valor y Fuerza de Ley regirá para todas las personas naturales o jurídicas, públicas o privadas, en los términos aquí previstos, con especial énfasis para los sujetos que a continuación se señalan:

1. Los órganos y entes del Poder Público Nacional, Estadal, Municipal, Central y Descentralizado.
2. Las Universidades Públicas.
3. El Banco Central de Venezuela.

---

1 *Gaceta Oficial* N° 6.154 Extraordinario del 19 de noviembre de 2014

4. Las asociaciones civiles y sociedades mercantiles en las cuales la República Bolivariana de Venezuela y las personas jurídicas a que se contraen los numerales anteriores tengan participación igual o mayor al cincuenta por ciento (50%) del patrimonio o capital social respectivo.

5. las asociaciones civiles y sociedades mercantiles en cuyo patrimonio o capital social, tengan participación igual o mayor al cincuenta por ciento (50%), las asociaciones civiles y sociedades a que se refiere el numeral anterior.

6 Las fundaciones constituidas por cualquiera de las personas a que se refieren los numerales anteriores o aquéllas en cuya administración éstas tengan participación mayoritaria.

7. Las Comunas, los Consejos Comunales y las organizaciones de base del Poder Popular cuando manejen fondos públicos.

8. Las asociaciones socioproductivas y cualquier otra forma de organización popular cuando manejen fondos públicos.

Exclusiones de la Ley

Artículo 4°. Exclusiones de la Ley. Se excluyen de la aplicación del presente Decreto con Rango, Valor y Fuerza de Ley, las contrataciones que tengan por objeto:

1. La ejecución de obras, la adquisición de bienes y la prestación de servicios, que se encuentren en el marco del cumplimiento de obligaciones asumidas en acuerdos internacionales entre la República Bolivariana de Venezuela y otros Estados, o en el marco de contratos o convenios suscritos con organismos internacionales.
2. La contratación con empresas constituidas en el marco de acuerdos internacionales.
3. Los servicios laborales.
4. El arrendamiento de bienes inmuebles, inclusive el financiero,
5. El patrocinio en materia deportiva, artística, literaria, científica o académica.

Estas exclusiones no privan de cumplir con lo establecido en las demás disposiciones que regulan la materia de contratación pública, a los fines de establecer garantías que aseguren el cumplimiento de las obligaciones contractuales y además promuevan la participación nacional.

No obstante lo anterior, los contratantes estarán obligados a dar cumplimiento al suministro de información prevista en el presente Decreto con Rango, Valor y Fuerza de Ley, en cuanto a los contratos y su ejecución, que se realicen bajo los numerales 1 y 2 de este artículo.

Artículo 5°. Exclusión de las modalidades de selección. Quedan excluidos, sólo de la aplicación de las modalidades de selección de contratistas indicadas en el presente Decreto con Rango, Valor y Fuerza de Ley, los contratos que tengan por objeto:

1. La prestación de servicios profesionales.
2. La prestación de servicios financieros por entidades regidas por la Ley sobre la materia.
3. La adquisición de bienes inmuebles.
4. La adquisición de semovientes.
5. La adquisición de obras artísticas, literarias o científicas.
6. Las alianzas comerciales o estratégicas para la adquisición de bienes, prestación de servicios y ejecución de obras entre personas naturales o jurídicas y los contratantes.
7. Los servicios básicos indispensables para el funcionamiento del contratante.
8. La adquisición de bienes, la prestación de servicios y la ejecución de obras, suministradas o ejecutadas directamente por los órganos y entes de la Administración Pública.
9. La adquisición de bienes, prestación de servicios y ejecución de obras contratados directamente entre los sujetos señalados en el artículo 3° de presente Decreto con Rango, Valor y Fuerza de Ley.
10. La adquisición de bienes, prestación de servicios y ejecución de obras encomendados a los órganos y entes de la Administración Pública.
11. La adquisición de bienes y prestación de servicios con recursos provenientes de caja chica, hasta el monto máximo que estipule la normativa que regule la materia.

12. La adquisición de bienes, la prestación de servicios y la ejecución de obras, requeridos, cuando se decrete cualquiera de los estados de excepción contemplados en la Constitución de la República Bolivariana de Venezuela.

13. La adquisición de bienes, la prestación de servicios y la ejecución de obras, destinados a la seguridad y defensa del Estado relacionados con las operaciones de inteligencia y contra inteligencia realizadas por los órganos y entes de seguridad del Estado, tanto en el país como en el exterior, así como para actividades de protección fronteriza y para movimiento de unidades militares en caso de preparación, entrenamiento o conflicto interno o externo.

14. La adquisición de bienes, servicios, productos alimenticios y medicamentos, declarados como de primera necesidad, siempre que existan en el país condiciones de desabastecimiento por no producción o producción insuficiente, previamente certificadas por la autoridad competente.

Los contratos a que hacen referencia los numerales anteriores, serán adjudicados directamente por la máxima autoridad contratante.

En los supuestos contemplados en los numerales 12, 13 y 14 se requerirá la autorización previa de la máxima autoridad del nivel central de la Administración Pública Nacional con competencia en la materia.

En las relaciones que se generen entre órganos y entes de la Administración Pública no se requerirá la constitución de las garantías previstas en el presente Decreto con Rango, Valor y Fuerza de Ley.

El Presiente o Presidenta de la República en Consejo de Ministros y Ministras, podrá dictar medidas temporales que excluyan de las modalidades de selección de contratistas establecidos en el presente Decreto con Rango, valor y Fuerza de Ley, determinados bienes, servicios y obras, que se consideren estratégicos.

Artículo 6. Definiciones. A los fines del presente Decreto con Rango, Valor y Fuerza de Ley, se define lo siguiente:

1. Contratante: Sujeto contemplado en el ámbito de aplicación del presente Decreto con Rango, Valor y Fuerza de Ley, que ejecuta los procesos previstos para la selección y administración de contratos referidos a la adquisición de bienes, prestación de servicios o ejecución de obras.

2. Unidad Usuaria: Es la unidad responsable de efectuar las actividades previas a la contratación, formular el requerimiento a la Unidad Contratante, administrar el contrato y evaluar la actuación y desempeño del contratista en los procedimientos de contratación previstos en el presente Decreto con Rango, Valor y Fuerza de Ley.

3. Unidad Contratante: Es la unidad responsable de solicitar y analizar las ofertas, preparar el informe de recomendación, solicitar el otorgamiento de la adjudicación, recomendar la declaratoria de desierta o terminación del procedimiento, para la adquisición de bienes, prestación de servicios y ejecución de obras, en las modalidades de Consulta de Precios y Contratación Directa, así como, en los procedimientos excluidos de la aplicación de las modalidades.

En la realización de concursos abiertos y cerrados, la Comisión de Contrataciones actuará como unidad contratante.

4. Comisión de Contratación: Cuerpo colegiado multidisciplinario, cuyos miembros son designados, por la máxima autoridad de los contratantes, representando las áreas legal, técnica y financiera.

5. Participante: Es cualquier persona natural o jurídica, o conjunto de ellas, independientemente de su forma de organización, que haya adquirido el pliego de condiciones para participar en un Concurso Abierto o un Concurso Abierto Anunciado Internacionalmente, o que sea invitado a presentar oferta en un Concurso Cerrado, Consulta de Precios, Contratación Directa o en cualquier procedimiento excluido de modalidad de contratación señalado en el presente Decreto con Rango, Valor y Fuerza de Ley.

6. Oferente: Es la persona natural o jurídica o conjunto de ellas, independientemente de su forma de organización que ha presentado una manifestación de voluntad de participar, o una oferta

en alguna de las modalidades previstas en el presente Decreto con Rango, valor y Fuerza de Ley o en los procedimientos excluidos de modalidad.

7. Contratista: Persona natural o jurídica, o conjunto de ellas, independientemente de su forma de organización que ejecuta una obra, suministra bienes o presta un servicio, para alguno de los contratantes sujetos del presente Decreto con Rango, Valor y Fuerza de Ley, en virtud de un contrato, sin que medie relación de dependencia.

8. Pequeño Actor Económico: Persona natural o jurídica, o conjunto de ellas, independientemente de su forma de organización, que tenga por objeto o desarrolle, aun eventualmente, actividades a los fines de la generación, circulación, distribución o comercialización de productos, bienes o prestación de servicios comerciales, y los derivados de actos de comercio, cuyos ingresos producto de su actividad no superen anualmente un monto equivalente a ocho mil unidades tributarias (8.000 U.T.).

9. Mediano Actor Económico: Persona jurídica, o conjunto de ellas, independientemente de su forma de organización, que tenga por objeto o desarrolle, aun eventualmente, actividades a los fines de la generación, circulación, distribución o comercialización de productos, bienes o prestación de servicios comerciales, y los derivados de actos de comercio, que tengan una nómina promedio anual de hasta cuarenta (40) trabajadores y cuyos ingresos producto de su actividad no superen anualmente un monto equivalente a ocho mil uno unidades tributarias hasta cuarenta mil unidades tributarias (8.001 U.T. hasta 40.000 U.T.)

10. Servicios Profesionales: Son los servicios prestados por personas naturales o jurídicas, en virtud de actividades de carácter científico, técnico, artístico, intelectual, creativo, docente o en el ejercicio de su profesión, realizados en nombre propio o por personal bajo su dependencia.

11. Servicios Básicos: Son los servicios requeridos para el funcionamiento del contratante en el desarrollo de sus competencias, que incluyen: electricidad, agua, aseo urbano, gas, telefonía, postales y redes informáticas.

12. Servicios Comerciales: Actividades que principalmente impliquen prestaciones de hacer a favor de un tercero, con ánimo de obtención de lucro o remuneración en general, excluidos los contratos de obras, servicios básicos, profesionales, laborales y financieros.

13. Obra: Es la construcción, rehabilitación, remodelación, restauración, ampliación o reparación total o parcial de edificaciones, infraestructuras para servicios básicos, vialidad, plantas o complejos de plantas, preparación, adecuación de áreas de trabajos. No constituye obra el solo mantenimiento de edificaciones.

14. Calificación por el Contratante: Es el resultado del examen de la capacidad legal, técnica y financiera que se le realiza a un participante para que pueda presentar ofertas.

15. Clasificación: Es la ubicación del interesado en las categorías de especialidades del Registro Nacional de Contratistas, definidas por el Servicio Nacional de Contrataciones, con base a su capacidad técnica general.

16. Presupuesto Base: Es una estimación de los costos que se generan por las especificaciones técnicas requeridas para la ejecución de obras, la adquisición de bienes o la prestación de servicios.

17. Pliego de Condiciones y Condiciones de la Contratación: Es el documento donde se establecen las reglas básicas, requisitos o especificaciones que rigen para las modalidades de selección de contratistas establecidas en el presente Decreto con Rango, Valor y Fuerza de Ley, así como para los procedimientos excluidos de modalidad.

18. Oferta: Es aquella propuesta para suministrar un bien, prestar un servicio o ejecutar una obra, que ha sido presentada por una persona natural o jurídica, cumpliendo con los requisitos exigidos por el Contratante.

19. Desviación Sustancial: Divergencia o reserva mayor con respecto a los términos, requisitos y especificaciones del pliego de condiciones o condiciones generales de la contratación, en la que incurren los oferentes y que harían improbable el suministro del bien o del servicio o ejecución de obras en las condiciones solicitadas por el contratante.

20. Emergencia Comprobada: Son los hechos o circunstancias sobrevenidas que tienen como consecuencia la paralización, o la amenaza de paralización total o parcial de las actividades, o del desarrollo de las competencias del contratante.

21. Procesos Productivos: Conjunto de acciones sucesivas necesarias que requieren una serie de operaciones sobre los materiales con la ayuda de medios técnicos, habilidades y saberes, pudiendo resultar la obtención de bienes como resultado de un ciclo de transformación, productos provenientes de procesos de explotación o servicios asociados a los aspectos sustantivos del contratante.

22. Medios Electrónicos: Son instrumentos, dispositivos, elementos o componentes tangibles o intangibles que obtienen, crean, almacenan, administran, codifican, manejan, mueven, controlan, transmiten y reciben de forma automática o no, datos o mensajes de datos cuyo significado aparece claro para las personas o procesadores de datos destinados a interpretarlos.

23. Cadena Agroalimentaria: Es el conjunto de los factores involucrados en las actividades de producción primaria, transformación, almacenamiento, transporte, distribución, comercialización y consumo de alimentos.

24. Compromiso de Responsabilidad Social: Son todos aquellos compromisos que los oferentes establecen en su oferta, para la atención de por lo menos una de las demandas sociales relacionadas con:

a. La ejecución de proyectos de desarrollo socio comunitario.

b. La creación de nuevos empleos permanentes.

c. Formación socio productiva de integrantes de la comunidad.

d. Venta de bienes a precios solidarios o al costo.

e. Aportes en dinero o especie a programas sociales determinados por el Estado o a instituciones sin fines de lucro.

f. Cualquier otro que satisfaga las necesidades prioritarias del entorno social del contratante.

25. Modalidades de Contratación: Son las categorías que disponen los sujetos del presente Decreto con Rango, valor y Fuerza de Ley, establecidas para efectuar la selección de contratistas para la adquisición de bienes, prestación de servicios y ejecución de obras.

26. Concurso Abierto: Es la modalidad de selección pública del contratista, en la que pueden participar personas naturales y jurídicas nacionales y extranjeras, previo cumplimiento de los requisitos establecidos en el presente Decreto con Rango, Valor y Fuerza de Ley así como su Reglamento y las condiciones particulares inherentes al pliego de condiciones.

27. Concurso Cerrado: Es la modalidad de selección del contratista en la que al menos cinco (5) participantes son invitados de manera particular a presentar ofertas por el contratante, con base en su capacidad técnica, financiera y legal.

28. Consulta de Precios: Es la modalidad de selección de contratista en la que de manera documentada, se consultan precios a por lo menos tres (3) proveedores de bienes, ejecutores de obras o prestadores de servicios.

29. Contratación Directa: Es la modalidad de selección de contratista que realiza el contratante, aplicando los supuestos cualitativos contemplados en el presente Decreto con Rango, Valor y Fuerza de Ley.

30. Acto Motivado para Contratación Directa: Acto dictado conforme a la Ley que regula la materia de procedimientos administrativos, que debe contener toda la información que justifique la contratación, y especialmente: exposición sucinta de los hechos, justificación legal, fundamentación y decisión de la contratación directa con mención del contratista seleccionado.

31. Subasta Inversa: Mecanismo de selección que sólo puede ser utilizado en la modalidad de Consulta de Precios, mediante la propuesta electrónica de ofertas que pueden ser mejoradas en el precio y dentro del lapso que establezca el contratante en las condiciones de la contratación.

32. Contrato: Instrumento jurídico que regula la ejecución de una obra, prestación de un servicio o suministro de bienes, incluidas las órdenes de compra u órdenes de servicio, que se podrán utilizar para la adquisición de bienes o suministros de servicios. Deberá contener: precio, cantida-

des, forma de pago, tiempo, forma de entrega, especificaciones contenidas en el pliego de condiciones o condiciones de la contratación y oferta.

33. Contrato Marco: Contrato suscrito entre los contratantes y contratistas para regular la adquisición de bienes, prestación de servicios y ejecución de obras que por sus características o recurrencia dificulten establecer la contratación por cantidades fijas. Para ello, los contratantes deberán aplicar el procedimiento de selección correspondiente, con una estimación global máxima de precio y cantidades. En estos casos, la adjudicación establecerá los precios unitarios de los rubros o partidas que conforman la contratación, con un monto total máximo del contrato, el cual se ejecutará por órdenes de compra, servicio y de ejecución de obra, en las cuales se establecerán las condiciones y términos específicos de las cantidades a ejecutar, no existiendo la obligación por parte del contratante de ejecutar una cantidad determinada ni de pagar al contratista el monto máximo establecido.

34. Convenio Marco: Mecanismo mediante el cual el Servicio Nacional de Contrataciones, selecciona proveedores con los que los contratantes podrán contratar bienes y servicios que requieran y que sean ofertados a través de catálogos electrónicos que se elaboren para este tipo de contrataciones. Los contratos resultantes de estos convenios serán suscritos por cada uno de los contratantes requirentes de los bienes o servicios.

35. Alianza Estratégica: Consiste en el establecimiento de mecanismos de cooperación entre el contratante y personas naturales o jurídicas o conjunto de ellas, independientemente de su forma de organización, en la combinación de esfuerzos, fortalezas y habilidades, para la obtención de bienes, servicios u obras asociados al proceso productivo o a las actividades sustantivas del contratante, debiendo establecerse en el documento donde se formalice, las ventajas que represente para el contratante la alianza estratégica en comparación con la aplicación de las modalidades de selección de contratistas. Comprenderán igualmente los acuerdos entre órganos y entes de la Administración Pública, en un proceso de gestión con las comunidades organizadas.

36. Alianza Comercial: Son acuerdos que establece el contratante con personas naturales o jurídicas o conjunto de ellas, independientemente de su forma de organización, que tienen un objetivo común específico para el beneficio mutuo con ánimo de obtención de lucro o remuneración en general, debiendo establecerse en el documento donde se formalice, las ventajas que represente para el contratante la alianza comercial en comparación con la aplicación de las modalidades de selección de contratistas.

37. Adjudicación plurianual: Adjudicación de obras, prestación de servicios o adquisición de bienes, cuya ejecución se estipule realizar en el transcurso de dos o más ejercicios fiscales.

38. Patrocinio: Acuerdo con personas naturales o jurídicas que tiene por objeto promover talentos y valores deportivos, artísticos, literarios, científicos o académicos, con la intención de obtener un beneficio mutuo.

Capítulo II

De los Procedimientos, Notificaciones y Recursos Administrativos

Artículo 7. De los Procedimientos. Las actuaciones de los contratantes deben sujetarse a los procedimientos establecidos en el presente Decreto con Rango, Valor y Fuerza de Ley; y aplicar cuando corresponda en forma supletoria las disposiciones de la Ley que regula la materia de procedimientos administrativos.

Artículo 8. Notificaciones. Todas las notificaciones que deban practicarse en ejecución del presente Decreto con Rango, Valor y Fuerza de Ley, indistintamente del tipo de procedimiento de que se trate, deberán realizarse en forma electrónica siempre que el destinatario de la notificación hubiere previamente aceptado tal condición y deberán publicarse en la página web del contratante. Para el caso de rescisiones unilaterales por incumplimiento del contratista y decisiones que deriven de un procedimiento administrativo que afecten derechos subjetivos, adicionalmente las notificaciones deberán ser publicadas en la página web del Servicio Nacional de Contrataciones. Se tomará como fecha cierta de notificación, el evento que primero ocurra según pueda verificarse. Cuando por razones técnicas debidamente justificadas, imposibiliten el uso de medios electrónicos podrá procederse de conformidad a lo establecido en la Ley que regula la materia de procedimientos administrativos.

Artículo 9. Recursos Administrativos. Todo acto administrativo dictado por los contratantes, por el Servicio Nacional de Contrataciones y el Registro Nacional de Contratistas, podrá ser recurrido de conformidad con la Ley que regula la materia de procedimientos administrativos.

Artículo 10. Agotamiento de la Vía Administrativa. Las decisiones dictadas por la máxima autoridad del Servicio Nacional de Contrataciones, agotan la vía administrativa.

Capítulo III

Medidas de Promoción de Desarrollo Económico

Artículo 11. Medidas Temporales. El Presidente o la Presidenta de la República Bolivariana de Venezuela en Consejo de Ministros y Ministras, en atención a los planes del desarrollo económico, podrá dictar, medidas temporales para que las contrataciones de los contratantes a que se refiere el presente Decreto con Rango, Valor y Fuerza de Ley, compensen condiciones adversas o desfavorables que afecten a la pequeña y mediana industria, cooperativas y cualquier otra forma de asociación comunitaria.

Tales medidas incluyen entre otras, el establecimiento de montos o categorías preferenciales de contratos, la utilización de esquemas de contratación que impliquen la incorporación de bienes con valor agregado nacional, transferencia de tecnología, incorporación de recursos humanos, programación de entregas, las cuales servirán de instrumento de promoción y desarrollo para las pequeñas y medianas industrias, así como el estímulo y la inclusión de las personas y cualquier otra forma asociativa comunitaria para el trabajo.

Artículo 12. Preferencias en Producción Nacional. El contratante, debe garantizar en las contrataciones la inclusión de bienes y servicios producidos en el país con recursos provenientes del financiamiento público y que cumplan con las especificaciones técnicas respectivas, mediante el diseño de criterios de evaluación objetivos y de carácter incentivador, que serán identificados en el llamado o en la invitación para ofertar, y se detallarán en el pliego de condiciones o condiciones de la contratación, asignándoles preferencias en la evaluación de la oferta.

Artículo 13. Valor Agregado Nacional. Para la selección de ofertas cuyos precios no superen entre ellas, el cinco por ciento (5%) de la que resulte mejor evaluada, debe preferirse aquélla que en los términos definidos en el pliego de condiciones cumpla con lo siguiente:

1. En la adquisición de bienes, la oferta que tenga mayor valor agregado nacional.
2. En las contrataciones de obras y de servicios, la oferta que sea presentada por un oferente cuyo domicilio principal esté en Venezuela, tenga mayor incorporación de partes e insumos nacionales y mayor participación de recursos humanos nacionales, incluso en el nivel directivo. Una vez aplicados los criterios anteriores, si la evaluación arrojare dos o más ofertas con resultados iguales se preferirá al oferente que tenga mayor participación nacional en su capital.

Capítulo IV

Comisión de Contrataciones

Artículo 14. Integración de las Comisiones de Contrataciones. En los sujetos del presente Decreto con Rango, Valor y Fuerza de Ley, debe constituirse una o varias Comisiones de Contrataciones, que podrán ser permanentes o temporales, atendiendo a la especialidad, cantidad y complejidad de las obras a ejecutar, la adquisición de bienes y la prestación de servicios.

Estarán integradas por un número impar de miembros principales con sus suplentes, de calificada competencia profesional y reconocida honestidad, designados por la máxima autoridad del contratante preferentemente entre sus empleados o funcionarios, quienes serán solidariamente responsables con la máxima autoridad, por las recomendaciones que se presenten y sean aprobadas.

Las designaciones de los miembros de las comisiones de contrataciones, se realizarán a título personal y deberán ser notificadas al Servicio Nacional de Contrataciones dentro de los cinco días siguientes, una vez dictado el acto.

En las Comisiones de Contrataciones, estarán representadas las áreas jurídica, técnica y económico financiera; e igualmente se designará un Secretario con su suplente, con derecho a voz, mas no a voto.

Los miembros de las comisiones de contrataciones, deberán certificarse en materia de contrataciones públicas por ante el Servicio Nacional de Contrataciones.

Las comunas, los consejos comunales, y las organizaciones de base del Poder Popular, constituirán comisiones de contrataciones del Poder Popular, en los términos previstos en el presente Decreto con Rango, Valor y Fuerza de Ley.

Artículo 15. Atribuciones de la Comisión de Contrataciones. Las comisiones de contrataciones tendrán las siguientes atribuciones:

1. Emitir recomendaciones sobre los asuntos sometidos a su consideración e incluidos en las agendas de reuniones.
2. Solicitar a la máxima autoridad administrativa del órgano o ente contratante, la designación del sustituto, cuando se produzca la falta absoluta de algún miembro principal de la comisión.
3. Convocar el suplente en caso de falta accidental o temporal del miembro principal.
4. Velar porque los procedimientos de contratación se realicen de conformidad con lo establecido en la legislación vigente que rige la materia, cuando ello fuere aplicable, y con la normativa interna de cada órgano o ente contratante.
5. Verificar la vigencia de la certificación de la calificación de los eferentes en el Registro Nacional de Contratistas, en contrataciones cuyo monto estimado sea superior a cuatro mil unidades tributarias (4.000 U.T.) para bienes y servicios, y cinco mil unidades tributarias (5.000 U.T.) para ejecución de obras.
6. Considerar y emitir recomendación sobre el régimen legal aplicable, la estrategia de contratación adoptada, especificaciones técnicas y condiciones de la contratación, la modalidad de selección de contratistas, parámetros, ponderaciones y criterios de selección de oferentes y evaluación de ofertas, el compromiso de responsabilidad social, y sobre cualquier otra propuesta que le presente la unidad usuaria o la unidad contratante.
7. Recibir, abrir, analizar, los documentos relativos a la calificación de los oferentes; examinar, evaluar y comparar las ofertas recibidas, a cuyo efecto podrá designar o hacer que la unidad usuaria o unidad contratante proponga grupos de evaluación interdisciplinarios, o recomendar la contratación de asesoría externa especializada en caso que la complejidad del objeto de la contratación lo requiera.
8. Descalificar oferentes o rechazar ofertas, de conformidad a lo establecido en el presente Decreto con Rango, Valor y fuerza de Ley, en el pliego de condiciones, o en las condiciones de la contratación.
9. Decidir los recursos de reconsideración interpuestos por los oferentes en contra de las decisiones de descalificación en concursos abiertos.
10. Aprobar los informes de recomendación en Consultas de Precios, que deriven de un concurso cerrado que haya sido declarado desierto, o en las contrataciones efectuadas en el marco de planes excepcionales que por su cuantía superen las cinco mil unidades tributarias (5.000 U.T.) para la adquisición de bienes, diez mil unidades tributarias (10 000) para prestación de servicios y veinte mil unidades tributarias (20.000 U.T.) para la ejecución de obras.
11. Determinar, visto el informe del grupo evaluador las ofertas que en forma integral, resulten más favorables a los intereses del órgano o ente contratante; todo ello, de conformidad con los requisitos establecidos en el pliego de condiciones, emitiendo la recomendación consiguiente.
12. Opinar acerca del acto motivado que se someta a la máxima autoridad del órgano o ente contratante, para proceder por Contratación Directa como modalidad excepcional de selección de Contratistas, en contrataciones cuyo monto hubiera sido un concurso, en especial las razones que

justifican el uso de dicha modalidad, el fundamento legal, la contratista seleccionada y las ventajas estratégicas, operacionales o administrativas para dicha selección.

13. Opinar sobre las propuestas de modificaciones en los contratos, cuya adjudicación fue recomendada por la Comisión de Contrataciones conforme a lo establecido en el presente Decreto con Rango, Valor y Fuerza de Ley.

14. Opinar sobre las variaciones en los precios establecidos en el contrato, cuya adjudicación fue recomendada por la comisión de contrataciones, siempre que estas superen el diez por ciento (10 %) del monto original del contrato.

15. Opinar sobre paralización en la prestación de servicios y la ejecución de obras, que afecte el desarrollo del proyecto o el período contractual, en un lapso mayor de veinte días continuos a partir de la paralización.

16. Aprobar el cierre del contrato en el suministro de bienes, prestación de servicios y la ejecución de obras de contrataciones que hayan sido recomendadas por la Comisión.

17. Aprobar la evaluación de desempeño del contratista, en el suministro de bienes, prestación de servicios y la ejecución de obras de contrataciones que hayan sido recomendadas por la Comisión, antes de su envío al Servicio Nacional de Contrataciones.

18. Remitir a la unidad de auditoría interna del órgano o ente contratante los casos o hechos que puedan generar responsabilidad administrativa.

19. Presentar el informe de gestión al culminar las actividades como miembros de la Comisión de contrataciones, dentro de los veinte días hábiles siguientes a la designación de la nueva comisión. Este informe debe ser presentado igualmente cuando se trate del cese de las funciones de alguno de sus miembros.

20. Ejercer cualquier otra que le señale la legislación aplicable y las normas internas del órgano o ente contratante.

Artículo 16. Atribuciones del secretario de la comisión de contrataciones. El secretario de la Comisión de Contrataciones tiene las siguientes atribuciones:

1. Convocar las reuniones, coordinar y conducir los actos de la Comisión de Contrataciones.
2. Elaborar las actas de la Comisión de Contrataciones.
3. Consolidar el informe de calificación y recomendación.
4. Apoyar en la elaboración de los pliegos de condiciones, modificaciones y aclaratorias.
5. Preparar la documentación a ser emitida por la Comisión de Contrataciones y suscribirla cuando así haya sido facultado.
6. Mantener el archivo de los expedientes manejados por la Comisión.
7. Apoyar a los miembros de la Comisión en las actividades que le son encomendadas.
8. Certificar las copias de los documentos originales que reposan en los archivos de la Comisión.
9. Informar al Servicio Nacional de Contrataciones sobre el desarrollo de los procesos de contratación en los cuales participe.
10. Cualquier otra que le sea asignada por la máxima autoridad del contratante o su normativa interna.

Considerando el volumen de los procesos que desarrolle la Comisión de Contrataciones, se deberá definir en los contratantes, una unidad de apoyo a la Comisión, para las actividades de la Secretaría.

Artículo 17. Validez de Reuniones y Decisiones. Las Comisiones de Contrataciones se constituyen válidamente con la presencia de la mayoría de los miembros que representen las tres áreas que la conforman, sus decisiones y recomendaciones serán tomadas con el voto favorable de la mayoría. Todo lo relativo al régimen de inhibiciones y disentimiento, se regulará en el Reglamento del presente Decreto con Rango, Valor y Fuerza de Ley.

Artículo 18. Reserva de la Información. Los miembros de las Comisiones de Contrataciones, así como aquellas personas que por cualquier motivo intervengan en las actuaciones de las Comisiones, deberán guardar debida reserva de la documentación presentada, así como, de los informes, opiniones y deliberaciones que se realicen con ocasión del procedimiento.

Capítulo V

Expediente de la Contratación

Artículo 19. Conformación y Custodia del Expediente. Todos los documentos, informes, opiniones y demás actos que se reciban, generen o consideren en los procesos de contratación, deben formar parte de un expediente por cada contratación. Este expediente deberá ser archivado, mediante medios físicos o electrónicos de conformidad a la normativa que rija la materia, por la unidad administrativa financiera del contratante, manteniendo la integridad de la información durante al menos cinco años, después de iniciada la selección.

El expediente deberá estar identificado con la fecha de su iniciación, el nombre de las partes, su objeto y la numeración establecida. Los documentos deben ser foliados en orden cronológico, según la fecha de su incorporación al expediente, pudiéndose formar piezas o archivos distintos cuando sea necesario.

A los efectos del archivo y custodia del expediente, se podrán utilizar todos los medios físicos o electrónicos que la normativa en la materia prevea.

Artículo 20. Carácter Público del Expediente. Culminada la selección del contratista, los oferentes tendrán derecho a solicitar la revisión del expediente y requerir copia certificada de cualquier documento en el contenido. Se exceptúan de lo dispuesto en este artículo, los documentos del expediente declarados reservados o confidenciales conforme a la Ley que regula los procedimientos administrativos.

Artículo 21. Denuncia. Toda persona podrá denunciar ante la Contraloría General de la República o ante la unidad de control interno del contratante, la ocurrencia de hechos o situaciones contrarias a los principios o disposiciones del presente Decreto con Rango, Valor y Fuerza de Ley y su Reglamento, así como del pliego de condiciones o de las condiciones de la contratación.

Capítulo VI

De las Comunas, los Consejos Comunales y otras Organizaciones de Base del Poder Popular

Artículo 22. Selección de Contratistas. Las Comunas, los Consejos Comunales y cualquier otra organización de base del Poder Popular, cuando manejen recursos asignados por los órganos y entes de la Administración Publica, aplicarán los procedimientos de contratación para promover preferentemente la participación de las personas y de organizaciones comunitarias de su entorno o localidad.

Artículo 23. Comisiones de Contrataciones del Poder Popular. Las Comunas, los Consejos Comunales y las organizaciones de base del Poder Popular, seleccionarán en Asamblea de Ciudadanos y Ciudadanas o mediante acuerdos de la comunidad organizada, los miembros que formarán parte de la Comisión de Contrataciones, la cual estará conformada por un número impar de al menos tres miembros principales y un Secretario con sus respectivos suplentes, cuya duración será determinada por la Asamblea de Ciudadanos y Ciudadanas o por la comunidad organizada y hasta por un lapso de dos años; el secretario tendrá derecho a voz, mas no a voto y las decisiones y recomendaciones de la Comisión serán validadas por la Asamblea o por la comunidad organizada, siendo regulado su funcionamiento en el Reglamento del presente Decreto con Rango, Valor y Fuerza de Ley.

Artículo 24. Supuestos Cuantitativos de Adjudicación. A los efectos de adquisición de bienes, prestación de servicios o ejecución de obras, las Comunas, los Consejos Comunales y las organizaciones de base del Poder Popular a través de las Comisiones de Contrataciones, aplicarán la modalidad de selección de contratistas definida como Consulta de Precios, adecuándose a los límites cuantitativos señalados para esta modalidad en el presente Decreto con Rango, Valor y Fuerza de Ley. En el caso de aplicar la modalidad de Concurso Abierto o Concurso Cerrado por superar la contratación los límites cuantitativos establecidos en el presente Decreto con Rango, Valor y Fuerza de Ley, la Comisión de Contrataciones del Poder Popular podrá solicitar oportunamente por escrito el apoyo y acompañamiento gratuito del Servicio Nacional de Contrataciones.

Artículo 25. Obligación de Inhibición. Los integrantes de las Comisiones de Contrataciones del Poder Popular, deben inhibirse del conocimiento de los asuntos cuya competencia les atribuye la Ley de Contrataciones Públicas, en los casos señalados como causales de inhibición establecidos en la Ley que regula los procedimientos administrativos.

Artículo 26. Seguimiento y Control. Los órganos y entes de la Administración Pública que transfieran recursos a las Comunas, Consejos Comunales y a las organizaciones de base del Poder Popular, podrán dictar lineamientos para asegurar la correcta y adecuada utilización de los recursos y deberán realizar actividades de control, orientadas a garantizar la aplicación de los recursos a los proyectos para los que fueron otorgados.

Artículo 27. Control Social. Las Comunas, los Consejos Comunales y las organizaciones de Dase del Poder Popular, una vez formalizada la contratación correspondiente, deberán asegurar el cumplimiento de las obligaciones contraídas por las partes, estableciendo los mecanismos que deberán utilizar para el control y seguimiento en la ejecución de los contratos, aplicando los elementos de control social hasta su terminación.

Artículo 28. Rendición de Cuentas. Las Comunas, los Consejos Comunales y las organizaciones de base del Poder Popular, una vez finalizada la ejecución del contrato, deberán cumplir con la rendición de cuentas a la Asamblea de Ciudadanos y Ciudadanas o a la comunidad organizada; y deberán reportar al Servicio Nacional de Contrataciones, dentro de los quince días posteriores a la culminación del trimestre, los resultados de las contrataciones realizadas.

Capítulo VII

Compromiso de Responsabilidad Social

Artículo 29. Finalidad. El compromiso de responsabilidad social tiene por finalidad garantizar el cumplimiento de lo establecido en la Constitución de la República Bolivariana de Venezuela, respecto de la contribución de los particulares, según su capacidad, en la consecución del bienestar general, en virtud de la solidaridad y responsabilidad compartida entre éstos y el Estado.

Artículo 30. Carácter Contractual. El compromiso de responsabilidad social se constituirá en una obligación contractual para el beneficiario de la adjudicación, y su ejecución debe estar debidamente garantizada.

Artículo 31. Procedencia. El compromiso de responsabilidad social procederá en caso de ofertas cuyo monto total, incluidos los tributos, superen las dos mil quinientas unidades tributarias (2.500 U.T.), y será del tres por ciento (3%) sobre el monto de la contratación.

Artículo 32. Aplicación y Oportunidad en la Ejecución. El Compromiso de Responsabilidad Social que se establezca, será aplicado a proyectos sociales y solicitudes, determinados en base a la información de las necesidades del entorno social que reciba el órgano o ente contratante, y serán incorporados en los pliegos o en las condiciones generales de contratación.

El cumplimiento de compromiso de responsabilidad social deberá efectuarse antes del cierre administrativo del contrato.

Artículo 33. Aporte en dinero del Compromiso de Responsabilidad Social. El Compromiso de Responsabilidad Social que se reciba a través de aportes en dinero será depositado en el Fondo de Responsabilidad Social, el cual se creará como patrimonio separado e independiente del Tesoro Nacional, bajo la administración y supervisión directa del Presidente o Presidenta de la República Bolivariana de Venezuela, o la autoridad que este señale.

La naturaleza y forma de funcionamiento del Fondo de Responsabilidad Social será establecida mediante Decreto.

Artículo 34. Prohibición. El aporte correspondiente al Compromiso de Responsabilidad Social en ningún caso se podrá utilizar para atender requerimientos que formen parte de las obligaciones y competencias contempladas en los Planes Operativos de los órganos y entes de la Administración Pública.

TÍTULO II

SISTEMA NACIONAL DE CONTRATACIONES

Capítulo I

Servicio Nacional de Contrataciones

Artículo 35. Naturaleza Jurídica. El Servicio Nacional de Contrataciones, es un órgano desconcentrado, con capacidad de gestión presupuestaria, administrativa, financiera y ordenadora de pagos, dependiente jerárquicamente de la Comisión Central de Planificación.

Dentro de su organización se preverán áreas con competencia en la capacitación en materia de contratación pública y en la supervisión, control y apoyo al sector de los contratistas y a los contratantes.

Artículo 36. Fuentes de Ingresos. El Servicio Nacional de Contrataciones contará con las siguientes fuentes de ingresos.

1. Las asignaciones presupuestarias ordinarias o extraordinarias.
2. Los ingresos que obtenga como producto de su actividad.
3. Los ingresos producto de colocaciones en instituciones bancarias o afines.
4. Las multas a que se refiere el presente Decreto con Rango, Valor y Fuerza de Ley.
5. Cualquier otro que determine la Comisión Central de Planificación o el Ejecutivo Nacional.

Artículo 37. Competencias. El Servicio Nacional de Contrataciones es la autoridad técnica en las materias reguladas por el presente Decreto con Rango, Valor y Fuerza de Ley, y tiene como objetivo desarrollar e impulsar políticas públicas y herramientas, orientadas al desarrollo de capacidades, a la organización y articulación, de los participantes en los procesos de contratación pública, con el fin de lograr una mayor eficiencia, transparencia y optimización de los recursos del Estado. Sus competencias son las siguientes:

1. Proponer, desarrollar, implementar y difundir las políticas públicas, planes, programas, normas, instrumentos y herramientas en materia de contratación pública, que faciliten y promuevan las mejores prácticas, la eficiencia, la transparencia y competitividad, a fin de que se cumplan los principios y procesos generales que deben regir la actividad contractual de los órganos y entes de la Administración Pública.
2. Velar y promover el cumplimiento y difusión del presente Decreto con Rango, Valor y Fuerza de Ley, su Reglamento, normas complementarias y proponer las modificaciones que considere necesarias.
3. Asesorar y emitir opiniones sobre materias de su competencia.
4. Brindar apoyo a los órganos y entes de la Administración Pública en la negociación internacional en materia de contratación pública.
5. Diseñar y coordinar la ejecución de los programas de capacitación, relacionados con la contratación pública con especial énfasis en el personal que sea designado para realizar actividades de contratación.
6. Diseñar, coordinar y ejecutar las actividades de apoyo formativo y de gestión a las Comunas, Consejos Comunales, asociaciones socioproductivas y cualquier otra forma de organización popular, en materia de contratación pública.
7. Exhortar al mejoramiento de los sistemas de control en la ejecución de contrataciones de obras, bienes y servicios.
8. Diseñar y coordinar los sistemas de información y procedimientos referidos a la aplicación del presente Decreto con Rango, Valor y Fuerza de Ley.

9. Desarrollar, administrar y operar el Sistema Electrónico de Contrataciones del Estado, y gestionar nuevos desarrollos tecnológicos en los asuntos de su competencia.

10. Establecer las políticas y condiciones de uso, seguimiento y evaluación de los sistemas de información y contrataciones electrónicas o digitales.

11. Examinar los libros, documentos y practicar las auditorías o evaluaciones necesarias, a las personas que soliciten calificación o estén calificados por el Servicio Nacional de Contrataciones, o bien estén inscritos en éste y hayan celebrado dentro de los tres años anteriores, contratos con alguno de los contratantes sujetos al presente Decreto con Rango, Valor y Fuerza de Ley.

12. Automatizar y mantener actualizada toda la información que maneje.

13. Dictar los criterios conforme a los cuales se realizará la clasificación por especialidad, la calificación legal y financiera y el reporte de la experiencia técnica de los interesados, a los fines de su inscripción y calificación en el Registro Nacional de Contratistas.

14. Solicitar, recibir, recabar y sistematizar la información relacionada con la materia objeto de su competencia.

15. Crear o eliminar oficinas o dependencias a nivel nacional.

16. Dictar el Regiamente Interno para su funcionamiento.

17. Imponer y aplicar las sanciones a los infractores que contravengan las disposiciones del presente Decreto con Rango, Valor y Fuerza de Ley.

18. Denunciar ante la Contraloría General de la República, los casos o hechos que puedan generar responsabilidad administrativa.

19. Dictar medida preventiva de suspensión de los efectos de los Certificados otorgados por el Registro Nacional de Contratistas, a los presuntos infractores del presente Decreto con Rango, Valor y Fuerza de Ley.

20. Establecer las tarifas que se cobrarán por la prestación de sus servicios, publicaciones o suministro de información.

21. Capacitar y acreditar, a los miembros de la Comisan de Contratación de los órganos y entes de la Administración Pública.

22. Dar prioridad a la implementación de medios electrónicos en sus procesos internos y en sus relaciones con los particulares y otros órganos o entes de la Administración Pública.

23. Implementar mecanismos que permitan la conversión de los expedientes y archivos físicos o impresos, en mensajes de datos conforme a la Ley que rige la materia y los lineamientos de las autoridades competentes.

24. Considerar como original y válido a todos los efectos legales, el mensaje de datos que se genere por la conversión de los expedientes, sustituyendo al ejemplar físico, el cual podrá ser desincorporado.

25. Servir de instancia mediadora a solicitud de los órganos y entes de la Administración Pública, a fin de resolver conflictos con sus contratistas o terceros involucrados, sin emitir pronunciamiento de fondo sobre el asunto o sobre el acuerdo alcanzado por las partes, si lo hubiere. En ningún caso, la actuación prevista en este numeral constituirá causal de inhibición para el ejercicio de las competencias sancionatorias conforme al presente Decreto con Rango, Valor y Fuerza de Ley.

26. Ejercer cualquier otra que le señale la legislación aplicable y las autoridades jerárquicas competentes.

Artículo 38. Información de la Programación y de las Contrataciones. Los contratantes sujetos al presente Decreto con Rango, Valor y Fuerza de Ley, están en la obligación de remitir al Servicio Nacional de Contrataciones:

1. La programación de la adquisición de bienes, prestación de servicios y ejecución de obras a contratar para el próximo ejercicio fiscal cuya remisión se hará en el último trimestre del año; salvo aquellas contrataciones que por razones de seguridad de Estado, estén calificadas como tales.

Dicha información se suministrará con base al proyecto de presupuesto. De existir variación entre el proyecto y el presupuesto aprobado, ésta deberá remitirse al Servicio Nacional de Contrataciones, dentro de los quince días siguientes a la aprobación del presupuesto.

2. Cualquier modificación a la programación de la adquisición de bienes, prestación de servicios y ejecución de obras, deberá ser notificada al Servicio Nacional de Contrataciones dentro de los quince días siguientes, contados a partir de la aprobación de la misma.

3. Deberán rendir la información de las contrataciones realizadas en ejecución del presente Decreto con Rango, Valor y Fuerza de Ley, dentro de los primeros quince días continuos siguientes al vencimiento de cada trimestre.

El Servicio Nacional de Contrataciones establecerá los mecanismos y parámetros para la rendición de la información a que se refiere el presente artículo.

Artículo 39. Carácter Informativo de la Programación. La información contenida en la programación de contrataciones a que se refiere el presente Decreto con Rango, valor y Fuerza de Ley, tiene carácter informativo, y no implica compromiso alguno de contratación y conjuntamente con las rendiciones trimestrales de contrataciones deben estar a disposición del público, previa cancelación de las tarifas que fije el Servicio Nacional de Contrataciones.

Artículo 40. Promoción de Encuentros de Oferta y Demanda. Con la finalidad de desarrollar la capacidad productiva de bienes, servicios u obras y promover la participación de los pequeños y medianos actores económicos, el Servicio Nacional de Contrataciones podrá apoyar la realización de encuentros de oferta y demanda entre éstos y los contratantes.

Estos encuentros, podrán realizarse con base a la demanda contenida en la programación anual de compras del Estado, para la adquisición de bienes, prestación de servicios o ejecución de obras, que por su cuantía o complejidad puedan ser realizadas por éstos.

Capítulo II

Registro Nacional de Contratistas

Artículo 41. Dependencia. El Registro Nacional de Contratistas es una dependencia administrativa del Servicio Nacional de Contrataciones, conforme a lo dispuesto en el presente Decreto con Rango, Valor y Fuerza de Ley y su Reglamento.

Artículo 42. Objeto y Funciones. El Registro Nacional de Contratistas tiene por objeto centralizar, organizar y suministrar en forma eficiente, veraz y oportuna, en los términos previstos en el presente Decreto con Rango, Valor y Fuerza de Ley y su Reglamento, la inscripción e información necesaria para la calificación legal y financiera, experiencia técnica y clasificación por especialidad, de las personas naturales o jurídicas, nacionales y extranjeras, públicas o privadas, que deseen contratar con el Estado. En tal sentido le corresponde:

1. Emitir el certificado de inscripción que habilita al inscrito para contratar con el Estado en todos los procedimientos de contratación.

2. Otorgar el certificado de calificación una vez verificado el cumplimiento de los requisitos establecidos conforme al presente Decreto con Rango, Valor y Fuerza de Ley y su Reglamento, para participar en modalidades de selección.

3. Sistematizar, organizar y consolidar la base de datos del Registro Nacional de Contratistas.

4. Llevar el Registro Público de Contratistas y suministrar a los contratantes, la información correspondiente a las personas inscritas y calificadas.

5. Elaborar y publicar un directorio contentivo de la calificación y clasificación por especialidad de los contratistas.

6. Proponer los requisitos y documentación necesaria para la inscripción y calificación en el Registro Nacional de Contratistas y solicitar información complementaria en caso de que la requiera, para personas naturales o jurídicas, estableciendo las diferencias necesarias cuando las mismas sean de origen nacional o extranjero.

7. Someter a la consideración de la máxima autoridad del Servicio Nacional de Contrataciones las posibles sanciones a los presuntos infractores del presente Decreto con Rango, Valor y Fuerza de Ley.

8. Cualesquiera otra que le sea atribuida por las autoridades competentes.

Artículo 43. Registros Auxiliares de Contratistas. El Registro Nacional de Contratistas funcionará en el ámbito nacional, apoyándose para el desarrollo de sus competencias en los Registros Auxiliares de Contratistas, y podrán funcionar en las sedes de los órganos y entes de la Administración Pública.

Artículo 44. Registrador Auxiliar. El Registro Auxiliar de Contratistas estará a cargo de un Registrador Auxiliar, designado por la Máxima Autoridad del Servicio Nacional de Contrataciones.

Artículo 45. Responsabilidad de Información. El Registrador Auxiliar de Contratistas es responsable de la integridad y verificación de la información que maneje en el ámbito de sus competencias.

Artículo 46. Publicidad. La información contenida en el Registro Nacional de Contratistas podrá ser consultada por cualquier persona que lo solicite.

Artículo 47. Inscripción en el Registro Nacional de Contratistas. Los potenciales oferentes para contratar con el Estado, y con las organizaciones de base del Poder popular cuando manejen fondos públicos, deberán inscribirse en el Registro Nacional de Contratistas, en los términos y condiciones que establezca el Servicio Nacional de Contrataciones para tal fin.

A los fines de celebrar contratos con el Estado, las personas naturales y jurídicas sin domicilio en el país, deberán contar con la inscripción requerida, la cual será tramitada por las mismas o por los contratantes.

Artículo 48. Calificación por el Registro Nacional de Contratistas. Para presentar ofertas en todas las modalidades regidas por el presente Decreto con Rango, Valor y Fuerza de Ley, cuyo monto estimado sea superior a cuatro mil Unidades Tributarias (4.000 U.T.) para bienes y servicios, y cinco mil Unidades Tributarias (5.000 U.T.) para ejecución de obras, los interesados deben estar calificados por el Registro Nacional de Contratistas, y no estar inhabilitados para contratar con el sector público. Esta calificación, tendrá una validez de un año, requiriendo para su renovación el cumplimiento de los requisitos establecidos por el Servicio Nacional de Contrataciones.

El Servicio Nacional de Contrataciones dictará las normas que regulen el procedimiento para la calificación y actualización ante el Registro Nacional de Contratistas.

Artículo 49. Excepciones a la calificación del Registro Nacional de Contratistas. Quedan exceptuados de la calificación por el Registro Nacional de Contratistas, los siguientes supuestos:

1. Cuando el monto de la contratación no supere las cuatro mil unidades Tributarias (4.000 U.T.) para bienes y servicios, y cinco mil Unidades Tributarias (5.000 U.T.) para ejecución de obras, a cargo de un mismo contratista y dentro de un mismo ejercicio fiscal.

2. En caso de pequeños actores económicos, proveedores que suministren alimentos o productos declarados como de primera necesidad y contratistas que presten servicios altamente especializados de uso esporádico.

3. En cualquiera de los supuestos previstos en los procedimientos excluidos de modalidad de selección de contratistas.

4. Los órganos y entes de la Administración Pública que participen en modalidades de selección de contratistas.

5. Cuando se trate de interesados en participar en la modalidad de concurso abierto anunciado internacionalmente.

6. Para las personas naturales y jurídicas sin domicilio ni filiales en Venezuela, que participen en concursos cerrados o en consultas de precios; o que formen parte de consorcios, alianzas o conglomerados que participen en cualquier modalidad de selección de contratistas.

7. Para las personas naturales y jurídicas sin domicilio ni filiales en Venezuela, que pudieran ser seleccionadas con ocasión de alguno de los supuestos de contratación directa previstos en el

presente Decreto con Rango, Valor y Fuerza de Ley, así como, las que sean seleccionadas a través de las consultas de precios en ejecución de planes excepcionales.

Artículo 50. Obligación de Actualización de Datos. Los inscritos en el Registro Nacional de Contratistas y los calificados por éste, deberán actualizar anualmente sus datos en el respectivo Registro, a los fines de poder realizar contrataciones con el sector público. Quienes dejen de cumplir con este requisito, tendrán la condición de no habilitado dentro del Registro Nacional de Contratistas.

Artículo 51. Información sobre el Desempeño del Contratista. Los contratantes deben remitir al Registro Nacional de Contratistas, información sobre la actuación o desempeño del contratista, dentro de los cinco días hábiles siguientes a la notificación de los resultados en la ejecución de los contratos de adquisición de bienes, prestación de servicios o ejecución de obras. En los casos de rescisión contractual, independientemente del monto de contratación, es obligatoria la remisión al Servicio Nacional de Contrataciones de la evaluación de desempeño del contratista.

Capítulo III

Registro Nacional de Contrataciones del Estado

Artículo 52. Dependencia. El Registro Nacional de Contrataciones del Estado es una dependencia administrativa del Servicio Nacional de Contrataciones, conforme a lo dispuesto en el presente Decreto con Rango, Valor y Fuerza de Ley y su Reglamento.

Artículo 53. Objeto y Funciones. El Registro Nacional de Contrataciones del Estado tiene por objeto garantizar y mantener un sistema de información de las contrataciones del Estado, con el fin de proveer información a cualquier interesado. En tal sentido le corresponde:

1. Consolidar la captación de la información de la programación anual de compras.
2. Consolidar la captación de la información de la rendición trimestral de las contrataciones realizadas a través de las modalidades previstas en el presente Decreto con Rango, Valor y Fuerza de Ley, así como, en los procedimientos excluidos.
3. Consolidar la información referente a la aplicación de las medidas temporales vigentes.
4. Publicar en la página web del Servicio Nacional de Contrataciones, los llamados a participar en los concursos abiertos y concursos abiertos anunciados internacionalmente.
5. Proponer a la máxima autoridad del Servicio Nacional de Contrataciones, las actividades orientadas a optimizar la captación de la información que deben remitir los órganos y entes de la Administración Pública.
6. Desarrollar mesas técnicas para incentivar a los órganos y entes públicos de la Administración Pública, para la oportuna rendición de la información requerida.
7. Las demás que le asigne la máxima autoridad del Servicio Nacional de Contrataciones.

Capítulo IV

Dirección de Capacitación en Contrataciones Públicas

Artículo 54. Dependencia. La Dirección de Capacitación en Contrataciones Públicas es una dependencia administrativa del Servicio Nacional de Contrataciones, conforme a lo dispuesto en el presente Decreto con Rango, Valor y Fuerza de Ley y su Reglamento.

Artículo 55. Objeto y funciones. La Dirección de Capacitación en Contrataciones Públicas tiene por objeto coordinar, supervisar y ejecutar las actividades de capacitación en contratación pública y en materias relacionadas, que el Servicio Nacional de Contrataciones diseñe para el fortalecimiento de las actividades de la Administración Pública Nacional en el proceso de contratación. En tal sentido le corresponde:

1. Ejecutar los lineamientos, decisiones y disposiciones en materia académica y administrativa emanadas de la Máxima Autoridad del Servicio Nacional de Contrataciones.
2. Realizar investigaciones y diseñar productos en capacitación.

3. Incorporar innovaciones y utilización de medios electrónicos en los programas de formación que se desarrollen.
4. Diseñar, custodiar y distribuir el material de instrucción.
5. Elaborar diseños curriculares e institucionales de los planes de capacitación.
6. Promover relaciones académicas con instituciones públicas o privadas.
7. Emitir los certificados de las capacitaciones dictadas.
8. Generar indicadores que permitan medir el desempeño y evolución de la actividad de capacitación para introducir correctivos orientados a optimizar el desarrollo de la actividad.
9. Cualesquiera otra que le sea atribuida por las autoridades competentes.

TÍTULO III
MODALIDADES DE SELECCIÓN DE CONTRATISTAS

Capítulo I
Disposiciones Generales

Artículo 56. Suficiencia de la acreditación. En las modalidades de contratación regidas por el presente Decreto con Rango, Valor y Fuerza de Ley, el contratante para efectuar la calificación legal y financiera se abstendrá de solicitar a los participantes, la presentación de documentación o información suministrada cuando formalizó su calificación en el Registro Nacional de Contratistas. No obstante el contratante podrá verificar la validez de la información y de resultar falsa se procederá a aplicar las sanciones señaladas en el presente Decreto con Rango, Valor y Fuerza de Ley, previo procedimiento administrativo, además de denunciar el hecho ante las autoridades competentes encargadas de determinar la responsabilidad civil, penal y administrativa.

Artículo 57. Prohibición de Fraccionamiento. Se prohíbe dividir en varios contratos la ejecución de una misma obra, la prestación de un servicio o la adquisición de bienes, con el objeto de disminuir la cuantía del mismo y evadir u omitir normas, principios, modalidades de selección o requisitos establecidos en el presente Decreto con Rango, Valor y Fuerza de Ley y su Reglamento.

Artículo 58. Estimación de Montos para Contratar. En la estimación de los montos para seleccionar la modalidad de contratación de las establecidas en el presente Decreto con Rango, Valor y Fuerza de Ley, se considerarán todos los tributos correspondientes a su objeto, que deban ser asumidos por el contratante. Igualmente se solicitara a los oferentes su inclusión en la presentación de sus propuestas.

Artículo 59. Presupuesto Base. Para todos los procesos de selección de contratistas establecidos en el presente Decreto con Rango, Valor y Fuerza de Ley, el contratante debe preparar el presupuesto base de la contratación, cuyo monto total incluyendo los tributos, será informado a los participantes en el pliego de condiciones o en las condiciones de contratación y podrá mantenerse en reserva su estructura de costos.

En la elaboración del presupuesto base los contratantes, deben considerar las regulaciones existentes para los precios, en materiales o insumos establecidas en la Ley que regula la materia de precios justos y demás disposiciones relacionadas.

El presupuesto base deberá formar parte del pliego de condiciones o condiciones de la contratación y podrá establecerse como criterio para el rechazo de las ofertas.

Artículo 60. Elaboración del Presupuesto Base. Los contratantes definirán dentro de su estructura organizativa la Unidad encargada de la elaboración o validación del Presupuesto Base.

Artículo 61. Valor Aplicable de la Unidad Tributaría. La determinación de la modalidad de selección de contratista a ser aplicada conforme al monto de la contratación, se realizará considerando el valor de la unidad tributaria vigente para el momento de iniciar el procedimiento de con tratación respectivo.

Artículo 62. Delegaciones. La máxima autoridad del contratante podrá delegar sus atribuciones, de conformidad con la normativa legal vigente.

Artículo 63. Obligatoriedad de Mantenimiento de las Ofertas. Los oferentes deben obligarse a sostener sus ofertas durante el lapso indicado en el pliego de condiciones o condiciones de la contratación.

Artículo 64. Garantía de Mantenimiento de las Ofertas. Los contratantes podrán solicitar una garantía para el mantenimiento de las ofertas hasta la firma del contrato.

El monto o forma de cálculo de esta garantía, será establecido por el Reglamento del presente Decreto con Rango, Valor y Fuerza de Ley.

Artículo 65. Pliego de Condiciones. Las reglas, condiciones y criterios aplicables a cada contratación deben ser objetivos, de posible verificación y revisión, y se establecerán en el pliego de condiciones.

En el Concurso Abierto, el pliego de condiciones debe estar disponible a los interesados desde la fecha que se indique en el llamado a participar hasta el día hábil anterior a la fecha fijada para el acto de apertura de los sobres contentivos de las manifestaciones de voluntad y ofertas. El contratante debe llevar un registro de adquirentes del pliego de condiciones en el que se consignarán los datos mínimos para efectuar las notificaciones que sean necesarias en el procedimiento. El hecho de que una persona no adquiera el pliego de condiciones para esta modalidad, no le impedirá la presentación de la manifestación de voluntad y oferta. El contratante podrá establecer un precio para la adquisición del pliego de condiciones.

En el Concurso Cerrado y la Consulta de Precios, el pliego de condiciones será remitido a los participantes conjuntamente con la invitación, sin embargo en la modalidad de Consulta de Precios, cuando las características de los bienes o servicios a adquirir lo permitan, podrá remitirse con la invitación las condiciones generales de la contratación.

En la modalidad de Contratación Directa el contratante deberá preparar las condiciones de la contratación, la cual formará parte del contrato que se formalice y se incorporará al expediente.

Artículo 66. Contenido del Pliego de Condiciones. El Pliego de condiciones debe contener:

1. la documentación legal del participante, necesaria para la calificación y evaluación en las modalidades establecidas en el presente Decreto con Rango, Valor y Fuerza de Ley.

2. Monto del presupuesto base.

3. Características de los bienes a adquirir, los servicios a prestar o las obras a ejecutar con listas de cantidades, servicios conexos y planos, si fuere el caso.

4. Especificaciones técnicas detalladas de los bienes a adquirir o a incorporar en la obra, los servicios a prestar, según sea el caso y sin hacer referencia a determinada marca o nombre comercial. Si se trata de adquisición de repuestos o servicios a ser aplicados a activos del contratante, podrá hacerse mención de ésta, siempre señalando que pueden cotizarse otras con características similares certificadas por el fabricante. Cuando existan reglamentaciones técnicas obligatorias, éstas serán exigidas como parte de las especificaciones técnicas.

5. Idioma de las manifestaciones de voluntad y ofertas, plazo y lugar para presentarlas, así como su tiempo mínimo de validez.

6. Moneda de las ofertas y su conversión a moneda nacional.

7. Lapso y lugar en que los participantes podrán solicitar aclaratorias del pliego de condiciones a la Comisión de Contrataciones.

8. Autoridad competente para responder aclaratorias, modificar el pliego de condiciones y notificar decisiones en el procedimiento.

9. La obligación de que el oferente indique en su oferta la dirección, así como el correo electrónico donde se le harán las notificaciones pertinentes.

10. Fecha, lugar y mecanismo para la recepción y apertura de las manifestaciones de voluntad y ofertas en las modalidades indicadas en el presente Decreto con Rango, Valor y Fuerza de Ley.

11. La forma en que se corregirán los errores aritméticos o disparidades en montos en que se incurra en las ofertas.

12. Criterios de calificación, su ponderación y la forma en que se cuantificarán dichos criterios.

13. Matriz de evaluación para determinar el puntaje de la oferta, su ponderación y la forma en que se cuantificarán el precio y los demás factores definidos como criterios de evaluación.

14. Criterios que permitan la preferencia en calificación y puntaje adicional en la evaluación a oferentes constituidos con iniciativa local en el área donde se va a ejecutar la actividad objeto de la contratación.

15. Establecimiento del compromiso de responsabilidad social.

16. Proyecto de contrato que se suscribirá con el beneficiario de la adjudicación.

17. Normas, métodos y pruebas que se emplearán para determinar si los bienes, servicios u obras, una vez ejecutados, se ajustan a las especificaciones definidas.

18. Forma, plazo y condiciones de entrega de los bienes, ejecución de obras o prestación de servicios objeto de la contratación.

19. Condiciones y requisitos de las garantías que se exigen con ocasión del contrato.

20. Modelos de manifestación de voluntad, oferta y garantías.

21. Declaración jurada de conocer el lugar donde se va ejecutar la obra o se va a prestar el servicio en caso que sea necesario.

22. Declaración jurada de no tener obligaciones exigibles con el contratante.

23. Declaración jurada de no contar dentro de su conformación y organización, con personas naturales que participen como socios, miembros o administradores de alguna empresa, sociedad o agrupación que se encuentre inhabilitada conforme a este Decreto con Rango, Valor y Fuerza de Ley. En caso contrario, declarará el compromiso de subsanar tal situación en un plazo que será fijado en atención a las condiciones de la contratación.

24. Cualquier otra condición que sea necesaria a los fines de la contratación.

Los requisitos aquí establecidos serán utilizados en lo que sea aplicable para la elaboración de las condiciones de contratación en las modalidades de consulta de precios y contratación directa, así como en los procedimientos excluidos de modalidad de selección de contratistas.

Artículo 67. Presentación de Manifestación de Voluntad y Oferta. El contratante debe fijar un término para la presentación de la manifestación de voluntad de participar o de la oferta, para cada modalidad de contratación que no podrá ser menor de los indicados a continuación:

1. Concurso Abierto, siete días hábiles para bienes, nueve días hábiles para servicios, y once días hábiles para obras.

2. Concurso Abierto Anunciado Internacionalmente, veintiún días hábiles.

3. Concurso Cerrado, cinco días hábiles para bienes, seis días hábiles para servicios, y siete días hábiles para obras.

4. Consulta de Precios, cuatro días hábiles para bienes, cinco días hábiles para servicios, y seis días hábiles para obras.

Dichos términos se deben contar a partir del día hábil siguiente a la fecha en la cual el pliego o condiciones generales de la contratación estén disponibles para los interesados.

Artículo 68. Modificación de Condiciones. El contratante sólo puede introducir modificaciones en las condiciones de contratación hasta dos días hábiles antes de la fecha límite para la presentación de las manifestaciones de voluntad u ofertas, según el caso, notificando las modificaciones a todos los participantes que hayan adquirido el pliego de condiciones o recibido las condiciones de contratación. El contratante puede prorrogar el término originalmente establecido para la presentación de manifestaciones de voluntad u ofertas a partir de la última notificación.

Artículo 69. Derecho de Aclaratoria. Cualquier participante tiene derecho a solicitar por escrito, aclaratorias del pliego de condiciones o de las condiciones de la contratación dentro del plazo en él establecido. Las solicitudes de aclaratoria deben ser respondidas por escrito a cada participante con un resumen de la aclaratoria formulada sin indicar su origen. Las respuestas a las aclaratorias deben ser recibidas por todos los participantes con al menos un día hábil de anticipación a la fecha fijada para que tenga lugar el acto de entrega de manifestaciones de voluntad u ofertas, según el caso. Las respuestas a las aclaratorias pasarán a formar parte integrante del pliego de condiciones y tendrán su mismo valor.

Artículo 70. Lapsos para las Aclaratorias. El lapso para solicitar aclaratorias en el Concurso Abierto y en el Concurso Abierto Anunciado Internacionalmente será de al menos tres días hábiles; dos días hábiles en el Concurso Cerrado y un día hábil para Consulta de Precios.

Dichos lapsos se deben contar desde la fecha a partir de la cual el pliego de condiciones esté disponible a los interesados.

Artículo 71. Prórroga de las Ofertas. El contratante puede solicitar a los oferentes que prorroguen la vigencia de sus ofertas, los oferentes que acepten, proveerán lo necesario para que la garantía de mantenimiento de la oferta, continúe vigente durante el tiempo requerido en el pliego de condiciones, más la prórroga. Con ocasión de la solicitud de prórroga, no se pedirá ni permitirá modificar las condiciones de la oferta, distintas a su plazo de vigencia.

Artículo 72. Ampliación de lapsos y Términos en Modalidades de Contratación. En los casos de adquisición de bienes, prestación de servicios, y ejecución de obras, que por su importancia, complejidad u otras características, justifique la ampliación de los lapsos o términos establecidos para las modalidades de selección de contratistas señaladas en el presente Decreto con Rango, Valor y Fuerza de Ley, desde la recepción de las ofertas, hasta la suscripción del contrato correspondiente, se requerirá acto motivado de la máxima autoridad del contratante, indicando explícitamente en la motivación, los nuevos lapsos o términos de conformidad con el Reglamento.

Artículo 73. Contratación Conjunta de Proyecto y Obra. Los procesos de contratación de obras, aún en casos excluidos de modalidad de selección de contratistas, sólo podrán iniciarse siempre que exista el respectivo proyecto.

Excepcionalmente, podrá contratarse conjuntamente el proyecto y la ejecución de una obra, cuando a ésta se incorporen como parte fundamental, equipos altamente especializados; o cuando equipos de esa índole, deban ser utilizados para ejecutar la obra.

Artículo 74. Disponibilidad Presupuestaria para Contratar. A los fines de la formalización del contrato, los contratantes deberán contar con la respectiva disponibilidad presupuestaria.

En los procesos de selección de contratistas establecidos en el presente Decreto con Rango, Valor y Fuerza de Ley, los contratantes pueden iniciar los procedimientos de contratación, seis meses antes de que se inicie el ejercicio presupuestario del año fiscal, pudiendo otorgar la adjudicación y firmando el contrato, solamente cuando se cuente con la disponibilidad presupuestaria correspondiente, sin que la no suscripción genere obligaciones para el contratante.

De igual manera, en el ejercicio fiscal vigente, los contratantes podrán adjudicar el requerimiento, sin contar con la totalidad de la disponibilidad presupuestaria, suscribiendo el contrato por el monto disponible y el resto quedará sujeto a la disponibilidad presupuestaria una vez obtenida, previa formalización de los contratos o adendas respectivas, sin que la no suscripción genere obligaciones para el contratante.

Artículo 75. Adjudicación Plurianual. En los procedimientos de selección de contratistas establecidos en el presente Decreto con Rango, Valor y Fuerza de Ley, que superen más de un ejercicio fiscal, los contratantes podrán adjudicar la totalidad de los requerimientos, pero sólo procederán a suscribir el contrato por el monto disponible para el primer ejercicio fiscal y el resto quedará sujeto a la disponibilidad presupuestaria para cada ejercicio subsiguiente, previa formalización de los contratos o adendas respectivas, sin que la no suscripción genere obligaciones para el contratante.

La evaluación de desempeño de los contratistas se realizará sobre cada contrato o adendas que integren la adjudicación.

Artículo 76. Causales de Rechazo de las Ofertas. En el proceso posterior de examen y evaluación de las ofertas, se deberán rechazar aquellas que se encuentren dentro de alguno de los supuestos siguientes:

1. Que incumplan con las disposiciones del presente Decreto con Rango, Valor y Fuerza de Ley.
2. Que tengan omisiones o desviaciones sustanciales a los requisitos exigidos en el pliego de condiciones o en las condiciones de contratación.

3. Que sean condicionadas o alternativas, salvo que ello se hubiere permitido en los pliegos de condiciones o en las condiciones de contratación.

4. Que diversas ofertas provengan del mismo proponente.

5. Que sean presentadas por personas distintas, si se comprueba la participación de cualquiera de ellas o de sus socios, directivos o gerentes en la integración o dirección de otro oferente en la contratación.

6. Que suministre información falsa.

7. Que sean presentadas por personas que no tengan cualidad o legitimidad para representar al oferente.

8. Que se presenten sin la declaración jurada del cumplimiento del compromiso de responsabilidad social, cuando éste sea exigible.

9. Que correspondan a oferentes, que hayan sido descalificados, en la modalidad de Concurso Abierto, bajo el procedimiento de apertura simultánea de documentos de calificación y oferta.

10. Que no estén acompañadas por la documentación exigida en el pliego o en las condiciones de la contratación.

11. Que no estén acompañadas por las garantías exigidas o las mismas sean insuficiente; salvo que la oferta hubiere sido presentada por algunos de los sujetos a que se refiere el artículo 3° del presente Decreto con Rango, Valor y Fuerza de Ley.

12. Que el periodo de validez sea menor al requerido.

13. Que presenten estructuras de costos, no razonables, que hagan irrealizable la ejecución del contrato; así como, la utilización de precios en materiales e insumos que difieran de los establecidos en las regulaciones existentes o en las disposiciones establecidas en la normativa que regula la materia de precios justos y demás disposiciones relacionadas.

14. Contar dentro de su conformación y organización, con personas que participen como socios, miembros o administradores de alguna empresa, sociedad o agrupación que se encuentre inhabilitada conforme al presente Decreto con Rango, Valor y Fuerza de Ley, o no hayan modificado tal situación, o no se hayan comprometido a modificarla en el período que indique el contratante.

15. Cualquier otra establecida en los pliegos de condiciones o en las condiciones de la contratación.

Capítulo II

Concurso Abierto

Artículo 77. Procedencia del Concurso Abierto. Debe procederse por Concurso Abierto o Concurso Abierto Anunciado Internacionalmente:

1. En el caso de adquisición de bienes, si la adjudicación a ser otorgada es por un monto estimado superior a veinte mil unidades tributarias (20.000 U.T.).

2. En el caso de prestación de servicios, si la adjudicación a ser otorgada, es por un monto estimado superior a treinta mil unidades tributarias (30.000 U.T.).

3. En el caso de ejecución de obras, si la adjudicación a ser otorgada, es por un monto estimado superior a cincuenta mil unidades tributarias (50.000 U.T.).

Artículo 78. Procedimientos del Concurso Abierto. El Concurso Abierto podrá realizarse bajo cualquiera de los siguientes procedimientos:

1. Acto único de recepción y apertura de sobre contentivo de: manifestación de voluntad de participar, documentos de calificación y ofertas.

Con posterioridad al acto, la Comisión de Contrataciones procederá a la calificación de los oferentes y seguidamente rechazará las ofertas de los oferentes descalificados, procediendo a la evaluación de las ofertas de los oferentes calificados.

2. Acto único de entrega en sobres separados de manifestaciones de voluntad de participar, documentos de calificación y oferta, con apertura diferida. En este procedimiento, se recibirán en un sobre por oferente las manifestaciones de voluntad de participar, así como los documentos necesa-

rios para la calificación, y en sobre separado las ofertas, abriéndose sólo los sobres que contienen las manifestaciones de voluntad de participar y los documentos para la calificación.

Una vez realizada la calificación, la Comisión de Contrataciones notificará los resultados mediante comunicación dirigida a cada uno de los oferentes, invitándolos para el día hábil siguiente, a los fines de la celebración del acto público de apertura de los sobres contentivos de las ofertas de los calificados y devolución de los sobres sin abrir a los descalificados.

3. Actos separados de entrega de manifestaciones de voluntad de participar, documentos necesarios para la calificación y sobre contentivo de la oferta. En este procedimiento de actos separados, deben recibirse en un único sobre por oferente, las manifestaciones de voluntad de participar y los documentos necesarios para la calificación, una vez efectuada la calificación, la Comisión de Contrataciones, notificará, mediante comunicación dirigida a cada uno de los oferentes, los resultados, invitando sólo a quienes resulten preseleccionados a presentar sus ofertas. La notificación se acompañará con el pliego de condiciones para preparar las ofertas.

Artículo 79. Publicación del Llamado. Los contratantes deben publicar en su página web oficial el llamado a participar en Concursos Abiertos, hasta un día antes de la recepción de sobres; igualmente debe remitir al Servicio Nacional de Contrataciones el llamado a participar en los Concursos Abiertos para que sean publicados en la página web de ese órgano durante el mismo lapso.

Igualmente los contratantes en casos excepcionales, y previa aprobación de la Máxima Autoridad de la Comisión Central de Planificación, podrán publicar los llamados a concursos abiertos en medios de comunicación de circulación nacional o regional, especialmente en la localidad donde se vaya a suministrar el bien o servicio, o ejecutar la obra. Adicionalmente, podrán divulgar el llamado a través de otros medios de difusión.

Artículo 80. Contenido del Llamado de Participación. En el llamado a participar debe indicarse:

1. El objeto de la participación.
2. La identificación del contratante.
3. La dirección, dependencia, fecha a partir de la cual estará disponible el pliego de condiciones, horario, requisitos para su obtención y su costo si fuere el caso.
4. El sitio, día, hora de inicio del acto público, o término, en que se recibirán las manifestaciones de voluntad de participar en la contratación, documentos para la calificación y ofertas.
5. El procedimiento a utilizar en la modalidad de selección.
6. Las demás que se requieran.

Artículo 81. Lapsos y Términos para el Procedimiento de Selección en Concurso Abierto. El contratante debe fijar un término para la calificación, evaluación de las ofertas, emisión del informe de recomendación, adjudicación y notificación de los resultados en los procedimientos de Concurso Abierto, que no podré ser mayor de los lapsos indicados a continuación:

1. Para el procedimiento de acto único de recepción y apertura de sobres: nueve días para adquisición de bienes; doce días para prestación de servicios y dieciséis días para ejecución de obras.
2. Para el procedimiento de acto único de entrega en sobres separados con apertura diferida: once días para adquisición de bienes; catorce días para prestación de servicios y dieciocho días para la ejecución de obras.
3. Para el procedimiento de actos separados de entrega de sobres: diecisiete días para adquisición de bienes; veintiún días para prestación de servicios y veintiséis días para la ejecución de obras.

Artículo 82. Concurso Abierto Anunciado Internacionalmente. Los contratantes deben publicar en su página web oficial el llamado a participar hasta un día antes de la recepción de sobres y remitir al Servicio Nacional de Contrataciones el llamado a participar en los Concursos Abiertos Anunciados internacionalmente para que sean publicados en la página web de ese órgano, durante el mismo lapso; en esta modalidad pueden participar personas naturales y jurídicas constituidas y domiciliadas en Venezuela o en el extranjero.

Los contratantes podrán en casos excepcionales, y previa aprobación de la Máxima Autoridad de la Comisión Central de Planificación, publicar los llamados a participar en Concurso Abierto Anunciado Internacionalmente en medios de comunicación de circulación nacional o internacional. Podrán divulgar el llamado a través de otros medios de difusión.

El Concurso Abierto Anunciado Internacionalmente se efectuará utilizando el sistema de calificación mediante procedimiento de recepción con apertura diferida de ofertas o actos separados.

Una vez efectuada la calificación, la Comisión de Contrataciones, notificará mediante comunicación dirigida a cada uno de los oferentes, los resultados y la fecha de celebración del acto público de apertura de los sobres contentivos de las ofertas a quienes calificaron y la devolución de los sobres de oferta sin abrir, a los oferentes descalificados.

Artículo 83. Lapsos y Términos para el Procedimiento de Selección en Concurso Abierto Anunciado Internacionalmente. El contratante debe fijar un término para la calificación, evaluación de las ofertas, emisión del informe de recomendación, adjudicación y notificación de los resultados en los procedimientos de Concurso Abierto Anunciado Internacionalmente que no podrá ser mayor de los lapsos indicados a continuación:

1. Para el procedimiento de acto único de entrega de sobres, con apertura diferida, será de veinte días.
2. Para el procedimiento de actos separados, será de treinta y dos días.

Artículo 84. Causas de Descalificación. Son causales de descalificación, las siguientes:

1. Si el participante no ha suministrado adecuadamente la información solicitada, no siendo posible su valoración o apreciación.
2. Si durante; el proceso de calificación, el oferente se declara o es declarado en disolución, liquidación, atraso o quiebra.
3. Si durante el proceso de calificación, alguna de las empresas de un consorcio o alianza, renuncia a participar en el proceso.
4. Si el oferente no cumple con alguno de los criterios de calificación establecidos en los pliegos de condiciones.
5. Si el contratante determina que el oferente ha presentado información falsa en sus documentos de calificación. En caso de determinarse esta situación, se procederá de acuerdo a lo establecido en el presente Decreto con Rango, Valor y Fuerza de Ley.

Capítulo III

Concurso Cerrado

Artículo 85. Procedencia del Concurso Cerrado. Puede procederse por Concurso Cerrado:

1. En el caso de la adquisición de bienes, si el contrato a ser otorgado es por un precio estimado superior a cinco mil unidades tributarias (5.000 U.T.) y hasta veinte mil unidades tributarias (20.000 U.T.).
2. En el caso de prestación de servicios, si el contrato a ser otorgado es por un precio estimado superior a diez mil unidades tributarias (10.000 U.T.) y hasta treinta mil unidades tributarias (30.000 U.T.).
3. En el caso de ejecución de obras, si el contrato a ser otorgado es por un precio estimado superior a veinte mil unidades tributarias (20.000 U.T.) y hasta cincuenta mil unidades tributarias (50.000 U.T.).

También podrá procederse por Concurso Cerrado, independientemente del monto de la contratación, cuando la máxima autoridad del contratante, mediante acto motivado lo justifique, en los siguientes casos:

a. Si se trata de la adquisición de equipos altamente especializados destinados a la experimentación, investigación y educación.

b. Por razones de seguridad de Estado, calificadas como tales, conforme a lo previsto en las normas que regulen la materia.

c. Cuando de la información verificada en el Registro Nacional de Contratistas, se determine que los bienes a adquirir, servicios a prestar y obras a ejecutar, los producen o comercializan, prestan o ejecutan, cinco o menos oferentes.

Artículo 86. Requisitos para la Selección. En el Concurso Cerrado debe seleccionarse a presentar ofertas al menos a cinco participantes, mediante invitación acompañada del pliego de condiciones, indicando el lugar, día y hora de los actos públicos de recepción y apertura de los sobres que contengan las ofertas. La selección debe estar fundamentada en los aspectos legales, capacidad financiera y experiencia técnica requeridos y debe constar en el acta de inicio del procedimiento, levantada al efecto. En caso que se verifique que no existen inscritos al menos cinco participantes que cumplan los requisitos establecidos para el concurso cerrado, en el Registro Nacional de Contratistas, se invitará a la totalidad de los inscritos que los cumplan. El contratante atendiendo a la naturaleza de la obra, bien o servicio, procurará la contratación de los oferentes de la localidad, dando preferencia a la participación de pequeños y medianos actores económicos.

Artículo 87. Lapsos y Términos para el Procedimiento de Selección en Concurso Cerrado. El contratante debe fijar un término para la evaluación de las ofertas, emisión del informe de recomendación, adjudicación y notificación de los resultados en los procedimientos de Concurso Cerrado que no podrá ser mayor de los lapsos indicados a continuación: ocho días para adquisición de bienes, diez días para la prestación de servicios y once días para la ejecución de obras.

Artículo 88. Concurso Cerrado con Empresas no Nacionales. Los contratantes podrán invitar a participar en la modalidad de Concurso Cerrado a empresas extranjeras que no posean sucursales o filiales en el país, siempre y cuando en el acta de inicio del procedimiento, conste la imposibilidad de la obtención de los bienes o servicios por no producción nacional de estos, debidamente certificada por los órganos y entes competentes en la materia, igualmente debe constar la calificación legal, financiera y técnica, con base en los parámetros requeridos para la contratación utilizados para estas empresas en concursos abiertos anunciados internacionalmente, y debe indicar la disponibilidad presupuestaria de las divisas para atender los pagos que deriven de esa contratación.

Excepcionalmente se puede utilizar esta modalidad para procedimientos de contratación donde el concurso abierto anunciado internacionalmente haya sido declarado desierto, siempre y cuando, en acto motivado justifique la imposibilidad de contar con ofertas nacionales o con ofertas de empresas no nacionales con filiales en el país.

Capítulo IV

Disposiciones Comunes para Concurso Abierto y Concurso Cerrado

Artículo 89. Condiciones para Calificación y Evaluación. En la calificación, examen, evaluación y decisión, el contratante debe sujetarse a las condiciones de la contratación, según la definición, ponderación y procedimientos establecidos en el pliego de condiciones. El acto por el cual se descalifique a un oferente o rechace una oferta deberá ser motivado por los supuestos expresamente establecidos en el presente Decreto con Rango, Valor y Fuerza de Ley, su Reglamento y en el pliego de condiciones.

Artículo 90. Reserva de la Información. En el lapso comprendido desde la apertura de sobres contentivos de las manifestaciones de voluntad u ofertas, según el caso, hasta la notificación de los resultados, se reservará la información sobre la calificación, el examen y evaluación de las ofertas.

Artículo 91. Carácter Público de los Actos y Obligación del Acta. Los actos de recepción y apertura de sobres contentivos de las manifestaciones de voluntad y ofertas tienen carácter público. El resto de las actuaciones estarán a disposición de los interesados en los términos y condiciones establecidas en el presente Decreto con Rango, Valor y Fuerza de Ley. De todo acto que se celebre debe levantarse acta que será firmada por los presentes, Si alguno de ellos se negare a firmar el acta o por otro motivo no la suscribiere, se dejará constancia de esa circunstancia y de las causas que la motivaron.

Artículo 92. Recepción de los Sobres Contentivos de Manifestación de Voluntad y Oferta. Las manifestaciones de voluntad de participar y las ofertas, serán entregadas a la Comisión de Contrataciones, en acto público a celebrarse al efecto, debidamente firmadas y en sobres sellados. En ningún caso, deben admitirse ofertas después de concluido el acto de recepción.

Artículo 93. Apertura de los Sobres Contentivos de Manifestación de Voluntad y Oferta. La Comisión de Contrataciones una vez concluido el acto de recepción de los sobres contentivos de las manifestaciones de voluntad u ofertas, procederá en el acto fijado a su apertura, dejando constancia de la entrega de la documentación consignada y de cualquier observación que se formule al respecto.

Artículo 94. Examen de los Documentos de Calificación y Ofertas. Una vez concluido los actos de recepción y apertura de los documentos de calificación y ofertas, la Comisión de Contrataciones debe examinarlos y aplicar los criterios de calificación y evaluación establecidos en el pliego de condiciones.

Artículo 95. Informe de Recomendación. El informe de recomendación debe ser detallado en su motivación, en cuanto a los resultados del examen de los aspectos legales, financieros y técnicos, el empleo de medidas de promoción del desarrollo económico y social, así como, lo relativo a los motivos de descalificación o rechazo de las ofertas presentadas y resultado de la aplicación de la matriz de evaluación. En ningún caso, se aplicarán criterios o procedimientos no previstos en el pliego de condiciones, ni se modificarán o dejarán de utilizar los establecidos en él.

En caso de acomendar la adjudicación, se indicará la oferta que resulte con la primera opción, según los criterios y procedimientos previstos en el pliego de condiciones, así como la existencia de ofertas que merezcan la segunda y tercera Opción.

Capítulo V

Consulta de Precios

Artículo 96. Procedencia de la Consulta de Precios. Se puede proceder por Consulta de Precios:

1. En el caso de adquisición de bienes, si el contrato a ser otorgado es por un precio estimado de hasta cinco mil unidades tributarias (5.000 U.T).

2. En el caso de prestación de servicios, si el contrato a ser otorgado es por un precio estimado de hasta diez mil unidades tributarias (10.000 U.T).

3. En el caso de ejecución de obras, si el contrato a ser otorgado es por un precio estimado de hasta veinte mil unidades tributarias (20.000 U.T). También, se procederá por Consulta de Precios, independientemente del monto de la contratación, en caso de obras, servicios o adquisiciones de bienes, que por razones de interés general deban ser contratados y ejecutados en un plazo perentorio que se determinará de acuerdo a la naturaleza del plan excepcional aprobado por el Ejecutivo Nacional. En aquellos casos que los planes excepcionales sean propuestos por los órganos y entes de la Administración Publica, deberán contar con la revisión previa de la Comisión Central de Planificación, antes de ser sometido a consideración del Ejecutivo Nacional.

El contratante atendiendo a la naturaleza de la obra, bien o servicio, procurará la contratación de los oferentes de la localidad, dando preferencia a la participación de pequeños y medianos actores económicos.

Artículo 97. Formas de Solicitud de Ofertas. En la Consulta de Precios se deberá solicitar al menos tres ofertas; sin embargo se podrá otorgar la adjudicación si se hubiere recibido al menos una de ellas, siempre que cumpla con las condiciones del requerimiento y sea conveniente a los intereses del contratante.

Los contratantes en las consultas de precios de bienes y servicios que por sus características lo permitan, podrán utilizar el procedimiento de subasta inversa electrónica, siempre y cuando lo señalen en las condiciones de la contratación. Los oferentes presentarán oferta económica que podrá ser mejorada mediante la realización de ofertas sucesivas, hasta la conformación de su oferta definitiva, entendiendo por ésta, la última presentada para cada variable dentro del lapso de la subasta. El Servicio Nacional de Contrataciones, establecerá los aspectos particulares de la aplicación de este mecanismo.

Artículo 98. Lapsos y Términos para el Procedimiento de Selección en Consulta de Precios. El contratante debe fijar un término para la evaluación de las ofertas, emisión del informe de recomendación, adjudicación y notificación de los resultados en los procedimientos de Consulta de Precios que no podrá ser mayor de los lapsos indicados a continuación: ocho días para adquisición de bienes, nueve días para la prestación de servicios y 10 días para la ejecución de obras.

Artículo 99. Consultas de Precios Sometidas a la Comisión de Contrataciones. En la modalidad de Consulta de Precios la Unidad Contratante deberá estructurar todo el expediente y elaborar el informe de recomendación que se someterá a la máxima autoridad del contratante, o al funcionario a quien ésta naya delegado esa facultad. El Informe de Recomendación a elaborar en las contrataciones efectuadas en el marco de planes excepcionales que por su cuantía superen las cinco mil unidades tributarias (5.000 U.T.) para la adquisición de bienes, diez mil unidades tributarias (10.000 U.T.) para prestación de servicios y veinte mil unidades tributarias (20.000 U.T.) para la ejecución de obras, o que deriven de un concurso cerrado que haya sido declarado desierto, deberán contar con la aprobación previa de la Comisión de Contrataciones.

Artículo 100. Consulta de Precios con Empresas no Nacionales. Los contratantes podrán invitar a participar en la modalidad de consulta de precios a empresas extranjeras que no posean sucursales o filiales en el país, siempre y cuando en el acta de inicio del procedimiento conste la imposibilidad de la obtención de los bienes o servicios por no producción nacional de estos, debidamente certificada por los órganos y entes competentes en la materia. Igualmente debe constar la calificación legal, financiera y técnica, con base en los parámetros requeridos para la contratación utilizados para estas empresa en concursos abiertos anunciados internacionalmente, y debe indicar la disponibilidad presupuestaria de las divisas para atender los pagos que deriven de esa contratación.

Excepcionalmente, se puede utilizar esta modalidad para procedimientos de contratación donde el concurso cerrado con empresas no nacionales haya sido declarado desierto.

Capítulo VI

Contratación Directa

Artículo 101. Procedencia de la Contratación Directa. Se podrá proceder excepcionalmente por Contratación Directa, independientemente del monto de la contratación, siempre y cuando la máxima autoridad del contratante, mediante acto motivado, justifique adecuadamente su procedencia, en los siguientes supuestos:

1. Si se trata de suministros de bienes, prestación de servicios o ejecución de obrar requeridas para la continuidad del proceso productivo, y pudiera resultar gravemente afectado por el retardo de la apertura de un procedimiento de contratación.

2. Cuando las condiciones técnicas de determinado bien, servicio u obra así lo requieran o excluyan toda posibilidad de competencia o si, habiendo adquirido ya bienes, equipos, tecnología, servicios u obras a determinado proveedor o contratista, el contratante decide adquirir más productos del mismo proveedor o contratista por razones de normalización o por la necesidad de asegurar su compatibilidad con los bienes, equipos, la tecnología o los servicios que ya se estén utilizando, y teniendo además en cuenta la eficacia con la que el contrato original haya respondido a las necesidades del contratante, el volumen relativamente bajo del contrato propuesto en comparación con el del contrato original, el carácter razonable del precio y la inexistencia de otra fuente de suministro que resulte adecuada.

3. En caso de contratos que tengan por objeto la adquisición de bienes y la prestación de servicios, en los que no fuere posible aplicar las otras modalidades de contratación, dadas las condiciones especiales, bajo las cuales los oferentes convienen en suministrar esos bienes o prestar los servicios, o por condiciones especiales de la solicitud del contratante, donde la aplicación de una modalidad de selección de contratista distinta a la aquí prevista, no permita la obtención de los bienes o servicios en las condiciones requeridas. Se deberá indicar mediante acto motivado, las razones por las cuales de la apertura de un nuevo procedimiento de contratación, pudieren resultar perjuicios para el contratante.

4. Cuando se trate de emergencia comprobada.

5. Cuando se trate de la ejecución de obras, adquisición de bienes o prestación de servicios regulados por contratos terminados anticipadamente, donde la apertura de un procedimiento de selección de contratistas, pudiese resultar perjudicial para el órgano o ente contratante.

6. Cuando se trate de la contratación de bienes, servicios u obras para su comercialización, donación o cualquier otra forma de enajenación ante terceros, siempre que los bienes o servicios estén asociados a la actividad propia del contratante y no ingresen de manera permanente a su patrimonio.

7. Cuando se trate de contrataciones que tengan por objeto la adquisición de bienes, prestación de servicios o ejecución de obras sobre las cuales una modalidad de selección de contratistas pudiera comprometer secretos o estrategias comerciales del contratante, cuyo conocimiento ofrecería ventaja a sus competidores.

8. Cuando se trate de la adquisición de bienes producidos por empresas con las que el contratante suscriba convenios comerciales de fabricación, ensamblaje o aprovisionamiento, siempre que tales convenios hayan sido suscritos para desarrollar la industria nacional sobre los referidos bienes, en cumplimiento de planes dictados por el Ejecutivo Nacional.

9. Cuando se trate de contrataciones de obras, bienes o servicios requeridos para el restablecimiento inmediato o continuidad de los servicios públicos o actividades de interés general que hayan sido objeto de interrupción o fallas, independientemente de su recurrencia.

10. Cuando se trate de actividades requeridas para obras que se encuentren en ejecución directa por los órganos y entes contratantes, y que de acuerdo a su capacidad de ejecución, sea necesario por razones estratégicas de la construcción, que parcialmente sean realizadas por un tercero, siempre y cuando esta asignación, no supere el cincuenta por ciento (50%) del contrato original.

11. Cuando se trate de la adquisición de bienes y contratación de servicios a pequeños y medianos actores económicos que sean indispensables para asegurar el desarrollo de la cadena aqroalimentaria.

12. Cuando se trate de suministros de bienes, prestación de servicios o ejecución de obras para las cuales se hayan aplicado la modalidad de consulta de precios y haya sido declarada desierta.

13. Cuando se trate de contrataciones a organizaciones socioproductivas creadas en el marco de la Ley que rige el sistema económico comunal o comunidades organizadas mediante la adjudicación de proyectos para impulsar el desarrollo de las mismas.

14. Cuando se trate de contrataciones con empresas conjuntas o conglomerados creadas en el marco de la Ley que promueve y regula las nuevas formas asociativas conjuntas entre el Estado y la iniciativa comunitaria privada, siempre y cuando se establezcan las ventajas de la contratación, con base a los principios que regula la normas de creación de estas formas asociativas conjuntas.

Artículo 102. La Emergencia Comprobada. La emergencia comprobada deberá ser especifica e individualmente considerada para cada contratación, por lo que deberá limitarse al tiempo y objeto estrictamente necesario para corregir, impedir o limitar los efectos del daño grave en que se basa la calificación y su empleo será sólo para atender las áreas estrictamente afectadas por los hechos o circunstancias que lo generaron.

Los contratantes deberán preparar y remitir mensualmente al órgano de control interno una relación detallada de las decisiones de contratación fundamentadas en emergencia comprobada, anexando los actos motivados, con la finalidad de que determine si la emergencia fue declarada justificadamente o si fue causada o agravada por la negligencia, imprudencia, impericia, imprevisión o inobservancia de normas por parte del funcionario o funcionarla del contratante, en cuyo caso procederá a instruir el procedimiento para determinar las responsabilidades administrativas a que haya lugar.

Artículo 103. Actos Motivados Sometidos a la Comisión de Contrataciones. En la modalidad de Contratación Directa, que por su cuantía superen las cinco mil unidades tributarias (5.000 U.T.) para la adquisición de bienes, las diez mil unidades tributarias (10.000 U.T.), para prestación de servicios y veinte mil unidades tributarias (20.000 U.T.) para la ejecución de obras, la unidad contratante deberá solicitar la opinión de la Comisión de Contrataciones, sobre los actos motivados que se sometan a la máxima autoridad del contratante. Dicha opinión no tendrá carácter aprobatorio ni vinculante para la decisión que se adopte.

Capítulo VII

Contrataciones Electrónicas

Artículo 104. Garantías de los Medios Electrónicos. Las modalidades de selección de contratistas previstas en el presente Decreto con Rango, Valor y Fuerza de Ley, pueden realizarse utilizando medios y dispositivos de tecnologías de información y comunicaciones que garanticen la transparencia, honestidad, eficiencia, igualdad, competencia, publicidad, autenticidad, seguridad jurídica y confidencialidad necesaria.

A los efectos de garantizar estos principios, los contratantes deben utilizar sistemas informáticos que permitan el acceso de los participantes, el registro y almacenamiento de documentos en medios electrónicos o de funcionalidad similar a los procedimientos, lo cual deberá estar previsto en el pliego de condiciones.

Artículo 105. Especificaciones Técnicas en las Contrataciones Electrónicas. Los órganos y entes contratantes, de acuerdo con su disponibilidad y preparación tecnológica, debe establecer en el llamado o invitación y en el pliego de condiciones, la posibilidad de participar por medios electrónicos, para lo cual debe especificar los elementos tecnológicos, programas y demás requerimientos necesarios para participar en la respectiva modalidad de selección. En la referida especificación se utilizarán elementos y programas de uso seguro y masivo, y se mantendrá siempre la neutralidad tecnológica, garantizando el registro de los participantes que utilicen este medio.

En todo caso, debe garantizarse el cumplimiento de los principios previstos en el presente Decreto con Rango, Valor y Fuerza de Ley, y los requisitos y demás normas aplicables contenidas en la legislación sobre mensajes de datos y firmas electrónicas.

Capítulo VIII

Suspensión y Terminación del Procedimiento de Selección de Contratistas

Artículo 106. De la Suspensión. En todas las modalidades reguladas por el presente Decreto con Rango, Valor y Fuerza de Ley, el contratante podrá suspender el procedimiento mediante acto motivado, mientras no haya tenido lugar los actos de recepción y apertura de sobres contentivos de manifestaciones de voluntad u ofertas, según el caso.

Las causales de suspensión de los procedimientos de selección de contratistas, estarán señaladas expresamente, en el Reglamento del presente Decreto con Rango, Valor y Fuerza de Ley.

Una vez que haya cesado la causa que originó la suspensión del procedimiento, sin haber transcurrido un lapso mayor a cuarenta y cinco días hábiles, el contratante deberá mediante acto motivado, reiniciar el procedimiento de selección, debiendo notificar a todos los participantes que retiraron el pliego de condiciones, o fueron invitados al procedimiento suspendido.

Artículo 107. De la Terminación. En todas las modalidades reguladas por el presente Decreto con Rango, Valor y Fuerza de Ley, el contratante podrá mediante acto motivado, dar por terminado el procedimiento, mientras no se haya firmado el contrato.

En caso de que se hubiere otorgado y notificada la adjudicación, se indemnizará al beneficiario de ésta, con una suma equivalente al monto de los gastos en que incurrió para participar en el procedimiento de selección, que no será superior al cinco por ciento (5%) del monto de su oferta, previa solicitud del beneficiario de la adjudicación, acompañada de los comprobantes de los gastos, dentro del lapso de treinta días contados a partir de la notificación de la terminación del procedimiento. En caso de haberse otorgado la adjudicación y no haya sido notificada, no procederá indemnización alguna.

En caso de aplicarse una modalidad de selección de contratistas que no corresponda de acuerdo a los supuestos cuantitativos establecidos en el presente Decreto con Rango, Valor y Fuerza de Ley, se dará por terminado el procedimiento, iniciándose el que fuera procedente.

En caso de suspensión del procedimiento por más de cuarenta y cinco días hábiles, se dará por terminado el mismo.

Artículo 108. Apertura de Nuevo Proceso. Terminado el procedimiento de selección del contratista de conformidad con el artículo anterior, el contratante puede abrir un nuevo procedimiento, cuando hayan cesado las causas que dieron origen a la terminación. En las modalidades de concurso cerrado y consulta de precios se podrá invitar a participar en el nuevo procedimiento, a la totalidad de los oferentes de la modalidad terminada.

TÍTULO IV
ADJUDICACIÓN Y DECLARATORIA DE DESIERTA

Capítulo I

Artículo 109. Otorgamiento de la Adjudicación. Debe otorgarse la adjudicación a la oferta que resulte con la primera opción al aplicar los criterios de evaluación y cumpla los requisitos establecidos en el pliego de condiciones o condiciones de la contratación.

En los casos de adquisición de bienes, prestación de servicios o ejecución de obras, podrá otorgarse parcialmente la totalidad entre varias ofertas presentadas, si así se ha establecido expresamente en el pliego de condiciones, o condiciones de la contratación, tomando en cuenta la naturaleza y las características de la contratación a celebrar.

La adjudicación parcial debe realizarse cumpliendo los criterios, condiciones y mecanismos previstos en el pliego de condiciones o condiciones de la contratación.

En caso que el beneficiario de la adjudicación no formalice el contrato, el contratante generará el acto de decaimiento de la adjudicación, procediendo a adjudicar a la segunda o tercera opción en caso que la hubiere, o declarando desierto el procedimiento si no se cuenta con ofertas válidas y deben aplicarse las sanciones correspondientes por incumplimiento de la formalización del contrato por parte del oferente beneficiado de la adjudicación.

Artículo 110. Segunda y Tercera Opción. Se procederá a considerar la segunda o tercera opción en este mismo orden, en caso de que el participante con la primera opción, notificado del resultado del procedimiento, no mantenga su oferta, se niegue a firmar el contrato, no suministre las garantías requeridas o le sea anulada la adjudicación por haber suministrado información falsa.

Artículo 111. Adjudicación a Oferta Única. En cualquiera de las modalidades establecidas en el presente Decreto con Rango, Valor y Fuerza de Ley, se podrá adjudicar el contrato cuando se presente sólo una oferta y cumpla con todos los requisitos señalados en el pliego de condiciones o condiciones de la contratación, luego de efectuada la calificación y evaluación respectiva.

Artículo 112. Nulidad del Otorgamiento de la Adjudicación. Cuando el otorgamiento de la adjudicación, o cualquier otro acto dictado en ejecución del presente Decreto con Rango, Valor y Fuerza de Ley y su Reglamento, se hubiese producido partiendo de información o documentos falsos o en violación de disposiciones legales, el contratante deberá, mediante motivación, declarar la nulidad del acto.

Capítulo II

Declaratoria de Desierta de la Modalidad de Contratación

Artículo 113. De los Motivos. El contratante deberá declarar desierta la contratación cuando:

1. Ninguna oferta haya sido presentada.
2. Todas las ofertas resulten rechazadas o los oferentes descalificados, de conformidad con lo establecido en el pliego de condiciones.
3. Esté suficientemente justificado que de continuar el procedimiento podría causarse perjuicio al contratante.
4. En caso de que los oferentes beneficiarios de la primera, segunda y tercera opción no mantengan su oferta, se nieguen a firmar el contrato, no suministren las garantías requeridas o le sea anulada la adjudicación por haber suministrado información falsa.
5. Ocurra algún otro supuesto expresamente previsto en el pliego de condiciones.

Artículo 114. Apertura de Nuevo Procedimiento. Declarada desierta la modalidad de concurso abierto, puede procederse por concurso cerrado. Si la modalidad declarada desierta fuera un concurso cerrado, se podrá proceder por consulta de precios y si ésta fuera declarada desierta se podrá proceder por contratación directa.

Si el contratante lo considera conveniente podrá realizar una modalidad de selección similar a la declarada desierta.

Los nuevos procedimientos, deben iniciarse bajo las mismas condiciones establecidas en la modalidad declarada desierta.

Artículo 115. Notificación de Fin de Procedimiento y Descalificación. Se notificará a todos los oferentes del acto mediante el cual se ponga fin al procedimiento. Igualmente se deberá notificar a los participantes el acto por medio del cual resulten descalificados.

TÍTULO V

DE LA CONTRATACIÓN

Capítulo I

Aspectos Generales de la Contratación

Artículo 116. Documentos para Formalizar el Contrato. A los efectos de la formalización de los contratos, los contratantes deberán contar con la siguiente documentación:

1. Documentos legales de la persona natural o jurídica.
2. El pliego de condiciones y la oferta.
3. Solvencias y garantías requeridas.
4. Cronograma de desembolso de la contratación, de ser necesario.
5. Certificados que establezcan las garantías respectivas y sus condiciones.

Artículo 117. Firma del Contrato. El lapso máximo para la firma del contrato será de ocho días hábiles contados a partir de la notificación de la adjudicación. Los contratos a que se refiere el presente Decreto con Rango, Valor y Fuerza de Ley, no estarán sujetos a la formalidad de autenticación, dejando a salvo lo establecido en otras leyes.

Artículo 118. Control del Contrato. Los órganos o entes contratantes, una vez formalizada la contratación correspondiente deberán garantizar a los fines de la administración del contrato, el cumplimiento de las obligaciones contraídas por las partes, estableciendo controles que permitan regular los siguientes aspectos:

1. Cumplimiento de la fecha de inicio de la obra o suministro de bienes y servicios.
2. Otorgamiento del anticipo, de ser aplicable.
3. Cumplimiento del compromiso de responsabilidad social.
4. Supervisiones e inspecciones a la ejecución de obras o suministro de bienes y servicios.
5. Modificaciones en el alcance original y prorrogas durante la ejecución del contrato.

6. Cumplimiento de la fecha de terminación de la obra o entrega de los bienes o finalización del servicio.

7. Finiquitos.

8. Pagos.

9. Cierre administrativo del Contrato.

10. Evaluación de desempeño del contratista.

Artículo 119. Mantenimiento de las Condiciones. En los contratos adjudicados por la aplicación de las modalidades previstas en el presente Decreto con Rango, Valor y Fuerza de Ley, debe mantenerse lo contemplado en el pliego de condiciones o condiciones de la contratación y en la oferta beneficiaria de la adjudicación.

Artículo 120. Cesiones. El contratista no podrá ceder ni traspasar el contrato de ninguna forma, ni en todo ni en parte, sin la previa autorización del contratante, quien no reconocerá ningún pacto o convenio que celebre el contratista para la cesión total o parcial del contrato, y lo considerará nulo en caso de que esto ocurriera.

Artículo 121. Nulidad de los Contratos. El contratante deberá declarar la nulidad de los contratos en los siguientes casos:

1. Cuando se evidencie suficientemente que la adjudicación hubiere sido otorgada con inobservancia de las disposiciones del presente Decreto con Rango, Valor y Fuerza de Ley, o de cualquier otra norma aplicable que regule las contrataciones públicas.

2. Cuando, sin que medie la debida motivación conforme a las normas que regulan la modificación de los contratos, éstos se aparten o difieran de las condiciones establecidas en los respectivos pliegos o condiciones de la contratación y de las ofertas beneficiarias de la adjudicación.

Capítulo II

Garantías

Artículo 122. Garantía de Anticipo. En los casos en que se hubiera señalado en el pliego de condiciones o en las condiciones de contratación y en el contrato, el otorgamiento de anticipo contractual, el contratante procederá a su pago, previa consignación por parte del contratista, de la respectiva garantía por el cien por ciento (100%) del monto otorgado como anticipo, a satisfacción del contratante.

Quedará a cargo del contratante verificar y asegurar la suficiencia de la garantía.

En los casos en que la garantía de anticipo no sea consignada en el lapso establecido para la formalización del contrato, se suscribirá el respectivo contrato, dando inicio al mismo, pudiendo el contratista consignar posteriormente la garantía de anticipo para que le sea otorgado.

Artículo 123. Garantía de Fiel Cumplimiento. Para asegurar el cumplimiento de todas las obligaciones que asume el contratista, con ocasión del contrato para la adquisición de bienes, prestación de servicios o ejecución de obras, cuando se requiera, éste deberá constituir una garantía a satisfacción del contratante, que no podrá ser inferior al veinte por ciento (20%) del monto del contrato incluyendo tributos.

Podrá acordarse con el contratista una garantía constituida por la retención del diez por ciento (10 %), sobre los pagos que se realicen, cuyo monto total retenido será reintegrado al momento de la recepción definitiva del bien u obra o terminación del servicio.

Quedará a cargo del contratante verificar y asegurar la suficiencia de la garantía.

El contratante podrá acordar la sustitución o coexistencia de las garantías previstas en este artículo.

Artículo 124. Garantía Laboral. El contratante, podrá solicitar al contratista la constitución de una fianza laboral, hasta por el diez por ciento (10%) del costo del personal incluido en la estructura de costos de su oferta, colocando como beneficiarios directos a los trabajadores y trabajadoras de la contratación.

Esta fianza deberá ser otorgada por una institución bancaria o empresa de seguro, debidamente inscrita en la Superintendencia que regule la materia o por la Sociedad Nacional de Garantías Recíprocas para la Pequeña y Mediana Industria, la cual deberá estar vigente desde el inicio del contrato hasta seis meses después de su terminación o recepción definitiva.

El monto de la fianza puede ser revisado y deberá ser cubierto por el contratista en caso de que el costo de la mano de obra a su servicio se vea incrementada por encima de lo inicialmente estimado. En caso de no constituir la fianza solicitada, el contratante, establecerá la retención equivalente al cinco por ciento (5%) sobre los pagos que realice, cuyo monto total retenido será reintegrado al momento de la recepción definitiva del bien u obra o terminación del servicio. El contratante podrá acordar la sustitución o coexistencia de las garantías previstas en este artículo.

Artículo 125. Póliza de Responsabilidad Civil. El contratante, previa evaluación del riesgo y dadas las características propias de la obra o servicio a ejecutarse, solicitará al contratista la constitución de una póliza de responsabilidad civil específica, la cual deberá incluir responsabilidad civil por daños o personas y equipos e instalaciones de terceros. El monto de la referida póliza será fijado en el contrato, de acuerdo a la magnitud del riesgo que se pretenda cubrir.

La póliza a que se refiere el presente artículo constituirá el límite de la responsabilidad patrimonial del contratante frente a terceros y cubrirá tal responsabilidad, si la hubiere, con ocasión de las actividades desarrolladas por el contratista.

En caso de no presentar la póliza de responsabilidad civil en el lapso establecido para la formalización del contrato, se aplicará el decaimiento de la adjudicación otorgada.

Artículo. 126. Otras Garantías. El contratante podrá solicitar a los beneficiarios de la adjudicación otras garantías, distintas a las previstas en el presente Decreto con Rango, Valor y Fuerza de Ley, que fueren necesarias para responder por el cumplimiento de las contrataciones, señalando las mismas en los pliegos o en las condiciones generales de la contratación.

Capítulo III

Inicio de Obra o Servicio y Fecha de Entrega de Bienes

Artículo 127. Inicio. El contratista deberá iniciar el suministro de los bienes, la prestación del servicio o ejecución de la obra dentro del plazo señalado en el contrato, orden de compra o servicio; el plazo se contará a partir de la fecha de la firma del contrato o de la que se señala en el mismo. Se podrá acordar una prórroga de ese plazo cuando existan circunstancias que lo justifiquen plenamente. Cuando la prorroga sea solicitada por el contratista deberá hacerlo por escrito. En todos los casos deberá dejarse constancia de la fecha en que se inicie efectivamente el suministro del bien o prestación del servicio o la ejecución de la obra, mediante acta o documento que será firmado por las partes.

Artículo 128. Anticipo Contractual. En los contratos que se celebren podrá otorgarse un anticipo, cuyo pago no será condición indispensable para iniciar el suministro del bien o servicio, o ejecución de la obra, a menos que se establezca el pago previo de éste en el contrato.

El anticipo no deberá ser mayor del cincuenta por ciento (50%) del monto del contrato; el pago de este anticipo, quedara sujeto a la disponibilidad financiera del contratante.

En caso de que el contratista no presente la fianza de anticipo, deberá iniciar la ejecución del contrato de acuerdo a las especificaciones y al cronograma acordado, los cuales forman parte del contrato. Presentada la fianza de anticipo y aceptada ésta por el contratante, se pagará al contratista el monto del anticipo correspondiente, en un plazo no mayor de quince días calendario, contados a partir de la presentación de la solicitud para su pago.

El anticipo otorgado debe amortizarse progresivamente en cada pago que sea efectuado y en el mismo porcentaje en que haya sido otorgado.

Artículo 129. Anticipo Especial y Límite para el Otorgamiento de Anticipos. La máxima autoridad del contratante mediante acto motivado, podrá en casos debidamente justificados, conceder un anticipo especial, que no podrá exceder el veinte por ciento (20%) del monto total del contrato, para el cual se aplicarán las normas establecidas para el anticipo contractual.

El otorgamiento del anticipo contractual más el anticipo especial, no podrá superar el setenta por ciento (70%) del monto total del contrato.

Capítulo IV
Modificaciones del Contrato

Artículo 130. Modificaciones. El contratante podrá, antes o después de iniciado el suministro de los bienes, la prestación de los servicios o la ejecución de la obra, introducir las modificaciones que estime necesarias, las cuales serán notificadas por escrito al contratista. Así mismo, éste podrá solicitar al contratante cualquier modificación que considere conveniente, la cual deberá ir acompañada del correspondiente estudio económico, técnico y de su presupuesto, y el contratante deberá dar oportuna respuesta a la misma. El contratista sólo podrá realizar las modificaciones propuestas cuando reciba autorización por escrito del contratante, debidamente firmada por la máxima autoridad o de quien éste delegue.

El contratante sólo procederá a reconocer y pagará las modificaciones o cambios en el suministro de los bienes, la prestación de los servicios o la ejecución de la obra, cuando las haya autorizado expresamente.

Artículo 131. Causas de Modificación del Contrato. Serán causas que darán origen a modificaciones del contrato las siguientes:

1. El incremento o reducción en la cantidad de la obra, bienes o servicios originalmente contratados.
2. Que surjan nuevas partidas o renglones a los contemplados en el contrato.
3. Se modifique la fecha de entrega del bien, obra o servicio.
4. Variaciones en los montos previamente establecidos en el presupuesto original del contrato.
5. Las establecidas en el Reglamento del presente Decreto con Rango, Valor y Fuerza de Ley.

Artículo 132. Variación del presupuesto. Se consideran variaciones del presupuesto original las fundamentadas por el contratista, por hechos posteriores imprevisibles a la fecha de presentación de la oferta, debidamente aprobadas por el contratante. En el caso de contratos para la ejecución de obras, también se considerarán variaciones los aumentos o disminuciones de las cantidades originalmente contratadas; así como las obras adicionales.

Artículo 133. Variaciones de precios. Todas las variaciones de precios que afecten el valor de los bienes y servicios suministrados u obra contratada, debidamente aprobadas por el contratante, se reconocerán y pagarán al contratista de acuerdo a los mecanismos establecidos en los contratos, aplicables según su naturaleza y fines, entre los cuales se señalan el calculado con base en las variaciones de índices incluidos en fórmulas escalatorias o el de comprobación directa.

El Reglamento del presente Decreto con Rango, Valor y Fuerza de Ley, establecerá los elementos para considerar las variaciones de precios que por diversos motivos sean presentadas a los contratantes.

Artículo 134. Mecanismos de ajustes a contratos con ejecución superior a un año. En los casos de contrataciones con ejecución superior a un año, se podrá incorporar en las condiciones de la contratación mecanismos de ajustes que permitan reducir o minimizar los elementos de incertidumbre o riesgo, generados por la variabilidad de los factores que condicionan la ejecución del contrato con impacto impredecible en las ofertas de los contratistas.

En los contratos para la ejecución de obras, prestación de servicios o suministro de bienes, debe incluirse o especificarse lo siguiente:

1. La estructura de costos por renglón o partida.
2. Los mecanismos de ajuste que será aplicado.
3. La periodicidad de los ajustes.

4. Los precios referenciales o índices seleccionados para los efectos de cálculo, indicando para éste último el órgano competente que los genere o los publique.

5. Que durante el primer año de vigencia del contrato los precios ofertados permanecerán fijos y sin estar sujetos a reconocimiento de ajustes, siempre y cuando no vulnere el equilibrio económico del contrato. Después del primer año sólo se reconocerán ajustes a los precios de aquellos renglones o partidas que tengan continuidad.

6. En cada período de ajuste se afectará sólo la porción de obra ejecutada o del bien o servicio suministrado en el mismo, sin afectar las porciones ejecutadas o suministradas con anterioridad y los nuevos renglones o partidas no incluidas en el presupuesto original.

En reconsideraciones de precios la fórmula escalatoria solo podrá ser utilizada como mecanismo de ajuste en contrataciones de obras y servicios.

Artículo 135. Prórrogas, Suspensiones y Paralizaciones. A solicitud expresa del contratista, el contratante podrá acordar prórrogas del plazo de la ejecución del contrato por razones plenamente justificadas en los supuestos siguientes:

1. Haber determinado diferencias entre lo establecido en el contrato, y la ejecución del mismo, siempre que estas diferencias supongan variación significativa de su alcance.
2. Fuerza mayor o situaciones imprevistas debidamente comprobadas.
3. Cualquier otra que el contratante considere.

De haber ordenado el contratante, la suspensión temporal de la ejecución por causas no imputables al contratista o por modificación de ésta, se acordará la prórroga de forma automática debiendo dejar constancia en el expediente de la contratación.

Si la paralización en la ejecución del contrato es por causas injustificadas, imputables a los contratistas se aplicarán las sanciones previstas en el contrato o en el presente Decreto con Rango, Valor y Fuerza de Ley.

Capítulo V

Control y Fiscalización en los Contratos

Artículo 136. Supervisión e Inspección. El contratante ejercerá el control y la fiscalización de los contratos que suscriba asignando el o los supervisores o ingenieros inspectores, de acuerdo a la naturaleza del contrato.

En el caso de que los servicios de inspección y supervisión sean contratados, los contratantes deberán designar los responsables de verificar el cumplimiento de las obligaciones contraídas.

Artículo 137. Atribuciones del Responsable de la Supervisión en Contrataciones de Bienes y Servicios. Los contratantes deberán designar los responsables de verificar el cumplimiento de las obligaciones contraídas en la adquisición de bienes y prestación de servicios, teniendo como atribuciones las siguientes:

1. Verificar el inicio de la ejecución del contrato y suscribir los documentos necesarios.
2. Verificar el cumplimiento de las especificaciones técnicas y condiciones de la contratación de los bienes adquiridos y de los servicios contratados.
3. Informar por escrito el avance de la ejecución del contrato.
4. Proponer los correctivos necesarios para subsanar las desviaciones en la ejecución del contrato.
5. Elaborar y firmar los documentos de conformidad de la ejecución del contrato.
6. Cualquiera otra que sea atribuida por la máxima autoridad del contratante.

Artículo 138. Atribuciones del Ingeniero Inspector de Obras. Son atribuciones y obligaciones del Ingeniero Inspector de obras las siguientes:

1. Elaborar y firmar el Acta de Inicio de los Trabajos, conjuntamente con el Ingeniero Residente y el contratista.
2. Supervisar la calidad de los materiales, los equipos y la tecnología que el contratista utilizará en la obra.

3. Rechazar y hacer retirar de la obra los materiales y equipos que no reúnan las condiciones o especificaciones para ser utilizados o incorporados a la obra.

4. Fiscalizar de manera continua los trabajos que ejecute el contratista y la buena calidad de las obras concluidas o en proceso de ejecución, y su adecuación a los planos, a las especificaciones particulares, al presupuesto original o a sus modificaciones, a las instrucciones del contratante y a todas las características exigibles para los trabajos que ejecute el contratista.

5. Suspender la ejecución de partes de la obra cuando éstas no se estén ejecutando conforme a los documentos y normas técnicas, planos y especificaciones de la misma.

6. Recibir las observaciones y solicitudes que formule por escrito el contratista en relación con la ejecución de la obra, e indicarle las instrucciones, acciones o soluciones que estime convenientes, dentro de los plazos previstos en el contrato o con la celeridad que demande la naturaleza de la petición.

7. Informar, al menos mensualmente, el avance técnico y administrativo de la obra y notificar de inmediato, por escrito, al contratante cualquier paralización o anormalidad que observe durante su ejecución.

8. Coordinar con el proyectista y con el contratante para proveer, con la debida anticipación, las modificaciones que pudieren surgir durante la ejecución.

9. Dar estricto cumplimiento al trámite, control y pago de las valuaciones de la obra ejecutada.

10. Conocer cabalmente el contrato que rija la obra a inspeccionar o inspeccionada.

11. Elaborar y firmar el acta de terminación y recepción provisional o definitiva de la obra conjuntamente con el ingeniero residente y el contratista.

12. Velar por el estricto cumplimiento de las normas laborales, de seguridad industrial y de condiciones en el medio ambiente de trabajo.

13. Elaborar, firmar y tramitar, conforme al procedimiento, las actas de paralización y reinicio de los trabajos y las que deban levantarse en los supuestos de prórroga, conjuntamente con el ingeniero residente y el contratista.

14. Obligar al contratista, previa autorización del contratante, a restituir la obra a su estado original, por haberla ejecutado sin autorización por escrito. Si no lo hiciere, podrá ordenar la demolición a expensas del contratista.

15. Cualquiera otra que sea atribuida por la máxima autoridad del contratante.

Artículo 139. Instalaciones Provisionales para la Inspección de Obras. En los contratos de ejecución de obras, el contratista deberá construir o adecuar un local, donde funcionará la oficina de inspección, así como las instalaciones adicionales previstas para el buen funcionamiento de esta oficina. En los presupuestos de las obras se deberán incluir partidas específicas que cubran el costo de las referidas instalaciones provisionales, las cuales serán pagadas al contratista.

Artículo 140. Ingeniero Residente. El contratista deberá mantener al frente de la obra un ingeniero o ingeniera, quien ejercerá las funciones de ingeniero o ingeniera residente, con experiencia y especialidad en el área objeto del contrato, y participará por escrito al contratante la designación de éste o ésta, indicando el alcance de sus responsabilidades.

Capítulo VI

Pagos

Artículo 141. Condiciones para el Pago. El contratante procederá a pagar las obligaciones contraídas con motivo del contrato, cumpliendo con lo siguiente:

1. Verificación del cumplimiento del suministro del bien, prestación del servicio, ejecución de la obra o parte de ésta.

2. Recepción y revisión de las facturas presentadas por el contratista.

3. Conformación, por parte del supervisor o ingeniero inspector del cumplimiento de las condiciones establecidas.

4. Autorización del pago por parte de las personas competentes.

Artículo 142. Conformación y Validación de los Formularios. En los casos de obras y servicios, el contratista elaborará los formularios o valuaciones que al efecto establezca el contratante, donde reflejará la cantidad de obra o servicio ejecutado, en un periodo determinado. El formulario y su contenido deben ser verificados por el supervisor o ingeniero inspector.

Artículo 143. Condiciones para Entregar y Conformar las Valuaciones de Obras. En los casos de obras, el contratista deberá presentar las facturas y valuaciones en los lapsos establecidos en el contrato, debidamente firmadas por el ingeniero residente, al ingeniero inspector en forma secuencial para su conformación, de modo que los lapsos entre una y otra no sean menores de cinco días calendario, ni mayores de cuarenta y cinco días calendario. El ingeniero inspector indicará al contratista los reparos que tenga que hacer a las valuaciones, dentro de un lapso de ocho días calendario, siguientes a la fecha que les fueron entregadas.

Artículo 144. Pago a Pequeños y Medianos Actores Económicos. Cuando se trate de la adquisición de bienes y contratación de servicios a pequeños y medianos actores económicos, los contratantes deberán proceder al pago inmediato del valor de los bienes adquiridos o servicios recibidos. En caso de producción agrícola podrán realizar compras anticipadas.

Capítulo VII

Terminación del Contrato

Artículo 145. Formas de Terminación. El contratante velará por el cumplimiento de las obligaciones por parte del contratista, particularmente de la fecha de entrega de la ejecución de las obras, de lo cual deberá dejar constancia que permita soportar el cierre administrativo del contrato. Esta disposición también es aplicable en los casos de suministro de bienes y prestación de servicios.

El contrato podrá terminar por:

1. Cumplimiento del objeto del contrato.
2. Rescisión unilateral por causa no imputable al contratista.
3. Resolución por mutuo acuerdo.
4. Rescisión por causa imputable al contratista.

Artículo 146. Terminación del Contrato de Bienes y Servicios por Cumplimiento del Objeto del Contrato. Ejecutados los contratos de bienes y servicios a satisfacción del contratante, éste deberá proceder a certificar el cumplimiento de todas las obligaciones contraídas, realizar el finiquito y liberar las garantías que correspondan.

Artículo 147. Terminación del Contrato de Obra por Ejecución. El contratista notificará por escrito al ingeniero inspector, con diez días calendario de anticipación, la fecha que estime para la terminación de los trabajos. Mediante acta suscrita por el ingeniero inspector, el ingeniero residente y el contratista, se procederá a dejar constancia de la terminación de la obra.

Artículo 148. Aceptación Provisional. El contratista deberá solicitar por escrito la aceptación provisional de la obra dentro del plazo de sesenta días calendario contados a partir de la fecha del acta de terminación. La solicitud deberá estar acompañada de los siguientes documentos:

1. Los formularios que al efecto indique el contratante, con los resultados de la medición final y el cuadre de cierre con las cantidades de obra ejecutada.

2. Los planos definitivos de las partes de la obra que hubieren sufrido variaciones, firmados por el contratista, el ingeniero o ingeniera residente de la obra y el ingeniero inspector o ingeniera inspectora, en físico y en formato digital.

3. La constancia conformada por los funcionarios o funcionarias autorizados de que la obra se entrega sin equipos o artefactos explosivos, en caso de que éstos se hubieran utilizado.

4. Los planos, dibujos, catálogos, instrucciones, manuales y demás documentos relativos a los equipos incorporados a la obra.

5. Las constancias de las garantías de los equipos e instalaciones.

La aceptación provisional deberá constar en acta firmada por el representante del contratante, el ingeniero inspector o ingeniera inspectora, el ingeniero o ingeniera residente y el contratista.

Artículo 149. Garantía de Funcionamiento. En el documento principal del contrato se establecerá el lapso de garantía necesaria para determinar si la obra no presenta defectos y si sus instalaciones, equipos y servicios funcionan correctamente. Este lapso de garantía comenzará a contarse a partir de la fecha del acta de terminación.

Artículo 150. Recepción Definitiva de la Obra. Concluido el lapso señalado en la garantía de funcionamiento, el contratista deberá solicitar por escrito al contratante la recepción definitiva de la obra.

Dentro de los treinta días siguientes a la fecha de presentación de esa solicitud, el contratante hará una inspección general de la obra. Si en la inspección se comprueba que la obra ha sido ejecutada conforme con lo estipulado en el contrato, se procederá a su recepción definitiva y se levantará el acta respectiva suscrita por el representante del contratante, el ingeniero o ingeniera inspector, ingeniero o ingeniera residente y el contratista.

Artículo 151. Pagos, Liberación de Garantías y Cierre Administrativo del Contrato. Efectuada la recepción definitiva, el contratante, procederá a certificar el cumplimiento de todos los aspectos requeridos en el contrato, realizando el finiquito contable para proceder a la devolución de las retenciones que aún existieren y a la liberación de las fianzas que se hubiesen constituido y realizar el cierre administrativo del contrato.

Artículo 152. Rescisión Unilateral por Causa no Imputable al Contratista. El contratante podrá rescindir en cualquier momento la contratación, aun cuando no medie incumplimiento del contratista. Esta decisión deberá ser adoptada mediante acto motivado y debidamente notificada al contratista y a los garantes según corresponda.

Si los trabajos hubiesen sido iniciados por el contratista, éste deberá paralizarlos y no iniciará ningún otro, desde el momento en que reciba la notificación a que se refiere este artículo, a menos que el contratante lo autorice para concluir alguna parte de la obra ya iniciada.

En contrataciones para adquisición de bienes y prestación de servicios, se utilizará el supuesto establecido en este artículo en lo que fuere aplicable.

Artículo 153. Indemnización por Rescisión Unilateral por Causa no Imputable al Contratista. En caso de rescisión unilateral del contrato, por causa no imputable al contratista, el contratante pagará al contratista los conceptos y cantidades establecidas en el Reglamento del presente Decreto con Rango, Valor y Fuerza de Ley.

Artículo 154. Resolución del Contrato. El contratante y el contratista podrán resolver el contrato de común acuerdo cuando las circunstancias lo hagan aconsejable. En este caso no procederá indemnización alguna.

Artículo 155. Rescisión Unilateral por Causa Imputable al Contratista. El contratante previa sustanciación del respectivo procedimiento administrativo, respetando el debido proceso y garantizando el derecho a la defensa, podrá rescindir unilateralmente el contrato en cualquier momento, cuando el contratista:

1. Ejecute los trabajos en desacuerdo con el contrato, o los efectúe en tal forma que no le sea posible cumplir con su ejecución en el término señalado.

2. Acuerde la disolución o liquidación de su empresa, solicite se le declare judicialmente en estado de atraso o de quiebra, o cuando alguna de esas circunstancias haya sido declarada judicialmente.

3. Ceda o traspase el contrato, sin la previa autorización del contratante, dada por escrito.

4. Incumpla con el inicio de la ejecución de la obra de acuerdo con el plazo establecido en el contrato o en su prórroga, si la hubiere.

5. Cometa errores u omisiones sustanciales durante la ejecución del contrato.

6. Cuando el contratista incumpla con sus obligaciones laborales durante la ejecución del contrato.

7. Haya obtenido el contrato mediante tráfico de influencias, sobornos, suministro de información o documentos falsos, concusión, comisiones o regalos, o haber empleado tales medios para obtener beneficios con ocasión del contrato, siempre que esto se compruebe mediante la averiguación administrativa o judicial que al efecto se practique.

8. Incurra en cualquier otra falta o incumplimiento de las obligaciones establecidas en el contrato, a juicio del contratante.

9. No mantenga al frente de la obra a un ingeniero o ingeniera residente de acuerdo a lo establecido en el presente Decreto con Rango, Valor y Fuerza de Ley.

Lo dispuesto en los numerales 1 al 8 del presente artículo son aplicables también, en los casos de suministro de bienes y prestación de servicios.

Artículo 156. Notificación de Rescisión Unilateral al Contratista. Cuando el contratante decida rescindir unilateralmente el contrato por haber incurrido el contratista en alguna o algunas de las causales antes indicadas, lo notificará al contratista, a los garantes y cesionarios si fuere procedente.

Tan pronto el contratista reciba la notificación de la apertura del procedimiento de rescisión del contrato, deberá paralizar los trabajos y no iniciará ningún otro, a menos que el contratante autorice por escrito a concluir alguna parte ya iniciada de la obra.

Capítulo VIII
Medidas Preventivas Administrativas

Artículo 157. Medidas Preventivas Administrativas. Iniciado el procedimiento administrativo para la rescisión unilateral del contrato, o bien para la determinación de cualquier incumplimiento por parte del contratista en los contratos de ejecución de obras, el órgano o ente contratante podrá dictar y ejecutar como medida preventiva, la inmovilización de los bienes, equipos, instalaciones, maquinarias y materiales afectos a la obra, y ordenar su debido resguardo y custodia a cargo del contratista, a fin de que éste no los desplace fuera del lugar de la obra, o de su sede si allí se encontraren, ni les otorgue otro uso o destino.

Artículo 158. Ejecución de las Medidas Preventivas. Las medidas preventivas se ejecutaran, haciéndolas constar en acta a suscribirse entre el funcionario actuante, el ingeniero o ingeniera inspector y el contratista o su representante. La negativa de los sujetos afectados por la medida o del ingeniero inspector o ingeniera inspectora a suscribir el acta, no impedirá su ejecución, pero tal circunstancia deberá dejarse expresamente indicada en dicha acta.

Artículo 159. Inventario de los Bienes Afectos a la Ejecución de la Obra. En el acta de ejecución de medidas preventivas, se dejará constancia de los bienes, equipos, instalaciones y materiales que allí se encuentren, así como, del estado de ejecución de las obras y cualquier otra circunstancia que permita determinar con certeza el grado de avance de las mismas.

Si hubieren equipos, maquinarias o materiales ubicados o depositados en lugares distintos al de la obra, los mismos deberán ser inventariados en el acta a que se refiere el presente artículo o, deberán levantarse las actas necesarias en nuevas oportunidades a los fines de dejar constancia de la existencia y ubicación de todos los bienes afectos a la ejecución de la obra.

Artículo 160. Sustanciación de la Medida Preventiva. La sustanciación de la medida preventiva se efectuará en cuaderno separado, debiendo incorporarse al expediente principal los autos mediante los cuales se decrete o se disponga su modificación o revocatoria.

Artículo 161. De la Oposición a la Medida Preventiva. Dentro de los tres días hábiles siguientes a aquel en que haya sido notificada la medida preventiva, cualquier persona interesada podrá solicitar razonadamente su revocatoria, suspensión o modificación por ante el funcionario que la dictó, quien decidirá dentro de los cinco días hábiles siguientes a la solicitud.

Cuando la medida preventiva no haya podido ser notificada al afectado, éste podrá oponerse a ella dentro de los dos días hábiles siguientes a su conocimiento.

Artículo 162. Efectos de la Medida Preventiva. Los bienes objeto de la medida preventiva, quedarán a disposición del contratante mediante la ocupación temporal y posesión inmediata de los mismos. La porción de obra ejecutada por el órgano o ente contratante con ocasión de la medida preventiva a que refiere el presente Capítulo, no podrá ser imputada a favor del contratista. Sin embargo, cuando la resolución del procedimiento administrativo le fuera favorable, el contratista podrá exigir al contratante el reconocimiento de las inversiones que hubiere efectuado en la obra con relación a los materiales, las maquinarias, y equipos sujetos a medida preventiva. Cuando dichos bienes, materiales, equipos o maquinarias fueren propiedad de terceros distintos al contratista, éstos podrán exigir al contratante, el pago de los contratos que hubieren suscrito con el contratista, sólo respecto de lo efectivamente ejecutado por el órgano o ente contratante y previa demostración fehaciente de la existencia y vigencia de dichos contratos.

Artículo 163. Vigencia de la Medida Preventiva. La medida preventiva permanecerá en vigencia hasta la recepción definitiva de la obra o hasta su revocatoria por parte del contratante o cualquier otra autoridad competente.

Artículo 164. Levantamiento, Suspensión o Modificación de Medidas Preventivas. En cualquier grado y estado del procedimiento, el funcionario o funcionaria que conoce del respectivo asunto, de oficio, podrá decretar la revocatoria, suspensión o modificación, total o parcial, de las medidas preventivas que hubieren sido dictadas cuando, a su juicio, hayan desaparecido las condiciones que justifican su procedencia.

Artículo 165. Medidas Preventivas en Contrataciones realizadas por las Organizaciones de Base del Poder Popular. Cuando el contratante no ostente la condición de órgano o ente público, podrá solicitar al órgano o ente otorgante de los recursos financieros, la apertura del respectivo procedimiento administrativo para la aplicación de las medidas preventivas previstas en este capítulo. En este caso, el contratante deberá suministrar los elementos probatorios que considere pertinente, sin perjuicio de la actividad propia que deba desplegar el propio órgano o ente público en la sustanciación del procedimiento.

TÍTULO VI
INFRACCIONES Y SANCIONES

Capítulo I

Artículo 166. Supuestos de Responsabilidad Administrativa. Se consideran supuestos generadores de responsabilidad administrativa, los siguientes:

1. Omitir las actividades previas al proceso de selección de contratistas.
2. Dejar de aplicar la modalidad de selección de contratista correspondiente conforme a la Ley.
3. Inobservar o contravenir los principios establecidos en el presente Decreto con Rango, Valor y Fuerza de Ley
4. Omitir la elaboración del presupuesto base para la aplicación de las modalidades de selección de contratistas.
5. Omitir la solicitud o recibo del Compromiso de Responsabilidad Social o destinario en términos distintos a lo establecido en el presente Decreto con Rango, Valor y Fuerza de Ley.
6. Incumplir los lapsos establecidos en este Decreto con Rango, Valor y Fuerza de Ley para el desarrollo de los procesos sin levantar los actos motivados que justifiquen tal incumplimiento.
7. Incumplir con las actividades relacionadas con el control del contrato.
8. Dejar de realizar el cierre administrativo de los contratos.
9. Cuando no se someta a la Comisión de Contrataciones los informes de recomendación por consulta de precios en plan excepcional o derivadas de modalidades de concursos cerrados fallidos cuando por su cuantía exceda las cinco mil unidades tributarias (5.000 U.T.) para adquisición de bienes, diez mil unidades tributarias (10.000 U.T.) para prestación de servicios y veinte mil unidades tributarias (20.000 U.T.) para ejecución de obras.

10. Cuando no se someta a la Comisión de Contrataciones para su opinión los Actos Motivados que se elaboren para Contrataciones Directas cuando por su cuantía exceda las cinco mil unidades tributarias (5.000 U.T.) para adquisición de bienes, diez mil unidades tributarias (10.000.U.T.) para prestación de servicios y veinte mil unidades tributarias (20.000 U.T.) para ejecución de obras.

11. Omitir la verificación de la suficiencia de las garantías que se requiera o no las haga valer oportunamente.

12. Incumplir las medidas temporales para la inclusión, promoción, desarrollo y preferencias a los pequeños y medianos actores económicos.

13. Proceder a seleccionar por la modalidad de contratación directa o consulta de precios en violación de lo dispuesto en el presente Decreto con Rango, Valor y Fuerza de Ley y su Reglamento.

14. Aprobar o negar de manera injustificada la calificación del Registro Nacional de Contratistas, o incumplir los plazos establecidos para ello.

15. Negar a los particulares, el acceso a los expedientes administrativos en los cuales posea interés.

16. Incumplir con el deber de suministrar al Servicio Nacional de Contrataciones, la información requerida.

17. Cuando la máxima autoridad administrativa del contratante se abstenga injustificadamente de declarar la nulidad del acto o del contrato, según lo previsto en el presente Decreto con Rango, Valor y Fuerza de Ley.

Los supuestos aquí establecidos serán sancionables, conforme a la Ley Orgánica de la Contraloría General de la República y del Sistema Nacional de Control Fiscal.

Artículo 167. Supuestos Generadores de Sanciones a los Particulares. Sin perjuicio de la responsabilidad civil, administrativa y penal que corresponda, se consideran infracciones de los particulares al presente Decreto con Rango, Valor y Fuerza de Ley, los siguientes supuestos:

1. Cuando el contrato sea rescindido por incumplimiento o por cualquier otra causa imputable al contratista.

2. Cuando por causas que le sea imputable al contratista, incumpla cualquier otra obligación de Ley o que hubiere asumido para con el contratante, aun cuando ello no comporte rescisión del contrato.

3. En caso de suministro o presentación de información o documentación falsa, ante los contratantes o ante el Servicio Nacional de Contrataciones.

4. Cuando retiren ofertas durante su vigencia.

5. Cuando siendo beneficiarios de la adjudicación no suscriban el contrato dentro del plazo establecido.

6. Cuando incurran en prácticas de mala fe o empleen prácticas fraudulentas en los trámites y procesos regulados por este Decreto con Rango, Valor y Fuerza de Ley.

Artículo 168. Sanciones a los Particulares. El contratante previa sustanciación del respectivo procedimiento administrativo mediante el cual se determine alguno de los supuestos generadores de sanción, aplicará multa de trescientas unidades tributarias (300 U.T.) a beneficio del Servicio Nacional de Contrataciones, y será pagada por el infractor en los términos y condiciones que establezca dicho órgano. El acto respectivo deberá ser remitido al Servicio Nacional de Contrataciones con la constancia de la debida notificación al sancionado.

El Servicio Nacional de Contrataciones procederá a inhabilitar para contratar con el Estado, al infractor que hubiere sido sancionado, según lo dispuesto a continuación:

1.- Tres años, cuando el contrato sea rescindido por incumplimiento conforme al presente Decreto con Rango, Valor y Fuerza de Ley.

2. Tres años, cuando por causas que le sean imputables al contratista, incumpla cualquier otra obligación prevista en la normativa que regule la materia en contrataciones públicas, o que hubiere asumido para con el contratante, aun cuando ello no comporte rescisión del contrato.

3. Tres años, en caso de suministro o presentación de información o documentación falsa ante los contratantes.

4. Seis meses, cuando retiren ofertas durante su vigencia.

5. Dos años, cuando siendo beneficiarios de la adjudicación no suscriban el contrato dentro del plazo establecido, por causas imputables al oferente.

6. Cuatro años, cuando incurran en prácticas de mala fe o empleen prácticas fraudulentas en los trámites y procesos regulados por este Decreto con Rango, Valor y Fuerza de Ley.

La inhabilitación de los infractores para contratar con el Estado, se hará efectiva por medio de la suspensión de la inscripción ante el Registro Nacional de Contratistas y será extensiva a personas naturales que participen como socios, miembros o administradores dentro de la conformación y organización, de los inhabilitados.

El Servicio Nacional de Contrataciones, una vez recibida la decisión del contratante, procederá a notificar al contratista para que en el lapso de cinco días hábiles, alegue lo que considere pertinente en cuanto a la aplicación de la inhabilitación. En este procedimiento no se analizarán causas de fondo que hubieren motivado la decisión del contratante.

Las sanciones accesorias contempladas en los numerales 2, 3, 5 y 6 del presente artículo, podrán ser aplicadas por el Servicio Nacional de Contrataciones, a título de sanción principal y previa sustanciación del respectivo procedimiento administrativo, cuando en los trámites y procesos que le competan, determine la existencia de los supuestos previstos en esos numerales.

DISPOSICIONES TRANSITORIAS

Primera: El Servicio Nacional de Contrataciones dispondrá de un período de seis meses para la adecuación de su sistema automatizado a partir de la publicación del presente Decreto con Rango, Valor y Fuerza de Ley en la Gaceta Oficial de la República Bolivariana de Venezuela, lapso que podrá prorrogarse por iguales periodos, mediante acto dictado por el Servicio Nacional de Contrataciones.

Segunda. Las Comisiones de Contrataciones se conformaran y regularán de acuerdo a lo previsto en el presente Decreto con Rango, Valor y Fuerza de Ley y su Reglamento, hasta tanto el Servicio Nacional de Contrataciones establezca todo lo concerniente a la certificación de sus miembros. Para dicha regulación dispondrá de un lapso de seis meses, que podrá prorrogarse por iguales periodos, mediante acto dictado por el Servicio Nacional de Contrataciones.

Tercera. Hasta tanto no se emita el Decreto que regule el funcionamiento del manejo del Fondo de Responsabilidad Social, se mantendrán las disposiciones que regulan el manejo del Compromiso de Responsabilidad Social señaladas en el Reglamento de la Ley de Contrataciones Públicas, publicado en la Gaceta Oficial de la República Bolivariana de Venezuela N° 39.181 del 19 de mayo de 2009.

DISPOSICION DEROGATORIA

Única. Se deroga la Ley de Contrataciones Públicas, publicada en la Gaceta Oficial de la República Bolivariana de Venezuela N° 39.503 de fecha 06 de septiembre de 2010.

Los actos normativos dictados a la fecha conservaran su vigencia total o parcial en tanto no contradigan las disposiciones del presente Decreto con Rango, Valor y Fuerza de Ley. Ello hasta que tales actos sean sustituidos, reformados o derogados por la autoridad competente.

Dado en Caracas, a los trece días del mes de noviembre de dos mil catorce. Años 204° de la Independencia, 155° de la Federación y 15° de la Revolución Bolivariana.

II. LEY ORGANICA SOBRE PROMOCION DE LA INVERSION PRIVADA BAJO EL REGIMEN DE CONCESIONES[2]

DECRETO LEY N° 318, 17 DE SEPTIEMBRE DE 1999

TITULO I
DISPOSICIONES GENERALES

***Artículo 1º:* Objeto de la Ley**.- Este Decreto-Ley tiene por objeto establecer reglas, garantías e incentivos dirigidos a la promoción de la inversión privada y al desarrollo de la infraestructura y de los servicios públicos competencia del poder nacional, mediante el otorgamiento de concesiones para la construcción y la explotación de nuevas obras, sistemas o instalaciones de infraestructura, para el mantenimiento, la rehabilitación, la modernización, la ampliación y la explotación de obras, sistemas o instalaciones de infraestructura ya existentes, o únicamente, para la modernización, el mejoramiento, la ampliación o la explotación de un servicio público ya establecido.

***Artículo 2º:* Definición del contrato de concesión**.- Son contratos de concesión los celebrados por la autoridad pública competente por medio de los cuales una persona jurídica llamada concesionario asume la obligación de construir, operar y mantener una obra o bien destinados al servicio, al uso público o a la promoción del desarrollo, o la de gestionar, mejorar u organizar un servicio público, incluyendo la ejecución de las actividades necesarias para el adecuado funcionamiento o la prestación de la obra o del servicio, por su cuenta y riesgo y bajo la supervisión y el control de la autoridad concedente, a cambio del derecho a explotar la obra o el servicio y de percibir el producto de las tarifas, precios, peajes, alquileres, valorización de inmuebles, subsidios, ganancias compartidas con algún ente público u otra fórmula establecida en los contratos correspondientes, durante un tiempo determinado, suficiente para recuperar la inversión, los gastos de explotación incurridos y obtener un tasa de retorno razonable sobre la inversión.

***Artículo 3º:* Formas de contratación bajo el régimen de concesiones**.- Los organismos o entidades competentes para otorgar contratos de concesión podrán proponer y desarrollar todos los esquemas lícitos de negocios que faciliten el financiamiento privado de inversiones de obras y servicios, entre ellos;

a) La ejecución de proyectos integrales cuyo diseño, financiamiento y construcción asume el concesionario, a cambio de su participación en el capital o en las ganancias de la empresa que se constituya para la explotación o gestión de la obra o servicio público de que se trate;

b) La explotación, administración, reparación, conservación o mantenimiento de obras existentes, con la finalidad de obtener fondos para la construcción de obras nuevas que tengan vinculación física, técnica o de otra naturaleza con las primeras;

c) La ejecución integral de obras de infraestructura, donde la retribución del contratista provendrá de la explotación bajo el régimen de concesión de una obra o servicio distinto del ejecutado;

d) Cualesquiera otros que de acuerdo a su naturaleza, características y régimen de operación o de gestión, puedan ser ejecutados bajo el régimen de concesiones.

***Artículo 4º:* Ambito de aplicación**.- Este Decreto-Ley rige los procedimientos mediante los cuales se otorgarán en concesión la ejecución de obras y la explotación de los servicios públicos cuya titularidad o competencia ejerce la República a través de los órganos o entidades que conforman la Administración Pública Nacional.

Los contratos de concesión cuyo otorgamiento, administración o gestión se encuentre regulado por leyes especiales, se regirán preferentemente por dichas leyes, siendo de aplicación supletoria en tales casos las disposiciones de este Decreto-Ley.

---

2 *Gaceta Oficial* N° 5.394 Extraordinario del 25 de octubre de 1999.

***Artículo 5º:* Aplicación a Estados y Municipios.-** Los Estados y Municipios podrán aplicar las disposiciones de este Decreto-Ley para el otorgamiento en concesión de las obras o servicios públicos de su competencia. En tales casos, la entidad competente tendrá a su cargo la creación o determinación del órgano o entidad encargada de su otorgamiento, así como la organización y conducción de los procedimientos de licitación y otorgamiento de los contratos y la supervisión, vigilancia y control de su ejecución.

***Artículo 6º:* Convenios y mancomunidades.-** Podrán celebrarse convenios o constituirse mancomunidades para el desarrollo de proyectos cuya competencia en cuanto al otorgamiento y gestión de los respectivos contratos corresponda a más de una entidad político-territorial. Será materia del convenio la determinación de las características de las obras y de las fuentes de financiamiento, los aportes que corresponderán a cada entidad, las condiciones de la licitación y el régimen de explotación. Asimismo, deberá determinarse en dicho instrumento la autoridad a cuyo cargo estará la administración, inspección y control de los procedimientos licitatorios y de los contratos.

TITULO II

DE LAS ATRIBUCIONES PARA EL OTORGAMIENTO Y CONTROL DE LOS CONTRATOS DE CONCESIÓN

***Artículo 7º:* Atribuciones comunes a las entidades contratantes.-** Los órganos o entidades competentes para otorgar los contratos previstos en este Decreto-Ley, quedan sujetos al cumplimiento de las disposiciones, procedimientos y formalidades aquí establecidas, sin perjuicio de las previsiones contenidas en leyes especiales. En tal sentido, tendrán las siguientes atribuciones y deberes:

Identificar los proyectos concluidos, en ejecución, o por ejecutarse, que de acuerdo a sus características, correspondan a los que puedan ejecutarse bajo el régimen de concesión;

Cumplir la evaluación preliminar de dichos proyectos, emitir su conformidad en forma oportuna y realizar los trámites aprobatorios necesarios para la convocatoria de los procedimientos de licitación;

Promover la ejecución de proyectos de inversión bajo las modalidades contractuales previstas en este Decreto-Ley;

Establecer los mecanismos que aseguren la efectiva operatividad de los beneficios e incentivos contemplados en este Decreto-Ley;

Gestionar la obtención y hacer seguimiento a la obtención o transferencia efectiva de los aportes a los cuales se comprometa el Ejecutivo Nacional con ocasión de los proyectos ejecutados bajo régimen de concesión;

Cumplir y hacer cumplir este Decreto-Ley, su Reglamento, los contratos de concesión y demás disposiciones de carácter legal o reglamentario aplicables en razón de la materia;

Determinar y aprobar, el contenido y alcance de las convocatorias, pliegos de condiciones, criterios de evaluación de propuestas y en general, todo acto procedimental encaminado al otorgamiento de concesiones;

Suscribir los contratos a los que se refiere este Decreto-Ley;

Dictar órdenes e instrucciones dirigidas a los concesionarios, en el ámbito de sus competencias;

Ejercer el seguimiento, la supervisión y el control de los contratos otorgados;

Fijar las tarifas u otras formas de remuneración o retribución del concesionario;

Conocer y decidir oportunamente sobre cualquier solicitud de ajuste de tarifas, precios u otras modalidades de remuneración del concesionario, y en general, sobre cualquier otro factor que pueda alterar el equilibrio o los términos de la relación contractual originalmente pactada;

Conocer y decidir acerca de los recursos administrativos interpuestos por los usuarios y terceros titulares de intereses personales, legítimos y directos, relacionados con el objeto de este Decreto-Ley;

Sostener y asegurar la efectiva realización de los derechos de los usuarios destinatarios de los servicios prestados por los concesionarios;

Asegurar la publicidad de las decisiones que adopte, incluyendo los fundamentos y motivos de éstas;

Intervenir la concesión en las circunstancias y en conformidad con el procedimiento previsto en este Decreto-Ley y en su Reglamento;

a) Aplicar las sanciones establecidas en este Decreto-Ley.

Artículo 8º: **Comité de Concesiones**. Los organismos o entidades que en razón de su competencia deban otorgar alguno de los contratos regulados por este Decreto-Ley deberán conformar un Comité de Concesiones que tendrá a su cargo la organización, preparación y ejecución de los procesos de licitación para el otorgamiento de concesiones, así como el seguimiento, inspección y control de los contratos otorgados.

El Comité será designado mediante acto o resolución expedido por la máxima autoridad del organismo o entidad de que se trate, funcionará de manera permanente, sus integrantes lo serán a dedicación exclusiva y deberán reunir las condiciones de capacidad y experiencia necesarias para cumplir eficientemente sus atribuciones y deberes. El Reglamento fijará las reglas comunes de organización y funcionamiento de dichas unidades.

Artículo 9º: **Atribuciones en materia de reclamos y denuncias**.- Los organismos o entidades competentes para celebrar los contratos previstos en este Decreto-Ley lo serán igualmente para conocer de los reclamos o denuncias interpuestos por los usuarios o terceros interesados, relacionados con actos o resoluciones emanados de cualquiera de ellos, o con actuaciones de los concesionarios que puedan afectar sus derechos e intereses.

En casos de que los procedimientos instaurados guarden relación con el concesionario o contratista, éste tendrá el derecho a ser oído y a promover y a evacuar toda la documentación y las pruebas que le favorezcan.

Artículo 10: **Recurso administrativo opcional**.- Los actos administrativos o resoluciones del ente concedente podrán recurrirse optativamente ante éstos mediante el recurso de reconsideración, o directamente por ante la jurisdicción contensioso-administrativa. De interponerse el recurso en sede administrativa, la decisión recaída agotará la vía administrativa.

Artículo 11: **Principios de control de gestión**.- Las actuaciones de los entes concedentes deberán guardar la debida conformidad con las políticas generales y sectoriales establecidas por el Ejecutivo Nacional. En tal sentido, cada uno de ellos realizará auditorías de cumplimiento de sus metas y objetivos y rendirá al Presidente de la República o al órgano de adscripción según el caso, informes trimestrales indicativos de las metas alcanzadas en el período, de todo lo cual informará públicamente, sin perjuicio de su sujeción a las disposiciones contenidas en otras leyes en materia de contraloría.

TITULO III

REGIMEN JURIDICO DE LAS CONCESIONES

Artículo 12: **Marco regulatorio**.- El procedimiento de licitación para el otorgamiento de contratos de concesión, así como el seguimiento y el control de la ejecución de aquéllos se regirán por este Decreto-Ley, su Reglamento, el pliego o bases de la licitación de cada contrato y por las resoluciones, órdenes e instrucciones expedidas por el ente concedente actuando en el ámbito de sus competencias.

De igual modo, aplicarán al procedimiento de licitación de concesiones los principios y reglas contenidos en la Ley de Licitaciones, en cuanto resulten compatibles con dicho procedimiento. En todo caso, la licitación previa tendrá carácter obligatorio.

Artículo 13: **Evaluación preliminar de viabilidad.-** Antes de adoptarse la decisión de convocar a una licitación, el ente concedente deberá practicar la evaluación preliminar de los proyectos para determinar su conveniencia, prioridad y viabilidad. Para este propósito, se considerarán los aspectos técnicos y financieros, las ventajas económicas que se esperan de cada proyecto, su costo estimado, los ingresos potenciales previstos provenientes de la explotación de la infraestructura y su impacto ambiental. Se considerará además la importancia regional o nacional de cada proyecto a los fines de establecer su prioridad relativa. Cuando se trate de proyectos a ser financiados en parte por medio de aportes públicos, se hará especial consideración con relación a las fuentes de financiamientos y a la estrategia propuesta para la obtención del financiamiento.

Artículo 14: **Aprobación de convocatoria a licitación.-** Cumplida la evaluación preliminar de los proyectos, el Ministerio correspondiente, ya sea actuando en ejercicio de su competencia o como ente de adscripción, los presentará al Presidente de la República a los fines de su aprobación en Consejo de Ministros.

Artículo 15: **Proyectos, obras o servicios adjudicables.-** Podrán otorgarse en concesión los proyectos que tengan por objeto el desarrollo, la ejecución o la explotación de las siguientes obras o servicios:

Autopistas, carreteras, puentes, viaductos, enlaces viales y demás obras de infraestructura relacionadas;

Vías ferroviarias, ferrocarriles y otras formas análogas de transporte masivo de pasajeros.

Infraestructura portuaria, incluyendo muelles, puertos, almacenes o depósitos para carga y descarga de bienes o productos y todas las facilidades relacionadas;

Infraestructura aeroportuaria y las facilidades relacionadas,

Infraestructura de riego;

Obras de infraestructura hidráulica;

Infraestructura e instalaciones escolares y de salud;

Desarrollo industrial y turístico;

Edificios gubernamentales;

Viviendas;

Obras de saneamiento y de recuperación ambiental;

Cualesquiera obras o servicios de la competencia del poder nacional susceptibles de ser ejecutados o gestionados bajo régimen de concesión.

Artículo 16: **Duración de las concesiones.-** La duración máxima de los contratos de concesión será de cincuenta años contados a partir del perfeccionamiento del contrato.

Dichos contratos podrán ser objeto de renovación, previa evaluación objetiva del desempeño del concesionario, la cual deberá realizarse por lo menos un (1) año antes de la fecha de terminación del contrato. A los efectos de considerar la renovación, el ente concedente podrá consultar la opinión de las comunidades organizadas o de los usuarios de la obra o servicio.

CAPITULO I

LICITACIONES ORIGINADAS POR PARTICULARES

Artículo 17: **Formulación y examen de propuestas.-** Las empresas interesadas podrán presentar propuestas para la construcción de nuevas obras, sistemas o instalaciones de infraestructura, o para el mantenimiento, la rehabilitación, la modernización, la ampliación y la explotación de obras, sistemas o instalaciones de infraestructura ya existentes, bajo el régimen de concesiones. A los fines de su consideración, las propuestas deberán acompañar.

a) La descripción general del proyecto;
b) Estudios de prefactibilidad técnica y financiera, así como la indicación de los beneficios sociales esperados;
c) La evaluación del impacto ambiental de la obra a ejecutarse.

El órgano o entidad contratante estudiará la viabilidad de la propuesta y dentro de los seis (6) meses siguientes a su presentación, deberá pronunciarse mediante acto motivado aprobándola o rechazándola. A partir de la aprobación de la propuesta las partes definirán de común acuerdo los términos de referencia para la elaboración del proyecto definitivo, cuya preparación no podrá en ningún caso exceder de dos (2) años contados desde la fecha de aprobación de la propuesta.

Presentando el proyecto definitivo, el ente concedente convocará a licitación dentro de los seis (6) meses siguientes. La licitación se regirá por las normas contenidas en el Capítulo II de este Título.

Una vez aprobada una propuesta en los términos previstos en esta disposición, la misma no podrá ser posteriormente rechazada por razones de oportunidad o conveniencia. La República será responsable por los daños o perjuicios que pueda causar a los proponentes.

Artículo 18: **Derechos del proponente**.- El proponente privado tendrá derecho a participar en la licitación que se convoque en los mismos términos y condiciones que los demás particulares, con los siguientes derechos adicionales:

a) De efectuarse preselección, será admitido de pleno derecho;

b) Al participar en la licitación, su oferta económica o la del grupo que integre, será premiada con un incremento de hasta el diez por ciento (10%) del puntaje final obtenido, en los términos que determine la Reglamentación de este Decreto-Ley y el pliego de condiciones de la respectiva licitación;

c) Si el proyecto aprobado es ejecutado en forma directa por alguna autoridad pública, o se otorga en concesión o bajo cualquier otra modalidad a un tercero, con o sin la concurrencia del proponente, le serán reembolsados los gastos en que hubiere incurrido para la formulación de la propuesta y la elaboración del proyecto, previa determinación de su valor actualizado por la entidad licitante, el cual deberá constar en el pliego de condiciones.

Estos gastos se entenderán reembolsados por la sola adjudicación del contrato.

Artículo 19: **Evaluación preliminar de viabilidad**: Dentro del lapso establecido para la aprobación o rechazo de las propuestas y con apoyo en la documentación suministrada por el proponente, el ente concedente practicará la evaluación preliminar de viabilidad a que se refiere el artículo 13 de este Decreto-Ley, incluyendo como parte de ésta el examen de la capacidad legal, técnica y financiera de aquél para ejecutar el proyecto.

CAPITULO II
DEL PROCEDIMIENTO DE LICITACION

Artículo 20: **Condiciones subjetivas de los licitantes**.- Podrán participar en los procesos de licitación todas las personas jurídicas, consorcios o asociaciones temporales nacionales o extranjeras, que tengan plena capacidad de obrar y de acreditar su solvencia económica, financiera, técnica y profesional, y cumplan los requisitos establecidos en este Decreto-Ley, su Reglamento y el pliego de condiciones diseñado para cada proceso.

Artículo 21: **Inhabilidades**.- No podrán participar en las licitaciones promovidas de conformidad con este Decreto-Ley:

a) Las personas jurídicas cuyos accionistas, socios o administradores tengan con el Presidente de la República, con alguno de los ministros en funciones o con algún directivo o representante del ente concedente, parentesco hasta el cuarto grado de consanguinidad o segundo de afinidad, o sean cónyuges de alguno de ellos;

b) Aquellas personas que habiendo sido titulares de una concesión, hubieren dado lugar a su extinción por incumplimiento del contrato;

c) Aquellas personas jurídicas cuyos accionistas, socios o administradores hubieren sido condenados mediante sentencia definitivamente firme en procesos de resolución o de cumplimiento de contrato;

d) Los declarados en quiebra culpable o fraudulenta;

e) Las personas cuyos administradores hubieren sido condenados por la comisión de delitos contra la propiedad, la fe pública, el fisco o delitos de Salvaguarda y del Patrimonio Público;

f) Las personas jurídicas cuyos accionistas, socios o administradores sean dirigentes de organizaciones y partidos políticos, mientras se encuentren en el ejercicio de tales funciones.

Artículo 22: **Preselección**.- En caso de estimarse conveniente, atendiendo a la magnitud, complejidad o costo de determinadas obras, podrá convocarse a una precalificación pública de interesados, que tendrá por objeto determinar la capacidad técnica, económica y la experiencia de los posibles licitantes.

Una vez comprobada la capacidad y antecedentes de las empresas convocadas, el ente concedente seleccionará entre los concurrentes aquellos que presenten las mejores credenciales rigiéndose por las especificaciones que para tal efecto establezca el pliego de la licitación. Seguidamente, invitará a los preseleccionados a presentar propuestas dentro de los plazos y bajo las condiciones que establezca el indicado pliego, debiendo sujetarse en todo caso al procedimiento licitatorio establecido en este Decreto-Ley.

Podrán suministrarse a los preseleccionados versiones preliminares de la documentación respectiva y solicitar de estas observaciones y comentarios sobre los pliegos de condiciones y el texto borrador del contrato.

Artículo 23: **Convocatoria**: La Convocatoria a licitación será hecha del conocimiento de los interesados por todos los medios posibles de difusión locales, nacionales e internacionales, atendiendo a la magnitud o complejidad de los proyectos involucrados. Como mínimo, la convocatoria deberá publicarse por dos (2) veces en un diario de circulación nacional y deberá expresar la descripción general y objetivos del proyecto y la forma de adquisición del pliego de condiciones de la licitación.

El Reglamento establecerá el tiempo que deberá mediar entre una y otra publicación, así como el que tendrán los interesados para presentar sus propuestas.

Artículo 24: **Pliego de Condiciones**.- El pliego de condiciones de cada licitación expresará los derechos y obligaciones de las partes contratantes, el procedimiento de la licitación y las reglas conforme a las cuales se garantiza la transparencia, la igualdad y la libre concurrencia de todos los interesados. Una vez otorgado el respectivo contrato, formará parte integrante de éste y contendrá, sin carácter limitativo, los aspectos siguientes:

a) Descripción general y objetivos del proyecto;

b) Condiciones para la presentación de la oferta económica;

c) Aportes y garantías ofrecidos por el Estado, si los hubiere;

d) Grado de riesgo que asume el participante durante la construcción de la obra o prestación del servicio;

e) Condiciones y estándares de construcción, de servicio y de devolución de las obras al término de la concesión;

f) Fórmulas e índices a ser utilizados para la fijación o determinación de tarifas, precios y demás modos de retribución del concesionario;

g) Indices a ser utilizados para la determinación de la tasa interna de retorno del inversionista;

h) La forma y plazo en que el concesionario podrá solicitar la revisión del sistema tarifario, de su fórmula de reajuste o del plazo de la concesión, por causas sobrevinientes que así lo justifiquen;

i) Criterios y métodos para la evaluación de los componentes técnicos y financieros de las propuestas;

j) Origen de los fondos para ejecutar los trabajos y el importe autorizado para el primer ejercicio, en el caso de proyectos cuya ejecución demande de aportes públicos;

k) Garantías a ser constituidas, incluida la de seriedad de la propuesta, indicando su naturaleza, cuantía y los plazos en que debe constituirse;
l) Los derechos que corresponden a los usuarios del servicio;
m) Plazos para consultas y aclaratorias sobre el pliego de condiciones;
n) Antecedentes que deben entregar los licitantes en las ofertas técnica y económica;
o) Forma, fecha, hora y lugar de la presentación de las ofertas y formalidades del acto de apertura;
p) Multas y demás sanciones establecidas;
q) Causales de suspensión y extinción de la concesión;
r) Forma de calcular la indemnización del concesionario en caso de rescate anticipado;
s) Plazo para el otorgamiento y firma del contrato.

Una vez hecha pública la convocatoria de la licitación, el pliego de condiciones no podrá alterarse o modificarse, salvo que se deje sin efecto la convocatoria realizada.

Artículo 25: **Presentación de Ofertas**: Las ofertas serán presentadas en la forma establecida en el pliego de las condiciones, debiendo contener en todo caso los antecedentes generales de las personas jurídicas oferentes, una oferta técnica y una oferta económico-financiera.

Artículo 26: **Apertura de Ofertas**.- Las ofertas serán recibidas en acto público por el ente concedente, en el día, hora y lugar indicado para este efecto en el pliego de condiciones.

En el acto de apertura se dejará constancia mediante acta de quienes presentaron ofertas, de los antecedentes recibidos, de cuáles fueron rechazadas y de las observaciones que formularen los licitantes.

Artículo 27: **Evaluación de las propuestas**.- Las evaluaciones de propuestas comprenderá una etapa de evaluación técnica y otra de evaluación económica. Sólo aquellas que resulten aprobadas en la primera etapa podrán ser consideradas para la segunda. El Reglamento establecerá los criterios de evaluación que podrán utilizarse según el tipo de concesión de que se trate, siendo de obligatoria consideración, ya sea en forma alternativa o simultánea, los siguientes:

a) La estructura tarifaria propuesta;
b) El plazo de duración de la concesión;
c) Los pagos ofrecidos por el concesionario a la República;
d) La reducción de aportes o garantías que deba hacer la República,
e) El menor valor presente de las tarifas, peajes u otra modalidad de retribución del concesionario;
f) El menor valor presente de las amortizaciones o pagos que en su caso deba hacer la República al concesionario;
g) Las ventajas y desventajas del plan de financiamiento propuesto y su adecuación para atender los costos de construcción, operativos y de mantenimiento del proyecto.

Artículo 28: **Adjudicación del contrato**.- El contrato será adjudicado a quien formule la mejor propuesta económico-financiera entre las aceptadas desde el punto de vista técnico aunque en el proceso de licitación se presentare una sola oferta, sin perjuicio de la facultad del ente concedente de desestimar todas las ofertas mediante acto motivado.

En caso de quedar desestimadas todas las propuestas presentadas, no nacerá para los oferentes derecho alguno de pedir indemnización. El ente concedente podrá licitarla de nuevo admitiendo a todos los que participaron en la anterior licitación y a cualquier nuevo proponente que cumpla los requisitos establecidos para presentar propuestas.

El contrato de concesión quedará perfeccionado al ser suscrito por las partes contratantes y deberá publicarse en la Gaceta Oficial de la República.

Artículo 29: **Constitución y requisitos de la sociedad concesionaria**.- El concesionario quedará obligado, dentro del plazo establecido en el pliego de condiciones, a:

a) Constituir una sociedad mercantil de nacionalidad venezolana con quien se entenderá celebrado el contrato y cuyo objeto será la construcción rehabilitación, modernización, ampliación y explotación de obras y servicios públicos, incluyendo particular referencia al objeto de la concesión adjudicada.
b) Suscribir el contrato de concesión.
c) Autenticar el contrato de concesión, los poderes otorgados y las garantías ante Notario Público.
d) Registrar el contrato, poderes y garantías autenticados ante el ente concedente.

Si el adjudicatario no da cumplimiento a estas obligaciones dentro del término que se le hubiere fijado, el acto de adjudicación quedará sin ningún efecto y la garantía constituída para responder por la seriedad de la propuesta pasará de pleno derecho en favor de la República o, en su caso, al patrimonio de la entidad contratante.

Artículo 30: **Constitución de Garantías**.- El concesionario deberá constituir una garantía definitiva correspondiente a la fase de construcción, cuya forma y monto será establecido en el pliego de condiciones. Asimismo, deberá constituir, con carácter previo a la puesta en funcionamiento de la obra o del servicio o de una parte o sección de éstos, garantía para asegurar el cumplimiento de las obligaciones asumidas con motivo de la explotación, en la forma y monto que determine el pliego de condiciones.

El concesionario no estará obligado a mantener la vigencia de alguna garantía cuando la obligación cuyo cumplimiento estaba llamado a garantizar se hubiere cumplido en los términos y condiciones previstos en el contrato y en el pliego de condiciones.

CAPITULO III
DE LA EJECUCION DEL CONTRATO DE CONCESION

SECCIÓN I
DEL REGIMEN DE EJECUCION DURANTE LAS ETAPAS DE CONSTRUCCION Y EXPLOTACION

Artículo 31: **Régimen jurídico durante la construcción**.- El régimen jurídico de la concesión durante la etapa de construcción de obras, será el siguiente:

a) En el caso de proyectos integrales o llave en mano, el concesionario deberá presentar ante el ente concedente dentro del plazo estipulado en el pliego de condiciones, la memoria descriptiva, los planos y el proyecto de ingeniería de detalle a los efectos de su aprobación. El pliego de condiciones establecerá las sanciones aplicables por el retardo en el cumplimiento de esta obligación de parte del concesionario. De no producirse respuesta alguna dentro de los sesenta (60) días siguientes a la presentación de toda la documentación exigida, el proyecto presentado se entenderá aprobado.
b) Las obras deberán ejecutarse con estricta sujeción a las estipulaciones contenidas en el pliego de condiciones, en el proyecto aprobado, en el contrato y conforme a las instrucciones que en interpretación técnica del contrato diere al concesionario el Inspector designado por el ente concedente. Durante el desarrollo de las obras y hasta que se cumpla el plazo de garantía que establezca el pliego de condiciones, el concesionario es responsable de los defectos que pueda presentar la construcción.
c) Las obras se ejecutarán a entero riesgo del concesionario, incumbiéndole hacer frente a cuanto desembolsos fueren precisos hasta su total terminación. La República no será responsable de las consecuencias derivadas de los contratos que celebre el concesionario con los constructores o suministradores.
d) Cuando el retraso en el cumplimiento de los plazos parciales o del total fuere imputable a la República, el concesionario gozará de un aumento igual al período de entorpecimiento o paralización, sin perjuicio de las compensaciones que procedan.

e) Tanto las aguas como las minas o materiales que aparecieren como consecuencia de la ejecución de las obras públicas no se entenderán incluidos en la concesión y su utilización por el concesionario se regirá por las normas contenidas en la legislación especial aplicable en cada caso.
f) El ente concedente designará un Inspector que tendrá a su cargo el control y vigilancia del avance, desarrollo y calidad de la ejecución de las obras y su concordancia con la ingeniería aprobada.
g) El concesionario está obligado a concluir las obras y ponerlas en servicio en las fechas y plazos que establezcan el pliego de condiciones y el contrato. El pliego de condiciones fijará las sanciones aplicables por los incumplimientos.
h) El procedimiento a seguir para la autorización de puesta en servicio de la obra se establecerá en el Reglamento o en el pliego de condiciones. La negativa de autorización deberá ser motivada, con precisa indicación de las inconformidades existentes entre el proyecto aprobado y la obra ejecutada. Deberá indicar además el plazo dentro del cual deberá el concesionario subsanar las deficiencias advertidas sin perjuicio de la aplicación de las sanciones que procedan por el retardo que no fueren imputables al ente concedente o a la Administración.
i) El plazo de garantía comenzará a correr desde la fecha de levantamiento del acta de recepción de la obra de parte del Inspector. Dicho plazo será establecido atendiendo a la naturaleza y complejidad de la obra y en ningún caso podrá ser inferior a dos (2) años, sin perjuicio de la responsabilidad que pueda caber al concesionario por vicios ocultos de las construcción.

Artículo 32: **Régimen jurídico durante la explotación**.- En la etapa de explotación de la obra o de gestión del servicio, el concesionario deberá actuar con estricta sujeción a las estipulaciones contenidas en el contrato de concesión y en su pliego de condiciones, sin perjuicio del cumplimiento del marco regulatorio contenido en leyes especiales dictadas para la regulación del servicio público de que se trate.

SECCION II

DE LOS DERECHOS Y OBLIGACIONES DEL CONCESIONARIO

Artículo 33: **Derechos del Concesionario**.- Desde el momento en que se perfeccione el contrato, nacen para el concesionario los derechos a:
a) Percibir oportunamente las remuneraciones acordadas en el pliego de condiciones o en el contrato;
b) Explotar las obras ejecutadas y percibir los peajes, precios y demás asignaciones o beneficios convenidos y debidamente establecidos en el pliego de condiciones o en el contrato;
c) Solicitar la revisión del régimen económico de la concesión y del plazo de ejecución por causas sobrevinientes, y a obtener, si fuere el caso, las compensaciones a que hubiere lugar que podrán hacerse efectivas por medio de la revisión del régimen tarifario u otras fórmulas de remuneración del concesionario, de su fórmula de reajuste o del plazo del contrato, pudiendo utilizarse para ello uno o varios de estos factores a la vez;
d) Gozar de los derechos y obligaciones del beneficiario de la expropiación, limitados a lo necesario para dar cumplimiento al contrato de concesión;
e) Gozar de las garantías e incentivos establecidos por ésta u otras leyes;
f) Emitir acciones, obligaciones y a contraer cualquier deuda u obligación destinadas al financiamiento de las inversiones vinculadas a la concesión, cuando en el pliego de condiciones o en el contrato correspondiente se autorice a ello;

Artículo 34: **Derecho de constitución de garantías sobre el contrato.-** El concesionario podrá constituir en prenda sin desplazamiento de posesión el contrato de concesión o los ingresos futuros de dicho contrato, para garantizar el cumplimiento de obligaciones crediticias contraídas para financiar su ejecución, previa autorización del ente concedente. Igualmente, podrá ceder u otorgar en prenda cualquier pago ofrecido por la República y que conste en el contrato. El documento en que se establezca la garantía deberá protocolizarse por ante la Oficina Subalterna de Registro competente y consignarse ante el ente concedente.

En todo lo no previsto en este Decreto-Ley, se aplicarán las previsiones contenidas en la Ley de Hipoteca Mobiliaria y Prenda sin Desplazamiento de Posesión.

Artículo 35: **Derecho de cesión o transferencia del contrato.-** El concesionario podrá ceder o transferir, desde el perfeccionamiento del contrato, la concesión o los derechos de la sociedad concesionaria previa autorización del ente concedente. En el caso de que se hubiere constituido garantía sobre el contrato de concesión de conformidad con el artículo anterior, se requerirá también de la aprobación escrita del acreedor prendario.

La cesión voluntaria o forzosa de la concesión deberá ser total, comprenderá todos los derechos y obligaciones derivados del contrato y la persona jurídica que pretenda sustituirse en el concesionario, incluido el acreedor prendario, deberá reunir los requisitos establecidos para ser licitante, no podrá estar sujeta a inhabilidades y acreditará suficientemente su capacidad para cumplir las metas, plazos, especificaciones técnicas y demás obligaciones y requisitos fijados en el pliego de condiciones y en el contrato.

Artículo 36: **Obligaciones del Concesionario.-** El concesionario tendrá las siguientes obligaciones:

a) Cumplir y hacer cumplir el contrato con estricta sujeción a las normas, los proyectos, especificaciones técnicas y estándares de calidad establecidos en este Decreto-Ley, en su Reglamento y en el pliego de condiciones;
b) Acatar las directrices, órdenes o resoluciones emitidos por el ente concedente en el ámbito de sus atribuciones;
c) Permitir y facilitar las inspecciones y auditorías que tengan por objeto verificar su desempeño y comprobar el cumplimiento de las condiciones de calidad, precio y adecuación técnica de la obras ejecutadas y de los servicios prestados;
d) Prestar el servicio con la continuidad convenida y garantizar a los usuarios el derecho a utilizarlo en las condiciones que hayan sido establecidas en el Reglamento del Servicio o en las leyes reguladoras del servicio público de que se trate;
e) Facilitar o prestar el servicio en condiciones de absoluta normalidad, suprimiendo las causas que originen molestias, incomodidades, inconvenientes o peligrosidad a los usuarios de las obras, salvo que la adopción de medidas que alteren la normalidad del servicio obedezcan a razones de seguridad o de urgente reparación, y;
f) Prestar el servicio ininterrumpidamente, salvo situaciones excepcionales debidas a caso fortuito o fuerza mayor, cuyos efectos serán calificados por el ente concedente, acordando las medidas que sean necesarias para lograr la más rápida y eficiente reanudación del servicio.
g) Indemnizar los daños y perjuicios que se causen a terceros con motivo de la ejecución del contrato de concesión, a menos que tales daños fuesen la consecuencia inmediata de una orden o instrucción emanada del ente concedente o de cualquier otro órgano o entidad de la administración.

SECCION III
DE LAS PRERROGATIVAS Y DEL ENTE CONCEDENTE

Artículo 37: **Facultad de inspección y control.-** El ente concedente podrá disponer en todo momento las medidas de inspección, vigilancia y control necesarias para asegurar el cumplimiento del contrato, y en particular, para verificar el adecuado desempeño del concesionario y comprobar la conformidad existente entre el proyecto o la obra ejecutados y las condiciones de calidad y demás especificaciones técnicas fijadas en el pliego de condiciones, en el contrato, y en su caso, las que se desprendan de las instrucciones emanadas del ente concedente.

Artículo 38: **Interpretación unilateral**.- De surgir discrepancias entre las partes durante la ejecución del contrato acerca de la interpretación o el alcance de cualesquiera de sus disposiciones, el ente concedente, de no lograrse un acuerdo, interpretará mediante acto administrativo debidamente motivado las estipulaciones o cláusulas objeto de la diferencia. Quedan a salvo los derechos del concesionario de utilizar los mecanismos de solución de controversias contemplados en este Decreto-Ley para la defensa de sus intereses y de reclamar los daños o perjuicios que el acto administrativo pueda ocasionarle.

Artículo 39: **Modificación unilateral**.- Desde que se perfeccione el contrato, el ente concedente podrá modificar, por razones de interés público y mediante acto debidamente motivado, las características de las obras y servicios contratados. En tal circunstancia deberá compensar al concesionario en caso de perjuicio, acordando con aquél indemnizaciones que podrán expresarse en el plazo de la concesión, en las tarifas, en los aportes o subsidios o en otros factores del régimen económico de la concesión pactados, pudiendo utilizar uno o varios de esos factores a la vez.

Si las modificaciones alteran el valor del contrato en un veinte por ciento (20%) o más del valor inicialmente fijado en el contrato, el concesionario tendrá derecho a solicitar la rescisión y a reclamar la indemnización de los daños y perjuicios que la modificación le ocasione.

Artículo 40: **Insuficiencia de obras**.- Si durante la vigencia de la concesión, la obra resultare insuficiente para la prestación del servicio en los niveles definidos en el contrato de concesión o en el pliego de condiciones y se considerare conveniente su ampliación o mejoramiento por iniciativa del ente concedente o a solicitud del concesionario, se procederá a la suscripción de un convenio complementario al referido contrato de concesión. Este convenio fijará las particulares condiciones a que deba sujetarse la realización de las obras y su repercusión en el régimen de tarifas o en cualquier otro factor del régimen económico o en el plazo de la concesión, quedando facultado el ente concedente para incluir en dicho convenio, como compensación, uno o varios de esos factores.

Para la aprobación del convenio complementario se observarán las formalidades establecidas en el artículo 14 de este Decreto-Ley.

Artículo 41: **Garantías e indemnizaciones** .- El ente concedente velará por la oportuna consignación y suficiencia de las garantías exigibles al concesionario, por su mantenimiento y vigencia durante cada etapa del contrato y ejercitará todas las acciones que procedieren para obtener las indemnizaciones que correspondan por los daños y perjuicios derivados de la ejecución de dichos contratos.

Artículo 42: **Previsiones para evitar incremento de costos**.- Es deber del ente concedente realizar todos los esfuerzos dirigidos a prevenir y evitar el encarecimiento de las obras ejecutadas en virtud de este Decreto-Ley. Con tal propósito, corregirán en el menor tiempo posible los desajustes que pudieran presentarse, gestionarán o asignarán oportunamente los recursos a cuyo aporte se hubiere comprometido la República y utilizarán los mecanismos o procedimientos más eficaces para precaver o solucionar los conflictos o diferencias que puedan afectar la ejecución de los contratos.

Artículo 43: **Potestad sancionatoria**.- El ente concedente está facultado para imponer al concesionario las sanciones de apercibimiento, de amonestación o de multa establecidas previamente en el pliego de condiciones y en el contrato por el incumplimiento de dicho contrato, de su pliego de condiciones o de las resoluciones expedidas por el ente concedente, todo ello sin perjuicio de la facultad que le corresponde de adoptar las medidas preventivas que fuesen necesarias para asegurar la continuidad de una obra o de un servicio o para evitar su pérdida o deterioro.

Asimismo, podrá declarar suspendida temporalmente la concesión, acordar su intervención y declarar su extinción, todo ello en conformidad con las previsiones contenidas en este Decreto-Ley.

Artículo 44: **Responsabilidad de la administración.-** La República, por órgano del ministerio o entidad competente, será responsable por las actuaciones, abstenciones, hechos y omisiones que le sean imputables y que causen perjuicios al concesionario. En tales casos deberá indemnizar la disminución patrimonial que se ocasione, la prolongación de la misma y la ganancia, beneficio o provecho dejados de percibir por el concesionario.

Responsabilidad por caso fortuito o fuerza mayor.

La República podrá concurrir junto al concesionario el pago de los daños y perjuicios producto de caso fortuito o fuerza mayor, si así lo estableciere el pliego de condiciones o el contrato.

TITULO IV

SUSPENSION Y EXTINCION DE LA CONCESION

CAPITULO I

DE LA SUSPENSION DE LA CONCESION

Artículo 45: **Suspensión de la Concesión.-** Quedará temporalmente suspendida la concesión:

a) En el caso de guerra, conmoción interior o fuerza mayor que impidan la prestación del servicio;
b) Cuando se produzca una destrucción parcial de las obras o de sus elementos, de modo que se haga inviable su utilización por un período de tiempo; y
c) Por cualquier otra causa que el pliego de condiciones establezca.

El ente concedente deberá constatar, de ser posible, la existencia de alguno de los supuestos de suspensión de la concesión a los fines de su autorización previa. En todo caso, adoptará las previsiones de emergencia o de necesidad necesarias para la protección y conservación de las obras o del servicio y acordará la reanudación o restablecimiento de unos u otros en cuanto cesen las causas que dieron lugar a la suspensión.

CAPITULO II

DE LA EXTINCION DE LA CONCESION

Artículo 46: **Causas de Extinción.-** La concesión se extinguirá por las siguientes causales:

a) Cumplimiento del plazo por el que se otorgó con sus modificaciones si procediere;
b) Mutuo acuerdo entre el ente concedente y el concesionario;
c) Por resción del contrato debida a incumplimiento grave de las obligaciones del concesionario;
d) Por rescate anticipado;
e) Por quiebra del concesionario; y
f) Las que se estipulen en el pliego de condiciones y en el contrato.

Artículo 47: **Extinción por cumplimiento del plazo.-** Cumplido el plazo de la concesión, se comprobará el cumplimiento de su objeto. Dicha constatación se verificará mediante acto de recepción o conformidad, en el plazo y bajo las condiciones que establezca el Reglamento.

Extinguida la concesión, las obras o servicios podrán ser nuevamente otorgados en concesión que tendrá por objeto su conservación, reparación, ampliación o explotación.

Artículo 48: **Reversión de obras y servicios.-** El Contrato establecerá el plazo de la concesión, las inversiones que deberá realizar el concesionario y los bienes que por estar afectos a la obra o al servicio de que se trate revertirán al ente concedente, a menos que no hubieren podido ser totalmente amortizadas durante el mencionado plazo.

Asimismo, el contrato expresará las obras, instalaciones o bienes que hubiere de realizar el concesionario no sujetas a reversión, las cuales, de considerarse de utilidad o interés público, podrán ser objeto de reversión previo pago de su precio al concesionario.

Durante un período prudencial anterior a la terminación del contrato, el ente concedente deberá adoptar las disposiciones encaminadas a que la entrega de los bienes a ser revertidos se verifique en las condiciones convenidas.

Artículo 49: **Extinción por mutuo acuerdo.-** El acuerdo entre el ente concedente y el concesionario extingue la concesión, con arreglo a las condiciones del convenio que se suscriba por ambas partes. Este convenio deberá ser previamente aprobado por el Presidente de la República y entrará en vigor mediante Resolución del Ministerio competente que deberá publicarse en la Gaceta Oficial de la República.

La resolución de la concesión por mutuo acuerdo sólo podrá adoptarse cuando no concurra otra causa de resolución o de extinción imputable al concesionario y siempre que por razones de interés público resultare innecesaria o inconveniente la continuación del contrato.

Artículo 50: **Extinción por incumplimiento.-** La declaración de incumplimiento grave del contrato de concesión deberá ser acordada con fundamento en alguna de las causales establecidas en este Decreto-Ley, en el respectivo contrato de concesión o en el pliego de condiciones, por el ente concedente. La declaratoria de incumplimiento del contrato será ejecutada sin necesidad de pronunciamiento judicial.

En este caso, el ente concedente deberá proceder a licitar públicamente y en el plazo de 180 días contados desde la declaración, el contrato de concesión por el plazo que le reste. El pliego de condiciones de la licitación deberá establecer los requisitos que habrá de cumplir el nuevo concesionario, los que, en ningún caso, podrán ser más gravosos que los impuestos al concesionario original. Al asumir el nuevo concesionario, cesará en sus funciones el interventor que se hubiere designado de conformidad con las previsiones contenidas en este Decreto-Ley.

En todo caso, la declaratoria de extinción del contrato por incumplimiento grave sólo podrá acordarse previa audiencia del concesionario y mediante un procedimiento que le asegure el pleno ejercicio de sus garantías constitucionales.

Artículo 51: **Supuestos de incumplimiento grave.-** Sin perjuicio de los supuestos de incumplimiento grave de las obligaciones del concesionario que puedan establecer el pliego de condiciones o el contrato, se considerarán como tales los siguientes:

a) Demoras no autorizadas en la construcción de las obras, por períodos superiores a los establecidos en el pliego de condiciones;
b) Falta de cumplimiento reiterado de los niveles mínimos de calidad del servicio establecidos en el pliego de condiciones;
c) Cobranza reiterada de tarifas superiores a las autorizadas;
d) Incumplimiento reiterado de las normas de conservación de las obras, especificadas en el pliego de condiciones;
e) No constitución o reconstitución de las garantías en los plazos y condiciones estipuladas en el pliego de condiciones;

Artículo 52: **Intervención de la Concesión.-** En caso de que el concesionario abandone la obra, interrumpa el servicio de manera injustificada, o incurra en uno de los supuestos de incumplimiento grave de las obligaciones del contrato, el ente concedente podrá designar un interventor con el propósito de impedir o evitar la paralización de la obra o el servicio.

Al conocer del asunto, el ente concedente abrirá el procedimiento destinado a constatar la situación de hecho, a establecer la responsabilidad que pudiera caber al concesionario y a tomar las decisiones correspondientes de acuerdo con sus atribuciones.

A tales efectos notificará de la apertura del procedimiento al concesionario y tendrá un plazo de diez (10) días contados a partir de la fecha de dicha notificación para decidir en forma motivada, con audiencia previa del interesado y con plena observancia de sus garantías constitucionales. Podrá prorrogar dicho plazo por igual período y por una sola vez.

Comprobados como estuvieren los supuestos que dieron lugar a la apertura de la averiguación, adoptará las medidas y decisiones que correspondan y procederá a la designación del interventor.

El interventor designado sólo tendrá las facultades de administración necesarias para velar por el cumplimiento del contrato de concesión. Cesará en su cargo en cuanto el concesionario reasuma sus funciones o cuando la concesión sea nuevamente otorgada en la forma prevista en este Decreto-Ley. En todo caso, si después de noventa (90) días de la designación del interventor el concesionario no reasume, se entenderá que hay incumplimiento grave y se procederá conforme a lo previsto en el artículo 50 de este Decreto-Ley.

Artículo 53: **Rescate anticipado.**- Las concesiones podrán rescatarse anticipadamente por causa de utilidad o interés público, mediante acto administrativo debidamente motivado del ente concedente. En estos casos procederá la indemnización integral del concesionario, incluyendo la retribución que dejare de percibir por el tiempo que reste para la terminación de la concesión.

En el pliego de condiciones se establecerán los elementos o criterios que servirán para fijar el monto de la indemnización que haya de cubrirse al concesionario. Si el concesionario estuviese conforme con el monto de la indemnización, la cantidad que se señale por este concepto tendrá carácter definitivo. Si no estuviere conforme, el importe de la indemnización se determinará mediante alguno de los mecanismos de solución de conflictos contemplados en este Decreto-Ley.

Artículo 54: **Extinción por quiebra del concesionario.**- La quiebra de la sociedad concesionaria determinará la extinción de la concesión y la pérdida en favor de la República o de la entidad contratante de las garantías constituidas y exigibles.

TITULO V

REGIMEN DE INCENTIVOS Y GARANTIAS

Artículo 55: **Aportes o incentivos.**- Cuando lo estime conveniente en razón de la magnitud o del interés público de los proyectos, el Ejecutivo Nacional, a través del ente concedente podrá:

a) Compartir con el concesionario los costos del financiamiento de las obras, o aportar los proyectos, terrenos o las construcciones que fueren necesarios para su ejecución.

b) Concederle la explotación, conservación y el mantenimiento de obras contiguas a la concedida, o tramos de ésta ya construidos.

Artículo 56: **Incentivos fiscales.**- Los titulares de las concesiones de obras o servicios otorgados de conformidad con este Decreto-Ley quienes en virtud de lo dispuesto en el contrato correspondiente, asuman el financiamiento de la inversión que requiera la obra o el servicio concedido, gozarán de los siguientes beneficios fiscales:

a) Exención del cincuenta por ciento (50%) de la renta neta gravable con el impuesto sobre la renta, en los casos en los que los titulares de la concesión asuman el financiamiento de la inversión en una proporción igual o superior al cincuenta por ciento (50%).

b) Exención del veinticinco por ciento (25%) de la renta neta gravable con el impuesto sobre la renta, en los casos de titulares de la concesión que asuman el financiamiento de la inversión en una proporción inferior al cincuenta por ciento (50%).

Parágrafo Primero: A los efectos de la determinación del derecho de los titulares de la concesión a los beneficios establecidos en este artículo, se considerará como financiamiento de la inversión los aportes de capital en dinero o especie directamente aplicados a la obra o servicio objeto de la concesión.

Parágrafo Segundo: Las exenciones otorgadas en el párrafo primero sólo serán procedentes cuando el titular de la concesión haya cumplido con el financiamiento de la inversión programada para cada ejercicio fiscal, de conformidad con el contrato.

Artículo 57: **Otros beneficios fiscales.**- En los casos de concesiones cuyo financiamiento provenga del titular de la concesión, el Ejecutivo podrá exonerar del pago de impuesto sobre la renta los intereses de los capitales tomados en préstamo y los correspondientes a las obligaciones emitidas por el titular de la concesión vinculados al financiamiento de la inversión. Las exoneraciones se otorgarán de conformidad con las normas del Código Orgánico Tributario.

TITULO VI

DEL USO DE BIENES DE DOMINIO PUBLICO, EXPROPIACIONES Y SERVIDUMBRES

Artículo 58: **Declaratoria de utilidad pública.**- Se declaran utilidad pública las obras o servicios públicos a ser otorgados mediante concesión, a los efectos de la constitución de servidumbres y la expropiación de los bienes necesarios para la construcción de las obras, de los servicios anexos o complementarios a éstas y para la prestación de los servicios.

Los alcances de esta declaratoria de utilidad pública serán precisados por el ente concedente para cada obra o servicio que se licite, atendiendo a las dimensiones y características de cada proyecto y considerando las obras principales, complementarias y de servicios que demandará su ejecución y posterior explotación.

Artículo 59: **Facultad expropiatoria.**- El ente concedente tendrá a su cargo la obligación de adquirir los terrenos y demás bienes necesarios para la ejecución o gestión de la obra o del servicio público otorgado en concesión mediante el procedimiento expropiatorio, a cuyo efecto podrá acudir de ser necesario a las medidas de ocupación previa o de urgencia previstas en la legislación que rige la materia. El pliego de condiciones de cada licitación establecerá la forma y los plazos conforme a los cuales el ente concedente ejercerá esta facultad.

No obstante, también los concesionarios podrán tratar directamente con los particulares, y negociar con éstos la adquisición de los terrenos y demás bienes necesarios para la ejecución del contrato, en conformidad con la normativa aplicable, reconociéndosele como precio el valor máximo que se hubiere estipulado en el pliego de condiciones o en el contrato.

Artículo 60: **Bienes incorporados a la concesión.**- Desde el momento de perfeccionarse el contrato de concesión, el concesionario tendrá derecho al uso y goce de los bienes de dominio público o privado del ente concedente que sean destinados a la ejecución y desarrollo de las obras o servicios objeto de dicho contrato.

Los bienes o derechos que por cualquier título adquiera el concesionario para ser destinados a la concesión pasarán a formar parte del dominio público desde que se incorporen o sean afectados a las obras, sea por adherencia o por destinación. Quedan a salvo las obras, instalaciones o bienes que por no estar afectados a la concesión permanecerán en el patrimonio del concesionario según lo establezca el respectivo contrato.

TITULO VII

DE LA SOLUCION DE CONTROVERSIAS

Artículo 61: **Medios de solución de conflictos.**- Para la solución de los conflictos que surjan con motivo de la ejecución, desarrollo o extinción de los contratos regulados por este Decreto-Ley, las partes podrán utilizar mecanismos de solución directa tales como la conciliación y la transacción.

Asimismo, podrán acordar en el respectivo contrato someter sus diferencias a la decisión de un Tribunal Arbitral, cuya composición, competencia, procedimiento y derecho aplicable serán determinados de mutuo acuerdo, de conformidad con la normativa que rige la materia.

Cuando se trate de la solución de diferencias de carácter exclusivamente técnico, las partes podrán someter la solución del asunto al conocimiento de expertos directamente designados por ellas. En tales casos, la decisión adoptada siguiendo el procedimiento previamente establecido, tendrá carácter definitivo.

TITULO VIII

DISPOSICIONES FINALES Y TRANSITORIAS

Artículo 62: **Colaboración en la gestión autorizatoria.-** El ente concedente estará facultado para coordinar y facilitar la tramitación y obtención de todos los permisos, licencias o autorizaciones que requiera el concesionario para la ejecución de los respectivos contratos, sin perjuicio del estricto cumplimiento de las leyes, reglamentos y demás instrumentos que rigen la expedición de tales actos.

Artículo 63: **Contratos de concesión vigentes.-** Los contratos de concesión celebrados con anterioridad a la vigencia de este Decreto-Ley se ejecutarán con arreglo a las condiciones y plazos originalmente convenidos. Sin embargo, las partes podrán adaptarlos a las disposiciones del presente Decreto-Ley.

Dado en Caracas, a los diecisiete días del mes de septiembre de mil novecientos noventa y nueve. Año 189° de la Independencia y 140° de la Federación.

ÍNDICE GENERAL

www.ingramcontent.com/pod-product-compliance
Lightning Source LLC
LaVergne TN
LVHW082343011026
849160LV00024B/991